WALHALLA

ONLINE-Bibliothek

Textausgaben mit *ONLINE*-Anbindung

www.WALHALLA-online.de

D1701236

Ausgeschieden

0 3. ??? 2011

WALHALLA
Stadtbücherei Heidelberg

Strafvollzugsrecht

Sichern Sie sich rechtzeitig die neue Ausgabe

Handbuch Strafvollzug der Länder

Ihre Vorteile im Abonnement:

Sie sind zuverlässig informiert über aktuelle Änderungen und haben <u>zusätzlich kostenlosen</u> *ONLINE*-Zugriff auf die Vorschriften dieser Textausgabe.

☐ **Ja**, ich abonniere
**Handbuch Strafvollzug
der Länder**
ca. 24,90 EUR
im vorteilhaften Abonnement
(jederzeit schriftlich kündbar).

Preisänderungen vorbehalten

Walhalla *ONLINE*:
www.WALHALLA.de
E-Mail:
WALHALLA@WALHALLA.de

Absender: ☐ privat   ☐ dienstlich

_____
Name, Vorname   Kundennummer

_____
Institution

_____
Straße

_____
PLZ, Ort

_____
Telefon   E-Mail

X _____
Datum, Unterschrift

Hinweis:

Die Preise verstehen sich inkl. der gesetzl. Mehrwertsteuer, zzgl. Versandkosten. Bestellen Sie ohne Risiko, Sie haben 14 Tage Widerrufsrecht.

Bestellungen über Ihre Buchhandlung oder direkt bei

WALHALLA Fachverlag
Haus an der Eisernen Brücke
93042 Regensburg
Tel.: 09 41 / 56 84-0
Fax: 09 41 / 56 84-111

🏛 **WALHALLA**
FACHVERLAG

Handbuch

Strafvollzug

der Länder

Die neuen Vollzugsrechte
Die bundeseinheitlichen Vorschriften

Textsammlung Foo
Hand
01106 Lesesaal

Stadtbücherei Heidelberg

10 23961 7

Bibliografische Information der Deutschen Nationalbibliothek
Die Deutsche Nationalbibliothek verzeichnet diese Publikation in der Deutschen National-
bibliografie; detaillierte bibliografische Daten sind im Internet über http://dnb.d-nb.de
abrufbar.

Zitiervorschlag:
Handbuch Strafvollzug der Länder
Walhalla Fachverlag, Regensburg 2010

Hinweis: Unsere Ratgeber sind stets bemüht, Sie nach bestem Wissen zu informieren. Die
vorliegende Ausgabe beruht auf dem Stand von März 2010. Verbindliche Auskünfte holen
Sie gegebenenfalls beim Rechtsanwalt ein.

© Walhalla u. Praetoria Verlag GmbH & Co. KG, Regensburg
Alle Rechte, insbesondere das Recht der Vervielfältigung und Verbreitung
sowie der Übersetzung, vorbehalten. Kein Teil des Werkes darf in irgendeiner Form
(durch Fotokopie, Datenübertragung oder ein anderes Verfahren) ohne schriftliche
Genehmigung des Verlages reproduziert oder unter Verwendung elektronischer
Systeme gespeichert, verarbeitet, vervielfältigt oder verbreitet werden.
Produktion Walhalla Fachverlag, 93042 Regensburg
Umschlaggestaltung: grubergrafik, Augsburg
Printed in Germany
ISBN: 978-3-8029-3000-3

Strafvollzug – neues Länderrecht

Das „Handbuch Strafvollzug der Länder" ermöglicht den im Justizvollzugs- und Verwaltungsdienst Beschäftigten umfassendes und schnelles Nachschlagen.

Enthalten sind neben den neuen Rechtsgrundlagen zum Untersuchungshaftvollzug der Länder auch die nach wie vor geltenden Regelungen des Bundes sowie die unmittelbar angrenzenden Vorschriften zum materiellen Sanktionsrecht, Vollstreckungsrecht und Strafvollzugsrecht (Auszüge der StPO, StGB und JGG sowie Strafvollstreckungsordnung und Untersuchungshaftvollzugsordnung).

Untersuchungshaftvollzug

Die Umsetzung der Föderalismusreform wird in der vorliegenden Ausgabe insbesondere im Bereich des Untersuchungshaftvollzugs deutlich (Kapitel I). Folgende Länder haben bislang den Untersuchungshaftvollzug geregelt:

Baden-Württemberg, Berlin, Brandenburg, Bremen, Hamburg, Mecklenburg-Vorpommern, Niedersachsen, Nordrhein-Westfalen, Rheinland-Pfalz, das Saarland, Sachsen-Anhalt und Thüringen.

Nach § 13 EGStPO gilt in den Ländern, die bis zum 1. Januar 2010 noch keine landesgesetzlichen Regelungen zum Vollzug der Untersuchungshaft getroffen haben, § 119 der Strafprozessordnung in der bis zum 31. Dezember 2009 geltenden Fassung neben der ab dem 1. Januar 2010 geltenden Fassung fort.

Die verfahrensrechtlichen Fragen sind in der Kompetenz des Bundes verblieben, der mit der Neufassung des § 119 StPO seine „Hausaufgaben" gemacht hat.

Erwachsenenstrafvollzug

Nur die Länder Baden-Württemberg, Bayern, Hamburg und Niedersachsen haben bisher eigene Regelungen zum Erwachsenenstrafvollzug erlassen. Für Einzelfragen (bestimmte Haftarten) sind Verweisungen auf das Bundesrecht möglich. In den übrigen Ländern gilt das Strafvollzugsgesetz des Bundes gemäß Art. 125a Abs. 1 GG fort.

Jugendstrafvollzug

Im Bereich des Jugendstrafvollzugs haben die Länder – gemäß Vorgabe des Bundesverfassungsgerichts – eigene Jugendstrafvollzugsgesetze erlassen.

Einfache Handhabung

Die Leitziffernsystematik bietet schnelle Orientierung:

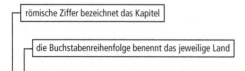

> römische Ziffer bezeichnet das Kapitel

> die Buchstabenreihenfolge benennt das jeweilige Land

I. NW Nordrhein-Westfalen – Untersuchungshaftvollzugsgesetz

Wir wünschen Ihnen Freude und Erfolg mit diesem kompakten und bewährten Nachschlagewerk.

Regensburg, März 2010

Schnellübersicht

I Vollzugsrecht der Länder

Inhaltsübersicht

Vollzugsrecht des Bundes
II Strafrecht/Strafvollzug

II

Vollzugsrecht des Bundes
III Jugendstrafvollzug

III

Vollzugsrecht des Bundes
IV Allgemeine Grundlagen

IV

I   Vollzugsrecht der Länder

Inhaltsübersicht

Gesetzbuch über den Justizvollzug in Baden-Württemberg (Justizvollzugsgesetzbuch – JVollzGB)

Vom 10. November 2009 (GBl. S. 545)

I

Inhaltsübersicht

I

Buch 1

Abschnitt 1
Anwendungsbereich und Aufgaben

§ 1 Anwendungsbereich

(1) Dieses Gesetz regelt den Vollzug

1. der Untersuchungshaft, der einstweiligen Unterbringung, der sichernden Unterbringung bei vorbehaltener oder nachträglicher Sicherungsverwahrung, der Sicherungshaft, der Haft nach § 127b Abs. 2, § 230 Abs. 2, §§ 236, 275a Abs. 5, § 329 Abs. 4 Satz 1, § 412 Satz 1 und § 453c Abs. 1 der Strafprozessordnung (StPO),

2. der Freiheitsstrafe, der freiheitsentziehenden Maßregeln der Besserung und Sicherung, des Strafarrests,

3. der Jugendstrafe nach den §§ 17 und 18 des Jugendgerichtsgesetzes (JGG) und der Freiheitsstrafe nach § 114 JGG sowie

den Datenschutz bei dem Vollzug von gerichtlich angeordneten Freiheitsentziehungen in Anstalten der Justizverwaltung des Landes (Justizvollzugsanstalten).

(2) Die Regelungen der Strafprozessordnung zur Vollziehung der Untersuchungshaft, namentlich zur Abwehr einer Flucht-, Verdunkelungs- oder Wiederholungsgefahr (§ 119 StPO), sowie die Vorschriften über die Kontaktsperre (§§ 31 bis 38a des Einführungsgesetzes zum Gerichtsverfassungsgesetz) bleiben unberührt.

§ 2 Aufgaben

(1) Die kriminalpräventive Aufgabe des Strafvollzugs und des Jugendstrafvollzugs in Baden-Württemberg liegt im Schutz der Bürgerinnen und Bürger vor weiteren Straftaten. Strafvollzug und Jugendstrafvollzug leisten einen Beitrag für die Eingliederung der Gefangenen in die Gesellschaft, die innere Sicherheit und für den Rechtsfrieden.

(2) Der Vollzug der Untersuchungshaft dient dem Zweck, durch sichere Unterbringung der Untersuchungsgefangenen die Durchführung eines geordneten Strafverfahrens zu gewährleisten und eine spätere Strafvollstreckung sicherzustellen.

Abschnitt 2
Grundsätze der Unterbringung

§ 3 Grundsätze zum Vollzug der Haftarten

(1) Untersuchungshaft wird in besonderen Justizvollzugsanstalten oder in Außenstellen oder getrennten Abteilungen von Justizvollzugsanstalten vollzogen.

(2) Die Freiheitsstrafe, die Unterbringung in der Sicherungsverwahrung und der Strafarrest werden in Justizvollzugsanstalten vollzogen.

(3) Jugendstrafe wird in Jugendstrafanstalten vollzogen. Teilanstalten, Abteilungen oder Außenstellen von Justizvollzugsanstalten können aus besonderen Gründen zu Jugendstrafanstalten bestimmt werden.

(4) Das Justizministerium bestimmt im Einvernehmen mit dem Ministerium für Arbeit und Soziales die für den Jugendstrafvollzug in freier Form zugelassenen Einrichtungen. Während der Unterbringung im Jugendstrafvollzug in freier Form besteht das Vollzugsverhältnis der Gefangenen zur Justizvollzugsanstalt fort.

§ 4 Trennungsgrundsätze

(1) Frauen sind getrennt von Männern in besonderen Justizvollzugsanstalten für Frauen oder in getrennten Abteilungen in Justizvollzugsanstalten für Männer unterzubringen. Sie sind auch sonst von den männlichen Gefangenen getrennt zu halten.

(2) Untersuchungsgefangene sollen soweit möglich von anderen Gefangenen, insbesondere Strafgefangenen, getrennt gehalten werden. Mit ihrer Zustimmung darf hiervon abgewichen werden.

(3) Die Unterbringung in der Sicherungsverwahrung wird in einer für den Vollzug der Freiheitsstrafe bestimmten Justizvollzugsanstalt vollzogen. Sie erfolgt in getrennten Abteilungen, es sei denn die Zahl der Untergebrachten rechtfertigt die Einrichtung einer solchen Abteilung nicht.

(4) Im Jugendstrafvollzug sollen Jugendliche, Heranwachsende und junge Erwachsene (junge Gefangene) getrennt untergebracht

und altersgemäß erzogen werden. Die sozialtherapeutische Behandlung junger Gefangener erfolgt in einer Außenstelle einer sozialtherapeutischen Anstalt oder in gesonderten Abteilungen von Jugendstrafanstalten. Die Unterbringung von jungen weiblichen Gefangenen erfolgt in getrennten Abteilungen einer Justizvollzugsanstalt für Frauen oder einer Jugendstrafanstalt für junge männliche Gefangene.

(5) Soweit junge Gefangene, ohne vom Jugendstrafvollzug ausgenommen zu sein, aus besonderen Gründen in Justizvollzugsanstalten gemeinsam mit Erwachsenen untergebracht sind, sollen sie von den anderen Gefangenen getrennt werden. Der Vollzug erfolgt nach den Vorschriften dieses Gesetzes über den Jugendstrafvollzug.

(6) Von der getrennten Unterbringung nach den Absätzen 1 und 3 bis 5 darf abgewichen werden, um Gefangenen oder Untergebrachten die Teilnahme an Behandlungs- oder Erziehungsmaßnahmen zu ermöglichen. Junge Gefangene sind vor schädlichen Einflüssen zu schützen.

(7) Beim Vollzug der Untersuchungshaft darf von der getrennten Unterbringung nach den Absätzen 1 und 2 abgesehen werden, um es Untersuchungsgefangenen zu ermöglichen, zu arbeiten oder an Bildungsmaßnahmen oder Freizeitangeboten teilzunehmen. Ausnahmen von der getrennten Unterbringung nach Absatz 2 sind darüber hinaus zulässig

1. im Fall der Unterbringung von Untersuchungsgefangenen in einer Krankenabteilung einer Justizvollzugsanstalt oder in einem Justizvollzugskrankenhaus oder

2. wenn dies aus Gründen der Sicherheit oder Ordnung der Justizvollzugsanstalt, der Vollzugsorganisation oder aus anderen wichtigen Gründen erforderlich ist.

§ 5 Differenzierung

(1) Für den Vollzug der Freiheitsstrafe und der Jugendstrafe sind Haftplätze in verschiedenen Justizvollzugsanstalten oder Abteilungen vorzusehen, in denen eine auf die unterschiedlichen Bedürfnisse der Gefangenen abgestimmte Behandlung gewährleistet ist.

(2) Justizvollzugsanstalten des geschlossenen Vollzugs sehen eine sichere Unterbringung vor, Einrichtungen des offenen Vollzugs keine oder nur verminderte Vorkehrungen gegen Entweichungen.

§ 6 Gestaltung der Justizvollzugsanstalten

(1) Justizvollzugsanstalten sind entsprechend ihrem Zweck und den jeweiligen Erkenntnissen der Erfordernisse eines zeitgemäßen Justizvollzugs auszugestalten. Völkerrechtlichen Vorgaben und den internationalen Standards mit Menschenrechtsbezug, wie sie in den von den Vereinten Nationen oder Organen des Europarats beschlossenen einschlägigen Richtlinien und Empfehlungen enthalten sind, ist Rechnung zu tragen.

(2) Justizvollzugsanstalten sollen so gegliedert werden, dass die Gefangenen in überschaubaren Betreuungs- und Behandlungsgruppen zusammengefasst werden können.

(3) Um die Entlassung aus dem Strafvollzug oder Jugendstrafvollzug vorzubereiten, sollen den geschlossenen Justizvollzugsanstalten offene Einrichtungen angegliedert oder zugeordnet oder gesonderte offene Justizvollzugsanstalten vorgesehen werden.

§ 7 Festsetzung der Belegungsfähigkeit

(1) Die Aufsichtsbehörde setzt die Belegungsfähigkeit der Justizvollzugsanstalten fest. Sie geht dabei von der Grundfläche der Haftträume ohne Einbeziehung der Fläche der Sanitäreinrichtungen (Nettogrundfläche) aus. Die Aufsichtsbehörde berücksichtigt, dass eine ausreichende Anzahl von Plätzen für Arbeit, Ausbildung und Weiterbildung sowie von Räumen für Seelsorge, Freizeit, Sport, therapeutische Maßnahmen und Besuche zur Verfügung steht.

(2) In Justizvollzugsanstalten, mit deren Errichtung vor Inkrafttreten dieses Gesetzes begonnen wurde, haben Gemeinschaftshafträume bei Doppelbelegung eine Nettogrundfläche von mindestens 4,5 Quadratmetern, bei einer höheren Belegung mindestens sechs Quadratmeter je Gefangener oder Gefangenem aufzuweisen. Für An- und Zubau-

ten bei Anstalten nach Satz 1, mit deren Errichtung nach Inkrafttreten dieses Gesetzes begonnen wurde, gilt Absatz 3 entsprechend.

(3) Bei Justizvollzugsanstalten, mit deren Errichtung nach Inkrafttreten dieses Gesetzes begonnen wurde, ist im geschlossenen Vollzug eine Einzelunterbringung der Gefangenen zur Ruhezeit zugrunde zu legen. Einzelhafträume haben eine Nettogrundfläche von mindestens neun Quadratmetern, Gemeinschaftshafträume von mindestens sieben Quadratmetern je Gefangener oder Gefangenem aufzuweisen.

(4) Gemeinschaftshafträume müssen über eine baulich abgetrennte und entlüftete Sanitäreinrichtung verfügen, falls nicht ein ständiger Zugang zu einer Toilette außerhalb des Haftraums besteht.

(5) Im geschlossenen Vollzug ist eine gemeinschaftliche Unterbringung von mehr als sechs Gefangenen nicht zulässig.

§ 8 Belegung der Haftäume

(1) Hafträume dürfen nicht mit mehr Personen als zugelassen belegt werden. Über Ausnahmen entscheidet die Anstaltsleiterin oder der Anstaltsleiter mit Zustimmung der Aufsichtsbehörde.

(2) Die Mehrfachunterbringung in einem Haftraum entgegen § 7 Abs. 4 sowie bei Unterschreiten der Mindestfläche je Gefangenem bei vor Inkrafttreten dieser Vorschrift errichteten Justizvollzugsanstalten ist nur mit schriftlicher Zustimmung der Gefangenen zulässig. Die Zustimmung kann jederzeit schriftlich oder zur Niederschrift der Vollzugsgeschäftsstelle widerrufen werden.

§ 9 Ausgestaltung der Räume und Kostenbeteiligung

(1) Räume für den Aufenthalt während der Ruhe- und Freizeit sowie Gemeinschafts- und Besuchsräume sind wohnlich oder sonst ihrem Zweck entsprechend auszustatten. Sie müssen hinreichend Luftinhalt haben und für die gesunde Lebensführung ausreichend mit Heizung und Lüftung sowie Fensterfläche ausgestattet sein.

(2) Die Gefangenen können an den Betriebskosten der in ihrem Besitz befindlichen Geräte beteiligt werden.

§ 10 Mutter-Kind-Abteilung

(1) Eine Gefangene kann mit ihrem Kind, das das dritte Lebensjahr noch nicht vollendet haben soll, in eine Mutter-Kind-Abteilung in einer Justizvollzugsanstalt für weibliche Gefangene aufgenommen werden, wenn beide für die Unterbringung dort geeignet sind, ein Platz für Mutter und Kind zur Verfügung steht, dies dem Wohl des Kindes entspricht und die oder der Aufenthaltsbestimmungsberechtigte zustimmt. Vor der Unterbringung ist das Jugendamt zu hören.

(2) Die Kosten der Unterbringung des Kindes einschließlich der Gesundheitsfürsorge werden vom Justizvollzug regelmäßig nicht übernommen.

§ 11 Ausbildung und Beschäftigung

(1) In den Justizvollzugsanstalten sind Einrichtungen zur schulischen und beruflichen Bildung, zur arbeitstherapeutischen Beschäftigung sowie Arbeitsbetriebe vorzusehen.

(2) Die in Absatz 1 genannten Einrichtungen und Betriebe sind den Verhältnissen außerhalb der Justizvollzugsanstalt anzugleichen. Die Arbeitsschutz- und Unfallverhütungsvorschriften sind zu beachten.

(3) Die Schule im Jugendstrafvollzug soll als Ganztageseinrichtung betrieben werden.

Abschnitt 3
Organisation der Justizvollzugsanstalten

§ 12 Aufgabenwahrnehmung

(1) Die Aufgaben in den Justizvollzugsanstalten werden grundsätzlich von beamteten Bediensteten des Landes wahrgenommen. Sie können anderen Bediensteten sowie nebenamtlich oder vertraglich verpflichteten Personen übertragen werden.

(2) Die Erledigung von nicht hoheitlichen Aufgaben kann freien Trägern und privaten Dienstleistern übertragen werden.

(3) Mit der Erziehung junger Gefangener soll nur betraut werden, wer für die Erziehungsaufgabe des Jugendstrafvollzugs geeignet und ausgebildet ist.

(4) Für jede Justizvollzugsanstalt ist entsprechend ihrer Aufgabe die erforderliche Anzahl von Bediensteten, namentlich des allgemeinen Vollzugsdienstes, des Verwaltungsdienstes und des Werkdienstes sowie von Personen der verschiedenen Berufsgruppen, insbesondere der Seelsorger, Ärzte, Pädagogen, Psychologen und Sozialarbeiter, vorzusehen.

(5) Fortbildungsmaßnahmen für die in den Justizvollzugsanstalten tätigen Personen werden regelmäßig durchgeführt.

(6) Anstaltsseelsorgerinnen und Anstaltsseelsorger werden im Einvernehmen mit der jeweiligen Religionsgemeinschaft im Hauptamt bestellt oder vertraglich verpflichtet. Das Nähere regeln Vereinbarungen zwischen dem Land und den Religionsgemeinschaften. Wenn die geringe Zahl der Angehörigen einer Religionsgemeinschaft eine Seelsorge nach Satz 1 nicht rechtfertigt, ist die seelsorgerische Betreuung auf andere Weise zuzulassen. Mit Zustimmung der Anstaltsleiterin oder des Anstaltsleiters dürfen die Anstaltsseelsorger sich freier Seelsorgehelfer bedienen und für Gottesdienste sowie für andere religiöse Veranstaltungen Seelsorgerinnen und Seelsorger von außen zuziehen.

§ 13 Anstaltsleitung

(1) Für jede Justizvollzugsanstalt bestellt die Aufsichtsbehörde eine Beamtin oder einen Beamten des höheren Dienstes zur hauptamtlichen Anstaltsleiterin oder zum hauptamtlichen Anstaltsleiter. Aus besonderen Gründen kann eine Justizvollzugsanstalt auch von einer Beamtin oder einem Beamten des gehobenen Dienstes geleitet werden.

(2) Die Anstaltsleiterin oder der Anstaltsleiter vertritt die Justizvollzugsanstalt nach außen und trägt die Verantwortung für den gesamten Vollzug.

§ 14 Gefangenenmitverantwortung

Den Gefangenen und Untergebrachten soll ermöglicht werden, an der Verantwortung für Angelegenheiten von gemeinsamem Interesse teilzunehmen, die sich ihrer Eigenart und der Aufgabe der Justizvollzugsanstalt nach für ihre Mitwirkung eignen. Die Gefangenen und Untergebrachten werden zur Mitarbeit ermutigt.

§ 15 Hausordnung

(1) Die Anstaltsleiterin oder der Anstaltsleiter erlässt mit Zustimmung der Aufsichtsbehörde eine Hausordnung. Dabei soll die Gefangenenmitverantwortung gehört werden. In die Hausordnung sind insbesondere Regelungen aufzunehmen über

1. die Besuchszeiten, die Häufigkeit und Dauer der Besuche,

2. die Arbeitszeit, die Freizeit und Ruhezeit sowie

3. die Gelegenheit, Anträge und Beschwerden anzubringen oder sich an einen Vertreter der Aufsichtsbehörde zu wenden.

(2) Die Hausordnung ist den Gefangenen in geeigneter Weise zugänglich zu machen.

(3) Die Hausordnung oder zumindest wichtige Auszüge aus ihr sollen in den Muttersprachen der wesentlichen Gefangenengruppen der Justizvollzugsanstalt vorliegen.

§ 16 Zusammenarbeit und Einbeziehung Dritter

(1) Alle im Justizvollzug Tätigen arbeiten zusammen und wirken an der Erfüllung der Aufgaben des Vollzugs mit.

(2) Die Justizvollzugsanstalten arbeiten mit anderen Einrichtungen, Organisationen und Personen, die für die Gefangenen förderliche soziale Hilfestellungen leisten oder deren Einfluss ihre Eingliederung, Behandlung oder Erziehung fördern können, eng zusammen.

(3) Im Untersuchungshaftvollzug wirken Justizvollzugsanstalten, Gerichte und Staatsanwaltschaften so zusammen, dass insbesondere Möglichkeiten der Haftvermeidung ergriffen und die Sicherheit sowie die Ordnung der Justizvollzugsanstalt gewahrt werden. Sie unterrichten sich gegenseitig unverzüglich über Umstände, deren Kenntnis für die Erfüllung ihrer jeweiligen Aufgaben erforderlich sind. Bei Erhebung der öffentlichen Klage

ist der Justizvollzugsanstalt eine Mehrfertigung der Anklageschrift zu übermitteln.

§ 17 Konferenzen

Zur Aufstellung und Überprüfung des Vollzugs- oder Erziehungsplans sowie zur Vorbereitung wichtiger Entscheidungen im Strafvollzug und im Jugendstrafvollzug führt die Anstaltsleiterin oder der Anstaltsleiter Konferenzen mit an der Behandlung und Erziehung maßgeblich Beteiligten durch.

§ 18 Anstaltsbeiräte

(1) Bei den Justizvollzugsanstalten sind Beiräte zu bilden. Das Nähere regelt die Aufsichtsbehörde.

(2) Die Mitglieder des Beirats wirken bei der Gestaltung des Vollzugs und bei der Betreuung der Gefangenen mit. Sie unterstützen die Anstaltsleiterin oder den Anstaltsleiter durch Anregungen und Verbesserungsvorschläge und helfen bei der Eingliederung der Gefangenen nach der Entlassung. Im Jugendstrafvollzug sollen die Mitglieder in der Erziehung junger Menschen erfahren oder dazu befähigt sein.

(3) Die Mitglieder des Beirats können namentlich Wünsche, Anregungen und Beanstandungen entgegennehmen. Sie können sich über die Unterbringung, Beschäftigung, berufliche Bildung, Verpflegung, ärztliche Versorgung und Behandlung unterrichten, die Justizvollzugsanstalt und ihre Einrichtungen besichtigen und die Gefangenen in ihren Räumen aufsuchen. Aussprache und Schriftwechsel werden nicht überwacht.

(4) Die Mitglieder des Beirats haben über die ihnen in ihrem Amt bekannt gewordenen Angelegenheiten, soweit sie ihrer Natur nach vertraulich sind, Verschwiegenheit zu wahren. Dies gilt auch nach Beendigung ihres Amts.

(5) Vollzugsbedienstete dürfen nicht Mitglieder des Beirats sein.

Abschnitt 4
Aufsicht über die Justizvollzugsanstalten

§ 19 Aufsichtsbehörde

Das Justizministerium (Aufsichtsbehörde) führt die Aufsicht über die Justizvollzugsanstalten. Die Aufsicht über Einrichtungen im Jugendstrafvollzug in freien Formen wird im Einvernehmen mit dem Ministerium für Arbeit und Soziales geregelt.

§ 20 Vollstreckungsplan

Die Aufsichtsbehörde regelt die örtliche und sachliche Zuständigkeit der Justizvollzugsanstalten nach allgemeinen Merkmalen in einem Vollstreckungsplan. Der Vollstreckungsplan soll im Jugendstrafvollzug dazu beitragen, dass Jugendliche, Heranwachsende und junge Erwachsene getrennt werden.

§ 21 Zuständigkeit für Verlegungen

Die Aufsichtsbehörde kann Entscheidungen über Verlegungen in eine sozialtherapeutische Einrichtung oder in eine Behandlungsabteilung einer Justizvollzugsanstalt einer zentralen Stelle übertragen.

Abschnitt 5
Verhinderung von Mobilfunkverkehr; Videobeobachtung

§ 22 Feststellung von Mobilfunkendgeräten und Störung des Mobilfunkverkehrs

(1) Gefangenen ist der Besitz und Betrieb von Mobilfunkendgeräten auf dem Gelände der Justizvollzugsanstalten untersagt. Für Einrichtungen, die der Unterbringung von Freigängern dienen, können Ausnahmen zugelassen werden.

(2) Die Justizvollzugsanstalten dürfen auf ihrem Gelände technische Geräte

1. zur Aktivierung von Mobilfunkendgeräten zum Zweck ihres Auffindens sowie

2. zur Störung von Frequenzen, die der Herstellung unerlaubter Mobilfunkverbindungen dienen,

betreiben. Der Mobilfunkverkehr außerhalb des Geländes der Justizvollzugsanstalten darf hierdurch nicht beeinträchtigt werden.

§ 23 Videobeobachtung

Die Justizvollzugsanstalten können das Anstaltsgelände sowie das Innere der Anstaltsgebäude offen mittels Videotechnik beobachten. Die Anfertigung von Aufzeichnungen hiervon sowie die Beobachtung der unmittelbaren Anstaltsumgebung ist zulässig, sofern dies zum Zweck der Aufrechterhaltung der Sicherheit oder Ordnung der Justizvollzugsanstalt oder zur Verhinderung oder Verfolgung von Straftaten oder Ordnungswidrigkeiten, durch welche die Sicherheit oder Ordnung der Justizvollzugsanstalt gefährdet wird, erforderlich ist.

Abschnitt 6
Nichtraucher- und Gesundheitsschutz

§ 24 Rauchverbot in Justizvollzugsanstalten

In Gebäuden und sonstigen vollständig umschlossenen Räumen von Justizvollzugsanstalten ist das Rauchen nach Maßgabe von § 25 verboten.

§ 25 Ausnahmen vom Rauchverbot

(1) In Hafträumen darf geraucht werden, wenn alle in ihnen untergebrachten Gefangenen damit einverstanden sind.

(2) Die Anstaltsleiterin oder der Anstaltsleiter kann Ausnahmen vom Rauchverbot bei besonderen Veranstaltungen zulassen. Die Anstaltsleiterin oder der Anstaltsleiter kann das Rauchen zudem in bestimmten baulich abgeschlossenen Räumen oder in entlüfteten Einrichtungen gestatten, wenn und soweit die Belange des Nichtraucherschutzes dadurch nicht beeinträchtigt werden.

§ 26 Gesundheitsschutz in Jugendstrafanstalten

In Einrichtungen des Jugendstrafvollzugs, in denen überwiegend Jugendliche untergebracht sind, darf aus Gründen des Gesund-

heitsschutzes nicht geraucht und kein Alkohol getrunken werden; §§ 24 und 25 finden keine Anwendung.

Abschnitt 7
Datenschutz

Unterabschnitt 1
Allgemeine Bestimmungen

§ 27 Aufgabe und Anwendungsbereich

(1) Aufgabe der Vorschriften dieses Abschnitts ist es, bei der Verarbeitung personenbezogener Daten im Justizvollzug des Landes die Persönlichkeitsrechte von Gefangenen und sonstigen Betroffenen zu wahren, den Justizvollzugsanstalten die effiziente Erfüllung ihrer Aufgaben zu ermöglichen, die Sicherheit oder Ordnung der Justizvollzugsanstalten zu gewährleisten und einen Beitrag für die innere Sicherheit zu leisten.

(2) Die Vorschriften dieses Abschnitts gelten für den Vollzug von gerichtlich angeordneten Freiheitsentziehungen in Justizvollzugsanstalten. Sie finden mit Ausnahme von § 31 Abs. 1 Satz 2 Nr. 5 und §§ 32 und 33 entsprechende Anwendung auf den Vollzug des Jugendarrests.

(3) Beim Vollzug von Freiheitsentziehungen, die nicht wegen des Verdachts oder des Nachweises einer rechtswidrigen Tat angeordnet worden sind, finden § 37 Abs. 1 Nr. 3 sowie §§ 38 bis 40 keine Anwendung, wenn unter Berücksichtigung der Art der Daten und der Rechtsstellung der Gefangenen die Betroffenen ein schutzwürdiges Interesse am Ausschluss der Übermittlung haben.

§ 28 Begriffsbestimmungen

(1) Die Begriffsbestimmungen in § 3 des Landesdatenschutzgesetzes (LDSG) gelten entsprechend.

(2) Erkennungsdienstliche Unterlagen sind die nach Maßgabe von § 31 Abs. 1 Satz 2 erhobenen Daten mit Bezug auf Gefangene. Sie sind vom Begriff der personenbezogenen Daten im Sinne dieses Gesetzes mit umfasst,

sofern das Gesetz ihre Verarbeitung nicht ausdrücklich ausschließt.

§ 29 Zulässigkeit der Datenverarbeitung

Die Justizvollzugsanstalt darf personenbezogene Daten verarbeiten, wenn dieses Gesetz oder eine andere Rechtsvorschrift es erlaubt oder die Betroffenen eingewilligt haben.

§ 30 Einwilligung

(1) Die Einwilligung in die Verarbeitung personenbezogener Daten ist nur wirksam, wenn sie auf der freien Entscheidung der Betroffenen beruht. Sie bedarf der Schriftform, soweit nicht wegen besonderer Umstände eine andere Form angemessen ist. Die Betroffenen sind über den vorgesehenen Zweck der Verarbeitung zu belehren sowie, soweit nach den Umständen des Einzelfalls erforderlich oder auf Verlangen, auf die Folgen einer Verweigerung der Einwilligung hinzuweisen. Soll die Einwilligung zusammen mit anderen Erklärungen schriftlich erteilt werden, ist sie besonders hervorzuheben.

(2) Bei beschränkt geschäftsfähigen Gefangenen bestimmt sich die Einwilligungsfähigkeit nach der tatsächlichen Einsichtsfähigkeit. Die Justizvollzugsanstalt kann nach angemessener Belehrung von der Einwilligungsfähigkeit der Gefangenen ausgehen, sofern nicht Tatsachen bekannt sind, die eine Einsichtsfähigkeit ausschließen.

Unterabschnitt 2
Erhebung von Daten

§ 31 Datenerhebung

(1) Die Justizvollzugsanstalt darf personenbezogene Daten erheben, soweit deren Kenntnis für den ihr aufgegebenen Vollzug der Freiheitsentziehung erforderlich ist. Als erkennungsdienstliche Maßnahmen zu diesem Zweck sind mittels analoger oder digitaler Technik zulässig:

1. die Abnahme von Finger- und Handflächenabdrücken,

2. die Aufnahme von Lichtbildern,

3. die Feststellung äußerlicher körperlicher Merkmale,

4. Messungen und

5. die Erfassung biometrischer Daten des Körpers und der Stimme.

(2) Personenbezogene Daten sind vorrangig bei den Betroffenen zu erheben. Werden sie auf Grund einer Rechtsvorschrift erhoben, die zur Auskunft verpflichtet, oder ist die Erteilung der Auskunft Voraussetzung für die Gewährung von Rechtsvorteilen, so sind die Betroffenen hierauf, sonst auf die Freiwilligkeit ihrer Angaben hinzuweisen.

(3) Sofern es für die Aufgabenerfüllung der Justizvollzugsanstalt erforderlich ist und keine Anhaltspunkte dafür bestehen, dass überwiegende schutzwürdige Interessen der Betroffenen beeinträchtigt werden, kann die Erhebung bei den Betroffenen auch ohne deren Kenntnis sowie bei anderen Personen oder Stellen erfolgen. Erfolgt die Erhebung bei einer nichtöffentlichen Stelle, so ist diese auf die Rechtsvorschrift, die zur Auskunft verpflichtet, sonst auf die Freiwilligkeit ihrer Angaben hinzuweisen.

(4) Daten über Personen, die nicht Gefangene sind, dürfen ohne ihre Mitwirkung bei Personen oder Stellen außerhalb der Justizvollzugsanstalt nur erhoben werden, wenn sie für Hilfsmaßnahmen für Angehörige der Gefangenen, die Behandlung von Gefangenen, die Sicherheit oder Ordnung der Justizvollzugsanstalt oder die Sicherung des Vollzugs der Freiheitsentziehung erforderlich sind und die Art der Erhebung nicht überwiegende schutzwürdige Interessen der Betroffenen beeinträchtigt.

(5) Über eine ohne ihre Kenntnis vorgenommene Erhebung personenbezogener Daten werden die Betroffenen unter Angabe dieser Daten unterrichtet, sofern sie nicht bereits auf andere Weise Kenntnis erlangt haben oder der in Absatz 1 genannte Zweck dadurch nicht gefährdet wird. Sind die Daten bei anderen Personen oder Stellen erhoben worden, kann die Unterrichtung unterbleiben, wenn

1. die Daten nach einer Rechtsvorschrift oder ihrem Wesen nach, namentlich wegen des

überwiegenden berechtigten Interesses eines Dritten, geheim gehalten werden müssen oder

2. der Aufwand der Unterrichtung außer Verhältnis zum Schutzzweck steht und keine Anhaltspunkte dafür bestehen, dass überwiegende schutzwürdige Interessen der Betroffenen beeinträchtigt werden.

§ 32 Datenerhebung durch Videotechnik

(1) Die Beobachtung von Hafträumen mittels Videotechnik ist nur auf Anordnung der Anstaltsleiterin oder des Anstaltsleiters und zur Abwehr von erheblichen Gefahren für Leib oder Leben von Gefangenen oder Dritten sowie zur Verhinderung und Verfolgung von erheblichen Straftaten zulässig. Die Anstaltsleiterin oder der Anstaltsleiter kann allgemein anordnen, dass besonders gesicherte Hafträume mittels Videotechnik zu beobachten sind. Die Anfertigung von Videoaufzeichnungen ist im Einzelfall zulässig. Sofern in Hafträumen eine Beobachtung über einen Zeitraum von aufeinanderfolgend mehr als zwei Wochen erfolgt, bedarf sie der Zustimmung der Aufsichtsbehörde.

(2) In hierfür besonders eingerichteten Haftäumen des Justizvollzugskrankenhauses ist auf ärztliche Anordnung eine optische und akustische Beobachtung von Gefangenen mittels Videotechnik zulässig, sofern zureichende Anhaltspunkte für Fremd- oder Eigengefährdung vorliegen oder dies aus Gründen der therapeutischen Sicherheit angezeigt ist. Absatz 1 Satz 3 und 4 gilt entsprechend.

(3) Die Überwachung mittels Videotechnik und die Anfertigung von Videoaufzeichnungen nach diesem Gesetz dürfen auch durchgeführt werden, wenn Personen, hinsichtlich derer die Voraussetzungen der Datenerhebung nicht vorliegen, unvermeidbar betroffen werden. Für die Dauer der seelsorgerischen Betreuung ist die Überwachung auf Verlangen der Seelsorgerin oder des Seelsorgers auszusetzen. Die Videoüberwachung und -aufzeichnung ist durch geeignete Hin-

weise erkennbar zu machen, soweit nicht der Zweck der Maßnahme dadurch vereitelt wird.

(4) Werden die durch Videotechnik erhobenen Daten einer bestimmten Person zugeordnet, so ist diese über eine weitere Verarbeitung zu benachrichtigen, soweit sie nicht auf andere Weise Kenntnis von der weiteren Verarbeitung erlangt oder die Unterrichtung einen unverhältnismäßigen Aufwand erfordert. Die Unterrichtung darf unterbleiben, solange durch sie der Zweck der Maßnahme vereitelt oder soweit die Aufgabenerfüllung der Justizvollzugsanstalt gefährdet würde.

§ 33 Datenerhebung durch Radio-Frequenz-Identifikation (RFID)

(1) Aus Gründen der Sicherheit oder Ordnung der Justizvollzugsanstalt oder zur Überwachung des Aufenthaltsorts von Gefangenen auf dem Anstaltsgelände kann die Justizvollzugsanstalt Daten über den Aufenthaltsort und den Zeitpunkt der Datenerhebung mittels RFID-Transponder durch Empfangsgeräte automatisiert erheben.

(2) Mit Einwilligung der oder des Gefangenen kann ein RFID-Transponder zur automatisierten Identifikation und Lokalisierung so mit ihrem oder seinem Körper verbunden werden, dass eine ordnungsgemäße Trennung nur durch die Justizvollzugsanstalt erfolgen kann. Von der Einwilligung können die Rücknahme besonderer Sicherungsmaßnahmen oder die Einteilung der oder des Gefangenen zu einer in bestimmten Bereichen auf dem Anstaltsgelände zu leistenden Arbeit abhängig gemacht werden.

Unterabschnitt 3
Übermittlung, Nutzung, Veränderung und Speicherung von Daten

§ 34 Übermittlung, Nutzung, Veränderung und Speicherung von Daten zu Vollzugszwecken

(1) Die Justizvollzugsanstalt darf personenbezogene Daten übermitteln, nutzen, verändern und speichern, soweit dies für den ihr aufgegebenen Vollzug der Freiheitsentziehung erforderlich ist.

(2) Die erhobenen personenbezogenen Daten können zu den Gefangenenpersonalakten genommen sowie elektronisch in Dateien gespeichert werden. Erkennungsdienstliche Unterlagen können auch in kriminalpolizeilichen Sammlungen verwahrt werden.

(3) Die Justizvollzugsanstalt kann anordnen, dass Gefangene einen Lichtbildausweis mit sich führen.

(4) Sofern es aus Gründen der Sicherheit oder Ordnung der Justizvollzugsanstalt oder zur Überwachung des Aufenthaltsorts von Gefangenen in der Justizvollzugsanstalt erforderlich ist, kann die Justizvollzugsanstalt Ausweise mit einem RFID-Transponder ausstatten und anordnen, dass diese offen zu tragen sind.

§ 35 Übermittlung, Nutzung, Veränderung und Speicherung von Daten zu vollzugsbegleitenden Zwecken

(1) Eine Übermittlung, Nutzung, Veränderung und Speicherung personenbezogener Daten zu vollzugsbegleitenden Zwecken ist der Verarbeitung zu Vollzugszwecken gleichgestellt, soweit sie gerichtlichen Verfahren sowie deren außergerichtlicher Bearbeitung, der Wahrnehmung von Aufsichts- und Kontrollbefugnissen, der Rechnungsprüfung oder der Durchführung von Organisationsuntersuchungen für die verantwortliche Stelle dient.

(2) Das gilt auch für die Übermittlung, Nutzung, Veränderung und Speicherung zu Ausbildungs- und Prüfungszwecken durch die verantwortliche Justizvollzugsanstalt und die Justizvollzugsschule sowie zu Zwecken wissenschaftlicher Forschung durch den Kriminologischen Dienst Baden-Württemberg, soweit nicht überwiegende schutzwürdige Interessen der Betroffenen entgegenstehen. Sofern der Ausbildungs-, Prüfungs- oder Forschungszweck es erlaubt und der Aufwand in einem angemessenen Verhältnis zu dem angestrebten Schutzzweck steht, sind die personenbezogenen Daten zu anonymisieren.

(3) Die Justizvollzugsanstalt darf personenbezogene Daten von Gefangenen mit Ausnahme der erkennungsdienstlichen Unterla-

gen an Mitglieder des Anstaltsbeirats übermitteln, soweit dies für die Wahrnehmung der gesetzlichen Aufgaben der Beiräte erforderlich ist. Die Anstaltsleiterin oder der Anstaltsleiter kann die Einsichtnahme von Akten durch Mitglieder des Anstaltsbeirats zulassen, soweit eine solche zur Aufgabenerfüllung unerlässlich ist; Gesundheitsakten und Krankenblätter dürfen nur mit Einwilligung der oder des Gefangenen eingesehen werden. Die Regelung über das Datengeheimnis nach § 46 Abs. 1 gilt entsprechend.

§ 36 Übermittlung, Nutzung, Veränderung und Speicherung von Daten zum Schutz der Allgemeinheit

(1) Die Übermittlung, Nutzung, Veränderung und Speicherung personenbezogener Daten durch die Justizvollzugsanstalt ist auch zulässig, soweit dies

1. zur Abwehr von sicherheitsgefährdenden oder geheimdienstlichen Tätigkeiten für eine fremde Macht oder von Bestrebungen im Geltungsbereich dieses Gesetzes, die durch Anwendung von Gewalt oder darauf gerichtete Vorbereitungshandlungen

   a) gegen die freiheitliche demokratische Grundordnung, den Bestand oder die Sicherheit des Bundes oder eines Landes gerichtet sind,

   b) eine ungesetzliche Beeinträchtigung der Amtsführung der Verfassungsorgane des Bundes oder eines Landes oder ihrer Mitglieder zum Ziele haben oder

   c) auswärtige Belange der Bundesrepublik Deutschland gefährden,

2. zur Abwehr erheblicher Nachteile für das Gemeinwohl oder einer Gefahr für die öffentliche Sicherheit,

3. zur Abwehr einer schwerwiegenden Beeinträchtigung der Rechte einer anderen Person,

4. zur Verhinderung oder Verfolgung von Straftaten sowie zur Verhinderung oder Verfolgung von Ordnungswidrigkeiten, durch welche die Sicherheit oder Ordnung

der Justizvollzugsanstalt gefährdet werden,

5. zur Identifizierung, Fahndung oder Festnahme von Gefangenen durch Vollstreckungs- und Strafverfolgungsbehörden in den Fällen, in denen eine Gefangene oder ein Gefangener entwichen ist oder sich sonst ohne Erlaubnis außerhalb der Justizvollzugsanstalt aufhält, oder

6. für ausländerrechtliche Maßnahmen

erforderlich ist.

(2) Die Justizvollzugsanstalt darf den für die Eingabe von Daten in das polizeiliche Informations- und Auskunftssystem zuständigen Polizeidienststellen den Beginn, die Unterbrechung und die Beendigung von Freiheitsentziehungen, die wegen des Verdachts oder des Nachweises einer rechtswidrigen Tat von einer Richterin oder von einem Richter angeordnet worden sind, Verlegungen in eine andere Justizvollzugsanstalt, die Gewährung von vollzugsöffnenden Maßnahmen einschließlich des Verlassens der Justizvollzugsanstalt aus wichtigem Anlass, die Entlassungsadresse sowie die zur Identifizierung der Gefangenen erforderlichen personenbezogenen Daten auch anlassunabhängig übermitteln.

§ 37 Übermittlung, Nutzung, Veränderung und Speicherung von Daten zu vollzugsunterstützenden Zwecken

(1) Die Justizvollzugsanstalt darf personenbezogene Daten mit Ausnahme der erkennungsdienstlichen Unterlagen nutzen, verändern und speichern sowie an die zuständigen öffentlichen Stellen sowie geeignete nichtöffentliche Stellen und Personen übermitteln, soweit dies

1. für Maßnahmen der Gerichtshilfe, Jugendgerichtshilfe, Bewährungshilfe und Führungsaufsicht,

2. für Hilfsmaßnahmen für Angehörige der Gefangenen oder

3. zur Vorbereitung und Durchführung sonstiger Maßnahmen, die die Fähigkeit der Gefangenen fördern, in sozialer Verant-

wortung ein Leben ohne Straftaten zu führen, einschließlich der Entlassungsvorbereitung und Nachsorge

erforderlich ist.

(2) Die Befugnisse nach Absatz 1 finden auch auf die Vorbereitung und Durchführung von Maßnahmen Anwendung, die erst nach der Haftentlassung zum Tragen kommen und der Eingliederung der Gefangenen in ein soziales und berufliches Umfeld dienen.

§ 38 Datenübermittlung zu vollzugsfremden Zwecken

(1) Die Übermittlung personenbezogener Daten mit Ausnahme der erkennungsdienstlichen Unterlagen durch die Justizvollzugsanstalt an die zuständigen öffentlichen Stellen ist auch zulässig, soweit dies für

1. Maßnahmen der Strafvollstreckung oder strafvollstreckungsrechtliche Entscheidungen,

2. Entscheidungen in Gnadensachen,

3. gesetzlich angeordnete Statistiken der Rechtspflege,

4. sozialrechtliche Maßnahmen,

5. dienstliche Maßnahmen der Bundeswehr im Zusammenhang mit der Aufnahme und Entlassung von Soldaten oder

6. die Durchführung der Besteuerung sowie die Geltendmachung von sonstigen Forderungen von juristischen Personen des öffentlichen Rechts

erforderlich ist.

(2) An die zuständige Meldebehörde darf die Justizvollzugsanstalt die Aufnahme sowie die Entlassung von Gefangenen sowie die zur Aufgabenerfüllung der Meldebehörde erforderlichen Daten mitteilen. Die erforderlichen Personalpapiere dürfen übersandt werden.

(3) Eine Übermittlung zu den in Absatz 1 und 2 genannten Zwecken ist auch zulässig, soweit sie der Sicherung von eigenen Mitteilungs- und Meldepflichten der Gefangenen dient. In diesen Fällen können Gefangene die von Amts wegen erfolgende Datenübermittlung durch den Nachweis abwenden, dass sie ihrer Verpflichtung innerhalb von vier Wochen nach Eintritt des mitteilungs- oder mel-

depflichtigen Ereignisses nachgekommen sind oder eine Verpflichtung aus anderen Gründen nicht oder nicht mehr besteht. Hierüber sind die Gefangenen bei der Aufnahme in eine Justizvollzugsanstalt zu belehren.

§ 39 Datenübermittlung zum Zweck des Gläubiger- und Opferschutzes

(1) Öffentlichen und nichtöffentlichen Stellen darf die Justizvollzugsanstalt auf schriftlichen Antrag mitteilen, ob sich eine Person in Haft befindet sowie ob und wann ihre Entlassung voraussichtlich innerhalb eines Jahres bevorsteht, soweit

1. die Mitteilung zur Erfüllung der in der Zuständigkeit der öffentlichen Stelle liegenden Aufgaben erforderlich ist oder

2. von nichtöffentlichen Stellen ein berechtigtes Interesse an dieser Mitteilung glaubhaft dargelegt wird und die oder der Gefangene kein überwiegendes schutzwürdiges Interesse an dem Ausschluss der Übermittlung hat.

Bei Untersuchungsgefangenen besteht die Mitteilung in der Angabe, ob sich eine Person in der Justizvollzugsanstalt in Untersuchungshaft befindet.

(2) Öffentlichen Stellen können darüber hinaus in der Vergangenheit liegende Inhaftierungen und die Entlassungsadresse von Gefangenen mitgeteilt werden, soweit die Mitteilung zur Erfüllung der in der Zuständigkeit der öffentlichen Stelle liegenden Aufgaben erforderlich ist.

(3) Der oder dem Verletzten sowie sonst aus einer Straftat Anspruchsberechtigten können über Absatz 1 hinaus auf schriftlichen Antrag Auskünfte über die Entlassungsadresse und die Vermögensverhältnisse von rechtskräftig verurteilten Gefangenen erteilt werden, wenn die Erteilung zur Feststellung oder Durchsetzung von Rechtsansprüchen im Zusammenhang mit der Straftat erforderlich ist.

(4) In Haft befindliche Gefangene werden vor der Mitteilung gehört, sofern nicht zu besorgen ist, dass dadurch die Verfolgung des Interesses der Antragstellerin oder des Antragstellers vereitelt oder wesentlich erschwert werden würde, und eine Abwägung ergibt, dass dieses Interesse das Interesse der oder des Gefangenen an einer vorherigen Anhörung überwiegt. Ist eine Anhörung unterblieben, wird die oder der Gefangene über die Mitteilung der Justizvollzugsanstalt nachträglich unterrichtet.

(5) Die Justizvollzugsanstalt darf den nach § 406d Abs. 2 StPO auskunftspflichtigen Stellen die für die Erteilung von Auskünften an die Verletzte oder den Verletzten erforderlichen Daten über die Vollziehung freiheitsentziehender Maßnahmen sowie die Gewährung von vollzugsöffnenden Maßnahmen einschließlich des Verlassens der Justizvollzugsanstalt aus wichtigem Anlass übermitteln.

§ 40 Auskunft und Akteneinsicht für wissenschaftliche Zwecke

(1) Für die Auskunft und Akteneinsicht für wissenschaftliche Zwecke gilt § 476 StPO entsprechend.

(2) Die Befugnisse des Kriminologischen Dienstes Baden-Württemberg nach § 35 Abs. 2 und § 52 Abs. 2 Satz 1 Nr. 1 bleiben unberührt.

§ 41 Besondere Übermittlungsbefugnisse bei Untersuchungsgefangenen

(1) Wird Untersuchungshaft vollzogen oder ist Untersuchungshaft als Überhaft notiert, darf die Justizvollzugsanstalt personenbezogene Daten an das zuständige Gericht übermitteln, soweit dies für die vom Gericht anzuordnenden Maßnahmen sowie für die sonstigen die Untersuchungshaft betreffenden gerichtlichen Entscheidungen erforderlich ist. Soweit Aufgaben oder Befugnisse auf die Staatsanwaltschaft oder deren Ermittlungspersonen übertragen sind, ist auch eine Übermittlung an diese Stelle zulässig.

(2) Die nach § 37 Abs. 1 Nr. 3 sowie §§ 38 bis 40 zulässigen Übermittlungen unterbleiben, wenn unter Berücksichtigung der Art der Information und der Rechtsstellung von Untersuchungsgefangenen die Betroffenen ein überwiegendes schutzwürdiges Interesse an dem Ausschluss der Übermittlung haben. Durch die Übermittlung darf nicht der Ein-

druck entstehen, dass an der oder dem Untersuchungsgefangenen eine Strafe vollzogen wird.

§ 42 Besondere Übermittlungsbefugnisse bei jungen Gefangenen

(1) Über die §§ 34 bis 41 hinaus darf die Justizvollzugsanstalt personenbezogene Daten mit Ausnahme der erkennungsdienstlichen Unterlagen an die in § 16 Abs. 2 dieses Buchs und § 2 Abs. 9 des Vierten Buchs genannten Stellen und Personen übermitteln, soweit eine Einwilligung erteilt wurde (§ 30 Abs. 1 und 2) oder im Diagnoseverfahren die Erforderlichkeit der der Datenübermittlung zu Grunde liegenden Maßnahme festgestellt worden ist.

(2) Bei minderjährigen Gefangenen ist die Übermittlung personenbezogener Daten mit Ausnahme der erkennungsdienstlichen Unterlagen an die Personensorgeberechtigten zulässig, sofern sie das Kindeswohl nicht gefährdet.

(3) Die sonstigen Befugnisse der Justizvollzugsanstalt zur Datenverarbeitung bleiben unberührt.

§ 43 Überlassung von Akten

(1) Akten mit personenbezogenen Daten dürfen von der Justizvollzugsanstalt nur

1. anderen Justizvollzugsanstalten,
2. den zur Dienst- oder Fachaufsicht oder zu dienstlichen Weisungen befugten Stellen,
3. den für strafvollzugs-, strafvollstreckungs- und strafrechtliche Entscheidungen zuständigen Gerichten,
4. den Strafvollstreckungs- und Strafverfolgungsbehörden,
5. den mit Gutachten über Gefangene beauftragten Stellen sowie
6. den mit der Übernahme von Aufgaben des Vollzugs beauftragten Stellen (§ 54)

überlassen werden, sofern dies für die Aufgabenerfüllung der genannten Stellen erforderlich ist. Die Überlassung an andere öffentliche Stellen ist zulässig, soweit die Erteilung einer Auskunft einen unvertretbaren Aufwand erfordert oder nach Darlegung der

Akteneinsicht begehrenden Stellen für die Erfüllung der Aufgabe nicht ausreicht. Entsprechendes gilt für die Überlassung an die für Maßnahmen der Gerichtshilfe, Jugendgerichtshilfe, Bewährungshilfe und Führungsaufsicht zuständigen Stellen sowie für die in die Entlassungsvorbereitung oder Nachsorge eingebundenen Stellen.

(2) Sind mit personenbezogenen Daten, die nach §§ 34 bis 38 und 40 bis 42 übermittelt werden dürfen, weitere personenbezogene Daten der Betroffenen oder Dritter in Akten so verbunden, dass eine Trennung nicht oder nur mit unvertretbarem Aufwand möglich ist, so ist die Übermittlung auch dieser Daten zulässig, soweit nicht berechtigte Interessen der Betroffenen oder Dritten an deren Geheimhaltung offensichtlich überwiegen; eine Verarbeitung dieser Daten durch den Empfänger ist unzulässig.

(3) Für die elektronische Versendung einer Gesamtheit von Dateien über eine Gefangene oder einen Gefangenen (elektronische Akte) gelten die Absätze 1 und 2 entsprechend. Die Art der Versendung wird durch Verwaltungsvorschrift geregelt.

§ 44 Einschränkungen der Verarbeitung und Übermittlungsverantwortung

(1) Bei der Überwachung der Besuche, des Schriftwechsels, der Telekommunikation sowie des Paketverkehrs bekannt gewordene personenbezogene Daten dürfen nur für die in § 35 Abs. 1, § 36 Abs. 1, § 37 Abs. 1 und § 38 Abs. 1 Nr. 1, 2 und 4 aufgeführten Zwecke, zur Wahrung der Sicherheit oder Ordnung der Justizvollzugsanstalt oder nach Anhörung der Gefangenen für Zwecke der Behandlung verarbeitet werden.

(2) Die Übermittlung von personenbezogenen Daten unterbleibt, soweit die in § 47 Abs. 2 sowie in § 48 Abs. 3 und 6 geregelten Einschränkungen oder besondere gesetzliche Verwendungsregelungen entgegenstehen.

(3) Die Verantwortung für die Zulässigkeit der Übermittlung trägt die Justizvollzugsanstalt. Erfolgt die Übermittlung auf Ersuchen einer öffentlichen Stelle, trägt diese die Verantwortung. In diesem Fall prüft die Justizvoll-

zugsanstalt nur, ob das Übermittlungsersuchen im Rahmen der Aufgaben des Empfängers liegt und die Absätze 1 und 2 der Übermittlung nicht entgegenstehen, es sei denn, dass besonderer Anlass zur Prüfung der Zulässigkeit der Übermittlung besteht.

§ 45 Zweckbindung

(1) Von der Justizvollzugsanstalt übermittelte personenbezogene Daten dürfen nur zu dem Zweck verarbeitet werden, zu dessen Erfüllung sie übermittelt worden sind. Der Empfänger darf die Daten für andere Zwecke nur verarbeiten, soweit sie ihm auch für diese Zwecke hätten übermittelt werden dürfen und wenn im Falle einer Übermittlung an nichtöffentliche Stellen die übermittelnde Justizvollzugsanstalt zugestimmt hat. Die Justizvollzugsanstalt hat nichtöffentliche Empfänger auf die Zweckbindung nach Satz 1 und die Geltung des Datengeheimnisses (§ 46 Abs. 1) hinzuweisen.

(2) Personenbezogene Daten, die nach § 31 Abs. 4 über Personen, die nicht Gefangene sind, erhoben worden sind, dürfen nur zur Erfüllung des Erhebungszweckes sowie für die in § 36 Abs. 1 Nr. 1 bis 4 und § 37 Abs. 1 geregelten Zwecke verarbeitet werden.

Unterabschnitt 4
Schutzmaßnahmen und Rechte der Betroffenen

§ 46 Datengeheimnis und Schutz der Daten in Akten und Dateien

(1) Den bei Justizvollzugsanstalten beschäftigten Personen ist es untersagt, personenbezogene Daten unbefugt zu verarbeiten oder sonst zu verwenden (Datengeheimnis). Personen, die keine Amtsträger sind, sind bei der Aufnahme ihrer Tätigkeit nach dem Verpflichtungsgesetz vom 2. März 1974 (BGBl. I S. 469, 547) geändert durch Gesetz vom 15. August 1974 (BGBl. S. 1942) in der jeweils geltenden Fassung auf das Datengeheimnis zu verpflichten. Das Datengeheimnis besteht auch nach Beendigung der Tätigkeit fort.

(2) Alle im Justizvollzug Tätigen dürfen sich von personenbezogenen Daten Kenntnis verschaffen, soweit dies zur Erfüllung der ihnen obliegenden Aufgaben oder für die zur gemeinsamen Aufgabenerfüllung gebotene Zusammenarbeit aller Vollzugsbediensteten erforderlich ist.

(3) Akten und Dateien mit personenbezogenen Daten sind durch die erforderlichen technischen und organisatorischen Maßnahmen gegen unbefugten Zugang und unbefugten Gebrauch zu schützen. Erforderlich sind Maßnahmen nur, wenn ihr Aufwand in einem angemessenen Verhältnis zu dem angestrebten Schutzzweck steht. Zur Wahrung des Datengeheimnisses innerhalb einer Justizvollzugsanstalt sind technische Maßnahmen nur erforderlich, wenn durch organisatorische Maßnahmen die Rechte der Betroffenen nicht ausreichend geschützt werden können. Im Übrigen gilt für die Art und den Umfang der Schutzvorkehrungen § 9 Abs. 3 und 5 LDSG. Das Justizministerium wird ermächtigt, die Maßnahmen durch Verordnung fortzuschreiben.

(4) Die Justizvollzugsanstalten führen ein Verzeichnis der automatisierten Verfahren, mit Ausnahme der zu allgemeinen Verwaltungszwecken dienenden Verfahren, mit denen personenbezogene Daten verarbeitet werden (Verfahrensverzeichnis). Das Verfahrensverzeichnis kann von einer Stelle für die Justizvollzugsanstalten zusammengefasst dargestellt werden. Einzutragen sind:

1. Name und Anschrift der verantwortlichen Stelle,

2. die Bezeichnung des Verfahrens,

3. eine Beschreibung der betroffenen Personengruppen und der Art der gespeicherten Daten,

4. die zugriffsberechtigten Personengruppen,

5. Regelfristen für die Löschung der Daten,

6. eine allgemeine Beschreibung der eingesetzten Hardware, der Vernetzung und der Software und

7. eine allgemeine Beschreibung, die es ermöglicht, vorläufig zu beurteilen, ob die

technischen und organisatorischen Maßnahmen zur Gewährleistung der Sicherheit der Datenverarbeitung angemessen sind.

§ 47 Schutz besonderer Daten

(1) Personenbezogene Daten, die anlässlich ärztlicher Untersuchungen erhoben worden sind, sowie die freiwillig offenbarten Angaben zum religiösen oder weltanschaulichen Bekenntnis von Gefangenen dürfen in der Justizvollzugsanstalt nicht allgemein kenntlich gemacht werden. Gesundheitsakten und Krankenblätter sind getrennt von anderen Unterlagen zu führen und besonders zu sichern. Andere personenbezogene Daten über Gefangene dürfen innerhalb der Justizvollzugsanstalt allgemein kenntlich gemacht werden, soweit dies für ein geordnetes Zusammenleben in der Justizvollzugsanstalt erforderlich ist; § 44 Abs. 1 und 2 sowie § 45 Abs. 2 bleiben unberührt.

(2) Personenbezogene Daten, die durch die in § 203 Abs. 1 Nr. 1, 2 und 5 des Strafgesetzbuchs (StGB) genannten Personen oder den seelsorgerlichen Dienst erhoben oder diesen sonst bekannt geworden sind, unterliegen auch gegenüber der Justizvollzugsanstalt der Schweigepflicht. Die in § 203 Abs. 1 Nr. 1, 2 und 5 StGB genannten Personen haben sich gegenüber der Anstaltsleiterin oder dem Anstaltsleiter zu offenbaren, soweit dies zur Abwehr von Gefahren für die Sicherheit der Justizvollzugsanstalt oder für Leib oder Leben von Gefangenen oder Dritten erforderlich ist oder die Tatsachen sonst für die Aufgabenerfüllung der Justizvollzugsanstalt erforderlich sind. Die Angehörigen der anderen Fachdienste im Justizvollzug mit Ausnahme des seelsorgerlichen Dienstes sowie alle anderen Vollzugsbediensteten haben sich gegenüber der Anstaltsleiterin oder dem Anstaltsleiter zu offenbaren, sofern dies für den Vollzug der Freiheitsentziehung dienlich ist. Sonstige Offenbarungspflichten und -befugnisse bleiben unberührt. Die Gefangenen sind bei Eintritt in die Justizvollzugsanstalt über die nach Satz 2 und 3 bestehenden Offenbarungspflichten zu unterrichten.

(3) Die nach Absatz 2 Satz 2 offenbarten Daten dürfen nur für den Zweck, für den sie offenbart wurden oder für den eine Offenbarung zulässig gewesen wäre, und nur unter denselben Voraussetzungen verarbeitet werden, unter denen die in § 203 Abs. 1 Nr. 1, 2 und 5 StGB genannten Personen selbst hierzu befugt wären. Die Anstaltsleiterin oder der Anstaltsleiter kann unter diesen Voraussetzungen die unmittelbare Offenbarung gegenüber bestimmten Anstaltsbediensteten oder der Vollzugskonferenz allgemein zulassen. Medizinische Warnhinweise, die keinen Rückschluss auf konkrete Erkrankungen zulassen, sind in Akten und Dateien zulässig, soweit dies zur Abwehr von Gefahren für Leib oder Leben von Gefangenen oder Dritten erforderlich ist.

(4) Sofern Angehörige von Fachdiensten außerhalb des Vollzugs mit der Untersuchung, Behandlung oder Betreuung einer oder eines Gefangenen beauftragt werden, gilt Absatz 2 mit der Maßgabe entsprechend, dass die beauftragte Person auch zur Unterrichtung des entsprechenden Fachdienstes in der Justizvollzugsanstalt befugt ist.

§ 48 Löschung, Anonymisierung, Sperrung und Berichtigung

(1) Die in Dateien gespeicherten personenbezogenen Daten von Gefangenen und ihnen zuordenbaren Dritten sind fünf Jahre nach der Entlassung oder Verlegung der Gefangenen in eine andere Justizvollzugsanstalt zu löschen oder so zu anonymisieren, dass die Daten nicht mehr einer bestimmten oder bestimmbaren Person zugeordnet werden können. Hiervon können bis zum Ablauf der Aufbewahrungsfrist für die Gefangenenpersonalakte Angaben über Familienname, Vorname, Geburtsname, Geburtstag, Geburtsort, Eintritts- und Austrittsdatum, die nach Verlegung zuständige Justizvollzugsanstalt sowie aktenbezogene Vermerke ausgenommen werden, die für das Auffinden und die weitere Verwendung der Gefangenenpersonalakte erforderlich sind. In Dateien gespeicherte personenbezogene Daten von Dritten ohne Bezug zu Gefangenen sind drei Jahre nach

ihrer Erhebung zu löschen oder nach Satz 1 zu anonymisieren.

(2) Video-Aufzeichnungen und mittels RFID-Technik erhobene personenbezogene Daten sind vier Wochen nach ihrer Erhebung zu löschen, sofern nicht ihre fortdauernde Speicherung oder Aufbewahrung im Einzelfall zur Aufklärung oder Verfolgung der dokumentierten Vorkommnisse erforderlich ist. Sie sind unverzüglich zu löschen, wenn überwiegende schutzwürdige Interessen der Betroffenen einer weiteren Speicherung entgegenstehen.

(3) Personenbezogene Daten in Akten dürfen nach Ablauf von fünf Jahren seit der Entlassung der Gefangenen nur übermittelt oder genutzt werden, soweit dies

1. zur Verfolgung von Straftaten,

2. für die Durchführung von Evaluations- oder Forschungsvorhaben,

3. zur Behebung einer bestehenden Beweisnot,

4. zur Feststellung, Durchsetzung oder Abwehr von Rechtsansprüchen im Zusammenhang mit dem Vollzug einer Freiheitsentziehung oder

5. zur Abwehr einer Gefahr für die Sicherheit einer Justizvollzugsanstalt

erforderlich ist. Diese Verwendungsbeschränkungen enden, wenn Gefangene erneut aufgenommen werden oder die Betroffenen eingewilligt haben.

(4) Bei der Aufbewahrung von Akten mit nach Absatz 3 gesperrten Daten dürfen folgende Fristen nicht überschritten werden:

1. bei Gefangenenpersonalakten, Gesundheitsakten und Krankenblättern 20 Jahre,

2. bei Gefangenenbüchern 30 Jahre.

Dies gilt nicht, wenn auf Grund bestimmter Tatsachen anzunehmen ist, dass die Aufbewahrung für die in Absatz 3 Satz 1 genannten Zwecke weiterhin erforderlich ist. Die Aufbewahrungsfrist beginnt mit dem auf das Jahr der aktenmäßigen Weglegung folgenden Kalenderjahr.

(5) Vor einer Löschung von Daten oder einer Vernichtung von Akten sind diese nach § 3 des Landesarchivgesetzes dem Landesarchiv zur Übernahme anzubieten.

(6) Für die Berichtigung, Löschung und Sperrung personenbezogener Daten gelten im Übrigen die §§ 22 bis 24 LDSG entsprechend.

§ 49 Auskunft an Betroffene, Akteneinsicht

(1) Betroffene erhalten über die zu ihrer Person gespeicherten Daten sowie deren Herkunft und Verarbeitungszweck nach Maßgabe von § 21 Abs. 2 LDSG Auskunft, sofern nicht überwiegende Interessen der Justizvollzugsanstalt oder die Schutzbedürftigkeit der Informationsquelle entgegenstehen. Soweit eine Auskunft für die Wahrnehmung der rechtlichen Interessen der Betroffenen nicht ausreicht und sie auf die Einsichtnahme angewiesen sind, erhalten sie Akteneinsicht; im Übrigen gilt § 21 Abs. 3 bis 6 LDSG entsprechend.

(2) Die Auskunft und die Gewährung von Akteneinsicht können versagt werden, wenn sie den Zweck der Untersuchungshaft gefährden.

(3) Weitergehende Auskunftsrechte nach allgemeinen Gesetzen finden für den Bereich des Justizvollzugs keine Anwendung.

§ 50 Unabdingbare Rechte der Betroffenen

Die Rechte nach § 48 auf Löschung, Anonymisierung, Sperrung und Berichtigung, nach § 49 auf Auskunft und Akteneinsicht sowie nach § 55 in Verbindung mit § 27 LDSG auf Anrufung des Landesbeauftragten für den Datenschutz können nicht durch Rechtsgeschäft ausgeschlossen oder beschränkt werden.

Unterabschnitt 5
Besondere Bestimmungen

§ 51 Anstaltsübergreifende Datenverarbeitung

(1) Die Justizvollzugsanstalt darf personenbezogene Daten von in anderen Justizvollzugsanstalten des Landes inhaftierten Gefangenen verarbeiten, soweit diese

1. zur anstaltsübergreifenden Steuerung der Belegung, insbesondere für Überstellungen und Verlegungen, oder

2. für die Erstellung von Kriminalprognosen über Gefangene

erforderlich sind.

(2) Die Befugnisse zur anstaltsübergreifenden Datenverarbeitung bestehen auch, sofern zureichende tatsächliche Anhaltspunkte vorliegen, dass die Sicherheit oder Ordnung der Justizvollzugsanstalt durch anstaltsübergreifende Kontakte oder Strukturen dieser Gefangenen in besonderem Maße gefährdet ist. Aus diesen Gründen darf die Justizvollzugsanstalt auch personenbezogene Daten mit Ausnahme erkennungsdienstlicher Unterlagen von Dritten verarbeiten, soweit zureichende tatsächliche Anhaltspunkte dafür vorliegen, dass diese in Kommunikationsstrukturen der Gefangenen eingebunden sind.

(3) Sofern die Aufsichtsbehörde Aufgaben der Justizvollzugsanstalten selbst wahrnimmt oder Stellen innerhalb des Justizvollzugs des Landes mit der Wahrnehmung anstaltsübergreifender vollzuglicher Aufgaben beauftragt, stehen der Aufsichtsbehörde sowie den von ihr beauftragten Stellen die Befugnisse zur Verarbeitung personenbezogener Daten nach diesem Gesetz zu.

(4) Bestehen auf Grund einer entsprechenden Vereinbarung Vollzugsgemeinschaften mit anderen Ländern, ist die Übermittlung personenbezogener Daten direkt an die beteiligten Justizvollzugsanstalten sowie deren Aufsichtsbehörde zulässig, soweit dies für die vereinbarte länderübergreifende Aufgabenerfüllung erforderlich ist. Näheres regelt eine Verwaltungsvorschrift.

§ 52 Automatisierte Übermittlungs- und Abrufverfahren

(1) Für die Übermittlung und den Abruf personenbezogener Daten dürfen automatisierte Verfahren eingerichtet werden, soweit dies unter Berücksichtigung der schutzwürdigen Interessen der Betroffenen und der Aufgaben der beteiligten Stellen angemessen ist.

(2) Am automatisierten Abrufverfahren können neben bestimmten Bediensteten der Justizvollzugsanstalten sowie der Aufsichtsbehörde beteiligt werden:

1. der Kriminologische Dienst Baden-Württemberg,

2. die Vollstreckungsbehörden sowie deren Aufsichtsbehörden,

3. die Jugendrichter als Vollstreckungsleiter und

4. die Strafvollstreckungskammern bei den Landgerichten.

Darüber hinaus kann die Übermittlung personenbezogener Daten nach § 36 Abs. 2 automatisiert erfolgen. Das Justizministerium wird ermächtigt, durch Verordnung weitere Beteiligte an automatisierten Übermittlungs- und Abrufverfahren zu benennen.

(3) Die beteiligten Stellen haben zu gewährleisten, dass die Zulässigkeit des Übermittlungs- oder Abrufverfahrens kontrolliert werden kann. Hierzu haben sie schriftlich festzulegen:

1. den Anlass und Zweck des Verfahrens,

2. die Empfänger der Übermittlung,

3. die Art der abzurufenden oder zu übermittelnden Daten und

4. die erforderlichen technischen und organisatorischen Maßnahmen.

Die speichernde Stelle hat insbesondere durch Zuweisung von beschränkten Abrufrechten sicherzustellen, dass nur die zur Aufgabenerfüllung des Empfängers erforderlichen Daten übermittelt werden können. Die erforderlichen Festlegungen können auch durch die Aufsichtsbehörde mit Wirkung für die ihrer Aufsicht unterliegenden Stellen des Landes getroffen werden.

(4) Die Zulässigkeit einzelner Übermittlungen und Abrufe beurteilt sich nach den für die Erhebung und Übermittlung geltenden Vorschriften. Die Verantwortung für die Zulässigkeit des einzelnen Abrufs trägt der Empfänger. Die speichernde Stelle prüft die Zulässigkeit des Abrufs nur, wenn dazu ein besonderer Anlass besteht. Die speichernde Stelle hat zu gewährleisten, dass der Abruf

personenbezogener Daten durch geeignete Stichprobenverfahren festgestellt und überprüft werden kann.

§ 53 Datenverarbeitung im Auftrag

(1) Die Justizvollzugsanstalten dürfen personenbezogene Daten durch andere Personen oder Stellen im Auftrag verarbeiten lassen. Dies gilt auch für Prüfungs- oder Wartungsarbeiten und vergleichbare Hilfstätigkeiten einschließlich der Fernwartung, über deren Durchführung neben der verantwortlichen Stelle auch die Aufsichtsbehörde mit Wirkung für die ihrer Aufsicht unterliegenden Stellen entscheiden kann.

(2) Soweit zur Auftragserfüllung erforderlich, darf der Auftragnehmer auf personenbezogene Daten zugreifen. Die Justizvollzugsanstalten bleiben für die Einhaltung der Vorschriften dieses Gesetzes verantwortlich. Die den Betroffenen zustehenden Rechte sind den Justizvollzugsanstalten gegenüber geltend zu machen.

(3) Für das Verhältnis zwischen Auftraggeber und Auftragnehmer gilt § 7 Abs. 2 LDSG entsprechend.

(4) Ist der Auftragnehmer eine Stelle innerhalb des Justizvollzugs, finden für die Datenschutzkontrolle und die Aufsicht die §§ 46 und 55 entsprechende Anwendung. Andernfalls gilt § 7 Abs. 3 und 4 LDSG entsprechend.

§ 54 Datenverarbeitung bei Übertragung von Vollzugsaufgaben

(1) Werden Aufgaben des Vollzugs ganz oder teilweise an öffentliche oder nichtöffentliche Stellen oder Personen zur Erledigung übertragen, dürfen die für die Aufgabenwahrnehmung erforderlichen personenbezogenen Daten an diese übermittelt werden. Soweit erforderlich, dürfen ihnen Dateien und Akten zur Aufgabenerfüllung überlassen werden.

(2) Die Aufgaben sind von der Justizvollzugsanstalt oder der Aufsichtsbehörde mit Wirkung für die Justizvollzugsanstalt an einen sorgfältig auszuwählenden Auftragnehmer zu übertragen. Dabei ist auch zu berücksichtigen, ob der Auftragnehmer ausreichend Gewähr dafür bietet, dass er die für eine datenschutzgerechte Datenverarbeitung erforderlichen technischen und organisatorischen Maßnahmen zu treffen in der Lage ist. Der Auftrag ist schriftlich zu erteilen und hat Angaben zu Gegenstand und Umfang der erforderlichen Datenüberlassung sowie das Erfordernis der Verpflichtung des einzusetzenden Personals nach dem Verpflichtungsgesetz zu enthalten. Der Auftraggeber hat sich das Recht vorzubehalten, die Einhaltung datenschutzrechtlicher Maßnahmen zu überprüfen.

(3) Soweit die übertragenen Vollzugsaufgaben innerhalb von Justizvollzugsanstalten geleistet werden, finden die für die Verarbeitung personenbezogener Daten geltenden Vorschriften dieses Abschnitts entsprechende Anwendung (§ 27 Abs. 2 Satz 1).

Unterabschnitt 6
Anwendung des Landesdatenschutzgesetzes

§ 55 Anwendung des Landesdatenschutzgesetzes

Die Regelung des Landesdatenschutzgesetzes im Hinblick auf den behördlichen Datenschutzbeauftragten (§ 10 LDSG) gilt entsprechend. Die Regelungen des Landesdatenschutzgesetzes im Hinblick auf den Schadensersatz (§ 25 LDSG), die Straf- und Bußgeldvorschriften (§§ 40, 41 LDSG) sowie die Bestimmungen über die Kontrolle durch den Landesbeauftragten für den Datenschutz (§§ 27 bis 30 LDSG) bleiben unberührt.

Abschnitt 8
Strafvollzugsbeauftragte

§ 56 Strafvollzugsbeauftragte

(1) Je einem von dem Präsidenten des Landtags von Baden-Württemberg der Aufsichtsbehörde benannten Mitglied der im Landtag vertretenen Fraktionen (Strafvollzugsbeauftragte) ist der Zutritt zu den Justizvollzugsanstalten des Landes ohne Anmeldung gestattet.

(2) Bei ihren Besuchen in den Justizvollzugsanstalten können sich die Strafvollzugsbe-

auftragten über die Unterbringungs- und sonstigen Lebensverhältnisse der Gefangenen, die Arbeitsbedingungen der Vollzugsbediensteten sowie den baulichen Zustand der Anstalten unterrichten. Gespräche mit Gefangenen werden nicht überwacht. § 119 StPO bleibt unberührt.

Abschnitt 9
Einschränkung von Grundrechten

§ 57 Einschränkung von Grundrechten

Die Grundrechte auf freie Entfaltung der Persönlichkeit (Artikel 2 Abs. 1 des Grundgesetzes), körperliche Unversehrtheit (Artikel 2 Abs. 2 Satz 1 des Grundgesetzes) und der Freiheit der Person (Artikel 2 Abs. 2 Satz 2 und Artikel 104 Abs. 1 Satz 1 des Grundgesetzes) sowie das Brief-, Post- und Fernmeldegeheimnis (Artikel 10 Abs. 1 des Grundgesetzes) werden durch dieses Gesetzbuch eingeschränkt.

I

Buch 2

Abschnitt 1
Grundsätze

§ 1 Gestaltung des Vollzugs

(1) Die Untersuchungsgefangenen sind unter Achtung ihrer Grund- und Menschenrechte zu behandeln. Niemand darf unmenschlicher oder erniedrigender Behandlung unterworfen werden.

(2) Das Leben im Untersuchungshaftvollzug soll den allgemeinen Lebensverhältnissen soweit wie möglich angeglichen werden.

(3) Schädlichen Folgen des Freiheitsentzugs ist entgegenzuwirken. Die Untersuchungsgefangenen sind vor Übergriffen zu schützen. Die Justizvollzugsanstalten bieten den Untersuchungsgefangenen Hilfen zur Verbesserung ihrer sozialen Situation an, soweit dies die besonderen Bedingungen der Untersuchungshaft zulassen.

(4) Bei der Gestaltung des Vollzugs und bei allen Einzelmaßnahmen werden die unterschiedlichen Lebenslagen und Bedürfnisse der weiblichen und männlichen Untersuchungsgefangenen berücksichtigt.

§ 2 Stellung der Untersuchungsgefangenen

(1) Untersuchungsgefangene gelten als unschuldig.

(2) Soweit das Gesetz eine besondere Regelung nicht enthält, dürfen den Untersuchungsgefangenen nur Beschränkungen auferlegt werden, die zur Aufrechterhaltung der Sicherheit oder zur Abwendung einer schwerwiegenden Störung der Ordnung der Justizvollzugsanstalt unerlässlich sind.

§ 3 Zuständigkeit

Die nach diesem Gesetz notwendigen Entscheidungen trifft die Justizvollzugsanstalt unter Beachtung der Belange des Strafverfahrens.

Abschnitt 2
Vollzugsverlauf

§ 4 Aufnahme in die Justizvollzugsanstalt

Bei der Aufnahme werden die Untersuchungsgefangenen über ihre Rechte und Pflichten in einer für sie verständlichen Form unterrichtet. Nach der Aufnahme werden sie alsbald ärztlich untersucht und der Anstaltsleiterin oder dem Anstaltsleiter oder den von diesen beauftragten Bediensteten vorgestellt. Beim Aufnahmeverfahren und bei der ärztlichen Untersuchung dürfen andere Gefangene nicht zugegen sein; Ausnahmen bedürfen der Zustimmung der oder des Untersuchungsgefangenen.

§ 5 Verlegung, Überstellung und Ausantwortung

(1) Untersuchungsgefangene können abweichend vom Vollstreckungsplan in eine andere Justizvollzugsanstalt überstellt oder verlegt werden, wenn dies aus Gründen der Sicherheit oder Ordnung der Justizvollzugsanstalt, der Vollzugsorganisation oder aus sonstigen wichtigen Gründen erforderlich ist.

(2) Die Überstellung oder Verlegung bedarf der vorherigen Zustimmung des Gerichts.

(3) In begründeten Fällen ist das befristete Überlassen von Untersuchungsgefangenen in den Gewahrsam einer Polizei-, Zoll- oder Finanzbehörde (Ausantwortung) zulässig. Die Justizvollzugsanstalt kann zur Durchführung der Ausantwortung Anordnungen treffen. Die Staatsanwaltschaft und das Gericht sind über Ausantwortungsersuchen unverzüglich zu unterrichten.

§ 6 Vorführung und Ausführung

(1) Vorführungen erfolgen auf Grund gerichtlicher oder staatsanwaltschaftlicher Anordnung. Über Vorführungsersuchen in anderen Verfahren als dem der Inhaftierung zu Grunde liegenden, hat die Justizvollzugsanstalt die Staatsanwaltschaft und das Gericht unverzüglich zu unterrichten.

(2) Aus wichtigem Anlass können Untersuchungsgefangene auf ihren Antrag hin auf

eigene Kosten ausgeführt werden. Die Justizvollzugsanstalt kann in begründeten Fällen die Kosten der Ausführung in angemessenem Umfang übernehmen.

(3) Untersuchungsgefangene dürfen auch ohne ihren Antrag ausgeführt werden, wenn dies aus besonderen Gründen notwendig ist.

(4) Vor der Ausführung von Untersuchungsgefangenen sind die Staatsanwaltschaft und das Gericht zu unterrichten.

§ 7 Beendigung der Untersuchungshaft

(1) Untersuchungsgefangene sind ausschließlich auf gerichtliche oder staatsanwaltschaftliche Anordnung hin unverzüglich aus der Haft zu entlassen, es sei denn, es ist in anderer Sache eine richterlich angeordnete Freiheitsentziehung zu vollstrecken. Die schriftliche Anordnung ist mit einem Dienstsiegel zu versehen. Im Fall einer fernmündlichen, durch Telefax oder elektronisch übermittelten Anordnung ist deren Echtheit vor der Entlassung zu prüfen.

(2) Aus fürsorgerischen Gründen kann Untersuchungsgefangenen auf Kosten der Justizvollzugsanstalt der freiwillige Verbleib in der Anstalt bis zum Vormittag des zweiten auf den Eingang der Entlassungsanordnung folgenden Werktags gestattet werden. Die oder der Untersuchungsgefangene ist darauf hinzuweisen, dass in diesen Fällen kein Anspruch auf eine Entlassung in der Zeit zwischen 18.00 Uhr und 8.00 Uhr besteht.

(3) Bei Verurteilung zu einer Freiheits- oder Jugendstrafe, deren Vollstreckung nicht zur Bewährung ausgesetzt wird und die nicht durch Anrechnung der Untersuchungshaft bereits erledigt ist, sind Untersuchungsgefangene mit Rechtskraft des Urteils als Strafgefangene zu behandeln, soweit sich dies schon vor der Aufnahme zum Strafvollzug durchführen lässt. Die Justizvollzugsanstalt ist von dem für die Erteilung der Rechtskraftbescheinigung zuständigen Gericht über den Eintritt der Rechtskraft unverzüglich zu unterrichten. Satz 1 gilt nicht, wenn auf Grund eines anderen Haftbefehls weiterhin Untersuchungshaft zu vollziehen ist.

(4) Absatz 3 gilt bei rechtskräftiger Anordnung einer mit Freiheitsentziehung verbundenen Maßregel der Besserung und Sicherung entsprechend.

Abschnitt 3
Grundversorgung

§ 8 Unterbringung

(1) Während der Ruhezeit werden Untersuchungsgefangene allein in ihren Hafträumen untergebracht. Mit ihrer Zustimmung können Untersuchungsgefangene auch während der Ruhezeit gemeinsam untergebracht werden. Auch ohne ihre Zustimmung ist eine gemeinsame Unterbringung zulässig, wenn Untersuchungsgefangene hilfsbedürftig sind oder eine Gefahr für Leben oder Gesundheit Gefangener besteht. Unter den Voraussetzungen des Satzes 3 ist auch eine gemeinsame Unterbringung mit Strafgefangenen zulässig, bis die Gefahr auf andere Weise abgewendet oder der Hilfsbedürftigkeit begegnet werden kann.

(2) Untersuchungsgefangenen soll Gelegenheit gegeben werden, sich außerhalb der Ruhezeit in Gemeinschaft mit anderen Untersuchungsgefangenen aufzuhalten, soweit es die räumlichen, personellen und organisatorischen Verhältnisse der Justizvollzugsanstalt gestatten.

(3) Soweit es die Sicherheit oder Ordnung der Justizvollzugsanstalt erfordert, kann

1. die gemeinschaftliche Unterbringung während der Ruhezeit ausgeschlossen,

2. der gemeinschaftliche Aufenthalt außerhalb der Ruhezeit eingeschränkt sowie

3. die Trennung von einzelnen anderen Gefangenen, insbesondere solchen, die der Täterschaft, Teilnahme, Begünstigung, Strafvereitelung oder Hehlerei bezüglich derselben Tat verdächtig oder bereits abgeurteilt sind oder als Zeuginnen oder Zeugen in Betracht kommen,

angeordnet werden.

I

§ 9 Ausstattung des Haftraums

Untersuchungsgefangene dürfen ihren Haftraum in angemessenem Umfang mit eigenen Gegenständen ausstatten. Hierdurch darf die Übersichtlichkeit des Haftraums sowie die Sicherheit und Ordnung der Justizvollzugsanstalt nicht beeinträchtigt werden.

§ 10 Wäsche

(1) Untersuchungsgefangene dürfen eigene Kleidung tragen und eigene Bettwäsche benutzen, sofern sie für Reinigung, Instandhaltung und regelmäßigen Wechsel sorgen. Hierzu dürfen für Untersuchungsgefangene Kleidungsstücke und Bettwäsche in der Justizvollzugsanstalt abgegeben und von dort abgeholt oder von den Gefangenen versandt werden. Die Justizvollzugsanstalt kann anordnen, dass abweichend von Satz 2 Reinigung und Instandhaltung der Wäsche durch ihre Vermittlung auf Kosten der Untersuchungsgefangenen erfolgen.

(2) Untersuchungsgefangene, die keine geeignete eigene Kleidung oder Bettwäsche besitzen, erhalten diese von der Justizvollzugsanstalt.

§ 11 Verpflegung, Einkauf und Fernsehen

(1) Die Verpflegung wird in Übereinstimmung mit den jeweils gültigen Werten für eine ausreichende und ausgewogene Ernährung in Gemeinschaftsverpflegung angeboten. Den Untersuchungsgefangenen soll ermöglicht werden, religiöse Speisevorschriften zu befolgen.

(2) Untersuchungsgefangene können aus einem von der Justizvollzugsanstalt vermittelten Angebot Waren kaufen sowie auf eigene Kosten fernsehen. Hierzu können sie monatlich einen Betrag verwenden, der im Regelfall den 20-fachen Tagessatz der Eckvergütung nicht übersteigen soll. Erhalten Untersuchungsgefangene Bezüge nach diesem Gesetz, soll der Betrag nach Satz 2 den 30-fachen Tagessatz der Eckvergütung nicht übersteigen. Das Warenangebot ist auf die Bedürfnisse der Untersuchungsgefangenen abzustimmen. Gegenstände, die die Sicherheit oder Ordnung der Justizvollzugsanstalt gefährden, sind vom Verkauf ausgeschlossen. Der Einkauf kann in Form eines Listeneinkaufs durchgeführt werden.

(3) In begründeten Ausnahmefällen, insbesondere wenn ein zugelassener Artikel sonst nicht beschafft werden kann, kann die Justizvollzugsanstalt einen Einkauf über andere sichere Bezugsquellen gestatten.

Abschnitt 4
Verkehr mit der Außenwelt

§ 12 Pflege sozialer Beziehungen

(1) Untersuchungsgefangene haben das Recht, mit Personen außerhalb der Justizvollzugsanstalt im Rahmen der gesetzlichen Vorschriften zu verkehren. Der Kontakt zu Angehörigen und Personen, von denen ein günstiger Einfluss auf die Untersuchungsgefangenen erwartet werden kann, wird gefördert.

(2) Untersuchungsgefangene dürfen regelmäßig Besuch empfangen. Die Gesamtdauer beträgt mindestens eine Stunde im Monat.

(3) Besuche sollen darüber hinaus zugelassen werden, wenn sie persönlichen, rechtlichen oder geschäftlichen Angelegenheiten dienen, die von den Untersuchungsgefangenen weder schriftlich erledigt, noch durch Dritte wahrgenommen oder bis zur Entlassung aufgeschoben werden können.

(4) Aus Gründen der Sicherheit oder Ordnung der Justizvollzugsanstalt kann ein Besuch davon abhängig gemacht werden, dass sich die Besucherin oder der Besucher durchsuchen oder mit technischen Mitteln oder sonstigen Hilfsmitteln auf verbotene Gegenstände absuchen lässt. Aus den gleichen Gründen kann die Anzahl der gleichzeitig zu einem Besuch zugelassenen Personen beschränkt werden.

§ 13 Verbot von Besuchen

Die Anstaltsleiterin oder der Anstaltsleiter kann Besuche untersagen, wenn die Sicherheit oder Ordnung der Justizvollzugsanstalt gefährdet würde.

§ 14 Überwachung von Besuchen

(1) Besuche dürfen aus Gründen der Sicherheit oder Ordnung der Justizvollzugsanstalt überwacht werden, es sei denn, es liegen im Einzelfall Erkenntnisse dafür vor, dass es der Überwachung nicht bedarf. Die Unterhaltung darf überwacht werden, soweit dies im Einzelfall aus diesen Gründen erforderlich ist.

(2) Die optische Überwachung von Besuchen kann durch technische Hilfsmittel erfolgen. Auf eine Überwachung nach Satz 1 sind die Untersuchungsgefangenen und ihre Besucher vorher hinzuweisen. Zur Verhinderung der Übergabe von Gegenständen können besondere Vorkehrungen, insbesondere durch Tischaufsätze oder Trennscheiben, getroffen werden, wenn bei der oder dem Untersuchungsgefangenen verbotene Gegenstände gefunden wurden oder sonst konkrete Anhaltspunkte vorliegen, dass es zu einer verbotenen Übergabe von Gegenständen kommt.

(3) Gegenstände dürfen beim Besuch nur mit Zustimmung der Justizvollzugsanstalt übergeben werden. Untersuchungsgefangenen dürfen Nahrungs- und Genussmittel in geringer Menge übergeben werden. Die Justizvollzugsanstalt kann anordnen, dass die Nahrungs- und Genussmittel durch ihre Vermittlung beschafft werden.

(4) Ein Besuch darf abgebrochen werden, wenn Untersuchungsgefangene oder ihre Besucherinnen oder Besucher gegen Vorschriften dieses Gesetzes oder aufgrund dieses Gesetzes getroffene Anordnungen trotz Ermahnung verstoßen. Einer Ermahnung bedarf es nicht, wenn es unerlässlich ist, den Besuch sofort abzubrechen.

§ 15 Besuche bestimmter Personen

(1) Besuche von Verteidigern sowie von Rechtsanwälten und Notaren in einer die Untersuchungsgefangene oder den Untersuchungsgefangenen betreffenden Rechtssache sind zu gestatten. Die Justizvollzugsanstalt kann die Modalitäten der Besuche entsprechend ihren organisatorischen Möglichkeiten regeln. Der Besuch kann davon abhängig gemacht werden, dass sich die Besucher vorher aus Gründen der Sicherheit oder Ordnung der Justizvollzugsanstalt durchsuchen oder mit technischen Mitteln oder sonstigen Hilfsmitteln auf verbotene Gegenstände absuchen lassen. Eine Kenntnisnahme von dem gedanklichen Inhalt der von Verteidigern mitgeführten Schriftstücke und sonstigen Unterlagen ist unzulässig.

(2) Besuche von Verteidigern werden nicht überwacht. Zur Übergabe von Schriftstücken und sonstigen Unterlagen bedürfen Verteidiger, Rechtsanwälte oder Notare keiner Erlaubnis, sofern diese unmittelbar der Vorbereitung oder Durchführung der Verteidigung oder der Erledigung einer die Untersuchungsgefangene oder den Untersuchungsgefangenen betreffenden Rechtssache dienen. Beim Besuch von Rechtsanwälten und Notaren kann die Übergabe von Schriftstücken oder sonstigen Unterlagen aus Gründen der Sicherheit oder Ordnung der Justizvollzugsanstalt von der Erlaubnis abhängig gemacht werden.

(3) § 148 Abs. 2 und § 148a StPO bleiben unberührt.

§ 16 Recht auf Schriftwechsel

(1) Untersuchungsgefangene haben das Recht, unbeschränkt Schreiben abzusenden und zu empfangen.

(2) Die Anstaltsleiterin oder der Anstaltsleiter kann den Schriftwechsel mit bestimmten Personen untersagen, wenn die Sicherheit oder Ordnung der Justizvollzugsanstalt gefährdet würde.

(3) Die Kosten des Schriftwechsels tragen die Untersuchungsgefangenen. Sind sie dazu nicht in der Lage, kann die Justizvollzugsanstalt die Kosten in begründeten Fällen in angemessenem Umfang übernehmen.

§ 17 Überwachung des Schriftwechsels

(1) Der Schriftwechsel der Untersuchungsgefangenen darf überwacht werden, soweit dies aus Gründen der Sicherheit oder Ordnung der Justizvollzugsanstalt erforderlich ist.

(2) Der Schriftwechsel der Untersuchungsgefangenen mit ihren Verteidigern wird nicht

überwacht. Die Schreiben dürfen, ohne sie zu öffnen, auf verbotene Gegenstände untersucht werden. § 148 Abs. 2 und § 148a StPO bleiben unberührt

Absatz 2 gilt entsprechend für Schreiben von Untersuchungsgefangenen an

1. die Volksvertretungen des Bundes und der Länder sowie an deren Mitglieder,

2. das Europäische Parlament und dessen Mitglieder,

3. den Europäischen Gerichtshof für Menschenrechte,

4. den Europäischen Ausschuss zur Verhütung von Folter und unmenschlicher oder erniedrigender Behandlung oder Strafe,

5. die Datenschutzbeauftragten des Bundes und der Länder sowie die Aufsichtsbehörden nach § 38 Bundesdatenschutzgesetz,

6. den Europäischen Datenschutzbeauftragten,

7. den Menschenrechtsausschuss der Vereinten Nationen sowie

8. den Ausschuss der Vereinten Nationen gegen Folter, den zugehörigen Unterausschuss zur Verhütung von Folter und die entsprechenden nationalen Präventionsmechanismen,

wenn die Schreiben an die Anschriften dieser Stellen gerichtet sind und den Absender zutreffend angeben. Schreiben der in Satz 1 genannten Stellen, die an Untersuchungsgefangene gerichtet sind, dürfen nicht überwacht werden, wenn die Identität des Absenders zweifelsfrei feststeht.

§ 18 Weiterleitung und Aufbewahrung von Schreiben

(1) Untersuchungsgefangene haben Absendung und Empfang ihrer Schreiben durch die Justizvollzugsanstalt vermitteln zu lassen, soweit nichts anderes gestattet ist.

(2) Eingehende und ausgehende Schreiben sind unverzüglich weiterzuleiten.

(3) Untersuchungsgefangene haben eingehende Schreiben unverschlossen zu verwahren, sofern nichts anderes gestattet wird. Die Schreiben können auch verschlossen zur Habe gegeben werden.

§ 19 Anhalten von Schreiben

(1) Schreiben können angehalten werden, wenn

1. die Sicherheit oder Ordnung einer Justizvollzugsanstalt gefährdet würde,

2. die Weitergabe in Kenntnis ihres Inhalts einen Straf- oder Bußgeldtatbestand verwirklichen würde,

3. sie grob unrichtige oder erheblich entstellende Darstellungen von Anstaltsverhältnissen enthalten,

4. sie grobe Beleidigungen enthalten oder

5. sie in Geheimschrift, unlesbar, unverständlich oder ohne zwingenden Grund in einer fremden Sprache abgefasst sind; ein zwingender Grund zur Abfassung eines Schreibens in fremder Sprache liegt in der Regel nicht vor bei einem Schriftwechsel zwischen deutschen Gefangenen und Dritten, die die deutsche Staatsangehörigkeit besitzen oder ihren Lebensmittelpunkt im Geltungsbereich des Grundgesetzes haben.

(2) Ausgehende Schreiben, die unrichtige Darstellungen enthalten, kann ein Begleitschreiben beigefügt werden, wenn die oder der Untersuchungsgefangene auf der Absendung besteht.

(3) Ist ein Schreiben angehalten worden, wird dies der oder dem Untersuchungsgefangenen mitgeteilt. Hiervon kann vorübergehend abgesehen werden, wenn dies die Sicherheit oder Ordnung der Justizvollzugsanstalt erfordert. Angehaltene Schreiben werden an die Absenderin oder den Absender zurückgeben oder, sofern dies unmöglich oder aus besonderen Gründen untunlich ist, behördlich verwahrt.

(4) Schreiben, deren Überwachung ausgeschlossen ist, dürfen nicht angehalten werden.

§ 20 Telefongespräche

(1) Untersuchungsgefangenen kann gestattet werden, zu telefonieren.

(2) Im Übrigen gelten für Telefonate die für den Besuch geltenden Vorschriften mit Ausnahme von § 12 Abs. 2 entsprechend. Die

Überwachung der Unterhaltung ist den Gesprächspartnern der Untersuchungsgefangenen unmittelbar nach Herstellung der Verbindung von der Justizvollzugsanstalt oder den Untersuchungsgefangenen mitzuteilen. Die Untersuchungsgefangenen sind rechtzeitig vor Beginn des Telefongesprächs über die beabsichtigte Überwachung und die Mitteilungspflicht zu unterrichten.

(3) Die Kosten der Telefongespräche tragen die Untersuchungsgefangenen. Sind sie dazu nicht in der Lage, kann die Justizvollzugsanstalt die Kosten in begründeten Fällen in angemessenem Umfang übernehmen.

§ 21 Pakete

(1) Der Empfang von Paketen bedarf der vorherigen Erlaubnis der Justizvollzugsanstalt. Für den Ausschluss von Gegenständen gilt § 11 Abs. 2 Satz 5 entsprechend. Pakete mit Nahrungs- und Genussmitteln sind ausgeschlossen.

(2) Pakete sind in Gegenwart der oder des Untersuchungsgefangenen zu öffnen. Ausgeschlossene Gegenstände können zur Habe der oder des Untersuchungsgefangenen genommen oder an die Absenderin oder den Absender zurückgesandt werden. Nicht ausgehändigte Gegenstände, die bei der Aufbewahrung Personen verletzt oder Sachschäden verursacht werden können oder die verderblich sind, dürfen vernichtet werden. Die hiernach getroffenen Maßnahmen werden der oder dem Untersuchungsgefangenen eröffnet.

(3) Untersuchungsgefangenen kann gestattet werden, Pakete zu versenden. Der Inhalt kann aus Gründen der Sicherheit oder Ordnung der Justizvollzugsanstalt überprüft werden.

(4) Die Kosten des Paketverkehrs tragen die Untersuchungsgefangenen. Die Justizvollzugsanstalt kann die Kosten in begründeten Fällen in angemessenem Umfang übernehmen.

Abschnitt 5
Religionsausübung

§ 22 Seelsorge

(1) Untersuchungsgefangenen darf religiöse Betreuung durch eine Seelsorgerin oder einen Seelsorger ihrer Religionsgemeinschaft nicht versagt werden. Ihnen ist auf Wunsch zu helfen, mit einer Seelsorgerin oder einem Seelsorger in Verbindung zu treten. Das Beicht- und Seelsorgegeheimnis ist unverletzlich.

(2) Untersuchungsgefangene dürfen grundlegende religiöse Schriften besitzen. Diese dürfen ihnen nur bei grobem Missbrauch entzogen werden.

(3) Untersuchungsgefangenen sind Gegenstände des religiösen Gebrauchs in angemessenem Umfang zu belassen.

§ 23 Religiöse Veranstaltungen

(1) Untersuchungsgefangene haben das Recht, am Gottesdienst und an anderen religiösen Veranstaltungen ihres Bekenntnisses teilzunehmen.

(2) Untersuchungsgefangene werden zu dem Gottesdienst oder zu religiösen Veranstaltungen einer anderen Religionsgemeinschaft zugelassen, wenn deren Seelsorgerin oder Seelsorger zustimmt.

(3) Untersuchungsgefangene können von der Teilnahme am Gottesdienst oder anderen religiösen Veranstaltungen ausgeschlossen werden, wenn dies aus überwiegenden Gründen der Sicherheit oder Ordnung der Justizvollzugsanstalt geboten ist; die Seelsorgerin oder der Seelsorger soll vorher gehört werden.

§ 24 Weltanschauungsgemeinschaften

Für Angehörige weltanschaulicher Bekenntnisse gelten die §§ 22 und 23 entsprechend.

Abschnitt 6
Gesundheitsfürsorge

§ 25 Gesundheitsschutz und Aufenthalt im Freien

(1) Die Justizvollzugsanstalt kann Anordnungen zum Gesundheitsschutz und zur Hygiene treffen.

(2) Untersuchungsgefangenen wird täglich mindestens eine Stunde Aufenthalt im Freien ermöglicht, wenn die Witterung dem nicht zwingend entgegensteht.

§ 26 Anspruch auf medizinische Leistung

(1) Untersuchungsgefangene haben einen Anspruch auf notwendige, ausreichende und zweckmäßige medizinische Versorgung unter Beachtung des Grundsatzes der Wirtschaftlichkeit. Der Anspruch umfasst Untersuchungen zur Früherkennung von Krankheiten und Vorsorgeleistungen. Die Beurteilung der Notwendigkeit orientiert sich an der Versorgung der gesetzlich Versicherten. Leistungen zur medizinischen Rehabilitation und ergänzende Leistungen werden erbracht, soweit die Belange des Vollzugs dem nicht entgegenstehen.

(2) Der Anspruch nach Absatz 1 umfasst nicht die Versorgung mit Hilfsmitteln (§ 33 des Fünften Buchs Sozialgesetzbuch).

(3) An den Kosten für medizinische Leistungen können die Untersuchungsgefangenen in angemessenem Umfang beteiligt werden, höchstens jedoch bis zum Umfang der Beteiligung gesetzlich Versicherter. Kosten für Zahnersatz einschließlich Zahnkronen und Suprakonstruktionen werden nicht übernommen.

(4) Über Ausnahmen von Absatz 2 und Absatz 3 Satz 2 in besonderen Fällen entscheidet die Anstaltsleiterin oder der Anstaltsleiter mit Zustimmung der Aufsichtsbehörde und nach Anhörung der Ärztin oder des Arztes.

§ 27 Verlegung aus medizinischen Gründen

(1) Kranke, pflegebedürftige oder hilfsbedürftige Untersuchungsgefangene können in eine zur Behandlung ihrer Krankheit oder in eine für ihre Versorgung besser geeignete Justizvollzugsanstalt oder in ein Justizvollzugskrankenhaus überstellt oder verlegt werden.

(2) Erforderlichenfalls können Untersuchungsgefangene für die notwendige Dauer der Behandlung oder Versorgung in ein Krankenhaus außerhalb des Vollzugs gebracht werden. Eine möglichst rasche Rückverlegung in ein Justizvollzugskrankenhaus oder eine Justizvollzugsanstalt ist anzustreben.

(3) Vor der Durchführung von Maßnahmen nach Absatz 1 oder 2 sind nach Möglichkeit die Staatsanwaltschaft und das Gericht zu unterrichten.

§ 28 Leistungen bei Schwangerschaft und Mutterschaft

(1) Auf den gesundheitlichen Zustand einer schwangeren Untersuchungsgefangenen oder einer Untersuchungsgefangenen, die unlängst entbunden hat, ist Rücksicht zu nehmen. Die Vorschriften des Mutterschutzgesetzes über die Gestaltung des Arbeitsplatzes und über das Bestehen von Beschäftigungsverboten gelten entsprechend.

(2) Die Untersuchungsgefangene hat während der Schwangerschaft sowie bei und nach der Entbindung Anspruch auf ärztliche Betreuung einschließlich der Untersuchungen zur Feststellung der Schwangerschaft und zur Schwangerenvorsorge sowie auf Hebammenhilfe. Die ärztliche Betreuung umfasst die Beratung der Schwangeren zur Bedeutung der Mundgesundheit für Mutter und Kind einschließlich des Zusammenhangs zwischen Ernährung und Krankheitsrisiko sowie die Einschätzung oder Bestimmung des Übertragungsrisikos von Karies.

(3) Bei Schwangerschaftsbeschwerden und im Zusammenhang mit der Entbindung werden Arznei-, Verbands- und Heilmittel geleistet.

§ 29 Entbindung und Geburtsanzeige

(1) Eine schwangere Untersuchungsgefangene ist zur Entbindung in ein Krankenhaus au-

ßerhalb des Vollzugs zu bringen. Ist dies aus besonderen Gründen nicht angezeigt, ist die Entbindung in einer Justizvollzugsanstalt mit Entbindungsabteilung vorzunehmen. Bei der Entbindung wird Hilfe durch eine Hebamme und falls erforderlich durch eine Ärztin oder einen Arzt gewährt.

(2) In der Anzeige der Geburt an das Standesamt dürfen die Justizvollzugsanstalt als Geburtsstätte des Kindes, das Verhältnis der anzeigenden Person zur Justizvollzugsanstalt und die Gefangenschaft der Mutter nicht vermerkt sein.

§ 30 Wahlärztliche Behandlung

(1) Die Justizvollzugsanstalt soll nach Anhörung der Anstaltsärztin oder des Anstaltsarztes Untersuchungsgefangenen auf ihren Antrag hin gestatten, sich nach eigener Wahl und auf eigene Kosten ärztlich behandeln zu lassen. Die Behandlung soll in der Justizvollzugsanstalt stattfinden.

(2) Die Erlaubnis kann versagt werden, wenn Untersuchungsgefangene die gewählte Ärztin oder den gewählten Arzt sowie den ärztlichen Dienst der Justizvollzugsanstalt nicht wechselseitig von der Schweigepflicht entbinden oder wenn es die Sicherheit oder Ordnung der Justizvollzugsanstalt erfordert.

§ 31 Benachrichtigung bei Erkrankung oder Todesfall

(1) Erkranken Untersuchungsgefangene schwer, ist eine Angehörige oder ein Angehöriger, eine Vertrauensperson oder eine gesetzliche Vertreterin oder ein gesetzlicher Vertreter unverzüglich zu benachrichtigen. Hiervon kann auf Wunsch der oder des Untersuchungsgefangenen abgesehen werden. Im Fall des Todes von Untersuchungsgefangenen, ist eine der in Satz 1 genannten Personen unverzüglich zu benachrichtigen.

(2) Dem Wunsch von Untersuchungsgefangenen, auch andere Personen zu benachrichtigen, soll nach Möglichkeit entsprochen werden.

Abschnitt 7
Soziale Hilfe

§ 32 Soziale Hilfe

(1) Untersuchungsgefangenen wird die soziale Hilfe der Justizvollzugsanstalt angeboten, um ihre persönlichen Schwierigkeiten zu lösen und sie in die Lage zu versetzen, ihre Angelegenheiten selbst zu regeln. Bei der Aufnahme wird ihnen geholfen, die notwendigen Maßnahmen für hilfsbedürftige Angehörige zu veranlassen und ihre Habe außerhalb der Justizvollzugsanstalt sicherzustellen. Ihnen soll während des Vollzugs geholfen werden, soziale Beziehungen aufrechtzuerhalten, Arbeitsplatz und Wohnung zu erhalten und für Unterhaltsberechtigte zu sorgen. Angebote zur Vermeidung oder Bewältigung persönlicher Krisen sind vorzusehen.

(2) Die Beratung soll die Benennung von Stellen und Einrichtungen außerhalb der Justizvollzugsanstalt umfassen, die sich um eine Vermeidung der weiteren Untersuchungshaft bemühen oder Hilfen in besonderen sozialen oder gesundheitlichen Problemlagen anbieten. Auf Wunsch sind Untersuchungsgefangenen Einrichtungen und Organisationen zu benennen, die sie in ihrem Bemühen unterstützen können, einen Ausgleich mit dem Tatopfer zu erreichen.

§ 33 Entlassungsbeihilfe

(1) Untersuchungsgefangene erhalten, soweit ihre eigenen Mittel nicht ausreichen, bei ihrer Entlassung aus der Haft von der Justizvollzugsanstalt eine Beihilfe zu den Reisekosten sowie erforderlichenfalls ausreichende Kleidung. Bedürftige Untersuchungsgefangene erhalten darüber hinaus eine Beihilfe, die sie in die Lage versetzt, ohne Inanspruchnahme fremder Hilfen ihren notwendigen Lebensunterhalt zu bestreiten, bis sie ihn voraussichtlich anderweitig decken können (Überbrückungsbeihilfe). Die Justizvollzugsanstalt kann die Überbrückungsbeihilfe ganz oder teilweise der Bewährungshilfe oder einer mit der Entlassenenbetreuung befassten Stelle überweisen, die darüber entscheidet, wie das Geld nach der Entlassung an die Un-

tersuchungsgefangenen ausbezahlt wird. Die Bewährungshilfe und die mit der Entlassenenbetreuung befasste Stelle sind verpflichtet, die Überbrückungsbeihilfe von ihrem Vermögen gesondert zu halten.

(2) Der Anspruch auf Beihilfe zu den Reisekosten und die ausgezahlte Reisebeihilfe sind unpfändbar. Für den Anspruch auf Überbrückungsbeihilfe und für Bargeld nach Auszahlung einer Überbrückungsbeihilfe an Untersuchungsgefangene gilt § 52 Abs. 4 Satz 1 und 3, Abs. 5 des Dritten Buchs entsprechend.

Abschnitt 8
Arbeit, Ausbildung und Weiterbildung

§ 34 Arbeit, Bildungsmaßnahmen und Selbstbeschäftigung

(1) Untersuchungsgefangene sind nicht zur Arbeit verpflichtet.

(2) Die Justizvollzugsanstalt soll Untersuchungsgefangenen nach Möglichkeit wirtschaftlich ergiebige Arbeit anbieten und dabei ihre Fähigkeiten und Neigungen nach Möglichkeit berücksichtigen. Untersuchungsgefangene können auch zu Hilfstätigkeiten in der Justizvollzugsanstalt herangezogen werden.

(3) Gehen Untersuchungsgefangene einer Arbeit oder Hilfstätigkeit nach, dürfen sie diese nicht zur Unzeit niederlegen.

(4) Geeigneten Untersuchungsgefangenen soll nach Möglichkeit Gelegenheit zum Erwerb oder zur Verbesserung schulischer oder beruflicher Kenntnisse gegeben werden, soweit es die besonderen Bedingungen der Untersuchungshaft zulassen. Aus dem Zeugnis über eine Bildungsmaßnahme darf die Inhaftierung einer Teilnehmerin oder eines Teilnehmers nicht erkennbar sein.

(5) Untersuchungsgefangenen kann gestattet werden, sich selbst zu beschäftigen.

§ 35 Arbeitsentgelt

(1) Üben Untersuchungsgefangene eine angebotene Arbeit oder Hilfstätigkeit aus, so erhalten sie ein Arbeitsentgelt. Der Bemessung des Arbeitsentgelts sind fünf Prozent der Bezugsgröße nach § 18 des Vierten Buchs Sozialgesetzbuch zu Grunde zu legen (Eckvergütung). Ein Tagessatz ist der zweihundertfünfzigste Teil der Eckvergütung; das Arbeitsentgelt kann nach einem Stundensatz bemessen werden.

(2) Das Arbeitsentgelt kann je nach Leistung der Untersuchungsgefangenen und der Art der Arbeit gestuft werden. 75 Prozent der Eckvergütung dürfen nur dann unterschritten werden, wenn die Arbeitsleistung der oder des Untersuchungsgefangenen den Mindestanforderungen nicht genügt.

(3) Die Höhe des Arbeitsentgelts ist den Untersuchungsgefangenen schriftlich bekannt zu geben.

(4) Das Justizministerium wird ermächtigt, zur Durchführung von Absatz 1 und 2 sowie § 75 Abs. 4, im Einvernehmen mit dem Finanzministerium, die Vergütungsstufen und die Höhe der Vergütung in den einzelnen Vergütungsstufen einschließlich der Gewährung von Zulagen durch Rechtsverordnung zu regeln.

§ 36 Haftkostenbeitrag

Nach rechtskräftiger Verurteilung von Untersuchungsgefangenen sind die nach den gleichen Grundsätzen wie die Haftkostenbeiträge von Strafgefangenen zu ermittelnden Kosten der Untersuchungshaft umgehend an die Vollstreckungsbehörde mitzuteilen. Die Kostenermittlung unterbleibt, wenn auf eine Rechtsfolge nach dem Jugendgerichtsgesetz erkannt ist. Sind zu Jugendstrafe verurteilte Untersuchungsgefangene vom Jugendstrafvollzug ausgenommen, findet Satz 1 Anwendung.

§ 37 Sondergeld

(1) Für Untersuchungsgefangene kann monatlich ein Betrag in angemessener Höhe einbezahlt werden, der als Sondergeld gutzuschreiben ist und für den Einkauf oder anderweitig verwendet werden kann.

(2) Über Absatz 1 hinaus kann Sondergeld in angemessener Höhe für folgende Zwecke eingezahlt werden:

1. Maßnahmen der Eingliederung, insbesondere Kosten der Gesundheitsfürsorge und der Aus- und Fortbildung sowie

2. Maßnahmen zur Pflege sozialer Beziehungen, insbesondere Telefonkosten.

(3) Soweit das Guthaben des Sondergelds nach Absatz 1 die Summe von drei Monatseinzahlungen übersteigt, ist es dem Eigengeld zuzuschreiben. Sondergeld im Sinne von Absatz 2 ist dem Eigengeld zuzuschreiben, wenn es zum bezeichneten Zweck nicht eingesetzt werden kann und eine Rückerstattung an die Einzahler nicht möglich ist.

(4) Der Anspruch auf Auszahlung des Sondergelds nach Absatz 1 und 2 ist unpfändbar.

§ 38 Einbehaltung von Beitragsteilen

Soweit die Justizvollzugsanstalt Beiträge zur Bundesagentur für Arbeit zu entrichten hat, kann sie von dem Arbeitsentgelt einen Betrag einbehalten, der dem Anteil der oder des Untersuchungsgefangenen am Beitrag entsprechen würde, wenn sie oder er diese Bezüge als Arbeitnehmer erhielte.

Abschnitt 9
Freizeit

§ 39 Allgemeines

Untersuchungsgefangenen ist Gelegenheit zu geben, sich in ihrer Freizeit zu beschäftigen. Insbesondere sollen Sportmöglichkeiten, Freizeitgruppen, Gemeinschaftsveranstaltungen, Veranstaltungen zur Weiterbildung und die Benutzung einer Anstaltsbücherei angeboten werden.

§ 40 Besitz von Gegenständen zur Freizeitbeschäftigung

(1) Untersuchungsgefangene dürfen in angemessenem Umfang Gegenstände zur Freizeitbeschäftigung besitzen. Die Angemessenheit des Umfangs kann auch an der in der Justizvollzugsanstalt verfügbaren Kapazität für Haftraumkontrollen und am Wert eines Gegenstands ausgerichtet werden.

(2) Absatz 1 Satz 1 gilt nicht, wenn der Besitz, die Überlassung oder die Benutzung eines Gegenstands

1. mit Strafe oder Geldbuße bedroht wäre,

2. die Sicherheit oder Ordnung der Justizvollzugsanstalt gefährden würde oder

3. die Überprüfung des Gegenstands auf eine mögliche missbräuchliche Verwendung mit vertretbarem Aufwand von der Justizvollzugsanstalt nicht leistbar wäre.

(3) Die Zulassung von bestimmten Gerätetypen, insbesondere der elektronischen Unterhaltungsmedien, durch die Justizvollzugsanstalt kann der Zustimmung der Aufsichtsbehörde vorbehalten sein. Die Aufsichtsbehörde kann allgemeine Richtlinien für die Gerätebeschaffenheit erlassen. Eine ohne Zustimmung nach Satz 1 erfolgte Zulassung kann zurückgenommen werden.

(4) Die Erlaubnis kann unter den Voraussetzungen des Absatzes 2 widerrufen werden.

§ 41 Hörfunk und Fernsehen

(1) Der Besitz von Hörfunk- und Fernsehgeräten ist nach Maßgabe von § 40 zulässig.

(2) Die Justizvollzugsanstalt kann den Betrieb von Empfangsanlagen und die Ausgabe von Hörfunk- und Fernsehgeräten einem Dritten übertragen. Sofern sie hiervon Gebrauch macht, können Untersuchungsgefangene nicht den Besitz eigener Geräte verlangen.

(3) Die Justizvollzugsanstalt entscheidet über die Einspeisung einzelner Rundfunk- und Fernsehprogramme in die Empfangsanlage. Vor der Entscheidung soll die Gefangenenmitverantwortung gehört werden.

(4) Der Empfang von Bezahlfernsehen und der Einsatz von zusätzlichen Empfangseinrichtungen im Haftraum sind nicht statthaft.

§ 42 Zeitungen und Zeitschriften

Untersuchungsgefangene dürfen Zeitungen und Zeitschriften in angemessenem Umfang durch Vermittlung der Justizvollzugsanstalt beziehen. § 40 Abs. 1 Satz 2 und Abs. 2 und 4 gilt entsprechend.

Abschnitt 10
Sicherheit und Ordnung

§ 43 Grundsatz

(1) Das Verantwortungsbewusstsein der Untersuchungsgefangenen für ein geordnetes Zusammenleben in der Justizvollzugsanstalt ist zu wecken und zu fördern.

(2) Die Pflichten und Beschränkungen, die Untersuchungsgefangenen zur Aufrechterhaltung der Sicherheit oder Ordnung der Justizvollzugsanstalt auferlegt werden, sind so zu wählen, dass sie in einem angemessenen Verhältnis zu ihrem Zweck stehen und die Untersuchungsgefangenen nicht mehr und nicht länger als notwendig beeinträchtigen.

§ 44 Verhaltensvorschriften

(1) Die Untersuchungsgefangenen haben sich nach der Tageseinteilung der Justizvollzugsanstalt (Arbeitszeit, Freizeit, Ruhezeit) zu richten. Sie dürfen durch ihr Verhalten gegenüber Vollzugsbediensteten, Mitgefangenen und anderen Personen das geordnete Zusammenleben nicht stören.

(2) Die Untersuchungsgefangenen haben die Anordnungen der Vollzugsbediensteten zu befolgen, auch wenn sie sich durch sie beschwert fühlen. Einen ihnen zugewiesenen Bereich dürfen sie nicht ohne Erlaubnis verlassen.

(3) Die Untersuchungsgefangenen haben ihren Haftraum und die ihnen von der Justizvollzugsanstalt überlassenen Sachen in Ordnung zu halten und schonend zu behandeln.

(4) Die Untersuchungsgefangenen haben Umstände, die für das Leben oder eine erhebliche Gefahr für die Gesundheit einer Person bedeuten, unverzüglich zu melden.

§ 45 Persönlicher Gewahrsam und Eigengeld

(1) Die Untersuchungsgefangenen dürfen nur Sachen in Gewahrsam haben oder annehmen, die ihnen von der Justizvollzugsanstalt oder mit ihrer Zustimmung überlassen werden. Ohne Zustimmung dürfen sie Sachen weder abgeben noch annehmen, außer solche von geringem Wert. Die Justizvollzugsanstalt kann Abgabe, Annahme und den Gewahrsam auch dieser Sachen von ihrer Zustimmung abhängig machen.

(2) Eingebrachte Sachen, die die Untersuchungsgefangenen nicht in Gewahrsam haben dürfen, sind für sie aufzubewahren, sofern dies nach Art und Umfang möglich ist. Eingebrachtes Geld wird als Eigengeld gutgeschrieben. Untersuchungsgefangenen wird Gelegenheit gegeben, ihre Sachen, die sie während des Vollzugs und für die Entlassung nicht benötigen, abzusenden oder über das Eigengeld zu verfügen.

(3) Weigern sich Untersuchungsgefangene, eingebrachte Gegenstände, deren Aufbewahrung nach Art oder Umfang nicht möglich ist, aus der Justizvollzugsanstalt zu verbringen, so ist die Justizvollzugsanstalt berechtigt, diese auf Kosten der oder des Untersuchungsgefangenen entfernen zu lassen.

(4) Aufzeichnungen und andere Gegenstände, die Kenntnisse über Sicherungsvorkehrungen einer Justizvollzugsanstalt vermitteln, dürfen vernichtet oder unbrauchbar gemacht werden.

§ 46 Durchsuchung und Kontrollen auf Suchtmittelmissbrauch

(1) Untersuchungsgefangene, ihre Sachen und die Hafträume dürfen durchsucht werden. Die Durchsuchung männlicher Untersuchungsgefangener darf nur von Männern, die Durchsuchung weiblicher Untersuchungsgefangener nur von Frauen vorgenommen werden; dies gilt nicht für das Absuchen der Untersuchungsgefangenen mit technischen Mitteln oder mit sonstigen Hilfsmitteln. Das Schamgefühl ist zu schonen.

(2) Nur auf Anordnung der Anstaltsleiterin oder des Anstaltsleiters oder bei Gefahr im Verzug ist es im Einzelfall zulässig, eine mit einer Entkleidung verbundene körperliche Durchsuchung vorzunehmen. Sie darf bei männlichen Untersuchungsgefangenen nur im Gegenwart von Männern, bei weiblichen Untersuchungsgefangenen nur in Gegenwart von Frauen erfolgen. Sie ist in einem ge-

schlossenen Raum durchzuführen. Andere Gefangene dürfen nicht anwesend sein.

(3) Die Anstaltsleiterin oder der Anstaltsleiter kann allgemein anordnen, dass Untersuchungsgefangene bei der Aufnahme, nach Besuchen und nach jeder Abwesenheit von der Justizvollzugsanstalt nach Absatz 2 durchsucht werden können.

(4) Untersuchungsgefangene können Suchtmittelkontrollen unterzogen werden, wenn der Verdacht besteht, dass sie Suchtmittel besitzen oder konsumieren. Die ergriffenen Maßnahmen dürfen nicht mit einem körperlichen Eingriff verbunden sein. Bei Untersuchungsgefangenen, die die Mitwirkung an der Durchführung der Kontrolle verweigern, ist in der Regel davon auszugehen, dass Suchtmittelfreiheit nicht gegeben ist.

§ 47 Besondere Sicherungsmaßnahmen

(1) Gegen Untersuchungsgefangene können besondere Sicherungsmaßnahmen angeordnet werden, wenn nach ihrem Verhalten oder auf Grund ihres seelischen Zustands in erhöhtem Maß die Gefahr der Entweichung, von Gewalttätigkeiten gegen Personen oder Sachen, der Selbsttötung oder der Selbstverletzung besteht.

(2) Besondere Sicherungsmaßnahmen sind

1. der Entzug oder die Vorenthaltung von Gegenständen,

2. die Beobachtung bei Nacht,

3. die Absonderung von anderen Gefangenen,

4. der Entzug oder die Beschränkung des Aufenthalts im Freien,

5. die Unterbringung in einem besonders gesicherten Haftraum ohne gefährdende Gegenstände und

6. die Fesselung.

(3) Maßnahmen nach Absatz 2 Nr 1, 3 bis 5 sind auch zulässig, wenn die Gefahr einer Befreiung oder einer erheblichen Störung der Anstaltsordnung anders nicht vermieden oder behoben werden kann.

(4) Bei einer Ausführung, Vorführung oder beim Transport ist die Fesselung auch dann zulässig, wenn aus anderen Gründen als denen des Absatzes 1 die Gefahr der Entweichung besteht.

(5) Besondere Sicherungsmaßnahmen dürfen nur soweit aufrechterhalten werden, wie es ihr Zweck erfordert.

§ 48 Einzelhaft

(1) Die unausgesetzte Absonderung Untersuchungsgefangener (Einzelhaft) ist nur zulässig, wenn dies aus Gründen, die in der Person der oder des Untersuchungsgefangenen liegen, unerlässlich ist.

(2) Einzelhaft von mehr als drei Monaten Gesamtdauer in einem Jahr bedarf der Zustimmung der Aufsichtsbehörde. Diese Frist wird nicht dadurch unterbrochen, dass Untersuchungsgefangene am Gottesdienst oder am gemeinschaftlichen Aufenthalt im Freien teilnehmen.

§ 49 Fesselung

In der Regel dürfen Fesseln nur an den Händen oder an den Füßen angelegt werden. Im Interesse der oder des Untersuchungsgefangenen kann eine andere Art der Fesselung angeordnet werden. Die Fesselung wird zeitweise gelockert oder aufgehoben, soweit dies notwendig ist.

§ 50 Anordnung besonderer Sicherungsmaßnahmen

(1) Besondere Sicherungsmaßnahmen ordnet die Anstaltsleiterin oder der Anstaltsleiter an. Bei Gefahr im Verzug können auch andere Bedienstete der Justizvollzugsanstalt die Maßnahmen vorläufig anordnen. Die Entscheidung der Anstaltsleiterin oder des Anstaltsleiters ist unverzüglich einzuholen.

(2) Werden Untersuchungsgefangene ärztlich behandelt oder beobachtet oder bildet ihr seelischer Zustand den Anlass der Maßnahme, ist vor der Anordnung besonderer Sicherungsmaßnahmen die Ärztin oder der Arzt zu hören. Ist dies wegen Gefahr im Verzug nicht möglich, wird die Stellungnahme unverzüglich eingeholt.

§ 51 Festnahmerecht

Untersuchungsgefangene, die entwichen sind oder sich sonst ohne Erlaubnis außerhalb der Justizvollzugsanstalt aufhalten, können durch die Justizvollzugsanstalt oder auf ihre Veranlassung hin festgenommen und in die Justizvollzugsanstalt zurückgebracht werden, solange ein unmittelbarer Bezug zum Untersuchungshaftvollzug besteht.

§ 52 Ärztliche Überwachung

(1) Sind Untersuchungsgefangene in einem besonders gesicherten Haftraum untergebracht oder gefesselt, sucht sie die Ärztin oder der Arzt alsbald und in der Folge möglichst täglich auf. Dies gilt nicht bei einer Fesselung während einer Ausführung, Vorführung oder eines Transports.

(2) Solange Untersuchungsgefangenen der tägliche Aufenthalt im Freien entzogen wird, ist in regelmäßigen Abständen eine ärztliche Stellungnahme einzuholen.

§ 53 Ersatz von Aufwendungen

(1) Untersuchungsgefangene sind verpflichtet, der Justizvollzugsanstalt Aufwendungen zu ersetzen, die sie durch eine vorsätzliche oder grob fahrlässige Selbstverletzung oder Verletzung anderer Gefangener verursacht haben. Ansprüche aus sonstigen Rechtsvorschriften bleiben unberührt.

(2) Von der Aufrechnung oder Vollstreckung wegen der in Absatz 1 genannten Forderungen ist abzusehen, wenn hierdurch die Wiedereingliederung der oder des Untersuchungsgefangenen behindert würde. Für die in Absatz 1 genannten Forderungen ist der ordentliche Rechtsweg gegeben.

Abschnitt 11
Unmittelbarer Zwang

§ 54 Allgemeine Voraussetzungen

(1) Bedienstete der Justizvollzugsanstalten dürfen unmittelbaren Zwang anwenden, wenn sie Vollzugs- und Sicherungsmaßnahmen rechtmäßig durchführen und der damit verfolgte Zweck auf keine andere Weise erreicht werden kann.

(2) Gegen andere Personen als Untersuchungsgefangene darf unmittelbarer Zwang angewendet werden, wenn sie es unternehmen, Untersuchungsgefangene zu befreien, in den Anstaltsbereich widerrechtlich einzudringen oder wenn sie sich unbefugt darin aufhalten.

(3) Das Recht zu unmittelbarem Zwang auf Grund anderer Regelungen bleibt unberührt.

§ 55 Begriffsbestimmungen

(1) Unmittelbarer Zwang ist die Einwirkung auf Personen oder Sachen durch körperliche Gewalt, ihre Hilfsmittel und durch Waffen.

(2) Körperliche Gewalt ist jede unmittelbare körperliche Einwirkung auf Personen oder Sachen.

(3) Hilfsmittel der körperlichen Gewalt sind namentlich Fesseln.

(4) Waffen sind die dienstlich zugelassenen Hieb- und Schusswaffen sowie Reizstoffe.

§ 56 Grundsatz der Verhältnismäßigkeit

(1) Unter mehreren möglichen und geeigneten Maßnahmen des unmittelbaren Zwangs sind diejenigen zu wählen, die den Einzelnen und die Allgemeinheit voraussichtlich am wenigsten beeinträchtigen.

(2) Unmittelbarer Zwang unterbleibt, wenn ein durch ihn zu erwartender Schaden erkennbar außer Verhältnis zu dem angestrebten Erfolg steht.

§ 57 Handeln auf Anordnung

(1) Wird unmittelbarer Zwang von Vorgesetzten oder sonst befugten Personen angeordnet, sind Vollzugsbedienstete verpflichtet, ihn anzuwenden, es sei denn, die Anordnung verletzt die Menschenwürde oder ist nicht zu dienstlichen Zwecken erteilt worden.

(2) Die Anordnung darf nicht befolgt werden, wenn dadurch eine Straftat begangen würde. Befolgen Vollzugsbedienstete sie trotzdem, trifft sie eine Schuld nur, wenn sie erkennen oder wenn es nach den ihnen bekannten Umständen offensichtlich ist, dass dadurch eine Straftat begangen wird.

(3) Bedenken gegen die Rechtmäßigkeit der Anordnung haben die Vollzugsbediensteten der anordnenden Person gegenüber vorzubringen, soweit das nach den Umständen möglich ist. Abweichende Vorschriften des

allgemeinen Beamtenrechts über die Mitteilung solcher Bedenken an Vorgesetzte sind nicht anzuwenden.

§ 58 Androhung

Unmittelbarer Zwang ist vorher anzudrohen. Die Androhung darf nur dann unterbleiben, wenn die Umstände sie nicht zulassen oder unmittelbarer Zwang sofort angewendet werden muss, um eine rechtswidrige Tat, die den Tatbestand eines Strafgesetzes erfüllt, zu verhindern oder eine gegenwärtige Gefahr abzuwenden.

§ 59 Allgemeine Vorschriften für den Schusswaffengebrauch

(1) Schusswaffen dürfen nur gebraucht werden, wenn andere Maßnahmen des unmittelbaren Zwangs bereits erfolglos waren oder keinen Erfolg versprechen. Gegen Personen ist ihr Gebrauch nur zulässig, wenn der Zweck nicht durch Waffenwirkung gegen Sachen erreicht wird.

(2) Schusswaffen dürfen nur die dazu bestimmten Vollzugsbediensteten gebrauchen und nur, um angriffs- oder fluchtunfähig zu machen. Ihr Gebrauch unterbleibt, wenn dadurch erkennbar Unbeteiligte mit hoher Wahrscheinlichkeit gefährdet würden.

(3) Der Gebrauch von Schusswaffen ist vorher anzudrohen. Als Androhung gilt auch ein Warnschuss. Ohne Androhung dürfen Schusswaffen nur dann gebraucht werden, wenn dies zur Abwehr einer gegenwärtigen Gefahr für Leib oder Leben erforderlich ist.

§ 60 Besondere Vorschriften für den Schusswaffengebrauch

(1) Gegen Untersuchungsgefangene dürfen Schusswaffen gebraucht werden,

1. wenn sie eine Waffe oder ein anderes gefährliches Werkzeug trotz wiederholter Aufforderung nicht ablegen,

2. wenn sie eine Gefangenenmeuterei (§ 121 StGB) unternehmen oder

3. um ihre Flucht zu vereiteln oder um sie wieder zu ergreifen.

(2) Gegen andere Personen dürfen Schusswaffen gebraucht werden, wenn sie es unternehmen, Untersuchungsgefangene gewaltsam zu befreien oder gewaltsam in eine Justizvollzugsanstalt einzudringen.

§ 61 Zwangsmaßnahmen auf dem Gebiet der Gesundheitsfürsorge

(1) Medizinische Untersuchung und Behandlung sowie Ernährung sind zwangsweise nur bei Lebensgefahr, bei schwerwiegender Gefahr für die Gesundheit von Untersuchungsgefangenen oder bei Gefahr für die Gesundheit anderer Personen zulässig; die Maßnahmen müssen für die Beteiligten zumutbar und dürfen nicht mit erheblicher Gefahr für Leben oder Gesundheit der Untersuchungsgefangenen verbunden sein. Zur Durchführung der Maßnahmen ist die Justizvollzugsanstalt nicht verpflichtet, solange von einer freien Willensbestimmung der oder des Untersuchungsgefangenen ausgegangen werden kann.

(2) Zum Gesundheitsschutz und zur Hygiene ist die zwangsweise körperliche Untersuchung außer im Fall des Absatzes 1 zulässig, wenn sie nicht mit einem körperlichen Eingriff verbunden ist.

(3) Die Maßnahmen dürfen nur auf Anordnung und unter Leitung einer Ärztin oder eines Arztes durchgeführt werden, unbeschadet der Leistung erster Hilfe für den Fall, dass eine Ärztin oder ein Arzt nicht rechtzeitig erreichbar und mit einem Aufschub Lebensgefahr verbunden ist.

Abschnitt 12
Disziplinarmaßnahmen

§ 62 Voraussetzungen

(1) Verstoßen Untersuchungsgefangene schuldhaft gegen Pflichten, die ihnen durch dieses Gesetz oder auf Grund dieses Gesetzes oder durch § 119 StPO oder auf Grund dieser Vorschrift auferlegt sind, können gegen sie, möglichst in engem zeitlichen Zusammenhang mit der Pflichtverletzung, Disziplinarmaßnahmen angeordnet werden.

(2) Von einer Disziplinarmaßnahme wird abgesehen, wenn es genügt, Untersuchungsgefangene zu verwarnen.

(3) Eine Disziplinarmaßnahme ist auch zulässig, wenn wegen derselben Verfehlung ein Straf- oder Bußgeldverfahren eingeleitet wird.

(4) Durch die Anordnung und den Vollzug einer Disziplinarmaßnahme darf die Verteidigung und die Verhandlungsfähigkeit von Untersuchungsgefangenen nicht beeinträchtigt werden. Eine Disziplinarmaßnahme kann ganz oder zum Teil auch während einer der Untersuchungshaft unmittelbar nachfolgenden Untersuchungshaft in anderer Sache oder Strafhaft vollzogen werden.

§ 63 Arten der Disziplinarmaßnahmen

(1) Die zulässigen Disziplinarmaßnahmen sind:

1. Verweis,

2. die Beschränkung oder der Entzug der Verfügung über das Sondergeld und des Einkaufs bis zu drei Monaten,

3. die Beschränkung oder der Entzug des Hörfunk- und Fernsehempfangs bis zu drei Monaten; der gleichzeitige Entzug jedoch nur bis zu zwei Wochen,

4. die Beschränkung oder der Entzug der Gegenstände für eine Beschäftigung in der Freizeit oder der Teilnahme an gemeinschaftlichen Veranstaltungen bis zu drei Monaten,

5. die getrennte Unterbringung während der Freizeit bis zu vier Wochen,

6. der Entzug der Arbeit oder Beschäftigung bis zu vier Wochen unter Wegfall der in diesem Gesetz geregelten Bezüge,

7. die Beschränkung des Verkehrs mit Personen außerhalb der Justizvollzugsanstalt auf dringende Fälle bis zu drei Monaten,

8. Arrest bis zu vier Wochen.

(2) Arrest darf nur wegen schwerer oder mehrfach wiederholter Verfehlungen verhängt werden.

(3) Mehrere Disziplinarmaßnahmen können miteinander verbunden werden.

§ 64 Vollstreckung und Vollzug der Disziplinarmaßnahmen

(1) Disziplinarmaßnahmen werden in der Regel sofort vollstreckt.

(2) Eine Disziplinarmaßnahme kann ganz oder teilweise bis zu sechs Monaten zur Bewährung ausgesetzt werden.

(3) Wird die Verfügung über das Sondergeld beschränkt oder entzogen, ist das in dieser Zeit anfallende Geld dem Eigengeld hinzuzurechnen.

(4) Wird der Verkehr von Untersuchungsgefangenen mit Personen außerhalb der Justizvollzugsanstalt eingeschränkt, ist ihnen Gelegenheit zu geben, dies einer Person, mit der sie im Schriftwechsel stehen oder die sie zu besuchen pflegt, mitzuteilen. Der Schriftwechsel mit den in § 17 genannten Personen und Institutionen bleibt unbeschränkt. Gleiches gilt für den Schriftverkehr mit Gerichten und Justizbehörden in der Bundesrepublik sowie mit Rechtsanwälten und Notaren in einer die Untersuchungsgefangenen betreffenden Rechtssache.

(5) Arrest wird in Einzelhaft vollzogen. Die Untersuchungsgefangenen können in einem besonderen Arrestraum untergebracht werden, der den Anforderungen entsprechen muss, die an einen zum Aufenthalt bei Tag und Nacht bestimmten Haftraum gestellt werden. Soweit nichts anderes angeordnet wird, ruhen die Befugnisse der Untersuchungsgefangenen aus § 9 Satz 1, § 10 Abs. l, § 11 Abs. 2 und 3, § 34 Abs. 2, 4 und 5 und §§ 39 bis 42.

§ 65 Disziplinarbefugnis

(1) Disziplinarmaßnahmen ordnet die Anstaltsleiterin oder der Anstaltsleiter an. Bei einer Verfehlung auf dem Weg in eine andere Justizvollzugsanstalt zum Zweck der Verlegung ist die Leiterin oder der Leiter der Bestimmungsanstalt zuständig. Die Befugnis, Disziplinarmaßnahmen nach § 63 anzuordnen, kann nur auf Mitglieder der Anstalts- oder Vollzugsabteilungsleitung übertragen werden.

(2) Die Aufsichtsbehörde entscheidet, wenn sich Verfehlungen von Untersuchungsgefan-

genen gegen die Anstaltsleiterin oder den Anstaltsleiter richten.

(3) Disziplinarmaßnahmen, die gegen Untersuchungsgefangene in einer anderen Justizvollzugsanstalt oder während einer anderen Haft angeordnet worden sind, werden auf Ersuchen vollstreckt, soweit sie nicht zur Bewährung ausgesetzt sind. § 64 Abs. 2 bleibt unberührt.

§ 66 Disziplinarverfahren

(1) Der Sachverhalt ist zu klären. Die oder der Untersuchungsgefangene wird gehört. Die Erhebungen werden in einer Niederschrift festgelegt; die Einlassung der oder des Untersuchungsgefangenen wird vermerkt.

(2) Bei schweren Verstößen soll sich die Anstaltsleiterin oder der Anstaltsleiter vor der Entscheidung mit Personen besprechen, die an der Betreuung der oder des Untersuchungsgefangenen mitwirken. Vor der Anordnung einer Disziplinarmaßnahme gegen Untersuchungsgefangene in ärztlicher Behandlung, gegen Schwangere oder stillende Mütter ist eine ärztliche Stellungnahme einzuholen.

(3) Die Entscheidung wird der oder dem Untersuchungsgefangenen von der Anstaltsleiterin oder von dem Anstaltsleiter oder im Falle einer Übertragung der Disziplinarbefugnis nach § 65 Abs. 1 Satz 3 von der beauftragten Person mündlich eröffnet und mit einer kurzen Begründung schriftlich abgefasst.

§ 67 Ärztliche Mitwirkung

(1) Bevor der Arrest vollzogen wird, ist eine ärztliche Stellungnahme einzuholen. Während des Arrests steht die oder der Untersuchungsgefangene unter ärztlicher Aufsicht.

(2) Der Vollzug des Arrests unterbleibt oder wird unterbrochen, wenn die Gesundheit der oder des Untersuchungsgefangenen gefährdet würde.

Abschnitt 13
Beschwerderecht und Rechtsbehelfe

§ 68 Beschwerderecht und Rechtsbehelfe

(1) Die Untersuchungsgefangenen haben das Recht, sich mit Wünschen, Anregungen und Beschwerden in Angelegenheiten, die sie selbst betreffen, an die Anstaltsleiterin oder den Anstaltsleiter zu wenden. Regelmäßige Sprechstunden sind einzurichten.

(2) Besichtigen Vertreter der Aufsichtsbehörde die Justizvollzugsanstalt, so ist zu gewährleisten, dass die Untersuchungsgefangenen sich in sie selbst betreffenden Angelegenheiten an diese wenden können.

(3) Die Möglichkeit der Dienstaufsichtsbeschwerde bleibt unberührt. Eingaben, Beschwerden und Dienstaufsichtsbeschwerden, die nach Form oder Inhalt nicht den im Verkehr mit Behörden üblichen Anforderungen entsprechen oder bloße Wiederholungen enthalten, brauchen nicht beschieden zu werden. Die Untersuchungsgefangenen sind entsprechend zu unterrichten. Eine Überprüfung von Amts wegen bleibt unberührt.

(4) Die bundesrechtlichen Vorschriften über den gerichtlichen Rechtsschutz bleiben unberührt.

Abschnitt 14
Junge Untersuchungsgefangene

§ 69 Anwendungsbereich

(1) Auf Untersuchungsgefangene, die zur Tatzeit noch nicht 18 Jahre alt waren und die das 24. Lebensjahr noch nicht vollendet haben (junge Untersuchungsgefangene) finden die Vorschriften dieses Abschnitts ergänzende Anwendung.

(2) Von einer Anwendung der Vorschriften dieses Abschnitts auf volljährige junge Untersuchungsgefangene kann abgesehen werden, wenn eine Vollzugsgestaltung nach § 72 Abs. 2 nicht oder nicht mehr angezeigt ist.

§ 70 Trennungsgrundsätze

(1) Bei jungen Untersuchungsgefangenen erfolgt der Vollzug der Untersuchungshaft nach Möglichkeit in besonderen Justizvollzugsanstalten, anderenfalls in Außenstellen oder in getrennten Abteilungen von Jugendstrafanstalten oder anderen Justizvollzugsanstalten. Sie sind soweit möglich von anderen Gefangenen getrennt zu halten.

(2) Von Absatz 1 darf aus den in § 4 Abs. 7 des Ersten Buchs genannten Gründen abgewichen werden, wenn eine Vollzugsgestaltung nach § 72 Abs 2 gewährleistet bleibt und die jungen Untersuchungsgefangenen vor schädlichen Einflüssen geschützt sind.

(3) Untersuchungsgefangene, die das achtzehnte Lebensjahr noch nicht vollendet haben (jugendliche Untersuchungsgefangene) sollen nach Möglichkeit von den übrigen jungen Untersuchungsgefangenen getrennt werden.

§ 71 Aufgabenwahrnehmung

Mit dem Vollzug der Untersuchungshaft an jungen Untersuchungsgefangenen soll nur betraut werden, wer hierfür geeignet und ausgebildet ist.

§ 72 Gestaltung des Vollzugs

(1) Die Justizvollzugsanstalt soll sich mit der Erforschung der Persönlichkeit junger Untersuchungsgefangener befassen. Die Persönlichkeitserforschung dient der Gestaltung des Untersuchungshaftvollzugs. Sie soll in Zusammenarbeit mit der Jugendgerichtshilfe durchgeführt werden.

(2) Während des Vollzugs der Untersuchungshaft sind die jungen Untersuchungsgefangenen in der Entwicklung ihrer Fähigkeiten und Fertigkeiten sowie in ihrer Bereitschaft zu einer eigenverantwortlichen und gemeinschaftsfähigen Lebensführung zu fördern. Hierzu sollen den jungen Untersuchungsgefangenen neben altersgemäßen Bildungs-, Beschäftigungs- und Freizeitmöglichkeiten auch sonstige entwicklungsfördernde Hilfestellungen angeboten werden. Die Bereitschaft zur Annahme der Angebote ist zu wecken und zu fördern. Auf die kör-

perliche, geistige und seelische Entwicklung der jungen Untersuchungsgefangenen ist Rücksicht zu nehmen.

(3) In diesem Buch vorgesehene Beschränkungen können jugendlichen Untersuchungsgefangenen auch auferlegt werden, soweit dies dringend geboten ist, um sie vor einer Gefährdung ihrer Entwicklung zu bewahren.

(4) Die Personensorgeberechtigten sind von der Inhaftierung und dem jeweiligen Aufenthaltsort jugendlicher Untersuchungsgefangener zu unterrichten, sofern sie noch keine Kenntnis darüber haben. Die Personensorgeberechtigten erhalten Gelegenheit, Anregungen und Vorschläge zur Gestaltung des Vollzugs der Untersuchungshaft anzubringen. Diese sollen, soweit sie mit dem Zweck der Untersuchungshaft und der Vollzugsgestaltung nach Absatz 2 vereinbar sind, berücksichtigt werden.

§ 73 Betreuung und Unterbringung

(1) Jungen Untersuchungsgefangenen soll eine ständige Betreuungsperson oder Betreuungsgruppe aus dem Kreis der Vollzugsbediensteten zugeordnet werden.

(2) Junge Untersuchungsgefangene sollen nach Möglichkeit in Wohngruppen untergebracht werden, zu denen neben den Hafträumen zur Unterbringung während der Nachtzeit die für die gemeinsame Benutzung notwendigen weiteren Räume und Einrichtungen gehören.

(3) Junge Untersuchungsgefangene können aus der Wohngruppe ausgeschlossen werden, wenn dies die Sicherheit oder Ordnung der Justizvollzugsanstalt erfordert, sie auf Grund ihres Verhaltens nicht gruppenfähig sind oder sie die Freiräume der Wohngruppe wiederholt missbraucht haben. Eine Wiederaufnahme kann erfolgen, wenn die Gruppenfähigkeit wieder hergestellt ist.

(4) In der Wohngruppe sollen insbesondere Werte, die ein sozialverträgliches Zusammenleben ermöglichen, gewaltfreie Konfliktlösungen, gegenseitige Toleranz und Verantwortung für den eigenen Lebensbereich vermittelt und eingeübt werden.

(5) Während der Ruhezeit werden die jungen Untersuchungsgefangenen einzeln in ihren Haftäumen untergebracht; § 8 bleibt unberührt.

§ 74 Verkehr mit der Außenwelt

(1) Junge Untersuchungsgefangene dürfen im Rahmen der Vorschriften dieses Gesetzes mindestens vier Stunden Besuch im Monat empfangen.

(2) Besuche bei jugendlichen Untersuchungsgefangenen und ihr Schriftwechsel mit einzelnen Personen können außer unter den Voraussetzungen von §§ 13 und 19 Abs. 1 auch unterbunden werden, wenn die Personensorgeberechtigten nicht einverstanden sind.

(3) Der Jugendgerichtshilfe ist der Verkehr mit jungen Untersuchungsgefangenen in demselben Umfang wie einem Verteidiger oder einer Verteidigerin gestattet. Dasselbe gilt in den Fällen, in denen junge Untersuchungsgefangene der Betreuung und Aufsicht von Betreuungshelfern unterstehen, für diese oder, wenn für sie ein Erziehungsbeistand bestellt ist, für die Erziehungsbeistände.

§ 75 Bildung und Arbeit

(1) Schulpflichtige junge Untersuchungsgefangene nehmen in der Justizvollzugsanstalt an Unterricht teil.

(2) Jungen Untersuchungsgefangenen soll die Teilnahme an schulischen und beruflichen Orientierungs-, Aus- und Weiterbildungsmaßnahmen, speziellen Fördermaßnahmen, insbesondere sozialem Training, Arbeit, arbeitspädagogischer oder sonstiger ihren Fähigkeiten entsprechender Beschäftigung oder Hilfstätigkeiten, angeboten werden.

(3) Jugendliche Untersuchungsgefangene können zur Teilnahme an den in Absatz 2 genannten Maßnahmen verpflichtet werden, soweit dies nach ihrem Entwicklungsstand angezeigt ist und ihre Personensorgeberechtigten nicht widersprechen.

(4) Üben junge Untersuchungsgefangene eine Arbeit, sonstige Beschäftigung oder eine Hilfstätigkeit aus, sind der Bemessung des Arbeitsentgelts neun Prozent der Bezugsgröße nach § 18 des Vierten Buchs Sozialge-

setzbuch zu Grunde zu legen. Üben sie eine arbeitstherapeutische Beschäftigung aus, erhalten sie ein Arbeitsentgelt, soweit dies der Art ihrer Beschäftigung und Arbeitsleistung entspricht.

(5) Nehmen junge Untersuchungsgefangene während der Arbeitszeit an einer Berufsausbildung, beruflichen Weiterbildung, an Unterricht, am sozialen Training, an Deutschkursen oder an vergleichbaren Maßnahmen teil, erhalten sie eine Ausbildungsbeihilfe, soweit ihnen keine Leistungen zum Lebensunterhalt zustehen, die freien Personen aus solchem Anlass gewährt werden. Der Nachrang der Sozialhilfe nach § 2 Abs. 2 des Zwölften Buchs Sozialgesetzbuch wird nicht berührt. Für die Bemessung der Ausbildungsbeihilfe gelten § 35 sowie für die Einbehaltung von Beitragsteilen § 38 entsprechend. Nehmen junge Untersuchungsgefangene während der Arbeitszeit stunden- oder tageweise an Maßnahmen nach Satz 1 teil, so erhalten sie in Höhe des ihnen dadurch entgehenden Arbeitsentgelts eine Ausbildungsbeihilfe.

§ 76 Freizeit

Junge Untersuchungsgefangene sind zur Teilnahme und Mitwirkung an Angeboten der Freizeitgestaltung zu motivieren und dabei anzuleiten. Jugendgemäße Angebote zur sportlichen Betätigung, insbesondere während des Aufenthalts im Freien, sind vorzuhalten, um jungen Untersuchungsgefangenen eine sportliche Betätigung von mindestens zwei Stunden wöchentlich zu ermöglichen.

§ 77 Aufenthalt im Freien

Jungen Untersuchungsgefangenen wird an Werktagen ein Aufenthalt im Freien von mindestens einer Stunde, an arbeitsfreien Tagen von mindestens zwei Stunden ermöglicht, wenn die Witterung dem nicht zwingend entgegensteht.

§ 78 Einzelhaft

Einzelhaft von mehr als einer Woche Gesamtdauer in einem Jahr bedarf der Zustimmung der Aufsichtsbehörde. Diese Frist wird nicht dadurch unterbrochen, dass junge Untersuchungsgefangene am Gottesdienst oder am gemeinschaftlichen Aufenthalt im Freien teilnehmen.

§ 79 Schusswaffengebrauch

Um die Flucht oder Entweichung junger Untersuchungsgefangener aus einer Justizvollzugsanstalt, in der überwiegend Jugendliche untergebracht sind, zu vereiteln, dürfen keine Schusswaffen gebraucht werden.

§ 80 Erzieherische Maßnahmen und Disziplinarmaßnahmen

(1) Bei schuldhaften Verstößen junger Untersuchungsgefangener gegen Pflichten, die ihnen durch dieses Gesetz oder auf Grund dieses Gesetzes oder durch § 119 StPO oder auf Grund dieser Vorschrift auferlegt sind, können anstelle von Disziplinarmaßnahmen in möglichst engem zeitlichen Zusammenhang zu der Pflichtverletzung erzieherische Maßnahmen angeordnet werden, die geeignet sind, den jungen Untersuchungsgefangenen ihr Fehlverhalten bewusst zu machen. Es kommen namentlich in Betracht das erzieherische Gespräch, die Konfliktschlichtung, die Verwarnung, die Erteilung von Weisungen und Auflagen sowie beschränkende Anordnungen in Bezug auf die Freizeitgestaltung bis zur Dauer von einer Woche.

(2) Die zulässigen Disziplinarmaßnahmen gegen junge Untersuchungsgefangene sind:

1. die Beschränkung oder der Entzug der Verfügung über das Sondergeld und des Einkaufs bis zu zwei Monaten,

2. die Beschränkung oder der Entzug des Hörfunk- und Fernsehempfangs bis zu zwei Monaten; der gleichzeitige Entzug jedoch nur bis zu zwei Wochen,

3. die Beschränkung oder der Entzug der Gegenstände für eine Beschäftigung in der Freizeit oder der Teilnahme an gemeinschaftlichen Veranstaltungen bis zu zwei Monaten,

4. die getrennte Unterbringung während der Freizeit bis zu vier Wochen,

5. der Entzug der zugewiesenen Arbeit oder Beschäftigung bis zu vier Wochen unter Wegfall der in diesem Gesetz geregelten Bezüge,

6. die Beschränkung des Verkehrs mit Personen außerhalb der Jugendstrafanstalt auf dringende Fälle bis zu drei Monaten,

7. Arrest bis zu zwei Wochen.

Abschnitt 15
Sonstige Freiheitsentziehungen

§ 81 Einstweilige Unterbringung

(1) Die einstweilige Unterbringung wird in den Zentren für Psychiatrie nach § 2 Abs. 1 Nr. 1 des Unterbringungsgesetzes (UBG) vollzogen.

(2) Die Unterbringung in einer Justizvollzugsanstalt ist für höchstens 24 Stunden und nur dann zulässig, wenn eine sofortige Überführung in das zuständige Zentrum für Psychiatrie nicht möglich ist.

(3) Für den Vollzug der einstweiligen Unterbringung gelten die §§ 1, 2 Abs. 1, §§ 4 bis 7 dieses Buchs sowie die §§ 7 bis 10 und 12 UBG entsprechend.

§ 82 Sonstige Arten der Haft und Unterbringung

Für den Vollzug der Unterbringung oder Haft nach § 127b Abs. 2, § 230 Abs. 2, §§ 236, 275a Abs. 5, § 329 Abs. 4 Satz 1, § 412 Satz 1 und § 453c Abs. 1 StPO und bei Haft auf Grund vorläufiger Festnahme, die in einer Justizvollzugsanstalt vollzogen wird, gelten die Vorschriften über den Vollzug der Untersuchungshaft entsprechend, soweit nicht die Eigenart der Unterbringung oder der Haft entgegenstehen.

Buch 3

Abschnitt 1
Grundsätze

§ 1 Aufgabe des Vollzugs

Im Vollzug der Freiheitsstrafe sollen die Gefangenen fähig werden, künftig in sozialer Verantwortung ein Leben ohne Straftaten zu führen (Vollzugsziel).

§ 2 Behandlungsgrundsätze

(1) Die Gefangenen sind unter Achtung ihrer Grund- und Menschenrechte zu behandeln. Niemand darf unmenschlicher oder erniedrigender Behandlung unterworfen werden.

(2) Das Leben im Vollzug soll den allgemeinen Lebensverhältnissen soweit wie möglich angeglichen werden.

(3) Schädlichen Folgen des Freiheitsentzugs ist entgegenzuwirken. Die Gefangenen sind vor Übergriffen zu schützen.

(4) Der Vollzug ist darauf auszurichten, dass er den Gefangenen hilft, sich in das Leben in Freiheit einzugliedern.

(5) Zur Erreichung des Vollzugsziels sollen die Einsicht in die dem Opfer zugefügten Tatfolgen geweckt und geeignete Maßnahmen zum Ausgleich angestrebt werden.

(6) Bei der Gestaltung des Vollzugs und bei allen Einzelmaßnahmen werden die unterschiedlichen Lebenslagen und Bedürfnisse der weiblichen und männlichen Gefangenen berücksichtigt.

§ 3 Stellung der Gefangenen

(1) Die Gefangenen wirken an ihrer Behandlung und an der Erreichung des Vollzugsziels mit. Ihre Bereitschaft hierzu ist zu wecken und zu fördern.

(2) Soweit das Gesetz eine besondere Regelung nicht enthält, dürfen den Gefangenen nur Beschränkungen auferlegt werden, die zur Aufrechterhaltung der Sicherheit oder zur Abwendung einer schwerwiegenden Störung der Ordnung der Justizvollzugsanstalt unerlässlich sind.

Abschnitt 2
Planung, Ablauf und Öffnung des Vollzugs

§ 4 Aufnahme und Behandlungsuntersuchung

(1) Bei der Aufnahme werden die Gefangenen über ihre Rechte und Pflichten in einer für sie verständlichen Form unterrichtet. Nach der Aufnahme werden sie alsbald ärztlich untersucht und der Anstaltsleiterin oder dem Anstaltsleiter oder den von diesen beauftragten Bediensteten vorgestellt. Beim Aufnahmeverfahren und bei der ärztlichen Untersuchung dürfen andere Gefangene nicht zugegen sein; Ausnahmen bedürfen der Zustimmung der oder des Gefangenen.

(2) Nach der Aufnahme werden die Umstände erhoben, deren Kenntnis für eine planvolle Behandlung der Gefangenen im Vollzug und für die Eingliederung nach der Entlassung erforderlich sind. Hiervon kann abgesehen werden, wenn dies mit Rücksicht auf die Vollzugsdauer nicht geboten erscheint. Es ist zu prüfen, ob eine Verlegung in eine sozialtherapeutische Einrichtung oder andere therapeutische Maßnahmen angezeigt sind.

§ 5 Vollzugsplan

(1) Auf Grund der Behandlungsuntersuchung wird ein Vollzugsplan erstellt.

(2) Der Vollzugsplan enthält mindestens Angaben über

1. die Unterbringung im geschlossenen oder offenen Vollzug,

2. die Verlegung in eine sozialtherapeutische Einrichtung,

3. die Zuweisung zu Wohngruppen und Behandlungsgruppen,

4. den Arbeitseinsatz, Maßnahmen der schulischen Bildung und der beruflichen Aus- oder Weiterbildung,

5. die Teilnahme an Veranstaltungen der Weiterbildung,

6. besondere Hilfs- und Behandlungsmaßnahmen,

7. vollzugsöffnende Maßnahmen sowie

8. Entlassungsvorbereitung und Nachsorge.

I

(3) Die Vollzugsplanung wird mit der oder dem Gefangenen erörtert. Ihnen wird Gelegenheit gegeben, eine Stellungnahme in der Vollzugsplankonferenz abzugeben.

(4) Der Vollzugsplan wird mit der Billigung durch die Anstaltsleiterin oder den Anstaltsleiter wirksam. Die Aufsichtsbehörde kann sich vorbehalten, dass der Vollzugsplan in bestimmten Fällen erst mit ihrer Zustimmung wirksam wird.

(5) Der Vollzugsplan ist in regelmäßigen Abständen auf seine Umsetzung hin zu überprüfen und mit der Entwicklung der oder des Gefangenen sowie weiteren für die Behandlung bedeutsamen Erkenntnissen in Einklang zu halten. Hierfür sind im Vollzugsplan angemessene Fristen vorzusehen. Die Fortschreibung des Vollzugsplans wird mit den Gefangenen erörtert.

§ 6 Verlegung, Überstellung und Ausantwortung

(1) Gefangene können abweichend vom Vollstreckungsplan in eine andere Justizvollzugsanstalt überstellt oder verlegt werden,

1. wenn ihre Behandlung oder Eingliederung nach der Entlassung hierdurch gefördert wird,

2. zur Prüfung ihrer Eignung für die Behandlung in einer sozialtherapeutischen Einrichtung,

3. zur Durchführung einer kriminalprognostischen Begutachtung oder

4. wenn dies aus Gründen der Vollzugsorganisation oder aus sonstigen wichtigen Gründen erforderlich ist.

(2) In begründeten Fällen ist das befristete Überlassen von Gefangenen in den Gewahrsam einer Polizei-, Zoll- oder Finanzbehörde zulässig. Die Justizvollzugsanstalt kann zur Durchführung der Ausantwortung Anordnungen treffen.

§ 7 Offener und geschlossener Vollzug

(1) Gefangene sollen in einer Justizvollzugsanstalt oder Abteilung des offenen Vollzugs untergebracht werden, wenn sie den besonderen Anforderungen des offenen Vollzugs genügen und insbesondere nicht zu befürch-

ten ist, dass sie sich dem Vollzug der Freiheitsstrafe entziehen oder die Möglichkeiten des offenen Vollzugs zu Straftaten missbrauchen werden.

(2) Eignen sich Gefangene nicht für den offenen Vollzug, so werden sie im geschlossenen Vollzug untergebracht. Erweisen sich Gefangene für die Unterbringung im offenen Vollzug während des Aufenthalts dort als nicht geeignet, werden sie in den geschlossenen Vollzug zurückverlegt. Gefangene können auch dann im geschlossenen Vollzug untergebracht oder dorthin zurückverlegt werden, wenn dies zu ihrer Behandlung notwendig ist.

§ 8 Verlegung in eine sozialtherapeutische Einrichtung

(1) Gefangene sollen in eine sozialtherapeutische Einrichtung verlegt werden, wenn deren besondere therapeutischen Mittel und sozialen Hilfen zu ihrer Resozialisierung angezeigt und erfolgversprechend sind, von ihnen ohne Behandlung erhebliche Straftaten zu erwarten sind und die Anstaltsleiterin oder der Anstaltsleiter der sozialtherapeutischen Einrichtung zustimmt. Ist die Entscheidung über Verlegungen in eine sozialtherapeutische Einrichtung einer zentralen Stelle übertragen, bedarf es der Zustimmung nach Satz 1 nicht.

(2) Vor einer Verlegung ist die Bereitschaft der Gefangenen zur Teilnahme an therapeutischen Maßnahmen zu wecken und zu fördern.

(3) Gefangene sind zurückzuverlegen, wenn der Zweck der Behandlung aus Gründen, die in ihrer Person liegen, nicht erreicht werden kann.

(4) § 6 Abs. 1 und § 65 bleiben unberührt.

§ 9 Vollzugsöffnende Maßnahmen

(1) Gefangenen können mit ihrer Zustimmung vollzugsöffnende Maßnahmen gewährt werden, wenn sie für die jeweilige Maßnahme geeignet sind, insbesondere ihre Persönlichkeit ausreichend gefestigt und nicht zu befürchten ist, dass sie sich dem Vollzug der Freiheitsstrafe entziehen oder die

Maßnahme zur Begehung von Straftaten missbraucht werden.

(2) Als vollzugsöffnende Maßnahme kann insbesondere angeordnet werden, dass Gefangene

1. einer regelmäßigen Beschäftigung außerhalb der Justizvollzugsanstalt unter Aufsicht einer oder eines Vollzugsbediensteten (Außenbeschäftigung) oder ohne Aufsicht (Freigang) nachgehen dürfen,

2. die Justizvollzugsanstalt für eine bestimmte Tageszeit unter Aufsicht einer oder eines Vollzugsbediensteten (Ausführung) oder ohne Aufsicht (Ausgang), gegebenenfalls in Begleitung einer Bezugsperson (Ausgang in Begleitung), verlassen dürfen oder

3. bis zu 21 Kalendertage in einem Vollstreckungsjahr aus der Haft freigestellt werden (Freistellung aus der Haft).

(3) Freistellung aus der Haft soll in der Regel erst gewährt werden, wenn sich Gefangene mindestens sechs Monate im Strafvollzug befunden haben. Zu lebenslanger Freiheitsstrafe verurteilte Gefangene können aus der Haft freigestellt werden, wenn sie sich einschließlich einer vorhergehenden Untersuchungshaft oder einer anderen Freiheitsentziehung zehn Jahre im Vollzug befunden haben oder wenn sie in den offenen Vollzug überwiesen oder hierfür geeignet sind.

(4) Durch vollzugsöffnende Maßnahmen wird die Vollstreckung der Freiheitsstrafe nicht unterbrochen.

§ 10 Verlassen der Justizvollzugsanstalt aus wichtigem Anlass

(1) Aus wichtigem Anlass kann die Anstaltsleiterin oder der Anstaltsleiter Gefangenen Ausgang gewähren oder sie bis zu sieben Tage von der Haft freistellen; Freistellung aus anderem wichtigen Anlass als wegen einer lebensgefährlichen Erkrankung oder wegen des Todes Angehöriger darf sieben Tage im Vollstreckungsjahr nicht übersteigen. § 9 Abs. 1 und 4 gilt entsprechend.

(2) Eine Freistellung aus wichtigem Anlass wird nicht auf die Freistellung aus der Haft angerechnet.

(3) Kann Ausgang oder Freistellung aus den in § 9 Abs. 1 genannten Gründen nicht gewährt werden, kann die Anstaltsleiterin oder der Anstaltsleiter Gefangene ausführen lassen. Die Aufwendungen hierfür haben die oder der Gefangene zu tragen, es sei denn, dies würde die Behandlung oder die Eingliederung behindern.

(4) Gefangene dürfen auch ohne ihre Zustimmung ausgeführt werden, wenn dies aus besonderen Gründen notwendig ist.

(5) Die Absätze 1 bis 4 gelten für die Teilnahme von Gefangenen an gerichtlichen Terminen entsprechend. Auf Ersuchen eines Gerichts lässt die Anstaltsleiterin oder der Anstaltsleiter Gefangene auch ohne deren Zustimmung vorführen, sofern ein Vorführungsbefehl vorliegt. Die Justizvollzugsanstalt unterrichtet das Gericht über das Veranlasste.

§ 11 Weisungen und Aufhebung vollzugsöffnender Maßnahmen

(1) Die Anstaltsleiterin oder der Anstaltsleiter kann Gefangenen für vollzugsöffnende Maßnahmen, das Verlassen der Justizvollzugsanstalt aus wichtigem Anlass oder zur Teilnahme an gerichtlichen Terminen Weisungen, insbesondere hinsichtlich ihres Aufenthaltsorts sowie der Freistellungsgestaltung, erteilen.

(2) Die Anstaltsleiterin oder der Anstaltsleiter kann Maßnahmen nach den §§ 9 und 10 widerrufen, wenn

1. sie oder er auf Grund nachträglich eingetretener Umstände berechtigt wäre, die Maßnahme zu versagen,

2. Gefangene Weisungen nicht nachkommen oder

3. Gefangene die Maßnahme missbrauchen; bei schweren Verstößen sind die Maßnahmen zu widerrufen.

Die Anstaltsleiterin oder der Anstaltsleiter kann Maßnahmen nach den §§ 9 und 10 mit Wirkung für die Zukunft zurücknehmen, wenn die Voraussetzungen für ihre Bewilligung nicht vorgelegen haben.

§ 12 Zustimmung der Aufsichtsbehörde

Die Aufsichtsbehörde kann sich vorbehalten, dass in bestimmten Fällen die Entscheidung über die Unterbringung von Gefangenen im offenen Vollzug, die Gewährung vollzugsöffnender Maßnahmen mit Ausnahme der Ausführung sowie die Gewährung von Maßnahmen nach § 10 Abs. 1 dieses Buchs, auch in Verbindung mit Absatz 5 Satz 1, erst mit ihrer Zustimmung wirksam wird.

Abschnitt 3
Grundversorgung

§ 13 Unterbringung

(1) Gefangene sollen während der Ruhezeit allein in ihren Hafträumen untergebracht werden. Mit ihrer Zustimmung können Gefangene auch während der Ruhezeit gemeinsam untergebracht werden, wenn eine schädliche Beeinflussung nicht zu befürchten ist.

(2) Auch ohne ihre Zustimmung ist eine gemeinsame Unterbringung zulässig, wenn Gefangene hilfsbedürftig sind oder eine Gefahr für Leben oder Gesundheit Gefangener besteht.

§ 14 Einschränkung gemeinschaftlicher Unterbringung während der Arbeit und der Freizeit

Die gemeinschaftliche Unterbringung während der Arbeitszeit und Freizeit kann eingeschränkt werden,

1. wenn ein schädlicher Einfluss auf andere Gefangene zu befürchten ist,

2. wenn Gefangene nach § 4 Abs. 2 untersucht werden, aber nicht länger als zwei Monate,

3. wenn es die Sicherheit oder Ordnung der Justizvollzugsanstalt erfordert oder

4. wenn die oder der Gefangene zustimmt.

§ 15 Ausstattung des Haftraums

Gefangene dürfen ihren Haftraum in angemessenem Umfang mit eigenen Gegenständen ausstatten. Hierdurch dürfen die Übersichtlichkeit des Haftraums sowie die Sicherheit und Ordnung der Justizvollzugsanstalt nicht beeinträchtigt werden.

§ 16 Kleidung

(1) Gefangene tragen Anstaltskleidung. Für die Freizeit erhalten sie besondere Oberbekleidung.

(2) Die Anstaltsleiterin oder der Anstaltsleiter gestattet den Gefangenen bei einer Ausführung eigene Kleidung zu tragen, wenn zu erwarten ist, dass sie nicht entweichen werden. Die Anstaltsleiterin oder der Anstaltsleiter kann dies auch sonst gestatten, sofern die Gefangenen für Reinigung, Instandsetzung und regelmäßigen Wechsel auf eigene Kosten sorgen.

§ 17 Verpflegung

(1) Die Verpflegung wird in Übereinstimmung mit den jeweils gültigen Werten für eine ausreichende und ausgewogene Ernährung in Gemeinschaftsverpflegung angeboten.

(2) Den Gefangenen soll ermöglicht werden, religiöse Speisevorschriften zu befolgen.

§ 18 Einkauf

(1) Gefangene können von ihrem Haus- oder Taschengeld aus einem von der Justizvollzugsanstalt vermittelten Angebot Waren kaufen. Das Warenangebot ist auf die Bedürfnisse der Gefangenen abzustimmen. Gegenstände, die die Sicherheit oder Ordnung der Justizvollzugsanstalt gefährden, sind vom Verkauf ausgeschlossen. Der Einkauf kann in Form eines Listeneinkaufs durchgeführt werden.

(2) In begründeten Ausnahmefällen, insbesondere wenn ein zugelassener Artikel sonst nicht beschafft werden kann, kann die Justizvollzugsanstalt einen Einkauf über andere sichere Bezugsquellen gestatten.

(3) Verfügen Gefangene weder über Sondergeld nach § 54 Abs. 1 noch ohne eigenes Verschulden über Haus- oder Taschengeld,

wird ihnen gestattet, in angemessenem Umfang vom Eigengeld einzukaufen.

Abschnitt 4
Verkehr mit der Außenwelt

§ 19 Pflege sozialer Beziehungen

(1) Gefangene haben das Recht, mit Personen außerhalb der Justizvollzugsanstalt im Rahmen der Vorschriften dieses Gesetzes zu verkehren. Der Kontakt zu Angehörigen und Personen, von denen ein günstiger Einfluss auf die Gefangenen erwartet werden kann, wird gefördert.

(2) Gefangene dürfen regelmäßig Besuch empfangen. Die Gesamtdauer beträgt mindestens eine Stunde im Monat.

(3) Besuche sollen darüber hinaus zugelassen werden, wenn sie die Behandlung oder Eingliederung der Gefangenen fördern oder persönlichen, rechtlichen oder geschäftlichen Angelegenheiten dienen, die von den Gefangenen weder schriftlich erledigt, noch durch Dritte wahrgenommen oder bis zur Entlassung aufgeschoben werden können.

(4) Aus Gründen der Sicherheit oder Ordnung der Justizvollzugsanstalt kann ein Besuch davon abhängig gemacht werden, dass sich die Besucherin oder der Besucher durchsuchen oder mit technischen Mitteln oder sonstigen Hilfsmitteln auf verbotene Gegenstände absuchen lässt. Aus den gleichen Gründen kann die Anzahl der gleichzeitig zu einem Besuch zugelassenen Personen beschränkt werden.

§ 20 Verbot von Besuchen

Die Anstaltsleiterin oder der Anstaltsleiter kann Besuche untersagen,

1. wenn die Sicherheit oder Ordnung der Justizvollzugsanstalt gefährdet würde,

2. bei Besuchern, die nicht Angehörige der oder des Gefangenen im Sinne des Strafgesetzbuchs sind, wenn zu befürchten ist, dass sie einen schädlichen Einfluss auf die Gefangene oder den Gefangenen haben oder die Eingliederung behindern würden.

§ 21 Überwachung von Besuchen

(1) Besuche dürfen aus Gründen der Behandlung oder der Sicherheit oder Ordnung der Justizvollzugsanstalt überwacht werden, es sei denn, es liegen im Einzelfall Erkenntnisse dafür vor, dass es der Überwachung nicht bedarf. Die Unterhaltung darf überwacht werden, soweit dies im Einzelfall aus diesen Gründen erforderlich ist.

(2) Die optische Überwachung von Besuchen kann durch technische Hilfsmittel erfolgen. Auf eine Überwachung nach Satz 1 sind die Gefangenen und ihre Besucher vorher hinzuweisen. Zur Verhinderung der Übergabe von Gegenständen können besondere Vorkehrungen, insbesondere durch Tischaufsätze oder Trennscheiben, getroffen werden, wenn bei der oder dem Gefangenen verbotene Gegenstände gefunden wurden oder sonst konkrete Anhaltspunkte vorliegen, dass es zu einer verbotenen Übergabe von Gegenständen kommt.

(3) Gegenstände dürfen beim Besuch nur mit Erlaubnis der Justizvollzugsanstalt übergeben werden. Gefangenen dürfen Nahrungs- und Genussmittel in geringer Menge übergeben werden. Die Justizvollzugsanstalt kann anordnen, dass die Nahrungs- und Genussmittel durch ihre Vermittlung beschafft werden.

(4) Ein Besuch darf abgebrochen werden, wenn Gefangene oder ihre Besucherinnen oder Besucher gegen Vorschriften dieses Gesetzes oder auf Grund dieses Gesetzes getroffene Anordnungen trotz Ermahnung verstoßen. Einer Ermahnung bedarf es nicht, wenn es unerlässlich ist, den Besuch sofort abzubrechen.

§ 22 Besuche bestimmter Personen

(1) Besuche von Verteidigern sowie von Rechtsanwälten und Notaren in einer die Gefangene oder den Gefangenen betreffenden Rechtssache sind zu gestatten. Die Justizvollzugsanstalt kann die Modalitäten der Besuche entsprechend ihren organisatorischen Möglichkeiten regeln. Der Besuch kann davon abhängig gemacht werden, dass sich die Besucher vorher aus Gründen der Sicher-

heit oder Ordnung der Justizvollzugsanstalt durchsuchen oder mit technischen Mitteln oder sonstigen Hilfsmitteln auf verbotene Gegenstände absuchen lassen. Eine Kenntnisnahme vom gedanklichen Inhalt der von Verteidigern mitgeführten Schriftstücke und sonstigen Unterlagen ist unzulässig.

(2) Besuche von Verteidigern werden nicht überwacht. Zur Übergabe von Schriftstücken und sonstigen Unterlagen bedürfen Verteidiger, Rechtsanwälte und Notare keiner Erlaubnis, sofern diese unmittelbar der Vorbereitung oder Durchführung der Verteidigung oder der Erledigung einer die Gefangene oder den Gefangenen betreffenden Rechtssache dienen. Beim Besuch von Rechtsanwälten und Notaren kann die Übergabe von Schriftstücken oder sonstigen Unterlagen aus Gründen der Sicherheit oder Ordnung der Justizvollzugsanstalt von der Erlaubnis abhängig gemacht werden.

(3) § 24 Abs. 2 Satz 3 und 4 bleibt unberührt.

§ 23 Recht auf Schriftwechsel

(1) Gefangene haben das Recht, unbeschränkt Schreiben abzusenden und zu empfangen.

(2) Die Anstaltsleiterin oder der Anstaltsleiter kann den Schriftwechsel mit bestimmten Personen untersagen,

1. wenn die Sicherheit oder Ordnung der Justizvollzugsanstalt gefährdet würde,

2. bei Personen, die nicht Angehörige der oder des Gefangenen sind, wenn zu befürchten ist, dass der Schriftwechsel einen schädlichen Einfluss auf die Gefangene oder den Gefangenen haben oder ihre oder seine Eingliederung behindern würde.

(3) Die Kosten des Schriftwechsels tragen die Gefangenen. Sind sie dazu nicht in der Lage, kann die Justizvollzugsanstalt die Kosten in begründeten Fällen in angemessenem Umfang übernehmen.

§ 24 Überwachung des Schriftwechsels

(1) Der Schriftwechsel der Gefangenen darf überwacht werden, soweit dies aus Gründen der Behandlung oder aus Gründen der Si-

cherheit oder Ordnung der Justizvollzugsanstalt erforderlich ist.

(2) Der Schriftwechsel der Gefangenen mit ihren Verteidigern wird nicht überwacht. Die Schreiben dürfen, ohne sie zu öffnen, auf verbotene Gegenstände untersucht werden. Liegt dem Vollzug der Freiheitsstrafe eine Straftat nach § 129a StGB, auch in Verbindung mit § 129b Abs. 1 StGB, zu Grunde, gelten § 148 Abs. 2 und § 148a StPO entsprechend; dies gilt nicht, wenn die Gefangenen sich in einer Einrichtung des offenen Vollzugs befinden, ihnen vollzugsöffnende Maßnahmen oder Freistellung aus der Haft nach § 89 Abs. 3 gewährt worden sind und ein Grund, der die Anstaltsleiterin oder den Anstaltsleiter zum Widerruf oder zur Zurücknahme von vollzugsöffnenden Maßnahmen oder der Freistellung ermächtigt, nicht vorliegt. Satz 3 gilt auch, wenn gegen Gefangene im Anschluss an die dem Vollzug der Freiheitsstrafe zu Grunde liegende Verurteilung eine Freiheitsstrafe wegen einer Straftat nach § 129a StGB, auch in Verbindung mit § 129b Abs. 1 StGB, zu vollstrecken ist.

(3) Absatz 2 gilt entsprechend für Schreiben von Gefangenen an

1. die Volksvertretungen des Bundes und der Länder sowie an deren Mitglieder,

2. das Europäische Parlament und dessen Mitglieder,

3. den Europäischen Gerichtshof für Menschenrechte,

4. den Europäischen Ausschuss zur Verhütung von Folter und unmenschlicher oder erniedrigender Behandlung oder Strafe,

5. die Datenschutzbeauftragten des Bundes und der Länder sowie die Aufsichtsbehörden nach § 38 Bundesdatenschutzgesetz,

6. den Europäischen Datenschutzbeauftragten,

7. den Menschenrechtsausschuss der Vereinten Nationen sowie

8. den Ausschuss der Vereinten Nationen gegen Folter, den zugehörigen Unterausschuss zur Verhütung von Folter und die entsprechenden nationalen Präventionsmechanismen,

wenn die Schreiben an die Anschriften dieser Stellen gerichtet sind und den Absender zutreffend angeben. Schreiben der in Satz 1 genannten Stellen, die an Gefangene gerichtet sind, dürfen nicht überwacht werden, wenn die Identität des Absenders zweifelsfrei feststeht.

§ 25 Weiterleitung und Aufbewahrung von Schreiben

(1) Gefangene haben Absendung und Empfang ihrer Schreiben durch die Justizvollzugsanstalt vermitteln zu lassen, soweit nichts anderes gestattet ist.

(2) Eingehende und ausgehende Schreiben sind unverzüglich weiterzuleiten.

(3) Gefangene haben eingehende Schreiben unverschlossen zu verwahren, sofern nichts anderes gestattet wird. Die Schreiben können auch verschlossen zur Habe gegeben werden.

§ 26 Anhalten von Schreiben

(1) Schreiben können angehalten werden, wenn

1. das Ziel des Vollzugs oder die Sicherheit oder Ordnung einer Justizvollzugsanstalt gefährdet würde,

2. die Weitergabe in Kenntnis ihres Inhalts einen Straf- oder Bußgeldtatbestand verwirklichen würde,

3. sie grob unrichtige oder erheblich entstellende Darstellungen von Anstaltsverhältnissen enthalten,

4. sie grobe Beleidigungen enthalten,

5. sie die Eingliederung anderer Gefangener gefährden können oder

6. sie in Geheimschrift, unlesbar, unverständlich oder ohne zwingenden Grund in einer fremden Sprache abgefasst sind; ein zwingender Grund zur Abfassung eines Schreibens in fremder Sprache liegt in der Regel nicht vor bei einem Schriftwechsel zwischen deutschen Gefangenen und Dritten, die die deutsche Staatsangehörigkeit besitzen oder ihren Lebensmittelpunkt im Geltungsbereich des Grundgesetzes haben.

(2) Ausgehenden Schreiben, die unrichtige Darstellungen enthalten, kann ein Begleitschreiben beigefügt werden, wenn die oder der Gefangene auf der Absendung besteht.

(3) Ist ein Schreiben angehalten worden, wird dies der oder dem Gefangenen mitgeteilt. Hiervon kann vorübergehend abgesehen werden, wenn dies die Sicherheit oder Ordnung der Justizvollzugsanstalt erfordert. Angehaltene Schreiben werden an die Absenderin oder den Absender zurückgegeben oder, sofern dies unmöglich oder aus besonderen Gründen untunlich ist, behördlich verwahrt.

(4) Schreiben, deren Überwachung ausgeschlossen ist, dürfen nicht angehalten werden.

§ 27 Telefongespräche

(1) Gefangenen kann gestattet werden, zu telefonieren.

(2) Im Übrigen gelten für Telefonate die für den Besuch geltenden Vorschriften mit Ausnahme von § 19 Abs. 2 entsprechend. Die Überwachung der Unterhaltung ist den Gesprächspartnern der Gefangenen unmittelbar nach Herstellung der Verbindung von der Justizvollzugsanstalt oder den Gefangenen mitzuteilen. Die Gefangenen sind rechtzeitig vor Beginn des Telefongesprächs über die beabsichtigte Überwachung und die Mitteilungspflicht zu unterrichten.

(3) Die Kosten der Telefongespräche tragen die Gefangenen. Sind sie dazu nicht in der Lage, kann die Justizvollzugsanstalt die Kosten in begründeten Fällen in angemessenem Umfang übernehmen.

§ 28 Pakete

(1) Der Empfang von Paketen bedarf der vorherigen Erlaubnis der Justizvollzugsanstalt. Für den Ausschluss von Gegenständen gilt § 18 Abs. 1 Satz 3 entsprechend. Pakete mit Nahrungs- und Genussmitteln sind ausgeschlossen.

(2) Pakete sind in Gegenwart der oder des Gefangenen zu öffnen. Ausgeschlossene Gegenstände können zur Habe der oder des Gefangenen genommen oder an die Absen-

derin oder den Absender zurückgesandt werden. Nicht ausgehändigte Gegenstände, durch die bei der Aufbewahrung Personen verletzt oder Sachschäden verursacht werden können oder die verderblich sind, dürfen vernichtet werden. Die hiernach getroffenen Maßnahmen werden der oder dem Gefangenen eröffnet.

(3) Gefangenen kann gestattet werden, Pakete zu versenden. Der Inhalt kann aus Gründen der Sicherheit oder Ordnung der Justizvollzugsanstalt überprüft werden.

(4) Die Kosten des Paketverkehrs tragen die Gefangenen. Sind sie dazu nicht in der Lage, kann die Justizvollzugsanstalt die Kosten in begründeten Fällen in angemessenem Umfang übernehmen.

Abschnitt 5
Religionsausübung

§ 29 Seelsorge

(1) Gefangenen darf religiöse Betreuung durch eine Seelsorgerin oder einen Seelsorger ihrer Religionsgemeinschaft nicht versagt werden. Ihnen ist auf Wunsch zu helfen, mit einer Seelsorgerin oder einem Seelsorger ihrer Religionsgemeinschaft in Verbindung zu treten. Das Beicht- und Seelsorgegeheimnis ist unverletzlich.

(2) Gefangene dürfen grundlegende religiöse Schriften besitzen. Diese dürfen ihnen nur bei grobem Missbrauch entzogen werden.

(3) Gefangenen sind Gegenstände des religiösen Gebrauchs in angemessenem Umfang zu belassen.

§ 30 Religiöse Veranstaltungen

(1) Gefangene haben das Recht, am Gottesdienst und an anderen religiösen Veranstaltungen ihres Bekenntnisses teilzunehmen.

(2) Gefangene werden zu dem Gottesdienst oder zu religiösen Veranstaltungen einer anderen Religionsgemeinschaft zugelassen, wenn deren Seelsorgerin oder Seelsorger zustimmt.

(3) Gefangene können von der Teilnahme am Gottesdienst oder anderen religiösen Veranstaltungen ausgeschlossen werden, wenn dies aus überwiegenden Gründen der Sicherheit oder Ordnung der Justizvollzugsanstalt geboten ist; die Seelsorgerin oder der Seelsorger soll vorher gehört werden.

§ 31 Weltanschauungsgemeinschaften

Für Angehörige weltanschaulicher Bekenntnisse gelten die §§ 29 und 30 entsprechend.

Abschnitt 6
Gesundheitsfürsorge

§ 32 Gesunde Lebensführung und Aufenthalt im Freien

(1) Den Gefangenen ist die Bedeutung einer gesunden Lebensführung in geeigneter Form zu vermitteln. Sie sind insbesondere über die schädlichen Wirkungen des Suchtmittelkonsums aufzuklären.

(2) Die Justizvollzugsanstalt kann Anordnungen zum Gesundheitsschutz und zur Hygiene treffen.

(3) Den Gefangenen wird täglich mindestens eine Stunde Aufenthalt im Freien ermöglicht, wenn die Witterung dem nicht zwingend entgegensteht.

§ 33 Anspruch auf medizinische Leistung

(1) Gefangene haben einen Anspruch auf notwendige, ausreichende und zweckmäßige medizinische Versorgung unter Beachtung des Grundsatzes der Wirtschaftlichkeit. Der Anspruch umfasst Untersuchungen zur Früherkennung von Krankheiten und Vorsorgeleistungen. Die Beurteilung der Notwendigkeit orientiert sich an der Versorgung der gesetzlich Versicherten. Leistungen zur medizinischen Rehabilitation und ergänzende Leistungen werden erbracht, soweit die Belange des Vollzugs dem nicht entgegenstehen.

(2) Der Anspruch nach Absatz 1 umfasst die Versorgung mit Hilfsmitteln nach § 33 des Fünften Buchs Sozialgesetzbuch, wenn dies nicht mit Rücksicht auf die Kürze des Freiheitsentzugs unangemessen ist.

(3) An den Kosten für medizinische Leistungen können die Gefangenen in angemesse-

nem Umfang beteiligt werden, höchstens jedoch bis zum Umfang der Beteiligung gesetzlich Versicherter.

§ 34 Verlegung aus medizinischen Gründen

(1) Kranke, pflegebedürftige oder hilfsbedürftige Gefangene können in eine zur Behandlung ihrer Krankheit oder in eine für ihre Versorgung besser geeignete Justizvollzugsanstalt oder in ein Justizvollzugskrankenhaus überstellt oder verlegt werden.

(2) Erforderlichenfalls können Gefangene für die notwendige Dauer der Behandlung oder Versorgung in ein Krankenhaus außerhalb des Vollzugs gebracht werden. Eine möglichst rasche Rückverlegung in ein Justizvollzugskrankenhaus oder eine Justizvollzugsanstalt ist anzustreben.

§ 35 Anspruch auf Krankenbehandlung in besonderen Fällen

(1) Während einer Freistellung oder eines Ausgangs haben Gefangene einen Anspruch auf Krankenbehandlung in der für sie zuständigen Justizvollzugsanstalt.

(2) Der Anspruch auf Leistungen nach § 33 ruht, solange Gefangene aufgrund eines freien Beschäftigungsverhältnisses krankenversichert sind.

§ 36 Medizinische Behandlung zur sozialen Eingliederung

Mit Zustimmung der Gefangenen soll die Justizvollzugsanstalt medizinische Behandlungen, insbesondere Operationen oder prothetische Maßnahmen, durchführen lassen, die die soziale Eingliederung der Gefangenen fördern. Die Kosten tragen die Gefangenen. Sind sie dazu nicht in der Lage, kann die Justizvollzugsanstalt die Kosten in begründeten Fällen in angemessenem Umfang übernehmen.

§ 37 Leistungen bei Schwangerschaft und Mutterschaft

(1) Auf den gesundheitlichen Zustand einer schwangeren Gefangenen oder einer Gefangenen, die unlängst entbunden hat, ist Rücksicht zu nehmen. Die Vorschriften des Mutter-schutzgesetzes über die Gestaltung des Arbeitsplatzes gelten entsprechend.

(2) Die Gefangene hat während der Schwangerschaft sowie bei und nach der Entbindung Anspruch auf ärztliche Betreuung einschließlich der Untersuchungen zur Feststellung der Schwangerschaft und zur Schwangerenvorsorge sowie auf Hebammenhilfe. Die ärztliche Betreuung umfasst die Beratung der Schwangeren zur Bedeutung der Mundgesundheit für Mutter und Kind einschließlich des Zusammenhangs zwischen Ernährung und Krankheitsrisiko sowie die Einschätzung oder Bestimmung des Übertragungsrisikos von Karies.

(3) Bei Schwangerschaftsbeschwerden und im Zusammenhang mit der Entbindung werden Arznei-, Verbands- und Heilmittel geleistet.

§ 38 Entbindung und Geburtsanzeige

(1) Eine schwangere Gefangene ist zur Entbindung in ein Krankenhaus außerhalb des Vollzugs zu bringen. Ist dies aus besonderen Gründen nicht angezeigt, ist die Entbindung in einer Justizvollzugsanstalt mit Entbindungsabteilung vorzunehmen. Bei der Entbindung wird Hilfe durch eine Hebamme und falls erforderlich durch eine Ärztin oder einen Arzt gewährt.

(2) In der Anzeige der Geburt an das Standesamt dürfen die Justizvollzugsanstalt als Geburtsstätte des Kindes, das Verhältnis der anzeigenden Person zur Justizvollzugsanstalt und die Gefangenschaft der Mutter nicht vermerkt sein.

§ 39 Benachrichtigung bei Erkrankung oder Todesfall

(1) Erkranken Gefangene schwer, ist eine Angehörige oder ein Angehöriger, eine Vertrauensperson oder eine gesetzliche Vertreterin oder ein gesetzlicher Vertreter unverzüglich zu benachrichtigen. Hiervon kann auf Wunsch der oder des Gefangenen abgesehen werden. Im Fall des Todes von Gefangenen, ist eine der in Satz 1 genannten Personen unverzüglich zu benachrichtigen.

(2) Dem Wunsch von Gefangenen, auch anderer Personen zu benachrichtigen, soll nach Möglichkeit entsprochen werden.

Abschnitt 7
Soziale Hilfe

§ 40 Grundsatz

Die soziale Hilfe der Justizvollzugsanstalt soll darauf gerichtet sein, die Gefangenen in die Lage zu versetzen, ihre persönlichen Angelegenheiten selbst zu regeln.

§ 41 Hilfe während des Vollzugs

(1) Bei der Aufnahme wird den Gefangenen geholfen, die notwendigen Maßnahmen für hilfsbedürftige Angehörige zu veranlassen und ihre Habe außerhalb der Justizvollzugsanstalt sicherzustellen.

(2) Gefangenen ist eine Beratung in für sie bedeutsamen rechtlichen und sozialen Fragestellungen zu ermöglichen. Ihnen ist zu helfen, für Unterhaltsberechtigte zu sorgen, Schulden zu regulieren und den durch die Straftat verursachten Schaden zu regeln. Die Beratung soll hierbei auch die Benennung von Stellen und Einrichtungen außerhalb der Justizvollzugsanstalt umfassen.

(3) Auf Grund der Behandlungsuntersuchung oder auf Wunsch können suchtgefährdete oder süchtige Gefangene Suchtberatung und Vermittlung in Therapieeinrichtungen des Justizvollzugs oder anderer Träger erhalten.

Abschnitt 8
Arbeit, Ausbildung und
Weiterbildung

§ 42 Beschäftigung

(1) Arbeit, arbeitstherapeutische Beschäftigung, schulische Bildung, Ausbildung und Weiterbildung dienen insbesondere dem Ziel, Fähigkeiten für eine Erwerbstätigkeit nach der Entlassung zu vermitteln, zu erhalten oder zu fördern.

(2) Die Justizvollzugsanstalt soll Gefangenen wirtschaftlich ergiebige Arbeit zuweisen und dabei ihre Fähigkeiten und Neigungen nach Möglichkeit berücksichtigen.

(3) Sind Gefangene zu wirtschaftlich ergiebiger Arbeit nicht fähig, sollen sie arbeitstherapeutisch beschäftigt werden.

(4) Geeigneten Gefangenen soll Gelegenheit zur schulischen oder beruflichen Bildung, Weiterbildung, Umschulung oder Teilnahme an anderen ausbildenden oder weiterbildenden Maßnahmen gegeben werden.

§ 43 Unterricht

(1) Für geeignete Gefangene soll Unterricht in den zum Hauptschulabschluss führenden Fächern, ein der Förderschule entsprechender Unterricht oder nach Möglichkeit Unterricht zur Erlangung anderer staatlich anerkannter Schulabschlüsse vorgesehen werden. Bei der beruflichen Ausbildung ist berufsbildender Unterricht vorzusehen; dies gilt auch für die berufliche Weiterbildung, soweit die Art der Maßnahme es erfordert.

(2) Unterricht soll während der Arbeitszeit stattfinden.

§ 44 Zeugnisse über Bildungsmaßnahmen

Aus dem Zeugnis über eine Bildungsmaßnahme darf die Inhaftierung einer Teilnehmerin oder eines Teilnehmers nicht erkennbar sein.

§ 45 Freies Beschäftigungsverhältnis und Selbstbeschäftigung

(1) Gefangenen soll gestattet werden, einer Arbeit, Berufsausbildung oder beruflichen Weiterbildung auf der Grundlage eines freien Beschäftigungsverhältnisses außerhalb der Justizvollzugsanstalt nachzugehen, wenn dies im Rahmen des Vollzugsplans dem Ziel dient, Fähigkeiten für eine Erwerbstätigkeit nach der Entlassung zu vermitteln, zu erhalten oder zu fördern und nicht überwiegende Gründe des Vollzugs entgegenstehen. § 9 Abs. 1 und Abs. 2 Nr. 1 sowie die §§ 11 und 12 bleiben unberührt.

(2) Gefangenen kann gestattet werden, sich selbst zu beschäftigen.

(3) Das Entgelt ist der Justizvollzugsanstalt zur Gutschrift für die Gefangenen zu überweisen.

§ 46 Sprachkompetenz

Aus Gründen der Integration und zur Förderung der Sprachkompetenz sollen Gefangenen, soweit erforderlich, Deutschkurse angeboten werden.

§ 47 Arbeitspflicht

(1) Gefangene sind verpflichtet, eine ihnen zugewiesene, ihren Fähigkeiten angemessene Arbeit oder arbeitstherapeutische Beschäftigung auszuüben, soweit sie dazu körperlich in der Lage sind. Sie können jährlich bis zu drei Monaten zu Hilfstätigkeiten in der Justizvollzugsanstalt verpflichtet werden, mit ihrer Zustimmung auch darüber hinaus. Die Sätze 1 und 2 gelten nicht für Gefangene, die über 65 Jahre alt sind, und nicht für werdende und stillende Mütter, soweit gesetzliche Beschäftigungsverbote zum Schutz erwerbstätiger Mütter bestehen.

(2) Die Teilnahme an einer Maßnahme nach § 42 Abs. 4 bedarf der Zustimmung der oder des Gefangenen. Die Zustimmung darf nicht zur Unzeit widerrufen werden.

§ 48 Freistellung von der Arbeitspflicht

(1) Haben Gefangene ein Jahr lang eine Beschäftigung nach § 42 oder Hilfstätigkeiten nach § 47 Abs. 1 Satz 2 ausgeübt, so können sie beanspruchen, 18 Werktage von der Arbeitspflicht freigestellt zu werden. Zeiten, in denen Gefangene infolge Krankheit an ihrer Arbeitsleistung verhindert waren, werden auf das Jahr bis zu sechs Wochen jährlich angerechnet.

(2) Auf die Zeit der Freistellung von der Arbeitspflicht wird Freistellung aus der Haft angerechnet, soweit sie in die Arbeitszeit fällt und nicht wegen einer lebensgefährlichen Erkrankung oder des Todes einer oder eines Angehörigen erteilt worden ist.

(3) Die Gefangenen erhalten für die Zeit der Freistellung ihre zuletzt gezahlten Bezüge weiter.

(4) Urlaubsregelungen der Beschäftigungsverhältnisse außerhalb des Strafvollzugs bleiben unberührt.

§ 49 Arbeitsentgelt, Freistellung von der Arbeit und Anrechnung der Freistellung auf den Entlassungszeitpunkt

(1) Die Arbeit der Gefangenen wird anerkannt durch Arbeitsentgelt und Freistellung von der Arbeit, die auch als Freistellung aus der Haft genutzt oder auf den Entlassungszeitpunkt angerechnet werden kann.

(2) Üben Gefangene eine zugewiesene Arbeit oder eine Hilfstätigkeit aus, so erhalten sie ein Arbeitsentgelt. Der Bemessung des Arbeitsentgelts sind neun Prozent der Bezugsgröße nach § 18 des Vierten Buchs Sozialgesetzbuch zu Grunde zu legen (Eckvergütung). Ein Tagessatz ist der zweihundertfünfzigste Teil der Eckvergütung; das Arbeitsentgelt kann nach einem Stundensatz bemessen werden.

(3) Das Arbeitsentgelt kann je nach Leistung der Gefangenen und der Art der Arbeit gestuft werden. 75 Prozent der Eckvergütung dürfen nur dann unterschritten werden, wenn die Arbeitsleistung Gefangener den Mindestanforderungen nicht genügt.

(4) Üben Gefangene eine zugewiesene arbeitstherapeutische Beschäftigung aus, erhalten sie ein Arbeitsentgelt, soweit dies der Art ihrer Beschäftigung und ihrer Arbeitsleistung entspricht.

(5) Die Höhe des Arbeitsentgelts ist den Gefangenen schriftlich bekannt zu geben.

(6) Haben Gefangene zwei Monate lang zusammenhängend eine zugewiesene Tätigkeit oder eine Hilfstätigkeit ausgeübt, so werden sie auf ihren Antrag hin einen Werktag von der Arbeit freigestellt. Die Regelung des § 48 bleibt unberührt. Durch Zeiten, in denen Gefangene ohne Verschulden durch Krankheit, Ausführung, Ausgang, Freistellung aus der Haft, Freistellung von der Arbeitspflicht oder sonstige nicht von ihnen zu vertretende Gründe an der Arbeitsleistung gehindert sind, wird die Frist nach Satz 1 gehemmt. Beschäf-

tigungszeiträume von weniger als zwei Monaten bleiben unberücksichtigt.

(7) Gefangene können beantragen, dass die Freistellung nach Absatz 6 Satz 1 in Form von Freistellung aus der Haft (Arbeitsfreistellung) gewährt wird. § 9 Abs. 1, 3 und 4 sowie die §§ 11 und 12 gelten entsprechend.

(8) § 48 Abs. 3 gilt entsprechend.

(9) Stellt die oder der Gefangene keinen Antrag nach Absatz 6 Satz 1 oder Absatz 7 Satz 1 oder kann die Freistellung nach Maßgabe der Regelung des Absatzes 7 Satz 2 nicht gewährt werden, so wird die Freistellung nach Absatz 6 Satz 1 von der Justizvollzugsanstalt auf den Entlassungszeitpunkt der oder des Gefangenen angerechnet.

(10) Eine Anrechnung nach Absatz 9 ist ausgeschlossen,

1. soweit eine lebenslange Freiheitsstrafe oder Sicherungsverwahrung verbüßt wird und ein Entlassungszeitpunkt noch nicht bestimmt ist,

2. bei einer Aussetzung der Vollstreckung des Rests einer Freiheitsstrafe oder einer Sicherungsverwahrung zur Bewährung, soweit wegen des von der Entscheidung des Gerichts bis zur Entlassung verbleibenden Zeitraums eine Anrechnung nicht mehr möglich ist,

3. wenn dies vom Gericht angeordnet wird, weil bei einer Aussetzung des Rests einer Freiheitsstrafe oder einer Sicherungsverwahrung zur Bewährung die Lebensverhältnisse der oder des Gefangenen oder die Wirkungen, die von der Aussetzung für sie oder ihn zu erwarten sind, die Vollstreckung bis zu einem bestimmten Zeitpunkt erfordern,

4. wenn nach § 456a Abs. 1 StPO von der Vollstreckung abgesehen wird,

5. bei Entlassung der oder des Gefangenen aus der Haft im Gnadenweg, soweit wegen des von der Gnadenentscheidung bis zur Entlassung verbleibenden Zeitraums eine Anrechnung nicht mehr möglich ist.

(11) Soweit eine Anrechnung nach Absatz 10 ausgeschlossen ist, erhalten die Gefangenen bei der Entlassung für ihre Tätigkeit nach Absatz 2 als Ausgleichsentschädigung zusätzlich 15 Prozent des ihnen nach Absatz 2 und 3 gewährten Entgelts oder der Ausbildungsbeihilfe. Der Anspruch entsteht erst mit der Entlassung; vor der Entlassung ist der Anspruch nicht verzinslich, nicht abtretbar und nicht vererblich. Gefangenen, bei denen eine Anrechnung nach Absatz 10 Nr. 1 ausgeschlossen ist, wird die Ausgleichszahlung bereits nach Verbüßung von jeweils zehn Jahren der lebenslangen Freiheitsstrafe oder der Sicherungsverwahrung zum Eigengeld gutgeschrieben, soweit sie nicht vor diesem Zeitpunkt entlassen werden; § 57 Abs. 4 StGB gilt entsprechend.

§ 50 Ausbildungsbeihilfe

(1) Nehmen Gefangene an einer Berufsausbildung, beruflichen Weiterbildung oder an einem Unterricht teil und sind sie zu diesem Zweck von der Arbeitspflicht freigestellt, so erhalten sie eine Ausbildungsbeihilfe, soweit ihnen keine Leistungen zum Lebensunterhalt zustehen, die freien Personen aus solchem Anlass gewährt werden. Der Nachrang der Sozialhilfe nach § 2 Abs. 2 des Zwölften Buchs Sozialgesetzbuch wird nicht berührt.

(2) Für die Bemessung der Ausbildungsbeihilfe gilt § 49 Abs. 2 und 3 entsprechend.

(3) Werden Maßnahmen nach Absatz 1 stunden- oder tageweise durchgeführt, erhalten die Gefangenen eine Ausbildungsbeihilfe in Höhe des ihnen dadurch entgehenden Arbeitsentgelts.

§ 51 Haftkostenbeitrag

(1) Als Teil der Kosten der Vollstreckung der Rechtsfolgen einer Tat (§ 464a Abs. 1 Satz 2 StPO) erhebt die Justizvollzugsanstalt einen Haftkostenbeitrag, wenn Gefangene

1. in einem freien Beschäftigungsverhältnis stehen,

2. sich selbst beschäftigen oder

3. während eines zusammenhängenden Zeitraums von mehr als einem Monat keine Bezüge nach diesem Gesetz erhalten und auf diese Zeit fallende Einkünfte erzielen. Die Gefangenen haben den Haftkostenbeitrag für diese Zeit bis zur Höhe

der auf sie entfallenden Einkünfte zu entrichten.

Der oder dem Gefangenen muss ein Betrag verbleiben, der dem mittleren Arbeitsentgelt in den Justizvollzugsanstalten des Landes entspricht, es sei denn, sie oder er arbeitet im Fall des Satzes 1 Nr. 3 entgegen einer bestehenden Pflicht schuldhaft nicht. Von der Geltendmachung des Anspruchs ist abzusehen, soweit dies notwendig ist, um die Wiedereingliederung der oder des Gefangenen in die Gemeinschaft nicht zu gefährden.

(2) Der Haftkostenbeitrag wird in Höhe des Betrags erhoben, der nach § 17 Abs. 1 Nr. 4 des Vierten Buchs Sozialgesetzbuch durchschnittlich zum 1. Oktober des vorhergehenden Jahres zur Bewertung der Sachbezüge festgesetzt ist. Bei Selbstverpflegung entfallen die für die Verpflegung vorgesehenen Beträge. Für den Wert der Unterkunft ist die festgesetzte Belegungsfähigkeit maßgebend. Der Haftkostenbeitrag darf auch von dem unpfändbaren Teil der Bezüge, nicht aber zu Lasten des Hausgelds und der Ansprüche unterhaltsberechtigter Angehöriger angesetzt werden.

(3) Die Gefangenen haben über ihre Einkünfte Auskunft zu erteilen, soweit dies zur Ermittlung des Haftkostenbeitrags erforderlich ist. Die Angaben der Gefangenen dürfen abweichend von §§ 34 bis 45 des Ersten Buchs nur zur Ermittlung des Haftkostenbeitrags verarbeitet werden.

(4) Die Selbstbeschäftigung kann davon abhängig gemacht werden, dass Gefangene einen Haftkostenbeitrag bis zur Höhe des in Absatz 2 genannten Satzes monatlich im Voraus entrichten.

§ 52 Überbrückungsgeld

(1) Aus den in diesem Gesetz geregelten Bezügen und aus den Bezügen der Gefangenen, die in einem freien Beschäftigungsverhältnis stehen oder denen gestattet ist, sich selbst zu beschäftigen, ist ein Überbrückungsgeld zu bilden, das den notwendigen Lebensunterhalt der Gefangenen und ihrer Unterhaltsberechtigten in den ersten vier Wochen nach der Entlassung sichern soll.

(2) Das Überbrückungsgeld wird den Gefangenen bei der Entlassung in die Freiheit ausbezahlt. Die Justizvollzugsanstalt kann es ganz oder zum Teil der Bewährungshilfe oder einer mit der Entlassenenbetreuung befassten Stelle überweisen, die darüber entscheiden, wie das Geld innerhalb der ersten vier Wochen nach der Entlassung an die Entlassenen ausbezahlt wird. Die Bewährungshilfe und die mit der Entlassenenbetreuung befasste Stelle sind verpflichtet, das Überbrückungsgeld von ihrem Vermögen gesondert zu halten. Mit Zustimmung der Gefangenen kann das Überbrückungsgeld auch an Unterhaltsberechtigte überwiesen werden.

(3) Das Überbrückungsgeld kann für Ausgaben in Anspruch genommen werden, die der Eingliederung der Gefangenen dienen.

(4) Der Anspruch auf Auszahlung des Überbrückungsgelds ist unpfändbar. Erreicht es nicht die in Absatz 1 bestimmte Höhe, so ist in Höhe des Unterschiedsbetrags auch der Anspruch auf Auszahlung des Eigengelds unpfändbar. Bargeld entlassener Gefangener, an die wegen der nach Satz 1 oder Satz 2 unpfändbaren Ansprüche Geld ausgezahlt worden ist, ist für die Dauer von vier Wochen seit der Entlassung insoweit der Pfändung nicht unterworfen, als es dem Teil der Ansprüche für die Zeit von der Pfändung bis zum Ablauf der vier Wochen entspricht.

(5) Absatz 4 gilt nicht bei einer Pfändung wegen der in § 850d Abs. 1 Satz 1 der Zivilprozessordnung (ZPO) bezeichneten Unterhaltsansprüche. Entlassenen Gefangenen ist jedoch so viel zu belassen, als sie für ihren notwendigen Unterhalt und zur Erfüllung ihrer sonstigen gesetzlichen Unterhaltspflichten für die Zeit von der Pfändung bis zum Ablauf von vier Wochen seit der Entlassung bedürfen.

§ 53 Taschen-, Haus- und Eigengeld

(1) Gefangene, die ohne Verschulden kein Arbeitsentgelt und keine Ausbildungsbeihilfe erhalten, wird ein angemessenes Taschengeld gewährt, falls sie bedürftig sind. Nicht verbrauchtes Taschengeld ist bei der Bedürftigkeitsprüfung nicht zu berücksichtigen.

(2) Gefangene dürfen monatlich drei Siebtel von ihren in diesem Gesetz geregelten Bezügen (Hausgeld) und das Taschengeld nach Absatz 1 für den Einkauf oder anderweitig verwenden.

(3) Bezüge Gefangener, die nicht als Hausgeld, Haftkostenbeitrag oder Überbrückungsgeld in Anspruch genommen werden, sind dem Eigengeld gutzuschreiben.

(4) Für Gefangene, die in einem freien Beschäftigungsverhältnis stehen oder denen gestattet ist, sich selbst zu beschäftigen, wird aus ihren Bezügen ein angemessenes Hausgeld festgesetzt.

§ 54 Sondergeld

(1) Für Gefangene kann monatlich ein Betrag in angemessener Höhe einbezahlt werden, der als Sondergeld gutzuschreiben ist und wie Hausgeld genutzt werden kann.

(2) Über Absatz 1 hinaus kann Sondergeld in angemessener Höhe für folgende Zwecke eingezahlt werden:

1. Maßnahmen der Eingliederung, insbesondere Kosten der Gesundheitsfürsorge und der Aus- und Fortbildung, und

2. Maßnahmen zur Pflege sozialer Beziehungen, insbesondere Telefonkosten und Fahrtkosten anlässlich vollzugsöffnender Maßnahmen.

(3) Soweit das Guthaben des Sondergelds nach Absatz 1 die Summe von drei Monatseinzahlungen übersteigt, ist es dem Überbrückungsgeld zuzuführen. Ist bereits ein Überbrückungsgeld in angemessener Höhe gebildet, ist das Guthaben dem Eigengeld zuzuschreiben. Sondergeld im Sinne von Absatz 2 ist dem Eigengeld zuzuschreiben, wenn es zum bezeichneten Zweck nicht eingesetzt werden kann und eine Rückerstattung an die Einzahler nicht möglich ist.

(4) Der Anspruch auf Auszahlung des Sondergelds nach Absatz 1 und 2 ist unpfändbar.

§ 55 Rechtsverordnung

Das Justizministerium wird ermächtigt, zur Durchführung der §§ 49 und 50 im Einvernehmen mit dem Finanzministerium Vergütungsstufen und die Höhe der Vergütung in den einzelnen Vergütungsstufen einschließlich der Gewährung von Zulagen durch Rechtsverordnung zu bestimmen.

§ 56 Einbehaltung von Beitragsteilen

Soweit die Justizvollzugsanstalt Beiträge zur Bundesagentur für Arbeit zu entrichten hat, kann sie von dem Arbeitsentgelt einen Betrag einbehalten, der dem Anteil der oder des Gefangenen am Beitrag entsprechen würde, wenn sie oder er diese Bezüge als Arbeitnehmer erhielte.

Abschnitt 9
Freizeit

§ 57 Allgemeines

Die Gefangenen sind zur Teilnahme und Mitwirkung an Angeboten der Freizeitgestaltung zu motivieren und anzuleiten. Gefangene sollen insbesondere an Unterricht einschließlich Fernunterricht, Lehrgängen und sonstigen Veranstaltungen der Weiterbildung, Freizeitgruppen und Gruppengesprächen teilnehmen und ermutigt werden, den verantwortungsvollen Umgang mit neuen Medien zu erlernen und zu praktizieren sowie eine Bücherei zu benutzen. Angebote zur sportlichen Betätigung, insbesondere während des Aufenthalts im Freien sind vorzuhalten.

§ 58 Besitz von Gegenständen der Freizeitbeschäftigung

(1) Gefangene dürfen in angemessenem Umfang Bücher und andere Gegenstände zur Freizeitbeschäftigung besitzen. Die Angemessenheit des Umfangs kann auch an der in der Justizvollzugsanstalt verfügbaren Kapazität für Haftraumkontrollen und am Wert eines Gegenstands ausgerichtet werden.

(2) Absatz 1 Satz 1 gilt nicht, wenn der Besitz, die Überlassung oder die Benutzung eines Gegenstands

1. mit Strafe oder Geldbuße bedroht wäre,

2. das Ziel des Vollzugs oder die Sicherheit oder Ordnung der Justizvollzugsanstalt gefährden würde oder

3. die Überprüfung des Gegenstands auf eine mögliche missbräuchliche Verwendung mit vertretbarem Aufwand von der Justizvollzugsanstalt nicht leistbar wäre.

(3) Die Zulassung von bestimmten Gerätetypen, insbesondere der elektronischen Unterhaltungsmedien, durch die Justizvollzugsanstalt kann der Zustimmung der Aufsichtsbehörde vorbehalten sein. Die Aufsichtsbehörde kann allgemeine Richtlinien für die Gerätebeschaffenheit erlassen. Eine ohne Zustimmung nach Satz 1 erfolgte Zulassung kann zurückgenommen werden.

(4) Die Erlaubnis kann unter den Voraussetzungen des Absatzes 2 widerrufen werden.

§ 59 Hörfunk und Fernsehen

(1) Der Besitz von Hörfunk- und Fernsehgeräten ist nach Maßgabe von § 58 zulässig.

(2) Die Justizvollzugsanstalt kann den Betrieb von Empfangsanlagen und die Ausgabe von Hörfunk- und Fernsehgeräten einem Dritten übertragen. Sofern sie hiervon Gebrauch macht, können Gefangene nicht den Besitz eigener Geräte verlangen.

(3) Die Justizvollzugsanstalt entscheidet über die Einspeisung einzelner Rundfunk- und Fernsehprogramme in die Empfangsanlage. Vor der Entscheidung soll die Gefangenenmitverantwortung gehört werden.

(4) Der Empfang von Bezahlfernsehen und der Einsatz von zusätzlichen Empfangseinrichtungen im Haftraum sind nicht statthaft.

§ 60 Zeitungen und Zeitschriften

Gefangene dürfen Zeitungen und Zeitschriften in angemessenem Umfang durch Vermittlung der Justizvollzugsanstalt beziehen. § 58 Abs. 1 Satz 2, Abs. 2 und 4 gilt entsprechend.

Abschnitt 10
Sicherheit und Ordnung

§ 61 Grundsatz

(1) Das Verantwortungsbewusstsein der Gefangenen für ein geordnetes Zusammenleben in der Justizvollzugsanstalt ist zu wecken und zu fördern.

(2) Die Pflichten und Beschränkungen, die Gefangenen zur Aufrechterhaltung der Sicherheit oder Ordnung der Justizvollzugsanstalt auferlegt werden, sind so zu wählen, dass sie in einem angemessenen Verhältnis zu ihrem Zweck stehen und die Gefangenen nicht mehr und nicht länger als notwendig beeinträchtigen.

§ 62 Verhaltensvorschriften

(1) Die Gefangenen haben sich nach der Tageseinteilung der Justizvollzugsanstalt (Arbeitszeit, Freizeit, Ruhezeit) zu richten. Sie dürfen durch ihr Verhalten gegenüber Vollzugsbediensteten, Mitgefangenen und anderen Personen das geordnete Zusammenleben nicht stören.

(2) Die Gefangenen haben die Anordnungen der Vollzugsbediensteten zu befolgen, auch wenn sie sich durch sie beschwert fühlen. Einen ihnen zugewiesenen Bereich dürfen sie nicht ohne Erlaubnis verlassen.

(3) Die Gefangenen haben ihren Haftraum und die ihnen von der Justizvollzugsanstalt überlassenen Sachen in Ordnung zu halten und schonend zu behandeln.

(4) Die Gefangenen haben Umstände, die eine Gefahr für das Leben oder eine erhebliche Gefahr für die Gesundheit einer Person bedeuten, unverzüglich zu melden.

§ 63 Persönlicher Gewahrsam und Eigengeld

(1) Die Gefangenen dürfen nur Sachen in Gewahrsam haben oder annehmen, die ihnen von der Justizvollzugsanstalt oder mit ihrer Zustimmung überlassen werden. Ohne Zustimmung dürfen sie Sachen weder abgeben noch annehmen, außer solche von geringem Wert. Die Justizvollzugsanstalt kann die Abgabe, Annahme und den Gewahrsam auch dieser Sachen von ihrer Zustimmung abhängig machen.

(2) Eingebrachte Sachen, die die Gefangenen nicht in Gewahrsam haben dürfen, sind für sie aufzubewahren, sofern dies nach Art und Umfang möglich ist. Eingebrachtes Geld wird

als Eigengeld gutgeschrieben. Den Gefangenen wird Gelegenheit gegeben, ihre Sachen, die sie während des Vollzugs und für die Entlassung nicht benötigen, abzusenden oder über das Eigengeld zu verfügen, soweit dieses nicht als Überbrückungsgeld notwendig ist.

(3) Weigern sich Gefangene, eingebrachte Gegenstände, deren Aufbewahrung nach Art oder Umfang nicht möglich ist, aus der Justizvollzugsanstalt zu verbringen, so ist die Justizvollzugsanstalt berechtigt, diese auf Kosten der oder des Gefangenen entfernen zu lassen.

(4) Aufzeichnungen und andere Gegenstände, die Kenntnisse über Sicherungsvorkehrungen einer Justizvollzugsanstalt vermitteln, dürfen vernichtet oder unbrauchbar gemacht werden.

§ 64 Durchsuchung und Kontrollen auf Suchtmittelmissbrauch

(1) Gefangene, ihre Sachen und die Haftträume dürfen durchsucht werden. Die Durchsuchung männlicher Gefangener darf nur von Männern, die Durchsuchung weiblicher Gefangener darf nur von Frauen vorgenommen werden; dies gilt nicht für das Absuchen der Gefangenen mit technischen Mitteln oder mit sonstigen Hilfsmitteln. Das Schamgefühl ist zu schonen.

(2) Nur auf Anordnung der Anstaltsleiterin oder des Anstaltsleiters oder bei Gefahr im Verzug ist es im Einzelfall zulässig, eine mit einer Entkleidung verbundene körperliche Durchsuchung vorzunehmen. Sie darf bei männlichen Gefangenen nur in Gegenwart von Männern, bei weiblichen Gefangenen nur in Gegenwart von Frauen erfolgen. Sie ist in einem geschlossenen Raum durchzuführen. Andere Gefangene dürfen nicht anwesend sein.

(3) Die Anstaltsleiterin oder der Anstaltsleiter kann allgemein anordnen, dass Gefangene bei der Aufnahme, nach Kontakten mit Besuchern und nach jeder Abwesenheit von der Justizvollzugsanstalt nach Absatz 2 durchsucht werden können.

(4) Gefangene können Suchtmittelkontrollen unterzogen werden, wenn der Verdacht besteht, dass sie Suchtmittel besitzen oder konsumieren. Die ergriffenen Maßnahmen dürfen nicht mit einem körperlichen Eingriff verbunden sein. Bei Gefangenen, die die Mitwirkung an der Durchführung der Kontrolle verweigern, ist in der Regel davon auszugehen, dass Suchtmittelfreiheit nicht gegeben ist.

§ 65 Sichere Unterbringung

Gefangene können in eine andere Justizvollzugsanstalt verlegt werden, die zu ihrer sicheren Unterbringung besser geeignet ist, wenn in erhöhtem Maß Fluchtgefahr besteht oder sonst ihr Verhalten oder ihr Zustand eine Gefahr für die Sicherheit oder Ordnung der Justizvollzugsanstalt darstellt.

§ 66 Festnahmerecht

Gefangene, die entwichen sind oder sich sonst ohne Erlaubnis außerhalb der Justizvollzugsanstalt aufhalten, können durch die Justizvollzugsanstalt oder auf ihre Veranlassung hin festgenommen und in die Justizvollzugsanstalt zurückgebracht werden, solange ein unmittelbarer Bezug zum Strafvollzug besteht.

§ 67 Besondere Sicherungsmaßnahmen

(1) Gegen Gefangene können besondere Sicherungsmaßnahmen angeordnet werden, wenn nach ihrem Verhalten oder auf Grund ihres seelischen Zustands in erhöhtem Maß die Gefahr der Flucht, von Gewalttätigkeiten gegen Personen oder Sachen, der Selbsttötung oder der Selbstverletzung besteht.

(2) Als besondere Sicherungsmaßnahmen sind zulässig

1. der Entzug oder die Vorenthaltung von Gegenständen,

2. die Beobachtung bei Nacht,

3. die Absonderung von anderen Gefangenen,

4. der Entzug oder die Beschränkung des Aufenthalts im Freien,

5. die Unterbringung in einem besonders gesicherten Haftraum ohne gefährdende Gegenstände und

6. die Fesselung.

(3) Maßnahmen nach Absatz 2 Nr. 1, 3 bis 5 sind auch zulässig, wenn die Gefahr einer Befreiung oder eine erhebliche Störung der Anstaltsordnung anders nicht vermieden oder behoben werden kann.

(4) Bei einer Ausführung, Vorführung oder beim Transport ist die Fesselung auch dann zulässig, wenn aus anderen Gründen als denen des Absatzes 1 Fluchtgefahr besteht.

(5) Besondere Sicherungsmaßnahmen dürfen nur soweit aufrechterhalten werden, wie es ihr Zweck erfordert.

§ 68 Einzelhaft

(1) Die unausgesetzte Absonderung Gefangener ist nur zulässig, wenn dies aus Gründen, die in der Person der oder des Gefangenen liegen, unerlässlich ist.

(2) Einzelhaft von mehr als drei Monaten Gesamtdauer in einem Jahr bedarf der Zustimmung der Aufsichtsbehörde. Diese Frist wird nicht dadurch unterbrochen, dass Gefangene am Gottesdienst oder am gemeinschaftlichen Aufenthalt im Freien teilnehmen.

§ 69 Fesselung

In der Regel dürfen Fesseln nur an den Händen oder an den Füßen angelegt werden. Im Interesse der oder des Gefangenen kann eine andere Art der Fesselung angeordnet werden. Die Fesselung wird zeitweise gelockert oder aufgehoben, soweit dies notwendig ist.

§ 70 Anordnung besonderer Sicherungsmaßnahmen

(1) Besondere Sicherungsmaßnahmen ordnet die Anstaltsleiterin oder der Anstaltsleiter an. Bei Gefahr im Verzug können auch andere Bedienstete der Justizvollzugsanstalt diese Maßnahmen vorläufig anordnen. Die Entscheidung der Anstaltsleiterin oder des Anstaltsleiters ist unverzüglich einzuholen.

(2) Werden Gefangene ärztlich behandelt oder beobachtet oder bildet ihr seelischer Zustand den Anlass der Maßnahme, ist vor der Anordnung besonderer Sicherungsmaßnahmen die Ärztin oder der Arzt zu hören. Ist dies wegen Gefahr im Verzug nicht möglich, wird die Stellungnahme unverzüglich eingeholt.

§ 71 Ärztliche Überwachung

(1) Sind Gefangene in einem besonders gesicherten Haftraum untergebracht oder gefesselt, sucht sie die Ärztin oder der Arzt alsbald und in der Folge möglichst täglich auf. Dies gilt nicht bei einer Fesselung während einer Ausführung, Vorführung oder eines Transports.

(2) Solange Gefangenen der tägliche Aufenthalt im Freien entzogen wird, ist in regelmäßigen Abständen eine ärztliche Stellungnahme einzuholen.

§ 72 Ersatz von Aufwendungen

(1) Gefangene sind verpflichtet, der Justizvollzugsanstalt Aufwendungen zu ersetzen, die sie durch eine vorsätzlich oder grob fahrlässig begangene Selbstverletzung oder Verletzung anderer Gefangener verursacht haben. Ansprüche aus sonstigen Rechtsvorschriften bleiben unberührt.

(2) Die Justizvollzugsanstalt kann bei der Geltendmachung von Forderungen nach Absatz 1 oder wegen einer vorsätzlichen oder grob fahrlässigen Verletzung fremden Eigentums durch Gefangene auch einen den dreifachen Tagessatz der Eckvergütung nach § 49 Abs. 2 übersteigenden Teil des Hausgelds in Anspruch nehmen.

(3) Für die in Absatz 1 genannten Forderungen ist der ordentliche Rechtsweg gegeben.

(4) Von der Aufrechnung oder Vollstreckung wegen der in Absatz 1 und 2 genannten Forderungen ist abzusehen, wenn hierdurch die Behandlung der oder des Gefangenen oder ihre Eingliederung behindert würde.

Abschnitt 11
Unmittelbarer Zwang

§ 73 Allgemeine Voraussetzungen

(1) Bedienstete der Justizvollzugsanstalten dürfen unmittelbaren Zwang anwenden, wenn sie Vollzugs- und Sicherungsmaßnahmen rechtmäßig durchführen und der damit verfolgte Zweck auf keine andere Weise erreicht werden kann.

(2) Gegen andere Personen als Gefangene darf unmittelbarer Zwang angewendet werden, wenn sie es unternehmen, Gefangene zu befreien, in den Anstaltsbereich widerrechtlich einzudringen oder wenn sie sich unbefugt darin aufhalten.

(3) Das Recht zu unmittelbarem Zwang auf Grund anderer Regelungen bleibt unberührt.

§ 74 Begriffsbestimmungen

(1) Unmittelbarer Zwang ist die Einwirkung auf Personen oder Sachen durch körperliche Gewalt, ihre Hilfsmittel und durch Waffen.

(2) Körperliche Gewalt ist jede unmittelbare körperliche Einwirkung auf Personen oder Sachen.

(3) Hilfsmittel der körperlichen Gewalt sind namentlich Fesseln.

(4) Waffen sind die dienstlich zugelassenen Hieb- und Schusswaffen sowie Reizstoffe.

§ 75 Grundsatz der Verhältnismäßigkeit

(1) Unter mehreren möglichen und geeigneten Maßnahmen des unmittelbaren Zwangs sind diejenigen zu wählen, die den Einzelnen und die Allgemeinheit voraussichtlich am wenigsten beeinträchtigen.

(2) Unmittelbarer Zwang unterbleibt, wenn ein durch ihn zu erwartender Schaden erkennbar außer Verhältnis zu dem angestrebten Erfolg steht.

§ 76 Handeln auf Anordnung

(1) Wird unmittelbarer Zwang von Vorgesetzten oder sonst befugten Personen angeordnet, sind Vollzugsbedienstete verpflichtet, ihn anzuwenden, es sei denn, die Anordnung verletzt die Menschenwürde oder ist nicht zu dienstlichen Zwecken erteilt worden.

(2) Die Anordnung darf nicht befolgt werden, wenn dadurch eine Straftat begangen würde. Befolgen Vollzugsbedienstete sie trotzdem, trifft sie eine Schuld nur, wenn sie erkennen oder wenn es nach den ihnen bekannten Umständen offensichtlich ist, dass dadurch eine Straftat begangen wird.

(3) Bedenken gegen die Rechtmäßigkeit der Anordnung haben die Vollzugsbediensteten der anordnenden Person gegenüber vorzubringen, soweit das nach den Umständen möglich ist. Abweichende Vorschriften des allgemeinen Beamtenrechts über die Mitteilung solcher Bedenken an Vorgesetzte sind nicht anzuwenden.

§ 77 Androhung

Unmittelbarer Zwang ist vorher anzudrohen. Die Androhung darf nur dann unterbleiben, wenn die Umstände sie nicht zulassen oder unmittelbarer Zwang sofort angewendet werden muss, um eine rechtswidrige Tat, die den Tatbestand eines Strafgesetzes erfüllt, zu verhindern oder eine gegenwärtige Gefahr abzuwenden.

§ 78 Allgemeine Vorschriften für den Schusswaffengebrauch

(1) Schusswaffen dürfen nur gebraucht werden, wenn andere Maßnahmen des unmittelbaren Zwangs bereits erfolglos waren oder keinen Erfolg versprechen. Gegen Personen ist ihr Gebrauch nur zulässig, wenn der Zweck nicht durch Waffenwirkung gegen Sachen erreicht wird.

(2) Schusswaffen dürfen nur die dazu bestimmten Vollzugsbediensteten gebrauchen und nur, um angriffs- oder fluchtunfähig zu machen. Ihr Gebrauch unterbleibt, wenn dadurch erkennbar Unbeteiligte mit hoher Wahrscheinlichkeit gefährdet würden.

(3) Der Gebrauch von Schusswaffen ist vorher anzudrohen. Als Androhung gilt auch ein Warnschuss. Ohne Androhung dürfen Schusswaffen nur dann gebraucht werden, wenn dies zur Abwehr einer gegenwärtigen Gefahr für Leib oder Leben erforderlich ist.

§ 79 Besondere Vorschriften für den Schusswaffengebrauch

(1) Gegen Gefangene dürfen Schusswaffen gebraucht werden,

1. wenn sie eine Waffe oder ein anderes gefährliches Werkzeug trotz wiederholter Aufforderung nicht ablegen,

2. wenn sie eine Meuterei (§ 121 StGB) unternehmen oder

3. um ihre Flucht zu vereiteln oder um sie wieder zu ergreifen.

Um die Flucht aus einer Einrichtung des offenen Vollzugs zu vereiteln, dürfen keine Schusswaffen gebraucht werden.

(2) Gegen andere Personen dürfen Schusswaffen gebraucht werden, wenn sie es unternehmen, Gefangene gewaltsam zu befreien oder gewaltsam in eine Justizvollzugsanstalt einzudringen.

§ 80 Zwangsmaßnahmen auf dem Gebiet der Gesundheitsfürsorge

(1) Medizinische Untersuchung und Behandlung sowie Ernährung sind zwangsweise nur bei Lebensgefahr, bei schwerwiegender Gefahr für die Gesundheit einer oder eines Gefangenen oder bei Gefahr für die Gesundheit anderer Personen zulässig; die Maßnahmen müssen für die Beteiligten zumutbar und dürfen nicht mit erheblicher Gefahr für Leben oder Gesundheit der oder des Gefangenen verbunden sein. Zur Durchführung der Maßnahmen ist die Justizvollzugsanstalt nicht verpflichtet, solange von einer freien Willensbestimmung der oder des Gefangenen ausgegangen werden kann.

(2) Zum Gesundheitsschutz und zur Hygiene ist die zwangsweise körperliche Untersuchung außer im Fall des Absatzes 1 zulässig, wenn sie nicht mit einem körperlichen Eingriff verbunden ist.

(3) Die Maßnahmen dürfen nur auf Anordnung und unter Leitung einer Ärztin oder eines Arztes durchgeführt werden, unbeschadet der Leistung erster Hilfe für den Fall, dass eine Ärztin oder ein Arzt nicht rechtzeitig erreichbar und mit einem Aufschub Lebensgefahr verbunden ist.

Abschnitt 12
Disziplinarmaßnahmen

§ 81 Voraussetzungen

(1) Verstoßen Gefangene schuldhaft gegen Pflichten, die ihnen durch dieses Gesetz oder auf Grund dieses Gesetzes auferlegt sind, können gegen sie möglichst in engem zeitlichen Zusammenhang mit der Pflichtverletzung Disziplinarmaßnahmen angeordnet werden.

(2) Von einer Disziplinarmaßnahme wird abgesehen, wenn es genügt, Gefangene zu verwarnen.

(3) Eine Disziplinarmaßnahme ist auch zulässig, wenn wegen derselben Verfehlung ein Straf- oder Bußgeldverfahren eingeleitet wird.

§ 82 Arten der Disziplinarmaßnahmen

(1) Die zulässigen Disziplinarmaßnahmen sind:

1. Verweis,

2. die Beschränkung oder der Entzug der Verfügung über das Hausgeld, das Sondergeld und des Einkaufs bis zu drei Monaten,

3. die Beschränkung oder der Entzug des Hörfunk- und Fernsehempfangs bis zu drei Monaten; der gleichzeitige Entzug jedoch nur bis zu zwei Wochen,

4. die Beschränkung oder der Entzug der Gegenstände für eine Beschäftigung in der Freizeit oder der Teilnahme an gemeinschaftlichen Veranstaltungen bis zu drei Monaten,

5. die getrennte Unterbringung während der Freizeit bis zu vier Wochen,

6. der Entzug der zugewiesenen Arbeit oder Beschäftigung bis zu vier Wochen unter Wegfall der in diesem Gesetz geregelten Bezüge,

7. die Beschränkung des Verkehrs mit Personen außerhalb der Justizvollzugsanstalt auf dringende Fälle bis zu drei Monaten,

8. Arrest bis zu vier Wochen.

(2) Arrest darf nur wegen schwerer oder mehrfach wiederholter Verfehlungen verhängt werden.

(3) Mehrere Disziplinarmaßnahmen können miteinander verbunden werden.

§ 83 Vollstreckung und Vollzug der Disziplinarmaßnahmen

(1) Disziplinarmaßnahmen werden in der Regel sofort vollstreckt.

(2) Eine Disziplinarmaßnahme kann ganz oder teilweise bis zu sechs Monaten zur Bewährung ausgesetzt werden.

(3) Wird die Verfügung über das Haus- oder Sondergeld beschränkt oder entzogen, ist das in dieser Zeit anfallende Geld dem Überbrückungsgeld hinzuzurechnen.

(4) Wird der Verkehr von Gefangenen mit Personen außerhalb der Justizvollzugsanstalt eingeschränkt, ist ihnen Gelegenheit zu geben, dies einer Person, mit der sie im Schriftwechsel stehen oder die sie zu besuchen pflegt, mitzuteilen. Der Schriftwechsel mit den in § 24 Abs. 2 und 3 genannten Empfängern, mit Gerichten und Justizbehörden in der Bundesrepublik sowie mit Rechtsanwälten und Notaren in einer die Gefangenen betreffenden Rechtssache bleibt unbeschränkt.

(5) Arrest wird in Einzelhaft vollzogen. Die Gefangenen können in einem besonderen Arrestraum untergebracht werden, der den Anforderungen entsprechen muss, die an einen zum Aufenthalt bei Tag und Nacht bestimmten Haftraum gestellt werden. Soweit nichts anderes angeordnet wird, ruhen die Befugnisse der Gefangenen aus §§ 15 und 16 Abs. 2 sowie den §§ 18, 42, 43 und 57 bis 60.

§ 84 Disziplinarbefugnis

(1) Disziplinarmaßnahmen ordnet die Anstaltsleiterin oder der Anstaltsleiter an. Bei einer Verfehlung auf dem Weg in eine andere Justizvollzugsanstalt zum Zweck der Verlegung ist die Leiterin oder der Leiter der Bestimmungsanstalt zuständig. Die Befugnis, Disziplinarmaßnahmen nach § 82 anzuordnen, kann nur auf Mitglieder der Anstalts- oder Vollzugsabteilungsleitung übertragen werden.

(2) Die Aufsichtsbehörde entscheidet, wenn sich Verfehlungen von Gefangenen gegen die Anstaltsleiterin oder den Anstaltsleiter richten.

(3) Disziplinarmaßnahmen, die gegen Gefangene in einer anderen Justizvollzugsanstalt oder während einer Untersuchungshaft angeordnet worden sind, werden auf Ersuchen vollstreckt, soweit sie nicht zur Bewährung ausgesetzt sind. § 83 Abs. 2 bleibt unberührt.

§ 85 Disziplinarverfahren

(1) Der Sachverhalt ist zu klären. Die oder der Gefangene wird gehört. Die Erhebungen werden in einer Niederschrift festgelegt; die Einlassung der oder des Gefangenen wird vermerkt.

(2) Bei schweren Verstößen soll sich die Anstaltsleiterin oder der Anstaltsleiter vor der Entscheidung mit Personen besprechen, die bei der Behandlung der oder des Gefangenen mitwirken. Vor der Anordnung einer Disziplinarmaßnahme gegen Gefangene in ärztlicher Behandlung, gegen Schwangere oder stillende Mütter ist eine ärztliche Stellungnahme einzuholen.

(3) Die Entscheidung wird der oder dem Gefangenen von der Anstaltsleiterin oder dem Anstaltsleiter oder im Falle einer Übertragung der Disziplinarbefugnis nach § 84 Abs. 1 Satz 3 von der beauftragten Person mündlich eröffnet und mit einer kurzen Begründung schriftlich abgefasst.

§ 86 Ärztliche Mitwirkung

(1) Bevor der Arrest vollzogen wird, ist eine ärztliche Stellungnahme einzuholen. Während des Arrests steht die oder der Gefangene unter ärztlicher Aufsicht.

(2) Der Vollzug des Arrests unterbleibt oder wird unterbrochen, wenn die Gesundheit der oder des Gefangenen gefährdet würde.

Abschnitt 13
Entlassungsvorbereitung, Entlassung und Nachsorge

§ 87 Zusammenarbeit mit Dritten

Die Justizvollzugsanstalt arbeitet frühzeitig vor der voraussichtlichen Entlassung einer oder eines Gefangenen mit Institutionen und Personen, namentlich der Bewährungshilfe, zusammen, um ihr oder ihm insbesondere Arbeit, eine Wohnung und ein soziales Umfeld für die Zeit nach der Entlassung zu vermitteln und um es zu ermöglichen, eine im Vollzug begonnene Behandlung fortzuführen.

§ 88 Freistellung aus der Haft für Freigänger

Gefangenen, die einer regelmäßigen Beschäftigung im Rahmen des Freigangs nachgehen, kann innerhalb von neun Monaten vor der Entlassung Freistellung aus der Haft von bis zu sechs Tagen im Monat gewährt werden. § 9 Abs. 1 und 4 sowie die §§ 11 und 12 gelten entsprechend. § 89 Abs. 3 Satz 1 findet keine Anwendung.

§ 89 Entlassungsvorbereitung

(1) Um die Entlassung vorzubereiten, sollen Gefangenen vollzugsöffnende Maßnahmen gewährt werden.

(2) Gefangene können in eine Einrichtung des offenen Vollzugs verlegt werden, wenn dies der Vorbereitung der Entlassung dient.

(3) Innerhalb von drei Monaten vor der Entlassung kann zu deren Vorbereitung Freistellung aus der Haft bis zu einer Woche gewährt werden. § 9 Abs. 1 und 4 sowie die §§ 11 und 12 gelten entsprechend.

(4) Die Anstaltsleiterin oder der Anstaltsleiter kann Gefangenen in einer sozialtherapeutischen Einrichtung oder Gefangenen, die während des laufenden Freiheitsentzugs in einer sozialtherapeutischen Einrichtung behandelt worden sind, zur Vorbereitung der Entlassung Freistellung aus der Haft von bis zu sechs Monaten gewähren. § 9 Abs. 1 und 4 sowie die §§ 11 und 12 gelten entsprechend; Absatz 3 Satz 1 und § 88 finden keine An-

wendung. Gefangene können insbesondere angewiesen werden, sich einer von der Justizvollzugsanstalt bestimmten Betreuungsperson zu unterstellen und jeweils für kurze Zeit in die Justizvollzugsanstalt zurückzukehren. Die Freistellung aus der Haft wird widerrufen, wenn dies für die Behandlung der oder des Gefangenen notwendig ist.

§ 90 Entlassungsbeihilfe

(1) Gefangene erhalten, soweit ihre eigenen Mittel nicht ausreichen, bei ihrer Entlassung aus der Haft von der Justizvollzugsanstalt eine Beihilfe zu den Reisekosten sowie erforderlichenfalls ausreichende Kleidung. Bedürftige Gefangene erhalten darüber hinaus eine Beihilfe, die sie in die Lage versetzt, ohne Inanspruchnahme fremder Hilfe ihren notwendigen Lebensunterhalt zu bestreiten, bis sie ihn voraussichtlich anderweitig decken können. Die Justizvollzugsanstalt kann die Überbrückungsbeihilfe ganz oder teilweise der Bewährungshilfe oder einer mit der Entlassenenbetreuung befassten Stelle überweisen, die darüber entscheidet, wie das Geld nach der Entlassung an die Gefangenen ausbezahlt wird. Die Bewährungshilfe und die mit der Entlassenenbetreuung befasste Stelle sind verpflichtet, die Überbrückungsbeihilfe von ihrem Vermögen gesondert zu halten.

(2) Der Anspruch auf Beihilfe zu den Reisekosten und die ausgezahlte Reisebeihilfe sind unpfändbar. Für den Anspruch auf Überbrückungsbeihilfe und für Bargeld nach Auszahlung einer Überbrückungsbeihilfe an Gefangene gilt § 52 Abs. 4 Satz 1 und 3 und Abs. 5 entsprechend.

§ 91 Entlassungszeitpunkt

(1) Gefangene sind am letzten Tag der Strafzeit möglichst frühzeitig zu entlassen.

(2) Der Entlassungszeitpunkt kann bis zu fünf Tage vorverlegt werden, wenn dringende Gründe dafür vorliegen, dass die oder der Gefangene zu ihrer oder seiner Eingliederung hierauf angewiesen ist. Dies ist regelmäßig anzunehmen, wenn der Entlassungszeitpunkt auf ein Wochenende oder auf einen gesetzlichen Feiertag fällt. Die Vorverlegung

des Entlassungszeitpunkts muss im Hinblick auf die Länge der Strafzeit vertretbar sein.

Abschnitt 14
Beschwerderecht und Rechtsbehelfe

§ 92 Beschwerderecht

(1) Die Gefangenen haben das Recht, sich mit Wünschen, Anregungen und Beschwerden in Angelegenheiten, die sie selbst betreffen, an die Anstaltsleiterin oder den Anstaltsleiter zu wenden. Regelmäßige Sprechstunden sind einzurichten.

(2) Besichtigen Vertreter der Aufsichtsbehörde die Justizvollzugsanstalt, so ist zu gewährleisten, dass die Gefangenen sich in sie selbst betreffenden Angelegenheiten an diese wenden können.

(3) Die Möglichkeit der Dienstaufsichtsbeschwerde bleibt unberührt. Eingaben, Beschwerden und Dienstaufsichtsbeschwerden, die nach Form oder Inhalt nicht den im Verkehr mit Behörden üblichen Anforderungen entsprechen oder bloße Wiederholungen enthalten, brauchen nicht beschieden zu werden. Die Gefangenen sind entsprechend zu unterrichten. Eine Überprüfung des Vorbringens von Amts wegen bleibt unberührt.

§ 93 Rechtsbehelfe

Die §§ 109 bis 121 des Strafvollzugsgesetzes (StVollzG), auch in Verbindung mit § 130 StVollzG über das gerichtliche Verfahren, bleiben unberührt.

Abschnitt 15
Sozialtherapeutische Einrichtungen

§ 94 Sozialtherapeutische Einrichtungen

Für den Vollzug nach § 8 sind sozialtherapeutische Anstalten oder Abteilungen (sozialtherapeutische Einrichtungen) vorzusehen.

§ 95 Nachgehende Betreuung

Die sozialtherapeutischen Einrichtungen sollen für entlassene und während des Freiheitsentzugs sozialtherapeutisch behandelte Gefangene eine vorübergehende nachgehende Betreuung gewährleisten, soweit diese anderweitig nicht sichergestellt werden kann.

§ 96 Aufnahme auf freiwilliger Grundlage

(1) Frühere Gefangene der sozialtherapeutischen Einrichtungen können dort auf Antrag vorübergehend wieder aufgenommen werden, wenn das Ziel ihrer Behandlung gefährdet und ein Aufenthalt in der Einrichtung aus diesem Grund gerechtfertigt ist. Der Antrag darf nicht zur Unzeit widerrufen werden.

(2) Gegen die Aufgenommenen dürfen Maßnahmen des Vollzugs nicht mit unmittelbarem Zwang durchgesetzt werden; § 73 Abs. 2 und 3 bleibt unberührt.

(3) § 51 gilt entsprechend.

Abschnitt 16
Besondere Vorschriften über den Vollzug der freiheitsentziehenden Maßregeln der Besserung und Sicherung

Unterabschnitt 1
Sicherungsverwahrung

§ 97 Ziel der Unterbringung

Sicherungsverwahrte werden zum Schutz der Allgemeinheit sicher untergebracht. Ihnen soll geholfen werden, sich in das Leben in Freiheit einzugliedern.

§ 98 Anwendung anderer Vorschriften

Für die Sicherungsverwahrung gelten die Vorschriften über den Vollzug der Freiheitsstrafe entsprechend, soweit im Folgenden nichts anderes bestimmt ist.

§ 99 Ausstattung

Die Ausstattung der Einrichtungen für Sicherungsverwahrte, namentlich der Hafträume, und besondere Maßnahmen zur Förderung und Betreuung, sollen den Sicherungsverwahrten helfen, ihr Leben in der Justizvollzugsanstalt sinnvoll zu gestalten und sie vor Schäden eines langen Freiheitsentzugs bewahren. Ihren persönlichen Bedürfnissen ist nach Möglichkeit Rechnung zu tragen.

§ 100 Besuche und Sondergeld

(1) Sicherungsverwahrte dürfen regelmäßig Besuch empfangen. Die Gesamtdauer beträgt mindestens zwei Stunden im Monat.

(2) Für Sicherungsverwahrte kann monatlich ein im Verhältnis zu § 54 Abs. 1 erhöhter Betrag einbezahlt werden, die als Sondergeld gutzuschreiben ist und wie Hausgeld genutzt werden kann.

§ 101 Kleidung

Sicherungsverwahrte dürfen eigene Kleidung, Wäsche und eigenes Bettzeug benutzen, wenn Gründe der Sicherheit nicht entgegenstehen und sie für Reinigung, Instandsetzung und regelmäßigen Wechsel auf eigene Kosten sorgen.

§ 102 Selbstbeschäftigung, Arbeitsentgelt und Taschengeld

(1) Sicherungsverwahrte wird gestattet, sich gegen Entgelt selbst zu beschäftigen, wenn dies dem Ziel dient, Fähigkeiten für eine Erwerbstätigkeit nach der Entlassung zu vermitteln, zu erhalten oder zu fördern.

(2) Der Bemessung des Arbeitsentgelts und der Ausbildungsbeihilfe für Sicherungsverwahrte sind zwölf Prozent der Bezugsgröße nach § 18 des Vierten Buchs Sozialgesetzbuch zu Grunde zu legen.

(3) Das Taschengeld der Sicherungsverwahrte beträgt 23 Prozent der Eckvergütung nach Absatz 2.

§ 103 Entlassungsvorbereitung

(1) Um die Entlassung zu erproben und vorzubereiten, können vollzugsöffnende Maßnahmen und Freistellung aus der Sicherungsverwahrung von bis zu einem Monat gewährt werden. Freistellung aus der Sicherungsverwahrung von bis zu zwei Monaten kann gewährt werden, wenn dies zur Erprobung und Vorbereitung der Entlassung unabdingbar ist. § 89 Abs. 4 bleibt unberührt.

(2) Die Aufsichtsbehörde kann sich vorbehalten, dass in bestimmten Fällen die Gewährung von Maßnahmen nach Absatz 1 erst mit ihrer Zustimmung wirksam wird.

Unterabschnitt 2
Unterbringung in einem psychiatrischen Krankenhaus oder in einer Entziehungsanstalt

§ 104 Unterbringung in einem psychiatrischen Krankenhaus

Die Behandlung der Untergebrachten in einem psychiatrischen Krankenhaus richtet sich nach medizinischen Gesichtspunkten. Soweit möglich, sollen sie geheilt oder ihr Zustand soweit gebessert werden, dass sie nicht mehr gefährlich sind. Ihnen wird die nötige Aufsicht, Betreuung und Pflege zuteil.

§ 105 Unterbringung in einer Entziehungsanstalt

Ziel der Behandlung der Untergebrachten in einer Entziehungsanstalt ist es, sie von ihrem Hang zu heilen und die zu Grunde liegende Fehlhaltung zu beheben.

§ 106 Anwendung anderer Vorschriften

(1) Der Vollzug der Unterbringung in einem psychiatrischen Krankenhaus oder in einer Entziehungsanstalt richtet sich nach § 15 UBG, soweit dieses Gesetz im Folgenden nichts anderes bestimmt.

(2) Für die Erhebung eines Beitrags zu den Kosten der Unterbringung gilt § 51 entsprechend mit der Maßgabe, dass in den Fällen von § 51 Abs. 1 Satz 1 Nr. 3 an die Stelle nicht erhaltener Bezüge die Nichtverrichtung zugewiesener oder ermöglichter Arbeit tritt und in den Fällen von § 51 Abs. 1 Satz 2 den Untergebrachten ein Betrag in der Höhe verbleiben muss, der dem Barbetrag entspricht, den in einer Einrichtung lebende und einen Teil der Kosten ihres Aufenthalts selbst tragende Sozialhilfeempfänger zur persönlichen Verfügung erhalten. Bei der Bewertung einer Beschäftigung als Arbeit sind die besonderen Verhältnisse des Maßregelvollzugs zu berücksichtigen.

I

(3) § 138 Abs. 2 Satz 3 und 4 sowie § 138 Abs. 3 StVollzG bleiben unberührt.

Abschnitt 17
Kriminologische Forschung im Strafvollzug

§ 107 Fortentwicklung des Vollzugs und kriminologische Forschung

(1) Der Strafvollzug ist fortzuentwickeln. Maßnahmen zur Behandlung der Gefangenen sind auf der Grundlage wissenschaftlicher Erkenntnisse zu konzipieren, zu standardisieren und auf ihre Wirksamkeit zu überprüfen.

(2) Der Strafvollzug, insbesondere seine Aufgabenerfüllung und Gestaltung, die Umsetzung seiner Leitlinien und die Behandlungsmaßnahmen sowie deren Wirkungen auf das Vollzugsziel, wird regelmäßig durch den kriminologischen Dienst in Zusammenarbeit mit Hochschulen oder anderen Stellen wissenschaftlich begleitet und erforscht.

(3) In die Untersuchung ist einzubeziehen, ob die Gefangenen nach der Entlassung in der Lage sind, in sozialer Verantwortung ein Leben ohne Straftaten zu führen.

(4) Die Leitung der kriminologischen Forschung obliegt der Aufsichtsbehörde.

Abschnitt 18
Vollzug weiterer freiheitsentziehender Maßnahmen in Justizvollzugsanstalten

Unterabschnitt 1
Vollzug des Strafarrests

§ 108 Grundsatz

Für den Vollzug des Strafarrests in Justizvollzugsanstalten gelten die Vorschriften über den Vollzug der Freiheitsstrafe entsprechend, soweit im Folgenden nichts anderes bestimmt ist. § 51 findet nur in den Fällen einer in § 45 erwähnten Beschäftigung Anwendung.

§ 109 Unterbringung, Besuche und Schriftwechsel

(1) Eine gemeinsame Unterbringung während der Arbeit, Freizeit und Ruhezeit ist nur mit Einwilligung der Gefangenen zulässig. Dies gilt nicht, wenn Strafarrest in Unterbrechung einer Strafhaft oder einer Unterbringung im Vollzug einer freiheitsentziehenden Maßregel der Besserung und Sicherung vollzogen wird.

(2) Den Gefangenen soll gestattet werden, einmal wöchentlich Besuch zu empfangen.

(3) Besuche und Schriftwechsel dürfen nur untersagt oder überwacht werden, wenn dies aus Gründen der Sicherheit oder Ordnung der Justizvollzugsanstalt notwendig ist.

§ 110 Kleidung, Wäsche und Bettzeug

Gefangene dürfen eigene Kleidung, Wäsche und eigenes Bettzeug benutzen, wenn Gründe der Sicherheit nicht entgegenstehen und die Gefangenen für Reinigung, Instandsetzung und regelmäßigen Wechsel auf eigene Kosten sorgen.

§ 111 Einkauf

Die Gefangenen dürfen Waren in angemessenem Umfang durch Vermittlung der Justizvollzugsanstalt auf eigene Kosten erwerben.

§ 112 Unmittelbarer Zwang

Beim Vollzug des Strafarrests dürfen zur Vereitelung einer Flucht oder zur Wiederergreifung keine Schusswaffen gebraucht werden. Dies gilt nicht, wenn Strafarrest in Unterbrechung einer Untersuchungshaft, einer Strafhaft oder einer Unterbringung im Vollzug einer freiheitsentziehenden Maßregel der Besserung und Sicherung vollzogen wird.

Unterabschnitt 2
Vollzug von Ordnungs-, Sicherungs-, Zwangs- und Erzwingungshaft

§ 113   Vollzug von Ordnungs-, Sicherungs-, Zwangs und Erzwingungshaft

Die §§ 171 bis 175 StVollzG, auch in Verbindung mit § 178 Abs. 1 bis 3 StVollzG, bleiben unberührt.

Buch 4

Abschnitt 1
Grundsätze

§ 1 Erziehungsauftrag

Im Vollzug der Jugendstrafe sollen die jungen Gefangenen dazu erzogen werden, in sozialer Verantwortung ein Leben ohne Straftaten zu führen.

§ 2 Behandlungs- und Erziehungsgrundsätze

(1) Die jungen Gefangenen sind unter Achtung ihrer Grund- und Menschenrechte zu behandeln. Niemand darf unmenschlicher oder erniedrigender Behandlung unterworfen werden.

(2) Die jungen Gefangenen sind in der Ehrfurcht vor Gott, im Geiste der christlichen Nächstenliebe, zur Brüderlichkeit aller Menschen und zur Friedensliebe, in der Liebe zu Volk und Heimat, zu sittlicher und politischer Verantwortlichkeit, zu beruflicher und sozialer Bewährung und zu freiheitlicher demokratischer Gesinnung zu erziehen.

(3) Das Leben im Jugendstrafvollzug soll den allgemeinen Lebensverhältnissen junger Menschen in Freiheit soweit wie möglich angeglichen werden.

(4) Schädlichen Folgen des Jugendstrafvollzugs ist. entgegenzuwirken. Die jungen Gefangenen sind vor Übergriffen zu schützen.

(5) Zur Erreichung des Erziehungsziels sollen die Einsicht in die dem Opfer zugefügten Tatfolgen geweckt und geeignete Maßnahmen zum Ausgleich angestrebt werden.

(6) Den jungen Gefangenen soll ermöglicht werden, von und mit Gleichaltrigen zu lernen und Verantwortung für Angelegenheiten von gemeinsamem Interesse zu übernehmen, die sich nach ihrer Eigenart und nach der Aufgabe der Jugendstrafanstalt für ihre Mitwirkung eignen.

(7) Bereitschaft, Mitwirkung und Fortschritte der jungen Gefangenen sollen im Leistungsbereich, bei der Freizeitgestaltung, in den Kontaktmöglichkeiten, durch Öffnung des Vollzugs und andere geeignete Maßnahmen anerkannt und belohnt werden, soweit die gesetzlichen und tatsächlichen Voraussetzungen dies zulassen.

(8) Bei der Gestaltung des Vollzugs und bei allen Einzelmaßnahmen werden der Entwicklungsstand von Jugendlichen, Heranwachsenden und jungen Erwachsenen sowie deren Lebensverhältnisse und unterschiedliche Bedürfnisse, insbesondere die von weiblichen und männlichen Gefangenen, berücksichtigt.

(9) Die Personensorgeberechtigten von Jugendlichen und die Träger der öffentlichen Jugendhilfe sind so weit wie möglich in die Planung und Gestaltung der Erziehung im Vollzug einzubeziehen.

§ 3 Mitwirkung und Stellung der jungen Gefangenen

(1) Die jungen Gefangenen sind berechtigt und verpflichtet, an den Maßnahmen zur Erfüllung des Erziehungsauftrags mitzuwirken.

(2) Soweit das Gesetz eine besondere Regelung nicht enthält, dürfen den jungen Gefangenen nur Beschränkungen auferlegt werden, die zur Aufrechterhaltung der Sicherheit oder zur Abwendung einer Störung der Ordnung der Jugendstrafanstalt unerlässlich sind.

Abschnitt 2
Planung, Ablauf und Öffnung des Vollzugs

§ 4 Aufnahme und Diagnoseverfahren

(1) Bei der Aufnahme werden die jungen Gefangenen über ihre Rechte und Pflichten in einer für sie verständlichen Form unterrichtet. Nach der Aufnahme werden sie alsbald ärztlich untersucht und der Anstaltsleiterin oder dem Anstaltsleiter oder den von diesen beauftragten Bediensteten vorgestellt. Beim Aufnahmeverfahren dürfen andere Gefangene nicht zugegen sein.

(2) Nach der Aufnahme erhebt die Zugangskommission die Umstände, deren Kenntnis für die Erfüllung des Erziehungsauftrags und die Eingliederung nach der Entlassung erforderlich sind. Die Zugangskommission ent-

scheidet über die Zuweisung und Verlegung zum weiteren Vollzug.

(3) Erkenntnisse der Jugendgerichtshilfe und der Bewährungshilfe sind einzubeziehen.

§ 5 Erziehungsplan

(1) Auf Grund des Diagnoseverfahrens wird ein Erziehungsplan erstellt.

(2) Der Erziehungsplan enthält mindestens Angaben über

1. die Unterbringung (freie Form, offener oder geschlossener Vollzug),

2. die Zuweisung zu einer Wohngruppe und einer Bezugsperson nach § 38 Abs. 2,

3. Sozialtherapie, Behandlungsgruppen und soziales Training,

4. Arbeitseinsatz, schulische und berufliche Aus- oder Weiterbildung, Arbeitstherapie,

5. Maßnahmen zur Aufarbeitung der Tat und zum Täter-Opfer-Ausgleich,

6. vollzugsöffnende Maßnahmen sowie

7. Entlassungsvorbereitung und Nachsorge.

(3) Die Erziehungsplanung wird mit der oder dem jungen Gefangenen erörtert. Ihnen wird Gelegenheit gegeben, eine Stellungnahme in der Erziehungsplankonferenz abzugeben.

(4) Der Erziehungsplan wird mit der Billigung durch die Anstaltsleiterin oder den Anstaltsleiter wirksam. Die Aufsichtsbehörde kann sich vorbehalten, dass der Erziehungsplan in bestimmten Fällen erst mit ihrer Zustimmung wirksam wird.

(5) Der Erziehungsplan ist in regelmäßigen Abständen auf seine Umsetzung hin zu überprüfen und mit der Entwicklung der oder des jungen Gefangenen sowie weiteren für den Erziehungsbedarf bedeutsamen Erkenntnissen in Einklang zu halten. Die Fortschreibung des Erziehungsplans wird mit den jungen Gefangenen erörtert.

(6) Die Personensorgeberechtigten erhalten Gelegenheit, Anregungen und Vorschläge einzubringen. Diese sollen, soweit mit der Aufgabe des Jugendstrafvollzuges und mit dem Erziehungsauftrag vereinbar, berücksichtigt werden.

(7) Der Erziehungsplan und seine Fortschreibung werden den Personensorgeberechtigten und dem Vollstreckungsleiter bekannt gegeben. Mit den Personensorgeberechtigten werden sie auf deren Wunsch erörtert.

§ 6 Verlegung, Überstellung und Ausantwortung

(1) Junge Gefangene können abweichend vom Vollstreckungsplan in eine andere Jugendstrafanstalt oder Justizvollzugsanstalt verlegt oder überstellt werden,

1. wenn ihre Erziehung, Behandlung oder ihre Eingliederung nach der Entlassung hierdurch gefördert wird oder

2. wenn dies aus Gründen der Vollzugsorganisation oder aus sonstigen wichtigen Gründen erforderlich ist.

(2) In begründeten Fällen ist das befristete Überlassen junger Gefangener in den Gewahrsam einer Polizei-, Zoll- oder Finanzbehörde zulässig.

§ 7 Formen des Jugendstrafvollzugs

(1) Bei Eignung können junge Gefangene in einer Einrichtung des Jugendstrafvollzugs in freier Form untergebracht werden. Hierzu gestattet die Anstaltsleiterin oder der Anstaltsleiter der oder dem jungen Gefangenen, die Jugendstrafe in einer dazu zugelassenen Einrichtung der Jugendhilfe zu verbüßen. Die Eignung ist stets zu prüfen.

(2) Junge Gefangene sollen in einer Jugendstrafanstalt oder einem Teil einer Jugendstrafanstalt ohne oder mit verminderten Vorkehrungen gegen Entweichung untergebracht werden, wenn sie ihre Mitwirkungspflicht erfüllen und nicht zu befürchten ist, dass sie sich dem Vollzug der Jugendstrafe entziehen oder die Möglichkeiten des offenen Vollzugs zu Straftaten missbrauchen werden.

(3) Für den Jugendstrafvollzug in freier Form oder den offenen Vollzug nicht geeignete junge Gefangene werden in einer geschlossenen Jugendstrafanstalt oder einer Abteilung mit Vorkehrungen gegen Entweichung untergebracht.

(4) Erweisen sich junge Gefangene für die Unterbringung in freier Form oder im offenen

Vollzug während des Aufenthaltes dort als nicht geeignet, werden sie in den geschlossenen Jugendstrafvollzug verlegt.

(5) Die Aufsichtsbehörde kann sich vorbehalten, dass in bestimmten Fällen die Entscheidung über die Unterbringung junger Gefangener im offenen Vollzug oder im Jugendstrafvollzug in freier Form erst mit ihrer Zustimmung wirksam wird.

§ 8 Sozialtherapie

(1) Junge Gefangene können in einer sozialtherapeutischen Abteilung untergebracht werden, soweit deren besondere therapeutische Mittel und soziale Hilfen zum Erreichen des Erziehungsziels angezeigt sind. In Betracht kommen insbesondere junge Gefangene, bei denen erhebliche Entwicklungs-, Persönlichkeits- oder Verhaltensstörungen vorliegen, die in der Tat hervorgetreten sind.

(2) Ist eine Unterbringung in einer sozialtherapeutischen Abteilung aus Gründen, die nicht in der Person der oder des Gefangenen liegen, nicht möglich, sind anderweitige therapeutische Behandlungsmaßnahmen zu treffen.

(3) Junge Gefangene werden aus der sozialtherapeutischen Einrichtung in den Regelvollzug zurückverlegt, wenn der Zweck der Sozialtherapie aus Gründen, die in der Person der oder des Gefangenen liegen, nicht erreicht werden kann.

§ 9 Vollzugsöffnende Maßnahmen

(1) Vollzugsöffnende Maßnahmen können gewährt werden, wenn die jungen Gefangenen für die jeweilige Maßnahme geeignet sind, insbesondere ihre Persönlichkeit ausreichend gefestigt und nicht zu befürchten ist, dass sich dem Vollzug der Jugendstrafe entziehen oder die Maßnahmen zur Begehung von Straftaten oder auf andere Weise missbrauchen.

(2) Als vollzugsöffnende Maßnahmen kommen insbesondere in Betracht:

1. regelmäßige Beschäftigung außerhalb der Jugendstrafanstalt unter Aufsicht einer oder eines Vollzugsbediensteten oder ohne Aufsicht,

2. Verlassen der Jugendstrafanstalt für eine bestimmte Tageszeit unter Aufsicht einer oder eines Vollzugsbediensteten oder ohne Aufsicht, gegebenenfalls in Begleitung einer Bezugsperson,

3. Freistellung aus der Haft bis zu 24 Kalendertage in einem Vollstreckungsjahr.

(3) Durch vollzugsöffnende Maßnahmen wird die Vollstreckung der Jugendstrafe nicht unterbrochen.

(4) Die Aufsichtsbehörde kann sich vorbehalten, dass in bestimmten Fällen die Gewährung von vollzugsöffnenden Maßnahmen mit Ausnahme der Ausführung erst mit ihrer Zustimmung wirksam wird.

§ 10 Verlassen der Jugendstrafanstalt aus wichtigem Anlass

(1) Aus wichtigem Anlass kann die Anstaltsleiterin oder der Anstaltsleiter jungen Gefangenen Ausgang gewähren oder sie bis zu sieben Tage aus der Haft freistellen; Freistellung aus anderem wichtigen Anlass als wegen einer lebensgefährlichen Erkrankung oder wegen des Todes einer oder eines Angehörigen darf sieben Tage im Vollstreckungsjahr nicht übersteigen.

(2) Freistellung aus der Haft, Ausgang und Ausführung aus wichtigem Anlass dürfen nur gewährt werden, wenn nicht zu befürchten ist, dass sich die jungen Gefangenen dem Vollzug der Jugendstrafe entziehen oder die vollzugsöffnenden Maßnahmen zu Straftaten missbrauchen.

(3) Eine Freistellung nach Absatz 1 wird nicht auf die Freistellung nach § 9 Abs. 2 Nr. 3 angerechnet.

(4) Kann Ausgang oder Freistellung wegen Flucht- oder Missbrauchsgefahr nicht gewährt werden, kann die Anstaltsleiterin oder der Anstaltsleiter junge Gefangene ausführen lassen. Die Aufwendungen hierfür haben die oder der junge Gefangene zu tragen. Der Anspruch ist nicht geltend zu machen, wenn dies die Erziehung oder die Eingliederung behindern würde.

(5) Entsprechendes gilt für die Teilnahme junger Gefangener an gerichtlichen Termi-

nen. Auf Ersuchen eines Gerichts lässt die Anstaltsleiterin oder der Anstaltsleiter junge Gefangene vorführen, sofern ein Vorführungsbefehl vorliegt. Die Jugendstrafanstalt unterrichtet das Gericht über das Veranlasste.

(6) Die Aufsichtsbehörde kann sich vorbehalten, dass in bestimmten Fällen die Gewährung von Maßnahmen nach Absatz 1, auch in Verbindung mit Absatz 5 Satz 1, erst mit ihrer Zustimmung wirksam wird.

§ 11 Weisungen und Aufhebung vollzugsöffnender Maßnahmen

(1) Die Anstaltsleiterin oder der Anstaltsleiter kann jungen Gefangenen für vollzugsöffnende Maßnahmen, das Verlassen der Jugendstrafanstalt aus wichtigem Anlass oder zur Teilnahme an gerichtlichen Terminen Weisungen, insbesondere hinsichtlich ihres Aufenthaltsorts sowie der Freistellungsgestaltung, erteilen.

(2) Die Anstaltsleiterin oder der Anstaltsleiter können Maßnahmen nach den §§ 9 und 10 widerrufen, wenn

1. sie oder er auf Grund nachträglich eingetretener Umstände berechtigt wäre, die Maßnahme zu versagen,

2. junge Gefangene Weisungen nicht nachkommen oder

3. junge Gefangene die Maßnahme missbrauchen; bei schweren Verstößen sind die Maßnahmen zu widerrufen.

Die Anstaltsleiterin oder der Anstaltsleiter kann Maßnahmen nach den §§ 9 und 10 mit Wirkung für die Zukunft zurücknehmen, wenn die Voraussetzungen für ihre Bewilligung nicht vorgelegen haben.

Abschnitt 3
Grundversorgung

§ 12 Unterbringung

(1) Die jungen Gefangenen werden regelmäßig in Wohngruppen untergebracht, die entsprechend dem individuellen Entwicklungsstand und Erziehungsbedarf zu bilden sind.

(2) Junge Gefangene, die auf Grund ihres Verhaltens nicht gruppenfähig sind, eine Gefahr für die Sicherheit oder Ordnung der Jugendstrafanstalt oder für die jungen Mitgefangenen darstellen oder die Freiräume der Wohngruppe wiederholt missbraucht haben, können aus der Wohngruppe ausgeschlossen werden. Eine Wiederaufnahme erfolgt, wenn die Gruppenfähigkeit wiederhergestellt ist.

(3) In der Wohngruppe sollen insbesondere Werte, die ein sozialverträgliches Zusammenleben ermöglichen, gewaltfreie Konfliktlösungen, gegenseitige Toleranz und Verantwortung für den eigenen Lebensbereich vermittelt und eingeübt werden.

(4) Junge Gefangene werden während der Ruhezeit allein in ihren Hafträumen untergebracht. Mit ihrer Zustimmung können junge Gefangene auch während der Ruhezeit gemeinsam untergebracht werden, wenn eine schädliche Beeinflussung nicht zu befürchten ist. Auch ohne ihre Zustimmung ist eine gemeinsame Unterbringung zulässig, wenn junge Gefangene hilfsbedürftig sind oder eine Gefahr für Leben oder Gesundheit Gefangener besteht.

§ 13 Ausstattung des Haftraums

Junge Gefangene dürfen ihren Haftraum in angemessenem Umfang mit eigenen Gegenständen ausstatten. Hierdurch dürfen die Übersichtlichkeit des Haftraums, die Sicherheit und Ordnung der Jugendstrafanstalt sowie die Erreichung des Erziehungsauftrags nicht beeinträchtigt werden.

§ 14 Kleidung

(1) Jungen Gefangenen ist gestattet, angemessene eigene Kleidung zu tragen.

(2) Die Anstaltsleiterin oder der Anstaltsleiter kann aus Gründen der Sicherheit oder Ordnung der Jugendstrafanstalt für bestimmte Bereiche der Anstalt, einzelne Gruppen von jungen Gefangenen oder im Einzelfall das Tragen von Anstaltskleidung anordnen.

§ 15 Verpflegung

(1) Die Verpflegung wird in Übereinstimmung mit den jeweils gültigen Werten für eine ausreichende und ausgewogene Ernährung in Gemeinschaftsverpflegung angeboten.

(2) Den jungen Gefangenen soll ermöglicht werden, religiöse Speisevorschriften zu befolgen.

§ 16 Einkauf

(1) Junge Gefangene können von ihrem Haus- oder Taschengeld aus einem von der Jugendstrafanstalt vermittelten Angebot Waren kaufen. Das Warenangebot ist auf die Bedürfnisse der jungen Gefangenen abzustimmen. Gegenstände, welche die Sicherheit oder Ordnung der Jugendstrafanstalt gefährden, sind vom Verkauf ausgeschlossen. Der Jugendschutz ist zu beachten. Der Einkauf kann in Form eines Listeneinkaufs durchgeführt werden.

(2) In begründeten Ausnahmefällen, insbesondere wenn ein zugelassener Artikel sonst nicht beschafft werden kann, kann die Jugendstrafanstalt einen Einkauf über andere sichere Bezugsquellen gestatten.

(3) Verfügen junge Gefangene weder über Sondergeld nach § 49 Abs. 1 noch ohne eigenes Verschulden über Haus- oder Taschengeld, wird ihnen gestattet, in angemessenem Umfang vom Eigengeld einzukaufen.

Abschnitt 4
Verkehr mit der Außenwelt

§ 17 Pflege sozialer Beziehungen

(1) Junge Gefangene haben das Recht, mit Personen außerhalb der Jugendstrafanstalt im Rahmen der Vorschriften dieses Gesetzes zu verkehren. Der Kontakt zu Angehörigen und Personen, von denen ein günstiger Einfluss auf die jungen Gefangenen erwartet werden kann, wird gefördert.

(2) Junge Gefangene dürfen regelmäßig Besuch empfangen. Die Gesamtdauer beträgt mindestens vier Stunden im Monat.

(3) Besuche sollen darüber hinaus zugelassen werden, wenn sie die Erziehung oder Eingliederung junger Gefangener fördern oder persönlichen, rechtlichen oder geschäftlichen Angelegenheiten dienen, die von den jungen Gefangenen weder schriftlich erledigt, noch

durch Dritte wahrgenommen oder bis zur Entlassung aufgeschoben werden können.

(4) Aus Gründen der Sicherheit oder Ordnung der Jugendstrafanstalt kann ein Besuch davon abhängig gemacht werden, dass sich die Besucherin oder der Besucher durchsuchen oder mit technischen Mitteln oder sonstigen Hilfsmitteln auf verbotene Gegenstände absuchen lässt. Aus den gleichen Gründen kann die Anzahl der gleichzeitig zu einem Besuch zugelassenen Personen beschränkt werden.

(5) Für Kinder junger Gefangener werden Langzeitbesuche vorgesehen, die auf die Regelbesuchszeiten nicht angerechnet werden. Der Langzeitbesuch muss nach Auffassung des Jugendamts dem Kindeswohl entsprechen.

§ 18 Verbot von Besuchen

Die Anstaltsleiterin oder der Anstaltsleiter kann Besuche untersagen,

1. wenn die Sicherheit oder Ordnung der Jugendstrafanstalt gefährdet würde,
2. bei Besuchern, die nicht Angehörige der oder des jungen Gefangenen im Sinne des Strafgesetzbuchs sind, wenn zu befürchten ist, dass sie das Erreichen des Erziehungsauftrags oder die Eingliederung behindern würden.

§ 19 Überwachung von Besuchen

(1) Besuche dürfen aus erzieherischen Gründen oder aus Gründen der Sicherheit oder Ordnung der Jugendstrafanstalt überwacht werden, es sei denn, es liegen im Einzelfall Erkenntnisse dafür vor, dass es der Überwachung nicht bedarf. Die Unterhaltung darf überwacht werden, soweit dies im Einzelfall aus diesen Gründen erforderlich ist.

(2) Die optische Überwachung eines Besuches kann auch durch technische Hilfsmittel erfolgen. Auf eine Überwachung nach Satz 1 sind die jungen Gefangenen und ihre Besucher vorher hinzuweisen. Zur Verhinderung der Übergabe von Gegenständen können besondere Vorkehrungen, insbesondere durch Tischaufsätze oder Trennscheiben getroffen werden, wenn bei der oder dem jungen Gefangenen verbotene Gegenstände gefunden

wurden oder konkrete Anhaltspunkte vorliegen, dass es zu einer verbotenen Übergabe von Gegenständen kommt.

(3) Gegenstände dürfen beim Besuch nur mit Erlaubnis der Jugendstrafanstalt übergeben werden. Jungen Gefangenen dürfen Nahrungs- und Genussmittel in geringer Menge übergeben werden. Die Jugendstrafanstalt kann anordnen, dass die Nahrungs- und Genussmittel durch ihre Vermittlung beschafft werden.

(4) Ein Besuch darf abgebrochen werden, wenn junge Gefangene oder ihre Besucherinnen oder Besucher gegen die Vorschriften dieses Gesetzes oder auf Grund dieses Gesetzes getroffene Anordnungen trotz Ermahnung verstoßen. Dies gilt auch, wenn Verhaltensweisen von Besuchern geeignet sind, einen schädlichen Einfluss auf die jungen Gefangenen auszuüben. Einer Ermahnung bedarf es nicht, wenn es unerlässlich ist, den Besuch sofort abzubrechen.

§ 20 Besuche bestimmter Personen

(1) Besuche von Verteidigern sowie von Rechtsanwälten und Notaren in einer die junge Gefangene oder den jungen Gefangenen betreffenden Rechtssache sind zu gestatten. Die Jugendstrafanstalt kann die Modalitäten der Besuche entsprechend ihren organisatorischen Möglichkeiten regeln. Der Besuch kann davon abhängig gemacht werden, dass sich die Besucher vorher aus Gründen der Sicherheit oder Ordnung der Jugendstrafanstalt durchsuchen oder mit technischen Mitteln oder sonstigen Hilfsmitteln auf verbotene Gegenstände absuchen lassen. Eine Kenntnisnahme vom gedanklichen Inhalt der von Verteidigern mitgeführten Schriftstücke und sonstigen Unterlagen ist unzulässig.

(2) Besuche von Verteidigern werden nicht überwacht. Zur Übergabe von Schriftstücken und sonstigen Unterlagen bedürfen Verteidiger, Rechtsanwälte und Notare keiner Erlaubnis, sofern diese unmittelbar der Vorbereitung oder Durchführung der Verteidigung oder der Erledigung einer die junge Gefangene oder den jungen Gefangenen betreffenden Rechtssache dienen. Beim Besuch von Rechtsanwälten und Notaren kann die Übergabe aus Gründen der Sicherheit oder Ordnung der Jugendstrafanstalt von der Erlaubnis abhängig gemacht werden.

(3) § 22 Abs. 2 Satz 3 und 4 bleibt unberührt.

§ 21 Recht auf Schriftwechsel

(1) Junge Gefangene haben das Recht, unbeschränkt Schreiben abzusenden und zu empfangen.

(2) Die Anstaltsleiterin oder der Anstaltsleiter kann den Schriftwechsel mit bestimmten Personen untersagen,

1. wenn die Sicherheit oder Ordnung der Jugendstrafanstalt gefährdet würde,

2. bei Personen, die nicht Angehörige der oder des jungen Gefangenen sind, wenn zu befürchten ist, dass der Schriftwechsel das Erreichen des Erziehungsauftrags oder die Eingliederung behindern würde.

(3) Die Kosten des Schriftwechsels tragen die jungen Gefangenen. Sind sie dazu nicht in der Lage, kann die Jugendstrafanstalt die Kosten in begründeten Fällen in angemessenem Umfang übernehmen.

§ 22 Überwachung des Schriftwechsels

(1) Der Schriftwechsel der jungen Gefangenen darf überwacht werden, soweit dies zur Erfüllung des Erziehungsauftrags oder aus Gründen der Sicherheit oder Ordnung der Jugendstrafanstalt erforderlich ist.

(2) Der Schriftwechsel der jungen Gefangenen mit ihren Verteidigern wird nicht überwacht. Die Schreiben dürfen, ohne sie zu öffnen, auf verbotene Gegenstände untersucht werden. Liegt dem Vollzug der Jugendstrafe eine Straftat nach § 129a StGB, auch in Verbindung mit § 129b Abs. 1 StGB, zu Grunde, gelten § 148 Abs. 2 und § 148a StPO entsprechend; dies gilt nicht, wenn junge Gefangene sich in einer Einrichtung des offenen Vollzugs oder Jugendstrafvollzugs in freier Form befinden, wenn ihnen vollzugsöffnende Maßnahmen oder Freistellung aus der Haft nach § 83 Abs. 2 gewährt worden sind und ein Grund, der die Anstaltsleiterin oder den Anstaltsleiter zum Widerruf oder zur Zurück-

nahme von vollzugsöffnenden Maßnahmen ermächtigt, nicht vorliegt. Satz 3 gilt auch, wenn gegen junge Gefangene im Anschluss an die dem Vollzug der Jugendstrafe zu Grunde liegende Verurteilung eine Jugend- oder Freiheitsstrafe wegen einer Straftat nach § 129a StGB, auch in Verbindung mit § 129b Abs. 1 StGB, zu vollstrecken ist.

(3) Absatz 2 gilt entsprechend für Schreiben von jungen Gefangenen an

1. die Volksvertretungen des Bundes und der Länder sowie an deren Mitglieder,

2. das Europäische Parlament und dessen Mitglieder,

3. den Europäischen Gerichtshof für Menschenrechte,

4. den Europäischen Ausschuss zur Verhütung von Folter und unmenschlicher oder erniedrigender Behandlung oder Strafe,

5. die Datenschutzbeauftragten des Bundes und der Länder sowie die Aufsichtsbehörden nach § 38 Bundesdatenschutzgesetz,

6. den Europäischen Datenschutzbeauftragten,

7. den Menschenrechtsausschuss der Vereinten Nationen sowie

8. den Ausschuss der Vereinten Nationen gegen Folter, den zugehörigen Unterausschuss zur Verhütung von Folter und die entsprechenden nationalen Präventionsmechanismen,

wenn die Schreiben an die Anschriften dieser Stellen gerichtet sind und den Absender als zutreffend angeben. Schreiben der in Satz 1 genannten Stellen, die an junge Gefangene gerichtet sind, dürfen nicht überwacht werden, wenn die Identität des Absenders zweifelsfrei feststeht.

§ 23 Weiterleitung und Aufbewahrung von Schreiben

(1) Junge Gefangene haben Absendung und Empfang ihrer Schreiben durch die Jugendstrafanstalt vermitteln zu lassen, soweit nichts anderes gestattet ist.

(2) Eingehende und ausgehende Schreiben sind unverzüglich weiterzuleiten.

(3) Die jungen Gefangenen haben eingehende Schreiben unverschlossen zu verwahren, sofern nichts anderes gestattet wird. Die Schreiben können auch verschlossen zur Habe gegeben werden.

§ 24 Anhalten von Schreiben

(1) Schreiben können angehalten werden, wenn

1. der Erziehungsauftrag oder die Sicherheit oder Ordnung einer Justizvollzugsanstalt gefährdet würde,

2. die Weitergabe in Kenntnis ihres Inhalts einen Straf- oder Bußgeldtatbestand verwirklichen würde,

3. sie grob unrichtige oder erheblich entstellende Darstellungen von Anstaltsverhältnissen enthalten,

4. sie grobe Beleidigungen enthalten,

5. sie die Eingliederung anderer Gefangener gefährden können oder

6. sie in Geheimschrift, unlesbar, unverständlich oder ohne zwingenden Grund nicht auf deutsch abgefasst sind; ein zwingender Grund zur Abfassung eines Schreibens in fremder Sprache liegt in der Regel nicht vor bei einem Schriftwechsel zwischen deutschen Gefangenen und Dritten, die die deutsche Staatsangehörigkeit besitzen oder ihren Lebensmittelpunkt im Geltungsbereich des Grundgesetzes haben.

(2) Ausgehenden Schreiben, die unrichtige Darstellungen enthalten, kann ein Begleitschreiben beigefügt werden, wenn die oder der junge Gefangene auf der Absendung besteht.

(3) Ist ein Schreiben angehalten worden, wird dies der oder dem jungen Gefangenen mitgeteilt. Hiervon kann vorübergehend abgesehen werden, wenn dies die Sicherheit oder Ordnung der Jugendstrafanstalt erfordert. Angehaltene Schreiben werden an die Absenderin oder den Absender zurückgegeben oder, sofern dies unmöglich oder aus besonderen Gründen untunlich ist, behördlich verwahrt.

(4) Schreiben, deren Überwachung ausgeschlossen ist, dürfen nicht angehalten werden.

§ 25 Telefongespräche

(1) Jungen Gefangenen kann gestattet werden, zu telefonieren.

(2) Im Übrigen gelten für Telefonate die für den Besuch geltenden Vorschriften mit Ausnahme von § 17 Abs. 2 entsprechend. Die Überwachung der Unterhaltung ist den Gesprächspartnern der jungen Gefangenen unmittelbar nach Herstellung der Verbindung von der Justizvollzugsanstalt oder den jungen Gefangenen mitzuteilen. Die jungen Gefangenen sind rechtzeitig vor Beginn des Telefongesprächs über die beabsichtigte Überwachung und die Mitteilungspflicht zu unterrichten.

(3) Die Kosten der Telefongespräche tragen die jungen Gefangenen. Sind sie dazu nicht in der Lage, kann die Jugendstrafanstalt die Kosten in begründeten Fällen in angemessenem Umfang übernehmen.

§ 26 Pakete

(1) Der Empfang von Paketen bedarf der vorherigen Erlaubnis der Jugendstrafanstalt. Für den Ausschluss von Gegenständen gilt § 16 Abs. 1 Satz 3 entsprechend. Pakete mit Nahrungs- und Genussmitteln sind ausgeschlossen.

(2) Pakete sind in Gegenwart der oder des jungen Gefangenen zu öffnen. Ausgeschlossene Gegenstände können zur Habe der oder des jungen Gefangenen genommen oder an die Absenderin oder den Absender zurückgesandt werden. Nicht ausgehändigte Gegenstände, durch die bei der Aufbewahrung Personen verletzt oder Sachschäden verursacht werden können oder die verderblich sind, dürfen vernichtet werden. Die hiernach getroffenen Maßnahmen werden der oder dem jungen Gefangenen eröffnet.

(3) Jungen Gefangenen kann gestattet werden, Pakete zu versenden. Der Inhalt kann aus Gründen der Sicherheit oder Ordnung der Jugendstrafanstalt überprüft werden.

(4) Die Kosten des Paketverkehrs tragen die jungen Gefangenen. Sind sie dazu nicht in der Lage, kann die Jugendstrafanstalt die Kosten in begründeten Fällen in angemessenem Umfang übernehmen.

Abschnitt 5
Religionsausübung

§ 27 Seelsorge

(1) Jungen Gefangenen darf religiöse Betreuung durch eine Seelsorgerin oder einen Seelsorger ihrer Religionsgemeinschaft nicht versagt werden. Ihnen ist auf Wunsch zu helfen, mit einer Seelsorgerin oder einem Seelsorger ihrer Religionsgemeinschaft in Verbindung zu treten. Das Beicht- und Seelsorgegeheimnis ist unverletzlich.

(2) Junge Gefangene dürfen grundlegende religiöse Schriften besitzen. Diese dürfen ihnen nur bei grobem Missbrauch entzogen werden.

(3) Jungen Gefangenen sind Gegenstände des religiösen Gebrauchs in angemessenem Umfang zu belassen.

§ 28 Religiöse Veranstaltungen

(1) Junge Gefangene haben das Recht, am Gottesdienst und an anderen religiösen Veranstaltungen ihres Bekenntnisses teilzunehmen.

(2) Junge Gefangene werden zu dem Gottesdienst oder zu religiösen Veranstaltungen einer anderen Religionsgemeinschaft zugelassen, wenn deren Seelsorgerin oder Seelsorger zustimmt.

(3) Junge Gefangene können von der Teilnahme am Gottesdienst oder anderen religiösen Veranstaltungen ausgeschlossen werden, wenn dies aus überwiegenden Gründen der Sicherheit oder Ordnung der Jugendstrafanstalt geboten ist; die Seelsorgerin oder der Seelsorger soll vorher gehört werden.

§ 29 Weltanschauungsgemeinschaften

Für Angehörige weltanschaulicher Bekenntnisse gelten die §§ 27 und 28 entsprechend.

Abschnitt 6
Gesundheitsfürsorge

§ 30 Gesunde Lebensführung, Aufenthalt im Freien

(1) Die Bedeutung einer gesunden Lebensführung ist den jungen Gefangenen in geeigneter Form zu vermitteln. Sie sind insbesondere über die schädlichen Wirkungen des Suchtmittelkonsums aufzuklären.

(2) Die Jugendstrafanstalt kann Anordnungen zum Gesundheitsschutz und zur Hygiene treffen.

(3) Den jungen Gefangenen wird an Werktagen ein Aufenthalt im Freien von mindestens einer Stunde, an arbeitsfreien Tagen von mindestens zwei Stunden ermöglicht, wenn die Witterung dem nicht zwingend entgegensteht.

§ 31 Anspruch auf medizinische Leistungen

(1) Junge Gefangene haben einen Anspruch auf notwendige, ausreichende und zweckmäßige medizinische Versorgung unter Beachtung des Grundsatzes der Wirtschaftlichkeit. Der Anspruch umfasst auch Untersuchungen zur Früherkennung von Krankheiten und Vorsorgeleistungen. Die Beurteilung der Notwendigkeit orientiert sich an der Versorgung der gesetzlich Versicherten. Leistungen zur medizinischen Rehabilitation und ergänzende Leistungen werden erbracht, soweit die Belange des Vollzugs dem nicht entgegenstehen.

(2) Der Anspruch nach Absatz 1 umfasst die Versorgung mit Hilfsmitteln nach § 33 des Fünften Buchs Sozialgesetzbuch, sofern dies nicht mit Rücksicht auf die Kürze des Freiheitsentzugs unangemessen ist.

(3) An den Kosten für medizinische Leistungen können junge Gefangene in angemessenem Umfang beteiligt werden, höchstens jedoch bis zum Umfang der Beteiligung gesetzlich Versicherter.

§ 32 Verlegung aus medizinischen Gründen

(1) Kranke, pflegebedürftige oder hilfsbedürftige junge Gefangene können in eine zur Behandlung ihrer Krankheit oder in eine für ihre Versorgung besser geeignete Jugendstrafanstalt, Justizvollzugsanstalt oder in ein Justizvollzugskrankenhaus überstellt oder verlegt werden.

(2) Erforderlichenfalls können junge Gefangene für die notwendige Dauer der Behandlung oder Versorgung in ein Krankenhaus außerhalb des Vollzugs gebracht werden. Eine möglichst rasche Rückverlegung in ein Justizvollzugskrankenhaus, eine Justizvollzugsanstalt oder eine Jugendstrafanstalt ist anzustreben.

§ 33 Anspruch auf Krankenbehandlung in besonderen Fällen

(1) Während einer Freistellung oder eines Ausgangs haben junge Gefangene einen Anspruch auf Krankenbehandlung in der für sie zuständigen Jugendstrafanstalt.

(2) Der Anspruch auf Leistungen nach § 31 ruht, solange junge Gefangene auf Grund eines freien Beschäftigungsverhältnisses krankenversichert sind.

§ 34 Medizinische Behandlung zur sozialen Eingliederung

Mit Zustimmung der jungen Gefangenen soll die Jugendstrafanstalt medizinische Behandlungen, insbesondere Operationen oder prothetische Maßnahmen, durchführen lassen, die die soziale Eingliederung junger Gefangener fördern. Die Kosten tragen die jungen Gefangenen. Sind sie dazu nicht in der Lage, kann die Jugendstrafanstalt die Kosten in begründeten Fällen in angemessenem Umfang übernehmen.

§ 35 Leistungen bei Schwangerschaft und Mutterschaft

(1) Auf den gesundheitlichen Zustand einer schwangeren jungen Gefangenen oder einer jungen Gefangenen, die unlängst entbunden hat, ist Rücksicht zu nehmen. Die Vorschriften

des Mutterschutzgesetzes über die Gestaltung des Arbeitsplatzes gelten entsprechend.

(2) Die junge Gefangene hat während der Schwangerschaft sowie bei und nach der Entbindung Anspruch auf ärztliche Betreuung einschließlich der Untersuchungen zur Feststellung der Schwangerschaft und zur Schwangerenvorsorge sowie auf Hebammenhilfe. Die ärztliche Betreuung umfasst die Beratung der Schwangeren zur Bedeutung der Mundgesundheit für Mutter und Kind einschließlich des Zusammenhangs zwischen Ernährung und Krankheitsrisiko sowie die Einschätzung oder Bestimmung des Übertragungsrisikos von Karies.

(3) Bei Schwangerschaftsbeschwerden und im Zusammenhang mit der Entbindung werden Arznei-, Verbands- und Heilmittel geleistet.

§ 36 Entbindung und Geburtsanzeige

(1) Eine schwangere junge Gefangene ist zur Entbindung in ein Krankenhaus außerhalb des Vollzugs zu bringen. Ist dies aus besonderen Gründen nicht angezeigt, so ist die Entbindung in einer Justizvollzugsanstalt mit Entbindungsabteilung vorzunehmen. Bei der Entbindung wird Hilfe durch eine Hebamme und falls erforderlich durch eine Ärztin oder einen Arzt gewährt.

(2) In der Anzeige der Geburt an das Standesamt dürfen die Justizvollzugsanstalt als Geburtsstätte des Kindes, das Verhältnis der anzeigenden Person zur Jugendstrafanstalt und die Gefangenschaft der Mutter nicht vermerkt sein.

§ 37 Benachrichtigung bei Erkrankung oder Todesfall

(1) Erkranken junge Gefangene schwer, so sind die Eltern, die Personensorgeberechtigten, eine Angehörige oder ein Angehöriger oder eine Vertrauensperson unverzüglich zu benachrichtigen. Hiervon kann auf Wunsch der oder des jungen Gefangenen abgesehen werden. Im Fall des Todes von jungen Gefangenen ist eine der in Satz 1 genannten Personen unverzüglich zu benachrichtigen.

(2) Dem Wunsch von jungen Gefangenen, auch andere Personen zu benachrichtigen, soll nach Möglichkeit entsprochen werden.

Abschnitt 7
Soziale Hilfe

§ 38 Grundsatz und Bezugsperson

(1) Junge Gefangene sollen in die Lage versetzt und angehalten werden, ihre persönlichen Angelegenheiten selbst zu regeln.

(2) Die oder der junge Gefangene soll eine für sie oder ihn zuständige Bezugsperson aus dem Kreis der Bediensteten, der ehrenamtlichen Mitarbeiter, der Personensorgeberechtigten oder der dafür geeigneten übrigen jungen Gefangenen erhalten. Die Bezugsperson bemüht sich darum, dass etwaige persönliche Defizite und Ressourcen erkannt werden und die oder der junge Gefangene unterstützt wird.

§ 39 Hilfe während des Vollzugs

(1) Bei der Aufnahme wird den jungen Gefangenen geholfen, die notwendigen Maßnahmen für hilfsbedürftige Angehörige zu veranlassen und ihre Habe außerhalb der Jugendstrafanstalt sicherzustellen.

(2) Jungen Gefangenen ist eine Beratung in für sie bedeutsamen rechtlichen und sozialen Fragestellungen zu ermöglichen. Ihnen ist zu helfen, für Unterhaltsberechtigte zu sorgen, Schulden zu regulieren und den durch die Straftat verursachten Schaden zu regeln. Die Beratung soll hierbei auch die Benennung von Stellen und Einrichtungen außerhalb der Jugendstrafanstalt umfassen.

(3) Auf Grund des Diagnoseverfahrens oder auf Wunsch können suchtgefährdete oder süchtige junge Gefangene Suchtberatung und Vermittlung in Therapieeinrichtungen des Justizvollzugs oder anderer Träger erhalten.

Abschnitt 8
Erziehung im Leistungsbereich

§ 40 Grundsatz

(1) Junge Gefangene haben ein Recht auf schulische und berufliche Bildung, sinnstiftende Arbeit und Training sozialer Kompetenzen.

(2) Junge Gefangene sind verpflichtet, im Erziehungsplan vorgesehene schulische oder berufliche Bildungsmaßnahmen, eine zugewiesene Arbeit, arbeitstherapeutische oder sonstige Beschäftigung auszuüben, soweit sie hierzu körperlich in der Lage sind.

(3) Die Jugendstrafanstalt soll jungen Gefangenen wirtschaftlich ergiebige Arbeit zuweisen und dabei ihre Fähigkeiten und Neigungen nach Möglichkeit berücksichtigen.

(4) Junge Gefangene, die zu wirtschaftlich ergiebiger Arbeit nicht in der Lage sind oder im Leistungsbereich besonderer Erziehung bedürfen, sollen arbeitstherapeutisch beschäftigt werden oder ihre sozialen Kompetenzen trainieren.

§ 41 Unterricht und Weiterbildung

(1) Junge Gefangene erhalten Hauptschul-, Förderschul- und Berufsschulunterricht in Anlehnung an die für öffentliche Schulen geltenden Vorschriften. An dem Unterricht können auch nicht schulpflichtige junge Gefangene teilnehmen.

(2) Daneben soll nach Möglichkeit Unterricht zur Erlangung anderer staatlich anerkannter Schulabschlüsse sowie lebenskundlicher Unterricht, Religionsunterricht oder Ethik und berufsbildender Unterricht auf Einzelgebieten erteilt werden.

(3) Geeigneten jungen Gefangenen soll Gelegenheit zur Berufsausbildung, beruflichen Weiterbildung oder Teilnahme an anderen ausbildenden oder weiterbildenden Maßnahmen gegeben werden.

§ 42 Freies Beschäftigungsverhältnis

(1) Jungen Gefangenen kann gestattet werden, einer Arbeit, Berufsausbildung oder beruflichen Weiterbildung auf der Grundlage eines freien Beschäftigungsverhältnisses außerhalb der Jugendstrafanstalt nachzugehen. Es soll vor allem der sozial erfolgreichen Eingliederung junger Gefangener dienen.

(2) Das freie Beschäftigungsverhältnis darf nur angeordnet werden, wenn nicht zu befürchten ist, dass sich junge Gefangene dem Vollzug der Jugendstrafe entziehen oder das freie Beschäftigungsverhältnis zu Straftaten missbrauchen.

(3) Jungen Gefangenen können für das freie Beschäftigungsverhältnis Weisungen erteilt werden.

(4) Das freie Beschäftigungsverhältnis ist zu widerrufen, wenn junge Gefangene es missbrauchen oder Weisungen nicht nachkommen.

(5) Das freie Beschäftigungsverhältnis kann vor Antritt widerrufen werden, wenn Umstände bekannt werden, die gegen die Durchführung sprechen.

(6) Das Entgelt ist der Jugendstrafanstalt zur Gutschrift für die jungen Gefangenen zu überweisen.

§ 43 Soziales Training und Sprachkompetenz

(1) Soziales Training kann förmliche Bildungsmaßnahmen, Arbeit oder Beschäftigung ergänzen, wenn dies für die Erreichung des Erziehungsauftrags erforderlich ist.

(2) Aus Gründen der Integration und zur Förderung der Sprachkompetenz sollen jungen Gefangenen, soweit erforderlich, Deutschkurse angeboten werden.

§ 44 Arbeitsentgelt, Freistellung von der Arbeit und Anrechnung der Freistellung auf den Entlassungszeitpunkt

(1) Die Arbeit wird anerkannt durch Arbeitsentgelt und Freistellung von der Arbeit, die auch als Freistellung aus der Haft genutzt oder auf den Entlassungszeitpunkt angerechnet werden kann.

(2) Üben junge Gefangene eine zugewiesene Arbeit, sonstige Beschäftigungen oder eine Hilfstätigkeit aus, so erhalten sie ein Arbeitsentgelt. Der Bemessung des Arbeitsentgelts sind neun Prozent der Bezugsgröße nach § 18

des Vierten Buchs Sozialgesetzbuch zu Grunde zu legen. Ein Tagessatz ist der zweihundertfünfzigste Teil der Eckvergütung; das Arbeitsentgelt kann nach einem Stundensatz bemessen werden.

(3) Das Arbeitsentgelt kann je nach Leistung der jungen Gefangenen und der Art der Arbeit gestuft werden. 75 Prozent der Eckvergütung dürfen nur dann unterschritten werden, wenn die Arbeitsleistung junger Gefangener den Mindestanforderungen nicht genügt.

(4) Üben junge Gefangene zugewiesene arbeitstherapeutische Beschäftigung aus, erhalten sie ein Arbeitsentgelt, soweit dies der Art ihrer Beschäftigung und Arbeitsleistung entspricht.

(5) Die Höhe des Arbeitsentgelts ist den jungen Gefangenen schriftlich bekannt zu geben.

(6) Haben junge Gefangene zwei Monate lang zusammenhängend eine zugewiesene Tätigkeit oder eine Hilfstätigkeit ausgeübt, so werden sie auf ihren Antrag hin einen Werktag von der Arbeit freigestellt. Die Regelung des § 50 bleibt unberührt. Durch Zeiten, in denen junge Gefangene ohne Verschulden durch Krankheit, Ausführung, Ausgang, Freistellung aus der Haft, Freistellung von der Arbeitspflicht oder sonstige nicht von ihnen zu vertretende Gründe an der Arbeitsleistung gehindert sind, wird die Frist nach Satz 1 gehemmt. Beschäftigungszeiträume von weniger als zwei Monaten bleiben unberücksichtigt.

(7) Junge Gefangene können beantragen, dass die Freistellung nach Absatz 6 Satz 1 in Form von Freistellung aus der Haft gewährt wird. Die Arbeitsfreistellung darf nur angeordnet werden, wenn nicht zu befürchten ist, dass sich junge Gefangene dem Vollzug der Jugendstrafe entziehen oder die Arbeitsfreistellung zu Straftaten missbrauchen.

(8) § 50 Abs. 3 gilt entsprechend.

(9) Stellt die oder der junge Gefangene keinen Antrag nach Absatz 6 Satz 1 oder nach Absatz 7 Satz 1 oder kann die Freistellung nach Maßgabe der Regelung des Absatzes 7 Satz 2

nicht gewährt werden, so wird die Freistellung nach Absatz 6 Satz 1 von der Jugendstrafanstalt auf den Entlassungszeitpunkt der oder des jungen Gefangenen angerechnet.

(10) Eine Anrechnung nach Absatz 9 ist ausgeschlossen

1. bei einer Aussetzung der Vollstreckung des Rests einer Jugendstrafe zur Bewährung, soweit wegen des von der Entscheidung des Gerichts bis zur Entlassung verbleibenden Zeitraums eine Anrechnung nicht mehr möglich ist,

2. wenn dies vom Gericht angeordnet wird, weil bei einer Aussetzung der Vollstreckung des Rests einer Jugendstrafe zur Bewährung die Lebensverhältnisse des jungen Gefangenen oder die Wirkungen, die von der Aussetzung für ihn zu erwarten sind, die Vollstreckung bis zu einem bestimmten Zeitpunkt erfordern,

3. wenn nach § 456a Abs. 1 StPO von der Vollstreckung abgesehen wird,

4. bei Entlassung junger Gefangener aus der Haft im Gnadenweg, soweit wegen des von der Gnadenentscheidung bis zur Entlassung verbleibenden Zeitraums eine Anrechnung nicht mehr möglich ist.

(11) Soweit eine Anrechnung nach Absatz 10 ausgeschlossen ist, erhalten junge Gefangene bei der Entlassung für ihre Tätigkeit nach Absatz 2 als Ausgleichsentschädigung zusätzlich 15 Prozent des nach den Absätzen 2 und 3 gezahlten Entgelts oder der Ausbildungsbeihilfe. Der Anspruch entsteht mit der Entlassung; vor der Entlassung ist der Anspruch nicht verzinslich, nicht abtretbar und nicht vererblich.

§ 45 Ausbildungsbeihilfe

(1) Nehmen junge Gefangene an einer Berufsausbildung, beruflichen Weiterbildung, am Unterricht, am sozialen Training, an Deutschkursen oder an anderen vergleichbaren Maßnahmen teil und sind sie zu diesem Zweck von der Arbeitspflicht freigestellt, so erhalten sie eine Ausbildungsbeihilfe, soweit ihnen keine Leistungen zum Lebensunterhalt zustehen, die freien Personen aus solchem Anlass gewährt werden. Der Nachrang der

Sozialhilfe nach § 2 Abs. 2 des Zwölften Buchs Sozialgesetzbuch wird nicht berührt.

(2) Für die Bemessung der Ausbildungsbeihilfe gilt § 44 Abs. 2 und 3 entsprechend.

(3) Werden die Maßnahmen nach Absatz 1 stunden- oder tageweise durchgeführt, erhalten die jungen Gefangenen eine Ausbildungsbeihilfe in Höhe des ihnen dadurch entgehenden Arbeitsentgelts.

§ 46 Haftkostenbeitrag

(1) Von in einem freien Beschäftigungsverhältnis stehenden jungen Gefangenen wird ein Haftkostenbeitrag erhoben.

(2) Der oder dem jungen Gefangenen muss ein Betrag verbleiben, der dem mittleren Arbeitsentgelt in den Jugendstrafanstalten des Landes entspricht. Von der Geltendmachung des Anspruchs ist abzusehen, soweit dies notwendig ist, um die Wiedereingliederung der oder des jungen Gefangenen in die Gemeinschaft nicht zu gefährden.

(3) Der Haftkostenbeitrag wird in Höhe des Betrages erhoben, der nach § 17 Abs. 1 Nr. 4 des Vierten Buchs Sozialgesetzbuch durchschnittlich zum 1. Oktober des vorhergehenden Jahres zur Bewertung der Sachbezüge festgesetzt ist. Bei Selbstverpflegung entfallen die für die Verpflegung vorgesehenen Beträge. Für den Wert der Unterkunft ist die festgesetzte Belegungsfähigkeit maßgebend. Der Haftkostenbeitrag darf auch von dem unpfändbaren Teil der Bezüge, nicht aber zu Lasten des Hausgelds und der Ansprüche unterhaltsberechtigter Angehöriger angesetzt werden.

§ 47 Überbrückungsgeld

(1) Aus den in diesem Gesetz geregelten Bezügen und aus den Bezügen aus einem freien Beschäftigungsverhältnis ist ein Überbrückungsgeld zu bilden, das den notwendigen Lebensunterhalt der jungen Gefangenen und ihrer Unterhaltsberechtigten in den ersten vier Wochen nach der Entlassung sichern soll.

(2) Das Überbrückungsgeld wird den jungen Gefangenen bei der Entlassung in die Freiheit ausgezahlt. Die Jugendstrafanstalt kann es ganz oder zum Teil den Personensorgeberechtigten, der Bewährungshilfe oder einer mit der Entlassenenbetreuung befassten Stelle überweisen, der darüber entscheiden, wie das Geld innerhalb der ersten vier Wochen nach der Entlassung an die Entlassenen ausgezahlt wird. Die Bewährungshilfe und die mit der Entlassenenbetreuung befasste Stelle sind verpflichtet, das Überbrückungsgeld von ihrem Vermögen gesondert zu halten. Mit Zustimmung der jungen Gefangenen kann das Überbrückungsgeld auch an Unterhaltsberechtigte überwiesen werden.

(3) Das Überbrückungsgeld kann für Ausgaben in Anspruch genommen werden, die der Eingliederung der jungen Gefangenen dienen.

(4) Der Anspruch auf Auszahlung des Überbrückungsgelds ist unpfändbar. Erreicht es nicht die in Absatz 1 bestimmte Höhe, so ist in Höhe des Unterschiedsbetrags auch der Anspruch auf Auszahlung des Eigengelds unpfändbar. Bargeld entlassener junger Gefangener, an die wegen der nach Satz 1 oder Satz 2 unpfändbaren Ansprüche Geld ausgezahlt worden ist, ist für die Dauer von vier Wochen seit der Entlassung insoweit der Pfändung nicht unterworfen, als es dem Teil der Ansprüche für die Zeit von der Pfändung bis zum Ablauf der vier Wochen entspricht.

(5) Absatz 4 gilt nicht bei einer Pfändung wegen der in § 850d Abs. 1 Satz 1 ZPO bezeichneten Unterhaltsansprüche. Den entlassenen jungen Gefangenen ist jedoch so viel zu belassen, als sie für ihren notwendigen Unterhalt und zur Erfüllung ihrer sonstigen gesetzlichen Unterhaltspflichten für die Zeit von der Pfändung bis zum Ablauf von vier Wochen seit der Entlassung bedürfen.

§ 48 Taschen-, Haus- und Eigengeld

(1) Jungen Gefangenen, die ohne Verschulden kein Arbeitsentgelt und keine Ausbildungsbeihilfe erhalten, wird ein angemessenes Taschengeld gewährt, falls sie bedürftig sind. Nicht verbrauchtes Taschengeld ist bei der Bedürftigkeitsprüfung nicht zu berücksichtigen.

(2) Junge Gefangene dürfen monatlich drei Siebtel von ihren in diesem Gesetz geregelten

Bezügen und das Taschengeld nach Absatz 1 für den Einkauf oder anderweitig verwenden.

(3) Bezüge junger Gefangener, die nicht als Hausgeld, Haftkostenbeitrag oder Überbrückungsgeld in Anspruch genommen werden, sind dem Eigengeld gutzuschreiben.

(4) Für junge Gefangene, die in einem freien Beschäftigungsverhältnis stehen, wird aus ihren Bezügen ein angemessenes Hausgeld festgesetzt.

§ 49 Sondergeld

(1) Für junge Gefangene kann monatlich ein Betrag in angemessener Höhe einbezahlt werden, der als Sondergeld gutzuschreiben ist und wie Hausgeld genutzt werden kann.

(2) Über Absatz 1 hinaus kann Sondergeld in angemessener Höhe für folgende Zwecke eingezahlt werden:

1. Maßnahmen der Eingliederung, insbesondere Kosten der Gesundheitsfürsorge und der Aus- und Fortbildung, und

2. Maßnahmen zur Pflege sozialer Beziehungen, insbesondere Telefonkosten und Fahrtkosten anlässlich vollzugsöffnender Maßnahmen.

(3) Soweit das Guthaben des Sondergelds nach Absatz 1 die Summe von drei Monatseinzahlungen übersteigt, ist es dem Überbrückungsgeld zuzuführen. Ist bereits ein Überbrückungsgeld in angemessener Höhe gebildet, ist das Guthaben dem Eigengeld zuzuschreiben. Sondergeld im Sinne von Absatz 2 ist dem Eigengeld zuzuschreiben, wenn es zum bezeichneten Zweck nicht eingesetzt werden kann und eine Rückerstattung an die Einzahler nicht möglich ist.

(4) Der Anspruch auf Auszahlung des Sondergelds nach Absatz 1 und 2 ist unpfändbar.

§ 50 Freistellung von der Arbeitspflicht

(1) Haben junge Gefangene ein Jahr lang eine zugewiesene Tätigkeit oder Hilfstätigkeiten ausgeübt, so können sie beanspruchen, 18 Werktage von der Arbeitspflicht freigestellt zu werden. Zeiten, in denen junge Gefangene infolge Krankheit an ihrer Arbeitsleistung verhindert waren, werden auf das

Jahr bis zu sechs Wochen jährlich angerechnet.

(2) Auf die Zeit der Freistellung von der Arbeit wird die Freistellung aus der Haft angerechnet, soweit sie in die Arbeitszeit fällt und nicht wegen einer lebensgefährlichen Erkrankung oder des Todes einer oder eines Angehörigen erteilt worden ist.

(3) Die jungen Gefangenen erhalten für die Zeit der Freistellung ihre zuletzt gezahlten Bezüge weiter.

(4) Urlaubsregelungen der Beschäftigungsverhältnisse außerhalb des Jugendstrafvollzugs bleiben unberührt.

§ 51 Rechtsverordnung

Das Justizministerium wird ermächtigt, zur Durchführung der §§ 44 und 45 im Einvernehmen mit dem Finanzministerium die Vergütungsstufen und die Höhe der Vergütung in den einzelnen Vergütungsstufen einschließlich der Gewährung von Zulagen durch Rechtsverordnung zu regeln.

§ 52 Einbehaltung von Beitragsteilen

Soweit die Jugendstrafanstalt Beiträge zur Bundesagentur für Arbeit zu entrichten hat, kann sie von dem Arbeitsentgelt einen Betrag einbehalten, der dem Anteil der oder des jungen Gefangenen am Beitrag entsprechen würde, wenn sie diese Bezüge als Arbeitnehmer erhielten.

Abschnitt 9
Freizeit

§ 53 Allgemeines

(1) Die jungen Gefangenen sind zur Teilnahme und Mitwirkung an Angeboten der Freizeitgestaltung zu motivieren und anzuleiten.

(2) Sie sollen insbesondere an Unterricht, einschließlich Fernunterricht, Lehrgängen und sonstigen Veranstaltungen der Weiterbildung, Freizeitgruppen und Gruppengesprächen teilnehmen und ermutigt werden, den verantwortungsvollen Umgang mit neuen Medien zu erlernen und zu praktizieren sowie eine Bücherei zu benutzen.

I

(3) Jugendgemäße Angebote zur sportlichen Betätigung, insbesondere während des Aufenthalts im Freien sind vorzuhalten, um den jungen Gefangenen eine sportliche Betätigung von mindestens zwei Stunden wöchentlich zu ermöglichen. Die jungen Gefangenen sind zur Teilnahme am Sport zu motivieren und sportpädagogisch anzuleiten.

§ 54 Besitz von Gegenständen der Freizeitbeschäftigung

(1) Junge Gefangene dürfen in angemessenem Umfang Bücher und andere Gegenstände zur Freizeitbeschäftigung besitzen. Die Angemessenheit des Umfangs kann auch an der in der Jugendstrafanstalt verfügbaren Kapazität für Haftraumkontrollen und am Wert eines Gegenstands ausgerichtet werden.

(2) Absatz 1 Satz 1 gilt nicht, wenn der Besitz, die Überlassung oder die Benutzung des Gegenstands

1. mit Strafe oder Geldbuße bedroht wäre,

2. das Erreichen des Erziehungsziels oder die Sicherheit oder Ordnung der Jugendstrafanstalt gefährdet würde oder

3. die Überprüfung des Gegenstands auf eine mögliche missbräuchliche Verwendung mit vertretbarem Aufwand von der Jugendstrafanstalt nicht leistbar ist.

(3) Die Zulassung von bestimmten Gerätetypen, insbesondere der elektronischen Unterhaltungsmedien, durch die Jugendstrafanstalt kann der Zustimmung der Aufsichtsbehörde vorbehalten sein. Die Aufsichtsbehörde kann allgemeine Richtlinien für die Gerätebeschaffenheit erlassen. Eine ohne Zustimmung nach Satz 1 erfolgte Zulassung kann zurückgenommen werden.

(4) Die Erlaubnis kann unter den Voraussetzungen des Absatzes 2 widerrufen werden.

§ 55 Hörfunk und Fernsehen

(1) Der Besitz von Hörfunk- und Fernsehgeräten ist nach Maßgabe des § 54 zulässig.

(2) Die Jugendstrafanstalt kann den Betrieb von Empfangsanlagen und die Ausgabe von Hörfunk- und Fernsehgeräten einem Dritten übertragen. Sofern sie hiervon Gebrauch macht, können junge Gefangene nicht den Besitz von eigenen Geräten verlangen.

(3) Die Anstaltsleiterin oder der Anstaltsleiter entscheidet über die Einspeisung der Programme in die Empfangsanlage der Jugendstrafanstalt. Vor der Entscheidung soll die Gefangenenmitverantwortung gehört werden.

(4) Der Empfang von Bezahlfernsehen und der Einsatz von zusätzlichen Empfangseinrichtungen im Haftraum sind nicht statthaft.

§ 56 Zeitungen und Zeitschriften

Junge Gefangene dürfen Zeitungen und Zeitschriften in angemessenem Umfang durch Vermittlung der Jugendstrafanstalt beziehen. § 54 Abs. 1 Satz 2, Abs. 2 und 4 gilt entsprechend.

Abschnitt 10
Sicherheit und Ordnung

§ 57 Grundsatz

(1) Das Verantwortungsbewusstsein der jungen Gefangenen für ein geordnetes Zusammenleben in der Jugendstrafanstalt ist zu wecken und zu fördern.

(2) Die Pflichten und Beschränkungen, die jungen Gefangenen zur Aufrechterhaltung der Sicherheit oder Ordnung der Jugendstrafanstalt auferlegt werden, sind so zu wählen, dass sie in einem angemessenen Verhältnis zu ihrem Zweck stehen und die jungen Gefangenen nicht mehr und nicht länger als notwendig beeinträchtigen.

§ 58 Verhaltensvorschriften

(1) Die jungen Gefangenen haben sich nach der Tageseinteilung der Jugendstrafanstalt (Arbeitszeit, Freizeit, Ruhezeit) zu richten. Sie dürfen durch ihr Verhalten gegenüber Vollzugsbediensteten, Mitgefangenen und anderen Personen das geordnete Zusammenleben nicht stören.

(2) Die jungen Gefangenen haben die Anordnungen der Vollzugsbediensteten zu befolgen, auch wenn sie sich durch sie beschwert

fühlen. Einen ihnen zugewiesenen Bereich dürfen sie nicht ohne Erlaubnis verlassen.

(3) Die jungen Gefangenen haben ihren Haftraum und die ihnen von der Jugendstrafanstalt überlassenen Sachen in Ordnung zu halten und schonend zu behandeln.

(4) Die jungen Gefangenen haben Umstände, die eine Gefahr für das Leben oder eine erhebliche Gefahr für die Gesundheit einer Person bedeuten, unverzüglich zu melden.

§ 59 Persönlicher Gewahrsam und Umgang mit Geld

(1) Die jungen Gefangenen dürfen nur Sachen in Gewahrsam haben oder annehmen, die ihnen von der Jugendstrafanstalt oder mit ihrer Zustimmung überlassen werden. Ohne Zustimmung dürfen sie Sachen weder abgeben noch annehmen, außer solche von geringem Wert. Die Jugendstrafanstalt kann die Abgabe, Annahme und den Gewahrsam auch dieser Sachen von ihrer Zustimmung abhängig machen.

(2) Eingebrachte Sachen, die die jungen Gefangenen nicht in Gewahrsam haben dürfen, sind für sie aufzubewahren, sofern dies nach Art und Umfang möglich ist. Eingebrachtes Geld wird als Eigengeld gutgeschrieben. Den jungen Gefangenen wird Gelegenheit gegeben, ihre Sachen, die sie während des Vollzugs und für die Entlassung nicht benötigen, abzusenden oder über das Eigengeld zu verfügen, soweit dieses nicht als Überbrückungsgeld notwendig ist.

(3) Weigern sich junge Gefangene, eingebrachte Gegenstände, deren Aufbewahrung nach Art oder Umfang nicht möglich ist, aus der Jugendstrafanstalt zu verbringen, so ist die Anstalt berechtigt, diese auf Kosten der oder des jungen Gefangenen aus der Jugendstrafanstalt entfernen zu lassen.

(4) Aufzeichnungen und andere Gegenstände, die Kenntnisse über Sicherungsvorkehrungen einer Justizvollzugsanstalt vermitteln, dürfen vernichtet oder unbrauchbar gemacht werden.

(5) Die jungen Gefangenen haben grundsätzlich kein Bargeld zur Verfügung. Die Anstaltsleiterin oder der Anstaltsleiter kann für die Jugendstrafanstalt, für bestimmte Bereiche der Anstalt, einzelne Gruppen von jungen Gefangenen oder im Einzelfall anordnen, dass Geld bar ausbezahlt und selbständig verwaltet wird, wenn dadurch die Sicherheit oder Ordnung der Jugendstrafanstalt nicht beeinträchtigt wird.

§ 60 Durchsuchung und Kontrollen auf Suchtmittelmissbrauch

(1) Junge Gefangene, ihre Sachen und die Hafträume dürfen durchsucht werden. Die Durchsuchung männlicher junger Gefangener darf nur von Männern, die Durchsuchung weiblicher junger Gefangener darf nur von Frauen vorgenommen werden; dies gilt nicht für das Absuchen der Gefangenen mit technischen Mitteln oder mit sonstigen Hilfsmitteln. Das Schamgefühl ist zu schonen.

(2) Nur auf Anordnung der Anstaltsleiterin oder des Anstaltsleiters oder bei Gefahr im Verzug ist es im Einzelfall zulässig, eine mit einer Entkleidung verbundene körperliche Durchsuchung vorzunehmen. Sie darf bei männlichen jungen Gefangenen nur in Gegenwart von Männern, bei weiblichen jungen Gefangenen nur in Gegenwart von Frauen erfolgen. Sie ist in einem geschlossenen Raum durchzuführen. Andere Gefangene dürfen nicht anwesend sein.

(3) Die Anstaltsleiterin oder der Anstaltsleiter kann allgemein anordnen, dass junge Gefangene bei der Aufnahme, nach Kontakten mit Besuchern und nach jeder Abwesenheit von der Jugendstrafanstalt nach Absatz 2 durchsucht werden können.

(4) Junge Gefangene können Suchtmittelkontrollen unterzogen werden, wenn der Verdacht besteht, dass sie Suchtmittel besitzen oder konsumieren. Die ergriffenen Maßnahmen dürfen nicht mit einem körperlichen Eingriff verbunden sein. Bei jungen Gefangenen, die die Mitwirkung an der Durchführung der Kontrolle verweigern, ist in der Regel davon auszugehen, dass Suchtmittelfreiheit nicht gegeben ist.

§ 61 Sichere Unterbringung

Junge Gefangene können in eine andere Justizvollzugsanstalt verlegt werden, die zu ihrer sicheren Unterbringung besser geeignet ist, wenn bei ihnen in erhöhtem Maß Fluchtgefahr besteht oder ihr Verhalten oder ihr Zustand eine Gefahr für die Sicherheit oder Ordnung der Jugendstrafanstalt darstellt.

§ 62 Festnahmerecht

Junge Gefangene, die entwichen sind oder sich sonst ohne Erlaubnis außerhalb der Jugendstrafanstalt aufhalten, können durch die Jugendstrafanstalt oder auf ihre Veranlassung hin festgenommen und in die Jugendstrafanstalt oder die Einrichtung zurückgebracht werden, solange ein unmittelbarer Bezug zum Vollzug der Jugendstrafe besteht.

§ 63 Besondere Sicherungsmaßnahmen

(1) Gegen junge Gefangene können besondere Sicherungsmaßnahmen angeordnet werden, wenn nach ihrem Verhalten oder auf Grund ihres seelischen Zustands in erhöhtem Maß die Gefahr der Flucht, von Gewalttätigkeiten gegen Personen oder Sachen, der Selbsttötung oder der Selbstverletzung besteht.

(2) Als besondere Sicherungsmaßnahmen sind zulässig

1. der Entzug oder die Vorenthaltung von Gegenständen,

2. die Beobachtung bei Nacht,

3. die Absonderung von anderen Gefangenen,

4. der Entzug oder die Beschränkung des Aufenthalts im Freien,

5. die Unterbringung in einem besonders gesicherten Haftraum ohne gefährdende Gegenstände und

6. die Fesselung.

(3) Maßnahmen nach Absatz 2 Nr. 1, 3 bis 5 sind auch zulässig, wenn die Gefahr einer Befreiung oder eine erhebliche Störung der Anstaltsordnung anders nicht vermieden oder behoben werden kann.

(4) Bei einer Ausführung, Vorführung oder beim Transport ist die Fesselung auch dann zulässig, wenn aus anderen Gründen als denen des Absatzes 1 Fluchtgefahr besteht.

(5) Besondere Sicherungsmaßnahmen dürfen nur soweit aufrechterhalten werden, wie es ihr Zweck erfordert.

§ 64 Einzelhaft

(1) Die unausgesetzte Absonderung junger Gefangener ist nur zulässig, wenn dies aus Gründen, die in der Person der oder des jungen Gefangenen liegen, unerlässlich ist.

(2) Einzelhaft von mehr als einer Woche Gesamtdauer in einem Jahr bedarf der Zustimmung der Aufsichtsbehörde. Diese Frist wird nicht dadurch unterbrochen, dass die oder der junge Gefangene am Gottesdienst oder am gemeinschaftlichen Aufenthalt im Freien teilnimmt.

§ 65 Fesselung

In der Regel dürfen Fesseln nur an den Händen oder an den Füßen angelegt werden. Im Interesse der jungen Gefangenen kann die Anstaltsleiterin oder der Anstaltsleiter eine andere Art der Fesselung anordnen. Die Fesselung wird zeitweise gelockert oder aufgehoben, soweit dies notwendig ist.

§ 66 Anordnung besonderer Sicherungsmaßnahmen

(1) Besondere Sicherungsmaßnahmen ordnet die Anstaltsleiterin oder der Anstaltsleiter an. Bei Gefahr im Verzug können auch andere Bedienstete der Jugendstrafanstalt diese Maßnahmen vorläufig anordnen. Die Entscheidung der Anstaltsleiterin oder des Anstaltsleiters ist unverzüglich einzuholen.

(2) Werden junge Gefangene ärztlich behandelt oder beobachtet oder bildet ihr seelischer Zustand den Anlass der Maßnahme, ist vorher die Ärztin oder der Arzt zu hören. Ist dies wegen Gefahr im Verzug nicht möglich, wird die Stellungnahme unverzüglich eingeholt.

§ 67 Ärztliche Überwachung

(1) Sind junge Gefangene in einem besonders gesicherten Haftraum untergebracht oder gefesselt, sucht sie die Ärztin oder der Arzt alsbald und in der Folge möglichst täglich auf. Dies gilt nicht bei einer Fesselung während

einer Ausführung, Vorführung oder eines Transports.

(2) Solange jungen Gefangenen der tägliche Aufenthalt im Freien entzogen wird, ist regelmäßig eine ärztliche Stellungnahme einzuholen.

§ 68 Ersatz von Aufwendungen

(1) Junge Gefangene sind verpflichtet, der Jugendstrafanstalt Aufwendungen zu ersetzen, die sie durch eine vorsätzlich oder grob fahrlässig begangene Selbstverletzung oder Verletzung anderer Gefangener verursacht haben. Ansprüche aus sonstigen Rechtsvorschriften bleiben unberührt.

(2) Die Jugendstrafanstalt kann bei der Geltendmachung von Forderungen nach Absatz 1 oder wegen einer vorsätzlichen oder grob fahrlässigen Verletzung fremden Eigentums durch junge Gefangene auch einen den dreifachen Tagessatz der Eckvergütung nach § 44 Abs. 2 übersteigenden Teil des Hausgelds in Anspruch nehmen.

(3) Für die in Absatz 1 genannten Forderungen ist der ordentliche Rechtsweg gegeben.

(4) Von der Aufrechnung oder Vollstreckung wegen der in den Absätzen 1 und 2 genannten Forderungen ist abzusehen, wenn hierdurch die Erziehung der oder des jungen Gefangenen oder ihre Eingliederung behindert würde.

Abschnitt 11
Unmittelbarer Zwang

§ 69 Allgemeine Voraussetzungen

(1) Bedienstete der Jugendstrafanstalten dürfen unmittelbaren Zwang anwenden, wenn sie Vollzugs- und Sicherungsmaßnahmen rechtmäßig durchführen und der damit verfolgte Zweck auf keine andere Weise erreicht werden kann.

(2) Gegen andere Personen als junge Gefangene darf unmittelbarer Zwang angewendet werden, wenn sie es unternehmen, junge Gefangene zu befreien oder in den Anstaltsbereich widerrechtlich einzudringen, oder wenn sie sich unbefugt darin aufhalten.

(3) Das Recht zu unmittelbarem Zwang auf Grund anderer Regelungen bleibt unberührt.

§ 70 Begriffsbestimmungen

(1) Unmittelbarer Zwang ist die Einwirkung auf Personen oder Sachen durch körperliche Gewalt, ihre Hilfsmittel und durch Waffen.

(2) Körperliche Gewalt ist jede unmittelbare körperliche Einwirkung auf Personen oder Sachen.

(3) Hilfsmittel der körperlichen Gewalt sind namentlich Fesseln.

(4) Waffen sind die dienstlich zugelassenen Hieb- und Schusswaffen sowie Reizstoffe.

§ 71 Grundsatz der Verhältnismäßigkeit

(1) Unter mehreren möglichen und geeigneten Maßnahmen des unmittelbaren Zwangs sind diejenigen zu wählen, die den Einzelnen und die Allgemeinheit voraussichtlich am wenigsten beeinträchtigen.

(2) Unmittelbarer Zwang unterbleibt, wenn ein durch ihn zu erwartender Schaden erkennbar außer Verhältnis zu dem angestrebten Erfolg steht.

§ 72 Handeln auf Anordnung

(1) Wird unmittelbarer Zwang von Vorgesetzten oder sonst befugten Personen angeordnet, sind Vollzugsbedienstete verpflichtet, ihn anzuwenden, es sei denn, die Anordnung verletzt die Menschenwürde oder ist nicht zu dienstlichen Zwecken erteilt worden.

(2) Die Anordnung darf nicht befolgt werden, wenn dadurch eine Straftat begangen würde. Befolgen Vollzugsbedienstete sie trotzdem, trifft sie eine Schuld nur, wenn sie erkennen oder wenn es nach den ihnen bekannten Umständen offensichtlich ist, dass dadurch eine Straftat begangen wird.

(3) Bedenken gegen die Rechtmäßigkeit der Anordnung haben die Vollzugsbediensteten der anordnenden Person gegenüber vorzubringen, soweit das nach den Umständen möglich ist. Abweichende Vorschriften des allgemeinen Beamtenrechts über die Mitteilung solcher Bedenken an Vorgesetzte sind nicht anzuwenden.

§ 73 Androhung

Unmittelbarer Zwang ist vorher anzudrohen. Die Androhung darf nur dann unterbleiben, wenn die Umstände sie nicht zulassen oder unmittelbarer Zwang sofort angewendet werden muss, um eine rechtswidrige Tat, die den Tatbestand eines Strafgesetzes erfüllt, zu verhindern oder eine gegenwärtige Gefahr abzuwenden.

§ 74 Allgemeine Vorschriften für den Schusswaffengebrauch

(1) Schusswaffen dürfen nur gebraucht werden, wenn andere Maßnahmen des unmittelbaren Zwangs bereits erfolglos waren oder keinen Erfolg versprechen. Gegen Personen ist ihr Gebrauch nur zulässig, wenn der Zweck nicht durch Waffenwirkung gegen Sachen erreicht wird.

(2) Schusswaffen dürfen nur die dazu bestimmten Vollzugsbediensteten gebrauchen und nur, um angriffs- oder fluchtunfähig zu machen. Ihr Gebrauch unterbleibt, wenn dadurch erkennbar Unbeteiligte mit hoher Wahrscheinlichkeit gefährdet würden.

(3) Der Gebrauch von Schusswaffen ist vorher anzudrohen. Als Androhung gilt auch ein Warnschuss. Ohne Androhung dürfen Schusswaffen nur dann gebraucht werden, wenn dies zur Abwehr einer gegenwärtigen Gefahr für Leib oder Leben erforderlich ist.

§ 75 Besondere Vorschriften für den Schusswaffengebrauch

(1) Gegen junge Gefangene dürfen Schusswaffen gebraucht werden,

1. wenn sie eine Waffe oder ein anderes gefährliches Werkzeug trotz wiederholter Aufforderung nicht ablegen,

2. wenn sie eine Meuterei (§ 121 StGB) unternehmen oder

3. um ihre Flucht zu vereiteln oder um sie wieder zu ergreifen.

(2) Um die Flucht aus einer Einrichtung, in der überwiegend Jugendliche untergebracht sind, aus einer offenen Jugendstrafanstalt oder aus dem Jugendstrafvollzug in freier Form zu vereiteln, dürfen keine Schusswaffen gebraucht werden.

(3) Gegen andere Personen dürfen Schusswaffen gebraucht werden, wenn sie es unternehmen, Gefangene gewaltsam zu befreien oder gewaltsam in eine Jugendstrafanstalt einzudringen.

§ 76 Zwangsmaßnahmen auf dem Gebiet der Gesundheitsfürsorge

(1) Medizinische Untersuchung und Behandlung sowie Ernährung sind zwangsweise nur bei Lebensgefahr, bei schwerwiegender Gefahr für die Gesundheit einer oder eines jungen Gefangenen oder bei Gefahr für die Gesundheit anderer Personen zulässig; die Maßnahmen müssen für die Beteiligten zumutbar und dürfen nicht mit erheblicher Gefahr für Leben oder Gesundheit der oder des jungen Gefangenen verbunden sein. Zur Durchführung der Maßnahmen ist die Jugendstrafanstalt nicht verpflichtet, solange von einer freien Willensbestimmung der oder des jungen Gefangenen ausgegangen werden kann.

(2) Zum Gesundheitsschutz und zur Hygiene ist die zwangsweise körperliche Untersuchung außer im Fall des Absatzes 1 zulässig, wenn sie nicht mit einem körperlichen Eingriff verbunden ist.

(3) Die Maßnahmen dürfen nur auf Anordnung und unter Leitung einer Ärztin oder eines Arztes durchgeführt werden, unbeschadet der Leistung erster Hilfe für den Fall, dass eine Ärztin oder ein Arzt nicht rechtzeitig erreichbar und mit einem Aufschub Lebensgefahr verbunden ist.

Abschnitt 12
Erzieherische Maßnahmen und Disziplinarmaßnahmen

§ 77 Voraussetzungen

(1) Verstoßen junge Gefangene schuldhaft gegen Pflichten, die ihnen durch dieses Gesetz oder auf Grund dieses Gesetzes auferlegt sind, können gegen sie möglichst in engem zeitlichen Zusammenhang mit der Pflichtverletzung Maßnahmen angeordnet werden, die geeignet sind, ihnen ihr Fehlverhalten be-

wusst zu machen. Als erzieherische Maßnahmen kommen namentlich in Betracht das erzieherische Gespräch, die Konfliktschlichtung, die Verwarnung, die Erteilung von Weisungen und Auflagen sowie beschränkende Anordnungen in Bezug auf die Freizeitgestaltung bis zur Dauer von einer Woche. Erzieherische Maßnahmen sollen möglichst nur angeordnet werden, wenn die Verfehlung mit den zu beschränkenden oder zu entziehenden Befugnissen im Zusammenhang steht.

(2) Reichen erzieherische Maßnahmen nicht aus, können gegen junge Gefangene Disziplinarmaßnahmen angeordnet werden.

(3) Eine Disziplinarmaßnahme ist auch zulässig, wenn wegen derselben Verfehlung ein Straf- oder Bußgeldverfahren eingeleitet wird.

§ 78 Arten der Disziplinarmaßnahmen

(1) Die zulässigen Disziplinarmaßnahmen sind:

1. die Beschränkung oder der Entzug der Verfügung über das Hausgeld, das Sondergeld und des Einkaufs bis zu zwei Monaten,

2. die Beschränkung oder der Entzug des Hörfunk- und Fernsehempfangs bis zu zwei Monaten; der gleichzeitige Entzug jedoch nur bis zu zwei Wochen,

3. die Beschränkung oder der Entzug der Gegenstände für eine Beschäftigung in der Freizeit oder der Teilnahme an gemeinschaftlichen Veranstaltungen bis zu zwei Monaten,

4. die getrennte Unterbringung während der Freizeit bis zu vier Wochen,

5. der Entzug der zugewiesenen Arbeit oder Beschäftigung bis zu vier Wochen unter Wegfall der in diesem Gesetz geregelten Bezüge,

6. die Beschränkung des Verkehrs mit Personen außerhalb der Jugendstrafanstalt auf dringende Fälle bis zu drei Monaten,

7. Arrest bis zu zwei Wochen.

(2) Arrest darf nur wegen schwerer oder mehrfach wiederholter Verfehlungen verhängt werden.

(3) Mehrere Disziplinarmaßnahmen können miteinander verbunden werden.

§ 79 Vollstreckung und Vollzug der Disziplinarmaßnahmen

(1) Disziplinarmaßnahmen werden in der Regel sofort vollstreckt.

(2) Eine Disziplinarmaßnahme kann ganz oder teilweise bis zu sechs Monaten zur Bewährung ausgesetzt werden.

(3) Wird die Verfügung über das Haus- oder Sondergeld beschränkt oder entzogen, ist das in dieser Zeit anfallende Geld dem Überbrückungsgeld hinzuzurechnen.

(4) Wird der Verkehr von jungen Gefangenen mit Personen außerhalb der Jugendstrafanstalt eingeschränkt, ist ihnen Gelegenheit zu geben, einer Person, mit der sie im Schriftwechsel stehen oder die sie zu besuchen pflegt, mitzuteilen. Der Schriftwechsel mit den in § 22 genannten Empfängern, mit Gerichten und Justizbehörden in Deutschland sowie mit Rechtsanwälten und Notaren in einer die jungen Gefangenen betreffenden Rechtssache bleibt unbeschränkt.

(5) Arrest wird in Einzelhaft vollzogen. Die jungen Gefangenen können in einem besonderen Arrestraum untergebracht werden, der den Anforderungen entsprechen muss, die an einen zum Aufenthalt bei Tag und Nacht bestimmten Haftraum gestellt werden. Soweit nichts anderes angeordnet wird, ruhen die Befugnisse der jungen Gefangenen aus den §§ 13 und 14 Abs. 1 sowie den §§ 16, 40, 41 und 53 bis 56.

§ 80 Disziplinarbefugnis

(1) Disziplinarmaßnahmen ordnet die Anstaltsleiterin oder der Anstaltsleiter an. Bei einer Verfehlung auf dem Weg in eine andere Justizvollzugsanstalt zum Zweck der Verlegung ist die Leiterin oder der Leiter der Bestimmungsanstalt zuständig. Die Befugnis, Disziplinarmaßnahmen nach § 78 anzuordnen, kann nur auf Mitglieder der Anstalts-

oder Vollzugsabteilungsleitung übertragen werden.

(2) Die Aufsichtsbehörde entscheidet, wenn sich die Verfehlung junger Gefangener gegen die Anstaltsleiterin oder den Anstaltsleiter richtet.

(3) Disziplinarmaßnahmen, die gegen junge Gefangene in einer anderen Justizvollzugsanstalt oder während einer Untersuchungshaft angeordnet worden sind, werden auf Ersuchen vollstreckt, soweit sie nicht auf Bewährung ausgesetzt sind. § 79 Abs. 2 bleibt unberührt.

§ 81 Disziplinarverfahren

(1) Der Sachverhalt ist zu klären. Die jungen Gefangenen werden gehört. Die Erhebungen werden in einer Niederschrift festgelegt; die Einlassung der oder des jungen Gefangenen wird vermerkt.

(2) Bei schweren Verstößen soll sich die Anstaltsleiterin oder der Anstaltsleiter vor der Entscheidung mit Personen besprechen, die bei der Erziehung der oder des jungen Gefangenen mitwirken. Vor der Anordnung einer Disziplinarmaßnahme gegen junge Gefangene in ärztlicher Behandlung, gegen Schwangere oder stillende Mütter ist eine ärztliche Stellungnahme einzuholen.

(3) Die Entscheidung wird der oder dem jungen Gefangenen von der Anstaltsleiterin oder dem Anstaltsleiter oder im Fall einer Übertragung der Disziplinarbefugnis nach § 80 Abs. 1 Satz 3 von der beauftragten Person mündlich eröffnet und mit einer kurzen Begründung schriftlich abgefasst.

§ 82 Ärztliche Mitwirkung

(1) Bevor der Arrest vollzogen wird, ist eine ärztliche Stellungnahme einzuholen. Während des Arrests steht die oder der junge Gefangene unter ärztlicher Aufsicht.

(2) Der Vollzug des Arrests unterbleibt oder wird unterbrochen, wenn die Gesundheit der oder des jungen Gefangenen gefährdet würde.

Abschnitt 13
Entlassungsvorbereitung, Entlassung und Nachsorge

§ 83 Entlassungsvorbereitung und Nachsorge

(1) Die Jugendstrafanstalt arbeitet frühzeitig, möglichst sechs Monate vor der voraussichtlichen Entlassung von jungen Gefangenen, mit Institutionen und Personen, namentlich der Bewährungshilfe, zusammen, insbesondere um den jungen Gefangenen Arbeit, eine Wohnung und ein soziales Umfeld für die Zeit nach der Entlassung zu vermitteln und um es zu ermöglichen, eine im Vollzug begonnene Behandlung fortzuführen.

(2) Hierzu können junge Gefangene nach Anhörung des Vollstreckungsleiters bis zu vier Monate freigestellt werden. Die Entlassungsfreistellung darf nur angeordnet werden, wenn junge Gefangene ihre Mitwirkungspflicht erfüllen und nicht zu befürchten ist, dass sie sich dem Vollzug der Jugendstrafe entziehen oder die Entlassungsfreistellung zu Straftaten missbrauchen werden. Für den Aufenthalt können ihnen Weisungen erteilt werden.

§ 84 Entlassungsbeihilfe

(1) Junge Gefangene erhalten, soweit ihre eigenen Mittel nicht ausreichen, bei ihrer Entlassung aus der Haft von der Jugendstrafanstalt eine Beihilfe zu den Reisekosten sowie erforderlichenfalls ausreichende Kleidung. Bedürftige junge Gefangene erhalten darüber hinaus eine Beihilfe, die sie in die Lage versetzt, ohne Inanspruchnahme fremder Hilfe ihren notwendigen Lebensunterhalt zu bestreiten, bis sie ihn voraussichtlich anderweitig decken können. Die Jugendstrafanstalt kann die Überbrückungsbeihilfe ganz oder teilweise der Bewährungshilfe oder einer mit der Entlassenenbetreuung befassten Stelle überweisen, die darüber entscheidet, wie das Geld nach der Entlassung an die jungen Gefangenen ausbezahlt wird. Die Bewährungshilfe und die mit der Entlassenenbetreuung befasste Stelle sind verpflichtet,

die Überbrückungsbeihilfe von ihrem Vermögen gesondert zu halten.

(2) Der Anspruch auf Beihilfe zu den Reisekosten und die ausgezahlte Reisebeihilfe sind unpfändbar. Für den Anspruch auf Überbrückungsbeihilfe und für Bargeld nach Auszahlung einer Überbrückungsbeihilfe an junge Gefangene gilt § 47 Abs. 4 Satz 1 und 3 und Abs. 5 entsprechend.

§ 85 Entlassungszeitpunkt

(1) Junge Gefangene sind am letzten Tag der Strafzeit möglichst frühzeitig zu entlassen.

(2) Der Entlassungszeitpunkt kann bis zu fünf Tage vorverlegt werden, wenn dringende Gründe dafür vorliegen, dass die oder der junge Gefangene zu ihrer oder seiner Eingliederung hierauf angewiesen ist. Dies ist regelmäßig anzunehmen, wenn der Entlassungszeitpunkt auf ein Wochenende oder auf einen gesetzlichen Feiertag fällt. Die Vorverlegung des Entlassungszeitpunkts muss im Hinblick auf die Länge der Strafzeit vertretbar sein.

(3) Jungen Gefangenen kann auf Antrag und mit Zustimmung der Personensorgeberechtigten nach der Entlassung vorübergehend und aus wichtigem Grund gestattet werden, eine in der Jugendstrafanstalt begonnene Ausbildungs- oder Behandlungsmaßnahme abzuschließen. Hierzu oder aus sozialen Gründen können junge Gefangene über den Entlassungszeitpunkt hinaus in der Jugendstrafanstalt verbleiben. Das gilt auch, wenn eine Wiederaufnahme nach der Entlassung vorübergehend gerechtfertigt erscheint, um das Erreichen des Erziehungsauftrags nicht erneut zu gefährden. Der Antrag, die Zustimmung der Personensorgeberechtigten und die Gestattung sind jederzeit widerruflich.

(4) Nach dem Entlassungszeitpunkt oder der Wiederaufnahme sind die Vorschriften dieses Gesetzes mit der Maßgabe entsprechend anzuwenden, dass vollzugliche Maßnahmen nicht mit unmittelbarem Zwang durchgesetzt werden dürfen.

Abschnitt 14
Beschwerderecht und Rechtsbehelfe

§ 86 Beschwerderecht und Rechtsbehelfe

(1) Die jungen Gefangenen haben das Recht, sich mit Wünschen, Anregungen und Beschwerden in Angelegenheiten, die sie selbst betreffen, an die Anstaltsleiterin oder den Anstaltsleiter zu wenden. Regelmäßige Sprechstunden sind einzurichten.

(2) Besichtigen Vertreter der Aufsichtsbehörde die Jugendstrafanstalt, so ist zu gewährleisten, dass die jungen Gefangenen sich in sie selbst betreffenden Angelegenheiten an diese wenden können.

(3) Die Möglichkeit der Dienstaufsichtsbeschwerde bleibt unberührt. Eingaben, Beschwerden und Dienstaufsichtsbeschwerden, die nach Form oder Inhalt nicht den im Verkehr mit Behörden üblichen Anforderungen entsprechen oder bloße Wiederholungen enthalten, brauchen nicht beschieden zu werden. Die jungen Gefangenen sind entsprechend zu unterrichten. Eine Überprüfung des Vorbringens von Amts wegen bleibt unberührt.

(4) § 92 des Jugendgerichtsgesetzes über das gerichtliche Verfahren bleibt unberührt.

Abschnitt 15
Entwicklung und Forschung

§ 87 Fortentwicklung, Jugendkriminologische Forschung

(1) Der Jugendstrafvollzug ist fortzuentwickeln. Maßnahmen zur Erziehung der jungen Gefangenen sind auf der Grundlage wissenschaftlicher Erkenntnisse zu konzipieren, zu standardisieren und auf ihre Wirksamkeit zu überprüfen.

(2) Der Jugendstrafvollzug, insbesondere seine Aufgabenerfüllung und Gestaltung, die Umsetzung seiner Leitlinien und die Erziehungsmaßnahmen sowie deren Wirkungen auf das Erziehungsziel, wird regelmäßig durch den kriminologischen Dienst in Zusam-

menarbeit mit Hochschulen oder anderen Stellen wissenschaftlich begleitet und erforscht.

(3) In die Untersuchung ist einzubeziehen, ob die jungen Gefangenen nach der Entlassung in der Lage sind, in sozialer Verantwortung ein Leben ohne Straftaten zu führen.

(4) Die Leitung der jugendkriminologischen Forschung obliegt der Aufsichtsbehörde.

Gesetz über elektronische Aufsicht im Vollzug der Freiheitsstrafe (EAStVollzG)

Vom 30. Juli 2009 (GBl. S. 360)

Geändert durch
Gesetz zur Umsetzung der Föderalismusreform im Justizvollzug
vom 10. November 2009 (GBl. S. 545)

Teil 1
Anwendungsbereich

§ 1

(1) Dieses Gesetz regelt die elektronische Aufsicht im Vollzug der Freiheitsstrafe in Baden-Württemberg.

(2) Die §§ 1 bis 93 des Dritten Buches Justizvollzugsgesetzbuch sind entsprechend anwendbar, soweit dieses Gesetz nichts Abweichendes bestimmt.

Teil 2
Vollzugsgestaltung

Abschnitt 1
Hausarrest mit elektronischer Aufsicht

§ 2 Hausarrest

(1) Hausarrest im Sinne dieses Gesetzes ist die Anweisung an den Gefangenen, sich während des laufenden Strafvollzuges in einer bestimmten Wohnung aufzuhalten und sie zu bestimmten Zeiten nicht zu verlassen.

(2) Hausarrest mit elektronischer Aufsicht kann eingesetzt werden

a) im Vollzug der Ersatzfreiheitsstrafe,

b) zur Vorbereitung der Entlassung.

(3) Zur Vorbereitung der Entlassung kann dem Gefangenen eine bis zu sechs Monate lange Entlassungsfreistellung gewährt werden. Soll sie länger als vier Wochen ununterbrochen andauern, ist die Zustimmung der Vollstreckungsbehörde erforderlich.

§ 3 Elektronische Aufsicht

(1) Die elektronische Aufsicht richtet sich nach der individuellen Flucht- und Rückfallgefahr des Gefangenen und nach dem Grundsatz der Verhältnismäßigkeit.

(2) Die elektronische Aufsicht erfolgt durch

a) die technische Beaufsichtigung der An- oder Abwesenheit in der eigenen Wohnung,

b) ein Bewegungsprofil des Gefangenen.

(3) Die elektronische Aufsicht kann bis zu einem Drittel der Dauer des Hausarrestes durch Meldeauflagen oder das Platzgebot sichernde Weisungen ersetzt werden, wenn der Gefangene an der Erreichung des Vollzugszieles mitwirkt und nicht zu erwarten ist, dass er sich dem Vollzug entzieht oder den Hausarrest zu Straftaten missbraucht.

§ 4 Voraussetzungen, Widerruf

(1) Hausarrest mit elektronischer Aufsicht setzt voraus, dass

a) der Gefangene sein Einverständnis zum Hausarrest mit elektronischer Aufsicht erklärt,

b) der Gefangene über eine Wohnung oder eine andere geeignete feste Unterkunft verfügt und bereit ist, den zuständigen Mitarbeitern im Rahmen des Programms Zugang zu gewähren,

c) die Wohnung des Gefangenen über einen angeschlossenen Telefonapparat verfügt, soweit die An- oder Abwesenheit des Gefangenen in der Wohnung beaufsichtigt werden soll,

d) das Einverständnis der mit dem Gefangenen in derselben Wohnung lebenden erwachsenen Personen vorliegt, soweit die An- oder Abwesenheit des Gefangenen in der Wohnung beaufsichtigt werden soll,

e) der Gefangene eine Arbeits- oder Ausbildungsstelle oder eine entsprechende anderweitige Tagesstruktur aufweist und in der Lage ist, dieser nachzugehen,

f) der Gefangene bereit ist, sich einem im Voraus vereinbarten Tages- und Wochenablauf sowie weiteren Weisungen zu unterziehen und anzunehmen ist, er werde den Belastungen der elektronischen Aufsicht gewachsen sein und das entgegengebrachte Vertrauen nicht missbrauchen,

g) der Gefangene, der aus einer anderen Vollzugsform in den Hausarrest mit elektronischer Aufsicht übertritt, sich während des bisherigen Vollzugs bewährt hat und

h) nicht zu befürchten ist, dass der Gefangene sich dem Vollzug der Freiheitsstrafe entziehen oder den Hausarrest zu Straftaten missbrauchen werde.

(2) Entfällt eine der Vorraussetzungen nach Absatz 1, so widerruft der Anstaltsleiter die Zulassung zum elektronisch beaufsichtigten Hausarrest.

§ 5 Bewilligungsverfahren

(1) Das Gesuch, die Strafe ganz oder teilweise im Hausarrest mit elektronischer Aufsicht zu verbüßen, ist nach der Ladung zum Strafantritt spätestens 14 Tage vor dem Strafantritt oder vor dem Übertritt in die elektronische Aufsicht schriftlich bei der Justizvollzugsanstalt einzureichen. Diese prüft die formellen Vorraussetzungen und überweist das Gesuch zur Stellungnahme an die für die elektronische Aufsicht zuständige Stelle.

(2) Die für die elektronische Aufsicht zuständige Stelle legt in Zusammenarbeit mit dem Gefangenen das Vollzugsprogramm fest.

(3) Der Leiter der zuständigen Justizvollzugsanstalt kann den Hausarrest mit elektronischer Aufsicht bewilligen, wenn die Voraussetzungen vorliegen.

(4) Das Vollzugsprogramm kann neben Arbeit, Ausbildung, Freizeit und Sport die Teilnahme an Einzel- oder Gruppentherapien so-

wie besondere Erziehungs- oder Schulungsprogrammen vorsehen. Insbesondere kann es Weisungen enthalten über Aufenthalt, ärztliche Betreuung, Verzicht auf alkoholische Getränke oder andere Drogen, Schadenswiedergutmachung und Einkommensverwaltung. Es kann festlegen, welche Bedingungen vor der Aufnahme in die elektronische Aufsicht zu erfüllen sind.

§ 6 Vollzugsprogramm

(1) Während der elektronischen Aufsicht wird der Gefangene in allen Vollzugsfragen durch einen Mitarbeiter der für die elektronische Aufsicht zuständigen Stelle betreut, soweit dies zur Erreichung des Vollzugsziels notwendig ist. An der psychosozialen Beratung und Betreuung können Dritte beteiligt werden. Die Aufgabe kann ganz oder teilweise auf Dritte übertragen werden.

(2) Während der gesamten Dauer der elektronischen Aufsicht ist den Anweisungen der Mitarbeiter der für die elektronische Aufsicht zuständigen Stelle Folge zu leisten.

(3) Kann der Gefangene das zugewiesene Programm nicht einhalten oder verändern sich die festgelegten Programmvorgaben, insbesondere betreffend Arbeitsort und -zeit, so hat er dies unverzüglich dem Mitarbeiter der für die elektronische Aufsicht zuständigen Stelle mitzuteilen.

(4) Die für die elektronische Aufsicht zuständige Stelle teilt Änderungen im Vollzugsprogramm dem Anstaltsleiter mit, damit die Bewilligung des elektronisch beaufsichtigten Hausarrestes geprüft werden kann.

§ 7 Arbeit und Freizeit

(1) Der Gefangene muss während der elektronischen Aufsicht einer Beschäftigung (Arbeit, Ausbildung, Kinderbetreuung) im Umfang von mindestens 20 Stunden pro Woche nachgehen.

(2) Es besteht kein Anspruch auf Freizeit außerhalb der Wohnung. Die Gewährung von Freizeit außerhalb der Wohnung bemisst sich nach der in der elektronischen Aufsicht durchlaufenen Zeit

a) Woche 1 bis 4: 5 Stunden samstags und 5 Stunden sonntags;

b) Woche 5 bis 8: 8 Stunden samstags und 8 Stunden sonntags;

c) Woche 9 und folgende: von Freitag, 17.00 Uhr, bis Montag, 8.00 Uhr.

(3) Geht der Gefangene an Samstagen oder Sonntagen einer Arbeit nach, kann die Freizeit außerhalb der Wohnung auf andere Wochentage gelegt werden.

§ 8 Verwarnung, Rückversetzung und Abbruch

(1) Bei Verstößen gegen die Bedingungen der elektronischen Aufsicht oder die Anordnungen der für die elektronische Aufsicht zuständigen Stelle bricht der Anstaltsleiter die elektronische Aufsicht ab und veranlasst die Überführung des Gefangenen in die Justizvollzugsanstalt durch Justizvollzugsbedienstete.

(2) Der Anstaltsleiter sieht vom Abbruch ab, wenn es ausreicht, den Gefangenen zu verwarnen, die Freizeit außerhalb der Wohnung zu kürzen oder zu streichen, eine Stufe nach § 7 Abs. 2 zu verlängern oder ihn in eine frühere Stufe zurückzuversetzen.

(3) Verzichtet der Gefangene auf die Weiterführung der elektronischen Aufsicht, überführt die für die elektronische Aufsicht zuständige Stelle den Gefangenen in die Justizvollzugsanstalt. Der Anstaltsleiter entscheidet über den weiteren Vollzug.

Abschnitt 2
Elektronische Aufsicht ohne Hausarrest

§ 9 Elektronische Überwachung vollzugsöffnender Maßnahmen

(1) Zur Überwachung von vollzugsöffnenden Maßnahmen, insbesondere Freigang bis zu sechs Monaten, kann die elektronische Aufsicht angeordnet werden.

(2) Es gelten die §§ 2 Abs. 3, 3 Abs. 1 und 2, 4 Abs. 1 Buchst. a und Abs. 2, §§ 5, 6, 8 Abs. 1, 14.

Teil 3
Begleitende Regelungen

§ 10 Anwendung des Justizvollzugsgesetzbuches

Die §§ 27 bis 55 des Ersten Buches Justizvollzugsgesetzbuch gelten für die elektronische Aufsicht im Vollzug der Freiheitsstrafe entsprechend, soweit in diesem Abschnitt nicht etwas anderes bestimmt ist.

§ 11 Erhebung von Daten

Zur elektronischen Aufsicht im Vollzug der Freiheitsstrafe kann die Justizvollzugsbehörde oder die für die elektronische Aufsicht zuständige Stelle Daten über den Aufenthaltsort des Gefangenen und den Zeitpunkt der Datenerhebung mittels der nach § 3 zulässigen Technik durch Empfangsgeräte automatisiert erheben. Mit Einwilligung des Gefangenen kann ein Sender zur automatisierten Identifikation und Lokalisierung mit dem Körper verbunden werden, sodass eine ordnungsgemäße Trennung nur durch die Justizvollzugsbehörde erfolgen kann. Mit Einwilligung des Gefangenen können vorhandene technische Geräte in der Wohnung zur elektronischen Aufsicht im Vollzug der Freiheitsstrafe benutzt werden.

§ 12 Übermittlung, Nutzung, Veränderung und Speicherung von Daten

(1) Die Justizvollzugsbehörde oder die für die elektronische Aufsicht zuständige Stelle kann die nach § 11 erhobenen Daten übermitteln, nutzen, verändern und speichern, soweit dies für die elektronische Aufsicht im Vollzug der Freiheitsstrafe erforderlich ist. Die Daten können elektronisch in Dateien gespeichert sowie zu den Gefangenenpersonalakten genommen werden.

(2) Die Übermittlung, Nutzung, Veränderung und Speicherung der nach § 11 erhobenen Daten durch die Justizvollzugsbehörde ist ferner zulässig, soweit sie der Wahrnehmung von Aufsichts- und Kontrollbefugnissen oder gerichtlichen Verfahren im Zusammenhang mit dem Vollzug der Freiheitsstrafe dient.

(3) Die Justizvollzugsbehörde darf die nach § 11 erhobenen Daten auch übermitteln, nutzen, verändern und speichern, soweit dies

1. zur Abwehr von sicherheitsgefährdenden oder geheimdienstlichen Tätigkeiten für eine fremde Macht oder von Bestrebungen im Geltungsbereich dieses Gesetzes, die durch Anwendung von Gewalt oder darauf gerichtete Vorbereitungshandlungen

   a) gegen die freiheitliche demokratische Grundordnung, den Bestand oder die Sicherheit des Bundes oder eines Landes gerichtet sind,

   b) eine ungesetzliche Beeinträchtigung der Amtsführung der Verfassungsorgane des Bundes oder eines Landes oder ihrer Mitglieder zum Ziele haben oder

   c) auswärtige Belange der Bundesrepublik Deutschland gefährden,

2. zur Abwehr erheblicher Nachteile für das Gemeinwohl oder einer erheblichen Gefahr für die öffentliche Sicherheit,

3. zur Abwehr einer schwerwiegenden Beeinträchtigung der Rechte einer anderen Person,

4. zur Abwehr einer erheblichen Gefahr für Leib oder Leben des Gefangenen,

5. zur Verhinderung oder Verfolgung von erheblichen Straftaten oder zur Identifizierung, Fahndung oder Festnahme von Gefangenen durch Vollstreckungs- und Strafverfolgungsbehörden in den Fällen, in denen sich der Gefangene der Strafvollstreckung entzogen hat oder entziehen will,

erforderlich ist.

(4) Die Justizvollzugsbehörde darf den für die Eingabe von Daten in das polizeiliche Informations- und Auskunftssystem zuständigen Polizeidienststellen den Beginn und das Ende der elektronischen Aufsicht im Vollzug der Freiheitsstrafe anlassunabhängig übermitteln.

§ 13 Löschung von Daten

Die nach § 11 erhobenen Daten sind spätestens eine Woche nach ihrer Erhebung zu löschen, soweit nicht ihre Speicherung oder Aufbewahrung im Einzelfall zur Aufklärung oder Verfolgung von dokumentierten Vorkommnissen erforderlich ist. Sie sind unverzüglich zu löschen, wenn überwiegende schutzwürdige Interessen des Gefangenen einer weiteren Speicherung entgegenstehen.

§ 14 Wissenschaftliche Begleitung

Die Anwendung dieses Gesetzes sowie die Wirkungen der elektronischen Aufsicht auf die Gefangenen und die Allgemeinheit sollen wissenschaftlich untersucht werden. Die Ergebnisse der wissenschaftlichen Begleitung sollen bei der Fortentwicklung der elektronischen Aufsicht im Vollzug der Freiheitsstrafe berücksichtigt werden.

Teil 4
Schlussvorschriften

§ 15 Einschränkung von Grundrechten

Durch dieses Gesetz werden die Grundrechte aus Artikel 2 Abs. 1 (freie Entfaltung der Persönlichkeit), Artikel 2 Abs. 2 Satz 1 und 2 (körperliche Unversehrtheit und Freiheit der Person) und Artikel 10 (Brief-, Post- und Fernmeldegeheimnis) des Grundgesetzes eingeschränkt.

§ 16 Inkrafttreten, Außerkrafttreten

Dieses Gesetz tritt am Tag seiner Verkündung in Kraft und mit Ablauf von vier Jahren nach seiner Verkündung außer Kraft.

Gesetz über den Vollzug der Freiheitsstrafe, der Jugendstrafe und der Sicherungsverwahrung
(Bayerisches Strafvollzugsgesetz – BayStVollzG)
Vom 10. Dezember 2007 (GVBl. S. 866)

Zuletzt geändert durch
Gesetz zur Anpassung von Landesgesetzen an das Bayerische Beamtengesetz
vom 27. Juli 2009 (GVBl. S. 400)

Inhaltsübersicht

I

Teil 1
Anwendungsbereich

Art. 1 Anwendungsbereich

Dieses Gesetz regelt den Vollzug der Freiheitsstrafe, der Jugendstrafe, der Sicherungsverwahrung und des Strafarrests in Justizvollzugsanstalten.

Teil 2
Vollzug der Freiheitsstrafe

Abschnitt 1
Grundsätze

Art. 2 Aufgaben des Vollzugs

₁Der Vollzug der Freiheitsstrafe dient dem Schutz der Allgemeinheit vor weiteren Straftaten. ₂Er soll die Gefangenen befähigen, künftig in sozialer Verantwortung ein Leben ohne Straftaten zu führen (Behandlungsauftrag).

Art. 3 Behandlung im Vollzug

₁Die Behandlung umfasst alle Maßnahmen, die geeignet sind, auf eine künftige deliktfreie Lebensführung hinzuwirken. ₂Sie dient der Verhütung weiterer Straftaten und dem Opferschutz. ₃Die Behandlung beinhaltet insbesondere schulische und berufliche Bildung, Arbeit, psychologische und sozialpädagogische Maßnahmen, seelsorgerische Betreuung und Freizeitgestaltung. ₄Art und Umfang der Behandlung orientieren sich an den für die Tat ursächlichen Defiziten der Gefangenen.

Art. 4 Schutz der Allgemeinheit

Der Schutz der Allgemeinheit vor weiteren Straftaten wird durch eine sichere Unterbringung und sorgfältige Beaufsichtigung der Gefangenen, eine gründliche Prüfung vollzugsöffnender Maßnahmen sowie geeignete Behandlungsmaßnahmen gewährleistet.

Art. 5 Gestaltung des Vollzugs

(1) Das Leben im Vollzug soll den allgemeinen Lebensverhältnissen soweit als möglich angeglichen werden.

(2) Schädlichen Folgen des Freiheitsentzugs ist entgegenzuwirken.

(3) Der Vollzug ist darauf auszurichten, dass er den Gefangenen hilft, sich in das Leben in Freiheit einzugliedern.

Art. 6 Stellung der Gefangenen

(1) ₁Die Gefangenen sollen an der Gestaltung ihrer Behandlung und an der Erfüllung des Behandlungsauftrags mitwirken. ₂Ihre Bereitschaft hierzu ist zu wecken und zu fördern.

(2) ₁Die Gefangenen unterliegen den in diesem Gesetz vorgesehenen Beschränkungen ihrer Freiheit. ₂Soweit das Gesetz eine besondere Regelung nicht enthält, dürfen ihnen nur Beschränkungen auferlegt werden, die zur Aufrechterhaltung der Sicherheit oder zur Abwendung einer schwerwiegenden Störung der Ordnung der Anstalt unerlässlich sind.

Abschnitt 2
Planung des Vollzugs

Art. 7 Aufnahmeverfahren

(1) Beim Aufnahmeverfahren ist das Persönlichkeitsrecht der Gefangenen in besonderem Maße zu wahren.

(2) ₁Die Gefangenen werden über ihre Rechte und Pflichten unterrichtet. ₂Mit den Gefangenen wird ein Zugangsgespräch geführt.

(3) Nach der Aufnahme werden die Gefangenen alsbald ärztlich untersucht.

Art. 8 Behandlungsuntersuchung, Beteiligung der Gefangenen

(1) ₁Nach dem Aufnahmeverfahren wird damit begonnen, die Persönlichkeit und die Lebensverhältnisse der Gefangenen zu erforschen. ₂Hiervon kann abgesehen werden, wenn dies mit Rücksicht auf die Vollzugsdauer nicht geboten erscheint.

(2) ₁Die Behandlungsuntersuchung erstreckt sich auf die Umstände, deren Kenntnis für eine planvolle Behandlung der Gefangenen im Vollzug und für die Eingliederung nach ihrer Entlassung notwendig ist. ₂Es ist zu prüfen, ob eine Verlegung in eine sozialtherapeutische Einrichtung nach Art. 11 Abs. 1

oder 2 oder andere therapeutische Maßnahmen angezeigt sind.

Art. 9 Vollzugsplan

(1) ₁Auf Grund der Behandlungsuntersuchung gemäß Art. 8 wird ein Vollzugsplan erstellt. ₂Er enthält insbesondere Angaben über vollzugliche, pädagogische und sozialpädagogische sowie therapeutische Maßnahmen. ₃Das Nähere regelt das Staatsministerium der Justiz durch Verwaltungsvorschrift.

(2) Der Vollzugsplan ist jeweils nach Ablauf eines Jahres an die Entwicklung der Gefangenen und die weiteren Ergebnisse der Persönlichkeitserforschung anzupassen.

(3) Über eine Verlegung in eine sozialtherapeutische Einrichtung gemäß Art. 11 Abs. 1 oder 2 ist jeweils nach Ablauf von sechs Monaten neu zu entscheiden.

(4) Die Planung der Behandlung wird mit den Gefangenen erörtert.

Art. 10 Verlegung, Überstellung, Ausantwortung

(1) Gefangene können abweichend vom Vollstreckungsplan in eine andere für den Vollzug der Freiheitsstrafe zuständige Anstalt verlegt werden, wenn

1. die Behandlung der Gefangenen oder ihre Eingliederung nach der Entlassung hierdurch gefördert wird oder

2. dies aus Gründen der Vollzugsorganisation oder aus anderen wichtigen Gründen erforderlich ist.

(2) Gefangene dürfen aus wichtigem Grund in eine andere Anstalt überstellt werden.

(3) Gefangene dürfen befristet dem Gewahrsam einer Polizei-, Zoll- oder Finanzbehörde überlassen werden.

Art. 11 Verlegung in eine sozialtherapeutische Einrichtung

(1) Gefangene sind in eine sozialtherapeutische Einrichtung zu verlegen, wenn sie wegen einer Straftat nach den §§ 174 bis 180 oder § 182 des Strafgesetzbuchs (StGB) zu Freiheitsstrafe von mehr als zwei Jahren verurteilt worden sind und die Behandlung in

einer sozialtherapeutischen Einrichtung angezeigt ist.

(2) Andere Gefangene, von denen schwerwiegende Straftaten gegen Leib oder Leben oder gegen die sexuelle Selbstbestimmung zu erwarten sind, sollen in eine sozialtherapeutische Einrichtung verlegt werden, wenn deren besondere therapeutische Mittel und soziale Hilfen zu ihrer Resozialisierung angezeigt sind.

(3) Vor einer Verlegung nach Abs. 1 oder 2 ist die Bereitschaft der Gefangenen zur Teilnahme an therapeutischen Maßnahmen zu wecken und zu fördern.

(4) Wenn der Zweck der Behandlung aus Gründen, die in der Person der Gefangenen liegen, nicht erreicht werden kann, unterbleibt die Verlegung nach Absatz 1 oder 2; nach einer bereits erfolgten Verlegung sind sie zurückzuverlegen.

(5) Art. 10 und 92 bleiben unberührt.

Art. 12 Geschlossener und offener Vollzug

(1) Gefangene sind im geschlossenen Vollzug unterzubringen.

(2) Gefangene sollen mit ihrer Zustimmung in einer Einrichtung des offenen Vollzugs untergebracht werden, wenn sie den besonderen Anforderungen des offenen Vollzugs genügen und insbesondere nicht zu befürchten ist, dass sie sich dem Vollzug der Freiheitsstrafe entziehen oder die Möglichkeiten des offenen Vollzugs zu Straftaten missbrauchen werden.

(3) Gefangene sollen in den geschlossenen Vollzug zurückverlegt werden, wenn dies zu ihrer Behandlung notwendig ist; sie sind zurückzuverlegen, wenn sie den Anforderungen nach Abs. 2 nicht entsprechen.

Art. 13 Lockerungen des Vollzugs

(1) Als Lockerung des Vollzugs kann insbesondere angeordnet werden, dass Gefangene

1. außerhalb der Anstalt regelmäßig einer Beschäftigung unter Aufsicht (Außenbeschäftigung) oder ohne Aufsicht Vollzugsbediensteter (Freigang) nachgehen dürfen oder

2. für eine bestimmte Tageszeit die Anstalt unter Aufsicht (Ausführung) oder ohne Aufsicht Vollzugsbediensteter (Ausgang) verlassen dürfen.

(2) Diese Lockerungen dürfen mit Zustimmung der Gefangenen angeordnet werden, wenn nicht zu befürchten ist, dass die Gefangenen sich dem Vollzug der Freiheitsstrafe entziehen oder die Lockerungen des Vollzugs zu Straftaten missbrauchen werden.

Art. 14 Urlaub aus der Haft

(1) ₁Den Gefangenen kann Urlaub aus der Haft bis zu 21 Kalendertagen im Vollstreckungsjahr gewährt werden. ₂Art. 13 Abs. 2 gilt entsprechend.

(2) Der Urlaub soll in der Regel erst gewährt werden, wenn die Gefangenen sich mindestens sechs Monate im Strafvollzug befunden haben.

(3) Zu lebenslanger Freiheitsstrafe verurteilte Gefangene können beurlaubt werden, wenn sie sich einschließlich einer vorhergehenden Untersuchungshaft oder einer anderen Freiheitsentziehung zwölf Jahre im Vollzug befunden haben oder wenn sie in den offenen Vollzug überwiesen oder hierfür geeignet sind.

(4) ₁Gefangenen, die zum Freigang (Art. 13 Abs. 1 Nr. 1) zugelassen oder hierfür geeignet sind, kann innerhalb von neun Monaten vor der Entlassung weiterer Urlaub bis zu sechs Tagen im Monat gewährt werden. ₂Art. 17 Abs. 3 Satz 1 findet keine Anwendung.

(5) Durch den Urlaub wird die Strafvollstreckung nicht unterbrochen.

Art. 15 Besondere Vorschriften für Gewalt- und Sexualstraftäter

₁Bei Gefangenen, gegen die während des laufenden Freiheitsentzugs eine Strafe wegen einer schwerwiegenden Straftat gegen Leib oder Leben oder gegen die sexuelle Selbstbestimmung mit Ausnahme der §§ 180a und 181a StGB vollzogen wurde oder zu vollziehen ist, ist eine Unterbringung im offenen Vollzug, eine Lockerung des Vollzugs oder eine Gewährung von Urlaub aus dem Vollzug besonders gründlich zu prüfen.

₂Bei der Entscheidung sind auch die Feststellungen im Urteil und die im Ermittlungs- oder Strafverfahren erstatteten Gutachten zu berücksichtigen.

Art. 16 Weisungen, Aufhebung von Lockerungen und Urlaub

(1) Der Anstaltsleiter oder die Anstaltsleiterin kann den Gefangenen für Lockerungen und Urlaub Weisungen erteilen.

(2) ₁Er oder sie kann Lockerungen und Urlaub widerrufen, wenn

1. er oder sie auf Grund nachträglich eingetretener Umstände berechtigt wäre, die Maßnahmen zu versagen,

2. die Gefangenen die Maßnahmen missbrauchen oder

3. die Gefangenen einer Weisung nicht nachkommen.

₂Er oder sie kann Lockerungen und Urlaub mit Wirkung für die Zukunft zurücknehmen, wenn die Voraussetzungen für ihre Bewilligung nicht vorgelegen haben.

Art. 16 Entlassungsvorbereitung

(1) Um die Entlassung vorzubereiten, soll der Vollzug gelockert werden (Art. 13).

(2) Gefangene können in eine Einrichtung des offenen Vollzugs (Art. 12 Abs. 2) verlegt werden, wenn dies der Vorbereitung der Entlassung dient.

(3) ₁Innerhalb von drei Monaten vor der Entlassung kann zu deren Vorbereitung Sonderurlaub bis zu einer Woche gewährt werden. ₂Art. 13 Abs. 2, Art. 14 Abs. 5, Art. 15 und 16 gelten entsprechend.

Art. 18 Entlassungszeitpunkt

(1) Die Gefangenen sollen am letzten Tag der Strafzeit möglichst frühzeitig, jedenfalls noch am Vormittag entlassen werden.

(2) Fällt das Strafende auf einen Samstag oder Sonntag, einen gesetzlichen Feiertag, den ersten Werktag nach Ostern oder Pfingsten oder in die Zeit vom 22. Dezember bis zum 6. Januar, so können die Gefangenen an dem diesem Tag oder Zeitraum vorhergehenden Werktag entlassen werden, wenn dies

nach der Länge der Strafzeit vertretbar ist und fürsorgerische Gründe nicht entgegenstehen.

(3) Der Entlassungszeitpunkt kann bis zu zwei Tage vorverlegt werden, wenn dringende Gründe dafür vorliegen, dass die Gefangenen zu ihrer Eingliederung hierauf angewiesen sind.

Abschnitt 3
Unterbringung und Ernährung der Gefangenen

Art. 19 Unterbringung während der Arbeit und Freizeit

(1) ₁Die Gefangenen arbeiten gemeinsam. ₂Dasselbe gilt für Berufsausbildung, berufliche Weiterbildung sowie arbeitstherapeutische und sonstige Beschäftigung während der Arbeitszeit.

(2) ₁Während der Freizeit können sich die Gefangenen in der Gemeinschaft mit anderen aufhalten. ₂Für die Teilnahme an gemeinschaftlichen Veranstaltungen kann der Anstaltsleiter oder die Anstaltsleiterin mit Rücksicht auf die räumlichen, personellen und organisatorischen Verhältnisse der Anstalt besondere Regelungen treffen.

(3) Die gemeinschaftliche Unterbringung während der Arbeitszeit und Freizeit kann eingeschränkt werden, wenn

1. ein schädlicher Einfluss auf andere Gefangene zu befürchten ist,

2. die Gefangenen nach Art. 8 untersucht werden, aber nicht länger als zwei Monate,

3. es die Sicherheit oder Ordnung der Anstalt erfordert oder

4. die Gefangenen zustimmen.

Art. 20 Unterbringung während der Ruhezeit

(1) ₁Gefangene sollen während der Ruhezeit allein in ihren Hafträumen untergebracht werden. ₂Mit ihrer Zustimmung können Gefangene auch während der Ruhezeit gemeinsam untergebracht werden, wenn eine schädliche Beeinflussung nicht zu befürchten ist.

(2) Auch ohne ihre Zustimmung ist eine gemeinsame Unterbringung zulässig, sofern ein Gefangener oder eine Gefangene hilfsbedürftig ist oder eine Gefahr für Leben oder Gesundheit eines oder einer Gefangenen besteht oder die räumlichen Verhältnisse der Anstalt dies erfordern.

(3) Eine gemeinschaftliche Unterbringung von mehr als acht Gefangenen ist nicht zulässig.

Art. 21 Ausstattung des Haftraums und persönlicher Besitz

(1) ₁Gefangene dürfen ihren Haftraum in angemessenem Umfang mit eigenen Sachen ausstatten. ₂Lichtbilder nahestehender Personen und Erinnerungsstücke von persönlichem Wert werden ihnen belassen.

(2) Vorkehrungen und Gegenstände, die die Übersichtlichkeit des Haftraums behindern oder in anderer Weise Sicherheit oder Ordnung der Anstalt gefährden, können ausgeschlossen werden.

Art. 22 Kleidung

(1) Gefangene tragen Anstaltskleidung.

(2) ₁Der Anstaltsleiter oder die Anstaltsleiterin gestattet den Gefangenen, bei einer Ausführung eigene Kleidung zu tragen, wenn zu erwarten ist, dass sie nicht entweichen werden. ₂Er oder sie kann dies auch sonst gestatten, sofern die Gefangenen für Reinigung, Instandsetzung und regelmäßigen Wechsel auf eigene Kosten sorgen.

Art. 23 Anstaltsverpflegung

₁Zusammensetzung und Nährwert der Anstaltsverpflegung werden ärztlich überwacht. ₂Auf ärztliche Anordnung wird besondere Verpflegung gewährt. ₃Den Gefangenen ist zu ermöglichen, Speisevorschriften ihrer Religionsgemeinschaft zu befolgen.

Art. 24 Einkauf

(1) ₁Die Gefangenen können sich vom Hausgeld (Art. 50) oder Taschengeld (Art. 54) aus einem von der Anstalt vermittelten Angebot Nahrungs- und Genussmittel sowie Mittel zur Körperpflege kaufen. ₂Die Anstalt soll für ein

Angebot sorgen, das auf Wünsche und Bedürfnisse der Gefangenen Rücksicht nimmt.

(2) ₁Gegenstände, die die Sicherheit oder Ordnung der Anstalt gefährden, können vom Einkauf ausgeschlossen werden. ₂Auf ärztliche Anordnung kann den Gefangenen der Einkauf einzelner Nahrungs- und Genussmittel ganz oder teilweise untersagt werden, wenn zu befürchten ist, dass sie ihre Gesundheit ernsthaft gefährden. ₃In Krankenhäusern und Krankenabteilungen kann der Einkauf einzelner Nahrungs- und Genussmittel auf ärztliche Anordnung allgemein untersagt oder eingeschränkt werden.

(3) Verfügen die Gefangenen ohne eigenes Verschulden nicht über Haus- oder Taschengeld, wird ihnen gestattet, in angemessenem Umfang vom Eigengeld einzukaufen.

Art. 25 Sondereinkauf

(1) Sondereinkauf aus einem durch die Anstalt vermittelten Angebot von Nahrungs- und Genussmitteln ist zugelassen zu Weihnachten, Ostern und einem von den Gefangenen zu wählenden weiteren Zeitpunkt.

(2) Gefangenen, die nicht einer christlichen Religionsgemeinschaft angehören, kann anstelle des Weihnachts- und des Ostereinkaufs je ein Sondereinkauf zu einem anderen Zeitpunkt gestattet werden.

(3) Für den Sondereinkauf können die Gefangenen in angemessenem Umfang das zu diesem Zweck nach Art. 53 eingezahlte Sondergeld oder ihr Eigengeld (Art. 52) verwenden.

(4) Art. 24 bleibt unberührt.

Abschnitt 4
Besuch, Schriftwechsel, Urlaub, Ausgang und Ausführung aus wichtigem Anlass

Art. 26 Grundsatz

₁Gefangene haben das Recht, mit Personen außerhalb der Anstalt im Rahmen der Vorschriften dieses Gesetzes zu verkehren. ₂Der Verkehr mit Personen außerhalb der Anstalt ist zu fördern.

Art. 27 Recht auf Besuch

(1) ₁Gefangene dürfen regelmäßig Besuch empfangen. ₂Die Gesamtdauer beträgt mindestens eine Stunde im Monat. ₃Das Weitere regelt die Hausordnung.

(2) Besuche sollen darüber hinaus zugelassen werden, wenn sie die Behandlung oder Eingliederung der Gefangenen fördern oder persönlichen, rechtlichen oder geschäftlichen Angelegenheiten dienen, die nicht von den Gefangenen schriftlich erledigt, durch Dritte wahrgenommen oder bis zur Entlassung aufgeschoben werden können.

(3) Aus Gründen der Sicherheit oder Ordnung der Anstalt kann ein Besuch davon abhängig gemacht werden, dass sich die Besucher durchsuchen und mit technischen Mitteln oder sonstigen Hilfsmitteln auf verbotene Gegenstände absuchen lassen.

Art. 28 Besuchsverbot

Der Anstaltsleiter oder die Anstaltsleiterin kann Besuche untersagen,

1. wenn die Sicherheit oder Ordnung der Anstalt gefährdet würde,

2. bei Besuchern, die nicht Angehörige des oder der Gefangenen im Sinn des Strafgesetzbuchs sind, wenn zu befürchten ist, dass sie einen schädlichen Einfluss auf den Gefangenen oder die Gefangene haben oder deren Eingliederung behindern würden.

Art. 29 Besuche bestimmter Personen

₁Besuche von Verteidigern, Angehörigen der Gerichtshilfe, der Bewährungshilfe und der Aufsichtsstellen für die Führungsaufsicht sowie von Rechtsanwälten oder Notaren in einer den Gefangenen oder die Gefangene betreffenden Rechtssache sind zu gestatten. ₂Art. 27 Abs. 3 gilt entsprechend. ₃Eine inhaltliche Überprüfung der vom Verteidiger oder der Verteidigerin mitgeführten Schriftstücke und sonstigen Unterlagen ist nicht zulässig. ₄Art. 32 Abs. 1 Sätze 2 und 3 bleiben unberührt.

Art. 30 Überwachung der Besuche

(1) ₁Die Besuche dürfen aus Gründen der Behandlung oder der Sicherheit oder Ordnung der Anstalt überwacht werden, es sei denn, es liegen im Einzelfall Erkenntnisse dafür vor, dass es der Überwachung nicht bedarf. ₂Die Überwachung und Aufzeichnung mit technischen Mitteln ist zulässig, wenn die Besucher und die Gefangenen vor dem Besuch darauf hingewiesen werden. ₃Die Aufzeichnungen sind spätestens mit Ablauf eines Monats zu löschen.

(2) ₁Die Unterhaltung darf nur überwacht werden, soweit dies im Einzelfall aus den in Abs. 1 genannten Gründen erforderlich ist. ₂Absatz 1 Sätze 2 und 3 sind nicht anwendbar.

(3) Zur Verhinderung der Übergabe von unerlaubten Gegenständen kann im Einzelfall angeordnet werden, dass der Besuch unter Verwendung einer Trennvorrichtung abzuwickeln ist.

(4) ₁Ein Besuch darf abgebrochen werden, wenn Besucher oder Gefangene gegen die Vorschriften dieses Gesetzes oder die auf Grund dieses Gesetzes getroffenen Anordnungen trotz Abmahnung verstoßen. ₂Die Abmahnung unterbleibt, wenn es unerlässlich ist, den Besuch sofort abzubrechen.

(5) Besuche von Verteidigern werden nicht überwacht.

(6) ₁Gegenstände dürfen beim Besuch nur mit Erlaubnis übergeben werden. ₂Dies gilt nicht für die bei dem Besuch von Verteidigern übergebenen Schriftstücke und sonstigen Unterlagen sowie für die bei dem Besuch von Rechtsanwälten oder Notaren zur Erledigung einer den Gefangenen oder die Gefangene betreffenden Rechtssache übergebenen Schriftstücke und sonstigen Unterlagen; bei dem Besuch von Rechtsanwälten oder Notaren kann die Übergabe aus Gründen der Sicherheit oder Ordnung der Anstalt von der Erlaubnis abhängig gemacht werden. ₃Art. 32 Abs. 1 Sätze 2 und 3 bleiben unberührt.

Art. 31 Recht auf Schriftwechsel

(1) Gefangene haben das Recht, unbeschränkt Schreiben abzusenden und zu empfangen.

(2) Der Anstaltsleiter oder die Anstaltsleiterin kann den Schriftwechsel mit bestimmten Personen untersagen,

1. wenn die Sicherheit oder Ordnung der Anstalt gefährdet würde,

2. bei Personen, die nicht Angehörige des oder der Gefangenen im Sinn des Strafgesetzbuchs sind, wenn zu befürchten ist, dass der Schriftwechsel einen schädlichen Einfluss auf den Gefangenen oder die Gefangene hat oder deren Eingliederung behindern würde.

(3) ₁Die Kosten des Schriftverkehrs tragen die Gefangenen. ₂Sind sie dazu nicht in der Lage, kann die Anstalt die Kosten in begründeten Fällen in angemessenem Umfang übernehmen.

Art. 32 Überwachung des Schriftwechsels

(1) ₁Der Schriftwechsel der Gefangenen mit ihren Verteidigern wird nicht überwacht. ₂Liegt dem Vollzug der Freiheitsstrafe eine Straftat nach § 129a StGB, auch in Verbindung mit § 129b Abs. 1 StGB, zugrunde, gelten § 148 Abs. 2, § 148a der Strafprozessordnung (StPO) entsprechend; dies gilt nicht, wenn die Gefangenen sich in einer Einrichtung des offenen Vollzugs befinden oder wenn ihnen Lockerungen des Vollzugs gemäß Art. 13 Abs. 1 Nr. 1 oder 2 zweite Alternative oder Urlaub gemäß Art. 14 oder Art. 17 Abs. 3 gewährt worden sind und ein Grund, der den Anstaltsleiter oder die Anstaltsleiterin nach Art. 16 Abs. 2 zum Widerruf oder zur Rücknahme von Lockerungen und Urlaub ermächtigt, nicht vorliegt. ₃Satz 2 gilt auch, wenn gegen Strafgefangene im Anschluss an die dem Vollzug der Freiheitsstrafe zugrunde liegende Verurteilung eine Freiheitsstrafe wegen einer Straftat nach § 129a StGB, auch in Verbindung mit § 129b Abs. 1 StGB, zu vollstrecken ist.

(2) ₁Nicht überwacht werden ferner Schreiben der Gefangenen an Volksvertretungen

des Bundes und der Länder sowie an deren Mitglieder, soweit die Schreiben an die Anschriften dieser Volksvertretungen gerichtet sind und den Absender zutreffend angeben. ₂Entsprechendes gilt für Schreiben an das Europäische Parlament und dessen Mitglieder, den Europäischen Gerichtshof für Menschenrechte, den Europäischen Ausschuss zur Verhütung von Folter und unmenschlicher oder erniedrigender Behandlung oder Strafe und die Datenschutzbeauftragten des Bundes und der Länder. ₃Schreiben der in den Sätzen 1 und 2 genannten Stellen, die an Gefangene gerichtet sind, werden nicht überwacht, sofern die Identität des Absenders zweifelsfrei feststeht.

(3) Der übrige Schriftwechsel darf überwacht werden, soweit es aus Gründen der Behandlung oder der Sicherheit oder Ordnung der Anstalt erforderlich ist.

Art. 33 Weiterleitung von Schreiben, Aufbewahrung

(1) Gefangene haben Absendung und Empfang ihrer Schreiben durch die Anstalt vermitteln zu lassen, soweit nichts anderes gestattet ist.

(2) Eingehende und ausgehende Schreiben sind unverzüglich weiterzuleiten.

(3) Gefangene haben eingehende Schreiben unverschlossen zu verwahren, sofern nichts anderes gestattet wird; sie können sie verschlossen zur Habe geben.

Art. 34 Anhalten von Schreiben

(1) Der Anstaltsleiter oder die Anstaltsleiterin kann Schreiben anhalten, wenn

1. die Erfüllung des Behandlungsauftrags oder die Sicherheit oder Ordnung der Anstalt gefährdet würde,

2. die Weitergabe in Kenntnis ihres Inhalts einen Straf- oder Bußgeldtatbestand verwirklichen würde,

3. sie grob unrichtige oder erheblich entstellende Darstellungen von Anstaltsverhältnissen enthalten,

4. sie grobe Beleidigungen enthalten,

5. sie die Eingliederung anderer Gefangener gefährden können oder

6. sie in Geheimschrift, unlesbar, unverständlich oder ohne zwingenden Grund in einer fremden Sprache abgefasst sind; ein zwingender Grund zur Abfassung eines Schreibens in einer fremden Sprache liegt in der Regel nicht vor bei einem Schriftwechsel zwischen deutschen Gefangenen und Dritten, die die deutsche Staatsangehörigkeit oder ihren Lebensmittelpunkt im Geltungsbereich des Grundgesetzes haben.

(2) Ausgehenden Schreiben, die unrichtige Darstellungen enthalten, kann ein Begleitschreiben beigefügt werden, wenn der oder die Gefangene auf der Absendung besteht.

(3) ₁Die Anhaltung der Schreiben wird den Gefangenen mitgeteilt. ₂Angehaltene Schreiben werden behördlich verwahrt oder an den Absender zurückgegeben.

(4) Schreiben, deren Überwachung nach Art. 32 Abs. 1 und 2 ausgeschlossen ist, dürfen nicht angehalten werden.

Art. 35 Ferngespräche

(1) ₁Gefangenen kann in dringenden Fällen gestattet werden, Ferngespräche zu führen. ₂Die Vorschriften über den Besuch gelten entsprechend. ₃Ist die Überwachung der fernmündlichen Unterhaltung erforderlich, ist die beabsichtigte Überwachung den Gesprächspartnern der Gefangenen unmittelbar nach Herstellung der Verbindung durch die Anstalt oder die Gefangenen mitzuteilen. ₄Die Gefangenen sind rechtzeitig vor Beginn der fernmündlichen Unterhaltung über die beabsichtigte Überwachung und die Mitteilungspflicht nach Satz 3 zu unterrichten.

(2) ₁Die Kosten der Ferngespräche tragen die Gefangenen. ₂Sind sie dazu nicht in der Lage, kann die Anstalt die Kosten in begründeten Fällen in angemessenem Umfang übernehmen.

(3) ₁Die Anstalt darf technische Geräte zur Störung von Frequenzen betreiben, die der Herstellung unerlaubter Mobilfunkverbindungen auf dem Anstaltsgelände dienen. ₂Sie hat hierbei die von der Bundesnetzagentur ge-

mäß § 55 Abs. 1 Satz 5 des Telekommunikationsgesetzes festgelegten Rahmenbedingungen zu beachten. ₃Der Mobilfunkverkehr außerhalb des Geländes der Anstalt darf nicht beeinträchtigt werden.

Art. 36 Pakete

(1) ₁Der Empfang von Paketen bedarf der vorherigen Erlaubnis der Anstalt. ₂Für den Ausschluss von Gegenständen gilt Art. 24 Abs. 2 Satz 1 entsprechend. ₃Pakete mit Nahrungs- und Genussmitteln sind ausgeschlossen.

(2) ₁Pakete sind in Gegenwart des oder der Gefangenen zu öffnen. ₂Ausgeschlossene Gegenstände können zur Habe genommen oder dem Absender zurückgesandt werden. ₃Nicht ausgehändigte Gegenstände, durch die bei der Versendung oder Aufbewahrung Personen verletzt oder Sachschäden verursacht werden können, dürfen vernichtet werden. ₄Die hiernach getroffenen Maßnahmen werden dem oder der Gefangenen eröffnet.

(3) ₁Gefangenen kann gestattet werden, Pakete zu versenden. ₂Der Inhalt kann aus Gründen der Sicherheit oder Ordnung der Anstalt überprüft werden.

(4) ₁Die Kosten des Paketverkehrs nach Abs. 2 und 3 tragen die Gefangenen. ₂Sind sie dazu nicht in der Lage, kann die Anstalt die Kosten in begründeten Fällen in angemessenem Umfang übernehmen.

Art. 37 Ausgang, Urlaub und Ausführung aus wichtigem Anlass

(1) ₁Aus wichtigem Anlass kann der Anstaltsleiter oder die Anstaltsleiterin Gefangenen Ausgang gewähren oder sie bis zu sieben Tagen beurlauben; der Urlaub aus anderem wichtigen Anlass als wegen einer lebensgefährlichen Erkrankung oder wegen des Todes Angehöriger darf sieben Tage im Jahr nicht übersteigen. ₂Art. 13 Abs. 2, Art. 14 Abs. 5, Art. 15 und 16 gelten entsprechend.

(2) Der Urlaub nach Absatz 1 wird nicht auf den regelmäßigen Urlaub gemäß Art. 14 Abs. 1 angerechnet.

(3) ₁Kann Ausgang oder Urlaub aus den in Art. 13 Abs. 2 genannten Gründen nicht gewährt werden, kann der Anstaltsleiter oder die Anstaltsleiterin Gefangene ausführen lassen. ₂Die Kosten tragen die Gefangenen. ₃Der Anspruch ist nicht geltend zu machen, wenn dies die Behandlung oder die Eingliederung behindern würde.

(4) Gefangene dürfen auch ohne ihre Zustimmung ausgeführt werden, wenn dies aus besonderen Gründen notwendig ist.

Art. 38 Gerichtliche Termine

(1) ₁Der Anstaltsleiter oder die Anstaltsleiterin kann Gefangenen zur Teilnahme an einem gerichtlichen Termin Ausgang oder Urlaub erteilen, wenn anzunehmen ist, dass sie der Ladung folgen und keine Entweichungs- oder Missbrauchsgefahr (Art. 13 Abs. 2) besteht. ₂Art. 14 Abs. 5, Art. 15 und 16 gelten entsprechend.

(2) ₁Wenn Gefangene zu einem gerichtlichen Termin geladen sind und Ausgang oder Urlaub nicht gewährt wird, kann der Anstaltsleiter oder die Anstaltsleiterin sie mit ihrer Zustimmung zu dem Termin ausführen, sofern wegen Entweichungs- oder Missbrauchsgefahr (Art. 13 Abs. 2) keine überwiegenden Gründe entgegenstehen. ₂Sind die Gefangenen als Partei oder Beteiligte geladen, ist ihre Ausführung nur zu ermöglichen, wenn ihr persönliches Erscheinen durch das Gericht oder von Gesetzes wegen angeordnet ist. ₃Die Kosten tragen die Gefangenen. ₄Sind sie dazu nicht in der Lage, kann die Anstalt die Kosten in begründeten Fällen in angemessenem Umfang übernehmen.

(3) Auf Ersuchen eines Gerichts lässt der Anstaltsleiter oder die Anstaltsleiterin Gefangene vorführen, sofern ein Vorführungsbefehl vorliegt.

(4) Die Anstalt unterrichtet das Gericht über das Veranlasste.

Abschnitt 5
Arbeit, Ausbildung, Weiterbildung

Art. 39 Beschäftigung

(1) Arbeit, arbeitstherapeutische Beschäftigung, Ausbildung und Weiterbildung dienen insbesondere dem Ziel, Fähigkeiten für eine Erwerbstätigkeit nach der Entlassung zu vermitteln, zu erhalten oder zu fördern.

(2) ₁Die Anstalt soll den Gefangenen wirtschaftlich ergiebige Arbeit zuweisen und dabei ihre Fähigkeiten, Fertigkeiten und Neigungen berücksichtigen. ₂Sie soll auch im Zusammenwirken mit den Vereinigungen und Stellen des Arbeits- und Wirtschaftslebens dazu beitragen, dass die Gefangenen beruflich gefördert, beraten und vermittelt werden. ₃Die Arbeitsschutz- und Unfallverhütungsvorschriften sind zu beachten.

(3) Sind Gefangene zu wirtschaftlich ergiebiger Arbeit nicht fähig, sollen sie arbeitstherapeutisch beschäftigt werden.

(4) ₁Geeigneten Gefangenen soll Gelegenheit zur Berufsausbildung, beruflichen Weiterbildung oder Teilnahme an anderen ausbildenden oder weiterbildenden Maßnahmen gegeben werden. ₂Die Teilnahme an einer dieser Maßnahmen bedarf der Zustimmung des oder der Gefangenen. ₃Die Zustimmung darf nicht zur Unzeit widerrufen werden.

(5) ₁Maßnahmen nach Abs. 1 können in von privaten Unternehmen unterhaltenen Betrieben und sonstigen Einrichtungen durchgeführt werden. ₂Hierbei kann die technische und fachliche Leitung Angehörigen dieser Unternehmen übertragen werden.

Art. 40 Unterricht

(1) ₁Für geeignete Gefangene, die den Abschluss der Hauptschule nicht erreicht haben, soll Unterricht in den zum Hauptschulabschluss führenden Fächern oder ein der Förderschule entsprechender Unterricht vorgesehen werden. ₂Bei der beruflichen Ausbildung ist berufsbildender Unterricht vorzusehen; dies gilt auch für die berufliche Weiterbildung, soweit die Art der Maßnahme es erfordert.

(2) Unterricht soll während der Arbeitszeit stattfinden.

Art. 41 Zeugnisse über Bildungsmaßnahmen

Aus dem Zeugnis über eine Bildungsmaßnahme darf die Inhaftierung eines Teilnehmers oder einer Teilnehmerin nicht erkennbar sein.

Art. 42 Freies Beschäftigungsverhältnis, Selbstbeschäftigung

(1) ₁Gefangenen soll gestattet werden, einer Arbeit, Berufsausbildung oder beruflichen Weiterbildung auf der Grundlage eines freien Beschäftigungsverhältnisses außerhalb der Anstalt nachzugehen, wenn dies im Rahmen des Vollzugsplans dem Ziel dient, Fähigkeiten für eine Erwerbstätigkeit nach der Entlassung zu vermitteln, zu erhalten oder zu fördern und nicht überwiegende Gründe des Vollzugs entgegenstehen. ₂Art. 13 Abs. 1 Nr. 1, Abs. 2, Art. 15 und 16 bleiben unberührt.

(2) Gefangenen kann gestattet werden, sich selbst zu beschäftigen.

(3) Die Anstalt kann verlangen, dass ihr das Entgelt zur Gutschrift für den Gefangenen oder die Gefangene überwiesen wird.

Art. 43 Arbeitspflicht

₁Gefangene sind verpflichtet, eine ihnen zugewiesene, ihren Fähigkeiten angemessene Arbeit oder arbeitstherapeutische Beschäftigung auszuüben, soweit sie dazu körperlich und geistig in der Lage sind. ₂Sie können zu Hilfstätigkeiten in der Anstalt verpflichtet werden. ₃Diese Tätigkeiten sollen in der Regel nicht über drei Monate jährlich hinausgehen. ₄Die Sätze 1 und 2 gelten nicht für Gefangene, die über 65 Jahre alt sind, und nicht für werdende und stillende Mütter, soweit gesetzliche Beschäftigungsverbote zum Schutz erwerbstätiger Mütter bestehen.

Art. 44 Ablösung

Gefangene können von einer Beschäftigung oder einem Unterricht nach Art. 39, 40, 42 oder 43 Satz 2 abgelöst werden, wenn dies aus Gründen der Sicherheit oder Ordnung der Anstalt oder aus Gründen der Behandlung erforderlich ist oder wenn sich herausstellt, dass sie den Anforderungen nicht genügen.

Art. 45 Freistellung von der Arbeitspflicht

(1) ₁Haben die Gefangenen ein Jahr lang eine Beschäftigung nach Art. 39 oder Hilfstätigkeiten nach Art. 43 Satz 2 ausgeübt, so können sie beanspruchen, 18 Werktage von der Arbeitspflicht freigestellt zu werden. ₂Zeiten, in denen Gefangene infolge Krankheit an ihrer Arbeitsleistung verhindert waren, werden bis zu sechs Wochen jährlich angerechnet.

(2) Auf die Zeit der Freistellung wird Urlaub aus der Haft (Art. 14, 37) angerechnet, soweit er in die Arbeitszeit fällt und nicht wegen einer lebensgefährlichen Erkrankung oder des Todes eines oder einer Angehörigen erteilt worden ist.

(3) Die Gefangenen erhalten für die Zeit der Freistellung ihre zuletzt gezahlten Bezüge weiter.

(4) Urlaubsregelungen der Beschäftigungsverhältnisse außerhalb des Strafvollzugs bleiben unberührt.

Art. 46 Arbeitsentgelt, Arbeitsurlaub, Anrechnung der Freistellung auf den Entlassungszeitpunkt

(1) Die Arbeit der Gefangenen wird anerkannt durch Arbeitsentgelt und eine Freistellung von der Arbeit, die auch als Urlaub aus der Haft (Arbeitsurlaub) genutzt oder auf den Entlassungszeitpunkt angerechnet werden kann.

(2) ₁Üben Gefangene eine zugewiesene Arbeit oder eine Hilfstätigkeit nach Art. 43 Satz 2 aus, so erhalten sie ein Arbeitsentgelt. ₂Der Bemessung des Arbeitsentgelts sind 9 v. H. der Bezugsgröße nach § 18 des Vierten Buches Sozialgesetzbuch (SGB IV) zugrunde zu legen (Eckvergütung). ₃Ein Tagessatz ist der zweihundertfünfzigste Teil der Eckvergütung; das Arbeitsentgelt wird nach einem Stundensatz bemessen.

(3) ₁Das Arbeitsentgelt kann je nach Leistung der Gefangenen und der Art der Arbeit gestuft werden. ₂75 v. H. der Eckvergütung dürfen nur dann unterschritten werden, wenn die Arbeitsleistungen der Gefangenen den Mindestanforderungen nicht genügen.

(4) Üben Gefangene eine zugewiesene arbeitstherapeutische Beschäftigung aus, erhalten sie ein Arbeitsentgelt, soweit dies der Art ihrer Beschäftigung und ihrer Arbeitsleistung entspricht.

(5) Das Arbeitsentgelt ist den Gefangenen schriftlich bekannt zu geben.

(6) ₁Haben die Gefangenen zwei Monate lang zusammenhängend eine Beschäftigung nach Art. 39 oder eine Hilfstätigkeit nach Art. 43 Satz 2 ausgeübt, so werden sie auf ihren Antrag hin einen Werktag von der Arbeit freigestellt. ₂Die Regelung des Art. 45 bleibt unberührt. ₃Durch Zeiten, in denen die Gefangenen ohne Verschulden durch Krankheit, Ausführung, Ausgang, Urlaub aus der Haft, Freistellung von der Arbeitspflicht oder sonstige nicht von ihnen zu vertretende Gründe an der Arbeitsleistung gehindert sind, wird die Frist nach Satz 1 gehemmt. ₄Beschäftigungszeiträume von weniger als zwei Monaten bleiben unberücksichtigt.

(7) ₁Die Gefangenen können beantragen, dass die Freistellung nach Absatz 6 in Form von Arbeitsurlaub gewährt wird. ₂Art. 13 Abs. 2, Art. 14 Abs. 2, 3 und 5, Art. 15 und 16 gelten entsprechend.

(8) Art. 45 Abs. 3 gilt entsprechend.

(9) Nehmen die Gefangenen nicht innerhalb eines Jahres nach Vorliegen der Voraussetzungen die Freistellung nach Absatz 6 Satz 1 oder Absatz 7 Satz 1 in Anspruch oder kann die Freistellung nach Maßgabe der Regelung des Absatzes 7 Satz 2 nicht gewährt werden, so wird die Freistellung nach Absatz 6 Satz 1 von der Anstalt auf den Entlassungszeitpunkt angerechnet.

(10) Eine Anrechnung nach Absatz 9 ist ausgeschlossen,

1. soweit eine lebenslange Freiheitsstrafe oder Sicherungsverwahrung verbüßt wird und ein Entlassungszeitpunkt noch nicht bestimmt ist,

2. bei einer Aussetzung der Vollstreckung des Restes einer Freiheitsstrafe oder einer Sicherungsverwahrung zur Bewährung,

soweit wegen des von der Entscheidung des Gerichts bis zur Entlassung verbleibenden Zeitraums eine Anrechnung nicht mehr möglich ist,

3. wenn sie vom Gericht angeordnet wird, weil bei einer Aussetzung der Vollstreckung des Restes einer Freiheitsstrafe oder einer Sicherungsverwahrung zur Bewährung die Lebensverhältnisse des oder der Gefangenen oder die Wirkungen, die von der Aussetzung für ihn oder sie zu erwarten sind, die Vollstreckung bis zu einem bestimmten Zeitpunkt erfordern,

4. wenn nach § 456a Abs. 1 StPO von der Vollstreckung abgesehen wird,

5. wenn der oder die Gefangene im Gnadenweg aus der Haft entlassen wird.

(11) ₁Soweit eine Anrechnung nach Absatz 10 ausgeschlossen ist, erhalten die Gefangenen bei Entlassung für ihre Tätigkeit nach Absatz 2 als Ausgleichsentschädigung zusätzlich 15 v. H. des ihnen nach den Absatz 2 und 3 gewährten Entgelts oder der ihnen nach Art. 47 gewährten Ausbildungsbeihilfe. ₂Der Anspruch entsteht erst mit der Entlassung. ₃Gefangenen, bei denen eine Anrechnung nach Absatz 10 Nr. 1 ausgeschlossen ist, wird die Ausgleichszahlung bereits nach Verbüßung von jeweils zehn Jahren der lebenslangen Freiheitsstrafe oder Sicherungsverwahrung zum Eigengeld (Art. 52) gutgeschrieben, soweit sie nicht vor diesem Zeitpunkt entlassen werden; § 57 Abs. 4 StGB gilt entsprechend.

Art. 47 Ausbildungsbeihilfe

(1) ₁Nehmen Gefangene an einer Berufsausbildung, beruflichen Weiterbildung oder an einem Unterricht teil und sind sie zu diesem Zweck von der Arbeitspflicht freigestellt, so erhalten sie eine Ausbildungsbeihilfe, soweit ihnen keine Leistungen zum Lebensunterhalt zustehen, die freien Personen aus solchem Anlass gewährt werden. ₂Der Nachrang der Sozialhilfe nach § 2 Abs. 2 des Zwölften Buches Sozialgesetzbuch wird nicht berührt.

(2) Für die Bemessung der Ausbildungsbeihilfe gelten Art. 46 Abs. 2 und 3 entsprechend.

(3) Nehmen Gefangene während der Arbeitszeit stunden- oder tageweise am Unterricht oder an anderen zugewiesenen Maßnahmen gemäß Art. 39 Abs. 4 teil, so erhalten sie in Höhe des ihnen dadurch entgehenden Arbeitsentgelts eine Ausbildungsbeihilfe.

Art. 48 Rechtsverordnung

Das Staatsministerium der Justiz wird ermächtigt, zur Durchführung der Art. 46 und 47 eine Rechtsverordnung über die Vergütungsstufen zu erlassen.

Art. 49 Haftkostenbeitrag

(1) ₁Als Teil der Kosten der Vollstreckung der Rechtsfolgen einer Tat (§ 464a Abs. 1 Satz 2 StPO) erhebt die Anstalt von den Gefangenen einen Haftkostenbeitrag. ₂Ein Haftkostenbeitrag wird nicht erhoben, wenn der oder die Gefangene

1. Bezüge nach diesem Gesetz erhält oder

2. ohne Verschulden nicht arbeiten kann oder

3. nicht arbeitet, weil er oder sie nicht zur Arbeit verpflichtet ist.

₃Haben Gefangene, die ohne Verschulden während eines zusammenhängenden Zeitraums von mehr als einem Monat nicht arbeiten können oder nicht arbeiten, weil sie nicht zur Arbeit verpflichtet sind, auf diese Zeit entfallende Einkünfte, so haben sie den Haftkostenbeitrag für diese Zeit bis zur Höhe der auf sie entfallenden Einkünfte zu entrichten. ₄Den Gefangenen muss ein Betrag verbleiben, der der Eckvergütung (Art. 46 Abs. 2 Satz 2) entspricht. ₅Von der Geltendmachung des Anspruchs ist abzusehen, soweit dies notwendig ist, um die Wiedereingliederung der Gefangenen in die Gemeinschaft nicht zu gefährden.

(2) ₁Der Haftkostenbeitrag wird im Kalenderjahr in Höhe des Betrags erhoben, der nach § 17 Abs. 1 Nr. 4 SGB IV durchschnittlich zum 1. Oktober des vorhergehenden Jahres zur Bewertung der Sachbezüge festgesetzt ist. ₂Bei Selbstverpflegung entfallen die für die Verpflegung vorgesehenen Beträge. ₃Für den Wert der Unterkunft ist die festgesetzte Belegungsfähigkeit maßgebend.

(3) Die Selbstbeschäftigung (Art. 42 Abs. 2) kann davon abhängig gemacht werden, dass der oder die Gefangene einen Haftkostenbeitrag bis zur Höhe des in Absatz 2 genannten Satzes monatlich im Voraus entrichtet.

Abschnitt 6
Gelder der Gefangenen

Art. 50 Hausgeld

(1) Gefangene dürfen von ihren in diesem Gesetz geregelten Bezügen drei Siebtel monatlich (Hausgeld) für den Einkauf (Art. 24 Abs. 1) oder anderweitig verwenden.

(2) Für Gefangene, die in einem freien Beschäftigungsverhältnis stehen (Art. 42 Abs. 1) oder denen gestattet ist, sich selbst zu beschäftigen (Art. 42 Abs. 2), wird aus ihren Bezügen ein angemessenes Hausgeld festgesetzt.

Art. 51 Überbrückungsgeld

(1) Aus den in diesem Gesetz geregelten Bezügen und aus den Bezügen der Gefangenen, die in einem freien Beschäftigungsverhältnis stehen (Art. 42 Abs. 1) oder denen gestattet ist, sich selbst zu beschäftigen (Art. 42 Abs. 2), ist ein Überbrückungsgeld zu bilden, das den notwendigen Lebensunterhalt der Gefangenen und ihrer Unterhaltsberechtigten für die ersten vier Wochen nach der Entlassung sichern soll.

(2) ₁Das Überbrückungsgeld wird den Gefangenen bei der Entlassung in die Freiheit ausgezahlt. ₂Die Anstalt kann es auch ganz oder zum Teil den Bewährungshelfern oder einer mit der Entlassenenbetreuung befassten Stelle überweisen, die darüber entscheiden, wie das Geld innerhalb der ersten vier Wochen nach der Entlassung an die Gefangenen ausgezahlt wird. ₃Die Bewährungshelfer und die mit der Entlassenenbetreuung befasste Stelle sind verpflichtet, das Überbrückungsgeld von ihrem Vermögen gesondert zu halten. ₄Mit Zustimmung der Gefangenen kann das Überbrückungsgeld auch den Unterhaltsberechtigten überwiesen werden.

(3) Der Anstaltsleiter oder die Anstaltsleiterin kann gestatten, dass das Überbrückungsgeld

für Ausgaben in Anspruch genommen wird, die der Eingliederung der Gefangenen dienen.

Art. 52 Eigengeld

(1) ₁Als Eigengeld wird gutgeschrieben

1. eingebrachtes Geld,

2. Bezüge der Gefangenen,, die nicht als Hausgeld, Haftkostenbeitrag oder Überbrückungsgeld in Anspruch genommen werden,

3. Geld, das für die Gefangenen eingezahlt wird.

₂Art. 53 bleibt unberührt.

(2) Die Gefangenen können über ihr Eigengeld verfügen, soweit dieses nicht als Überbrückungsgeld notwendig ist.

Art. 53 Sondergeld

₁Für die Gefangenen kann zum Zweck des Sondereinkaufs gemäß Art. 25 oder für die Kosten einer Krankenbehandlung Geld einbezahlt werden. ₂Dieses ist als Sondergeld gutzuschreiben. ₃Kann das Geld nicht oder nicht in vollem Umfang für den konkret zu bezeichnenden Zweck eingesetzt werden, ist es zum Eigengeld gutzuschreiben.

Art. 54 Taschengeld

₁Wenn Gefangene ohne Verschulden kein Arbeitsentgelt und keine Ausbildungsbeihilfe erhalten, wird ihnen auf Antrag ein angemessenes Taschengeld gewährt, falls sie bedürftig sind. ₂Das Taschengeld darf für den Einkauf (Art. 24 Abs. 1) oder anderweitig verwendet werden.

Abschnitt 7
Religionsausübung

Art. 55 Seelsorge

(1) ₁Den Gefangenen darf religiöse Betreuung durch einen Seelsorger oder eine Seelsorgerin ihrer Religionsgemeinschaft nicht versagt werden. ₂Auf ihren Wunsch ist ihnen zu helfen, mit einem Seelsorger oder einer Seelsorgerin ihrer Religionsgemeinschaft in Verbindung zu treten.

(2) ₁Gefangene dürfen grundlegende religiöse Schriften besitzen. ₂Sie dürfen ihnen nur bei grobem Missbrauch entzogen werden.

(3) Den Gefangenen sind Gegenstände des religiösen Gebrauchs in angemessenem Umfang zu belassen.

Art. 56 Religiöse Veranstaltungen

(1) Gefangene haben das Recht, am Gottesdienst und an anderen religiösen Veranstaltungen ihres Bekenntnisses teilzunehmen.

(2) Zu dem Gottesdienst oder zu religiösen Veranstaltungen einer anderen Religionsgemeinschaft werden Gefangene zugelassen, wenn deren Seelsorger zustimmen.

(3) Gefangene können von der Teilnahme am Gottesdienst oder anderen religiösen Veranstaltungen ausgeschlossen werden, wenn dies aus überwiegenden Gründen der Sicherheit oder Ordnung geboten ist; der Seelsorger oder die Seelsorgerin soll vorher gehört werden.

Art. 57 Weltanschauungsgemeinschaften

Für Angehörige weltanschaulicher Bekenntnisse gelten die Art. 55 und 56 entsprechend.

Abschnitt 8
Gesundheitsfürsorge

Art. 58 Allgemeine Regeln

(1) ₁Für die körperliche und geistige Gesundheit der Gefangenen ist zu sorgen. ₂Art. 108 bleibt unberührt.

(2) Die Gefangenen haben die notwendigen Maßnahmen zum Gesundheitsschutz und zur Hygiene zu unterstützen.

(3) Der Schutz der Nichtraucher ist, soweit es bauliche und organisatorische Maßnahmen ermöglichen, zu gewährleisten.

Art. 59 Gesundheitsuntersuchungen, medizinische Vorsorgeleistungen

(1) Gefangene, die das 35. Lebensjahr vollendet haben, haben jedes zweite Jahr Anspruch auf eine ärztliche Gesundheitsuntersuchung zur Früherkennung von Krankheiten, insbesondere zur Früherkennung von Herz-Kreislauf- und Nierenerkrankungen sowie der Zuckerkrankheit.

(2) Gefangene haben höchstens einmal jährlich Anspruch auf eine Untersuchung zur Früherkennung von Krebserkrankungen, Frauen frühestens vom Beginn des 20. Lebensjahres an, Männer frühestens vom Beginn des 45. Lebensjahres an.

(3) Voraussetzung für die Untersuchungen nach Absatz 1 und 2 ist, dass

1. es sich um Krankheiten handelt, die wirksam behandelt werden können,

2. das Vor- oder Frühstadium dieser Krankheiten durch diagnostische Maßnahmen erfassbar ist,

3. die Krankheitszeichen medizinisch-technisch genügend eindeutig zu erfassen sind.

(4) Weibliche Gefangene haben für ihre Kinder, die mit ihnen in der Anstalt untergebracht sind, Anspruch auf Untersuchungen zur Früherkennung von Krankheiten, die die körperliche oder geistige Entwicklung ihrer Kinder in nicht geringfügigem Maße gefährden.

(5) Gefangene haben Anspruch auf ärztliche Behandlung und Versorgung mit Arznei-, Verband-, Heil- und Hilfsmitteln, wenn diese notwendig sind, um

1. eine Schwächung der Gesundheit, die in absehbarer Zeit voraussichtlich zu einer Krankheit führen würde, zu beseitigen,

2. einer Gefährdung der gesundheitlichen Entwicklung eines Kindes entgegenzuwirken,

3. Krankheiten zu verhüten oder deren Verschlimmerung zu vermeiden oder

4. Pflegebedürftigkeit zu vermeiden.

Art. 60 Krankenbehandlung

₁Gefangene haben Anspruch auf Krankenbehandlung, wenn sie notwendig ist, um eine Krankheit zu erkennen, zu heilen, ihre Verschlimmerung zu verhüten oder Krankheitsbeschwerden zu lindern. ₂Die Krankenbehandlung umfasst

1. ärztliche Behandlung,
2. zahnärztliche Behandlung,
3. Versorgung mit Zahnersatz einschließlich Zahnkronen und Suprakonstruktionen,
4. Versorgung mit Arznei-, Verband-, Heil- und Hilfsmitteln,
5. Krankenhausbehandlung,
6. Leistungen zur medizinischen Rehabilitation und ergänzende Leistungen, soweit die Belange des Vollzugs dem nicht entgegenstehen.

Art. 61 Versorgung mit Hilfsmitteln

(1) ₁Gefangene haben Anspruch auf Versorgung mit Seh- und Hörhilfen, Körperersatzstücken, orthopädischen und anderen Hilfsmitteln, die im Einzelfall erforderlich sind, um den Erfolg der Krankenbehandlung zu sichern, einer drohenden Behinderung vorzubeugen oder eine Behinderung auszugleichen, sofern dies nicht mit Rücksicht auf die Kürze des verbleibenden Freiheitsentzugs ungerechtfertigt ist und soweit die Hilfsmittel nicht als allgemeine Gebrauchsgegenstände des täglichen Lebens anzusehen sind. ₂Der Anspruch umfasst auch die ohne Verschulden des oder der Gefangenen notwendige Änderung, Instandsetzung und Ersatzbeschaffung von Hilfsmitteln sowie die Ausbildung in ihrem Gebrauch, soweit die Belange des Vollzugs dem nicht entgegenstehen.

(2) ₁Ein Anspruch auf Sehhilfen besteht nur, wenn der oder die Gefangene auf beiden Augen eine schwere Sehbeeinträchtigung im Sinn des § 33 Abs. 1 Satz 5 des Fünften Buches Sozialgesetzbuch aufweist. ₂Liegen diese Voraussetzungen nicht vor, können Gefangene Sehhilfen erhalten, wenn sie die Kosten tragen oder wenn sie bedürftig sind. ₃Ein Anspruch auf therapeutische Sehhilfen besteht, wenn diese der Behandlung von Augenverletzungen oder Augenerkrankungen dienen. ₄Anspruch auf Versorgung mit Kontaktlinsen besteht nur in medizinisch zwingend erforderlichen Ausnahmefällen. ₅Ein erneuter Anspruch auf Versorgung mit Sehhilfen besteht nur bei einer Änderung der Sehfähigkeit um mindestens 0,5 Dioptrien.

Art. 62 Krankenbehandlung im Urlaub

Während eines Urlaubs oder Ausgangs haben Gefangene nur einen Anspruch auf Krankenbehandlung in der für sie zuständigen Anstalt.

Art. 63 Art und Umfang der Leistungen, Kostenbeteiligung

(1) Für die Art der Gesundheitsuntersuchungen und medizinischen Vorsorgeleistungen sowie für den Umfang dieser Leistungen und der Leistungen zur Krankenbehandlung einschließlich der Versorgung mit Hilfsmitteln gelten die entsprechenden Vorschriften des Sozialgesetzbuchs und die auf Grund dieser Vorschriften getroffenen Regelungen.

(2) ₁Gefangene können an den Kosten der Krankenbehandlung im Sinn des Art. 60 in angemessenem Umfang beteiligt werden. ₂Für nicht verschreibungspflichtige Arzneimittel werden in der Regel die vollen Kosten erhoben.

Art. 64 Ruhen der Ansprüche

Der Anspruch auf Leistungen nach den Art. 59 bis 61 ruht, solange die Gefangenen auf Grund eines freien Beschäftigungsverhältnisses (Art. 42 Abs. 1) krankenversichert sind.

Art. 65 Ärztliche Behandlung zur sozialen Eingliederung

₁Mit Zustimmung des oder der Gefangenen soll die Anstalt ärztliche Behandlungen, insbesondere Operationen oder prothetische Maßnahmen durchführen lassen, die ihre soziale Eingliederung fördern. ₂Die Kosten tragen die Gefangenen. ₃Sind sie dazu nicht in der Lage, kann die Anstalt die Kosten in begründeten Fällen in angemessenem Umfang übernehmen.

Art. 66 Aufenthalt im Freien

Arbeiten Gefangene nicht im Freien, so wird ihnen täglich mindestens eine Stunde Aufenthalt im Freien ermöglicht, wenn die Witterung dies zu der festgesetzten Zeit zulässt.

Art. 67 Überstellung, Verlegung

(1) Kranke Gefangene können in ein Anstaltskrankenhaus oder in eine für die Be-

handlung ihrer Krankheit besser geeignete Anstalt überstellt oder verlegt werden.

(2) Kann die Krankheit in einer Anstalt oder einem Anstaltskrankenhaus nicht erkannt oder behandelt werden oder ist es nicht möglich, die Gefangenen rechtzeitig in ein Anstaltskrankenhaus zu überstellen oder zu verlegen, sind sie in ein Krankenhaus außerhalb des Vollzugs zu bringen.

Art. 68 Benachrichtigung bei Erkrankung oder Todesfall

(1) ₁Werden Gefangene schwer krank, so ist ein Angehöriger, eine Person ihres Vertrauens oder der gesetzliche Vertreter oder die gesetzliche Vertreterin unverzüglich zu benachrichtigen. ₂Dasselbe gilt, wenn Gefangene sterben.

(2) Dem Wunsch der Gefangenen, auch andere Personen zu benachrichtigen, soll nach Möglichkeit entsprochen werden.

Abschnitt 9 Freizeit

Art. 69 Allgemeines

₁Gefangene erhalten Gelegenheit, sich in ihrer Freizeit sinnvoll zu beschäftigen. ₂Im Rahmen des Behandlungsauftrags sollen die Gefangenen Gelegenheit erhalten, eine Bücherei zu benutzen und an sonstigen Freizeitangeboten der Anstalt teilzunehmen, insbesondere an Unterricht, Lehrgängen, sonstigen Veranstaltungen der Weiterbildung, Sport, Freizeitgruppen, Gruppengesprächen sowie kulturellen Veranstaltungen.

Art. 70 Zeitungen und Zeitschriften

(1) Gefangene dürfen Zeitungen und Zeitschriften in angemessenem Umfang durch Vermittlung der Anstalt beziehen.

(2) ₁Ausgeschlossen sind Zeitungen und Zeitschriften, deren Verbreitung mit Strafe oder Geldbuße bedroht ist. ₂Einzelne Ausgaben oder Teile von Zeitungen oder Zeitschriften können den Gefangenen vorenthalten werden, wenn sie die Erfüllung des Behandlungsauftrags oder die Sicherheit oder Ord-

nung der Anstalt erheblich gefährden würden.

Art. 71 Hörfunk und Fernsehen

(1) ₁Eigene Hörfunk- und Fernsehgeräte werden unter den Voraussetzungen des Art. 72 zugelassen. ₂Die Betriebskosten können den Gefangenen auferlegt werden.

(2) Der Hörfunk- und Fernsehempfang kann vorübergehend ausgesetzt oder einzelnen Gefangenen untersagt werden, wenn dies zur Aufrechterhaltung der Sicherheit oder Ordnung der Anstalt unerlässlich ist.

Art. 72 Besitz von Gegenständen für die Freizeitbeschäftigung

(1) Gefangene dürfen in angemessenem Umfang Bücher und andere Gegenstände zur Fortbildung oder zur Freizeitbeschäftigung besitzen.

(2) Dies gilt nicht, wenn der Besitz, die Überlassung oder die Benutzung des Gegenstands

1. mit Strafe oder Geldbuße bedroht wäre oder

2. die Erfüllung des Behandlungsauftrags oder die Sicherheit oder Ordnung der Anstalt gefährden würde; eine solche Gefährdung liegt in der Regel bei elektronischen Unterhaltungsmedien vor.

(3) Die Erlaubnis kann unter den Voraussetzungen des Absatzes 2 widerrufen werden.

Art. 73 Kostenbeteiligung

Die Gefangenen können in angemessenem Umfang an den Stromkosten, die durch die Nutzung der in ihrem Besitz befindlichen Gegenstände entstehen, beteiligt werden.

Abschnitt 10 Soziale und psychologische Hilfe

Art. 74 Grundsatz

Die Beratungs-, Betreuungs- und Behandlungsangebote der Anstalt dienen dazu, die für die Tat ursächlichen Defizite des oder der Gefangenen abzubauen, zur Lösung persönlicher Schwierigkeiten beizutragen und die Entlassung vorzubereiten.

Art. 75 Soziale Hilfe

Die soziale Hilfe soll darauf gerichtet sein, die Gefangenen in die Lage zu versetzen, ihre Angelegenheiten selbst zu ordnen und zu regeln.

Art. 76 Psychologische Behandlung

(1) Psychologische Behandlungsmaßnahmen setzen eine diagnostische Abklärung und eine Einschätzung des Rückfallrisikos voraus.

(2) Die psychotherapeutischen Behandlungsmethoden haben sich an den nach dem Psychotherapeutengesetz anerkannten Verfahren, die sonstigen psychologischen Behandlungsmaßnahmen an den wissenschaftlichen Erkenntnissen über die Behandlung von Straftätern zu orientieren.

Art. 77 Hilfe bei der Aufnahme

(1) Bei der Aufnahme wird den Gefangenen geholfen, die notwendigen Maßnahmen für hilfsbedürftige Angehörige zu veranlassen und ihre Habe außerhalb der Anstalt sicherzustellen.

(2) Die Gefangenen sind über die Aufrechterhaltung einer Sozialversicherung zu beraten.

Art. 78 Hilfe während des Vollzugs, Täter-Opfer-Ausgleich

(1) Die Gefangenen werden in dem Bemühen unterstützt, ihre Rechte und Pflichten wahrzunehmen, insbesondere das Wahlrecht auszuüben, sowie für Unterhaltsberechtigte zu sorgen.

(2) ₁Die Einsicht der Gefangenen in ihre Verantwortung für die Tat, insbesondere für die beim Opfer verschuldeten Tatfolgen, soll geweckt werden. ₂Die Gefangenen sind anzuhalten, den durch die Straftat verursachten Schaden zu regeln. ₃Die Durchführung eines Täter-Opfer-Ausgleichs ist in geeigneten Fällen anzustreben.

Art. 79 Hilfe zur Entlassung

₁Um die Entlassung vorzubereiten, sind die Gefangenen bei der Ordnung ihrer persönlichen, wirtschaftlichen und sozialen Angelegenheiten zu beraten. ₂Die Beratung erstreckt sich auch auf die Benennung der für Sozial-leistungen zuständigen Stellen. ₃Den Gefangenen ist insbesondere zu helfen, Arbeit, Unterkunft und persönlichen Beistand für die Zeit nach der Entlassung zu finden.

Art. 80 Entlassungsbeihilfe

(1) Die Gefangenen erhalten, soweit ihre eigenen Mittel nicht ausreichen, von der Anstalt eine Beihilfe zu den Reisekosten sowie eine Überbrückungsbeihilfe und erforderlichenfalls ausreichende Kleidung.

(2) Die Überbrückungsbeihilfe soll die Gefangenen in die Lage versetzen, ohne Inanspruchnahme fremder Hilfe ihren notwendigen Lebensunterhalt zu bestreiten, bis sie ihn anderweitig decken können.

(3) ₁Art. 51 Abs. 2 Sätze 2 und 3 gelten entsprechend. ₂Die Überbrückungsbeihilfe kann ganz oder teilweise auch den Unterhaltsberechtigten überwiesen werden.

Art. 81 Hilfe nach Entlassung

Auf Antrag der Gefangenen kann die Anstalt nach deren Entlassung vorübergehend Hilfestellung im Einzelfall gewähren, soweit diese nicht anderweitig durchgeführt werden kann und der Erfolg der Behandlung der Gefangenen gefährdet ist.

Abschnitt 11
Besondere Vorschriften für den Frauenstrafvollzug

Art. 82 Leistungen bei Schwangerschaft und Mutterschaft

(1) ₁Bei einer Schwangeren oder einer Gefangenen, die unlängst entbunden hat, ist auf ihren Zustand Rücksicht zu nehmen. ₂Die Vorschriften des Mutterschutzgesetzes über die Gestaltung des Arbeitsplatzes sind entsprechend anzuwenden.

(2) ₁Die Gefangene hat während der Schwangerschaft, bei und nach der Entbindung Anspruch auf ärztliche Betreuung und auf Hebammenhilfe in der Anstalt. ₂Zur ärztlichen Betreuung während der Schwangerschaft gehören insbesondere Untersuchungen zur Feststellung der Schwangerschaft so-

wie Vorsorgeuntersuchungen einschließlich der laborärztlichen Untersuchungen.

(3) ₁Zur Entbindung ist die Schwangere in ein Krankenhaus außerhalb des Vollzugs zu bringen. ₂Ist dies aus besonderen Gründen nicht angezeigt, so ist die Entbindung in einer Anstalt mit Entbindungsabteilung vorzunehmen. ₃Bei der Entbindung wird Hilfe durch eine Hebamme und, falls erforderlich, durch einen Arzt oder eine Ärztin gewährt.

Art. 83 Arznei-, Verband- und Heilmittel

Bei Schwangerschaftsbeschwerden und im Zusammenhang mit der Entbindung werden Arznei-, Verband- und Heilmittel geleistet.

Art. 84 Art, Umfang und Ruhen der Leistungen bei Schwangerschaft und Mutterschaft

Art. 62, 63 Abs. 1, Art. 64 und 67 gelten für die Leistungen nach Art. 82 und 83 entsprechend.

Art. 85 Geburtsanzeige

In der Anzeige der Geburt an das Standesamt dürfen die Anstalt als Geburtsstätte des Kindes, das Verhältnis der anzeigenden Person zur Anstalt und die Inhaftierung der Mutter nicht vermerkt sein.

Art. 86 Mütter mit Kindern

(1) ₁Ist das Kind eine Gefangenen noch nicht schulpflichtig, so kann es mit Zustimmung der aufenthaltsbestimmungsberechtigten Person in der Anstalt untergebracht werden, in der sich seine Mutter befindet, wenn dies seinem Wohl entspricht. ₂Vor der Unterbringung ist das Jugendamt zu hören.

(2) ₁Die Unterbringung einschließlich der Gesundheitsfürsorge erfolgt auf Kosten der für das Kind unterhaltspflichtigen Person. ₂Von der Geltendmachung des Kostenersatzanspruchs kann abgesehen werden, wenn hierdurch die gemeinsame Unterbringung von Mutter und Kind gefährdet würde.

(3) ₁Kann die Krankheit eines nach Absatz 1 mit der Mutter in der Anstalt untergebrachten Kindes dort nicht erkannt oder behandelt werden, ist das Kind in ein Krankenhaus außerhalb des Vollzugs zu bringen. ₂Soweit die Anwesenheit der Mutter medizinisch erforderlich ist und vollzugliche Gründe nicht entgegenstehen, ist auch die Mutter dorthin zu bringen.

Abschnitt 12
Sicherheit und Ordnung

Art. 87 Grundsatz

(1) Das Verantwortungsbewusstsein der Gefangenen für ein geordnetes Zusammenleben in der Anstalt ist zu wecken und zu fördern.

(2) Die Pflichten und Beschränkungen, die den Gefangenen zur Aufrechterhaltung der Sicherheit oder Ordnung der Anstalt auferlegt werden, sind so zu wählen, dass sie in einem angemessenen Verhältnis zu ihrem Zweck stehen und die Gefangenen nicht mehr und nicht länger als notwendig beeinträchtigen.

Art. 88 Verhaltensvorschriften

(1) ₁Die Gefangenen haben sich nach der Tageseinteilung der Anstalt (Arbeitszeit, Freizeit, Ruhezeit) zu richten. ₂Sie dürfen durch ihr Verhalten gegenüber Vollzugsbediensteten, Mitgefangenen und anderen Personen das geordnete Zusammenleben nicht stören.

(2) ₁Die Gefangenen haben die Anordnungen der Vollzugsbediensteten zu befolgen, auch wenn sie sich durch sie beschwert fühlen. ₂Einen ihnen zugewiesenen Bereich dürfen sie nicht ohne Erlaubnis verlassen.

(3) Ihren Haftraum und die ihnen von der Anstalt überlassenen Sachen haben sie in Ordnung zu halten und schonend zu behandeln.

(4) Die Gefangenen haben Umstände, die eine Gefahr für das Leben oder eine erhebliche Gefahr für die Gesundheit einer Person bedeuten, unverzüglich zu melden.

Art. 89 Ersatz von Aufwendungen

(1) ₁Die Gefangenen sind verpflichtet, der Anstalt Aufwendungen zu ersetzen, die sie durch eine vorsätzliche oder grob fahrlässige Selbstverletzung oder Verletzung anderer Gefangener verursacht haben. ₂Ansprüche aus sonstigen Rechtsvorschriften bleiben unberührt.

(2) Bei der Geltendmachung dieser Forderungen kann auch ein den dreifachen Tagessatz der Eckvergütung nach Art. 46 Abs. 2 Satz 2 übersteigender Teil des Hausgeldes in Anspruch genommen werden.

(3) Für die in Absatz 1 genannten Forderungen ist der ordentliche Rechtsweg gegeben.

(4) Von der Aufrechnung oder Vollstreckung wegen der in Absatz 1 genannten Forderungen ist abzusehen, wenn hierdurch die Behandlung der Gefangenen oder ihre Eingliederung behindert würde.

Art. 90 Eingebrachte Sachen, persönlicher Gewahrsam

(1) $_1$Die Gefangenen dürfen nur Sachen in Gewahrsam haben oder annehmen, die ihnen von der Anstalt oder mit ihrer Zustimmung überlassen werden. $_2$Ohne Zustimmung dürfen sie Sachen weder abgeben noch annehmen, außer solche von geringem Wert. $_3$Die Anstalt kann die Abgabe, Annahme und den Gewahrsam auch dieser Sachen von ihrer Zustimmung abhängig, machen.

(2) $_1$Eingebrachte Sachen, die die Gefangenen nicht in Gewahrsam haben dürfen, sind für sie aufzubewahren, sofern dies nach Art und Umfang möglich ist. $_2$Den Gefangenen wird Gelegenheit gegeben, ihre Sachen, die sie während des Vollzugs und für ihre Entlassung nicht benötigen, abzusenden.

(3) Weigern sich Gefangene, eingebrachtes Gut, dessen Aufbewahrung nach Art und Umfang nicht möglich ist, aus der Anstalt zu verbringen, so ist die Anstalt berechtigt, diese Gegenstände auf Kosten der Gefangenen aus der Anstalt entfernen zu lassen.

(4) Aufzeichnungen und andere Gegenstände, die Kenntnisse über Sicherungsvorkehrungen der Anstalt vermitteln, dürfen von der Anstalt vernichtet oder unbrauchbar gemacht werden.

Art. 91 Durchsuchung

(1) $_1$Gefangene, ihre Sachen und die Hafträume dürfen durchsucht werden. $_2$Die Durchsuchung männlicher Gefangener darf nur von Männern, die Durchsuchung weiblicher Gefangener darf nur von Frauen vorgenommen

werden; dies gilt nicht für das Absuchen der Gefangenen mit technischen Mitteln oder mit sonstigen Hilfsmitteln. $_3$Das Schamgefühl ist zu schonen.

(2) $_1$Nur bei Gefahr im Verzug oder auf Anordnung des Anstaltsleiters oder der Anstaltsleiterin im Einzelfall ist es zulässig, eine mit einer Entkleidung verbundene körperliche Durchsuchung vorzunehmen. $_2$Sie darf bei männlichen Gefangenen nur in Gegenwart von Männern, bei weiblichen Gefangenen nur in Gegenwart von Frauen erfolgen. $_3$Sie ist in einem geschlossenen Raum durchzuführen. $_4$Andere Gefangene dürfen nicht anwesend sein.

(3) Der Anstaltsleiter oder die Anstaltsleiterin kann allgemein anordnen, dass Gefangene bei der Aufnahme, nach Kontakten mit Besuchern und nach jeder Abwesenheit von der Anstalt nach Absatz 2 zu durchsuchen sind.

Art. 92 Sichere Unterbringung

Gefangene können in eine Anstalt verlegt werden, die zu ihrer sicheren Unterbringung besser geeignet ist, wenn in erhöhtem Maß Fluchtgefahr gegeben ist oder sonst ihr Verhalten oder ihr Zustand eine Gefahr für die Sicherheit oder Ordnung der Anstalt darstellt.

Art. 93 Erkennungsdienstliche Maßnahmen

(1) Zur Sicherung des Vollzugs, zur Aufrechterhaltung der Sicherheit oder Ordnung der Anstalt oder zur Identitätsfeststellung sind mit Kenntnis der Gefangenen zulässig

1. die Aufnahme von Lichtbildern,

2. die Feststellung äußerlicher körperlicher Merkmale,

3. Messungen,

4. die Erfassung biometrischer Merkmale von Fingern, Händen, Gesicht und Stimme.

(2) $_1$Die hierbei gewonnenen Unterlagen oder Daten werden zu den Gefangenenpersonalakten genommen oder in personenbezogenen Dateien gespeichert. $_2$Sie können auch in kriminalpolizeilichen Sammlungen verwahrt werden. $_3$Die nach Absatz 1 erhobenen Daten dürfen nur für die in Absatz 1, Art. 95 Abs. 2

und Art. 197 Abs. 2 Nr. 4 genannten Zwecke verarbeitet und genutzt werden.

Art. 94 Maßnahmen zur Feststellung von Suchtmittelkonsum

(1) ₁Zur Aufrechterhaltung der Sicherheit und Ordnung der Anstalt kann der Anstaltsleiter oder die Anstaltsleiterin allgemein oder im Einzelfall Maßnahmen anordnen, die geeignet sind, den Missbrauch von Suchtmitteln festzustellen. ₂Diese Maßnahmen dürfen nicht mit einem körperlichen Eingriff verbunden sein.

(2) Wird Suchtmittelmissbrauch festgestellt, können die Kosten der Maßnahme den Gefangenen auferlegt werden.

Art. 95 Festnahmerecht

(1) Gefangene, die entwichen sind oder sich sonst ohne Erlaubnis außerhalb der Anstalt aufhalten, können durch die Anstalt oder auf ihre Veranlassung hin festgenommen und in die Anstalt zurückgebracht werden.

(2) Die nach diesem Gesetz erhobenen Daten dürfen den Vollstreckungs- und Strafverfolgungsbehörden übermittelt werden, soweit dies für Zwecke der Fahndung und Festnahme der entwichenen oder sich sonst ohne Erlaubnis außerhalb der Anstalt aufhaltenden Gefangenen erforderlich ist.

Art. 96 Besondere Sicherungsmaßnahmen

(1) Gegen Gefangene können besondere Sicherungsmaßnahmen angeordnet werden, wenn nach ihrem Verhalten oder auf Grund ihres seelischen Zustands in erhöhtem Maß Fluchtgefahr oder die Gefahr von Gewalttätigkeiten gegen Personen oder Sachen oder die Gefahr des Selbstmords oder der Selbstverletzung besteht.

(2) Als besondere Sicherungsmaßnahmen sind zulässig:

1. der Entzug oder die Vorenthaltung von Gegenständen,

2. die ständige Beobachtung, auch mit technischen Mitteln,

3. die Absonderung von anderen Gefangenen,

4. der Entzug oder die Beschränkung des Aufenthalts im Freien,

5. die Unterbringung in einem besonders gesicherten Haftraum ohne gefährdende Gegenstände und

6. die Fesselung.

(3) Maßnahmen nach Absatz 2 Nrn. 1, 3 bis 5 sind auch zulässig, wenn die Gefahr einer Befreiung oder eine erhebliche Störung der Anstaltsordnung anders nicht vermieden oder behoben werden kann.

(4) Bei einer Ausführung, Vorführung oder beim Transport ist die Fesselung auch dann zulässig, wenn aus anderen Gründen als denen des Absatzes 1 in erhöhtem Maß Fluchtgefahr besteht.

(5) Besondere Sicherungsmaßnahmen dürfen nur soweit aufrechterhalten werden, als es ihr Zweck erfordert.

Art. 97 Einzelhaft

(1) Die unausgesetzte Absonderung eines oder einer Gefangenen (Einzelhaft) ist nur zulässig, wenn dies aus Gründen, die in der Person des oder der Gefangenen liegen, unerlässlich ist.

(2) Einzelhaft von mehr als drei Monaten Gesamtdauer in einem Jahr bedarf der Zustimmung der Aufsichtsbehörde.

Art. 98 Fesselung

₁In der Regel dürfen Fesseln nur an den Händen oder an den Füßen angelegt werden. ₂Im Interesse des oder der Gefangenen kann der Anstaltsleiter oder die Anstaltsleiterin eine andere Art der Fesselung anordnen. ₃Die Fesselung wird zeitweise gelockert, soweit dies notwendig ist.

Art. 99 Anordnung besonderer Sicherungsmaßnahmen

(1) ₁Besondere Sicherungsmaßnahmen ordnet der Anstaltsleiter oder die Anstaltsleiterin an. ₂Bei Gefahr im Verzug können auch andere Bedienstete der Anstalt diese Maßnahmen vorläufig anordnen. ₃Die Entscheidung des Anstaltsleiters oder der Anstaltsleiterin ist unverzüglich einzuholen.

(2) ₁Werden Gefangene ärztlich behandelt oder beobachtet oder bildet ihr seelischer Zustand den Anlass der Maßnahme, ist vorher der Arzt oder die Ärztin zu hören. ₂Ist dies wegen Gefahr im Verzug nicht möglich, wird die ärztliche Stellungnahme unverzüglich eingeholt.

Art. 100 Ärztliche Überwachung

(1) ₁Gefangene, die in einem besonders gesicherten Haftraum untergebracht oder gefesselt sind (Art. 96 Abs. 2 Nrn. 5 und 6), sucht der Anstaltsarzt oder die Anstaltsärztin alsbald und in der Folge möglichst täglich auf. ₂Dies gilt nicht bei einer Fesselung während einer Ausführung, Vorführung oder eines Transports (Art. 96 Abs. 4).

(2) Der Arzt oder die Ärztin ist regelmäßig zu hören, solange Gefangenen der tägliche Aufenthalt im Freien entzogen wird.

Abschnitt 13
Unmittelbarer Zwang

Art. 101 Allgemeine Voraussetzungen

(1) Bedienstete der Anstalten dürfen unmittelbaren Zwang anwenden, wenn sie Vollzugs- und Sicherungsmaßnahmen rechtmäßig durchführen und der damit verfolgte Zweck auf keine andere Weise erreicht werden kann.

(2) Gegen andere Personen als Gefangene darf unmittelbarer Zwang angewendet werden, wenn sie es unternehmen, Gefangene zu befreien oder in den Anstaltsbereich widerrechtlich einzudringen, oder wenn sie sich unbefugt darin aufhalten.

(3) Das Recht zu unmittelbarem Zwang auf Grund anderer Regelungen bleibt unberührt.

Art. 102 Begriffsbestimmungen

(1) Unmittelbarer Zwang ist die Einwirkung auf Personen oder Sachen durch körperliche Gewalt, ihre Hilfsmittel und durch Waffen.

(2) Körperliche Gewalt ist jede unmittelbare körperliche Einwirkung auf Personen oder Sachen.

(3) Hilfsmittel der körperlichen Gewalt sind insbesondere Fesseln.

(4) Waffen sind die dienstlich zugelassenen Hieb- und Schusswaffen sowie Reizstoffe.

Art. 103 Grundsatz der Verhältnismäßigkeit

(1) Unter mehreren möglichen und geeigneten Maßnahmen des unmittelbaren Zwangs sind diejenigen zu wählen, die den Einzelnen und die Allgemeinheit voraussichtlich am wenigsten beeinträchtigen.

(2) Unmittelbarer Zwang unterbleibt, wenn ein durch ihn zu erwartender Schaden erkennbar außer Verhältnis zu dem angestrebten Erfolg steht.

Art. 104 Handeln auf Anordnung

(1) Wird unmittelbarer Zwang von einer vorgesetzten oder sonst befugten Person angeordnet, sind Vollzugsbedienstete verpflichtet, ihn anzuwenden, es sei denn, die Anordnung verletzt die Menschenwürde oder ist nicht zu dienstlichen Zwecken erteilt worden.

(2) ₁Die Anordnung darf nicht befolgt werden, wenn dadurch eine Straftat begangen würde. ₂Befolgen Vollzugsbedienstete sie trotzdem, trifft sie eine Schuld nur, wenn sie erkennen oder wenn es nach den ihnen bekannten Umständen offensichtlich ist, dass dadurch eine Straftat begangen wird.

(3) ₁Bedenken gegen die Rechtmäßigkeit der Anordnung haben die Vollzugsbediensteten der anordnenden Person gegenüber vorzubringen, soweit das nach den Umständen möglich ist. ₂Abweichende Vorschriften des allgemeinen Beamtenrechts über die Mitteilung solcher Bedenken an einen Vorgesetzten (§ 36 Abs. 2 und 3 des Beamtenstatusgesetzes) sind nicht anzuwenden.

Art. 105 Androhung

₁Unmittelbarer Zwang ist vorher anzudrohen. ₂Die Androhung darf nur dann unterbleiben, wenn die Umstände sie nicht zulassen oder unmittelbarer Zwang sofort angewendet werden muss, um eine rechtswidrige Tat, die den Tatbestand eines Strafgesetzes erfüllt, zu verhindern oder eine gegenwärtige Gefahr abzuwenden.

Art. 106 Allgemeine Vorschriften für den Schusswaffengebrauch

(1) ₁Schusswaffen dürfen nur gebraucht werden, wenn andere Maßnahmen des unmittelbaren Zwangs bereits erfolglos waren oder keinen Erfolg versprechen. ₂Gegen Personen ist ihr Gebrauch nur zulässig, wenn der Zweck nicht durch Waffenwirkung gegen Sachen erreicht wird.

(2) ₁Schusswaffen dürfen nur die dazu bestimmten Vollzugsbediensteten gebrauchen und nur, um angriffs- oder fluchtunfähig zu machen. ₂Ihr Gebrauch unterbleibt, wenn dadurch erkennbar Unbeteiligte mit hoher Wahrscheinlichkeit gefährdet würden.

(3) ₁Der Gebrauch von Schusswaffen ist vorher anzudrohen. ₂Als Androhung gilt auch ein Warnschuss. ₃Ohne Androhung dürfen Schusswaffen nur dann gebraucht werden, wenn das zur Abwehr einer gegenwärtigen Gefahr für Leib oder Leben erforderlich ist.

Art. 107 Besondere Vorschriften für den Schusswaffengebrauch

(1) ₁Gegen Gefangene dürfen Schusswaffen gebraucht werden,

1. wenn sie eine Waffe oder ein anderes gefährliches Werkzeug trotz wiederholter Aufforderung nicht ablegen,

2. wenn sie eine Meuterei (§ 121 StGB) unternehmen oder

3. um ihre Flucht zu vereiteln oder um sie wieder zu ergreifen.

₂Um die Flucht aus einer Einrichtung des offenen Vollzugs zu vereiteln, dürfen keine Schusswaffen gebraucht werden.

(2) Gegen andere Personen dürfen Schusswaffen gebraucht werden, wenn sie es unternehmen, Gefangene gewaltsam zu befreien oder gewaltsam in eine Anstalt einzudringen.

Art. 108 Zwangsmaßnahmen auf dem Gebiet der Gesundheitsfürsorge

(1) ₁Medizinische Untersuchung und Behandlung einschließlich einer hierfür erforderlichen Ausführung sowie Ernährung sind zwangsweise nur bei Lebensgefahr, bei schwerwiegender Gefahr für die Gesundheit der Gefangenen oder bei Gefahr für die Gesundheit anderer Personen zulässig; die Maßnahmen müssen für die Beteiligten zumutbar und dürfen nicht mit erheblicher Gefahr für Leben oder Gesundheit der Gefangenen verbunden sein. ₂Zur Durchführung der Maßnahmen ist die Anstalt nicht verpflichtet, solange von einer freien Willensbestimmung der Gefangenen ausgegangen werden kann.

(2) Zum Gesundheitsschutz und zur Hygiene ist die zwangsweise körperliche Untersuchung außer im Fall des Absatz 1 zulässig, wenn sie nicht mit einem körperlichen Eingriff verbunden ist.

(3) Die Maßnahmen dürfen nur auf Anordnung und unter Leitung eines Arztes oder einer Ärztin im Einvernehmen mit dem Anstaltsleiter oder der Anstaltsleiterin durchgeführt werden, unbeschadet der Leistung erster Hilfe für den Fall, dass ein Arzt oder eine Ärztin nicht rechtzeitig erreichbar und mit einem Aufschub Lebensgefahr verbunden ist.

Abschnitt 14
Disziplinarmaßnahmen

Art. 109 Voraussetzungen

(1) Verstoßen Gefangene schuldhaft gegen Pflichten, die ihnen durch dieses Gesetz oder auf Grund dieses Gesetzes auferlegt sind, kann der Anstaltsleiter oder die Anstaltsleiterin gegen sie Disziplinarmaßnahmen anordnen.

(2) Von einer Disziplinarmaßnahme wird abgesehen, wenn es genügt, die Gefangenen zu verwarnen.

(3) Eine Disziplinarmaßnahme ist auch zulässig, wenn wegen derselben Verfehlung ein Straf- oder Bußgeldverfahren eingeleitet wird.

Art. 110 Arten der Disziplinarmaßnahmen

(1) Die zulässigen Disziplinarmaßnahmen sind:

1. Verweis

2. die Beschränkung oder der Entzug der Verfügung über das Hausgeld und des Einkaufs gemäß Art. 24 und 25 bis zu drei Monaten,

3. die Beschränkung oder der Entzug des Hörfunk- und Fernsehempfangs bis zu drei Monaten,

4. die Beschränkung oder der Entzug der Gegenstände für eine Beschäftigung in der Freizeit oder der Teilnahme an gemeinschaftlichen Veranstaltungen bis zu drei Monaten,

5. die getrennte Unterbringung während der Freizeit bis zu vier Wochen,

6. der Entzug der zugewiesenen Arbeit oder Beschäftigung bis zu vier Wochen unter Wegfall der in diesem Gesetz geregelten Bezüge,

7. die Beschränkung des Verkehrs mit Personen außerhalb der Anstalt auf dringende Fälle bis zu drei Monaten,

8. Arrest bis zu vier Wochen.

(2) Arrest darf nur wegen schwerer oder mehrfach wiederholter Verfehlungen verhängt werden.

(3) Mehrere Disziplinarmaßnahmen können miteinander verbunden werden.

Art. 111 Vollzug der Disziplinarmaßnahmen, Aussetzung zur Bewährung

(1) Disziplinarmaßnahmen werden in der Regel sofort vollstreckt.

(2) Eine Disziplinarmaßnahme kann ganz oder teilweise bis zu sechs Monaten zur Bewährung ausgesetzt werden.

(3) Wird die Verfügung über das Hausgeld beschränkt oder entzogen, ist das in dieser Zeit anfallende Hausgeld dem Überbrückungsgeld hinzuzurechnen.

(4) ₁Wird der Verkehr der Gefangenen mit Personen außerhalb der Anstalt eingeschränkt, ist ihnen Gelegenheit zu geben, dies einer Person, mit der sie im Schriftwechsel stehen oder die sie zu besuchen pflegt, mitzuteilen. ₂Der Schriftwechsel mit den in Art. 32 Abs. 1 und 2 genannten Empfängern, mit Gerichten und Justizbehörden in der Bundesrepublik Deutschland sowie mit Rechtsanwälten und Notaren in einer den Gefangenen oder die Gefangene betreffenden Rechtssache bleibt unbeschränkt.

(5) ₁Arrest wird in Einzelhaft vollzogen. ₂Gefangene können in einem besonderen Arrestraum untergebracht werden, der den Anforderungen entsprechen muss, die an einen zum Aufenthalt bei Tag und Nacht bestimmten Haftraum gestellt werden. ₃Soweit nichts anderes angeordnet wird, ruhen die Befugnisse der Gefangenen aus den Art. 21, 22, 24, 25, 39, 40 und 70 bis 72.

Art. 112 Disziplinarbefugnis

(1) ₁Disziplinarmaßnahmen ordnet der Anstaltsleiter oder die Anstaltsleiterin an. ₂Bei einer Verfehlung auf dem Weg in eine andere Anstalt zum Zweck der Verlegung oder bei einer Überstellung ist der Leiter oder die Leiterin der Bestimmungsanstalt zuständig. ₃Ist im Fall einer Überstellung die Durchführung des Disziplinarverfahrens dort aus besonderen Gründen nicht möglich, liegt die Disziplinarbefugnis bei dem Leiter oder der Leiterin der Stammanstalt.

(2) Die Aufsichtsbehörde entscheidet, wenn sich die Verfehlung des oder der Gefangenen gegen den Anstaltsleiter oder die Anstaltsleiterin richtet.

(3) ₁Disziplinarmaßnahmen, die gegen Gefangene in einer anderen Anstalt oder während einer Untersuchungshaft angeordnet worden sind, werden auf Ersuchen vollstreckt. ₂Art. 111 Abs. 2 bleibt unberührt.

Art. 113 Verfahren

(1) ₁Der Sachverhalt ist zu klären. ₂Vor der Anhörung werden die Gefangenen darüber unterrichtet, welche Verfehlung ihnen zur Last gelegt wird und dass es ihnen freisteht, sich zur Sache zu äußern. ₃Die Erhebungen, insbesondere die Einlassungen der Gefangenen, werden schriftlich festgehalten.

(2) Bei schweren Verstößen soll der Anstaltsleiter oder die Anstaltsleiterin sich vor der Entscheidung in einer Konferenz mit Personen besprechen, die bei der Behandlung der Gefangenen mitwirken.

I

(3) Die Entscheidung wird den Gefangenen mündlich eröffnet und mit einer kurzen Begründung schriftlich abgefasst.

Art. 114 Ärztliche Mitwirkung

(1) ₁Bevor der Arrest vollzogen wird, ist der Arzt oder die Ärztin zu hören. ₂Während des Arrests stehen die Gefangenen unter ärztlicher Aufsicht.

(2) Der Vollzug des Arrests unterbleibt oder wird unterbrochen, wenn die Gesundheit der Gefangenen gefährdet würde.

Abschnitt 15
Beschwerde und Gefangenenmitverantwortung

Art. 115 Beschwerde

(1) ₁Gefangene erhalten Gelegenheit, sich mit Wünschen, Anregungen und Beschwerden in Angelegenheiten, die sie selbst betreffen, an den Anstaltsleiter oder die Anstaltsleiterin zu wenden. ₂Regelmäßige Sprechstunden sind einzurichten.

(2) Besichtigen Vertreter der Aufsichtsbehörde die Anstalt, so ist zu gewährleisten, dass Gefangene sich in Angelegenheiten, die sie selbst betreffen, an diese wenden können.

(3) Die Möglichkeit der Dienstaufsichtsbeschwerde bleibt unberührt.

Art. 116 Gefangenenmitverantwortung

(1) ₁Den Gefangenen soll ermöglicht werden, an der Verantwortung für Angelegenheiten von gemeinsamem Interesse teilzunehmen, die sich ihrer Eigenart und der Aufgabe der Anstalt nach für ihre Mitwirkung eignen. ₂Eine weitgehende Übernahme der Mitverantwortung für die alltäglichen Abläufe wird angestrebt.

(2) ₁Die Einrichtung von Mitwirkungsgremien wird von den Anstalten gefördert und begleitet. ₂Den Gefangenen soll insbesondere ermöglicht werden, Vertreter zu wählen, die die gemeinsamen Interessen an den Anstaltsleiter oder die Anstaltsleiterin und den Beirat herantragen können.

Abschnitt 16
Sozialtherapeutische Einrichtungen

Art. 117 Sozialtherapeutische Einrichtungen

Die Behandlung nach Art. 11 erfolgt in sozialtherapeutischen Anstalten oder Abteilungen (sozialtherapeutische Einrichtungen).

Art. 118 Urlaub zur Vorbereitung der Entlassung

(1) ₁Gefangenen kann zur Vorbereitung der Entlassung von dem Anstaltsleiter oder der Anstaltsleiterin Sonderurlaub bis zu sechs Monaten gewährt werden. ₂Art. 13 Abs. 2, Art. 14 Abs. 5 und Art. 15 gelten entsprechend.

(2) ₁Den Beurlaubten sollen für den Urlaub Weisungen erteilt werden. ₂Sie können insbesondere angewiesen werden, sich einer von der Anstalt bestimmten Betreuungsperson zu unterstellen und jeweils für kurze Zeit in die Anstalt zurückzukehren.

(3) ₁Art. 16 Abs. 2 gilt entsprechend. ₂Der Urlaub wird widerrufen, wenn dies für die Behandlung der Gefangenen notwendig ist.

Art. 119 Nachsorge

Die sozialtherapeutischen Einrichtungen sollen nach Entlassung der Gefangenen die im Vollzug begonnene Betreuung vorübergehend fortführen, soweit diese nicht anderweitig durchgeführt werden kann.

Art. 120 Aufnahme auf freiwilliger Grundlage

(1) ₁Frühere Gefangene können auf Antrag vorübergehend wieder in die sozialtherapeutische Einrichtung aufgenommen werden, wenn der Erfolg ihrer Behandlung gefährdet und ein Aufenthalt in der Einrichtung aus diesem Grund gerechtfertigt ist. ₂Ein Widerruf des Antrags darf nicht zur Unzeit erfolgen.

(2) ₁Gegen die Aufgenommenen dürfen Maßnahmen des Vollzugs nicht mit unmittelbarem Zwang durchgesetzt werden. ₂Art. 101 Abs. 2 und 3 bleiben unberührt.

Teil 3
Vollzug der Jugendstrafe

Art. 121 Aufgaben des Jugendstrafvollzugs

₁Der Vollzug der Jugendstrafe dient dem Schutz der Allgemeinheit vor weiteren Straftaten. ₂Die Gefangenen im Vollzug der Jugendstrafe (junge Gefangene) sollen dazu erzogen werden, künftig einen rechtschaffenen Lebenswandel in sozialer Verantwortung zu führen (Erziehungsauftrag).

Art. 122 Anwendung anderer Vorschriften

Für den Vollzug der Jugendstrafe gelten die Vorschriften des Teils 2 über den Vollzug der Freiheitsstrafe entsprechend, soweit in diesem Teil nichts anderes bestimmt ist.

Art. 123 Behandlung im Vollzug der Jugendstrafe

(1) Für die Behandlung gilt Art. 3 entsprechend.

(2) Die jungen Gefangenen sind verpflichtet, an der Erfüllung des Erziehungsauftrags mitzuwirken.

(3) ₁Die jungen Gefangenen sind während der Arbeitszeit zur Teilnahme an schulischen und beruflichen Maßnahmen oder speziellen Maßnahmen zur Förderung ihrer schulischen, beruflichen oder persönlichen Entwicklung oder zur Arbeit, arbeitstherapeutischen oder sonstigen Beschäftigung verpflichtet, soweit sie dazu körperlich und geistig in der Lage sind. ₂Bei gleichermaßen geeigneten Maßnahmen zur Erfüllung des Erziehungsauftrags hat die Ausbildung Vorrang.

(4) Weibliche junge Gefangene können auch an den Behandlungsmaßnahmen für weibliche erwachsene Gefangene teilnehmen.

Art. 124 Ausstattung des Jugendstrafvollzugs

Personelle Ausstattung, sachliche Mittel und Organisation werden am Erziehungsauftrag und an den besonderen Bedürfnissen junger Gefangener ausgerichtet.

Art. 125 Stellung der jungen Gefangenen

(1) ₁Die jungen Gefangenen unterliegen den in diesem Gesetz vorgesehenen Beschränkungen ihrer Freiheit. ₂Soweit dieses Gesetz keine besonderen Regelungen enthält, dürfen ihnen nur Beschränkungen auferlegt werden, die zur Aufrechterhaltung der Sicherheit oder zur Abwendung einer Störung der Ordnung der Jugendstrafvollzugsanstalt erforderlich sind.

(2) Vollzugliche Maßnahmen sollen den jungen Gefangenen erläutert werden.

Art. 126 Zusammenarbeit mit Behörden und freien Trägern

(1) ₁Die Jugendstrafvollzugsanstalten arbeiten mit fachbezogenen außervollzuglichen Einrichtungen und Organisationen eng zusammen. ₂Dies gilt insbesondere für Schulen und Schulaufsichtsbehörden, Einrichtungen für berufliche Bildung, Behörden und Stellen der staatlichen und privaten Straffälligenhilfe, die Jugendgerichtshilfe, Träger der öffentlichen und freien Jugendhilfe, Polizeibehörden, Agenturen für Arbeit, Gesundheits- und Ausländerbehörden, Suchtberatungsstellen und Schuldnerberatung, Ausländer- und Integrationsbeauftragte, Träger der Sozialversicherung und der Sozialhilfe, Hilfeeinrichtungen anderer Behörden und Träger der freien Wohlfahrtspflege.

(2) ₁Die Personensorgeberechtigten werden in die Planung und Gestaltung des Vollzugs einbezogen, soweit dies zweckmäßig ist. ₂Dies ist zwingend, wenn die Personensorgeberechtigten anders ihrer gesetzlichen Verpflichtung nicht nachkommen können.

Art. 127 Ehrenamtliche Mitarbeit

(1) Die Jugendstrafvollzugsanstalten arbeiten in besonderer Weise mit Personen und Vereinen, deren Einfluss die Eingliederung der jungen Gefangenen fördern kann, zusammen.

(2) Jungen Gefangenen, die den sozialen Anschluss verloren haben, sollen durch die Anstalt nach Möglichkeit vertrauenswürdige Personen vermittelt werden, die sie bei der

Wiedereingliederung in die Gesellschaft unterstützen (ehrenamtliche Betreuer).

(3) Zur Unterstützung bei der Erfüllung des Erziehungsauftrags sollen nach Möglichkeit vertrauenswürdige Personen in der Anstalt mitarbeiten, die in der Lage sind, die Erziehungsmaßnahmen der Jugendstrafvollzugsanstalt sinnvoll zu ergänzen (ehrenamtliche Mitarbeiter).

Art. 128 Aufnahmeverfahren

₁Für das Aufnahmeverfahren gilt Art. 7 entsprechend. ₂Das für die Mitwirkung in dem Verfahren nach dem Jugendgerichtsgesetz (JGG) nach § 87b des Achten Buches Sozialgesetzbuch zuständige Jugendamt wird von der Aufnahme unterrichtet. ₃Die Personensorgeberechtigten sollen von der Aufnahme unterrichtet werden.

Art. 129 Behandlungsuntersuchung, Beteiligung der jungen Gefangenen, Zugangsabteilung

(1) Nach dem Aufnahmeverfahren werden den jungen Gefangenen der Erziehungsauftrag der Jugendstrafvollzugsanstalt sowie die vorhandenen Unterrichts-, Bildungs-, Arbeits- und Freizeitmaßnahmen erläutert.

(2) ₁Die Untersuchung zur Vorbereitung der Erziehung erstreckt sich auf die Persönlichkeit, die Lebensverhältnisse sowie alle Umstände, deren Kenntnis für eine planvolle Behandlung und für die Eingliederung nach der Entlassung notwendig erscheint. ₂Es ist zu prüfen, ob eine Verlegung in eine sozialtherapeutische Einrichtung nach Art. 132 oder andere therapeutische Maßnahmen angezeigt sind.

(3) ₁Die Planung der Behandlung und die Bedeutung des Vollzugsplans werden den jungen Gefangenen mitgeteilt. ₂Sie sollen zu sinnvollen Anregungen und Vorschlägen ermutigt werden.

(4) Die jungen Gefangenen sollen bei Strafantritt in der Jugendstrafvollzugsanstalt für wenigstens eine Woche in einer hierfür eingerichteten eigenen Abteilung (Zugangsabteilung) untergebracht werden.

Art. 130 Vollzugsplan

(1) Für den Vollzugsplan gelten Art. 9 Abs. 1 und 2 entsprechend mit der Maßgabe, dass bei den pädagogischen Maßnahmen auch aufzunehmen ist, welche schulischen, berufsorientierenden, qualifizierenden oder arbeitstherapeutischen Maßnahmen zu ergreifen sind.

(2) ₁Die Personensorgeberechtigten können Anregungen und Vorschläge einbringen. ₂Auf Verlangen können die Regelungen des Vollzugsplans den Personensorgeberechtigten bekannt gegeben werden, wenn hierdurch die Erfüllung des Erziehungsauftrags nicht beeinträchtigt wird.

(3) Über eine Verlegung in eine sozialtherapeutische Einrichtung gemäß Art. 132 Abs. 1 oder 2 ist jeweils nach Ablauf von sechs Monaten neu zu entscheiden.

Art. 131 Verlegung, Überstellung, Ausantwortung

(1) ₁Junge Gefangene können abweichend vom Vollstreckungsplan in eine andere Jugendstrafvollzugsanstalt verlegt werden, wenn die Erfüllung des Erziehungsauftrags oder die Eingliederung nach der Entlassung hierdurch gefördert wird, eine Störung der Ordnung der Jugendstrafvollzugsanstalt auf andere Weise nicht vermieden werden kann oder wenn Gründe der Vollzugsorganisation oder andere wichtige Gründe eine Verlegung erforderlich machen. ₂Auf die Struktur der aufnehmenden Anstalt ist Rücksicht zu nehmen.

(2) Junge Gefangene dürfen aus wichtigem Grund, insbesondere zur Erleichterung einer schulischen oder beruflichen Maßnahme, in eine andere Jugendstrafvollzugsanstalt oder in eine Anstalt für den Vollzug von Freiheitsstrafe überstellt werden.

(3) Für die Ausantwortung gilt Art. 10 Abs. 3 entsprechend.

(4) ₁Die Jugendämter werden von der Verlegung unterrichtet. ₂Die Personensorgeberechtigten sollen von der Verlegung unterrichtet werden.

Art. 132 Verlegung in eine sozialtherapeutische Einrichtung

(1) Junge Gefangene sind in eine sozialtherapeutische Einrichtung einer Jugendstrafvollzugsanstalt zu verlegen, wenn die Wiederholung einer Straftat nach den §§ 174 bis 180 oder § 182 StGB zu befürchten und die Behandlung in einer sozialtherapeutischen Einrichtung nach Art. 129 Abs. 2 Satz 2 oder Art. 130 Abs. 3 angezeigt ist.

(2) Andere junge Gefangene, von denen schwerwiegende Straftaten gegen Leib oder Leben oder gegen die sexuelle Selbstbestimmung zu erwarten sind, sollen in eine sozialtherapeutische Einrichtung einer Jugendstrafvollzugsanstalt verlegt werden, wenn deren besondere therapeutische Mittel und soziale Hilfen zu ihrer Resozialisierung angezeigt sind.

(3) Art. 11 Abs. 3 bis 5 und Art. 117 gelten entsprechend.

Art. 133 Geschlossener Vollzug und offener Vollzug

Art. 12 gilt entsprechend mit der Maßgabe, dass zu einer Unterbringung in einer Einrichtung des offenen Vollzugs die Zustimmung der jungen Gefangenen nicht erforderlich ist.

Art. 134 Lockerungen des Vollzugs

(1) Für die Lockerungen des Vollzugs gilt Art. 13 Abs. 1 entsprechend.

(2) Die Lockerungen dürfen zur Erfüllung des Erziehungsauftrags oder zur Förderung der Wiedereingliederung mit Zustimmung der jungen Gefangenen gewährt werden, wenn verantwortet werden kann zu erproben, dass sie sich nicht dem Vollzug der Jugendstrafe entziehen und die Lockerungen nicht zur Begehung von Straftaten missbrauchen werden.

(3) Art. 15 und 16 gelten entsprechend.

Art. 135 Urlaub aus der Haft

(1) Jungen Gefangenen kann Urlaub aus der Haft als Behandlungsmaßnahme bis zu 21 Kalendertagen im Vollstreckungsjahr gewährt werden.

(2) ₁Jungen Gefangenen, die zum Freigang (Art. 13 Abs. 1 Nr. 1) zugelassen sind, kann innerhalb von neun Monaten vor der Entlassung weiterer Urlaub bis zu sechs Tagen im Monat gewährt werden. ₂Art. 136 Abs. 5 Satz 1 findet keine Anwendung.

(3) Art. 15, 16 und 134 Abs. 2 gelten entsprechend.

(4) Durch den Urlaub wird die Vollstreckung der Jugendstrafe nicht unterbrochen.

Art. 136 Entlassungsvorbereitung

(1) ₁Rechtzeitig vor dem voraussichtlichen Entlassungstermin arbeiten die Jugendstrafvollzugsanstalten mit vertrauenswürdigen Dritten und Institutionen außerhalb des Vollzugs zusammen, um zu erreichen, dass die jungen Gefangenen bei der Entlassung über eine geeignete Unterbringung und eine Arbeits- oder Ausbildungsstelle verfügen. ₂Die Jugendämter und, soweit angeordnet, die Bewährungshilfe werden unterrichtet. ₃Die Personensorgeberechtigten werden unterrichtet, wenn dies nicht der Erfüllung des Erziehungsauftrags widerspricht.

(2) Um die Entlassung vorzubereiten, soll der Vollzug gelockert werden (Art. 134).

(3) Junge Gefangene können in den offenen Vollzug (Art. 133 in Verbindung mit Art. 12 Abs. 2) verlegt werden, wenn dies der Vorbereitung der Entlassung dient.

(4) Die Jugendstrafvollzugsanstalten können eigene Abteilungen einrichten, in die die jungen Gefangenen kurz vor ihrer Entlassung verlegt werden (Entlassungsabteilung).

(5) ₁Innerhalb von vier Monaten vor der Entlassung kann zu deren Vorbereitung Sonderurlaub bis zu einem Monat gewährt werden. ₂Art. 15, 16, 134 Abs. 2 und Art. 135 Abs. 4 gelten entsprechend.

Art. 137 Entlassung, Unterbringung auf freiwilliger Grundlage

(1) Für den Entlassungszeitpunkt und die Entlassungsbeihilfe gelten Art. 18 und 80 entsprechend.

(2) ₁Die Jugendstrafvollzugsanstalt kann auf Antrag der jungen Gefangenen nach Entlassung die im Vollzug begonnene Betreuung

vorübergehend fortführen, soweit diese nicht anderweitig durchgeführt werden kann. ₂Hierzu können junge Gefangene auf Antrag auch vorübergehend über den Entlassungszeitpunkt hinaus in einer Abteilung des offenen Vollzugs verbleiben oder in einer solchen nach Entlassung wieder aufgenommen werden, wenn der Erfolg der Erziehung gefährdet und ein Aufenthalt in der Jugendstrafvollzugsanstalt aus diesem Grund gerechtfertigt ist. ₃Ein Widerruf des Antrags darf nicht zur Unzeit erfolgen. ₄Nach dem Entlassungszeitpunkt oder der Wiederaufnahme sind die nach diesem Gesetz geltenden Vorschriften mit der Maßgabe entsprechend anzuwenden, dass Maßnahmen des Vollzugs nicht mit unmittelbarem Zwang durchgesetzt werden dürfen. ₅Art. 101 Abs. 2 und 3 bleiben unberührt.

Art. 138 Unterbringung während der Ausbildung, Arbeit und Freizeit

(1) ₁Unterricht, Berufsausbildung, berufliche Fortbildung, Umschulung, Arbeit sowie arbeitstherapeutische und sonstige Beschäftigung während der Arbeitszeit finden in Gemeinschaft statt. ₂Die gemeinsame Schul- und Berufsausbildung weiblicher und männlicher junger Gefangener ist zulässig.

(2) ₁Während der Freizeit können sich die jungen Gefangenen in Gemeinschaft mit anderen aufhalten. ₂Für die Teilnahme an gemeinschaftlichen Veranstaltungen kann der Anstaltsleiter oder die Anstaltsleiterin mit Rücksicht auf die räumlichen, personellen und organisatorischen Verhältnisse der Anstalt besondere Regelungen treffen.

(3) Die gemeinschaftliche Unterbringung während der Arbeitszeit und Freizeit kann eingeschränkt werden, wenn

1. ein schädlicher Einfluss auf andere junge Gefangene zu befürchten ist,

2. junge Gefangene nach Art. 129 untersucht werden, aber nicht länger als zwei Monate,

3. es die Sicherheit oder Ordnung der Anstalt erfordert oder

4. die jungen Gefangenen zustimmen.

(4) Die gemeinschaftliche Unterbringung kann ferner eingeschränkt werden, wenn dies aus erzieherischen Gründen angezeigt ist.

Art. 139 Unterbringung während der Ruhezeit

(1) Für die Unterbringung in der Ruhezeit gilt Art. 20 entsprechend.

(2) ₁Weibliche junge Gefangene können in getrennten Abteilungen des Strafvollzugs für erwachsene Frauen untergebracht werden. ₂Weibliche junge und erwachsene Gefangene, die gemeinsam mit ihren Kindern untergebracht sind (Art. 151 Abs. 1 Satz 1, Art. 86 Abs. 1 Satz 1), können gemeinsam in einer getrennten Abteilung des Strafvollzugs für erwachsene Frauen untergebracht werden. ₃Männliche junge Gefangene können vorübergehend in einer Anstalt für den Vollzug von Freiheitsstrafe an erwachsenen Männern untergebracht werden, wenn dies zur Aufnahme oder Fortführung einer schulischen oder beruflichen Ausbildung oder einer Erwerbstätigkeit erforderlich ist. ₄Der Vollzug erfolgt nach den Vorschriften dieses Teils.

Art. 140 Unterbringung in Wohngruppen

(1) Geeignete junge Gefangene können in Wohngruppen untergebracht werden, deren Größe sich nach dem Erziehungsauftrag bemisst.

(2) Wohngruppenvollzug wird von pädagogisch ausgebildeten Bediensteten geleitet, verfügt über Räume für gemeinschaftliche Beschäftigung und bietet besondere Behandlungs- und Freizeitangebote.

(3) Nicht für die Unterbringung in der Wohngruppe geeignet sind in der Regel junge Gefangene, die auf Grund ihres Verhaltens nicht gruppenfähig sind oder eine Gefährdung der Sicherheit oder Ordnung der Jugendstrafvollzugsanstalt darstellen oder die Freiräume der Wohngruppe wiederholt missbrauchen.

Art. 141 Ausstattung des Haftraums und persönlicher Besitz

Art. 21 gilt entsprechend mit der Maßgabe, dass auch Vorkehrungen und Gegenstände ausgeschlossen werden können, die die Erfüllung des Erziehungsauftrags gefährden.

Art. 142 Kleidung

1Art. 22 gilt entsprechend mit der Maßgabe, dass der Anstaltsleiter oder die Anstaltsleiterin in der Jugendstrafvollzugsanstalt oder in bestimmten Abteilungen mit Zustimmung der Aufsichtsbehörde das Tragen eigener Kleidung allgemein zulassen kann. 2Dies gilt insbesondere in Wohngruppen (Art. 140).

Art. 143 Anstaltsverpflegung

1Zusammensetzung und Nährwert der Anstaltsverpflegung werden ärztlich überwacht und entsprechen den besonderen Anforderungen an eine gesunde Ernährung junger Menschen. 2Auf ärztliche Anordnung wird besondere Verpflegung gewährt. 3Den jungen Gefangenen ist zu ermöglichen, Speisevorschriften ihrer Religionsgemeinschaft zu befolgen.

Art. 144 Besuch, Schriftwechsel, Pakete, Urlaub, Ausgang und Ausführung aus wichtigem Anlass

(1) Art. 26 bis 38 gelten entsprechend, soweit sich aus den folgenden Absätzen nicht etwas anderes ergibt.

(2) 1Abweichend von Art. 27 Abs. 1 Satz 2 beträgt die Gesamtdauer des Besuchs mindestens vier Stunden im Monat. 2Hierauf können Ausführungen oder Ausgänge, die den jungen Gefangenen gewährt wurden, angerechnet werden. 3Abweichend von Art. 28 kann der Anstaltsleiter oder die Anstaltsleiterin Besuche auch untersagen, wenn bei minderjährigen Gefangenen Personensorgeberechtigte nicht einverstanden sind.

(3) 1Für Kinder junger Gefangener können Sonderbesuche vorgesehen werden, die auf die Regelbesuchszeiten nicht angerechnet werden, wenn dies mit dem Erziehungsauftrag und dem Kindeswohl vereinbar ist.

2Durch eine Bescheinigung des Jugendamts muss nachgewiesen werden, dass der Sonderbesuch dem Kindeswohl entspricht.

(4) 1Auf Besuche von Beiständen nach § 69 JGG findet Art. 29 entsprechende Anwendung. 2Art. 29 Sätze 1 und 2 gelten auch für Angehörige der Jugendgerichtshilfe. 3Für Besuche der in Satz 1 und 2 genannten Personen gelten Art. 30 Abs. 5 und 6 entsprechend.

(5) Abweichend von Art. 30 Abs. 4 darf ein Besuch auch abgebrochen werden, wenn von der besuchenden Person ein schädlicher Einfluss auf den jungen Gefangenen oder die jungen Gefangene ausgeübt wird.

(6) Abweichend von Art. 31 Abs. 2 kann der Anstaltsleiter oder die Anstaltsleiterin den Schriftwechsel mit bestimmten Personen auch untersagen, wenn bei minderjährigen Gefangenen Personensorgeberechtigte nicht einverstanden sind.

(7) Auf den Schriftverkehr mit Beiständen nach § 69 JGG findet Art. 32 Abs. 1 entsprechende Anwendung.

(8) Art. 37 und 38 gelten entsprechend mit der Maßgabe, dass an die Stelle der dort genannten Art. 13 Abs. 2 und Art. 14 Abs. 5 die Art. 134 Abs. 2 und Art. 135 Abs. 4 treten.

Art. 145 Unterricht, Ausbildung

(1) Dem Unterricht kommt im Jugendstrafvollzug besondere Bedeutung zu.

(2) 1Schulpflichtige junge Gefangene erhalten Hauptschul-, Förderschul- und Berufsschulunterricht in Anlehnung an die für öffentliche Schulen geltenden Vorschriften. 2An dem Unterricht können auch nicht schulpflichtige junge Gefangene teilnehmen.

(3) Daneben soll nach Möglichkeit Unterricht zur Erlangung anderer staatlich anerkannter Schulabschlüsse sowie lebenskundlicher Unterricht, soziales Training, berufsbildender Unterricht auf Einzelgebieten und Deutschunterricht erteilt werden.

(4) Bei der beruflichen Ausbildung oder Umschulung ist berufsbildender Unterricht vorzusehen; dies gilt auch für die berufliche Weiterbildung, soweit die Art der Maßnahme es erfordert.

(5) Art. 40 Abs. 2 und Art. 41 gelten entsprechend.

Art. 146 Beschäftigung

(1) Geeigneten jungen Gefangenen soll Gelegenheit zur Berufsausbildung, beruflichen Weiterbildung oder Teilnahme an anderen ausbildenden oder weiterbildenden Maßnahmen gegeben werden.

(2) ₁Die in den Einrichtungen des Vollzugs Auszubildenden sollen auf die Abschlussprüfungen nach dem Berufsbildungsgesetz oder der Handwerksordnung vorbereitet werden. ₂Die für die Zulassung zur Prüfung erforderliche Bescheinigung wird von der Jugendstrafvollzugsanstalt ausgestellt, wenn der oder die Auszubildende die Voraussetzungen erfüllt.

(3) Art. 39 Abs. 1, 2, 3 und 5, Art. 43 Sätze 2, 3 und 4 Alternative 2 sowie Art. 45 gelten für die Arbeit in den Jugendstrafvollzugsanstalten entsprechend.

Art. 147 Freies Beschäftigungsverhältnis

Art. 42 Abs. 1 und 3 gelten entsprechend mit der Maßgabe, dass an die Stelle des dort genannten Art. 13 Abs. 2 Art. 134 Abs. 2 tritt.

Art. 148 Ablösung

Art. 44 gilt entsprechend mit der Maßgabe, dass eine Ablösung auch erfolgen kann, wenn dies aus erzieherischen Gründen angezeigt ist.

Art. 149 Arbeitsentgelt, Arbeitsurlaub, Anrechnung der Freistellung auf den Entlassungszeitpunkt, Ausbildungsbeihilfe, Taschengeld

(1) ₁Üben junge Gefangene eine ihnen zugewiesene Arbeit aus, so erhalten sie unbeschadet der Vorschriften des Jugendarbeitsschutzgesetzes über die Akkordarbeit und tempoabhängige Arbeit ein nach Art. 46 Abs. 2 und 3 zu bemessendes Arbeitsentgelt. ₂Üben sie sonstige zugewiesene Beschäftigung oder Hilfstätigkeit aus, so erhalten sie ein Arbeitsentgelt nach Satz 1, soweit dies der Art ihrer Beschäftigung und ihrer

Arbeitsleistung entspricht. ₃Art. 46 Abs. 5 bis 11 gelten entsprechend.

(2) ₁Art. 47 gilt entsprechend mit der Maßgabe, dass der Anstaltsleiter oder die Anstaltsleiterin den jungen Gefangenen auch dann eine Ausbildungsbeihilfe gewähren kann, wenn sie an therapeutischen Maßnahmen teilnehmen.

(3) Art. 54 gilt für das Taschengeld entsprechend.

Art. 150 Haftkostenbeitrag, Gelder

Art. 49 bis 53 gelten entsprechend mit der Maßgabe, dass

1. aus besonderen Gründen, insbesondere zur Förderung von Unterhaltszahlungen, Schadenswiedergutmachung, sonstiger Schuldenregulierung oder für besondere Aufwendungen zur Wiedereingliederung, ganz oder teilweise von der Erhebung eines Haftkostenbeitrags abgesehen werden kann,

2. die Jugendstrafvollzugsanstalt das Überbrückungsgeld ganz oder teilweise auch den Personensorgeberechtigten überweisen kann, die darüber entscheiden, wie das Geld innerhalb der ersten vier Wochen nach der Entlassung an die jungen Gefangenen ausgezahlt wird.

Art. 151 Gesundheitsfürsorge

(1) ₁Art. 58, Art. 59 Abs. 2 bis 5, Art. 60, Art. 62 bis 65, Art. 67 und 68 sowie Art. 82 bis 86 gelten entsprechend. ₂Art. 61 gilt entsprechend mit der Maßgabe, dass ein Verschulden der jungen Gefangenen in der Regel unbeachtlich bleiben kann und nicht für junge Gefangene gilt, die das 18. Lebensjahr noch nicht vollendet haben.

(2) Junge Gefangene, die das 18. Lebensjahr noch nicht vollendet haben, können sich zur Verhütung von Zahnerkrankungen einmal in jedem Kalenderhalbjahr zahnärztlich untersuchen lassen.

(3) ₁Die Rechte der Personensorgeberechtigten werden beachtet. ₂Insbesondere werden die Personensorgeberechtigten stets von einer schweren Erkrankung oder dem Tod minderjähriger Gefangener benachrichtigt.

(4) Arbeiten junge Gefangene nicht im Freien, so haben sie sich täglich mindestens eine Stunde, an arbeits- und ausbildungsfreien Tagen mindestens zwei Stunden im Freien aufzuhalten, wenn die Witterung dies zu der festgesetzten Zeit zulässt.

Art. 152 Freizeit

(1) ₁Junge Gefangene sind zur Teilnahme und Mitwirkung an Angeboten der Freizeitgestaltung zu motivieren und anzuleiten. ₂Sie sollen insbesondere am Unterricht, am Fernunterricht, an Lehrgängen und sonstigen Veranstaltungen der Fortbildung, an Freizeitgruppen und Gruppengesprächen teilnehmen und ermutigt werden, eine Bücherei zu benutzen sowie den verantwortungsvollen Umgang mit neuen Medien zu erlernen, soweit dies mit der Sicherheit in der Jugendstrafvollzugsanstalt vereinbar ist.

(2) ₁Art. 70, 72 und 73 gelten entsprechend. ₂Art. 71 gilt entsprechend mit der Maßgabe, dass der Anstaltsleiter oder die Anstaltsleiterin festlegen kann, ob und unter welchen zusätzlichen Voraussetzungen eigene Fernsehgeräte zugelassen werden. ₃Elektronische Unterhaltungsmedien, die keinen pädagogischen Wert haben, sind nicht zugelassen.

Art. 153 Sport

(1) ₁Der sportlichen Betätigung kommt im Jugendstrafvollzug besondere Bedeutung zu. ₂Hierfür sind ausreichende Angebote vorzuhalten.

(2) Junge Gefangene sind, soweit sie dazu körperlich in der Lage sind, zur Teilnahme an Sportveranstaltungen anzuhalten.

(3) Insbesondere während des Aufenthalts im Freien (Art. 151 Abs. 4) ist den jungen Gefangenen Gelegenheit zur sportlichen Betätigung zu geben.

Art. 154 Sicherheit und Ordnung

Art. 87 bis 100 gelten entsprechend mit der Maßgabe, dass Art. 100 Abs. 2 auch in den Fällen des Art. 97 Abs. 2 anzuwenden ist.

Art. 155 Erzieherische Maßnahmen

(1) ₁Verstoßen junge Gefangene schuldhaft gegen Pflichten, die ihnen durch dieses Gesetz oder auf Grund dieses Gesetzes auferlegt sind, kann unmittelbar auf die Pflichtverletzung eine Maßnahme angeordnet werden, die geeignet ist, ihnen ihr Fehlverhalten bewusst zumachen (erzieherische Maßnahme). ₂Erzieherische Maßnahmen sind insbesondere die Erteilung von Weisungen und Auflagen sowie beschränkende Anordnungen in Bezug auf die Freizeit bis zur Dauer einer Woche.

(2) Der Anstaltsleiter oder die Anstaltsleiterin legt fest, welche Bediensteten befugt sind, Maßnahmen nach Absatz 1 anzuordnen.

Art. 156 Disziplinarmaßnahmen

(1) Reichen bei schuldhaften Pflichtverstößen Maßnahmen nach Art. 155 nicht aus, kann der Anstaltsleiter oder die Anstaltsleiterin gegen junge Gefangene Disziplinarmaßnahmen anordnen.

(2) Art. 109 Abs. 3 gilt entsprechend.

(3) Die zulässigen Disziplinarmaßnahmen sind:

1. die Beschränkung oder der Entzug der Verfügung über das Hausgeld und des Einkaufs gemäß Art. 122 in Verbindung mit Art. 24 und 25 bis zu zwei Monaten,

2. die Beschränkung oder der Entzug des Hörfunk- und Fernsehempfangs bis zu drei Monaten,

3. die Beschränkung oder der Entzug der Gegenstände für eine Beschäftigung in der Freizeit oder der Teilnahme an gemeinschaftlichen Veranstaltungen bis zu drei Monaten,

4. die getrennte Unterbringung während der Freizeit bis zu vier Wochen,

5. der Entzug der zugewiesenen Arbeit oder Beschäftigung bis zu vier Wochen unter Wegfall der in diesem Gesetz geregelten Bezüge,

6. die Beschränkung des Verkehrs mit Personen außerhalb der Anstalt auf dringende Fälle bis zu zwei Monaten,

7. Arrest bis zu zwei Wochen.

(4) Art. 110 Abs. 2 und 3, Art. 111 bis 114 gelten entsprechend mit der Maßgabe, dass die Höchstfrist der Aussetzung zur Bewäh-

rung nach Art. 111 Abs. 2 drei Monate beträgt.

Art. 157 Vollzugsbedienstete

Die Bediensteten müssen für die Erfüllung des Erziehungsauftrags geeignet und ausgebildet sein.

Art. 158 Gefangenenvertretung

₁Den jungen Gefangenen soll ermöglicht werden, Vertreter zu wählen, die die gemeinsamen Interessen der jungen Gefangenen an den Anstaltsleiter oder die Anstaltsleiterin herantragen. ₂Die Vorschläge sollen mit den Vertretern erörtert werden.

Teil 4
Besondere Vorschriften über den Vollzug der Sicherungsverwahrung

Art. 159 Ziel der Unterbringung

₁Sicherungsverwahrte werden zum Schutz der Allgemeinheit sicher untergebracht. ₂Ihnen soll geholfen werden, sich in das Leben in Freiheit einzugliedern.

Art. 160 Anwendung anderer Vorschriften

Für die Sicherungsverwahrung gelten die Vorschriften über den Vollzug der Freiheitsstrafe entsprechend, soweit in diesem Teil nichts anderes bestimmt ist.

Art. 161 Ausstattung

₁Die Ausstattung der Einrichtungen für Sicherungsverwahrte und besondere Maßnahmen zur Förderung und Betreuung sollen den Untergebrachten helfen, ihr Leben in der Anstalt sinnvoll zu gestalten, und sie vor Schäden eines langen Freiheitsentzugs bewahren. ₂Ihren persönlichen Bedürfnissen ist nach Möglichkeit Rechnung zu tragen.

Art. 162 Kleidung

Untergebrachte dürfen eigene Kleidung, Wäsche und eigenes Bettzeug benutzen, wenn Gründe der Sicherheit nicht entgegenstehen und sie für Reinigung, Instandsetzung und regelmäßigen Wechsel auf eigene Kosten sorgen.

Art. 163 Selbstbeschäftigung, Taschengeld

(1) Untergebrachten wird gestattet, sich gegen Entgelt selbst zu beschäftigen, wenn dies dem Ziel dient, Fähigkeiten für eine Erwerbstätigkeit nach der Entlassung zu vermitteln, zu erhalten oder zu fördern.

(2) Das Taschengeld (Art. 54) darf den dreifachen Tagessatz der Eckvergütung nach Art. 46 Abs. 2 Satz 2 im Monat nicht unterschreiten.

Art. 164 Entlassungsvorbereitung

₁Um die Entlassung vorzubereiten, kann der Vollzug gelockert und Sonderurlaub bis zu einem Monat gewährt werden. ₂Bei Untergebrachten in einer sozialtherapeutischen Einrichtung bleibt Art. 118 unberührt. ₃Die Strafvollstreckungskammer ist vor der beabsichtigten Maßnahme zu hören.

Teil 5
Vollzugsbehörden

Abschnitt 1
Arten und Einrichtung der Justizvollzugsanstalten

Art. 165 Justizvollzugsanstalten

Die in Art. 1 genannten Freiheitsentziehungen werden in Justizvollzugsanstalten vollzogen.

Art. 166 Trennung des Vollzugs

(1) Jugendstrafe wird in eigenen Justizvollzugsanstalten (Jugendstrafvollzugsanstalten) vollzogen.

(2) ₁Die Unterbringung in der Sicherungsverwahrung wird in einer für den Vollzug der Freiheitsstrafe bestimmten und für den Vollzug der Sicherungsverwahrung eingerichteten Anstalt vollzogen. ₂Sie erfolgt in getrennten Abteilungen, es sei denn die Zahl der Sicherungsverwahrten rechtfertigt die Einrichtung einer solchen Abteilung nicht.

(3) Frauen und Männer sind getrennt voneinander in gesonderten Anstalten oder Abteilungen unterzubringen.

(4) Von der getrennten Unterbringung nach den Absätzen 2 und 3 darf abgewichen werden, um den Gefangenen oder Sicherungsverwahrten die Teilnahme an Behandlungsmaßnahmen in einer anderen Anstalt oder in einer anderen Abteilung zu ermöglichen.

Art. 167 Differenzierung

(1) Für den Vollzug der Freiheitsstrafe und der Jugendstrafe sind Haftplätze in verschiedenen Anstalten oder Abteilungen vorzusehen, die den unterschiedlichen Behandlungsbedürfnissen der Gefangenen und den Sicherheitserfordernissen Rechnung tragen.

(2) ₁In Anstalten des geschlossenen Vollzugs gewährleisten besondere bauliche und technische Vorkehrungen eine sichere Unterbringung der Gefangenen. ₂Einrichtungen des offenen Vollzugs sehen nur verminderte Vorkehrungen gegen Entweichungen vor.

Art. 168 Einrichtungen für Mütter mit Kindern

In Anstalten für Frauen sollen Einrichtungen vorgesehen werden, in denen Mütter mit ihren Kindern untergebracht werden können.

Art. 169 Gestaltung der Anstalten

(1) Justizvollzugsanstalten sind so zu gestalten, dass eine auf die Bedürfnisse der Einzelnen abgestellte Behandlung gewährleistet ist.

(2) Die Anstalten sollen so gegliedert werden, dass die Gefangenen in überschaubaren Betreuungs- und Behandlungsgruppen zusammengefasst werden können.

Art. 170 Größe und Ausgestaltung der Räume

₁Räume für den Aufenthalt während der Ruhe- und Freizeit sowie Gemeinschafts- und Besuchsräume sind wohnlich oder sonst ihrem Zweck entsprechend auszugestalten. ₂Sie müssen einen hinreichend Luftinhalt haben und für eine gesunde Lebensführung ausreichend mit Heizung und Lüftung, Boden- und Fensterfläche ausgestattet sein.

Art. 171 Festsetzung der Belegungsfähigkeit

₁Das Staatsministerium der Justiz setzt die Belegungsfähigkeit für jede Anstalt so fest, dass eine angemessene Unterbringung während der Ruhezeit (Art. 20) gewährleistet ist. ₂Dabei ist zu berücksichtigen, dass eine ausreichende Anzahl von Plätzen für Arbeit, Ausbildung und Weiterbildung sowie von Räumen für Seelsorge, Freizeit, Sport, therapeutische Maßnahmen und Besuche zur Verfügung steht.

Art. 172 Verbot der Überbelegung

(1) Hafträume dürfen nicht mit mehr Personen als zugelassen belegt werden.

(2) Ausnahmen hiervon sind nur vorübergehend und nur mit Zustimmung des Staatsministeriums der Justiz zulässig.

Abschnitt 2
Aufsicht über die Justizvollzugsanstalten

Art. 173 Aufsichtsbehörde

(1) Das Staatsministerium der Justiz führt die Aufsicht über die Justizvollzugsanstalten (Aufsichtsbehörde).

(2) ₁Soweit die Aufsichtsbehörde nicht über eigene Fachkräfte verfügt, ist fachliche Beratung sicherzustellen. ₂Hierzu können Fachberater oder Fachberaterinnen bestellt werden.

Art. 174 Vollstreckungsplan

Die Aufsichtsbehörde regelt in dem Vollstreckungsplan für den Freistaat Bayern die örtliche und sachliche Zuständigkeit der Justizvollzugsanstalten nach allgemeinen Merkmalen.

Abschnitt 3
Innerer Aufbau der Justizvollzugsanstalten

Art. 175 Zusammenarbeit

(1) ₁Alle im Vollzug Tätigen arbeiten zusammen und wirken daran mit, die Aufgaben des Vollzugs zu erfüllen. ₂Die Sicherheit der Anstalt ist durch die erforderlichen organisato-

rischen Maßnahmen und geeignete Behandlungsmaßnahmen zu gewährleisten.

(2) Die Anstalten arbeiten mit Behörden, Verbänden der freien Wohlfahrtspflege, Vereinen und Personen, deren Einfluss die Eingliederung der Gefangenen fördern kann, eng zusammen.

(3) Die Anstalt stellt durch geeignete organisatorische Maßnahmen sicher, dass die Bundesagentur für Arbeit die ihr obliegenden Aufgaben wie Berufsberatung, Ausbildungsvermittlung und Arbeitsvermittlung durchführen kann.

(4) Soweit erforderlich, ist zur Entlassungsvorbereitung insbesondere mit der Bewährungshilfe, den Aufsichtsstellen für die Führungsaufsicht und den Einrichtungen der Straffentlassenenhilfe frühzeitig Kontakt aufzunehmen.

Art. 176 Vollzugsbedienstete

(1) ₁Die Aufgaben der Justizvollzugsanstalten werden von Vollzugsbeamten wahrgenommen. ₂Aus besonderen Gründen können sie auch anderen Bediensteten der Justizvollzugsanstalten sowie nebenamtlichen oder vertraglich verpflichteten Personen übertragen werden.

(2) Für jede Anstalt ist entsprechend ihrer Aufgabe die erforderliche Anzahl von Bediensteten der verschiedenen Berufsgruppen, insbesondere des allgemeinen Vollzugsdienstes, des Werkdienstes, des Krankenpflegedienstes und des Verwaltungsdienstes, sowie von Seelsorgern, Ärzten, Pädagogen, Psychologen und Sozialarbeitern vorzusehen.

Art. 177 Anstaltsleiter oder Anstaltsleiterin

(1) ₁Für jede Justizvollzugsanstalt ist ein Beamter oder eine Beamtin des höheren Dienstes hauptamtlich mit der Leitung zu beauftragen (Anstaltsleiter oder Anstaltsleiterin). ₂Aus besonderen Gründen kann eine Anstalt auch von einem Beamten oder einer Beamtin des gehobenen Dienstes geleitet werden.

(2) ₁Der Anstaltsleiter oder die Anstaltsleiterin vertritt die Anstalt nach außen. ₂Er oder sie trägt die Verantwortung für den gesamten

Vollzug, soweit nicht bestimmte Aufgabenbereiche der Verantwortung anderer Vollzugsbediensteter oder ihrer gemeinsamen Verantwortung übertragen sind.

(3) Die Befugnis, die Durchsuchung nach Art. 91 Abs. 2, die besonderen Sicherungsmaßnahmen nach Art. 96 und die Disziplinarmaßnahmen nach Art. 110 anzuordnen, darf nur mit Zustimmung der Aufsichtsbehörde übertragen werden.

Art. 178 Seelsorge

(1) Seelsorger werden im Einvernehmen mit der jeweiligen Religionsgemeinschaft im Hauptamt bestellt oder vertraglich verpflichtet.

(2) Wenn die geringe Anzahl der Angehörigen einer Religionsgemeinschaft eine Seelsorge nach Absatz 1 nicht rechtfertigt, ist die seelsorgerische Betreuung auf andere Weise zuzulassen.

(3) Mit Zustimmung des Anstaltsleiters oder der Anstaltsleiterin dürfen der Anstaltsseelsorger sich freier Seelsorgehelfer bedienen und für Gottesdienste sowie für andere religiöse Veranstaltungen Seelsorger von außen zuziehen.

(4) ₁Den Seelsorgern obliegt insbesondere die religiöse Betreuung der Gefangenen. ₂Die Seelsorger wirken ferner mit bei der Behandlungsuntersuchung der Gefangenen, bei der Aufstellung, Durchführung und Änderung des Vollzugsplans, bei der Freizeitgestaltung der Gefangenen, bei der sozialen Hilfe für die Gefangenen und bei der Aus- und Fortbildung der Vollzugsbediensteten.

Art. 179 Ärztliche Versorgung

(1) ₁Die ärztliche Versorgung ist durch hauptamtliche Ärzte sicherzustellen. ₂Sie kann aus besonderen Gründen nebenamtlichen oder vertraglich verpflichteten Ärzten übertragen werden.

(2) ₁Die Pflege der Kranken soll von Personen ausgeübt werden, die eine Erlaubnis nach dem Krankenpflegegesetz besitzen. ₂Solange Personen im Sinn von Satz 1 nicht zur Verfügung stehen, können auch Bedienstete ein-

I

gesetzt werden, die eine sonstige Ausbildung in der Krankenpflege erfahren haben.

(3) ₁Den Ärzten obliegt insbesondere die Gesundheitsfürsorge für die Gefangenen, die Überwachung der gesundheitlichen und hygienischen Verhältnisse in der Anstalt, die ärztliche Überwachung der Anstaltsverpflegung und die Durchführung von Zwangsmaßnahmen auf dem Gebiet der Gesundheitsfürsorge. ₂Sie wirken ferner mit bei der Behandlungsuntersuchung der Gefangenen, bei der Aufstellung, Durchführung und Änderung des Vollzugsplans, bei der Beurteilung der Gefangenen, bei der Anordnung und beim Vollzug besonderer Sicherungsmaßnahmen und von Disziplinarmaßnahmen in dem vorgesehenen Umfang sowie bei der Aus- und Fortbildung der Vollzugsbediensteten.

Art. 180 Pädagogischer Dienst

(1) ₁Die pädagogische Behandlung ist durch hauptamtliche Lehrkräfte sicherzustellen. ₂Aus besonderen Gründen kann sie auch nebenamtlichen oder vertraglich verpflichteten Lehrkräften übertragen werden.

(2) ₁Den Lehrkräften obliegt insbesondere die Erteilung von Unterricht und die Organisation der Ausbildung für die Gefangenen, die Sorge für sonstige Maßnahmen der Aus- und Weiterbildung der Gefangenen sowie die Beratung und Betreuung der Gefangenen in Fragen der Aus- und Weiterbildung. ₂Die Lehrkräfte wirken ferner mit bei der Behandlungsuntersuchung der Gefangenen, bei der Aufstellung, Durchführung und Änderung des Vollzugsplans, bei der Beurteilung und der Freizeitgestaltung der Gefangenen, der Gestaltung des kulturellen Lebens der Anstalt sowie bei der Aus- und Fortbildung der Vollzugsbediensteten.

Art. 181 Sozialdienst

(1) Die sozialpädagogische Behandlung und Betreuung der Gefangenen ist durch hauptamtliche Sozialarbeiter sicherzustellen.

(2) ₁Den Sozialarbeitern obliegt insbesondere die soziale Hilfe für die Gefangenen. ₂Die Sozialarbeiter wirken ferner mit bei der Behandlungsuntersuchung der Gefangenen, bei der Aufstellung, Durchführung und Änderung des Vollzugsplans, bei der Beurteilung und der Freizeitgestaltung der Gefangenen sowie bei der Aus- und Fortbildung der Vollzugsbediensteten.

Art. 182 Psychologischer Dienst

(1) ₁Die psychologische Behandlung ist durch hauptamtliche Psychologen sicherzustellen. ₂Aus besonderen Gründen kann sie nebenamtlichen oder vertraglich verpflichteten Psychologen übertragen werden.

(2) ₁Zu den Aufgaben des psychologischen Dienstes gehören insbesondere Diagnostik und Prognostik, Krisenintervention und psychologische Beratung, Psychotherapie sowie Dokumentation und Evaluation. ₂Die Psychologen wirken ferner mit bei der Behandlungsuntersuchung der Gefangenen, der Aufstellung, Durchführung und Änderung des Vollzugsplans sowie der Personalauswahl, Organisationsentwicklung und Aus- und Fortbildung des Personals.

Art. 183 Konferenzen

Zur Aufstellung und Überprüfung des Vollzugsplans und zur Vorbereitung wichtiger Entscheidungen im Vollzug führt der Anstaltsleiter oder die Anstaltsleiterin Konferenzen mit den an der Behandlung maßgeblich Beteiligten durch.

Art. 184 Hausordnung

(1) ₁Der Anstaltsleiter oder die Anstaltsleiterin erlässt eine Hausordnung. ₂Sie bedarf der Zustimmung der Aufsichtsbehörde.

(2) In die Hausordnung sind insbesondere die Anordnungen aufzunehmen über

1. Besuchszeiten, Häufigkeit und Dauer der Besuche,

2. Arbeitszeit, Freizeit und Ruhezeit,

3. auf der Grundlage dieses Gesetzes besonders auferlegte Pflichten sowie

4. die Gelegenheit, Anträge und Beschwerden anzubringen, oder sich an Vertreter der Aufsichtsbehörde zu wenden.

(3) Gefangene erhalten einen Abdruck der Hausordnung.

Abschnitt 4
Anstaltsbeiräte

Art. 185 Beiräte

(1) Bei den Justizvollzugsanstalten sind Beiräte zu bilden.

(2) ₁Der oder die Vorsitzende und deren Vertreter werden aus der Mitte des Bayerischen Landtags gewählt. ₂Vollzugsbedienstete dürfen nicht Mitglieder der Beiräte sein.

(3) Die Mitglieder der Beiräte arbeiten ehrenamtlich.

Art. 186 Aufgaben

₁Die Mitglieder des Beirats wirken bei der Gestaltung des Vollzugs und bei der Betreuung der Gefangenen mit. ₂Sie unterstützen den Anstaltsleiter oder die Anstaltsleiterin durch Anregungen und Verbesserungsvorschläge und helfen bei der Eingliederung der Gefangenen nach der Entlassung.

Art. 187 Befugnisse

(1) ₁Die Mitglieder des Beirats können insbesondere Wünsche, Anregungen und Beanstandungen entgegennehmen. ₂Sie können sich über die Unterbringung, Beschäftigung, berufliche Bildung, Verpflegung, ärztliche Versorgung und Behandlung unterrichten sowie die Anstalt und ihre Einrichtungen besichtigen.

(2) ₁Die Mitglieder des Beirats können die Gefangenen in ihren Räumen aufsuchen. ₂Aussprache und Schriftwechsel werden nicht überwacht.

Art. 188 Pflicht zur Verschwiegenheit

₁Die Mitglieder des Beirats sind verpflichtet, außerhalb ihres Amtes über alle Angelegenheiten, die ihrer Natur nach vertraulich sind, besonders über Namen und Persönlichkeit der Gefangenen, Verschwiegenheit zu bewahren. ₂Dies gilt auch nach Beendigung ihres Amtes.

Abschnitt 5
Kriminologische Forschung im Strafvollzug

Art. 189 Kriminologischer Dienst

(1) Dem kriminologischen Dienst obliegt es, in Zusammenarbeit mit den Einrichtungen der Forschung den Vollzug, insbesondere die Behandlungsmethoden, wissenschaftlich fortzuentwickeln und seine Ergebnisse für Zwecke der Strafrechtspflege nutzbar zu machen.

(2) Art. 204 gilt entsprechend.

Teil 6
Vollzug des Strafarrests, Akten, Datenschutz, Arbeitslosenversicherung

Abschnitt 1
Vollzug des Strafarrests in Justizvollzugsanstalten

Art. 190 Grundsatz

₁Für den Vollzug des Strafarrests in Justizvollzugsanstalten gelten die Vorschriften über den Vollzug der Freiheitsstrafe (Art. 2 bis 116) entsprechend, soweit im Folgenden nichts anderes bestimmt ist. ₂Art. 49 findet nur in den Fällen einer in Art. 42 erwähnten Beschäftigung Anwendung.

Art. 191 Unterbringung, Besuche und Schriftverkehr

(1) ₁Eine gemeinsame Unterbringung während der Arbeit, Freizeit und Ruhezeit (Art. 19 und 20) ist nur mit Einwilligung der Gefangenen zulässig. ₂Dies gilt nicht, wenn der Strafarrest in Unterbrechung einer Strafhaft oder einer Unterbringung im Vollzug einer freiheitsentziehenden Maßregel der Besserung und Sicherung vollzogen wird.

(2) Den Gefangenen soll gestattet werden, einmal wöchentlich Besuch zu empfangen.

(3) Besuche und Schriftwechsel dürfen nur untersagt oder überwacht werden, wenn dies aus Gründen der Sicherheit oder Ordnung der Anstalt notwendig ist.

Art. 192 Kleidung, Wäsche und Bettzeug

Gefangene dürfen eigene Kleidung, Wäsche und eigenes Bettzeug benutzen, wenn Gründe der Sicherheit nicht entgegenstehen und die Gefangenen für Reinigung, Instandsetzung und regelmäßigen Wechsel auf eigene Kosten sorgen.

Art. 193 Einkauf

Gefangene dürfen Nahrungs- und Genussmittel sowie Mittel zur Körperpflege in angemessenem Umfang durch Vermittlung der Anstalt auf eigene Kosten erwerben.

Art. 194 Unmittelbarer Zwang

₁Beim Vollzug des Strafarrests dürfen zur Vereitelung einer Flucht oder zur Wiederergreifung (Art. 107 Abs. 1 Nr. 3) keine Schusswaffen gebraucht werden. ₂Dies gilt nicht, wenn Strafarrest in Unterbrechung einer Untersuchungshaft, einer Strafhaft oder einer Unterbringung im Vollzug einer freiheitsentziehenden Maßregel der Besserung und Sicherung vollzogen wird.

Abschnitt 2
Akten

Art. 195 Akten

(1) Über jeden Gefangenen und jede Gefangene werden Personalakten geführt (Gefangenenpersonalakten).

(2) Für jeden Gefangenen und jede Gefangene sind vom Anstaltsarzt oder von der Anstaltsärztin Gesundheitsakten zu führen.

(3) Über die im Rahmen einer Therapie erhobenen Daten im Sinn von Art. 200 Abs. 2 Nrn. 2 und 3 sind Therapieakten zu führen.

(4) Die in Absatz 1 bis 3 genannten Akten können auch elektronisch geführt werden.

Abschnitt 3
Datenschutz

Art. 196 Datenerhebung

(1) Die Anstalt darf personenbezogene Daten erheben, soweit deren Kenntnis für die Erfüllung ihrer Aufgaben erforderlich ist.

(2) ₁Personenbezogene Daten sind bei dem oder der Betroffenen zu erheben. ₂Für die Erhebung ohne Mitwirkung des oder der Betroffenen, die Erhebung bei anderen Personen oder Stellen und für die Hinweis- und Aufklärungspflichten gelten Art. 16 Abs. 2 bis 4 des Bayerischen Datenschutzgesetzes (BayDSG).

(3) Daten über Personen, die nicht Gefangene sind, dürfen ohne ihre Mitwirkung bei Personen oder Stellen außerhalb der Anstalt nur erhoben werden, wenn sie für die Behandlung der Gefangenen, die Sicherheit der Anstalt oder die Sicherung des Vollzugs einer Freiheitsstrafe unerlässlich sind und die Art der Erhebung schutzwürdige Interessen der Betroffenen nicht beeinträchtigt.

(4) ₁Über eine ohne ihre Kenntnis vorgenommene Erhebung personenbezogener Daten werden die Betroffenen unter Angabe dieser Daten unterrichtet, soweit der in Absatz 1 genannte Zweck dadurch nicht gefährdet wird. ₂Sind die Daten bei anderen Personen oder Stellen erhoben worden, kann die Unterrichtung unterbleiben, wenn

1. die Daten nach einer Rechtsvorschrift oder ihrem Wesen nach, insbesondere wegen des überwiegenden berechtigten Interesses Dritter, geheim gehalten werden müssen oder

2. der Aufwand der Unterrichtung außer Verhältnis zum Schutzzweck steht und keine Anhaltspunkte dafür bestehen, dass überwiegende schutzwürdige Interessen der Betroffenen beeinträchtigt werden.

Art. 197 Verarbeitung und Nutzung

(1) ₁Die Anstalt darf personenbezogene Daten verarbeiten und nutzen, soweit dies für den Vollzug der Freiheitsstrafe erforderlich ist. ₂Die Anstalt kann Gefangene verpflichten, einen Lichtbildausweis mit sich zu führen, wenn dies aus Gründen der Sicherheit oder Ordnung der Anstalt erforderlich ist.

(2) Die Verarbeitung und Nutzung personenbezogener Daten für andere Zwecke ist zulässig, soweit dies

1. zur Abwehr von sicherheitsgefährdenden oder geheimdienstlichen Tätigkeiten für

eine fremde Macht oder von Bestrebungen im Geltungsbereich des Grundgesetzes, die durch Anwendung von Gewalt oder darauf gerichteter Vorbereitungshandlungen

a) gegen die freiheitliche demokratische Grundordnung, den Bestand oder die Sicherheit des Bundes oder eines Landes gerichtet sind,

b) eine ungesetzliche Beeinträchtigung der Amtsführung der Verfassungsorgane des Bundes oder eines Landes oder ihrer Mitglieder zum Ziel haben oder

c) auswärtige Belange der Bundesrepublik Deutschland gefährden,

2. zur Abwehr erheblicher Nachteile für das Gemeinwohl oder einer Gefahr für die öffentliche Sicherheit,

3. zur Abwehr einer schwerwiegenden Beeinträchtigung der Rechte einer anderen Person,

4. zur Verhinderung oder Verfolgung von Straftaten sowie zur Verhinderung oder Verfolgung von Ordnungswidrigkeiten, durch welche die Sicherheit oder Ordnung der Anstalt gefährdet werden, oder

5. für Maßnahmen der Strafvollstreckung oder strafvollstreckungsrechtliche Entscheidungen erforderlich ist.

(3) Eine Verarbeitung oder Nutzung für andere Zwecke liegt nicht vor, soweit sie dem gerichtlichen Rechtsschutz nach den §§ 109 bis 121 StVollzG oder den in Art. 17 Abs. 3 BayDSG genannten Zwecken dient.

(4) ₁Über die in Absatz 1 und 2 geregelten Zwecke hinaus dürfen zuständigen öffentlichen Stellen personenbezogene Daten übermittelt werden, soweit dies für

1. Maßnahmen der Gerichtshilfe, Jugendgerichtshilfe, Bewährungshilfe oder Führungsaufsicht,

2. Entscheidungen in Gnadensachen,

3. Statistiken der Rechtspflege,

4. sozialrechtliche Maßnahmen,

5. die Einleitung von Hilfsmaßnahmen für Angehörige (§ 11 Abs. 1 Nr. 1 StGB) der Gefangenen,

6. dienstliche Maßnahmen der Bundeswehr im Zusammenhang mit der Aufnahme und Entlassung von Soldaten,

7. ausländerrechtliche Maßnahmen oder

8. die Durchführung der Besteuerung

erforderlich ist. ₂Eine Übermittlung für andere Zwecke ist auch zulässig, soweit eine andere gesetzliche Vorschrift dies vorsieht und sich dabei ausdrücklich auf personenbezogene Daten über Gefangene bezieht.

(5) ₁Öffentlichen und nichtöffentlichen Stellen darf die Anstalt auf schriftlichen Antrag mitteilen, ob sich eine Person in Haft befindet sowie ob und wann ihre Entlassung voraussichtlich bevorsteht und wie die Entlassungsadresse lautet, soweit

1. die Mitteilung zur Erfüllung der in der Zuständigkeit der öffentlichen Stelle liegenden Aufgaben erforderlich ist oder

2. von nichtöffentlichen Stellen ein berechtigtes Interesse an dieser Mitteilung glaubhaft dargelegt wird und die Gefangenen kein schutzwürdiges Interesse an dem Ausschluss der Übermittlung haben.

₂Verletzten einer Straftat können darüber hinaus auf schriftlichen Antrag Auskünfte über die Vermögensverhältnisse von Gefangenen erteilt werden, wenn die Erteilung zur Feststellung oder Durchsetzung von Rechtsansprüchen im Zusammenhang mit der Straftat erforderlich ist. ₃Die Gefangenen werden vor der Mitteilung gehört, es sei denn, hierdurch droht eine Vereitelung des Zwecks der Mitteilung. ₄Ist die Anhörung unterblieben, werden die betroffenen Gefangenen über die Mitteilung der Anstalt nachträglich unterrichtet.

(6) ₁Akten mit personenbezogenen Daten dürfen nur anderen Justizvollzugsanstalten, den zur Dienst- oder Fachaufsicht oder zu dienstlichen Weisungen befugten Stellen, den für strafvollzugs-, strafvollstreckungs- und strafrechtliche Entscheidungen zuständigen Gerichten sowie den Strafvollstreckungs- und Strafverfolgungsbehörden überlassen werden; die Überlassung an andere öffentliche Stellen ist zulässig, soweit die Erteilung einer Auskunft einen unvertretbaren Auf-

wand erfordert oder nach Darlegung der Akteneinsicht begehrenden Stellen für die Erfüllung der Aufgabe nicht ausreicht. ₂Entsprechendes gilt für die Überlassung von Akten an die von der Anstalt mit Gutachten beauftragten Stellen.

(7) Sind mit personenbezogenen Daten, die nach Absatz 1, 2 oder 4 übermittelt werden dürfen, weitere personenbezogene Daten der Betroffenen oder Dritter in Akten so verbunden, dass eine Trennung nicht oder nur mit unvertretbarem Aufwand möglich ist, so ist die Übermittlung auch dieser Daten zulässig, soweit nicht berechtigte Interessen der Betroffenen oder Dritter an deren Geheimhaltung offensichtlich überwiegen; eine Verarbeitung oder Nutzung dieser Daten durch den Empfänger ist unzulässig.

(8) Bei der Überwachung der Besuche oder des Schriftwechsels sowie bei der Überwachung des Inhalts von Paketen bekannt gewordene personenbezogene Daten dürfen nur für die in Absatz 2 aufgeführten Zwecke, für das gerichtliche Verfahren nach den §§ 109 bis 121 StVollzG, zur Wahrung der Sicherheit oder Ordnung der Anstalt oder nach Anhörung der Gefangenen für Zwecke der Behandlung verarbeitet und genutzt werden.

(9) Personenbezogene Daten, die gemäß Art. 196 Abs. 3 über Personen, die nicht Gefangene sind, erhoben worden sind, dürfen nur zur Erfüllung des Erhebungszwecks oder für die in Absatz 2 geregelten Zwecke verarbeitet und genutzt werden.

(10) Die Übermittlung von personenbezogenen Daten unterbleibt, soweit die in Art. 200 Abs. 2, Art. 202 Abs. 2 und 4 geregelten Einschränkungen oder besondere gesetzliche Verwendungsregelungen entgegenstehen.

(11) ₁Die Verantwortung für die Zulässigkeit der Übermittlung trägt die Anstalt. ₂Erfolgt die Übermittlung auf Ersuchen einer öffentlichen Stelle, trägt diese die Verantwortung. ₃In diesem Fall prüft die Anstalt nur, ob das Übermittlungsersuchen im Rahmen der Aufgaben des Empfängers liegt und Absatz 8 bis 10 der Übermittlung nicht entgegenstehen, es sei denn, dass besonderer Anlass zur Prüfung der Zulässigkeit der Übermittlung besteht.

Art. 198   Zentrale Datei, automatisiertes Verfahren

(1) Die gemäß Art. 196 erhobenen Daten können für sämtliche Anstalten im Geltungsbereich dieses Gesetzes in einer zentralen Datei gespeichert werden.

(2) ₁Die Einrichtung eines automatisierten Verfahrens, das die Übermittlung oder den Abruf personenbezogener Daten aus der zentralen Datei gemäß Art. 197 Abs. 2 und 4 ermöglicht, ist zulässig. ₂Die automatisierte Übermittlung der für § 13 Abs. 1 Satz 3 des Bundeskriminalamtgesetzes erforderlichen personenbezogenen Daten kann auch anlassunabhängig erfolgen.

(3) Für die Durchführung des automatisierten Abrufverfahrens gelten Art. 8 Abs. 2 und 3 BayDSG entsprechend.

Art. 199   Zweckbindung

₁Von der Anstalt übermittelte personenbezogene Daten dürfen nur zu dem Zweck verarbeitet oder genutzt werden, zu dessen Erfüllung sie übermittelt worden sind. ₂Der Empfänger darf die Daten für andere Zwecke nur verarbeiten oder nutzen, soweit sie ihm auch für diese Zwecke hätten übermittelt werden dürfen, und wenn im Fall einer Übermittlung an nichtöffentliche Stellen die übermittelnde Anstalt zugestimmt hat. ₃Die Anstalt hat den nichtöffentlichen Empfänger auf die Zweckbindung nach Satz 1 hinzuweisen.

Art. 200   Schutz besonderer Daten

(1) ₁Das religiöse oder weltanschauliche Bekenntnis der Gefangenen und personenbezogene Daten, die anlässlich ärztlicher Untersuchungen erhoben worden sind, dürfen in der Anstalt nicht allgemein kenntlich gemacht werden. ₂Andere personenbezogene Daten über die Gefangenen dürfen innerhalb der Anstalt allgemein kenntlich gemacht werden, soweit dies für ein geordnetes Zusammenleben in der Anstalt erforderlich ist; Art. 197 Abs. 8 bis 10 bleiben unberührt.

(2) ₁Personenbezogene Daten, die

1. Ärzten, Zahnärzten oder Angehörigen eines solchen Heilberufs, der für die Berufsausübung oder die Führung der Berufsbezeichnung eine staatlich geregelte Ausbildung erfordert,

2. Berufspsychologen mit staatlich anerkannter wissenschaftlicher Abschlussprüfung,

3. staatlich anerkannten Sozialarbeitern oder staatlich anerkannten Sozialpädagogen

von Gefangenen als Geheimnis anvertraut oder über Gefangene sonst bekannt geworden sind, unterliegen auch gegenüber der Anstalt der Schweigepflicht. ₂Die in Satz 1 genannten Personen haben sich gegenüber dem Anstaltsleiter oder der Anstaltsleiterin zu offenbaren, soweit dies für die Aufgabenerfüllung der Anstalt oder zur Abwehr von erheblichen Gefahren für Leib oder Leben der Gefangenen oder Dritter erforderlich ist. ₃Der Arzt oder die Ärztin ist zur Offenbarung ihm oder ihr im Rahmen der allgemeinen Gesundheitsfürsorge bekannt gewordener Geheimnisse befugt, soweit dies für die Aufgabenerfüllung der Anstalt unerlässlich oder zur Abwehr von erheblichen Gefahren für Leib oder Leben der Gefangenen oder Dritter erforderlich ist. ₄Sonstige Offenbarungsbefugnisse bleiben unberührt. ₅Die Gefangenen sind vor der Erhebung über die nach den Sätzen 2 und 3 bestehenden Offenbarungsbefugnisse zu unterrichten.

(3) ₁Die nach Absatz 2 offenbarten Daten dürfen nur für den Zweck, für den sie offenbart wurden oder für den eine Offenbarung zulässig gewesen wäre, und nur unter denselben Voraussetzungen verarbeitet oder genutzt werden, unter denen eine in Absatz 2 Satz 1 Nrn. 1 bis 3 genannte Person selbst hierzu befugt wäre. ₂Der Anstaltsleiter oder die Anstaltsleiterin kann unter diesen Voraussetzungen die unmittelbare Offenbarung gegenüber bestimmten Anstaltsbediensteten allgemein zulassen. ₃Warnhinweise, die keinen Rückschluss auf konkrete Erkrankungen zulassen, sind zulässig, soweit dies zur Abwehr von erheblichen Gefahren für Leib oder Leben der Gefangenen oder Dritter erforderlich ist.

(4) Sofern Ärzte oder Psychologen außerhalb des Vollzugs mit der Untersuchung oder Behandlung Gefangener beauftragt werden, gilt Absatz 2 entsprechend mit der Maßgabe, dass die beauftragte Person auch zur Unterrichtung der in der Anstalt mit der entsprechenden Behandlung betrauten Person befugt ist.

Art. 201 Schutz der Daten in Akten und Dateien

(1) Die einzelnen Vollzugsbediensteten dürfen sich von personenbezogenen Daten nur Kenntnis verschaffen, soweit dies zur Erfüllung der ihnen obliegenden Aufgaben oder für die Zusammenarbeit nach Art. 175 Abs. 1 erforderlich ist.,

(2) ₁Akten und Dateien mit personenbezogenen Daten sind durch die erforderlichen technischen und organisatorischen Maßnahmen gegen unbefugten Zugang und unbefugten Gebrauch zu schützen. ₂Gesundheitsakten und Therapieakten sind getrennt von anderen Unterlagen zu führen und besonders zu sichern. ₃Im Übrigen gilt für die Art und den Umfang der Schutzvorkehrungen Art. 7 BayDSG.

Art. 202 Löschung, Sperrung, Berichtigung

(1) ₁Die in Dateien gespeicherten personenbezogenen Daten sind spätestens fünf Jahre nach der Entlassung oder Verlegung der Gefangenen in eine andere Anstalt zu löschen. ₂Hiervon können bis zum Ablauf der Aufbewahrungsfrist für die Gefangenenpersonalakten die Gefangenenbuchnummer, die Angaben über Familienname, Vorname, Geburtsname, Geburtstag, Geburtsort, Eintritts- und Austrittsdatum der Gefangenen sowie die aufnehmende Anstalt bei Verlegung ausgenommen werden, soweit dies für das Auffinden der Gefangenenpersonalakten erforderlich ist.

(2) ₁Personenbezogene Daten in Akten dürfen nach Ablauf von fünf Jahren seit der Entlassung der Gefangenen nur übermittelt oder genutzt werden, soweit dies

1. zur Verfolgung von Straftaten,

2. für die Durchführung wissenschaftlicher Forschungsvorhaben gemäß Art. 204,

3. zur Behebung einer bestehenden Beweisnot,

4. zur Feststellung, Durchsetzung oder Abwehr von Rechtsansprüchen im Zusammenhang mit dem Vollzug einer Freiheitsstrafe

unerlässlich ist. ₂Diese Verwendungsbeschränkungen enden, wenn die Gefangenen erneut zum Vollzug einer Freiheitsstrafe aufgenommen werden oder die Betroffenen eingewilligt haben.

(3) ₁Bei der Aufbewahrung von Akten mit nach Absatz 2 gesperrten Daten dürfen folgende Fristen nicht überschritten werden:

1. für Gefangenenpersonalakten, Gesundheitsakten und Therapieakten   20 Jahre,

2. für Gefangenenbücher   30 Jahre.

₂Dies gilt nicht, wenn auf Grund bestimmter Tatsachen anzunehmen ist, dass die Aufbewahrung für die in Absatz 2 Satz 1 genannten Zwecke weiterhin erforderlich ist. ₃Die Aufbewahrungsfrist beginnt mit dem auf das Jahr der aktenmäßigen Weglegung folgenden Kalenderjahr. ₂Die archivrechtlichen Vorschriften bleiben unberührt.

(4) Wird festgestellt, dass unrichtige Daten übermittelt worden sind, ist dies dem Empfänger mitzuteilen, wenn dies zur Wahrung schutzwürdiger Interessen der Betroffenen erforderlich ist.

(5) Im Übrigen gelten für die Berichtigung, Löschung und Sperrung personenbezogener Daten Art. 11 und 12 BayDSG.

Art. 203 Auskunft an die Betroffenen, Akteneinsicht

Die Betroffenen erhalten Auskunft nach Maßgabe des Art. 10 BayDSG und, soweit eine Auskunft für die Wahrnehmung ihrer rechtlichen Interessen nicht ausreicht und sie hierfür auf die Einsichtnahme angewiesen sind, Akteneinsicht.

Art. 204 Auskunft und Akteneinsicht für wissenschaftliche Zwecke

Für die Auskunft und Akteneinsicht für wissenschaftliche Zwecke gilt § 476 StPO entsprechend.

Art. 205 Anwendung des Bayerischen Datenschutzgesetzes

Die Regelungen des Bayerischen Datenschutzgesetzes über Begriffsbestimmungen (Art. 4), das Datengeheimnis (Art. 5), den Schadensersatz (Art. 14), Einholung und Form der Einwilligung der Betroffenen (Art. 15 Abs. 2 bis 4), die Videoüberwachung (Art. 21a), die Durchführung des Datenschutzes (Art. 25 bis 27), die Bestimmungen über die Kontrolle durch den Landesbeauftragten für den Datenschutz (Art. 29 bis 33) sowie die Straf- und Bußgeldvorschriften (Art. 37) sind anzuwenden.

Abschnitt 4
Arbeitslosenversicherung

Art. 206 Einbehaltung von Beitragsteilen

Soweit die Anstalt Beiträge zur Bundesagentur für Arbeit zu entrichten hat, hat sie von dem Arbeitsentgelt oder der Ausbildungsbeihilfe einen Betrag einzubehalten, der dem Anteil der Gefangenen am Beitrag entsprechen würde, wenn sie diese Bezüge als Arbeitnehmer erhielten.

Teil 7
Schlussvorschriften

Art. 207 Einschränkung von Grundrechten

Auf Grund dieses Gesetzes können die Grundrechte auf Leben, körperliche Unversehrtheit und Freiheit der Person sowie das Brief-, Post- und Fernmeldegeheimnis (Art. 2 Abs. 2 Sätze 1 und 2 sowie Art. 10 Abs. 1 des Grundgesetzes, Art. 102 Abs. 1, Art. 112 Abs. 1 und Art. 109 der Verfassung) eingeschränkt werden.

Art. 208 Regelungsumfang

Dieses Gesetz ersetzt im Freistaat Bayern § 91 Abs. 4 und § 92 Abs. 1 des Jugendgerichtsgesetzes (JGG) in der Fassung der Bekanntmachung vom 11. Dezember 1974 (BGBl. I S. 3427), zuletzt geändert durch Art. 3 des Gesetzes vom 13. April 2007 (BGBl. I S. 513), sowie das Gesetz über den Vollzug der Freiheitsstrafe und der freiheitsentziehenden Maßregeln der Besserung und Sicherung (Strafvollzugsgesetz – StVollzG) vom 16. März 1976 (BGBl. I S. 581, ber. S. 2088, 1977 I S. 436), zuletzt geändert durch Art. 2 Abs. 11 des Gesetzes vom 19. Februar 2007 (BGBl. I S. 122), mit Ausnahme der Vorschrift des § 43 Abs. 11 Satz 2 Halbsatz 2 und der Vorschriften über den Pfändungsschutz (§ 50 Abs. 2 Satz 5, § 51 Abs. 4 und 5, § 75 Abs. 3, §§ 130 und 176 Abs. 4), das gerichtliche Verfahren (§§ 109 bis 121 und 130), die Strafvollstreckung und Untersuchungshaft (§§ 122 und 177), die Unterbringung in einem psychiatrischen Krankenhaus und einer Entziehungsanstalt (§§ 136 bis 138), den Vollzug von Ordnungs-, Sicherungs-, Zwangs- und Erzwingungshaft (§§ 171 bis 175) sowie den unmittelbaren Zwang in Justizvollzugsanstalten beim Vollzug der Untersuchungshaft, der einstweiligen Unterbringung nach § 126a StPO, des Jugendarrests und der Ordnungs-, Sicherungs-, Zwangs- und Erzwingungshaft (§ 178 Abs. 1 bis 3).

Art. 209 Änderung anderer Rechtsvorschriften

(hier nicht aufgenommen)

Art. 210 Inkrafttreten, Übergangsvorschriften

(1) ₁Dieses Gesetz tritt am 1. Januar 2008 in Kraft. ₂Abweichend von Satz 1 treten Art. 137 Abs. 2 Sätze 2 bis 5 am 1. Januar 2011 in Kraft.

(2) Bis zum Ablauf des 31. Dezember 2012 gelten Art. 11 Abs. 2 und Art. 132 Abs. 2 mit der Maßgabe, dass in diesen Vorschriften jeweils an die Stelle des Wortes „sollen" das Wort „können" tritt.

Bayerische Verwaltungsvorschriften zum Strafvollzugsgesetz (BayVVStVollzG)
Vom 1. Juli 2008 (JMBl S. 89)

I.

Ergänzend zu den bundeseinheitlichen Verwaltungsvorschriften zum Strafvollzugsgesetz (VVStVollzG) vom 1. Juli 1976 (JMBl S. 325) in der jeweils geltenden Fassung werden folgende Bayerische Verwaltungsvorschriften zum Strafvollzugsgesetz (BayStVollzG) erlassen:

BayVV zu § 115 StVollzG

Der Anstaltsleiter oder die Anstaltsleiterin legt der Aufsichtsbehörde unverzüglich einen Abdruck einer in Vollzugsangelegenheiten ergangenen gerichtlichen Entscheidung vor, wenn sie ganz oder teilweise von Anträgen der Anstalt abweicht, wenn es sich um eine Entscheidung eines Oberlandesgerichts handelt oder wenn die Entscheidung über den Einzelfall hinaus bedeutsam oder für die Aufsichtsbehörde aus sonstigem Grund von Interesse ist. Von der Vorlage von Kostenentscheidungen, die nach Rücknahme des Antrags auf gerichtliche Entscheidung ergangen sind, kann abgesehen werden. Soweit die Entscheidung zugunsten des Antragstellers oder der Antragstellerin ergangen ist, äußert sich der Anstaltsleiter oder die Anstaltsleiterin gleichzeitig dazu, ob Rechtsbeschwerde (§ 116 StVollzG) eingelegt werden soll; ferner teilt er oder sie mit, wann die Entscheidung zugestellt wurde. Im Falle des Satzes 3 sind die gerichtliche Entscheidung und die Äußerung des Anstaltsleiters oder der Anstaltsleiterin der Aufsichtsbehörde spätestens eine Woche nach Zustellung der Entscheidung vorzulegen. Beabsichtigt der Anstaltsleiter oder die Anstaltsleiterin die Einlegung der Rechtsbeschwerde, ist gleichzeitig ein Entwurf vorzulegen.

BayVV zu § 116 StVollzG
1

Soweit die gerichtliche Entscheidung zugunsten des Antragstellers oder der Antragstellerin ergangen ist, legt der Anstaltsleiter oder die Anstaltsleiterin Rechtsbeschwerde ein (§ 118 StVollzG). wenn die Aufsichtsbehörde dies anordnet oder wenn der Anstaltsleiter oder die Anstaltsleiterin die Einlegung der Rechtsbeschwerde vorgeschlagen hat (Satz 3 BayVV zu § 115 StVollzG) und eine Entscheidung der Aufsichtsbehörde eine Woche vor Ablauf der Frist noch nicht ergangen ist.

2

Die Rechtsbeschwerde darf nur mit Zustimmung des Staatsministeriums der Justiz zurückgenommen werden.

BayVV zu § 119 StVollzG

Die Generalstaatsanwaltschaft legt dem Staatsministerium der Justiz einen Abdruck der Entscheidung über die Rechtsbeschwerde vor.

BayVV zu § 171 StVollzG
1

(1) Ergänzend zu den VVStVollzG gelten die VV zu den Vorschriften des zweiten Teils des BayStVollzG über den Vollzug der Freiheitsstrafe für den Vollzug einer gerichtlich angeordneten Ordnungs-, Sicherungs-, Zwangs- oder Erzwingungshaft nach §§ 171 ff. StVollzG entsprechend, soweit Strafvollzugsgesetz und Bayerisches Strafvollzugsgesetz inhaltsgleiche Regelungen treffen und nicht Eigenart und Zweck der Haft entgegenstehen oder etwas anderes bestimmt ist.

(2) Bei dem Vollzug einer gerichtlich angeordneten Ordnungs-, Sicherungs-, Zwangs- oder Erzwingungshaft nach §§ 171 ff. StVollzG sind die vorzeitige Entlassung nach

§ 16 Abs. 2 und 3 StVollzG, Lockerungen des Vollzugs und Urlaub aus der Haft in der Regel mit Eigenart und Zweck der Haft nicht vereinbar. Sie kommen deshalb bei diesen Haftarten grundsätzlich nicht in Betracht.

2

(1) Die Pakete nach § 33 StVollzG dürfen Lebens- und Genussmittel in Pulverform nicht enthalten. Ein Paket darf grundsätzlich nicht mehr als 150 Zigaretten, 150 Gramm Tabak, 30 Zigarren oder 60 Zigarillos enthalten, wobei geringfügige Überschreitungen der angegebenen Höchstmengen infolge des Umfangs handelsüblicher Verpackungseinheiten zulässig sind. Die Befugnisse des Anstaltsleiters oder der Anstaltsleiterin oder des Anstaltsarztes oder der Anstaltsärztin, weitere Beschränkungen des Inhalts von Paketen anzuordnen (§ 33 Abs. 1 Sätze 2 und 4 StVollzG), bleiben unberührt.

(2) Für den Ersatzeinkauf nach Nr. 6 Abs. 1 VV zu § 33 StVollzG gilt Nr. 1 Satz 2 entsprechend.

(3) Über eingehende Pakete ist ein Nachweis zu führen.

(4) Eingehende Pakete, die mit Beförderungsentgelt belastet sind, werden nur angenommen, wenn die Gefangenen für das Beförderungsentgelt aufkommen können und wollen oder wenn die Anstalt das Beförderungsentgelt nach Nr. 8 Satz 2 VV zu § 33 StVollzG übernimmt.

3

(1) Die Kosten der zahnärztlichen Behandlung bei der notwendigen Versorgung mit Zahnersatz und Zahnkronen (§ 62 StVollzG) werden von der Justizvollzugsanstalt getragen.

(2) Die Gefangenen erhalten zu den Kosten der notwendigen zahntechnischen Leistungen bei der Versorgung mit Zahnersatz und Zahnkronen einen Zuschuss. Der Zuschuss beträgt bei einer voraussichtlichen Gesamtdauer des Freiheitsentzugs

a) bis zu sechs Monaten 30 v. H.

b) von mehr als sechs Monaten bis zu einem Jahr 40 v. H.

c) von mehr als einem Jahr bis zu zwei Jahren 60 v. H.

d) von mehr als zwei Jahren bis zu drei Jahren 70 v. H.

e) von mehr als drei Jahren 80 v. H.

der notwendigen Kosten (§ 61 StVollzG, § 12 des Fünften Buches Sozialgesetzbuch (SGB V). Ein Zuschuss wird nicht gewährt, wenn die Kosten von einem Dritten getragen werden. Werden diese Kosten von einem Dritten teilweise übernommen, kann der Zuschuss bis zur Höhe des Restbetrags gewährt werden. Die Höchstgrenzen nach Satz 2 können in begründeten Ausnahmefällen bis zur Übernahme der vollen Kosten überschritten werden, insbesondere wenn der oder die Gefangene nicht in der Lage ist, den Eigenanteil zu tragen (z. B. durch Vorschuss auf das Arbeitsentgelt, Leistung eines Dritten).

(3) Zu den Kosten einer Reparatur oder Ersatzbeschaffung wegen Beschädigung, Zerstörung oder Verlust von Zahnersatz und Zahnkronen werden Leistungen nach Abs. 2 nicht gewährt. Wenn und soweit dies nach den Umständen des Einzelfalls gerechtfertigt ist, können Ausnahmen zugelassen werden.

4

Wird Zurückweisungshaft oder Abschiebungshaft im Wege der Amtshilfe vollzogen (§ 8 des Gesetzes über das gerichtliche Verfahren bei Freiheitsentziehungen vom 29. Juni 1956 (BGBl I S. 599) in der jeweils geltenden Fassung), gelten die Nrn. 1 bis 3 entsprechend.

BayVV zu § 174 StVollzG

Die Gefangenen dürfen für den Einkauf von Nahrungs- und Genussmitteln sowie von Mitteln zur Körperpflege im Monat einen Betrag bis zum zwölffachen Tagessatz der Eckvergütung (§ 43 Abs. 2 StVollzG) verwenden. Ist in einem Kalendermonat weniger als ein Monat Ordnungs-, Sicherungs-, Zwangs- oder Erzwingungshaft zu vollziehen, vermindert sich der Betrag entsprechend.

BayVV zu § 175 StVollzG

§§ 47 und 51 StVollzG sind nicht anzuwenden.

II.

1. Diese Bekanntmachung tritt mit Wirkung vom 1. Juli 2008 in Kraft

2. Mit Ablauf des 30. Juni 2008 treten die Bayerischen Verwaltungsvorschriften zum Strafvollzugsgesetz (BayVVStVollzG) vom 12. Dezember 2002 (JMBl 2003 S. 4), zuletzt geändert durch Bekanntmachung vom 24. Oktober 2006 (JMBl S. 183), außer Kraft.

Verordnung über die Vergütungsstufen des Arbeitsentgelts und der Ausbildungsbeihilfe nach dem Bayerischen Strafvollzugsgesetz
(Bayerische Strafvollzugsvergütungsverordnung – BayStVollzVergV)
Vom 15. Januar 2008 (GVBl. S. 25)

Auf Grund des Art. 48 des Gesetzes über den Vollzug der Freiheitsstrafe, der Jugendstrafe und der Sicherungsverwahrung (Bayerisches Strafvollzugsgesetz – BayStVollzG) vom 10. Dezember 2007 (GVBl. S. 866, BayRS 312-2-1-J) erlässt das Bayerische Staatsministerium der Justiz folgende Verordnung:

§ 1 Grundlohn

(1) Der Grundlohn des Arbeitsentgelts (Art. 46 Abs. 2 BayStVollzG) wird nach folgenden Vergütungsstufen festgesetzt:

Vergütungsstufe I = Arbeiten einfacher Art, die keine Vorkenntnisse und nur eine kurze Einweisungszeit erfordern und die nur geringe Anforderungen an die körperliche oder geistige Leistungsfähigkeit oder an die Geschicklichkeit stellen,

Vergütungsstufe II = Arbeiten der Stufe I, die eine Einarbeitungszeit erfordern,

Vergütungsstufe III = Arbeiten, die eine Anlernzeit erfordern und durchschnittliche Anforderungen an die Leistungsfähigkeit und die Geschicklichkeit stellen,

Vergütungsstufe IV = Arbeiten, die die Kenntnisse und Fähigkeiten eines Facharbeiters erfordern oder gleichwertige Kenntnisse und Fähigkeiten voraussetzen,

Vergütungsstufe V = Arbeiten, die über die Anforderungen der Stufe IV hinaus ein besonderes Maß an Können, Einsatz und Verantwortung erfordern.

(2) Der Grundlohn beträgt in der

Vergütungsstufe I	75 v. H.,
Vergütungsstufe II	88 v. H.,
Vergütungsstufe III	100 v. H.,
Vergütungsstufe IV	112 v. H.,
Vergütungsstufe V	125 v. H.

der Eckvergütung nach Art. 46 Abs. 2 Satz 2 BayStVollzG.

(3) ₁Der Grundlohn nach Absatz 2 kann unterschritten werden, wenn die Arbeitsleistung den Anforderungen der jeweiligen Vergütungsstufe nicht genügt. ₂Während einer Einarbeitungs- oder Anlernzeit darf der Grundlohn um höchstens 20 v. H. verringert werden. ₃Art. 46 Abs. 3 Satz 2 BayStVollzG bleibt unberührt.

§ 2 Zulagen

(1) Zum Grundlohn können Zulagen gewährt werden:

1. für Arbeiten unter arbeitserschwerenden Umgebungseinflüssen, die das übliche

Maß erheblich übersteigen, bis zu 5 v. H. des Grundlohns,

2. für Arbeiten zu ungünstigen Zeiten bis zu 5 v. H. des Grundlohns,

3. für Zeiten, die über die festgesetzte Arbeitszeit hinausgehen, bis zu 25 v. H. des Grundlohns.

(2) ₁Eine Leistungszulage kann im Zeitlohn bis zu 30 v. H., im Leistungslohn bis zu 15 v. H. des Grundlohns gewährt werden, wenn die individuelle Arbeitsleistung dies rechtfertigt. ₂Bei der Bemessung der Leistungszulage können berücksichtigt werden:

1. im Zeitlohn die Arbeitsmenge, die Arbeitsgüte, der Umgang mit Betriebsmitteln und Arbeitsmaterialien, die Leistungsbereitschaft und keine oder nur geringe Fehlzeiten,

2. im Leistungslohn die Arbeitsgüte sowie der Umgang mit Betriebsmitteln und Arbeitsmaterialien.

§ 3 Arbeitsentgelt für arbeitstherapeutische Beschäftigung

Soweit ein Arbeitsentgelt nach Art. 46 Abs. 4 BayStVollzG zu zahlen ist, beträgt es in der Regel 75 v. H. des Grundlohns der Vergütungsstufe I.

§ 4 Ausbildungsbeihilfe

(1) Die Ausbildungsbeihilfe (Art. 47 Abs. 1 BayStVollzG) wird vorbehaltlich der Absätze 2 und 3 nach der Vergütungsstufe III gewährt.

(2) Nach der Hälfte der Gesamtdauer der Maßnahme kann die Ausbildungsbeihilfe nach der Vergütungsstufe IV gewährt werden, wenn der Ausbildungsstand der Gefangenen dies rechtfertigt.

(3) Für die Teilnahme an einem Unterricht nach Art. 40 Abs. 1 Satz 1 BayStVollzG oder an Maßnahmen der Berufsfindung kann die Ausbildungsbeihilfe nach der Vergütungsstufe II gewährt werden, wenn dies wegen der Kürze oder des Ziels der Maßnahmen gerechtfertigt ist.

(4) Erhalten junge Gefangene für die Teilnahme an therapeutischen Maßnahmen Ausbildungsbeihilfe nach Art. 149 Abs. 2 BayStVollzG, wird diese nach der Vergütungsstufe II gewährt, wenn nicht Ausbildungsbeihilfe nach Art. 47 Abs. 3 in Verbindung mit Art. 149 Abs. 2 BayStVollzG bezahlt wird.

(5) Für die Gewährung von besonderen Zulagen gilt § 2 entsprechend.

§ 5 Inkrafttreten

Diese Verordnung tritt mit Wirkung vom 1. Januar 2008 in Kraft.

I

Gesetz über den Vollzug der Untersuchungshaft in Berlin
(Berliner Untersuchungshaftvollzugsgesetz – UVollzG Bln)
Vom 3. Dezember 2009 (GVBl. S. 686)

Inhaltsübersicht

Erster Abschnitt
Allgemeine Bestimmungen

§ 1 Anwendungsbereich

(1) Dieses Gesetz regelt den Vollzug der Untersuchungshaft.

(2) Es gilt entsprechend für den Vollzug der Haft nach § 127b Absatz 2, § 230 Absatz 2, §§ 236, 329 Absatz 4 Satz 1, § 412 Satz 1 und § 453c der Strafprozessordnung sowie der einstweiligen Unterbringung nach § 275a Absatz 5 der Strafprozessordnung.

§ 2 Aufgabe des Untersuchungshaftvollzugs

Der Vollzug der Untersuchungshaft hat die Aufgabe, durch sichere Unterbringung der Untersuchungsgefangenen die Durchführung eines geordneten Strafverfahrens zu gewährleisten und der Gefahr weiterer Straftaten zu begegnen.

§ 3 Zuständigkeit und Zusammenarbeit

(1) Entscheidungen nach diesem Gesetz trifft die Justizvollzugsanstalt, in der die Untersuchungshaft vollzogen wird (Anstalt). Sie arbeitet eng mit Gericht und Staatsanwaltschaft zusammen, um die Aufgabe des Untersuchungshaftvollzugs zu erfüllen und die Sicherheit und Ordnung der Anstalt zu gewährleisten.

(2) Die Anstalt hat Anordnungen, die das Gericht oder die an dessen statt zum Handeln ermächtigte Behörde trifft, um einer Flucht-, Verdunkelungs- oder Wiederholungsgefahr zu begegnen (verfahrenssichernde Anordnungen), zu beachten und umzusetzen.

§ 4 Stellung der Untersuchungsgefangenen

(1) Die Untersuchungsgefangenen gelten als unschuldig. Sie sind so zu behandeln, dass der Anschein vermieden wird, sie würden zur Verbüßung einer Strafe festgehalten.

(2) Soweit das Gesetz eine besondere Regelung nicht enthält, dürfen den Untersuchungsgefangenen nur Beschränkungen auferlegt werden, die zur Aufrechterhaltung der Sicherheit, zur Abwehr einer schwerwiegenden Störung der Ordnung der Anstalt oder zur Umsetzung einer verfahrenssichernden Anordnung unerlässlich sind. Sie müssen in einem angemessenen Verhältnis zum Zweck der Anordnung stehen und dürfen die Untersuchungsgefangenen nicht mehr und nicht länger als notwendig beeinträchtigen.

§ 5 Vollzugsgestaltung

(1) Das Leben im Vollzug ist den allgemeinen Lebensverhältnissen anzugleichen, soweit die Aufgabe des Untersuchungshaftvollzugs und die Erfordernisse eines geordneten Zusammenlebens in der Anstalt dies zulassen. Schädlichen Folgen des Freiheitsentzugs ist entgegenzuwirken. Ein besonderes Augenmerk ist auf die Verhütung von Selbsttötungen zu legen.

(2) Die unterschiedlichen Lebenslagen und Bedürfnisse von weiblichen und männlichen Untersuchungsgefangenen werden bei der Vollzugsgestaltung und bei Einzelmaßnahmen berücksichtigt.

§ 6 Soziale Hilfe

(1) Die Untersuchungsgefangenen werden darin unterstützt, ihre persönlichen, wirtschaftlichen und sozialen Schwierigkeiten zu beheben. Sie sollen dazu angeregt und in die Lage versetzt werden, ihre Angelegenheiten selbst zu regeln.

(2) Die Anstalt arbeitet mit außervollzuglichen Einrichtungen und Organisationen sowie mit Personen und Vereinen, die soziale Hilfestellung leisten können, eng zusammen.

(3) Die Untersuchungsgefangenen sind, soweit erforderlich, über die notwendigen Maßnahmen zur Aufrechterhaltung ihrer sozialversicherungsrechtlichen Ansprüche zu beraten.

(4) Die Beratung soll die Benennung von Stellen und Einrichtungen außerhalb der Anstalt umfassen, die sich um eine Vermeidung der weiteren Untersuchungshaft bemühen. Die Anstalt wirkt darauf hin, dass die Untersuchungsgefangenen frühzeitig Kontakt zu einer Verteidigerin oder einem Verteidiger herstellen können. Auf Wunsch sind den Untersuchungsgefangenen Stellen und Einrich-

tungen zu benennen, die sie in ihrem Bestreben unterstützen können, einen Ausgleich mit dem Tatopfer zu erreichen.

Zweiter Abschnitt
Vollzugsverlauf

§ 7 Aufnahme

(1) Mit den Untersuchungsgefangenen wird unverzüglich ein Zugangsgespräch geführt, in dem ihre gegenwärtige Lebenssituation erörtert wird und sie über ihre Rechte und Pflichten informiert werden. Ihnen ist die Hausordnung auszuhändigen. Dieses Gesetz, die von ihm in Bezug genommenen Gesetze sowie die zu seiner Ausführung erlassenen Rechtsverordnungen und Verwaltungsvorschriften sind den Untersuchungsgefangenen auf Verlangen zugänglich zu machen.

(2) Beim Aufnahmeverfahren dürfen andere Gefangene nicht zugegen sein.

(3) Die Untersuchungsgefangenen werden alsbald ärztlich untersucht.

(4) Den Untersuchungsgefangenen ist Gelegenheit zu geben, eine Angehörige oder einen Angehörigen oder eine Vertrauensperson von der Aufnahme in die Anstalt zu benachrichtigen, soweit eine verfahrenssichernde Anordnung nicht entgegensteht.

(5) Die Untersuchungsgefangenen werden dabei unterstützt, etwa notwendige Maßnahmen für hilfsbedürftige Angehörige, zur Erhaltung des Arbeitsplatzes und der Wohnung und zur Sicherung ihrer Habe außerhalb der Anstalt zu veranlassen.

§ 8 Verlegung und Überstellung

(1) Untersuchungsgefangene können in eine andere Anstalt verlegt oder überstellt werden, wenn es

1. zur Umsetzung einer verfahrenssichernden Anordnung,

2. aus Gründen der Sicherheit oder Ordnung der Anstalt oder

3. aus Gründen der Vollzugsorganisation oder aus anderen wichtigen Gründen im Einzelfall

erforderlich ist. Zuvor ist dem Gericht und der Staatsanwaltschaft Gelegenheit zur Stellungnahme zu geben. Der Verteidigung soll Gelegenheit zur Stellungnahme gegeben werden, soweit dies die Aufgabe des Untersuchungshaftvollzugs und die Sicherheit und Ordnung der Anstalt nicht gefährdet.

(2) § 7 Absatz 4 gilt entsprechend.

§ 9 Vorführung, Ausführung und Ausantwortung

(1) Auf Ersuchen eines Gerichts oder einer Staatsanwaltschaft werden Untersuchungsgefangene vorgeführt. Über Vorführungsersuchen in anderen als dem der Inhaftierung zugrunde liegenden Verfahren sind das Gericht und die Staatsanwaltschaft unverzüglich zu unterrichten.

(2) Aus besonderen Gründen können Untersuchungsgefangene ausgeführt werden. Ausführungen zur Befolgung einer gerichtlichen Ladung sind zu ermöglichen, soweit darin das persönliche Erscheinen angeordnet ist und eine verfahrenssichernde Anordnung nicht entgegensteht. Vor der Entscheidung ist dem Gericht und der Staatsanwaltschaft Gelegenheit zur Stellungnahme zu geben. Der Verteidigung soll Gelegenheit zur Stellungnahme gegeben werden, soweit dies die Aufgabe des Untersuchungshaftvollzugs und die Sicherheit und Ordnung der Anstalt nicht gefährdet. Liegt die Ausführung ausschließlich im Interesse der Untersuchungsgefangenen, können ihnen die Kosten auferlegt werden.

(3) Untersuchungsgefangene dürfen befristet dem Gewahrsam eines Gerichts, einer Staatsanwaltschaft oder einer Polizei-, Zoll- oder Finanzbehörde auf Antrag überlassen werden (Ausantwortung). Absatz 2 Satz 3 gilt entsprechend.

§ 10 Entlassung

(1) Auf Anordnung des Gerichts oder der Staatsanwaltschaft entlässt die Anstalt die Untersuchungsgefangenen unverzüglich aus der Haft, es sei denn, es ist in anderer Sache eine richterlich angeordnete Freiheitsentziehung zu vollziehen.

(2) Aus fürsorgerischen Gründen kann Untersuchungsgefangenen der freiwillige Verbleib in der Anstalt bis zum Vormittag des zweiten auf den Eingang der Entlassungsanordnung folgenden Werktags gestattet werden. Der freiwillige Verbleib setzt das schriftliche Einverständnis der Untersuchungsgefangenen voraus, dass die bisher bestehenden Beschränkungen aufrechterhalten bleiben.

(3) Bedürftigen Untersuchungsgefangenen kann eine Entlassungsbeihilfe in Form eines Reisekostenzuschusses, angemessener Kleidung oder einer sonstigen notwendigen Unterstützung gewährt werden.

Dritter Abschnitt
Unterbringung und Versorgung der Untersuchungsgefangenen

§ 11 Trennungsgrundsätze

(1) Untersuchungsgefangene werden von Gefangenen anderer Haftarten, namentlich von Strafgefangenen, getrennt untergebracht. Ausnahmen sind zulässig

1. mit Zustimmung der einzelnen Untersuchungsgefangenen,

2. zur Umsetzung einer verfahrenssichernden Anordnung oder

3. aus Gründen der Sicherheit oder Ordnung der Anstalt.

Darüber hinaus können Untersuchungsgefangene ausnahmsweise mit Gefangenen anderer Haftarten untergebracht werden, wenn die geringe Anzahl der Untersuchungsgefangenen eine getrennte Unterbringung nicht zulässt.

(2) Junge Untersuchungsgefangene (§ 66 Absatz 1) werden von den übrigen Untersuchungsgefangenen und von Gefangenen anderer Haftarten getrennt untergebracht. Hiervon kann aus den in Absatz 1 Satz 2 und 3 genannten Gründen abgewichen werden, wenn eine Vollzugsgestaltung nach § 67 gewährleistet bleibt und schädliche Einflüsse auf die jungen Untersuchungsgefangenen nicht zu befürchten sind.

(3) Männliche und weibliche Untersuchungsgefangene werden getrennt untergebracht.

(4) Gemeinsame Maßnahmen, insbesondere gemeinsame Arbeit und eine gemeinsame Berufs- und Schulausbildung, sind zulässig.

§ 12 Unterbringung während der Arbeit, Bildung und Freizeit

(1) Arbeit und Bildung finden grundsätzlich in Gemeinschaft statt.

(2) Den Untersuchungsgefangenen kann gestattet werden, sich während der Freizeit in Gemeinschaft mit anderen Gefangenen aufzuhalten. Für die Teilnahme an gemeinschaftlichen Veranstaltungen kann die Anstaltsleiterin oder der Anstaltsleiter mit Rücksicht auf die räumlichen, personellen oder organisatorischen Verhältnisse der Anstalt besondere Regelungen treffen.

(3) Die gemeinschaftliche Unterbringung kann eingeschränkt werden, soweit es zur Umsetzung einer verfahrenssichernden Anordnung oder zur Gewährleistung der Sicherheit oder Ordnung der Anstalt erforderlich ist.

§ 13 Unterbringung während der Ruhezeit

(1) Während der Ruhezeit werden die Untersuchungsgefangenen in ihren Haftäumen einzeln untergebracht. Mit ihrer Zustimmung können sie gemeinsam untergebracht werden. Bei einer Gefahr für Leben oder Gesundheit oder bei Hilfsbedürftigkeit ist die Zustimmung der gefährdeten oder hilfsbedürftigen Untersuchungsgefangenen zur gemeinsamen Unterbringung entbehrlich. Außer im Justizvollzugskrankenhaus Berlin dürfen nicht mehr als zwei Gefangene in einem Haftraum untergebracht werden.

(2) Darüber hinaus ist eine gemeinsame Unterbringung nur vorübergehend und aus zwingenden Gründen zulässig.

§ 14 Unterbringung von Müttern mit Kindern

(1) Ist das Kind einer Untersuchungsgefangenen noch nicht drei Jahre alt, kann es mit Zustimmung der oder des Aufenthaltsbestimmungsberechtigten in der Anstalt unterge-

bracht werden, wenn die baulichen Gegebenheiten dies zulassen und Sicherheitsgründe nicht entgegenstehen. Vor der Unterbringung ist das Jugendamt zu hören.

(2) Die Unterbringung erfolgt auf Kosten der für das Kind Unterhaltspflichtigen. Von der Geltendmachung des Kostenersatzanspruchs kann ausnahmsweise abgesehen werden, wenn hierdurch die gemeinsame Unterbringung von Mutter und Kind gefährdet würde.

§ 15 Persönlicher Gewahrsam

(1) Die Untersuchungsgefangenen dürfen nur Sachen in Gewahrsam haben oder annehmen, die ihnen von der Anstalt oder mit deren Zustimmung überlassen werden. Ohne Zustimmung dürfen sie Sachen von geringem Wert von anderen Gefangenen annehmen; die Annahme dieser Sachen und der Gewahrsam daran können von der Zustimmung der Anstalt abhängig gemacht werden.

(2) Eingebrachte Sachen, die die Untersuchungsgefangenen nicht in Gewahrsam haben dürfen, sind für sie aufzubewahren, sofern dies nach Art und Umfang möglich ist. Den Untersuchungsgefangenen wird Gelegenheit gegeben, ihre Sachen, die sie während des Vollzugs und für ihre Entlassung nicht benötigen, zu verschicken. Geld wird ihnen gutgeschrieben.

(3) Werden eingebrachte Sachen, deren Aufbewahrung nach Art oder Umfang nicht möglich ist, von den Untersuchungsgefangenen trotz Aufforderung nicht aus der Anstalt verbracht, so ist die Anstalt berechtigt, diese Sachen auf Kosten der Untersuchungsgefangenen aus der Anstalt entfernen zu lassen.

(4) Aufzeichnungen und andere Sachen, die Kenntnisse über Sicherungsvorkehrungen der Anstalt vermitteln oder Schlussfolgerungen auf diese zulassen, dürfen vernichtet oder unbrauchbar gemacht werden.

(5) Die Zustimmung nach Absatz 1 kann widerrufen werden, wenn es zur Umsetzung einer verfahrenssichernden Anordnung oder zur Aufrechterhaltung der Sicherheit oder zur Abwendung einer erheblichen Störung der Ordnung der Anstalt erforderlich ist.

§ 16 Ausstattung des Haftraums

Die Untersuchungsgefangenen dürfen ihren Haftraum in angemessenem Umfang mit eigenen Sachen ausstatten. Sachen, deren Überlassung eine verfahrenssichernde Anordnung entgegensteht oder die geeignet sind, die Sicherheit oder Ordnung der Anstalt zu gefährden, sind ausgeschlossen.

§ 17 Kleidung

(1) Die Untersuchungsgefangenen dürfen eigene Kleidung tragen, soweit sie für Reinigung, Instandhaltung und regelmäßigen Wechsel sorgen. Die Anstaltsleiterin oder der Anstaltsleiter kann anordnen, dass Reinigung und Instandhaltung nur durch Vermittlung der Anstalt erfolgen dürfen.

(2) Soweit es zur Umsetzung einer verfahrenssichernden Anordnung oder zur Gewährleistung der Sicherheit oder Ordnung der Anstalt erforderlich ist, kann das in Absatz 1 genannte Recht eingeschränkt oder ausgeschlossen werden.

§ 18 Verpflegung und Einkauf

(1) Zusammensetzung und Nährwert der Anstaltsverpflegung entsprechen den Anforderungen an eine gesunde Ernährung und werden ärztlich überwacht. Auf ärztliche Anordnung wird besondere Verpflegung gewährt. Den Untersuchungsgefangenen ist zu ermöglichen, Speisevorschriften ihrer Religionsgemeinschaft zu befolgen.

(2) Die Untersuchungsgefangenen können aus einem von der Anstalt vermittelten Angebot einkaufen. Die Anstalt soll für ein Angebot sorgen, das auf Wünsche und Bedürfnisse der Untersuchungsgefangenen Rücksicht nimmt.

(3) Den Untersuchungsgefangenen soll die Möglichkeit eröffnet werden, unmittelbar oder über Dritte Gegenstände über den Versandhandel zu beziehen. Zulassung und Verfahren des Einkaufs über den Versandhandel regelt die Anstaltsleiterin oder der Anstaltsleiter.

(4) Gegenstände, deren Überlassung eine verfahrenssichernde Anordnung entgegensteht oder die geeignet sind, die Sicherheit

oder Ordnung der Anstalt zu gefährden, sind vom Einkauf ausgeschlossen.

§ 19 Annehmlichkeiten

Von den §§ 16 bis 18 nicht umfasste Annehmlichkeiten dürfen sich die Untersuchungsgefangenen auf ihre Kosten verschaffen, soweit und solange weder eine verfahrenssichernde Anordnung entgegensteht noch die Sicherheit oder Ordnung der Anstalt gefährdet wird.

§ 20 Gesundheitsfürsorge

(1) Die Anstalt unterstützt die Untersuchungsgefangenen bei der Wiederherstellung und Erhaltung ihrer körperlichen und geistigen Gesundheit. Die Untersuchungsgefangenen haben die notwendigen Anordnungen zum Gesundheitsschutz und zur Hygiene zu befolgen.

(2) Den Untersuchungsgefangenen wird ermöglicht, sich täglich mindestens eine Stunde im Freien aufzuhalten.

(3) Erkranken Untersuchungsgefangene schwer oder versterben sie, so werden die Angehörigen benachrichtigt. Dem Wunsch, auch andere Personen zu benachrichtigen, soll nach Möglichkeit entsprochen werden.

(4) Bei einer Schwangeren oder einer Untersuchungsgefangenen, die unlängst entbunden hat, ist auf ihren Zustand Rücksicht zu nehmen. Die Bestimmungen des Mutterschutzgesetzes über die Gestaltung des Arbeitsplatzes sind entsprechend anzuwenden.

§ 21 Zwangsmaßnahmen auf dem Gebiet der Gesundheitsfürsorge

(1) Medizinische Untersuchung und Behandlung sowie Ernährung sind unbeschadet der Rechte Personensorgeberechtigter zwangsweise nur bei Lebensgefahr, bei schwerwiegender Gefahr für die Gesundheit der Untersuchungsgefangenen oder bei Gefahr für die Gesundheit anderer Personen zulässig; die Maßnahmen müssen für die Beteiligten zumutbar und dürfen nicht mit erheblicher Gefahr für Leben oder Gesundheit der Untersuchungsgefangenen verbunden sein. Zur Durchführung der Maßnahmen ist die Anstalt nicht verpflichtet, solange von einer freien Willensbestimmung der Untersuchungsgefangenen ausgegangen werden kann.

(2) Zum Gesundheitsschutz und zur Hygiene ist die zwangsweise körperliche Untersuchung außer im Fall des Absatzes 1 zulässig, wenn sie nicht mit einem körperlichen Eingriff verbunden ist.

(3) Die Maßnahmen dürfen nur auf Anordnung und unter Leitung einer Ärztin oder eines Arztes durchgeführt werden, unbeschadet der Leistung Erster Hilfe für den Fall, dass eine Ärztin oder ein Arzt nicht rechtzeitig erreichbar und mit einem Aufschub Lebensgefahr verbunden ist.

§ 22 Medizinische Leistungen, Kostenbeteiligung

(1) Die Untersuchungsgefangenen haben einen Anspruch auf notwendige, ausreichende und zweckmäßige medizinische Leistungen unter Beachtung des Grundsatzes der Wirtschaftlichkeit. Der allgemeine Standard der gesetzlichen Krankenkassen ist zu berücksichtigen. § 34 Absatz 1 Satz 2 des Berliner Jugendstrafvollzugsgesetzes gilt entsprechend.

(2) Der Anspruch umfasst auch Untersuchungen zur Früherkennung von Krankheiten und Vorsorgeleistungen entsprechend dem allgemeinen Standard der gesetzlichen Krankenkassen.

(3) Der Anspruch umfasst weiter die Versorgung mit Hilfsmitteln und Körperersatzstücken, die im Einzelfall erforderlich sind, um den Erfolg der Krankenbehandlung zu sichern, eine Behinderung auszugleichen oder einer drohenden Behinderung vorzubeugen, sofern dies mit Rücksicht auf die voraussichtliche Dauer des Untersuchungshaftvollzugs zwingend geboten ist und soweit die Hilfsmittel nicht als allgemeine Gebrauchsgegenstände des täglichen Lebens anzusehen sind. Der Anspruch umfasst auch die notwendige Änderung, Instandsetzung und Ersatzbeschaffung von Hilfsmitteln sowie die Ausbildung in ihrem Gebrauch.

(4) An den Kosten für Leistungen nach den Absätzen 1 bis 3 können die Untersuchungs-

gefangenen in angemessenem Umfang beteiligt werden.

(5) Für Leistungen, die über die in Absatz 1 Satz 1, Absatz 2 und Absatz 3 genannten Leistungen hinausgehen, können den Untersuchungsgefangenen die gesamten Kosten auferlegt werden.

(6) Die Anstaltsleiterin oder der Anstaltsleiter soll nach Anhörung des ärztlichen Dienstes der Anstalt den Untersuchungsgefangenen auf ihren Antrag hin gestatten, auf ihre Kosten externen ärztlichen Rat einzuholen. Die Erlaubnis kann versagt werden, wenn die Untersuchungsgefangenen die gewählte ärztliche Vertrauensperson und den ärztlichen Dienst der Anstalt nicht wechselseitig in dem für die Behandlung erforderlichen Maße von der Schweigepflicht entbinden oder wenn es zur Umsetzung einer verfahrenssichernden Anordnung oder zur Aufrechterhaltung der Sicherheit oder Ordnung der Anstalt erforderlich ist. Die Konsultation soll in der Anstalt stattfinden.

§ 23 Verlegung, Überstellung und Ausführung zur medizinischen Behandlung

(1) Kranke oder hilfsbedürftige Untersuchungsgefangene können in eine zur Behandlung ihrer Krankheit oder zu ihrer Versorgung besser geeignete Anstalt oder in ein Vollzugskrankenhaus verlegt oder überstellt werden.

(2) Erforderlichenfalls können Untersuchungsgefangene zur medizinischen Behandlung ausgeführt oder in ein Krankenhaus außerhalb des Vollzugs gebracht werden. Eine Schwangere soll zur Entbindung in ein Krankenhaus außerhalb des Vollzugs gebracht werden.

(3) Zuvor ist dem Gericht und der Staatsanwaltschaft nach Möglichkeit Gelegenheit zur Stellungnahme zu geben. Bei Verlegungen und Überstellungen gilt § 7 Absatz 4 entsprechend.

(4) Werden Untersuchungsgefangene während einer Behandlung aus der Haft entlassen, so hat das Land nur diejenigen Kosten zu tragen, die bis zur Entlassung angefallen sind.

Vierter Abschnitt
Arbeit, Bildung, Freizeit

§ 24 Arbeit und Bildung

(1) Die Untersuchungsgefangenen sind nicht zur Arbeit verpflichtet.

(2) Ihnen soll nach Möglichkeit Arbeit oder eine sonstige Beschäftigung angeboten werden, die ihre Fähigkeiten, Fertigkeiten und Neigungen berücksichtigt. Nehmen sie eine Arbeit auf, gelten die von der Anstalt festgelegten Arbeitsbedingungen. Die Arbeit darf nicht zur Unzeit niedergelegt werden.

(3) Geeigneten Untersuchungsgefangenen soll nach Möglichkeit Gelegenheit zum Erwerb oder zur Verbesserung schulischer und beruflicher Kenntnisse gegeben werden, soweit es die besonderen Bedingungen der Untersuchungshaft zulassen. Zur Vorbereitung und Durchführung dieser Maßnahmen soll Gefangenen, die nicht über ausreichende Kenntnisse der deutschen Sprache verfügen, die Teilnahme an Deutschkursen ermöglicht werden.

(4) Das Zeugnis oder der Nachweis über eine Bildungsmaßnahme darf keinen Hinweis auf die Inhaftierung enthalten.

§ 25 Arbeitsentgelt und Ausbildungsbeihilfe, Taschengeld

(1) Wer eine Arbeit oder sonstige Beschäftigung ausübt, erhält Arbeitsentgelt.

(2) Der Bemessung des Arbeitsentgelts sind 9 Prozent der Bezugsgröße nach § 18 des Vierten Buches Sozialgesetzbuch zugrunde zu legen (Eckvergütung). Ein Tagessatz ist der 250. Teil der Eckvergütung; das Arbeitsentgelt kann nach einem Stundensatz bemessen werden.

(3) Das Arbeitsentgelt kann je nach Leistung der Untersuchungsgefangenen und der Art der Arbeit gestuft werden. 75 Prozent der Eckvergütung dürfen nur dann unterschritten werden, wenn die Arbeitsleistungen der Untersuchungsgefangenen den Mindestanfor-

derungen nicht genügen. Die Senatsverwaltung für Justiz wird ermächtigt, eine Rechtsverordnung über die Vergütungsstufen zu erlassen.

(4) Die Höhe des Arbeitsentgelts ist den Untersuchungsgefangenen schriftlich bekannt zu geben.

(5) Soweit Beiträge zur Bundesagentur für Arbeit zu entrichten sind, kann vom Arbeitsentgelt ein Betrag einbehalten werden, der dem Anteil der Untersuchungsgefangenen am Beitrag entsprechen würde, wenn sie diese Bezüge als Arbeitnehmer erhielten.

(6) Nehmen Untersuchungsgefangene während der Arbeitszeit an einer Bildungsmaßnahme teil, erhalten sie eine Ausbildungsbeihilfe. Die Absätze 2 bis 5 gelten entsprechend.

(7) Kann Untersuchungsgefangenen weder Arbeit noch die Teilnahme an einer Bildungsmaßnahme angeboten werden, so wird ihnen bei Bedürftigkeit auf Antrag ein Taschengeld gewährt. Bedürftig sind Untersuchungsgefangene, soweit ihnen im laufenden Monat nicht ein Betrag bis zur Höhe des Taschengeldes aus eigenen Mitteln zur Verfügung steht. Das Taschengeld beträgt 14 Prozent der Eckvergütung.

§ 26 Freizeit und Sport

Zur Freizeitgestaltung sind geeignete Angebote vorzuhalten. Insbesondere sollen Sportmöglichkeiten und Gemeinschaftsveranstaltungen angeboten werden.

§ 27 Zeitungen und Zeitschriften

(1) Die Untersuchungsgefangenen dürfen auf eigene Kosten Zeitungen und Zeitschriften in angemessenem Umfang durch Vermittlung der Anstalt beziehen. Ausgeschlossen sind Zeitungen und Zeitschriften, deren Verbreitung mit Strafe oder Geldbuße bedroht ist.

(2) Zeitungen oder Zeitschriften können den Untersuchungsgefangenen vorenthalten werden, wenn dies zur Umsetzung einer verfahrenssichernden Anordnung erforderlich ist. Für einzelne Ausgaben gilt dies auch dann, wenn deren Inhalte die Sicherheit oder

Ordnung der Anstalt erheblich gefährden würden.

§ 28 Rundfunk

Die Untersuchungsgefangenen können am Hörfunk- und Fernsehempfang (Rundfunkempfang) teilnehmen. Der Rundfunkempfang kann vorübergehend ausgesetzt oder einzelnen Untersuchungsgefangenen untersagt werden, wenn dies zur Umsetzung einer verfahrenssichernden Anordnung oder zur Aufrechterhaltung der Sicherheit oder Ordnung der Anstalt unerlässlich ist.

Fünfter Abschnitt
Religionsausübung

§ 29 Seelsorge

(1) Den Untersuchungsgefangenen darf religiöse Betreuung durch eine Seelsorgerin oder einen Seelsorger nicht versagt werden. Auf Wunsch ist ihnen zu helfen, mit einer Seelsorgerin oder einem Seelsorger ihrer Religionsgemeinschaft in Verbindung zu treten.

(2) Die Untersuchungsgefangenen dürfen grundlegende religiöse Schriften besitzen. Sie dürfen ihnen nur bei grobem Missbrauch entzogen werden.

(3) Den Untersuchungsgefangenen sind Gegenstände des religiösen Gebrauchs in angemessenem Umfang zu belassen.

§ 30 Religiöse Veranstaltungen

(1) Die Untersuchungsgefangenen haben das Recht, am Gottesdienst und an anderen religiösen Veranstaltungen ihres Bekenntnisses teilzunehmen.

(2) Die Zulassung zu den Gottesdiensten oder zu religiösen Veranstaltungen einer anderen Religionsgemeinschaft bedarf der Zustimmung der Seelsorgerin oder des Seelsorgers der Religionsgemeinschaft.

(3) Untersuchungsgefangene können von der Teilnahme am Gottesdienst oder an anderen religiösen Veranstaltungen ausgeschlossen werden, wenn dies zur Umsetzung einer verfahrenssichernden Anordnung oder aus überwiegenden Gründen der Sicherheit oder Ord-

nung der Anstalt geboten ist; die Seelsorgerin oder der Seelsorger soll vorher gehört werden.

§ 31 Weltanschauungsgemeinschaften

Für Angehörige weltanschaulicher Bekenntnisse gelten die §§ 29 und 30 entsprechend.

Sechster Abschnitt
Besuche, Schriftwechsel, Telefongespräche und Pakete

§ 32 Grundsatz

Die Untersuchungsgefangenen haben das Recht, mit Personen außerhalb der Anstalt im Rahmen der Bestimmungen dieses Gesetzes zu verkehren, soweit eine verfahrenssichernde Anordnung nicht entgegensteht.

§ 33 Recht auf Besuch

(1) Die Untersuchungsgefangenen dürfen Besuch empfangen. Die Gesamtdauer beträgt mindestens zwei Stunden im Monat.

(2) Kontakte der Untersuchungsgefangenen zu ihren Angehörigen im Sinne von § 11 Absatz 1 Nummer 1 des Strafgesetzbuchs – insbesondere zu ihren minderjährigen Kindern – werden besonders gefördert.

(3) Besuche sollen darüber hinaus zugelassen werden, wenn sie persönlichen, rechtlichen oder geschäftlichen Angelegenheiten dienen, die nicht von den Untersuchungsgefangenen schriftlich erledigt, durch Dritte wahrgenommen oder bis zur voraussichtlichen Entlassung aufgeschoben werden können.

(4) Aus Gründen der Sicherheit der Anstalt können Besuche davon abhängig gemacht werden, dass sich die Besucher mit technischen Mitteln absuchen oder durchsuchen lassen.

(5) Besuche können untersagt werden, wenn die Sicherheit oder Ordnung der Anstalt gefährdet würde.

§ 34 Besuche von Verteidigern, Rechtsanwälten und Notaren

Besuche von Verteidigern sowie von Rechtsanwälten und Notaren in einer die Untersuchungsgefangenen betreffenden Rechtssache sind zu gestatten. § 33 Absatz 4 gilt entsprechend. Eine inhaltliche Überprüfung der von diesen Personen mitgeführten Schriftstücke und sonstigen Unterlagen ist nicht zulässig.

§ 35 Überwachung der Besuche

(1) Besuche dürfen aus Gründen der Sicherheit oder Ordnung der Anstalt optisch überwacht werden. Die optische Überwachung kann mit technischen Hilfsmitteln durchgeführt werden; die betroffenen Personen sind vorher darauf hinzuweisen. Eine Verarbeitung und Nutzung der durch Videoüberwachung erhobenen personenbezogenen Daten ist nur zu den in § 90 Absatz 2 Nummer 4 genannten Zwecken zulässig.

(2) Die Anstaltsleiterin oder der Anstaltsleiter kann die akustische Überwachung im Einzelfall anordnen, wenn sie aus Gründen der Sicherheit der Anstalt oder zur Abwendung einer schwerwiegenden Störung der Ordnung der Anstalt erforderlich ist.

(3) Besuche dürfen abgebrochen werden, wenn Besucher oder Untersuchungsgefangene gegen dieses Gesetz oder auf Grund dieses Gesetzes getroffene Anordnungen trotz Abmahnung verstoßen. Dies gilt auch bei einem Verstoß gegen verfahrenssichernde Anordnungen. Die Abmahnung unterbleibt, wenn es unerlässlich ist, den Besuch sofort abzubrechen.

(4) Besuche von Verteidigern sowie Rechtsanwälten und Notaren, die den Untersuchungsgefangenen in einer Rechtssache vertreten, werden nicht überwacht.

(5) Gegenstände dürfen beim Besuch nicht übergeben werden. Dies gilt auch für die dem Besuch der Verteidiger übergebenen Schriftstücke und sonstigen Unterlagen sowie für die bei dem Besuch von Rechtsanwälten oder Notaren zur Erledigung einer die Untersuchungsgefangenen betreffenden Rechtssache übergebenen Schriftstücke und sonstigen Unterlagen.

§ 36 Recht auf Schriftwechsel

(1) Die Untersuchungsgefangenen haben das Recht, auf eigene Kosten Schreiben abzusenden und zu empfangen.

(2) Die Anstaltsleiterin oder der Anstaltsleiter kann den Schriftwechsel mit bestimmten Personen untersagen, wenn die Sicherheit oder Ordnung der Anstalt gefährdet würde.

§ 37 Überwachung des Schriftwechsels

(1) Ein- und ausgehende Schreiben werden auf verbotene Gegenstände überwacht. Die Anstaltsleiterin oder der Anstaltsleiter kann die Textkontrolle anordnen, wenn sie aus Gründen der Sicherheit oder zur Abwendung einer schwerwiegenden Störung der Ordnung der Anstalt erforderlich ist.

(2) Der Schriftwechsel der Untersuchungsgefangenen mit ihren Verteidigern, Rechtsanwälten und Notaren wird nicht überwacht.

(3) Nicht überwacht werden Schreiben der Untersuchungsgefangenen an Volksvertretungen des Bundes und der Länder sowie an deren Mitglieder, soweit die Schreiben an die Anschriften dieser Volksvertretungen gerichtet sind und den Absender zutreffend angeben. Entsprechendes gilt für Schreiben an das Europäische Parlament und dessen Mitglieder, den Europäischen Gerichtshof für Menschenrechte, den Europäischen Ausschuss zur Verhütung von Folter und unmenschlicher oder erniedrigender Behandlung oder Strafe und weitere Einrichtungen, mit denen der Schriftverkehr auf Grund völkerrechtlicher Verpflichtungen der Bundesrepublik Deutschland geschützt ist. Satz 1 gilt auch für Schreiben an die Bürgerbeauftragten der Länder und die Datenschutzbeauftragten des Bundes und der Länder. Schreiben der in den Sätzen 1 bis 3 genannten Stellen, die an die Untersuchungsgefangenen gerichtet sind, werden nicht überwacht, sofern die Identität des Absenders zweifelsfrei feststeht.

§ 38 Weiterleitung von Schreiben, Aufbewahrung

(1) Die Untersuchungsgefangenen haben das Absenden und den Empfang ihrer Schreiben durch die Anstalt vermitteln zu lassen, soweit nichts anderes gestattet ist.

(2) Eingehende und ausgehende Schreiben sind unverzüglich weiterzuleiten.

(3) Die Untersuchungsgefangenen haben eingehende Schreiben unverschlossen zu verwahren, sofern nichts anderes gestattet wird. Sie können sie verschlossen zu ihrer Habe geben.

§ 39 Anhalten von Schreiben

(1) Die Anstaltsleiterin oder der Anstaltsleiter kann Schreiben anhalten, wenn

1. es die Aufgabe des Untersuchungshaftvollzugs oder die Sicherheit oder Ordnung der Anstalt erfordert,

2. die Weitergabe in Kenntnis ihres Inhalts einen Straf- oder Bußgeldtatbestand verwirklichen würde,

3. sie grob unrichtige oder erheblich entstellende Darstellungen von Anstaltsverhältnissen oder grobe Beleidigungen enthalten oder

4. sie in Geheim- oder Kurzschrift, unlesbar, unverständlich oder ohne zwingenden Grund in einer fremden Sprache abgefasst sind.

(2) Ausgehenden Schreiben, die unrichtige Darstellungen enthalten, kann ein Begleitschreiben beigefügt werden, wenn die Untersuchungsgefangenen auf das Absenden bestehen.

(3) Sind Schreiben angehalten worden, so wird das den Untersuchungsgefangenen mitgeteilt. Hiervon kann abgesehen werden, wenn und solange die es die Aufgabe des Untersuchungshaftvollzugs erfordert. Soweit angehaltene Schreiben nicht beschlagnahmt werden, werden sie an die Absender zurückgegeben oder, sofern dies unmöglich oder aus besonderen Gründen untunlich ist, verwahrt.

(4) Schreiben, deren Überwachung nach § 37 Absatz 2 und 3 ausgeschlossen ist, dürfen nicht angehalten werden.

§ 40 Telefongespräche

Den Untersuchungsgefangenen kann gestattet werden, auf eigene Kosten Telefongespräche zu führen. Die Bestimmungen über den Besuch gelten entsprechend. Ist die Überwachung des Telefongesprächs erforderlich, so ist die beabsichtigte Überwachung den Gesprächspartnern der Untersuchungsgefangenen unmittelbar nach Herstellung der Verbindung durch die Anstalt oder die Untersuchungsgefangenen mitzuteilen. Die Untersuchungsgefangenen sind rechtzeitig vor Beginn des Telefongesprächs über die beabsichtigte Überwachung und die Mitteilungspflicht nach Satz 3 zu unterrichten.

§ 41 Pakete

(1) Der Empfang von Paketen mit Nahrungs- und Genussmitteln ist den Untersuchungsgefangenen nicht gestattet. Der Empfang von Paketen mit anderem Inhalt bedarf der Erlaubnis der Anstalt, welche Zeitpunkt und Höchstmenge für die Sendung und für einzelne Gegenstände festsetzen kann. Für den Ausschluss von Gegenständen gilt § 18 Absatz 4 entsprechend.

(2) Pakete sind in Gegenwart der Untersuchungsgefangenen zu öffnen, an die sie adressiert sind. Ausgeschlossene Gegenstände können zu ihrer Habe genommen oder den Absendern zurückgesandt werden. Nicht ausgehändigte Gegenstände, durch die bei der Versendung oder Aufbewahrung Personen verletzt oder Sachschäden verursacht werden können, dürfen vernichtet werden. Die hiernach getroffenen Maßnahmen werden den Untersuchungsgefangenen eröffnet.

(3) Der Empfang von Paketen kann vorübergehend versagt werden, wenn dies wegen der Gefährdung der Sicherheit oder Ordnung der Anstalt unerlässlich ist.

(4) Den Untersuchungsgefangenen kann gestattet werden, Pakete zu versenden. Die Anstalt kann ihren Inhalt aus Gründen der Sicherheit oder Ordnung der Anstalt überprüfen.

Siebter Abschnitt
Sicherheit und Ordnung

§ 42 Grundsatz

Die Pflichten und Beschränkungen, die den Untersuchungsgefangenen zur Aufrechterhaltung der Sicherheit oder Ordnung der Anstalt auferlegt werden, sind so zu wählen, dass sie in einem angemessenen Verhältnis zu ihrem Zweck stehen und die Untersuchungsgefangenen nicht mehr und nicht länger als notwendig beeinträchtigen.

§ 43 Verhaltensvorschriften

(1) Die Untersuchungsgefangenen dürfen durch ihr Verhalten gegenüber Bediensteten, Mitgefangenen und anderen Personen das geordnete Zusammenleben in der Anstalt nicht stören. Sie haben sich nach der Tageseinteilung der Anstalt (Arbeitszeit, Freizeit, Ruhezeit) zu richten.

(2) Die Untersuchungsgefangenen haben die Anordnungen der Bediensteten zu befolgen, auch wenn sie sich durch diese beschwert fühlen. Einen ihnen zugewiesenen Bereich dürfen sie nicht ohne Erlaubnis verlassen.

(3) Die Untersuchungsgefangenen haben ihren Haftraum und die ihnen von der Anstalt überlassenen Sachen in Ordnung zu halten und schonend zu behandeln.

(4) Die Untersuchungsgefangenen haben Umstände, die eine Gefahr für das Leben oder eine erhebliche Gefahr für die Gesundheit einer Person bedeuten, unverzüglich zu melden.

§ 44 Absuchung, Durchsuchung

(1) Die Untersuchungsgefangenen, ihre Sachen und die Haträume dürfen mit technischen Mitteln abgesucht und durchsucht werden. Die Durchsuchung männlicher Untersuchungsgefangener darf nur von Männern, die Durchsuchung weiblicher Untersuchungsgefangener darf nur von Frauen vorgenommen werden. Das Schamgefühl ist zu schonen.

(2) Nur bei Gefahr im Verzug oder auf Anordnung der Anstaltsleiterin oder des Anstaltsleiters im Einzelfall ist es zulässig, eine

mit einer Entkleidung verbundene körperliche Durchsuchung vorzunehmen. Sie darf bei männlichen Untersuchungsgefangenen nur in Gegenwart von Männern, bei weiblichen Untersuchungsgefangenen nur in Gegenwart von Frauen erfolgen. Sie ist in einem geschlossenen Raum durchzuführen. Andere Gefangene dürfen nicht anwesend sein.

(3) Die Anstaltsleiterin oder der Anstaltsleiter kann allgemein anordnen, dass Untersuchungsgefangene nach Kontakten mit Besuchern, nach jeder Abwesenheit von der Anstalt sowie in der Regel bei der Aufnahme nach Absatz 2 zu durchsuchen sind.

§ 45 Erkennungsdienstliche Maßnahmen

(1) Zur Sicherung des Vollzugs, zur Aufrechterhaltung der Sicherheit oder Ordnung der Anstalt oder zur Identitätsfeststellung sind mit Kenntnis der Untersuchungsgefangenen zulässig:

1. die Abnahme von Finger- und Handflächenabdrücken,

2. die Aufnahme von Lichtbildern,

3. die Feststellung äußerlicher körperlicher Merkmale,

4. Messungen.

(2) Die hierbei gewonnenen Unterlagen oder Daten werden zu den Gefangenenpersonalakten genommen oder in personenbezogenen Dateien gespeichert. Sie können auch in kriminalpolizeilichen Sammlungen verwahrt werden. Die nach Absatz 1 erhobenen Daten dürfen nur für die in Absatz 1, in § 48 Absatz 2 und in § 90 Absatz 2 Nummer 4 genannten Zwecke verarbeitet und genutzt werden.

(3) Werden die Untersuchungsgefangenen entlassen, so sind diese in Dateien gespeicherten personenbezogenen Daten spätestens nach drei Monaten zu löschen. Werden die Untersuchungsgefangenen in eine andere Anstalt verlegt oder wird unmittelbar im Anschluss an den Vollzug oder in Unterbrechung der Untersuchungshaft eine andere Haftart vollzogen, so können die nach Absatz 1 erhobenen Daten der betreffenden Anstalt übermittelt und von dieser für die in Absatz 2

Satz 3 genannten Zwecke verarbeitet und genutzt werden.

(4) Personen, die auf Grund des Absatzes 1 erkennungsdienstlich behandelt worden sind, können bei einer nicht nur vorläufigen Einstellung des Verfahrens, einer unanfechtbaren Ablehnung der Eröffnung des Hauptverfahrens oder einem rechtskräftigen Freispruch nach der Entlassung verlangen, dass die gewonnenen erkennungsdienstlichen Unterlagen unverzüglich vernichtet werden. Sie sind über dieses Recht bei der erkennungsdienstlichen Behandlung und bei der Entlassung aufzuklären.

§ 46 Videoüberwachung, Lichtbildausweise

(1) Die Beobachtung des Anstaltsgebäudes einschließlich des Gebäudeinneren mit optisch-elektronischen Einrichtungen (Videoüberwachung) ist zulässig, wenn dies für die Sicherheit und Ordnung der Anstalt erforderlich ist. Die Videoüberwachung von Hafträumen ist ausgeschlossen; § 49 Absatz 2 Nummer 2 bleibt unberührt. Satz 1 gilt auch für das Gelände und die unmittelbare Umgebung der Anstalt.

(2) Der Umstand der Videoüberwachung ist durch geeignete Maßnahmen erkennbar zu machen.

(3) Werden durch Videoüberwachung erhobene Daten einer bestimmten Person zugeordnet, so sind die Verarbeitung und Nutzung der Daten nur zu den in § 90 Absatz 1 und 2 Nummer 1, 2 und 4 genannten Zwecken zulässig.

(4) Die Betroffenen sind über eine Verarbeitung und Nutzung ihrer durch Videotechnik erhobenen personenbezogenen Daten zu benachrichtigen, sofern die Daten nicht innerhalb der Anstalt verbleiben und binnen eines Monats gelöscht werden. Eine Pflicht zur Benachrichtigung besteht nicht, sofern die Betroffen auf andere Weise Kenntnis von der Verarbeitung und Nutzung erlangt haben oder die Unterrichtung einen unverhältnismäßigen Aufwand erfordert. Die Unterrichtung kann unterbleiben, solange durch sie der Zweck der Maßnahme vereitelt würde.

(5) Die Anstalt kann die Untersuchungsgefangenen verpflichten, einen Lichtbildausweis mit sich zu führen, wenn dies aus Gründen der Sicherheit oder Ordnung der Anstalt erforderlich ist. Dieser ist bei der Entlassung oder bei der Verlegung in eine andere Anstalt einzuziehen und zu vernichten.

§ 47 Maßnahmen zur Feststellung von Suchtmittelkonsum

(1) Zur Aufrechterhaltung der Sicherheit oder Ordnung der Anstalt kann die Anstaltsleiterin oder der Anstaltsleiter allgemein oder im Einzelfall Maßnahmen anordnen, die geeignet sind, den Missbrauch von Suchtmitteln festzustellen. Diese Maßnahmen dürfen nicht mit einem körperlichen Eingriff verbunden sein.

(2) Wird Suchtmittelmissbrauch festgestellt, so können die Kosten der Maßnahmen den Untersuchungsgefangenen auferlegt werden.

§ 48 Festnahmerecht

(1) Untersuchungsgefangene, die entwichen sind oder sich sonst ohne Erlaubnis außerhalb der Anstalt aufhalten, können durch die Anstalt oder auf deren Veranlassung festgenommen und zurückgebracht werden.

(2) Nach § 45 Absatz 1 und § 89 erhobene und zur Identifizierung oder Festnahme erforderliche Daten dürfen den Vollstreckungs- und Strafverfolgungsbehörden übermittelt werden, soweit dies für Zwecke der Fahndung und Festnahme der entwichenen oder sich sonst ohne Erlaubnis außerhalb der Anstalt aufhaltenden Untersuchungsgefangenen erforderlich ist.

§ 49 Besondere Sicherungsmaßnahmen

(1) Gegen Untersuchungsgefangene können besondere Sicherungsmaßnahmen angeordnet werden, wenn nach ihrem Verhalten oder auf Grund ihres seelischen Zustands in erhöhtem Maße die Gefahr der Entweichung, von Gewalttätigkeiten gegen Personen oder Sachen, der Selbsttötung oder der Selbstverletzung besteht.

(2) Als besondere Sicherungsmaßnahmen sind zulässig:

1. der Entzug oder die Vorenthaltung von Gegenständen,

2. die Beobachtung der Untersuchungsgefangenen, in einem besonders gesicherten Haftraum auch mittels Videoüberwachung,

3. die Absonderung von anderen Gefangenen,

4. der Entzug oder die Beschränkung des Aufenthalts im Freien,

5. die Unterbringung in einem besonders gesicherten Haftraum ohne gefährdende Gegenstände und

6. die Fesselung.

(3) Maßnahmen nach Absatz 2 Nummer 1, 3 bis 5 sind auch zulässig, wenn die Gefahr einer Befreiung oder eine erhebliche Störung der Ordnung der Anstalt anders nicht vermieden oder behoben werden kann.

(4) Bei einer Ausführung, Vorführung oder beim Transport ist die Fesselung auch dann zulässig, wenn die Gefahr einer Entweichung besteht.

§ 50 Einzelhaft

Die unausgesetzte Absonderung der Untersuchungsgefangenen (Einzelhaft) ist nur zulässig, wenn und solange dies aus Gründen, die in deren Person liegen, unerlässlich ist. Einzelhaft von mehr als einem Monat Gesamtdauer im Jahr bedarf der Zustimmung der Aufsichtsbehörde. Während des Vollzugs der Einzelhaft sind die Untersuchungsgefangenen in besonderem Maße zu betreuen.

§ 51 Fesselung

In der Regel dürfen Fesseln nur an den Händen oder an den Füßen angelegt werden. Im Interesse der Untersuchungsgefangenen kann die Anstaltsleiterin oder der Anstaltsleiter eine andere Art der Fesselung anordnen. Die Fesselung wird zeitweise gelockert, soweit dies notwendig ist.

§ 52 Anordnung besonderer Sicherungsmaßnahmen, Verfahren

(1) Besondere Sicherungsmaßnahmen ordnet die Anstaltsleiterin oder der Anstaltsleiter an. Bei Gefahr im Verzug können auch andere Bedienstete diese Maßnahmen vorläufig anordnen. Die Entscheidung der Anstaltsleiterin oder des Anstaltsleiters ist unverzüglich einzuholen.

(2) Werden Untersuchungsgefangene ärztlich behandelt oder beobachtet oder bildet ihr seelischer Zustand den Anlass der besonderen Sicherungsmaßnahme, so ist vorher eine ärztliche Stellungnahme einzuholen. Ist dies wegen Gefahr im Verzug nicht möglich, so wird die Stellungnahme unverzüglich nachträglich eingeholt.

(3) Die Entscheidung wird den Untersuchungsgefangenen von der Anstaltsleiterin oder dem Anstaltsleiter mündlich eröffnet und mit einer kurzen Begründung schriftlich abgefasst.

(4) Besondere Sicherungsmaßnahmen sind in angemessenen Abständen daraufhin zu überprüfen, ob und in welchem Umfang sie aufrechterhalten werden müssen.

(5) Besondere Sicherungsmaßnahmen sind dem Gericht, der Staatsanwaltschaft und der Verteidigung unverzüglich mitzuteilen, der Aufsichtsbehörde, wenn sie länger als drei Tage aufrechterhalten werden.

§ 53 Ärztliche Überwachung

(1) Sind Untersuchungsgefangene in einem besonders gesicherten Haftraum untergebracht oder gefesselt (§ 49 Absatz 2 Nummer 5 und 6), sucht sie die Ärztin oder der Arzt alsbald und in der Folge möglichst täglich auf. Dies gilt nicht bei einer Fesselung während einer Ausführung, Vorführung oder eines Transports (§ 49 Absatz 4).

(2) Die Ärztin oder der Arzt ist regelmäßig zu hören, solange eine besondere Sicherungsmaßnahme nach § 49 Absatz 2 Nummer 4 oder Einzelhaft nach § 50 andauert.

Achter Abschnitt
Unmittelbarer Zwang

§ 54 Begriffsbestimmungen

(1) Unmittelbarer Zwang ist die Einwirkung auf Personen oder Sachen durch körperliche Gewalt, ihre Hilfsmittel und durch Waffen.

(2) Körperliche Gewalt ist jede unmittelbare körperliche Einwirkung auf Personen oder Sachen.

(3) Hilfsmittel der körperlichen Gewalt sind insbesondere Fesseln und Reizstoffe.

(4) Waffen sind die dienstlich zugelassenen Hieb- und Schusswaffen.

§ 55 Allgemeine Voraussetzungen

(1) Die Bediensteten dürfen unmittelbaren Zwang anwenden, wenn sie Vollzugs- und Sicherungsmaßnahmen rechtmäßig durchführen und der damit verfolgte Zweck auf keine andere Weise erreicht werden kann.

(2) Gegen andere Personen als Untersuchungsgefangene darf unmittelbarer Zwang angewendet werden, wenn sie es unternehmen, Gefangene zu befreien oder widerrechtlich in die Anstalt einzudringen, oder wenn sie sich unbefugt darin aufhalten.

(3) Das Recht zu unmittelbarem Zwang aufgrund anderer Regelungen bleibt unberührt.

§ 56 Grundsatz der Verhältnismäßigkeit

(1) Unter mehreren möglichen und geeigneten Maßnahmen des unmittelbaren Zwangs sind diejenigen zu wählen, die den Einzelnen und die Allgemeinheit voraussichtlich am wenigsten beeinträchtigen.

(2) Unmittelbarer Zwang unterbleibt, wenn ein durch ihn zu erwartender Schaden erkennbar außer Verhältnis zu dem angestrebten Erfolg steht.

§ 57 Handeln auf Anordnung

(1) Wird unmittelbarer Zwang von Vorgesetzten oder sonst befugten Personen angeordnet, so sind die Bediensteten verpflichtet, ihn anzuwenden, es sei denn, die Anordnung verletzt die Menschenwürde oder ist nicht zu dienstlichen Zwecken erteilt worden.

(2) Die Anordnung darf nicht befolgt werden, wenn dadurch eine Straftat begangen würde. Befolgen die Bediensteten sie trotzdem, so trifft sie eine Schuld nur, wenn sie erkennen oder wenn es nach den ihnen bekannten Umständen offensichtlich ist, dass dadurch eine Straftat begangen wird.

(3) Bedenken gegen die Rechtmäßigkeit der Anordnung haben die Bediensteten den Anordnenden gegenüber vorzubringen, soweit das nach den Umständen möglich ist. Abweichende Bestimmungen des allgemeinen Beamtenrechts über die Mitteilung solcher Bedenken an Vorgesetzte (§ 36 Absatz 2 und 3 des Beamtenstatusgesetzes) sind nicht anzuwenden.

§ 58 Androhung

Unmittelbarer Zwang ist vorher anzudrohen. Die Androhung darf nur dann unterbleiben, wenn die Umstände sie nicht zulassen oder unmittelbarer Zwang sofort angewendet werden muss, um eine rechtswidrige Tat, die den Tatbestand eines Strafgesetzes erfüllt, zu verhindern oder eine gegenwärtige Gefahr abzuwenden.

§ 59 Schusswaffengebrauch

(1) Schusswaffen dürfen nur gebraucht werden, wenn andere Maßnahmen des unmittelbaren Zwangs bereits erfolglos waren oder keinen Erfolg versprechen. Gegen Personen ist ihr Gebrauch nur zulässig, wenn der Zweck nicht durch Waffenwirkung gegen Sachen erreicht wird.

(2) Schusswaffen dürfen nur die dazu bestimmten Bediensteten gebrauchen und nur, um angriffs- oder fluchtunfähig zu machen. Ihr Gebrauch unterbleibt, wenn dadurch erkennbar Unbeteiligte mit hoher Wahrscheinlichkeit gefährdet würden.

(3) Der Gebrauch von Schusswaffen ist vorher anzudrohen. Als Androhung gilt auch ein Warnschuss. Ohne Androhung dürfen Schusswaffen nur dann gebraucht werden, wenn dies zur Abwehr einer gegenwärtigen Gefahr für Leib oder Leben erforderlich ist.

(4) Gegen Untersuchungsgefangene dürfen Schusswaffen gebraucht werden,

1. wenn sie eine Waffe oder ein anderes gefährliches Werkzeug trotz wiederholter Aufforderung nicht ablegen.

2. wenn sie eine Meuterei (§ 121 des Strafgesetzbuchs) unternehmen oder

3. um ihre Entweichung zu vereiteln oder um sie wiederzuergreifen.

(5) Gegen andere Personen dürfen Schusswaffen gebraucht werden, wenn sie es unternehmen, Gefangene gewaltsam zu befreien.

Neunter Abschnitt
Disziplinarmaßnahmen

§ 60 Voraussetzungen

(1) Disziplinarmaßnahmen können angeordnet werden, wenn Untersuchungsgefangene rechtswidrig und schuldhaft

1. gegen Strafgesetze verstoßen oder eine Ordnungswidrigkeit begehen,

2. gegen eine verfahrenssichernde Anordnung verstoßen,

3. andere Personen verbal oder tätlich angreifen,

4. Lebensmittel oder fremdes Eigentum zerstören oder beschädigen,

5. verbotene Gegenstände in die Anstalt bringen,

6. sich am Einschmuggeln verbotener Gegenstände beteiligen oder sie besitzen,

7. entweichen oder zu entweichen versuchen oder

8. in sonstiger Weise wiederholt oder schwerwiegend gegen die Hausordnung verstoßen oder das Zusammenleben in der Anstalt stören.

(2) Von einer Disziplinarmaßnahme wird abgesehen, wenn es genügt, die Untersuchungsgefangenen zu verwarnen.

(3) Disziplinarmaßnahmen sind auch zulässig, wenn wegen derselben Verfehlung ein Straf- oder Bußgeldverfahren eingeleitet wird.

§ 61 Arten der Disziplinarmaßnahmen

(1) Zulässige Disziplinarmaßnahmen sind

1. Verweis,

2. die Beschränkung oder der Entzug des Einkaufs bis zu zwei Monaten,

3. die Beschränkung oder der Entzug von Annehmlichkeiten nach § 19 bis zu zwei Monaten,

4. die Beschränkung oder der Entzug des Rundfunkempfangs bis zu zwei Monaten; der gleichzeitige Entzug des Hörfunk- und Fernsehempfangs jedoch nur bis zu zwei Wochen,

5. die Beschränkung oder der Entzug der Gegenstände für die Freizeitbeschäftigung oder der Ausschluss von gemeinsamer Freizeit oder von einzelnen Freizeitveranstaltungen bis zu zwei Monaten,

6. der Entzug der zugewiesenen Arbeit oder Beschäftigung bis zu vier Wochen unter Wegfall der in diesem Gesetz geregelten Bezüge und

7. Arrest bis zu vier Wochen.

(2) Mehrere Disziplinarmaßnahmen können miteinander verbunden werden.

(3) Arrest darf nur wegen schwerer oder wiederholter Verfehlungen verhängt werden.

(4) Bei der Auswahl der Disziplinarmaßnahmen sind Grund und Zweck der Haft sowie die psychischen Auswirkungen der Untersuchungshaft und des Strafverfahrens auf die Untersuchungsgefangenen zu berücksichtigen. Durch die Anordnung und den Vollzug einer Disziplinarmaßnahme dürfen die Verteidigung, die Verhandlungsfähigkeit und die Verfügbarkeit der Untersuchungsgefangenen für die Verhandlung nicht beeinträchtigt werden.

§ 62 Vollzug der Disziplinarmaßnahmen, Aussetzung zur Bewährung

(1) Disziplinarmaßnahmen werden in der Regel sofort vollstreckt.

(2) Disziplinarmaßnahmen können ganz oder teilweise bis zu sechs Monaten zur Bewährung ausgesetzt werden.

(3) Arrest wird in Einzelhaft vollzogen. Die Untersuchungsgefangenen können in einem besonderen Arrestraum untergebracht werden, der den Anforderungen entsprechen muss, die an einen zum Aufenthalt bei Tag und Nacht bestimmten Haftraum gestellt werden. Soweit nichts anderes angeordnet wird, ruhen die Befugnisse der Untersuchungsgefangenen aus den §§ 16, 17 Absatz 1, § 18 Absatz 2 und 3, §§ 19, 24 Absatz 2 und 3, §§ 26, 27 Absatz 1 und § 28.

§ 63 Disziplinarbefugnis

(1) Disziplinarmaßnahmen ordnet die Anstaltsleiterin oder der Anstaltsleiter an. Bei einer Verfehlung auf dem Weg in eine andere Anstalt zum Zweck der Verlegung ist die aufnehmende Anstalt zuständig.

(2) Die Aufsichtsbehörde entscheidet, wenn sich die Verfehlung gegen die Anstaltsleiterin oder den Anstaltsleiter richtet.

(3) Disziplinarmaßnahmen, die gegen die Untersuchungsgefangenen in einer anderen Anstalt oder während einer anderen Haft angeordnet worden sind, werden auf Ersuchen vollstreckt. § 62 Absatz 2 gilt entsprechend.

§ 64 Verfahren

(1) Der Sachverhalt ist zu klären. Die betroffenen Untersuchungsgefangenen werden gehört. Sie sind darauf hinzuweisen, dass es ihnen freisteht, sich zu äußern. Die Erhebungen werden in einer Niederschrift festgehalten; die Einlassung der Untersuchungsgefangenen wird vermerkt.

(2) Bei schweren Verfehlungen soll sich die Anstaltsleiterin oder der Anstaltsleiter vor der Entscheidung mit Personen besprechen, die an der Betreuung der Untersuchungsgefangenen mitwirken.

(3) Vor der Anordnung von Disziplinarmaßnahmen gegen Untersuchungsgefangene, die sich in ärztlicher Behandlung befinden, oder gegen Schwangere oder stillende Mütter ist eine Ärztin oder ein Arzt zu hören.

(4) Die Entscheidung wird den Untersuchungsgefangenen von der Anstaltsleiterin oder dem Anstaltsleiter mündlich eröffnet und mit einer kurzen Begründung schriftlich abgefasst.

(5) Bevor Arrest vollzogen wird, ist eine Ärztin oder ein Arzt zu hören. Während des Arrests stehen die Untersuchungsgefangenen unter

ärztlicher Aufsicht. Der Vollzug unterbleibt oder wird unterbrochen, wenn die Gesundheit der Untersuchungsgefangenen oder der Fortgang des Strafverfahrens gefährdet würde.

(6) Die Anordnung einer Disziplinarmaßnahme nach § 61 Absatz 1 ist dem Gericht, der Staatsanwaltschaft und der Verteidigung unverzüglich mitzuteilen.

Zehnter Abschnitt
Beschwerde

§ 65 Beschwerderecht

(1) Die Untersuchungsgefangenen erhalten Gelegenheit, sich mit Wünschen, Anregungen und Beschwerden in vollzuglichen Angelegenheiten, die sie selbst betreffen, an die Anstaltsleiterin oder den Anstaltsleiter zu wenden.

(2) Besichtigen Vertreter der Aufsichtsbehörde die Anstalt, so ist zu gewährleisten, dass die Untersuchungsgefangenen sich in vollzuglichen Angelegenheiten, die sie selbst betreffen, an diese wenden können.

(3) Die Möglichkeit der Dienstaufsichtsbeschwerde bleibt unberührt.

Elfter Abschnitt
Ergänzende Bestimmungen für junge Untersuchungsgefangene

§ 66 Anwendungsbereich

(1) Auf Untersuchungsgefangene, die zur Tatzeit das 21. Lebensjahr noch nicht vollendet hatten und die das 24. Lebensjahr noch nicht vollendet haben (junge Untersuchungsgefangene), findet dieses Gesetz nach Maßgabe der Bestimmungen dieses Abschnitts Anwendung.

(2) Von einer Anwendung der Bestimmungen dieses Abschnitts sowie des § 11 Absatz 2 auf volljährige junge Untersuchungsgefangene kann abgesehen werden, wenn die erzieherische Ausgestaltung des Vollzugs für diese nicht oder nicht mehr angezeigt ist. Die Bestimmungen dieses Abschnitts können ausnahmsweise auch über die Vollendung des 24. Lebensjahres hinaus angewendet werden, wenn dies im Hinblick auf die voraussichtlich nur noch geringe Dauer der Untersuchungshaft zweckmäßig erscheint.

§ 67 Vollzugsgestaltung

(1) Der Vollzug ist erzieherisch zu gestalten. Die Fähigkeiten der jungen Untersuchungsgefangenen zu einer eigenverantwortlichen und gemeinschaftsfähigen Lebensführung in Achtung der Rechte Anderer sind zu fördern.

(2) Den jungen Untersuchungsgefangenen sollen neben altersgemäßen Bildungs-, Beschäftigungs- und Freizeitmöglichkeiten auch sonstige entwicklungsfördernde Hilfestellungen angeboten werden. Die Bereitschaft zur Annahme der Angebote ist zu wecken und zu fördern.

(3) In diesem Gesetz vorgesehene Beschränkungen können minderjährigen Untersuchungsgefangenen auch auferlegt werden, soweit es dringend geboten ist, um sie vor einer Gefährdung ihrer Entwicklung zu bewahren.

§ 68 Zusammenarbeit und Einbeziehung Dritter

(1) Die Zusammenarbeit der Anstalt mit staatlichen und privaten Institutionen erstreckt sich insbesondere auch auf Jugendgerichtshilfe, Jugendamt, Schulen und berufliche Bildungsträger.

(2) Die Personensorgeberechtigten sind, soweit dies möglich ist und eine verfahrenssichernde Anordnung nicht entgegensteht, in die Gestaltung des Vollzugs einzubeziehen.

(3) Die Personensorgeberechtigten und das Jugendamt werden von der Aufnahme, von einer Verlegung und der Entlassung unverzüglich unterrichtet.

§ 69 Ermittlung des Förder- und Erziehungsbedarfs, Maßnahmen

(1) Nach der Aufnahme wird der Förder- und Erziehungsbedarf der jungen Untersuchungsgefangenen unter Berücksichtigung ihrer Persönlichkeit und ihrer Lebensverhältnisse ermittelt.

(2) In einer Konferenz mit an der Erziehung maßgeblich beteiligten Bediensteten werden der Förder- und Erziehungsbedarf erörtert und die sich daraus ergebenden Maßnahmen festgelegt. Diese werden mit den jungen Untersuchungsgefangenen besprochen und den Personensorgeberechtigten auf Verlangen mitgeteilt.

(3) Zur Erfüllung der Aufgabe nach Absatz 1 dürfen personenbezogene Daten abweichend von § 89 Absatz 2 ohne Mitwirkung der Betroffenen erhoben werden bei Stellen, die Aufgaben der Jugendhilfe wahrnehmen, bei der Jugendgerichtshilfe und bei Personen und Stellen, die bereits Kenntnis von der Inhaftierung haben.

§ 70 Unterbringung

(1) Die jungen Untersuchungsgefangenen können in Wohngruppen untergebracht werden, zu denen neben den Hafträumen weitere Räume zur gemeinsamen Nutzung gehören.

(2) Die gemeinschaftliche Unterbringung während der Bildung, Arbeit und Freizeit kann über § 12 Absatz 3 hinaus auch eingeschränkt oder ausgeschlossen werden, wenn dies aus erzieherischen Gründen angezeigt ist, schädliche Einflüsse auf die jungen Untersuchungsgefangenen zu befürchten sind oder während der ersten zwei Wochen nach der Aufnahme.

(3) Eine gemeinsame Unterbringung nach § 13 Absatz 1 Satz 2 ist nur zulässig, wenn schädliche Einflüsse auf die jungen Untersuchungsgefangenen nicht zu befürchten sind.

§ 71 Schulische und berufliche Aus- und Weiterbildung, Arbeit

(1) Schulpflichtige Untersuchungsgefangene nehmen in der Anstalt am allgemein- oder berufsbildenden Unterricht in Anlehnung an die für öffentliche Schulen geltenden Bestimmungen teil.

(2) Minderjährige Untersuchungsgefangene können zur Teilnahme an schulischen und beruflichen Orientierungs-, Aus- und Weiterbildungsmaßnahmen oder speziellen Maßnahmen zur Förderung ihrer schulischen, be-

ruflichen oder persönlichen Entwicklung verpflichtet werden.

(3) Den übrigen jungen Untersuchungsgefangenen soll nach Möglichkeit die Teilnahme an den in Absatz 2 genannten Maßnahmen angeboten werden.

(4) Im Übrigen bleibt § 24 Absatz 2 unberührt.

§ 72 Besuche, Schriftwechsel, Telefongespräche

(1) Abweichend von § 33 Absatz 1 Satz 2 beträgt die Gesamtdauer des Besuchs für junge Untersuchungsgefangene mindestens vier Stunden im Monat. Über § 33 Absatz 3 hinaus sollen Besuche auch dann zugelassen werden, wenn sie die Erziehung fördern.

(2) Besuche von Kindern junger Untersuchungsgefangener werden nicht auf die Regelbesuchszeiten angerechnet.

(3) Bei minderjährigen Untersuchungsgefangenen können Besuche, Schriftwechsel und Telefongespräche auch untersagt werden, wenn Personensorgeberechtigte nicht einverstanden sind.

(4) Besuche dürfen über § 35 Absatz 3 hinaus auch abgebrochen werden, wenn von Besuchern ein schädlicher Einfluss ausgeht.

(5) Der Schriftwechsel kann über § 36 Absatz 2 hinaus bei Personen, die nicht Angehörige (§ 11 Absatz 1 Nummer 1 des Strafgesetzbuchs) der jungen Untersuchungsgefangenen sind, auch untersagt werden, wenn zu befürchten ist, dass der Schriftwechsel einen schädlichen Einfluss auf die jungen Untersuchungsgefangenen hat.

(6) Für Besuche, Schriftwechsel und Telefongespräche mit Beiständen nach § 69 des Jugendgerichtsgesetzes gelten §§ 34, 35 Absatz 4, § 37 Absatz 2 und § 39 Absatz 4 entsprechend.

§ 73 Freizeit und Sport

(1) Zur Ausgestaltung der Freizeit sind geeignete Angebote vorzuhalten. Die jungen Untersuchungsgefangenen sind zur Teilnahme und Mitwirkung an Freizeitangeboten zu motivieren.

(2) Über § 16 Satz 2 hinaus ist der Besitz eigener Fernsehgeräte und elektronischer Medien ausgeschlossen, wenn erzieherische Gründe entgegenstehen.

(3) Dem Sport kommt bei der Gestaltung des Vollzugs an jungen Untersuchungsgefangenen besondere Bedeutung zu. Es sind ausreichende und geeignete Angebote vorzuhalten, um den jungen Untersuchungsgefangenen eine sportliche Betätigung von mindestens zwei Stunden wöchentlich zu ermöglichen.

§ 74 Besondere Sicherungsmaßnahmen

§ 49 Absatz 3 gilt mit der Maßgabe, dass der Entzug oder die Beschränkung des Aufenthalts im Freien nicht zulässig ist.

§ 75 Konfliktregelung, erzieherische Maßnahmen, Disziplinarmaßnahmen

(1) Verstöße der jungen Untersuchungsgefangenen gegen Pflichten, die ihnen durch dieses Gesetz oder auf Grund dieses Gesetzes auferlegt sind, sind unverzüglich erzieherisch aufzuarbeiten. Dabei können Maßnahmen zur Konfliktregelung oder erzieherische Maßnahmen ergriffen werden. Als Maßnahmen zur Konfliktregelung kommen namentlich in Betracht eine Entschuldigung, Schadensbeseitigung oder Schadenswiedergutmachung. Als erzieherische Maßnahmen können den jungen Untersuchungsgefangenen insbesondere Handlungsanweisungen erteilt und Verpflichtungen auferlegt werden, die geeignet sind, den jungen Untersuchungsgefangenen ihr Fehlverhalten und die Notwendigkeit einer Verhaltensänderung bewusst zu machen.

(2) Die Anstaltsleiterin oder der Anstaltsleiter legt fest, welche Bediensteten befugt sind, Maßnahmen nach Absatz 1 anzuordnen.

(3) Es sollen nur solche Maßnahmen nach Absatz 1 angeordnet werden, die mit der Verfehlung in Zusammenhang stehen.

(4) Disziplinarmaßnahmen dürfen nur angeordnet werden, wenn Maßnahmen nach Absatz 1 nicht ausreichen, um den jungen Untersuchungsgefangenen das Unrecht ihrer Handlung zu verdeutlichen. Zu berücksichtigen ist ferner eine aus demselben Anlass angeordnete besondere Sicherungsmaßnahme.

(5) Gegen junge Untersuchungsgefangene dürfen Disziplinarmaßnahmen nach § 61 Absatz 1 Nummer 1 und 6 nicht verhängt werden, Arrest nach § 61 Absatz 1 Nummer 7 ist nur bis zu zwei Wochen zulässig und erzieherisch auszugestalten.

Zwölfter Abschnitt
Aufbau der Anstalt

§ 76 Räumlichkeiten

(1) Die Untersuchungshaft wird in Landesjustizvollzugsanstalten vollzogen. Der Vollzug von Untersuchungshaft und Strafhaft in einer Anstalt ist unter den Voraussetzungen des § 11 Absatz 1 und 2 zulässig.

(2) Räume für den Aufenthalt während der Ruhe- und Freizeit sowie Gemeinschafts- und Besuchsräume sind zweckentsprechend auszugestalten.

§ 77 Festsetzung der Belegungsfähigkeit, Verbot der Überbelegung

(1) Die Aufsichtsbehörde setzt die Belegungsfähigkeit der Anstalt so fest, dass eine angemessene Unterbringung während der Ruhezeit gewährleistet ist. Dabei ist zu berücksichtigen, dass eine ausreichende Anzahl von Plätzen für Arbeit und Bildung sowie von Räumen für Seelsorge, Freizeit, Sport und Besuche zur Verfügung steht.

(2) Hafträume dürfen nicht mit mehr Gefangenen als zugelassen belegt werden.

(3) Ausnahmen von Absatz 2 sind nur vorübergehend und nur mit Zustimmung der Aufsichtsbehörde zulässig.

§ 78 Arbeitsbetriebe, Einrichtungen zur schulischen und beruflichen Bildung

(1) Arbeitsbetriebe und Einrichtungen zur schulischen und beruflichen Bildung sollen vorgehalten werden. Die Anstalt hat eine angemessen ausgestattete Bücherei vorzuhalten.

(2) Beschäftigung und Bildung können auch in geeigneten privaten Einrichtungen und Betrieben erfolgen. Die technische und fachliche Leitung kann Angehörigen dieser Einrichtungen und Betriebe übertragen werden.

§ 79 Anstaltsleitung

(1) Die Anstaltsleiterin oder der Anstaltsleiter trägt die Verantwortung für den gesamten Vollzug und vertritt die Anstalt nach außen. Sie oder er kann einzelne Aufgabenbereiche auf andere Bedienstete übertragen. Die Aufsichtsbehörde kann sich die Zustimmung zur Übertragung vorbehalten.

(2) Für jede Anstalt ist eine Beamtin oder ein Beamter des höheren Dienstes zur hauptamtlichen Leiterin oder zum hauptamtlichen Leiter zu bestellen. Aus besonderen Gründen kann eine Anstalt auch von einer Beamtin oder einem Beamten des gehobenen Dienstes geleitet werden.

§ 80 Bedienstete

Die Anstalt wird mit dem für den Vollzug der Untersuchungshaft erforderlichen Personal ausgestattet. Fortbildung sowie Praxisberatung und -begleitung für die Bediensteten sind zu gewährleisten.

§ 81 Seelsorge

(1) Die Seelsorger werden im Einvernehmen mit der jeweiligen Religionsgemeinschaft im Hauptamt bestellt oder vertraglich verpflichtet.

(2) Wenn die geringe Anzahl der Angehörigen einer Religionsgemeinschaft eine Seelsorge nach Absatz 1 nicht rechtfertigt, ist die seelsorgerische Betreuung auf andere Weise zuzulassen.

(3) Mit Zustimmung der Anstaltsleiterin oder des Anstaltsleiters darf die Anstaltsseelsorgerin oder der Anstaltsseelsorger sich freier Seelsorgehelfer bedienen und diese für Gottesdienste sowie für andere religiöse Veranstaltungen von außen zuziehen.

§ 82 Medizinische Versorgung

(1) Die ärztliche Versorgung ist sicherzustellen.

(2) Die Pflege der Kranken soll von Bediensteten ausgeübt werden, die eine Erlaubnis nach dem Krankenpflegegesetz vom 16. Juli 2003 (BGBl. I S. 1442), das zuletzt durch Artikel 12a des Gesetzes vom 17. Juli 2009 (BGBl. I S. 1990) geändert worden ist, besitzen. Solange diese nicht zur Verfügung stehen, können auch Bedienstete eingesetzt werden, die eine sonstige Ausbildung in der Krankenpflege erfahren haben.

§ 83 Mitverantwortung der Untersuchungsgefangenen

Den Untersuchungsgefangenen soll ermöglicht werden, an der Verantwortung für Angelegenheiten von gemeinsamem Interesse teilzunehmen, die sich ihrer Eigenart und der Aufgabe der Anstalt nach für ihre Mitwirkung eignen.

§ 84 Hausordnung

(1) Die Anstaltsleiterin oder der Anstaltsleiter erlässt eine Hausordnung. Die Aufsichtsbehörde kann sich die Genehmigung vorbehalten.

(2) In die Hausordnung sind namentlich Anordnungen aufzunehmen über die

1. Besuchszeiten, Häufigkeit und Dauer der Besuche,

2. Arbeitszeit, Freizeit und Ruhezeit sowie

3. Gelegenheit, Anträge und Beschwerden anzubringen oder sich an einen Vertreter der Aufsichtsbehörde zu wenden.

Dreizehnter Abschnitt
Aufsicht, Beirat

§ 85 Aufsichtsbehörde

Die Senatsverwaltung für Justiz führt die Aufsicht über die Anstalt.

§ 86 Vollstreckungsplan

Die Aufsichtsbehörde regelt die örtliche und sachliche Zuständigkeit der Anstalt in einem Vollstreckungsplan. Im Rahmen von Vollzugsgemeinschaften kann der Vollzug auch in Vollzugseinrichtungen anderer Länder vorgesehen werden.

§ 87 Beirat

(1) Bei der Anstalt ist ein Beirat zu bilden. Bedienstete dürfen nicht Mitglieder des Beirats sein.

(2) Die Mitglieder des Beirats wirken bei der Gestaltung des Vollzugs und bei der Betreuung der Untersuchungsgefangenen mit. Sie unterstützen die Anstaltsleiterin oder den Anstaltsleiter durch Anregungen und Verbesserungsvorschläge.

(3) Die Mitglieder des Beirats können namentlich Wünsche, Anregungen und Beanstandungen entgegennehmen. Sie können sich über die Unterbringung, Verpflegung, ärztliche Versorgung, Beschäftigung, Bildung und Betreuung unterrichten sowie die Anstalt besichtigen. Sie können die Untersuchungsgefangenen in ihren Räumen aufsuchen. Unterhaltung und Schriftwechsel werden vorbehaltlich einer verfahrenssichernden Anordnung nicht überwacht.

(4) Die Mitglieder des Beirats sind verpflichtet, außerhalb ihres Amtes über alle Angelegenheiten, die ihrer Natur nach vertraulich sind, besonders über Namen und Persönlichkeit der Untersuchungsgefangenen, Verschwiegenheit zu bewahren. Dies gilt auch nach Beendigung ihres Amtes.

Vierzehnter Abschnitt
Datenschutz

§ 88 Allgemeines

Für den Schutz personenbezogener Daten im Vollzug gelten die Bestimmungen des Berliner Datenschutzgesetzes in der Fassung vom 17. Dezember 1990 (GVBl. 1991 S. 16, 54), das zuletzt durch Artikel II des Gesetzes vom 30. November 2007 (GVBl. S. 598) geändert worden ist, in der jeweils geltenden Fassung nach Maßgabe der Bestimmungen dieses Gesetzes.

§ 89 Erhebung personenbezogener Daten

(1) Die Anstalt und die Aufsichtsbehörde dürfen personenbezogene Daten erheben, soweit dies für den Vollzug erforderlich ist.

(2) Personenbezogene Daten sind bei den Betroffenen zu erheben. Ohne ihre Mitwirkung dürfen sie nur erhoben werden, wenn

1. eine Rechtsvorschrift dies vorsieht oder zwingend voraussetzt oder

2. a) die zu erfüllende Verwaltungsaufgabe nach Art oder Geschäftszweck eine Erhebung bei anderen Personen oder Stellen erforderlich macht oder

   b) die Erhebung bei den Betroffenen einen unverhältnismäßigen Aufwand erfordern würde

und keine Anhaltspunkte dafür bestehen, dass überwiegende schutzwürdige Interessen der Betroffenen beeinträchtigt werden.

(3) Werden personenbezogene Daten bei den Betroffenen erhoben, so sind diese, sofern sie nicht bereits auf andere Weise Kenntnis erlangt haben, von der verantwortlichen Stelle über

1. die Identität der verantwortlichen Stelle,

2. die Zweckbestimmungen der Erhebung, Verarbeitung oder Nutzung und

3. die Kategorien von Empfängern nur, soweit die Betroffenen nach den Umständen des Einzelfalls nicht mit der Übermittlung an diese rechnen müssen,

zu unterrichten. Werden personenbezogene Daten bei den Betroffenen auf Grund einer Rechtsvorschrift erhoben, die zur Auskunft verpflichtet, oder ist die Erteilung der Auskunft Voraussetzung für die Gewährung von Rechtsvorteilen, so sind die Betroffenen hierauf, sonst auf die Freiwilligkeit ihrer Angaben, hinzuweisen. Soweit nach den Umständen des Einzelfalles erforderlich oder auf Verlangen, sind sie über die Rechtsvorschrift und über die Folgen der Verweigerung von Angaben aufzuklären.

(4) Daten über Personen, die nicht Gefangene sind, dürfen ohne ihre Mitwirkung bei Personen oder Stellen außerhalb der Anstalt oder Aufsichtsbehörde nur erhoben werden, wenn die Daten für die Sicherheit der Anstalt oder die Sicherung des Vollzugs der Untersuchungshaft unerlässlich sind und die Art der

Erhebung schutzwürdige Interessen der Betroffenen nicht beeinträchtigt.

(5) Über eine ohne ihre Kenntnis vorgenommene Erhebung personenbezogener Daten werden die Betroffenen unter Angabe dieser Daten unterrichtet, soweit der in Absatz 1 genannte Zweck dadurch nicht gefährdet wird. Sind die Daten bei anderen Personen oder Stellen erhoben worden, so kann die Unterrichtung unterbleiben, wenn

1. die Daten nach einer Rechtsvorschrift oder ihrem Wesen nach, namentlich wegen des überwiegenden berechtigten Interesses Dritter, geheim gehalten werden müssen oder

2. der Aufwand der Unterrichtung außer Verhältnis zum Schutzzweck steht und keine Anhaltspunkte dafür bestehen, dass überwiegende schutzwürdige Interessen der Betroffenen beeinträchtigt werden.

(6) Werden personenbezogene Daten statt bei den Betroffenen bei einer nichtöffentlichen Stelle erhoben, so ist die Stelle auf die Rechtsvorschrift, die zur Auskunft verpflichtet, sonst auf die Freiwilligkeit ihrer Angaben hinzuweisen.

§ 90 Verarbeitung und Nutzung

(1) Die Anstalt und die Aufsichtsbehörde dürfen personenbezogene Daten verarbeiten (speichern, verändern, übermitteln, sperren und löschen) und nutzen, soweit dies für den Vollzug erforderlich ist.

(2) Die Verarbeitung und Nutzung personenbezogener Daten für andere Zwecke ist zulässig, soweit dies

1. zur Abwehr von sicherheitsgefährdenden oder geheimdienstlichen Tätigkeiten für eine fremde Macht oder von Bestrebungen im Geltungsbereich des Grundgesetzes, die durch Anwendung von Gewalt oder darauf gerichtete Vorbereitungshandlungen

a) gegen die freiheitliche demokratische Grundordnung, den Bestand oder die Sicherheit des Bundes oder eines Landes gerichtet sind,

b) eine ungesetzliche Beeinträchtigung der Amtsführung der Verfassungsorgane des Bundes oder eines Landes oder ihrer Mitglieder zum Ziele haben oder

c) auswärtige Belange der Bundesrepublik Deutschland gefährden,

2. zur Abwehr erheblicher Nachteile für das Gemeinwohl oder einer Gefahr für die öffentliche Sicherheit,

3. zur Abwehr einer schwerwiegenden Beeinträchtigung der Rechte einer anderen Person,

4. zur Verhinderung oder Verfolgung von Straftaten sowie zur Verhinderung oder Verfolgung von Ordnungswidrigkeiten, durch welche die Sicherheit oder Ordnung der Anstalt gefährdet werden, oder

5. für Maßnahmen der Strafvollstreckung oder strafvollstreckungsrechtliche Entscheidungen

erforderlich ist.

(3) Eine Verarbeitung oder Nutzung für andere Zwecke liegt nicht vor, soweit sie dem gerichtlichen Rechtsschutz im Zusammenhang mit diesem Gesetz oder den in § 11 Absatz 4 des Berliner Datenschutzgesetzes genannten Zwecken dient.

(4) Über die in den Absätzen 1 und 2 geregelten Zwecke hinaus dürfen zuständigen öffentlichen Stellen personenbezogene Daten übermittelt werden, soweit dies für

1. Maßnahmen der Gerichtshilfe, Jugendgerichtshilfe, Bewährungshilfe oder Führungsaufsicht,

2. Entscheidungen in Gnadensachen,

3. gesetzlich angeordnete Statistiken der Rechtspflege,

4. sozialrechtliche Maßnahmen,

5. die Einleitung von Hilfsmaßnahmen für Angehörige der Untersuchungsgefangenen,

6. dienstliche Maßnahmen der Bundeswehr im Zusammenhang mit der Aufnahme und Entlassung von Soldaten,

7. ausländerrechtliche Maßnahmen oder

8. die Durchführung der Besteuerung

erforderlich ist. Eine Übermittlung für andere Zwecke ist auch zulässig, soweit eine andere gesetzliche Bestimmung dies vorsieht und sich dabei ausdrücklich auf personenbezogene Daten über Untersuchungsgefangene bezieht. Die Übermittlung unterbleibt, wenn für die übermittelnde Stelle erkennbar ist, dass unter Berücksichtigung der Art der Information und der Rechtsstellung der Untersuchungsgefangenen die Betroffenen ein schutzwürdiges Interesse an dem Ausschluss der Übermittlung haben.

(5) Die Anstalt oder die Aufsichtsbehörde darf öffentlichen oder nichtöffentlichen Stellen auf schriftlichen Antrag mitteilen, ob sich eine Person in der Anstalt im Untersuchungshaftvollzug befindet, soweit

1. die Mitteilung zur Erfüllung der in der Zuständigkeit der öffentlichen Stelle liegenden Aufgaben erforderlich ist oder

2. von nichtöffentlichen Stellen ein berechtigtes Interesse an dieser Mitteilung glaubhaft dargelegt wird und die Untersuchungsgefangenen kein schutzwürdiges Interesse an dem Ausschluss der Übermittlung haben.

Die Untersuchungsgefangenen werden vor der Mitteilung gehört, es sei denn, es ist zu besorgen, dass dadurch die Verfolgung des Interesses der Antragsteller vereitelt oder wesentlich erschwert werden würde, und eine Abwägung ergibt, dass dieses Interesse der Antragsteller das Interesse der Untersuchungsgefangenen an ihrer vorherigen Anhörung überwiegt. Ist die Anhörung unterblieben, werden die betroffenen Untersuchungsgefangenen über die Mitteilung der Anstalt oder Aufsichtsbehörde nachträglich unterrichtet.

(6) Bei einer nicht nur vorläufigen Einstellung des Verfahrens, einer unanfechtbaren Ablehnung der Eröffnung des Hauptverfahrens oder einem rechtskräftigen Freispruch sind auf Antrag der betroffenen Untersuchungsgefangenen die Stellen, die eine Mitteilung nach Absatz 5 erhalten haben, über den Verfahrensausgang in Kenntnis zu setzen. Die betroffenen Untersuchungsgefangenen sind bei der Anhörung oder der nachträglichen Unterrichtung nach Absatz 5 auf ihr Antragsrecht hinzuweisen.

(7) Akten mit personenbezogenen Daten dürfen nur anderen Anstalten oder Aufsichtsbehörden, den für strafvollzugs-, strafvollstreckungs- und strafrechtliche Entscheidungen zuständigen Gerichten sowie den Strafvollstreckungs- und Strafverfolgungsbehörden überlassen werden. Die Überlassung an andere öffentliche Stellen ist zulässig, soweit die Erteilung einer Auskunft einen unvertretbaren Aufwand erfordert oder nach Darlegung der Akteneinsicht begehrenden Stellen für die Erfüllung der Aufgabe nicht ausreicht. Entsprechendes gilt für die Überlassung von Akten an die von der Anstalt mit Gutachten beauftragten Stellen.

(8) Sind mit personenbezogenen Daten, die nach Absatz 1, Absatz 2 oder Absatz 4 übermittelt werden dürfen, weitere personenbezogene Daten von Betroffenen oder von Dritten in Akten so verbunden, dass eine Trennung nicht oder nur mit unvertretbarem Aufwand möglich ist, so ist die Übermittlung auch dieser Daten zulässig, soweit nicht berechtigte Interessen von Betroffenen oder Dritten an deren Geheimhaltung offensichtlich überwiegen. Eine Verarbeitung oder Nutzung dieser Daten durch die Empfänger ist unzulässig.

(9) Bei der Überwachung der Besuche oder des Schriftwechsels sowie bei der Überwachung des Inhalts von Paketen bekannt gewordene personenbezogene Daten dürfen nur

1. für die in Absatz 2 aufgeführten Zwecke,

2. für den gerichtlichen Rechtsschutz und im Rahmen außerordentlicher Rechtsbehelfsverfahren im Zusammenhang mit diesem Gesetz,

3. zur Wahrung der Sicherheit oder Ordnung der Anstalt,

4. zur Abwehr von Gefährdungen der Untersuchungshaft oder

5. zur Umsetzung einer verfahrenssichernden Anordnung

verarbeitet und genutzt werden.

(10) Personenbezogene Daten, die nach § 89 Absatz 4 über Personen, die nicht Untersuchungsgefangene sind, erhoben worden sind, dürfen nur zur Erfüllung des Erhebungszwecks und für die in Absatz 2 Nummer 1 bis 3 geregelten Zwecke verarbeitet oder genutzt werden.

(11) Die Übermittlung von personenbezogenen Daten unterbleibt, soweit die in § 93 Absatz 2 oder § 95 Absatz 3 und 6 geregelten Einschränkungen oder besondere gesetzliche Verwendungsregelungen entgegenstehen.

(12) Die Verantwortung für die Zulässigkeit der Übermittlung trägt die übermittelnde Anstalt oder Aufsichtsbehörde. Erfolgt die Übermittlung auf Ersuchen einer öffentlichen Stelle, so trägt diese die Verantwortung. In diesem Fall prüft die übermittelnde Anstalt oder Aufsichtsbehörde nur, ob das Übermittlungsersuchen im Rahmen der Aufgaben des Empfängers liegt und die Absätze 9 bis 11 der Übermittlung nicht entgegenstehen, es sei denn, dass besonderer Anlass zur Prüfung der Zulässigkeit der Übermittlung besteht.

§ 91 Zentrale Datei, Einrichtung automatisierter Abrufverfahren

(1) Die nach § 89 erhobenen Daten können für die Anstalt und die Aufsichtsbehörde in einer zentralen Datei gespeichert werden.

(2) Die Einrichtung eines automatisierten Verfahrens, das den Abruf personenbezogener Daten aus der zentralen Datei nach § 90 Absatz 2 und 4 ermöglicht, ist zulässig, soweit diese Form der Datenübermittlung unter Berücksichtigung der schutzwürdigen Belange der betroffenen Personen und der Erfüllung des Zwecks der Übermittlung angemessen ist. Der automatisierte Abruf der für die Unterrichtung nach § 13 Absatz 1 Satz 3 des Bundeskriminalamtgesetzes vom 7. Juli 1997 (BGBl. I S. 1650), das zuletzt durch Artikel 2 des Gesetzes vom 6. Juni 2009 (BGBl. I S. 1226) geändert worden ist, erforderlichen personenbezogenen Daten ist zulässig.

(3) Die speichernde Stelle hat zu gewährleisten, dass der Abruf zumindest durch geeignete Stichprobenverfahren festgestellt und überprüft werden kann.

(4) Die Senatsverwaltung für Justiz bestimmt durch Rechtsverordnung die Einzelheiten der Einrichtung automatisierter Abrufverfahren. Der oder die Berliner Beauftragte für den Datenschutz und Informationsfreiheit ist vorher zu hören. Die Rechtsverordnung hat die Datenempfängerin oder den Datenempfänger, die Datenart und den Zweck der Übermittlung festzulegen. Sie hat Maßnahmen zur Datensicherung und zur Kontrolle vorzusehen, die in einem angemessenen Verhältnis zu dem angestrebten Schutzzweck stehen.

(5) Die Senatsverwaltung für Justiz kann mit anderen Ländern und dem Bund einen Datenverbund vereinbaren, der einen automatisierten Datenabruf ermöglicht.

§ 92 Zweckbindung

Von der Anstalt oder der Aufsichtsbehörde übermittelte personenbezogene Daten dürfen nur zu dem Zweck verarbeitet oder genutzt werden, zu dessen Erfüllung sie übermittelt worden sind. Die Empfänger dürfen die Daten für andere Zwecke nur verarbeiten oder nutzen, soweit sie ihnen auch für diese Zwecke hätten übermittelt werden dürfen, und wenn im Fall einer Übermittlung an nichtöffentliche Stellen die übermittelnde Anstalt oder Aufsichtsbehörde zugestimmt hat. Die Anstalt oder die Aufsichtsbehörde hat die nichtöffentlichen Empfänger auf die Zweckbindung nach Satz 1 hinzuweisen.

§ 93 Schutz besonderer Daten

(1) Besondere personenbezogene Daten im Sinne von § 6a Absatz 1 des Berliner Datenschutzgesetzes dürfen in derAnstalt nicht allgemein kenntlich gemacht werden. Andere personenbezogene Daten von Untersuchungsgefangenen dürfen innerhalb der Anstalt allgemein kenntlich gemacht werden, soweit dies für ein geordnetes Zusammenleben in der Anstalt erforderlich ist. § 90 Absatz 9 bis 11 bleibt unberührt.

(2) Personenbezogene Daten, die

1. Ärzten, Zahnärzten oder Angehörigen eines anderen Heilberufs, der für die Berufsausübung oder die Führung der Be-

rufsbezeichnung eine staatlich geregelte Ausbildung erfordert,

2. Berufspsychologen mit staatlich anerkannter wissenschaftlicher Abschlussprüfung oder

3. staatlich anerkannten Sozialarbeitern oder staatlich anerkannten Sozialpädagogen,

von Untersuchungsgefangenen als Geheimnis anvertraut oder über Untersuchungsgefangene sonst bekannt geworden sind, unterliegen auch gegenüber der Anstalt und der Aufsichtsbehörde der Schweigepflicht. Die in Satz 1 genannten Personen sind zur Offenbarung gegenüber der Anstaltsleiterin oder dem Anstaltsleiter befugt, soweit dies für die Aufgabenerfüllung der Anstalt oder der Aufsichtsbehörde unerlässlich oder zur Abwehr von erheblichen Gefahren für Leib oder Leben von Gefangenen oder Dritten erforderlich ist. Darüber hinaus ist eine Offenbarung zulässig, soweit ihnen personenbezogene Daten bei der Wahrnehmung einer nach diesem Gesetz vorgeschriebenen Mitwirkung oder Anhörung anvertraut oder sonst bekannt geworden sind und die Offenbarung für die Aufgabenerfüllung der Anstalt oder Aufsichtsbehörde erforderlich ist. Sonstige Offenbarungsbefugnisse bleiben unberührt. Die Untersuchungsgefangenen sind vor der Erhebung der Daten über die nach den Sätzen 2 und 3 bestehenden Offenbarungsbefugnisse zu unterrichten.

(3) Die nach Absatz 2 offenbarten Daten dürfen nur für den Zweck, für den sie offenbart wurden oder für den eine Offenbarung zulässig gewesen wäre, und nur unter denselben Voraussetzungen verarbeitet oder genutzt werden, unter denen eine in Absatz 2 Satz 1 genannte Person selbst hierzu befugt wäre. Die Anstaltsleiterin oder der Anstaltsleiter kann unter diesen Voraussetzungen die unmittelbare Offenbarung gegenüber bestimmten Bediensteten allgemein zulassen.

(4) Sofern Ärzte oder Psychologen außerhalb des Vollzugs mit der Untersuchung oder Behandlung von Untersuchungsgefangenen beauftragt werden, gilt Absatz 2 mit der Maßgabe entsprechend, dass die beauftragte Person auch zur Unterrichtung der in der An-

stalt tätigen Ärzte oder der in der Anstalt mit der Behandlung der Untersuchungsgefangenen betrauten Psychologen befugt ist.

§ 94 Schutz der Daten in Akten und Dateien

(1) Die Bediensteten dürfen sich von personenbezogenen Daten nur Kenntnis verschaffen, soweit dies zur Erfüllung der ihnen obliegenden Aufgaben oder für die Zusammenarbeit in der Anstalt und nach § 3 Absatz 1 Satz 2 erforderlich ist.

(2) Akten und Dateien mit personenbezogenen Daten sind durch die erforderlichen technischen und organisatorischen Maßnahmen gegen unbefugten Zugang und unbefugten Gebrauch zu schützen. Gesundheitsakten und Krankenblätter sind getrennt von anderen Unterlagen zu führen und besonders zu sichern.

§ 95 Berichtigung, Löschung und Sperrung

(1) Die in Dateien gespeicherten personenbezogenen Daten sind spätestens zwei Jahre nach der Entlassung der Untersuchungsgefangenen oder der Verlegung der Untersuchungsgefangenen in eine andere Anstalt zu löschen. Hiervon können bis zum Ablauf der Aufbewahrungsfrist für die Gefangenenpersonalakte die Angaben über Familienname, Vorname, Geburtsname, Geburtstag, Geburtsort, Eintritts- und Austrittsdatum der Untersuchungsgefangenen ausgenommen werden, soweit dies für das Auffinden der Gefangenenpersonalakte erforderlich ist.

(2) Die mittels Videoüberwachung erhobenen und gespeicherten personenbezogenen Daten sind zwei Wochen nach ihrer Erhebung zu löschen, sofern nicht ihre Speicherung zu den in § 90 Absatz 2 Nummer 1, 2 oder 4 genannten Zwecken weiterhin erforderlich ist. Sie sind unverzüglich zu löschen, soweit schutzwürdige Belange der Betroffenen einer weiteren Speicherung entgegenstehen.

(3) Personenbezogene Daten in Akten dürfen nach Ablauf von zwei Jahren seit der Entlassung der Untersuchungsgefangenen nur übermittelt oder genutzt werden, soweit dies

1. zur Verfolgung von Straftaten,

2. für die Durchführung wissenschaftlicher Forschungsvorhaben,

3. zur Behebung einer Beweisnot oder

4. zur Feststellung, Durchsetzung oder Abwehr von Rechtsansprüchen im Zusammenhang mit dem Vollzug der Untersuchungshaft

unerlässlich ist. Diese Verwendungsbeschränkungen enden, wenn die Untersuchungsgefangenen erneut zum Vollzug einer Freiheitsentziehung aufgenommen werden oder die Betroffenen eingewilligt haben.

(4) Erhält die Anstalt von einer nicht nur vorläufigen Einstellung des Verfahrens, einer unanfechtbaren Ablehnung der Eröffnung des Hauptverfahrens oder einem rechtskräftigen Freispruch Kenntnis, so tritt an die Stelle der in Absatz 1 Satz 1 genannten Frist eine Frist von einem Monat ab Kenntniserlangung, es sei denn die Daten betreffen auch den Vollzug einer anderen Haft.

(5) Bei der Aufbewahrung von Akten mit nach Absatz 3 gesperrten Daten dürfen folgende Fristen nicht überschritten werden:

Gefangenenpersonalakten, Gesundheitsakten und Krankenblätter	20 Jahre,
Gefangenenbücher	30 Jahre.

Dies gilt nicht, wenn auf Grund bestimmter Tatsachen anzunehmen ist, dass die Aufbewahrung für die in Absatz 3 Satz 1 genannten Zwecke weiterhin erforderlich ist. Die Aufbewahrungsfrist beginnt mit dem auf das Jahr der aktenmäßigen Weglegung folgenden Kalenderjahr. Die Bestimmungen des Archivgesetzes des Landes Berlin vom 29. November 1993 (GVBl. S. 576), das zuletzt durch Artikel I § 19 des Gesetzes vom 15. Oktober 2001 (GVBl. S. 540) geändert worden ist, bleiben unberührt.

(6) Wird festgestellt, dass unrichtige Daten übermittelt worden sind, so ist dies den Empfängern mitzuteilen, wenn es zur Wahrung schutzwürdiger Interessen der Betroffenen erforderlich ist.

§ 96 Auskunft an die Betroffenen, Akteneinsicht

(1) Den Betroffenen ist auf Antrag Auskunft zu erteilen über

1. die zu ihrer Person gespeicherten Daten, auch soweit sie sich auf die Herkunft dieser Daten bezieht,

2. die Empfänger oder Kategorien von Empfängern, an die die Daten weitergegeben werden, und

3. den Zweck der Speicherung.

In dem Antrag soll die Art der personenbezogenen Daten, über die Auskunft erteilt werden soll, näher bezeichnet werden. Sind die personenbezogenen Daten weder automatisiert noch in nicht automatisierten Dateien gespeichert, so wird die Auskunft nur erteilt, soweit die Betroffenen Angaben machen, die das Auffinden der Daten ermöglichen, und der für die Erteilung der Auskunft erforderliche Aufwand nicht außer Verhältnis zu dem von den Betroffenen geltend gemachten Informationsinteresse steht. Die Anstalt oder die Aufsichtsbehörde bestimmt das Verfahren, insbesondere die Form der Auskunftserteilung, nach pflichtgemäßem Ermessen.

(2) Absatz 1 gilt nicht für personenbezogene Daten, die nur deshalb gespeichert sind, weil sie auf Grund gesetzlicher, satzungsmäßiger oder vertraglicher Aufbewahrungsvorschriften nicht gelöscht werden dürfen, oder ausschließlich Zwecken der Datensicherung oder der Datenschutzkontrolle dienen und eine Auskunftserteilung einen unverhältnismäßigen Aufwand erfordern würde.

(3) Bezieht sich die Auskunftserteilung auf die Übermittlung personenbezogener Daten an Behörden der Staatsanwaltschaft, an Polizeidienststellen, Verfassungsschutzbehörden, den Bundesnachrichtendienst, den Militärischen Abschirmdienst und, soweit die Sicherheit des Bundes berührt wird, andere Behörden des Bundesministeriums der Verteidigung, so ist sie nur mit Zustimmung dieser Stellen zulässig.

(4) Die Auskunftserteilung unterbleibt, soweit

1. die Auskunft die ordnungsgemäße Erfüllung der in der Zuständigkeit der verantwortlichen Stelle liegenden Aufgaben gefährden würde,
2. die Auskunft die öffentliche Sicherheit oder Ordnung gefährden oder sonst dem Wohle des Bundes oder eines Landes Nachteile bereiten würde,
3. die Daten oder die Tatsache ihrer Speicherung nach einer Rechtsvorschrift oder wegen der überwiegenden berechtigten Interessen Dritter geheim gehalten werden müssen oder
4. der Auskunft eine verfahrenssichernde Anordnung entgegensteht oder sie deren Umsetzung gefährden würde

und deswegen das Interesse des Betroffenen an der Auskunftserteilung zurücktreten muss.

(5) Die Ablehnung der Auskunftserteilung bedarf einer Begründung nicht, soweit durch die Mitteilung der tatsächlichen und rechtlichen Gründe, auf die die Entscheidung gestützt wird, der mit der Auskunftsverweigerung verfolgte Zweck gefährdet würde. In diesen Fällen sind die Betroffenen darauf hinzuweisen, dass sie sich an die oder den Berliner Beauftragten für Datenschutz und Informationsfreiheit wenden können.

(6) Wird den Betroffenen keine Auskunft erteilt, so ist sie auf deren Verlangen der oder dem Berliner Beauftragten für Datenschutz und Informationsfreiheit zu erteilen, soweit nicht die Aufsichtsbehörde im Einzelfall feststellt, dass dadurch die Sicherheit des Landes Berlin, eines anderen Landes oder des Bundes gefährdet würde. Die Mitteilung der oder des Berliner Beauftragten für Datenschutz und Informationsfreiheit an die Betroffenen darf keine Rückschlüsse auf den Erkenntnisstand der speichernden Stelle zulassen, sofern diese nicht einer weitergehenden Auskunft zustimmt.

(7) Die Auskunft nach Absatz 1 ist unentgeltlich.

(8) Soweit eine Auskunft für die Wahrnehmung der rechtlichen Interessen der Gefangenen nicht ausreicht und sie hierfür auf die Einsichtnahme angewiesen sind, wird Akteneinsicht gewährt.

§ 97 Auskunft und Akteneinsicht für wissenschaftliche Zwecke

§ 476 der Strafprozessordnung gilt mit der Maßgabe entsprechend, dass auch elektronisch gespeicherte personenbezogene Daten übermittelt werden können.

Fünfzehnter Abschnitt
Schlussbestimmungen

§ 98 Einschränkung von Grundrechten

Durch dieses Gesetz werden die Grundrechte der körperlichen Unversehrtheit (Artikel 2 Absatz 2 Satz 1 des Grundgesetzes), der Freiheit der Person (Artikel 2 Absatz 2 Satz 2 des Grundgesetzes) und des Brief-, Post- und Fernmeldegeheimnisses (Artikel 10 Absatz 1 des Grundgesetzes) eingeschränkt.

§ 99 Inkrafttreten

Dieses Gesetz tritt am 1. Januar 2010 in Kraft.

I

Gesetz über den Vollzug der Jugendstrafe in Berlin (Berliner Jugendstrafvollzugsgesetz – JStVollzG Bln)

Vom 15. Dezember 2007 (GVBl. S. 653)

Geändert durch
Mobilfunkverhinderungsgesetz
vom 3. Juli 2009 (GVBl. S. 305)

Inhaltsübersicht

Erster Abschnitt
Allgemeine Bestimmungen

§ 1 Anwendungsbereich

Dieses Gesetz regelt den Vollzug der Jugendstrafe und den Vollzug der Freiheitsstrafe nach § 114 des Jugendgerichtsgesetzes (Vollzug).

§ 2 Ziel und Aufgabe

Der Vollzug dient dem Ziel, die Gefangenen zu befähigen, künftig in sozialer Verantwortung ein Leben ohne Straftaten zu führen. Er hat die Aufgabe, die Allgemeinheit vor weiteren Straftaten zu schützen.

§ 3 Erziehungsauftrag, Vollzugsgestaltung

(1) Der Vollzug ist erzieherisch zu gestalten. Die Gefangenen sind in der Entwicklung ihrer Fähigkeiten und Fertigkeiten so zu fördern, dass sie zu einer eigenverantwortlichen und gemeinschaftsfähigen Lebensführung in Achtung der Rechte anderer befähigt werden. Die Einsicht in die beim Opfer verursachten Tatfolgen soll geweckt werden.

(2) Personelle Ausstattung, sachliche Mittel und Organisation der Anstalt (§ 98 Abs. 1 Satz 1) werden an Zielsetzung und Aufgabe des Vollzugs sowie an den besonderen Bedürfnissen der Gefangenen ausgerichtet.

(3) Das Leben in der Anstalt ist den allgemeinen Lebensverhältnissen so weit wie möglich anzugleichen. Schädlichen Folgen der Freiheitsentziehung ist entgegenzuwirken. Die Gefangenen sind insbesondere vor Übergriffen zu schützen. Der Vollzug wird von Beginn an darauf ausgerichtet, den Gefangenen bei der Eingliederung in ein Leben in Freiheit ohne Straftaten zu helfen. Die Belange von Sicherheit und Ordnung der Anstalt sind zu beachten.

(4) Die unterschiedlichen Lebenslagen und Bedürfnisse von weiblichen und männlichen Gefangenen werden bei der Vollzugsgestaltung und bei Einzelmaßnahmen berücksichtigt.

§ 4 Pflicht zur Mitwirkung

Die Gefangenen sind verpflichtet, an der Erreichung des Vollzugsziels mitzuwirken. Ihre Bereitschaft hierzu ist zu wecken und zu fördern.

§ 5 Leitlinien der Förderung und Erziehung

(1) Förderung und Erziehung erfolgen durch Maßnahmen und Programme zur Entwicklung und Stärkung der Fähigkeiten und Fertigkeiten der Gefangenen im Hinblick auf die Erreichung des Vollzugsziels.

(2) Durch differenzierte Angebote soll auf den jeweiligen Entwicklungsstand und den unterschiedlichen Förder- und Erziehungsbedarf der Gefangenen eingegangen werden.

(3) Die Maßnahmen und Programme richten sich insbesondere auf die Auseinandersetzung mit den eigenen Straftaten, deren Ursachen und Folgen, auf die schulische Bildung, berufliche Qualifizierung, soziale Integration und die verantwortliche Gestaltung des alltäglichen Zusammenlebens, der freien Zeit sowie der Außenkontakte.

§ 6 Stellung der Gefangenen

(1) Die Gefangenen unterliegen den in diesem Gesetz vorgesehenen Beschränkungen ihrer Freiheit. Soweit das Gesetz eine besondere Regelung nicht enthält, dürfen ihnen nur Beschränkungen auferlegt werden, die zur Aufrechterhaltung der Sicherheit oder zur Abwendung einer schwerwiegenden Störung der Ordnung der Anstalt unerlässlich sind.

(2) Vollzugsmaßnahmen sind den Gefangenen zu erläutern.

§ 7 Zusammenarbeit und Einbeziehung Dritter

(1) Alle in der Anstalt Tätigen arbeiten zusammen und wirken daran mit, das Vollzugsziel zu erreichen.

(2) Die Anstalt arbeitet mit außervollzuglichen Einrichtungen und Organisationen sowie Personen und Vereinen eng zusammen, deren Mitwirkung die Eingliederung der Gefangenen fördern kann.

(3) Die Personensorgeberechtigten sind, soweit dies möglich ist und dem Vollzugsziel nicht zuwiderläuft, in die Planung und Gestaltung des Vollzugs einzubeziehen.

§ 8 Soziale Hilfe

(1) Die Gefangenen werden darin unterstützt, ihre persönlichen, wirtschaftlichen und sozialen Schwierigkeiten zu beheben. Sie sollen dazu angeregt und in die Lage versetzt werden, ihre Angelegenheiten selbst zu regeln, insbesondere den durch die Straftat verursachten materiellen und immateriellen Schaden wiedergutzumachen und eine Schuldenregulierung herbeizuführen.

(2) Die Gefangenen sind, soweit erforderlich, über die notwendigen Maßnahmen zur Aufrechterhaltung ihrer sozialversicherungsrechtlichen Ansprüche zu beraten.

Zweiter Abschnitt
Vollzugsplanung

§ 9 Aufnahme

(1) Mit den Gefangenen wird unverzüglich ein Zugangsgespräch geführt, in dem ihre gegenwärtige Lebenssituation erörtert wird und sie über ihre Rechte und Pflichten informiert werden. Ihnen ist die Hausordnung auszuhändigen. Dieses Gesetz, die von ihm in Bezug genommenen Gesetze sowie die zu seiner Ausführung erlassenen Rechtsverordnungen und Verwaltungsvorschriften sind den Gefangenen auf Verlangen zugänglich zu machen.

(2) Beim Aufnahmeverfahren dürfen andere Gefangene nicht zugegen sein.

(3) Die Gefangenen werden alsbald ärztlich untersucht.

(4) Die Personensorgeberechtigten und das Jugendamt werden von der Aufnahme unverzüglich unterrichtet.

(5) Die Gefangenen sollen dabei unterstützt werden, etwa notwendige Maßnahmen für hilfsbedürftige Angehörige und die Sicherung ihrer Habe außerhalb der Anstalt zu veranlassen.

§ 10 Feststellung des Förder- und Erziehungsbedarfs

(1) Nach der Aufnahme wird den Gefangenen das Ziel ihres Aufenthalts in der Anstalt verdeutlicht sowie das Angebot an Unterricht, Aus- und Fortbildung, Arbeit, therapeutischer Behandlung, Sport und Freizeit erläutert.

(2) Der Förder- und Erziehungsbedarf der Gefangenen wird in einem Diagnoseverfahren ermittelt. Es erstreckt sich auf die Persönlichkeit, die Lebensverhältnisse, die Ursachen und Umstände der Straftat sowie alle sonstigen Gesichtspunkte, deren Kenntnis für eine zielgerichtete Vollzugsgestaltung und die Eingliederung der Gefangenen nach der Entlassung notwendig erscheint. Erkenntnisse der Jugendgerichtshilfe und Bewährungshilfe sind einzubeziehen. Soweit darüber hinausgehende Erkenntnisse der Jugendhilfe erforderlich sind, sollen sie eingeholt werden.

(3) Die Vollzugsplanung wird mit den Gefangenen erörtert. Dabei werden deren Anregungen und Vorschläge einbezogen, soweit sie dem Vollzugsziel dienen.

§ 11 Vollzugsplan

(1) Auf der Grundlage des festgestellten Förder- und Erziehungsbedarfs wird regelmäßig innerhalb der ersten sechs Wochen nach der Aufnahme ein Vollzugsplan erstellt. Dabei ist die Möglichkeit der Aussetzung der Vollstreckung des Restes der Jugendstrafe zu berücksichtigen.

(2) Der Vollzugsplan wird regelmäßig alle vier Monate auf seine Umsetzung überprüft, mit den Gefangenen erörtert und fortgeschrieben. Bei Jugendstrafen von mehr als drei Jahren verlängert sich die Frist auf sechs Monate. Bei der Fortschreibung sind die Entwicklung der Gefangenen und in der Zwischenzeit gewonnenen Erkenntnisse zu berücksichtigen.

(3) Der Vollzugsplan und seine Fortschreibungen enthalten, je nach Stand des Vollzugs, insbesondere folgende Angaben:

1. die dem Vollzugsplan zugrunde liegenden Annahmen zur Vorgeschichte der Straftaten sowie die Erläuterung der Zie-

le, Inhalte und Methoden der Förderung und Erziehung der Gefangenen,

2. Unterbringung im geschlossenen oder offenen Vollzug,

3. Zuweisung zu einer Wohngruppe oder einem anderen Unterkunftsbereich,

4. Unterbringung in einer sozialtherapeutischen Abteilung,

5. Teilnahme an schulischen, berufsorientierenden, qualifizierenden oder arbeitstherapeutischen Maßnahmen oder Zuweisung von Arbeit,

6. Teilnahme an therapeutischen Behandlungen oder anderen Hilfs- oder Fördermaßnahmen, insbesondere Sprachförderung für Gefangene mit Migrationshintergrund,

7. Teilnahme an Sport- und Freizeitangeboten, Maßnahmen der Gesundheitsfürsorge und Gesundheitsvorsorge,

8. Vollzugslockerungen und Urlaub,

9. Pflege der familiären Beziehungen und Gestaltung der Außenkontakte,

10. Maßnahmen und Angebote zum Ausgleich von Tatfolgen,

11. Schuldenregulierung,

12. Maßnahmen zur Vorbereitung von Entlassung, Wiedereingliederung und Nachsorge und

13. Fristen zur Fortschreibung des Vollzugsplans.

(4) Der Vollzugsplan und seine Fortschreibungen werden den Gefangenen ausgehändigt. Sie werden der Vollstreckungsleiterin oder dem Vollstreckungsleiter und auf Verlangen den Personensorgeberechtigten mitgeteilt.

§ 12 Verlegung und Überstellung

(1) Die Gefangenen können abweichend vom Vollstreckungsplan in eine andere Anstalt verlegt werden, wenn

1. die Erreichung des Vollzugsziels oder die Eingliederung nach der Entlassung hierdurch gefördert wird oder

2. Gründe der Vollzugsorganisation oder andere wichtige Gründe dies im Einzelfall erforderlich machen.

(2) Die Personensorgeberechtigten, die Vollstreckungsleiterin oder der Vollstreckungsleiter und das Jugendamt werden von der Verlegung unverzüglich unterrichtet.

(3) Die Aufsichtsbehörde kann sich Entscheidungen über Verlegungen vorbehalten.

(4) Die Gefangenen dürfen aus wichtigem Grund in eine andere Anstalt oder Justizvollzugsanstalt überstellt werden.

§ 13 Offener und geschlossener Vollzug

(1) Die Gefangenen werden im offenen oder geschlossenen Vollzug untergebracht.

(2) Sie sollen im offenen Vollzug untergebracht werden, wenn sie dessen besonderen Anforderungen genügen, insbesondere verantwortet werden kann zu erproben, dass sie sich weder dem Vollzug entziehen noch die Möglichkeiten des offenen Vollzugs zur Begehung von Straftaten missbrauchen werden.

(3) Gefangene sollen in den geschlossenen Vollzug zurückverlegt werden, wenn dies zur Erreichung des Vollzugsziels notwendig ist oder sie den Anforderungen nach Absatz 2 nicht entsprechen.

§ 14 Sozialtherapie

Gefangene können in einer sozialtherapeutischen Abteilung untergebracht werden, wenn deren besondere therapeutische Mittel und soziale Hilfen zum Erreichen des Vollzugsziels angezeigt sind.

§ 15 Vollzugslockerungen

(1) Als Vollzugslockerungen kommen insbesondere in Betracht:

1. Verlassen der Anstalt für eine bestimmte Tageszeit unter Aufsicht von Bediensteten (Ausführung) oder ohne Aufsicht (Ausgang),

2. regelmäßige Beschäftigung außerhalb der Anstalt unter Aufsicht von Bediensteten (Außenbeschäftigung) oder ohne Aufsicht (Freigang) und

3. Unterbringung in besonderen Erziehungseinrichtungen oder in Übergangseinrichtungen freier Träger.

Vollzugslockerungen nach Satz 1 Nr. 3 werden nach Anhörung der Vollstreckungsleiterin oder des Vollstreckungsleiters gewährt.

(2) Vollzugslockerungen dürfen gewährt werden, wenn verantwortet werden kann zu erproben, dass die Gefangenen sich weder dem Vollzug entziehen noch die Vollzugslockerungen zur Begehung von Straftaten missbrauchen werden.

(3) Im Übrigen dürfen Gefangene ausgeführt werden, wenn dies aus besonderen Gründen notwendig ist. Liegt die Ausführung ausschließlich im Interesse der Gefangenen, können ihnen die Kosten auferlegt werden, soweit dies die Erziehung oder die Eingliederung nicht behindert.

§ 16 Urlaub

(1) Zur Förderung der Wiedereingliederung in das Leben in Freiheit, insbesondere zur Aufrechterhaltung sozialer Bindungen, kann nach Maßgabe des Vollzugsplans Urlaub gewährt werden. Der Urlaub darf 24 Tage in einem Vollstreckungsjahr nicht übersteigen.

(2) Ferner kann Urlaub aus wichtigem Anlass bis zu sieben Tagen im Vollstreckungsjahr gewährt werden, zur Teilnahme an gerichtlichen Terminen, wegen des Todes oder einer lebensbedrohenden Erkrankung naher Angehöriger auch darüber hinaus.

(3) § 15 Abs. 2 gilt entsprechend.

(4) Durch Urlaub wird die Vollstreckung der Jugendstrafe nicht unterbrochen.

§ 17 Weisungen für Vollzugslockerungen und Urlaub, Widerruf

(1) Für Vollzugslockerungen und Urlaub können Weisungen erteilt werden.

(2) Vollzugslockerungen und Urlaub können widerrufen werden, wenn

1. sie auf Grund nachträglich eingetretener oder bekannt gewordener Umstände versagt werden könnten,

2. sie missbraucht werden oder

3. Weisungen nicht befolgt werden.

§ 18 Vorführung, Ausantwortung

(1) Auf Ersuchen eines Gerichts werden Gefangene vorgeführt, sofern ein Vorführungsbefehl vorliegt.

(2) Gefangene dürfen befristet dem Gewahrsam eines Gerichts, einer Staatsanwaltschaft oder einer Polizei-, Zoll- oder Finanzbehörde auf Antrag überlassen werden (Ausantwortung).

§ 19 Entlassungsvorbereitung

(1) Die Anstalt arbeitet frühzeitig, spätestens sechs Monate vor der voraussichtlichen Entlassung, mit außervollzuglichen Einrichtungen, Organisationen sowie Personen und Vereinen zusammen, um zu erreichen, dass die Gefangenen nach ihrer Entlassung über eine geeignete Unterbringung und eine Arbeits- oder Ausbildungsstelle verfügen. Dazu gehört insbesondere eine Zusammenarbeit der ambulanten sozialen Dienste (Bewährungshilfe, Führungsaufsicht) und des Jugendamtes (Jugendgerichtshilfe) mit der Anstalt zum Zweck der sozialen und beruflichen Integration der Gefangenen. Die Personensorgeberechtigten werden unterrichtet.

(2) Zur Vorbereitung der Entlassung soll der Vollzug gelockert werden (§ 15).

(3) Zur Vorbereitung der Entlassung können die Gefangenen bis zu sieben Tage Urlaub erhalten. Zum Freigang zugelassene Gefangene können innerhalb von neun Monaten vor der Entlassung Urlaub bis zu sechs Tage im Monat erhalten; Satz 1 findet keine Anwendung. § 15 Abs. 2, § 16 Abs. 4 und § 17 gelten entsprechend.

(4) Darüber hinaus können die Gefangenen nach Anhörung der Vollstreckungsleiterin oder des Vollstreckungsleiters bis zu vier Monate beurlaubt werden. Hierfür sollen Weisungen erteilt werden. Der im laufenden Vollstreckungsjahr gewährte Urlaub nach § 16 Abs. 1 wird auf diese Zeit angerechnet. § 15 Abs. 2, § 16 Abs. 4 und § 17 Abs. 2 gelten entsprechend.

§ 20 Entlassungszeitpunkt

(1) Die Gefangenen sollen am letzten Tag ihrer Strafzeit möglichst frühzeitig, jedenfalls noch am Vormittag, entlassen werden.

(2) Fällt das Strafende auf einen Sonnabend oder Sonntag, einen gesetzlichen Feiertag, den ersten Werktag nach Ostern oder Pfingsten oder in die Zeit vom 22. Dezember bis zum 6. Januar, so können die Gefangenen an dem diesem Tag oder Zeitraum vorhergehenden Werktag entlassen werden, wenn dies gemessen an der Dauer der Strafzeit vertretbar ist und fürsorgerische Gründe nicht entgegenstehen.

(3) Der Entlassungszeitpunkt kann bis zu zwei Tage vorverlegt werden, wenn die Gefangenen zu ihrer Eingliederung hierauf dringend angewiesen sind.

§ 21 Hilfe zur Entlassung, Nachsorge

(1) Zur Vorbereitung der Entlassung sind die Gefangenen bei der Ordnung ihrer persönlichen, wirtschaftlichen und sozialen Angelegenheiten zu unterstützen. Dies umfasst die Vermittlung in nachsorgende Maßnahmen. Nachgehende Betreuung kann unter Mitwirkung von Bediensteten erfolgen.

(2) Bedürftigen Gefangenen kann eine Entlassungsbeihilfe in Form eines Reisekostenzuschusses, angemessener Kleidung oder einer sonstigen notwendigen Unterstützung gewährt werden.

§ 22 Fortführung von Maßnahmen nach Entlassung

(1) Die Gefangenen können auf Antrag nach ihrer Entlassung ausnahmsweise im Vollzug begonnene Ausbildungs- oder Behandlungsmaßnahmen fortführen, soweit diese nicht anderweitig durchgeführt werden können. Hierzu können die Entlassenen auf vertraglicher Basis vorübergehend in einer Anstalt untergebracht werden, sofern es die Belegungssituation zulässt.

(2) Bei Störung des Anstaltsbetriebes durch die Entlassenen oder aus vollzugsorganisatorischen Gründen können die Unterbringung und die Maßnahme jederzeit beendet werden. Die Entlassenen sind vorher zu hören.

Dritter Abschnitt
Unterbringung und Versorgung der Gefangenen

§ 23 Trennung von männlichen und weiblichen Gefangenen

Männliche und weibliche Gefangene werden getrennt untergebracht. Gemeinsame Maßnahmen, insbesondere eine gemeinsame Schul- und Berufsausbildung, sind zulässig.

§ 24 Unterbringung während der Ausbildung, Arbeit und Freizeit

(1) Ausbildung und Arbeit finden grundsätzlich in Gemeinschaft statt.

(2) Während der Freizeit können sich die Gefangenen in Gemeinschaft mit anderen Gefangenen aufhalten. Für die Teilnahme an gemeinschaftlichen Veranstaltungen kann die Anstaltsleiterin oder der Anstaltsleiter mit Rücksicht auf die räumlichen, personellen oder organisatorischen Verhältnisse der Anstalt besondere Regelungen treffen.

(3) Die gemeinschaftliche Unterbringung kann eingeschränkt werden,

1. wenn ein schädlicher Einfluss auf andere Gefangene zu befürchten ist,

2. wenn es die Sicherheit oder Ordnung der Anstalt erfordert,

3. wenn dies aus erzieherischen Gründen angezeigt ist oder

4. bis zur Erstellung des Vollzugsplans, jedoch nicht länger als zwei Monate.

§ 25 Unterbringung während der Ruhezeit

(1) Während der Ruhezeit werden die Gefangenen in ihren Hafträumen einzeln untergebracht. Mit ihrer Zustimmung können sie gemeinsam untergebracht werden, wenn schädliche Einflüsse nicht zu befürchten sind. Es dürfen nicht mehr als zwei Gefangene in einem Haftraum untergebracht werden.

(2) Eine gemeinsame Unterbringung ist auch zulässig, wenn Gefangene hilfsbedürftig sind oder eine Gefahr für Leben oder Gesundheit besteht. Darüber hinaus ist eine gemeinsame Unterbringung bis zum 31. Dezember 2012

zulässig, soweit sie nur vorübergehend und aus zwingenden Gründen erforderlich ist.

§ 26 Wohngruppen

(1) Geeignete Gefangene werden regelmäßig in Wohngruppen untergebracht, die entsprechend dem individuellen Entwicklungsstand und Förderbedarf zu bilden sind. Nicht geeignet sind in der Regel Gefangene, die auf Grund ihres Verhaltens nicht gruppenfähig sind.

(2) In der Wohngruppe sollen insbesondere Werte, die ein sozialverträgliches Zusammenleben ermöglichen, gewaltfreie Konfliktlösungen, gegenseitige Toleranz und Verantwortung für den eigenen Lebensbereich vermittelt und eingeübt werden.

(3) Eine erzieherische Betreuung in den Wohngruppen ist auch in der ausbildungs- und arbeitsfreien Zeit der Gefangenen, insbesondere am Wochenende, im erforderlichen Umfang zu gewährleisten.

§ 27 Unterbringung von Müttern mit Kindern

(1) Ist das Kind einer Gefangenen noch nicht drei Jahre alt, kann es mit Zustimmung der oder des Aufenthaltsbestimmungsberechtigten in der Anstalt untergebracht werden, wenn die baulichen Gegebenheiten dies zulassen und Sicherheitsgründe nicht entgegenstehen. Vor der Unterbringung ist das Jugendamt zu hören.

(2) Die Unterbringung erfolgt auf Kosten der für das Kind Unterhaltspflichtigen. Von der Geltendmachung des Kostenersatzanspruchs kann ausnahmsweise abgesehen werden, wenn hierdurch die gemeinsame Unterbringung von Mutter und Kind gefährdet würde.

§ 28 Persönlicher Gewahrsam

(1) Die Gefangenen dürfen nur Sachen in Gewahrsam haben oder annehmen, die ihnen von der Anstalt oder mit deren Zustimmung überlassen werden. Ohne Zustimmung dürfen sie Sachen von geringem Wert von anderen Gefangenen annehmen; die Annahme dieser Sachen und der Gewahrsam daran

können von der Zustimmung der Anstalt abhängig gemacht werden.

(2) Eingebrachte Sachen, die die Gefangenen nicht in Gewahrsam haben dürfen, sind für sie aufzubewahren, sofern dies nach Art und Umfang möglich ist. Den Gefangenen wird Gelegenheit gegeben, ihre Sachen, die sie während des Vollzugs und für ihre Entlassung nicht benötigen, zu verschicken. Geld wird ihnen als Eigengeld gutgeschrieben.

(3) Werden eingebrachte Sachen, deren Aufbewahrung nach Art oder Umfang nicht möglich ist, von den Gefangenen trotz Aufforderung nicht aus der Anstalt verbracht, so ist die Anstalt berechtigt, diese Sachen auf Kosten der Gefangenen aus der Anstalt entfernen zu lassen.

(4) Aufzeichnungen und andere Sachen, die Kenntnisse über Sicherungsvorkehrungen der Anstalt vermitteln oder Schlussfolgerungen auf diese zulassen, dürfen vernichtet oder unbrauchbar gemacht werden.

(5) Die Zustimmung nach Absatz 1 kann widerrufen werden, wenn dies zur Aufrechterhaltung der Sicherheit, zur Abwendung einer erheblichen Störung der Ordnung der Anstalt oder zur Vermeidung einer erheblichen Gefährdung des Vollzugsziels erforderlich ist.

§ 29 Ausstattung des Haftraums

Die Gefangenen dürfen ihren Haftraum in angemessenem Umfang mit eigenen Sachen ausstatten. Sachen, die geeignet sind, das Vollzugsziel oder die Sicherheit oder Ordnung der Anstalt zu gefährden, sind ausgeschlossen.

§ 30 Kleidung

(1) Die Gefangenen tragen Anstaltskleidung.

(2) Die Anstaltsleiterin oder der Anstaltsleiter kann eine abweichende Regelung treffen. Für Reinigung. Instandsetzung und regelmäßigen Wechsel eigener Kleidung haben die Gefangenen selbst zu sorgen.

§ 31 Verpflegung und Einkauf

(1) Zusammensetzung und Nährwert der Anstaltsverpflegung entsprechen den besonderen Anforderungen an eine gesunde Ernäh-

rung junger Menschen und werden ärztlich überwacht. Auf ärztliche Anordnung wird besondere Verpflegung gewährt. Den Gefangenen ist zu ermöglichen, Speisevorschriften ihrer Religionsgemeinschaft zu befolgen.

(2) Die Gefangenen können aus einem von der Anstalt vermittelten Angebot einkaufen. Die Anstalt soll für ein Angebot sorgen, das auf Wünsche und Bedürfnisse der Gefangenen Rücksicht nimmt.

(3) Den Gefangenen soll die Möglichkeit eröffnet werden, unmittelbar oder über Dritte Gegenstände über den Versandhandel zu beziehen. Zulassung und Verfahren des Einkaufs über den Versandhandel regelt die Anstaltsleiterin oder der Anstaltsleiter.

(4) Gegenstände, die geeignet sind, das Vollzugsziel oder die Sicherheit oder Ordnung der Anstalt zu gefährden, sind vom Einkauf ausgeschlossen.

§ 32 Gesundheitsfürsorge

(1) Die Anstalt unterstützt die Gefangenen bei der Wiederherstellung und Erhaltung ihrer körperlichen und geistigen Gesundheit. Die Gefangenen haben die notwendigen Anordnungen zum Gesundheitsschutz und zur Hygiene zu befolgen.

(2) Den Gefangenen wird ermöglicht, sich täglich mindestens eine Stunde im Freien aufzuhalten.

(3) Erkranken Gefangene schwer oder versterben sie, werden die Angehörigen, insbesondere die Personensorgeberechtigten, benachrichtigt. Dem Wunsch der Gefangenen, auch andere Personen zu benachrichtigen, soll nach Möglichkeit entsprochen werden.

(4) Bei einer Schwangeren oder einer Gefangenen, die unlängst entbunden hat, ist auf ihren Zustand Rücksicht zu nehmen. Die Bestimmungen des Mutterschutzgesetzes über die Gestaltung des Arbeitsplatzes sind entsprechend anzuwenden.

§ 33 Zwangsmaßnahmen auf dem Gebiet der Gesundheitsfürsorge

(1) Medizinische Untersuchung und Behandlung sowie Ernährung sind unbeschadet der Rechte der Personensorgeberechtigten zwangsweise nur bei Lebensgefahr, bei schwerwiegender Gefahr für die Gesundheit der Gefangenen oder bei Gefahr für die Gesundheit anderer Personen zulässig; die Maßnahmen müssen für die Beteiligten zumutbar und dürfen nicht mit erheblicher Gefahr für Leben oder Gesundheit der Gefangenen verbunden sein. Zur Durchführung der Maßnahmen ist die Anstalt nicht verpflichtet, solange von einer freien Willensbestimmung der Gefangenen ausgegangen werden kann.

(2) Zum Gesundheitsschutz und zur Hygiene ist die zwangsweise körperliche Untersuchung außer im Fall des Absatzes 1 zulässig, wenn sie nicht mit einem körperlichen Eingriff verbunden ist.

(3) Die Maßnahmen dürfen nur auf Anordnung und unter Leitung einer Ärztin oder eines Arztes durchgeführt werden, unbeschadet der Leistung erster Hilfe für den Fall, dass eine Ärztin oder ein Arzt nicht rechtzeitig erreichbar und mit einem Aufschub Lebensgefahr verbunden ist.

§ 34 Medizinische Leistungen, Kostenbeteiligung

(1) Die Gefangenen haben einen Anspruch auf notwendige, ausreichende und zweckmäßige medizinische Leistungen unter Beachtung des Grundsatzes der Wirtschaftlichkeit. Dies umfasst auch medizinische Leistungen, die der Wiedereingliederung dienen. Der allgemeine Standard der gesetzlichen Krankenkassen ist zu berücksichtigen.

(2) Der Anspruch umfasst auch Untersuchungen zur Früherkennung von Krankheiten und Vorsorgeleistungen entsprechend dem allgemeinen Standard der gesetzlichen Krankenkassen.

(3) Der Anspruch umfasst weiter die Versorgung mit Hilfsmitteln und Körperersatzstücken, die im Einzelfall erforderlich sind, um den Erfolg der Krankenbehandlung zu sichern, eine Behinderung auszugleichen oder einer drohenden Behinderung vorzubeugen, sofern dies mit Rücksicht auf die Dauer des Freiheitsentzugs nicht ungerechtfertigt ist und soweit die Hilfsmittel nicht als allgemeine Gebrauchsgegenstände des täglichen Le-

bens anzusehen sind. Der Anspruch umfasst auch die notwendige Änderung. Instandsetzung und Ersatzbeschaffung von Hilfsmitteln sowie die Ausbildung in ihrem Gebrauch.

(4) An den Kosten für zahntechnische Leistungen und Zahnersatz können volljährige Gefangene beteiligt werden.

(5) Für Leistungen, die über die in Absatz 1 Satz 1, Absatz 2 und 3 genannten Leistungen hinausgehen, können den Gefangenen die gesamten Kosten auferlegt werden.

§ 35 Verlegung und Überstellung zur medizinischen Behandlung

(1) Kranke oder hilfsbedürftige Gefangene können in eine zur Behandlung ihrer Krankheit oder zu ihrer Versorgung besser geeignete Anstalt, Justizvollzugsanstalt oder in ein Vollzugskrankenhaus verlegt oder überstellt werden.

(2) Erforderlichenfalls können Gefangene auch in ein Krankenhaus außerhalb des Vollzugs gebracht werden. Eine Schwangere ist zur Entbindung in ein Krankenhaus außerhalb des Vollzugs zu bringen. Ist dies aus besonderen Gründen nicht angezeigt, so ist die Entbindung in einer Vollzugsanstalt mit Entbindungsabteilung vorzunehmen.

(3) § 12 Abs. 2 und 3 gilt entsprechend.

§ 36 Krankenbehandlung in besonderen Fällen

(1) Während eines Urlaubs und in Vollzugslockerungen haben Gefangene einen Anspruch auf medizinische Leistungen gegen das Land nur in der für sie zuständigen Anstalt.

(2) Der Anspruch auf Leistungen nach § 34 ruht, solange Gefangene auf Grund eines freien Beschäftigungsverhältnisses krankenversichert sind.

(3) Wird die Strafvollstreckung während einer Behandlung von Gefangenen unterbrochen oder beendet, so hat das Land nur diejenigen Kosten zu tragen, die bis zur Unterbrechung oder Beendigung der Strafvollstreckung angefallen sind.

Vierter Abschnitt
Schule, Ausbildung, Weiterbildung und Arbeit

§ 37 Schulische und berufliche Aus- und Weiterbildung, Arbeit

(1) Schulische und berufliche Ausbildung, Weiterbildung, arbeitstherapeutische Beschäftigung und Arbeit dienen insbesondere dem Ziel, die Fähigkeiten der Gefangenen zur Aufnahme einer Erwerbstätigkeit nach der Entlassung zu vermitteln, zu erhalten oder zu fördern. Die Gefangenen werden darin unterstützt und beraten, ihren Fähigkeiten, Kenntnissen und Neigungen angemessene Maßnahmen zu finden.

(2) Die Gefangenen sind vorrangig zur Teilnahme an schulischen und beruflichen Orientierungs-, Aus- und Weiterbildungsmaßnahmen oder speziellen Maßnahmen zur Förderung ihrer schulischen, beruflichen oder persönlichen Entwicklung verpflichtet. Im Übrigen sind die Gefangenen zur Arbeit, arbeitstherapeutischer oder sonstiger Beschäftigung verpflichtet, wenn und soweit sie dazu in der Lage sind. Zur Vorbereitung und Durchführung dieser Maßnahmen sind Gefangene, die nicht über ausreichende Kenntnisse der deutschen Sprache verfügen, zur Teilnahme an Deutschkursen verpflichtet.

(3) Das Zeugnis oder der Nachweis über eine Bildungsmaßnahme darf keinen Hinweis auf die Inhaftierung enthalten.

(4) Den Gefangenen soll gestattet werden, einer Berufsausbildung, beruflichen Weiterbildung, Umschulung oder Arbeit auf der Grundlage eines freien Beschäftigungsverhältnisses außerhalb der Anstalt nachzugehen oder sich innerhalb oder außerhalb des Vollzugs selbst zu beschäftigen, wenn sie hierfür geeignet sind. § 13 Abs. 2, § 15 Abs. 2 und § 17 gelten entsprechend. Die Anstalt kann verlangen, dass ihr das Entgelt für das freie Beschäftigungsverhältnis zur Gutschrift für die Gefangenen überwiesen wird.

(5) Sind die Gefangenen ein Jahr lang ununterbrochen ihrer Verpflichtung nach Absatz 2 nachgekommen, können sie beanspruchen, im darauf folgenden Jahr für die Dauer von

18 Werktagen freigestellt zu werden. Zeiten, in denen die Gefangenen unverschuldet infolge Krankheit an der Teilnahme, an der Arbeit oder an der Beschäftigung gehindert waren, werden bis zur Dauer von sechs Wochen auf das Jahr angerechnet. Auf die Zeit der Freistellung wird der Urlaub nach § 16 Abs. 1 angerechnet, soweit er in die Arbeitszeit fällt. Die Gefangenen erhalten für die Zeit der Freistellung ihre zuletzt gezahlten Bezüge weiter. Urlaubsregelungen der Beschäftigungsverhältnisse außerhalb des Vollzugs bleiben unberührt.

Fünfter Abschnitt
Freizeit, Sport

§ 38 Freizeit

Die Ausgestaltung der Freizeit orientiert sich am Vollzugsziel. Dazu sind geeignete Angebote, auch zum Erwerb von Medienkompetenz, vorzuhalten. Die Gefangenen sind zur Teilnahme und Mitwirkung an Freizeitangeboten verpflichtet.

§ 39 Sport

Dem Sport kommt bei der Erreichung des Vollzugsziels besondere Bedeutung zu. Er kann neben der sinnvollen Freizeitgestaltung auch zur Diagnostik und gezielten Behandlung eingesetzt werden. Es sind ausreichende und geeignete Angebote vorzuhalten, um den Gefangenen eine sportliche Betätigung von mindestens zwei Stunden wöchentlich zu ermöglichen.

§ 40 Zeitungen und Zeitschriften

(1) Die Gefangenen dürfen auf eigene Kosten Zeitungen und Zeitschriften in angemessenem Umfang durch Vermittlung der Anstalt beziehen. Ausgeschlossen sind Zeitungen und Zeitschriften, deren Verbreitung mit Strafe oder Geldbuße bedroht ist.

(2) Einzelne Ausgaben einer Zeitung oder Zeitschrift können den Gefangenen auch vorenthalten werden, wenn deren Inhalte das Vollzugsziel oder die Sicherheit oder Ordnung der Anstalt erheblich gefährden würden.

§ 41 Rundfunk

(1) Die Gefangenen können am Hörfunkempfang sowie am gemeinschaftlichen Fernsehempfang teilnehmen. Der Rundfunkempfang kann vorübergehend ausgesetzt oder einzelnen Gefangenen untersagt werden, wenn dies zur Aufrechterhaltung der Sicherheit oder Ordnung der Anstalt unerlässlich ist.

(2) Eigene Fernsehgeräte können zugelassen werden, wenn erzieherische Gründe nicht entgegenstehen.

§ 42 Besitz von Gegenständen für die Freizeitbeschäftigung

(1) Die Gefangenen dürfen in angemessenem Umfang Gegenstände zur Freizeitbeschäftigung besitzen.

(2) Dies gilt nicht, wenn deren Besitz, Überlassung oder Benutzung das Vollzugsziel oder die Sicherheit oder Ordnung der Anstalt gefährden würde.

(3) Elektronische Medien können zugelassen werden, wenn erzieherische Gründe nicht entgegenstehen. Absatz 2 gilt entsprechend.

Sechster Abschnitt
Religionsausübung

§ 43 Seelsorge

(1) Den Gefangenen darf religiöse Betreuung durch eine Seelsorgerin oder einen Seelsorger nicht versagt werden. Auf Wunsch ist ihnen zu helfen, mit einer Seelsorgerin oder einem Seelsorger ihrer Religionsgemeinschaft in Verbindung zu treten.

(2) Die Gefangenen dürfen grundlegende religiöse Schriften besitzen. Diese dürfen ihnen nur bei grobem Missbrauch entzogen werden.

(3) Den Gefangenen sind Gegenstände des religiösen Gebrauchs in angemessenem Umfang zu belassen.

§ 44 Religiöse Veranstaltungen

(1) Die Gefangenen haben das Recht, am Gottesdienst und an anderen religiösen Veranstaltungen ihres Bekenntnisses teilzunehmen.

(2) Die Zulassung zu den Gottesdiensten oder zu religiösen Veranstaltungen einer anderen Religionsgemeinschaft bedarf der Zustimmung der Seelsorgerin oder des Seelsorgers der Religionsgemeinschaft.

(3) Gefangene können von der Teilnahme am Gottesdienst oder an anderen religiösen Veranstaltungen ausgeschlossen werden, wenn dies aus überwiegenden Gründen der Sicherheit oder Ordnung geboten ist; die Seelsorgerin oder der Seelsorger soll vorher gehört werden.

§ 45 Weltanschauungsgemeinschaften

Für Angehörige weltanschaulicher Bekenntnisse gelten die §§ 43 und 44 entsprechend.

Siebenter Abschnitt
Besuche, Schriftwechsel und Telefongespräche

§ 46 Grundsatz

Die Gefangenen haben das Recht, mit Personen außerhalb der Anstalt im Rahmen der Bestimmungen dieses Gesetzes zu verkehren. Der Kontakt mit Personen, von denen ein günstiger Einfluss erwartet werden kann, wird gefördert.

§ 47 Recht auf Besuch

(1) Die Gefangenen dürfen regelmäßig Besuch empfangen. Die Gesamtdauer beträgt mindestens vier Stunden im Monat.

(2) Kontakte der Gefangenen zu ihren Kindern werden besonders gefördert. Deren Besuche werden nicht auf die Regelbesuchszeiten angerechnet.

(3) Besuche sollen darüber hinaus zugelassen werden, wenn sie die Erziehung oder Eingliederung der Gefangenen fördern oder persönlichen, rechtlichen oder geschäftlichen Angelegenheiten dienen, die nicht von den Gefangenen schriftlich erledigt, durch Dritte wahrgenommen oder bis zur Entlassung aufgeschoben werden können.

(4) Aus Gründen der Sicherheit können Besuche davon abhängig gemacht werden,

dass sich die Besucher mit technischen Hilfsmitteln absuchen oder durchsuchen lassen.

§ 48 Besuchsverbot

Die Anstaltsleiterin oder der Anstaltsleiter kann Besuche untersagen,

1. wenn die Sicherheit oder Ordnung der Anstalt gefährdet würde,

2. bei Besuchern, die nicht Angehörige (§ 11 Abs. 1 Nr. 1 des Strafgesetzbuchs) der Gefangenen sind, wenn zu befürchten ist, dass sie einen schädlichen Einfluss auf die Gefangenen haben oder ihre Eingliederung behindern, oder

3. wenn Personensorgeberechtigte nicht einverstanden sind.

§ 49 Besuche von Verteidigern, Rechtsanwälten, Notaren und Beiständen

Besuche von Verteidigern sowie von Rechtsanwälten und Notaren in einer die Gefangenen betreffenden Rechtssache sind zu gestatten. Dasselbe gilt für Besuche von Beiständen nach § 69 des Jugendgerichtsgesetzes. § 47 Abs. 4 gilt entsprechend. Eine inhaltliche Überprüfung der von Verteidigern mitgeführten Schriftstücke und sonstigen Unterlagen ist nicht zulässig. § 52 Abs. 1 Satz 2 und 3 bleibt unberührt.

§ 50 Überwachung der Besuche

(1) Besuche dürfen aus Gründen der Sicherheit oder Ordnung der Anstalt oder bei Besorgnis der Gefährdung des Vollzugsziels überwacht werden. Die Videoüberwachung (§ 67 Abs. 1) ist zulässig, wenn die Besucher und die Gefangenen vor dem Besuch darauf hingewiesen werden. Eine Verarbeitung und Nutzung der durch Videoüberwachung erhobenen personenbezogenen Daten ist nur zu den § 90 Abs. 2 Nr. 4 genannten Zwecken zulässig. Die Unterhaltung darf nur überwacht werden, soweit dies im Einzelfall aus den in Satz 1 genannten Gründen erforderlich ist.

(2) Besuche dürfen abgebrochen werden, wenn Besucher oder Gefangene gegen dieses Gesetz oder auf Grund dieses Gesetzes ge-

troffene Anordnungen trotz Abmahnung verstoßen. Die Abmahnung unterbleibt, wenn es unerlässlich ist, den Besuch sofort abzubrechen.

(3) Besuche dürfen auch abgebrochen werden, wenn von Besuchern ein schädlicher Einfluss ausgeht.

(4) Besuche von Verteidigern und Beiständen nach § 69 des Jugendgerichtsgesetzes werden nicht überwacht.

(5) Gegenstände dürfen den Gefangenen beim Besuch nicht übergeben werden. Dies gilt nicht für die bei Besuchen der Verteidiger übergebenen Schriftstücke und sonstigen Unterlagen sowie für die bei Besuchen von Rechtsanwälten oder Notaren zur Erledigung einer den Gefangenen betreffenden Rechtssache übergebenen Schriftstücke und sonstigen Unterlagen. Bei Besuchen von Rechtsanwälten oder Notaren kann die Übergabe aus Gründen der Sicherheit oder Ordnung der Anstalt von der Erlaubnis der Anstaltsleiterin oder des Anstaltsleiters abhängig gemacht werden. § 52 Abs. 1 Satz 2 und 3 bleibt unberührt.

§ 51 Recht auf Schriftwechsel

(1) Die Gefangenen haben das Recht, auf eigene Kosten Schreiben abzusenden und zu empfangen.

(2) Die Anstaltsleiterin oder der Anstaltsleiter kann den Schriftwechsel mit bestimmten Personen untersagen,

1. wenn die Sicherheit oder Ordnung der Anstalt gefährdet würde,

2. bei Personen, die nicht Angehörige (§ 11 Abs. 1 Nr. 1 des Strafgesetzbuchs) der Gefangenen sind, wenn zu befürchten ist, dass der Schriftwechsel einen schädlichen Einfluss auf die Gefangenen hat oder ihre Eingliederung behindert, oder

3. wenn Personensorgeberechtigte nicht einverstanden sind.

§ 52 Überwachung des Schriftwechsels

(1) Der Schriftwechsel der Gefangenen mit ihren Verteidigern und Beiständen nach § 69 des Jugendgerichtsgesetzes wird nicht überwacht. Liegt dem Vollzug eine Straftat nach

§ 129a, auch in Verbindung mit § 129b Abs. 1, des Strafgesetzbuchs zugrunde, gelten § 148 Abs. 2 und § 148a der Strafprozessordnung entsprechend; dies gilt nicht, wenn die Gefangenen sich in einer Einrichtung des offenen Vollzugs befinden oder wenn ihnen Vollzugslockerungen nach § 15 oder Urlaub nach § 16 Abs. 1 gewährt worden sind und ein Grund, der die Anstaltsleiterin oder den Anstaltsleiter nach § 17 Abs. 2 zum Widerruf von Vollzugslockerungen und Urlaub ermächtigt, nicht vorliegt. Satz 2 gilt auch, wenn eine Jugendstrafe oder Freiheitsstrafe wegen einer Straftat nach § 129a, auch in Verbindung mit § 129b Abs. 1, des Strafgesetzbuchs erst im Anschluss an den Vollzug der Jugendstrafe, der eine andere Verurteilung zugrunde liegt, zu vollstrecken ist.

(2) Nicht überwacht werden ferner Schreiben der Gefangenen an Volksvertretungen des Bundes und der Länder sowie an deren Mitglieder, soweit die Schreiben an die Anschriften dieser Volksvertretungen gerichtet sind und den Absender zutreffend angeben. Entsprechendes gilt für Schreiben an das Europäische Parlament und dessen Mitglieder, den Europäischen Gerichtshof für Menschenrechte, den Europäischen Ausschuss zur Verhütung von Folter und unmenschlicher oder erniedrigender Behandlung oder Strafe und weitere Einrichtungen, mit denen der Schriftverkehr auf Grund völkerrechtlicher Verpflichtungen der Bundesrepublik Deutschland geschützt ist. Satz 1 gilt auch für Schreiben an die Bürgerbeauftragten der Länder und die Datenschutzbeauftragten des Bundes und der Länder. Schreiben der in den Sätzen 1 bis 3 genannten Stellen, die an die Gefangenen gerichtet sind, werden nicht überwacht, sofern die Identität des Absenders zweifelsfrei feststeht.

(3) Der übrige Schriftwechsel darf überwacht werden, soweit es aus Gründen der Sicherheit oder Ordnung der Anstalt oder der Besorgnis der Gefährdung des Vollzugsziels erforderlich ist.

§ 53 Weiterleitung von Schreiben, Aufbewahrung

(1) Die Gefangenen haben das Absenden und den Empfang ihrer Schreiben durch die Anstalt vermitteln zu lassen, soweit nichts anderes gestattet ist.

(2) Eingehende und ausgehende Schreiben sind unverzüglich weiterzuleiten.

(3) Die Gefangenen haben eingehende Schreiben unverschlossen zu verwahren, sofern nichts anderes gestattet wird. Sie können sie verschlossen zu ihrer Habe geben.

§ 54 Anhalten von Schreiben

(1) Die Anstaltsleiterin oder der Anstaltsleiter kann Schreiben anhalten, wenn

1. das Vollzugsziel oder die Sicherheit oder Ordnung der Anstalt gefährdet würde,

2. die Weitergabe in Kenntnis ihres Inhalts einen Straf- oder Bußgeldtatbestand verwirklichen würde,

3. sie grob unrichtige oder erheblich entstellende Darstellungen von Anstaltsverhältnissen enthalten,

4. sie grobe Beleidigungen enthalten,

5. sie die Eingliederung anderer Gefangener gefährden können oder

6. sie in Geheimschrift, unlesbar, unverständlich oder ohne zwingenden Grund in einer fremden Sprache abgefasst sind.

(2) Ausgehenden Schreiben, die unrichtige Darstellungen enthalten, kann ein Begleitschreiben beigefügt werden, wenn die Gefangenen auf das Absenden bestehen.

(3) Sind Schreiben angehalten worden, wird das den Gefangenen mitgeteilt. Angehaltene Schreiben werden an die Absender zurückgegeben oder, sofern dies unmöglich oder aus besonderen Gründen untunlich ist, verwahrt.

(4) Schreiben, deren Überwachung nach § 52 Abs. 1 und 2 ausgeschlossen ist, dürfen nicht angehalten werden.

§ 55 Telefongespräche

Den Gefangenen kann gestattet werden, auf eigene Kosten Telefongespräche zu führen. Die Bestimmungen über den Besuch gelten entsprechend. Ist die Überwachung des Telefongesprächs erforderlich, ist die beabsichtigte Überwachung den Gesprächspartnern der Gefangenen unmittelbar nach Herstellung der Verbindung durch die Anstalt oder die Gefangenen mitzuteilen. Die Gefangenen sind rechtzeitig vor Beginn des Telefongesprächs über die beabsichtigte Überwachung und die Mitteilungspflicht nach Satz 3 zu unterrichten.

§ 56 Pakete

(1) Der Empfang von Paketen mit Nahrungs- und Genussmitteln ist den Gefangenen nicht gestattet. Der Empfang von Paketen mit anderem Inhalt bedarf der Erlaubnis der Anstalt, welche Zeitpunkt und Höchstmenge für die Sendung und für einzelne Gegenstände festsetzen kann. Für den Ausschluss von Gegenständen gilt § 31 Abs. 4 entsprechend.

(2) Pakete sind in Gegenwart der Gefangenen zu öffnen, an die sie adressiert sind. Ausgeschlossene Gegenstände können zu ihrer Habe genommen oder den Absendern zurückgesandt werden. Nicht ausgehändigte Gegenstände, durch die bei der Versendung oder Aufbewahrung Personen verletzt oder Sachschäden verursacht werden können, dürfen vernichtet werden. Die hiernach getroffenen Maßnahmen werden den Gefangenen eröffnet.

(3) Der Empfang von Paketen kann vorübergehend versagt werden, wenn dies wegen der Gefährdung der Sicherheit oder Ordnung der Anstalt unerlässlich ist.

(4) Den Gefangenen kann gestattet werden, Pakete zu versenden. Die Anstalt kann ihren Inhalt aus Gründen der Sicherheit oder Ordnung der Anstalt überprüfen.

Achter Abschnitt
Gelder der Gefangenen, Freistellung von der Arbeit

§ 57 Ausbildungsbeihilfe, Arbeitsentgelt

(1) Gefangene, die während der Arbeitszeit ganz oder teilweise an einer schulischen oder

beruflichen Orientierungs-, Aus- oder Weiterbildungsmaßnahme oder an speziellen Maßnahmen zur Förderung ihrer schulischen, beruflichen oder persönlichen Entwicklung teilnehmen, erhalten hierfür eine Ausbildungsbeihilfe, soweit kein Anspruch auf Leistungen zum Lebensunterhalt besteht, die freien Personen aus solchem Anlass zustehen.

(2) Wer eine Arbeit, arbeitstherapeutische oder sonstige Beschäftigung ausübt, erhält Arbeitsentgelt.

(3) Der Bemessung der Ausbildungsbeihilfe und des Arbeitsentgelts ist 9 vom Hundert der Bezugsgröße nach § 18 des Vierten Buches Sozialgesetzbuch zugrunde zu legen (Eckvergütung). Ein Tagessatz ist der zweihundertfünfzigste Teil der Eckvergütung; die Ausbildungsbeihilfe und das Arbeitsentgelt können nach einem Stundensatz bemessen werden.

(4) Die Ausbildungsbeihilfe und das Arbeitsentgelt können je nach Leistung der Gefangenen und der Art der Ausbildung oder Arbeit gestuft werden. 75 vom Hundert der Eckvergütung dürfen nur dann unterschritten werden, wenn die Leistungen der Gefangenen den Mindestanforderungen nicht genügen. Der Vorrang der schulischen und beruflichen Bildungsmaßnahmen nach § 37 Abs. 2 ist bei der Festsetzung der Ausbildungsbeihilfe und des Arbeitsentgelts zu berücksichtigen.

(5) Die Höhe der Ausbildungsbeihilfe und des Arbeitsentgelts ist den Gefangenen schriftlich bekannt zu geben.

(6) Die Senatsverwaltung für Justiz wird ermächtigt, eine Rechtsverordnung über die Vergütungsstufen nach Absatz 4 zu erlassen.

(7) Soweit Beiträge zur Bundesagentur für Arbeit zu entrichten sind, kann vom Arbeitsentgelt oder der Ausbildungsbeihilfe ein Betrag einbehalten werden, der dem Anteil der Gefangenen am Beitrag entsprechen würde, wenn sie diese Bezüge als Arbeitnehmer erhielten.

§ 58   Freistellung von der Arbeit

(1) Die Arbeit der Gefangenen wird neben der Gewährung von Arbeitsentgelt (§ 57 Abs. 2) durch Freistellung von der Arbeit (Freistellung) anerkannt, die auch als Arbeitsurlaub

genutzt oder auf den Entlassungszeitpunkt angerechnet werden kann.

(2) Haben die Gefangenen einen Monat lang zusammenhängend eine Arbeit, arbeitstherapeutische oder sonstige Beschäftigung ausgeübt, so werden sie auf Antrag einen Werktag von der Arbeit freigestellt. § 37 Abs. 5 bleibt unberührt. Durch Zeiten, in denen die Gefangenen ohne ihr Verschulden durch Krankheit, Ausführung, Ausgang, Urlaub, Freistellung von der Arbeit oder sonstige nicht von ihnen zu vertretende Gründe an der Arbeitsleistung gehindert sind, wird die Frist nach Satz 1 gehemmt. Beschäftigungszeiträume von weniger als zwei Monaten bleiben unberücksichtigt.

(3) Die Gefangenen können beantragen, dass die Freistellung nach Absatz 2 in Form von Arbeitsurlaub gewährt wird. § 15 Abs. 2, § 16 Abs. 4 und § 17 gelten entsprechend.

(4) Die Gefangenen erhalten für die Zeit der Freistellung von der Arbeit ihre zuletzt gezahlten Bezüge weiter.

(5) Stellen die Gefangenen keinen Antrag nach Absatz 2 Satz 1 oder Absatz 3 Satz 1 oder kann die Freistellung von der Arbeit nach Maßgabe der Regelung des Absatzes 3 Satz 2 nicht gewährt werden, so wird sie nach Absatz 2 Satz 1 von der Anstalt auf den Entlassungszeitpunkt der Gefangenen angerechnet.

(6) Eine Anrechnung nach Absatz 5 ist ausgeschlossen

1. bei einer Aussetzung der Vollstreckung des Restes einer Jugendstrafe zur Bewährung, soweit wegen des von der Entscheidung der Vollstreckungsleiterin oder des Vollstreckungsleiters bis zur Entlassung verbleibenden Zeitraums eine Anrechnung nicht mehr möglich ist,

2. wenn dies von der Vollstreckungsleiterin oder dem Vollstreckungsleiter angeordnet wird, weil bei einer Aussetzung der Vollstreckung des Restes einer Jugendstrafe zur Bewährung die Lebensverhältnisse der Gefangenen oder die Wirkungen, die von der Aussetzung für sie zu erwarten sind,

die Vollstreckung bis zu einem bestimmten Zeitpunkt erfordern,

3. wenn nach § 2 des Jugendgerichtsgesetzes in Verbindung mit § 456a Abs. 1 der Strafprozessordnung von der Vollstreckung abgesehen wird oder

4. wenn die Gefangenen im Gnadenwege aus der Haft entlassen werden.

(7) Soweit eine Anrechnung nach Absatz 6 ausgeschlossen ist, erhalten die Gefangenen bei ihrer Entlassung für eine Tätigkeit nach § 57 Abs. 2 als Ausgleichsentschädigung zusätzlich 15 vom Hundert des Entgelts nach § 57 Abs. 3 und 4. Der Anspruch entsteht erst mit der Entlassung.

(8) Für Gefangene, die an einer Maßnahme nach § 57 Abs. 1 teilnehmen, gelten die Absätze 1 bis 7 mit der Maßgabe entsprechend, dass statt einer Freistellung nach Absatz 2 oder der Gewährung von Arbeitsurlaub nach Absatz 3 eine Anrechnung nach Absatz 5 oder die Zahlung einer Ausgleichsentschädigung nach Absatz 7 vorgenommen werden soll, wenn sonst der Erfolg der Maßnahme gefährdet wäre.

§ 59 Taschengeld

(1) Erhalten Gefangene ohne ihr Verschulden weder Ausbildungsbeihilfe noch Arbeitsentgelt, so wird ihnen bei Bedürftigkeit auf Antrag ein angemessenes Taschengeld gewährt. Bedürftig sind Gefangene, soweit ihnen im laufenden Monat aus Hausgeld (§ 60) und Eigengeld (§ 61) nicht ein Betrag bis zur Höhe des Taschengeldes zur Verfügung steht.

(2) Das Taschengeld beträgt 14 vom Hundert der Eckvergütung (§ 57 Abs. 3).

§ 60 Hausgeld

(1) Die Gefangenen dürfen von ihren in diesem Gesetz geregelten Bezügen drei Siebtel monatlich (Hausgeld) und das Taschengeld (§ 59) für den Einkauf (§ 31 Abs. 2) oder anderweitig verwenden.

(2) Für Gefangene, die in einem freien Beschäftigungsverhältnis stehen oder denen gestattet ist, sich selbst zu beschäftigen (§ 37 Abs. 4), wird aus ihren Bezügen ein angemessenes Hausgeld festgesetzt.

(3) Für Gefangene, die über Eigengeld (§ 61) verfügen und unverschuldet keine Bezüge nach diesem Gesetz erhalten, gilt Absatz 2 entsprechend.

§ 61 Eigengeld

(1) Das Eigengeld besteht aus den Beträgen, die die Gefangenen bei Strafantritt in die Anstalt mitbringen, Geldern, die ihnen während der Haftzeit zugehen, und Bezügen, die nicht als Hausgeld in Anspruch genommen werden.

(2) Die Gefangenen können über das Eigengeld verfügen. § 31 Abs. 3 und 4 und § 60 bleiben unberührt.

Neunter Abschnitt
Sicherheit und Ordnung

§ 62 Grundsatz

(1) Sicherheit und Ordnung der Anstalt bilden die Grundlage des auf die Förderung und Erziehung aller Gefangenen ausgerichteten Anstaltslebens und tragen dazu bei, dass in der Anstalt ein gewaltfreies Klima herrscht.

(2) Die Pflichten und Beschränkungen, die den Gefangenen zur Aufrechterhaltung der Sicherheit oder Ordnung der Anstalt auferlegt werden, sind so zu wählen, dass sie in einem angemessenen Verhältnis zu ihrem Zweck stehen und die Gefangenen nicht mehr und nicht länger als notwendig beeinträchtigen.

§ 63 Verhaltensvorschriften

(1) Die Gefangenen sind für das geordnete Zusammenleben in der Anstalt mitverantwortlich und müssen mit ihrem Verhalten dazu beitragen. Ihr Bewusstsein hierfür ist zu entwickeln und zu stärken.

(2) Die Gefangenen haben sich nach der Tageseinteilung der Anstalt (Arbeitszeit, Freizeit, Ruhezeit) zu richten.

(3) Die Gefangenen haben die Anordnungen der Bediensteten zu befolgen, auch wenn sie sich durch diese beschwert fühlen. Einen ihnen zugewiesenen Bereich dürfen sie nicht ohne Erlaubnis verlassen.

(4) Die Gefangenen haben ihren Haftraum und die ihnen von der Anstalt überlassenen Sachen in Ordnung zu halten und schonend zu behandeln.

(5) Die Gefangenen haben Umstände, die eine Gefahr für das Leben oder eine erhebliche Gefahr für die Gesundheit einer Person bedeuten, unverzüglich zu melden.

§ 64 Absuchung, Durchsuchung

(1) Die Gefangenen, ihre Sachen und die Haftäume dürfen mit technischen Mitteln abgesucht und durchsucht werden. Die Durchsuchung männlicher Gefangener darf nur von Männern, die Durchsuchung weiblicher Gefangener darf nur von Frauen vorgenommen werden. Das Schamgefühl ist zu schonen.

(2) Nur bei Gefahr im Verzug oder auf Anordnung der Anstaltsleiterin oder des Anstaltsleiters im Einzelfall ist es zulässig, eine mit einer Entkleidung verbundene körperliche Durchsuchung vorzunehmen. Sie darf bei männlichen Gefangenen nur in Gegenwart von Männern, bei weiblichen Gefangenen nur in Gegenwart von Frauen erfolgen. Sie ist in einem geschlossenen Raum durchzuführen. Andere Gefangene dürfen nicht anwesend sein.

(3) Die Anstaltsleiterin oder der Anstaltsleiter kann allgemein anordnen, dass Gefangene bei der Aufnahme, nach Kontakten mit Besuchern sowie nach jeder Abwesenheit von der Anstalt nach Absatz 2 zu durchsuchen sind.

§ 65 Sichere Unterbringung

(1) Gefangene können in eine Anstalt verlegt werden, die zu ihrer sicheren Unterbringung besser geeignet ist, wenn in erhöhtem Maße Fluchtgefahr gegeben ist oder sonst ihr Verhalten oder ihr Zustand eine Gefahr für die Sicherheit oder Ordnung der Anstalt darstellt.

(2) § 12 Abs. 2 und 3 gilt entsprechend.

§ 66 Erkennungsdienstliche Maßnahmen

(1) Zur Sicherung des Vollzugs, zur Aufrechterhaltung der Sicherheit oder Ordnung der

Anstalt oder zur Identitätsfeststellung sind mit Kenntnis der Gefangenen zulässig:

1. die Abnahme von Finger- und Handflächenabdrücken,

2. die Aufnahme von Lichtbildern,

3. die Feststellung äußerlicher körperlicher Merkmale und

4. Messungen.

(2) Die hierbei gewonnenen Unterlagen oder Daten werden zu den Gefangenenpersonalakten genommen oder in personenbezogenen Dateien gespeichert. Sie können auch in kriminalpolizeilichen Sammlungen verwahrt werden. Die nach Absatz 1 erhobenen Daten dürfen nur für die in Absatz 1, in § 69 Abs. 2 und in § 90 Abs. 2 Nr. 4 genannten Zwecke verarbeitet (§ 90 Abs. 1) und genutzt werden.

(3) Die nach Absatz 1 gewonnenen erkennungsdienstlichen Unterlagen werden mit Ausnahme von Lichtbildern und der Beschreibung von körperlichen Merkmalen vernichtet, sobald die Vollstreckung der richterlichen Entscheidung, die dem Vollzug zugrunde gelegen hat, abgeschlossen ist.

§ 67 Videoüberwachung, Lichtbildausweise

(1) Die Beobachtung des Anstaltsgebäudes einschließlich des Gebäudeinneren mit optisch-elektronischen Einrichtungen (Videoüberwachung) ist zulässig, wenn dies für die Sicherheit und Ordnung der Anstalt erforderlich ist. Die Videoüberwachung von Haftäumen ist ausgeschlossen; § 70 Abs. 2 Nr. 2 bleibt unberührt. Satz 1 gilt auch für das Gelände und die unmittelbare Umgebung der Anstalt.

(2) Der Umstand der Videoüberwachung ist durch geeignete Maßnahmen erkennbar zu machen.

(3) Werden durch Videoüberwachung erhobene Daten einer bestimmten Person zugeordnet, so sind die Verarbeitung und Nutzung der Daten nur zu den in § 90 Abs. 1 und 2 Nr. 1, 2 oder 4 genannten Zwecken zulässig.

(4) Die Betroffenen sind über eine Verarbeitung und Nutzung ihrer personenbezogenen Daten zu benachrichtigen, sofern die Daten

nicht innerhalb der Anstalt verbleiben und binnen vier Wochen gelöscht werden. Eine Pflicht zur Benachrichtigung besteht nicht, sofern die Betroffenen auf andere Weise Kenntnis von der Verarbeitung und Nutzung erlangt haben oder die Unterrichtung einen unverhältnismäßigen Aufwand erfordert. Die Unterrichtung kann unterbleiben, solange durch sie der Zweck der Maßnahme vereitelt würde.

(5) Die Anstalt kann die Gefangenen verpflichten, einen Lichtbildausweis mit sich zu führen, wenn dies aus Gründen der Sicherheit oder Ordnung der Anstalt erforderlich ist. Dieser ist bei der Entlassung oder bei der Verlegung in eine andere Anstalt einzuziehen und zu vernichten.

§ 68 Maßnahmen zur Feststellung von Suchtmittelkonsum

(1) Zur Aufrechterhaltung der Sicherheit oder Ordnung der Anstalt kann die Anstaltsleiterin oder der Anstaltsleiter allgemein oder im Einzelfall Maßnahmen anordnen, die geeignet sind, den Missbrauch von Suchtmitteln festzustellen. Diese Maßnahmen dürfen nicht mit einem körperlichen Eingriff verbunden sein.

(2) Wird Suchtmittelmissbrauch festgestellt, können die Kosten der Maßnahmen nach Absatz 1 den Gefangenen auferlegt werden.

§ 69 Festnahmerecht

(1) Gefangene, die entwichen sind oder sich sonst ohne Erlaubnis außerhalb der Anstalt aufhalten, können durch die Anstalt oder auf deren Veranlassung festgenommen und zurückgebracht werden.

(2) Nach § 66 Abs. 1 und § 89 erhobene und zur Identifizierung oder Festnahme erforderliche Daten dürfen den Vollstreckungs- und Strafverfolgungsbehörden übermittelt werden, soweit dies zu Zwecken der Fahndung und Festnahme der entwichenen oder sich sonst ohne Erlaubnis außerhalb der Anstalt aufhaltenden Gefangenen erforderlich ist.

§ 70 Besondere Sicherungsmaßnahmen

(1) Gegen Gefangene können besondere Sicherungsmaßnahmen angeordnet werden, wenn nach ihrem Verhalten oder auf Grund ihres seelischen Zustandes in erhöhtem Maße Fluchtgefahr oder die Gefahr von Gewalttätigkeiten gegen Personen oder Sachen oder die Gefahr der Selbsttötung oder der Selbstverletzung besteht.

(2) Als besondere Sicherungsmaßnahmen sind zulässig:

1. der Entzug oder die Vorenthaltung von Gegenständen,

2. die Beobachtung der Gefangenen, in einem besonders gesicherten Haftraum auch mittels Videoüberwachung,

3. die Absonderung von anderen Gefangenen,

4. der Entzug oder die Beschränkung des Aufenthalts im Freien,

5. die Unterbringung in einem besonders gesicherten Haftraum ohne gefährdende Gegenstände und

6. die Fesselung.

(3) Maßnahmen nach Absatz 2 Nr. 1, 3 und 5 sind auch zulässig, wenn die Gefahr einer Befreiung oder eine erhebliche Störung der Hausordnung anders nicht vermieden oder behoben werden kann.

(4) Bei einer Ausführung, Vorführung oder beim Transport ist die Fesselung auch dann zulässig, wenn Fluchtgefahr besteht.

§ 71 Einzelhaft

Die unausgesetzte Absonderung von Gefangenen (Einzelhaft) ist nur zulässig, wenn dies aus Gründen, die in deren Person liegen, unerlässlich ist. Einzelhaft von mehr als zwei Wochen Gesamtdauer im Jahr bedarf der Zustimmung der Aufsichtsbehörde. Während des Vollzugs der Einzelhaft sind die Gefangenen in besonderem Maße zu betreuen.

§ 72 Fesselung

In der Regel dürfen Fesseln nur an den Händen oder an den Füßen angelegt werden. Im Interesse der Gefangenen kann die Anstaltsleiterin oder der Anstaltsleiter eine andere Art der Fesselung anordnen. Die Fesselung wird zeitweise gelockert, soweit dies notwendig ist.

§ 73 Anordnung besonderer Sicherungsmaßnahmen, Verfahren

(1) Besondere Sicherungsmaßnahmen ordnet die Anstaltsleiterin oder der Anstaltsleiter an. Bei Gefahr im Verzug können auch andere Bedienstete diese Maßnahmen vorläufig anordnen. Die Entscheidung der Anstaltsleiterin oder des Anstaltsleiters ist unverzüglich einzuholen.

(2) Werden Gefangene ärztlich behandelt oder beobachtet oder bildet ihr seelischer Zustand den Anlass der besonderen Sicherungsmaßnahme, ist vorher eine ärztliche Stellungnahme einzuholen. Ist dies wegen Gefahr im Verzuge nicht möglich, wird die Stellungnahme unverzüglich nachträglich eingeholt.

(3) Die Entscheidung wird den Gefangenen von der Anstaltsleiterin oder dem Anstaltsleiter mündlich eröffnet und mit einer kurzen Begründung schriftlich abgefasst.

(4) Besondere Sicherungsmaßnahmen sind in angemessenen Abständen daraufhin zu überprüfen, ob und in welchem Umfang sie aufrechterhalten werden müssen.

(5) Besondere Sicherungsmaßnahmen nach § 70 Abs. 2 Nr. 5 und 6 sind der Aufsichtsbehörde unverzüglich mitzuteilen, wenn sie länger als drei Tage aufrechterhalten werden.

§ 74 Ärztliche Überwachung

(1) Sind Gefangene in einem besonders gesicherten Haftraum untergebracht oder gefesselt (§ 70 Abs. 2 Nr. 5 und 6), sucht sie die Ärztin oder der Arzt alsbald und in der Folge möglichst täglich auf. Dies gilt nicht bei einer Fesselung während einer Ausführung, Vorführung oder eines Transportes (§ 70 Abs. 4).

(2) Die Ärztin oder der Arzt ist regelmäßig zu hören, solange eine besondere Sicherungsmaßnahme nach § 70 Abs. 2 Nr. 4 oder Einzelhaft nach § 71 andauert.

§ 75 Ersatz von Aufwendungen

(1) Die Gefangenen sind verpflichtet, der Anstalt Aufwendungen zu ersetzen, die sie durch eine vorsätzliche oder grob fahrlässige Selbstverletzung oder Verletzung anderer Gefangener verursacht haben. Ansprüche aus sonstigen Rechtsvorschriften bleiben unberührt.

(2) Von der Aufrechnung oder Vollstreckung wegen der in Absatz 1 genannten Forderungen ist abzusehen, soweit hierdurch die Förderung und Erziehung der Gefangenen oder ihre Eingliederung behindert würde.

Zehnter Abschnitt
Unmittelbarer Zwang

§ 76 Begriffsbestimmungen

(1) Unmittelbarer Zwang ist die Einwirkung auf Personen oder Sachen durch körperliche Gewalt, ihre Hilfsmittel und durch Waffen.

(2) Körperliche Gewalt ist jede unmittelbare körperliche Einwirkung auf Personen oder Sachen.

(3) Hilfsmittel der körperlichen Gewalt sind insbesondere Fesseln und Reizstoffe.

(4) Waffen sind die dienstlich zugelassenen Hieb- und Schusswaffen.

§ 77 Allgemeine Voraussetzungen

(1) Die Bediensteten dürfen unmittelbaren Zwang anwenden, wenn sie Vollzugs- und Sicherungsmaßnahmen rechtmäßig durchführen und der damit verfolgte Zweck auf keine andere Weise erreicht werden kann.

(2) Gegen andere Personen als Gefangene darf unmittelbarer Zwang angewendet werden, wenn sie es unternehmen, Gefangene zu befreien oder widerrechtlich in die Anstalt einzudringen, oder wenn sie sich unbefugt darin aufhalten.

(3) Das Recht zu unmittelbarem Zwang auf Grund anderer Regelungen bleibt unberührt.

§ 78 Grundsatz der Verhältnismäßigkeit

(1) Unter mehreren möglichen und geeigneten Maßnahmen des unmittelbaren Zwangs sind diejenigen zu wählen, die den Einzelnen

und die Allgemeinheit voraussichtlich am wenigsten beeinträchtigen.

(2) Unmittelbarer Zwang unterbleibt, wenn ein durch ihn zu erwartender Schaden erkennbar außer Verhältnis zu dem angestrebten Erfolg steht.

§ 79 Handeln auf Anordnung

(1) Wird unmittelbarer Zwang von Vorgesetzten oder einer sonst befugten Person angeordnet, sind die Bediensteten verpflichtet, ihn anzuwenden, es sei denn, die Anordnung verletzt die Menschenwürde oder ist nicht zu dienstlichen Zwecken erteilt worden.

(2) Die Anordnung darf nicht befolgt werden, wenn dadurch eine Straftat begangen würde. Befolgen die Bediensteten sie trotzdem, trifft sie eine Schuld nur, wenn sie erkennen oder wenn es nach den ihnen bekannten Umständen offensichtlich ist, dass dadurch eine Straftat begangen wird.

(3) Bedenken gegen die Rechtmäßigkeit der Anordnung haben die Bediensteten den Anordnenden gegenüber vorzubringen, soweit das nach den Umständen möglich ist. Abweichende Bestimmungen des allgemeinen Beamtenrechts über die Mitteilung solcher Bedenken an Vorgesetzte (§ 22 Abs. 2 und 3 des Landesbeamtengesetzes) sind nicht anzuwenden.

§ 80 Androhung

Unmittelbarer Zwang ist vorher anzudrohen. Die Androhung darf nur dann unterbleiben, wenn die Umstände sie nicht zulassen oder unmittelbarer Zwang sofort angewendet werden muss, um eine rechtswidrige Tat, die den Tatbestand eines Strafgesetzes erfüllt, zu verhindern oder eine gegenwärtige Gefahr abzuwenden.

§ 81 Schusswaffengebrauch

(1) Der Gebrauch von Schusswaffen durch Bedienstete innerhalb der Anstalt ist verboten. Das Recht zum Schusswaffengebrauch auf Grund anderer Vorschriften der Polizeivollzugsbedienstete bleibt hiervon unberührt.

(2) Außerhalb der Anstalt dürfen Schusswaffen durch Bedienstete nach Maßgabe der folgenden Absätze nur gebraucht werden, wenn andere Maßnahmen des unmittelbaren Zwangs bereits erfolglos waren oder keinen Erfolg versprechen. Gegen Personen ist ihr Gebrauch nur zulässig, wenn der Zweck nicht durch Waffenwirkung gegen Sachen erreicht wird.

(3) Schusswaffen dürfen nur die dazu bestimmten Bediensteten gebrauchen und nur, um angriffs- oder fluchtunfähig zu machen. Ihr Gebrauch unterbleibt, wenn dadurch erkennbar Unbeteiligte mit hoher Wahrscheinlichkeit gefährdet würden.

(4) Der Gebrauch von Schusswaffen ist vorher anzudrohen. Als Androhung gilt auch ein Warnschuss. Ohne Androhung dürfen Schusswaffen nur dann gebraucht werden, wenn dies zur Abwehr einer gegenwärtigen Gefahr für Leib oder Leben erforderlich ist.

(5) Gegen Gefangene dürfen Schusswaffen gebraucht werden,

1. wenn sie eine Waffe oder ein anderes gefährliches Werkzeug trotz wiederholter Aufforderung nicht ablegen,

2. wenn sie eine Meuterei (§ 121 des Strafgesetzbuchs) unternehmen oder

3. um ihre Flucht zu vereiteln oder um sie wiederzuergreifen.

(6) Gegen andere Personen dürfen Schusswaffen gebraucht werden, wenn sie es unternehmen, Gefangene gewaltsam zu befreien.

Elfter Abschnitt
Konfliktregelung, erzieherische Maßnahmen, Disziplinarmaßnahmen

§ 82 Konfliktregelung, erzieherische Maßnahmen

(1) Verstöße der Gefangenen gegen Pflichten, die ihnen durch oder auf Grund dieses Gesetzes auferlegt sind, sind unverzüglich erzieherisch aufzuarbeiten. Dabei können Maßnahmen zur Konfliktregelung oder erzie-

herische Maßnahmen ergriffen werden. Als Maßnahmen zur Konfliktregelung kommen namentlich in Betracht eine Entschuldigung, Schadensbeseitigung oder Schadenswiedergutmachung. Als erzieherische Maßnahmen können den Gefangenen insbesondere Handlungsanweisungen erteilt und Verpflichtungen auferlegt werden, die geeignet sind, den Gefangenen ihr Fehlverhalten und die Notwendigkeit einer Verhaltensänderung bewusst zu machen.

(2) Die Anstaltsleiterin oder der Anstaltsleiter legt fest, welche Bediensteten befugt sind, Maßnahmen nach Absatz 1 anzuordnen.

(3) Es sollen nur solche Maßnahmen nach Absatz 1 angeordnet werden, die mit der Verfehlung in Zusammenhang stehen.

§ 83 Disziplinarmaßnahmen

(1) Disziplinarmaßnahmen dürfen nur angeordnet werden, wenn Maßnahmen nach § 82 nicht ausreichen, um den Gefangenen das Unrecht ihrer Handlung zu verdeutlichen. Zu berücksichtigen ist ferner eine aus demselben Anlass angeordnete besondere Sicherungsmaßnahme.

(2) Disziplinarmaßnahmen können angeordnet werden, wenn Gefangene rechtswidrig und schuldhaft

1. gegen Strafgesetze verstoßen oder eine Ordnungswidrigkeit begehen,

2. andere Personen verbal oder tätlich angreifen,

3. Lebensmittel oder fremdes Eigentum zerstören oder beschädigen,

4. sich zugewiesenen Aufgaben entziehen,

5. verbotene Gegenstände in die Anstalt bringen,

6. sich am Einschmuggeln verbotener Gegenstände beteiligen oder sie besitzen,

7. entweichen oder zu entweichen versuchen oder

8. in sonstiger Weise wiederholt oder schwerwiegend gegen die Hausordnung verstoßen oder das Zusammenleben in der Anstalt stören.

(3) Zulässige Disziplinarmaßnahmen sind

1. die Beschränkung oder der Entzug des Rundfunkempfangs bis zu zwei Monaten,

2. die Beschränkung oder der Entzug der Gegenstände für die Freizeitbeschäftigung oder der Ausschluss von gemeinsamer Freizeit oder von einzelnen Freizeitveranstaltungen bis zu zwei Monaten,

3. die Beschränkung des Einkaufs bis zu zwei Monaten und

4. Arrest bis zu zwei Wochen.

(4) Disziplinarmaßnahmen sind auch zulässig, wenn wegen derselben Verfehlung ein Straf- oder Bußgeldverfahren eingeleitet wird.

(5) Mehrere Disziplinarmaßnahmen können miteinander verbunden werden.

(6) Arrest darf nur wegen schwerer oder wiederholter Verfehlungen verhängt werden.

§ 84 Vollzug der Disziplinarmaßnahmen, Aussetzung zur Bewährung

(1) Disziplinarmaßnahmen werden in der Regel sofort vollstreckt.

(2) Disziplinarmaßnahmen können ganz oder teilweise bis zu sechs Monate zur Bewährung ausgesetzt werden.

(3) Arrest wird in Einzelhaft vollzogen. Er ist erzieherisch auszugestalten. Die Gefangenen können in einem besonderen Arrestraum untergebracht werden, der den Anforderungen entsprechen muss, die an einen zum Aufenthalt bei Tag und Nacht bestimmten Haftraum gestellt werden. Soweit nichts anderes angeordnet wird, ruhen die Befugnisse der Gefangenen aus §§ 29, 30 Abs. 2, § 31 Abs. 2 und 3, §§ 37 und 40 bis 42.

§ 85 Disziplinarbefugnis

(1) Disziplinarmaßnahmen ordnet die Anstaltsleiterin oder der Anstaltsleiter an. Bei einer Verfehlung auf dem Weg in eine andere Anstalt zum Zweck der Verlegung ist die aufnehmende Anstalt zuständig.

(2) Die Aufsichtsbehörde entscheidet, wenn sich die Verfehlung gegen die Anstaltsleiterin oder den Anstaltsleiter richtet.

(3) Disziplinarmaßnahmen, die gegen die Gefangenen in einer anderen Anstalt oder

während einer Untersuchungshaft angeordnet worden sind, werden auf Ersuchen vollstreckt. § 84 Abs. 2 bleibt unberührt.

§ 86 Verfahren

(1) Der Sachverhalt ist zu klären. Die betroffenen Gefangenen werden gehört. Sie sind darauf hinzuweisen, dass es ihnen freisteht, sich zu äußern. Die Erhebungen werden in einer Niederschrift festgelegt; die Einlassung der Gefangenen wird vermerkt.

(2) Bei schweren Verfehlungen soll sich die Anstaltsleiterin oder der Anstaltsleiter vor der Entscheidung mit Personen besprechen, die an der Erziehung der Gefangenen mitwirken.

(3) Vor der Anordnung von Disziplinarmaßnahmen gegen Gefangene, die sich in ärztlicher Behandlung befinden, oder gegen Schwangere oder stillende Mütter ist eine Ärztin oder ein Arzt zu hören.

(4) Die Entscheidung wird den Gefangenen von der Anstaltsleiterin oder dem Anstaltsleiter mündlich eröffnet und mit einer kurzen Begründung schriftlich abgefasst.

(5) Bevor Arrest vollzogen wird, ist eine Ärztin oder ein Arzt zu hören. Während des Arrestes stehen die Gefangenen unter ärztlicher Aufsicht. Der Vollzug unterbleibt oder wird unterbrochen, wenn die Gesundheit der Gefangenen gefährdet würde.

Zwölfter Abschnitt
Beschwerde

§ 87 Beschwerderecht

(1) Die Gefangenen erhalten Gelegenheit, sich mit Wünschen, Anregungen und Beschwerden in Angelegenheiten, die sie selbst betreffen, an die Anstaltsleiterin oder den Anstaltsleiter zu wenden.

(2) Besichtigen Vertreter der Aufsichtsbehörde die Anstalt, so ist zu gewährleisten, dass die Gefangenen sich in Angelegenheiten, die sie selbst betreffen, an diese wenden können.

(3) Die Möglichkeit der Dienstaufsichtsbeschwerde bleibt unberührt.

Dreizehnter Abschnitt
Datenschutz

§ 88 Allgemeines

Für den Schutz personenbezogener Daten im Vollzug gelten die Bestimmungen des Berliner Datenschutzgesetzes in der Fassung vom 17. Dezember 1990 (GVBl. 1991 S. 16, 54), zuletzt geändert durch Artikel III des Gesetzes vom 11. Juli 2006 (GVBl. S. 819), in der jeweils geltenden Fassung nach Maßgabe der Bestimmungen dieses Gesetzes.

§ 89 Erhebung personenbezogener Daten

(1) Die Anstalt und die Aufsichtsbehörde dürfen personenbezogene Daten erheben, soweit dies für den Vollzug erforderlich ist.

(2) Personenbezogene Daten sind bei den Betroffenen zu erheben. Ohne ihre Mitwirkung dürfen sie nur erhoben werden, wenn

1. eine Rechtsvorschrift dies vorsieht oder zwingend voraussetzt oder

2. a) die zu erfüllende Verwaltungsaufgabe nach Art oder Geschäftszweck eine Erhebung bei anderen Personen oder Stellen erforderlich macht oder

   b) die Erhebung bei den Betroffenen einen unverhältnismäßigen Aufwand erfordern würde

und keine Anhaltspunkte dafür bestehen, dass überwiegende schutzwürdige Interessen der Betroffenen beeinträchtigt werden.

(3) Werden personenbezogene Daten bei den Betroffenen erhoben, so sind diese, sofern sie nicht bereits auf andere Weise Kenntnis erlangt haben, von der verantwortlichen Stelle über

1. die Identität der verantwortlichen Stelle,

2. die Zweckbestimmungen der Erhebung, Verarbeitung oder Nutzung und

3. die Kategorien von Empfängern nur, soweit die Betroffenen nach den Umständen des Einzelfalles nicht mit der Übermittlung an diese rechnen müssen,

zu unterrichten. Werden personenbezogene Daten bei den Betroffenen auf Grund einer Rechtsvorschrift erhoben, die zur Auskunft verpflichtet, oder ist die Erteilung der Auskunft Voraussetzung für die Gewährung von Rechtsvorteilen, so sind die Betroffenen hierauf, sonst auf die Freiwilligkeit ihrer Angaben hinzuweisen. Soweit nach den Umständen des Einzelfalles erforderlich oder auf Verlangen, sind sie über die Rechtsvorschrift und über die Folgen der Verweigerung von Angaben aufzuklären.

(4) Daten über Personen, die nicht Gefangene sind, dürfen ohne ihre Mitwirkung bei Personen oder Stellen außerhalb der Anstalt oder Aufsichtsbehörde nur erhoben werden, wenn sie für die Behandlung von Gefangenen, die Sicherheit der Anstalt oder die Sicherung des Vollzugs einer Jugend- oder Freiheitsstrafe unerlässlich sind und die Art der Erhebung schutzwürdige Interessen der Betroffenen nicht beeinträchtigt.

(5) Über eine ohne ihre Kenntnis vorgenommene Erhebung personenbezogener Daten werden die Betroffenen unter Angabe dieser Daten unterrichtet, soweit der in Absatz 1 genannte Zweck dadurch nicht gefährdet wird. Sind die Daten bei anderen Personen oder Stellen erhoben worden, kann die Unterrichtung unterbleiben, wenn

1. die Daten nach einer Rechtsvorschrift oder ihrem Wesen nach, namentlich wegen des überwiegenden berechtigten Interesses Dritter, geheim gehalten werden müssen oder

2. der Aufwand der Unterrichtung außer Verhältnis zum Schutzzweck steht und keine Anhaltspunkte dafür bestehen, dass überwiegende schutzwürdige Interessen der Betroffenen beeinträchtigt werden.

(6) Werden personenbezogene Daten statt bei den Betroffenen bei einer nichtöffentlichen Stelle erhoben, so ist die Stelle auf die Rechtsvorschrift, die zur Auskunft verpflichtet, sonst auf die Freiwilligkeit ihrer Angaben hinzuweisen.

§ 90 Verarbeitung und Nutzung

(1) Die Anstalt und die Aufsichtsbehörde dürfen personenbezogene Daten verarbeiten (speichern, verändern, übermitteln, sperren und löschen) und nutzen, soweit dies für den Vollzug erforderlich ist.

(2) Die Verarbeitung und Nutzung personenbezogener Daten für andere Zwecke ist zulässig, soweit dies

1. zur Abwehr von sicherheitsgefährdenden oder geheimdienstlichen Tätigkeiten für eine fremde Macht oder von Bestrebungen im Geltungsbereich des Grundgesetzes, die durch Anwendung von Gewalt oder darauf gerichtete Vorbereitungshandlungen

   a) gegen die freiheitliche demokratische Grundordnung, den Bestand oder die Sicherheit des Bundes oder eines Landes gerichtet sind,

   b) eine ungesetzliche Beeinträchtigung der Amtsführung der Verfassungsorgane des Bundes oder eines Landes oder ihrer Mitglieder zum Ziele haben oder

   c) auswärtige Belange der Bundesrepublik Deutschland gefährden,

2. zur Abwehr erheblicher Nachteile für das Gemeinwohl oder einer Gefahr für die öffentliche Sicherheit,

3. zur Abwehr einer schwerwiegenden Beeinträchtigung der Rechte einer anderen Person,

4. zur Verhinderung oder Verfolgung von Straftaten sowie zur Verhinderung oder Verfolgung von Ordnungswidrigkeiten, durch welche die Sicherheit oder Ordnung der Anstalt gefährdet werden, oder

5. für Maßnahmen der Strafvollstreckung oder strafvollstreckungsrechtliche Entscheidungen

erforderlich ist.

(3) Eine Verarbeitung oder Nutzung für andere Zwecke liegt nicht vor, soweit sie dem gerichtlichen Rechtsschutz im Zusammenhang mit diesem Gesetz oder den in § 11 Abs. 4 des Berliner Datenschutzgesetzes genannten Zwecken dient.

(4) Über die in den Absätzen 1 und 2 geregelten Zwecke hinaus dürfen zuständigen öffentlichen Stellen personenbezogene Daten übermittelt werden, soweit dies für

1. Maßnahmen der Gerichtshilfe, Jugendgerichtshilfe. Bewährungshilfe oder Führungsaufsicht,

2. Entscheidungen in Gnadensachen,

3. gesetzlich angeordnete Statistiken der Rechtspflege,

4. sozialrechtliche Maßnahmen,

5. die Einleitung von Hilfsmaßnahmen für Angehörige (§ 11 Abs. 1 Nr. 1 des Strafgesetzbuchs) der Gefangenen,

6. dienstliche Maßnahmen der Bundeswehr im Zusammenhang mit der Aufnahme und Entlassung von Soldaten,

7. ausländerrechtliche Maßnahmen,

8. die Durchführung der Besteuerung oder

9. Ausbildungs- und Prüfungszwecke

erforderlich ist. Eine Übermittlung für andere Zwecke ist auch zulässig, soweit eine andere gesetzliche Bestimmung dies vorsieht und sich dabei ausdrücklich auf personenbezogene Daten über Gefangene bezieht.

(5) Die Anstalt oder die Aufsichtsbehörde darf öffentlichen oder nichtöffentlichen Stellen auf schriftlichen Antrag mitteilen, ob sich eine Person in Haft befindet sowie ob und wann ihre Entlassung voraussichtlich innerhalb eines Jahres bevorsteht, soweit

1. die Mitteilung zur Erfüllung der in der Zuständigkeit der öffentlichen Stelle liegenden Aufgaben erforderlich ist oder

2. von nichtöffentlichen Stellen ein berechtigtes Interesse an dieser Mitteilung glaubhaft dargelegt wird und die Gefangenen kein schutzwürdiges Interesse an dem Ausschluss der Übermittlung haben.

Den Verletzten einer Straftat können darüber hinaus auf schriftlichen Antrag Auskünfte über die Entlassungsadresse oder die Vermögensverhältnisse der Gefangenen erteilt werden, wenn die Erteilung zur Feststellung oder Durchsetzung von Rechtsansprüchen im Zusammenhang mit der Straftat erforderlich ist. Die Gefangenen werden vor der Mitteilung gehört, es sei denn, es ist zu besorgen, dass dadurch die Verfolgung des Interesses der Antragsteller vereitelt oder wesentlich erschwert werden würde, und eine Abwägung

ergibt, dass dieses Interesse das Interesse der Gefangenen an ihrer vorherigen Anhörung überwiegt. Ist die Anhörung unterblieben, werden die betroffenen Gefangenen über die Mitteilung der Anstalt oder Aufsichtsbehörde nachträglich unterrichtet.

(6) Akten mit personenbezogenen Daten dürfen nur anderen Anstalten, Aufsichtsbehörden, den für strafvollzugs-, strafvollstreckungs- und strafrechtliche Entscheidungen zuständigen Gerichten sowie den Strafvollstreckungs- und Strafverfolgungsbehörden überlassen werden. Die Überlassung an andere öffentliche Stellen ist zulässig, soweit die Erteilung einer Auskunft einen unvertretbaren Aufwand erfordert oder nach Darlegung der Akteneinsicht begehrenden Stellen für die Erfüllung der Aufgabe nicht ausreicht. Entsprechendes gilt für die Überlassung von Akten an die von der Vollzugsbehörde mit Gutachten beauftragten Stellen.

(7) Sind mit personenbezogenen Daten, die nach Absatz 1, Absatz 2 oder Absatz 4 übermittelt werden dürfen, weitere personenbezogene Daten von Betroffenen oder von Dritten in Akten so verbunden, dass eine Trennung nicht oder nur mit unvertretbarem Aufwand möglich ist, so ist die Übermittlung auch dieser Daten zulässig, soweit nicht berechtigte Interessen von Betroffenen oder Dritten an deren Geheimhaltung offensichtlich überwiegen. Eine Verarbeitung oder Nutzung dieser Daten durch die Empfänger ist unzulässig.

(8) Bei der Überwachung der Besuche oder des Schriftwechsels sowie bei der Überwachung des Inhaltes von Paketen bekannt gewordene personenbezogene Daten dürfen nur

1. für die in Absatz 2 aufgeführten Zwecke,

2. für den gerichtlichen Rechtsschutz und im Rahmen außerordentlicher Rechtsbehelfsverfahren im Zusammenhang mit diesem Gesetz,

3. zur Wahrung der Sicherheit oder Ordnung der Anstalt oder

4. nach Anhörung der Gefangenen für Zwecke der Behandlung

verarbeitet und genutzt werden.

(9) Personenbezogene Daten, die nach § 89 Abs. 4 über Personen, die nicht Gefangene sind, erhoben worden sind, dürfen nur zur Erfüllung des Erhebungszweckes, für die in Absatz 2 Nr. 1 bis 3 geregelten Zwecke oder zur Verhinderung oder Verfolgung von Straftaten von erheblicher Bedeutung verarbeitet oder genutzt werden.

(10) Die Übermittlung von personenbezogenen Daten unterbleibt, soweit die in § 93 Abs. 2 oder § 95 Abs. 3 und 5 geregelten Einschränkungen oder besondere gesetzliche Verwendungsregelungen entgegenstehen.

(11) Die Verantwortung für die Zulässigkeit der Übermittlung trägt die übermittelnde Anstalt oder Aufsichtsbehörde. Erfolgt die Übermittlung auf Ersuchen einer öffentlichen Stelle, trägt diese die Verantwortung. In diesem Fall prüft die übermittelnde Anstalt oder Aufsichtsbehörde nur, ob das Übermittlungsersuchen im Rahmen der Aufgaben des Empfängers liegt und die Absätze 8 bis 10 der Übermittlung nicht entgegenstehen, es sei denn, dass besonderer Anlass zur Prüfung der Zulässigkeit der Übermittlung besteht.

§ 91 Zentrale Datei, Einrichtung automatisierter Übermittlungsverfahren

(1) Die nach § 89 erhobenen Daten können für die Anstalt und die Aufsichtsbehörde in einer zentralen Datei gespeichert werden.

(2) Die Einrichtung eines automatisierten Verfahrens, das die Übermittlung personenbezogener Daten aus der zentralen Datei nach § 90 Abs. 2 und 4 ermöglicht, ist zulässig, soweit diese Form der Datenübermittlung unter Berücksichtigung der schutzwürdigen Belange der betroffenen Personen und der Erfüllung des Zwecks der Übermittlung angemessen ist. Die automatisierte Übermittlung der für § 13 Abs. 1 Satz 3 des Bundeskriminalamtsgesetzes erforderlichen personenbezogenen Daten ist zulässig.

(3) Die speichernde Stelle hat zu gewährleisten, dass die Übermittlung zumindest durch geeignete Stichprobenverfahren festgestellt und überprüft werden kann.

(4) Die Senatsverwaltung für Justiz bestimmt durch Rechtsverordnung die Einzelheiten der Einrichtung automatisierter Übermittlungsverfahren. Der oder die Berliner Beauftragte für Datenschutz und Informationsfreiheit ist vorher zu hören. Die Rechtsverordnung hat den Datenempfänger, die Datenart und den Zweck der Übermittlung festzulegen. Sie hat Maßnahmen zur Datensicherung und zur Kontrolle vorzusehen, die in einem angemessenen Verhältnis zu dem angestrebten Schutzzweck stehen.

(5) Die Senatsverwaltung für Justiz kann mit anderen Ländern und dem Bund einen Datenverbund vereinbaren, der eine automatisierte Datenübermittlung ermöglicht.

§ 92 Zweckbindung

Von der Anstalt oder der Aufsichtsbehörde übermittelte personenbezogene Daten dürfen nur zu dem Zweck verarbeitet oder genutzt werden, zu dessen Erfüllung sie übermittelt worden sind. Die Empfänger dürfen die Daten für andere Zwecke nur verarbeiten oder nutzen, soweit sie ihnen auch für diese Zwecke hätten übermittelt werden dürfen, und wenn im Falle einer Übermittlung an nichtöffentliche Stellen die übermittelnde Anstalt oder Aufsichtsbehörde zugestimmt hat. Die Anstalt oder die Aufsichtsbehörde hat die nichtöffentlichen Empfänger auf die Zweckbindung nach Satz 1 hinzuweisen.

§ 93 Schutz besonderer Daten

(1) Das religiöse oder weltanschauliche Bekenntnis und personenbezogene Daten von Gefangenen, die anlässlich ärztlicher Untersuchungen erhoben worden sind, dürfen in der Anstalt nicht allgemein kenntlich gemacht werden. Andere personenbezogene Daten von Gefangenen dürfen innerhalb der Anstalt allgemein kenntlich gemacht werden, soweit dies für ein geordnetes Zusammenleben in der Anstalt erforderlich ist. § 90 Abs. 8 bis 10 bleibt unberührt.

(2) Personenbezogene Daten, die

1. Ärzten, Zahnärzten oder Angehörigen eines anderen Heilberufs, der für die Berufsausübung oder die Führung der Be-

rufsbezeichnung eine staatlich geregelte Ausbildung erfordert,

2. Berufspsychologen mit staatlich anerkannter wissenschaftlicher Abschlussprüfung oder

3. staatlich anerkannten Sozialarbeitern oder staatlich anerkannten Sozialpädagogen

von Gefangenen als Geheimnis anvertraut oder über Gefangene sonst bekannt geworden sind, unterliegen auch gegenüber der Anstalt und der Aufsichtsbehörde der Schweigepflicht. Die in Satz 1 genannten Personen sind zur Offenbarung gegenüber der Anstaltsleiterin oder dem Anstaltsleiter befugt, soweit dies für die Aufgabenerfüllung der Anstalt oder Aufsichtsbehörde unerlässlich oder zur Abwehr von erheblichen Gefahren für Leib oder Leben der Gefangenen oder Dritter erforderlich ist. Darüber hinaus ist eine Offenbarung zulässig, soweit ihnen personenbezogene Daten bei der Wahrnehmung einer nach diesem Gesetz vorgeschriebenen Mitwirkung oder Anhörung anvertraut oder sonst bekannt geworden sind und die Offenbarung für die Aufgabenerfüllung der Anstalt oder Aufsichtsbehörde erforderlich ist. Sonstige Offenbarungsbefugnisse bleiben unberührt. Die Gefangenen sind vor der Erhebung der Daten über die nach den Sätzen 2 und 3 bestehenden Offenbarungsbefugnisse zu unterrichten.

(3) Die nach Absatz 2 offenbarten Daten dürfen nur für den Zweck, für den sie offenbart wurden oder für den eine Offenbarung zulässig gewesen wäre, und nur unter denselben Voraussetzungen verarbeitet oder genutzt werden, unter denen eine in Absatz 2 Satz 1 genannte Person selbst hierzu befugt wäre. Die Anstaltsleiterin oder der Anstaltsleiter kann unter diesen Voraussetzungen die unmittelbare Offenbarung gegenüber bestimmten Bediensteten allgemein zulassen.

(4) Sofern Ärzte oder Psychologen außerhalb des Vollzugs mit der Untersuchung oder Behandlung von Gefangenen beauftragt werden, gilt Absatz 2 mit der Maßgabe entsprechend, dass die beauftragte Person auch zur Unterrichtung der in der Anstalt tätigen Ärzte oder der in der Anstalt mit der Behandlung

der Gefangenen betrauten Psychologen befugt ist.

§ 94 Schutz der Daten in Akten und Dateien

(1) Die Bediensteten dürfen sich von personenbezogenen Daten nur Kenntnis verschaffen, soweit dies zur Erfüllung der ihnen obliegenden Aufgaben oder für die Zusammenarbeit nach § 7 erforderlich ist.

(2) Akten und Dateien mit personenbezogenen Daten sind durch die erforderlichen technischen und organisatorischen Maßnahmen gegen unbefugten Zugang und unbefugten Gebrauch zu schützen. Gesundheitsakten und Krankenblätter sind getrennt von anderen Unterlagen zu führen und besonders zu sichern.

§ 95 Berichtigung, Löschung und Sperrung

(1) Die in Dateien gespeicherten personenbezogenen Daten sind spätestens fünf Jahre nach der Entlassung der Gefangenen oder der Verlegung der Gefangenen in eine andere Anstalt zu löschen. Hiervon können bis zum Ablauf der Aufbewahrungsfrist für die Gefangenenpersonalakte die Angaben über Familienname, Vorname, Geburtsname, Geburtstag, Geburtsort, Eintritts- und Austrittsdatum der Gefangenen ausgenommen werden, soweit dies für das Auffinden der Gefangenenpersonalakte erforderlich ist.

(2) Die mittels Videoüberwachung erhobenen und gespeicherten personenbezogenen Daten sind zwei Wochen nach ihrer Erhebung zu löschen, sofern nicht ihre Speicherung zu den in § 90 Abs. 2 Nr. 1, 2 oder 4 genannten Zwecken weiterhin erforderlich ist. Sie sind unverzüglich zu löschen, soweit schutzwürdige Interessen der Betroffenen einer weiteren Speicherung entgegenstehen.

(3) Personenbezogene Daten in Akten dürfen nach Ablauf von fünf Jahren seit der Entlassung der Gefangenen nur übermittelt oder genutzt werden, soweit dies

1. zur Verfolgung von Straftaten,

2. für die Durchführung wissenschaftlicher Forschungsvorhaben nach § 97,

3. zur Behebung einer bestehenden Beweisnot oder

4. zur Feststellung, Durchsetzung oder Abwehr von Rechtsansprüchen im Zusammenhang mit dem Vollzug einer Jugend- oder Freiheitsstrafe

unerlässlich ist. Diese Verwendungsbeschränkungen enden, wenn die Gefangenen erneut zum Vollzug einer Jugend- oder Freiheitsstrafe aufgenommen werden oder die Betroffenen eingewilligt haben.

(4) Bei der Aufbewahrung von Akten mit nach Absatz 3 gesperrten Daten dürfen folgende Fristen nicht überschritten werden:

1. Gefangenenpersonalakten, Gesundheitsakten und Krankenblätter   20 Jahre,

2. Gefangenenbücher   30 Jahre.

Dies gilt nicht, wenn auf Grund bestimmter Tatsachen anzunehmen ist, dass die Aufbewahrung für die in Absatz 3 Satz 1 genannten Zwecke weiterhin erforderlich ist. Die Aufbewahrungsfrist beginnt mit dem auf das Jahr der aktenmäßigen Weglegung folgenden Kalenderjahr. Die Bestimmungen des Archivgesetzes des Landes Berlin vom 29. November 1993 (GVBl. S. 576), zuletzt geändert durch Artikel I § 19 des Gesetzes vom 15. Oktober 2001 (GVBl. S. 540), bleiben unberührt.

(5) Wird festgestellt, dass unrichtige Daten übermittelt worden sind, ist dies den Empfängern mitzuteilen, wenn dies zur Wahrung schutzwürdiger Interessen der Betroffenen erforderlich ist.

§ 96 Auskunft an die Betroffenen, Akteneinsicht

(1) Den Betroffenen ist auf Antrag Auskunft zu erteilen über

1. die zu ihrer Person gespeicherten Daten, auch soweit sie sich auf die Herkunft dieser Daten bezieht,

2. die Empfänger oder Kategorien von Empfängern, an die die Daten weitergegeben werden, und

3. den Zweck der Speicherung.

In dem Antrag soll die Art der personenbezogenen Daten, über die Auskunft erteilt werden soll, näher bezeichnet werden. Sind die personenbezogenen Daten weder automatisiert noch in nicht automatisierten Dateien gespeichert, wird die Auskunft nur erteilt, soweit die Betroffenen Angaben machen, die das Auffinden der Daten ermöglichen, und der für die Erteilung der Auskunft erforderliche Aufwand nicht außer Verhältnis zu dem von den Betroffenen geltend gemachten Informationsinteresse steht. Die Anstalt oder die Aufsichtsbehörde bestimmt das Verfahren, insbesondere die Form der Auskunftserteilung, nach pflichtgemäßem Ermessen.

(2) Absatz 1 gilt nicht für personenbezogene Daten, die nur deshalb gespeichert sind, weil sie auf Grund gesetzlicher, satzungsmäßiger oder vertraglicher Aufbewahrungsvorschriften nicht gelöscht werden dürfen, oder ausschließlich Zwecken der Datensicherung oder der Datenschutzkontrolle dienen und eine Auskunftserteilung einen unverhältnismäßigen Aufwand erfordern würde.

(3) Bezieht sich die Auskunftserteilung auf die Übermittlung personenbezogener Daten an Behörden der Staatsanwaltschaft, an Polizeidienststellen, Verfassungsschutzbehörden, den Bundesnachrichtendienst, den Militärischen Abschirmdienst und, soweit die Sicherheit des Bundes berührt wird, andere Behörden des Bundesministeriums der Verteidigung, so ist sie nur mit Zustimmung dieser Stellen zulässig.

(4) Die Auskunftserteilung unterbleibt, soweit

1. die Auskunft die ordnungsgemäße Erfüllung der in der Zuständigkeit der verantwortlichen Stelle liegenden Aufgaben gefährden würde,

2. die Auskunft die öffentliche Sicherheit oder Ordnung gefährden oder sonst dem Wohle des Bundes oder eines Landes Nachteile bereiten würde oder

3. die Daten oder die Tatsache ihrer Speicherung nach einer Rechtsvorschrift oder wegen der überwiegenden berechtigten Interessen Dritter geheim gehalten werden müssen

und deswegen das Interesse der Betroffenen an der Auskunftserteilung zurücktreten muss.

(5) Die Ablehnung der Auskunftserteilung bedarf keiner Begründung, soweit durch die Mitteilung der tatsächlichen und rechtlichen Gründe, auf die die Entscheidung gestützt wird, der mit der Auskunftsverweigerung verfolgte Zweck gefährdet würde. In diesen Fällen sind die Betroffenen darauf hinzuweisen, dass sie sich an die oder den Berliner Beauftragten für Datenschutz und Informationsfreiheit wenden können.

(6) Wird den Betroffenen keine Auskunft erteilt, so ist sie auf deren Verlangen der oder dem Berliner Beauftragten für Datenschutz und Informationsfreiheit zu erteilen, soweit nicht die Aufsichtsbehörde im Einzelfall feststellt, dass dadurch die Sicherheit des Landes Berlin, eines anderen Landes oder des Bundes gefährdet würde. Die Mitteilung der oder des Berliner Beauftragten für Datenschutz und Informationsfreiheit an die Betroffenen darf keine Rückschlüsse auf den Erkenntnisstand der speichernden Stelle zulassen, sofern diese nicht einer weitergehenden Auskunft zustimmt.

(7) Die Auskunft nach Absatz 1 ist unentgeltlich.

(8) Soweit eine Auskunft für die Wahrnehmung der rechtlichen Interessen der Gefangenen nicht ausreicht und sie hierfür auf die Einsichtnahme angewiesen sind, wird Akteneinsicht gewährt.

Vierzehnter Abschnitt
Kriminologische Forschung

§ 97 Evaluation, kriminologische Forschung

(1) Behandlungsprogramme für die Gefangenen sind auf der Grundlage wissenschaftlicher Erkenntnisse zu konzipieren, zu standardisieren und auf ihre Wirksamkeit hin zu überprüfen.

(2) Der Vollzug, insbesondere seine Aufgabenerfüllung und Gestaltung, die Umsetzung seiner Leitlinien sowie die Behandlungsprogramme und deren Wirkungen auf das Voll-

zugsziel, soll regelmäßig durch den kriminologischen Dienst, durch eine Hochschule oder durch eine andere Stelle wissenschaftlich begleitet und erforscht werden. § 476 der Strafprozessordnung gilt mit der Maßgabe entsprechend, dass auch elektronisch gespeicherte personenbezogene Daten übermittelt werden können.

Fünfzehnter Abschnitt
Aufbau der Jugendstrafanstalt

§ 98 Jugendstrafanstalt

(1) Die Jugendstrafe wird in Jugendstrafanstalten (Anstalt) vollzogen. Gefangene können in einer getrennten Abteilung einer Justizvollzugsanstalt für nach allgemeinem Strafrecht Verurteilte untergebracht werden, wenn dies auf Grund der geringen Anzahl der Gefangenen organisatorisch unumgänglich ist. Das Vollzugsziel darf dadurch nicht gefährdet werden. § 23 Satz 1 bleibt unberührt. Gemeinsame Aus- und Fortbildungsmaßnahmen von nach Jugendstrafrecht und nach allgemeinem Strafrecht Verurteilten sind in begründeten Ausnahmefällen zulässig. In jedem Fall erfolgt der Vollzug der Jugendstrafe ausschließlich nach den Bestimmungen dieses Gesetzes.

(2) Räume für den Aufenthalt während der Ruhe- und Freizeit sowie Gemeinschafts- und Besuchsräume sind zweckentsprechend auszugestalten.

(3) Die Abteilungen der Anstalt sollen in Wohngruppen gegliedert sein, zu denen neben den Hafträumen weitere Räume zur gemeinsamen Nutzung gehören.

§ 99 Festsetzung der Belegungsfähigkeit, Verbot der Überbelegung

(1) Die Aufsichtsbehörde setzt die Belegungsfähigkeit der Anstalt so fest, dass eine angemessene Unterbringung während der Ruhezeit gewährleistet ist. Dabei ist zu berücksichtigen, dass eine ausreichende Anzahl von Plätzen für Aus- und Weiterbildung, Arbeit sowie von Räumen für Seelsorge, Freizeit, Sport, therapeutische Maßnahmen und Besuche zur Verfügung steht.

(2) Haftäume dürfen nicht mit mehr Gefangenen als zugelassen belegt werden.

(3) Ausnahmen von Absatz 2 sind nur vorübergehend und nur mit Zustimmung der Aufsichtsbehörde zulässig.

§ 100 Einrichtungen zur schulischen und beruflichen Bildung, Arbeitsbetriebe

(1) Die erforderlichen Einrichtungen zur schulischen und beruflichen Bildung, zur arbeitstherapeutischen Beschäftigung und die notwendigen Betriebe für die Arbeit sind vorzuhalten. Sie sind den Verhältnissen außerhalb der Anstalt anzugleichen. Die Anstalt hat eine angemessen ausgestattete Bücherei vorzuhalten.

(2) Bildung und Beschäftigung können auch in geeigneten privaten Einrichtungen und Betrieben erfolgen. Die technische und fachliche Leitung kann Angehörigen dieser Einrichtungen und Betriebe übertragen werden.

§ 101 Anstaltsleitung

(1) Die Anstaltsleiterin oder der Anstaltsleiter trägt die Verantwortung für den gesamten Vollzug und vertritt die Anstalt nach außen. Sie oder er kann einzelne Aufgabenbereiche auf andere Bedienstete übertragen. Die Aufsichtsbehörde kann sich die Zustimmung zur Übertragung vorbehalten.

(2) Für jede Anstalt ist eine Beamtin oder ein Beamter des höheren Dienstes zur hauptamtlichen Leiterin oder zum hauptamtlichen Leiter zu bestellen. Aus besonderen Gründen kann eine Anstalt auch von einer Beamtin oder einem Beamten des gehobenen Dienstes geleitet werden.

§ 102 Bedienstete

Die Anstalt wird mit dem für das Erreichen des Vollzugsziels erforderlichen Personal ausgestattet. Es muss für die erzieherische Gestaltung des Vollzugs geeignet und qualifiziert sein. Fortbildung sowie Praxisberatung und -begleitung für die Bediensteten sind zu gewährleisten.

§ 103 Seelsorger

(1) Die Seelsorger werden im Einvernehmen mit der jeweiligen Religionsgemeinschaft im Hauptamt bestellt oder vertraglich verpflichtet.

(2) Wenn die geringe Anzahl der Angehörigen einer Religionsgemeinschaft eine Seelsorge nach Absatz 1 nicht rechtfertigt, ist die seelsorgerische Betreuung auf andere Weise zuzulassen.

(3) Mit Zustimmung der Anstaltsleiterin oder des Anstaltsleiters dürfen Anstaltsseelsorger sich freier Seelsorgehelfer bedienen und diese für Gottesdienste sowie für andere religiöse Veranstaltungen von außen zuziehen.

§ 104 Medizinische Versorgung

(1) Die ärztliche Versorgung ist sicherzustellen.

(2) Die Pflege der Kranken soll von Bediensteten ausgeübt werden, die eine Erlaubnis nach dem Krankenpflegegesetz besitzen. Solange diese nicht zur Verfügung stehen, können auch Bedienstete eingesetzt werden, die eine sonstige Ausbildung in der Krankenpflege erfahren haben.

§ 105 Sozialtherapeutische Abteilung

In der Anstalt ist eine sozialtherapeutische Abteilung einzurichten.

§ 106 Konferenzen

Zur Erstellung und Fortschreibung des Vollzugsplans und zur Vorbereitung anderer wichtiger Vollzugsentscheidungen führt die Anstaltsleiterin oder der Anstaltsleiter Konferenzen mit an der Erziehung maßgeblich Beteiligten durch.

§ 107 Mitverantwortung der Gefangenen

Die Gefangenen sollen darin unterstützt werden, an der Verantwortung für Angelegenheiten von gemeinsamem Interesse teilzunehmen, die sich ihrer Eigenart und der Aufgabe der Anstalt nach für ihre Mitwirkung eignen. Die Anstaltsleiterin oder der Anstaltsleiter ermöglicht die Wahl einer Gefangenenvertretung.

§ 108 Hausordnung

(1) Die Anstaltsleiterin oder der Anstaltsleiter erlässt eine Hausordnung. Die Aufsichtsbehörde kann sich die Genehmigung vorbehalten.

(2) In die Hausordnung sind namentlich Anordnungen aufzunehmen über die

1. Besuchszeiten, Häufigkeit und Dauer der Besuche,

2. Arbeitszeit, Freizeit und Ruhezeit sowie

3. Gelegenheit, Anträge und Beschwerden anzubringen oder sich an Vertreter der Aufsichtsbehörde zu wenden.

Sechzehnter Abschnitt
Aufsicht, Beirat

§ 109 Aufsichtsbehörde

Die Senatsverwaltung für Justiz führt die Aufsicht über die Anstalt.

§ 110 Vollstreckungsplan

(1) Die Aufsichtsbehörde regelt die örtliche und sachliche Zuständigkeit der Anstalt in einem Vollstreckungsplan.

(2) Im Rahmen von Vollzugsgemeinschaften kann der Vollzug auch in Vollzugseinrichtungen anderer Länder vorgesehen werden.

§ 111 Beirat

(1) Bei der Anstalt ist ein Beirat zu bilden. Bedienstete dürfen nicht Mitglieder des Beirats sein. Dem Beirat soll mindestens ein Mitglied angehören, das in der Jugendhilfe erfahren ist.

(2) Die Mitglieder des Beirats wirken bei der Gestaltung des Vollzugs und bei der Betreuung der Gefangenen mit. Sie unterstützen die Anstaltsleiterin oder den Anstaltsleiter durch Anregungen und Verbesserungsvorschläge und helfen bei der Eingliederung der Gefangenen nach der Entlassung.

(3) Die Mitglieder des Beirats können namentlich Wünsche, Anregungen und Beanstandungen entgegennehmen. Sie können sich über die Unterbringung, Beschäftigung, berufliche Bildung, Verpflegung, ärztliche Versorgung und Behandlung unterrichten sowie die Anstalt besichtigen. Sie können die Gefangenen in ihren Räumen aufsuchen. Unterhaltung und Schriftwechsel werden nicht überwacht.

(4) Die Mitglieder des Beirats sind verpflichtet, außerhalb ihres Amtes über alle Angelegenheiten, die ihrer Natur nach vertraulich sind, besonders über Namen und Persönlichkeit der Gefangenen, Verschwiegenheit zu bewahren. Dies gilt auch nach Beendigung ihres Amtes.

Siebzehnter Abschnitt
Schlussbestimmungen

§ 112 Einschränkung von Grundrechten

Durch dieses Gesetz werden die Grundrechte der körperlichen Unversehrtheit (Artikel 2 Abs. 2 Satz 1 des Grundgesetzes), der Freiheit der Person (Artikel 2 Abs. 2 Satz 2 des Grundgesetzes) und des Brief-, Post- und Fernmeldegeheimnisses (Artikel 10 Abs. 1 des Grundgesetzes) eingeschränkt.

§ 113 Änderung einer anderen Rechtsvorschrift

(hier nicht aufgenommen)

§ 114 Inkrafttreten

Dieses Gesetz tritt am 1. Januar 2008 in Kraft.

Gesetz über den Vollzug der Untersuchungshaft im Land Brandenburg
(Brandenburgisches Untersuchungshaftvollzugsgesetz – BbgUVollzG)

Vom 8. Juli 2009 (GVBl. I S. 271)

I

Abschnitt 1
Allgemeine Bestimmungen

§ 1 Anwendungsbereich

(1) Dieses Gesetz regelt den Vollzug der Untersuchungshaft.

(2) Es gilt entsprechend für den Vollzug der Haft nach § 127b Absatz 2, § 230 Absatz 2, §§ 236, 329 Absatz 4 Satz 1, § 412 Satz 1 und § 453c der Strafprozessordnung sowie der einstweiligen Unterbringung nach § 275a Absatz 5 der Strafprozessordnung.

§ 2 Aufgabe

Der Vollzug der Untersuchungshaft hat die Aufgabe, durch sichere Unterbringung der Untersuchungsgefangenen die Durchführung eines geordneten Strafverfahrens zu gewährleisten und der Gefahr weiterer Straftaten zu begegnen.

§ 3 Zuständigkeit und Zusammenarbeit

(1) Entscheidungen nach diesem Gesetz trifft die Justizvollzugsanstalt, in der die Untersuchungshaft vollzogen wird (Anstalt). Sie arbeitet eng mit Gericht und Staatsanwaltschaft zusammen, um die Aufgabe des Untersuchungshaftvollzugs zu erfüllen und die Sicherheit und Ordnung der Anstalt zu gewährleisten.

(2) Die Anstalt hat Anordnungen, die das Gericht oder die an dessen statt zum Handeln ermächtigte Behörde trifft, um einer Flucht-, Verdunkelungs- oder Wiederholungsgefahr zu begegnen (verfahrenssichernde Anordnungen), zu beachten und umzusetzen.

§ 4 Stellung der Untersuchungsgefangenen

(1) Die Untersuchungsgefangenen gelten als unschuldig. Sie sind so zu behandeln, dass der Anschein vermieden wird, sie würden zur Verbüßung einer Strafe festgehalten.

(2) Soweit das Gesetz eine besondere Regelung nicht enthält, dürfen den Untersuchungsgefangenen nur Beschränkungen auferlegt werden, die zur Aufrechterhaltung der Sicherheit, zur Abwehr einer schwerwiegenden Störung der Ordnung der Anstalt oder zur Umsetzung einer verfahrenssichernden Anordnung unerlässlich sind. Sie müssen in einem angemessenen Verhältnis zum Zweck der Anordnung stehen und dürfen die Untersuchungsgefangenen nicht mehr und nicht länger als notwendig beeinträchtigen.

§ 5 Vollzugsgestaltung

(1) Das Leben im Vollzug ist den allgemeinen Lebensverhältnissen anzugleichen, soweit die Aufgabe des Untersuchungshaftvollzugs und die Erfordernisse eines geordneten Zusammenlebens in der Anstalt dies zulassen. Schädlichen Folgen des Freiheitsentzugs ist entgegenzuwirken. Ein besonderes Augenmerk ist auf die Verhütung von Selbsttötungen zu richten.

(2) Die unterschiedlichen Lebenslagen und Bedürfnisse von weiblichen und männlichen Untersuchungsgefangenen werden bei der Vollzugsgestaltung und bei Einzelmaßnahmen berücksichtigt.

§ 6 Soziale Hilfe

(1) Die Untersuchungsgefangenen werden darin unterstützt, ihre persönlichen, wirtschaftlichen und sozialen Schwierigkeiten zu beheben. Sie sollen dazu angeregt und in die Lage versetzt werden, ihre Angelegenheiten selbst zu regeln.

(2) Die Anstalt arbeitet mit außervollzuglichen Einrichtungen und Organisationen sowie mit Personen und Vereinen, die soziale Hilfestellung leisten können, eng zusammen.

(3) Die Untersuchungsgefangenen sind, soweit erforderlich, über die notwendigen Maßnahmen zur Aufrechterhaltung ihrer sozialversicherungsrechtlichen Ansprüche zu beraten.

(4) Die Beratung soll die Benennung von Stellen und Einrichtungen außerhalb der Anstalt umfassen, die sich um eine Vermeidung der weiteren Untersuchungshaft bemühen. Auf Wunsch sind den Untersuchungsgefangenen Stellen und Einrichtungen zu benennen, die sie in ihrem Bestreben unterstützen können, einen Ausgleich mit dem Tatopfer zu erreichen oder auf andere Weise zur Wiedergutmachung beizutragen.

Abschnitt 2
Vollzugsverlauf

§ 7 Aufnahme

(1) Mit den Untersuchungsgefangenen wird unverzüglich ein Zugangsgespräch geführt, in dem ihre gegenwärtige Lebenssituation erörtert wird und sie über ihre Rechte und Pflichten informiert werden. Ihnen ist die Hausordnung auszuhändigen. Dieses Gesetz, die von ihm in Bezug genommenen Gesetze sowie die zu seiner Ausführung erlassenen Rechtsverordnungen und Verwaltungsvorschriften sind den Untersuchungsgefangenen auf Verlangen zugänglich zu machen.

(2) Beim Zugangsgespräch dürfen andere Gefangene nicht zugegen sein.

(3) Die Untersuchungsgefangenen werden alsbald ärztlich untersucht.

(4) Den Untersuchungsgefangenen ist Gelegenheit zu geben, einen Angehörigen oder eine Vertrauensperson von der Aufnahme in die Anstalt zu benachrichtigen, soweit eine verfahrenssichernde Anordnung nicht entgegensteht.

(5) Die Untersuchungsgefangenen werden dabei unterstützt, etwa notwendige Maßnahmen für hilfsbedürftige Angehörige, zur Erhaltung des Arbeitsplatzes und der Wohnung und zur Sicherung ihrer Habe außerhalb der Anstalt zu veranlassen.

§ 8 Verlegung und Überstellung

(1) Die Untersuchungsgefangenen können in eine andere Anstalt verlegt oder überstellt werden, wenn es

1. zur Umsetzung einer verfahrenssichernden Anordnung,

2. aus Gründen der Sicherheit oder Ordnung der Anstalt oder

3. aus Gründen der Vollzugsorganisation oder aus anderen wichtigen Gründen

erforderlich ist. Zuvor ist dem Gericht und der Staatsanwaltschaft Gelegenheit zur Stellungnahme zu geben.

(2) § 7 Absatz 4 gilt entsprechend.

§ 9 Vorführung, Ausführung und Ausantwortung

(1) Auf Ersuchen eines Gerichts oder einer Staatsanwaltschaft werden Untersuchungsgefangene vorgeführt. Über Vorführungsersuchen in anderen als dem der Inhaftierung zugrunde liegenden Verfahren sind das Gericht und die Staatsanwaltschaft unverzüglich zu unterrichten.

(2) Aus besonderen Gründen können Untersuchungsgefangene ausgeführt werden. Ausführungen zur Befolgung einer gerichtlichen Ladung sind zu ermöglichen, soweit darin das persönliche Erscheinen angeordnet ist und eine verfahrenssichernde Anordnung nicht entgegensteht. Vor der Entscheidung ist dem Gericht und der Staatsanwaltschaft Gelegenheit zur Stellungnahme zu geben. Liegt die Ausführung ausschließlich im Interesse der Untersuchungsgefangenen, können ihnen die Kosten auferlegt werden.

(3) Untersuchungsgefangene dürfen befristet dem Gewahrsam eines Gerichts, einer Staatsanwaltschaft oder einer Polizei-, Zoll- oder Finanzbehörde auf Antrag überlassen werden (Ausantwortung). Absatz 2 Satz 3 gilt entsprechend.

§ 10 Entlassung

(1) Auf Anordnung des Gerichts oder der Staatsanwaltschaft entlässt die Anstalt die Untersuchungsgefangenen unverzüglich aus der Haft, es sei denn, es ist in anderer Sache eine richterlich angeordnete Freiheitsentziehung zu vollziehen.

(2) Aus fürsorgerischen Gründen kann Untersuchungsgefangenen der freiwillige Verbleib in der Anstalt bis zum Vormittag des zweiten auf den Eingang der Entlassungsanordnung folgenden Werktags gestattet werden. Der freiwillige Verbleib setzt das schriftliche Einverständnis der Untersuchungsgefangenen voraus, dass die bisher bestehenden Beschränkungen aufrechterhalten bleiben.

(3) Bedürftigen Untersuchungsgefangenen kann eine Entlassungsbeihilfe in Form eines Reisekostenzuschusses, angemessener Kleidung oder einer sonstigen notwendigen Unterstützung gewährt werden.

Abschnitt 3
Unterbringung und Versorgung der Untersuchungsgefangenen

§ 11 Trennungsgrundsätze

(1) Untersuchungsgefangene werden von Gefangenen anderer Haftarten, namentlich von Strafgefangenen, getrennt untergebracht. Ausnahmen sind zulässig

1. mit Zustimmung der einzelnen Untersuchungsgefangenen,

2. zur Umsetzung einer verfahrenssichernden Anordnung oder

3. aus Gründen der Sicherheit oder Ordnung der Anstalt.

Darüber hinaus können Untersuchungsgefangene ausnahmsweise mit Gefangenen anderer Haftarten untergebracht werden, wenn die geringe Anzahl der Untersuchungsgefangenen eine getrennte Unterbringung nicht zulässt.

(2) Junge Untersuchungsgefangene (§ 66 Absatz 1) werden von den übrigen Untersuchungsgefangenen und von Gefangenen anderer Haftarten getrennt untergebracht. Hiervon kann aus den in Absatz 1 Satz 2 und 3 genannten Gründen abgewichen werden, wenn eine Vollzugsgestaltung nach § 67 gewährleistet bleibt und schädliche Einflüsse auf die jungen Untersuchungsgefangenen nicht zu befürchten sind.

(3) Männliche und weibliche Untersuchungsgefangene werden getrennt untergebracht.

(4) Gemeinsame Maßnahmen, insbesondere gemeinsame Arbeit und eine gemeinsame Berufs- und Schulausbildung, sind zulässig.

§ 12 Unterbringung während der Arbeit, Bildung und Freizeit

(1) Arbeit und Bildung finden grundsätzlich in Gemeinschaft statt.

(2) Den Untersuchungsgefangenen kann gestattet werden, sich während der Freizeit in Gemeinschaft mit anderen Gefangenen aufzuhalten. Für die Teilnahme an gemeinschaftlichen Veranstaltungen kann der Anstaltsleiter mit Rücksicht auf die räumlichen, personellen oder organisatorischen Verhält-

nisse der Anstalt besondere Regelungen treffen.

(3) Die gemeinschaftliche Unterbringung kann eingeschränkt werden, soweit es zur Umsetzung einer verfahrenssichernden Anordnung oder zur Gewährleistung der Sicherheit oder Ordnung der Anstalt erforderlich ist.

§ 13 Unterbringung während der Ruhezeit

(1) Während der Ruhezeit werden die Untersuchungsgefangenen in ihren Hafträumen einzeln untergebracht. Mit ihrer Zustimmung können sie gemeinsam untergebracht werden. Bei einer Gefahr für Leben oder Gesundheit oder bei Hilfsbedürftigkeit ist die Zustimmung der gefährdeten oder hilfsbedürftigen Untersuchungsgefangenen zur gemeinsamen Unterbringung entbehrlich.

(2) Darüber hinaus ist eine gemeinsame Unterbringung nur vorübergehend und aus zwingenden Gründen zulässig.

§ 14 Unterbringung von Eltern mit Kindern

(1) Ein Kind kann mit Zustimmung des Aufenthaltsbestimmungsberechtigten bis zur Vollendung des dritten Lebensjahres in der Anstalt untergebracht werden, in der sich seine Mutter oder sein Vater befindet, wenn die baulichen Gegebenheiten dies zulassen und Sicherheitsgründe nicht entgegenstehen. Vor der Unterbringung ist das Jugendamt zu hören.

(2) Die Unterbringung erfolgt auf Kosten der für das Kind Unterhaltspflichtigen. Von der Geltendmachung des Kostenersatzanspruchs kann ausnahmsweise abgesehen werden, wenn hierdurch die gemeinsame Unterbringung von Mutter oder Vater und Kind gefährdet würde.

§ 15 Persönlicher Gewahrsam, Kostenbeteiligung

(1) Die Untersuchungsgefangenen dürfen nur Sachen in Gewahrsam oder aber annehmen, die ihnen von der Anstalt oder mit deren Zustimmung überlassen werden. Ohne Zustimmung dürfen sie Sachen von geringem

Wert von anderen Gefangenen annehmen; die Annahme dieser Sachen und der Gewahrsam daran können von der Zustimmung der Anstalt abhängig gemacht werden.

(2) Eingebrachte Sachen, die die Untersuchungsgefangenen nicht in Gewahrsam haben dürfen, sind für sie aufzubewahren, sofern dies nach Art und Umfang möglich ist. Den Untersuchungsgefangenen wird Gelegenheit gegeben, ihre Sachen, die sie während des Vollzugs und für ihre Entlassung nicht benötigen, zu verschicken. Geld wird ihnen gutgeschrieben.

(3) Werden eingebrachte Sachen, deren Aufbewahrung nach Art oder Umfang nicht möglich ist, von den Untersuchungsgefangenen trotz Aufforderung nicht aus der Anstalt verbracht, so ist die Anstalt berechtigt, diese Sachen auf Kosten der Untersuchungsgefangenen aus der Anstalt entfernen zu lassen.

(4) Aufzeichnungen und andere Sachen, die Kenntnisse über Sicherungsvorkehrungen der Anstalt vermitteln oder Schlussfolgerungen auf diese zulassen, dürfen vernichtet oder unbrauchbar gemacht werden.

(5) Die Zustimmung nach Absatz 1 kann widerrufen werden, wenn es zur Umsetzung einer verfahrenssichernden Anordnung oder zur Aufrechterhaltung der Sicherheit oder zur Abwendung einer erheblichen Störung der Ordnung der Anstalt erforderlich ist.

(6) Die Untersuchungsgefangenen können an den Betriebskosten der in ihrem Gewahrsam befindlichen Geräte beteiligt werden.

§ 16 Ausstattung des Haftraums

Die Untersuchungsgefangenen dürfen ihren Haftraum in angemessenem Umfang mit eigenen Sachen ausstatten. Sachen, deren Überlassung eine verfahrenssichernde Anordnung entgegensteht oder die geeignet sind, die Sicherheit oder Ordnung der Anstalt zu gefährden, sind ausgeschlossen.

§ 17 Kleidung

(1) Die Untersuchungsgefangenen dürfen eigene Kleidung tragen, soweit sie für Reinigung, Instandhaltung und regelmäßigen Wechsel sorgen. Der Anstaltsleiter kann an-

ordnen, dass Reinigung und Instandhaltung nur durch Vermittlung der Anstalt erfolgen dürfen.

(2) Soweit es zur Umsetzung einer verfahrenssichernden Anordnung oder zur Gewährleistung der Sicherheit oder Ordnung der Anstalt erforderlich ist, kann das in Absatz 1 genannte Recht eingeschränkt oder ausgeschlossen werden.

§ 18 Verpflegung und Einkauf

(1) Zusammensetzung und Nährwert der Anstaltsverpflegung entsprechen den Anforderungen an eine gesunde Ernährung und werden ärztlich überwacht. Auf ärztliche Anordnung wird besondere Verpflegung gewährt. Den Untersuchungsgefangenen ist zu ermöglichen, Speisevorschriften ihrer Religionsgemeinschaft zu befolgen.

(2) Die Untersuchungsgefangenen können aus einem von der Anstalt vermittelten Angebot einkaufen. Die Anstalt soll für ein Angebot sorgen, das auf Wünsche und Bedürfnisse der Untersuchungsgefangenen Rücksicht nimmt.

(3) Gegenstände, deren Überlassung eine verfahrenssichernde Anordnung entgegensteht oder die geeignet sind, die Sicherheit oder Ordnung der Anstalt zu gefährden, sind vom Einkauf ausgeschlossen.

§ 19 Annehmlichkeiten

Von den §§ 16 bis 18 nicht umfasste Annehmlichkeiten dürfen sich die Untersuchungsgefangenen auf ihre Kosten verschaffen, soweit und solange weder eine verfahrenssichernde Anordnung entgegensteht noch die Sicherheit oder Ordnung der Anstalt gefährdet wird.

§ 20 Gesundheitsfürsorge

(1) Die Anstalt unterstützt die Untersuchungsgefangenen bei der Wiederherstellung und Erhaltung ihrer körperlichen und geistigen Gesundheit. Die Untersuchungsgefangenen haben die notwendigen Anordnungen zum Gesundheitsschutz und zur Hygiene zu befolgen.

(2) Den Untersuchungsgefangenen wird ermöglicht, sich täglich mindestens eine Stunde im Freien aufzuhalten.

(3) Erkranken Untersuchungsgefangene schwer oder versterben sie, werden die Angehörigen benachrichtigt. Dem Wunsch, auch andere Personen zu benachrichtigen, soll nach Möglichkeit entsprochen werden.

§ 21 Zwangsmaßnahmen auf dem Gebiet der Gesundheitsfürsorge

(1) Medizinische Untersuchung und Behandlung sowie Ernährung sind unbeschadet der Rechte Personensorgeberechtigter zwangsweise nur bei Lebensgefahr, bei schwerwiegender Gefahr für die Gesundheit der Untersuchungsgefangenen oder bei Gefahr für die Gesundheit anderer Personen zulässig; die Maßnahmen müssen für die Beteiligten zumutbar und dürfen nicht mit erheblicher Gefahr für Leben oder Gesundheit der Untersuchungsgefangenen verbunden sein. Zur Durchführung der Maßnahmen ist die Anstalt nicht verpflichtet, solange von einer freien Willensbestimmung der Untersuchungsgefangenen ausgegangen werden kann.

(2) Zum Gesundheitsschutz und zur Hygiene ist die zwangsweise körperliche Untersuchung außer im Fall des Absatzes 1 zulässig, wenn sie nicht mit einem körperlichen Eingriff verbunden ist.

(3) Die Maßnahmen dürfen nur auf Anordnung und unter Leitung eines Arztes durchgeführt werden, unbeschadet der Leistung erster Hilfe für den Fall, dass ein Arzt nicht rechtzeitig erreichbar und mit einem Aufschub Lebensgefahr verbunden ist.

§ 22 Medizinische Leistungen, Kostenbeteiligung

(1) Die Untersuchungsgefangenen haben einen Anspruch auf notwendige, ausreichende und zweckmäßige medizinische Leistungen unter Beachtung des Grundsatzes der Wirtschaftlichkeit. Der allgemeine Standard der gesetzlichen Krankenkassen ist zu berücksichtigen.

(2) Der Anspruch umfasst auch Untersuchungen zur Früherkennung von Krankheiten und Vorsorgeleistungen entsprechend dem allgemeinen Standard der gesetzlichen Krankenkassen.

(3) Der Anspruch umfasst weiter die Versorgung mit Hilfsmitteln wie Seh- und Hörhilfen, Körperersatzstücken, orthopädischen und anderen Hilfsmitteln, die im Einzelfall erforderlich sind, um den Erfolg der Krankenbehandlung zu sichern, eine Behinderung auszugleichen oder einer drohenden Behinderung vorzubeugen, sofern dies mit Rücksicht auf die voraussichtliche Dauer des Untersuchungshaftvollzugs zwingend geboten ist und soweit die Hilfsmittel nicht als allgemeine Gebrauchsgegenstände des täglichen Lebens anzusehen sind. Der Anspruch umfasst auch die notwendige Änderung, Instandsetzung und Ersatzbeschaffung von Hilfsmitteln sowie die Ausbildung in ihrem Gebrauch. Ein erneuter Anspruch auf Versorgung mit Sehhilfen besteht nur bei einer Änderung der Sehfähigkeit um mindestens 0,5 Dioptrien. Anspruch auf Versorgung mit Kontaktlinsen besteht nur in medizinisch zwingend erforderlichen Ausnahmefällen.

(4) An den Kosten für Leistungen nach den Absätzen 1 bis 3 können die Untersuchungsgefangenen in angemessenem Umfang beteiligt werden.

(5) Für Leistungen, die über die in Absatz 1 Satz 1 und in den Absätzen 2 und 3 genannten Leistungen hinausgehen, können den Untersuchungsgefangenen die gesamten Kosten auferlegt werden.

(6) Der Anstaltsleiter soll nach Anhörung des ärztlichen Dienstes der Anstalt den Untersuchungsgefangenen auf ihren Antrag hin gestatten, auf ihre Kosten externen ärztlichen Rat einzuholen. Die Erlaubnis kann versagt werden, wenn die Untersuchungsgefangenen die gewählte ärztliche Vertrauensperson und den ärztlichen Dienst der Anstalt nicht wechselseitig von der Schweigepflicht entbinden oder wenn es zur Umsetzung einer verfahrenssichernden Anordnung oder zur Aufrechterhaltung der Sicherheit oder Ordnung der Anstalt erforderlich ist. Die Konsultation soll in der Anstalt stattfinden.

I

§ 23 Verlegung, Überstellung und Ausführung zur medizinischen Behandlung

(1) Kranke oder hilfsbedürftige Untersuchungsgefangene können in eine zur Behandlung ihrer Krankheit oder zu ihrer Versorgung besser geeignete Anstalt oder in ein Vollzugskrankenhaus verlegt oder überstellt werden.

(2) Erforderlichenfalls können Untersuchungsgefangene zur medizinischen Behandlung ausgeführt oder in ein Krankenhaus außerhalb des Vollzugs gebracht werden.

(3) Zuvor ist dem Gericht und der Staatsanwaltschaft nach Möglichkeit Gelegenheit zur Stellungnahme zu geben. Bei Verlegungen und Überstellungen gilt § 7 Absatz 4 entsprechend.

(4) Werden Untersuchungsgefangene während einer Behandlung aus der Haft entlassen, hat das Land nur diejenigen Kosten zu tragen, die bis zur Entlassung angefallen sind.

Abschnitt 4
Arbeit, Bildung, Freizeit

§ 24 Arbeit und Bildung

(1) Die Untersuchungsgefangenen sind nicht zur Arbeit verpflichtet.

(2) Ihnen soll nach Möglichkeit Arbeit oder sonstige Beschäftigung angeboten werden, die ihre Fähigkeiten, Fertigkeiten und Neigungen berücksichtigt. Nehmen sie eine Arbeit auf, gelten die von der Anstalt festgelegten Arbeitsbedingungen. Die Arbeit darf nicht zur Unzeit niedergelegt werden.

(3) Geeigneten Untersuchungsgefangenen soll nach Möglichkeit Gelegenheit zum Erwerb oder zur Verbesserung schulischer und beruflicher Kenntnisse gegeben werden, soweit es die besonderen Bedingungen der Untersuchungshaft zulassen.

(4) Das Zeugnis oder der Nachweis über eine Bildungsmaßnahme darf keinen Hinweis auf die Inhaftierung enthalten.

§ 25 Arbeitsentgelt und Ausbildungsbeihilfe, Taschengeld

(1) Wer eine Arbeit oder sonstige Beschäftigung ausübt, erhält Arbeitsentgelt.

(2) Der Bemessung des Arbeitsentgelts sind 9 Prozent der Bezugsgröße nach § 18 des Vierten Buches Sozialgesetzbuch zugrunde zu legen (Eckvergütung). Ein Tagessatz ist der 250. Teil der Eckvergütung; das Arbeitsentgelt kann nach einem Stundensatz bemessen werden.

(3) Das Arbeitsentgelt kann je nach Leistung der Untersuchungsgefangenen und der Art der Arbeit gestuft werden. 75 Prozent der Eckvergütung dürfen nur dann unterschritten werden, wenn die Arbeitsleistungen der Untersuchungsgefangenen den Mindestanforderungen nicht genügen. Das für den Justizvollzug zuständige Mitglied der Landesregierung wird ermächtigt, eine Rechtsverordnung über die Vergütungsstufen zu erlassen.

(4) Die Höhe des Arbeitsentgelts ist den Untersuchungsgefangenen schriftlich bekannt zu geben.

(5) Soweit Beiträge zur Bundesagentur für Arbeit zu entrichten sind, kann vom Arbeitsentgelt ein Betrag einbehalten werden, der dem Anteil der Untersuchungsgefangenen am Beitrag entsprechen würde, wenn sie diese Bezüge als Arbeitnehmer erhielten.

(6) Nehmen Untersuchungsgefangene während der Arbeitszeit an einer Bildungsmaßnahme teil, erhalten sie eine Ausbildungsbeihilfe. Die Absätze 2 bis 5 gelten entsprechend.

(7) Untersuchungsgefangenen, denen weder Arbeit noch die Teilnahme an einer Bildungsmaßnahme angeboten werden kann, kann auf Antrag zur Vermeidung einer unbilligen Härte ein Taschengeld gewährt werden. Das Taschengeld beträgt 14 Prozent der Eckvergütung. Eine unbillige Härte ist gegeben, wenn und solange Untersuchungsgefangenen im laufenden Monat ein Betrag bis zur Höhe des Taschengeldes nicht aus eigenen Mitteln zur Verfügung steht und sie diesen Betrag ohne ihr Verschulden auch von einer

dritten Stelle nicht rechtzeitig erlangen können.

§ 26 Freizeit und Sport

Zur Freizeitgestaltung sind geeignete Angebote vorzuhalten. Insbesondere sollen Sportmöglichkeiten und Gemeinschaftsveranstaltungen angeboten werden.

§ 27 Zeitungen und Zeitschriften

(1) Die Untersuchungsgefangenen dürfen auf eigene Kosten Zeitungen und Zeitschriften in angemessenem Umfang durch Vermittlung der Anstalt beziehen. Ausgeschlossen sind Zeitungen und Zeitschriften, deren Verbreitung mit Strafe oder Geldbuße bedroht ist.

(2) Zeitungen oder Zeitschriften können den Untersuchungsgefangenen vorenthalten werden, wenn dies zur Umsetzung einer verfahrenssichernden Anordnung erforderlich ist. Für einzelne Ausgaben gilt dies auch dann, wenn deren Inhalte die Sicherheit oder Ordnung der Anstalt erheblich gefährden würden.

§ 28 Rundfunk

Die Untersuchungsgefangenen können am Hörfunk- und Fernsehempfang (Rundfunkempfang) teilnehmen. Der Rundfunkempfang kann vorübergehend ausgesetzt oder einzelnen Untersuchungsgefangenen untersagt werden, wenn dies zur Umsetzung einer verfahrenssichernden Anordnung oder zur Aufrechterhaltung der Sicherheit oder Ordnung der Anstalt unerlässlich ist.

Abschnitt 5
Religionsausübung

§ 29 Seelsorge

(1) Den Untersuchungsgefangenen darf religiöse Betreuung durch einen Seelsorger nicht versagt werden. Auf Wunsch ist ihnen zu helfen, mit einem Seelsorger ihrer Religionsgemeinschaft in Verbindung zu treten.

(2) Die Untersuchungsgefangenen dürfen grundlegende religiöse Schriften besitzen. Sie dürfen ihnen nur bei grobem Missbrauch entzogen werden.

(3) Den Untersuchungsgefangenen sind Gegenstände des religiösen Gebrauchs in angemessenem Umfang zu belassen.

§ 30 Religiöse Veranstaltungen

(1) Die Untersuchungsgefangenen haben das Recht, am Gottesdienst und an anderen religiösen Veranstaltungen ihres Bekenntnisses teilzunehmen.

(2) Die Zulassung zu den Gottesdiensten oder zu religiösen Veranstaltungen einer anderen Religionsgemeinschaft bedarf der Zustimmung des Seelsorgers der Religionsgemeinschaft.

(3) Untersuchungsgefangene können von der Teilnahme am Gottesdienst oder an anderen religiösen Veranstaltungen ausgeschlossen werden, wenn dies zur Umsetzung einer verfahrenssichernden Anordnung oder aus überwiegenden Gründen der Sicherheit oder Ordnung der Anstalt geboten ist; der Seelsorger soll vorher gehört werden.

§ 31 Weltanschauungsgemeinschaften

Für Angehörige weltanschaulicher Bekenntnisse gelten die §§ 29 und 30 entsprechend.

Abschnitt 6
Besuche, Schriftwechsel, Telefongespräche und Pakete

§ 32 Grundsatz

Die Untersuchungsgefangenen haben das Recht, mit Personen außerhalb der Anstalt im Rahmen der Bestimmungen dieses Gesetzes zu verkehren, soweit eine verfahrenssichernde Anordnung nicht entgegensteht.

§ 33 Recht auf Besuch

(1) Die Untersuchungsgefangenen dürfen Besuch empfangen. Die Gesamtdauer beträgt mindestens zwei Stunden im Monat.

(2) Kontakte der Untersuchungsgefangenen zu ihren Angehörigen im Sinne von § 11 Absatz 1 Nummer 1 des Strafgesetzbuchs werden besonders gefördert.

(3) Besuche sollen darüber hinaus zugelassen werden, wenn sie persönlichen, rechtlichen

oder geschäftlichen Angelegenheiten dienen, die nicht von den Untersuchungsgefangenen schriftlich erledigt, durch Dritte wahrgenommen oder bis zur voraussichtlichen Entlassung aufgeschoben werden können.

(4) Aus Gründen der Sicherheit der Anstalt können Besuche davon abhängig gemacht werden, dass sich die Besucher mit technischen Mitteln absuchen oder durchsuchen lassen.

(5) Besuche können untersagt werden, wenn die Sicherheit oder Ordnung der Anstalt gefährdet würde.

§ 34 Besuche von Verteidigern, Rechtsanwälten und Notaren

Besuche von Verteidigern sowie von Rechtsanwälten und Notaren in einer die Untersuchungsgefangenen betreffenden Rechtssache sind zu gestatten. § 33 Absatz 4 gilt entsprechend. Eine inhaltliche Überprüfung der von Verteidigern mitgeführten Schriftstücke und sonstigen Unterlagen ist nicht zulässig.

§ 35 Überwachung der Besuche

(1) Besuche dürfen aus Gründen der Sicherheit oder Ordnung der Anstalt optisch überwacht werden. Die optische Überwachung kann mit technischen Hilfsmitteln durchgeführt werden; die betroffenen Personen sind vorher darauf hinzuweisen.

(2) Der Anstaltsleiter kann die akustische Überwachung im Einzelfall anordnen, wenn sie aus Gründen der Sicherheit oder zur Abwendung einer schwerwiegenden Störung der Ordnung der Anstalt erforderlich ist.

(3) Besuche dürfen abgebrochen werden, wenn Besucher oder Untersuchungsgefangene gegen dieses Gesetz oder aufgrund dieses Gesetzes getroffene Anordnungen verstoßen. Dies gilt auch bei einem Verstoß gegen verfahrenssichernde Anordnungen.

(4) Besuche von Verteidigern werden nicht überwacht.

(5) Gegenstände dürfen beim Besuch nicht übergeben werden. Dies gilt nicht für die bei dem Besuch der Verteidiger übergebenen Schriftstücke und sonstigen Unterlagen sowie für die bei dem Besuch von Rechtsan-

wälten oder Notaren zur Erledigung einer die Untersuchungsgefangenen betreffenden Rechtssache übergebenen Schriftstücke und sonstigen Unterlagen. Bei dem Besuch von Rechtsanwälten oder Notaren kann die Übergabe aus Gründen der Sicherheit oder Ordnung der Anstalt von der Erlaubnis des Anstaltsleiters abhängig gemacht werden.

§ 36 Recht auf Schriftwechsel

(1) Die Untersuchungsgefangenen haben das Recht, auf eigene Kosten Schreiben abzusenden und zu empfangen.

(2) Der Anstaltsleiter kann den Schriftwechsel mit bestimmten Personen untersagen, wenn die Sicherheit oder Ordnung der Anstalt gefährdet würde.

§ 37 Überwachung des Schriftwechsels

(1) Ein- und ausgehende Schreiben werden auf verbotene Gegenstände überwacht. Der Anstaltsleiter kann die Textkontrolle anordnen, wenn sie aus Gründen der Sicherheit oder zur Abwendung einer schwerwiegenden Störung der Ordnung der Anstalt erforderlich ist.

(2) Der Schriftwechsel der Untersuchungsgefangenen mit ihren Verteidigern wird nicht überwacht.

(3) Nicht überwacht werden Schreiben der Untersuchungsgefangenen an Volksvertretungen des Bundes und der Länder sowie an deren Mitglieder, soweit die Schreiben an die Anschriften dieser Volksvertretungen gerichtet sind und den Absender zutreffend angeben. Entsprechendes gilt für Schreiben an das Europäische Parlament und dessen Mitglieder, den Europäischen Gerichtshof für Menschenrechte, den Europäischen Ausschuss zur Verhütung von Folter und unmenschlicher oder erniedrigender Behandlung oder Strafe und weitere Einrichtungen, mit denen der Schriftverkehr aufgrund völkerrechtlicher Verpflichtungen der Bundesrepublik Deutschland geschützt ist. Satz 1 gilt auch für den Schriftverkehr mit den Bürgerbeauftragten der Länder und den Datenschutzbeauftragten des Bundes und der Länder. Schreiben der in den Sätzen 1 bis 3 genannten Stellen, die an

die Untersuchungsgefangenen gerichtet sind, werden nicht überwacht, sofern die Identität des Absenders zweifelsfrei feststeht.

§ 38 Weiterleitung von Schreiben, Aufbewahrung

(1) Die Untersuchungsgefangenen haben das Absenden und den Empfang ihrer Schreiben durch die Anstalt vermitteln zu lassen, soweit nichts anderes gestattet ist.

(2) Eingehende und ausgehende Schreiben sind unverzüglich weiterzuleiten.

(3) Die Untersuchungsgefangenen haben eingehende Schreiben unverschlossen zu verwahren, sofern nichts anderes gestattet wird. Sie können sie verschlossen zu ihrer Habe geben.

§ 39 Anhalten von Schreiben

(1) Der Anstaltsleiter kann Schreiben anhalten, wenn

1. es die Aufgabe des Untersuchungshaftvollzugs oder die Sicherheit oder Ordnung der Anstalt erfordert,

2. die Weitergabe in Kenntnis ihres Inhalts einen Straf- oder Bußgeldtatbestand verwirklichen würde,

3. sie grob unrichtige oder erheblich entstellende Darstellungen von Anstaltsverhältnissen oder grobe Beleidigungen enthalten oder

4. sie in Geheim- oder Kurzschrift, unlesbar, unverständlich oder ohne zwingenden Grund in einer fremden Sprache abgefasst sind.

(2) Ausgehenden Schreiben, die unrichtige Darstellungen enthalten, kann ein Begleitschreiben beigefügt werden, wenn die Untersuchungsgefangenen auf dem Absenden bestehen.

(3) Sind Schreiben angehalten worden, wird das den Untersuchungsgefangenen mitgeteilt. Hiervon kann abgesehen werden, wenn und solange es die Aufgabe des Untersuchungshaftvollzugs erfordert. Soweit angehaltene Schreiben nicht beschlagnahmt werden, werden sie an die Absender zurückge-

geben oder, sofern dies unmöglich oder aus besonderen Gründen untunlich ist, verwahrt.

(4) Schreiben, deren Überwachung nach § 37 Absatz 2 und 3 ausgeschlossen ist, dürfen nicht angehalten werden.

§ 40 Telefongespräche

Den Untersuchungsgefangenen kann gestattet werden, auf eigene Kosten Telefongespräche zu führen. Die Bestimmungen über den Besuch gelten entsprechend. Ist die Überwachung des Telefongesprächs erforderlich, ist die beabsichtigte Überwachung den Gesprächspartnern der Untersuchungsgefangenen unmittelbar nach Herstellung der Verbindung durch die Anstalt oder die Untersuchungsgefangenen mitzuteilen. Die Untersuchungsgefangenen sind rechtzeitig vor Beginn des Telefongesprächs über die beabsichtigte Überwachung und die Mitteilungspflicht nach Satz 3 zu unterrichten.

§ 41 Pakete

(1) Der Empfang von Paketen bedarf der Erlaubnis der Anstalt, welche Zeitpunkt und Höchstmengen für die Sendungen und für einzelne Gegenstände festsetzen kann. Für den Ausschluss von Gegenständen gilt § 18 Absatz 3 entsprechend. Die Anstalt kann darüber hinaus Gegenstände und Verpackungsformen ausschließen, die einen unverhältnismäßigen Kontrollaufwand bedingen.

(2) Pakete sind in Gegenwart der Untersuchungsgefangenen zu öffnen, an die sie adressiert sind. Ausgeschlossene Gegenstände können zu ihrer Habe genommen oder den Absendern zurückgesandt werden. Nicht ausgehändigte Gegenstände, durch die bei der Versendung oder Aufbewahrung Personen verletzt oder Sachschäden verursacht werden können, dürfen vernichtet werden. Die hiernach getroffenen Maßnahmen werden den Untersuchungsgefangenen eröffnet.

(3) Der Empfang von Paketen kann vorübergehend versagt werden, wenn dies wegen der Gefährdung der Sicherheit oder Ordnung der Anstalt unerlässlich ist.

(4) Den Untersuchungsgefangenen kann gestattet werden, Pakete zu versenden. Die An-

stalt kann ihren Inhalt aus Gründen der Sicherheit oder Ordnung der Anstalt überprüfen.

Abschnitt 7
Sicherheit und Ordnung

§ 42 Grundsatz

Die Pflichten und Beschränkungen, die den Untersuchungsgefangenen zur Aufrechterhaltung der Sicherheit oder Ordnung der Anstalt auferlegt werden, sind so zu wählen, dass sie in einem angemessenen Verhältnis zu ihrem Zweck stehen und die Untersuchungsgefangenen nicht mehr und nicht länger als notwendig beeinträchtigen.

§ 43 Verhaltensvorschriften

(1) Die Untersuchungsgefangenen dürfen durch ihr Verhalten gegenüber Bediensteten, Mitgefangenen und anderen Personen das geordnete Zusammenleben in der Anstalt nicht stören. Sie haben sich nach der Tageseinteilung der Anstalt (Arbeitszeit, Freizeit, Ruhezeit) zu richten.

(2) Die Untersuchungsgefangenen haben die Anordnungen der Bediensteten zu befolgen, auch wenn sie sich durch diese beschwert fühlen. Einen ihnen zugewiesenen Bereich dürfen sie nicht ohne Erlaubnis verlassen.

(3) Die Untersuchungsgefangenen haben ihren Haftraum und die ihnen von der Anstalt überlassenen Sachen in Ordnung zu halten und schonend zu behandeln.

(4) Die Untersuchungsgefangenen haben Umstände, die eine Gefahr für das Leben oder eine erhebliche Gefahr für die Gesundheit einer Person bedeuten, unverzüglich zu melden.

§ 44 Absuchung, Durchsuchung

(1) Die Untersuchungsgefangenen, ihre Sachen und die Haftträume dürfen mit technischen Mitteln abgesucht und durchsucht werden. Die Durchsuchung männlicher Untersuchungsgefangener darf nur von Männern, die Durchsuchung weiblicher Untersuchungsgefangener darf nur von Frauen vor-

genommen werden. Das Schamgefühl ist zu schonen.

(2) Nur bei Gefahr im Verzug oder auf Anordnung des Anstaltsleiters im Einzelfall ist es zulässig, eine mit einer Entkleidung verbundene körperliche Durchsuchung vorzunehmen. Sie darf bei männlichen Untersuchungsgefangenen nur in Gegenwart von Männern, bei weiblichen Untersuchungsgefangenen nur in Gegenwart von Frauen erfolgen. Sie ist in einem geschlossenen Raum durchzuführen. Andere Gefangene dürfen nicht anwesend sein.

(3) Der Anstaltsleiter kann allgemein anordnen, dass Untersuchungsgefangene bei der Aufnahme sowie nach Kontakten mit Besuchern nach Absatz 2 zu durchsuchen sind.

§ 45 Erkennungsdienstliche Maßnahmen

(1) Zur Sicherung des Vollzugs, zur Aufrechterhaltung der Sicherheit oder Ordnung der Anstalt oder zur Identitätsfeststellung sind mit Kenntnis der Untersuchungsgefangenen zulässig:

1. die Abnahme von Finger- und Handflächenabdrücken,
2. die Aufnahme von Lichtbildern,
3. die Feststellung äußerlicher körperlicher Merkmale,
4. die elektronische Erfassung biometrischer Merkmale und
5. Messungen.

(2) Die hierbei gewonnenen Unterlagen oder Daten werden zu den Gefangenenpersonalakten genommen oder in personenbezogenen Dateien gespeichert. Die nach Absatz 1 erhobenen Daten dürfen nur für die in Absatz 1, in § 48 Absatz 2 und in § 89 Absatz 2 Nummer 4 genannten Zwecke verarbeitet werden.

(3) Werden die Untersuchungsgefangenen entlassen, sind diese in Dateien gespeicherten personenbezogenen Daten spätestens nach drei Monaten zu löschen. Werden die Untersuchungsgefangenen in eine andere Anstalt verlegt oder wird unmittelbar im Anschluss an den Vollzug oder in Unterbrechung

der Untersuchungshaft eine andere Haftart vollzogen, können die nach Absatz 1 erhobenen Daten der betreffenden Anstalt übermittelt und von dieser für die in Absatz 2 Satz 2 genannten Zwecke verarbeitet werden.

(4) Personen, die aufgrund des Absatzes 1 erkennungsdienstlich behandelt worden sind, können bei einer nicht nur vorläufigen Einstellung des Verfahrens, einer unanfechtbaren Ablehnung der Eröffnung des Hauptverfahrens oder einem rechtskräftigen Freispruch nach der Entlassung verlangen, dass die gewonnenen erkennungsdienstlichen Unterlagen unverzüglich vernichtet werden. Sie sind über dieses Recht bei der erkennungsdienstlichen Behandlung und bei der Entlassung aufzuklären.

§ 46 Lichtbildausweise

Die Anstalt kann die Untersuchungsgefangenen verpflichten, einen Lichtbildausweis mit sich zu führen, wenn dies aus Gründen der Sicherheit oder Ordnung der Anstalt erforderlich ist. Dieser ist bei der Entlassung oder bei der Verlegung in eine andere Anstalt einzuziehen und zu vernichten.

§ 47 Maßnahmen zur Feststellung von Suchtmittelkonsum

(1) Zur Aufrechterhaltung der Sicherheit oder Ordnung der Anstalt kann der Anstaltsleiter allgemein oder im Einzelfall Maßnahmen anordnen, die geeignet sind, den Missbrauch von Suchtmitteln festzustellen. Diese Maßnahmen dürfen nicht mit einem körperlichen Eingriff verbunden sein.

(2) Wird Suchtmittelmissbrauch festgestellt, können die Kosten der Maßnahmen den Untersuchungsgefangenen auferlegt werden.

§ 48 Festnahmerecht

(1) Untersuchungsgefangene, die entwichen sind oder sich sonst ohne Erlaubnis außerhalb der Anstalt aufhalten, können durch die Anstalt oder auf deren Veranlassung festgenommen und zurückgebracht werden.

(2) Nach § 45 Absatz 1 und § 88 erhobene und zur Identifizierung oder Festnahme er-forderliche Daten dürfen den Vollstreckungs- und Strafverfolgungsbehörden übermittelt werden, soweit dies für Zwecke der Fahndung und Festnahme der entwichenen oder sich sonst ohne Erlaubnis außerhalb der Anstalt aufhaltenden Untersuchungsgefangenen erforderlich ist.

§ 49 Besondere Sicherungsmaßnahmen

(1) Gegen Untersuchungsgefangene können besondere Sicherungsmaßnahmen angeordnet werden, wenn nach ihrem Verhalten oder aufgrund ihres seelischen Zustandes in erhöhtem Maße die Gefahr der Entweichung, von Gewalttätigkeiten gegen Personen oder Sachen, der Selbsttötung oder der Selbstverletzung besteht.

(2) Als besondere Sicherungsmaßnahmen sind zulässig:

1. der Entzug oder die Vorenthaltung von Gegenständen,

2. die Beobachtung der Untersuchungsgefangenen, auch mit technischen Hilfsmitteln,

3. die Absonderung von anderen Gefangenen,

4. der Entzug oder die Beschränkung des Aufenthalts im Freien,

5. die Unterbringung in einem besonders gesicherten Haftraum ohne gefährdende Gegenstände und

6. die Fesselung.

(3) Maßnahmen nach Absatz 2 Nummer 1, 3 bis 5 sind auch zulässig, wenn die Gefahr einer Befreiung oder eine erhebliche Störung der Ordnung der Anstalt anders nicht vermieden oder behoben werden kann.

(4) Bei einer Ausführung, Vorführung oder beim Transport ist die Fesselung auch dann zulässig, wenn die Gefahr einer Entweichung besteht.

§ 50 Einzelhaft

Die unausgesetzte Absonderung von Untersuchungsgefangenen (Einzelhaft) ist nur zulässig, wenn dies aus Gründen, die in deren Person liegen, unerlässlich ist. Einzelhaft von mehr als einem Monat Gesamtdauer im Jahr bedarf der Zustimmung der Aufsichtsbehörde und wird dem Gericht und der Staatsanwaltschaft von der Anstalt mitgeteilt. Während des Vollzugs der Einzelhaft sind die Untersuchungsgefangenen in besonderem Maße zu betreuen.

§ 51 Fesselung

In der Regel dürfen Fesseln nur an den Händen oder an den Füßen angelegt werden. Im Interesse der Untersuchungsgefangenen kann der Anstaltsleiter eine andere Art der Fesselung anordnen. Die Fesselung wird zeitweise gelockert, soweit dies notwendig ist.

§ 52 Anordnung besonderer Sicherungsmaßnahmen, Verfahren

(1) Besondere Sicherungsmaßnahmen ordnet der Anstaltsleiter an. Bei Gefahr im Verzug können auch andere Bedienstete diese Maßnahmen vorläufig anordnen. Die Entscheidung des Anstaltsleiters ist unverzüglich einzuholen.

(2) Werden Untersuchungsgefangene ärztlich behandelt oder beobachtet oder bildet ihr seelischer Zustand den Anlass der Sicherungsmaßnahme, ist vorher eine ärztliche Stellungnahme einzuholen. Ist dies wegen Gefahr im Verzug nicht möglich, wird die Stellungnahme unverzüglich nachträglich eingeholt.

(3) Die Entscheidung wird den Untersuchungsgefangenen von dem Anstaltsleiter mündlich eröffnet und mit einer kurzen Begründung schriftlich abgefasst.

(4) Besondere Sicherungsmaßnahmen sind in angemessenen Abständen daraufhin zu überprüfen, ob und in welchem Umfang sie aufrechterhalten werden müssen.

(5) Besondere Sicherungsmaßnahmen nach § 49 Absatz 2 Nummer 5 und 6 sind der Aufsichtsbehörde, dem Gericht und der Staatsanwaltschaft unverzüglich mitzuteilen, wenn sie länger als drei Tage aufrechterhalten werden.

§ 53 Ärztliche Überwachung

(1) Sind Untersuchungsgefangene in einem besonders gesicherten Haftraum untergebracht oder gefesselt (§ 49 Absatz 2 Nummer 5 und 6), sucht sie der Arzt alsbald und in der Folge täglich auf. Dies gilt nicht bei einer Fesselung während einer Ausführung, Vorführung oder eines Transports (§ 49 Absatz 4).

(2) Der Arzt ist regelmäßig zu hören, solange eine besondere Sicherungsmaßnahme nach § 49 Absatz 2 Nummer 4 oder Einzelhaft nach § 50 andauert.

Abschnitt 8
Unmittelbarer Zwang

§ 54 Begriffsbestimmungen

(1) Unmittelbarer Zwang ist die Einwirkung auf Personen oder Sachen durch körperliche Gewalt, ihre Hilfsmittel und durch Waffen.

(2) Körperliche Gewalt ist jede unmittelbare körperliche Einwirkung auf Personen oder Sachen.

(3) Hilfsmittel der körperlichen Gewalt sind insbesondere Fesseln und Reizstoffe.

(4) Waffen sind Hieb- und Schusswaffen.

(5) Es dürfen nur dienstlich zugelassene Hilfsmittel und Waffen verwendet werden.

§ 55 Allgemeine Voraussetzungen

(1) Die Bediensteten dürfen unmittelbaren Zwang anwenden, wenn sie Vollzugs- und Sicherungsmaßnahmen rechtmäßig durchführen und der damit verfolgte Zweck auf keine andere Weise erreicht werden kann.

(2) Gegen andere Personen als Untersuchungsgefangene darf unmittelbarer Zwang angewendet werden, wenn sie es unternehmen, Gefangene zu befreien oder widerrechtlich in die Anstalt einzudringen, oder wenn sie sich unbefugt darin aufhalten.

(3) Das Recht zu unmittelbarem Zwang aufgrund anderer Regelungen bleibt unberührt.

§ 56 Grundsatz der Verhältnismäßigkeit

(1) Unter mehreren möglichen und geeigneten Maßnahmen des unmittelbaren Zwangs sind diejenigen zu wählen, die den Einzelnen und die Allgemeinheit voraussichtlich am wenigsten beeinträchtigen.

(2) Unmittelbarer Zwang unterbleibt, wenn ein durch ihn zu erwartender Schaden erkennbar außer Verhältnis zu dem angestrebten Erfolg steht.

§ 57 Handeln auf Anordnung

(1) Wird unmittelbarer Zwang von Vorgesetzten oder sonst befugten Personen angeordnet, sind die Bediensteten verpflichtet, ihn anzuwenden, es sei denn, die Anordnung verletzt die Menschenwürde oder ist nicht zu dienstlichen Zwecken erteilt worden.

(2) Die Anordnung darf nicht befolgt werden, wenn dadurch eine Straftat begangen würde. Befolgen die Bediensteten sie trotzdem, trifft sie eine Schuld nur, wenn sie erkennen oder wenn es nach den ihnen bekannten Umständen offensichtlich ist, dass dadurch eine Straftat begangen wird.

(3) Bedenken gegen die Rechtmäßigkeit der Anordnung haben Bedienstete dem Anordnenden gegenüber vorzubringen, soweit das nach den Umständen möglich ist. Abweichende Bestimmungen des allgemeinen Beamtenrechts über die Mitteilung solcher Bedenken an Vorgesetzte (§ 36 Absatz 2 und 3 des Beamtenstatusgesetzes) sind nicht anzuwenden.

§ 58 Androhung

Unmittelbarer Zwang ist vorher anzudrohen. Die Androhung darf nur dann unterbleiben, wenn die Umstände sie nicht zulassen oder unmittelbarer Zwang sofort angewendet werden muss, um eine rechtswidrige Tat, die den Tatbestand eines Strafgesetzes erfüllt, zu verhindern oder eine gegenwärtige Gefahr abzuwenden.

§ 59 Schusswaffengebrauch

(1) Schusswaffen dürfen nur gebraucht werden, wenn andere Maßnahmen des unmittelbaren Zwangs bereits erfolglos waren oder keinen Erfolg versprechen. Gegen Personen ist ihr Gebrauch nur zulässig, wenn der Zweck nicht durch Waffenwirkung gegen Sachen erreicht wird.

(2) Schusswaffen dürfen nur die dazu bestimmten Bediensteten gebrauchen und nur, um angriffs- oder fluchtunfähig zu machen. Ihr Gebrauch unterbleibt, wenn dadurch erkennbar Unbeteiligte mit hoher Wahrscheinlichkeit gefährdet würden.

(3) Der Gebrauch von Schusswaffen ist vorher anzudrohen. Als Androhung gilt auch ein Warnschuss. Ohne Androhung dürfen Schusswaffen nur dann gebraucht werden, wenn dies zur Abwehr einer gegenwärtigen Gefahr für Leib oder Leben erforderlich ist.

(4) Gegen Untersuchungsgefangene dürfen Schusswaffen gebraucht werden,

1. wenn sie eine Waffe oder ein anderes gefährliches Werkzeug trotz wiederholter Aufforderung nicht ablegen,

2. wenn sie eine Meuterei (§ 121 des Strafgesetzbuchs) unternehmen oder

3. um ihre Entweichung zu vereiteln oder um sie wieder zu ergreifen.

(5) Gegen andere Personen dürfen Schusswaffen gebraucht werden, wenn sie es unternehmen, Untersuchungsgefangene gewaltsam zu befreien oder gewaltsam in eine Anstalt einzudringen.

Abschnitt 9
Disziplinarmaßnahmen

§ 60 Voraussetzungen

(1) Disziplinarmaßnahmen können angeordnet werden, wenn Untersuchungsgefangene rechtswidrig und schuldhaft

1. gegen Strafgesetze verstoßen oder eine Ordnungswidrigkeit begehen,

2. gegen eine verfahrenssichernde Anordnung verstoßen,

3. andere Personen verbal oder tätlich angreifen,

4. Lebensmittel oder fremdes Eigentum zerstören oder beschädigen,

5. verbotene Gegenstände in die Anstalt bringen,

6. sich am Einschmuggeln verbotener Gegenstände beteiligen oder sie besitzen,

7. entweichen oder zu entweichen versuchen oder

8. in sonstiger Weise wiederholt oder schwerwiegend gegen die Hausordnung verstoßen oder das Zusammenleben in der Anstalt stören.

(2) Von einer Disziplinarmaßnahme wird abgesehen, wenn es genügt, die Untersuchungsgefangenen zu verwarnen.

(3) Disziplinarmaßnahmen sind auch zulässig, wenn wegen derselben Verfehlung ein Straf- oder Bußgeldverfahren eingeleitet wird.

§ 61 Arten der Disziplinarmaßnahmen

(1) Zulässige Disziplinarmaßnahmen sind

1. Verweis,
2. die Beschränkung oder der Entzug des Einkaufs bis zu drei Monaten,
3. die Beschränkung oder der Entzug von Annehmlichkeiten nach § 19 bis zu drei Monaten,
4. die Beschränkung oder der Entzug des Rundfunkempfangs bis zu drei Monaten; der gleichzeitige Entzug des Hörfunk- und Fernsehempfangs jedoch nur bis zu zwei Wochen,
5. die Beschränkung oder der Entzug der Gegenstände für die Freizeitbeschäftigung oder der Ausschluss von gemeinsamer Freizeit oder von einzelnen Freizeitveranstaltungen bis zu drei Monaten,
6. der Entzug der zugewiesenen Arbeit oder Beschäftigung bis zu vier Wochen unter Wegfall der in diesem Gesetz geregelten Bezüge und
7. Arrest bis zu vier Wochen.

(2) Mehrere Disziplinarmaßnahmen können miteinander verbunden werden.

(3) Arrest darf nur wegen schwerer oder wiederholter Verfehlungen verhängt werden.

(4) Bei der Auswahl der Disziplinarmaßnahmen sind Grund und Zweck der Haft sowie die psychischen Auswirkungen der Untersuchungshaft und des Strafverfahrens auf die Untersuchungsgefangenen zu berücksichtigen. Durch die Anordnung und den Vollzug einer Disziplinarmaßnahme dürfen die Verteidigung, die Verhandlungsfähigkeit und die Verfügbarkeit der Untersuchungsgefangenen

für die Verhandlung nicht beeinträchtigt werden.

§ 62 Vollzug der Disziplinarmaßnahmen, Aussetzung zur Bewährung

(1) Disziplinarmaßnahmen werden in der Regel sofort vollstreckt.

(2) Disziplinarmaßnahmen können ganz oder teilweise bis zu sechs Monaten zur Bewährung ausgesetzt werden.

(3) Disziplinarmaßnahmen können ganz oder zum Teil auch während einer der Untersuchungshaft unmittelbar nachfolgenden Haft vollstreckt werden.

(4) Arrest wird in Einzelhaft vollzogen. Die Untersuchungsgefangenen können in einem besonderen Arrestraum untergebracht werden, der den Anforderungen entsprechen muss, die an einen zum Aufenthalt bei Tag und Nacht bestimmten Haftraum gestellt werden. Soweit nichts anderes angeordnet wird, ruhen die Befugnisse der Untersuchungsgefangenen aus den §§ 16, 17 Absatz 1, § 18 Absatz 2, §§ 19, 24 Absatz 2 und 3, §§ 26, 27 Absatz 1 und § 28.

§ 63 Disziplinarbefugnis

(1) Disziplinarmaßnahmen ordnet der Anstaltsleiter an. Bei einer Verfehlung auf dem Weg in eine andere Anstalt zum Zweck der Verlegung ist die aufnehmende Anstalt zuständig.

(2) Die Aufsichtsbehörde entscheidet, wenn sich die Verfehlung gegen den Anstaltsleiter richtet.

(3) Disziplinarmaßnahmen, die gegen die Untersuchungsgefangenen in einer anderen Anstalt oder während einer anderen Haft angeordnet worden sind, werden auf Ersuchen vollstreckt. § 62 Absatz 2 gilt entsprechend.

§ 64 Verfahren

(1) Der Sachverhalt ist zu klären. Die betroffenen Untersuchungsgefangenen werden gehört. Sie sind darauf hinzuweisen, dass es ihnen freisteht sich zu äußern. Die Erhebungen werden in einer Niederschrift festgehalten; die Einlassung der Untersuchungsgefangenen wird vermerkt.

(2) Der Anstaltsleiter soll sich vor der Entscheidung mit Personen besprechen, die an der Betreuung der Untersuchungsgefangenen mitwirken.

(3) Vor der Anordnung von Disziplinarmaßnahmen gegen Untersuchungsgefangene, die sich in ärztlicher Behandlung befinden, oder gegen Schwangere oder stillende Mütter ist ein Arzt zu hören.

(4) Die Entscheidung wird den Untersuchungsgefangenen von dem Anstaltsleiter mündlich eröffnet und mit einer kurzen Begründung schriftlich abgefasst.

(5) Bevor Arrest vollzogen wird, ist ein Arzt zu hören. Während des Arrestes stehen die Untersuchungsgefangenen unter ärztlicher Aufsicht. Der Vollzug unterbleibt oder wird unterbrochen, wenn die Gesundheit der Untersuchungsgefangenen oder der Fortgang des Strafverfahrens gefährdet würde.

Abschnitt 10
Beschwerde

§ 65 Beschwerderecht

(1) Die Untersuchungsgefangenen erhalten Gelegenheit, sich mit Wünschen, Anregungen und Beschwerden in vollzuglichen Angelegenheiten, die sie selbst betreffen, an den Anstaltsleiter zu wenden.

(2) Besichtigen Vertreter der Aufsichtsbehörde die Anstalt, so ist zu gewährleisten, dass die Untersuchungsgefangenen sich in vollzuglichen Angelegenheiten, die sie selbst betreffen, an diese wenden können.

(3) Die Möglichkeiten des gerichtlichen Rechtsschutzes und der Dienstaufsichtsbeschwerde bleiben unberührt.

Abschnitt 11
Ergänzende Bestimmungen für
junge Untersuchungsgefangene

§ 66 Anwendungsbereich

(1) Auf Untersuchungsgefangene, die zur Tatzeit das 21. Lebensjahr noch nicht vollendet hatten und die das 24. Lebensjahr noch

nicht vollendet haben (junge Untersuchungsgefangene), findet dieses Gesetz nach Maßgabe der Bestimmungen dieses Abschnitts Anwendung.

(2) Von einer Anwendung der Bestimmungen dieses Abschnitts sowie des § 11 Absatz 2 auf volljährige junge Untersuchungsgefangene kann abgesehen werden, wenn die erzieherische Ausgestaltung des Vollzugs für diese nicht oder nicht mehr angezeigt ist. Die Bestimmungen dieses Abschnitts können ausnahmsweise auch über die Vollendung des 24. Lebensjahres hinaus angewendet werden, wenn dies im Hinblick auf die voraussichtlich nur noch geringe Dauer der Untersuchungshaft zweckmäßig erscheint.

§ 67 Vollzugsgestaltung

(1) Der Vollzug ist erzieherisch zu gestalten. Die Fähigkeiten der jungen Untersuchungsgefangenen zu einer eigenverantwortlichen und gemeinschaftsfähigen Lebensführung in Achtung der Rechte Anderer sind zu fördern. Die besonderen Lebenslagen und Bedürfnisse von minderjährigen Untersuchungsgefangenen sind zu berücksichtigen.

(2) Den jungen Untersuchungsgefangenen sollen neben altersgemäßen Bildungs-, Beschäftigungs- und Freizeitmöglichkeiten auch sonstige entwicklungsfördernde Hilfestellungen angeboten werden. Die Bereitschaft zur Annahme der Angebote ist zu wecken und zu fördern.

(3) In diesem Gesetz vorgesehene Beschränkungen können minderjährigen Untersuchungsgefangenen auch auferlegt werden, soweit es dringend geboten ist, um sie vor einer Gefährdung ihrer Entwicklung zu bewahren.

§ 68 Zusammenarbeit und Einbeziehung Dritter

(1) Die Zusammenarbeit der Anstalt mit staatlichen und privaten Institutionen erstreckt sich insbesondere auch auf Jugendamt, freie Träger der Jugendhilfe, Schulen und berufliche Bildungsträger.

(2) Die Personensorgeberechtigten sind, soweit dies möglich ist und eine verfahrenssi-

chernde Anordnung nicht entgegensteht, in die Gestaltung des Vollzugs einzubeziehen, ebenso die Eltern volljähriger junger Untersuchungsgefangener auf deren Antrag.

(3) Die Personensorgeberechtigten und das Jugendamt werden von der Aufnahme, von einer Verlegung und der Entlassung unverzüglich unterrichtet, soweit eine verfahrenssichernde Anordnung nicht entgegensteht.

§ 69 Ermittlung des Förder- und Erziehungsbedarfs, Maßnahmen

(1) Nach der Aufnahme wird der Förder- und Erziehungsbedarf der jungen Untersuchungsgefangenen unter Berücksichtigung ihrer Persönlichkeit und ihrer Lebensverhältnisse ermittelt.

(2) In einer Konferenz mit an der Erziehung maßgeblich beteiligten Bediensteten werden der Förder- und Erziehungsbedarf erörtert und die sich daraus ergebenden Maßnahmen festgelegt. Diese werden mit den jungen Untersuchungsgefangenen besprochen und den Personensorgeberechtigten auf Verlangen mitgeteilt.

(3) Zur Erfüllung der Aufgabe nach Absatz 1 dürfen personenbezogene Daten abweichend von § 88 Absatz 2 ohne Mitwirkung der Betroffenen erhoben werden bei Stellen, die Aufgaben der Jugendhilfe wahrnehmen, bei der Jugendgerichtshilfe und bei Personen und Stellen, die bereits Kenntnis von der Inhaftierung haben.

(4) Den jungen Untersuchungsgefangenen ist ein Bediensteter als besondere Vertrauensperson zuzuordnen.

§ 70 Unterbringung

(1) Die jungen Untersuchungsgefangenen sollen in Wohngruppen untergebracht werden, zu denen neben den Hafträumen weitere Räume zur gemeinsamen Nutzung gehören.

(2) Die gemeinschaftliche Unterbringung während der Bildung, Arbeit und Freizeit kann über § 12 Absatz 3 hinaus auch eingeschränkt oder ausgeschlossen werden, wenn dies aus erzieherischen Gründen angezeigt ist, schädliche Einflüsse auf die jungen Un-

tersuchungsgefangenen zu befürchten sind oder während der ersten zwei Wochen nach der Aufnahme.

(3) Eine gemeinsame Unterbringung nach § 13 Absatz 1 Satz 2 ist nur zulässig, wenn schädliche Einflüsse auf die jungen Untersuchungsgefangenen nicht zu befürchten sind.

§ 71 Schulische und berufliche Aus- und Weiterbildung, Arbeit

(1) Schulpflichtige Untersuchungsgefangene nehmen in der Anstalt am allgemein- oder berufsbildenden Unterricht nach den für öffentliche Schulen geltenden Bestimmungen teil.

(2) Minderjährige Untersuchungsgefangene können zur Teilnahme an schulischen und beruflichen Orientierungs-, Berufsvorbereitungs-, Aus- und Weiterbildungsmaßnahmen oder speziellen Maßnahmen zur Förderung ihrer schulischen, beruflichen oder persönlichen Entwicklung verpflichtet werden.

(3) Den übrigen jungen Untersuchungsgefangenen soll die Teilnahme an den in Absatz 2 genannten Maßnahmen angeboten werden.

(4) Im Übrigen bleibt § 24 Absatz 2 unberührt.

§ 72 Besuche, Schriftwechsel, Telefongespräche

(1) Abweichend von § 33 Absatz 1 Satz 2 beträgt die Gesamtdauer des Besuchs für junge Untersuchungsgefangene mindestens vier Stunden im Monat. Über § 33 Absatz 3 hinaus sollen Besuche auch dann zugelassen werden, wenn sie die Erziehung fördern.

(2) Besuche von Kindern junger Untersuchungsgefangener und von Eltern oder Personensorgeberechtigten minderjähriger Untersuchungsgefangener werden nicht auf die Regelbesuchszeiten angerechnet.

(3) Bei minderjährigen Untersuchungsgefangenen können Besuche, Schriftwechsel und Telefongespräche auch untersagt werden, wenn Personensorgeberechtigte nicht einverstanden sind.

(4) Besuche dürfen über § 35 Absatz 3 hinaus auch abgebrochen werden, wenn von Besuchern ein schädlicher Einfluss ausgeht.

(5) Der Schriftwechsel kann über § 36 Absatz 2 hinaus bei Personen, die nicht Angehörige (§ 11 Absatz 1 Nummer 1 des Strafgesetzbuchs) der jungen Untersuchungsgefangenen sind, auch untersagt werden, wenn zu befürchten ist, dass der Schriftwechsel einen schädlichen Einfluss auf die jungen Untersuchungsgefangenen hat.

(6) Für Besuche, Schriftwechsel und Telefongespräche mit Beiständen nach § 69 des Jugendgerichtsgesetzes gelten die §§ 34, 35 Absatz 4 und § 37 Absatz 2 entsprechend.

§ 73 Freizeit und Sport

(1) Zur Ausgestaltung der Freizeit sind geeignete Angebote vorzuhalten. Die jungen Untersuchungsgefangenen sind zur Teilnahme und Mitwirkung an Freizeitangeboten zu motivieren.

(2) Über § 16 Satz 2 hinaus ist der Besitz eigener Fernsehgeräte und elektronischer Medien ausgeschlossen, wenn erzieherische Gründe entgegenstehen.

(3) Dem Sport kommt bei der Gestaltung des Vollzugs an jungen Untersuchungsgefangenen besondere Bedeutung zu. Es sind ausreichende und geeignete Angebote vorzuhalten, um den jungen Untersuchungsgefangenen eine sportliche Betätigung von mindestens zwei Stunden wöchentlich zu ermöglichen.

§ 74 Besondere Sicherungsmaßnahmen

§ 49 Absatz 3 gilt mit der Maßgabe, dass der Entzug oder die Beschränkung des Aufenthalts im Freien nicht zulässig ist.

§ 75 Erzieherische Maßnahmen, Disziplinarmaßnahmen

(1) Verstöße der jungen Untersuchungsgefangenen gegen Pflichten, die ihnen durch dieses Gesetz oder aufgrund dieses Gesetzes auferlegt sind, sind unverzüglich im erzieherischen Gespräch aufzuarbeiten. Daneben können Maßnahmen angeordnet werden, die geeignet sind, den jungen Untersuchungsgefangenen ihr Fehlverhalten bewusst zu machen (erzieherische Maßnahmen). Als erzieherische Maßnahmen kommen namentlich in Betracht die Erteilung von Weisungen und Auflagen, die Beschränkung oder der Entzug einzelner Gegenstände für die Freizeitbeschäftigung und der Ausschluss von gemeinsamer Freizeit oder von einzelnen Freizeitveranstaltungen bis zur Dauer einer Woche.

(2) Der Anstaltsleiter legt fest, welche Bediensteten befugt sind, erzieherische Maßnahmen anzuordnen.

(3) Es sollen solche erzieherischen Maßnahmen angeordnet werden, die mit der Verfehlung in Zusammenhang stehen.

(4) Disziplinarmaßnahmen dürfen nur angeordnet werden, wenn erzieherische Maßnahmen nach Absatz 1 nicht ausreichen, um den jungen Untersuchungsgefangenen das Unrecht ihrer Handlung zu verdeutlichen. Zu berücksichtigen ist ferner eine aus demselben Anlass angeordnete besondere Sicherungsmaßnahme.

(5) Gegen junge Untersuchungsgefangene dürfen Disziplinarmaßnahmen nach § 61 Absatz 1 Nummer 1 und 6 nicht verhängt werden. Die Maßnahmen nach § 61 Absatz 1 Nummer 2, 3, 4 Halbsatz 1 und Nummer 5 sind nur bis zu zwei Monaten, Arrest ist nur bis zu zwei Wochen zulässig und erzieherisch auszugestalten.

Abschnitt 12
Aufbau der Anstalt

§ 76 Gliederung, Räume

(1) Soweit es nach § 11 zur Umsetzung der Trennungsgrundsätze erforderlich ist, werden in der Anstalt gesonderte Abteilungen für den Vollzug der Untersuchungshaft eingerichtet.

(2) Räume für den Aufenthalt während der Ruhe- und Freizeit sowie Gemeinschafts- und Besuchsräume sind zweckentsprechend auszugestalten.

§ 77 Festsetzung der Belegungsfähigkeit, Verbot der Überbelegung

(1) Die Aufsichtsbehörde setzt die Belegungsfähigkeit der Anstalt so fest, dass eine angemessene Unterbringung während der Ruhezeit gewährleistet ist. Dabei ist zu be-

rücksichtigen, dass eine ausreichende Anzahl von Plätzen für Arbeit und Bildung sowie von Räumen für Seelsorge, Freizeit, Sport und Besuche zur Verfügung steht.

(2) Hafträume dürfen nicht mit mehr Gefangenen als zugelassen belegt werden.

(3) Ausnahmen von Absatz 2 sind nur vorübergehend und nur mit Zustimmung der Aufsichtsbehörde zulässig.

§ 78 Arbeitsbetriebe, Einrichtungen zur schulischen und beruflichen Bildung

(1) Arbeitsbetriebe und Einrichtungen zur schulischen und beruflichen Bildung sollen vorgehalten werden.

(2) Beschäftigung und Bildung können auch in geeigneten privaten Einrichtungen und Betrieben erfolgen. Die technische und fachliche Leitung kann Angehörigen dieser Einrichtungen und Betriebe übertragen werden.

§ 79 Anstaltsleitung

(1) Der Anstaltsleiter trägt die Verantwortung für den gesamten Vollzug und vertritt die Anstalt nach außen. Er kann einzelne Aufgabenbereiche auf andere Bedienstete übertragen. Die Aufsichtsbehörde kann sich die Zustimmung zur Übertragung vorbehalten.

(2) Für jede Anstalt ist ein Beamter des höheren Dienstes zum hauptamtlichen Leiter zu bestellen. Aus besonderen Gründen kann eine Anstalt auch von einem Beamten des gehobenen Dienstes geleitet werden.

§ 80 Bedienstete

Die Anstalt wird mit dem für den Vollzug der Untersuchungshaft erforderlichen Personal ausgestattet. Fortbildung sowie Praxisberatung und -begleitung für die Bediensteten sind zu gewährleisten.

§ 81 Seelsorger

(1) Die Seelsorger werden im Einvernehmen mit der jeweiligen Religionsgemeinschaft im Hauptamt bestellt oder vertraglich verpflichtet.

(2) Wenn die geringe Anzahl der Angehörigen einer Religionsgemeinschaft eine Seel-sorge nach Absatz 1 nicht rechtfertigt, ist die seelsorgerische Betreuung auf andere Weise zuzulassen.

(3) Mit Zustimmung des Anstaltsleiters darf der Anstaltsseelsorger sich freier Seelsorgehelfer bedienen und diese für Gottesdienste sowie für andere religiöse Veranstaltungen von außen zuziehen.

§ 82 Medizinische Versorgung

(1) Die ärztliche Versorgung ist sicherzustellen.

(2) Die Pflege der Kranken soll von Bediensteten ausgeübt werden, die eine Erlaubnis nach dem Krankenpflegegesetz besitzen. Solange diese nicht zur Verfügung stehen, können auch Bedienstete eingesetzt werden, die eine sonstige Ausbildung in der Krankenpflege erfahren haben.

§ 83 Mitverantwortung der Untersuchungsgefangenen

Den Untersuchungsgefangenen soll ermöglicht werden, an der Verantwortung für Angelegenheiten von gemeinsamem Interesse teilzunehmen, die sich ihrer Eigenart und der Aufgabe der Anstalt nach für ihre Mitwirkung eignen.

§ 84 Hausordnung

(1) Der Anstaltsleiter erlässt eine Hausordnung. Die Aufsichtsbehörde kann sich die Genehmigung vorbehalten.

(2) In die Hausordnung sind namentlich Anordnungen aufzunehmen über die

1. Besuchszeiten, Häufigkeit und Dauer der Besuche,

2. Arbeitszeit, Freizeit und Ruhezeit sowie

3. Gelegenheit, Anträge und Beschwerden anzubringen oder sich an einen Vertreter der Aufsichtsbehörde zu wenden.

Abschnitt 13
Aufsicht, Beirat

§ 85 Aufsichtsbehörde

Das für den Justizvollzug zuständige Mitglied der Landesregierung führt die Aufsicht über die Anstalt.

§ 86 Vollstreckungsplan

Die Aufsichtsbehörde regelt die örtliche und sachliche Zuständigkeit der Anstalt in einem Vollstreckungsplan. Im Rahmen von Vollzugsgemeinschaften kann der Vollzug auch in Vollzugseinrichtungen anderer Länder vorgesehen werden.

§ 87 Beirat

(1) Bei der Anstalt ist ein Beirat zu bilden. Bedienstete dürfen nicht Mitglieder des Beirats sein.

(2) Die Mitglieder des Beirats wirken bei der Gestaltung des Vollzugs und bei der Betreuung der Untersuchungsgefangenen mit. Sie unterstützen den Anstaltsleiter durch Anregungen und Verbesserungsvorschläge.

(3) Die Mitglieder des Beirats können namentlich Wünsche, Anregungen und Beanstandungen entgegennehmen. Sie können sich über die Unterbringung, Verpflegung, ärztliche Versorgung, Beschäftigung, Bildung und Betreuung unterrichten sowie die Anstalt besichtigen. Sie können die Untersuchungsgefangenen in ihren Räumen aufsuchen. Unterhaltung und Schriftwechsel werden vorbehaltlich einer verfahrenssichernden Anordnung nicht überwacht.

(4) Die Mitglieder des Beirats sind verpflichtet, außerhalb ihres Amtes über alle Angelegenheiten, die ihrer Natur nach vertraulich sind, besonders über Namen und Persönlichkeit der Untersuchungsgefangenen, Verschwiegenheit zu bewahren. Dies gilt auch nach Beendigung ihres Amtes.

Abschnitt 14
Datenschutz

§ 88 Erhebung personenbezogener Daten

(1) Die Anstalt und die Aufsichtsbehörde dürfen personenbezogene Daten erheben, soweit dies für den Vollzug erforderlich ist.

(2) Personenbezogene Daten sind bei den Betroffenen zu erheben. Ohne ihre Mitwirkung dürfen sie nur erhoben werden, wenn

1. eine Rechtsvorschrift dies vorsieht oder zwingend voraussetzt oder

2. a) die zu erfüllende Verwaltungsaufgabe nach ihrer Art eine Erhebung bei anderen Personen oder Stellen erforderlich macht oder,

   b) die Erhebung bei den Betroffenen einen unverhältnismäßigen Aufwand erfordern würde

und keine Anhaltspunkte dafür bestehen, dass überwiegende schutzwürdige Interessen der Betroffenen beeinträchtigt werden.

(3) Werden personenbezogene Daten bei den Betroffenen erhoben, so sind diese, sofern sie nicht bereits auf andere Weise Kenntnis erlangt haben, zuvor von der datenverarbeitenden Stelle über

1. die Identität der verantwortlichen Stelle,

2. die Zweckbestimmungen der Erhebung, Verarbeitung oder Nutzung und

3. die Kategorien von Empfängern nur, soweit die Betroffenen nach den Umständen des Einzelfalls nicht mit der Übermittlung an diese rechnen müssen,

zu unterrichten. Werden personenbezogene Daten bei den Betroffenen aufgrund einer Rechtsvorschrift erhoben, die zur Auskunft verpflichtet, oder ist die Erteilung der Auskunft Voraussetzung für die Gewährung von Rechtsvorteilen, so sind die Betroffenen hierauf, sonst auf die Freiwilligkeit ihrer Angaben hinzuweisen. Soweit nach den Umständen des Einzelfalls erforderlich oder auf Verlangen, sind sie über die Rechtsvorschrift und über die Folgen der Verweigerung von Angaben aufzuklären.

(4) Daten über Personen, die nicht Untersuchungsgefangene sind, dürfen ohne ihre Mitwirkung bei Personen oder Stellen außerhalb der Anstalt oder Aufsichtsbehörde nur erhoben werden, wenn sie für die Sicherheit der Anstalt oder die Sicherung des Vollzugs der Untersuchungshaft unerlässlich sind und die Art der Erhebung schutzwürdige Interessen der Betroffenen nicht beeinträchtigt.

(5) Über eine ohne ihre Kenntnis vorgenommene Erhebung personenbezogener Daten werden die Betroffenen unter Angabe dieser Daten unterrichtet, soweit der in Absatz 1 genannte Zweck dadurch nicht gefährdet wird. Sind die Daten bei anderen Personen oder Stellen erhoben worden, kann die Unterrichtung unterbleiben, wenn

1. die Daten nach einer Rechtsvorschrift oder ihrem Wesen nach, namentlich wegen des überwiegenden berechtigten Interesses Dritter, geheim gehalten werden müssen oder

2. der Aufwand der Unterrichtung außer Verhältnis zum Schutzzweck steht und keine Anhaltspunkte dafür bestehen, dass überwiegende schutzwürdige Interessen der Betroffenen beeinträchtigt werden.

(6) Werden personenbezogene Daten statt bei den Betroffenen bei einer nichtöffentlichen Stelle erhoben, so ist die Stelle auf die Rechtsvorschrift, die zur Auskunft verpflichtet, sonst auf die Freiwilligkeit ihrer Angaben hinzuweisen.

§ 89 Verarbeitung

(1) Die Anstalt und die Aufsichtsbehörde dürfen personenbezogene Daten verarbeiten, soweit dies für den Vollzug erforderlich ist.

(2) Die Verarbeitung personenbezogener Daten für andere Zwecke ist zulässig, soweit dies

1. zur Abwehr von sicherheitsgefährdenden oder geheimdienstlichen Tätigkeiten für eine fremde Macht oder von Bestrebungen im Geltungsbereich des Grundgesetzes, die durch Anwendung von Gewalt oder darauf gerichtete Vorbereitungshandlungen

a) gegen die freiheitliche demokratische Grundordnung, den Bestand oder die Sicherheit des Bundes oder eines Landes gerichtet sind,

b) eine ungesetzliche Beeinträchtigung der Amtsführung der Verfassungsorgane des Bundes oder eines Landes oder ihrer Mitglieder zum Ziele haben oder

c) auswärtige Belange der Bundesrepublik Deutschland gefährden,

2. zur Abwehr erheblicher Nachteile für das Gemeinwohl oder einer Gefahr für die öffentliche Sicherheit,

3. zur Abwehr einer schwerwiegenden Beeinträchtigung der Rechte einer anderen Person,

4. zur Verhinderung oder Verfolgung von Straftaten sowie zur Verhinderung oder Verfolgung von Ordnungswidrigkeiten, durch welche die Sicherheit oder Ordnung der Anstalt gefährdet werden, oder

5. für Maßnahmen der Strafvollstreckung oder strafvollstreckungsrechtliche Entscheidungen

erforderlich ist.

(3) Eine Verarbeitung für andere Zwecke liegt nicht vor, soweit sie dem gerichtlichen Rechtsschutz im Zusammenhang mit diesem Gesetz oder den in § 13 Absatz 3 des Brandenburgischen Datenschutzgesetzes genannten Zwecken dient.

(4) Über die in den Absätzen 1 und 2 geregelten Zwecke hinaus dürfen zuständigen öffentlichen Stellen personenbezogene Daten übermittelt werden, soweit dies für

1. Maßnahmen der Gerichtshilfe, Jugendgerichtshilfe, Bewährungshilfe oder Führungsaufsicht,

2. Entscheidungen in Gnadensachen,

3. gesetzlich angeordnete Statistiken der Rechtspflege,

4. sozialrechtliche Maßnahmen,

5. die Einleitung von Hilfsmaßnahmen für Angehörige der Untersuchungsgefangenen,

6. dienstliche Maßnahmen der Bundeswehr im Zusammenhang mit der Aufnahme und Entlassung von Soldaten,

7. ausländerrechtliche Maßnahmen oder

8. die Durchführung der Besteuerung

erforderlich ist.

(5) Die Anstalt oder die Aufsichtsbehörde darf öffentlichen oder nichtöffentlichen Stellen auf schriftliche Anfrage mitteilen, ob sich eine Person im Untersuchungshaftvollzug befindet, soweit

1. die Mitteilung zur Erfüllung der in der Zuständigkeit der öffentlichen Stelle liegenden Aufgaben erforderlich ist oder

2. von nichtöffentlichen Stellen ein berechtigtes Interesse an dieser Mitteilung glaubhaft dargelegt wird und die Untersuchungsgefangenen kein schutzwürdiges Interesse an dem Ausschluss der Übermittlung haben.

Die Untersuchungsgefangenen werden vor der Mitteilung gehört, es sei denn, es ist zu besorgen, dass dadurch die Verfolgung des Interesses der Antragsteller vereitelt oder wesentlich erschwert werden würde, und eine Abwägung ergibt, dass dieses Interesse das Interesse der Untersuchungsgefangenen an ihrer vorherigen Anhörung überwiegt. Ist die Anhörung unterblieben, werden die betroffenen Untersuchungsgefangenen über die Mitteilung der Anstalt oder Aufsichtsbehörde nachträglich unterrichtet.

(6) Bei einer nicht nur vorläufigen Einstellung des Verfahrens, einer unanfechtbaren Ablehnung der Eröffnung des Hauptverfahrens oder einem rechtskräftigen Freispruch sind auf Antrag der betroffenen Untersuchungsgefangenen die Stellen, die eine Mitteilung nach Absatz 5 erhalten haben, über den Verfahrensausgang in Kenntnis zu setzen. Die betroffenen Untersuchungsgefangenen sind bei der Anhörung oder nachträglichen Unterrichtung nach Absatz 5 auf ihr Antragsrecht hinzuweisen.

(7) Akten mit personenbezogenen Daten dürfen nur anderen Anstalten, Aufsichtsbehörden, den für strafvollzugs-, strafvollstreckungs- und strafrechtliche Entscheidungen zuständigen Gerichten sowie den Strafvollstreckungs- und Strafverfolgungsbehörden überlassen werden. Die Überlassung an andere öffentliche Stellen ist zulässig, soweit die Erteilung einer Auskunft einen unvertretbaren Aufwand erfordert oder nach Darlegung der Akteneinsicht begehrenden Stellen für die Erfüllung der Aufgabe nicht ausreicht. Entsprechendes gilt für die Überlassung von Akten an die von der Vollzugsbehörde, dem Gericht oder der Staatsanwaltschaft mit Gutachten beauftragten Stellen.

(8) Sind mit personenbezogenen Daten, die nach den Absätzen 1, 2 oder Absatz 4 übermittelt werden dürfen, weitere personenbezogene Daten von Betroffenen oder von Dritten in Akten so verbunden, dass eine Trennung nicht oder nur mit unvertretbarem Aufwand möglich ist, so ist die Übermittlung auch dieser Daten zulässig, soweit nicht berechtigte Interessen von Betroffenen oder Dritten an deren Geheimhaltung offensichtlich überwiegen. Eine Verarbeitung dieser Daten durch die Empfänger ist unzulässig.

(9) Bei der Überwachung der Besuche oder des Schriftwechsels sowie bei der Überwachung des Inhalts von Paketen bekannt gewordene personenbezogene Daten dürfen nur

1. für die in Absatz 2 aufgeführten Zwecke,

2. für den gerichtlichen Rechtsschutz im Zusammenhang mit diesem Gesetz,

3. zur Wahrung der Sicherheit oder Ordnung der Anstalt,

4. zur Abwehr von Gefährdungen der Untersuchungshaft oder

5. zur Umsetzung einer verfahrenssichernden Anordnung

verarbeitet werden.

(10) Personenbezogene Daten, die nach § 88 Absatz 4 über Personen, die nicht Untersuchungsgefangene sind, erhoben worden sind, dürfen nur zur Erfüllung des Erhebungszwecks, für die in Absatz 2 Nummer 1 bis 3 geregelten Zwecke oder zur Verhinderung oder Verfolgung von Straftaten von erheblicher Bedeutung verarbeitet werden.

(11) Die Übermittlung von personenbezogenen Daten unterbleibt, soweit die in § 92 Absatz 2 oder § 94 Absatz 2 und 5 geregelten Einschränkungen oder besondere gesetzliche Verwendungsregelungen entgegenstehen.

(12) Die Verantwortung für die Zulässigkeit der Übermittlung trägt die übermittelnde Anstalt oder Aufsichtsbehörde. Erfolgt die Übermittlung auf Ersuchen einer öffentlichen Stelle, trägt diese die Verantwortung. In diesem Fall prüft die übermittelnde Anstalt oder Aufsichtsbehörde nur, ob das Übermittlungsersuchen im Rahmen der Aufgaben des Empfängers liegt und die Absätze 9 bis 11 der Übermittlung nicht entgegenstehen, es sei denn, dass besonderer Anlass zur Prüfung der Zulässigkeit der Übermittlung besteht.

§ 90 Zentrale Datei, Einrichtung automatisierter Übermittlungs- und Abrufverfahren

(1) Die nach § 88 erhobenen Daten können für die Anstalt und die Aufsichtsbehörde in einer zentralen Datei gespeichert werden.

(2) Die Einrichtung eines automatisierten Verfahrens, das die Übermittlung oder den Abruf personenbezogener Daten aus der zentralen Datei nach § 89 Absatz 2 und 4 ermöglicht, ist zulässig, soweit diese Form der Datenübermittlung oder des Datenabrufs unter Berücksichtigung der schutzwürdigen Belange der betroffenen Personen und der Erfüllung des Zwecks der Übermittlung angemessen ist. Die automatisierte Übermittlung der für § 13 Absatz 1 Satz 3 des Bundeskriminalamtsgesetzes erforderlichen personenbezogenen Daten kann auch anlassunabhängig erfolgen.

(3) Die übermittelnde Stelle hat zu gewährleisten, dass die Übermittlung und der Abruf zumindest durch geeignete Stichprobenverfahren festgestellt und überprüft werden kann.

(4) Das für den Justizvollzug zuständige Mitglied der Landesregierung bestimmt durch Rechtsverordnung die Einzelheiten der Einrichtung automatisierter Übermittlungs- und Abrufverfahren. Die Rechtsverordnung hat den Datenempfänger, die Datenart und den Zweck des Abrufs festzulegen. Sie hat Maßnahmen zur Datensicherung und zur Kontrolle vorzusehen, die in einem angemessenen Verhältnis zu dem angestrebten Schutzzweck stehen.

(5) Das für den Justizvollzug zuständige Mitglied der Landesregierung kann mit anderen Ländern und dem Bund einen Datenverbund vereinbaren, der eine automatisierte Datenübermittlung ermöglicht.

§ 91 Zweckbindung

Von der Anstalt oder der Aufsichtsbehörde übermittelte personenbezogene Daten dürfen nur zu dem Zweck verarbeitet werden, zu dessen Erfüllung sie übermittelt worden sind. Die Empfänger dürfen die Daten für andere Zwecke nur verarbeiten, soweit sie ihnen auch für diese Zwecke hätten übermittelt werden dürfen, und wenn im Fall einer Übermittlung an nichtöffentliche Stellen die übermittelnde Anstalt oder Aufsichtsbehörde zugestimmt hat. Die Anstalt oder die Aufsichtsbehörde hat die nichtöffentlichen Empfänger auf die Zweckbindung nach Satz 1 hinzuweisen.

§ 92 Schutz besonderer Kategorien personenbezogener Daten

(1) Das religiöse oder weltanschauliche Bekenntnis, personenbezogene Daten über die rassische und ethnische Herkunft, politische Meinungen, die Gewerkschaftszugehörigkeit und personenbezogene Daten von Untersuchungsgefangenen, die anlässlich ärztlicher Untersuchungen erhoben worden sind, dürfen in der Anstalt nicht allgemein kenntlich gemacht werden. Andere personenbezogene Daten von Untersuchungsgefangenen dürfen innerhalb der Anstalt allgemein kenntlich gemacht werden, soweit dies für ein geordnetes Zusammenleben in der Anstalt erforderlich ist. § 89 Absatz 9 bis 11 bleibt unberührt.

(2) Personenbezogene Daten, die

1. Ärzten, Zahnärzten oder Angehörigen eines anderen Heilberufs, der für die Berufsausübung oder die Führung der Berufsbezeichnung eine staatlich geregelte Ausbildung erfordert,

2. Berufspsychologen mit staatlich anerkannter wissenschaftlicher Abschlussprüfung oder

3. staatlich anerkannten Sozialarbeitern oder staatlich anerkannten Sozialpädagogen

von Untersuchungsgefangenen als Geheimnis anvertraut oder über Untersuchungsgefangene sonst bekannt geworden sind, unterliegen auch gegenüber der Anstalt und der Aufsichtsbehörde der Schweigepflicht. Die in Satz 1 genannten Personen haben sich gegenüber dem Anstaltsleiter zu offenbaren, soweit dies für die Aufgabenerfüllung der Anstalt oder der Aufsichtsbehörde oder zur Abwehr von erheblichen Gefahren für Leib oder Leben von Gefangenen oder Dritten erforderlich ist. Ärzte sind zur Offenbarung ihnen im Rahmen der allgemeinen Gesundheitsfürsorge bekannt gewordener Geheimnisse verpflichtet, soweit dies für die Aufgabenerfüllung der Anstalt oder der Aufsichtsbehörde unerlässlich oder zur Abwehr von erheblichen Gefahren für Leib oder Leben von Gefangenen oder Dritten erforderlich ist. Sonstige Offenbarungsbefugnisse bleiben unberührt. Die Untersuchungsgefangenen sind vor der Erhebung über die nach den Sätzen 2 und 3 bestehenden Offenbarungsverpflichtungen zu unterrichten.

(3) Die nach Absatz 2 offenbarten Daten dürfen nur für den Zweck, für den sie offenbart wurden oder für den eine Offenbarung zulässig gewesen wäre, und nur unter denselben Voraussetzungen verarbeitet werden, unter denen eine in Absatz 2 Satz 1 genannte Person selbst hierzu befugt wäre. Der Anstaltsleiter kann unter diesen Voraussetzungen die unmittelbare Offenbarung gegenüber bestimmten Bediensteten allgemein zulassen.

(4) Sofern Ärzte oder Psychologen außerhalb des Vollzugs mit der Untersuchung oder Behandlung von Untersuchungsgefangenen beauftragt werden, gilt Absatz 2 mit der Maßgabe entsprechend, dass die beauftragte Person auch zur Unterrichtung des in der Anstalt tätigen Arztes oder des in der Anstalt mit der Betreuung der Untersuchungsgefangenen betrauten Psychologen befugt sind.

§ 93 Schutz der Daten in Akten und Dateien

(1) Die Bediensteten dürfen sich von personenbezogenen Daten nur Kenntnis verschaffen, soweit dies zur Erfüllung der ihnen obliegenden Aufgaben oder für die Zusammenarbeit in der Anstalt und nach § 3 Absatz 1 Satz 2 erforderlich ist.

(2) Akten und Dateien mit personenbezogenen Daten sind durch die erforderlichen technischen und organisatorischen Maßnahmen gegen unbefugten Zugang und unbefugten Gebrauch zu schützen. Gesundheitsakten und Krankenblätter sind getrennt von anderen Unterlagen zu führen und besonders zu sichern.

§ 94 Berichtigung, Löschung und Sperrung

(1) Die in Dateien gespeicherten personenbezogenen Daten sind spätestens ein Jahre nach der Entlassung der Untersuchungsgefangenen oder der Verlegung der Untersuchungsgefangenen in eine andere Anstalt zu löschen. Hiervon können bis zum Ablauf der Aufbewahrungsfrist für die Gefangenenpersonalakte die Angaben über Familienname, Vorname, Geburtsname, Geburtstag, Geburtsort, Eintritts- und Austrittsdatum der Untersuchungsgefangenen ausgenommen werden, soweit dies für das Auffinden der Gefangenenpersonalakte erforderlich ist.

(2) Personenbezogene Daten in Akten dürfen nach Ablauf von fünf Jahren seit der Entlassung der Untersuchungsgefangenen nur übermittelt oder genutzt werden, soweit die Betroffenen eingewilligt haben oder dies

1. zur Verfolgung von Straftaten,

2. für die Durchführung wissenschaftlicher Forschungsvorhaben,

3. zur Behebung einer Beweisnot oder

4. zur Feststellung, Durchsetzung oder Abwehr von Rechtsansprüchen im Zusammenhang mit dem Vollzug der Untersuchungshaft

unerlässlich ist. Die Sperrung endet, wenn die Untersuchungsgefangenen erneut zum Vollzug einer Untersuchungshaft oder einer Jugend- oder Freiheitsstrafe aufgenommen werden.

(3) Erhält die Anstalt von einer nicht nur vorläufigen Einstellung des Verfahrens, einer unanfechtbaren Ablehnung der Eröffnung des Hauptverfahrens oder einem rechtskräftigen Freispruch Kenntnis, so tritt an die Stelle der in Absatz 1 Satz 1 und Absatz 2 Satz 1 genannten Fristen eine Frist von einem Monat ab Kenntniserlangung.

(4) Bei der Aufbewahrung von Akten mit nach Absatz 2 gesperrten Daten dürfen folgende Fristen nicht überschritten werden:

Gefangenenpersonalakten, Gesundheitsakten und Krankenblätter	20 Jahre,
Gefangenenbücher	30 Jahre.

Dies gilt nicht, wenn aufgrund bestimmter Tatsachen anzunehmen ist, dass die Aufbewahrung für die in Absatz 2 Satz 1 genannten Zwecke weiterhin erforderlich ist. Die Aufbewahrungsfrist beginnt mit dem auf das Jahr der aktenmäßigen Weglegung folgenden Kalenderjahr. Die Bestimmungen des Brandenburgischen Archivgesetzes bleiben unberührt.

(5) Wird festgestellt, dass unrichtige Daten übermittelt worden sind, ist dies den Empfängern mitzuteilen. Die Unterrichtung kann unterbleiben, wenn sie einen unverhältnismäßigen Aufwand erfordern würde und nachteilige Folgen für den Betroffenen nicht zu befürchten sind.

§ 95 Auskunft an die Betroffenen, Akteneinsicht

(1) Den Betroffenen ist auf Antrag Auskunft zu erteilen über

1. die zu ihrer Person gespeicherten Daten,

2. die Herkunft der Daten und die Empfänger oder Kategorien von Empfängern, an die die Daten weitergegeben werden, und

3. den Zweck der Speicherung.

In dem Antrag soll die Art der personenbezogenen Daten, über die Auskunft erteilt werden soll, näher bezeichnet werden. Sind die personenbezogenen Daten weder automatisiert noch in nicht automatisierten Da-

teien gespeichert, wird die Auskunft nur erteilt, soweit die Betroffenen Angaben machen, die das Auffinden der Daten ermöglichen, und der für die Erteilung der Auskunft erforderliche Aufwand nicht außer Verhältnis zu dem von den Betroffenen geltend gemachten Informationsinteresse steht. Die Anstalt oder die Aufsichtsbehörde bestimmt das Verfahren, insbesondere die Form der Auskunftserteilung, nach pflichtgemäßem Ermessen.

(2) Absatz 1 gilt nicht für personenbezogene Daten, die nur deshalb gespeichert sind, weil sie aufgrund gesetzlicher, satzungsmäßiger oder vertraglicher Aufbewahrungsvorschriften nicht gelöscht werden dürfen, oder ausschließlich Zwecken der Datensicherung oder der Datenschutzkontrolle dienen und eine Auskunftserteilung einen unverhältnismäßigen Aufwand erfordern würde.

(3) Bezieht sich die Auskunftserteilung auf die Übermittlung personenbezogener Daten an Behörden der Staatsanwaltschaft, an Polizeidienststellen, Verfassungsschutzbehörden, den Bundesnachrichtendienst, den Militärischen Abschirmdienst und, soweit die Sicherheit des Bundes berührt wird, andere Behörden des Bundesministeriums der Verteidigung, so ist sie nur mit Zustimmung dieser Stellen zulässig.

(4) Die Auskunftserteilung unterbleibt, soweit

1. die Auskunft die ordnungsgemäße Erfüllung der in der Zuständigkeit der verantwortlichen Stelle liegenden Aufgaben gefährden würde,

2. die Auskunft die öffentliche Sicherheit oder Ordnung gefährden oder sonst dem Wohle des Bundes oder eines Landes Nachteile bereiten würde oder

3. die Daten oder die Tatsache ihrer Speicherung nach einer Rechtsvorschrift oder wegen überwiegender berechtigter Interessen Dritter geheim gehalten werden müssen

und deswegen das Interesse der Betroffenen an der Auskunftserteilung zurücktreten muss.

(5) Die Ablehnung der Auskunftserteilung bedarf keiner Begründung, soweit durch die Mitteilung der tatsächlichen und rechtlichen Gründe, auf die die Entscheidung gestützt wird, der mit der Auskunftsverweigerung verfolgte Zweck gefährdet würde. In diesen Fällen sind die Betroffenen darauf hinzuweisen, dass sie sich an den Landesbeauftragten für den Datenschutz und für das Recht auf Akteneinsicht wenden können.

(6) Wird den Betroffenen keine Auskunft erteilt, so ist sie auf deren Verlangen dem Landesbeauftragten für den Datenschutz und für das Recht auf Akteneinsicht zu erteilen, soweit nicht die Aufsichtsbehörde im Einzelfall feststellt, dass dadurch die Sicherheit des Landes Brandenburg, eines anderen Landes oder des Bundes gefährdet würde. Die Mitteilung des Landesbeauftragten für den Datenschutz und für das Recht auf Akteneinsicht an die Betroffenen darf keine Rückschlüsse auf den Erkenntnisstand der datenverarbeitenden Stelle zulassen, sofern diese nicht einer weitergehenden Auskunft zustimmt.

(7) Die Auskunft nach Absatz 1 ist unentgeltlich.

(8) Soweit eine Auskunft für die Wahrnehmung der rechtlichen Interessen der Untersuchungsgefangenen nicht ausreicht und sie hierfür auf die Einsichtnahme angewiesen sind, wird Akteneinsicht gewährt.

§ 96 Auskunft und Akteneinsicht für wissenschaftliche Zwecke

§ 476 der Strafprozessordnung gilt mit der Maßgabe entsprechend, dass auch elektro-nisch gespeicherte personenbezogene Daten übermittelt werden können.

§ 97 Anwendung des Brandenburgischen Datenschutzgesetzes

Die Regelungen des Brandenburgischen Datenschutzgesetzes gelten unmittelbar, soweit dieses Gesetz keine abschließenden Regelungen enthält.

Abschnitt 15
Schlussbestimmungen

§ 98 Einschränkung von Grundrechten

Durch dieses Gesetz werden die Rechte auf körperliche Unversehrtheit und Freiheit der Person (Artikel 2 Absatz 2 des Grundgesetzes, Artikel 8 Absatz 1 und Artikel 9 Absatz 1 der Verfassung des Landes Brandenburg), auf Unverletzlichkeit des Brief-, Post- und Fernmeldegeheimnisses (Artikel 10 Absatz 1 des Grundgesetzes, Artikel 16 Absatz 1 der Verfassung des Landes Brandenburg), auf Meinungsfreiheit (Artikel 19 Absatz 1 der Verfassung des Landes Brandenburg) und auf Datenschutz (Artikel 11 der Verfassung des Landes Brandenburg) eingeschränkt.

§ 99 Gleichstellungsbestimmung

Status- und Funktionsbezeichnungen in diesem Gesetz gelten jeweils in männlicher und weiblicher Form.

§ 100 Inkrafttreten

Dieses Gesetz tritt am 1. Januar 2010 in Kraft.

Gesetz über den Vollzug der Jugendstrafe im Land Brandenburg (Brandenburgisches Jugendstrafvollzugsgesetz – BbgJStVollzG)

Vom 18. Dezember 2007 (GVBl. I S. 348)

Geändert durch
Brandenburgisches Beamtenrechtsneuordnungsgesetz
vom 3. April 2009 (GVBl. I S. 26)

Inhaltsübersicht

Abschnitt 1
Allgemeine Bestimmungen

§ 1 Anwendungsbereich

Dieses Gesetz regelt den Vollzug der Jugendstrafe (Vollzug).

§ 2 Ziel und Aufgabe

Der Vollzug dient dem Ziel, die Gefangenen zu befähigen, künftig in sozialer Verantwortung ein Leben ohne Straftaten zu führen. Gleichermaßen hat er die Aufgabe, die Allgemeinheit vor weiteren Straftaten zu schützen.

§ 3 Erziehungsauftrag, Vollzugsgestaltung

(1) Der Vollzug ist erzieherisch zu gestalten. Die Gefangenen sind in der Entwicklung ihrer Fähigkeiten und Fertigkeiten so zu fördern, dass sie zu einer eigenverantwortlichen und gemeinschaftsfähigen Lebensführung in Achtung der Rechte Anderer befähigt werden. Die Einsicht in die beim Opfer verursachten Tatfolgen soll geweckt werden.

(2) Personelle Ausstattung, sachliche Mittel und Organisation der Anstalt (§ 98 Abs. 1 Satz 1) werden an Zielsetzung und Aufgabe des Vollzugs sowie den besonderen Bedürfnissen der Gefangenen ausgerichtet.

(3) Das Leben in der Anstalt ist den allgemeinen Lebensverhältnissen so weit wie möglich anzugleichen. Schädlichen Folgen der Freiheitsentziehung ist entgegenzuwirken. Der Vollzug wird von Beginn an darauf ausgerichtet, den Gefangenen bei der Eingliederung in ein Leben in Freiheit ohne Straftaten zu helfen. Die Belange von Sicherheit und Ordnung der Anstalt sowie die Belange der Allgemeinheit sind zu beachten.

(4) Die unterschiedlichen Lebenslagen und Bedürfnisse von weiblichen und männlichen Gefangenen werden bei der Vollzugsgestaltung und bei Einzelmaßnahmen berücksichtigt.

§ 4 Pflicht zur Mitwirkung

Die Gefangenen sind verpflichtet, an der Erreichung des Vollzugsziels mitzuwirken. Ihre Bereitschaft hierzu ist zu wecken und zu fördern.

§ 5 Leitlinien der Erziehung und Förderung

(1) Erziehung und Förderung erfolgen durch Maßnahmen und Programme zur Entwicklung und Stärkung der Fähigkeiten und Fertigkeiten der Gefangenen im Hinblick auf die Erreichung des Vollzugsziels.

(2) Durch differenzierte Angebote soll auf den jeweiligen Entwicklungsstand und den unterschiedlichen Erziehungs- und Förderbedarf der Gefangenen eingegangen werden.

(3) Die Maßnahmen und Programme richten sich insbesondere auf die Auseinandersetzung mit den eigenen Straftaten, deren Ursachen und Folgen, die schulische Bildung, berufliche Qualifizierung, soziale Integration und die verantwortliche Gestaltung des alltäglichen Zusammenlebens, der freien Zeit sowie der Außenkontakte.

§ 6 Stellung der Gefangenen

(1) Die Gefangenen unterliegen den in diesem Gesetz vorgesehenen Beschränkungen ihrer Freiheit. Soweit das Gesetz eine besondere Regelung nicht enthält, dürfen ihnen nur Beschränkungen auferlegt werden, die zur Aufrechterhaltung der Sicherheit oder zur Abwendung einer schwerwiegenden Störung der Ordnung der Anstalt unerlässlich sind.

(2) Vollzugsmaßnahmen sollen den Gefangenen erläutert werden.

§ 7 Zusammenarbeit und Einbeziehung Dritter

(1) Alle in der Anstalt Tätigen arbeiten zusammen und wirken daran mit, das Vollzugsziel zu erreichen.

(2) Die Anstalt arbeitet mit außervollzuglichen Einrichtungen und Organisationen sowie Personen und Vereinen eng zusammen, deren Mitwirkung die Eingliederung fördern kann.

(3) Die Personensorgeberechtigten sind, soweit dies möglich ist und dem Vollzugsziel nicht zuwiderläuft, in die Planung und Gestaltung des Vollzugs einzubeziehen.

§ 8 Soziale Hilfe

(1) Die Gefangenen werden darin unterstützt, ihre persönlichen, wirtschaftlichen und sozialen Schwierigkeiten zu beheben. Sie sollen dazu angeregt und in die Lage versetzt werden, ihre Angelegenheiten selbst zu regeln, insbesondere den durch die Straftat verursachten materiellen und immateriellen Schaden wieder gutzumachen und eine Schuldenregulierung herbeizuführen.

(2) Die Gefangenen sind, soweit erforderlich, über die notwendigen Maßnahmen zur Aufrechterhaltung ihrer sozialversicherungsrechtlichen Ansprüche zu beraten.

Abschnitt 2
Vollzugsplanung

§ 9 Aufnahme

(1) Mit den Gefangenen wird unverzüglich ein Zugangsgespräch geführt, in dem ihre gegenwärtige Lebenssituation erörtert wird und sie über ihre Rechte und Pflichten informiert werden. Ihnen ist die Hausordnung auszuhändigen. Dieses Gesetz, die von ihm in Bezug genommenen Gesetze sowie die zu seiner Ausführung erlassenen Rechtsverordnungen und Verwaltungsvorschriften sind den Gefangenen auf Verlangen zugänglich zu machen.

(2) Beim Zugangsgespräch dürfen andere Gefangene in der Regel nicht zugegen sein.

(3) Die Gefangenen werden alsbald ärztlich untersucht.

(4) Die Personensorgeberechtigten und das Jugendamt werden von der Aufnahme unverzüglich unterrichtet.

(5) Die Gefangenen sollen dabei unterstützt werden, etwa notwendige Maßnahmen für hilfsbedürftige Angehörige und die Sicherung ihrer Habe außerhalb der Anstalt zu veranlassen.

§ 10 Feststellung des Erziehungs- und Förderbedarfs

(1) Nach der Aufnahme wird den Gefangenen das Ziel ihres Aufenthalts in der Anstalt verdeutlicht sowie das Angebot an Unterricht,

Aus- und Fortbildung, Arbeit, therapeutischer Behandlung und Freizeit erläutert.

(2) Der Erziehungs- und Förderbedarf der Gefangenen wird in einem Diagnoseverfahren ermittelt. Es erstreckt sich auf die Persönlichkeit, die Lebensverhältnisse, die Ursachen und Umstände der Straftat sowie alle sonstigen Gesichtspunkte, deren Kenntnis für eine zielgerichtete Vollzugsgestaltung und die Eingliederung der Gefangenen nach der Entlassung notwendig erscheint. Erkenntnisse der Jugendgerichtshilfe und Bewährungshilfe sind einzubeziehen.

(3) Die Vollzugsplanung wird mit den Gefangenen erörtert. Dabei werden deren Anregungen und Vorschläge einbezogen, soweit sie dem Vollzugsziel dienen.

§ 11 Vollzugsplan

(1) Auf der Grundlage des festgestellten Erziehungs- und Förderbedarfs wird regelmäßig innerhalb der ersten sechs Wochen nach der Aufnahme ein Vollzugsplan erstellt.

(2) Der Vollzugsplan wird regelmäßig alle vier Monate auf seine Umsetzung überprüft, mit den Gefangenen erörtert und fortgeschrieben. Bei Jugendstrafen von mehr als drei Jahren verlängert sich die Frist gemäß Satz 1 auf sechs Monate. Bei der Fortschreibung sind die Entwicklung der Gefangenen und in der Zwischenzeit gewonnene Erkenntnisse zu berücksichtigen.

(3) Der Vollzugsplan und seine Fortschreibungen enthalten, je nach Stand des Vollzugs, insbesondere folgende Angaben:

1. die dem Vollzugsplan zugrunde liegenden Annahmen zur Vorgeschichte der Straftaten sowie die Erläuterung der Ziele, Inhalte und Methoden der Erziehung und Förderung der Gefangenen,

2. Unterbringung im geschlossenen oder offenen Vollzug,

3. Zuweisung zu einer Wohngruppe oder einem anderen Unterkunftsbereich und Zuordnung eines Bediensteten als besondere Vertrauensperson,

4. Unterbringung in einer sozialtherapeutischen Abteilung,

5. Teilnahme an schulischen, berufsorientierenden, qualifizierenden oder arbeitstherapeutischen Maßnahmen oder Zuweisung von Arbeit,

6. Teilnahme an therapeutischen Behandlungen oder anderen Hilfs- oder Fördermaßnahmen,

7. Teilnahme an Sport- und Freizeitangeboten,

8. Vollzugslockerungen und Urlaub,

9. Pflege der familiären Beziehungen und Gestaltung der Außenkontakte,

10. Maßnahmen und Angebote zum Ausgleich von Tatfolgen,

11. Schuldenregulierung,

12. Maßnahmen zur Vorbereitung von Entlassung, Wiedereingliederung und Nachsorge und

13. Fristen zur Fortschreibung des Vollzugsplans.

(4) Der Vollzugsplan und seine Fortschreibungen werden den Gefangenen ausgehändigt. Sie werden dem Vollstreckungsleiter und auf Verlangen dem Personensorgeberechtigten mitgeteilt.

§ 12 Verlegung und Überstellung

(1) Die Gefangenen können abweichend vom Vollstreckungsplan in eine andere Anstalt verlegt werden, wenn

1. die Erreichung des Vollzugsziels oder die Eingliederung nach der Entlassung hierdurch gefördert wird oder

2. Gründe der Vollzugsorganisation oder andere wichtige Gründe dies erforderlich machen.

(2) Die Personensorgeberechtigten, der Vollstreckungsleiter und das Jugendamt werden von der Verlegung unverzüglich unterrichtet.

(3) Die Aufsichtsbehörde kann sich Entscheidungen über Verlegungen vorbehalten.

(4) Die Gefangenen dürfen aus wichtigem Grund in eine andere Anstalt oder Justizvollzugsanstalt überstellt werden.

§ 13 Geschlossener und offener Vollzug

(1) Die Gefangenen werden im geschlossenen oder offenen Vollzug untergebracht.

(2) Sie sollen im offenen Vollzug untergebracht werden, wenn sie dessen besonderen Anforderungen genügen, namentlich nicht zu befürchten ist, dass sie sich dem Vollzug entziehen oder die Möglichkeiten des offenen Vollzugs zu Straftaten missbrauchen werden.

§ 14 Sozialtherapie

Gefangene können in einer sozialtherapeutischen Abteilung untergebracht werden, wenn deren besondere therapeutische Mittel und soziale Hilfen zum Erreichen des Vollzugsziels angezeigt sind.

§ 15 Vollzugslockerungen

(1) Als Vollzugslockerungen kommen insbesondere in Betracht:

1. Verlassen der Anstalt für eine bestimmte Tageszeit unter Aufsicht von Bediensteten (Ausführung) oder ohne Aufsicht (Ausgang),

2. regelmäßige Beschäftigung außerhalb der Anstalt unter Aufsicht von Bediensteten (Außenbeschäftigung) oder ohne Aufsicht (Freigang) und

3. Unterbringung in besonderen Erziehungseinrichtungen oder in Übergangseinrichtungen freier Träger.

Vollzugslockerungen nach Satz 1 Nr. 3 werden nach Anhörung des Vollstreckungsleiters gewährt.

(2) Vollzugslockerungen dürfen gewährt werden, wenn verantwortet werden kann zu erproben, dass die Gefangenen sich dem Vollzug nicht entziehen und die Vollzugslockerungen nicht zur Begehung von Straftaten missbrauchen werden. Sie können versagt werden, wenn die Gefangenen ihren Mitwirkungspflichten nicht nachkommen.

(3) Im Übrigen dürfen Gefangene ausgeführt werden, wenn dies aus besonderen Gründen notwendig ist. Liegt die Ausführung ausschließlich im Interesse der Gefangenen, können ihnen die Kosten auferlegt werden,

soweit dies die Erziehung oder die Eingliederung nicht behindert.

§ 16 Urlaub

(1) Zur Förderung der Wiedereingliederung in das Leben in Freiheit, insbesondere zur Aufrechterhaltung sozialer Bindungen, kann nach Maßgabe des Vollzugsplans Urlaub gewährt werden. Der Urlaub darf 24 Tage in einem Vollstreckungsjahr nicht übersteigen.

(2) Darüber hinaus kann Urlaub aus wichtigem Anlass bis zu sieben Tagen im Vollstreckungsjahr gewährt werden, zur Teilnahme an gerichtlichen Terminen, wegen des Todes oder einer lebensbedrohenden Erkrankung naher Angehöriger auch darüber hinaus.

(3) § 15 Abs. 2 gilt entsprechend.

(4) Durch Urlaub wird die Vollstreckung der Jugendstrafe nicht unterbrochen.

§ 17 Weisungen für Vollzugslockerungen und Urlaub, Widerruf

(1) Für Vollzugslockerungen und Urlaub können Weisungen erteilt werden.

(2) Vollzugslockerungen und Urlaub können widerrufen werden, wenn

1. sie aufgrund nachträglich eingetretener oder bekannt gewordener Umstände versagt werden könnten,

2. sie missbraucht werden oder

3. Weisungen nicht befolgt werden.

§ 18 Vorführung, Ausantwortung

(1) Auf Ersuchen eines Gerichts werden Gefangene vorgeführt, sofern ein Vorführungsbefehl vorliegt.

(2) Gefangene dürfen befristet dem Gewahrsam eines Gerichts, einer Staatsanwaltschaft oder einer Polizei-, Zoll- oder Finanzbehörde auf Antrag überlassen werden (Ausantwortung).

§ 19 Entlassungsvorbereitung

(1) Die Anstalt arbeitet frühzeitig mit außervollzuglichen Einrichtungen, Organisationen sowie Personen und Vereinen zusammen, um zu erreichen, dass die Gefangenen nach ihrer Entlassung über eine geeignete Unterbringung und eine Arbeits- oder Ausbildungsstelle verfügen. Dazu gehört insbesondere eine Zusammenarbeit der ambulanten sozialen Dienste (Bewährungshilfe, Führungsaufsicht) mit der Anstalt zum Zweck der sozialen und beruflichen Integration der Gefangenen. Die Personensorgeberechtigten und das Jugendamt werden unterrichtet.

(2) Zur Vorbereitung der Entlassung soll der Vollzug gelockert werden (§ 15).

(3) Zur Vorbereitung der Entlassung können die Gefangenen bis zu sieben Tage Urlaub erhalten. Zum Freigang zugelassene Gefangene können innerhalb von neun Monaten vor der Entlassung Urlaub bis zu sechs Tagen im Monat erhalten; Satz 1 findet keine Anwendung. § 15 Abs. 2, § 16 Abs. 4 und § 17 gelten entsprechend.

(4) Darüber hinaus können die Gefangenen nach Anhörung des Vollstreckungsleiters bis zu vier Monate beurlaubt werden. Hierfür sollen Weisungen erteilt werden. Der im laufenden Vollstreckungsjahr gewährte Urlaub nach § 16 Abs. 1 wird auf diese Zeit angerechnet. § 15 Abs. 2, § 16 Abs. 4 und § 17 Abs. 2 gelten entsprechend.

§ 20 Entlassungszeitpunkt

(1) Die Gefangenen sollen am letzten Tag ihrer Strafzeit möglichst frühzeitig, jedenfalls noch am Vormittag, entlassen werden.

(2) Fällt das Strafende auf einen Sonnabend oder Sonntag, einen gesetzlichen Feiertag, den ersten Werktag nach Ostern oder Pfingsten oder in die Zeit vom 22. Dezember bis zum 6. Januar, so können die Gefangenen an dem diesem Tag oder Zeitraum vorhergehenden Werktag entlassen werden, wenn dies gemessen an der Dauer der Strafzeit vertretbar ist und fürsorgerische Gründe nicht entgegenstehen.

(3) Der Entlassungszeitpunkt kann bis zu zwei Tage vorverlegt werden, wenn die Gefangenen zu ihrer Eingliederung hierauf dringend angewiesen sind.

§ 21 Hilfe zur Entlassung, Nachsorge

(1) Zur Vorbereitung der Entlassung sind die Gefangenen bei der Ordnung ihrer persönlichen, wirtschaftlichen und sozialen Angele-

genheiten zu unterstützen. Dies umfasst die Vermittlung in nachsorgende Maßnahmen. Nachgehende Betreuung kann unter Mitwirkung von Bediensteten erfolgen.

(2) Bedürftigen Gefangenen kann eine Entlassungsbeihilfe in Form eines Reisekostenzuschusses, angemessener Kleidung oder einer sonstigen notwendigen Unterstützung gewährt werden.

§ 22 Fortführung von Maßnahmen nach Entlassung

(1) Die Gefangenen können auf Antrag nach ihrer Entlassung ausnahmsweise im Vollzug begonnene Ausbildungs- oder Behandlungsmaßnahmen fortführen, soweit diese nicht anderweitig durchgeführt werden können. Hierzu können die Entlassenen auf vertraglicher Basis vorübergehend in einer Anstalt untergebracht werden, sofern es die Belegungssituation zulässt.

(2) Bei Störung des Anstaltsbetriebes durch die Entlassenen oder aus vollzugsorganisatorischen Gründen können die Unterbringung und die Maßnahme jederzeit beendet werden.

Abschnitt 3
Unterbringung und Versorgung der Gefangenen

§ 23 Trennung von männlichen und weiblichen Gefangenen

Männliche und weibliche Gefangene werden getrennt untergebracht. Gemeinsame Maßnahmen, insbesondere eine gemeinsame Schul- und Berufsausbildung, sind zulässig.

§ 24 Unterbringung während der Ausbildung, Arbeit und Freizeit

(1) Ausbildung und Arbeit finden grundsätzlich in Gemeinschaft statt.

(2) Den Gefangenen kann gestattet werden, sich während der Freizeit in Gemeinschaft mit anderen Gefangenen aufzuhalten. Für die Teilnahme an gemeinschaftlichen Veranstaltungen kann der Anstaltsleiter mit Rücksicht auf die räumlichen, personellen oder organisatorischen Verhältnisse der Anstalt besondere Regelungen treffen.

(3) Die gemeinschaftliche Unterbringung kann eingeschränkt werden,

1. wenn ein schädlicher Einfluss auf andere Gefangene zu befürchten ist,

2. wenn es die Sicherheit oder Ordnung der Anstalt erfordert,

3. wenn dies aus erzieherischen Gründen angezeigt ist oder

4. bis zur Erstellung des Vollzugsplans, jedoch nicht länger als zwei Monate.

§ 25 Unterbringung während der Ruhezeit

(1) Während der Ruhezeit werden die Gefangenen in ihren Hafträumen einzeln untergebracht. Mit ihrer Zustimmung können sie gemeinsam untergebracht werden, wenn schädliche Einflüsse nicht zu befürchten sind.

(2) Eine gemeinsame Unterbringung ist auch zulässig, wenn Gefangene hilfsbedürftig sind oder eine Gefahr für Leben oder Gesundheit besteht. Darüber hinaus ist eine gemeinsame Unterbringung nur vorübergehend und aus zwingenden Gründen zulässig.

§ 26 Wohngruppen

Geeignete Gefangene werden regelmäßig in Wohngruppen untergebracht. Nicht geeignet sind in der Regel Gefangene, die aufgrund ihres Verhaltens nicht gruppenfähig sind.

§ 27 Unterbringung von Eltern mit Kindern

(1) Ein Kind kann mit Zustimmung des Aufenthaltsbestimmungsberechtigten bis zur Vollendung des dritten Lebensjahres in der Anstalt untergebracht werden, in der sich seine Mutter oder sein Vater befindet, wenn die baulichen Gegebenheiten dies zulassen und Sicherheitsgründe nicht entgegenstehen. Vor der Unterbringung ist das Jugendamt zu hören.

(2) Die Unterbringung erfolgt auf Kosten des für das Kind Unterhaltspflichtigen. Von der Geltendmachung des Kostenersatzanspruchs kann ausnahmsweise abgesehen werden, wenn hierdurch die gemeinsame Unterbrin-

gung von Mutter oder Vater und Kind gefährdet würde.

§ 28 Persönlicher Gewahrsam, Kostenbeteiligung

(1) Die Gefangenen dürfen nur Sachen in Gewahrsam haben oder annehmen, die ihnen von der Anstalt oder mit deren Zustimmung überlassen werden. Ohne Zustimmung dürfen sie Sachen von geringem Wert von anderen Gefangenen annehmen; die Annahme dieser Sachen und der Gewahrsam daran können von der Zustimmung der Anstalt abhängig gemacht werden.

(2) Eingebrachte Sachen, die die Gefangenen nicht in Gewahrsam haben dürfen, sind für sie aufzubewahren, sofern dies nach Art und Umfang möglich ist. Den Gefangenen wird Gelegenheit gegeben, ihre Sachen, die sie während des Vollzugs und für ihre Entlassung nicht benötigen, zu verschicken. Geld wird ihnen als Eigengeld gutgeschrieben.

(3) Werden eingebrachte Sachen, deren Aufbewahrung nach Art oder Umfang nicht möglich ist, von den Gefangenen trotz Aufforderung nicht aus der Anstalt verbracht, so ist die Anstalt berechtigt, diese Sachen auf Kosten der Gefangenen aus der Anstalt entfernen zu lassen.

(4) Aufzeichnungen und andere Sachen, die Kenntnisse über Sicherungsvorkehrungen der Anstalt vermitteln oder Schlussfolgerungen auf diese zulassen, dürfen vernichtet oder unbrauchbar gemacht werden.

(5) Die Zustimmung nach Absatz 1 kann widerrufen werden, wenn dies zur Aufrechterhaltung der Sicherheit, zur Abwendung einer erheblichen Störung der Ordnung der Anstalt oder zur Vermeidung einer erheblichen Gefährdung des Vollzugsziels erforderlich ist.

(6) Die Gefangenen können an den Betriebskosten der in ihrem Gewahrsam befindlichen Geräte beteiligt werden.

§ 29 Ausstattung des Haftraums

Die Gefangenen dürfen ihren Haftraum in angemessenem Umfang mit eigenen Sachen ausstatten. Sachen, die geeignet sind, das Vollzugsziel oder die Sicherheit oder Ordnung

der Anstalt zu gefährden, sind ausgeschlossen.

§ 30 Kleidung

(1) Die Gefangenen tragen Anstaltskleidung.

(2) Der Anstaltsleiter kann eine abweichende Regelung treffen. Für Reinigung, Instandsetzung und regelmäßigen Wechsel eigener Kleidung haben die Gefangenen selbst zu sorgen.

§ 31 Verpflegung und Einkauf

(1) Zusammensetzung und Nährwert der Anstaltsverpflegung entsprechen den besonderen Anforderungen an eine gesunde Ernährung junger Menschen und werden ärztlich überwacht. Auf ärztliche Anordnung wird besondere Verpflegung gewährt. Den Gefangenen ist zu ermöglichen, Speisevorschriften ihrer Religionsgemeinschaft zu befolgen.

(2) Die Gefangenen können aus einem von der Anstalt vermittelten Angebot einkaufen. Die Anstalt soll für ein Angebot sorgen, das auf Wünsche und Bedürfnisse der Gefangenen Rücksicht nimmt.

(3) Gegenstände, die geeignet sind, das Vollzugsziel oder die Sicherheit oder Ordnung der Anstalt zu gefährden, sind vom Einkauf ausgeschlossen.

§ 32 Gesundheitsfürsorge

(1) Die Anstalt unterstützt die Gefangenen bei der Wiederherstellung und Erhaltung ihrer körperlichen und geistigen Gesundheit. Die Gefangenen haben die notwendigen Anordnungen zum Gesundheitsschutz und zur Hygiene zu befolgen.

(2) Den Gefangenen wird ermöglicht, sich täglich mindestens eine Stunde im Freien aufzuhalten.

(3) Erkranken Gefangene schwer oder versterben, werden die Angehörigen, insbesondere die Personensorgeberechtigten, benachrichtigt. Dem Wunsch der Gefangenen, auch andere Personen zu benachrichtigen, soll nach Möglichkeit entsprochen werden.

§ 33 Zwangsmaßnahmen auf dem Gebiet der Gesundheitsfürsorge

(1) Medizinische Untersuchung und Behandlung sowie Ernährung sind unbeschadet der Rechte der Personensorgeberechtigten zwangsweise nur bei Lebensgefahr, bei schwerwiegender Gefahr für die Gesundheit der Gefangenen oder bei Gefahr für die Gesundheit anderer Personen zulässig; die Maßnahmen müssen für die Beteiligten zumutbar und dürfen nicht mit erheblicher Gefahr für Leben oder Gesundheit der Gefangenen verbunden sein. Zur Durchführung der Maßnahmen ist die Anstalt nicht verpflichtet, solange von einer freien Willensbestimmung der Gefangenen ausgegangen werden kann.

(2) Zum Gesundheitsschutz und zur Hygiene ist die zwangsweise körperliche Untersuchung außer im Fall des Absatzes 1 zulässig, wenn sie nicht mit einem körperlichen Eingriff verbunden ist.

(3) Die Maßnahmen dürfen nur auf Anordnung und unter Leitung eines Arztes durchgeführt werden, unbeschadet der Leistung erster Hilfe für den Fall, dass ein Arzt nicht rechtzeitig erreichbar und mit einem Aufschub Lebensgefahr verbunden ist.

§ 34 Medizinische Leistungen, Kostenbeteiligung

(1) Die Gefangenen haben einen Anspruch auf notwendige, ausreichende und zweckmäßige medizinische Leistungen unter Beachtung des Grundsatzes der Wirtschaftlichkeit. Der allgemeine Standard der gesetzlichen Krankenkassen ist zu berücksichtigen.

(2) Der Anspruch umfasst auch Untersuchungen zur Früherkennung von Krankheiten und Vorsorgeleistungen entsprechend dem allgemeinen Standard der gesetzlichen Krankenkassen.

(3) Der Anspruch umfasst weiter die Versorgung mit Hilfsmitteln wie Seh- und Hörhilfen, Körperersatzstücken, orthopädischen und anderen Hilfsmitteln, die im Einzelfall erforderlich sind, um den Erfolg der Krankenbehandlung zu sichern, eine Behinderung auszugleichen oder einer drohenden Behinderung vorzubeugen, sofern dies mit Rücksicht

auf die Dauer des Freiheitsentzugs nicht ungerechtfertigt ist und soweit die Hilfsmittel nicht als allgemeine Gebrauchsgegenstände des täglichen Lebens anzusehen sind. Der Anspruch umfasst auch die notwendige Änderung, Instandsetzung und Ersatzbeschaffung von Hilfsmitteln sowie die Ausbildung in ihrem Gebrauch. Ein erneuter Anspruch auf Versorgung mit Sehhilfen besteht nur bei einer Änderung der Sehfähigkeit um mindestens 0,5 Dioptrien. Anspruch auf Versorgung mit Kontaktlinsen besteht nur in medizinisch zwingend erforderlichen Ausnahmefällen.

(4) An den Kosten für zahntechnische Leistungen und Zahnersatz können volljährige Gefangene beteiligt werden.

(5) Für Leistungen, die über die in Absatz 1 Satz 1, Absatz 2 und Absatz 3 genannten Leistungen hinausgehen, können den Gefangenen die gesamten Kosten auferlegt werden.

§ 35 Verlegung und Überstellung zur medizinischen Behandlung

(1) Kranke oder hilfsbedürftige Gefangene können in eine zur Behandlung ihrer Krankheit oder zu ihrer Versorgung besser geeignete Anstalt, Justizvollzugsanstalt oder in ein Vollzugskrankenhaus verlegt oder überstellt werden.

(2) Erforderlichenfalls können Gefangene auch in ein Krankenhaus außerhalb des Vollzugs gebracht werden.

(3) § 12 Abs. 2 und 3 gilt entsprechend.

§ 36 Krankenbehandlung in besonderen Fällen

(1) Während eines Urlaubs und in Vollzugslockerungen haben Gefangene einen Anspruch auf medizinische Leistungen gegen das Land nur in der für sie zuständigen Anstalt.

(2) Der Anspruch auf Leistungen nach § 34 ruht, solange Gefangene aufgrund eines freien Beschäftigungsverhältnisses krankenversichert sind.

(3) Wird die Strafvollstreckung während einer Behandlung von Gefangenen unterbrochen oder beendet, so hat das Land nur diejenigen

Kosten zu tragen, die bis zur Unterbrechung oder Beendigung der Strafvollstreckung angefallen sind.

Abschnitt 4
Schule, Ausbildung, Weiterbildung und Arbeit

§ 37 Schulische und berufliche Aus- und Weiterbildung, Arbeit

(1) Schulische und berufliche Aus- und Weiterbildung, berufliche Vorbereitung, arbeitstherapeutische Beschäftigung und Arbeit dienen insbesondere dem Ziel, die Fähigkeit der Gefangenen zur Aufnahme einer Erwerbstätigkeit nach der Entlassung zu vermitteln, zu erhalten oder zu fördern. Sofern den Gefangenen Arbeit zugewiesen wird, soll diese möglichst deren Fähigkeiten, Fertigkeiten und Neigungen entsprechen.

(2) Die Gefangenen sind vorrangig zur Teilnahme an schulischen und beruflichen Orientierungs-, Berufsvorbereitungs-, Aus- und Weiterbildungsmaßnahmen oder speziellen Maßnahmen zur Förderung ihrer schulischen, beruflichen oder persönlichen Entwicklung verpflichtet. Im Übrigen sind die Gefangenen zu Arbeit, arbeitstherapeutischer oder sonstiger Beschäftigung verpflichtet, wenn und soweit sie dazu in der Lage sind.

(3) Das Zeugnis oder der Nachweis über eine Bildungsmaßnahme darf keinen Hinweis auf die Inhaftierung enthalten.

(4) Den Gefangenen soll gestattet werden, einer Berufsvorbereitung, Berufsausbildung, beruflichen Weiterbildung, Umschulung oder Arbeit auf der Grundlage eines freien Beschäftigungsverhältnisses außerhalb der Anstalt nachzugehen oder sich innerhalb oder außerhalb des Vollzugs selbst zu beschäftigen, wenn sie hierfür geeignet sind. § 13 Abs. 2, § 15 Abs. 2 und § 17 gelten entsprechend. Die Anstalt kann verlangen, dass ihr das Entgelt für das freie Beschäftigungsverhältnis zur Gutschrift für die Gefangenen überwiesen wird.

(5) Sind die Gefangenen ein Jahr lang ununterbrochen ihrer Verpflichtung nach Absatz 2 nachgekommen, können sie beanspruchen, im darauf folgenden Jahr für die Dauer von 18 Werktagen freigestellt zu werden. Zeiten, in denen die Gefangenen unverschuldet infolge Krankheit an der Teilnahme, Arbeit oder an der Beschäftigung gehindert waren, werden bis zur Dauer von sechs Wochen auf das Jahr angerechnet. Auf die Zeit der Freistellung wird der Urlaub nach § 16 Abs. 1 angerechnet, soweit er in die Arbeitszeit fällt. Die Gefangenen erhalten für die Zeit der Freistellung ihre zuletzt gezahlten Bezüge weiter. Urlaubsregelungen der Beschäftigungsverhältnisse außerhalb des Vollzugs bleiben unberührt.

Abschnitt 5
Freizeit, Sport

§ 38 Freizeit

Die Ausgestaltung der Freizeit orientiert sich am Vollzugsziel. Dazu sind geeignete Angebote vorzuhalten. Die Gefangenen sind zur Teilnahme und Mitwirkung an Freizeitangeboten verpflichtet.

§ 39 Sport

Dem Sport kommt bei der Erreichung des Vollzugsziels besondere Bedeutung zu. Er kann neben der sinnvollen Freizeitgestaltung auch zur Diagnostik und gezielten Behandlung eingesetzt werden. Es sind ausreichende und geeignete Angebote vorzuhalten, um den Gefangenen eine sportliche Betätigung von mindestens zwei Stunden wöchentlich zu ermöglichen.

§ 40 Zeitungen und Zeitschriften

(1) Die Gefangenen dürfen auf eigene Kosten Zeitungen und Zeitschriften in angemessenem Umfang durch Vermittlung der Anstalt beziehen. Ausgeschlossen sind Zeitungen und Zeitschriften, deren Verbreitung mit Strafe oder Geldbuße bedroht ist.

(2) Einzelne Ausgaben einer Zeitung oder Zeitschrift können den Gefangenen auch vorenthalten werden, wenn deren Inhalte das Vollzugsziel oder die Sicherheit oder Ordnung der Anstalt erheblich gefährden würden.

§ 41 Rundfunk

(1) Die Gefangenen können am Hörfunkempfang sowie am gemeinschaftlichen Fernsehempfang teilnehmen. Der Rundfunkempfang kann vorübergehend ausgesetzt oder einzelnen Gefangenen untersagt werden, wenn dies zur Aufrechterhaltung der Sicherheit oder Ordnung der Anstalt unerlässlich ist.

(2) Eigene Fernsehgeräte können zugelassen werden, wenn erzieherische Gründe nicht entgegenstehen.

§ 42 Besitz von Gegenständen für die Freizeitbeschäftigung

(1) Die Gefangenen dürfen in angemessenem Umfang Gegenstände zur Freizeitbeschäftigung besitzen.

(2) Dies gilt nicht, wenn deren Besitz, Überlassung oder Benutzung das Vollzugsziel oder die Sicherheit oder Ordnung der Anstalt gefährden würde.

(3) Elektronische Medien können zugelassen werden, wenn erzieherische Gründe nicht entgegenstehen. Absatz 2 gilt entsprechend.

Abschnitt 6
Religionsausübung

§ 43 Seelsorge

(1) Den Gefangenen darf religiöse Betreuung durch einen Seelsorger nicht versagt werden. Auf Wunsch ist ihnen zu helfen, mit einem Seelsorger ihrer Religionsgemeinschaft in Verbindung zu treten.

(2) Die Gefangenen dürfen grundlegende religiöse Schriften besitzen. Sie dürfen ihnen nur bei grobem Missbrauch entzogen werden.

(3) Den Gefangenen sind Gegenstände des religiösen Gebrauchs in angemessenem Umfang zu belassen.

§ 44 Religiöse Veranstaltungen

(1) Die Gefangenen haben das Recht, am Gottesdienst und an anderen religiösen Veranstaltungen ihres Bekenntnisses teilzunehmen.

(2) Die Zulassung zu den Gottesdiensten oder zu religiösen Veranstaltungen einer anderen Religionsgemeinschaft bedarf der Zustimmung des Seelsorgers der Religionsgemeinschaft.

(3) Gefangene können von der Teilnahme am Gottesdienst oder anderen religiösen Veranstaltungen ausgeschlossen werden, wenn dies aus überwiegenden Gründen der Sicherheit oder Ordnung geboten ist; der Seelsorger soll vorher gehört werden.

§ 45 Weltanschauungsgemeinschaften

Für Angehörige weltanschaulicher Bekenntnisse gelten § 43 und § 44 entsprechend.

Abschnitt 7
Besuche, Schriftwechsel und Telefongespräche

§ 46 Grundsatz

Die Gefangenen haben das Recht, mit Personen außerhalb der Anstalt im Rahmen der Bestimmungen dieses Gesetzes zu verkehren. Der Kontakt mit Personen, von denen ein günstiger Einfluss erwartet werden kann, wird gefördert.

§ 47 Recht auf Besuch

(1) Die Gefangenen dürfen regelmäßig Besuch empfangen. Die Gesamtdauer beträgt mindestens vier Stunden im Monat.

(2) Kontakte der Gefangenen zu ihren Kindern werden besonders gefördert. Deren Besuche werden nicht auf die Regelbesuchszeiten angerechnet.

(3) Besuche sollen darüber hinaus zugelassen werden, wenn sie die Erziehung oder Eingliederung der Gefangenen fördern oder persönlichen, rechtlichen oder geschäftlichen Angelegenheiten dienen, die nicht von den Gefangenen schriftlich erledigt, durch Dritte wahrgenommen oder bis zur Entlassung aufgeschoben werden können.

(4) Aus Gründen der Sicherheit können Besuche davon abhängig gemacht werden, dass sich die Besucher mit technischen Hilfsmitteln absuchen oder durchsuchen lassen.

§ 48 Besuchsverbot

Der Anstaltsleiter kann Besuche untersagen,

1. wenn die Sicherheit oder Ordnung der Anstalt gefährdet würde,

2. bei Besuchern, die nicht Angehörige (§ 11 Abs. 1 Nr. 1 des Strafgesetzbuchs) der Gefangenen sind, wenn zu befürchten ist, dass sie einen schädlichen Einfluss auf die Gefangenen haben oder ihre Eingliederung behindern, oder

3. wenn Personensorgeberechtigte nicht einverstanden sind.

§ 49 Besuche von Verteidigern, Rechtsanwälten, Notaren und Beiständen

Besuche von Verteidigern sowie von Rechtsanwälten und Notaren in einer die Gefangenen betreffenden Rechtssache sind zu gestatten. Dasselbe gilt für Besuche von Beiständen nach § 69 des Jugendgerichtsgesetzes. § 47 Abs. 4 gilt entsprechend. Eine inhaltliche Überprüfung der von Verteidigern mitgeführten Schriftstücke und sonstigen Unterlagen ist nicht zulässig. § 52 Abs. 1 Satz 2 und 3 bleibt unberührt.

§ 50 Überwachung der Besuche

(1) Besuche dürfen aus Gründen der Erziehung oder der Sicherheit oder Ordnung der Anstalt überwacht werden, es sei denn, es liegen im Einzelfall Erkenntnisse dafür vor, dass es der Überwachung nicht bedarf. Die Unterhaltung darf nur überwacht werden, soweit dies im Einzelfall aus diesen Gründen erforderlich ist.

(2) Besuche dürfen abgebrochen werden, wenn Besucher oder Gefangene gegen dieses Gesetz oder aufgrund dieses Gesetzes getroffene Anordnungen trotz Abmahnung verstoßen. Die Abmahnung unterbleibt, wenn es unerlässlich ist, den Besuch sofort abzubrechen.

(3) Besuche dürfen auch abgebrochen werden, wenn von Besuchern ein schädlicher Einfluss ausgeht.

(4) Besuche von Verteidigern und Beiständen nach § 69 des Jugendgerichtsgesetzes werden nicht überwacht.

(5) Gegenstände dürfen den Gefangenen beim Besuch nicht übergeben werden. Dies gilt nicht für die bei dem Besuch der Verteidiger übergebenen Schriftstücke und sonstigen Unterlagen sowie für die bei dem Besuch von Rechtsanwälten und Notaren zur Erledigung einer die Gefangenen betreffenden Rechtssache übergebenen Schriftstücke und sonstigen Unterlagen. Bei dem Besuch von Rechtsanwälten oder Notaren kann die Übergabe aus Gründen der Sicherheit oder Ordnung der Anstalt von der Erlaubnis des Anstaltsleiters abhängig gemacht werden. § 52 Abs. 1 Satz 2 und 3 bleibt unberührt.

§ 51 Recht auf Schriftwechsel

(1) Die Gefangenen haben das Recht, auf eigene Kosten Schreiben abzusenden und zu empfangen.

(2) Der Anstaltsleiter kann den Schriftwechsel mit bestimmten Personen untersagen,

1. wenn die Sicherheit oder Ordnung der Anstalt gefährdet würde,

2. bei Personen, die nicht Angehörige (§ 11 Abs. 1 Nr. 1 des Strafgesetzbuchs) der Gefangenen sind, wenn zu befürchten ist, dass der Schriftwechsel einen schädlichen Einfluss auf die Gefangenen hat oder ihre Eingliederung behindert, oder

3. wenn Personensorgeberechtigte nicht einverstanden sind.

§ 52 Überwachung des Schriftwechsels

(1) Der Schriftwechsel der Gefangenen mit ihren Verteidigern oder Beiständen nach § 69 des Jugendgerichtsgesetzes wird nicht überwacht. Liegt dem Vollzug eine Straftat nach § 129a, auch in Verbindung mit § 129b Abs. 1, des Strafgesetzbuchs zugrunde, gelten § 148 Abs. 2 und § 148a der Strafprozessordnung entsprechend; dies gilt nicht, wenn die Gefangenen sich in einer Einrichtung des offenen Vollzugs befinden oder wenn ihnen Vollzugslockerungen nach § 15 oder Urlaub nach § 16 Abs. 1 gewährt worden sind und ein Grund, der den Anstaltsleiter nach § 17 Abs. 2 zum Widerruf von Vollzugslockerungen und Urlaub ermächtigt, nicht vorliegt. Satz 2 gilt auch, wenn eine Jugend-

strafe oder Freiheitsstrafe wegen einer Straftat nach § 129a, auch in Verbindung mit § 129b Abs. 1, des Strafgesetzbuchs erst im Anschluss an den Vollzug der Jugendstrafe, der eine andere Verurteilung zugrunde liegt, zu vollstrecken ist.

(2) Nicht überwacht werden ferner Schreiben der Gefangenen an Volksvertretungen des Bundes und der Länder sowie an deren Mitglieder, soweit die Schreiben an die Anschriften dieser Volksvertretungen gerichtet sind und den Absender zutreffend angeben. Entsprechendes gilt für Schreiben an das Europäische Parlament und dessen Mitglieder, den Europäischen Gerichtshof für Menschenrechte, den Europäischen Ausschuss zur Verhütung von Folter und unmenschlicher oder erniedrigender Behandlung oder Strafe und weitere Einrichtungen, mit denen der Schriftverkehr aufgrund völkerrechtlicher Verpflichtungen der Bundesrepublik Deutschland geschützt ist. Satz 1 gilt auch für den Schriftverkehr mit den Bürgerbeauftragten der Länder und den Datenschutzbeauftragten des Bundes und der Länder. Schreiben der in den Sätzen 1 bis 3 genannten Stellen, die an die Gefangenen gerichtet sind, werden nicht überwacht, sofern die Identität des Absenders zweifelsfrei feststeht.

(3) Der übrige Schriftwechsel darf überwacht werden, soweit es aus Gründen, der Erziehung oder der Sicherheit oder Ordnung der Anstalt erforderlich ist.

§ 53 Weiterleitung von Schreiben, Aufbewahrung

(1) Die Gefangenen haben das Absenden und den Empfang ihrer Schreiben durch die Anstalt vermitteln zu lassen, soweit nichts anderes gestattet ist.

(2) Eingehende und ausgehende Schreiben sind unverzüglich weiterzuleiten.

(3) Die Gefangenen haben eingehende Schreiben unverschlossen zu verwahren, sofern nichts anderes gestattet wird. Sie können sie verschlossen zu ihrer Habe geben.

§ 54 Anhalten von Schreiben

(1) Der Anstaltsleiter kann Schreiben anhalten, wenn

1. das Vollzugsziel oder die Sicherheit oder Ordnung der Anstalt gefährdet würde,

2. die Weitergabe in Kenntnis ihres Inhalts einen Straf- oder Bußgeldtatbestand verwirklichen würde,

3. sie grob unrichtige oder erheblich entstellende Darstellungen von Anstaltsverhältnissen enthalten,

4. sie grobe Beleidigungen enthalten,

5. sie die Eingliederung anderer Gefangener gefährden können oder

6. sie in Geheimschrift, unlesbar, unverständlich oder ohne zwingenden Grund in einer fremden Sprache abgefasst sind.

(2) Ausgehenden Schreiben, die unrichtige Darstellungen enthalten, kann ein Begleitschreiben beigefügt werden, wenn die Gefangenen auf das Absenden bestehen.

(3) Sind Schreiben angehalten worden, wird das den Gefangenen mitgeteilt. Angehaltene Schreiben werden an den Absender zurückgegeben oder, sofern dies unmöglich oder aus besonderen Gründen untunlich ist, verwahrt.

(4) Schreiben, deren Überwachung nach § 52 Abs. 1 und 2 ausgeschlossen ist, dürfen nicht angehalten werden.

§ 55 Telefongespräche

Den Gefangenen kann gestattet werden, auf eigene Kosten Telefongespräche zu führen. Die Bestimmungen über den Besuch gelten entsprechend. Ist die Überwachung des Telefongesprächs erforderlich, ist die beabsichtigte Überwachung den Gesprächspartnern der Gefangenen unmittelbar nach Herstellung der Verbindung durch die Anstalt oder die Gefangenen mitzuteilen. Die Gefangenen sind rechtzeitig vor Beginn des Telefongesprächs über die beabsichtigte Überwachung und die Mitteilungspflicht nach Satz 3 zu unterrichten.

§ 56 Pakete

(1) Der Empfang von Paketen bedarf der Erlaubnis der Anstalt, welche Zeitpunkt und Höchstmengen für die Sendungen und für einzelne Gegenstände festsetzen kann. Für den Ausschluss von Gegenständen gilt § 31 Abs. 3 entsprechend. Die Anstalt kann darüber hinaus Gegenstände und Verpackungsformen ausschließen, die einen unverhältnismäßigen Kontrollaufwand bedingen.

(2) Pakete sind in Gegenwart der Gefangenen zu öffnen, an die sie adressiert sind. Ausgeschlossene Gegenstände können zu ihrer Habe genommen oder den Absendern zurückgesandt werden. Nicht ausgehändigte Gegenstände, durch die bei der Versendung oder Aufbewahrung Personen verletzt werden oder Sachschäden verursacht werden können, dürfen vernichtet werden. Die hiernach getroffenen Maßnahmen werden den Gefangenen eröffnet.

(3) Der Empfang von Paketen kann vorübergehend versagt werden, wenn dies wegen der Gefährdung der Sicherheit oder Ordnung der Anstalt unerlässlich ist.

(4) Den Gefangenen kann gestattet werden, Pakete zu versenden. Die Anstalt kann ihren Inhalt aus Gründen der Sicherheit oder Ordnung der Anstalt überprüfen.

Abschnitt 8
Gelder der Gefangenen, Freistellung von der Arbeit

§ 57 Ausbildungsbeihilfe, Arbeitsentgelt

(1) Gefangene, die während der Arbeitszeit ganz oder teilweise an einer schulischen oder beruflichen Orientierungs-, Aus- oder Weiterbildungsmaßnahme oder an speziellen Maßnahmen zur Förderung ihrer schulischen, beruflichen oder persönlichen Entwicklung teilnehmen und die zu diesem Zweck von ihrer Arbeitspflicht freigestellt sind, erhalten hierfür eine Ausbildungsbeihilfe, soweit kein Anspruch auf Leistungen zum Lebensunterhalt besteht, die freien Personen aus solchem Anlass zustehen.

(2) Wer eine Arbeit, arbeitstherapeutische oder sonstige Beschäftigung ausübt, erhält Arbeitsentgelt.

(3) Der Bemessung der Ausbildungsbeihilfe und des Arbeitsentgelts ist 9 vom Hundert der Bezugsgröße nach § 18 des Vierten Buches Sozialgesetzbuch zugrunde zu legen (Eckvergütung). Ein Tagessatz ist der zweihundertfünfzigste Teil der Eckvergütung; die Ausbildungsbeihilfe und das Arbeitsentgelt können nach einem Stundensatz bemessen werden.

(4) Die Ausbildungsbeihilfe und das Arbeitsentgelt können je nach Leistung des Gefangenen und der Art der Ausbildung oder Arbeit gestuft werden. 75 vom Hundert der Eckvergütung dürfen nur dann unterschritten werden, wenn die Leistungen des Gefangenen den Mindestanforderungen nicht genügen.

(5) Die Höhe der Ausbildungsbeihilfe und des Arbeitsentgeltes ist den Gefangenen schriftlich bekannt zu geben.

(6) Das für den Justizvollzug zuständige Mitglied der Landesregierung wird ermächtigt, eine Rechtsverordnung über die Vergütungsstufen nach Absatz 4 zu erlassen.

(7) Soweit Beiträge zur Bundesagentur für Arbeit zu entrichten sind, kann vom Arbeitsentgelt oder der Ausbildungsbeihilfe ein Betrag einbehalten werden, der dem Anteil der Gefangenen am Beitrag entsprechen würde, wenn sie diese Bezüge als Arbeitnehmer erhielten.

§ 58 Freistellung von der Arbeit

(1) Die Arbeit der Gefangenen wird neben der Gewährung von Arbeitsentgelt (§ 57 Abs. 2) durch Freistellung von der Arbeit (Freistellung) anerkannt, die auch als Arbeitsurlaub genutzt oder auf den Entlassungszeitpunkt angerechnet werden kann.

(2) Haben die Gefangenen zwei Monate lang zusammenhängend eine Arbeit, arbeitstherapeutische oder sonstige Beschäftigung ausgeübt, so werden sie auf Antrag einen Werktag von der Arbeit freigestellt. § 37 Abs. 5 bleibt unberührt. Durch Zeiten, in denen die Gefangenen ohne ihr Verschulden durch Krankheit, Ausführung, Ausgang, Urlaub, Freistellung von der Arbeit oder sonstige

nicht von ihnen zu vertretende Gründe an der Arbeitsleistung gehindert sind, wird die Frist nach Satz 1 gehemmt. Beschäftigungszeiträume von weniger als zwei Monaten bleiben unberücksichtigt.

(3) Die Gefangenen können beantragen, dass die Freistellung nach Absatz 2 in Form von Arbeitsurlaub gewährt wird. § 15 Abs. 2, § 16 Abs. 4 und § 17 gelten entsprechend.

(4) Die Gefangenen erhalten für die Zeit der Freistellung von der Arbeit ihre zuletzt gezahlten Bezüge weiter.

(5) Stellen die Gefangenen keinen Antrag nach Absatz 2 Satz 1 oder Absatz 3 Satz 1 oder kann die Freistellung von der Arbeit nach Maßgabe der Regelung des Absatzes 3 Satz 2 nicht gewährt werden, so wird sie nach Absatz 2 Satz 1 von der Anstalt auf den Entlassungszeitpunkt der Gefangenen angerechnet.

(6) Eine Anrechnung nach Absatz 5 ist ausgeschlossen

1. bei einer Aussetzung der Vollstreckung des Restes einer Jugendstrafe zur Bewährung, soweit wegen des von der Entscheidung des Vollstreckungsleiters bis zur Entlassung verbleibenden Zeitraums eine Anrechnung nicht mehr möglich ist,

2. wenn dies vom Vollstreckungsleiter angeordnet wird, weil bei einer Aussetzung der Vollstreckung des Restes einer Jugendstrafe zur Bewährung die Lebensverhältnisse der Gefangenen oder die Wirkungen, die von der Aussetzung für sie zu erwarten sind, die Vollstreckung bis zu einem bestimmten Zeitpunkt erfordern,

3. wenn nach § 2 des Jugendgerichtsgesetzes in Verbindung mit § 456a Abs. 1 der Strafprozessordnung von der Vollstreckung abgesehen wird oder

4. wenn die Gefangenen im Gnadenwege aus der Haft entlassen werden.

(7) Soweit eine Anrechnung nach Absatz 6 ausgeschlossen ist, erhalten die Gefangenen bei ihrer Entlassung für eine Tätigkeit nach § 57 Abs. 2 als Ausgleichsentschädigung zusätzlich 15 vom Hundert des Entgelts oder der Ausbildungsbeihilfe nach § 57 Abs. 3 und 4.

Der Anspruch entsteht erst mit der Entlassung.

§ 59 Taschengeld

(1) Erhalten Gefangene ohne ihr Verschulden weder Ausbildungsbeihilfe noch Arbeitsentgelt, wird ihnen bei Bedürftigkeit auf Antrag ein angemessenes Taschengeld gewährt. Bedürftig sind Gefangene, soweit ihnen im laufenden Monat aus Hausgeld (§ 60) und Eigengeld (§ 61) nicht ein Betrag bis zur Höhe des Taschengeldes zur Verfügung steht.

(2) Das Taschengeld beträgt 14 vom Hundert der Eckvergütung (§ 57 Abs. 3).

§ 60 Hausgeld

(1) Die Gefangenen dürfen von ihren in diesem Gesetz geregelten Bezügen drei Siebtel monatlich (Hausgeld) und das Taschengeld (§ 59) für den Einkauf (§ 31 Abs. 2) oder anderweitig verwenden.

(2) Für Gefangene, die in einem freien Beschäftigungsverhältnis stehen oder denen gestattet ist, sich selbst zu beschäftigen (§ 37 Abs. 4), wird aus ihren Bezügen ein angemessenes Hausgeld festgesetzt.

(3) Für Gefangene, die über Eigengeld (§ 61) verfügen und unverschuldet keine Bezüge nach diesem Gesetz erhalten, gilt Absatz 2 entsprechend.

§ 61 Eigengeld

(1) Das Eigengeld besteht aus den Beträgen, die die Gefangenen bei Strafantritt in die Anstalt mitbringen, Geldern, die ihnen während der Haftzeit zugehen und Bezügen, die nicht als Hausgeld in Anspruch genommen werden.

(2) Die Gefangenen können über das Eigengeld verfügen. § 31 Abs. 3 und § 60 bleiben unberührt.

Abschnitt 9
Sicherheit und Ordnung

§ 62 Grundsatz

(1) Sicherheit und Ordnung der Anstalt bilden die Grundlage des auf die Erziehung und Förderung aller Gefangenen ausgerichteten

Anstaltslebens und tragen dazu bei, dass in der Anstalt ein gewaltfreies Klima herrscht.

(2) Die Pflichten und Beschränkungen, die den Gefangenen zur Aufrechterhaltung der Sicherheit oder Ordnung der Anstalt auferlegt werden, sind so zu wählen, dass sie in einem angemessenen Verhältnis zu ihrem Zweck stehen und die Gefangenen nicht mehr und nicht länger als notwendig beeinträchtigen.

§ 63 Verhaltensvorschriften

(1) Die Gefangenen sind für das geordnete Zusammenleben in der Anstalt mitverantwortlich und müssen mit ihrem Verhalten dazu beitragen. Ihr Bewusstsein hierfür ist zu entwickeln und zu stärken.

(2) Die Gefangenen haben sich nach der Tageseinteilung der Anstalt (Arbeitszeit, Freizeit, Ruhezeit) zu richten.

(3) Die Gefangenen haben die Anordnungen der Bediensteten zu befolgen, auch wenn sie sich durch diese beschwert fühlen. Einen ihnen zugewiesenen Bereich dürfen sie nicht ohne Erlaubnis verlassen.

(4) Die Gefangenen haben ihren Haftraum und die ihnen von der Anstalt überlassenen Sachen in Ordnung zu halten und schonend zu behandeln.

(5) Die Gefangenen haben Umstände, die eine Gefahr für das Leben oder eine erhebliche Gefahr für die Gesundheit einer Person bedeuten, unverzüglich zu melden.

§ 64 Absuchung. Durchsuchung

(1) Die Gefangenen, ihre Sachen und die Hafträume dürfen mit technischen Mitteln abgesucht und durchsucht werden. Die Durchsuchung männlicher Gefangener darf nur von Männern, die Durchsuchung weiblicher Gefangener darf nur von Frauen vorgenommen werden. Das Schamgefühl ist zu schonen.

(2) Nur bei Gefahr im Verzug oder auf Anordnung des Anstaltsleiters im Einzelfall ist es zulässig, eine mit einer Entkleidung verbundene körperliche Durchsuchung vorzunehmen. Sie darf bei männlichen Gefangenen nur in Gegenwart von Männern, bei weiblichen Gefangenen nur in Gegenwart von

Frauen erfolgen. Sie ist in einem geschlossenen Raum durchzuführen. Andere Gefangene dürfen nicht anwesend sein.

(3) Der Anstaltsleiter kann allgemein anordnen, dass Gefangene bei der Aufnahme, vor und nach Kontakten mit Besuchern sowie vor und nach jeder Abwesenheit von der Anstalt nach Absatz 2 zu durchsuchen sind.

§ 65 Sichere Unterbringung

(1) Gefangene können in eine Anstalt verlegt werden, die zu ihrer sicheren Unterbringung besser geeignet ist, wenn in erhöhtem Maße Fluchtgefahr gegeben ist oder sonst ihr Verhalten oder ihr Zustand eine Gefahr für die Sicherheit oder Ordnung der Anstalt darstellt.

(2) § 12 Abs. 2 und 3 gilt entsprechend.

§ 66 Erkennungsdienstliche Maßnahmen

(1) Zur Sicherung des Vollzugs, zur Aufrechterhaltung der Sicherheit oder Ordnung der Anstalt oder zur Identitätsfeststellung sind mit Kenntnis der Gefangenen zulässig:

1. die Abnahme von Finger- und Handflächenabdrücken,

2. die Aufnahme von Lichtbildern,

3. die Feststellung äußerlicher körperlicher Merkmale,

4. die elektronische Erfassung biometrischer Merkmale und

5. Messungen.

(2) Die hierbei gewonnenen Unterlagen oder Daten werden zu den Gefangenenpersonalakten genommen oder in personenbezogenen Dateien gespeichert. Sie können auch in kriminalpolizeilichen Sammlungen verwahrt werden. Die nach Absatz 1 erhobenen Daten dürfen nur für die in Absatz 1, in § 69 Abs. 2 und in § 89 Abs. 2 Nr. 4 genannten Zwecke verarbeitet werden.

(3) Werden die Gefangenen entlassen oder in eine andere Anstalt verlegt, sind diese in Dateien gespeicherten personenbezogenen Daten nach spätestens zwei Jahren zu löschen.

§ 67 Lichtbildausweise

Die Anstalt kann die Gefangenen verpflichten, einen Lichtbildausweis mit sich zu führen, wenn dies aus Gründen der Sicherheit oder Ordnung der Anstalt erforderlich ist. Dieser ist bei der Entlassung oder bei der Verlegung in eine andere Anstalt einzuziehen und zu vernichten.

§ 68 Maßnahmen zur Feststellung von Suchtmittelkonsum

(1) Zur Aufrechterhaltung der Sicherheit oder Ordnung der Anstalt kann der Anstaltsleiter allgemein oder im Einzelfall Maßnahmen anordnen, die geeignet sind, den Missbrauch von Suchtmitteln festzustellen. Diese Maßnahmen dürfen nicht mit einem körperlichen Eingriff verbunden sein.

(2) Wird Suchtmittelmissbrauch festgestellt, können die Kosten der Maßnahmen den Gefangenen auferlegt werden.

§ 69 Festnahmerecht

(1) Gefangene, die entwichen sind oder sich sonst ohne Erlaubnis außerhalb der Anstalt aufhalten, können durch die Anstalt oder auf deren Veranlassung festgenommen und zurückgebracht werden.

(2) Nach § 66 Abs. 1 und § 88 erhobene und zur Identifizierung oder Festnahme erforderliche Daten dürfen den Vollstreckungs- und Strafverfolgungsbehörden übermittelt werden, soweit dies für Zwecke der Fahndung und Festnahme der entwichenen oder sich sonst ohne Erlaubnis außerhalb der Anstalt aufhaltenden Gefangenen erforderlich ist.

§ 70 Besondere Sicherungsmaßnahmen

(1) Gegen Gefangene können besondere Sicherungsmaßnahmen angeordnet werden, wenn nach ihrem Verhalten oder aufgrund ihres seelischen Zustandes in erhöhtem Maße Fluchtgefahr oder die Gefahr von Gewalttätigkeiten gegen Personen oder Sachen oder die Gefahr der Selbsttötung oder der Selbstverletzung besteht.

(2) Als besondere Sicherungsmaßnahmen sind zulässig:

1. der Entzug oder die Vorenthaltung von Gegenständen,

2. die Beobachtung der Gefangenen, auch mit technischen Hilfsmitteln,

3. die Absonderung von anderen Gefangenen,

4. der Entzug oder die Beschränkung des Aufenthalts im Freien,

5. die Unterbringung in einem besonders gesicherten Haftraum ohne gefährdende Gegenstände und

6. die Fesselung.

(3) Maßnahmen nach Absatz 2 Nr. 1, 3 und 5 sind auch zulässig, wenn die Gefahr einer Befreiung oder eine erhebliche Störung der Hausordnung anders nicht vermieden oder behoben werden kann.

(4) Bei einer Ausführung, Vorführung oder beim Transport ist die Fesselung dann zulässig, wenn Fluchtgefahr besteht.

§ 71 Einzelhaft

Die unausgesetzte Absonderung von Gefangenen (Einzelhaft) ist nur zulässig, wenn dies aus Gründen, die in deren Person liegen, unerlässlich ist. Einzelhaft von mehr als zwei Monaten Gesamtdauer im Jahr bedarf der Zustimmung der Aufsichtsbehörde. Während des Vollzugs der Einzelhaft sind die Gefangenen in besonderem Maße zu betreuen.

§ 72 Fesselung

In der Regel dürfen Fesseln nur an den Händen oder an den Füßen angelegt werden. Im Interesse der Gefangenen kann der Anstaltsleiter eine andere Art der Fesselung anordnen. Die Fesselung wird zeitweise gelockert, soweit dies notwendig ist.

§ 73 Anordnung besonderer Sicherungsmaßnahmen, Verfahren

(1) Besondere Sicherungsmaßnahmen ordnet der Anstaltsleiter an. Bei Gefahr im Verzug können auch andere Bedienstete diese Maßnahmen vorläufig anordnen. Die Entscheidung des Anstaltsleiters ist unverzüglich einzuholen.

(2) Werden Gefangene ärztlich behandelt oder beobachtet oder bildet ihr seelischer

Zustand den Anlass der Sicherungsmaßnahme, ist vorher eine ärztliche Stellungnahme einzuholen. Ist dies wegen Gefahr im Verzug nicht möglich, wird die Stellungnahme unverzüglich nachträglich eingeholt.

(3) Die Entscheidung wird den Gefangenen von dem Anstaltsleiter mündlich eröffnet und mit einer kurzen Begründung schriftlich abgefasst.

(4) Besondere Sicherungsmaßnahmen sind in angemessenen Abständen daraufhin zu überprüfen, ob und in welchem Umfang sie aufrechterhalten werden müssen.

(5) Besondere Sicherungsmaßnahmen nach § 70 Abs. 2 Nr. 5 und 6 sind der Aufsichtsbehörde unverzüglich mitzuteilen, wenn sie länger als drei Tage aufrechterhalten werden.

§ 74 Ärztliche Überwachung

(1) Sind Gefangene in einem besonders gesicherten Haftraum untergebracht oder gefesselt (§ 70 Abs. 2 Nr. 5 und 6), sucht sie der Arzt alsbald und in der Folge möglichst täglich auf. Dies gilt nicht bei einer Fesselung während einer Ausführung, Vorführung oder eines Transportes (§ 70 Abs. 4).

(2) Der Arzt ist regelmäßig zu hören, solange eine besondere Sicherungsmaßnahme nach § 70 Abs. 2 Nr. 4 oder Einzelhaft nach § 71 andauert.

§ 75 Ersatz von Aufwendungen

(1) Die Gefangenen sind verpflichtet, der Anstalt Aufwendungen zu ersetzen, die sie durch eine vorsätzliche oder grob fahrlässige Selbstverletzung oder Verletzung anderer Gefangener verursacht haben. Ansprüche aus sonstigen Rechtsvorschriften bleiben unberührt.

(2) Von der Aufrechnung oder Vollstreckung wegen der in Absatz 1 genannten Forderungen ist abzusehen, soweit hierdurch die Erziehung und Förderung der Gefangenen oder ihre Eingliederung behindert würde.

Abschnitt 10
Unmittelbarer Zwang

§ 76 Begriffsbestimmungen

(1) Unmittelbarer Zwang ist die Einwirkung auf Personen oder Sachen durch körperliche Gewalt, ihre Hilfsmittel und durch Waffen.

(2) Körperliche Gewalt ist jede unmittelbare körperliche Einwirkung auf Personen oder Sachen.

(3) Hilfsmittel der körperlichen Gewalt sind insbesondere Fesseln und Reizstoffe.

(4) Waffen sind Hieb- und Schusswaffen.

(5) Es dürfen nur dienstlich zugelassene Hilfsmittel und Waffen verwendet werden.

§ 77 Allgemeine Voraussetzungen

(1) Die Bediensteten dürfen unmittelbaren Zwang anwenden, wenn sie Vollzugs- und Sicherungsmaßnahmen rechtmäßig durchführen und der damit verfolgte Zweck auf keine andere Weise erreicht werden kann.

(2) Gegen andere Personen als Gefangene darf unmittelbarer Zwang angewendet werden, wenn sie es unternehmen, Gefangene zu befreien oder widerrechtlich in die Anstalt einzudringen, oder wenn sie sich unbefugt darin aufhalten.

(3) Das Recht zu unmittelbarem Zwang aufgrund anderer Regelungen bleibt unberührt.

§ 78 Grundsatz der Verhältnismäßigkeit

(1) Unter mehreren möglichen und geeigneten Maßnahmen des unmittelbaren Zwangs sind diejenigen zu wählen, die den Einzelnen und die Allgemeinheit voraussichtlich am wenigsten beeinträchtigen.

(2) Unmittelbarer Zwang unterbleibt, wenn ein durch ihn zu erwartender Schaden erkennbar außer Verhältnis zu dem angestrebten Erfolg steht.

§ 79 Handeln auf Anordnung

(1) Wird unmittelbarer Zwang von Vorgesetzten oder sonst befugten Personen angeordnet, sind die Bediensteten verpflichtet, ihn anzuwenden, es sei denn, die Anordnung verletzt die Menschenwürde oder ist nicht zu dienstlichen Zwecken erteilt worden.

(2) Die Anordnung darf nicht befolgt werden, wenn dadurch eine Straftat begangen würde. Befolgen die Bediensteten sie trotzdem, trifft sie eine Schuld nur, wenn sie erkennen oder wenn es nach den ihnen bekannten Umständen offensichtlich ist, dass dadurch eine Straftat begangen wird.

(3) Bedenken gegen die Rechtmäßigkeit der Anordnung haben Bedienstete den Anordnenden gegenüber vorzubringen, soweit das nach den Umständen möglich ist. Abweichende Bestimmungen des allgemeinen Beamtenrechts über die Mitteilung solcher Bedenken an Vorgesetzte (§ 36 Abs. 2 und 3 des Beamtenstatusgesetzes) sind nicht anzuwenden.

§ 80 Androhung

Unmittelbarer Zwang ist vorher anzudrohen. Die Androhung darf nur dann unterbleiben, wenn die Umstände sie nicht zulassen oder unmittelbarer Zwang sofort angewendet werden muss, um eine rechtswidrige Tat, die den Tatbestand eines Strafgesetzes erfüllt, zu verhindern oder eine gegenwärtige Gefahr abzuwenden.

§ 81 Schusswaffengebrauch

(1) Schusswaffen dürfen nur gebraucht werden, wenn andere Maßnahmen des unmittelbaren Zwangs bereits erfolglos waren oder keinen Erfolg versprechen. Gegen Personen ist ihr Gebrauch nur zulässig, wenn der Zweck nicht durch Waffenwirkung gegen Sachen erreicht wird.

(2) Schusswaffen dürfen nur die dazu bestimmten Bediensteten gebrauchen und nur, um angriffs- oder fluchtunfähig zu machen. Ihr Gebrauch unterbleibt, wenn dadurch erkennbar Unbeteiligte mit hoher Wahrscheinlichkeit gefährdet würden.

(3) Der Gebrauch von Schusswaffen ist vorher anzudrohen. Als Androhung gilt auch ein Warnschuss. Ohne Androhung dürfen Schusswaffen nur dann gebraucht werden, wenn dies zur Abwehr einer gegenwärtigen Gefahr für Leib oder Leben erforderlich ist.

(4) Gegen Gefangene dürfen Schusswaffen gebraucht werden,

1. wenn sie eine Waffe oder ein anderes gefährliches Werkzeug trotz wiederholter Aufforderung nicht ablegen,

2. wenn sie eine Meuterei (§ 121 des Strafgesetzbuchs) unternehmen oder

3. um ihre Flucht zu vereiteln oder um sie wieder zu ergreifen.

Um die Flucht aus einer offenen Anstalt zu vereiteln, dürfen keine Schusswaffen gebraucht werden.

(5) Gegen andere Personen dürfen Schusswaffen gebraucht werden, wenn sie es unternehmen, Gefangene gewaltsam zu befreien oder gewaltsam in eine Anstalt einzudringen.

Abschnitt 11
Erzieherische Maßnahmen, Disziplinarmaßnahmen

§ 82 Erzieherische Maßnahmen

(1) Verstöße der Gefangenen gegen Pflichten, die ihnen durch oder aufgrund dieses Gesetzes auferlegt sind, sind unverzüglich im erzieherischen Gespräch aufzuarbeiten. Daneben können Maßnahmen angeordnet werden, die geeignet sind, den Gefangenen ihr Fehlverhalten bewusst zu machen (erzieherische Maßnahmen). Als erzieherische Maßnahmen kommen namentlich in Betracht die Erteilung von Weisungen und Auflagen, die Beschränkung oder der Entzug einzelner Gegenstände für die Freizeitbeschäftigung und der Ausschluss von gemeinsamer Freizeit oder von einzelnen Freizeitveranstaltungen bis zur Dauer einer Woche.

(2) Der Anstaltsleiter legt fest, welche Bediensteten befugt sind, erzieherische Maßnahmen anzuordnen.

(3) Es sollen solche erzieherischen Maßnahmen angeordnet werden, die mit der Verfehlung in Zusammenhang stehen.

§ 83 Disziplinarmaßnahmen

(1) Disziplinarmaßnahmen dürfen nur angeordnet werden, wenn erzieherische Maßnahmen nach § 82 nicht ausreichen, um den Gefangenen das Unrecht ihrer Handlung zu ver-

deutlichen. Zu berücksichtigen ist ferner eine aus demselben Anlass angeordnete besondere Sicherungsmaßnahme.

(2) Disziplinarmaßnahmen können angeordnet werden, wenn Gefangene rechtswidrig und schuldhaft

1. gegen Strafgesetze verstoßen oder eine Ordnungswidrigkeit begehen,

2. andere Personen verbal oder tätlich angreifen,

3. Lebensmittel oder fremdes Eigentum zerstören oder beschädigen,

4. sich zugewiesenen Aufgaben entziehen,

5. verbotene Gegenstände in die Anstalt bringen,

6. sich am Einschmuggeln verbotener Gegenstände beteiligen oder sie besitzen,

7. entweichen oder zu entweichen versuchen oder

8. in sonstiger Weise wiederholt oder schwerwiegend gegen die Hausordnung verstoßen oder das Zusammenleben in der Anstalt stören.

(3) Zulässige Disziplinarmaßnahmen sind

1. die Beschränkung oder der Entzug des Rundfunkempfangs bis zu zwei Monaten,

2. die Beschränkung oder der Entzug der Gegenstände für die Freizeitbeschäftigung oder der Ausschluss von gemeinsamer Freizeit oder von einzelnen Freizeitveranstaltungen bis zu zwei Monaten,

3. die Beschränkung des Einkaufs bis zu zwei Monaten und

4. Arrest bis zu zwei Wochen.

(4) Disziplinarmaßnahmen sind auch zulässig, wenn wegen derselben Verfehlung ein Straf- oder Bußgeldverfahren eingeleitet wird.

(5) Mehrere Disziplinarmaßnahmen können miteinander verbunden werden.

(6) Arrest darf nur wegen schwerer oder wiederholter Verfehlungen verhängt werden.

§ 84 Vollzug der Disziplinarmaßnahmen, Aussetzung zur Bewährung

(1) Disziplinarmaßnahmen werden in der Regel sofort vollstreckt.

(2) Disziplinarmaßnahmen können ganz oder teilweise bis zu sechs Monaten zur Bewährung ausgesetzt werden.

(3) Arrest wird in Einzelhaft vollzogen. Er ist erzieherisch auszugestalten. Die Gefangenen können in einem besonderen Arrestraum untergebracht werden, der den Anforderungen entsprechen muss, die an einen zum Aufenthalt bei Tag und Nacht bestimmten Haftraum gestellt werden. Soweit nichts anderes angeordnet wird, ruhen die Befugnisse der Gefangenen aus § 29, § 30 Abs. 2, § 31 Abs. 2, § 37 und den §§ 40 bis 42.

§ 85 Disziplinarbefugnis

(1) Disziplinarmaßnahmen ordnet der Anstaltsleiter an. Bei einer Verfehlung auf dem Weg in eine andere Anstalt zum Zweck der Verlegung ist die aufnehmende Anstalt zuständig.

(2) Die Aufsichtsbehörde entscheidet, wenn sich die Verfehlung gegen den Anstaltsleiter richtet.

(3) Disziplinarmaßnahmen, die gegen die Gefangenen in einer anderen Anstalt oder während einer Untersuchungshaft angeordnet worden sind, werden auf Ersuchen vollstreckt. § 84 Abs. 2 bleibt unberührt.

§ 86 Verfahren

(1) Der Sachverhalt ist zu klären. Die betroffenen Gefangenen werden gehört. Sie sind darauf hinzuweisen, dass es ihnen freisteht sich zu äußern. Die Erhebungen werden in einer Niederschrift festgelegt, die Einlassung der Gefangenen wird vermerkt.

(2) Der Anstaltsleiter soll sich vor der Entscheidung mit Personen besprechen, die an der Erziehung der Gefangenen mitwirken.

(3) Vor der Anordnung von Disziplinarmaßnahmen gegen Gefangene, die sich in ärztlicher Behandlung befinden, oder gegen Schwangere oder stillende Mütter ist ein Arzt zu hören.

(4) Die Entscheidung wird den Gefangenen von dem Anstaltsleiter mündlich eröffnet und mit einer kurzen Begründung schriftlich abgefasst.

(5) Bevor Arrest vollzogen wird, ist ein Arzt zu hören. Während des Arrestes stehen die Gefangenen unter ärztlicher Aufsicht. Der Vollzug unterbleibt oder wird unterbrochen, wenn die Gesundheit der Gefangenen gefährdet würde.

Abschnitt 12
Beschwerde

§ 87 Beschwerderecht

(1) Die Gefangenen erhalten Gelegenheit, sich mit Wünschen, Anregungen und Beschwerden in Angelegenheiten, die sie selbst betreffen, an den Anstaltsleiter zu wenden.

(2) Besichtigen Vertreter der Aufsichtsbehörde die Anstalt, so ist zu gewährleisten, dass die Gefangenen sich in Angelegenheiten, die sie selbst betreffen, an diese wenden können.

(3) Die Möglichkeit der Dienstaufsichtsbeschwerde bleibt unberührt.

Abschnitt 13
Datenschutz

§ 88 Erhebung personenbezogener Daten

(1) Die Anstalt und die Aufsichtsbehörde dürfen personenbezogene Daten erheben, soweit dies für den Vollzug erforderlich ist.

(2) Personenbezogene Daten sind bei den Betroffenen zu erheben. Ohne ihre Mitwirkung dürfen sie nur erhoben werden, wenn

1. eine Rechtsvorschrift dies vorsieht oder zwingend voraussetzt oder

2. a) die zu erfüllende Verwaltungsaufgabe nach ihrer Art eine Erhebung bei anderen Personen oder Stellen erforderlich macht oder

   b) die Erhebung bei den Betroffenen einen unverhältnismäßigen Aufwand erfordern würde

und keine Anhaltspunkte dafür bestehen, dass überwiegende schutzwürdige Interessen der Betroffenen beeinträchtigt werden.

(3) Werden personenbezogene Daten bei den Betroffenen erhoben, so sind diese, sofern sie nicht bereits auf andere Weise Kenntnis erlangt haben, von der verantwortlichen Stelle über

1. die Identität der verantwortlichen Stelle,

2. die Zweckbestimmungen der Erhebung, Verarbeitung oder Nutzung und

3. die Kategorien von Empfängern nur, soweit die Betroffenen nach den Umständen des Einzelfalls nicht mit der Übermittlung an diese rechnen müssen,

zu unterrichten. Werden personenbezogene Daten bei den Betroffenen aufgrund einer Rechtsvorschrift erhoben, die zur Auskunft verpflichtet, oder ist die Erteilung der Auskunft Voraussetzung für die Gewährung von Rechtsvorteilen, so sind die Betroffenen hierauf, sonst auf die Freiwilligkeit ihrer Angaben hinzuweisen. Soweit nach den Umständen des Einzelfalles erforderlich oder auf Verlangen, sind sie über die Rechtsvorschrift und über die Folgen der Verweigerung von Angaben aufzuklären.

(4) Daten über Personen, die nicht Gefangene sind, dürfen ohne ihre Mitwirkung bei Personen oder Stellen außerhalb der Anstalt oder Aufsichtsbehörde nur erhoben werden, wenn sie für die Behandlung von Gefangenen, die Sicherheit der Anstalt oder die Sicherung des Vollzugs einer Jugend- oder Freiheitsstrafe unerlässlich sind und die Art der Erhebung schutzwürdige Interessen der Betroffenen nicht beeinträchtigt.

(5) Über eine ohne ihre Kenntnis vorgenommene Erhebung personenbezogener Daten werden die Betroffenen unter Angabe dieser Daten unterrichtet, soweit der in Absatz 1 genannte Zweck dadurch nicht gefährdet wird. Sind die Daten bei anderen Personen oder Stellen erhoben worden, kann die Unterrichtung unterbleiben, wenn

1. die Daten nach einer Rechtsvorschrift oder ihrem Wesen nach, namentlich wegen des überwiegenden berechtigten Interesses Dritter, geheim gehalten werden müssen oder

2. der Aufwand der Unterrichtung außer Verhältnis zum Schutzzweck steht und keine Anhaltspunkte dafür bestehen, dass überwiegende schutzwürdige Interessen der Betroffenen beeinträchtigt werden.

(6) Werden personenbezogene Daten statt bei den Betroffenen bei einer nichtöffentlichen Stelle erhoben, so ist die Stelle auf die Rechtsvorschrift, die zur Auskunft verpflichtet, sonst auf die Freiwilligkeit ihrer Angaben hinzuweisen.

§ 89 Verarbeitung

(1) Die Anstalt und die Aufsichtsbehörde dürfen personenbezogene Daten verarbeiten, soweit dies für den Vollzug erforderlich ist.

(2) Die Verarbeitung personenbezogener Daten für andere Zwecke ist zulässig, soweit dies

1. zur Abwehr von sicherheitsgefährdenden oder geheimdienstlichen Tätigkeiten für eine fremde Macht oder von Bestrebungen im Geltungsbereich des Grundgesetzes, die durch Anwendung von Gewalt oder darauf gerichtete Vorbereitungshandlungen

   a) gegen die freiheitliche demokratische Grundordnung, den Bestand oder die Sicherheit des Bundes oder eines Landes gerichtet sind,

   b) eine ungesetzliche Beeinträchtigung der Amtsführung der Verfassungsorgane des Bundes oder eines Landes oder ihrer Mitglieder zum Ziele haben oder

   c) auswärtige Belange der Bundesrepublik Deutschland gefährden,

2. zur Abwehr erheblicher Nachteile für das Gemeinwohl oder einer Gefahr für die öffentliche Sicherheit,

3. zur Abwehr einer schwerwiegenden Beeinträchtigung der Rechte einer anderen Person,

4. zur Verhinderung oder Verfolgung von Straftaten sowie zur Verhinderung oder Verfolgung von Ordnungswidrigkeiten, durch welche die Sicherheit oder Ordnung der Anstalt gefährdet werden, oder

5. für Maßnahmen der Strafvollstreckung oder strafvollstreckungsrechtliche Entscheidungen

erforderlich ist.

(3) Eine Verarbeitung für andere Zwecke liegt nicht vor, soweit sie dem gerichtlichen Rechtsschutz im Zusammenhang mit diesem Gesetz oder den im Brandenburgischen Datenschutzgesetz genannten Zwecken dient.

(4) Über die in den Absätzen 1 und 2 geregelten Zwecke hinaus dürfen zuständigen öffentlichen Stellen personenbezogene Daten übermittelt werden, soweit dies für

1. Maßnahmen der Gerichtshilfe, Jugendgerichtshilfe. Bewährungshilfe oder Führungsaufsicht,

2. Entscheidungen in Gnadensachen,

3. gesetzlich angeordnete Statistiken der Rechtspflege,

4. sozialrechtliche Maßnahmen,

5. die Einleitung von Hilfsmaßnahmen für Angehörige (§ 11 Abs. 1 Nr. 1 des Strafgesetzbuchs) der Gefangenen,

6. dienstliche Maßnahmen der Bundeswehr im Zusammenhang mit der Aufnahme und Entlassung von Soldaten,

7. ausländerrechtliche Maßnahmen oder

8. die Durchführung der Besteuerung erforderlich ist.

(5) Die Anstalt oder die Aufsichtsbehörde darf öffentlichen oder nichtöffentlichen Stellen auf schriftliche Anfrage mitteilen, ob sich eine Person in Haft befindet sowie ob und wann ihre Entlassung voraussichtlich innerhalb eines Jahres bevorsteht, soweit

1. die Mitteilung zur Erfüllung der in der Zuständigkeit der öffentlichen Stelle liegenden Aufgaben erforderlich ist oder

2. von nichtöffentlichen Stellen ein berechtigtes Interesse an dieser Mitteilung glaubhaft dargelegt wird und die Gefangenen kein schutzwürdiges Interesse an dem Ausschluss der Übermittlung haben.

Den Verletzten einer Straftat können darüber hinaus auf schriftlichen Antrag Auskünfte über die Entlassungsadresse oder die Vermögensverhältnisse von Gefangenen erteilt werden, wenn die Erteilung zur Feststellung oder Durchsetzung von Rechtsansprüchen im Zusammenhang mit der Straftat erforderlich ist. Die Gefangenen werden vor der Mitteilung gehört, es sei denn, es ist zu besorgen, dass dadurch die Verfolgung des Interesses der Antragsteller vereitelt oder wesentlich erschwert werden würde, und eine Abwägung ergibt, dass dieses Interesse das Interesse der Gefangenen an ihrer vorherigen Anhörung überwiegt. Ist die Anhörung unterblieben, werden die betroffenen Gefangenen über die Mitteilung der Anstalt oder Aufsichtsbehörde nachträglich unterrichtet.

(6) Akten mit personenbezogenen Daten dürfen nur anderen Anstalten, Aufsichtsbehörden, den für strafvollzugs-, strafvollstreckungs- und strafrechtliche Entscheidungen zuständigen Gerichten sowie den Strafvollstreckungs- und Strafverfolgungsbehörden überlassen werden. Die Überlassung an andere öffentliche Stellen ist zulässig, soweit die Erteilung einer Auskunft einen unvertretbaren Aufwand erfordert oder nach Darlegung der Akteneinsicht begehrenden Stellen für die Erfüllung der Aufgabe nicht ausreicht. Entsprechendes gilt für die Überlassung von Akten an die von der Vollzugsbehörde mit Gutachten beauftragten Stellen.

(7) Sind mit personenbezogenen Daten, die nach Absatz 1, Absatz 2 oder Absatz 4 übermittelt werden dürfen, weitere personenbezogene Daten von Betroffenen oder von Dritten in Akten so verbunden, dass eine Trennung nicht oder nur mit unvertretbarem Aufwand möglich ist, so ist die Übermittlung auch dieser Daten zulässig, soweit nicht berechtigte Interessen von Betroffenen oder Dritten an deren Geheimhaltung offensichtlich überwiegen. Eine Verarbeitung dieser Daten durch die Empfänger ist unzulässig.

(8) Bei der Überwachung der Besuche oder des Schriftwechsels sowie bei der Überwachung des Inhaltes von Paketen bekannt gewordene personenbezogene Daten dürfen nur

1. für die in Absatz 2 aufgeführten Zwecke,

2. für den gerichtlichen Rechtsschutz im Zusammenhang mit diesem Gesetz,

3. zur Wahrung der Sicherheit oder Ordnung der Anstalt oder

4. nach Anhörung der Gefangenen für Zwecke der Behandlung

verarbeitet werden.

(9) Personenbezogene Daten, die nach § 88 Abs. 4 über Personen, die nicht Gefangene sind, erhoben worden sind, dürfen nur zur Erfüllung des Erhebungszwecks, für die in Absatz 2 Nr. 1 bis 3 geregelten Zwecke oder zur Verhinderung oder Verfolgung von Straftaten von erheblicher Bedeutung verarbeitet werden.

(10) Die Übermittlung von personenbezogenen Daten unterbleibt, soweit die in § 92 Abs. 2 oder § 94 Abs. 2 und 4 geregelten Einschränkungen oder besondere gesetzliche Verwendungsregelungen entgegenstehen.

(11) Die Verantwortung für die Zulässigkeit der Übermittlung trägt die übermittelnde Anstalt oder Aufsichtsbehörde. Erfolgt die Übermittlung auf Ersuchen einer öffentlichen Stelle, trägt diese die Verantwortung. In diesem Fall prüft die übermittelnde Anstalt oder Aufsichtsbehörde nur, ob das Übermittlungsersuchen im Rahmen der Aufgaben des Empfängers liegt und die Absätze 8 bis 10 der Übermittlung nicht entgegenstehen, es sei denn, dass besonderer Anlass zur Prüfung der Zulässigkeit der Übermittlung besteht.

§ 90 Zentrale Datei, Einrichtung automatisierter Übermittlungs- und Abrufverfahren

(1) Die nach § 88 erhobenen Daten können für die Anstalt und die Aufsichtsbehörde in einer zentralen Datei gespeichert werden.

(2) Die Einrichtung eines automatisierten Verfahrens, das die Übermittlung oder den Abruf personenbezogener Daten aus der zentralen Datei nach § 89 Abs. 2 und 4 ermöglicht, ist zulässig, soweit diese Form der Datenübermittlung oder des Datenabrufs unter Berücksichtigung der schutzwürdigen Belange der betroffenen Personen und der Erfüllung des Zwecks der Übermittlung ange-

messen ist. Die automatisierte Übermittlung der für § 13 Abs. 1 Satz 3 des Bundeskriminalamtsgesetzes erforderlichen personenbezogenen Daten kann auch anlassunabhängig erfolgen.

(3) Die übermittelnde Stelle hat zu gewährleisten, dass die Übermittlung und der Abruf zumindest durch geeignete Stichprobenverfahren festgestellt und überprüft werden kann.

(4) Das für den Justizvollzug zuständige Mitglied der Landesregierung bestimmt durch Rechtsverordnung die Einzelheiten der Einrichtung automatisierter Übermittlungs- und Abrufverfahren. Die Rechtsverordnung hat den Datenempfänger, die Datenart und den Zweck des Abrufs festzulegen. Sie hat Maßnahmen zur Datensicherung und zur Kontrolle vorzusehen, die in einem angemessenen Verhältnis zu dem angestrebten Schutzzweck stehen.

(5) Das für den Justizvollzug zuständige Mitglied der Landesregierung kann mit anderen Ländern und dem Bund einen Datenverbund vereinbaren, der eine automatisierte Datenübermittlung ermöglicht.

§ 91 Zweckbindung

Von der Anstalt oder der Aufsichtsbehörde übermittelte personenbezogene Daten dürfen nur zu dem Zweck verarbeitet oder genutzt werden, zu dessen Erfüllung sie übermittelt worden sind. Die Empfänger dürfen die Daten für andere Zwecke nur verarbeiten oder nutzen, soweit sie ihnen auch für diese Zwecke hätten übermittelt werden dürfen, und wenn im Fall einer Übermittlung an nichtöffentliche Stellen die übermittelnde Anstalt oder Aufsichtsbehörde zugestimmt hat. Die Anstalt oder die Aufsichtsbehörde hat die nichtöffentlichen Empfänger auf die Zweckbindung nach Satz 1 hinzuweisen.

§ 92 Schutz besonderer Kategorien personenbezogener Daten

(1) Das religiöse oder weltanschauliche Bekenntnis, personenbezogene Daten über die rassische und ethnische Herkunft, politische Meinungen, die Gewerkschaftszugehörigkeit

und personenbezogene Daten von Gefangenen, die anlässlich ärztlicher Untersuchungen erhoben worden sind, dürfen in der Anstalt nicht allgemein kenntlich gemacht werden. Andere personenbezogene Daten von Gefangenen dürfen innerhalb der Anstalt allgemein kenntlich gemacht werden, soweit dies für ein geordnetes Zusammenleben in der Anstalt erforderlich ist. § 89 Abs. 8 bis 10 bleibt unberührt.

(2) Personenbezogene Daten, die

1. Ärzten, Zahnärzten oder Angehörigen eines anderen Heilberufs, der für die Berufsausübung oder die Führung der Berufsbezeichnung eine staatlich geregelte Ausbildung erfordert,

2. Berufspsychologen mit staatlich anerkannter wissenschaftlicher Abschlussprüfung oder

3. staatlich anerkannten Sozialarbeitern oder staatlich anerkannten Sozialpädagogen

von Gefangenen als Geheimnis anvertraut oder über Gefangene sonst bekannt geworden sind, unterliegen auch gegenüber der Anstalt und der Aufsichtsbehörde der Schweigepflicht. Die in Satz 1 genannten Personen haben sich gegenüber dem Anstaltsleiter zu offenbaren, soweit dies für die Aufgabenerfüllung der Anstalt oder der Aufsichtsbehörde oder zur Abwehr von erheblichen Gefahren für Leib oder Leben von Gefangenen oder Dritten erforderlich ist. Ärzte sind zur Offenbarung ihnen im Rahmen der allgemeinen Gesundheitsfürsorge bekannt gewordener Geheimnisse verpflichtet, soweit dies für die Aufgabenerfüllung der Anstalt oder der Aufsichtsbehörde unerlässlich oder zur Abwehr von erheblichen Gefahren für Leib oder Leben von Gefangenen oder Dritten erforderlich ist. Sonstige Offenbarungsbefugnisse bleiben unberührt. Die Gefangenen sind vor der Erhebung über die nach den Sätzen 2 und 3 bestehenden Offenbarungsverpflichtungen zu unterrichten.

(3) Die nach Absatz 2 offenbarten Daten dürfen nur für den Zweck, für den sie offenbart wurden oder für den eine Offenbarung zulässig gewesen wäre, und nur unter denselben

Voraussetzungen verarbeitet oder genutzt werden, unter denen eine in Absatz 2 Satz 1 genannte Person selbst hierzu befugt wäre. Der Anstaltsleiter kann unter diesen Voraussetzungen die unmittelbare Offenbarung gegenüber bestimmten Bediensteten allgemein zulassen.

(4) Sofern Ärzte oder Psychologen außerhalb des Vollzugs mit der Untersuchung oder Behandlung von Gefangenen beauftragt werden, gilt Absatz 2 mit der Maßgabe entsprechend, dass die beauftragte Person auch zur Unterrichtung des in der Anstalt tätigen Arztes oder des in der Anstalt mit der Behandlung der Gefangenen betrauten Psychologen befugt sind.

§ 93 Schutz der Daten in Akten und Dateien

(1) Die Bediensteten dürfen sich von personenbezogenen Daten nur Kenntnis verschaffen, soweit dies zur Erfüllung der ihnen obliegenden Aufgaben oder für die Zusammenarbeit nach § 7 erforderlich ist.

(2) Akten und Dateien mit personenbezogenen Daten sind durch die erforderlichen technischen und organisatorischen Maßnahmen gegen unbefugten Zugang und unbefugten Gebrauch zu schützen. Gesundheitsakten und Krankenblätter sind getrennt von anderen Unterlagen zu führen und besonders zu sichern.

§ 94 Berichtigung, Löschung und Sperrung

(1) Die in Dateien gespeicherten personenbezogenen Daten sind spätestens fünf Jahre nach der Entlassung der Gefangenen oder der Verlegung der Gefangenen in eine andere Anstalt zu löschen. Hiervon können bis zum Ablauf der Aufbewahrungsfrist für die Gefangenenpersonalakte die Angaben über Familienname, Vorname, Geburtsname, Geburtstag, Geburtsort, Eintritts- und Austrittsdatum der Gefangenen ausgenommen werden, soweit dies für das Auffinden der Gefangenenpersonalakte erforderlich ist.

(2) Personenbezogene Daten in Akten dürfen nach Ablauf von fünf Jahren seit der Entlas-

sung der Gefangenen nur übermittelt oder genutzt werden, soweit dies

1. zur Verfolgung von Straftaten,
2. für die Durchführung wissenschaftlicher Forschungsvorhaben nach § 97,
3. zur Behebung einer bestehenden Beweisnot oder
4. zur Feststellung, Durchsetzung oder Abwehr von Rechtsansprüchen im Zusammenhang mit dem Vollzug einer Jugend- oder Freiheitsstrafe

unerlässlich ist. Diese Verwendungsbeschränkungen enden, wenn die Gefangenen erneut zum Vollzug einer Jugend- oder Freiheitsstrafe aufgenommen werden oder die Betroffenen eingewilligt haben.

(3) Bei der Aufbewahrung von Akten mit nach Absatz 2 gesperrten Daten dürfen folgende Fristen nicht überschritten werden:

1. Gefangenenpersonalakten, Gesundheitsakten und Krankenblätter   20 Jahre,
2. Gefangenenbücher   30 Jahre.

Dies gilt nicht, wenn aufgrund bestimmter Tatsachen anzunehmen ist, dass die Aufbewahrung für die in Absatz 2 Satz 1 genannten Zwecke weiterhin erforderlich ist. Die Aufbewahrungsfrist beginnt mit dem auf das Jahr der aktenmäßigen Weglegung folgenden Kalenderjahr. Die Bestimmungen des Brandenburgischen Archivgesetzes bleiben unberührt.

(4) Wird festgestellt, dass unrichtige Daten übermittelt worden sind, ist dies den Empfängern mitzuteilen. Die Unterrichtung kann unterbleiben, wenn sie einen unverhältnismäßigen Aufwand erfordern würde und nachteilige Folgen für den Betroffenen nicht zu befürchten sind.

§ 95 Auskunft an die Betroffenen, Akteneinsicht

(1) Den Betroffenen ist auf Antrag Auskunft zu erteilen über

1. die zu ihrer Person gespeicherten Daten, auch soweit sie sich auf die Herkunft dieser Daten bezieht,

2. die Empfänger oder Kategorien von Empfängern, an die die Daten weitergegeben werden, und

3. den Zweck der Speicherung.

In dem Antrag soll die Art der personenbezogenen Daten, über die Auskunft erteilt werden soll, näher bezeichnet werden. Sind die personenbezogenen Daten weder automatisiert noch in nicht automatisierten Dateien gespeichert, wird die Auskunft nur erteilt, soweit die Betroffenen Angaben machen, die das Auffinden der Daten ermöglichen, und der für die Erteilung der Auskunft erforderliche Aufwand nicht außer Verhältnis zu dem von den Betroffenen geltend gemachten Informationsinteresse steht. Die Anstalt oder die Aufsichtsbehörde bestimmt das Verfahren, insbesondere die Form der Auskunftserteilung, nach pflichtgemäßem Ermessen.

(2) Absatz 1 gilt nicht für personenbezogene Daten, die nur deshalb gespeichert sind, weil sie aufgrund gesetzlicher, satzungsmäßiger oder vertraglicher Aufbewahrungsvorschriften nicht gelöscht werden dürfen, oder ausschließlich Zwecken der Datensicherung oder der Datenschutzkontrolle dienen und eine Auskunftserteilung einen unverhältnismäßigen Aufwand erfordern würde.

(3) Bezieht sich die Auskunftserteilung auf die Übermittlung personenbezogener Daten an Behörden der Staatsanwaltschaft, an Polizeidienststellen, Verfassungsschutzbehörden, den Bundesnachrichtendienst, den Militärischen Abschirmdienst und, soweit die Sicherheit des Bundes berührt wird, andere Behörden des Bundesministeriums der Verteidigung, so ist sie nur mit Zustimmung dieser Stellen zulässig.

(4) Die Auskunftserteilung unterbleibt, soweit

1. die Auskunft die ordnungsgemäße Erfüllung der in der Zuständigkeit der verantwortlichen Stelle liegenden Aufgaben gefährden würde,

2. die Auskunft die öffentliche Sicherheit oder Ordnung gefährden oder sonst dem Wohle des Bundes oder eines Landes Nachteile bereiten würde oder

3. die Daten oder die Tatsache ihrer Speicherung nach einer Rechtsvorschrift oder wegen der überwiegenden berechtigten Interessen Dritter geheim gehalten werden müssen

und deswegen das Interesse der Betroffenen an der Auskunftserteilung zurücktreten muss.

(5) Die Ablehnung der Auskunftserteilung bedarf keiner Begründung, soweit durch die Mitteilung der tatsächlichen und rechtlichen Gründe, auf die die Entscheidung gestützt wird, der mit der Auskunftsverweigerung verfolgte Zweck gefährdet würde. In diesen Fällen sind die Betroffenen darauf hinzuweisen, dass sie sich an den Landesbeauftragten für den Datenschutz und für das Recht auf Akteneinsicht wenden können.

(6) Wird den Betroffenen keine Auskunft erteilt, so ist sie auf deren Verlangen dem Landesbeauftragten für den Datenschutz und für das Recht auf Akteneinsicht zu erteilen, soweit nicht die Aufsichtsbehörde im Einzelfall feststellt, dass dadurch die Sicherheit des Landes Brandenburg, eines anderen Landes oder des Bundes gefährdet würde. Die Mitteilung des Landesbeauftragten für den Datenschutz und für das Recht auf Akteneinsicht an die Betroffenen darf keine Rückschlüsse auf den Erkenntnisstand der speichernden Stelle zulassen, sofern diese nicht einer weitergehenden Auskunft zustimmt.

(7) Die Auskunft nach Absatz 1 ist unentgeltlich.

(8) Soweit eine Auskunft für die Wahrnehmung der rechtlichen Interessen der Gefangenen nicht ausreicht und sie hierfür auf die Einsichtnahme angewiesen sind, wird Akteneinsicht gewährt.

§ 96 Anwendung des Brandenburgischen Datenschutzgesetzes

Die Regelungen des Brandenburgischen Datenschutzgesetzes gelten unmittelbar, soweit dieses Gesetz keine abschließenden Regelungen enthält.

Abschnitt 14
Kriminologische Forschung

§ 97 Evaluation, kriminologische Forschung

(1) Behandlungsprogramme für die Gefangenen sind auf der Grundlage wissenschaftlicher Erkenntnisse zu konzipieren, zu standardisieren und auf ihre Wirksamkeit hin zu überprüfen.

(2) Der Vollzug, insbesondere seine Aufgabenerfüllung und Gestaltung, die Umsetzung seiner Leitlinien sowie die Behandlungsprogramme und deren Wirkungen auf das Vollzugsziel, soll regelmäßig durch den kriminologischen Dienst, durch eine Hochschule oder durch eine andere Stelle wissenschaftlich begleitet und erforscht werden. § 476 der Strafprozessordnung gilt mit der Maßgabe entsprechend, dass auch elektronisch gespeicherte personenbezogene Daten übermittelt werden können.

Abschnitt 15
Aufbau der Jugendstrafvollzugsanstalt

§ 98 Jugendstrafvollzugsanstalt

(1) Die Jugendstrafe wird in Jugendstrafvollzugsanstalten und in getrennten Abteilungen von Justizvollzugsanstalten (Anstalt) vollzogen. In getrennten Abteilungen von Justizvollzugsanstalten darf der Vollzug an Minderjährigen nur erfolgen, um ihnen die Teilnahme an Aus- und Fortbildungsmaßnahmen zu ermöglichen. Gemeinsame Aus- und Fortbildungsmaßnahmen von nach Jugendstrafrecht und nach allgemeinem Strafrecht Verurteilten sind zulässig.

(2) Räume für den Aufenthalt während der Ruhe- und Freizeit sowie Gemeinschafts- und Besuchsräume sind zweckentsprechend auszugestalten.

(3) Die Abteilungen der Anstalt sollen in Wohngruppen gegliedert sein, zu denen neben den Hafträumen weitere Räume zur gemeinsamen Nutzung gehören.

§ 99 Festsetzung der Belegungsfähigkeit, Verbot der Überbelegung

(1) Die Aufsichtsbehörde setzt die Belegungsfähigkeit der Anstalt so fest, dass eine angemessene Unterbringung während der Ruhezeit gewährleistet ist. Dabei ist zu berücksichtigen, dass eine ausreichende Anzahl von Plätzen für Aus- und Weiterbildung, Arbeit sowie von Räumen für Seelsorge, Freizeit, Sport, therapeutische Maßnahmen und Besuche zur Verfügung steht.

(2) Hafträume dürfen nicht mit mehr Gefangenen als zugelassen belegt werden.

(3) Ausnahmen von Absatz 2 sind nur vorübergehend und nur mit Zustimmung der Aufsichtsbehörde zulässig.

§ 100 Einrichtungen zur schulischen und beruflichen Bildung, Arbeitsbetriebe

(1) Die erforderlichen Einrichtungen zur schulischen und beruflichen Bildung, arbeitstherapeutischen Beschäftigung und die notwendigen Betriebe für die Arbeit sind vorzuhalten. Sie sind den Verhältnissen außerhalb der Anstalt anzugleichen.

(2) Bildung und Beschäftigung können auch in geeigneten privaten Einrichtungen und Betrieben erfolgen. Die technische und fachliche Leitung kann Angehörigen dieser Einrichtungen und Betriebe übertragen werden.

§ 101 Anstaltsleitung

(1) Der Anstaltsleiter trägt die Verantwortung für den gesamten Vollzug und vertritt die Anstalt nach außen. Er kann einzelne Aufgabenbereiche auf andere Bedienstete übertragen. Die Aufsichtsbehörde kann sich die Zustimmung zur Übertragung vorbehalten.

(2) Für jede Anstalt ist ein Beamter des höheren Dienstes zum hauptamtlichen Leiter zu bestellen. Aus besonderen Gründen kann eine Anstalt auch von einem Beamten des gehobenen Dienstes geleitet werden.

§ 102 Bedienstete

Die Anstalt wird mit dem für das Erreichen des Vollzugsziels erforderlichen Personal ausgestattet. Es muss für die erzieherische

Gestaltung des Vollzugs geeignet und qualifiziert sein. Fortbildung sowie Praxisberatung und -begleitung für die Bediensteten sind zu gewährleisten.

§ 103 Seelsorger

(1) Die Seelsorger werden im Einvernehmen mit der jeweiligen Religionsgemeinschaft im Hauptamt bestellt oder vertraglich verpflichtet.

(2) Wenn die geringe Anzahl der Angehörigen einer Religionsgemeinschaft eine Seelsorge nach Absatz 1 nicht rechtfertigt, ist die seelsorgerische Betreuung auf andere Weise zuzulassen.

(3) Mit Zustimmung des Anstaltsleiters darf der Anstaltsseelsorger sich freier Seelsorgehelfer bedienen und diese für Gottesdienste sowie für andere religiöse Veranstaltungen von außen zuziehen.

§ 104 Medizinische Versorgung

(1) Die ärztliche Versorgung ist sicherzustellen.

(2) Die Pflege der Kranken soll von Bediensteten ausgeübt werden, die eine Erlaubnis nach dem Krankenpflegegesetz besitzen. Solange diese nicht zur Verfügung stehen, können auch Bedienstete eingesetzt werden, die eine sonstige Ausbildung in der Krankenpflege erfahren haben.

§ 105 Sozialtherapeutische Abteilung

In der Anstalt soll eine Sozialtherapeutische Abteilung eingerichtet werden.

§ 106 Konferenzen

Zur Erstellung und Fortschreibung des Vollzugsplans und zur Vorbereitung anderer wichtiger Vollzugsentscheidungen führt der Anstaltsleiter Konferenzen mit an der Erziehung maßgeblich Beteiligten durch.

§ 107 Mitverantwortung der Gefangenen

Den Gefangenen soll ermöglicht werden, an der Verantwortung für Angelegenheiten von gemeinsamem Interesse teilzunehmen, die sich ihrer Eigenart und der Aufgabe der Anstalt nach für ihre Mitwirkung eignen.

§ 108 Hausordnung

(1) Der Anstaltsleiter erlässt eine Hausordnung. Die Aufsichtsbehörde kann sich die Genehmigung vorbehalten.

(2) In die Hausordnung sind namentlich Anordnungen aufzunehmen über die

1. Besuchszeiten, Häufigkeit und Dauer der Besuche,

2. Arbeitszeit, Freizeit und Ruhezeit sowie

3. Gelegenheit, Anträge und Beschwerden anzubringen oder sich an einen Vertreter der Aufsichtsbehörde zu wenden.

Abschnitt 16
Aufsicht, Beirat

§ 109 Aufsichtsbehörde

Das für den Justizvollzug zuständige Mitglied der Landesregierung führt die Aufsicht über die Anstalt.

§ 110 Vollstreckungsplan

Die Aufsichtsbehörde regelt die örtliche und sachliche Zuständigkeit der Anstalt in einem Vollstreckungsplan. Im Rahmen von Vollzugsgemeinschaften kann der Vollzug auch in Vollzugseinrichtungen anderer Länder vorgesehen werden.

§ 111 Beirat

(1) Bei der Anstalt ist ein Beirat zu bilden. Bedienstete dürfen nicht Mitglieder des Beirats sein.

(2) Die Mitglieder des Beirats wirken bei der Gestaltung des Vollzugs und der Betreuung der Gefangenen mit. Sie unterstützen den Anstaltsleiter durch Anregungen und Verbesserungsvorschläge und helfen bei der Eingliederung der Gefangenen nach der Entlassung.

(3) Die Mitglieder des Beirats können namentlich Wünsche, Anregungen und Beanstandungen entgegennehmen. Sie können sich über die Unterbringung, Beschäftigung, berufliche Bildung, Verpflegung, ärztliche Versorgung und Behandlung unterrichten sowie die Anstalt besichtigen. Sie können die Gefangenen in ihren Räumen aufsuchen. Un-

terhaltung und Schriftwechsel werden nicht überwacht.

(4) Die Mitglieder des Beirats sind verpflichtet, außerhalb ihres Amtes über alle Angelegenheiten, die ihrer Natur nach vertraulich sind, besonders über Namen und Persönlichkeit der Gefangenen, Verschwiegenheit zu bewahren. Dies gilt auch nach Beendigung ihres Amtes.

Abschnitt 17
Schlussbestimmungen

§ 112 Einschränkung von Grundrechten

Durch dieses Gesetz werden die Rechte auf körperliche Unversehrtheit und Freiheit der Person (Artikel 2 Abs. 2 des Grundgesetzes, Artikel 8 Abs. 1 und Artikel 9 Abs. 1 der Verfassung des Landes Brandenburg), auf Unverletzlichkeit des Brief-, Post- und Fernmeldegeheimnisses (Artikel 10 Abs. 1 des Grundgesetzes, Artikel 16 Abs. 1 der Verfassung des Landes Brandenburg), auf Meinungsfreiheit (Artikel 19 Abs. 1 der Verfassung des Landes Brandenburg) und auf Datenschutz (Artikel 11 der Verfassung des Landes Brandenburg) eingeschränkt.

§ 113 Gleichstellungsbestimmung

Status- und Funktionsbezeichnungen in diesem Gesetz gelten jeweils in männlicher und weiblicher Form.

§ 114 Inkrafttreten

Dieses Gesetz tritt am 1. Januar 2008 in Kraft.

Bremisches Gesetz über den Vollzug der Untersuchungshaft (Bremisches Untersuchungshaftvollzugsgesetz – BremUVollzG)

Vom 2. März 2010 (Brem. GBl. S. 191)

Inhaltsübersicht

Abschnitt 1
Allgemeine Bestimmungen

§ 1 Anwendungsbereich

(1) Dieses Gesetz regelt den Vollzug der Untersuchungshaft.

(2) Es gilt entsprechend für den Vollzug der Haft nach § 127b Absatz 2, § 230 Absatz 2, §§ 236, 329 Absatz 4 Satz 1, § 412 Satz 1 und § 453c der Strafprozessordnung sowie der einstweiligen Unterbringung nach § 275a Absatz 5 der Strafprozessordnung.

(3) Für den Vollzug der einstweiligen Unterbringung nach § 126a der Strafprozessordnung gelten, soweit eine verfahrenssichernde Anordnung (§ 3 Absatz 2) nicht entgegensteht, die Vorschriften über den Vollzug der Unterbringung gemäß den §§ 63 und 64 des Strafgesetzbuchs entsprechend.

§ 2 Aufgabe des Untersuchungshaftvollzugs

Der Vollzug der Untersuchungshaft hat die Aufgabe, durch sichere Unterbringung der Untersuchungsgefangenen die Durchführung eines geordneten Strafverfahrens zu gewährleisten und der Gefahr weiterer Straftaten zu begegnen.

§ 3 Zuständigkeit und Zusammenarbeit

(1) Entscheidungen nach diesem Gesetz trifft die Justizvollzugsanstalt, in der die Untersuchungshaft vollzogen wird (Anstalt). Sie arbeitet eng mit Gericht und Staatsanwaltschaft zusammen, um die Aufgabe des Untersuchungshaftvollzugs zu erfüllen und die Sicherheit und Ordnung der Anstalt zu gewährleisten.

(2) Die Anstalt hat Anordnungen, die das Gericht oder die an dessen statt zum Handeln ermächtigte Behörde trifft, um einer Flucht-, Verdunkelungs- oder Wiederholungsgefahr zu begegnen (verfahrenssichernde Anordnungen), zu beachten und umzusetzen.

§ 4 Stellung der Untersuchungsgefangenen

(1) Die Untersuchungsgefangenen gelten als unschuldig. Sie sind so zu behandeln, dass der Anschein vermieden wird, sie würden zur Verbüßung einer Strafe festgehalten.

(2) Soweit dieses Gesetz eine besondere Regelung nicht enthält, dürfen den Untersuchungsgefangenen nur Beschränkungen auferlegt werden, die zur Aufrechterhaltung der Sicherheit, zur Abwehr einer schwerwiegenden Störung der Ordnung der Anstalt oder zur Umsetzung einer verfahrenssichernden Anordnung unerlässlich sind. Die Beschränkungen müssen in einem angemessenen Verhältnis zu den damit verfolgten Zwecken stehen und dürfen die Untersuchungsgefangenen nicht mehr und nicht länger als notwendig beeinträchtigen.

§ 5 Vollzugsgestaltung

(1) Das Leben im Vollzug ist den allgemeinen Lebensverhältnissen anzugleichen, soweit die Aufgabe des Untersuchungshaftvollzugs und die Erfordernisse eines geordneten Zusammenlebens in der Anstalt dies zulassen. Schädlichen Folgen des Freiheitsentzugs ist entgegenzuwirken. Die Verhütung von Selbsttötungen kommt hiebei eine besondere Bedeutung zu.

(2) Die unterschiedlichen Lebenslagen und Bedürfnisse von weiblichen und männlichen Untersuchungsgefangenen werden bei der Vollzugsgestaltung und bei Einzelmaßnahmen berücksichtigt. Dies gilt auch für junge Untersuchungsgefangene.

§ 6 Soziale Hilfe

(1) Die Untersuchungsgefangenen werden darin unterstützt, ihre persönlichen, wirtschaftlichen und sozialen Schwierigkeiten zu beheben. Sie sollen dazu angeregt und in die Lage versetzt werden, ihre Angelegenheiten selbst zu regeln.

(2) Die Anstalt arbeitet mit außervollzuglichen Einrichtungen und Organisationen sowie mit Personen und Vereinen, die soziale Hilfestellung leisten können, eng zusammen. Der in Satz 1 genannte Personenkreis ist verpflichtet, außerhalb seiner Tätigkeit im Rahmen dieses Gesetzes über alle Angelegenheiten, die ihrer Natur nach vertraulich sind, besonders über Namen der Untersuchungs-

gefangenen, Verschwiegenheit zu bewahren. Dies gilt auch nach Beendigung der Tätigkeit.

(3) Die Untersuchungsgefangenen sind, soweit erforderlich, über die notwendigen Maßnahmen zur Aufrechterhaltung ihrer sozialversicherungsrechtlichen Ansprüche zu beraten.

(4) Die Beratung soll die Benennung von Stellen und Einrichtungen außerhalb der Anstalt umfassen, die sich um eine Vermeidung der weiteren Untersuchungshaft bemühen. Auf Wunsch sind den Untersuchungsgefangenen Stellen und Einrichtungen zu benennen, die sie in ihrem Bestreben unterstützen können, einen Ausgleich mit dem Tatopfer zu erreichen.

Abschnitt 2
Vollzugsverlauf

§ 7 Aufnahme

(1) Mit den Untersuchungsgefangenen wird unverzüglich ein Zugangsgespräch geführt, in dem ihre gegenwärtige Lebenssituation erörtert wird und sie über ihre Rechte und Pflichten in einer für sie verständlichen Form informiert werden. Ihnen ist die Hausordnung auszuhändigen. Dieses Gesetz, die von ihm in Bezug genommenen Gesetze sowie die zu seiner Ausführung erlassenen Rechtsverordnungen und Verwaltungsvorschriften sind den Untersuchungsgefangenen auf Verlangen zugänglich zu machen.

(2) Beim Zugangsgespräch dürfen andere Gefangene nicht zugegen sein.

(3) Die Untersuchungsgefangenen werden alsbald ärztlich untersucht. § 5 Absatz 1 Satz 3 ist zu beachten.

(4) Den Untersuchungsgefangenen ist Gelegenheit zu geben, einen Angehörigen, eine Verteidigerin oder einen Verteidiger oder eine Vertrauensperson von der Aufnahme in die Anstalt zu benachrichtigen, soweit eine verfahrenssichernde Anordnung nicht entgegensteht.

(5) Die Untersuchungsgefangenen sollen dabei unterstützt werden, etwa notwendige Maßnahmen für hilfsbedürftige Angehörige, zur Erhaltung des Arbeitsplatzes und der Wohnung und zur Sicherung ihrer Habe außerhalb der Anstalt zu veranlassen.

§ 8 Verlegung und Überstellung

(1) Untersuchungsgefangene können in eine andere Anstalt verlegt oder überstellt werden, wenn es

1. zur Umsetzung einer verfahrenssichernden Anordnung,

2. aus Gründen der Sicherheit oder Ordnung der Anstalt oder

3. aus Gründen der Vollzugsorganisation oder aus anderen wichtigen Gründen erforderlich ist.

Zuvor ist dem Gericht und der Staatsanwaltschaft Gelegenheit zur Stellungnahme zu geben. Von der Verlegung wird die Verteidigerin oder der Verteidiger unterrichtet.

(2) Unter den Voraussetzungen des Absatzes 1 können Untersuchungsgefangene mit Zustimmung des Senators für Justiz und Verfassung in eine Anstalt eines anderen Landes verlegt werden, wenn die zuständige Behörde des anderen Landes der Verlegung in die dortige Anstalt zustimmt. Dabei ist sicherzustellen, dass die nach diesem Gesetz erworbenen Ansprüche auf Arbeitsentgelt und Ausbildungsbeihilfe entweder durch das Land Bremen erfüllt oder in dem anderen Land anerkannt werden.

(3) Gefangene aus einer Anstalt eines anderen Landes können mit Zustimmung des Senators für Justiz und Verfassung in eine Anstalt des Landes Bremen aufgenommen werden.

(4) § 7 Absatz 4 gilt entsprechend.

§ 9 Vorführung, Ausführung und Ausantwortung

(1) Auf Ersuchen eines Gerichts oder einer Staatsanwaltschaft werden Untersuchungsgefangene vorgeführt. Über Vorführungsersuchen in anderen als dem der Inhaftierung zugrunde liegenden Verfahren sind das Gericht und die Staatsanwaltschaft unverzüglich zu unterrichten.

(2) Aus besonderen Gründen können Untersuchungsgefangene ausgeführt werden. Ausführungen zur Befolgung einer gerichtlichen Ladung sind zu ermöglichen, soweit darin das persönliche Erscheinen angeordnet ist und eine verfahrenssichernde Anordnung nicht entgegensteht. Vor der Entscheidung ist dem Gericht und der Staatsanwaltschaft Gelegenheit zur Stellungnahme zu geben.

(3) Untersuchungsgefangene dürfen befristet dem Gewahrsam eines Gerichts, einer Staatsanwaltschaft oder einer Polizei-, Zoll- oder Finanzbehörde auf Antrag überlassen werden (Ausantwortung). Absatz 2 Satz 3 gilt entsprechend.

§ 10 Entlassung

(1) Auf Anordnung des Gerichts oder der Staatsanwaltschaft entlässt die Anstalt die Untersuchungsgefangenen unverzüglich aus der Haft, es sei denn, es ist in anderer Sache eine richterlich angeordnete Freiheitsentziehung zu vollziehen.

(2) Aus fürsorgerischen Gründen kann Untersuchungsgefangenen der freiwillige Verbleib in der Anstalt bis zum Vormittag des zweiten auf den Eingang der Entlassungsanordnung folgenden Werktags gestattet werden. Der freiwillige Verbleib setzt das schriftliche Einverständnis der Untersuchungsgefangenen voraus, dass die bisher bestehenden Beschränkungen aufrechterhalten bleiben.

(3) Bedürftigen Untersuchungsgefangenen soll eine Entlassungsbeihilfe in Form eines Reisekostenzuschusses, angemessener Kleidung oder einer sonstigen notwendigen Unterstützung gewährt werden.

Abschnitt 3
Unterbringung und Versorgung der Untersuchungsgefangenen

§ 11 Trennungsgrundsätze

(1) Untersuchungsgefangene werden von Gefangenen anderer Haftarten, namentlich von Strafgefangenen, getrennt untergebracht. Ausnahmen sind zulässig

1. mit Zustimmung der einzelnen Untersuchungsgefangenen,

2. zur Umsetzung einer verfahrenssichernden Anordnung oder

3. aus Gründen der Sicherheit oder Ordnung der Anstalt.

Darüber hinaus können Untersuchungsgefangene ausnahmsweise mit Gefangenen anderer Haftarten untergebracht werden, wenn die geringe Anzahl der Untersuchungsgefangenen eine getrennte Unterbringung nicht zulässt.

(2) Junge Untersuchungsgefangene (§ 66 Absatz 1) werden von den übrigen Untersuchungsgefangenen und von Gefangenen anderer Haftarten getrennt untergebracht. Hiervon kann aus den in Absatz 1 Satz 2 genannten Gründen abgewichen werden, wenn eine Vollzugsgestaltung nach § 67 gewährleistet bleibt und schädliche Einflüsse auf die jungen Untersuchungsgefangenen nicht zu befürchten sind.

(3) Weibliche und männliche Untersuchungsgefangene werden getrennt untergebracht.

(4) Gemeinsame Maßnahmen, insbesondere gemeinsame Arbeit und eine gemeinsame Berufs- und Schulausbildung, sind zulässig.

§ 12 Unterbringung während der Arbeit, Bildung und Freizeit

(1) Arbeit und Bildung finden regelmäßig in Gemeinschaft statt.

(2) Den Untersuchungsgefangenen kann gestattet werden, sich während der Freizeit in Gemeinschaft mit anderen Gefangenen aufzuhalten. Für die Teilnahme an gemeinschaftlichen Veranstaltungen kann die Anstaltsleiterin oder der Anstaltsleiter mit Rücksicht auf die räumlichen, personellen oder organisatorischen Verhältnisse der Anstalt besondere Regelungen treffen.

(3) Die gemeinschaftliche Unterbringung kann eingeschränkt werden, soweit es zur Umsetzung einer verfahrenssichernden Anordnung oder zur Gewährleistung der Sicherheit oder Ordnung der Anstalt erforderlich ist.

§ 13 Unterbringung während der Ruhezeit

(1) Während der Ruhezeit werden die Untersuchungsgefangenen in ihren Hafträumen einzeln untergebracht. Mit ihrer Zustimmung können sie gemeinsam untergebracht werden. Bei einer Gefahr für Leben oder Gesundheit ist die Zustimmung der gefährdeten Untersuchungsgefangenen zur gemeinsamen Unterbringung entbehrlich.

(2) Darüber hinaus ist eine gemeinsame Unterbringung nur vorübergehend und aus zwingenden Gründen zulässig.

§ 14 Unterbringung von Müttern mit Kindern

(1) Ist das Kind einer Untersuchungsgefangenen noch nicht drei Jahre alt, kann es mit Zustimmung der Aufenthaltsbestimmungsberechtigten in der Anstalt untergebracht werden, wenn die baulichen Gegebenheiten dies zulassen und Sicherheitsgründe nicht entgegenstehen. Vor der Unterbringung ist das Jugendamt zu hören.

(2) Die Unterbringung erfolgt auf Kosten der für das Kind Unterhaltspflichtigen. Von der Geltendmachung des Kostenersatzanspruchs kann ausnahmsweise abgesehen werden, wenn hierdurch die gemeinsame Unterbringung von Mutter und Kind gefährdet würde.

§ 15 Persönlicher Gewahrsam, Kostenbeteiligung

(1) Die Untersuchungsgefangenen dürfen nur Sachen in Gewahrsam haben oder annehmen, die ihnen von der Anstalt oder mit deren Zustimmung überlassen werden. Ohne Zustimmung dürfen sie Sachen von geringem Wert von anderen Gefangenen annehmen; die Annahme dieser Sachen und der Gewahrsam daran können von der Zustimmung der Anstalt abhängig gemacht werden.

(2) Eingebrachte Sachen, die die Untersuchungsgefangenen nicht in Gewahrsam haben dürfen, sind für sie aufzubewahren, sofern dies nach Art und Umfang möglich ist. Den Untersuchungsgefangenen wird Gelegenheit gegeben, ihre Sachen, die sie während des Vollzugs und für ihre Entlassung nicht benötigen, zu verschicken. Geld wird ihnen gutgeschrieben.

(3) Werden eingebrachte Sachen, deren Aufbewahrung nach Art oder Umfang nicht möglich ist, von den Untersuchungsgefangenen trotz Aufforderung nicht aus der Anstalt verbracht, so ist die Anstalt berechtigt, diese Sachen auf Kosten der Untersuchungsgefangenen aus der Anstalt entfernen zu lassen.

(4) Aufzeichnungen und andere Sachen, die Kenntnisse über Sicherungsvorkehrungen der Anstalt vermitteln oder Schlussfolgerungen auf diese zulassen, dürfen vernichtet oder unbrauchbar gemacht werden.

(5) Die Zustimmung nach Absatz 1 kann widerrufen werden, wenn es zur Umsetzung einer verfahrenssichernden Anordnung oder zur Aufrechterhaltung der Sicherheit oder zur Abwendung einer erheblichen Störung der Ordnung der Anstalt erforderlich ist.

(6) Die Untersuchungsgefangenen können an den Betriebskosten der in ihrem Gewahrsam befindlichen Geräte beteiligt werden.

§ 16 Ausstattung des Haftraumes

Die Untersuchungsgefangenen dürfen ihren Haftraum in angemessenem Umfang mit eigenen Sachen ausstatten. Sachen, deren Überlassung eine verfahrenssichernde Anordnung entgegensteht oder die geeignet sind, die Sicherheit oder Ordnung der Anstalt zu gefährden, sind ausgeschlossen.

§ 17 Kleidung

(1) Die Untersuchungsgefangenen dürfen eigene Kleidung tragen, soweit sie für Reinigung, Instandhaltung und regelmäßigen Wechsel sorgen. Die Anstaltsleiterin oder der Anstaltsleiter kann anordnen, dass Reinigung und Instandhaltung nur durch Vermittlung der Anstalt erfolgen dürfen.

(2) Soweit es zur Umsetzung einer verfahrenssichernden Anordnung oder zur Gewährleistung der Sicherheit oder Ordnung der Anstalt erforderlich ist, kann das in Absatz 1 genannte Recht eingeschränkt oder ausgeschlossen werden.

§ 18 Verpflegung und Einkauf

(1) Zusammensetzung und Nährwert der Anstaltsverpflegung entsprechen den Anforderungen an eine gesunde Ernährung und werden ärztlich überwacht. Auf ärztliche Anordnung wird besondere Verpflegung gewährt. Den Untersuchungsgefangenen ist zu ermöglichen, Speisevorschriften ihrer Religionsgemeinschaft zu befolgen.

(2) ·Die Untersuchungsgefangenen können aus einem von der Anstalt vermittelten Angebot einkaufen. Die Anstalt soll für ein Angebot sorgen, das auf Wünsche und Bedürfnisse der Untersuchungsgefangenen Rücksicht nimmt.

(3) Den Untersuchungsgefangenen soll die Möglichkeit eröffnet werden, unmittelbar oder über Dritte Gegenstände über den Versandhandel zu beziehen. Zulassung und Verfahren des Einkaufs über den Versandhandel regelt die Anstaltsleiterin oder der Anstaltsleiter.

(4) Gegenstände, deren Überlassung eine verfahrenssichernde Anordnung entgegensteht oder die geeignet sind, die Sicherheit oder Ordnung der Anstalt zu gefährden, sind vom Einkauf ausgeschlossen.

§ 19 Annehmlichkeiten

Von den §§ 16 bis 18 nicht umfasste Annehmlichkeiten dürfen sich die Untersuchungsgefangenen auf ihre Kosten verschaffen, soweit und solange weder eine verfahrenssichernde Anordnung entgegensteht noch die Sicherheit oder Ordnung der Anstalt gefährdet wird.

§ 20 Gesundheitsfürsorge

(1) Die Anstalt unterstützt die Untersuchungsgefangenen bei der Wiederherstellung und Erhaltung ihrer körperlichen und geistigen Gesundheit. Die Untersuchungsgefangenen haben die notwendigen Anordnungen zum Gesundheitsschutz und zur Hygiene zu befolgen.

(2) Den Untersuchungsgefangenen wird ermöglicht, sich täglich mindestens eine Stunde im Freien aufzuhalten.

(3) Erkranken Untersuchungsgefangene schwer oder versterben sie, werden die Angehörigen benachrichtigt, sofern die Untersuchungsgefangenen dem nicht widersprochen haben. Dem Wunsch, auch andere Personen zu benachrichtigen, soll nach Möglichkeit entsprochen werden.

(4) Eine Benachrichtigung nach Absatz 3 Satz 1 setzt die Einwilligung des Untersuchungsgefangenen voraus. Kann die Einwilligung nicht erlangt werden, erfolgt die Benachrichtigung, wenn der Untersuchungsgefangene einer Benachrichtigung nicht widersprochen hat und keine sonstigen Anhaltspunkte dafür bestehen, dass eine Benachrichtigung nicht angebracht ist.

§ 21 Zwangsmaßnahmen auf dem Gebiet der Gesundheitsfürsorge

(1) Medizinische Untersuchung und Behandlung sowie Ernährung sind unbeschadet der Rechte Personensorgeberechtigter zwangsweise nur bei Lebensgefahr, bei schwerwiegender Gefahr für die Gesundheit der Untersuchungsgefangenen oder bei Gefahr für die Gesundheit anderer Personen zulässig; die Maßnahmen müssen für die Beteiligten zumutbar und dürfen nicht mit erheblicher Gefahr für Leben oder Gesundheit der Untersuchungsgefangenen verbunden sein. Zur Durchführung der Maßnahmen ist die Anstalt nicht verpflichtet, solange von einer freien Willensbestimmung der Untersuchungsgefangenen ausgegangen werden kann.

(2) Zum Gesundheitsschutz und zur Hygiene ist die zwangsweise körperliche Untersuchung außer im Fall des Absatzes 1 zulässig, wenn sie nicht mit einem körperlichen Eingriff verbunden ist.

(3) Die Maßnahmen dürfen nur auf Anordnung und unter Leitung einer Ärztin oder eines Arztes durchgeführt werden, unbeschadet der Leistung erster Hilfe für den Fall, dass eine Ärztin oder ein Arzt nicht rechtzeitig erreichbar und mit einem Aufschub Lebensgefahr verbunden ist.

§ 22 Medizinische Leistungen, Kostenbeteiligung

(1) Die Untersuchungsgefangenen haben einen Anspruch auf notwendige, ausreichende und zweckmäßige medizinische Leistungen unter Beachtung des Grundsatzes der Wirtschaftlichkeit. Der allgemeine Standard der gesetzlichen Krankenkassen ist zu berücksichtigen.

(2) Der Anspruch umfasst auch Untersuchungen zur Früherkennung von Krankheiten und Vorsorgeleistungen entsprechend dem allgemeinen Standard der gesetzlichen Krankenkassen.

(3) Der Anspruch umfasst weiter entsprechend dem Standard der gesetzlichen Krankenkassen auch die Versorgung mit Hilfsmitteln wie Seh- und Hörhilfen, Körperersatzstücken, orthopädischen und anderen Hilfsmitteln, die im Einzelfall erforderlich sind, um den Erfolg der Krankenbehandlung zu sichern, eine Behinderung auszugleichen oder einer drohenden Behinderung vorzubeugen, sofern dies mit Rücksicht auf die voraussichtliche Dauer des Untersuchungshaftvollzugs zwingend geboten ist und soweit die Hilfsmittel nicht als allgemeine Gebrauchsgegenstände des täglichen Lebens anzusehen sind. Der Anspruch umfasst auch die notwendige Änderung, Instandsetzung und Ersatzbeschaffung von Hilfsmitteln sowie die Ausbildung in ihrem Gebrauch.

(4) An den Kosten für Leistungen nach den Absätzen 1 bis 3 können die Untersuchungsgefangenen in angemessenem Umfang beteiligt werden.

(5) Für Leistungen, die über die in Absatz 1 Satz 1, Absatz 2 und 3 genannten Leistungen hinausgehen, können den Untersuchungsgefangenen die gesamten Kosten auferlegt werden.

(6) Die Anstaltsleiterin oder der Anstaltsleiter soll nach Anhörung des ärztlichen Dienstes der Anstalt den Untersuchungsgefangenen auf ihren Antrag hin gestatten, auf ihre Kosten externen ärztlichen Rat einzuholen. Die Erlaubnis kann versagt werden, wenn die Untersuchungsgefangenen die gewählte ärztliche Vertrauensperson und den ärztlichen Dienst der Anstalt nicht wechselseitig von der Schweigepflicht entbinden oder wenn es zur Umsetzung einer verfahrenssichernden Anordnung oder zur Aufrechterhaltung der Sicherheit oder Ordnung der Anstalt erforderlich ist. Die Konsultation soll in der Anstalt stattfinden.

§ 23 Verlegung, Überstellung und Ausführung zur medizinischen Behandlung

(1) Kranke oder hilfsbedürftige Untersuchungsgefangene können in eine zur Behandlung ihrer Krankheit oder zu ihrer Versorgung besser geeignete Anstalt oder in ein Vollzugskrankenhaus verlegt oder überstellt werden.

(2) Erforderlichenfalls sollen Untersuchungsgefangene zur medizinischen Behandlung ausgeführt oder in ein Krankenhaus außerhalb des Vollzugs gebracht werden.

(3) Zuvor ist dem Gericht und der Staatsanwaltschaft nach Möglichkeit Gelegenheit zur Stellungnahme zu geben. Bei Verlegungen und Überstellungen gilt § 7 Absatz 4 entsprechend.

(4) Werden Untersuchungsgefangene während einer Behandlung aus der Haft entlassen, hat das Land Bremen nur diejenigen Kosten zu tragen, die bis zur Entlassung angefallen sind.

Abschnitt 4
Arbeit, Bildung, Freizeit

§ 24 Arbeit und Bildung

(1) Die Untersuchungsgefangenen sind nicht zur Arbeit verpflichtet.

(2) Ihnen soll nach Möglichkeit Arbeit oder sonstige Beschäftigung angeboten werden, die ihre Fähigkeiten, Fertigkeiten und Neigungen berücksichtigt. Nehmen sie eine Arbeit auf, gelten die von der Anstalt festgelegten Arbeitsbedingungen. Die Arbeit darf nicht zur Unzeit niedergelegt werden.

(3) Geeigneten Untersuchungsgefangenen soll nach Möglichkeit Gelegenheit zum Er-

werb oder zur Verbesserung schulischer und beruflicher Kenntnisse oder zur Teilnahme an Maßnahmen zur Förderung ihrer persönlichen Entwicklung gegeben werden, soweit es die besonderen Bedingungen der Untersuchungshaft zulassen.

(4) Das Zeugnis oder der Nachweis über eine Bildungsmaßnahme darf keinen Hinweis auf die Inhaftierung enthalten.

§ 25 Arbeitsentgelt und Ausbildungsbeihilfe, Taschengeld

(1) Wer eine Arbeit oder sonstige Beschäftigung ausübt, erhält Arbeitsentgelt.

(2) Der Bemessung des Arbeitsentgelts sind neun vom Hundert der Bezugsgröße nach § 18 des Vierten Buchs Sozialgesetzbuch zugrunde zu legen (Eckvergütung). Ein Tagessatz ist der zweihundertfünfzigste Teil der Eckvergütung; das Arbeitsentgelt kann nach einem Stundensatz bemessen werden.

(3) Das Arbeitsentgelt kann je nach Leistung der Untersuchungsgefangenen und der Art der Arbeit gestuft werden. 75 vom Hundert der Eckvergütung dürfen nur dann unterschritten werden, wenn die Arbeitsleistungen der Untersuchungsgefangenen den Mindestanforderungen nicht genügen. Der Senator für Justiz und Verfassung wird ermächtigt, die Vergütungsstufen durch Rechtsverordnung zu regeln.

(4) Die Höhe des Arbeitsentgelts ist den Untersuchungsgefangenen schriftlich bekannt zu geben.

(5) Soweit Beiträge zur Bundesagentur für Arbeit zu entrichten sind, kann vom Arbeitsentgelt ein Betrag einbehalten werden, der dem Anteil der Untersuchungsgefangenen am Beitrag entsprechen würde, wenn sie diese Bezüge als Arbeitnehmerinnen oder Arbeitnehmer erhielten.

(6) Nehmen Untersuchungsgefangene während der Arbeitszeit an einer Bildungsmaßnahme teil, erhalten sie eine Ausbildungsbeihilfe. Die Absätze 2 bis 5 gelten entsprechend.

(7) Kann Untersuchungsgefangenen weder Arbeit noch die Teilnahme an einer Bildungs-

maßnahme angeboten werden, wird ihnen bei Bedürftigkeit auf Antrag ein Taschengeld gewährt. Bedürftig sind Untersuchungsgefangene, soweit ihnen im laufenden Monat nicht ein Betrag bis zur Höhe des Taschengeldes aus eigenen Mitteln zur Verfügung steht. Das Taschengeld beträgt 14 vom Hundert der Eckvergütung.

§ 26 Freizeit und Sport

Zur Freizeitgestaltung sind geeignete Angebote vorzuhalten. Insbesondere sollen Sportmöglichkeiten und Gemeinschaftsveranstaltungen angeboten werden.

§ 27 Zeitungen und Zeitschriften

(1) Die Untersuchungsgefangenen dürfen auf eigene Kosten Zeitungen und Zeitschriften in angemessenem Umfang durch Vermittlung der Anstalt beziehen. Ausgeschlossen sind Zeitungen und Zeitschriften, deren Verbreitung mit Strafe oder Geldbuße bedroht ist.

(2) Zeitungen oder Zeitschriften können den Untersuchungsgefangenen vorenthalten werden, wenn dies zur Umsetzung einer verfahrenssichernden Anordnung erforderlich ist. Für einzelne Ausgaben gilt dies auch dann, wenn deren Inhalte die Sicherheit oder Ordnung der Anstalt erheblich gefährden würden.

§ 28 Rundfunk

Die Untersuchungsgefangenen können am Hörfunk- und Fernsehempfang (Rundfunkempfang) teilnehmen. Der Rundfunkempfang kann vorübergehend ausgesetzt oder einzelnen Untersuchungsgefangenen untersagt werden, wenn dies zur Umsetzung einer verfahrenssichernden Anordnung oder zur Aufrechterhaltung der Sicherheit oder Ordnung der Anstalt unerlässlich ist.

Abschnitt 5
Religionsausübung

§ 29 Seelsorge

(1) Den Untersuchungsgefangenen darf religiöse Betreuung durch eine Seelsorgerin oder einen Seelsorger ihrer Religionsgemeinschaft

nicht versagt werden. Auf Wunsch ist ihnen zu helfen, mit einer Seelsorgerin oder einem Seelsorger ihrer Religionsgemeinschaft in Verbindung zu treten.

(2) Die Untersuchungsgefangenen dürfen grundlegende religiöse Schriften besitzen. Sie dürfen ihnen nur bei grobem Missbrauch entzogen werden.

(3) Den Untersuchungsgefangenen sind Gegenstände des religiösen Gebrauchs in angemessenem Umfang zu belassen.

§ 30 Religiöse Veranstaltungen

(1) Die Untersuchungsgefangenen haben das Recht, am Gottesdienst und an anderen religiösen Veranstaltungen ihres Bekenntnisses teilzunehmen.

(2) Die Zulassung zu den Gottesdiensten oder zu religiösen Veranstaltungen einer anderen Religionsgemeinschaft bedarf der Zustimmung der Seelsorgerin oder des Seelsorgers der Religionsgemeinschaft.

(3) Untersuchungsgefangene können von der Teilnahme am Gottesdienst oder an anderen religiösen Veranstaltungen ausgeschlossen werden, wenn dies zur Umsetzung einer verfahrenssichernden Anordnung oder aus überwiegenden Gründen der Sicherheit oder Ordnung der Anstalt geboten ist; die Seelsorgerin oder der Seelsorger soll vorher gehört werden.

§ 31 Weltanschauungsgemeinschaften
Für Angehörige weltanschaulicher Bekenntnisse gelten die §§ 29 und 30 entsprechend.

Abschnitt 6
Besuche, Schriftwechsel, Telefongespräche und Pakete

§ 32 Grundsatz
Die Untersuchungsgefangenen haben das Recht, mit Personen außerhalb der Anstalt im Rahmen der Bestimmungen dieses Gesetzes zu verkehren, soweit eine verfahrenssichernde Anordnung nicht entgegensteht.

§ 33 Recht auf Besuch

(1) Die Untersuchungsgefangenen dürfen Besuch empfangen. Die Gesamtdauer beträgt mindestens zwei Stunden im Monat, bei Besuchen von Kindern unter 14 Jahren erhöht sich die Gesamtdauer auf vier Stunden.

(2) Kontakte der Untersuchungsgefangenen zu ihren Angehörigen werden besonders gefördert.

(3) Besuche sollen darüber hinaus zugelassen werden, wenn sie persönlichen, rechtlichen oder geschäftlichen Angelegenheiten dienen, die nicht von den Untersuchungsgefangenen schriftlich erledigt, durch Dritte wahrgenommen oder bis zur voraussichtlichen Entlassung aufgeschoben werden können.

(4) Aus Gründen der Sicherheit der Anstalt können Besuche davon abhängig gemacht werden, dass sich die Besucherinnen und Besucher mit technischen Mitteln absuchen oder durchsuchen lassen.

(5) Besuche können untersagt werden, wenn die Sicherheit oder Ordnung der Anstalt gefährdet würde.

§ 34 Besuche von Verteidigerinnen und Verteidigern, Rechtsanwältinnen und Rechtsanwälten sowie Notarinnen und Notaren

Besuche von

1. Verteidigerinnen und Verteidigern,
2. Rechtsanwältinnen und Rechtsanwälten sowie
3. Notarinnen und Notaren

in einer die Untersuchungsgefangenen betreffenden Rechtssache sind zu gestatten. § 33 Absatz 4 gilt entsprechend. Eine inhaltliche Überprüfung der von ihnen mitgeführten Schriftstücke und sonstigen Unterlagen ist nicht zulässig.

§ 35 Überwachung der Besuche

(1) Besuche dürfen aus Gründen der Sicherheit oder Ordnung der Anstalt optisch überwacht werden.

(2) Die Anstaltsleiterin oder der Anstaltsleiter kann die akustische Überwachung im Einzelfall anordnen, wenn sie aus Gründen der Si-

cherheit der Anstalt oder zur Abwendung einer schwerwiegenden Störung der Ordnung der Anstalt erforderlich ist.

(3) Die Überwachung kann mit technischen Hilfsmitteln durchgeführt werden; die betroffenen Personen sind vorher darauf hinzuweisen. Eine Aufzeichnung findet nicht statt.

(4) Besuche dürfen abgebrochen werden, wenn Besucherinnen oder Besucher oder Untersuchungsgefangene gegen dieses Gesetz oder aufgrund dieses Gesetzes getroffene Anordnungen verstoßen. Dies gilt auch bei einem Verstoß gegen verfahrenssichernde Anordnungen.

(5) Besuche von Verteidigerinnen und Verteidigern werden nicht überwacht.

(6) Gegenstände dürfen beim Besuch nicht übergeben werden. Dies gilt nicht für die bei dem Besuch der Verteidigerinnen und Verteidiger übergebenen Schriftstücke und sonstigen Unterlagen sowie für die bei dem Besuch von Rechtsanwältinnen und Rechtsanwälten sowie Notarinnen und Notaren zur Erledigung einer die Untersuchungsgefangenen betreffenden Rechtssache übergebenen Schriftstücke und sonstigen Unterlagen. Bei dem Besuch von Rechtsanwältinnen und Rechtsanwälten oder Notarinnen und Notaren kann die Übergabe aus Gründen der Sicherheit oder Ordnung der Anstalt von der Erlaubnis der Anstaltsleiterin oder des Anstaltsleiters abhängig gemacht werden.

§ 36 Recht auf Schriftwechsel

(1) Die Untersuchungsgefangenen haben das Recht, auf eigene Kosten Schreiben abzusenden und zu empfangen.

(2) Die Anstaltsleiterin oder der Anstaltsleiter kann den Schriftwechsel mit bestimmten Personen untersagen, wenn die Sicherheit oder Ordnung der Anstalt gefährdet würde.

§ 37 Überwachung des Schriftwechsels

(1) Ein- und ausgehende Schreiben werden auf verbotene Gegenstände überwacht. Die Anstaltsleiterin oder der Anstaltsleiter kann die Textkontrolle anordnen, wenn sie aus Gründen der Sicherheit oder zur Abwendung

einer schwerwiegenden Störung der Ordnung der Anstalt erforderlich ist.

(2) Der Schriftwechsel der Untersuchungsgefangenen mit ihren Verteidigerinnen und Verteidigern wird nicht überwacht.

(3) Nicht überwacht werden Schreiben der Untersuchungsgefangenen an Volksvertretungen des Bundes und der Länder sowie an deren Mitglieder, soweit die Schreiben an die Anschriften dieser Volksvertretungen gerichtet sind und den Absender zutreffend angeben. Entsprechendes gilt für Schreiben an das Europäische Parlament und dessen Mitglieder, den Europäischen Gerichtshof für Menschenrechte, den Europäischen Ausschuss zur Verhütung von Folter und unmenschlicher oder erniedrigender Behandlung oder Strafe und weitere Einrichtungen, mit denen der Schriftverkehr aufgrund völkerrechtlicher Verpflichtungen der Bundesrepublik Deutschland geschützt ist. Satz 1 gilt auch für Schreiben an die Bürgerbeauftragten der Länder und die Datenschutzbeauftragten des Bundes und der Länder. Schreiben der in den Sätzen 1 bis 3 genannten Stellen, die an die Untersuchungsgefangenen gerichtet sind, werden nicht überwacht, sofern die Identität der Absenderin und des Absenders zweifelsfrei feststeht.

§ 38 Weiterleitung von Schreiben, Aufbewahrung

(1) Die Untersuchungsgefangenen haben das Absenden und den Empfang ihrer Schreiben durch die Anstalt vermitteln zu lassen, soweit nichts anderes gestattet ist.

(2) Eingehende und ausgehende Schreiben sind unverzüglich weiterzuleiten.

(3) Die Untersuchungsgefangenen haben eingehende Schreiben unverschlossen zu verwahren, sofern nichts anderes gestattet wird. Sie können sie verschlossen zu ihrer Habe geben.

§ 39 Anhalten von Schreiben

(1) Die Anstaltsleiterin oder der Anstaltsleiter kann Schreiben anhalten, wenn

1. es die Aufgabe des Untersuchungshaftvollzugs oder die Sicherheit oder Ordnung der Anstalt erfordert,

2. die Weitergabe in Kenntnis ihres Inhalts einen Straf- oder Bußgeldtatbestand verwirklichen würde,

3. sie grob unrichtige oder erheblich entstellende Darstellungen von Anstaltsverhältnissen oder grobe Beleidigungen enthalten oder

4. sie in Geheim- oder Kurzschrift, unlesbar, unverständlich oder ohne zwingenden Grund in einer fremden Sprache abgefasst sind.

(2) Ausgehenden Schreiben, die unrichtige Darstellungen enthalten, kann ein Begleitschreiben beigefügt werden, wenn die Untersuchungsgefangenen auf dem Absenden bestehen.

(3) Sind Schreiben angehalten worden, wird das den Untersuchungsgefangenen mitgeteilt. Hiervon kann abgesehen werden, wenn und solange es die Aufgabe des Untersuchungshaftvollzugs erfordert. Soweit angehaltene Schreiben nicht beschlagnahmt werden, werden sie an die Absender zurückgeben oder, sofern dies unmöglich oder aus besonderen Gründen untunlich ist, verwahrt.

(4) Schreiben, deren Überwachung nach § 37 Absatz 2 und 3 ausgeschlossen ist, dürfen nicht angehalten werden.

§ 40 Telefongespräche

(1) Den Untersuchungsgefangenen kann gestattet werden, auf eigene Kosten Telefongespräche zu führen. Die Bestimmungen über den Besuch gelten entsprechend. Ist die Überwachung des Telefongesprächs erforderlich, ist die beabsichtigte Überwachung den Gesprächspartnerinnen und Gesprächspartnern der Untersuchungsgefangenen unmittelbar nach Herstellung der Verbindung durch die Anstalt oder die Untersuchungsgefangenen mitzuteilen. Die Untersuchungsgefangenen sind rechtzeitig vor Beginn des Telefongesprächs über die beabsichtigte Überwachung und die Mitteilungspflicht nach Satz 3 zu unterrichten.

(2) Der Besitz und die Benutzung von Mobilfunkendgeräten innerhalb des Geländes der Anstalt sind verboten.

(3) Die Anstalt darf technische Geräte

1. zur Auffindung von Mobilfunkendgeräten,

2. zur Aktivierung von Mobilfunkendgeräten zum Zwecke der Auffindung und

3. zur Störung von Frequenzen, die der Herstellung unerlaubter Mobilfunkverbindungen auf dem Anstaltsgelände dienen,

betreiben. Dabei hat sie die von der Bundesnetzagentur gemäß § 55 Absatz 1 Satz 5 des Telekommunikationsgesetzes festgelegten Rahmenbedingungen zu beachten. Der Mobilfunkverkehr außerhalb des Anstaltsgeländes darf nicht beeinträchtigt werden.

§ 41 Pakete

(1) Der Empfang von Paketen mit Nahrungs- und Genussmitteln ist den Untersuchungsgefangenen nicht gestattet. Der Empfang von Paketen mit anderem Inhalt bedarf der Erlaubnis der Anstalt, welche Zeitpunkt und Höchstmenge für die Sendung und für einzelne Gegenstände festsetzen kann. Für den Ausschluss von Gegenständen gilt § 18 Absatz 4 entsprechend.

(2) Pakete sind in Gegenwart der Untersuchungsgefangenen zu öffnen, an die sie adressiert sind. Ausgeschlossene Gegenstände können zu ihrer Habe genommen oder den Absendern zurückgesandt werden. Nicht ausgehändigte Gegenstände, durch die bei der Versendung oder Aufbewahrung Personen verletzt oder Sachschäden verursacht werden können, dürfen vernichtet werden. Die hiernach getroffenen Maßnahmen werden den Untersuchungsgefangenen eröffnet.

(3) Der Empfang von Paketen kann vorübergehend versagt werden, wenn dies wegen der Gefährdung der Sicherheit oder Ordnung der Anstalt unerlässlich ist.

(4) Den Untersuchungsgefangenen kann gestattet werden, Pakete zu versenden. Die Anstalt kann ihren Inhalt aus Gründen der Sicherheit oder Ordnung der Anstalt überprüfen.

Abschnitt 7
Sicherheit und Ordnung

§ 42 Grundsatz

Die Pflichten und Beschränkungen, die den Untersuchungsgefangenen zur Aufrechterhaltung der Sicherheit oder Ordnung der Anstalt auferlegt werden, sind so zu wählen, dass sie in einem angemessenen Verhältnis zu ihrem Zweck stehen und die Untersuchungsgefangenen nicht mehr und nicht länger als notwendig beeinträchtigen.

§ 43 Verhaltensvorschriften

(1) Die Untersuchungsgefangenen dürfen durch ihr Verhalten gegenüber Bediensteten, Mitgefangenen und anderen Personen das geordnete Zusammenleben in der Anstalt nicht stören. Sie haben sich nach der Tageseinteilung der Anstalt (Arbeitszeit, Freizeit, Ruhezeit) zu richten.

(2) Die Untersuchungsgefangenen haben die Anordnungen der Bediensteten zu befolgen, auch wenn sie sich durch diese beschwert fühlen. Einen ihnen zugewiesenen Bereich dürfen sie nicht ohne Erlaubnis verlassen.

(3) Die Untersuchungsgefangenen haben ihren Haftraum und die ihnen von der Anstalt überlassenen Sachen in Ordnung zu halten und schonend zu behandeln.

(4) Die Untersuchungsgefangenen haben Umstände, die eine Gefahr für das Leben oder eine erhebliche Gefahr für die Gesundheit einer Person bedeuten, unverzüglich zu melden.

§ 44 Absuchung, Durchsuchung

(1) Die Untersuchungsgefangenen, ihre Sachen und die Hafträume dürfen mit technischen Mitteln abgesucht und durchsucht werden. Die Durchsuchung männlicher Untersuchungsgefangener darf nur von Männern, die Durchsuchung weiblicher Untersuchungsgefangener darf nur von Frauen vorgenommen werden. Das Schamgefühl ist zu schonen.

(2) Nur bei Gefahr im Verzug oder auf Anordnung der Anstaltsleiterin oder des Anstaltsleiters im Einzelfall ist es zulässig, eine mit einer Entkleidung verbundene körperliche Durchsuchung vorzunehmen. Sie darf bei männlichen Untersuchungsgefangenen nur in Gegenwart von Männern, bei weiblichen Untersuchungsgefangenen nur in Gegenwart von Frauen erfolgen. Sie ist in einem geschlossenen Raum durchzuführen. Andere Gefangene dürfen nicht anwesend sein.

(3) Die Anstaltsleiterin oder der Anstaltsleiter kann allgemein anordnen, dass Untersuchungsgefangene in der Regel bei der Aufnahme, vor und nach Kontakten mit Besucherinnen und Besuchern sowie vor und nach jeder Abwesenheit von der Anstalt nach Absatz 2 zu durchsuchen sind. Die Entkleidung im Einzelfall unterbleibt, wenn hierdurch die Sicherheit oder Ordnung der Anstalt nicht gefährdet wird.

§ 45 Erkennungsdienstliche Maßnahmen, Lichtbildausweise

(1) Zur Sicherung des Vollzugs, zur Aufrechterhaltung der Sicherheit oder Ordnung der Anstalt oder zur Identitätsfeststellung sind mit Kenntnis der Untersuchungsgefangenen zulässig:

1. die Abnahme von Finger- und Handflächenabdrücken,

2. die Aufnahme von Lichtbildern,

3. die Feststellung äußerlicher körperlicher Merkmale,

4. die elektronische Erfassung biometrischer Merkmale und

5. Messungen.

(2) Die hierbei gewonnenen Unterlagen oder Daten werden zu den Gefangenenpersonalakten genommen oder in personenbezogenen Dateien gespeichert. Sie können auch in kriminalpolizeilichen Sammlungen verwahrt werden. Die nach Absatz 1 erhobenen Daten dürfen nur für die in Absatz 1, in § 48 Absatz 2 und in § 89 Absatz 2 Nummer 4 genannten Zwecke verarbeitet werden.

(3) Werden die Untersuchungsgefangenen entlassen, sind diese in Dateien gespeicherten personenbezogenen Daten spätestens nach drei Monaten zu löschen. Werden die Untersuchungsgefangenen in eine andere

Anstalt verlegt oder wird unmittelbar im Anschluss an den Vollzug oder in Unterbrechung der Untersuchungshaft eine andere Haftart vollzogen, können die nach Absatz 1 erhobenen Daten der betreffenden Anstalt übermittelt und von dieser für die in Absatz 2 Satz 3 genannten Zwecke verarbeitet werden.

(4) Personen, die aufgrund des Absatzes 1 erkennungsdienstlich behandelt worden sind, können bei einer nicht nur vorläufigen Einstellung des Verfahrens, einer unanfechtbaren Ablehnung der Eröffnung des Hauptverfahrens oder einem rechtskräftigen Freispruch nach der Entlassung verlangen, dass die gewonnenen erkennungsdienstlichen Unterlagen unverzüglich vernichtet werden. Sie sind über dieses Recht bei der erkennungsdienstlichen Behandlung und bei der Entlassung aufzuklären.

(5) Die Anstalt kann die Untersuchungsgefangenen verpflichten, einen Lichtbildausweis mit sich zu führen, wenn dies aus Gründen der Sicherheit oder Ordnung der Anstalt erforderlich ist. Dieser ist bei der Entlassung oder bei der Verlegung in eine andere Anstalt einzuziehen und zu vernichten.

§ 46 Videoüberwachung

(1) Die Beobachtung des Anstaltsgebäudes, einschließlich des Gebäudeinneren, des Anstaltsgeländes und der unmittelbaren Umgebung der Anstalt mit optisch-elektronischen Einrichtungen (Videoüberwachung) sowie die Anfertigung von Aufzeichnungen hiervon sind zulässig, wenn dies für die Sicherheit oder Ordnung der Anstalt erforderlich ist. Die Videoüberwachung von Haftäumen ist ausgeschlossen, soweit in diesem Gesetz nichts anderes bestimmt ist.

(2) Auf die Videoüberwachung und die Anfertigung von Videoaufzeichnungen ist durch geeignete Maßnahmen hinzuweisen. Die Videoüberwachung und die Anfertigung von Videoaufzeichnungen dürfen auch durchgeführt werden, wenn Dritte unvermeidbar betroffen werden.

(3) Die Betroffenen sind über eine Verarbeitung und Nutzung ihrer durch Videotechnik erhobenen personenbezogenen Daten zu benachrichtigen, sofern die Daten nicht innerhalb der Anstalt verbleiben und binnen eines Monats gelöscht werden. Eine Pflicht zur Benachrichtigung besteht nicht, sofern die Betroffenen auf andere Weise Kenntnis von der Verarbeitung und Nutzung erlangt haben oder die Unterrichtung einen unverhältnismäßigen Aufwand erfordert. Die Unterrichtung kann unterbleiben, solange durch sie der Zweck der Maßnahme vereitelt würde.

§ 47 Maßnahmen zur Feststellung von Suchtmittelkonsum

(1) Zur Aufrechterhaltung der Sicherheit oder Ordnung der Anstalt kann die Anstaltsleiterin oder der Anstaltsleiter allgemein oder im Einzelfall Maßnahmen anordnen, die geeignet sind, den Missbrauch von Suchtmitteln festzustellen. Diese Maßnahmen dürfen nicht mit einem körperlichen Eingriff verbunden sein.

(2) Wird Suchtmittelmissbrauch festgestellt, können die Kosten der Maßnahmen den Untersuchungsgefangenen auferlegt werden.

§ 48 Festnahmerecht

(1) Untersuchungsgefangene, die entwichen sind oder sich sonst ohne Erlaubnis außerhalb der Anstalt aufhalten, können durch die Anstalt oder auf deren Veranlassung festgenommen und zurückgebracht werden.

(2) Nach § 45 Absatz 1 und § 88 erhobene und zur Identifizierung oder Festnahme erforderliche Daten dürfen den Vollstreckungs- und Strafverfolgungsbehörden übermittelt werden, soweit dies für Zwecke der Fahndung und Festnahme der entwichenen oder sich sonst ohne Erlaubnis außerhalb der Anstalt aufhaltenden Untersuchungsgefangenen erforderlich ist.

§ 49 Besondere Sicherungsmaßnahmen

(1) Gegen Untersuchungsgefangene können besondere Sicherungsmaßnahmen angeordnet werden, wenn nach ihrem Verhalten oder aufgrund ihres seelischen Zustands in erhöhtem Maße die Gefahr der Entweichung, von Gewalttätigkeiten gegen Personen oder Sa-

chen, der Selbsttötung oder der Selbstverletzung besteht.

(2) Als besondere Sicherungsmaßnahmen sind zulässig:

1. der Entzug oder die Vorenthaltung von Gegenständen,

2. die Beobachtung der Untersuchungsgefangenen, auch mit technischen Hilfsmitteln, insbesondere auch mittels Videoüberwachung,

3. die Absonderung von anderen Gefangenen,

4. der Entzug oder die Beschränkung des Aufenthalts im Freien,

5. die Unterbringung in einem besonders gesicherten Haftraum ohne gefährdende Gegenstände und

6. die Fesselung.

(3) Maßnahmen nach Absatz 2 Nummer 1, 3 bis 5 sind auch zulässig, wenn die Gefahr einer Befreiung oder eine erhebliche Störung der Ordnung der Anstalt anders nicht vermieden oder behoben werden kann.

(4) Bei einer Ausführung, Vorführung oder beim Transport ist die Fesselung auch dann zulässig, wenn die Gefahr einer Entweichung besteht.

§ 50 Einzelhaft

Die unausgesetzte Absonderung der Untersuchungsgefangenen (Einzelhaft) ist nur zulässig, wenn dies aus Gründen, die in deren Person liegen, unerlässlich ist. Einzelhaft von mehr als einem Monat Gesamtdauer im Jahr bedarf der Zustimmung der Aufsichtsbehörde und wird dem Gericht und der Staatsanwaltschaft von der Anstalt mitgeteilt. Während des Vollzugs der Einzelhaft sind die Untersuchungsgefangenen in besonderem Maße zu betreuen.

§ 51 Fesselung

In der Regel dürfen Fesseln nur an den Händen oder an den Füßen angelegt werden. Im Interesse der Untersuchungsgefangenen kann die Anstaltsleiterin oder der Anstaltsleiter eine andere Art der Fesselung anord-

nen. Die Fesselung wird zeitweise gelockert, soweit dies notwendig ist.

§ 52 Anordnung besonderer Sicherungsmaßnahmen, Verfahren

(1) Besondere Sicherungsmaßnahmen ordnet die Anstaltsleiterin oder der Anstaltsleiter an. Bei Gefahr im Verzug können auch andere Bedienstete diese Maßnahmen vorläufig anordnen. Die Entscheidung der Anstaltsleiterin oder des Anstaltsleiters ist unverzüglich einzuholen.

(2) Werden Untersuchungsgefangene ärztlich behandelt oder beobachtet oder bildet ihr seelischer Zustand den Anlass der Sicherungsmaßnahme, ist vorher eine ärztliche oder psychologische Stellungnahme einzuholen. Ist dies wegen Gefahr im Verzug nicht möglich, wird die Stellungnahme unverzüglich nachträglich eingeholt.

(3) Die Entscheidung wird den Untersuchungsgefangenen von der Anstaltsleiterin oder dem Anstaltsleiter mündlich eröffnet und mit einer kurzen Begründung schriftlich abgefasst.

(4) Besondere Sicherungsmaßnahmen sind in angemessenen Abständen daraufhin zu überprüfen, ob und in welchem Umfang sie aufrechterhalten werden müssen.

(5) Besondere Sicherungsmaßnahmen nach § 49 Absatz 2 Nummer 5 und 6 sind der Aufsichtsbehörde, dem Gericht und der Staatsanwaltschaft unverzüglich mitzuteilen, wenn sie länger als drei Tage aufrechterhalten werden.

§ 53 Ärztliche Überwachung

(1) Sind Untersuchungsgefangene in einem besonders gesicherten Haftraum untergebracht oder gefesselt (§ 49 Absatz 2 Nummer 5 und 6), sucht sie die Ärztin oder der Arzt alsbald und in der Folge möglichst täglich auf. Dies gilt nicht bei einer Fesselung während einer Ausführung, Vorführung oder eines Transports (§ 49 Absatz 4).

(2) Die Ärztin oder der Arzt ist regelmäßig zu hören, solange eine besondere Sicherungsmaßnahme nach § 49 Absatz 2 Nummer 4 oder Einzelhaft nach § 50 andauert.

Abschnitt 8
Unmittelbarer Zwang

§ 54 Begriffsbestimmungen

(1) Unmittelbarer Zwang ist die Einwirkung auf Personen oder Sachen durch körperliche Gewalt, ihre Hilfsmittel und durch Waffen.

(2) Körperliche Gewalt ist jede unmittelbare körperliche Einwirkung auf Personen oder Sachen.

(3) Hilfsmittel der körperlichen Gewalt sind insbesondere Fesseln und Reizstoffe.

(4) Waffen sind die dienstlich zugelassenen Hieb- und Schusswaffen.

§ 55 Allgemeine Voraussetzungen

(1) Die Bediensteten dürfen unmittelbaren Zwang anwenden, wenn sie Vollzugs- und Sicherungsmaßnahmen rechtmäßig durchführen und der damit verfolgte Zweck auf keine andere Weise erreicht werden kann.

(2) Gegen andere Personen als Untersuchungsgefangene darf unmittelbarer Zwang angewendet werden, wenn sie es unternehmen, Gefangene zu befreien oder widerrechtlich in die Anstalt einzudringen, oder wenn sie sich unbefugt darin aufhalten.

(3) Das Recht zu unmittelbarem Zwang aufgrund anderer Regelungen bleibt unberührt.

§ 56 Grundsatz der Verhältnismäßigkeit

(1) Unter mehreren möglichen und geeigneten Maßnahmen des unmittelbaren Zwangs sind diejenigen zu wählen, die den Einzelnen und die Allgemeinheit voraussichtlich am wenigsten beeinträchtigen.

(2) Unmittelbarer Zwang unterbleibt, wenn ein durch ihn zu erwartender Schaden erkennbar außer Verhältnis zu dem angestrebten Erfolg steht.

§ 57 Handeln auf Anordnung

(1) Wird unmittelbarer Zwang von Vorgesetzten oder sonst befugten Personen angeordnet, sind die Bediensteten verpflichtet, ihn anzuwenden, es sei denn, die Anordnung verletzt die Menschenwürde oder ist nicht zu dienstlichen Zwecken erteilt worden.

(2) Die Anordnung darf nicht befolgt werden, wenn dadurch eine Straftat begangen würde. Befolgen die Bediensteten sie trotzdem, trifft sie eine Schuld nur, wenn sie erkennen oder wenn es nach den ihnen bekannten Umständen offensichtlich ist, dass dadurch eine Straftat begangen wird.

(3) Bedenken gegen die Rechtmäßigkeit der Anordnung haben Bedienstete dem Anordnenden gegenüber vorzubringen, soweit das nach den Umständen möglich ist. Abweichende Bestimmungen des allgemeinen Beamtenrechts über die Mitteilung solcher Bedenken an Vorgesetzte (§ 36 Absatz 2 und 3 des Beamtenstatusgesetzes) sind nicht anzuwenden.

§ 58 Androhung

Unmittelbarer Zwang ist vorher anzudrohen. Die Androhung darf nur dann unterbleiben, wenn die Umstände sie nicht zulassen oder unmittelbarer Zwang sofort angewendet werden muss, um eine rechtswidrige Tat, die den Tatbestand eines Strafgesetzes erfüllt, zu verhindern oder eine gegenwärtige Gefahr abzuwenden.

§ 59 Schusswaffengebrauch

(1) Schusswaffen dürfen nur gebraucht werden, wenn andere Maßnahmen des unmittelbaren Zwangs bereits erfolglos waren oder keinen Erfolg versprechen. Gegen Personen ist ihr Gebrauch nur zulässig, wenn der Zweck nicht durch Waffenwirkung gegen Sachen erreicht wird.

(2) Schusswaffen dürfen nur die dazu bestimmten Bediensteten gebrauchen und nur, um angriffs- oder fluchtunfähig zu machen. Ihr Gebrauch unterbleibt, wenn dadurch erkennbar Unbeteiligte mit hoher Wahrscheinlichkeit gefährdet würden.

(3) Der Gebrauch von Schusswaffen ist vorher anzudrohen. Als Androhung gilt auch ein Warnschuss. Ohne Androhung dürfen Schusswaffen nur dann gebraucht werden, wenn dies zur Abwehr einer gegenwärtigen Gefahr für Leib oder Leben erforderlich ist.

(4) Gegen Untersuchungsgefangene dürfen Schusswaffen gebraucht werden,

1. wenn sie eine Waffe oder ein anderes gefährliches Werkzeug trotz wiederholter Aufforderung nicht ablegen,

2. wenn sie eine Meuterei (§ 121 des Strafgesetzbuchs) unternehmen oder

3. um ihre Entweichung zu vereiteln oder um sie wieder zu ergreifen.

(5) Gegen andere Personen dürfen Schusswaffen gebraucht werden, wenn sie es unternehmen, Gefangene gewaltsam zu befreien oder gewaltsam in eine Anstalt einzudringen.

Abschnitt 9
Disziplinarmaßnahmen

§ 60 Voraussetzungen

(1) Disziplinarmaßnahmen können angeordnet werden, wenn Untersuchungsgefangene rechtswidrig und schuldhaft

1. gegen Strafgesetze verstoßen oder eine Ordnungswidrigkeit begehen,

2. gegen eine verfahrenssichernde Anordnung verstoßen,

3. andere Personen verbal oder tätlich angreifen,

4. Lebensmittel oder fremdes Eigentum zerstören oder beschädigen,

5. verbotene Gegenstände in die Anstalt bringen,

6. sich am Einschmuggeln verbotener Gegenstände beteiligen oder sie besitzen,

7. entweichen oder zu entweichen versuchen oder

8. in sonstiger Weise wiederholt oder schwerwiegend gegen die Hausordnung verstoßen oder das Zusammenleben in der Anstalt stören.

(2) Von einer Disziplinarmaßnahme wird abgesehen, wenn es genügt, die Untersuchungsgefangenen zu verwarnen.

(3) Disziplinarmaßnahmen sind auch zulässig, wenn wegen derselben Verfehlung ein Straf- oder Bußgeldverfahren eingeleitet wird.

§ 61 Arten der Disziplinarmaßnahmen

(1) Zulässige Disziplinarmaßnahmen sind

1. Verweis,

2. die Beschränkung oder der Entzug des Einkaufs bis zu zwei Monaten,

3. die Beschränkung oder der Entzug von Annehmlichkeiten nach § 19 bis zu zwei Monaten,

4. die Beschränkung oder der Entzug des Rundfunkempfangs bis zu zwei Monaten; der gleichzeitige Entzug des Hörfunk- und Fernsehempfangs jedoch nur bis zu zwei Wochen,

5. die Beschränkung oder der Entzug der Gegenstände für die Freizeitbeschäftigung oder der Ausschluss von gemeinsamer Freizeit oder von einzelnen Freizeitveranstaltungen bis zu zwei Monaten,

6. der Entzug der zugewiesenen Arbeit oder Beschäftigung bis zu vier Wochen unter Wegfall der in diesem Gesetz geregelten Bezüge und

7. Arrest bis zu vier Wochen.

(2) Mehrere Disziplinarmaßnahmen können miteinander verbunden werden.

(3) Arrest darf nur wegen schwerer oder wiederholter Verfehlungen verhängt werden.

(4) Bei der Auswahl der Disziplinarmaßnahmen sind Grund und Zweck der Haft sowie die psychischen Auswirkungen der Untersuchungshaft und des Strafverfahrens auf die Untersuchungsgefangenen zu berücksichtigen. Durch die Anordnung und den Vollzug einer Disziplinarmaßnahme dürfen die Verteidigung, die Verhandlungsfähigkeit und die Verfügbarkeit der Untersuchungsgefangenen für die Verhandlung nicht beeinträchtigt werden.

§ 62 Vollzug der Disziplinarmaßnahmen, Aussetzung zur Bewährung

(1) Disziplinarmaßnahmen werden in der Regel sofort vollstreckt.

(2) Disziplinarmaßnahmen können ganz oder teilweise bis zu sechs Monaten zur Bewährung ausgesetzt werden.

(3) Arrest wird in Einzelhaft vollzogen. Die Untersuchungsgefangenen können in einem besonderen Arrestraum untergebracht werden, der den Anforderungen entsprechen muss, die an einen zum Aufenthalt bei Tag und Nacht bestimmten Haftraum gestellt werden. Soweit nichts anderes angeordnet wird, ruhen die Befugnisse der Untersuchungsgefangenen aus den §§ 16, 17 Absatz 1, § 18 Absatz 2 und 3, §§ 19, 24 Absatz 2 und 3, §§ 26, 27 Absatz 1 und § 28.

§ 63 Disziplinarbefugnis

(1) Disziplinarmaßnahmen ordnet die Anstaltsleiterin oder der Anstaltsleiter an. Bei einer Verfehlung auf dem Weg in eine andere Anstalt zum Zweck der Verlegung ist die aufnehmende Anstalt zuständig.

(2) Die Aufsichtsbehörde entscheidet, wenn sich die Verfehlung gegen die Anstaltsleiterin oder den Anstaltsleiter richtet.

(3) Disziplinarmaßnahmen, die gegen die Untersuchungsgefangenen in einer anderen Anstalt oder während einer anderen Haft angeordnet worden sind, werden auf Ersuchen vollstreckt. § 62 Absatz 2 gilt entsprechend.

§ 64 Verfahren

(1) Der Sachverhalt ist zu klären. Die betroffenen Untersuchungsgefangenen werden gehört. Sie sind darauf hinzuweisen, dass es ihnen freisteht, sich zu äußern. Die Erhebungen werden in einer Niederschrift festgehalten; die Einlassung der Untersuchungsgefangenen wird vermerkt.

(2) Bei schweren Verfehlungen soll sich die Anstaltsleiterin oder der Anstaltsleiter vor der Entscheidung mit Personen besprechen, die an der Betreuung der Untersuchungsgefangenen mitwirken.

(3) Vor der Anordnung von Disziplinarmaßnahmen gegen Untersuchungsgefangene, die sich in ärztlicher Behandlung befinden, oder gegen Schwangere oder stillende Mütter ist eine Ärztin oder ein Arzt zu hören.

(4) Die Entscheidung wird den Untersuchungsgefangenen von der Anstaltsleiterin oder dem Anstaltsleiter mündlich eröffnet und mit einer kurzen Begründung schriftlich abgefasst.

(5) Bevor Arrest vollzogen wird, ist eine Ärztin oder ein Arzt zu hören. Während des Arrests stehen die Untersuchungsgefangenen unter ärztlicher Aufsicht. Der Vollzug unterbleibt oder wird unterbrochen, wenn die Gesundheit der Untersuchungsgefangenen oder der Fortgang des Strafverfahrens gefährdet würde.

Abschnitt 10
Beschwerde

§ 65 Beschwerderecht

(1) Die Untersuchungsgefangenen erhalten Gelegenheit, sich mit Wünschen, Anregungen und Beschwerden in vollzuglichen Angelegenheiten, die sie selbst betreffen, an die Anstaltsleiterin oder den Anstaltsleiter zu wenden.

(2) Besichtigen Vertreterinnen oder Vertreter der Aufsichtsbehörde die Anstalt, so ist zu gewährleisten, dass die Untersuchungsgefangenen sich in vollzuglichen Angelegenheiten, die sie selbst betreffen, an diese wenden können.

(3) Die Möglichkeit der Dienstaufsichtsbeschwerde bleibt unberührt.

Abschnitt 11
Ergänzende Bestimmungen für junge Untersuchungsgefangene

§ 66 Anwendungsbereich

(1) Auf Untersuchungsgefangene, die zur Tatzeit das 21. Lebensjahr noch nicht vollendet hatten und die das 24. Lebensjahr noch nicht vollendet haben (junge Untersuchungsgefangene), findet dieses Gesetz nach Maßgabe der Bestimmungen dieses Abschnitts Anwendung.

(2) Von einer Anwendung der Bestimmungen dieses Abschnitts sowie des § 11 Absatz 2 auf volljährige junge Untersuchungsgefangene kann abgesehen werden, wenn die erzieherische Ausgestaltung des Vollzugs für diese

nicht oder nicht mehr angezeigt ist. Die Bestimmungen dieses Abschnitts können ausnahmsweise auch über die Vollendung des 24. Lebensjahres hinaus angewendet werden, wenn dies im Hinblick auf die voraussichtlich nur noch geringe Dauer der Untersuchungshaft zweckmäßig erscheint.

§ 67 Vollzugsgestaltung

(1) Der Vollzug ist erzieherisch zu gestalten. Die Fähigkeiten der jungen Untersuchungsgefangenen zu einer eigenverantwortlichen und gemeinschaftsfähigen Lebensführung in Achtung der Rechte Anderer sind zu fördern.

(2) Den jungen Untersuchungsgefangenen sollen neben altersgemäßen Bildungs-, Beschäftigungs- und Freizeitmöglichkeiten auch sonstige entwicklungsfördernde Hilfestellungen angeboten werden. Die Bereitschaft zur Annahme der Angebote ist zu wecken und zu fördern.

(3) In diesem Gesetz vorgesehene Beschränkungen können minderjährigen Untersuchungsgefangenen auch auferlegt werden, soweit es dringend geboten ist, um sie vor einer Gefährdung ihrer Entwicklung zu bewahren.

(4) Das im Untersuchungshaftvollzug an jungen Untersuchungsgefangenen eingesetzte Personal muss für die erzieherische Gestaltung des Vollzugs geeignet und qualifiziert sein. Im Übrigen gilt § 80 dieses Gesetzes.

§ 68 Zusammenarbeit und Einbeziehung Dritter

(1) Die Zusammenarbeit der Anstalt mit staatlichen und privaten Institutionen erstreckt sich insbesondere auch auf Jugendgerichtshilfe, Jugendamt, Schulen und Einrichtungen für berufliche Bildung.

(2) Die Personensorgeberechtigten sind, soweit dies möglich ist und eine verfahrenssichernde Anordnung nicht entgegensteht, in die Gestaltung des Vollzugs einzubeziehen.

(3) Die Personensorgeberechtigten und das Jugendamt werden von der Aufnahme, von einer Verlegung und der Entlassung unverzüglich unterrichtet, soweit eine verfahrenssichernde Anordnung nicht entgegensteht.

§ 69 Ermittlung des Förder- und Erziehungsbedarfs, Maßnahmen

(1) Nach der Aufnahme wird der Förder- und Erziehungsbedarf der jungen Untersuchungsgefangenen unter Berücksichtigung ihrer Persönlichkeit und ihrer Lebensverhältnisse ermittelt.

(2) In einer Konferenz mit an der Erziehung maßgeblich beteiligten Bediensteten werden unter Beteiligung der Jugendhilfe ein möglicher Förder- und Erziehungsbedarf erörtert und die sich daraus ergebenden Maßnahmen festgelegt. Diese werden mit den jungen Untersuchungsgefangenen besprochen und den Personensorgeberechtigten auf Verlangen mitgeteilt. Die Ergebnisse sind dem Jugendgericht mitzuteilen.

(3) Zur Erfüllung der Aufgabe nach Absatz 1 dürfen personenbezogene Daten abweichend von § 88 Absatz 2 ohne Mitwirkung der Betroffenen erhoben werden bei Stellen, die Aufgaben der Jugendhilfe wahrnehmen, bei der Jugendgerichtshilfe und bei Personen und Stellen, die bereits Kenntnis von der Inhaftierung haben.

§ 70 Unterbringung

(1) Die jungen Untersuchungsgefangenen können in Wohngruppen untergebracht werden, zu denen neben den Hafträumen weitere Räume zur gemeinsamen Nutzung gehören.

(2) Die gemeinschaftliche Unterbringung während der Bildung, Arbeit und Freizeit kann über § 12 Absatz 3 hinaus auch eingeschränkt oder ausgeschlossen werden, wenn dies aus erzieherischen Gründen angezeigt ist, schädliche Einflüsse auf die jungen Untersuchungsgefangenen zu befürchten sind oder während der ersten zwei Wochen nach der Aufnahme.

(3) Eine gemeinsame Unterbringung nach § 13 Absatz 1 Satz 2 ist nur zulässig, wenn schädliche Einflüsse auf die jungen Untersuchungsgefangenen nicht zu befürchten sind.

§ 71 Schulische und berufliche Aus- und Weiterbildung, Arbeit

(1) Schulpflichtige Untersuchungsgefangene nehmen in der Anstalt am allgemein- oder

berufsbildenden Unterricht in Anlehnung an die für öffentliche Schulen geltenden Bestimmungen teil.

(2) Minderjährige Untersuchungsgefangene können zur Teilnahme an schulischen und beruflichen Orientierungs-, Aus- und Weiterbildungsmaßnahmen oder speziellen Maßnahmen zur Förderung ihrer schulischen, beruflichen oder persönlichen Entwicklung verpflichtet werden.

(3) Den übrigen jungen Untersuchungsgefangenen soll nach Möglichkeit die Teilnahme an den in Absatz 2 genannten Maßnahmen angeboten werden.

(4) Im Übrigen bleibt § 24 Absatz 2 unberührt.

§ 72 Besuche, Schriftwechsel, Telefongespräche

(1) Abweichend von § 33 Absatz 1 Satz 2 beträgt die Gesamtdauer des Besuchs für junge Untersuchungsgefangene mindestens vier Stunden im Monat. Über § 33 Absatz 3 hinaus sollen Besuche auch dann zugelassen werden, wenn sie die Erziehung fördern.

(2) Besuche von Kindern junger Untersuchungsgefangener werden nicht auf die Regelbesuchszeiten angerechnet.

(3) Bei minderjährigen Untersuchungsgefangenen können Besuche, Schriftwechsel und Telefongespräche auch untersagt werden, wenn Personensorgeberechtigte nicht einverstanden sind.

(4) Besuche dürfen über § 35 Absatz 3 hinaus auch abgebrochen werden, wenn von den Besucherinnen und Besuchern ein schädlicher Einfluss ausgeht.

(5) Der Schriftwechsel kann über § 36 Absatz 2 hinaus bei Personen, die nicht Angehörige der jungen Untersuchungsgefangenen sind, auch untersagt werden, wenn zu befürchten ist, dass der Schriftwechsel einen schädlichen Einfluss auf die jungen Untersuchungsgefangenen hat.

(6) Für Besuche, Schriftwechsel und Telefongespräche mit Beiständen nach § 69 des Jugendgerichtsgesetzes gelten die §§ 34, 35 Absatz 4 und § 37 Absatz 2 entsprechend.

§ 73 Freizeit und Sport

(1) Zur Ausgestaltung der Freizeit sind geeignete Angebote vorzuhalten. Die jungen Untersuchungsgefangenen sind zur Teilnahme und Mitwirkung an Freizeitangeboten zu motivieren.

(2) Über § 16 Satz 2 hinaus ist der Besitz eigener Fernsehgeräte und elektronischer Medien ausgeschlossen, wenn erzieherische Gründe entgegenstehen.

(3) Dem Sport kommt bei der Gestaltung des Vollzugs an jungen Untersuchungsgefangenen besondere Bedeutung zu. Es sind ausreichende und geeignete Angebote vorzuhalten, um den jungen Untersuchungsgefangenen eine sportliche Betätigung von mindestens zwei Stunden wöchentlich zu ermöglichen.

§ 74 Besondere Sicherungsmaßnahmen, Schusswaffengebrauch

(1) § 49 Absatz 3 gilt mit der Maßgabe, dass der Entzug oder die Beschränkung des Aufenthalts im Freien nicht zulässig ist.

(2) Innerhalb von Jugendstrafvollzugsanstalten ist § 59 nicht anzuwenden.

§ 75 Erzieherische Maßnahmen, Disziplinarmaßnahmen

(1) Verstöße der jungen Untersuchungsgefangenen gegen Pflichten, die ihnen durch dieses Gesetz oder aufgrund dieses Gesetzes auferlegt sind, sind unverzüglich im erzieherischen Gespräch aufzuarbeiten. Daneben können Maßnahmen angeordnet werden, die geeignet sind, den jungen Untersuchungsgefangenen ihr Fehlverhalten bewusst zu machen (erzieherische Maßnahmen). Als erzieherische Maßnahmen kommen namentlich in Betracht die Erteilung von Weisungen und Auflagen, die Beschränkung oder der Entzug einzelner Gegenstände für die Freizeitbeschäftigung und der Ausschluss von gemeinsamer Freizeit oder einzelnen Freizeitveranstaltungen bis zur Dauer einer Woche.

(2) Die Anstaltsleiterin oder der Anstaltsleiter legt fest, welche Bediensteten befugt sind, erzieherische Maßnahmen anzuordnen.

(3) Es sollen solche erzieherischen Maßnahmen angeordnet werden, die mit der Verfehlung in Zusammenhang stehen.

(4) Disziplinarmaßnahmen dürfen nur angeordnet werden, wenn erzieherische Maßnahmen nach Absatz 1 nicht ausreichen, um den jungen Untersuchungsgefangenen das Unrecht ihrer Handlung zu verdeutlichen. Zu berücksichtigen ist ferner eine aus demselben Anlass angeordnete besondere Sicherungsmaßnahme.

(5) Gegen junge Untersuchungsgefangene dürfen Disziplinarmaßnahmen nach § 61 Absatz 1 Nummer 1 und 6 nicht verhängt werden. Arrest nach § 61 Absatz 1 Nummer 7 ist nur bis zu zwei Wochen zulässig und erzieherisch auszugestalten.

Abschnitt 12
Aufbau der Anstalt

§ 76 Gliederung, Räume

(1) Soweit es nach § 11 zur Umsetzung der Trennungsgrundsätze erforderlich ist, werden in der Anstalt gesonderte Abteilungen für den Vollzug der Untersuchungshaft eingerichtet.

(2) Räume für den Aufenthalt während der Ruhe- und Freizeit sowie Gemeinschafts- und Besuchsräume sind zweckentsprechend auszugestalten.

§ 77 Festsetzung der Belegungsfähigkeit, Verbot der Überbelegung

(1) Die Aufsichtsbehörde setzt die Belegungsfähigkeit der Anstalt so fest, dass eine angemessene Unterbringung während der Ruhezeit gewährleistet ist. Dabei ist zu berücksichtigen, dass eine ausreichende Anzahl von Plätzen für Arbeit und Bildung sowie von Räumen für Seelsorge, Freizeit, Sport und Besuche zur Verfügung steht.

(2) Hafträume dürfen nicht mit mehr Gefangenen als zugelassen belegt werden.

(3) Ausnahmen von Absatz 2 sind nur vorübergehend und nur mit Zustimmung der Aufsichtsbehörde zulässig.

§ 78 Arbeitsbetriebe, Einrichtungen zur schulischen und beruflichen Bildung

(1) Arbeitsbetriebe und Einrichtungen zur schulischen und beruflichen Bildung sollen vorgehalten werden.

(2) Beschäftigung und Bildung können auch in geeigneten privaten Einrichtungen und Betrieben erfolgen. Die technische und fachliche Leitung kann Angehörigen dieser Einrichtungen und Betriebe übertragen werden.

§ 79 Anstaltsleitung

Die Anstaltsleiterin oder der Anstaltsleiter trägt die Verantwortung für den gesamten Vollzug und vertritt die Anstalt nach außen. Sie oder er kann einzelne Aufgabenbereiche auf andere Bedienstete übertragen. Die Aufsichtsbehörde kann sich die Zustimmung zur Übertragung vorbehalten.

§ 80 Bedienstete

Die Anstalt wird mit dem für den Vollzug der Untersuchungshaft erforderlichen Personal ausgestattet. Fortbildung sowie Praxisberatung und -begleitung für die Bediensteten sind zu gewährleisten.

§ 81 Seelsorgerinnen und Seelsorger

(1) Seelsorgerinnen und Seelsorger werden im Einvernehmen mit der jeweiligen Religionsgemeinschaft im Hauptamt bestellt oder vertraglich verpflichtet.

(2) Wenn die geringe Anzahl der Angehörigen einer Religionsgemeinschaft eine Seelsorge nach Absatz 1 nicht rechtfertigt, ist die seelsorgerische Betreuung auf andere Weise zuzulassen.

(3) Mit Zustimmung der Anstaltsleiterin oder des Anstaltsleiters darf die Anstaltsseelsorgerin oder der Anstaltsseelsorger sich freier Seelsorgehelferinnen oder Seelsorgehelfer bedienen und diese für Gottesdienste sowie für andere religiöse Veranstaltungen von außen zuziehen.

§ 82 Medizinische Versorgung

(1) Die ärztliche Versorgung ist sicherzustellen.

(2) Die Pflege der Kranken soll von Bediensteten ausgeübt werden, die eine Erlaubnis nach dem Krankenpflegegesetz besitzen. Solange diese nicht zur Verfügung stehen, können auch Bedienstete eingesetzt werden, die eine sonstige Ausbildung in der Krankenpflege erfahren haben.

§ 83 Mitverantwortung der Untersuchungsgefangenen

Den Untersuchungsgefangenen soll ermöglicht werden, an der Verantwortung für Angelegenheiten von gemeinsamem Interesse teilzunehmen, die sich ihrer Eigenart und der Aufgabe der Anstalt nach für ihre Mitwirkung eignen.

§ 84 Hausordnung

(1) Die Anstaltsleiterin oder der Anstaltsleiter erlässt eine Hausordnung. Die Aufsichtsbehörde kann sich die Genehmigung vorbehalten.

(2) In die Hausordnung sind namentlich Anordnungen aufzunehmen über die

1. Besuchszeiten, Häufigkeit und Dauer der Besuche,

2. Arbeitszeit, Freizeit und Ruhezeit sowie

3. Gelegenheit, Anträge und Beschwerden anzubringen oder sich an eine Vertreterin oder einen Vertreter der Aufsichtsbehörde zu wenden.

Abschnitt 13
Aufsicht, Beirat

§ 85 Aufsichtsbehörde

Der Senator für Justiz und Verfassung führt die Aufsicht über die Anstalt.

§ 86 Vollstreckungsplan

Der Senator für Justiz und Verfassung regelt die örtliche und sachliche Zuständigkeit der Anstalt in einem Vollstreckungsplan. Im Rahmen von Vollzugsgemeinschaften kann der Vollzug auch in Vollzugseinrichtungen anderer Länder vorgesehen werden.

§ 87 Beirat

(1) Aus den Mitgliedern des bei der Justizvollzugsanstalt Bremen gebildeten Beirats sind Mitglieder in angemessener Zahl für den Untersuchungshaftvollzug zu benennen. Bedienstete dürfen nicht Mitglieder des Beirats sein.

(2) Die Mitglieder des Beirats wirken bei der Gestaltung des Vollzugs und bei der Betreuung der Untersuchungsgefangenen mit. Sie unterstützen die Anstaltsleiterin oder den Anstaltsleiter durch Anregungen und Verbesserungsvorschläge.

(3) Die Mitglieder des Beirats können namentlich Wünsche, Anregungen und Beanstandungen entgegennehmen. Sie können sich über die Unterbringung, Verpflegung, ärztliche Versorgung, Beschäftigung, Bildung und Betreuung unterrichten sowie die Anstalt besichtigen. Sie können die Untersuchungsgefangenen in ihren Räumen aufsuchen. Unterhaltung und Schriftwechsel werden vorbehaltlich einer verfahrenssichernden Anordnung nicht überwacht.

(4) Die Mitglieder des Beirats sind verpflichtet, außerhalb ihres Amtes über alle Angelegenheiten, die ihrer Natur nach vertraulich sind, besonders über Namen und Persönlichkeit der Untersuchungsgefangenen, Verschwiegenheit zu bewahren. Dies gilt auch nach Beendigung ihres Amtes.

Abschnitt 14
Datenschutz

§ 88 Erhebung personenbezogener Daten

(1) Die Anstalt und die Aufsichtsbehörde dürfen personenbezogene Daten erheben, soweit dies für den Vollzug erforderlich ist.

(2) Personenbezogene Daten sind bei den Betroffenen zu erheben. Ohne ihre Mitwirkung dürfen sie nur erhoben werden, wenn

1. eine Rechtsvorschrift dies vorsieht oder zwingend voraussetzt oder

2. a) die zu erfüllende Verwaltungsaufgabe nach Art oder Geschäftszweck eine Er-

hebung bei anderen Personen oder Stellen erforderlich macht oder

b) die Erhebung bei den Betroffenen einen unverhältnismäßigen Aufwand erfordern würde

und keine Anhaltspunkte dafür bestehen, dass überwiegende schutzwürdige Interessen der Betroffenen beeinträchtigt werden.

(3) Werden personenbezogene Daten bei den Betroffenen erhoben, so sind diese von der verantwortlichen Stelle über

1. die Identität der verantwortlichen Stelle,

2. die Zweckbestimmungen der Erhebung, Verarbeitung oder Nutzung und

3. die Kategorien von Empfängern nur, soweit die Betroffenen nach den Umständen des Einzelfalles nicht mit der Übermittlung an diese rechnen müssen,

zu unterrichten. Werden personenbezogene Daten bei den Betroffenen aufgrund einer Rechtsvorschrift erhoben, die zur Auskunft verpflichtet, oder ist die Erteilung der Auskunft Voraussetzung für die Gewährung von Rechtsvorteilen, so sind die Betroffenen hierauf, sonst auf die Freiwilligkeit ihrer Angaben hinzuweisen. Soweit nach den Umständen des Einzelfalles erforderlich oder auf Verlangen, sind sie über die Rechtsvorschrift und über die Folgen der Verweigerung von Angaben aufzuklären.

(4) Daten über Personen, die nicht Untersuchungsgefangene sind, dürfen ohne ihre Mitwirkung bei Personen oder Stellen außerhalb der Anstalt oder Aufsichtsbehörde nur erhoben werden, wenn die Daten für die Sicherheit der Anstalt oder die Sicherung des Vollzugs der Untersuchungshaft unerlässlich sind und die Art der Erhebung schutzwürdige Interessen der Betroffenen nicht beeinträchtigt.

(5) Über eine ohne ihre Kenntnis vorgenommene Erhebung personenbezogener Daten werden die Betroffenen unter Angabe dieser Daten unterrichtet, soweit der in Absatz 1 genannte Zweck dadurch nicht gefährdet wird. Sind die Daten bei anderen Personen oder Stellen erhoben worden, kann die Unterrichtung unterbleiben, wenn

1. die Daten nach einer Rechtsvorschrift oder ihrem Wesen nach, namentlich wegen des überwiegenden berechtigten Interesses Dritter, geheim gehalten werden müssen oder

2. der Aufwand der Unterrichtung außer Verhältnis zum Schutzzweck steht und keine Anhaltspunkte dafür bestehen, dass überwiegende schutzwürdige Interessen der Betroffenen beeinträchtigt werden.

(6) Werden personenbezogene Daten statt bei den Betroffenen bei einer nicht öffentlichen Stelle erhoben, so ist die Stelle auf die Rechtsvorschrift, die zur Auskunft verpflichtet, sonst auf die Freiwilligkeit ihrer Angaben hinzuweisen.

§ 89 Verarbeitung und Nutzung

(1) Die Anstalt und die Aufsichtsbehörde dürfen personenbezogene Daten verarbeiten, soweit dies für den Vollzug erforderlich ist.

(2) Die Verarbeitung und Nutzung personenbezogener Daten für andere Zwecke ist zulässig, soweit dies

1. zur Abwehr von sicherheitsgefährdenden oder geheimdienstlichen Tätigkeiten für eine fremde Macht oder von Bestrebungen im Geltungsbereich des Grundgesetzes, die durch Anwendung von Gewalt oder darauf gerichtete Vorbereitungshandlungen

a) gegen die freiheitliche demokratische Grundordnung, den Bestand oder die Sicherheit des Bundes oder eines Landes gerichtet sind,

b) eine ungesetzliche Beeinträchtigung der Amtsführung der Verfassungsorgane des Bundes oder eines Landes oder ihrer Mitglieder zum Ziele haben oder

c) auswärtige Belange der Bundesrepublik Deutschland gefährden,

2. zur Abwehr erheblicher Nachteile für das Gemeinwohl oder einer Gefahr für die öffentliche Sicherheit,

3. zur Abwehr einer schwerwiegenden Beeinträchtigung der Rechte einer anderen Person,

4. zur Verhinderung oder Verfolgung von Straftaten sowie zur Verhinderung oder Verfolgung von Ordnungswidrigkeiten, durch welche die Sicherheit oder Ordnung der Anstalt gefährdet werden, oder

5. für Maßnahmen der Strafvollstreckung oder strafvollstreckungsrechtliche Entscheidungen erforderlich ist.

(3) Eine Verarbeitung oder Nutzung für andere Zwecke liegt nicht vor, soweit sie dem gerichtlichen Rechtsschutz im Zusammenhang mit diesem Gesetz oder den in § 12 Absatz 3 des Bremischen Datenschutzgesetzes genannten Zwecken dient.

(4) Über die in den Absätzen 1 und 2 geregelten Zwecke hinaus dürfen zuständigen öffentlichen Stellen personenbezogene Daten übermittelt werden, soweit dies für

1. Maßnahmen der Gerichtshilfe, Jugendgerichtshilfe, Bewährungshilfe oder Führungsaufsicht,

2. Entscheidungen in Gnadensachen,

3. gesetzlich angeordnete Statistiken der Rechtspflege,

4. sozialrechtliche Maßnahmen,

5. die Einleitung von Hilfsmaßnahmen für Angehörige der Untersuchungsgefangenen,

6. dienstliche Maßnahmen der Bundeswehr im Zusammenhang mit der Aufnahme und Entlassung von Soldaten,

7. ausländerrechtliche Maßnahmen oder

8. die Durchführung der Besteuerung

erforderlich ist. Eine Übermittlung für andere Zwecke ist auch zulässig, soweit eine andere gesetzliche Bestimmung dies vorsieht und sich dabei ausdrücklich auf personenbezogene Daten über Untersuchungsgefangene bezieht. Die Übermittlung unterbleibt, wenn für die übermittelnde Stelle erkennbar ist, dass unter Berücksichtigung der Art der Information und der Rechtsstellung der Untersuchungsgefangenen die Betroffenen ein schutzwürdiges Interesse an dem Ausschluss der Übermittlung haben.

(5) Die Anstalt oder die Aufsichtsbehörde darf öffentlichen oder nicht öffentlichen Stellen auf schriftlichen Antrag mitteilen, ob sich eine Person in der Anstalt im Untersuchungshaftvollzug befindet, soweit

1. die Mitteilung zur Erfüllung der in der Zuständigkeit der öffentlichen Stelle liegenden Aufgaben erforderlich ist oder

2. von nicht öffentlichen Stellen ein berechtigtes Interesse an dieser Mitteilung glaubhaft dargelegt wird und die Untersuchungsgefangenen kein schutzwürdiges Interesse an dem Ausschluss der Übermittlung haben.

Die Untersuchungsgefangenen werden vor der Mitteilung gehört, es sei denn, es ist zu besorgen, dass dadurch die Verfolgung des Interesses der Antragsteller vereitelt oder wesentlich erschwert werden würde und eine Abwägung ergibt, dass dieses Interesse der Antragsteller das Interesse der Untersuchungsgefangenen an ihrer vorherigen Anhörung überwiegt. Ist die Anhörung unterblieben, werden die betroffenen Untersuchungsgefangenen über die Mitteilung der Anstalt oder Aufsichtsbehörde nachträglich unterrichtet.

(6) Bei einer nicht nur vorläufigen Einstellung des Verfahrens, einer unanfechtbaren Ablehnung der Eröffnung des Hauptverfahrens oder einem rechtskräftigen Freispruch sind auf Antrag der betroffenen Untersuchungsgefangenen die Stellen, die eine Mitteilung nach Absatz 5 erhalten haben, über den Verfahrensausgang in Kenntnis zu setzen. Die betroffenen Untersuchungsgefangenen sind bei der Anhörung oder nachträglichen Unterrichtung nach Absatz 5 auf ihr Antragsrecht hinzuweisen.

(7) Akten mit personenbezogenen Daten dürfen nur anderen Anstalten oder Aufsichtsbehörden, den für strafvollzugs-, strafvollstreckungs- und strafrechtliche Entscheidungen zuständigen Gerichten sowie den Strafvollstreckungs- und Strafverfolgungsbehörden überlassen werden. Die Überlassung an andere öffentliche Stellen ist zulässig, soweit die Erteilung einer Auskunft einen unvertretbaren Aufwand erfordert oder nach Darlegung der Akteneinsicht begehrenden Stellen für die Erfüllung der Aufgabe nicht ausreicht.

Entsprechendes gilt für die Überlassung von Akten an die von der Anstalt mit Gutachten beauftragten Stellen.

(8) Sind mit personenbezogenen Daten, die nach den Absätzen 1, 2 oder 4 übermittelt werden dürfen, weitere personenbezogene Daten von Betroffenen oder von Dritten in Akten so verbunden, dass eine Trennung nicht oder nur mit unvertretbarem Aufwand möglich ist, so ist die Übermittlung auch dieser Daten zulässig, soweit nicht berechtigte Interessen von Betroffenen oder Dritten an deren Geheimhaltung offensichtlich überwiegen. Eine Verarbeitung oder Nutzung dieser Daten durch die Empfänger ist unzulässig.

(9) Bei der Überwachung der Besuche oder des Schriftwechsels sowie bei der Überwachung des Inhalts von Paketen bekannt gewordene personenbezogene Daten dürfen nur

1. für die in Absatz 2 aufgeführten Zwecke,
2. für den gerichtlichen Rechtsschutz im Zusammenhang mit diesem Gesetz,
3. zur Wahrung der Sicherheit oder Ordnung der Anstalt,
4. zur Abwehr von Gefährdungen der Untersuchungshaft oder
5. zur Umsetzung einer verfahrenssichernden Anordnung

verarbeitet und genutzt werden.

(10) Personenbezogene Daten, die nach § 88 Absatz 4 über Personen, die nicht Untersuchungsgefangene sind, erhoben worden sind, dürfen nur zur Erfüllung des Erhebungszwecks und für die in Absatz 2 Nummer 1 bis 4 geregelten Zwecke oder zur Verhinderung oder Verfolgung von Straftaten von erheblicher Bedeutung verarbeitet oder genutzt werden.

(11) Die Übermittlung von personenbezogenen Daten unterbleibt, soweit die in § 92 Absatz 2 oder § 94 Absatz 3 und 6 geregelten Einschränkungen oder besondere gesetzliche Verwendungsregelungen entgegenstehen.

(12) Die Verantwortung für die Zulässigkeit der Übermittlung trägt die übermittelnde Anstalt oder Aufsichtsbehörde. Erfolgt die Übermittlung auf Ersuchen einer öffentlichen Stelle, trägt diese die Verantwortung. In diesem Fall prüft die übermittelnde Anstalt oder Aufsichtsbehörde nur, ob das Übermittlungsersuchen im Rahmen der Aufgaben des Empfängers liegt und die Absätze 9 bis 11 der Übermittlung nicht entgegenstehen, es sei denn, dass besonderer Anlass zur Prüfung der Zulässigkeit der Übermittlung besteht.

§ 90 Zentrale Datei, Einrichtung automatisierter Übermittlungsverfahren

(1) Die nach § 88 erhobenen Daten können für die Anstalt und die Aufsichtsbehörde in einer zentralen Datei gespeichert werden.

(2) Die Einrichtung eines automatisierten Verfahrens, das die Übermittlung oder den Abruf personenbezogener Daten aus der zentralen Datei nach § 89 Absatz 2 und 4 ermöglicht, ist zulässig, soweit diese Form der Datenübermittlung oder des Datenabrufs unter Berücksichtigung der schutzwürdigen Belange der betroffenen Personen und der Erfüllung des Zwecks der Übermittlung angemessen ist. Die für § 13 Absatz 1 Satz 3 des Bundeskriminalamtgesetzes erforderlichen personenbezogenen Daten können automatisiert übermittelt werden.

(3) Die speichernde Stelle hat zu gewährleisten, dass die Übermittlung und der Abruf zumindest durch geeignete Stichprobenverfahren festgestellt und überprüft werden kann.

(4) Der Senator für Justiz und Verfassung bestimmt durch Rechtsverordnung die Einzelheiten der Einrichtung automatisierter Übermittlungs- und Abrufverfahren. Die oder der Landesbeauftragte für den Datenschutz ist vorher zu beteiligen. Die Rechtsverordnung hat den Datenempfänger, die Datenart und den Zweck der Übermittlung und des Abrufs festzulegen. Sie hat Maßnahmen zur Datensicherung und zur Kontrolle vorzusehen, die in einem angemessenen Verhältnis zu dem angestrebten Schutzzweck stehen.

(5) Der Senator für Justiz und Verfassung kann mit anderen Ländern und dem Bund einen Datenverbund vereinbaren, der eine automatisierte Datenübermittlung ermöglicht.

(6) Die am Übermittlungs- und Abrufverfahren beteiligten Stellen haben die nach § 7 des Bremischen Datenschutzgesetzes erforderlichen Maßnahmen zu treffen.

§ 91 Zweckbindung

Von der Anstalt oder der Aufsichtsbehörde übermittelte personenbezogene Daten dürfen nur zu dem Zweck verarbeitet werden, zu dessen Erfüllung sie übermittelt worden sind. Die Empfänger dürfen die Daten für andere Zwecke nur verarbeiten, soweit sie ihnen auch für diese Zwecke hätten übermittelt werden dürfen, und wenn im Fall einer Übermittlung an nicht öffentliche Stellen die übermittelnde Anstalt oder Aufsichtsbehörde zugestimmt hat. Die Anstalt oder die Aufsichtsbehörde hat die nicht öffentlichen Empfänger auf die Zweckbindung nach Satz 1 hinzuweisen.

§ 92 Schutz besonderer Daten

(1) Das religiöse oder weltanschauliche Bekenntnis und personenbezogene Daten von Untersuchungsgefangenen, die anlässlich ärztlicher Untersuchungen erhoben worden sind, dürfen in der Anstalt nicht allgemein kenntlich gemacht werden. Andere personenbezogene Daten von Untersuchungsgefangenen dürfen innerhalb der Anstalt allgemein kenntlich gemacht werden, soweit dies für ein geordnetes Zusammenleben in der Anstalt erforderlich ist. § 89 Absatz 9 bis 11 bleibt unberührt.

(2) Personenbezogene Daten, die

1. Ärztinnen oder Ärzten, Zahnärztinnen oder Zahnärzten oder Angehörigen eines anderen Heilberufs, der für die Berufsausübung oder die Führung der Berufsbezeichnung eine staatlich geregelte Ausbildung erfordert,

2. Berufspsychologinnen oder Berufspsychologen mit staatlich anerkannter wissenschaftlicher Abschlussprüfung,

3. staatlich anerkannten Sozialarbeiterinnen oder Sozialarbeitern oder staatlich anerkannten Sozialpädagoginnen oder Sozialpädagogen,

von Untersuchungsgefangenen als Geheimnis anvertraut oder über Untersuchungsgefangene sonst bekannt geworden sind, unterliegen auch gegenüber der Anstalt und der Aufsichtsbehörde der Schweigepflicht. Die in Satz 1 genannten Personen haben sich gegenüber der Anstaltsleiterin oder dem Anstaltsleiter zu offenbaren, soweit dies für die Aufgabenerfüllung der Anstalt oder der Aufsichtsbehörde oder zur Abwehr von erheblichen Gefahren für Leib oder Leben von Gefangenen oder Dritten erforderlich ist. Ärztinnen und Ärzte sind zur Offenbarung ihnen im Rahmen der allgemeinen Gesundheitsfürsorge bekannt gewordener Geheimnisse verpflichtet, soweit dies für die Aufgabenerfüllung der Anstalt oder der Aufsichtsbehörde unerlässlich oder zur Abwehr von erheblichen Gefahren für Leib oder Leben von Gefangenen oder Dritten erforderlich ist. Sonstige Offenbarungsbefugnisse bleiben unberührt. Die Untersuchungsgefangenen sind vor der Erhebung der Daten über die nach den Sätzen 2 und 3 bestehenden Offenbarungsbefugnisse zu unterrichten.

(3) Die nach Absatz 2 offenbarten Daten dürfen nur für den Zweck, für den sie offenbart wurden oder für den eine Offenbarung zulässig gewesen wäre, und nur unter denselben Voraussetzungen verarbeitet werden, unter denen eine in Absatz 2 Satz 1 genannte Person selbst hierzu befugt wäre. Die Anstaltsleiterin oder der Anstaltsleiter kann unter diesen Voraussetzungen die unmittelbare Offenbarung gegenüber bestimmten Bediensteten allgemein zulassen.

(4) Sofern Ärztinnen und Ärzte oder Psychologinnen und Psychologen außerhalb des Vollzugs mit der Untersuchung oder Behandlung von Untersuchungsgefangenen beauftragt werden, gilt Absatz 2 mit der Maßgabe entsprechend, dass die beauftragten Personen auch zur Unterrichtung der in der Anstalt tätigen Ärztinnen und Ärzte oder der in der Anstalt mit der Behandlung der Untersuchungsgefangenen betrauten Psychologinnen und Psychologen befugt sind.

§ 93 Schutz der Daten in Akten und Dateien

(1) Bedienstete dürfen sich von personenbezogenen Daten nur Kenntnis verschaffen, soweit dies zur Erfüllung der ihnen obliegenden Aufgaben oder für die Zusammenarbeit in der Anstalt und nach § 3 Absatz 1 Satz 2 erforderlich ist.

(2) Akten und Dateien mit personenbezogenen Daten sind durch die erforderlichen technischen und organisatorischen Maßnahmen gegen unbefugten Zugang und unbefugten Gebrauch zu schützen. Gesundheitsakten und Krankenblätter sind getrennt von anderen Unterlagen zu führen und besonders zu sichern. Im Übrigen gilt für die Art und den Umfang der Schutzvorkehrungen § 7 Absatz 3 und 4 des Bremischen Datenschutzgesetzes.

§ 94 Berichtigung, Löschung und Sperrung

(1) Die in Dateien gespeicherten personenbezogenen Daten sind spätestens fünf Jahre nach der Entlassung der Untersuchungsgefangenen oder der Verlegung der Untersuchungsgefangenen in eine andere Anstalt zu löschen. Hiervon können bis zum Ablauf der Aufbewahrungsfrist für die Gefangenenpersonalakte die Angaben über Familienname, Vorname, Geburtsname, Geburtstag, Geburtsort, Eintritts- und Austrittsdatum der Untersuchungsgefangenen ausgenommen werden, soweit dies für das Auffinden der Gefangenenpersonalakte erforderlich ist.

(2) Die mittels Videoüberwachung erhobenen und gespeicherten personenbezogenen Daten sind einen Monat nach ihrer Erhebung zu löschen, sofern nicht ihre Speicherung zu den in § 89 Absatz 2 Nummer 1, 2 oder 4 genannten Zwecken weiterhin erforderlich ist. Sie sind unverzüglich zu löschen, soweit schutzwürdige Belange der Betroffenen einer weiteren Speicherung entgegenstehen.

(3) Personenbezogene Daten in Akten dürfen nach Ablauf von fünf Jahren seit der Entlassung der Untersuchungsgefangenen nur übermittelt oder genutzt werden, soweit dies

1. zur Verfolgung von Straftaten,
2. für die Durchführung wissenschaftlicher Forschungsvorhaben,
3. zur Behebung einer Beweisnot oder
4. zur Feststellung, Durchsetzung oder Abwehr von Rechtsansprüchen im Zusammenhang mit dem Vollzug der Untersuchungshaft

unerlässlich ist. Diese Verwendungsbeschränkungen enden, wenn die Untersuchungsgefangenen erneut zum Vollzug einer Freiheitsentziehung aufgenommen werden oder die Betroffenen eingewilligt haben.

(4) Erhält die Anstalt von einer nicht nur vorläufigen Einstellung des Verfahrens, einer unanfechtbaren Ablehnung der Eröffnung des Hauptverfahrens oder einem rechtskräftigen Freispruch Kenntnis, so tritt an die Stelle der in Absatz 1 Satz 1 genannten Frist eine Frist von einem Monat ab Kenntniserlangung.

(5) Bei der Aufbewahrung von Akten mit nach Absatz 3 gesperrten Daten dürfen folgende Fristen nicht überschritten werden:

Gefangenenpersonalakten, Gesundheitsakten und Krankenblätter	20 Jahre,
Gefangenenbücher	30 Jahre.

Dies gilt nicht, wenn aufgrund bestimmter Tatsachen anzunehmen ist, dass die Aufbewahrung für die in Absatz 3 Satz 1 genannten Zwecke weiterhin erforderlich ist. Die Aufbewahrungsfrist beginnt mit dem auf das Jahr der aktenmäßigen Weglegung folgenden Kalenderjahr. Die Bestimmungen des Bremischen Archivgesetzes bleiben unberührt.

(6) Wird festgestellt, dass unrichtige Daten übermittelt worden sind, ist dies den Empfängern mitzuteilen, wenn es zur Wahrung schutzwürdiger Interessen der Betroffenen erforderlich ist.

(7) Im Übrigen gilt für die Berichtigung, Löschung und Sperrung personenbezogener Daten § 22 des Bremischen Datenschutzgesetzes.

§ 95 Auskunft an die Betroffenen, Akteneinsicht

Die Betroffenen erhalten nach Maßgabe des § 21 des Bremischen Datenschutzgesetzes

Auskunft und Akteneinsicht. Eine Auskunft unterbleibt, soweit eine verfahrenssichernde Anordnung entgegensteht oder sie deren Umsetzung gefährden würde.

§ 96 Auskunft und Akteneinsicht für wissenschaftliche Zwecke

§ 476 der Strafprozessordnung gilt mit der Maßgabe entsprechend, dass auch elektronisch gespeicherte personenbezogene Daten übermittelt werden können.

§ 97 Anwendung des Bremischen Datenschutzgesetzes

Im Übrigen gelten für die Verarbeitung personenbezogener Daten durch die Anstalt und die Aufsichtsbehörde die Vorschriften des Bremischen Datenschutzgesetzes.

Abschnitt 15
Schlussbestimmungen

§ 98 Einschränkung von Grundrechten

Durch dieses Gesetz werden die Rechte auf körperliche Unversehrtheit und Freiheit der Person (Artikel 2 Absatz 2 des Grundgesetzes) und auf Unverletzlichkeit des Brief-, Post- und Fernmeldegeheimnisses (Artikel 10 des Grundgesetzes) eingeschränkt.

§ 99 Inkrafttrten

Dieses Gesetz tritt am Tage nach seiner Verkündung in Kraft.

Gesetz über den Vollzug der Jugendstrafe im Land Bremen (Bremisches Jugendstrafvollzugsgesetz – BremJStVollzG)

Vom 27. März 2007 (Brem. GBl. S. 233)

Inhaltsübersicht

I

Abschnitt 1
Allgemeine Bestimmungen

§ 1 Anwendungsbereich

Dieses Gesetz regelt den Vollzug der Jugendstrafe (Vollzug).

§ 2 Ziel und Aufgabe

Der Vollzug dient dem Ziel, die Gefangenen zu befähigen, künftig in sozialer Verantwortung ein Leben ohne Straftaten zu führen. Gleichermaßen hat er die Aufgabe, die Allgemeinheit vor weiteren Straftaten zu schützen.

§ 3 Erziehungsauftrag, Vollzugsgestaltung

(1) Der Vollzug ist erzieherisch zu gestalten. Die Gefangenen sind in der Entwicklung ihrer Fähigkeiten und Fertigkeiten so zu fördern, dass sie zu einer eigenverantwortlichen und gemeinschaftsfähigen Lebensführung in Achtung der Rechte Anderer befähigt werden. Die Einsicht in die beim Opfer verursachten Tatfolgen soll geweckt werden.

(2) Personelle Ausstattung, sachliche Mittel und Organisation der Anstalt (§ 98 Abs. 1 Satz 1) werden an Zielsetzung und Aufgabe des Vollzugs sowie den besonderen Bedürfnissen der Gefangenen ausgerichtet.

(3) Das Leben in der Anstalt ist den allgemeinen Lebensverhältnissen so weit wie möglich anzugleichen. Schädlichen Folgen der Freiheitsentziehung ist entgegenzuwirken. Der Vollzug wird von Beginn an darauf ausgerichtet, den Gefangenen bei der Eingliederung in ein Leben in Freiheit ohne Straftaten zu helfen. Die Belange von Sicherheit und Ordnung der Anstalt sowie die Belange der Allgemeinheit sind zu beachten.

(4) Die unterschiedlichen Lebenslagen und Bedürfnisse von weiblichen und männlichen Gefangenen werden bei der Vollzugsgestaltung und bei Einzelmaßnahmen berücksichtigt.

§ 4 Pflicht zur Mitwirkung

(1) Die Gefangenen sind verpflichtet, an der Erreichung des Vollzugsziels mitzuwirken. Ihre Bereitschaft hierzu ist zu wecken und zu fördern.

(2) Gefangenen, die durch besondere eigene Anstrengungen und Leistungen bestrebt sind, ihrer Mitwirkungspflicht nachzukommen und das Vollzugsziel zu erreichen, können Vergünstigungen im Vollzug gewährt werden. Das Nähere regelt der Senator für Justiz und Verfassung durch Verwaltungsvorschrift.

§ 5 Leitlinien der Erziehung und Förderung

(1) Erziehung und Förderung erfolgen durch Maßnahmen und Programme zur Entwicklung und Stärkung der Fähigkeiten und Fertigkeiten der Gefangenen im Hinblick auf die Erreichung des Vollzugsziels.

(2) Durch differenzierte Angebote soll auf den jeweiligen Entwicklungsstand und den unterschiedlichen Erziehungs- und Förderbedarf der Gefangenen eingegangen werden.

(3) Die Maßnahmen und Programme richten sich insbesondere auf die Auseinandersetzung mit den eigenen Straftaten, deren Ursachen und Folgen, die schulische Bildung, berufliche Qualifizierung, soziale Integration und die verantwortliche Gestaltung des alltäglichen Zusammenlebens, der freien Zeit sowie der Außenkontakte.

§ 6 Stellung der Gefangenen

(1) Die Gefangenen unterliegen den in diesem Gesetz vorgesehenen Beschränkungen ihrer Freiheit. Soweit das Gesetz eine besondere Regelung nicht enthält, dürfen ihnen nur Beschränkungen auferlegt werden, die zur Aufrechterhaltung der Sicherheit oder zur Abwendung einer schwerwiegenden Störung der Ordnung der Anstalt unerlässlich sind.

(2) Vollzugsmaßnahmen sollen den Gefangenen erläutert werden.

§ 7 Zusammenarbeit und Einbeziehung Dritter

(1) Alle in der Anstalt Tätigen arbeiten zusammen und wirken daran mit, das Vollzugsziel zu erreichen.

(2) Die Anstalt arbeitet mit außervollzuglichen Einrichtungen und Organisationen so-

wie Personen und Vereinen eng zusammen, deren Mitwirkung die Eingliederung fördern kann. Dies gilt insbesondere für Schulen und Schulbehörden, Einrichtungen für berufliche Bildung, Stellen der Straffälligenhilfe, die Bewährungshilfe, die Jugendgerichtshilfe, die Jugendhilfe, Jugendämter, Polizeibehörden, Agenturen für Arbeit, Gesundheitsbehörden, Ausländerbehörden, Suchtberatungsstellen, Schuldnerberatungen, Träger der Sozialversicherung und der Sozialhilfe, Hilfeeinrichtungen anderer Behörden und Träger der freien Wohlfahrtspflege.

(3) Die Personensorgeberechtigten sind, soweit dies möglich ist und dem Vollzugsziel nicht zuwiderläuft, in die Planung und Gestaltung des Vollzugs einzubeziehen.

(4) Der in Absatz 2 genannte Personenkreis ist verpflichtet, außerhalb seiner Tätigkeit im Rahmen dieses Gesetzes über alle Angelegenheiten, die ihrer Natur nach vertraulich sind, besonders über Namen und Persönlichkeiten der Gefangenen, Verschwiegenheit zu bewahren. Dies gilt auch nach Beendigung seiner Tätigkeit.

§ 8 Soziale Hilfe

(1) Die Gefangenen werden darin unterstützt, ihre persönlichen, wirtschaftlichen und sozialen Schwierigkeiten zu beheben. Sie sollen dazu angeregt und in die Lage versetzt werden, ihre Angelegenheiten selbst zu regeln, insbesondere den durch die Straftat verursachten materiellen und immateriellen Schaden wieder gutzumachen und eine Schuldenregulierung herbeizuführen.

(2) Die Gefangenen sind, soweit erforderlich, über die notwendigen Maßnahmen zur Aufrechterhaltung ihrer sozialversicherungsrechtlichen Ansprüche zu beraten.

Abschnitt 2
Vollzugsplanung

§ 9 Aufnahme

(1) Mit den Gefangenen wird unverzüglich ein Zugangsgespräch geführt, in dem ihre gegenwärtige Lebenssituation erörtert wird und sie über ihre Rechte und Pflichten informiert werden. Ihnen ist die Hausordnung auszuhändigen. Dieses Gesetz, die von ihm in Bezug genommenen Gesetze sowie die zu seiner Ausführung erlassenen Rechtsverordnungen und Verwaltungsvorschriften sind den Gefangenen auf Verlangen zugänglich zu machen.

(2) Beim Zugangsgespräch dürfen andere Gefangene in der Regel nicht zugegen sein.

(3) Die Gefangenen werden alsbald ärztlich untersucht.

(4) Die Personensorgeberechtigten und das Jugendamt werden von der Aufnahme unverzüglich unterrichtet.

(5) Die Gefangenen sollen dabei unterstützt werden, etwa notwendige Maßnahmen für hilfsbedürftige Angehörige und die Sicherung ihrer Habe außerhalb der Anstalt zu veranlassen.

§ 10 Feststellung des Erziehungs- und Förderbedarfs

(1) Nach der Aufnahme wird den Gefangenen das Ziel ihres Aufenthalts in der Anstalt verdeutlicht sowie das Angebot an Unterricht, Aus- und Fortbildung, Arbeit, therapeutischer Behandlung und Freizeit erläutert.

(2) Der Erziehungs- und Förderbedarf der Gefangenen wird in einem Diagnoseverfahren ermittelt. Es erstreckt sich auf die Persönlichkeit, die Lebensverhältnisse, die Ursachen und Umstände der Straftat sowie alle sonstigen Gesichtspunkte, deren Kenntnis für eine zielgerichtete Vollzugsgestaltung und die Eingliederung der Gefangenen nach der Entlassung notwendig erscheint. Erkenntnisse der Jugendgerichtshilfe und Bewährungshilfe sind einzubeziehen.

(3) Die Vollzugsplanung wird mit den Gefangenen erörtert. Dabei werden deren Anregungen und Vorschläge einbezogen, soweit sie dem Vollzugsziel dienen.

§ 11 Vollzugsplan

(1) Auf der Grundlage des festgestellten Erziehungs- und Förderbedarfs wird regelmäßig innerhalb der ersten sechs Wochen nach der Aufnahme ein Vollzugsplan erstellt.

(2) Der Vollzugsplan wird regelmäßig alle vier Monate auf seine Umsetzung überprüft, mit den Gefangenen erörtert und fortgeschrieben. Bei Jugendstrafen von mehr als drei Jahren verlängert sich die Frist auf sechs Monate. Bei der Fortschreibung sind die Entwicklung der Gefangenen und in der Zwischenzeit gewonnene Erkenntnisse zu berücksichtigen.

(3) Der Vollzugsplan und seine Fortschreibungen enthalten, je nach Stand des Vollzugs, insbesondere folgende Angaben:

1. die dem Vollzugsplan zugrunde liegenden Annahmen zur Vorgeschichte der Straftaten sowie die Erläuterung der Ziele, Inhalte und Methoden der Erziehung und Förderung der Gefangenen,

2. Unterbringung im geschlossenen oder offenen Vollzug,

3. Zuweisung zu einer Wohngruppe oder einem anderen Unterkunftsbereich,

4. Unterbringung in einer sozialtherapeutischen Abteilung,

5. Teilnahme an schulischen, berufsorientierenden, qualifizierenden oder arbeitstherapeutischen Maßnahmen oder Zuweisung von Arbeit,

6. Teilnahme an therapeutischen Behandlungen oder anderen Hilfs- oder Fördermaßnahmen,

7. Teilnahme an Sport- und Freizeitangeboten,

8. Vollzugslockerungen und Urlaub,

9. Pflege der familiären Beziehungen und Gestaltung der Außenkontakte,

10. Maßnahmen und Angebote zum Ausgleich von Tatfolgen,

11. Schuldenregulierung,

12. Maßnahmen zur Vorbereitung von Entlassung, Wiedereingliederung und Nachsorge und

13. Fristen zur Fortschreibung des Vollzugsplans.

(4) Der Vollzugsplan und seine Fortschreibungen werden den Gefangenen ausgehändigt. Sie werden dem Vollstreckungsleiter und auf Verlangen den Personensorgeberechtigten mitgeteilt.

§ 12 Verlegung und Überstellung

(1) Die Gefangenen können abweichend vom Vollstreckungsplan in eine andere Anstalt verlegt werden, wenn

1. die Erreichung des Vollzugsziels oder die Eingliederung nach der Entlassung hierdurch gefördert wird oder

2. Gründe der Vollzugsorganisation oder andere wichtige Gründe dies erforderlich machen.

(2) Die Personensorgeberechtigten, der Vollstreckungsleiter und das Jugendamt werden von der Verlegung unverzüglich unterrichtet.

(3) Die Aufsichtsbehörde kann sich Entscheidungen über Verlegungen vorbehalten.

(4) Die Gefangenen dürfen aus wichtigem Grund in eine andere Anstalt oder Justizvollzugsanstalt überstellt werden.

§ 13 Geschlossener und offener Vollzug

(1) Die Gefangenen werden im geschlossenen oder offenen Vollzug untergebracht.

(2) Sie sollen im offenen Vollzug untergebracht werden, wenn sie dessen besonderen Anforderungen genügen, insbesondere verantwortet werden kann zu erproben, dass sie sich dem Vollzug nicht entziehen und die Möglichkeiten des offenen Vollzugs nicht zur Begehung von Straftaten missbrauchen werden.

§ 14 Sozialtherapie

Gefangene können in einer sozialtherapeutischen Abteilung untergebracht werden, wenn deren besondere therapeutische Mittel und soziale Hilfen zum Erreichen des Vollzugsziels angezeigt sind.

§ 15 Vollzugslockerungen

(1) Als Vollzugslockerungen kommen insbesondere in Betracht:

1. Verlassen der Anstalt für eine bestimmte Tageszeit unter Aufsicht von Bediensteten (Ausführung) oder ohne Aufsicht (Ausgang),

2. regelmäßige Beschäftigung außerhalb der Anstalt unter Aufsicht von Bediensteten (Außenbeschäftigung) oder ohne Aufsicht (Freigang) und

3. Unterbringung in besonderen Erziehungseinrichtungen oder in Übergangseinrichtungen freier Träger.

Vollzugslockerungen nach Satz 1 Nummer 3 werden nach Anhörung des Vollstreckungsleiters gewährt.

(2) Vollzugslockerungen dürfen gewährt werden, wenn verantwortet werden kann zu erproben, dass die Gefangenen sich dem Vollzug nicht entziehen und die Vollzugslockerungen nicht zur Begehung von Straftaten missbraucht werden. Sie können versagt werden, wenn die Gefangenen ihren Mitwirkungspflichten nicht nachkommen.

(3) Im Übrigen dürfen Gefangene ausgeführt werden, wenn dies aus besonderen Gründen notwendig ist. Liegt die Ausführung ausschließlich im Interesse der Gefangenen, können ihnen die Kosten auferlegt werden, soweit dies die Erziehung oder die Eingliederung nicht behindert.

§ 16 Urlaub

(1) Zur Förderung der Wiedereingliederung in das Leben in Freiheit, insbesondere zur Aufrechterhaltung sozialer Bindungen, kann nach Maßgabe des Vollzugsplans Urlaub gewährt werden. Der Urlaub darf 24 Tage in einem Vollstreckungsjahr nicht übersteigen.

(2) Darüber hinaus kann Urlaub aus wichtigem Anlass bis zu sieben Tagen im Vollstreckungsjahr gewährt werden, zur Teilnahme an gerichtlichen Terminen, wegen des Todes oder einer lebensbedrohlichen Erkrankung naher Angehöriger auch darüber hinaus.

(3) § 15 Abs. 2 gilt entsprechend.

(4) Durch Urlaub wird die Vollstreckung der Jugendstrafe nicht unterbrochen.

§ 17 Weisungen für Vollzugslockerungen und Urlaub, Widerruf

(1) Für Vollzugslockerungen und Urlaub können Weisungen erteilt werden.

(2) Vollzugslockerungen und Urlaub können widerrufen werden, wenn

1. sie aufgrund nachträglich eingetretener oder bekannt gewordener Umstände versagt werden könnten,

2. sie missbraucht werden oder

3. Weisungen nicht befolgt werden.

§ 18 Vorführung, Ausantwortung

(1) Auf Ersuchen eines Gerichts werden Gefangene vorgeführt, sofern ein Vorführungsbefehl vorliegt.

(2) Gefangene dürfen befristet dem Gewahrsam eines Gerichts, einer Staatsanwaltschaft oder einer Polizei-, Zoll- oder Finanzbehörde auf Antrag überlassen werden (Ausantwortung).

§ 19 Entlassungsvorbereitung

(1) Die Anstalt arbeitet frühzeitig mit außervollzuglichen Einrichtungen, Organisationen sowie Personen und Vereinen zusammen, um zu erreichen, dass die Gefangenen nach ihrer Entlassung über eine geeignete Unterbringung und eine Arbeits- oder Ausbildungsstelle verfügen. Dazu gehört insbesondere eine Zusammenarbeit der ambulanten sozialen Dienste (Bewährungshilfe, Führungsaufsicht) mit der Anstalt zum Zweck der sozialen und beruflichen Integration der Gefangenen. Die Personensorgeberechtigten und das Jugendamt werden unterrichtet.

(2) Zur Vorbereitung der Entlassung soll der Vollzug gelockert werden (§ 15).

(3) Zur Vorbereitung der Entlassung können die Gefangenen bis zu sieben Tage Urlaub erhalten. Zum Freigang zugelassene Gefangene können innerhalb von neun Monaten vor der Entlassung Urlaub bis zu sechs Tagen im Monat erhalten, Satz 1 findet keine Anwendung. § 15 Abs. 2, § 16 Abs. 4 und § 17 gelten entsprechend.

(4) Darüber hinaus können die Gefangenen nach Anhörung des Vollstreckungsleiters bis zu vier Monate beurlaubt werden. Hierfür sollen Weisungen erteilt werden. Der im laufenden Vollstreckungsjahr gewährte Urlaub nach § 16 Abs. 1 wird auf diese Zeit ange-

rechnet. § 15 Abs. 2, § 16 Abs. 4 und § 17 Abs. 2 gelten entsprechend.

§ 20 Entlassungszeitpunkt

(1) Die Gefangenen sollen am letzten Tag ihrer Strafzeit möglichst frühzeitig, jedenfalls noch am Vormittag, entlassen werden.

(2) Fällt das Strafende auf einen Sonnabend oder Sonntag, einen gesetzlichen Feiertag, den ersten Werktag nach Ostern oder Pfingsten oder in die Zeit vom 22. Dezember bis zum 6. Januar, so können die Gefangenen an dem diesem Tag oder Zeitraum vorhergehenden Werktag entlassen werden, wenn dies gemessen an der Dauer der Strafzeit vertretbar ist und fürsorgerische Gründe nicht entgegenstehen.

(3) Der Entlassungszeitpunkt kann bis zu zwei Tage vorverlegt werden, wenn die Gefangenen zu ihrer Eingliederung hierauf dringend angewiesen sind.

§ 21 Hilfe zur Entlassung, Nachsorge

(1) Zur Vorbereitung der Entlassung sind die Gefangenen bei der Ordnung ihrer persönlichen, wirtschaftlichen und sozialen Angelegenheiten zu unterstützen. Dies umfasst die Vermittlung in nachsorgende Maßnahmen. Nachgehende Betreuung kann unter Mitwirkung von Bediensteten erfolgen.

(2) Bedürftigen Gefangenen kann eine Entlassungsbeihilfe in Form eines Reisekostenzuschusses, angemessener Kleidung oder einer sonstigen notwendigen Unterstützung gewährt werden.

§ 22 Fortführung von Maßnahmen nach Entlassung

(1) Die Gefangenen können auf Antrag nach ihrer Entlassung ausnahmsweise im Vollzug begonnene Ausbildungs- oder Behandlungsmaßnahmen fortführen, soweit diese nicht anderweitig durchgeführt werden können. Hierzu können die Entlassenen auf vertraglicher Basis vorübergehend in einer Anstalt untergebracht werden, sofern es die Belegungssituation zulässt.

(2) Bei Störung des Anstaltsbetriebes durch die Entlassenen oder aus vollzugsorganisato-rischen Gründen können die Unterbringung und die Maßnahme jederzeit beendet werden.

Abschnitt 3
Unterbringung und Versorgung der Gefangenen

§ 23 Trennung von männlichen und weiblichen Gefangenen

Männliche und weibliche Gefangene werden getrennt untergebracht. Gemeinsame Maßnahmen, insbesondere eine gemeinsame Schul- und Berufsausbildung, sind zulässig.

§ 24 Unterbringung während der Ausbildung, Arbeit und Freizeit

(1) Ausbildung und Arbeit finden grundsätzlich in Gemeinschaft statt.

(2) Den Gefangenen kann gestattet werden, sich während der Freizeit in Gemeinschaft mit anderen Gefangenen aufzuhalten. Für die Teilnahme an gemeinschaftlichen Veranstaltungen kann der Anstaltsleiter mit Rücksicht auf die räumlichen, personellen oder organisatorischen Verhältnisse der Anstalt besondere Regelungen treffen.

(3) Die gemeinschaftliche Unterbringung kann eingeschränkt werden,

1. wenn ein schädlicher Einfluss auf andere Gefangene zu befürchten ist,
2. wenn es die Sicherheit oder Ordnung der Anstalt erfordert,
3. wenn dies aus erzieherischen Gründen angezeigt ist oder
4. bis zur Erstellung des Vollzugsplans, jedoch nicht länger als zwei Monate.

§ 25 Unterbringung während der Ruhezeit

(1) Während der Ruhezeit werden die Gefangenen in ihren Hafträumen einzeln untergebracht. Mit ihrer Zustimmung können sie gemeinsam untergebracht werden, wenn schädliche Einflüsse nicht zu befürchten sind.

(2) Eine gemeinsame Unterbringung ist auch zulässig, wenn Gefangene hilfsbedürftig sind oder eine Gefahr für Leben oder Gesundheit

besteht. Darüber hinaus ist eine gemeinsame Unterbringung nur vorübergehend und aus zwingenden Gründen zulässig.

§ 26 Wohngruppen

Geeignete Gefangene werden regelmäßig in Wohngruppen untergebracht. Nicht geeignet sind in der Regel Gefangene, die aufgrund ihres Verhaltens nicht gruppenfähig sind.

§ 27 Unterbringung von Müttern mit Kindern

(1) Ist das Kind einer Gefangenen noch nicht drei Jahre alt, kann es mit Zustimmung des Aufenthaltsbestimmungsberechtigten in der Anstalt untergebracht werden, wenn die baulichen Gegebenheiten dies zulassen und Sicherheitsgründe nicht entgegenstehen. Vor der Unterbringung ist das Jugendamt zu hören.

(2) Die Unterbringung erfolgt auf Kosten des für das Kind Unterhaltspflichtigen. Von der Geltendmachung des Kostenersatzanspruchs kann ausnahmsweise abgesehen werden, wenn hierdurch die gemeinsame Unterbringung von Mutter und Kind gefährdet würde.

§ 28 Persönlicher Gewahrsam, Kostenbeteiligung

(1) Die Gefangenen dürfen nur Sachen in Gewahrsam haben oder annehmen, die ihnen von der Anstalt oder mit deren Zustimmung überlassen werden. Ohne Zustimmung dürfen sie Sachen von geringem Wert von anderen Gefangenen annehmen, die Annahme dieser Sachen und der Gewahrsam daran können von der Zustimmung der Anstalt abhängig gemacht werden.

(2) Eingebrachte Sachen, die die Gefangenen nicht in Gewahrsam haben dürfen, sind für sie aufzubewahren, sofern dies nach Art und Umfang möglich ist. Den Gefangenen wird Gelegenheit gegeben, ihre Sachen, die sie während des Vollzugs und für ihre Entlassung nicht benötigen, zu verschicken. Geld wird ihnen als Eigengeld gutgeschrieben.

(3) Werden eingebrachte Sachen, deren Aufbewahrung nach Art oder Umfang nicht möglich ist, von den Gefangenen trotz Auf-

forderung nicht aus der Anstalt verbracht, so ist die Anstalt berechtigt, diese Sachen auf Kosten der Gefangenen aus der Anstalt entfernen zu lassen.

(4) Aufzeichnungen und andere Sachen, die Kenntnisse über Sicherungsvorkehrungen der Anstalt vermitteln oder Schlussfolgerungen auf diese zulassen, dürfen vernichtet oder unbrauchbar gemacht werden.

(5) Die Zustimmung nach Absatz 1 kann widerrufen werden, wenn dies zur Aufrechterhaltung der Sicherheit, zur Abwendung einer erheblichen Störung der Ordnung der Anstalt oder zur Vermeidung einer erheblichen Gefährdung des Vollzugsziels erforderlich ist.

(6) Die Gefangenen können an den Betriebskosten der in ihrem Gewahrsam befindlichen Geräte beteiligt werden.

§ 29 Ausstattung des Haftraums

Die Gefangenen dürfen ihren Haftraum in angemessenem Umfang mit eigenen Sachen ausstatten. Sachen, die geeignet sind, das Vollzugsziel oder die Sicherheit oder Ordnung der Anstalt zu gefährden, sind ausgeschlossen.

§ 30 Kleidung

(1) Die Gefangenen tragen eigene Kleidung, für deren Reinigung, Instandsetzung und regelmäßigen Wechsel sie selbst zu sorgen haben.

(2) Der Anstaltsleiter kann das Tragen von Anstaltskleidung allgemein oder im Einzelfall anordnen.

(3) Bei Bedürftigkeit und in den Fällen des Absatzes 2 wird Anstaltskleidung ausgehändigt.

§ 31 Verpflegung und Einkauf

(1) Zusammensetzung und Nährwert der Anstaltsverpflegung entsprechen den besonderen Anforderungen an eine gesunde Ernährung junger Menschen und werden ärztlich überwacht. Auf ärztliche Anordnung wird besondere Verpflegung gewährt. Den Gefangenen ist zu ermöglichen, Speisevorschriften ihrer Religionsgemeinschaft zu befolgen.

(2) Die Gefangenen können aus einem von der Anstalt vermittelten Angebot einkaufen. Die Anstalt soll für ein Angebot sorgen, das auf Wünsche und Bedürfnisse der Gefangenen Rücksicht nimmt.

(3) Den Gefangenen soll die Möglichkeit eröffnet werden, unmittelbar oder über Dritte Gegenstände über den Versandhandel zu beziehen. Zulassung und Verfahren des Einkaufs über den Versandhandel regelt der Anstaltsleiter.

(4) Gegenstände, die geeignet sind, das Vollzugsziel oder die Sicherheit oder Ordnung der Anstalt zu gefährden, sind vom Einkauf ausgeschlossen.

§ 32 Gesundheitsfürsorge

(1) Die Anstalt unterstützt die Gefangenen bei der Wiederherstellung und Erhaltung ihrer körperlichen und geistigen Gesundheit. Die Gefangenen haben die notwendigen Anordnungen zum Gesundheitsschutz und zur Hygiene zu befolgen.

(2) Den Gefangenen wird ermöglicht, sich täglich mindestens eine Stunde im Freien aufzuhalten.

(3) Erkranken Gefangene schwer oder versterben, werden die Angehörigen, insbesondere die Personensorgeberechtigten, benachrichtigt. Dem Wunsch der Gefangenen, auch andere Personen zu benachrichtigen, soll nach Möglichkeit entsprochen werden.

§ 33 Zwangsmaßnahmen auf dem Gebiet der Gesundheitsfürsorge

(1) Medizinische Untersuchung und Behandlung sowie Ernährung sind unbeschadet der Rechte der Personensorgeberechtigten zwangsweise nur bei Lebensgefahr, bei schwerwiegender Gefahr für die Gesundheit der Gefangenen oder bei Gefahr für die Gesundheit anderer Personen zulässig, die Maßnahmen müssen für die Beteiligten zumutbar und dürfen nicht mit erheblicher Gefahr für Leben oder Gesundheit der Gefangenen verbunden sein. Zur Durchführung der Maßnahmen ist die Anstalt nicht verpflichtet, solange von einer freien Willensbestimmung der Gefangenen ausgegangen werden kann.

(2) Zum Gesundheitsschutz und zur Hygiene ist die zwangsweise körperliche Untersuchung außer im Fall des Absatzes 1 zulässig, wenn sie nicht mit einem körperlichen Eingriff verbunden ist.

(3) Die Maßnahmen dürfen nur auf Anordnung und unter Leitung eines Arztes durchgeführt werden, unbeschadet der Leistung erster Hilfe für den Fall, dass ein Arzt nicht rechtzeitig erreichbar und mit einem Aufschub Lebensgefahr verbunden ist.

§ 34 Medizinische Leistungen, Kostenbeteiligung

(1) Die Gefangenen haben einen Anspruch auf notwendige, ausreichende und zweckmäßige medizinische Leistungen unter Beachtung des Grundsatzes der Wirtschaftlichkeit. Der allgemeine Standard der gesetzlichen Krankenkassen ist zu berücksichtigen.

(2) Der Anspruch umfasst auch Untersuchungen zur Früherkennung von Krankheiten und Vorsorgeleistungen entsprechend dem allgemeinen Standard der gesetzlichen Krankenkassen.

(3) Der Anspruch umfasst weiter die Versorgung mit Hilfsmitteln wie Seh- und Hörhilfen, Körperersatzstücken, orthopädischen und anderen Hilfsmitteln, die im Einzelfall erforderlich sind, um den Erfolg der Krankenbehandlung zu sichern, eine Behinderung auszugleichen oder einer drohenden Behinderung vorzubeugen, sofern dies mit Rücksicht auf die Dauer des Freiheitsentzugs nicht ungerechtfertigt ist und soweit die Hilfsmittel nicht als allgemeine Gebrauchsgegenstände des täglichen Lebens anzusehen sind. Der Anspruch umfasst auch die notwendige Änderung, Instandsetzung und Ersatzbeschaffung von Hilfsmitteln sowie die Ausbildung in ihrem Gebrauch. Ein erneuter Anspruch auf Versorgung mit Sehhilfen besteht nur bei einer Änderung der Sehfähigkeit um mindestens 0,5 Dioptrien. Anspruch auf Versorgung mit Kontaktlinsen besteht nur in medizinisch zwingend erforderlichen Ausnahmefällen.

(4) An den Kosten für zahntechnische Leistungen und Zahnersatz können volljährige Gefangene beteiligt werden.

(5) Für Leistungen, die über die in Absatz 1 Satz 1, Absatz 2 und Absatz 3 genannten Leistungen hinausgehen, können den Gefangenen die gesamten Kosten auferlegt werden.

§ 35 Verlegung und Überstellung zur medizinischen Behandlung

(1) Kranke oder hilfsbedürftige Gefangene können in eine zur Behandlung ihrer Krankheit oder zu ihrer Versorgung besser geeignete Anstalt, Justizvollzugsanstalt oder in ein Vollzugskrankenhaus verlegt oder überstellt werden.

(2) Erforderlichenfalls können Gefangene auch in ein Krankenhaus außerhalb des Vollzugs gebracht werden.

(3) § 12 Abs. 2 und 3 gilt entsprechend.

§ 36 Krankenbehandlung in besonderen Fällen

(1) Während eines Urlaubs und in Vollzugslockerungen haben Gefangene einen Anspruch auf medizinische Leistungen gegen das Land nur in der für sie zuständigen Anstalt.

(2) Der Anspruch auf Leistungen nach § 34 ruht, solange Gefangene aufgrund eines freien Beschäftigungsverhältnisses krankenversichert sind.

(3) Wird die Strafvollstreckung während einer Behandlung von Gefangenen unterbrochen oder beendet, so hat das Land nur diejenigen Kosten zu tragen, die bis zur Unterbrechung oder Beendigung der Strafvollstreckung angefallen sind.

Abschnitt 4
Schule, Ausbildung, Weiterbildung und Arbeit

§ 37 Schulische und berufliche Aus- und Weiterbildung, Arbeit

(1) Ausbildung, Weiterbildung, arbeitstherapeutische Beschäftigung und Arbeit dienen insbesondere dem Ziel, die Fähigkeit der Gefangenen zur Aufnahme einer Erwerbstätigkeit nach der Entlassung zu vermitteln, zu erhalten oder zu fördern. Sofern den Gefangenen Arbeit zugewiesen wird, soll diese möglichst deren Fähigkeiten, Fertigkeiten und Neigungen entsprechen.

(2) Die Gefangenen sind vorrangig zur Teilnahme an schulischen und beruflichen Orientierungs-, Aus- und Weiterbildungsmaßnahmen oder speziellen Maßnahmen zur Förderung ihrer schulischen, beruflichen oder persönlichen Entwicklung verpflichtet. Im Übrigen sind die Gefangenen zu Arbeit, arbeitstherapeutischer oder sonstiger Beschäftigung verpflichtet, wenn und soweit sie dazu in der Lage sind.

(3) Das Zeugnis oder der Nachweis über eine Bildungsmaßnahme darf keinen Hinweis auf die Inhaftierung enthalten.

(4) Den Gefangenen soll gestattet werden, einer Berufsausbildung, beruflichen Weiterbildung, Umschulung oder Arbeit auf der Grundlage eines freien Beschäftigungsverhältnisses außerhalb der Anstalt nachzugehen oder sich innerhalb oder außerhalb des Vollzugs selbst zu beschäftigen, wenn sie hierfür geeignet sind. § 13 Abs. 2, § 15 Abs. 2 und § 17 gelten entsprechend. Die Anstalt kann verlangen, dass ihr das Entgelt für das freie Beschäftigungsverhältnis zur Gutschrift für die Gefangenen überwiesen wird.

(5) Sind die Gefangenen ein Jahr lang ununterbrochen ihrer Verpflichtung nach Absatz 2 nachgekommen, können sie beanspruchen, im darauf folgenden Jahr für die Dauer von 18 Werktagen freigestellt zu werden. Zeiten, in denen die Gefangenen unverschuldet infolge Krankheit an der Teilnahme, Arbeit oder an der Beschäftigung gehindert waren, werden bis zur Dauer von sechs Wochen auf das Jahr angerechnet. Auf die Zeit der Freistellung wird der Urlaub nach § 16 Abs. 1 angerechnet, soweit er in die Arbeitszeit fällt. Die Gefangenen erhalten für die Zeit der Freistellung ihre zuletzt gezahlten Bezüge weiter. Urlaubsregelungen der Beschäftigungsverhältnisse außerhalb des Vollzugs bleiben unberührt.

Abschnitt 5
Freizeit, Sport

§ 38 Freizeit

Die Ausgestaltung der Freizeit orientiert sich am Vollzugsziel. Dazu sind geeignete Angebote vorzuhalten. Die Gefangenen sind zur Teilnahme und Mitwirkung an Freizeitangeboten verpflichtet.

§ 39 Sport

Dem Sport kommt bei der Erreichung des Vollzugsziels besondere Bedeutung zu. Er kann neben der sinnvollen Freizeitgestaltung auch zur Diagnostik und gezielten Behandlung eingesetzt werden. Es sind ausreichende und geeignete Angebote vorzuhalten, um den Gefangenen eine sportliche Betätigung von mindestens zwei Stunden wöchentlich zu ermöglichen.

§ 40 Zeitungen und Zeitschriften

(1) Die Gefangenen dürfen auf eigene Kosten Zeitungen und Zeitschriften in angemessenem Umfang durch Vermittlung der Anstalt beziehen. Ausgeschlossen sind Zeitungen und Zeitschriften, deren Verbreitung mit Strafe oder Geldbuße bedroht ist.

(2) Einzelne Ausgaben einer Zeitung oder Zeitschrift können den Gefangenen auch vorenthalten werden, wenn deren Inhalte das Vollzugsziel oder die Sicherheit oder Ordnung der Anstalt erheblich gefährden würden.

§ 41 Rundfunk

(1) Die Gefangenen können am Hörfunkempfang sowie am gemeinschaftlichen Fernsehempfang teilnehmen. Der Rundfunkempfang kann vorübergehend ausgesetzt oder einzelnen Gefangenen untersagt werden, wenn dies zur Aufrechterhaltung der Sicherheit oder Ordnung der Anstalt unerlässlich ist.

(2) Eigene Fernsehgeräte können zugelassen werden, wenn erzieherische Gründe nicht entgegenstehen.

§ 42 Besitz von Gegenständen für die Freizeitbeschäftigung

(1) Die Gefangenen dürfen in angemessenem Umfang Gegenstände zur Freizeitbeschäftigung besitzen.

(2) Dies gilt nicht, wenn deren Besitz, Überlassung oder Benutzung das Vollzugsziel oder die Sicherheit oder Ordnung der Anstalt gefährden würde.

(3) Elektronische Medien können zugelassen werden, wenn erzieherische Gründe nicht entgegenstehen. Absatz 2 gilt entsprechend.

Abschnitt 6
Religionsausübung

§ 43 Seelsorge

(1) Den Gefangenen darf religiöse Betreuung durch einen Seelsorger ihrer Religionsgemeinschaft nicht versagt werden. Auf Wunsch ist ihnen zu helfen, mit einem Seelsorger ihrer Religionsgemeinschaft in Verbindung zu treten.

(2) Die Gefangenen dürfen grundlegende religiöse Schriften besitzen. Sie dürfen ihnen nur bei grobem Missbrauch entzogen werden.

(3) Den Gefangenen sind Gegenstände des religiösen Gebrauchs in angemessenem Umfang zu belassen.

§ 44 Religiöse Veranstaltungen

(1) Die Gefangenen haben das Recht, am Gottesdienst und an anderen religiösen Veranstaltungen ihres Bekenntnisses teilzunehmen.

(2) Die Zulassung zu den Gottesdiensten oder zu religiösen Veranstaltungen einer anderen Religionsgemeinschaft bedarf der Zustimmung des Seelsorgers der Religionsgemeinschaft.

(3) Gefangene können von der Teilnahme am Gottesdienst oder anderen religiösen Veranstaltungen ausgeschlossen werden, wenn dies aus überwiegenden Gründen der Sicherheit oder Ordnung geboten ist; der Seelsorger soll vorher gehört werden.

§ 45 Weltanschauungsgemeinschaften

Für Angehörige weltanschaulicher Bekenntnisse gelten §§ 43 und 44 entsprechend.

Abschnitt 7
Besuche, Schriftwechsel und Telefongespräche

§ 46 Grundsatz

Die Gefangenen haben das Recht, mit Personen außerhalb der Anstalt im Rahmen der Bestimmungen dieses Gesetzes zu verkehren. Der Kontakt mit Personen, von denen ein günstiger Einfluss erwartet werden kann, wird gefördert.

§ 47 Recht auf Besuch

(1) Die Gefangenen dürfen regelmäßig Besuch empfangen. Die Gesamtdauer beträgt mindestens vier Stunden im Monat.

(2) Kontakte der Gefangenen zu ihren Kindern werden besonders gefördert. Deren Besuche werden nicht auf die Regelbesuchszeiten angerechnet.

(3) Besuche sollen darüber hinaus zugelassen werden, wenn sie die Erziehung oder Eingliederung der Gefangenen fördern oder persönlichen, rechtlichen oder geschäftlichen Angelegenheiten dienen, die nicht von den Gefangenen schriftlich erledigt, durch Dritte wahrgenommen oder bis zur Entlassung aufgeschoben werden können.

(4) Aus Gründen der Sicherheit können Besuche davon abhängig gemacht werden, dass sich die Besucher mit technischen Hilfsmitteln absuchen oder durchsuchen lassen.

§ 48 Besuchsverbot

Der Anstaltsleiter kann Besuche untersagen,

1. wenn die Sicherheit oder Ordnung der Anstalt gefährdet würde,

2. bei Besuchern, die nicht Angehörige (§ 11 Abs. 1 Nr. 1 des Strafgesetzbuchs) der Gefangenen sind, wenn zu befürchten ist, dass sie einen schädlichen Einfluss auf die Gefangenen haben oder ihre Eingliederung behindern, oder

3. wenn Personensorgeberechtigte nicht einverstanden sind.

§ 49 Besuche von Verteidigern, Rechtsanwälten, Notaren und Beiständen

Besuche von Verteidigern sowie von Rechtsanwälten und Notaren in einer die Gefangenen betreffenden Rechtssache sind zu gestatten. Dasselbe gilt für Besuche von Beiständen nach § 69 des Jugendgerichtsgesetzes. § 47 Abs. 4 gilt entsprechend. Eine inhaltliche Überprüfung der vom Verteidiger mitgeführten Schriftstücke und sonstigen Unterlagen ist nicht zulässig. § 52 Abs. 1 Satz 2 und 3 bleibt unberührt.

§ 50 Überwachung der Besuche

(1) Besuche dürfen aus Gründen der Erziehung oder der Sicherheit oder Ordnung der Anstalt überwacht werden, es sei denn, es liegen im Einzelfall Erkenntnisse dafür vor, dass es der Überwachung nicht bedarf. Die Unterhaltung darf nur überwacht werden, soweit dies im Einzelfall aus diesen Gründen erforderlich ist.

(2) Besuche dürfen abgebrochen werden, wenn Besucher oder Gefangene gegen dieses Gesetz oder aufgrund dieses Gesetzes getroffene Anordnungen trotz Abmahnung verstoßen. Die Abmahnung unterbleibt, wenn es unerlässlich ist, den Besuch sofort abzubrechen.

(3) Besuche dürfen auch abgebrochen werden, wenn von Besuchern ein schädlicher Einfluss ausgeht.

(4) Besuche von Verteidigern und Beiständen nach § 69 des Jugendgerichtsgesetzes werden nicht überwacht.

(5) Gegenstände dürfen den Gefangenen beim Besuch nicht übergeben werden. Dies gilt nicht für die bei dem Besuch der Verteidiger übergebenen Schriftstücke und sonstigen Unterlagen sowie für die bei dem Besuch von Rechtsanwälten oder Notaren zur Erledigung einer die Gefangenen betreffenden Rechtssache übergebenen Schriftstücke und sonstigen Unterlagen. Bei dem Besuch von Rechtsanwälten oder Notaren kann die

Übergabe aus Gründen der Sicherheit oder Ordnung der Anstalt von der Erlaubnis des Anstaltsleiters abhängig gemacht werden. § 52 Abs. 1 Satz 2 und 3 bleibt unberührt.

§ 51 Recht auf Schriftwechsel

(1) Die Gefangenen haben das Recht, auf eigene Kosten Schreiben abzusenden und zu empfangen.

(2) Der Anstaltsleiter kann den Schriftwechsel mit bestimmten Personen untersagen,

1. wenn die Sicherheit oder Ordnung der Anstalt gefährdet würde,

2. bei Personen, die nicht Angehörige (§ 11 Abs. 1 Nr. 1 des Strafgesetzbuchs) der Gefangenen sind, wenn zu befürchten ist, dass der Schriftwechsel einen schädlichen Einfluss auf die Gefangenen hat oder ihre Eingliederung behindert, oder

3. wenn Personensorgeberechtigte nicht einverstanden sind.

§ 52 Überwachung des Schriftwechsels

(1) Der Schriftwechsel der Gefangenen mit ihrem Verteidiger oder Beistand nach § 69 des Jugendgerichtsgesetzes wird nicht überwacht. Liegt dem Vollzug eine Straftat nach § 129a, auch in Verbindung mit § 129b Abs. 1, des Strafgesetzbuchs zugrunde, gelten § 148 Abs. 2 und § 148a der Strafprozessordnung entsprechend; dies gilt nicht, wenn die Gefangenen sich in einer Einrichtung des offenen Vollzugs befinden oder wenn ihnen Vollzugslockerungen nach § 15 oder Urlaub nach § 16 Abs. 1 gewährt worden sind und ein Grund, der die Anstaltsleitung nach § 17 Abs. 2 oder 3 zum Widerruf oder zur Rücknahme von Vollzugslockerungen und Urlaub ermächtigt, nicht vorliegt. Satz 2 gilt auch, wenn eine Jugendstrafe oder Freiheitsstrafe wegen einer Straftat nach § 129a, auch in Verbindung mit § 129b Abs. 1, des Strafgesetzbuchs erst im Anschluss an den Vollzug der Jugendstrafe, der eine andere Verurteilung zugrunde liegt, zu vollstrecken ist.

(2) Nicht überwacht werden ferner Schreiben der Gefangenen an Volksvertretungen des Bundes und der Länder sowie an deren Mitglieder, soweit die Schreiben an die Anschriften dieser Volksvertretungen gerichtet sind und den Absender zutreffend angeben. Entsprechendes gilt für Schreiben an das Europäische Parlament und dessen Mitglieder, den Europäischen Gerichtshof für Menschenrechte, den Europäischen Ausschuss zur Verhütung von Folter und unmenschlicher oder erniedrigender Behandlung oder Strafe und weitere Einrichtungen, mit denen der Schriftverkehr aufgrund völkerrechtlicher Verpflichtungen der Bundesrepublik Deutschland geschützt ist. Satz 1 gilt auch für den Schriftverkehr mit den Bürgerbeauftragten der Länder und den Datenschutzbeauftragten des Bundes und der Länder. Schreiben der in den Sätzen 1 bis 3 genannten Stellen, die an die Gefangenen gerichtet sind, werden nicht überwacht, sofern die Identität des Absenders zweifelsfrei feststeht.

(3) Der übrige Schriftwechsel darf überwacht werden, soweit es aus Gründen der Erziehung oder der Sicherheit oder Ordnung der Anstalt erforderlich ist.

§ 53 Weiterleitung von Schreiben, Aufbewahrung

(1) Die Gefangenen haben das Absenden und den Empfang ihrer Schreiben durch die Anstalt vermitteln zu lassen, soweit nichts anderes gestattet ist.

(2) Eingehende und ausgehende Schreiben sind unverzüglich weiterzuleiten.

(3) Die Gefangenen haben eingehende Schreiben unverschlossen zu verwahren, sofern nichts anderes gestattet wird. Sie können sie verschlossen zu ihrer Habe geben.

§ 54 Anhalten von Schreiben

(1) Der Anstaltsleiter kann Schreiben anhalten, wenn

1. das Vollzugsziel oder die Sicherheit oder Ordnung der Anstalt gefährdet würde,

2. die Weitergabe in Kenntnis ihres Inhalts einen Straf- oder Bußgeldtatbestand verwirklichen würde,

3. sie grob unrichtige oder erheblich entstellende Darstellungen von Anstaltsverhältnissen enthalten,

4. sie grobe Beleidigungen enthalten,

5. sie die Eingliederung anderer Gefangener gefährden können oder

6. sie in Geheimschrift, unlesbar, unverständlich oder ohne zwingenden Grund in einer fremden Sprache abgefasst sind.

(2) Ausgehenden Schreiben, die unrichtige Darstellungen enthalten, kann ein Begleitschreiben beigefügt werden, wenn die Gefangenen auf das Absenden bestehen.

(3) Sind Schreiben angehalten worden, wird das den Gefangenen mitgeteilt. Angehaltene Schreiben werden an den Absender zurückgegeben oder, sofern dies unmöglich oder aus besonderen Gründen untunlich ist, verwahrt.

(4) Schreiben, deren Überwachung nach § 52 Abs. 1 und 2 ausgeschlossen ist, dürfen nicht angehalten werden.

§ 55 Telefongespräche

Den Gefangenen kann gestattet werden, auf eigene Kosten Telefongespräche zu führen. Die Bestimmungen über den Besuch gelten entsprechend. Ist die Überwachung des Telefongesprächs erforderlich, ist die beabsichtigte Überwachung dem Gesprächspartner der Gefangenen unmittelbar nach Herstellung der Verbindung durch die Anstalt oder die Gefangenen mitzuteilen. Die Gefangenen sind rechtzeitig vor Beginn des Telefongesprächs über die beabsichtigte Überwachung und die Mitteilungspflicht nach Satz 3 zu unterrichten.

§ 56 Pakete

(1) Der Empfang von Paketen mit Nahrungs- und Genussmitteln ist den Gefangenen nicht gestattet. Der Empfang von Paketen mit anderem Inhalt bedarf der Erlaubnis der Anstalt, welche Zeitpunkt und Höchstmenge für die Sendung und für einzelne Gegenstände festsetzen kann. Für den Ausschluss von Gegenständen gilt § 31 Abs. 4 entsprechend.

(2) Pakete sind in Gegenwart der Gefangenen zu öffnen, an die sie adressiert sind. Ausgeschlossene Gegenstände können zu ihrer Habe genommen oder dem Absender zurückgesandt werden. Nicht ausgehändigte

Gegenstände, durch die bei der Versendung oder Aufbewahrung Personen verletzt oder Sachschäden verursacht werden können, dürfen vernichtet werden. Die hiernach getroffenen Maßnahmen werden den Gefangenen eröffnet.

(3) Der Empfang von Paketen kann vorübergehend versagt werden, wenn dies wegen der Gefährdung der Sicherheit oder Ordnung der Anstalt unerlässlich ist.

(4) Den Gefangenen kann gestattet werden, Pakete zu versenden. Die Anstalt kann ihren Inhalt aus Gründen der Sicherheit oder Ordnung der Anstalt überprüfen.

Abschnitt 8
Gelder der Gefangenen, Freistellung von der Arbeit

§ 57 Ausbildungsbeihilfe, Arbeitsentgelt

(1) Gefangene, die während der Arbeitszeit ganz oder teilweise an einer schulischen oder beruflichen Orientierungs-, Aus- oder Weiterbildungsmaßnahme oder an speziellen Maßnahmen zur Förderung ihrer schulischen, beruflichen oder persönlichen Entwicklung teilnehmen und die zu diesem Zweck von ihrer Arbeitspflicht freigestellt sind, erhalten hierfür eine Ausbildungsbeihilfe, soweit kein Anspruch auf Leistungen zum Lebensunterhalt besteht, die freien Personen aus solchem Anlass zustehen.

(2) Wer eine Arbeit, arbeitstherapeutische oder sonstige Beschäftigung ausübt, erhält Arbeitsentgelt.

(3) Der Bemessung der Ausbildungsbeihilfe und des Arbeitsentgelts ist 9 v. H. der Bezugsgröße nach § 18 des Vierten Buches Sozialgesetzbuch zugrunde zu legen (Eckvergütung). Ein Tagessatz ist der zweihundertfünfzigste Teil der Eckvergütung; die Ausbildungsbeihilfe und das Arbeitsentgelt können nach einem Stundensatz bemessen werden.

(4) Die Ausbildungsbeihilfe und das Arbeitsentgelt können je nach Leistung der Gefangenen und der Art der Ausbildung oder Arbeit gestuft werden. 75 v. H. der Eckvergütung

dürfen nur dann unterschritten werden, wenn die Leistungen der Gefangenen den Mindestanforderungen nicht genügen.

(5) Die Höhe der Ausbildungsbeihilfe und des Arbeitsentgeltes ist den Gefangenen schriftlich bekannt zu geben.

(6) Der Senator für Justiz und Verfassung wird ermächtigt, eine Rechtsverordnung über die Vergütungsstufen nach Absatz 4 zu erlassen.

(7) Soweit Beiträge zur Bundesagentur für Arbeit zu entrichten sind, kann vom Arbeitsentgelt oder der Ausbildungsbeihilfe ein Betrag einbehalten werden, der dem Anteil der Gefangenen am Beitrag entsprechen würde, wenn sie diese Bezüge als Arbeitnehmer erhielten.

§ 58 Freistellung von der Arbeit

(1) Die Arbeit der Gefangenen wird neben der Gewährung von Arbeitsentgelt (§ 57 Abs. 2) durch Freistellung von der Arbeit (Freistellung) anerkannt, die auch als Arbeitsurlaub genutzt oder auf den Entlassungszeitpunkt angerechnet werden kann.

(2) Haben die Gefangenen zwei Monate lang zusammenhängend eine Arbeit, arbeitstherapeutische oder sonstige Beschäftigung ausgeübt, so werden sie auf Antrag einen Werktag von der Arbeit freigestellt. § 37 Abs. 5 bleibt unberührt. Durch Zeiten, in denen die Gefangenen ohne ihr Verschulden durch Krankheit, Ausführung, Ausgang, Urlaub, Freistellung von der Arbeit oder sonstige nicht von ihnen zu vertretende Gründe an der Arbeitsleistung gehindert sind, wird die Frist nach Satz 1 gehemmt. Beschäftigungszeiträume von weniger als zwei Monaten bleiben unberücksichtigt.

(3) Die Gefangenen können beantragen, dass die Freistellung nach Absatz 2 in Form von Arbeitsurlaub gewährt wird. § 15 Abs. 2, § 16 Abs. 4 und § 17 gelten entsprechend.

(4) Die Gefangenen erhalten für die Zeit der Freistellung von der Arbeit ihre zuletzt gezahlten Bezüge weiter.

(5) Stellen die Gefangenen keinen Antrag nach Absatz 2 Satz 1 oder Absatz 3 Satz 1 oder kann die Freistellung von der Arbeit nach Maßgabe der Regelung des Absatzes 3 Satz 2 nicht gewährt werden, so wird sie nach Absatz 2 Satz 1 von der Anstalt auf den Entlassungszeitpunkt der Gefangenen angerechnet.

(6) Eine Anrechnung nach Absatz 5 ist ausgeschlossen

1. bei einer Aussetzung der Vollstreckung des Restes einer Jugendstrafe zur Bewährung, soweit wegen des von der Entscheidung des Vollstreckungsleiters bis zur Entlassung verbleibenden Zeitraums eine Anrechnung nicht mehr möglich ist,

2. wenn dies vom Vollstreckungsleiter angeordnet wird, weil bei einer Aussetzung der Vollstreckung des Restes einer Jugendstrafe zur Bewährung die Lebensverhältnisse der Gefangenen oder die Wirkungen, die von der Aussetzung für sie zu erwarten sind, die Vollstreckung bis zu einem bestimmten Zeitpunkt erfordern,

3. wenn nach § 2 des Jugendgerichtsgesetzes in Verbindung mit § 456a Abs. 1 der Strafprozessordnung von der Vollstreckung abgesehen wird oder

4. wenn die Gefangenen im Gnadenwege aus der Haft entlassen werden.

(7) Soweit eine Anrechnung nach Absatz 6 ausgeschlossen ist, erhalten die Gefangenen bei ihrer Entlassung für ihre Tätigkeit nach § 57 Abs. 2 als Ausgleichsentschädigung zusätzlich 15 v. H. des Entgelts oder der Ausbildungsbeihilfe nach § 57 Abs. 3 und 4. Der Anspruch entsteht erst mit der Entlassung.

§ 59 Taschengeld

(1) Erhalten Gefangene ohne ihr Verschulden weder Ausbildungsbeihilfe noch Arbeitsentgelt, wird ihnen bei Bedürftigkeit auf Antrag ein angemessenes Taschengeld gewährt. Bedürftig sind Gefangene, soweit ihnen im laufenden Monat aus Hausgeld (§ 60) und Eigengeld (§ 61) nicht ein Betrag bis zur Höhe des Taschengeldes zur Verfügung steht.

(2) Das Taschengeld beträgt 14 v. H. der Eckvergütung (§ 57 Abs. 3).

§ 60 Hausgeld

(1) Die Gefangenen dürfen von ihren in diesem Gesetz geregelten Bezügen drei Siebtel monatlich (Hausgeld) und das Taschengeld (§ 59) für den Einkauf (§ 31 Abs. 2) oder anderweitig verwenden.

(2) Für Gefangene, die in einem freien Beschäftigungsverhältnis stehen oder denen gestattet ist, sich selbst zu beschäftigen (§ 37 Abs. 4), wird aus ihren Bezügen ein angemessenes Hausgeld festgesetzt.

(3) Für Gefangene, die über Eigengeld (§ 61) verfügen und unverschuldet keine Bezüge nach diesem Gesetz erhalten, gilt Absatz 2 entsprechend.

§ 61 Eigengeld

(1) Das Eigengeld besteht aus den Beträgen, die die Gefangenen bei Strafantritt in die Anstalt mitbringen, Geldern, die ihnen während der Haftzeit zugehen und Bezügen, die nicht als Hausgeld in Anspruch genommen werden.

(2) Die Gefangenen können über das Eigengeld verfügen. § 31 Abs. 3 und 4 und § 60 bleiben unberührt.

Abschnitt 9
Sicherheit und Ordnung

§ 62 Grundsatz

(1) Sicherheit und Ordnung der Anstalt bilden die Grundlage des auf die Erziehung und Förderung aller Gefangenen ausgerichteten Anstaltslebens und tragen dazu bei, dass in der Anstalt ein gewaltfreies Klima herrscht.

(2) Die Pflichten und Beschränkungen, die den Gefangenen zur Aufrechterhaltung der Sicherheit oder Ordnung der Anstalt auferlegt werden, sind so zu wählen, dass sie in einem angemessenen Verhältnis zu ihrem Zweck stehen und die Gefangenen nicht mehr und nicht länger als notwendig beeinträchtigen.

§ 63 Verhaltensvorschriften

(1) Die Gefangenen sind für das geordnete Zusammenleben in der Anstalt mitverantwortlich und müssen mit ihrem Verhalten dazu beitragen. Ihr Bewusstsein hierfür ist zu entwickeln und zu stärken.

(2) Die Gefangenen haben sich nach der Tageseinteilung der Anstalt (Arbeitszeit, Freizeit, Ruhezeit) zu richten.

(3) Die Gefangenen haben die Anordnungen der Bediensteten zu befolgen, auch wenn sie sich durch diese beschwert fühlen. Einen ihnen zugewiesenen Bereich dürfen sie nicht ohne Erlaubnis verlassen.

(4) Die Gefangenen haben ihren Haftraum und die ihnen von der Anstalt überlassenen Sachen in Ordnung zu halten und schonend zu behandeln.

(5) Die Gefangenen haben Umstände, die eine Gefahr für das Leben oder eine erhebliche Gefahr für die Gesundheit einer Person bedeuten, unverzüglich zu melden.

§ 64 Absuchung, Durchsuchung

(1) Die Gefangenen, ihre Sachen und die Haftäume dürfen mit technischen Mitteln abgesucht und durchsucht werden. Die Durchsuchung männlicher Gefangener darf nur von Männern, die Durchsuchung weiblicher Gefangener darf nur von Frauen vorgenommen werden. Das Schamgefühl ist zu schonen.

(2) Nur bei Gefahr im Verzug oder auf Anordnung des Anstaltsleiters im Einzelfall ist es zulässig, eine mit einer Entkleidung verbundene körperliche Durchsuchung vorzunehmen. Sie darf bei männlichen Gefangenen nur in Gegenwart von Männern, bei weiblichen Gefangenen nur in Gegenwart von Frauen erfolgen. Sie ist in einem geschlossenen Raum durchzuführen. Andere Gefangene dürfen nicht anwesend sein.

(3) Der Anstaltsleiter kann allgemein anordnen, dass Gefangene bei der Aufnahme, vor und nach Kontakten mit Besuchern sowie vor und nach jeder Abwesenheit von der Anstalt nach Absatz 2 zu durchsuchen sind.

§ 65 Sichere Unterbringung

(1) Gefangene können in eine Anstalt verlegt werden, die zu ihrer sicheren Unterbringung besser geeignet ist, wenn in erhöhtem Maße Fluchtgefahr gegeben ist oder sonst ihr Ver-

halten oder ihr Zustand eine Gefahr für die Sicherheit oder Ordnung der Anstalt darstellt.

(2) § 12 Abs. 2 und 3 gilt entsprechend.

§ 66 Erkennungsdienstliche Maßnahmen

(1) Zur Sicherung des Vollzugs, zur Aufrechterhaltung der Sicherheit oder Ordnung der Anstalt oder zur Identitätsfeststellung sind mit Kenntnis der Gefangenen zulässig:

1. die Abnahme von Finger- und Handflächenabdrücken,

2. die Aufnahme von Lichtbildern,

3. die Feststellung äußerlicher körperlicher Merkmale,

4. die elektronische Erfassung biometrischer Merkmale und

5. Messungen.

(2) Die hierbei gewonnenen Unterlagen oder Daten werden zu den Gefangenenpersonalakten genommen oder in personenbezogenen Dateien gespeichert. Sie können auch in kriminalpolizeilichen Sammlungen verwahrt werden. Die nach Absatz 1 erhobenen Daten dürfen nur für die in Absatz 1, in § 69 Abs. 2 und in § 89 Abs. 2 Nr. 4 genannten Zwecke verarbeitet werden.

(3) Werden die Gefangenen entlassen oder in eine andere Anstalt verlegt, sind diese in Dateien gespeicherten personenbezogenen Daten nach spätestens zwei Jahren zu löschen.

§ 67 Lichtbildausweise

Die Anstalt kann die Gefangenen verpflichten, einen Lichtbildausweis mit sich zu führen, wenn dies aus Gründen der Sicherheit oder Ordnung der Anstalt erforderlich ist. Dieser ist bei der Entlassung oder bei der Verlegung in eine andere Anstalt einzuziehen und zu vernichten.

§ 68 Maßnahmen zur Feststellung von Suchtmittelkonsum

(1) Zur Aufrechterhaltung der Sicherheit oder Ordnung der Anstalt kann der Anstaltsleiter allgemein oder im Einzelfall Maßnahmen anordnen, die geeignet sind, den Missbrauch von Suchtmitteln festzustellen. Diese Maßnahmen dürfen nicht mit einem körperlichen Eingriff verbunden sein.

(2) Wird Suchtmittelmissbrauch festgestellt, können die Kosten der Maßnahmen den Gefangenen auferlegt werden.

§ 69 Festnahmerecht

(1) Gefangene, die entwichen sind oder sich sonst ohne Erlaubnis außerhalb der Anstalt aufhalten, können durch die Anstalt oder auf deren Veranlassung festgenommen und zurückgebracht werden.

(2) Nach § 66 Abs. 1 und § 88 erhobene und zur Identifizierung oder Festnahme erforderliche Daten dürfen den Vollstreckungs- und Strafverfolgungsbehörden übermittelt werden, soweit dies für Zwecke der Fahndung und Festnahme der entwichenen oder sich sonst ohne Erlaubnis außerhalb der Anstalt aufhaltenden Gefangenen erforderlich ist.

§ 70 Besondere Sicherungsmaßnahmen

(1) Gegen Gefangene können besondere Sicherungsmaßnahmen angeordnet werden, wenn nach ihrem Verhalten oder aufgrund ihres seelischen Zustandes in erhöhtem Maße Fluchtgefahr oder die Gefahr von Gewalttätigkeiten gegen Personen oder Sachen oder die Gefahr der Selbsttötung oder der Selbstverletzung besteht.

(2) Als besondere Sicherungsmaßnahmen sind zulässig:

1. der Entzug oder die Vorenthaltung von Gegenständen,

2. die Beobachtung der Gefangenen, auch mit technischen Hilfsmitteln,

3. die Absonderung von anderen Gefangenen,

4. der Entzug oder die Beschränkung des Aufenthalts im Freien,

5. die Unterbringung in einem besonders gesicherten Haftraum ohne gefährdende Gegenstände und

6. die Fesselung.

(3) Maßnahmen nach Absatz 2 Nr. 1, 3 und 5 sind auch zulässig, wenn die Gefahr einer Befreiung oder eine erhebliche Störung der

Hausordnung anders nicht vermieden oder behoben werden kann.

(4) Bei einer Ausführung, Vorführung oder beim Transport ist die Fesselung auch dann zulässig, wenn Fluchtgefahr besteht.

§ 71 Einzelhaft

Die unausgesetzte Absonderung von Gefangenen (Einzelhaft) ist nur zulässig, wenn dies aus Gründen, die in deren Person liegen, unerlässlich ist. Einzelhaft von mehr als zwei Monaten Gesamtdauer im Jahr bedarf der Zustimmung der Aufsichtsbehörde. Während des Vollzugs der Einzelhaft sind die Gefangenen in besonderem Maße zu betreuen.

§ 72 Fesselung

In der Regel dürfen Fesseln nur an den Händen oder an den Füßen angelegt werden. Im Interesse der Gefangenen kann der Anstaltsleiter eine andere Art der Fesselung anordnen. Die Fesselung wird zeitweise gelockert, soweit dies notwendig ist.

§ 73 Anordnung besonderer Sicherungsmaßnahmen, Verfahren

(1) Besondere Sicherungsmaßnahmen ordnet der Anstaltsleiter an. Bei Gefahr im Verzug können auch andere Bedienstete diese Maßnahmen vorläufig anordnen. Die Entscheidung des Anstaltsleiters ist unverzüglich einzuholen.

(2) Werden Gefangene ärztlich behandelt oder beobachtet oder bildet ihr seelischer Zustand den Anlass der Sicherungsmaßnahme, ist vorher eine ärztliche Stellungnahme einzuholen. Ist dies wegen Gefahr im Verzug nicht möglich, wird die Stellungnahme unverzüglich nachträglich eingeholt.

(3) Die Entscheidung wird den Gefangenen von dem Anstaltsleiter mündlich eröffnet und mit einer kurzen Begründung schriftlich abgefasst.

(4) Besondere Sicherungsmaßnahmen sind in angemessenen Abständen daraufhin zu überprüfen, ob und in welchem Umfang sie aufrechterhalten werden müssen.

(5) Besondere Sicherungsmaßnahmen nach § 70 Abs. 2 Nr. 5 und 6 sind der Aufsichtsbe-

hörde unverzüglich mitzuteilen, wenn sie länger als drei Tage aufrechterhalten werden.

§ 74 Ärztliche Überwachung

(1) Sind Gefangene in einem besonders gesicherten Haftraum untergebracht oder gefesselt (§ 70 Abs. 2 Nr. 5 und 6), sucht sie der Arzt alsbald und in der Folge möglichst täglich auf. Dies gilt nicht bei einer Fesselung während einer Ausführung, Vorführung oder eines Transportes (§ 70 Abs. 4).

(2) Der Arzt ist regelmäßig zu hören, solange eine besondere Sicherungsmaßnahme nach § 70 Abs. 2 Nr. 4 oder Einzelhaft nach § 71 andauert.

§ 75 Ersatz von Aufwendungen

(1) Die Gefangenen sind verpflichtet, der Anstalt Aufwendungen zu ersetzen, die sie durch eine vorsätzliche oder grob fahrlässige Selbstverletzung oder Verletzung anderer Gefangener verursacht haben. Ansprüche aus sonstigen Rechtsvorschriften bleiben unberührt.

(2) Von der Aufrechnung oder Vollstreckung wegen der in Absatz 1 genannten Forderungen ist abzusehen, soweit hierdurch die Erziehung und Förderung der Gefangenen oder ihre Eingliederung behindert würde.

Abschnitt 10
Unmittelbarer Zwang

§ 76 Begriffsbestimmungen

(1) Unmittelbarer Zwang ist die Einwirkung auf Personen oder Sachen durch körperliche Gewalt, ihre Hilfsmittel und durch Waffen.

(2) Körperliche Gewalt ist jede unmittelbare körperliche Einwirkung auf Personen oder Sachen.

(3) Hilfsmittel der körperlichen Gewalt sind insbesondere Fesseln und Reizstoffe.

(4) Waffen sind die dienstlich zugelassenen Hieb- und Schusswaffen.

§ 77 Allgemeine Voraussetzungen

(1) Die Bediensteten dürfen unmittelbaren Zwang anwenden, wenn sie Vollzugs- und

Sicherungsmaßnahmen rechtmäßig durchführen und der damit verfolgte Zweck auf keine andere Weise erreicht werden kann.

(2) Gegen andere Personen als Gefangene darf unmittelbarer Zwang angewendet werden, wenn sie es unternehmen, Gefangene zu befreien oder widerrechtlich in die Anstalt einzudringen, oder wenn sie sich unbefugt darin aufhalten.

(3) Das Recht zu unmittelbarem Zwang aufgrund anderer Regelungen bleibt unberührt.

§ 78 Grundsatz der Verhältnismäßigkeit

(1) Unter mehreren möglichen und geeigneten Maßnahmen des unmittelbaren Zwangs sind diejenigen zu wählen, die den Einzelnen und die Allgemeinheit voraussichtlich am wenigsten beeinträchtigen.

(2) Unmittelbarer Zwang unterbleibt, wenn ein durch ihn zu erwartender Schaden erkennbar außer Verhältnis zu dem angestrebten Erfolg steht.

§ 79 Handeln auf Anordnung

(1) Wird unmittelbarer Zwang von einem Vorgesetzten oder einer sonst befugten Person angeordnet, sind die Bediensteten verpflichtet, ihn anzuwenden, es sei denn, die Anordnung verletzt die Menschenwürde oder ist nicht zu dienstlichen Zwecken erteilt worden.

(2) Die Anordnung darf nicht befolgt werden, wenn dadurch eine Straftat begangen würde. Befolgen die Bediensteten sie trotzdem, trifft sie eine Schuld nur, wenn sie erkennen oder wenn es nach den ihnen bekannten Umständen offensichtlich ist, dass dadurch eine Straftat begangen wird.

(3) Bedenken gegen die Rechtmäßigkeit der Anordnung haben Bedienstete dem Anordnenden gegenüber vorzubringen, soweit das nach den Umständen möglich ist. Abweichende Bestimmungen des allgemeinen Beamtenrechts über die Mitteilung solcher Bedenken an Vorgesetzte (§ 57 Abs. 2 und 3 des Bremischen Beamtengesetzes) sind nicht anzuwenden.

§ 80 Androhung

Unmittelbarer Zwang ist vorher anzudrohen. Die Androhung darf nur dann unterbleiben, wenn die Umstände sie nicht zulassen oder unmittelbarer Zwang sofort angewendet werden muss, um eine rechtswidrige Tat, die den Tatbestand eines Strafgesetzes erfüllt, zu verhindern oder eine gegenwärtige Gefahr abzuwenden.

§ 81 Schusswaffengebrauch

(1) Der Gebrauch von Schusswaffen durch Bedienstete innerhalb der Anstalt ist verboten. Das Recht zum Schusswaffengebrauch aufgrund anderer Vorschriften durch Polizeivollzugsbedienstete bleibt hiervon unberührt.

(2) Außerhalb der Anstalt dürfen Schusswaffen durch Bedienstete nach Maßgabe der folgenden Absätze nur gebraucht werden, wenn andere Maßnahmen des unmittelbaren Zwangs bereits erfolglos waren oder keinen Erfolg versprechen. Gegen Personen ist ihr Gebrauch nur zulässig, wenn der Zweck nicht durch Waffenwirkung gegen Sachen erreicht wird.

(3) Schusswaffen dürfen nur die dazu bestimmten Bediensteten gebrauchen und nur, um angriffs- oder fluchtunfähig zu machen. Ihr Gebrauch unterbleibt, wenn dadurch erkennbar Unbeteiligte mit hoher Wahrscheinlichkeit gefährdet würden.

(4) Der Gebrauch von Schusswaffen ist vorher anzudrohen. Als Androhung gilt auch ein Warnschuss. Ohne Androhung dürfen Schusswaffen nur dann gebraucht werden, wenn dies zur Abwehr einer gegenwärtigen Gefahr für Leib oder Leben erforderlich ist.

(5) Gegen Gefangene dürfen Schusswaffen gebraucht werden,

1. wenn sie eine Waffe oder ein anderes gefährliches Werkzeug trotz wiederholter Aufforderung nicht ablegen,

2. wenn sie eine Meuterei (§ 121 des Strafgesetzbuchs) unternehmen oder

3. um ihre Flucht zu vereiteln oder um sie wiederzuergreifen.

Satz 1 Nr. 2 und 3 findet auf minderjährige Gefangene keine Anwendung.

(6) Gegen andere Personen dürfen Schusswaffen gebraucht werden, wenn sie es unternehmen, Gefangene gewaltsam zu befreien.

Abschnitt 11
Erzieherische Maßnahmen, Disziplinarmaßnahmen

§ 82 Erzieherische Maßnahmen

(1) Verstöße der Gefangenen gegen Pflichten, die ihnen durch oder aufgrund dieses Gesetzes auferlegt sind, sind unverzüglich im erzieherischen Gespräch aufzuarbeiten. Daneben können Maßnahmen angeordnet werden, die geeignet sind, den Gefangenen ihr Fehlverhalten bewusst zu machen (erzieherische Maßnahmen). Als erzieherische Maßnahmen kommen namentlich in Betracht die Erteilung von Weisungen und Auflagen, die Beschränkung oder der Entzug einzelner Gegenstände für die Freizeitbeschäftigung und der Ausschluss von gemeinsamer Freizeit oder von einzelnen Freizeitveranstaltungen bis zur Dauer einer Woche.

(2) Der Anstaltsleiter legt fest, welche Bediensteten befugt sind, erzieherische Maßnahmen anzuordnen.

(3) Es sollen solche erzieherischen Maßnahmen angeordnet werden, die mit der Verfehlung in Zusammenhang stehen.

§ 83 Disziplinarmaßnahmen

(1) Disziplinarmaßnahmen dürfen nur angeordnet werden, wenn erzieherische Maßnahmen nach § 82 nicht ausreichen, um den Gefangenen das Unrecht ihrer Handlung zu verdeutlichen. Zu berücksichtigen ist ferner eine aus demselben Anlass angeordnete besondere Sicherungsmaßnahme.

(2) Disziplinarmaßnahmen können angeordnet werden, wenn Gefangene rechtswidrig und schuldhaft

1. gegen Strafgesetze verstoßen oder eine Ordnungswidrigkeit begehen,

2. andere Personen verbal oder tätlich angreifen,

3. Lebensmittel oder fremdes Eigentum zerstören oder beschädigen,

4. sich zugewiesenen Aufgaben entziehen,

5. verbotene Gegenstände in die Anstalt bringen,

6. sich am Einschmuggeln verbotener Gegenstände beteiligen oder sie besitzen,

7. entweichen oder zu entweichen versuchen oder

8. in sonstiger Weise wiederholt oder schwerwiegend gegen die Hausordnung verstoßen oder das Zusammenleben in der Anstalt stören.

(3) Zulässige Disziplinarmaßnahmen sind

1. die Beschränkung oder der Entzug des Rundfunkempfangs bis zu zwei Monaten,

2. die Beschränkung oder der Entzug der Gegenstände für die Freizeitbeschäftigung oder der Ausschluss von gemeinsamer Freizeit oder von einzelnen Freizeitveranstaltungen bis zu zwei Monaten,

3. die Beschränkung des Einkaufs bis zu zwei Monaten und

4. Arrest bis zu zwei Wochen.

(4) Disziplinarmaßnahmen sind auch zulässig, wenn wegen derselben Verfehlung ein Straf- oder Bußgeldverfahren eingeleitet wird.

(5) Mehrere Disziplinarmaßnahmen können miteinander verbunden werden.

(6) Arrest darf nur wegen schwerer oder wiederholter Verfehlungen verhängt werden.

§ 84 Vollzug der Disziplinarmaßnahmen, Aussetzung zur Bewährung

(1) Disziplinarmaßnahmen werden in der Regel sofort vollstreckt.

(2) Disziplinarmaßnahmen können ganz oder teilweise bis zu sechs Monaten zur Bewährung ausgesetzt werden.

(3) Arrest wird in Einzelhaft vollzogen. Er ist erzieherisch auszugestalten. Die Gefangenen können in einem besonderen Arrestraum untergebracht werden, der den Anforderungen entsprechen muss, die an einen zum Aufenthalt bei Tag und Nacht bestimmten Haftraum gestellt werden. Soweit nichts anderes ange-

ordnet wird, ruhen die Befugnisse der Gefangenen aus § 29, § 30 Abs. 2, § 31 Abs. 2 und 3, § 37 und §§ 40 bis 42.

§ 85 Disziplinarbefugnis

(1) Disziplinarmaßnahmen ordnet der Anstaltsleiter an. Bei einer Verfehlung auf dem Weg in eine andere Anstalt zum Zweck der Verlegung ist die aufnehmende Anstalt zuständig.

(2) Die Aufsichtsbehörde entscheidet, wenn sich die Verfehlung gegen den Anstaltsleiter richtet.

(3) Disziplinarmaßnahmen, die gegen die Gefangenen in einer anderen Anstalt oder während einer Untersuchungshaft angeordnet worden sind, werden auf Ersuchen vollstreckt. § 84 Abs. 2 bleibt unberührt.

§ 86 Verfahren

(1) Der Sachverhalt ist zu klären. Die betroffenen Gefangenen werden gehört. Sie sind darauf hinzuweisen, dass es ihnen freisteht sich zu äußern. Die Erhebungen werden in einer Niederschrift festgelegt, die Einlassung der Gefangenen wird vermerkt.

(2) Bei schweren Verfehlungen soll sich der Anstaltsleiter vor der Entscheidung mit Personen besprechen, die an der Erziehung der Gefangenen mitwirken.

(3) Vor der Anordnung von Disziplinarmaßnahmen gegen Gefangene, die sich in ärztlicher Behandlung befinden, oder gegen Schwangere oder stillende Mütter ist ein Arzt zu hören.

(4) Die Entscheidung wird den Gefangenen von dem Anstaltsleiter mündlich eröffnet und mit einer kurzen Begründung schriftlich abgefasst.

(5) Bevor Arrest vollzogen wird, ist ein Arzt zu hören. Während des Arrestes stehen die Gefangenen unter ärztlicher Aufsicht. Der Vollzug unterbleibt oder wird unterbrochen, wenn die Gesundheit der Gefangenen gefährdet würde.

Abschnitt 12
Beschwerde

§ 87 Beschwerderecht

(1) Die Gefangenen erhalten Gelegenheit, sich mit Wünschen, Anregungen und Beschwerden in Angelegenheiten, die sie selbst betreffen, an den Anstaltsleiter zu wenden.

(2) Besichtigen Vertreter der Aufsichtsbehörde die Anstalt, so ist zu gewährleisten, dass die Gefangenen sich in Angelegenheiten, die sie selbst betreffen, an diese wenden können.

(3) Die Möglichkeit der Dienstaufsichtsbeschwerde bleibt unberührt.

Abschnitt 13
Datenschutz

§ 88 Erhebung personenbezogener Daten

(1) Die Anstalt und die Aufsichtsbehörde dürfen personenbezogene Daten erheben, soweit dies für den Vollzug erforderlich ist.

(2) Personenbezogene Daten sind bei den Betroffenen zu erheben. Ohne ihre Mitwirkung dürfen sie nur erhoben werden, wenn

1. eine Rechtsvorschrift dies vorsieht oder zwingend voraussetzt oder

2. a) die zu erfüllende Verwaltungsaufgabe nach Art oder Geschäftszweck eine Erhebung bei anderen Personen oder Stellen erforderlich macht oder

   b) die Erhebung bei den Betroffenen einen unverhältnismäßigen Aufwand erfordern würde und keine Anhaltspunkte dafür bestehen, dass überwiegende schutzwürdige Interessen der Betroffenen beeinträchtigt werden.

(3) Werden personenbezogene Daten bei den Betroffenen erhoben, so sind diese, sofern sie nicht bereits auf andere Weise Kenntnis erlangt haben, von der verantwortlichen Stelle über

1. die Identität der verantwortlichen Stelle,

2. die Zweckbestimmungen der Erhebung, Verarbeitung oder Nutzung und

3. die Kategorien von Empfängern nur, soweit die Betroffenen nach den Umständen des Einzelfalls nicht mit der Übermittlung an diese rechnen müssen,

zu unterrichten. Werden personenbezogene Daten bei den Betroffenen aufgrund einer Rechtsvorschrift erhoben, die zur Auskunft verpflichtet, oder ist die Erteilung der Auskunft Voraussetzung für die Gewährung von Rechtsvorteilen, so sind die Betroffenen hierauf, sonst auf die Freiwilligkeit ihrer Angaben hinzuweisen. Soweit nach den Umständen des Einzelfalles erforderlich oder auf Verlangen, sind sie über die Rechtsvorschrift und über die Folgen der Verweigerung von Angaben aufzuklären.

(4) Daten über Personen, die nicht Gefangene sind, dürfen ohne ihre Mitwirkung bei Personen oder Stellen außerhalb der Anstalt oder Aufsichtsbehörde nur erhoben werden, wenn sie für die Behandlung von Gefangenen, die Sicherheit der Anstalt oder die Sicherung des Vollzugs einer Jugend- oder Freiheitsstrafe unerlässlich sind und die Art der Erhebung schutzwürdige Interessen der Betroffenen nicht beeinträchtigt.

(5) Über eine ohne ihre Kenntnis vorgenommene Erhebung personenbezogener Daten werden die Betroffenen unter Angabe dieser Daten unterrichtet, soweit der in Absatz 1 genannte Zweck dadurch nicht gefährdet wird. Sind die Daten bei anderen Personen oder Stellen erhoben worden, kann die Unterrichtung unterbleiben, wenn

1. die Daten nach einer Rechtsvorschrift oder ihrem Wesen nach, namentlich wegen des überwiegenden berechtigten Interesses Dritter, geheim gehalten werden müssen oder

2. der Aufwand der Unterrichtung außer Verhältnis zum Schutzzweck steht und keine Anhaltspunkte dafür bestehen, dass überwiegende schutzwürdige Interessen der Betroffenen beeinträchtigt werden.

(6) Werden personenbezogene Daten statt bei den Betroffenen bei einer nichtöffentlichen Stelle erhoben, so ist die Stelle auf die Rechtsvorschrift, die zur Auskunft verpflichtet, sonst auf die Freiwilligkeit ihrer Angaben hinzuweisen.

§ 89 Verarbeitung

(1) Die Anstalt und die Aufsichtsbehörde dürfen personenbezogene Daten verarbeiten, soweit dies für den Vollzug erforderlich ist.

(2) Die Verarbeitung personenbezogener Daten für andere Zwecke ist zulässig, soweit dies

1. zur Abwehr von sicherheitsgefährdenden oder geheimdienstlichen Tätigkeiten für eine fremde Macht oder von Bestrebungen im Geltungsbereich des Grundgesetzes, die durch Anwendung von Gewalt oder darauf gerichtete Vorbereitungshandlungen

   a) gegen die freiheitliche demokratische Grundordnung, den Bestand oder die Sicherheit des Bundes oder eines Landes gerichtet sind,

   b) eine ungesetzliche Beeinträchtigung der Amtsführung der Verfassungsorgane des Bundes oder eines Landes oder ihrer Mitglieder zum Ziele haben oder

   c) auswärtige Belange der Bundesrepublik Deutschland gefährden,

2. zur Abwehr erheblicher Nachteile für das Gemeinwohl oder einer Gefahr für die öffentliche Sicherheit,

3. zur Abwehr einer schwerwiegenden Beeinträchtigung der Rechte einer anderen Person,

4. zur Verhinderung oder Verfolgung von Straftaten sowie zur Verhinderung oder Verfolgung von Ordnungswidrigkeiten, durch welche die Sicherheit oder Ordnung der Anstalt gefährdet werden oder

5. für Maßnahmen der Strafvollstreckung oder strafvollstreckungsrechtliche Entscheidungen erforderlich ist.

(3) Eine Verarbeitung für andere Zwecke liegt nicht vor, soweit sie dem gerichtlichen Rechtsschutz im Zusammenhang mit diesem Gesetz oder den in § 12 Abs. 3 des Bremischen Datenschutzgesetzes genannten Zwecken dient.

(4) Über die in den Absätzen 1 und 2 geregelten Zwecke hinaus dürfen zuständigen öffentlichen Stellen personenbezogene Daten übermittelt werden, soweit dies für

1. Maßnahmen der Gerichtshilfe, Jugendgerichtshilfe, Bewährungshilfe oder Führungsaufsicht,

2. Entscheidungen in Gnadensachen,

3. gesetzlich angeordnete Statistiken der Rechtspflege,

4. sozialrechtliche Maßnahmen,

5. die Einleitung von Hilfsmaßnahmen für Angehörige (§ 11 Abs. 1 Nr. 1 des Strafgesetzbuchs) der Gefangenen,

6. dienstliche Maßnahmen der Bundeswehr im Zusammenhang mit der Aufnahme und Entlassung von Soldaten,

7. ausländerrechtliche Maßnahmen oder

8. die Durchführung der Besteuerung

erforderlich ist. Eine Übermittlung für andere Zwecke ist auch zulässig, soweit eine andere gesetzliche Bestimmung dies vorsieht und sich dabei ausdrücklich auf personenbezogene Daten über Gefangene bezieht.

(5) Die Anstalt oder die Aufsichtsbehörde darf öffentlichen oder nichtöffentlichen Stellen auf schriftlichen Antrag mitteilen, ob sich eine Person in Haft befindet sowie ob und wann ihre Entlassung voraussichtlich innerhalb eines Jahres bevorsteht, soweit

1. die Mitteilung zur Erfüllung der in der Zuständigkeit der öffentlichen Stelle liegenden Aufgaben erforderlich ist oder

2. von nichtöffentlichen Stellen ein berechtigtes Interesse an dieser Mitteilung glaubhaft dargelegt wird und die Gefangenen kein schutzwürdiges Interesse an dem Ausschluss der Übermittlung haben.

Den Verletzten einer Straftat können darüber hinaus auf schriftlichen Antrag Auskünfte über die Entlassungsadresse oder die Vermögensverhältnisse von Gefangenen erteilt werden, wenn die Erteilung zur Feststellung oder Durchsetzung von Rechtsansprüchen im Zusammenhang mit der Straftat erforderlich ist. Die Gefangenen werden vor der Mitteilung gehört, es sei denn, es ist zu besorgen,

dass dadurch die Verfolgung des Interesses der Antragsteller vereitelt oder wesentlich erschwert werden würde, und eine Abwägung ergibt, dass dieses Interesse das Interesse der Gefangenen an ihrer vorherigen Anhörung überwiegt. Ist die Anhörung unterblieben, werden die betroffenen Gefangenen über die Mitteilung der Anstalt oder Aufsichtsbehörde nachträglich unterrichtet.

(6) Akten mit personenbezogenen Daten dürfen nur anderen Anstalten, Aufsichtsbehörden, den für strafvollzugs-, strafvollstreckungs- und strafrechtliche Entscheidungen zuständigen Gerichten sowie den Strafvollstreckungs- und Strafverfolgungsbehörden überlassen werden. Die Überlassung an andere öffentliche Stellen ist zulässig, soweit die Erteilung einer Auskunft einen unvertretbaren Aufwand erfordert oder nach Darlegung der Akteneinsicht begehrenden Stellen für die Erfüllung der Aufgabe nicht ausreicht. Entsprechendes gilt für die Überlassung von Akten an die von der Vollzugsbehörde mit Gutachten beauftragten Stellen.

(7) Sind mit personenbezogenen Daten, die nach Absatz 1, Absatz 2 oder Absatz 4 übermittelt werden dürfen, weitere personenbezogene Daten von Betroffenen oder von Dritten in Akten so verbunden, dass eine Trennung nicht oder nur mit unvertretbarem Aufwand möglich ist, so ist die Übermittlung auch dieser Daten zulässig, soweit nicht berechtigte Interessen von Betroffenen oder Dritten an deren Geheimhaltung offensichtlich überwiegen. Eine Verarbeitung dieser Daten durch die Empfänger ist unzulässig.

(8) Bei der Überwachung der Besuche oder des Schriftwechsels sowie bei der Überwachung des Inhaltes von Paketen bekannt gewordene personenbezogene Daten dürfen nur

1. für die in Absatz 2 aufgeführten Zwecke,

2. für den gerichtlichen Rechtsschutz im Zusammenhang mit diesem Gesetz,

3. zur Wahrung der Sicherheit oder Ordnung der Anstalt oder

4. nach Anhörung der Gefangenen für Zwecke der Behandlung verarbeitet werden.

(9) Personenbezogene Daten, die nach § 88 Abs. 4 über Personen, die nicht Gefangene sind, erhoben worden sind, dürfen nur zur Erfüllung des Erhebungszwecks, für die in Absatz 2 Nr. 1 bis 3 geregelten Zwecke oder zur Verhinderung oder Verfolgung von Straftaten von erheblicher Bedeutung verarbeitet werden.

(10) Die Übermittlung von personenbezogenen Daten unterbleibt, soweit die in § 92 Abs. 2 oder § 94 Abs. 2 und 4 geregelten Einschränkungen oder besondere gesetzliche Verwendungsregelungen entgegenstehen.

(11) Die Verantwortung für die Zulässigkeit der Übermittlung trägt die übermittelnde Anstalt oder Aufsichtsbehörde. Erfolgt die Übermittlung auf Ersuchen einer öffentlichen Stelle, trägt diese die Verantwortung. In diesem Fall prüft die übermittelnde Anstalt oder Aufsichtsbehörde nur, ob das Übermittlungsersuchen im Rahmen der Aufgaben des Empfängers liegt und die Absätze 8 bis 10 der Übermittlung nicht entgegenstehen, es sei denn, dass besonderer Anlass zur Prüfung der Zulässigkeit der Übermittlung besteht.

§ 90 Zentrale Datei, Einrichtung automatisierter Übermittlungs- und Abrufverfahren

(1) Die nach § 88 erhobenen Daten können für die Anstalt und die Aufsichtsbehörde in einer zentralen Datei gespeichert werden.

(2) Die Einrichtung eines automatisierten Verfahrens, das die Übermittlung oder den Abruf personenbezogener Daten aus der zentralen Datei nach § 89 Abs. 2 und 4 ermöglicht, ist zulässig, soweit diese Form der Datenübermittlung oder des Datenabrufs unter Berücksichtigung der schutzwürdigen Belange der betroffenen Personen und der Erfüllung des Zwecks der Übermittlung angemessen ist. Die für § 13 Abs. 1 Satz 3 des Bundeskriminalamtgesetzes erforderlichen personenbezogenen Daten können automatisiert übermittelt werden.

(3) Die speichernde Stelle hat zu gewährleisten, dass die Übermittlung und der Abruf zumindest durch geeignete Stichprobenverfahren festgestellt und überprüft werden kann.

(4) Der Senator für Justiz und Verfassung bestimmt durch Rechtsverordnung die Einzelheiten der Einrichtung automatisierter Übermittlungs- und Abrufverfahren. Der Landesbeauftragte für den Datenschutz ist vorher zu beteiligen. Die Rechtsverordnung hat den Datenempfänger, die Datenart und den Zweck des Abrufs festzulegen. Sie hat Maßnahmen zur Datensicherung und zur Kontrolle vorzusehen, die in einem angemessenen Verhältnis zu dem angestrebten Schutzzweck stehen.

(5) Die am Übermittlungs- und Abrufverfahren beteiligten Stellen haben die nach § 7 des Bremischen Datenschutzgesetzes erforderlichen Maßnahmen zu treffen.

§ 91 Zweckbindung

Von der Anstalt oder der Aufsichtsbehörde übermittelte personenbezogene Daten dürfen nur zu dem Zweck verarbeitet werden, zu dessen Erfüllung sie übermittelt worden sind. Die Empfänger dürfen die Daten für andere Zwecke nur verarbeiten, soweit sie ihnen auch für diese Zwecke hätten übermittelt werden dürfen, und wenn im Fall einer Übermittlung an nichtöffentliche Stellen die übermittelnde Anstalt oder Aufsichtsbehörde zugestimmt hat. Die Anstalt oder die Aufsichtsbehörde hat die nichtöffentlichen Empfänger auf die Zweckbindung nach Satz 1 hinzuweisen.

§ 92 Schutz besonderer Daten

(1) Das religiöse oder weltanschauliche Bekenntnis und personenbezogene Daten von Gefangenen, die anlässlich ärztlicher Untersuchungen erhoben worden sind, dürfen in der Anstalt nicht allgemein kenntlich gemacht werden. Andere personenbezogene Daten von Gefangenen dürfen innerhalb der Anstalt allgemein kenntlich gemacht werden, soweit dies für ein geordnetes Zusammenleben in der Anstalt erforderlich ist. § 89 Abs. 8 bis 10 bleibt unberührt.

(2) Personenbezogene Daten, die

1. Ärzten, Zahnärzten oder Angehörigen eines anderen Heilberufs, der für die Berufsausübung oder die Führung der Be-

rufsbezeichnung eine staatlich geregelte Ausbildung erfordert,

2. Berufspsychologen mit staatlich anerkannter wissenschaftlicher Abschlussprüfung oder

3. staatlich anerkannten Sozialarbeitern oder staatlich anerkannten Sozialpädagogen von Gefangenen als Geheimnis anvertraut oder über Gefangene sonst bekannt geworden sind, unterliegen auch gegenüber der Anstalt und der Aufsichtsbehörde der Schweigepflicht. Die in Satz 1 genannten Personen haben sich gegenüber dem Anstaltsleiter zu offenbaren, soweit dies für die Aufgabenerfüllung der Anstalt oder der Aufsichtsbehörde oder zur Abwehr von erheblichen Gefahren für Leib oder Leben von Gefangenen oder Dritten erforderlich ist. Ärzte sind zur Offenbarung ihnen im Rahmen der allgemeinen Gesundheitsfürsorge bekannt gewordener Geheimnisse verpflichtet, soweit dies für die Aufgabenerfüllung der Anstalt oder der Aufsichtsbehörde unerlässlich oder zur Abwehr von erheblichen Gefahren für Leib oder Leben von Gefangenen oder Dritten erforderlich ist. Sonstige Offenbarungsbefugnisse bleiben unberührt. Die Gefangenen sind vor der Erhebung über die nach den Sätzen 2 und 3 bestehenden Offenbarungsbefugnisse zu unterrichten.

(3) Die nach Absatz 2 offenbarten Daten dürfen nur für den Zweck, für den sie offenbart wurden oder für den eine Offenbarung zulässig gewesen wäre, und nur unter denselben Voraussetzungen verarbeitet werden, unter denen eine in Absatz 2 Satz 1 genannte Person selbst hierzu befugt wäre. Der Anstaltsleiter kann unter diesen Voraussetzungen die unmittelbare Offenbarung gegenüber bestimmten Bediensteten allgemein zulassen.

(4) Sofern Ärzte oder Psychologen außerhalb des Vollzugs mit der Untersuchung oder Behandlung von Gefangenen beauftragt werden, gilt Absatz 2 mit der Maßgabe entsprechend, dass die beauftragte Person auch zur Unterrichtung des in der Anstalt tätigen Arztes oder des in der Anstalt mit der Behandlung der Gefangenen betrauten Psychologen befugt sind.

§ 93 Schutz der Daten in Akten und Dateien

(1) Die Bediensteten dürfen sich von personenbezogenen Daten nur Kenntnis verschaffen, soweit dies zur Erfüllung der ihnen obliegenden Aufgaben oder für die Zusammenarbeit nach § 7 erforderlich ist.

(2) Akten und Dateien mit personenbezogenen Daten sind durch die erforderlichen technischen und organisatorischen Maßnahmen gegen unbefugten Zugang und unbefugten Gebrauch zu schützen. Gesundheitsakten und Krankenblätter sind getrennt von anderen Unterlagen zu führen und besonders zu sichern. Im Übrigen gilt für die Art und den Umfang der Schutzvorkehrungen § 7 Abs. 3 und 4 des Bremischen Datenschutzgesetzes.

§ 94 Berichtigung, Löschung und Sperrung

(1) Die in Dateien gespeicherten personenbezogenen Daten sind spätestens fünf Jahre nach der Entlassung der Gefangenen oder der Verlegung der Gefangenen in eine andere Anstalt zu löschen. Hiervon können bis zum Ablauf der Aufbewahrungsfrist für die Gefangenenpersonalakte die Angaben über Familienname, Vorname, Geburtsname, Geburtstag, Geburtsort, Eintritts- und Austrittsdatum der Gefangenen ausgenommen werden, soweit dies für das Auffinden der Gefangenenpersonalakte erforderlich ist.

(2) Personenbezogene Daten in Akten dürfen nach Ablauf von fünf Jahren seit der Entlassung der Gefangenen nur übermittelt oder genutzt werden, soweit dies

1. zur Verfolgung von Straftaten,

2. für die Durchführung wissenschaftlicher Forschungsvorhaben nach § 97,

3. zur Behebung einer bestehenden Beweisnot oder

4. zur Feststellung, Durchsetzung oder Abwehr von Rechtsansprüchen im Zusammenhang mit dem Vollzug einer Jugend- oder Freiheitsstrafe

unerlässlich ist. Diese Verwendungsbeschränkungen enden, wenn die Gefangenen erneut zum Vollzug einer Jugend- oder Freiheitsstrafe aufgenommen werden oder die Betroffenen eingewilligt haben.

(3) Bei der Aufbewahrung von Akten mit nach Absatz 2 gesperrten Daten dürfen folgende Fristen nicht überschritten werden:

1. Gefangenenpersonalakten, Gesundheitsakten und Krankenblätter   20 Jahre,
2. Gefangenenbücher   30 Jahre.

Dies gilt nicht, wenn aufgrund bestimmter Tatsachen anzunehmen ist, dass die Aufbewahrung für die in Absatz 2 Satz 1 genannten Zwecke weiterhin erforderlich ist. Die Aufbewahrungsfrist beginnt mit dem auf das Jahr der aktenmäßigen Weglegung folgenden Kalenderjahr. Die Bestimmungen des Landesarchivgesetzes bleiben unberührt.

(4) Wird festgestellt, dass unrichtige Daten übermittelt worden sind, ist dies den Empfängern mitzuteilen, wenn dies zur Wahrung schutzwürdiger Interessen der Betroffenen erforderlich ist.

(5) Im Übrigen gelten für die Berichtigung, Löschung und Sperrung personenbezogener Daten § 22 des Bremischen Datenschutzgesetzes.

§ 95 Auskunft an die Betroffenen, Akteneinsicht

Die Betroffenen erhalten nach Maßgabe des § 21 des Bremischen Datenschutzgesetzes Auskunft und Akteneinsicht.

§ 96 Anwendung des Bremischen Datenschutzgesetzes

Im Übrigen gelten für die Verarbeitung personenbezogener Daten durch die Anstalt und die Aufsichtsbehörde die Vorschriften des Bremischen Datenschutzgesetzes.

Abschnitt 14
Kriminologische Forschung

§ 97 Evaluation, kriminologische Forschung

(1) Behandlungsprogramme für die Gefangenen sind auf der Grundlage wissenschaftlicher Erkenntnisse zu konzipieren, zu standardisieren und auf ihre Wirksamkeit hin zu überprüfen.

(2) Der Vollzug, insbesondere seine Aufgabenerfüllung und Gestaltung, die Umsetzung seiner Leitlinien sowie die Behandlungsprogramme und deren Wirkungen auf das Vollzugsziel, soll regelmäßig durch den kriminologischen Dienst, durch eine Hochschule oder durch eine andere Stelle wissenschaftlich begleitet und erforscht werden. § 476 der Strafprozessordnung gilt mit der Maßgabe entsprechend, dass auch elektronisch gespeicherte personenbezogene Daten übermittelt werden können.

Abschnitt 15
Aufbau der Jugendstrafvollzugsanstalt

§ 98 Jugendstrafvollzugsanstalt

(1) Die Jugendstrafe wird in Teilanstalten oder in getrennten Abteilungen einer Anstalt des Erwachsenenvollzugs (Anstalt) vollzogen. Lässt die geringe Anzahl der Gefangenen eine getrennte Unterbringung organisatorisch nicht zu, so können die Gefangenen ausnahmsweise gemeinsam mit nach allgemeinem Strafrecht Verurteilten untergebracht werden, sofern dadurch das Vollzugsziel nicht gefährdet wird. Gemeinsame Aus- und Fortbildungsmaßnahmen von nach Jugendstrafrecht und nach allgemeinem Strafrecht Verurteilten sind zulässig. In jedem Fall erfolgt der Vollzug der Jugendstrafe nach diesem Gesetz.

(2) Räume für den Aufenthalt während der Ruhe- und Freizeit sowie Gemeinschafts- und Besuchsräume sind zweckentsprechend auszugestalten.

(3) Die Abteilungen der Anstalt sollen in Wohngruppen gegliedert sein, zu denen neben den Haurräumen weitere Räume zur gemeinsamen Nutzung gehören.

§ 99 Festsetzung der Belegungsfähigkeit, Verbot der Überbelegung

(1) Die Aufsichtsbehörde setzt die Belegungsfähigkeit der Anstalt so fest, dass eine angemessene Unterbringung während der Ruhezeit gewährleistet ist. Dabei ist zu berücksichtigen, dass eine ausreichende Anzahl von Plätzen für Aus- und Weiterbildung, Arbeit sowie von Räumen für Seelsorge, Freizeit, Sport, therapeutische Maßnahmen und Besuche zur Verfügung steht.

(2) Haurräume dürfen nicht mit mehr Gefangenen als zugelassen belegt werden.

(3) Ausnahmen von Absatz 2 sind nur vorübergehend und nur mit Zustimmung der Aufsichtsbehörde zulässig.

§ 100 Einrichtungen zur schulischen und beruflichen Bildung, Arbeitsbetriebe

(1) Die erforderlichen Einrichtungen zur schulischen und beruflichen Bildung, arbeitstherapeutischen Beschäftigung und die notwendigen Betriebe für die Arbeit sind vorzuhalten. Sie sind den Verhältnissen außerhalb der Anstalt anzugleichen.

(2) Bildung und Beschäftigung können auch in geeigneten privaten Einrichtungen und Betrieben erfolgen. Die technische und fachliche Leitung kann Angehörigen dieser Einrichtungen und Betriebe übertragen werden.

§ 101 Anstaltsleitung

(1) Der Anstaltsleiter des Jugendvollzuges trägt die fachliche Verantwortung für den Vollzug und vertritt die Anstalt nach außen. Er kann einzelne Aufgabenbereiche auf andere Bedienstete übertragen. Die Aufsichtsbehörde kann sich die Zustimmung zur Übertragung vorbehalten.

(2) Für jede Anstalt ist ein Beamter des höheren Dienstes zum hauptamtlichen Leiter zu bestellen. Aus besonderen Gründen kann eine Anstalt auch von einem Beamten des gehobenen Dienstes geleitet werden.

§ 102 Bedienstete

Die Anstalt wird mit dem für das Erreichen des Vollzugsziels erforderlichen Personal ausgestattet. Es muss für die erzieherische Gestaltung des Vollzugs geeignet und qualifiziert sein. Fortbildung sowie Praxisberatung und -begleitung für die Bediensteten sind zu gewährleisten.

§ 103 Seelsorger

(1) Die Seelsorger werden im Einvernehmen mit der jeweiligen Religionsgemeinschaft im Hauptamt bestellt oder vertraglich verpflichtet.

(2) Wenn die geringe Anzahl der Angehörigen einer Religionsgemeinschaft eine Seelsorge nach Absatz 1 nicht rechtfertigt, ist die seelsorgerische Betreuung auf andere Weise zuzulassen.

(3) Mit Zustimmung des Anstaltsleiters darf der Anstaltsseelsorger sich freier Seelsorgehelfer bedienen und diese für Gottesdienste sowie für andere religiöse Veranstaltungen von außen zuziehen.

§ 104 Medizinische Versorgung

(1) Die ärztliche Versorgung ist sicherzustellen.

(2) Die Pflege der Kranken soll von Bediensteten ausgeübt werden, die eine Erlaubnis nach dem Krankenpflegegesetz besitzen. Solange diese nicht zur Verfügung stehen, können auch Bedienstete eingesetzt werden, die eine sonstige Ausbildung in der Krankenpflege erfahren haben.

§ 105 Sozialtherapeutisches Angebot

Das notwendige Angebot an sozialtherapeutischen Plätzen wird in einer Abteilung der Anstalt oder in länderübergreifender Zusammenarbeit in anderen Anstalten vorgehalten.

§ 106 Konferenzen

Zur Erstellung und Fortschreibung des Vollzugsplans und zur Vorbereitung anderer wichtiger Vollzugsentscheidungen führt der

Anstaltsleiter Konferenzen mit an der Erziehung maßgeblich Beteiligten durch.

§ 107 Mitverantwortung der Gefangenen

Den Gefangenen soll ermöglicht werden, an der Verantwortung für Angelegenheiten von gemeinsamem Interesse teilzunehmen, die sich ihrer Eigenart und der Aufgabe der Anstalt nach für ihre Mitwirkung eignen.

§ 108 Hausordnung

(1) Der Anstaltsleiter erlässt eine Hausordnung. Die Aufsichtsbehörde kann sich die Genehmigung vorbehalten.

(2) In die Hausordnung sind namentlich Anordnungen aufzunehmen über die

1. Besuchszeiten, Häufigkeit und Dauer der Besuche,
2. Arbeitszeit, Freizeit und Ruhezeit sowie
3. Gelegenheit, Anträge und Beschwerden anzubringen oder sich an einen Vertreter der Aufsichtsbehörde zu wenden.

Abschnitt 16
Aufsicht, Beirat

§ 109 Aufsichtsbehörde

Der Senator für Justiz und Verfassung führt die Aufsicht über die Anstalt.

§ 110 Vollstreckungsplan

Die Aufsichtsbehörde regelt die örtliche und sachliche Zuständigkeit der Anstalt in einem Vollstreckungsplan.

§ 111 Beirat

(1) Aus den Mitgliedern des bei der Justizvollzugsanstalt Bremen gebildeten Beirats sind Mitglieder in angemessener Zahl für den Jugendvollzug zu benennen. Bedienstete dürfen nicht Mitglieder des Beirats sein.

(2) Die Mitglieder des Beirats wirken bei der Gestaltung des Vollzugs und bei der Betreuung der Gefangenen mit. Sie unterstützen den Anstaltsleiter durch Anregungen und Verbesserungsvorschläge und helfen bei der Eingliederung der Gefangenen nach der Entlassung.

(3) Die Mitglieder des Beirats können namentlich Wünsche, Anregungen und Beanstandungen entgegennehmen. Sie können sich über die Unterbringung, Beschäftigung, berufliche Bildung, Verpflegung, ärztliche Versorgung und Behandlung unterrichten sowie die Anstalt besichtigen. Sie können die Gefangenen in ihren Räumen aufsuchen. Unterhaltung und Schriftwechsel werden nicht überwacht.

(4) Die Mitglieder des Beirats sind verpflichtet, außerhalb ihres Amtes über alle Angelegenheiten, die ihrer Natur nach vertraulich sind, besonders über Namen und Persönlichkeit der Gefangenen, Verschwiegenheit zu bewahren. Dies gilt auch nach Beendigung ihres Amtes.

Abschnitt 17
Schlussbestimmungen

§ 112 Einschränkung von Grundrechten

Durch dieses Gesetz werden die Rechte auf körperliche Unversehrtheit und Freiheit der Person (Artikel 2 Abs. 2 des Grundgesetzes) und auf Unverletzlichkeit des Brief-, Post- und Fernmeldegeheimnisses (Artikel 10 des Grundgesetzes) eingeschränkt.

§ 113 Gleichstellungsbestimmung

Status- und Funktionsbezeichnungen in diesem Gesetz gelten jeweils in männlicher und weiblicher Form.

§ 114 In-Kraft-Treten

Dieses Gesetz tritt am 1. Januar 2008 in Kraft.

Gesetz über den Vollzug der Untersuchungshaft
(Hamburgisches Untersuchungshaftvollzugsgesetz – HmbUVollzG)

Vom 15. Dezember 2009 (HmbGVBl. S. 473)

Inhaltsübersicht

Teil 1
Anwendungsbereich

§ 1 Anwendungsbereich

(1) Dieses Gesetz regelt den Vollzug der Untersuchungshaft.

(2) Es gilt entsprechend für den Vollzug der Haft nach § 127b Absatz 2, § 230 Absatz 2, § 236, § 329 Absatz 4 Satz 1, § 412 Satz 1 und § 453c der Strafprozessordnung sowie der einstweiligen Unterbringung nach § 275a Absatz 5 der Strafprozessordnung.

(3) Für den Vollzug der einstweiligen Unterbringung nach § 126a der Strafprozessordnung gilt, soweit eine verfahrenssichernde Anordnung (§ 3 Absatz 2) nicht entgegensteht, das Hamburgische Maßregelvollzugsgesetz vom 7. September 2007 (HmbGVBl. S. 301), geändert am 17. Februar 2009 (HmbGVBl. S. 29, 34), in der jeweils geltenden Fassung entsprechend.

Teil 2
Vollzug der Untersuchungshaft

Abschnitt 1
Grundsätze

§ 2 Aufgabe des Vollzuges

Der Vollzug hat die Aufgabe, durch sichere Unterbringung der Untersuchungsgefangenen die Durchführung eines geordneten Strafverfahrens zu gewährleisten und den in den gesetzlichen Haftgründen zum Ausdruck kommenden Gefahren zu begegnen.

§ 3 Zuständigkeit und Zusammenarbeit

(1) Entscheidungen nach diesem Gesetz trifft die Justizvollzugsanstalt, in der die Untersuchungshaft vollzogen wird (Anstalt). Sie arbeitet eng mit Gericht und Staatsanwaltschaft zusammen, um die Aufgabe des Vollzuges zu erfüllen und die Sicherheit und Ordnung der Anstalt zu gewährleisten.

(2) Die Anstalt hat Anordnungen, die das Gericht oder die an dessen statt zum Handeln ermächtigte Behörde trifft, um einer Flucht-, Verdunkelungs- oder Wiederholungsgefahr zu begegnen (verfahrenssichernde Anordnungen), zu beachten und umzusetzen.

§ 4 Stellung der Untersuchungsgefangenen

(1) Die Untersuchungsgefangenen gelten als unschuldig. Sie sind so zu behandeln, dass der Anschein vermieden wird, sie würden zur Verbüßung einer Strafe festgehalten.

(2) Soweit das Gesetz keine besondere Regelung nicht enthält, dürfen den Untersuchungsgefangenen nur Beschränkungen auferlegt werden, die zur Aufrechterhaltung der Sicherheit, zur Abwehr einer schwerwiegenden Störung der Ordnung der Anstalt oder zur Umsetzung einer verfahrenssichernden Anordnung unerlässlich sind. Sie müssen in einem angemessenen Verhältnis zum Zweck der Anordnung stehen und dürfen die Untersuchungsgefangenen nicht mehr und nicht länger als notwendig beeinträchtigen.

(3) Vollzugsmaßnahmen sollen den Untersuchungsgefangenen erläutert werden.

§ 5 Gestaltung des Vollzuges

(1) Das Leben im Vollzug ist den allgemeinen Lebensverhältnissen anzugleichen, soweit die Aufgabe des Vollzuges und die Erfordernisse eines geordneten Zusammenlebens in der Anstalt dies zulassen. Schädlichen Folgen des Freiheitsentzuges ist entgegenzuwirken. Der Verhütung von Selbsttötungen kommt hierbei eine besondere Bedeutung zu.

(2) Die unterschiedlichen Lebenslagen und Bedürfnisse von weiblichen und männlichen Untersuchungsgefangenen werden bei der Vollzugsgestaltung und bei Einzelmaßnahmen berücksichtigt. Ein besonderes Augenmerk ist auf die Schaffung und die Bewahrung eines gewaltfreien Klimas im Vollzug zu richten.

§ 6 Soziale Hilfe

(1) Die Untersuchungsgefangenen werden darin unterstützt, ihre persönlichen, wirtschaftlichen und sozialen Schwierigkeiten zu beheben. Sie sollen dazu angeregt und in die Lage versetzt werden, ihre Angelegenheiten selbst zu regeln.

(2) Die Anstalt arbeitet mit außervollzuglichen Einrichtungen und Organisationen sowie mit Personen und Vereinen, die soziale Hilfestellung leisten können, eng zusammen.

(3) Die Beratung soll die Benennung von Stellen und Einrichtungen außerhalb der Anstalt umfassen, die sich um eine Vermeidung der weiteren Untersuchungshaft bemühen. Auf Wunsch sind den Untersuchungsgefangenen Stellen und Einrichtungen zu benennen, die sie in ihrem Bestreben unterstützen können, einen Ausgleich mit dem Tatopfer zu erreichen.

Abschnitt 2
Vollzugsverlauf

§ 7 Aufnahme

(1) Mit den Untersuchungsgefangenen wird unverzüglich ein Aufnahmegespräch geführt. Sie werden umgehend ärztlich untersucht, insbesondere um die Haftfähigkeit festzustellen sowie das Vorliegen ansteckender Krankheiten auszuschließen, die eine Gefahr für andere Personen bedeuten können und daher besondere Schutzmaßnahmen erforderlich machen würden.

(2) Die Untersuchungsgefangenen werden bei der Aufnahme

1. über ihre Rechte und Pflichten und über die Möglichkeiten der Aufrechterhaltung einer Sozialversicherung unterrichtet,

2. darin unterstützt, die notwendigen Maßnahmen für hilfsbedürftige Angehörige und zur Erhaltung des Arbeitsplatzes und der Wohnung zu veranlassen und ihre Habe außerhalb der Anstalt sicherzustellen.

(3) Den Untersuchungsgefangenen ist Gelegenheit zu geben, eine Angehörige oder einen Angehörigen oder eine Vertrauensperson von der Aufnahme in die Anstalt zu benachrichtigen, soweit eine verfahrenssichernde Anordnung nicht entgegensteht.

(4) Beim Aufnahmeverfahren dürfen andere Gefangene in der Regel nicht zugegen sein. Ausnahmen bedürfen der schriftlichen Einwilligung der aufzunehmenden Untersuchungsgefangenen.

§ 8 Verlegung, Überstellung, Ausantwortung

(1) Untersuchungsgefangene können in eine andere Anstalt verlegt oder überstellt werden, wenn es

1. zur Umsetzung einer verfahrenssichernden Anordnung,

2. aus Gründen der Sicherheit oder Ordnung der Anstalt oder

3. aus Gründen der Vollzugsorganisation oder aus anderen wichtigen Gründen

erforderlich ist. Zuvor ist dem Gericht und der Staatsanwaltschaft Gelegenheit zur Stellungnahme zu geben.

(2) § 7 Absatz 3 gilt entsprechend.

(3) Die Untersuchungsgefangenen dürfen auf begründeten Antrag befristet einer Polizeibehörde übergeben werden (Ausantwortung). Absatz 1 Satz 2 gilt entsprechend.

§ 9 Vorführung, Ausführung

(1) Auf Ersuchen eines Gerichts oder einer Staatsanwaltschaft werden Untersuchungsgefangene vorgeführt. Über Vorführungsersuchen in anderen als dem der Inhaftierung zugrunde liegenden Verfahren sind das Gericht und die Staatsanwaltschaft unverzüglich zu unterrichten. Die Anstaltsleitung erteilt die erforderlichen Weisungen und entscheidet über besondere Sicherungsmaßnahmen, insbesondere über die Dauer der während der Vorführung erforderlichen Fesselung der Untersuchungsgefangenen. Sie unterrichtet das Gericht und die Staatsanwaltschaft über das Veranlasste.

(2) Aus besonderen Gründen können Untersuchungsgefangene ausgeführt werden. Ausführungen zur Befolgung einer gerichtlichen Ladung sind zu ermöglichen, soweit darin das persönliche Erscheinen angeordnet ist und eine verfahrenssichernde Anordnung nicht entgegensteht. Vor der Entscheidung ist dem Gericht und der Staatsanwaltschaft Gelegenheit zur Stellungnahme zu geben. Liegt die Ausführung ausschließlich im Interesse

der Untersuchungsgefangenen, können ihnen die Kosten auferlegt werden.

§ 10 Entlassung

(1) Auf Anordnung des Gerichts oder der Staatsanwaltschaft entlässt die Anstalt die Untersuchungsgefangenen unverzüglich aus der Haft, es sei denn, es ist in anderer Sache eine richterlich angeordnete Freiheitsentziehung zu vollziehen.

(2) Aus fürsorgerischen Gründen kann Untersuchungsgefangenen der freiwillige Verbleib in der Anstalt bis zum Vormittag des zweiten auf den Eingang der Entlassungsanordnung folgenden Werktags gestattet werden. Der freiwillige Verbleib setzt das schriftliche Einverständnis der Untersuchungsgefangenen voraus, dass die bisher bestehenden Beschränkungen aufrechterhalten bleiben.

(3) Bedürftigen Untersuchungsgefangenen kann bei der Entlassung ein Zuschuss zu den Reisekosten, angemessene Kleidung und sonstige notwendige Unterstützung gewährt werden.

Abschnitt 3
Unterbringung und Ernährung der Untersuchungsgefangenen

§ 11 Trennungsgrundsätze

(1) Untersuchungsgefangene werden von Gefangenen anderer Haftarten, namentlich von Strafgefangenen, getrennt untergebracht. Ausnahmen sind zulässig

1. mit schriftlicher Zustimmung der einzelnen Untersuchungsgefangenen,

2. zur Umsetzung einer verfahrenssichernden Anordnung oder

3. aus Gründen der Sicherheit oder Ordnung der Anstalt.

Darüber hinaus können Untersuchungsgefangene ausnahmsweise mit Gefangenen anderer Haftarten untergebracht werden, wenn die geringe Anzahl der Untersuchungsgefangenen eine getrennte Unterbringung nicht zulässt.

(2) Junge Untersuchungsgefangene (§ 72 Absatz 1) werden von den übrigen Untersuchungsgefangenen und von Gefangenen anderer Haftarten getrennt untergebracht. Hiervon kann aus den in Absatz 1 Sätze 2 und 3 genannten Gründen abgewichen werden, wenn eine Vollzugsgestaltung nach § 73 gewährleistet bleibt und schädliche Einflüsse auf die jungen Untersuchungsgefangenen nicht zu befürchten sind.

(3) Männliche und weibliche Untersuchungsgefangene werden getrennt untergebracht.

(4) Gemeinsame Maßnahmen, insbesondere gemeinsame Arbeit und eine gemeinsame Berufs- und Schulausbildung, sind zulässig.

§ 12 Unterbringung während der Arbeit und der Freizeit

(1) Die Untersuchungsgefangenen arbeiten in der Gemeinschaft mit anderen, soweit dies mit Rücksicht auf die Anforderungen der verfügbaren Arbeitsplätze möglich ist. Dasselbe gilt für Bildungsmaßnahmen und sonstige Beschäftigung während der Arbeitszeit.

(2) Während der Freizeit können die Untersuchungsgefangenen sich in der Gemeinschaft mit anderen Gefangenen aufhalten. Für die Teilnahme an gemeinschaftlichen Veranstaltungen kann die Anstaltsleitung mit Rücksicht auf die räumlichen, personellen und organisatorischen Verhältnisse der Anstalt besondere Regelungen treffen.

(3) Die gemeinschaftliche Unterbringung während der Arbeitszeit und Freizeit kann eingeschränkt werden, soweit es zur Umsetzung einer verfahrenssichernden Anordnung oder zur Gewährleistung der Sicherheit oder Ordnung der Anstalt erforderlich ist.

§ 13 Unterbringung während der Ruhezeit

Die Untersuchungsgefangenen werden während der Ruhezeit allein in ihren Hafträumen untergebracht. Sie können auch während der Ruhezeit gemeinsam untergebracht werden, wenn Untersuchungsgefangene hilfsbedürftig sind oder eine Gefahr für Leben oder Gesundheit von Untersuchungsgefangenen besteht und bei einer gemeinsamen Unterbringung mit nicht hilfsbedürftigen oder gefährdeten Untersuchungsgefangenen diese zuge-stimmt haben.

§ 14 Mütter mit Kindern

(1) Ist das Kind einer Untersuchungsgefan-genen noch nicht fünf Jahre alt und gibt es keine Alternative, so kann es mit Zustimmung der Inhaber des Aufenthaltsbestimmungs-rechts in der Anstalt untergebracht werden, in der sich seine Mutter befindet, wenn dies seinem Wohl entspricht. Vor der Unterbrin-gung ist das Jugendamt zu hören.

(2) Die Unterbringung einschließlich der Ge-sundheitsfürsorge erfolgt auf Kosten der für das Kind Unterhaltspflichtigen. Von der Gel-tendmachung des Kostenersatzanspruchs kann abgesehen werden, wenn hierdurch die gemeinsame Unterbringung von Mutter und Kind gefährdet würde.

§ 15 Ausstattung des Haftraumes, persönlicher Besitz

(1) Die Untersuchungsgefangenen dürfen ihre Hafträume in angemessenem Umfang mit eigenen Sachen ausstatten. Lichtbilder nahe stehender Personen und Erinnerungs-stücke von persönlichem Wert werden ihnen belassen. Vorkehrungen und Gegenstände, deren Überlassung eine verfahrenssichernde Anordnung entgegensteht oder die geeignet sind, die Sicherheit oder Ordnung der Anstalt zu gefährden, sind ausgeschlossen.

(2) Die Anstaltsleitung kann besondere Re-gelungen zum angemessenen Umfang der Haftraumausstattung und zu Art und Umfang der Vorkehrungen und Gegenstände nach Absatz 1 Satz 3, insbesondere zu Wertgren-zen für Armbanduhren, Schmuckgegenstän-de und Elektrogeräte, treffen.

§ 16 Kleidung

(1) Die Untersuchungsgefangenen dürfen ei-gene Kleidung tragen, wenn sie für Reinigung und Instandsetzung auf eigene Kosten sor-gen.

(2) Soweit es zur Umsetzung einer verfah-renssichernden Anordnung oder zur Gewähr-leistung der Sicherheit oder Ordnung der An-stalt erforderlich ist, kann das in Absatz 1

genannte Recht eingeschränkt oder ausge-schlossen werden.

§ 17 Verpflegung

Die Untersuchungsgefangenen erhalten An-staltsverpflegung. Zusammensetzung und Nährwert der Anstaltsverpflegung werden ärztlich überwacht. Religiöse Speisegebote werden beachtet.

§ 18 Einkauf

(1) Die Untersuchungsgefangenen können regelmäßig aus einem von der Anstalt ver-mittelten Angebot einkaufen (Regeleinkauf).

(2) Die Untersuchungsgefangenen können in angemessenem Umfang dreimal jährlich zu-sätzlich zu dem Regeleinkauf einkaufen. Geld, das für die Untersuchungsgefangenen ausdrücklich für einen zusätzlichen Einkauf eingezahlt wird, ist für den folgenden zu-sätzlichen Einkauf als zweckgebundenes Geld gutzuschreiben.

(3) Für die Organisation des Einkaufs und den Inhalt des Warenangebots kann die Anstalts-leitung unter Würdigung der Wünsche und Bedürfnisse der Untersuchungsgefangenen besondere Regelungen treffen.

(4) Gegenstände, deren Überlassung eine verfahrenssichernde Anordnung entgegen-steht oder die geeignet sind, die Sicherheit oder Ordnung der Anstalt zu gefährden, sind vom Einkauf ausgeschlossen. Auf ärztliche Anordnung kann den Untersuchungsgefan-genen der Einkauf einzelner Nahrungs- und Genussmittel ganz oder teilweise untersagt werden, wenn zu befürchten ist, dass sie ihre Gesundheit ernsthaft gefährden. In Kranken-häusern und Krankenabteilungen kann der Einkauf einzelner Nahrungs- und Genussmit-tel auf ärztliche Anordnung allgemein unter-sagt oder eingeschränkt werden.

§ 19 Annehmlichkeiten

Von den §§ 15 bis 18 nicht umfasste An-nehmlichkeiten dürfen sich die Untersu-chungsgefangenen auf ihre Kosten verschaf-fen, soweit und solange weder eine verfah-renssichernde Anordnung entgegensteht noch die Sicherheit oder Ordnung der Anstalt gefährdet wird.

Abschnitt 4
Verkehr mit Personen außerhalb der Anstalt

§ 20 Grundsatz

Die Untersuchungsgefangenen haben das Recht, mit Personen außerhalb der Anstalt im Rahmen der Bestimmungen dieses Gesetzes zu verkehren, soweit eine verfahrenssichernde Anordnung nicht entgegensteht.

§ 21 Besuch

(1) Die Untersuchungsgefangenen dürfen regelmäßig Besuch empfangen. Die Gesamtdauer beträgt mindestens zwei Stunden im Monat.

(2) Kontakte der Untersuchungsgefangenen zu ihren Angehörigen im Sinne des Strafgesetzbuchs werden besonders gefördert.

(3) Besuche sollen darüber hinaus zugelassen werden, wenn sie persönlichen, rechtlichen oder geschäftlichen Angelegenheiten dienen, die nicht von den Untersuchungsgefangenen schriftlich erledigt, durch Dritte wahrgenommen oder bis zur voraussichtlichen Entlassung der Untersuchungsgefangenen aufgeschoben werden können.

(4) Aus Gründen der Sicherheit und Ordnung der Anstalt können die Besuche davon abhängig gemacht werden, dass Besucherinnen und Besucher sich durchsuchen lassen. Für Art und Umfang der Durchsuchungen, insbesondere für den Einsatz technischer Hilfsmittel, und für die Durchsuchungen in Betracht kommenden Personenkreis kann die Anstaltsleitung mit Rücksicht auf die Sicherheitsbedürfnisse der Anstalt besondere Regelungen treffen.

(5) Besuche können untersagt werden, wenn die Sicherheit oder Ordnung der Anstalt gefährdet würde.

§ 22 Überwachung der Besuche

(1) Besuche dürfen aus Gründen der Sicherheit oder Ordnung der Anstalt überwacht werden, es sei denn, es liegen im Einzelfall Erkenntnisse dafür vor, dass es der Überwachung nicht bedarf. Die Überwachung der Besuche mit optisch-elektronischen Einrichtungen (Videoüberwachung) ist zulässig. Die Untersuchungsgefangenen und die Besucherinnen und Besucher sind vor dem Besuch darauf hinzuweisen.

(2) Die Unterhaltung darf nur überwacht werden, soweit dies im Einzelfall aus Gründen der Sicherheit der Anstalt oder zur Abwendung einer schwerwiegenden Störung der Ordnung der Anstalt erforderlich ist. Absatz 1 Sätze 2 und 3 findet keine Anwendung.

(3) Besuche dürfen abgebrochen werden, wenn Besucherinnen und Besucher oder Untersuchungsgefangene gegen die Vorschriften dieses Gesetzes oder die auf Grund dieses Gesetzes getroffenen Anordnungen trotz Abmahnung verstoßen. Dies gilt auch bei einem Verstoß gegen verfahrenssichernde Anordnungen. Die Abmahnung unterbleibt, wenn es unerlässlich ist, den Besuch sofort abzubrechen.

(4) Gegenstände dürfen beim Besuch nicht übergeben werden. Die Anstaltsleitung kann im Einzelfall die Nutzung einer Trennvorrichtung anordnen, wenn dies mit Rücksicht auf die Sicherheit oder Ordnung der Anstalt zur Verhinderung einer unerlaubten Übergabe von Gegenständen erforderlich ist.

§ 23 Besuche von Rechtsanwältinnen und Rechtsanwälten und Notarinnen und Notaren

(1) Besuche von Rechtsanwältinnen, Rechtsanwälten, Notarinnen und Notaren in einer die Gefangenen betreffenden Rechtssache sind zu gestatten. § 21 Absatz 4 gilt entsprechend.

(2) Besuche von Rechtsanwältinnen und Rechtsanwälten, Notarinnen und Notaren werden nicht überwacht.

(3) Beim Besuch von Rechtsanwältinnen und Rechtsanwälten, Notarinnen und Notaren mitgeführte Schriftstücke und sonstige Unterlagen dürfen übergeben werden, ihre inhaltliche Überprüfung ist nicht zulässig.

§ 24 Schriftwechsel

(1) Die Untersuchungsgefangenen dürfen unbeschränkt Schreiben absenden und empfangen. Absendung und Empfang der Schreiben vermittelt die Anstalt, eingehende und ausgehende Schreiben werden unverzüglich weitergeleitet.

(2) Die Anstaltsleitung kann den Schriftwechsel mit bestimmten Personen untersagen, wenn die Sicherheit oder Ordnung der Anstalt gefährdet würde.

(3) Die Kosten des Schriftwechsels tragen die Untersuchungsgefangenen. Sind sie dazu nicht in der Lage, kann die Anstalt sie in besonders begründeten Fällen in angemessenem Umfang übernehmen.

§ 25 Überwachung des Schriftwechsels

(1) Ein- und ausgehende Schreiben werden auf verbotene Gegenstände überwacht. Die Anstaltsleitung kann die Textkontrolle anordnen, wenn sie aus Gründen der Sicherheit oder zur Abwendung einer schwerwiegenden Störung der Ordnung der Anstalt erforderlich ist.

(2) Der Schriftwechsel mit Mitgliedern der Anstaltsbeiräte (§§ 97 bis 100) und mit Rechtsanwältinnen, Rechtsanwälten, Notarinnen und Notaren wird nicht überwacht.

(3) Nicht überwacht werden ferner Schreiben der Untersuchungsgefangenen

1. an Volksvertretungen des Bundes und der Länder, an das Europäische Parlament und an die Mitglieder dieser Gremien, soweit die Schreiben an die Anschriften der Gremien gerichtet sind und die Absender zutreffend angeben,

2. an den Europäischen Gerichtshof für Menschenrechte,

3. an den Europäischen Ausschuss zur Verhütung von Folter und unmenschlicher oder erniedrigender Behandlung oder Strafe,

4. an sonstige Organisationen oder Einrichtungen, mit denen der Schriftverkehr auf Grund völkerrechtlicher Verpflichtungen der Bundesrepublik Deutschland geschützt ist,

5. an die Datenschutzbeauftragten des Bundes und der Länder und

6. an Gerichte, Staatsanwaltschaften und die Aufsichtsbehörde (§ 95).

(4) Schreiben der in Absatz 3 genannten Stellen, die an die Untersuchungsgefangenen gerichtet sind, werden nicht überwacht, sofern die Identität der Absender zweifelsfrei feststeht.

(5) Schreiben der Untersuchungsgefangenen an nicht in der Anstalt tätige Ärztinnen oder Ärzte, die mit der Untersuchung oder Behandlung der Untersuchungsgefangenen befasst sind, sowie Schreiben dieser Ärztinnen oder Ärzte an die Untersuchungsgefangenen dürfen nur von in der Anstalt tätigen Ärztinnen oder Ärzten überwacht werden.

§ 26 Anhalten von Schreiben

(1) Die Anstaltsleitung kann Schreiben anhalten,

1. wenn es die Aufgabe des Untersuchungshaftvollzugs oder die Sicherheit oder Ordnung der Anstalt erfordert,

2. wenn die Weitergabe in Kenntnis ihres Inhalts einen Straf- oder Bußgeldtatbestand verwirklichte,

3. wenn sie grob unrichtige oder erheblich entstellende Darstellungen von Anstaltsverhältnissen enthalten,

4. wenn sie grobe Beleidigungen enthalten oder

5. wenn sie in Geheimschrift, unlesbar, unverständlich oder ohne zwingenden Grund in einer fremden Sprache abgefasst sind.

(2) Ausgehenden Schreiben, die unrichtige Darstellungen enthalten, kann ein Begleitschreiben beigefügt werden, wenn die Untersuchungsgefangenen auf der Absendung bestehen.

(3) Ist ein Schreiben angehalten worden, werden die Untersuchungsgefangenen unterrichtet. Hiervon kann abgesehen werden, wenn und solange es die Aufgabe des Untersuchungshaftvollzugs erfordert. Soweit angehaltene Schreiben nicht beschlagnahmt werden, werden sie an die Absender zurückge-

geben oder, sofern dies unmöglich oder aus besonderen Gründen untunlich ist, verwahrt.

(4) Schreiben, deren Überwachung nach § 25 Absätze 2 bis 4 ausgeschlossen ist, dürfen nicht angehalten werden.

§ 27 Telefongespräche

(1) Den Untersuchungsgefangenen soll gestattet werden, auf eigene Kosten in einem angemessenen Umfang Telefongespräche mit Verteidigerinnen und Verteidigern und mit Angehörigen im Sinne des Strafgesetzbuchs zu führen. Im Übrigen kann ihnen gestattet werden, auf eigene Kosten Telefongespräche zu führen. Die Bestimmungen über den Besuch sowie § 25 Absätze 2 und 3 Nummer 1 gelten entsprechend. Ist die Überwachung des Telefongesprächs erforderlich, ist die beabsichtigte Überwachung den Gesprächspartnern der Untersuchungsgefangenen durch die Anstalt oder durch die Untersuchungsgefangenen unmittelbar nach Herstellung der Verbindung mitzuteilen. Die Untersuchungsgefangenen sind rechtzeitig vor Beginn des Telefongesprächs über die beabsichtigte Überwachung und die Mitteilungspflicht nach Satz 4 zu unterrichten.

(2) Auf dem Gelände der Anstalt können technische Geräte zur Störung von Frequenzen betrieben werden, die der Herstellung unerlaubter Mobilfunkverbindungen dienen. Es ist sicherzustellen, dass der Mobilfunkverkehr außerhalb des Anstaltsgeländes hierdurch nicht beeinträchtigt wird. Die von der Bundesnetzagentur gemäß § 55 Absatz 1 Satz 5 des Telekommunikationsgesetzes vom 22. Juni 2004 (BGBl. I S. 1190), zuletzt geändert am 29. April 2009 (BGBl. I S. 994, 997), in der jeweils geltenden Fassung festgelegten Rahmenbedingungen sind zu beachten.

§ 28 Pakete

(1) Der Empfang von Paketen bedarf der Erlaubnis der Anstalt, welche Zeitpunkt und Höchstmenge für die Sendung und für einzelne Gegenstände festsetzen kann. § 18 Absatz 4 Satz 1 gilt entsprechend. Der Empfang von Paketen mit Nahrungs- und Genussmitteln ist nicht gestattet.

(2) Pakete sind in Gegenwart der Untersuchungsgefangenen zu öffnen. Ausgeschlossene Gegenstände können zu ihrer Habe genommen oder den Absendern zurückgesandt werden. Nicht ausgehändigte Gegenstände, durch die bei der Versendung oder Aufbewahrung Personen verletzt oder Sachschäden verursacht werden können, dürfen vernichtet werden. Die hiernach getroffenen Maßnahmen werden den Untersuchungsgefangenen eröffnet.

(3) Den Untersuchungsgefangenen kann gestattet werden, Pakete zu versenden. Die Anstalt kann ihren Inhalt aus Gründen der Sicherheit oder Ordnung der Anstalt überprüfen.

(4) Die Kosten des Paketverkehrs tragen die Untersuchungsgefangenen. Sind sie dazu nicht in der Lage, kann die Anstalt sie in besonders begründeten Fällen in angemessenem Umfang übernehmen.

Abschnitt 5
Arbeit und Bildung

§ 29 Arbeit und Bildung

(1) Die Untersuchungsgefangenen sind nicht zur Arbeit verpflichtet.

(2) Ihnen soll nach Möglichkeit Arbeit oder sonstige Beschäftigung angeboten werden, die ihre Fähigkeiten, Fertigkeiten und Neigungen berücksichtigt. Nehmen sie eine Arbeit auf, gelten die von der Anstalt festgelegten Arbeitsbedingungen. Die Arbeit darf nicht zur Unzeit niedergelegt werden.

(3) Geeigneten Untersuchungsgefangenen soll nach Möglichkeit Gelegenheit zum Erwerb oder zur Verbesserung schulischer und beruflicher Kenntnisse gegeben werden, soweit es die besonderen Bedingungen der Untersuchungshaft zulassen.

§ 30 Zeugnisse

Aus Zeugnissen oder Bescheinigungen über die Teilnahme an Bildungsmaßnahmen darf nicht erkennbar sein, dass sie während des Vollzuges von Untersuchungshaft erworben wurden.

§ 31 Vergütung der Arbeitsleistung

(1) Wer eine Arbeit oder sonstige Beschäftigung ausübt, erhält ein Arbeitsentgelt.

(2) Das Arbeitsentgelt

1. ist unter Zugrundelegung von 9 vom Hundert der Bezugsgröße nach § 18 des Vierten Buches Sozialgesetzbuch in der Fassung vom 23. Januar 2006 (BGBl. I S. 89, 466), zuletzt geändert am 28. März 2009 (BGBl. I S. 634), in der jeweils geltenden Fassung zu bemessen (Eckvergütung); ein Tagessatz ist der zweihundertfünfzigste Teil der Eckvergütung; ein Stundensatz kann ermittelt werden,

2. kann je nach Leistung der Untersuchungsgefangenen und der Art der Arbeit gestuft werden; 75 vom Hundert der Eckvergütung dürfen nur dann unterschritten werden, wenn die Arbeitsleistungen der Untersuchungsgefangenen den Mindestanforderungen nicht genügen,

3. ist den Untersuchungsgefangenen schriftlich bekannt zu geben.

§ 32 Ausbildungsbeihilfe

(1) Nehmen die Untersuchungsgefangenen während der Arbeitszeit an einer Bildungsmaßnahme teil, so erhalten sie eine Ausbildungsbeihilfe.

(2) Für die Bemessung der Ausbildungsbeihilfe gilt § 31 Absatz 2 entsprechend.

(3) Nehmen die Untersuchungsgefangenen während der Arbeitszeit stunden- oder tageweise an einer Bildungsmaßnahme teil, so erhalten sie in Höhe des ihnen dadurch entgehenden Arbeitsentgelts eine Ausbildungsbeihilfe.

§ 33 Arbeitslosenversicherung

Soweit die Vollzugsbehörden Beiträge zur Bundesagentur für Arbeit zu entrichten haben – § 347 Nummer 3 des Dritten Buches Sozialgesetzbuch vom 24. März 1997 (BGBl. I S. 594, 595), zuletzt geändert am 28. März 2009 (BGBl. I S. 634, 640), in der jeweils geltenden Fassung, vom Arbeitsentgelt oder der Ausbildungsbeihilfe einen Betrag einbehalten, der dem Anteil der Untersuchungsgefangenen am Beitrag entspräche, wenn sie diese Bezüge als Arbeitnehmerinnen oder Arbeitnehmer erhielten.

§ 34 Vergütungsordnung

Der Senat wird ermächtigt, durch Rechtsverordnung nähere Bestimmungen zur Vergütung nach den §§ 31 und 32 zu erlassen (Vergütungsordnung). Der Senat kann die Ermächtigung nach Satz 1 durch Rechtsverordnung auf die zuständige Behörde weiter übertragen.

§ 35 Taschengeld

Kann Untersuchungsgefangenen weder Arbeit noch die Teilnahme an einer Bildungsmaßnahme angeboten werden, wird ihnen bei Bedürftigkeit auf Antrag ein Taschengeld gewährt. Bedürftig sind Untersuchungsgefangene, soweit ihnen im laufenden Monat nicht ein Betrag bis zur Höhe des Taschengeldes aus eigenen Mitteln zur Verfügung steht. Das Taschengeld beträgt 14 vom Hundert der Eckvergütung (§ 31 Absatz 2 Nummer 1).

Abschnitt 6
Freizeit

§ 36 Allgemeines

Zur Freizeitgestaltung sind geeignete Angebote vorzuhalten. Insbesondere sollen Sportmöglichkeiten und Gemeinschaftsveranstaltungen angeboten werden.

§ 37 Zeitungen und Zeitschriften

(1) Die Untersuchungsgefangenen dürfen auf eigene Kosten Zeitungen und Zeitschriften in angemessenem Umfang durch Vermittlung der Anstalt beziehen.

(2) Ausgeschlossen sind Zeitungen und Zeitschriften, deren Verbreitung mit Strafe oder Geldbuße bedroht ist. Zeitungen oder Zeitschriften, einzelne Ausgaben oder Teile hiervon können den Untersuchungsgefangenen vorenthalten werden, wenn dies zur Umsetzung einer verfahrenssichernden Anordnung erforderlich ist oder deren Inhalte die Sicherheit oder Ordnung der Anstalt erheblich gefährden würden.

§ 38 Rundfunk

(1) Die Untersuchungsgefangenen dürfen eigene Rundfunkgeräte unter den Voraussetzungen des § 15 besitzen, soweit ihnen nicht von der Anstalt Geräte überlassen werden. Die Betriebskosten können den Gefangenen auferlegt werden.

(2) Der Rundfunkempfang kann vorübergehend ausgesetzt oder einzelnen Untersuchungsgefangenen untersagt werden, wenn dies zur Umsetzung einer verfahrenssichernden Anordnung oder zur Aufrechterhaltung der Sicherheit oder Ordnung der Anstalt unerlässlich ist.

Abschnitt 7
Religionsausübung

§ 39 Seelsorge

(1) Den Untersuchungsgefangenen darf religiöse Betreuung durch Seelsorgerinnen und Seelsorger ihrer Religionsgemeinschaft nicht versagt werden. Auf ihren Wunsch ist ihnen zu helfen, mit Seelsorgerinnen oder Seelsorgern ihrer Religionsgemeinschaft in Verbindung zu treten.

(2) Die Untersuchungsgefangenen dürfen grundlegende religiöse Schriften besitzen. Sie dürfen ihnen nur bei grobem Missbrauch entzogen werden.

(3) Den Untersuchungsgefangenen sind Gegenstände des religiösen Gebrauchs in angemessenem Umfang zu belassen.

§ 40 Religiöse Veranstaltungen

(1) Die Untersuchungsgefangenen haben das Recht, am Gottesdienst und an anderen religiösen Veranstaltungen ihres Bekenntnisses teilzunehmen.

(2) Zu dem Gottesdienst oder zu religiösen Veranstaltungen einer anderen Religionsgemeinschaft werden die Untersuchungsgefangenen zugelassen, wenn die Seelsorgerinnen oder Seelsorger der anderen Religionsgemeinschaft zustimmen.

(3) Die Untersuchungsgefangenen können von der Teilnahme am Gottesdienst oder anderen religiösen Veranstaltungen ausgeschlossen werden, wenn dies zur Umsetzung einer verfahrenssichernden Anordnung oder aus überwiegenden Gründen der Sicherheit oder Ordnung geboten ist; die Seelsorgerinnen oder Seelsorger sollen vorher gehört werden.

§ 41 Weltanschauungsgemeinschaften

Für Angehörige weltanschaulicher Bekenntnisse gelten §§ 39 und 40 entsprechend.

Abschnitt 8
Gesundheitsfürsorge

§ 42 Gesundheitsuntersuchungen, medizinische Vorsorgeleistungen, Krankenbehandlung

(1) Die Untersuchungsgefangenen haben einen Anspruch auf notwendige, ausreichende und zweckmäßige medizinische Leistungen unter Beachtung des Grundsatzes der Wirtschaftlichkeit. Der allgemeine Standard der gesetzlichen Krankenkassen ist zu berücksichtigen.

(2) Der Anspruch umfasst auch Untersuchungen zur Früherkennung von Krankheiten und Vorsorgeleistungen entsprechend dem allgemeinen Standard der gesetzlichen Krankenkassen.

(3) Der Anspruch umfasst weiter die Versorgung mit Hilfsmitteln wie Seh- und Hörhilfen, Körperersatzstücken, orthopädischen und anderen Hilfsmitteln, die im Einzelfall erforderlich sind, um den Erfolg der Krankenbehandlung zu sichern, eine Behinderung auszugleichen oder einer drohenden Behinderung vorzubeugen, sofern dies mit Rücksicht auf die voraussichtliche Dauer des Untersuchungshaftvollzugs zwingend geboten ist und soweit die Hilfsmittel nicht als allgemeine Gebrauchsgegenstände des täglichen Lebens anzusehen sind. Der Anspruch umfasst auch die notwendige Änderung, Instandsetzung und Ersatzbeschaffung von Hilfsmitteln sowie die Ausbildung in ihrem Gebrauch. Ein erneuter Anspruch auf Versorgung mit Sehhilfen besteht nur bei einer Änderung der Sehfähigkeit um mindestens 0,5 Dioptrien. Anspruch auf Versorgung mit Kontaktlinsen

besteht nur in medizinisch zwingend erforderlichen Ausnahmefällen.

(4) An den Kosten für Leistungen nach den Absätzen 1 bis 3 können die Untersuchungsgefangenen in angemessenem Umfang beteiligt werden, höchstens jedoch bis zum Umfang der Beteiligung vergleichbarer gesetzlich Versicherter.

(5) Für Leistungen, die über die in Absatz 1 Satz 1 und Absätze 2 und 3 genannten Leistungen hinausgehen, können den Untersuchungsgefangenen die gesamten Kosten auferlegt werden.

§ 43 Externe ärztliche Betreuung

Den Untersuchungsgefangenen soll auf ihren Antrag hin gestattet werden, sich auf ihre Kosten von externen Ärztinnen oder Ärzten beraten und behandeln zu lassen. Die Erlaubnis kann versagt werden, wenn es zur Umsetzung einer verfahrenssichernden Anordnung oder zur Aufrechterhaltung der Sicherheit oder Ordnung der Anstalt erforderlich ist. Konsultation und Behandlung sollen in der Anstalt stattfinden.

§ 44 Aufenthalt im Freien

Den Untersuchungsgefangenen wird ermöglicht, sich täglich mindestens eine Stunde im Freien aufzuhalten, wenn die Witterung dies zulässt.

§ 45 Überstellung, Verlegung und Ausführung zum Zweck der Behandlung

(1) Kranke Untersuchungsgefangene können in das Zentralkrankenhaus der Untersuchungshaftanstalt überstellt oder in eine für die Behandlung ihrer Krankheit besser geeignete Anstalt verlegt werden.

(2) Erforderlichenfalls können Untersuchungsgefangene zur medizinischen Behandlung ausgeführt oder in ein Krankenhaus außerhalb des Vollzugs gebracht werden.

(3) Zuvor ist dem Gericht und der Staatsanwaltschaft nach Möglichkeit Gelegenheit zur Stellungnahme zu geben. Bei Verlegungen und Überstellungen gilt § 7 Absatz 3 entsprechend.

(4) Werden Untersuchungsgefangene während des Aufenthaltes in einem Krankenhaus außerhalb des Vollzuges aus der Haft entlassen, so tragen die Vollzugsbehörden die bis zur Entlassung angefallenen Kosten.

§ 46 Schwangerschaft und Mutterschaft

(1) Weibliche Untersuchungsgefangene haben während der Schwangerschaft sowie bei und nach der Entbindung Anspruch auf ärztliche Betreuung und auf Hebammenhilfe in der Anstalt sowie auf die notwendigen Arznei-, Verband- und Heilmittel. Zur ärztlichen Betreuung gehören insbesondere Untersuchungen zur Feststellung der Schwangerschaft sowie Vorsorgeuntersuchungen einschließlich der laborärztlichen Untersuchungen.

(2) Zur Entbindung sind weibliche Untersuchungsgefangene in ein Krankenhaus außerhalb des Vollzuges zu bringen. Ist dies aus besonderen Gründen nicht angezeigt, so ist die Entbindung im Zentralkrankenhaus der Untersuchungshaftanstalt vorzunehmen.

(3) § 42 Absatz 1 und § 45 gelten entsprechend.

(4) In der Anzeige einer Geburt an das Standesamt dürfen die Anstalt als Geburtsstätte des Kindes, das Verhältnis der Anzeigenden zur Anstalt und die Inhaftierung der Mutter nicht vermerkt sein.

§ 47 Benachrichtigung bei Erkrankung oder Todesfall

(1) Erkranken Untersuchungsgefangene schwer oder versterben sie, so sind ihre Angehörigen oder die gesetzlichen Vertreter unverzüglich zu benachrichtigen.

(2) Dem Wunsch von Untersuchungsgefangenen, auch andere Personen zu benachrichtigen, soll nach Möglichkeit entsprochen werden.

(3) Beim Tod ausländischer Staatsangehöriger ist die zuständige Auslandsvertretung zu verständigen.

Abschnitt 9
Sicherheit und Ordnung

§ 48 Grundsatz, Verhaltensregelungen

(1) Die Pflichten und Beschränkungen, die den Untersuchungsgefangenen zur Aufrechterhaltung der Sicherheit und Ordnung der Anstalt auferlegt werden, sind so zu wählen, dass sie in einem angemessenen Verhältnis zu ihrem Zweck stehen und die Untersuchungsgefangenen nicht mehr und nicht länger als notwendig beeinträchtigen.

(2) Die Untersuchungsgefangenen sind verpflichtet,

1. die Tageseinteilung der Anstalt (Arbeitszeit, Freizeit, Ruhezeit) zu beachten,

2. durch ihr Verhalten gegenüber anderen Personen, insbesondere gegenüber Vollzugsbediensteten und anderen Gefangenen, nicht das geordnete Zusammenleben zu stören,

3. Anordnungen der Bediensteten zu befolgen, auch wenn sie sich beschwert fühlen,

4. den ihnen zugewiesenen Bereich nicht ohne Erlaubnis zu verlassen,

5. ihren Haftraum und die ihnen von der Anstalt überlassenen Sachen in Ordnung zu halten und schonend zu behandeln,

6. Umstände, die eine Gefahr für das Leben oder eine erhebliche Gefahr für die Gesundheit einer Person bedeuten, unverzüglich zu melden.

§ 49 Persönlicher Gewahrsam, Kostenbeteiligung

(1) Die Untersuchungsgefangenen dürfen nur Sachen in Gewahrsam haben, die ihnen von der Anstalt oder mit ihrer Zustimmung überlassen werden. Sie dürfen Sachen weder an andere Gefangene abgeben noch von anderen Gefangenen annehmen, es sei denn, es handelt sich um Sachen von offensichtlich geringem Wert. Die Anstalt kann die Abgabe, die Annahme und den Gewahrsam auch dieser Sachen von ihrer Zustimmung abhängig machen.

(2) Eingebrachte Sachen, die die Untersuchungsgefangenen nicht in Gewahrsam haben dürfen, sind für sie aufzubewahren, sofern dies nach Art und Umfang möglich ist. Den Untersuchungsgefangenen wird Gelegenheit gegeben, ihre Sachen, die sie während des Vollzugs und für ihre Entlassung nicht benötigen, abzusenden. Geld wird ihnen gutgeschrieben.

(3) Weigern sich Untersuchungsgefangene, eingebrachtes Gut, dessen Aufbewahrung nach Art und Umfang möglich ist, aus der Anstalt zu verbringen, so ist die Anstalt berechtigt, diese Gegenstände auf Kosten der Untersuchungsgefangenen aus der Anstalt entfernen zu lassen.

(4) Aufzeichnungen und andere Gegenstände, die Kenntnisse über Sicherungsvorkehrungen der Anstalt vermitteln, dürfen von der Anstalt vernichtet oder unbrauchbar gemacht werden.

(5) Die Untersuchungsgefangenen können an den Stromkosten der in ihrem Gewahrsam befindlichen Geräte beteiligt werden.

§ 50 Durchsuchung

(1) Zur Aufrechterhaltung der Sicherheit und Ordnung der Anstalt dürfen Untersuchungsgefangene, ihre Sachen und die Hafträume jederzeit durchsucht werden, die Sachen und die Hafträume auch in Abwesenheit der Untersuchungsgefangenen. Zur Unterstützung der Durchsuchung dürfen technische Mittel eingesetzt werden, bei der Durchsuchung der Sachen und Hafträume auch Spürhunde. Die Durchsuchung männlicher Untersuchungsgefangener darf nur von Männern, die Durchsuchung weiblicher Untersuchungsgefangener darf nur von Frauen vorgenommen werden. Das Schamgefühl ist zu schonen.

(2) Bei Gefahr im Verzug oder auf Anordnung der Anstaltsleitung im Einzelfall ist eine mit einer Entkleidung verbundene körperliche Durchsuchung zulässig, wenn konkrete Anhaltspunkte dafür bestehen, dass die Sicherheit und Ordnung der Anstalt dies erfordern. Sie darf bei männlichen Untersuchungsgefangenen nur in Gegenwart von Männern, bei weiblichen Untersuchungsgefangenen nur in Gegenwart von Frauen erfolgen und ist in einem geschlossenen Raum durchzuführen.

Andere Gefangene dürfen nicht anwesend sein.

(3) Die Anstaltsleitung kann allgemein anordnen, dass Untersuchungsgefangene bei der Aufnahme, nach Kontakten mit Besucherinnen und Besuchern und nach jeder Abwesenheit von ihrer Unterkunft in der Anstalt nach Absatz 2 zu durchsuchen sind, wenn konkrete Anhaltspunkte dafür bestehen, dass die Sicherheit und Ordnung der Anstalt dies erfordern.

§ 51 Erkennungsdienstliche Maßnahmen

(1) Zur Sicherung des Vollzuges, zur Aufrechterhaltung der Sicherheit oder Ordnung der Anstalt oder zur Identitätsfeststellung sind mit Kenntnis der Untersuchungsgefangenen zulässig

1. die Aufnahme von Lichtbildern,

2. die Erfassung biometrischer Merkmale von Fingern, Händen, Gesicht und Stimme,

3. die Feststellung äußerlicher körperlicher Merkmale,

4. Körpermessungen.

(2) Die gewonnenen Unterlagen und Daten werden zu den Gefangenenpersonalakten genommen oder in personenbezogenen Dateien gespeichert. Sie können auch in kriminalpolizeilichen Sammlungen verwahrt werden. Sie dürfen nur für die in Absatz 1, in § 53 Absatz 2 und in § 103 Absatz 2 Nummer 4 sowie Absatz 4 Satz 2 Nummer 2 genannten Zwecke verarbeitet werden.

(3) Werden die Untersuchungsgefangenen entlassen, sind die in Dateien gespeicherten personenbezogenen Daten spätestens nach drei Monaten zu löschen. Werden die Untersuchungsgefangenen in eine andere Anstalt verlegt oder wird unmittelbar im Anschluss an den Vollzug oder in Unterbrechung der Untersuchungshaft eine andere Haftart vollzogen, können die nach Absatz 1 erhobenen Daten der betreffenden Anstalt übermittelt und von dieser für die in Absatz 2 Satz 3 genannten Zwecke verarbeitet werden.

(4) Personen, die auf Grund des Absatzes 1 erkennungsdienstlich behandelt worden

sind, können bei einer nicht nur vorläufigen Einstellung des Verfahrens, einer unanfechtbaren Ablehnung der Eröffnung des Hauptverfahrens oder einem rechtskräftigen Freispruch nach der Entlassung verlangen, dass die gewonnenen erkennungsdienstlichen Unterlagen und Daten unverzüglich vernichtet bzw. gelöscht werden. Sie sind über dieses Recht bei der erkennungsdienstlichen Behandlung und bei der Entlassung aufzuklären.

§ 52 Feststellung von Betäubungsmittelmissbrauch

(1) Zur Aufrechterhaltung der Sicherheit oder Ordnung der Anstalt kann die Anstaltsleitung bei Untersuchungsgefangenen, bei denen der konkrete Verdacht des Betäubungsmittelmissbrauchs besteht, allgemein oder im Einzelfall Maßnahmen anordnen, die geeignet sind, den Missbrauch von Betäubungsmitteln festzustellen. Die Maßnahmen dürfen nicht mit einem körperlichen Eingriff verbunden sein.

(2) Wird Betäubungsmittelmissbrauch festgestellt, können die Kosten der Maßnahme den Untersuchungsgefangenen auferlegt werden.

§ 53 Festnahmerecht

(1) Untersuchungsgefangene, die entwichen sind oder sich sonst ohne Erlaubnis außerhalb der Anstalt aufhalten, können durch die Anstalt oder auf ihre Veranlassung hin festgenommen und in die Anstalt zurückgebracht werden.

(2) Die nach diesem Gesetz erhobenen Daten dürfen den Vollstreckungs- und Strafverfolgungsbehörden übermittelt werden, soweit dies für Zwecke der Fahndung und Festnahme der entwichenen oder sich sonst ohne Erlaubnis außerhalb der Anstalt aufhaltenden Untersuchungsgefangenen erforderlich ist.

§ 54 Besondere Sicherungsmaßnahmen

(1) Gegen Untersuchungsgefangene können besondere Sicherungsmaßnahmen angeordnet werden, wenn nach ihrem Verhalten oder auf Grund ihres seelischen Zustandes in erhöhtem Maß die Gefahr der Entweichung,

von Gewalttätigkeiten gegen Personen oder Sachen oder die Gefahr der Selbsttötung oder der Selbstverletzung besteht.

(2) Als besondere Sicherungsmaßnahmen sind zulässig:

1. der Entzug oder die Vorenthaltung von Gegenständen,

2. die Beobachtung der Untersuchungsgefangenen, in besonderen Hafträumen auch mit technischen Hilfsmitteln, insbesondere auch durch den Einsatz von optisch-elektronischen Einrichtungen (§ 102),

3. die Absonderung von anderen Gefangenen,

4. der Entzug oder die Beschränkung des Aufenthalts im Freien,

5. die Unterbringung in einem besonders gesicherten Haftraum ohne gefährdende Gegenstände und

6. die Fesselung.

Eine Fesselung nach Satz 1 Nummer 6 von nach § 50 Absatz 2 entkleideten Untersuchungsgefangenen darf nur erfolgen, wenn und solange dies unerlässlich ist. In diesen Fällen sind besondere Maßnahmen zur Schonung des Schamgefühls zu treffen, soweit dies möglich ist.

(3) Die unausgesetzte Absonderung Untersuchungsgefangener (Einzelhaft) ist nur zulässig, wenn sie aus den Gründen des Absatzes 1 unerlässlich ist. Einzelhaft von mehr als einem Monat Gesamtdauer in einem Jahr bedarf der Zustimmung der Aufsichtsbehörde und wird dem Gericht und der Staatsanwaltschaft von der Anstalt mitgeteilt. Diese Frist wird nicht dadurch unterbrochen, dass die Untersuchungsgefangenen am Gottesdienst oder an der Freistunde teilnehmen. Während des Vollzuges der Einzelhaft sind die Untersuchungsgefangenen in besonderem Maße zu betreuen.

(4) Maßnahmen nach Absatz 2 Satz 1 Nummern 1 und 3 bis 5 sind auch zulässig, wenn die Gefahr einer Befreiung oder eine erhebliche Störung der Anstaltsordnung anders nicht vermieden oder behoben werden kann.

(5) Bei einer Ausführung, Vorführung oder beim Transport ist die Fesselung auch zulässig, wenn zu befürchten ist, dass die Untersuchungsgefangenen sich dem Vollzug entziehen werden (einfache Entweichungsgefahr).

(6) Fesseln dürfen in der Regel nur an den Händen oder an den Füßen angelegt werden. Im Interesse der Untersuchungsgefangenen kann die Anstaltsleitung eine andere Art der Fesselung anordnen.

§ 55 Anordnungsbefugnis, Verfahren

(1) Besondere Sicherungsmaßnahmen ordnet die Anstaltsleitung an. Bei Gefahr im Verzug können auch andere Bedienstete der Anstalt diese Maßnahmen vorläufig anordnen. Die Entscheidung der Anstaltsleitung ist unverzüglich einzuholen.

(2) Die Entscheidung wird den Untersuchungsgefangenen von der Anstaltsleitung mündlich eröffnet und mit einer kurzen Begründung schriftlich abgefasst.

(3) Besondere Sicherungsmaßnahmen sind in angemessenen Abständen daraufhin zu überprüfen, ob und in welchem Umfang sie aufrechterhalten werden müssen.

(4) Besondere Sicherungsmaßnahmen nach § 54 Absatz 2 Satz 1 Nummern 5 und 6 sind der Aufsichtsbehörde, dem Gericht und der Staatsanwaltschaft unverzüglich mitzuteilen, wenn sie länger als drei Tage aufrechterhalten werden.

§ 56 Ärztliche Überwachung besonderer Sicherungsmaßnahmen

(1) Werden Untersuchungsgefangene ärztlich behandelt oder beobachtet oder bildet ihr seelischer Zustand den Anlass für die Anordnung einer besonderen Sicherungsmaßnahme, ist vorher eine ärztliche Stellungnahme einzuholen. Ist dies wegen Gefahr im Verzug nicht möglich, wird die Stellungnahme unverzüglich nachträglich eingeholt.

(2) Sind Untersuchungsgefangene in einem besonders gesicherten Haftraum untergebracht oder nach § 54 Absatz 2 Satz 1 Nummer 6 gefesselt, so sucht die Anstaltsärztin

oder der Anstaltsarzt sie unverzüglich und sodann täglich auf.

(3) Die Ärztin oder der Arzt sind regelmäßig zu hören, solange den Untersuchungsgefangenen der tägliche Aufenthalt im Freien entzogen wird oder Einzelhaft (§ 54 Absatz 3) andauert.

Abschnitt 10
Unmittelbarer Zwang

§ 57 Begriffsbestimmungen

(1) Unmittelbarer Zwang ist die Einwirkung auf Personen oder Sachen durch körperliche Gewalt, ihre Hilfsmittel und durch Waffen.

(2) Körperliche Gewalt ist jede unmittelbare körperliche Einwirkung auf Personen oder Sachen.

(3) Hilfsmittel der körperlichen Gewalt sind insbesondere Fesseln.

(4) Waffen sind die dienstlich zugelassenen Hieb- und Schusswaffen sowie Reizstoffe.

§ 58 Voraussetzungen

(1) Bedienstete des Vollzuges dürfen unmittelbaren Zwang anwenden, wenn sie Vollzugs- und Sicherungsmaßnahmen rechtmäßig durchführen und der damit verfolgte Zweck auf andere Weise nicht erreicht werden kann.

(2) Gegen andere Personen als Untersuchungsgefangene darf unmittelbarer Zwang angewendet werden, wenn sie es unternehmen, Gefangene zu befreien oder in den Anstaltsbereich widerrechtlich einzudringen, oder wenn sie sich unbefugt darin aufhalten.

(3) Das Recht zu unmittelbarem Zwang auf Grund anderer Regelungen bleibt unberührt.

§ 59 Grundsatz der Verhältnismäßigkeit

(1) Unter mehreren möglichen und geeigneten Maßnahmen des unmittelbaren Zwangs sind diejenigen zu wählen, die die einzelne Person und die Allgemeinheit voraussichtlich am wenigsten beeinträchtigen.

(2) Unmittelbarer Zwang unterbleibt, wenn ein durch ihn zu erwartender Schaden er-

kennbar außer Verhältnis zu dem angestrebten Erfolg steht.

§ 60 Handeln auf Anordnung

(1) Wird unmittelbarer Zwang von Vorgesetzten oder sonst befugten Personen angeordnet, sind die Bediensteten verpflichtet, die Anordnung zu befolgen, es sei denn, sie verletzt die Menschenwürde oder ist nicht zu dienstlichen Zwecken erteilt worden.

(2) Die Anordnung darf nicht befolgt werden, wenn dadurch eine Straftat begangen würde. Befolgen die Bediensteten sie trotzdem, trifft sie eine Schuld nur, wenn sie erkennen oder wenn es nach den ihnen bekannten Umständen offensichtlich ist, dass dadurch eine Straftat begangen wird.

(3) Bedenken gegen die Rechtmäßigkeit der Anordnung haben die Bediensteten den Anordnenden gegenüber vorzubringen, soweit das nach den Umständen möglich ist. Abweichende Vorschriften des allgemeinen Beamtenrechts über die Mitteilung solcher Bedenken an Vorgesetzte sind nicht anzuwenden.

§ 61 Androhung

Unmittelbarer Zwang ist vorher anzudrohen. Die Androhung darf nur unterbleiben, wenn die Umstände sie nicht zulassen oder unmittelbarer Zwang sofort angewendet werden muss, um eine rechtswidrige Tat zu verhindern, die den Tatbestand eines Strafgesetzes erfüllt, oder eine gegenwärtige Gefahr abzuwenden.

§ 62 Vorschriften für den Schusswaffengebrauch

(1) Schusswaffen dürfen nur gebraucht werden, wenn andere Maßnahmen des unmittelbaren Zwangs bereits erfolglos waren oder keinen Erfolg versprechen. Gegen Personen ist ihr Gebrauch nur zulässig, wenn der Zweck nicht durch Waffenwirkung gegen Sachen erreicht wird.

(2) Schusswaffen dürfen nur die dazu bestimmten Bediensteten gebrauchen und nur, um angriffs- oder fluchtunfähig zu machen. Ihr Gebrauch unterbleibt, wenn erkennbar

Unbeteiligte mit hoher Wahrscheinlichkeit gefährdet würden.

(3) Gegen Untersuchungsgefangene dürfen Schusswaffen gebraucht werden,

1. wenn sie eine Waffe oder ein anderes gefährliches Werkzeug trotz wiederholter Aufforderung nicht ablegen,

2. wenn sie eine Meuterei (§ 121 des Strafgesetzbuchs) unternehmen,

3. um ihre Entweichung zu vereiteln oder um sie wieder zu ergreifen.

(4) Gegen andere Personen dürfen Schusswaffen gebraucht werden, wenn sie es unternehmen, Gefangene gewaltsam zu befreien oder gewaltsam in eine Anstalt einzudringen.

(5) Als Androhung (§ 61) des Gebrauchs von Schusswaffen gilt auch ein Warnschuss. Ohne Androhung dürfen Schusswaffen nur gebraucht werden, wenn das zur Abwehr einer gegenwärtigen Gefahr für Leib oder Leben erforderlich ist.

§ 63 Zwangsmaßnahmen auf dem Gebiet der Gesundheitsfürsorge

(1) Medizinische Untersuchung und Behandlung einschließlich einer hierfür erforderlichen Ausführung sowie Ernährung sind zwangsweise nur bei Lebensgefahr, bei schwerwiegender Gefahr für die Gesundheit der Untersuchungsgefangenen oder bei Gefahr für die Gesundheit anderer Personen zulässig. Die Maßnahmen müssen für die Beteiligten zumutbar und dürfen nicht mit erheblicher Gefahr für Leben oder Gesundheit der Untersuchungsgefangenen verbunden sein. Zur Durchführung der Maßnahmen ist die Anstalt nicht verpflichtet, solange von einer freien Willensbestimmung der Untersuchungsgefangenen ausgegangen werden kann.

(2) Zum Gesundheitsschutz und zur Hygiene ist die zwangsweise körperliche Untersuchung außer im Falle des Absatzes 1 zulässig, wenn sie nicht mit einem körperlichen Eingriff verbunden ist.

(3) Die Maßnahmen dürfen nur auf Anordnung und unter Leitung einer Ärztin oder eines Arztes durchgeführt werden, unbeschadet der Leistung erster Hilfe für den Fall, dass eine Ärztin oder ein Arzt nicht rechtzeitig erreichbar und mit einem Aufschub Lebensgefahr verbunden ist.

Abschnitt 11
Pflichtwidrigkeiten der Untersuchungsgefangenen

§ 64 Disziplinarmaßnahmen

(1) Disziplinarmaßnahmen können angeordnet werden, wenn Untersuchungsgefangene rechtswidrig und schuldhaft

1. gegen Strafgesetze verstoßen oder eine Ordnungswidrigkeit begehen,

2. gegen eine verfahrenssichernde Anordnung verstoßen,

3. andere Personen verbal oder tätlich angreifen,

4. verbotene Gegenstände in die Anstalt bringen,

5. sich am Einschmuggeln verbotener Gegenstände beteiligen oder sie besitzen,

6. entweichen oder zu entweichen versuchen oder

7. in sonstiger Weise wiederholt oder schwerwiegend gegen die Hausordnung verstoßen oder das Zusammenleben in der Anstalt stören.

(2) Von einer Disziplinarmaßnahme wird abgesehen, wenn es genügt, die Untersuchungsgefangenen zu verwarnen.

§ 65 Arten der Disziplinarmaßnahmen

(1) Die zulässigen Disziplinarmaßnahmen sind:

1. Verweis,

2. die Beschränkung oder der Entzug des Einkaufs bis zu drei Monaten,

3. die Beschränkung oder der Entzug von Annehmlichkeiten nach § 19 bis zu drei Monaten,

4. die Beschränkung oder der Entzug des Rundfunkempfangs bis zu drei Monaten; der gleichzeitige Entzug des Hörfunk- und

Fernsehempfangs jedoch nur bis zu zwei Wochen,

5. die Beschränkung oder der Entzug der Gegenstände für eine Beschäftigung in der Freizeit mit Ausnahme des Lesestoffs oder die Beschränkung oder der Entzug der Teilnahme an gemeinschaftlichen Veranstaltungen bis zu drei Monaten,

6. die getrennte Unterbringung während der Freizeit bis zu vier Wochen,

7. der Entzug der zugewiesenen Arbeit oder Beschäftigung bis zu vier Wochen unter Wegfall der in diesem Gesetz geregelten Bezüge,

8. Arrest bis zu vier Wochen.

(2) Arrest darf nur wegen schwerer oder mehrfach wiederholter Verfehlungen verhängt werden.

(3) Mehrere Disziplinarmaßnahmen können miteinander verbunden werden.

(4) Disziplinarmaßnahmen sind unabhängig von der Einleitung eines Straf- oder Bußgeldverfahrens wegen desselben Sachverhalts zulässig.

(5) Bei der Auswahl der Disziplinarmaßnahmen sind Grund und Zweck der Haft sowie die psychischen Auswirkungen der Untersuchungshaft und des Strafverfahrens auf die Untersuchungsgefangenen zu berücksichtigen. Durch die Anordnung und den Vollzug einer Disziplinarmaßnahme dürfen die Verteidigung, die Verhandlungsfähigkeit und die Verfügbarkeit der Untersuchungsgefangenen für die Verhandlung nicht beeinträchtigt werden.

§ 66 Vollzug der Disziplinarmaßnahmen, Aussetzung zur Bewährung

(1) Disziplinarmaßnahmen werden in der Regel sofort vollzogen.

(2) Der Vollzug einer Disziplinarmaßnahme kann ganz oder teilweise bis zu sechs Monaten zur Bewährung ausgesetzt werden.

(3) Arrest wird in Einzelhaft vollzogen. Die Untersuchungsgefangenen können in einem besonderen Arrestraum untergebracht werden, der den Anforderungen entsprechen muss, die an einen zum Aufenthalt bei Tag

und Nacht bestimmten Haftraum gestellt werden. Soweit nichts anderes angeordnet wird, ruhen die Befugnisse der Untersuchungsgefangenen aus § 15, § 16 Absatz 1, §§ 18, 19, § 29 Absätze 2 und 3, §§ 36 bis 38.

§ 67 Anordnungsbefugnis

(1) Disziplinarmaßnahmen ordnet die Anstaltsleitung an. Bei einer Pflichtwidrigkeit während eines Transports in eine andere Anstalt ist die Leitung der Bestimmungsanstalt zuständig. Ist die Durchführung des Disziplinarverfahrens dort nicht möglich, liegt die Disziplinarbefugnis bei der Leitung der Stammanstalt.

(2) Die Aufsichtsbehörde entscheidet, wenn sich die Pflichtwidrigkeit der Untersuchungsgefangenen gegen die Anstaltsleitung richtet.

(3) Disziplinarmaßnahmen, die gegen Untersuchungsgefangene in einer anderen Anstalt oder während einer anderen Haft angeordnet worden sind, werden auf Ersuchen vollzogen. § 66 Absatz 2 bleibt unberührt.

§ 68 Verfahren

(1) Der Sachverhalt ist umfassend zu klären. Die Untersuchungsgefangenen werden vor ihrer Anhörung über den Inhalt der ihnen zur Last gelegten Pflichtwidrigkeit und über ihr Recht, sich nicht zur Sache zu äußern, belehrt. Die Erhebungen, insbesondere die Ergebnisse der Anhörungen der Untersuchungsgefangenen und anderer Befragter, werden schriftlich festgehalten.

(2) Bei schweren Verstößen soll die Anstaltsleitung sich vor der Entscheidung mit Personen besprechen, die an der Betreuung der Untersuchungsgefangenen mitwirken.

(3) Die Entscheidung wird den Untersuchungsgefangenen von der Anstaltsleitung mündlich eröffnet und mit einer kurzen Begründung schriftlich abgefasst.

§ 69 Ärztliche Mitwirkung

(1) Vor dem Vollzug von Disziplinarmaßnahmen nach § 65 Absatz 1 Nummern 2 bis 8, die gegen Gefangene in ärztlicher Behandlung oder gegen Schwangere oder stillende Müt-

ter angeordnet wurden, ist die Ärztin oder der Arzt zu hören. Während des Arrestes stehen die Gefangenen unter ärztlicher Aufsicht.

(2) Der Vollzug der Disziplinarmaßnahme unterbleibt oder wird unterbrochen, wenn die Gesundheit der Untersuchungsgefangenen oder der Fortgang des Strafverfahrens gefährdet würde.

Abschnitt 12
Verfahrensregelungen

§ 70 Beschwerderecht

(1) Die Untersuchungsgefangenen erhalten Gelegenheit, sich mit Wünschen, Anregungen und Beschwerden in Angelegenheiten, die sie selbst betreffen, schriftlich und mündlich an die Anstaltsleitung zu wenden. Regelmäßige Sprechstunden sind einzurichten.

(2) Die Abwicklung der Sprechstunden nach Absatz 1 Satz 2 kann in Anstalten, die wegen ihrer Größe in Teilanstalten oder in mehrere eigenständige Hafthäuser gegliedert sind, auf die Leitung der Teilanstalten oder die Leitung der Hafthäuser übertragen werden.

(3) Besichtigt ein Vertreter oder eine Vertreterin der Aufsichtsbehörde die Anstalt, so ist zu gewährleisten, dass die Untersuchungsgefangenen sich in Angelegenheiten, die sie selbst betreffen, an sie wenden können.

(4) Die Möglichkeit der Dienstaufsichtsbeschwerde bleibt unberührt.

§ 71 Anordnung, Aufhebung
vollzuglicher Maßnahmen

(1) Die Anstaltsleitung kann Maßnahmen zur Regelung allgemeiner Angelegenheiten der baulichen, personellen, organisatorischen und konzeptionellen Gestaltung des Vollzuges anordnen oder mit Wirkung für die Zukunft ändern, wenn neue strukturelle oder organisatorische Entwicklungen des Vollzuges, neue Anforderungen an die (instrumentelle, administrative oder soziale) Anstaltssicherheit oder neue wissenschaftliche Erkenntnisse dies aus Gründen der Aufrechterhaltung der Sicherheit oder zur Abwendung

einer schwerwiegenden Störung der Ordnung der Anstalt erforderlich machen.

(2) Die Anstaltsleitung kann rechtmäßige Maßnahmen zur Regelung einzelner vollzuglicher Angelegenheiten ganz oder teilweise mit Wirkung für die Zukunft widerrufen, wenn

1. es zur Umsetzung einer verfahrenssichernden Anordnung erforderlich ist,

2. sie auf Grund nachträglich eingetretener oder bekannt gewordener Umstände berechtigt wäre, die Maßnahme zu versagen,

3. sie auf Grund einer geänderten Rechtsvorschrift berechtigt wäre, die Maßnahme zu versagen und ohne den Widerruf das öffentliche Interesse gefährdet würde,

4. die Untersuchungsgefangenen die Maßnahme missbrauchen.

(3) Die Anstaltsleitung kann Maßnahmen zur Regelung einzelner vollzuglicher Angelegenheiten ganz oder teilweise mit Wirkung für die Zukunft zurücknehmen, wenn die Voraussetzungen für ihre Bewilligung nicht vorgelegen haben.

Teil 3
Ergänzende Bestimmungen für
junge Untersuchungsgefangene

§ 72 Anwendungsbereich

(1) Auf Untersuchungsgefangene, die zur Tatzeit das 21. Lebensjahr noch nicht vollendet hatten und die das 24. Lebensjahr noch nicht vollendet haben (junge Untersuchungsgefangene), findet dieses Gesetz nach Maßgabe der Bestimmungen dieses Abschnitts Anwendung.

(2) Von einer Anwendung der Bestimmungen dieses Abschnitts sowie des § 11 Absatz 2 auf volljährige junge Untersuchungsgefangene kann abgesehen werden, wenn die erzieherische Ausgestaltung des Vollzugs für diese nicht oder nicht mehr angezeigt ist. Die Bestimmungen dieses Abschnitts können ausnahmsweise auch über die Vollendung des 24. Lebensjahres hinaus angewendet werden, wenn dies im Hinblick auf die voraus-

sichtlich nur noch geringe Dauer der Untersuchungshaft zweckmäßig erscheint.

§ 73 Gestaltung des Vollzuges

(1) Der Vollzug ist erzieherisch zu gestalten. Die Fähigkeiten der jungen Untersuchungsgefangenen zu einer eigenverantwortlichen und gemeinschaftsfähigen Lebensführung in Achtung der Rechte Anderer sind zu fördern.

(2) Den jungen Untersuchungsgefangenen sollen neben altersgemäßen Bildungs-, Beschäftigungs- und Freizeitmöglichkeiten auch sonstige entwicklungsfördernde Hilfestellungen angeboten werden. Die Bereitschaft zur Annahme der Angebote ist zu wecken und zu fördern.

(3) In diesem Gesetz vorgesehene Beschränkungen können minderjährigen Untersuchungsgefangenen auch auferlegt werden, soweit es dringend geboten ist, um sie vor einer Gefährdung ihrer Entwicklung zu bewahren.

§ 74 Zusammenarbeit und Einbeziehung Dritter

(1) Die Zusammenarbeit der Anstalt mit staatlichen und privaten Institutionen erstreckt sich insbesondere auch auf Schulen und Schulbehörden, berufliche Bildungsträger, Jugendgerichtshilfe und übrige jugendamtliche Dienste sowie anerkannte freie Träger der Jugendhilfe.

(2) Die Personensorgeberechtigten sind, soweit dies möglich ist und eine verfahrenssichernde Anordnung nicht entgegensteht, in die Gestaltung des Vollzugs einzubeziehen.

(3) Die Personensorgeberechtigten und die Jugendgerichtshilfe werden von der Aufnahme, von einer Verlegung und der Entlassung unverzüglich unterrichtet, soweit eine verfahrenssichernde Anordnung nicht entgegensteht.

§ 75 Ermittlung des Förder- und Erziehungsbedarfs, Maßnahmen

(1) Nach der Aufnahme wird der Förder- und Erziehungsbedarf der jungen Untersuchungsgefangenen unter Berücksichtigung ihrer Persönlichkeit und ihrer Lebensverhältnisse ermittelt.

(2) In einer Konferenz mit an der Erziehung maßgeblich beteiligten Bediensteten werden der Förder- und Erziehungsbedarf erörtert und die sich daraus ergebenden Maßnahmen festgelegt. Diese werden mit den jungen Untersuchungsgefangenen besprochen und den Personensorgeberechtigten auf Verlangen mitgeteilt.

(3) Zur Erfüllung der Aufgabe nach Absatz 1 dürfen personenbezogene Daten abweichend von § 101 Absatz 2 ohne Mitwirkung der Betroffenen erhoben werden bei Stellen, die Aufgaben der Jugendhilfe wahrnehmen, bei der Jugendgerichtshilfe und bei Personen und Stellen, die bereits Kenntnis von der Inhaftierung haben.

§ 76 Unterbringung, Einkauf

(1) Die jungen Untersuchungsgefangenen können in Wohngruppen untergebracht werden.

(2) Wohngruppen sollen in der Regel mindestens mit acht und höchstens mit zwölf Gefangenen belegt werden. Eine Belegung mit mehr als fünfzehn Gefangenen darf nicht erfolgen. Die Belegung soll sich an erzieherischen Grundsätzen orientieren.

(3) Wohngruppen werden von erzieherisch befähigten Bediensteten geleitet, verfügen über Gruppenräume für gemeinschaftliche Beschäftigung und bieten besondere Erziehungs- und Freizeitangebote.

(4) Die gemeinschaftliche Unterbringung während der Bildung, Arbeit und Freizeit kann über § 12 Absatz 3 hinaus auch eingeschränkt oder ausgeschlossen werden, wenn dies aus erzieherischen Gründen angezeigt ist, schädliche Einflüsse auf die jungen Untersuchungsgefangenen zu befürchten sind oder während der ersten zwei Wochen nach der Aufnahme.

(5) Abweichend von § 18 Absatz 2 Satz 1 kann den jungen Untersuchungsgefangenen gestattet werden, in angemessenem Umfang bis zu dreimal jährlich zusätzlich zu dem Regeleinkauf einzukaufen.

§ 77 Schulische und berufliche Aus- und Weiterbildung, Arbeit

(1) Schulpflichtige Untersuchungsgefangene erhalten nach Möglichkeit Unterricht in Anlehnung an die für öffentliche Schulen geltenden Vorschriften.

(2) Den übrigen jungen Untersuchungsgefangenen soll nach Möglichkeit die Teilnahme an schulischen und beruflichen Orientierungs-, Aus- und Weiterbildungsmaßnahmen oder speziellen Maßnahmen zur Förderung ihrer schulischen, beruflichen oder persönlichen Entwicklung angeboten werden. Sie sind zur Teilnahme zu motivieren.

(3) Im Übrigen bleibt § 29 Absatz 2 unberührt.

§ 78 Verkehr mit Personen außerhalb der Anstalt

(1) Abweichend von § 21 Absatz 1 Satz 2 beträgt die Gesamtdauer des Besuchs für junge Untersuchungsgefangene mindestens vier Stunden im Monat. Über § 21 Absatz 3 hinaus sollen Besuche auch dann zugelassen werden, wenn sie die Erziehung fördern.

(2) Besuche von Kindern junger Untersuchungsgefangener werden nicht auf die Regelbesuchszeiten angerechnet.

(3) Bei minderjährigen Untersuchungsgefangenen können Besuche und Schriftwechsel auch untersagt werden, wenn Personensorgeberechtigte nicht einverstanden sind.

(4) Besuche dürfen über § 22 Absatz 3 hinaus auch abgebrochen werden, wenn von Besuchern ein schädlicher Einfluss ausgeht.

(5) Der Schriftwechsel kann über § 24 Absatz 2 hinaus bei Personen, die nicht Angehörige der jungen Untersuchungsgefangenen im Sinne des Strafgesetzbuchs sind, auch untersagt werden, wenn zu befürchten ist, dass der Schriftwechsel einen schädlichen Einfluss auf die jungen Untersuchungsgefangenen hat.

(6) Für Besuche, Schriftwechsel und Telefongespräche mit Beiständen nach § 69 des Jugendgerichtsgesetzes gelten § 23 und § 25 Absatz 2 entsprechend.

(7) Für den Paketempfang findet § 28 Absatz 1 Satz 3 keine Anwendung. Die Anstalt kann über § 28 Absatz 1 Satz 2 hinaus Gegenstände und Verpackungsformen ausschließen, die einen unverhältnismäßigen Kontrollaufwand bedingen.

§ 79 Freizeit

(1) Zur Ausgestaltung der Freizeit sind geeignete Angebote vorzuhalten. Die jungen Untersuchungsgefangenen sind zur Teilnahme und Mitwirkung an Angeboten der Freizeitgestaltung zu motivieren.

(2) Über § 15 Absatz 2 hinaus ist der Besitz eigener Fernsehgeräte und elektronischer Medien ausgeschlossen, wenn erzieherische Gründe entgegenstehen.

(3) Sportlicher Betätigung kommt bei der Gestaltung des Vollzugs an jungen Untersuchungsgefangenen eine besondere Bedeutung zu. Es sind ausreichende und geeignete Angebote vorzuhalten, um den jungen Untersuchungsgefangenen eine sportliche Betätigung von mindestens zwei Stunden wöchentlich zu ermöglichen.

§ 80 Gesundheitsfürsorge

§ 42 Absatz 4 gilt mit der Maßgabe, dass nur die Beteiligung von volljährigen jungen Untersuchungsgefangenen an den Kosten für Leistungen nach § 42 Absatz 3 sowie für zahntechnische Leistungen und Zahnersatz zulässig ist.

§ 81 Besondere Sicherungsmaßnahmen

§ 54 Absatz 4 gilt mit der Maßgabe, dass der Entzug oder die Beschränkung des Aufenthalts im Freien nicht zulässig ist.

§ 82 Unmittelbarer Zwang

§ 62 Absatz 2 Satz 1 gilt mit der Maßgabe, dass Schusswaffen nur die dazu bestimmten Bediensteten gebrauchen dürfen und nur, um angriffsunfähig zu machen. § 62 Absatz 3 Nummer 3 findet keine Anwendung.

§ 83 Erzieherische Maßnahmen, Disziplinarmaßnahmen

(1) Verstöße der jungen Untersuchungsgefangenen gegen Pflichten, die ihnen durch

dieses Gesetz oder auf Grund dieses Gesetzes auferlegt sind, sind unverzüglich im erzieherischen Gespräch aufzuarbeiten. Daneben können Maßnahmen angeordnet werden, die geeignet sind, den jungen Untersuchungsgefangenen ihr Fehlverhalten bewusst zu machen (erzieherische Maßnahmen). Als erzieherische Maßnahmen kommen namentlich in Betracht die Erteilung von Weisungen und Auflagen, die Beschränkung oder der Entzug einzelner Gegenstände für eine Beschäftigung in der Freizeit mit Ausnahme des Lesestoffs und die Beschränkung oder der Entzug der Teilnahme an gemeinschaftlichen Veranstaltungen bis zur Dauer einer Woche.

(2) Erzieherische Maßnahmen ordnet die Anstaltsleitung oder die hiermit beauftragte Vollzugs- oder Wohngruppenleitung an.

(3) Disziplinarmaßnahmen dürfen nur angeordnet werden, wenn erzieherische Maßnahmen nach Absatz 1 nicht ausreichen, um den jungen Untersuchungsgefangenen das Unrecht ihrer Handlung zu verdeutlichen. Zu berücksichtigen ist ferner eine aus demselben Anlass angeordnete besondere Sicherungsmaßnahme.

(4) Gegen junge Untersuchungsgefangene dürfen Disziplinarmaßnahmen nach § 65 Absatz 1 Nummern 1, 6 und 7 nicht verhängt werden. Maßnahmen nach § 65 Absatz 1 Nummern 2 und 3, Nummer 4 erster Halbsatz sowie Nummer 5 sind nur bis zu zwei Monaten, Arrest ist nur bis zu zwei Wochen zulässig und erzieherisch auszugestalten.

Teil 4
Vollzugsbehörden

Abschnitt 1
Arten und Einrichtungen der Justizvollzugsanstalten

§ 84 Justizvollzugsanstalten
Die Untersuchungshaft wird in Justizvollzugsanstalten (Anstalten) der Freien und Hansestadt Hamburg vollzogen. Soweit es nach § 11 zur Umsetzung der Trennungs-

grundsätze erforderlich ist, werden in den Anstalten gesonderte Abteilungen für den Vollzug der Untersuchungshaft eingerichtet.

§ 85 Mütter mit Kindern
In Anstalten oder Abteilungen für Frauen sollen Einrichtungen vorgesehen werden, in denen Mütter mit ihren Kindern untergebracht werden können.

§ 86 Größe und Gestaltung der Räume
Räume für den Aufenthalt während der Ruhe- und Freizeit sowie Gemeinschafts- und Besuchsräume sind wohnlich oder sonst ihrem Zweck entsprechend auszugestalten. Sie müssen hinreichend Luftinhalt haben und für eine gesunde Lebensführung ausreichend mit Heizung und Lüftung, Boden- und Fensterfläche ausgestattet sein.

§ 87 Festsetzung der Belegungsfähigkeit
Die Aufsichtsbehörde setzt die Belegungsfähigkeit für jede Anstalt so fest, dass eine angemessene Unterbringung während der Ruhezeit (§ 13) gewährleistet ist. Dabei ist zu berücksichtigen, dass eine ausreichende Anzahl von Plätzen für Arbeit und Bildung sowie von Räumen für Seelsorge, Freizeit, Sport und Besuche zur Verfügung steht.

§ 88 Verbot der Überbelegung
(1) Hafträume dürfen nicht mit mehr Personen als zugelassen belegt werden.

(2) Ausnahmen hiervon sind nur vorübergehend und nur mit Zustimmung der Aufsichtsbehörde zulässig.

§ 89 Arbeitsbetriebe, Einrichtungen zur schulischen und beruflichen Bildung
Arbeitsbetriebe und Einrichtungen zur schulischen und beruflichen Bildung sollen vorgehalten werden.

Abschnitt 2
Organisation der Justizvollzugsanstalten

§ 90 Anstaltsleitung

(1) Die Aufsichtsbehörde bestellt für jede Anstalt eine Beamtin oder einen Beamten des höheren Dienstes zur hauptamtlichen Leiterin oder zum hauptamtlichen Leiter. Aus besonderen Gründen kann eine Anstalt auch von einer Beamtin oder einem Beamten des gehobenen Dienstes geleitet werden.

(2) Die Anstaltsleiterin oder der Anstaltsleiter trägt die Verantwortung für den gesamten Vollzug, soweit nicht bestimmte Aufgabenbereiche der Verantwortung anderer Bediensteter oder ihrer gemeinsamen Verantwortung übertragen sind, und vertritt die Anstalt nach außen.

(3) Die Befugnis, Durchsuchungen nach § 50 Absatz 2, besondere Sicherungsmaßnahmen nach § 54 und Disziplinarmaßnahmen nach §§ 65 und 83 anzuordnen, darf nur mit Zustimmung der Aufsichtsbehörde übertragen werden.

(4) Die Aufsichtsbehörde bestimmt die stellvertretende Anstaltsleiterin oder den stellvertretenden Anstaltsleiter.

§ 91 Bedienstete des Vollzuges

(1) Die Aufgaben der Anstalten werden von Vollzugsbeamten wahrgenommen. Aus besonderen Gründen können sie auch anderen Bediensteten der Anstalten sowie nebenamtlichen oder vertraglich verpflichteten Personen übertragen werden.

(2) Für jede Anstalt ist entsprechend ihrer Aufgabe die erforderliche Anzahl von Bediensteten der verschiedenen Berufsgruppen vorzusehen. Sie wirken in enger Zusammenarbeit an der Aufgabe des Vollzuges (§ 2) mit. Fortbildung sowie Praxisberatung und -begleitung für die Bediensteten sind zu gewährleisten.

§ 92 Seelsorgerinnen, Seelsorger

(1) Seelsorgerinnen und Seelsorger werden im Einvernehmen mit der jeweiligen Religionsgemeinschaft im Hauptamt bestellt oder vertraglich verpflichtet.

(2) Wenn die geringe Anzahl der Angehörigen einer Religionsgemeinschaft eine Seelsorge nach Absatz 1 nicht rechtfertigt, ist die seelsorgerische Betreuung auf andere Weise zuzulassen.

(3) Mit Zustimmung der Anstaltsleitung dürfen die Anstaltsseelsorgerinnen und Anstaltsseelsorger freie Seelsorgehelferinnen und Seelsorgehelfer hinzuziehen und an Gottesdiensten sowie anderen religiösen Veranstaltungen Seelsorgerinnen und Seelsorger von außen beteiligen.

§ 93 Gefangenenmitverantwortung

Den Untersuchungsgefangenen wird ermöglicht, an der Verantwortung für Angelegenheiten von gemeinsamem Interesse teilzunehmen, die sich ihrer Eigenart und der Aufgabe der Anstalt nach für ihre Mitwirkung eignen.

§ 94 Hausordnung

(1) Die Anstaltsleitung erlässt eine Hausordnung. Sie bedarf der Zustimmung der Aufsichtsbehörde.

(2) In die Hausordnung sind namentlich die Anordnungen aufzunehmen über

1. die Besuchszeiten, Häufigkeit und Dauer der Besuche,

2. die Arbeitszeit, Freizeit und Ruhezeit sowie

3. die Gelegenheit, Anträge und Beschwerden anzubringen, oder sich an eine Vertreterin oder einen Vertreter der Aufsichtsbehörde zu wenden.

(3) Die Untersuchungsgefangenen erhalten einen Abdruck der Hausordnung.

Abschnitt 3
Aufsicht über die Justizvollzugsanstalten

§ 95 Aufsichtsbehörde

Die Aufsichtsbehörde führt die Dienst- und Fachaufsicht über die Anstalten.

§ 96 Vollstreckungsplan

Die Aufsichtsbehörde regelt die örtliche und sachliche Zuständigkeit der Anstalten in einem Vollstreckungsplan.

Abschnitt 4
Anstaltsbeiräte

§ 97 Bildung der Anstaltsbeiräte

(1) Bei den Anstalten sind Beiräte zu bilden.

(2) Bedienstete dürfen nicht Mitglieder der Beiräte sein.

(3) Das Nähere regelt die Aufsichtsbehörde.

§ 98 Aufgabe

Die Mitglieder des Beirats wirken bei der Gestaltung des Vollzugs und bei der Betreuung der Untersuchungsgefangenen mit. Sie unterstützen die Anstaltsleitung durch Anregungen und Verbesserungsvorschläge.

§ 99 Befugnisse

(1) Die Mitglieder des Beirats können insbesondere Wünsche, Anregungen und Beanstandungen entgegennehmen. Sie können sich über die Unterbringung, Beschäftigung, berufliche Bildung, Verpflegung, ärztliche Versorgung und Betreuung unterrichten sowie die Anstalt und ihre Einrichtungen besichtigen.

(2) Die Mitglieder des Beirats können die Untersuchungsgefangenen in ihren Räumen ohne Überwachung aufsuchen.

§ 100 Verschwiegenheitspflicht

Die Mitglieder des Beirats sind verpflichtet, außerhalb ihres Amtes über alle Angelegenheiten, die ihrer Natur nach vertraulich sind, besonders über Namen und Persönlichkeit der Untersuchungsgefangenen, Verschwiegenheit zu bewahren. Dies gilt auch nach Beendigung ihres Amtes.

Abschnitt 5
Datenschutz

§ 101 Datenerhebung

(1) Die Vollzugsbehörden dürfen personenbezogene Daten erheben, soweit deren Kenntnis für den Vollzug der Untersuchungshaft erforderlich ist.

(2) Personenbezogene Daten sind bei den Betroffenen zu erheben. Für die Erhebung ohne Mitwirkung der Betroffenen, die Erhebung bei anderen Personen oder Stellen und für die Hinweis- und Aufklärungspflichten gelten § 12 Absatz 2 sowie § 12a Absätze 1 und 4 des Hamburgischen Datenschutzgesetzes vom 5. Juli 1990 (HmbGVBl. S. 133, 165, 226), zuletzt geändert am 17. Februar 2009 (HmbGVBl. S. 29, 33), in der jeweils geltenden Fassung.

(3) Daten über Personen, die nicht Untersuchungsgefangene sind, dürfen ohne ihre Mitwirkung bei Personen oder Stellen außerhalb der Vollzugsbehörden nur erhoben werden, wenn sie für die Sicherheit der Anstalt oder die Sicherung des Vollzuges der Untersuchungshaft unerlässlich sind und die Art der Erhebung schutzwürdige Interessen der Betroffenen nicht beeinträchtigt.

(4) Über eine ohne ihre Kenntnis vorgenommene Erhebung personenbezogener Daten werden die Betroffenen unter Angabe dieser Daten unterrichtet, soweit der in Absatz 1 genannte Zweck dadurch nicht gefährdet wird. Sind die Daten bei anderen Personen oder Stellen erhoben worden, kann die Unterrichtung unterbleiben, wenn

1. die Daten nach einer Rechtsvorschrift oder ihrem Wesen nach, namentlich wegen des überwiegenden berechtigten Interesses Dritter, geheim gehalten werden müssen oder

2. der Aufwand der Unterrichtung außer Verhältnis zum Schutzzweck steht und keine Anhaltspunkte dafür bestehen, dass überwiegende schutzwürdige Interessen der Betroffenen beeinträchtigt werden.

§ 102 Datenerhebung durch optisch-elektronische Einrichtungen

(1) Die Vollzugsbehörden dürfen unter den Voraussetzungen der Absätze 2 bis 5 Daten auch durch den Einsatz von optisch-elektronischen Einrichtungen (Videoüberwachung) erheben. § 22 Absatz 1 bleibt unberührt.

(2) Das Gelände und das Gebäude der Anstalt einschließlich des Gebäudeinneren sowie die unmittelbare Anstaltsumgebung dürfen aus Gründen der Sicherheit und Ordnung mittels offen angebrachter optisch-elektronischer Einrichtungen überwacht und aufgezeichnet

werden. Der Einsatz versteckt angebrachter optisch-elektronischer Einrichtungen ist im Einzelfall auf Anordnung der Anstaltsleitung zulässig, wenn und solange dies zur Aufrechterhaltung der Sicherheit und Ordnung der Anstalt unerlässlich ist; über einen Zeitraum von vier Wochen hinaus ist die Zustimmung der Aufsichtsbehörde einzuholen.

(3) Der Einsatz von optisch-elektronischen Einrichtungen zur Überwachung in Haftäumen ist ausgeschlossen, soweit in diesem Gesetz nichts anderes bestimmt ist.

(4) Die Datenerhebung durch optisch-elektronische Einrichtungen kann auch erfolgen, wenn Gefangene unvermeidlich betroffen werden, hinsichtlich derer die Voraussetzungen des Einsatzes nicht vorliegen.

(5) Der Einsatz von optisch-elektronischen Einrichtungen ist durch geeignete Maßnahmen erkennbar zu machen. Dies gilt nicht in den Fällen des Einsatzes nach Absatz 2 Satz 2.

(6) Werden durch den Einsatz von optisch-elektronischen Einrichtungen erhobene Daten einer bestimmten Person zugeordnet, ist die Verarbeitung der Daten nur zu den in § 103 Absatz 1 und Absatz 2 Nummern 1, 2 oder 4 genannten Zwecken zulässig.

(7) § 101 Absatz 4 bleibt unberührt.

§ 103 Verarbeitung

(1) Die Vollzugsbehörden dürfen personenbezogene Daten verarbeiten, soweit dies für den Vollzug erforderlich ist. Die Anstalt kann die Untersuchungsgefangenen verpflichten, Lichtbildausweise mit sich zu führen, wenn dies aus Gründen der Sicherheit oder Ordnung der Anstalt erforderlich ist.

(2) Die Verarbeitung personenbezogener Daten für andere Zwecke ist zulässig, soweit dies

1. zur Abwehr von sicherheitsgefährdenden oder geheimdienstlichen Tätigkeiten für eine fremde Macht oder von Bestrebungen im Geltungsbereich des Grundgesetzes, die durch Anwendung von Gewalt oder darauf gerichtete Vorbereitungshandlungen

1.1 gegen die freiheitliche demokratische Grundordnung, den Bestand oder die Sicherheit des Bundes oder eines Landes gerichtet sind,

1.2 eine ungesetzliche Beeinträchtigung der Amtsführung der Verfassungsorgane des Bundes oder eines Landes oder ihrer Mitglieder zum Ziele haben oder

1.3 auswärtige Belange der Bundesrepublik Deutschland gefährden,

2. zur Abwehr erheblicher Nachteile für das Gemeinwohl oder einer Gefahr für die öffentliche Sicherheit,

3. zur Abwehr einer schwerwiegenden Beeinträchtigung der Rechte anderer Personen,

4. zur Verhinderung oder Verfolgung von Straftaten sowie zur Verhinderung oder Verfolgung von Ordnungswidrigkeiten, durch welche die Sicherheit oder Ordnung der Anstalt gefährdet werden, oder

5. für Maßnahmen der Strafvollstreckung oder strafvollstreckungsrechtliche Entscheidungen

erforderlich ist.

(3) Eine Verarbeitung für andere Zwecke liegt nicht vor, soweit sie dem gerichtlichen Rechtsschutz im Zusammenhang mit diesem Gesetz oder den in § 13 Absatz 3 des Hamburgischen Datenschutzgesetzes genannten Zwecken dient.

(4) Über die in den Absätzen 1 und 2 geregelten Zwecke hinaus dürfen an zuständige öffentlichen Stellen personenbezogene Daten übermittelt werden, soweit dies für

1. Maßnahmen der Gerichtshilfe, Jugendgerichtshilfe, Bewährungshilfe, Jugendbewährungshilfe oder Führungsaufsicht,

2. Entscheidungen in Gnadensachen,

3. gesetzlich angeordnete Statistiken der Rechtspflege,

4. sozialrechtliche Maßnahmen,

5. die Einleitung von Hilfsmaßnahmen für Angehörige (§ 11 Absatz 1 Nummer 1 des Strafgesetzbuchs) der Untersuchungsgefangenen,

6. dienstliche Maßnahmen der Bundeswehr im Zusammenhang mit der Aufnahme und Entlassung von Soldaten,

7. ausländerrechtliche Maßnahmen oder

8. die Durchführung der Besteuerung

erforderlich ist. Eine Übermittlung für andere Zwecke ist auch zulässig, soweit

1. eine andere gesetzliche Vorschrift dies vorsieht und sich dabei ausdrücklich auf personenbezogene Daten über Untersuchungsgefangene bezieht,

2. die Daten auf eine fortbestehende erhebliche Gefährlichkeit der Untersuchungsgefangenen für die Allgemeinheit hinweisen und daher Maßnahmen der Polizei zur vorbeugenden Bekämpfung von Straftaten von erheblicher Bedeutung erforderlich machen können.

Die Übermittlung unterbleibt, wenn für die übermittelnde Stelle erkennbar ist, dass unter Berücksichtigung der Art der Information und der Rechtsstellung der Untersuchungsgefangenen die Betroffenen ein schutzwürdiges Interesse an dem Ausschluss der Übermittlung haben.

(5) Öffentlichen und nicht öffentlichen Stellen dürfen die Vollzugsbehörden auf schriftlichen Antrag mitteilen, ob sich Personen in der Anstalt im Untersuchungshaftvollzug befinden, soweit

1. die Mitteilung zur Erfüllung der in der Zuständigkeit der öffentlichen Stelle liegenden Aufgaben erforderlich ist oder

2. von nicht-öffentlichen Stellen ein berechtigtes Interesse an dieser Mitteilung glaubhaft dargelegt wird und die Untersuchungsgefangenen kein schutzwürdiges Interesse an dem Ausschluss der Übermittlung haben.

Die Untersuchungsgefangenen werden vor der Mitteilung gehört, es sei denn, hierdurch wird der Zweck der Mitteilung vereitelt. Ist die Anhörung unterblieben, werden die betroffenen Untersuchungsgefangenen über die Mitteilung der Vollzugsbehörden nachträglich unterrichtet.

(6) Bei einer nicht nur vorläufigen Einstellung des Verfahrens, einer unanfechtbaren Ableh-

nung der Eröffnung des Hauptverfahrens oder einem rechtskräftigen Freispruch sind auf Antrag der betroffenen Untersuchungsgefangenen die Stellen, die eine Mitteilung nach Absatz 5 erhalten haben, über den Verfahrensausgang in Kenntnis zu setzen. Die betroffenen Untersuchungsgefangenen sind bei der Anhörung oder nachträglichen Unterrichtung nach Absatz 5 auf ihr Antragsrecht hinzuweisen.

(7) Akten mit personenbezogenen Daten dürfen nur anderen Vollzugsbehörden, den zur Dienst- oder Fachaufsicht oder zu dienstlichen Weisungen befugten Stellen, den für strafvollzugs-, strafvollstreckungs- und strafrechtliche Entscheidungen zuständigen Gerichten sowie den Strafvollstreckungs- und Strafverfolgungsbehörden einschließlich der Polizei überlassen werden; die Überlassung an andere öffentliche Stellen ist zulässig, soweit die Erteilung einer Auskunft einen unvertretbaren Aufwand erfordert oder nach Darlegung der Akteneinsicht begehrenden Stellen für die Erfüllung der Aufgabe nicht ausreicht. Entsprechendes gilt für die Überlassung von Akten an die von den Vollzugsbehörden mit Gutachten beauftragten Stellen.

(8) Sind mit personenbezogenen Daten, die nach Absatz 1, 2 oder 4 übermittelt werden dürfen, weitere personenbezogene Daten der Betroffenen oder Dritter in Akten so verbunden, dass eine Trennung nicht oder nur mit unvertretbarem Aufwand möglich ist, so ist die Übermittlung auch dieser Daten zulässig, soweit nicht berechtigte Interessen der Betroffenen oder Dritter an deren Geheimhaltung offensichtlich überwiegen; eine Verarbeitung dieser Daten durch die Empfänger ist unzulässig.

(9) Bei der Überwachung der Besuche, des Schriftwechsels, der Telefongespräche und der Überwachung des Inhaltes von Paketen bekannt gewordene personenbezogene Daten dürfen nur für die in Absatz 2 und Absatz 4 Satz 2 Nummer 2 aufgeführten Zwecke, für den gerichtlichen Rechtsschutz im Zusammenhang mit diesem Gesetz, zur Wahrung der Sicherheit oder Ordnung der

Anstalt, zur Abwehr von Gefährdungen der Untersuchungshaft oder zur Umsetzung einer verfahrenssichernden Anordnung verarbeitet werden.

(10) Personenbezogene Daten, die gemäß § 101 Absatz 3 über Personen, die nicht Untersuchungsgefangene sind, erhoben worden sind, dürfen nur zur Erfüllung des Erhebungszweckes, für die in Absatz 2 Nummern 1 bis 3 und Absatz 4 Satz 2 Nummer 2 aufgeführten Zwecke oder zur Verhinderung oder Verfolgung von Straftaten von erheblicher Bedeutung verarbeitet werden.

(11) Die Übermittlung von personenbezogenen Daten unterbleibt, soweit die in § 106 Absatz 2 und § 108 Absätze 3 und 6 geregelten Einschränkungen oder besondere gesetzliche Verwendungsregelungen entgegenstehen.

(12) Die Verantwortung für die Zulässigkeit der Übermittlung tragen die Vollzugsbehörden. Erfolgt die Übermittlung auf Ersuchen einer öffentlichen Stelle, trägt diese die Verantwortung. In diesem Fall prüfen die Vollzugsbehörden nur, ob das Übermittlungsersuchen im Rahmen der Aufgaben des Empfängers liegt und die Absätze 9 bis 11 der Übermittlung nicht entgegenstehen, es sei denn, dass besonderer Anlass zur Prüfung der Zulässigkeit der Übermittlung besteht.

§ 104 Zentrale Datei, Einrichtung automatisierter Übermittlungs- und Abrufverfahren

(1) Die nach § 101 erhobenen Daten können für die Vollzugsbehörden in einer zentralen Datei gespeichert werden.

(2) Die Einrichtung eines automatisierten Verfahrens, das die Übermittlung oder den Abruf personenbezogener Daten aus der zentralen Datei nach § 103 Absätze 2 und 4 ermöglicht, ist zulässig, soweit diese Form der Datenübermittlung oder des Datenabrufs unter Berücksichtigung der schutzwürdigen Belange der betroffenen Personen und der Erfüllung des Zwecks der Übermittlung angemessen ist. Die automatisierte Übermittlung der für die Unterrichtung nach § 13 Absatz 1 Satz 3 des Bundeskriminalamtsgesetzes

vom 7. Juli 1997 (BGBl. I S. 1650), zuletzt geändert am 25. Dezember 2008 (BGBl. I S. 3083), erforderlichen personenbezogenen Daten kann auch anlassunabhängig erfolgen.

(3) Die speichernde Stelle hat zu gewährleisten, dass die Übermittlung zumindest durch geeignete Stichprobenverfahren festgestellt und überprüft werden kann. Der Abruf der Daten wird protokolliert.

(4) Der Senat wird ermächtigt, durch Rechtsverordnung die Einzelheiten der Einrichtung automatisierter Übermittlungs- und Abrufverfahren zu regeln. Die bzw. der Hamburgische Beauftragte für Datenschutz und Informationsfreiheit ist vorher zu hören. Die Rechtsverordnung nach Satz 1 hat die Datenempfänger, die Datenart und den Zweck des Abrufs festzulegen. Sie hat Maßnahmen zur Datensicherung und zur Kontrolle vorzusehen, die in einem angemessenen Verhältnis zu dem angestrebten Schutzzweck stehen. Der Senat kann die Ermächtigung nach Satz 1 durch Rechtsverordnung auf die zuständige Behörde weiter übertragen.

(5) Die Vereinbarung eines Datenverbundes, der eine automatisierte Datenübermittlung ermöglicht, mit anderen Ländern und dem Bund ist zulässig. Der Senat wird ermächtigt, durch Rechtsverordnung die Einrichtung des Datenverbundes zu regeln. Die bzw. der Hamburgische Beauftragte für Datenschutz und Informationsfreiheit ist vorher zu hören. Die Verordnung hat die beteiligten Stellen und den Umfang ihrer Verarbeitungsbefugnis, die Datenart und den Zweck der Übermittlung im Einzelnen festzulegen. Sie hat technische und organisatorische Maßnahmen und Maßnahmen zur Datenschutzkontrolle vorzusehen, die in einem angemessenen Verhältnis zu dem angestrebten Schutzzweck stehen. Es ist festzulegen, welche Stelle die datenschutzrechtliche Verantwortung gegenüber den Betroffenen trägt und die technischen und organisatorischen Maßnahmen trifft.

§ 105 Zweckbindung

Von den Vollzugsbehörden übermittelte personenbezogene Daten dürfen nur zu dem

Zweck verarbeitet werden, zu dessen Erfüllung sie übermittelt worden sind. Die Empfänger dürfen die Daten für andere Zwecke nur verarbeiten, soweit sie ihnen auch für diese Zwecke übermittelt werden dürfen, und wenn im Falle einer Übermittlung an nicht öffentliche Stellen die übermittelnden Vollzugsbehörden zugestimmt haben. Die Vollzugsbehörden haben die nicht öffentlichen Empfänger auf die Zweckbindung nach Satz 1 hinzuweisen.

§ 106 Schutz besonderer Daten

(1) Das religiöse oder weltanschauliche Bekenntnis der Untersuchungsgefangenen und personenbezogene Daten, die anlässlich ärztlicher oder psychologischer Untersuchungen erhoben worden sind, dürfen in der Anstalt nicht allgemein kenntlich gemacht werden. Dies gilt nicht für andere personenbezogene Daten, deren allgemeine Kenntnis innerhalb der Anstalt für ein geordnetes Zusammenleben erforderlich ist; § 103 Absätze 9 bis 11 bleibt unberührt.

(2) Personenbezogene Daten, die den in der Anstalt tätigen

1. Ärztinnen und Ärzten, Zahnärztinnen und Zahnärzten oder Angehörigen eines Heilberufs, der für die Berufsausübung oder die Führung der Berufsbezeichnung eine staatlich geregelte Ausbildung erfordert,

2. Berufspsychologinnen und Berufspsychologen mit staatlich anerkannter wissenschaftlicher Abschlussprüfung,

3. staatlich anerkannten Sozialarbeiterinnen, Sozialarbeitern, Sozialpädagoginnen und Sozialpädagogen

von Untersuchungsgefangenen als Geheimnis anvertraut oder über Untersuchungsgefangene sonst bekannt geworden sind, unterliegen auch gegenüber den Vollzugsbehörden der Schweigepflicht. Die in Satz 1 genannten Personen haben sich gegenüber der Anstaltsleitung zu offenbaren, soweit dies für die Aufgabenerfüllung der Vollzugsbehörden oder zur Abwehr von erheblichen Gefahren für Leib oder Leben der Gefangenen oder Dritter erforderlich ist. Ärztinnen und Ärzte sowie Zahnärztinnen und Zahnärzte sind zur

Offenbarung ihnen im Rahmen der allgemeinen Gesundheitsvorsorge bekannt gewordener Geheimnisse gegenüber der Vollzugsbehörde verpflichtet, soweit dies für die von der Vollzugsbehörde vorzunehmende Überprüfung ihrer Tätigkeit bezüglich Abrechnung, Wirtschaftlichkeit und Qualität sowie zum Zwecke der Prüfung der Kostenbeteiligung der Untersuchungsgefangenen (§ 42 Absätze 4 und 5) erforderlich ist; betroffen sind vor allem die erbrachten Leistungen, die Behandlungsdauer und die allgemeinen Angaben über die Untersuchungsgefangenen und ihre Erkrankungen. Ärztinnen und Ärzte sowie Zahnärztinnen und Zahnärzte sind zur Offenbarung ihnen im Rahmen der allgemeinen Gesundheitsfürsorge bekannt gewordener Geheimnisse befugt, soweit dies für die Aufgabenerfüllung der Vollzugsbehörden unerlässlich oder zur Abwehr von erheblichen Gefahren für Leib oder Leben der Gefangenen oder Dritter erforderlich ist. Sonstige Offenbarungsbefugnisse bleiben unberührt. Die Untersuchungsgefangenen sind vor der Erhebung über die nach den Sätzen 2 bis 4 bestehenden Offenbarungspflichten und -befugnisse zu unterrichten.

(3) Die nach Absatz 2 offenbarten Daten dürfen nur für den Zweck, für den sie offenbart wurden oder für den eine Offenbarung zulässig gewesen wäre, und nur unter denselben Voraussetzungen verarbeitet werden, unter denen eine in Absatz 2 Satz 1 Nummern 1 bis 3 genannte Person selbst hierzu befugt wäre. Die Anstaltsleitung kann unter diesen Voraussetzungen die unmittelbare Offenbarung gegenüber bestimmten Bediensteten allgemein zulassen.

(4) Sofern Ärztinnen oder Ärzte, Psychologinnen oder Psychologen außerhalb des Vollzuges mit der Untersuchung oder Behandlung von Untersuchungsgefangenen beauftragt werden, gilt Absatz 2 mit der Maßgabe entsprechend, dass die beauftragten Ärztinnen oder Ärzte, Psychologinnen oder Psychologen auch zur Unterrichtung der Anstaltsärztinnen oder Anstaltsärzte oder der in der Anstalt mit der Behandlung der Untersuchungsgefange-

nen betrauten Psychologinnen oder Psychologen befugt sind.

§ 107 Schutz der Daten in Akten und Dateien

(1) Die einzelnen Bediensteten dürfen sich von personenbezogenen Daten Kenntnis verschaffen, soweit dies zur Erfüllung der ihnen obliegenden Aufgaben oder für die Zusammenarbeit in der Anstalt und nach § 3 Absatz 1 Satz 2 sowie § 6 Absatz 2 erforderlich ist.

(2) Akten und Dateien mit personenbezogenen Daten sind durch die erforderlichen technischen und organisatorischen Maßnahmen gegen unbefugten Zugang und unbefugten Gebrauch zu schützen. Gesundheitsakten und Therapieakten sind getrennt von anderen Unterlagen zu führen und besonders zu sichern. Im Übrigen gilt für die Art und den Umfang der Schutzvorkehrungen § 8 des Hamburgischen Datenschutzgesetzes.

§ 108 Berichtigung, Löschung und Sperrung

(1) Die in Dateien gespeicherten personenbezogenen Daten sind fünf Jahre nach der Entlassung der Untersuchungsgefangenen oder ihrer Verlegung in eine andere Anstalt zu löschen. Hiervon können bis zum Ablauf der Aufbewahrungsfrist für die Gefangenenpersonalakten die Gefangenenbuchnummer, die Angaben über Familienname, Vorname, Geburtsname, Geburtstag, Geburtsort, Eintritts- und Austrittsdatum der Untersuchungsgefangenen sowie die aufnehmende Anstalt bei Verlegung ausgenommen werden, soweit dies für das Auffinden der Gefangenenpersonalakten erforderlich ist.

(2) Aufzeichnungen nach § 102 sind spätestens nach Ablauf eines Monats zu löschen. Dies gilt nicht, wenn und solange eine fortdauernde Speicherung oder Aufbewahrung zur Aufklärung und Verfolgung der aufgezeichneten Vorkommnisse unerlässlich ist.

(3) Personenbezogene Daten in Akten dürfen nach Ablauf von fünf Jahren seit der Entlassung der Untersuchungsgefangenen nur übermittelt oder genutzt werden, soweit dies

1. zur Verfolgung von Straftaten,

2. für die Durchführung wissenschaftlicher Forschungsvorhaben nach § 110,

3. zur Behebung einer bestehenden Beweisnot,

4. zur Feststellung, Durchsetzung oder Abwehr von Rechtsansprüchen im Zusammenhang mit dem Vollzug der Untersuchungshaft

unerlässlich ist. Diese Verwendungsbeschränkungen enden, wenn die Untersuchungsgefangenen erneut zum Vollzug einer Freiheitsentziehung aufgenommen werden oder die Betroffenen eingewilligt haben.

(4) Erhält die Anstalt von einer nicht nur vorläufigen Einstellung des Verfahrens, einer unanfechtbaren Ablehnung der Eröffnung des Hauptverfahrens oder einem rechtskräftigen Freispruch Kenntnis, so tritt an die Stelle der in Absatz 1 Satz 1 und Absatz 3 genannten Fristen eine Frist von einem Monat ab Kenntniserlangung.

(5) Bei der Aufbewahrung von Akten mit nach Absatz 3 gesperrten Daten dürfen folgende Fristen nicht überschritten werden:

1. 20 Jahre für Gefangenenpersonalakten, Gesundheitsakten und Therapieakten,

2. 30 Jahre für Gefangenenbücher.

Dies gilt nicht, wenn auf Grund bestimmter Tatsachen anzunehmen ist, dass die Aufbewahrung für die in Absatz 3 Satz 1 genannten Zwecke weiterhin erforderlich ist. Die Aufbewahrungsfrist beginnt mit dem auf das Jahr der aktenmäßigen Weglegung folgenden Kalenderjahr.

(6) Wird festgestellt, dass unrichtige Daten übermittelt worden sind, ist dies den Empfängerinnen oder Empfängern mitzuteilen, wenn dies zur Wahrung schutzwürdiger Interessen der Betroffenen erforderlich ist.

(7) Im Übrigen gilt für die Berichtigung, Löschung und Sperrung personenbezogener Daten § 19 Absätze 1 bis 3 und 5 des Hamburgischen Datenschutzgesetzes. Die Vorschriften des Hamburgischen Archivgesetzes bleiben unberührt.

I

§ 109 Auskunft an die Betroffenen, Akteneinsicht

Die Betroffenen erhalten nach Maßgabe des § 18 des Hamburgischen Datenschutzgesetzes Auskunft und, soweit eine Auskunft für die Wahrnehmung ihrer rechtlichen Interessen nicht ausreicht und sie hierfür auf die Einsichtnahme angewiesen sind, Akteneinsicht.

§ 110 Auskunft und Akteneinsicht für wissenschaftliche Zwecke

Für die Auskunft und Akteneinsicht für wissenschaftliche Zwecke gilt § 476 der Strafprozessordnung entsprechend.

§ 111 Anwendung des Hamburgischen Datenschutzgesetzes

Die Regelungen des Hamburgischen Datenschutzgesetzes über Begriffsbestimmungen (§ 4), Einholung und Form der Einwilligung des Betroffenen (§ 5 Absatz 2), die Rechte des Betroffenen (§ 6), das Datengeheimnis (§ 7), die Durchführung des Datenschutzes (§ 10), den Schadensersatz (§ 20), die Bestimmungen über die Kontrolle durch die bzw. den Hamburgischen Beauftragten für Datenschutz und Informationsfreiheit (§§ 23 bis 26) und die Straf- und Bußgeldvorschriften (§§ 32, 33) gelten entsprechend.

Teil 5
Schlussvorschriften

§ 112 Einschränkung von Grundrechten

Durch dieses Gesetz werden die Grundrechte aus Artikel 2 Absatz 2 Sätze 1 und 2 (körperliche Unversehrtheit und Freiheit der Person) und Artikel 10 Absatz 1 (Brief-, Post- und Fernmeldegeheimnis) des Grundgesetzes eingeschränkt.

§ 113 Inkrafttreten, Übergangsvorschrift

(1) Dieses Gesetz tritt am 1. Januar 2010 in Kraft.

(2) Bis zum 31. Dezember 2014 gilt § 13 mit der Maßgabe, dass die Untersuchungsgefangenen mit ihrer Zustimmung gemeinsam untergebracht werden können.

Gesetz über den Vollzug der Freiheitsstrafe und der Sicherungsverwahrung
(Hamburgisches Strafvollzugsgesetz – HmbStVollzG)
Vom 14. Juli 2009 (HmbGVBl. S. 257)

Geändert durch
Gesetz zur Neuregelung des hamburgischen Beamtenrechts
vom 15. Dezember 2009 (HmbGVBl. S. 405)

Inhaltsübersicht

Teil 1
Anwendungsbereich

§ 1 Anwendungsbereich

Dieses Gesetz regelt den Vollzug der Freiheitsstrafe und der Sicherungsverwahrung.

Teil 2
Vollzug der Freiheitsstrafe

Abschnitt 1
Grundsätze

§ 2 Aufgaben des Vollzuges

Der Vollzug dient dem Ziel, die Gefangenen zu befähigen, künftig in sozialer Verantwortung ein Leben ohne Straftaten zu führen. Gleichermaßen hat er die Aufgabe, die Allgemeinheit vor weiteren Straftaten zu schützen. Zwischen dem Vollzugsziel und der Aufgabe, die Allgemeinheit vor weiteren Straftaten zu schützen, besteht kein Gegensatz.

§ 3 Gestaltung des Vollzuges

(1) Das Leben im Vollzug ist den allgemeinen Lebensverhältnissen soweit wie möglich anzugleichen. Schädlichen Folgen des Freiheitsentzuges ist entgegenzuwirken. Der Vollzug ist darauf auszurichten, dass er den Gefangenen hilft, sich in das Leben in Freiheit einzugliedern.

(2) Die Belange von Sicherheit und Ordnung der Anstalt sowie die Belange der Allgemeinheit sind zu beachten. Die unterschiedlichen Lebenslagen und Bedürfnisse von weiblichen und männlichen Gefangenen werden bei der Vollzugsgestaltung und bei Einzelmaßnahmen berücksichtigt. Ein besonderes Augenmerk ist auf die Schaffung und die Bewahrung eines gewaltfreien Klimas im Vollzug zu richten.

§ 4 Grundsätze der Behandlung

Den Gefangenen werden im Rahmen eines an ihren persönlichen Erfordernissen orientierten Vollzugs- und Behandlungsprozesses alle vollzuglichen Maßnahmen und therapeutischen Programme angeboten, die geeignet sind, ihnen Chancen zur Förderung ihrer Eingliederung in ein Leben in sozialer Verantwortung ohne Straftaten zu vermitteln und ihre Fähigkeiten zur Selbsthilfe zu stärken (Behandlung). Die Behandlung dient der Prävention und dem Schutz der Opfer von Straftaten. Als Bestandteil der Behandlung sollen sich die Maßnahmen und Programme insofern auch auf die Auseinandersetzung der Gefangenen mit den eigenen Straftaten, deren Ursachen und Folgen, insbesondere für die Opfer, richten.

§ 5 Stellung der Gefangenen

(1) Die Gefangenen sind verpflichtet, an der Gestaltung ihrer Behandlung und an der Erfüllung des Vollzugsziels mitzuwirken. Ihre Bereitschaft hierzu ist zu wecken und zu fördern.

(2) Die Bereitschaft zur Mitwirkung kann durch Maßnahmen der Belohnung und Anerkennung gefördert werden, bei denen die Beteiligung an Maßnahmen, wie auch besonderer Einsatz und erreichte Fortschritte angemessen zu berücksichtigen sind.

(3) Die Gefangenen unterliegen den in diesem Gesetz vorgesehenen Beschränkungen ihrer Freiheit. Soweit das Gesetz eine besondere Regelung nicht enthält, dürfen ihnen nur Beschränkungen auferlegt werden, die zur Aufrechterhaltung der Sicherheit oder zur Abwendung einer schwerwiegenden Störung der Ordnung der Anstalt unerlässlich sind.

(4) Vollzugsmaßnahmen sollen den Gefangenen erläutert werden.

Abschnitt 2
Planung und Ablauf des Vollzuges

§ 6 Aufnahme

(1) Mit den Gefangenen wird unverzüglich ein Aufnahmegespräch geführt. Sie werden umgehend ärztlich untersucht.

(2) Die Gefangenen werden bei der Aufnahme

1. über ihre Rechte und Pflichten, insbesondere über ihre Pflicht zur Mitwirkung (§ 5 Absatz 1) und über die Möglichkeiten der

Aufrechterhaltung einer Sozialversicherung unterrichtet,

2. darin unterstützt, die notwendigen Maßnahmen für hilfsbedürftige Angehörige zu veranlassen und ihre Habe außerhalb der Anstalt sicherzustellen.

(3) Beim Aufnahmeverfahren dürfen andere Gefangene in der Regel nicht zugegen sein.

§ 7 Aufnahmeuntersuchung

(1) Die Behandlung der Gefangenen beginnt mit der fachkundigen Erforschung ihrer Persönlichkeit und ihrer Lebensverhältnisse (Aufnahmeuntersuchung).

(2) Die Aufnahmeuntersuchung erstreckt sich auf die Ursachen und Umstände der Straftat sowie auf alle sonstigen Umstände, deren Kenntnis für eine planvolle Behandlung der Gefangenen im Vollzug sowie für ihre Eingliederung nach der Entlassung notwendig ist.

(3) Die Untersuchung kann bei einer Vollzugsdauer bis zu einem Jahr auf die Umstände beschränkt werden, deren Kenntnis für eine in der verbleibenden Haftzeit angemessene Behandlung und für eine angemessene Entlassungsvorbereitung unerlässlich ist.

(4) Die Ergebnisse der Untersuchung sind zu dokumentieren und mit den Gefangenen zu erörtern.

§ 8 Vollzugsplan

(1) Auf der Grundlage der Aufnahmeuntersuchung wird regelmäßig innerhalb der ersten sechs Wochen nach der Aufnahme ein Vollzugsplan erstellt.

(2) Der Vollzugsplan enthält insbesondere folgende Angaben:

1. Unterbringung im geschlossenen oder offenen Vollzug,

2. Zuweisung zu Wohngruppen und Behandlungsgruppen oder -abteilungen,

3. Verlegung in eine sozialtherapeutische Einrichtung,

4. Teilnahme an Maßnahmen der schulischen oder beruflichen Aus- oder Weiterbildung oder Zuweisung von Arbeit,

5. besondere Hilfs- und Behandlungsmaßnahmen, insbesondere Schuldenregulierung einschließlich Unterhaltszahlungen, Schadensausgleich, Maßnahmen des Täter-Opfer-Ausgleichs, Suchtberatung, Maßnahmen des Verhaltenstrainings,

6. Lockerungen des Vollzuges,

7. Entlassungsvorbereitung.

Die Angaben sind in Grundzügen zu begründen.

(3) Der Vollzugsplan ist mit der Entwicklung der Gefangenen im Einklang zu halten. Er wird regelmäßig alle sechs Monate überprüft und fortgeschrieben. Bei einer Vollzugsdauer von mehr als drei Jahren verlängert sich die Frist auf zwölf Monate.

(4) Der Vollzugsplan und seine Fortschreibungen sind mit den Gefangenen zu erörtern. Die Gefangenen bestätigen mit ihrer Unterschrift, dass sie von dem Inhalt des Vollzugsplanes Kenntnis genommen haben.

§ 9 Verlegung, Überstellung, Ausantwortung

(1) Die Gefangenen dürfen abweichend vom Vollstreckungsplan in eine andere für den Vollzug der Freiheitsstrafe zuständige Anstalt verlegt werden, wenn ihre Behandlung oder ihre Eingliederung nach der Entlassung hierdurch gefördert wird oder dies aus wichtigen Gründen der Vollzugsorganisation oder aus anderen wichtigen Gründen erforderlich ist.

(2) Die Gefangenen dürfen auch verlegt werden, wenn in erhöhtem Maß Fluchtgefahr gegeben ist oder sonst ihr Verhalten, ihr Zustand oder ihre Kontakte zu anderen Gefangenen eine Gefahr für die Sicherheit oder Ordnung der Anstalt darstellen und die aufnehmende Anstalt wegen der mit der Verlegung bewirkten Veränderungen der Haftverhältnisse oder wegen höherer Sicherheitsvorkehrungen zur sicheren Unterbringung der Gefangenen besser geeignet ist.

(3) Die Gefangenen dürfen aus wichtigem Grund vorübergehend in eine andere Anstalt überstellt werden.

(4) § 92 bleibt unberührt.

(5) Die Gefangenen dürfen auf begründeten Antrag befristet einer Polizeibehörde übergeben werden (Ausantwortung).

§ 10 Sozialtherapie

(1) Gefangene sind in eine sozialtherapeutische Einrichtung zu verlegen, wenn sie wegen einer Straftat nach den §§ 174 bis 180 oder 182 des Strafgesetzbuchs zu einer Freiheitsstrafe von mehr als zwei Jahren verurteilt worden sind und die Behandlung in einer sozialtherapeutischen Einrichtung angezeigt ist.

(2) Andere Gefangene können mit ihrer Zustimmung in eine sozialtherapeutische Einrichtung verlegt werden, wenn die besonderen therapeutischen Mittel und sozialen Hilfen zu ihrer Behandlung angezeigt sind und die Leitung der Einrichtung zustimmt.

(3) Kann der Zweck der Behandlung aus Gründen, die in der Person von Gefangenen liegen, nicht erreicht werden, ist von einer Verlegung nach Absatz 1 oder 2 abzusehen oder die Gefangenen sind zurückzuverlegen. Über die Verlegung von Gefangenen nach Absatz 1 ist jeweils spätestens nach Ablauf von sechs Monaten neu zu entscheiden.

(4) § 9 bleibt unberührt.

§ 11 Geschlossener und offener Vollzug

(1) Die Gefangenen werden im geschlossenen oder offenen Vollzug untergebracht.

(2) Die Gefangenen sollen im offenen Vollzug untergebracht werden, wenn sie hierfür geeignet sind. Geeignet sind Gefangene, wenn sie den besonderen Anforderungen des offenen Vollzuges genügen, insbesondere, wenn nicht zu befürchten ist, dass sie sich dem Vollzug entziehen oder die Möglichkeiten des offenen Vollzuges zu Straftaten missbrauchen werden.

(3) Ist gegen Gefangene eine Freiheitsstrafe wegen einer Straftat nach den §§ 174 bis 180, 182 des Strafgesetzbuchs, wegen grober Gewalttätigkeit gegen Personen oder, sofern diese Straftaten als Rauschtat begangen wurden, wegen Vollrausches (§ 323a des Strafgesetzbuchs) zu vollziehen oder war dies während eines vorangegangenen Freiheitsentzuges der Fall, ist vor ihrer Verlegung in den offenen Vollzug eine schriftliche Stellungnahme einer psychologischen Fachkraft, die nicht mit den Gefangenen therapeutisch befasst ist oder war, oder ein psychiatrisches Gutachten einzuholen. Hiervon kann mit Zustimmung der Aufsichtsbehörde abgesehen werden, wenn die betroffene Freiheitsstrafe während eines vorangegangenen Freiheitsentzuges zu vollziehen war und die seither eingetretene Entwicklung der Gefangenen eine fachdienstliche Begutachtung nicht mehr erfordert.

§ 12 Lockerungen

(1) Den Gefangenen kann als Lockerung des Vollzuges insbesondere erlaubt werden,

1. die Anstalt für eine bestimmte Tageszeit unter Aufsicht (Ausführung) oder ohne Aufsicht (Ausgang) zu verlassen,
2. die Anstalt für die Dauer von bis zu 24 Kalendertagen in einem Vollstreckungsjahr zu verlassen (Freistellung von der Haft),
3. außerhalb der Anstalt regelmäßig einer Beschäftigung unter Aufsicht (Außenbeschäftigung) oder ohne Aufsicht (Freigang) nachzugehen,

wenn sie hierfür geeignet sind. Geeignet sind Gefangene, wenn nicht zu befürchten ist, dass sie sich dem Vollzug entziehen oder die Lockerungen zu Straftaten missbrauchen werden. § 11 Absatz 3 gilt entsprechend.

(2) Lockerungen können versagt werden, wenn die Gefangenen ihren Mitwirkungspflichten nicht nachkommen.

(3) Durch die Freistellung von der Haft wird die Strafvollstreckung nicht unterbrochen.

(4) Die Anstaltsleitung kann den Gefangenen Weisungen für Lockerungen erteilen.

§ 13 Lockerungen aus wichtigem Anlass

(1) Die Anstaltsleitung kann Gefangenen aus Anlass der lebensgefährlichen Erkrankung oder des Todes von Angehörigen oder aus anderem wichtigen Anlass nach Maßgabe des § 12 Ausgang oder weitere Freistellung von der Haft gewähren, aus anderem wichtigen Anlass jedoch nur jeweils bis zu sieben Kalendertagen.

(2) Sind die Gefangenen für die Gewährung von Ausgang oder für die Freistellung von der Haft nicht geeignet, kann die Anstaltsleitung sie ausführen lassen. Die Kosten tragen die Gefangenen. Der Anspruch ist nicht geltend zu machen, wenn dies die Behandlung oder die Eingliederung behindern würde.

§ 14 Lockerungen aus Anlass gerichtlicher Termine

(1) Die Anstaltsleitung kann Gefangenen nach Maßgabe des § 12 Absätze 1, 3 und 4 Ausgang oder weitere Freistellung von der Haft zur Teilnahme an gerichtlichen Terminen gewähren, wenn anzunehmen ist, dass sie der Ladung folgen.

(2) Wenn Gefangene zu gerichtlichen Terminen geladen sind und Ausgang oder Freistellung von der Haft nicht gewährt wird, lässt die Anstaltsleitung sie mit ihrer Zustimmung zu den Terminen ausführen, sofern wegen Entweichungs- oder Missbrauchsgefahr (§ 12 Absatz 1 Satz 2) keine überwiegenden Gründe entgegenstehen. Sind die Gefangenen als Partei oder Beteiligte geladen, ist ihre Ausführung nur zu ermöglichen, wenn ihr persönliches Erscheinen angeordnet oder von Gesetzes wegen erforderlich ist, sonst kann sie ermöglicht werden. Die Kosten tragen die Gefangenen. Sind sie dazu nicht in der Lage, kann die Anstalt die Kosten in begründeten Fällen in angemessenem Umfang übernehmen.

(3) Auf Ersuchen eines Gerichts lässt die Anstaltsleitung die Gefangenen vorführen. Sie erteilt die erforderlichen Weisungen und entscheidet über besondere Sicherungsmaßnahmen, insbesondere über die Dauer der während der Vorführung erforderlichen Fesselung der Gefangenen.

(4) Die Anstalt unterrichtet das Gericht über das Veranlasste.

§ 15 Lockerungen zur Vorbereitung der Entlassung

(1) Um die Entlassung vorzubereiten, sollen den Gefangenen Lockerungen gewährt werden (§ 12).

(2) Darüber hinaus können den Gefangenen nach Maßgabe des § 12 zur Vorbereitung der Entlassung

1. innerhalb von drei Monaten vor der Entlassung weitere Freistellung von der Haft bis zu sieben Kalendertagen,

2. in einer sozialtherapeutischen Einrichtung (§ 10) weitere Freistellung von der Haft bis zu sechs Monaten vor der Entlassung,

3. im Vollzug der Sicherungsverwahrung (§§ 93 bis 97) weitere Freistellung von der Haft bis zu einem Monat vor der Entlassung,

gewährt werden.

(3) Zum Freigang zugelassene Gefangene können innerhalb von neun Monaten vor der Entlassung weitere Freistellung von der Haft bis zu sechs Tagen im Monat erhalten; Absatz 2 Nummer 1 findet keine Anwendung.

(4) Die Gefangenen können in den offenen Vollzug (§ 11) verlegt werden, wenn dies der Vorbereitung der Entlassung dient.

(5) Werden Lockerungen nach Absatz 2 Nummer 2 oder 3 gewährt, sollen den Gefangenen Weisungen erteilt werden. Sie können insbesondere angewiesen werden, sich einer von der Anstalt bestimmten Betreuungsperson zu unterstellen und jeweils für kurze Zeit in die Anstalt zurückzukehren.

§ 16 Entlassungsvorbereitung

Zur Vorbereitung der Entlassung sind die Gefangenen bei der Ordnung ihrer persönlichen, wirtschaftlichen und sozialen Angelegenheiten zu beraten und zu unterstützen. Die Bereitschaft der Gefangenen, ihre Angelegenheiten dabei soweit wie möglich selbstständig zu regeln, ist zu wecken und zu fördern. Die Anstalt arbeitet daneben frühzeitig mit den in § 107 Absatz 1 genannten Behörden, Institutionen und Personen zusammen, um zu erreichen, dass die Eingliederung der Gefangenen gefördert wird und sie insbesondere über eine geeignete Unterbringung, eine Arbeits- oder Ausbildungsstelle und, soweit dies im Einzelfall geboten erscheint, persönliche Betreuung verfügen. Insbesondere mit der Bewährungshilfe, den Aufsichtsstellen für die Führungsaufsicht und den Einrichtungen der Entlassenenhilfe ist frühzeitig Kontakt aufzunehmen. Die Bewährungshilfe beteiligt sich rechtzeitig an den Entlassungsvorbereitungen der Anstalt.

§ 17 Entlassung

(1) Die Gefangenen sollen am letzten Tag ihrer Strafzeit möglichst frühzeitig, jedenfalls noch am Vormittag entlassen werden. Dies gilt auch, wenn sie auf Grund einer gerichtlichen Entscheidung oder auf Grund eines Gnadenerweises vorzeitig zu entlassen sind.

(2) Fällt das Strafende auf einen Samstag oder Sonntag, einen gesetzlichen Feiertag, den ersten Werktag nach Ostern oder Pfingsten oder in die Zeit vom 22. Dezember bis zum 6. Januar, so können die Gefangenen an dem diesem Tag oder Zeitraum vorhergehenden Werktag entlassen werden, wenn sie sich zum Zeitpunkt der beabsichtigten Entlassung mindestens einen Monat ununterbrochen im Vollzug befinden und fürsorgerische Gründe nicht entgegenstehen.

(3) Die Entlassung kann bis zu zwei Tagen vorverlegt werden, wenn die Gefangenen zu ihrer Eingliederung hierauf angewiesen sind.

(4) Absätze 2 und 3 gelten auch nach einer Anrechnung der Freistellung auf den Entlassungszeitpunkt (§ 40 Absatz 5 Satz 1) oder wenn eine Strafe oder Ersatzfreiheitsstrafe infolge der Vorverlegung überhaupt nicht vollzogen wird.

(5) Bedürftigen Gefangenen kann bei der Entlassung ein Zuschuss zu den Reisekosten, angemessene Kleidung und sonstige notwendige Unterstützung gewährt werden.

§ 18 Unterstützung nach der Entlassung

(1) Die Anstalt kann Gefangenen auf Antrag auch nach der Entlassung Hilfestellung gewähren, soweit diese nicht anderweitig zur Verfügung steht und der Erfolg der Behandlung gefährdet erscheint.

(2) Sozialtherapeutische Einrichtungen können auf Antrag der Gefangenen eine im Vollzug begonnene Betreuung nach der Entlassung vorübergehend fortführen, soweit sie nicht anderweitig durchgeführt werden kann.

(3) Im Zuge der nachgehenden Betreuung nach Absatz 2 können Gefangene auf Antrag vorübergehend wieder in den dort genannten Einrichtungen aufgenommen werden, wenn der Erfolg ihrer Behandlung gefährdet und die Aufnahme aus diesem Grunde gerechtfertigt ist. Die Anträge der Gefangenen und die Aufnahme sind jederzeit widerruflich. Gegen die Aufgenommenen dürfen Maßnahmen des Vollzugs nicht mit unmittelbarem Zwang durchgesetzt werden. § 79 Absätze 2 und 3 bleibt unberührt.

Abschnitt 3
Unterbringung und Ernährung der Gefangenen

§ 19 Unterbringung während der Arbeit und der Freizeit

(1) Die Gefangenen arbeiten in der Gemeinschaft mit anderen, soweit dies mit Rücksicht auf die Anforderungen der verfügbaren Arbeitsplätze möglich ist. Dasselbe gilt für Berufsausbildung, berufliche Weiterbildung sowie arbeitstherapeutische und sonstige Beschäftigung während der Arbeitszeit.

(2) Während der Freizeit können die Gefangenen sich in der Gemeinschaft mit anderen aufhalten. Für die Teilnahme an gemeinschaftlichen Veranstaltungen kann die Anstaltsleitung mit Rücksicht auf die räumlichen, personellen und organisatorischen Verhältnisse der Anstalt besondere Regelungen treffen.

(3) Die gemeinschaftliche Unterbringung während der Arbeitszeit und Freizeit kann eingeschränkt werden, wenn

1. die Gefangenen nach § 7 untersucht werden, aber nicht länger als zwei Monate,

2. es die Sicherheit oder Ordnung der Anstalt erfordert,

3. ein schädlicher Einfluss auf andere Gefangene zu befürchten ist oder

4. die Gefangenen zustimmen.

§ 20 Unterbringung während der Ruhezeit

Die Gefangenen werden während der Ruhezeit allein in ihren Hafträumen untergebracht. Sie können auch während der Ruhezeit gemeinsam untergebracht werden, wenn

1. Gefangene hilfsbedürftig sind oder eine Gefahr für Leben oder Gesundheit von Gefangenen besteht und bei einer gemeinsamen Unterbringung mit nicht hilfsbedürftigen oder gefährdeten Gefangenen diese zugestimmt haben,

2. im offenen Vollzug die räumlichen Verhältnisse der Anstalt dies erfordern.

§ 21 Mütter mit Kindern

(1) Ist das Kind einer Gefangenen noch nicht fünf Jahre alt und gibt es keine Alternative, so kann es mit Zustimmung der Inhaber des Aufenthaltsbestimmungsrechts in der Anstalt untergebracht werden, in der sich seine Mutter befindet, wenn dies seinem Wohl entspricht. Vor der Unterbringung ist das Jugendamt zu hören.

(2) Die Unterbringung einschließlich der Gesundheitsfürsorge erfolgt auf Kosten der für das Kind Unterhaltspflichtigen. Von der Geltendmachung des Kostenersatzanspruchs kann abgesehen werden, wenn hierdurch die gemeinsame Unterbringung von Mutter und Kind gefährdet würde.

§ 22 Ausstattung des Haftraumes, persönlicher Besitz

(1) Die Gefangenen dürfen ihre Haftträume in angemessenem Umfang mit eigenen Sachen ausstatten. Lichtbilder nahe stehender Personen und Erinnerungsstücke von persönlichem Wert werden ihnen belassen.

(2) Vorkehrungen und Gegenstände, die die Übersichtlichkeit des Haftraumes behindern oder in anderer Weise Sicherheit oder Ordnung der Anstalt gefährden, können ausgeschlossen werden.

(3) Die Anstaltsleitung kann besondere Regelungen zum angemessenen Umfang der Haftraumausstattung und zu Art und Umfang der Vorkehrungen und Gegenstände nach Absatz 2, insbesondere zu Wertgrenzen für Armbanduhren, Schmuckgegenstände und Elektrogeräte, treffen.

§ 23 Kleidung

(1) Die Gefangenen dürfen eigene Kleidung tragen, wenn sie für Reinigung und Instandsetzung auf eigene Kosten sorgen. § 22 Absatz 2 gilt entsprechend.

(2) Die Anstaltsleitung kann das Tragen von Anstaltskleidung allgemein oder im Einzelfall anordnen, wenn dies aus Gründen der Sicherheit oder Ordnung der Anstalt erforderlich ist.

§ 24 Verpflegung

Die Gefangenen erhalten Anstaltsverpflegung. Zusammensetzung und Nährwert der Anstaltsverpflegung werden ärztlich überwacht. Religiöse Speisegebote werden beachtet.

§ 25 Einkauf

(1) Die Gefangenen können regelmäßig aus einem von der Anstalt vermittelten Angebot einkaufen (Regeleinkauf).

(2) Die Gefangenen können in angemessenem Umfang dreimal jährlich zusätzlich zu dem Regeleinkauf einkaufen.

(3) Für die Organisation des Einkaufs und den Inhalt des Warenangebots kann die Anstaltsleitung unter Würdigung der Wünsche und Bedürfnisse der Gefangenen besondere Regelungen treffen.

(4) Gegenstände, die die Sicherheit oder Ordnung der Anstalt gefährden, können vom Einkauf ausgeschlossen werden. Auf ärztliche Anordnung kann den Gefangenen der Einkauf einzelner Nahrungs- und Genussmittel ganz oder teilweise untersagt werden, wenn zu befürchten ist, dass sie ihre Gesundheit ernsthaft gefährden. In Krankenhäusern und Krankenabteilungen kann der Einkauf einzelner Nahrungs- und Genussmittel auf ärztliche Anordnung allgemein untersagt oder eingeschränkt werden.

Abschnitt 4
Verkehr mit Personen außerhalb der Anstalt

§ 26 Besuch

(1) Die Gefangenen dürfen regelmäßig Besuch empfangen. Die Gesamtdauer beträgt mindestens eine Stunde im Monat.

(2) Kontakte der Gefangenen zu ihren Angehörigen im Sinne des Strafgesetzbuchs werden besonders gefördert.

(3) Besuche sollen darüber hinaus zugelassen werden, wenn sie die Behandlung oder die Eingliederung der Gefangenen fördern oder persönlichen, rechtlichen oder geschäftlichen Angelegenheiten dienen, die nicht von den Gefangenen schriftlich erledigt, durch Dritte wahrgenommen oder bis zur Entlassung der Gefangenen aufgeschoben werden können.

(4) Die Anstaltsleitung kann Besuche, deren ununterbrochene Dauer ein Mehrfaches der Gesamtdauer nach Absatz 1 Satz 2 beträgt und die in der Regel nicht überwacht werden (Langzeitbesuche), zulassen, wenn dies mit Rücksicht auf die Dauer der zu vollziehenden Freiheitsstrafe zur Behandlung der Gefangenen, insbesondere zur Förderung ihrer partnerschaftlichen oder ihnen gleichzusetzender Kontakte, geboten erscheint und die Gefangenen hierfür geeignet sind. Für die Durchführung der Langzeitbesuche kann die Anstaltsleitung mit Rücksicht auf die räumlichen, personellen und organisatorischen Verhältnisse der Anstalt besondere Regelungen treffen.

(5) Aus Gründen der Sicherheit und Ordnung der Anstalt können die Besuche davon abhängig gemacht werden, dass Besucherinnen und Besucher sich durchsuchen lassen. Für Art und Umfang der Durchsuchungen, insbesondere für den Einsatz technischer Hilfsmittel, und für den für Durchsuchungen in Betracht kommenden Personenkreis kann die Anstaltsleitung mit Rücksicht auf die Sicherheitsbedürfnisse der Anstalt besondere Regelungen treffen.

(6) Die Anstaltsleitung kann Besuche untersagen,

1. wenn die Sicherheit oder Ordnung der Anstalt gefährdet würde,

2. bei Besucherinnen und Besuchern, die nicht Angehörige der Gefangenen im Sinne des Strafgesetzbuchs sind, wenn zu befürchten ist, dass sie einen schädlichen Einfluss auf die Gefangenen haben oder ihre Eingliederung behindern würden.

§ 27 Überwachung der Besuche

(1) Besuche dürfen aus Gründen der Behandlung oder der Sicherheit oder Ordnung der Anstalt überwacht werden, es sei denn, es liegen im Einzelfall Erkenntnisse dafür vor, dass es der Überwachung nicht bedarf. Die Überwachung der Besuche mit optisch-elektronischen Einrichtungen (Videoüberwachung) ist zulässig. Die Gefangenen und die Besucherinnen und Besucher sind vor dem Besuch darauf hinzuweisen.

(2) Die Unterhaltung darf nur überwacht werden, soweit dies im Einzelfall aus den in Absatz 1 Satz 1 genannten Gründen erforderlich ist. Absatz 1 Sätze 2 und 3 findet keine Anwendung.

(3) Besuche dürfen abgebrochen werden, wenn Besucherinnen und Besucher oder Gefangene gegen die Vorschriften dieses Gesetzes oder die auf Grund dieses Gesetzes getroffenen Anordnungen trotz Abmahnung verstoßen. Die Abmahnung unterbleibt, wenn es unerlässlich ist, den Besuch sofort abzubrechen.

(4) Gegenstände dürfen beim Besuch nur mit Erlaubnis übergeben werden. Die Anstaltsleitung kann im Einzelfall die Nutzung einer Trennvorrichtung anordnen, wenn dies mit Rücksicht auf die Sicherheit oder Ordnung der Anstalt zur Verhinderung einer unerlaubten Übergabe von Gegenständen erforderlich ist.

§ 28 Besuche von Rechtsanwältinnen und Rechtsanwälten und Notarinnen und Notaren

(1) Besuche von Rechtsanwältinnen, Rechtsanwälten, Notarinnen und Notaren in einer die Gefangenen betreffenden Rechtssache sind zu gestatten. § 26 Absatz 5 gilt entsprechend.

(2) Besuche von Rechtsanwältinnen, Rechtsanwälten, Notarinnen und Notaren werden nicht überwacht.

(3) Beim Besuch von Rechtsanwältinnen, Rechtsanwälten, Notarinnen und Notaren mitgeführte Schriftstücke und sonstige Unterlagen dürfen übergeben werden, ihre inhaltliche Überprüfung ist nicht zulässig.

(4) Liegt dem Vollzug der Freiheitsstrafe eine Straftat nach § 129a, auch in Verbindung mit § 129b Absatz 1 des Strafgesetzbuchs zugrunde oder ist eine solche Freiheitsstrafe im Anschluss an den Vollzug einer wegen einer anderen Straftat verhängten Freiheitsstrafe zu vollziehen, gelten § 148 Absatz 2 und § 148a der Strafprozessordnung entsprechend, es sei denn, die Gefangenen befinden sich im offenen Vollzug (§ 11) oder ihnen werden Lockerungen gewährt (§ 12) und Gründe für einen Widerruf oder eine Zurücknahme der Lockerungen (§ 92 Absätze 2 und 3) liegen nicht vor.

§ 29 Schriftwechsel

(1) Die Gefangenen dürfen unbeschränkt Schreiben absenden und empfangen. Absendung und Empfang der Schreiben vermittelt die Anstalt, eingehende und ausgehende Schreiben werden unverzüglich weitergeleitet.

(2) Die Anstaltsleitung kann den Schriftwechsel mit bestimmten Personen untersagen,

1. wenn die Sicherheit oder Ordnung der Anstalt gefährdet würde,

2. bei Personen, die nicht Angehörige der Gefangenen im Sinne des Strafgesetzbuchs sind, wenn zu befürchten ist, dass der Schriftwechsel einen schädlichen Einfluss auf die Gefangenen haben oder ihre Eingliederung behindern würde.

(3) Die Kosten des Schriftwechsels tragen die Gefangenen. Sind sie dazu nicht in der Lage, kann die Anstalt sie in besonders begründeten Fällen in angemessenem Umfang übernehmen.

§ 30 Überwachung des Schriftwechsels

(1) Der Schriftwechsel darf aus Gründen der Behandlung oder der Sicherheit oder Ordnung der Anstalt überwacht werden.

(2) Der Schriftwechsel mit Mitgliedern der Anstaltsbeiräte (§§ 114 bis 117) und mit Rechtsanwältinnen, Rechtsanwälten, Notarinnen und Notaren wird nicht überwacht. Für den Schriftwechsel mit Rechtsanwältinnen, Rechtsanwälten, Notarinnen und Notaren gilt § 28 Absatz 4 entsprechend.

(3) Nicht überwacht werden ferner Schreiben der Gefangenen

1. an Volksvertretungen des Bundes und der Länder, an das Europäische Parlament und an die Mitglieder dieser Gremien, soweit die Schreiben an die Anschriften der Gremien gerichtet sind und die Absender zutreffend angeben,

2. an den Europäischen Gerichtshof für Menschenrechte,

3. an den Europäischen Ausschuss zur Verhütung von Folter und unmenschlicher oder erniedrigender Behandlung oder Strafe,

4. an sonstige Organisationen oder Einrichtungen, mit denen der Schriftverkehr auf Grund völkerrechtlicher Verpflichtungen der Bundesrepublik Deutschland geschützt ist,

5. an die Datenschutzbeauftragten des Bundes und der Länder und

6. an Gerichte, Staatsanwaltschaften und die Aufsichtsbehörde (§ 111).

(4) Schreiben der in Absatz 3 genannten Stellen, die an die Gefangenen gerichtet sind, werden nicht überwacht, sofern die Identität der Absender zweifelsfrei feststeht.

(5) Schreiben der Gefangenen an nicht in der Anstalt tätige Ärztinnen oder Ärzte, die mit der Untersuchung oder Behandlung der Gefangenen befasst sind, sowie Schreiben dieser Ärztinnen oder Ärzte an die Gefangenen dürfen nur von in der Anstalt tätigen Ärztinnen oder Ärzten überwacht werden.

I

§ 31 Anhalten von Schreiben

(1) Die Anstaltsleitung kann Schreiben anhalten,

1. wenn durch sie das Vollzugsziel oder die Sicherheit oder Ordnung der Anstalt gefährdet würde,

2. wenn die Weitergabe in Kenntnis ihres Inhalts einen Straf- oder Bußgeldtatbestand verwirklichte,

3. wenn sie grob unrichtige oder erheblich entstellende Darstellungen von Anstaltsverhältnissen enthalten,

4. wenn sie grobe Beleidigungen enthalten,

5. wenn sie die Eingliederung anderer Gefangener gefährden können oder

6. wenn sie in Geheimschrift, unlesbar, unverständlich oder ohne zwingenden Grund in einer fremden Sprache abgefasst sind.

(2) Ausgehenden Schreiben, die unrichtige Darstellungen enthalten, kann ein Begleitschreiben beigefügt werden, wenn die Gefangenen auf der Absendung bestehen.

(3) Ist ein Schreiben angehalten worden, werden die Gefangenen unterrichtet. Angehaltene Schreiben werden an die Absender zurückgegeben oder behördlich verwahrt.

(4) Schreiben, deren Überwachung nach § 30 Absätze 2 bis 4 ausgeschlossen ist, dürfen nicht angehalten werden.

§ 32 Telefongespräche

(1) Den Gefangenen kann gestattet werden, auf eigene Kosten Telefongespräche zu führen. Die Gespräche dürfen aus Gründen der Behandlung oder der Sicherheit oder Ordnung der Anstalt überwacht werden. Ist die Überwachung des Telefongesprächs erforderlich, ist die beabsichtigte Überwachung den Gesprächspartnern der Gefangenen durch die Anstalt oder durch die Gefangenen unmittelbar nach Herstellung der Verbindung mitzuteilen. § 30 Absatz 2 Satz 1 und Absatz 3 gilt entsprechend. Die Gefangenen sind rechtzeitig vor Beginn des Telefongesprächs über die beabsichtigte Überwachung und die Mitteilungspflicht nach Satz 3 zu unterrichten.

(2) Auf dem Gelände der Anstalt können technische Geräte zur Störung von Frequenzen betrieben werden, die der Herstellung unerlaubter Mobilfunkverbindungen dienen. Es ist sicherzustellen, dass der Mobilfunkverkehr außerhalb des Anstaltsgeländes hierdurch nicht beeinträchtigt wird. Die von der Bundesnetzagentur gemäß § 55 Absatz 1 Satz 5 des Telekommunikationsgesetzes vom 22. Juni 2004 (BGBl. I S. 1190), zuletzt geändert am 21. Dezember 2007 (BGBl. I S. 3198, 3205), in der jeweils geltenden Fassung festgelegten Rahmenbedingungen sind zu beachten.

§ 33 Pakete

(1) Der Empfang von Paketen bedarf der Erlaubnis der Anstalt, welche Zeitpunkt und Höchstmenge für die Sendung und für einzelne Gegenstände festsetzen kann. § 25 Absatz 4 Satz 1 gilt entsprechend. Der Empfang von Paketen mit Nahrungs- und Genussmitteln ist nicht gestattet.

(2) Pakete sind in Gegenwart der Gefangenen zu öffnen. Ausgeschlossene Gegenstände können zu ihrer Habe genommen oder den Absendern zurückgesandt werden. Nicht ausgehändigte Gegenstände, durch die bei der Versendung oder Aufbewahrung Personen verletzt oder Sachschäden verursacht werden können, dürfen vernichtet werden. Die hiernach getroffenen Maßnahmen werden den Gefangenen eröffnet.

(3) Den Gefangenen kann gestattet werden, Pakete zu versenden. Die Anstalt kann ihren Inhalt aus Gründen der Sicherheit oder Ordnung der Anstalt überprüfen.

(4) Die Kosten des Paketverkehrs tragen die Gefangenen. Sind sie dazu nicht in der Lage, kann die Anstalt sie in besonders begründeten Fällen in angemessenem Umfang übernehmen.

Abschnitt 5
Arbeit, Aus- und Weiterbildung

§ 34 Arbeit, berufliche Aus- und Weiterbildung

(1) Die Vollzugsbehörden sollen

1. im Zusammenwirken mit den Vereinigungen und Stellen des Arbeits- und Wirtschaftslebens dafür sorgen, dass den Gefangenen unter Berücksichtigung ihrer Fähigkeiten, Fertigkeiten und Neigungen wirtschaftlich ergiebige Arbeit zugewiesen werden kann, und dazu beitragen, dass sie beruflich gefördert, beraten und vermittelt werden,

2. die Gefangenen arbeitstherapeutisch beschäftigen, sofern sie zu wirtschaftlich ergiebiger Arbeit nicht fähig sind,

3. geeigneten Gefangenen Gelegenheit zur Berufsausbildung, beruflichen Weiterbildung oder Teilnahme an anderen ausbildenden oder weiterbildenden Maßnahmen geben.

(2) Die Maßnahmen nach Absatz 1 dienen insbesondere dem Ziel, Fähigkeiten für eine Erwerbstätigkeit nach der Entlassung zu vermitteln, zu erhalten oder zu fördern.

§ 35 Schulische Aus- und Weiterbildung

(1) Für geeignete Gefangene soll Unterricht in den zu einem Schulabschluss führenden Fächern einschließlich des Faches Sport ermöglicht werden.

(2) Für die Teilnahme an weiteren schulischen Maßnahmen, insbesondere für die Teilnahme an Alphabetisierungskursen oder an Fördermaßnahmen für Ausländer, trifft die Anstaltsleitung mit Rücksicht auf die räumlichen, personellen und organisatorischen Verhältnisse der Anstalt besondere Regelungen.

(3) Für Maßnahmen nach § 34 Absatz 1 Nummer 3 ist berufsbegleitender Unterricht vorzusehen, soweit die Art der Maßnahme es erfordert.

(4) Unterricht soll während der Arbeitszeit stattfinden.

§ 36 Freies Beschäftigungsverhältnis, Selbstbeschäftigung

(1) Den Gefangenen soll gestattet werden, einer Arbeit, Berufsausbildung oder beruflichen Weiterbildung auf der Grundlage eines freien Beschäftigungsverhältnisses außerhalb der Anstalt nachzugehen oder sich innerhalb oder außerhalb der Anstalt selbst zu

beschäftigen, wenn sie hierfür geeignet sind, dies im Rahmen des Vollzugsplans dem Ziel dient, Fähigkeiten für eine Erwerbstätigkeit nach der Entlassung zu vermitteln, zu erhalten oder zu fördern und nicht überwiegende Gründe des Vollzuges entgegenstehen.

(2) § 12 Absatz 1 Satz 1 Nummer 3 und Sätze 2 und 3, Absätze 2 und 4 bleibt unberührt.

(3) Die Anstalt kann verlangen, dass ihr das Entgelt zur Gutschrift für die Gefangenen überwiesen wird.

§ 37 Zeugnisse

Aus Zeugnissen oder Bescheinigungen über die Teilnahme an Bildungsmaßnahmen darf nicht erkennbar sein, dass sie während des Vollzuges einer Freiheitsstrafe erworben wurden.

§ 38 Arbeitspflicht

(1) Die Gefangenen sind verpflichtet, eine ihnen zugewiesene, ihren körperlichen Fähigkeiten angemessene Arbeit oder arbeitstherapeutische Beschäftigung auszuüben, zu deren Verrichtung sie auf Grund ihres Zustands in der Lage sind. Sie können zu Hilfstätigkeiten in der Anstalt verpflichtet werden. Diese Tätigkeiten sollen in der Regel nicht über drei Monate jährlich hinausgehen. Die Sätze 1 und 2 gelten nicht für Gefangene, die die Regelaltersgrenze der gesetzlichen Rentenversicherung erreicht haben. Die gesetzlichen Beschäftigungsverbote zum Schutz erwerbstätiger Mütter finden Anwendung.

(2) Die Teilnahme an einer Maßnahme nach § 34 Absatz 1 Nummer 3 bedarf der Zustimmung der Gefangenen. Die Zustimmung darf nicht zur Unzeit widerrufen werden.

§ 39 Freistellung von der Arbeitspflicht

(1) Gefangene, die sechs Monate lang zusammenhängend eine Tätigkeit nach § 34 oder eine Hilfstätigkeit nach § 38 Absatz 1 Satz 2 ausgeübt haben, werden auf ihren Antrag hin elf Arbeitstage von der Arbeitspflicht freigestellt. Zeiten, in denen die Gefangenen infolge Krankheit an ihrer Arbeitsleistung verhindert waren, werden bis zu drei Wochen halbjährlich angerechnet. Auf die

Zeit der Freistellung von der Arbeitspflicht werden Lockerungen nach § 12 Absatz 1 Satz 1 Nummer 2 angerechnet, soweit sie in die Arbeitszeit fallen.

(2) Die Freistellung von der Arbeitspflicht kann nur innerhalb von sechs Monaten nach Ablauf eines Berechnungszeitraumes in Anspruch genommen werden. Die Gesamtdauer der Freistellungen von der Arbeitspflicht innerhalb eines Jahres darf zweiundzwanzig Arbeitstage nicht übersteigen.

(3) Die Gefangenen erhalten für die Zeit der Freistellung von der Arbeitspflicht ihre zuletzt gezahlten Bezüge weiter.

(4) Urlaubsregelungen der Beschäftigungsverhältnisse außerhalb des Strafvollzuges bleiben unberührt.

§ 40 Vergütung der Arbeitsleistung

(1) Die Arbeitsleistung der Gefangenen wird vergütet mit einem Arbeitsentgelt und mit einer Freistellung von der Arbeit, die auch als Freistellung von der Haft genutzt oder auf den Entlassungszeitpunkt angerechnet werden kann.

(2) Üben die Gefangenen eine Tätigkeit nach § 34 Absatz 1 Nummer 1 oder eine Hilfstätigkeit nach § 38 Absatz 1 Satz 2 aus, so erhalten sie ein Arbeitsentgelt. Dies gilt auch, sofern die Gefangenen arbeitstherapeutisch beschäftigt werden und dies der Art ihrer Beschäftigung und ihrer Arbeitsleistung entspricht. Das Arbeitsentgelt

1. ist unter Zugrundelegung von 9 vom Hundert der Bezugsgröße nach § 18 des Vierten Buches Sozialgesetzbuch in der Fassung vom 23. Januar 2006 (BGBl. I S. 89, 466), zuletzt geändert am 26. August 2008 (BGBl. I S. 1728, 1730), in der jeweils geltenden Fassung zu bemessen (Eckvergütung); ein Tagessatz ist der zweihundertfünfzigste Teil der Eckvergütung; ein Stundensatz kann ermittelt werden,

2. kann je nach Leistung der Gefangenen und der Art der Arbeit gestuft werden; 75 vom Hundert der Eckvergütung dürfen nur dann unterschritten werden, wenn die Arbeitsleistungen der Gefangenen den Mindestanforderungen nicht genügen,

3. ist den Gefangenen schriftlich bekannt zu geben.

(3) Haben die Gefangenen zwei Monate lang zusammenhängend eine Tätigkeit nach § 34 Absatz 1 oder eine Hilfstätigkeit nach § 38 Absatz 1 Satz 2 ausgeübt, so werden sie auf ihren Antrag hin einen Kalendertag von der Arbeit freigestellt. § 39 bleibt unberührt, § 39 Absatz 3 gilt entsprechend. Durch Zeiten, in denen die Gefangenen ohne ihr Verschulden infolge Krankheit, Lockerungen, Freistellung von der Arbeitspflicht oder sonstiger nicht von ihnen zu vertretenden Gründe an der Arbeitsleistung gehindert sind, wird die Frist nach Satz 1 gehemmt. Beschäftigungszeiträume von weniger als zwei Monaten bleiben unberücksichtigt.

(4) Die Gefangenen können beantragen, dass die Freistellung nach Absatz 3 in Form der Freistellung von der Haft nach Maßgabe des § 12 gewährt wird. § 39 Absatz 3 gilt entsprechend.

(5) Nehmen die Gefangenen die Freistellung nach Absatz 3 oder 4 nicht innerhalb eines Jahres nach Vorliegen der Voraussetzungen in Anspruch oder kann die Freistellung nach Absatz 4 nicht gewährt werden, weil die Gefangenen hierfür nicht geeignet sind, so wird die Freistellung auf den Entlassungszeitpunkt des Gefangenen angerechnet. Eine Anrechnung ist ausgeschlossen, wenn

1. dies durch das Gericht im Zuge einer Entscheidung über eine Aussetzung der Vollstreckung des Restes einer Freiheitsstrafe oder einer Sicherungsverwahrung zur Bewährung angeordnet wird,

2. der Zeitraum, der nach einer Entscheidung des Gerichts über eine Aussetzung der Vollstreckung des Restes einer Freiheitsstrafe oder einer Sicherungsverwahrung zur Bewährung bis zur Entlassung verbleibt, für eine Anrechnung zu kurz ist,

3. die Gefangenen im Gnadenwege aus der Haft entlassen werden,

4. nach § 456a Absatz 1 der Strafprozessordnung von der Vollstreckung abgesehen wird,

5. die Gefangenen eine lebenslange Freiheitsstrafe oder Sicherungsverwahrung verbüßen und ein Entlassungszeitpunkt noch nicht bestimmt ist.

(6) Ist eine Anrechnung nach Absatz 5 ausgeschlossen, erhalten die Gefangenen bei ihrer Entlassung eine Ausgleichsentschädigung. Die Höhe der Ausgleichsentschädigung beträgt 15 vom Hundert des nach Absatz 2 gewährten Arbeitsentgelts oder der ihnen nach § 41 gewährten Ausbildungsbeihilfe. Der nicht verzinsliche, nicht abtretbare und nicht vererbliche Anspruch auf Auszahlung der Ausgleichsentschädigung entsteht mit der Entlassung.

(7) Ist eine Anrechnung nach Absatz 5 Satz 2 Nummer 5 ausgeschlossen, wird die Ausgleichszahlung den Gefangenen bereits nach Verbüßung von jeweils zehn Jahren der lebenslangen Freiheitsstrafe oder Sicherungsverwahrung zum Eigengeld (§ 48) gutgeschrieben, sofern die Gefangenen nicht vor diesem Zeitpunkt entlassen werden; § 57 Absatz 4 des Strafgesetzbuchs gilt entsprechend.

§ 41 Ausbildungsbeihilfe

(1) Nehmen die Gefangenen an einer Maßnahme der beruflichen oder schulischen Aus- und Weiterbildung teil, so erhalten sie eine Ausbildungsbeihilfe, soweit ihnen keine Leistungen zum Lebensunterhalt zustehen, die freien Personen aus solchem Anlass gewährt werden. Der Nachrang der Sozialhilfe nach § 2 Absatz 2 des Zwölften Buches Sozialgesetzbuch vom 27. Dezember 2003 (BGBl. I S. 3022, 3023), zuletzt geändert am 28. Mai 2008 (BGBl. I S. 874, 891), in der jeweils geltenden Fassung wird nicht berührt.

(2) Für die Bemessung der Ausbildungsbeihilfe gilt § 40 Absatz 2 entsprechend. Die Regelungen für die Freistellung von der Arbeitspflicht nach § 39 und für die Freistellung von der Arbeit nach § 40 Absätze 3 bis 7 sind entsprechend anzuwenden.

(3) Nehmen die Gefangenen während der Arbeitszeit stunden- oder tageweise an einer Maßnahme der beruflichen oder schulischen Aus- und Weiterbildung teil, so erhalten sie in

Höhe des ihnen dadurch entgehenden Arbeitsentgelts eine Ausbildungsbeihilfe.

§ 42 Arbeitslosenversicherung

Soweit die Vollzugsbehörden Beiträge zur Bundesagentur für Arbeit zu entrichten haben – § 347 Nummer 3 des Dritten Buches Sozialgesetzbuch vom 24. März 1997 (BGBl. I S. 594, 595), zuletzt geändert am 26. August 2008 (BGBl. I S. 1728, 1730), in der jeweils geltenden Fassung –, können sie von dem Arbeitsentgelt oder der Ausbildungsbeihilfe einen Betrag einbehalten, der dem Anteil der Gefangenen am Beitrag entspräche, wenn sie diese Bezüge als Arbeitnehmer erhielten.

§ 43 Vergütungsordnung

Der Senat wird ermächtigt, durch Rechtsverordnung nähere Bestimmungen zur Vergütung nach den §§ 40 und 41 zu erlassen (Vergütungsordnung). Der Senat kann die Ermächtigung nach Satz 1 durch Rechtsverordnung auf die zuständige Behörde weiter übertragen.

Abschnitt 6
Gelder der Gefangenen

§ 44 Grundsatz

Die Gelder der Gefangenen werden auf Hausgeldkonten, Überbrückungsgeldkonten und Eigengeldkonten der Gefangenen in der Anstalt geführt. Sie dürfen nach Maßgabe der §§ 45 bis 48 verwendet werden.

§ 45 Hausgeld

(1) Das Hausgeld wird aus monatlich drei Siebenteln der in diesem Gesetz geregelten Bezüge der Gefangenen (§§ 40, 41) gebildet. Es darf für den Einkauf (§ 25) oder anderweitig verwendet werden.

(2) Für Gefangene, die in einem freien Beschäftigungsverhältnis stehen oder denen gestattet ist, sich selbst zu beschäftigen (§ 36 Absatz 1), wird aus ihren Bezügen ein angemessenes Hausgeld festgesetzt.

§ 46 Taschengeld

Den Gefangenen wird auf Antrag ein Taschengeld in Höhe von 14 vom Hundert der

Eckvergütung (§ 40 Absatz 2 Satz 3 Nummer 1) gewährt, wenn sie ohne ihr Verschulden weder Arbeitsentgelt noch Ausbildungsbeihilfe erhalten und ihnen im laufenden Monat aus Hausgeld (§ 45) und Eigengeld (§ 48) nicht ein Betrag bis zur Höhe des Taschengeldes zur Verfügung steht und sie auch im Übrigen bedürftig sind. Es wird dem Hausgeldkonto gutgeschrieben und darf für den Einkauf (§ 25) oder anderweitig verwendet werden.

§ 47 Überbrückungsgeld

(1) Das Überbrückungsgeld wird aus den in diesem Gesetz geregelten Bezügen (§§ 40, 41) und aus den Bezügen der Gefangenen gebildet, die in einem freien Beschäftigungsverhältnis stehen oder denen gestattet ist, sich selbst zu beschäftigen (§ 36 Absatz 1), soweit die Bezüge den Gefangenen nicht als Hausgeld zur Verfügung stehen und das Überbrückungsgeld noch nicht die angemessene Höhe erreicht hat. Die angemessene Höhe wird von der Aufsichtsbehörde (§ 111) festgesetzt.

(2) Das Überbrückungsgeld dient dem Lebensunterhalt der Gefangenen und ihrer Unterhaltsberechtigten für die ersten vier Wochen nach ihrer Entlassung. Es wird den Gefangenen bei der Entlassung in die Freiheit ausgezahlt. Die Anstalt kann es ganz oder zum Teil den Bewährungshelfern oder einer mit der Entlassenenbetreuung befassten Stelle überweisen, die darüber entscheiden, wie das Geld innerhalb der ersten vier Wochen nach der Entlassung an die Gefangenen ausgezahlt wird. Die Bewährungshelfer und die mit der Entlassenenbetreuung befasste Stelle sind verpflichtet, das Überbrückungsgeld von ihrem Vermögen gesondert zu halten. Mit Zustimmung der Gefangenen kann das Überbrückungsgeld auch den Unterhaltsberechtigten überwiesen werden.

(3) Die Gefangenen dürfen vor ihrer Entlassung nicht über das Überbrückungsgeld verfügen. Die Anstaltsleitung kann jedoch gestatten, dass das Überbrückungsgeld in Anspruch genommen wird

1. für notwendige Maßnahmen der Entlassungsvorbereitung, insbesondere zur Erlangung eines Arbeitsplatzes und einer Unterkunft,

2. bei Aufnahme eines freien Beschäftigungsverhältnisses oder einer Selbstbeschäftigung außerhalb der Anstalt in den ersten beiden Monaten zur Finanzierung der hierfür erforderlichen Mittel, insbesondere von Kleidung und Kosten zu benutzender Verkehrsmittel,

3. für Kosten der Krankenbehandlung nach § 60 Absätze 2 und 3,

wenn die Maßnahmen ohne die Inanspruchnahme des Überbrückungsgeldes gefährdet wären.

§ 48 Eigengeld

(1) Das Eigengeld wird gebildet

1. aus Bargeld, das den Gefangenen gehört und ihnen als Eigengeld gutzuschreiben ist,

2. aus Geldern, die für die Gefangenen eingezahlt werden, und

3. aus Bezügen der Gefangenen, die nicht als Hausgeld, Haftkostenbeitrag oder Überbrückungsgeld in Anspruch genommen werden.

(2) Hat das Überbrückungsgeld noch nicht die nach § 47 Absatz 1 bestimmte Höhe erreicht, so ist die Verfügung über das Eigengeld in Höhe des Unterschiedbetrages ausgeschlossen. § 47 Absatz 3 Satz 2 gilt entsprechend. Daneben kann die Anstaltsleitung die Inanspruchnahme von Eigengeld für den Einkauf (§ 25) im ersten Monat nach der Aufnahme gestatten.

(3) Hat das Überbrückungsgeld die nach § 47 Absatz 1 bestimmte Höhe erreicht, dürfen die Gefangenen über das Eigengeld verfügen, für den Einkauf (§ 25) jedoch nur, wenn sie ohne ihr Verschulden nicht über Haus- oder Taschengeld in ausreichendem Umfang verfügen und nur in angemessener Höhe.

(4) Wird für Gefangene Geld eingezahlt, das ausdrücklich für einen zusätzlichen Einkauf (§ 25 Absatz 2) bestimmt ist, ist es als zweckgebundenes Eigengeld gutzuschrei-

ben. Zweckgebundenes Eigengeld, das nicht oder nicht in vollem Umfang für den folgenden zusätzlichen Einkauf verwendet wird, ist in Höhe des nicht verwendeten Betrages als Eigengeld nach Absatz 1 zu behandeln.

(5) Wurde den Gefangenen Bargeld als Eigengeld gutgeschrieben, das sie unerlaubt in die Anstalt eingebracht oder einzubringen versucht haben oder das sie in der Anstalt aus anderen Gründen unerlaubt im Besitz hatten, dürfen sie über das Eigengeld in Höhe des gutgeschrieben Betrages nicht verfügen.

§ 49 Haftkostenbeitrag, Kostenbeteiligung

(1) Als Teil der Kosten der Vollstreckung der Rechtsfolgen einer Tat (§ 464a Absatz 1 Satz 2 der Strafprozessordnung) erhebt die Anstalt von den Gefangenen einen Haftkostenbeitrag. Ein Haftkostenbeitrag wird nicht erhoben, wenn die Gefangenen

1. Bezüge nach diesem Gesetz erhalten,
2. ohne ihr Verschulden nicht arbeiten können oder
3. nicht arbeiten, weil sie nicht zur Arbeit verpflichtet sind.

Haben Gefangene, die ohne ihr Verschulden während eines zusammenhängenden Zeitraumes von mehr als einem Monat nicht arbeiten können oder nicht arbeiten, weil sie nicht zur Arbeit verpflichtet sind, auf diese Zeit entfallende Einkünfte, so haben sie den Haftkostenbeitrag für diese Zeit bis zur Höhe der auf sie entfallenden Einkünfte zu entrichten. Den Gefangenen muss ein Betrag verbleiben, der der Eckvergütung (§ 40 Absatz 2 Satz 3 Nummer 1) entspricht. Von der Geltendmachung des Anspruchs ist abzusehen, soweit dies notwendig ist, um die Wiedereingliederung der Gefangenen in die Gemeinschaft nicht zu gefährden.

(2) Der Haftkostenbeitrag wird im Kalenderjahr in Höhe des Betrags erhoben, der nach § 17 Absatz 1 Satz 1 Nummer 4 des Vierten Buches Sozialgesetzbuch durchschnittlich zur Bewertung der Sachbezüge festgesetzt ist. Die Aufsichtsbehörde stellt den Durchschnittsbetrag für jedes Kalenderjahr nach den am 1. Oktober des vorhergehenden Jah-

res geltenden Bewertungen der Sachbezüge fest. Bei Selbstverpflegung entfallen die für die Verpflegung vorgesehenen Beträge. Für den Wert der Unterkunft ist die festgesetzte Belegungsfähigkeit maßgebend. Der Haftkostenbeitrag darf nicht zu Lasten des Hausgeldes und der Ansprüche unterhaltsberechtigter Angehöriger angesetzt werden.

(3) Die Gefangenen können in angemessenem Umfang an den Stromkosten beteiligt werden, die durch die Nutzung der in ihrem Besitz befindlichen Gegenstände entstehen.

Abschnitt 7
Freizeit

§ 50 Allgemeines

Die Gefangenen erhalten im Rahmen der Behandlung Gelegenheit, sich in ihrer Freizeit sinnvoll zu beschäftigen. Die Teilnahme an Lehrgängen und anderen Veranstaltungen der Weiterbildung, an Freizeitgruppen, an Gruppengesprächen sowie an sportlichen und kulturellen Veranstaltungen und die Nutzung einer Bücherei soll ermöglicht werden.

§ 51 Zeitungen und Zeitschriften

(1) Die Gefangenen dürfen auf eigene Kosten Zeitungen und Zeitschriften in angemessenem Umfang durch Vermittlung der Anstalt beziehen.

(2) Ausgeschlossen sind Zeitungen und Zeitschriften, deren Verbreitung mit Strafe oder Geldbuße bedroht ist. Einzelne Ausgaben oder Teile von Zeitungen oder Zeitschriften können den Gefangenen vorenthalten werden, wenn sie das Vollzugsziel oder die Sicherheit oder Ordnung der Anstalt erheblich gefährden würden.

§ 52 Rundfunk

(1) Die Gefangenen dürfen eigene Rundfunkgeräte unter den Voraussetzungen des § 53 besitzen, soweit ihnen nicht von der Anstalt Geräte überlassen werden. Die Betriebskosten können den Gefangenen auferlegt werden.

(2) Der Rundfunkempfang kann vorübergehend ausgesetzt oder einzelnen Gefangenen untersagt werden, wenn dies zur Aufrechterhaltung der Sicherheit oder Ordnung der Anstalt unerlässlich ist.

(3) Ein Anspruch der Gefangenen auf Teilnahme an einem durch die Anstalt vermittelten gemeinschaftlichen Rundfunkempfang besteht nicht.

§ 53 Gegenstände der Freizeitbeschäftigung

(1) Die Gefangenen dürfen in angemessenem Umfang Bücher und andere Gegenstände zur Fortbildung oder zur Freizeitbeschäftigung besitzen.

(2) Dies gilt nicht, wenn der Besitz, die Überlassung oder die Benutzung des Gegenstands das Vollzugsziel oder die Sicherheit oder Ordnung der Anstalt gefährden würde.

Abschnitt 8
Religionsausübung

§ 54 Seelsorge

(1) Den Gefangenen darf religiöse Betreuung durch Seelsorgerinnen und Seelsorger ihrer Religionsgemeinschaft nicht versagt werden. Auf ihren Wunsch ist ihnen zu helfen, mit Seelsorgerinnen oder Seelsorgern ihrer Religionsgemeinschaft in Verbindung zu treten.

(2) Die Gefangenen dürfen grundlegende religiöse Schriften besitzen. Sie dürfen ihnen nur bei grobem Missbrauch entzogen werden.

(3) Den Gefangenen sind Gegenstände des religiösen Gebrauchs in angemessenem Umfang zu belassen.

§ 55 Religiöse Veranstaltungen

(1) Die Gefangenen haben das Recht, am Gottesdienst und an anderen religiösen Veranstaltungen ihres Bekenntnisses teilzunehmen.

(2) Zu dem Gottesdienst oder zu religiösen Veranstaltungen einer anderen Religionsgemeinschaft werden die Gefangenen zugelassen, wenn die Seelsorgerinnen oder Seelsorger der anderen Religionsgemeinschaft zustimmen.

(3) Die Gefangenen können von der Teilnahme am Gottesdienst oder anderen religiösen Veranstaltungen ausgeschlossen werden, wenn dies aus überwiegenden Gründen der Sicherheit oder Ordnung geboten ist; die Seelsorgerinnen oder Seelsorger sollen vorher gehört werden.

§ 56 Weltanschauungsgemeinschaften

Für Angehörige weltanschaulicher Bekenntnisse gelten §§ 54 und 55 entsprechend.

Abschnitt 9
Gesundheitsfürsorge

§ 57 Gesundheitsuntersuchungen, Vorsorgeleistungen

(1) Die Gefangenen haben Anspruch auf Gesundheitsuntersuchungen und medizinische Vorsorgeleistungen.

(2) Weibliche Gefangene haben für ihre Kinder, die mit ihnen in der Anstalt untergebracht sind, Anspruch auf Untersuchungen zur Früherkennung von Krankheiten, die die körperliche oder geistige Entwicklung ihrer Kinder gefährden.

(3) Gefangene können sich zur Verhütung von Zahnerkrankungen einmal pro Kalenderjahr zahnärztlich untersuchen lassen.

§ 58 Krankenbehandlung

Gefangene haben Anspruch auf Krankenbehandlung. Die Krankenbehandlung umfasst

1. ärztliche Behandlung einschließlich Psychotherapie als ärztliche oder psychologische Behandlung,

2. zahnärztliche Behandlung,

3. Versorgung mit Zahnersatz einschließlich Zahnkronen und Suprakonstruktionen,

4. Versorgung mit Arznei-, Verband-, Heil- und Hilfsmitteln,

5. Krankenhausbehandlung,

6. Leistungen zur medizinischen Rehabilitation und ergänzende Leistungen, soweit Belange des Vollzugs dem nicht entgegenstehen.

§ 59 Versorgung mit Hilfsmitteln

Gefangene haben Anspruch auf Versorgung mit Seh- und Hörhilfen, Körperersatzstücken, orthopädischen und anderen Hilfsmitteln, sofern dies nicht mit Rücksicht auf die Kürze des verbleibenden Freiheitsentzugs ungerechtfertigt ist. Der Anspruch umfasst auch die notwendige Änderung, Instandsetzung und Ersatzbeschaffung von Hilfsmitteln sowie die Ausbildung in ihrem Gebrauch, soweit Belange des Vollzuges dem nicht entgegenstehen.

§ 60 Art und Umfang der Leistungen, Kostenbeteiligung

(1) Art und Umfang der Gesundheitsuntersuchungen und medizinischen Vorsorgeleistungen (§ 57), der Leistungen zur Krankenbehandlung (§ 58) und der Versorgung mit Hilfsmitteln (§ 59) entsprechen den Leistungen nach den Vorschriften des Sozialgesetzbuches und den auf Grund dieser Vorschriften getroffenen Regelungen.

(2) An den Kosten für Leistungen nach den §§ 57 bis 59 können die Gefangenen in angemessenem Umfang beteiligt werden, höchstens jedoch bis zum Umfang der Beteiligung vergleichbarer gesetzlich Versicherter.

(3) Für Leistungen, die nach Art oder Umfang über das in Absatz 1 genannte Maß hinausgehen, können den Gefangenen die gesamten Kosten auferlegt werden.

§ 61 Behandlung aus besonderem Anlass

Mit Zustimmung der Gefangenen soll die Anstalt ärztliche Behandlungen, insbesondere Operationen oder prothetische Maßnahmen durchführen lassen, die ihre soziale Eingliederung fördern. Die Kosten tragen die Gefangenen. Sind sie dazu nicht in der Lage, kann die Anstalt sie in begründeten Fällen in angemessenem Umfang übernehmen.

§ 62 Aufenthalt im Freien

Den Gefangenen wird ermöglicht, sich täglich mindestens eine Stunde im Freien aufzuhalten, wenn die Witterung dies zulässt.

§ 63 Überstellung, Verlegung zum Zweck der Behandlung

(1) Kranke Gefangene können in das Zentralkrankenhaus der Untersuchungshaftanstalt überstellt oder in eine für die Behandlung ihrer Krankheit besser geeignete Anstalt verlegt werden.

(2) Kann die Krankheit der Gefangenen in einer Anstalt oder im Zentralkrankenhaus der Untersuchungshaftanstalt nicht erkannt oder behandelt werden oder ist es nicht möglich, die Gefangenen rechtzeitig in das Zentralkrankenhaus zu überstellen, sind sie in ein Krankenhaus außerhalb des Vollzuges zu bringen.

(3) Wird während des Aufenthaltes der Gefangenen in einem Krankenhaus außerhalb des Vollzuges während der Strafvollstreckung unterbrochen, so tragen die Vollzugsbehörden die bis zum Beginn der Strafunterbrechung angefallenen Kosten.

§ 64 Freistellung von der Haft bei Todesnähe

Kranke Gefangene, bei denen auf Grund ihrer Krankheit in Kürze mit dem Tod gerechnet werden muss, können bis zur Entscheidung über einen Strafausstand von der Haft freigestellt werden, wenn nicht zu befürchten ist, dass sie die Freistellung von der Haft zu Straftaten von erheblicher Bedeutung missbrauchen werden. § 12 Absätze 3 und 4 gilt entsprechend.

§ 65 Behandlung während Lockerungen, freies Beschäftigungsverhältnis

(1) Während einer Freistellung von der Haft oder eines Ausgangs haben die Gefangenen gegen die Vollzugsbehörden nur einen Anspruch auf Krankenbehandlung in den für sie zuständigen Anstalten.

(2) Der Anspruch auf Leistungen nach den §§ 57 bis 59 ruht, solange die Gefangenen auf Grund eines freien Beschäftigungsverhältnisses (§ 36 Absatz 1) krankenversichert sind.

§ 66 Schwangerschaft und Mutterschaft

(1) Weibliche Gefangene haben während der Schwangerschaft sowie bei und nach der Entbindung Anspruch auf ärztliche Betreuung und auf Hebammenhilfe in der Anstalt sowie auf die notwendigen Arznei-, Verband- und Heilmittel. Zur ärztlichen Betreuung gehören insbesondere Untersuchungen zur Feststellung der Schwangerschaft sowie Vorsorgeuntersuchungen einschließlich der laborärztlichen Untersuchungen.

(2) Zur Entbindung sind weibliche Gefangene in ein Krankenhaus außerhalb des Vollzuges zu bringen. Ist dies aus besonderen Gründen nicht angezeigt, so ist die Entbindung im Zentralkrankenhaus der Untersuchungshaftanstalt vorzunehmen.

(3) § 60 Absatz 1 und §§ 63 und 65 gelten entsprechend.

(4) In der Anzeige einer Geburt an das Standesamt dürfen die Anstalt als Geburtsstätte des Kindes, das Verhältnis der Anzeigenden zur Anstalt und die Inhaftierung der Mutter nicht vermerkt sein.

§ 67 Benachrichtigung bei Erkrankung oder Todesfall

(1) Erkranken Gefangene schwer oder versterben sie, so sind ihre Angehörigen oder die gesetzlichen Vertreter unverzüglich zu benachrichtigen.

(2) Dem Wunsch von Gefangenen, auch andere Personen zu benachrichtigen, soll nach Möglichkeit entsprochen werden.

(3) Beim Tod ausländischer Staatsangehöriger ist die zuständige Auslandsvertretung zu verständigen.

Abschnitt 10
Sicherheit und Ordnung

§ 68 Grundsatz, Verhaltensregelungen

(1) Die Pflichten und Beschränkungen, die den Gefangenen zur Aufrechterhaltung der Sicherheit und Ordnung der Anstalt auferlegt werden, sind so zu wählen, dass sie in einem angemessenen Verhältnis zu ihrem Zweck

stehen und die Gefangenen nicht mehr und nicht länger als notwendig beeinträchtigen.

(2) Die Gefangenen sind verpflichtet,

1. die Tageseinteilung der Anstalt (Arbeitszeit, Freizeit, Ruhezeit) zu beachten,

2. durch ihr Verhalten gegenüber anderen Personen, insbesondere gegenüber Vollzugsbediensteten und anderen Gefangenen, nicht das geordnete Zusammenleben zu stören,

3. Anordnungen der Bediensteten zu befolgen, auch wenn sie sich beschwert fühlen,

4. den ihnen zugewiesenen Bereich nicht ohne Erlaubnis zu verlassen,

5. ihren Haftraum und die ihnen von der Anstalt überlassenen Sachen in Ordnung zu halten und schonend zu behandeln,

6. Umstände, die eine Gefahr für das Leben oder eine erhebliche Gefahr für die Gesundheit einer Person bedeuten, unverzüglich zu melden.

§ 69 Persönlicher Gewahrsam

(1) Die Gefangenen dürfen nur Sachen in Gewahrsam haben, die ihnen von der Anstalt oder mit ihrer Zustimmung überlassen werden. Sie dürfen Sachen weder an andere Gefangene abgeben noch von anderen Gefangenen annehmen, es sei denn, es handelt sich um Sachen von offensichtlich geringem Wert. Die Anstalt kann die Abgabe, die Annahme und den Gewahrsam auch dieser Sachen von ihrer Zustimmung abhängig machen.

(2) Eingebrachte Sachen, die die Gefangenen nicht in Gewahrsam haben dürfen, sind für sie aufzubewahren, sofern dies nach Art und Umfang möglich ist. Den Gefangenen wird Gelegenheit gegeben, ihre Sachen, die sie während des Vollzugs und für ihre Entlassung nicht benötigen, abzusenden.

(3) Weigern sich Gefangene, eingebrachtes Gut, dessen Aufbewahrung nach Art und Umfang nicht möglich ist, aus der Anstalt zu verbringen, so ist die Anstalt berechtigt, diese Gegenstände auf Kosten der Gefangenen aus der Anstalt entfernen zu lassen.

(4) Aufzeichnungen und andere Gegenstände, die Kenntnisse über Sicherungsvorkeh-

rungen der Anstalt vermitteln, dürfen von der Anstalt vernichtet oder unbrauchbar gemacht werden.

§ 70 Durchsuchung

(1) Zur Aufrechterhaltung der Sicherheit und Ordnung der Anstalt dürfen Gefangene, ihre Sachen und die Hafträume jederzeit durchsucht werden, die Sachen und die Hafträume auch in Abwesenheit der Gefangenen. Zur Unterstützung der Durchsuchung dürfen technische Mittel eingesetzt werden, bei der Durchsuchung der Sachen und Hafträume auch Spürhunde. Die Durchsuchung männlicher Gefangener darf nur von Männern, die Durchsuchung weiblicher Gefangener darf nur von Frauen vorgenommen werden. Das Schamgefühl ist zu schonen.

(2) Bei Gefahr im Verzug oder auf Anordnung der Anstaltsleitung im Einzelfall ist eine mit einer Entkleidung verbundene körperliche Durchsuchung zulässig. Sie darf bei männlichen Gefangenen nur in Gegenwart von Männern, bei weiblichen Gefangenen nur in Gegenwart von Frauen erfolgen und ist in einem geschlossenen Raum durchzuführen. Andere Gefangene dürfen nicht anwesend sein.

(3) Die Anstaltsleitung kann allgemein anordnen, dass Gefangene bei der Aufnahme, nach Kontakten mit Besucherinnen und Besuchern und nach jeder Abwesenheit von ihrer Unterkunft in der Anstalt nach Absatz 2 zu durchsuchen sind.

§ 71 Erkennungsdienstliche Maßnahmen

(1) Zur Sicherung des Vollzuges, zur Aufrechterhaltung der Sicherheit oder Ordnung der Anstalt oder zur Identitätsfeststellung sind mit Kenntnis der Gefangenen zulässig

1. die Aufnahme von Lichtbildern,

2. die Erfassung biometrischer Merkmale von Fingern, Händen, Gesicht und Stimme,

3. die Feststellung äußerlicher körperlicher Merkmale,

4. Körpermessungen.

(2) Die gewonnenen Unterlagen und Daten werden zu den Gefangenenpersonalakten genommen oder in personenbezogenen Dateien gespeichert. Sie können auch in kriminalpolizeilichen Sammlungen verwahrt werden. Sie dürfen nur für die in Absatz 1, in § 73 Absatz 2 und in § 120 Absatz 2 Nummer 4 sowie Absatz 4 Satz 1 Nummer 1 fünfte Alternative und Satz 2 Nummer 2 genannten Zwecke verarbeitet werden.

(3) Die in Dateien gespeicherten personenbezogenen Daten sind spätestens drei Jahre nach der Entlassung oder Verlegung der Gefangenen in eine andere Anstalt zu löschen.

§ 72 Feststellung von Betäubungsmittelmissbrauch

(1) Zur Aufrechterhaltung der Sicherheit oder Ordnung der Anstalt kann die Anstaltsleitung bei Gefangenen, bei denen der konkrete Verdacht des Betäubungsmittelmissbrauchs besteht, allgemein oder im Einzelfall Maßnahmen anordnen, die geeignet sind, den Missbrauch von Betäubungsmitteln festzustellen. Die Maßnahmen dürfen nicht mit einem körperlichen Eingriff verbunden sein.

(2) Wird Betäubungsmittelmissbrauch festgestellt, können die Kosten der Maßnahme den Gefangenen auferlegt werden.

§ 73 Festnahmerecht

(1) Gefangene, die entwichen sind oder sich sonst ohne Erlaubnis außerhalb der Anstalt aufhalten, können durch die Anstalt oder auf ihre Veranlassung hin festgenommen und in die Anstalt zurückgebracht werden.

(2) Die nach diesem Gesetz erhobenen Daten dürfen den Vollstreckungs- und Strafverfolgungsbehörden übermittelt werden, soweit dies für Zwecke der Fahndung und Festnahme der entwichenen oder sich sonst ohne Erlaubnis außerhalb der Anstalt aufhaltenden Gefangenen erforderlich ist.

§ 74 Besondere Sicherungsmaßnahmen

(1) Gegen Gefangene können besondere Sicherungsmaßnahmen angeordnet werden, wenn nach ihrem Verhalten oder auf Grund ihres seelischen Zustandes in erhöhtem Maß Fluchtgefahr oder die Gefahr von Gewalttätigkeiten gegen Personen oder Sachen oder

die Gefahr der Selbsttötung oder der Selbstverletzung besteht.

(2) Als besondere Sicherungsmaßnahmen sind zulässig:

1. der Entzug oder die Vorenthaltung von Gegenständen,

2. die Beobachtung der Gefangenen, in besonderen Hafträumen auch mit technischen Hilfsmitteln, insbesondere auch durch den Einsatz von optisch-elektronischen Einrichtungen (§ 119),

3. die Absonderung von anderen Gefangenen,

4. der Entzug oder die Beschränkung des Aufenthalts im Freien,

5. die Unterbringung in einem besonders gesicherten Haftraum ohne gefährdende Gegenstände und

6. die Fesselung.

Eine Fesselung nach Satz 1 Nummer 6 von nach § 70 Absatz 2 entkleideten Gefangenen darf nur erfolgen, wenn und solange dies unerlässlich ist. In diesen Fällen sind besondere Maßnahmen zur Schonung des Schamgefühls zu treffen, soweit dies möglich ist.

(3) Die unausgesetzte Absonderung Gefangener (Einzelhaft) ist nur zulässig, wenn sie aus den Gründen des Absatzes 1 unerlässlich ist. Einzelhaft von mehr als drei Monaten Gesamtdauer in einem Jahr bedarf der Zustimmung der Aufsichtsbehörde. Diese Frist wird nicht dadurch unterbrochen, dass die Gefangenen am Gottesdienst oder an der Freistunde teilnehmen. Während des Vollzuges der Einzelhaft sind die Gefangenen in besonderem Maße zu betreuen.

(4) Maßnahmen nach Absatz 2 Satz 1 Nummern 1 und 3 bis 5 sind auch zulässig, wenn die Gefahr einer Befreiung oder eine erhebliche Störung der Anstaltsordnung anders nicht vermieden oder behoben werden kann.

(5) Bei einer Ausführung, Vorführung oder beim Transport ist die Fesselung auch zulässig, wenn zu befürchten ist, dass sich die Gefangenen dem Vollzug entziehen werden (einfache Fluchtgefahr).

(6) Fesseln dürfen in der Regel nur an den Händen oder an den Füßen angelegt werden. Im Interesse der Gefangenen kann die Anstaltsleitung eine andere Art der Fesselung anordnen.

§ 75 Anordnungsbefugnis, Verfahren

(1) Besondere Sicherungsmaßnahmen ordnet die Anstaltsleitung an. Bei Gefahr im Verzug können auch andere Bedienstete der Anstalt diese Maßnahmen vorläufig anordnen. Die Entscheidung der Anstaltsleitung ist unverzüglich einzuholen.

(2) Die Entscheidung wird den Gefangenen von der Anstaltsleitung mündlich eröffnet und mit einer kurzen Begründung schriftlich abgefasst.

(3) Besondere Sicherungsmaßnahmen sind in angemessenen Abständen daraufhin zu überprüfen, ob und in welchem Umfang sie aufrechterhalten werden müssen.

(4) Besondere Sicherungsmaßnahmen nach § 74 Absatz 2 Satz 1 Nummern 5 und 6 sind der Aufsichtsbehörde unverzüglich mitzuteilen, wenn sie länger als drei Tage aufrechterhalten werden.

§ 76 Ärztliche Überwachung besonderer Sicherungsmaßnahmen

(1) Werden Gefangene ärztlich behandelt oder beobachtet oder bildet ihr seelischer Zustand den Anlass für die Anordnung einer besonderen Sicherungsmaßnahme, ist vorher eine ärztliche Stellungnahme einzuholen. Ist dies wegen Gefahr im Verzug nicht möglich, wird die Stellungnahme unverzüglich nachträglich eingeholt.

(2) Sind Gefangene in einem besonders gesicherten Haftraum untergebracht oder nach § 74 Absatz 2 Satz 1 Nummer 6 gefesselt, so sucht die Anstaltsärztin oder der Anstaltsarzt sie unverzüglich und sodann täglich auf.

(3) Die Ärztin oder der Arzt sind regelmäßig zu hören, solange den Gefangenen der tägliche Aufenthalt im Freien entzogen wird oder Einzelhaft (§ 74 Absatz 3) andauert.

§ 77 Ersatz von Aufwendungen

(1) Die Gefangenen sind verpflichtet, der Anstalt Aufwendungen zu ersetzen, die sie durch eine vorsätzliche oder grob fahrlässige Selbstverletzung oder Verletzung anderer Gefangener verursacht haben. Ansprüche aus sonstigen Rechtsvorschriften bleiben unberührt.

(2) Bei der Geltendmachung dieser Forderungen kann auch ein den dreifachen Tagessatz der Eckvergütung, nach § 40 Absatz 2 Satz 3 Nummer 1 übersteigender Teil des Hausgeldes in Anspruch genommen werden.

(3) Von der Aufrechnung oder Vollstreckung wegen der in Absatz 1 genannten Forderungen ist abzusehen, soweit hierdurch die Behandlung der Gefangenen oder ihre Eingliederung behindert würde.

Abschnitt 11
Unmittelbarer Zwang

§ 78 Begriffsbestimmungen

(1) Unmittelbarer Zwang ist die Einwirkung auf Personen oder Sachen durch körperliche Gewalt, ihre Hilfsmittel und durch Waffen.

(2) Körperliche Gewalt ist jede unmittelbare körperliche Einwirkung auf Personen oder Sachen.

(3) Hilfsmittel der körperlichen Gewalt sind insbesondere Fesseln.

(4) Waffen sind die dienstlich zugelassenen Hieb- und Schusswaffen sowie Reizstoffe.

§ 79 Voraussetzungen

(1) Bedienstete des Vollzuges dürfen unmittelbaren Zwang anwenden, wenn sie Vollzugs- und Sicherungsmaßnahmen rechtmäßig durchführen und der damit verfolgte Zweck auf andere Weise nicht erreicht werden kann.

(2) Gegen andere Personen als Gefangene darf unmittelbarer Zwang angewendet werden, wenn sie es unternehmen, Gefangene zu befreien oder in den Anstaltsbereich widerrechtlich einzudringen, oder wenn sie sich unbefugt darin aufhalten.

(3) Das Recht zu unmittelbarem Zwang auf Grund anderer Regelungen bleibt unberührt.

§ 80 Grundsatz der Verhältnismäßigkeit

(1) Unter mehreren möglichen und geeigneten Maßnahmen des unmittelbaren Zwangs sind diejenigen zu wählen, die die einzelne Person und die Allgemeinheit voraussichtlich am wenigsten beeinträchtigen.

(2) Unmittelbarer Zwang unterbleibt, wenn ein durch ihn zu erwartender Schaden erkennbar außer Verhältnis zu dem angestrebten Erfolg steht.

§ 81 Handeln auf Anordnung

(1) Wird unmittelbarer Zwang von Vorgesetzten oder sonst befugten Personen angeordnet, sind die Bediensteten verpflichtet, die Anordnung zu befolgen, es sei denn, sie verletzt die Menschenwürde oder ist nicht zu dienstlichen Zwecken erteilt worden.

(2) Die Anordnung darf nicht befolgt werden, wenn dadurch eine Straftat begangen würde. Befolgen die Bediensteten sie trotzdem, trifft sie eine Schuld nur, wenn sie erkennen oder wenn es nach den ihnen bekannten Umständen offensichtlich ist; dass dadurch eine Straftat begangen wird.

(3) Bedenken gegen die Rechtmäßigkeit der Anordnung haben die Bediensteten den Anordnenden gegenüber vorzubringen, soweit das nach den Umständen möglich ist. Abweichende Vorschriften des allgemeinen Beamtenrechts über die Mitteilung solcher Bedenken an Vorgesetzte sind nicht anzuwenden.

§ 82 Androhung

Unmittelbarer Zwang ist vorher anzudrohen. Die Androhung darf nur unterbleiben, wenn die Umstände sie nicht zulassen oder unmittelbarer Zwang sofort angewendet werden muss, um eine rechtswidrige Tat zu verhindern, die den Tatbestand eines Strafgesetzes erfüllt, oder eine gegenwärtige Gefahr abzuwenden.

§ 83 Vorschriften für den Schusswaffen-gebrauch

(1) Schusswaffen dürfen nur gebraucht werden, wenn andere Maßnahmen des unmittelbaren Zwangs bereits erfolglos waren oder keinen Erfolg versprechen. Gegen Personen ist ihr Gebrauch nur zulässig, wenn der Zweck nicht durch Waffenwirkung gegen Sachen erreicht wird.

(2) Schusswaffen dürfen nur die dazu bestimmten Bediensteten gebrauchen und nur, um angriffs- oder fluchtunfähig zu machen. Ihr Gebrauch unterbleibt, wenn erkennbar Unbeteiligte mit hoher Wahrscheinlichkeit gefährdet würden.

(3) Gegen Gefangene dürfen Schusswaffen gebraucht werden,

1. wenn sie eine Waffe oder ein anderes gefährliches Werkzeug trotz wiederholter Aufforderung nicht ablegen,

2. wenn sie eine Meuterei (§ 121 des Strafgesetzbuchs) unternehmen,

3. um ihre Flucht zu vereiteln oder um sie wieder zu ergreifen.

Um die Flucht aus dem offenen Vollzug zu vereiteln, dürfen Schusswaffen nicht gebraucht werden.

(4) Gegen andere Personen dürfen Schusswaffen gebraucht werden, wenn sie es unternehmen, Gefangene gewaltsam zu befreien oder gewaltsam in eine Anstalt einzudringen.

(5) Als Androhung (§ 82) des Gebrauchs von Schusswaffen gilt auch ein Warnschuss. Ohne Androhung dürfen Schusswaffen nur gebraucht werden, wenn das zur Abwehr einer gegenwärtigen Gefahr für Leib oder Leben erforderlich ist.

§ 84 Zwangsmaßnahmen auf dem Gebiet der Gesundheitsfürsorge

(1) Medizinische Untersuchung und Behandlung einschließlich einer hierfür erforderlichen Ausführung sowie Ernährung sind zwangsweise nur bei Lebensgefahr, bei schwerwiegender Gefahr für die Gesundheit der Gefangenen oder bei Gefahr für die Gesundheit anderer Personen zulässig. Die

Maßnahmen müssen für die Beteiligten zumutbar und dürfen nicht mit erheblicher Gefahr für Leben oder Gesundheit der Gefangenen verbunden sein. Zur Durchführung der Maßnahmen ist die Anstalt nicht verpflichtet, solange von einer freien Willensbestimmung der Gefangenen ausgegangen werden kann.

(2) Zum Gesundheitsschutz und zur Hygiene ist die zwangsweise körperliche Untersuchung außer im Falle des Absatzes 1 zulässig, wenn sie nicht mit einem körperlichen Eingriff verbunden ist.

(3) Die Maßnahmen dürfen nur auf Anordnung und unter Leitung einer Ärztin oder eines Arztes durchgeführt werden, unbeschadet der Leistung erster Hilfe für den Fall, dass eine Ärztin oder ein Arzt nicht rechtzeitig erreichbar und mit einem Aufschub Lebensgefahr verbunden ist.

Abschnitt 12
Pflichtwidrigkeiten der Gefangenen

§ 85 Disziplinarmaßnahmen

Verstoßen Gefangene rechtswidrig und schuldhaft gegen Pflichten, die ihnen durch dieses Gesetz oder auf Grund dieses Gesetzes auferlegt sind, kann die Anstaltsleitung Disziplinarmaßnahmen anordnen, es sei denn, es genügt, die Gefangenen zu verwarnen. Satz 1 gilt nicht für Verstöße gegen die Mitwirkungspflichten der Gefangenen nach § 5 Absatz 1.

§ 86 Arten der Disziplinarmaßnahmen

(1) Die zulässigen Disziplinarmaßnahmen sind:

1. Verweis,

2. die Beschränkung oder der Entzug der Verfügung über das Hausgeld und des Einkaufs bis zu drei Monaten,

3. die Beschränkung oder der Entzug des Rundfunkempfangs bis zu drei Monaten,

4. die Beschränkung oder der Entzug der Gegenstände für eine Beschäftigung in der Freizeit mit Ausnahme des Lesestoffs oder die Beschränkung oder der Entzug der

Teilnahme an gemeinschaftlichen Veranstaltungen bis zu drei Monaten,

5. die getrennte Unterbringung während der Freizeit bis zu vier Wochen,

6. der Entzug der zugewiesenen Arbeit oder Beschäftigung bis zu vier Wochen unter Wegfall der in diesem Gesetz geregelten Bezüge,

7. Arrest bis zu vier Wochen.

(2) Arrest darf nur wegen schwerer oder mehrfach wiederholter Verfehlungen verhängt werden.

(3) Mehrere Disziplinarmaßnahmen können miteinander verbunden werden.

(4) Disziplinarmaßnahmen sind unabhängig von der Einleitung eines Straf- oder Bußgeldverfahrens wegen desselben Sachverhalts zulässig.

§ 87 Vollzug der Disziplinarmaßnahmen, Aussetzung zur Bewährung

(1) Disziplinarmaßnahmen werden in der Regel sofort vollzogen.

(2) Der Vollzug einer Disziplinarmaßnahme kann ganz oder teilweise bis zu sechs Monaten zur Bewährung ausgesetzt werden.

(3) Wird die Verfügung über das Hausgeld beschränkt oder entzogen, ist das in dieser Zeit anfallende Hausgeld dem Überbrückungsgeld gutzuschreiben. Die Festsetzung des Überbrückungsgeldes nach § 47 Absatz 1 Satz 2 ist entsprechend anzupassen.

(4) Arrest wird in Einzelhaft vollzogen. Die Gefangenen können in einem besonderen Arrestraum untergebracht werden, der den Anforderungen entsprechen muss, die an einen zum Aufenthalt bei Tag und Nacht bestimmten Haftraum gestellt werden. Soweit nichts anderes angeordnet wird, ruhen die Befugnisse der Gefangenen aus § 22, § 23 Absatz 1, §§ 25, 34 bis 36 und 51 bis 53.

§ 88 Anordnungsbefugnis

(1) Disziplinarmaßnahmen ordnet die Anstaltsleitung an. Bei einer Pflichtwidrigkeit während eines Transports in eine andere Anstalt ist die Leitung der Bestimmungsanstalt zuständig. Ist die Durchführung des Diszipli-

narverfahrens dort nicht möglich, liegt die Disziplinarbefugnis bei der Leitung der Stammanstalt.

(2) Die Aufsichtsbehörde entscheidet, wenn sich die Pflichtwidrigkeit der Gefangenen gegen die Anstaltsleitung richtet.

(3) Disziplinarmaßnahmen, die gegen Gefangene in einer anderen Anstalt oder während einer Untersuchungshaft angeordnet worden sind, werden auf Ersuchen vollzogen. § 87 Absatz 2 bleibt unberührt.

§ 89 Verfahren

(1) Der Sachverhalt ist umfassend zu klären. Die Gefangenen werden vor ihrer Anhörung über den Inhalt der ihnen zur Last gelegten Pflichtwidrigkeit und über ihr Recht, sich nicht zur Sache zu äußern, belehrt. Die Erhebungen, insbesondere die Ergebnisse der Anhörungen der Gefangenen und anderer Befragter, werden schriftlich festgehalten.

(2) Bei schweren Verstößen soll die Anstaltsleitung sich vor der Entscheidung mit Personen besprechen, die bei der Behandlung der Gefangenen mitwirken.

(3) Die Entscheidung wird den Gefangenen von der Anstaltsleitung mündlich eröffnet und mit einer kurzen Begründung schriftlich abgefasst.

§ 90 Ärztliche Mitwirkung

(1) Vor dem Vollzug von Disziplinarmaßnahmen nach § 86 Absatz 1 Nummern 2 bis 7, die gegen Gefangene in ärztlicher Behandlung oder gegen Schwangere oder stillende Mütter angeordnet wurden, ist die Ärztin oder der Arzt zu hören. Während des Arrestes stehen die Gefangenen unter ärztlicher Aufsicht.

(2) Der Vollzug der Disziplinarmaßnahme unterbleibt oder wird unterbrochen, wenn die Gesundheit der Gefangenen gefährdet würde.

Abschnitt 13
Verfahrensregelungen

§ 91 Beschwerderecht

(1) Die Gefangenen erhalten Gelegenheit, sich mit Wünschen, Anregungen und Be-

schwerden in Angelegenheiten, die sie selbst betreffen, schriftlich und mündlich an die Anstaltsleitung zu wenden. Regelmäßige Sprechstunden sind einzurichten.

(2) Die Abwicklung der Sprechstunden nach Absatz 1 Satz 2 kann in Anstalten, die wegen ihrer Größe in Teilanstalten oder in mehrere eigenständige Hafthäuser gegliedert sind, auf die Leitung der Teilanstalten oder die Leitung der Hafthäuser übertragen werden.

(3) Besichtigt ein Vertreter oder eine Vertreterin der Aufsichtsbehörde die Anstalt, so ist zu gewährleisten, dass die Gefangenen sich in Angelegenheiten, die sie selbst betreffen, an sie wenden können.

(4) Die Möglichkeit der Dienstaufsichtsbeschwerde bleibt unberührt.

§ 92 Anordnung, Aufhebung vollzuglicher Maßnahmen

(1) Die Anstaltsleitung kann Maßnahmen zur Regelung allgemeiner Angelegenheiten der baulichen, personellen, organisatorischen und konzeptionellen Gestaltung des Vollzuges anordnen oder mit Wirkung für die Zukunft ändern, wenn neue strukturelle oder organisatorische Entwicklungen des Vollzuges, neue Anforderungen an die (instrumentelle, administrative oder soziale) Anstaltssicherheit oder neue wissenschaftliche Erkenntnisse dies aus Gründen der Behandlung, der Aufrechterhaltung der Sicherheit oder zur Abwendung einer schwerwiegenden Störung der Ordnung der Anstalt erforderlich machen.

(2) Die Anstaltsleitung kann rechtmäßige Maßnahmen zur Regelung einzelner Angelegenheiten auf dem Gebiete des Strafvollzuges ganz oder teilweise mit Wirkung für die Zukunft widerrufen, wenn

1. sie auf Grund nachträglich eingetretener oder bekannt gewordener Umstände berechtigt wäre, die Maßnahme zu versagen,

2. sie auf Grund einer geänderten Rechtsvorschrift berechtigt wäre, die Maßnahme zu versagen und ohne den Widerruf das öffentliche Interesse gefährdet würde,

3. die Gefangenen die Maßnahme missbrauchen oder

4. die Gefangenen Weisungen nach § 12 Absatz 4 nicht nachkommen.

(3) Die Anstaltsleitung kann Maßnahmen zur Regelung einzelner Angelegenheiten auf dem Gebiete des Strafvollzuges ganz oder teilweise mit Wirkung für die Zukunft zurücknehmen, wenn die Voraussetzungen für ihre Bewilligung nicht vorgelegen haben.

Teil 3
Vollzug der Sicherungsverwahrung

§ 93 Ziel der Unterbringung

Sicherungsverwahrte werden zum Schutz der Allgemeinheit sicher untergebracht. Ihnen soll geholfen werden, sich in das Leben in Freiheit einzugliedern.

§ 94 Rechtsgrundlagen des Vollzuges

Für die Sicherungsverwahrung gelten die Vorschriften über den Vollzug der Freiheitsstrafe entsprechend, soweit im Folgenden nichts anderes bestimmt ist.

§ 95 Ausstattung

Die Ausstattung der Abteilungen für Sicherungsverwahrte und besondere Maßnahmen zur Förderung und Betreuung sollen den Untergebrachten helfen, ihr Leben in der Anstalt sinnvoll zu gestalten, und sie vor Schäden eines langen Freiheitsentzugs bewahren. Ihren persönlichen Bedürfnissen ist nach Möglichkeit Rechnung zu tragen.

§ 96 Kleidung

Die Untergebrachten dürfen eigene Kleidung, Wäsche und eigenes Bettzeug benutzen, wenn Gründe der Sicherheit nicht entgegenstehen und die Untergebrachten für Reinigung, Instandsetzung und regelmäßigen Wechsel auf eigene Kosten sorgen.

§ 97 Selbstbeschäftigung, Taschengeld

(1) Den Untergebrachten wird gestattet, sich gegen Entgelt selbst zu beschäftigen, wenn dies dem Ziel dient, Fähigkeiten für eine Er-

werbstätigkeit nach der Entlassung zu vermitteln, zu erhalten oder zu fördern.

(2) Das Taschengeld (§ 46) darf den dreifachen Tagessatz der Eckvergütung nach § 40 Absatz 2 Satz 3 Nummer 1 im Monat nicht unterschreiten.

Teil 4
Vollzugsbehörden

Abschnitt 1
Arten und Einrichtungen der Justizvollzugsanstalten

§ 98　Justizvollzugsanstalten, Trennungsgrundsätze

(1) Die in § 1 genannten Freiheitsentziehungen werden in Justizvollzugsanstalten (Anstalten) der Freien und Hansestadt Hamburg vollzogen.

(2) Freiheitsstrafe und Jugendstrafe werden in getrennten Anstalten vollzogen.

(3) Frauen und Männer werden in der Regel in getrennten Anstalten oder Abteilungen untergebracht.

(4) Sicherungsverwahrung wird in einer getrennten Abteilung vollzogen, es sei denn, die Untergebrachten stimmen einer anderen Unterbringung zu.

(5) Von der getrennten Unterbringung nach den Absätzen 3 und 4 darf abgewichen werden, um die Teilnahme an Behandlungsmaßnahmen in einer anderen Anstalt oder in einer anderen Abteilung zu ermöglichen.

§ 99　Differenzierung

(1) Es sind Haftplätze in verschiedenen Anstalten oder Abteilungen vorzusehen, die den Sicherheitserfordernissen Rechnung tragen und eine auf die Bedürfnisse des Einzelnen abgestellte Behandlung gewährleisten. Die Gliederung der Anstalten soll die Unterbringung der Gefangenen in überschaubaren Betreuungs- und Behandlungsgruppen ermöglichen.

(2) Für den Vollzug nach § 10 (Sozialtherapie) sind eigenständige Anstalten oder getrennte Abteilungen (sozialtherapeutische Einrichtung) vorzusehen.

(3) Anstalten des geschlossenen Vollzugs sehen eine sichere Unterbringung der Gefangenen vor, Anstalten oder Abteilungen des offenen Vollzugs nur verminderte Vorkehrungen gegen Entweichungen.

§ 100　Mütter mit Kindern

In Anstalten oder Abteilungen für Frauen sollen Einrichtungen vorgesehen werden, in denen Mütter mit ihren Kindern untergebracht werden können.

§ 101　Größe und Gestaltung der Räume

Räume für den Aufenthalt während der Ruhe- und Freizeit sowie Gemeinschafts- und Besuchsräume sind wohnlich oder sonst ihrem Zweck entsprechend auszugestalten. Sie müssen hinreichend Luftinhalt haben und für eine gesunde Lebensführung ausreichend mit Heizung und Lüftung, Boden- und Fensterfläche ausgestattet sein.

§ 102　Festsetzung der Belegungsfähigkeit

Die Aufsichtsbehörde setzt die Belegungsfähigkeit für jede Anstalt so fest, dass eine angemessene Unterbringung während der Ruhezeit (§ 20) gewährleistet ist. Dabei ist zu berücksichtigen, dass eine ausreichende Anzahl von Plätzen für Arbeit, Ausbildung und Weiterbildung sowie von Räumen für Seelsorge, Freizeit, Sport, therapeutische Maßnahmen und Besuche zur Verfügung steht.

§ 103　Verbot der Überbelegung

(1) Hafträume dürfen nicht mit mehr Personen als zugelassen belegt werden.

(2) Ausnahmen hiervon sind nur vorübergehend und nur mit Zustimmung der Aufsichtsbehörde zulässig.

Abschnitt 2
Organisation der Justizvollzugsanstalten

§ 104　Anstaltsleitung

(1) Die Aufsichtsbehörde bestellt für jede Anstalt eine Beamtin oder einen Beamten des

höheren Dienstes zur hauptamtlichen Leiterin oder zum hauptamtlichen Leiter. Aus besonderen Gründen kann eine Anstalt auch von einer Beamtin oder einem Beamten des gehobenen Dienstes geleitet werden.

(2) Die Anstaltsleiterin oder der Anstaltsleiter trägt die Verantwortung für den gesamten Vollzug, soweit nicht bestimmte Aufgabenbereiche der Verantwortung anderer Bediensteter oder ihrer gemeinsamen Verantwortung übertragen sind, und vertritt die Anstalt nach außen.

(3) Die Befugnis, Durchsuchungen nach § 70 Absatz 2, besondere Sicherungsmaßnahmen nach § 74 und Disziplinarmaßnahmen nach § 86 anzuordnen, darf nur mit Zustimmung der Aufsichtsbehörde übertragen werden.

(4) Die Aufsichtsbehörde bestimmt die stellvertretende Anstaltsleiterin oder den stellvertretenden Anstaltsleiter.

§ 105 Bedienstete des Vollzuges

(1) Die Aufgaben der Anstalten werden von Vollzugsbeamten wahrgenommen. Aus besonderen Gründen können sie auch anderen Bediensteten der Anstalten sowie nebenamtlichen oder vertraglich verpflichteten Personen übertragen werden.

(2) Für jede Anstalt ist entsprechend ihrer Aufgabe die erforderliche Anzahl von Bediensteten der verschiedenen Berufsgruppen vorzusehen. Sie wirken in enger Zusammenarbeit an den Aufgaben des Vollzuges (§ 2) mit.

§ 106 Seelsorgerinnen, Seelsorger

(1) Seelsorgerinnen und Seelsorger werden im Einvernehmen mit der jeweiligen Religionsgemeinschaft im Hauptamt bestellt oder vertraglich verpflichtet.

(2) Wenn die geringe Anzahl der Angehörigen einer Religionsgemeinschaft eine Seelsorge nach Absatz 1 nicht rechtfertigt, ist die seelsorgerische Betreuung auf andere Weise zuzulassen.

(3) Mit Zustimmung der Anstaltsleitung dürfen die Anstaltsseelsorgerinnen und Anstaltsseelsorger freie Seelsorgehelferinnen und Seelsorgehelfer hinzuziehen und an Gottesdiensten sowie anderen religiösen Veranstaltungen Seelsorgerinnen und Seelsorger von außen beteiligen.

§ 107 Zusammenarbeit

(1) Die Anstalten arbeiten mit den Behörden und Stellen der Entlassenen- und Straffälligenhilfe, der Bewährungs- und Jugendbewährungshilfe, den Aufsichtsstellen für die Führungsaufsicht, der Bundesagentur für Arbeit, den Trägern der Sozialversicherung und der Sozialhilfe, den Hilfeeinrichtungen anderer Behörden, den Verbänden der freien Wohlfahrtspflege sowie mit Vereinen und Personen, deren Einfluss die Eingliederung des Gefangenen fördern kann, insbesondere auch ehrenamtlich engagierten Personen, eng zusammen.

(2) Die Anstalten stellen durch geeignete organisatorische Maßnahmen sicher, dass die Bundesagentur für Arbeit die ihr obliegenden Aufgaben der Berufsberatung, Ausbildungsvermittlung und Arbeitsvermittlung durchführen kann.

§ 108 Konferenzen

Zur Aufstellung und Überprüfung des Vollzugsplans und zur Vorbereitung wichtiger Entscheidungen im Vollzug führt die Anstaltsleitung Konferenzen mit an der Behandlung maßgeblich Beteiligten durch.

§ 109 Gefangenenmitverantwortung

Den Gefangenen wird ermöglicht, an der Verantwortung für Angelegenheiten von gemeinsamem Interesse teilzunehmen, die sich ihrer Eigenart und der Aufgabe der Anstalt nach für ihre Mitwirkung eignen.

§ 110 Hausordnung

(1) Die Anstaltsleitung erlässt eine Hausordnung. Sie bedarf der Zustimmung der Aufsichtsbehörde.

(2) In die Hausordnung sind namentlich die Anordnungen aufzunehmen über

1. die Besuchszeiten, Häufigkeit und Dauer der Besuche,

2. die Arbeitszeit, Freizeit und Ruhezeit sowie

3. die Gelegenheit, Anträge und Beschwerden anzubringen, oder sich an eine Vertreterin oder einen Vertreter der Aufsichtsbehörde zu wenden.

(3) Die Gefangenen erhalten einen Abdruck der Hausordnung.

Abschnitt 3
Aufsicht über die Justizvollzugsanstalten

§ 111 Aufsichtsbehörde
Die Aufsichtsbehörde führt die Dienst- und Fachaufsicht über die Anstalten.

§ 112 Vollstreckungsplan
Die Aufsichtsbehörde regelt die örtliche und sachliche Zuständigkeit der Anstalten in einem Vollstreckungsplan.

§ 113 Evaluation, kriminologische Forschung
(1) Behandlungsprogramme für die Gefangenen sind auf der Grundlage wissenschaftlicher Erkenntnisse zu konzipieren, zu standardisieren und auf ihre Wirksamkeit hin zu überprüfen.

(2) Der Vollzug, insbesondere seine Aufgabenerfüllung und Gestaltung, die Umsetzung seiner Leitlinien sowie die Behandlungsprogramme und deren Wirkungen auf das Vollzugsziel, soll regelmäßig durch den kriminologischen Dienst, durch eine Hochschule oder durch eine andere Stelle wissenschaftlich begleitet und erforscht werden. § 476 der Strafprozessordnung gilt entsprechend mit der Maßgabe, dass auch elektronisch gespeicherte personenbezogene Daten übermittelt werden können.

Abschnitt 4
Anstaltsbeiräte

§ 114 Bildung der Anstaltsbeiräte
(1) Bei den Anstalten sind Beiräte zu bilden.

(2) Bedienstete dürfen nicht Mitglieder der Beiräte sein.

(3) Das Nähere regelt die Aufsichtsbehörde.

§ 115 Aufgabe
Die Mitglieder des Beirats wirken bei der Gestaltung des Vollzugs und bei der Betreuung der Gefangenen mit. Sie unterstützen die Anstaltsleitung durch Anregungen und Verbesserungsvorschläge und helfen bei der Eingliederung der Gefangenen nach der Entlassung.

§ 116 Befugnisse
(1) Die Mitglieder des Beirats können insbesondere Wünsche, Anregungen und Beanstandungen entgegennehmen. Sie können sich über die Unterbringung, Beschäftigung, berufliche Bildung, Verpflegung, ärztliche Versorgung und Behandlung unterrichten sowie die Anstalt und ihre Einrichtungen besichtigen.

(2) Die Mitglieder des Beirats können die Gefangenen und Untergebrachten in ihren Räumen ohne Überwachung aufsuchen.

§ 117 Verschwiegenheitspflicht
Die Mitglieder des Beirats sind verpflichtet, außerhalb ihres Amtes über alle Angelegenheiten, die ihrer Natur nach vertraulich sind, besonders über Namen und Persönlichkeit der Gefangenen, Verschwiegenheit zu bewahren. Dies gilt auch nach Beendigung ihres Amtes.

Abschnitt 5
Datenschutz

§ 118 Datenerhebung
(1) Die Vollzugsbehörden dürfen personenbezogene Daten erheben, soweit deren Kenntnis für den Vollzug der in § 1 genannten Freiheitsentziehungen erforderlich ist.

(2) Personenbezogene Daten sind bei den Betroffenen zu erheben. Für die Erhebung ohne Mitwirkung der Betroffenen, die Erhebung bei anderen Personen oder Stellen und für die Hinweis- und Aufklärungspflichten gelten § 12 Absatz 2 sowie § 12a Absätze 1 und 4 des Hamburgischen Datenschutzgesetzes vom 5. Juli 1990 (HmbGVBl. S. 133, 165, 226), zuletzt geändert am 18. November

2003 (HmbGVBl. S. 537, 539), in der jeweils geltenden Fassung.

(3) Daten über Personen, die nicht Gefangene sind, dürfen ohne ihre Mitwirkung bei Personen oder Stellen außerhalb der Vollzugsbehörden nur erhoben werden, wenn sie für die Behandlung der Gefangenen, die Sicherheit der Anstalt oder die Sicherung des Vollzuges der in § 1 genannten Freiheitsentziehungen unerlässlich sind und die Art der Erhebung schutzwürdige Interessen der Betroffenen nicht beeinträchtigt.

(4) Über eine ohne ihre Kenntnis vorgenommene Erhebung personenbezogener Daten werden die Betroffenen unter Angabe dieser Daten unterrichtet, soweit der in Absatz 1 genannte Zweck dadurch nicht gefährdet wird. Sind die Daten bei anderen Personen oder Stellen erhoben worden, kann die Unterrichtung unterbleiben, wenn

1. die Daten nach einer Rechtsvorschrift oder ihrem Wesen nach, namentlich wegen des überwiegenden berechtigten Interesses Dritter, geheim gehalten werden müssen oder

2. der Aufwand der Unterrichtung außer Verhältnis zum Schutzzweck steht und keine Anhaltspunkte dafür bestehen, dass überwiegende schutzwürdige Interessen der Betroffenen beeinträchtigt werden.

§ 119 Datenerhebung durch optisch-elektronische Einrichtungen

(1) Die Vollzugsbehörden dürfen unter den Voraussetzungen der Absätze 2 bis 5 Daten auch durch den Einsatz von optisch-elektronischen Einrichtungen (Videoüberwachung) erheben. § 27 Absatz 1 bleibt unberührt.

(2) Das Gelände und das Gebäude der Anstalt einschließlich des Gebäudeinneren sowie die unmittelbare Anstaltsumgebung dürfen aus Gründen der Sicherheit und Ordnung mittels offen angebrachter optisch-elektronischer Einrichtungen überwacht und aufgezeichnet werden. Der Einsatz versteckt angebrachter optisch-elektronischer Einrichtungen ist im Einzelfall auf Anordnung der Anstaltsleitung zulässig, wenn und solange dies zur Aufrechterhaltung der Sicherheit und Ordnung

der Anstalt unerlässlich ist; über einen Zeitraum von vier Wochen hinaus ist die Zustimmung der Aufsichtsbehörde einzuholen.

(3) Der Einsatz von optisch-elektronischen Einrichtungen zur Überwachung in Hafträumen ist ausgeschlossen, soweit in diesem Gesetz nichts anderes bestimmt ist.

(4) Die Datenerhebung durch optisch-elektronische Einrichtungen kann auch erfolgen, wenn Gefangene unvermeidlich betroffen werden, hinsichtlich derer die Voraussetzungen des Einsatzes nicht vorliegen.

(5) Der Einsatz von optisch-elektronischen Einrichtungen ist durch geeignete Maßnahmen erkennbar zu machen. Dies gilt nicht in den Fällen des Einsatzes nach Absatz 2 Satz 2.

(6) Werden durch den Einsatz von optisch-elektronischen Einrichtungen erhobene Daten einer bestimmten Person zugeordnet, ist die Verarbeitung der Daten nur zu den in § 120 Absatz 1 und Absatz 2 Nummern 1, 2 oder 4 genannten Zwecken zulässig.

(7) § 118 Absatz 4 bleibt unberührt.

§ 120 Verarbeitung

(1) Die Vollzugsbehörden dürfen personenbezogene Daten verarbeiten, soweit dies für den Vollzug der in § 1 genannten Freiheitsentziehungen erforderlich ist. Die Anstalt kann die Gefangenen verpflichten, Lichtbildausweise mit sich zu führen, wenn dies aus Gründen der Sicherheit oder Ordnung der Anstalt erforderlich ist.

(2) Die Verarbeitung personenbezogener Daten für andere Zwecke ist zulässig, soweit dies

1. zur Abwehr von sicherheitsgefährdenden oder geheimdienstlichen Tätigkeiten für eine fremde Macht oder von Bestrebungen im Geltungsbereich des Grundgesetzes, die durch Anwendung von Gewalt oder daraufgerichtete Vorbereitungshandlungen

1.1 gegen die freiheitliche demokratische Grundordnung, den Bestand oder die Sicherheit des Bundes oder eines Landes gerichtet sind,

1.2 eine ungesetzliche Beeinträchtigung der Amtsführung der Verfassungsorgane des Bundes oder eines Landes oder ihrer Mitglieder zum Ziele haben oder

1.3 auswärtige Belange der Bundesrepublik Deutschland gefährden,

2. zur Abwehr erheblicher Nachteile für das Gemeinwohl oder einer Gefahr für die öffentliche Sicherheit,

3. zur Abwehr einer schwerwiegenden Beeinträchtigung der Rechte anderer Personen,

4. zur Verhinderung oder Verfolgung von Straftaten sowie zur Verhinderung oder Verfolgung von Ordnungswidrigkeiten, durch welche die Sicherheit oder Ordnung der Anstalt gefährdet werden, oder

5. für Maßnahmen der Strafvollstreckung oder strafvollstreckungsrechtliche Entscheidungen

erforderlich ist.

(3) Eine Verarbeitung für andere Zwecke liegt nicht vor, soweit sie dem gerichtlichen Rechtsschutz nach den §§ 109 bis 121 des Strafvollzugsgesetzes oder den in § 13 Absatz 3 des Hamburgischen Datenschutzgesetzes genannten Zwecken dient.

(4) Über die in den Absätzen 1 und 2 geregelten Zwecke hinaus dürfen zuständigen öffentlichen Stellen personenbezogene Daten übermittelt werden, soweit dies für

1. Maßnahmen der Gerichtshilfe, Jugendgerichtshilfe, Bewährungshilfe, Jugendbewährungshilfe oder Führungsaufsicht,

2. Entscheidungen in Gnadensachen,

3. gesetzlich angeordnete Statistiken der Rechtspflege,

4. sozialrechtliche Maßnahmen,

5. die Einleitung von Hilfsmaßnahmen für Angehörige (§ 11 Absatz 1 Nummer 1 des Strafgesetzbuchs) der Gefangenen,

6. dienstliche Maßnahmen der Bundeswehr im Zusammenhang mit der Aufnahme und Entlassung von Soldaten,

7. ausländerrechtliche Maßnahmen oder

8. die Durchführung der Besteuerung

erforderlich ist. Eine Übermittlung für andere Zwecke ist auch zulässig, soweit

1. eine andere gesetzliche Vorschrift dies vorsieht und sich dabei ausdrücklich auf personenbezogene Daten über Gefangene bezieht,

2. die Daten auf eine fortbestehende erhebliche Gefährlichkeit der Gefangenen für die Allgemeinheit hinweisen und daher Maßnahmen der Polizei zur vorbeugenden Bekämpfung von Straftaten von erheblicher Bedeutung erforderlich machen können.

(5) Öffentlichen und nicht öffentlichen Stellen dürfen die Vollzugsbehörden auf schriftlichen Antrag mitteilen, ob sich Personen in Haft befinden, ob und wann ihre Entlassung voraussichtlich bevorsteht und wie die Entlassungsadresse lautet, soweit

1. die Mitteilung zur Erfüllung der in der Zuständigkeit der öffentlichen Stelle liegenden Aufgaben erforderlich ist oder

2. von nicht-öffentlichen Stellen ein berechtigtes Interesse an dieser Mitteilung glaubhaft dargelegt wird und die Gefangenen kein schutzwürdiges Interesse an dem Ausschluss der Übermittlung haben.

Opfern von Straftaten oder ihren Hinterbliebenen oder den infolge eines Forderungsüberganges zuständigen öffentlichen Stellen können darüber hinaus auf schriftlichen Antrag Auskünfte über die Vermögensverhältnisse der Gefangenen erteilt werden, wenn die Auskünfte zur Feststellung oder Durchsetzung von Rechtsansprüchen im Zusammenhang mit der Straftat erforderlich sind. Opfern von Straftaten dürfen auch Auskünfte über die Unterbringung im offenen Vollzug (§ 11) oder die Gewährung von Lockerungen (§ 12) erteilt werden, wenn die Gefangenen wegen einer Straftat nach den §§ 174 bis 180 und 182 des Strafgesetzbuchs oder wegen schwerer Gewalttaten verurteilt wurden und die Opfer ihr schutzwürdiges Interesse an den Auskünften nachvollziehbar darlegen. Die Gefangenen werden vor der Mitteilung gehört, es sei denn, hierdurch wird der Zweck der Mitteilung vereitelt. Ist die Anhörung unterblieben, werden die betroffenen Gefangenen über die Mitteilung der Vollzugsbehörden nachträglich unterrichtet.

(6) Akten mit personenbezogenen Daten dürfen nur anderen Vollzugsbehörden, den zur Dienst- oder Fachaufsicht oder zu dienstlichen Weisungen befugten Stellen, den für Strafvollzugs-, strafvollstreckungs- und strafrechtliche Entscheidungen zuständigen Gerichten sowie den Strafvollstreckungs- und Strafverfolgungsbehörden einschließlich der Polizei überlassen werden; die Überlassung an andere öffentliche Stellen ist zulässig, soweit die Erteilung einer Auskunft einen unvertretbaren Aufwand erfordert oder nach Darlegung der Akteneinsicht begehrenden Stellen für die Erfüllung der Aufgabe nicht ausreicht. Entsprechendes gilt für die Überlassung von Akten an die von den Vollzugsbehörden mit Gutachten beauftragten Stellen.

(7) Sind mit personenbezogenen Daten, die nach Absatz 1, 2 oder 4 übermittelt werden dürfen, weitere personenbezogene Daten der Betroffenen oder Dritter in Akten so verbunden, dass eine Trennung nicht oder nur mit unvertretbarem Aufwand möglich ist, so ist die Übermittlung auch dieser Daten zulässig, soweit nicht berechtigte Interessen der Betroffenen oder Dritter an deren Geheimhaltung offensichtlich überwiegen; eine Verarbeitung dieser Daten durch die Empfänger ist unzulässig.

(8) Bei der Überwachung der Besuche, des Schriftwechsels, der Telefongespräche und der Überwachung des Inhaltes von Paketen bekannt gewordene personenbezogene Daten dürfen nur für die in Absatz 2 und Absatz 4 Satz 2 Nummer 2 aufgeführten Zwecke, für die gerichtliche Verfahren nach den §§ 109 bis 121 des Strafvollzugsgesetzes, zur Wahrung der Sicherheit oder Ordnung der Anstalt oder nach Anhörung der Gefangenen für Zwecke der Behandlung verarbeitet werden.

(9) Personenbezogene Daten, die gemäß § 118 Absatz 3 über Personen, die nicht Gefangene sind, erhoben worden sind, dürfen nur zur Erfüllung des Erhebungszweckes, für

die in Absatz 2 Nummern 1 bis 3 und Absatz 4 Satz 2 Nummer 2 aufgeführten Zwecke oder zur Verhinderung oder Verfolgung von Straftaten von erheblicher Bedeutung verarbeitet werden.

(10) Die Übermittlung von personenbezogenen Daten unterbleibt, soweit die in § 123 Absatz 2 und § 125 Absätze 3 und 5 geregelten Einschränkungen oder besondere gesetzliche Verwendungsregelungen entgegenstehen.

(11) Die Verantwortung für die Zulässigkeit der Übermittlung tragen die Vollzugsbehörden. Erfolgt die Übermittlung auf Ersuchen einer öffentlichen Stelle, trägt diese die Verantwortung. In diesem Fall prüfen die Vollzugsbehörden nur, ob das Übermittlungsersuchen im Rahmen der Aufgaben des Empfängers liegt und die Absätze 8 bis 10 der Übermittlung nicht entgegenstehen, es sei denn, dass besonderer Anlass zur Prüfung der Zulässigkeit der Übermittlung besteht.

§ 121 Zentrale Datei, Einrichtung automatisierter Übermittlungs- und Abrufverfahren

(1) Die nach § 118 erhobenen Daten können für die Vollzugsbehörden in einer zentralen Datei gespeichert werden.

(2) Die Einrichtung eines automatisierten Verfahrens, das die Übermittlung oder den Abruf personenbezogener Daten aus der zentralen Datei nach § 120 Absätze 2 und 4 ermöglicht, ist zulässig, soweit diese Form der Datenübermittlung oder des Datenabrufs unter Berücksichtigung der schutzwürdigen Belange der betroffenen Personen und der Erfüllung des Zwecks der Übermittlung angemessen ist. Die automatisierte Übermittlung der für die Unterrichtung nach § 13 Absatz 1 Satz 3 des Bundeskriminalamtgesetzes vom 7. Juli 1997 (BGBl. I S. 1650), zuletzt geändert am 21. Dezember 2007 (BGBl. I S. 3198, 3210), erforderlichen personenbezogenen Daten kann auch anlassunabhängig erfolgen.

(3) Die speichernde Stelle hat zu gewährleisten, dass die Übermittlung zumindest durch geeignete Stichprobenverfahren festgestellt

und überprüft werden kann. Der Abruf der Daten wird protokolliert.

(4) Der Senat wird ermächtigt, durch Rechtsverordnung die Einzelheiten der Einrichtung automatisierter Übermittlungs- und Abrufverfahren zu regeln. Die bzw. der Hamburgische Beauftragte für Datenschutz und Informationsfreiheit ist vorher zu hören. Die Rechtsverordnung nach Satz 1 hat die Datenempfänger, die Datenart und den Zweck des Abrufs festzulegen. Sie hat Maßnahmen zur Datensicherung und zur Kontrolle vorzusehen, die in einem angemessenen Verhältnis zu dem angestrebten Schutzzweck stehen. Der Senat kann die Ermächtigung nach Satz 1 durch Rechtsverordnung auf die zuständige Behörde weiter übertragen.

(5) Die Vereinbarung eines Datenverbundes, der eine automatisierte Datenübermittlung ermöglicht, mit anderen Ländern und dem Bund ist zulässig. Der Senat wird ermächtigt, durch Rechtsverordnung die Einrichtung des Datenverbundes zu regeln. Die bzw. der Hamburgische Beauftragte für Datenschutz und Informationsfreiheit ist vorher zu hören. Die Verordnung hat die beteiligten Stellen und den Umfang ihrer Verarbeitungsbefugnis, die Datenart und den Zweck der Übermittlung im Einzelnen festzulegen. Sie hat technische und organisatorische Maßnahmen und Maßnahmen zur Datenschutzkontrolle vorzusehen, die in einem angemessenen Verhältnis zu dem angestrebten Schutzzweck stehen. Es ist festzulegen, welche Stelle die datenschutzrechtliche Verantwortung gegenüber den Betroffenen trägt und die technischen und organisatorischen Maßnahmen trifft.

§ 122 Zweckbindung

Von den Vollzugsbehörden übermittelte personenbezogene Daten dürfen nur zu dem Zweck verarbeitet werden, zu dessen Erfüllung sie übermittelt worden sind. Die Empfänger dürfen die Daten für andere Zwecke nur verarbeiten, soweit sie ihnen auch für diese Zwecke hätten übermittelt werden dürfen, und wenn im Falle einer Übermittlung an nicht öffentliche Stellen die übermittelnden Vollzugsbehörden zugestimmt haben. Die Vollzugsbehörden haben die nicht öffentlichen Empfänger auf die Zweckbindung nach Satz 1 hinzuweisen.

§ 123 Schutz besonderer Daten

(1) Das religiöse oder weltanschauliche Bekenntnis der Gefangenen und personenbezogene Daten, die anlässlich ärztlicher oder psychologischer Untersuchungen erhoben worden sind, dürfen in der Anstalt nicht allgemein kenntlich gemacht werden. Dies gilt nicht für andere personenbezogene Daten, deren allgemeine Kenntnis innerhalb der Anstalt für ein geordnetes Zusammenleben erforderlich ist; § 120 Absätze 8 bis 10 bleibt unberührt.

(2) Personenbezogene Daten, die den in der Anstalt tätigen

1. Ärztinnen und Ärzten, Zahnärztinnen und Zahnärzten oder Angehörigen eines Heilberufs, der für die Berufsausübung oder die Führung der Berufsbezeichnung eine staatlich geregelte Ausbildung erfordert,

2. Berufspsychologinnen und Berufspsychologen mit staatlich anerkannter wissenschaftlicher Abschlussprüfung,

3. staatlich anerkannten Sozialarbeiterinnen, Sozialarbeitern, Sozialpädagoginnen und Sozialpädagogen

von Gefangenen als Geheimnis anvertraut oder die Gefangene sonst bekannt geworden sind, unterliegen auch gegenüber den Vollzugsbehörden der Schweigepflicht. Die in Satz 1 genannten Personen haben sich gegenüber der Anstaltsleitung zu offenbaren, soweit dies für die Aufgabenerfüllung der Vollzugsbehörden oder zur Abwehr von erheblichen Gefahren für Leib oder Leben der Gefangenen oder Dritter erforderlich ist. Ärztinnen und Ärzte sowie Zahnärztinnen und Zahnärzte sind zur Offenbarung ihnen im Rahmen der allgemeinen Gesundheitsvorsorge bekannt gewordener Geheimnisse gegenüber der Vollzugsbehörde verpflichtet, soweit dies für die der Vollzugsbehörde vorzunehmende Überprüfung ihrer Tätigkeit bezüglich Abrechnung, Wirtschaftlichkeit und Qualität sowie zum Zwecke der Prüfung der

Kostenbeteiligung der Gefangenen (§ 60 Absätze 2 und 3) erforderlich ist; betroffen sind vor allem die erbrachten Leistungen, die Behandlungsdauer und die allgemeinen Angaben über die Gefangenen und ihre Erkrankungen. Ärztinnen und Ärzte sowie Zahnärztinnen und Zahnärzte sind zur Offenbarung ihnen im Rahmen der allgemeinen Gesundheitsfürsorge bekannt gewordener Geheimnisse befugt, soweit dies für die Aufgabenerfüllung der Vollzugsbehörden unerlässlich oder zur Abwehr von erheblichen Gefahren für Leib oder Leben der Gefangenen oder Dritter erforderlich ist. Sonstige Offenbarungsbefugnisse bleiben unberührt. Die Gefangenen sind vor der Erhebung über die nach den Sätzen 2 bis 4 bestehenden Offenbarungspflichten und -befugnisse zu unterrichten.

(3) Die nach Absatz 2 offenbarten Daten dürfen nur für den Zweck, für den sie offenbart wurden oder für den eine Offenbarung zulässig gewesen wäre, und nur unter denselben Voraussetzungen verarbeitet werden, unter denen eine in Absatz 2 Satz 1 Nummern 1 bis 3 genannte Person selbst hierzu befugt wäre. Die Anstaltsleitung kann unter diesen Voraussetzungen die unmittelbare Offenbarung gegenüber bestimmten Bediensteten allgemein zulassen.

(4) Sofern Ärztinnen oder Ärzte, Psychologinnen oder Psychologen außerhalb des Vollzuges mit der Untersuchung oder Behandlung Gefangener beauftragt werden, gilt Absatz 2 mit der Maßgabe entsprechend, dass die beauftragten Ärztinnen oder Ärzte, Psychologinnen oder Psychologen auch zur Unterrichtung der Anstaltsärztinnen oder Anstaltsärzte oder der in der Anstalt mit der Behandlung der Gefangenen betrauten Psychologinnen oder Psychologen befugt sind.

§ 124 Schutz der Daten in Akten und Dateien

(1) Die einzelnen Bediensteten dürfen sich von personenbezogenen Daten Kenntnis verschaffen, soweit dies zur Erfüllung der ihnen obliegenden Aufgaben oder für die Zusammenarbeit nach § 105 Absatz 2 Satz 2 und § 107 erforderlich ist.

(2) Akten und Dateien mit personenbezogenen Daten sind durch die erforderlichen technischen und organisatorischen Maßnahmen gegen unbefugten Zugang und unbefugten Gebrauch zu schützen. Gesundheitsakten und Therapieakten sind getrennt von anderen Unterlagen zu führen und besonders zu sichern. Im Übrigen gilt für die Art und den Umfang der Schutzvorkehrungen § 8 des Hamburgischen Datenschutzgesetzes.

§ 125 Berichtigung, Löschung und Sperrung

(1) Die in Dateien gespeicherten personenbezogenen Daten sind fünf Jahre nach der Entlassung der Gefangenen oder ihrer Verlegung in eine andere Anstalt zu löschen. Hiervon können bis zum Ablauf der Aufbewahrungsfrist für die Gefangenenpersonalakten die Gefangenenbuchnummer, die Angaben über Familienname, Vorname, Geburtsname, Geburtstag, Geburtsort, Eintritts- und Austrittsdatum der Gefangenen sowie die aufnehmende Anstalt bei Verlegung ausgenommen werden, soweit dies für das Auffinden der Gefangenenpersonalakten erforderlich ist.

(2) Aufzeichnungen nach § 119 sind spätestens nach Ablauf eines Monats zu löschen. Dies gilt nicht, wenn und solange eine fortdauernde Speicherung oder Aufbewahrung zur Aufklärung und Verfolgung der aufgezeichneten Vorkommnisse unerlässlich ist.

(3) Personenbezogene Daten in Akten dürfen nach Ablauf von fünf Jahren seit der Entlassung der Gefangenen nur übermittelt oder genutzt werden, soweit dies

1. zur Verfolgung von Straftaten,

2. für die Durchführung wissenschaftlicher Forschungsvorhaben nach § 127,

3. zur Behebung einer bestehenden Beweisnot,

4. zur Feststellung, Durchsetzung oder Abwehr von Rechtsansprüchen im Zusammenhang mit dem Vollzug einer der in § 1 genannten Freiheitsentziehungen

unerlässlich ist. Diese Verwendungsbeschränkungen enden, wenn die Gefangenen erneut zum Vollzug einer Freiheitsstrafe aufgenommen werden oder die Betroffenen eingewilligt haben.

(4) Bei der Aufbewahrung von Akten mit nach Absatz 3 gesperrten Daten dürfen folgende Fristen nicht überschritten werden:

1. 20 Jahre für Gefangenenpersonalakten, Gesundheitsakten und Therapieakten,

2. 30 Jahre für Gefangenenbücher.

Dies gilt nicht, wenn auf Grund bestimmter Tatsachen anzunehmen ist, dass die Aufbewahrung für die in Absatz 3 Satz 1 genannten Zwecke weiterhin erforderlich ist. Die Aufbewahrungsfrist beginnt mit dem auf das Jahr der aktenmäßigen Weglegung folgenden Kalenderjahr.

(5) Wird festgestellt, dass unrichtige Daten übermittelt worden sind, ist dies den Empfängerinnen oder Empfängern mitzuteilen, wenn dies zur Wahrung schutzwürdiger Interessen der Betroffenen erforderlich ist.

(6) Im Übrigen gilt für die Berichtigung, Löschung und Sperrung personenbezogener Daten § 19 Absätze 1 bis 3 und 5 des Hamburgischen Datenschutzgesetzes. Die Vorschriften des Hamburgischen Archivgesetzes bleiben unberührt.

§ 126 Auskunft an die Betroffenen, Akteneinsicht

Die Betroffenen erhalten nach Maßgabe des § 18 des Hamburgischen Datenschutzgesetzes Auskunft und, soweit eine Auskunft für die Wahrnehmung ihrer rechtlichen Interessen nicht ausreicht und sie hierfür auf die Einsichtnahme angewiesen sind, Akteneinsicht.

§ 127 Auskunft und Akteneinsicht für wissenschaftliche Zwecke

Für die Auskunft und Akteneinsicht für wissenschaftliche Zwecke gilt § 476 der Strafprozessordnung entsprechend.

§ 128 Anwendung des Hamburgischen Datenschutzgesetzes

Die Regelungen des Hamburgischen Datenschutzgesetzes über Begriffsbestimmungen (§ 4), Einholung und Form der Einwilligung des Betroffenen (§ 5 Absatz 2), die Rechte des Betroffenen (§ 6), das Datengeheimnis (§ 7), die Durchführung des Datenschutzes (§ 10), den Schadensersatz (§ 20), die Bestimmungen über die Kontrolle durch die bzw. den Hamburgischen Beauftragten für Datenschutz und Informationsfreiheit (§§ 23 bis 26) und die Straf- und Bußgeldvorschriften (§§ 32, 33) gelten entsprechend.

Teil 5
Schlussvorschriften

§ 129 Einschränkung von Grundrechten

Durch dieses Gesetz werden die Grundrechte aus Artikel 2 Absatz 2 Sätze 1 und 2 (körperliche Unversehrtheit und Freiheit der Person) und Artikel 10 Absatz 1 (Brief-, Post- und Fernmeldegeheimnis) des Grundgesetzes eingeschränkt.

§ 130 Ersetzung und Fortgeltung von Bundesrecht

Dieses Gesetz ersetzt gemäß Artikel 125a Absatz 1 des Grundgesetzes in seinem Geltungsbereich das Strafvollzugsgesetz vom 16. März 1976 (BGBl. 1976 I S. 581, 2088, 1977 I S. 436), zuletzt geändert am 17. Juni 2008 (BGBl. I S. 1010), mit Ausnahme der Vorschriften über

1. den Pfändungsschutz (§ 50 Absatz 2 Satz 5, § 51 Absätze 4 und 5, § 75 Absatz 3),

2. das gerichtliche Verfahren (§§ 109 bis 121),

3. die Strafvollstreckung und die Untersuchungshaft (§§ 122 und 177),

4. die Unterbringung in einem psychiatrischen Krankenhaus und einer Entziehungsanstalt (§§ 136 bis 138),

5. den Vollzug des Strafarrestes in Justizvollzugsanstalten (§§ 167 bis 170),

6. den Vollzug von Ordnungs-, Sicherungs-, Zwangs- und Erzwingungshaft (§§ 171 bis 175) und

7. den unmittelbaren Zwang in Justizvollzugsanstalten für andere Arten des Freiheitsentzugs (§ 178).

Gesetz über den Vollzug der Jugendstrafe
(Hamburgisches Jugendstrafvollzugsgesetz – HmbJStVollzG)
Vom 14. Juli 2009 (HmbGVBl. S. 257)

Inhaltsübersicht

Teil 1
Anwendungsbereich

§ 1 Anwendungsbereich

Dieses Gesetz regelt den Vollzug der Jugend-strafe.

Teil 2
Vollzug der Jugendstrafe

Abschnitt 1
Grundsätze

§ 2 Aufgaben des Vollzuges

Der Vollzug dient dem Ziel, die Gefangenen zu befähigen künftig in sozialer Verantwortung ein Leben ohne Straftaten zu führen. Gleichermaßen hat er die Aufgabe, die Allgemeinheit vor weiteren Straftaten zu schützen. Zwischen dem Vollzugsziel und der Aufgabe, die Allgemeinheit vor weiteren Straftaten zu schützen, besteht kein Gegensatz.

§ 3 Erziehungsauftrag, Gestaltung des Vollzuges

(1) Der Vollzug ist erzieherisch zu gestalten. Die Gefangenen sind in der Entwicklung ihrer Fähigkeiten und Fertigkeiten so zu fördern, dass sie zu einer eigenverantwortlichen und gemeinschaftsfähigen Lebensführung in Achtung der Rechte Anderer befähigt werden. Die Einsicht in die beim Opfer verursachten Tatfolgen soll geweckt werden.

(2) Das Leben im Vollzug ist den allgemeinen Lebensverhältnissen soweit wie möglich anzugleichen. Schädlichen Folgen des Freiheitsentzuges ist entgegenzuwirken. Der Vollzug ist darauf auszurichten, dass er den Gefangenen hilft, sich in das Leben in Freiheit einzugliedern.

(3) Die Belange von Sicherheit und Ordnung der Anstalt sowie die Belange der Allgemeinheit sind zu beachten. Die unterschiedlichen Lebenslagen und Bedürfnisse von weiblichen und männlichen Gefangenen werden bei der Vollzugsgestaltung und bei Einzelmaßnahmen berücksichtigt. Ein besonderes Augenmerk ist auf die Schaffung und die Bewahrung eines gewaltfreien Klimas im Vollzug zu richten.

§ 4 Grundsätze der Erziehung und Förderung

(1) Erziehung und Förderung erfolgen durch Maßnahmen und Programme zur Entwicklung und Stärkung der Fähigkeiten und Fertigkeiten der Gefangenen im Hinblick auf die Erreichung des Vollzugsziels. Sie dienen der Prävention und dem Schutz der Opfer von Straftaten.

(2) Durch differenzierte Angebote soll auf den jeweiligen Entwicklungsstand und den unterschiedlichen Erziehungs- und Förderbedarf der Gefangenen eingegangen werden.

(3) Die Maßnahmen und Programme richten sich insbesondere auf die Auseinandersetzung mit den eigenen Straftaten, deren Ursachen und Folgen, die schulische Bildung, berufliche Qualifizierung, soziales Training und die verantwortliche Gestaltung des alltäglichen Zusammenlebens, der freien Zeit sowie der Außenkontakte.

§ 5 Stellung der Gefangenen

(1) Die Gefangenen sind verpflichtet, an der Erreichung des Vollzugsziels mitzuwirken. Ihre Bereitschaft hierzu ist zu wecken und zu fördern.

(2) Die Bereitschaft zur Mitwirkung kann durch Maßnahmen der Belohnung und Anerkennung gefördert werden, bei denen die Beteiligung an Maßnahmen, wie auch besonderer Einsatz und erreichte Fortschritte angemessen zu berücksichtigen sind.

(3) Die Gefangenen unterliegen den in diesem Gesetz vorgesehenen Beschränkungen ihrer Freiheit. Soweit das Gesetz eine besondere Regelung nicht enthält, dürfen ihnen nur Beschränkungen auferlegt werden, die zur Aufrechterhaltung der Sicherheit oder zur Abwendung einer schwerwiegenden Störung der Ordnung der Anstalt unerlässlich sind.

(4) Vollzugsmaßnahmen sollen den Gefangenen erläutert werden.

Abschnitt 2
Planung und Ablauf des Vollzuges

§ 6 Aufnahme

(1) Mit den Gefangenen wird unverzüglich ein Aufnahmegespräch geführt. Sie werden umgehend ärztlich untersucht.

(2) Die Gefangenen werden bei der Aufnahme

1. über ihre Rechte und Pflichten, insbesondere über ihre Pflicht zur Mitwirkung (§ 5 Absatz 1), die Möglichkeiten der Aufrechterhaltung einer Sozialversicherung sowie das Angebot an Unterricht, Aus- und Fortbildung, Arbeit, therapeutischer Behandlung und Freizeit unterrichtet,

2. darin unterstützt, die notwendigen Maßnahmen für hilfsbedürftige Angehörige zu veranlassen und ihre Habe außerhalb der Anstalt sicherzustellen.

(3) Beim Aufnahmeverfahren dürfen andere Gefangene in der Regel nicht zugegen sein.

(4) Von der Aufnahme in den Vollzug sowie der Möglichkeit nach § 8 Absatz 4 Satz 3 und § 16 Satz 6 werden die Personensorgeberechtigten und die Jugendgerichtshilfe unverzüglich unterrichtet.

§ 7 Aufnahmeuntersuchung

(1) Die Erziehung der Gefangenen beginnt mit der fachkundigen Erforschung ihrer Persönlichkeit und ihrer Lebensverhältnisse (Aufnahmeuntersuchung).

(2) Die Aufnahmeuntersuchung erstreckt sich auf die Ursachen und Umstände der Straftat sowie auf alle sonstigen Umstände, deren Kenntnis für eine planvolle Erziehung der Gefangenen im Vollzug sowie für ihre Eingliederung nach der Entlassung notwendig ist. Erkenntnisse der Jugendgerichtshilfe und der Jugendbewährungshilfe sind einzubeziehen.

(3) Die Ergebnisse der Untersuchung sind zu dokumentieren und mit den Gefangenen zu erörtern.

§ 8 Vollzugsplan

(1) Auf der Grundlage der Aufnahmeuntersuchung wird regelmäßig innerhalb der ersten sechs Wochen nach der Aufnahme ein Vollzugsplan erstellt. Dabei sind die Personensorgeberechtigten einzubeziehen, soweit dies möglich ist und die Erziehung hierdurch nicht beeinträchtigt wird.

(2) Der Vollzugsplan enthält insbesondere folgende Angaben:

1. die dem Vollzugsplan zu Grunde liegenden Annahmen zu Ursachen und Umständen der Straftaten sowie die Erläuterung der Ziele, Inhalte und Methoden der Erziehung und Förderung der Gefangenen,

2. Unterbringung im geschlossenen oder offenen Vollzug,

3. Zuweisung zu Wohngruppen und Behandlungsgruppen oder -abteilungen,

4. Verlegung in eine sozialtherapeutische Einrichtung,

5. Teilnahme an schulischen, berufsorientierenden, qualifizierenden oder arbeitstherapeutischen Maßnahmen oder Zuweisung von Arbeit,

6. besondere Hilfs-, Erziehungs- und Fördermaßnahmen, insbesondere Schuldenregulierung einschließlich Unterhaltszahlungen, Schadensausgleich, Maßnahmen des Täter-Opfer-Ausgleichs, Suchtberatung, Maßnahmen des Verhaltenstrainings,

7. Lockerungen des Vollzuges,

8. Entlassungsvorbereitung,

9. therapeutische Behandlungen,

10. Teilnahme an Sport- und Freizeitangeboten,

11. Pflege familiärer Beziehungen und Gestaltung der Außenkontakte.

Die Angaben sind in Grundzügen zu begründen.

(3) Der Vollzugsplan ist mit der Entwicklung der Gefangenen in Einklang zu halten. Er wird regelmäßig alle vier Monate überprüft und fortgeschrieben. Bei einer Vollzugsdauer von mehr als drei Jahren verlängert sich die Frist auf sechs Monate.

(4) Der Vollzugsplan und seine Fortschreibungen sind mit den Gefangenen zu erörtern.

Die Gefangenen bestätigen mit ihrer Unterschrift, dass sie von dem Inhalt des Vollzugsplanes Kenntnis genommen haben. Der Vollzugsplan und seine Fortschreibungen werden der Vollstreckungsleitung und, sofern hierdurch die Erziehung nicht beeinträchtigt wird, auf Wunsch den Personensorgeberechtigten mitgeteilt.

§ 9 Verlegung, Überstellung, Ausantwortung

(1) Die Gefangenen dürfen abweichend vom Vollstreckungsplan in eine andere für den Vollzug der Jugendstrafe zuständige Anstalt verlegt werden, wenn ihre Erziehung oder ihre Eingliederung nach der Entlassung hierdurch gefördert wird oder dies aus Gründen der Vollzugsorganisation oder aus anderen wichtigen Gründen erforderlich ist.

(2) Die Gefangenen dürfen auch verlegt werden, wenn in erhöhtem Maß Fluchtgefahr gegeben ist oder sonst ihr Verhalten, ihr Zustand oder ihre Kontakte zu anderen Gefangenen eine Gefahr für die Sicherheit oder Ordnung der Anstalt darstellen und die aufnehmende Anstalt wegen der mit der Verlegung bewirkten Veränderungen der Haftverhältnisse oder wegen höherer Sicherheitsvorkehrungen zur sicheren Unterbringung der Gefangenen besser geeignet ist.

(3) Die Gefangenen dürfen aus wichtigem Grund vorübergehend in eine andere Anstalt überstellt werden.

(4) § 92 bleibt unberührt.

(5) Die Gefangenen dürfen auf begründeten Antrag befristet einer Polizeibehörde übergeben werden (Ausantwortung).

(6) Die Personensorgeberechtigten, die Vollstreckungsleitung und die Jugendgerichtshilfe werden von der Verlegung unverzüglich unterrichtet.

§ 10 Sozialtherapie

(1) Gefangene sind in eine sozialtherapeutische Einrichtung zu verlegen, wenn sie wegen einer Straftat nach den §§ 174 bis 180 oder 182 des Strafgesetzbuchs zu einer Jugendstrafe verurteilt worden sind und die Er-

ziehung in einer sozialtherapeutischen Einrichtung angezeigt ist.

(2) Andere Gefangene können in eine sozialtherapeutische Einrichtung verlegt werden, wenn die besonderen therapeutischen Mittel und sozialen Hilfen zu ihrer Erziehung angezeigt sind und die Leitung der Einrichtung zustimmt.

(3) Kann der Zweck der Erziehung aus Gründen, die in der Person von Gefangenen liegen, nicht erreicht werden, ist von einer Verlegung nach Absatz 1 oder 2 abzusehen oder die Gefangenen sind zurückzuverlegen. Über die Verlegung von Gefangenen nach Absatz 1 ist jeweils spätestens nach Ablauf von vier Monaten neu zu entscheiden.

(4) § 9 bleibt unberührt.

§ 11 Geschlossener und offener Vollzug

(1) Die Gefangenen werden im geschlossenen oder offenen Vollzug untergebracht.

(2) Die Gefangenen sollen im offenen Vollzug untergebracht werden, wenn sie hierfür geeignet sind. Geeignet sind Gefangene, wenn sie den besonderen Anforderungen des offenen Vollzuges genügen, insbesondere verantwortet werden kann zu erproben, dass sie sich dem Vollzug nicht entziehen und die Möglichkeiten des offenen Vollzuges nicht zur Begehung von Straftaten missbrauchen werden.

(3) Ist gegen Gefangene eine Jugendstrafe wegen einer Straftat nach den §§ 174 bis 180, 182 des Strafgesetzbuchs, wegen grober Gewalttätigkeit gegen Personen oder, sofern diese Straftaten als Rauschtat begangen wurden, wegen Vollrausches (§ 323a des Strafgesetzbuchs) zu vollziehen oder war dies während eines vorangegangenen Freiheitsentzuges der Fall, ist vor ihrer Verlegung in den offenen Vollzug eine schriftliche Stellungnahme einer psychologischen Fachkraft, die nicht mit den Gefangenen therapeutisch befasst ist oder war, oder ein psychiatrisches Gutachten einzuholen. Hiervon kann mit Zustimmung der Aufsichtsbehörde abgesehen werden, wenn die betroffene Jugendstrafe während eines vorangegangenen Freiheitsentzuges zu vollziehen war und die seither

eingetretene Entwicklung der Gefangenen eine fachdienstliche Begutachtung nicht mehr erfordert.

§ 12 Lockerungen

(1) Den Gefangenen kann als Lockerung des Vollzuges insbesondere erlaubt werden,

1. die Anstalt für eine bestimmte Tageszeit unter Aufsicht (Ausführung) oder ohne Aufsicht (Ausgang) zu verlassen,

2. die Anstalt für die Dauer von bis zu 24 Kalendertagen in einem Vollstreckungsjahr zu verlassen (Freistellung von der Haft),

3. außerhalb der Anstalt regelmäßig einer Beschäftigung unter Aufsicht (Außenbeschäftigung) oder ohne Aufsicht (Freigang) nachzugehen oder

4. den Vollzug in besonderen Erziehungseinrichtungen oder in Übergangseinrichtungen freier Träger fortzusetzen,

wenn sie hierfür geeignet sind. Geeignet sind Gefangene, wenn verantwortet werden kann zu erproben, dass sie sich dem Vollzug nicht entziehen und die Lockerungen nicht zur Begehung von Straftaten missbrauchen werden. Lockerungen nach Satz 1 Nummer 4 werden nach Anhörung der Vollstreckungsleitung gewährt. § 11 Absatz 3 gilt entsprechend.

(2) Lockerungen können versagt werden, wenn die Gefangenen ihren Mitwirkungspflichten nicht nachkommen.

(3) Durch die Freistellung von der Haft wird die Strafvollstreckung nicht unterbrochen.

(4) Die Anstaltsleitung kann den Gefangenen Weisungen für Lockerungen erteilen.

§ 13 Lockerungen aus wichtigem Anlass

(1) Die Anstaltsleitung kann Gefangenen aus Anlass der lebensgefährlichen Erkrankung oder des Todes von Angehörigen oder aus anderem wichtigen Anlass nach Maßgabe des § 12 Ausgang oder weitere Freistellung von der Haft gewähren, aus anderem wichtigen Anlass jedoch nur jeweils bis zu sieben Kalendertagen.

(2) Sind die Gefangenen für die Gewährung von Ausgang oder für die Freistellung von der Haft nicht geeignet, kann die Anstaltsleitung sie ausführen lassen. Die Kosten tragen die Gefangenen. Der Anspruch ist nicht geltend zu machen, wenn dies die Erziehung oder die Eingliederung behindern würde.

§ 14 Lockerungen aus Anlass gerichtlicher Termine

(1) Die Anstaltsleitung kann Gefangenen nach Maßgabe des § 12 Absätze 1, 3 und 4 Ausgang oder weitere Freistellung von der Haft zur Teilnahme an gerichtlichen Terminen gewähren, wenn anzunehmen ist, dass sie der Ladung folgen.

(2) Wenn Gefangene zu gerichtlichen Terminen geladen sind und Ausgang oder Freistellung von der Haft nicht gewährt wird, lässt die Anstaltsleitung sie mit ihrer Zustimmung zu den Terminen ausführen, sofern wegen Entweichungs- oder Missbrauchsgefahr (§ 12 Absatz 1 Satz 2) keine überwiegenden Gründe entgegenstehen. Sind die Gefangenen als Partei oder Beteiligte geladen, ist ihre Ausführung nur zu ermöglichen, wenn ihr persönliches Erscheinen angeordnet oder von Gesetzes wegen erforderlich ist, sonst kann sie ermöglicht werden. Die Kosten tragen die Gefangenen. Sind sie dazu nicht in der Lage, kann die Anstalt die Kosten in begründeten Fällen in angemessenem Umfang übernehmen.

(3) Auf Ersuchen eines Gerichts lässt die Anstaltsleitung die Gefangenen vorführen. Sie erteilt die erforderlichen Weisungen und entscheidet über besondere Sicherungsmaßnahmen, insbesondere über die Dauer der während der Vorführung erforderlichen Fesselung der Gefangenen.

(4) Die Anstalt unterrichtet das Gericht über das Veranlasste.

§ 15 Lockerungen zur Vorbereitung der Entlassung

(1) Um die Entlassung vorzubereiten, sollen den Gefangenen Lockerungen gewährt werden (§ 12).

(2) Darüber hinaus können den Gefangenen nach Maßgabe des § 12 zur Vorbereitung der Entlassung

1. innerhalb von drei Monaten vor der Entlassung weitere Freistellung von der Haft bis zu vierzehn Kalendertagen,

2. in einer sozialtherapeutischen Einrichtung (§ 10) weitere Freistellung von der Haft bis zu sechs Monaten vor der Entlassung,

3. zur Teilnahme an langfristigen Wiedereingliederungsmaßnahmen nach Anhörung der Vollstreckungsleitung weitere Freistellung von der Haft bis zu vier Monaten vor der Entlassung

gewährt werden.

(3) Zum Freigang zugelassene Gefangene können innerhalb von neun Monaten vor der Entlassung weitere Freistellung von der Haft bis zu sechs Tagen im Monat erhalten; Absatz 2 Nummer 1 findet keine Anwendung.

(4) Die Gefangenen können in den offenen Vollzug (§ 11) verlegt werden, wenn dies der Vorbereitung der Entlassung dient.

(5) Werden Lockerungen nach Absatz 2 Nummer 2 oder 3 gewährt, sollen den Gefangenen Weisungen erteilt werden. Sie können insbesondere angewiesen werden, sich einer von der Anstalt bestimmten Betreuungsperson zu unterstellen und jeweils für kurze Zeit in die Anstalt zurückzukehren.

§ 16 Entlassungsvorbereitung

Zur Vorbereitung der Entlassung sind die Gefangenen bei der Ordnung ihrer persönlichen, wirtschaftlichen und sozialen Angelegenheiten zu beraten und zu unterstützen. Die Bereitschaft der Gefangenen, ihre Angelegenheiten dabei sowie wie möglich selbstständig zu regeln, ist zu wecken und zu fördern. Die Anstalt arbeitet daneben frühzeitig mit den in § 103 Absatz 1 genannten Behörden, Institutionen und Personen zusammen, um zu erreichen, dass die Eingliederung der Gefangenen gefördert wird und sie insbesondere über eine geeignete Unterbringung, eine Arbeits- oder Ausbildungsstelle und, soweit dies im Einzelfall geboten erscheint, persönliche Betreuung verfügen. Insbesondere mit der Jugendbewährungshilfe, den Aufsichtsstellen für die Führungsaufsicht, den Einrichtungen der Entlassenenhilfe und der Jugendgerichtshilfe ist frühzeitig Kontakt aufzunehmen. Die Jugendbewährungshilfe und die Jugendgerichtshilfe beteiligen sich rechtzeitig an den Entlassungsvorbereitungen der Anstalt. Die Personensorgeberechtigten werden rechtzeitig unterrichtet.

§ 17 Entlassung

(1) Die Gefangenen sollen am letzten Tag ihrer Strafzeit möglichst frühzeitig, jedenfalls noch am Vormittag entlassen werden. Die gilt auch, wenn sie auf Grund einer gerichtlichen Entscheidung oder auf Grund eines Gnadenerweises vorzeitig zu entlassen sind.

(2) Fällt das Strafende auf einen Samstag oder Sonntag, einen gesetzlichen Feiertag, den ersten Werktag nach Ostern oder Pfingsten oder in die Zeit vom 22. Dezember bis zum 6. Januar, so können die Gefangenen an dem diesem Tag oder Zeitraum vorhergehenden Werktag entlassen werden, wenn sie sich zum Zeitpunkt der beabsichtigten Entlassung mindestens einen Monat ununterbrochen im Vollzug befinden und fürsorgerische Gründe nicht entgegenstehen.

(3) Die Entlassung kann bis zu zwei Tage vorverlegt werden, wenn die Gefangenen zu ihrer Eingliederung hierauf angewiesen sind.

(4) Absätze 2 und 3 gelten auch nach einer Anrechnung der Freistellung auf den Entlassungszeitpunkt (§ 41 Absatz 4 Satz 1) oder wenn eine Strafe oder Ersatzfreiheitsstrafe infolge der Vorverlegung überhaupt nicht vollzogen wird.

(5) Bedürftigen Gefangenen kann bei der Entlassung ein Zuschuss zu den Reisekosten, angemessene Kleidung und sonstige notwendige Unterstützung gewährt werden.

§ 18 Unterstützung nach der Entlassung

(1) Die Anstalt kann Gefangenen auf Antrag auch nach der Entlassung Hilfestellung gewähren, soweit diese nicht anderweitig zur Verfügung steht und der Erfolg der Erziehung gefährdet erscheint.

(2) Auf Antrag der Gefangenen kann eine im Vollzug begonnene Betreuung nach der Entlassung vorübergehend fortgeführt werden, soweit sie nicht anderweitig durchgeführt werden kann.

(3) Im Zuge der nachgehenden Betreuung nach Absatz 2 können Gefangene auf Antrag vorübergehend wieder in der Anstalt aufgenommen werden, wenn der Erfolg ihrer Erziehung gefährdet und die Aufnahme aus diesem Grunde gerechtfertigt ist. Die Anträge der Gefangenen und die Aufnahme sind bei Störungen des Anstaltsbetriebes oder aus erheblichen organisatorischen Gründen jederzeit widerruflich. Gegen die Aufgenommenen dürfen Maßnahmen des Vollzuges nicht mit unmittelbarem Zwang durchgesetzt werden. § 79 Absätze 2 und 3 bleibt unberührt.

Abschnitt 3
Unterbringung und Ernährung der Gefangenen

§ 19 Unterbringung

(1) Die Gefangenen werden während der Ruhezeit allein in ihren Hafträumen untergebracht. Sie können auch während der Ruhezeit gemeinsam untergebracht werden, wenn Gefangene hilfsbedürftig sind oder eine Gefahr für Leben oder Gesundheit von Gefangenen besteht und bei einer gemeinsamen Unterbringung mit nicht hilfsbedürftigen oder gefährdeten Gefangenen diese zugestimmt haben.

(2) Ausbildung und Arbeit finden in Gemeinschaft statt, soweit dies mit Rücksicht auf die Anforderungen der verfügbare Ausbildungs- und Arbeitsplätze möglich ist. Dasselbe gilt für arbeitstherapeutische und sonstige Beschäftigung während der Arbeitszeit.

(3) Während der Freizeit können die Gefangenen sich in der Gemeinschaft mit anderen aufhalten. Für die Teilnahme an gemeinschaftlichen Veranstaltungen kann die Anstaltsleitung mit Rücksicht auf die räumlichen, personellen und organisatorischen Verhältnisse der Anstalt besondere Regelungen treffen.

(4) Die gemeinschaftliche Unterbringung während der Arbeitszeit und Freizeit kann eingeschränkt werden, wenn

1. die Gefangenen nach § 7 untersucht werden, aber nicht länger als zwei Monate,

2. es die Sicherheit oder Ordnung der Anstalt erfordert,

3. ein schädlicher Einfluss auf andere Gefangene zu befürchten ist,

4. dies aus erzieherischen Gründen angezeigt ist oder

5. die Gefangenen zustimmen.

§ 20 Wohngruppen

(1) Geeignete Gefangene sollen in Wohngruppen untergebracht werden. Nicht geeignet sind in der Regel Gefangene, die auf Grund ihres Verhaltens nicht gruppenfähig sind.

(2) Wohngruppen sollen in der Regel mindestens mit acht und höchstens mit zwölf Gefangenen belegt werden. Eine Belegung mit mehr als fünfzehn Gefangenen darf nicht erfolgen. Die Belegung soll sich an erzieherischen Grundsätzen, insbesondere an dem Alter der Gefangenen, an der Dauer der zu vollziehenden Jugendstrafen und an den diesen zu Grunde liegenden Straftaten, orientieren.

(3) Wohngruppen werden von erzieherisch befähigten Bediensteten geleitet, verfügen über Gruppenräume für gemeinschaftliche Beschäftigung und bieten besondere Behandlungs- und Freizeitangebote.

§ 21 Mütter mit Kindern

(1) Ist das Kind einer Gefangenen noch nicht fünf Jahre alt und gibt es keine Alternative, so kann es mit Zustimmung der Inhaber des Aufenthaltsbestimmungsrechts in der Anstalt untergebracht werden, in der sich seine Mutter befindet, wenn dies seinem Wohl entspricht. Vor der Unterbringung ist das Jugendamt zu hören.

(2) Die Unterbringung einschließlich der Gesundheitsfürsorge erfolgt auf Kosten der für das Kind Unterhaltspflichtigen. Von der Geltendmachung des Kostenersatzanspruchs kann abgesehen werden, wenn hierdurch die gemeinsame Unterbringung von Mutter und Kind gefährdet würde.

§ 22 Ausstattung des Haftraumes, persönlicher Besitz

(1) Die Gefangenen dürfen ihre Hafträume in angemessenem Umfang mit eigenen Sachen ausstatten. Lichtbilder nahe stehender Personen und Erinnerungsstücke von persönlichem Wert werden ihnen belassen.

(2) Vorkehrungen und Gegenstände, die die Übersichtlichkeit des Haftraumes behindern, in anderer Weise Sicherheit oder Ordnung der Anstalt gefährden oder die Erfüllung des Vollzugsziels gefährden, können ausgeschlossen werden.

(3) Die Anstaltsleitung kann besondere Regelungen zum angemessenen Umfang der Haftraumausstattung und zu Art und Umfang der Vorkehrungen und Gegenstände nach Absatz 2, insbesondere zu Wertgrenzen für Armbanduhren, Schmuckgegenstände und Elektrogeräte, treffen.

§ 23 Kleidung

(1) Die Gefangenen dürfen eigene Kleidung tragen, wenn sie für Reinigung und Instandsetzung auf eigene Kosten sorgen. § 22 Absatz 2 gilt entsprechend.

(2) Die Anstaltsleitung kann das Tragen von Anstaltskleidung allgemein oder im Einzelfall anordnen, wenn dies aus Gründen der Sicherheit oder Ordnung der Anstalt erforderlich ist.

§ 24 Verpflegung

Die Gefangenen erhalten Anstaltsverpflegung. Zusammensetzung und Nährwert der Anstaltsverpflegung werden ärztlich überwacht. Religiöse Speisegebote werden beachtet.

§ 25 Einkauf

(1) Die Gefangenen können regelmäßig aus einem von der Anstalt vermittelten Angebot einkaufen (Regeleinkauf).

(2) Den Gefangenen kann gestattet werden, in angemessenem Umfang bis zu dreimal jährlich zusätzlich zu dem Regeleinkauf einzukaufen.

(3) Für die Organisation des Einkaufs und den Inhalt des Warenangebots kann die Anstaltsleitung unter Würdigung der Wünsche und Bedürfnisse der Gefangenen besondere Regelungen treffen.

(4) Gegenstände, die die Sicherheit oder Ordnung der Anstalt gefährden, können vom Einkauf ausgeschlossen werden. Auf ärztliche Anordnung kann den Gefangenen der Einkauf einzelner Nahrungs- und Genussmittel ganz oder teilweise untersagt werden, wenn zu befürchten ist, dass sie ihre Gesundheit ernsthaft gefährden. In Krankenhäusern und Krankenabteilungen kann der Einkauf einzelner Nahrungs- und Genussmittel auf ärztliche Anordnung allgemein untersagt oder eingeschränkt werden.

Abschnitt 4
Verkehr mit Personen außerhalb der Anstalt

§ 26 Besuch

(1) Die Gefangenen dürfen regelmäßig Besuch empfangen. Die Gesamtdauer beträgt mindestens vier Stunden im Monat.

(2) Kontakte der Gefangenen zu ihren Angehörigen im Sinne des Strafgesetzbuchs werden besonders gefördert. Besuche von Kindern der Gefangenen werden nicht auf die Besuchszeiten nach Absatz 1 angerechnet.

(3) Besuche sollen darüber hinaus zugelassen werden, wenn sie die Erziehung oder die Eingliederung der Gefangenen fördern oder persönlichen, rechtlichen oder geschäftlichen Angelegenheiten dienen, die nicht von den Gefangenen schriftlich erledigt, durch Dritte wahrgenommen oder bis zur Entlassung der Gefangenen aufgeschoben werden können.

(4) Aus Gründen der Sicherheit und Ordnung der Anstalt können die Besuche davon abhängig gemacht werden, dass Besucherinnen und Besucher sich durchsuchen lassen. Für Art und Umfang der Durchsuchungen, insbesondere für den Einsatz technischer Hilfsmittel, und für den für Durchsuchungen in Betracht kommenden Personenkreis kann die Anstaltsleitung mit Rücksicht auf die Sicherheitsbedürfnisse der Anstalt besondere Regelungen treffen.

(5) Die Anstaltsleitung kann Besuche untersagen,

1. wenn die Sicherheit oder Ordnung der Anstalt gefährdet würde,

2. bei Besucherinnen und Besuchern, die nicht Angehörige der Gefangenen im Sinne des Strafgesetzbuchs sind, wenn zu befürchten ist, dass sie einen schädlichen Einfluss auf die Gefangenen haben oder ihre Eingliederung behindern würden,

3. wenn die Personensorgeberechtigten nicht einverstanden sind.

§ 27 Überwachung der Besuche

(1) Besuche dürfen aus Gründen der Erziehung oder der Sicherheit oder Ordnung der Anstalt überwacht werden, es sei denn, es liegen im Einzelfall Erkenntnisse dafür vor, dass es der Überwachung nicht bedarf. Die Überwachung der Besuche mit optisch-elektronischen Einrichtungen (Videoüberwachung) ist zulässig. Die Gefangenen und die Besucherinnen und Besucher sind vor dem Besuch darauf hinzuweisen.

(2) Die Unterhaltung darf nur überwacht werden, soweit dies im Einzelfall aus den in Absatz 1 Satz 1 genannten Gründen erforderlich ist. Absatz 1 Sätze 2 und 3 findet keine Anwendung.

(3) Besuche dürfen abgebrochen werden, wenn Besucherinnen und Besucher oder Gefangene gegen die Vorschriften dieses Gesetzes oder die auf Grund dieses Gesetzes getroffenen Anordnungen trotz Abmahnung verstoßen oder wenn Besucherinnen und Besucher einen schädlichen Einfluss ausüben. Die Abmahnung unterbleibt, wenn es unerlässlich ist, den Besuch sofort abzubrechen.

(4) Gegenstände dürfen beim Besuch nur mit Erlaubnis übergeben werden. Die Anstaltsleitung kann im Einzelfall die Nutzung einer Trennvorrichtung anordnen, wenn dies mit Rücksicht auf die Sicherheit oder Ordnung der Anstalt zur Verhinderung einer unerlaubten Übergabe von Gegenständen erforderlich ist.

§ 28 Besuche von Rechtsanwältinnen und Rechtsanwälten und Notarinnen und Notaren

(1) Besuche von Rechtsanwältinnen, Rechtsanwälten, Notarinnen und Notaren in einer die Gefangenen betreffenden Rechtssache sowie von Beiständen nach § 69 des Jugendgerichtsgesetzes sind zu gestatten. § 26 Absatz 4 gilt entsprechend.

(2) Besuche von Rechtsanwältinnen, Rechtsanwälten, Notarinnen und Notaren und von Beiständen nach § 69 des Jugendgerichtsgesetzes werden nicht überwacht.

(3) Beim Besuch von Rechtsanwältinnen, Rechtsanwälten, Notarinnen und Notaren mitgeführte Schriftstücke und sonstige Unterlagen dürfen übergeben werden, ihre inhaltliche Überprüfung ist nicht zulässig.

(4) Liegt dem Vollzug eine Straftat nach § 129a, auch in Verbindung mit § 129b Absatz 1, des Strafgesetzbuchs zugrunde oder ist eine solche Freiheits- oder Jugendstrafe im Anschluss an den Vollzug einer wegen einer anderen Straftat verhängten Jugendstrafe zu vollziehen, gelten § 148 Absatz 2 und § 148a der Strafprozessordnung entsprechend, es sei denn, die Gefangenen befinden sich im offenen Vollzug (§ 11) oder ihnen werden Lockerungen gewährt (§ 12) und Gründe für einen Widerruf oder eine Zurücknahme der Lockerungen (§ 92 Absätze 2 und 3) liegen nicht vor.

§ 29 Schriftwechsel

(1) Die Gefangenen dürfen unbeschränkt Schreiben absenden und empfangen. Absendung und Empfang der Schreiben vermittelt die Anstalt, eingehende und ausgehende Schreiben werden unverzüglich weitergeleitet.

(2) Die Anstaltsleitung kann den Schriftwechsel mit bestimmten Personen untersagen,

1. wenn die Sicherheit oder Ordnung der Anstalt gefährdet würde,

2. bei Personen, die nicht Angehörige der Gefangenen im Sinne des Strafgesetzbuchs sind, wenn zu befürchten ist, dass

der Schriftwechsel einen schädlichen Einfluss auf die Gefangenen haben oder ihre Eingliederung behindern würde, oder

3. wenn Personensorgeberechtigte nicht einverstanden sind.

(3) Die Kosten des Schriftwechsels tragen die Gefangenen. Sind sie dazu nicht in der Lage, kann die Anstalt sie in besonders begründeten Fällen in angemessenem Umfang übernehmen.

§ 30 Überwachung des Schriftwechsels

(1) Der Schriftwechsel darf aus Gründen der Erziehung oder der Sicherheit oder Ordnung der Anstalt überwacht werden.

(2) Der Schriftwechsel mit Mitgliedern der Anstaltsbeiräte (§§ 110 bis 113) und mit Rechtsanwältinnen, Rechtsanwälten, Notarinnen und Notaren und mit Beiständen nach § 69 des Jugendgerichtsgesetzes wird nicht überwacht. Für den Schriftwechsel mit Rechtsanwältinnen, Rechtsanwälten, Notarinnen und Notaren und mit Beiständen nach § 69 des Jugendgerichtsgesetzes gilt § 28 Absatz 4 entsprechend.

(3) Nicht überwacht werden ferner Schreiben der Gefangenen

1. an Volksvertretungen des Bundes und der Länder, an das Europäische Parlament und an die Mitglieder dieser Gremien, soweit die Schreiben an die Anschriften der Gremien gerichtet sind und die Absender zutreffend angeben,

2. an den Europäischen Gerichtshof für Menschenrechte,

3. an den Europäischen Ausschuss zur Verhütung von Folter und unmenschlicher oder erniedrigender Behandlung oder Strafe,

4. an sonstige Organisationen oder Einrichtungen, mit denen der Schriftverkehr auf Grund völkerrechtlicher Verpflichtungen der Bundesrepublik Deutschland geschützt ist,

5. an die Datenschutzbeauftragten des Bundes und der Länder und

6. an Gerichte, Staatsanwaltschaften und die Aufsichtsbehörde (§ 107).

(4) Schreiben der in Absatz 3 genannten Stellen, die an die Gefangenen gerichtet sind, werden nicht überwacht, sofern die Identität der Absender zweifelsfrei feststeht.

(5) Schreiben der Gefangenen an nicht in der Anstalt tätige Ärztinnen oder Ärzte, die mit der Untersuchung oder Behandlung der Gefangenen befasst sind, sowie Schreiben dieser Ärztinnen oder Ärzte an die Gefangenen dürfen nur von in der Anstalt tätigen Ärztinnen oder Ärzten überwacht werden.

§ 31 Anhalten von Schreiben

(1) Die Anstaltsleitung kann Schreiben anhalten,

1. wenn durch sie die Erfüllung des Vollzugsziels oder die Sicherheit oder Ordnung der Anstalt gefährdet würde,

2. wenn die Weitergabe in Kenntnis ihres Inhalts einen Straf- oder Bußgeldtatbestand verwirklichte,

3. wenn sie grob unrichtige oder erheblich entstellende Darstellungen von Anstaltsverhältnissen enthalten,

4. wenn sie grobe Beleidigungen enthalten,

5. wenn sie die Eingliederung anderer Gefangener gefährden können oder

6. wenn sie in Geheimschrift, unlesbar, unverständlich oder ohne zwingenden Grund in einer fremden Sprache abgefasst sind.

(2) Ausgehenden Schreiben, die unrichtige Darstellungen enthalten, kann ein Begleitschreiben beigefügt werden, wenn die Gefangenen auf der Absendung bestehen.

(3) Ist ein Schreiben angehalten worden, werden die Gefangenen unterrichtet. Angehaltene Schreiben werden an die Absender zurückgegeben oder behördlich verwahrt.

(4) Schreiben, deren Überwachung nach § 30 Absätze 2 bis 4 ausgeschlossen ist, dürfen nicht angehalten werden.

§ 32 Telefongespräche

(1) Den Gefangenen kann gestattet werden, auf eigene Kosten Telefongespräche zu führen. Die Gespräche dürfen aus Gründen der Erziehung oder der Sicherheit oder Ordnung der Anstalt überwacht werden. Ist die Über-

wachung des Telefongesprächs erforderlich, ist die beabsichtigte Überwachung den Gesprächspartnern der Gefangenen durch die Anstalt oder durch die Gefangenen unmittelbar nach Herstellung der Verbindung mitzuteilen. § 30 Absatz 2 Satz 1 und Absatz 3 gilt entsprechend. Die Gefangenen sind rechtzeitig vor Beginn des Telefongesprächs über die beabsichtigte Überwachung und die Mitteilungspflicht nach Satz 3 zu unterrichten.

(2) Auf dem Gelände der Anstalt können technische Geräte zur Störung von Frequenzen betrieben werden, die der Herstellung unerlaubter Mobilfunkverbindungen dienen. Es ist sicherzustellen, dass der Mobilfunkverkehr außerhalb des Anstaltsgeländes hierdurch nicht beeinträchtigt wird. Die von der Bundesnetzagentur gemäß § 55 Absatz 1 Satz 5 des Telekommunikationsgesetzes vom 22. Juni 2004 (BGBl. I S. 1190), zuletzt geändert am 21. Dezember 2007 (BGBl. I S. 3198, 3205), in der jeweils geltenden Fassung festgelegten Rahmenbedingungen sind zu beachten.

§ 33 Pakete

(1) Der Empfang von Paketen bedarf der Erlaubnis der Anstalt, welche Zeitpunkt und Höchstmenge für die Sendung und für einzelne Gegenstände festsetzen kann. § 25 Absatz 4 Satz 1 gilt entsprechend. Die Anstalt kann darüber hinaus Gegenstände und Verpackungsformen ausschließen, die einen unverhältnismäßigen Kontrollaufwand bedingen.

(2) Pakete sind in Gegenwart der Gefangenen zu öffnen. Ausgeschlossene Gegenstände können zu ihrer Habe genommen oder den Absendern zurückgesandt werden. Nicht ausgehändigte Gegenstände, durch die bei der Versendung oder Aufbewahrung Personen verletzt oder Sachschäden verursacht werden können, dürfen vernichtet werden. Die hiernach getroffenen Maßnahmen werden den Gefangenen eröffnet.

(3) Den Gefangenen kann gestattet werden, Pakete zu versenden. Die Anstalt kann ihren Inhalt aus Gründen der Sicherheit oder Ordnung der Anstalt überprüfen.

(4) Die Kosten des Paketverkehrs tragen die Gefangenen. Sind sie dazu nicht in der Lage, kann die Anstalt sie in besonders begründeten Fällen in angemessenem Umfang übernehmen.

Abschnitt 5
Schulische und berufliche Aus- und Weiterbildung, Arbeit

§ 34 Grundsatz, Zuweisung

(1) Die Gefangenen haben ein Recht auf schulische und berufliche Aus- und Weiterbildung und auf Arbeit.

(2) Die Vollzugsbehörden sollen

1. Gefangenen vorrangig die Teilnahme an schulischen und beruflichen Orientierungs-, Aus- und Weiterbildungsmaßnahmen oder speziellen Maßnahmen zur Förderung ihrer schulischen, beruflichen oder persönlichen Entwicklung ermöglichen,

2. im Übrigen im Zusammenwirken mit den Vereinigungen und Stellen des Arbeits- und Wirtschaftslebens dafür sorgen, dass den Gefangenen unter Berücksichtigung ihrer Fähigkeiten, Fertigkeiten und Neigungen wirtschaftlich ergiebige Arbeit zugewiesen werden kann, und dazu beitragen, dass sie beruflich gefördert, beraten und vermittelt werden,

3. die Gefangenen arbeitstherapeutisch beschäftigen, sofern sie zu wirtschaftlich ergiebiger Arbeit nicht fähig sind.

(3) Die Maßnahmen nach Absatz 2 dienen insbesondere dem Ziel, Fähigkeiten für eine Erwerbstätigkeit nach der Entlassung zu vermitteln, zu erhalten oder zu fördern.

§ 35 Schulische Aus- und Weiterbildung

(1) Bei der schulischen Aus- und Weiterbildung wird die spezielle Förderungsbedarf der Gefangenen in angemessener Weise berücksichtigt. Insbesondere schulpflichtige Gefangene erhalten nach Möglichkeit Unterricht in Anlehnung an die für öffentliche Schulen geltenden Vorschriften. Daneben soll nach Möglichkeit Unterricht zur Erlangung anderer staatlich anerkannter Schulabschlüsse sowie

lebenskundlicher Unterricht und berufsbildender Unterricht auf Einzelgebieten erteilt werden. Die schulische Aus- und Weiterbildung umfasst das Fach Sport.

(2) Für die Teilnahme an weiteren schulischen Maßnahmen, insbesondere für die Teilnahme an Alphabetisierungskursen oder an Fördermaßnahmen für Ausländer, trifft die Anstaltsleitung mit Rücksicht auf die räumlichen, personellen und organisatorischen Verhältnisse der Anstalt besondere Regelungen.

(3) Für Maßnahmen der beruflichen Aus- und Weiterbildung nach § 34 Absatz 2 Nummer 1 ist berufsbegleitender Unterricht vorzusehen, soweit die Art der Maßnahme es erfordert.

(4) Unterricht soll während der Arbeitszeit stattfinden.

§ 36 Freies Beschäftigungsverhältnis, Selbstbeschäftigung

(1) Den Gefangenen soll gestattet werden, einer Berufsausbildung, beruflichen Weiterbildung, Umschulung oder Arbeit auf der Grundlage eines freien Beschäftigungsverhältnisses außerhalb der Anstalt nachzugehen oder sich innerhalb oder außerhalb der Anstalt selbst zu beschäftigen, wenn sie hierfür geeignet sind und dies im Rahmen des Vollzugsplans dem Ziel dient, Fähigkeiten für eine Erwerbstätigkeit nach der Entlassung zu vermitteln, zu erhalten oder zu fördern.

(2) § 12 Absatz 1 Satz 1 Nummer 3 und Sätze 2 und 3, Absätze 2 und 4 bleibt unberührt.

(3) Die Anstalt kann verlangen, dass ihr das Entgelt zur Gutschrift für die Gefangenen überwiesen wird.

§ 37 Zeugnisse

Aus Zeugnissen oder Bescheinigungen über die Teilnahme an Bildungsmaßnahmen darf nicht erkennbar sein, dass sie während des Vollzuges einer Jugendstrafe erworben wurden.

§ 38 Teilnahme- und Arbeitspflicht

Die Gefangenen sind vorrangig zur Teilnahme an schulischen und beruflichen Maßnahmen nach § 34 Absatz 2 Nummer 1 verpflichtet, im Übrigen zur Arbeit oder arbeitstherapeutischen Beschäftigung nach § 34 Absatz 2 Nummern 2 und 3, soweit sie dazu in der Lage sind. Die gesetzlichen Beschäftigungsverbote zum Schutz erwerbstätiger Mütter finden Anwendung.

§ 39 Freistellung von der Teilnahme- und Arbeitspflicht

(1) Gefangene, die sechs Monate lang zusammenhängend Tätigkeiten nach § 34 Absatz 2 ausgeübt haben, werden auf ihren Antrag hin elf Arbeitstage von der Teilnahme- und Arbeitspflicht freigestellt. Zeiten, in denen die Gefangenen infolge Krankheit verhindert waren, werden bis zu drei Wochen halbjährlich angerechnet. Auf die Zeit der Freistellung von der Teilnahme- und Arbeitspflicht werden Lockerungen nach § 12 Absatz 1 Satz 1 Nummer 2 angerechnet, soweit sie in die Arbeitszeit fallen.

(2) Die Freistellung von der Teilnahme- und Arbeitspflicht kann nur innerhalb von sechs Monaten nach Ablauf eines Berechnungszeitraumes in Anspruch genommen werden. Die Gesamtdauer der Freistellungen von der Teilnahme- und Arbeitspflicht innerhalb eines Jahres darf zweiundzwanzig Arbeitstage nicht übersteigen.

(3) Die Gefangenen erhalten für die Zeit der Freistellung von der Teilnahme- und Arbeitspflicht ihre zuletzt gezahlten Bezüge weiter.

(4) Urlaubsregelungen der Beschäftigungsverhältnisse außerhalb des Vollzuges bleiben unberührt.

§ 40 Ausbildungsbeihilfe, Arbeitsentgelt

(1) Gefangene, die während der Arbeitszeit an Maßnahmen nach § 34 Absatz 2 Nummer 1 teilnehmen, erhalten hierfür eine Ausbildungsbeihilfe, soweit ihnen keine Leistungen zum Lebensunterhalt zustehen, die freien Personen aus solchem Anlass gewährt werden. Der Nachrang der Sozialhilfe nach § 2 Absatz 2 des Zwölften Buches Sozialgesetzbuch vom 27. Dezember 2003 (BGBl. I S. 3022, 3023), zuletzt geändert am 28. Mai 2008 (BGBl. I S. 874, 891), in der jeweils geltenden Fassung wird nicht berührt.

(2) Wer eine Tätigkeit nach § 34 Absatz 2 Nummer 2 ausübt erhält ein Arbeitsentgelt. Dies gilt auch, sofern die Gefangenen arbeitstherapeutisch beschäftigt werden und dies der Art ihrer Beschäftigung und ihrer Arbeitsleistung entspricht.

(3) Die Ausbildungsbeihilfe und das Arbeitsentgelt

1. sind unter Zugrundelegung von 9 vom Hundert der Bezugsgröße nach § 18 des Vierten Buches Sozialgesetzbuch in der Fassung von 23. Januar 2006 (BGBl. I S. 89, 466), zuletzt geändert am 26. August 2008 (BGBl. I S. 1728, 1730), in der jeweils geltenden Fassung zu bemessen (Eckvergütung); ein Tagessatz ist der zweihundertfünfzigste Teil der Eckvergütung; ein Stundensatz kann ermittelt werden,

2. können je nach Leistung der Gefangenen und der Art der Tätigkeit gestuft werden; 75 vom Hundert der Eckvergütung dürfen nur dann unterschritten werden, wenn die Leistungen der Gefangenen den Mindestanforderungen nicht genügen,

3. sind den Gefangenen schriftlich bekannt zu geben.

§ 41 Freistellung von der Aus- und Weiterbildung und der Arbeit

(1) Die Aus- und Weiterbildung sowie die Arbeit der Gefangenen werden neben der Gewährung von Ausbildungsbeihilfe (§ 40 Absatz 1) oder Arbeitsentgelt (§ 40 Absatz 2) mit einer Freistellung von der Aus- und Weiterbildung oder der Arbeit vergütet, die auch als Freistellung von der Haft genutzt oder auf den Entlassungszeitpunkt angerechnet werden kann.

(2) Haben die Gefangenen zwei Monate lang zusammenhängend eine Tätigkeit nach § 34 Absatz 2 ausgeübt, so werden sie auf ihren Antrag hin einen Kalendertag vor der Aus- und Weiterbildung oder der Arbeit freigestellt. § 39 bleibt unberührt, § 39 Absatz 3 gilt entsprechend. Durch Zeiten, in denen die Gefangenen ohne ihr Verschulden infolge Krankheit, Lockerungen, Freistellung von der Teilnahme- und Arbeitspflicht oder sonstiger

nicht von ihnen zu vertretenen Gründe an ihren Leistungen gehindert sind, wird die Frist nach Satz 1 gehemmt. Beschäftigungszeiträume von weniger als zwei Monaten bleiben unberücksichtigt.

(3) Die Gefangenen können beantragen, dass die Freistellung nach Absatz 2 in Form der Freistellung von der Haft nach Maßgabe des § 12 gewährt wird. § 39 Absatz 3 gilt entsprechend.

(4) Nehmen die Gefangenen die Freistellung nach Absatz 2 oder 3 nicht innerhalb eines Jahres nach Vorliegen der Voraussetzungen in Anspruch oder kann die Freistellung nach Absatz 3 nicht gewährt werden, weil die Gefangenen hierfür nicht geeignet sind, so wird die Freistellung auf den Entlassungszeitpunkt des Gefangenen angerechnet. Eine Anrechnung ist ausgeschlossen, wenn

1. dies durch das Gericht im Zuge einer Entscheidung über eine Aussetzung der Vollstreckung des Restes einer Jugendstrafe zur Bewährung angeordnet wird,

2. der Zeitraum, der nach einer Entscheidung des Gerichts über eine Aussetzung der Vollstreckung des Restes einer Jugendstrafe zur Bewährung bis zur Entlassung verbleibt, für eine Anrechnung zu kurz ist,

3. die Gefangenen im Gnadenwege aus der Haft entlassen werden,

4. nach § 456a Absatz 1 der Strafprozessordnung in Verbindung mit § 2 des Jugendgerichtsgesetzes von der Vollstreckung abgesehen wird.

(5) Ist eine Anrechnung nach Absatz 4 ausgeschlossen, erhalten die Gefangenen bei ihrer Entlassung eine Ausgleichsentschädigung. Die Höhe der Ausgleichsentschädigung beträgt 15 vom Hundert der ihnen nach § 40 Absätze 1 und 3 gewährten Ausbildungsbeihilfe oder des nach § 40 Absätze 2 und 3 gewährten Arbeitsentgelts. Der nicht verzinsliche, nicht abtretbare und nicht vererbliche Anspruch auf Auszahlung der Ausgleichsentschädigung entsteht mit der Entlassung.

I

§ 42 Arbeitslosenversicherung

Soweit die Vollzugsbehörden Beiträge zur Bundesagentur für Arbeit zu entrichten haben – § 347 Nummer 3 des Dritten Buches Sozialgesetzbuch vom 24. März 1997 (BGBl. I S. 594, 595), zuletzt geändert am 26. August 2008 (BGBl. I S. 1728, 1730), in der jeweils geltenden Fassung –, können sie von der Ausbildungsbeihilfe oder dem Arbeitsentgelt einen Betrag einbehalten, der dem Anteil der Gefangenen am Beitrag entspräche, wenn sie diese Bezüge als Arbeitnehmer erhielten.

§ 43 Vergütungsanordnung

Der Senat wird ermächtigt, durch Rechtsverordnung nähere Bestimmungen zur Vergütung nach § 40 zu erlassen (Vergütungsanordnung). Der Senat kann die Ermächtigung nach Satz 1 durch Rechtsverordnung auf die zuständige Behörde weiter übertragen.

Abschnitt 6
Gelder der Gefangenen

§ 44 Grundsatz

Die Gelder der Gefangenen werden auf Hausgeldkonten, Überbrückungsgeldkonten und Eigengeldkonten der Gefangenen in der Anstalt geführt. Sie dürfen nach Maßgabe der §§ 45 bis 48 verwendet werden.

§ 45 Hausgeld

(1) Das Hausgeld wird aus monatlich drei Siebteln der in diesem Gesetz geregelten Bezüge der Gefangenen (§ 40) gebildet. Es darf für den Einkauf (§ 25) oder anderweitig verwendet werden.

(2) Für Gefangene, die in einem freien Beschäftigungsverhältnis stehen oder denen gestattet ist, sich selbst zu beschäftigen (§ 36 Absatz 1), wird aus ihren Bezügen ein angemessenes Hausgeld festgesetzt.

§ 46 Taschengeld

Den Gefangenen wird auf Antrag ein Taschengeld in Höhe von 14 vom Hundert der Eckvergütung (§ 40 Absatz 3 Nummer 1) gewährt, wenn sie ohne ihr Verschulden weder Ausbildungsbeihilfe noch Arbeitsentgelt erhalten und ihnen im laufenden Monat aus Hausgeld (§ 45) und Eigengeld (§ 48) nicht ein Betrag bis zur Höhe des Taschengeldes zur Verfügung steht und sie auch im Übrigen bedürftig sind. Es wird dem Hausgeldkonto gutgeschrieben und darf für den Einkauf (§ 25) oder anderweitig verwendet werden.

§ 47 Überbrückungsgeld

(1) Das Überbrückungsgeld wird aus den in diesem Gesetz geregelten Bezügen (§ 40) und aus den Bezügen der Gefangenen gebildet, die in einem freien Beschäftigungsverhältnis stehen oder denen gestattet ist, sich selbst zu beschäftigen (§ 36 Absatz 1), soweit die Bezüge den Gefangenen nicht als Hausgeld zur Verfügung stehen und das Überbrückungsgeld noch nicht die angemessene Höhe erreicht hat. Die angemessene Höhe wird von der Aufsichtsbehörde (§ 107) festgesetzt.

(2) Das Überbrückungsgeld dient dem Lebensunterhalt der Gefangenen und ihrer Unterhaltsberechtigten für die ersten vier Woche nach ihrer Entlassung. Es wird den Gefangenen bei der Entlassung in die Freiheit ausgezahlt. Die Anstalt kann es ganz oder zum Teil den Bewährungshelfern oder einer mit der Entlassungsbetreuung befassten Stelle oder den Personensorgeberechtigten überweisen, die darüber entscheiden, wie das Geld innerhalb der ersten vier Wochen nach der Entlassung an die Gefangenen ausgezahlt wird. Die Bewährungshelfer und die mit der Entlassenenbetreuung befasste Stelle sind verpflichtet, das Überbrückungsgeld von ihrem Vermögen gesondert zu halten. Mit Zustimmung der Gefangenen kann das Überbrückungsgeld auch den Unterhaltsberechtigten überwiesen werden.

(3) Die Gefangenen dürfen vor ihrer Entlassung nicht über das Überbrückungsgeld verfügen. Die Anstaltsleitung kann jedoch gestatten, dass das Überbrückungsgeld in Anspruch genommen wird

1. für notwendige Maßnahmen der Entlassungsvorbereitung, insbesondere zur Erlangung eines Arbeitsplatzes und einer Unterkunft,

2. bei Aufnahme eines freien Beschäftigungsverhältnisses oder einer Selbstbeschäftigung außerhalb der Anstalt in den ersten beiden Monaten zur Finanzierung der hierfür erforderlichen Mittel, insbesondere von Kleidung und Kosten zu benutzender Verkehrsmittel,

3. für Kosten der Krankenbehandlung nach § 60 Absätze 2 und 3,

wenn die Maßnahmen ohne die Inanspruchnahme des Überbrückungsgeldes gefährdet wären.

§ 48 Eigengeld

(1) Das Eigengeld wird gebildet

1. aus Bargeld, das den Gefangenen gehört und ihnen als Eigengeld gutzuschreiben ist,

2. aus Geldern, die für die Gefangenen eingezahlt werden, und

3. aus Bezügen der Gefangenen, die nicht als Hausgeld oder Überbrückungsgeld in Anspruch genommen werden.

(2) Hat das Überbrückungsgeld noch nicht die nach § 47 Absatz 1 bestimmte Höhe erreicht, so ist die Verfügung über das Eigengeld in Höhe des Unterschiedbetrages ausgeschlossen. § 47 Absatz 3 Satz 2 gilt entsprechend. Daneben kann die Anstaltsleitung die Inanspruchnahme von Eigengeld für den Einkauf (§ 25) im ersten Monat nach der Aufnahme gestatten.

(3) Hat das Überbrückungsgeld die nach § 47 Absatz 1 bestimmte Höhe erreicht, dürfen die Gefangenen über das Eigengeld verfügen, für den Einkauf (§ 25) jedoch nur, wenn sie ohne ihr Verschulden nicht über Haus- oder Taschengeld in ausreichendem Umfang verfügen und nur in angemessener Höhe.

(4) Wird für Gefangene Geld eingezahlt, das ausdrücklich für einen zusätzlichen Einkauf (§ 25 Absatz 2) bestimmt ist, ist es als zweckgebundenes Eigengeld gutzuschreiben. Zweckgebundenes Eigengeld, das nicht oder nicht in vollem Umfang für den folgenden zusätzlichen Einkauf verwendet wird, ist in Höhe des nicht verwendeten Betrages als Eigengeld nach Absatz 1 zu behandeln.

(5) Wurde den Gefangenen Bargeld als Eigengeld gutgeschrieben, das sie unerlaubt in die Anstalt eingebracht oder einzubringen versucht haben oder das sie in der Anstalt aus anderen Gründen unerlaubt im Besitz hatten, dürfen sie über das Eigengeld in Höhe des gutgeschriebenen Betrages nicht verfügen.

§ 49 Kostenbeteiligung

Die Gefangenen können in angemessenem Umfang an den Stromkosten beteiligt werden, die durch die Nutzung der in ihrem Besitz befindlichen Gegenstände entstehen.

Abschnitt 7
Freizeit

§ 50 Allgemeines

(1) Die Ausgestaltung der Freizeit orientiert sich am Vollzugsziel. Dazu sind geeignete Angebote vorzuhalten.

(2) Die Gefangenen sind zur Teilnahme und Mitwirkung an Angeboten der Freizeitgestaltung verpflichtet.

(3) Sportlicher Betätigung kommt bei der Erreichung des Vollzugsziels eine besondere Bedeutung zu. Es sind ausreichende und geeignete Angebote vorzuhalten, um den Gefangenen eine sportliche Betätigung von mindestens zwei Stunden wöchentlich zu ermöglichen.

§ 51 Zeitungen und Zeitschriften

(1) Die Gefangenen dürfen auf eigene Kosten Zeitungen und Zeitschriften in angemessenem Umfang durch Vermittlung der Anstalt beziehen.

(2) Ausgeschlossen sind Zeitungen und Zeitschriften, deren Verbreitung mit Strafe oder Geldbuße bedroht ist. Einzelne Ausgaben oder Teile von Zeitungen oder Zeitschriften können den Gefangenen vorenthalten werden, wenn sie das Vollzugsziel oder die Sicherheit oder Ordnung der Anstalt erheblich gefährden würden.

§ 52 Rundfunk

(1) Die Gefangenen können am Hörfunkempfang sowie am Fernsehempfang teilnehmen.

Sie dürfen eigene Rundfunkgeräte unter den Voraussetzungen des § 53 besitzen, soweit ihnen nicht von der Anstalt Geräte überlassen werden. Der Besitz eigener Fernsehgeräte kann zugelassen werden, wenn erzieherische Gründe nicht entgegenstehen. Die Betriebskosten können den Gefangenen auferlegt werden.

(2) Der Rundfunkempfang kann vorübergehend ausgesetzt oder einzelnen Gefangenen untersagt werden, wenn dies zur Aufrechterhaltung der Sicherheit oder Ordnung der Anstalt unerlässlich ist.

§ 53 Gegenstände der Freizeitbeschäftigung

(1) Die Gefangenen dürfen in angemessenem Umfang Bücher und andere Gegenstände zur Fortbildung oder zur Freizeitbeschäftigung besitzen.

(2) Dies gilt nicht, wenn der Besitz, die Überlassung oder die Benutzung des Gegenstands das Vollzugsziel oder die Sicherheit oder Ordnung der Anstalt gefährden würde.

(3) Elektronische Unterhaltungsmedien können zugelassen werden, wenn erzieherische Gründe nicht entgegenstehen. Absatz 2 gilt entsprechend.

Abschnitt 8
Religionsausübung

§ 54 Seelsorge

(1) Den Gefangenen darf religiöse Betreuung durch Seelsorgerinnen und Seelsorger ihrer Religionsgemeinschaft nicht versagt werden. Auf ihren Wunsch ist ihnen zu helfen, mit Seelsorgerinnen oder Seelsorgern ihrer Religionsgemeinschaft in Verbindung zu treten.

(2) Die Gefangenen dürfen grundlegende religiöse Schriften besitzen. Sie dürfen ihnen nur bei grobem Missbrauch entzogen werden.

(3) Den Gefangenen sind Gegenstände des religiösen Gebrauchs in angemessenem Umfang zu belassen.

§ 55 Religiöse Veranstaltungen

(1) Die Gefangenen haben das Recht, am Gottesdienst und an anderen religiösen Veranstaltungen ihres Bekenntnisses teilzunehmen.

(2) Zu dem Gottesdienst oder zu religiösen Veranstaltungen einer anderen Religionsgemeinschaft werden die Gefangenen zugelassen, wenn die Seelsorgerinnen oder Seelsorger der anderen Religionsgemeinschaft zustimmen.

(3) Die Gefangenen können von der Teilnahme am Gottesdienst oder anderen religiösen Veranstaltungen ausgeschlossen werden, wenn dies aus überwiegenden Gründen der Sicherheit oder Ordnung geboten ist; die Seelsorgerinnen oder Seelsorger sollen vorher gehört werden.

§ 56 Weltanschauungsgemeinschaften

Für Angehörige weltanschaulicher Bekenntnisse gelten §§ 54 und 55 entsprechend.

Abschnitt 9
Gesundheitsfürsorge

§ 57 Gesundheitsuntersuchungen, Vorsorgeleistungen

(1) Die Gefangenen haben Anspruch auf Gesundheitsuntersuchungen und medizinische Vorsorgeleistungen.

(2) Weibliche Gefangene haben für ihre Kinder, die mit ihnen in der Anstalt untergebracht sind, Anspruch auf Untersuchungen zur Früherkennung von Krankheiten, die die körperliche oder geistige Entwicklung ihrer Kinder gefährden.

(3) Gefangene können sich zur Verhütung von Zahnerkrankungen einmal pro Kalenderjahr zahnärztlich untersuchen lassen, Gefangene, die das achtzehnte Lebensjahr noch nicht vollendet haben, einmal in jedem Kalenderhalbjahr.

§ 58 Krankenbehandlung

Gefangene haben Anspruch auf Krankenbehandlung. Die Krankenbehandlung umfasst

1. ärztliche Behandlung einschließlich Psychotherapie als ärztliche oder psychologische Behandlung,
2. zahnärztliche Behandlung,
3. Versorgung mit Zahnersatz einschließlich Zahnkronen und Suprakonstruktionen,
4. Versorgung mit Arznei-, Verband-, Heil- und Hilfsmitteln,
5. Krankenhausbehandlung,
6. Leistungen zur medizinischen Rehabilitation und ergänzende Leistungen, soweit Belange des Vollzugs dem nicht entgegenstehen.

§ 59 Versorgung mit Hilfsmitteln

Gefangene haben Anspruch auf Versorgung mit Seh- und Hörhilfen, Körperersatzstücken, orthopädischen und anderen Hilfsmitteln, sofern dies nicht mit Rücksicht auf die Kürze des verbleibenden Freiheitsentzugs ungerechtfertigt ist. Der Anspruch umfasst auch die notwendige Änderung, Instandsetzung und Ersatzbeschaffung von Hilfsmitteln sowie die Ausbildung in ihrem Gebrauch, soweit Belange des Vollzuges dem nicht entgegenstehen.

§ 60 Art und Umfang der Leistungen, Kostenbeteiligung

(1) Art und Umfang der Gesundheitsuntersuchungen und medizinischen Vorsorgeleistungen (§ 57), der Leistungen zur Krankenbehandlung (§ 58) und der Versorgung mit Hilfsmitteln (§ 59) entsprechen den Leistungen nach den Vorschriften des Sozialgesetzbuches und den auf Grund dieser Vorschriften getroffenen Regelungen.

(2) An den Kosten für Leistungen nach § 59 sowie für zahntechnische Leistungen und Zahnersatz können volljährige Gefangene in angemessenem Umfang beteiligt werden.

(3) Für Leistungen, die nach Art oder Umfang über das in Absatz 2 genannte Maß hinausgehen, können den Gefangenen die gesamten Kosten auferlegt werden.

§ 61 Behandlung aus besonderem Anlass

Mit Zustimmung der Gefangenen soll die Anstalt ärztliche Behandlungen, insbesondere Operationen oder prothetische Maßnahmen durchführen lassen, die ihre soziale Eingliederung fördern. Die Kosten tragen die Gefangenen. Sind sie dazu nicht in der Lage, kann die Anstalt sie in begründeten Fällen in angemessenem Umfang übernehmen.

§ 62 Aufenthalt im Freien

Den Gefangenen wird ermöglicht, sich täglich mindestens eine Stunde im Freien aufzuhalten, wenn die Witterung dies zulässt.

§ 63 Überstellung, Verlegung zum Zweck der Behandlung

(1) Kranke Gefangene können in das Zentralkrankenhaus der Untersuchungshaftanstalt überstellt oder in eine für die Behandlung ihrer Krankheit besser geeignete Anstalt verlegt werden.

(2) Kann die Krankheit der Gefangenen in einer Anstalt oder im Zentralkrankenhaus der Untersuchungshaftanstalt nicht erkannt oder behandelt werden oder ist es nicht möglich, die Gefangenen rechtzeitig in das Zentralkrankenhaus zu überstellen, sind sie in ein Krankenhaus außerhalb des Vollzuges zu bringen.

(3) Wird während des Aufenthaltes der Gefangenen in einem Krankenhaus außerhalb des Vollzuges die Strafvollstreckung unterbrochen, so tragen die Vollzugsbehörden die bis zum Beginn der Strafunterbrechung angefallenen Kosten.

§ 64 Freistellung von der Haft bei Todesnähe

Kranke Gefangene, bei denen auf Grund ihrer Krankheit in Kürze mit dem Tod gerechnet werden muss, können bis zur Entscheidung über einen Strafausstand von der Haft freigestellt werden, wenn nicht zu befürchten ist, dass sie die Freistellung von der Haft zu Straftaten von erheblicher Bedeutung missbrauchen werden. § 12 Absätze 3 und 4 gilt entsprechend.

§ 65 Behandlung während Lockerungen, freies Beschäftigungsverhältnis

(1) Während einer Freistellung von der Haft oder eines Ausgangs haben die Gefangenen gegen die Vollzugsbehörden nur einen Anspruch auf Krankenbehandlung in den für sie zuständigen Anstalten.

(2) Der Anspruch auf Leistungen nach den §§ 57 bis 59 ruht, solange die Gefangenen auf Grund eines freien Beschäftigungsverhältnisses (§ 36 Absatz 1) krankenversichert sind.

§ 66 Schwangerschaft und Mutterschaft

(1) Weibliche Gefangene haben während der Schwangerschaft sowie bei und nach der Entbindung Anspruch auf ärztliche Betreuung und auf Hebammenhilfe in der Anstalt sowie auf die notwendigen Arznei-, Verband- und Heilmittel. Zur ärztlichen Betreuung gehören insbesondere Untersuchungen zur Feststellung der Schwangerschaft sowie Vorsorgeuntersuchungen einschließlich der laborärztlichen Untersuchungen.

(2) Zur Entbindung sind weibliche Gefangene in ein Krankenhaus außerhalb des Vollzuges zu bringen. Ist dies aus besonderen Gründen nicht angezeigt, so ist die Entbindung im Zentralkrankenhaus der Untersuchungshaftanstalt vorzunehmen.

(3) § 60 Absatz 1 und §§ 63 und 65 gelten entsprechend.

(4) In der Anzeige einer Geburt an das Standesamt dürfen die Anstalt als Geburtsstätte des Kindes, das Verhältnis der Anzeigenden zur Anstalt und die Inhaftierung der Mutter nicht vermerkt sein.

§ 67 Benachrichtigung bei Erkrankung oder Todesfall

(1) Erkranken Gefangene schwer oder versterben sie, so sind ihre Angehörigen oder die gesetzlichen Vertreter, insbesondere die Personensorgeberechtigten, unverzüglich zu benachrichtigen.

(2) Dem Wunsch von Gefangenen, auch andere Personen zu benachrichtigen, soll nach Möglichkeit entsprochen werden.

(3) Beim Tod ausländischer Staatsangehöriger ist die zuständige Auslandsvertretung zu verständigen.

Abschnitt 10
Sicherheit und Ordnung

§ 68 Grundsatz, Verhaltensregelungen

(1) Die Pflichten und Beschränkungen, die den Gefangenen zur Aufrechterhaltung der Sicherheit und Ordnung der Anstalt auferlegt werden, sind so zu wählen, dass sie in einem angemessenen Verhältnis zu ihrem Zweck stehen und die Gefangenen nicht mehr und nicht länger als notwendig beeinträchtigen.

(2) Die Gefangenen sind verpflichtet,

1. die Tageseinteilung der Anstalt (Arbeitszeit, Freizeit, Ruhezeit) zu beachten,

2. durch ihr Verhalten gegenüber anderen Personen, insbesondere gegenüber Vollzugsbediensteten und anderen Gefangenen, nicht das geordnete Zusammenleben zu stören,

3. Anordnungen der Bediensteten zu befolgen, auch wenn sie sich beschwert fühlen,

4. den ihnen zugewiesenen Bereich nicht ohne Erlaubnis zu verlassen,

5. ihren Haftraum und die ihnen von der Anstalt überlassenen Sachen in Ordnung zu halten und schonend zu behandeln,

6. Umstände, die eine Gefahr für das Leben oder eine erhebliche Gefahr für die Gesundheit einer Person bedeuten, unverzüglich zu melden.

§ 69 Persönlicher Gewahrsam

(1) Die Gefangenen dürfen nur Sachen in Gewahrsam haben, die ihnen von der Anstalt oder mit ihrer Zustimmung überlassen werden. Sie dürfen Sachen weder an andere Gefangene abgeben noch von anderen Gefangenen annehmen, es sei denn, es handelt sich um Sachen von offensichtlich geringem Wert. Die Anstalt kann die Abgabe, die Annahme und den Gewahrsam an diesen Sachen von ihrer Zustimmung abhängig machen.

(2) Eingebrachte Sachen, die die Gefangenen nicht in Gewahrsam haben dürfen, sind für

sie aufzubewahren, sofern dies nach Art und Umfang möglich ist. Den Gefangenen wird Gelegenheit gegeben, ihre Sachen, die sie während des Vollzugs und für ihre Entlassung nicht benötigen, abzusenden.

(3) Weigern sich Gefangene, eingebrachtes Gut, dessen Aufbewahrung nach Art und Umfang nicht möglich ist, aus der Anstalt zu verbringen, so ist die Anstalt berechtigt, diese Gegenstände auf Kosten der Gefangenen aus der Anstalt entfernen zu lassen.

(4) Aufzeichnungen und andere Gegenstände, die Kenntnisse über Sicherungsvorkehrungen der Anstalt vermitteln, dürfen von der Anstalt vernichtet oder unbrauchbar gemacht werden.

§ 70 Durchsuchung

(1) Zur Aufrechterhaltung der Sicherheit und Ordnung der Anstalt dürfen Gefangene, ihre Sachen und die Hafträume jederzeit durchsucht werden, die Sachen und die Hafträume auch in Abwesenheit der Gefangenen. Zur Unterstützung der Durchsuchung dürfen technische Mittel eingesetzt werden, bei der Durchsuchung der Sachen und Hafträume auch Spürhunde. Die Durchsuchung männlicher Gefangener darf nur von Männern, die Durchsuchung weiblicher Gefangener darf nur von Frauen vorgenommen werden. Das Schamgefühl ist zu schonen.

(2) Bei Gefahr im Verzug oder auf Anordnung der Anstaltsleitung im Einzelfall ist eine mit einer Entkleidung verbundene körperliche Durchsuchung zulässig. Sie darf bei männlichen Gefangenen nur in Gegenwart von Männern, bei weiblichen Gefangenen nur in Gegenwart von Frauen erfolgen und ist in einem geschlossenen Raum durchzuführen. Andere Gefangene dürfen nicht anwesend sein.

(3) Die Anstaltsleitung kann allgemein anordnen, dass Gefangene bei der Aufnahme, nach Kontakten mit Besucherinnen und Besuchern und nach jeder Abwesenheit von ihrer Unterkunft in der Anstalt nach Absatz 2 zu durchsuchen sind.

§ 71 Erkennungsdienstliche Maßnahmen

(1) Zur Sicherung des Vollzuges, zur Aufrechterhaltung der Sicherheit oder Ordnung der Anstalt oder zur Identitätsfeststellung sind mit Kenntnis der Gefangenen zulässig

1. die Aufnahme von Lichtbildern,

2. die Erfassung biometrischer Merkmale von Fingern, Händen, Gesicht und Stimme,

3. die Feststellung äußerlicher körperlicher Merkmale,

4. Körpermessungen.

(2) Die gewonnenen Unterlagen und Daten werden zu den Gefangenenpersonalakten genommen oder in personenbezogenen Dateien gespeichert. Sie können auch in kriminalpolizeilichen Sammlungen verwahrt werden. Sie dürfen nur für die in Absatz 1, in § 73 Absatz 2 und in § 116 Absatz 2 Nummer 4 sowie Absatz 4 Satz 1 Nummer 1 fünfte Alternative und Satz 2 Nummer 2 genannten Zwecke verarbeitet werden.

(3) Die in Dateien gespeicherten personenbezogenen Daten sind spätestens drei Jahre nach der Entlassung oder Verlegung der Gefangenen in eine andere Anstalt zu löschen.

§ 72 Feststellung von Betäubungsmittelmissbrauch

(1) Zur Aufrechterhaltung der Sicherheit oder Ordnung der Anstalt kann die Anstaltsleitung bei Gefangenen, bei denen der konkrete Verdacht des Betäubungsmittelmissbrauchs besteht, allgemein oder im Einzelfall Maßnahmen anordnen, die geeignet sind, den Missbrauch von Betäubungsmitteln festzustellen. Die Maßnahmen dürfen nicht mit einem körperlichen Eingriff verbunden sein.

(2) Wird Betäubungsmittelmissbrauch festgestellt, können die Kosten der Maßnahme den Gefangenen auferlegt werden.

§ 73 Festnahmerecht

(1) Gefangene, die entwichen sind oder sich sonst ohne Erlaubnis außerhalb der Anstalt aufhalten, können durch die Anstalt oder auf ihre Veranlassung hin festgenommen und in die Anstalt zurückgebracht werden.

(2) Die nach diesem Gesetz erhobenen Daten dürfen den Vollstreckungs- und Strafverfolgungsbehörden übermittelt werden, soweit dies für Zwecke der Fahndung und Festnahme der entwichenen oder sich sonst ohne Erlaubnis außerhalb der Anstalt aufhaltenden Gefangenen erforderlich ist.

§ 74 Besondere Sicherungsmaßnahmen

(1) Gegen Gefangene können besondere Sicherungsmaßnahmen angeordnet werden, wenn nach ihrem Verhalten oder auf Grund ihres seelischen Zustandes in erhöhtem Maß Fluchtgefahr oder die Gefahr von Gewalttätigkeiten gegen Personen oder Sachen oder die Gefahr der Selbsttötung oder der Selbstverletzung besteht.

(2) Als besondere Sicherungsmaßnahmen sind zulässig:

1. der Entzug oder die Vorenthaltung von Gegenständen,

2. die Beobachtung der Gefangenen, in besonderen Hafträumen auch mit technischen Hilfsmitteln, insbesondere auch durch den Einsatz von optisch-elektronischen Einrichtungen (§ 115),

3. die Absonderung von anderen Gefangenen,

4. der Entzug oder die Beschränkung des Aufenthalts im Freien,

5. die Unterbringung in einem besonders gesicherten Haftraum ohne gefährdende Gegenstände und

6. die Fesselung.

Eine Fesselung nach Satz 1 Nummer 6 von nach § 70 Absatz 2 entkleideten Gefangenen darf nur erfolgen, wenn und solange dies unerlässlich ist. In diesen Fällen sind besondere Maßnahmen zur Schonung des Schamgefühls zu treffen, soweit dies möglich ist.

(3) Die unausgesetzte Absonderung Gefangener (Einzelhaft) ist nur zulässig, wenn sie aus den Gründen des Absatzes 1 unerlässlich ist. Einzelhaft von mehr als zwei Monaten Gesamtdauer in einem Jahr bedarf der Zustimmung der Aufsichtsbehörde. Diese Frist wird nicht dadurch unterbrochen, dass die Gefangenen am Gottesdienst oder an der Freistunde teilnehmen. Während des Vollzuges der Einzelhaft sind die Gefangenen in besonderem Maße zu betreuen.

(4) Maßnahmen nach Absatz 2 Satz 1 Nummern 1, 3 und 5 sind auch zulässig, wenn die Gefahr einer Befreiung oder eine erhebliche Störung der Anstaltsordnung anders nicht vermieden oder behoben werden kann.

(5) Bei einer Ausführung, Vorführung oder beim Transport ist die Fesselung auch zulässig, wenn zu befürchten ist, dass die Gefangenen sich dem Vollzug entziehen werden (einfache Fluchtgefahr).

(6) Fesseln dürfen in der Regel nur an den Händen oder an den Füßen angelegt werden. Im Interesse der Gefangenen kann die Anstaltsleitung eine andere Art der Fesselung anordnen.

§ 75 Anordnungsbefugnis, Verfahren

(1) Besondere Sicherungsmaßnahmen ordnet die Anstaltsleitung an. Bei Gefahr im Verzug können auch andere Bedienstete der Anstalt diese Maßnahmen vorläufig anordnen. Die Entscheidung der Anstaltsleitung ist unverzüglich einzuholen.

(2) Die Entscheidung wird den Gefangenen von der Anstaltsleitung mündlich eröffnet und mit einer kurzen Begründung schriftlich abgefasst.

(3) Besondere Sicherungsmaßnahmen sind in angemessenen Abständen daraufhin zu überprüfen, ob und in welchem Umfang sie aufrechterhalten werden müssen.

(4) Besondere Sicherungsmaßnahmen nach § 74 Absatz 2 Satz 1 Nummern 5 und 6 sind der Aufsichtsbehörde unverzüglich mitzuteilen, wenn sie länger als drei Tage aufrechterhalten werden.

§ 76 Ärztliche Überwachung besonderer Sicherungsmaßnahmen

(1) Werden Gefangene ärztlich behandelt oder beobachtet oder bildet ihr seelischer Zustand den Anlass für die Anordnung einer besonderen Sicherungsmaßnahme, ist vorher eine ärztliche Stellungnahme einzuholen. Ist dies wegen Gefahr im Verzug nicht möglich,

wird die Stellungnahme unverzüglich nachträglich eingeholt.

(2) Sind Gefangene in einem besonders gesicherten Haftraum untergebracht oder nach § 74 Absatz 2 Satz 1 Nummer 6 gefesselt, so sucht die Anstaltsärztin oder der Anstaltsarzt sie unverzüglich und sodann täglich auf.

(3) Die Ärztin oder der Arzt sind regelmäßig zu hören, solange die Gefangenen der tägliche Aufenthalt im Freien entzogen wird oder Einzelhaft (§ 74 Absatz 3) andauert.

§ 77 Ersatz von Aufwendungen

(1) Die Gefangenen sind verpflichtet, der Anstalt Aufwendungen zu ersetzen, die sie durch eine vorsätzliche oder grob fahrlässige Selbstverletzung oder Verletzung anderer Gefangener verursacht haben. Ansprüche aus sonstigen Rechtsvorschriften bleiben unberührt.

(2) Bei der Geltendmachung dieser Forderungen kann auch ein den dreifachen Tagessatz der Eckvergütung nach § 40 Absatz 3 Nummer 1 übersteigender Teil des Hausgeldes in Anspruch genommen werden.

(3) Von der Aufrechnung oder Vollstreckung wegen der in Absatz 1 genannten Forderungen ist abzusehen, soweit hierdurch die Erziehung oder Förderung der Gefangenen oder ihre Eingliederung behindert würde.

Abschnitt 11
Unmittelbarer Zwang

§ 78 Begriffsbestimmungen

(1) Unmittelbarer Zwang ist die Einwirkung auf Personen oder Sachen durch körperliche Gewalt, ihre Hilfsmittel und durch Waffen.

(2) Körperliche Gewalt ist jede unmittelbare körperliche Einwirkung auf Personen oder Sachen.

(3) Hilfsmittel der körperlichen Gewalt sind insbesondere Fesseln.

(4) Waffen sind die dienstlich zugelassenen Hieb- und Schusswaffen sowie Reizstoffe.

§ 79 Voraussetzungen

(1) Bedienstete des Vollzuges dürfen unmittelbaren Zwang anwenden, wenn sie Vollzugs- und Sicherungsmaßnahmen rechtmäßig durchführen und der damit verfolgte Zweck auf andere Weise nicht erreicht werden kann.

(2) Gegen andere Personen als Gefangene darf unmittelbarer Zwang angewendet werden, wenn sie es unternehmen, Gefangene zu befreien oder in den Anstaltsbereich widerrechtlich einzudringen, oder wenn sie sich unbefugt darin aufhalten.

(3) Das Recht zu unmittelbarem Zwang auf Grund anderer Regelungen bleibt unberührt.

§ 80 Grundsatz der Verhältnismäßigkeit

(1) Unter mehreren möglichen und geeigneten Maßnahmen des unmittelbaren Zwangs sind diejenigen zu wählen, die die einzelne Person und die Allgemeinheit voraussichtlich am wenigsten beeinträchtigen.

(2) Unmittelbarer Zwang unterbleibt, wenn ein durch ihn zu erwartender Schaden erkennbar außer Verhältnis zu dem angestrebten Erfolg steht.

§ 81 Handeln auf Anordnung

(1) Wird unmittelbarer Zwang von Vorgesetzten oder sonst befugten Personen angeordnet, sind die Bediensteten verpflichtet, die Anordnung zu befolgen, es sei denn, sie verletzt die Menschenwürde oder ist nicht zu dienstlichen Zwecken erteilt worden.

(2) Die Anordnung darf nicht befolgt werden, wenn dadurch eine Straftat begangen würde. Befolgen die Bediensteten sie trotzdem, trifft sie eine Schuld nur, wenn sie erkennen oder wenn es nach den ihnen bekannten Umständen offensichtlich ist, dass dadurch eine Straftat begangen wird.

(3) Bedenken gegen die Rechtmäßigkeit der Anordnung haben die Bediensteten den Anordnenden gegenüber vorzubringen, soweit das nach den Umständen möglich ist. Abweichende Vorschriften des allgemeinen Beamtenrechts über die Mitteilung solcher Bedenken an Vorgesetzte sind nicht anzuwenden.

§ 82 Androhung

Unmittelbarer Zwang ist vorher anzudrohen. Die Androhung darf nur unterbleiben, wenn die Umstände sie nicht zulassen oder unmittelbarer Zwang sofort angewendet werden muss, um eine rechtswidrige Tat zu verhindern, die den Tatbestand eines Strafgesetzes erfüllt, oder eine gegenwärtige Gefahr abzuwenden.

§ 83 Vorschriften für den Schusswaffen-gebrauch

(1) Schusswaffen dürfen nur gebraucht werden, wenn andere Maßnahmen des unmittelbaren Zwangs bereits erfolglos waren oder keinen Erfolg versprechen. Gegen Personen ist ihr Gebrauch nur zulässig, wenn der Zweck nicht durch Waffenwirkung gegen Sachen erreicht wird.

(2) Schusswaffen dürfen nur die dazu bestimmten Bediensteten gebrauchen und nur, um angriffsunfähig zu machen. Ihr Gebrauch unterbleibt, wenn erkennbar Unbeteiligte mit hoher Wahrscheinlichkeit gefährdet würden.

(3) Gegen Gefangene dürfen Schusswaffen gebraucht werden,

1. wenn sie eine Waffe oder ein anderes gefährliches Werkzeug trotz wiederholter Aufforderung nicht ablegen,

2. wenn sie eine Meuterei (§ 121 des Strafgesetzbuchs) unternehmen.

(4) Gegen andere Personen dürfen Schusswaffen gebraucht werden, wenn sie es unternehmen, Gefangene gewaltsam zu befreien oder gewaltsam in eine Anstalt einzudringen.

(5) Als Androhung (§ 82) des Gebrauchs von Schusswaffen gilt auch ein Warnschuss. Ohne Androhung dürfen Schusswaffen nur gebraucht werden, wenn das zur Abwehr einer gegenwärtigen Gefahr für Leib oder Leben erforderlich ist.

§ 84 Zwangsmaßnahmen auf dem Gebiet der Gesundheitsfürsorge

(1) Medizinische Untersuchung und Behandlung einschließlich einer hierfür erforderlichen Ausführung sowie Ernährung sind zwangsweise nur bei Lebensgefahr, bei schwerwiegender Gefahr für die Gesundheit der Gefangenen oder bei Gefahr für die Gesundheit anderer Personen zulässig. Die Maßnahmen müssen für die Beteiligten zumutbar und dürfen nicht mit erheblicher Gefahr für Leben oder Gesundheit der Gefangenen verbunden sein. Die Rechte der Personensorgeberechtigten sind zu beachten. Zur Durchführung der Maßnahmen ist die Anstalt nicht verpflichtet, solange von einer freien Willensbestimmung der Gefangenen ausgegangen werden kann.

(2) Zum Gesundheitsschutz und zur Hygiene ist die zwangsweise körperliche Untersuchung außer im Falle des Absatzes 1 zulässig, wenn sie nicht mit einem körperlichen Eingriff verbunden ist.

(3) Die Maßnahmen dürfen nur auf Anordnung und unter Leitung einer Ärztin oder eines Arztes durchgeführt werden, unbeschadet der Leistung erster Hilfe für den Fall, dass eine Ärztin oder ein Arzt nicht rechtzeitig erreichbar und mit einem Aufschub Lebensgefahr verbunden ist.

Abschnitt 12
Pflichtwidrigkeiten der Gefangenen

§ 85 Erzieherische Maßnahmen

Verstoßen Gefangene gegen Pflichten, die ihnen durch dieses Gesetz oder auf Grund dieses Gesetzes auferlegt sind, sind diese Pflichtverletzungen unverzüglich im erzieherischen Gespräch aufzuarbeiten. Daneben können Maßnahmen angeordnet werden, die geeignet sind, den Gefangenen ihr Fehlverhalten bewusst zu machen (erzieherische Maßnahmen). Als erzieherische Maßnahmen kommen namentlich in Betracht die Erteilung von Weisungen und Auflagen, die Beschränkung oder der Entzug einzelner Gegenstände für eine Beschäftigung in der Freizeit mit Ausnahme des Lesestoffs und die Beschränkung oder der Entzug der Teilnahme an gemeinschaftlichen Veranstaltungen bis zur Dauer einer Woche.

§ 86 Disziplinarmaßnahmen

(1) Disziplinarmaßnahmen dürfen nur angeordnet werden, wenn Maßnahmen nach § 85 nicht ausreichen, um den Gefangenen das Unrecht ihrer Handlungen zu verdeutlichen. Zu berücksichtigen ist ferner eine aus demselben Anlass angeordnete besondere Sicherungsmaßnahme.

(2) Disziplinarmaßnahmen können angeordnet werden, wenn Gefangene rechtswidrig und schuldhaft

1. gegen Strafgesetze verstoßen oder eine Ordnungswidrigkeit begehen,

2. andere Personen verbal oder tätlich angreifen,

3. sich zugewiesenen Aufgaben entziehen,

4. verbotene Gegenstände in die Anstalt bringen,

5. sich am Einschmuggeln verbotener Gegenstände beteiligten oder sie besitzen,

6. entweichen oder zu entweichen versuchen oder

7. in sonstiger Weise wiederholt oder schwerwiegend gegen die Hausordnung verstoßen oder das Zusammenleben in der Anstalt stören.

Satz 1 gilt nicht für Verstöße gegen die Mitwirkungspflichten der Gefangenen nach § 5 Absatz 1 sowie § 50 Absatz 2.

(3) Die zulässigen Disziplinarmaßnahmen sind:

1. die Beschränkung des Einkaufs bis zu zwei Monaten,

2. die Beschränkung oder der Entzug des Rundfunkempfangs bis zu zwei Monaten,

3. die Beschränkung oder der Entzug der Gegenstände für eine Beschäftigung in der Freizeit mit Ausnahme des Lesestoffs oder die Beschränkung oder der Entzug der Teilnahme an gemeinschaftlichen Veranstaltungen bis zu zwei Monaten,

4. Arrest bis zu zwei Wochen.

(4) Arrest darf nur wegen schwerer oder mehrfach wiederholter Verfehlungen verhängt werden.

(5) Mehrere Disziplinarmaßnahmen können miteinander verbunden werden.

(6) Disziplinarmaßnahmen sind unabhängig von der Einleitung eines Straf- oder Bußgeldverfahrens wegen desselben Sachverhalts zulässig.

§ 87 Vollzug der Disziplinarmaßnahmen, Aussetzung zur Bewährung

(1) Disziplinarmaßnahmen werden in der Regel sofort vollzogen.

(2) Der Vollzug einer Disziplinarmaßnahme kann ganz oder teilweise bis zu drei Monaten zur Bewährung ausgesetzt werden.

(3) Arrest wird in Einzelhaft vollzogen. Er ist erzieherisch auszugestalten. Die Gefangenen können in einem besonderen Arrestraum untergebracht werden, der den Anforderungen entsprechen muss, die an einen zum Aufenthalt bei Tag und Nacht bestimmten Haftraum gestellt werden. Soweit nichts anderes angeordnet wird, ruhen die Befugnisse der Gefangenen aus § 22, § 23 Absatz 1, §§ 25, 34 bis 36 und 51 bis 53.

§ 88 Anordnungsbefugnis

(1) Erzieherische Maßnahmen ordnet die Anstaltsleitung oder die hiermit beauftragte Vollzugs- oder Wohngruppenleitung an.

(2) Disziplinarmaßnahmen ordnet die Anstaltsleitung an. Bei einer Pflichtwidrigkeit während eines Transports in eine andere Anstalt ist die Leitung der Bestimmungsanstalt zuständig. Ist die Durchführung des Disziplinarverfahrens dort nicht möglich, liegt die Disziplinarbefugnis bei der Leitung der Stammanstalt.

(3) Die Aufsichtsbehörde entscheidet, wenn sich die Pflichtwidrigkeit der Gefangenen gegen die Anstaltsleitung richtet.

(4) Disziplinarmaßnahmen, die gegen Gefangene in einer anderen Anstalt oder während einer Untersuchungshaft angeordnet worden sind, werden auf Ersuchen vollzogen. § 87 Absatz 2 bleibt unberührt.

§ 89 Verfahren

(1) Vor der Anordnung von Disziplinarmaßnahmen ist der Sachverhalt umfassend zu klären. Die Gefangenen werden vor ihrer Anhörung über den Inhalt der ihnen zur Last

gelegten Pflichtwidrigkeit und über ihr Recht, sich nicht zur Sache zu äußern, belehrt. Die Erhebungen, insbesondere die Ergebnisse der Anhörungen der Gefangenen und anderer Befragter, werden schriftlich festgehalten.

(2) Bei schweren Verstößen soll die Anstaltsleitung sich vor der Entscheidung mit Personen besprechen, die bei der Erziehung der Gefangenen mitwirken.

(3) Die Entscheidung wird den Gefangenen von der Anstaltsleitung mündlich eröffnet und mit einer kurzen Begründung schriftlich abgefasst.

§ 90 Ärztliche Mitwirkung

(1) Vor dem Vollzug von Disziplinarmaßnahmen, die gegen Gefangene in ärztlicher Behandlung oder gegen Schwangere oder stillende Mütter angeordnet wurden, ist die Ärztin oder der Arzt zu hören. Während des Arrestes stehen die Gefangenen unter ärztlicher Aufsicht.

(2) Der Vollzug der Disziplinarmaßnahme unterbleibt oder wird unterbrochen, wenn die Gesundheit der Gefangenen gefährdet würde.

Abschnitt 13
Verfahrensregelungen

§ 91 Beschwerderecht

(1) Die Gefangenen erhalten Gelegenheit, sich mit Wünschen, Anregungen und Beschwerden in Angelegenheiten, die sie selbst betreffen, schriftlich und mündlich an die Anstaltsleitung zu wenden. Regelmäßige Sprechstunden sind einzurichten.

(2) Die Abwicklung der Sprechstunden nach Absatz 1 Satz 2 kann in Anstalten, die wegen ihrer Größe in Teilanstalten oder in mehrere eigenständige Hafthäuser gegliedert sind, auf die Leitung der Teilanstalten oder die Leitung der Hafthäuser übertragen werden.

(3) Besichtigt ein Vertreter oder eine Vertreterin der Aufsichtsbehörde die Anstalt, so ist zu gewährleisten, dass die Gefangenen sich in Angelegenheiten, die sie selbst betreffen, an sie wenden können.

(4) Die Möglichkeit der Dienstaufsichtsbeschwerde bleibt unberührt.

§ 92 Anordnung, Aufhebung vollzuglicher Maßnahmen

(1) Die Anstaltsleitung kann Maßnahmen zur Regelung allgemeiner Angelegenheiten der baulichen, personellen, organisatorischen und konzeptionellen Gestaltung des Vollzuges anordnen oder mit Wirkung für die Zukunft ändern, wenn neue strukturelle oder organisatorische Entwicklungen des Vollzuges, neue Anforderungen an die (instrumentelle, administrative oder soziale) Anstaltssicherheit oder neue wissenschaftliche Erkenntnisse dies aus Gründen der Erziehung, der Aufrechterhaltung der Sicherheit oder zur Abwendung einer schwerwiegenden Störung der Ordnung der Anstalt erforderlich machen.

(2) Die Anstaltsleitung kann rechtmäßige Maßnahmen zur Regelung einzelner Angelegenheiten auf dem Gebiete des Strafvollzuges ganz oder teilweise mit Wirkung für die Zukunft widerrufen, wenn

1. sie auf Grund nachträglich eingetretener oder bekannt gewordener Umstände berechtigt wäre, die Maßnahme zu versagen,

2. sie auf Grund einer geänderten Rechtsvorschrift berechtigt wäre, die Maßnahme zu versagen und ohne den Widerruf das öffentliche Interesse gefährdet würde,

3. die Gefangenen die Maßnahme missbrauchen oder

4. die Gefangenen Weisungen nach § 12 Absatz 4 nicht nachkommen.

(3) Die Anstaltsleitung kann Maßnahmen zur Regelung einzelner Angelegenheiten auf dem Gebiete des Strafvollzuges ganz oder teilweise mit Wirkung für die Zukunft zurücknehmen, wenn die Voraussetzungen für ihre Bewilligung nicht vorgelegen haben.

Teil 3
Vollzugsbehörden

Abschnitt 1
**Arten und Einrichtungen der Justizvoll-
zugsanstalten**

§ 93 Justizvollzugsanstalten, Trennungs-
grundsätze

(1) Die Jugendstrafe wird in Justizvollzugsanstalten (Anstalten) der Freien und Hansestadt Hamburg vollzogen.

(2) Freiheitsstrafe und Jugendstrafe werden
in getrennten Anstalten vollzogen.

(3) Weibliche und männliche Gefangene
werden in der Regel in getrennten Anstalten
oder Abteilungen untergebracht.

(4) Von der getrennten Unterbringung nach
Absatz 3 darf abgewichen werden, um die
Teilnahme an Behandlungsmaßnahmen in
einer anderen Anstalt oder in einer anderen
Abteilung zu ermöglichen.

§ 94 Differenzierung

(1) Es sind Haftplätze in verschiedenen Anstalten oder Abteilungen vorzusehen, die den
Sicherheitserfordernissen Rechnung tragen,
die besonderen Förderungsbedarfe der Gefangenen berücksichtigen und eine auf die
Bedürfnisse der Einzelnen abgestellte Erziehung gewährleisten. Die Gliederung der Anstalten soll die Unterbringung der Gefangenen in überschaubaren Betreuungs- und Behandlungsgruppen ermöglichen.

(2) Für den Vollzug nach § 10 (Sozialtherapie)
sind getrennte Abteilungen (sozialtherapeutische Einrichtung) vorzusehen.

(3) Anstalten des geschlossenen Vollzugs sehen eine sichere Unterbringung der Gefangenen vor, Anstalten oder Abteilungen des
offenen Vollzugs nur verminderte Vorkehrungen gegen Entweichungen.

§ 95 Mütter mit Kindern

In Anstalten oder Abteilungen für weibliche
Gefangene sollen Einrichtungen vorgesehen
werden, in denen Mütter mit ihren Kindern
untergebracht werden können.

§ 96 Größe und Gestaltung der Räume

Räume für den Aufenthalt während der Ruhe-
und Freizeit sowie Gemeinschafts- und Besuchsräume sind wohnlich oder sonst ihrem
Zweck entsprechend auszugestalten. Sie
müssen hinreichend Luftinhalt haben und für
eine gesunde Lebensführung ausreichend mit
Heizung und Lüftung, Boden- und Fensterfläche ausgestattet sein.

§ 97 Festsetzung der Belegungsfähig-
keit

Die Aufsichtsbehörde setzt die Belegungsfähigkeit für jede Anstalt so fest, dass eine angemessene Unterbringung während der Ruhezeit (§ 19 Absatz 1) gewährleistet ist. Dabei ist zu berücksichtigen, dass eine ausreichende Anzahl von Plätzen für Aus- und
Weiterbildung, Arbeit sowie von Räumen für
Seelsorge, Freizeit, Sport, therapeutische
Maßnahmen und Besuche zur Verfügung
steht.

§ 98 Verbot der Überbelegung

(1) Hafträume dürfen nicht mit mehr Personen als zugelassen belegt werden.

(2) Ausnahmen hiervon sind nur vorübergehend und nur mit Zustimmung der Aufsichtsbehörde zulässig.

§ 99 Einrichtungen zur schulischen und
beruflichen Bildung, Arbeitsbetriebe

Die erforderlichen Einrichtungen zur schulischen und beruflichen Bildung, arbeitstherapeutischen Beschäftigung und die notwendigen Betriebe für die Arbeit sind vorzuhalten.
Sie sollen den Verhältnissen außerhalb der
Anstalt angeglichen werden.

Abschnitt 2
Organisation der Justizvollzugsanstalten

§ 100 Anstaltsleitung

(1) Die Aufsichtsbehörde bestellt für jede
Anstalt eine Beamtin oder einen Beamten des
höheren Dienstes zur hauptamtlichen Leiterin
oder zum hauptamtlichen Leiter. Aus besonderen Gründen kann eine Anstalt auch von

einer Beamtin oder einem Beamten des gehobenen Dienstes geleitet werden.

(2) Die Anstaltsleiterin oder der Anstaltsleiter trägt die Verantwortung für den gesamten Vollzug, soweit nicht bestimmte Aufgabenbereiche der Verantwortung anderer Bediensteter oder ihrer gemeinsamen Verantwortung übertragen sind, und vertritt die Anstalt nach außen.

(3) Die Befugnis, Durchsuchungen nach § 70 Absatz 2, besondere Sicherungsmaßnahmen nach § 74 und Disziplinarmaßnahmen nach § 86 anzuordnen, darf nur mit Zustimmung der Aufsichtsbehörde übertragen werden.

(4) Die Aufsichtsbehörde bestimmt die stellvertretende Anstaltsleiterin oder den stellvertretenden Anstaltsleiter.

§ 101 Bedienstete des Vollzuges

(1) Die Aufgaben der Anstalten werden von Vollzugsbeamten wahrgenommen. Aus besonderen Gründen können sie auch anderen Bediensteten der Anstalten sowie nebenamtlichen oder vertraglich verpflichteten Personen übertragen werden.

(2) Für jede Anstalt ist entsprechend ihrer Aufgabe die erforderliche Anzahl von Bediensteten der verschiedenen Berufsgruppen vorzusehen. Sie wirken in enger Zusammenarbeit an den Aufgaben des Vollzuges (§ 2) mit. Das Personal muss für die erzieherische Gestaltung des Vollzugs geeignet und qualifiziert sein. Fortbildung sowie Praxisberatung und -begleitung für die Bediensteten sind zu gewährleisten.

§ 102 Seelsorgerinnen, Seelsorger

(1) Seelsorgerinnen und Seelsorger werden im Einvernehmen mit der jeweiligen Religionsgemeinschaft im Hauptamt bestellt oder vertraglich verpflichtet.

(2) Wenn die geringe Anzahl der Angehörigen einer Religionsgemeinschaft eine Seelsorge nach Absatz 1 nicht rechtfertigt, ist die seelsorgerische Betreuung auf andere Weise zuzulassen.

(3) Mit Zustimmung der Anstaltsleitung dürfen die Anstaltsseelsorgerinnen und Anstaltsseelsorger freie Seelsorgehelferinnen und Seelsorgehelfer hinzuziehen und an Gottesdiensten sowie anderen religiösen Veranstaltungen Seelsorgerinnen und Seelsorger von außen beteiligen.

§ 103 Zusammenarbeit

(1) Die Anstalten arbeiten mit den Schulen und Schulbehörden, der Jugendgerichtshilfe und den übrigen jugendamtlichen Diensten sowie mit anerkannten freien Trägern der Jugendhilfe, den Behörden und Stellen der Entlassenen- und Straffälligenhilfe, der Jugendbewährungshilfe, den Aufsichtsstellen für die Führungsaufsicht, der Bundesagentur für Arbeit, den Trägern der Sozialversicherung und der Sozialhilfe, den Hilfeeinrichtungen anderer Behörden, den Verbänden der freien Wohlfahrtspflege sowie mit Vereinen und Personen, deren Einfluss die Eingliederung des Gefangenen fördern kann, insbesondere auch ehrenamtlich engagierten Personen, eng zusammen.

(2) Die Anstalten stellen durch geeignete organisatorische Maßnahmen sicher, dass die Bundesagentur für Arbeit die ihr obliegenden Aufgaben der Berufsberatung, Ausbildungsvermittlung und Arbeitsvermittlung durchführen kann.

(3) Die Personensorgeberechtigten sind in die Planung und Gestaltung des Vollzuges einzubeziehen, soweit dies möglich ist und die Erziehung hierdurch nicht beeinträchtigt wird. Die Vollstreckungsleitung ist zu unterrichten.

§ 104 Konferenzen

Zur Aufstellung und Überprüfung des Vollzugsplans und zur Vorbereitung wichtiger Entscheidungen im Vollzug führt die Anstaltsleitung Konferenzen mit an der Erziehung maßgeblich Beteiligten durch.

§ 105 Gefangenenmitverantwortung

Den Gefangenen wird ermöglicht, an der Verantwortung für Angelegenheiten von gemeinsamem Interesse teilzunehmen, die sich ihrer Eigenart und der Aufgabe der Anstalt nach für ihre Mitwirkung eignen.

§ 106 Hausordnung

(1) Die Anstaltsleitung erlässt eine Hausordnung. Sie bedarf der Zustimmung der Aufsichtsbehörde.

(2) In die Hausordnung sind namentlich die Anordnungen aufzunehmen über

1. die Besuchszeiten, Häufigkeit und Dauer der Besuche,

2. die Arbeitszeit, Freizeit und Ruhezeit sowie

3. die Gelegenheit, Anträge und Beschwerden anzubringen, oder sich an eine Vertreterin oder einen Vertreter der Aufsichtsbehörde zu wenden.

(3) Die Gefangenen erhalten einen Abdruck der Hausordnung.

Abschnitt 3
Aufsicht über die Justizvollzugsanstalten

§ 107 Aufsichtsbehörde

Die Aufsichtsbehörde führt die Dienst- und Fachaufsicht über die Anstalten.

§ 108 Vollstreckungsplan

Die Aufsichtsbehörde regelt die örtliche und sachliche Zuständigkeit der Anstalten in einem Vollstreckungsplan.

§ 109 Evaluation, kriminologische Forschung

(1) Behandlungsprogramme für die Gefangenen sind auf der Grundlage wissenschaftlicher Erkenntnisse zu konzipieren, zu standardisieren und auf ihre Wirksamkeit hin zu überprüfen.

(2) Der Vollzug, insbesondere seine Aufgabenerfüllung und Gestaltung, die Umsetzung seiner Leitlinien sowie die Behandlungsprogramme und deren Wirkungen auf das Vollzugsziel, soll regelmäßig durch den kriminologischen Dienst, durch eine Hochschule oder durch eine andere Stelle wissenschaftlich begleitet und erforscht werden. § 476 der Strafprozessordnung gilt entsprechend mit der Maßgabe, dass auch elektronisch gespeicherte personenbezogene Daten übermittelt werden können.

Abschnitt 4
Anstaltsbeiräte

§ 110 Bildung der Anstaltsbeiräte

(1) Bei den Anstalten sind Beiräte zu bilden.

(2) Bedienstete dürfen nicht Mitglieder der Beiräte sein.

(3) Das Nähere regelt die Aufsichtsbehörde.

§ 111 Aufgabe

Die Mitglieder des Beirats wirken bei der Gestaltung des Vollzugs und bei der Betreuung der Gefangenen mit. Sie unterstützen die Anstaltsleitung durch Anregungen und Verbesserungsvorschläge und helfen bei der Eingliederung der Gefangenen nach der Entlassung.

§ 112 Befugnisse

(1) Die Mitglieder des Beirats können insbesondere Wünsche, Anregungen und Beanstandungen entgegennehmen. Sie können sich über die Unterbringung, Beschäftigung, berufliche Bildung, Verpflegung, ärztliche Versorgung und Behandlung unterrichten sowie die Anstalt und ihre Einrichtungen besichtigen.

(2) Die Mitglieder des Beirats können die Gefangenen in ihren Räumen ohne Überwachung aufsuchen.

§ 113 Verschwiegenheitspflicht

Die Mitglieder des Beirats sind verpflichtet, außerhalb ihres Amtes über alle Angelegenheiten, die ihrer Natur nach vertraulich sind, besonders über Namen und Persönlichkeit der Gefangenen, Verschwiegenheit zu bewahren. Dies gilt auch nach Beendigung ihres Amtes.

Abschnitt 5
Datenschutz

§ 114 Datenerhebung

(1) Die Vollzugsbehörden dürfen personenbezogene Daten erheben, soweit deren Kenntnis für den Vollzug erforderlich ist.

(2) Personenbezogene Daten sind bei den Betroffenen zu erheben. Für die Erhebung

ohne Mitwirkung der Betroffenen, die Erhebung bei anderen Personen oder Stellen und für die Hinweis- und Aufklärungspflichten gelten § 12 Absatz 2 sowie § 12a Absätze 1 und 4 des Hamburgischen Datenschutzgesetzes vom 5. Juli 1990 (HmbGVBl. S. 133, 165, 226), zuletzt geändert am 18. November 2003 (HmbGVBl. S. 537, 539), in der jeweils geltenden Fassung.

(3) Daten über Personen, die nicht Gefangene sind, dürfen ohne ihre Mitwirkung bei Personen oder Stellen außerhalb der Vollzugsbehörden nur erhoben werden, wenn sie für die Behandlung der Gefangenen, die Sicherheit der Anstalt oder die Sicherung des Vollzuges einer Jugend- oder Freiheitsstrafe unerlässlich sind und die Art der Erhebung schutzwürdige Interessen der Betroffenen nicht beeinträchtigt.

(4) Über eine ohne ihre Kenntnis vorgenommene Erhebung personenbezogener Daten werden die Betroffenen unter Angabe dieser Daten unterrichtet, soweit der in Absatz 1 genannte Zweck dadurch nicht gefährdet wird. Sind die Daten bei anderen Personen oder Stellen erhoben worden, kann die Unterrichtung unterbleiben, wenn

1. die Daten nach einer Rechtsvorschrift oder ihrem Wesen nach, namentlich wegen des überwiegenden berechtigten Interesses Dritter, geheim gehalten werden müssen oder

2. der Aufwand der Unterrichtung außer Verhältnis zum Schutzzweck steht und keine Anhaltspunkte dafür bestehen, dass überwiegende schutzwürdige Interessen der Betroffenen beeinträchtigt werden.

§ 115 Datenerhebung durch optisch-elektronische Einrichtungen

(1) Die Vollzugsbehörden dürfen unter den Voraussetzungen der Absätze 2 bis 5 Daten auch durch den Einsatz von optisch-elektronischen Einrichtungen (Videoüberwachung) erheben. § 27 Absatz 1 bleibt unberührt.

(2) Das Gelände und das Gebäude der Anstalt einschließlich des Gebäudeinneren sowie die unmittelbare Anstaltsumgebung dürfen aus Gründen der Sicherheit und Ordnung mittels offen angebrachter optisch-elektronischer Einrichtungen überwacht und aufgezeichnet werden. Der Einsatz versteckt angebrachter optisch-elektronischer Einrichtungen ist im Einzelfall auf Anordnung der Anstaltsleitung zulässig, wenn und solange dies zur Aufrechterhaltung der Sicherheit und Ordnung der Anstalt unerlässlich ist; über einen Zeitraum von vier Wochen hinaus ist die Zustimmung der Aufsichtsbehörde einzuholen.

(3) Der Einsatz von optisch-elektronischen Einrichtungen zur Überwachung in Haftträumen ist ausgeschlossen, soweit in diesem Gesetz nichts anderes bestimmt ist.

(4) Die Datenerhebung durch optisch-elektronische Einrichtungen kann auch erfolgen, wenn Gefangene unvermeidlich betroffen werden, hinsichtlich derer die Voraussetzungen des Einsatzes nicht vorliegen.

(5) Der Einsatz von optisch-elektronischen Einrichtungen ist durch geeignete Maßnahmen erkennbar zu machen. Dies gilt nicht in den Fällen des Einsatzes nach Absatz 2 Satz 2.

(6) Werden durch den Einsatz von optisch-elektronischen Einrichtungen erhobene Daten einer bestimmten Person zugeordnet, ist die Verarbeitung der Daten nur zu den in § 116 Absatz 1 und Absatz 2 Nummern 1, 2 oder 4 genannten Zwecken zulässig.

(7) § 114 Absatz 4 bleibt unberührt.

§ 116 Verarbeitung

(1) Die Vollzugsbehörden dürfen personenbezogene Daten verarbeiten, soweit dies für den Vollzug erforderlich ist. Die Anstalt kann die Gefangenen verpflichten, Lichtbildausweise mit sich zu führen, wenn dies aus Gründen der Sicherheit oder Ordnung der Anstalt erforderlich ist.

(2) Die Verarbeitung personenbezogener Daten für andere Zwecke ist zulässig, soweit dies

1. zur Abwehr von sicherheitsgefährdenden oder geheimdienstlichen Tätigkeiten für eine fremde Macht oder von Bestrebungen im Geltungsbereich des Grundgesetzes, die durch Anwendung von Gewalt

oder darauf gerichtete Vorbereitungshandlungen

1.1 gegen die freiheitliche demokratische Grundordnung, den Bestand oder die Sicherheit des Bundes oder eines Landes gerichtet sind,

1.2 eine ungesetzliche Beeinträchtigung der Amtsführung der Verfassungsorgane des Bundes oder eines Landes oder ihrer Mitglieder zum Ziele haben oder

1.3 auswärtige Belange der Bundesrepublik Deutschland gefährden,

2. zur Abwehr erheblicher Nachteile für das Gemeinwohl oder einer Gefahr für die öffentliche Sicherheit,

3. zur Abwehr einer schwerwiegenden Beeinträchtigung der Rechte anderer Personen,

4. zur Verhinderung oder Verfolgung von Straftaten sowie zur Verhinderung oder Verfolgung von Ordnungswidrigkeiten, durch welche die Sicherheit oder Ordnung der Anstalt gefährdet werden, oder

5. für Maßnahmen der Strafvollstreckung oder strafvollstreckungsrechtliche Entscheidungen

erforderlich ist.

(3) Eine Verarbeitung für andere Zwecke liegt nicht vor, soweit sie dem gerichtlichen Rechtsschutz nach den §§ 109 bis 121 des Strafvollzugsgesetzes oder den in § 13 Absatz 3 des Hamburgischen Datenschutzgesetzes genannten Zwecken dient.

(4) Über die in den Absätzen 1 und 2 geregelten Zwecke hinaus dürfen zuständigen öffentlichen Stellen personenbezogene Daten übermittelt werden, soweit dies für

1. Maßnahmen der Gerichtshilfe, Jugendgerichtshilfe, Bewährungshilfe, Jugendbewährungshilfe oder Führungsaufsicht,

2. Enscheidungen in Gnadensachen,

3. gesetzlich angeordnete Statistiken der Rechtspflege,

4. sozialrechtliche Maßnahmen,

5. die Einleitung von Hilfsmaßnahmen für Angehörige (§ 11 Absatz 1 Nummer 1 des Strafgesetzbuchs) der Gefangenen,

6. dienstliche Maßnahmen der Bundeswehr im Zusammenhang mit der Aufnahme und Entlassung von Soldaten,

7. ausländerrechtliche Maßnahmen oder

8. die Durchführung der Besteuerung

erforderlich ist. Eine Übermittlung für andere Zwecke ist auch zulässig, soweit

1. eine andere gesetzliche Vorschrift dies vorsieht und sich dabei ausdrücklich auf personenbezogene Daten über Gefangene bezieht,

2. die Daten auf eine fortbestehende erhebliche Gefährlichkeit der Gefangenen für die Allgemeinheit hinweisen und daher Maßnahmen der Polizei zur vorbeugenden Bekämpfung von Straftaten von erheblicher Bedeutung erforderlich machen können.

(5) Öffentlichen und nicht öffentlichen Stellen dürfen die Vollzugsbehörden auf schriftlichen Antrag mitteilen, ob sich Personen in Haft befinden, ob und wann ihre Entlassung voraussichtlich bevorsteht und wie die Entlassungsadresse lautet, soweit

1. die Mitteilung zur Erfüllung der in der Zuständigkeit der öffentlichen Stelle liegenden Aufgaben erforderlich ist oder

2. von nicht-öffentlichen Stellen ein berechtigtes Interesse an dieser Mitteilung glaubhaft dargelegt wird und die Gefangenen kein schutzwürdiges Interesse an dem Ausschluss der Übermittlung haben.

Opfern von Straftaten oder ihren Hinterbliebenen oder den infolge eines Forderungsüberganges zuständigen öffentlichen Stellen können darüber hinaus auf schriftlichen Antrag Auskunft über die Vermögensverhältnisse der Gefangenen erteilt werden, wenn die Auskünfte zur Feststellung oder Durchsetzung von Rechtsansprüchen im Zusammenhang mit der Straftat erforderlich sind. Opfern von Straftaten dürfen auch Auskünfte über die Unterbringung im offenen Vollzug (§ 11) oder die Gewährung von Lockerungen (§ 12) erteilt werden, wenn die Gefangenen wegen einer Straftat nach den §§ 174 bis 180 und 182 des Strafgesetzbuchs oder wegen schwerer Gewalttaten verurteilt wurden und die Opfer ihr schutzwürdiges Interesse an den Auskünften nachvollziehbar darlegen. Die Gefangenen werden vor der Mitteilung gehört, es sei denn, hierdurch wird der Zweck der Mitteilung vereitelt. Ist die Anhörung unterblieben, werden die betroffenen Gefangenen über die Mitteilung der Vollzugsbehörden nachträglich unterrichtet.

(6) Akten mit personenbezogenen Daten dürfen nur anderen Vollzugsbehörden, den zur Dienst- oder Fachaufsicht oder zu dienstlichen Weisungen befugten Stellen, den für strafvollzugs-, strafvollstreckungs- und strafrechtliche Entscheidungen zuständigen Gerichten sowie den Strafvollstreckungs- und Strafverfolgungsbehörden einschließlich der Polizei überlassen werden; die Überlassung an andere öffentliche Stellen ist zulässig, soweit die Erteilung einer Auskunft einen unvertretbaren Aufwand erfordert oder nach Darlegung der Akteneinsicht begehrenden Stellen für die Erfüllung der Aufgabe nicht ausreicht. Entsprechendes gilt für die Überlassung von Akten an die von den Vollzugsbehörden mit Gutachten beauftragten Stellen.

(7) Sind mit personenbezogenen Daten, die nach Absatz 1, 2 oder 4 übermittelt werden dürfen, weitere personenbezogene Daten der Betroffenen oder Dritter in Akten so verbunden, dass eine Trennung nicht oder nur mit unvertretbarem Aufwand möglich ist, so ist die Übermittlung auch dieser Daten zulässig, soweit nicht berechtigte Interessen der Betroffenen oder Dritter an deren Geheimhaltung offensichtlich überwiegen; eine Verarbeitung dieser Daten durch die Empfänger ist unzulässig.

(8) Bei der Überwachung der Besuche, des Schriftwechsels, der Telefongespräche und der Überwachung des Inhaltes von Paketen bekannt gewordene personenbezogene Daten dürfen nur für die in Absatz 2 und Absatz 4 Satz 2 Nummer 2 aufgeführten Zwecke, für das gerichtliche Verfahren nach den §§ 109 bis 121 des Strafvollzugsgesetzes, zur Wahrung der Sicherheit oder Ordnung der Anstalt oder nach Anhörung der Gefangenen

für Zwecke der Behandlung verarbeitet werden.

(9) Personenbezogene Daten, die gemäß § 114 Absatz 3 über Personen, die nicht Gefangene sind, erhoben worden sind, dürfen nur zur Erfüllung des Erhebungszweckes, für die in Absatz 2 Nummern 1 bis 3 und Absatz 4 Satz 2 Nummer 2 aufgeführten Zwecke oder zur Verhinderung oder Verfolgung von Straftaten von erheblicher Bedeutung verarbeitet werden.

(10) Die Übermittlung von personenbezogenen Daten unterbleibt, soweit die in § 119 Absatz 2 und § 121 Absätze 3 und 5 geregelten Einschränkungen oder besondere gesetzliche Verwendungsregelungen entgegenstehen.

(11) Die Verantwortung für die Zulässigkeit der Übermittlung tragen die Vollzugsbehörden. Erfolgt die Übermittlung auf Ersuchen einer öffentlichen Stelle, trägt diese die Verantwortung. In diesem Fall prüfen die Vollzugsbehörden nur, ob das Übermittlungsersuchen im Rahmen der Aufgaben des Empfängers liegt und die Absätze 8 bis 10 der Übermittlung nicht entgegenstehen, es sei denn, dass besonderer Anlass zur Prüfung der Zulässigkeit der Übermittlung besteht.

§ 117 Zentrale Datei, Einrichtung automatisierter Übermittlungs- und Abrufverfahren

(1) Die nach § 114 erhobenen Daten können für die Vollzugsbehörden in einer zentralen Datei gespeichert werden.

(2) Die Einrichtung eines automatisierten Verfahrens, das die Übermittlung oder den Abruf personenbezogener Daten aus der zentralen Datei nach § 116 Absätze 2 und 4 ermöglicht, ist zulässig, soweit diese Form der Datenübermittlung oder des Datenabrufs unter Berücksichtigung der schutzwürdigen Belange der betroffenen Personen und der Erfüllung des Zwecks der Übermittlung angemessen ist. Die automatisierte Übermittlung der für die Unterrichtung nach § 13 Absatz 1 Satz 3 des Bundeskriminalamtgesetzes vom 7. Juli 1997 (BGBl. I S. 1650), zuletzt geändert am 21. Dezember 2007 (BGBl. I S. 3198,

3210), erforderlichen personenbezogenen Daten kann auch anlassunabhängig erfolgen.

(3) Die speichernde Stelle hat zu gewährleisten, dass die Übermittlung zumindest durch geeignete Stichprobenverfahren festgestellt und überprüft werden kann. Der Abruf der Daten wird protokolliert.

(4) Der Senat wird ermächtigt, durch Rechtsverordnung die Einzelheiten der Einrichtung automatisierter Übermittlungs- und Abrufverfahren zu regeln. Die bzw. der Hamburgische Beauftragte für Datenschutz und Informationsfreiheit ist vorher zu hören. Die Rechtsverordnung nach Satz 1 hat die Datenempfänger, die Datenart und den Zweck des Abrufs festzulegen. Sie hat Maßnahmen zur Datensicherung und zur Kontrolle vorzusehen, die in einem angemessenen Verhältnis zu dem angestrebten Schutzzweck stehen. Der Senat kann die Ermächtigung nach Satz 1 durch Rechtsverordnung auf die zuständige Behörde weiter übertragen.

(5) Die Vereinbarung eines Datenverbundes, der eine automatisierte Datenübermittlung ermöglicht, mit anderen Ländern und dem Bund ist zulässig. Der Senat wird ermächtigt, durch Rechtsverordnung die Einrichtung des Datenverbundes zu regeln. Die bzw. der Hamburgische Beauftragte für Datenschutz und Informationsfreiheit ist vorher zu hören. Die Verordnung hat die beteiligten Stellen und den Umfang ihrer Verarbeitungsbefugnis, die Datenart und den Zweck der Übermittlung im Einzelnen festzulegen. Sie hat technische und organisatorische Maßnahmen und Maßnahmen zur Datenschutzkontrolle vorzusehen, die in einem angemessenen Verhältnis zu dem angestrebten Schutzzweck stehen. Es ist festzulegen, welche Stelle die datenschutzrechtliche Verantwortung gegenüber den Betroffenen trägt und die technischen und organisatorischen Maßnahmen trifft.

§ 118 Zweckbindung

Von den Vollzugsbehörden übermittelte personenbezogene Daten dürfen nur zu dem Zweck verarbeitet werden, zu dessen Erfüllung sie übermittelt worden sind. Die Emp-

fänger dürfen die Daten für andere Zwecke nur verarbeiten, soweit sie ihnen auch für diese Zwecke hätten übermittelt werden dürfen, und wenn im Falle einer Übermittlung an nicht öffentliche Stellen die übermittelnden Vollzugsbehörden zugestimmt haben. Die Vollzugsbehörden haben die nicht öffentlichen Empfänger auf die Zweckbindung nach Satz 1 hinzuweisen.

§ 119 Schutz besonderer Daten

(1) Das religiöse oder weltanschauliche Bekenntnis der Gefangenen und personenbezogene Daten, die anlässlich ärztlicher oder psychologischer Untersuchungen erhoben worden sind, dürfen in der Anstalt nicht allgemein kenntlich gemacht werden. Dies gilt nicht für andere personenbezogene Daten, deren allgemeine Kenntnis innerhalb der Anstalt für ein geordnetes Zusammenleben erforderlich ist; § 116 Absätze 8 bis 10 bleibt unberührt.

(2) Personenbezogene Daten, die den in der Anstalt tätigen

1. Ärztinnen und Ärzten, Zahnärztinnen und Zahnärzten oder Angehörigen eines Heilberufs, der für die Berufsausübung oder die Führung der Berufsbezeichnung eine staatlich geregelte Ausbildung erfordert,

2. Berufspsychologinnen und Berufspsychologen mit staatlich anerkannter wissenschaftlicher Abschlussprüfung oder

3. staatlich anerkannten Sozialarbeiterinnen, Sozialarbeitern, Sozialpädagoginnen und Sozialpädagogen

von Gefangenen als Geheimnis anvertraut oder über Gefangene sonst bekannt geworden sind, unterliegen auch gegenüber den Vollzugsbehörden der Schweigepflicht. Die in Satz 1 genannten Personen haben sich gegenüber der Anstaltsleitung zu offenbaren, soweit dies für die Aufgabenerfüllung der Vollzugsbehörden oder zur Abwehr von erheblichen Gefahren für Leib oder Leben der Gefangenen oder Dritter erforderlich ist. Ärztinnen und Ärzte sowie Zahnärztinnen und Zahnärzte sind zur Offenbarung ihnen im Rahmen der allgemeinen Gesundheitsvorsorge bekannt gewordener Geheimnisse gegenüber der Vollzugsbehörde verpflichtet, soweit dies für die von der Vollzugsbehörde vorzunehmende Überprüfung ihrer Tätigkeit bezüglich Abrechnung, Wirtschaftlichkeit und Qualität sowie zum Zwecke der Prüfung der Kostenbeteiligung der Gefangenen (§ 60 Absätze 2 und 3) erforderlich ist; betroffen sind vor allem die erbrachten Leistungen, die Behandlungsdauer und die allgemeinen Angaben über die Gefangenen und ihre Erkrankungen. Ärztinnen und Ärzte sowie Zahnärztinnen und Zahnärzte sind zur Offenbarung ihnen im Rahmen der allgemeinen Gesundheitsfürsorge bekannt gewordener Geheimnisse befugt, soweit dies für die Aufgabenerfüllung der Vollzugsbehörden unerlässlich oder zur Abwehr von erheblichen Gefahren für Leib oder Leben der Gefangenen oder Dritter erforderlich ist. Sonstige Offenbarungsbefugnisse bleiben unberührt. Die Gefangenen sind vor der Erhebung über die nach den Sätzen 2 bis 4 bestehenden Offenbarungspflichten und -befugnisse zu unterrichten.

(3) Die nach Absatz 2 offenbarten Daten dürfen nur für den Zweck, für den sie offenbart wurden oder für den eine Offenbarung zulässig gewesen wäre, und nur unter denselben Voraussetzungen verarbeitet werden, unter denen eine in Absatz 2 Satz 1 genannte Person selbst hierzu befugt wäre. Die Anstaltsleitung kann unter diesen Voraussetzungen die unmittelbare Offenbarung gegenüber bestimmten Bediensteten allgemein zulassen.

(4) Sofern Ärztinnen oder Ärzte, Psychologinnen oder Psychologen außerhalb des Vollzuges mit der Untersuchung oder Behandlung Gefangener beauftragt werden, gilt Absatz 2 mit der Maßgabe entsprechend, dass die beauftragten Ärztinnen oder Ärzte, Psychologinnen oder Psychologen auch zur Unterrichtung der Anstaltsärztinnen oder Anstaltsärzte oder der in der Anstalt mit der Behandlung der Gefangenen betrauten Psychologinnen oder Psychologen befugt sind.

§ 120 Schutz der Daten in Akten und Dateien

(1) Die einzelnen Bediensteten dürfen sich von personenbezogenen Daten Kenntnis verschaffen, soweit dies zur Erfüllung der ihnen obliegenden Aufgaben oder für die Zusammenarbeit nach § 101 Absatz 2 Satz 2 und § 103 erforderlich ist.

(2) Akten und Dateien mit personenbezogenen Daten sind durch die erforderlichen technischen und organisatorischen Maßnahmen gegen unbefugten Zugang und unbefugten Gebrauch zu schützen. Gesundheitsakten und Therapieakten sind getrennt von anderen Unterlagen zu führen und besonders zu sichern. Im Übrigen gilt für die Art und den Umfang der Schutzvorkehrungen § 8 des Hamburgischen Datenschutzgesetzes.

§ 121 Berichtigung, Löschung und Sperrung

(1) Die in Dateien gespeicherten personenbezogenen Daten sind fünf Jahre nach der Entlassung der Gefangenen oder ihrer Verlegung in eine andere Anstalt zu löschen. Hiervon können bis zum Ablauf der Aufbewahrungsfrist für die Gefangenenpersonalakten die Gefangenenbuchnummer, die Angaben über Familienname, Vorname, Geburtsname, Geburtstag, Geburtsort, Eintritts- und Austrittsdatum der Gefangenen sowie die aufnehmende Anstalt bei Verlegung ausgenommen werden, soweit dies für das Auffinden der Gefangenenpersonalakten erforderlich ist.

(2) Aufzeichnungen nach § 115 sind spätestens nach Ablauf eines Monats zu löschen. Dies gilt nicht, wenn und solange eine fortdauernde Speicherung oder Aufbewahrung zur Aufklärung und Verfolgung der aufgezeichneten Vorkommnisse unerlässlich ist.

(3) Personenbezogene Daten in Akten dürfen nach Ablauf von fünf Jahren seit der Entlassung der Gefangenen nur übermittelt oder genutzt werden, soweit dies

1. zur Verfolgung von Straftaten,

2. für die Durchführung wissenschaftlicher Forschungsvorhaben nach § 123,

3. zur Behebung einer bestehenden Beweisnot,

4. zur Feststellung, Durchsetzung oder Abwehr von Rechtsansprüchen im Zusammenhang mit dem Vollzug einer Jugend- oder Freiheitsstrafe

unerlässlich ist. Diese Verwendungsbeschränkungen enden, wenn die Gefangenen erneut zum Vollzug einer Jugend- oder Freiheitsstrafe aufgenommen werden oder die Betroffenen eingewilligt haben.

(4) Bei der Aufbewahrung von Akten mit nach Absatz 3 gesperrten Daten dürfen folgende Fristen nicht überschritten werden:

1. 20 Jahre für Gefangenenpersonalakten, Gesundheitsakten und Therapieakten,

2. 30 Jahre für Gefangenenbücher.

Dies gilt nicht, wenn auf Grund bestimmter Tatsachen anzunehmen ist, dass die Aufbewahrung für die in Absatz 3 Satz 1 genannten Zwecke weiterhin erforderlich ist. Die Aufbewahrungsfrist beginnt mit dem auf das Jahr der aktenmäßigen Weglegung folgenden Kalenderjahr.

(5) Wird festgestellt, dass unrichtige Daten übermittelt worden sind, ist dies den Empfängerinnen oder Empfängern mitzuteilen, wenn dies zur Wahrung schutzwürdiger Interessen der Betroffenen erforderlich ist.

(6) Im Übrigen gilt für die Berichtigung, Löschung und Sperrung personenbezogener Daten § 19 Absätze 1 bis 3 und 5 des Hamburgischen Datenschutzgesetzes. Die Vorschriften des Hamburgischen Archivgesetzes bleiben unberührt.

§ 122 Auskunft an die Betroffenen, Akteneinsicht

Die Betroffenen erhalten nach Maßgabe des § 18 des Hamburgischen Datenschutzgesetzes Auskunft und, soweit eine Auskunft für die Wahrnehmung ihrer rechtlichen Interessen nicht ausreicht und sie hierfür auf die Einsichtnahme angewiesen sind, Akteneinsicht.

§ 123 Auskunft und Akteneinsicht für wissenschaftliche Zwecke

Für die Auskunft und Akteneinsicht für wissenschaftliche Zwecke gilt § 476 der Strafprozessordnung entsprechend.

§ 124 Anwendung des Hamburgischen Datenschutzgesetzes

Die Regelungen des Hamburgischen Datenschutzgesetzes über Begriffsbestimmungen (§ 4), Einholung und Form der Einwilligung des Betroffenen (§ 5 Absatz 2), die Rechte des Betroffenen (§ 6), das Datengeheimnis (§ 7), die Durchführung des Datenschutzes (§ 10), den Schadensersatz (§ 20), die Bestimmungen über die Kontrolle durch die bzw. den Hamburgischen Beauftragten für Datenschutz und Informationsfreiheit (§§ 23 bis 26) und die Straf- und Bußgeldvorschriften (§§ 32, 33) gelten entsprechend.

Teil 4
Schlussvorschriften

§ 125 Einschränkung von Grundrechten

Durch dieses Gesetz werden die Grundrechte aus Artikel 2 Absatz 2 Sätze 1 und 2 (körperliche Unversehrtheit und Freiheit der Person) und Artikel 10 Absatz 1 (Brief-, Post- und Fernmeldegeheimnis) des Grundgesetzes eingeschränkt.

§ 126 Ersetzung und Fortgeltung von Bundesrecht

Dieses Gesetz ersetzt gemäß Artikel 125a Absatz 1 des Grundgesetzes in seinem Geltungsbereich (§§ 176, 178 des Strafvollzugsgesetzes vom 16. März 1976 (BGBl. 1976 I S. 581, 2088, 1977 I S. 436), zuletzt geändert am 17. Juni 2008 (BGBl. I S. 1010), mit Ausnahme der Vorschriften über den Pfändungsschutz (§ 176 Absatz 4 in Verbindung mit § 51 Absätze 4 und 5).

Hessisches Jugendstrafvollzugsgesetz
(HessJStVollzG)
Vom 19. November 2007 (GVBl. I S. 758)

Inhaltsübersicht

Erster Abschnitt
Anwendungsbereich

§ 1 Anwendungsbereich

Dieses Gesetz regelt den Vollzug der Jugendstrafe und den Vollzug der Freiheitsstrafe nach § 114 des Jugendgerichtsgesetzes in der Fassung vom 11. Dezember 1974 (BGBl. I S. 3428), zuletzt geändert durch Gesetz vom 13. April 2007 (BGBl. I S. 513).

Zweiter Abschnitt
Grundsätze des Vollzugs der Jugendstrafe

§ 2 Erziehungsziel und Schutz der Allgemeinheit

(1) Durch den Vollzug der Jugendstrafe sollen die Gefangenen befähigt werden, künftig in sozialer Verantwortung ein Leben ohne Straftaten zu führen (Erziehungsziel).

(2) Der Jugendstrafvollzug dient zugleich dem Schutz der Allgemeinheit vor weiteren Straftaten. Dies wird durch das Erreichen des Erziehungsziels und durch die sichere Unterbringung und Beaufsichtigung der Gefangenen gewährleistet. Bei der Prüfung von vollzugsöffnenden Maßnahmen sind der Schutz der Allgemeinheit und die Belange des Opferschutzes in angemessener Weise zu berücksichtigen.

§ 3 Gestaltung des Vollzugs

(1) Der Jugendstrafvollzug ist erzieherisch auszugestalten. Die Entwicklung von Fähigkeiten und Fertigkeiten sowie die Bereitschaft zu einer eigenverantwortlichen und gemeinschaftsfähigen Lebensführung in Achtung der Rechte anderer sind zu fördern. Die Einsicht der Gefangenen in das Unrecht der Tat und in die beim Opfer verursachten Tatfolgen soll geweckt und durch geeignete Maßnahmen zum Ausgleich der Tatfolgen vertieft werden.

(2) Das Leben im Jugendstrafvollzug ist den allgemeinen Lebensverhältnissen soweit wie möglich anzugleichen. Dabei sind die Belange der Sicherheit und Ordnung der Anstalt zu beachten. Schädlichen Folgen des Freiheitsentzuges ist entgegenzuwirken. Der Vollzug wird von Beginn an darauf ausgerichtet, den Gefangenen bei der Eingliederung in ein Leben in Freiheit ohne Straftaten zu helfen.

(3) Bei der Gestaltung des Vollzugs sind der Entwicklungsstand von Jugendlichen, Heranwachsenden und jungen Erwachsenen sowie deren Lebensverhältnisse und unterschiedlichen Bedürfnisse, insbesondere die von weiblichen und männlichen Gefangenen, zu berücksichtigen. Bei volljährigen Gefangenen, die sich für den Jugendstrafvollzug nicht eignen, ist auf eine Entscheidung nach § 92 Abs. 2 des Jugendgerichtsgesetzes hinzuwirken.

§ 4 Mitwirkung der Gefangenen

(1) Die Gefangenen sind verpflichtet, am Erreichen des Erziehungsziels mitzuwirken.

(2) Die Bereitschaft der Gefangenen zur Mitwirkung ist zu wecken und zu stärken. Sie kann durch Maßnahmen der Belohnung und Anerkennung gefördert werden, bei denen die Beteiligung an Maßnahmen, wie auch besonderer Einsatz und erreichte Fortschritte angemessen zu berücksichtigen sind.

§ 5 Leitlinien der Förderung

(1) Die Förderung erfolgt durch Maßnahmen, welche geeignet sind, die Persönlichkeit, Fähigkeiten, Fertigkeiten und Kenntnisse der Gefangenen im Hinblick auf das Erreichen des Erziehungsziels zu entwickeln und zu stärken. Hierzu gehört auch die gezielte Vermittlung eines an den verfassungsrechtlichen Grundsätzen ausgerichteten Werteverständnisses.

(2) Durch differenzierte Maßnahmen soll auf den jeweiligen Entwicklungsstand und den unterschiedlichen Förderbedarf der Gefangenen eingegangen werden.

(3) Die Maßnahmen sollen den Gefangenen ermöglichen, sich mit ihrer Straftat und deren Folgen auseinanderzusetzen. Sie umfassen darüber hinaus insbesondere schulische und berufliche Bildung, Arbeitstherapie, soziales Training, Sport und die verantwortliche Gestaltung des alltäglichen Zusammenlebens, der Freizeit sowie der Außenkontakte.

(4) Die Förderung soll zum frühestmöglichen Zeitpunkt beginnen, um die gesamte Vollzugsdauer sinnvoll zu nutzen. Haben Gefangene während der Untersuchungshaft an Fördermaßnahmen teilgenommen, ist darauf hinzuwirken, dass diese im Jugendstrafvollzug fortgesetzt werden.

§ 6 Stellung der Gefangenen

(1) Die Gefangenen unterliegen den in diesem Gesetz vorgesehenen Freiheitsbeschränkungen. Soweit das Gesetz eine besondere Regelung nicht enthält, dürfen nur Beschränkungen auferlegt werden, die zur Aufrechterhaltung der Sicherheit oder zur Abwendung einer schwerwiegenden Störung der Ordnung der Anstalt unerlässlich sind.

(2) Vollzugliche Maßnahmen sollen den Gefangenen erläutert werden.

§ 7 Einbeziehung Dritter

(1) Zum Erreichen des Erziehungsziels arbeiten die Anstalten mit öffentlichen Stellen sowie privaten Organisationen und Personen, die der Eingliederung der Gefangenen förderlich sein können, zusammen.

(2) Die Personensorgeberechtigten und die Träger der öffentlichen Jugendhilfe werden in die Planung und Gestaltung der Erziehung im Vollzug angemessen einbezogen.

Dritter Abschnitt
Planung des Vollzugs

§ 8 Aufnahme

(1) Mit den Gefangenen wird unverzüglich ein Aufnahmegespräch in einer für sie verständlichen Sprache geführt, bei dem andere Gefangene nicht zugegen sein dürfen. Dabei wird die aktuelle Lebenssituation erörtert und die Gefangenen werden über ihre Rechte und Pflichten informiert. Ihnen ist die Hausordnung sowie auf Verlangen ein Exemplar dieses Gesetzes zugänglich zu machen. Die Gefangenen sind verpflichtet, die für die Planung des Vollzugs erforderlichen Angaben über ihre persönlichen Verhältnisse zu machen.

(2) Die Gefangenen werden alsbald ärztlich untersucht. Die Untersuchung erstreckt sich auch auf den geistigen und seelischen Zustand, wenn hierzu Anlass besteht.

(3) Die Personensorgeberechtigten und das für die Mitwirkung in dem Verfahren nach dem Jugendgerichtsgesetz zuständige Jugendamt werden von der Aufnahme unverzüglich unterrichtet.

(4) Die Gefangenen sind dabei zu unterstützen, gegebenenfalls notwendige Maßnahmen für hilfsbedürftige Angehörige zu veranlassen sowie ihre Habe außerhalb der Anstalt sicherzustellen.

(5) Bei vorheriger Untersuchungshaft sind die dort gewonnenen Erkenntnisse so weit wie möglich zu nutzen, um das Verfahren nach den §§ 8 bis 10 abzukürzen.

§ 9 Feststellung des Förderbedarfs

(1) Nach der Aufnahme werden den Gefangenen das Erziehungsziel sowie die vorhandenen Unterrichts-, Bildungs-, Ausbildungs- und Freizeitmaßnahmen erläutert.

(2) Der Förderbedarf wird in Diagnoseverfahren ermittelt. Die Untersuchungen erstrecken sich auf die Persönlichkeit, die Lebensverhältnisse, die Entwicklung der Straffälligkeit und Umstände der Straftat sowie alle sonstigen Umstände, deren Kenntnis für eine zielführende, erzieherisch ausgerichtete Vollzugsgestaltung und für die Eingliederung nach der Entlassung notwendig erscheint. Erkenntnisse der Jugendgerichtshilfe und der Bewährungshilfe sind einzubeziehen.

§ 10 Förderplan

(1) Aufgrund der Untersuchungen und des festgestellten Förderbedarfs wird innerhalb der ersten vier Wochen nach der Aufnahme ein Förderplan erstellt.

(2) Der Förderplan wird in einer Konferenz (§ 71 Abs. 3) beraten und mit den Gefangenen erörtert. Deren Anregungen und Vorschläge werden angemessen einbezogen.

(3) Der Förderplan wird bei Bedarf, jedenfalls im Abstand von drei Monaten, unter Berücksichtigung der Entwicklung der Gefangenen und in der Zwischenzeit gewonnener Er-

kenntnisse überprüft, mit den Gefangenen erörtert und fortgeschrieben.

(4) Der Förderplan enthält – je nach Stand des Vollzugs – insbesondere folgende Angaben:

1. Ausführungen zu den dem Förderplan zugrunde liegenden Annahmen zur Entwicklung des straffälligen Verhaltens sowie der Ziele, Inhalte und Methoden der Förderung,

2. Art der Unterbringung im Vollzug, insbesondere die Zuordnung zu einer Wohngruppe oder Verlegung in eine sozialtherapeutische Abteilung nach § 12,

3. Art und Umfang der Teilnahme an schulischen, berufsorientierenden, berufsqualifizierenden oder arbeitstherapeutischen Maßnahmen oder Zuweisung von Arbeit,

4. Art und Umfang der Teilnahme an therapeutischer Behandlung oder anderen Hilfs- oder Erziehungsmaßnahmen, unter anderem an Maßnahmen zur Gewaltprävention wie einem Anti-Aggressions-Training,

5. Maßnahmen der Gesundheitsfürsorge,

6. Art und Umfang der Teilnahme am Sportunterricht,

7. Art und Umfang der Teilnahme an Freizeitmaßnahmen unter besonderer Berücksichtigung des Sports in der Freizeit,

8. vollzugsöffnende Maßnahmen,

9. Maßnahmen zur Pflege der familiären Beziehungen und zur Gestaltung der Außenkontakte,

10. Mitwirkung an der Alltagsgestaltung in der Anstalt,

11. Maßnahmen zum Ausgleich von Tatfolgen,

12. Maßnahmen zur Schuldenregulierung,

13. Maßnahmen zur Vorbereitung der Entlassung.

(5) Den Gefangenen werden der Förderplan und seine Fortschreibungen ausgehändigt.

(6) Der Förderplan und seine Fortschreibungen werden der Vollstreckungsleitung und, wenn dadurch das Erziehungsziel nicht beeinträchtigt wird, auch den Personensorgeberechtigten bekannt gegeben.

§ 11 Verlegung, Überstellung und Ausantwortung

(1) Die Gefangenen können abweichend vom Vollstreckungsplan (§ 68 Abs. 2 Satz 1) in eine andere Jugendstrafvollzugsanstalt verlegt werden, wenn

1. sich nach der Erstellung des Förderplans ergibt, dass dieser in einer anderen Anstalt besser umgesetzt werden kann,

2. das Erreichen des Erziehungsziels oder die Eingliederung nach der Entlassung hierdurch gefördert wird,

3. eine Störung der Sicherheit oder Ordnung der Anstalt auf andere Weise nicht abgewehrt werden kann,

4. Gründe der Vollzugsorganisation oder andere wichtige Gründe dies erfordern.

(2) Gefangene dürfen aus wichtigem Grund, insbesondere zu ihrer sicheren Unterbringung oder zur Erleichterung einer schulischen oder beruflichen Maßnahme, in eine andere Jugendstrafvollzugsanstalt oder Justizvollzugsanstalt überstellt werden.

(3) Gefangene dürfen befristet in den Gewahrsam einer Polizeibehörde ausgeantwortet werden, wenn dies zur Erfüllung der Aufgaben dieser Behörde erforderlich ist.

(4) Die Personensorgeberechtigten, das Jugendamt und die Vollstreckungsleitung werden von Verlegungen Gefangener unverzüglich unterrichtet.

§ 12 Sozialtherapie

(1) Gefangene können in einer sozialtherapeutischen Abteilung untergebracht werden, soweit deren besondere therapeutischen Mittel und sozialen Hilfen zum Erreichen des Erziehungsziels angezeigt sind. In Betracht kommen insbesondere Gefangene, bei denen eine erhebliche Störung der sozialen und persönlichen Entwicklung vorliegt.

(2) Ist eine Unterbringung in einer sozialtherapeutischen Abteilung aus Gründen, die nicht in der Person der Gefangenen liegen, nicht möglich, sind anderweitige therapeutische Behandlungsmaßnahmen zu treffen.

§ 13 Geschlossener Vollzug und vollzugsöffnende Maßnahmen

(1) Die Gefangenen werden grundsätzlich im geschlossenen Vollzug untergebracht.

(2) Ob das Erziehungsziel durch vollzugsöffnende Maßnahmen besser erreicht werden kann, ist regelmäßig zu prüfen. Sie können gewährt werden, wenn die Gefangenen für die jeweilige Maßnahme geeignet sind, namentlich ihre Persönlichkeit ausreichend gefestigt und nicht zu befürchten ist, dass sie sich dem Vollzug der Jugendstrafe entziehen oder die Maßnahmen zur Begehung von Straftaten oder auf andere Weise missbrauchen.

(3) Als vollzugsöffnende Maßnahmen kommen insbesondere in Betracht:

1. Vollzug in freien Formen, namentlich in besonderen Erziehungseinrichtungen oder in Übergangseinrichtungen freier Träger,

2. Unterbringung im offenen Vollzug,

3. regelmäßige Beschäftigung außerhalb der Anstalt unter Aufsicht von Vollzugsbediensteten (Außenbeschäftigung) oder ohne Aufsicht (Freigang),

4. Verlassen der Anstalt für eine bestimmte Zeit unter Aufsicht von Vollzugsbediensteten (Ausführung) oder ohne Aufsicht (Ausgang), gegebenenfalls jedoch in Begleitung einer Bezugsperson (Ausgang in Begleitung),

5. Freistellung aus der Haft bis zu 24 Kalendertagen in einem Vollstreckungsjahr.

(4) Durch vollzugsöffnende Maßnahmen wird die Vollstreckung der Jugendstrafe nicht unterbrochen.

(5) Die Aufsichtsbehörde bestimmt, welche Einrichtungen für eine Unterbringung in freien Formen nach Abs. 3 Nr. 1 zugelassen sind. Vor einer Verlegung in eine solche Einrichtung ist die Vollstreckungsleitung anzuhören.

§ 14 Weisungen, Rücknahme und Widerruf

(1) Für vollzugsöffnende Maßnahmen können den Gefangenen Weisungen erteilt werden. Insbesondere können sie angewiesen werden,

1. Anordnungen zu befolgen, die sich auf Aufenthalt, Ausbildung, Arbeit oder Freizeit oder auf die Ordnung ihrer wirtschaftlichen Verhältnisse beziehen,

2. sich zu festgesetzten Zeiten bei einer bestimmten Stelle oder Person zu melden,

3. Kontakte mit bestimmten Personen oder Gruppen zu meiden,

4. bestimmte Gegenstände nicht zu besitzen,

5. Alkohol oder andere berauschende Stoffe zu meiden,

6. in regelmäßigen Abständen Proben zur Überwachung einer Weisung nach Nr. 5 abzugeben.

(2) Vollzugsöffnende Maßnahmen können zurückgenommen werden, wenn die Voraussetzungen für ihre Bewilligung nicht vorgelegen haben.

(3) Vollzugsöffnende Maßnahmen können widerrufen werden,

1. wenn aufgrund nachträglich eingetretener Umstände die Maßnahmen hätten versagt werden können,

2. die Maßnahmen missbraucht werden oder

3. Weisungen nicht befolgt werden.

§ 15 Verlassen der Anstalt aus wichtigem Anlass

(1) Aus wichtigem Anlass kann Ausgang oder zusätzlich zu § 13 Abs. 3 Nr. 5 bis zu sieben Tagen Freistellung aus der Haft gewährt werden. Die Beschränkung auf sieben Tage gilt nicht bei einer lebensgefährlichen Erkrankung oder wegen des Todes von Angehörigen. § 13 Abs. 2 Satz 2 und Abs. 4 sowie § 14 gelten entsprechend.

(2) Kann Ausgang oder Freistellung aus der Haft aus den in § 13 Abs. 2 Satz 2 genannten Gründen nicht gewährt werden, können die Gefangenen mit ihrer Zustimmung ausgeführt werden, sofern der Ausführung wegen Entweichungs- oder Missbrauchsgefahr nicht überwiegende Gründe entgegenstehen. Die Kosten der Ausführung können den Gefangenen auferlegt werden, wenn dies das Erreichen des Erziehungsziels nicht behindert.

(3) Auf Ersuchen eines Gerichts erfolgt eine Vorführung.

§ 16 Entlassungsvorbereitung

(1) Die Anstalt arbeitet frühzeitig, spätestens sechs Monate vor dem voraussichtlichen Entlassungszeitpunkt, darauf hin, dass die Gefangenen über eine geeignete Unterbringung und eine Arbeits- oder Ausbildungsstelle verfügen sowie bei Bedarf in nachsorgende Maßnahmen vermittelt werden. Hierbei arbeitet sie mit Dritten (§ 7), insbesondere der Bewährungshilfe, den Führungsaufsichtsstellen, der Jugendgerichtshilfe und der freiwilligen Straffälligenhilfe, zum Zwecke der sozialen und beruflichen Eingliederung der Gefangenen zusammen. Die Bewährungshilfe ist zu einer solchen Zusammenarbeit schon während des Vollzugs verpflichtet, um einen bestmöglichen Übergang der Betreuung zu gewährleisten. Die Personensorgeberechtigten und die Jugendämter werden rechtzeitig unterrichtet.

(2) Zur Vorbereitung der Entlassung sollen vollzugsöffnende Maßnahmen gewährt werden. § 13 Abs. 2 bis 4 und § 14 gelten entsprechend.

(3) Den Gefangenen kann nach Anhörung der Vollstreckungsleitung Freistellung aus der Haft zur Entlassungsvorbereitung von insgesamt bis zu sechs Monaten gewährt werden. § 13 Abs. 2 und 4 gilt entsprechend. Freistellung aus der Haft nach § 13 Abs. 3 Nr. 5 wird hierauf angerechnet. Den Gefangenen sind geeignete Weisungen nach § 14 Abs. 1 zu erteilen. Die Gewährung kann davon abhängig gemacht werden, dass die Überwachung erteilter Weisungen mit Einwilligung der Gefangenen durch den Einsatz elektronischer Überwachungssysteme („elektronische Fußfessel") unterstützt wird. Während der Entlassungsfreistellung werden die Gefangenen durch die Anstalt betreut.

§ 17 Entlassung und Hilfen

(1) Die Gefangenen sollen am letzten Tag ihrer Strafzeit möglichst frühzeitig, jedenfalls noch am Vormittag, entlassen werden. Fällt das Strafende auf einen Sonnabend, Sonntag oder einen anderen gesetzlichen Feiertag, den ersten Werktag nach Ostern oder Pfingsten oder in die Zeit vom 22. Dezember bis

zum 2. Januar, so können die Gefangenen an dem diesem Tag oder Zeitraum vorhergehenden Werktag entlassen werden, wenn dies nach der Länge der Strafzeit vertretbar ist und andere Gründe nicht entgegenstehen. Der Entlassungszeitpunkt kann unbeschadet von Satz 2 bis zu zwei Tage vorverlegt werden, wenn die Gefangenen zu ihrer Eingliederung oder aus anderen dringenden Gründen hierauf angewiesen sind.

(2) Bedürftigen Gefangenen kann eine Entlassungsbeihilfe, insbesondere ein Reisekostenzuschuss oder angemessene Kleidung gewährt werden.

(3) Auf Antrag kann die Anstalt den Gefangenen auch eine nachgehende Betreuung gewähren, wenn dies ihrer besseren Eingliederung dient und die Betreuung nicht anderweitig durchgeführt werden kann.

Vierter Abschnitt
Unterbringung und Versorgung der Gefangenen

§ 18 Unterbringung

(1) Die Gefangenen werden regelmäßig in Wohngruppen untergebracht, die entsprechend dem individuellen Entwicklungsstand und Förderbedarf zu bilden sind.

(2) Gefangene, die aufgrund ihres Verhaltens nicht gruppenfähig sind, eine Gefahr für die Sicherheit oder Ordnung der Anstalt oder für die Mitgefangenen darstellen oder die Freiräume der Wohngruppe wiederholt missbraucht haben, können aus der Wohngruppe ausgeschlossen werden. Eine Wiederaufnahme erfolgt dann, wenn die Gruppenfähigkeit wieder hergestellt ist. Davon unberührt bleiben Maßnahmen nach den §§ 54 und 55.

(3) In der Wohngruppe sollen insbesondere Werte, die ein sozialverträgliches Zusammenleben ermöglichen, gewaltfreie Konfliktlösungen, gegenseitige Toleranz und Verantwortung für den eigenen Lebensbereich vermittelt und eingeübt werden.

(4) Während der Ruhezeit werden die Gefangenen einzeln im Haftraum untergebracht. Ausnahmsweise können sie mit ihrer Einwil-

ligung auch während der Ruhezeit gemeinsam untergebracht werden, wenn eine schädliche Beeinflussung nicht zu befürchten ist. Bei einer Gefahr für Leben oder Gesundheit ist die Einwilligung der gefährdeten Gefangenen nicht erforderlich.

§ 19 Ausstattung des Haftraums

(1) Die Gefangenen dürfen ihren Haftraum in angemessenem Umfang mit eigenen Gegenständen ausstatten. Die Übersichtlichkeit des Haftraums darf nicht behindert und Kontrollen nach § 45 Abs. 1 dürfen nicht unzumutbar erschwert werden.

(2) Gegenstände, deren Besitz, Überlassung oder Benutzung mit Strafe oder Geldbuße bedroht ist oder die geeignet sind, das Erreichen des Erziehungsziels oder die Sicherheit oder die Ordnung der Anstalt zu gefährden, sind ausgeschlossen.

§ 20 Persönlicher Besitz

(1) Die Gefangenen dürfen nur Gegenstände in Besitz haben oder annehmen, die ihnen von der Anstalt oder mit deren Erlaubnis überlassen wurden. Ohne Erlaubnis dürfen sie Gegenstände von geringem Wert von anderen Gefangenen annehmen; die Anstalt kann Annahme und Besitz auch dieser Gegenstände von ihrer Erlaubnis abhängig machen oder weitere Ausnahmen zulassen. § 19 Abs. 2 gilt entsprechend. Die Erlaubnis kann unter den Voraussetzungen des § 19 Abs. 1 Satz 2 und Abs. 2 widerrufen werden.

(2) Eingebrachte Gegenstände, die die Gefangenen nicht in Besitz haben dürfen, sind für sie aufzubewahren, sofern dies nach Art und Umfang möglich ist. Andernfalls ist den Gefangenen Gelegenheit zu geben, die Gegenstände außerhalb der Anstalt aufbewahren zu lassen. Das Gleiche gilt für Gegenstände, die die Gefangenen während des Vollzugs und für ihre Entlassung nicht benötigen.

(3) Eingebrachte Gegenstände, deren Aufbewahrung nach Art oder Umfang nicht möglich ist und die von den Gefangenen trotz Aufforderung nicht aus der Anstalt verbracht werden, können auf Kosten der Gefangenen aus

der Anstalt entfernt werden. § 51 Abs. 2 und 3 gilt entsprechend.

(4) Aufzeichnungen und andere Gegenstände, die Kenntnisse über Sicherungsvorkehrungen der Anstalt vermitteln oder Schlussfolgerungen auf diese zulassen, dürfen von der Anstalt vernichtet oder unbrauchbar gemacht werden.

§ 21 Kleidung

(1) Die Gefangenen tragen Anstaltskleidung.

(2) Das Tragen eigener Kleidung kann durch die Anstaltsleitung gestattet werden. Für deren Reinigung, Instandsetzung und regelmäßigen Wechsel haben die Gefangenen selbst zu sorgen. § 19 Abs. 2 gilt entsprechend.

§ 22 Verpflegung und Einkauf

(1) Zusammensetzung und Nährwert der Anstaltsverpflegung müssen den besonderen Anforderungen an eine gesunde Ernährung junger Menschen entsprechen und ärztlich überwacht werden. Auf ärztliche Anordnung wird besondere Verpflegung gewährt. Den Gefangenen ist zu ermöglichen, Speisevorschriften ihrer Religionsgemeinschaft zu befolgen.

(2) Die Gefangenen können von ihrem Hausgeld (§ 39) oder Taschengeld (§ 40) aus einem von der Anstalt vermittelten Angebot einkaufen. Die Anstalt soll für ein Angebot sorgen, das auf Wünsche und Bedürfnisse der Gefangenen Rücksicht nimmt.

(3) Verfügen Gefangene ohne eigenes Verschulden nicht über Haus- oder Taschengeld, kann ihnen gestattet werden, in angemessenem Umfang vom Eigengeld (§ 43) einzukaufen.

§ 23 Gesundheitsvorsorge

(1) Die Bedeutung einer gesunden Lebensführung ist den Gefangenen in geeigneter Form zu vermitteln. Sie sind insbesondere über die schädlichen Wirkungen des Suchtmittelkonsums aufzuklären.

(2) Die Anstalt kann Anordnungen zum Gesundheitsschutz und zur Hygiene treffen.

(3) Das Rauchen in allen gemeinschaftlich genutzten Räumen der Anstalt ist untersagt.

(4) Den Gefangenen wird an Werktagen ein Aufenthalt im Freien von mindestens einer Stunde, an arbeitsfreien Tagen von mindestens zwei Stunden ermöglicht, wenn die Witterung dem nicht zwingend entgegensteht.

§ 24 Medizinische Versorgung

(1) Gefangene haben einen Anspruch auf notwendige, ausreichende und zweckmäßige medizinische Versorgung unter Beachtung des Grundsatzes der Wirtschaftlichkeit. Der Anspruch umfasst auch Untersuchungen zur Früherkennung von Krankheiten und Vorsorgeleistungen. Die Beurteilung der Notwendigkeit orientiert sich an der Versorgung der gesetzlich Versicherten.

(2) Der Anspruch umfasst weiter die Versorgung mit Hilfsmitteln nach § 33 des Fünften Buchs Sozialgesetzbuch vom 20. Dezember 1988 (BGBl. I S. 2477, 2482), zuletzt geändert durch Gesetz vom 7. September 2007 (BGBl. I S. 2246), sofern dies nicht mit Rücksicht auf die Kürze des Freiheitsentzugs unangemessen ist.

(3) An den Kosten für Leistungen nach Abs. 1 und 2 können Gefangene in angemessenem Umfang beteiligt werden, höchstens jedoch bis zum Umfang der Beteiligung vergleichbarer gesetzlich Versicherter.

(4) Kranke oder hilfsbedürftige Gefangene können in eine zur Behandlung ihrer Krankheit oder ihrer Versorgung besser geeigneten Justizvollzugsanstalt oder in ein Justizvollzugskrankenhaus überstellt oder verlegt werden. Erforderlichenfalls können Gefangene auch in ein Krankenhaus außerhalb des Vollzugs gebracht werden.

(5) Während eines Ausgangs oder einer Freistellung nach § 13 Abs. 3 Nr. 5 oder § 16 Abs. 3 Satz 1 haben Gefangene nur einen Anspruch auf medizinische Versorgung in der für sie zuständigen Anstalt.

(6) Der Anspruch auf medizinische Versorgung ruht, solange Gefangene aufgrund eines freien Beschäftigungsverhältnisses krankenversichert sind.

(7) Wird die Strafvollstreckung während einer Behandlung von Gefangenen außerhalb einer Einrichtung des Justizvollzugs unterbrochen oder beendet, so hat die Anstalt nur die Kosten zu tragen, die bis zu diesem Zeitpunkt angefallen sind.

(8) Bei schwerer Erkrankung oder Tod von Gefangenen werden die der Anstalt bekannten nächsten Angehörigen, insbesondere die Personensorgeberechtigten, unverzüglich benachrichtigt. Dem Wunsch der Gefangenen, auch andere Personen zu benachrichtigen, soll nach Möglichkeit entsprochen werden.

§ 25 Zwangsmaßnahmen auf dem Gebiet der Gesundheitsfürsorge

(1) Medizinische Untersuchung und Behandlung einschließlich einer hierfür erforderlichen Ausführung sowie Ernährung sind unbeschadet der Rechte der Personensorgeberechtigten zwangsweise nur bei Lebensgefahr, bei schwerwiegender Gefahr für die Gesundheit der Gefangenen oder bei Gefahr für die Gesundheit anderer Personen zulässig. Die Maßnahmen müssen für die Beteiligten zumutbar sein und dürfen nicht mit erheblicher Gefahr für Leben oder Gesundheit der Gefangenen verbunden sein. Zur Durchführung der Maßnahmen ist die Anstalt nicht verpflichtet, solange von einer freien Willensbestimmung der Gefangenen ausgegangen werden kann.

(2) Darüber hinaus ist zur Gewährleistung des Gesundheitsschutzes und der Hygiene die zwangsweise körperliche Untersuchung zulässig, wenn sie nicht mit einem körperlichen Eingriff verbunden ist.

(3) Maßnahmen nach Abs. 1 und 2 dürfen nur auf Anordnung der Anstaltsleitung im Einvernehmen mit dem ärztlichen Dienst und unter dessen Leitung durchgeführt werden.

§ 26 Soziale und psychologische Hilfe

(1) Die Beratungs-, Betreuungs- und Behandlungsmaßnahmen der Anstalt sind darauf auszurichten, Persönlichkeitsdefizite der Gefangenen abzubauen, ihre Entwicklung zu fördern sowie sie zu befähigen, ihre persönlichen, sozialen und wirtschaftlichen Schwierigkeiten eigenständig zu bewältigen und ihre Entlassung vorzubereiten. Dazu gehört auch, den durch die Straftat verursachten

Schaden wiedergutzumachen, eine Schuldenregulierung herbeizuführen und Unterhaltsverpflichtungen nachzukommen. Unter anderem sind für alle Gefangenen, für die dies erforderlich ist, Suchtberatung und Maßnahmen zur Gewaltprävention vorzusehen.

(2) Soweit Gefangene psychologischer oder psychotherapeutischer Behandlung oder Betreuung bedürfen, werden nach diagnostischer Abklärung die erforderlichen und geeigneten Maßnahmen durchgeführt.

Fünfter Abschnitt
Schule, Ausbildung, Weiterbildung und Arbeit

§ 27 Schulische und berufliche Aus- und Weiterbildung, Arbeit

(1) Maßnahmen der schulischen und beruflichen Aus- und Weiterbildung kommen im Jugendstrafvollzug besondere Bedeutung zu. Diese Maßnahmen sowie arbeitstherapeutische Beschäftigung und Arbeit dienen insbesondere dem Ziel, die Persönlichkeit der Gefangenen zu entwickeln und die Fähigkeit zur Aufnahme einer Erwerbstätigkeit zu vermitteln, zu erhalten oder zu fördern.

(2) Die Gefangenen sind vorrangig zur Teilnahme an schulischen und beruflichen Orientierungs-, Aus- und Weiterbildungsmaßnahmen oder speziellen Maßnahmen zur Förderung ihrer schulischen, beruflichen und persönlichen Entwicklung verpflichtet. Im Übrigen sind sie zu Arbeit, arbeitstherapeutischer oder sonstiger Beschäftigung verpflichtet, wenn sie dazu in der Lage sind.

(3) Die Maßnahmen zur schulischen und beruflichen Bildung haben sich an der voraussichtlichen Dauer der Inhaftierung sowie den außerhalb der Anstalt geltenden Anforderungen auszurichten. Die Gefangenen sollen nach der Entlassung auf den erworbenen Qualifikationen aufbauen können. Mit den zuständigen Stellen ist rechtzeitig zusammenzuarbeiten.

(4) Zur Vorbereitung oder Durchführung von Maßnahmen nach Abs. 2 sind Gefangene, die

nicht über ausreichende Kenntnisse der deutschen Sprache verfügen, zur Teilnahme an Deutschkursen verpflichtet.

(5) Arbeitenden Gefangenen soll die Anstalt dem Erziehungsziel förderliche Arbeit zuweisen und dabei ihre Fähigkeiten, Fertigkeiten und Neigungen berücksichtigen. Kann arbeitsfähigen Gefangenen eine solche Arbeit nicht zugewiesen oder die Teilnahme an Ausbildungs- und Weiterbildungsmaßnahmen nicht ermöglicht werden, wird ihnen eine angemessene Beschäftigung zugeteilt.

(6) Den Gefangenen soll nach Maßgabe des § 13 Abs. 2 gestattet werden, einer schulischen oder beruflichen Aus- und Weiterbildung, Umschulung oder Arbeit außerhalb der Anstalt im Rahmen des Freigangs nach § 13 Abs. 3 Nr. 3 nachzugehen. Die Anstalt kann verlangen, dass ihr den Gefangenen zustehende Entgelte zur Gutschrift für diese überwiesen werden.

(7) Die Zeugnisse oder Nachweise über eine Bildungsmaßnahme dürfen keinen Hinweis auf die Inhaftierung enthalten.

(8) Haben die Gefangenen ein Jahr lang Tätigkeiten nach Absatz 2 ausgeübt, können sie hiervon 18 Werktage freigestellt werden. Zeiten, in denen die Gefangenen infolge Krankheit verhindert waren, werden bis zur Dauer von sechs Wochen jährlich angerechnet. Auf die Zeit der Freistellung nach Satz 1 wird Freistellung aus der Haft nach § 13 Abs. 3 Nr. 5 angerechnet, soweit sie in die Arbeitszeit fällt und nicht wegen einer lebensgefährlichen Erkrankung oder des Todes eines Angehörigen erteilt worden ist. Gefangene erhalten für die Zeit der Freistellung nach Satz 1 die zuletzt gezahlten Bezüge weiter. Urlaubsregelungen für Beschäftigungsverhältnisse außerhalb des Strafvollzugs bleiben unberührt.

§ 28 Abschluss im Vollzug begonnener Bildungsmaßnahmen

(1) Die Anstalt kann Gefangenen auf Antrag gestatten, nach Entlassung eine im Vollzug begonnene Bildungsmaßnahme fortzuführen und abzuschließen, soweit

1. dies anderweitig nicht möglich oder nicht zumutbar ist,

2. dies zum Erreichen des Erziehungsziels erforderlich ist,

3. der Abschluss der Maßnahme in einem engen zeitlichen Zusammenhang zum Entlassungszeitpunkt steht und

4. Gründe der Sicherheit oder Ordnung der Anstalt dem nicht entgegenstehen.

Hierzu können sie ausnahmsweise freiwillig über den Entlassungszeitpunkt hinaus in einer Anstalt verbleiben oder wieder aufgenommen werden, sofern es die Belegungssituation zulässt.

(2) Für diese Personen gelten die Vorschriften dieses Gesetzes entsprechend mit der Maßgabe, dass Maßnahmen des Vollzugs nicht mit unmittelbarem Zwang durchgesetzt werden können. Das Hausrecht bleibt hiervon unberührt.

(3) Bei Gefährdung der Sicherheit oder Ordnung der Anstalt kann die Gestattung jederzeit widerrufen werden.

Sechster Abschnitt
Freizeit, Sport

§ 29 Gestaltung der freien Zeit

(1) Die Ausgestaltung der Freizeit orientiert sich am Erziehungsziel und dient zugleich der Vorbereitung der eigenverantwortlichen und sinnvollen Freizeitgestaltung nach der Entlassung. Die Gefangenen sind zur Teilnahme und Mitwirkung an Maßnahmen der Freizeitgestaltung zu motivieren und anzuleiten.

(2) Die Anstalt hat eine angemessen ausgestattete Bücherei vorzuhalten. Die Gefangenen dürfen auf eigene Kosten Zeitungen und Zeitschriften in angemessenem Umfang durch Vermittlung der Anstalt beziehen. § 19 Abs. 1 Satz 2 gilt entsprechend. Ausgeschlossen sind Zeitungen und Zeitschriften, deren Verbreitung mit Strafe oder Geldbuße bedroht ist. Einzelne Ausgaben oder Teile von Zeitungen oder Zeitschriften können den Gefangenen vorenthalten werden, wenn sie das Erziehungsziel oder die Sicherheit oder Ordnung der Anstalt erheblich gefährden.

(3) Die Gefangenen können am Hörfunk sowie am gemeinschaftlichen Fernsehempfang teilnehmen.

(4) Die Gefangenen dürfen eigene Hörfunkgeräte sowie in angemessenem Umfang Bücher und andere Gegenstände zur Fortbildung oder zur Freizeitbeschäftigung besitzen. Fernsehgeräte in den Hafträumen können unter Vermittlung der Anstalt zugelassen werden. Andere elektronische Medien können im Einzelfall zugelassen werden, wenn ihre Nutzung dem Erziehungsziel dient. § 19 gilt entsprechend.

(5) Der Hörfunk- und Fernsehempfang kann vorübergehend ausgesetzt oder einzelnen Gefangenen untersagt werden, wenn dies zur Aufrechterhaltung der Sicherheit oder Ordnung der Anstalt unerlässlich ist.

§ 30 Sport

Der sportlichen Betätigung kommt im Jugendstrafvollzug besondere Bedeutung zu. Sie kann neben der sinnvollen Freizeitgestaltung auch zur gezielten Persönlichkeitsförderung eingesetzt werden. Hierfür sind ausreichende Maßnahmen vorzuhalten, die den Gefangenen zumindest die Teilnahme an Sporteinheiten von insgesamt zwei Stunden Dauer wöchentlich ermöglichen. Sportmöglichkeiten im Rahmen der Freistunde nach § 23 Abs. 4 bleiben davon unberührt.

Siebter Abschnitt
Religionsausübung und Seelsorge

§ 31 Religionsausübung und Seelsorge

(1) Den Gefangenen ist eine seelsorgerische und religiöse Betreuung durch ihre Religionsgemeinschaft zu ermöglichen. Auf ihren Wunsch ist ihnen zu helfen, mit der Seelsorge ihrer Religionsgemeinschaft in Verbindung zu treten.

(2) Den Gefangenen sind Gegenstände des religiösen Gebrauchs in angemessenem Umfang zu belassen. § 19 Abs. 1 Satz 2 gilt entsprechend. Grundlegende religiöse Schriften dürfen ihnen nur bei grobem Missbrauch entzogen werden.

(3) Die Gefangenen haben das Recht, am Gottesdienst und an anderen religiösen Veranstaltungen ihres Bekenntnisses teilzunehmen. Zu religiösen Veranstaltungen einer anderen Religionsgemeinschaft werden Gefangene zugelassen, wenn deren Seelsorgerin oder Seelsorger einwilligt. Gefangene können von der Teilnahme ausgeschlossen werden, wenn dies aus überwiegenden Gründen der Sicherheit oder Ordnung geboten ist; die Seelsorgerin oder der Seelsorger soll vorher gehört werden.

(4) Für Angehörige weltanschaulicher Bekenntnisse gelten Abs. 1 bis 3 entsprechend.

Achter Abschnitt
Außenkontakte der Gefangenen

§ 32 Grundsätze

(1) Die Gefangenen haben das Recht, mit Personen außerhalb der Anstalt im Rahmen der Vorschriften dieses Abschnitts zu verkehren. Der Kontakt mit Personen, von denen ein günstiger Einfluss erwartet werden kann, wird gefördert.

(2) Die Anstaltsleitung kann den Kontakt mit bestimmten Personen untersagen,

1. wenn die Sicherheit oder Ordnung der Anstalt gefährdet würde,

2. bei Personen, die nicht Angehörige der Gefangenen im Sinne des § 11 Abs. 1 Nr. 1 des Strafgesetzbuchs sind, wenn zu befürchten ist, dass sie einen schädlichen Einfluss auf die Gefangenen haben oder deren Eingliederung behindern würden, oder

3. wenn Personensorgeberechtigte nicht einverstanden sind.

(3) Die Kosten für Telekommunikation sowie abgehende Schreiben und Pakete tragen die Gefangenen. Sind sie hierzu nicht in der Lage, kann die Anstalt die Kosten in begründeten Fällen in angemessenem Umfang übernehmen.

§ 33 Besuch

(1) Die Gefangenen dürfen regelmäßig Besuch empfangen. Die Gesamtdauer beträgt mindestens vier Stunden im Monat.

(2) Besuche sollen darüber hinaus ermöglicht werden, wenn sie dem Erreichen des Erziehungsziels dienen oder zur Wahrnehmung wichtiger persönlicher, familiärer, rechtlicher oder sonstiger Angelegenheiten erforderlich sind. Kontakte der Gefangenen zu ihren Kindern werden besonders gefördert.

(3) Aus Gründen der Sicherheit kann ein Besuch davon abhängig gemacht werden, dass sich die Besucher durchsuchen lassen. § 45 Abs. 1 Satz 2 und 3 und § 34 Abs. 3 gelten entsprechend.

(4) Die Besuche dürfen aus erzieherischen Gründen oder Gründen der Sicherheit oder Ordnung der Anstalt offen überwacht werden. Die Unterhaltung darf nur überwacht werden, soweit dies im Einzelfall aus den in Satz 1 genannten Gründen erforderlich ist. Ein Besuch darf abgebrochen werden, wenn Beteiligte gegen die Vorschriften dieses Gesetzes oder die aufgrund dieses Gesetzes getroffenen Anordnungen trotz Ermahnung verstoßen. Dies gilt auch, wenn Verhaltensweisen von Besuchspersonen geeignet sind, einen schädlichen Einfluss auf die Gefangenen auszuüben. Einer Ermahnung bedarf es nicht, wenn es unerlässlich ist, den Besuch sofort abzubrechen. Gegenstände dürfen beim Besuch nur mit Erlaubnis übergeben werden. Dies gilt nicht für die bei dem Besuch von Verteidigerinnen und Verteidigern und Beiständen nach § 69 des Jugendgerichtsgesetzes übergebenen Schriftstücke und sonstigen Unterlagen.

(5) Die optische Überwachung eines Besuches kann auch durch technische Hilfsmittel erfolgen. Die betroffenen Personen sind vorher darauf hinzuweisen. Zur Verhinderung der Übergabe von Gegenständen können besondere Vorkehrungen, insbesondere durch Tischaufsätze oder Trennscheiben, getroffen werden, wenn bei den betreffenden Gefangenen verbotene Gegenstände gefunden wurden oder konkrete Anhaltspunkte vorliegen, dass es zu einer verbotenen Übergabe

von Gegenständen kommt. § 44 Abs. 2 gilt entsprechend.

(6) Besuche von Verteidigerinnen oder Verteidigern und Beiständen nach § 69 des Jugendgerichtsgesetzes sind zu gestatten und dürfen nicht überwacht werden; Abs. 3 bleibt unberührt. Das Gleiche gilt für Besuche von Rechtsanwältinnen oder Rechtsanwälten sowie Notarinnen und Notaren in einer die Gefangenen betreffenden Rechtssache mit der Maßgabe, dass Abs. 4 Anwendung findet.

§ 34 Schriftwechsel

(1) Die Gefangenen haben das Recht, Schreiben abzusenden und zu empfangen.

(2) Der Schriftwechsel darf überwacht werden, soweit es aus erzieherischen Gründen oder Gründen der Sicherheit oder Ordnung der Anstalt erforderlich ist.

(3) Der Schriftverkehr der Gefangenen mit ihren Verteidigerinnen oder Verteidigern und den Beiständen nach § 69 des Jugendgerichtsgesetzes wird nicht überwacht. Besteht der Verdacht, dass ein Schreiben unzulässige Einlagen enthält, so wird dieses mit Einverständnis und im Beisein der Gefangenen einer Sichtkontrolle ohne Kenntnisnahme des gedanklichen Inhalts unterzogen, andernfalls an den Absender zurückgesandt. Liegt dem Vollzug der Jugendstrafe eine Straftat nach § 129a, auch in Verbindung mit § 129b Abs. 1 des Strafgesetzbuchs zugrunde, gelten § 148 Abs. 2 und § 148a der Strafprozessordnung entsprechend; dies gilt nicht, wenn den Gefangenen Ausgang, Freigang oder Freistellung nach §§ 13 Abs. 3 Nr. 5, 16 Abs. 3 gewährt worden ist und ein Grund, der die Anstaltsleitung nach § 14 Abs. 2 und 3 zu Rücknahme oder Widerruf ermächtigt, nicht vorliegt. Satz 3 gilt auch, wenn gegen Gefangene eine Verurteilung zu einer Jugend- oder Freiheitsstrafe wegen einer der dort genannten Straftaten erst im Anschluss zu vollstrecken ist.

(4) Nicht überwacht werden ferner Schreiben der Gefangenen an

1. den Bundespräsidenten,

2. die Volksvertretungen des Bundes und der Länder und das Europäische Parlament sowie an deren Mitglieder und Fraktionen,

3. die Gerichte und Justizbehörden des Bundes und der Länder sowie den Europäischen Gerichtshof für Menschenrechte,

4. den Europäischen Ausschuss zur Verhütung von Folter und unmenschlicher und erniedrigender Behandlung oder Strafe und an weitere Einrichtungen, mit denen der Schriftverkehr aufgrund völkerrechtlicher Verpflichtungen geschützt ist, und

5. die Datenschutzbeauftragten des Bundes und der Länder,

soweit die Schreiben an den jeweiligen Dienstsitz gerichtet sind und den Absender zutreffend angeben. Schreiben dieser Stellen, die an die Gefangenen gerichtet sind, werden nicht überwacht, es sei denn, dass im Einzelfall begründete Zweifel an der Identität des Absenders vorliegen, die auf andere Weise nicht ausgeräumt werden können.

(5) Die Gefangenen haben Absendung und Empfang ihrer Schreiben durch die Anstalt vermitteln zu lassen, soweit nichts anderes gestattet ist. Eingehende und ausgehende Schreiben sind unverzüglich weiterzuleiten. Die Gefangenen haben eingehende Schreiben unverschlossen zu verwahren, sofern nichts anderes gestattet wird. Sie können sie verschlossen zu ihrer Habe geben.

(6) Die Anstaltsleitung kann Schreiben anhalten, wenn

1. das Erziehungsziel oder die Sicherheit oder Ordnung der Anstalt gefährdet würde,

2. die Weitergabe in Kenntnis ihres Inhalts einen Straf- oder Bußgeldtatbestand verwirklichen würde,

3. sie grob unrichtige oder erheblich entstellende Darstellungen von Anstaltsverhältnissen enthalten,

4. sie grobe Beleidigungen enthalten,

5. sie die Eingliederung anderer Gefangener gefährden können oder

6. sie in Geheimschrift, unlesbar, unverständlich oder ohne zwingenden Grund in einer fremden Sprache abgefasst sind.

Ausgehenden Schreiben, die unrichtige Darstellungen enthalten, kann ein Begleitschreiben beigefügt werden, wenn die Gefangenen auf der Absendung bestehen. Ist ein Schreiben angehalten worden, wird das den Gefangenen mitgeteilt. Angehaltene Schreiben werden an die Absender zurückgegeben oder, sofern dies unmöglich oder aus besonderen Gründen untunlich ist, von der Anstalt verwahrt. Schreiben, deren Überwachung nach Abs. 3 oder 4 ausgeschlossen ist, dürfen nicht angehalten werden.

§ 35 Telekommunikation

(1) Den Gefangenen kann gestattet werden, Telefongespräche zu führen. Aus wichtigen Gründen können sie andere Kommunikationsmittel durch Vermittlung und unter Aufsicht der Anstalt nutzen.

(2) Für Telefongespräche und sonstige mündliche Kommunikation gilt § 33 Abs. 4 und 6 entsprechend. Findet danach eine Überwachung statt, so sind die Gefangenen und die anderen Gesprächsbeteiligten vor Beginn des Gesprächs hierauf hinzuweisen. Für schriftliche Kommunikation gelten die Vorschriften über den Schriftwechsel entsprechend.

§ 36 Pakete

(1) Der Empfang von Paketen bedarf der Erlaubnis der Anstalt. Sie kann Zeitpunkt und Höchstmenge für die Sendung und für einzelne Gegenstände festsetzen. Der Empfang von Paketen mit Nahrungs- und Genussmitteln ist den Gefangenen nicht gestattet. Für den Ausschluss von Gegenständen gilt § 19 Abs. 2 entsprechend. Der Empfang von Paketen kann versagt werden, wenn dies wegen Gefährdung der Sicherheit oder Ordnung der Anstalt unerlässlich ist.

(2) Pakete sind in Gegenwart der Gefangenen zu öffnen. Ausgeschlossene Gegenstände können zu ihrer Habe genommen oder dem Absender zurückgesandt werden. Nicht ausgehändigte Gegenstände, durch die bei der Versendung oder Aufbewahrung Personen verletzt oder Sachschäden verursacht werden können, dürfen vernichtet werden. Die hier-

nach getroffenen Maßnahmen werden den Gefangenen eröffnet.

(3) Den Gefangenen kann gestattet werden, Pakete zu versenden. Die Anstalt kann ihren Inhalt aus Gründen der Sicherheit oder Ordnung der Anstalt überprüfen.

Neunter Abschnitt
Anerkennung für Ausbildung und Arbeit, Gelder der Gefangenen

§ 37 Vergütung von Ausbildung und Arbeit

(1) Gefangene, die während der Arbeitszeit ganz oder teilweise an einer Maßnahme nach § 27 Abs. 2 Satz 1 teilnehmen, erhalten hierfür eine Ausbildungsbeihilfe, soweit kein Anspruch auf andere Leistungen besteht, die freien Personen als solchem Anlass zustehen. Wer eine Tätigkeit nach § 27 Abs. 2 Satz 2 ausübt, erhält Arbeitsentgelt.

(2) Der Bemessung der Vergütung nach Abs. 1 ist der zweihundertfünfzigste Teil (Tagessatz) von neun vom Hundert der Bezugsgröße nach § 18 des Vierten Buchs Sozialgesetzbuch in der Fassung vom 23. Januar 2006 (BGBl. I S. 89, 466), zuletzt geändert durch Gesetz vom 7. September 2007 (BGBl. I S. 2246), zugrunde zu legen (Eckvergütung).

(3) Die Vergütung kann je nach Art der Maßnahme und der Leistung der Gefangenen gestuft werden. Die Ministerin oder der Minister der Justiz wird ermächtigt, durch Rechtsverordnung entsprechende Vergütungsstufen festzusetzen.

(4) Die Höhe der Ausbildungsbeihilfe oder des Arbeitsentgelts wird den Gefangenen schriftlich bekannt gegeben.

§ 38 Freistellung von Ausbildung und Arbeit

(1) Als zusätzliche Anerkennung neben der Vergütung nach § 37 erhalten Gefangene auf Antrag, unabhängig von einer Freistellung nach § 27 Abs. 8, für jeweils zwei Monate zusammenhängender Ausübung einer Tätigkeit nach § 27 Abs. 2 eine Freistellung von einem Werktag. Durch Zeiten, in denen die

Gefangenen ohne ihr Verschulden an einer Tätigkeit nach § 27 Abs. 2 gehindert sind, wird der Ablauf des Zeitraums nach Satz 1 gehemmt. § 27 Abs. 8 Satz 3 und 4 gilt entsprechend.

(2) Die Gefangenen können beantragen, dass die Freistellung nach Abs. 1 in Form von Freistellung aus der Haft (§ 13 Abs. 3 Nr. 5) gewährt wird. § 13 Abs. 2 und 4 und § 14 gelten entsprechend.

(3) Stellen die Gefangenen keinen Antrag nach Abs. 1 Satz 1, so wird der Entlassungszeitpunkt um die nicht in Anspruch genommenen Freistellungstage vorverlegt.

(4) Eine Vorverlegung nach Abs. 3 ist ausgeschlossen, wenn

1. sie im Falle einer Aussetzung der Vollstreckung des Restes einer Jugendstrafe zur Bewährung wegen der von der Entscheidung des Gerichts bis zur Entlassung verbleibenden Zeit nicht mehr möglich ist,

2. dies vom Gericht angeordnet wird, weil bei einer Aussetzung der Vollstreckung des Restes einer Jugendstrafe zur Bewährung die Lebensverhältnisse der Gefangenen oder die Wirkungen, die von der Aussetzung für sie zu erwarten sind, die Vollstreckung bis zu einem bestimmten Zeitpunkt erfordern,

3. nach § 2 des Jugendgerichtsgesetzes in Verbindung mit § 456a Abs. 1 der Strafprozessordnung von der Vollstreckung abgesehen wird,

4. die Gefangenen im Gnadenwege aus der Haft entlassen werden.

In diesen Fällen erhalten die Gefangenen bei ihrer Entlassung zusätzlich eine Ausgleichsentschädigung in Höhe von 15 vom Hundert der Bezüge, die sie für die geleistete Tätigkeit, die Grundlage für die Gewährung der Freistellungstage gewesen ist, erhalten haben.

§ 39 Hausgeld

(1) Die Gefangenen erhalten von der ihnen nach § 37 zustehenden Vergütung drei Siebtel monatlich als Hausgeld.

(2) Für Gefangene, die in einem freien Beschäftigungsverhältnis stehen, wird aus ihren Bezügen ein angemessenes Hausgeld festgesetzt.

§ 40 Taschengeld

(1) Gehen Gefangene ohne ihr Verschulden keiner Tätigkeit nach § 27 Abs. 2 nach, wird ihnen auf Antrag ein Taschengeld gewährt, soweit sie bedürftig sind.

(2) Das Taschengeld beträgt bis zu 14 vom Hundert der Vergütung nach § 37 Abs. 2, soweit ihnen in dem Monat, für den das Taschengeld beantragt wurde, aus Hausgeld und Eigengeld nicht ein Betrag bis zu dieser Höhe zur Verfügung steht.

§ 41 Überbrückungsgeld

(1) Aus den in diesem Gesetz geregelten Bezügen und aus den Bezügen der Gefangenen, die in einem freien Beschäftigungsverhältnis stehen, ist ein Überbrückungsgeld zu bilden, das den notwendigen Lebensunterhalt der Gefangenen und der Unterhaltsberechtigten für die ersten vier Wochen nach der Entlassung sichern soll.

(2) Das Überbrückungsgeld wird den Gefangenen bei der Entlassung in die Freiheit ausgezahlt. Liegen Anhaltspunkte dafür vor, dass Gefangene das Überbrückungsgeld nicht zweckentsprechend verwenden, kann die Anstalt es ganz oder teilweise der Bewährungshilfe zur Verwaltung für die Gefangenen überlassen.

(3) Die Anstaltsleitung kann gestatten, dass das Überbrückungsgeld schon vor der Entlassung für Ausgaben in Anspruch genommen wird, die der Eingliederung der Gefangenen dienen.

(4) Für die Pfändbarkeit des Überbrückungsgeldes gilt § 51 Abs. 4 und 5 in Verbindung mit § 176 Abs. 4 des Strafvollzugsgesetzes vom 16. März 1976 (BGBl. I S. 581, 2088), zuletzt geändert durch Verordnung vom 31. Oktober 2006 (BGBl. I S. 2407).

§ 42 Haftkostenbeitrag

(1) Als Teil der Kosten der Vollstreckung der Rechtsfolgen einer Tat im Sinne des § 464a

Abs. 1 Satz 2 der Strafprozessordnung erhebt die Anstalt von den Gefangenen einen Haftkostenbeitrag.

(2) Ein Haftkostenbeitrag wird nicht erhoben, wenn Gefangene

1. eine Vergütung nach § 37 erhalten,

2. ohne Verschulden eine Tätigkeit nach § 27 Abs. 2 nicht ausüben oder

3. hierzu nicht verpflichtet sind.

(3) Im Übrigen kann von der Erhebung eines Haftkostenbeitrags ganz oder teilweise aus besonderen Gründen abgesehen werden, insbesondere zur Förderung von Unterhaltszahlungen, Schadenswiedergutmachung, sonstiger Schuldenregulierung oder für besondere Aufwendungen zur Eingliederung.

(4) Der Haftkostenbeitrag wird in Höhe des Betrages erhoben, der nach § 17 Abs. 1 Satz 1 Nr. 4 des Vierten Buchs Sozialgesetzbuch durchschnittlich zur Bewertung der Sachbezüge festgesetzt ist. Das Hessische Ministerium der Justiz stellt den Betrag jährlich fest.

§ 43 Eigengeld

Vergütung nach § 37 oder Bezüge aus einem freien Beschäftigungsverhältnis, die nicht als Hausgeld, Haftkostenbeitrag oder Überbrückungsgeld in Anspruch genommen werden, sowie Gelder, die Gefangene in die Anstalt einbringen oder die für sie von Dritten eingebracht werden, sind als Eigengeld gutzuschreiben.

Zehnter Abschnitt
Sicherheit und Ordnung

§ 44 Grundsätze, Verhaltensvorschriften

(1) Sicherheit und Ordnung der Anstalt tragen maßgeblich zu einem am Erziehungsziel ausgerichteten Anstaltsleben bei. Das Verantwortungsbewusstsein der Gefangenen für ein geordnetes Zusammenleben in der Anstalt ist zu wecken und zu stärken. Vor Übergriffen anderer Gefangener sind sie zu schützen.

(2) Die Pflichten und Beschränkungen, die den Gefangenen zur Aufrechterhaltung der Sicherheit oder Ordnung der Anstalt auferlegt

werden, sind so zu wählen, dass sie in einem angemessenen Verhältnis zu ihrem Zweck stehen und die Gefangenen nicht mehr und nicht länger als notwendig beeinträchtigen. Zur Gewährleistung von Sicherheit und Ordnung kann die optische Überwachung der Gefangenen außerhalb der Haft räume mit technischen Hilfsmitteln erfolgen. Auf die Überwachung mittels technischer Hilfsmittel sind die Gefangenen vorher hinzuweisen.

(3) Die Gefangenen haben sich nach der Tageseinteilung der Anstalt zu richten. Sie dürfen durch ihr Verhalten gegenüber Vollzugsbediensteten, Mitgefangenen und anderen Personen das geordnete Zusammenleben nicht stören.

(4) Die Gefangenen haben die Anordnungen der Vollzugsbediensteten zu befolgen. Einen ihnen zugewiesenen Bereich dürfen sie nicht ohne Erlaubnis verlassen.

(5) Die Gefangenen haben die Haft räume und die ihnen von der Anstalt überlassenen Sachen in Ordnung zu halten und schonend zu behandeln.

(6) Die Gefangenen haben Umstände, die eine erhebliche Gefahr für eine Person oder eine erhebliche Störung der Sicherheit oder Ordnung der Anstalt begründen oder darauf hindeuten, unverzüglich zu melden.

§ 45 Durchsuchung

(1) Gefangene, ihre Sachen und die Haft räume dürfen durchsucht werden. Die Durchsuchung männlicher Gefangener darf nur von Männern, die Durchsuchung weiblicher Gefangener darf nur von Frauen vorgenommen werden. Das Schamgefühl ist zu schonen. § 34 Abs. 3 gilt entsprechend.

(2) Nur bei Gefahr im Verzuge oder auf Anordnung der Anstaltsleitung im Einzelfall ist es zulässig, eine mit einer Entkleidung verbundene körperliche Durchsuchung vorzunehmen. Die Untersuchung von Körperöffnungen darf nur durch den ärztlichen Dienst vorgenommen werden. Abs. 1 Satz 2 und 3 gilt entsprechend. Die Durchsuchung ist in einem geschlossenen Raum durchzuführen. Andere Gefangene dürfen nicht anwesend sein.

(3) Abweichend von Abs. 2 Satz 1 kann die Anstaltsleitung anordnen, dass Gefangene bei der Aufnahme, nach Kontakten mit Besuchspersonen und nach jeder Abwesenheit von der Anstalt nach Abs. 2 zu durchsuchen sind.

§ 46 Bekämpfung des Suchtmittelmissbrauchs

(1) Zur Bekämpfung des Suchtmittelmissbrauchs werden Kontrollen durchgeführt.

(2) Eine Kontrolle kann allgemein angeordnet werden, wenn dies zur Aufrechterhaltung der Sicherheit oder Ordnung der Anstalt, zum Erreichen des Erziehungsziels oder der Gesundheitsvorsorge geboten ist. Gegen einzelne Gefangene kann eine Kontrolle angeordnet werden, wenn sie im Verdacht stehen, Suchtmittel zu besitzen oder solche konsumiert zu haben.

(3) Bei Gefangenen, die eine Mitwirkung an der Durchführung der Kontrolle ohne hinreichenden Grund verweigern, ist in der Regel davon auszugehen, dass Suchtmittelfreiheit nicht gegeben ist.

§ 47 Lichtbildausweis

Die Anstalt kann Gefangene verpflichten, einen Lichtbildausweis mit sich zu führen, wenn dies aus Gründen der Sicherheit oder Ordnung der Anstalt erforderlich ist. Der Ausweis ist bei der Entlassung oder der Verlegung in eine andere Anstalt einzuziehen und zu vernichten.

§ 48 Festnahmerecht

Gefangene, die entwichen sind oder sich sonst ohne Erlaubnis außerhalb der Anstalt aufhalten, können durch die Anstalt oder auf deren Veranlassung hin festgenommen und in die Anstalt zurückgeführt werden.

§ 49 Besondere Sicherungsmaßnahmen

(1) Gegen Gefangene können besondere Sicherungsmaßnahmen angeordnet werden, wenn nach ihrem Verhalten oder aufgrund des seelischen Zustandes in erhöhtem Maße Fluchtgefahr oder die Gefahr von Gewalttätigkeiten gegen Personen oder Sachen oder die Gefahr der Selbsttötung oder der Selbstverletzung besteht.

(2) Als besondere Sicherungsmaßnahmen sind zulässig:

1. der Entzug oder die Vorenthaltung von Gegenständen,

2. die Beobachtung der Gefangenen, auch durch technische Hilfsmittel,

3. die Absonderung von anderen Gefangenen,

4. der Entzug oder die Beschränkung des Aufenthalts im Freien,

5. die Unterbringung in einem besonders gesicherten Haftraum ohne gefährdende Gegenstände und

6. die Fesselung.

(3) Maßnahmen nach Abs. 2 Nr. 1 und 3 bis 5 sind auch zulässig, wenn die Gefahr einer Befreiung oder eine sonstige erhebliche Störung der Anstaltsordnung anders nicht abgewehrt werden kann.

(4) Auch bei einer Ausführung, Vorführung oder beim Transport ist die Fesselung zulässig, wenn Fluchtgefahr besteht.

(5) In der Regel dürfen Fesseln nur an den Händen oder an den Füßen angelegt werden.

(6) Eine dauerhafte Beobachtung nach Abs. 2 Nr. 2 unter Verwendung technischer Hilfsmittel ist nur zulässig, wenn und solange dies zur Abwendung der Gefahr einer Selbsttötung oder Selbstverletzung erforderlich ist. Eine Abdunklung zur Nachtzeit ist zu gewährleisten. Das Schamgefühl ist so weit wie möglich zu schonen.

(7) Die unausgesetzte Absonderung von Gefangenen (Einzelhaft) ist nur zulässig, wenn dies aus Gründen, die in ihrer Person liegen, unerlässlich ist. Die Einzelhaft darf ununterbrochen nicht mehr als eine Woche andauern. Einzelhaft von mehr als vier Wochen im Jahr bedarf der Zustimmung der Aufsichtsbehörde. Während des Vollzugs der Einzelhaft sind die Gefangenen in besonderem Maße zu betreuen.

§ 50 Anordnung besonderer Sicherungsmaßnahmen, ärztliche
Überwachung

(1) Besondere Sicherungsmaßnahmen ordnet die Anstaltsleitung an. Bei Gefahr im Verzuge können auch andere Bedienstete der Anstalt diese Maßnahmen vorläufig anordnen. Die Entscheidung der Anstaltsleitung ist unverzüglich einzuholen.

(2) Vor der Anordnung ist eine Stellungnahme des ärztlichen Dienstes einzuholen, wenn Gefangene ärztlich behandelt oder beobachtet werden oder wenn ihr seelischer Zustand Anlass der Maßnahme ist. Ist dies wegen Gefahr im Verzuge nicht möglich, wird die Stellungnahme unverzüglich nachträglich eingeholt. Wenn Gefangenen der tägliche Aufenthalt im Freien entzogen wird, ist eine Stellungnahme des ärztlichen Dienstes spätestens nach drei Tagen und danach in angemessenen Abständen einzuholen.

(3) Sind Gefangene in einem besonders gesicherten Haftraum untergebracht oder gefesselt (§ 49 Abs. 2 Nr. 5 und 6), werden sie dauerhaft überwacht (§ 49 Abs. 6 und Abs. 2 Nr. 2) oder ist Einzelhaft angeordnet (§ 49 Abs. 7), so sucht sie der ärztliche Dienst alsbald und danach in der Regel täglich auf. Dies gilt nicht bei einer Fesselung während einer Ausführung, Vorführung oder eines Transports.

(4) Die besonderen Sicherungsmaßnahmen sind den Gefangenen zu erläutern. Die Anordnung und die Durchführung der Maßnahmen einschließlich der Beteiligung des ärztlichen Dienstes sind zu dokumentieren.

§ 51 Ersatz von Aufwendungen

(1) Die Gefangenen sind verpflichtet, der Anstalt Aufwendungen zu ersetzen, die sie durch eine vorsätzliche oder grob fahrlässige Selbstverletzung, Verletzung anderer Personen oder Beschädigung fremder Sachen verursacht haben. Ansprüche aufgrund anderer Rechtsvorschriften bleiben unberührt.

(2) Die Anstalt kann den Anspruch durch Bescheid gegen die Gefangenen geltend machen. Bei der Geltendmachung dieser Forderungen kann auch der den Mindestbetrag übersteigende Teil des Hausgeldes in Anspruch genommen werden.

(3) Von der Aufrechnung oder Vollstreckung wegen der in Abs. 1 genannten Forderungen ist abzusehen, wenn hierdurch das Erziehungsziel gefährdet würde.

Elfter Abschnitt
Unmittelbarer Zwang

§ 52 Unmittelbarer Zwang

(1) Unmittelbarer Zwang ist die Einwirkung auf Personen oder Sachen durch körperliche Gewalt, ihre Hilfsmittel und durch Waffen. Körperliche Gewalt ist jede unmittelbare körperliche Einwirkung auf Personen oder Sachen. Hilfsmittel der körperlichen Gewalt sind namentlich Fesseln. Waffen sind die dienstlich zugelassenen Hieb- und Schusswaffen sowie Reizstoffe.

(2) Vollzugsbedienstete dürfen unmittelbaren Zwang anwenden, wenn sie Vollzugs- und Sicherungsmaßnahmen rechtmäßig durchführen und der damit verfolgte Zweck auf keine andere Weise erreicht werden kann. Gegen andere Personen als Gefangene darf unmittelbarer Zwang angewendet werden, wenn sie es unternehmen, Gefangene zu befreien oder in den Anstaltsbereich widerrechtlich einzudringen oder wenn sie sich unbefugt im Anstaltsbereich aufhalten. Das Recht zu unmittelbarem Zwang aufgrund anderer Regelungen bleibt unberührt.

(3) Unter mehreren möglichen und geeigneten Maßnahmen des unmittelbaren Zwangs ist diejenige zu wählen, die den Einzelnen und die Allgemeinheit voraussichtlich am wenigsten beeinträchtigt. Unmittelbarer Zwang unterbleibt, wenn ein durch ihn zu erwartender Schaden erkennbar außer Verhältnis zu dem angestrebten Erfolg steht.

(4) Die Vollzugsbediensteten sind verpflichtet, unmittelbaren Zwang anzuwenden, der von Vorgesetzten oder einer sonst befugten Person angeordnet wird. Die Anordnung darf nicht befolgt werden, wenn durch die Anwendung des unmittelbaren Zwangs die Menschenwürde verletzt oder eine Straftat

begangen würde oder die Anordnung nicht zu dienstlichen Zwecken erteilt worden ist. Wird in den Fällen des Satzes 2 eine Anordnung trotzdem befolgt, so trifft die Vollzugsbediensteten eine Verantwortung nur, wenn sie die Rechtswidrigkeit der Maßnahme erkannt haben oder diese nach den ihnen bekannten Umständen offensichtlich war. Bedenken gegen die Rechtmäßigkeit der Anordnung haben Vollzugsbedienstete den Anordnenden gegenüber vorzubringen, soweit das nach den Umständen möglich ist. § 71 Abs. 2 des Hessischen Beamtengesetzes in der Fassung vom 11. Januar 1989 (GVBl. I S. 26), zuletzt geändert durch Gesetz vom 5. Juli 2007 (GVBl. I S. 378), ist nicht anzuwenden.

(5) Unmittelbarer Zwang ist vorher anzudrohen. Von der Androhung kann abgesehen werden, wenn die Umstände sie nicht zulassen, insbesondere wenn die sofortige Anwendung des Zwangsmittels zur Abwehr einer Gefahr notwendig ist.

§ 53 Schusswaffengebrauch

(1) Schusswaffen dürfen gegen Gefangene nur zur Abwehr eines gegenwärtigen rechtswidrigen Angriffs auf Leib oder Leben gebraucht werden, wenn andere Maßnahmen des unmittelbaren Zwanges bereits erfolglos waren oder keinen Erfolg versprechen. Sie dürfen nur von den dazu bestimmten Vollzugsbediensteten mit dem Ziel gebraucht werden, angriffsunfähig zu machen. Ihr Gebrauch unterbleibt, wenn dadurch erkennbar Unbeteiligte mit hoher Wahrscheinlichkeit gefährdet würden. Der Gebrauch von Schusswaffen ist vorher anzudrohen. Als Androhung gilt auch ein Warnschuss. Ohne Androhung dürfen Schusswaffen nur dann gebraucht werden, wenn das zur Abwehr des in Satz 1 genannten Angriffs unerlässlich ist.

(2) Gegen andere Personen dürfen Schusswaffen gebraucht werden, wenn sie es unternehmen, Gefangene gewaltsam zu befreien oder gewaltsam in eine Anstalt einzudringen. Abs. 1 Satz 2 bis 6 gilt entsprechend.

Zwölfter Abschnitt
Erzieherische Maßnahmen, Disziplinarmaßnahmen

§ 54 Erzieherische Maßnahmen, Konfliktregelung

Verstoßen Gefangene gegen Pflichten, die ihnen durch dieses Gesetz oder aufgrund dieses Gesetzes auferlegt sind, sind diese Pflichtverletzungen unverzüglich erzieherisch aufzuarbeiten. Dabei können erzieherische Maßnahmen oder Maßnahmen zur Konfliktregelung ergriffen werden. Als erzieherische Maßnahmen können den Gefangenen insbesondere Handlungsanweisungen erteilt und Verpflichtungen auferlegt werden, die geeignet sind, die Einsicht in das Fehlverhalten und die Notwendigkeit einer Verhaltensänderung zu wecken und zu stärken. Als Maßnahmen der Konfliktregelung kommen insbesondere eine Entschuldigung, Schadensbeseitigung oder Schadenswiedergutmachung in Betracht. Es sollen nur solche Maßnahmen angeordnet werden, die mit der Verfehlung in einem engen inhaltlichen und zeitlichen Zusammenhang stehen.

§ 55 Disziplinarmaßnahmen

(1) Disziplinarmaßnahmen dürfen nur angeordnet werden, wenn Maßnahmen nach § 54 nicht ausreichen, um den Gefangenen die Pflichtwidrigkeit ihres Verhaltens zu verdeutlichen. Zu berücksichtigen ist ferner eine aus demselben Anlass angeordnete besondere Sicherungsmaßnahme.

(2) Eine Disziplinarmaßnahme kann angeordnet werden, wenn Gefangene rechtswidrig und schuldhaft

1. gegen Strafgesetze verstoßen oder eine Ordnungswidrigkeit begehen,

2. die aufgrund des Förderplans zugewiesenen Tätigkeiten nach § 27 Abs. 2 nicht ausüben,

3. unerlaubt Gegenstände in die Anstalt einbringen, sich daran beteiligen oder solche Gegenstände besitzen,

4. entweichen oder zu entweichen versu-

5. in sonstiger Weise wiederholt oder schwerwiegend gegen die Hausordnung verstoßen oder das Zusammenleben in der Anstalt stören.

(3) Zulässige Disziplinarmaßnahmen sind

1. der Verweis,

2. der Widerruf einer aufgrund von § 4 Abs. 2 Satz 2 gewährten Belohnung oder Anerkennung,

3. der Ausschluss von gemeinsamer Freizeit oder von einzelnen Freizeitveranstaltungen bis zu vier Wochen,

4. die Beschränkung oder der Entzug des Hörfunkempfangs bis zu vier Wochen, des Fernsehempfangs bis zu zwei Monaten,

5. die Beschränkung oder der Entzug von Gegenständen für eine Beschäftigung in der Freizeit bis zu zwei Monaten,

6. die Beschränkung oder der Entzug der Verfügung über das Hausgeld bis zu 50 vom Hundert des monatlich zur Verfügung stehenden Betrags bis zu zwei Monaten,

7. die getrennte Unterbringung in der Freizeit bis zu vier Wochen und

8. Arrest bis zu zwei Wochen.

(4) Eine Disziplinarmaßnahme ist auch zulässig, wenn wegen derselben Verfehlung ein Straf- oder Bußgeldverfahren eingeleitet wird. Mehrere Disziplinarmaßnahmen können miteinander verbunden werden. Der Verweis kann auch mit der Anordnung, gemeinnützige Arbeit zu leisten, verbunden werden. Arrest darf nur wegen besonders schwerer oder mehrfach wiederholter Verfehlungen verhängt werden.

§ 56 Verfahren und Vollstreckung

(1) Disziplinarmaßnahmen ordnet die Anstaltsleitung an. Bei einer Verfehlung, die während der Verlegung in eine andere Vollzugsanstalt begangen wird, ist die Leitung dieser Anstalt zuständig. Wenn sich die Verfehlung gegen die Anstaltsleitung richtet, entscheidet die Aufsichtsbehörde.

(2) Im Rahmen der Sachverhaltsaufklärung sind sowohl die belastenden als auch die entlastenden Umstände zu ermitteln. Die Gefangenen werden gehört. Sie sind darauf hinzuweisen, dass es ihnen freisteht, sich zu äußern. Die Erhebungen werden in einer Niederschrift festgelegt; die Einlassung der Gefangenen wird vermerkt. Bei schweren Verstößen soll vor der Entscheidung die Konferenz (§ 71 Abs. 3) beteiligt werden. Vor der Anordnung einer Disziplinarmaßnahme gegen Gefangene, die sich in ärztlicher Behandlung befinden, Schwangere oder stillende Mütter ist der ärztliche Dienst zu hören. Die Entscheidung wird den Gefangenen mündlich eröffnet und schriftlich kurz begründet.

(3) Disziplinarmaßnahmen werden in der Regel sofort vollstreckt. Eine Disziplinarmaßnahme kann ganz oder teilweise bis zu sechs Monaten zur Bewährung ausgesetzt werden. Wird die Verfügung über das Hausgeld beschränkt oder entzogen, ist das in dieser Zeit anfallende Hausgeld dem Überbrückungsgeld hinzuzurechnen. Disziplinarmaßnahmen, die gegen Gefangene in einer anderen Vollzugsanstalt oder während einer Untersuchungshaft angeordnet worden sind, werden auf Ersuchen vollstreckt. Die Befugnis nach Satz 2 steht auch der ersuchten Anstalt zu.

(4) Arrest wird in Einzelhaft vollzogen. Die Gefangenen können dazu in einem besonderen Arrestraum untergebracht werden, der den Anforderungen entsprechen muss, die an einen zum Aufenthalt bei Tag und Nacht bestimmten Haftraum gestellt werden. Soweit nichts anderes angeordnet wird, ruhen die Befugnisse der Gefangenen nach § 19 Abs. 1 Satz 1, § 22 Abs. 2 und den §§ 27, 29 und 30. Bevor der Arrest vollzogen wird, ist eine ärztliche Stellungnahme einzuholen. Während des Arrests stehen die Gefangenen unter ärztlicher Aufsicht. Der Vollzug des Arrests unterbleibt oder wird unterbrochen, wenn die Gesundheit der Gefangenen gefährdet würde.

Dreizehnter Abschnitt
Beschwerde

§ 57 Beschwerderecht

(1) Gefangene können sich mit Wünschen, Anregungen und Beschwerden in Angelegenheiten, die sie selbst betreffen, an die Anstaltsleitung wenden.

(2) Suchen Bedienstete der Aufsichtsbehörde die Anstalt auf, so ist zu gewährleisten, dass Gefangene sich in Angelegenheiten, die sie selbst betreffen, an diese wenden können.

(3) Die Möglichkeit der Dienstaufsichtsbeschwerde bleibt unberührt.

Vierzehnter Abschnitt
Datenschutz

§ 58 Zulässigkeit der Verarbeitung personenbezogener Daten

(1) Die Anstalt und die Aufsichtsbehörde dürfen personenbezogene Daten erheben und weiterverarbeiten, soweit dies für den Vollzug der Jugendstrafe erforderlich ist, eine Rechtsvorschrift dies vorsieht oder zwingend voraussetzt oder der Betroffene ohne Zweifel eingewilligt hat. Soweit in den nachfolgenden Vorschriften nichts Abweichendes geregelt ist, sind die Vorschriften des Hessischen Datenschutzgesetzes vom 7. Januar 1999 (GVBl. I S. 98) ergänzend anwendbar.

(2) Zur Sicherung des Vollzugs, zur Aufrechterhaltung der Sicherheit oder Ordnung der Anstalt oder zur Identitätsfeststellung sind mit Kenntnis der Gefangenen zulässig:

1. die Abnahme von Finger- und Handflächenabdrücken,

2. die Aufnahme von Lichtbildern,

3. die Feststellung äußerlicher körperlicher Merkmale,

4. die elektronische Erfassung biometrischer Merkmale und

5. Körpermessungen.

(3) Alle zur Person der Gefangenen erhobenen und für den Vollzug der Jugendstrafe erforderlichen Daten einschließlich derjenigen, die nach Abs. 2 erhoben worden sind, sind in eine Gefangenenpersonalakte aufzunehmen, die auch elektronisch geführt werden kann. Daten, die den Gesundheitszustand betreffen, und die sonstigen in § 61 Abs. 2 und 3 aufgeführten personenbezogenen Daten sind getrennt von der Personalakte zu führen.

(4) Die einzelnen Vollzugsbediensteten sowie die in § 61 Abs. 3, § 72 Abs. 1 Satz 2 und 3, § 73 Abs. 1 und § 77 genannten Personen dürfen von personenbezogenen Daten nur Kenntnis erhalten, soweit dies zur Erfüllung der ihnen obliegenden Aufgabe oder für die Zusammenarbeit nach § 72 Abs. 5 erforderlich ist.

§ 59 Datenerhebung

(1) Personenbezogene Daten sind grundsätzlich bei den Betroffenen mit ihrer Kenntnis zu erheben. Ohne Kenntnis der Betroffenen dürfen sie bei anderen Personen oder Stellen nur erhoben werden, wenn die Voraussetzungen des § 12 Abs. 2 und 3 des Hessischen Datenschutzgesetzes oder des Abs. 2 vorliegen.

(2) Daten über Personen, die nicht Gefangene sind, dürfen ohne ihre Kenntnis bei Personen oder Stellen außerhalb der Anstalt oder Aufsichtsbehörde nur erhoben werden, wenn dies für das Erreichen des Erziehungsziels, die Sicherheit der Anstalt oder die Sicherung des Vollzugs einer Jugendstrafe unerlässlich ist und die Art der Erhebung schutzwürdige Interessen der Betroffenen nicht beeinträchtigt.

(3) Werden personenbezogene Daten bei den Betroffenen erhoben, sind die in § 12 Abs. 4 und 5 des Hessischen Datenschutzgesetzes bestimmten Aufklärungs-, Hinweis- und Benachrichtigungspflichten zu beachten. Werden die Daten bei einer anderen Person oder einer nicht öffentlichen Stelle erhoben, so ist diese auf die Rechtsvorschrift, die zur Auskunft verpflichtet, sonst auf die Freiwilligkeit ihrer Angaben hinzuweisen.

§ 60 Zweckbindung und Übermittlung

(1) Personenbezogene Daten dürfen zu Zwecken, für die sie nicht erhoben oder gespeichert worden sind, nur verarbeitet, insbesondere übermittelt werden, wenn ein Fall des

§ 12 Abs. 2 oder 3 des Hessischen Datenschutzgesetzes vorliegt oder soweit dies

1. in gerichtlichen Verfahren wegen Maßnahmen nach diesem Gesetz,

2. für Maßnahmen der Strafvollstreckung oder strafvollstreckungsrechtliche Entscheidungen,

3. für Maßnahmen der Gerichtshilfe, Jugendgerichtshilfe, Bewährungshilfe oder Führungsaufsicht,

4. für Entscheidungen in Gnadensachen,

5. für sozialrechtliche Maßnahmen,

6. für die Einleitung von Hilfsmaßnahmen für Angehörige (§ 11 Abs. 1 Nr. 1 des Strafgesetzbuchs) der Gefangenen,

7. für dienstliche Maßnahmen der Bundeswehr im Zusammenhang mit der Aufnahme und Entlassung von Soldaten,

8. für ausländerrechtliche Maßnahmen,

9. für die Durchführung der Besteuerung,

10. zur Ausübung von Aufsichts- und Kontrollbefugnissen sowie zu Ausbildungs- und Prüfungszwecken oder

11. für gesetzlich angeordnete Statistiken der Rechtspflege erforderlich ist.

(2) Bei der Überwachung der Besuche oder des Schriftwechsels sowie bei der Überwachung des Inhaltes von Paketen bekannt gewordene personenbezogene Daten dürfen nur verarbeitet werden, wenn ein Fall des § 12 Abs. 2 Nr. 1, 3 und 4 des Hessischen Datenschutzgesetzes oder des Abs. 1 Nr. 1 und 2 vorliegt oder soweit dies zur Wahrung der Sicherheit oder Ordnung der Anstalt oder zur Erreichung des Vollzugsziels erforderlich ist.

(3) Öffentlichen Stellen und Personen und Stellen außerhalb des öffentlichen Bereichs darf die Anstalt oder die Aufsichtsbehörde auf schriftlichen Antrag mitteilen, ob sich eine Person in Haft befindet sowie ob und wann ihre Entlassung voraussichtlich innerhalb eines Jahres bevorsteht, soweit

1. die Mitteilung zur Erfüllung der in der Zuständigkeit der öffentlichen Stelle liegenden Aufgaben erforderlich ist oder

2. eine Person oder nicht öffentliche Stelle ein berechtigtes Interesse an dieser Mitteilung glaubhaft dargelegt und die Gefangenen kein schutzwürdiges Interesse an dem Ausschluss der Übermittlung haben.

Den Verletzten einer Straftat können darüber hinaus auf schriftlichen Antrag Auskünfte über die Entlassungsadresse und die Vermögensverhältnisse der Gefangenen erteilt werden, wenn die Erteilung zur Feststellung oder Durchsetzung von Rechtsansprüchen im Zusammenhang mit der Straftat erforderlich ist. Die Gefangenen werden vor der Mitteilung gehört, es sei denn, es ist zu besorgen, dass dadurch die Verfolgung des Interesses der Antragsteller vereitelt oder wesentlich erschwert werden würde und eine Abwägung ergibt, dass dieses Interesse das Interesse der Gefangenen an ihrer vorherigen Anhörung überwiegt. Ist die Anhörung unterblieben, werden die betroffenen Gefangenen über die Mitteilung der Anstalt oder Aufsichtsbehörde nachträglich unterrichtet.

(4) Akten mit personenbezogenen Daten dürfen nur anderen Anstalten, Aufsichtsbehörden, den für strafvollzugs-, strafvollstreckungs- und strafrechtliche Entscheidungen zuständigen Gerichten sowie den Strafvollstreckungs- und Strafverfolgungsbehörden überlassen werden; die Überlassung an andere öffentliche Stellen ist zulässig, soweit die Erteilung einer Auskunft einen unvertretbaren Aufwand erfordert oder nach Darlegung der die Akteneinsicht begehrenden Stellen für die Erfüllung der Aufgabe nicht ausreicht. Entsprechendes gilt für die Überlassung von Akten an die von der Vollzugsbehörde mit Gutachten beauftragten Personen oder Stellen.

(5) Von der Anstalt oder der Aufsichtsbehörde übermittelte personenbezogene Daten dürfen nur zu dem Zweck verarbeitet werden, zu dessen Erfüllung sie übermittelt worden sind. Der Empfänger darf die Daten für andere Zwecke nur verarbeiten, soweit sie ihm auch für diese Zwecke hätten übermittelt werden dürfen und wenn im Falle einer Übermittlung an nicht öffentliche Stellen die übermittelnde

Vollzugsbehörde eingewilligt hat. Die Anstalt oder Aufsichtsbehörde hat den nicht öffentlichen Empfänger auf die Zweckbindung nach Satz 1 hinzuweisen.

(6) Die Übermittlung von personenbezogenen Daten unterbleibt, soweit die in § 61 Abs. 2, § 65 Abs. 3 und 5 geregelten Einschränkungen oder besondere gesetzliche Verwendungsregelungen entgegenstehen.

§ 61 Schutz besonderer Daten

(1) Das religiöse oder weltanschauliche Bekenntnis von Gefangenen und personenbezogene Daten, die anlässlich ärztlicher Untersuchungen erhoben worden sind, dürfen in der Anstalt nicht allgemein kenntlich gemacht werden. Andere personenbezogene Daten über die Gefangenen dürfen innerhalb der Anstalt allgemein kenntlich gemacht werden, soweit dies für ein geordnetes Zusammenleben in der Anstalt erforderlich ist.

(2) Personenbezogene Daten, die in der Anstalt tätigen

1. Angehörigen eines Heilberufs, der für die Berufsausübung oder die Führung der Berufsbezeichnung eine staatlich geregelte Ausbildung erfordert,

2. Berufspsychologinnen und Berufspsychologen mit staatlich anerkannter wissenschaftlicher Abschlussprüfung,

3. staatlich anerkannten Sozialarbeiterinnen, Sozialarbeitern, Sozialpädagoginnen und Sozialpädagogen

von Gefangenen als Geheimnis anvertraut oder über Gefangene sonst bekannt geworden sind, unterliegen auch gegenüber der Anstalt und der Aufsichtsbehörde der Schweigepflicht. Die in Satz 1 genannten Personen sind befugt und verpflichtet, diese Daten gegenüber der Anstaltsleitung zu offenbaren, soweit dies für die Sicherheit der Anstalt oder zur Abwehr von erheblichen Gefahren für Leben oder Gesundheit von Gefangenen oder Dritten unerlässlich ist. Die Anstaltsleitung kann anordnen, dass die Offenbarung unmittelbar gegenüber besonders bestimmten Anstaltsbediensteten zu erfolgen hat.

(3) Sofern Ärztinnen und Ärzte, Psychologinnen und Psychologen außerhalb des Vollzugs mit der Untersuchung oder Behandlung von Gefangenen beauftragt werden, sind sie bei Vorliegen der Voraussetzungen des Abs. 2 Satz 2 befugt, ihnen als Geheimnis anvertraute oder sonst bekannt gewordene Daten über Gefangene gegenüber der Anstaltsleitung oder den mit der ärztlichen oder psychologischen Behandlung der Gefangenen in der Anstalt betrauten Personen zu offenbaren.

(4) Die Gefangenen sind bei der Aufnahme über die nach Abs. 2 Satz 2 und Abs. 3 bestehenden Offenbarungsbefugnisse und Offenbarungspflichten zu unterrichten.

(5) Die nach Abs. 2 und 3 offenbarten Daten dürfen nur für den Zweck, für den sie offenbart wurden oder für den eine Offenbarung zulässig gewesen wäre, und in dem hierfür unerlässlichen Umfang verarbeitet werden.

§ 62 Gemeinsame Datei, Einrichtung automatisierter Übermittlungs- und Abrufverfahren

(1) Daten über die persönlichen Verhältnisse der Gefangenen, Vollstreckungsdaten, Daten zum Vollzugsverlauf und sicherheitsrelevante Daten können in einer von der Aufsichtsbehörde eingerichteten und geführten gemeinsamen Datei gespeichert werden. Die Aufsichtsbehörde darf diese Daten, soweit erforderlich, verwenden zur übergeordneten Planung, zur Sicherung der Qualität des Vollzugs oder zur Durchführung von Einzelmaßnahmen. Für die Anstalten sind die Daten Teil der jeweiligen Gefangenenpersonalakte. Eingabe, Änderung und Löschung der Dateien erfolgt jeweils durch die Anstalt, die für die Gefangene oder den Gefangenen zuständig ist. Für die Errichtung der Datei ist § 15 des Hessischen Datenschutzgesetzes zu beachten. Zuständige Stelle nach § 15 Abs. 2 Nr. 1 des Hessischen Datenschutzgesetzes ist die Aufsichtsbehörde.

(2) Die Übermittlung und der Abruf personenbezogener Daten aus der zentralen Datei zu den in § 60 Abs. 1 genannten Zwecken sind zulässig, soweit diese Form der Daten-

übermittlung oder des Datenabrufs unter Berücksichtigung der schutzwürdigen Belange der betroffenen Personen und der Erfüllung des Zwecks der Übermittlung angemessen ist. Die automatisierte Übermittlung der für § 13 Abs. 1 Satz 3 des Bundeskriminalamtgesetzes vom 7. Juli 1997 (BGBl. I S. 1650), zuletzt geändert durch Gesetz vom 22. Dezember 2006 (BGBl. I S. 3416), erforderlichen personenbezogenen Daten ist zulässig.

(3) Die speichernde Stelle hat zu gewährleisten, dass die Übermittlung und der Abruf festgestellt und überprüft werden können.

(4) Die Ministerin oder der Minister der Justiz bestimmt durch Rechtsverordnung die Einrichtung und die Einzelheiten des automatisierten Übermittlungs- und Abrufverfahrens nach Abs. 2. Der Hessische Datenschutzbeauftragte ist vorher zu hören. Die Rechtsverordnung hat den Datenempfänger, die Datenart und den Zweck des Abrufs festzulegen. Sie hat Maßnahmen zur Datensicherung und zur Kontrolle vorzusehen, die in einem angemessenen Verhältnis zu dem angestrebten Schutzzweck stehen.

(5) Durch Staatsvertrag kann mit anderen Ländern und dem Bund ein automatisierter Datenverbund nach Maßgabe des Abs. 1 und 2 eingerichtet werden.

§ 63 Datensicherung

Akten und Dateien mit personenbezogenen Daten sind nach Maßgabe des § 10 des Hessischen Datenschutzgesetzes durch technische und organisatorische Maßnahmen gegen unbefugten Zugriff zu schützen. Gefangenenpersonalakten, Gesundheitsakten und Krankenblätter sind getrennt von anderen Unterlagen zu führen und besonders zu sichern.

§ 64 Auskunft an die Betroffenen, Akteneinsicht

Die Betroffenen erhalten nach Maßgabe des § 18 Abs. 3 bis 6 des Hessischen Datenschutzgesetzes Auskunft oder Akteneinsicht hinsichtlich der zu ihrer Person gespeicherten Daten. Eine Pflicht zur Benachrichtigung nach § 18 Abs. 1 des Hessischen Datenschutzgesetzes besteht nicht.

§ 65 Berichtigung, Sperrung und Löschung

(1) Personenbezogene Daten sind nach Maßgabe des § 19 des Hessischen Datenschutzgesetzes zu berichtigen, zu sperren und zu löschen, soweit in den nachfolgenden Absätzen keine besonderen Regelungen getroffen sind.

(2) Personenbezogene Daten, die durch den Einsatz eines elektronischen Überwachungssystems erhoben wurden oder hierbei angefallen sind, sind nach Beendigung der Maßnahme unverzüglich, Videoaufnahmen spätestens 72 Stunden nach Ende des Kalendertags, an dem sie angefallen sind, zu löschen, soweit nicht die weitere Aufbewahrung im Einzelfall zu Beweiszwecken unerlässlich ist.

(3) Daten, die in der Gefangenenpersonalakte oder in anderen zur Person der Gefangenen geführten Dateien und Akten gespeichert sind, sind nach Ablauf von fünf Jahren seit der Entlassung oder der Verlegung in eine andere Anstalt zu sperren. Hiervon können bis zum Ablauf der Aufbewahrungsfrist für die Gefangenenpersonalakte oder eine andere zur Person der oder des Gefangenen geführten Datei oder Akte die Angaben über Familienname, Vorname, Geburtsname, Geburtstag, Geburtsort, Eintritts- und Austrittsdatum ausgenommen werden, soweit dies für das Auffinden dieser Datei oder Akte erforderlich ist. Gesperrte Daten dürfen nur verarbeitet, insbesondere übermittelt werden, soweit dies

1. zur Verhinderung oder Verfolgung von Straftaten,

2. für die Durchführung wissenschaftlicher Forschungsvorhaben nach § 66,

3. zur Behebung einer bestehenden Beweisnot oder

4. zur Feststellung, Durchsetzung oder Abwehr von Rechtsansprüchen im Zusammenhang mit dem Vollzug einer Jugendstrafe

unerlässlich ist. Die Sperrung endet, wenn die Gefangenen erneut zum Vollzug einer Jugendstrafe aufgenommen werden oder die Betroffenen eingewilligt haben.

(4) Sonstige personenbezogene Daten, die nicht von Abs. 3 Satz 1 erfasst werden, sind spätestens fünf Jahre nach der Entlassung oder der Verlegung der Gefangenen in eine andere Anstalt zu löschen.

(5) Bei der Aufbewahrung von Dateien und Akten mit nach Abs. 3 gesperrten Daten dürfen folgende Fristen nicht überschritten werden:

Gefangenenpersonalakten,
Gesundheitsakten und
Krankenblätter   20 Jahre,
Gefangenenbücher   30 Jahre.

Dies gilt nicht, wenn aufgrund von Tatsachen anzunehmen ist, dass die Aufbewahrung für die in Abs. 3 Satz 2 genannten Zwecke weiterhin erforderlich ist. Die Aufbewahrungsfrist beginnt mit dem auf das Jahr der Weglegung folgenden Kalenderjahr. Die Vorschriften des Hessischen Archivgesetzes vom 18. Oktober 1989 (GVBl. I S. 270), geändert durch Gesetz vom 10. März 2002 (GVBl. I S. 34), bleiben unberührt.

Fünfzehnter Abschnitt
Fortentwicklung des Vollzugs, kriminologische Forschung

§ 66 Fortentwicklung des Vollzugs, kriminologische Forschung

(1) Der Jugendstrafvollzug ist fortzuentwickeln. Maßnahmen zur Förderung der Gefangenen sind auf der Grundlage wissenschaftlicher Erkenntnisse zu konzipieren, zu standardisieren und auf ihre Wirksamkeit zu überprüfen.

(2) Der Jugendstrafvollzug, insbesondere seine Aufgabenerfüllung und Gestaltung, die Umsetzung seiner Leitlinien und die Fördermaßnahmen für die Gefangenen sowie deren Wirkungen auf das Erziehungsziel, wird regelmäßig durch den kriminologischen Dienst in Zusammenarbeit mit Hochschulen oder anderen Stellen wissenschaftlich begleitet und erforscht.

(3) In die Untersuchung ist einzubeziehen, ob die Gefangenen nach der Entlassung in der Lage sind, in sozialer Verantwortung ein Leben ohne Straftaten zu führen und ob sich Zusammenhänge mit den in Abs. 1 Satz 2 genannten Maßnahmen feststellen lassen.

(4) Zum Zweck der wissenschaftlichen Forschung können die Anstalten und die Aufsichtsbehörde Daten über den Jugendstrafvollzug und die eine Jugendstrafe verbüßenden Gefangenen verarbeiten, insbesondere erheben und an die in Abs. 2 genannten Stellen übermitteln. Dazu gehören insbesondere Angaben über

1. die Anstalten und deren Personalausstattung einschließlich Dritter nach § 7,

2. die bei der Feststellung des Förderbedarfs nach § 9 Abs. 2 ermittelten Umstände,

3. den Vollstreckungs- und Vollzugsverlauf sowie

4. die Ausgestaltung des Vollzugs, namentlich die Durchführung von Fördermaßnahmen.

(5) Für die Übermittlung personenbezogener Daten gilt § 476 der Strafprozessordnung mit der Maßgabe entsprechend, dass auch elektronisch gespeicherte personenbezogene Daten übermittelt werden können.

(6) Die Gestaltung der Voraussetzungen für eine wissenschaftliche Begleitung obliegt der Aufsichtsbehörde.

Sechzehnter Abschnitt
Aufbau der Anstalten

§ 67 Grundsatz

Die bauliche Gestaltung und Organisation der Anstalten, ihre personelle Ausstattung und die Zuweisung sachlicher Mittel sind am Erziehungsziel, den besonderen Bedürfnissen der Gefangenen und den Sicherheitserfordernissen auszurichten.

§ 68 Anstalten

(1) Die Jugendstrafe wird in Jugendstrafvollzugsanstalten oder getrennten Abteilungen

einer Anstalt des Erwachsenenvollzugs (Anstalten) vollzogen. § 92 Abs. 2 des Jugendgerichtsgesetzes bleibt unberührt. Weibliche und männliche Gefangene werden getrennt voneinander untergebracht.

(2) Die örtliche und sachliche Zuständigkeit der Anstalten wird im Vollstreckungsplan durch die Aufsichtsbehörde nach allgemeinen Merkmalen geregelt. Zur Vorbereitung der Entscheidungen nach § 11 Abs. 1 Nr. 1 können die beteiligten Anstalten eine Einweisungskommission einrichten, die sich aus von den Anstaltsleitungen bestimmten Bediensteten zusammensetzt.

(3) In Anstalten des geschlossenen Vollzugs gewährleisten besondere bauliche und technische Vorkehrungen eine sichere Unterbringung der Gefangenen. Einrichtungen des offenen Vollzugs sehen nur verminderte oder keine Vorkehrungen gegen Entweichungen vor.

(4) Die Anstalten gliedern sich in Vollzugsabteilungen, in denen eine auf den unterschiedlichen Förderbedarf der Gefangenen abgestimmte Behandlung zu gewährleisten ist. Die Abteilungen bestehen aus Wohngruppen, zu denen neben den Hafträumen weitere Räume zur gemeinsamen Nutzung gehören und deren Größe und Ausgestaltung sich nach dem Erziehungsziel bemisst. Eine Wohngruppe soll in der Regel aus nicht mehr als acht Gefangenen bestehen. Aus erzieherischen Gründen oder Gründen der Vollzugsorganisation können bis zu zwei weitere Gefangene aufgenommen werden.

(5) In den Anstalten werden nach Bedarf sozialtherapeutische Abteilungen eingerichtet.

(6) Räume für den Aufenthalt während der Ruhe- und Freizeit sowie Gemeinschafts- und Besuchsräume müssen eine hinreichende Grundfläche und lichte Höhe haben und ausreichend mit Heizung, Lüftung und Fensterfläche ausgestattet sein. Sie sind zweckentsprechend auszugestalten.

(7) Die Aufsichtsbehörde setzt die Belegungsfähigkeit für jede Anstalt fest. Dabei ist zu berücksichtigen, dass eine ausreichende Anzahl von Plätzen für Ausbildung und Wei-

terbildung, Arbeit sowie von Räumen für Seelsorge, Freizeit, Sport, therapeutische Maßnahmen und Besuche zur Verfügung steht.

(8) Hafträume dürfen nicht mit mehr Personen als vorgesehen belegt werden. Ausnahmen hiervon sind nur vorübergehend und nur mit Zustimmung der Aufsichtsbehörde zulässig.

§ 69 Einrichtungen der schulischen und beruflichen Bildung, Arbeit

(1) Einrichtungen zur schulischen und beruflichen Bildung und zur arbeitstherapeutischen Beschäftigung sind für mindestens 75 vom Hundert der Gefangenen vorzuhalten. Für die übrigen Gefangenen ist geeignete Arbeit vorzusehen.

(2) Bildung und Beschäftigung können auch durch nicht staatliche Stellen organisiert und durchgeführt werden.

(3) Gemeinsame Aus- und Fortbildungsmaßnahmen von nach Jugendstrafrecht und nach allgemeinem Strafrecht Verurteilten sind in begründeten Ausnahmefällen zulässig.

§ 70 Unterbringung von Gefangenen mit Kindern

(1) Nicht schulpflichtige Kinder von Gefangenen können mit Einwilligung des Inhabers des Aufenthaltbestimmungsrechts mit ihnen gemeinsam in einer Justizvollzugsanstalt untergebracht werden, wenn dies dem Kindeswohl entspricht und die baulichen Gegebenheiten der Anstalt es zulassen. Vor der Unterbringung ist das Jugendamt zu hören.

(2) Die Unterbringung erfolgt auf Kosten der für das Kind Unterhaltspflichtigen. Von der Geltendmachung des Kostenersatzanspruchs kann abgesehen werden, wenn hierdurch die gemeinsame Unterbringung gefährdet würde.

§ 71 Anstaltsleitung

(1) Die Anstaltsleitung (Anstaltsleiterin oder Anstaltsleiter) vertritt die Anstalt nach außen und trägt die Verantwortung für den gesamten Vollzug. Sie kann bestimmte Entscheidungsbefugnisse auf andere Vollzugsbe-

dienstete übertragen. Die Aufsichtsbehörde kann sich die Zustimmung zur Übertragung vorbehalten.

(2) Für jede Anstalt ist eine Beamtin oder ein Beamter des höheren Dienstes zur hauptamtlichen Leitung zu bestellen.

(3) Zur Vorbereitung grundlegender Entscheidungen im Vollzug, insbesondere zur Aufstellung und Fortschreibung des Förderplanes und zur Entwicklung und Wahrung einheitlicher Qualitätsstandards, richtet die Anstaltsleitung Konferenzen mit den an der Behandlung maßgeblich Beteiligten ein.

§ 72 Vollzugsbedienstete

(1) Die Aufgaben der Anstalt werden von Vollzugsbeamtinnen und Vollzugsbeamten wahrgenommen. Aus besonderen Gründen können sie auch anderen Bediensteten sowie nebenamtlichen oder vertraglich verpflichteten Personen übertragen werden. Nicht hoheitliche Aufgaben können vertraglich verpflichteten Personen übertragen werden.

(2) Für jede Anstalt ist die erforderliche Anzahl von Bediensteten, insbesondere des sozialen, pädagogischen und psychologischen Dienstes, des allgemeinen Vollzugsdienstes, des Werkdienstes, des medizinischen Dienstes sowie der Verwaltung vorzusehen.

(3) Das Personal muss für die erzieherische Gestaltung des Jugendstrafvollzugs persönlich geeignet und fachlich qualifiziert sein. Fortbildungen sowie Praxisberatung und Praxisbegleitung für die Bediensteten werden regelmäßig durchgeführt.

(4) Die Bediensteten werden den Abteilungen und Wohngruppen sowie den Ausbildungs- und Arbeitsstätten zugeordnet. Eine erzieherische Betreuung in den Wohngruppen ist auch in der ausbildungs- und arbeitsfreien Zeit der Gefangenen, insbesondere am Wochenende, in dem erforderlichen Umfang zu gewährleisten.

(5) Alle im Jugendstrafvollzug Tätigen arbeiten zusammen und wirken daran mit, dessen Ziele zu verwirklichen.

§ 73 Seelsorgerinnen und Seelsorger

(1) Die Seelsorgerin oder der Seelsorger wird im Einvernehmen mit der jeweiligen Religionsgemeinschaft im Hauptamt bestellt oder vertraglich verpflichtet.

(2) Wenn die geringe Zahl der Angehörigen einer Religionsgemeinschaft eine Seelsorge nach Abs. 1 nicht rechtfertigt, ist die seelsorgerische Betreuung auf andere Weise zu ermöglichen.

(3) Mit Zustimmung der Anstaltsleitung kann sich die Anstaltsseelsorge außenstehender Personen bedienen und sie insbesondere zur Mitwirkung an Gottesdiensten und anderen religiösen Veranstaltungen hinzuziehen.

§ 74 Mitverantwortung der Gefangenen

Den Gefangenen soll ermöglicht werden, an sie gemeinsam betreffenden Angelegenheiten mitzuwirken, die hierfür geeignet sind. Dies gilt insbesondere für das Zusammenleben in ihrer Wohngruppe und auch für die Gesamtbelange der Anstalt. Die Einrichtung von Gremien der Mitwirkung wird von der Anstalt gefördert und begleitet.

§ 75 Hausordnung

(1) Die Anstaltsleitung erlässt eine Hausordnung.

(2) In die Hausordnung sind insbesondere Regelungen aufzunehmen über Besuchszeit, Häufigkeit und Dauer des Besuchs sowie Ausbildungs- und Arbeitszeit, Freizeit und Ruhezeit.

Siebzehnter Abschnitt
Aufsicht über die Anstalten, Beiräte

§ 76 Aufsichtsbehörde

(1) Das Ministerium der Justiz führt die Aufsicht über die Anstalten.

(2) Die Aufsichtsbehörde bestimmt die Leitlinien des Vollzugs und sorgt in Zusammenarbeit mit den Anstalten für die Qualitätssicherung.

§ 77 Beiräte

(1) Bei den Anstalten sind ehrenamtliche Beiräte zu bilden. Die Mitglieder sollen in der Erziehung junger Menschen erfahren und befähigt sein. Vollzugsbedienstete dürfen nicht Mitglieder der Beiräte sein. Die Ministerin oder der Minister der Justiz wird ermächtigt, durch Rechtsverordnung die Bestellung, die Amtszeit und die Abberufung der Mitglieder zu regeln.

(2) Der Beirat wirkt bei der Gestaltung des Vollzugs und bei der Betreuung der Gefangenen mit. Er unterstützt die Anstaltsleitung durch Anregungen und hilft bei der Eingliederung der Gefangenen.

(3) Der Beirat kann insbesondere Wünsche, Anregungen und Beanstandungen entgegennehmen. Er kann sich über die Unterbringung, Verpflegung, ärztliche Versorgung und Behandlung, schulische und berufliche Bildung sowie Beschäftigung unterrichten. Hierzu können die Mitglieder des Beirats die Anstalt und ihre Einrichtungen besichtigen und die Gefangenen in ihren Räumen aufsuchen. Gespräche und Schriftwechsel werden nicht überwacht.

(4) Die Mitglieder des Beirats sind, auch nach Beendigung ihrer Tätigkeit, verpflichtet, über alle im Rahmen ihrer Tätigkeit bekannt gewordenen Angelegenheiten Verschwiegenheit zu bewahren. Dies gilt nicht für Mitteilungen, die zur Erfüllung ihrer Aufgaben erforderlich sind, oder über Tatsachen, die offenkundig sind oder ihrer Bedeutung nach keiner Geheimhaltung bedürfen.

Achtzehnter Abschnitt
Schlussvorschriften

§ 78 Einschränkung von Grundrechten

Aufgrund dieses Gesetzes können eingeschränkt werden die Grundrechte auf

1. körperliche Unversehrtheit (Art. 2 Abs. 2 Satz 1 des Grundgesetzes, Art. 3 der Verfassung des Landes Hessen),

2. Freiheit der Person (Art. 2 Abs. 2 Satz 2 des Grundgesetzes, Art. 5 der Verfassung des Landes Hessen),

3. das Elternrecht (Art. 6 Abs. 2 Satz 1 des Grundgesetzes, Art. 4 der Verfassung des Landes Hessen) und

4. Brief-, Post- und Fernmeldegeheimnis (Art. 10 Abs. 1 des Grundgesetzes, Art. 12 der Verfassung des Landes Hessen).

§ 79 Inkrafttreten, Außerkrafttreten

(1) Dieses Gesetz tritt am 1. Januar 2008 in Kraft. Abweichend hiervon tritt § 68 Abs. 4 Satz 3 und 4 am 1. Januar 2010 in Kraft.

(2) Das Gesetz tritt mit Ablauf des 31. Dezember 2012 außer Kraft.

I

Gesetz über den Vollzug der Untersuchungshaft in Mecklenburg-Vorpommern
(Untersuchungshaftvollzugsgesetz Mecklenburg-Vorpommern – UVollzG M-V)
Vom 17. Dezember 2009 (GVOBl. M-V S. 763)

Inhaltsübersicht

I

Abschnitt 1
Allgemeine Bestimmungen

§ 1 Anwendungsbereich

(1) Dieses Gesetz regelt den Vollzug der Untersuchungshaft.

(2) Es gilt entsprechend für den Vollzug der Haft nach § 127b Absatz 2, § 230 Absatz 2, §§ 236, 329 Absatz 4 Satz 1, § 412 Satz 1 und § 453c der Strafprozessordnung sowie den Vollzug des Unterbringungsbefehls nach § 275a Absatz 5 der Strafprozessordnung.

(3) Für den Vollzug der einstweiligen Unterbringung nach § 126a der Strafprozessordnung gelten, soweit eine verfahrenssichernde Anordnung (§ 3 Absatz 2) nicht entgegensteht, die Vorschriften über den Vollzug der Unterbringung gemäß den §§ 63 und 64 des Strafgesetzbuchs entsprechend.

§ 2 Aufgabe des Untersuchungshaftvollzugs

Der Vollzug der Untersuchungshaft hat die Aufgabe, durch sichere Unterbringung der Untersuchungsgefangenen die Durchführung eines geordneten Strafverfahrens zu gewährleisten und der Gefahr weiterer Straftaten zu begegnen.

§ 3 Zuständigkeit und Zusammenarbeit

(1) Entscheidungen nach diesem Gesetz trifft die Justizvollzugsanstalt, in der die Untersuchungshaft vollzogen wird (Anstalt). Sie arbeitet eng mit Gericht und Staatsanwaltschaft zusammen, um die Aufgabe des Untersuchungshaftvollzugs zu erfüllen und die Sicherheit und Ordnung der Anstalt zu gewährleisten. Die Anstalt unterrichtet das Gericht und die Staatsanwaltschaft über alle Erkenntnisse, die

1. Anlass für die Änderung, Aussetzung oder Aufhebung des Haftbefehls geben können,

2. Anlass für den Erlass, die Änderung oder die Aufhebung von verfahrenssichernden Anordnungen geben können,

3. sie bei einer von ihr durchgeführten Überwachung erlangt und die von Bedeutung für ein Strafverfahren sind.

(2) Die Anstalt hat Anordnungen, die das Gericht oder die an dessen statt zum Handeln ermächtigte Behörde trifft, um einer Flucht-, Verdunkelungs- oder Wiederholungsgefahr zu begegnen (verfahrenssichernde Anordnungen), zu beachten und umzusetzen.

§ 4 Stellung der Untersuchungsgefangenen

(1) Die Untersuchungsgefangenen gelten als unschuldig. Sie sind so zu behandeln, dass der Anschein vermieden wird, sie würden zur Verbüßung einer Strafe festgehalten.

(2) Soweit das Gesetz eine besondere Regelung nicht enthält, dürfen den Untersuchungsgefangenen nur Beschränkungen auferlegt werden, die zur Aufrechterhaltung der Sicherheit, zur Abwehr einer schwerwiegenden Störung der Ordnung der Anstalt oder zur Umsetzung einer verfahrenssichernden Anordnung unerlässlich sind. Sie müssen in einem angemessenen Verhältnis zum Zweck der Anordnung stehen und dürfen die Untersuchungsgefangenen nicht mehr und nicht länger als notwendig beeinträchtigen.

§ 5 Vollzugsgestaltung

(1) Das Leben im Vollzug ist den allgemeinen Lebensverhältnissen anzugleichen, soweit die Aufgabe des Untersuchungshaftvollzugs und die Erfordernisse eines geordneten Zusammenlebens in der Anstalt dies zulassen. Schädlichen Folgen des Freiheitsentzugs ist entgegenzuwirken.

(2) Die unterschiedlichen Lebenslagen und Bedürfnisse von weiblichen und männlichen Untersuchungsgefangenen werden bei der Vollzugsgestaltung und bei Einzelmaßnahmen berücksichtigt.

§ 6 Soziale Hilfe

(1) Die Untersuchungsgefangenen werden darin unterstützt, ihre persönlichen, wirtschaftlichen und sozialen Schwierigkeiten zu beheben. Sie sollen dazu angeregt und in die Lage versetzt werden, ihre Angelegenheiten selbst zu regeln.

(2) Die Anstalt arbeitet mit außervollzuglichen Einrichtungen und Organisationen so-

wie mit Personen, Vereinen und Verbänden, die soziale Hilfestellung leisten können, eng zusammen.

(3) Die Untersuchungsgefangenen sind, soweit erforderlich, über die notwendigen Maßnahmen zur Aufrechterhaltung ihrer sozialversicherungsrechtlichen Ansprüche zu beraten.

(4) Die Beratung soll die Benennung von Stellen und Einrichtungen außerhalb der Anstalt umfassen, die sich um eine Vermeidung der weiteren Untersuchungshaft bemühen. Auf Wunsch sind den Untersuchungsgefangenen Stellen und Einrichtungen zu benennen, die sie in ihrem Bestreben unterstützen können, einen Ausgleich mit dem Tatopfer zu erreichen.

Abschnitt 2
Vollzugsverlauf

§ 7 Aufnahme

(1) Mit den Untersuchungsgefangenen wird unverzüglich ein Zugangsgespräch geführt, in dem ihre gegenwärtige Lebenssituation erörtert wird und sie über ihre Rechte und Pflichten informiert werden. Ihnen ist die Hausordnung auszuhändigen. Dieses Gesetz, die von ihm in Bezug genommenen Gesetze sowie die zu seiner Ausführung erlassenen Rechtsverordnungen und Verwaltungsvorschriften sind den Untersuchungsgefangenen auf Verlangen zugänglich zu machen.

(2) Beim Zugangsgespräch dürfen andere Gefangene nur zugegen sein, wenn anders eine sprachliche Verständigung nicht möglich ist.

(3) Die Untersuchungsgefangenen werden alsbald ärztlich untersucht.

(4) Den Untersuchungsgefangenen ist Gelegenheit zu geben, einen Angehörigen oder eine Vertrauensperson von der Aufnahme in die Anstalt zu benachrichtigen, soweit eine verfahrenssichernde Anordnung nicht entgegensteht.

(5) Die Untersuchungsgefangenen sollen dabei unterstützt werden, etwa notwendige Maßnahmen für hilfsbedürftige Angehörige,

zur Erhaltung des Arbeitsplatzes und der Wohnung und zur Sicherung ihrer Habe außerhalb der Anstalt zu veranlassen.

§ 8 Verlegung und Überstellung

(1) Untersuchungsgefangene können in eine andere Anstalt verlegt oder überstellt werden, wenn es

1. zur Umsetzung einer verfahrenssichernden Anordnung,

2. aus Gründen der Sicherheit oder Ordnung der Anstalt oder

3. aus Gründen der Vollzugsorganisation oder aus anderen wichtigen Gründen

erforderlich ist. Zuvor ist dem Gericht und der Staatsanwaltschaft Gelegenheit zur Stellungnahme zu geben.

(2) § 7 Absatz 4 gilt entsprechend.

§ 9 Vorführung, Ausführung und Ausantwortung

(1) Auf Ersuchen eines Gerichts oder einer Staatsanwaltschaft werden Untersuchungsgefangene vorgeführt. Über Vorführungsersuchen in anderen als dem der Inhaftierung zu Grunde liegenden Verfahren sind das Gericht und die Staatsanwaltschaft unverzüglich zu unterrichten.

(2) Aus besonderen Gründen können Untersuchungsgefangene ausgeführt werden. Ausführungen zur Befolgung einer gerichtlichen Ladung sind zu ermöglichen, soweit darin das persönliche Erscheinen angeordnet ist und eine verfahrenssichernde Anordnung nicht entgegensteht. Vor der Entscheidung ist dem Gericht und der Staatsanwaltschaft Gelegenheit zur Stellungnahme zu geben. Liegt die Ausführung ausschließlich im Interesse der Untersuchungsgefangenen, können ihnen die Kosten auferlegt werden.

(3) Untersuchungsgefangene dürfen befristet dem Gewahrsam eines Gerichts, einer Staatsanwaltschaft oder einer Polizei-, Zoll- oder Finanzbehörde auf Antrag überlassen werden (Ausantwortung). Absatz 2 Satz 3 gilt entsprechend.

§ 10 Entlassung

(1) Auf Anordnung des Gerichts oder der Staatsanwaltschaft entlässt die Anstalt die Untersuchungsgefangenen unverzüglich aus der Haft, es sei denn, es ist in anderer Sache eine richterlich angeordnete Freiheitsentziehung zu vollziehen.

(2) Aus fürsorgerischen Gründen kann Untersuchungsgefangenen der freiwillige Verbleib in der Anstalt bis zum Vormittag des zweiten auf den Eingang der Entlassungsanordnung folgenden Werktags gestattet werden. Der freiwillige Verbleib setzt das schriftliche Einverständnis der Untersuchungsgefangenen voraus, dass die bisher bestehenden Beschränkungen aufrechterhalten bleiben.

(3) Bedürftigen Untersuchungsgefangenen kann eine Entlassungsbeihilfe in Form eines Reisekostenzuschusses, angemessener Kleidung oder einer sonstigen notwendigen Unterstützung gewährt werden.

Abschnitt 3
Unterbringung und Versorgung der Untersuchungsgefangenen

§ 11 Trennungsgrundsätze

(1) Untersuchungsgefangene werden von Gefangenen anderer Haftarten, namentlich von Strafgefangenen, getrennt untergebracht. Ausnahmen sind zulässig

1. mit Zustimmung der einzelnen Untersuchungsgefangenen,

2. zur Umsetzung einer verfahrenssichernden Anordnung oder

3. aus Gründen der Sicherheit oder Ordnung der Anstalt.

Darüber hinaus können Untersuchungsgefangene ausnahmsweise mit Gefangenen anderer Haftarten untergebracht werden, wenn die geringe Anzahl der Untersuchungsgefangenen eine getrennte Unterbringung nicht zulässt.

(2) Junge Untersuchungsgefangene (§ 66 Absatz 1) werden von den übrigen Untersuchungsgefangenen und von Gefangenen anderer Haftarten getrennt untergebracht.

Hiervon kann aus den in Absatz 1 Satz 2 und 3 genannten Gründen abgewichen werden, wenn eine Vollzugsgestaltung nach § 67 gewährleistet bleibt und schädliche Einflüsse auf die jungen Untersuchungsgefangenen nicht zu befürchten sind.

(3) Männliche und weibliche Untersuchungsgefangene werden getrennt untergebracht.

(4) Gemeinsame Maßnahmen, insbesondere gemeinsame Arbeit und eine gemeinsame Berufs- und Schulausbildung, sind zulässig.

§ 12 Unterbringung während der Arbeit, Bildung und Freizeit

(1) Arbeit und Bildung finden grundsätzlich in Gemeinschaft statt.

(2) Den Untersuchungsgefangenen kann gestattet werden, sich während der Freizeit in Gemeinschaft mit anderen Gefangenen aufzuhalten. Für die Teilnahme an gemeinschaftlichen Veranstaltungen kann die Anstaltsleiterin oder der Anstaltsleiter (§ 99) mit Rücksicht auf die räumlichen, personellen oder organisatorischen Verhältnisse der Anstalt besondere Regelungen treffen.

(3) Die gemeinschaftliche Unterbringung kann eingeschränkt werden, soweit es zur Umsetzung einer verfahrenssichernden Anordnung oder zur Gewährleistung der Sicherheit oder Ordnung der Anstalt erforderlich ist.

§ 13 Unterbringung während der Ruhezeit

(1) Während der Ruhezeit werden die Untersuchungsgefangenen in ihren Hafträumen einzeln untergebracht. Mit ihrer Zustimmung können sie gemeinsam untergebracht werden. Bei einer Gefahr für Leben oder Gesundheit oder bei Hilfsbedürftigkeit ist die Zustimmung der gefährdeten oder hilfsbedürftigen Untersuchungsgefangenen zur gemeinsamen Unterbringung entbehrlich.

(2) Darüber hinaus ist eine gemeinsame Unterbringung nur vorübergehend und aus zwingenden Gründen zulässig.

§ 14 Unterbringung von Müttern mit Kindern

(1) Ist das Kind einer Untersuchungsgefangenen noch nicht drei Jahre alt, kann es mit Zustimmung der Aufenthaltsbestimmungsberechtigten in der Anstalt untergebracht werden, wenn die baulichen Gegebenheiten dies zulassen und Sicherheitsgründe nicht entgegenstehen, und es dem Kindeswohl dienlich ist. Vor der Unterbringung ist das Jugendamt zu hören.

(2) Die Unterbringung erfolgt auf Kosten der für das Kind Unterhaltspflichtigen. Von der Geltendmachung des Kostenersatzanspruchs kann ausnahmsweise abgesehen werden, wenn hierdurch die gemeinsame Unterbringung von Mutter und Kind gefährdet würde.

§ 15 Persönlicher Gewahrsam, Kostenbeteiligung

(1) Die Untersuchungsgefangenen dürfen nur Sachen in Gewahrsam haben oder annehmen, die ihnen von der Anstalt oder mit deren Zustimmung überlassen werden. Ohne Zustimmung dürfen sie Sachen von geringem Wert von anderen Gefangenen annehmen; die Annahme dieser Sachen und der Gewahrsam daran können von der Zustimmung der Anstalt abhängig gemacht werden.

(2) Eingebrachte Sachen, die die Untersuchungsgefangenen nicht in Gewahrsam haben dürfen, sind für sie aufzubewahren, sofern dies nach Art und Umfang möglich ist. Den Untersuchungsgefangenen wird Gelegenheit gegeben, ihre Sachen, die sie während des Vollzugs und für ihre Entlassung nicht benötigen, zu verschicken. Geld wird ihnen gutgeschrieben.

(3) Werden eingebrachte Sachen, deren Aufbewahrung nach Art oder Umfang nicht möglich ist, von den Untersuchungsgefangenen trotz Aufforderung nicht aus der Anstalt verbracht, so ist die Anstalt berechtigt, diese Sachen auf Kosten der Untersuchungsgefangenen aus der Anstalt entfernen zu lassen.

(4) Aufzeichnungen und andere Sachen, die Kenntnisse über Sicherungsvorkehrungen der Anstalt vermitteln oder Schlussfolgerungen auf diese zulassen, dürfen vernichtet oder unbrauchbar gemacht werden.

(5) Die Zustimmung nach Absatz 1 kann widerrufen werden, wenn es zur Umsetzung einer verfahrenssichernden Anordnung oder zur Aufrechterhaltung der Sicherheit oder zur Abwendung einer erheblichen Störung der Ordnung der Anstalt erforderlich ist.

(6) Die Untersuchungsgefangenen können an den Betriebskosten der in ihrem Gewahrsam befindlichen Geräte beteiligt werden.

§ 16 Ausstattung des Haftraums

Die Untersuchungsgefangenen dürfen ihren Haftraum in angemessenem Umfang mit eigenen Sachen ausstatten. Sachen, deren Überlassung eine verfahrenssichernde Anordnung entgegensteht oder die geeignet sind, die Sicherheit oder Ordnung der Anstalt zu gefährden, sind ausgeschlossen.

§ 17 Kleidung

(1) Die Untersuchungsgefangenen dürfen eigene Kleidung tragen, soweit sie für Reinigung, Instandhaltung und regelmäßigen Wechsel sorgen. Der Anstaltsleiter kann anordnen, dass Reinigung und Instandhaltung nur durch Vermittlung der Anstalt erfolgen dürfen.

(2) Soweit es zur Umsetzung einer verfahrenssichernden Anordnung oder zur Gewährleistung der Sicherheit oder Ordnung der Anstalt erforderlich ist, kann das in Absatz 1 genannte Recht eingeschränkt oder ausgeschlossen werden.

§ 18 Verpflegung und Einkauf

(1) Zusammensetzung und Nährwert der Anstaltsverpflegung entsprechen den Anforderungen an eine gesunde Ernährung und werden ärztlich überwacht. Auf ärztliche Anordnung wird besondere Verpflegung gewährt. Den Untersuchungsgefangenen ist zu ermöglichen, Speisevorschriften ihrer Religionsgemeinschaft zu befolgen.

(2) Die Untersuchungsgefangenen können aus einem von der Anstalt vermittelten Angebot einkaufen. Die Anstalt soll für ein Angebot sorgen, das auf Wünsche und Bedürf-

nisse der Untersuchungsgefangenen Rücksicht nimmt.

(3) Den Untersuchungsgefangenen soll die Möglichkeit eröffnet werden, unmittelbar oder über Dritte Gegenstände über den Versandhandel zu beziehen. Zulassung und Verfahren des Einkaufs über den Versandhandel regelt der Anstaltsleiter.

(4) Gegenstände, deren Überlassung eine verfahrenssichernde Anordnung entgegensteht oder die geeignet sind, die Sicherheit oder Ordnung der Anstalt zu gefährden, sind vom Einkauf ausgeschlossen.

§ 19 Annehmlichkeiten

Von den §§ 16 bis 18 nicht umfasste Annehmlichkeiten dürfen sich die Untersuchungsgefangenen auf ihre Kosten verschaffen, soweit und solange weder eine verfahrenssichernde Anordnung entgegensteht noch die Sicherheit oder Ordnung der Anstalt gefährdet wird.

§ 20 Gesundheitsfürsorge

(1) Die Anstalt unterstützt die Untersuchungsgefangenen bei der Wiederherstellung und Erhaltung ihrer körperlichen und geistigen Gesundheit. Die Untersuchungsgefangenen haben die notwendigen Anordnungen zum Gesundheitsschutz und zur Hygiene zu befolgen.

(2) Den Untersuchungsgefangenen wird ermöglicht, sich täglich mindestens eine Stunde im Freien aufzuhalten.

(3) Erkranken Untersuchungsgefangene schwer oder versterben sie, werden die Angehörigen und der Verteidiger benachrichtigt. Dem Wunsch, auch andere Personen zu benachrichtigen, soll nach Möglichkeit entsprochen werden.

§ 21 Zwangsmaßnahmen auf dem Gebiet der Gesundheitsfürsorge

(1) Medizinische Untersuchung und Behandlung sowie Ernährung sind unbeschadet der Rechte Personensorgeberechtigter zwangsweise nur bei Lebensgefahr, bei schwerwiegender Gefahr für die Gesundheit der Untersuchungsgefangenen oder bei Gefahr für die Gesundheit anderer Personen zulässig; die Maßnahmen müssen für die Beteiligten zumutbar und dürfen nicht mit erheblicher Gefahr für Leben oder Gesundheit der Untersuchungsgefangenen verbunden sein. Zur Durchführung der Maßnahmen ist die Anstalt nicht verpflichtet, solange von einer freien Willensbestimmung der Untersuchungsgefangenen ausgegangen werden kann.

(2) Zum Gesundheitsschutz und zur Hygiene ist die zwangsweise körperliche Untersuchung außer im Fall des Absatzes 1 zulässig, wenn sie nicht mit einem körperlichen Eingriff verbunden ist.

(3) Die Maßnahmen dürfen nur auf Anordnung und unter Leitung eines Arztes durchgeführt werden, unbeschadet der Leistung erster Hilfe für den Fall, dass ein Arzt nicht rechtzeitig erreichbar und mit einem Aufschub Lebensgefahr verbunden ist.

§ 22 Medizinische Leistungen, Kostenbeteiligung

(1) Die Untersuchungsgefangenen haben einen Anspruch auf notwendige, ausreichende und zweckmäßige medizinische Leistungen unter Beachtung des Grundsatzes der Wirtschaftlichkeit. Der allgemeine Standard der gesetzlichen Krankenkassen ist grundsätzlich entsprechend anzuwenden.

(2) Der Anspruch umfasst auch Untersuchungen zur Früherkennung von Krankheiten und Vorsorgeleistungen entsprechend dem allgemeinen Standard der gesetzlichen Krankenkassen.

(3) Der Anspruch umfasst entsprechend dem allgemeinen Standard der gesetzlichen Krankenkassen auch die Versorgung mit Hilfsmitteln wie Seh- und Hörhilfen, Körperersatzstücken, orthopädischen und anderen Hilfsmitteln, die im Einzelfall erforderlich sind, um den Erfolg der Krankenbehandlung zu sichern, eine Behinderung auszugleichen oder einer drohenden Behinderung vorzubeugen, sofern dies mit Rücksicht auf die voraussichtliche Dauer des Untersuchungshaftvollzugs zwingend geboten ist und soweit die Hilfsmittel nicht als allgemeine Gebrauchs-

gegenstände des täglichen Lebens anzusehen sind.

(4) An den Kosten für Leistungen nach den Absätzen 1 bis 3 können die Untersuchungsgefangenen in angemessenem Umfang beteiligt werden.

(5) Für Leistungen, die über die in Absatz 1 Satz 1 sowie in den Absätzen 2 und 3 genannten Leistungen hinausgehen, können den Untersuchungsgefangenen die gesamten Kosten auferlegt werden.

(6) Der Anstaltsleiter soll nach Anhörung des ärztlichen Dienstes der Anstalt den Untersuchungsgefangenen auf ihren Antrag hin gestatten, auf ihre Kosten externen ärztlichen Rat einzuholen. Die Erlaubnis kann versagt werden, wenn die Untersuchungsgefangenen die gewählte ärztliche Vertrauensperson und den ärztlichen Dienst der Anstalt nicht wechselseitig von der Schweigepflicht entbinden oder wenn es zur Umsetzung einer verfahrenssichernden Anordnung oder zur Aufrechterhaltung der Sicherheit oder Ordnung der Anstalt erforderlich ist. Die Konsultation soll in der Anstalt stattfinden.

§ 23 Verlegung, Überstellung und Ausführung zur medizinischen Behandlung

(1) Kranke oder hilfsbedürftige Untersuchungsgefangene können in eine zur Behandlung ihrer Krankheit oder zu ihrer Versorgung besser geeignete Anstalt oder in ein Vollzugskrankenhaus verlegt oder überstellt werden.

(2) Erforderlichenfalls können Untersuchungsgefangene zur medizinischen Behandlung ausgeführt oder in ein Krankenhaus außerhalb des Vollzugs gebracht werden.

(3) Zuvor ist dem Gericht und der Staatsanwaltschaft nach Möglichkeit Gelegenheit zur Stellungnahme zu geben. Bei Verlegungen und Überstellungen gilt § 7 Absatz 4 entsprechend.

(4) Werden Untersuchungsgefangene während einer Behandlung aus der Haft entlassen, hat das Land nur diejenigen Kosten zu tragen, die bis zur Entlassung angefallen sind.

Abschnitt 4
Arbeit, Bildung, Freizeit

§ 24 Arbeit und Bildung

(1) Die Untersuchungsgefangenen sind nicht zur Arbeit verpflichtet.

(2) Ihnen soll nach Möglichkeit Arbeit oder sonstige Beschäftigung angeboten werden, die ihre Fähigkeiten, Fertigkeiten und Neigungen berücksichtigt. Nehmen sie eine Arbeit auf, gelten die von der Anstalt festgelegten Arbeitsbedingungen. Die Arbeit darf nicht zur Unzeit niedergelegt werden.

(3) Geeigneten Untersuchungsgefangenen soll nach Möglichkeit Gelegenheit zum Erwerb oder zur Verbesserung schulischer und beruflicher Kenntnisse gegeben werden, soweit es die besonderen Bedingungen der Untersuchungshaft zulassen.

(4) Das Zeugnis oder der Nachweis über eine Bildungsmaßnahme darf keinen Hinweis auf die Inhaftierung enthalten.

§ 25 Arbeitsentgelt und Ausbildungsbeihilfe, Taschengeld

(1) Wer eine Arbeit oder sonstige Beschäftigung ausübt, erhält Arbeitsentgelt.

(2) Der Bemessung des Arbeitsentgelts sind 9 Prozent der Bezugsgröße nach § 18 des Vierten Buches Sozialgesetzbuch zu Grunde zu legen (Eckvergütung). Ein Tagessatz ist der 250. Teil der Eckvergütung; das Arbeitsentgelt kann nach einem Stundensatz bemessen werden.

(3) Das Arbeitsentgelt kann je nach Leistung der Untersuchungsgefangenen und der Art der Arbeit gestuft werden. 75 Prozent der Eckvergütung dürfen nur dann unterschritten werden, wenn die Arbeitsleistungen der Untersuchungsgefangenen den Mindestanforderungen nicht genügen. Das Justizministerium wird ermächtigt, eine Rechtsverordnung über die Vergütungsstufen zu erlassen.

(4) Die Höhe des Arbeitsentgelts ist den Untersuchungsgefangenen schriftlich bekannt zu geben.

(5) Soweit Beiträge zur Bundesagentur für Arbeit zu entrichten sind, kann vom Arbeits-

entgelt ein Betrag einbehalten werden, der dem Anteil der Untersuchungsgefangenen am Beitrag entsprechen würde, wenn sie diese Bezüge als Arbeitnehmer erhielten.

(6) Nehmen Untersuchungsgefangene während der Arbeitszeit an einer Bildungsmaßnahme teil, erhalten sie eine Ausbildungsbeihilfe. Die Absätze 2 bis 5 gelten entsprechend.

(7) Untersuchungsgefangenen, denen weder Arbeit noch die Teilnahme an einer Bildungsmaßnahme angeboten werden kann, kann auf Antrag zur Vermeidung einer unbilligen Härte ein Taschengeld gewährt werden. Das Taschengeld beträgt 14 Prozent der Eckvergütung. Eine unbillige Härte ist gegeben, wenn und solange Untersuchungsgefangenen im laufenden Monat ein Betrag bis zur Höhe des Taschengeldes nicht aus eigenen Mitteln zur Verfügung steht und sie diesen Betrag ohne ihr Verschulden auch von einer dritten Stelle nicht rechtzeitig erlangen können.

§ 26 Freizeit und Sport

Zur Freizeitgestaltung sind geeignete Angebote vorzuhalten. Insbesondere sollen Sportmöglichkeiten und Gemeinschaftsveranstaltungen angeboten werden.

§ 27 Zeitungen und Zeitschriften

(1) Die Untersuchungsgefangenen dürfen auf eigene Kosten Zeitungen und Zeitschriften in angemessenem Umfang durch Vermittlung der Anstalt beziehen. Ausgeschlossen sind Zeitungen und Zeitschriften, deren Verbreitung mit Strafe oder Geldbuße bedroht ist.

(2) Zeitungen oder Zeitschriften können den Untersuchungsgefangenen vorenthalten werden, wenn dies zur Umsetzung einer verfahrenssichernden Anordnung erforderlich ist. Für einzelne Ausgaben gilt dies auch dann, wenn deren Inhalte die Sicherheit oder Ordnung der Anstalt erheblich gefährden würden.

§ 28 Rundfunk

Die Untersuchungsgefangenen können am Hörfunk- und Fernsehempfang (Rundfunk-

empfang) teilnehmen. Der Rundfunkempfang kann vorübergehend ausgesetzt oder einzelnen Untersuchungsgefangenen untersagt werden, wenn dies zur Umsetzung einer verfahrenssichernden Anordnung oder zur Aufrechterhaltung der Sicherheit oder Ordnung der Anstalt unerlässlich ist.

Abschnitt 5
Religionsausübung

§ 29 Seelsorge

(1) Den Untersuchungsgefangenen darf religiöse Betreuung durch einen Seelsorger ihrer Religionsgemeinschaft nicht versagt werden. Auf Wunsch ist ihnen zu helfen, mit einem Seelsorger ihrer Religionsgemeinschaft in Verbindung zu treten.

(2) Die Untersuchungsgefangenen dürfen grundlegende religiöse Schriften besitzen. Sie dürfen ihnen nur bei grobem Missbrauch entzogen werden.

(3) Den Untersuchungsgefangenen sind Gegenstände des religiösen Gebrauchs in angemessenem Umfang zu belassen.

§ 30 Religiöse Veranstaltungen

(1) Die Untersuchungsgefangenen haben das Recht, am Gottesdienst und an anderen religiösen Veranstaltungen ihres Bekenntnisses teilzunehmen.

(2) Die Zulassung zu den Gottesdiensten oder zu religiösen Veranstaltungen einer anderen Religionsgemeinschaft bedarf der Zustimmung des Seelsorgers der Religionsgemeinschaft.

(3) Untersuchungsgefangene können von der Teilnahme am Gottesdienst oder an anderen religiösen Veranstaltungen ausgeschlossen werden, wenn dies zur Umsetzung einer verfahrenssichernden Anordnung oder aus überwiegenden Gründen der Sicherheit oder Ordnung der Anstalt geboten ist; der Seelsorger soll vorher gehört werden.

§ 31 Weltanschauungsgemeinschaften

Für Angehörige weltanschaulicher Bekenntnisse gelten die §§ 29 und 30 entsprechend.

Abschnitt 6
Besuche, Schriftwechsel, Telefongespräche und Pakete

§ 32 Grundsatz

Die Untersuchungsgefangenen haben das Recht, mit Personen außerhalb der Anstalt im Rahmen der Bestimmungen dieses Gesetzes zu verkehren, soweit eine verfahrenssichernde Anordnung nicht entgegensteht.

§ 33 Recht auf Besuch

(1) Die Untersuchungsgefangenen dürfen Besuch empfangen. Die Gesamtdauer beträgt mindestens zwei Stunden im Monat. Kindern der Untersuchungsgefangenen, die das 14. Lebensjahr noch nicht vollendet haben, werden darüber hinaus bis zu zwei Stunden Besuch im Monat gewährt. Im Rahmen der durch die Anstalt geregelten Besuchszeiten kann ein einzelner Besuch bis zur Dauer von vier Stunden gewährt werden.

(2) Kontakte der Untersuchungsgefangenen zu ihren Angehörigen im Sinne von § 11 Absatz 1 Nummer 1 des Strafgesetzbuchs werden besonders gefördert.

(3) Besuche sollen darüber hinaus zugelassen werden, wenn sie persönlichen, rechtlichen oder geschäftlichen Angelegenheiten dienen, die nicht von den Untersuchungsgefangenen schriftlich erledigt, durch Dritte wahrgenommen oder bis zur voraussichtlichen Entlassung aufgeschoben werden können.

(4) Aus Gründen der Sicherheit der Anstalt können Besuche davon abhängig gemacht werden, dass sich die Besucher mit technischen Mitteln absuchen oder durchsuchen lassen.

(5) Besuche können untersagt werden, wenn die Sicherheit oder Ordnung der Anstalt gefährdet würde.

§ 34 Besuche von Verteidigern, Rechtsanwälten und Notaren

Besuche von Verteidigern sowie von Rechtsanwälten und Notaren in einer die Untersuchungsgefangenen betreffenden Rechtssache sind zu gestatten. § 33 Absatz 4 gilt entsprechend. Eine inhaltliche Überprüfung der von Verteidigern mitgeführten Schriftstücke und sonstigen Unterlagen ist nicht zulässig.

§ 35 Überwachung der Besuche

(1) Besuche dürfen aus Gründen der Sicherheit oder Ordnung der Anstalt optisch überwacht werden. Die optische Überwachung kann mit technischen Hilfsmitteln durchgeführt werden; die betroffenen Personen sind vorher darauf hinzuweisen.

(2) Der Anstaltsleiter kann die akustische Überwachung im Einzelfall anordnen, wenn sie aus Gründen der Sicherheit der Anstalt oder zur Abwendung einer schwerwiegenden Störung der Ordnung der Anstalt erforderlich ist.

(3) Besuche dürfen abgebrochen werden, wenn Besucher oder Untersuchungsgefangene gegen dieses Gesetz oder aufgrund dieses Gesetzes getroffene Anordnungen verstoßen. Dies gilt auch bei einem Verstoß gegen verfahrenssichernde Anordnungen.

(4) Besuche von Verteidigern werden nicht überwacht.

(5) Gegenstände dürfen beim Besuch nicht übergeben werden. Dies gilt nicht für die bei dem Besuch der Verteidiger übergebenen Schriftstücke und sonstigen Unterlagen sowie für die bei dem Besuch von Rechtsanwälten oder Notaren zur Erledigung einer die Untersuchungsgefangenen betreffenden Rechtssache übergebenen Schriftstücke und sonstigen Unterlagen. Bei dem Besuch von Rechtsanwälten oder Notaren kann die Übergabe aus Gründen der Sicherheit oder Ordnung der Anstalt von der Erlaubnis des Anstaltsleiters abhängig gemacht werden.

§ 36 Recht auf Schriftwechsel

(1) Die Untersuchungsgefangenen haben das Recht, auf eigene Kosten Schreiben abzusenden und zu empfangen.

(2) Der Anstaltsleiter kann den Schriftwechsel mit bestimmten Personen untersagen, soweit die Sicherheit oder Ordnung der Anstalt gefährdet würde.

§ 37 Überwachung des Schriftwechsels

(1) Ein- und ausgehende Schreiben werden auf verbotene Gegenstände überwacht. Der Anstaltsleiter kann die Textkontrolle anordnen, soweit sie aus Gründen der Sicherheit oder zur Abwendung einer schwerwiegenden Störung der Ordnung der Anstalt erforderlich ist.

(2) Der Schriftwechsel der Untersuchungsgefangenen mit ihren Verteidigern wird nicht überwacht.

(3) Nicht überwacht werden Schreiben der Untersuchungsgefangenen an Volksvertretungen des Bundes und der Länder sowie an deren Mitglieder, soweit die Schreiben an die Anschriften dieser Volksvertretungen gerichtet sind und den Absender zutreffend angeben. Entsprechendes gilt für Schreiben an das Europäische Parlament und dessen Mitglieder, den Europäischen Gerichtshof für Menschenrechte, den Europäischen Ausschuss zur Verhütung von Folter und unmenschlicher oder erniedrigender Behandlung oder Strafe und weitere Einrichtungen, mit denen der Schriftverkehr aufgrund völkerrechtlicher Verpflichtungen der Bundesrepublik Deutschland geschützt ist. Satz 1 gilt auch für Schreiben an die Bürgerbeauftragten der Länder und die Datenschutzbeauftragten des Bundes und der Länder. Schreiben der in den Sätzen 1 bis 3 genannten Stellen, die an die Untersuchungsgefangenen gerichtet sind, werden nicht überwacht, sofern die Identität des Absenders zweifelsfrei feststeht.

§ 38 Weiterleitung von Schreiben, Aufbewahrung

(1) Die Untersuchungsgefangenen haben das Absenden und den Empfang ihrer Schreiben durch die Anstalt vermitteln zu lassen, soweit nichts Anderes gestattet ist.

(2) Eingehende und ausgehende Schreiben sind unverzüglich weiterzuleiten.

(3) Die Untersuchungsgefangenen haben eingehende Schreiben unverschlossen zu verwahren, sofern nichts Anderes gestattet wird. Sie können sie verschlossen zu ihrer Habe geben.

§ 39 Anhalten von Schreiben

(1) Der Anstaltsleiter kann Schreiben anhalten, wenn

1. es die Aufgabe des Untersuchungshaftvollzugs oder die Sicherheit oder Ordnung der Anstalt erfordert,

2. die Weitergabe in Kenntnis ihres Inhalts einen Straf- oder Bußgeldtatbestand verwirklichen würde,

3. sie grob unrichtige oder erheblich entstellende Darstellungen von Anstaltsverhältnissen oder grobe Beleidigungen enthalten oder

4. sie in Geheim- oder Kurzschrift, unlesbar, unverständlich oder ohne zwingenden Grund in einer fremden Sprache abgefasst sind.

(2) Ausgehenden Schreiben, die unrichtige Darstellungen enthalten, kann ein Begleitschreiben beigefügt werden, wenn die Untersuchungsgefangenen auf das Absenden bestehen.

(3) Sind Schreiben angehalten worden, wird das den Untersuchungsgefangenen mitgeteilt. Hiervon kann abgesehen werden, wenn und solange es die Aufgabe des Untersuchungshaftvollzugs erfordert. Soweit angehaltene Schreiben nicht beschlagnahmt werden, werden sie an die Absender zurückgegeben oder, sofern dies unmöglich oder aus besonderen Gründen untunlich ist, verwahrt.

(4) Schreiben, deren Überwachung nach § 37 Absatz 2 und 3 ausgeschlossen ist, dürfen nicht angehalten werden.

§ 40 Telefongespräche

(1) Den Untersuchungsgefangenen kann gestattet werden, auf eigene Kosten Telefongespräche zu führen. Die Bestimmungen über den Besuch gelten entsprechend. Ist die Überwachung des Telefongesprächs erforderlich, ist die beabsichtigte Überwachung den Gesprächspartnern der Untersuchungsgefangenen unmittelbar nach Herstellung der Verbindung durch die Anstalt oder die Untersuchungsgefangenen mitzuteilen. Die Untersuchungsgefangenen sind rechtzeitig vor Beginn des Telefongesprächs über die beab-

sichtige Überwachung und die Mitteilungspflicht nach Satz 3 zu unterrichten.

(2) Auf dem Gelände der Anstalt sind der Besitz und die Benutzung von Mobilfunkendgeräten verboten. Über Ausnahmen entscheidet die Aufsichtsbehörde.

(3) Die Anstalt darf technische Geräte

1. zur Auffindung von Mobilfunkendgeräten,

2. zur Aktivierung von Mobilfunkendgeräten zum Zwecke der Auffindung und

3. zur Störung von Frequenzen, die der Herstellung unerlaubter Mobilfunkverbindungen auf dem Anstaltsgelände dienen,

betreiben. Sie hat hierbei die von der Bundesnetzagentur gemäß § 55 Absatz 1 Satz 5 des Telekommunikationsgesetzes vom 22. Juni 2004 (BGBl. I S. 1190), das zuletzt durch Artikel 3 des Gesetzes vom 25. Dezember 2008 (BGBl. I S. 3083) geändert worden ist, festgelegten Rahmenbedingungen zu beachten. Der Mobilfunkverkehr außerhalb des Geländes der Anstalt darf nicht beeinträchtigt werden.

§ 41 Pakete

(1) Der Empfang von Paketen mit Nahrungs- und Genussmitteln ist den Untersuchungsgefangenen nicht gestattet. Der Empfang von Paketen mit anderem Inhalt bedarf der Erlaubnis der Anstalt, welche Zeitpunkt und Höchstmenge für die Sendung und für einzelne Gegenstände festsetzen kann. Für den Ausschluss von Gegenständen gilt § 18 Absatz 4 entsprechend.

(2) Pakete sind in Gegenwart der Untersuchungsgefangenen zu öffnen, an die sie adressiert sind. Ausgeschlossene Gegenstände können zu ihrer Habe genommen oder den Absendern zurückgesandt werden. Nicht ausgehändigte Gegenstände, durch die bei der Versendung oder Aufbewahrung Personen verletzt oder Sachschäden verursacht werden können, dürfen vernichtet werden. Die hiernach getroffenen Maßnahmen werden den Untersuchungsgefangenen eröffnet.

(3) Der Empfang von Paketen kann vorübergehend versagt werden, wenn dies wegen der Gefährdung der Sicherheit oder Ordnung der Anstalt unerlässlich ist.

(4) Den Untersuchungsgefangenen kann gestattet werden, Pakete zu versenden. Die Anstalt kann ihren Inhalt aus Gründen der Sicherheit oder Ordnung der Anstalt überprüfen.

Abschnitt 7
Sicherheit und Ordnung

§ 42 Grundsatz

Die Pflichten und Beschränkungen, die den Untersuchungsgefangenen zur Aufrechterhaltung der Sicherheit oder Ordnung der Anstalt auferlegt werden, sind so zu wählen, dass sie in einem angemessenen Verhältnis zu ihrem Zweck stehen und die Untersuchungsgefangenen nicht mehr und nicht länger als notwendig beeinträchtigen.

§ 43 Verhaltensvorschriften

(1) Die Untersuchungsgefangenen dürfen durch ihr Verhalten gegenüber Bediensteten, Mitgefangenen und anderen Personen das geordnete Zusammenleben in der Anstalt nicht stören. Sie haben sich nach der Tageseinteilung der Anstalt (Arbeitszeit, Freizeit, Ruhezeit) zu richten.

(2) Die Untersuchungsgefangenen haben die Anordnungen der Bediensteten zu befolgen, auch wenn sie sich durch diese beschwert fühlen. Einen ihnen zugewiesenen Bereich dürfen sie nicht ohne Erlaubnis verlassen.

(3) Die Untersuchungsgefangenen haben ihren Haftraum und die ihnen von der Anstalt überlassenen Sachen in Ordnung zu halten und schonend zu behandeln.

(4) Die Untersuchungsgefangenen haben Umstände, die eine Gefahr für das Leben oder eine erhebliche Gefahr für die Gesundheit einer Person bedeuten, unverzüglich zu melden.

§ 44 Absuchung, Durchsuchung

(1) Die Untersuchungsgefangenen, ihre Sachen und die Haträume dürfen mit technischen Mitteln abgesucht und durchsucht

werden. Die Durchsuchung männlicher Untersuchungsgefangener darf nur von Männern, die Durchsuchung weiblicher Untersuchungsgefangener darf nur von Frauen vorgenommen werden. Das Schamgefühl ist zu schonen.

(2) Nur bei Gefahr im Verzug oder auf Anordnung des Anstaltsleiters im Einzelfall ist es zulässig, eine mit einer Entkleidung verbundene körperliche Durchsuchung vorzunehmen. Sie darf bei männlichen Untersuchungsgefangenen nur in Gegenwart von Männern, bei weiblichen Untersuchungsgefangenen nur in Gegenwart von Frauen erfolgen. Sie ist in einem geschlossenen Raum durchzuführen. Andere Gefangene dürfen nicht anwesend sein.

(3) Der Anstaltsleiter kann allgemein anordnen, dass Untersuchungsgefangene bei der Aufnahme, vor und nach Kontakten mit Besuchern sowie vor und nach jeder Abwesenheit von der Anstalt nach Absatz 2 zu durchsuchen sind.

§ 45 Erkennungsdienstliche Maßnahmen, Lichtbildausweise

(1) Zur Sicherung des Vollzugs, zur Aufrechterhaltung der Sicherheit oder Ordnung der Anstalt oder zur Identitätsfeststellung sind mit Kenntnis der Untersuchungsgefangenen zulässig:

1. die Abnahme von Finger- und Handflächenabdrücken,

2. die Aufnahme von Lichtbildern,

3. die Feststellung äußerlicher körperlicher Merkmale,

4. die elektronische Erfassung biometrischer Merkmale und

5. Messungen.

(2) Die hierbei gewonnenen Unterlagen oder Daten werden zu den Gefangenenpersonalakten genommen oder in personenbezogenen Dateien gespeichert. Sie können auch in kriminalpolizeilichen Sammlungen verwahrt werden. Die nach Absatz 1 erhobenen Daten dürfen nur für die in Absatz 1, in § 48 Absatz 2 und in § 89 Absatz 2 Nummer 4 genannten Zwecke verarbeitet werden.

(3) Werden die Untersuchungsgefangenen entlassen, sind diese in Dateien gespeicherten personenbezogenen Daten spätestens nach drei Monaten zu löschen. Werden die Untersuchungsgefangenen in eine andere Anstalt verlegt oder wird unmittelbar im Anschluss an den Vollzug oder in Unterbrechung der Untersuchungshaft eine andere Haftart vollzogen, können die nach Absatz 1 erhobenen Daten der betreffenden Anstalt übermittelt und von dieser für die in Absatz 2 Satz 3 genannten Zwecke verarbeitet werden.

(4) Personen, die aufgrund des Absatzes 1 erkennungsdienstlich behandelt worden sind, können bei einer nicht nur vorläufigen Einstellung des Verfahrens, einer unanfechtbaren Ablehnung der Eröffnung des Hauptverfahrens oder einem rechtskräftigen Freispruch nach der Entlassung verlangen, dass die gewonnenen erkennungsdienstlichen Unterlagen unverzüglich vernichtet werden. Sie sind über dieses Recht bei der erkennungsdienstlichen Behandlung und bei der Entlassung aufzuklären.

(5) Die Anstalt kann die Untersuchungsgefangenen verpflichten, einen Lichtbildausweis mit sich zu führen, wenn dies aus Gründen der Sicherheit oder Ordnung der Anstalt erforderlich ist. Dieser ist bei der Entlassung oder bei der Verlegung in eine andere Anstalt einzuziehen und zu vernichten.

§ 46 Videoüberwachung

(1) Die Videoüberwachung des Anstaltsgebäudes einschließlich des Gebäudeinneren, des Anstaltsgeländes und der unmittelbaren Umgebung der Anstalt sowie die Anfertigung von Aufzeichnungen hiervon ist zulässig, wenn dies für die Sicherheit oder Ordnung der Anstalt erforderlich ist. Die Videoüberwachung von Hafträumen ist ausgeschlossen, soweit in diesem Gesetz nichts Anderes bestimmt ist.

(2) Auf die Videoüberwachung und die Anfertigung von Videoaufzeichnungen ist durch geeignete Maßnahmen hinzuweisen. Die Videoüberwachung und die Anfertigung von Videoaufzeichnungen dürfen auch durchge-

führt werden, wenn Dritte unvermeidbar betroffen werden.

(3) Die Betroffenen sind über eine Verarbeitung und Nutzung ihrer durch Videotechnik erhobenen personenbezogenen Daten zu benachrichtigen, sofern die Daten nicht innerhalb der Anstalt verbleiben und binnen eines Monats gelöscht werden. Eine Pflicht zur Benachrichtigung besteht nicht, sofern die Betroffenen auf andere Weise Kenntnis von der Verarbeitung und Nutzung erlangt haben oder die Unterrichtung einen unverhältnismäßigen Aufwand erfordert. Die Unterrichtung kann unterbleiben, solange durch sie der Zweck der Maßnahme vereitelt würde.

§ 47 Maßnahmen zur Feststellung von Suchtmittelkonsum

(1) Zur Aufrechterhaltung der Sicherheit oder Ordnung der Anstalt kann der Anstaltsleiter allgemein oder im Einzelfall Maßnahmen anordnen, die geeignet sind, den Missbrauch von Suchtmitteln festzustellen. Diese Maßnahmen dürfen nicht mit einem körperlichen Eingriff verbunden sein.

(2) Wird Suchtmittelmissbrauch festgestellt, können die Kosten der Maßnahmen den Untersuchungsgefangenen auferlegt werden.

§ 48 Festnahmerecht

(1) Untersuchungsgefangene, die entwichen sind oder sich sonst ohne Erlaubnis außerhalb der Anstalt aufhalten, können durch die Anstalt oder auf deren Veranlassung festgenommen und zurückgebracht werden.

(2) Nach § 45 Absatz 1 und § 88 erhobene und zur Identifizierung oder Festnahme erforderliche Daten dürfen den Vollstreckungs- und Strafverfolgungsbehörden übermittelt werden, soweit dies für Zwecke der Fahndung und Festnahme der entwichenen oder sich sonst ohne Erlaubnis außerhalb der Anstalt aufhaltenden Untersuchungsgefangenen erforderlich ist.

§ 49 Besondere Sicherungsmaßnahmen

(1) Gegen Untersuchungsgefangene können besondere Sicherungsmaßnahmen angeordnet werden, wenn nach ihrem Verhalten oder aufgrund ihres seelischen Zustands in erhöhtem Maße die Gefahr der Entweichung, von Gewalttätigkeiten gegen Personen oder Sachen, der Selbsttötung oder der Selbstverletzung besteht.

(2) Als besondere Sicherungsmaßnahmen sind zulässig:

1. der Entzug oder die Vorenthaltung von Gegenständen,

2. die Beobachtung der Untersuchungsgefangenen, auch mit technischen Hilfsmitteln,

3. die Absonderung von anderen Gefangenen,

4. der Entzug oder die Beschränkung des Aufenthalts im Freien,

5. die Unterbringung in einem besonders gesicherten Haftraum ohne gefährdende Gegenstände und

6. die Fesselung.

(3) Maßnahmen nach Absatz 2 Nummer 1, 3 bis 5 sind auch zulässig, wenn die Gefahr einer Befreiung oder eine erhebliche Störung der Ordnung der Anstalt anders nicht vermieden oder behoben werden kann.

(4) Bei einer Ausführung, Vorführung oder beim Transport ist die Fesselung auch dann zulässig, wenn die Gefahr einer Entweichung besteht.

§ 50 Einzelhaft

Die unausgesetzte Absonderung der Untersuchungsgefangenen (Einzelhaft) ist nur zulässig, wenn dies aus Gründen, die in deren Person liegen, unerlässlich ist. Einzelhaft von mehr als einem Monat Gesamtdauer im Jahr bedarf der Zustimmung der Aufsichtsbehörde und wird dem Gericht und der Staatsanwaltschaft von der Anstalt mitgeteilt. Während des Vollzugs der Einzelhaft sind die Untersuchungsgefangenen in besonderem Maße zu betreuen.

§ 51 Fesselung

In der Regel dürfen Fesseln nur an den Händen oder an den Füßen angelegt werden. Im Interesse der Untersuchungsgefangenen kann der Anstaltsleiter eine andere Art der

Fesselung anordnen. Die Fesselung wird zeitweise gelockert, soweit dies notwendig ist.

§ 52 Anordnung besonderer Sicherungsmaßnahmen, Verfahren

(1) Besondere Sicherungsmaßnahmen ordnet der Anstaltsleiter an. Bei Gefahr im Verzug können auch andere Bedienstete diese Maßnahmen vorläufig anordnen. Die Entscheidung des Anstaltsleiters ist unverzüglich einzuholen.

(2) Werden Untersuchungsgefangene ärztlich behandelt oder beobachtet oder bildet ihr seelischer Zustand den Anlass der Sicherungsmaßnahme, ist vorher eine ärztliche Stellungnahme einzuholen. Ist dies wegen Gefahr im Verzug nicht möglich, wird die Stellungnahme unverzüglich nachträglich eingeholt.

(3) Die Entscheidung wird den Untersuchungsgefangenen von dem Anstaltsleiter mündlich eröffnet und mit einer kurzen Begründung schriftlich abgefasst.

(4) Besondere Sicherungsmaßnahmen sind in angemessenen Abständen daraufhin zu überprüfen, ob und in welchem Umfang sie aufrechterhalten werden müssen.

(5) Besondere Sicherungsmaßnahmen nach § 49 Absatz 2 Nummer 5 und 6 sind der Aufsichtsbehörde, dem Gericht und der Staatsanwaltschaft unverzüglich mitzuteilen, wenn sie länger als drei Tage aufrechterhalten werden.

§ 53 Ärztliche Überwachung

(1) Sind Untersuchungsgefangene in einem besonders gesicherten Haftraum untergebracht oder gefesselt (§ 49 Absatz 2 Nummer 5 und 6), sucht sie der Arzt alsbald und in der Folge möglichst täglich auf. Dies gilt nicht bei einer Fesselung während einer Ausführung, Vorführung oder eines Transports (§ 49 Absatz 4).

(2) Der Arzt ist regelmäßig zu hören, solange eine besondere Sicherungsmaßnahme nach § 49 Absatz 2 Nummer 4 oder Einzelhaft nach § 50 andauert.

Abschnitt 8
Unmittelbarer Zwang

§ 54 Begriffsbestimmungen

(1) Unmittelbarer Zwang ist die Einwirkung auf Personen oder Sachen durch körperliche Gewalt, ihre Hilfsmittel und durch Waffen.

(2) Körperliche Gewalt ist jede unmittelbare körperliche Einwirkung auf Personen oder Sachen.

(3) Hilfsmittel der körperlichen Gewalt sind insbesondere Fesseln und Reizstoffe.

(4) Waffen sind die dienstlich zugelassenen Hieb- und Schusswaffen.

§ 55 Allgemeine Voraussetzungen

(1) Die Bediensteten dürfen unmittelbaren Zwang anwenden, wenn sie Vollzugs- und Sicherungsmaßnahmen rechtmäßig durchführen und der damit verfolgte Zweck auf keine andere Weise erreicht werden kann.

(2) Gegen andere Personen als Untersuchungsgefangene darf unmittelbarer Zwang angewendet werden, wenn sie es unternehmen, Gefangene zu befreien oder widerrechtlich in die Anstalt einzudringen, oder wenn sie sich unbefugt darin aufhalten.

(3) Das Recht zu unmittelbarem Zwang aufgrund anderer Regelungen bleibt unberührt.

§ 56 Grundsatz der Verhältnismäßigkeit

(1) Unter mehreren möglichen und geeigneten Maßnahmen des unmittelbaren Zwangs sind diejenigen zu wählen, die den Einzelnen und die Allgemeinheit voraussichtlich am wenigsten beeinträchtigen.

(2) Unmittelbarer Zwang unterbleibt, wenn ein durch ihn zu erwartender Schaden erkennbar außer Verhältnis zu dem angestrebten Erfolg steht.

§ 57 Handeln auf Anordnung

(1) Wird unmittelbarer Zwang von Vorgesetzten oder sonst befugten Personen angeordnet, sind die Bediensteten verpflichtet, ihn anzuwenden, es sei denn, die Anordnung verletzt die Menschenwürde oder ist nicht zu dienstlichen Zwecken erteilt worden.

(2) Die Anordnung darf nicht befolgt werden, wenn dadurch eine Straftat begangen würde. Befolgen die Bediensteten sie trotzdem, trifft sie eine Schuld nur, wenn sie erkennen oder wenn es nach den ihnen bekannten Umständen offensichtlich ist, dass dadurch eine Straftat begangen wird.

(3) Bedenken gegen die Rechtmäßigkeit der Anordnung haben Bedienstete dem Anordnenden gegenüber vorzubringen, soweit das nach den Umständen möglich ist. Abweichende Bestimmungen des allgemeinen Beamtenrechts über die Mitteilung solcher Bedenken an Vorgesetzte (§ 36 Absatz 2 und 3 des Beamtenstatusgesetzes vom 17. Juni 2008, BGBl. I S. 1010) sind nicht anzuwenden.

§ 58 Androhung

Unmittelbarer Zwang ist vorher anzudrohen. Die Androhung darf nur dann unterbleiben, wenn die Umstände sie nicht zulassen oder unmittelbarer Zwang sofort angewendet werden muss, um eine rechtswidrige Tat, die den Tatbestand eines Strafgesetzes erfüllt, zu verhindern oder eine gegenwärtige Gefahr abzuwenden.

§ 59 Schusswaffengebrauch

(1) Schusswaffen dürfen nur gebraucht werden, wenn andere Maßnahmen des unmittelbaren Zwangs bereits erfolglos waren oder keinen Erfolg versprechen. Gegen Personen ist ihr Gebrauch nur zulässig, wenn der Zweck nicht durch Waffenwirkung gegen Sachen erreicht wird.

(2) Schusswaffen dürfen nur die dazu bestimmten Bediensteten gebrauchen und nur, um angriffs- oder fluchtunfähig zu machen. Ihr Gebrauch unterbleibt, wenn dadurch erkennbar Unbeteiligte mit hoher Wahrscheinlichkeit gefährdet würden.

(3) Der Gebrauch von Schusswaffen ist vorher anzudrohen. Als Androhung gilt auch ein Warnschuss. Ohne Androhung dürfen Schusswaffen nur dann gebraucht werden, wenn dies zur Abwehr einer gegenwärtigen Gefahr für Leib oder Leben erforderlich ist.

(4) Gegen Untersuchungsgefangene dürfen Schusswaffen gebraucht werden,

1. wenn sie eine Waffe oder ein anderes gefährliches Werkzeug trotz wiederholter Aufforderung nicht ablegen,

2. wenn sie eine Meuterei (§ 121 des Strafgesetzbuchs) unternehmen oder

3. um ihre Entweichung zu vereiteln oder um sie wieder zu ergreifen.

Satz 1 Nummer 2 und 3 findet auf minderjährige Untersuchungsgefangene keine Anwendung.

(5) Gegen andere Personen dürfen Schusswaffen gebraucht werden, wenn sie es unternehmen, Gefangene gewaltsam zu befreien oder gewaltsam in eine Anstalt einzudringen.

(6) Der Gebrauch von Schusswaffen durch Bedienstete innerhalb der Anstalt im Sinne des § 98 Absatz 1 des Jugendstrafvollzugsgesetzes Mecklenburg-Vorpommern vom 14. Dezember 2007 (GVOBl. M-V S. 427) ist verboten. Das Recht zum Schusswaffengebrauch aufgrund anderer Vorschriften durch Polizeivollzugsbedienstete bleibt hiervon unberührt.

Abschnitt 9
Disziplinarmaßnahmen

§ 60 Voraussetzungen

(1) Disziplinarmaßnahmen können angeordnet werden, wenn Untersuchungsgefangene rechtswidrig und schuldhaft

1. gegen Strafgesetze verstoßen oder eine Ordnungswidrigkeit begehen,

2. gegen eine verfahrenssichernde Anordnung verstoßen,

3. andere Personen verbal oder tätlich angreifen,

4. Lebensmittel oder fremdes Eigentum zerstören oder beschädigen,

5. verbotene Gegenstände in die Anstalt bringen,

6. sich am Einschmuggeln verbotener Gegenstände beteiligen oder sie besitzen,

7. entweichen oder zu entweichen versuchen oder

8. in sonstiger Weise wiederholt oder schwerwiegend gegen die Hausordnung verstoßen oder das Zusammenleben in der Anstalt stören.

(2) Von einer Disziplinarmaßnahme wird abgesehen, wenn es genügt, die Untersuchungsgefangenen zu verwarnen.

(3) Disziplinarmaßnahmen sind auch zulässig, wenn wegen derselben Verfehlung ein Straf- oder Bußgeldverfahren eingeleitet wird.

§ 61 Arten der Disziplinarmaßnahmen

(1) Zulässige Disziplinarmaßnahmen sind

1. Verweis,

2. die Beschränkung oder der Entzug des Einkaufs bis zu drei Monaten,

3. die Beschränkung oder der Entzug von Annehmlichkeiten nach § 19 bis zu drei Monaten,

4. die Beschränkung des Rundfunkempfangs bis zu drei Monaten; der gleichzeitige Entzug des Hörfunk- und Fernsehempfangs jedoch nur bis zu zwei Wochen,

5. die Beschränkung oder der Entzug der Gegenstände für die Freizeitbeschäftigung oder der Ausschluss von gemeinsamer Freizeit oder von einzelnen Freizeitveranstaltungen bis zu drei Monaten,

6. der Entzug der zugewiesenen Arbeit oder Beschäftigung bis zu vier Wochen unter Wegfall der in diesem Gesetz geregelten Bezüge und

7. Arrest bis zu vier Wochen.

(2) Mehrere Disziplinarmaßnahmen können miteinander verbunden werden.

(3) Arrest darf nur wegen schwerer oder wiederholter Verfehlungen verhängt werden.

(4) Bei der Auswahl der Disziplinarmaßnahmen sind Grund und Zweck der Haft sowie die psychischen Auswirkungen der Untersuchungshaft und des Strafverfahrens auf die Untersuchungsgefangenen zu berücksichtigen. Durch die Anordnung und den Vollzug einer Disziplinarmaßnahme dürfen die Ver-

teidigung, die Verhandlungsfähigkeit und die Verfügbarkeit der Untersuchungsgefangenen für die Verhandlung nicht beeinträchtigt werden.

§ 62 Vollzug der Disziplinarmaßnahmen, Aussetzung zur Bewährung

(1) Disziplinarmaßnahmen werden in der Regel sofort vollstreckt.

(2) Disziplinarmaßnahmen können ganz oder teilweise bis zu sechs Monaten zur Bewährung ausgesetzt werden.

(3) Arrest wird in Einzelhaft vollzogen. Die Untersuchungsgefangenen können in einem besonderen Arrestraum untergebracht werden, der den Anforderungen entsprechen muss, die an einen zum Aufenthalt bei Tag und Nacht bestimmten Haftraum gestellt werden. Soweit nichts Anderes angeordnet wird, ruhen die Befugnisse der Untersuchungsgefangenen aus den §§ 16, 17 Absatz 1, § 18 Absatz 2 und 3, §§ 19, 24 Absatz 2 und 3, §§ 26, 27 Absatz 1 und § 28.

§ 63 Disziplinarbefugnis

(1) Disziplinarmaßnahmen ordnet der Anstaltsleiter an. Bei einer Verfehlung auf dem Weg in eine andere Anstalt zum Zweck der Verlegung ist die aufnehmende Anstalt zuständig.

(2) Die Aufsichtsbehörde entscheidet, wenn sich die Verfehlung gegen den Anstaltsleiter richtet.

(3) Disziplinarmaßnahmen, die gegen die Untersuchungsgefangenen in einer anderen Anstalt oder während einer anderen Haft angeordnet worden sind, werden auf Ersuchen vollstreckt. § 62 Absatz 2 gilt entsprechend.

§ 64 Verfahren

(1) Der Sachverhalt ist zu klären. Die betroffenen Untersuchungsgefangenen werden gehört. Sie sind darauf hinzuweisen, dass es ihnen freisteht, sich zu äußern. Die Erhebungen werden in einer Niederschrift festgehalten; die Einlassung der Untersuchungsgefangenen wird vermerkt.

(2) Bei schweren Verfehlungen soll sich der Anstaltsleiter vor der Entscheidung mit Per-

sonen besprechen, die an der Betreuung der Untersuchungsgefangenen mitwirken.

(3) Vor der Anordnung von Disziplinarmaßnahmen gegen Untersuchungsgefangene, die sich in ärztlicher Behandlung befinden, oder gegen Schwangere oder stillende Mütter ist ein Arzt zu hören.

(4) Die Entscheidung wird den Untersuchungsgefangenen von dem Anstaltsleiter mündlich eröffnet und mit einer kurzen Begründung schriftlich abgefasst.

(5) Bevor Arrest vollzogen wird, ist ein Arzt zu hören. Während des Arrests stehen die Untersuchungsgefangenen unter ärztlicher Aufsicht. Der Vollzug unterbleibt oder wird unterbrochen, wenn die Gesundheit der Untersuchungsgefangenen oder der Fortgang des Strafverfahrens gefährdet würde.

Abschnitt 10
Beschwerde

§ 65 Beschwerderecht

(1) Die Untersuchungsgefangenen erhalten Gelegenheit, sich mit Wünschen, Anregungen und Beschwerden in vollzuglichen Angelegenheiten, die sie selbst betreffen, an den Anstaltsleiter zu wenden.

(2) Besichtigen Vertreter der Aufsichtsbehörde die Anstalt, so ist zu gewährleisten, dass die Untersuchungsgefangenen sich in vollzuglichen Angelegenheiten, die sie selbst betreffen, an diese wenden können.

(3) Die Möglichkeit der Dienstaufsichtsbeschwerde bleibt unberührt.

Abschnitt 11
Ergänzende Vorschriften für junge
Untersuchungsgefangene

§ 66 Anwendungsbereich

(1) Auf Untersuchungsgefangene, die zur Tatzeit das 21. Lebensjahr noch nicht vollendet hatten und die das 24. Lebensjahr noch nicht vollendet haben (junge Untersuchungsgefangene), findet dieses Gesetz nach Maß-

gabe der Bestimmungen dieses Abschnitts Anwendung.

(2) Von einer Anwendung der Bestimmungen dieses Abschnitts sowie des § 11 Absatz 2 auf volljährige junge Untersuchungsgefangene kann abgesehen werden, wenn die erzieherische Ausgestaltung des Vollzugs für diese nicht oder nicht mehr angezeigt ist. Die Bestimmungen dieses Abschnitts können ausnahmsweise auch über die Vollendung des 24. Lebensjahres hinaus angewendet werden, wenn dies im Hinblick auf die voraussichtlich nur noch geringe Dauer der Untersuchungshaft zweckmäßig erscheint.

§ 67 Vollzugsgestaltung

(1) Der Vollzug ist erzieherisch zu gestalten. Die Fähigkeiten der jungen Untersuchungsgefangenen zu einer eigenverantwortlichen und gemeinschaftsfähigen Lebensführung in Achtung der Rechte Anderer sind zu fördern.

(2) Den jungen Untersuchungsgefangenen sollen neben altersgemäßen Bildungs-, Beschäftigungs- und Freizeitmöglichkeiten auch sonstige entwicklungsfördernde Hilfestellungen angeboten werden. Die Bereitschaft zur Annahme der Angebote ist zu wecken und zu fördern.

(3) In diesem Gesetz vorgesehene Beschränkungen können minderjährigen Untersuchungsgefangenen auch auferlegt werden, soweit es dringend geboten ist, um sie vor einer Gefährdung ihrer Entwicklung zu bewahren.

§ 68 Zusammenarbeit und Einbeziehung
Dritter

(1) Die Zusammenarbeit der Anstalt mit staatlichen und privaten Institutionen erstreckt sich insbesondere auch auf Jugendgerichtshilfe, Jugendamt, Schulen und berufliche Bildungsträger.

(2) Die Personensorgeberechtigten sind, soweit dies möglich ist und eine verfahrenssichernde Anordnung nicht entgegensteht, in die Gestaltung des Vollzugs einzubeziehen.

(3) Die Personensorgeberechtigten und das Jugendamt werden von der Aufnahme, von einer Verlegung und der Entlassung unver-

züglich unterrichtet, soweit eine verfahrenssichernde Anordnung nicht entgegensteht.

§ 69 Ermittlung des Förder- und Erziehungsbedarfs, Maßnahmen

(1) Nach der Aufnahme wird der Förder- und Erziehungsbedarf der jungen Untersuchungsgefangenen unter Berücksichtigung ihrer Persönlichkeit und ihrer Lebensverhältnisse ermittelt.

(2) In einer Konferenz mit an der Erziehung maßgeblich beteiligten Bediensteten werden der Förder- und Erziehungsbedarf erörtert und die sich daraus ergebenden Maßnahmen festgelegt. Diese werden mit den jungen Untersuchungsgefangenen besprochen und den Personensorgeberechtigten auf Verlangen mitgeteilt.

(3) Zur Erfüllung der Aufgabe nach Absatz 1 dürfen personenbezogene Daten abweichend von § 88 Absatz 2 ohne Mitwirkung der Betroffenen erhoben werden bei Stellen, die Aufgaben der Jugendhilfe wahrnehmen, bei der Jugendgerichtshilfe und bei Personen und Stellen, die bereits Kenntnis von der Inhaftierung haben.

§ 70 Unterbringung

(1) Die jungen Untersuchungsgefangenen können in Wohngruppen untergebracht werden, zu denen neben den Hafträumen weitere Räume zur gemeinsamen Nutzung gehören.

(2) Die gemeinschaftliche Unterbringung während der Bildung, Arbeit und Freizeit kann über § 12 Absatz 3 hinaus auch eingeschränkt oder ausgeschlossen werden, wenn dies aus erzieherischen Gründen angezeigt ist, schädliche Einflüsse auf die jungen Untersuchungsgefangenen zu befürchten sind oder während der ersten zwei Wochen nach der Aufnahme.

(3) Eine gemeinsame Unterbringung nach § 13 Absatz 1 Satz 2 ist nur zulässig, wenn schädliche Einflüsse auf die jungen Untersuchungsgefangenen nicht zu befürchten sind.

§ 71 Schulische und berufliche Aus- und Weiterbildung, Arbeit

(1) Schulpflichtige Untersuchungsgefangene nehmen in der Anstalt am allgemein- oder berufsbildenden Unterricht in Anlehnung an die für öffentliche Schulen geltenden Bestimmungen teil.

(2) Minderjährige Untersuchungsgefangene können zur Teilnahme an schulischen und beruflichen Orientierungs-, Aus- und Weiterbildungsmaßnahmen oder speziellen Maßnahmen zur Förderung ihrer schulischen, beruflichen oder persönlichen Entwicklung verpflichtet werden.

(3) Den übrigen jungen Untersuchungsgefangenen soll nach Möglichkeit die Teilnahme an den in Absatz 2 genannten Maßnahmen angeboten werden.

(4) Im Übrigen bleibt § 24 Absatz 2 unberührt.

§ 72 Besuche, Schriftwechsel, Telefongespräche

(1) Abweichend von § 33 Absatz 1 Satz 2 beträgt die Gesamtdauer des Besuchs für junge Untersuchungsgefangene mindestens vier Stunden im Monat. Über § 33 Absatz 3 hinaus sollen Besuche auch dann zugelassen werden, wenn sie die Erziehung fördern.

(2) Besuche von Kindern junger Untersuchungsgefangener werden nicht auf die Regelbesuchszeiten angerechnet.

(3) Bei minderjährigen Untersuchungsgefangenen können Besuche, Schriftwechsel und Telefongespräche auch untersagt werden, wenn Personensorgeberechtigte nicht einverstanden sind.

(4) Besuche dürfen über § 35 Absatz 3 hinaus auch abgebrochen werden, wenn von Besuchern ein schädlicher Einfluss ausgeht.

(5) Der Schriftwechsel kann über § 36 Absatz 2 hinaus bei Personen, die nicht Angehörige (§ 11 Absatz 1 Nummer 1 des Strafgesetzbuchs) der jungen Untersuchungsgefangenen sind, auch untersagt werden, wenn zu befürchten ist, dass der Schriftwechsel einen schädlichen Einfluss auf die jungen Untersuchungsgefangenen hat.

(6) Für Besuche, Schriftwechsel und Telefongespräche mit Beiständen nach § 69 des Jugendgerichtsgesetzes gelten die §§ 34, 35 Absatz 4 und § 37 Absatz 2 entsprechend.

§ 73 Freizeit und Sport

(1) Zur Ausgestaltung der Freizeit sind geeignete Angebote vorzuhalten. Die jungen Untersuchungsgefangenen sind zur Teilnahme und Mitwirkung an Freizeitangeboten zu motivieren.

(2) Über § 16 Satz 2 hinaus ist der Besitz eigener Fernsehgeräte und elektronischer Medien ausgeschlossen, wenn erzieherische Gründe entgegenstehen.

(3) Dem Sport kommt bei der Gestaltung des Vollzugs an jungen Untersuchungsgefangenen besondere Bedeutung zu. Es sind ausreichende und geeignete Angebote vorzuhalten, um den jungen Untersuchungsgefangenen eine sportliche Betätigung von mindestens zwei Stunden wöchentlich zu ermöglichen.

§ 74 Besondere Sicherungsmaßnahmen

§ 49 Absatz 3 gilt mit der Maßgabe, dass der Entzug oder die Beschränkung des Aufenthalts im Freien nicht zulässig ist.

§ 75 Erzieherische Maßnahmen, Disziplinarmaßnahmen

(1) Verstöße der jungen Untersuchungsgefangenen gegen Pflichten, die ihnen durch dieses Gesetz oder aufgrund dieses Gesetzes auferlegt sind, sind unverzüglich im erzieherischen Gespräch aufzuarbeiten. Daneben können Maßnahmen angeordnet werden, die geeignet sind, den jungen Untersuchungsgefangenen ihr Fehlverhalten bewusst zu machen (erzieherische Maßnahmen). Als erzieherische Maßnahmen kommen namentlich in Betracht die Erteilung von Weisungen und Auflagen, die Beschränkung oder der Entzug einzelner Gegenstände für die Freizeitbeschäftigung und der Ausschluss von gemeinsamer Freizeit oder von einzelnen Freizeitveranstaltungen bis zur Dauer einer Woche.

(2) Der Anstaltsleiter legt fest, welche Bediensteten befugt sind, erzieherische Maßnahmen anzuordnen.

(3) Es sollen solche erzieherischen Maßnahmen angeordnet werden, die mit der Verfehlung in Zusammenhang stehen.

(4) Disziplinarmaßnahmen dürfen nur angeordnet werden, wenn erzieherische Maßnahmen nach Absatz 1 nicht ausreichen, um den jungen Untersuchungsgefangenen das Unrecht ihrer Handlung zu verdeutlichen. Zu berücksichtigen ist ferner eine aus demselben Anlass angeordnete besondere Sicherungsmaßnahme.

(5) Gegen junge Untersuchungsgefangene dürfen Disziplinarmaßnahmen nach § 61 Absatz 1 Nummer 1 und 6 nicht verhängt werden. Maßnahmen nach § 61 Absatz 1 Nummer 2 und 3, Nummer 4 Halbsatz 1 sowie Nummer 5 sind nur bis zu zwei Monaten, Arrest ist nur bis zu zwei Wochen zulässig und erzieherisch auszugestalten.

Abschnitt 12
Aufbau der Anstalt

§ 76 Gliederung, Räume

(1) Soweit es nach § 11 zur Umsetzung der Trennungsgrundsätze erforderlich ist, werden in der Anstalt gesonderte Abteilungen für den Vollzug der Untersuchungshaft eingerichtet.

(2) Räume für den Aufenthalt während der Ruhe- und Freizeit sowie Gemeinschafts- und Besuchsräume sind zweckentsprechend auszugestalten.

§ 77 Festsetzung der Belegungsfähigkeit, Verbot der Überbelegung

(1) Die Aufsichtsbehörde setzt die Belegungsfähigkeit der Anstalt so fest, dass eine angemessene Unterbringung während der Ruhezeit gewährleistet ist. Dabei ist zu berücksichtigen, dass eine ausreichende Anzahl von Plätzen für Arbeit und Bildung sowie von Räumen für Seelsorge, Freizeit, Sport und Besuche zur Verfügung steht.

(2) Hafträume dürfen nicht mit mehr Gefangenen als zugelassen belegt werden.

(3) Ausnahmen von Absatz 2 sind nur vorübergehend und nur mit Zustimmung der Aufsichtsbehörde zulässig.

§ 78 Arbeitsbetriebe, Einrichtungen zur schulischen und beruflichen Bildung

(1) Arbeitsbetriebe und Einrichtungen zur schulischen und beruflichen Bildung sollen vorgehalten werden.

(2) Beschäftigung und Bildung können auch in geeigneten privaten Einrichtungen und Betrieben erfolgen. Die technische und fachliche Leitung kann Angehörigen dieser Einrichtungen und Betriebe übertragen werden.

§ 79 Anstaltsleitung

(1) Der Anstaltsleiter trägt die Verantwortung für den gesamten Vollzug und vertritt die Anstalt nach außen. Er kann einzelne Aufgabenbereiche auf andere Bedienstete übertragen. Die Aufsichtsbehörde kann sich die Zustimmung zur Übertragung vorbehalten.

(2) Für jede Anstalt ist ein Beamter des höheren Dienstes zum hauptamtlichen Leiter zu bestellen. Aus besonderen Gründen kann eine Anstalt auch von einem Beamten des gehobenen Dienstes geleitet werden.

§ 80 Bedienstete

Die Anstalt wird mit dem für den Vollzug der Untersuchungshaft erforderlichen Personal ausgestattet. Fortbildung sowie Praxisberatung und -begleitung für die Bediensteten sind zu gewährleisten.

§ 81 Seelsorger

(1) Die Seelsorger werden im Einvernehmen mit der jeweiligen Religionsgemeinschaft im Hauptamt bestellt oder vertraglich verpflichtet.

(2) Wenn die geringe Anzahl der Angehörigen einer Religionsgemeinschaft eine Seelsorge nach Absatz 1 nicht rechtfertigt, ist die seelsorgerische Betreuung auf andere Weise zuzulassen.

(3) Mit Zustimmung des Anstaltsleiters darf der Anstaltsseelsorger sich freier Seelsorgehelfer bedienen und diese für Gottesdienste

sowie für andere religiöse Veranstaltungen von außen zuziehen.

§ 82 Medizinische Versorgung

(1) Die ärztliche Versorgung ist sicherzustellen.

(2) Die Pflege der Kranken soll von Bediensteten ausgeübt werden, die eine Erlaubnis nach dem Krankenpflegegesetz besitzen. Solange diese nicht zur Verfügung stehen, können auch Bedienstete eingesetzt werden, die eine sonstige Ausbildung in der Krankenpflege erfahren haben.

§ 83 Mitverantwortung der Untersuchungsgefangenen

Den Untersuchungsgefangenen soll ermöglicht werden, an der Verantwortung für Angelegenheiten von gemeinsamem Interesse teilzunehmen, die sich ihrer Eigenart und der Aufgabe der Anstalt nach für ihre Mitwirkung eignen.

§ 84 Hausordnung

(1) Der Anstaltsleiter erlässt eine Hausordnung. Die Aufsichtsbehörde kann sich die Genehmigung vorbehalten.

(2) In die Hausordnung sind namentlich Anordnungen aufzunehmen über die

1. Besuchszeiten, Häufigkeit und Dauer der Besuche,

2. Arbeitszeit, Freizeit und Ruhezeit sowie

3. Gelegenheit, Anträge und Beschwerden anzubringen oder sich an einen Vertreter der Aufsichtsbehörde zu wenden.

Abschnitt 13
Aufsicht, Beirat

§ 85 Aufsichtsbehörde

Das Justizministerium führt die Aufsicht über die Anstalt.

§ 86 Vollstreckungsplan

Das Justizministerium regelt durch Rechtsverordnung die örtliche und sachliche Zuständigkeit der Anstalt in einem Vollstreckungsplan.

§ 87 Beirat

(1) Bei der Anstalt ist ein Beirat zu bilden. Bedienstete dürfen nicht Mitglieder des Beirats sein. Das Justizministerium wird ermächtigt, durch Rechtsverordnung das Verfahren der Bestellung des Beirats, seine Amtsdauer und die wesentlichen Punkte seiner Tätigkeit sowie die Anzahl und Entschädigung seiner Mitglieder zu regeln.

(2) Die Mitglieder des Beirats wirken bei der Gestaltung des Vollzugs und bei der Betreuung der Untersuchungsgefangenen mit. Sie unterstützen den Anstaltsleiter durch Anregungen und Verbesserungsvorschläge.

(3) Die Mitglieder des Beirats können namentlich Wünsche, Anregungen und Beanstandungen entgegennehmen. Sie können sich über die Unterbringung, Verpflegung, ärztliche Versorgung, Beschäftigung, Bildung und Betreuung unterrichten sowie die Anstalt besichtigen. Sie können die Untersuchungsgefangenen in ihren Räumen aufsuchen. Unterhaltung und Schriftwechsel werden vorbehaltlich einer verfahrenssichernden Anordnung nicht überwacht.

(4) Die Mitglieder des Beirats sind verpflichtet, außerhalb ihres Amtes über alle Angelegenheiten, die ihrer Natur nach vertraulich sind, besonders über Namen und Persönlichkeit der Untersuchungsgefangenen, Verschwiegenheit zu bewahren. Dies gilt auch nach Beendigung ihres Amtes.

Abschnitt 14
Datenschutz

§ 88 Erhebung personenbezogener Daten

(1) Die Anstalt und die Aufsichtsbehörde dürfen personenbezogene Daten erheben, soweit dies für den Vollzug erforderlich ist.

(2) Personenbezogene Daten sind bei den Betroffenen zu erheben. Ohne ihre Mitwirkung dürfen sie nur erhoben werden, wenn

1. eine Rechtsvorschrift dies vorsieht oder zwingend voraussetzt oder

2. a) die zu erfüllende Verwaltungsaufgabe nach Art oder Geschäftszweck eine Erhebung bei anderen Personen oder Stellen erforderlich macht oder

b) die Erhebung bei den Betroffenen einen unverhältnismäßigen Aufwand erfordern würde

und keine Anhaltspunkte dafür bestehen, dass überwiegende schutzwürdige Interessen der Betroffenen beeinträchtigt werden.

(3) Werden personenbezogene Daten bei den Betroffenen mit ihrer Kenntnis erhoben, so sind sie von der Daten verarbeitenden Stelle in geeigneter Weise über den Zweck der Erhebung, die Art und den Umfang der Verarbeitung, über Empfänger beabsichtigter Übermittlungen der Daten sowie über das Bestehen von Auskunfts- oder Berichtigungsansprüchen aufzuklären. Die Anschrift der Daten verarbeitenden Stelle ist ihnen mitzuteilen. Werden die Daten aufgrund einer Rechtsvorschrift erhoben, die zur Auskunft verpflichtet, oder ist die Erteilung der Auskunft Voraussetzung für die Gewährung von Rechtsvorteilen, so sind die Betroffenen hierauf, sonst auf die Freiwilligkeit ihrer Angaben hinzuweisen. Auf Verlangen sind sie über die Rechtsvorschrift und über die Folgen der Verweigerung von Angaben aufzuklären.

(4) Daten über Personen, die nicht Untersuchungsgefangene sind, dürfen ohne ihre Mitwirkung bei Personen oder Stellen außerhalb der Anstalt oder Aufsichtsbehörde nur erhoben werden, wenn die Daten für die Sicherheit der Anstalt oder die Sicherung des Vollzugs der Untersuchungshaft unerlässlich sind und die Art der Erhebung schutzwürdige Interessen der Betroffenen nicht beeinträchtigt.

(5) Über eine ohne ihre Kenntnis vorgenommene Erhebung personenbezogener Daten werden die Betroffenen unter Angabe dieser Daten unterrichtet, soweit der in Absatz 1 genannte Zweck dadurch nicht gefährdet wird. Sind die Daten bei anderen Personen oder Stellen erhoben worden, kann die Unterrichtung unterbleiben, wenn

1. die Daten nach einer Rechtsvorschrift oder ihrem Wesen nach, namentlich wegen der überwiegenden berechtigten Interessen

Dritter, geheim gehalten werden müssen oder

2. der Aufwand der Unterrichtung außer Verhältnis zum Schutzzweck steht und keine Anhaltspunkte dafür bestehen, dass überwiegende schutzwürdige Interessen der Betroffenen beeinträchtigt werden.

(6) Werden personenbezogene Daten statt bei den Betroffenen bei einer nicht öffentlichen Stelle erhoben, so ist die Stelle auf die Rechtsvorschrift, die zur Auskunft verpflichtet, sonst auf die Freiwilligkeit ihrer Angaben hinzuweisen.

§ 89 Speicherung, Übermittlung und Nutzung personenbezogener Daten

(1) Die Anstalt und die Aufsichtsbehörde dürfen personenbezogene Daten speichern, übermitteln und nutzen, soweit dies für den Vollzug erforderlich ist.

(2) Die Speicherung, Übermittlung und Nutzung personenbezogener Daten für andere Zwecke ist zulässig, soweit dies

1. zur Abwehr von sicherheitsgefährdenden oder geheimdienstlichen Tätigkeiten für eine fremde Macht oder von Bestrebungen im Geltungsbereich des Grundgesetzes, die durch Anwendung von Gewalt oder darauf gerichtete Vorbereitungshandlungen

   a) gegen die freiheitliche demokratische Grundordnung, den Bestand oder die Sicherheit des Bundes oder eines Landes gerichtet sind,

   b) eine ungesetzliche Beeinträchtigung der Amtsführung der Verfassungsorgane des Bundes oder eines Landes oder ihrer Mitglieder zum Ziele haben oder

   c) auswärtige Belange der Bundesrepublik Deutschland gefährden,

2. zur Abwehr erheblicher Nachteile für das Gemeinwohl oder einer Gefahr für die öffentliche Sicherheit,

3. zur Abwehr einer schwerwiegenden Beeinträchtigung der Rechte einer anderen Person,

4. zur Verhinderung oder Verfolgung von Straftaten sowie zur Verhinderung oder

Verfolgung von Ordnungswidrigkeiten, durch welche die Sicherheit oder Ordnung der Anstalt gefährdet werden oder

5. für Maßnahmen der Strafvollstreckung oder strafvollstreckungsrechtliche Entscheidungen

erforderlich ist.

(3) Eine Speicherung, Übermittlung oder Nutzung für andere Zwecke liegt nicht vor, soweit sie dem gerichtlichen Rechtsschutz im Zusammenhang mit diesem Gesetz oder den in § 10 Absatz 4 des Landesdatenschutzgesetzes genannten Zwecken dient.

(4) Über die in den Absätzen 1 und 2 geregelten Zwecke hinaus dürfen zuständigen öffentlichen Stellen personenbezogene Daten übermittelt werden, soweit dies für

1. Maßnahmen der Gerichtshilfe, Jugendgerichtshilfe, Bewährungshilfe oder Führungsaufsicht,

2. Entscheidungen in Gnadensachen,

3. gesetzlich angeordnete Statistiken der Rechtspflege,

4. sozialrechtliche Maßnahmen,

5. die Einleitung von Hilfsmaßnahmen für Angehörige der Untersuchungsgefangenen,

6. dienstliche Maßnahmen der Bundeswehr im Zusammenhang mit der Aufnahme und Entlassung von Soldaten,

7. ausländerrechtliche Maßnahmen oder

8. die Durchführung der Besteuerung

erforderlich ist. Eine Übermittlung für andere Zwecke ist auch zulässig, soweit eine andere gesetzliche Bestimmung dies vorsieht und sich dabei ausdrücklich auf personenbezogene Daten über Untersuchungsgefangene bezieht. Die Übermittlung unterbleibt, wenn für die übermittelnde Stelle erkennbar ist, dass unter Berücksichtigung der Art der Information und der Rechtsstellung der Untersuchungsgefangenen die Betroffenen ein schutzwürdiges Interesse an dem Ausschluss der Übermittlung haben.

(5) Die Anstalt oder die Aufsichtsbehörde darf öffentlichen oder nichtöffentlichen Stellen auf schriftlichen Antrag mitteilen, ob sich

eine Person in der Anstalt im Untersuchungshaftvollzug befindet, soweit

1. die Mitteilung zur Erfüllung der in der Zuständigkeit der öffentlichen Stelle liegenden Aufgaben erforderlich ist oder

2. von nichtöffentlichen Stellen ein berechtigtes Interesse an dieser Mitteilung glaubhaft dargelegt wird und die Untersuchungsgefangenen kein schutzwürdiges Interesse an dem Ausschluss der Übermittlung haben.

Die Untersuchungsgefangenen werden vor der Mitteilung gehört, es sei denn, es ist zu besorgen, dass dadurch die Verfolgung des Interesses der Antragsteller vereitelt oder wesentlich erschwert werden würde, und eine Abwägung ergibt, dass dieses Interesse der Antragsteller das Interesse der Untersuchungsgefangenen an ihrer vorherigen Anhörung überwiegt. Ist die Anhörung unterblieben, werden die betroffenen Untersuchungsgefangenen über die Mitteilung der Anstalt oder Aufsichtsbehörde nachträglich unterrichtet.

(6) Bei einer nicht nur vorläufigen Einstellung des Verfahrens, einer unanfechtbaren Ablehnung der Eröffnung des Hauptverfahrens oder einem rechtskräftigen Freispruch sind auf Antrag der betroffenen Untersuchungsgefangenen die Stellen, die eine Mitteilung nach Absatz 5 erhalten haben, über den Verfahrensausgang in Kenntnis zu setzen. Die betroffenen Untersuchungsgefangenen sind bei der Anhörung oder nachträglichen Unterrichtung nach Absatz 5 auf ihr Antragsrecht hinzuweisen.

(7) Akten mit personenbezogenen Daten dürfen nur anderen Anstalten oder Aufsichtsbehörden, den für strafvollzugs-, strafvollstreckungs- und strafrechtliche Entscheidungen zuständigen Gerichten sowie den Strafvollstreckungs- und Strafverfolgungsbehörden überlassen werden. Die Überlassung an andere öffentliche Stellen ist zulässig, soweit die Erteilung einer Auskunft einen unvertretbaren Aufwand erfordert oder nach Darlegung der Akteneinsicht begehrenden Stellen für die Erfüllung der Aufgabe nicht ausreicht. Entsprechendes gilt für die Überlassung von Akten an die von der Anstalt mit Gutachten beauftragten Stellen.

(8) Sind mit personenbezogenen Daten, die nach den Absätzen 1, 2 oder 4 übermittelt werden dürfen, weitere personenbezogene Daten von Betroffenen oder von Dritten in Akten so verbunden, dass eine Trennung nicht oder nur mit unvertretbarem Aufwand möglich ist, so ist die Übermittlung auch dieser Daten zulässig, soweit nicht berechtigte Interessen von Betroffenen oder Dritten an deren Geheimhaltung offensichtlich überwiegen. Eine Verarbeitung oder Nutzung dieser Daten durch die Empfänger ist unzulässig.

(9) Bei der Überwachung der Besuche oder des Schriftwechsels sowie bei der Überwachung des Inhalts von Paketen bekannt gewordene personenbezogene Daten dürfen nur

1. für die in Absatz 2 aufgeführten Zwecke,

2. für den gerichtlichen Rechtsschutz im Zusammenhang mit diesem Gesetz

3. zur Wahrung der Sicherheit oder Ordnung der Anstalt,

4. zur Abwehr von Gefährdungen der Untersuchungshaft oder

5. zur Umsetzung einer verfahrenssichernden Anordnung

verarbeitet und genutzt werden.

(10) Personenbezogene Daten, die nach § 88 Absatz 4 über Personen, die nicht Untersuchungsgefangene sind, erhoben worden sind, dürfen nur zur Erfüllung des Erhebungszwecks und für die in Absatz 2 Nummer 1 bis 4 geregelten Zwecke verarbeitet oder genutzt werden.

(11) Die Übermittlung von personenbezogenen Daten unterbleibt, soweit die in § 92 Absatz 2 oder § 94 Absatz 3 und 6 geregelten Einschränkungen oder besondere gesetzliche Verwendungsregelungen entgegenstehen.

(12) Die Verantwortung für die Zulässigkeit der Übermittlung trägt die übermittelnde Anstalt oder Aufsichtsbehörde. Erfolgt die Übermittlung auf Ersuchen einer öffentlichen Stelle, trägt diese die Verantwortung. In diesem Fall prüft die übermittelnde Anstalt oder Aufsichtsbehörde nur, ob das Übermittlungs-

ersuchen im Rahmen der Aufgaben des Empfängers liegt und die Absätze 9 bis 11 der Übermittlung nicht entgegenstehen, es sei denn, dass besonderer Anlass zur Prüfung der Zulässigkeit der Übermittlung besteht.

§ 90 Einrichtung automatisierter Übermittlungsverfahren

(1) Die Einrichtung eines automatisierten Verfahrens, das die Übermittlung personenbezogener Daten aus der zentralen Datei nach § 89 Absatz 2 und 4 ermöglicht, ist zulässig, soweit diese Form der Datenübermittlung unter Berücksichtigung der schutzwürdigen Belange der betroffenen Personen und der Erfüllung des Zwecks der Übermittlung angemessen ist. Die automatisierte Übermittlung der für die Unterrichtung nach § 13 Absatz 1 Satz 3 des Bundeskriminalamtgesetzes erforderlichen personenbezogenen Daten kann auch anlassunabhängig erfolgen.

(2) Für die automatisierte Übermittlung gilt § 17 des Landesdatenschutzgesetzes entsprechend.

§ 91 Zweckbindung

Von der Anstalt oder der Aufsichtsbehörde übermittelte personenbezogene Daten dürfen nur zu dem Zweck verarbeitet oder genutzt werden, zu dessen Erfüllung sie übermittelt worden sind. Die Empfänger dürfen die Daten für andere Zwecke nur verarbeiten oder nutzen, soweit sie ihnen auch für diese Zwecke hätten übermittelt werden dürfen, und wenn im Fall einer Übermittlung an nicht öffentliche Stellen die übermittelnde Anstalt oder Aufsichtsbehörde zugestimmt hat. Die Anstalt oder die Aufsichtsbehörde hat die nichtöffentlichen Empfänger auf die Zweckbindung nach Satz 1 hinzuweisen.

§ 92 Schutz besonderer Daten

(1) Das religiöse oder weltanschauliche Bekenntnis und personenbezogene Daten von Untersuchungsgefangenen, die anlässlich ärztlicher Untersuchungen erhoben worden sind, dürfen in der Anstalt nicht allgemein kenntlich gemacht werden. Andere personenbezogene Daten von Untersuchungsgefangenen dürfen innerhalb der Anstalt allge-

mein kenntlich gemacht werden, soweit dies für ein geordnetes Zusammenleben in der Anstalt erforderlich ist. § 89 Absatz 9 bis 11 bleibt unberührt.

(2) Personenbezogene Daten, die

1. Ärzten, Zahnärzten oder Angehörigen eines anderen Heilberufs, der für die Berufsausübung oder die Führung der Berufsbezeichnung eine staatlich geregelte Ausbildung erfordert,

2. Berufspsychologen mit staatlich anerkannter wissenschaftlicher Abschlussprüfung oder

3. staatlich anerkannten Sozialarbeitern oder staatlich anerkannten Sozialpädagogen,

von Untersuchungsgefangenen als Geheimnis anvertraut oder über Untersuchungsgefangene sonst bekannt geworden sind, unterliegen auch gegenüber der Anstalt und der Aufsichtsbehörde der Schweigepflicht. Die in Satz 1 genannten Personen haben sich gegenüber dem Anstaltsleiter zu offenbaren, soweit dies für die Aufgabenerfüllung der Anstalt oder der Aufsichtsbehörde oder zur Abwehr von erheblichen Gefahren für Leib oder Leben von Gefangenen oder Dritten erforderlich ist. Ärzte sind zur Offenbarung ihnen im Rahmen der allgemeinen Gesundheitsfürsorge bekannt gewordener Geheimnisse verpflichtet, soweit dies für die Aufgabenerfüllung der Anstalt oder der Aufsichtsbehörde unerlässlich oder zur Abwehr von erheblichen Gefahren für Leib oder Leben von Gefangenen oder Dritten erforderlich ist. Sonstige Offenbarungsbefugnisse bleiben unberührt. Die Untersuchungsgefangenen sind vor der Erhebung der Daten über die nach den Sätzen 2 und 3 bestehenden Offenbarungsbefugnisse zu unterrichten.

(3) Die nach Absatz 2 offenbarten Daten dürfen nur für den Zweck, für den sie offenbart wurden oder für den eine Offenbarung zulässig gewesen wäre, und nur unter denselben Voraussetzungen verarbeitet oder genutzt werden, unter denen die in Absatz 2 Satz 1 genannten Personen selbst hierzu befugt wären. Der Anstaltsleiter kann unter diesen Voraussetzungen die unmittelbare Offenba-

rung gegenüber bestimmten Bediensteten allgemein zulassen.

(4) Sofern Ärzte oder Psychologen außerhalb des Vollzugs mit der Untersuchung oder Behandlung von Untersuchungsgefangenen beauftragt werden, gilt Absatz 2 mit der Maßgabe entsprechend, dass die beauftragten Personen auch zur Unterrichtung der in der Anstalt tätigen Ärzte oder der in der Anstalt mit der Behandlung der Untersuchungsgefangenen betrauten Psychologen befugt sind.

§ 93 Schutz der Daten in Akten und Dateien

(1) Bedienstete dürfen sich von personenbezogenen Daten nur Kenntnis verschaffen, soweit dies zur Erfüllung der ihnen obliegenden Aufgaben oder für die Zusammenarbeit in der Anstalt und nach § 3 Absatz 1 Satz 2 erforderlich ist.

(2) Akten und Dateien mit personenbezogenen Daten sind durch die erforderlichen technischen und organisatorischen Maßnahmen gegen unbefugten Zugang und unbefugten Gebrauch zu schützen. Gesundheitsakten und Krankenblätter sind getrennt von anderen Unterlagen zu führen und besonders zu sichern. Im Übrigen gilt für die Art und den Umfang der Schutzvorkehrungen § 21 des Landesdatenschutzgesetzes.

§ 94 Berichtigung, Löschung und Sperrung

(1) Die in Dateien gespeicherten personenbezogenen Daten sind spätestens fünf Jahre nach der Entlassung der Untersuchungsgefangenen oder der Verlegung der Untersuchungsgefangenen in eine andere Anstalt zu löschen. Hiervon können bis zum Ablauf der Aufbewahrungsfrist für die Gefangenenpersonalakte die Angaben über Familienname, Vorname, Geburtsname, Geburtstag, Geburtsort, Eintritts- und Austrittsdatum der Untersuchungsgefangenen ausgenommen werden, soweit dies für das Auffinden der Gefangenenpersonalakte erforderlich ist.

(2) Die mittels Videoüberwachung erhobenen und gespeicherten personenbezogenen Daten sind einen Monat nach ihrer Erhebung zu löschen, sofern nicht ihre Speicherung zu den in § 89 Absatz 2 Nummer 1, 2 oder 4 genannten Zwecken weiterhin erforderlich ist. Sie sind unverzüglich zu löschen, soweit schutzwürdige Belange der Betroffenen einer weiteren Speicherung entgegenstehen.

(3) Personenbezogene Daten in Akten dürfen nach Ablauf von fünf Jahren seit der Entlassung der Untersuchungsgefangenen nur übermittelt oder genutzt werden, soweit dies

1. zur Verfolgung von Straftaten,

2. für die Durchführung wissenschaftlicher Forschungsvorhaben,

3. zur Behebung einer Beweisnot oder

4. zur Feststellung, Durchsetzung oder Abwehr von Rechtsansprüchen im Zusammenhang mit dem Vollzug der Untersuchungshaft

unerlässlich ist. Diese Verwendungsbeschränkungen enden, wenn die Untersuchungsgefangenen erneut zum Vollzug einer Freiheitsentziehung aufgenommen werden oder die Betroffenen eingewilligt haben.

(4) Erhält die Anstalt von einer nicht nur vorläufigen Einstellung des Verfahrens, einer unanfechtbaren Ablehnung der Eröffnung des Hauptverfahrens oder einem rechtskräftigen Freispruch Kenntnis, so tritt an die Stelle der in Absatz 1 Satz 1 genannten Frist eine Frist von einem Monat ab Kenntniserlangung.

(5) Bei der Aufbewahrung von Akten mit nach Absatz 3 gesperrten Daten dürfen folgende Fristen nicht überschritten werden:

Gefangenenpersonalakten, Gesundheitsakten und Krankenblätter	20 Jahre,
Gefangenenbücher	30 Jahre.

Dies gilt nicht, wenn aufgrund bestimmter Tatsachen anzunehmen ist, dass die Aufbewahrung für die in Absatz 3 Satz 1 genannten Zwecke weiterhin erforderlich ist. Die Aufbewahrungsfrist beginnt am 1. Januar des Kalenderjahrs, das auf die Weglegung der Akte folgt. Die Bestimmungen des Landesarchivgesetzes bleiben unberührt.

(6) Wird festgestellt, dass unrichtige Daten übermittelt worden sind, ist dies den anderen Stellen, die diese Daten ebenfalls verarbei-

ten, insbesondere dem Empfänger von Übermittlungen, mitzuteilen. Die Unterrichtung kann unterbleiben, wenn sie einen verhältnismäßig hohen Aufwand erfordern würde und kein Grund zur Annahme besteht, dass dadurch schutzwürdige Interessen der Betroffenen beeinträchtigt werden.

(7) Im Übrigen gelten für die Berichtigung, Löschung und Sperrung personenbezogener Daten die §§ 13 bis 16 des Landesdatenschutzgesetzes.

§ 95 Auskunft an die Betroffenen, Akteneinsicht

(1) Den Betroffenen ist auf Antrag Auskunft zu erteilen über

1. die zu ihrer Person gespeicherten Daten, auch soweit sie sich auf die Herkunft dieser Daten bezieht,

2. die Empfänger oder Kategorien von Empfängern, an die die Daten weitergegeben werden, und

3. den Zweck der Speicherung.

In dem Antrag soll die Art der personenbezogenen Daten, über die Auskunft erteilt werden soll, näher bezeichnet werden. Sind die personenbezogenen Daten weder automatisiert noch in nicht automatisierten Dateien gespeichert, wird die Auskunft nur erteilt, soweit die Betroffenen Angaben machen, die das Auffinden der Daten ermöglichen, und der für die Erteilung der Auskunft erforderliche Aufwand nicht außer Verhältnis zu dem von den Betroffenen geltend gemachten Informationsinteresse steht. Die Anstalt oder die Aufsichtsbehörde bestimmt das Verfahren, insbesondere die Form der Auskunftserteilung, nach pflichtgemäßem Ermessen.

(2) Absatz 1 gilt nicht für personenbezogene Daten, die nur deshalb gespeichert sind, weil sie aufgrund gesetzlicher, satzungsmäßiger oder vertraglicher Aufbewahrungsvorschriften nicht gelöscht werden dürfen, oder ausschließlich Zwecken der Datensicherung oder der Datenschutzkontrolle dienen und eine Auskunftserteilung einen unverhältnismäßigen Aufwand erfordern würde.

(3) Bezieht sich die Auskunftserteilung auf die Übermittlung personenbezogener Daten an Behörden der Staatsanwaltschaft, an Polizeidienststellen, Verfassungsschutzbehörden, den Bundesnachrichtendienst, den Militärischen Abschirmdienst und, soweit die Sicherheit des Bundes berührt wird, andere Behörden des Bundesministeriums der Verteidigung, so ist sie nur mit Zustimmung dieser Stellen zulässig.

(4) Die Auskunftserteilung unterbleibt, soweit

1. die Auskunft die ordnungsgemäße Erfüllung der in der Zuständigkeit der verantwortlichen Stelle liegenden Aufgaben gefährden würde,

2. die Auskunft die öffentliche Sicherheit oder Ordnung gefährden oder sonst dem Wohle des Bundes oder eines Landes Nachteile bereiten würde,

3. die Daten oder die Tatsache ihrer Speicherung nach einer Rechtsvorschrift oder wegen der überwiegenden berechtigten Interessen Dritter geheim gehalten werden müssen,

4. die personenbezogenen Daten zur Entscheidung in Gnadensachen gespeichert worden sind oder

5. der Auskunft eine verfahrenssichernde Anordnung entgegensteht oder sie deren Umsetzung gefährden würde

und deswegen das Interesse der Betroffenen an der Auskunftserteilung zurücktreten muss.

(5) Die Ablehnung der Auskunftserteilung bedarf keiner Begründung, soweit durch die Mitteilung der tatsächlichen und rechtlichen Gründe, auf die die Entscheidung gestützt wird, der mit der Auskunftsverweigerung verfolgte Zweck gefährdet würde. In diesen Fällen sind die Betroffenen darauf hinzuweisen, dass sie sich an den Landesbeauftragten für den Datenschutz wenden können.

(6) Wird den Betroffenen keine Auskunft erteilt, so ist sie auf deren Verlangen dem Landesbeauftragten für den Datenschutz zu erteilen, soweit nicht die Aufsichtsbehörde im Einzelfall feststellt, dass dadurch die Sicherheit des Landes Mecklenburg-Vorpommern,

eines anderen Landes oder des Bundes gefährdet würde. Die Mitteilung des Landesbeauftragten für den Datenschutz an die Betroffenen darf keine Rückschlüsse auf den Erkenntnisstand der speichernden Stelle zulassen, sofern diese nicht einer weitergehenden Auskunft zustimmt.

(7) Soweit eine Auskunft für die Wahrnehmung der rechtlichen Interessen der Gefangenen nicht ausreicht und sie hierfür auf die Einsichtnahme angewiesen sind, wird Akteneinsicht gewährt.

(8) Auskunft und Akteneinsicht sind unentgeltlich.

§ 96 Auskunft und Akteneinsicht für wissenschaftliche Zwecke

§ 476 der Strafprozessordnung gilt mit der Maßgabe entsprechend, dass auch elektronisch gespeicherte personenbezogene Daten übermittelt werden können.

§ 97 Anwendung des Landesdatenschutzgesetzes

Die Regelungen des Landesdatenschutzgesetzes über weitere Begriffsbestimmungen (§ 3 des Landesdatenschutzgesetzes), Einholung und Form der Einwilligung der Betroffenen (§ 8 des Landesdatenschutzgesetzes), das Datengeheimnis (§ 6 des Landesdatenschutzgesetzes), unabdingbare Rechte der Betroffenen (§ 28 des Landesdatenschutzgesetzes), allgemeine Maßnahmen zur Datensicherheit (§ 21 des Landesdatenschutzgesetzes) und das Verfahrensverzeichnis (§ 18 des Landesdatenschutzgesetzes) gelten entsprechend. Das Landesdatenschutzgesetz bleibt im Hinblick auf die Schadensersatz- und Strafvorschriften sowie die Bestimmungen über die Kontrolle durch den Landesbeauftragten für den Datenschutz unberührt.

Abschnitt 15
Schlussbestimmungen

§ 98 Einschränkung von Grundrechten

Durch dieses Gesetz werden die Rechte auf körperliche Unversehrtheit und Freiheit der Person (Artikel 2 Absatz 2 Satz 1 und 2 des Grundgesetzes) und auf Unverletzlichkeit des Brief-, Post- und Fernmeldegeheimnisses (Artikel 10 des Grundgesetzes) eingeschränkt.

§ 99 Sprachliche Gleichstellung

Soweit in diesem Gesetz Bezeichnungen, die für Frauen und Männer gelten, in der männlichen Sprachform verwendet werden, gelten diese Bezeichnungen für Frauen in der weiblichen Sprachform.

§ 100 Inkrafttreten

§ 25 Absatz 3 Satz 3 sowie die §§ 86 und 87 Absatz 1 Satz 3 treten am Tag nach der Verkündung in Kraft. Im Übrigen tritt dieses Gesetz am 1. Januar 2010 in Kraft.

Gesetz über den Vollzug der Jugendstrafe (Jugendstrafvollzugsgesetz Mecklenburg-Vorpommern – JStVollzG M-V)

Vom 14. Dezember 2007 (GVOBl. M-V S. 427)

Inhaltsübersicht

I

Abschnitt 1
Allgemeine Bestimmungen

§ 1 Anwendungsbereich

Dieses Gesetz regelt den Vollzug der Jugendstrafe (Vollzug).

§ 2 Ziel und Aufgabe

Der Vollzug dient dem Ziel, die Gefangenen zu befähigen, künftig in sozialer Verantwortung ein Leben ohne Straftaten zu führen. Gleichermaßen hat er die Aufgabe, die Allgemeinheit vor weiteren Straftaten zu schützen.

§ 3 Erziehungsauftrag, Vollzugsgestaltung

(1) Der Vollzug ist erzieherisch zu gestalten. Die Gefangenen sind in der Entwicklung ihrer Fähigkeiten und Fertigkeiten so zu fördern, dass sie zu einer eigenverantwortlichen und gemeinschaftsfähigen Lebensführung in Achtung der Rechte Anderer befähigt werden. Die Einsicht in die beim Opfer verursachten Tatfolgen soll geweckt werden.

(2) Personelle Ausstattung, sachliche Mittel und Organisation der Anstalt (§ 98 Abs. 1) werden an Zielsetzung und Aufgabe des Vollzugs sowie den besonderen Bedürfnissen der Gefangenen ausgerichtet.

(3) Das Leben in der Anstalt ist den allgemeinen Lebensverhältnissen so weit wie möglich anzugleichen. Schädlichen Folgen der Freiheitsentziehung ist entgegenzuwirken. Der Vollzug wird von Beginn an darauf ausgerichtet, den Gefangenen bei der Eingliederung in ein Leben in Freiheit ohne Straftaten zu helfen. Die Belange von Sicherheit und Ordnung der Anstalt sowie die Belange der Allgemeinheit sind zu beachten.

(4) Die unterschiedlichen Lebenslagen und Bedürfnisse von weiblichen und männlichen Gefangenen werden bei der Vollzugsgestaltung und bei Einzelmaßnahmen berücksichtigt.

§ 4 Pflicht zur Mitwirkung

Die Gefangenen sind verpflichtet, an der Erreichung des Vollzugsziels mitzuwirken. Ihre Bereitschaft hierzu ist zu wecken und zu fördern.

§ 5 Leitlinien der Erziehung und Förderung

(1) Erziehung und Förderung erfolgen durch Maßnahmen und Programme zur Entwicklung und Stärkung der Fähigkeiten und Fertigkeiten der Gefangenen im Hinblick auf die Erreichung des Vollzugsziels.

(2) Durch differenzierte Angebote soll auf den jeweiligen Entwicklungsstand und den unterschiedlichen Erziehungs- und Förderbedarf der Gefangenen eingegangen werden.

(3) Die Maßnahmen und Programme richten sich insbesondere auf die Auseinandersetzung mit den eigenen Straftaten, deren Ursachen und Folgen, die schulische Bildung, berufliche Qualifizierung, soziale Integration und die verantwortliche Gestaltung des alltäglichen Zusammenlebens, der freien Zeit sowie der Außenkontakte.

§ 6 Stellung der Gefangenen

(1) Die Gefangenen unterliegen den in diesem Gesetz vorgesehenen Beschränkungen ihrer Freiheit. Soweit das Gesetz eine besondere Regelung nicht enthält, dürfen ihnen nur Beschränkungen auferlegt werden, die zur Aufrechterhaltung der Sicherheit oder zur Abwendung einer schwerwiegenden Störung der Ordnung der Anstalt unerlässlich sind.

(2) Vollzugsmaßnahmen sollen den Gefangenen erläutert werden.

§ 7 Zusammenarbeit und Einbeziehung Dritter

(1) Alle in der Anstalt Tätigen arbeiten zusammen und wirken daran mit, das Vollzugsziel zu erreichen.

(2) Die Anstalt arbeitet mit außervollzuglichen Einrichtungen und Organisationen sowie Personen und Vereinen eng zusammen, deren Mitwirkung die Eingliederung fördern kann.

(3) Die Personensorgeberechtigten sind, soweit dies möglich ist und dem Vollzugsziel nicht zuwiderläuft, in die Planung und Gestaltung des Vollzugs einzubeziehen.

§ 8 Soziale Hilfe

(1) Die Gefangenen werden darin unterstützt, ihre persönlichen, wirtschaftlichen und sozialen Schwierigkeiten zu beheben. Sie sollen dazu angeregt und in die Lage versetzt werden, ihre Angelegenheiten selbst zu regeln, insbesondere die durch die Straftat verursachten materiellen und immateriellen Schaden wieder gutzumachen und eine Schuldenregulierung herbeizuführen.

(2) Die Gefangenen sind, soweit erforderlich, über die notwendigen Maßnahmen zur Aufrechterhaltung ihrer sozialversicherungsrechtlichen Ansprüche zu beraten.

Abschnitt 2
Vollzugsplanung

§ 9 Aufnahme

(1) Bei der Aufnahme wird mit den Gefangenen unverzüglich ein Zugangsgespräch geführt, in dem ihre gegenwärtige Lebenssituation erörtert wird und sie über ihre Rechte und Pflichten informiert werden. Ihnen ist die Hausordnung auszuhändigen. Dieses Gesetz, die von ihm in Bezug genommenen Gesetze sowie die zu seiner Ausführung erlassenen Rechtsverordnungen und Verwaltungsvorschriften sind den Gefangenen auf Verlangen zugänglich zu machen.

(2) Beim Zugangsgespräch dürfen andere Gefangene in der Regel nicht zugegen sein.

(3) Die Gefangenen werden alsbald ärztlich untersucht.

(4) Die Personensorgeberechtigten und das Jugendamt werden von der Aufnahme unverzüglich unterrichtet.

(5) Die Gefangenen sollen dabei unterstützt werden, etwa notwendige Maßnahmen für hilfsbedürftige Angehörige und die Sicherung ihrer Habe außerhalb der Anstalt zu veranlassen.

§ 10 Feststellung des Erziehungs- und Förderbedarfs

(1) Nach der Aufnahme wird den Gefangenen das Ziel ihres Aufenthalts in der Anstalt verdeutlicht sowie das Angebot an Unterricht, Aus- und Fortbildung, Arbeit, therapeutischer Behandlung und Freizeit erläutert.

(2) Der Erziehungs- und Förderbedarf der Gefangenen wird in einem Diagnoseverfahren ermittelt. Er erstreckt sich auf die Persönlichkeit, die Lebensverhältnisse, die Ursachen und Umstände der Straftat sowie alle sonstigen Gesichtspunkte, deren Kenntnis für eine zielgerichtete Vollzugsgestaltung und die Eingliederung der Gefangenen nach der Entlassung notwendig erscheint. Erkenntnisse der Jugendgerichtshilfe und Bewährungshilfe sind einzubeziehen.

(3) Die Vollzugsplanung wird mit den Gefangenen erörtert. Dabei werden deren Anregungen und Vorschläge einbezogen, soweit sie dem Vollzugsziel dienen.

§ 11 Vollzugsplan

(1) Auf der Grundlage des festgestellten Erziehungs- und Förderbedarfs wird regelmäßig innerhalb der ersten sechs Wochen nach der Aufnahme ein Vollzugsplan erstellt.

(2) Der Vollzugsplan wird regelmäßig alle vier Monate auf seine Umsetzung überprüft, mit den Gefangenen erörtert und fortgeschrieben. Bei Jugendstrafen von mehr als drei Jahren verlängert sich die Frist auf sechs Monate. Bei der Fortschreibung sind die Entwicklung der Gefangenen und in der Zwischenzeit gewonnene Erkenntnisse zu berücksichtigen.

(3) Der Vollzugsplan und seine Fortschreibungen enthalten, je nach Stand des Vollzugs, insbesondere folgende Angaben:

1. die dem Vollzugsplan zu Grunde liegenden Annahmen zur Vorgeschichte der Straftaten sowie die Erläuterung der Ziele, Inhalte und Methoden der Erziehung und Förderung der Gefangenen,

2. Unterbringung im geschlossenen oder offenen Vollzug,

3. Zuweisung zu einer Wohngruppe oder einem anderen Unterkunftsbereich,

4. Unterbringung in einer sozialtherapeutischen Abteilung,

5. Teilnahme an schulischen, berufsorientierenden, qualifizierenden oder arbeits-

therapeutischen Maßnahmen oder Zuweisung von Arbeit,

6. Teilnahme an therapeutischen Behandlungen oder anderen Hilfs- oder Fördermaßnahmen,

7. Teilnahme an Sport- und Freizeitangeboten,

8. Vollzugslockerungen und Urlaub,

9. Pflege der familiären Beziehungen und Gestaltung der Außenkontakte,

10. Maßnahmen und Angebote zum Ausgleich von Tatfolgen,

11. Schuldenregulierung,

12. Maßnahmen zur Vorbereitung von Entlassung, Wiedereingliederung und Nachsorge und

13. Fristen zur Fortschreibung des Vollzugsplans.

(4) Der Vollzugsplan und seine Fortschreibungen werden den Gefangenen ausgehändigt. Sie werden dem Vollstreckungsleiter und auf Verlangen den Personensorgeberechtigten mitgeteilt.

§ 12 Verlegung und Überstellung

(1) Die Gefangenen können abweichend vom Vollstreckungsplan in eine andere Anstalt verlegt werden, wenn

1. die Erreichung des Vollzugsziels oder die Eingliederung nach der Entlassung hierdurch gefördert wird oder

2. Gründe der Vollzugsorganisation oder andere wichtige Gründe dies erforderlich machen.

(2) Die Personensorgeberechtigten, der Vollstreckungsleiter und das Jugendamt werden von der Verlegung unverzüglich unterrichtet.

(3) Die Aufsichtsbehörde kann sich Entscheidungen über Verlegungen vorbehalten.

(4) Die Gefangenen dürfen aus wichtigem Grund in eine andere Anstalt oder Justizvollzugsanstalt überstellt werden.

§ 13 Geschlossener und offener Vollzug

(1) Die Gefangenen werden im geschlossenen oder offenen Vollzug untergebracht.

(2) Sie sollen im offenen Vollzug untergebracht werden, wenn sie dessen besonderen Anforderungen genügen, insbesondere verantwortet werden kann zu erproben, dass sie sich dem Vollzug nicht entziehen und die Möglichkeiten des offenen Vollzugs nicht zur Begehung von Straftaten missbrauchen werden.

§ 14 Sozialtherapie

Gefangene können in einer sozialtherapeutischen Abteilung untergebracht werden, wenn deren besondere therapeutische Mittel und soziale Hilfen zum Erreichen des Vollzugsziels angezeigt sind.

§ 15 Vollzugslockerungen

(1) Als Vollzugslockerungen kommen insbesondere in Betracht:

1. Verlassen der Anstalt für eine bestimmte Tageszeit unter Aufsicht von Bediensteten (Ausführung) oder ohne Aufsicht (Ausgang),

2. regelmäßige Beschäftigung außerhalb der Anstalt unter Aufsicht von Bediensteten (Außenbeschäftigung) oder ohne Aufsicht (Freigang) und

3. Unterbringung in besonderen Erziehungseinrichtungen oder in Übergangseinrichtungen freier Träger.

Vollzugslockerungen nach Satz 1 Nr. 3 werden nach Anhörung des Vollstreckungsleiters gewährt.

(2) Vollzugslockerungen dürfen gewährt werden, wenn verantwortet werden kann zu erproben, dass die Gefangenen sich dem Vollzug nicht entziehen und die Vollzugslockerungen nicht zur Begehung von Straftaten missbrauchen werden. Sie können versagt werden, wenn die Gefangenen ihren Mitwirkungspflichten nicht nachkommen.

(3) Im Übrigen dürfen Gefangene ausgeführt werden, wenn dies aus besonderen Gründen notwendig ist. Liegt die Ausführung ausschließlich im Interesse der Gefangenen, können ihnen die Kosten auferlegt werden, soweit dies die Erziehung oder die Eingliederung nicht behindert.

§ 16 Urlaub

(1) Zur Förderung der Wiedereingliederung in das Leben in Freiheit, insbesondere zur Aufrechterhaltung sozialer Bindungen, kann nach Maßgabe des Vollzugsplans Urlaub gewährt werden. Der Urlaub darf 24 Tage in einem Vollstreckungsjahr nicht übersteigen.

(2) Darüber hinaus kann Urlaub aus wichtigem Anlass bis zu sieben Tagen im Vollstreckungsjahr gewährt werden, zur Teilnahme an gerichtlichen Terminen, wegen des Todes oder einer lebensbedrohenden Erkrankung naher Angehöriger auch darüber hinaus.

(3) § 15 Abs. 2 gilt entsprechend.

(4) Durch Urlaub wird die Vollstreckung der Jugendstrafe nicht unterbrochen.

§ 17 Weisungen für Vollzugslockerungen und Urlaub, Widerruf

(1) Für Vollzugslockerungen und Urlaub können Weisungen erteilt werden.

(2) Vollzugslockerungen und Urlaub können widerrufen werden, wenn

1. sie aufgrund nachträglich eingetretener oder bekannt gewordener Umstände versagt werden könnten,

2. sie missbraucht werden oder

3. Weisungen nicht befolgt werden.

§ 18 Vorführung, Ausantwortung

(1) Auf Ersuchen eines Gerichts werden Gefangene vorgeführt, sofern ein Vorführungsbefehl vorliegt.

(2) Gefangene dürfen befristet dem Gewahrsam eines Gerichts, einer Staatsanwaltschaft oder einer Polizei-, Zoll- oder Finanzbehörde auf Antrag überlassen werden (Ausantwortung).

§ 19 Entlassungsvorbereitung

(1) Die Anstalt arbeitet frühzeitig mit außervollzuglichen Einrichtungen, Organisationen sowie Personen und Vereinen zusammen, um zu erreichen, dass die Gefangenen nach ihrer Entlassung über eine geeignete Unterbringung und eine Arbeits- oder Ausbildungsstelle verfügen. Dazu gehört insbesondere eine Zusammenarbeit der ambulanten sozialen Dienste (Bewährungshilfe, Führungsaufsicht) mit der Anstalt zum Zweck der sozialen und beruflichen Integration der Gefangenen. Die Personensorgeberechtigten und das Jugendamt werden unterrichtet.

(2) Zur Vorbereitung der Entlassung soll der Vollzug gelockert werden (§ 15).

(3) Zur Vorbereitung der Entlassung können die Gefangenen bis zu sieben Tage Urlaub erhalten. Zum Freigang zugelassene Gefangene können innerhalb von neun Monaten vor der Entlassung Urlaub von bis zu sechs Tagen im Monat erhalten; Satz 1 findet keine Anwendung. § 15 Abs. 2, § 16 Abs. 4 und § 17 gelten entsprechend.

(4) Darüber hinaus können die Gefangenen nach Anhörung des Vollstreckungsleiters bis zu vier Monate beurlaubt werden. Hierfür sollen Weisungen erteilt werden. Der im laufenden Vollstreckungsjahr gewährte Urlaub nach § 16 Abs. 1 wird auf diese Zeit angerechnet. § 15 Abs. 2, § 16 Abs. 4 und § 17 Abs. 2 gelten entsprechend.

§ 20 Entlassungszeitpunkt

(1) Die Gefangenen sollen am letzten Tag ihrer Strafzeit möglichst frühzeitig, jedenfalls noch am Vormittag, entlassen werden.

(2) Fällt das Strafende auf einen Sonnabend oder Sonntag, einen gesetzlichen Feiertag, den ersten Werktag nach Ostern oder Pfingsten oder in die Zeit vom 22. Dezember bis zum 6. Januar, so können die Gefangenen an dem diesem Tag oder Zeitraum vorhergehenden Werktag entlassen werden, wenn dies gemessen an der Dauer der Strafzeit vertretbar ist und fürsorgerische Gründe nicht entgegenstehen.

(3) Der Entlassungszeitpunkt kann bis zu zwei Tage vorverlegt werden, wenn die Gefangenen zu ihrer Eingliederung hierauf dringend angewiesen sind.

§ 21 Hilfe zur Entlassung, Nachsorge

(1) Zur Vorbereitung der Entlassung sind die Gefangenen bei der Ordnung ihrer persönlichen, wirtschaftlichen und sozialen Angelegenheiten zu unterstützen. Dies umfasst die Vermittlung in nachsorgende Maßnahmen.

Nachgehende Betreuung kann unter Mitwirkung von Bediensteten erfolgen.

(2) Bedürftigen Gefangenen kann eine Entlassungsbeihilfe in Form eines Reisekostenzuschusses, angemessener Kleidung oder einer sonstigen notwendigen Unterstützung gewährt werden.

§ 22 Fortführung von Maßnahmen nach Entlassung

(1) Die Gefangenen können auf Antrag nach ihrer Entlassung ausnahmsweise im Vollzug begonnene Ausbildungs- oder Behandlungsmaßnahmen fortführen, soweit diese nicht anderweitig durchgeführt werden können. Hierzu können die Entlassenen auf vertraglicher Basis vorübergehend in einer Anstalt untergebracht werden, sofern es die Belegungssituation zulässt.

(2) Bei Störung des Anstaltsbetriebes durch die Entlassenen oder aus vollzugsorganisatorischen Gründen können die Unterbringung und die Maßnahme jederzeit beendet werden.

Abschnitt 3
Unterbringung und Versorgung der Gefangenen

§ 23 Trennung von männlichen und weiblichen Gefangenen

Männliche und weibliche Gefangene werden getrennt untergebracht. Gemeinsame Maßnahmen, insbesondere eine gemeinsame Schul- und Berufsausbildung, sind zulässig.

§ 24 Unterbringung während der Ausbildung, Arbeit und Freizeit

(1) Ausbildung und Arbeit finden grundsätzlich in Gemeinschaft statt.

(2) Den Gefangenen kann gestattet werden, sich während der Freizeit in Gemeinschaft mit anderen Gefangenen aufzuhalten. Für die Teilnahme an gemeinschaftlichen Veranstaltungen kann der Anstaltsleiter mit Rücksicht auf die räumlichen, personellen oder organisatorischen Verhältnisse der Anstalt besondere Regelungen treffen.

(3) Die gemeinschaftliche Unterbringung kann eingeschränkt werden,

1. wenn ein schädlicher Einfluss auf andere Gefangene zu befürchten ist,

2. wenn es die Sicherheit oder Ordnung der Anstalt erfordert,

3. wenn dies aus erzieherischen Gründen angezeigt ist oder

4. bis zur Erstellung des Vollzugsplans, jedoch nicht länger als zwei Monate.

§ 25 Unterbringung während der Ruhezeit

(1) Während der Ruhezeit werden die Gefangenen in ihren Hafträumen einzeln untergebracht. Mit ihrer Zustimmung können sie gemeinsam untergebracht werden, wenn schädliche Einflüsse nicht zu befürchten sind.

(2) Eine gemeinsame Unterbringung ist auch zulässig, wenn Gefangene hilfsbedürftig sind oder eine Gefahr für Leben oder Gesundheit besteht. Darüber hinaus ist eine gemeinsame Unterbringung nur vorübergehend und aus zwingenden Gründen zulässig.

§ 26 Wohngruppen

Geeignete Gefangene werden regelmäßig in Wohngruppen untergebracht. Nicht geeignet sind in der Regel Gefangene, die aufgrund ihres Verhaltens nicht gruppenfähig sind.

§ 27 Unterbringung von Müttern mit Kindern

(1) Ist das Kind einer Gefangenen noch nicht drei Jahre alt, kann es mit Zustimmung des Aufenthaltsbestimmungsberechtigten in der Anstalt untergebracht werden, wenn die baulichen Gegebenheiten dies zulassen und Sicherheitsgründe nicht entgegenstehen. Vor der Unterbringung ist das Jugendamt zu hören.

(2) Die Unterbringung erfolgt auf Kosten des für das Kind Unterhaltspflichtigen. Von der Geltendmachung des Kostenersatzanspruchs kann ausnahmsweise abgesehen werden, wenn hierdurch die gemeinsame Unterbringung von Mutter und Kind gefährdet würde.

§ 28 Persönlicher Gewahrsam, Kosten- beteiligung

(1) Die Gefangenen dürfen nur Sachen in Gewahrsam haben oder annehmen, die ihnen von der Anstalt oder mit deren Zustimmung überlassen werden. Ohne Zustimmung dürfen sie Sachen von geringem Wert von anderen Gefangenen annehmen; die Annahme dieser Sachen und der Gewahrsam daran können von der Zustimmung der Anstalt abhängig gemacht werden.

(2) Eingebrachte Sachen, die die Gefangenen nicht in Gewahrsam haben dürfen, sind für sie aufzubewahren, sofern dies nach Art und Umfang möglich ist. Den Gefangenen wird Gelegenheit gegeben, ihre Sachen, die sie während des Vollzugs und für ihre Entlassung nicht benötigen, zu verschicken. Geld wird ihnen als Eigengeld gutgeschrieben.

(3) Werden eingebrachte Sachen, deren Aufbewahrung nach Art oder Umfang nicht möglich ist, von den Gefangenen trotz Aufforderung nicht aus der Anstalt verbracht, so ist die Anstalt berechtigt, diese Sachen auf Kosten der Gefangenen aus der Anstalt entfernen zu lassen.

(4) Aufzeichnungen und andere Sachen, die Kenntnisse über Sicherungsvorkehrungen der Anstalt vermitteln oder Schlussfolgerungen auf diese zulassen, dürfen vernichtet oder unbrauchbar gemacht werden.

(5) Die Zustimmung nach Absatz 1 kann widerrufen werden, wenn dies zur Aufrechterhaltung der Sicherheit, zur Abwendung einer erheblichen Störung der Ordnung der Anstalt oder zur Vermeidung einer erheblichen Gefährdung des Vollzugsziels erforderlich ist.

(6) Die Gefangenen können an den Betriebskosten der in ihrem Gewahrsam befindlichen Geräte beteiligt werden.

§ 29 Ausstattung des Haftraums

Die Gefangenen dürfen ihren Haftraum in angemessenem Umfang mit eigenen Sachen ausstatten. Sachen, die geeignet sind, das Vollzugsziel oder die Sicherheit oder Ordnung der Anstalt zu gefährden, sind ausgeschlossen.

§ 30 Kleidung

(1) Die Gefangenen tragen Anstaltskleidung.

(2) Der Anstaltsleiter kann eine abweichende Regelung treffen. Für Reinigung, Instandsetzung und regelmäßigen Wechsel eigener Kleidung haben die Gefangenen selbst zu sorgen.

§ 31 Verpflegung und Einkauf

(1) Zusammensetzung und Nährwert der Anstaltsverpflegung entsprechen den besonderen Anforderungen an eine gesunde Ernährung junger Menschen und werden ärztlich überwacht. Auf ärztliche Anordnung wird besondere Verpflegung gewährt. Den Gefangenen ist zu ermöglichen, Speisevorschriften ihrer Religionsgemeinschaft zu befolgen.

(2) Die Gefangenen können aus einem von der Anstalt vermittelten Angebot einkaufen. Die Anstalt soll für ein Angebot sorgen, das auf Wünsche und Bedürfnisse der Gefangenen Rücksicht nimmt.

(3) Den Gefangenen soll die Möglichkeit eröffnet werden, unmittelbar oder über Dritte Gegenstände über den Versandhandel zu beziehen. Zulassung und Verfahren des Einkaufs über den Versandhandel regelt der Anstaltsleiter.

(4) Gegenstände, die geeignet sind, das Vollzugsziel oder die Sicherheit oder Ordnung der Anstalt zu gefährden, sind vom Einkauf ausgeschlossen.

§ 32 Gesundheitsfürsorge

(1) Die Anstalt unterstützt die Gefangenen bei der Wiederherstellung und Erhaltung ihrer körperlichen und geistigen Gesundheit. Die Gefangenen haben die notwendigen Anordnungen zum Gesundheitsschutz und zur Hygiene zu befolgen.

(2) Den Gefangenen wird ermöglicht, sich täglich mindestens eine Stunde im Freien aufzuhalten.

(3) Erkranken Gefangene schwer oder versterben, werden die Angehörigen, insbesondere die Personensorgeberechtigten, benachrichtigt. Dem Wunsch der Gefangenen, auch andere Personen zu benachrichtigen, soll nach Möglichkeit entsprochen werden.

§ 33 Zwangsmaßnahmen auf dem Gebiet der Gesundheitsfürsorge

(1) Medizinische Untersuchung und Behandlung sowie Ernährung sind unbeschadet der Rechte der Personensorgeberechtigten zwangsweise nur bei Lebensgefahr, bei schwerwiegender Gefahr für die Gesundheit der Gefangenen oder bei Gefahr für die Gesundheit anderer Personen zulässig; die Maßnahmen müssen für die Beteiligten zumutbar und dürfen nicht mit erheblicher Gefahr für Leben oder Gesundheit der Gefangenen verbunden sein. Zur Durchführung der Maßnahmen ist die Anstalt nicht verpflichtet, solange von einer freien Willensbestimmung der Gefangenen ausgegangen werden kann.

(2) Zum Gesundheitsschutz und zur Hygiene ist die zwangsweise körperliche Untersuchung außer im Fall des Absatzes 1 zulässig, wenn sie nicht mit einem körperlichen Eingriff verbunden ist.

(3) Die Maßnahmen dürfen nur auf Anordnung und unter Leitung eines Arztes durchgeführt werden, unbeschadet der Leistung erster Hilfe für den Fall, dass ein Arzt nicht rechtzeitig erreichbar und mit einem Aufschub Lebensgefahr verbunden ist.

§ 34 Medizinische Leistungen, Kostenbeteiligung

(1) Die Gefangenen haben einen Anspruch auf notwendige, ausreichende und zweckmäßige medizinische Leistungen unter Beachtung des Grundsatzes der Wirtschaftlichkeit. Der allgemeine Standard der gesetzlichen Krankenkassen ist grundsätzlich entsprechend anzuwenden.

(2) Der Anspruch umfasst auch Untersuchungen zur Früherkennung von Krankheiten und Vorsorgeleistungen entsprechend dem allgemeinen Standard der gesetzlichen Krankenkassen.

(3) Der Anspruch umfasst weiter die Versorgung mit Hilfsmitteln wie Seh- und Hörhilfen, Körperersatzstücken, orthopädischen und anderen Hilfsmitteln, die im Einzelfall erforderlich sind, um den Erfolg der Krankenbehandlung zu sichern, eine Behinderung auszugleichen oder einer drohenden Behinderung vorzubeugen, sofern dies mit Rücksicht auf die Dauer des Freiheitsentzugs nicht ungerechtfertigt ist und soweit die Hilfsmittel nicht als allgemeine Gebrauchsgegenstände des täglichen Lebens anzusehen sind. Der Anspruch umfasst auch die notwendige Änderung, Instandsetzung und Ersatzbeschaffung von Hilfsmitteln sowie die Ausbildung in ihrem Gebrauch. Ein erneuter Anspruch auf Versorgung mit Sehhilfen besteht nur bei einer Änderung der Sehfähigkeit um mindestens 0,5 Dioptrien. Anspruch auf Versorgung mit Kontaktlinsen besteht nur in medizinisch zwingend erforderlichen Ausnahmefällen.

(4) An den Kosten für zahntechnische Leistungen und Zahnersatz sollen volljährige Gefangene beteiligt werden.

(5) Für Leistungen, die über die in Absatz 1 Satz 1, Absatz 2 und Absatz 3 genannten Leistungen hinausgehen, können den Gefangenen die gesamten Kosten auferlegt werden.

§ 35 Verlegung und Überstellung zur medizinischen Behandlung

(1) Kranke oder hilfsbedürftige Gefangene können in eine zur Behandlung ihrer Krankheit oder zu ihrer Versorgung besser geeignete Anstalt, Justizvollzugsanstalt oder in ein Vollzugskrankenhaus verlegt oder überstellt werden.

(2) Erforderlichenfalls können Gefangene auch in ein Krankenhaus außerhalb des Vollzugs gebracht werden.

(3) § 12 Abs. 2 und 3 gilt entsprechend.

§ 36 Krankenbehandlung in besonderen Fällen

(1) Während eines Urlaubs und in Vollzugslockerungen haben Gefangene einen Anspruch auf medizinische Leistungen gegen das Land nur in der für sie zuständigen Anstalt.

(2) Der Anspruch auf Leistungen nach § 34 ruht, solange Gefangene aufgrund eines freien Beschäftigungsverhältnisses krankenversichert sind.

(3) Wird die Strafvollstreckung während einer Behandlung von Gefangenen unterbrochen

oder beendet, so hat das Land nur diejenigen Kosten zu tragen, die bis zur Unterbrechung oder Beendigung der Strafvollstreckung angefallen sind.

Abschnitt 4
Schule, Ausbildung, Weiterbildung und Arbeit

§ 37 Schulische und berufliche Aus- und Weiterbildung, Arbeit

(1) Ausbildung, Weiterbildung, arbeitstherapeutische Beschäftigung und Arbeit dienen insbesondere dem Ziel, die Fähigkeit der Gefangenen zur Aufnahme einer Erwerbstätigkeit nach der Entlassung zu vermitteln, zu erhalten oder zu fördern. Sofern den Gefangenen Arbeit zugewiesen wird, soll diese möglichst deren Fähigkeiten, Fertigkeiten und Neigungen entsprechen.

(2) Die Gefangenen sind vorrangig zur Teilnahme an schulischen und beruflichen Orientierungs-, Aus- und Weiterbildungsmaßnahmen oder speziellen Maßnahmen zur Förderung ihrer schulischen, beruflichen oder persönlichen Entwicklung verpflichtet. Im Übrigen sind die Gefangenen zu Arbeit, arbeitstherapeutischer oder sonstiger Beschäftigung verpflichtet, wenn und soweit sie dazu in der Lage sind.

(3) Das Zeugnis oder der Nachweis über eine Bildungsmaßnahme darf keinen Hinweis auf die Inhaftierung enthalten.

(4) Den Gefangenen soll gestattet werden, einer Berufsausbildung, beruflichen Weiterbildung, Umschulung oder Arbeit auf der Grundlage eines freien Beschäftigungsverhältnisses außerhalb der Anstalt nachzugehen oder sich innerhalb oder außerhalb des Vollzugs selbst zu beschäftigen, wenn sie hierfür geeignet sind. § 13 Abs. 2, § 15 Abs. 2 und § 17 gelten entsprechend. Die Anstalt kann verlangen, dass ihr das Entgelt für das freie Beschäftigungsverhältnis zur Gutschrift für die Gefangenen überwiesen wird.

(5) Sind die Gefangenen ein Jahr lang ununterbrochen ihrer Verpflichtung nach Absatz 2 nachgekommen, können sie beanspruchen, im darauf folgenden Jahr für die Dauer von 18 Werktagen freigestellt zu werden. Zeiten, in denen die Gefangenen unverschuldet infolge Krankheit an der Teilnahme, Arbeit oder an der Beschäftigung gehindert waren, werden bis zur Dauer von sechs Wochen auf das Jahr angerechnet. Auf die Zeit der Freistellung wird der Urlaub nach § 16 Abs. 1 angerechnet, soweit er in die Arbeitszeit fällt. Die Gefangenen erhalten für die Zeit der Freistellung ihre zuletzt gezahlten Bezüge weiter. Urlaubsregelungen der Beschäftigungsverhältnisse außerhalb des Vollzugs bleiben unberührt.

Abschnitt 5
Freizeit, Sport

§ 38 Freizeit

Die Ausgestaltung der Freizeit orientiert sich am Vollzugsziel. Dazu sind geeignete Angebote vorzuhalten. Die Gefangenen sind zur Teilnahme und Mitwirkung an Freizeitangeboten verpflichtet.

§ 39 Sport

Dem Sport kommt bei der Erreichung des Vollzugsziels besondere Bedeutung zu. Er kann neben der sinnvollen Freizeitgestaltung auch zur Diagnostik und gezielten Behandlung eingesetzt werden. Es sind ausreichende und geeignete Angebote vorzuhalten, um den Gefangenen eine sportliche Betätigung von mindestens zwei Stunden wöchentlich zu ermöglichen.

§ 40 Zeitungen und Zeitschriften

(1) Die Gefangenen dürfen auf eigene Kosten Zeitungen und Zeitschriften in angemessenem Umfang durch Vermittlung der Anstalt beziehen. Ausgeschlossen sind Zeitungen und Zeitschriften, deren Verbreitung mit Strafe oder Geldbuße bedroht ist.

(2) Einzelne Ausgaben einer Zeitung oder Zeitschrift können den Gefangenen auch vorenthalten werden, wenn deren Inhalte das Vollzugsziel oder die Sicherheit oder Ordnung der Anstalt erheblich gefährden würden.

§ 41 Rundfunk

(1) Die Gefangenen können am Hörfunkempfang sowie am gemeinschaftlichen Fernsehempfang teilnehmen. Der Rundfunkempfang kann vorübergehend ausgesetzt oder einzelnen Gefangenen untersagt werden, wenn dies zur Aufrechterhaltung der Sicherheit oder Ordnung der Anstalt unerlässlich ist.

(2) Eigene Fernsehgeräte können zugelassen werden, wenn erzieherische Gründe nicht entgegenstehen.

§ 42 Besitz von Gegenständen für die Freizeitbeschäftigung

(1) Die Gefangenen dürfen in angemessenem Umfang Gegenstände zur Freizeitbeschäftigung besitzen.

(2) Dies gilt nicht, wenn deren Besitz, Überlassung oder Benutzung das Vollzugsziel oder die Sicherheit oder Ordnung der Anstalt gefährden würde.

(3) Elektronische Medien können zugelassen werden, wenn erzieherische Gründe nicht entgegenstehen. Absatz 2 gilt entsprechend.

Abschnitt 6
Religionsausübung

§ 43 Seelsorge

(1) Den Gefangenen darf religiöse Betreuung durch einen Seelsorger ihrer Religionsgemeinschaft nicht versagt werden. Auf Wunsch ist ihnen zu helfen, mit einem Seelsorger ihrer Religionsgemeinschaft in Verbindung zu treten.

(2) Die Gefangenen dürfen grundlegende religiöse Schriften besitzen. Sie dürfen ihnen nur bei grobem Missbrauch entzogen werden.

(3) Den Gefangenen sind Gegenstände des religiösen Gebrauchs in angemessenem Umfang zu belassen.

§ 44 Religiöse Veranstaltungen

(1) Die Gefangenen haben das Recht, am Gottesdienst und an anderen religiösen Veranstaltungen ihres Bekenntnisses teilzunehmen.

(2) Die Zulassung zu den Gottesdiensten oder zu religiösen Veranstaltungen einer anderen Religionsgemeinschaft bedarf der Zustimmung des Seelsorgers der Religionsgemeinschaft.

(3) Gefangene können von der Teilnahme am Gottesdienst oder anderen religiösen Veranstaltungen ausgeschlossen werden, wenn dies aus überwiegenden Gründen der Sicherheit oder Ordnung geboten ist; der Seelsorger soll vorher gehört werden.

§ 45 Weltanschauungsgemeinschaften

Für Angehörige weltanschaulicher Bekenntnisse gelten die §§ 43 und 44 entsprechend.

Abschnitt 7
Besuche, Schriftwechsel und Telefongespräche

§ 46 Grundsatz

Die Gefangenen haben das Recht, mit Personen außerhalb der Anstalt im Rahmen der Bestimmungen dieses Gesetzes zu verkehren. Der Kontakt mit Personen, von denen ein günstiger Einfluss erwartet werden kann, wird gefördert.

§ 47 Recht auf Besuch

(1) Die Gefangenen dürfen regelmäßig Besuch empfangen. Die Gesamtdauer beträgt mindestens vier Stunden im Monat.

(2) Kontakte der Gefangenen zu ihren Kindern werden besonders gefördert. Deren Besuche werden nicht auf die Regelbesuchszeiten angerechnet.

(3) Besuche sollen darüber hinaus zugelassen werden, wenn sie die Erziehung oder Eingliederung der Gefangenen fördern oder persönlichen, rechtlichen oder geschäftlichen Angelegenheiten dienen, die nicht von den Gefangenen schriftlich erledigt, durch Dritte wahrgenommen oder bis zur Entlassung aufgeschoben werden können.

(4) Aus Gründen der Sicherheit können Besuche davon abhängig gemacht werden, dass

sich die Besucher mit technischen Hilfsmitteln absuchen oder durchsuchen lassen.

§ 48 Besuchsverbot

Der Anstaltsleiter kann Besuche untersagen,

1. wenn die Sicherheit oder Ordnung der Anstalt gefährdet würde,

2. bei Besuchern, die nicht Angehörige (§ 11 Abs. 1 Nr. 1 des Strafgesetzbuchs) der Gefangenen sind, wenn zu befürchten ist, dass sie einen schädlichen Einfluss auf die Gefangenen haben oder ihre Eingliederung behindern, oder

3. wenn Personensorgeberechtigte nicht einverstanden sind.

§ 49 Besuche von Verteidigern, Rechtsanwälten, Notaren und Beiständen

Besuche von Verteidigern sowie von Rechtsanwälten und Notaren in einer die Gefangenen betreffenden Rechtssache sind zu gestatten. Dasselbe gilt für Besuche von Beiständen nach § 69 des Jugendgerichtsgesetzes. § 47 Abs. 4 gilt entsprechend. Eine inhaltliche Überprüfung der vom Verteidiger mitgeführten Schriftstücke und sonstigen Unterlagen ist nicht zulässig. § 52 Abs. 1 Satz 2 und 3 bleibt unberührt.

§ 50 Überwachung der Besuche

(1) Besuche dürfen aus Gründen der Erziehung oder der Sicherheit oder Ordnung der Anstalt überwacht werden, es sei denn, es liegen im Einzelfall Erkenntnisse dafür vor, dass es der Überwachung nicht bedarf. Die Unterhaltung darf nur überwacht werden, soweit dies im Einzelfall aus diesen Gründen erforderlich ist.

(2) Besuche dürfen abgebrochen werden, wenn Besucher oder Gefangene gegen dieses Gesetz oder aufgrund dieses Gesetzes getroffene Anordnungen trotz Abmahnung verstoßen. Die Abmahnung unterbleibt, wenn es unerlässlich ist, den Besuch sofort abzubrechen.

(3) Besuche dürfen auch abgebrochen werden, wenn von Besuchern ein schädlicher Einfluss ausgeht.

(4) Besuche von Verteidigern und Beiständen nach § 69 des Jugendgerichtsgesetzes werden nicht überwacht.

(5) Gegenstände dürfen den Gefangenen beim Besuch nicht übergeben werden. Dies gilt nicht für die bei dem Besuch der Verteidiger übergebenen Schriftstücke und sonstigen Unterlagen sowie für die bei dem Besuch von Rechtsanwälten oder Notaren zur Erledigung einer die Gefangenen betreffenden Rechtssache übergebenen Schriftstücke und sonstigen Unterlagen. Bei dem Besuch von Rechtsanwälten oder Notaren kann die Übergabe aus Gründen der Sicherheit oder Ordnung der Anstalt von der Erlaubnis des Anstaltsleiters abhängig gemacht werden. § 52 Abs. 1 Satz 2 und 3 bleibt unberührt.

§ 51 Recht auf Schriftwechsel

(1) Die Gefangenen haben das Recht, auf eigene Kosten Schreiben abzusenden und zu empfangen.

(2) Der Anstaltsleiter kann den Schriftwechsel mit bestimmten Personen untersagen,

1. wenn die Sicherheit oder Ordnung der Anstalt gefährdet würde,

2. bei Personen, die nicht Angehörige (§ 11 Abs. 1 Nr. 1 des Strafgesetzbuchs) der Gefangenen sind, wenn zu befürchten ist, dass der Schriftwechsel einen schädlichen Einfluss auf die Gefangenen hat oder ihre Eingliederung behindert, oder

3. wenn Personensorgeberechtigte nicht einverstanden sind.

§ 52 Überwachung des Schriftwechsels

(1) Der Schriftwechsel der Gefangenen mit ihrem Verteidiger oder Beistand nach § 69 des Jugendgerichtsgesetzes wird nicht überwacht. Liegt dem Vollzug eine Straftat nach § 129a des Strafgesetzbuchs, auch in Verbindung mit § 129b Abs. 1 des Strafgesetzbuchs, zu Grunde, gelten § 148 Abs. 2 und § 148a der Strafprozessordnung entsprechend; dies gilt nicht, wenn die Gefangenen sich in einer Einrichtung des offenen Vollzugs befinden oder wenn ihnen Vollzugslockerungen nach § 15 oder Urlaub nach § 16 Abs. 1 gewährt worden sind und ein Grund, der die Anstalts-

leitung nach § 17 Abs. 2 zum Widerruf von Vollzugslockerungen und Urlaub ermächtigt, nicht vorliegt. Satz 2 gilt auch, wenn eine Jugendstrafe oder Freiheitsstrafe wegen einer Straftat nach § 129a des Strafgesetzbuchs, auch in Verbindung mit § 129b Abs. 1 des Strafgesetzbuchs, erst im Anschluss an den Vollzug der Jugendstrafe, der eine andere Verurteilung zu Grunde liegt, zu vollstrecken ist.

(2) Nicht überwacht werden ferner Schreiben der Gefangenen an Volksvertretungen des Bundes und der Länder sowie an deren Mitglieder, soweit die Schreiben an die Anschriften dieser Volksvertretungen gerichtet sind und den Absender zutreffend angeben. Entsprechendes gilt für Schreiben an das Europäische Parlament und dessen Mitglieder, den Europäischen Gerichtshof für Menschenrechte, den Europäischen Ausschuss zur Verhütung von Folter und unmenschlicher oder erniedrigender Behandlung oder Strafe und weitere Einrichtungen, mit denen der Schriftverkehr aufgrund völkerrechtlicher Verpflichtungen der Bundesrepublik Deutschland geschützt ist. Satz 1 gilt auch für den Schriftverkehr mit den Bürgerbeauftragten der Länder und den Datenschutzbeauftragten des Bundes und der Länder. Schreiben der in den Sätzen 1 bis 3 genannten Stellen, die an die Gefangenen gerichtet sind, werden nicht überwacht, sofern die Identität des Absenders zweifelsfrei feststeht.

(3) Der übrige Schriftwechsel darf überwacht werden, soweit es aus Gründen der Erziehung oder der Sicherheit oder Ordnung der Anstalt erforderlich ist.

§ 53 Weiterleitung von Schreiben, Aufbewahrung

(1) Die Gefangenen haben das Absenden und den Empfang ihrer Schreiben durch die Anstalt vermitteln zu lassen, soweit nichts anderes gestattet ist.

(2) Eingehende und ausgehende Schreiben sind unverzüglich weiterzuleiten.

(3) Die Gefangenen haben eingehende Schreiben unverschlossen zu verwahren, sofern nichts anderes gestattet wird. Sie können sie verschlossen zu ihrer Habe geben.

§ 54 Anhalten von Schreiben

(1) Der Anstaltsleiter kann Schreiben anhalten, wenn

1. das Vollzugsziel oder die Sicherheit oder Ordnung der Anstalt gefährdet würde,

2. die Weitergabe in Kenntnis ihres Inhalts einen Straf- oder Bußgeldtatbestand verwirklichen würde,

3. sie grob unrichtige oder erheblich entstellende Darstellungen von Anstaltsverhältnissen enthalten,

4. sie grobe Beleidigungen enthalten,

5. sie die Eingliederung anderer Gefangener gefährden können oder

6. sie in Geheimschrift, unlesbar, unverständlich oder ohne zwingenden Grund in einer fremden Sprache abgefasst sind.

(2) Ausgehenden Schreiben, die unrichtige Darstellungen enthalten, kann ein Begleitschreiben beigefügt werden, wenn die Gefangenen auf das Absenden bestehen.

(3) Sind Schreiben angehalten worden, wird das den Gefangenen mitgeteilt. Angehaltene Schreiben werden an den Absender zurückgegeben oder, sofern dies unmöglich oder aus besonderen Gründen untunlich ist, verwahrt.

(4) Schreiben, deren Überwachung nach § 52 Abs. 1 und 2 ausgeschlossen ist, dürfen nicht angehalten werden.

§ 55 Telefongespräche

(1) Den Gefangenen kann gestattet werden, auf eigene Kosten Telefongespräche zu führen. Die Bestimmungen über den Besuch gelten entsprechend. Ist die Überwachung des Telefongesprächs erforderlich, ist die beabsichtigte Überwachung dem Gesprächspartner der Gefangenen unmittelbar nach Herstellung der Verbindung durch die Anstalt oder die Gefangenen mitzuteilen. Die Gefangenen sind rechtzeitig vor Beginn des Telefongesprächs über die beabsichtigte Überwachung und die Mitteilungpflicht nach Satz 3 zu unterrichten.

(2) Die Anstalt darf technische Geräte zur Störung von Frequenzen betreiben, die der Herstellung unerlaubter Mobilfunkverbindungen auf dem Anstaltsgelände dienen. Sie hat hierbei die von der Bundesnetzagentur gemäß § 55 Abs. 1 Satz 5 des Telekommunikationsgesetzes festgelegten Rahmenbedingungen zu beachten. Der Mobilfunkverkehr außerhalb des Geländes der Anstalt darf nicht beeinträchtigt werden.

§ 56 Pakete

(1) Der Empfang von Paketen mit Nahrungs- und Genussmitteln ist den Gefangenen nicht gestattet. Der Empfang von Paketen mit anderem Inhalt bedarf der Erlaubnis der Anstalt, welche Zeitpunkt und Höchstmenge für die Sendung und für einzelne Gegenstände festsetzen kann. Für den Ausschluss von Gegenständen gilt § 31 Abs. 4 entsprechend.

(2) Pakete sind in Gegenwart der Gefangenen zu öffnen, an die sie adressiert sind. Ausgeschlossene Gegenstände können zu ihrer Habe genommen oder dem Absender zurückgesandt werden. Nicht ausgehändigte Gegenstände, durch die bei der Versendung oder Aufbewahrung Personen verletzt oder Sachschäden verursacht werden können, dürfen vernichtet werden. Die hiernach getroffenen Maßnahmen werden den Gefangenen eröffnet.

(3) Der Empfang von Paketen kann vorübergehend versagt werden, wenn dies wegen der Gefährdung der Sicherheit oder Ordnung der Anstalt unerlässlich ist.

(4) Den Gefangenen kann gestattet werden, Pakete zu versenden. Die Anstalt kann ihren Inhalt aus Gründen der Sicherheit oder Ordnung der Anstalt überprüfen.

Abschnitt 8
Gelder der Gefangenen, Freistellung von der Arbeit

§ 57 Ausbildungsbeihilfe, Arbeitsentgelt

(1) Gefangene, die während der Arbeitszeit ganz oder teilweise an einer schulischen oder beruflichen Orientierungs-, Aus- oder Weiterbildungsmaßnahme oder an speziellen Maßnahmen zur Förderung ihrer schulischen, beruflichen oder persönlichen Entwicklung teilnehmen und die zu diesem Zweck von ihrer Arbeitspflicht freigestellt sind, erhalten hierfür eine Ausbildungsbeihilfe, soweit kein Anspruch auf Leistungen zum Lebensunterhalt besteht, die freien Personen aus solchem Anlass zustehen.

(2) Wer eine Arbeit, arbeitstherapeutische oder sonstige Beschäftigung ausübt, erhält Arbeitsentgelt.

(3) Der Bemessung der Ausbildungsbeihilfe und des Arbeitsentgelts sind neun Prozent der Bezugsgröße nach § 18 Abs. 2 des Vierten Buches Sozialgesetzbuch zu Grunde zu legen (Eckvergütung). Ein Tagessatz ist der zweihundertfünfzigste Teil der Eckvergütung; die Ausbildungsbeihilfe und das Arbeitsentgelt können nach einem Stundensatz bemessen werden.

(4) Die Ausbildungsbeihilfe und das Arbeitsentgelt können je nach Leistung der Gefangenen und der Art der Ausbildung oder Arbeit gestuft werden. 75 Prozent der Eckvergütung dürfen nur dann unterschritten werden, wenn die Leistungen der Gefangenen den Mindestanforderungen nicht genügen.

(5) Die Höhe der Ausbildungsbeihilfe und des Arbeitsentgeltes ist den Gefangenen schriftlich bekannt zu geben.

(6) Das Justizministerium wird ermächtigt, durch Rechtsverordnung die Vergütungsstufen nach Absatz 4 zu regeln.

(7) Soweit Beiträge zur Bundesagentur für Arbeit zu entrichten sind, kann vom Arbeitsentgelt oder der Ausbildungsbeihilfe ein Betrag einbehalten werden, der dem Anteil der Gefangenen am Beitrag entsprechen würde, wenn sie diese Bezüge als Arbeitnehmer erhielten.

§ 58 Freistellung von der Arbeit

(1) Die Arbeit der Gefangenen wird neben der Gewährung von Arbeitsentgelt (§ 57 Abs. 2) durch Freistellung von der Arbeit (Freistellung) anerkannt, die auch als Arbeitsurlaub

genutzt oder auf den Entlassungszeitpunkt angerechnet werden kann.

(2) Haben die Gefangenen zwei Monate lang zusammenhängend eine Arbeit, arbeitstherapeutische oder sonstige Beschäftigung ausgeübt, so werden sie auf Antrag einen Werktag von der Arbeit freigestellt. § 37 Abs. 5 bleibt unberührt. Durch Zeiten, in denen die Gefangenen ohne ihr Verschulden durch Krankheit, Ausführung, Ausgang, Urlaub, Freistellung von der Arbeit oder sonstige nicht von ihnen zu vertretende Gründe an der Arbeitsleistung gehindert sind, wird die Frist nach Satz 1 gehemmt. Beschäftigungszeiträume von weniger als zwei Monaten bleiben unberücksichtigt.

(3) Die Gefangenen können beantragen, dass die Freistellung nach Absatz 2 in Form von Arbeitsurlaub gewährt wird. § 15 Abs. 2, § 16 Abs. 4 und § 17 gelten entsprechend.

(4) Die Gefangenen erhalten für die Zeit der Freistellung von der Arbeit ihre zuletzt gezahlten Bezüge weiter.

(5) Stellen die Gefangenen keinen Antrag nach Absatz 2 Satz 1 oder Absatz 3 Satz 1 oder kann die Freistellung von der Arbeit nach Maßgabe der Regelung des Absatzes 3 Satz 2 nicht gewährt werden, so wird sie nach Absatz 2 Satz 1 von der Anstalt auf den Entlassungszeitpunkt der Gefangenen angerechnet.

(6) Eine Anrechnung nach Absatz 5 ist ausgeschlossen

1. bei einer Aussetzung der Vollstreckung des Restes einer Jugendstrafe zur Bewährung, soweit wegen des von der Entscheidung des Vollstreckungsleiters bis zur Entlassung verbleibenden Zeitraums eine Anrechnung nicht mehr möglich ist,

2. wenn dies vom Vollstreckungsleiter angeordnet wird, weil bei einer Aussetzung der Vollstreckung des Restes einer Jugendstrafe zur Bewährung die Lebensverhältnisse der Gefangenen oder die Wirkungen, die von der Aussetzung für sie zu erwarten sind, die Vollstreckung bis zu einem bestimmten Zeitpunkt erfordern,

3. wenn nach § 2 des Jugendgerichtsgesetzes in Verbindung mit § 456a Abs. 1 der Strafprozessordnung von der Vollstreckung abgesehen wird oder

4. wenn die Gefangenen im Gnadenwege aus der Haft entlassen werden.

(7) Soweit eine Anrechnung nach Absatz 6 ausgeschlossen ist, erhalten die Gefangenen bei ihrer Entlassung für eine Tätigkeit nach § 57 Abs. 2 als Ausgleichsentschädigung zusätzlich 15 Prozent des Entgelts oder der Ausbildungsbeihilfe nach § 57 Abs. 3 und 4. Der Anspruch entsteht erst mit der Entlassung.

§ 59 Taschengeld

(1) Erhalten Gefangene ohne ihr Verschulden weder Ausbildungsbeihilfe noch Arbeitsentgelt, wird ihnen bei Bedürftigkeit auf Antrag ein angemessenes Taschengeld gewährt. Bedürftig sind Gefangene, soweit ihnen im laufenden Monat aus Hausgeld (§ 60) und Eigengeld (§ 61) nicht ein Betrag bis zur Höhe des Taschengeldes zur Verfügung steht.

(2) Das Taschengeld beträgt 14 Prozent der Eckvergütung (§ 57 Abs. 3).

§ 60 Hausgeld

(1) Die Gefangenen dürfen von ihren in diesem Gesetz geregelten Bezügen drei Siebtel monatlich (Hausgeld) und das Taschengeld (§ 59) für den Einkauf (§ 31 Abs. 2) oder anderweitig verwenden.

(2) Für Gefangene, die in einem freien Beschäftigungsverhältnis stehen oder denen gestattet ist, sich selbst zu beschäftigen (§ 37 Abs. 4), wird aus ihren Bezügen ein angemessenes Hausgeld festgesetzt.

(3) Für Gefangene, die über Eigengeld (§ 61) verfügen und unverschuldet keine Bezüge nach diesem Gesetz erhalten, gilt Absatz 2 entsprechend.

§ 61 Eigengeld

(1) Das Eigengeld besteht aus den Beträgen, die die Gefangenen bei Strafantritt in die Anstalt mitbringen, Geldern, die ihnen während der Haftzeit zugehen und Bezügen, die nicht

als Hausgeld in Anspruch genommen werden.

(2) Die Gefangenen können über das Eigengeld verfügen. § 31 Abs. 3 und 4 und § 60 bleiben unberührt.

Abschnitt 9
Sicherheit und Ordnung

§ 62 Grundsatz

(1) Sicherheit und Ordnung der Anstalt bilden die Grundlage des auf die Erziehung und Förderung aller Gefangenen ausgerichteten Anstaltslebens und tragen dazu bei, dass in der Anstalt ein gewaltfreies Klima herrscht.

(2) Die Pflichten und Beschränkungen, die den Gefangenen zur Aufrechterhaltung der Sicherheit oder Ordnung der Anstalt auferlegt werden, sind so zu wählen, dass sie in einem angemessenen Verhältnis zu ihrem Zweck stehen und die Gefangenen nicht mehr und nicht länger als notwendig beeinträchtigen.

§ 63 Verhaltensvorschriften

(1) Die Gefangenen sind für das geordnete Zusammenleben in der Anstalt mitverantwortlich und müssen mit ihrem Verhalten dazu beitragen. Ihr Bewusstsein hierfür ist zu entwickeln und zu stärken.

(2) Die Gefangenen haben sich nach der Tageseinteilung der Anstalt (Arbeitszeit, Freizeit, Ruhezeit) zu richten.

(3) Die Gefangenen haben die Anordnungen der Bediensteten zu befolgen, auch wenn sie sich durch diese beschwert fühlen. Einen ihnen zugewiesenen Bereich dürfen sie nicht ohne Erlaubnis verlassen.

(4) Die Gefangenen haben ihren Haftraum und die ihnen von der Anstalt überlassenen Sachen in Ordnung zu halten und schonend zu behandeln.

(5) Die Gefangenen haben Umstände, die eine Gefahr für das Leben oder eine erhebliche Gefahr für die Gesundheit einer Person bedeuten, unverzüglich zu melden.

§ 64 Absuchung, Durchsuchung

(1) Die Gefangenen, ihre Sachen und die Haﬆräume dürfen mit technischen Mitteln abgesucht und durchsucht werden. Die Durchsuchung männlicher Gefangener darf nur von Männern, die Durchsuchung weiblicher Gefangener darf nur von Frauen vorgenommen werden. Das Schamgefühl ist zu schonen.

(2) Nur bei Gefahr im Verzug oder auf Anordnung des Anstaltsleiters im Einzelfall ist es zulässig, eine mit einer Entkleidung verbundene körperliche Durchsuchung vorzunehmen. Sie darf bei männlichen Gefangenen nur in Gegenwart von Männern, bei weiblichen Gefangenen nur in Gegenwart von Frauen erfolgen. Sie ist in einem geschlossenen Raum durchzuführen. Andere Gefangene dürfen nicht anwesend sein.

(3) Der Anstaltsleiter kann allgemein anordnen, dass Gefangene bei der Aufnahme, vor und nach Kontakten mit Besuchern sowie vor und nach jeder Abwesenheit von der Anstalt nach Absatz 2 zu durchsuchen sind.

§ 65 Sichere Unterbringung

(1) Gefangene können in eine Anstalt verlegt werden, die zu ihrer sicheren Unterbringung besser geeignet ist, wenn in erhöhtem Maße Fluchtgefahr gegeben ist oder sonst ihr Verhalten oder ihr Zustand eine Gefahr für die Sicherheit oder Ordnung der Anstalt darstellt.

(2) § 12 Abs. 2 und 3 gilt entsprechend.

§ 66 Erkennungsdienstliche Maßnahmen

(1) Zur Sicherung des Vollzugs, zur Aufrechterhaltung der Sicherheit oder Ordnung der Anstalt oder zur Identitätsfeststellung sind mit Kenntnis der Gefangenen zulässig:

1. die Abnahme von Finger- und Handflächenabdrücken,

2. die Aufnahme von Lichtbildern,

3. die Feststellung äußerlicher körperlicher Merkmale,

4. die elektronische Erfassung biometrischer Merkmale und

5. Messungen.

(2) Die hierbei gewonnenen Unterlagen oder Daten werden zu den Gefangenenpersonalakten genommen oder in personenbezogenen Dateien gespeichert. Sie können auch in kriminalpolizeilichen Sammlungen verwahrt werden. Die nach Absatz 1 erhobenen Daten dürfen nur für die in Absatz 1, in § 69 Abs. 2 und in § 89 Abs. 2 Nr. 4 genannten Zwecke verarbeitet werden.

(3) Werden die Gefangenen entlassen oder in eine andere Anstalt oder Justizvollzugsanstalt verlegt, sind diese in Dateien gespeicherten personenbezogenen Daten nach spätestens zwei Jahren zu löschen.

§ 67 Lichtbildausweise

Die Anstalt kann die Gefangenen verpflichten, einen Lichtbildausweis mit sich zu führen, wenn dies aus Gründen der Sicherheit oder Ordnung der Anstalt erforderlich ist. Dieser ist bei der Entlassung oder bei der Verlegung in eine andere Anstalt oder Justizvollzugsanstalt einzuziehen und zu vernichten.

§ 68 Maßnahmen zur Feststellung von Suchtmittelkonsum

(1) Zur Aufrechterhaltung der Sicherheit oder Ordnung der Anstalt kann der Anstaltsleiter allgemein oder im Einzelfall Maßnahmen anordnen, die geeignet sind, den Missbrauch von Suchtmitteln festzustellen. Diese Maßnahmen dürfen nicht mit einem körperlichen Eingriff verbunden sein.

(2) Wird Suchtmittelmissbrauch festgestellt, können die Kosten der Maßnahmen den Gefangenen auferlegt werden.

§ 69 Festnahmerecht

(1) Gefangene, die entwichen sind oder sich sonst ohne Erlaubnis außerhalb der Anstalt aufhalten, können durch die Anstalt oder auf deren Veranlassung festgenommen und zurückgebracht werden.

(2) Nach § 66 Abs. 1 und § 88 erhobene und zur Identifizierung oder Festnahme erforderliche Daten dürfen den Vollstreckungs- und Strafverfolgungsbehörden übermittelt werden, soweit dies für Zwecke der Fahndung und Festnahme der entwichenen oder sich sonst ohne Erlaubnis außerhalb der Anstalt aufhaltenden Gefangenen erforderlich ist.

§ 70 Besondere Sicherungsmaßnahmen

(1) Gegen Gefangene können besondere Sicherungsmaßnahmen angeordnet werden, wenn nach ihrem Verhalten oder aufgrund ihres seelischen Zustands in erhöhtem Maße Fluchtgefahr oder die Gefahr von Gewalttätigkeiten gegen Personen oder Sachen oder die Gefahr der Selbsttötung oder der Selbstverletzung besteht.

(2) Als besondere Sicherungsmaßnahmen sind zulässig:

1. der Entzug oder die Vorenthaltung von Gegenständen,

2. die Beobachtung der Gefangenen, auch mit technischen Hilfsmitteln,

3. die Absonderung von anderen Gefangenen,

4. der Entzug oder die Beschränkung des Aufenthalts im Freien,

5. die Unterbringung in einem besonders gesicherten Haftraum ohne gefährdende Gegenstände und

6. die Fesselung.

(3) Maßnahmen nach Absatz 2 Nr. 1, 3 und 5 sind auch zulässig, wenn die Gefahr einer Befreiung oder eine erhebliche Störung der Hausordnung anders nicht vermieden oder behoben werden kann.

(4) Bei einer Ausführung, Vorführung oder beim Transport ist die Fesselung auch dann zulässig, wenn Fluchtgefahr besteht.

§ 71 Einzelhaft

Die unausgesetzte Absonderung von Gefangenen (Einzelhaft) ist nur zulässig, wenn dies aus Gründen, die in deren Person liegen, unerlässlich ist. Einzelhaft von mehr als zwei Monaten Gesamtdauer im Jahr bedarf der Zustimmung der Aufsichtsbehörde. Während des Vollzugs der Einzelhaft sind die Gefangenen in besonderem Maße zu betreuen.

§ 72 Fesselung

In der Regel dürfen Fesseln nur an den Händen oder an den Füßen angelegt werden. Im Interesse der Gefangenen kann der Anstaltsleiter eine andere Art der Fesselung anordnen. Die Fesselung wird zeitweise gelockert, soweit dies notwendig ist.

§ 73 Anordnung besonderer Sicherungsmaßnahmen, Verfahren

(1) Besondere Sicherungsmaßnahmen ordnet der Anstaltsleiter an. Bei Gefahr im Verzug können auch andere Bedienstete diese Maßnahmen vorläufig anordnen. Die Entscheidung des Anstaltsleiters ist unverzüglich einzuholen.

(2) Werden Gefangene ärztlich behandelt oder beobachtet oder bildet ihr seelischer Zustand den Anlass der Sicherungsmaßnahme, ist vorher eine ärztliche Stellungnahme einzuholen. Ist dies wegen Gefahr im Verzug nicht möglich, wird die Stellungnahme unverzüglich nachträglich eingeholt.

(3) Die Entscheidung wird den Gefangenen von dem Anstaltsleiter mündlich eröffnet und mit einer kurzen Begründung schriftlich abgefasst.

(4) Besondere Sicherungsmaßnahmen sind in angemessenen Abständen daraufhin zu überprüfen, ob und in welchem Umfang sie aufrechterhalten werden müssen.

(5) Besondere Sicherungsmaßnahmen nach § 70 Abs. 2 Nr. 5 und 6 sind der Aufsichtsbehörde unverzüglich mitzuteilen, wenn sie länger als drei Tage aufrechterhalten werden.

§ 74 Ärztliche Überwachung

(1) Sind Gefangene in einem besonders gesicherten Haftraum untergebracht oder gefesselt (§ 70 Abs. 2 Nr. 5 und 6), sucht sie der Arzt alsbald und in der Folge möglichst täglich auf. Dies gilt nicht bei einer Fesselung während einer Ausführung, Vorführung oder eines Transportes (§ 70 Abs. 4).

(2) Der Arzt ist regelmäßig zu hören, solange eine besondere Sicherungsmaßnahme nach § 70 Abs. 2 Nr. 4 oder Einzelhaft nach § 71 andauert.

§ 75 Ersatz von Aufwendungen

(1) Die Gefangenen sind verpflichtet, der Anstalt Aufwendungen zu ersetzen, die sie durch eine vorsätzliche oder grob fahrlässige Selbstverletzung oder Verletzung anderer Gefangener verursacht haben. Ansprüche aus sonstigen Rechtsvorschriften bleiben unberührt.

(2) Von der Aufrechnung oder Vollstreckung wegen der in Absatz 1 genannten Forderungen ist abzusehen, soweit hierdurch die Erziehung und Förderung der Gefangenen oder ihre Eingliederung behindert würde.

Abschnitt 10
Unmittelbarer Zwang

§ 76 Begriffsbestimmungen

(1) Unmittelbarer Zwang ist die Einwirkung auf Personen oder Sachen durch körperliche Gewalt, ihre Hilfsmittel und durch Waffen.

(2) Körperliche Gewalt ist jede unmittelbare körperliche Einwirkung auf Personen oder Sachen.

(3) Hilfsmittel der körperlichen Gewalt sind insbesondere Fesseln und Reizstoffe.

(4) Waffen sind die dienstlich zugelassenen Hieb- und Schusswaffen.

§ 77 Allgemeine Voraussetzungen

(1) Die Bediensteten dürfen unmittelbaren Zwang anwenden, wenn sie Vollzugs- und Sicherungsmaßnahmen rechtmäßig durchführen und der damit verfolgte Zweck auf keine andere Weise erreicht werden kann.

(2) Gegen andere Personen als Gefangene darf unmittelbarer Zwang angewendet werden, wenn sie es unternehmen, Gefangene zu befreien oder widerrechtlich in die Anstalt einzudringen oder wenn sie sich unbefugt darin aufhalten.

(3) Das Recht zu unmittelbarem Zwang aufgrund anderer Regelungen bleibt unberührt.

§ 78 Grundsatz der Verhältnismäßigkeit

(1) Unter mehreren möglichen und geeigneten Maßnahmen des unmittelbaren Zwangs sind diejenigen zu wählen, die den Einzelnen

und die Allgemeinheit voraussichtlich am wenigsten beeinträchtigen.

(2) Unmittelbarer Zwang unterbleibt, wenn ein durch ihn zu erwartender Schaden erkennbar außer Verhältnis zu dem angestrebten Erfolg steht.

§ 79 Handeln auf Anordnung

(1) Wird unmittelbarer Zwang von einem Vorgesetzten oder einer sonst befugten Person angeordnet, sind die Bediensteten verpflichtet, ihn anzuwenden, es sei denn, die Anordnung verletzt die Menschenwürde oder ist nicht zu dienstlichen Zwecken erteilt worden.

(2) Die Anordnung darf nicht befolgt werden, wenn dadurch eine Straftat begangen würde. Befolgen die Bediensteten sie trotzdem, trifft sie eine Schuld nur, wenn sie erkennen oder wenn es nach den ihnen bekannten Umständen offensichtlich ist, dass dadurch eine Straftat begangen wird.

(3) Bedenken gegen die Rechtmäßigkeit der Anordnung haben Bedienstete dem Anordnenden gegenüber vorzubringen, soweit das nach den Umständen möglich ist. Abweichende Bestimmungen des allgemeinen Beamtenrechts über die Mitteilung solcher Bedenken an Vorgesetzte (§ 60 Abs. 2 und 3 des Landesbeamtengesetzes) sind nicht anzuwenden.

§ 80 Androhung

Unmittelbarer Zwang ist vorher anzudrohen. Die Androhung darf nur dann unterbleiben, wenn die Umstände sie nicht zulassen oder unmittelbarer Zwang sofort angewendet werden muss, um eine rechtswidrige Tat, die den Tatbestand eines Strafgesetzes erfüllt, zu verhindern oder eine gegenwärtige Gefahr abzuwenden.

§ 81 Schusswaffengebrauch

(1) Der Gebrauch von Schusswaffen durch Bedienstete innerhalb der Anstalt ist verboten. Das Recht zum Schusswaffengebrauch aufgrund anderer Vorschriften durch Polizeivollzugsbedienstete bleibt hiervon unberührt.

(2) Außerhalb der Anstalt dürfen Schusswaffen durch Bedienstete nach Maßgabe der folgenden Absätze nur gebraucht werden, wenn andere Maßnahmen des unmittelbaren Zwangs bereits erfolglos waren oder keinen Erfolg versprechen. Gegen Personen ist ihr Gebrauch nur zulässig, wenn der Zweck nicht durch Waffenwirkung gegen Sachen erreicht wird.

(3) Schusswaffen dürfen nur die dazu bestimmten Bediensteten gebrauchen und nur, um angriffs- oder fluchtunfähig zu machen. Ihr Gebrauch unterbleibt, wenn dadurch erkennbar Unbeteiligte mit hoher Wahrscheinlichkeit gefährdet würden.

(4) Der Gebrauch von Schusswaffen ist vorher anzudrohen. Als Androhung gilt auch ein Warnschuss. Ohne Androhung dürfen Schusswaffen nur dann gebraucht werden, wenn dies zur Abwehr einer gegenwärtigen Gefahr für Leib oder Leben erforderlich ist.

(5) Gegen Gefangene dürfen Schusswaffen gebraucht werden,

1. wenn sie eine Waffe oder ein anderes gefährliches Werkzeug trotz wiederholter Aufforderung nicht ablegen,

2. wenn sie eine Meuterei (§ 121 des Strafgesetzbuchs) unternehmen oder

3. um ihre Flucht zu vereiteln oder um sie wiederzuergreifen.

Satz 1 Nr. 2 und 3 findet auf minderjährige Gefangene keine Anwendung.

(6) Gegen andere Personen dürfen Schusswaffen gebraucht werden, wenn sie es unternehmen, Gefangene gewaltsam zu befreien.

Abschnitt 11
Erzieherische Maßnahmen, Disziplinarmaßnahmen

§ 82 Erzieherische Maßnahmen

(1) Verstöße der Gefangenen gegen Pflichten, die ihnen durch oder aufgrund dieses Gesetzes auferlegt sind, sind unverzüglich im erzieherischen Gespräch aufzuarbeiten. Daneben können Maßnahmen angeordnet wer-

den, die geeignet sind, den Gefangenen ihr Fehlverhalten bewusst zu machen (erzieherische Maßnahmen). Als erzieherische Maßnahmen kommen namentlich in Betracht die Erteilung von Weisungen und Auflagen, die Beschränkung oder der Entzug einzelner Gegenstände für die Freizeitbeschäftigung und der Ausschluss von gemeinsamer Freizeit oder von einzelnen Freizeitveranstaltungen bis zur Dauer einer Woche.

(2) Der Anstaltsleiter legt fest, welche Bediensteten befugt sind, erzieherische Maßnahmen anzuordnen.

(3) Es sollen solche erzieherischen Maßnahmen angeordnet werden, die mit der Verfehlung in Zusammenhang stehen.

§ 83 Disziplinarmaßnahmen

(1) Disziplinarmaßnahmen dürfen nur angeordnet werden, wenn erzieherische Maßnahmen nach § 82 nicht ausreichen, um den Gefangenen das Unrecht ihrer Handlung zu verdeutlichen. Zu berücksichtigen ist ferner eine aus demselben Anlass angeordnete besondere Sicherungsmaßnahme.

(2) Disziplinarmaßnahmen können angeordnet werden, wenn Gefangene rechtswidrig und schuldhaft

1. gegen Strafgesetze verstoßen oder eine Ordnungswidrigkeit begehen,

2. andere Personen verbal oder tätlich angreifen,

3. Lebensmittel oder fremdes Eigentum zerstören oder beschädigen,

4. sich zugewiesenen Aufgaben entziehen,

5. verbotene Gegenstände in die Anstalt bringen,

6. sich am Einschmuggeln verbotener Gegenstände beteiligen oder sie besitzen,

7. entweichen oder zu entweichen versuchen oder

8. in sonstiger Weise wiederholt oder schwerwiegend gegen die Hausordnung verstoßen oder das Zusammenleben in der Anstalt stören.

(3) Zulässige Disziplinarmaßnahmen sind

1. die Beschränkung oder der Entzug des Rundfunkempfangs bis zu zwei Monaten,

2. die Beschränkung oder der Entzug der Gegenstände für die Freizeitbeschäftigung oder der Ausschluss von gemeinsamer Freizeit oder von einzelnen Freizeitveranstaltungen bis zu zwei Monaten,

3. die Beschränkung des Einkaufs bis zu zwei Monaten und

4. Arrest bis zu zwei Wochen.

(4) Disziplinarmaßnahmen sind auch zulässig, wenn wegen derselben Verfehlung ein Straf- oder Bußgeldverfahren eingeleitet wird.

(5) Mehrere Disziplinarmaßnahmen können miteinander verbunden werden.

(6) Arrest darf nur wegen schwerer oder wiederholter Verfehlungen verhängt werden.

§ 84 Vollzug der Disziplinarmaßnahmen, Aussetzung zur Bewährung

(1) Disziplinarmaßnahmen werden in der Regel sofort vollstreckt.

(2) Disziplinarmaßnahmen können ganz oder teilweise bis zu sechs Monaten zur Bewährung ausgesetzt werden.

(3) Arrest wird in Einzelhaft vollzogen. Er ist erzieherisch auszugestalten. Die Gefangenen können in einem besonderen Arrestraum untergebracht werden, der den Anforderungen entsprechen muss, die an einen zum Aufenthalt bei Tag und Nacht bestimmten Haftraum gestellt werden. Soweit nichts anderes angeordnet wird, ruhen die Befugnisse der Gefangenen aus den §§ 29 und 30 Abs. 2, § 31 Abs. 2 und 3 sowie den §§ 37 und 40 bis 42.

§ 85 Disziplinarbefugnis

(1) Disziplinarmaßnahmen ordnet der Anstaltsleiter an. Bei einer Verfehlung auf dem Weg in eine andere Anstalt zum Zweck der Verlegung ist die aufnehmende Anstalt zuständig.

(2) Die Aufsichtsbehörde entscheidet, wenn sich die Verfehlung gegen den Anstaltsleiter richtet.

(3) Disziplinarmaßnahmen, die gegen die Gefangenen in einer anderen Anstalt oder

während einer Untersuchungshaft angeordnet worden sind, werden auf Ersuchen vollstreckt. § 84 Abs. 2 bleibt unberührt.

§ 86 Verfahren

(1) Der Sachverhalt ist zu klären. Die betroffenen Gefangenen werden gehört. Sie sind darauf hinzuweisen, dass es ihnen freisteht sich zu äußern. Die Erhebungen werden in einer Niederschrift festgelegt; die Einlassung der Gefangenen wird vermerkt.

(2) Bei schweren Verfehlungen soll sich der Anstaltsleiter vor der Entscheidung mit Personen besprechen, die an der Erziehung der Gefangenen mitwirken.

(3) Vor der Anordnung von Disziplinarmaßnahmen gegen Gefangene, die sich in ärztlicher Behandlung befinden, oder gegen Schwangere oder stillende Mütter ist ein Arzt zu hören.

(4) Die Entscheidung wird den Gefangenen von dem Anstaltsleiter mündlich eröffnet und mit einer kurzen Begründung schriftlich abgefasst.

(5) Bevor Arrest vollzogen wird, ist ein Arzt zu hören. Während des Arrestes stehen die Gefangenen unter ärztlicher Aufsicht. Der Vollzug unterbleibt oder wird unterbrochen, wenn die Gesundheit der Gefangenen gefährdet würde.

Abschnitt 12
Beschwerde

§ 87 Beschwerderecht

(1) Die Gefangenen erhalten Gelegenheit, sich mit Wünschen, Anregungen und Beschwerden in Angelegenheiten, die sie selbst betreffen, an den Anstaltsleiter zu wenden.

(2) Besichtigen Vertreter der Aufsichtsbehörde die Anstalt, so ist zu gewährleisten, dass die Gefangenen sich in Angelegenheiten, die sie selbst betreffen, an diese wenden können.

(3) Die Möglichkeit der Dienstaufsichtsbeschwerde bleibt unberührt.

Abschnitt 13
Datenschutz

§ 88 Erhebung personenbezogener Daten

(1) Die Anstalt und die Aufsichtsbehörde dürfen personenbezogene Daten erheben, soweit dies für den Vollzug erforderlich ist.

(2) Personenbezogene Daten sind bei den Betroffenen zu erheben. Ohne ihre Mitwirkung dürfen sie nur erhoben werden, wenn

1. eine Rechtsvorschrift dies vorsieht oder zwingend voraussetzt oder

2. a) die zu erfüllende Verwaltungsaufgabe nach Art oder Geschäftszweck eine Erhebung bei anderen Personen oder Stellen erforderlich macht oder

   b) die Erhebung bei den Betroffenen einen unverhältnismäßigen Aufwand erfordern würde

und keine Anhaltspunkte dafür bestehen, dass überwiegende schutzwürdige Interessen der Betroffenen beeinträchtigt werden.

(3) Werden personenbezogene Daten bei den Betroffenen mit ihrer Kenntnis erhoben, so sind sie von der Daten verarbeitenden Stelle in geeigneter Weise über den Zweck der Erhebung, die Art und den Umfang der Verarbeitung, über Empfänger beabsichtigter Übermittlungen der Daten sowie über das Bestehen von Auskunfts- oder Berichtigungsansprüchen aufzuklären. Die Anschrift der Daten verarbeitenden Stelle ist ihnen mitzuteilen. Werden die Daten aufgrund einer Rechtsvorschrift erhoben, die zur Auskunft verpflichtet, oder ist die Erteilung der Auskunft Voraussetzung für die Gewährung von Rechtsvorteilen, so sind die Betroffenen hierauf, sonst auf die Freiwilligkeit ihrer Angaben hinzuweisen. Sie sind über die Rechtsvorschriften und über die Folgen der Verweigerung von Angaben aufzuklären.

(4) Daten über Personen, die nicht Gefangene sind, dürfen ohne ihre Mitwirkung bei Personen oder Stellen außerhalb der Anstalt oder Aufsichtsbehörde nur erhoben werden, wenn sie für die Behandlung von Gefangenen, die

Sicherheit der Anstalt oder die Sicherung des Vollzugs einer Jugend- oder Freiheitsstrafe unerlässlich sind und die Art der Erhebung schutzwürdige Interessen der Betroffenen nicht beeinträchtigt.

(5) Über eine ohne ihre Kenntnis vorgenommene Erhebung personenbezogener Daten werden die Betroffen unter Angabe dieser Daten unterrichtet, soweit der in Absatz 1 genannte Zweck dadurch nicht gefährdet wird. Sind die Daten bei anderen Personen oder Stellen erhoben worden, kann die Unterrichtung unterbleiben, wenn

1. die Daten nach einer Rechtsvorschrift oder ihrem Wesen nach, namentlich wegen der überwiegenden berechtigten Interessen Dritter, geheim gehalten werden müssen oder

2. der Aufwand der Unterrichtung außer Verhältnis zum Schutzzweck steht und keine Anhaltspunkte dafür bestehen, dass überwiegende schutzwürdige Interessen der Betroffenen beeinträchtigt werden.

(6) Werden personenbezogene Daten statt bei den Betroffenen bei einer nichtöffentlichen Stelle erhoben, so ist die Stelle auf die Rechtsvorschrift, die zur Auskunft verpflichtet, sonst auf die Freiwilligkeit ihrer Angaben hinzuweisen.

§ 89 Speichern, Übermitteln und Nutzen von personenbezogenen Daten

(1) Die Anstalt und die Aufsichtsbehörde dürfen personenbezogene Daten speichern, übermitteln und nutzen, soweit dies für den Vollzug erforderlich ist.

(2) Die Speicherung, Übermittlung und Nutzung personenbezogener Daten für andere Zwecke ist zulässig, soweit dies

1. zur Abwehr von sicherheitsgefährdenden oder geheimdienstlichen Tätigkeiten für eine fremde Macht oder von Bestrebungen im Geltungsbereich des Grundgesetzes, die durch Anwendung von Gewalt oder darauf gerichtete Vorbereitungshandlungen

   a) gegen die freiheitliche demokratische Grundordnung, den Bestand oder die

Sicherheit des Bundes oder eines Landes gerichtet sind,

   b) eine ungesetzliche Beeinträchtigung der Amtsführung der Verfassungsorgane des Bundes oder eines Landes oder ihrer Mitglieder zum Ziele haben oder

   c) auswärtige Belange der Bundesrepublik Deutschland gefährden,

2. zur Abwehr erheblicher Nachteile für das Gemeinwohl oder einer Gefahr für die öffentliche Sicherheit,

3. zur Abwehr einer schwerwiegenden Beeinträchtigung der Rechte einer anderen Person,

4. zur Verhinderung oder Verfolgung von Straftaten sowie zur Verhinderung oder Verfolgung von Ordnungswidrigkeiten, durch welche die Sicherheit oder Ordnung der Anstalt gefährdet werden, oder

5. für Maßnahmen der Strafvollstreckung oder strafvollstreckungsrechtliche Entscheidungen

erforderlich ist.

(3) Eine Speicherung, Übermittlung oder Nutzung für andere Zwecke liegt nicht vor, soweit sie dem gerichtlichen Rechtsschutz im Zusammenhang mit diesem Gesetz oder den in § 10 Abs. 4 des Landesdatenschutzgesetzes genannten Zwecken dient.

(4) Über die in den Absätzen 1 und 2 geregelten Zwecke hinaus dürfen zuständigen öffentlichen Stellen personenbezogene Daten übermittelt werden, soweit dies für

1. Maßnahmen der Gerichtshilfe, Jugendgerichtshilfe, Bewährungshilfe oder Führungsaufsicht,

2. Entscheidungen in Gnadensachen,

3. gesetzlich angeordnete Statistiken der Rechtspflege,

4. die Erfüllung von Aufgaben, die den für Sozialleistungen zuständigen Leistungsträgern durch Rechtsvorschrift übertragen worden sind,

5. die Einleitung von Hilfsmaßnahmen für Angehörige (§ 11 Abs. 1 Nr. 1 des Strafgesetzbuchs) der Gefangenen,

6. dienstliche Maßnahmen der Bundeswehr im Zusammenhang mit der Aufnahme und Entlassung von Soldaten,

7. ausländerrechtliche Maßnahmen oder

8. die Durchführung der Besteuerung

erforderlich ist. Eine Übermittlung für andere Zwecke ist auch zulässig, soweit eine andere gesetzliche Bestimmung dies vorsieht und sich dabei ausdrücklich auf personenbezogene Daten über Gefangene bezieht.

(5) Die Anstalt oder die Aufsichtsbehörde darf öffentlichen oder nichtöffentlichen Stellen auf schriftlichen Antrag mitteilen, ob sich eine Person in Haft befindet sowie ob und wann ihre Entlassung voraussichtlich innerhalb eines Jahres bevorsteht, soweit

1. die Mitteilung zur Erfüllung der in der Zuständigkeit der öffentlichen Stelle liegenden Aufgaben erforderlich ist oder

2. von nichtöffentlichen Stellen ein berechtigtes Interesse an dieser Mitteilung glaubhaft dargelegt wird und die Gefangenen kein schutzwürdiges Interesse an dem Ausschluss der Übermittlung haben.

Den Verletzten einer Straftat können darüber hinaus auf schriftlichen Antrag Auskünfte über die Entlassungsadresse oder die Vermögensverhältnisse von Gefangenen erteilt werden, wenn die Erteilung zur Feststellung oder Durchsetzung von Rechtsansprüchen im Zusammenhang mit der Straftat erforderlich ist. Die Gefangenen werden vor der Mitteilung gehört, es sei denn, es ist zu besorgen, dass dadurch die Verfolgung des Interesses der Antragsteller vereitelt oder wesentlich erschwert werden würde, und eine Abwägung ergibt, dass dieses Interesse das Interesse der Gefangenen an ihrer vorherigen Anhörung überwiegt. Ist die Anhörung unterblieben, werden die betroffenen Gefangenen über die Mitteilung der Anstalt oder Aufsichtsbehörde nachträglich unterrichtet.

(6) Akten mit personenbezogenen Daten dürfen nur anderen Anstalten, Aufsichtsbehörden, den für strafvollzugs-, strafvollstreckungs- und strafrechtliche Entscheidungen zuständigen Gerichten sowie den Strafvollstreckungs- und Strafverfolgungsbehörden

zur Erfüllung von Aufgaben, die ihnen durch Rechtsvorschrift übertragen worden sind, überlassen werden. Die Überlassung an andere öffentliche Stellen als die nach Satz 1 ist zulässig, soweit die Erteilung einer Auskunft einen unvertretbaren Aufwand erfordert oder nach Darlegung der Akteneinsicht begehrenden Stellen für die Erfüllung der Aufgabe nicht ausreicht. Entsprechendes gilt für die Überlassung von Akten an die von der Vollzugsbehörde mit Gutachten beauftragten Stellen.

(7) Sind mit personenbezogenen Daten, die nach Absatz 1, Absatz 2 oder Absatz 4 übermittelt werden dürfen, weitere personenbezogene Daten von Betroffenen oder von Dritten in Akten so verbunden, dass eine Trennung nicht oder nur mit unvertretbarem Aufwand möglich ist, so ist die Übermittlung auch dieser Daten zulässig, soweit nicht berechtigte Interessen von Betroffenen oder Dritten an deren Geheimhaltung offensichtlich überwiegen. Eine Verarbeitung oder Nutzung dieser Daten durch die Empfänger ist unzulässig.

(8) Bei der Überwachung der Besuche oder des Schriftwechsels sowie bei der Überwachung des Inhaltes von Paketen bekannt gewordene personenbezogene Daten dürfen nur

1. für die in Absatz 2 aufgeführten Zwecke,

2. für den gerichtlichen Rechtsschutz im Zusammenhang mit diesem Gesetz,

3. zur Wahrung der Sicherheit oder Ordnung der Anstalt oder

4. nach Anhörung der Gefangenen für Zwecke der Behandlung verarbeitet und genutzt werden.

(9) Personenbezogene Daten, die nach § 88 Abs. 4 über Personen, die nicht Gefangene sind, erhoben worden sind, dürfen nur zur Erfüllung des Erhebungszwecks, für die in Absatz 2 Nr. 1 bis 3 geregelten Zwecke oder zur Verhinderung oder Verfolgung von Straftaten von erheblicher Bedeutung gespeichert, übermittelt oder genutzt werden.

(10) Die Übermittlung von personenbezogenen Daten unterbleibt, soweit die in § 92

Abs. 2 oder § 94 Abs. 2 und 4 geregelten Einschränkungen oder besondere gesetzliche Verwendungsregelungen entgegenstehen.

(11) Die Verantwortung für die Zulässigkeit der Übermittlung trägt die übermittelnde Anstalt oder Aufsichtsbehörde. Erfolgt die Übermittlung auf Ersuchen einer öffentlichen Stelle, trägt diese die Verantwortung. In diesem Fall prüft die übermittelnde Anstalt oder Aufsichtsbehörde nur, ob das Übermittlungsersuchen im Rahmen der Aufgaben des Empfängers liegt und die Absätze 8 bis 10 der Übermittlung nicht entgegenstehen, es sei denn, dass besonderer Anlass zur Prüfung der Zulässigkeit der Übermittlung besteht.

§ 90 Einrichtung automatisierter Übermittlungs- und Abrufverfahren

(1) Die Einrichtung eines automatisierten Verfahrens, das die Übermittlung oder den Abruf personenbezogener Daten gemäß § 89 Abs. 2 und 4 ermöglicht, ist zulässig, soweit diese Form der Datenübermittlung oder des Datenabrufs unter Berücksichtigung der schutzwürdigen Belange der betroffenen Personen und der Erfüllung des Zwecks der Übermittlung angemessen ist. Die automatisierte Übermittlung der nach § 13 Abs. 1 Satz 3 des Bundeskriminalamtgesetzes erforderlichen personenbezogenen Daten kann auch anlassunabhängig erfolgen.

(2) Für die automatisierte Übermittlung gilt § 17 des Landesdatenschutzgesetzes entsprechend.

§ 91 Zweckbindung

Von der Anstalt oder der Aufsichtsbehörde übermittelte personenbezogene Daten dürfen nur zu dem Zweck verarbeitet oder genutzt werden, zu dessen Erfüllung sie übermittelt worden sind. Die Empfänger dürfen die Daten für andere Zwecke nur verarbeiten oder nutzen, soweit sie ihnen auch für diese Zwecke hätten übermittelt werden dürfen, und wenn im Fall einer Übermittlung an nichtöffentliche Stellen die übermittelnde Anstalt oder Aufsichtsbehörde zugestimmt hat. Die Anstalt oder die Aufsichtsbehörde

hat die nichtöffentlichen Empfänger auf die Zweckbindung nach Satz 1 hinzuweisen.

§ 92 Schutz besonderer Daten

(1) Das religiöse oder weltanschauliche Bekenntnis und personenbezogene Daten von Gefangenen, die anlässlich ärztlicher Untersuchungen erhoben worden sind, dürfen in der Anstalt nicht allgemein kenntlich gemacht werden. Andere personenbezogene Daten von Gefangenen dürfen innerhalb der Anstalt allgemein kenntlich gemacht werden, soweit dies für ein geordnetes Zusammenleben in der Anstalt erforderlich ist. § 89 Abs. 8 bis 10 bleibt unberührt.

(2) Personenbezogene Daten, die

1. Ärzten, Zahnärzten oder Angehörigen eines anderen Heilberufs, der für die Berufsausübung oder die Führung der Berufsbezeichnung eine staatlich geregelte Ausbildung erfordert,

2. Berufspsychologen mit staatlich anerkannter wissenschaftlicher Abschlussprüfung oder

3. staatlich anerkannten Sozialarbeitern oder staatlich anerkannten Sozialpädagogen

von Gefangenen als Geheimnis anvertraut oder über Gefangene sonst bekannt geworden sind, unterliegen auch gegenüber der Anstalt und der Aufsichtsbehörde der Schweigepflicht. Die in Satz 1 genannten Personen haben sich gegenüber dem Anstaltsleiter zu offenbaren, soweit dies für die Aufgabenerfüllung der Anstalt oder der Aufsichtsbehörde oder zur Abwehr von erheblichen Gefahren für Leib oder Leben von Gefangenen oder Dritten erforderlich ist. Ärzte sind zur Offenbarung ihnen im Rahmen der allgemeinen Gesundheitsfürsorge bekannt gewordener Geheimnisse verpflichtet, soweit dies für die Aufgabenerfüllung der Anstalt oder der Aufsichtsbehörde unerlässlich oder zur Abwehr von erheblichen Gefahren für Leib oder Leben von Gefangenen oder Dritten erforderlich ist. Sonstige Offenbarungsbefugnisse bleiben unberührt. Die Gefangenen sind vor der Erhebung über die nach den Sätzen 2 und 3 bestehenden Offenbarungsbefugnisse zu unterrichten.

(3) Die nach Absatz 2 offenbarten Daten dürfen nur für den Zweck, für den sie offenbart wurden oder für den eine Offenbarung zulässig gewesen wäre, und nur unter denselben Voraussetzungen verarbeitet oder genutzt werden, unter denen eine in Absatz 2 Satz 1 genannte Person selbst hierzu befugt wäre. Der Anstaltsleiter kann unter diesen Voraussetzungen die unmittelbare Offenbarung gegenüber bestimmten Bediensteten allgemein zulassen.

(4) Sofern Ärzte oder Psychologen außerhalb des Vollzugs mit der Untersuchung oder Behandlung von Gefangenen beauftragt werden, gilt Absatz 2 mit der Maßgabe entsprechend, dass die beauftragte Person auch zur Unterrichtung des in der Anstalt tätigen Arztes oder des in der Anstalt mit der Behandlung der Gefangenen betrauten Psychologen befugt sind.

§ 93 Schutz der Daten in Akten und Dateien

(1) Die Bediensteten dürfen sich von personenbezogenen Daten nur Kenntnis verschaffen, soweit dies zur Erfüllung der ihnen obliegenden Aufgaben oder für die Zusammenarbeit nach § 7 erforderlich ist.

(2) Akten und Dateien mit personenbezogenen Daten sind durch die erforderlichen technischen und organisatorischen Maßnahmen gegen unbefugten Zugang und unbefugten Gebrauch zu schützen. Gesundheitsakten und Krankenblätter sind getrennt von anderen Unterlagen zu führen und besonders zu sichern. Im Übrigen gilt für die Art und den Umfang der Schutzvorkehrungen § 21 des Landesdatenschutzgesetzes.

§ 94 Berichtigung, Löschung und Sperrung

(1) Die in Dateien gespeicherten personenbezogenen Daten sind spätestens fünf Jahre nach der Entlassung der Gefangenen oder der Verlegung der Gefangenen in eine andere Anstalt oder Justizvollzugsanstalt zu löschen. Hiervon können bis zum Ablauf der Aufbewahrungsfrist für die Gefangenenpersonalakte die Angaben über Familienname, Vorname, Geburtsname, Geburtstag, Geburtsort, Eintritts- und Austrittsdatum der Gefangenen ausgenommen werden, soweit dies für das Auffinden der Gefangenenpersonalakte erforderlich ist.

(2) Personenbezogene Daten in Akten dürfen nach Ablauf von fünf Jahren seit der Entlassung der Gefangenen nur übermittelt oder genutzt werden, soweit dies

1. zur Verfolgung von Straftaten,
2. für die Durchführung wissenschaftlicher Forschungsvorhaben nach § 97,
3. zur Behebung einer bestehenden Beweisnot oder
4. zur Feststellung, Durchsetzung oder Abwehr von Rechtsansprüchen im Zusammenhang mit dem Vollzug einer Jugend- oder Freiheitsstrafe

unerlässlich ist. Diese Verwendungsbeschränkungen enden, wenn die Gefangenen erneut zum Vollzug einer Jugend- oder Freiheitsstrafe aufgenommen werden oder die Betroffenen eingewilligt haben.

(3) Bei der Aufbewahrung von Akten mit nach Absatz 2 gesperrten Daten dürfen folgende Fristen nicht überschritten werden:

1. Gefangenenpersonalakten, Gesundheitsakten
   und Krankenblätter   20 Jahre,
2. Gefangenenbücher   30 Jahre.

Dies gilt nicht, wenn aufgrund besonderer Tatsachen anzunehmen ist, dass die Aufbewahrung für die in Absatz 2 Satz 1 genannten Zwecke weiterhin erforderlich ist. Die Aufbewahrungsfrist beginnt am 1. Januar des Kalenderjahrs, das auf das Weglegung der Akte folgt. Die Bestimmungen des Landesarchivgesetzes bleiben unberührt.

(4) Wird festgestellt, dass unrichtige Daten übermittelt worden sind, ist dies anderen Stellen, die diese Daten ebenfalls verarbeiten, insbesondere dem Empfänger von Übermittlungen, mitzuteilen. Die Unterrichtung kann unterbleiben, wenn sie einen verhältnismäßig hohen Aufwand erfordern würde und kein Grund zur Annahme besteht, dass dadurch schutzwürdige Interessen der Betroffenen beeinträchtigt werden.

(5) Im Übrigen gelten für die Berichtigung, Löschung und Sperrung personenbezogener Daten die §§ 13 bis 16 des Landesdatenschutzgesetzes.

§ 95 Auskunft an die Betroffenen, Akteneinsicht

(1) Den Betroffenen ist auf Antrag Auskunft zu erteilen über

1. die zu ihrer Person gespeicherten Daten, auch soweit sie sich auf die Herkunft dieser Daten bezieht,

2. die Empfänger oder Kategorien von Empfängern, an die die Daten weitergegeben werden, und

3. den Zweck der Speicherung.

In dem Antrag soll die Art der personenbezogenen Daten, über die Auskunft erteilt werden soll, näher bezeichnet werden. Sind die personenbezogenen Daten weder automatisiert noch in nicht automatisierten Dateien gespeichert, wird die Auskunft nur erteilt, soweit die Betroffenen Angaben machen, die das Auffinden der Daten ermöglichen, und der für die Erteilung der Auskunft erforderliche Aufwand nicht außer Verhältnis zu dem von den Betroffenen geltend gemachten Informationsinteresse steht. Die Anstalt oder die Aufsichtsbehörde bestimmt das Verfahren, insbesondere die Form der Auskunftserteilung, nach pflichtgemäßem Ermessen.

(2) Absatz 1 gilt nicht für personenbezogene Daten, die nur deshalb gespeichert sind, weil sie aufgrund gesetzlicher, satzungsmäßiger oder vertraglicher Aufbewahrungsvorschriften nicht gelöscht werden dürfen, oder ausschließlich Zwecken der Datensicherung oder der Datenschutzkontrolle dienen und eine Auskunftserteilung einen unverhältnismäßigen Aufwand erfordern würde.

(3) Bezieht sich die Auskunftserteilung auf die Übermittlung personenbezogener Daten an Behörden der Staatsanwaltschaft, an Polizeidienststellen, Verfassungsschutzbehörden, den Bundesnachrichtendienst, den Militärischen Abschirmdienst und, soweit die Sicherheit des Bundes berührt wird, andere Behörden des Bundesministeriums der Verteidigung, so ist sie nur mit Zustimmung dieser Stellen zulässig.

(4) Die Auskunftserteilung unterbleibt, soweit

1. die Auskunft die ordnungsgemäße Erfüllung der in der Zuständigkeit der verantwortlichen Stelle liegenden Aufgaben gefährden würde,

2. die Auskunft die öffentliche Sicherheit oder Ordnung gefährden oder sonst dem Wohle des Bundes oder eines Landes Nachteile bereiten würde oder

3. die Daten oder die Tatsache ihrer Speicherung nach einer Rechtsvorschrift oder wegen der überwiegenden berechtigten Interessen Dritter geheim gehalten werden müssen

und deswegen das Interesse der Betroffenen an der Auskunftserteilung zurücktreten muss.

(5) Die Ablehnung der Auskunftserteilung bedarf keiner Begründung, soweit durch die Mitteilung der tatsächlichen und rechtlichen Gründe, auf die die Entscheidung gestützt wird, der mit der Auskunftsverweigerung verfolgte Zweck gefährdet würde. In diesen Fällen sind die Betroffenen darauf hinzuweisen, dass sie sich an den Landesbeauftragten für den Datenschutz wenden können.

(6) Wird den Betroffenen keine Auskunft erteilt, so ist sie auf deren Verlangen dem Landesbeauftragten für den Datenschutz zu erteilen, soweit nicht die Aufsichtsbehörde im Einzelfall feststellt, dass dadurch die Sicherheit des Landes Mecklenburg-Vorpommern, eines anderen Landes oder des Bundes gefährdet würde. Die Mitteilung des Landesbeauftragten für den Datenschutz an die Betroffenen darf keine Rückschlüsse auf den Erkenntnisstand der speichernden Stelle zulassen, sofern diese nicht einer weitergehenden Auskunft zustimmt.

(7) Soweit eine Auskunft für die Wahrnehmung der rechtlichen Interessen der Gefangenen nicht ausreicht und sie hierfür auf die Einsichtnahme angewiesen sind, wird Akteneinsicht gewährt.

(8) Auskunft und Akteneinsicht sind unentgeltlich.

§ 96 Anwendung des Landesdatenschutzgesetzes

Die Regelungen des Landesdatenschutzgesetzes über weitere Begriffsbestimmungen (§ 3 des Landesdatenschutzgesetzes), Einholung und Form der Einwilligung der Betroffenen (§ 8 des Landesdatenschutzgesetzes), das Datengeheimnis (§ 6 des Landesdatenschutzgesetzes), unabdingbare Rechte der Betroffenen (§ 28 des Landesdatenschutzgesetzes), allgemeine Maßnahmen zur Datensicherheit (§ 21 des Landesdatenschutzgesetzes) und das Verfahrensverzeichnis (§ 18 des Landesdatenschutzgesetzes) gelten entsprechend. Das Landesdatenschutzgesetz bleibt im Hinblick auf die Schadensersatz- und Strafvorschriften sowie die Bestimmungen über die Kontrolle durch den Landesbeauftragten für den Datenschutz unberührt.

Abschnitt 14
Kriminologische Forschung

§ 97 Evaluation, kriminologische Forschung

(1) Behandlungsprogramme für die Gefangenen sind auf der Grundlage wissenschaftlicher Erkenntnisse zu konzipieren, zu standardisieren und auf ihre Wirksamkeit hin zu überprüfen.

(2) Der Vollzug, insbesondere seine Aufgabenerfüllung und Gestaltung, die Umsetzung seiner Leitlinien sowie die Behandlungsprogramme und deren Wirkungen auf das Vollzugsziel, soll regelmäßig durch den kriminologischen Dienst, durch eine Hochschule oder durch eine andere Stelle wissenschaftlich begleitet und erforscht werden. § 476 der Strafprozessordnung gilt mit der Maßgabe entsprechend, dass auch elektronisch gespeicherte personenbezogene Daten übermittelt werden können.

Abschnitt 15
Aufbau der Jugendstrafvollzugsanstalt

§ 98 Jugendstrafvollzugsanstalt

(1) Die Jugendstrafe wird in Jugendstrafvollzugsanstalten oder Teilanstalten (Anstalt) vollzogen.

(2) Räume für den Aufenthalt während der Ruhe- und Freizeit sowie Gemeinschafts- und Besuchsräume sind zweckentsprechend auszugestalten.

(3) Die Abteilungen der Anstalt sollen in Wohngruppen gegliedert sein, zu denen neben den Haftäumen weitere Räume zur gemeinsamen Nutzung gehören.

§ 99 Festsetzung der Belegungsfähigkeit, Verbot der Überbelegung

(1) Die Aufsichtsbehörde setzt die Belegungsfähigkeit der Anstalt so fest, dass eine angemessene Unterbringung während der Ruhezeit gewährleistet ist. Dabei ist zu berücksichtigen, dass eine ausreichende Anzahl von Plätzen für Aus- und Weiterbildung, Arbeit sowie von Räumen für Seelsorge, Freizeit, Sport, therapeutische Maßnahmen und Besuche zur Verfügung steht.

(2) Haftäume dürfen nicht mit mehr Gefangenen als zugelassen belegt werden. Ausnahmen von Satz 1 sind nur vorübergehend und nur mit Zustimmung der Aufsichtsbehörde zulässig.

§ 100 Einrichtungen zur schulischen und beruflichen Bildung, Arbeitsbetriebe

(1) Einrichtungen zur schulischen und beruflichen Bildung, arbeitstherapeutischen Beschäftigung und Betriebe für die Arbeit sind vorzuhalten. Sie sind den Verhältnissen außerhalb der Anstalt anzugleichen.

(2) Bildung und Beschäftigung können auch in geeigneten privaten Einrichtungen und Betrieben erfolgen. Die technische und fachliche Leitung kann Angehörigen dieser Einrichtungen und Betriebe übertragen werden.

§ 101 Anstaltsleitung

(1) Der Anstaltsleiter trägt die Verantwortung für den gesamten Vollzug und vertritt die Anstalt nach außen. Er kann einzelne Aufgabenbereiche auf andere Bedienstete übertragen. Die Aufsichtsbehörde kann sich die Zustimmung zur Übertragung vorbehalten.

(2) Für jede Anstalt ist ein Beamter des höheren Dienstes zum hauptamtlichen Leiter zu bestellen. Aus besonderen Gründen kann eine Anstalt auch von einem Beamten des gehobenen Dienstes geleitet werden.

§ 102 Bedienstete

Die Anstalt wird mit dem für das Erreichen des Vollzugsziels erforderlichen Personal ausgestattet. Es muss für die erzieherische Gestaltung des Vollzugs geeignet und qualifiziert sein. Fortbildung sowie Praxisberatung und -begleitung für die Bediensteten sind zu gewährleisten.

§ 103 Seelsorger

(1) Die Seelsorger werden im Einvernehmen mit der jeweiligen Religionsgemeinschaft im Hauptamt bestellt oder vertraglich verpflichtet.

(2) Wenn die geringe Anzahl der Angehörigen einer Religionsgemeinschaft eine Seelsorge nach Absatz 1 nicht rechtfertigt, ist die seelsorgerische Betreuung auf andere Weise zuzulassen.

(3) Mit Zustimmung des Anstaltsleiters darf der Anstaltsseelsorger sich freier Seelsorgehelfer bedienen und diese für Gottesdienste sowie für andere religiöse Veranstaltungen von außen zuziehen.

§ 104 Medizinische Versorgung

(1) Die ärztliche Versorgung ist sicherzustellen.

(2) Die Pflege der Kranken soll von Bediensteten ausgeübt werden, die eine Erlaubnis nach dem Krankenpflegegesetz besitzen. Solange diese nicht zur Verfügung stehen, können auch Bedienstete eingesetzt werden, die eine sonstige Ausbildung in der Krankenpflege erfahren haben.

§ 105 Sozialtherapeutische Abteilung

In der Anstalt ist eine sozialtherapeutische Abteilung einzurichten.

§ 106 Konferenzen

Zur Erstellung und Fortschreibung des Vollzugsplans und zur Vorbereitung anderer wichtiger Vollzugsentscheidungen führt der Anstaltsleiter Konferenzen mit an der Erziehung maßgeblich Beteiligten durch.

§ 107 Mitverantwortung der Gefangenen

Den Gefangenen soll ermöglicht werden, an der Verantwortung für Angelegenheiten von gemeinsamem Interesse teilzunehmen, die sich ihrer Eigenart und der Aufgabe der Anstalt nach für ihre Mitwirkung eignen.

§ 108 Hausordnung

(1) Der Anstaltsleiter erlässt eine Hausordnung. Die Aufsichtsbehörde kann sich die Genehmigung vorbehalten.

(2) In die Hausordnung sind namentlich Anordnungen aufzunehmen über die

1. Besuchszeiten, Häufigkeit und Dauer der Besuche,

2. Arbeitszeit, Freizeit und Ruhezeit sowie

3. Gelegenheit, Anträge und Beschwerden anzubringen oder sich an einen Vertreter der Aufsichtsbehörde zu wenden.

Abschnitt 16
Aufsicht, Beirat

§ 109 Aufsichtsbehörde

Das Justizministerium führt die Aufsicht über die Anstalt.

§ 110 Vollstreckungsplan

Das Justizministerium regelt durch Rechtsverordnung die örtliche und sachliche Zuständigkeit der Anstalt nach § 98 Abs. 1 (Vollstreckungsplan).

§ 111 Beirat

(1) Bei der Anstalt ist ein Beirat zu bilden. Bedienstete dürfen nicht Mitglieder des Beirats sein. Das Justizministerium wird ermäch-

tigt, durch Rechtsverordnung das Verfahren der Bestellung des Beirats, seine Amtsdauer und die wesentlichen Punkte seiner Tätigkeit sowie die Anzahl und Entschädigung seiner Mitglieder zu regeln.

(2) Die Mitglieder des Beirats wirken bei der Gestaltung des Vollzugs und bei der Betreuung der Gefangenen mit. Sie unterstützen den Anstaltsleiter durch Anregungen und Verbesserungsvorschläge und helfen bei der Eingliederung der Gefangenen nach der Entlassung.

(3) Die Mitglieder des Beirats können namentlich Wünsche, Anregungen und Beanstandungen entgegennehmen. Sie können sich über die Unterbringung, Beschäftigung, berufliche Bildung, Verpflegung, ärztliche Versorgung und Behandlung unterrichten sowie die Anstalt besichtigen. Sie können die Gefangenen in ihren Räumen aufsuchen. Unterhaltung und Schriftwechsel werden nicht überwacht.

(4) Die Mitglieder des Beirats sind verpflichtet, außerhalb ihres Amtes über alle Angelegenheiten, die ihrer Natur nach vertraulich sind, besonders über Namen und Persönlich-keit der Gefangenen, Verschwiegenheit zu bewahren. Dies gilt auch nach Beendigung ihres Amtes.

Abschnitt 17
Schlussbestimmungen

§ 112 Einschränkung von Grundrechten

Durch dieses Gesetz werden die Grundrechte auf körperliche Unversehrtheit und Freiheit der Person (Artikel 2 Abs. 2 Satz 1 und 2 des Grundgesetzes) und auf Unverletzlichkeit des Brief-, Post- und Fernmeldegeheimnisses (Artikel 10 Abs. 1 des Grundgesetzes) eingeschränkt.

§ 113 Gleichstellungsbestimmung

Status- und Funktionsbezeichnungen in diesem Gesetz gelten jeweils in männlicher und weiblicher Form.

§ 114 Inkrafttreten

§ 57 Abs. 6 sowie die §§ 110 und 111 Abs. 1 Satz 3 treten am Tag nach der Verkündung in Kraft. Im Übrigen tritt dieses Gesetz am 1. Januar 2008 in Kraft.

Niedersächsisches Justizvollzugsgesetz (NJVollzG)

Vom 14. Dezember 2007 (Nds. GVBl. S. 720)

Zuletzt geändert durch
Gesetz zur Modernisierung des niedersächsischen Beamtenrechts
vom 25. März 2009 (Nds. GVBl. S. 72)

Inhaltsübersicht

Erster Teil
Gemeinsame Bestimmungen

§ 1 Anwendungsbereich

Dieses Gesetz regelt den Vollzug der Freiheitsstrafe, der Jugendstrafe, der Unterbringung in der Sicherungsverwahrung und der Untersuchungshaft in den dafür bestimmten Anstalten des Landes Niedersachsen.

§ 2 Allgemeine Gestaltungsgrundsätze

(1) Das Leben im Vollzug soll den allgemeinen Lebensverhältnissen soweit wie möglich angepasst werden.

(2) Schädlichen Folgen des Freiheitsentzuges ist entgegenzuwirken.

(3) Der Vollzug der Freiheitsstrafe, der Jugendstrafe und der Unterbringung in der Sicherungsverwahrung soll die Mitarbeitsbereitschaft der Gefangenen und Sicherungsverwahrten im Vollzug fördern, ihre Eigenverantwortung stärken und ihnen helfen, sich in das Leben in Freiheit einzugliedern.

§ 3 Rechtsstellung der Gefangenen und Sicherungsverwahrten

₁Die oder der Gefangene und die oder der Sicherungsverwahrte unterliegen den in diesem Gesetz vorgesehenen Beschränkungen ihrer oder seiner Freiheit. ₂Soweit das Gesetz eine besondere Regelung nicht enthält, können ihr oder ihm die Beschränkungen auferlegt werden, die zur Aufrechterhaltung der Sicherheit oder Ordnung der Anstalt erforderlich sind. ₃Die Sicherheit der Anstalt umfasst auch den Schutz der Allgemeinheit vor Straftaten der Gefangenen und Sicherungsverwahrten.

§ 4 Grundsatz der Verhältnismäßigkeit

₁Von mehreren möglichen und geeigneten Maßnahmen ist diejenige zu treffen, die die Gefangene oder den Gefangenen oder die Sicherungsverwahrte oder den Sicherungsverwahrten voraussichtlich am wenigsten beeinträchtigt. ₂Eine Maßnahme darf nicht zu einem Nachteil führen, der zu dem erstrebten Erfolg erkennbar außer Verhältnis steht. ₃Sie ist nur so lange zulässig, bis ihr Zweck erreicht ist oder nicht mehr erreicht werden kann.

Zweiter Teil
Vollzug der Freiheitsstrafe

Erstes Kapitel
Allgemeine Vorschriften, Grundsätze

§ 5 Vollzugsziele

₁Im Vollzug der Freiheitsstrafe sollen die Gefangenen fähig werden, künftig in sozialer Verantwortung ein Leben ohne Straftaten zu führen. ₂Zugleich dient der Vollzug der Freiheitsstrafe dem Schutz der Allgemeinheit vor weiteren Straftaten.

§ 6 Mitwirkung der Gefangenen

(1) ₁Gefangene sollen an der Erreichung des Vollzugszieles nach § 5 Satz 1 mitwirken. ₂Ihre Bereitschaft hierzu ist zu wecken und zu fördern.

(2) ₁Der oder dem Gefangenen sollen geeignete Maßnahmen angeboten werden, die ihr oder ihm die Chance eröffnen, sich nach Verbüßung der Strafe in die Gesellschaft einzugliedern. ₂Kann der Zweck einer solchen Maßnahme dauerhaft nicht erreicht werden, insbesondere weil die oder der Gefangene nicht hinreichend daran mitarbeitet, so soll diese Maßnahme beendet werden.

§ 7 Vollzug der Freiheitsstrafe in Einrichtungen für den Vollzug der Jugendstrafe

Wird die Freiheitsstrafe nach den Vorschriften des Jugendgerichtsgesetzes in einer Einrichtung für den Vollzug der Jugendstrafe vollzogen, so gelten für den Vollzug der Freiheitsstrafe die Vorschriften des Vierten Teils.

Zweites Kapitel
Planung und Verlauf des Vollzuges

§ 8 Aufnahme in die Anstalt

(1) Bei der Aufnahme in die Anstalt wird die oder der Gefangene über ihre oder seine Rechte und Pflichten unterrichtet.

(2) ₁Die oder der Gefangene und ihre oder seine Sachen werden durchsucht. ₂Mit der oder dem Gefangenen wird unverzüglich ein Zugangsgespräch geführt. ₃Sie oder er wird alsbald ärztlich untersucht.

(3) ₁Während des Aufnahmeverfahrens dürfen andere Gefangene nicht anwesend sein. ₂Erfordert die Verständigung mit der oder dem aufzunehmenden Gefangenen die Zuziehung einer Dolmetscherin oder eines Dolmetschers, so ist diese unverzüglich zu veranlassen. ₃Ist die sofortige Verständigung mit der oder dem aufzunehmenden Gefangenen in ihrem oder seinem Interesse oder zur Gewährleistung der Sicherheit der Anstalt erforderlich, so können andere Gefangene zur Übersetzung herangezogen werden, wenn die Zuziehung einer Dolmetscherin oder eines Dolmetschers nach Satz 2 nicht rechtzeitig möglich ist.

§ 9 Vollzugsplanung

(1) ₁Für die oder den Gefangenen ist eine Vollzugsplanung durchzuführen. ₂Beträgt die Vollzugsdauer über ein Jahr, so ist ein Vollzugsplan zu erstellen, der Angaben mindestens über folgende Maßnahmen enthält:

1. die Unterbringung im geschlossenen oder offenen Vollzug,

2. die Verlegung in eine sozialtherapeutische Anstalt oder Abteilung,

3. die Zuweisung zu Wohn- und anderen Gruppen, die der Erreichung des Vollzugszieles nach § 5 Satz 1 dienen,

4. den Arbeitseinsatz sowie Maßnahmen der schulischen oder beruflichen Aus- oder Weiterbildung,

5. die Teilnahme an Veranstaltungen der Fortbildung,

6. besondere Hilfs- und Therapiemaßnahmen,

7. Lockerungen des Vollzuges und

8. notwendige Maßnahmen zur Vorbereitung der Entlassung.

(2) Nach der Aufnahme werden die zur Vorbereitung der Aufstellung des Vollzugsplans notwendigen Daten zur Persönlichkeit und zu den Lebensverhältnissen der oder des Gefangenen erhoben und die Ursachen der Straftaten untersucht.

(3) ₁Der Vollzugsplan ist in Einklang mit der Entwicklung der oder des Gefangenen und weiteren Erkenntnissen zur Persönlichkeit, insbesondere der Bereitschaft, an der Erreichung des Vollzugszieles nach § 5 Satz 1 mitzuarbeiten, fortzuschreiben. ₂Hierfür sind im Vollzugsplan angemessene Fristen vorzusehen.

(4) Zur Vorbereitung der Aufstellung und Fortschreibung des Vollzugsplans werden Konferenzen mit den nach Auffassung der Vollzugsbehörde an der Vollzugsgestaltung maßgeblich Beteiligten durchgeführt.

(5) ₁Die Vollzugsplanung wird mit der oder dem Gefangenen erörtert. ₂Erfolgt die Vollzugsplanung in Form eines Vollzugsplans, so wird ihr oder ihm dieser in schriftlicher Form ausgehändigt.

§ 10 Verlegung, Überstellung, Ausantwortung

(1) Die oder der Gefangene kann abweichend vom Vollstreckungsplan in eine andere Anstalt verlegt werden, wenn

1. hierdurch die Eingliederung in das Leben in Freiheit nach der Entlassung oder sonst die Erreichung des Vollzugszieles nach § 5 Satz 1 gefördert wird,

2. sich während des Vollzuges herausstellt, dass die sichere Unterbringung der oder des Gefangenen auch in einer anderen Anstalt mit geringeren Sicherheitsvorkehrungen gewährleistet ist und durch die Verlegung die Erreichung des Vollzugszieles nach § 5 Satz 1 nicht gefährdet wird,

3. ihr oder sein Verhalten oder Zustand eine Gefahr für die Sicherheit der Anstalt oder eine schwer wiegende Störung der Ordnung darstellt und diese durch die Verlegung abgewehrt wird,

4. ohne Rücksicht auf ihr oder sein Verhalten oder ihren oder seinen Zustand eine Gefahr für die Sicherheit der Anstalt oder eine schwer wiegende Störung der Ordnung nicht anders abgewehrt werden kann,

5. dies aus Gründen der Vollzugsorganisation oder aus einem anderen wichtigen Grund erforderlich ist.

(2) Die oder der Gefangene darf aus wichtigem Grund in eine andere Anstalt überstellt werden.

(3) ₁Die oder der Gefangene kann mit ihrer oder seiner Zustimmung befristet dem Gewahrsam einer anderen Behörde überlassen werden, wenn diese zur Erfüllung ihrer Aufgaben darum ersucht (Ausantwortung). ₂Die Ausantwortung ist auch ohne Zustimmung der oder des Gefangenen zulässig, wenn die ersuchende Behörde aufgrund einer Rechtsvorschrift das Erscheinen der oder des Gefangenen zwangsweise durchsetzen könnte. ₃Die Verantwortung für die Sicherung des Gewahrsams und für das Vorliegen der Voraussetzungen des Satzes 2 trägt die ersuchende Behörde.

§ 11 Länderübergreifende Verlegungen

(1) ₁Die oder der Gefangene kann mit Zustimmung des für Justiz zuständigen Ministeriums (Fachministerium) in eine Anstalt eines anderen Landes verlegt werden, wenn die in diesem Gesetz geregelten Voraussetzungen für eine Verlegung vorliegen und die zuständige Behörde des anderen Landes der Verlegung in die dortige Anstalt zustimmt. ₂Dabei ist sicherzustellen, dass die nach diesem Gesetz erworbenen Ansprüche auf Arbeitsentgelt, Ausbildungsbeihilfe, Freistellung von der Arbeitspflicht und Ausgleichsentschädigung entweder durch das Land erfüllt oder in dem anderen Land anerkannt werden. ₃§ 40 Abs. 10 gilt entsprechend, soweit Ansprüche auf Freistellung von der Arbeitspflicht infolge der Verlegung nicht erfüllt werden können.

(2) Gefangene aus einer Anstalt eines anderen Landes können mit Zustimmung des Fachministeriums in eine Anstalt des Landes aufgenommen werden.

§ 12 Geschlossener und offener Vollzug

(1) Die oder der Gefangene wird im geschlossenen Vollzug untergebracht, wenn nicht nach dem Vollstreckungsplan eine Einweisung in den offenen Vollzug oder in eine Einweisungsanstalt oder Einweisungsabteilung vorgesehen ist.

(2) Die oder der Gefangene soll in eine Anstalt oder Abteilung des offenen Vollzuges verlegt werden, wenn sie oder er den besonderen Anforderungen des offenen Vollzuges genügt und namentlich nicht zu befürchten ist, dass sie oder er sich dem Vollzug der Freiheitsstrafe entzieht oder die Möglichkeiten des offenen Vollzuges zu Straftaten missbrauchen wird.

(3) Befindet sich eine Gefangene oder ein Gefangener im offenen Vollzug, so soll sie oder er in eine Anstalt oder Abteilung des geschlossenen Vollzuges verlegt werden, wenn sie oder er es beantragt oder den Anforderungen nach Absatz 2 nicht genügt oder es zur Erreichung des Vollzugszieles nach § 5 Satz 1 erforderlich ist.

§ 13 Lockerungen des Vollzuges

(1) Als Lockerung des Vollzuges kann zur Erreichung des Vollzugszieles nach § 5 Satz 1 mit Zustimmung der oder des Gefangenen namentlich angeordnet werden, dass die oder der Gefangene

1. außerhalb der Anstalt regelmäßig einer Beschäftigung unter Aufsicht (Außenbeschäftigung) oder ohne Aufsicht Vollzugsbediensteter (Freigang) nachgehen darf,

2. für eine bestimmte Tageszeit die Anstalt unter Aufsicht (Ausführung) oder ohne Aufsicht Vollzugsbediensteter (Ausgang) verlassen darf oder

3. bis zu 21 Kalendertagen im Vollstreckungsjahr beurlaubt wird.

(2) Die Lockerungen nach Absatz 1 dürfen nur angeordnet werden, wenn nicht zu befürchten ist, dass die oder der Gefangene sich dem Vollzug der Freiheitsstrafe entzieht oder die Lockerungen zu Straftaten missbrauchen wird.

(3) ₁Ausgang und Freigang sollen erst angeordnet werden, wenn hinreichende Erkenntnisse über die Gefangene oder den Gefangenen vorliegen, aufgrund derer verlässlich beurteilt werden kann, ob die Voraussetzungen

des Absatzes 2 im Einzelfall gegeben sind; dabei sind die Vollzugsdauer und die Länge des davon bereits verbüßten Teils zu berücksichtigen. ₂Urlaub soll erst angeordnet werden, wenn sich die oder der Gefangene im Ausgang oder Freigang bewährt hat.

(4) Die oder der zu lebenslanger Freiheitsstrafe verurteilte Gefangene kann beurlaubt werden, wenn sie oder er sich einschließlich einer vorhergehenden Untersuchungshaft oder einer anderen Freiheitsentziehung zehn Jahre im Vollzug befunden hat oder wenn sie oder er in den offenen Vollzug verlegt worden ist; für Ausgang und Freigang gilt in der Regel eine Sperrfrist von acht Jahren.

(5) Der oder dem Gefangenen, die oder der sich für den offenen Vollzug eignet, aus besonderen Gründen aber in einer Anstalt oder Abteilung des geschlossenen Vollzuges untergebracht ist, können nach den für den offenen Vollzug geltenden Vorschriften Lockerungen gewährt werden.

(6) Durch den Urlaub wird die Strafvollstreckung nicht unterbrochen.

§ 14 Ausgang, Urlaub und Ausführung aus wichtigem Anlass

(1) ₁Aus wichtigem Anlass kann die oder der Gefangene Ausgang erhalten oder bis zu sieben Tagen beurlaubt werden; der Urlaub aus anderem wichtigen Anlass als wegen einer lebensgefährlichen Erkrankung oder wegen des Todes einer oder eines Angehörigen darf sieben Tage im Jahr nicht übersteigen. ₂Kann Ausgang oder Urlaub aus den in § 13 Abs. 2 genannten Gründen nicht gewährt werden, so kann die Vollzugsbehörde die Gefangene oder den Gefangenen ausführen lassen.

(2) Die Lockerungen nach Absatz 1 werden nicht auf die Lockerungen nach § 13 angerechnet.

(3) ₁Der oder dem Gefangenen kann zur Teilnahme an einem gerichtlichen Termin Ausgang oder Urlaub gewährt werden, wenn anzunehmen ist, dass sie oder er der Ladung folgt. ₂Kann Ausgang oder Urlaub nicht gewährt werden, so soll die oder der Gefangene mit ihrer oder seiner Zustimmung ausgeführt werden. ₃Auf Ersuchen eines Gerichts oder

einer Staatsanwaltschaft wird die oder der Gefangene vorgeführt.

(4) Die oder der Gefangene darf auch ohne ihre oder seine Zustimmung ausgeführt werden, wenn dies aus besonderem Grund notwendig ist.

(5) § 13 Abs. 2 und 6 sowie § 15 gelten entsprechend.

§ 15 Weisungen, Aufhebung von Lockerungen

(1) Der oder dem Gefangenen können für Lockerungen Weisungen erteilt werden.

(2) Lockerungen können widerrufen werden, wenn die Vollzugsbehörde aufgrund nachträglich eingetretener Umstände berechtigt wäre, die Maßnahme zu versagen, oder die oder der Gefangene die Maßnahme missbraucht oder sie oder er den Weisungen nicht nachkommt.

(3) Lockerungen können mit Wirkung für die Zukunft zurückgenommen werden, wenn die Voraussetzungen für ihre Anordnung nicht vorgelegen haben.

§ 16 Begutachtung, Untersuchung

(1) ₁Die Vollzugsbehörde ordnet an, dass sich die oder der Gefangene begutachten oder körperlich untersuchen lässt, wenn dies zur Feststellung der Voraussetzungen einer Verlegung in den offenen Vollzug nach § 12 Abs. 2 oder einer Lockerung nach § 13 Abs. 2 erforderlich ist. ₂Die Erforderlichkeit ist in der Regel gegeben

1. bei zu lebenslanger Freiheitsstrafe verurteilten Gefangenen,

2. bei Gefangenen, die wegen einer Straftat
   a) nach den §§ 174 bis 180, 182, 211 oder 212 des Strafgesetzbuchs oder
   b) nach § 323a des Strafgesetzbuchs verurteilt worden sind, soweit die im Rausch begangene Tat eine der in Buchstabe a genannten Taten ist,
   oder

3. wenn Tatsachen die Annahme begründen, dass eine Abhängigkeit oder ein Missbrauch von Sucht- oder Arzneimitteln vorliegt.

₃In den Fällen des Satzes 2 Nrn. 1 und 2 sollen Sachverständige verschiedener Fachrichtungen an der Begutachtung beteiligt werden.

(2) Blutentnahmen oder andere körperliche Eingriffe sind zulässig, wenn sie von einer Ärztin oder einem Arzt vorgenommen werden und kein Nachteil für die Gesundheit der oder des Gefangenen nicht zu befürchten ist.

(3) ₁Die Begutachtung oder körperliche Untersuchung bedarf der Zustimmung der oder des Gefangenen. ₂Verweigert die oder der Gefangene die Zustimmung, so ist in der Regel der Schluss zu ziehen, dass die Voraussetzungen für die Verlegung in den offenen Vollzug oder die Anordnung der Lockerung nicht gegeben sind. ₃Die oder der Gefangene ist hierauf bei der Anordnung nach Absatz 1 hinzuweisen.

(4) ₁Blut und sonstige Körperzellen dürfen nur für den der Anordnung zugrunde liegenden Zweck verwendet werden. ₂Für einen anderen vollzuglichen Zweck dürfen sie verwendet werden, wenn ihre Entnahme auch zu diesem Zweck zulässig wäre oder wenn die oder der Gefangene zustimmt. ₃Liegt eine Zustimmung der oder des Gefangenen nicht vor, so ist sie oder er über die Verwendung zu einem anderen vollzuglichen Zweck zu unterrichten. ₄Blut und sonstige Körperzellen sind unverzüglich zu vernichten, sobald sie für Zwecke nach Satz 1 oder 2 nicht mehr benötigt werden.

(5) ₁Eine Begutachtung oder körperliche Untersuchung kann auch angeordnet werden, wenn dies für die Vorbereitung einer anderen vollzuglichen Entscheidung, insbesondere zur Abwehr einer Gefahr für die Sicherheit oder Ordnung der Anstalt, erforderlich ist. ₂Die Absätze 2 bis 4 gelten entsprechend.

§ 17 Entlassungsvorbereitung

(1) Um die Entlassung vorzubereiten, sollen Lockerungen unter den Voraussetzungen des § 13 angeordnet werden.

(2) Eine Verlegung der oder des Gefangenen in den offenen Vollzug nach § 12 Abs. 2 soll unterbleiben, wenn diese die Vorbereitung der Entlassung beeinträchtigen würde.

(3) ₁Innerhalb von drei Monaten vor der Entlassung kann zu deren Vorbereitung Sonderurlaub bis zu einer Woche gewährt werden. ₂§ 13 Abs. 2 und 6 sowie § 15 gelten entsprechend.

(4) ₁Der Freigängerin und dem Freigänger (§ 13 Abs. 1 Nr. 1) kann innerhalb von neun Monaten vor der Entlassung Sonderurlaub bis zu sechs Tagen im Monat gewährt werden. ₂§ 13 Abs. 2 und 6 sowie § 15 gelten entsprechend. ₃Absatz 3 Satz 1 findet keine Anwendung.

§ 18 Entlassungszeitpunkt

(1) Die oder der Gefangene soll am letzten Tag ihrer oder seiner Strafzeit möglichst frühzeitig, jedenfalls noch am Vormittag, entlassen werden.

(2) Fällt das Strafende auf einen Sonnabend oder Sonntag, einen gesetzlichen Feiertag, den ersten Werktag nach Ostern oder Pfingsten oder in die Zeit vom 22. Dezember bis zum 2. Januar, so kann die oder der Gefangene an dem diesem Tag oder Zeitraum vorhergehenden Werktag entlassen werden, wenn dies nach der Länge der Strafzeit vertretbar ist und fürsorgerische Gründe nicht entgegenstehen,

(3) Der Entlassungszeitpunkt kann bis zu zwei Tagen vorverlegt werden, wenn dringende Gründe dafür vorliegen, dass die oder der Gefangene zu ihrer oder seiner Eingliederung hierauf angewiesen ist.

Drittes Kapitel
Unterbringung, Kleidung, Verpflegung und Einkauf

§ 19 Unterbringung während der Arbeitszeit und Freizeit

(1) ₁Gefangene arbeiten gemeinsam. ₂Dasselbe gilt für schulische und berufliche Aus- und Weiterbildung sowie für arbeitstherapeutische Beschäftigung während der Arbeitszeit.

(2) Während der Freizeit kann sich die oder der Gefangene in Gemeinschaft mit anderen aufhalten.

(3) Die gemeinschaftliche Unterbringung während der Arbeitszeit und Freizeit kann eingeschränkt werden

1. bis zu einer Dauer von zwei Monaten während der Erhebung und Untersuchung nach § 9 Abs. 2,

2. wenn ein schädlicher Einfluss auf andere Gefangene zu befürchten ist oder

3. wenn es die Sicherheit oder Ordnung der Anstalt erfordert.

§ 20 Unterbringung während der Ruhezeit

(1) ₁Die oder der Gefangene wird während der Ruhezeit allein in ihrem oder seinem Haftraum untergebracht. ₂Mit ihrer oder seiner Zustimmung kann die oder der Gefangene auch gemeinsam mit anderen Gefangenen untergebracht werden, wenn eine schädliche Beeinflussung nicht zu befürchten ist.

(2) Ohne Zustimmung der betroffenen Gefangenen ist eine gemeinsame Unterbringung nur zulässig, sofern eine oder einer von ihnen hilfsbedürftig ist, für eine oder einen von ihnen eine Gefahr für Leben oder Gesundheit besteht oder die räumlichen Verhältnisse der Anstalt dies erfordern.

§ 21 Ausstattung des Haftraums und persönlicher Besitz

₁Die oder der Gefangene darf ihren oder seinen Haftraum mit Erlaubnis in angemessenem Umfang mit eigenen Sachen ausstatten. ₂Die Erlaubnis kann versagt oder widerrufen werden, soweit Sachen die Übersichtlichkeit des Haftraumes oder in anderer Weise die Sicherheit oder Ordnung der Anstalt beeinträchtigen.

§ 22 Kleidung

(1) Die oder der Gefangene trägt eigene Kleidung, wenn sie oder er für Reinigung und Instandsetzung auf eigene Kosten sorgt; anderenfalls trägt sie oder er Anstaltskleidung.

(2) Die Vollzugsbehörde kann das Tragen von Anstaltskleidung allgemein oder im Einzelfall anordnen, wenn dies aus Gründen der Sicherheit oder Ordnung der Anstalt erforderlich ist.

§ 23 Anstaltsverpflegung

₁Gefangene sind gesund zu ernähren. ₂Auf ärztliche Anordnung wird besondere Verpflegung gewährt. ₃Der oder dem Gefangenen ist es zu ermöglichen, Speisevorschriften ihrer oder seiner Religionsgemeinschaft zu befolgen.

§ 24 Einkauf

(1) ₁Die oder der Gefangene kann sich aus einem von der Vollzugsbehörde vermittelten Angebot Nahrungs- und Genussmittel sowie Mittel zur Körperpflege kaufen. ₂Es soll für ein Angebot gesorgt werden, das auf die Wünsche und Bedürfnisse der Gefangenen Rücksicht nimmt.

(2) ₁Gegenstände, die die Sicherheit oder Ordnung der Anstalt gefährden, sind vom Einkauf ausgeschlossen. ₂In Anstaltskrankenhäusern und Krankenabteilungen kann der Einkauf einzelner Nahrungs- und Genussmittel auf ärztliche Anordnung allgemein untersagt oder eingeschränkt werden.

Viertes Kapitel
Besuche, Schriftwechsel, Telekommunikation und Pakete

§ 25 Recht auf Besuch

(1) ₁Die oder der Gefangene darf nach vorheriger Anmeldung regelmäßig Besuch empfangen. ₂Die Gesamtdauer beträgt mindestens eine Stunde im Monat. ₃Die Dauer und Häufigkeit der Besuche sowie die Besuchszeiten regelt die Hausordnung.

(2) Besuche sollen darüber hinaus zugelassen werden, wenn sie die Erreichung des Vollzugszieles nach § 5 Satz 1 fördern oder persönlichen, rechtlichen oder geschäftlichen Angelegenheiten dienen, die nicht von der oder dem Gefangenen schriftlich erledigt, durch Dritte wahrgenommen oder bis zur Entlassung der oder des Gefangenen aufgeschoben werden können.

(3) Zur Aufrechterhaltung der Sicherheit oder Ordnung der Anstalt kann der Besuch einer Person von ihrer Durchsuchung abhängig gemacht und die Anzahl der gleichzeitig zu ei-

nem Besuch zugelassenen Personen beschränkt werden.

§ 26 Besuchsverbot

Besuche können untersagt werden,

1. wenn die Sicherheit oder Ordnung der Anstalt gefährdet würde,

2. bei Besucherinnen und Besuchern, die nicht Angehörige der oder des Gefangenen im Sinne des Strafgesetzbuchs sind, wenn zu befürchten ist, dass sie einen schädlichen Einfluss auf die Gefangene oder den Gefangenen haben oder ihre oder seine Eingliederung behindern würden.

§ 27 Besuche von Verteidigerinnen, Verteidigern, Rechtsanwältinnen, Rechtsanwälten, Notarinnen und Notaren

₁Besuche von Verteidigerinnen und Verteidigern sowie von Rechtsanwältinnen, Rechtsanwälten, Notarinnen und Notaren in einer die Gefangene oder den Gefangenen betreffenden Rechtssache sind ohne Beschränkungen hinsichtlich ihrer Dauer oder Häufigkeit zulässig. ₂Die regelmäßigen Besuchszeiten legt die Vollzugsbehörde im Benehmen mit der Rechtsanwaltskammer in der Hausordnung fest. ₃§ 25 Abs. 3 gilt entsprechend. ₄Eine inhaltliche Überprüfung der von der Verteidigerin oder dem Verteidiger mitgeführten Schriftstücke und sonstiger Unterlagen ist nicht zulässig. ₅Abweichend von Satz 4 gilt § 30 Abs. 2 Sätze 2 bis 4 in den dort genannten Fällen entsprechend.

§ 28 Überwachung der Besuche

(1) ₁Besuche dürfen offen überwacht werden. ₂Die akustische Überwachung ist nur zulässig, wenn dies im Einzelfall zur Erreichung des Vollzugszieles nach § 5 Satz 1 oder zur Aufrechterhaltung der Sicherheit oder Ordnung der Anstalt erforderlich ist.

(2) Die Vollzugsbehörde kann anordnen, dass für das Gespräch zwischen der oder dem Gefangenen und den Besucherinnen und Besuchern Vorrichtungen vorzusehen sind, die die körperliche Kontaktaufnahme sowie die

Übergabe von Schriftstücken und anderen Gegenständen ausschließen, wenn dies zur Aufrechterhaltung der Sicherheit oder zur Abwendung einer schwer wiegenden Störung der Ordnung der Anstalt unerlässlich ist.

(3) ₁Ein Besuch darf nach vorheriger Androhung abgebrochen werden, wenn Besucherinnen oder Besucher oder die oder der Gefangene gegen die Vorschriften dieses Gesetzes oder die aufgrund dieses Gesetzes getroffenen Anordnungen verstoßen. ₂Der Besuch kann sofort abgebrochen werden, wenn dies unerlässlich ist, um eine Gefahr für die Sicherheit der Anstalt oder einen schwer wiegenden Verstoß gegen die Ordnung der Anstalt abzuwehren.

(4) Besuche von Verteidigerinnen und Verteidigern werden nicht überwacht.

(5) ₁Gegenstände dürfen beim Besuch nur mit Erlaubnis übergeben werden. ₂Dies gilt nicht für die bei dem Besuch

1. einer Verteidigerin oder eines Verteidigers oder

2. einer Rechtsanwältin, eines Rechtsanwalts, einer Notarin oder eines Notars zur Erledigung einer die Gefangene oder den Gefangenen betreffenden Rechtssache

übergebenen Schriftstücke und sonstigen Unterlagen. ₃In den Fällen des Satzes 2 Nr. 2 kann die Übergabe aus Gründen der Sicherheit oder Ordnung der Anstalt von der Erteilung einer Erlaubnis abhängig gemacht werden.

(6) Abweichend von den Absätzen 4 und 5 Satz 2 Nr. 1 gilt § 30 Abs. 2 Sätze 2 bis 4 in den dort genannten Fällen entsprechend.

§ 29 Recht auf Schriftwechsel

(1) ₁Die oder der Gefangene hat das Recht, Schreiben abzusenden und zu empfangen. ₂In dringenden Fällen kann der oder dem Gefangenen gestattet werden, Schreiben als Telefaxe aufzugeben.

(2) Schriftwechsel mit bestimmten Personen kann untersagt werden, wenn

1. die Sicherheit oder Ordnung der Anstalt gefährdet würde oder

2. zu erwarten ist, dass der Schriftwechsel mit Personen, die nicht Angehörige der oder des Gefangenen im Sinne des Strafgesetzbuchs sind, einen schädlichen Einfluss auf die Gefangene oder den Gefangenen haben oder ihre oder seine Eingliederung behindern würde.

§ 30 Überwachung des Schriftwechsels

(1) Der Schriftwechsel darf überwacht werden, soweit es zur Erreichung des Vollzugszieles nach § 5 Satz 1 oder aus Gründen der Sicherheit oder Ordnung der Anstalt erforderlich ist.

(2) ₁Der Schriftwechsel der oder des Gefangenen mit der Verteidigerin oder dem Verteidiger wird nicht überwacht. ₂Liegt dem Vollzug der Freiheitsstrafe eine Straftat nach § 129a, auch in Verbindung mit § 129b Abs. 1, des Strafgesetzbuchs (StGB) zugrunde, so gelten § 148 Abs. 2 und § 148a der Strafprozessordnung (StPO) entsprechend. ₃Satz 2 gilt nicht, wenn sich die oder der Gefangene in einer Anstalt oder Abteilung des offenen Vollzuges befindet oder wenn ihr oder ihm Lockerungen nach § 13 Abs. 1 mit Ausnahme der Ausführung oder Sonderurlaub nach § 17 Abs. 3 gewährt worden sind und ein Grund, der die Vollzugsbehörde zum Widerruf der Rücknahme ermächtigt, nicht vorliegt. ₄Die Sätze 2 und 3 gelten auch, wenn gegen eine Gefangene oder einen Gefangenen im Anschluss an die dem Vollzug der Freiheitsstrafe zugrunde liegende Verurteilung eine Freiheitsstrafe wegen einer Straftat nach § 129a StGB, auch in Verbindung mit § 129b Abs. 1 StGB, zu vollstrecken ist.

(3) ₁Nicht überwacht werden Schreiben der oder des Gefangenen an Volksvertretungen des Bundes und der Länder sowie an deren Mitglieder, wenn die Schreiben an die Anschriften dieser Volksvertretungen gerichtet sind und die Absender zutreffend angeben. ₂Entsprechendes gilt für Schreiben an das Europäische Parlament und dessen Mitglieder, den Europäischen Gerichtshof für Menschenrechte, den Europäischen Ausschuss zur Verhütung von Folter und unmenschlicher oder erniedrigender Behandlung oder Strafe und die Datenschutzbeauftragten des Bundes und der Länder. ₃Schreiben der in den Sätzen 1 und 2 genannten Stellen, die an eine Gefangene oder einen Gefangenen gerichtet sind, werden nicht überwacht, wenn die Identität der Absender zweifelsfrei feststeht.

§ 31 Weiterleitung von Schreiben, Aufbewahrung

(1) Die oder der Gefangene hat Absendung und Empfang ihrer oder seiner Schreiben durch die Vollzugsbehörde vermitteln zu lassen, soweit nichts anderes gestattet ist.

(2) Eingehende und ausgehende Schreiben sind unverzüglich weiterzuleiten.

(3) Die oder der Gefangene hat eingehende Schreiben unverschlossen zu verwahren, sofern nicht etwas anderes gestattet wird; sie oder er kann die Schreiben verschlossen zur Habe geben.

§ 32 Anhalten von Schreiben

(1) Schreiben können angehalten werden, wenn

1. die Vollzugsziele oder die Sicherheit oder Ordnung der Anstalt gefährdet würden,

2. die Weitergabe in Kenntnis ihres Inhalts einen Straf- oder Bußgeldtatbestand verwirklichen würde,

3. sie grob unrichtige oder erheblich entstellende Darstellungen von Anstaltsverhältnissen enthalten,

4. sie grobe Beleidigungen enthalten,

5. sie die Eingliederung anderer Gefangener gefährden können oder

6. sie in Geheimschrift, unlesbar, unverständlich oder ohne zwingenden Grund in einer fremden Sprache abgefasst sind.

(2) ₁Ist ein Schreiben angehalten worden, so wird das der oder dem Gefangenen mitgeteilt. ₂Angehaltene Schreiben werden an die Absender zurückgegeben oder behördlich verwahrt, sofern eine Rückgabe unmöglich oder nicht geboten ist.

(3) Schreiben, deren Überwachung nach § 30 Abs. 2 und 3 ausgeschlossen ist, dürfen nicht angehalten werden.

§ 33 Telekommunikation

(1) ₁In dringenden Fällen soll der oder dem Gefangenen gestattet werden, Telefongespräche zu führen. ₂Die §§ 26 und 28 Abs. 1 Satz 2, Abs. 3 und 4 gelten entsprechend. ₃Ist eine akustische Überwachung beabsichtigt, so ist dies der Gesprächspartnerin oder dem Gesprächspartner unmittelbar nach Herstellung der Verbindung durch die Vollzugsbehörde oder die Gefangene oder den Gefangenen mitzuteilen. ₄Die oder der Gefangene ist rechtzeitig vor Beginn der Unterhaltung über die beabsichtigte Überwachung und die Mitteilungspflicht nach Satz 3 zu unterrichten. ₅Die Unterhaltung wird zeitversetzt überwacht und zu diesem Zweck gespeichert werden.

(2) ₁Der oder dem Gefangenen kann allgemein gestattet werden, Telefongespräche zu führen, wenn sie oder er sich mit zur Gewährleistung der Sicherheit und Ordnung der Anstalt von der Vollzugsbehörde erlassenen Nutzungsbedingungen einverstanden erklärt. ₂Soweit die Nutzungsbedingungen keine abweichenden Regelungen enthalten, gilt Absatz 1 Sätze 2 bis 5 entsprechend.

(3) ₁Die Zulassung einer anderen Form der Telekommunikation in der Anstalt bedarf der Zustimmung des Fachministeriums; die oder der Gefangene hat keinen Anspruch auf Erteilung der Zustimmung. ₂Hat das Fachministerium die Zustimmung erteilt, so kann die Vollzugsbehörde der oder dem Gefangenen allgemein oder im Einzelfall die Nutzung der zugelassenen Telekommunikationsform gestatten, wenn sichergestellt ist, dass hierdurch nicht die Sicherheit oder Ordnung der Anstalt gefährdet wird und sich die oder der Gefangene mit den von der Vollzugsbehörde zu diesem Zweck erlassenen Nutzungsbedingungen einverstanden erklärt. ₃Soweit die Nutzungsbedingungen keine abweichenden Regelungen enthalten, gelten für Telekommunikationsformen,

1. die einem Besuch vergleichbar sind, Absatz 1 Sätze 2 bis 5,

2. die einem Schriftwechsel vergleichbar sind, § 29 Abs. 2 sowie die §§ 30 bis 32

entsprechend.

(4) ₁Durch den Einsatz technischer Mittel kann verhindert werden, dass mittels einer innerhalb der Anstalt befindlichen Mobilfunkendeinrichtung unerlaubte Telekommunikationsverbindungen hergestellt oder aufrechterhalten werden. ₂Der Telekommunikationsverkehr außerhalb des räumlichen Bereichs der Anstalt darf nicht beeinträchtigt werden.

§ 34 Pakete

(1) ₁Die oder der Gefangene darf in angemessenem Umfang Pakete empfangen. ₂Der Empfang jedes Paketes bedarf der Erlaubnis. ₃Pakete dürfen Nahrungs- und Genussmittel sowie Gegenstände, die die Sicherheit oder Ordnung der Anstalt gefährden, nicht enthalten. ₄Pakete, für die keine Erlaubnis erteilt worden ist, sollen nicht angenommen werden.

(2) ₁Angenommene Pakete sind in Gegenwart der oder des Gefangenen zu öffnen. ₂Gegenstände nach Absatz 1 Satz 3 sind zur Habe zu nehmen, zurückzusenden oder, wenn es erforderlich ist, zu vernichten. ₃Die Maßnahmen werden der oder dem Gefangenen mitgeteilt.

(3) Der Empfang von Paketen kann befristet untersagt werden, wenn dies wegen einer Gefährdung der Sicherheit oder Ordnung der Anstalt unerlässlich ist.

(4) ₁Der oder dem Gefangenen kann gestattet werden, Pakete zu versenden. ₂Deren Inhalt kann aus Gründen der Sicherheit oder Ordnung der Anstalt überprüft werden.

**Fünftes Kapitel
Arbeit, Aus- und Weiterbildung**

§ 35 Zuweisung

(1) Arbeit, arbeitstherapeutische Beschäftigung sowie Aus- und Weiterbildung dienen insbesondere dem Ziel, Fähigkeiten für eine Erwerbstätigkeit nach der Entlassung zu vermitteln, zu erhalten oder zu fördern.

(2) ₁Die Vollzugsbehörde soll der oder dem Gefangenen wirtschaftlich ergiebige Arbeit oder, wenn dies der Vollzugsbehörde nicht möglich ist, eine angemessene Beschäftigung zuweisen und dabei ihre oder seine Fä-

higkeiten, Fertigkeiten und Neigungen berücksichtigen. ₂Die Vollzugsbehörde kann der oder dem Gefangenen als Tätigkeit nach Satz 1 jährlich bis zu drei Monaten einen Anstaltsbetrieb dienende Tätigkeit (Hilfstätigkeit) zuweisen; mit Zustimmung der oder des Gefangenen kann die Hilfstätigkeit auch für einen längeren Zeitraum zugewiesen werden. ₃Soweit die Vollzugsplanung dies vorsieht, soll der oder dem Gefangenen mit ihrer oder seiner Zustimmung statt einer Tätigkeit nach Satz 1 eine geeignete aus- oder weiterbildende Maßnahme zugewiesen werden.

(3) Ist die oder der Gefangene zu wirtschaftlich ergiebiger Arbeit nicht fähig, so soll ihr oder ihm eine geeignete arbeitstherapeutische Beschäftigung zugewiesen werden.

(4) Einer oder einem Gefangenen, die oder der die Regelaltersgrenze der gesetzlichen Rentenversicherung erreicht hat, darf eine Tätigkeit nach den Absätzen 1 bis 3 nur mit ihrer oder seiner Zustimmung zugewiesen werden.

(5) ₁Die zur Zuweisung einer Tätigkeit nach Absatz 2 Satz 2 oder 3 oder nach Absatz 4 erteilte Zustimmung kann widerrufen werden, jedoch nicht zur Unzeit. ₂Durch den wirksamen Widerruf erlischt die Zuweisung.

§ 36 Freies Beschäftigungsverhältnis, Selbstbeschäftigung

(1) ₁Der oder dem Gefangenen soll gestattet werden, einer Arbeit oder einer beruflichen Aus- oder Weiterbildung auf der Grundlage eines freien Beschäftigungsverhältnisses außerhalb der Anstalt nachzugehen, wenn dies im Rahmen der Vollzugsplanung dem Ziel dient, Fähigkeiten für eine Erwerbstätigkeit nach der Entlassung zu vermitteln, zu erhalten oder zu fördern, und nicht überwiegende Gründe des Vollzuges entgegenstehen. ₂§ 13 Abs. 1 Nr. 1, Abs. 2 und § 15 bleiben unberührt.

(2) ₁Der oder dem Gefangenen kann anstelle einer zugewiesenen Tätigkeit gestattet werden, selbständig einer Beschäftigung (Selbstbeschäftigung) nachzugehen. ₂Für eine Selbstbeschäftigung außerhalb der Anstalt

bleiben § 13 Abs. 1 Nr. 1, Abs. 2 und § 15 unberührt. ₃Die Gestattung der Selbstbeschäftigung kann davon abhängig gemacht werden, dass die Gefangenen den Kostenbeitrag nach § 52 Abs. 1 ganz oder teilweise monatlich im Voraus entrichten.

(3) Die Vollzugsbehörde kann verlangen, dass ihr aus den Tätigkeiten nach Absatz 1 oder 2 erzielte Einkünfte der oder des Gefangenen zur Gutschrift überwiesen werden.

§ 37 Abschlusszeugnis

Aus dem Abschlusszeugnis über eine aus- oder weiterbildende Maßnahme darf die Inhaftierung nicht erkennbar sein.

§ 38 Arbeitspflicht

(1) Die oder der Gefangene ist verpflichtet, eine ihr oder ihm zugewiesene Tätigkeit auszuüben.

(2) Vollzugliche Maßnahmen, insbesondere Lockerungen, die der Ausübung einer zugewiesenen Tätigkeit ganz oder teilweise entgegenstehen, sollen nur zugelassen werden, soweit dies im Rahmen der Vollzugsplanung zur Erreichung des Vollzugszieles nach § 5 Satz 1, im überwiegenden Interesse der oder des Gefangenen oder aus einem anderen wichtigen Grund erforderlich ist.

§ 39 Freistellung von der Arbeitspflicht

(1) ₁Hat die oder der Gefangene ein Jahr lang eine zugewiesene Tätigkeit ausgeübt, so kann sie oder er beanspruchen, für die Dauer des jährlichen Mindesturlaubs nach § 3 Abs. 1 des Bundesurlaubsgesetzes von der Arbeitspflicht freigestellt zu werden; Zeiträume von unter einem Jahr bleiben unberücksichtigt. ₂Die Freistellung kann nur innerhalb eines Jahres nach Entstehung des Freistellungsanspruchs in Anspruch genommen werden. ₃Auf die Frist nach Satz 1 werden Zeiten,

1. in denen die oder der Gefangene infolge Krankheit an ihrer oder seiner Arbeitsleistung gehindert war, mit bis zu sechs Wochen jährlich,

2. in denen die oder der Gefangene Verletztengeld nach § 47 Abs. 6 des Siebten Buchs des Sozialgesetzbuchs erhalten hat,

3. in denen die oder der Gefangene nach Satz 1 oder nach § 40 Abs. 5 von der Arbeitspflicht freigestellt war und

4. die nach Absatz 3 auf die Freistellung angerechnet werden oder in denen die oder der Gefangene nach § 40 Abs. 6 beurlaubt war,

angerechnet. 4Zeiten, in denen die oder der Gefangene ihrer oder seiner Arbeitspflicht aus anderen Gründen nicht nachgekommen ist, können in angemessenem Umfang angerechnet werden. 5Erfolgt keine Anrechnung nach Satz 3 oder 4, so wird die Frist für die Dauer der Fehlzeit gehemmt. 6Abweichend von Satz 5 wird die Frist durch eine Fehlzeit unterbrochen, die unter Berücksichtigung des Vollzugszieles nach § 5 Satz 1 außer Verhältnis zur bereits erbrachten Arbeitsleistung steht.

(2) Der Zeitraum der Freistellung muss mit den betrieblichen Belangen vereinbar sein.

(3) Auf die Zeit der Freistellung wird Urlaub nach § 13 oder 14 Abs. 1 angerechnet, soweit er in die Arbeitszeit fällt und nicht wegen einer lebensgefährlichen Erkrankung oder des Todes Angehöriger gewährt worden ist.

(4) 1Der oder dem Gefangenen wird für die Zeit der Freistellung das Arbeitsentgelt oder die Ausbildungsbeihilfe fortgezahlt. 2Dabei ist der Durchschnitt der letzten drei abgerechneten Monate zugrunde zu legen.

(5) Urlaubsregelungen der Beschäftigungsverhältnisse außerhalb des Strafvollzuges bleiben unberührt.

§ 40 Anerkennung von Arbeit und Beschäftigung

(1) 1Übt die oder der Gefangene eine zugewiesene Arbeit oder angemessene Beschäftigung aus, so erhält sie oder er ein Arbeitsentgelt. 2Der Bemessung des Arbeitsentgelts sind neun vom Hundert der Bezugsgröße nach § 18 des Vierten Buchs des Sozialgesetzbuchs zugrunde zu legen (Eckvergütung).

(2) 1Das Arbeitsentgelt kann je nach Leistung der oder des Gefangenen und der Art der Arbeit gestuft werden. 275 vom Hundert der Eckvergütung dürfen nur dann unterschritten

werden, wenn die Arbeitsleistungen der oder des Gefangenen den Mindestanforderungen nicht genügen.

(3) Übt die oder der Gefangene eine arbeitstherapeutische Beschäftigung aus, so erhält sie oder er ein Arbeitsentgelt, soweit dies der Art der Beschäftigung und der Arbeitsleistung entspricht.

(4) Die Höhe des Arbeitsentgeltes ist der oder dem Gefangenen schriftlich bekannt zu geben.

(5) 1Hat die oder der Gefangene zwei Monate lang zusammenhängend eine Arbeit oder eine angemessene oder arbeitstherapeutische Beschäftigung ausgeübt, so wird sie oder er auf Antrag einen Werktag von der Arbeitspflicht freigestellt (Freistellungstag); Zeiträume von weniger als zwei Monaten bleiben unberücksichtigt. 2Die Freistellung nach § 39 bleibt unberührt. 3Durch Zeiten, in denen die oder der Gefangene wegen Krankheit, Ausführung, Ausgang, Urlaub aus der Haft, Freistellung von der Arbeitspflicht oder aus sonstigen von ihr oder ihm nicht zu vertretenden Gründen ihrer oder seiner Arbeitspflicht nicht nachkommt, wird die Frist nach Satz 1 gehemmt. 4Fehlzeiten, die von der oder dem Gefangenen zu vertreten sind, unterbrechen die Frist.

(6) 1Auf Antrag kann der oder dem Gefangenen die Freistellung nach Absatz 5 in Form von Urlaub aus der Haft gewährt werden (Arbeitsurlaub). 2§ 13 Abs. 2 bis 6 und § 15 gelten entsprechend.

(7) § 39 Abs. 2 und 4 gilt entsprechend.

(8) Wird kein Antrag auf einen Freistellungstag (Absatz 5 Satz 1) oder auf Arbeitsurlaub (Absatz 6 Satz 1) gestellt oder kann Arbeitsurlaub nicht gewährt werden, so wird der Freistellungstag auf den Entlassungszeitpunkt angerechnet.

(9) Eine Anrechnung nach Absatz 8 ist ausgeschlossen,

1. soweit eine lebenslange Freiheitsstrafe oder Sicherungsverwahrung verbüßt wird und ein Entlassungszeitpunkt noch nicht bestimmt ist,

2. bei einer Aussetzung der Vollstreckung des Restes einer Freiheitsstrafe oder einer Sicherungsverwahrung zur Bewährung, soweit wegen des von der Entscheidung des Gerichts bis zur Entlassung verbleibenden Zeitraums eine Anrechnung nicht mehr möglich ist,

3. wenn dies vom Gericht angeordnet wird, weil bei einer Aussetzung der Vollstreckung des Restes einer Freiheitsstrafe oder einer Sicherungsverwahrung zur Bewährung die Lebensverhältnisse der oder des Gefangenen oder die Wirkungen, die von der Aussetzung für sie oder ihn zu erwarten sind, die Vollstreckung bis zu einem bestimmten Zeitpunkt erfordern,

4. wenn nach § 456a Abs. 1 StPO von der Vollstreckung abgesehen wird,

5. wenn die oder der Gefangene im Gnadenwege aus der Haft entlassen wird.

(10) ₁Soweit eine Anrechnung nach Absatz 9 ausgeschlossen ist, erhält die oder der Gefangene bei der Entlassung als Ausgleichsentschädigung zusätzlich 15 vom Hundert des Arbeitsentgelts. ₂§ 39 Abs. 4 Satz 2 gilt entsprechend. ₃Der Anspruch entsteht erst mit der Entlassung; vor der Entlassung ist der Anspruch nicht verzinslich, abtretbar und vererblich. ₄Ist eine Anrechnung nach Absatz 9 Nr. 1 ausgeschlossen, so wird die Ausgleichszahlung der oder dem Gefangenen bereits nach Verbüßung von jeweils zehn Jahren der lebenslangen Freiheitsstrafe oder Sicherungsverwahrung zum Eigengeld gutgeschrieben, soweit sie oder er nicht vor diesem Zeitpunkt entlassen wird; § 57 Abs. 4 StGB gilt entsprechend.

§ 41 Anerkennung von Aus- und Weiterbildung

₁Nimmt die oder der Gefangene an einer zugewiesenen beruflichen Aus- oder Weiterbildung oder an zugewiesenem Unterricht teil, so erhält sie oder er eine Ausbildungsbeihilfe, soweit ihr oder ihm keine Leistungen zum Lebensunterhalt zustehen, die freien Personen aus solchem Anlass gewährt werden. ₂Der Nachrang der Sozialhilfe nach § 2 Abs. 2 des Zwölften Buchs des Sozialgesetzbuchs

bleibt unberührt. ₃Für die Ausbildungsbeihilfe gilt im Übrigen § 40 mit Ausnahme des Absatzes 3 entsprechend.

§ 42 Einbehaltung von Beitragsteilen

Soweit die Vollzugsbehörde Beiträge an die Bundesagentur für Arbeit zu entrichten hat, hat sie von dem Arbeitsentgelt oder der Ausbildungsbeihilfe einen Betrag einzubehalten, der dem Anteil der oder des Gefangenen am Beitrag entspräche, wenn sie oder er diese Bezüge als Arbeitnehmerin oder Arbeitnehmer erhielte.

§ 43 Taschengeld

Der oder dem Gefangenen ist auf Antrag ein angemessenes Taschengeld zu gewähren, soweit sie oder er unverschuldet bedürftig ist.

§ 44 Verordnungsermächtigung

Das Fachministerium wird ermächtigt, zur Durchführung der §§ 40, 41 und 43 eine Verordnung über die Vergütungsstufen sowie die Bemessung des Arbeitsentgeltes, der Ausbildungsbeihilfe und des Taschengeldes zu erlassen.

Sechstes Kapitel
Gefangenengelder und Kostenbeteiligung

§ 45 Verwaltung der Gefangenengelder

(1) ₁Die Ansprüche der oder des Gefangenen gegen das Land auf Arbeitsentgelt (§ 40), Ausbildungsbeihilfe (§ 41) und Taschengeld (§ 43) sowie die der Vollzugsbehörde nach § 36 Abs. 3 überwiesenen Ansprüche der oder des Gefangenen gegen Dritte aus einem freien Beschäftigungsverhältnis oder einer Selbstbeschäftigung werden nach Maßgabe der folgenden Bestimmungen verwaltet, zu diesem Zweck auf gesonderten Konten als Hausgeld, Überbrückungsgeld oder Eigengeld gutgeschrieben und bestehen als Geldforderungen gegen das Land fort. ₂Gleiches gilt für die Ansprüche der oder des Gefangenen gegen das Land auf Auszahlung des von ihr oder ihm in den Vollzug eingebrachten Bargeldes sowie für sonstige der Vollzugsbehörde zur Gutschrift für die oder den Gefan-

genen überwiesenen oder eingezahlten Gelder.

(2) Die Befugnis der oder des Gefangenen, über ihre oder seine Guthaben auf den jeweiligen Konten zu verfügen, unterliegt während des Vollzuges den in diesem Kapitel geregelten Beschränkungen; Verfügungsbeschränkungen nach anderen Vorschriften dieses Gesetzes bleiben unberührt.

§ 46 Hausgeld

(1) Als Hausgeld gutgeschrieben werden Ansprüche

1. auf Arbeitsentgelt oder Ausbildungsbeihilfe zu drei Siebteln,

2. auf Taschengeld in voller Höhe sowie

3. aus einem freien Beschäftigungsverhältnis oder einer Selbstbeschäftigung, die der Vollzugsbehörde zur Gutschrift für die oder den Gefangenen überwiesen worden sind (§ 36 Abs. 3), zu einem angemessenen Teil.

(2) ₁Für die Gefangene oder den Gefangenen darf bis zu drei Mal jährlich ein zusätzlicher Geldbetrag auf das Hausgeldkonto überwiesen oder eingezahlt werden. ₂Der Betrag darf den vierfachen Tagessatz der Eckvergütung nach § 40 Abs. 1 Satz 2 jeweils nicht übersteigen.

(3) Die Verfügung über das Guthaben auf dem Hausgeldkonto unterliegt keiner Beschränkung; es kann insbesondere für den Einkauf (§ 24) verwendet werden.

§ 47 Überbrückungsgeld

(1) ₁Als Überbrückungsgeld gutgeschrieben werden Ansprüche

1. auf Arbeitsentgelt oder Ausbildungsbeihilfe sowie

2. aus einem freien Beschäftigungsverhältnis oder einer Selbstbeschäftigung, die der Vollzugsbehörde zur Gutschrift für die oder den Gefangenen überwiesen worden sind (§ 36 Abs. 3), zu einem angemessenen Teil,

soweit sie nicht als Hausgeld gutgeschrieben werden und soweit die nach Absatz 2 Satz 2 festgesetzte Höhe noch nicht erreicht ist.

₂Wird die Befugnis, über das Hausgeld zu verfügen, disziplinarisch beschränkt oder entzogen (§ 95 Abs. 1 Nr. 2), so ist das in dieser Zeit anfallende Hausgeld dem Überbrückungsgeld hinzuzurechnen, auch soweit dadurch die nach Absatz 2 Satz 2 festgesetzte Höhe überschritten wird.

(2) ₁Das Überbrückungsgeld soll den notwendigen Lebensunterhalt der oder des Gefangenen und ihrer oder seiner Unterhaltsberechtigten in den ersten vier Wochen nach der Entlassung sichern. ₂Die Höhe des Überbrückungsgeldes wird von der Vollzugsbehörde festgesetzt.

(3) ₁Das Guthaben auf dem Überbrückungsgeldkonto wird der oder dem Gefangenen bei der Entlassung ausgezahlt. ₂Die Vollzugsbehörde kann es auch der Bewährungshelferin oder dem Bewährungshelfer oder einer mit der Entlassenenbetreuung befassten Stelle überweisen, die darüber entscheiden, wie das Geld innerhalb der ersten vier Wochen nach der Entlassung an die Gefangene oder den Gefangenen ausgezahlt wird. ₃Das Geld ist vom sonstigen Vermögen gesondert zu halten. ₄Mit Zustimmung der oder des Gefangenen kann das Überbrückungsgeld auch den Unterhaltsberechtigten überwiesen werden.

(4) Der oder dem Gefangenen kann gestattet werden, das Guthaben auf dem Überbrückungsgeldkonto für Ausgaben zu verwenden, die ihrer oder seiner Eingliederung dienen.

§ 48 Eigengeld

(1) ₁Soweit Ansprüche der in § 45 Abs. 1 bezeichneten Art nicht als Hausgeld oder Überbrückungsgeld gutgeschrieben werden, werden sie als Eigengeld gutgeschrieben. ₂§ 40 Abs. 10 Satz 4 bleibt unberührt.

(2) ₁Die Verwendung des Eigengeldes für den Einkauf (§ 24) ist ausgeschlossen. ₂Verfügt die oder der Gefangene ohne Verschulden nicht über Hausgeld, so ist ihr oder ihm zu gestatten, in angemessenem Umfang vom Eigengeld einzukaufen.

(3) ₁Hat das Überbrückungsgeld noch nicht die nach § 47 Abs. 2 Satz 2 festgesetzte Höhe

erreicht, so ist die Verfügung über das Guthaben auf dem Eigengeldkonto in Höhe des Unterschiedsbetrages ausgeschlossen. $_2$§ 47 Abs. 4 gilt entsprechend.

§ 49 Ersatzleistungen

Leistungen, die die Gefangenen als Ersatz für Arbeitsentgelt, Ausbildungsbeihilfe oder Einkünfte aus einem freien Beschäftigungsverhältnis oder einer Selbstbeschäftigung erhalten, werden wie die Leistungen behandelt, an deren Stelle sie treten.

§ 50 Abtretbarkeit, Pfändungsschutz

(1) Der Anspruch auf das Hausgeld ist nicht übertragbar.

(2) $_1$Der Anspruch auf Auszahlung des Überbrückungsgeldes ist unpfändbar. $_2$Erreicht es nicht die in § 47 Abs. 2 Satz 2 festgesetzte Höhe, so ist in Höhe des Unterschiedsbetrages auch der Anspruch auf Auszahlung des Eigengeldes nach § 48 Abs. 1 unpfändbar. $_3$Bargeld einer oder eines entlassenen Gefangenen, das an sie oder ihn zur Erfüllung der nach Satz 1 oder 2 unpfändbaren Ansprüche ausgezahlt worden ist, ist in den ersten vier Wochen nach der Entlassung in Höhe des Überbrückungsgeldes der Pfändung nicht unterworfen.

(3) $_1$Absatz 2 gilt nicht bei einer Pfändung wegen der in § 850d Abs. 1 Satz 1 der Zivilprozessordnung bezeichneten Unterhaltsansprüche. $_2$Der oder dem entlassenen Gefangenen ist jedoch so viel zu belassen, wie sie oder er für ihren oder seinen notwendigen Unterhalt und zur Erfüllung sonstiger gesetzlicher Unterhaltspflichten für die Zeit von der Pfändung bis zum Ablauf von vier Wochen seit der Entlassung bedarf.

§ 51 Durchsetzung von Ansprüchen des Landes

(1) Zur Durchsetzung eines Anspruches des Landes nach § 93 Abs. 1 Satz 1 oder § 121 des Strafvollzugsgesetzes (StVollzG) kann die Vollzugsbehörde gegen den Anspruch auf Auszahlung des Hausgeldes aufrechnen, soweit dieser den dreifachen Tagessatz der Eckvergütung nach § 40 Abs. 1 Satz 2 übersteigt.

(2) Die Durchsetzung von Ansprüchen des Landes hat zu unterbleiben, wenn dadurch die Erreichung des Vollzugszieles nach § 5 Satz 1 behindert würde.

§ 52 Kostenbeteiligung der Gefangenen

(1) $_1$Die Vollzugsbehörde beteiligt die oder den Gefangenen an den Kosten für ihre oder seine Unterkunft und Verpflegung durch Erhebung eines Kostenbeitrages in Höhe des Betrages, der nach den Vorschriften des Vierten Buchs des Sozialgesetzbuchs durchschnittlich zur Bewertung der Sachbezüge festgesetzt ist. $_2$Bei Selbstverpflegung entfallen die für die Verpflegung vorgesehenen Beträge. $_3$Für den Wert der Unterkunft ist die festgesetzte Belegungsfähigkeit maßgebend.

(2) $_1$Ein Kostenbeitrag nach Absatz 1 wird nicht erhoben, wenn die oder der Gefangene

1. Arbeitsentgelt oder Ausbildungsbeihilfe erhält oder

2. ohne Verschulden nicht arbeiten kann oder

3. nicht arbeitet, weil sie oder er nicht zur Arbeit verpflichtet ist.

$_2$Hat die oder der Gefangene, die oder der ohne ihr oder sein Verschulden während eines zusammenhängenden Zeitraumes von mehr als einem Monat nicht arbeiten kann oder nicht arbeitet, weil sie oder er nicht zur Arbeit verpflichtet ist, auf diese Zeit entfallende Einkünfte, so hat sie oder der Kostenbeitrag für diese Zeit bis zur Höhe der auf sie entfallenden Einkünfte zu entrichten. $_3$Der oder dem Gefangenen muss ein Betrag verbleiben, der der Eckvergütung nach § 40 Abs. 1 Satz 2 entspricht.

(3) $_1$An den Kosten des Landes für sonstige Leistungen kann die Vollzugsbehörde die Gefangene oder den Gefangenen durch Erhebung weiterer Kostenbeiträge in angemessener Höhe beteiligen. $_2$Dies gilt insbesondere

1. für Lockerungen nach § 14 Abs. 1 und 3, soweit die Teilnahme am gerichtlichen Termin im überwiegenden Interesse der oder des Gefangenen liegt,

2. für Leistungen auf dem Gebiet der Gesundheitsfürsorge, soweit das Fünfte Buch des Sozialgesetzbuchs, die Reichsversicherungsordnung und die aufgrund dieser Gesetze erlassenen Regelungen eine Kostenbeteiligung der oder des Versicherten zulassen und die besonderen Verhältnisse des Strafvollzuges einer Übertragung nicht entgegenstehen, sowie für ärztliche Behandlungen nach § 61,

3. für die Aufbewahrung, Entfernung, Verwertung oder Vernichtung eingebrachter Sachen,

4. für die Versorgung des Haftraums mit Strom für das Betreiben von Elektrogeräten, soweit diese Kosten über das zur Sicherstellung einer angemessenen Grundversorgung erforderliche Maß hinausgehen,

5. für den Schriftwechsel, die Telekommunikation und den Paketverkehr der Gefangenen sowie

6. für die Überlassung von Geräten der Unterhaltungs- und Informationselektronik.

₃Die Erhebung von Kostenbeiträgen nach Satz 2 Nr. 6 ist ausgeschlossen für die Überlassung von Hörfunk- und Fernsehgeräten, wenn die oder der Gefangene auf diese Geräte verwiesen wurde und soweit hierdurch eine angemessene Grundversorgung mit Hörfunk- und Fernsehempfang sichergestellt wird. ₄Abweichend von den Sätzen 1 und 2 ist die oder der Gefangene an den Kosten des Landes zu beteiligen, soweit sie oder er aus einem privatrechtlichen Versicherungsvertrag einen Anspruch gegen den Versicherer auf Ersatz der Kosten hat.

(4) ₁Das Fachministerium wird ermächtigt, durch Verordnung näher zu regeln, unter welchen Voraussetzungen und in welcher Höhe Kostenbeiträge nach Absatz 3 erhoben werden können. ₂Für die Bemessung können pauschale Sätze festgelegt werden. ₃Für einzelne Kostenbeiträge kann vorgesehen werden, dass die tatsächlich entstandenen Kosten in voller Höhe von den Gefangenen zu tragen sind.

(5) ₁Von der Erhebung von Kostenbeiträgen ist abzusehen, soweit dies notwendig ist, um das Vollzugsziel nach § 5 Satz 1 nicht zu gefährden. ₂Für Zeiten, in denen die oder der Gefangene unverschuldet bedürftig ist, soll von der Erhebung von Kostenbeiträgen abgesehen werden. ₃Zur Durchsetzung eines Anspruchs nach Absatz 3 kann die Vollzugsbehörde gegen den Anspruch auf Hausgeld aufrechnen. ₄Die Durchsetzung eines Beitragsanspruchs nach Absatz 1 zu Lasten der Ansprüche unterhaltsberechtigter Angehöriger ist unzulässig.

(6) ₁Der Kostenbeitrag ist eine Justizverwaltungsabgabe, die von der Vollzugsbehörde erhoben wird. ₂Für das gerichtliche Verfahren gelten die §§ 109 bis 121 Abs. 4 StVollzG entsprechend.

Siebtes Kapitel
Religionsausübung

§ 53 Seelsorge

(1) ₁Der oder dem Gefangenen darf eine religiöse Betreuung durch eine Seelsorgerin oder einen Seelsorger ihrer oder seiner Religionsgemeinschaft nicht versagt werden. ₂Auf ihren oder seinen Wunsch ist ihr oder ihm zu helfen, mit einer Seelsorgerin oder einem Seelsorger ihrer oder seiner Religionsgemeinschaft in Verbindung zu treten.

(2) ₁Die oder der Gefangene darf grundlegende religiöse Schriften besitzen. ₂Sie dürfen ihr oder ihm nur bei grobem Missbrauch entzogen werden; auf Verlangen der oder des Gefangenen soll ihre oder seine Seelsorgerin oder ihr oder sein Seelsorger über den Entzug unterrichtet werden.

(3) Der oder dem Gefangenen sind sonstige Gegenstände des religiösen Gebrauchs in angemessenem Umfang zu belassen, soweit nicht überwiegende Gründe der Sicherheit der Anstalt entgegenstehen.

§ 54 Religiöse Veranstaltungen

(1) Die oder der Gefangene hat das Recht, am Gottesdienst und an anderen religiösen Veranstaltungen ihres oder seines Bekenntnisses in der Anstalt teilzunehmen.

(2) Die oder der Gefangene wird zu dem Gottesdienst oder zu religiösen Veranstaltungen einer anderen Religionsgemeinschaft zugelassen, wenn deren Seelsorgerin oder Seelsorger zustimmt.

(3) Die oder der Gefangene kann von der Teilnahme am Gottesdienst oder anderen religiösen Veranstaltungen ausgeschlossen werden, wenn dies aus überwiegenden Gründen der Sicherheit oder Ordnung geboten ist; die Seelsorgerin oder der Seelsorger soll vorher gehört werden.

§ 55 Weltanschauungsgemeinschaften

Für Angehörige weltanschaulicher Bekenntnisse gelten die §§ 53 und 54 entsprechend.

Achtes Kapitel
Gesundheitsfürsorge

§ 56 Allgemeine Bestimmungen

(1) Die Vollzugsbehörde sorgt für die Gesundheit der oder des Gefangenen.

(2) Die oder der Gefangene hat die notwendigen Maßnahmen zum Gesundheitsschutz und zur Hygiene zu unterstützen.

§ 57 Medizinische Leistungen

(1) ₁Die oder der Gefangene hat Anspruch auf Schutzimpfungen, medizinische Vorsorgeleistungen, Gesundheitsuntersuchungen und Krankenbehandlung. ₂Eine Gefangene hat für ihre Kinder, die mit ihr in der Anstalt untergebracht sind und das sechste Lebensjahr nicht vollendet haben, auch Anspruch auf Kinderuntersuchungen.

(2) ₁Krankenbehandlung umfasst

1. ärztliche Behandlung einschließlich Psychotherapie als ärztliche und psychotherapeutische Behandlung,

2. zahnärztliche Behandlung,

3. Versorgung mit Zahnersatz einschließlich Zahnkronen und Suprakonstruktionen, soweit diese nicht mit Rücksicht auf die Kürze des Freiheitsentzuges unverhältnismäßig ist, insbesondere weil die Behandlung bis zum voraussichtlichen Entlas-

sungszeitpunkt nicht abgeschlossen werden kann,

4. Versorgung mit Arznei-, Verband- und Heilmitteln,

5. Versorgung mit Hilfsmitteln, soweit dies nicht mit Rücksicht auf die Kürze des Freiheitsentzuges unverhältnismäßig ist, und

6. Leistungen zur medizinischen Rehabilitation und ergänzende Leistungen.

₂Leistungen nach Satz 1 Nrn. 5 und 6 werden nur gewährt, soweit Belange des Vollzuges nicht entgegenstehen. ₃Der Anspruch auf Leistungen nach Satz 1 Nr. 5 umfasst auch die ohne Vorsatz oder grobe Fahrlässigkeit der oder des Gefangenen verursachte notwendige Änderung, Instandsetzung und Ersatzbeschaffung von Hilfsmitteln sowie die Ausbildung in ihrem Gebrauch.

(3) ₁Medizinische Vorsorgeleistungen umfassen die ärztliche Behandlung und Versorgung mit Arznei-, Verband-, Heil- und Hilfsmitteln nur nach Maßgabe des § 23 Abs. 1 des Fünften Buchs des Sozialgesetzbuchs. ₂Für die Versorgung mit Hilfsmitteln gilt Absatz 2 Satz 1 Nr. 5, Sätze 2 und 3 entsprechend.

§ 58 Krankenbehandlung bei Urlaub oder Ausgang

Während des Urlaubs oder Ausgangs hat die oder der Gefangene gegen das Land nur einen Anspruch auf Krankenbehandlung in der für sie oder ihn zuständigen Anstalt; in Notfällen wird der oder dem Gefangenen Krankenbehandlung auch in der nächstgelegenen niedersächsischen Anstalt gewährt.

§ 59 Leistungen, Art und Umfang

₁Für Art und Umfang der in § 57 Abs. 1 genannten Leistungen gelten die Vorschriften des Fünften Buchs des Sozialgesetzbuchs und die aufgrund dieser Vorschriften getroffenen Regelungen entsprechend, soweit nicht in diesem Gesetz etwas anderes bestimmt ist. ₂Nach dem Fünften Buch des Sozialgesetzbuchs von der Versorgung ausgeschlossene Arznei-, Heil- oder Hilfsmittel können der oder dem Gefangenen zur Verfügung gestellt werden, soweit dies medizinisch angezeigt ist.

I

§ 60 Ruhen der Ansprüche

Der Anspruch auf Leistungen nach § 57 ruht, soweit die oder der Gefangene aufgrund eines freien Beschäftigungsverhältnisses krankenversichert ist.

§ 61 Ärztliche Behandlung zur sozialen Eingliederung

Mit Zustimmung der oder des Gefangenen kann die Vollzugsbehörde ärztliche Behandlungen, namentlich Operationen oder prothetische Maßnahmen durchführen lassen, die die soziale Eingliederung fördern.

§ 62 Aufenthalt im Freien

Arbeitet die oder der Gefangene nicht im Freien, so wird ihr oder ihm täglich mindestens eine Stunde Aufenthalt im Freien ermöglicht, wenn die Witterung dies zu der festgesetzten Zeit zulässt.

§ 63 Überstellung, Verlegung

(1) Eine kranke Gefangene oder ein kranker Gefangener kann in ein Anstaltskrankenhaus oder in eine für die Behandlung der Krankheit besser geeignete Anstalt überstellt oder verlegt werden.

(2) Kann eine Krankheit in einer Anstalt oder einem Anstaltskrankenhaus nicht erkannt oder behandelt werden oder ist es nicht möglich, die Gefangene oder den Gefangenen rechtzeitig in ein Anstaltskrankenhaus zu überstellen oder zu verlegen, so ist sie oder er in ein Krankenhaus außerhalb des Vollzuges zu bringen.

Neuntes Kapitel
Freizeit

§ 64 Sport

Die oder der Gefangene erhält Gelegenheit, in der Freizeit Sport zu treiben.

§ 65 Zeitungen und Zeitschriften

(1) Die oder der Gefangene darf Zeitungen und Zeitschriften in angemessenem Umfang durch Vermittlung der Vollzugsbehörde beziehen.

(2) ₁Ausgeschlossen sind Zeitungen und Zeitschriften, deren Verbreitung mit Strafe oder Geldbuße bedroht ist. ₂Einzelne Ausgaben oder Teile von Zeitungen oder Zeitschriften können der oder dem Gefangenen vorenthalten werden, wenn sie das Vollzugsziel nach § 5 Satz 1 oder die Sicherheit oder Ordnung der Anstalt erheblich gefährdeten.

§ 66 Hörfunk und Fernsehen

(1) Der oder dem Gefangenen wird nach Maßgabe der folgenden Absätze ermöglicht, am Hörfunk- und Fernsehempfang teilzunehmen.

(2) ₁Die Vollzugsbehörde hat den Besitz eines Hörfunk- und Fernsehgerätes im Haftraum zu erlauben, wenn dadurch die Erreichung des Vollzugszieles nach § 5 Satz 1 oder die Sicherheit oder Ordnung der Anstalt nicht gefährdet wird. ₂In der Erlaubnis kann die oder der Gefangene darauf verwiesen werden, anstelle eigener von der Vollzugsbehörde überlassene Geräte zu verwenden; eine solche Bestimmung kann auch nachträglich getroffen werden. ₃Die Erlaubnis kann zur Erreichung des Vollzugszieles nach § 5 Satz 1 oder zur Abwehr einer Gefahr für die Sicherheit oder Ordnung der Anstalt widerrufen werden.

(3) ₁Soweit der oder dem Gefangenen ein Gerät im Haftraum nicht zur Verfügung steht, kann sie oder er am gemeinschaftlichen Hörfunk- und Fernsehempfang der Anstalt teilnehmen. ₂Die Sendungen sind so auszuwählen, dass Wünsche und Bedürfnisse nach staatsbürgerlicher Information, Bildung und Unterhaltung angemessen berücksichtigt werden. ₃Der Hörfunk- und Fernsehempfang soll vorübergehend ausgesetzt oder einzelnen Gefangenen vorübergehend untersagt werden, wenn dies zur Aufrechterhaltung der Sicherheit oder Ordnung der Anstalt unerlässlich ist.

§ 67 Besitz von Gegenständen zur Fortbildung oder zur Freizeitbeschäftigung

(1) ₁Die oder der Gefangene darf mit Erlaubnis der Vollzugsbehörde in angemessenem

Umfang sonstige Geräte der Informations- und Unterhaltungselektronik, Bücher sowie andere Gegenstände zur Fortbildung oder zur Freizeitbeschäftigung besitzen. 2Die Erlaubnis ist zu versagen, wenn die Erreichung des Vollzugszieles nach § 5 Satz 1 oder die Sicherheit oder Ordnung der Anstalt gefährdet würde. 3Die Erlaubnis kann unter den Voraussetzungen des Satzes 2 widerrufen werden.

(2) Im Übrigen gilt § 66 Abs. 2 Satz 2 für Geräte der Informations- und Unterhaltungselektronik entsprechend.

Zehntes Kapitel
Soziale Hilfen, durchgängige Betreuung

§ 68 Soziale Hilfen

(1) Soziale Hilfen sollen darauf gerichtet sein, die Gefangene oder den Gefangenen in die Lage zu versetzen, ihre oder seine Angelegenheiten selbst zu ordnen und zu regeln.

(2) Es ist Aufgabe der Vollzugsbehörden, darauf hinzuwirken, dass eine durchgängige Betreuung der Gefangenen sichergestellt ist, die ihnen auch nach der Entlassung hilft, in sozialer Verantwortung ein Leben ohne Straftaten zu führen.

(3) Die Zusammenarbeit mit Stellen und Personen außerhalb des Vollzuges, die besonderen Möglichkeiten dieses Gesetzes für die Entlassungsvorbereitung sowie die Hilfe zur Entlassung sind auf die durchgängige Betreuung auszurichten.

(4) 1Die Vollzugsbehörden sollen darauf hinwirken, dass die zur durchgängigen Betreuung erforderlichen Informationen über die Gefangenen zwischen ihnen und den nach Absatz 3 zu beteiligenden Personen und Stellen außerhalb des Vollzuges ausgetauscht werden, soweit dies nach den für die jeweilige Behörde, Person oder Stelle geltenden Vorschriften über den Datenschutz zulässig ist. 2Soweit für den Datenaustausch nach Satz 1 die Einwilligung der oder des Gefangenen erforderlich ist, soll sie oder er über die Vor- und Nachteile eines solchen Datenaustauschs aufgeklärt und ermutigt

werden, die erforderliche Einwilligung zu erklären.

(5) Die Personen und Stellen außerhalb des Vollzuges, die in besonderer Weise geeignet sind, an der durchgängigen Betreuung mitzuwirken, sollen über die Vollzugsplanung unterrichtet werden und Gelegenheit erhalten, sich an der Vollzugsplanung zu beteiligen, soweit dies nach Absatz 4 zulässig ist.

§ 69 Hilfen im Vollzug

(1) 1Bei der Aufnahme wird die oder der Gefangene insbesondere dabei unterstützt, notwendige Maßnahmen für hilfsbedürftige Angehörige zu veranlassen und ihre oder seine Habe außerhalb der Anstalt sicherzustellen. 2Die oder der Gefangene ist über die Aufrechterhaltung einer Sozialversicherung zu beraten.

(2) 1Während des Vollzuges wird die oder der Gefangene insbesondere in dem Bemühen unterstützt, ihre oder seine Rechte und Pflichten wahrzunehmen, namentlich das Wahlrecht auszuüben sowie für Unterhaltsberechtigte zu sorgen. 2Gleiches gilt für die Regelung eines durch ihre oder seine Straftat verursachten Schadens. 3In geeigneten Fällen sollen der oder dem Gefangenen zur Durchführung eines Täter-Opfer-Ausgleichs Stellen und Einrichtungen benannt werden.

(3) 1Um die Entlassung vorzubereiten, ist die oder der Gefangene insbesondere über die Ordnung der persönlichen, wirtschaftlichen und sozialen Angelegenheiten zu beraten. 2Die Beratung erstreckt sich auch auf die Benennung der für Sozialleistungen zuständigen Stellen. 3Die oder der Gefangene ist dabei zu unterstützen, Arbeit, Unterkunft und persönlichen Beistand für die Zeit nach der Entlassung zu finden. 4Bei vorzeitiger Entlassung einer oder eines Gefangenen unter Auflagen ist die Bewährungshilfe rechtzeitig zu beteiligen.

§ 70 Entlassungsbeihilfe

(1) Die oder der Gefangene erhält, soweit eigene Mittel nicht ausreichen, nach Maßgabe des Absatzes 2 eine Beihilfe zu den Reisekosten sowie eine Überbrückungsbeihilfe

und erforderlichenfalls ausreichende Kleidung.

(2) ₁Bei der Bemessung der Höhe der Überbrückungsbeihilfe sind die Dauer des Freiheitsentzuges, der persönliche Arbeitseinsatz der oder des Gefangenen und die Wirtschaftlichkeit ihrer oder seiner Verfügungen über Eigengeld und Hausgeld während der Strafzeit zu berücksichtigen. ₂Die Überbrückungsbeihilfe kann ganz oder teilweise auch den Unterhaltsberechtigten überwiesen werden.

(3) ₁Der Anspruch auf Beihilfe zu den Reisekosten und die ausgezahlte Reisebeihilfe sind unpfändbar. ₂Für den Anspruch auf Überbrückungsbeihilfe und für Bargeld nach Auszahlung einer Überbrückungsbeihilfe an die oder den Gefangenen gilt § 50 Abs. 2 Sätze 1 und 3 und Abs. 3 entsprechend.

Elftes Kapitel
Besondere Vorschriften für den Vollzug an weiblichen Gefangenen

§ 71 Leistungen bei Schwangerschaft und Mutterschaft

(1) ₁Bei einer Schwangeren oder einer Gefangenen, die unlängst entbunden hat, ist auf ihren Zustand Rücksicht zu nehmen. ₂Die Vorschriften des Mutterschutzgesetzes über die Gestaltung des Arbeitsplatzes und das Bestehen von Beschäftigungsverboten gelten in Bezug auf die Arbeitspflicht entsprechend.

(2) ₁Die Gefangene hat während der Schwangerschaft, bei und nach der Entbindung Anspruch auf ärztliche Betreuung und auf Hebammenhilfe in der Anstalt. ₂Zur ärztlichen Betreuung gehören insbesondere Untersuchungen zur Feststellung der Schwangerschaft sowie Vorsorgeuntersuchungen einschließlich der laborärztlichen Untersuchungen.

(3) Zur Entbindung ist die Schwangere in ein Krankenhaus außerhalb des Vollzuges zu bringen.

(4) Bei Schwangerschaftsbeschwerden und im Zusammenhang mit der Entbindung werden Arznei-, Verband- und Heilmittel geleistet.

(5) Für Leistungen nach den Absätzen 2 bis 4 gelten im Übrigen die Vorschriften der Reichsversicherungsordnung über Leistungen bei Schwangerschaft und Mutterschaft sowie die §§ 58, 60 und 63 entsprechend, § 58 jedoch nicht für die Entbindung.

§ 72 Geburtsanzeige

In der Anzeige der Geburt an das Standesamt dürfen die Anstalt als Geburtsort des Kindes, das Verhältnis der anzeigenden Person zur Anstalt und die Gefangenschaft der Mutter nicht vermerkt sein.

§ 73 Mütter mit Kindern

(1) ₁Ist das Kind einer Gefangenen noch nicht schulpflichtig, so kann es mit Zustimmung der aufenthaltsbestimmungsberechtigten Person in der Anstalt untergebracht werden, in der sich seine Mutter befindet, wenn dies seinem Wohle dient. ₂Vor der Unterbringung ist das Jugendamt zu hören.

(2) ₁Die Unterbringung erfolgt auf Kosten der für das Kind Unterhaltspflichtigen. ₂Von der Geltendmachung des Kostenersatzanspruchs kann abgesehen werden, wenn hierdurch die gemeinsame Unterbringung von Mutter und Kind gefährdet würde.

Zwölftes Kapitel
Sicherheit und Ordnung

§ 74 Grundsatz

Das Verantwortungsbewusstsein der oder des Gefangenen für ein geordnetes Zusammenleben in der Anstalt ist zu wecken und zu fördern.

§ 75 Verhaltensvorschriften

(1) Die oder der Gefangene hat die rechtmäßigen Anordnungen der Vollzugsbediensteten zu befolgen.

(2) ₁Die oder der Gefangene hat sich nach der Tageseinteilung der Anstalt (Arbeitszeit, Freizeit, Ruhezeit) zu richten. ₂Sie oder er darf einen zugewiesenen Bereich nicht ohne Erlaubnis verlassen. ₃Sie oder er darf durch ihr

oder sein Verhalten gegenüber Vollzugsbediensteten, Mitgefangenen und anderen Personen das geordnete Zusammenleben nicht stören.

(3) Der Haftraum und die von der Vollzugsbehörde überlassenen Sachen sind in Ordnung zu halten und schonend zu behandeln.

(4) Die oder der Gefangene hat Umstände, die eine Gefahr für das Leben oder eine erhebliche Gefahr für die Gesundheit einer Person bedeuten, unverzüglich zu melden.

§ 76 Persönlicher Gewahrsam

(1) ₁Die oder der Gefangene darf Sachen nur mit Erlaubnis der Vollzugsbehörde in Gewahrsam haben, annehmen oder abgeben. ₂Für Sachen von geringem Wert kann die Vollzugsbehörde ihre Zustimmung allgemein erteilen.

(2) ₁Eingebrachte Sachen, die die oder der Gefangene nicht in Gewahrsam haben darf, sind zu verwahren, sofern dies nach Art und Umfang möglich ist. ₂Der oder dem Gefangenen wird Gelegenheit gegeben, die Sachen abzusenden, die während des Vollzuges und für die Entlassung nicht benötigt werden.

(3) ₁Weigert sich die oder der Gefangene, eingebrachte Sachen, deren Aufbewahrung nach Art und Umfang nicht möglich ist, aus der Anstalt zu entfernen, so darf die Vollzugsbehörde diese Sachen außerhalb der Anstalt verwahren oder nach Maßgabe des Satzes 2 verwerten oder vernichten. ₂Für die Voraussetzungen und das Verfahren der Verwertung und Vernichtung gilt § 28 des Niedersächsischen Gesetzes über die öffentliche Sicherheit und Ordnung entsprechend.

(4) Aufzeichnungen und andere Gegenstände, die Kenntnisse über Sicherungsvorkehrungen der Anstalt vermitteln, dürfen von der Vollzugsbehörde vernichtet oder unbrauchbar gemacht werden.

§ 77 Durchsuchung

(1) ₁Gefangene, ihre Sachen und die Hafträume dürfen durchsucht werden. ₂Die Durchsuchung männlicher Gefangener darf nur von Männern, die Durchsuchung weiblicher Gefangener nur von Frauen vorgenommen werden. ₃Satz 2 gilt nicht für das Absuchen mittels technischer Geräte ohne unmittelbaren körperlichen Kontakt. ₄Das Schamgefühl ist zu schonen.

(2) ₁Nur bei Gefahr im Verzuge oder auf Anordnung der Anstaltsleiterin oder des Anstaltsleiters im Einzelfall ist es zulässig, eine mit einer Entkleidung verbundene körperliche Durchsuchung vorzunehmen. ₂Sie darf bei männlichen Gefangenen nur in Gegenwart von Männern, bei weiblichen Gefangenen nur in Gegenwart von Frauen erfolgen. ₃Sie ist in einem geschlossenen Raum durchzuführen. ₄Andere Gefangene dürfen nicht anwesend sein.

(3) Die Vollzugsbehörde kann allgemein anordnen, dass Gefangene bei der Aufnahme, nach Kontakten mit den Besucherinnen und Besuchern und nach jeder Abwesenheit von der Anstalt nach Absatz 2 zu durchsuchen sind.

§ 78 Erkennungsdienstliche Maßnahmen

(1) Zur Sicherung des Vollzuges, zur Aufrechterhaltung der Sicherheit oder Ordnung der Anstalt oder zur Identitätsfeststellung sind mit Kenntnis der oder des Gefangenen zulässig

1. die Aufnahme von Lichtbildern,

2. die Erfassung biometrischer Merkmale von Fingern, Händen, Gesicht,

3. Stimmaufzeichnungen,

4. Messungen des Körpers sowie

5. die Feststellung äußerlicher körperlicher Merkmale.

(2) ₁Die hierbei gewonnenen Unterlagen oder Daten werden zu der Gefangenenpersonalakte genommen oder mit dem Namen der oder des Gefangenen sowie deren oder dessen Aliasnamen, Geburtsdatum und Geburtsort in Dateien gespeichert. ₂Sie können auch in kriminalpolizeilichen Sammlungen verwahrt werden. ₃Die nach Absatz 1 erhobenen Daten dürfen nur für die in Absatz 1, § 80 Abs. 2 und § 191 Abs. 3 Nr. 4 genannten Zwecke verarbeitet werden.

§ 79 Maßnahmen zur Identitätsfeststellung

₁Wenn es die Sicherheit oder Ordnung der Anstalt erfordert, kann die oder der Gefangene verpflichtet werden, einen Ausweis mit den in § 78 Abs. 1 genannten Daten mit sich zu führen oder eine erneute Erhebung der in § 78 Abs. 1 genannten Daten zum Zweck des Abgleichs mit nach § 78 Abs. 2 Satz 1 gespeicherten Daten zu dulden. ₂Ausweise nach Satz 1 sind bei der Verlegung oder Entlassung der oder des Gefangenen zu vernichten.

§ 80 Festnahmerecht

(1) Eine Gefangene oder ein Gefangener, die oder der entwichen ist oder sich sonst ohne Erlaubnis außerhalb der Anstalt aufhält, kann durch die Vollzugsbehörde oder auf ihre Veranlassung hin festgenommen und in die Anstalt zurückgebracht werden.

(2) Nach § 78 Abs. 1 erhobene und nach den §§ 79 und 190 erhobene und zur Identifizierung oder Festnahme erforderliche Daten dürfen den Vollstreckungs- und Strafverfolgungsbehörden übermittelt werden, soweit dies für Zwecke der Fahndung und Festnahme der oder des entwichenen oder sich sonst ohne Erlaubnis außerhalb der Anstalt aufhaltenden Gefangenen erforderlich ist.

§ 81 Besondere Sicherungsmaßnahmen

(1) Gegen eine Gefangene oder einen Gefangenen können besondere Sicherungsmaßnahmen angeordnet werden, wenn nach ihrem oder seinem Verhalten oder aufgrund ihres oder seines seelischen Zustandes in erhöhtem Maß Fluchtgefahr oder die Gefahr von Gewalttätigkeiten gegen Personen oder Sachen oder die Gefahr der Selbsttötung oder der Selbstverletzung besteht.

(2) Als besondere Sicherungsmaßnahmen sind zulässig:

1. der Entzug oder die Vorenthaltung von Gegenständen,

2. die Beobachtung bei Nacht,

3. die Absonderung von anderen Gefangenen,

4. der Entzug oder die Beschränkung des Aufenthalts im Freien,

5. die Unterbringung in einem besonders gesicherten Haftraum ohne gefährdende Gegenstände und

6. die Fesselung.

(3) Maßnahmen nach Absatz 2 Nrn. 1 und 3 bis 5 sind auch zulässig, wenn die Gefahr einer Befreiung oder eine erhebliche Störung der Ordnung der Anstalt anders nicht vermieden oder behoben werden kann.

(4) Bei einer Ausführung, Vorführung oder beim Transport ist die Fesselung auch dann zulässig, wenn die Beaufsichtigung nicht ausreicht, die Gefahr einer Flucht zu vermeiden oder zu beheben.

§ 82 Einzelhaft

(1) Die unausgesetzte Absonderung einer oder eines Gefangenen (Einzelhaft) ist nur zulässig, wenn dies aus Gründen, die in der Person der oder des Gefangenen liegen, unerlässlich ist.

(2) ₁Einzelhaft von mehr als drei Monaten Gesamtdauer in einem Jahr bedarf der Zustimmung des Fachministeriums. ₂Diese Frist wird nicht dadurch unterbrochen, dass die oder der Gefangene am Gottesdienst oder an der Freistunde teilnimmt.

§ 83 Fesselung

₁In der Regel dürfen Fesseln nur an den Händen oder an den Füßen angelegt werden. ₂Im Interesse der oder des Gefangenen kann eine andere Art der Fesselung angeordnet werden. ₃Die Fesselung wird zeitweise gelockert, soweit dies notwendig ist.

§ 84 Anordnung besonderer Sicherungsmaßnahmen

(1) ₁Besondere Sicherungsmaßnahmen ordnet die Anstaltsleiterin oder der Anstaltsleiter an. ₂Bei Gefahr im Verzuge können auch andere Justizvollzugsbedienstete diese Maßnahmen vorläufig anordnen. ₃Die Entscheidung der Anstaltsleiterin oder des Anstaltsleiters ist unverzüglich einzuholen.

(2) ₁Wird eine Gefangene oder ein Gefangener ärztlich behandelt oder beobachtet oder bildet ihr oder sein seelischer Zustand den Anlass der Maßnahme, so ist vorher die Ärz-

tin oder der Arzt zu hören. ₂Ist dies wegen Gefahr im Verzuge nicht möglich, so wird die ärztliche Stellungnahme unverzüglich eingeholt.

§ 85 Ärztliche Überwachung

(1) ₁Eine Gefangene oder einen Gefangenen, die oder der in einem besonders gesicherten Haftraum untergebracht oder gefesselt ist (§ 81 Abs. 2 Nrn. 5 und 6), sucht die Ärztin oder der Arzt alsbald und in der Folge möglichst täglich auf. ₂Dies gilt nicht bei einer Fesselung während einer Ausführung, Vorführung oder eines Transportes (§ 81 Abs. 4).

(2) Die Ärztin oder der Arzt ist regelmäßig zu hören, solange der oder dem Gefangenen der tägliche Aufenthalt im Freien entzogen wird.

§ 86 Ersatz von Aufwendungen

Auf den Anspruch auf Ersatz von Aufwendungen der Vollzugsbehörde, die die oder der Gefangene durch eine vorsätzliche oder grob fahrlässige Selbstverletzung oder eine Verletzung einer oder eines anderen Gefangenen verursacht hat, findet § 93 Abs. 1 Satz 1 StVollzG Anwendung.

Dreizehntes Kapitel
Unmittelbarer Zwang

§ 87 Allgemeine Voraussetzungen

(1) Justizvollzugsbedienstete dürfen zur Durchsetzung von rechtmäßigen Vollzugs- und Sicherungsmaßnahmen unmittelbaren Zwang anwenden, wenn der damit verfolgte Zweck nicht auf eine andere Weise erreicht werden kann.

(2) Gegen andere Personen als Gefangene darf unmittelbarer Zwang angewendet werden, wenn es sie unternehmen, Gefangene zu befreien oder in den Anstaltsbereich widerrechtlich einzudringen, oder wenn sie sich unbefugt darin aufhalten.

(3) Das Recht zu unmittelbarem Zwang aufgrund anderer Regelungen bleibt unberührt.

§ 88 Begriffsbestimmungen

(1) Unmittelbarer Zwang ist die Einwirkung auf Personen oder Sachen durch körperliche Gewalt, ihre Hilfsmittel und durch Waffen.

(2) Körperliche Gewalt ist jede unmittelbare körperliche Einwirkung auf Personen oder Sachen.

(3) Hilfsmittel der körperlichen Gewalt sind insbesondere Fesseln, Diensthunde sowie Reiz- und Betäubungsstoffe.

(4) Waffen sind die dienstlich zugelassenen Hieb- und Schusswaffen.

§ 89 Handeln auf Anordnung

(1) Wird unmittelbarer Zwang von Vorgesetzten oder einer sonst befugten Person angeordnet, so sind Justizvollzugsbedienstete verpflichtet, ihn anzuwenden, es sei denn, die Anordnung verletzt die Menschenwürde oder ist nicht zu dienstlichen Zwecken erteilt worden.

(2) ₁Die Anordnung darf nicht befolgt werden, wenn dadurch eine Straftat begangen würde. ₂Befolgen Justizvollzugsbedienstete sie trotzdem, so trifft sie eine Schuld nur, wenn sie erkennen oder wenn es nach den ihnen bekannten Umständen offensichtlich ist, dass dadurch eine Straftat begangen wird.

(3) ₁Bedenken gegen die Rechtmäßigkeit der Anordnung haben die Justizvollzugsbediensteten den Anordnenden gegenüber vorzubringen, soweit das nach den Umständen möglich ist. ₂Abweichende Vorschriften des allgemeinen Beamtenrechts über die Mitteilung solcher Bedenken an Vorgesetzte (§ 36 Abs. 2 und 3 des Beamtenstatusgesetzes) sind nicht anzuwenden.

§ 90 Androhung

₁Unmittelbarer Zwang ist vorher anzudrohen. ₂Die Androhung darf nur dann unterbleiben, wenn die Umstände sie nicht zulassen oder unmittelbarer Zwang sofort angewendet werden muss, um eine rechtswidrige Tat, die den Tatbestand eines Strafgesetzes erfüllt, zu verhindern oder eine gegenwärtige Gefahr abzuwenden.

§ 91 Allgemeine Vorschriften für den Schusswaffengebrauch

(1) ₁Schusswaffen dürfen nur gebraucht werden, wenn andere Maßnahmen des unmittelbaren Zwanges bereits erfolglos waren oder keinen Erfolg versprechen. ₂Gegen Personen ist ihr Gebrauch nur zulässig, wenn der Zweck nicht durch Waffenwirkung gegen Sachen erreicht wird.

(2) ₁Schusswaffen dürfen nur die dazu bestimmten Justizvollzugsbediensteten gebrauchen und nur, um angriffs- oder fluchtunfähig zu machen. ₂Ihr Gebrauch unterbleibt, wenn dadurch erkennbar Unbeteiligte mit hoher Wahrscheinlichkeit gefährdet würden.

(3) ₁Der Gebrauch von Schusswaffen ist vorher anzudrohen. ₂Als Androhung gilt auch ein Warnschuss. ₃Ohne Androhung dürfen Schusswaffen nur dann gebraucht werden, wenn das zur Abwehr einer gegenwärtigen Gefahr für Leib oder Leben erforderlich ist.

§ 92 Besondere Vorschriften für den Schusswaffengebrauch

(1) ₁Gegen eine Gefangene oder einen Gefangenen dürfen Schusswaffen gebraucht werden,

1. wenn sie oder er eine Waffe oder ein anderes gefährliches Werkzeug trotz wiederholter Aufforderung nicht ablegt,

2. wenn sie oder er eine Gefangenenmeuterei (§ 121 StGB) unternimmt oder

3. um ihre oder seine Flucht zu vereiteln oder um sie oder ihn wiederzuergreifen.

₂Um die Flucht aus einer Anstalt oder Abteilung des offenen Vollzuges zu vereiteln, dürfen keine Schusswaffen gebraucht werden.

(2) Gegen andere Personen dürfen Schusswaffen gebraucht werden, wenn sie es unternehmen, Gefangene gewaltsam zu befreien oder gewaltsam in eine Anstalt einzudringen.

§ 93 Zwangsmaßnahmen auf dem Gebiet der Gesundheitsfürsorge

(1) ₁Bei Lebensgefahr, schwer wiegender Gefahr für die Gesundheit der oder des Gefangenen oder Gefahr für die Gesundheit anderer Personen sind medizinische Untersuchung und Behandlung sowie Ernährung zwangsweise zulässig. ₂Die Maßnahmen müssen für die Beteiligten zumutbar sein und dürfen nicht mit erheblicher Gefahr für Leben oder Gesundheit der oder des Gefangenen verbunden sein. ₃Solange von einer freien Willensbestimmung der oder des Gefangenen ausgegangen werden kann, ist die Vollzugsbehörde nicht zu Zwangsmaßnahmen verpflichtet.

(2) Zum Gesundheitsschutz und zur Hygiene ist die zwangsweise körperliche Untersuchung außer im Fall des Absatzes 1 zulässig, wenn sie nicht mit einem körperlichen Eingriff verbunden ist.

(3) Die Maßnahmen dürfen nur auf Anordnung und unter Leitung einer Ärztin oder eines Arztes durchgeführt werden, unbeschadet der Leistung erster Hilfe für den Fall, dass eine Ärztin oder ein Arzt nicht rechtzeitig erreichbar und mit einem Aufschub Lebensgefahr verbunden ist.

Vierzehntes Kapitel
Disziplinarmaßnahmen

§ 94 Voraussetzungen

(1) Verstößt eine Gefangene oder ein Gefangener schuldhaft gegen Pflichten, die ihr oder ihm durch dieses Gesetz oder aufgrund dieses Gesetzes auferlegt sind, so können gegen sie oder ihn Disziplinarmaßnahmen angeordnet werden.

(2) Von einer Disziplinarmaßnahme wird abgesehen, wenn es genügt, die Gefangene oder den Gefangenen zu verwarnen.

(3) Eine Disziplinarmaßnahme ist auch zulässig, wenn wegen derselben Verfehlung ein Straf- oder Bußgeldverfahren eingeleitet wird.

§ 95 Arten der Disziplinarmaßnahmen

(1) Die zulässigen Disziplinarmaßnahmen sind

1. Verweis,

2. die Beschränkung oder der Entzug der Verfügung über das Hausgeld und des Einkaufs bis zu drei Monaten,

3. die Beschränkung oder der Entzug des Hörfunk- und Fernsehempfangs bis zu drei Monaten,

4. die Beschränkung oder der Entzug der Gegenstände für eine Beschäftigung in der Freizeit oder der Teilnahme an gemeinschaftlichen Veranstaltungen bis zu vier Wochen,

5. die getrennte Unterbringung während der Freizeit bis zu vier Wochen,

6. der Entzug der zugewiesenen Arbeit oder Beschäftigung bis zu vier Wochen unter Wegfall der in diesem Gesetz geregelten Bezüge,

7. die Beschränkung des Verkehrs mit Personen außerhalb der Anstalt auf dringende Fälle bis zu drei Monaten sowie

8. Arrest bis zu vier Wochen.

(2) Arrest darf nur wegen schwerer oder mehrfach wiederholter Verfehlungen verhängt werden.

(3) Mehrere Disziplinarmaßnahmen können miteinander verbunden werden.

(4) ₁Die Maßnahmen nach Absatz 1 Nrn. 3 bis 7 sollen möglichst nur angeordnet werden, wenn die Verfehlung mit den zu beschränkenden oder zu entziehenden Befugnissen im Zusammenhang steht. ₂Dies gilt nicht bei einer Verbindung mit Arrest.

§ 96 Vollzug der Disziplinarmaßnahmen, Aussetzung zur Bewährung

(1) Disziplinarmaßnahmen werden in der Regel sofort vollstreckt.

(2) Eine Disziplinarmaßnahme kann ganz oder teilweise bis zu sechs Monaten zur Bewährung ausgesetzt werden.

(3) ₁Wird der Verkehr der oder des Gefangenen mit Personen außerhalb der Anstalt eingeschränkt, so ist ihr oder ihm Gelegenheit zu geben, dies Personen, mit denen sie oder er im Schriftwechsel steht oder die sie oder ihn zu besuchen pflegen, mitzuteilen. ₂Der Schriftwechsel mit den in § 30 Abs. 3 genannten Empfängerinnen und Empfängern, mit Gerichten und Justizbehörden in der Bundesrepublik Deutschland sowie mit Verteidigerinnen und Verteidigern, Rechtsan-

wältinnen und Rechtsanwälten, Notarinnen und Notaren in die Gefangenen betreffenden Rechtssachen bleibt unbeschränkt.

(4) ₁Arrest wird in Einzelhaft vollzogen. ₂Die oder der Gefangene kann in einem besonderen Arrestraum untergebracht werden, der den Anforderungen entsprechen muss, die an einen zum Aufenthalt bei Tag und Nacht bestimmten Haftraum gestellt werden. ₃Soweit nichts anderes angeordnet wird, ruhen die Befugnisse aus den §§ 21, 22, 24, 35 und 64 bis 67.

§ 97 Disziplinarbefugnis

(1) ₁Disziplinarmaßnahmen ordnet die Anstaltsleiterin oder der Anstaltsleiter an. ₂Bei einer Verfehlung auf dem Weg in eine andere Anstalt zum Zweck der Verlegung oder Überstellung ist die Anstaltsleiterin oder der Anstaltsleiter der Bestimmungsanstalt zuständig.

(2) Das Fachministerium entscheidet, wenn sich die Verfehlung der oder des Gefangenen gegen die Anstaltsleiterin oder den Anstaltsleiter richtet.

(3) ₁Disziplinarmaßnahmen, die gegen eine Gefangene oder einen Gefangenen in einer anderen Anstalt oder während einer Untersuchungshaft angeordnet worden sind, werden auf Ersuchen vollstreckt. ₂§ 96 Abs. 2 bleibt unberührt.

§ 98 Verfahren

(1) ₁Der Sachverhalt ist zu klären. ₂Die oder der Gefangene wird angehört. ₃Vor der Anhörung wird ihr oder ihm eröffnet, welche Verfehlung ihr oder ihm zur Last gelegt wird. ₄Gleichzeitig ist darauf hinzuweisen, dass es ihr oder ihm freisteht, sich zur Sache zu äußern oder nicht zur Sache auszusagen. ₅Die Einlassung der oder des Gefangenen und Beweiserhebungen werden schriftlich festgehalten.

(2) ₁Bei schweren Verstößen soll die Anstaltsleiterin oder der Anstaltsleiter sich vor der Entscheidung in einer Konferenz mit Personen besprechen, die bei der Vollzugsgestaltung mitwirken. ₂Vor der Anordnung einer Disziplinarmaßnahme gegen eine Gefangene

oder einen Gefangenen, die oder der sich in ärztlicher Behandlung befindet, oder gegen eine Schwangere oder eine Gefangene, die unlängst entbunden hat, ist die Anstaltsärztin oder der Anstaltsarzt zu hören.

(3) ₁Die Entscheidung wird der oder dem Gefangenen von der Anstaltsleiterin oder dem Anstaltsleiter mündlich eröffnet und mit einer kurzen Begründung schriftlich abgefasst. ₂Die schriftliche Begründung wird der oder dem Gefangenen auf Verlangen ausgehändigt.

§ 99 Ärztliche Mitwirkung

(1) ₁Bevor der Arrest vollzogen wird, ist die Anstaltsärztin oder der Anstaltsarzt zu hören. ₂Während des Arrestes steht die oder der Gefangene unter ärztlicher Aufsicht.

(2) Der Vollzug des Arrestes unterbleibt oder wird unterbrochen, wenn die Gesundheit der oder des Gefangenen gefährdet würde.

Fünfzehntes Kapitel
Aufhebung von Verwaltungsakten, Beschwerderecht, gerichtlicher Rechtsschutz

§ 100 Aufhebung von Verwaltungsakten

Für den Widerruf und die Rücknahme von Verwaltungsakten nach diesem Gesetz gelten die Vorschriften des Niedersächsischen Verwaltungsverfahrensgesetzes über den Widerruf und die Rücknahme von Verwaltungsakten entsprechend, soweit dieses Gesetz eine besondere Regelung nicht enthält.

§ 101 Beschwerderecht

(1) Die oder der Gefangene erhält Gelegenheit, schriftlich und mündlich Wünsche, Anregungen und Beschwerden in eigenen Angelegenheiten bei der Vollzugsbehörde vorzubringen.

(2) Es ist zu gewährleisten, dass sich die oder der Gefangene in eigenen Angelegenheiten auch an Bedienstete der Aufsichtsbehörde wenden kann, die die Anstalt besichtigen.

§ 102 Gerichtlicher Rechtsschutz

Gegen eine Entscheidung oder sonstige Maßnahme zur Regelung einzelner Angelegenheiten oder ihre Ablehnung oder Unterlassung kann gerichtliche Entscheidung nach Maßgabe der §§ 109 bis 121 Abs. 4 StVollzG beantragt werden.

Sechzehntes Kapitel
Sozialtherapeutische Anstalten

§ 103 Sozialtherapeutische Anstalten und Abteilungen

₁Für die sozialtherapeutische Behandlung im Vollzug sind sozialtherapeutische Anstalten oder sozialtherapeutische Abteilungen in anderen Vollzugsanstalten einzurichten. ₂Für sozialtherapeutische Abteilungen gelten die Vorschriften über die sozialtherapeutischen Anstalten entsprechend.

§ 104 Verlegung in eine sozialtherapeutische Anstalt

(1) Die oder der Gefangene, die oder der wegen

1. einer Straftat nach den §§ 174 bis 180 oder 182 StGB oder

2. eines Verbrechens gegen das Leben, die körperliche Unversehrtheit oder die persönliche Freiheit oder nach den §§ 250, 251, auch in Verbindung mit den §§ 252 und 255 StGB

verurteilt worden ist, wird in eine sozialtherapeutische Anstalt verlegt, wenn die dortige Behandlung zur Verringerung einer erheblichen Gefährlichkeit der oder des Gefangenen für die Allgemeinheit angezeigt ist.

(2) Andere Gefangene können in eine sozialtherapeutische Anstalt verlegt werden, wenn der Einsatz der besonderen therapeutischen Mittel und sozialen Hilfen der Anstalt zur Erreichung des Vollzugszieles nach § 5 Satz 1 angezeigt ist.

(3) Die Verlegung soll zu einem Zeitpunkt erfolgen, der den Abschluss der Behandlung zum voraussichtlichen Entlassungszeitpunkt erwarten lässt.

(4) ₁Die oder der Gefangene ist zurückzuverlegen, wenn der Zweck der Behandlung aus Gründen, die in der Person der oder des Gefangenen liegen, nicht erreicht werden kann. ₂Die oder der Gefangene kann zurückverlegt werden, wenn sie oder er durch ihr oder sein Verhalten den Behandlungsverlauf anderer erheblich und nachhaltig stören.

(5) Die §§ 10 und 11 bleiben unberührt.

§ 105　Urlaub zur Vorbereitung der Entlassung

(1) ₁Die Vollzugsbehörde kann der oder dem Gefangenen nach Anhörung der Vollstreckungsbehörde zur Vorbereitung der Entlassung Sonderurlaub bis zu sechs Monaten gewähren. ₂§ 13 Abs. 2 und 6 gilt entsprechend.

(2) ₁Der oder dem Gefangenen sollen für den Urlaub Weisungen erteilt werden. ₂Sie oder er kann insbesondere angewiesen werden, sich einer bestimmten Betreuungsperson zu unterstellen und jeweils für kurze Zeit in die Anstalt zurückzukehren.

(3) ₁§ 15 Abs. 2 und 3 gilt entsprechend. ₂Der Urlaub wird widerrufen, wenn dies für die Behandlung der oder des Gefangenen notwendig ist.

§ 106　Aufnahme auf freiwilliger Grundlage

(1) ₁Eine frühere Gefangene oder ein früherer Gefangener kann auf Antrag vorübergehend wieder in die sozialtherapeutische Anstalt aufgenommen werden, wenn dadurch erheblichen Straftaten der in § 104 Abs. 1 genannten Art vorgebeugt werden kann. ₂Die Aufnahme ist jederzeit widerruflich.

(2) ₁Gegen die aufgenommene Person dürfen Maßnahmen des Vollzuges nicht mit unmittelbarem Zwang durchgesetzt werden. ₂Im Übrigen finden die sonstigen Vorschriften dieses Teils entsprechende Anwendung.

(3) Auf ihren Antrag ist die aufgenommene Person unverzüglich zu entlassen.

Dritter Teil
Vollzug der Unterbringung in der Sicherungsverwahrung

§ 107　Ziel und Aufgabe des Vollzuges

₁Die oder der Sicherungsverwahrte wird zum Schutz der Allgemeinheit sicher untergebracht. ₂Ihr oder ihm soll geholfen werden, sich in das Leben in Freiheit einzugliedern.

§ 108　Ausstattung

₁Die Ausstattung der Anstalten, in denen die Sicherungsverwahrung vollzogen wird, namentlich der Haftläume, und besondere Maßnahmen zur Förderung und Betreuung sollen der oder dem Sicherungsverwahrten helfen, ihr oder sein Leben in der Anstalt sinnvoll zu gestalten, und sie oder ihn vor Schäden eines langen Freiheitsentzuges bewahren. ₂Ihren oder seinen persönlichen Bedürfnissen ist nach Möglichkeit Rechnung zu tragen.

§ 109　Kleidung, Wäsche, Bettzeug

Die oder der Sicherungsverwahrte darf eigene Kleidung, eigene Wäsche und eigenes Bettzeug benutzen, wenn Gründe der Sicherheit nicht entgegenstehen und sie oder er für Reinigung und Instandsetzung auf eigene Kosten sorgt; andernfalls erhält sie oder er Kleidung, Wäsche oder Bettzeug von der Vollzugsbehörde.

§ 110　Selbstbeschäftigung, Taschengeld

(1) Der oder dem Sicherungsverwahrten wird gestattet, einer Selbstbeschäftigung nachzugehen, wenn dies dem Ziel dient, Fähigkeiten für eine Erwerbstätigkeit nach der Entlassung zu vermitteln, zu erhalten oder zu fördern.

(2) Der Betrag des der oder dem Sicherungsverwahrten nach § 43 zu gewährenden Taschengeldes ist gegenüber dem für Strafgefangene geltenden Betrag angemessen zu erhöhen.

§ 111　Entlassungsvorbereitung

₁Um die Entlassung zu erproben und vorzubereiten, kann der Vollzug gelockert und Sonderurlaub bis zu einem Monat gewährt werden. ₂§ 13 Abs. 2 und 6 sowie § 15 gelten entsprechend. ₃Bei einer oder einem Sicherungsverwahrten in einer sozialtherapeutischen Anstalt richtet sich die Gewährung von Sonderurlaub nach § 105.

§ 112 Entsprechende Anwendung von Vorschriften des Zweiten Teils

Für den Vollzug der Unterbringung in der Sicherungsverwahrung gelten die Vorschriften des Zweiten Teils entsprechend, soweit in den Vorschriften dieses Teils nichts anderes bestimmt ist.

Vierter Teil
Vollzug der Jugendstrafe

Erstes Kapitel
Allgemeine Vorschriften, Grundsätze

§ 113 Vollzugsziele

₁Im Vollzug der Jugendstrafe sollen die Gefangenen vor allem fähig werden, künftig in sozialer Verantwortung ein Leben ohne Straftaten zu führen. ₂Der Vollzug der Jugendstrafe dient auch dem Schutz der Allgemeinheit vor weiteren Straftaten.

§ 114 Gestaltung und Mitwirkung

(1) ₁Der Vollzug ist erzieherisch zu gestalten. ₂Zur Erreichung des Vollzugszieles nach § 113 Satz 1 ist die oder der Gefangene in der Entwicklung von Fähigkeiten und Fertigkeiten sowie der Bereitschaft zu einer eigenverantwortlichen und gemeinschaftsfähigen Lebensführung in Achtung der Rechte anderer zu fördern. ₃Die Förderung der oder des Gefangenen ist insbesondere auf soziales Lernen und die Ausbildung von Fähigkeiten und Kenntnissen, die einer künftigen beruflichen Integration dienen, auszurichten. ₄Auf die besonderen altersbedingten Bedürfnisse und Empfindlichkeiten der oder des Gefangenen ist Rücksicht zu nehmen.

(2) Die oder der Gefangene ist verpflichtet, an der Erreichung des Vollzugszieles nach § 113 Satz 1 mitzuwirken und die ihr oder ihm zu diesem Zweck erteilten rechtmäßigen Anordnungen der Vollzugsbehörde zu befolgen.

(3) ₁Die Rechte der Personensorgeberechtigten sind bei der Planung und Gestaltung des Vollzuges zu berücksichtigen. ₂Die Vollstreckungsleiterin oder der Vollstreckungsleiter ist über die wesentlichen vollzuglichen Entscheidungen zu unterrichten.

§ 115 Ausnahme vom Jugendstrafvollzug

Wird nach den Vorschriften des Jugendgerichtsgesetzes eine Ausnahme vom Jugendstrafvollzug angeordnet, so gelten für den Vollzug der Jugendstrafe die Vorschriften des Zweiten Teils.

Zweites Kapitel
Planung und Verlauf des Vollzuges

§ 116 Aufnahme in die Anstalt

₁Die Personensorgeberechtigten und das Jugendamt werden unverzüglich von der Aufnahme unterrichtet. ₂Im Übrigen gilt § 8 entsprechend.

§ 117 Erziehungs- und Förderplan

(1) ₁Für die oder den Gefangenen ist ein Erziehungs- und Förderplan unter besonderer Berücksichtigung der Gestaltungsgrundsätze nach § 114 zu erstellen. ₂Der Erziehungs- und Förderplan enthält mindestens Angaben über folgende Maßnahmen:

1. die Unterbringung im geschlossenen oder offenen Vollzug,

2. die Verlegung in eine sozialtherapeutische Anstalt oder Abteilung,

3. die Zuweisung zu Wohn- und anderen Gruppen, die der Erreichung des Vollzugszieles nach § 113 Satz 1 dienen,

4. Maßnahmen der schulischen oder beruflichen Aus- oder Weiterbildung sowie den Arbeitseinsatz,

5. die Teilnahme an Veranstaltungen der Fortbildung,

6. die Teilnahme an Freizeit- und Sportangeboten,

7. besondere Erziehungs-, Förder- und Therapiemaßnahmen,

8. Lockerungen des Vollzuges und

9. notwendige Maßnahmen zur Vorbereitung der Entlassung.

(2) Nach der Aufnahme werden die zur Vorbereitung der Aufstellung des Erziehungs- und Förderplans notwendigen Daten zur Persönlichkeit und zu den Lebensverhältnissen der oder des Gefangenen erhoben und die Ursachen der Straftaten untersucht.

(3) ₁Der oder dem Gefangenen wird das Ziel ihres oder seines Aufenthalts in der Anstalt verdeutlicht. ₂Der beabsichtigte Inhalt des Erziehungs- und Förderplans wird mit der oder dem Gefangenen erörtert. ₃Sie oder er ist zu Anregungen und Vorschlägen zu ermutigen. ₄Diese sollen berücksichtigt werden, soweit dies mit den Vollzugszielen des § 113 vereinbar ist.

(4) ₁Die Personensorgeberechtigten sollen im Rahmen der Vorbereitung des Erziehungs- und Förderplans Gelegenheit zu Anregungen und Vorschlägen erhalten. ₂Absatz 3 Satz 4 gilt entsprechend.

(5) ₁Der Erziehungs- und Förderplan ist in Einklang mit der Entwicklung der oder des Gefangenen und weiterer Erkenntnissen zur Persönlichkeit jeweils spätestens nach vier Monaten fortzuschreiben. ₂Absatz 3 Sätze 2 bis 4 und Absatz 4 gelten entsprechend.

(6) Zur Vorbereitung der Aufstellung und Fortschreibung des Erziehungs- und Förderplans werden Konferenzen mit den nach Auffassung der Vollzugsbehörde an der Vollzugsgestaltung maßgeblich Beteiligten durchgeführt.

(7) ₁Der Erziehungs- und Förderplan und seine Fortschreibungen werden mit der oder dem Gefangenen erörtert sowie den Personensorgeberechtigten auf Verlangen bekannt gegeben und mit ihnen erörtert. ₂Der Erziehungs- und Förderplan und der Personensorgeberechtigten in schriftlicher Form ausgehändigt.

§ 118 Unterrichtung über Verlegung oder Überstellung

₁Die Personensorgeberechtigten und das Jugendamt werden über die Verlegung der oder des Gefangenen unterrichtet. ₂Dies gilt auch für Überstellungen, soweit dies mit Rücksicht auf die Dauer der Überstellung angezeigt ist.

§ 119 Entlassungsvorbereitung

(1) Die Personensorgeberechtigten werden von der bevorstehenden Entlassung der oder des Gefangenen unterrichtet und sollen an der Entlassungsvorbereitung beteiligt werden.

(2) ₁Außer in den Fällen des § 17 kann der oder dem Gefangenen nach Anhörung der Vollstreckungsleiterin oder des Vollstreckungsleiters auch Sonderurlaub zur Teilnahme an langfristigen Wiedereingliederungsmaßnahmen bis zu sechs Monaten gewährt werden. ₂§ 13 Abs. 2 und 6 sowie § 15 Abs. 2 und 3 gelten entsprechend. ₃Der oder dem Beurlaubten sollen Weisungen erteilt werden. ₄Sie oder er kann insbesondere angewiesen werden, sich einer von der Anstalt bestimmten Betreuungsperson zu unterstellen und jeweils für kurze Zeit in die Anstalt zurückzukehren.

Drittes Kapitel
Unterbringung und Kleidung

§ 120 Unterbringung

(1) ₁Wohngruppen dienen der Förderung sozialen Lernens. ₂Sie sind so zu gestalten, dass die Gefangenen vor wechselseitigen Übergriffen geschützt werden. ₃Die oder der Gefangene soll in einer Wohngruppe untergebracht werden, wenn sie oder er hierfür geeignet ist.

(2) Eine Einschränkung der gemeinschaftlichen Unterbringung während der Arbeitszeit und Freizeit ist außer in den Fällen des § 19 Abs. 3 auch zulässig, wenn dies aus erzieherischen Gründen angezeigt ist.

(3) ₁Die oder der Gefangene wird während der Ruhezeit allein in ihrem oder seinem Haftraum untergebracht. ₂Mit ihrer oder seiner Zustimmung kann die oder der Gefangene auch gemeinsam mit anderen Gefangenen untergebracht werden, wenn eine schädliche Beeinflussung nicht zu befürchten ist. ₃Ohne Zustimmung der betroffenen Gefangenen ist eine gemeinsame Unterbringung nur zuläs-

sig, sofern eine oder einer von ihnen hilfsbedürftig ist oder für eine oder einen von ihnen eine Gefahr für Leben oder Gesundheit besteht. ₄Darüber hinaus ist eine gemeinsame Unterbringung nur vorübergehend aus zwingenden Gründen zulässig.

§ 121 Ausstattung des Haftraums und persönlicher Besitz

Außer in den Fällen des § 21 kann die Erlaubnis zur Ausstattung des Haftraums auch für die Sachen versagt oder widerrufen werden, die das Erreichen des Vollzugszieles nach § 113 Satz 1 gefährden.

§ 122 Kleidung

(1) Die oder der Gefangene trägt Anstaltskleidung.

(2) Die Vollzugsbehörde kann der oder dem Gefangenen erlauben, eigene Kleidung zu tragen, wenn sie oder er für Reinigung und Instandsetzung auf eigene Kosten sorgt und Belange der Sicherheit und Ordnung der Anstalt nicht entgegenstehen.

Viertes Kapitel
Besuche, Schriftwechsel, Telekommunikation und Pakete

§ 123 Besuche, Schriftwechsel, Telekommunikation und Pakete

(1) Familiäre und sonstige der Erreichung des Vollzugszieles nach § 113 Satz 1 dienliche Kontakte der oder des Gefangenen sind zu fördern, soweit eine schädliche Reeinflussung der oder des Gefangenen nicht zu befürchten ist.

(2) Abweichend von § 25 Abs. 1 Satz 2 beträgt die Gesamtdauer des Besuchs mindestens vier Stunden im Monat.

(3) ₁Besuche sollen darüber hinaus zugelassen werden, wenn sie die Erreichung des Vollzugszieles nach § 113 Satz 1 fördern oder persönlichen, rechtlichen oder geschäftlichen Angelegenheiten dienen, die nicht von der oder dem Gefangenen schriftlich erledigt, durch Dritte wahrgenommen oder bis zur Entlassung aufgeschoben werden können. ₂Nach Satz 1 sollen auch Langzeitbesuche

von Familienangehörigen sowie von Personen, die einen günstigen Einfluss erwarten lassen, zugelassen werden, soweit dies nach den Verhältnissen der Anstalt möglich ist.

(4) ₁Besuche von bestimmten Personen können außer in den Fällen des § 26 auch untersagt werden, wenn die Personensorgeberechtigten es beantragen oder wenn es aus erzieherischen Gründen erforderlich ist. ₂Satz 1 gilt für den Schriftwechsel, die Telekommunikation und den Paketverkehr entsprechend.

(5) ₁Besuche können außer in den Fällen des § 28 Abs. 3 auch abgebrochen werden, wenn von Besucherinnen oder Besuchern ein schädlicher Einfluss auf die oder den Gefangenen ausgeübt wird. ₂Satz 1 gilt für die Telekommunikation entsprechend.

(6) ₁Für Beistände nach § 69 des Jugendgerichtsgesetzes sind die für Verteidigerinnen und Verteidiger geltenden Vorschriften dieses Gesetzes über Besuche und Schriftwechsel entsprechend anzuwenden. ₂Für Besuche von Angehörigen der Gerichtshilfe, der Jugendgerichtshilfe, der Bewährungshilfe und der Führungsaufsichtsstellen gilt § 27 Sätze 1 bis 3 entsprechend.

Fünftes Kapitel
Aus- und Weiterbildung, Arbeit, Gesundheitsfürsorge und Freizeit

§ 124 Zuweisung, Arbeitspflicht

(1) Aus- und Weiterbildung, Arbeit sowie arbeitstherapeutische Beschäftigung dienen insbesondere dem Ziel, Fähigkeiten für eine Erwerbstätigkeit nach der Entlassung zu vermitteln, zu erhalten oder zu fördern.

(2) ₁Die Vollzugsbehörde soll der oder dem Gefangenen unter besonderer Berücksichtigung des § 114 Abs. 1 Satz 3 vorrangig schulische und berufliche Orientierungs-, Aus- und Weiterbildungsmaßnahmen zuweisen. ₂Soweit eine solche Zuweisung nach Maßgabe des Erziehungs- und Förderplans nicht vorgesehen ist, soll die Vollzugsbehörde ihr oder ihm statt einer Tätigkeit nach Satz 1 wirtschaftlich ergiebige Arbeit oder, wenn

dies der Vollzugsbehörde nicht möglich ist, eine angemessene Beschäftigung zuweisen und dabei ihre oder seine Fähigkeiten, Fertigkeiten und Neigungen berücksichtigen. ₃Die Vollzugsbehörde kann der oder dem Gefangenen als Tätigkeit nach Satz 2 auch eine Hilfstätigkeit zuweisen.

(3) Ist die oder der Gefangene zu wirtschaftlich ergiebiger Arbeit nicht fähig, so soll ihr oder ihm eine geeignete arbeitstherapeutische Beschäftigung zugewiesen werden.

(4) ₁Die oder der Gefangene ist verpflichtet, eine ihr oder ihm zugewiesene Tätigkeit auszuüben. ₂Vollzugliche Maßnahmen, insbesondere Lockerungen, die der Ausübung einer zugewiesenen Tätigkeit ganz oder teilweise entgegenstehen, sollen nur zugelassen werden, soweit dies im Rahmen des Erziehungs- und Förderplans zur Erreichung des Vollzugszieles nach § 113 Satz 1, im überwiegenden Interesse der oder des Gefangenen oder aus einem anderen wichtigen Grund erforderlich ist.

§ 125 Aus- und Weiterbildungsangebote

₁Schulische und berufliche Aus- und Weiterbildungsangebote sind von der Vollzugsbehörde in ausreichendem Umfang bereitzustellen und möglichst so zu gestalten, dass sie von Gefangenen auch dann sinnvoll genutzt werden können, wenn wegen der Kürze des Freiheitsentzuges ein Abschluss bis zur Entlassung nicht erreichbar ist. ₂Im Rahmen der durchgängigen Betreuung ist darauf hinzuwirken, dass der oder dem Gefangenen die Fortsetzung der im Jugendstrafvollzug begonnenen Aus- oder Weiterbildungsmaßnahmen nach der Entlassung außerhalb der Anstalt ermöglicht wird.

§ 126 Freiwilliger Verbleib im Jugendstrafvollzug

(1) ₁Nach der Entlassung kann der oder dem Gefangenen im Rahmen der durchgängigen Betreuung auf Antrag gestattet werden, eine im Jugendstrafvollzug begonnene Maßnahme des Erziehungs- und Förderplans abzuschließen. ₂Hierfür oder aus fürsorgerischen Gründen kann sie oder er im Einzelfall

höchstens drei Monate über den Entlassungszeitpunkt hinaus in der Anstalt verbleiben, sofern es deren Belegungssituation zulässt. ₃Der Antrag und die Gestattung sind jederzeit widerruflich.

(2) Maßnahmen nach Absatz 1 sind unzulässig, wenn sie nach allgemeinen Vorschriften der Zustimmung der Personensorgeberechtigten bedürften und diese nicht erteilt wird.

(3) ₁In den Fällen des Absatzes 1 dürfen Maßnahmen des Vollzuges nicht mit unmittelbarem Zwang durchgesetzt werden. ₂Im Übrigen finden die sonstigen Vorschriften dieses Teils entsprechende Anwendung.

(4) Wird der Antrag widerrufen oder eine notwendige Zustimmung der Personensorgeberechtigten nicht erteilt, so ist die betroffene Person unverzüglich zu entlassen.

§ 127 Gesundheitsfürsorge

(1) Die oder der minderjährige Gefangene hat über die Ansprüche nach § 57 hinaus auch Anspruch auf Leistungen zur Verhütung von Zahnerkrankungen in entsprechender Anwendung des § 22 Abs. 1 bis 3 des Fünften Buchs des Sozialgesetzbuchs.

(2) Bei der Anwendung des § 57 Abs. 2 Satz 3 kann ein Verschulden der oder des Gefangenen im Einzelfall unberücksichtigt bleiben.

(3) ₁Vor ärztlichen Eingriffen bei der oder dem Gefangenen sind die Rechte ihrer oder seiner Personensorgeberechtigten zu beachten. ₂Dies gilt insbesondere im Hinblick auf deren Aufklärung und Einwilligung.

§ 128 Freizeit, Sport

(1) Die Vollzugsbehörde hat für ein ausreichendes Freizeit- und Sportangebot zu sorgen.

(2) ₁Die oder der Gefangene ist zur Nutzung der Freizeitangebote aufzufordern; aus erzieherischen Gründen kann sie oder er dazu verpflichtet werden. ₂Sie oder er soll insbesondere an Veranstaltungen der Fortbildung, an Freizeitgruppen und Gruppengesprächen teilnehmen. ₃Sie oder er soll dazu angehalten werden, eine Bücherei zu nutzen sowie den verantwortungsvollen Umgang mit neuen

Medien zu erlernen, soweit dies mit der Sicherheit der Anstalt vereinbar ist.

(3) ₁Dem Sport kommt im Jugendstrafvollzug besondere Bedeutung zu. ₂Die oder der Gefangene erhält Gelegenheit, das Sportangebot zu nutzen. ₃Ihre oder seine Bereitschaft hierzu ist zu wecken und zu fördern.

Sechstes Kapitel
Schusswaffengebrauch, Maßnahmen bei Pflichtverstößen, Beschwerderecht

§ 129 Besondere Vorschriften für den Schusswaffengebrauch

Für den Schusswaffengebrauch gegen eine Gefangene oder einen Gefangenen gilt § 92 Abs. 1 Satz 1 Nr. 1 entsprechend mit der Maßgabe, dass Schusswaffen nur zur Abwehr einer durch die Benutzung der Waffe oder des gefährlichen Werkzeugs verursachten gegenwärtigen Gefahr für Leben oder Gesundheit gebraucht werden dürfen; § 92 Abs. 1 Satz 1 Nrn. 2 und 3 findet keine Anwendung.

§ 130 Erzieherische Maßnahmen und Disziplinarmaßnahmen

(1) ₁Verstößt die oder der Gefangene schuldhaft gegen Pflichten, die ihr oder ihm durch dieses Gesetz oder aufgrund dieses Gesetzes auferlegt sind, so kann unmittelbar auf die Pflichtverletzung eine Maßnahme angeordnet werden, die geeignet ist, ihr oder ihm ihr oder sein Fehlverhalten bewusst zu machen. ₂Als Maßnahmen kommen namentlich Weisungen und Auflagen in Betracht.

(2) ₁Reichen Maßnahmen nach Absatz 1 nicht aus, so können gegen die oder den Gefangenen Disziplinarmaßnahmen angeordnet werden. ₂§ 94 Abs. 1 und 2 sowie § 95 Abs. 1 Nr. 7 finden keine Anwendung. ₃§ 95 Abs. 1 Nr. 8 gilt entsprechend mit der Maßgabe, dass Arrest nur bis zu zwei Wochen zulässig ist. ₄§ 96 Abs. 2 gilt entsprechend mit der Maßgabe, dass die Aussetzung von Disziplinarmaßnahmen zur Bewährung nur bis zu drei Monaten zulässig ist.

§ 131 Beschwerderecht der Personensorgeberechtigten

§ 101 Abs. 1 gilt für die Personensorgeberechtigten der oder des Gefangenen entsprechend.

Siebtes Kapitel
Entsprechende Anwendung von Vorschriften des Zweiten Teils

§ 132 Entsprechende Anwendung von Vorschriften des Zweiten Teils

(1) Für den Vollzug der Jugendstrafe gelten die Vorschriften des Zweiten Teils entsprechend, soweit in den Vorschriften dieses Teils nichts anderes bestimmt ist.

(2) Bei der Ausübung von Ermessen und der Ausfüllung von Beurteilungsspielräumen sind im Jugendstrafvollzug die Vollzugsziele nach § 113 sowie die Gestaltungsgrundsätze nach § 114 besonders zu beachten.

Fünfter Teil
Vollzug der Untersuchungshaft

Erstes Kapitel
Allgemeine Vorschriften, Grundsätze

§ 133 Zweck der Untersuchungshaft

Der Vollzug der Untersuchungshaft dient dem Zweck, den in den gesetzlichen Haftgründen zum Ausdruck kommenden Gefahren zu begegnen.

§ 134 Zuständigkeiten

(1) ₁Die Vollzugsbehörde ist für alle im Vollzug der Untersuchungshaft zu treffenden Entscheidungen und sonstigen Maßnahmen zuständig, soweit nicht die Zuständigkeit des Gerichts vorgesehen ist. ₂Das Gericht kann sich in jeder Lage des Strafverfahrens durch schriftliche Erklärung gegenüber der Vollzugsbehörde die Zuständigkeit für in deren Zuständigkeit fallende Entscheidungen und sonstige Maßnahmen allgemein oder im Einzelfall widerruflich vorbehalten.

(2) Soweit in den Vorschriften dieses Teils nichts anderes bestimmt ist, ist das Gericht

zuständig für Entscheidungen und sonstige Maßnahmen, die der Abwehr einer Verdunkelungsgefahr dienen.

(3) ₁Das Gericht kann, soweit es für Entscheidungen und sonstige Maßnahmen nach den Vorschriften dieses Teils zuständig ist, seine Zuständigkeit bis zur Erhebung der öffentlichen Klage ganz oder teilweise schriftlich und widerruflich auf die Staatsanwaltschaft übertragen. ₂In den Fällen des Absatzes 1 Satz 2 ist eine Übertragung ausgeschlossen.

(4) ₁Die Staatsanwaltschaft kann sich, soweit ihr die Zuständigkeit nach Absatz 3 übertragen wurde, zur Durchführung von Maßnahmen der Hilfe der Ermittlungspersonen der Staatsanwaltschaft bedienen. ₂Die Ermittlungspersonen unterliegen insoweit den Weisungen der Staatsanwaltschaft. ₃Die von ihnen getroffenen Maßnahmen gelten als solche der Staatsanwaltschaft.

(5) ₁Das Gericht kann, soweit es für Entscheidungen und sonstige Maßnahmen nach den Vorschriften dieses Teils zuständig ist, seine Zuständigkeit in jeder Lage des Strafverfahrens ganz oder teilweise schriftlich und widerruflich auf die Vollzugsbehörde übertragen, soweit dies der Zweck der Untersuchungshaft zulässt. ₂Eine Übertragung der Zuständigkeit nach Satz 1 bedarf der widerruflichen Zustimmung der Vollzugsbehörde.

(6) ₁In dringenden Fällen kann die Staatsanwaltschaft oder die Vollzugsbehörde vorläufige Entscheidungen und sonstige Maßnahmen treffen. ₂Diese bedürfen der unverzüglichen Genehmigung der zuständigen Stelle.

§ 134a Gericht, Staatsanwaltschaft und Ermittlungspersonen

(1) ₁Gericht im Sinne der Vorschriften dieses Teils ist das für die Haftprüfung (§ 117 StPO) zuständige Gericht. ₂Handelt es sich bei dem Gericht nach Satz 1 nicht um ein Gericht des Landes Niedersachsen, so ist Gericht im Sinne der Vorschriften dieses Teils das Amtsgericht, in dessen Bezirk sich die oder der Gefangene in Untersuchungshaft befindet; Überstellungen berühren die gerichtliche Zuständigkeit nicht. ₃Einzelne Maßnahmen trifft die oder

der Vorsitzende; dies gilt nicht für Entscheidungen nach § 134 Abs. 1 Satz 2, Abs. 3 Satz 1 und Abs. 5 Satz 1.

(2) ₁Staatsanwaltschaft im Sinne der Vorschriften dieses Teils ist die Staatsanwaltschaft, die in dem der Inhaftierung der oder des Gefangenen zugrunde liegenden Strafverfahren die Ermittlungen führt. ₂Handelt es sich bei der Staatsanwaltschaft nach Satz 1 nicht um eine Staatsanwaltschaft des Landes Niedersachsen, so finden die Vorschriften dieses Teils über Zuständigkeiten der Staatsanwaltschaft für Maßnahmen nach diesem Gesetz keine Anwendung.

(3) Ermittlungspersonen der Staatsanwaltschaft im Sinne der Vorschriften dieses Teils sind die in § 1 Satz 1 Nr. 2 der Verordnung über die Ermittlungspersonen der Staatsanwaltschaft vom 2. Oktober 1997 (Nds. GVBl. S. 423; 1998 S. 485), geändert durch Verordnung vom 25. Januar 2005 (Nds. GVBl. S. 46), genannten Polizeibeamtinnen und Polizeibeamten des Landes Niedersachsen; § 1 Satz 2 der Verordnung über die Ermittlungspersonen der Staatsanwaltschaft gilt insoweit entsprechend.

§ 134b Zusammenarbeit der beteiligten Stellen

₁Das Gericht, die Staatsanwaltschaft und die Vollzugsbehörde treffen ihre Entscheidungen und sonstigen Maßnahmen unter Beachtung der Belange der Inhaftierung der oder des Gefangenen zugrunde liegenden Strafverfahrens sowie der Sicherheit und Ordnung der Anstalt. ₂Sie unterrichten sich gegenseitig unverzüglich über Umstände, deren Kenntnis erforderlich ist, um die Untersuchungshaft ihrem Zweck entsprechend zu vollziehen, Möglichkeiten der Haftvermeidung zu ergreifen sowie die Sicherheit und Ordnung der Anstalt zu wahren und über Umstände, die das der Inhaftierung der oder des Gefangenen zugrunde liegende Strafverfahren betreffen können. ₃Handelt es sich bei dem für die Haftprüfung (§ 117 StPO) zuständigen Gericht um ein Gericht des Landes Niedersachsen oder werden die Ermittlungen in dem der Inhaftierung der oder des Gefangenen zugrunde liegenden Strafverfahren nicht von einer Staatsanwaltschaft des Landes Niedersachsen geführt, so sind auch diese Stellen entsprechend Satz 2 zu unterrichten.

§ 135 Rechtsstellung der Gefangenen

(1) Gefangene gelten als unschuldig.

(2) Soweit dieses Gesetz eine besondere Regelung nicht enthält, können der oder dem Gefangenen über § 3 Satz 2 hinaus Beschränkungen auferlegt werden, die der Zweck der Untersuchungshaft erfordert.

(3) ₁Wird Untersuchungshaft zum Zwecke der Vollstreckung einer anderen freiheitsentziehenden Maßnahme unterbrochen oder wird gegen eine Gefangene oder einen Gefangenen oder eine Sicherungsverwahrte oder einen Sicherungsverwahrten in anderer Sache Untersuchungshaft angeordnet, so unterliegt die oder der Gefangene oder die oder der Sicherungsverwahrte auch den in diesem Teil vorgesehenen Beschränkungen, die der Zweck der Untersuchungshaft erfordert; die erforderlichen Entscheidungen und sonstigen Maßnahmen trifft die nach den Vorschriften dieses Teils zuständige Stelle. ₂§ 148 Abs. 2 und § 148a StPO sind anzuwenden.

Zweites Kapitel
Vollzugsverlauf

§ 136 Aufnahme in die Anstalt

Für die Aufnahme gilt § 8 entsprechend, Absatz 3 Satz 3 jedoch mit der Maßgabe, dass der Zweck der Untersuchungshaft nicht gefährdet werden darf.

§ 137 Verlegung, Überstellung, Ausantwortung

(1) ₁Die oder der Gefangene kann in eine andere Anstalt verlegt oder überstellt werden, wenn es zur Erreichung des Zwecks der Untersuchungshaft erforderlich ist. ₂Im Übrigen gilt § 10 Abs. 1 Nrn. 2 bis 5 und Abs. 2 entsprechend.

(2) Vor der Entscheidung über eine Verlegung oder Überstellung soll die für die Aufnahme vorgesehene Vollzugsbehörde gehört werden.

(3) Der oder dem Gefangenen soll vor ihrer oder seiner Verlegung oder Überstellung Gelegenheit gegeben werden, Angehörige oder eine Vertrauensperson zu benachrichtigen, soweit der Zweck der Untersuchungshaft oder die Sicherheit oder Ordnung der Anstalt dadurch nicht gefährdet wird.

(4) § 10 Abs. 3 gilt entsprechend mit der Maßgabe, dass die Ausantwortung der Zustimmung des Gerichts bedarf.

§ 138 Ausführung

(1) Aus wichtigem Anlass kann die oder der Gefangene auf ihren oder seinen Antrag mit Zustimmung des Gerichts auf eigene Kosten ausgeführt werden.

(2) Die oder der Gefangene darf auch ohne ihre oder seine Zustimmung ausgeführt werden, wenn dies aus besonderem Grund notwendig ist.

§ 139 Beendigung der Untersuchungshaft

Ist die Entlassung angeordnet, so ist die oder der Gefangene unverzüglich aus der Haft zu entlassen, es sei denn, es ist in anderer Sache eine richterlich angeordnete Freiheitsentziehung zu vollziehen.

Drittes Kapitel
Verhinderung von Kontakten, Unterbringung, Kleidung und Einkauf

§ 140 Verhinderung von Kontakten

Die Vollzugsbehörde hat zu verhindern, dass die oder der Gefangene mit anderen Gefangenen und Sicherungsverwahrten in Verbindung treten kann, die der Täterschaft, Teilnahme, Begünstigung, Strafvereitelung oder Hehlerei bezüglich derselben Tat verdächtigt werden oder bereits abgeurteilt worden sind oder als Zeugen in Betracht kommen; Ausnahmen bedürfen der Zustimmung des Gerichts.

§ 141 Unterbringung

(1) ₁Die oder der Gefangene wird während der Ruhezeit allein in ihrem oder seinem Haftraum untergebracht. ₂Mit ihrer oder sei-

ner Zustimmung kann die oder der Gefangene auch gemeinsam mit anderen Gefangenen untergebracht werden, wenn eine schädliche Beeinflussung nicht zu befürchten ist. ₃Ohne Zustimmung der betroffenen Gefangenen ist eine gemeinsame Unterbringung zulässig, sofern eine oder einer von ihnen hilfsbedürftig ist oder für eine oder einen von ihnen eine Gefahr für Leben oder Gesundheit besteht. ₄Darüber hinaus ist eine gemeinsame Unterbringung nur vorübergehend aus zwingenden Gründen zulässig.

(2) Der oder dem Gefangenen wird Gelegenheit gegeben, sich außerhalb der Ruhezeit in Gemeinschaft mit anderen Gefangenen aufzuhalten.

(3) Soweit es der Zweck der Untersuchungshaft oder die Sicherheit oder Ordnung der Anstalt erfordert, kann der gemeinschaftliche Aufenthalt außerhalb der Ruhezeit ausgeschlossen oder eingeschränkt werden.

§ 142 Ausstattung des Haftraums und persönlicher Besitz, Kleidung und Einkauf

(1) Die oder der Gefangene darf ihren oder seinen Haftraum in angemessenem Umfang mit eigenen Sachen ausstatten, die ihr oder ihm mit Zustimmung oder auf Vermittlung der Vollzugsbehörde überlassen worden sind.

(2) Die oder der Gefangene darf eigene Kleidung, eigene Wäsche und eigenes Bettzeug benutzen, wenn sie oder er für Reinigung und Instandsetzung auf eigene Kosten sorgt; anderenfalls erhält sie oder er Kleidung, Wäsche oder Bettzeug von der Vollzugsbehörde.

(3) ₁Die oder der Gefangene kann sich aus einem von der Vollzugsbehörde vermittelten Angebot regelmäßig in angemessenem Umfang Nahrungs- und Genussmittel sowie Gegenstände des persönlichen Bedarfs kaufen. ₂Die Ausgaben für Einkäufe sollen monatlich den 30-fachen Tagessatz der Eckvergütung (§ 152 Abs. 3 Satz 2) nicht übersteigen. ₃Es soll für ein Angebot gesorgt werden, das auf Wünsche und Bedürfnisse der Gefangenen Rücksicht nimmt.

(4) ₁Soweit es der Zweck der Untersuchungshaft oder die Sicherheit oder Ordnung der Anstalt erfordert, können

1. die Rechte aus Absatz 1 eingeschränkt,

2. die Rechte aus Absatz 2 ausgeschlossen oder eingeschränkt und

3. Gegenstände vom Einkauf ausgeschlossen

werden. ₂§ 24 Abs. 2 Satz 2 gilt entsprechend.

Viertes Kapitel
Besuche, Schriftwechsel, Telefongespräche und Pakete

§ 143 Recht auf Besuch, Zulassung

(1) Zum Besuch bei der oder dem Gefangenen wird nur zugelassen, wer über eine Besuchserlaubnis verfügt; im Übrigen gilt für das Recht der oder des Gefangenen auf Besuch § 25 Abs. 1 und 2 entsprechend.

(2) ₁Über die Besuchserlaubnis entscheidet das Gericht. ₂Es kann die Besuchserlaubnis versagen oder von der Befolgung von Weisungen abhängig machen, wenn es der Zweck der Untersuchungshaft oder die Sicherheit oder Ordnung der Anstalt erfordert. ₃Bei nachträglichem Eintreten oder Bekanntwerden solcher Umstände kann das Gericht die Besuchserlaubnis ganz oder teilweise widerrufen oder zurücknehmen. ₄Auch bei Vorliegen einer Besuchserlaubnis kann die Vollzugsbehörde den Besuch einer Person zur Aufrechterhaltung der Sicherheit oder Ordnung der Anstalt von ihrer Durchsuchung abhängig machen und die Zahl der gleichzeitig zu einem Besuch zugelassenen Personen beschränken; insoweit findet § 134 Abs. 1 Satz 2 keine Anwendung.

§ 144 Überwachung von Besuchen

(1) ₁Besuche dürfen offen überwacht werden. ₂Die akustische Überwachung ist nur zulässig, wenn dies im Einzelfall wegen des Zwecks der Untersuchungshaft oder zur Aufrechterhaltung der Sicherheit oder Ordnung der Anstalt erforderlich ist. ₃§ 28 Abs. 2 gilt entsprechend.

(2) ₁Abweichend von § 134 Abs. 5 Satz 1 ist die Übertragung der Zuständigkeit für die Entscheidung über die akustische Überwachung zur Abwehr einer Verdunkelungsgefahr auf die Vollzugsbehörde ausgeschlossen. ₂Wird die Durchführung der akustischen Überwachung zur Abwehr einer Verdunkelungsgefahr auf die Vollzugsbehörde übertragen, so hat das Gericht dieser zuvor schriftlich mitzuteilen, auf welche Umstände bei der Überwachung besonders zu achten ist.

(3) Die Kosten für Übersetzungsdienste und Sachverständige, die zur Überwachung hinzugezogen werden, übernimmt die Staatskasse nur in angemessenem Umfang.

(4) ₁Gegenstände dürfen beim Besuch nur mit Erlaubnis der Vollzugsbehörde, die der Zustimmung des Gerichts bedarf, übergeben werden. ₂Die Erlaubnis zur Übergabe von Nahrungs- und Genussmitteln in geringer Menge bedarf nicht der Zustimmung des Gerichts; die Vollzugsbehörde kann anordnen, dass die Nahrungs- und Genussmittel durch ihre Vermittlung beschafft werden.

(5) ₁Ein Besuch darf nach vorheriger Androhung abgebrochen werden, wenn

1. aufgrund des Verhaltens der Besucherinnen oder Besucher oder der Gefangenen eine Gefährdung des Zwecks der Untersuchungshaft droht oder

2. Besucherinnen oder Besucher oder die oder der Gefangene gegen die Vorschriften dieses Gesetzes oder die aufgrund dieses Gesetzes getroffenen Anordnungen verstoßen.

₂Der Besuch kann sofort abgebrochen werden, wenn dies unerlässlich ist, um den Zweck der Untersuchungshaft zu gewährleisten oder eine Gefahr für die Sicherheit der Anstalt oder einen schwer wiegenden Verstoß gegen die Ordnung der Anstalt abzuwehren. ₃Über den Abbruch des Besuchs entscheidet die Stelle, die die Überwachung durchführt; insoweit findet § 134 Abs. 1 bis 5 keine Anwendung.

§ 145 Recht auf Schriftwechsel

(1) ₁Die oder der Gefangene hat das Recht, Schreiben abzusenden und zu empfangen. ₂In dringenden Fällen kann der oder dem Gefangenen gestattet werden, Schreiben als Telefaxe aufzugeben.

(2) ₁Die Kosten des Schriftverkehrs trägt die oder der Gefangene. ₂Bei einer oder einem bedürftigen Gefangenen kann die Vollzugsbehörde auf Antrag Kosten ganz oder teilweise übernehmen.

§ 146 Überwachung des Schriftwechsels

(1) ₁Der Schriftwechsel wird überwacht. ₂§ 30 Abs. 3 gilt entsprechend.

(2) ₁Die oder der Gefangene hat Absendung und Empfang ihrer oder seiner Schreiben durch die Vollzugsbehörde vermitteln zu lassen. ₂Diese leitet die Schreiben unverzüglich an die für die Überwachung ihres gedanklichen Inhalts (Textkontrolle) zuständige Stelle weiter; die Vollzugsbehörde darf von dem gedanklichen Inhalt der Schreiben keine Kenntnis nehmen.

(3) Die Textkontrolle wird vom Gericht durchgeführt; § 134 Abs. 4 und 5 findet keine Anwendung.

(4) Die Kosten für Übersetzungsdienste und Sachverständige, die zur Überwachung hinzugezogen werden, übernimmt die Staatskasse nur in angemessenem Umfang.

§ 147 Anhalten von Schreiben

(1) ₁Schreiben können vom Gericht angehalten werden, soweit es der Zweck der Untersuchungshaft oder die Sicherheit oder Ordnung einer Anstalt erfordert; § 134 Abs. 5 findet keine Anwendung. ₂Im Übrigen gilt § 32 Abs. 1 Nrn. 2 bis 6 entsprechend. ₃Wird ein Schreiben nicht angehalten, so ist es unverzüglich weiterzuleiten.

(2) ₁Ist ein Schreiben angehalten worden, so wird das der oder dem Gefangenen mitgeteilt. Hiervon kann solange abgesehen werden, wie es der Zweck der Untersuchungshaft oder die Sicherheit oder Ordnung der Anstalt erfordert.

(3) Angehaltene Schreiben werden an die Absender zurückgegeben oder von der an-

haltenden Stelle verwahrt, sofern eine Rückgabe unmöglich oder nicht geboten ist.

§ 148 Telefongespräche

(1) ₁Die oder der Gefangene kann mit Erlaubnis der Vollzugsbehörde, die der Zustimmung des Gerichts bedarf, Telefongespräche durch Vermittlung der Vollzugsbehörde führen. ₂Die Erlaubnis kann versagt werden, wenn der Zweck der Untersuchungshaft, die Sicherheit, die Ordnung oder die räumlichen, personellen oder organisatorischen Verhältnisse der Anstalt es erfordern.

(2) ₁Die Erlaubnis kann unter den in Absatz 1 Satz 2 genannten Voraussetzungen von der Befolgung von Weisungen abhängig gemacht werden. ₂§ 143 Abs. 2 Satz 3, § 144 Abs. 1 Satz 2, Abs. 2, 3 und 5, § 145 Abs. 2 sowie § 33 Abs. 1 Sätze 3 und 4 und Abs. 4 gelten entsprechend.

§ 149 Verkehr mit Verteidigerinnen und Verteidigern, der Führungsaufsichtsstelle sowie der Bewährungs- und Gerichtshilfe

(1) ₁Die Verteidigerinnen und Verteidiger der oder des Gefangenen dürfen diese oder diesen ohne Erlaubnis, ohne Beschränkungen hinsichtlich Dauer oder Häufigkeit und unüberwacht besuchen; § 27 Satz 2 gilt entsprechend. ₂Die Vollzugsbehörde kann den Besuch davon abhängig machen, dass sich die Verteidigerin oder der Verteidiger durchsuchen lässt. ₃Eine Kenntnisnahme des gedanklichen Inhalts der von der Verteidigerin oder dem Verteidiger mitgeführten Schriftstücke und sonstigen Unterlagen ist unzulässig; für deren Übergabe bedürfen sie keiner Erlaubnis. ₄Schriftwechsel ist ohne Erlaubnis, unbeschränkt und unüberwacht zulässig, insbesondere dürfen Schreiben nicht geöffnet werden. ₅§ 148 Abs. 2 und § 148a StPO gelten fort; sie gelten für die Fälle entsprechend, dass gegen die oder den Gefangenen wegen einer Straftat nach § 129a, auch in Verbindung mit § 129b Abs. 1, StGB Überhaft vorgemerkt ist. ₆Telefongespräche dürfen mit Erlaubnis des Gerichts durch Vermittlung der Vollzugsbehörde unüberwacht geführt werden. ₇§ 143 Abs. 2 Sätze 2 und 3, § 145 Abs. 2 sowie § 33 Abs. 4 gelten entsprechend. ₈Auch bei Vorliegen einer Erlaubnis kann die Vollzugsbehörde die Vermittlung des Gesprächs vorübergehend ablehnen, soweit die räumlichen, personellen und organisatorischen Verhältnisse der Anstalt es erfordern. ₉§ 134 Abs. 1, 2, 4 und 5 findet keine Anwendung.

(2) Für den Verkehr einer oder eines Gefangenen, die oder der unter Bewährungs- oder Führungsaufsicht steht oder über die oder den ein Bericht der Gerichtshilfe angefordert ist, mit der Bewährungshelferin oder dem Bewährungshelfer, der oder dem Bediensteten der Führungsaufsichtsstelle oder der Gerichtshilfe gilt Absatz 1 entsprechend.

§ 150 Pakete

(1) Die oder der Gefangene darf mit Erlaubnis der Vollzugsbehörde, die der Zustimmung des Gerichts bedarf, in angemessenem Umfang Pakete empfangen sowie Pakete versenden.

(2) ₁Eingehende Pakete dürfen Nahrungs- und Genussmittel sowie Gegenstände, die den Zweck der Untersuchungshaft oder die Sicherheit oder Ordnung der Anstalt gefährden, nicht enthalten. ₂Pakete, für die keine Erlaubnis erteilt worden ist, sollen nicht angenommen werden. ₃Angenommene Pakete sind von der Vollzugsbehörde in Gegenwart der oder des Gefangenen zu öffnen. ₄Nahrungs- und Genussmittel sowie Gegenstände, die die Sicherheit oder Ordnung der Anstalt gefährden, sind von der Vollzugsbehörde zur Habe zu nehmen, zurückzusenden oder, wenn es erforderlich ist, zu vernichten. ₅Gegenstände, die den Zweck der Untersuchungshaft gefährden können, leitet die Vollzugsbehörde unverzüglich an das Gericht weiter. ₆Das Gericht entscheidet, ob die Gegenstände an die oder den Gefangenen ausgehändigt werden oder ob mit ihnen nach Satz 4 verfahren wird. ₇Die jeweils veranlassten Maßnahmen werden der oder dem Gefangenen von der zuständigen Stelle mitgeteilt. ₈Hiervon kann auf Anordnung des Gerichts vorübergehend abgesehen werden, soweit es der Zweck der Untersuchungshaft erfordert.

(3) ₁Der Inhalt ausgehender Pakete kann von der Vollzugsbehörde wegen des Zwecks der Untersuchungshaft oder aus Gründen der Sicherheit oder Ordnung der Anstalt überprüft werden. ₂Für Gegenstände, die die Sicherheit oder Ordnung der Anstalt gefährden, gilt Absatz 2 Satz 4 entsprechend. ₃Gegenstände, die den Zweck der Untersuchungshaft gefährden können, leitet die Vollzugsbehörde unverzüglich an das Gericht weiter. ₄Das Gericht entscheidet, ob die Gegenstände abgesendet werden oder ob mit ihnen nach Absatz 2 Satz 4 verfahren wird. ₅Absatz 2 Sätze 7 und 8 gilt entsprechend.

(4) Auf in ein- und ausgehenden Paketen enthaltene Schreiben finden abweichend von den Absätzen 2 und 3 die auch sonst für Schreiben geltenden Vorschriften dieses Teils Anwendung.

(5) Der Empfang von Paketen kann befristet untersagt werden

1. vom Gericht, wenn es der Zweck der Untersuchungshaft erfordert,

2. von der Vollzugsbehörde, wenn es wegen einer Gefährdung der Sicherheit oder Ordnung der Anstalt unerlässlich ist.

(6) Für die Kosten des Paketverkehrs gilt § 145 Abs. 2 entsprechend.

(7) § 134 Abs. 1, 2, 4 und 5 findet keine Anwendung.

§ 151 Gegenstände in Schreiben

₁Enthält ein Schreiben offenkundig einen Gegenstand, so darf es von der Vollzugsbehörde geöffnet werden. ₂Für die Behandlung des Gegenstandes gilt § 150 Abs. 2 Sätze 4 bis 8, Abs. 3 Sätze 2 bis 4 und Abs. 7 entsprechend. ₃Auf das Schreiben finden im Übrigen die auch sonst für Schreiben geltenden Vorschriften dieses Teils Anwendung; insbesondere ist eine Textkontrolle durch die Vollzugsbehörde unzulässig.

Fünftes Kapitel
Beschäftigung, Bildungsmaßnahmen, Freizeit

§ 152 Beschäftigung, Bildungsmaßnahmen

(1) Die oder der Gefangene ist nicht zur Arbeit verpflichtet.

(2) Ihr oder ihm soll auf Antrag nach Möglichkeit der Vollzugsbehörde Arbeit oder eine angemessene Beschäftigung in der Anstalt angeboten werden, soweit der Zweck der Untersuchungshaft nicht entgegensteht.

(3) ₁Für die Ausübung einer angebotenen Arbeit oder angemessenen Beschäftigung erhält die oder der Gefangene ein Arbeitsentgelt. ₂Der Bemessung sind fünf vom Hundert der Bezugsgröße nach § 18 des Vierten Buchs des Sozialgesetzbuchs zugrunde zu legen (Eckvergütung). ₃§ 40 Abs. 2 und 4 sowie die §§ 42 und 44 gelten entsprechend.

(4) Einer oder einem geeigneten Gefangenen soll auf ihre oder seine Kosten Gelegenheit zum Erwerb oder zur Verbesserung schulischer oder beruflicher Kenntnisse gegeben werden, soweit es die Möglichkeiten der Vollzugsbehörde und die besonderen Bedingungen der Untersuchungshaft zulassen.

§ 153 Freizeit

Für die Gestaltung der Freizeit der oder des Gefangenen gelten die §§ 64 bis 67 entsprechend mit der Maßgabe, dass die sich daraus ergebenden Rechte auch eingeschränkt oder ausgeschlossen werden können, soweit es der Zweck der Untersuchungshaft erfordert.

Sechstes Kapitel
Gesundheitsfürsorge und soziale Hilfen

§ 154 Gesundheitsfürsorge

(1) ₁Für die Gesundheitsfürsorge gelten die §§ 56, 57, 59, 62 und 63 entsprechend. ₂Das Fachministerium wird ermächtigt, durch Verordnung zu regeln, unter welchen Voraussetzungen und in welcher Höhe die oder der Gefangene in entsprechender Anwendung des § 52 Abs. 3 Satz 2 Nr. 2 an den Kosten für

Leistungen auf dem Gebiet der Gesundheitsfürsorge beteiligt werden kann.

(2) ₁Der oder dem Gefangenen kann nach Anhörung der Anstaltsärztin oder des Anstaltsarztes oder der Anstaltszahnärztin oder des Anstaltszahnarztes gestattet werden, auf eigene Kosten weiteren ärztlichen oder zahnärztlichen Rat hinzuzuziehen. ₂Die Konsultation soll in der Anstalt erfolgen.

§ 155 Soziale Hilfen

Für soziale Hilfen gelten § 68 Abs. 1 und § 69 Abs. 1 und 2 Sätze 1 und 3 unter Berücksichtigung des Zwecks der Untersuchungshaft entsprechend mit der Maßgabe, dass sich die Hilfe auch auf die Vermeidung der weiteren Untersuchungshaft erstrecken soll.

Siebtes Kapitel
Sicherheit und Ordnung der Anstalt, unmittelbarer Zwang, Disziplinarmaßnahmen

§ 156 Sicherheit und Ordnung der Anstalt, unmittelbarer Zwang, Disziplinarmaßnahmen

(1) ₁Für die Sicherheit und Ordnung der Anstalt sowie den unmittelbaren Zwang gelten die §§ 74 bis 93 entsprechend. ₂Das Gericht kann Einzelhaft zur Abwehr einer Verdunkelungsgefahr anordnen; eine Übertragung der Zuständigkeit auf die Vollzugsbehörde ist ausgeschlossen.

(2) ₁Für die Disziplinarmaßnahmen gelten die §§ 94 bis 96 Abs. 4 Satz 2 und die §§ 97 bis 99 entsprechend. ₂§ 96 Abs. 4 Satz 3 gilt entsprechend mit der Maßgabe, dass die Befugnisse der oder des Gefangenen aus § 142 Abs. 1 bis 3 und den §§ 152 und 153 ruhen, soweit nichts anderes angeordnet wird.

(3) ₁Durch die Anordnung und den Vollzug einer Disziplinarmaßnahme darf die Verteidigung und die Verhandlungsfähigkeit der oder des betroffenen Gefangenen nicht beeinträchtigt werden. ₂Eine Disziplinarmaßnahme kann ganz oder zum Teil auch während einer der Untersuchungshaft unmittelbar nachfolgenden Strafhaft vollzogen werden.

Achtes Kapitel
Junge Gefangene

§ 157 Anwendungsbereich

₁An jungen Gefangenen wird die Untersuchungshaft nach den Vorschriften dieses Kapitels vollzogen. ₂Junge Gefangene sind zur Tatzeit Jugendliche und Heranwachsende im Sinne des Jugendgerichtsgesetzes, die das 21. Lebensjahr noch nicht vollendet haben, sowie zur Tatzeit Heranwachsende, die 21, aber noch nicht 24 Jahre alt sind und für die nach den Vorschriften des Jugendgerichtsgesetzes der Vollzug der Untersuchungshaft nach den für den Vollzug an Jugendlichen geltenden Vorschriften angeordnet worden ist.

§ 158 Gestaltung des Vollzugs

(1) ₁Der Vollzug soll erzieherisch gestaltet werden. ₂Die oder der junge Gefangene soll in der Entwicklung von Fähigkeiten und Fertigkeiten sowie in der Bereitschaft zu einer eigenverantwortlichen und gemeinschaftsfähigen Lebensführung in Achtung der Rechte anderer gefördert werden. ₃Dem dienen altersgemäße Beschäftigungs-, Bildungs- und Freizeitmöglichkeiten sowie sonstige entwicklungsfördernde Maßnahmen. ₄Die Bereitschaft zur Teilnahme ist zu wecken und zu fördern. ₅§ 114 Abs. 1 Sätze 3 und 4 gilt entsprechend.

(2) Die oder der junge Gefangene ist verpflichtet, die ihr oder ihm aus erzieherischen Gründen erteilten rechtmäßigen Anordnungen zu befolgen.

(3) ₁Die Personensorgeberechtigten sind von der Inhaftierung, dem jeweiligen Aufenthaltsort und der bevorstehenden Entlassung zu unterrichten, soweit sie noch keine Kenntnis darüber haben; über vorübergehende Veränderungen des Aufenthaltsortes während des Vollzuges sind die Personensorgeberechtigten nur zu unterrichten, soweit dies mit Rücksicht auf die Dauer des anderweitigen Aufenthaltes der oder des jungen Gefangenen angezeigt ist. ₂Sie sind auf Antrag oder bei Bedarf über grundlegende Fragen der Vollzugsgestaltung zu unterrichten;

gleichzeitig soll ihnen Gelegenheit gegeben werden, hierzu Anregungen zu geben. ₃Diese sind nach Möglichkeit zu berücksichtigen.

§ 159 Unterbringung

Für die Unterbringung der oder des jungen Gefangenen gilt § 120 entsprechend mit der Maßgabe, dass eine Unterbringung in einer Wohngruppe, eine gemeinschaftliche Unterbringung während der Arbeitszeit und Freizeit sowie eine gemeinsame Unterbringung während der Ruhezeit ausgeschlossen oder eingeschränkt werden können, wenn es der Zweck der Untersuchungshaft erfordert.

§ 160 Besuche, Schriftwechsel, Telefongespräche und Pakete

(1) Die Gesamtdauer des Besuchs beträgt mindestens vier Stunden im Monat.

(2) ₁Unbeschadet der Vorschriften des Vierten Kapitels können Besuche von bestimmten Personen auch untersagt werden, wenn die Personensorgeberechtigten es beantragen oder wenn es aus erzieherischen Gründen erforderlich ist. ₂Satz 1 gilt entsprechend für den Schriftwechsel, die Telefongespräche und den Paketverkehr.

(3) Für den Verkehr mit Betreuungspersonen, Erziehungsbeiständen und Personen, die Aufgaben der Jugendgerichtshilfe wahrnehmen, gilt § 149 Abs. 1 entsprechend.

§ 161 Schulische und berufliche Aus- und Weiterbildung, Arbeit, Selbstbeschäftigung

(1) ₁Die oder der junge Gefangene kann aus erzieherischen Gründen zur Teilnahme an schulischen oder beruflichen Orientierungs-, Aus- und Weiterbildungsmaßnahmen, zur Arbeit, angemessenen oder arbeitstherapeutischen Beschäftigung verpflichtet werden. ₂Ihr oder ihm kann eine Selbstbeschäftigung in der Anstalt gestattet werden. ₃Der Teilnahme an schulischen oder beruflichen Orientierungs-, Aus- oder Weiterbildungsmaßnahmen soll Vorrang eingeräumt werden, soweit diese Maßnahmen der künftigen beruflichen Integration der oder des jungen Gefangenen dienlich sind. ₄§ 36 Abs. 3, § 40

Abs. 1 bis 4, §§ 41, 42 und 44 gelten entsprechend.

(2) ₁Auf einem gesonderten Konto werden für die junge Gefangene oder den jungen Gefangenen gutgeschrieben

1. vier Siebtel von Ansprüchen auf Ausbildungsbeihilfe oder Arbeitsentgelt sowie

2. ein angemessener Teil des Anspruchs aus einer Selbstbeschäftigung, der der Vollzugsbehörde zur Gutschrift für die junge Gefangene oder den jungen Gefangenen entsprechend § 36 Abs. 3 überwiesen worden ist.

₂Das Guthaben wird der oder dem jungen Gefangenen bei der Entlassung ausgezahlt. ₃Der Anspruch auf das Guthaben ist nicht übertragbar.

§ 162 Gesundheitsfürsorge

(1) ₁Für die Gesundheitsfürsorge der jungen Gefangenen gelten die §§ 56, 57, 59, 62 und 63 sowie § 154 Abs. 2 entsprechend. ₂Das Fachministerium wird ermächtigt, durch Verordnung zu regeln, unter welchen Voraussetzungen und in welcher Höhe die oder der junge Gefangene in entsprechender Anwendung des § 52 Abs. 3 Satz 2 Nr. 2 an den Kosten für Leistungen auf dem Gebiet der Gesundheitsfürsorge beteiligt werden kann.

(2) Die oder der minderjährige Gefangene hat über die Ansprüche nach § 57 hinaus auch Anspruch auf Leistungen zur Verhütung von Zahnerkrankungen in entsprechender Anwendung des § 22 Abs. 1 bis 3 des Fünften Buchs des Sozialgesetzbuchs.

(3) Bei der Anwendung des § 57 Abs. 2 Satz 3 kann ein Verschulden der oder des jungen Gefangenen im Einzelfall unberücksichtigt bleiben.

(4) ₁Vor ärztlichen Eingriffen bei der oder dem jungen Gefangenen sind die Rechte ihrer oder seiner Personensorgeberechtigten zu beachten. ₂Dies gilt insbesondere im Hinblick auf deren Aufklärung und Einwilligung.

§ 163 Besondere Vorschriften für den Schusswaffengebrauch

Für den Schusswaffengebrauch gegen eine junge Gefangene oder einen jungen Gefangenen gilt § 92 Abs. 1 Satz 1 Nr. 1 entsprechend mit der Maßgabe, dass Schusswaffen nur zur Abwehr einer durch die Benutzung der Waffe oder des gefährlichen Werkzeugs verursachten gegenwärtigen Gefahr für Leben oder Gesundheit gebraucht werden dürfen; § 92 Abs. 1 Satz 1 Nrn. 2 und 3 findet keine Anwendung.

§ 164 Erzieherische Maßnahmen und Disziplinarmaßnahmen

(1) Verstößt die oder der junge Gefangene schuldhaft gegen Pflichten, die ihr oder ihm durch dieses Gesetz oder aufgrund dieses Gesetzes auferlegt sind, so gilt § 130 Abs. 1 entsprechend.

(2) ₁Reichen Maßnahmen nach Absatz 1 nicht aus, so können gegen die junge Gefangene oder den jungen Gefangenen Disziplinarmaßnahmen angeordnet werden.

(3) ₁Für die Disziplinarmaßnahmen gelten § 94 Abs. 3, § 95 Abs. 1 Nrn. 1 bis 6 und Abs. 2 bis 4, § 96 Abs. 1, 3 und 4 Sätze 1 und 2, §§ 97 bis 99 sowie 156 Abs. 3 entsprechend. ₂§ 95 Abs. 1 Nr. 8 gilt entsprechend mit der Maßgabe, dass Arrest nur bis zu zwei Wochen zulässig ist. ₃§ 96 Abs. 2 gilt entsprechend mit der Maßgabe, dass die Aussetzung von Disziplinarmaßnahmen zur Bewährung nur bis zu drei Monaten zulässig ist. ₄§ 96 Abs. 4 Satz 3 gilt entsprechend mit der Maßgabe, dass die Befugnisse der oder des jungen Gefangenen aus § 142 Abs. 1 bis 3 und den §§ 153 und 161 ruhen, soweit nichts anderes angeordnet wird. ₅Die Personensorgeberechtigten sollen von der Entscheidung unterrichtet werden.

§ 165 Beschwerderecht der Personensorgeberechtigten

§ 101 Abs. 1 gilt für die Personensorgeberechtigten der oder des jungen Gefangenen entsprechend.

§ 166 Ergänzende Anwendung der Vorschriften der übrigen Kapitel dieses Teils

Die Vorschriften der übrigen Kapitel dieses Teils sind anzuwenden, soweit in diesem Kapitel nichts anderes bestimmt ist.

Neuntes Kapitel
Rechtsbehelfe

§ 167 Antrag auf gerichtliche Entscheidung

(1) ₁Gegen eine Maßnahme der Vollzugsbehörde oder der Staatsanwaltschaft zur Regelung einzelner Angelegenheiten auf dem Gebiet des Vollzuges der Untersuchungshaft kann gerichtliche Entscheidung beantragt werden. ₂Mit dem Antrag kann auch die Verpflichtung zum Erlass einer abgelehnten oder unterlassenen Maßnahme begehrt werden.

(2) Der Antrag auf gerichtliche Entscheidung ist nur zulässig, wenn die Antragstellerin oder der Antragsteller geltend macht, durch die Maßnahme oder ihre Ablehnung oder Unterlassung in ihren oder seinen Rechten verletzt zu sein.

(3) Über den Antrag entscheidet das Gericht nach § 134a Abs. 1 Sätze 1 und 2.

(4) ₁Im Übrigen finden § 111 Abs. 1, §§ 112, 114, 115, 120 und 121 Abs. 1 bis 4 StVollzG entsprechende Anwendung. ₂Für den Vornahmeantrag gilt § 113 StVollzG entsprechend mit der Maßgabe, dass der Antrag auf gerichtliche Entscheidung schon nach sechs Wochen seit dem Antrag auf Vornahme der Entscheidung gestellt werden kann.

(5) ₁Gegen die gerichtliche Entscheidung steht den Beteiligten die Beschwerde zu. ₂Für das Beschwerdeverfahren gelten im Übrigen die Vorschriften der Strafprozessordnung entsprechend.

§ 168 Anfechtung gerichtlicher Entscheidungen

(1) ₁Gegen eine Maßnahme des Gerichts zur Regelung einzelner Angelegenheiten auf dem Gebiet des Vollzuges der Untersuchungshaft oder ihre Ablehnung oder Unterlassung ist die Beschwerde zulässig, wenn die Beschwerdeführerin oder der Beschwerdeführer geltend macht, durch die Maßnahme oder ihre Ablehnung oder Unterlassung in ihren oder seinen Rechten verletzt zu sein. ₂Abweichend von Satz 1 steht die Beschwerde auch der Vollzugsbehörde und der Staatsanwaltschaft zu. ₃Für das Beschwerdeverfah-

ren gelten im Übrigen die Vorschriften der Strafprozessordnung entsprechend.

(2) Die Vollzugsbehörde kann bis zur Beschwerdeentscheidung die zur Wahrung der Sicherheit oder Ordnung erforderlichen Maßnahmen treffen.

Zehntes Kapitel
Ergänzende Anwendung von Vorschriften des Zweiten Teils und der Strafprozessordnung

§ 169 Ergänzende Anwendung von Vorschriften des Zweiten Teils und der Strafprozessordnung

(1) Für den Vollzug der Untersuchungshaft gelten die Vorschriften des Zweiten Teils über die Vorführung (§ 14 Abs. 3 Satz 3), die Anstaltsverpflegung (§ 23), die Gutschrift als Eigengeld (§ 48 Abs. 1 Satz 1), die Religionsausübung (§§ 53 bis 55), die Besonderheiten des Vollzuges an weiblichen Gefangenen (§§ 71 bis 73), die Aufhebung von Verwaltungsakten (§ 100) sowie die Beschwerde (§ 101) entsprechend.

(2) Bei der Ausübung von Ermessen und der Ausfüllung von Beurteilungsspielräumen sind im Untersuchungshaftvollzug der Zweck der Untersuchungshaft nach § 133 sowie die weiteren in § 134b genannten Gesichtspunkte besonders zu beachten.

(3) Auf die den Vollzug der Untersuchungshaft betreffenden gerichtlichen Entscheidungen mit Ausnahme der Entscheidungen nach § 134 Abs. 1 Satz 2, Abs. 3 Satz 1 und Abs. 5 Satz 1 finden die Vorschriften der Strafprozessordnung entsprechende Anwendung, soweit in diesem Gesetz nichts anderes bestimmt ist.

Sechster Teil
Vollzugsorganisation, Datenschutz, Übergangs- und Schlussbestimmungen

Erstes Kapitel
Vollzugsorganisation

Erster Abschnitt
Zweckbestimmung und Ausstattung der Anstalten, Unterbringung und Trennung

§ 170 Einrichtung von Anstalten und Abteilungen

(1) Die in § 1 genannten freiheitsentziehenden Maßnahmen werden in Anstalten der Landesjustizverwaltung vollzogen.

(2) Für die einzelnen Vollzugsarten (Freiheitsstrafe, Unterbringung in der Sicherungsverwahrung, Jugendstrafe, Untersuchungshaft an jungen Gefangenen und Untersuchungshaft an sonstigen Untersuchungsgefangenen), für den Vollzug an Frauen und Männern sowie für den Vollzug der Freiheitsstrafe an jungen Verurteilten sind jeweils gesonderte Anstalten oder Abteilungen einzurichten.

§ 171 Vollzug in den Anstalten und Abteilungen

(1) Der Vollzug an Frauen und Männern erfolgt in den dafür vorgesehenen gesonderten Anstalten oder Abteilungen.

(2) ₁Die einzelnen Vollzugsarten werden jeweils in den dafür bestimmten gesonderten Anstalten oder Abteilungen vollzogen. ₂Abweichend von Satz 1 kann der Vollzug an

1. einer oder einem jungen Gefangenen auch in einer Jugendarrestanstalt erfolgen,

2. einer Sicherungsverwahrten auch in einer für den Vollzug der Freiheitsstrafe an weiblichen Gefangenen bestimmten Anstalt oder Abteilung erfolgen, wenn diese für die Unterbringung in die Sicherungsverwahrung eingerichtet ist.

₃Darüber hinaus kann der Vollzug einer Vollzugsart in einer für eine andere Vollzugsart bestimmten Anstalt oder Abteilung erfolgen,

1. sofern eine Gefangene oder ein Gefangener oder eine Sicherungsverwahrte oder ein Sicherungsverwahrter hilfsbedürftig ist oder für eine oder einen von ihnen eine Gefahr für Leben oder Gesundheit besteht,

2. um einer oder einem Gefangenen oder Sicherungsverwahrten die Teilnahme an vollzuglichen Maßnahmen in einer anderen Anstalt oder Abteilung zu ermöglichen,

3. aus dringenden Gründen der Vollzugsorganisation oder

4. mit Zustimmung der oder des Gefangenen oder Sicherungsverwahrten.

₄Betrifft die Abweichung von Satz 1 eine Untersuchungsgefangene oder einen Untersuchungsgefangenen, so bedarf es der Zustimmung des nach den Vorschriften des Fünften Teils zuständigen Gerichts; § 134 Abs. 3 Satz 1 und Abs. 6 gilt entsprechend.

§ 172 Getrennte Unterbringung

(1) ₁Frauen und Männer sind während und außerhalb der Ruhezeit getrennt voneinander unterzubringen. ₂Hiervon kann außerhalb der Ruhezeit abgewichen werden, um der oder dem Gefangenen oder Sicherungsverwahrten die Teilnahme an vollzuglichen Maßnahmen in einer anderen Anstalt oder Abteilung zu ermöglichen.

(2) ₁Personen, an denen unterschiedliche Vollzugsarten zu vollziehen sind, sind während und außerhalb der Ruhezeit getrennt voneinander unterzubringen. ₂Liegen die Voraussetzungen der Vorschriften des Zweiten bis Fünften Teils für eine gemeinsame Unterbringung während der Ruhezeit vor, so darf abweichend von Satz 1 eine gemeinsame Unterbringung während der Ruhezeit erfolgen,

1. sofern eine Gefangene oder ein Gefangener oder eine Sicherungsverwahrte oder ein Sicherungsverwahrter hilfsbedürftig ist oder für eine oder einen von ihnen eine Gefahr für Leben oder Gesundheit besteht,

2. wenn dies vorübergehend aus zwingenden Gründen der Vollzugsorganisation erforderlich ist oder

3. mit Zustimmung der betroffenen Gefangenen oder Sicherungsverwahrten.

₃Liegen die Voraussetzungen der Vorschriften des Zweiten bis Fünften Teils für die gemeinschaftliche Unterbringung außerhalb der Ruhezeit vor, so darf abweichend von Satz 1 eine gemeinschaftliche Unterbringung außerhalb der Ruhezeit unter den Voraussetzungen des § 171 Abs. 2 Satz 3 erfolgen.

(3) Betrifft die Abweichung von Absatz 1 Satz 1 oder von Absatz 2 Satz 1 eine Untersuchungsgefangene oder einen Untersuchungsgefangenen, so gilt § 171 Abs. 2 Satz 4 entsprechend.

§ 173 Gestaltung, Differenzierung und Organisation der Anstalten

₁Die Anstalten sind vom Fachministerium und von den Vollzugsbehörden so zu gestalten und zu differenzieren, dass Ziele und Aufgaben des Vollzuges gewährleistet werden. ₂Personelle Ausstattung, sachliche Mittel und Organisation der Anstalten sind hieran auszurichten.

§ 174 Belegungsfähigkeit und Ausgestaltung der Räume

(1) Das Fachministerium setzt die Belegungsfähigkeit sowie die Zahl der Einzel- und Gemeinschaftshafträume für jede Anstalt fest.

(2) ₁Räume für den Aufenthalt während der Ruhe- und Freizeit sowie Gemeinschafts- und Besuchsräume müssen zweckentsprechend ausgestaltet und für eine gesunde Lebensführung ausreichend mit Heizung, Lüftung, Boden- und Fensterfläche ausgestattet sein. ₂In Gemeinschaftshafträumen befindliche Sanitärbereiche sind baulich vollständig abzutrennen. ₃Die Größe der Gemeinschaftshafträume muss für die darin untergebrachten Gefangenen oder Sicherungsverwahrten unter Berücksichtigung der Umstände des Einzelfalles zumutbar sein.

Zweiter Abschnitt
Wahrnehmung der Aufgaben der Vollzugsbehörden

§ 175 Zuständigkeit

(1) Die Anstalt ist als Vollzugsbehörde für die Entscheidungen und sonstigen Maßnahmen nach diesem Gesetz zuständig, soweit nicht etwas anderes bestimmt ist.

(2) Das Fachministerium kann bestimmte vollzugliche Aufgaben anstaltsübergreifend einer nachgeordneten Stelle übertragen.

§ 176 Anstaltsleitung

(1) ₁Die Anstaltsleiterin oder der Anstaltsleiter trägt die Verantwortung für den gesamten Vollzug in der Anstalt, vertritt die Anstalt in den ihr als Vollzugsbehörde obliegenden Angelegenheiten nach außen und regelt die Geschäftsverteilung innerhalb der Anstalt. ₂Die Befugnis, eine mit einer Entkleidung verbundene körperliche Durchsuchung, besondere Sicherungsmaßnahmen und Disziplinarmaßnahmen anzuordnen, darf sie oder er nur mit Zustimmung des Fachministeriums anderen Justizvollzugsbediensteten übertragen.

(2) ₁Die Anstaltsleiterin oder der Anstaltsleiter und ihre oder seine Vertreterinnen oder Vertreter müssen hauptamtlich tätig sein und in einem öffentlich-rechtlichen Dienst- und Treueverhältnis zum Land stehen. ₂Sie werden vom Fachministerium bestellt.

§ 177 Aufgabenwahrnehmung durch Justizvollzugsbedienstete

(1) ₁Die Wahrnehmung der Aufgaben der Vollzugsbehörden wird Justizvollzugsbeamtinnen und Justizvollzugsbeamten übertragen. ₂Aus besonderen Gründen kann die Wahrnehmung der Aufgaben auch anderen Beamtinnen und Beamten, sonstigen Justizvollzugsbediensteten oder nebenamtlich in einer Anstalt beschäftigten Personen übertragen werden.

(2) ₁Im Jugendstrafvollzug und im Untersuchungshaftvollzug an jungen Gefangenen sollen Justizvollzugsbedienstete eingesetzt werden, die für den Umgang mit jungen Menschen besonders geeignet sind. ₂Die Eignung ist durch entsprechende Fortbildungen zu fördern.

§ 178 Beauftragung

₁Fachlich geeignete und zuverlässige natürliche Personen, juristische Personen des öffentlichen oder privaten Rechts oder sonstige Stellen können beauftragt werden, Aufgaben für die Vollzugsbehörde wahrzunehmen, soweit dabei keine Entscheidungen oder sonstige in die Rechte der Gefangenen, Sicherungsverwahrten oder anderer Personen eingreifende Maßnahmen zu treffen sind. ₂Eine Übertragung von vollzuglichen Aufgaben zur eigenverantwortlichen Wahrnehmung ist ausgeschlossen.

§ 179 Seelsorge

(1) Seelsorgerinnen und Seelsorger werden im Einvernehmen mit der jeweiligen Religionsgemeinschaft im Hauptamt bestellt oder vertraglich verpflichtet.

(2) Wenn die geringe Zahl der Angehörigen einer Religionsgemeinschaft eine Seelsorge nach Absatz 1 nicht rechtfertigt, ist die seelsorgerische Betreuung auf andere Weise zuzulassen.

(3) Mit Zustimmung der Vollzugsbehörde dürfen die Anstaltsseelsorgerinnen und Anstaltsseelsorger freie Seelsorgehelferinnen und Seelsorgehelfer und für Gottesdienste sowie für andere religiöse Veranstaltungen Seelsorgerinnen und Seelsorger von außen zuziehen.

§ 180 Ärztliche Versorgung

(1) Die ärztliche Versorgung ist in der Regel durch hauptberuflich in der Anstalt tätige Ärztinnen und Ärzte sicherzustellen.

(2) ₁Die Pflege der Kranken soll von Personen ausgeübt werden, die eine Erlaubnis nach dem Krankenpflegegesetz besitzen. ₂Solange solche Personen nicht zur Verfügung stehen, können auch Bedienstete des allgemeinen Vollzugsdienstes eingesetzt werden, die anderweitig in der Krankenpflege ausgebildet sind.

§ 181 Zusammenarbeit

(1) ₁Im Strafvollzug und im Vollzug der Unterbringung in der Sicherungsverwahrung ist insbesondere mit den Behörden und Stellen der Entlassenen- und Straffälligenhilfe, der Bewährungshilfe, den Aufsichtsstellen für die Führungsaufsicht, den Agenturen für Arbeit, den Einrichtungen für berufliche Bildung, den Trägern der Sozialversicherung und der Sozialhilfe, Gesundheits-, Ausländer- und Polizeibehörden, Sucht- und Schuldnerberatungsstellen, Ausländer- und Integrationsbeauftragten sowie Hilfeeinrichtungen anderer Behörden und den Verbänden der freien Wohlfahrtspflege eng zusammenzuarbeiten. ₂Die Vollzugsbehörden sollen mit Personen und Vereinen, deren Einfluss die Eingliederung der Gefangenen fördern kann, zusammenarbeiten.

(2) Im Jugendstrafvollzug ist über die in Absatz 1 Satz 1 genannten Stellen hinaus insbesondere mit Schulen und Schulbehörden, der öffentlichen und freien Jugendhilfe sowie den Jugendämtern eng zusammenzuarbeiten.

(3) Im Untersuchungshaftvollzug gelten die Absätze 1 und 2 entsprechend, soweit Zweck und Eigenart der Untersuchungshaft die Zusammenarbeit erfordern.

§ 182 Interessenvertretung der Gefangenen und Sicherungsverwahrten

₁Den Gefangenen und Sicherungsverwahrten soll ermöglicht werden, Vertretungen zu wählen. ₂Diese können in Angelegenheiten von gemeinsamem Interesse, die sich ihrer Eigenart und der Zweckbestimmung der Anstalt nach für eine Mitwirkung eignen, Vorschläge und Anregungen an die Vollzugsbehörde herantragen. ₃Die Vorschläge und Anregungen sollen mit der Vertretung erörtert werden.

§ 183 Hausordnung

(1) Die Anstaltsleiterin oder der Anstaltsleiter erlässt eine Hausordnung.

(2) In die Hausordnung sind namentlich Regelungen aufzunehmen über

1. die Besuchszeiten, Häufigkeit und Dauer der Besuche,

2. die Arbeitszeit, Freizeit und Ruhezeit sowie

3. die Gelegenheit, Anträge und Beschwerden anzubringen, oder sich an eine Vertreterin oder einen Vertreter der Aufsichtsbehörde zu wenden.

(3) Ein Abdruck der Hausordnung ist allgemein zugänglich auszuhängen und auf Verlangen auszuhändigen.

Dritter Abschnitt
Aufsicht und Vollstreckungsplan

§ 184 Aufsicht

(1) Das Fachministerium führt die Aufsicht über die Vollzugsbehörden.

(2) ₁Es kann sich Entscheidungen über Verlegungen vorbehalten oder solche Entscheidungen oder bestimmte Aufsichtsbefugnisse auf ihm nachgeordnete Stellen übertragen. ₂Im Fall der Übertragung wird das Fachministerium oberste Aufsichtsbehörde.

(3) Richterliche Entscheidungen im Rahmen des Untersuchungshaftvollzuges unterliegen nicht der Aufsicht.

§ 185 Vollstreckungsplan

₁Das Fachministerium regelt die örtliche und sachliche Zuständigkeit der Vollzugsbehörden nach allgemeinen Merkmalen in einem Vollstreckungsplan. ₂Der Vollstreckungsplan sieht darüber hinaus vor, in welchen Fällen die für den Strafvollzug zuständige Vollzugsbehörde durch ein Einweisungsverfahren bestimmt wird und welche Stelle in einem solchen Verfahren die Einweisungsentscheidung trifft.

Vierter Abschnitt
Beiräte

§ 186 Bildung der Beiräte

(1) Bei den Anstalten sind Beiräte zu bilden.

(2) ₁Das Nähere regelt das Fachministerium durch Verordnung. ₂Die Verordnung enthält insbesondere Regelungen zur Anzahl der

Beiratsmitglieder sowie über deren Berufung und Abberufung. ₃Justizvollzugsbedienstete sowie Bedienstete des Fachministeriums dürfen nicht Mitglied eines Beirats sein.

§ 187 Aufgaben und Befugnisse der Beiräte

(1) ₁Der Beirat wirkt bei der Gestaltung des Vollzuges durch Anregungen und Verbesserungsvorschläge mit. ₂Er kann Gefangene und Sicherungsverwahrte unterstützen, soweit dies mit den Zielen des Vollzuges oder dem Zweck der Untersuchungshaft im Einklang steht; er kann Strafgefangenen und Sicherungsverwahrten bei der Eingliederung nach der Entlassung helfen.

(2) ₁Der Beirat kann namentlich Wünsche, Anregungen und Beanstandungen entgegennehmen. ₂Er kann sich über die Unterbringung, Beschäftigung, berufliche Bildung, Verpflegung, ärztliche Versorgung, Betreuung, Förderung oder Therapie der Gefangenen und Sicherungsverwahrten unterrichten sowie die Anstalt und ihre Abteilungen besichtigen.

(3) ₁Der Beirat kann Gefangene und Sicherungsverwahrte in ihren Räumen aufsuchen. ₂Aussprache und Schriftwechsel werden nicht überwacht. ₃Der Besuch der oder des Untersuchungsgefangenen, das Aufsuchen in ihren oder seinen Räumen und Telefongespräche mit ihr oder ihm bedürfen der Erlaubnis des nach den Vorschriften des Fünften Teils zuständigen Gerichts. ₄Dieses kann die Erlaubnis versagen, wenn der Zweck der Untersuchungshaft es erfordert. ₅§ 134 Abs. 3 Satz 1 gilt entsprechend.

§ 188 Pflicht zur Verschwiegenheit

₁Die Mitglieder des Beirats sind verpflichtet, außerhalb ihrer Tätigkeit über alle Angelegenheiten, die ihrer Natur nach vertraulich sind, besonders über Namen und Persönlichkeit der Gefangenen und Sicherungsverwahrten, Verschwiegenheit zu bewahren. ₂Dies gilt auch nach Beendigung ihrer Tätigkeit.

§ 189 Evaluation

(1) ₁Die im Vollzug eingesetzten Maßnahmen, namentlich Therapien und Methoden zur Förderung der Gefangenen, sind vom Fachministerium und den Vollzugsbehörden in Zusammenarbeit mit Einrichtungen der Forschung im Hinblick auf ihre Wirksamkeit wissenschaftlich zu überprüfen. ₂Dabei sind alters- und geschlechtsspezifische Besonderheiten des Vollzuges zu berücksichtigen, soweit dies für die Aussagekraft der Untersuchung von Bedeutung ist. ₃Die Ergebnisse der Überprüfung sind für die Zwecke der Strafrechtspflege nutzbar zu machen. ₄Auf Grundlage der gewonnenen Erkenntnisse sind Konzepte für den Einsatz vollzuglicher Maßnahmen zu entwickeln und fortzuschreiben. ₅Auch im Übrigen sind die Erfahrungen mit der Ausgestaltung des Vollzuges durch dieses Gesetz sowie die Art und Weise der Anwendung der Vorschriften dieses Gesetzes zu überprüfen.

(2) ₁Zu diesen Zwecken sind landesweit von den einzelnen Vollzugsbehörden aussagefähige und auf Vergleichbarkeit angelegte Daten zu erheben, die eine Feststellung und Bewertung der Erfolge und Misserfolge des Vollzuges, insbesondere im Hinblick auf Rückfallhäufigkeiten, sowie die gezielte Erforschung der hierfür verantwortlichen Faktoren ermöglichen. ₂Entsprechende Daten für Bereiche außerhalb des räumlichen Geltungsbereiches dieses Gesetzes sind einzubeziehen und zu vergleichen, soweit solche Daten für das Fachministerium zugänglich sind. ₃§ 199 gilt entsprechend.

§ 190 Datenerhebung

(1) ₁Personenbezogene Daten dürfen erhoben werden, soweit deren Kenntnis für die datenerhebende Stelle zur Erfüllung der ihr nach diesem Gesetz oder aufgrund dieses Gesetzes obliegenden Aufgaben erforderlich

ist. ₂Eine Vollzugsbehörde darf für eine andere Vollzugsbehörde die personenbezogenen Daten erheben, die für diese zur Abwehr einer Gefahr für die Sicherheit oder Ordnung der Anstalt oder für eine nach diesem Gesetz zu treffende Prognoseentscheidung erforderlich sind.

(2) ₁Personenbezogene Daten sind bei der betroffenen Person mit ihrer Kenntnis zu erheben. ₂Für die Datenerhebung bei Dritten gilt § 9 Abs. 1 Satz 3 des Niedersächsischen Datenschutzgesetzes (NDSG). ₃Eine Erhebung ohne Kenntnis der betroffenen Person ist zulässig, wenn andernfalls die Aufgabenerfüllung erheblich gefährdet würde oder eine Rechtsvorschrift dies vorsieht oder zwingend voraussetzt. ₄Eine Datenerhebung durch den verdeckten Einsatz technischer Mittel ist unzulässig; unter den in Satz 3 genannten Voraussetzungen können kurzzeitig Bild- und Tonaufzeichnungen gemeinschaftlich genutzter Räume der Anstalt verdeckt angefertigt werden. ₅Nach Satz 4 erhobene Daten sind zu löschen, wenn ihre Kenntnis für die Daten verarbeitende Stelle zur Aufgabenerfüllung nicht mehr erforderlich ist.

(3) Personenbezogene Daten über Personen, die nicht Gefangene oder Sicherungsverwahrte sind, dürfen ohne ihre Kenntnis außerhalb der Anstalt nur erhoben werden, wenn die Kenntnis der Daten für Gefangene oder Sicherungsverwahrte betreffende Maßnahmen, die Sicherheit der Anstalt oder die Sicherung des Vollzuges einer der in § 1 genannten freiheitsentziehenden Maßnahmen unerlässlich ist und durch die Erhebung keine überwiegenden schutzwürdigen Interessen der betroffenen Person beeinträchtigt werden.

(4) ₁Über eine ohne ihre Kenntnis vorgenommene Erhebung personenbezogener Daten wird die betroffene Person unter Angabe dieser Daten unterrichtet, soweit dadurch die ordnungsgemäße Aufgabenerfüllung durch die verantwortliche Stelle nicht gefährdet wird. ₂Die Unterrichtung kann auch unterbleiben, wenn

1. die Daten nach einer Rechtsvorschrift oder ihrem Wesen nach, namentlich wegen

überwiegender berechtigter Interessen Dritter, geheim gehalten werden müssen oder

2. der dadurch verursachte Aufwand außer Verhältnis zu dem Unterrichtungsinteresse der betroffenen Person steht.

(5) Für die Aufklärungs- und Hinweispflichten gilt § 9 Abs. 2 und 3 NDSG.

§ 191 Speicherung, Veränderung, Nutzung

(1) ₁Das Speichern, Verändern und Nutzen personenbezogener Daten ist zulässig, wenn es zur Erfüllung der Aufgaben nach diesem Gesetz erforderlich ist und die Daten zu diesem Zweck erhoben worden sind. ₂Ist keine Erhebung vorausgegangen, so dürfen die Daten nur zu Zwecken verändert und genutzt werden, für die sie erstmals gespeichert worden sind.

(2) Das Speichern, Verändern und Nutzen für andere Zwecke ist zulässig, wenn die Daten auch für die geänderten Zwecke nach diesem Gesetz hätten erhoben werden dürfen.

(3) ₁Das Speichern, Verändern und Nutzen für andere Zwecke ist auch zulässig, soweit dies

1. zur Abwehr von sicherheitsgefährdenden oder geheimdienstlichen Tätigkeiten für eine fremde Macht oder von Bestrebungen im Geltungsbereich des Grundgesetzes, die durch Anwendung von Gewalt oder darauf gerichtete Vorbereitungshandlungen

   a) gegen die freiheitliche demokratische Grundordnung, den Bestand oder die Sicherheit des Bundes oder eines Landes gerichtet sind,

   b) eine ungesetzliche Beeinträchtigung der Amtsführung der Verfassungsorgane des Bundes oder eines Landes oder ihrer Mitglieder zum Ziel haben oder

   c) auswärtige Belange der Bundesrepublik Deutschland gefährden,

2. zur Abwehr erheblicher Nachteile für das Gemeinwohl oder einer Gefahr für die öffentliche Sicherheit,

3. zur Abwehr einer schwer wiegenden Beeinträchtigung der Rechte einer anderen Person,

4. zur Verhinderung oder Verfolgung von Ordnungswidrigkeiten, durch welche die Sicherheit oder Ordnung der Anstalt gefährdet werden, sowie von Straftaten oder

5. für Maßnahmen der Strafvollstreckung oder strafvollstreckungsrechtliche Entscheidungen

erforderlich ist. ₂Nach § 190 Abs. 3 erhobene personenbezogene Daten dürfen abweichend von Satz 1 für die dort in den Nummern 1 bis 3 genannten anderen Zwecke oder zur Verhinderung oder Verfolgung von Straftaten von erheblicher Bedeutung im Sinne der Strafprozessordnung gespeichert, verändert und genutzt werden.

(4) Ein Speichern, Verändern und Nutzen für andere Zwecke liegt nicht vor, wenn dies der Durchführung von vollzugliche Maßnahmen betreffenden Verfahren des gerichtlichen Rechtsschutzes oder den in § 10 Abs. 3 NDSG genannten Zwecken dient.

§ 192 Datenübermittlung

(1) Die Übermittlung personenbezogener Daten an andere öffentliche Stellen ist zulässig, wenn die Übermittlung zur Erfüllung der Aufgaben der übermittelnden oder der empfangenden Stelle erforderlich ist und die Daten nach § 191 gespeichert, verändert oder genutzt werden dürfen.

(2) ₁Über die in Absatz 1 geregelten Zwecke hinaus dürfen den zuständigen öffentlichen Stellen personenbezogene Daten übermittelt werden, soweit dies für

1. Maßnahmen der Gerichtshilfe, Jugendgerichtshilfe, Bewährungshilfe oder Führungsaufsicht,

2. Entscheidungen in Gnadensachen,

3. gesetzlich angeordnete Statistiken der Rechtspflege,

4. Entscheidungen über Leistungen, die mit der Aufnahme in einer Justizvollzugsanstalt entfallen oder sich mindern,

5. die Einleitung von Hilfsmaßnahmen für Angehörige (§ 11 Abs. 1 Nr. 1 StGB) der Gefangenen und Sicherungsverwahrten,

6. dienstliche Maßnahmen der Bundeswehr im Zusammenhang mit der Aufnahme und Entlassung von Soldaten,

7. ausländerrechtliche Maßnahmen oder

8. die Durchführung der Besteuerung

erforderlich ist. ₂Eine Übermittlung ist auch zulässig, soweit eine andere gesetzliche Vorschrift dies vorsieht und sich dabei ausdrücklich auf personenbezogene Daten über Gefangene oder Sicherungsverwahrte bezieht.

(3) Öffentlichen und nichtöffentlichen Stellen darf die Vollzugsbehörde auf schriftlichen Antrag mitteilen, ob sich eine Person in Haft befindet sowie ob und wann ihre Entlassung voraussichtlich innerhalb eines Jahres bevorsteht, soweit

1. die Mitteilung zur Erfüllung der in der Zuständigkeit der öffentlichen Stelle liegenden Aufgaben erforderlich ist oder

2. von nichtöffentlichen Stellen ein berechtigtes Interesse an dieser Mitteilung glaubhaft dargelegt wird und die betroffene Person kein überwiegendes schutzwürdiges Interesse an dem Ausschluss der Übermittlung hat.

(4) ₁Der oder dem durch eine Straftat Verletzten können darüber hinaus auf schriftlichen Antrag Auskünfte über die Entlassungsadresse oder die Vermögensverhältnisse der oder des Strafgefangenen oder Sicherungsverwahrten erteilt werden, wenn die Erteilung zur Feststellung oder Durchsetzung von Rechtsansprüchen im Zusammenhang mit der Straftat erforderlich ist. ₂Ferner sind der oder dem durch eine Straftat Verletzten auf schriftlichen Antrag durch Vermittlung einer Opferhilfeeinrichtung Auskünfte über eine Unterbringung der oder des Strafgefangenen oder Sicherungsverwahrten im offenen Vollzug oder die Gewährungen von Lockerungen des Vollzuges zu erteilen, wenn sie oder er ein berechtigtes Interesse darlegt und kein überwiegendes schutzwürdiges Interesse der betroffenen Person am Ausschluss der Auskunfterteilung vorliegt; bei den in § 104

Abs. 1 genannten Straftaten bedarf es der Darlegung eines berechtigten Interesses nicht. ₃Die betroffene Person wird vor der Auskunftserteilung gehört, es sei denn, es ist zu besorgen, dass dadurch die Verfolgung der Interessen der oder des Verletzten vereitelt oder wesentlich erschwert werden würde, und eine Abwägung ergibt, dass diese Interessen das Interesse der betroffenen Person an der Anhörung überwiegt. ₄Ist die Anhörung unterblieben, so wird die betroffene Person über die Auskunftserteilung der Vollzugsbehörde nachträglich unterrichtet.

(5) ₁Akten mit personenbezogenen Daten dürfen auch bei Vorliegen der in den vorherigen Absätzen genannten Voraussetzungen nur anderen Vollzugsbehörden, den zur Dienst- oder Fachaufsicht oder zu dienstlichen Weisungen befugten Stellen, den für strafvollzugs-, strafvollstreckungs- und strafrechtliche Entscheidungen zuständigen Gerichten sowie den Strafvollstreckungs- und Strafverfolgungsbehörden überlassen werden; die Überlassung an andere öffentliche Stellen ist zulässig, soweit die Erteilung einer Auskunft einen unvertretbaren Aufwand erfordert oder nach Darlegung der Akteneinsicht begehrenden Stellen für die Erfüllung der Aufgabe nicht ausreicht. ₂Entsprechendes gilt für die Überlassung von Akten an die von der Vollzugsbehörde mit Gutachten beauftragten Stellen.

(6) Sind mit personenbezogenen Daten, die nach Absatz 5 übermittelt werden dürfen, weitere personenbezogene Daten der betroffenen Person oder Dritter in Akten so verbunden, dass eine Trennung nicht oder nur mit unvertretbarem Aufwand möglich ist, so ist die Übermittlung auch dieser Daten zulässig, soweit nicht berechtigte Interessen der betroffenen Person oder einer oder eines Dritten an deren Geheimhaltung offensichtlich überwiegen; eine Verarbeitung dieser Daten durch die empfangende Stelle ist unzulässig.

(7) ₁Die Verantwortung für die Zulässigkeit der Übermittlung trägt die übermittelnde Stelle. ₂Erfolgt die Übermittlung auf Ersuchen einer öffentlichen Stelle, so trägt diese die

Verantwortung. ₃In diesem Fall prüft die übermittelnde Stelle nur, ob das Übermittlungsersuchen im Rahmen der Aufgaben der empfangende Stelle liegt, es sei denn, dass besonderer Anlass zur Prüfung der Zulässigkeit der Übermittlung besteht.

§ 193 Einrichtung automatisierter Abrufverfahren

(1) ₁Die Einrichtung automatisierter Verfahren, welche die Übermittlung personenbezogener Daten zu den in § 190 Abs. 1 Satz 2, § 191 Abs. 3 und § 192 Abs. 2 genannten Zwecken durch Abruf der zuständigen öffentlichen Stellen ermöglichen, ist zulässig, soweit dies unter Berücksichtigung der schutzwürdigen Interessen der Betroffenen und der Aufgaben der beteiligten Stellen angemessen ist. ₂Die Zulässigkeit des einzelnen Abrufs bestimmt sich nach den Vorschriften dieses Gesetzes.

(2) ₁Die beteiligten Stellen haben zu gewährleisten, dass die Zulässigkeit des Abrufverfahrens kontrolliert werden kann. ₂Hierzu haben sie die Datenempfänger, die Art der zu übermittelnden Daten, den Zweck des Abrufs sowie die wesentlichen bei den beteiligten Stellen zu treffenden Maßnahmen zur Kontrolle der Verarbeitung schriftlich festzulegen. ₃Die oder der Landesbeauftragte für den Datenschutz ist vorher zu hören.

§ 194 Zweckbindung

(1) ₁Die übermittelten personenbezogenen Daten dürfen nur zu dem Zweck verarbeitet werden, zu dessen Erfüllung sie übermittelt worden sind. ₂Die empfangende Person oder Stelle darf die Daten für andere Zwecke nur verarbeiten, soweit sie ihr auch für diese Zwecke hätten übermittelt werden dürfen; die Verarbeitung zu anderen Zwecken durch nichtöffentliche Stellen bedarf der Zustimmung der übermittelnden Stelle. ₃Die übermittelnde Stelle hat bei der Übermittlung an eine nichtöffentliche Person oder Stelle auf die Zweckbindung nach Satz 1 hinzuweisen.

(2) Unterliegt die empfangende Person oder Stelle nicht dem Anwendungsbereich dieses Gesetzes, so ist die Übermittlung nur zuläs-

sig, wenn nach den für sie geltenden Bestimmungen die Einhaltung der in Absatz 1 Sätze 1 und 2 geregelten Zweckbindung in vergleichbarer Weise gewährleistet ist.

§ 195 Schutz besonderer Daten

(1) ₁Das religiöse oder weltanschauliche Bekenntnis der oder des Gefangenen oder Sicherungsverwahrten und personenbezogene Daten, die anlässlich ärztlicher Untersuchungen oder der Überwachung der Besuche, des Schriftwechsels, der Telekommunikation oder des Paketverkehrs erhoben worden sind, dürfen in der Anstalt nicht allgemein kenntlich gemacht werden. ₂Andere personenbezogene Daten über die Gefangene oder den Gefangenen oder die Sicherungsverwahrte oder den Sicherungsverwahrten dürfen innerhalb der Anstalt allgemein kenntlich gemacht werden, soweit dies für ein geordnetes Zusammenleben in der Anstalt erforderlich ist.

(2) ₁Die in § 203 Abs. 1 Nrn. 1, 2 und 5 StGB genannten Personen unterliegen auch gegenüber der Vollzugsbehörde der Schweigepflicht über personenbezogene Daten, die ihnen von einer oder einem Gefangenen oder Sicherungsverwahrten als Geheimnis anvertraut worden oder über eine Gefangene oder einen Gefangenen oder eine Sicherungsverwahrte oder einen Sicherungsverwahrten sonst bekannt geworden sind. ₂Die in § 203 Abs. 1 Nrn. 1, 2 und 5 StGB genannten Personen haben sich gegenüber der Anstaltsleiterin oder dem Anstaltsleiter oder einer oder einem von ihr oder ihm beauftragten Justizvollzugsbediensteten zu offenbaren, soweit dies für die Aufgabenerfüllung der Vollzugsbehörde oder zur Abwehr von erheblichen Gefahren für Leib oder Leben der oder des Gefangenen oder Sicherungsverwahrten oder Dritter erforderlich ist. ₃Die Ärztin oder der Arzt ist zur Offenbarung von Geheimnissen, die ihr oder ihm im Rahmen der allgemeinen Gesundheitsfürsorge bekannt geworden sind, abweichend von Satz 2 nur befugt, soweit dies für die Aufgabenerfüllung der Vollzugsbehörde unerlässlich oder zur Abwehr von erheblichen Gefahren für Leib

oder Leben der Gefangenen oder Sicherungsverwahrten oder Dritter erforderlich ist. ₄Sonstige Offenbarungsbefugnisse bleiben unberührt. ₅Die oder der Gefangene oder Sicherungsverwahrte ist vor der Erhebung über die nach den Sätzen 2 und 3 bestehenden Offenbarungsbefugnisse zu unterrichten.

(3) ₁Die nach Absatz 2 offenbarten Daten dürfen nur für den Zweck, für den sie offenbart wurden, verarbeitet werden. ₂Für einen anderen Zweck dürfen sie nur verarbeitet werden, wenn die Voraussetzungen für die Offenbarung auch für diesen Zweck vorgelegen hätten.

(4) Sofern Ärztinnen oder Ärzte oder Psychologinnen oder Psychologen außerhalb des Vollzuges mit der Untersuchung oder Behandlung von Gefangenen oder Sicherungsverwahrten beauftragt werden, gilt Absatz 2 mit der Maßgabe entsprechend, dass die beauftragte Person auch zur Unterrichtung der in der Anstalt für eine entsprechende Behandlung zuständigen Person befugt ist.

§ 196 Schutz der Daten in Akten und Dateien

(1) Die einzelnen Justizvollzugsbediensteten dürfen sich von personenbezogenen Daten nur Kenntnis verschaffen, soweit dies zur Erfüllung der ihnen obliegenden Aufgaben oder für die Zusammenarbeit mit den im Vollzug tätigen Personen oder Stellen erforderlich ist.

(2) ₁Akten und Dateien mit personenbezogenen Daten sind durch die erforderlichen technischen und organisatorischen Maßnahmen gegen unbefugten Zugang und unbefugten Gebrauch zu schützen. ₂Gesundheitsakten und Krankenblätter sind getrennt von anderen Unterlagen zu führen und besonders zu sichern.

§ 197 Berichtigung, Löschung und Sperrung

(1) ₁Die in Dateien gespeicherten personenbezogenen Daten sind fünf Jahre nach der Entlassung der oder des Gefangenen oder Sicherungsverwahrten oder ihrer oder seiner Verlegung in eine andere Anstalt zu löschen. ₂Hiervon können bis zum Ablauf der Aufbe-

wahrungsfrist für die Gefangenenpersonalakte die Angaben über Familienname, Vornamen, Geburtsname, Aliasnamen, Geburtstag, Geburtsort, Eintritts- und Austrittsdatum der Gefangenen und Sicherungsverwahrten ausgenommen werden, soweit dies für das Auffinden der Gefangenenpersonalakte erforderlich ist.

(2) ₁Personenbezogene Daten dürfen nach Ablauf von zwei Jahren seit der Entlassung der oder des Gefangenen oder Sicherungsverwahrten nur nach verarbeitet werden, soweit dies

1. zur Verfolgung von Straftaten,

2. für die Durchführung wissenschaftlicher Forschungsvorhaben gemäß § 199,

3. zur Behebung einer bestehenden Beweisnot,

4. zur Feststellung, Durchsetzung oder Abwehr von Rechtsansprüchen im Zusammenhang mit dem Vollzug einer Freiheitsstrafe oder

5. zur Abwehr einer Gefahr für die Sicherheit einer Anstalt

unerlässlich ist. ₂Diese Verwendungsbeschränkungen enden, wenn die oder der Gefangene oder Sicherungsverwahrte erneut zum Vollzug einer der in § 1 genannten freiheitsentziehenden Maßnahme aufgenommen wird oder die betroffene Person eingewilligt hat.

(3) ₁Bei der Aufbewahrung von Akten dürfen folgende Fristen nicht überschritten werden:

Gefangenenpersonalakten, Gesundheitsakten und Krankenblätter	20 Jahre,
Gefangenenbücher	30 Jahre.

₂Dies gilt nicht, wenn aufgrund bestimmter Tatsachen anzunehmen ist, dass die Aufbewahrung für die in Absatz 2 Satz 1 genannten Zwecke weiterhin erforderlich ist. ₃Die Aufbewahrungsfrist beginnt mit dem auf das Jahr der aktenmäßigen Weglegung folgenden Kalenderjahr.

(4) Wird festgestellt, dass unrichtige Daten übermittelt worden sind, so ist dies der Empfängerin oder dem Empfänger mitzuteilen, wenn dies zur Wahrung schutzwürdiger Interessen der betroffenen Person erforderlich ist.

(5) Im Übrigen gilt für die Berichtigung, Löschung und Sperrung personenbezogener Daten § 17 NDSG.

§ 198 Auskunft an die Betroffenen, Akteneinsicht

Die Betroffenen erhalten nach Maßgabe des § 16 NDSG Auskunft und, soweit eine Auskunft für die Wahrnehmung ihrer rechtlichen Interessen nicht ausreicht und sie hierfür auf die Einsichtnahme angewiesen sind, Akteneinsicht.

§ 199 Auskunft und Akteneinsicht für wissenschaftliche Zwecke

Für die Auskunft und Akteneinsicht für wissenschaftliche Zwecke gilt § 476 StPO entsprechend.

§ 200 Vorrang besonderer Rechtsvorschriften; Anwendung des Niedersächsischen Datenschutzgesetzes

(1) Soweit sonstige Rechtsvorschriften dieses Gesetzes Bestimmungen über die Verarbeitung personenbezogener Daten enthalten, gehen sie den Bestimmungen dieses Kapitels vor.

(2) Die Vorschriften des Niedersächsischen Datenschutzgesetzes gelten entsprechend, soweit dieses Gesetz keine Regelungen enthält und Zweck und Eigenart des Vollzuges der in § 1 genannten freiheitsentziehenden Maßnahmen nicht entgegenstehen.

Drittes Kapitel
Übergangs- und Schlussbestimmungen

§ 201 Übergangsbestimmungen

(1) Bis für die einzelnen Vollzugsarten eine Verordnung über die Vergütungsstufen sowie die Bemessung des Arbeitsentgeltes, der Ausbildungsbeihilfe und des Taschengeldes in Kraft tritt, gelten die die jeweilige Vollzugsart betreffenden Vorschriften des Strafvollzugsgesetzes über die Bemessung des Arbeitsentgeltes und der Ausbildungsbeihilfe

I

sowie die Strafvollzugsvergütungsordnung vom 11. Januar 1977 (BGBl. I S. 57) fort.

(2) Bis für die einzelnen Vollzugsarten eine Verordnung über die Erhebung von Kostenbeiträgen in Kraft tritt, gelten die die jeweilige Vollzugsart betreffenden Vorschriften des Strafvollzugsgesetzes über die Erhebung von Kosten mit Ausnahme der Vorschriften über die Erhebung eines Haftkostenbeitrags fort.

§ 202 Einschränkung von Grundrechten

Durch dieses Gesetz werden die Grundrechte aus Artikel 2 Abs. 2 Sätze 1 und 2 (körperliche Unversehrtheit und Freiheit der Person), Artikel 6 Abs. 3 (Elternrecht) und Artikel 10 Abs. 1 (Brief-, Post- und Fernmeldegeheimnis) des Grundgesetzes eingeschränkt.

Gesetz zur Regelung des Vollzuges der Untersuchungshaft in Nordrhein-Westfalen
(Untersuchungshaftvollzugsgesetz Nordrhein-Westfalen – UVollzG NRW)
Vom 27. Oktober 2009 (GV. NRW. S. 540)

Inhaltsübersicht

Abschnitt 1
Grundsätze

§ 1 Stellung der Untersuchungsgefangenen

(1) Untersuchungsgefangene gelten als unschuldig und sind entsprechend zu behandeln, so dass nicht der Anschein entsteht, sie würden zur Verbüßung einer Strafe festgehalten.

(2) Bequemlichkeiten und Beschäftigungen dürfen sie sich auf ihre Kosten verschaffen, soweit sie mit dem Zweck der Haft vereinbar sind und nicht die Sicherheit oder Ordnung der Justizvollzugsanstalt (Anstalt) stören.

(3) Soweit das Gesetz eine besondere Regelung nicht enthält, dürfen den Untersuchungsgefangenen Beschränkungen nach diesem Gesetz nur auferlegt werden, die zur Aufrechterhaltung der Sicherheit oder Abwehr einer schwerwiegenden Störung der Ordnung der Anstalt unerlässlich sind. Sie müssen in einem angemessenen Verhältnis zum Zweck der Anordnung stehen und dürfen die Untersuchungsgefangenen nicht mehr und nicht länger als notwendig beeinträchtigen.

§ 2 Gestaltung des Vollzuges

(1) Das Leben im Vollzug ist den allgemeinen Lebensverhältnissen anzugleichen, soweit der Zweck der Untersuchungshaft und die Erfordernisse eines geordneten Zusammenlebens in der Anstalt dies zulassen.

(2) Schädlichen Folgen des Freiheitsentzuges ist entgegenzuwirken. Den Untersuchungsgefangenen werden Hilfen zur Verbesserung ihrer sozialen Situation angeboten, soweit es die besonderen Bedingungen der Untersuchungshaft zulassen.

(3) Die unterschiedlichen Lebenslagen und Bedürfnisse der weiblichen und männlichen Untersuchungsgefangenen sowie der Untersuchungsgefangenen, die das einundzwanzigste Lebensjahr noch nicht vollendet haben (junge Untersuchungsgefangene), werden bei der Gestaltung des Vollzuges und bei allen Einzelmaßnahmen berücksichtigt.

§ 3 Trennung des Vollzuges

(1) Zur Trennung von anderen Gefangenen, namentlich von Strafgefangenen, erfolgt der Vollzug der Untersuchungshaft in besonderen Abteilungen der Anstalten oder in Untersuchungshaftanstalten. Männer und Frauen sind entsprechend zu trennen.

(2) Ausnahmen von Absatz 1 Satz 1 sind mit Zustimmung der Untersuchungsgefangenen zulässig oder wenn sie zur Erreichung des Zwecks der Untersuchungshaft, aus Gründen der Sicherheit oder Ordnung, aus Gründen der Vollzugsorganisation oder anderen wichtigen Gründen erforderlich sind.

§ 4 Zuständigkeit

Die nach diesem Gesetz notwendigen Entscheidungen trifft die Anstaltsleitung unter Beachtung der Belange des Strafverfahrens und des Zwecks der Untersuchungshaft.

§ 5 Mitwirkung der Anstalt

Die Anstalt wirkt dabei mit, dass die Untersuchungshaft ihrem Zweck entsprechend vollzogen und Möglichkeiten der Haftvermeidung ergriffen werden. Während des Vollzugs gewonnene Erkenntnisse, die zur Erfüllung der in Satz 1 genannten Aufgabe erforderlich sind, werden unverzüglich an das Gericht oder die Staatsanwaltschaft weitergeleitet.

Abschnitt 2
Vollzugsverlauf

§ 6 Aufnahme in die Anstalt

(1) Untersuchungsgefangene werden auf Grund eines schriftlichen Aufnahmeersuchens des Gerichts in die nach dem Vollstreckungsplan zuständige Anstalt aufgenommen, soweit das Gericht nicht im Einzelfall eine andere Anstalt bestimmt hat.

(2) Neu aufgenommene Untersuchungsgefangene werden alsbald ärztlich untersucht, der Anstaltsleitung oder von ihr bestimmten Bediensteten zu einem Aufnahmegespräch vorgestellt und über ihre Rechte und Pflichten informiert. Diese Information kann auch mit-

tels eines in einer ihnen verständlichen Sprache abgefassten Merkblatts erfolgen.

(3) Bei der Aufnahme, der ärztlichen Untersuchung und dem Aufnahmegespräch dürfen andere Gefangene nicht anwesend sein. Ausnahmen bedürfen der Zustimmung der betroffenen Untersuchungsgefangenen.

§ 7 Verlegung, Überstellung

(1) Die Anstaltsleitung hat bei dem zuständigen Gericht auf die Verlegung oder Überstellung der Untersuchungsgefangenen in eine geeignete Anstalt hinzuwirken, wenn aus Gründen der Sicherheit oder Ordnung der Anstalt der Zweck der Untersuchungshaft gefährdet ist.

(2) Untersuchungsgefangenen, die in eine andere Anstalt verlegt oder überstellt werden, ist Gelegenheit zu geben, Angehörige oder eine Vertrauensperson zu benachrichtigen.

§ 8 Unterbrechung der Untersuchungshaft

(1) Hat das Gericht die Unterbrechung der Untersuchungshaft zur Vollstreckung einer Freiheits-, Ersatzfreiheits- oder Jugendstrafe angeordnet, werden die Untersuchungsgefangenen für die Dauer des Vollzuges der Strafe als Strafgefangene behandelt.

(2) Beginn und Ende der Strafhaft sind der Vollstreckungsbehörde und dem für die Untersuchungshaft zuständigen Gericht mitzuteilen.

§ 9 Beendigung der Untersuchungshaft

(1) Untersuchungsgefangene sind zu entlassen, wenn das Gericht oder die Staatsanwaltschaft der Anstalt eine mit Dienstsiegel versehene Entlassungsanordnung zugeleitet hat. Ein elektronisches Dokument, das mit einer qualifizierten elektronischen Signatur nach dem Signaturgesetz versehen ist, ist einer solchen Anordnung gleichgestellt. Fehlt es an einer Übermittlung der schriftlichen oder der nach Satz 2 gleichgestellten Entlassungsanordnung, so hat die Anstalt bei einer fernmündlichen, durch Telefaxdienst oder elektronisch übermittelten Anordnung deren Echtheit vor der Entlassung zu prüfen.

(2) Erfolgt die Entlassungsanordnung zu einem Zeitpunkt, der es den Untersuchungsgefangenen unmöglich macht, dringende Angelegenheiten, auf die sie zu ihrer sozialen Sicherung angewiesen sind, zu erledigen, kann ihnen der freiwillige Verbleib in der Anstalt bis zum Vormittag des zweiten auf den Eingang der Entlassungsanordnung folgenden Werktages gestattet werden. Bei der Entscheidung ist § 29 Absatz 4 zu berücksichtigen. Sie können zum Kostenersatz herangezogen werden. Dieser bemisst sich nach der Höhe des Betrages, der nach § 17 Absatz 1 Nummer 3 des Vierten Buchs Sozialgesetzbuch durchschnittlich zur Bewertung der Sachbezüge festgesetzt worden ist. Das Justizministerium stellt den Betrag jährlich fest.

(3) Bei Verurteilung zu einer Freiheits- oder Jugendstrafe, deren Vollstreckung nicht zur Bewährung ausgesetzt wird und die nicht durch Anrechnung der Untersuchungshaft bereits erledigt ist, sind die Untersuchungsgefangenen mit Rechtskraft des Urteils nach den Vorschriften des Strafvollzugsgesetzes oder des Jugendstrafvollzugsgesetzes Nordrhein-Westfalen zu behandeln. Dies gilt nicht, wenn aufgrund eines anderen Haftbefehls weiterhin Untersuchungshaft zu vollziehen ist.

(4) Sobald die Anstalt über den Eintritt der Rechtskraft unterrichtet worden ist, veranlasst sie die Verlegung der Gefangenen in die für die Strafvollstreckung zuständige Anstalt.

Abschnitt 3
Gestaltung des Lebens in der Anstalt

§ 10 Unterbringung

(1) Untersuchungsgefangene werden in ihren Hafträumen allein untergebracht.

(2) Eine gemeinsame Unterbringung ist unter besonderen Umständen zulässig. Diese liegen insbesondere vor, wenn

a) Untersuchungsgefangene eine gemeinsame Unterbringung beantragen,

b) eine Gefahr für Leben oder Gesundheit besteht,

c) Untersuchungsgefangene hilfsbedürftig sind oder

d) die gemeinsame Unterbringung geeignet erscheint, schädlichen Folgen der Inhaftierung entgegen zu wirken.

Dem Schutz Untersuchungsgefangener vor schädlicher Beeinflussung ist bei der Unterbringung Rechnung zu tragen.

(3) Untersuchungsgefangene dürfen sich außerhalb ihrer Haftäume in Gemeinschaft aufhalten, soweit es die räumlichen, personellen und organisatorischen Verhältnisse der Anstalt gestatten.

§ 11 Beschäftigung, Bildungsmaßnahmen, Taschengeld

(1) Untersuchungsgefangene sind nicht zur Arbeit verpflichtet.

(2) Ihnen soll auf Nachfrage eine wirtschaftlich ergiebige Arbeit angeboten werden, die ihre Fähigkeiten, Fertigkeiten und Neigungen berücksichtigt. Untersuchungsgefangenen, die zu wirtschaftlich ergiebiger Arbeit nicht fähig sind, kann eine sonstige geeignete Beschäftigung angeboten werden. Mit ihrer Zustimmung können Untersuchungsgefangene auch zu Hilfstätigkeiten in der Anstalt herangezogen werden.

(3) Bei Ausübung einer angebotenen Arbeit, Beschäftigung oder Hilfstätigkeit erhalten die Untersuchungsgefangenen ein Arbeitsentgelt, das mit fünf Prozent der Bezugsgröße nach § 18 des Vierten Buchs Sozialgesetzbuch (Eckvergütung) zu bemessen ist. Ein Tagessatz ist der zweihundertfünfzigste Teil der Eckvergütung.

(4) Geeigneten Untersuchungsgefangenen soll Gelegenheit zum Erwerb oder zur Verbesserung schulischer und beruflicher Kenntnisse gegeben werden, soweit es die Möglichkeiten der Anstalt und die besonderen Bedingungen der Untersuchungshaft zulassen.

(5) In Ausnahmefällen, namentlich zur Überbrückung einer unverschuldeten Bedürftigkeit zu Beginn der Inhaftierung, kann die Anstaltsleitung Untersuchungsgefangenen auf Antrag darlehensweise Taschengeld gewähren. Die Höhe des Taschengeldes beträgt pro Arbeitstag 7 Prozent des Tagessatzes der Eckverfügung nach Absatz 3 Satz 2.

§ 12 Freizeit

(1) Untersuchungsgefangenen ist Gelegenheit zu geben, sich in ihrer Freizeit zu beschäftigen. Insbesondere sollen Sportmöglichkeiten, Freizeitgruppen, Gemeinschaftsveranstaltungen, Veranstaltungen zur Weiterbildung und die Benutzung einer Anstaltsbücherei angeboten werden.

(2) Untersuchungsgefangene dürfen

1. Zeitungen und Zeitschriften durch Vermittlung der Anstalt auf eigene Kosten beziehen,

2. am gemeinschaftlichen Hörfunk- und Fernsehempfang teilnehmen,

3. im Haftraum ein eigenes Hörfunk- und Fernsehgerät unter Berücksichtigung der Regelungen über das geordnete Zusammenleben (§ 31 Absatz 1) auf eigene Kosten betreiben,

4. Bücher und andere Gegenstände zur Fortbildung oder zur Freizeitbeschäftigung besitzen.

(3) Diese Rechte können eingeschränkt oder aufgehoben werden, wenn

a) die Sicherheit oder Ordnung der Anstalt gefährdet wird oder

b) in den Fällen des Absatzes 2 Nummer 1, 3 und 4 der Besitz, die Überlassung oder die Benutzung des Gegenstandes mit Strafe oder mit Geldbuße bedroht ist.

§ 13 Persönlicher Bereich

(1) Untersuchungsgefangene dürfen eigene Kleidung tragen und eigene Bettwäsche benutzen, soweit sie für Reinigung, Instandhaltung und regelmäßigen Wechsel auf eigene Kosten sorgen. Hierzu können in Ausnahmefällen für die Untersuchungsgefangenen

Kleidungsstücke und Bettwäsche in der Anstalt abgegeben und dort abgeholt werden.

(2) Untersuchungsgefangene dürfen ihren Haftraum in angemessenem Umfang mit eigenen Sachen ausstatten. Sie dürfen nur Sachen in Gewahrsam haben, die ihnen von der Anstalt oder mit deren Zustimmung überlassen werden. Geld und Wertsachen dürfen Untersuchungsgefangene nicht in Gewahrsam haben.

(3) Sie dürfen aus einem von der Anstalt vermittelten Angebot Nahrungs- und Genussmittel sowie andere Gegenstände des persönlichen Bedarfs kaufen. Die Anstalt soll für ein Einkaufsangebot sorgen, das auf Wünsche und Bedürfnisse der Untersuchungsgefangenen Rücksicht nimmt. Das Nähere regelt die Anstalt.

(4) Soweit es die Sicherheit oder Ordnung der Anstalt erfordert, können

1. die Rechte aus Absatz 1 ausgeschlossen oder eingeschränkt und

2. die in den Absätzen 2 und 3 Satz 1 genannten Rechte eingeschränkt werden.

§ 14 Anstaltsverpflegung

Zusammensetzung und Nährwert der Anstaltsverpflegung entsprechen den Empfehlungen der Deutschen Gesellschaft für Ernährung e. V. und werden ärztlich überwacht. Auf ärztliche Anordnung wird besondere Verpflegung gewährt. Untersuchungsgefangenen ist zu ermöglichen, Speisevorschriften ihrer Religionsgemeinschaften zu befolgen.

Abschnitt 4
Religionsausübung

§ 15 Seelsorge

(1) Untersuchungsgefangenen darf religiöse Betreuung durch eine Seelsorgerin oder einen Seelsorger ihrer Religionsgemeinschaft nicht versagt werden. Auf Wunsch der Untersuchungsgefangenen ist ihnen zu helfen, mit einer Seelsorgerin oder einem Seelsorger ihrer Religionsgemeinschaft in Verbindung zu treten.

(2) Untersuchungsgefangene dürfen grundlegende religiöse Schriften besitzen. Sie dürfen ihnen nur bei grobem Missbrauch entzogen werden.

(3) Untersuchungsgefangenen sind Gegenstände des religiösen Gebrauchs in angemessenem Umfang zu belassen.

§ 16 Religiöse Veranstaltungen

(1) Untersuchungsgefangene dürfen in der Anstalt am Gottesdienst und an anderen religiösen Veranstaltungen ihres Bekenntnisses teilnehmen.

(2) Untersuchungsgefangene werden zu dem Gottesdienst oder zu religiösen Veranstaltungen einer anderen Religionsgemeinschaft in der Anstalt zugelassen, wenn deren Seelsorgerin oder Seelsorger zustimmt.

(3) Untersuchungsgefangene können von der Teilnahme am Gottesdienst oder anderen religiösen Veranstaltungen ausgeschlossen werden, wenn dies aus überwiegenden Gründen der Sicherheit oder Ordnung geboten ist. Die Anstaltsseelsorge ist zu hören.

§ 17 Weltanschauungsgemeinschaften

Für Angehörige weltanschaulicher Bekenntnisse gelten die §§ 15 und 16 entsprechend.

Abschnitt 5
Verkehr mit der Außenwelt

§ 18 Recht auf Besuch

(1) Untersuchungsgefangene dürfen regelmäßig Besuch empfangen. Die Gesamtdauer beträgt mindestens zwei Stunden im Monat. Das Nähere regelt die Anstalt.

(2) Besuche, die persönlichen, rechtlichen oder geschäftlichen Angelegenheiten dienen, die von den Untersuchungsgefangenen nicht schriftlich oder durch Dritte wahrgenommen werden können, sollen auf die Gesamtdauer gemäß Absatz 1 Satz 2 nicht angerechnet werden.

(3) Zum Besuch bei einzelnen Untersuchungsgefangenen wird nur zugelassen, wer über eine schriftliche Besuchserlaubnis verfügt. Aus Gründen der Sicherheit oder Ord-

nung der Anstalt kann die Zulassung einer Person zum Besuch von ihrer Durchsuchung abhängig gemacht oder ein Besuch untersagt werden. Die Anstalt kann die Anzahl der gleichzeitig zum Besuch zugelassenen Personen beschränken.

§ 19 Überwachung von Besuchen

(1) Aus Gründen der Sicherheit oder Ordnung der Anstalt können Besuche optisch überwacht werden. Die Anstaltsleitung kann eine akustische Überwachung im Einzelfall anordnen, wenn konkrete Anhaltspunkte für eine Gefährdung der Sicherheit oder Ordnung der Anstalt vorliegen. Die Überwachung erfolgt offen.

(2) Gegenstände dürfen beim Besuch mit Erlaubnis der Anstalt übergeben werden.

(3) Der Besuch kann abgebrochen werden, wenn auf Grund des Verhaltens der Besucher oder der Untersuchungsgefangenen die Sicherheit oder Ordnung der Anstalt gefährdet wird.

§ 20 Schriftwechsel

(1) Untersuchungsgefangene dürfen Schreiben empfangen und auf eigene Kosten absenden. Bei bedürftigen Untersuchungsgefangenen kann die Anstalt Kosten in angemessenem Umfang übernehmen.

(2) Die Anstalt vermittelt Absendung und Empfang aller Schreiben der Untersuchungsgefangenen über die zur Überwachung zuständige Stelle. Dabei ist dafür zu sorgen, dass von dem gedanklichen Inhalt der Schreiben allein die im Rahmen der Textkontrolle befugten Personen Kenntnis nehmen können.

(3) Eingehende und ausgehende Schreiben sind unverzüglich weiterzuleiten.

§ 21 Telefongespräche

(1) Untersuchungsgefangene dürfen Telefongespräche auf eigene Kosten führen, soweit die räumlichen, personellen und organisatorischen Verhältnisse der Anstalt dies zulassen und Sicherheit oder Ordnung nicht entgegenstehen. Das Nähere regelt die Anstalt. § 19 Absatz 3 gilt entsprechend.

(2) Ist die Überwachung des Telefongesprächs angeordnet, teilt die Anstalt die beabsichtigte Überwachung der Gesprächspartnerin oder dem Gesprächspartner der Untersuchungsgefangenen unmittelbar vor Herstellung der Verbindung mit. Die Untersuchungsgefangenen sind rechtzeitig vor Beginn des Telefongesprächs über die beabsichtigte Überwachung und die Mitteilungspflicht nach Satz 1 zu unterrichten.

§ 22 Verkehr mit Verteidigerinnen und Verteidigern sowie dem ambulanten Sozialen Dienst

(1) Mit ihren Verteidigerinnen und Verteidigern dürfen Untersuchungsgefangene ohne Beschränkung und Überwachung

a) schriftlich und mündlich sowie

b) unter den Voraussetzungen des § 21 Absatz 1 Satz 1 auch telefonisch verkehren.

(2) Die Zulassung von Verteidigerinnen und Verteidigern zum Besuch kann von ihrer Durchsuchung abhängig gemacht werden, wenn dies aus Gründen der Sicherheit oder Ordnung der Anstalt erforderlich ist; die Gründe sind darzulegen. Eine Kenntnisnahme des gedanklichen Inhalts der von der Verteidigung mitgeführten Schriftstücke und sonstigen Unterlagen ist unzulässig. Für deren Übergabe bedürfen sie keiner Erlaubnis nach § 19 Absatz 2.

(3) In den Fällen des § 148 Absatz 2 und des § 148a der Strafprozessordnung gilt § 20 Absatz 2 und 3 entsprechend.

(4) Absatz 1 bis 3 gilt für den Verkehr mit dem ambulanten Sozialen Dienst entsprechend, soweit die Untersuchungsgefangenen unter Bewährungs- oder Führungsaufsicht stehen oder über sie Berichte der Gerichtshilfe angefordert sind.

§ 23 Pakete

(1) Untersuchungsgefangene dürfen nach näherer Maßgabe der Anstalt Pakete empfangen. Vom Empfang ausgeschlossen sind Nahrungs- und Genussmittel sowie Inhalte, die geeignet sind, die Sicherheit oder Ordnung der Anstalt zu gefährden.

(2) Pakete sind in Gegenwart der Untersuchungsgefangenen zu öffnen, an die sie adressiert sind. Ausgeschlossene Gegenstände können zur Habe der Untersuchungsgefangenen genommen, der absendenden Person zurückgesandt oder, falls der Rücksendung besondere Gründe entgegenstehen, vernichtet werden. Über die getroffenen Maßnahmen werden die Untersuchungsgefangenen unterrichtet.

(3) In begründeten Ausnahmefällen kann Untersuchungsgefangenen gestattet werden, Pakete zu versenden. Der Inhalt soll aus Gründen der Sicherheit oder Ordnung der Anstalt überprüft werden.

Abschnitt 6
Gesundheitliche und soziale Betreuung

§ 24 Gesundheitsfürsorge

(1) Für die körperliche und geistige Gesundheit der Untersuchungsgefangenen ist zu sorgen. Untersuchungsgefangene haben die notwendigen Maßnahmen zum Gesundheitsschutz und zur Hygiene zu unterstützen.

(2) Ihnen wird täglich mindestens eine Stunde Aufenthalt im Freien ermöglicht, wenn die Witterung dies zu der festgesetzten Zeit zulässt; es sei denn, sie arbeiten im Freien.

(3) Untersuchungsgefangenen kann nach Anhörung des ärztlichen Dienstes der Anstalt gestattet werden, auf eigene Kosten externen ärztlichen Rat einzuholen. Die Erlaubnis ist zu versagen, wenn die betroffenen Untersuchungsgefangenen die gewählte ärztliche Vertrauensperson und den ärztlichen Dienst der Anstalt nicht wechselseitig von der Schweigepflicht entbinden. Sie kann aus räumlichen, organisatorischen oder personellen Gründen oder zur Aufrechterhaltung der Sicherheit oder Ordnung der Anstalt versagt werden.

(4) Erkrankte Untersuchungsgefangene können in ein Anstaltskrankenhaus überstellt oder in eine für die Behandlung ihrer Krankheit besser geeignete Anstalt verlegt werden. Können Krankheiten von Untersuchungsgefangenen in einer Anstalt oder einem Anstaltskrankenhaus nicht erkannt oder behandelt werden, oder ist es nicht möglich, Untersuchungsgefangene rechtzeitig in ein Anstaltskrankenhaus zu überstellen, sind sie in ein Krankenhaus außerhalb des Vollzuges zu bringen. Gericht und Staatsanwaltschaft sind unverzüglich zu unterrichten.

§ 25 Krankenbehandlung

(1) Untersuchungsgefangene haben Anspruch auf Krankenbehandlung, wenn sie notwendig ist, um eine Krankheit zu erkennen, zu heilen, ihre Verschlimmerung zu verhüten oder Krankheitsbeschwerden zu lindern. Die Krankenbehandlung umfasst insbesondere die ärztliche und zahnärztliche Behandlung sowie die Versorgung mit Arznei-, Verband- und Heilmitteln.

(2) Für die Art der Gesundheitsuntersuchungen und medizinischen Vorsorgeleistungen sowie für den Umfang dieser Leistungen und der Leistungen zur Krankenbehandlung gelten die entsprechenden Vorschriften des Fünften Buchs Sozialgesetzbuch und die auf Grund dieser Vorschriften getroffenen Regelungen.

(3) Volljährige Untersuchungsgefangene können an den Kosten der Gesundheitsfürsorge in angemessener Weise beteiligt werden. Näheres wird durch Verwaltungsvorschriften geregelt.

§ 26 Leistungen bei Schwangerschaft und Mutterschaft, Geburtsanzeige

(1) Bei einer Schwangeren oder einer Untersuchungsgefangenen, die unlängst entbunden hat, ist auf ihren Zustand Rücksicht zu nehmen.

(2) Die Untersuchungsgefangene hat während der Schwangerschaft, bei und nach der Entbindung Anspruch auf ärztliche Betreuung und auf Hebammenhilfe in der Anstalt. Zur ärztlichen Betreuung während der Schwangerschaft gehören insbesondere Untersuchungen zur Feststellung der Schwangerschaft sowie Vorsorgeuntersuchungen einschließlich der laborärztlichen Untersuchun-

gen. § 24 Absatz 3 und § 25 gelten entsprechend.

(3) Zur Entbindung ist die Schwangere in ein Krankenhaus außerhalb des Vollzuges zu bringen.

(4) Entbindet die Untersuchungsgefangene in der Anstalt, dürfen in der Anzeige der Geburt an den Standesbeamten die Anstalt als Geburtsstätte des Kindes, das Verhältnis der Anzeigenden zur Anstalt und die Gefangenschaft der Mutter nicht vermerkt sein.

§ 27 Benachrichtigung bei Erkrankung oder Todesfall

(1) Erkranken Untersuchungsgefangene schwer oder versterben sie, so sind Gericht und Staatsanwaltschaft, Angehörige, die gesetzliche Vertreterin oder der gesetzliche Vertreter oder sonstige Personen ihres Vertrauens sowie bei Jugendlichen die Personensorgeberechtigten unverzüglich zu benachrichtigen.

(2) Dem Wunsch der Untersuchungsgefangenen, auch andere Personen zu benachrichtigen, soll nach Möglichkeit entsprochen werden.

§ 28 Zwangsmaßnahmen auf dem Gebiet der Gesundheitsfürsorge

Hält der ärztliche Dienst die Durchführung von Zwangsmaßnahmen auf dem Gebiet der Gesundheitsfürsorge für unerlässlich und ordnet das Gericht diese an, so dürfen die Maßnahmen nur unter ärztlicher Leitung durchgeführt werden, unbeschadet der Leistung erster Hilfe für den Fall, dass eine Ärztin oder ein Arzt nicht rechtzeitig erreichbar ist und mit einem Aufschub Lebensgefahr verbunden ist. Zur Durchführung der Maßnahmen besteht keine Verpflichtung, solange von einer freiwilligen Willensbestimmung der Untersuchungsgefangenen ausgegangen werden kann.

§ 29 Soziale Hilfe

(1) Untersuchungsgefangene werden in ihrem Bestreben nach der Bewältigung ihrer persönlichen und sozialen Schwierigkeiten unterstützt. Die Hilfe ist darauf gerichtet, sie in die Lage zu versetzen, ihre Angelegenheiten selbst zu ordnen und zu regeln.

(2) Zu diesem Zweck werden ihnen auch Stellen und Einrichtungen außerhalb der Anstalt benannt, die sich um eine Vermeidung der weiteren Untersuchungshaft bemühen oder Hilfen in besonderen sozialen oder gesundheitlichen Problemlagen anbieten.

(3) Die Anstalten arbeiten mit außervollzuglichen Einrichtungen und Organisationen sowie mit Personen und Vereinen, die soziale Hilfestellung leisten können, eng zusammen.

(4) Untersuchungsgefangene erhalten bei der Entlassung aus der Untersuchungshaft, soweit ihre eigenen Mittel nicht ausreichen, von der Anstalt eine Beihilfe zu den Reisekosten sowie eine Überbrückungsbeihilfe und erforderlichenfalls ausreichende Kleidung. Die Überbrückungsbeihilfe soll Untersuchungsgefangene in die Lage versetzen, ihren notwendigen Lebensunterhalt bis zu dem auf die Entlassung folgenden Werktag zu sichern.

§ 30 Täter-Opfer-Ausgleich

Auf Wunsch der die Tatvorwürfe einräumenden Untersuchungsgefangenen fördert die Anstalt die Durchführung eines Täter-Opfer-Ausgleichs. Hierzu benennt sie insbesondere Stellen und Einrichtungen, die die Untersuchungsgefangenen in ihren Bemühungen unterstützen.

Abschnitt 7
Sicherheit und Ordnung

§ 31 Verhaltensvorschriften

(1) Untersuchungsgefangene haben sich nach der Tageseinteilung der Anstalt (Arbeitszeit, Freizeit, Ruhezeit) zu richten. Sie dürfen durch ihr Verhalten gegenüber Vollzugsbediensteten, Mitgefangenen und anderen Personen das geordnete Zusammenleben nicht stören.

(2) Untersuchungsgefangene haben die Anordnungen der Vollzugsbediensteten zu befolgen, auch wenn sie sich durch sie beschwert fühlen. Einen ihnen zugewiesenen

Bereich dürfen sie nicht ohne Erlaubnis verlassen.

(3) Ihre Haftträume und die ihnen von der Anstalt überlassenen Sachen haben sie in Ordnung zu halten und schonend zu behandeln.

(4) Untersuchungsgefangene haben Umstände, die eine Gefahr für das Leben oder eine erhebliche Gefahr für die Gesundheit einer Person bedeuten, unverzüglich zu melden.

§ 32 Durchsuchung

(1) Untersuchungsgefangene, ihre Sachen und Haftträume dürfen durchsucht werden. Die Durchsuchung männlicher Untersuchungsgefangener darf nur von Männern, die Durchsuchung weiblicher Untersuchungsgefangener darf nur von Frauen vorgenommen werden. Das Schamgefühl ist zu schonen.

(2) Die Anstaltsleitung kann allgemein anordnen, dass bei der Aufnahme, vor und nach Kontakten mit Besuchern sowie vor und nach jeder Abwesenheit von der Anstalt in der Regel, eine mit einer Entkleidung verbundene körperliche Durchsuchung Untersuchungsgefangener durchzuführen ist, die Entkleidung im Einzelfall jedoch unterbleibt, wenn hierdurch die Sicherheit oder Ordnung der Anstalt nicht gefährdet wird. In anderen Fällen ist eine solche Durchsuchung nur bei Gefahr im Verzug oder auf Anordnung der Anstaltsleitung im Einzelfall zulässig.

(3) Die Durchsuchung nach Absatz 2 darf bei männlichen Untersuchungsgefangenen nur in Gegenwart von Männern, bei weiblichen Untersuchungsgefangenen nur in Gegenwart von Frauen erfolgen. Sie ist in einem geschlossenen Raum durchzuführen. Andere Gefangene dürfen nicht anwesend sein.

§ 33 Maßnahmen zur Feststellung von Suchtmittelkonsum

(1) Zur Aufrechterhaltung der Sicherheit oder Ordnung der Anstalt können allgemein oder im Einzelfall Maßnahmen angeordnet werden, die geeignet sind, den Missbrauch von Suchtmitteln festzustellen. Diese Maßnahmen dürfen nicht mit einem körperlichen Eingriff verbunden sein.

(2) Wird Suchtmittelmissbrauch festgestellt, können die Kosten der Maßnahmen den betroffenen Untersuchungsgefangenen auferlegt werden.

§ 34 Einsatz von Videotechnik

(1) Das Anstaltsgelände sowie das Innere der Anstaltsgebäude dürfen aus Gründen der Sicherheit oder Ordnung der Anstalt mittels Videotechnik beobachtet werden.

(2) Die Beobachtung von Haftträumen und besonders gesicherten Haftträumen ohne gefährdende Gegenstände mittels Videotechnik ist nur im Einzelfall und auf Anordnung der Anstaltsleitung zulässig, soweit dies zur Abwehr von Gefahren für das Leben oder erheblichen Gefahren für die Gesundheit von Untersuchungsgefangenen oder Dritten erforderlich ist.

(3) Besonders gesicherte Haftträume ohne gefährdende Gegenstände dürfen nur im Ausnahmefall und auf Anordnung der Anstaltsleitung zusätzlich akustisch überwacht werden.

(4) Im Justizvollzugskrankenhaus untergebrachte Untersuchungsgefangene dürfen auf ärztliche Anordnung mittels Videotechnik optisch und akustisch überwacht werden, soweit zureichende Anhaltspunkte für die Gefahr von Fremd- oder Eigenverletzungen vorliegen oder dies aus therapeutischen Gründen erforderlich ist.

(5) Für die Dauer der seelsorglichen Betreuung ist die Überwachung auf Verlangen der Anstaltsseelsorge auszusetzen.

(6) Die Beobachtung mittels Videotechnik ist durch geeignete Hinweise erkennbar zu machen.

(7) Anordnungen nach Absatz 2 und 3 dürfen nur soweit aufrechterhalten werden, als es ihr Zweck erfordert. Die Anstaltsleitung dokumentiert

1. die Anordnung und

2. regelmäßig, spätestens alle zwei Wochen, die Gründe für ein Aufrechterhalten der Maßnahme.

(8) Die Anfertigung von Bildaufzeichnungen ist nur im Falle von Absatz 1 zulässig. Diese

Aufzeichnungen sind spätestens zwei Wochen nach ihrer Erhebung zu löschen, soweit nicht ihre Speicherung aus den Gründen des § 66 Absatz 2 Buchstabe a bis d erforderlich ist. Sie sind unverzüglich zu löschen, wenn schutzwürdige Interessen der Betroffenen einer weiteren Speicherung entgegenstehen.

§ 35 Erkennungsdienstliche Maßnahmen

(1) Zur Sicherung des Vollzuges, zur Aufrechterhaltung der Sicherheit oder Ordnung der Anstalt oder zur Identitätsfeststellung sind mit Kenntnis der Untersuchungsgefangenen zulässig

1. die Aufnahme von Lichtbildern,

2. die Feststellung äußerlicher körperlicher Merkmale,

3. Messungen und

4. die Erfassung sonstiger biometrischer Merkmale, insbesondere von Fingern und Handflächen.

(2) Die gewonnenen erkennungsdienstlichen Unterlagen werden zu den Gefangenenpersonalakten genommen. Lichtbilder und die nach Absatz 1 Nummer 4 erhobenen Daten können zusammen mit den Namen der Untersuchungsgefangenen sowie deren Geburtsdatum und Geburtsort von der Anstalt zudem in einer Datei elektronisch gespeichert werden.

(3) Die nach Absatz 1 gewonnenen erkennungsdienstlichen Unterlagen dürfen nur für die in Absatz 1 und § 66 Absatz 2 Buchstabe d genannten Zwecke verarbeitet und verwendet werden. Sie dürfen außerdem den Vollstreckungs- und Strafverfolgungsbehörden übermittelt werden, soweit dies für Zwecke der Fahndung und Festnahme der Entwichenen oder sich sonst ohne Erlaubnis außerhalb der Anstalt aufhaltenden Untersuchungsgefangenen erforderlich ist. Die Übermittlung der Unterlagen an Polizeibehörden des Bundes oder der Länder ist zulässig, soweit dies zur Abwehr einer gegenwärtigen Gefahr für erhebliche Rechtsgüter innerhalb der Anstalt erforderlich ist.

(4) Untersuchungsgefangene, die nach Absatz 1 erkennungsdienstlich behandelt worden sind, können nach der Aufhebung des Haftbefehls und der Entlassung aus dem Untersuchungshaftvollzug verlangen, dass die gewonnenen erkennungsdienstlichen Unterlagen mit Ausnahme der in den Gefangenenpersonalakten aufbewahrten Lichtbilder und der Beschreibung von körperlichen Merkmalen vernichtet oder gelöscht werden. Sie sind über dieses Recht bei der erkennungsdienstlichen Behandlung und bei der Entlassung aufzuklären.

Abschnitt 8
Unmittelbarer Zwang

§ 36 Begriffsbestimmungen

(1) Unmittelbarer Zwang ist die Einwirkung auf Personen oder Sachen durch körperliche Gewalt, ihre Hilfsmittel und durch Waffen.

(2) Körperliche Gewalt ist jede unmittelbare körperliche Einwirkung auf Personen oder Sachen.

(3) Hilfsmittel der körperlichen Gewalt sind namentlich Fesseln.

(4) Waffen sind die dienstlich zugelassenen Hieb- und Schusswaffen sowie Reizstoffe.

§ 37 Allgemeine Voraussetzungen

(1) Bedienstete der Anstalten dürfen unmittelbaren Zwang anwenden, wenn sie Vollzugs- und Sicherungsmaßnahmen rechtmäßig durchführen und der damit verfolgte Zweck auf keine andere Weise erreicht werden kann.

(2) Gegen andere Personen als Untersuchungsgefangene darf unmittelbarer Zwang angewendet werden, wenn sie es unternehmen, Gefangene zu befreien oder in den Anstaltsbereich widerrechtlich einzudringen, oder wenn sie sich unbefugt darin aufhalten.

§ 38 Grundsatz der Verhältnismäßigkeit

(1) Unter mehreren möglichen und geeigneten Maßnahmen des unmittelbaren Zwangs sind diejenigen zu wählen, die den Einzelnen

und die Allgemeinheit voraussichtlich am wenigsten beeinträchtigen.

(2) Unmittelbarer Zwang unterbleibt, wenn ein durch ihn zu erwartender Schaden erkennbar außer Verhältnis zu dem angestrebten Erfolg steht.

§ 39 Androhung

Unmittelbarer Zwang ist vorher anzudrohen. Die Androhung darf nur dann unterbleiben, wenn die Umstände sie nicht zulassen oder unmittelbarer Zwang sofort angewendet werden muss, um die Begehung einer rechtswidrigen Tat, die den Tatbestand eines Strafgesetzes erfüllt, zu verhindern oder eine gegenwärtige Gefahr abzuwenden.

§ 40 Allgemeine Vorschriften für den Schusswaffengebrauch

(1) Schusswaffen dürfen nur gebraucht werden, wenn andere Maßnahmen des unmittelbaren Zwangs bereits erfolglos waren oder keinen Erfolg versprechen. Gegen Personen ist ihr Gebrauch nur zulässig, wenn der Zweck nicht durch Waffenwirkung gegen Sachen erreicht wird.

(2) Schusswaffen dürfen nur die dazu bestimmten Vollzugsbediensteten gebrauchen und nur, um angriffs- oder fluchtunfähig zu machen. Ihr Gebrauch unterbleibt, wenn dadurch erkennbar Unbeteiligte mit hoher Wahrscheinlichkeit gefährdet würden.

(3) Der Gebrauch von Schusswaffen ist vorher anzudrohen. Als Androhung gilt auch ein Warnschuss. Ohne Androhung dürfen Schusswaffen nur dann gebraucht werden, wenn dies zur Abwehr einer gegenwärtigen Gefahr für Leib oder Leben erforderlich ist.

§ 41 Besondere Vorschriften für den Schusswaffengebrauch

(1) Gegen Untersuchungsgefangene dürfen Schusswaffen gebraucht werden,

a) wenn sie eine Waffe oder ein anderes gefährliches Werkzeug trotz wiederholter Aufforderung nicht ablegen,

b) wenn sie eine Meuterei (§ 121 des Strafgesetzbuches) unternehmen oder

c) um ihre Flucht zu vereiteln oder um sie wieder zu ergreifen.

(2) Gegen andere Personen dürfen Schusswaffen gebraucht werden, wenn sie es unternehmen, Untersuchungsgefangene gewaltsam zu befreien oder gewaltsam in eine Anstalt einzudringen.

Abschnitt 9
Besondere Maßnahmen

§ 42 Besondere Sicherungsmaßnahmen

(1) Gegen Untersuchungsgefangene können besondere Sicherungsmaßnahmen angeordnet werden, wenn eine erhebliche Störung der Sicherheit oder Ordnung der Anstalt nicht auf andere Art und Weise vermieden oder behoben werden kann. Besondere Sicherungsmaßnahmen sind insbesondere zur Abwehr der Gefahr von Gewalttätigkeiten gegen Personen oder Sachen sowie zur Verhinderung von Selbstverletzungen zulässig.

(2) Besondere Sicherungsmaßnahmen sind:

1. der Entzug oder die Vorenthaltung von Gegenständen,

2. die Beobachtung von Untersuchungsgefangenen, auch mit technischen Hilfsmitteln,

3. die Absonderung von anderen Gefangenen,

4. der Entzug oder die Beschränkung des Aufenthalts im Freien,

5. die Unterbringung in einem besonders gesicherten Haftraum ohne gefährdende Gegenstände und

6. die Fesselung.

(3) Die unausgesetzte Absonderung von Gefangenen (Einzelhaft) ist zulässig, wenn dies aus Gründen, die in der Person der oder des Untersuchungsgefangenen liegen, unerlässlich ist.

(4) Besondere Sicherungsmaßnahmen dürfen nur soweit aufrechterhalten werden, als es der Zweck erfordert.

(5) Fesseln dürfen in der Regel nur an Händen oder Füßen angelegt werden. Die Fesselung

wird zeitweise gelockert, soweit dies notwendig ist.

§ 43 Anordnungsbefugnis besonderer Sicherungsmaßnahmen

Besondere Sicherungsmaßnahmen werden durch die Anstaltsleitung, bei Gefahr im Verzug auch durch andere Bedienstete der Anstalt angeordnet. In diesen Fällen ist die Entscheidung der Anstaltsleitung unverzüglich einzuholen.

§ 44 Überwachung durch den ärztlichen und psychologischen Dienst

(1) Vor der Anordnung besonderer Sicherungsmaßnahmen ist der ärztliche Dienst zu hören, wenn Untersuchungsgefangene ärztlich behandelt oder beobachtet werden oder deren seelischer Zustand den Anlass der Maßnahme bildet. Ist dies wegen Gefahr im Verzuge nicht möglich, wird die ärztliche Stellungnahme unverzüglich eingeholt.

(2) Der ärztliche und der psychologische Dienst der Anstalt suchen Untersuchungsgefangene, die in einem besonders gesicherten Haftraum untergebracht oder gefesselt sind, alsbald und in der Folgezeit möglichst täglich auf. Dies gilt nicht bei einer Fesselung während einer Ausführung, Vorführung oder eines Transports. Solange Untersuchungsgefangenen der tägliche Aufenthalt im Freien entzogen wird, ist der ärztliche Dienst regelmäßig zu hören.

§ 45 Disziplinarmaßnahmen

(1) Zur Aufrechterhaltung der Sicherheit oder Ordnung können gegen Untersuchungsgefangene, die schuldhaft gegen Pflichten verstoßen, die ihnen durch oder aufgrund dieses Gesetzes auferlegt sind, Disziplinarmaßnahmen angeordnet werden, wenn eine Verwarnung als milderes Mittel keine Aussicht auf Erfolg verspricht. Disziplinarmaßnahmen sind auch zulässig, wenn wegen derselben Verfehlung ein Straf- oder Bußgeldverfahren eingeleitet wird.

(2) Als Disziplinarmaßnahmen kommen in Betracht:

1. Verweis,

2. Beschränkung oder Entzug des Rechts auf Beschaffung von zusätzlichen Nahrungs- und Genussmitteln und Gegenständen des persönlichen Bedarfs bis zu drei Monaten,

3. Beschränkung oder Entzug des Lesestoffs bis zu zwei Wochen sowie des Hörfunk- und Fernsehempfangs bis zu drei Monaten, der gleichzeitige Entzug jedoch nur bis zu zwei Wochen,

4. Beschränkung oder Entzug des Besitzes von Gegenständen aus der Habe bis zu drei Monaten,

5. Beschränkung oder Entzug der Teilnahme an gemeinsamen Veranstaltungen bis zu drei Monaten,

6. Entzug einer zugewiesenen Arbeit oder Beschäftigung unter Wegfall der Bezüge oder einer Selbstbeschäftigung bis zu vier Wochen,

7. Arrest bis zu vier Wochen.

(3) Mehrere Disziplinarmaßnahmen können miteinander verbunden werden. Die Maßnahmen nach Absatz 2 Nummer 3 bis 6 sollen nur angeordnet werden, wenn die Verfehlung mit den zu beschränkenden oder zu entziehenden Befugnissen im Zusammenhang steht. Dies gilt nicht bei einer Verbindung mit Arrest. Arrest darf nur wegen schwerer oder mehrfach wiederholter Verfehlungen verhängt werden.

§ 46 Verfahren

(1) Der Sachverhalt ist zu klären. Die Untersuchungsgefangenen werden gehört. Die Erhebungen werden in einer Niederschrift festgelegt; die Einlassung der Untersuchungsgefangenen wird vermerkt. Sie sind darauf hinzuweisen, dass es ihnen freisteht, sich zu äußern.

(2) Vor der Anordnung einer Disziplinarmaßnahme gegen Untersuchungsgefangene, die sich in ärztlicher Behandlung befinden oder gegen eine Schwangere ist der ärztliche Dienst zu hören.

(3) Disziplinarmaßnahmen ordnen die Anstaltsleitung oder die von ihr hierzu Beauftragten an. Bei einer Verfehlung auf dem Weg

in eine andere Anstalt zum Zwecke der Verlegung ist die Anstaltsleitung der Bestimmungsanstalt zuständig.

(4) Die Aufsichtsbehörde entscheidet, wenn sich die Verfehlung Untersuchungsgefangener gegen die Anstaltsleitung richtet.

(5) Die Entscheidung wird mit einer kurzen Begründung schriftlich abgefasst und den Unter-suchungsgefangenen mündlich eröffnet.

§ 47 Vollzug der Disziplinarmaßnahmen

(1) Disziplinarmaßnahmen werden in der Regel sofort vollstreckt.

(2) Sie können ganz oder teilweise bis zu sechs Monaten zur Bewährung ausgesetzt werden.

(3) Der Arrest wird in Einzelhaft vollzogen. Bevor der Arrest vollzogen wird, ist die Anstaltsärztin oder der Anstaltsarzt zu hören. Während des Arrestes stehen Untersuchungsgefangene unter ärztlicher Aufsicht. Der Vollzug des Arrestes unterbleibt oder wird unterbrochen, wenn die Gesundheit der Untersuchungsgefangenen gefährdet würde. Soweit nichts anderes angeordnet wird, ruhen die Befugnisse der Untersuchungsgefangenen aus § 11 Absatz 2, § 12 Absatz 1 und 2, § 13 Absatz 1 bis 3 und § 49.

(4) Disziplinarmaßnahmen, die gegen Untersuchungsgefangene in einer anderen Vollzugsanstalt angeordnet worden sind, werden auf Ersuchen vollstreckt. Absatz 2 gilt entsprechend.

Abschnitt 10
Vorschriften für junge Untersuchungsgefangene

§ 48 Anwendungsbereich

(1) Die Vorschriften dieses Abschnitts finden ergänzend Anwendung auf junge Untersuchungsgefangene (§ 2 Absatz 3).

(2) Bei Erwachsenen, die zur Tatzeit das einundzwanzigste Lebensjahr noch nicht vollendet hatten, kann die Untersuchungshaft bis zur Vollendung des vierundzwanzigsten Lebensjahres nach den Vorschriften dieses Abschnitts für junge Untersuchungsgefangene vollzogen werden.

§ 49 Gestaltung des Vollzuges

(1) Der Vollzug der Untersuchungshaft an jungen Untersuchungsgefangenen soll erzieherisch gestaltet werden.

(2) Den jungen Untersuchungsgefangenen sollen neben altersgemäßen Beschäftigungs-, Bildungs- und Freizeitmöglichkeiten auch sonstige entwicklungsfördernde Hilfestellungen angeboten werden. Die Bereitschaft zur Annahme der Angebote ist zu wecken und zu fördern.

(3) Schulpflichtige Untersuchungsgefangene nehmen in der Anstalt am allgemein- oder berufsbildenden Unterricht teil.

(4) Die Personensorgeberechtigten sind von der Inhaftierung und dem jeweiligen Aufenthaltsort der minderjährigen Untersuchungsgefangenen zu unterrichten, soweit sie noch keine Kenntnis darüber haben. Sie sollen in die Gestaltung des Vollzugs in angemessener Weise einbezogen werden.

(5) Die in diesem Gesetz vorgesehenen Beschränkungen können minderjährigen Untersuchungsgefangenen auch auferlegt werden, soweit es dringend geboten ist, einer Gefährdung ihrer Entwicklung entgegen zu wirken.

§ 50 Trennung des Vollzuges

(1) Bei jungen Untersuchungsgefangenen erfolgt der Vollzug der Untersuchungshaft in besonderen Abteilungen der Anstalten oder sonstiger Einrichtungen.

(2) Von einer getrennten Unterbringung nach Absatz 1 darf zur Erreichung des Zwecks der Untersuchungshaft oder aus Gründen der Sicherheit oder Ordnung abgewichen werden, wenn die erzieherische Gestaltung des Vollzuges nach § 49 gewährleistet ist und die jungen Untersuchungsgefangenen vor schädlichen Einflüssen geschützt bleiben.

(3) Minderjährige Untersuchungsgefangene sind von den übrigen Gefangenen zu trennen, es sei denn, zwingende Gründe lassen eine Trennung vorübergehend nicht zu. Ausnah-

men von Satz 1 sind zulässig, wenn dies dem Wohl der betroffenen Jugendlichen dient.

§ 51 Betreuung

Den jungen Untersuchungsgefangenen sind bei Aufnahme in den Vollzug als ständige Ansprechpartner bestimmte Personen oder eine Personengruppe aus dem Kreis der Vollzugsbediensteten zuzuordnen.

§ 52 Verkehr mit der Außenwelt

(1) Besuche bei minderjährigen Untersuchungsgefangenen und ihr Schriftwechsel mit bestimmten Personen sind zu unterbinden, wenn die Personensorgeberechtigten damit nicht einverstanden sind.

(2) Für den Verkehr mit Betreuungspersonen, Erziehungsbeiständen und Personen, die Aufgaben der Jugendgerichtshilfe wahrnehmen, gilt § 22 Absatz 1 entsprechend.

§ 53 Ergänzende Anwendung des Jugendstrafvollzugsgesetzes Nordrhein-Westfalen

Die Vorschriften des § 3 Absatz 4, des § 11 Absatz 2, der §§ 54, 55, 59, 60, 70 Absatz 1, der §§ 80, 92 Absatz 1, des § 93 Absatz 1 und 3, des § 94 Absatz 4 Satz 2 und des § 119 des Jugendstrafvollzugsgesetzes Nordrhein-Westfalen gelten entsprechend.

Abschnitt 11
Beschwerderecht

§ 54 Beschwerderecht

(1) Die Untersuchungsgefangenen erhalten Gelegenheit, sich mit Wünschen, Anregungen und Beschwerden in Angelegenheiten, die sie selbst betreffen, an die Anstaltsleitung zu wenden. Regelmäßige Sprechstunden sind einzurichten.

(2) Besichtigen Vertreter der Aufsichtsbehörde die Anstalt, so ist zu gewährleisten, dass Untersuchungsgefangene sich in Angelegenheiten, die sie selbst betreffen, an diese wenden können.

Abschnitt 12
Vollzugsbehörden und Beiräte

§ 55 Anstaltsleitung

(1) Für jede Untersuchungshaftvollzugsanstalt ist eine Beamtin oder ein Beamter des höheren Dienstes zur hauptamtlichen Leiterin oder zum hauptamtlichen Leiter zu bestellen.

(2) Die Anstaltsleitung vertritt die Anstalt nach außen und trägt die Verantwortung für den gesamten Vollzug. Sie kann die Verantwortung für bestimmte Aufgabenbereiche auf andere Vollzugsbedienstete übertragen.

§ 56 Vollzugsbedienstete

(1) Die Aufgaben der Anstalten werden von Vollzugsbeamtinnen und Vollzugsbeamten wahrgenommen. Aus besonderen Gründen können sie auch anderen Bediensteten der Anstalten sowie nebenamtlichen oder vertraglich verpflichteten Personen übertragen werden.

(2) Für jede Anstalt ist entsprechend ihrer Aufgabe die erforderliche Anzahl von Bediensteten der verschiedenen Berufsgruppen vorzusehen.

§ 57 Seelsorge

(1) Seelsorgerinnen und Seelsorger werden im Einvernehmen mit der jeweiligen Religionsgemeinschaft im Hauptamt bestellt oder vertraglich verpflichtet.

(2) Wenn die geringe Zahl der Angehörigen einer Religionsgemeinschaft eine Seelsorge nach Absatz 1 nicht rechtfertigt, ist die seelsorgliche Betreuung auf andere Weise zuzulassen.

(3) Mit Zustimmung der Anstaltsleitung darf die Anstaltsseelsorge sich freier Seelsorgehelferinnen oder Seelsorgehelfer bedienen und für Gottesdienste sowie für andere religiöse Veranstaltungen Seelsorgerinnen oder Seelsorger von außen hinzuziehen.

§ 58 Medizinische Versorgung

(1) Die ärztliche Versorgung ist durch hauptamtliche Ärztinnen oder Ärzte sicherzustellen. Sie kann aus besonderen Gründen ne-

benamtlichen oder vertraglich verpflichteten Ärztinnen oder Ärzten übertragen werden.

(2) Die Pflege der Kranken soll von Personen ausgeübt werden, die eine Erlaubnis nach dem Krankenpflegegesetz besitzen. Solange Personen im Sinne von Satz 1 nicht zur Verfügung stehen, können Bedienstete des allgemeinen Vollzugsdienstes eingesetzt werden, die in der Krankenpflege ausgebildet sind.

§ 59 Beiräte

(1) Bei jeder Anstalt ist ein Beirat zu bilden. Vollzugsbedienstete dürfen nicht Mitglieder des Beirats sein.

(2) Die Mitglieder des Beirats wirken bei der Gestaltung des Vollzuges und bei der Betreuung der Untersuchungsgefangenen mit. Sie unterstützen die Anstaltsleitung durch Anregungen und Verbesserungsvorschläge.

(3) Die Mitglieder des Beirats können namentlich Wünsche, Anregungen und Beanstandungen entgegennehmen. Sie können sich über die Unterbringung, Beschäftigung, berufliche Bildung, Verpflegung und ärztliche Versorgung unterrichten sowie die Anstalt und ihre Einrichtungen besichtigen.

(4) Die Mitglieder des Beirats sind verpflichtet, außerhalb ihres Amtes über alle Angelegenheiten, die ihrer Natur nach vertraulich sind, besonders über Namen und Persönlichkeit der Untersuchungsgefangenen, Verschwiegenheit zu bewahren. Dies gilt auch nach Beendigung ihres Amtes.

§ 60 Vollstreckungsplan

Die Landesjustizverwaltung regelt die örtliche und sachliche Zuständigkeit der Anstalten in einem Vollstreckungsplan.

§ 61 Festsetzung der Belegungsfähigkeit

Die Aufsichtsbehörde setzt die Belegungsfähigkeit für jede Anstalt so fest, dass eine angemessene Unterbringung während der Ruhezeit (§ 10 Absatz 1) gewährleistet ist. Dabei ist zu berücksichtigen, dass eine ausreichende Anzahl von Plätzen für Arbeit, Ausbildung und Weiterbildung sowie von Räu-

men für Seelsorge, Freizeit, Sport, therapeutische Maßnahmen und Besuche zur Verfügung steht.

§ 62 Verbot der Überbelegung

Hafträume dürfen nicht mit mehr Personen als zugelassen belegt werden. Ausnahmen hiervon sind nur vorübergehend und nur mit Zustimmung der Aufsichtsbehörde zulässig.

§ 63 Hausordnung

Die Anstaltsleitung erlässt eine Hausordnung. Die Hausordnung enthält namentlich Regelungen über Besuchszeiten, zur Häufigkeit und Dauer der Besuche und zur Arbeitszeit, Freizeit und Ruhezeit sowie Hinweise zu den Möglichkeiten, Anträge und Beschwerden anzubringen oder sich an eine Vertreterin oder einen Vertreter der Aufsichtsbehörde zu wenden.

§ 64 Aufsichtsbehörde

Das Justizministerium führt die Aufsicht über die Anstalten.

Abschnitt 13
Datenschutz

§ 65 Datenerhebung

(1) Die Vollzugsbehörde darf personenbezogene Daten erheben, soweit deren Kenntnis für den ihr nach diesem Gesetz aufgegebenen Vollzug der Untersuchungshaft erforderlich ist.

(2) Personenbezogene Daten sind bei den Betroffenen zu erheben. Für die Erhebung ohne Kenntnis der Betroffenen, die Erhebung bei anderen Stellen oder Personen und für die Hinweis- und Aufklärungspflichten gilt § 12 des Datenschutzgesetzes Nordrhein-Westfalen. Zur Erfüllung der Aufgaben nach § 49 dürfen personenbezogene Daten ohne Mitwirkung der Betroffenen nur bei Stellen erhoben werden, die Aufgaben der Jugendhilfe wahrnehmen, bei der Jugendgerichtshilfe und bei Personen und Stellen, die bereits Kenntnis von der Inhaftierung der Betroffenen haben.

(3) Daten über Personen, die nicht Untersuchungsgefangene sind, dürfen ohne ihre Mitwirkung bei Personen oder Stellen außerhalb der Vollzugsbehörde nur erhoben werden, wenn sie für die Sicherheit der Anstalt oder die Sicherung des Vollzuges der Untersuchungshaft unerlässlich sind und die Art der Erhebung schutzwürdige Interessen der Betroffenen nicht beeinträchtigt.

(4) Über eine ohne ihre Kenntnis vorgenommene Erhebung personenbezogener Daten werden die Betroffenen unter Angabe dieser Daten unterrichtet, soweit der in Absatz 1 genannte Zweck dadurch nicht gefährdet wird. Sind die Daten bei anderen Personen oder Stellen erhoben worden, kann die Unterrichtung unterbleiben, wenn

a) die Daten nach einer Rechtsvorschrift oder ihrem Wesen nach, namentlich wegen des überwiegenden berechtigten Interesses Dritter, geheim gehalten werden müssen oder

b) der Aufwand der Unterrichtung außer Verhältnis zum Schutzzweck steht und keine Anhaltspunkte dafür bestehen, dass überwiegende schutzwürdige Interessen der Betroffenen beeinträchtigt werden.

§ 66 Verarbeitung

(1) Die Vollzugsbehörde darf personenbezogene Daten verarbeiten, soweit dies für den ihr nach diesem Gesetz aufgegebenen Vollzug der Untersuchungshaft erforderlich ist. Die Vollzugsbehörde kann Untersuchungsgefangene verpflichten, einen Lichtbildausweis mit sich zu führen, wenn dies aus Gründen der Sicherheit oder Ordnung der Anstalt erforderlich ist.

(2) Die Verarbeitung personenbezogener Daten für andere Zwecke ist zulässig, soweit dies

a) zur Abwehr von sicherheitsgefährdenden oder geheimdienstlichen Tätigkeiten für eine fremde Macht oder von Bestrebungen im Geltungsbereich des Grundgesetzes, die durch Anwendung von Gewalt oder darauf gerichtete Vorbereitungshandlungen

aa) gegen die freiheitliche demokratische Grundordnung, den Bestand oder die Sicherheit des Bundes oder eines Landes gerichtet sind,

bb) eine ungesetzliche Beeinträchtigung der Amtsführung der Verfassungsorgane des Bundes oder eines Landes oder ihrer Mitglieder zum Ziel haben oder

cc) auswärtige Belange der Bundesrepublik Deutschland gefährden,

b) zur Abwehr erheblicher Nachteile für das Gemeinwohl oder einer Gefahr für die öffentliche Sicherheit,

c) zur Abwehr einer schwerwiegenden Beeinträchtigung der Rechte einer anderen Person,

d) zur Verhinderung oder Verfolgung von Straftaten sowie zur Verhinderung oder Verfolgung von Ordnungswidrigkeiten, durch welche die Sicherheit oder Ordnung der Anstalt gefährdet wird, oder

e) für Maßnahmen der Strafvollstreckung oder strafvollstreckungsrechtliche Entscheidungen

erforderlich ist.

(3) Eine Verarbeitung für andere Zwecke liegt nicht vor, soweit sie dem gerichtlichen Rechtsschutz im Zusammenhang mit diesem Gesetz oder den in § 13 Absatz 3 des Datenschutzgesetzes Nordrhein-Westfalen genannten Zwecken dient.

(4) Über die in Absatz 1 und 2 geregelten Zwecke hinaus dürfen zuständigen öffentlichen Stellen personenbezogene Daten übermittelt werden, soweit dies für

a) Maßnahmen des ambulanten Sozialen Dienstes und der Jugendgerichtshilfe,

b) Entscheidungen in Gnadensachen,

c) gesetzlich angeordnete Statistiken der Rechtspflege,

d) die Einleitung von Hilfsmaßnahmen für Angehörige (§ 11 Absatz 1 Nummer 1 des Strafgesetzbuchs) der Untersuchungsgefangenen,

e) dienstliche Maßnahmen der Bundeswehr im Zusammenhang mit der Aufnahme und Entlassung von Soldatinnen und Soldaten,

f) ausländerrechtliche Maßnahmen oder

g) die Durchführung der Besteuerung

erforderlich ist.

Eine Übermittlung für andere Zwecke ist auch zulässig, soweit eine andere gesetzliche Vorschrift dies vorsieht und sich dabei ausdrücklich auf personenbezogene Daten über Untersuchungsgefangene bezieht. Die zulässigen Übermittlungen unterbleiben, wenn für die übermittelnde Stelle erkennbar ist, dass unter Berücksichtigung der Art der Information und der Rechtsstellung der Untersuchungsgefangenen die Betroffenen ein schutzwürdiges Interesse am Ausschluss der Übermittlung haben.

(5) Erhält die Vollzugsbehörde davon Kenntnis, dass Untersuchungsgefangene von öffentlichen Stellen Leistungen beziehen oder bei öffentlichen Stellen Leistungen beantragt haben, die für die Dauer der Untersuchungshaft entfallen oder sich mindern, hat sie die Leistungsträger unverzüglich darüber zu unterrichten, dass und seit wann die Betroffenen sich in Untersuchungshaft befinden. Den betroffenen Untersuchungsgefangenen ist eine Abschrift der Mitteilung auszuhändigen.

(6) Öffentlichen und nicht öffentlichen Stellen darf die Vollzugsbehörde auf schriftlichen Antrag mitteilen, dass sich eine Person in Untersuchungshaft befindet, soweit

a) die Mitteilung zur Erfüllung der in der Zuständigkeit der öffentlichen Stelle liegenden Aufgaben erforderlich ist oder

b) von nicht öffentlichen Stellen ein berechtigtes Interesse an dieser Mitteilung glaubhaft dargelegt wird und die Untersuchungsgefangenen kein schutzwürdiges Interesse an dem Ausschluss der Übermittlung haben.

Die betroffenen Untersuchungsgefangenen werden vor der Mitteilung gehört, es sei denn, es ist zu besorgen, dass dadurch die Verfolgung des Interesses des Antragstellers vereitelt oder wesentlich erschwert werden würde, und eine Abwägung ergibt, dass dieses Interesse der Antragsteller das Interesse der Untersuchungsgefangenen an ihrer vorherigen Anhörung überwiegt. Ist die Anhörung unterblieben, werden die betroffenen Untersuchungsgefangenen über die Mitteilung der Vollzugsbehörde nachträglich unterrichtet. Bei einer nicht nur vorläufigen Einstellung des Verfahrens, einer unanfechtbaren Ablehnung der Eröffnung des Hauptverfahrens oder einem rechtskräftigen Freispruch sind auf Antrag der betroffenen Untersuchungsgefangenen die Stellen, die eine Mitteilung nach Satz 1 erhalten haben, über den Verfahrensausgang in Kenntnis zu setzen. Die Untersuchungsgefangenen sind auf ihr Antragsrecht bei ihrer Anhörung oder der nachträglichen Unterrichtung hinzuweisen.

(7) Akten mit personenbezogenen Daten dürfen nur anderen Vollzugsbehörden, den zur Dienst- oder Fachaufsicht oder zu dienstlichen Weisungen befugten Stellen, den für strafvollzugs-, strafvollstreckungs- und strafrechtliche Entscheidungen zuständigen Gerichten sowie den Strafvollstreckungs- und Strafverfolgungsbehörden überlassen werden; die Überlassung an andere öffentliche Stellen ist zulässig, soweit die Erteilung einer Auskunft einen unvertretbaren Aufwand erfordert oder nach Darlegung der Akteneinsicht begehrenden Stellen für die Erfüllung der Aufgabe nicht ausreicht. Entsprechendes gilt für die Überlassung von Akten an die von der Vollzugsbehörde mit Gutachten beauftragten Stellen.

(8) Sind mit personenbezogenen Daten, die nach den Absätzen 1, 2 oder 4 übermittelt werden dürfen, weitere personenbezogene Daten der Betroffenen oder Dritter in Akten so verbunden, dass eine Trennung nicht oder nur mit unvertretbarem Aufwand möglich ist, so ist die Übermittlung auch dieser Daten zulässig, soweit nicht berechtigte Interessen der Betroffenen oder Dritter an deren Geheimhaltung offensichtlich überwiegen. Eine Verarbeitung dieser Daten durch die Empfänger ist unzulässig; hierauf muss bei der Übermittlung der Daten hingewiesen werden.

(9) Bei der Überwachung der Besuche oder des Schriftwechsels sowie bei der Überwachung des Inhaltes von Paketen bekannt gewordene personenbezogene Daten dürfen nur für die in Absatz 2 aufgeführten Zwecke, für den gerichtlichen Rechtsschutz im Zusammenhang mit diesem Gesetz oder zur Wahrung der Sicherheit oder Ordnung der Anstalt verarbeitet werden.

(10) Personenbezogene Daten, die gemäß § 65 Absatz 3 über Personen, die nicht Untersuchungsgefangene sind, erhoben worden sind, dürfen nur zur Erfüllung des Erhebungszwecks, für die in Absatz 2 Nummer 1 bis 3 geregelten Zwecke oder zur Verhinderung oder Verfolgung von Straftaten von erheblicher Bedeutung verarbeitet werden.

§ 67 Zentrale Datei, Einrichtung automatisierter Übermittlungs- und Abrufverfahren

(1) Die gemäß § 65 erhobenen Daten können für die Vollzugsbehörden im Geltungsbereich dieses Gesetzes in einer zentralen Datei gespeichert werden.

(2) Die Einrichtung und Verwendung eines automatisierten Verfahrens, das die Übermittlung oder den Abruf personenbezogener Daten aus der zentralen Datei gemäß § 66 Absatz 2 und 4 ermöglicht, ist zulässig, soweit diese Form der Datenübermittlung oder des Datenabrufs unter Berücksichtigung der schutzwürdigen Belange der betroffenen Personen und der Erfüllung des Zwecks der Übermittlung angemessen ist. Die automatisierte Übermittlung der in § 13 Absatz 1 Satz 3 des Bundeskriminalamtgesetzes angeführten personenbezogenen Daten kann auch ohne die in Satz 1 genannten Voraussetzungen erfolgen.

(3) Die speichernde Stelle hat zu gewährleisten, dass die Übermittlung und der Abruf zumindest durch geeignete Stichprobenverfahren festgestellt und überprüft werden können.

(4) Die Landesregierung bestimmt durch Rechtsverordnung die Einzelheiten der Einrichtung automatisierter Übermittlungs- und Abrufverfahren. Die oder der Landesbeauf-

tragte für Datenschutz und Informationsfreiheit ist vorher zu hören. Die Rechtsverordnung hat den Datenempfänger, die Datenart und den Zweck des Abrufs festzulegen. Sie hat Maßnahmen zur Datensicherung und zur Kontrolle vorzusehen. Die Ermächtigung zum Erlass der Rechtsverordnung kann auf das Justizministerium übertragen werden.

(5) Bei der Übermittlung gilt die in § 14 Absatz 2 des Datenschutzgesetzes Nordrhein-Westfalen getroffene Regelung zur Verantwortung für die Zulässigkeit entsprechend.

(6) Das Justizministerium kann mit anderen Ländern und dem Bund einen Datenverbund vereinbaren, der eine automatisierte Datenübermittlung ermöglicht.

§ 68 Zweckbindung

Von der Vollzugsbehörde übermittelte personenbezogene Daten dürfen nur zu dem Zweck verarbeitet werden, zu dessen Erfüllung sie übermittelt worden sind. Die Empfänger dürfen die Daten für andere Zwecke nur verarbeiten, soweit sie ihnen auch für diese Zwecke hätten übermittelt werden dürfen, und wenn im Falle einer Übermittlung an nicht öffentliche Stellen die übermittelnde Vollzugsbehörde zugestimmt hat. Die Vollzugsbehörde hat die nicht öffentlichen Empfänger auf die Zweckbindung nach Satz 1 hinzuweisen.

§ 69 Schutz besonderer Daten

(1) Das religiöse oder weltanschauliche Bekenntnis Untersuchungsgefangener und personenbezogene Daten, die anlässlich ärztlicher Untersuchungen erhoben worden sind, dürfen in der Anstalt nicht allgemein kenntlich gemacht werden. Andere personenbezogene Daten über die Untersuchungsgefangenen dürfen innerhalb der Anstalt allgemein kenntlich gemacht werden, soweit dies für ein geordnetes Zusammenleben in der Anstalt erforderlich ist; § 66 Absatz 9 und 10 bleibt unberührt.

(2) Personenbezogene Daten, die den in § 203 Absatz 1 Nummer 1, 2 und 5 des Strafgesetzbuchs genannten Personen von Untersuchungsgefangenen als Geheimnis

anvertraut oder über Untersuchungsgefangene sonst bekannt geworden sind, unterliegen auch gegenüber der Vollzugsbehörde der Schweigepflicht. Die in § 203 Absatz 1 Nummer 1, 2 und 5 des Strafgesetzbuchs genannten Personen haben sich gegenüber der Anstaltsleitung zu offenbaren, soweit dies für die Aufgabenerfüllung der Vollzugsbehörde oder zur Abwehr von erheblichen Gefahren für Leib oder Leben Untersuchungsgefangener oder Dritter erforderlich ist. Die Ärztin oder der Arzt ist zur Offenbarung ihr oder ihm im Rahmen der allgemeinen Gesundheitsfürsorge bekannt gewordener Geheimnisse befugt, soweit dies für die Aufgabenerfüllung der Vollzugsbehörde unerlässlich oder zur Abwehr von erheblichen Gefahren für Leib oder Leben Untersuchungsgefangener oder Dritter erforderlich ist. Sonstige Offenbarungsbefugnisse bleiben unberührt. Die Untersuchungsgefangenen sind vor der Erhebung über die nach Satz 2 und 3 bestehenden Offenbarungsbefugnisse zu unterrichten.

(3) Die nach Absatz 2 offenbarten Daten dürfen nur für den Zweck, für den sie offenbart wurden oder für den eine Offenbarung zulässig gewesen wäre, und nur unter denselben Voraussetzungen verarbeitet werden, unter denen eine in § 203 Absatz 1 Nummer 1, 2 und 5 des Strafgesetzbuchs genannte Person selbst hierzu befugt wäre. Die Anstaltsleitung kann unter diesen Voraussetzungen die unmittelbare Offenbarung gegenüber bestimmten Vollzugsbediensteten allgemein zulassen.

(4) Sofern Ärztinnen oder Ärzte oder Psychologinnen oder Psychologen außerhalb des Vollzuges mit der Untersuchung oder Behandlung Untersuchungsgefangener beauftragt werden, gilt Absatz 2 mit der Maßgabe entsprechend, dass die beauftragte Person auch zur Unterrichtung des ärztlichen Dienstes der Anstalt oder der in der Anstalt mit der Behandlung der betroffenen Untersuchungsgefangenen betrauten Person des psychologischen Dienstes befugt ist.

§ 70 Schutz der Daten in Akten und Dateien

(1) Einzelne Vollzugsbedienstete dürfen sich von personenbezogenen Daten nur Kenntnis verschaffen, soweit dies zur Erfüllung der ihnen obliegenden Aufgabe erforderlich ist.

(2) Gesundheitsakten und Krankenblätter sind getrennt von anderen Unterlagen zu führen und besonders zu sichern.

§ 71 Berichtigung, Löschung, Sperrung

(1) Die in Dateien gespeicherten personenbezogenen Daten sind spätestens zehn Jahre nach der Entlassung der Untersuchungsgefangenen oder der Verlegung der Untersuchungsgefangenen in eine andere Anstalt zu löschen.

(2) Personenbezogene Daten in Dateien dürfen nach Ablauf von zwei Jahren seit der Entlassung der Untersuchungsgefangenen nur übermittelt oder genutzt werden, soweit dies

a) für das Auffinden der Gefangenenpersonalakte oder

b) für die Durchführung wissenschaftlicher Forschungsvorhaben gemäß §§ 73 und 74 erforderlich ist.

(3) Personenbezogene Daten in Akten dürfen nach Ablauf von zwei Jahren seit der Entlassung der Untersuchungsgefangenen nur übermittelt oder genutzt werden, soweit dies

a) für die Durchführung wissenschaftlicher Forschungsvorhaben gemäß §§ 73 und 74 erforderlich oder

b) zur Verfolgung von Straftaten,

c) zur Behebung einer bestehenden Beweisnot oder

d) zur Feststellung, Durchsetzung oder Abwehr von Rechtsansprüchen im Zusammenhang mit dem Vollzug einer Strafe oder der Untersuchungshaft unerlässlich ist.

(4) Die Verwendungsbeschränkungen nach Absatz 2 und 3 enden, wenn Untersuchungsgefangene erneut zum Vollzug der Untersuchungshaft oder einer Strafe aufgenommen werden oder die Betroffenen eingewilligt haben.

(5) Bei der Aufbewahrung von Akten mit nach Absatz 3 gesperrten Daten dürfen folgende Fristen nicht überschritten werden:

1. Gefangenenpersonalakten und Gefangenenbücher zehn Jahre und

2. Gesundheitsakten und Krankenblätter 20 Jahre.

Dies gilt nicht, wenn aufgrund bestimmter Tatsachen anzunehmen ist, dass die Aufbewahrung für die in Absatz 3 genannten Zwecke weiterhin erforderlich ist. Die Aufbewahrungsfrist beginnt mit dem auf das Jahr der aktenmäßigen Weglegung folgenden Kalenderjahr.

(6) Wird festgestellt, dass unrichtige Daten übermittelt worden sind, ist dies den Empfängern mitzuteilen, wenn dies zur Wahrung schutzwürdiger Interessen der Betroffenen erforderlich ist.

§ 72 Auskunft an Betroffene, Akteneinsicht

Die Betroffenen erhalten nach Maßgabe der §§ 18 und 35 Absatz 2 des Datenschutzgesetzes Nordrhein-Westfalen Auskunft. Sie erhalten Akteneinsicht, soweit eine Auskunft für die Wahrnehmung ihrer rechtlichen Interessen nicht ausreicht und sie hierfür auf die Einsichtnahme angewiesen sind.

§ 73 Übermittlung personenbezogener Informationen für wissenschaftliche Zwecke

(1) Die Übermittlung personenbezogener Informationen in Akten und Dateien an Hochschulen, andere Einrichtungen, die wissenschaftliche Forschung betreiben, und öffentliche Stellen ist zulässig, soweit

1. dies für die Durchführung bestimmter wissenschaftlicher Forschungsarbeiten erforderlich ist,

2. eine Nutzung anonymisierter Daten zu diesem Zweck nicht möglich oder die Anonymisierung mit einem unverhältnismäßigen Aufwand verbunden ist und

3. das öffentliche Interesse an der Forschungsarbeit das schutzwürdige Interesse der Betroffenen an dem Ausschluss der Übermittlung erheblich überwiegt.

Bei der Abwägung nach Satz 1 Nummer 3 ist im Rahmen des öffentlichen Interesses das wissenschaftliche Interesse an dem Forschungsvorhaben besonders zu berücksichtigen.

(2) Die Übermittlung der Informationen erfolgt durch Erteilung von Auskünften, wenn hierdurch der Zweck der Forschungsarbeit erreicht werden kann und die Erteilung keinen unverhältnismäßigen Aufwand erfordert. Andernfalls kann auch Einsichtnahme in Akten und Dateien gewährt werden. Die Akten und Dateien können zur Einsichtnahme übersandt werden.

(3) Personenbezogene Informationen werden nur an solche Personen übermittelt, die Amtsträger oder für den öffentlichen Dienst besonders Verpflichtete sind oder die zur Geheimhaltung verpflichtet worden sind. § 1 Absatz 2, 3 und 4 Nummer 2 des Verpflichtungsgesetzes findet auf die Verpflichtung zur Geheimhaltung entsprechende Anwendung.

(4) Die personenbezogenen Informationen dürfen nur für die Forschungsarbeit verwendet werden, für die sie übermittelt worden sind. Die Verwendung für andere Forschungsarbeiten oder die Weitergabe richtet sich nach den Absätzen 1 bis 3 und bedarf der Zustimmung der Stelle, die die Übermittlung der Daten angeordnet hat.

(5) Die Informationen sind gegen unbefugte Kenntnisnahme durch Dritte zu schützen. Die wissenschaftliche Forschung betreibende Stelle hat dafür zu sorgen, dass die Verwendung der personenbezogenen Daten räumlich und organisatorisch getrennt von der Erfüllung solcher Verwaltungsaufgaben oder Geschäftszwecke erfolgt, für die diese Informationen gleichfalls von Bedeutung sein können.

(6) Sobald der Forschungszweck es erlaubt, sind die personenbezogenen Daten zu anonymisieren. Solange dies noch nicht möglich ist, sind die Merkmale gesondert aufzubewahren, mit denen Einzelangaben über persönliche oder sachliche Verhältnisse einer bestimmten oder bestimmbaren Person zugeordnet werden können. Sie dürfen mit den

Einzelangaben nur zusammengeführt werden, soweit der Forschungszweck dies erfordert.

(7) Wer nach den Absätzen 1 bis 3 personenbezogene Informationen erhalten hat, darf diese nur veröffentlichen, wenn dies für die Darstellung von Forschungsergebnissen über Ereignisse der Zeitgeschichte unerlässlich ist. Die Veröffentlichung bedarf der Zustimmung der Stelle, die die Informationen übermittelt hat.

(8) Sind die Empfänger nicht öffentliche Stellen, finden die Vorschriften des Dritten Abschnitts des Bundesdatenschutzgesetzes auch Anwendung, wenn die Informationen nicht in oder aus Dateien verarbeitet werden.

(9) § 66 Absatz 4 Satz 3 gilt entsprechend.

Abschnitt 14
Sonstige Vorschriften

§ 74 Kriminologische Forschung

(1) Dem kriminologischen Dienst obliegt es, in Zusammenarbeit mit den Einrichtungen der Forschung den Untersuchungshaftvollzug wissenschaftlich fortzuentwickeln und seine Ergebnisse für Zwecke der Strafrechtspflege nutzbar zu machen.

(2) § 73 gilt entsprechend.

§ 75 Einbehaltung von Beitragsteilen

Soweit die Vollzugsbehörde Beiträge zur Kranken- und Rentenversicherung sowie zur Bundesagentur für Arbeit zu entrichten hat, kann sie von dem Arbeitsentgelt einen Betrag einbehalten, der dem Anteil des oder der Untersuchungsgefangenen an dem Beitrag entsprechen würde, wenn sie oder er diese Bezüge als Arbeitnehmer erhielte.

§ 76 Entsprechende Anwendung

Die Vorschriften dieses Gesetzes finden entsprechende Anwendung auf den Vollzug

1. der gemäß § 127b Absatz 2, § 230 Absatz 2, §§ 236, 329 Absatz 4 Satz 1 und § 412 Satz 1 der Strafprozessordnung angeordneten Haft,

2. der Unterbringung gemäß § 275a Absatz 5 der Strafprozessordnung und

3. der Sicherungshaft gemäß § 453c Absatz 1 der Strafprozessordnung.

§ 77 Einschränkung von Grundrechten

Durch dieses Gesetz werden die Grundrechte aus Artikel 2 Absatz 2 Satz 1 und 2 (körperliche Unversehrtheit und Freiheit der Person), Artikel 5 Absatz 1 Satz 1 (Informationsfreiheit) und Artikel 10 Absatz 1 (Brief-, Post- und Fernmeldegeheimnis) des Grundgesetzes eingeschränkt.

§ 78 Übergangsvorschrift

Abweichend von § 10 Absatz 1 dürfen Untersuchungsgefangene gemeinsam untergebracht werden, solange die räumlichen Verhältnisse der Anstalt dies erfordern, jedoch längstens bis zum 31. Dezember 2014.

§ 79 Inkrafttreten, Berichtspflicht

(1) Dieses Gesetz tritt am ersten Tag des vierten auf die Verkündung folgenden Kalendermonats in Kraft.

(2) Die Landesregierung berichtet dem Landtag bis zum 31. Dezember 2015 und danach alle fünf Jahre über die mit diesem Gesetz gemachten Erfahrungen.

Gesetz zur Regelung des Jugendstrafvollzuges in Nordrhein-Westfalen (Jugendstrafvollzugsgesetz Nordrhein-Westfalen – JStVollzG NRW)

Vom 20. November 2007 (GV. NRW. S. 539)

Zuletzt geändert durch
Gesetz zur Änderung des Jugendstrafvollzugsgesetzes Nordrhein-Westfalen
vom 8. Dezember 2009 (GV. NRW. S. 762)

Erster Abschnitt

§ 1 Anwendungsbereich

Dieses Gesetz regelt den Vollzug der Jugendstrafe. Es findet ferner Anwendung auf den Vollzug von Freiheitsstrafe, soweit diese in Einrichtungen des Jugendstrafvollzuges vollzogen wird.

Zweiter Abschnitt
Grundsätze des Jugendstrafvollzuges

§ 2 Vollzugsziel, Aufgaben

(1) Der Vollzug der Jugendstrafe dient dem Ziel, die Gefangenen zu befähigen, künftig in sozialer Verantwortung ein Leben ohne Straftaten zu führen.

(2) Der Schutz der Allgemeinheit vor weiteren Straftaten ist bei der Gestaltung des Vollzuges zu gewährleisten.

§ 3 Gestaltung des Vollzuges

(1) Der Vollzug der Jugendstrafe ist erzieherisch zu gestalten. Zur Erreichung des Vollzugszieles sind bei allen Gefangenen die Entwicklung von Fähigkeiten und Fertigkeiten sowie die Bereitschaft zu einer eigenverantwortlichen und gemeinschaftsfähigen Lebensführung in Achtung der Rechte anderer zu wecken und zu fördern.

(2) Das Leben im Vollzug ist den allgemeinen Lebensverhältnissen soweit wie möglich anzugleichen. Hierbei sind die Belange von Sicherheit und Ordnung der Anstalten zu beachten. Schädlichen Folgen des Freiheitsentzuges wird entgegengewirkt. Der Vollzug wird von Beginn an darauf ausgerichtet, dass er den Gefangenen hilft, sich in das Leben in Freiheit einzugliedern.

(3) Bei der Ausgestaltung des Vollzuges und bei allen Einzelmaßnahmen werden die unterschiedlichen Bedürfnisse von weiblichen und männlichen Gefangenen berücksichtigt.

(4) Personelle Ausstattung, sachliche Mittel und Organisation der Einrichtungen des Jugendstrafvollzuges werden an dessen Zielsetzung und Aufgaben sowie den altersspezifischen besonderen Bedürfnissen der Gefangenen ausgerichtet.

§ 4 Pflicht zur Mitwirkung, Stellung der Gefangenen

(1) Die Gefangenen sind verpflichtet, an Maßnahmen zur Erreichung des Vollzugszieles mitzuwirken.

(2) Die Gefangenen unterliegen den in diesem Gesetz vorgesehenen Beschränkungen ihrer Freiheit. Soweit das Gesetz eine besondere Regelung nicht enthält, dürfen ihnen nur Beschränkungen auferlegt werden, die zur Aufrechterhaltung der Sicherheit oder zur Abwendung einer schwerwiegenden Störung der Ordnung der Anstalt unerlässlich sind.

(3) Vollzugsmaßnahmen sind den Gefangenen auf Verlangen zu erläutern.

§ 5 Leitlinien der Förderung und Erziehung

(1) Grundlage der Förderung und Erziehung im Vollzug der Jugendstrafe sind alle Maßnahmen und Programme, welche die Fähigkeiten und Fertigkeiten der Gefangenen im Hinblick auf die Erreichung des Vollzugszieles entwickeln und stärken.

(2) Durch differenzierte Angebote wird auf den jeweiligen Entwicklungsstand und den unterschiedlichen Förderungs- und Erziehungsbedarf der Gefangenen eingegangen.

(3) Die Förderung und Erziehung ist zukunftsorientiert auszugestalten und richtet sich insbesondere auf die Auseinandersetzung mit den eigenen Straftaten und ihren Folgen, schulische Bildung, berufliche Qualifizierung und arbeitstherapeutische Angebote, soziale Rehabilitation und die verantwortliche Gestaltung des alltäglichen Zusammenlebens, der freien Zeit sowie der Außenkontakte.

(4) Die Bereitschaft der Gefangenen zur Mitwirkung ist durch Angebote und Maßnahmen, die dem jeweiligen Entwicklungsstand der Gefangenen entsprechen, zu wecken und zu fördern.

§ 6 Soziale Hilfe

Den Gefangenen wird geholfen, ihre persönlichen Schwierigkeiten zu bewältigen. Hierdurch sollen sie in die Lage versetzt werden, ihre Angelegenheiten selbst zu ordnen und zu regeln, insbesondere den durch die Straftat verursachten materiellen und immateriellen Schaden wiedergutzumachen und eine Schuldenregulierung herbeizuführen.

§ 7 Einbeziehung Dritter

(1) Die Anstalten arbeiten zur Erfüllung der ihnen obliegenden Aufgaben mit außervollzuglichen Behörden, Einrichtungen und Organisationen eng zusammen.

(2) Darüber hinaus arbeiten die Anstalten mit ehrenamtlich tätigen Personen und Vereinen zusammen, deren Tätigkeit geeignet ist, die Erreichung des Vollzugszieles zu fördern.

(3) Die Personensorgeberechtigten sind, soweit möglich, in die Planung und Gestaltung des Vollzuges in angemessener Weise einzubeziehen.

Dritter Abschnitt
Planung des Vollzuges

§ 8 Erstgespräch

Unmittelbar nach der Annahme von Gefangenen ist mit ihnen ein Erstgespräch zu führen, das dazu dient, ihnen erste Informationen zu erteilen, einen Eindruck von ihrer aktuellen persönlichen Situation und Verfassung zu gewinnen und erforderliche Maßnahmen einzuleiten.

§ 9 Hilfe zu Beginn des Vollzuges

(1) Zu Beginn des Vollzuges wird den Gefangenen geholfen, ihre Habe außerhalb der Anstalt sicherzustellen, etwa notwendige Maßnahmen für hilfsbedürftige Angehörige sowie sonstige dringend erforderliche Maßnahmen zu veranlassen.

(2) Die Gefangenen sind über die Aufrechterhaltung einer Sozialversicherung zu beraten.

§ 10 Aufnahmeverfahren

(1) Beim Aufnahmeverfahren dürfen andere Gefangene nicht zugegen sein.

(2) Mit den Gefangenen wird alsbald ein Aufnahmegespräch geführt, in dem in einer ihnen verständlichen Sprache ihre gegenwärtige Lebenssituation erörtert wird und sie über ihre Rechte und Pflichten informiert werden. Ihnen ist die Hausordnung auszuhändigen. Der Text dieses Gesetzes und der von ihm in Bezug genommenen Gesetze sowie der Text der zur Ausführung erlassenen Verwaltungsvorschriften sind ihnen zugänglich zu machen.

(3) Die Gefangenen werden alsbald ärztlich untersucht und der Anstaltsleitung vorgestellt.

(4) Die Personensorgeberechtigten und das Jugendamt, das nach § 87b des Achten Buches Sozialgesetzbuch für die Mitwirkung in dem Verfahren nach dem Jugendgerichtsgesetz örtlich zuständig war, werden von der Aufnahme unverzüglich unterrichtet.

§ 11 Feststellung des Förderungs- und Erziehungsbedarfs, Mitwirkung der Gefangenen

(1) Nach dem Aufnahmeverfahren werden den Gefangenen das Ziel des Jugendstrafvollzuges, die Bedeutung des Vollzugsplans sowie die vorhandenen Unterrichts-, Bildungs-, Ausbildungs-, Behandlungs- und Freizeitangebote erläutert.

(2) Der Förderungs- und Erziehungsbedarf der Gefangenen wird, soweit nicht bereits in der Untersuchungshaft im Rahmen des Auswahlverfahrens geschehen, regelmäßig innerhalb der ersten vier Wochen nach der Aufnahme ermittelt. Die Feststellungen erstrecken sich auf die Persönlichkeit, die Lebensverhältnisse, die Ursachen und Umstände der Straftat sowie alle sonstigen Umstände, deren Kenntnis notwendig erscheint, um den Vollzug zielgerichtet zu gestalten und die Eingliederung nach der Entlassung zu unterstützen. Das Ergebnis und die diesem zugrunde liegenden Erkenntnisse sind schriftlich festzuhalten.

(3) Die Planung der Vollzugsgestaltung wird mit den Gefangenen erörtert. Hierbei werden sinnvolle Anregungen und Vorschläge der

Gefangenen in die Überlegungen einbezogen.

§ 12 Vollzugsplan

(1) Auf der Grundlage des festgestellten Förderungs- und Erziehungsbedarfs wird unverzüglich ein verbindlicher Vollzugsplan erstellt. Die Entlassungsvorbereitung ist wesentlicher Bestandteil des Vollzugsplans.

(2) Sind verschiedene Maßnahmen der Förderung gleichermaßen geeignet, soll die Wahl im Einvernehmen mit den Gefangenen getroffen werden. Der Vollzugsplan wird in regelmäßigen Abständen, spätestens jedoch nach jeweils sechs Monaten, auf seine Umsetzung überprüft, mit den Gefangenen erörtert und fortgeschrieben. Bei der Fortschreibung sind die Entwicklung der Gefangenen und Erkenntnisse über Umstände im Sinne des § 11 Abs. 2 Satz 2 zu berücksichtigen.

(3) Der Vollzugsplan enthält – je nach Stand des Vollzuges – Angaben insbesondere zu folgenden Bereichen:

1. Festgestellter Förderungs- und Erziehungsbedarf,

2. Vollzugsform,

3. Art der Unterbringung im Vollzug, insbesondere die Zuordnung zu einer Wohngruppe oder Verlegung in eine sozialtherapeutische Einrichtung,

4. Art und Umfang der Teilnahme an schulischen, berufsorientierenden, berufsqualifizierenden oder arbeitstherapeutischen Maßnahmen oder Zuweisung von Arbeit,

5. Art und Umfang der Teilnahme an therapeutischer Behandlung oder anderen Förderungs- und Erziehungsmaßnahmen,

6. Maßnahmen der Gesundheitsfürsorge, und zwar auch unter Berücksichtigung etwaiger Drogenabhängigkeit,

7. Art und Umfang der Teilnahme an Sport- und Freizeitangeboten,

8. Eignung für sowie Planung von Lockerungen des Vollzuges und Urlaub,

9. Gestaltung der Außenkontakte und Art und Umfang der Förderungs- und Erziehungsmaßnahmen, insbesondere bei heimatferner Unterbringung,

10. Maßnahmen und Angebote zum Ausgleich von Tatfolgen,

11. Schuldenregulierung,

12. voraussichtlicher Entlassungszeitpunkt,

13. Maßnahmen zur arbeitsmarktorientierten Vorbereitung der Entlassung, insbesondere die Fortsetzung oder Aufnahme einer beruflichen oder schulischen Ausbildung oder einer beruflichen Tätigkeit nach der Entlassung sowie weitere Maßnahmen zur Stabilisierung der Lebensführung,

14. Bestimmung der für die Koordination der Entlassungsplanung verantwortlichen Person,

15. Fristen zur Überprüfung und Fortschreibung des Vollzugsplans.

(4) Die Personensorgeberechtigten erhalten Gelegenheit, Anregungen und Vorschläge einzubringen. Diese sollen, soweit mit dem Vollzugsziel und der Gestaltung des Vollzuges vereinbar, berücksichtigt werden.

(5) Der Vollzugsplan und seine Fortschreibungen werden den Gefangenen und der Vollstreckungsleitung und auf Verlangen den Personensorgeberechtigten schriftlich bekanntgegeben.

§ 13 Verlegung, Überstellung, Ausantwortung

(1) Gefangene können abweichend vom Vollstreckungsplan in eine andere Anstalt verlegt werden, wenn das Erreichen des Vollzugszieles oder die Eingliederung nach der Entlassung hierdurch gefördert wird oder wenn Gründe der Vollzugsorganisation oder andere wichtige Gründe eine Verlegung erforderlich machen.

(2) Die Personensorgeberechtigten, die Jugendämter und die Vollstreckungsleitungen werden von Verlegungen der Gefangenen unverzüglich unterrichtet.

(3) Gefangene dürfen aus wichtigem Grund in eine andere Anstalt überstellt werden.

(4) Gefangene dürfen befristet in den Gewahrsam einer Behörde außerhalb der Justiz

überlassen werden, wenn diese Behörde ihrerseits befugt ist, die Gefangenen in amtlichem Gewahrsam zu halten (Ausantwortung).

§ 14 Sozialtherapie

(1) Geeignete und motivierte Gefangene, die wegen einer Straftat nach den §§ 174 bis 180 oder § 182 des Strafgesetzbuches oder wegen einer gefährlichen Gewalttat verurteilt worden sind, werden mit ihrer Zustimmung in einer sozialtherapeutischen Einrichtung des Jugendstrafvollzuges untergebracht, wenn Anlass zu der Annahme besteht, dass der Gefahr einer Wiederholung aufgrund einer Störung ihrer sozialen und persönlichen Entwicklung mit den Mitteln der Sozialtherapie entgegengewirkt werden kann.

(2) Andere Gefangene sollen mit ihrer Zustimmung in einer sozialtherapeutischen Einrichtung des Jugendstrafvollzuges untergebracht werden, wenn die besonderen therapeutischen Mittel und sozialen Hilfen der Einrichtung zur Erreichung des Vollzugsziels angezeigt sind.

(3) Die Gefangenen werden zurückverlegt, wenn

a) nach einem angemessenen Zeitraum festgestellt wird, dass die Gefangenen therapeutisch nicht erreichbar sind oder

b) sie die Sicherheit oder Ordnung in der sozialtherapeutischen Einrichtung schwerwiegend oder nachhaltig stören.

§ 15 Offener und geschlossener Vollzug, Vollzug in freien Formen

(1) Der Jugendstrafvollzug wird in offenen oder geschlossenen Anstalten oder in Einrichtungen in freien Formen durchgeführt.

(2) Gefangene werden in einer Anstalt oder Abteilung einer Anstalt ohne oder mit verminderten Vorkehrungen gegen Entweichungen untergebracht, wenn sie den besonderen Anforderungen des offenen Vollzuges genügen, namentlich nicht zu befürchten ist, dass sie sich dem Vollzug der Strafe entziehen oder die Möglichkeiten des offenen Vollzugs zur Begehung von Straftaten missbrauchen werden.

(3) Für den offenen Vollzug geeignete Gefangene dürfen ausnahmsweise im geschlossenen Vollzug verbleiben, dorthin verlegt oder zurückverlegt werden, wenn dies für ihre Förderung oder Erziehung notwendig ist.

(4) Gefangene, die sich für den offenen Vollzug oder den Vollzug in freien Formen nicht eignen, werden im geschlossenen Vollzug untergebracht.

§ 16 Lockerungen des Vollzuges

(1) Als Lockerungen des Vollzuges können namentlich gewährt werden:

1. Regelmäßige Beschäftigung außerhalb der Anstalt unter Aufsicht (Außenbeschäftigung) oder ohne Aufsicht von Vollzugsbediensteten (Freigang),

2. Verlassen der Anstalt für eine bestimmte Tageszeit unter Aufsicht (Ausführung) oder ohne Aufsicht von Vollzugsbediensteten (Ausgang),

3. Aufenthalt außerhalb der Anstalt ohne Aufsicht von Vollzugsbediensteten zur Durchführung von Förderungs- oder Erziehungsmaßnahmen ohne Beschränkung auf eine bestimmte Tageszeit.

(2) Durch Lockerungen nach Absatz 1 wird die Vollstreckung der Strafe nicht unterbrochen.

(3) Die Lockerungen dürfen mit Zustimmung der Gefangenen gewährt werden, wenn sie ihrer Mitwirkungspflicht nach § 4 nachkommen und namentlich nicht zu befürchten ist, dass die Gefangenen sich dem Vollzug der Strafe entziehen oder die Lockerungen zur Begehung von Straftaten missbrauchen werden.

(4) Gefangene dürfen ohne ihre Zustimmung ausgeführt werden, wenn dies aus besonderen Gründen notwendig ist.

§ 17 Urlaub aus dem Vollzug

(1) Zur Förderung der Wiedereingliederung in das Leben in Freiheit, insbesondere zur Aufrechterhaltung sozialer Bindungen, kann nach Maßgabe des Vollzugsplans Urlaub gewährt werden. Der Urlaub darf 24 Tage in einem Vollstreckungsjahr nicht übersteigen.

(2) § 16 Abs. 3 gilt entsprechend.

(3) Durch Urlaub wird die Vollstreckung der Strafe nicht unterbrochen.

§ 18 Weisungen für Lockerungen und Urlaub

Für Lockerungen und Urlaub können Weisungen erteilt werden. Soweit Freigang, Ausgang oder eine Maßnahme nach § 16 Abs. 1 Nr. 3 von Dritten beaufsichtigt wird, kann die Weisung auch darin bestehen, dass von ihnen erteilte Anordnungen zu befolgen sind.

§ 19 Urlaub, Ausgang und Ausführung aus wichtigem Anlass

(1) Wegen einer lebensgefährlichen Erkrankung oder wegen des Todes von Angehörigen kann Ausgang oder Urlaub bis zu jeweils sieben Tagen gewährt werden. Der Ausgang oder Urlaub aus anderem wichtigen Anlass darf sieben Tage im Vollstreckungsjahr nicht übersteigen.

(2) Der Urlaub nach Absatz 1 wird nicht auf den Urlaub nach § 17 Abs. 1 angerechnet. § 16 Abs. 3, § 17 Abs. 3 und § 18 gelten entsprechend.

(3) Kann Ausgang oder Urlaub aus den in § 16 Abs. 3 genannten Gründen nicht gewährt werden, können die Gefangenen mit ihrer Zustimmung ausgeführt werden, sofern nicht wegen Entweichungs- oder Missbrauchsgefahr überwiegende Gründe entgegenstehen. Die Kosten hierfür können den Gefangenen auferlegt werden, wenn dies die Erreichung des Vollzugsziels nicht behindert.

§ 20 Gerichtliche Termine

(1) Zur Teilnahme an einem gerichtlichen Termin kann Gefangenen Ausgang oder Urlaub gewährt werden, wenn anzunehmen ist, dass der Ladung gefolgt wird und keine Entweichungs- oder Missbrauchsgefahr (§ 16 Abs. 3) besteht. § 17 Abs. 3 und § 18 gelten entsprechend.

(2) Wenn Gefangene zu einem gerichtlichen Termin geladen sind und Ausgang oder Urlaub nicht gewährt wird, sind sie mit ihrer Zustimmung zu dem Termin auszuführen, sofern wegen Entweichungs- oder Missbrauchsgefahr (§ 16 Abs. 3) keine überwie-

genden Gründe entgegenstehen. Auf Ersuchen eines Gerichts werden Gefangene vorgeführt, sofern ein Vorführungsbefehl vorliegt.

(3) Die Anstalt unterrichtet das Gericht über das Veranlasste.

§ 21 Entlassungsvorbereitung

(1) Die Anstalten bereiten gemeinsam mit den Gefangenen deren Entlassung vor. Frühzeitig vor dem voraussichtlichen Entlassungstermin arbeiten die Anstalten mit außervollzuglich tätigen Behörden, freien Trägern, Institutionen, Vereinen und Personen zusammen, um insbesondere zu erreichen, dass die Gefangenen über eine geeignete Unterkunft und eine Arbeits- oder Ausbildungsstelle sowie erforderlichenfalls über Kontakte zu externen Ansprechpartnern oder Anlaufstellen verfügen. Gegebenenfalls sind die Personensorgeberechtigten, das Jugendamt, die Bewährungshilfe und die Führungsaufsichtsstelle von der bevorstehenden Entlassung zu unterrichten.

(2) Zur Vorbereitung der Entlassung soll der Vollzug gelockert werden (§ 16).

(3) Zur Vorbereitung der Entlassung können die Gefangenen zum Zweck der Teilnahme an gezielten Wiedereingliederungsmaßnahmen bis zu zwei Wochen Sonderurlaub erhalten. Diejenigen, die zum Freigang zugelassen sind, können innerhalb von neun Monaten vor der voraussichtlichen Entlassung Sonderurlaub bis zu sechs Tagen im Monat erhalten. § 16 Abs. 3, § 17 Abs. 3 sowie § 18 gelten entsprechend.

§ 22 Hilfe zur Entlassung, Entlassungsbeihilfe, Nachsorge

(1) Um die Entlassung vorzubereiten, sind Gefangene bei der Ordnung ihrer persönlichen, wirtschaftlichen und sozialen Angelegenheiten zu unterstützen. Dies umfasst auch die Vermittlung in nachsorgende Maßnahmen. Eine nachgehende Betreuung kann unter Mitwirkung von Bediensteten erfolgen.

(2) Gefangene erhalten, soweit ihre eigenen Mittel nicht ausreichen, von der Anstalt eine Entlassungsbeihilfe in Form eines Reisekos-

tenzuschusses, angemessener Kleidung oder einer sonstigen notwendigen Unterstützung.

§ 23 Entlassungszeitpunkt

(1) Die Gefangenen sollen am letzten Tag ihrer Strafzeit möglichst frühzeitig, jedenfalls noch am Vormittag, entlassen werden.

(2) Fällt das Strafende auf einen Sonnabend oder Sonntag, einen gesetzlichen Feiertag, den ersten Werktag nach Ostern oder Pfingsten oder in die Zeit vom 22. Dezember bis zum 6. Januar, so können Gefangene an dem diesem Tag oder Zeitraum vorhergehenden Werktag entlassen werden, wenn dies nach der Länge der Strafzeit vertretbar ist und fürsorgerische Gründe nicht entgegenstehen.

(3) Der Entlassungszeitpunkt kann bis zu zwei Tagen vorverlegt werden, wenn dringende Gründe dafür vorliegen, dass die Gefangenen zu ihrer Eingliederung hierauf angewiesen sind.

§ 24 Teilnahme an Ausbildungsmaßnahmen und Unterbringung in der Anstalt auf freiwilliger Grundlage

(1) Nach der Entlassung aus der Anstalt kann ehemaligen Gefangenen auf ihren Antrag und mit Zustimmung der Personensorgeberechtigten gestattet werden, eine in der Anstalt begonnene Ausbildungs- oder Behandlungsmaßnahme abzuschließen. Hierfür oder aus fürsorgerischen Gründen können sie in Einzelfällen höchstens drei Monate über den Entlassungszeitpunkt hinaus in der Anstalt verbleiben. Der Antrag, die Zustimmung der Personensorgeberechtigten und die Gestattung sind jederzeit widerruflich.

(2) Zur Bewältigung einer Krisensituation können ehemalige Gefangene auf ihren Antrag und mit Zustimmung der Personensorgeberechtigten vorübergehend, längstens jedoch für drei Monate, wieder in die Anstalt aufgenommen werden, um die bislang erreichten Erfolge vollzuglicher Förderungs- und Erziehungsmaßnahmen nicht zu gefährden. Absatz 1 Satz 3 gilt entsprechend.

(3) Nachdem Entlassungszeitpunkt oder der Wiederaufnahme sind die nach diesem Gesetz geltenden Vorschriften mit der Maßgabe

entsprechend anzuwenden, dass Maßnahmen des Vollzuges nicht mit unmittelbarem Zwang durchgesetzt werden dürfen.

Vierter Abschnitt
Unterbringung, Verpflegung, Einkauf

§ 25 Unterbringung der Gefangenen

(1) Die Gefangenen sind, soweit sie sich in Einrichtungen des geschlossenen Vollzuges befinden, in Einzelhafträumen unterzubringen.

(2) Eine gemeinschaftliche Unterbringung kann in Einrichtungen des geschlossenen Vollzuges dann erfolgen, wenn dies

a) wegen einer Gefahr für Leben oder Gesundheit,

b) wegen Hilfsbedürftigkeit,

c) aus Gründen der Förderung oder Erziehung oder

d) wegen eines unvorhersehbaren Ereignisses vorübergehend aus zwingenden Gründen

erforderlich ist. Ferner müssen die Gefangenen für die gemeinschaftliche Unterbringung geeignet sein, insbesondere dürfen weder körperliche Übergriffe noch Ausübung psychischen Zwangs zu befürchten sein.

(3) In den Fällen des Absatzes 2 Buchstabe b) und c) bedarf es der Zustimmung der beteiligten Gefangenen; in den Fällen des Absatzes 2 Buchstabe d) ist diese nicht erforderlich. Im Falle des Absatzes 2 Buchstabe a) bedarf es der Zustimmung der gefährdeten Gefangenen nicht.

(4) Geeignete Gefangene werden regelmäßig in Wohngruppen untergebracht.

(5) Weibliche Gefangene werden getrennt von männlichen Gefangenen untergebracht. Gemeinsame Förderungsangebote, insbesondere eine gemeinsame Schul- und Berufsausbildung, sind zulässig.

(6) Die Gefangenen dürfen ihre Hafträume in angemessenem Umfang mit eigenen Sachen ausstatten. Vorkehrungen und Gegenstände, die geeignet sind, das Erreichen des Voll-

zugsziels, die Sicherheit oder Ordnung der Anstalt zu gefährden, können ausgeschlossen werden.

§ 26 Kleidung

(1) Die Gefangenen tragen Anstaltskleidung. Für die Freizeit erhalten sie besondere Oberbekleidung.

(2) Abweichend von Absatz 1 kann die Anstaltsleiterin oder der Anstaltsleiter für die gesamte Anstalt oder einzelne Abteilungen das Tragen eigener Kleidung zulassen. Dies gilt insbesondere in Wohngruppen. Für die Reinigung, Instandsetzung und regelmäßigen Wechsel der eigenen Kleidung haben die Gefangenen selbst zu sorgen.

§ 27 Anstaltsverpflegung

Zusammensetzung und Nährwert der Anstaltsverpflegung entsprechen den Empfehlungen der Deutschen Gesellschaft für Ernährung e. V. und werden ärztlich überwacht. Ernährungsberatung ist Bestandteil der allgemeinen Angebote für Gefangene. Auf ärztliche Anordnung wird besondere Verpflegung gewährt. Den Gefangenen ist zu ermöglichen, Speisevorschriften ihrer Religionsgemeinschaft zu befolgen.

§ 28 Einkauf

(1) Gefangene können sich von ihrem Hausgeld (§ 46) oder von ihrem Taschengeld (§ 45) aus einem von der Anstalt vermittelten Angebot Nahrungs- und Genussmittel sowie Mittel zur Körperpflege kaufen. Die Anstalt soll für ein Angebot sorgen, das auf Wünsche und Bedürfnisse der jungen Gefangenen Rücksicht nimmt.

(2) Gegenstände, die die Sicherheit oder Ordnung der Anstalt gefährden, können vom Einkauf ausgeschlossen werden. Auf ärztliche Anordnung kann den Gefangenen der Einkauf einzelner Nahrungs- und Genussmittel ganz oder teilweise untersagt werden, wenn zu befürchten ist, dass sie ihre Gesundheit ernsthaft gefährden. Im Krankenhaus und in Krankenabteilungen kann der Einkauf einzelner Nahrungs- und Genussmittel auf ärztliche Anordnung allgemein untersagt oder eingeschränkt werden.

(3) Verfügen Gefangene ohne eigenes Verschulden nicht über Haus- oder Taschengeld, wird ihnen gestattet, in angemessenem Umfang vom Eigengeld einzukaufen.

Fünfter Abschnitt
Besuche, Schriftwechsel, Telekommunikation, Pakete

§ 29 Kontakte mit der Außenwelt

Die Gefangenen haben im Rahmen der Vorschriften dieses Gesetzes das Recht auf Kontakte mit der Außenwelt. Kontakte mit Personen, von denen ein günstiger Einfluss erwartet werden kann, werden gefördert. Im geschlossenen Vollzug sind nach Möglichkeit Langzeitbesuchsräume vorzusehen.

§ 30 Recht auf Besuch

(1) Die Gefangenen dürfen regelmäßig Besuch empfangen. Die Gesamtdauer der Besuche beträgt mindestens vier Stunden im Monat. Besuchsmöglichkeiten sind auch an den Wochenenden vorzusehen. Das Weitere regelt die Hausordnung.

(2) Besuchskontakte zwischen Gefangenen und ihren Kindern werden besonders gefördert; diese Besuche werden nicht auf die Regelbesuchszeiten angerechnet.

(3) Besuche sollen darüber hinaus zugelassen werden, wenn sie die Erziehung oder Eingliederung der Gefangenen fördern oder persönlichen, rechtlichen oder geschäftlichen Angelegenheiten dienen, die nicht von den Gefangenen schriftlich erledigt, durch Dritte wahrgenommen oder bis zur Entlassung der Gefangenen aufgeschoben werden können.

(4) Aus Gründen der Sicherheit kann ein Besuch davon abhängig gemacht werden, dass die besuchenden Personen sich durchsuchen lassen.

§ 31 Besuchsverbot

Die Anstaltsleitung kann Besuche untersagen,

a) wenn die Sicherheit oder Ordnung der Anstalt gefährdet würde,

b) wenn bei besuchenden Personen, die nicht Angehörige der Gefangenen im Sinne des Strafgesetzbuches sind, zu befürchten ist, dass sie einen schädlichen Einfluss auf die Gefangenen haben oder ihre Eingliederung behindern würden oder

c) wenn bei minderjährigen Gefangenen Personensorgeberechtigte aus nachvollziehbaren Gründen mit dem Besuch nicht einverstanden sind.

§ 32 Besuche von Verteidigerinnen oder Verteidigern, Rechtsanwältinnen oder Rechtsanwälten, Notarinnen oder Notaren und Beiständen nach § 69 des Jugendgerichtsgesetzes

(1) Besuche von Verteidigerinnen und Verteidigern sowie von Rechtsanwältinnen und Rechtsanwälten oder Notarinnen und Notaren in einer die Gefangenen betreffenden Rechtssache sind zu gestatten. § 30 Abs. 4 gilt entsprechend. Eine inhaltliche Überprüfung der von Verteidigerinnen oder Verteidigern mitgeführten Schriftstücke und sonstigen Unterlagen ist nicht zulässig.

(2) Auf Besuche von Beiständen nach § 69 des Jugendgerichtsgesetzes findet Absatz 1 entsprechend Anwendung. Für Angehörige der Jugendgerichtshilfe, der Gerichtshilfe, der Führungsaufsichtsstellen und der Bewährungshilfe gelten Absatz 1 Satz 1 und § 30 Abs. 4 entsprechend.

§ 33 Überwachung der Besuche

(1) Die Besuche dürfen aus Gründen der Behandlung oder der Sicherheit oder Ordnung der Anstalt überwacht werden. Dies gilt nicht, wenn im Einzelfall Erkenntnisse dafür vorliegen, dass es der Überwachung nicht bedarf. Die Unterhaltung darf nur überwacht werden, soweit dies im Einzelfall aus den in Satz 1 genannten Gründen erforderlich ist.

(2) Besuche von Verteidigerinnen und Verteidigern werden nicht überwacht.

(3) Ein Besuch darf abgebrochen werden, wenn besuchende Personen oder Gefangene gegen die Vorschriften dieses Gesetzes oder die aufgrund dieses Gesetzes getroffenen Anordnungen trotz Abmahnung verstoßen.

Die Abmahnung unterbleibt, wenn es unerlässlich ist, den Besuch sofort abzubrechen. Der Besuch darf auch abgebrochen werden, wenn von besuchenden Personen ein schädlicher Einfluss auf die Gefangenen ausgeübt wird.

(4) Gegenstände dürfen beim Besuch nur mit Erlaubnis übergeben werden. Dies gilt nicht für die bei dem Besuch der Verteidigerin oder des Verteidigers oder beim Besuch von Beiständen nach § 69 des Jugendgerichtsgesetzes übergebenen Schriftstücke und sonstigen Unterlagen sowie für die bei dem Besuch einer Rechtsanwältin oder eines Rechtsanwalts oder einer Notarin oder eines Notars zur Erledigung einer die Gefangenen betreffenden Rechtssache übergebenen Schriftstücke und sonstigen Unterlagen; bei dem Besuch einer Rechtsanwältin oder eines Rechtsanwalts oder einer Notarin oder eines Notars kann die Übergabe aus Gründen der Sicherheit oder Ordnung der Anstalt von der Erlaubnis abhängig gemacht werden.

§ 34 Recht auf Schriftwechsel

(1) Gefangene haben das Recht, unbeschränkt Schreiben abzusenden und zu empfangen.

(2) Die Anstaltsleitung kann den Schriftwechsel mit bestimmten Personen untersagen,

a) wenn die Sicherheit oder Ordnung der Anstalt gefährdet würde,

b) wenn bei Personen, die nicht Angehörige der betroffenen Gefangenen im Sinne des Strafgesetzbuches (§ 11 Abs. 1 Nr. 1 Strafgesetzbuch) sind, zu befürchten ist, dass der Schriftwechsel einen schädlichen Einfluss auf die Gefangenen haben oder ihre Eingliederung behindern würde oder

c) wenn bei minderjährigen Gefangenen Personensorgeberechtigte aus nachvollziehbaren Gründen mit dem Schriftwechsel nicht einverstanden sind.

§ 35 Überwachung des Schriftwechsels

(1) Der Schriftwechsel von Gefangenen mit ihren Verteidigerinnen oder Verteidigern so-

wie Beiständen nach § 69 des Jugendgerichtsgesetzes wird nicht überwacht.

(2) Nicht überwacht werden ferner Schreiben von Gefangenen an Volksvertretungen des Bundes und der Länder sowie an deren Mitglieder, soweit die Schreiben an die Anschriften dieser Volksvertretungen gerichtet sind und die absendende Person zutreffend angeben. Entsprechendes gilt für Schreiben an das Europäische Parlament und dessen Mitglieder, den Europäischen Gerichtshof für Menschenrechte, den Europäischen Ausschuss zur Verhütung von Folter und unmenschlicher oder erniedrigender Behandlung oder Strafe, die nationale Stelle nach dem Übereinkommen der Vereinten Nationen gegen Folter und andere grausame, unmenschliche oder erniedrigende Behandlung oder Strafe sowie die Datenschutzbeauftragten des Bundes und der Länder. Schreiben der in den Sätzen 1 und 2 genannten Stellen, die an Gefangene gerichtet sind, werden nicht überwacht, sofern die Identität der absendenden Stelle zweifelsfrei feststeht.

(3) Der übrige Schriftwechsel darf überwacht werden, soweit es aus Gründen der Behandlung oder der Sicherheit oder Ordnung der Anstalt erforderlich ist. § 97 Abs. 2 Satz 4 und § 110 Abs. 2 Satz 2 bleiben unberührt.

§ 36 Weiterleitung von Schreiben, Aufbewahrung

(1) Gefangene haben die Absendung und den Empfang ihrer Schreiben durch die Anstalt vermitteln zu lassen, soweit nichts anderes gestattet ist.

(2) Eingehende und ausgehende Schreiben sind unverzüglich weiterzuleiten.

(3) Gefangene haben eingehende Schreiben unverschlossen zu verwahren, sofern nichts anderes gestattet wird; sie können sie verschlossen zu ihrer Habe geben.

§ 37 Anhalten von Schreiben

(1) Die Anstaltsleitung kann Schreiben anhalten,

a) wenn das Ziel des Vollzuges oder die Sicherheit oder Ordnung der Anstalt gefährdet würde,

b) wenn die Weitergabe in Kenntnis ihres Inhalts einen Straf- oder Bußgeldtatbestand verwirklichen würde,

c) wenn sie grob unrichtige oder erheblich entstellende Darstellungen von Anstaltsverhältnissen enthalten,

d) wenn sie grobe Beleidigungen enthalten,

e) wenn sie die Eingliederung von anderen Gefangenen gefährden können oder

f) wenn sie in Geheimschrift, unlesbar, unverständlich oder ohne zwingenden Grund in einer fremden Sprache abgefasst sind.

(2) Ausgehenden Schreiben, die unrichtige Darstellungen enthalten, kann ein Begleitschreiben beigefügt werden, wenn Gefangene auf Absendung ihrer Schreiben bestehen.

(3) Ist ein Schreiben angehalten worden, wird dies den betroffenen Gefangenen mitgeteilt. Angehaltene Schreiben werden an die absendende Person zurückgegeben oder, sofern dies unmöglich oder aus besonderen Gründen untunlich ist, behördlich verwahrt.

(4) Schreiben, deren Überwachung nach den §§ 35 Abs. 1 und 2, 97 Abs. 2 Satz 4 oder 110 Abs. 2 Satz 2 ausgeschlossen ist, dürfen nicht angehalten werden.

§ 38 Telekommunikation

Gefangenen können Kontakte im Wege der Telekommunikation gestattet werden. Im Übrigen gelten für die mündliche Telekommunikation die Vorschriften über den Besuch und für die schriftliche Telekommunikation die Vorschriften über den Schriftwechsel entsprechend. Ist die Überwachung der fernmündlichen Unterhaltung erforderlich, ist die beabsichtigte Überwachung der Gesprächspartnerin oder dem Gesprächspartner von Gefangenen unmittelbar nach Herstellung der Verbindung durch die Vollzugsbehörde oder die Gefangenen mitzuteilen. Gefangene sind rechtzeitig vor Beginn der fernmündlichen Unterhaltung über die beabsichtigte Überwachung und die Mitteilungspflicht nach Satz 3 zu unterrichten.

§ 39 Pakete

(1) Der Empfang von Paketen bedarf der Erlaubnis der Anstalt. Vom Empfang ausgeschlossen sind Inhalte, die geeignet sind, die Sicherheit oder Ordnung der Anstalt zu gefährden, sowie Nahrungs- und Genussmittel.

(2) Pakete sind in Gegenwart der Gefangenen zu öffnen, an die sie adressiert sind. Ausgeschlossene Gegenstände können zu ihrer Habe genommen, der absendenden Person zurückgesandt oder, falls der Aufbewahrung oder Rücksendung besondere Gründe entgegenstehen, vernichtet werden. Die hiernach getroffenen Maßnahmen werden den Gefangenen eröffnet.

(3) Gefangenen kann gestattet werden, Pakete zu versenden. Die Anstalt kann deren Inhalt aus Gründen der Sicherheit oder Ordnung der Anstalt überprüfen.

Sechster Abschnitt
Schulische und berufliche Aus- und Weiterbildung, Arbeit, Gelder

§ 40 Schulische und berufliche Aus- und Weiterbildung, Arbeit

(1) Der Förderungs- und Erziehungsauftrag des Jugendstrafvollzuges wird insbesondere durch Bildung, Ausbildung und eine zielgerichtet qualifizierende Beschäftigung der Gefangenen verwirklicht.

(2) Die Gefangenen sind während der Arbeitszeit vorrangig zur Teilnahme an schulischen und beruflichen Orientierungs-, Aus- und Weiterbildungsmaßnahmen oder speziellen Maßnahmen zur Förderung ihrer schulischen, beruflichen oder persönlichen Entwicklung verpflichtet, im Übrigen zu Arbeit, arbeitstherapeutischer oder sonstiger Beschäftigung, wenn und soweit sie dazu in der Lage sind. Die Gefangenen können außerdem jährlich bis zu drei Monaten zu Hilfstätigkeiten in der Anstalt verpflichtet werden, mit ihrer Zustimmung auch darüber hinaus. Bei der Zuweisung einer Tätigkeit nach Satz 1 und 2 sind die jeweiligen Fähigkeiten, Fertigkeiten und Neigungen zu berücksichtigen. Die gesetzlichen Beschäftigungsverbote zum Schutz erwerbstätiger Mütter sowie die einschlägigen Regelungen des Jugendarbeitsschutzgesetzes finden Anwendung.

(3) Die in den Einrichtungen des Vollzuges Ausgebildeten werden zu den Abschlussprüfungen nach dem Berufsbildungsgesetz oder der Handwerksordnung zugelassen, wenn durch eine Bescheinigung der Anstalt oder des Ausbildungsträgers nachgewiesen wird, dass die Zulassung zur Prüfung gerechtfertigt ist. Aus dem Zeugnis über eine Bildungsmaßnahme darf die Inhaftierung nicht erkennbar sein.

(4) Den Gefangenen soll gestattet werden, einer Arbeit, Berufsausbildung, beruflichen Weiterbildung oder Umschulung auf der Grundlage eines freien Beschäftigungsverhältnisses außerhalb der Anstalt nachzugehen oder sich innerhalb oder außerhalb des Vollzuges selbst zu beschäftigen, wenn sie hierfür geeignet sind. § 16 Abs. 1 Nr. 1 und Abs. 3 sowie § 18 bleiben unberührt. Die Vollzugsbehörde kann verlangen, dass ihr das Entgelt zur Gutschrift für die Gefangenen überwiesen wird.

§ 41 Freistellung von der Arbeitspflicht

(1) Haben Gefangene nach § 40 Abs. 2 Satz 1 und 2 zugewiesene Arbeit, arbeitstherapeutische oder sonstige Beschäftigung oder eine Hilfstätigkeit ein Jahr lang ausgeübt, so können sie beanspruchen, im darauf folgenden Jahr fünfzehn Arbeitstage hiervon freigestellt zu werden. Zeiten, in denen Gefangene infolge Krankheit unverschuldet an der Ausübung verhindert waren, werden auf das Jahr bis zu sechs Wochen jährlich angerechnet.

(2) Auf die Zeit der Freistellung wird Urlaub aus der Haft (§§ 17, 19) angerechnet, soweit er in die Arbeitszeit fällt und nicht wegen einer lebensgefährlichen Erkrankung oder des Todes von Angehörigen erteilt worden ist.

(3) Gefangene erhalten für die Zeit der Freistellung ihre zuletzt gezahlten Bezüge weiter.

(4) Urlaubsregelungen der Beschäftigungsverhältnisse außerhalb des Vollzuges bleiben unberührt.

§ 42 Arbeitsentgelt, Arbeitsurlaub und Anrechnung der Freistellung auf den Entlassungszeitpunkt

(1) Üben Gefangene nach § 40 Abs. 2 Satz 1 und 2 eine zugewiesene Arbeit, arbeitstherapeutische oder sonstige Beschäftigung oder eine Hilfstätigkeit aus, so erhalten sie ein Arbeitsentgelt. Der Bemessung des Arbeitsentgelts sind 9 Prozent der Bezugsgröße nach § 18 des Vierten Buches Sozialgesetzbuch zu Grunde zu legen (Eckvergütung). Ein Tagessatz ist der zweihundertfünfzigste Teil der Eckvergütung; das Arbeitsentgelt kann nach einem Stundensatz bemessen werden.

(2) Das Arbeitsentgelt kann je nach Leistung der Gefangenen und der Art der Arbeit gestuft werden. 75 Prozent der Eckvergütung dürfen nur dann unterschritten werden, wenn die Arbeitsleistungen der Gefangenen den Mindestanforderungen nicht genügen.

(3) Das Arbeitsentgelt ist den Gefangenen schriftlich bekannt zu geben.

(4) Haben Gefangene eine nach § 40 Abs. 2 Satz 1 und 2 zugewiesene Arbeit, arbeitstherapeutische oder sonstige Beschäftigung oder eine Hilfstätigkeit zwei Monate lang zusammenhängend ausgeübt, so werden sie auf ihren Antrag hin einen Werktag hiervon freigestellt. Die Regelung des § 41 bleibt unberührt. Durch Zeiten, in denen Gefangene ohne ihr Verschulden durch Krankheit, Ausführung, Ausgang, Urlaub aus der Haft, Freistellung oder sonstige nicht von ihnen zu vertretende Gründe an der Ausübung gehindert sind, wird die Frist nach Satz 1 gehemmt. Beschäftigungszeiträume von weniger als zwei Monaten bleiben unberücksichtigt.

(5) Die Gefangenen können beantragen, dass die Freistellung nach Absatz 4 in Form von Urlaub aus der Haft gewährt wird (Arbeitsurlaub). § 16 Abs. 2 und 3 sowie § 18 gelten entsprechend.

(6) Die Gefangenen erhalten für die Zeit der Freistellung ihre zuletzt gezahlten Bezüge weiter.

(7) Stellen Gefangene keinen Antrag nach Absatz 4 Satz 1 oder Absatz 5 Satz 1 oder kann die Freistellung nach Maßgabe der Regelung des Absatzes 5 Satz 2 nicht gewährt werden, so wird die Freistellung nach Absatz 4 Satz 1 von der Anstalt auf den Entlassungszeitpunkt der Gefangenen angerechnet.

(8) Eine Anrechnung nach Absatz 7 ist ausgeschlossen, wenn

a) bei einer Aussetzung der Vollstreckung des Restes einer Strafe zur Bewährung wegen des von der Entscheidung des Gerichts bis zur Entlassung verbleibenden Zeitraums eine Anrechnung nicht mehr möglich ist,

b) dies vom Gericht angeordnet wird, weil bei einer Aussetzung der Vollstreckung des Restes einer Strafe zur Bewährung die Lebensverhältnisse der Gefangenen oder die Wirkungen, die von der Aussetzung für sie zu erwarten sind, die Vollstreckung bis zu einem bestimmten Zeitpunkt erfordern,

c) nach § 2 des Jugendgerichtsgesetzes in Verbindung mit § 456a Abs. 1 der Strafprozessordnung von der Vollstreckung abgesehen wird,

d) Gefangene im Gnadenwege aus der Haft entlassen werden.

(9) Soweit eine Anrechnung nach Absatz 8 ausgeschlossen ist, erhalten die Gefangenen bei ihrer Entlassung für ihre Tätigkeit nach Absatz 1 als Ausgleichsentschädigung zusätzlich 15 Prozent des ihnen nach den Absätzen 1 und 2 gewährten Entgelts. Der Anspruch entsteht erst mit der Entlassung.

§ 43 Ausbildungsbeihilfe

(1) Gefangene, die während der Arbeitszeit ganz oder teilweise an einer schulischen oder beruflichen Orientierungs-, Aus- oder Weiterbildungsmaßnahme oder speziellen Maßnahmen zur Förderung ihrer schulischen, beruflichen oder persönlichen Entwicklung teilnehmen, erhalten hierfür eine Ausbildungsbeihilfe, soweit kein Anspruch auf Leistungen zum Lebensunterhalt besteht, die freien Personen aus solchem Anlass zustehen. Der Nachrang der Sozialhilfe nach § 2 Abs. 2 des Zwölften Buches Sozialgesetzbuch bleibt unberührt.

(2) Für die Bemessung der Ausbildungsbeihilfe gilt § 42 Abs. 1 und 2 entsprechend. Die Regelungen für die Freistellung von der Arbeitspflicht nach § 41 und für die Freistellung von der Arbeit nach § 42 Abs. 4 bis 9 sind entsprechend anzuwenden.

(3) Nehmen Gefangene während der Arbeitszeit stunden- oder tageweise an einer schulischen oder beruflichen Orientierungs-, Aus- und Weiterbildungsmaßnahme oder an speziellen Maßnahmen zur Förderung ihrer schulischen, beruflichen oder persönlichen Entwicklung gemäß § 40 Abs. 2 Satz 1 teil, so erhalten sie in Höhe des ihnen dadurch entgehenden Arbeitsentgelts eine Ausbildungsbeihilfe.

(4) Die Ausbildungsbeihilfe wird den Gefangenen schriftlich bekannt gegeben.

§ 44 Ermächtigung zur Rechtsverordnung

Das Justizministerium wird ermächtigt, zur Durchführung der §§ 42 und 43 eine Rechtsverordnung über die Vergütungsstufen zu erlassen.

§ 45 Taschengeld

(1) Erhalten Gefangene ohne ihr Verschulden weder Arbeitsentgelt noch Ausbildungsbeihilfe, wird ihnen auf Antrag ein angemessenes Taschengeld gewährt, soweit für den Antragszeitraum aus Hausgeld (§ 46) und Eigengeld (§ 49) nicht ein Betrag bis zur Höhe des Taschengeldes zur Verfügung gestanden hat. Bei der Berechnung werden Hausgeld und Eigengeld berücksichtigt; Hausgeld bleibt jedoch insoweit unberücksichtigt, als es aus nicht verbrauchtem Taschengeld besteht.

(2) Die Höhe des Taschengeldes beträgt pro Arbeitstag 14 Prozent des Tagessatzes der Eckvergütung nach § 42 Abs. 1 Satz 2.

(3) In Ausnahmefällen, namentlich zur Überbrückung des Zeitraums bis zu einer erstmaligen Gewährung von Arbeitsentgelt, Ausbildungsbeihilfe oder Taschengeld, kann die Anstaltsleitung auf Antrag vorschussweise ein Taschengeld in Höhe von bis zu 50 Prozent des üblichen Taschengeldes gewähren.

Der Vorschuss ist mit dem ersten Arbeitsentgelt, der ersten Ausbildungsbeihilfe oder der ersten nachfolgenden Gewährung von Taschengeld zu verrechnen.

§ 46 Hausgeld

(1) Gefangene dürfen von ihren in diesem Gesetz geregelten Bezügen drei Siebtel monatlich (Hausgeld) und das Taschengeld (§ 45) für den Einkauf (§ 28) oder anderweitig verwenden.

(2) Für Gefangene, die in einem freien Beschäftigungsverhältnis stehen (§ 40 Abs. 4 Satz 1 erste Alternative) oder denen gestattet ist, sich selbst zu beschäftigen (§ 40 Abs. 4 Satz 1 zweite Alternative), wird aus ihren Bezügen ein angemessenes Hausgeld festgesetzt.

§ 47 Haftkostenbeitrag

(1) Als Teil der Kosten der Vollstreckung der Rechtsfolgen einer Tat (§ 464a Abs. 1 Satz 2 der Strafprozessordnung) erhebt die Anstalt von den Gefangenen einen Haftkostenbeitrag.

(2) Ein Haftkostenbeitrag wird nicht erhoben, wenn die Gefangenen

a) Bezüge nach diesem Gesetz erhalten,

b) ohne ihr Verschulden nicht arbeiten können oder

c) nicht arbeiten, weil sie nicht zur Arbeit verpflichtet sind.

(3) Von der Erhebung eines Haftkostenbeitrags kann ganz oder teilweise aus besonderen Gründen, insbesondere im Hinblick auf Unterhaltszahlungen, Schadenswiedergutmachung, sonstige Schuldenregulierung oder besondere Aufwendungen zur Wiedereingliederung, abgesehen werden.

(4) Der Haftkostenbeitrag wird in Höhe des Betrages erhoben, der nach § 17 Abs. 1 Nr. 3 des Vierten Buches Sozialgesetzbuch durchschnittlich zur Bewertung der Sachbezüge festgesetzt ist. Das Justizministerium stellt den Betrag jährlich fest.

(5) Die Selbstbeschäftigung (§ 40 Abs. 4 Satz 1 zweite Alternative) kann davon abhängig gemacht werden, dass die Gefange-

nen einen Haftkostenbeitrag bis zur Höhe des in Absatz 4 genannten Satzes monatlich im Voraus entrichten.

§ 48 Ersatz von Aufwendungen

(1) Die Gefangenen sind verpflichtet, der Anstalt Aufwendungen zu ersetzen, die sie durch eine vorsätzliche oder grob fahrlässige Selbstverletzung oder die Verletzung von anderen Gefangenen verursacht haben. Ansprüche aus sonstigen Rechtsvorschriften bleiben unberührt.

(2) Die Aufrechnung wegen der in Absatz 1 genannten Forderungen kann sich auch auf einen den dreifachen Tagessatz der Eckvergütung nach § 42 Abs. 1 übersteigenden Teil des Hausgeldes (§ 46) erstrecken.

(3) Von der Aufrechnung oder Vollstreckung wegen der in Absatz 1 genannten Forderungen ist abzusehen, soweit hierdurch die Förderung oder Erziehung der Gefangenen oder ihre Eingliederung behindert würde.

§ 49 Eigengeld

(1) Bezüge der Gefangenen, die nicht als Hausgeld (§ 46), Haftkostenbeitrag (§ 47) oder Überbrückungsgeld (§§ 176 Abs. 4, 51 des Strafvollzugsgesetzes in Verbindung mit § 127 Satz 2) in Anspruch genommen werden, sind den Gefangenen zum Eigengeld gutzuschreiben.

(2) Von Gefangenen in die Anstalt eingebrachte Gelder und Gelder, die für sie überwiesen oder bei der Anstalt eingezahlt werden, sind ebenfalls dem Eigengeld gutzuschreiben.

(3) Die Gefangenen können über ihr Eigengeld verfügen, soweit dieses nicht wie Überbrückungsgeld zu behandeln ist.

§ 50 Einbehaltung von Beitragsteilen

Soweit die Anstalt Beiträge an die Bundesagentur für Arbeit zu entrichten hat, kann die Anstalt von dem Arbeitsentgelt oder der Ausbildungsbeihilfe einen Betrag einbehalten, der dem Anteil der Gefangenen am Beitrag entsprechen würde, wenn sie diese Bezüge als Arbeitnehmer erhielten.

Siebter Abschnitt
Religionsausübung

§ 51 Seelsorge

(1) Den Gefangenen darf religiöse Betreuung durch eine Seelsorgerin oder einen Seelsorger ihrer Religionsgemeinschaft nicht versagt werden. Auf Wunsch der Gefangenen ist ihnen zu helfen, mit einer Seelsorgerin oder einem Seelsorger ihrer Religionsgemeinschaft in Verbindung zu treten.

(2) Gefangene dürfen grundlegende religiöse Schriften besitzen. Sie dürfen ihnen nur bei grobem Missbrauch entzogen werden.

(3) Den Gefangenen sind Gegenstände des religiösen Gebrauchs in angemessenem Umfang zu belassen.

§ 52 Religiöse Veranstaltungen

(1) Die Gefangenen haben das Recht, in der Anstalt am Gottesdienst und an anderen religiösen Veranstaltungen ihres Bekenntnisses teilzunehmen.

(2) Gefangene werden zu dem Gottesdienst oder zu religiösen Veranstaltungen einer anderen Religionsgemeinschaft in der Anstalt zugelassen, wenn deren Seelsorgerin oder Seelsorger zustimmt.

(3) Gefangene können von der Teilnahme am Gottesdienst oder anderen religiösen Veranstaltungen ausgeschlossen werden, wenn dies aus überwiegenden Gründen der Sicherheit oder Ordnung geboten ist; die Seelsorgerin oder der Seelsorger wird vorher gehört.

§ 53 Weltanschauungsgemeinschaften

Für Angehörige weltanschaulicher Bekenntnisse gelten die §§ 51 und 52 entsprechend.

Achter Abschnitt
Sport, Gestaltung der freien Zeit, Mitverantwortung der Gefangenen

§ 54 Sport

Der sportlichen Betätigung kommt besondere Bedeutung zu. Es sind ausreichende und namentlich unter freizeitpädagogischen Aspekten gezielte Sportangebote vorzuhalten, und zwar auch an den Wochenenden und Feiertagen. Den Gefangenen ist mindestens drei Stunden wöchentlich eine Teilnahme an diesen Angeboten zu ermöglichen.

§ 55 Gestaltung der freien Zeit, Förderung der Kreativität

(1) Die ·Ausgestaltung der Freizeit orientiert sich am Vollzugsziel. Ausreichende Freizeitangebote sind vorzuhalten, und zwar auch an den Wochenenden und Feiertagen sowie in den frühen Abendstunden.

(2) Angebote zur Förderung der Kreativität im Rahmen kultureller Formen sind zu entwickeln. Hierfür können Freizeitgruppen in ästhetischen Bereichen, namentlich in denen der Literatur, des Theaters, der Musik und des Malens, eingerichtet werden.

(3) Die Gefangenen sind zur Teilnahme und Mitwirkung an Angeboten der Freizeitgestaltung, insbesondere auch an Gruppenveranstaltungen, zu motivieren und anzuleiten. Sie sollen auch Gelegenheit erhalten, den verantwortungsvollen Umgang mit neuen Medien zu erlernen und auszuüben sowie eine Bücherei zu benutzen.

§ 56 Zeitungen, Zeitschriften

(1) Gefangene dürfen auf eigene Kosten Zeitungen und Zeitschriften in angemessenem Umfang durch Vermittlung der Anstalt beziehen.

(2) Ausgeschlossen sind Zeitungen und Zeitschriften, deren Verbreitung mit Strafe oder Geldbuße bedroht ist. Soweit einzelne Ausgaben oder Teile von Zeitungen oder Zeitschriften das Ziel des Vollzuges oder die Sicherheit oder Ordnung der Anstalt erheblich gefährden würden, können sie den Gefangenen vorenthalten werden.

§ 57 Hörfunk, Fernsehen

(1) Gefangene können am Hörfunkprogramm der Anstalt sowie am gemeinschaftlichen Fernsehempfang teilnehmen. Der Hörfunk- und Fernsehempfang kann vorübergehend ausgesetzt oder einzelnen Gefangenen untersagt werden, wenn dies zur Aufrechter-

haltung der Sicherheit oder Ordnung der Anstalt unerlässlich ist.

(2) Eigene Hörfunk- und Fernsehgeräte werden unter den Voraussetzungen des § 58 zugelassen.

§ 58 Besitz von Gegenständen für die Freizeitbeschäftigung

(1) Gefangene dürfen in angemessenem Umfang Bücher, andere Gegenstände zur Fortbildung oder zur Freizeitbeschäftigung sowie Geräte der Unterhaltungselektronik besitzen.

(2) Dies gilt nicht, wenn der Besitz, die Überlassung oder die Benutzung des Gegenstandes

a) mit Strafe oder Geldbuße bedroht wäre,

b) die Sicherheit oder Ordnung der Anstalt gefährden oder

c) dem Ziel des Vollzuges zuwiderlaufen würde.

(3) Die Erlaubnis kann unter den Voraussetzungen des Absatzes 2 widerrufen werden.

§ 59 Mitverantwortung der Gefangenen

(1) Die Anstaltsleitung hat sicherzustellen, dass die Gefangenen angeregt und unterstützt werden, Angelegenheiten, die von gemeinsamem Interesse sind und die sich nach ihrer Art für eine Mitwirkung eignen, in differenzierten und gestuften Formen der Mitwirkung und Selbstverwaltung wahrzunehmen. Eine weitgehende Übernahme der Mitverantwortung für die alltäglichen Abläufe wird angestrebt.

(2) Die Einrichtung von Gremien der Selbstverwaltung und aktiven Mitwirkung ist von der Anstaltsleitung zu fördern und zu begleiten. Die Gefangenen werden zur Mitarbeit ermutigt.

Neunter Abschnitt
Gesundheitsfürsorge

§ 60 Gesundheitsfürsorge

(1) Für das körperliche, seelische, geistige und soziale Wohlergehen der Gefangenen ist zu sorgen. § 91 bleibt unberührt.

(2) Die Bedeutung einer gesunden Lebensführung ist den Gefangenen in geeigneter Form zu vermitteln. Dabei wird die besondere Gefährdung Jugendlicher und Heranwachsender durch Infektionsrisiken, illegale Drogen, aber auch durch Tabak und Alkohol berücksichtigt, und es werden speziell auf die Bedürfnisse dieser Altersgruppe zugeschnittene Beratungs-, Behandlungs- und Betreuungsangebote unterbreitet.

(3) Die Gefangenen haben die notwendigen Maßnahmen zum Gesundheitsschutz und zur Hygiene zu unterstützen.

§ 61 Aufenthalt im Freien

Den Gefangenen wird täglich mindestens eine Stunde Aufenthalt im Freien ermöglicht, wenn die Witterung dies zu der festgesetzten Zeit zulässt.

§ 62 Medizinische Vorsorgeuntersuchungen und Vorsorgeleistungen

Die Gefangenen haben Anspruch auf medizinische Vorsorgeuntersuchungen und Vorsorgeleistungen, wie sie gesetzlich Versicherten zustehen.

§ 63 Krankenbehandlung

Gefangene haben Anspruch auf Krankenbehandlung, wenn sie notwendig ist, um eine Krankheit zu erkennen, zu heilen, ihre Verschlimmerung zu verhüten oder Krankheitsbeschwerden zu lindern. Die Krankenbehandlung umfasst insbesondere

1. ärztliche Behandlung,
2. zahnärztliche Behandlung einschließlich der Versorgung mit Zahnersatz,
3. Versorgung mit Arznei-, Verband-, Heil- und Hilfsmitteln,
4. medizinische und ergänzende Leistungen zur Rehabilitation sowie Belastungserprobung und Arbeitstherapie, soweit die Belange des Vollzuges dem nicht entgegenstehen.

§ 64 Versorgung mit Hilfsmitteln

Gefangene haben Anspruch auf Versorgung mit solchen Hilfsmitteln, die im Einzelfall erforderlich sind, um den Erfolg der Krankenbehandlung zu sichern oder eine Behinderung auszugleichen, sofern dies nicht mit Rücksicht auf die Kürze des Freiheitsentzugs ungerechtfertigt ist und soweit die Hilfsmittel nicht als allgemeine Gebrauchsgegenstände des täglichen Lebens anzusehen sind. Der Anspruch umfasst auch die notwendige Änderung, Instandsetzung und Ersatzbeschaffung von Hilfsmitteln sowie die Ausbildung in ihrem Gebrauch, soweit die Belange des Vollzuges dem nicht entgegenstehen. Ein erneuter Anspruch auf Versorgung mit Sehhilfen besteht nur bei einer Änderung der Sehfähigkeit um mindestens 0,5 Dioptrien. Anspruch auf Versorgung mit Kontaktlinsen besteht nur in medizinisch zwingend erforderlichen Ausnahmefällen.

§ 65 Krankenbehandlung im Urlaub

Während eines Urlaubs oder einer Vollzugslockerung besteht ein Anspruch auf vollzugsseitige Krankenbehandlung nur in der für die betroffenen Gefangenen zuständigen Anstalt.

§ 66 Art und Umfang der Leistungen, Kostenbeteiligung

Für die Art der Gesundheitsuntersuchungen und medizinischen Vorsorgeleistungen sowie für den Umfang dieser Leistungen und der Leistungen zur Krankenbehandlung einschließlich der Versorgung mit Hilfsmitteln gelten die einschlägigen Vorschriften des Sozialgesetzbuches und die aufgrund dieser Vorschriften getroffenen Regelungen entsprechend. Volljährige Gefangene können an den Kosten der Gesundheitsfürsorge in angemessener Weise beteiligt werden. Näheres wird durch Verwaltungsvorschriften geregelt.

§ 67 Ruhen der Ansprüche

Der Anspruch auf Leistungen nach den §§ 62 bis 65 ruht, solange die Gefangenen aufgrund eines freien Beschäftigungsverhältnisses (§ 40 Abs. 4 Satz 1 erste Alternative) krankenversichert sind.

§ 68 Ärztliche Behandlung zur sozialen Eingliederung

Mit Zustimmung der Gefangenen soll die Anstalt ärztliche Behandlungen, namentlich Operationen oder prothetische Maßnahmen, durchführen lassen, die eine soziale Eingliederung fördern. Sie sind an den Kosten zu beteiligen, wenn dies nach ihren wirtschaftlichen Verhältnissen gerechtfertigt ist und der Zweck der Behandlung dadurch nicht in Frage gestellt wird.

§ 69 Unterbringung im Krankheitsfall

(1) Kranke Gefangene können in ein Anstaltskrankenhaus oder in eine für die Behandlung ihrer Krankheit besser geeignete Anstalt verlegt werden.

(2) Können Krankheiten von Gefangenen in einer Anstalt oder einem Anstaltskrankenhaus nicht erkannt oder behandelt werden oder ist es nicht möglich, die Gefangenen rechtzeitig in ein Anstaltskrankenhaus zu verlegen, sind diese in ein Krankenhaus außerhalb des Vollzuges zu bringen.

§ 70 Rechte der Personensorgeberechtigten, Benachrichtigung bei Erkrankung oder Todesfall

(1) Vor ärztlichen Eingriffen bei minderjährigen Gefangenen sind die Rechte der Personensorgeberechtigten zu beachten. Dies gilt insbesondere im Hinblick auf deren Aufklärung und Einwilligung.

(2) Die Personensorgeberechtigten sind im Falle einer schweren Erkrankung oder des Todes von Gefangenen stets zu unterrichten.

Zehnter Abschnitt
Sicherheit und Ordnung

§ 71 Grundsatz

(1) Durch die Beachtung der Belange von Sicherheit und Ordnung der Anstalt ist das Funktionieren des auf die Förderung und Erziehung aller Gefangenen ausgerichteten Anstaltslebens zu gewährleisten.

(2) Die Pflichten und Beschränkungen, die den Gefangenen zur Aufrechterhaltung der Sicherheit oder Ordnung der Anstalt auferlegt werden, sind so zu wählen, dass sie in einem angemessenen Verhältnis zu ihrem Zweck stehen und die Gefangenen nicht mehr und nicht länger als notwendig beeinträchtigen.

(3) Erfolgt der Vollzug der Strafe an weiblichen Gefangenen nicht in einer eigenständigen Anstalt, richtet sich der innere Sicherheitsstandard des Bereichs, in dem sie untergebracht sind, nach ihrem Gefährlichkeitsgrad und dem erforderlichen Sicherungsbedarf.

§ 72 Verhaltensvorschriften

(1) Die Gefangenen haben sich nach der Tageseinteilung der Anstalt (Arbeitszeit, Freizeit, Ruhezeit) zu richten. Sie dürfen durch ihr Verhalten gegenüber Vollzugsbediensteten, Mitgefangenen und anderen Personen das geordnete Zusammenleben nicht stören. Das Verantwortungsbewusstsein der Gefangenen für ein entsprechendes Verhalten ist zu wecken und zu fördern. Hierbei ist ihnen auch zu verdeutlichen, dass Verstöße gegen Verhaltensvorschriften nicht geduldet werden und auf strafbares Verhalten, insbesondere bei Delikten im Gewalt- oder Drogenbereich, entschieden reagiert wird.

(2) Die Gefangenen haben die Anordnungen der Vollzugsbediensteten zu befolgen, auch wenn sie sich dadurch beschwert fühlen. Einen ihnen zugewiesenen Bereich dürfen sie nicht ohne Erlaubnis verlassen.

(3) Ihren Haftraum und die ihnen von der Anstalt überlassenen Sachen haben die Gefangenen in Ordnung zu halten und schonend zu behandeln.

(4) Die Gefangenen haben Umstände, die eine Gefahr für das Leben oder eine erhebliche Gefahr für die Gesundheit einer Person bedeuten, unverzüglich zu melden.

§ 73 Persönlicher Gewahrsam

(1) Gefangene dürfen nur Sachen im Gewahrsam haben oder annehmen, die ihnen von der Anstalt oder mit ihrer Zustimmung überlassen werden. Ohne Zustimmung dürfen sie Sachen von geringem Wert von anderen Gefangenen annehmen oder an andere

Gefangene abgeben; die Anstalt kann Annahme und Gewahrsam auch dieser Sachen von ihrer Zustimmung abhängig machen.

(2) Eingebrachte Sachen, die die Gefangenen nicht in Gewahrsam haben dürfen, sind für sie aufzubewahren, sofern dies nach Art und Umfang möglich ist. Den Gefangenen wird Gelegenheit gegeben, ihre Sachen, die sie während des Vollzuges und für ihre Entlassung benötigen, abzusenden.

(3) Weigern sich Gefangene, eingebrachtes Gut, dessen Aufbewahrung nach Art oder Umfang nicht möglich ist, aus der Anstalt zu verbringen, so ist die Anstalt berechtigt, diese Gegenstände auf Kosten der Gefangenen aus der Anstalt entfernen zu lassen.

(4) Aufzeichnungen und andere Gegenstände, die Kenntnisse über Sicherungsvorkehrungen der Anstalt vermitteln, dürfen von der Anstalt vernichtet oder unbrauchbar gemacht werden.

§ 74 Durchsuchung

(1) Gefangene, ihre Sachen und die Hafträume dürfen durchsucht werden. Die Durchsuchung männlicher Gefangener darf nur von Männern, die Durchsuchung weiblicher Gefangener darf nur von Frauen vorgenommen werden. Das Schamgefühl ist zu schonen.

(2) Nur bei Gefahr im Verzuge oder auf Anordnung der Anstaltsleitung ist es im Einzelfall zulässig, eine mit einer Entkleidung verbundene körperliche Durchsuchung vorzunehmen. Sie darf bei männlichen Gefangenen nur in Gegenwart von Männern, bei weiblichen Gefangenen nur in Gegenwart von Frauen erfolgen. Sie ist in einem geschlossenen Raum durchzuführen. Andere Gefangene dürfen nicht anwesend sein.

(3) Die Anstaltsleiterin oder der Anstaltsleiter kann allgemein anordnen, dass Gefangene bei der Annahme, nach Kontakten mit Besuchern und nach jeder Abwesenheit von der Anstalt nach Absatz 2 zu durchsuchen sind.

§ 75 Sichere Unterbringung

(1) Gefangene können in eine Anstalt verlegt werden, die zu ihrer sicheren Unterbringung besser geeignet ist, wenn in erhöhtem Maße Fluchtgefahr gegeben ist oder sonst ihr Verhalten oder ihr Zustand eine Gefahr für die Sicherheit oder Ordnung der Anstalt darstellt.

(2) § 13 Abs. 2 gilt entsprechend.

§ 76 Erkennungsdienstliche Maßnahmen

(1) Zur Sicherung des Vollzuges, zur Aufrechterhaltung der Sicherheit oder Ordnung der Anstalt oder zur Identitätsfeststellung sind als erkennungsdienstliche Maßnahmen zulässig

1. die Abnahme von Finger- und Handflächenabdrücken sowie die elektronische Erfassung sonstiger biometrischer Merkmale,

2. die Aufnahme von Lichtbildern mit Kenntnis der Gefangenen,

3. die Feststellung äußerlicher körperlicher Merkmale und

4. Messungen.

(2) Die gewonnenen erkennungsdienstlichen Unterlagen werden zu den Gefangenenpersonalakten genommen. Lichtbilder und biometrische Merkmale können zusammen mit den Namen der Gefangenen sowie deren Geburtsdatum und Geburtsort von der Anstalt zudem in einer Datei elektronisch gespeichert werden.

(3) Die nach Absatz 1 gewonnenen erkennungsdienstlichen Unterlagen dürfen nur für die in Absatz 1, § 78 Abs. 2 und § 99 Abs. 2 Buchstabe d) genannten Zwecke verarbeitet und verwendet werden; ferner ist eine Übermittlung an Polizeibehörden des Bundes und der Länder zulässig, soweit dies zur Abwehr einer gegenwärtigen Gefahr für erhebliche Rechtsgüter innerhalb der Anstalt erforderlich ist.

(4) Gefangene, die aufgrund des Absatzes 1 erkennungsdienstlich behandelt worden sind, können nach der Entlassung aus dem Vollzug verlangen, dass die gewonnenen erkennungsdienstlichen Unterlagen mit Ausnahme der in den Gefangenenpersonalakten aufbewahrten Lichtbilder und der Beschreibung von körperlichen Merkmalen vernichtet oder gelöscht werden, sobald die Vollstre-

ckung der richterlichen Entscheidung, die dem Vollzug zugrunde gelegen hat, abgeschlossen ist. Sie sind über dieses Recht bei der erkennungsdienstlichen Behandlung und bei der Entlassung aufzuklären.

§ 77 Maßnahmen zur Feststellung von Suchtmittelkonsum

(1) Zur Aufrechterhaltung der Sicherheit oder Ordnung der Anstalt kann die Anstaltsleiterin oder der Anstaltsleiter allgemein oder im Einzelfall Maßnahmen anordnen, die geeignet sind, den Missbrauch von Suchtmitteln festzustellen. Diese Maßnahmen dürfen nicht mit einem körperlichen Eingriff verbunden sein.

(2) Wird Suchtmittelmissbrauch festgestellt, können die Kosten der Maßnahme den betroffenen Gefangenen auferlegt werden.

§ 78 Festnahmerecht

(1) Gefangene, die entwichen sind oder sich sonst ohne Erlaubnis außerhalb der Anstalt aufhalten, können durch die Anstalt oder auf ihre Veranlassung hin festgenommen und zurückgebracht werden.

(2) Nach § 76 Abs. 1 gewonnene erkennungsdienstliche Unterlagen und nach § 98 erhobene und zur Identifizierung oder Festnahme erforderliche Daten dürfen den Vollstreckungs- und Strafverfolgungsbehörden übermittelt werden, soweit dies für Zwecke der Fahndung und Festnahme der entwichenen oder sich sonst ohne Erlaubnis außerhalb der Anstalt aufhaltenden Gefangenen erforderlich ist.

§ 79 Besondere Sicherungsmaßnahmen

(1) Gegen Gefangene können besondere Sicherungsmaßnahmen angeordnet werden, wenn nach ihrem Verhalten oder aufgrund ihres seelischen Zustandes in erhöhtem Maße Fluchtgefahr oder die Gefahr von Gewalttätigkeiten gegen Personen oder Sachen oder die Gefahr der Selbsttötung oder der Selbstverletzung besteht.

(2) Als besondere Sicherungsmaßnahmen sind zulässig

1. der Entzug oder die Vorenthaltung von Gegenständen,

2. die Beobachtung der Gefangenen, und zwar auch mit technischen Hilfsmitteln,

3. die Absonderung von anderen Gefangenen,

4. der Entzug oder die Beschränkung des Aufenthalts im Freien,

5. die Unterbringung in einem besonders gesicherten Haftraum ohne gefährdende Gegenstände und

6. die Fesselung.

(3) Maßnahmen nach Absatz 2 Nr. 1, 3 bis 5 sind auch zulässig, wenn die Gefahr einer Befreiung oder eine erhebliche Störung der Anstaltsordnung anders nicht vermieden oder behoben werden kann.

(4) Bei einer Ausführung, Vorführung oder beim Transport ist die Fesselung auch dann zulässig, wenn aus anderen Gründen als denen des Absatzes 1 eine Fluchtgefahr besteht.

(5) Besondere Sicherungsmaßnahmen dürfen nur soweit aufrechterhalten werden, als es ihr Zweck erfordert.

(6) Sicherungsmaßnahmen nach Absatz 2 Nr. 5 und 6 sind der Aufsichtsbehörde unverzüglich mitzuteilen, wenn sie länger als drei Tage aufrecht erhalten werden.

§ 80 Einzelhaft

Die unausgesetzte Absonderung von Gefangenen (Einzelhaft) ist nur zulässig, wenn dies aus Gründen, die in ihrer Person liegen, unerlässlich ist. Der ärztliche und der psychologische Dienst der Anstalt sind unverzüglich zu beteiligen. Ohne Zustimmung der Aufsichtsbehörde darf Einzelhaft innerhalb von zwölf Monaten eine Gesamtdauer von zwei Monaten nicht überschreiten. Diese Frist wird nicht dadurch unterbrochen, dass die Gefangenen am Gottesdienst oder an der Freistunde teilnehmen. Während des Vollzuges der Einzelhaft sind die Gefangenen in besonderem Maße zu betreuen; hierzu gehört auch, dass der ärztliche und der psychologische Dienst der Anstalt die Gefangenen regelmäßig aufsuchen.

§ 81 Fesselung

In der Regel dürfen Fesseln nur an den Händen oder an den Füßen angelegt werden. Im Interesse der Gefangenen kann die Anstaltsleitung eine andere Art der Fesselung anordnen. Die Fesselung wird zeitweise gelockert, soweit dies notwendig ist.

§ 82 Anordnungsbefugnis für besondere Sicherungsmaßnahmen

(1) Besondere Sicherungsmaßnahmen ordnet die Anstaltsleiterin oder der Anstaltsleiter an. Bei Gefahr im Verzuge können auch andere Bedienstete der Anstalt diese Maßnahmen vorläufig anordnen. Die Entscheidung der Anstaltsleiterin oder des Anstaltsleiters ist unverzüglich einzuholen.

(2) Werden Gefangene ärztlich behandelt oder beobachtet oder bildet ihr seelischer Zustand den Anlass der Maßnahme, ist vorher der ärztliche Dienst der Anstalt zu hören. Ist dies wegen Gefahr im Verzuge nicht möglich, wird seine Stellungnahme unverzüglich eingeholt.

§ 83 Überwachung durch den ärztlichen und psychologischen Dienst

(1) Sind Gefangene in einem besonders gesicherten Haftraum untergebracht oder gefesselt (§ 79 Abs. 2 Nr. 5 und 6), so suchen sie der ärztliche und der psychologische Dienst der Anstalt alsbald und in der Folge möglichst täglich auf. Dies gilt nicht bei einer Fesselung während einer Ausführung, Vorführung oder eines Transportes (§ 79 Abs. 4).

(2) Der ärztliche Dienst ist regelmäßig zu hören, solange Gefangenen der tägliche Aufenthalt im Freien entzogen wird.

Elfter Abschnitt
Unmittelbarer Zwang

§ 84 Begriffsbestimmungen

(1) Unmittelbarer Zwang ist die Einwirkung auf Personen oder Sachen durch körperliche Gewalt, ihre Hilfsmittel und durch Waffen.

(2) Körperliche Gewalt ist jede unmittelbare körperliche Einwirkung auf Personen oder Sachen.

(3) Hilfsmittel der körperlichen Gewalt sind namentlich Fesseln.

(4) Waffen sind die dienstlich zugelassenen Hieb- und Schusswaffen sowie Reizstoffe.

§ 85 Allgemeine Voraussetzungen

(1) Bedienstete der Justizvollzugsanstalten dürfen unmittelbaren Zwang anwenden, wenn sie Vollzugs- und Sicherungsmaßnahmen rechtmäßig durchführen und der damit verfolgte Zweck auf keine andere Weise erreicht werden kann.

(2) Gegen andere Personen als Gefangene darf unmittelbarer Zwang angewendet werden, wenn sie es unternehmen, Gefangene zu befreien oder in den Anstaltsbereich widerrechtlich einzudringen, oder wenn sie sich unbefugt darin aufhalten.

(3) Das Recht zu unmittelbarem Zwang aufgrund anderer Regelungen bleibt unberührt.

§ 86 Grundsatz der Verhältnismäßigkeit

(1) Unter mehreren möglichen und geeigneten Maßnahmen des unmittelbaren Zwanges sind diejenigen zu wählen, die den Einzelnen und die Allgemeinheit voraussichtlich am wenigsten beeinträchtigen.

(2) Unmittelbarer Zwang unterbleibt, wenn ein durch ihn zu erwartender Schaden erkennbar außer Verhältnis zu dem angestrebten Erfolg steht.

§ 87 (weggefallen)

§ 88 Androhung

Unmittelbarer Zwang ist vorher anzudrohen. Die Androhung darf nur dann unterbleiben, wenn die Umstände sie nicht zulassen oder unmittelbarer Zwang sofort angewendet werden muss, um eine rechtswidrige Tat, die den Tatbestand eines Strafgesetzes erfüllt, zu verhindern oder eine gegenwärtige Gefahr abzuwenden.

I

§ 89 Allgemeine Vorschriften für den Schusswaffengebrauch

(1) Schusswaffen dürfen nur gebraucht werden, wenn andere Maßnahmen des unmittelbaren Zwanges bereits erfolglos waren oder keinen Erfolg versprechen. Gegen Personen ist ihr Gebrauch nur zulässig, wenn der Zweck nicht durch Waffenwirkung gegen Sachen erreicht wird.

(2) Schusswaffen dürfen nur die dazu bestimmten Vollzugsbediensteten gebrauchen und nur, um angriffs- oder fluchtunfähig zu machen. Ihr Gebrauch unterbleibt, wenn dadurch erkennbar Unbeteiligte mit hoher Wahrscheinlichkeit gefährdet würden.

(3) Der Gebrauch von Schusswaffen ist vorher anzudrohen. Als Androhung gilt auch ein Warnschuss. Ohne Androhung dürfen Schusswaffen nur dann gebraucht werden, wenn dies zur Abwehr einer gegenwärtigen Gefahr für Leib oder Leben erforderlich ist.

§ 90 Besondere Vorschriften für den Schusswaffengebrauch

(1) Gegen Gefangene dürfen Schusswaffen gebraucht werden,

a) wenn sie eine Waffe oder ein anderes gefährliches Werkzeug trotz wiederholter Aufforderung nicht ablegen,

b) wenn sie eine Meuterei (§ 121 des Strafgesetzbuches) unternehmen oder

c) um ihre Flucht zu vereiteln oder um sie wiederzuergreifen.

Um die Flucht aus einer offenen Anstalt zu vereiteln, dürfen keine Schusswaffen gebraucht werden.

(2) Gegen andere Personen dürfen Schusswaffen gebraucht werden, wenn sie es unternehmen, Gefangene gewaltsam zu befreien oder gewaltsam in eine Anstalt einzudringen.

§ 91 Zwangsmaßnahmen auf dem Gebiet der Gesundheitsfürsorge

(1) Medizinische Untersuchung und Behandlung sowie Ernährung sind zwangsweise nur bei Lebensgefahr, bei schwerwiegender Gefahr für die Gesundheit der Gefangenen oder bei Gefahr für die Gesundheit anderer Personen zulässig; die Maßnahmen müssen für die Beteiligten zumutbar und dürfen nicht mit erheblicher Gefahr für Leben oder Gesundheit der Gefangenen verbunden sein. Zur Durchführung der Maßnahmen ist die Anstalt nicht verpflichtet, solange von einer freien Willensbestimmung der Gefangenen ausgegangen werden kann.

(2) Zum Gesundheitsschutz und zur Hygiene ist die zwangsweise körperliche Untersuchung außer im Falle des Absatzes 1 zulässig, wenn sie nicht mit einem körperlichen Eingriff verbunden ist.

(3) Die Maßnahmen dürfen nur auf Anordnung und unter Leitung einer Ärztin oder eines Arztes durchgeführt werden, unbeschadet der Leistung erster Hilfe für den Fall, dass eine Ärztin oder ein Arzt nicht rechtzeitig erreichbar und mit einem Aufschub Lebensgefahr verbunden ist.

Zwölfter Abschnitt
Erzieherisches Gespräch, Konfliktregelung, Disziplinarmaßnahmen

§ 92 Pflichtverstöße, erzieherisches Gespräch, Konfliktregelung

(1) Verstoßen Gefangene schuldhaft gegen Pflichten, die ihnen durch dieses Gesetz oder aufgrund dieses Gesetzes auferlegt sind, wird versucht, diese Pflichtverstöße zeitnah im erzieherischen Gespräch aufzuarbeiten. Verbleibende, schwerwiegende oder wiederholte Konflikte sollen im Wege der Konfliktregelung geschlichtet werden. Dabei können ausgleichende Maßnahmen, insbesondere eine Entschuldigung, Schadensbeseitigung oder -wiedergutmachung, vereinbart werden. Zudem können erzieherische Maßnahmen, namentlich die Erteilung von Weisungen und Auflagen, die Beschränkung oder der Entzug einzelner Gegenstände für die Freizeitbeschäftigung und der Ausschluss von gemeinsamer Freizeit oder von einzelnen Freizeitveranstaltungen bis zur Dauer von einer Woche, angeordnet werden.

(2) Die Anstaltsleiterin oder der Anstaltsleiter legt fest, welche Bediensteten befugt sind, erzieherische Maßnahmen anzuordnen.

§ 93 Disziplinarmaßnahmen

(1) Disziplinarmaßnahmen dürfen nur angeordnet werden, wenn Maßnahmen nach § 92 nicht ausreichen, um den Gefangenen das Unrecht ihrer Handlung zu verdeutlichen. Zu berücksichtigen ist ferner eine aus demselben Anlass angeordnete besondere Sicherungsmaßnahme.

(2) Eine Disziplinarmaßnahme ist auch zulässig, wenn wegen derselben Verfehlung ein Straf- oder Bußgeldverfahren eingeleitet wird.

(3) Zulässige Disziplinarmaßnahmen sind

1. der Ausschluss von gemeinsamer Freizeit oder von einzelnen Freizeitveranstaltungen bis zu zwei Monaten,

2. die Beschränkung oder der Entzug des Hörfunk- oder Fernsehempfangs bis zu zwei Monaten,

3. die Beschränkung oder der Entzug der Gegenstände für eine Beschäftigung in der Freizeit bis zu zwei Monaten,

4. die Beschränkung der Verfügung über das Hausgeld bis zu 75 Prozent des monatlich zur Verfügung stehenden Betrages bis zu zwei Monaten,

5. die getrennte Unterbringung in der Freizeit bis zu vier Wochen,

6. Arrest bis zu zwei Wochen.

(4) Arrest darf nur wegen schwerer oder mehrfach wiederholter Verfehlungen verhängt werden.

(5) Mehrere Disziplinarmaßnahmen können miteinander verbunden werden.

§ 94 Vollzug der Disziplinarmaßnahmen, Aussetzung zur Bewährung

(1) Disziplinarmaßnahmen werden in der Regel sofort vollstreckt.

(2) Eine Disziplinarmaßnahme kann ganz oder teilweise bis zu sechs Monaten zur Bewährung ausgesetzt werden.

(3) Wird die Verfügung über das Hausgeld beschränkt oder entzogen, ist das in dieser Zeit anfallende Hausgeld dem Überbrückungsgeld hinzuzurechnen.

(4) Arrest wird in Einzelhaft vollzogen. Er ist erzieherisch auszugestalten. Die Gefangenen können in einem besonderen Arrestraum untergebracht werden, der den Anforderungen entsprechen muss, die an einen zum Aufenthalt bei Tag und Nacht bestimmten Haftraum gestellt werden. Soweit nichts anderes angeordnet wird, ruhen die Befugnisse der Gefangenen aus den §§ 25 Abs. 6, 26, 28, 40, 54 bis 58.

§ 95 Disziplinarbefugnis

(1) Disziplinarmaßnahmen ordnet die Leiterin oder der Leiter derjenigen Anstalt an, der die Gefangenen zum Zeitpunkt der Verfehlung angehören. Bei einer Verfehlung auf dem Wege in eine andere Anstalt zum Zwecke der Verlegung ist die Leiterin oder der Leiter der Bestimmungsanstalt zuständig.

(2) Die Aufsichtsbehörde entscheidet, wenn sich die Verfehlung von Gefangenen gegen die Anstaltsleiterin oder den Anstaltsleiter richtet.

(3) Disziplinarmaßnahmen, die gegen Gefangene in einer anderen Anstalt oder während einer Untersuchungshaft angeordnet worden sind, werden auf Ersuchen vollstreckt. § 94 Abs. 2 bleibt unberührt.

§ 96 Verfahren

(1) Der Sachverhalt ist zu klären. Die Gefangenen werden gehört. Sie sind darauf hinzuweisen, dass es ihnen freisteht, sich zu äußern. Die Erhebungen werden in einer Niederschrift festgelegt; die Einlassung der Gefangenen wird vermerkt.

(2) Bei schweren Verstößen soll die Anstaltsleiterin oder der Anstaltsleiter sich vor der Entscheidung in einer Konferenz mit Personen besprechen, die bei der Behandlung der Gefangenen mitwirken.

(3) Vor der Anordnung einer Disziplinarmaßnahme gegen Gefangene, die sich in ärztlicher Behandlung befinden, oder gegen eine Schwangere oder eine stillende Mutter ist der ärztliche Dienst der Anstalt zu hören.

(4) Die Entscheidung wird den Gefangenen von der Anstaltsleiterin oder dem Anstaltsleiter mündlich eröffnet und mit einer kurzen Begründung schriftlich abgefasst.

(5) Bevor Arrest vollzogen wird, ist der ärztliche Dienst der Anstalt zu hören. Während des Arrestes stehen die Gefangenen unter ärztlicher Aufsicht. Der Vollzug des Arrestes unterbleibt oder wird unterbrochen, wenn die Gesundheit der Gefangenen gefährdet würde.

Dreizehnter Abschnitt
Beschwerderecht

§ 97 Beschwerderecht, Ombudsperson

(1) Die Gefangenen erhalten Gelegenheit, sich mit Wünschen, Anregungen und Beschwerden in Angelegenheiten, die sie selbst betreffen, an die Anstaltsleitung zu wenden. Regelmäßige Sprechstunden sind einzurichten.

(2) Die Möglichkeit, sich in allen vollzuglichen Angelegenheiten an die Ombudsperson für den Strafvollzug des Landes Nordrhein-Westfalen zu wenden, bleibt unberührt. Die Ombudsperson kann die Gefangenen in ihren Räumen aufsuchen. Die Aussprache mit ihr wird nicht überwacht. Für die Überwachung des Schriftwechsels mit der Ombudsperson gilt § 35 Abs. 2 Satz 1 und 3 entsprechend.

(3) Besichtigt eine Vertreterin oder ein Vertreter der Aufsichtsbehörde die Anstalt, so ist zu gewährleisten, dass Gefangene sich in Angelegenheiten, die sie selbst betreffen, an diese wenden können.

(4) Die Möglichkeit der Dienstaufsichtsbeschwerde bleibt unberührt.

Vierzehnter Abschnitt
Datenschutz

§ 98 Datenerhebung

(1) Die Vollzugsbehörde darf personenbezogene Daten erheben, soweit deren Kenntnis für den ihr nach diesem Gesetz aufgegebenen Vollzug der Strafe erforderlich ist.

(2) Personenbezogene Daten sind bei den Betroffenen zu erheben. Für die Erhebung ohne Kenntnis der Betroffenen, die Erhebung bei anderen Stellen oder Personen und für die Hinweis- und Aufklärungspflichten gilt § 12 des Datenschutzgesetzes Nordrhein-Westfalen.

(3) Daten über Personen, die nicht Gefangene sind, dürfen ohne ihre Mitwirkung bei Personen oder Stellen außerhalb der Vollzugsbehörde nur erhoben werden, wenn sie für die Behandlung der Gefangenen, die Sicherheit der Anstalt oder die Sicherung des Vollzuges einer Strafe unerlässlich sind und die Art der Erhebung schutzwürdige Interessen der Betroffenen nicht beeinträchtigt.

(4) Über eine ohne ihre Kenntnis vorgenommene Erhebung personenbezogener Daten werden die Betroffenen unter Angabe dieser Daten unterrichtet, soweit der in Absatz 1 genannte Zweck dadurch nicht gefährdet wird. Sind die Daten bei anderen Personen oder Stellen erhoben worden, kann die Unterrichtung unterbleiben, wenn

a) die Daten nach einer Rechtsvorschrift oder ihrem Wesen nach, namentlich wegen des überwiegenden berechtigten Interesses Dritter, geheim gehalten werden müssen oder

b) der Aufwand der Unterrichtung außer Verhältnis zum Schutzzweck steht und keine Anhaltspunkte dafür bestehen, dass überwiegende schutzwürdige Interessen der Betroffenen beeinträchtigt werden.

§ 99 Verarbeitung

(1) Die Vollzugsbehörde darf personenbezogene Daten verarbeiten, soweit dies für den ihr nach diesem Gesetz aufgegebenen Vollzug der Strafe erforderlich ist. Die Vollzugsbehörde kann Gefangene verpflichten, einen Lichtbildausweis mit sich zu führen, wenn dies aus Gründen der Sicherheit oder Ordnung der Anstalt erforderlich ist.

(2) Die Verarbeitung personenbezogener Daten für andere Zwecke ist zulässig, soweit dies

a) zur Abwehr von sicherheitsgefährdenden oder geheimdienstlichen Tätigkeiten für eine fremde Macht oder von Bestrebungen im Geltungsbereich des Grundgesetzes, die durch Anwendung von Gewalt oder darauf gerichtete Vorbereitungshandlungen

aa) gegen die freiheitliche demokratische Grundordnung, den Bestand oder die Sicherheit des Bundes oder eines Landes gerichtet sind,

bb) eine ungesetzliche Beeinträchtigung der Amtsführung der Verfassungsorgane des Bundes oder eines Landes oder ihrer Mitglieder zum Ziele haben oder

cc) auswärtige Belange der Bundesrepublik Deutschland gefährden,

b) zur Abwehr erheblicher Nachteile für das Gemeinwohl oder einer Gefahr für die öffentliche Sicherheit,

c) zur Abwehr einer schwerwiegenden Beeinträchtigung der Rechte einer anderen Person,

d) zur Verhinderung oder Verfolgung von Straftaten sowie zur Verhinderung oder Verfolgung von Ordnungswidrigkeiten, durch welche die Sicherheit oder Ordnung der Anstalt gefährdet werden, oder

e) für Maßnahmen der Strafvollstreckung oder strafvollstreckungsrechtliche Entscheidungen erforderlich ist.

(3) Eine Verarbeitung für andere Zwecke liegt nicht vor, soweit sie dem gerichtlichen Rechtsschutz im Zusammenhang mit diesem Gesetz oder den in § 13 Abs. 3 des Datenschutzgesetzes Nordrhein-Westfalen genannten Zwecken dient.

(4) Über die in den Absätzen 1 und 2 geregelten Zwecke hinaus dürfen zuständigen öffentlichen Stellen personenbezogene Daten übermittelt werden, soweit dies für

a) Maßnahmen der Gerichtshilfe, Jugendgerichtshilfe, Bewährungshilfe oder Führungsaufsicht,

b) Entscheidungen in Gnadensachen,

c) gesetzlich angeordnete Statistiken der Rechtspflege,

d) die Einleitung von Hilfsmaßnahmen für Angehörige (§ 11 Abs. 1 Nr. 1 des Strafgesetzbuchs) der Gefangenen,

e) dienstliche Maßnahmen der Bundeswehr im Zusammenhang mit der Aufnahme und Entlassung von Soldatinnen und Soldaten,

f) ausländerrechtliche Maßnahmen oder

g) die Durchführung der Besteuerung

erforderlich ist. Eine Übermittlung für andere Zwecke ist auch zulässig, soweit eine andere gesetzliche Vorschrift dies vorsieht und sich dabei ausdrücklich auf personenbezogene Daten über Gefangene bezieht.

(5) Erhält die Vollzugsbehörde davon Kenntnis, dass Gefangene von öffentlichen Stellen Leistungen beziehen oder bei öffentlichen Stellen Leistungen beantragt haben, die für die Dauer des Vollzuges entfallen oder sich mindern, hat sie die Leistungsträger unverzüglich darüber zu unterrichten, dass und seit wann die betroffenen Gefangenen sich im Vollzug befinden. Den betroffenen Gefangenen ist eine Abschrift der Mitteilung auszuhändigen.

(6) Öffentlichen und nicht-öffentlichen Stellen darf die Vollzugsbehörde auf schriftlichen Antrag mitteilen, ob sich eine Person in Haft befindet sowie ob und wann ihre Entlassung voraussichtlich innerhalb eines Jahres bevorsteht, soweit

a) die Mitteilung zur Erfüllung der in der Zuständigkeit der öffentlichen Stelle liegenden Aufgaben erforderlich ist oder

b) von nicht-öffentlichen Stellen ein berechtigtes Interesse an dieser Mitteilung glaubhaft dargelegt wird und die Gefangenen kein schutzwürdiges Interesse an dem Ausschluss der Übermittlung haben.

Verletzten einer Straftat können darüber hinaus auf schriftlichen Antrag Auskünfte über die Entlassungsadresse oder die Vermögensverhältnisse Gefangener erteilt werden, wenn die Erteilung zur Feststellung oder Durchsetzung von Rechtsansprüchen im Zusammenhang mit der Straftat erforderlich ist. Die betroffenen Gefangenen werden vor der Mitteilung gehört, es sei denn, es ist zu besorgen, dass dadurch die Verfolgung des Interesses der Antragsteller vereitelt oder wesentlich erschwert werden würde, und eine Abwägung ergibt, dass dieses Interesse der Antragsteller das Interesse der Gefangenen an ihrer vorherigen Anhörung überwiegt. Ist die Anhörung unterblieben, werden die betroffenen Gefangenen über die Mitteilung der Vollzugsbehörde nachträglich unterrichtet.

(7) Akten mit personenbezogenen Daten dürfen nur anderen Vollzugsbehörden, den zur Dienst- oder Fachaufsicht oder zu dienstlichen Weisungen befugten Stellen, den für strafvollzugs-, strafvollstreckungs- und strafrechtliche Entscheidungen zuständigen Gerichten sowie den Strafvollstreckungs- und Strafverfolgungsbehörden überlassen werden; die Überlassung an andere öffentliche Stellen ist zulässig, soweit die Erteilung einer Auskunft einen unvertretbaren Aufwand erfordert oder nach Darlegung der Akteneinsicht begehrenden Stellen für die Erfüllung der Aufgabe nicht ausreicht. Entsprechendes gilt für die Überlassung von Akten an die von der Vollzugsbehörde mit Gutachten beauftragten Stellen.

(8) Sind mit personenbezogenen Daten, die nach den Absätzen 1, 2 oder 4 übermittelt werden dürfen, weitere personenbezogene Daten der Betroffenen oder Dritter in Akten so verbunden, dass eine Trennung nicht oder nur mit unvertretbarem Aufwand möglich ist, so ist die Übermittlung auch dieser Daten zulässig, soweit nicht berechtigte Interessen der Betroffenen oder Dritter an deren Geheimhaltung offensichtlich überwiegen. Eine Verarbeitung dieser Daten durch die Empfänger ist unzulässig; hierauf muss bei der Übermittlung der Daten hingewiesen werden.

(9) Bei der Überwachung der Besuche oder des Schriftwechsels sowie bei der Überwachung des Inhaltes von Paketen bekannt gewordene personenbezogene Daten dürfen nur für die in Absatz 2 aufgeführten Zwecke, für den gerichtlichen Rechtsschutz im Zusammenhang mit diesem Gesetz, zur Wahrung der Sicherheit oder Ordnung der Anstalt

oder nach Anhörung der Gefangenen für Zwecke der Behandlung verarbeitet werden.

(10) Personenbezogene Daten, die gemäß § 98 Abs. 3 über Personen, die nicht Gefangene sind, erhoben worden sind, dürfen nur zur Erfüllung des Erhebungszweckes, für die in Absatz 2 Buchstabe a) bis c) geregelten Zwecke oder zur Verhinderung oder Verfolgung von Straftaten von erheblicher Bedeutung verarbeitet werden.

(11) Die Übermittlung von personenbezogenen Daten unterbleibt, soweit die in § 102 Abs. 2, § 104 Abs. 2 und 5 geregelten Einschränkungen oder besondere gesetzliche Verwendungsregelungen entgegenstehen.

(12) Die Verantwortung für die Zulässigkeit der Übermittlung trägt die Vollzugsbehörde. Erfolgt die Übermittlung auf Ersuchen einer öffentlichen Stelle, trägt diese die Verantwortung. In diesem Fall prüft die Vollzugsbehörde nur, ob das Übermittlungsersuchen im Rahmen der Aufgaben des Empfängers liegt und die Absätze 9 bis 11 der Übermittlung nicht entgegenstehen, es sei denn, dass besonderer Anlass zur Prüfung der Zulässigkeit der Übermittlung besteht.

§ 100 Zentrale Datei, Einrichtung automatisierter Übermittlungs- und Abrufverfahren

(1) Die gemäß § 98 erhobenen Daten können für die Vollzugsbehörden im Geltungsbereich dieses Gesetzes in einer zentralen Datei gespeichert werden.

(2) Die Einrichtung und Verwendung eines automatisierten Verfahrens, das die Übermittlung oder den Abruf personenbezogener Daten aus der zentralen Datei gemäß § 99 Abs. 2 und 4 ermöglicht, ist zulässig, soweit diese Form der Datenübermittlung oder des Datenabrufs unter Berücksichtigung der schutzwürdigen Belange der betroffenen Personen und der Erfüllung des Zwecks der Übermittlung angemessen ist. Die automatisierte Übermittlung der in § 13 Abs. 1 Satz 3 des Bundeskriminalamtgesetzes angeführten personenbezogenen Daten kann auch ohne die in Satz 1 genannten Voraussetzungen erfolgen.

(3) Die speichernde Stelle hat zu gewährleisten, dass die Übermittlung und der Abruf zumindest durch geeignete Stichprobenverfahren festgestellt und überprüft werden kann.

(4) Die Landesregierung bestimmt durch Rechtsverordnung die Einzelheiten der Einrichtung automatisierter Übermittlungs- und Abrufverfahren. Der Landesbeauftragte für Datenschutz und Informationsfreiheit ist vorher zu hören. Die Rechtsverordnung hat den Datenempfänger, die Datenart und den Zweck des Abrufs festzulegen. Sie hat Maßnahmen zur Datensicherung und zur Kontrolle vorzusehen. Die Ermächtigung zum Erlass der Rechtsverordnung kann auf das Justizministerium übertragen werden.

(5) Bei der Übermittlung gilt die in § 99 Abs. 12 getroffene Regelung zur Verantwortung für die Zulässigkeit entsprechend; beim Abruf trägt die abrufende Stelle die Verantwortung.

(6) Das Justizministerium kann mit anderen Ländern und dem Bund einen Datenverbund vereinbaren, der eine automatisierte Datenübermittlung ermöglicht.

§ 101 Zweckbindung

Von der Vollzugsbehörde übermittelte personenbezogene Daten dürfen nur zu dem Zweck verarbeitet werden, zu dessen Erfüllung sie übermittelt worden sind. Die Empfänger dürfen die Daten für andere Zwecke nur verarbeiten, soweit sie ihnen auch für diese Zwecke hätten übermittelt werden dürfen, und wenn im Falle einer Übermittlung an nicht-öffentliche Stellen die übermittelnde Vollzugsbehörde zugestimmt hat. Die Vollzugsbehörde hat die nicht-öffentlichen Empfänger auf die Zweckbindung nach Satz 1 hinzuweisen.

§ 102 Schutz besonderer Daten

(1) Das religiöse oder weltanschauliche Bekenntnis Gefangener und personenbezogene Daten, die anlässlich ärztlicher Untersuchungen erhoben worden sind, dürfen in der Anstalt nicht allgemein kenntlich gemacht werden. Andere personenbezogene Daten über die Gefangenen dürfen innerhalb der Anstalt allgemein kenntlich gemacht werden; soweit dies für ein geordnetes Zusammenleben in der Anstalt erforderlich ist; § 99 Abs. 9 bis 11 bleibt unberührt.

(2) Personenbezogene Daten, die den in § 203 Abs. 1 Nr. l, 2 und 5 des Strafgesetzbuchs genannten Personen von Gefangenen als Geheimnis anvertraut oder über Gefangene sonst bekannt geworden sind, unterliegen auch gegenüber der Vollzugsbehörde der Schweigepflicht. Die in § 203 Abs. 1 Nr. 1, 2 und 5 des Strafgesetzbuchs genannten Personen haben sich gegenüber der Anstaltsleiterin oder dem Anstaltsleiter zu offenbaren, soweit dies für die Aufgabenerfüllung der Vollzugsbehörde oder zur Abwehr von erheblichen Gefahren für Leib oder Leben Gefangener oder Dritter erforderlich ist. Die Ärztin oder der Arzt ist zur Offenbarung ihr oder ihm im Rahmen der allgemeinen Gesundheitsfürsorge bekannt gewordener Geheimnisse befugt, soweit dies für die Aufgabenerfüllung der Vollzugsbehörde unerlässlich oder zur Abwehr von erheblichen Gefahren für Leib oder Leben Gefangener oder Dritter erforderlich ist. Sonstige Offenbarungsbefugnisse bleiben unberührt. Die Gefangenen sind vor der Erhebung über die nach den Sätzen 2 und 3 bestehenden Offenbarungsbefugnisse zu unterrichten.

(3) Die nach Absatz 2 offenbarten Daten dürfen nur für den Zweck, zu dem sie offenbart wurden oder für den eine Offenbarung zulässig gewesen wäre, und nur unter denselben Voraussetzungen verarbeitet werden, unter denen eine in § 203 Abs. 1 Nr. 1, 2 und 5 des Strafgesetzbuches genannte Person selbst hierzu befugt wäre. Die Anstaltsleiterin oder der Anstaltsleiter kann unter diesen Voraussetzungen die unmittelbare Offenbarung gegenüber bestimmten Anstaltsbediensteten allgemein zulassen.

(4) Sofern Ärztinnen oder Ärzte oder Psychologinnen oder Psychologen außerhalb des Vollzuges mit der Untersuchung oder Behandlung Gefangener beauftragt werden, gilt Absatz 2 mit der Maßgabe entsprechend, dass die beauftragte Person auch zur Unterrichtung des ärztlichen Dienstes der Anstalt

oder der in der Anstalt mit der Behandlung der betroffenen Gefangenen betrauten Person des psychologischen Dienstes befugt ist.

§ 103 Schutz der Daten in Akten und Dateien

(1) Einzelne Vollzugsbedienstete dürfen sich von personenbezogenen Daten nur Kenntnis verschaffen, soweit dies zur Erfüllung der ihnen obliegenden Aufgabe oder für die Zusammenarbeit nach § 122 Abs. 1 erforderlich ist.

(2) Akten und Dateien mit personenbezogenen Daten sind durch die erforderlichen technischen und organisatorischen Maßnahmen gegen unbefugten Zugang und unbefugten Gebrauch zu schützen. Gesundheitsakten und Krankenblätter sind getrennt von anderen Unterlagen zu führen und besonders zu sichern. Im Übrigen gilt für die Art und den Umfang der Schutzvorkehrungen § 10 des Datenschutzgesetzes Nordrhein-Westfalen.

§ 104 Berichtigung, Löschung, Sperrung

(1) Die in Dateien gespeicherten personenbezogenen Daten sind spätestens zehn Jahre nach der Entlassung der Gefangenen oder der Verlegung der Gefangenen in eine andere Anstalt zu löschen.

(2) Personenbezogene Daten in Dateien dürfen nach Ablauf von zwei Jahren seit der Entlassung der Gefangenen nur übermittelt oder genutzt werden, soweit dies

a) für das Auffinden der Gefangenenpersonalakte oder

b) für die Durchführung wissenschaftlicher Forschungsvorhaben gemäß §§ 106 und 108

erforderlich ist.

(3) Personenbezogene Daten in Akten dürfen nach Ablauf von zwei Jahren seit der Entlassung der Gefangenen nur übermittelt oder genutzt werden, soweit dies

a) für die Durchführung wissenschaftlicher Forschungsvorhaben gemäß §§ 106 und 108 erforderlich oder

b) zur Verfolgung von Straftaten oder

c) zur Behebung einer bestehenden Beweisnot oder

d) zur Feststellung, Durchsetzung oder Abwehr von Rechtsansprüchen im Zusammenhang mit dem Vollzug einer Strafe

unerlässlich ist.

(4) Die Verwendungsbeschränkungen nach Absatz 2 und 3 enden, wenn Gefangene erneut zum Vollzug einer Strafe aufgenommen werden oder die Betroffenen eingewilligt haben.

(5) Bei der Aufbewahrung von Akten mit nach Absatz 3 gesperrten Daten dürfen folgende Fristen nicht überschritten werden:

a) Gefangenenpersonalakten und Gefangenenbücher zehn Jahre,

b) Gesundheitsakten und Krankenblätter 20 Jahre.

Dies gilt nicht, wenn aufgrund bestimmter Tatsachen anzunehmen ist, dass die Aufbewahrung für die in Absatz 3 genannten Zwecke weiterhin erforderlich ist. Die Aufbewahrungsfrist beginnt mit dem auf das Jahr der aktenmäßigen Weglegung folgenden Kalenderjahr.

(6) Wird festgestellt, dass unrichtige Daten übermittelt worden sind, ist dies den Empfängern mitzuteilen, wenn dies zur Wahrung schutzwürdiger Interessen der Betroffenen erforderlich ist.

(7) Im Übrigen gilt für die Berichtigung, Löschung und Sperrung personenbezogener Daten § 19 des Datenschutzgesetzes Nordrhein-Westfalen.

(8) Die archivrechtlichen Vorschriften des Bundes und des Landes bleiben unberührt.

§ 105 Auskunft an Betroffene, Akteneinsicht

Die Betroffenen erhalten nach Maßgabe der §§ 18, 35 Abs. 2 des Datenschutzgesetzes Nordrhein-Westfalen Auskunft und, soweit eine Auskunft für die Wahrnehmung ihrer rechtlichen Interessen nicht ausreicht und sie hierfür auf die Einsichtnahme angewiesen sind, Akteneinsicht.

§ 106 Übermittlung personenbezogener Informationen für wissenschaftliche Zwecke

(1) Die Übermittlung personenbezogener Informationen in Akten und Dateien an Hochschulen, andere Einrichtungen, die wissenschaftliche Forschung betreiben, und öffentliche Stellen ist zulässig, soweit

1. dies für die Durchführung bestimmter wissenschaftlicher Forschungsarbeiten erforderlich ist,

2. eine Nutzung anonymisierter Daten zu diesem Zweck nicht möglich oder die Anonymisierung mit einem unverhältnismäßigen Aufwand verbunden ist und

3. das öffentliche Interesse an der Forschungsarbeit das schutzwürdige Interesse der Betroffenen an dem Ausschluss der Übermittlung erheblich überwiegt.

Bei der Abwägung nach Satz 1 Nr. 3 ist im Rahmen des öffentlichen Interesses das wissenschaftliche Interesse an dem Forschungsvorhaben besonders zu berücksichtigen.

(2) Die Übermittlung der Informationen erfolgt durch Erteilung von Auskünften, wenn hierdurch der Zweck der Forschungsarbeit erreicht werden kann und die Erteilung keinen unverhältnismäßigen Aufwand erfordert. Andernfalls kann auch Einsichtnahme in Akten und Dateien gewährt werden. Die Akten und Dateien können zur Einsichtnahme übersandt werden.

(3) Personenbezogene Informationen werden nur an solche Personen übermittelt, die Amtsträger oder für den öffentlichen Dienst besonders Verpflichtete sind oder die zur Geheimhaltung verpflichtet worden sind. § 1 Abs. 2, 3 und 4 Nr. 2 des Verpflichtungsgesetzes findet auf die Verpflichtung zur Geheimhaltung entsprechende Anwendung.

(4) Die personenbezogenen Informationen dürfen nur für die Forschungsarbeit verwendet werden, für die sie übermittelt worden sind. Die Verwendung für andere Forschungsarbeiten oder die Weitergabe richtet sich nach den Absätzen 1 bis 3 und bedarf der Zustimmung der Stelle, die die Übermittlung der Daten angeordnet hat.

(5) Die Informationen sind gegen unbefugte Kenntnisnahme durch Dritte zu schützen. Die wissenschaftliche Forschung betreibende Stelle hat dafür zu sorgen, dass die Verwendung der personenbezogenen Daten räumlich und organisatorisch getrennt von der Erfüllung solcher Verwaltungsaufgaben oder Geschäftszwecke erfolgt, für die diese Informationen gleichfalls von Bedeutung sein können.

(6) Sobald der Forschungszweck es erlaubt, sind die personenbezogenen Daten zu anonymisieren. Solange dies noch nicht möglich ist, sind die Merkmale gesondert aufzubewahren, mit denen Einzelangaben über persönliche oder sachliche Verhältnisse einer bestimmten oder bestimmbaren Person zugeordnet werden können. Sie dürfen mit den Einzelangaben nur zusammengeführt werden, soweit der Forschungszweck dies erfordert.

(7) Wer nach den Absätzen 1 bis 3 personenbezogene Informationen erhalten hat, darf diese nur veröffentlichen, wenn dies für die Darstellung von Forschungsergebnissen über Ereignisse der Zeitgeschichte unerlässlich ist. Die Veröffentlichung bedarf der Zustimmung der Stelle, die die Informationen übermittelt hat.

(8) Sind die Empfänger nicht-öffentliche Stellen, finden die Vorschriften des Dritten Abschnitts des Bundesdatenschutzgesetzes auch Anwendung, wenn die Informationen nicht in oder aus Dateien verarbeitet werden.

§ 107 Anwendung des Datenschutzgesetzes Nordrhein-Westfalen

Die Definition öffentlicher Stellen in § 2 Abs. 1 Satz 1 des Datenschutzgesetzes Nordrhein-Westfalen sowie die Regelungen des Datenschutzgesetzes Nordrhein-Westfalen betreffend Begriffsbestimmungen (§ 3), die Einwilligung der Betroffenen (§ 4 Abs. 1 Satz 2 bis 5), das Datengeheimnis (§ 6), Rechte der Betroffenen (§ 5), das Verfahrensverzeichnis (§ 8), den Schadensersatz (§ 20), die Straf- und Bußgeldvorschriften (§§ 33, 34) sowie die Bestimmungen über die Kontrolle durch den Landesbeauftragten für Datenschutz und

Informationsfreiheit (§§ 22 bis 25) finden Anwendung.

Fünfzehnter Abschnitt
Kriminologische Forschung

§ 108 Kriminologische Forschung

Im Interesse einer Erfolgskontrolle und wissenschaftlichen Fortentwicklung lassen die Vollzugsbehörden den Jugendstrafvollzug, insbesondere seine Aufgabenerfüllung und Gestaltung, seine Behandlungsmethoden, die Umsetzung seiner Leitlinien und die Förderungs- und Erziehungsmaßnahmen für die Gefangenen sowie deren Wirkungen auf das Vollzugsziel regelmäßig unter Berücksichtigung empirisch messbarer Leistungsstandards und Ergebnisindikatoren durch den kriminologischen Dienst, durch Hochschulen oder durch andere Stellen wissenschaftlich begleiten, erforschen und bewerten.

Sechzehnter Abschnitt
Beiräte

§ 109 Bildung und Aufgabe der Beiräte

(1) Bei den Anstalten sind Beiräte zu bilden. Vollzugsbedienstete dürfen nicht Mitglieder der Beiräte sein.

(2) Die Mitglieder des Beirats wirken bei der Gestaltung des Vollzuges und bei der Betreuung der Gefangenen mit. Sie unterstützen die Anstaltsleitung durch Anregungen und Verbesserungsvorschläge und helfen bei der Eingliederung der Gefangenen nach der Entlassung.

§ 110 Befugnisse

(1) Die Mitglieder des Beirats können namentlich Wünsche, Anregungen und Beanstandungen entgegennehmen. Sie können sich über die Unterbringung, Beschäftigung, berufliche Bildung, Verpflegung, ärztliche Versorgung und Behandlung unterrichten sowie die Anstalt und ihre Einrichtungen besichtigen.

(2) Die Mitglieder des Beirats können die Gefangenen in ihren Räumen aufsuchen.

Aussprache und Schriftwechsel mit ihnen werden nicht überwacht.

§ 111 Pflicht zur Verschwiegenheit

Die Mitglieder des Beirats sind verpflichtet, außerhalb ihres Amtes über alle Angelegenheiten, die ihrer Natur nach vertraulich sind, besonders über Namen und Persönlichkeit der Gefangenen, Verschwiegenheit zu bewahren. Dies gilt auch nach Beendigung ihres Amtes.

Siebzehnter Abschnitt
Anstalten, Einrichtungen

§ 112 Anstalten und Einrichtungen

(1) Die Jugendstrafe wird in hierfür bestimmten, selbständigen Anstalten der Landesjustizverwaltung vollzogen. Sie kann auch in anderen Einrichtungen in freien Formen vollzogen werden.

(2) Weibliche Gefangene können in getrennten Abteilungen des Strafvollzuges für erwachsene Frauen untergebracht werden; einer Unterbringung in getrennten Abteilungen bedarf es nicht, wenn es sich um eine Einrichtung des offenen Frauenvollzuges handelt. In den Fällen des Satzes 1 erfolgt der Vollzug nach den Vorschriften dieses Gesetzes.

(3) Die örtliche und sachliche Zuständigkeit der Anstalten wird im Vollstreckungsplan durch die Aufsichtsbehörde nach allgemeinen Merkmalen geregelt.

(4) Bauliche Gestaltung und äußere Umgebung der Vollzugseinrichtung müssen in Einklang mit dem Ziel der Wiedereingliederung durch anstaltsinterne Förderung und Erziehung stehen. Hierzu sollen die Abteilungen in Wohngruppen gegliedert sein, zu denen neben den Hafträumen weitere Räume zur gemeinsamen Nutzung gehören.

(5) Im Jugendstrafvollzug werden, soweit hierfür Bedarf besteht, sozialtherapeutische Einrichtungen vorgehalten. Diese erfüllen organisatorische, personelle und bauliche Mindeststandards, die auf die jugendspezifischen Besonderheiten zugeschnitten sind.

(6) Die Anstalten können eigene Schulabteilungen unterhalten. Diese sollen in Zusammenarbeit mit Einrichtungen der Jugendhilfe und der Jugendberufshilfe, Schulen, Sonderschulen, Volkshochschulen, Einrichtungen der Jugendkulturarbeit und des Sports sowie mit Fachhochschulen und Universitäten ein differenziertes Lern- und Betätigungsangebot bereitstellen. Sie sollen ferner mit den örtlichen Arbeitgebern und Einrichtungen, die Gefangene beschäftigen, Beschäftigung vermitteln oder berufliche Eingliederung fördern können, eng zusammenarbeiten.

(7) Ein bedarfsgerechtes Angebot an Arbeitsplätzen für zugewiesene Tätigkeiten, an Plätzen für Schul- und Berufsschulunterricht und an Plätzen für berufliche Ausbildung sowie für arbeitstherapeutische Maßnahmen wird vorgehalten.

§ 113 Größe und Ausgestaltung der Räume

Räume für den Aufenthalt während der Ruhe- und Freizeit sowie Gemeinschafts- und Besuchsräume sind wohnlich oder sonst ihrem Zweck entsprechend auszugestalten. Sie müssen hinreichenden Rauminhalt haben und für eine gesunde Lebensführung ausreichend mit Heizung und Lüftung, Boden- und Fensterfläche ausgestattet sein.

§ 114 Festsetzung der Belegungsfähigkeit

Die Aufsichtsbehörde setzt die Belegungsfähigkeit für jede Anstalt unter Berücksichtigung von § 25 Abs. 1 und 2 fest. Die Festsetzung der Belegungsfähigkeit berücksichtigt ferner das vorhandene Angebot für Arbeit, Ausbildung und Weiterbildung sowie das Erfordernis von Räumen für Seelsorge, Freizeit, Sport, therapeutische Maßnahmen und Besuche.

§ 115 Verbot der Überbelegung

Hafträume dürfen nicht mit mehr Personen als zugelassen belegt werden. Ausnahmen von Satz 1 sind nur zulässig, wenn dies wegen eines unvorhersehbaren Ereignisses vorübergehend aus zwingenden Gründen erforderlich ist, und bedürfen der Zustimmung der Aufsichtsbehörde.

§ 116 Arbeitsbetriebe, Einrichtungen zur schulischen und beruflichen Bildung

(1) Die in § 112 Abs. 7 genannten Betriebe und sonstigen Einrichtungen sind den Verhältnissen außerhalb der Anstalten anzugleichen. Die Arbeitsschutz- und Unfallverhütungsvorschriften sind zu beachten.

(2) Bildung und Beschäftigung können auch in geeigneten Einrichtungen von privaten Unternehmen erfolgen. In den von privaten Unternehmen unterhaltenen Betrieben und sonstigen Einrichtungen kann die technische und fachliche Leitung Angehörigen dieser Unternehmen übertragen werden.

§ 117 Unterbringung von Gefangenen mit Kindern

(1) Ist das Kind einer Gefangenen oder eines Gefangenen noch nicht schulpflichtig, so kann es mit Zustimmung des Inhabers des Aufenthaltsbestimmungsrechts in der Vollzugsanstalt untergebracht werden, in der sich seine Mutter oder sein Vater befindet, wenn dies dem Kindeswohl entspricht. Vor der Unterbringung ist das Jugendamt zu hören.

(2) Die Unterbringung erfolgt auf Kosten der für das Kind Unterhaltspflichtigen. Von der Geltendmachung des Kostenersatzanspruchs kann abgesehen werden, wenn hierdurch die gemeinsame Unterbringung gefährdet würde.

Achtzehnter Abschnitt
Innerer Aufbau, Aufsicht über die Anstalten

§ 118 Anstaltsleitung

(1) Die Anstaltsleiterin oder der Anstaltsleiter vertritt die Anstalt nach außen und trägt die Verantwortung für den gesamten Vollzug. Die Anstaltsleiterin oder der Anstaltsleiter kann die Verantwortung für bestimmte Aufgabenbereiche auf andere Vollzugsbedienstete übertragen.

(2) Für jede Anstalt ist eine Beamtin oder ein Beamter des höheren Dienstes zur hauptamtlichen Leiterin oder zum hauptamtlichen Leiter zu bestellen.

§ 119 Vollzugsbedienstete

(1) Den Anstalten werden für die Erfüllung ihrer Aufgaben in dem erforderlichen Umfang geeignete Bedienstete zur Verfügung gestellt. Die Bediensteten sollen mit der Behandlung von jungen Gefangenen nur betraut werden, wenn sie für den Umgang mit jungen Menschen besonders geeignet sind und über pädagogische Kenntnisse für die Arbeit im Jugendstrafvollzug verfügen. Gezielte Fortbildung sowie Praxisberatung und Praxisbegleitung für die Bediensteten sind zu gewährleisten.

(2) Die Aufgaben der Anstalten werden von Vollzugsbeamtinnen und Vollzugsbeamten wahrgenommen. Aus besonderen Gründen können sie auch anderen Anstaltsbediensteten sowie nebenamtlich oder vertraglich verpflichteten Personen übertragen werden.

(3) Die Bediensteten sollen den einzelnen Abteilungen und Wohngruppen, der Schulabteilung und den Arbeits- und Ausbildungsstätten fest zugeordnet werden. Sie sollen dort alle dem jeweiligen Aufgabenbereich obliegenden Vollzugsaufgaben eigenverantwortlich wahrnehmen und ihre Diensteinteilung möglichst selbständig regeln.

(4) Bei der Diensteinteilung im Übrigen hat die Anstalt auch darauf zu achten, dass eine Beeinträchtigung der in § 40 Abs. 2 genannten Maßnahmen und Tätigkeiten durch zeitliche Überschneidungen mit anderen Maßnahmen nach Möglichkeit vermieden wird.

§ 120 Seelsorge

(1) Seelsorgerinnen und Seelsorger werden im Einvernehmen mit der jeweiligen Religionsgemeinschaft im Hauptamt bestellt oder vertraglich verpflichtet.

(2) Wenn die geringe Zahl der Angehörigen einer Religionsgemeinschaft eine Seelsorge nach Absatz 1 nicht rechtfertigt, ist die seelsorgerische Betreuung auf andere Weise zuzulassen.

(3) Mit Zustimmung der Anstaltsleitung darf die Anstaltsseelsorge sich freier Seelsorgehelferinnen oder Seelsorgehelfer bedienen und für Gottesdienste sowie für andere religiöse Veranstaltungen diese von außen hinzuziehen.

§ 121 Medizinische Versorgung

(1) Die ärztliche Versorgung ist durch hauptamtliche Ärztinnen oder Ärzte sicherzustellen. Sie kann nebenamtlich oder vertraglich verpflichteten Ärztinnen oder Ärzten übertragen werden, soweit vollzugliche Gründe nicht entgegenstehen.

(2) Die Pflege der Kranken soll von Personen ausgeübt werden, die eine Erlaubnis nach dem Krankenpflegegesetz besitzen. Soweit Personen im Sinne von Satz 1 nicht zur Verfügung stehen, können auch Bedienstete des allgemeinen Vollzugsdienstes eingesetzt werden, die eine sonstige Ausbildung in der Krankenpflege erfahren haben.

§ 122 Zusammenarbeit, Konferenzen

(1) Alle im Vollzug Tätigen arbeiten zusammen und wirken daran mit, die Aufgaben des Vollzuges zu erfüllen.

(2) Zur Vorbereitung wichtiger Entscheidungen im Vollzug, namentlich der Aufstellung und Fortschreibung des Vollzugsplanes, und zur Entwicklung und Wahrung einheitlicher Qualitätsstandards führt die Anstaltsleitung Konferenzen mit an der Behandlung maßgeblich Beteiligten durch.

§ 123 Hausordnung

Die Anstaltsleiterin oder der Anstaltsleiter erlässt eine Hausordnung. Die Hausordnung enthält namentlich Regelungen zu den Besuchszeiten, zur Häufigkeit und Dauer der Besuche und zur Arbeitszeit, Freizeit und Ruhezeit sowie Hinweise zu den Möglichkeiten, Anträge und Beschwerden anzubringen oder sich an eine Vertreterin oder einen Vertreter der Aufsichtsbehörde, den Petitionsausschuss und die Ombudsperson zu wenden.

§ 124 Aufsichtsbehörde

(1) Das Justizministerium führt die Aufsicht über die Anstalten. Die Aufsicht über die Ein-

richtungen im Vollzug in freien Formen wird im Einvernehmen mit der für die Jugendhilfe zuständigen obersten Aufsichtsbehörde geregelt.

(2) Zusammen mit den Anstalten sichert die Aufsichtsbehörde die Qualität des Vollzuges.

Neunzehnter Abschnitt
Schlussbestimmungen

§ 125 Strafvollstreckung und Untersuchungshaft

Wird Untersuchungshaft zum Zwecke der Strafvollstreckung unterbrochen oder wird gegen Gefangene in anderer Sache Untersuchungshaft angeordnet, so unterliegen die betroffenen Gefangenen abweichend von § 4 Abs. 2 auch denjenigen Beschränkungen ihrer Freiheit, die der Zweck der Untersuchungshaft erfordert. Hierzu getroffene richterliche Entscheidungen sind zu beachten.

§ 126 Widerruf, Rücknahme

(1) Soweit in diesem Gesetz nicht besonders geregelt, kann die Gewährung von begünstigenden Maßnahmen widerrufen werden, wenn

a) die Maßnahmen aufgrund nachträglich eingetretener Umstände versagt werden könnten oder bei nachträglichem Bekanntwerden hätten versagt werden können,

b) die Maßnahmen missbraucht oder

c) mit den Maßnahmen verbundene Anordnungen oder Weisungen nicht befolgt werden.

(2) Soweit in diesem Gesetz nicht besonders geregelt, kann die Gewährung von begünstigenden Maßnahmen mit Wirkung für die Zukunft zurückgenommen werden, wenn die Voraussetzungen für ihre Gewährung nicht vorgelegen haben.

§ 127 Verhältnis zum Bundesrecht

Dieses Gesetz tritt an die Stelle bundesrechtlicher Regelungen für den Bereich des Jugendstrafvollzuges. §§ 23 bis 30, 33, 34a Abs. 5 Satz 2 und 37 des Einführungsgesetzes zum Gerichtsverfassungsgesetz, § 176 Abs. 4 des Strafvollzugsgesetzes in Verbindung mit § 51 des Strafvollzugsgesetzes und §§ 92 Abs. 2 und 3, 114 des Jugendstrafgesetzes sowie ganz oder teilweise an die Stelle dieser Bestimmungen tretende bundesrechtliche Regelungen bleiben unberührt.

§ 128 Übergangsvorschriften

(1) Abweichend von § 25 Abs. 1 und 2 dürfen Gefangene auch gemeinsam untergebracht werden, solange die räumlichen Verhältnisse der Anstalt dies erfordern, jedoch längstens bis zum 31. Dezember 2010. § 25 Abs. 2 Satz 2 gilt entsprechend.

(2) Abweichend von § 112 Abs. 1 Satz 1 dürfen männliche Gefangene in besonderen Häusern oder abgetrennten Abteilungen von Anstalten des Erwachsenenstrafvollzuges untergebracht werden, solange die räumliche Situation des Strafvollzuges in Nordrein-Westfalen dies erfordert, längstens jedoch bis zum 31. Dezember 2010.

(3) Bis zum Inkrafttreten einer Verordnung nach § 44 gilt die Verordnung über die Vergütungsstufen des Arbeitsentgelts und der Ausbildungsbeihilfe nach dem Strafvollzugsgesetz (Strafvollzugsvergütungsordnung) vom 11. Januar 1977 (BGBl. I S. 57) für die Anwendung der §§ 42, 43 dieses Gesetzes fort.

§ 129 Einschränkung von Grundrechten

Durch dieses Gesetz werden die Grundrechte aus Artikel 2 Abs. 2 Satz 1 und 2 (körperliche Unversehrtheit und Freiheit der Person) und Artikel 10 Abs. 1 (Brief-, Post- und Fernmeldegeheimnis) des Grundgesetzes eingeschränkt.

§ 130 Inkrafttreten, Befristung

(1) Dieses Gesetz tritt am 1. Januar 2008 in Kraft.

(2) Die Landesregierung berichtet dem Landtag bis zum Ablauf des Jahres 2012 über die aufgrund dieses Gesetzes gemachten Erfahrungen.

Landesuntersuchungshaftvollzugsgesetz (LUVollzG)

Vom 15. September 2009 (GVBl. S. 317)

Inhaltsübersicht

Abschnitt 1
Allgemeine Bestimmungen

§ 1 Anwendungsbereich

(1) Dieses Gesetz regelt den Vollzug der Untersuchungshaft.

(2) Es gilt entsprechend für den Vollzug der Haft nach § 127b Abs. 2, § 230 Abs. 2, §§ 236, 329 Abs. 4 Satz 1, § 412 Satz 1 und § 453c der Strafprozessordnung sowie den Vollzug des Unterbringungsbefehls nach § 275a Abs. 5 der Strafprozessordnung.

(3) Für den Vollzug der einstweiligen Unterbringung nach § 126a der Strafprozessordnung gelten, soweit eine verfahrenssichernde Anordnung (§ 3 Abs. 2) nicht entgegensteht, das Maßregelvollzugsgesetz vom 23. September 1986 (GVBl. S. 223, BS 3216-4) und die zu seiner Durchführung erlassenen Rechts- und Verwaltungsvorschriften in ihrer jeweils geltenden Fassung entsprechend.

§ 2 Aufgabe des Untersuchungshaftvollzugs

Der Untersuchungshaftvollzug hat die Aufgabe, durch sichere Unterbringung der Untersuchungsgefangenen die Durchführung eines geordneten Strafverfahrens zu gewährleisten und der Gefahr weiterer Straftaten zu begegnen.

§ 3 Zuständigkeit und Zusammenarbeit

(1) Entscheidungen nach diesem Gesetz trifft die Justizvollzugsanstalt, in der die Untersuchungshaft vollzogen wird (Anstalt). Sie arbeitet eng mit Gericht und Staatsanwaltschaft zusammen, um die Aufgabe des Untersuchungshaftvollzugs zu erfüllen und die Sicherheit und Ordnung der Anstalt zu gewährleisten.

(2) Die Anstalt hat Anordnungen, die das Gericht oder die an dessen statt zum Handeln ermächtigte Behörde trifft, um einer Flucht-, Verdunkelungs- oder Wiederholungsgefahr zu begegnen (verfahrenssichernde Anordnungen), zu beachten und umzusetzen.

§ 4 Stellung der Untersuchungsgefangenen

(1) Die Untersuchungsgefangenen gelten als unschuldig. Sie sind so zu behandeln, dass der Anschein vermieden wird, sie würden zur Verbüßung einer Strafe festgehalten.

(2) Soweit dieses Gesetz eine besondere Regelung nicht enthält, dürfen den Untersuchungsgefangenen nur Beschränkungen auferlegt werden, die zur Aufrechterhaltung der Sicherheit, zur Abwehr einer schwerwiegenden Störung der Ordnung der Anstalt oder zur Umsetzung einer verfahrenssichernden Anordnung unerlässlich sind. Die Beschränkungen müssen in einem angemessenen Verhältnis zu den mit ihnen verfolgten Zwecken stehen und dürfen die Untersuchungsgefangenen nicht mehr und nicht länger als notwendig beeinträchtigen.

§ 5 Vollzugsgestaltung

(1) Das Leben im Vollzug ist den allgemeinen Lebensverhältnissen anzugleichen, soweit die Aufgabe des Untersuchungshaftvollzugs und die Erfordernisse eines geordneten Zusammenlebens in der Anstalt dies zulassen. Schädlichen Folgen des Freiheitsentzugs ist entgegenzuwirken.

(2) Die unterschiedlichen Lebenslagen und Bedürfnisse von weiblichen und männlichen Untersuchungsgefangenen werden bei der Vollzugsgestaltung und bei Einzelmaßnahmen berücksichtigt.

§ 6 Soziale Hilfe

(1) Die Untersuchungsgefangenen werden darin unterstützt, ihre persönlichen, wirtschaftlichen und sozialen Schwierigkeiten zu beheben. Sie sollen dazu angeregt und in die Lage versetzt werden, ihre Angelegenheiten selbst zu regeln.

(2) Die Anstalt arbeitet mit außervollzuglichen Einrichtungen und Organisationen sowie mit Personen und Vereinen, die soziale Hilfestellung leisten können, eng zusammen.

(3) Die Untersuchungsgefangenen sind, soweit erforderlich, über die notwendigen Maßnahmen zur Aufrechterhaltung ihrer so-

zialversicherungsrechtlichen Ansprüche zu beraten.

(4) Die Hilfe soll die Benennung von Stellen und Einrichtungen außerhalb der Anstalt umfassen, die sich um eine Vermeidung der weiteren Untersuchungshaft bemühen. Auf Wunsch sind den Untersuchungsgefangenen Stellen und Einrichtungen zu benennen, die sie in ihrem Bestreben unterstützen können, einen Ausgleich mit dem Tatopfer zu erreichen.

Abschnitt 2
Vollzugsverlauf

§ 7 Aufnahme

(1) Mit den Untersuchungsgefangenen wird unverzüglich ein Zugangsgespräch geführt, in dem ihre gegenwärtige Lebenssituation erörtert wird und sie über ihre Rechte und Pflichten informiert werden. Ihnen ist die Hausordnung auszuhändigen. Dieses Gesetz, die von ihm in Bezug genommenen Gesetze sowie die zu seiner Ausführung erlassenen Rechtsverordnungen und Verwaltungsvorschriften sind den Untersuchungsgefangenen auf Verlangen zugänglich zu machen.

(2) Beim Zugangsgespräch dürfen andere Gefangene in der Regel nicht zugegen sein.

(3) Die Untersuchungsgefangenen werden alsbald ärztlich untersucht.

(4) Den Untersuchungsgefangenen ist Gelegenheit zu geben, eine Angehörige oder einen Angehörigen oder eine Vertrauensperson von der Aufnahme in die Anstalt zu benachrichtigen, soweit eine verfahrenssichernde Anordnung nicht entgegensteht.

(5) Die Untersuchungsgefangenen sollen dabei unterstützt werden, etwa notwendige Maßnahmen für hilfsbedürftige Angehörige, zur Erhaltung des Arbeitsplatzes und der Wohnung sowie zur Sicherung ihrer Habe außerhalb der Anstalt zu veranlassen.

§ 8 Verlegung und Überstellung

(1) Untersuchungsgefangene können in eine andere Anstalt verlegt oder überstellt werden, wenn es

1. zur Umsetzung einer verfahrenssichernden Anordnung,

2. aus Gründen der Sicherheit oder Ordnung der Anstalt,

3. aus Gründen der Vollzugsorganisation oder

4. aus anderen wichtigen Gründen

erforderlich ist. Zuvor ist dem Gericht und der Staatsanwaltschaft Gelegenheit zur Stellungnahme zu geben.

(2) § 7 Abs. 4 gilt entsprechend.

§ 9 Vorführung, Ausführung und Ausantwortung

(1) Auf Ersuchen eines Gerichts oder einer Staatsanwaltschaft werden Untersuchungsgefangene vorgeführt. Über Vorführungsersuchen in anderen als dem der Inhaftierung zugrunde liegenden Verfahren sind das Gericht und die Staatsanwaltschaft unverzüglich zu unterrichten.

(2) Aus besonderen Gründen können Untersuchungsgefangene ausgeführt werden. Ausführungen zur Befolgung einer gerichtlichen Ladung sind zu ermöglichen, soweit darin das persönliche Erscheinen angeordnet ist und eine verfahrenssichernde Anordnung nicht entgegensteht. Vor der Entscheidung ist dem Gericht und der Staatsanwaltschaft Gelegenheit zur Stellungnahme zu geben. Liegt die Ausführung ausschließlich im Interesse der Untersuchungsgefangenen, können ihnen die Kosten auferlegt werden.

(3) Die Untersuchungsgefangenen dürfen befristet dem Gewahrsam eines Gerichts, einer Staatsanwaltschaft oder einer Polizei-, Zoll- oder Finanzbehörde auf Antrag überlassen werden (Ausantwortung). Absatz 2 Satz 3 gilt entsprechend.

§ 10 Entlassung

(1) Auf Anordnung des Gerichts oder der Staatsanwaltschaft entlässt die Anstalt die Untersuchungsgefangenen unverzüglich aus der Haft, es sei denn, es ist in anderer Sache eine richterlich angeordnete Freiheitsentziehung zu vollziehen.

(2) Aus fürsorgerischen Gründen kann Untersuchungsgefangenen der freiwillige Verbleib in der Anstalt bis zum Vormittag des zweiten auf den Eingang der Entlassungsanordnung folgenden Werktages gestattet werden. Der freiwillige Verbleib setzt das schriftliche Einverständnis der Untersuchungsgefangenen voraus, dass die bisher bestehenden Beschränkungen aufrechterhalten bleiben.

(3) Bedürftigen Untersuchungsgefangenen kann eine Entlassungsbeihilfe in Form eines Reisekostenzuschusses, angemessener Kleidung oder einer sonstigen notwendigen Unterstützung gewährt werden.

Abschnitt 3
Unterbringung und Versorgung

§ 11 Trennungsgrundsätze

(1) Untersuchungsgefangene werden von Gefangenen anderer Haftarten, namentlich von Strafgefangenen, getrennt untergebracht. Ausnahmen sind zulässig

1. mit Zustimmung der einzelnen Untersuchungsgefangenen,

2. zur Umsetzung einer verfahrenssichernden Anordnung oder

3. aus Gründen der Sicherheit oder Ordnung der Anstalt.

Darüber hinaus können Untersuchungsgefangene ausnahmsweise gemeinsam mit Gefangenen anderer Haftarten untergebracht werden, wenn insbesondere die geringe Anzahl der Untersuchungsgefangenen eine getrennte Unterbringung nicht zulässt und eine verfahrenssichernde Anordnung dem nicht entgegensteht.

(2) Junge Untersuchungsgefangene (§ 66 Abs. 1) werden von den übrigen Untersuchungsgefangenen und von Gefangenen anderer Haftarten getrennt untergebracht. Hiervon kann aus den in Absatz 1 Satz 2 und 3 genannten Gründen abgewichen werden, wenn eine Vollzugsgestaltung nach § 67 gewährleistet bleibt und schädliche Einflüsse auf die jungen Untersuchungsgefangenen nicht zu befürchten sind.

(3) Männliche und weibliche Untersuchungsgefangene werden getrennt untergebracht.

(4) Gemeinsame Maßnahmen, insbesondere gemeinsame Arbeit sowie eine gemeinsame Berufs- und Schulausbildung, sind zulässig.

§ 12 Unterbringung während der Arbeit, Bildung und Freizeit

(1) Arbeit und Bildung finden grundsätzlich in Gemeinschaft statt.

(2) Den Untersuchungsgefangenen kann gestattet werden, sich während der Freizeit in Gemeinschaft mit anderen Untersuchungsgefangenen aufzuhalten. Für die Teilnahme an gemeinschaftlichen Veranstaltungen kann die Anstaltsleiterin oder der Anstaltsleiter mit Rücksicht auf die räumlichen, personellen oder organisatorischen Verhältnisse der Anstalt besondere Regelungen treffen.

(3) Die gemeinschaftliche Unterbringung kann eingeschränkt werden, soweit es zur Umsetzung einer verfahrenssichernden Anordnung oder aus Gründen der Sicherheit oder Ordnung der Anstalt erforderlich ist.

§ 13 Unterbringung während der Ruhezeit

(1) Während der Ruhezeit werden die Untersuchungsgefangenen in ihren Hafträumen einzeln untergebracht. Mit ihrer Zustimmung können sie gemeinsam untergebracht werden. Bei einer Gefahr für Leben oder Gesundheit oder bei Hilfsbedürftigkeit ist die Zustimmung der gefährdeten oder hilfsbedürftigen Untersuchungsgefangenen zur gemeinsamen Unterbringung entbehrlich.

(2) Darüber hinaus ist eine gemeinsame Unterbringung nur vorübergehend und aus zwingenden Gründen zulässig.

§ 14 Unterbringung von Müttern mit Kindern

(1) Ist das Kind einer Untersuchungsgefangenen noch nicht drei Jahre alt, kann es mit Zustimmung der oder des Aufenthaltsbestimmungsberechtigten in der Anstalt untergebracht werden, wenn die baulichen Gegebenheiten dies zulassen und Sicherheitsgrün-

de nicht entgegenstehen. Vor der Unterbringung ist das Jugendamt zu hören.

(2) Die Unterbringung erfolgt auf Kosten der für das Kind Unterhaltspflichtigen. Von der Geltendmachung des Kostenersatzanspruchs kann ausnahmsweise abgesehen werden, wenn hierdurch die gemeinsame Unterbringung von Mutter und Kind gefährdet würde.

§ 15 Persönlicher Gewahrsam, Kostenbeteiligung

(1) Die Untersuchungsgefangenen dürfen nur Sachen in Gewahrsam haben oder annehmen, die ihnen von der Anstalt oder mit deren Zustimmung überlassen werden. Ohne Zustimmung dürfen sie Sachen von geringem Wert von anderen Gefangenen annehmen; die Annahme dieser Sachen und der Gewahrsam daran können von der Zustimmung der Anstalt abhängig gemacht werden.

(2) Eingebrachte Sachen, die die Untersuchungsgefangenen nicht in Gewahrsam haben dürfen, sind für sie aufzubewahren, sofern dies nach Art und Umfang möglich ist. Den Untersuchungsgefangenen wird Gelegenheit gegeben, ihre Sachen, die sie während des Vollzugs und für ihre Entlassung nicht benötigen, zu verschicken. Geld wird ihnen gutgeschrieben.

(3) Werden eingebrachte Sachen, deren Aufbewahrung nach Art oder Umfang nicht möglich ist, von den Untersuchungsgefangenen trotz Aufforderung nicht aus der Anstalt verbracht, so ist die Anstalt berechtigt, diese Sachen auf Kosten der Untersuchungsgefangenen aus der Anstalt entfernen zu lassen.

(4) Aufzeichnungen und andere Sachen, die Kenntnisse über Sicherungsvorkehrungen der Anstalt vermitteln oder Schlussfolgerungen auf diese zulassen, dürfen vernichtet oder unbrauchbar gemacht werden.

(5) Die Zustimmung nach Absatz 1 kann widerrufen werden, wenn es zur Umsetzung einer verfahrenssichernden Anordnung, zur Aufrechterhaltung der Sicherheit oder zur Abwendung einer erheblichen Störung der Ordnung der Anstalt erforderlich ist.

(6) Die Untersuchungsgefangenen können an den Betriebskosten der in ihrem Gewahrsam befindlichen Geräte beteiligt werden.

§ 16 Ausstattung des Haftraums

Die Untersuchungsgefangenen dürfen ihren Haftraum in angemessenem Umfang mit eigenen Sachen ausstatten. Sachen, deren Überlassung eine verfahrenssichernde Anordnung entgegensteht oder die geeignet sind, die Sicherheit oder Ordnung der Anstalt zu gefährden, sind ausgeschlossen.

§ 17 Kleidung

(1) Die Untersuchungsgefangenen dürfen eigene Kleidung tragen, soweit sie für Reinigung, Instandhaltung und regelmäßigen Wechsel sorgen. Die Anstaltsleiterin oder der Anstaltsleiter kann anordnen, dass Reinigung und Instandhaltung nur durch Vermittlung der Anstalt erfolgen dürfen.

(2) Soweit es zur Umsetzung einer verfahrenssichernden Anordnung oder aus Gründen der Sicherheit oder Ordnung der Anstalt erforderlich ist, kann das in Absatz 1 genannte Recht eingeschränkt oder ausgeschlossen werden.

§ 18 Verpflegung und Einkauf

(1) Zusammensetzung und Nährwert der Anstaltsverpflegung entsprechen den Anforderungen an eine gesunde Ernährung und werden den ärztlich überwacht. Auf ärztliche Anordnung wird besondere Verpflegung gewährt. Den Untersuchungsgefangenen ist zu ermöglichen, Speisevorschriften ihrer Religionsgemeinschaft zu befolgen.

(2) Die Untersuchungsgefangenen können aus einem von der Anstalt vermittelten Angebot einkaufen. Die Anstalt soll für ein Angebot sorgen, das auf Wünsche und Bedürfnisse der Untersuchungsgefangenen Rücksicht nimmt.

(3) Den Untersuchungsgefangenen soll die Möglichkeit eröffnet werden, unmittelbar oder über Dritte Gegenstände über den Versandhandel zu beziehen. Zulassung und Verfahren des Einkaufs über den Versandhandel

regelt die Anstaltsleiterin oder der Anstaltsleiter.

(4) Gegenstände, deren Überlassung eine verfahrenssichernde Anordnung entgegensteht oder die geeignet sind, die Sicherheit oder Ordnung der Anstalt zu gefährden, sind vom Einkauf ausgeschlossen.

§ 19 Annehmlichkeiten

Von den §§ 16 bis 18 nicht umfasste Annehmlichkeiten dürfen sich die Untersuchungsgefangenen auf ihre Kosten verschaffen, soweit und solange weder eine verfahrenssichernde Anordnung entgegensteht noch die Sicherheit oder Ordnung der Anstalt gefährdet wird.

§ 20 Gesundheitsfürsorge

(1) Die Anstalt unterstützt die Untersuchungsgefangenen bei der Wiederherstellung und Erhaltung ihrer körperlichen und geistigen Gesundheit. Die Untersuchungsgefangenen haben die notwendigen Anordnungen zum Gesundheitsschutz und zur Hygiene zu befolgen.

(2) Den Untersuchungsgefangenen wird ermöglicht, sich täglich mindestens eine Stunde im Freien aufzuhalten.

(3) Erkranken Untersuchungsgefangene schwer oder versterben sie, werden die Angehörigen benachrichtigt. Dem Wunsch der Untersuchungsgefangenen, auch andere Personen zu benachrichtigen, soll nach Möglichkeit entsprochen werden.

§ 21 Zwangsmaßnahmen auf dem Gebiet der Gesundheitsfürsorge

(1) Medizinische Untersuchung und Behandlung sowie Ernährung sind unbeschadet der Rechte Personensorgeberechtigter zwangsweise nur bei Lebensgefahr, bei schwerwiegender Gefahr für die Gesundheit der Untersuchungsgefangenen oder bei Gefahr für die Gesundheit anderer Personen zulässig; die Maßnahmen müssen für die Beteiligten zumutbar und dürfen nicht mit erheblicher Gefahr für Leben oder Gesundheit der Untersuchungsgefangenen verbunden sein. Zur Durchführung der Maßnahmen ist die Anstalt

nicht verpflichtet, solange von einer freien Willensbestimmung der Untersuchungsgefangenen ausgegangen werden kann.

(2) Zum Gesundheitsschutz und zur Hygiene ist die zwangsweise körperliche Untersuchung außer im Fall des Absatzes 1 zulässig, wenn sie nicht mit einem körperlichen Eingriff verbunden ist.

(3) Die Maßnahmen dürfen nur auf Anordnung und unter Leitung einer Ärztin oder eines Arztes durchgeführt werden, unbeschadet der Leistung Erster Hilfe für den Fall, dass eine Ärztin oder ein Arzt nicht rechtzeitig erreichbar und mit einem Aufschub Lebensgefahr verbunden ist.

§ 22 Medizinische Leistungen, Kostenbeteiligung

(1) Die Untersuchungsgefangenen haben einen Anspruch auf notwendige, ausreichende und zweckmäßige medizinische Leistungen unter Beachtung des Grundsatzes der Wirtschaftlichkeit. Der allgemeine Standard der gesetzlichen Krankenkassen ist zu berücksichtigen.

(2) Der Anspruch umfasst auch Untersuchungen zur Früherkennung von Krankheiten und Vorsorgeleistungen entsprechend dem allgemeinen Standard der gesetzlichen Krankenkassen.

(3) Der Anspruch umfasst weiter die Versorgung mit Hilfsmitteln wie Seh- und Hörhilfen, Körperersatzstücken, orthopädischen und anderen Hilfsmitteln, die im Einzelfall erforderlich sind, um den Erfolg der Krankenbehandlung zu sichern, eine Behinderung auszugleichen oder einer drohenden Behinderung vorzubeugen, sofern dies mit Rücksicht auf die voraussichtliche Dauer des Untersuchungshaftvollzugs zwingend geboten ist und soweit die Hilfsmittel nicht als allgemeine Gebrauchsgegenstände des täglichen Lebens anzusehen sind. Der Anspruch umfasst auch die notwendige Änderung, Instandsetzung und Ersatzbeschaffung von Hilfsmitteln sowie die Ausbildung in ihrem Gebrauch. Ein erneuter Anspruch auf Versorgung mit Sehhilfen besteht nur bei einer Änderung der Sehfähigkeit um mindestens 0,5 Dioptrien.

Anspruch auf Versorgung mit Kontaktlinsen besteht nur in medizinisch zwingend erforderlichen Ausnahmefällen.

(4) An den Kosten für Leistungen nach den Absätzen 1 bis 3 können die Untersuchungsgefangenen in angemessenem Umfang beteiligt werden.

(5) Für Leistungen, die über die in Absatz 1 Satz 1 und den Absätzen 2 und 3 genannten Leistungen hinausgehen, können den Untersuchungsgefangenen die gesamten Kosten auferlegt werden.

(6) Die Anstaltsleiterin oder der Anstaltsleiter soll nach Anhörung des ärztlichen Dienstes der Anstalt den Untersuchungsgefangenen auf ihren Antrag hin gestatten, auf ihre Kosten externen ärztlichen Rat einzuholen. Die Erlaubnis kann versagt werden, wenn die Untersuchungsgefangenen die gewählte ärztliche Vertrauensperson und den ärztlichen Dienst der Anstalt nicht wechselseitig von der Schweigepflicht entbinden oder wenn es zur Umsetzung einer verfahrenssichernden Anordnung oder aus Gründen der Sicherheit oder Ordnung der Anstalt erforderlich ist. Die Konsultation soll in der Anstalt stattfinden.

§ 23 Verlegung, Überstellung und Ausführung zur medizinischen Behandlung

(1) Kranke oder hilfsbedürftige Untersuchungsgefangene können in eine zur Behandlung ihrer Krankheit oder zu ihrer Versorgung besser geeignete Anstalt oder in ein Vollzugskrankenhaus verlegt oder überstellt werden.

(2) Erforderlichenfalls können Untersuchungsgefangene zur medizinischen Behandlung ausgeführt oder in ein Krankenhaus außerhalb des Vollzugs gebracht werden.

(3) Zuvor ist dem Gericht und der Staatsanwaltschaft nach Möglichkeit Gelegenheit zur Stellungnahme zu geben. Bei Verlegungen und Überstellungen gilt § 7 Abs. 4 entsprechend.

(4) Werden Untersuchungsgefangene während einer Behandlung aus der Haft entlassen, hat das Land nur diejenigen Kosten zu tragen, die bis zur Entlassung angefallen sind.

Abschnitt 4
Arbeit, Bildung und Freizeit

§ 24 Arbeit und Bildung

(1) Die Untersuchungsgefangenen sind nicht zur Arbeit verpflichtet.

(2) Ihnen soll nach Möglichkeit Arbeit oder sonstige Beschäftigung angeboten werden, die ihre Fähigkeiten, Fertigkeiten und Neigungen berücksichtigt. Nehmen sie eine Arbeit auf, gelten die von der Anstalt festgelegten Arbeitsbedingungen. Die Arbeit darf nicht zur Unzeit niedergelegt werden.

(3) Geeigneten Untersuchungsgefangenen soll nach Möglichkeit Gelegenheit zum Erwerb oder zur Verbesserung schulischer und beruflicher Kenntnisse gegeben werden, soweit es die besonderen Bedingungen der Untersuchungshaft zulassen.

(4) Das Zeugnis oder der Nachweis über eine Bildungsmaßnahme darf keinen Hinweis auf die Inhaftierung enthalten.

§ 25 Arbeitsentgelt und Ausbildungsbeihilfe, Taschengeld

(1) Wer eine Arbeit oder sonstige Beschäftigung ausübt, erhält Arbeitsentgelt.

(2) Der Bemessung des Arbeitsentgelts sind 9 v. H. der Bezugsgröße nach § 18 des Vierten Buches Sozialgesetzbuch zugrunde zu legen (Eckvergütung). Ein Tagessatz ist der zweihundertfünfzigste Teil der Eckvergütung; das Arbeitsentgelt kann nach einem Stundensatz bemessen werden.

(3) Das Arbeitsentgelt kann je nach Leistung der Untersuchungsgefangenen und der Art der Arbeit gestuft werden; 75 v. H. der Eckvergütung dürfen nur dann unterschritten werden, wenn die Arbeitsleistungen der Untersuchungsgefangenen den Mindestanforderungen nicht genügen. Das Nähere über die Vergütungsstufen bestimmt das für den Strafvollzug zuständige Ministerium durch Rechtsverordnung.

(4) Die Höhe des Arbeitsentgelts ist den Untersuchungsgefangenen schriftlich bekannt zu geben.

(5) Soweit Beiträge zur Bundesagentur für Arbeit zu entrichten sind, kann vom Arbeitsentgelt ein Betrag einbehalten werden, der dem Anteil der Untersuchungsgefangenen am Beitrag entsprechen würde, wie sie diese Bezüge als Arbeitnehmerinnen und Arbeitnehmer erhielten.

(6) Nehmen Untersuchungsgefangene während der Arbeitszeit an einer Bildungsmaßnahme teil, erhalten sie eine Ausbildungsbeihilfe. Die Absätze 2 bis 5 gelten entsprechend.

(7) Kann Untersuchungsgefangenen weder Arbeit noch die Teilnahme an einer Bildungsmaßnahme angeboten werden, wird ihnen bei Bedürftigkeit auf Antrag ein angemessenes Taschengeld gewährt. Bedürftig sind Untersuchungsgefangene, soweit ihnen im laufenden Monat nicht ein Betrag bis zur Höhe des Taschengeldes aus eigenen Mitteln zur Verfügung steht. Das Taschengeld beträgt 14 v. H. der Eckvergütung.

§ 26 Freizeit und Sport

Zur Freizeitgestaltung sind geeignete Angebote vorzuhalten. Insbesondere sollen Sportmöglichkeiten und Gemeinschaftsveranstaltungen angeboten werden.

§ 27 Zeitungen und Zeitschriften

(1) Die Untersuchungsgefangenen dürfen auf eigene Kosten Zeitungen und Zeitschriften in angemessenem Umfang durch Vermittlung der Anstalt beziehen. Ausgeschlossen sind Zeitungen und Zeitschriften, deren Verbreitung mit Strafe oder Geldbuße bedroht ist.

(2) Zeitungen oder Zeitschriften können den Untersuchungsgefangenen   vorenthalten werden, wenn dies zur Umsetzung einer verfahrenssichernden Anordnung erforderlich ist. Für einzelne Ausgaben gilt dies auch dann, wenn deren Inhalte die Sicherheit oder Ordnung der Anstalt erheblich gefährden würden.

§ 28 Rundfunk

Die Untersuchungsgefangenen können am Hörfunk- und Fernsehempfang (Rundfunkempfang) teilnehmen. Der Rundfunkempfang kann vorübergehend ausgesetzt oder einzelnen Untersuchungsgefangenen untersagt werden, wenn dies zur Umsetzung einer verfahrenssichernden Anordnung oder zur Aufrechterhaltung der Sicherheit oder Ordnung der Anstalt unerlässlich ist.

Abschnitt 5
Religionsausübung

§ 29 Seelsorge

(1) Den Untersuchungsgefangenen darf religiöse Betreuung durch Seelsorgerinnen und Seelsorger ihrer Religionsgemeinschaft nicht versagt werden. Auf Wunsch ist ihnen zu helfen, mit Seelsorgerinnen und Seelsorgern ihrer Religionsgemeinschaft in Verbindung zu treten.

(2) Die Untersuchungsgefangenen dürfen grundlegende religiöse Schriften besitzen. Sie dürfen ihnen nur bei grobem Missbrauch entzogen werden.

(3) Den Untersuchungsgefangenen sind Gegenstände des religiösen Gebrauchs in angemessenem Umfang zu belassen.

§ 30 Religiöse Veranstaltungen

(1) Die Untersuchungsgefangenen haben das Recht, am Gottesdienst und an anderen religiösen Veranstaltungen ihres Bekenntnisses teilzunehmen.

(2) Die Zulassung zu den Gottesdiensten oder zu religiösen Veranstaltungen einer anderen Religionsgemeinschaft bedarf der Zustimmung der Seelsorgerin oder des Seelsorgers der Religionsgemeinschaft.

(3) Die Untersuchungsgefangenen können von der Teilnahme am Gottesdienst oder anderen religiösen Veranstaltungen ausgeschlossen werden, wenn dies zur Umsetzung einer verfahrenssichernden Anordnung oder aus überwiegenden Gründen der Sicherheit oder Ordnung der Anstalt geboten ist; die

Seelsorgerin oder der Seelsorger soll vorher gehört werden.

§ 31 Weltanschauungsgemeinschaften

Für Angehörige weltanschaulicher Bekenntnisse gelten die §§ 29 und 30 entsprechend.

Abschnitt 6
Besuche, Schriftwechsel und Telefongespräche

§ 32 Grundsatz

Die Untersuchungsgefangenen haben das Recht, mit Personen außerhalb der Anstalt im Rahmen der Bestimmungen dieses Gesetzes zu verkehren, soweit eine verfahrenssichernde Anordnung nicht entgegensteht.

§ 33 Recht auf Besuch

(1) Die Untersuchungsgefangenen dürfen Besuch empfangen. Die Gesamtdauer beträgt mindestens zwei Stunden im Monat.

(2) Kontakte der Untersuchungsgefangenen zu ihren Angehörigen (§ 11 Abs. 1 Nr. 1 des Strafgesetzbuchs – StGB –) werden besonders gefördert.

(3) Besuche sollen darüber hinaus zugelassen werden, wenn sie persönlichen, rechtlichen oder geschäftlichen Angelegenheiten dienen, die nicht von den Untersuchungsgefangenen schriftlich erledigt, durch Dritte wahrgenommen oder bis zur voraussichtlichen Entlassung aufgeschoben werden können.

(4) Aus Gründen der Sicherheit der Anstalt können Besuche davon abhängig gemacht werden, dass sich die Besucherinnen und Besucher mit technischen Mitteln absuchen oder durchsuchen lassen.

(5) Die Anstaltsleiterin oder der Anstaltsleiter kann Besuche untersagen, wenn die Sicherheit oder Ordnung der Anstalt gefährdet würde.

§ 34 Besuche von Rechtsbeiständen

Besuche von

1. Verteidigerinnen und Verteidigern,

2. Rechtsanwältinnen und Rechtsanwälten sowie

3. Notarinnen und Notaren

in einer die Untersuchungsgefangenen betreffenden Rechtssache sind zu gestatten. § 33 Abs. 4 gilt entsprechend. Eine inhaltliche Überprüfung der von den Verteidigerinnen und Verteidigern mitgeführten Schriftstücke und sonstigen Unterlagen ist nicht zulässig.

§ 35 Überwachung der Besuche

(1) Besuche dürfen aus Gründen der Sicherheit oder Ordnung optisch überwacht werden.

(2) Die Anstaltsleiterin oder der Anstaltsleiter kann die akustische Überwachung im Einzelfall anordnen, wenn sie aus Gründen der Sicherheit oder zur Abwendung einer schwerwiegenden Störung der Ordnung der Anstalt erforderlich ist.

(3) Besuche dürfen abgebrochen werden, wenn Besucherinnen, Besucher oder Untersuchungsgefangene gegen dieses Gesetz oder aufgrund dieses Gesetzes getroffene Anordnungen verstoßen. Dies gilt auch bei einem Verstoß gegen verfahrenssichernde Anordnungen.

(4) Besuche von Verteidigerinnen und Verteidigern werden nicht überwacht.

(5) Gegenstände dürfen beim Besuch nicht übergeben werden. Dies gilt nicht für die Schriftstücke und sonstige Unterlagen, die bei Besuchen von

1. Verteidigerinnen und Verteidigern,

2. Rechtsanwältinnen und Rechtsanwälten sowie

3. Notarinnen und Notaren

in einer die Untersuchungsgefangenen betreffenden Rechtssache übergeben werden. In den Fällen des Satzes 2 Nr. 2 und 3 kann die Übergabe aus Gründen der Sicherheit oder Ordnung der Anstalt von der Erlaubnis der Anstaltsleiterin oder des Anstaltsleiters abhängig gemacht werden.

§ 36 Recht auf Schriftwechsel

(1) Die Untersuchungsgefangenen haben das Recht, auf eigene Kosten Schreiben abzusenden und zu empfangen.

(2) Die Anstaltsleiterin oder der Anstaltsleiter kann den Schriftwechsel mit bestimmten Personen untersagen, wenn die Sicherheit oder Ordnung der Anstalt gefährdet würde.

§ 37 Überwachung des Schriftwechsels

(1) Ein- und ausgehende Schreiben werden auf verbotene Gegenstände überwacht. Die Anstaltsleiterin oder der Anstaltsleiter kann die Textkontrolle anordnen, wenn sie aus Gründen der Sicherheit oder zur Abwendung einer schwerwiegenden Störung der Ordnung der Anstalt erforderlich ist.

(2) Der Schriftwechsel der Untersuchungsgefangenen mit ihren Verteidigerinnen und Verteidigern wird nicht überwacht.

(3) Nicht überwacht werden Schreiben der Untersuchungsgefangenen an Volksvertretungen des Bundes und der Länder sowie an deren Mitglieder, soweit die Schreiben an die Anschriften dieser Volksvertretungen gerichtet sind und der Absender zutreffend angeben. Entsprechendes gilt für Schreiben an das Europäische Parlament und dessen Mitglieder, den Europäischen Gerichtshof für Menschenrechte, den Europäischen Ausschuss zur Verhütung von Folter und unmenschlicher oder erniedrigender Behandlung oder Strafe und weitere Einrichtungen, mit denen der Schriftverkehr aufgrund völkerrechtlicher Verpflichtungen der Bundesrepublik Deutschland geschützt ist. Satz 1 gilt auch für Schreiben an die Bürgerbeauftragten der Länder und die Datenschutzbeauftragten des Bundes und der Länder. Schreiben der in den Sätzen 1 bis 3 genannten Stellen, die an die Untersuchungsgefangenen gerichtet sind, werden nicht überwacht, sofern die Identität der Absenderin oder des Absenders zweifelsfrei feststeht.

§ 38 Weiterleiten und Aufbewahren von Schreiben

(1) Die Untersuchungsgefangenen haben das Absenden und den Empfang ihrer Schreiben durch die Anstalt vermitteln zu lassen, soweit nichts anderes gestattet wird.

(2) Eingehende und ausgehende Schreiben sind unverzüglich weiterzuleiten.

(3) Die Untersuchungsgefangenen haben eingehende Schreiben unverschlossen zu verwahren, sofern nichts anderes gestattet wird. Sie können sie verschlossen zu ihrer Habe geben.

§ 39 Anhalten von Schreiben

(1) Die Anstaltsleiterin oder der Anstaltsleiter kann Schreiben anhalten, wenn

1. es die Aufgabe des Untersuchungshaftvollzugs oder die Sicherheit oder Ordnung der Anstalt erfordert,

2. die Weitergabe in Kenntnis ihres Inhalts einen Straf- oder Bußgeldtatbestand verwirklichen würde,

3. sie grob unrichtige oder erheblich entstellende Darstellungen von Anstaltsverhältnissen oder grobe Beleidigungen enthalten oder

4. sie in Geheim- oder Kurzschrift, unlesbar, unverständlich oder ohne zwingenden Grund in einer fremden Sprache abgefasst sind.

(2) Ausgehenden Schreiben, die unrichtige Darstellungen enthalten, kann ein Begleitschreiben beigefügt werden, wenn die Untersuchungsgefangenen auf dem Absenden bestehen.

(3) Sind Schreiben angehalten worden, wird das den Untersuchungsgefangenen mitgeteilt. Hiervon kann abgesehen werden, wenn und solange es die Aufgabe des Untersuchungshaftvollzugs erfordert. Soweit angehaltene Schreiben nicht beschlagnahmt werden, werden sie an die Absender zurückgegeben oder, sofern dies unmöglich oder aus besonderen Gründen untunlich ist, verwahrt.

(4) Schreiben, deren Überwachung nach § 37 Abs. 2 und 3 ausgeschlossen ist, dürfen nicht angehalten werden.

§ 40 Telefongespräche

Den Untersuchungsgefangenen kann gestattet werden, auf eigene Kosten Telefongespräche zu führen. Die Bestimmungen über den Besuch gelten entsprechend. Ist die Überwachung des Telefongesprächs erforderlich, ist die beabsichtigte Überwachung den Gesprächspartnerinnen und Gesprächspartnern der Untersuchungsgefangenen unmittelbar nach Herstellung der Verbindung durch die Anstalt oder die Untersuchungsgefangenen mitzuteilen. Die Untersuchungsgefangenen sind rechtzeitig vor Beginn des Telefongesprächs über die beabsichtigte Überwachung und die Mitteilungspflicht nach Satz 3 zu unterrichten.

§ 41 Pakete

(1) Der Empfang von Paketen mit Nahrungs- und Genussmitteln ist den Untersuchungsgefangenen nicht gestattet. Der Empfang von Paketen mit anderem Inhalt bedarf der Erlaubnis der Anstalt, welche Zeitpunkt und Höchstmaß für die Sendung und für einzelne Gegenstände festsetzen kann. Für den Ausschluss von Gegenständen gilt § 18 Abs. 4 entsprechend.

(2) Pakete sind in Gegenwart der Untersuchungsgefangenen zu öffnen, an die sie adressiert sind. Ausgeschlossene Gegenstände können zu ihrer Habe genommen oder an die Absender zurückgesandt werden. Nicht ausgehändigte Gegenstände, durch die bei der Versendung oder Aufbewahrung Personen verletzt oder Sachschäden verursacht werden können, dürfen vernichtet werden. Die hiernach getroffenen Maßnahmen werden den Untersuchungsgefangenen eröffnet.

(3) Der Empfang von Paketen kann vorübergehend versagt werden, wenn dies wegen der Gefährdung der Sicherheit oder Ordnung der Anstalt unerlässlich ist.

(4) Den Untersuchungsgefangenen kann gestattet werden, Pakete zu versenden. Die Anstalt kann ihren Inhalt aus Gründen der Sicherheit oder Ordnung der Anstalt überprüfen.

Abschnitt 7
Sicherheit und Ordnung

§ 42 Grundsatz

Die Pflichten und Beschränkungen, die den Untersuchungsgefangenen zur Aufrechterhaltung der Sicherheit oder Ordnung der Anstalt auferlegt werden, sind so zu wählen,

dass sie in einem angemessenen Verhältnis zu ihrem Zweck stehen und die Untersuchungsgefangenen nicht mehr und nicht länger als notwendig beeinträchtigen.

§ 43 Verhaltensvorschriften

(1) Die Untersuchungsgefangenen dürfen durch ihr Verhalten gegenüber Bediensteten, Mitgefangenen und anderen Personen das geordnete Zusammenleben in der Anstalt nicht stören. Sie haben sich nach der Tageseinteilung der Anstalt (Arbeitszeit, Freizeit, Ruhezeit) zu richten.

(2) Die Untersuchungsgefangenen haben die Anordnungen der Bediensteten zu befolgen, auch wenn sie sich durch diese beschwert fühlen. Einen ihnen zugewiesenen Bereich dürfen sie nicht ohne Erlaubnis verlassen.

(3) Die Untersuchungsgefangenen haben ihren Haftraum und die ihnen von der Anstalt überlassenen Sachen in Ordnung zu halten und schonend zu behandeln.

(4) Die Untersuchungsgefangenen haben Umstände, die eine Gefahr für das Leben oder eine erhebliche Gefahr für die Gesundheit einer Person bedeuten, unverzüglich zu melden.

§ 44 Absuchung, Durchsuchung

(1) Die Untersuchungsgefangenen, ihre Sachen und die Haträume dürfen mit technischen Mitteln abgesucht und durchsucht werden. Die Durchsuchung männlicher Untersuchungsgefangener darf nur von Männern, die Durchsuchung weiblicher Untersuchungsgefangener darf nur von Frauen vorgenommen werden. Das Schamgefühl ist zu schonen.

(2) Nur bei Gefahr im Verzug oder auf Anordnung der Anstaltsleiterin oder des Anstaltsleiters im Einzelfall ist es zulässig, eine mit einer Entkleidung verbundene körperliche Durchsuchung vorzunehmen. Sie darf bei männlichen Untersuchungsgefangenen nur in Gegenwart von Männern, bei weiblichen Untersuchungsgefangenen nur in Gegenwart von Frauen erfolgen. Sie ist in einem geschlossenen Raum durchzuführen. Andere Gefangene dürfen nicht anwesend sein.

(3) Die Anstaltsleiterin oder der Anstaltsleiter kann allgemein anordnen, dass Untersuchungsgefangene bei der Aufnahme, vor und nach Kontakten mit Besucherinnen und Besuchern sowie vor und nach jeder Abwesenheit von der Anstalt nach Absatz 2 zu durchsuchen sind.

§ 45 Erkennungsdienstliche Maßnahmen, Lichtbildausweis

(1) Zur Sicherung des Vollzugs, zur Aufrechterhaltung der Sicherheit oder Ordnung der Anstalt oder zur Identitätsfeststellung sind mit Kenntnis der Untersuchungsgefangenen zulässig:

1. die Abnahme von Finger- und Handflächenabdrücken,

2. die Aufnahme von Lichtbildern,

3. die Feststellung äußerlicher körperlicher Merkmale und

4. Messungen.

(2) Die hierbei gewonnenen Unterlagen oder Daten werden zu den Untersuchungsgefangenenpersonalakten genommen oder in personenbezogenen Dateien gespeichert. Die nach Absatz 1 erhobenen Daten dürfen nur für die in Absatz 1, in § 48 Abs. 2 sowie in § 88 dieses Gesetzes in Verbindung mit § 89 Abs. 2 Nr. 4 des Landesjugendstrafvollzugsgesetzes (LJStVollzG) genannten Zwecke genutzt werden.

(3) Werden die Untersuchungsgefangenen entlassen, sind diese in Dateien gespeicherten personenbezogenen Daten spätestens nach drei Monaten zu löschen. Werden die Untersuchungsgefangenen in eine andere Anstalt verlegt oder wird unmittelbar im Anschluss an den Vollzug oder in Unterbrechung der Untersuchungshaft eine andere Haftart vollzogen, können die nach Absatz 1 erhobenen Daten der betreffenden Anstalt übermittelt und von dieser für die in Absatz 2 Satz 2 genannten Zwecke verarbeitet werden.

(4) Personen, die aufgrund des Absatzes 1 erkennungsdienstlich behandelt worden sind, können bei einer nicht nur vorläufigen Einstellung des Verfahrens, einer unanfechtbaren Ablehnung der Eröffnung des Hauptverfahrens oder einem rechtskräftigen Freispruch nach der Entlassung verlangen, dass die gewonnenen erkennungsdienstlichen Unterlagen unverzüglich vernichtet werden. Sie sind über dieses Recht bei der erkennungsdienstlichen Behandlung und bei der Entlassung aufzuklären.

(5) Die Anstalt kann die Untersuchungsgefangenen verpflichten, einen Lichtbildausweis mit sich zu führen, wenn dies aus Gründen der Sicherheit oder Ordnung erforderlich ist. Dieser ist bei der Entlassung oder bei der Verlegung in eine andere Anstalt einzuziehen und zu vernichten.

§ 46 Videoüberwachung

(1) Die Videoüberwachung des Anstaltsgebäudes einschließlich des Gebäudeinneren, des Anstaltsgeländes und der unmittelbaren Umgebung der Anstalt sowie die Anfertigung von Aufzeichnungen hiervon (Videoaufzeichnungen) sind zulässig, wenn dies für die Sicherheit oder Ordnung der Anstalt erforderlich ist. Die Videoüberwachung von Hafträumen ist ausgeschlossen, soweit in diesem Gesetz nichts anderes bestimmt ist.

(2) Auf die Videoüberwachung und die Anfertigung von Videoaufzeichnungen ist durch geeignete Maßnahmen hinzuweisen. Die Videoüberwachung und die Anfertigung von Videoaufzeichnungen dürfen auch durchgeführt werden, wenn Dritte unvermeidbar betroffen werden.

(3) Die Betroffenen sind über eine Verarbeitung ihrer durch Maßnahmen nach Absatz 1 erhobenen personenbezogenen Daten zu benachrichtigen, sofern die Daten nicht innerhalb der Anstalt verbleiben und binnen eines Monats gelöscht werden. Eine Pflicht zur Benachrichtigung besteht nicht, sofern die Betroffenen auf andere Weise Kenntnis von der Verarbeitung erlangt haben oder die Benachrichtigung einen unverhältnismäßigen Aufwand erfordert. Die Benachrichtigung kann unterbleiben, solange durch sie der Zweck der Videoaufzeichnungen vereitelt würde.

§ 47 Maßnahmen zur Feststellung von Suchtmittelkonsum

(1) Zur Aufrechterhaltung der Sicherheit oder Ordnung der Anstalt kann die Anstaltsleiterin oder der Anstaltsleiter allgemein oder im Einzelfall Maßnahmen anordnen, die geeignet sind, den Missbrauch von Suchtmitteln festzustellen. Diese Maßnahmen dürfen nicht mit einem körperlichen Eingriff verbunden sein.

(2) Wird Suchtmittelmissbrauch festgestellt, können die Kosten der Maßnahmen den Untersuchungsgefangenen auferlegt werden.

§ 48 Festnahmerecht

(1) Die Untersuchungsgefangenen, die entwichen sind oder sich sonst ohne Erlaubnis außerhalb der Anstalt aufhalten, können durch die Anstalt oder auf deren Veranlassung festgenommen und zurückgebracht werden.

(2) Nach § 45 Abs. 1 sowie nach § 88 dieses Gesetzes in Verbindung mit § 88 LJStVollzG erhobene und zur Identifizierung oder Festnahme erforderliche Daten dürfen den Vollstreckungs- und Strafverfolgungsbehörden übermittelt werden, soweit dies für Zwecke der Fahndung und Festnahme der entwichenen oder sich sonst ohne Erlaubnis außerhalb der Anstalt aufhaltenden Untersuchungsgefangenen erforderlich ist.

§ 49 Besondere Sicherungsmaßnahmen

(1) Gegen Untersuchungsgefangene können besondere Sicherungsmaßnahmen angeordnet werden, wenn nach ihrem Verhalten oder aufgrund ihres seelischen Zustands in erhöhtem Maße die Gefahr der Entweichung, die Gefahr von Gewalttätigkeiten gegen Personen oder Sachen oder die Gefahr der Selbsttötung oder der Selbstverletzung besteht.

(2) Als besondere Sicherungsmaßnahmen sind zulässig:

1. der Entzug oder die Vorenthaltung von Gegenständen,

2. die Beobachtung der Untersuchungsgefangenen, auch mit technischen Hilfsmitteln,

3. die Absonderung von anderen Gefangenen,

4. der Entzug oder die Beschränkung des Aufenthalts im Freien,

5. die Unterbringung in einem besonders gesicherten Haftraum ohne gefährdende Gegenstände und

6. die Fesselung.

(3) Maßnahmen nach Absatz 2 Nr. 1 und 3 bis 5 sind auch zulässig, wenn die Gefahr einer Befreiung oder eine erhebliche Störung der Ordnung der Anstalt anders nicht vermieden oder behoben werden kann.

(4) Bei einer Ausführung, Vorführung oder beim Transport ist die Fesselung auch dann zulässig, wenn die Gefahr einer Entweichung besteht.

§ 50 Einzelhaft

Die unausgesetzte Absonderung von Untersuchungsgefangenen (Einzelhaft) ist nur zulässig, wenn dies aus Gründen, die in deren Person liegen, unerlässlich ist. Einzelhaft von mehr als einem Monat Gesamtdauer im Jahr bedarf der Zustimmung der Aufsichtsbehörde und wird dem Gericht und der Staatsanwaltschaft von der Anstalt mitgeteilt. Während des Vollzugs der Einzelhaft sind die Untersuchungsgefangenen in besonderem Maße zu betreuen.

§ 51 Fesselung

In der Regel dürfen Fesseln nur an den Händen oder an den Füßen angelegt werden. Im Interesse der Untersuchungsgefangenen kann die Anstaltsleiterin oder der Anstaltsleiter eine andere Art der Fesselung anordnen. Die Fesselung wird zeitweise gelockert, soweit dies notwendig ist.

§ 52 Anordnung besonderer Sicherungsmaßnahmen, Verfahren

(1) Besondere Sicherungsmaßnahmen ordnet die Anstaltsleiterin oder der Anstaltsleiter an. Bei Gefahr im Verzug können auch andere Bedienstete diese Maßnahmen vorläufig anordnen. Die Entscheidung der Anstaltsleiterin oder des Anstaltsleiters ist unverzüglich einzuholen.

(2) Werden Untersuchungsgefangene ärztlich behandelt oder beobachtet oder bildet ihr seelischer Zustand den Anlass der besonderen Sicherungsmaßnahme, ist vorher eine ärztliche Stellungnahme einzuholen. Ist dies wegen Gefahr im Verzug nicht möglich, wird die Stellungnahme unverzüglich nachträglich eingeholt.

(3) Die Entscheidung wird den Untersuchungsgefangenen von der Anstaltsleiterin oder dem Anstaltsleiter mündlich eröffnet und mit einer kurzen Begründung schriftlich abgefasst.

(4) Besondere Sicherungsmaßnahmen sind in angemessenen Abständen daraufhin zu überprüfen, ob und in welchem Umfang sie aufrechterhalten werden müssen.

(5) Besondere Sicherungsmaßnahmen nach § 49 Abs. 2 Nr. 5 und 6 sind der Aufsichtsbehörde, dem Gericht und der Staatsanwaltschaft unverzüglich mitzuteilen, wenn sie länger als drei Tage aufrechterhalten werden.

§ 53 Ärztliche Überwachung

(1) Sind Untersuchungsgefangene in einem besonders gesicherten Haftraum untergebracht oder gefesselt (§ 49 Abs. 2 Nr. 5 und 6), sucht sie eine Ärztin oder ein Arzt alsbald und in der Folge möglichst täglich auf. Dies gilt nicht bei einer Fesselung während einer Ausführung, Vorführung oder eines Transports (§ 49 Abs. 4).

(2) Eine Ärztin oder ein Arzt ist regelmäßig zu hören, solange eine besondere Sicherungsmaßnahme nach § 49 Abs. 2 Nr. 4 oder Einzelhaft nach § 50 andauert.

Abschnitt 8
Unmittelbarer Zwang

§ 54 Begriffsbestimmungen

(1) Unmittelbarer Zwang ist die Einwirkung auf Personen oder Sachen durch körperliche Gewalt, ihre Hilfsmittel und durch Waffen.

(2) Körperliche Gewalt ist jede unmittelbare körperliche Einwirkung auf Personen oder Sachen.

(3) Hilfsmittel der körperlichen Gewalt sind insbesondere Fesseln und Reizstoffe.

(4) Waffen sind die dienstlich zugelassenen Hieb- und Schusswaffen.

§ 55 Allgemeine Voraussetzungen

(1) Die Bediensteten dürfen unmittelbaren Zwang anwenden, wenn sie Vollzugs- und Sicherungsmaßnahmen rechtmäßig durchführen und der damit verfolgte Zweck auf keine andere Weise erreicht werden kann.

(2) Gegen andere Personen als Untersuchungsgefangene darf unmittelbarer Zwang angewendet werden, wenn sie es unternehmen, Untersuchungsgefangene zu befreien oder widerrechtlich in die Anstalt einzudringen, oder wenn sie sich unbefugt darin aufhalten.

(3) Das Recht zu unmittelbarem Zwang aufgrund anderer Regelungen bleibt unberührt.

§ 56 Grundsatz der Verhältnismäßigkeit

(1) Unter mehreren möglichen und geeigneten Maßnahmen des unmittelbaren Zwangs sind diejenigen zu wählen, die den Einzelnen und die Allgemeinheit voraussichtlich am wenigsten beeinträchtigen.

(2) Unmittelbarer Zwang unterbleibt, wenn ein durch ihn zu erwartender Schaden erkennbar außer Verhältnis zu dem angestrebten Erfolg steht.

§ 57 Handeln auf Anordnung

(1) Wird unmittelbarer Zwang von Vorgesetzten oder sonst befugten Personen angeordnet, sind die Bediensteten verpflichtet, ihn anzuwenden, es sei denn, die Anordnung verletzt die Menschenwürde oder ist nicht zu dienstlichen Zwecken erteilt worden.

(2) Die Anordnung darf nicht befolgt werden, wenn dadurch eine Straftat begangen würde. Befolgen die Bediensteten sie trotzdem, trifft sie eine Schuld nur, wenn sie erkennen oder wenn es nach den ihnen bekannten Umständen offensichtlich ist, dass dadurch eine Straftat begangen wird.

(3) Bedenken gegen die Rechtmäßigkeit der Anordnung haben die Bediensteten der oder dem Anordnenden gegenüber vorzubringen,

soweit das nach den Umständen möglich ist. Abweichende Bestimmungen des allgemeinen Beamtenrechts über die Mitteilung solcher Bedenken an Vorgesetzte (§ 36 Abs. 2 und 3 des Beamtenstatusgesetzes) sind nicht anzuwenden.

§ 58 Androhung

Unmittelbarer Zwang ist vorher anzudrohen. Die Androhung darf nur dann unterbleiben, wenn die Umstände sie nicht zulassen oder unmittelbarer Zwang sofort angewendet werden muss, um eine rechtswidrige Tat, die den Tatbestand eines Strafgesetzes erfüllt, zu verhindern oder eine gegenwärtige Gefahr abzuwenden.

§ 59 Schusswaffengebrauch

(1) Schusswaffen dürfen nur gebraucht werden, wenn andere Maßnahmen des unmittelbaren Zwangs bereits erfolglos waren oder keinen Erfolg versprechen. Gegen Personen ist ihr Gebrauch nur zulässig, wenn der Zweck nicht durch Waffenwirkung gegen Sachen erreicht wird.

(2) Schusswaffen dürfen nur die dazu bestimmten Bediensteten gebrauchen und nur, um angriffs- oder fluchtunfähig zu machen. Ihr Gebrauch unterbleibt, wenn dadurch erkennbar Unbeteiligte mit hoher Wahrscheinlichkeit gefährdet würden.

(3) Der Gebrauch von Schusswaffen ist vorher anzudrohen. Als Androhung gilt auch ein Warnschuss. Ohne Androhung dürfen Schusswaffen nur dann gebraucht werden, wenn dies zur Abwehr einer gegenwärtigen Gefahr für Leib oder Leben erforderlich ist.

(4) Gegen Untersuchungsgefangene dürfen Schusswaffen gebraucht werden,

1. wenn sie eine Waffe oder ein anderes gefährliches Werkzeug trotz wiederholter Aufforderung nicht ablegen,

2. wenn sie eine Meuterei (§ 121 StGB) unternehmen oder

3. um ihre Entweichung zu vereiteln oder um sie wieder zu ergreifen.

Satz 1 Nr. 2 und 3 findet auf minderjährige Untersuchungsgefangene keine Anwendung.

(5) Gegen andere Personen dürfen Schusswaffen gebraucht werden, wenn sie es unternehmen, Untersuchungsgefangene gewaltsam zu befreien oder gewaltsam in eine Anstalt einzudringen.

(6) Der Gebrauch von Schusswaffen durch Bedienstete innerhalb der Anstalt im Sinne des § 98 Abs. 1 Satz 1 LJStVollzG ist verboten. Das Recht zum Schusswaffengebrauch aufgrund anderer Vorschriften durch die Polizei bleibt hiervon unberührt.

Abschnitt 9
Disziplinarmaßnahmen

§ 60 Voraussetzungen

(1) Disziplinarmaßnahmen können angeordnet werden, wenn Untersuchungsgefangene rechtswidrig und schuldhaft

1. gegen Strafgesetze verstoßen oder eine Ordnungswidrigkeit begehen,

2. gegen eine verfahrenssichernde Anordnung verstoßen,

3. andere Personen verbal oder tätlich angreifen,

4. Lebensmittel oder fremdes Eigentum zerstören oder beschädigen,

5. verbotene Gegenstände in die Anstalt einbringen,

6. sich am Einbringen verbotener Gegenstände beteiligen oder sie besitzen,

7. entweichen oder zu entweichen versuchen oder

8. in sonstiger Weise wiederholt oder schwerwiegend gegen die Hausordnung verstoßen oder das Zusammenleben in der Anstalt stören.

(2) Von einer Disziplinarmaßnahme wird abgesehen, wenn es genügt, die Untersuchungsgefangenen zu verwarnen.

(3) Disziplinarmaßnahmen sind auch zulässig, wenn wegen derselben Verfehlung ein Straf- oder Bußgeldverfahren eingeleitet wird.

§ 61 Arten der Disziplinarmaßnahmen

(1) Zulässige Disziplinarmaßnahmen sind:

1. Verweis,
2. die Beschränkung oder der Entzug des Einkaufs bis zu drei Monaten,
3. die Beschränkung oder der Entzug von Annehmlichkeiten nach § 19 bis zu drei Monaten,
4. die Beschränkung oder der Entzug des Rundfunkempfangs bis zu drei Monaten; der gleichzeitige Entzug des Hörfunk- und Fernsehempfangs jedoch nur bis zu zwei Wochen,
5. die Beschränkung oder der Entzug der Gegenstände für die Freizeitbeschäftigung oder der Ausschluss von gemeinsamer Freizeit oder von einzelnen Freizeitveranstaltungen bis zu drei Monaten,
6. der Entzug der zugewiesenen Arbeit oder Beschäftigung bis zu vier Wochen unter Wegfall der in diesem Gesetz geregelten Bezüge und
7. Arrest bis zu vier Wochen.

(2) Mehrere Disziplinarmaßnahmen können miteinander verbunden werden.

(3) Arrest darf nur wegen schwerer oder wiederholter Verfehlungen verhängt werden.

(4) Bei der Auswahl der Disziplinarmaßnahmen sind Grund und Zweck der Untersuchungshaft sowie die psychischen Auswirkungen der Untersuchungshaft und des Strafverfahrens auf die Untersuchungsgefangenen zu berücksichtigen. Durch die Anordnung und den Vollzug einer Disziplinarmaßnahme dürfen die Verteidigung sowie die Verhandlungsfähigkeit und die Verfügbarkeit der Untersuchungsgefangenen im Strafverfahren nicht beeinträchtigt werden.

§ 62 Vollzug der Disziplinarmaßnahmen, Aussetzung zur Bewährung

(1) Disziplinarmaßnahmen werden in der Regel sofort vollstreckt.

(2) Disziplinarmaßnahmen können ganz oder teilweise bis zu sechs Monaten zur Bewährung ausgesetzt werden.

(3) Arrest wird in Einzelhaft vollzogen. Die Untersuchungsgefangenen können in einem besonderen Arrestraum untergebracht werden, der den Anforderungen entsprechen muss, die an einen zum Aufenthalt bei Tag und Nacht bestimmten Haftraum gestellt werden. Soweit nichts anderes angeordnet wird, ruhen die Befugnisse der Untersuchungsgefangenen aus den §§ 16 und 17 Abs. 1, § 18 Abs. 2 und 3, den §§ 19 und 24 Abs. 2 und 3, den §§ 26 und 27 Abs. 1 und § 28.

§ 63 Disziplinarbefugnis

(1) Disziplinarmaßnahmen ordnet die Anstaltsleiterin oder der Anstaltsleiter an. Bei einer Verfehlung auf dem Weg in eine andere Anstalt zum Zwecke der Verlegung ist die aufnehmende Anstalt zuständig.

(2) Die Aufsichtsbehörde entscheidet, wenn sich die Verfehlung gegen die Anstaltsleiterin oder den Anstaltsleiter richtet.

(3) Disziplinarmaßnahmen, die gegen die Untersuchungsgefangenen in einer anderen Anstalt oder während des Vollzugs einer anderen Haftart angeordnet worden sind, werden auf Ersuchen vollstreckt. § 62 Abs. 2 gilt entsprechend.

§ 64 Verfahren

(1) Der Sachverhalt ist zu klären. Die betroffenen Untersuchungsgefangenen werden gehört. Sie sind darauf hinzuweisen, dass es ihnen freisteht sich zu äußern. Die Erhebungen werden in einer Niederschrift festgehalten; die Einlassung der Untersuchungsgefangenen wird vermerkt.

(2) Bei schweren Verfehlungen soll sich die Anstaltsleiterin oder der Anstaltsleiter vor der Entscheidung mit Personen besprechen, die an der Betreuung der Untersuchungsgefangenen mitwirken.

(3) Vor der Anordnung von Disziplinarmaßnahmen gegen Untersuchungsgefangene, die sich in ärztlicher Behandlung befinden, oder gegen Schwangere oder stillende Mütter ist eine Ärztin oder ein Arzt zu hören.

(4) Die Entscheidung wird den Untersuchungsgefangenen von der Anstaltsleiterin oder dem Anstaltsleiter mündlich eröffnet und mit einer kurzen Begründung schriftlich abgefasst.

(5) Bevor Arrest vollzogen wird, ist eine Ärztin oder ein Arzt zu hören. Während des Arrests stehen die Untersuchungsgefangenen unter ärztlicher Aufsicht. Der Vollzug unterbleibt oder wird unterbrochen, wenn die Gesundheit der Untersuchungsgefangenen oder der Fortgang des Strafverfahrens gefährdet würde.

Abschnitt 10
Beschwerde

§ 65 Beschwerderecht

(1) Die Untersuchungsgefangenen erhalten Gelegenheit, sich mit Wünschen, Anregungen und Beschwerden in vollzuglichen Angelegenheiten, die sie selbst betreffen, an die Anstaltsleiterin oder den Anstaltsleiter zu wenden.

(2) Besichtigen Vertreterinnen oder Vertreter der Aufsichtsbehörde die Anstalt, so ist zu gewährleisten, dass die Untersuchungsgefangenen sich in vollzuglichen Angelegenheiten, die sie selbst betreffen, an diese wenden können.

(3) Die Möglichkeit der Dienstaufsichtsbeschwerde bleibt unberührt.

Abschnitt 11
Ergänzende Bestimmungen für junge Untersuchungsgefangene

§ 66 Anwendungsbereich

(1) Auf Untersuchungsgefangene, die zur Tatzeit das 21. Lebensjahr noch nicht vollendet hatten und die das 24. Lebensjahr noch nicht vollendet haben (junge Untersuchungsgefangene), findet dieses Gesetz nach Maßgabe der Bestimmungen dieses Abschnitts Anwendung.

(2) Von einer Anwendung der Bestimmungen dieses Abschnitts sowie des § 11 Abs. 2 auf volljährige junge Untersuchungsgefangene kann abgesehen werden, wenn die erzieherische Ausgestaltung des Vollzugs für diese nicht oder nicht mehr angezeigt ist. Die Bestimmungen dieses Abschnitts können ausnahmsweise auch über die Vollendung des 24. Lebensjahres hinaus angewendet werden, wenn dies im Hinblick auf die voraussichtlich nur noch geringe Dauer der Untersuchungshaft zweckmäßig erscheint.

§ 67 Vollzugsgestaltung

(1) Der Vollzug ist erzieherisch zu gestalten. Die Fähigkeiten der jungen Untersuchungsgefangenen zu einer eigenverantwortlichen und gemeinschaftsfähigen Lebensführung in Achtung der Rechte anderer sind zu fördern.

(2) Den jungen Untersuchungsgefangenen sollen neben altersgemäßen Bildungs-, Beschäftigungs- und Freizeitmöglichkeiten auch sonstige entwicklungsfördernde Hilfestellungen angeboten werden. Die Bereitschaft zur Annahme der Angebote ist zu wecken und zu fördern.

(3) In diesem Gesetz vorgesehene Beschränkungen können minderjährigen Untersuchungsgefangenen auch auferlegt werden, soweit es dringend geboten ist, um sie vor einer Gefährdung ihrer Entwicklung zu bewahren.

§ 68 Zusammenarbeit und Einbeziehung Dritter

(1) Die Zusammenarbeit der Anstalt mit staatlichen und privaten Institutionen erstreckt sich insbesondere auch auf Jugendgerichtshilfe, Jugendamt, Schulen und berufliche Bildungsträger.

(2) Die Personensorgeberechtigten sind, soweit dies möglich ist und eine verfahrenssichernde Anordnung nicht entgegensteht, in die Gestaltung des Vollzugs einzubeziehen.

(3) Die Personensorgeberechtigten und das Jugendamt werden von der Aufnahme, einer Verlegung und der Entlassung unverzüglich unterrichtet, soweit eine verfahrenssichernde Anordnung nicht entgegensteht.

§ 69 Ermittlung des Förder- und Erziehungsbedarfs, Maßnahmen

(1) Nach der Aufnahme wird der Förder- und Erziehungsbedarf der jungen Untersuchungsgefangenen unter Berücksichtigung ihrer Persönlichkeit und ihrer Lebensverhältnisse ermittelt.

(2) In einer Konferenz mit an der Erziehung maßgeblich beteiligten Bediensteten werden der Förder- und Erziehungsbedarf erörtert und die sich daraus ergebenden Maßnahmen festgelegt. Diese werden mit den jungen Untersuchungsgefangenen besprochen und den Personensorgeberechtigten auf Verlangen mitgeteilt.

(3) Zur Erfüllung der Aufgabe nach Absatz 1 dürfen personenbezogene Daten abweichend von § 88 ohne Mitwirkung der Betroffenen erhoben werden bei Stellen, die Aufgaben der Jugendhilfe wahrnehmen, bei der Jugendgerichtshilfe und bei Personen und Stellen, die bereits Kenntnis von der Inhaftierung haben.

§ 70 Unterbringung

(1) Die jungen Untersuchungsgefangenen können in Wohngruppen untergebracht werden, zu denen neben den Haftäumen weitere Räume zur gemeinsamen Nutzung gehören.

(2) Die gemeinschaftliche Unterbringung während der Bildung, Arbeit und Freizeit kann über § 12 Abs. 3 hinaus eingeschränkt oder ausgeschlossen werden, wenn dies aus erzieherischen Gründen angezeigt ist, schädliche Einflüsse auf die jungen Untersuchungsgefangenen zu befürchten sind oder während der ersten zwei Wochen nach der Aufnahme.

(3) Eine gemeinsame Unterbringung nach § 13 Abs. 1 Satz 2 ist nur zulässig, wenn schädliche Einflüsse auf die jungen Untersuchungsgefangenen nicht zu befürchten sind.

§ 71 Schulische und berufliche Aus- und Weiterbildung, Arbeit

(1) Schulpflichtige Untersuchungsgefangene nehmen in der Anstalt am allgemein- oder berufsbildenden Unterricht in Anlehnung an die für öffentliche Schulen geltenden Bestimmungen teil.

(2) Minderjährige Untersuchungsgefangene können zur Teilnahme an schulischen und beruflichen Orientierungs-, Aus- und Weiterbildungsmaßnahmen oder speziellen Maßnahmen zur Förderung ihrer schulischen, be-

ruflichen oder persönlichen Entwicklung verpflichtet werden.

(3) Den übrigen jungen Untersuchungsgefangenen soll nach Möglichkeit die Teilnahme an den in Absatz 2 genannten Maßnahmen angeboten werden.

(4) Im Übrigen bleibt § 24 Abs. 2 unberührt.

§ 72 Besuche, Schriftwechsel und Telefongespräche

(1) Abweichend von § 33 Abs. 1 beträgt die Gesamtdauer des Besuchs für junge Untersuchungsgefangene mindestens vier Stunden im Monat. Über § 33 Abs. 3 hinaus sollen Besuche auch dann zugelassen werden, wenn sie die Erziehung fördern.

(2) Besuche von Kindern junger Untersuchungsgefangener werden nicht auf die Regelbesuchszeiten angerechnet.

(3) Bei minderjährigen Untersuchungsgefangenen können Besuche, Schriftwechsel und Telefongespräche auch untersagt werden, wenn Personensorgeberechtigte nicht einverstanden sind.

(4) Besuche dürfen über § 35 Abs. 3 hinaus auch abgebrochen werden, wenn von den Besucherinnen und Besuchern ein schädlicher Einfluss ausgeht.

(5) Der Schriftwechsel kann über § 36 Abs. 2 hinaus bei Personen, die nicht Angehörige (§ 11 Abs. 1 Nr. 1 StGB) der jungen Untersuchungsgefangenen sind, auch untersagt werden, wenn zu befürchten ist, dass der Schriftwechsel einen schädlichen Einfluss auf die jungen Untersuchungsgefangenen hat.

(6) Für Besuche, Schriftwechsel und Telefongespräche mit Beiständen nach § 69 des Jugendgerichtsgesetzes gelten die §§ 34 und 35 Abs. 4 und § 37 Abs. 2 entsprechend.

§ 73 Freizeit und Sport

(1) Zur Ausgestaltung der Freizeit sind geeignete Angebote vorzuhalten. Die jungen Untersuchungsgefangenen sind zur Teilnahme und Mitwirkung an Freizeitangeboten zu motivieren.

(2) Über § 16 Satz 2 hinaus ist der Besitz eigener Fernsehgeräte und elektronischer

Medien ausgeschlossen, wenn erzieherische Gründe entgegenstehen.

(3) Dem Sport kommt bei der Gestaltung des Vollzugs an jungen Untersuchungsgefangenen besondere Bedeutung zu. Es sind ausreichende und geeignete Angebote vorzuhalten, um den jungen Untersuchungsgefangenen eine sportliche Betätigung von mindestens zwei Stunden wöchentlich zu ermöglichen.

§ 74 Besondere Sicherungsmaßnahmen

§ 49 Abs. 3 gilt mit der Maßgabe, dass der Entzug oder die Beschränkung des Aufenthalts im Freien nicht zulässig ist.

§ 75 Erzieherische Maßnahmen, Disziplinarmaßnahmen

(1) Verstöße der jungen Untersuchungsgefangenen gegen Pflichten, die ihnen durch dieses Gesetz oder aufgrund dieses Gesetzes auferlegt sind, sind unverzüglich im erzieherischen Gespräch aufzuarbeiten. Daneben können Maßnahmen angeordnet werden, die geeignet sind, den jungen Untersuchungsgefangenen ihr Fehlverhalten bewusst zu machen (erzieherische Maßnahmen). Als erzieherische Maßnahmen kommen insbesondere die Erteilung von Weisungen und Auflagen, die Beschränkung oder der Entzug einzelner Gegenstände für die Freizeitbeschäftigung und der Ausschluss von gemeinsamer Freizeit oder von einzelnen Freizeitveranstaltungen bis zu einer Woche in Betracht.

(2) Die Anstaltsleiterin oder der Anstaltsleiter legt fest, welche Bediensteten befugt sind, erzieherische Maßnahmen anzuordnen.

(3) Es sollen solche erzieherischen Maßnahmen angeordnet werden, die mit der Verfehlung in Zusammenhang stehen.

(4) Disziplinarmaßnahmen dürfen nur angeordnet werden, wenn erzieherische Maßnahmen nach Absatz 1 nicht ausreichen, um den jungen Untersuchungsgefangenen das Unrecht ihrer Handlung zu verdeutlichen. Zu berücksichtigen ist ferner eine aus demselben Anlass angeordnete besondere Sicherungsmaßnahme.

(5) Gegen junge Untersuchungsgefangene dürfen Disziplinarmaßnahmen nach § 61 Abs. 1 Nr. 1 und 6 nicht verhängt werden. Maßnahmen nach § 61 Abs. 1 Nr. 2, 3 und 4 Halbsatz 1 sowie Nr. 5 sind nur bis zu zwei Monaten, Arrest ist nur bis zu zwei Wochen zulässig und erzieherisch auszugestalten.

Abschnitt 12
Aufbau der Anstalt

§ 76 Gliederung, Räume

(1) Soweit es nach § 11 zur Umsetzung der Trennungsgrundsätze erforderlich ist, werden in der Anstalt gesonderte Abteilungen für den Vollzug der Untersuchungshaft eingerichtet.

(2) Räume für den Aufenthalt während der Ruhezeit und der Freizeit sowie Gemeinschafts- und Besuchsräume sind zweckentsprechend auszugestalten.

§ 77 Festsetzung der Belegungsfähigkeit, Verbot der Überbelegung

(1) Die Aufsichtsbehörde setzt die Belegungsfähigkeit der Anstalt so fest, dass eine angemessene Unterbringung während der Ruhezeit gewährleistet ist. Dabei ist zu berücksichtigen, dass eine ausreichende Anzahl von Plätzen für Arbeit und Bildung sowie von Räumen für Seelsorge, Freizeit, Sport und Besuche zur Verfügung steht.

(2) Hafträume dürfen nicht mit mehr Gefangenen als zugelassen belegt werden.

(3) Ausnahmen von Absatz 2 sind nur vorübergehend und nur mit Zustimmung der Aufsichtsbehörde zulässig.

§ 78 Arbeitsbetriebe, Einrichtungen zur schulischen und beruflichen Bildung

(1) Arbeitsbetriebe und Einrichtungen zur schulischen und beruflichen Bildung sollen vorgehalten werden.

(2) Beschäftigung und Bildung können auch in geeigneten privaten Einrichtungen und Betrieben erfolgen. Die technische und fachliche Leitung kann Angehörigen dieser Einrichtungen und Betriebe übertragen werden.

§ 79 Anstaltsleitung

(1) Die Anstaltsleiterin oder der Anstaltsleiter trägt die Verantwortung für den gesamten Vollzug und vertritt die Anstalt nach außen. Sie oder er kann einzelne Aufgabenbereiche auf andere Bedienstete übertragen. Die Aufsichtsbehörde kann sich die Zustimmung zur Übertragung vorbehalten.

(2) Für jede Anstalt ist eine Beamtin oder ein Beamter des höheren Dienstes zur hauptamtlichen Anstaltsleiterin oder zum hauptamtlichen Anstaltsleiter zu bestellen. Aus besonderen Gründen kann eine Anstalt auch von einer Beamtin oder einem Beamten des gehobenen Dienstes geleitet werden.

§ 80 Bedienstete

Die Anstalt wird mit dem für den Vollzug der Untersuchungshaft erforderlichen Personal ausgestattet. Fortbildung sowie Praxisberatung und -begleitung für die Bediensteten sind zu gewährleisten.

§ 81 Seelsorgerinnen und Seelsorger

(1) Seelsorgerinnen und Seelsorger werden im Einvernehmen mit der jeweilig Religionsgemeinschaft im Hauptamt bestellt oder vertraglich verpflichtet. Diese dürfen sich mit Zustimmung der Anstaltsleiterin oder des Anstaltsleiters freier Seelsorgehelferinnen und Seelsorgehelfer bedienen und diese für Gottesdienste sowie für andere religiöse Veranstaltungen von außen zuziehen.

(2) Wenn die geringe Anzahl der Angehörigen einer Religionsgemeinschaft eine Seelsorge nach Absatz 1 nicht rechtfertigt, ist die seelsorgerische Betreuung auf andere Weise zuzulassen.

§ 82 Medizinische Versorgung

(1) Die ärztliche Versorgung ist sicherzustellen.

(2) Die Pflege der Kranken soll von Bediensteten ausgeübt werden, die eine Erlaubnis nach dem Krankenpflegegesetz besitzen. Solange diese nicht zur Verfügung stehen, können auch Bedienstete eingesetzt werden, die eine sonstige Ausbildung in der Krankenpflege erfahren haben.

§ 83 Mitverantwortung der Untersuchungsgefangenen

Den Untersuchungsgefangenen soll ermöglicht werden, an der Verantwortung für Angelegenheiten von gemeinsamem Interesse teilzunehmen, die sich ihrer Eigenart und der Aufgabe der Anstalt nach für ihre Mitwirkung eignen.

§ 84 Hausordnung

(1) Die Anstaltsleiterin oder der Anstaltsleiter erlässt eine Hausordnung. Die Aufsichtsbehörde kann sich die Genehmigung vorbehalten.

(2) In die Hausordnung sind namentlich Anordnungen aufzunehmen über die

1. Besuchszeiten, Häufigkeit und Dauer der Besuche,

2. Arbeitszeit, Freizeit und Ruhezeit sowie

3. Gelegenheit, Anträge und Beschwerden anzubringen oder sich an Vertreterinnen und Vertreter der Aufsichtsbehörde zu wenden.

Abschnitt 13
Aufsicht, Beirat

§ 85 Aufsichtsbehörde

Das für den Strafvollzug zuständige Ministerium führt die Aufsicht über die Anstalt (Aufsichtsbehörde).

§ 86 Vollstreckungsplan

Die Aufsichtsbehörde regelt die örtliche und sachliche Zuständigkeit der Anstalt in einem Vollstreckungsplan.

§ 87 Beirat

(1) Bei der Anstalt ist ein Beirat zu bilden. Bedienstete dürfen nicht Mitglieder des Beirats sein.

(2) Die Mitglieder des Beirats wirken bei der Gestaltung des Vollzugs und bei der Betreuung der Untersuchungsgefangenen mit. Sie unterstützen die Anstaltsleiterin oder den Anstaltsleiter durch Anregungen und Verbesserungsvorschläge.

(3) Die Mitglieder des Beirats können insbesondere Wünsche, Anregungen und Beanstandungen entgegennehmen. Sie können sich über die Unterbringung, Verpflegung, ärztliche Versorgung, Beschäftigung, Bildung und Betreuung informieren sowie die Anstalt besichtigen. Sie können die Untersuchungsgefangenen in ihren Räumen aufsuchen. Unterhaltung und Schriftwechsel werden vorbehaltlich einer verfahrenssichernden Anordnung nicht überwacht.

(4) Die Mitglieder des Beirats sind verpflichtet, außerhalb ihres Amtes über alle Angelegenheiten, die ihrer Natur nach vertraulich sind, insbesondere über Namen und Persönlichkeit der Untersuchungsgefangenen, Verschwiegenheit zu bewahren. Dies gilt auch nach Beendigung ihres Amtes.

Abschnitt 14
Datenschutz

§ 88 Verarbeitung personenbezogener Daten

Die §§ 88 bis 96 und 97 Abs. 2 Satz 2 LJStVollzG finden beim Vollzug der Untersuchungshaft mit folgenden Maßgaben entsprechende Anwendung:

1. Die nach § 89 Abs. 4 und § 97 Abs. 2 Satz 2 LJStVollzG zulässigen Übermittlungen unterbleiben, wenn für die übermittelnde Stelle erkennbar ist, dass unter Berücksichtigung der Art der Information und der Rechtsstellung der Untersuchungsgefangenen die Betroffenen ein schutzwürdiges Interesse an dem Ausschluss der Übermittlung haben.

2. Die unter den Voraussetzungen des § 89 Abs. 5 Satz 1 LJStVollzG zulässige Mitteilung besteht in der Angabe, ob sich eine Person in der Anstalt in Untersuchungshaft befindet. § 89 Abs. 5 Satz 2 LJStVollzG findet keine Anwendung.

3. Bei einer nicht nur vorläufigen Einstellung des Verfahrens, einer unanfechtbaren Ablehnung der Eröffnung des Hauptverfahrens oder einem rechtskräftigen Freispruch sind binnen eines Monats nach Kenntniserlangung der Anstalt hiervon die in Dateien gespeicherten persönlichen Daten zu löschen; auf Antrag gilt dies auch für persönliche Daten, die nicht in Dateien gespeichert sind. Darüber hinaus sind in diesen Fällen auf Antrag der betroffenen Untersuchungsgefangenen die Stellen, die eine Mitteilung nach § 89 Abs. 5 Satz 1 LJStVollzG erhalten haben, über den Verfahrensausgang in Kenntnis zu setzen. Die betroffenen Untersuchungsgefangenen sind auf ihr Antragsrecht bei der Anhörung oder der nachträglichen Unterrichtung (§ 89 Abs. 5 Satz 3 und 4 LJStVollzG) hinzuweisen.

4. § 89 Abs. 8 Nr. 4 LJStVollzG findet keine Anwendung. Bei der Überwachung der Besuche, des Schriftwechsels sowie des Inhalts von Paketen bekannt gewordene personenbezogene Daten dürfen auch zur Abwehr von Gefährdungen der Untersuchungshaft oder zur Umsetzung einer verfahrenssichernden Anordnung verarbeitet werden.

5. Die Erteilung von Auskunft und die Gewährung von Akteneinsicht an die Betroffenen nach § 95 LJStVollzG können auch versagt werden, soweit sie den Zweck der Untersuchungshaft gefährden und deswegen das Interesse der Betroffenen hieran zurücktreten muss.

Abschnitt 15
Schlussbestimmungen

§ 89 Verwaltungsvorschriften

Die zur Durchführung dieses Gesetzes erforderlichen Verwaltungsvorschriften erlässt das für den Strafvollzug zuständige Ministerium.

§ 90 Einschränkung von Grundrechten

Durch dieses Gesetz werden die Grundrechte aus Artikel 2 Abs. 2 Satz 1 und 2 (körperliche Unversehrtheit und Freiheit der Person) und Artikel 10 Abs. 1 (Brief-, Post- und Fernmeldegeheimnis) des Grundgesetzes eingeschränkt.

**§ 91 Änderung des Landesjugendstraf-
vollzugsgesetzes**

(hier nicht aufgenommen)

§ 92 Inkrafttreten

Dieses Gesetz tritt am 1. Januar 2010 in Kraft.

Landesjugendstrafvollzugsgesetz (LJStVollzG)

Vom 3. Dezember 2007 (GVBl. S. 252)

Geändert durch
Landesuntersuchungshaftvollzugsgesetz
vom 15. September 2009 (GVBl. S. 317)

Inhaltsübersicht

Abschnitt 1
Allgemeine Bestimmungen

§ 1 Anwendungsbereich

Dieses Gesetz regelt den Vollzug der Jugendstrafe (Vollzug).

§ 2 Ziel und Aufgabe

Der Vollzug dient dem Ziel, die Gefangenen zu erziehen und sie zu befähigen, künftig in sozialer Verantwortung ein Leben ohne Straftaten zu führen. Hierdurch wird auch der Schutz der Bürgerinnen und Bürger vor Straftaten junger Menschen als kriminalpräventive Aufgabe des Jugendstrafvollzugs erfüllt. Die Gefangenen sind unter Achtung ihrer Grund- und Menschenrechte zu behandeln. Niemand darf unmenschlicher oder erniedrigender Behandlung unterworfen werden.

§ 3 Erziehungsauftrag, Vollzugsgestaltung

(1) Der Vollzug ist erzieherisch zu gestalten. Die Gefangenen sind in der Entwicklung ihrer Fähigkeiten und Fertigkeiten so zu fördern, dass sie zu einer eigenverantwortlichen und gemeinschaftsfähigen Lebensführung in Achtung der Rechte anderer befähigt werden. Die Einsicht in die beim Opfer verursachten Tatfolgen soll geweckt werden.

(2) Personelle Ausstattung, sachliche Mittel und Organisation der Anstalt (§ 98 Abs. 1 Satz 1) werden an Zielsetzung und Aufgabe des Vollzugs sowie den besonderen Bedürfnissen der Gefangenen ausgerichtet.

(3) Das Leben in der Anstalt ist den allgemeinen Lebensverhältnissen so weit wie möglich anzugleichen. Schädlichen Folgen der Freiheitsentziehung ist entgegenzuwirken. Der Vollzug wird von Beginn an darauf ausgerichtet, den Gefangenen bei der Eingliederung in ein Leben in Freiheit ohne Straftaten zu helfen. Die Belange von Sicherheit und Ordnung der Anstalt sowie die Belange der Allgemeinheit sind zu beachten.

(4) Die unterschiedlichen Lebenslagen und Bedürfnisse von weiblichen und männlichen Gefangenen werden bei der Vollzugsgestaltung und bei Einzelmaßnahmen berücksichtigt.

§ 4 Pflicht zur Mitwirkung

Die Gefangenen sind verpflichtet, an der Erreichung des Vollzugsziels mitzuwirken. Ihre Bereitschaft hierzu ist zu wecken und zu fördern.

§ 5 Leitlinien der Erziehung und Förderung

(1) Erziehung und Förderung erfolgen durch Maßnahmen und Programme zur Entwicklung und Stärkung der Fähigkeiten und Fertigkeiten der Gefangenen im Hinblick auf die Erreichung des Vollzugsziels.

(2) Durch differenzierte Angebote soll auf den jeweiligen Entwicklungsstand und den unterschiedlichen Erziehungs- und Förderbedarf der Gefangenen eingegangen werden.

(3) Die Maßnahmen und Programme richten sich insbesondere auf die Auseinandersetzung mit den eigenen Straftaten, deren Ursachen und Folgen, die schulische Bildung, die berufliche Qualifizierung und die soziale Integration sowie die verantwortliche Gestaltung des alltäglichen Zusammenlebens, möglicher Suchtproblematiken, der freien Zeit und der Außenkontakte.

§ 6 Stellung der Gefangenen

(1) Die Gefangenen unterliegen den in diesem Gesetz vorgesehenen Beschränkungen ihrer Freiheit. Soweit das Gesetz eine besondere Regelung nicht enthält, dürfen ihnen nur Beschränkungen auferlegt werden, die zur Aufrechterhaltung der Sicherheit oder zur Abwendung einer schwerwiegenden Störung der Ordnung der Anstalt unerlässlich sind. Die Gefangenen sind vor Übergriffen zu schützen.

(2) Vollzugsmaßnahmen sollen den Gefangenen erläutert werden.

§ 7 Zusammenarbeit und Einbeziehung Dritter

(1) Alle in der Anstalt Tätigen arbeiten zusammen und wirken daran mit, das Vollzugsziel zu erreichen.

(2) Die Anstalt arbeitet mit außervollzuglichen Einrichtungen und Organisationen sowie Personen und Vereinen eng zusammen, deren Mitwirkung die Eingliederung der Gefangenen fördern kann.

(3) Die Personensorgeberechtigten sind, soweit dies möglich ist und dem Vollzugsziel nicht zuwiderläuft, in die Planung und Gestaltung des Vollzugs einzubeziehen.

§ 8 Soziale Hilfe

(1) Die Gefangenen werden darin unterstützt, ihre persönlichen, wirtschaftlichen und sozialen Schwierigkeiten zu beheben. Sie sollen dazu angeregt und in die Lage versetzt werden, ihre Angelegenheiten selbst zu regeln, insbesondere den durch die Straftat verursachten materiellen und immateriellen Schaden wiedergutzumachen und eine Schuldenregulierung herbeizuführen.

(2) Die Gefangenen sind, soweit erforderlich, über die notwendigen Maßnahmen zur Aufrechterhaltung ihrer sozialversicherungsrechtlichen Ansprüche zu beraten.

Abschnitt 2
Vollzugsplanung

§ 9 Aufnahme

(1) Mit den Gefangenen wird unverzüglich ein Zugangsgespräch geführt, in dem ihre gegenwärtige Lebenssituation erörtert wird und sie über ihre Rechte und Pflichten informiert werden. Ihnen ist die Hausordnung auszuhändigen. Dieses Gesetz, die von ihm in Bezug genommenen Gesetze sowie die zu seiner Ausführung erlassenen Rechtsverordnungen und Verwaltungsvorschriften sind den Gefangenen auf Verlangen zugänglich zu machen.

(2) Beim Zugangsgespräch dürfen andere Gefangene in der Regel nicht zugegen sein.

(3) Die Gefangenen werden alsbald ärztlich untersucht.

(4) Die Personensorgeberechtigten und das Jugendamt werden von der Aufnahme unverzüglich unterrichtet.

(5) Die Gefangenen sollen dabei unterstützt werden, etwa notwendige Maßnahmen für hilfsbedürftige Angehörige und die Sicherung ihrer Habe außerhalb der Anstalt zu veranlassen.

§ 10 Feststellung des Erziehungs- und Förderbedarfs

(1) Nach der Aufnahme wird den Gefangenen das Ziel ihres Aufenthalts in der Anstalt verdeutlicht sowie das Angebot an Unterricht, Aus- und Fortbildung, Arbeit, therapeutischer Behandlung und Freizeit erläutert.

(2) Der Erziehungs- und Förderbedarf der Gefangenen wird in einem Diagnoseverfahren ermittelt. Es erstreckt sich auf die Persönlichkeit, die Lebensverhältnisse, die Ursachen und Umstände der Straftat sowie alle sonstigen Gesichtspunkte, deren Kenntnis für eine zielgerichtete Vollzugsgestaltung und die Eingliederung der Gefangenen nach der Entlassung notwendig erscheint. Erkenntnisse der Jugendgerichtshilfe und Bewährungshilfe sind einzubeziehen.

(3) Die Vollzugsplanung wird mit den Gefangenen erörtert. Dabei werden deren Anregungen und Vorschläge einbezogen, soweit sie dem Vollzugsziel dienen.

§ 11 Vollzugsplan

(1) Auf der Grundlage des festgestellten Erziehungs- und Förderbedarfs wird regelmäßig innerhalb der ersten sechs Wochen nach der Aufnahme ein Vollzugsplan erstellt.

(2) Der Vollzugsplan wird regelmäßig alle vier Monate auf seine Umsetzung überprüft, mit den Gefangenen erörtert und fortgeschrieben. Bei der Fortschreibung sind die Entwicklung der Gefangenen und in der Zwischenzeit gewonnene Erkenntnisse zu berücksichtigen.

(3) Der Vollzugsplan und seine Fortschreibungen enthalten, je nach Stand des Vollzugs, insbesondere folgende Angaben:

1. die dem Vollzugsplan zugrunde liegenden Annahmen zur Vorgeschichte der Straftaten sowie die Erläuterung der Ziele, Inhalte und Methoden der Erziehung und Förderung der Gefangenen,

2. Unterbringung im geschlossenen oder offenen Vollzug,

3. Zuweisung zu einer Wohngruppe oder einem anderen Unterkunftsbereich,

4. Unterbringung in einer sozialtherapeutischen Abteilung,

5. Teilnahme an schulischen, berufsorientierenden, qualifizierenden oder arbeitstherapeutischen Maßnahmen oder Zuweisung von Arbeit,

6. Teilnahme an therapeutischen Behandlungen oder anderen Hilfs- oder Fördermaßnahmen,

7. Teilnahme an Sport- und Freizeitangeboten,

8. Vollzugslockerungen und Urlaub,

9. Pflege der familiären Beziehungen und Gestaltung der Außenkontakte,

10. Maßnahmen und Angebote zum Ausgleich von Tatfolgen,

11. Schuldenregulierung,

12. Maßnahmen zur Vorbereitung von Entlassung, Wiedereingliederung und Nachsorge und

13. Fristen zur Fortschreibung des Vollzugsplans.

(4) Der Vollzugsplan und seine Fortschreibungen werden den Gefangenen ausgehändigt. Sie werden der Vollstreckungsleiterin oder dem Vollstreckungsleiter und auf Verlangen den Personensorgeberechtigten mitgeteilt.

§ 12 Verlegung und Überstellung

(1) Die Gefangenen können abweichend vom Vollstreckungsplan in eine andere Anstalt verlegt werden, wenn

1. die Erreichung des Vollzugsziels oder die Eingliederung nach der Entlassung hierdurch gefördert wird oder

2. Gründe der Vollzugsorganisation oder andere wichtige Gründe dies erforderlich machen.

(2) Die Personensorgeberechtigten, die Vollstreckungsleiterin oder der Vollstreckungsleiter und das Jugendamt werden von der Verlegung unverzüglich unterrichtet.

(3) Die Aufsichtsbehörde kann sich Entscheidungen über Verlegungen vorbehalten.

(4) Die Gefangenen dürfen aus wichtigem Grund in eine andere Anstalt oder Justizvollzugsanstalt überstellt werden.

§ 13 Formen des Jugendstrafvollzugs

(1) Die Gefangenen werden im geschlossenen oder offenen Vollzug untergebracht.

(2) Sie sollen im offenen Vollzug untergebracht werden, wenn sie dessen besonderen Anforderungen genügen, insbesondere verantwortet werden kann zu erproben, dass sie sich dem Vollzug der Jugendstrafe nicht entziehen und die Möglichkeiten des offenen Vollzugs nicht zur Begehung von Straftaten missbrauchen werden.

(3) Bei Eignung können die Gefangenen in einer Einrichtung des Jugendstrafvollzugs in freien Formen untergebracht werden, wenn diese vorhanden sind. Hierzu gestattet der Anstaltsleiter den Gefangenen, die Jugendstrafe in einer dazu zugelassenen Einrichtung der Jugendhilfe zu verbüßen.

(4) Die Gefangenen haben einen Anspruch auf Prüfung der Eignung nach Absatz 2 und 3 bei Zugang sowie in angemessenen Abständen ihres Aufenthalts.

§ 14 Sozialtherapie

Gefangene sollen in einer sozialtherapeutischen Abteilung untergebracht werden, wenn deren besondere therapeutische Mittel und soziale Hilfen zum Erreichen des Vollzugsziels angezeigt sind.

§ 15 Vollzugslockerungen

(1) Als Vollzugslockerungen kommen insbesondere in Betracht:

1. Verlassen der Anstalt für eine bestimmte Tageszeit unter Aufsicht von Bediensteten (Ausführung) oder ohne Aufsicht (Ausgang),

2. regelmäßige Beschäftigung außerhalb der Anstalt unter Aufsicht von Bediensteten (Außenbeschäftigung) oder ohne Aufsicht (Freigang) und

3. Unterbringung in besonderen Erziehungseinrichtungen oder in Übergangseinrichtungen freier Träger.

Vollzugslockerungen nach Satz 1 Nr. 3 werden nach Anhörung der Vollstreckungsleiterin oder des Vollstreckungsleiters gewährt.

(2) Vollzugslockerungen dürfen gewährt werden, wenn verantwortet werden kann zu erproben, dass die Gefangenen sich dem Vollzug nicht entziehen und die Vollzugslockerungen nicht zur Begehung von Straftaten missbrauchen werden. Sie können versagt werden, wenn die Gefangenen ihren Mitwirkungspflichten nicht nachkommen.

(3) Im Übrigen dürfen Gefangene ausgeführt werden, wenn dies aus besonderen Gründen notwendig ist. Liegt die Ausführung ausschließlich im Interesse der Gefangenen, können ihnen die Kosten auferlegt werden, soweit dies die Erziehung oder die Eingliederung nicht behindert.

§ 16 Urlaub

(1) Zur Förderung der Wiedereingliederung in das Leben in Freiheit, insbesondere zur Aufrechterhaltung sozialer Bindungen, kann nach Maßgabe des Vollzugsplans Urlaub gewährt werden. Der Urlaub darf 24 Tage in einem Vollstreckungsjahr nicht übersteigen.

(2) Darüber hinaus kann Urlaub aus wichtigem Anlass bis zu sieben Tagen in einem Vollstreckungsjahr gewährt werden, zur Teilnahme an gerichtlichen Terminen oder wegen des Todes oder einer lebensbedrohenden Erkrankung naher Angehöriger auch darüber hinaus.

(3) § 15 Abs. 2 gilt entsprechend.

(4) Durch Urlaub wird die Vollstreckung der Jugendstrafe nicht unterbrochen.

§ 17 Weisungen für Vollzugslockerungen und Urlaub, Widerruf

(1) Für Vollzugslockerungen und Urlaub können Weisungen erteilt werden.

(2) Vollzugslockerungen und Urlaub können widerrufen werden, wenn

1. sie aufgrund nachträglich eingetretener oder bekannt gewordener Umstände versagt werden könnten,

2. sie missbraucht werden oder

3. Weisungen nicht befolgt werden.

§ 18 Vorführung, Ausantwortung

(1) Auf Ersuchen eines Gerichts werden Gefangene vorgeführt, sofern ein Vorführungsbefehl vorliegt.

(2) Die Gefangenen dürfen befristet dem Gewahrsam eines Gerichts, einer Staatsanwaltschaft oder einer Polizei-, Zoll- oder Finanzbehörde auf Antrag überlassen werden (Ausantwortung).

§ 19 Entlassungsvorbereitung und Übergangsmanagement

(1) Die Anstalt arbeitet frühzeitig, spätestens sechs Monate vor der voraussichtlichen Entlassung der Gefangenen, mit allen notwendigen Institutionen, außervollzuglichen Einrichtungen und Organisationen sowie Personen und Vereinen zusammen, um ihnen Arbeit oder Ausbildung, Wohnung und ein soziales Umfeld für die Zeit nach der Entlassung zu vermitteln. Dazu gehört insbesondere eine Zusammenarbeit der ambulanten sozialen Dienste (Bewährungshilfe, Führungsaufsicht) mit der Anstalt zum Zweck der sozialen und beruflichen Integration der Gefangenen. Die Personensorgeberechtigten und das Jugendamt werden unterrichtet.

(2) Zur Vorbereitung der Entlassung soll der Vollzug gelockert werden (§ 15).

(3) Zur Vorbereitung der Entlassung können die Gefangenen bis zu sieben Tage Urlaub erhalten. Zum Freigang zugelassene Gefangene können innerhalb von neun Monaten vor der Entlassung Urlaub bis zu sechs Tagen im Monat erhalten; Satz 1 findet keine Anwendung. § 15 Abs. 2, § 16 Abs. 4 und § 17 gelten entsprechend.

(4) Darüber hinaus können die Gefangenen nach Anhörung der Vollstreckungsleiterin oder des Vollstreckungsleiters bis zu vier Monate beurlaubt werden. Hierfür sollen Weisungen erteilt werden. Der im laufenden Vollstreckungsjahr gewährte Urlaub nach

§ 16 Abs. 1 wird auf diese Zeit angerechnet. § 15 Abs. 2, § 16 Abs. 4 und § 17 Abs. 2 gelten entsprechend.

§ 20 Entlassungszeitpunkt

(1) Die Gefangenen sollen am letzten Tag ihrer Strafzeit möglichst frühzeitig, jedenfalls noch am Vormittag, entlassen werden.

(2) Fällt das Strafende auf einen Sonnabend oder Sonntag, einen gesetzlichen Feiertag, den ersten Werktag nach Ostern oder Pfingsten oder in die Zeit vom 22. Dezember bis zum 6. Januar, so können die Gefangenen an dem diesem Tag oder Zeitraum vorhergehenden Werktag entlassen werden, wenn dies gemessen an der Dauer der Strafzeit vertretbar ist und fürsorgerische Gründe nicht entgegenstehen.

(3) Der Entlassungszeitpunkt kann bis zu zwei Tage vorverlegt werden, wenn die Gefangenen zu ihrer Eingliederung hierauf dringend angewiesen sind.

§ 21 Hilfe zur Entlassung, Nachsorge

(1) Zur Vorbereitung der Entlassung sind die Gefangenen bei der Ordnung ihrer persönlichen, wirtschaftlichen und sozialen Angelegenheiten zu unterstützen. Dies umfasst die Vermittlung in nachsorgende Maßnahmen. Nachgehende Betreuung kann unter Mitwirkung von Bediensteten erfolgen.

(2) Bedürftigen Gefangenen kann eine Entlassungsbeihilfe in Form eines Reisekostenzuschusses, angemessener Kleidung oder einer sonstigen notwendigen Unterstützung gewährt werden.

§ 22 Fortführung von Maßnahmen nach der Entlassung

(1) Die Gefangenen können auf Antrag nach ihrer Entlassung ausnahmsweise im Vollzug begonnene Ausbildungs- oder Behandlungsmaßnahmen fortführen, soweit diese nicht anderweitig durchgeführt werden können. Hierzu können die Entlassenen auf vertraglicher Basis vorübergehend in einer Anstalt untergebracht werden, sofern es die Belegungssituation zulässt.

(2) Bei Störung des Anstaltsbetriebes durch die Entlassenen oder aus vollzugsorganisatorischen Gründen können die Unterbringung und die Maßnahme jederzeit beendet werden.

Abschnitt 3
Unterbringung und Versorgung

§ 23 Trennung von männlichen und weiblichen Gefangenen

Männliche und weibliche Gefangene werden getrennt untergebracht. Gemeinsame Maßnahmen, insbesondere eine gemeinsame Schul- und Berufsausbildung, sind zulässig.

§ 24 Unterbringung während der Ausbildung, Arbeit und Freizeit

(1) Ausbildung und Arbeit finden grundsätzlich in Gemeinschaft statt.

(2) Den Gefangenen kann gestattet werden, sich während der Freizeit in Gemeinschaft mit anderen Gefangenen aufzuhalten. Für die Teilnahme an gemeinschaftlichen Veranstaltungen kann die Anstaltsleiterin oder der Anstaltsleiter mit Rücksicht auf die räumlichen, personellen oder organisatorischen Verhältnisse der Anstalt besondere Regelungen treffen.

(3) Die gemeinschaftliche Unterbringung kann eingeschränkt werden,

1. wenn ein schädlicher Einfluss auf andere Gefangene zu befürchten ist,

2. wenn es die Sicherheit oder Ordnung der Anstalt erfordert,

3. wenn dies aus erzieherischen Gründen angezeigt ist oder

4. bis zur Erstellung des Vollzugsplans, jedoch nicht länger als zwei Monate.

§ 25 Unterbringung während der Ruhezeit

(1) Während der Ruhezeit werden die Gefangenen in ihren Hafträumen einzeln untergebracht. Mit ihrer Zustimmung können sie gemeinsam untergebracht werden, wenn schädliche Einflüsse nicht zu befürchten sind.

(2) Eine gemeinsame Unterbringung ist auch zulässig, wenn Gefangene hilfsbedürftig sind oder eine Gefahr für Leben oder Gesundheit besteht. Darüber hinaus ist eine gemeinsame Unterbringung nur vorübergehend und aus zwingenden Gründen zulässig.

§ 26 Wohngruppen

Geeignete Gefangene werden regelmäßig in Wohngruppen untergebracht. Nicht geeignet sind in der Regel Gefangene, die aufgrund ihres Verhaltens nicht gruppenfähig sind.

§ 27 Unterbringung von Müttern mit Kindern

(1) Ist das Kind einer Gefangenen noch nicht drei Jahre alt, kann es mit Zustimmung der oder des Aufenthaltsbestimmungsberechtigten in der Anstalt untergebracht werden, wenn die baulichen Gegebenheiten dies zulassen und Sicherheitsgründe nicht entgegenstehen. Vor der Unterbringung ist das Jugendamt zu hören.

(2) Die Unterbringung erfolgt auf Kosten der für das Kind Unterhaltspflichtigen. Von der Geltendmachung des Kostenersatzanspruchs kann ausnahmsweise abgesehen werden, wenn hierdurch die gemeinsame Unterbringung von Mutter und Kind gefährdet würde.

§ 28 Persönlicher Gewahrsam, Kostenbeteiligung

(1) Die Gefangenen dürfen nur Sachen in Gewahrsam haben oder annehmen, die ihnen von der Anstalt oder mit deren Zustimmung überlassen werden. Ohne Zustimmung dürfen sie Sachen von geringem Wert von anderen Gefangenen annehmen; die Annahme dieser Sachen und der Gewahrsam daran können von der Zustimmung der Anstalt abhängig gemacht werden.

(2) Eingebrachte Sachen, die die Gefangenen nicht in Gewahrsam haben dürfen, sind für sie aufzubewahren, sofern dies nach Art und Umfang möglich ist. Den Gefangenen wird Gelegenheit gegeben, ihre Sachen, die sie während des Vollzugs und für ihre Entlassung nicht benötigen, zu verschicken. Geld wird ihnen als Eigengeld gutgeschrieben.

(3) Werden eingebrachte Sachen, deren Aufbewahrung nach Art oder Umfang nicht möglich ist, von den Gefangenen trotz Aufforderung nicht aus der Anstalt verbracht, so ist die Anstalt berechtigt, sie auf Kosten der Gefangenen aus der Anstalt entfernen zu lassen.

(4) Aufzeichnungen und andere Sachen, die Kenntnisse über Sicherungsvorkehrungen der Anstalt vermitteln oder Schlussfolgerungen auf diese zulassen, dürfen vernichtet oder unbrauchbar gemacht werden.

(5) Die Zustimmung nach Absatz 1 kann widerrufen werden, wenn dies zur Aufrechterhaltung der Sicherheit, zur Abwendung einer erheblichen Störung der Ordnung der Anstalt oder zur Vermeidung einer erheblichen Gefährdung des Vollzugsziels erforderlich ist.

(6) Die Gefangenen können an den Betriebskosten der in ihrem Gewahrsam befindlichen Geräte beteiligt werden.

§ 29 Ausstattung des Haftraums

Die Gefangenen dürfen ihren Haftraum in angemessenem Umfang mit eigenen Sachen ausstatten. Sachen, die geeignet sind, das Vollzugsziel oder die Sicherheit oder Ordnung der Anstalt zu gefährden, sind ausgeschlossen.

§ 30 Kleidung

(1) Die Gefangenen tragen Anstaltskleidung.

(2) Die Anstaltsleiterin oder der Anstaltsleiter kann eine abweichende Regelung treffen. Für Reinigung, Instandsetzung und regelmäßigen Wechsel eigener Kleidung haben die Gefangenen selbst zu sorgen.

§ 31 Verpflegung und Einkauf

(1) Zusammensetzung und Nährwert der Anstaltsverpflegung entsprechen den besonderen Anforderungen an eine gesunde Ernährung junger Menschen und werden ärztlich überwacht. Auf ärztliche Anordnung wird besondere Verpflegung gewährt. Den Gefangenen ist zu ermöglichen, Speisevorschriften ihrer Religionsgemeinschaft zu befolgen.

(2) Die Gefangenen können aus einem von der Anstalt vermittelten Angebot einkaufen.

Die Anstalt soll für ein Angebot sorgen, das auf Wünsche und Bedürfnisse der Gefangenen Rücksicht nimmt.

(3) Den Gefangenen soll die Möglichkeit eröffnet werden, unmittelbar oder über Dritte Gegenstände über den Versandhandel zu beziehen. Zulassung und Verfahren des Einkaufs über den Versandhandel regelt die Anstaltsleiterin oder der Anstaltsleiter.

(4) Gegenstände, die geeignet sind, das Vollzugsziel oder die Sicherheit oder Ordnung der Anstalt zu gefährden, sind vom Einkauf ausgeschlossen.

§ 32 Gesundheitsfürsorge

(1) Die Anstalt unterstützt die Gefangenen bei der Wiederherstellung und Erhaltung ihrer körperlichen und geistigen Gesundheit. Die Gefangenen haben die notwendigen Anordnungen zum Gesundheitsschutz und zur Hygiene zu befolgen.

(2) Den Gefangenen wird ermöglicht, sich täglich mindestens eine Stunde im Freien aufzuhalten.

(3) Erkranken Gefangene schwer oder versterben sie, werden die Angehörigen, insbesondere die Personensorgeberechtigten, benachrichtigt. Dem Wunsch der Gefangenen, auch andere Personen zu benachrichtigen, soll nach Möglichkeit entsprochen werden.

§ 33 Zwangsmaßnahmen auf dem Gebiet der Gesundheitsfürsorge

(1) Medizinische Untersuchung und Behandlung sowie Ernährung sind unbeschadet der Rechte der Personensorgeberechtigten zwangsweise nur bei Lebensgefahr, bei schwerwiegender Gefahr für die Gesundheit der Gefangenen oder bei Gefahr für die Gesundheit anderer Personen zulässig; die Maßnahmen müssen für die Beteiligten zumutbar und dürfen nicht mit erheblicher Gefahr für Leben oder Gesundheit der Gefangenen verbunden sein. Zur Durchführung der Maßnahmen ist die Anstalt nicht verpflichtet, solange von einer freien Willensbestimmung der Gefangenen ausgegangen werden kann.

(2) Zum Gesundheitsschutz und zur Hygiene ist die zwangsweise körperliche Untersuchung außer im Falle des Absatzes 1 zulässig, wenn sie nicht mit einem körperlichen Eingriff verbunden ist.

(3) Die Maßnahmen dürfen nur auf Anordnung und unter Leitung einer Ärztin oder eines Arztes durchgeführt werden, unbeschadet der Leistung Erster Hilfe für den Fall, dass eine Ärztin oder ein Arzt nicht rechtzeitig erreichbar und mit einem Aufschub Lebensgefahr verbunden ist.

§ 34 Medizinische Leistungen, Kostenbeteiligung

(1) Die Gefangenen haben einen Anspruch auf notwendige, ausreichende und zweckmäßige medizinische Leistungen unter Beachtung des Grundsatzes der Wirtschaftlichkeit. Der allgemeine Standard der gesetzlichen Krankenkassen ist zu berücksichtigen.

(2) Der Anspruch umfasst auch Untersuchungen zur Früherkennung von Krankheiten und Vorsorgeleistungen entsprechend dem allgemeinen Standard der gesetzlichen Krankenkassen.

(3) Der Anspruch umfasst weiter die Versorgung mit Hilfsmitteln wie Seh- und Hörhilfen, Körperersatzstücken, orthopädischen und anderen Hilfsmitteln, die im Einzelfall erforderlich sind, um den Erfolg der Krankenbehandlung zu sichern, eine Behinderung auszugleichen oder einer drohenden Behinderung vorzubeugen, sofern dies mit Rücksicht auf die Dauer des Freiheitsentzugs nicht ungerechtfertigt ist und soweit die Hilfsmittel nicht als allgemeine Gebrauchsgegenstände des täglichen Lebens anzusehen sind. Der Anspruch umfasst auch die notwendige Änderung, Instandsetzung und Ersatzbeschaffung von Hilfsmitteln sowie die Ausbildung in ihrem Gebrauch. Ein erneuter Anspruch auf Versorgung mit Sehhilfen besteht nur bei einer Änderung der Sehfähigkeit um mindestens 0,5 Dioptrien. Anspruch auf Versorgung mit Kontaktlinsen besteht nur in medizinisch zwingend erforderlichen Ausnahmefällen.

(4) An den Kosten für zahntechnische Leistungen und Zahnersatz können volljährige Gefangene beteiligt werden.

(5) Für Leistungen, die über die in Absatz 1 Satz 1 und den Absätzen 2 und 3 genannten Leistungen hinausgehen, können den Gefangenen die gesamten Kosten auferlegt werden.

§ 35 Verlegung und Überstellung zur medizinischen Behandlung

(1) Kranke oder hilfsbedürftige Gefangene können in eine zur Behandlung ihrer Krankheit oder zu ihrer Versorgung besser geeignete Anstalt oder Justizvollzugsanstalt oder in ein Vollzugskrankenhaus verlegt oder überstellt werden.

(2) Erforderlichenfalls können Gefangene auch in ein Krankenhaus außerhalb des Vollzugs gebracht werden.

(3) § 12 Abs. 2 und 3 gilt entsprechend.

§ 36 Medizinische Leistungen in besonderen Fällen

(1) Während eines Urlaubs und in Vollzugslockerungen haben Gefangene einen Anspruch auf medizinische Leistungen gegen das Land nur in der für sie zuständigen Anstalt.

(2) Der Anspruch auf Leistungen nach § 34 ruht, solange Gefangene aufgrund eines freien Beschäftigungsverhältnisses krankenversichert sind.

(3) Wird die Vollstreckung der Jugendstrafe während einer Behandlung von Gefangenen unterbrochen oder beendet, so hat das Land nur diejenigen Kosten zu tragen, die bis zur Unterbrechung oder Beendigung der Vollstreckung angefallen sind.

Abschnitt 4
Schule, Ausbildung, Weiterbildung und Arbeit

§ 37 Schulische und berufliche Aus- und Weiterbildung, Arbeit

(1) Ausbildung, Weiterbildung, arbeitstherapeutische Beschäftigung und Arbeit dienen insbesondere dem Ziel, die Fähigkeit der Gefangenen zur Aufnahme einer Erwerbstätigkeit nach der Entlassung zu vermitteln, zu erhalten oder zu fördern. Sofern den Gefangenen Arbeit zugewiesen wird, soll diese möglichst deren Fähigkeiten, Fertigkeiten und Neigungen entsprechen.

(2) Die Gefangenen sind vorrangig zur Teilnahme an schulischen und beruflichen Orientierungs-, Aus- und Weiterbildungsmaßnahmen oder speziellen Maßnahmen zur Förderung ihrer schulischen, beruflichen und persönlichen Entwicklung verpflichtet. Im Übrigen sind die Gefangenen zu Arbeit, arbeitstherapeutischer oder sonstiger Beschäftigung verpflichtet, wenn und soweit sie dazu in der Lage sind.

(3) Das Zeugnis oder der Nachweis über eine Bildungsmaßnahme darf keinen Hinweis auf die Inhaftierung enthalten.

(4) Den Gefangenen soll gestattet werden, einer Berufsausbildung, beruflichen Weiterbildung, Umschulung oder Arbeit auf der Grundlage eines freien Beschäftigungsverhältnisses außerhalb der Anstalt nachzugehen oder sich innerhalb oder außerhalb des Vollzugs selbst zu beschäftigen, wenn sie hierfür geeignet sind. § 13 Abs. 2, § 15 Abs. 2 und § 17 gelten entsprechend. Die Anstalt kann verlangen, dass ihr das Entgelt für das freie Beschäftigungsverhältnis zur Gutschrift für die Gefangenen überwiesen wird.

(5) Sind die Gefangenen ein Jahr lang ununterbrochen ihrer Verpflichtung nach Absatz 2 nachgekommen, können sie beanspruchen, im darauffolgenden Jahr für die Dauer von 18 Werktagen freigestellt zu werden. Zeiten, in denen die Gefangenen unverschuldet infolge Krankheit an der Teilnahme, der Arbeit oder der Beschäftigung gehindert waren, werden bis zur Dauer von sechs Wochen auf das Jahr angerechnet. Auf die Zeit der Freistellung wird der Urlaub nach § 16 Abs. 1 angerechnet, soweit er in die Arbeitszeit fällt. Die Gefangenen erhalten für die Zeit der Freistellung ihre zuletzt gezahlten Bezüge weiter. Urlaubsregelungen der Beschäftigungsverhältnisse außerhalb des Vollzugs bleiben unberührt.

Abschnitt 5
Freizeit und Sport

§ 38 Freizeit

Die Ausgestaltung der Freizeit orientiert sich am Vollzugsziel. Dazu sind auch an Wochenenden und gesetzlichen Feiertagen geeignete Angebote vorzuhalten. Die Gefangenen sind zur Teilnahme und Mitwirkung an Freizeitangeboten verpflichtet.

§ 39 Sport und Kultur

Dem Sport und der Kultur wie der Malerei, dem kreativen Schaffen, dem Schreiben und der Musik kommen bei der Erreichung des Vollzugsziels besondere Bedeutung zu. Sie können neben der sinnvollen Freizeitgestaltung auch zur Diagnostik und gezielten Behandlung eingesetzt werden. Es sind ausreichende und geeignete Angebote vorzuhalten, um den Gefangenen eine sportliche oder kulturelle Betätigung von mindestens zwei Stunden wöchentlich zu ermöglichen.

§ 40 Zeitungen und Zeitschriften

(1) Die Gefangenen dürfen auf eigene Kosten Zeitungen und Zeitschriften in angemessenem Umfang durch Vermittlung der Anstalt beziehen. Ausgeschlossen sind Zeitungen und Zeitschriften, deren Verbreitung mit Strafe oder Geldbuße bedroht ist.

(2) Einzelne Ausgaben einer Zeitung oder Zeitschrift können den Gefangenen auch vorenthalten werden, wenn deren Inhalte das Vollzugsziel oder die Sicherheit oder Ordnung der Anstalt erheblich gefährden würden.

§ 41 Rundfunk

(1) Die Gefangenen können am Hörfunkempfang sowie am gemeinschaftlichen Fernsehempfang teilnehmen. Der Rundfunkempfang kann vorübergehend ausgesetzt oder einzelnen Gefangenen untersagt werden, wenn dies zur Aufrechterhaltung der Sicherheit oder Ordnung der Anstalt unerlässlich ist.

(2) Eigene Fernsehgeräte können zugelassen werden, wenn erzieherische Gründe nicht entgegenstehen.

§ 42 Besitz von Gegenständen für die Freizeitbeschäftigung

(1) Die Gefangenen dürfen in angemessenem Umfang Gegenstände für die Freizeitbeschäftigung besitzen. Dies gilt nicht, wenn deren Besitz, Überlassung oder Benutzung das Vollzugsziel oder die Sicherheit oder Ordnung der Anstalt gefährden würde.

(2) Elektronische Medien können zugelassen werden, wenn erzieherische Gründe nicht entgegenstehen. Absatz 1 Satz 2 gilt entsprechend.

Abschnitt 6
Religionsausübung

§ 43 Seelsorge

(1) Den Gefangenen darf religiöse Betreuung durch Seelsorgerinnen und Seelsorger ihrer Religionsgemeinschaft nicht versagt werden. Auf Wunsch ist ihnen zu helfen, mit Seelsorgerinnen und Seelsorgern ihrer Religionsgemeinschaft in Verbindung zu treten.

(2) Die Gefangenen dürfen grundlegende religiöse Schriften besitzen. Sie dürfen ihnen nur bei grobem Missbrauch entzogen werden.

(3) Den Gefangenen sind Gegenstände des religiösen Gebrauchs in angemessenem Umfang zu belassen.

§ 44 Religiöse Veranstaltungen

(1) Die Gefangenen haben das Recht, am Gottesdienst und an anderen religiösen Veranstaltungen ihres Bekenntnisses teilzunehmen.

(2) Die Zulassung zu den Gottesdiensten oder zu religiösen Veranstaltungen einer anderen Religionsgemeinschaft bedarf der Zustimmung der Seelsorgerin oder des Seelsorgers der Religionsgemeinschaft.

(3) Die Gefangenen können von der Teilnahme am Gottesdienst oder anderen religiösen Veranstaltungen ausgeschlossen werden,

wenn dies aus überwiegenden Gründen der Sicherheit oder Ordnung geboten ist; die Seelsorgerin oder der Seelsorger soll vorher gehört werden.

§ 45 Weltanschauungsgemeinschaften

Für Angehörige weltanschaulicher Bekenntnisse gelten die §§ 43 und 44 entsprechend.

Abschnitt 7
Besuche, Schriftwechsel und Telefongespräche

§ 46 Grundsatz

Die Gefangenen haben das Recht, mit Personen außerhalb der Anstalt im Rahmen der Bestimmungen dieses Gesetzes zu verkehren. Der Kontakt mit Personen, von denen ein günstiger Einfluss erwartet werden kann, wird gefördert.

§ 47 Recht auf Besuch

(1) Die Gefangenen dürfen regelmäßig Besuch empfangen. Die Gesamtdauer beträgt mindestens vier Stunden im Monat.

(2) Kontakte der Gefangenen zu ihren Kindern werden besonders gefördert. Deren Besuche werden nicht auf die Regelbesuchszeiten angerechnet.

(3) Besuche sollen darüber hinaus zugelassen werden, wenn sie die Erziehung oder Eingliederung der Gefangenen fördern oder persönlichen, rechtlichen oder geschäftlichen Angelegenheiten dienen, die nicht von den Gefangenen schriftlich erledigt, durch Dritte wahrgenommen oder bis zur Entlassung aufgeschoben werden können.

(4) Aus Gründen der Sicherheit können Besuche davon abhängig gemacht werden, dass sich die Besucherinnen und Besucher mit technischen Hilfsmitteln absuchen oder durchsuchen lassen.

§ 48 Besuchsverbot

Die Anstaltsleiterin oder der Anstaltsleiter kann Besuche untersagen, wenn

1. die Sicherheit oder Ordnung der Anstalt gefährdet würde,

2. zu befürchten ist, dass der Besuch, ausgenommen von Angehörigen (§ 11 Abs. 1 Nr. 1 des Strafgesetzbuchs – StGB –) der Gefangenen, einen schädlichen Einfluss auf die Gefangenen hat oder ihre Eingliederung behindert, oder

3. Personensorgeberechtigte nicht einverstanden sind.

§ 49 Besuche von Rechtsbeiständen

Besuche von

1. Verteidigerinnen und Verteidigern,

2. Rechtsanwältinnen und Rechtsanwälten,

3. Notarinnen und Notaren sowie

4. Beiständen nach § 69 des Jugendgerichtsgesetzes (JGG)

in einer die Gefangenen betreffenden Rechtssache sind zu gestatten. § 47 Abs. 4 gilt entsprechend. Eine inhaltliche Überprüfung der von den Verteidigerinnen und Verteidigern mitgeführten Schriftstücke und sonstigen Unterlagen ist nicht zulässig. § 52 Abs. 1 Satz 2 und 3 bleibt unberührt.

§ 50 Überwachung der Besuche

(1) Besuche dürfen aus Gründen der Erziehung oder der Sicherheit oder Ordnung der Anstalt überwacht werden, es sei denn, es liegen im Einzelfall Erkenntnisse dafür vor, dass es der Überwachung nicht bedarf. Die Unterhaltung darf nur überwacht werden, soweit dies im Einzelfall aus diesen Gründen erforderlich ist.

(2) Besuche dürfen abgebrochen werden, wenn während des Besuchs gegen dieses Gesetz oder aufgrund dieses Gesetzes getroffene Anordnungen trotz Abmahnung verstoßen wird. Die Abmahnung unterbleibt, wenn es unerlässlich ist, den Besuch sofort abzubrechen.

(3) Besuche dürfen auch abgebrochen werden, wenn von den Besucherinnen und Besuchern ein schädlicher Einfluss ausgeht.

(4) Besuche von Verteidigerinnen und Verteidigern sowie von Beiständen nach § 69 JGG werden nicht überwacht.

(5) Gegenstände dürfen den Gefangenen beim Besuch nicht übergeben werden. Dies

gilt nicht für die Schriftstücke und sonstige Unterlagen, die bei Besuchen von

1. Verteidigerinnen und Verteidigern,

2. Rechtsanwältinnen und Rechtsanwälten sowie

3. Notarinnen und Notaren

in einer die Gefangenen betreffenden Rechtssache übergeben werden. In den Fällen des Satzes 2 Nr. 2 und 3 kann die Übergabe aus Gründen der Sicherheit oder Ordnung der Anstalt von der Erlaubnis der Anstaltsleiterin oder des Anstaltsleiters abhängig gemacht werden. § 52 Abs. 1 Satz 2 und 3 bleibt unberührt.

§ 51 Recht auf Schriftwechsel

(1) Die Gefangenen haben das Recht, auf eigene Kosten Schreiben abzusenden und zu empfangen.

(2) Die Anstaltsleiterin oder der Anstaltsleiter kann den Schriftwechsel mit bestimmten Personen untersagen, wenn

1. die Sicherheit oder Ordnung der Anstalt gefährdet würde,

2. zu befürchten ist, dass der Schriftwechsel, ausgenommen mit Angehörigen (§ 11 Abs. 1 Nr. 1 StGB) der Gefangenen, einen schädlichen Einfluss auf die Gefangenen hat oder ihre Eingliederung behindert, oder

3. Personensorgeberechtigte nicht einverstanden sind.

§ 52 Überwachung des Schriftwechsels

(1) Der Schriftwechsel der Gefangenen mit ihren Verteidigerinnen und Verteidigern oder Beiständen nach § 69 JGG wird nicht überwacht. Liegt dem Vollzug eine Straftat nach § 129a StGB, auch in Verbindung mit § 129b Abs. 1 StGB zugrunde, gelten § 148 Abs. 2 und § 148a der Strafprozessordnung (StPO) entsprechend; dies gilt nicht, wenn die Gefangenen sich in einer Einrichtung des offenen Vollzugs befinden oder wenn ihnen Vollzugslockerungen nach § 15 oder Urlaub nach § 16 Abs. 1 gewährt worden sind und ein Grund, der nach § 17 Abs. 2 zum Widerruf von Vollzugslockerungen und Urlaub er-

mächtigt, nicht vorliegt. Satz 2 gilt auch, wenn eine Jugendstrafe oder Freiheitsstrafe wegen einer Straftat nach § 129a StGB, auch in Verbindung mit § 129b Abs. 1 StGB erst im Anschluss an den Vollzug der Jugendstrafe, der eine andere Verurteilung zugrunde liegt, zu vollstrecken ist.

(2) Nicht überwacht werden ferner Schreiben der Gefangenen an Volksvertretungen des Bundes und der Länder sowie an deren Mitglieder, soweit die Schreiben an die Anschriften dieser Volksvertretungen gerichtet sind und den Absender zutreffend angeben. Entsprechendes gilt für Schreiben an das Europäische Parlament und dessen Mitglieder, den Europäischen Gerichtshof für Menschenrechte, den Europäischen Ausschuss zur Verhütung von Folter und unmenschlicher oder erniedrigender Behandlung oder Strafe sowie weitere Einrichtungen, mit denen der Schriftverkehr völkerrechtlich verpflichtungen der Bundesrepublik Deutschland geschützt ist. Satz 1 gilt auch für Schreiben an die Bürgerbeauftragten der Länder und die Datenschutzbeauftragten des Bundes und der Länder. Schreiben der in den Sätzen 1 bis 3 genannten Stellen, die an die Gefangenen gerichtet sind, werden nicht überwacht, sofern die Identität des Absenders zweifelsfrei feststeht.

(3) Der übrige Schriftwechsel darf überwacht werden, soweit es aus Gründen der Erziehung oder der Sicherheit oder Ordnung der Anstalt erforderlich ist.

§ 53 Weiterleiten und Aufbewahren von Schreiben

(1) Die Gefangenen haben das Absenden und den Empfang ihrer Schreiben durch die Anstalt vermitteln zu lassen, soweit nichts anderes gestattet ist.

(2) Eingehende und ausgehende Schreiben sind unverzüglich weiterzuleiten.

(3) Die Gefangenen haben eingehende Schreiben unverschlossen zu verwahren, sofern nichts anderes gestattet wird. Sie können sie verschlossen zu ihrer Habe geben.

§ 54 Anhalten von Schreiben

(1) Die Anstaltsleiterin oder der Anstaltsleiter kann Schreiben anhalten, wenn

1. das Vollzugsziel oder die Sicherheit oder Ordnung der Anstalt gefährdet würde,

2. die Weitergabe in Kenntnis ihres Inhalts einen Straf- oder Bußgeldtatbestand verwirklichen würde,

3. sie grob unrichtige oder erheblich entstellende Darstellungen von Anstaltsverhältnissen enthalten,

4. sie grobe Beleidigungen enthalten,

5. sie die Eingliederung von anderen Gefangenen gefährden können oder

6. sie in Geheimschrift, unlesbar, unverständlich oder ohne zwingenden Grund in einer fremden Sprache abgefasst sind.

(2) Ausgehenden Schreiben, die unrichtige Darstellungen enthalten, kann ein Begleitschreiben beigefügt werden, wenn die Gefangenen auf dem Absenden bestehen.

(3) Sind Schreiben angehalten worden, wird das den Gefangenen mitgeteilt. Angehaltene Schreiben werden an die Absender zurückgegeben oder, sofern dies unmöglich oder aus besonderen Gründen untunlich ist, verwahrt.

(4) Schreiben, deren Überwachung nach § 52 Abs. 1 und 2 ausgeschlossen ist, dürfen nicht angehalten werden.

§ 55 Telefongespräche

Den Gefangenen kann gestattet werden, auf eigene Kosten Telefongespräche zu führen. Die Bestimmungen über den Besuch gelten entsprechend. Ist die Überwachung des Telefongesprächs erforderlich, ist die beabsichtigte Überwachung den Gesprächspartnerinnen und Gesprächspartnern der Gefangenen unmittelbar nach Herstellung der Verbindung durch die Anstalt oder die Gefangenen mitzuteilen. Die Gefangenen sind rechtzeitig vor Beginn des Telefongesprächs über die beabsichtigte Überwachung und die Mitteilungspflicht nach Satz 3 zu unterrichten.

§ 56 Pakete

(1) Der Empfang von Paketen mit Nahrungs- und Genussmitteln ist den Gefangenen nicht gestattet. Der Empfang von Paketen mit anderem Inhalt bedarf der Erlaubnis der Anstalt, welche Zeitpunkt und Höchstmenge für die Sendung und für einzelne Gegenstände festsetzen kann. Für den Ausschluss von Gegenständen gilt § 31 Abs. 4 entsprechend.

(2) Pakete sind in Gegenwart der Gefangenen zu öffnen, an die sie adressiert sind. Ausgeschlossene Gegenstände können zu ihrer Habe genommen oder dem Absender zurückgesandt werden. Nicht ausgehändigte Gegenstände, durch die bei der Versendung oder Aufbewahrung Personen verletzt oder Sachschäden verursacht werden können, dürfen vernichtet werden. Die hiernach getroffenen Maßnahmen werden den Gefangenen eröffnet.

(3) Der Empfang von Paketen kann vorübergehend versagt werden, wenn dies wegen der Gefährdung der Sicherheit oder Ordnung der Anstalt unerlässlich ist.

(4) Den Gefangenen kann gestattet werden, Pakete zu versenden. Die Anstalt kann ihren Inhalt aus Gründen der Sicherheit oder Ordnung der Anstalt überprüfen.

Abschnitt 8
Gelder der Gefangenen, Freistellung von der Arbeit

§ 57 Ausbildungsbeihilfe, Arbeitsentgelt

(1) Die Gefangenen, die während der Arbeitszeit ganz oder teilweise an einer schulischen oder beruflichen Orientierungs-, Aus- oder Weiterbildungsmaßnahme oder an speziellen Maßnahmen zur Förderung ihrer schulischen, beruflichen oder persönlichen Entwicklung teilnehmen und die zu diesem Zweck von ihrer Arbeitspflicht freigestellt sind, erhalten hierfür eine Ausbildungsbeihilfe, soweit kein Anspruch auf Leistungen zum Lebensunterhalt besteht, die freien Personen aus solchem Anlass zustehen.

(2) Wer eine Arbeit, arbeitstherapeutische oder sonstige Beschäftigung ausübt, erhält Arbeitsentgelt.

(3) Der Bemessung der Ausbildungsbeihilfe und des Arbeitsentgelts sind 9 v. H. der Bezugsgröße nach § 18 des Vierten Buches Sozialgesetzbuch zugrunde zu legen (Eckvergütung). Ein Tagessatz ist der zweihundertfünfzigste Teil der Eckvergütung; die Ausbildungsbeihilfe und das Arbeitsentgelt können nach einem Stundensatz bemessen werden.

(4) Die Ausbildungsbeihilfe und das Arbeitsentgelt können je nach Leistung der Gefangenen und der Art der Maßnahme oder Arbeit gestuft werden; 75 v. H. der Eckvergütung dürfen nur dann unterschritten werden, wenn die Leistungen der Gefangenen den Mindestanforderungen nicht genügen. Das Nähere über die Vergütungsstufen bestimmt das für den Strafvollzug zuständige Ministerium durch Rechtsverordnung.

(5) Die Höhe der Ausbildungsbeihilfe und des Arbeitsentgelts ist den Gefangenen schriftlich bekannt zu geben.

(6) Soweit Beiträge zur Bundesagentur für Arbeit zu entrichten sind, kann von der Ausbildungsbeihilfe oder dem Arbeitsentgelt ein Betrag einbehalten werden, der dem Anteil der Gefangenen am Beitrag entsprechen würde, wenn sie diese Bezüge als Arbeitnehmerinnen und Arbeitnehmer erhielten.

§ 58 Freistellung von der Arbeit

(1) Die Arbeit der Gefangenen wird neben der Gewährung von Arbeitsentgelt (§ 57 Abs. 2) durch Freistellung von der Arbeit anerkannt, die auch als Arbeitsurlaub genutzt oder auf den Entlassungszeitpunkt angerechnet werden kann.

(2) Haben die Gefangenen zwei Monate lang zusammenhängend eine Arbeit, arbeitstherapeutische oder sonstige Beschäftigung ausgeübt, so werden sie auf Antrag einen Werktag von der Arbeit freigestellt. § 37 Abs. 5 bleibt unberührt. Durch Zeiten, in denen die Gefangenen ohne ihr Verschulden durch Krankheit, Ausführung, Ausgang, Urlaub, Freistellung von der Arbeit oder sonstige nicht von ihnen zu vertretende Gründe an der Arbeitsleistung gehindert sind, wird die Frist nach Satz 1 gehemmt. Beschäftigungszeiträume von weniger als zwei Monaten bleiben unberücksichtigt.

(3) Die Gefangenen können beantragen, dass die Freistellung nach Absatz 2 in Form von Arbeitsurlaub gewährt wird. § 15 Abs. 2, § 16 Abs. 4 und § 17 gelten entsprechend.

(4) Die Gefangenen erhalten für die Zeit der Freistellung von der Arbeit ihre zuletzt gezahlten Bezüge weiter.

(5) Stellen die Gefangenen keinen Antrag nach Absatz 2 Satz 1 oder Absatz 3 Satz 1 oder kann die Freistellung von der Arbeit nach Maßgabe der Regelung des Absatzes 3 Satz 2 nicht gewährt werden, so wird sie nach Absatz 2 Satz 1 von der Anstalt auf den Entlassungszeitpunkt der Gefangenen angerechnet.

(6) Eine Anrechnung nach Absatz 5 ist ausgeschlossen,

1. bei einer Aussetzung der Vollstreckung des Rests einer Jugendstrafe zur Bewährung, soweit wegen des von der Entscheidung der Vollstreckungsleiterin oder des Vollstreckungsleiters bis zur Entlassung verbleibenden Zeitraums eine Anrechnung nicht mehr möglich ist,

2. wenn dies von der Vollstreckungsleiterin oder dem Vollstreckungsleiter angeordnet wird, weil bei einer Aussetzung der Vollstreckung des Rests einer Jugendstrafe zur Bewährung die Lebensverhältnisse der Gefangenen oder die Wirkungen, die von der Aussetzung für sie zu erwarten sind, die Vollstreckung bis zu einem bestimmten Zeitpunkt erfordern,

3. wenn nach § 2 JGG in Verbindung mit § 456a Abs. 1 StPO von der Vollstreckung abgesehen wird oder

4. wenn die Gefangenen im Gnadenwege aus der Haft entlassen werden.

(7) Soweit eine Anrechnung nach Absatz 6 ausgeschlossen ist, erhalten die Gefangenen bei ihrer Entlassung für eine Tätigkeit nach § 57 Abs. 2 als Ausgleichsentschädigung zusätzlich 15 v. H. des Arbeitsentgelts oder der Ausbildungsbeihilfe nach § 57 Abs. 3 und 4.

Der Anspruch entsteht erst mit der Entlassung.

§ 59 Taschengeld

(1) Erhalten Gefangene ohne ihr Verschulden weder Ausbildungsbeihilfe noch Arbeitsentgelt, wird ihnen bei Bedürftigkeit auf Antrag ein angemessenes Taschengeld gewährt. Bedürftig sind Gefangene, soweit ihnen im laufenden Monat aus Hausgeld (§ 60) und Eigengeld (§ 61) nicht ein Betrag bis zur Höhe des Taschengelds zur Verfügung steht.

(2) Das Taschengeld beträgt 14 v. H. der Eckvergütung (§ 57 Abs. 3).

§ 60 Hausgeld

(1) Die Gefangenen dürfen von ihren in diesem Gesetz geregelten Bezügen drei Siebtel monatlich (Hausgeld) und das Taschengeld (§ 59) für den Einkauf (§ 31 Abs. 2) oder anderweitig verwenden.

(2) Für Gefangene, die in einem freien Beschäftigungsverhältnis stehen oder denen gestattet ist, sich selbst zu beschäftigen (§ 37 Abs. 4), wird aus ihren Bezügen ein angemessenes Hausgeld festgesetzt.

(3) Für Gefangene, die über Eigengeld (§ 61) verfügen und unverschuldet keine Bezüge nach diesem Gesetz erhalten, gilt Absatz 2 entsprechend.

§ 61 Eigengeld

(1) Das Eigengeld besteht aus den Beträgen, die die Gefangenen bei Strafantritt in die Anstalt mitbringen, Geldern, die ihnen während der Haftzeit zugehen, und Bezügen, die nicht als Hausgeld in Anspruch genommen werden.

(2) Die Gefangenen können über das Eigengeld verfügen. § 31 Abs. 3 und 4 und § 60 bleiben unberührt.

Abschnitt 9
Sicherheit und Ordnung

§ 62 Grundsatz

(1) Sicherheit und Ordnung der Anstalt bilden die Grundlage des auf die Erziehung und Förderung aller Gefangenen ausgerichteten Anstaltslebens und tragen dazu bei, dass in der Anstalt ein gewaltfreies Klima herrscht.

(2) Durch Rundgänge und weitere Maßnahmen der aktiven Präsenz zu allen Zeiten unterstützen die Bediensteten die Sicherheit und Ordnung der Anstalt.

(3) Die Pflichten und Beschränkungen, die den Gefangenen zur Aufrechterhaltung der Sicherheit oder Ordnung der Anstalt auferlegt werden, sind so zu wählen, dass sie in einem angemessenen Verhältnis zu ihrem Zweck stehen und die Gefangenen nicht mehr und nicht länger als notwendig beeinträchtigen.

§ 63 Verhaltensvorschriften

(1) Die Gefangenen sind für das geordnete Zusammenleben in der Anstalt mitverantwortlich und müssen mit ihrem Verhalten dazu beitragen. Ihr Bewusstsein hierfür ist zu entwickeln und zu stärken.

(2) Die Gefangenen haben sich nach der Tageseinteilung der Anstalt (Arbeitszeit, Freizeit, Ruhezeit) zu richten.

(3) Die Gefangenen haben die Anordnungen der Bediensteten zu befolgen, auch wenn sie sich durch diese beschwert fühlen. Einen ihnen zugewiesenen Bereich dürfen sie nicht ohne Erlaubnis verlassen.

(4) Die Gefangenen haben ihren Haftraum und die ihnen von der Anstalt überlassenen Sachen in Ordnung zu halten und schonend zu behandeln.

(5) Die Gefangenen haben Umstände, die eine Gefahr für das Leben oder eine erhebliche Gefahr für die Gesundheit einer Person bedeuten, unverzüglich zu melden.

§ 64 Absuchung, Durchsuchung

(1) Die Gefangenen, ihre Sachen und die Haftäume dürfen mit technischen Mitteln abgesucht und durchsucht werden. Die Durchsuchung männlicher Gefangener darf nur von Männern, die Durchsuchung weiblicher Gefangener darf nur von Frauen vorgenommen werden. Das Schamgefühl ist zu schonen.

(2) Nur bei Gefahr im Verzug oder auf Anordnung der Anstaltsleiterin oder des Anstaltsleiters im Einzelfall ist es zulässig, eine

mit einer Entkleidung verbundene körperliche Durchsuchung vorzunehmen. Sie darf bei männlichen Gefangenen nur in Gegenwart von Männern, bei weiblichen Gefangenen nur in Gegenwart von Frauen erfolgen. Sie ist in einem geschlossenen Raum durchzuführen. Andere Gefangene dürfen nicht anwesend sein.

(3) Die Anstaltsleiterin oder der Anstaltsleiter kann allgemein anordnen, dass Gefangene bei der Aufnahme, vor und nach Kontakten mit Besucherinnen und Besuchern sowie vor und nach jeder Abwesenheit von der Anstalt nach Absatz 2 zu durchsuchen sind.

§ 65 Sichere Unterbringung

(1) Die Gefangenen können in eine Anstalt verlegt werden, die zu ihrer sicheren Unterbringung besser geeignet ist, wenn in erhöhtem Maße Fluchtgefahr gegeben ist oder sonst ihr Verhalten oder ihr Zustand eine Gefahr für die Sicherheit oder Ordnung der Anstalt darstellt.

(2) § 12 Abs. 2 und 3 gilt entsprechend.

§ 66 Erkennungsdienstliche Maßnahmen

(1) Zur Sicherung des Vollzugs, zur Aufrechterhaltung der Sicherheit oder Ordnung der Anstalt oder zur Identitätsfeststellung sind mit Kenntnis der Gefangenen zulässig:

1. die Abnahme von Finger- und Handflächenabdrücken,

2. die Aufnahme von Lichtbildern,

3. die Feststellung äußerlicher körperlicher Merkmale,

4. die elektronische Erfassung biometrischer Merkmale und

5. Messungen.

(2) Die hierbei gewonnenen Unterlagen oder Daten werden zu den Gefangenenpersonalakten genommen oder in personenbezogenen Dateien gespeichert. Sie können auch in kriminalpolizeilichen Sammlungen verwahrt werden. Die nach Absatz 1 erhobenen Daten dürfen nur für die in Absatz 1, in § 69 Abs. 2 und in § 89 Abs. 2 Nr. 4 genannten Zwecke genutzt werden.

(3) Werden die Gefangenen entlassen oder in eine andere Anstalt verlegt, sind diese in Dateien gespeicherten personenbezogenen Daten nach spätestens zwei Jahren zu löschen.

§ 67 Lichtbildausweis

Die Anstalt kann die Gefangenen verpflichten, einen Lichtbildausweis mit sich zu führen, wenn dies aus Gründen der Sicherheit oder Ordnung der Anstalt erforderlich ist. Dieser ist bei der Entlassung oder bei der Verlegung in eine andere Anstalt einzuziehen und zu vernichten.

§ 68 Maßnahmen zur Feststellung von Suchtmittelkonsum

(1) Zur Aufrechterhaltung der Sicherheit oder Ordnung der Anstalt kann die Anstaltsleiterin oder der Anstaltsleiter allgemein oder im Einzelfall Maßnahmen anordnen, die geeignet sind, den Missbrauch von Suchtmitteln festzustellen. Diese Maßnahmen dürfen nicht mit einem körperlichen Eingriff verbunden sein.

(2) Wird Suchtmittelmissbrauch festgestellt, können die Kosten der Maßnahmen den Gefangenen auferlegt werden.

§ 69 Festnahmerecht

(1) Die Gefangenen, die entwichen sind oder sich sonst ohne Erlaubnis außerhalb der Anstalt aufhalten, können durch die Anstalt oder auf deren Veranlassung festgenommen und zurückgebracht werden.

(2) Nach § 66 Abs. 1 und nach § 88 erhobene und zur Identifizierung oder Festnahme erforderliche Daten dürfen den Vollstreckungs- und Strafverfolgungsbehörden übermittelt werden, soweit dies für Zwecke der Fahndung und Festnahme der entwichenen oder sich sonst ohne Erlaubnis außerhalb der Anstalt aufhaltenden Gefangenen erforderlich ist.

§ 70 Besondere Sicherungsmaßnahmen

(1) Gegen Gefangene können besondere Sicherungsmaßnahmen angeordnet werden, wenn nach ihrem Verhalten oder aufgrund ihres seelischen Zustandes in erhöhtem Maße Fluchtgefahr oder die Gefahr von Gewalttä-

tigkeiten gegen Personen oder Sachen oder die Gefahr der Selbsttötung oder der Selbstverletzung besteht.

(2) Als besondere Sicherungsmaßnahmen sind zulässig:

1. der Entzug oder die Vorenthaltung von Gegenständen,

2. die Beobachtung der Gefangenen, auch mit technischen Hilfsmitteln,

3. die Absonderung von anderen Gefangenen,

4. der Entzug oder die Beschränkung des Aufenthalts im Freien,

5. die Unterbringung in einem besonders gesicherten Haftraum ohne gefährdende Gegenstände und

6. die Fesselung.

(3) Maßnahmen nach Absatz 2 Nr. 1, 3 und 5 sind auch zulässig, wenn die Gefahr einer Befreiung oder eine erhebliche Störung der Hausordnung anders nicht vermieden oder behoben werden kann.

(4) Bei einer Ausführung oder Vorführung oder beim Transport ist die Fesselung auch dann zulässig, wenn Fluchtgefahr besteht.

§ 71 Einzelhaft

Die unausgesetzte Absonderung von Gefangenen (Einzelhaft) ist nur zulässig, wenn dies aus Gründen, die in deren Person liegen, unerlässlich ist. Einzelhaft von mehr als einem Monat Gesamtdauer im Jahr bedarf der Zustimmung der Aufsichtsbehörde. Während des Vollzugs der Einzelhaft sind die Gefangenen in besonderem Maße zu betreuen.

§ 72 Fesselung

In der Regel dürfen Fesseln nur an den Händen oder an den Füßen angelegt werden. Im Interesse der Gefangenen kann die Anstaltsleiterin oder der Anstaltsleiter eine andere Art der Fesselung anordnen. Die Fesselung wird zeitweise gelockert, soweit dies notwendig ist.

§ 73 Anordnung besonderer Sicherungsmaßnahmen, Verfahren

(1) Besondere Sicherungsmaßnahmen ordnet die Anstaltsleiterin oder der Anstaltsleiter an. Bei Gefahr im Verzug können auch andere Bedienstete diese Maßnahmen vorläufig anordnen. Die Entscheidung der Anstaltsleiterin oder des Anstaltsleiters ist unverzüglich einzuholen.

(2) Werden Gefangene ärztlich behandelt oder beobachtet oder bildet ihr seelischer Zustand den Anlass der besonderen Sicherungsmaßnahme, ist vorher eine ärztliche Stellungnahme einzuholen. Ist dies wegen Gefahr im Verzug nicht möglich, wird die Stellungnahme unverzüglich nachträglich eingeholt.

(3) Die Entscheidung wird den Gefangenen von der Anstaltsleiterin oder dem Anstaltsleiter mündlich eröffnet und mit einer kurzen Begründung schriftlich abgefasst.

(4) Besondere Sicherungsmaßnahmen sind in angemessenen Abständen daraufhin zu überprüfen, ob und in welchem Umfang sie aufrechterhalten werden müssen.

(5) Besondere Sicherungsmaßnahmen nach § 70 Abs. 2 Nr. 5 und 6 sind der Aufsichtsbehörde unverzüglich mitzuteilen, wenn sie länger als drei Tage aufrechterhalten werden.

§ 74 Ärztliche Überwachung

(1) Sind Gefangene in einem besonders gesicherten Haftraum untergebracht oder gefesselt (§ 70 Abs. 2 Nr. 5 und 6), sucht sie eine Ärztin oder ein Arzt alsbald und in der Folge möglichst täglich auf. Dies gilt nicht bei einer Fesselung während einer Ausführung, einer Vorführung oder eines Transportes (§ 70 Abs. 4).

(2) Eine Ärztin oder ein Arzt ist regelmäßig zu hören, solange eine besondere Sicherungsmaßnahme nach § 70 Abs. 2 Nr. 4 oder Einzelhaft nach § 71 andauert.

§ 75 Ersatz von Aufwendungen

(1) Die Gefangenen sind verpflichtet, der Anstalt Aufwendungen zu ersetzen, die sie durch eine vorsätzliche oder grob fahrlässige Selbstverletzung oder Verletzung anderer

Gefangener verursacht haben. Ansprüche aus sonstigen Rechtsvorschriften bleiben unberührt.

(2) Von der Aufrechnung oder Vollstreckung wegen der in Absatz 1 genannten Forderungen ist abzusehen, soweit hierdurch die Erziehung und Förderung der Gefangenen oder ihre Eingliederung behindert würde.

Abschnitt 10
Unmittelbarer Zwang

§ 76 Begriffsbestimmungen

(1) Unmittelbarer Zwang ist die Einwirkung auf Personen oder Sachen durch körperliche Gewalt, ihre Hilfsmittel und durch Waffen.

(2) Körperliche Gewalt ist jede unmittelbare körperliche Einwirkung auf Personen oder Sachen.

(3) Hilfsmittel der körperlichen Gewalt sind insbesondere Fesseln und Reizstoffe.

(4) Waffen sind die dienstlich zugelassenen Hieb- und Schusswaffen.

§ 77 Allgemeine Voraussetzungen

(1) Die Bediensteten dürfen unmittelbaren Zwang anwenden, wenn sie Vollzugs- und Sicherungsmaßnahmen rechtmäßig durchführen und der damit verfolgte Zweck auf keine andere Weise erreicht werden kann.

(2) Gegen andere Personen als Gefangene darf unmittelbarer Zwang angewendet werden, wenn sie es unternehmen, Gefangene zu befreien oder widerrechtlich in die Anstalt einzudringen, oder wenn sie sich unbefugt darin aufhalten.

(3) Das Recht zu unmittelbarem Zwang aufgrund anderer Regelungen bleibt unberührt.

§ 78 Grundsatz der Verhältnismäßigkeit

(1) Unter mehreren möglichen und geeigneten Maßnahmen des unmittelbaren Zwangs sind diejenigen zu wählen, die den Einzelnen und die Allgemeinheit voraussichtlich am wenigsten beeinträchtigen.

(2) Unmittelbarer Zwang unterbleibt, wenn ein durch ihn zu erwartender Schaden erkennbar außer Verhältnis zu dem angestrebten Erfolg steht.

§ 79 Handeln auf Anordnung

(1) Wird unmittelbarer Zwang von Vorgesetzten oder einer sonst befugten Person angeordnet, sind die Bediensteten verpflichtet, ihn anzuwenden, es sei denn, die Anordnung verletzt die Menschenwürde oder ist nicht zu dienstlichen Zwecken erteilt worden.

(2) Die Anordnung darf nicht befolgt werden, wenn dadurch eine Straftat begangen würde. Befolgen die Bediensteten sie trotzdem, trifft sie eine Schuld nur, wenn sie erkennen oder wenn es nach den ihnen bekannten Umständen offensichtlich ist, dass dadurch eine Straftat begangen wird.

(3) Bedenken gegen die Rechtmäßigkeit der Anordnung haben die Bediensteten der oder dem Anordnenden gegenüber vorzubringen, soweit das nach den Umständen möglich ist. Abweichende Bestimmungen des allgemeinen Beamtenrechts über die Mitteilung solcher Bedenken an Vorgesetzte (§ 66 Abs. 2 und 3 des Landesbeamtengesetzes) sind nicht anzuwenden.

§ 80 Androhung

Unmittelbarer Zwang ist vorher anzudrohen. Die Androhung darf nur dann unterbleiben, wenn die Umstände sie nicht zulassen oder unmittelbarer Zwang sofort angewendet werden muss, um eine rechtswidrige Tat, die den Tatbestand eines Strafgesetzes erfüllt, zu verhindern oder eine gegenwärtige Gefahr abzuwenden.

§ 81 Schusswaffengebrauch

(1) Der Gebrauch von Schusswaffen durch Bedienstete innerhalb der Anstalt ist verboten. Das Recht zum Schusswaffengebrauch aufgrund anderer Vorschriften durch die Polizei bleibt hiervon unberührt.

(2) Außerhalb der Anstalt dürfen Schusswaffen durch Bedienstete nach Maßgabe der folgenden Absätze nur gebraucht werden, wenn andere Maßnahmen des unmittelbaren Zwangs bereits erfolglos waren oder keinen Erfolg versprechen. Gegen Personen ist ihr

Gebrauch nur zulässig, wenn der Zweck nicht durch Waffenwirkung gegen Sachen erreicht wird.

(3) Schusswaffen dürfen nur die dazu bestimmten Bediensteten gebrauchen und nur, um angriffs- oder fluchtunfähig zu machen. Ihr Gebrauch unterbleibt, wenn dadurch erkennbar Unbeteiligte mit hoher Wahrscheinlichkeit gefährdet würden.

(4) Der Gebrauch von Schusswaffen ist vorher anzudrohen. Als Androhung gilt auch ein Warnschuss. Ohne Androhung dürfen Schusswaffen nur dann gebraucht werden, wenn dies zur Abwehr einer gegenwärtigen Gefahr für Leib oder Leben erforderlich ist.

(5) Gegen Gefangene dürfen Schusswaffen gebraucht werden,

1. wenn sie eine Waffe oder ein anderes gefährliches Werkzeug trotz wiederholter Aufforderung nicht ablegen,

2. wenn sie eine Meuterei (§ 121 StGB) unternehmen oder

3. um ihre Flucht zu vereiteln oder um sie wiederzuergreifen.

Satz 1 Nr. 2 und 3 findet auf minderjährige Gefangene keine Anwendung.

(6) Gegen andere Personen dürfen Schusswaffen gebraucht werden, wenn sie es unternehmen, Gefangene gewaltsam zu befreien.

Abschnitt 11
Erzieherische Maßnahmen, Disziplinarmaßnahmen

§ 82 Erzieherische Maßnahmen

(1) Verstöße der Gefangenen gegen Pflichten, die ihnen durch oder aufgrund dieses Gesetzes auferlegt sind, sind unverzüglich im erzieherischen Gespräch aufzuarbeiten. Daneben können Maßnahmen angeordnet werden, die geeignet sind, den Gefangenen ihr Fehlverhalten bewusst zu machen (erzieherische Maßnahmen). Als erzieherische Maßnahmen kommen insbesondere die Erteilung von Weisungen und Auflagen, die Beschränkung oder der Entzug einzelner Gegenstände

für die Freizeitbeschäftigung und der Ausschluss von gemeinsamer Freizeit oder von einzelnen Freizeitveranstaltungen bis zu einer Woche in Betracht.

(2) Die Anstaltsleiterin oder der Anstaltsleiter legt fest, welche Bediensteten befugt sind, erzieherische Maßnahmen anzuordnen.

(3) Es sollen solche erzieherische Maßnahmen angeordnet werden, die mit der Verfehlung in Zusammenhang stehen.

§ 83 Disziplinarmaßnahmen

(1) Disziplinarmaßnahmen dürfen nur angeordnet werden, wenn erzieherische Maßnahmen nach § 82 nicht ausreichen, um den Gefangenen das Unrecht ihrer Handlung zu verdeutlichen. Zu berücksichtigen ist ferner eine aus demselben Anlass angeordnete besondere Sicherungsmaßnahme.

(2) Disziplinarmaßnahmen können angeordnet werden, wenn Gefangene rechtswidrig und schuldhaft

1. gegen Strafgesetze verstoßen oder eine Ordnungswidrigkeit begehen,

2. andere Personen verbal oder tätlich angreifen,

3. Lebensmittel oder fremdes Eigentum zerstören oder beschädigen,

4. sich zugewiesenen Aufgaben entziehen,

5. verbotene Gegenstände in die Anstalt einbringen,

6. sich am Einbringen verbotener Gegenstände beteiligen oder sie besitzen,

7. entweichen oder zu entweichen versuchen oder

8. in sonstiger Weise wiederholt oder schwerwiegend gegen die Hausordnung verstoßen oder das Zusammenleben in der Anstalt stören.

(3) Zulässige Disziplinarmaßnahmen sind

1. die Beschränkung oder der Entzug des Rundfunkempfangs bis zu zwei Monaten,

2. die Beschränkung oder der Entzug der Gegenstände für die Freizeitbeschäftigung oder der Ausschluss von gemeinsamer Freizeit oder von einzelnen Freizeitveranstaltungen bis zu zwei Monaten,

3. die Beschränkung des Einkaufs bis zu zwei Monaten,

4. Arrest bis zu zwei Wochen.

(4) Disziplinarmaßnahmen sind auch zulässig, wenn wegen derselben Verfehlung ein Straf- oder Bußgeldverfahren eingeleitet wird.

(5) Mehrere Disziplinarmaßnahmen können miteinander verbunden werden.

(6) Arrest darf nur wegen schwerer oder wiederholter Verfehlungen verhängt werden.

§ 84 Vollzug der Disziplinarmaßnahmen, Aussetzung zur Bewährung

(1) Disziplinarmaßnahmen werden in der Regel sofort vollstreckt.

(2) Disziplinarmaßnahmen können ganz oder teilweise bis zu sechs Monaten zur Bewährung ausgesetzt werden.

(3) Arrest wird in Einzelhaft vollzogen. Er ist erzieherisch auszugestalten. Die Gefangenen können in einem besonderen Arrestraum untergebracht werden, der den Anforderungen entsprechen muss, die an einen zum Aufenthalt bei Tag und Nacht bestimmten Haftraum gestellt werden. Soweit nichts anderes angeordnet wird, ruhen die Befugnisse der Gefangenen aus den §§ 29 und 30 Abs. 2, § 31 Abs. 2 und 3 und den §§ 37 und 40 bis 42.

§ 85 Disziplinarbefugnis

(1) Disziplinarmaßnahmen ordnet die Anstaltsleiterin oder der Anstaltsleiter an. Bei einer Verfehlung auf dem Wege in eine andere Anstalt zum Zwecke der Verlegung ist die aufnehmende Anstalt zuständig.

(2) Die Aufsichtsbehörde entscheidet, wenn sich die Verfehlung gegen die Anstaltsleiterin oder den Anstaltsleiter richtet.

(3) Disziplinarmaßnahmen, die gegen Gefangene in einer anderen Anstalt oder während einer Untersuchungshaft angeordnet worden sind, werden auf Ersuchen vollstreckt. § 84 Abs. 2 bleibt unberührt.

§ 86 Verfahren

(1) Der Sachverhalt ist zu klären. Die betroffenen Gefangenen werden gehört. Sie sind darauf hinzuweisen, dass es ihnen freisteht, sich zu äußern. Die Erhebungen werden in einer Niederschrift festgelegt; die Einlassung der Gefangenen wird vermerkt.

(2) Bei schweren Verfehlungen soll sich die Anstaltsleiterin oder der Anstaltsleiter vor der Entscheidung mit Personen besprechen, die an der Erziehung der Gefangenen mitwirken.

(3) Vor der Anordnung von Disziplinarmaßnahmen gegen Gefangene, die sich in ärztlicher Behandlung befinden, oder gegen Schwangere oder stillende Mütter ist eine Ärztin oder ein Arzt zu hören.

(4) Die Entscheidung wird den Gefangenen von der Anstaltsleiterin oder dem Anstaltsleiter mündlich eröffnet und mit einer kurzen Begründung schriftlich abgefasst.

(5) Bevor Arrest vollzogen wird, ist eine Ärztin oder ein Arzt zu hören. Während des Arrests stehen die Gefangenen unter ärztlicher Aufsicht. Der Vollzug des Arrests unterbleibt oder wird unterbrochen, wenn die Gesundheit der Gefangenen gefährdet würde.

Abschnitt 12
Beschwerde

§ 87 Beschwerderecht

(1) Die Gefangenen erhalten Gelegenheit, sich mit Wünschen, Anregungen und Beschwerden in Angelegenheiten, die sie selbst betreffen, an die Anstaltsleiterin oder den Anstaltsleiter zu wenden.

(2) Besichtigen Vertreterinnen und Vertreter der Aufsichtsbehörde die Anstalt, so ist zu gewährleisten, dass die Gefangenen sich in Angelegenheiten, die sie selbst betreffen, an diese wenden können.

(3) Die Möglichkeit der Dienstaufsichtsbeschwerde bleibt unberührt.

Abschnitt 13
Datenschutz

§ 88 Erhebung personenbezogener Daten

(1) Die Anstalt und die Aufsichtsbehörde dürfen personenbezogene Daten erheben, soweit dies für den Vollzug erforderlich ist.

(2) Personenbezogene Daten sind bei den Betroffenen zu erheben. Ohne ihre Mitwirkung dürfen sie nur erhoben werden, wenn

1. eine Rechtsvorschrift dies vorsieht oder zwingend voraussetzt oder

2. a) die zu erfüllende Verwaltungsaufgabe ihrer Art nach oder der Geschäftszweck eine Erhebung bei anderen Personen oder Stellen erforderlich macht oder

   b) die Erhebung bei den Betroffenen einen unverhältnismäßigen Aufwand erfordern würde

und keine Anhaltspunkte dafür bestehen, dass überwiegende schutzwürdige Interessen der Betroffenen beeinträchtigt werden.

(3) Werden personenbezogene Daten bei den Betroffenen erhoben, so sind diese, sofern sie nicht bereits auf andere Weise Kenntnis erlangt haben, von der verantwortlichen Stelle über

1. die Identität der verantwortlichen Stelle,

2. die Zweckbestimmungen der Datenverarbeitung und

3. die Kategorien von empfangenden Stellen, soweit die Betroffenen nach den Umständen des Einzelfalls nicht mit der Übermittlung an diese rechnen müssen,

zu unterrichten. Werden personenbezogene Daten bei den Betroffenen aufgrund einer Rechtsvorschrift erhoben, die zur Auskunft verpflichtet, oder ist die Erteilung der Auskunft Voraussetzung für die Gewährung von Rechtsvorteilen, so sind die Betroffenen hierauf, sonst auf die Freiwilligkeit ihrer Angaben hinzuweisen. Soweit nach den Umständen des Einzelfalls erforderlich oder auf Verlangen, sind sie über die Rechtsvorschrift und über die Folgen der Verweigerung von Angaben aufzuklären.

(4) Daten über Personen, die nicht Gefangene sind, dürfen ohne ihre Mitwirkung bei Personen oder Stellen außerhalb der Anstalt oder der Aufsichtsbehörde nur erhoben werden, wenn sie für die Behandlung von Gefangenen, die Sicherheit der Anstalt oder die Sicherung des Vollzugs einer Jugend- oder Freiheitsstrafe unerlässlich sind und die Art der Erhebung schutzwürdige Interessen der Betroffenen nicht beeinträchtigt.

(5) Über eine ohne ihre Kenntnis vorgenommene Erhebung personenbezogener Daten werden die Betroffenen unter Angabe dieser Daten unterrichtet, soweit der in Absatz 1 genannte Zweck dadurch nicht gefährdet wird. Sind die Daten bei anderen Personen oder Stellen erhoben worden, kann die Unterrichtung unterbleiben, wenn

1. die Daten nach einer Rechtsvorschrift oder ihrem Wesen nach, insbesondere wegen des überwiegenden berechtigten Interesses Dritter, geheim gehalten werden müssen oder

2. der Aufwand der Unterrichtung außer Verhältnis zum Schutzzweck steht und keine Anhaltspunkte dafür bestehen, dass überwiegende schutzwürdige Interessen der Betroffenen beeinträchtigt werden.

(6) Werden personenbezogene Daten statt bei den Betroffenen bei einer nicht öffentlichen Stelle erhoben, so ist die Stelle auf die Rechtsvorschrift, die zur Auskunft verpflichtet, sonst auf die Freiwilligkeit ihrer Angaben hinzuweisen.

§ 89 Speicherung, Nutzung und Übermittlung personenbezogener Daten

(1) Die Anstalt und die Aufsichtsbehörde dürfen personenbezogene Daten speichern, nutzen und übermitteln, soweit dies für den Vollzug erforderlich ist.

(2) Die Speicherung, Nutzung und Übermittlung personenbezogener Daten für andere Zwecke ist zulässig, soweit dies

1. zur Abwehr von sicherheitsgefährdenden oder geheimdienstlichen Tätigkeiten für eine fremde Macht oder von Bestrebungen in der Bundesrepublik Deutschland, die

durch Anwendung von Gewalt oder darauf gerichtete Vorbereitungshandlungen

a) gegen die freiheitliche demokratische Grundordnung, den Bestand oder die Sicherheit des Bundes oder eines Landes gerichtet sind,

b) eine ungesetzliche Beeinträchtigung der Amtsführung der Verfassungsorgane des Bundes oder eines Landes oder ihrer Mitglieder zum Ziele haben oder

c) auswärtige Belange der Bundesrepublik Deutschland gefährden,

2. zur Abwehr erheblicher Nachteile für das Gemeinwohl oder einer Gefahr für die öffentliche Sicherheit,

3. zur Abwehr einer schwerwiegenden Beeinträchtigung der Rechte einer anderen Person,

4. zur Verhinderung oder Verfolgung von Straftaten sowie zur Verhinderung oder Verfolgung von Ordnungswidrigkeiten, durch welche die Sicherheit oder Ordnung der Anstalt gefährdet werden, oder

5. für Maßnahmen der Strafvollstreckung oder strafvollstreckungsrechtliche Entscheidungen

erforderlich ist.

(3) Eine Speicherung, Nutzung oder Übermittlung für andere Zwecke liegt nicht vor, soweit sie dem gerichtlichen Rechtsschutz im Zusammenhang mit diesem Gesetz oder den in § 13 Abs. 4 des Landesdatenschutzgesetzes (LDSG) vom 5. Juli 1994 (GVBl. S. 293, BS 204-1) in der jeweils geltenden Fassung genannten Zwecken dient.

(4) Über die in den Absätzen 1 und 2 geregelten Zwecke hinaus dürfen zuständigen öffentlichen Stellen personenbezogene Daten übermittelt werden, soweit dies für

1. Maßnahmen der Gerichtshilfe, Jugendgerichtshilfe, Bewährungshilfe oder Führungsaufsicht,

2. Entscheidungen in Gnadensachen,

3. gesetzlich angeordnete Statistiken der Rechtspflege,

4. die Erfüllung von Aufgaben, die den für Sozialleistungen zuständigen Leistungs-

trägern durch Rechtsvorschrift übertragen worden sind,

5. die Einleitung von Hilfsmaßnahmen für Angehörige (§ 11 Abs. 1 Nr. 1 StGB) der Gefangenen,

6. dienstliche Maßnahmen der Bundeswehr im Zusammenhang mit der Aufnahme und Entlassung von Soldatinnen und Soldaten,

7. ausländerrechtliche Maßnahmen oder

8. die Durchführung der Besteuerung

erforderlich ist. Eine Übermittlung für andere Zwecke ist auch zulässig, soweit eine andere gesetzliche Bestimmung dies vorsieht und sich dabei ausdrücklich auf personenbezogene Daten über Gefangene bezieht.

(5) Die Anstalt und die Aufsichtsbehörde dürfen öffentlichen und nicht öffentlichen Stellen auf schriftlichen Antrag mitteilen, ob sich eine Person in Haft befindet sowie ob und wann ihre Entlassung voraussichtlich innerhalb eines Jahres bevorsteht, soweit

1. die Mitteilung zur Erfüllung der in der Zuständigkeit der öffentlichen Stelle liegenden Aufgaben erforderlich ist oder

2. von nicht öffentlichen Stellen ein berechtigtes Interesse an dieser Mitteilung glaubhaft dargelegt wird und die betroffenen Gefangenen kein schutzwürdiges Interesse an dem Ausschluss der Übermittlung haben.

Den Verletzten einer Straftat können darüber hinaus auf schriftlichen Antrag Auskünfte über die Entlassungsadresse oder die Vermögensverhältnisse von Gefangenen erteilt werden, wenn die Erteilung zur Feststellung oder Durchsetzung von Rechtsansprüchen im Zusammenhang mit der Straftat erforderlich ist. Die betroffenen Gefangenen werden vor der Mitteilung gehört, es sei denn, es ist zu besorgen, dass dadurch die Verfolgung der Interessen der antragstellenden Verletzten vereitelt oder wesentlich erschwert werden würde, und eine Abwägung ergibt, dass diese Interessen das Interesse der Gefangenen an ihrer vorherigen Anhörung überwiegen. Ist die Anhörung unterblieben, werden die betroffenen Gefangenen über die Mitteilung der

Anstalt oder der Aufsichtsbehörde nachträglich unterrichtet.

(6) Akten mit personenbezogenen Daten dürfen nur anderen Anstalten, Justizvollzugsanstalten, Aufsichtsbehörden, den für strafvollzugs-, strafvollstreckungs- und strafrechtliche Entscheidungen zuständigen Gerichten sowie den Strafvollstreckungs- und Strafverfolgungsbehörden überlassen werden. Die Überlassung an andere öffentliche Stellen ist zulässig, soweit die Erteilung einer Auskunft einen unvertretbaren Aufwand erfordert oder nach Darlegung der Akteneinsicht begehrenden Stellen für die Erfüllung der Aufgabe nicht ausreicht. Entsprechendes gilt für die Überlassung von Akten an die von der Anstalt mit Gutachten beauftragten Stellen.

(7) Sind mit personenbezogenen Daten, die nach Absatz 1, Absatz 2 oder Absatz 4 übermittelt werden dürfen, weitere personenbezogene Daten von Betroffenen oder von Dritten in Akten so verbunden, dass eine Trennung nicht oder nur mit unvertretbarem Aufwand möglich ist, so ist die Übermittlung auch dieser Daten zulässig, soweit nicht berechtigte Interessen der Betroffenen oder Dritten an deren Geheimhaltung offensichtlich überwiegen. Eine Speicherung, Nutzung und Übermittlung dieser Daten durch die empfangende Stelle ist unzulässig.

(8) Bei der Überwachung der Besuche oder des Schriftwechsels sowie bei der Überwachung des Inhalts von Paketen bekannt gewordene personenbezogene Daten dürfen nur

1. für die in Absatz 2 aufgeführten Zwecke,

2. für den gerichtlichen Rechtsschutz im Zusammenhang mit diesem Gesetz,

3. zur Wahrung der Sicherheit oder Ordnung der Anstalt oder

4. nach Anhörung der Gefangenen für Zwecke der Behandlung

gespeichert, genutzt und übermittelt werden.

(9) Personenbezogene Daten, die nach § 88 Abs. 4 über Personen, die nicht Gefangene sind, erhoben worden sind, dürfen nur zur Erfüllung des Erhebungszwecks, für die in Absatz 2 Nr. 1 bis 3 aufgeführten Zwecke

oder zur Verhinderung oder Verfolgung von Straftaten von erheblicher Bedeutung gespeichert, genutzt und übermittelt werden.

(10) Die Übermittlung von personenbezogenen Daten unterbleibt, soweit die in § 92 Abs. 2 oder § 94 Abs. 2 oder Abs. 4 geregelten Einschränkungen oder besondere gesetzliche Verwendungsregelungen entgegenstehen.

(11) Die Verantwortung für die Zulässigkeit der Übermittlung trägt die übermittelnde Anstalt oder Aufsichtsbehörde. Erfolgt die Übermittlung auf Ersuchen einer öffentlichen Stelle, trägt diese die Verantwortung. In diesem Fall prüft die übermittelnde Anstalt oder Aufsichtsbehörde nur, ob das Übermittlungsersuchen im Rahmen der Aufgaben der empfangenden Stelle liegt und die Absätze 8 bis 10 der Übermittlung nicht entgegenstehen, es sei denn, dass besonderer Anlass zur Prüfung der Zulässigkeit der Übermittlung besteht.

§ 90 Einrichtung automatisierter Übermittlungs- und Abrufverfahren

(1) Die Einrichtung eines automatisierten Verfahrens, das die Übermittlung personenbezogener Daten gemäß § 89 Abs. 2 und 4 ermöglicht, ist zulässig, soweit diese Form der Datenübermittlung oder des Datenabrufs unter Berücksichtigung der schutzwürdigen Belange der betroffenen Personen und der Erfüllung des Zwecks der Übermittlung angemessen ist. Die automatisierte Übermittlung der für § 13 Abs. 1 Satz 3 des Bundeskriminalamtgesetzes erforderlichen personenbezogenen Daten kann auch anlassunabhängig erfolgen.

(2) Für die automatisierte Übermittlung durch Abruf gilt § 7 LDSG entsprechend.

§ 91 Zweckbindung

Von der Anstalt oder der Aufsichtsbehörde erhaltene personenbezogene Daten dürfen nur zu dem Zweck gespeichert, genutzt und übermittelt werden, zu dessen Erfüllung sie übermittelt worden sind. Die empfangende Stelle darf die Daten für andere Zwecke nur speichern, nutzen und übermitteln, soweit sie ihr auch für diese Zwecke hätten überlassen werden dürfen, und wenn im Fall einer Übermittlung an eine nicht öffentliche Stelle die übermittelnde Anstalt oder Aufsichtsbehörde zugestimmt hat. Die übermittelnde Anstalt oder Aufsichtsbehörde hat die nicht öffentliche empfangende Stelle auf die Zweckbindung nach Satz 1 hinzuweisen.

§ 92 Schutz besonderer Daten

(1) Das religiöse oder weltanschauliche Bekenntnis und personenbezogene Daten von Gefangenen, die anlässlich ärztlicher Untersuchungen erhoben worden sind, dürfen in der Anstalt nicht allgemein kenntlich gemacht werden. Andere personenbezogene Daten von Gefangenen dürfen innerhalb der Anstalt allgemein kenntlich gemacht werden, soweit dies für ein geordnetes Zusammenleben in der Anstalt erforderlich ist. § 89 Abs. 8 bis 10 bleibt unberührt.

(2) Personenbezogene Daten, die

1. Ärztinnen oder Ärzten, Zahnärztinnen oder Zahnärzten oder Angehörigen eines anderen Heilberufs, der für die Berufsausübung oder die Führung der Berufsbezeichnung eine staatlich geregelte Ausbildung erfordert,

2. Berufspsychologinnen oder Berufspsychologen mit staatlich anerkannter wissenschaftlicher Abschlussprüfung oder

3. staatlich anerkannten Sozialarbeiterinnen oder Sozialarbeitern oder staatlich anerkannten Sozialpädagoginnen oder Sozialpädagogen

von Gefangenen als Geheimnis anvertraut oder über Gefangene sonst bekannt geworden sind, unterliegen auch gegenüber der Anstalt und der Aufsichtsbehörde der Schweigepflicht. Die in Satz 1 Nr. 1 bis 3 genannten Personen haben sich gegenüber der Anstaltsleiterin oder dem Anstaltsleiter zu offenbaren, soweit dies für die Aufgabenerfüllung der Anstalt oder der Aufsichtsbehörde oder zur Abwehr von erheblichen Gefahren für Leib oder Leben von Gefangenen oder Dritten erforderlich ist. Ärztinnen und Ärzte sind zur Offenbarung ihnen im Rahmen der allgemeinen Gesundheitsfürsorge bekannt gewordener Geheimnisse verpflichtet, soweit dies für die Aufgabenerfüllung der Anstalt oder der Aufsichtsbehörde unerlässlich oder zur Abwehr von erheblichen Gefahren für Leib oder Leben von Gefangenen oder Dritten erforderlich ist. Sonstige Offenbarungsbefugnisse bleiben unberührt. Die Gefangenen sind vor der Erhebung über die nach den Sätzen 2 und 3 bestehenden Offenbarungspflichten zu unterrichten.

(3) Die nach Absatz 2 offenbarten Daten dürfen nur für den Zweck, für den sie offenbart wurden oder für den eine Offenbarung zulässig gewesen wäre, und nur unter denselben Voraussetzungen gespeichert, genutzt und übermittelt werden, unter denen eine in Absatz 2 Satz 1 Nr. 1 bis 3 genannte Person selbst hierzu befugt wäre. Die Anstaltsleiterin oder der Anstaltsleiter kann unter diesen Voraussetzungen die unmittelbare Offenbarung gegenüber bestimmten Bediensteten allgemein zulassen.

(4) Sofern Ärztinnen oder Ärzte oder Psychologinnen oder Psychologen außerhalb des Vollzugs mit der Untersuchung oder Behandlung von Gefangenen beauftragt werden, gilt Absatz 2 mit der Maßgabe entsprechend, dass die beauftragten Personen auch zur Unterrichtung der in der Anstalt tätigen Ärztinnen und Ärzte sowie der in der Anstalt mit der Behandlung der Gefangenen betrauten Psychologinnen und Psychologen befugt sind.

§ 93 Schutz der Daten in Akten und Dateien

(1) Die Bediensteten dürfen sich von personenbezogenen Daten nur Kenntnis verschaffen, soweit dies zur Erfüllung der ihnen obliegenden Aufgaben oder für die Zusammenarbeit nach § 7 erforderlich ist.

(2) Akten und Dateien mit personenbezogenen Daten sind durch die erforderlichen technischen und organisatorischen Maßnahmen gegen unbefugten Zugang und unbefugten Gebrauch zu schützen. Gesundheitsakten und Krankenblätter sind getrennt von anderen Unterlagen zu führen und besonders zu sichern. Im Übrigen gilt für die Art und den Umfang der Schutzvorkehrungen § 9 LDSG.

§ 94 Berichtigung, Sperrung und Löschung

(1) Die in Dateien gespeicherten personenbezogenen Daten sind spätestens fünf Jahre nach der Entlassung der Gefangenen oder der Verlegung der Gefangenen in eine andere Anstalt oder Justizvollzugsanstalt zu löschen. Hiervon können bis zum Ablauf der Aufbewahrungsfrist für die Gefangenenpersonalakte die Angaben über Familienname, Vorname, Geburtsname, Geburtstag, Geburtsort, Eintritts- und Austrittsdatum der Gefangenen ausgenommen werden, soweit dies für das Auffinden der Gefangenenpersonalakte erforderlich ist.

(2) Personenbezogene Daten in Akten müssen nach Ablauf von fünf Jahren seit der Entlassung der Gefangenen gesperrt werden. Sie dürfen danach nur genutzt und übermittelt werden, soweit dies

1. zur Verfolgung von Straftaten,

2. für die Durchführung wissenschaftlicher Forschungsvorhaben nach § 97,

3. zur Behebung einer bestehenden Beweisnot oder

4. zur Feststellung, Durchsetzung oder Abwehr von Rechtsansprüchen im Zusammenhang mit dem Vollzug einer Jugend- oder Freiheitsstrafe

unerlässlich ist. Diese Verwendungsbeschränkungen enden, wenn die Gefangenen erneut zum Vollzug einer Jugend- oder Freiheitsstrafe aufgenommen werden oder die Betroffenen eingewilligt haben.

(3) Bei der Aufbewahrung von Akten mit nach Absatz 2 gesperrten Daten dürfen folgende Fristen nicht überschritten werden:

1. Gefangenenpersonalakten, Gesundheitsakten und Krankenblätter   20 Jahre,

2. Gefangenenbücher   30 Jahre.

Dies gilt nicht, wenn aufgrund bestimmter Tatsachen anzunehmen ist, dass die Aufbewahrung für die in Absatz 2 Satz 2 genannten Zwecke weiterhin erforderlich ist. Die Aufbewahrungsfrist beginnt mit dem auf das Jahr der aktenmäßigen Weglegung folgenden Kalenderjahr. Die Bestimmungen des Landesarchivgesetzes bleiben unberührt.

(4) Wird festgestellt, dass unrichtige Daten übermittelt worden sind, ist dies den empfangenden Stellen mitzuteilen, wenn dies zur Wahrung schutzwürdiger Interessen der Betroffenen erforderlich ist.

(5) Im Übrigen gilt für die Berichtigung, Sperrung und Löschung personenbezogener Daten § 19 LDSG.

§ 95 Auskunft an die Betroffenen, Akteneinsicht

(1) Den Betroffenen ist auf Antrag Auskunft zu erteilen über

1. die zu ihrer Person gespeicherten Daten, auch soweit sie sich auf die Herkunft dieser Daten bezieht,

2. die empfangenden Stellen oder Kategorien von empfangenden Stellen, an die die Daten weitergegeben werden, und

3. den Zweck der Speicherung.

In dem Antrag soll die Art der personenbezogenen Daten, über die Auskunft erteilt werden soll, näher bezeichnet werden. Sind die personenbezogenen Daten weder automatisiert noch in nicht automatisierten Dateien gespeichert, wird die Auskunft nur erteilt, soweit die Betroffenen Angaben machen, die das Auffinden der Daten ermöglichen, und der für die Erteilung der Auskunft erforderliche Aufwand nicht außer Verhältnis zu dem von den Betroffenen geltend gemachten Informationsinteresse steht. Die Anstalt oder die Aufsichtsbehörde bestimmt das Verfahren, insbesondere die Form der Auskunftserteilung, nach pflichtgemäßem Ermessen.

(2) Absatz 1 gilt nicht für personenbezogene Daten, die nur deshalb gespeichert sind, weil sie aufgrund gesetzlicher, satzungsmäßiger oder vertraglicher Aufbewahrungsvorschriften nicht gelöscht werden dürfen, oder ausschließlich Zwecken der Datensicherung oder der Datenschutzkontrolle dienen und eine Auskunftserteilung einen unverhältnismäßigen Aufwand erfordern würde.

(3) Bezieht sich die Auskunftserteilung auf die Übermittlung personenbezogener Daten an Behörden der Staatsanwaltschaft, Polizeidienststellen, Verfassungsschutzbehörden,

den Bundesnachrichtendienst, den Militärischen Abschirmdienst und, soweit die Sicherheit des Bundes berührt wird, andere Behörden des Bundesministeriums der Verteidigung, so ist sie nur mit Zustimmung dieser Stellen zulässig.

(4) Die Auskunftserteilung unterbleibt, soweit

1. die Auskunft die ordnungsgemäße Erfüllung der in der Zuständigkeit der verantwortlichen Stelle liegenden Aufgaben gefährden würde,

2. die Auskunft die öffentliche Sicherheit oder Ordnung gefährden oder sonst dem Wohle des Bundes oder eines Landes Nachteile bereiten würde oder

3. die Daten oder die Tatsache ihrer Speicherung nach einer Rechtsvorschrift oder ihrem Wesen nach, insbesondere wegen der überwiegenden berechtigten Interessen Dritter, geheim gehalten werden müssen

und deswegen das Interesse der Betroffenen an der Auskunftserteilung zurücktreten muss.

(5) Die Ablehnung der Auskunftserteilung bedarf einer Begründung nicht, soweit durch die Mitteilung der tatsächlichen und rechtlichen Gründe, auf die die Entscheidung gestützt wird, der mit der Auskunftsverweigerung verfolgte Zweck gefährdet würde. In diesen Fällen sind die Betroffenen darauf hinzuweisen, dass sie sich an die Landesbeauftragte oder den Landesbeauftragten für den Datenschutz wenden können.

(6) Wird den Betroffenen keine Auskunft erteilt, so ist sie auf deren Verlangen der oder dem Landesbeauftragten für den Datenschutz zu erteilen, soweit nicht die Aufsichtsbehörde im Einzelfall feststellt, dass dadurch die Sicherheit des Landes Rheinland-Pfalz, eines anderen Landes oder des Bundes gefährdet würde. Die Mitteilung der oder des Landesbeauftragten für den Datenschutz an die Betroffenen darf keine Rückschlüsse auf den Erkenntnisstand der speichernden Stelle zulassen, sofern diese nicht einer weitergehenden Auskunft zustimmt.

(7) Die Auskunft ist unentgeltlich.

(8) Soweit eine Auskunft für die Wahrnehmung der rechtlichen Interessen der Betroffenen nicht ausreicht und sie hierfür auf die Einsichtnahme angewiesen sind, wird Akteneinsicht gewährt.

§ 96 Anwendung des Landesdatenschutzgesetzes

Die Regelungen des Landesdatenschutzgesetzes über weitere Begriffsbestimmungen (§ 3 LDSG, Einholung und Form der Einwilligung der Betroffenen (§ 5 Abs. 2 bis 4 LDSG, Einrichtung automatisierter Abrufverfahren (§ 7 LDSG), das Datengeheimnis (§ 8 LDSG), unabdingbare Rechte der Betroffenen (§ 6 LDSG, technische und organisatorische Maßnahmen (§ 9 LDSG) sowie die Durchführung des Datenschutzes und das Verfahrensverzeichnis (§ 10 LDSG) gelten entsprechend. Das Landesdatenschutzgesetz bleibt im Hinblick auf die Schadensersatz- und Strafbestimmungen sowie die Bestimmungen über die Kontrolle durch die Landesbeauftragte oder den Landesbeauftragten für den Datenschutz unberührt.

Abschnitt 14
Kriminologische Forschung

§ 97 Evaluation, kriminologische Forschung

(1) Behandlungsprogramme für die Gefangenen sind auf der Grundlage wissenschaftlicher Erkenntnisse zu konzipieren, zu standardisieren und auf ihre Wirksamkeit hin zu überprüfen. Über die Ergebnisse ist dem Landtag alle fünf Jahre Bericht zu erstatten.

(2) Der Vollzug, insbesondere seine Aufgabenerfüllung und Gestaltung, die Umsetzung seiner Leitlinien sowie die Behandlungsprogramme und deren Wirkungen auf das Vollzugsziel, soll regelmäßig durch den kriminologischen Dienst, durch eine Hochschule oder durch eine andere Stelle wissenschaftlich begleitet und erforscht werden. § 476 StPO gilt mit der Maßgabe entsprechend, dass auch elektronisch gespeicherte personenbezogene Daten übermittelt werden können.

Abschnitt 15
Aufbau der Jugendstrafvollzugsanstalt

§ 98 Jugendstrafvollzugsanstalt

(1) Die Jugendstrafe wird in Jugendstrafvollzugsanstalten, Teilanstalten oder in getrennten Abteilungen einer Anstalt des Erwachsenenvollzugs (Anstalt) vollzogen. Lässt die geringe Anzahl der Gefangenen eine getrennte Unterbringung organisatorisch nicht zu, so können die Gefangenen ausnahmsweise gemeinsam mit nach allgemeinem Strafrecht Verurteilten untergebracht werden, sofern dadurch das Vollzugsziel nicht gefährdet wird. Gemeinsame Aus- und Fortbildungsmaßnahmen von nach Jugendstrafrecht und nach allgemeinem Strafrecht Verurteilten sind zulässig. In jedem Fall erfolgt der Vollzug der Jugendstrafe nach diesem Gesetz.

(2) Räume für den Aufenthalt während der Ruhezeit und der Freizeit sowie Gemeinschafts- und Besuchsräume sind zweckentsprechend auszugestalten.

(3) Die Abteilungen der Anstalt sollen in Wohngruppen gegliedert sein, zu denen neben den Hafträumen weitere Räume zur gemeinsamen Nutzung gehören.

§ 99 Festsetzung der Belegungsfähigkeit, Verbot der Überbelegung

(1) Die Aufsichtsbehörde setzt die Belegungsfähigkeit der Anstalt so fest, dass eine angemessene Unterbringung während der Ruhezeit gewährleistet ist. Dabei ist zu berücksichtigen, dass eine ausreichende Anzahl von Plätzen für Aus- und Weiterbildung, Arbeit sowie von Räumen für Seelsorge, Freizeit, Sport, therapeutische Maßnahmen und Besuche zur Verfügung steht.

(2) Hafträume dürfen nicht mit mehr Gefangenen als zugelassen belegt werden.

(3) Ausnahmen von Absatz 2 sind nur vorübergehend und nur mit Zustimmung der Aufsichtsbehörde zulässig.

§ 100 Einrichtungen zur schulischen und beruflichen Bildung, Arbeitsbetriebe

(1) Die erforderlichen Einrichtungen zur schulischen und beruflichen Bildung und arbeitstherapeutischen Beschäftigung sowie die notwendigen Betriebe für die Arbeit sind vorzuhalten. Sie sind den Verhältnissen außerhalb der Anstalt anzugleichen.

(2) Bildung und Beschäftigung können auch in geeigneten privaten Einrichtungen und Betrieben erfolgen. Die technische und fachliche Leitung kann Angehörigen dieser Einrichtungen und Betriebe übertragen werden.

§ 101 Anstaltsleitung

(1) Die Anstaltsleiterin oder der Anstaltsleiter trägt die Verantwortung für den gesamten Vollzug und vertritt die Anstalt nach außen. Sie oder er kann einzelne Aufgabenbereiche auf andere Bedienstete übertragen. Die Aufsichtsbehörde kann sich die Zustimmung zur Übertragung vorbehalten.

(2) Für jede Anstalt ist eine Beamtin oder ein Beamter des höheren Dienstes zur hauptamtlichen Anstaltsleiterin oder zum hauptamtlichen Anstaltsleiter zu bestellen. Aus besonderen Gründen kann eine Anstalt auch von einer Beamtin oder einem Beamten des gehobenen Dienstes geleitet werden.

§ 102 Bedienstete

Die Anstalt wird mit dem für das Erreichen des Vollzugsziels erforderlichen Personal ausgestattet. Es muss für die erzieherische Gestaltung des Vollzugs geeignet und qualifiziert sein. Fortbildung sowie Praxisberatung und -begleitung für die Bediensteten sind zu gewährleisten.

§ 103 Seelsorgerinnen und Seelsorger

(1) Seelsorgerinnen und Seelsorger werden im Einvernehmen mit der jeweiligen Religionsgemeinschaft im Hauptamt bestellt oder vertraglich verpflichtet. Diese dürfen sich mit Zustimmung der Anstaltsleiterin oder des Anstaltsleiters freier Seelsorgehelferinnen und Seelsorgehelfer bedienen und diese für

Gottesdienste sowie für andere religiöse Veranstaltungen von außen zuziehen.

(2) Wenn die geringe Anzahl der Angehörigen einer Religionsgemeinschaft eine Seelsorge nach Absatz 1 nicht rechtfertigt, ist die seelsorgerische Betreuung auf andere Weise zuzulassen.

§ 104 Medizinische Versorgung

(1) Die ärztliche Versorgung ist sicherzustellen.

(2) Die Pflege der Kranken soll von Bediensteten ausgeübt werden, die eine Erlaubnis nach dem Krankenpflegegesetz besitzen. Solange diese nicht zur Verfügung stehen, können auch Bedienstete eingesetzt werden, die eine sonstige Ausbildung in der Krankenpflege erfahren haben.

§ 105 Sozialtherapeutische Abteilung

In der Anstalt soll eine sozialtherapeutische Abteilung eingerichtet werden.

§ 106 Konferenzen

Zur Erstellung und Fortschreibung des Vollzugsplans und zur Vorbereitung anderer wichtiger Vollzugsentscheidungen führt die Anstaltsleiterin oder der Anstaltsleiter Konferenzen mit an der Erziehung maßgeblich Beteiligten durch.

§ 107 Mitverantwortung der Gefangenen

Den Gefangenen soll ermöglicht werden, an der Verantwortung für Angelegenheiten von gemeinsamem Interesse teilzunehmen, die sich ihrer Eigenart und der Aufgabe der Anstalt nach für ihre Mitwirkung eignen.

§ 108 Hausordnung

(1) Die Anstaltsleiterin oder der Anstaltsleiter erlässt eine Hausordnung. Die Aufsichtsbehörde kann sich die Genehmigung der Hausordnung vorbehalten.

(2) In die Hausordnung sind insbesondere Anordnungen aufzunehmen über die

1. Besuchszeiten, Häufigkeit und Dauer der Besuche,

2. Arbeitszeit, Freizeit und Ruhezeit sowie

3. Gelegenheit, Anträge und Beschwerden anzubringen oder sich an Vertreterinnen und Vertreter der Aufsichtsbehörde zu wenden.

Abschnitt 16
Aufsicht, Beirat

§ 109 Aufsichtsbehörde

Das für den Strafvollzug zuständige Ministerium führt die Aufsicht über die Anstalt (Aufsichtsbehörde).

§ 110 Vollstreckungsplan

Die Aufsichtsbehörde regelt die örtliche und sachliche Zuständigkeit der Anstalt in einem Vollstreckungsplan.

§ 111 Beirat

(1) Bei der Anstalt ist ein Beirat zu bilden. Bedienstete dürfen nicht Mitglieder des Beirats sein.

(2) Die Mitglieder des Beirats wirken bei der Gestaltung des Vollzugs und bei der Betreuung der Gefangenen mit. Sie unterstützen die Anstaltsleiterin oder den Anstaltsleiter durch Anregungen und Verbesserungsvorschläge und helfen bei der Eingliederung der Gefangenen nach der Entlassung.

(3) Die Mitglieder des Beirats können insbesondere Wünsche, Anregungen und Beanstandungen entgegennehmen. Sie können sich über die Erziehung und Förderung, schulische und berufliche Aus- und Weiterbildung, Beschäftigung, Unterbringung, Verpflegung und ärztliche Versorgung unterrichten sowie die Anstalt besichtigen. Sie können die Gefangenen in ihren Räumen aufsuchen. Unterhaltung und Schriftwechsel werden nicht überwacht.

(4) Die Mitglieder des Beirats sind verpflichtet, außerhalb ihres Amtes über alle Angelegenheiten, die ihrer Natur nach vertraulich sind, insbesondere über Namen und Persönlichkeit der Gefangenen, Verschwiegenheit zu bewahren. Dies gilt auch nach Beendigung ihres Amtes.

Abschnitt 17
Schlussbestimmungen

§ 112 Verwaltungsvorschriften

Die zur Durchführung dieses Gesetzes erforderlichen Verwaltungsvorschriften erlässt das für den Strafvollzug zuständige Ministerium.

§ 113 Einschränkung von Grundrechten

Durch dieses Gesetz werden die Grundrechte aus Artikel 2 Abs. 2 Satz 1 und 2 (körperliche Unversehrtheit und Freiheit der Person) und Artikel 10 Abs. 1 (Brief-, Post- und Fernmeldegeheimnis) des Grundgesetzes eingeschränkt.

§ 114 Inkrafttreten

Dieses Gesetz tritt am 1. Januar 2008 in Kraft.

Gesetz über den Vollzug der Untersuchungshaft im Saarland (Untersuchungshaftvollzugsgesetz – SUVollzG)

Vom 1. Juli 2009 (Amtsbl. S. 1219)

Inhaltsübersicht

Abschnitt 1
Allgemeine Bestimmungen

§ 1 Anwendungsbereich

(1) Dieses Gesetz regelt den Vollzug der Untersuchungshaft.

(2) Es gilt entsprechend für den Vollzug der Haft nach § 127b Absatz 2, § 230 Absatz 2, §§ 236, 329 Absatz 4 Satz 1, § 412 Satz 1 und § 453c der Strafprozessordnung sowie den Vollzug des Unterbringungsbefehls nach § 275a Absatz 5 der Strafprozessordnung.

(3) Für den Vollzug der einstweiligen Unterbringung gelten, soweit eine verfahrenssichernde Anordnung nicht entgegensteht (§ 3 Absatz 2), die Vorschriften über den Vollzug der Unterbringung gemäß § § 63, 64 des Strafgesetzbuches entsprechend.

§ 2 Aufgabe des Untersuchungshaftvollzugs

Der Vollzug der Untersuchungshaft hat die Aufgabe, durch sichere Unterbringung der Untersuchungsgefangenen die Durchführung eines geordneten Strafverfahrens zu gewährleisten und der Gefahr weiterer Straftaten zu begegnen.

§ 3 Zuständigkeit und Zusammenarbeit

(1) Entscheidungen nach diesem Gesetz trifft die Justizvollzugsanstalt, in der die Untersuchungshaft vollzogen wird (Anstalt). Sie arbeitet eng mit Gericht und Staatsanwaltschaft zusammen, um die Aufgabe des Untersuchungshaftvollzugs zu erfüllen und die Sicherheit und Ordnung der Anstalt zu gewährleisten.

(2) Die Anstalt hat Anordnungen, die das Gericht oder die an dessen statt zum Handeln ermächtigte Behörde trifft, um einer Flucht-, Verdunkelungs- oder Wiederholungsgefahr zu begegnen (verfahrenssichernde Anordnungen), zu beachten und umzusetzen.

§ 4 Stellung der Untersuchungsgefangenen

(1) Die Untersuchungsgefangenen gelten als unschuldig. Sie sind so zu behandeln, dass der Anschein vermieden wird, sie würden zur Verbüßung einer Strafe festgehalten.

(2) Soweit das Gesetz eine besondere Regelung nicht enthält, dürfen den Untersuchungsgefangenen nur Beschränkungen auferlegt werden, die zur Aufrechterhaltung der Sicherheit, zur Abwehr einer schwerwiegenden Störung der Ordnung der Anstalt oder zur Umsetzung einer verfahrenssichernden Anordnung unerlässlich sind. Sie müssen in einem angemessenen Verhältnis zum Zweck der Anordnung stehen und dürfen die Untersuchungsgefangenen nicht mehr und nicht länger als notwendig beeinträchtigen.

§ 5 Vollzugsgestaltung

(1) Das Leben im Vollzug ist den allgemeinen Lebensverhältnissen anzugleichen, soweit die Aufgabe des Untersuchungshaftvollzugs und die Erfordernisse eines geordneten Zusammenlebens in der Anstalt dies zulassen. Schädlichen Folgen des Freiheitsentzugs ist entgegenzuwirken.

(2) Die unterschiedlichen Lebenslagen und Bedürfnisse von weiblichen und männlichen Untersuchungsgefangenen werden bei der Vollzugsgestaltung und bei Einzelmaßnahmen berücksichtigt.

§ 6 Soziale Hilfe

(1) Die Untersuchungsgefangenen werden darin unterstützt, ihre persönlichen, wirtschaftlichen und sozialen Schwierigkeiten zu beheben. Sie sollen dazu angeregt und in die Lage versetzt werden, ihre Angelegenheiten selbst zu regeln.

(2) Die Anstalt arbeitet mit außervollzuglichen Einrichtungen und Organisationen sowie mit Personen und Vereinen, die soziale Hilfestellung leisten können, eng zusammen.

(3) Die Untersuchungsgefangenen sind, soweit erforderlich, über die notwendigen Maßnahmen zur Aufrechterhaltung ihrer sozialversicherungsrechtlichen Ansprüche zu beraten.

(4) Die Beratung soll die Benennung von Stellen und Einrichtungen außerhalb der Anstalt umfassen, die sich um eine Vermeidung der weiteren Untersuchungshaft bemühen.

Auf Wunsch sind den Untersuchungsgefangenen Stellen und Einrichtungen zu benennen, die sie in ihrem Bestreben unterstützen können, einen Ausgleich mit dem Tatopfer zu erreichen.

Abschnitt 2
Vollzugsverlauf

§ 7 Aufnahme

(1) Mit den Untersuchungsgefangenen wird unverzüglich ein Zugangsgespräch geführt, in dem ihre gegenwärtige Lebenssituation erörtert wird und sie über ihre Rechte und Pflichten informiert werden. Ihnen ist die Hausordnung auszuhändigen. Dieses Gesetz, die von ihm in Bezug genommenen Gesetze sowie die zu seiner Ausführung erlassenen Rechtsverordnungen und Verwaltungsvorschriften sind den Untersuchungsgefangenen auf Verlangen zugänglich zu machen.

(2) Beim Zugangsgespräch dürfen andere Gefangene in der Regel nicht zugegen sein.

(3) Die Untersuchungsgefangenen werden alsbald ärztlich untersucht.

(4) Den Untersuchungsgefangenen ist Gelegenheit zu geben, eine Angehörige beziehungsweise einen Angehörigen oder eine Vertrauensperson von der Aufnahme in die Anstalt zu benachrichtigen, soweit eine verfahrenssichernde Anordnung nicht entgegensteht.

(5) Die Untersuchungsgefangenen sollen dabei unterstützt werden, etwa notwendige Maßnahmen für hilfsbedürftige Angehörige, zur Erhaltung des Arbeitsplatzes und der Wohnung und zur Sicherung ihrer Habe außerhalb der Anstalt zu veranlassen.

§ 8 Verlegung und Überstellung

(1) Untersuchungsgefangene können in eine andere Anstalt verlegt oder überstellt werden, wenn es

1. zur Umsetzung einer verfahrenssichernden Anordnung,

2. aus Gründen der Sicherheit oder Ordnung der Anstalt oder

3. aus Gründen der Vollzugsorganisation oder aus anderen wichtigen Gründen

erforderlich ist. Zuvor ist dem Gericht und der Staatsanwaltschaft Gelegenheit zur Stellungnahme zu geben.

(2) § 7 Absatz 4 gilt entsprechend.

§ 9 Vorführung, Ausführung und Ausantwortung

(1) Auf Ersuchen eines Gerichts oder einer Staatsanwaltschaft werden Untersuchungsgefangene vorgeführt. Über Vorführungsersuchen in anderen als dem der Inhaftierung zugrunde liegenden Verfahren sind das Gericht und die Staatsanwaltschaft unverzüglich zu unterrichten.

(2) Aus besonderen Gründen können Untersuchungsgefangene ausgeführt werden. Ausführungen zur Befolgung einer gerichtlichen Ladung sind zu ermöglichen, soweit darin das persönliche Erscheinen angeordnet ist und eine verfahrenssichernde Anordnung nicht entgegensteht. Vor der Entscheidung ist dem Gericht und der Staatsanwaltschaft Gelegenheit zur Stellungnahme zu geben. Liegt die Ausführung ausschließlich im Interesse der Untersuchungsgefangenen, können ihnen die Kosten auferlegt werden.

(3) Untersuchungsgefangene dürfen befristet dem Gewahrsam eines Gerichts, einer Staatsanwaltschaft oder einer Polizei-, Zoll- oder Finanzbehörde auf Antrag überlassen werden (Ausantwortung). Absatz 2 Satz 3 gilt entsprechend.

§ 10 Entlassung

(1) Auf Anordnung des Gerichts oder der Staatsanwaltschaft entlässt die Anstalt die Untersuchungsgefangenen unverzüglich aus der Haft, es sei denn, es ist in anderer Sache eine richterlich angeordnete Freiheitsentziehung zu vollziehen.

(2) Aus fürsorgerischen Gründen kann Untersuchungsgefangenen der freiwillige Verbleib in der Anstalt bis zum Vormittag des zweiten auf den Eingang der Entlassungsanordnung folgenden Werktags gestattet werden. Der freiwillige Verbleib setzt das schriftliche Einverständnis der Untersuchungsgefangenen

voraus, dass die bisher bestehenden Beschränkungen aufrechterhalten bleiben.

(3) Bedürftigen Untersuchungsgefangenen kann eine Entlassungsbeihilfe in Form eines Reisekostenzuschusses, angemessener Kleidung oder einer sonstigen notwendigen Unterstützung gewährt werden.

Abschnitt 3
Unterbringung und Versorgung der Untersuchungsgefangenen

§ 11 Trennungsgrundsätze

(1) Untersuchungsgefangene werden von Gefangenen anderer Haftarten, namentlich von Strafgefangenen, getrennt untergebracht. Ausnahmen sind zulässig

1. mit Zustimmung der einzelnen Untersuchungsgefangenen,

2. zur Umsetzung einer verfahrenssichernden Anordnung oder

3. aus Gründen der Sicherheit oder Ordnung der Anstalt.

Darüber hinaus können Untersuchungsgefangene ausnahmsweise mit Gefangenen anderer Haftarten untergebracht werden, wenn die geringe Anzahl der Untersuchungsgefangenen eine getrennte Unterbringung nicht zulässt.

(2) Junge Untersuchungsgefangene (§ 66 Absatz 1) werden von den übrigen Untersuchungsgefangenen und von Gefangenen anderer Haftarten getrennt untergebracht. Hiervon kann aus den in Absatz 1 Satz 2 und 3 genannten Gründen abgewichen werden, wenn eine Vollzugsgestaltung nach § 67 gewährleistet bleibt und schädliche Einflüsse auf die jungen Untersuchungsgefangenen nicht zu befürchten sind.

(3) Männliche und weibliche Untersuchungsgefangene werden getrennt untergebracht.

(4) Gemeinsame Maßnahmen, insbesondere gemeinsame Arbeit und eine gemeinsame Berufs- und Schulausbildung, sind zulässig.

§ 12 Unterbringung während der Arbeit, Bildung und Freizeit

(1) Arbeit und Bildung finden grundsätzlich in Gemeinschaft statt.

(2) Den Untersuchungsgefangenen kann gestattet werden, sich während der Freizeit in Gemeinschaft mit anderen Gefangenen aufzuhalten. Für die Teilnahme an gemeinschaftlichen Veranstaltungen kann die Anstaltsleitung mit Rücksicht auf die räumlichen, personellen oder organisatorischen Verhältnisse der Anstalt besondere Regelungen treffen.

(3) Die gemeinschaftliche Unterbringung kann eingeschränkt werden, soweit es zur Umsetzung einer verfahrenssichernden Anordnung oder zur Gewährleistung der Sicherheit oder Ordnung der Anstalt erforderlich ist.

§ 13 Unterbringung während der Ruhezeit

(1) Während der Ruhezeit werden die Untersuchungsgefangenen in ihren Hafträumen einzeln untergebracht. Mit ihrer Zustimmung können sie gemeinsam untergebracht werden. Bei einer Gefahr für Leben oder Gesundheit oder bei Hilfsbedürftigkeit ist die Zustimmung der gefährdeten oder hilfsbedürftigen Untersuchungsgefangenen zur gemeinsamen Unterbringung entbehrlich.

(2) Darüber hinaus ist eine gemeinsame Unterbringung nur vorübergehend und aus zwingenden Gründen zulässig.

§ 14 Unterbringung von Müttern mit Kindern

(1) Ist das Kind einer Untersuchungsgefangenen noch nicht drei Jahre alt, kann es mit Zustimmung des Aufenthaltsbestimmungsberechtigten in der Anstalt untergebracht werden, wenn die baulichen Gegebenheiten dies zulassen und Sicherheitsgründe nicht entgegenstehen. Vor der Unterbringung ist das Jugendamt zu hören.

(2) Die Unterbringung erfolgt auf Kosten der für das Kind Unterhaltspflichtigen. Von der Geltendmachung des Kostenersatzanspruchs kann ausnahmsweise abgesehen werden,

wenn hierdurch die gemeinsame Unterbringung von Mutter und Kind gefährdet würde.

§ 15 Persönlicher Gewahrsam, Kostenbeteiligung

(1) Die Untersuchungsgefangenen dürfen nur Sachen in Gewahrsam haben oder annehmen, die ihnen von der Anstalt oder mit deren Zustimmung überlassen werden. Ohne Zustimmung dürfen sie Sachen von geringem Wert von anderen Gefangenen annehmen; die Annahme dieser Sachen und der Gewahrsam daran können von der Zustimmung der Anstalt abhängig gemacht werden.

(2) Eingebrachte Sachen, die die Untersuchungsgefangenen nicht in Gewahrsam haben dürfen, sind für sie aufzubewahren, sofern dies nach Art und Umfang möglich ist. Den Untersuchungsgefangenen wird Gelegenheit gegeben, ihre Sachen, die sie während des Vollzugs und für ihre Entlassung nicht benötigen, zu verschicken. Geld wird ihnen gutgeschrieben.

(3) Werden eingebrachte Sachen, deren Aufbewahrung nach Art und Umfang nicht möglich ist, von den Untersuchungsgefangenen trotz Aufforderung nicht aus der Anstalt verbracht, so ist die Anstalt berechtigt, diese Sachen auf Kosten der Untersuchungsgefangenen aus der Anstalt entfernen zu lassen.

(4) Aufzeichnungen und andere Sachen, die Kenntnisse über Sicherungsvorkehrungen der Anstalt vermitteln oder Schlussfolgerungen auf diese zulassen, dürfen vernichtet oder unbrauchbar gemacht werden.

(5) Die Zustimmung nach Absatz 1 kann widerrufen werden, wenn es zur Umsetzung einer verfahrenssichernden Anordnung oder zur Aufrechterhaltung der Sicherheit oder zur Abwendung einer erheblichen Störung der Ordnung der Anstalt erforderlich ist.

(6) Die Untersuchungsgefangenen können an den Betriebskosten der in ihrem Gewahrsam befindlichen Geräte beteiligt werden.

§ 16 Ausstattung des Haftraums

Die Untersuchungsgefangenen dürfen ihren Haftraum in angemessenem Umfang mit eigenen Sachen ausstatten. Sachen, deren Überlassung eine verfahrenssichernde Anordnung entgegensteht oder die geeignet sind, die Sicherheit oder Ordnung der Anstalt zu gefährden, sind ausgeschlossen.

§ 17 Kleidung

(1) Die Untersuchungsgefangenen dürfen eigene Kleidung tragen, soweit sie für Reinigung, Instandhaltung und regelmäßigen Wechsel sorgen. Die Anstaltsleitung kann anordnen, dass Reinigung und Instandhaltung nur durch Vermittlung der Anstalt erfolgen dürfen.

(2) Soweit es zur Umsetzung einer verfahrenssichernden Anordnung oder zur Gewährleistung der Sicherheit oder Ordnung der Anstalt erforderlich ist, kann das in Absatz 1 genannte Recht eingeschränkt oder ausgeschlossen werden.

§ 18 Verpflegung und Einkauf

(1) Zusammensetzung und Nährwert der Anstaltsverpflegung entsprechen den Anforderungen an eine gesunde Ernährung und werden ärztlich überwacht. Auf ärztliche Anordnung wird besondere Verpflegung gewährt. Den Untersuchungsgefangenen ist zu ermöglichen, Speisevorschriften ihrer Religionsgemeinschaft zu befolgen.

(2) Die Untersuchungsgefangenen können aus einem von der Anstalt vermittelten Angebot einkaufen. Die Anstalt soll für ein Angebot sorgen, das auf Wünsche und Bedürfnisse der Untersuchungsgefangenen Rücksicht nimmt.

(3) Den Untersuchungsgefangenen soll die Möglichkeit eröffnet werden, unmittelbar oder über Dritte Gegenstände über den Versandhandel zu beziehen. Zulassung und Verfahren des Einkaufs über den Versandhandel regelt die Anstaltsleitung.

(4) Gegenstände, deren Überlassung eine verfahrenssichernde Anordnung entgegensteht oder die geeignet sind, die Sicherheit oder Ordnung der Anstalt zu gefährden, sind vom Einkauf ausgeschlossen.

§ 19 Annehmlichkeiten

Von den §§ 16 bis 18 nicht umfasste Annehmlichkeiten dürfen sich die Untersuchungsgefangenen auf ihre Kosten verschaffen, soweit und solange weder eine verfahrenssichernde Anordnung entgegensteht noch die Sicherheit oder Ordnung der Anstalt gefährdet wird.

§ 20 Gesundheitsfürsorge

(1) Die Anstalt unterstützt die Untersuchungsgefangenen bei der Wiederherstellung und Erhaltung ihrer körperlichen und geistigen Gesundheit. Die Untersuchungsgefangenen haben die notwendigen Anordnungen zum Gesundheitsschutz und zur Hygiene zu befolgen.

(2) Den Untersuchungsgefangenen wird ermöglicht, sich täglich mindestens eine Stunde im Freien aufzuhalten.

(3) Erkranken Untersuchungsgefangene schwer oder versterben sie, werden die Angehörigen benachrichtigt. Dem Wunsch, auch andere Personen zu benachrichtigen, soll nach Möglichkeit entsprochen werden.

§ 21 Zwangsmaßnahmen auf dem Gebiet der Gesundheitsfürsorge

(1) Medizinische Untersuchung und Behandlung sowie Ernährung sind unbeschadet der Rechte Personensorgeberechtigter zwangsweise nur bei Lebensgefahr, bei schwerwiegender Gefahr für die Gesundheit der Untersuchungsgefangenen oder bei Gefahr für die Gesundheit anderer Personen zulässig; die Maßnahmen müssen für die Beteiligten zumutbar und dürfen nicht mit erheblicher Gefahr für Leben oder Gesundheit der Untersuchungsgefangenen verbunden sein. Zur Durchführung der Maßnahmen ist die Anstalt nicht verpflichtet, solange von einer freien Willensbestimmung der Untersuchungsgefangenen ausgegangen werden kann.

(2) Zum Gesundheitsschutz und zur Hygiene ist die zwangsweise körperliche Untersuchung außer im Fall des Absatzes 1 zulässig, wenn sie nicht mit einem körperlichen Eingriff verbunden ist.

(3) Die Maßnahmen dürfen nur auf Anordnung und unter Leitung einer Ärztin oder eines Arztes durchgeführt werden, unbeschadet der Leistung erster Hilfe für den Fall, dass ärztliche Hilfe nicht rechtzeitig erreichbar und mit einem Aufschub Lebensgefahr verbunden ist.

§ 22 Medizinische Leistungen, Kostenbeteiligung

(1) Die Untersuchungsgefangenen haben einen Anspruch auf notwendige, ausreichende und zweckmäßige medizinische Leistungen unter Beachtung des Grundsatzes der Wirtschaftlichkeit. Der allgemeine Standard der gesetzlichen Krankenkassen ist zu berücksichtigen.

(2) Der Anspruch umfasst auch Untersuchungen zur Früherkennung von Krankheiten und Vorsorgeleistungen entsprechend dem allgemeinen Standard der gesetzlichen Krankenkassen.

(3) Der Anspruch umfasst entsprechend dem allgemeinen Standard der gesetzlichen Krankenkassen auch die Versorgung mit Hilfsmitteln wie Seh- und Hörhilfen, Körperersatzstücken, orthopädischen und anderen Hilfsmitteln, die im Einzelfall erforderlich sind, um den Erfolg der Krankenbehandlung zu sichern, eine Behinderung auszugleichen oder einer drohenden Behinderung vorzubeugen, sofern dies mit Rücksicht auf die voraussichtliche Dauer des Untersuchungshaftvollzugs zwingend geboten ist und soweit die Hilfsmittel nicht als allgemeine Gebrauchsgegenstände des täglichen Lebens anzusehen sind.

(4) An den Kosten für Leistungen nach den Absätzen 1 bis 3 können die Untersuchungsgefangenen in angemessenem Umfang beteiligt werden.

(5) Für Leistungen, die über die in Absatz 1 Satz 1, Absatz 2 und Absatz 3 genannten Leistungen hinausgehen, können den Untersuchungsgefangenen die gesamten Kosten auferlegt werden.

(6) Die Anstaltsleitung soll nach Anhörung des ärztlichen Dienstes der Anstalt den Untersuchungsgefangenen auf ihren Antrag hin

gestatten, auf ihre Kosten externen ärztlichen Rat einzuholen. Die Erlaubnis kann versagt werden, wenn die Untersuchungsgefangenen die gewählte ärztliche Vertrauensperson und den ärztlichen Dienst der Anstalt nicht wechselseitig von der Schweigepflicht entbinden oder wenn es zur Umsetzung einer verfahrenssichernden Anordnung oder zur Aufrechterhaltung der Sicherheit oder Ordnung der Anstalt erforderlich ist. Die Konsultation soll in der Anstalt stattfinden.

§ 23 Verlegung, Überstellung und Ausführung zur medizinischen Behandlung

(1) Kranke oder hilfsbedürftige Untersuchungsgefangene können in eine zur Behandlung ihrer Krankheit oder zu ihrer Versorgung besser geeignete Anstalt oder in ein Vollzugskrankenhaus verlegt oder überstellt werden.

(2) Erforderlichenfalls können Untersuchungsgefangene zur medizinischen Behandlung ausgeführt oder in ein Krankenhaus außerhalb des Vollzugs gebracht werden.

(3) Zuvor ist dem Gericht und der Staatsanwaltschaft nach Möglichkeit Gelegenheit zur Stellungnahme zu geben. Bei Verlegungen und Überstellungen gilt § 7 Absatz 4 entsprechend.

(4) Werden Untersuchungsgefangene während einer Behandlung aus der Haft entlassen, hat das Land nur diejenigen Kosten zu tragen, die bis zur Entlassung angefallen sind.

Abschnitt 4
Arbeit, Bildung, Freizeit

§ 24 Arbeit und Bildung

(1) Die Untersuchungsgefangenen sind nicht zur Arbeit verpflichtet.

(2) Ihnen soll nach Möglichkeit Arbeit oder sonstige Beschäftigung angeboten werden, die ihre Fähigkeiten, Fertigkeiten und Neigungen berücksichtigt. Nehmen sie eine Arbeit auf, gelten die von der Anstalt festge-

legten Arbeitsbedingungen. Die Arbeit darf nicht zur Unzeit niedergelegt werden.

(3) Geeigneten Untersuchungsgefangenen soll nach Möglichkeit Gelegenheit zum Erwerb oder zur Verbesserung schulischer und beruflicher Kenntnisse gegeben werden, soweit es die besonderen Bedingungen der Untersuchungshaft zulassen.

(4) Das Zeugnis oder der Nachweis über eine Bildungsmaßnahme darf keinen Hinweis auf die Inhaftierung enthalten.

§ 25 Arbeitsentgelt und Ausbildungsbeihilfe, Taschengeld

(1) Wer eine Arbeit oder sonstige Beschäftigung ausübt, erhält Arbeitsentgelt.

(2) Der Bemessung des Arbeitsentgelts sind neun Prozent der Bezugsgröße nach § 18 des Vierten Buchs Sozialgesetzbuch zugrunde zu legen (Eckvergütung). Ein Tagessatz ist der 250. Teil der Eckvergütung; das Arbeitsentgelt kann nach einem Stundensatz bemessen werden.

(3) Das Arbeitsentgelt kann je nach Leistung der Untersuchungsgefangenen und der Art der Arbeit gestuft werden. 75 Prozent der Eckvergütung dürfen nur dann unterschritten werden, wenn die Arbeitsleistungen der Untersuchungsgefangenen den Mindestanforderungen nicht genügen. Das Ministerium für Justiz, Arbeit, Gesundheit und Soziales wird ermächtigt, eine Rechtsverordnung über die Vergütungsstufen zu erlassen.

(4) Die Höhe des Arbeitsentgelts ist den Untersuchungsgefangenen schriftlich bekannt zu geben.

(5) Soweit Beiträge zur Bundesagentur für Arbeit zu entrichten sind, kann vom Arbeitsentgelt ein Betrag einbehalten werden, der dem Anteil der Untersuchungsgefangenen am Beitrag entsprechen würde, wenn sie diese Bezüge als Arbeitnehmer erhielten.

(6) Nehmen Untersuchungsgefangene während der Arbeitszeit an einer Bildungsmaßnahme teil, erhalten sie eine Ausbildungsbeihilfe. Die Absätze 2 bis 5 gelten entsprechend.

(7) Kann Untersuchungsgefangenen weder Arbeit noch die Teilnahme an einer Bildungsmaßnahme angeboten werden, wird ihnen bei Bedürftigkeit auf Antrag ein Taschengeld gewährt. Bedürftig sind Untersuchungsgefangene, soweit ihnen im laufenden Monat nicht ein Betrag bis zur Höhe des Taschengeldes aus eigenen Mitteln zur Verfügung steht. Das Taschengeld beträgt 14 Prozent der Eckvergütung.

§ 26 Freizeit und Sport

Zur Freizeitgestaltung sind geeignete Angebote vorzuhalten. Insbesondere sollen Sportmöglichkeiten und Gemeinschaftsveranstaltungen angeboten werden.

§ 27 Zeitungen und Zeitschriften

(1) Die Untersuchungsgefangenen dürfen auf eigene Kosten Zeitungen und Zeitschriften in angemessenem Umfang durch Vermittlung der Anstalt beziehen. Ausgeschlossen sind Zeitungen und Zeitschriften, deren Verbreitung mit Strafe oder Geldbuße bedroht ist.

(2) Zeitungen oder Zeitschriften können den Untersuchungsgefangenen vorenthalten werden, wenn dies zur Umsetzung einer verfahrenssichernden Anordnung erforderlich ist. Für einzelne Ausgaben gilt dies auch dann, wenn deren Inhalte die Sicherheit oder Ordnung der Anstalt erheblich gefährden würden.

§ 28 Rundfunk

Die Untersuchungsgefangenen können am Hörfunk- und Fernsehempfang (Rundfunkempfang) teilnehmen. Der Rundfunkempfang kann vorübergehend ausgesetzt oder einzelnen Untersuchungsgefangenen untersagt werden, wenn dies zur Umsetzung einer verfahrenssichernden Anordnung oder zur Aufrechterhaltung der Sicherheit oder Ordnung der Anstalt unerlässlich ist.

Abschnitt 5
Religionsausübung

§ 29 Seelsorge

(1) Den Untersuchungsgefangenen darf religiöse Betreuung durch eine Seelsorgerin oder einen Seelsorger ihrer Religionsgemeinschaft nicht versagt werden. Auf Wunsch ist ihnen zu helfen, mit einer Seelsorgerin oder einem Seelsorger ihrer Religionsgemeinschaft in Verbindung zu treten.

(2) Die Untersuchungsgefangenen dürfen grundlegende religiöse Schriften besitzen. Sie dürfen ihnen nur bei grobem Missbrauch entzogen werden.

(3) Den Untersuchungsgefangenen sind Gegenstände des religiösen Gebrauchs in angemessenem Umfang zu belassen.

§ 30 Religiöse Veranstaltungen

(1) Die Untersuchungsgefangenen haben das Recht, am Gottesdienst und an anderen religiösen Veranstaltungen ihres Bekenntnisses teilzunehmen.

(2) Die Zulassung zu den Gottesdiensten oder zu religiösen Veranstaltungen einer anderen Religionsgemeinschaft bedarf der Zustimmung der Seelsorgerin oder des Seelsorgers der Religionsgemeinschaft.

(3) Untersuchungsgefangene können von der Teilnahme am Gottesdienst oder an anderen religiösen Veranstaltungen ausgeschlossen werden, wenn dies zur Umsetzung einer verfahrenssichernden Anordnung oder aus überwiegenden Gründen der Sicherheit oder Ordnung der Anstalt geboten ist; die Seelsorgerin oder der Seelsorger soll vorher gehört werden.

§ 31 Weltanschauungsgemeinschaften

Für Angehörige weltanschaulicher Bekenntnisse gelten die §§ 29 und 30 entsprechend.

Abschnitt 6
Besuche, Schriftwechsel, Telefongespräche und Pakete

§ 32 Grundsatz

Die Untersuchungsgefangenen haben das Recht, mit Personen außerhalb der Anstalt im Rahmen der Bestimmungen dieses Gesetzes zu verkehren, soweit eine verfahrenssichernde Anordnung nicht entgegensteht.

§ 33 Recht auf Besuch

(1) Die Untersuchungsgefangenen dürfen Besuch empfangen. Die Gesamtdauer beträgt mindestens zwei Stunden im Monat.

(2) Kontakte der Untersuchungsgefangenen zu ihren Angehörigen im Sinne von § 11 Absatz 1 Nummer 1 des Strafgesetzbuchs werden besonders gefördert.

(3) Besuche sollen darüber hinaus zugelassen werden, wenn sie persönlichen, rechtlichen oder geschäftlichen Angelegenheiten dienen, die nicht von den Untersuchungsgefangenen schriftlich erledigt, durch Dritte wahrgenommen oder bis zur voraussichtlichen Entlassung aufgeschoben werden können.

(4) Aus Gründen der Sicherheit der Anstalt können Besuche davon abhängig gemacht werden, dass sich die Besucher mit technischen Mitteln absuchen oder durchsuchen lassen.

(5) Besuche können untersagt werden, wenn die Sicherheit oder Ordnung der Anstalt gefährdet würde.

§ 34 Besuche von Verteidigern, Rechtsanwälten und Notaren

Besuche von Verteidigerinnen beziehungsweise Verteidigern sowie von Rechtsanwältinnen beziehungsweise Rechtsanwälten und Notarinnen beziehungsweise Notaren in einer die Untersuchungsgefangenen betreffenden Rechtssache sind zu gestatten. § 33 Absatz 4 gilt entsprechend. Eine inhaltliche Überprüfung der von Verteidigern mitgeführten Schriftstücke und sonstigen Unterlagen ist nicht zulässig.

§ 35 Überwachung der Besuche

(1) Besuche dürfen aus Gründen der Sicherheit oder Ordnung der Anstalt optisch überwacht werden.

(2) Die Anstaltsleitung kann die akustische Überwachung im Einzelfall anordnen, wenn sie aus Gründen der Sicherheit der Anstalt oder zur Abwendung einer schwerwiegenden Störung der Ordnung der Anstalt erforderlich ist.

(3) Besuche dürfen abgebrochen werden, wenn Besucher oder Untersuchungsgefangene gegen dieses Gesetz oder aufgrund dieses Gesetzes getroffene Anordnungen verstoßen. Dies gilt auch bei einem Verstoß gegen verfahrenssichernde Anordnungen.

(4) Besuche von Verteidigern werden nicht überwacht.

(5) Gegenstände dürfen beim Besuch nicht übergeben werden. Dies gilt nicht für die bei dem Besuch der Verteidiger übergebenen Schriftstücke und sonstigen Unterlagen sowie für die bei dem Besuch von Rechtsanwälten oder Notaren zur Erledigung einer die Untersuchungsgefangenen betreffenden Rechtssache übergebenen Schriftstücke und sonstigen Unterlagen. Bei dem Besuch von Rechtsanwälten oder Notaren kann die Übergabe aus Gründen der Sicherheit oder Ordnung der Anstalt von der Erlaubnis der Anstaltsleitung abhängig gemacht werden.

§ 36 Recht auf Schriftwechsel

(1) Die Untersuchungsgefangenen haben das Recht, auf eigene Kosten Schreiben abzusenden und zu empfangen.

(2) Die Anstaltsleitung kann den Schriftwechsel mit bestimmten Personen untersagen, wenn die Sicherheit oder Ordnung der Anstalt gefährdet würde.

§ 37 Überwachung des Schriftwechsels

(1) Ein- und ausgehende Schreiben werden auf verbotene Gegenstände überwacht. Die Anstaltsleitung kann die Textkontrolle anordnen, wenn sie aus Gründen der Sicherheit oder zur Abwendung einer schwerwiegenden Störung der Ordnung der Anstalt erforderlich ist.

(2) Der Schriftwechsel der Untersuchungsgefangenen mit ihren Verteidigern wird nicht überwacht.

(3) Nicht überwacht werden Schreiben der Untersuchungsgefangenen an Volksvertretungen des Bundes und der Länder sowie an deren Mitglieder, soweit die Schreiben an die Anschriften dieser Volksvertretung gerichtet sind und den Absender zutreffend angeben. Entsprechendes gilt für Schreiben an das Europäische Parlament und dessen Mitglieder, den Europäischen Gerichtshof für Menschenrechte, den Europäischen Ausschuss zur Verhütung von Folter und unmenschlicher oder erniedrigender Behandlung oder Strafe und weitere Einrichtungen, mit denen der Schriftverkehr aufgrund völkerrechtlicher Verpflichtungen der Bundesrepublik Deutschland geschützt ist. Satz 1 gilt auch für Schreiben an die Bürgerbeauftragten der Länder und die Datenschutzbeauftragten des Bundes und der Länder. Schreiben der in den Sätzen 1 bis 3 genannten Stellen, die an die Untersuchungsgefangenen gerichtet sind, werden nicht überwacht, sofern die Identität des Absenders zweifelsfrei feststeht.

§ 38 Weiterleitung von Schreiben, Aufbewahrung

(1) Die Untersuchungsgefangenen haben das Absenden und den Empfang ihrer Schreiben durch die Anstalt vermitteln zu lassen, soweit nichts anderes gestattet ist.

(2) Eingehende und ausgehende Schreiben sind unverzüglich weiterzuleiten.

(3) Die Untersuchungsgefangenen haben eingehende Schreiben unverschlossen zu verwahren, sofern nichts anderes gestattet wird. Sie können sie verschlossen zu ihrer Habe geben.

§ 39 Anhalten von Schreiben

(1) Die Anstaltsleitung kann Schreiben anhalten, wenn

1. es die Aufgabe des Untersuchungshaftvollzugs oder die Sicherheit oder Ordnung der Anstalt erfordert,

2. die Weitergabe in Kenntnis ihres Inhalts einen Straf- oder Bußgeldtatbestand verwirklichen würde,

3. sie grob unrichtige oder erheblich entstellende Darstellungen von Anstaltsverhältnissen oder grobe Beleidigungen enthalten oder

4. sie in Geheim- oder Kurzschrift, unlesbar, unverständlich oder ohne zwingenden Grund in einer fremden Sprache abgefasst sind.

(2) Ausgehenden Schreiben, die unrichtige Darstellungen enthalten, kann ein Begleitschreiben beigefügt werden, wenn die Untersuchungsgefangenen auf dem Absenden bestehen.

(3) Sind Schreiben angehalten worden, wird das den Untersuchungsgefangenen mitgeteilt. Hiervon kann abgesehen werden, wenn und solange es die Aufgabe des Untersuchungshaftvollzugs erfordert. Soweit angehaltene Schreiben nicht beschlagnahmt werden, werden sie an die Absender zurückgegeben oder, sofern dies unmöglich oder aus besonderen Gründen untunlich ist, verwahrt.

(4) Schreiben, deren Überwachung nach § 37 Absatz 2 und 3 ausgeschlossen ist, dürfen nicht angehalten werden.

§ 40 Telefongespräche

Den Untersuchungsgefangenen kann gestattet werden, auf eigene Kosten Telefongespräche zu führen. Die Bestimmungen über den Besuch gelten entsprechend. Ist die Überwachung des Telefongesprächs erforderlich, ist die beabsichtigte Überwachung den Gesprächspartnern der Untersuchungsgefangenen unmittelbar nach Herstellung der Verbindung durch die Anstalt oder die Untersuchungsgefangenen mitzuteilen. Die Untersuchungsgefangenen sind rechtzeitig vor Beginn des Telefongesprächs über die beabsichtigte Überwachung und die Mitteilungspflicht nach Satz 3 zu unterrichten.

§ 41 Pakete

(1) Der Empfang von Paketen mit Nahrungs- und Genussmitteln ist den Untersuchungsgefangenen nicht gestattet. Der Empfang von

Paketen mit anderem Inhalt bedarf der Erlaubnis der Anstalt, welche Zeitpunkt und Höchstmenge für die Sendung und für einzelne Gegenstände festsetzen kann. Für den Ausschluss von Gegenständen gilt § 18 Absatz 4 entsprechend.

(2) Pakete sind in Gegenwart der Untersuchungsgefangenen zu öffnen, an die sie adressiert sind. Ausgeschlossene Gegenstände können zu ihrer Habe genommen oder den Absendern zurückgesandt werden. Nicht ausgehändigte Gegenstände, durch die bei der Versendung oder Aufbewahrung Personen verletzt oder Sachschäden verursacht werden können, dürfen vernichtet werden. Die hiernach getroffenen Maßnahmen werden den Untersuchungsgefangenen eröffnet.

(3) Der Empfang von Paketen kann vorübergehend versagt werden, wenn dies wegen der Gefährdung der Sicherheit oder Ordnung der Anstalt unerlässlich ist.

(4) Den Untersuchungsgefangenen kann gestattet werden, Pakete zu versenden. Die Anstalt kann ihren Inhalt aus Gründen der Sicherheit oder Ordnung der Anstalt überprüfen.

Abschnitt 7
Sicherheit und Ordnung

§ 42 Grundsatz

Die Pflichten und Beschränkungen, die den Untersuchungsgefangenen zur Aufrechterhaltung der Sicherheit oder Ordnung der Anstalt auferlegt werden, sind so zu wählen, dass sie in einem angemessenen Verhältnis zu ihrem Zweck stehen und die Untersuchungsgefangenen nicht mehr und nicht länger als notwendig beeinträchtigen.

§ 43 Verhaltensvorschriften

(1) Die Untersuchungsgefangenen dürfen durch ihr Verhalten gegenüber Bediensteten, Mitgefangenen und anderen Personen das geordnete Zusammenleben in der Anstalt nicht stören. Sie haben sich nach der Tageseinteilung der Anstalt (Arbeitszeit, Freizeit, Ruhezeit) zu richten.

(2) Die Untersuchungsgefangenen haben die Anordnungen der Bediensteten zu befolgen, auch wenn sie sich durch diese beschwert fühlen. Einen ihnen zugewiesenen Bereich dürfen sie nicht ohne Erlaubnis verlassen.

(3) Die Untersuchungsgefangenen haben ihren Haftraum und die ihnen von der Anstalt überlassenen Sachen in Ordnung zu halten und schonend zu behandeln.

(4) Die Untersuchungsgefangenen haben Umstände, die eine Gefahr für das Leben oder eine erhebliche Gefahr für die Gesundheit einer Person bedeuten, unverzüglich zu melden.

§ 44 Absuchung, Durchsuchung

(1) Die Untersuchungsgefangenen, ihre Sachen und die Hafträume dürfen mit technischen Mitteln abgesucht und durchsucht werden. Die Durchsuchung männlicher Untersuchungsgefangener darf nur von Männern, die Durchsuchung weiblicher Untersuchungsgefangener darf nur von Frauen vorgenommen werden. Das Schamgefühl ist zu schonen.

(2) Nur bei Gefahr im Verzug oder auf Anordnung der Anstaltsleitung im Einzelfall ist es zulässig, eine mit einer Entkleidung verbundene körperliche Durchsuchung vorzunehmen. Sie darf bei männlichen Untersuchungsgefangenen nur in Gegenwart von Männern, bei weiblichen Untersuchungsgefangenen nur in Gegenwart von Frauen erfolgen. Sie ist in einem geschlossenen Raum durchzuführen. Andere Gefangene dürfen nicht anwesend sein.

(3) Die Anstaltsleitung kann allgemein anordnen, dass Untersuchungsgefangene bei der Aufnahme, vor und nach Kontakten mit Besuchern sowie vor und nach jeder Abwesenheit von der Anstalt nach Absatz 2 zu durchsuchen sind.

§ 45 Erkennungsdienstliche Maßnahmen

(1) Zur Sicherung des Vollzugs, zur Aufrechterhaltung der Sicherheit oder Ordnung der Anstalt oder zur Identitätsfeststellung sind

mit Kenntnis der Untersuchungsgefangenen zulässig:

1. die Abnahme von Finger- und Handflächenabdrücken,

2. die Aufnahme von Lichtbildern,

3. die Feststellung äußerlicher körperlicher Merkmale,

4. die elektronische Erfassung biometrischer Merkmale und

5. Messungen.

(2) Die hierbei gewonnenen Unterlagen oder Daten werden zu den Gefangenenpersonalakten genommen oder in personenbezogenen Dateien gespeichert. Sie können auch in kriminalpolizeilichen Sammlungen verwahrt werden. Die nach Absatz 1 erhobenen Daten dürfen nur für die in Absatz 1, in § 48 Absatz 2 und in § 89 Absatz 2 Nummer 4 genannten Zwecke verarbeitet werden.

(3) Werden die Untersuchungsgefangenen entlassen, sind diese in Dateien gespeicherten personenbezogenen Daten unverzüglich zu löschen. Werden die Untersuchungsgefangenen in eine andere Anstalt verlegt oder wird unmittelbar im Anschluss an den Vollzug oder in Unterbrechung der Untersuchungshaft eine andere Haftart vollzogen, können die nach Absatz 1 erhobenen Daten der betreffenden Anstalt übermittelt und von dieser für die in Absatz 2 Satz 3 genannten Zwecke verarbeitet werden.

(4) Personen, die aufgrund des Absatzes 1 erkennungsdienstlich behandelt worden sind, können bei einer nicht nur vorläufigen Einstellung des Verfahrens, einer unanfechtbaren Ablehnung der Eröffnung des Hauptverfahrens oder einem rechtskräftigen Freispruch nach der Entlassung verlangen, dass die gewonnenen erkennungsdienstlichen Unterlagen unverzüglich vernichtet werden. Sie sind über dieses Recht bei der erkennungsdienstlichen Behandlung und bei der Entlassung aufzuklären.

§ 46 Lichtbildausweise

Die Anstalt kann die Untersuchungsgefangenen verpflichten, einen Lichtbildausweis mit sich zu führen, wenn dies aus Gründen der Sicherheit oder Ordnung der Anstalt erforderlich ist. Dieser ist bei der Entlassung oder bei der Verlegung in eine andere Anstalt einzuziehen und zu vernichten.

§ 47 Maßnahmen zur Feststellung von Suchtmittelkonsum

(1) Zur Aufrechterhaltung der Sicherheit oder Ordnung der Anstalt kann die Anstaltsleitung allgemein oder im Einzelfall Maßnahmen anordnen, die geeignet sind, den Missbrauch von Suchtmitteln festzustellen. Diese Maßnahmen dürfen nicht mit einem körperlichen Eingriff verbunden sein.

(2) Wird Suchtmittelmissbrauch festgestellt, können die Kosten der Maßnahmen den Untersuchungsgefangenen auferlegt werden.

§ 48 Festnahmerecht

(1) Untersuchungsgefangene, die entwichen sind oder sich sonst ohne Erlaubnis außerhalb der Anstalt aufhalten, können durch die Anstalt oder auf deren Veranlassung festgenommen und zurückgebracht werden.

(2) Nach § 45 Absatz 1 und § 88 erhobene und zur Identifizierung oder Festnahme erforderliche Daten dürfen den Vollstreckungs- und Strafverfolgungsbehörden übermittelt werden, soweit dies für Zwecke der Fahndung und Festnahme der entwichenen oder sich sonst ohne Erlaubnis außerhalb der Anstalt aufhaltenden Untersuchungsgefangenen erforderlich ist.

§ 49 Besondere Sicherungsmaßnahmen

(1) Gegen Untersuchungsgefangene können besondere Sicherungsmaßnahmen angeordnet werden, wenn nach ihrem Verhalten oder aufgrund ihres seelischen Zustands in erhöhtem Maße die Gefahr der Entweichung, von Gewalttätigkeiten gegen Personen oder Sachen, der Selbsttötung oder der Selbstverletzung besteht.

(2) Als besondere Sicherungsmaßnahmen sind zulässig:

1. der Entzug oder die Vorenthaltung von Gegenständen,

2. die Beobachtung der Untersuchungsgefangenen, auch mit technischen Hilfsmitteln,

3. die Absonderung von anderen Gefangenen,

4. der Entzug oder die Beschränkung des Aufenthalts im Freien,

5. die Unterbringung in einem besonders gesicherten Haftraum ohne gefährdende Gegenstände und

6. die Fesselung.

(3) Maßnahmen nach Absatz 2 Nummer 1, 3 bis 5 sind auch zulässig, wenn die Gefahr einer Befreiung oder eine erhebliche Störung der Ordnung der Anstalt anders nicht vermieden oder behoben werden kann.

(4) Bei einer Ausführung, Vorführung oder beim Transport ist die Fesselung auch dann zulässig, wenn die Gefahr einer Entweichung besteht.

§ 50 Einzelhaft

Die unausgesetzte Absonderung der Untersuchungsgefangenen (Einzelhaft) ist nur zulässig, wenn dies aus Gründen, die in deren Person liegen, unerlässlich ist. Einzelhaft von mehr als zwei Monaten Gesamtdauer im Jahr bedarf der Zustimmung der Aufsichtsbehörde und wird dem Gericht und der Staatsanwaltschaft von der Anstalt mitgeteilt. Während des Vollzugs der Einzelhaft sind die Untersuchungsgefangenen in besonderem Maße zu betreuen.

§ 51 Fesselung

In der Regel dürfen Fesseln nur an den Händen oder an den Füßen angelegt werden. Im Interesse der Untersuchungsgefangenen kann die Anstaltsleitung eine andere Art der Fesselung anordnen. Die Fesselung wird zeitweise gelockert, soweit dies notwendig ist.

§ 52 Anordnung besonderer Sicherungsmaßnahmen, Verfahren

(1) Besondere Sicherungsmaßnahmen ordnet die Anstaltsleitung an. Bei Gefahr im Verzug können auch andere Bedienstete diese Maßnahmen vorläufig anordnen. Die Entscheidung der Anstaltsleitung ist unverzüglich einzuholen.

(2) Werden Untersuchungsgefangene ärztlich behandelt oder beobachtet oder bildet ihr seelischer Zustand den Anlass der Sicherungsmaßnahme, ist vorher eine ärztliche Stellungnahme einzuholen. Ist dies wegen Gefahr im Verzug nicht möglich, wird die Stellungnahme unverzüglich nachträglich eingeholt.

(3) Die Entscheidung wird den Untersuchungsgefangenen von der Anstaltsleitung mündlich eröffnet und mit einer kurzen Begründung schriftlich abgefasst.

(4) Besondere Sicherungsmaßnahmen sind in angemessenen Abständen daraufhin zu überprüfen, ob und in welchem Umfang sie aufrechterhalten werden müssen.

(5) Besondere Sicherungsmaßnahmen nach § 49 Absatz 2 Nummer 5 und Fesselungen, die nicht im Rahmen einer Aus- oder Vorführung erfolgen, sind der Aufsichtsbehörde unverzüglich mitzuteilen. Besondere Sicherungsmaßnahmen nach § 49 Absatz 2 Nummer 5 und 6 sind dem Gericht und der Staatsanwaltschaft unverzüglich mitzuteilen, wenn sie länger als drei Tage aufrechterhalten werden.

§ 53 Ärztliche Überwachung

(1) Sind Untersuchungsgefangene in einem besonders gesicherten Haftraum untergebracht oder gefesselt (§ 49 Absatz 2 Nummer 5 und 6), sucht sie die Ärztin oder der Arzt alsbald und in der Folge möglichst täglich auf. Dies gilt nicht bei einer Fesselung während einer Ausführung, Vorführung oder eines Transports (§ 49 Absatz 4).

(2) Die Ärztin oder der Arzt ist regelmäßig zu hören, solange eine besondere Sicherungsmaßnahme nach § 49 Absatz 2 Nummer 4 oder Einzelhaft nach § 50 andauert.

Abschnitt 8
Unmittelbarer Zwang

§ 54 Begriffsbestimmungen

(1) Unmittelbarer Zwang ist die Einwirkung auf Personen oder Sachen durch körperliche Gewalt, ihre Hilfsmittel und durch Waffen.

(2) Körperliche Gewalt ist jede unmittelbare körperliche Einwirkung auf Personen oder Sachen.

(3) Hilfsmittel der körperlichen Gewalt sind insbesondere Fesseln und Reizstoffe.

(4) Waffen sind die dienstlich zugelassenen Hieb- und Schusswaffen.

§ 55 Allgemeine Voraussetzungen

(1) Die Bediensteten dürfen unmittelbaren Zwang anwenden, wenn sie Vollzugs- und Sicherungsmaßnahmen rechtmäßig durchführen und der damit verfolgte Zweck auf keine andere Weise erreicht werden kann.

(2) Gegen andere Personen als Untersuchungsgefangene darf unmittelbarer Zwang angewendet werden, wenn sie es unternehmen, Gefangene zu befreien oder widerrechtlich in die Anstalt einzudringen, oder wenn sie sich unbefugt darin aufhalten.

(3) Das Recht zu unmittelbarem Zwang aufgrund anderer Regelungen bleibt unberührt.

§ 56 Grundsatz der Verhältnismäßigkeit

(1) Unter mehreren möglichen und geeigneten Maßnahmen des unmittelbaren Zwangs sind diejenigen zu wählen, die die Betroffenen und die Allgemeinheit voraussichtlich am wenigsten beeinträchtigen.

(2) Unmittelbarer Zwang unterbleibt, wenn ein durch ihn zu erwartender Schaden erkennbar außer Verhältnis zu dem angestrebten Erfolg steht.

§ 57 Handeln auf Anordnung

(1) Wird unmittelbarer Zwang von Vorgesetzten oder sonst befugten Personen angeordnet, sind die Bediensteten verpflichtet, ihn anzuwenden, es sei denn, die Anordnung verletzt die Menschenwürde oder ist nicht zu dienstlichen Zwecken erteilt worden.

(2) Die Anordnung darf nicht befolgt werden, wenn dadurch eine Straftat begangen würde. Befolgen die Bediensteten sie trotzdem, trifft sie eine Schuld nur, wenn sie erkennen oder wenn es nach den ihnen bekannten Umständen offensichtlich ist, dass dadurch eine Straftat begangen wird.

(3) Bedenken gegen die Rechtmäßigkeit der Anordnung haben Bedienstete anordnenden Personen gegenüber vorzubringen, soweit das nach den Umständen möglich ist. Abweichende Bestimmungen des allgemeinen Beamtenrechts über die Mitteilung solcher Bedenken an Vorgesetzte (§ 36 Absatz 2 und 3 des Beamtenstatusgesetzes) sind nicht anzuwenden.

§ 58 Androhung

Unmittelbarer Zwang ist vorher anzudrohen. Die Androhung darf nur dann unterbleiben, wenn die Umstände sie nicht zulassen oder unmittelbarer Zwang sofort angewendet werden muss, um eine rechtswidrige Tat, die den Tatbestand eines Strafgesetzes erfüllt, zu verhindern oder eine gegenwärtige Gefahr abzuwenden.

§ 59 Schusswaffengebrauch

(1) Schusswaffen dürfen nur gebraucht werden, wenn andere Maßnahmen des unmittelbaren Zwangs bereits erfolglos waren oder keinen Erfolg versprechen. Gegen Personen ist ihr Gebrauch nur zulässig, wenn der Zweck nicht durch Waffenwirkung gegen Sachen erreicht wird.

(2) Schusswaffen dürfen nur die dazu bestimmten Bediensteten gebrauchen und nur, um angriffs- oder fluchtunfähig zu machen. Ihr Gebrauch unterbleibt, wenn dadurch erkennbar Unbeteiligte mit hoher Wahrscheinlichkeit gefährdet würden.

(3) Der Gebrauch von Schusswaffen ist vorher anzudrohen. Als Androhung gilt auch ein Warnschuss. Ohne Androhung dürfen Schusswaffen nur dann gebraucht werden, wenn dies zur Abwehr einer gegenwärtigen Gefahr für Leib oder Leben erforderlich ist.

(4) Gegen Untersuchungsgefangene dürfen Schusswaffen gebraucht werden,

1. wenn sie eine Waffe oder ein anderes gefährliches Werkzeug trotz wiederholter Aufforderung nicht ablegen,

2. wenn sie eine Meuterei (§ 121 des Strafgesetzbuchs) unternehmen oder

3. um ihre Entweichung zu vereiteln oder um sie wieder zu ergreifen.

(5) Gegen andere Personen dürfen Schusswaffen gebraucht werden, wenn sie es unternehmen, Gefangene gewaltsam zu befreien oder gewaltsam in eine Anstalt einzudringen.

Abschnitt 9
Disziplinarmaßnahmen

§ 60 Voraussetzungen

(1) Disziplinarmaßnahmen können angeordnet werden, wenn Untersuchungsgefangene rechtswidrig und schuldhaft

1. gegen Strafgesetze verstoßen oder eine Ordnungswidrigkeit begehen,

2. gegen eine verfahrenssichernde Anordnung verstoßen,

3. andere Personen verbal oder tätlich angreifen,

4. Lebensmittel oder fremdes Eigentum zerstören oder beschädigen,

5. verbotene Gegenstände in die Anstalt bringen,

6. sich am Einschmuggeln verbotener Gegenstände beteiligen oder sie besitzen,

7. entweichen oder zu entweichen versuchen oder

8. in sonstiger Weise wiederholt oder schwerwiegend gegen die Hausordnung verstoßen oder das Zusammenleben in der Anstalt stören.

(2) Von einer Disziplinarmaßnahme wird abgesehen, wenn es genügt, die Untersuchungsgefangenen zu verwarnen.

(3) Disziplinarmaßnahmen sind auch zulässig, wenn wegen derselben Verfehlung ein Straf- oder Bußgeldverfahren eingeleitet wird.

§ 61 Arten der Disziplinarmaßnahmen

(1) Zulässige Disziplinarmaßnahmen sind

1. Verweis,

2. die Beschränkung oder der Entzug des Einkaufs bis zu drei Monaten,

3. die Beschränkung oder der Entzug von Annehmlichkeiten nach § 19 bis zu drei Monaten,

4. die Beschränkung oder der Entzug des Rundfunkempfangs bis zu drei Monaten; der gleichzeitige Entzug des Hörfunk- und Fernsehempfangs jedoch nur bis zu zwei Wochen,

5. die Beschränkung oder der Entzug der Gegenstände für die Freizeitbeschäftigung oder der Ausschluss von gemeinsamer Freizeit oder von einzelnen Freizeitveranstaltungen bis zu drei Monaten,

6. der Entzug der zugewiesenen Arbeit oder Beschäftigung bis zu vier Wochen unter Wegfall der in diesem Gesetz geregelten Bezüge und

7. Arrest bis zu vier Wochen.

(2) Mehrere Disziplinarmaßnahmen können miteinander verbunden werden.

(3) Arrest darf nur wegen schwerer oder wiederholter Verfehlungen verhängt werden.

(4) Bei der Auswahl der Disziplinarmaßnahmen sind Grund und Zweck der Haft sowie die psychischen Auswirkungen der Untersuchungshaft und des Strafverfahrens auf die Untersuchungsgefangenen zu berücksichtigen. Durch die Anordnung und den Vollzug einer Disziplinarmaßnahme dürfen die Verteidigung, die Verhandlungsfähigkeit und die Verfügbarkeit der Untersuchungsgefangenen für die Verhandlung nicht beeinträchtigt werden.

§ 62 Vollzug der Disziplinarmaßnahmen, Aussetzung zur Bewährung

(1) Disziplinarmaßnahmen werden in der Regel sofort vollstreckt.

(2) Disziplinarmaßnahmen können ganz oder teilweise bis zu sechs Monaten zur Bewährung ausgesetzt werden.

(3) Arrest wird in Einzelhaft vollzogen. Die Untersuchungsgefangenen können in einem besonderen Arrestraum untergebracht werden, der den Anforderungen entsprechen muss, die an einen zum Aufenthalt bei Tag und Nacht bestimmten Haftraum gestellt werden. Soweit nichts anderes angeordnet wird, ruhen die Befugnisse der Untersuchungsgefangenen aus den §§ 16, 17 Absatz 1, § 18 Absatz 2 und 3, §§ 19, 24 Absatz 2 und 3, §§ 26, 27 Absatz 1 und § 28.

§ 63 Disziplinarbefugnis

(1) Disziplinarmaßnahmen ordnet die Anstaltsleitung an. Bei einer Verfehlung auf dem Weg in eine andere Anstalt zum Zweck der Verlegung ist die aufnehmende Anstalt zuständig.

(2) Die Aufsichtsbehörde entscheidet, wenn sich die Verfehlung gegen die Anstaltsleitung richtet.

(3) Disziplinarmaßnahmen, die gegen die Untersuchungsgefangenen in einer anderen Anstalt oder während einer anderen Haft angeordnet worden sind, werden auf Ersuchen vollstreckt. § 62 Absatz 2 gilt entsprechend.

§ 64 Verfahren

(1) Der Sachverhalt ist zu klären. Die betroffenen Untersuchungsgefangenen werden gehört. Sie sind darauf hinzuweisen, dass es ihnen freisteht, sich zu äußern. Die Erhebungen werden in einer Niederschrift festgehalten; die Einlassung der Untersuchungsgefangenen wird vermerkt.

(2) Bei schweren Verfehlungen soll sich die Anstaltsleitung vor der Entscheidung mit Personen besprechen, die an der Betreuung der Untersuchungsgefangenen mitwirken.

(3) Vor der Anordnung von Disziplinarmaßnahmen gegen Untersuchungsgefangene, die sich in ärztlicher Behandlung befinden, oder gegen Schwangere oder stillende Mütter ist eine Ärztin oder ein Arzt zu hören.

(4) Die Entscheidung wird den Untersuchungsgefangenen von der Anstaltsleitung mündlich eröffnet und mit einer kurzen Begründung schriftlich abgefasst.

(5) Bevor Arrest vollzogen wird, ist eine Ärztin oder ein Arzt zu hören. Während des Arrests stehen die Untersuchungsgefangenen unter ärztlicher Aufsicht. Der Vollzug unterbleibt oder wird unterbrochen, wenn die Gesundheit der Untersuchungsgefangenen oder der Fortgang des Strafverfahrens gefährdet würde.

Abschnitt 10
Beschwerde

§ 65 Beschwerderecht

(1) Die Untersuchungsgefangenen erhalten Gelegenheit, ·sich mit Wünschen, Anregungen und Beschwerden in vollzuglichen Angelegenheiten, die sie selbst betreffen, an die Anstaltsleitung zu wenden.

(2) Besichtigen Vertreter der Aufsichtsbehörde die Anstalt, so ist zu gewährleisten, dass die Untersuchungsgefangenen sich in vollzuglichen Angelegenheiten, die sie selbst betreffen, an diese wenden können.

(3) Die Möglichkeit der Dienstaufsichtsbeschwerde bleibt unberührt.

Abschnitt 11
Ergänzende Bestimmungen für junge Untersuchungsgefangene

§ 66 Anwendungsbereich

(1) Auf Untersuchungsgefangene, die zur Tatzeit das 21. Lebensjahr noch nicht vollendet hatten und die das 24. Lebensjahr noch nicht vollendet haben (junge Untersuchungsgefangene), findet dieses Gesetz nach Maßgabe der Bestimmungen dieses Abschnitts Anwendung.

(2) Von einer Anwendung der Bestimmungen dieses Abschnitts sowie des § 11 Absatz 2 auf volljährige junge Untersuchungsgefangene kann abgesehen werden, wenn die erzieherische Ausgestaltung des Vollzugs für diese nicht oder nicht mehr angezeigt ist. Die Bestimmungen dieses Abschnitts können aus-

nahmsweise auch über die Vollendung des 24. Lebensjahres hinaus angewendet werden, wenn dies im Hinblick auf die voraussichtlich nur noch geringe Dauer der Untersuchungshaft zweckmäßig erscheint.

§ 67 Vollzugsgestaltung

(1) Der Vollzug ist erzieherisch zu gestalten. Die Fähigkeiten der jungen Untersuchungsgefangenen zu einer eigenverantwortlichen und gemeinschaftsfähigen Lebensführung in Achtung der Rechte Anderer sind zu fördern.

(2) Den jungen Untersuchungsgefangenen sollen neben altersgemäßen Bildungs-, Beschäftigungs- und Freizeitmöglichkeiten auch sonstige entwicklungsfördernde Hilfestellungen angeboten werden. Die Bereitschaft zur Annahme der Angebote ist zu wecken und zu fördern.

(3) In diesem Gesetz vorgesehene Beschränkungen können minderjährigen Untersuchungsgefangenen auch auferlegt werden, soweit es dringend geboten ist, um sie vor einer Gefährdung ihrer Entwicklung zu bewahren.

§ 68 Zusammenarbeit und Einbeziehung Dritter

(1) Die Zusammenarbeit der Anstalt mit staatlichen, kirchlichen und privaten Institutionen erstreckt sich insbesondere auch auf die Jugendgerichtshilfe, die Jugendhilfe, das Jugendamt, Schulen, Einrichtungen der freien Wohlfahrtspflege und berufliche Bildungsträger.

(2) Die Personensorgeberechtigten sind, soweit dies möglich ist und eine verfahrenssichernde Anordnung nicht entgegensteht, in die Gestaltung des Vollzugs einzubeziehen.

(3) Die Personensorgeberechtigten und das Jugendamt werden von der Aufnahme, von einer Verlegung und der Entlassung unverzüglich unterrichtet, soweit eine verfahrenssichernde Anordnung nicht entgegensteht.

§ 69 Ermittlung des Förder- und Erziehungsbedarfs, Maßnahmen

(1) Nach der Aufnahme wird der Förder- und Erziehungsbedarf der jungen Untersuchungsgefangenen unter Berücksichtigung ihrer Persönlichkeit und ihrer Lebensverhältnisse ermittelt.

(2) In einer Konferenz mit an der Erziehung maßgeblich beteiligten Bediensteten werden der Förder- und Erziehungsbedarf erörtert und die sich daraus ergebenden Maßnahmen festgelegt. Diese werden mit den jungen Untersuchungsgefangenen besprochen und den Personensorgeberechtigten auf Verlangen mitgeteilt.

(3) Zur Erfüllung der Aufgabe nach Absatz 1 dürfen personenbezogene Daten abweichend von § 88 ohne Mitwirkung der Betroffenen erhoben werden bei Stellen, die Aufgaben der Jugendhilfe wahrnehmen, bei der Jugendgerichtshilfe und bei Personen und Stellen, die bereits Kenntnis von der Inhaftierung haben.

§ 70 Unterbringung

(1) Die jungen Untersuchungsgefangenen können in Wohngruppen untergebracht werden, zu denen neben den Haftäumen weitere Räume zur gemeinsamen Nutzung gehören.

(2) Die gemeinschaftliche Unterbringung während der Bildung, Arbeit und Freizeit kann über § 12 Absatz 3 hinaus auch eingeschränkt oder ausgeschlossen werden, wenn dies aus erzieherischen Gründen angezeigt ist, schädliche Einflüsse auf die jungen Untersuchungsgefangenen zu befürchten sind oder während der ersten zwei Wochen nach der Aufnahme.

(3) Eine gemeinsame Unterbringung nach § 13 Absatz 1 Satz 2 ist nur zulässig, wenn schädliche Einflüsse auf die jungen Untersuchungsgefangenen nicht zu befürchten sind.

§ 71 Schulische und berufliche Aus- und Weiterbildung, Arbeit

(1) Schulpflichtige Untersuchungsgefangene nehmen in der Anstalt am allgemein- oder berufsbildenden Unterricht in Anlehnung an die für öffentliche Schulen geltenden Bestimmungen teil.

(2) Minderjährige Untersuchungsgefangene können zur Teilnahme an schulischen und beruflichen Orientierungs-, Aus- und Weiter-

bildungsmaßnahmen oder speziellen Maßnahmen zur Förderung ihrer schulischen, beruflichen oder persönlichen Entwicklung verpflichtet werden.

(3) Den übrigen jungen Untersuchungsgefangenen soll nach Möglichkeit die Teilnahme an den in Absatz 2 genannten Maßnahmen angeboten werden.

(4) Im Übrigen bleibt § 24 Absatz 2 unberührt.

§ 72 Besuche, Schriftwechsel, Telefongespräche

(1) Abweichend von § 33 Absatz 1 Satz 2 beträgt die Gesamtdauer des Besuchs für junge Untersuchungsgefangene mindestens vier Stunden im Monat. Über § 33 Absatz 3 hinaus sollen Besuche auch dann zugelassen werden, wenn sie die Erziehung fördern.

(2) Besuche von Kindern junger Untersuchungsgefangener werden nicht auf die Regelbesuchszeiten angerechnet.

(3) Bei minderjährigen Untersuchungsgefangenen können Besuche, Schriftwechsel und Telefongespräche auch untersagt werden, wenn Personensorgeberechtigte nicht einverstanden sind.

(4) Besuche dürfen über § 35 Absatz 3 hinaus auch abgebrochen werden, wenn von Besuchern ein schädlicher Einfluss ausgeht.

(5) Der Schriftwechsel kann über § 36 Absatz 2 hinaus bei Personen, die nicht Angehörige (§ 11 Absatz 1 Nummer 1 des Strafgesetzbuchs) der jungen Untersuchungsgefangenen sind, auch untersagt werden, wenn zu befürchten ist, dass der Schriftwechsel einen schädlichen Einfluss auf die jungen Untersuchungsgefangenen hat.

(6) Für Besuche, Schriftwechsel und Telefongespräche mit Beiständen nach § 69 des Jugendgerichtsgesetzes gelten die §§ 34, 35 Absatz 4 und § 37 Absatz 2 entsprechend.

§ 73 Freizeit und Sport

(1) Zur Ausgestaltung der Freizeit sind geeignete Angebote vorzuhalten. Die jungen Untersuchungsgefangenen sind zur Teilnahme und Mitwirkung an Freizeitangeboten zu motivieren.

(2) Über § 16 Satz 2 hinaus ist der Besitz eigener Fernsehgeräte und elektronischer Medien ausgeschlossen, wenn erzieherische Gründe entgegenstehen.

(3) Dem Sport kommt bei der Gestaltung des Vollzugs an jungen Untersuchungsgefangenen besondere Bedeutung zu. Es sind ausreichende und geeignete Angebote vorzuhalten, um den jungen Untersuchungsgefangenen eine sportliche Betätigung von mindestens zwei Stunden wöchentlich zu ermöglichen.

§ 74 Besondere Sicherungsmaßnahmen

§ 49 Absatz 3 gilt mit der Maßgabe, dass der Entzug oder die Beschränkung des Aufenthalts im Freien nicht zulässig ist.

§ 75 Erzieherische Maßnahmen, Disziplinarmaßnahmen

(1) Verstöße der jungen Untersuchungsgefangenen gegen Pflichten, die ihnen durch dieses Gesetz oder aufgrund dieses Gesetzes auferlegt sind, sind unverzüglich im erzieherischen Gespräch aufzuarbeiten. Daneben können Maßnahmen angeordnet werden, die geeignet sind, den jungen Untersuchungsgefangenen ihr Fehlverhalten bewusst zu machen (erzieherische Maßnahmen). Als erzieherische Maßnahmen kommen namentlich in Betracht die Erteilung von Weisungen und Auflagen, die Beschränkung oder der Entzug einzelner Gegenstände für die Freizeitbeschäftigung und der Ausschluss von gemeinsamer Freizeit oder von einzelnen Freizeitveranstaltungen bis zur Dauer einer Woche.

(2) Die Anstaltsleitung legt fest, welche Bediensteten befugt sind, erzieherische Maßnahmen anzuordnen.

(3) Es sollen solche erzieherischen Maßnahmen angeordnet werden, die mit der Verfehlung in Zusammenhang stehen.

(4) Disziplinarmaßnahmen dürfen nur angeordnet werden, wenn erzieherische Maßnahmen nach Absatz 1 nicht ausreichen, um den jungen Untersuchungsgefangenen das Unrecht ihrer Handlung zu verdeutlichen. Zu berücksichtigen ist ferner eine aus demselben

Anlass angeordnete besondere Sicherungsmaßnahme.

(5) Gegen junge Untersuchungsgefangene dürfen Disziplinarmaßnahmen nach § 61 Absatz 1 Nummer 1 und 6 nicht verhängt werden. Maßnahmen nach § 61 Absatz 1 Nummer 2 und 3, Nummer 4 Halbsatz 1 sowie Nummer 5 sind nur bis zu zwei Monaten, Arrest ist nur bis zu zwei Wochen zulässig und erzieherisch auszugestalten.

Abschnitt 12
Aufbau der Anstalt

§ 76 Gliederung, Räume

(1) Soweit es nach § 11 zur Umsetzung der Trennungsgrundsätze erforderlich ist, werden in der Anstalt gesonderte Abteilungen für den Vollzug der Untersuchungshaft eingerichtet.

(2) Räume für den Aufenthalt während der Ruhe- und Freizeit sowie Gemeinschafts- und Besuchsräume sind zweckentsprechend auszugestalten.

§ 77 Festsetzung der Belegungsfähigkeit, Verbot der Überbelegung

(1) Die Aufsichtsbehörde setzt die Belegungsfähigkeit der Anstalt so fest, dass eine angemessene Unterbringung während der Ruhezeit gewährleistet ist. Dabei ist zu berücksichtigen, dass eine ausreichende Anzahl von Plätzen für Arbeit und Bildung sowie von Räumen für Seelsorge, Freizeit, Sport und Besuche zur Verfügung steht.

(2) Hafträume dürfen nicht mit mehr Gefangenen als zugelassen belegt werden.

(3) Ausnahmen von Absatz 2 sind nur vorübergehend und nur mit Zustimmung der Aufsichtsbehörde zulässig.

§ 78 Arbeitsbetriebe, Einrichtungen zur schulischen und beruflichen Bildung

(1) Arbeitsbetriebe und Einrichtungen zur schulischen und beruflichen Bildung sollen vorgehalten werden.

(2) Beschäftigung und Bildung können auch in geeigneten privaten Einrichtungen und Betrieben erfolgen. Die technische und fachliche Leitung kann Angehörigen dieser Einrichtungen und Betriebe übertragen werden.

§ 79 Anstaltsleitung

(1) Die Anstaltsleiterin beziehungsweise der Anstaltsleiter trägt die Verantwortung für den gesamten Vollzug und vertritt die Anstalt nach außen. Sie beziehungsweise er kann einzelne Aufgabenbereiche auf andere Bedienstete übertragen. Die Aufsichtsbehörde kann sich die Zustimmung zur Übertragung vorbehalten.

(2) Für jede Anstalt ist eine Beamtin oder ein Beamter des höheren Dienstes zur hauptamtlichen Leiterin oder zum hauptamtlichen Leiter zu bestellen. Aus besonderen Gründen kann eine Anstalt auch von einer Beamtin oder einem Beamten des gehobenen Dienstes geleitet werden.

§ 80 Bedienstete

Die Anstalt wird mit dem für den Vollzug der Untersuchungshaft erforderlichen Personal ausgestattet. Fortbildung sowie Praxisberatung und -begleitung für die Bediensteten sind zu gewährleisten.

§ 81 Seelsorger

(1) Seelsorgerinnen oder Seelsorger werden im Einvernehmen mit der jeweiligen Religionsgemeinschaft im Hauptamt bestellt oder vertraglich verpflichtet.

(2) Wenn die geringe Anzahl der Angehörigen einer Religionsgemeinschaft eine Seelsorge nach Absatz 1 nicht rechtfertigt, ist die seelsorgerische Betreuung auf andere Weise zuzulassen.

(3) Mit Zustimmung der Anstaltsleitung darf die Anstaltsseelsorgerin beziehungsweise der Anstaltsseelsorger sich freier Seelsorgehelfer bedienen und diese für Gottesdienste sowie für andere religiöse Veranstaltungen von außen zuziehen.

§ 82 Medizinische Versorgung

(1) Die ärztliche Versorgung ist sicherzustellen.

(2) Die Pflege der Kranken soll von Bediensteten ausgeübt werden, die eine Erlaubnis nach dem Krankenpflegegesetz vom 16. Juli 2003 (BGBl. I S. 1442), zuletzt geändert durch Artikel 13 des Gesetzes vom 28. Mai 2008 (BGBl. 1 S. 884), in der jeweils geltenden Fassung besitzen. Solange diese nicht zur Verfügung stehen, können auch Bedienstete eingesetzt werden, die eine sonstige Ausbildung in der Krankenpflege erfahren haben.

§ 83 Mitverantwortung der Untersuchungsgefangenen

Den Untersuchungsgefangenen soll ermöglicht werden, an der Verantwortung für Angelegenheiten von gemeinsamem Interesse teilzunehmen, die sich ihrer Eigenart und der Aufgabe der Anstalt nach für ihre Mitwirkung eignen.

§ 84 Hausordnung

(1) Die Anstaltsleitung erlässt eine Hausordnung. Die Aufsichtsbehörde kann sich die Genehmigung vorbehalten.

(2) In die Hausordnung sind namentlich Anordnungen aufzunehmen über die

1. Besuchszeiten, Häufigkeit und Dauer der Besuche,

2. Arbeitszeit, Freizeit und Ruhezeit sowie

3. Gelegenheit, Anträge und Beschwerden anzubringen oder sich an eine Vertreterin oder einen Vertreter der Aufsichtsbehörde zu wenden.

Abschnitt 13
Aufsicht, Beirat

§ 85 Aufsichtsbehörde

Das Ministerium für Justiz, Arbeit, Gesundheit und Soziales führt die Aufsicht über die Anstalt.

§ 86 Vollstreckungsplan

Das Ministerium für Justiz, Arbeit, Gesundheit und Soziales regelt die örtliche und sachliche Zuständigkeit der Anstalt in einem Vollstreckungsplan. Im Rahmen von Vollzugsgemeinschaften kann der Vollzug auch in Vollzugseinrichtungen anderer Länder vorgesehen werden.

§ 87 Beirat

(1) Bei der Anstalt ist ein Beirat zu bilden. Bedienstete dürfen nicht Mitglieder des Beirats sein.

(2) Die Mitglieder des Beirats wirken bei der Gestaltung des Vollzugs und bei der Betreuung der Untersuchungsgefangenen mit. Sie unterstützen die Anstaltsleitung durch Anregungen und Verbesserungsvorschläge.

(3) Die Mitglieder des Beirats können namentlich Wünsche, Anregungen und Beanstandungen entgegennehmen. Sie können sich über die Unterbringung, Verpflegung, ärztliche Versorgung, Beschäftigung, Bildung und Betreuung unterrichten sowie die Anstalt besichtigen. Sie können die Untersuchungsgefangenen in ihren Räumen aufsuchen. Unterhaltung und Schriftwechsel werden vorbehaltlich einer verfahrenssichernden Anordnung nicht überwacht.

(4) Die Mitglieder des Beirats sind verpflichtet, außerhalb ihres Amtes über alle Angelegenheiten, die ihrer Natur nach vertraulich sind, besonders über Namen und Persönlichkeit der Untersuchungsgefangenen, Verschwiegenheit zu bewahren. Dies gilt auch nach Beendigung ihres Amtes.

Abschnitt 14
Datenschutz

§ 88 Erhebung personenbezogener Daten

(1) Die Anstalt und die Aufsichtsbehörde dürfen personenbezogene Daten erheben, soweit dies für den Vollzug erforderlich ist.

(2) Personenbezogene Daten sind bei den Betroffenen zu erheben. Ohne ihre Mitwirkung dürfen sie nur erhoben werden, wenn

1. eine Rechtsvorschrift dies vorsieht oder zwingend voraussetzt oder

2. a) die zu erfüllende Verwaltungsaufgabe nach Art oder Geschäftszweck eine Erhebung bei anderen Personen oder Stellen erforderlich macht oder

b) die Erhebung bei den Betroffenen einen unverhältnismäßigen Aufwand erfordern würde

und keine Anhaltspunkte dafür bestehen, dass überwiegende schutzwürdige Interessen der Betroffenen beeinträchtigt werden.

(3) Werden personenbezogene Daten bei den Betroffenen erhoben, so sind diese von der verantwortlichen Stelle über

1. die Identität der verantwortlichen Stelle,

2. die Zweckbestimmungen der Datenverarbeitung und

3. die Kategorien von Empfängern nur, soweit die Betroffenen nach den Umständen des Einzelfalls nicht mit der Übermittlung an diese rechnen müssen,

zu unterrichten. Werden personenbezogene Daten bei den Betroffenen aufgrund einer Rechtsvorschrift erhoben, die zur Auskunft verpflichtet, oder ist die Erteilung der Auskunft Voraussetzung für die Gewährung von Rechtsvorteilen, so sind die Betroffenen hierauf, sonst auf die Freiwilligkeit ihrer Angaben hinzuweisen. Soweit nach den Umständen des Einzelfalles erforderlich oder auf Verlangen, sind sie über die Rechtsvorschrift und über die Folgen der Verweigerung von Angaben aufzuklären.

(4) Daten über Personen, die nicht Untersuchungsgefangene sind, dürfen ohne ihre Mitwirkung bei Personen oder Stellen außerhalb der Anstalt oder Aufsichtsbehörde nur erhoben werden, wenn sie für die Behandlung von Gefangenen, die Sicherheit der Anstalt oder die Sicherung des Vollzugs der Untersuchungshaft unerlässlich sind und die Art der Erhebung schutzwürdige Interessen der Betroffenen nicht beeinträchtigt.

(5) Über eine ohne ihre Kenntnis vorgenommene Erhebung personenbezogener Daten werden die Betroffenen unter Angabe dieser Daten unterrichtet, soweit der in Absatz 1 genannte Zweck dadurch nicht gefährdet wird. Sind die Daten bei anderen Personen oder Stellen erhoben worden, kann die Unterrichtung unterbleiben, wenn

1. die Daten nach einer Rechtsvorschrift oder ihrem Wesen nach, namentlich wegen des überwiegenden berechtigten Interesses Dritter, geheim gehalten werden müssen oder

2. der Aufwand der Unterrichtung außer Verhältnis zum Schutzzweck steht und keine Anhaltspunkte dafür bestehen, dass überwiegende schutzwürdige Interessen der Betroffenen beeinträchtigt werden.

(6) Werden personenbezogene Daten statt bei den Betroffenen bei einer nichtöffentlichen Stelle erhoben, so ist die Stelle auf die Rechtsvorschrift, die zur Auskunft verpflichtet, sonst auf die Freiwilligkeit ihrer Angaben hinzuweisen.

§ 89 Verarbeitung

(1) Die Anstalt und die Aufsichtsbehörde dürfen personenbezogene Daten verarbeiten, soweit dies für den Vollzug erforderlich ist.

(2) Die Verarbeitung personenbezogener Daten für andere Zwecke ist zulässig, soweit dies

1. zur Abwehr von sicherheitsgefährdenden oder geheimdienstlichen Tätigkeiten für eine fremde Macht oder von Bestrebungen im Geltungsbereich des Grundgesetzes, die durch Anwendung von Gewalt oder darauf gerichtete Vorbereitungshandlungen

   a) gegen die freiheitliche demokratische Grundordnung, den Bestand oder die Sicherheit des Bundes oder eines Landes gerichtet sind,

   b) eine ungesetzliche Beeinträchtigung der Amtsführung der Verfassungsorgane des Bundes oder eines Landes oder ihrer Mitglieder zum Ziele haben oder

   c) auswärtige Belange der Bundesrepublik Deutschland gefährden,

2. zur Abwehr erheblicher Nachteile für das Gemeinwohl oder einer Gefahr für die öffentliche Sicherheit,

3. zur Abwehr einer schwerwiegenden Beeinträchtigung der Rechte einer anderen Person,

4. zur Verhinderung oder Verfolgung von Straftaten sowie zur Verhinderung oder Verfolgung von Ordnungswidrigkeiten,

durch welche die Sicherheit oder Ordnung der Anstalt gefährdet werden oder

5. für Maßnahmen der Strafvollstreckung oder strafvollstreckungsrechtliche Entscheidungen

erforderlich ist.

(3) Eine Verarbeitung für andere Zwecke liegt nicht vor, soweit sie dem gerichtlichen Rechtsschutz im Zusammenhang mit diesem Gesetz oder den in § 13 Absatz 3 des Saarländischen Datenschutzgesetzes vom 24. März 1993 (Amtsbl. S. 286), zuletzt geändert durch Artikel 2 des Gesetzes vom 12. September 2007 (Amtsbl. S. 2032), in der jeweils geltenden Fassung genannten Zwecken dient.

(4) Über die in den Absätzen 1 und 2 geregelten Zwecke hinaus dürfen zuständigen öffentlichen Stellen personenbezogene Daten übermittelt werden, soweit dies für

1. Maßnahmen der Gerichtshilfe, Jugendgerichtshilfe, Bewährungshilfe oder Führungsaufsicht,

2. Entscheidungen in Gnadensachen,

3. gesetzlich angeordnete Statistiken der Rechtspflege,

4. sozialrechtliche Maßnahmen,

5. die Einleitung von Hilfsmaßnahmen für Angehörige (§ 11 Absatz 1 Nummer 1 des Strafgesetzbuchs) der Untersuchungsgefangenen,

6. dienstliche Maßnahmen der Bundeswehr im Zusammenhang mit der Aufnahme und Entlassung von Soldaten,

7. ausländerrechtliche Maßnahmen oder

8. die Durchführung der Besteuerung

erforderlich ist. Eine Übermittlung für andere Zwecke ist auch zulässig, soweit eine andere gesetzliche Bestimmung dies vorsieht und sich dabei ausdrücklich auf personenbezogene Daten über Untersuchungsgefangene bezieht. Die Übermittlung unterbleibt, wenn für die übermittelnde Stelle erkennbar ist, dass unter Berücksichtigung der Art der Information und der Rechtsstellung der Untersuchungsgefangenen die Betroffenen ein schutzwürdiges Interesse an dem Ausschluss der Übermittlung haben.

(5) Die Anstalt oder die Aufsichtsbehörde darf öffentlichen oder nichtöffentlichen Stellen auf schriftlichen Antrag mitteilen, ob sich eine Person in der Anstalt in Untersuchungshaft befindet, soweit

1. die Mitteilung zur Erfüllung der in der Zuständigkeit der öffentlichen Stelle liegenden Aufgaben erforderlich ist oder

2. von nichtöffentlichen Stellen ein berechtigtes Interesse an dieser Mitteilung glaubhaft dargelegt wird und die Untersuchungsgefangenen kein schutzwürdiges Interesse an dem Ausschluss der Übermittlung haben.

Die Untersuchungsgefangenen werden vor der Mitteilung gehört, es sei denn, es ist zu besorgen, dass dadurch die Verfolgung des Interesses der Antragsteller vereitelt oder wesentlich erschwert werden würde, und eine Abwägung ergibt, dass dieses Interesse das Interesse der Untersuchungsgefangenen an ihrer vorherigen Anhörung überwiegt. Ist die Anhörung unterblieben, werden die betroffenen Untersuchungsgefangenen über die Mitteilung der Anstalt oder Aufsichtsbehörde nachträglich unterrichtet.

(6) Bei einer nicht nur vorläufigen Einstellung des Verfahrens, einer unanfechtbaren Ablehnung der Eröffnung des Hauptverfahrens oder einem rechtskräftigen Freispruch sind auf Antrag der betroffenen Untersuchungsgefangenen die Stellen, die eine Mitteilung nach Absatz 5 erhalten haben, über den Verfahrensausgang in Kenntnis zu setzen. Die betroffenen Untersuchungsgefangenen sind bei der Anhörung oder nachträglichen Unterrichtung nach Absatz 5 auf ihr Antragsrecht hinzuweisen.

(7) Akten mit personenbezogenen Daten dürfen nur anderen Anstalten, Aufsichtsbehörden, den für Strafvollzugs-, strafvollstreckungs- und strafrechtliche Entscheidungen zuständigen Gerichten sowie den Strafvollstreckungs- und Strafverfolgungsbehörden überlassen werden. Die Überlassung an andere öffentliche Stellen ist zulässig, soweit

die Erteilung einer Auskunft einen unvertretbaren Aufwand erfordert oder nach Darlegung der Akteneinsicht begehrenden Stellen für die Erfüllung der Aufgabe nicht ausreicht. Entsprechendes gilt für die Überlassung von Akten an die von der Vollzugsbehörde mit Gutachten beauftragten Stellen.

(8) Sind mit personenbezogenen Daten, die nach Absatz 1, Absatz 2 oder Absatz 4 übermittelt werden dürfen, weitere personenbezogene Daten von Betroffenen oder von Dritten in Akten so verbunden, dass eine Trennung nicht oder nur mit unvertretbarem Aufwand möglich ist, so ist die Übermittlung auch dieser Daten zulässig, soweit nicht berechtigte Interessen von Betroffenen oder Dritten an deren Geheimhaltung offensichtlich überwiegen. Eine Verarbeitung dieser Daten durch die Empfänger ist unzulässig.

(9) Bei der Überwachung der Besuche oder des Schriftwechsels sowie bei der Überwachung des Inhaltes von Paketen bekannt gewordene personenbezogene Daten dürfen nur

1. für die in Absatz 2 aufgeführten Zwecke,

2. für den gerichtlichen Rechtsschutz im Zusammenhang mit diesem Gesetz,

3. zur Wahrung der Sicherheit oder Ordnung der Anstalt,

4. zur Abwehr von Gefährdungen der Untersuchungshaft oder

5. zur Umsetzung einer verfahrenssichernden Anordnung

verarbeitet werden.

(10) Personenbezogene Daten, die nach § 88 Absatz 4 über Personen, die nicht Untersuchungsgefangene sind, erhoben worden sind, dürfen nur zur Erfüllung des Erhebungszwecks, für die in Absatz 2 Nummer 1 bis 4 geregelten Zwecke oder zur Verhinderung oder Verfolgung von Straftaten von erheblicher Bedeutung verarbeitet werden.

(11) Die Übermittlung von personenbezogenen Daten unterbleibt, soweit die in § 92 Absatz 2 oder § 94 Absatz 2 und 5 geregelten Einschränkungen oder besondere gesetzliche Verwendungsregelungen entgegenstehen.

(12) Die Verantwortung für die Zulässigkeit der Übermittlung trägt die übermittelnde Anstalt oder Aufsichtsbehörde. Erfolgt die Übermittlung auf Ersuchen einer öffentlichen Stelle, trägt diese die Verantwortung. In diesem Fall prüft die übermittelnde Anstalt oder Aufsichtsbehörde nur, ob Übermittlungsersuchen im Rahmen der Aufgaben der Empfänger liegen und die Absätze 9 bis 11 der Übermittlung nicht entgegenstehen, es sei denn, dass besonderer Anlass zur Prüfung der Zulässigkeit der Übermittlung besteht.

§ 90 Zentrale Datei, Einrichtung automatisierter Übermittlungs- und Abrufverfahren

(1) Die nach § 88 erhobenen Daten können für die Anstalt und die Aufsichtsbehörde in einer zentralen Datei gespeichert werden.

(2) Die Einrichtung eines automatisierten Verfahrens, das die Übermittlung oder den Abruf personenbezogener Daten aus der zentralen Datei nach § 89 Absatz 2 und 4 ermöglicht, ist zulässig, soweit diese Form der Datenübermittlung oder des Datenabrufs unter Berücksichtigung der schutzwürdigen Belange der betroffenen Personen und der Erfüllung des Zwecks der Übermittlung angemessen ist. Die automatisierte Übermittlung der für die Unterrichtung nach § 13 Absatz 1 Satz 3 des Bundeskriminalamtgesetzes erforderlichen personenbezogenen Daten kann auch anlassunabhängig erfolgen.

(3) Die speichernde Stelle hat zu gewährleisten, dass die Übermittlung und der Abruf zumindest durch geeignete Stichprobenverfahren festgestellt und überprüft werden können.

(4) Das Ministerium für Justiz, Arbeit, Gesundheit und Soziales bestimmt durch Rechtsverordnung die Einzelheiten der Einrichtung automatisierter Übermittlungsverfahren. Der Landesbeauftragte für Datenschutz und Informationsfreiheit ist vorher zu hören. Die Rechtsverordnung hat die Datenempfänger, die Datenart und den Zweck der Übermittlung festzulegen. Sie hat Maßnahmen zur Datensicherung und zur Kontrolle vorzusehen, die in einem angemessenen

Verhältnis zu dem angestrebten Schutzzweck stehen.

(5) Die Landesregierung kann mit anderen Ländern und dem Bund einen Datenverbund vereinbaren, der eine automatisierte Datenübermittlung der nach § 88 erhobenen Daten ermöglicht.

§ 91 Zweckbindung

Von der Anstalt oder der Aufsichtsbehörde übermittelte personenbezogene Daten dürfen nur zu dem Zweck verarbeitet werden, zu dessen Erfüllung sie übermittelt worden sind. Die Empfänger dürfen die Daten für andere Zwecke nur verarbeiten, soweit sie ihnen auch für diese Zwecke hätten übermittelt werden dürfen, und wenn im Fall einer Übermittlung an nichtöffentliche Stellen die übermittelnde Anstalt oder Aufsichtsbehörde zugestimmt hat. Die Anstalt oder die Aufsichtsbehörde hat die nichtöffentlichen Empfänger auf die Zweckbindung nach Satz 1 hinzuweisen.

§ 92 Schutz besonderer Daten

(1) Das religiöse oder weltanschauliche Bekenntnis und personenbezogene Daten von Untersuchungsgefangenen, die anlässlich ärztlicher Untersuchungen erhoben worden sind, dürfen in der Anstalt nicht allgemein kenntlich gemacht werden. Andere personenbezogene Daten von Untersuchungsgefangenen dürfen innerhalb der Anstalt allgemein kenntlich gemacht werden, soweit dies für ein geordnetes Zusammenleben in der Anstalt erforderlich ist. § 89 Absatz 9 bis 11 bleibt unberührt.

(2) Personenbezogene Daten, die

1. Ärztinnen, Ärzten, Zahnärztinnen, Zahnärzten oder Angehörigen eines anderen Heilberufs, der für die Berufsausübung oder die Führung der Berufsbezeichnung eine staatlich geregelte Ausbildung erfordert,

2. Berufspsychologinnen oder Berufspsychologen mit staatlich anerkannter wissenschaftlicher Abschlussprüfung oder

3. staatlich anerkannten Sozialarbeiterinnen oder Sozialarbeitern oder staatlich aner-

kannten Sozialpädagoginnen oder Sozialpädagogen

von Untersuchungsgefangenen als Geheimnis anvertraut oder über Untersuchungsgefangene sonst bekannt geworden sind, unterliegen auch gegenüber der Anstalt und der Aufsichtsbehörde der Schweigepflicht. Die in Satz 1 genannten Personen haben sich gegenüber der Anstaltsleitung zu offenbaren, soweit dies für die Aufgabenerfüllung der Anstalt oder der Aufsichtsbehörde oder zur Abwehr von erheblichen Gefahren für Leib oder Leben von Gefangenen oder Dritten erforderlich ist. Ärztinnen und Ärzte sind zur Offenbarung ihnen im Rahmen der allgemeinen Gesundheitsfürsorge bekannt gewordener Geheimnisse verpflichtet, soweit dies für die Aufgabenerfüllung der Anstalt oder der Aufsichtsbehörde unerlässlich oder zur Abwehr von erheblichen Gefahren für Leib oder Leben von Gefangenen oder Dritten erforderlich ist. Sonstige Offenbarungsbefugnisse bleiben unberührt. Die Untersuchungsgefangenen sind vor der Erhebung über die nach den Sätzen 2 und 3 bestehenden Offenbarungsbefugnisse zu unterrichten.

(3) Die nach Absatz 2 offenbarten Daten dürfen nur für den Zweck, für den sie offenbart wurden oder für den eine Offenbarung zulässig gewesen wäre, und nur unter denselben Voraussetzungen verarbeitet werden, unter denen eine in Absatz 2 Satz 1 genannte Person selbst hierzu befugt wäre. Die Anstaltsleitung kann unter diesen Voraussetzungen die unmittelbare Offenbarung gegenüber bestimmten Bediensteten zulassen.

(4) Sofern Ärztinnen beziehungsweise Ärzte oder Psychologinnen beziehungsweise Psychologen außerhalb des Vollzugs mit der Untersuchung oder Behandlung von Gefangenen beauftragt werden, gilt Absatz 2 mit der Maßgabe entsprechend, dass die beauftragten Personen auch zur Unterrichtung der in der Anstalt tätigen Ärztin beziehungsweise des in der Anstalt tätigen Arztes oder der in der Anstalt mit der Behandlung der Gefangenen betrauten Psychologin beziehungsweise dem in der Anstalt mit der Behandlung der Gefangenen betrauten Psychologen befugt sind.

§ 93 Schutz der Daten in Akten und Dateien

(1) Bedienstete dürfen sich von personenbezogenen Daten nur Kenntnis verschaffen, soweit dies zur Erfüllung der ihnen obliegenden Aufgaben oder für die Zusammenarbeit in der Anstalt und nach § 3 Absatz 1 Satz 2 erforderlich ist.

(2) Akten und Dateien mit personenbezogenen Daten sind durch die erforderlichen technischen und organisatorischen Maßnahmen gegen unbefugten Zugang und unbefugten Gebrauch zu schützen. Gesundheitsakten und Krankenblätter sind getrennt von anderen Unterlagen zu führen und besonders zu sichern.

§ 94 Berichtigung, Löschung und Sperrung

(1) Die in Dateien gespeicherten personenbezogenen Daten sind spätestens fünf Jahre nach der Entlassung der Untersuchungsgefangenen oder der Verlegung der Untersuchungsgefangenen in eine andere Anstalt zu löschen. Hiervon können bis zum Ablauf der Aufbewahrungsfrist für die Gefangenenpersonalakte die Angaben über Familienname, Vorname, Geburtsname, Geburtstag, Geburtsort, Eintritts- und Austrittsdatum der Untersuchungsgefangenen ausgenommen werden, soweit dies für das Auffinden der Gefangenenpersonalakte erforderlich ist.

(2) Personenbezogene Daten in Akten dürfen nach Ablauf von fünf Jahren seit der Entlassung der Untersuchungsgefangenen nur übermittelt und genutzt werden, soweit dies

1. zur Verfolgung von Straftaten,

2. für die Durchführung wissenschaftlicher Forschungsvorhaben,

3. zur Behebung einer bestehenden Beweisnot oder

4. zur Feststellung, Durchsetzung oder Abwehr von Rechtsansprüchen im Zusammenhang mit dem Vollzug der Untersuchungshaft

unerlässlich ist. Diese Verwendungsbeschränkungen enden, wenn die Untersuchungsgefangenen erneut zum Vollzug einer Freiheitsentziehung aufgenommen werden oder die Betroffenen eingewilligt haben.

(3) Erhält die Anstalt von einer nicht nur vorläufigen Einstellung des Verfahrens, einer unanfechtbaren Ablehnung der Eröffnung des Hauptverfahrens oder einem rechtskräftigen Freispruch Kenntnis, so tritt an die Stelle der in Absatz 1 Satz 1 genannten Frist eine Frist von einem Monat ab Kenntniserlangung.

(4) Bei der Aufbewahrung von Akten mit nach Absatz 2 gesperrten Daten dürfen folgende Fristen nicht überschritten werden:

Gefangenenpersonalakten, Gesundheitsakten und Krankenblätter	20 Jahre,
Gefangenenbücher	30 Jahre.

Dies gilt nicht, wenn aufgrund bestimmter Tatsachen anzunehmen ist, dass die Aufbewahrung für die in Absatz 2 Satz 1 genannten Zwecke weiterhin erforderlich ist. Die Aufbewahrungsfrist beginnt mit dem auf das Jahr der aktenmäßigen Weglegung folgenden Kalenderjahr. Die Bestimmungen des Saarländischen Archivgesetzes bleiben unberührt.

(5) Wird festgestellt, dass unrichtige Daten übermittelt worden sind, ist dies den Empfängern mitzuteilen, wenn dies zur Wahrung schutzwürdiger Interessen der Betroffenen erforderlich ist.

(6) Im Übrigen gilt für die Berichtigung, Löschung und Sperrung personenbezogener Daten § 21 des Saarländischen Datenschutzgesetzes.

§ 95 Auskunft an die Betroffenen, Akteneinsicht

(1) Den Betroffenen ist auf Antrag Auskunft zu erteilen über

1. die zu ihrer Person gespeicherten Daten, auch soweit sie sich auf die Herkunft dieser Daten bezieht,

2. die Empfänger oder Kategorien von Empfängern, an die die Daten weitergegeben werden, und

3. den Zweck der Speicherung.

In dem Antrag soll die Art der personenbezogenen Daten, über die Auskunft erteilt werden soll, näher bezeichnet werden. Sind die personenbezogenen Daten weder automatisiert noch in nicht automatisierten Dateien gespeichert, wird die Auskunft nur erteilt, soweit die Betroffenen Angaben machen, die das Auffinden der Daten ermöglichen, und der für die Erteilung der Auskunft erforderliche Aufwand nicht außer Verhältnis zu dem von den Betroffenen geltend gemachten Informationsinteresse steht. Die Anstalt oder die Aufsichtsbehörde bestimmt das Verfahren, insbesondere die Form der Auskunftserteilung, nach pflichtgemäßem Ermessen.

(2) Absatz 1 gilt nicht für personenbezogene Daten, die nur deshalb gespeichert sind, weil sie aufgrund gesetzlicher, satzungsmäßiger oder vertraglicher Aufbewahrungsvorschriften nicht gelöscht werden dürfen, oder ausschließlich Zwecken der Datensicherung oder der Datenschutzkontrolle dienen, und bei denen eine Auskunftserteilung einen unverhältnismäßigen Aufwand erfordern würde.

(3) Bezieht sich die Auskunftserteilung auf die Übermittlung personenbezogener Daten an Behörden der Staatsanwaltschaft, an Polizeidienststellen, Verfassungsschutzbehörden, den Bundesnachrichtendienst, den Militärischen Abschirmdienst und, soweit die Sicherheit des Bundes berührt wird, andere Behörden des Bundesministeriums der Verteidigung, so ist sie nur mit Zustimmung dieser Stellen zulässig.

(4) Die Auskunftserteilung unterbleibt, soweit

1. die Auskunft die ordnungsgemäße Erfüllung der in der Zuständigkeit der verantwortlichen Stelle liegenden Aufgaben gefährden würde,

2. die Auskunft die öffentliche Sicherheit oder Ordnung gefährden oder sonst dem Wohle des Bundes oder eines Landes Nachteile bereiten würde oder

3. die Daten oder die Tatsache ihrer Speicherung nach einer Rechtsvorschrift oder wegen der überwiegenden berechtigten Interessen Dritter geheim gehalten werden müssen,

4. die personenbezogenen Daten zur Entscheidung in Gnadensachen gespeichert worden sind oder

5. der Auskunft eine verfahrenssichernde Anordnung entgegensteht oder sie deren Umsetzung gefährden würde

und deswegen das Interesse der Betroffenen an der Auskunftserteilung zurücktreten muss.

(5) Die Ablehnung der Auskunftserteilung bedarf einer Begründung nicht, soweit durch die Mitteilung der tatsächlichen und rechtlichen Gründe, auf die die Entscheidung gestützt wird, der mit der Auskunftsverweigerung verfolgte Zweck gefährdet würde. In diesen Fällen sind die Betroffenen darauf hinzuweisen, dass sie sich an den Landesbeauftragten für Datenschutz und Informationsfreiheit wenden können.

(6) Wird den Betroffenen keine Auskunft erteilt, so ist sie auf deren Verlangen dem Landesbeauftragten für Datenschutz und Informationsfreiheit zu erteilen. Die Mitteilung des Landesbeauftragten für Datenschutz und Informationsfreiheit an die Betroffenen darf keine Rückschlüsse auf den Erkenntnisstand der speichernden Stelle zulassen, sofern diese nicht einer weitergehenden Auskunft zustimmt.

(7) Die Auskunft nach Absatz 1 ist unentgeltlich.

(8) Soweit eine Auskunft für die Wahrnehmung der rechtlichen Interessen der Gefangenen nicht ausreicht und sie hierfür auf die Einsichtnahme angewiesen sind, wird Akteneinsicht gewährt.

§ 96 Auskunft und Akteneinsicht für wissenschaftliche Zwecke

§ 476 der Strafprozessordnung gilt mit der Maßgabe entsprechend, dass auch elektronisch gespeicherte personenbezogene Daten übermittelt werden können.

§ 97 Anwendung des Saarländischen Datenschutzgesetzes

Die Regelungen des Saarländischen Datenschutzgesetzes über Begriffsbestimmungen (§ 3 des Saarländischen Datenschutzgesetzes), Einholung und Form der Einwilligung der

I

Betroffenen (§ 4 Absatz 1 des Saarländischen Datenschutzgesetzes), das Datengeheimnis (§ 6 des Saarländischen Datenschutzgesetzes), die Sicherstellung des Datenschutzes (§ 7 des Saarländischen Datenschutzgesetzes), die Verfahrensbeschreibung (§ 9 des Saarländischen Datenschutzgesetzes), technische und organisatorische Maßnahmen zum Datenschutz (§ 11 des Saarländischen Datenschutzgesetzes) und über unabdingbare Rechte der Betroffenen (§ 19 des Saarländischen Datenschutzgesetzes) gelten entsprechend. Das Saarländische Datenschutzgesetz bleibt im Hinblick auf die Schadensersatz-, Straf- und Bußgeldvorschriften sowie die Bestimmungen über die Kontrolle durch den Landesbeauftragten für Datenschutz und Informationsfreiheit unberührt.

Abschnitt 15
Schlussbestimmungen

§ 98 Einschränkung von Grundrechten

Durch dieses Gesetz werden die Rechte auf körperliche Unversehrtheit und Freiheit der Person (Artikel 2 Absatz 2 Satz 1 und 2 des Grundgesetzes) und auf Unverletzlichkeit des Brief-, Post- und Fernmeldegeheimnisses (Artikel 10 des Grundgesetzes) eingeschränkt.

§ 99 Außerkrafttreten

Dieses Gesetz tritt am 31. Dezember 2015 außer Kraft.

Gesetz über den Vollzug der Jugendstrafe
(Saarländisches Jugendstrafvollzugsgesetz – SJStVollzG)
Vom 30. Oktober 2007 (Amtsbl. S. 2370)

I

Inhaltsübersicht

Erster Abschnitt
Allgemeine Bestimmungen

§ 1 Anwendungsbereich

Dieses Gesetz regelt den Vollzug der Jugendstrafe (Vollzug).

§ 2 Ziel und Aufgabe

(1) Durch den Vollzug der Jugendstrafe sollen die Gefangenen befähigt werden, künftig in sozialer Verantwortung ein Leben ohne Straftaten zu führen (Erziehungsziel).

(2) Der Jugendstrafvollzug dient zugleich dem Schutz der Allgemeinheit vor weiteren Straftaten. Dies wird durch das Erreichen des Erziehungsziels und durch die sichere Unterbringung und Beaufsichtigung der Gefangenen gewährleistet.

§ 3 Erziehungsauftrag, Vollzugsgestaltung

(1) Der Vollzug ist erzieherisch zu gestalten. Die Gefangenen sind in der Entwicklung ihrer Fähigkeiten und Fertigkeiten so zu fördern, dass sie zu einer eigenverantwortlichen und gemeinschaftsfähigen Lebensführung in Achtung der Rechte Anderer befähigt werden. Die Einsicht in die beim Opfer verursachten Tatfolgen ist zu wecken.

(2) Personelle Ausstattung, sachliche Mittel und Organisation der Anstalt (§ 98 Abs. 1 Satz 1) werden an Zielsetzung und Aufgabe des Vollzugs sowie den besonderen Bedürfnissen der Gefangenen ausgerichtet.

(3) Das Leben in der Anstalt ist den allgemeinen Lebensverhältnissen so weit wie möglich anzugleichen. Schädlichen Folgen der Freiheitsentziehung ist entgegenzuwirken. Der Vollzug wird von Beginn an darauf ausgerichtet, den Gefangenen bei der Eingliederung in ein Leben in Freiheit ohne Straftaten zu helfen. Die Belange von Sicherheit und Ordnung der Anstalt sowie die Belange der Allgemeinheit sind zu beachten.

(4) Die unterschiedlichen Lebenslagen und Bedürfnisse von weiblichen und männlichen Gefangenen werden bei der Vollzugsgestaltung und bei Einzelmaßnahmen berücksichtigt.

§ 4 Pflicht zur Mitwirkung

Die Gefangenen sind verpflichtet, an der Erreichung des Vollzugsziels mitzuwirken. Ihre Bereitschaft hierzu ist zu wecken und zu fördern.

§ 5 Leitlinien der Erziehung und Förderung

(1) Erziehung und Förderung erfolgen durch Maßnahmen und Programme zur Entwicklung und Stärkung der Fähigkeiten und Fertigkeiten der Gefangenen im Hinblick auf die Erreichung des Vollzugsziels.

(2) Durch differenzierte Angebote soll auf den jeweiligen Entwicklungsstand und den unterschiedlichen Erziehungs- und Förderbedarf der Gefangenen eingegangen werden.

(3) Die Maßnahmen und Programme richten sich insbesondere auf die Auseinandersetzung mit den eigenen Straftaten, deren Ursachen und Folgen, die schulische Bildung, berufliche Qualifizierung, soziale Integration und die verantwortliche Gestaltung des alltäglichen Zusammenlebens, der freien Zeit sowie der Außenkontakte.

§ 6 Stellung der Gefangenen

(1) Die Gefangenen unterliegen den in diesem Gesetz vorgesehenen Beschränkungen ihrer Freiheit. Soweit das Gesetz eine besondere Regelung nicht enthält, dürfen ihnen nur Beschränkungen auferlegt werden, die zur Aufrechterhaltung der Sicherheit oder zur Abwendung einer schwerwiegenden Störung der Ordnung der Anstalt unerlässlich sind.

(2) Vollzugsmaßnahmen werden den Gefangenen erläutert.

§ 7 Zusammenarbeit und Einbeziehung Dritter

(1) Alle in der Anstalt Tätigen arbeiten zusammen und wirken daran mit, das Vollzugsziel zu erreichen.

(2) Die Anstalt arbeitet mit außervollzuglichen Einrichtungen und Organisationen sowie Personen und Vereinen eng zusammen, deren Mitwirkung die Eingliederung der Gefangenen fördern kann.

(3) Die Personensorgeberechtigten sind, soweit dies möglich ist und dem Vollzugsziel nicht zuwiderläuft, in die Planung und Gestaltung des Vollzugs einzubeziehen.

§ 8 Soziale Hilfe

(1) Die Gefangenen werden darin unterstützt, ihre persönlichen, wirtschaftlichen und sozialen Schwierigkeiten zu beheben. Sie sollen dazu angeregt und in die Lage versetzt werden, ihre Angelegenheiten selbst zu regeln, insbesondere den durch die Straftat verursachten materiellen und immateriellen Schaden wieder gutzumachen und eine Schuldenregulierung herbeizuführen.

(2) Die Gefangenen sind, soweit erforderlich, über die notwendigen Maßnahmen zur Aufrechterhaltung ihrer sozialversicherungsrechtlichen Ansprüche zu beraten.

Zweiter Abschnitt
Vollzugsplanung

§ 9 Aufnahme

(1) Mit den Gefangenen wird unverzüglich ein Zugangsgespräch geführt, in dem ihre gegenwärtige Lebenssituation erörtert wird und sie über ihre Rechte und Pflichten informiert werden. Ihnen ist die Hausordnung auszuhändigen. Dieses Gesetz, die von ihm in Bezug genommenen Gesetze sowie die zu seiner Ausführung erlassenen Rechtsverordnungen und Verwaltungsvorschriften sind den Gefangenen auf Verlangen zugänglich zu machen.

(2) Beim Zugangsgespräch dürfen andere Gefangene in der Regel nicht zugegen sein.

(3) Die Gefangenen werden alsbald ärztlich untersucht.

(4) Die Personensorgeberechtigten und das Jugendamt werden von der Aufnahme unverzüglich unterrichtet.

(5) Die Gefangenen sollen dabei unterstützt werden, etwa notwendige Maßnahmen für hilfsbedürftige Angehörige und die Sicherung ihrer Habe außerhalb der Anstalt zu veranlassen.

§ 10 Feststellung des Erziehungs- und Förderbedarfs

(1) Nach der Aufnahme wird den Gefangenen das Ziel ihres Aufenthalts in der Anstalt verdeutlicht sowie das Angebot an Unterricht, Aus- und Fortbildung, Arbeit, therapeutischer Behandlung und Freizeit erläutert.

(2) Der Erziehungs- und Förderbedarf der Gefangenen wird in einem Diagnoseverfahren ermittelt. Es erstreckt sich auf die Persönlichkeit, die Lebensverhältnisse, die Ursachen und Umstände der Straftat sowie alle sonstigen Gesichtspunkte, deren Kenntnis für eine zielgerichtete Vollzugsgestaltung und die Eingliederung der Gefangenen nach der Entlassung notwendig erscheint. Erkenntnisse der Jugendgerichtshilfe und Bewährungshilfe sind einzubeziehen.

(3) Die Vollzugsplanung wird mit den Gefangenen erörtert. Dabei werden deren Anregungen und Vorschläge einbezogen, soweit sie dem Vollzugsziel dienen.

§ 11 Vollzugsplan

(1) Auf der Grundlage des festgestellten Erziehungs- und Förderbedarfs wird regelmäßig innerhalb der ersten sechs Wochen nach der Aufnahme ein Vollzugsplan erstellt.

(2) Der Vollzugsplan wird regelmäßig alle vier Monate auf seine Umsetzung überprüft, mit den Gefangenen erörtert und fortgeschrieben. Bei Jugendstrafen von mehr als drei Jahren verlängert sich die Frist auf sechs Monate. Bei der Fortschreibung sind die Entwicklung der Gefangenen und in der Zwischenzeit gewonnen Erkenntnisse zu berücksichtigen.

(3) Der Vollzugsplan und seine Fortschreibungen enthalten, je nach Stand des Vollzugs, insbesondere folgende Angaben:

1. die dem Vollzugsplan zugrunde liegenden Annahmen zur Vorgeschichte der Straftaten sowie die Erläuterung der Ziele, Inhalte und Methoden der Erziehung und Förderung der Gefangenen,

2. Unterbringung im geschlossenen oder offenen Vollzug,

3. Zuweisung zu einer Wohngruppe oder einem anderen Unterkunftsbereich,

4. Unterbringung in einer sozialtherapeutischen Abteilung,

5. Teilnahme an schulischen, berufsorientierenden, qualifizierenden oder arbeitstherapeutischen Maßnahmen oder Zuweisung von Arbeit,

6. Teilnahme an therapeutischen Behandlungen oder anderen Hilfs- oder Fördermaßnahmen,

7. Teilnahme an Sport- und Freizeitangeboten,

8. Vollzugslockerungen und Urlaub,

9. Pflege der familiären Beziehungen und Gestaltung der Außenkontakte,

10. Maßnahmen und Angebote zum Ausgleich von Tatfolgen,

11. Schuldenregulierung,

12. Maßnahmen zur Vorbereitung von Entlassung, Wiedereingliederung und Nachsorge und

13. Fristen zur Fortschreibung des Vollzugsplans.

(4) Der Vollzugsplan und seine Fortschreibungen werden den Gefangenen ausgehändigt. Sie werden der Vollstreckungsleiterin oder dem Vollstreckungsleiter und auf Verlangen den Personensorgeberechtigten mitgeteilt.

§ 12 Verlegung und Überstellung

(1) Die Gefangenen können abweichend vom Vollstreckungsplan in eine andere Anstalt verlegt werden, wenn

1. die Erreichung des Vollzugsziels oder die Eingliederung nach der Entlassung hierdurch gefördert wird oder

2. Gründe der Vollzugsorganisation oder andere wichtige Gründe dies erforderlich machen.

(2) Die Personensorgeberechtigten, die Vollstreckungsleiterin oder der Vollstreckungsleiter und das Jugendamt werden von der Verlegung unverzüglich unterrichtet.

(3) Die Aufsichtsbehörde kann sich Entscheidungen über Verlegungen vorbehalten.

(4) Die Gefangenen dürfen aus wichtigem Grund in eine andere Anstalt oder Justizvollzugsanstalt überstellt werden.

§ 13 Offener und geschlossener Vollzug

(1) Die Gefangenen werden im offenen oder geschlossenen Vollzug untergebracht.

(2) Sie sollen im offenen Vollzug untergebracht werden, wenn sie dessen besonderen Anforderungen genügen, insbesondere verantwortet werden kann zu erproben, dass sie sich dem Vollzug nicht entziehen und die Möglichkeiten des offenen Vollzugs nicht zur Begehung von Straftaten missbraucht werden.

§ 14 Sozialtherapie

Gefangene können in einer sozialtherapeutischen Abteilung untergebracht werden, wenn deren besondere therapeutische Mittel und soziale Hilfen zum Erreichen des Vollzugsziels angezeigt sind.

§ 15 Vollzugslockerungen

(1) Als Vollzugslockerungen kommen insbesondere in Betracht:

1. Verlassen der Anstalt für eine bestimmte Tageszeit unter Aufsicht von Bediensteten (Ausführung) oder ohne Aufsicht (Ausgang),

2. regelmäßige Beschäftigung außerhalb der Anstalt unter Aufsicht von Bediensteten (Außenbeschäftigung) oder ohne Aufsicht (Freigang) und

3. Unterbringung in besonderen Erziehungseinrichtungen oder in Übergangseinrichtungen freier Träger.

Vollzugslockerungen nach Satz 1 Nummer 3 werden nach Anhörung der Vollstreckungsleiterin oder des Vollstreckungsleiters gewährt.

(2) Vollzugslockerungen dürfen gewährt werden, wenn verantwortet werden kann zu erproben, dass die Gefangenen sich dem Vollzug nicht entziehen und die Vollzugslockerungen nicht zur Begehung von Straftaten missbrauchen werden. Sie können versagt werden, wenn die Gefangenen ihren Mitwirkungspflichten nicht nachkommen.

(3) Im Übrigen dürfen Gefangene ausgeführt werden, wenn dies aus besonderen Gründen notwendig ist. Liegt die Ausführung ausschließlich im Interesse der Gefangenen, können ihnen die Kosten auferlegt werden, soweit dies die Erziehung oder die Eingliederung nicht behindert.

§ 16 Urlaub

(1) Zur Förderung der Wiedereingliederung in das Leben in Freiheit, insbesondere zur Aufrechterhaltung sozialer Bindungen, kann nach Maßgabe des Vollzugsplans Urlaub gewährt werden. Der Urlaub darf 24 Tage in einem Vollstreckungsjahr nicht übersteigen.

(2) Darüber hinaus kann Urlaub aus wichtigem Anlass bis zu sieben Tagen im Vollstreckungsjahr gewährt werden, zur Teilnahme an gerichtlichen Terminen, wegen des Todes oder einer lebensbedrohenden Erkrankung naher Angehöriger auch darüber hinaus.

(3) § 15 Abs. 2 gilt entsprechend.

(4) Durch Urlaub wird die Vollstreckung der Jugendstrafe nicht unterbrochen.

§ 17 Weisungen für Vollzugslockerungen und Urlaub, Widerruf

(1) Für Vollzugslockerungen und Urlaub können Weisungen erteilt werden.

(2) Vollzugslockerungen und Urlaub können widerrufen werden, wenn

1. sie aufgrund nachträglich eingetretener oder bekannt gewordener Umstände versagt werden könnten,

2. sie missbraucht werden oder

3. Weisungen nicht befolgt werden.

§ 18 Vorführung, Ausantwortung

(1) Auf Ersuchen eines Gerichts werden Gefangene vorgeführt, sofern ein Vorführungsbefehl vorliegt.

(2) Die Gefangenen dürfen befristet dem Gewahrsam eines Gerichts, einer Staatsanwaltschaft oder einer Polizei-, Zoll- oder Finanzbehörde auf Antrag überlassen werden (Ausantwortung).

§ 19 Entlassungsvorbereitung

(1) Die Anstalt arbeitet frühzeitig mit außervollzuglichen Einrichtungen, Organisationen sowie Personen und Vereinen zusammen, um zu erreichen, dass die Gefangenen nach ihrer Entlassung über eine geeignete Unterbringung und eine Arbeits- oder Ausbildungsstelle verfügen. Dazu gehört insbesondere eine Zusammenarbeit der ambulanten sozialen Dienste (Bewährungshilfe, Führungsaufsicht) mit der Anstalt zum Zweck der sozialen und beruflichen Integration der Gefangenen. Die Personensorgeberechtigten und das Jugendamt werden unterrichtet.

(2) Zur Vorbereitung der Entlassung soll der Vollzug gelockert werden (§ 15).

(3) Zur Vorbereitung der Entlassung können die Gefangenen bis zu sieben Tage Urlaub erhalten. Zum Freigang zugelassene Gefangene können innerhalb von neun Monaten vor der Entlassung Urlaub bis zu sechs Tagen im Monat erhalten; Satz 1 findet keine Anwendung. § 15 Abs. 2, § 16 Abs. 4 und § 17 gelten entsprechend.

(4) Darüber hinaus können die Gefangenen nach Anhörung der Vollstreckungsleiterin oder des Vollstreckungsleiters bis zu vier Monate beurlaubt werden. Hierfür sollen Weisungen erteilt werden. Der im laufenden Vollstreckungsjahr gewährte Urlaub nach § 16 Abs. 1 wird auf diese Zeit angerechnet. § 15 Abs. 2, § 16 Abs. 4 und § 17 Abs. 2 gelten entsprechend.

§ 20 Entlassungszeitpunkt

(1) Die Gefangenen sollen am letzten Tag ihrer Strafzeit möglichst frühzeitig, jedenfalls noch am Vormittag, entlassen werden.

(2) Fällt das Strafende auf einen Sonnabend oder Sonntag, einen gesetzlichen Feiertag, den ersten Werktag nach Ostern oder Pfingsten oder in die Zeit vom 22. Dezember bis zum 6. Januar, so können die Gefangenen an dem diesem Tag oder Zeitraum vorhergehenden Werktag entlassen werden, wenn dies gemessen an der Dauer der Strafzeit vertretbar ist und fürsorgerische Gründe nicht entgegenstehen.

I

(3) Der Entlassungszeitpunkt kann bis zu zwei Tage vorverlegt werden, wenn die Gefangenen zu ihrer Eingliederung hierauf dringend angewiesen sind.

§ 21 Hilfe zur Entlassung, Nachsorge

(1) Zur Vorbereitung der Entlassung sind die Gefangenen bei der Ordnung ihrer persönlichen, wirtschaftlichen, beruflichen und sozialen Angelegenheiten zu unterstützen.

(2) Die Anstalt stellt im Zusammenwirken mit den Gefangenen sicher, dass die im Vollzug begonnene Betreuung vorübergehend fortgeführt werden kann, um die Wiedereingliederung von entlassenen Gefangenen in das Leben in Freiheit zu erleichtern. Dazu können entlassene Gefangene auch vorübergehend in einer Nachsorgeeinrichtung verbleiben oder in einer solchen nach der Entlassung wieder aufgenommen werden, wenn der Erfolg ihrer Wiedereingliederung gefährdet und ein Aufenthalt in der Nachsorgeeinrichtung aus diesem Grunde angezeigt ist.

(3) Bedürftigen Gefangenen kann eine Entlassungsbeihilfe in Form eines Reisekostenzuschusses, angemessener Kleidung oder einer sonstigen notwendigen Unterstützung gewährt werden.

§ 22 Fortführung von Maßnahmen nach Entlassung

(1) Die Gefangenen können auf Antrag nach ihrer Entlassung ausnahmsweise im Vollzug begonnene Ausbildungs- oder Behandlungsmaßnahmen fortführen, soweit diese nicht anderweitig durchgeführt werden können. Hierzu können die Entlassenen auf vertraglicher Basis vorübergehend in einer Anstalt untergebracht werden, sofern es die Belegungssituation zulässt.

(2) Bei Störung des Anstaltsbetriebes durch die Entlassenen oder aus vollzugsorganisatorischen Gründen können die Unterbringung und die Maßnahme jederzeit beendet werden.

Dritter Abschnitt
Unterbringung und Versorgung der Gefangenen

§ 23 Trennung von männlichen und weiblichen Gefangenen

Männliche und weibliche Gefangene werden getrennt untergebracht. Gemeinsame Maßnahmen, insbesondere eine gemeinsame Schul- und Berufsausbildung, sind zulässig.

§ 24 Unterbringung während der Ausbildung, Arbeit und Freizeit

(1) Ausbildung und Arbeit finden grundsätzlich in Gemeinschaft statt.

(2) Den Gefangenen kann gestattet werden, sich während der Freizeit in Gemeinschaft mit anderen Gefangenen aufzuhalten. Für die Teilnahme an gemeinschaftlichen Veranstaltungen kann die Anstaltsleitung mit Rücksicht auf die räumlichen, personellen oder organisatorischen Verhältnisse der Anstalt besondere Regelungen treffen.

(3) Die gemeinschaftliche Unterbringung kann eingeschränkt werden,

1. wenn ein schädlicher Einfluss auf andere Gefangene zu befürchten ist,

2. wenn es die Sicherheit oder Ordnung der Anstalt erfordert,

3. wenn dies aus erzieherischen Gründen angezeigt ist oder

4. bis zur Erstellung des Vollzugsplans, jedoch nicht länger als zwei Monate.

§ 25 Unterbringung während der Ruhezeit

(1) Während der Ruhezeit werden die Gefangenen in ihren Haftträumen einzeln untergebracht. Mit ihrer Zustimmung können sie gemeinsam untergebracht werden, wenn schädliche Einflüsse nicht zu befürchten sind.

(2) Eine gemeinsame Unterbringung ist auch zulässig, wenn Gefangene hilfsbedürftig sind oder eine Gefahr für Leben oder Gesundheit besteht. Darüber hinaus ist eine gemeinsame Unterbringung nur vorübergehend und aus zwingenden Gründen zulässig.

§ 26 Wohngruppen

Geeignete Gefangene werden regelmäßig in Wohngruppen untergebracht. Nicht geeignete Gefangene, die aufgrund ihres Verhaltens nicht gruppenfähig sind, sollen erzieherisch unterstützt werden, um die Gruppeneignung zu erlangen.

§ 27 Unterbringung von Müttern mit Kindern

(1) Ist das Kind einer Gefangenen noch nicht drei Jahre alt, kann es mit Zustimmung der oder des Aufenthaltsbestimmungsberechtigten in der Anstalt untergebracht werden, wenn die baulichen Gegebenheiten dies zulassen und Sicherheitsgründe nicht entgegenstehen. Vor der Unterbringung ist das Jugendamt zu hören.

(2) Die Unterbringung erfolgt auf Kosten der oder des für das Kind Unterhaltspflichtigen. Von der Geltendmachung des Kostenersatzanspruchs kann ausnahmsweise abgesehen werden, wenn hierdurch die gemeinsame Unterbringung von Mutter und Kind gefährdet würde.

§ 28 Persönlicher Gewahrsam, Kostenbeteiligung

(1) Die Gefangenen dürfen nur Sachen in Gewahrsam haben oder annehmen, die ihnen von der Anstalt oder mit deren Zustimmung überlassen werden. Ohne Zustimmung dürfen sie Sachen von geringem Wert von anderen Gefangenen annehmen, die Annahme dieser Sachen und der Gewahrsam daran können von der Zustimmung der Anstalt abhängig gemacht werden.

(2) Eingebrachte Sachen, die die Gefangenen nicht in Gewahrsam haben dürfen, sind für sie aufzubewahren, sofern dies nach Art und Umfang möglich ist. Den Gefangenen wird Gelegenheit gegeben, ihre Sachen, die sie während des Vollzugs und für ihre Entlassung nicht benötigen, zu verschicken. Geld wird ihnen als Eigengeld gutgeschrieben.

(3) Werden eingebrachte Sachen, deren Aufbewahrung nach Art oder Umfang nicht möglich ist, von den Gefangenen trotz Aufforderung nicht aus der Anstalt verbracht, so

ist die Anstalt berechtigt, diese Sachen auf Kosten der Gefangenen aus der Anstalt entfernen zu lassen.

(4) Aufzeichnungen und andere Sachen, die Kenntnisse über Sicherungsvorkehrungen der Anstalt vermitteln oder Schlussfolgerungen auf diese zulassen, dürfen vernichtet oder unbrauchbar gemacht werden.

(5) Die Zustimmung nach Absatz 1 kann widerrufen werden, wenn dies zur Aufrechterhaltung der Sicherheit, zur Abwendung einer erheblichen Störung der Ordnung der Anstalt oder zur Vermeidung einer erheblichen Gefährdung des Vollzugsziels erforderlich ist.

(6) Die Gefangenen können an den Betriebskosten der in ihrem Gewahrsam befindlichen Geräte beteiligt werden.

§ 29 Ausstattung des Haftraums

Die Gefangenen dürfen ihren Haftraum in angemessenem Umfang mit eigenen Sachen ausstatten. Sachen, die geeignet sind, das Vollzugsziel oder die Sicherheit oder Ordnung der Anstalt zu gefährden, sind ausgeschlossen.

§ 30 Kleidung

(1) Die Gefangenen tragen Anstaltskleidung.

(2) Die Anstaltsleitung kann eine abweichende Regelung treffen. Für Reinigung, Instandsetzung und regelmäßigen Wechsel eigener Kleidung haben die Gefangenen selbst zu sorgen.

§ 31 Verpflegung und Einkauf

(1) Zusammensetzung und Nährwert der Anstaltsverpflegung entsprechen den besonderen Anforderungen an eine gesunde Ernährung junger Menschen und werden ärztlich überwacht. Auf ärztliche Anordnung wird besondere Verpflegung gewährt. Den Gefangenen ist zu ermöglichen, Speisevorschriften ihrer Religionsgemeinschaft zu befolgen.

(2) Die Gefangenen können aus einem von der Anstalt vermittelten Angebot einkaufen. Die Anstalt soll für ein Angebot sorgen, das auf Wünsche und Bedürfnisse der Gefangenen Rücksicht nimmt.

(3) Den Gefangenen soll die Möglichkeit eröffnet werden, unmittelbar oder über Dritte Gegenstände über den Versandhandel zu beziehen. Zulassung und Verfahren des Einkaufs über den Versandhandel regelt die Anstaltsleitung.

(4) Gegenstände, die geeignet sind, das Vollzugsziel oder die Sicherheit oder Ordnung der Anstalt zu gefährden, sind vom Einkauf ausgeschlossen.

§ 32 Gesundheitsfürsorge

(1) Die Anstalt unterstützt die Gefangenen bei der Wiederherstellung und Erhaltung ihrer körperlichen und geistigen Gesundheit. Die Gefangenen haben die notwendigen Anordnungen zum Gesundheitsschutz und zur Hygiene zu befolgen.

(2) Den Gefangenen wird ermöglicht, sich täglich mindestens eine Stunde im Freien aufzuhalten.

(3) Erkranken Gefangene schwer oder versterben sie, werden die Angehörigen, insbesondere die Personensorgeberechtigten, benachrichtigt. Dem Wunsch der Gefangenen, auch andere Personen zu benachrichtigen, soll nach Möglichkeit entsprochen werden.

§ 33 Zwangsmaßnahmen auf dem Gebiet der Gesundheitsfürsorge

(1) Medizinische Untersuchung und Behandlung sowie Ernährung sind unbeschadet der Rechte der Personensorgeberechtigten zwangsweise nur bei Lebensgefahr, bei schwerwiegender Gefahr für die Gesundheit der Gefangenen oder bei Gefahr für die Gesundheit anderer Personen zulässig; die Maßnahmen müssen für die Beteiligten zumutbar und dürfen nicht mit erheblicher Gefahr für Leben und Gesundheit der Gefangenen verbunden sein. Zur Durchführung der Maßnahmen ist die Anstalt nicht verpflichtet, solange von einer freien Willensbestimmung der Gefangenen ausgegangen werden kann.

(2) Zum Gesundheitsschutz und zur Hygiene ist die zwangsweise körperliche Untersuchung außer im Fall des Absatzes 1 zulässig, wenn sie nicht mit einem körperlichen Eingriff verbunden ist.

(3) Die Maßnahmen dürfen nur auf Anordnung und unter Leitung einer Ärztin oder eines Arztes durchgeführt werden, unbeschadet der Leistung erster Hilfe für den Fall, dass ärztliche Hilfe nicht rechtzeitig erreichbar und mit einem Aufschub Lebensgefahr verbunden ist.

§ 34 Medizinische Leistungen, Kostenbeteiligung

(1) Gefangene haben einen Anspruch auf notwendige, ausreichende und zweckmäßige medizinische Leistungen unter Beachtung des Grundsatzes der Wirtschaftlichkeit. Der allgemeine Standard der gesetzlichen Krankenkassen ist zu berücksichtigen.

(2) Der Anspruch umfasst auch Untersuchungen zur Früherkennung von Krankheiten und Vorsorgeleistungen entsprechend dem allgemeinen Standard der gesetzlichen Krankenkassen.

(3) Der Anspruch umfasst weiter die Versorgung mit Hilfsmitteln wie Seh- und Hörhilfen, Körperersatzstücken, orthopädischen und anderen Hilfsmitteln, die im Einzelfall erforderlich sind, um den Erfolg der Krankenbehandlung zu sichern, eine Behinderung auszugleichen oder einer drohenden Behinderung vorzubeugen, sofern dies mit Rücksicht auf die Dauer des Freiheitsentzugs nicht ungerechtfertigt ist und soweit die Hilfsmittel nicht als allgemeine Gebrauchsgegenstände des täglichen Lebens anzusehen sind. Der Anspruch umfasst auch die notwendige Änderung, Instandsetzung und Ersatzbeschaffung von Hilfsmitteln sowie die Ausbildung in ihrem Gebrauch. Ein erneuter Anspruch auf Versorgung mit Sehhilfen besteht nur bei einer Änderung der Sehfähigkeit um mindestens 0,5 Dioptrien. Anspruch auf Versorgung mit Kontaktlinsen besteht nur in medizinisch zwingend erforderlichen Ausnahmefällen.

(4) An den Kosten für zahntechnische Leistungen und Zahnersatz können volljährige Gefangene beteiligt werden.

(5) Für Leistungen, die über die in Absatz 1 Satz 1, Absatz 2 und Absatz 3 genannten Leistungen hinausgehen, können den Gefan-

genen die gesamten Kosten auferlegt werden.

§ 35 Verlegung und Überstellung zur medizinischen Behandlung

(1) Kranke oder hilfsbedürftige Gefangene können in eine zur Behandlung ihrer Krankheit oder zu ihrer Versorgung besser geeignete Anstalt, Justizvollzugsanstalt oder in ein Vollzugskrankenhaus verlegt oder überstellt werden.

(2) Erforderlichenfalls können Gefangene auch in ein Krankenhaus außerhalb des Vollzugs gebracht werden.

(3) § 12 Abs. 2 und 3 gilt entsprechend.

§ 36 Krankenbehandlung in besonderen Fällen

(1) Während eines Urlaubs und in Vollzugslockerungen haben Gefangene einen Anspruch auf medizinische Leistungen gegen das Land nur in der für sie zuständigen Anstalt.

(2) Der Anspruch auf Leistungen nach § 34 ruht, solange Gefangene aufgrund eines freien Beschäftigungsverhältnisses krankenversichert sind.

(3) Wird die Strafvollstreckung während einer Behandlung von Gefangenen unterbrochen oder beendet, so hat das Land nur diejenigen Kosten zu tragen, die bis zur Unterbrechung oder Beendigung der Strafvollstreckung angefallen sind.

Vierter Abschnitt
Schule, Ausbildung, Weiterbildung und Arbeit

§ 37 Schulische und berufliche Aus- und Weiterbildung, Arbeit

(1) Geeignete Gefangene haben nach ihren Fähigkeiten und Kenntnissen ein Recht auf Bildung und Ausbildung.

(2) Ausbildung, Weiterbildung, arbeitstherapeutische Beschäftigung und Arbeit dienen insbesondere dem Ziel, die Fähigkeit der Gefangenen zur Aufnahme einer Erwerbstätigkeit nach der Entlassung zu vermitteln, zu

erhalten oder zu fördern. Sofern den Gefangenen Arbeit zugewiesen wird, soll diese möglichst deren Fähigkeiten, Fertigkeiten und Neigungen entsprechen.

(3) Die Gefangenen sind vorrangig zur Teilnahme an schulischen und beruflichen Orientierungs-, Aus- und Weiterbildungsmaßnahmen oder speziellen Maßnahmen zur Förderung ihrer schulischen, beruflichen oder persönlichen Entwicklung verpflichtet. Im Übrigen sind die Gefangenen zu Arbeit, arbeitstherapeutischer oder sonstiger Beschäftigung verpflichtet, wenn und soweit sie dazu in der Lage sind.

(4) Das Zeugnis oder der Nachweis über eine Bildungsmaßnahme darf keinen Hinweis auf die Inhaftierung enthalten.

(5) Den Gefangenen soll gestattet werden, einer Berufsausbildung, beruflichen Weiterbildung, Umschulung oder Arbeit auf der Grundlage eines freien Beschäftigungsverhältnisses außerhalb der Anstalt nachzugehen oder sich innerhalb oder außerhalb des Vollzugs selbst zu beschäftigen, wenn sie hierfür geeignet sind. § 13 Abs. 2, § 15 Abs. 2 und § 17 gelten entsprechend. Die Anstalt kann verlangen, dass ihr das Entgelt für das freie Beschäftigungsverhältnis zur Gutschrift für die Gefangenen überwiesen wird.

(6) Sind die Gefangenen ein Jahr lang ununterbrochen ihrer Verpflichtung nach Absatz 2 nachgekommen, können sie beanspruchen, im darauf folgenden Jahr für die Dauer von 18 Werktagen freigestellt zu werden. Zeiten, in denen die Gefangenen unverschuldet infolge Krankheit an der Teilnahme, Arbeit oder an der Beschäftigung gehindert waren, werden bis zur Dauer von sechs Wochen auf das Jahr angerechnet. Auf die Zeit der Freistellung wird der Urlaub nach § 16 Abs. 1 angerechnet, soweit er in die Arbeitszeit fällt. Die Gefangenen erhalten für die Zeit der Freistellung ihre zuletzt gezahlten Bezüge weiter. Urlaubsregelungen der Beschäftigungsverhältnisse außerhalb des Vollzugs bleiben unberührt.

Fünfter Abschnitt
Freizeit, Sport

§ 38 Freizeit

Die Ausgestaltung der Freizeit orientiert sich am Vollzugsziel. Dazu sind geeignete Angebote vorzuhalten. Die Gefangenen sind zur Teilnahme und Mitwirkung an Freizeitangeboten verpflichtet.

§ 39 Sport

Dem Sport kommt bei der Erreichung des Vollzugsziels besondere Bedeutung zu. Er kann neben der sinnvollen Freizeitgestaltung auch zur Diagnostik und gezielten Behandlung eingesetzt werden. Es sind ausreichende und geeignete Angebote vorzuhalten, um den Gefangenen eine sportliche Betätigung von mindestens zwei Stunden wöchentlich zu ermöglichen.

§ 40 Zeitungen und Zeitschriften

(1) Die Gefangenen dürfen auf eigene Kosten Zeitungen und Zeitschriften in angemessenem Umfang durch Vermittlung der Anstalt beziehen. Ausgeschlossen sind Zeitungen und Zeitschriften, deren Verbreitung mit Strafe oder Geldbuße bedroht ist.

(2) Einzelne Ausgaben einer Zeitung oder Zeitschrift können den Gefangenen auch vorenthalten werden, wenn deren Inhalte das Vollzugsziel oder die Sicherheit oder Ordnung der Anstalt erheblich gefährden würden.

§ 41 Rundfunk

(1) Die Gefangenen können am Hörfunkempfang sowie am gemeinschaftlichen Fernsehempfang teilnehmen. Der Rundfunkempfang kann vorübergehend ausgesetzt oder einzelnen Gefangenen untersagt werden, wenn dies zur Aufrechterhaltung der Sicherheit oder Ordnung der Anstalt unerlässlich ist.

(2) Eigene Fernsehgeräte können zugelassen werden, wenn erzieherische Gründe nicht entgegenstehen.

§ 42 Besitz von Gegenständen für die Freizeitbeschäftigung

(1) Die Gefangenen dürfen in angemessenem Umfang Gegenstände zur Freizeitbeschäftigung besitzen.

(2) Dies gilt nicht, wenn deren Besitz, Überlassung oder Benutzung das Vollzugsziel oder die Sicherheit oder Ordnung der Anstalt gefährden würde.

(3) Elektronische Medien können zugelassen werden, wenn erzieherische Gründe nicht entgegenstehen. Absatz 2 gilt entsprechend.

Sechster Abschnitt
Religionsausübung

§ 43 Seelsorge

(1) Den Gefangenen darf religiöse Betreuung durch eine Seelsorgerin oder einen Seelsorger ihrer Religionsgemeinschaft nicht versagt werden. Auf Wunsch ist ihnen zu helfen, mit einer Seelsorgerin oder einem Seelsorger ihrer Religionsgemeinschaft in Verbindung zu treten.

(2) Gefangene dürfen grundlegende religiöse Schriften besitzen. Diese dürfen ihnen nur bei grobem Missbrauch entzogen werden.

(3) Den Gefangenen sind Gegenstände des religiösen Gebrauchs in angemessenem Umfang zu belassen.

§ 44 Religiöse Veranstaltungen

(1) Die Gefangenen haben das Recht, am Gottesdienst und an anderen religiösen Veranstaltungen ihres Bekenntnisses teilzunehmen.

(2) Die Zulassung zu den Gottesdiensten oder zu religiösen Veranstaltungen einer anderen Religionsgemeinschaft bedarf der Zustimmung der Seelsorgerin oder des Seelsorgers der Religionsgemeinschaft.

(3) Gefangene können von der Teilnahme am Gottesdienst oder anderen religiösen Veranstaltungen ausgeschlossen werden, wenn dies aus überwiegenden Gründen der Sicherheit oder Ordnung geboten ist; die Seelsorgerin oder der Seelsorger soll vorher gehört werden.

§ 45 Weltanschauungsgemeinschaften

Für Angehörige weltanschaulicher Bekenntnisse gelten § 43 und § 44 entsprechend.

Siebter Abschnitt
Besuche, Schriftwechsel und Telefongespräche

§ 46 Grundsatz

Die Gefangenen haben das Recht, mit Personen außerhalb der Anstalt im Rahmen der Bestimmungen dieses Gesetzes zu verkehren. Der Kontakt mit Personen, von denen ein günstiger Einfluss erwartet werden kann, wird gefördert.

§ 47 Recht auf Besuch

(1) Die Gefangenen dürfen regelmäßig Besuch empfangen. Die Gesamtdauer beträgt mindestens vier Stunden im Monat.

(2) Kontakte der Gefangenen zu ihren Kindern werden besonders gefördert. Deren Besuche werden nicht auf die Regelbesuchszeiten angerechnet.

(3) Besuche sollen darüber hinaus zugelassen werden, wenn sie die Erziehung oder Eingliederung der Gefangenen fördern oder persönlichen, rechtlichen oder geschäftlichen Angelegenheiten dienen, die nicht von den Gefangenen schriftlich erledigt, durch Dritte wahrgenommen oder bis zur Entlassung aufgeschoben werden können.

(4) Aus Gründen der Sicherheit können Besuche davon abhängig gemacht werden, dass sich die Besucher mit technischen Hilfsmitteln absuchen oder durchsuchen lassen.

§ 48 Besuchsverbot

Die Anstaltsleitung kann Besuche untersagen,

1. wenn die Sicherheit oder Ordnung der Anstalt gefährdet würde,

2. bei Besuchern, die nicht Angehörige (§ 11 Abs. 1 Nr. 1 des Strafgesetzbuchs) der Gefangenen sind, wenn zu befürchten ist, dass sie einen schädlichen Einfluss auf die Gefangenen haben oder ihre Eingliederung behindern, oder

3. wenn Personensorgeberechtigte nicht einverstanden sind.

§ 49 Besuche von Verteidigern, Rechtsanwälten, Notaren und Beiständen

Besuche von Verteidigerinnen beziehungsweise Verteidigern sowie von Rechtsanwältinnen beziehungsweise Rechtsanwälten und Notarinnen beziehungsweise Notaren in einer die Gefangenen betreffenden Rechtssache sind zu gestatten. Dasselbe gilt für Besuche von Beiständen nach § 69 des Jugendgerichtsgesetzes. § 47 Abs. 4 gilt entsprechend. Eine inhaltliche Überprüfung der von Verteidigern mitgeführten Schriftstücke und sonstigen Unterlagen ist nicht zulässig. § 52 Abs. 1 Satz 2 und 3 bleibt unberührt.

§ 50 Überwachung der Besuche

(1) Besuche dürfen aus Gründen der Erziehung oder der Sicherheit oder Ordnung der Anstalt überwacht werden, es sei denn, es liegen im Einzelfall Erkenntnisse dafür vor, dass es der Überwachung nicht bedarf. Die Unterhaltung darf nur überwacht werden, soweit dies im Einzelfall aus diesen Gründen erforderlich ist.

(2) Besuche dürfen abgebrochen werden, wenn Besucher oder Gefangene gegen dieses Gesetz oder aufgrund dieses Gesetzes getroffene Anordnungen trotz Abmahnung verstoßen. Die Abmahnung unterbleibt, wenn es unerlässlich ist, den Besuch sofort abzubrechen.

(3) Besuche dürfen auch abgebrochen werden, wenn von Besuchern ein schädlicher Einfluss ausgeht.

(4) Besuche von Verteidigern und Beiständen nach § 69 des Jugendgerichtsgesetzes werden nicht überwacht.

(5) Gegenstände dürfen den Gefangenen beim Besuch nicht übergeben werden. Dies gilt nicht für die bei dem Besuch der Verteidiger übergebenen Schriftstücke und sonstigen Unterlagen sowie für die bei dem Besuch von Rechtsanwälten oder Notaren zur Erledigung einer die Gefangenen betreffenden Rechtssache übergebenen Schriftstücke und

sonstigen Unterlagen. Bei dem Besuch von Rechtsanwälten oder Notaren kann die Übergabe aus Gründen der Sicherheit oder Ordnung der Anstalt von der Erlaubnis der Anstaltsleitung abhängig gemacht werden. § 52 Abs. 1 Satz 2 und 3 bleibt unberührt.

§ 51 Recht auf Schriftwechsel

(1) Die Gefangenen haben das Recht, auf eigene Kosten Schreiben abzusenden und zu empfangen.

(2) Die Anstaltsleitung kann den Schriftwechsel mit bestimmten Personen untersagen,

1. wenn die Sicherheit oder Ordnung der Anstalt gefährdet würde,

2. bei Personen, die nicht Angehörige (§ 11 Abs. 1 Nr. 1 des Strafgesetzbuchs) der Gefangenen sind, wenn zu befürchten ist, dass der Schriftwechsel einen schädlichen Einfluss auf die Gefangenen hat oder ihre Eingliederung behindert, oder

3. wenn Personensorgeberechtigte nicht einverstanden sind.

§ 52 Überwachung des Schriftwechsels

(1) Der Schriftwechsel der Gefangenen mit ihren Verteidigern oder Beiständen nach § 69 des Jugendgerichtsgesetzes wird nicht überwacht. Liegt dem Vollzug eine Straftat nach § 129a, auch in Verbindung mit § 129b Abs. 1, des Strafgesetzbuchs zugrunde, gelten § 148 Abs. 2 und § 148a der Strafprozessordnung entsprechend, dies gilt nicht, wenn die Gefangenen sich in einer Einrichtung des offenen Vollzugs befinden oder wenn ihnen Vollzugslockerungen nach § 15 oder Urlaub nach § 16 Abs. 1 gewährt worden sind und ein Grund, der die Anstaltsleitung nach § 17 Abs. 2 zum Widerruf von Vollzugslockerungen und Urlaub ermächtigt, nicht vorliegt. Satz 2 gilt auch, wenn eine Jugendstrafe oder Freiheitsstrafe wegen einer Straftat nach § 129a, auch in Verbindung mit § 129b Abs. 1, des Strafgesetzbuchs erst im Anschluss an den Vollzug der Jugendstrafe, der eine andere Verurteilung zugrunde liegt, zu vollstrecken ist.

(2) Nicht überwacht werden ferner Schreiben der Gefangenen an Volksvertretungen des Bundes und der Länder sowie an deren Mitglieder, soweit die Schreiben an die Anschriften dieser Volksvertretungen gerichtet sind und den Absender zutreffend angeben. Entsprechendes gilt für Schreiben an das Europäische Parlament und dessen Mitglieder, den Europäischen Gerichtshof für Menschenrechte, den Europäischen Ausschuss zur Verhütung von Folter und unmenschlicher oder erniedrigender Behandlung oder Strafe und weitere Einrichtungen, mit denen der Schriftverkehr aufgrund völkerrechtlicher Verpflichtungen der Bundesrepublik Deutschland geschützt ist. Satz 1 gilt auch für Schreiben an die Bürgerbeauftragten der Länder und die Datenschutzbeauftragten des Bundes und der Länder. Schreiben der in den Sätzen 1 bis 3 genannten Stellen, die an die Gefangenen gerichtet sind, werden nicht überwacht, sofern die Identität der Absender zweifelsfrei feststeht.

(3) Der übrige Schriftwechsel darf überwacht werden, soweit es aus Gründen der Erziehung oder der Sicherheit oder Ordnung der Anstalt erforderlich ist.

§ 53 Weiterleitung von Schreiben, Aufbewahrung

(1) Die Gefangenen haben das Absenden und den Empfang ihrer Schreiben durch die Anstalt vermitteln zu lassen, soweit nichts anderes gestattet ist.

(2) Eingehende und ausgehende Schreiben sind unverzüglich weiterzuleiten.

(3) Die Gefangenen haben eingehende Schreiben unverschlossen zu verwahren, sofern nichts anderes gestattet wird. Sie können sie verschlossen zu ihrer Habe geben.

§ 54 Anhalten von Schreiben

(1) Die Anstaltsleitung kann Schreiben anhalten, wenn

1. das Vollzugsziel oder die Sicherheit oder Ordnung der Anstalt gefährdet würde,

2. die Weitergabe in Kenntnis ihres Inhalts einen Straf- oder Bußgeldtatbestand verwirklichen würde,

3. sie grob unrichtige oder erheblich entstellende Darstellungen von Anstaltsverhältnissen enthalten,

4. sie grobe Beleidigungen enthalten,

5. sie die Eingliederung anderer Gefangener gefährden können oder

6. sie in Geheimschrift, unlesbar, unverständlich oder ohne zwingenden Grund in einer fremden Sprache abgefasst sind.

(2) Ausgehenden Schreiben, die unrichtige Darstellungen enthalten, kann ein Begleitschreiben beigefügt werden, wenn die Gefangenen auf dem Absenden bestehen.

(3) Sind Schreiben angehalten worden, wird das den Gefangenen mitgeteilt. Angehaltene Schreiben werden an die Absender zurückgegeben oder, sofern dies unmöglich oder aus besonderen Gründen untunlich ist, verwahrt.

(4) Schreiben, deren Überwachung nach § 52 Abs. 1 und 2 ausgeschlossen ist, dürfen nicht angehalten werden.

§ 55 Telefongespräche

Den Gefangenen kann gestattet werden, auf eigene Kosten Telefongespräche zu führen. Die Bestimmungen über den Besuch gelten entsprechend. Ist die Überwachung des Telefongesprächs erforderlich, ist die beabsichtigte Überwachung den Gesprächspartnern der Gefangenen unmittelbar nach Herstellung der Verbindung durch die Anstalt oder die Gefangenen mitzuteilen. Die Gefangenen sind rechtzeitig vor Beginn des Telefongesprächs über die beabsichtigte Überwachung und die Mitteilungspflicht nach Satz 3 zu unterrichten.

§ 56 Pakete

(1) Der Empfang von Paketen mit Nahrungs- und Genussmitteln ist den Gefangenen nicht gestattet. Der Empfang von Paketen mit anderem Inhalt bedarf der Erlaubnis der Anstalt, welche Zeitpunkt und Höchstmenge für die Sendung und für einzelne Gegenstände festsetzen kann. Für den Ausschluss von Gegenständen gilt § 31 Abs. 4 entsprechend.

(2) Pakete sind in Gegenwart der Gefangenen zu öffnen, an die sie adressiert sind. Ausge-

schlossene Gegenstände können zu ihrer Habe genommen oder dem Absender zurückgesandt werden. Nicht ausgehändigte Gegenstände, durch die bei der Versendung oder Aufbewahrung Personen verletzt oder Sachschäden verursacht werden können, dürfen vernichtet werden. Die hiernach getroffenen Maßnahmen werden den Gefangenen eröffnet.

(3) Der Empfang von Paketen kann vorübergehend versagt werden, wenn dies wegen der Gefährdung der Sicherheit oder Ordnung der Anstalt unerlässlich ist.

(4) Den Gefangenen kann gestattet werden, Pakete zu versenden. Die Anstalt kann ihren Inhalt aus Gründen der Sicherheit oder Ordnung der Anstalt überprüfen.

Achter Abschnitt
Gelder der Gefangenen, Freistellung von der Arbeit

§ 57 Ausbildungsbeihilfe, Arbeitsentgelt

(1) Gefangene, die während der Arbeitszeit ganz oder teilweise an einer schulischen oder beruflichen Orientierungs-, Aus- oder Weiterbildungsmaßnahme oder an speziellen Maßnahmen zur Förderung ihrer schulischen, beruflichen oder persönlichen Entwicklung teilnehmen und die zu diesem Zweck von ihrer Arbeitspflicht freigestellt sind, erhalten hierfür eine Ausbildungsbeihilfe, soweit kein Anspruch auf Leistungen zum Lebensunterhalt besteht, die freien Personen aus solchem Anlass zustehen.

(2) Wer eine Arbeit, arbeitstherapeutische oder sonstige Beschäftigung ausübt, erhält Arbeitsentgelt.

(3) Der Bemessung der Ausbildungsbeihilfe und des Arbeitsentgelts sind 9 Prozent der Bezugsgröße nach § 18 des Vierten Buches Sozialgesetzbuch zugrunde zu legen (Eckvergütung). Ein Tagessatz ist der zweihundertfünfzigste Teil der Eckvergütung; die Ausbildungsbeihilfe und das Arbeitsentgelt können nach einem Stundensatz bemessen werden.

(4) Die Ausbildungsbeihilfe und das Arbeitsentgelt können je nach Leistung der Gefangenen und der Art der Ausbildung oder Arbeit gestuft werden. 75 Prozent der Eckvergütung dürfen nur dann unterschritten werden, wenn die Leistungen der Gefangenen den Mindestanforderungen nicht genügen.

(5) Die Höhe der Ausbildungsbeihilfe und des Arbeitsentgeltes ist den Gefangenen schriftlich bekannt zu geben.

(6) Das Ministerium für Justiz, Arbeit, Gesundheit und Soziales wird ermächtigt, eine Rechtsverordnung über die Vergütungsstufen nach Absatz 4 zu erlassen.

(7) Soweit Beiträge zur Bundesagentur für Arbeit zu entrichten sind, kann vom Arbeitsentgelt oder der Ausbildungsbeihilfe ein Betrag einbehalten werden, der dem Anteil der Gefangenen am Beitrag entsprechen würde, wenn sie diese Bezüge als Arbeitnehmer erhielten.

§ 58 Freistellung von der Arbeit

(1) Die Arbeit der Gefangenen wird neben der Gewährung von Arbeitsentgelt (§ 57 Abs. 2) durch Freistellung von der Arbeit (Freistellung) anerkannt, die auch als Arbeitsurlaub genutzt oder auf den Entlassungszeitpunkt angerechnet werden kann.

(2) Haben die Gefangenen zwei Monate lang zusammenhängend eine Arbeit, arbeitstherapeutische oder sonstige Beschäftigung ausgeübt, so werden sie auf Antrag einen Werktag von der Arbeit freigestellt. § 37 Abs. 5 bleibt unberührt. Durch Zeiten, in denen die Gefangenen ohne ihr Verschulden durch Krankheit, Ausführung, Ausgang, Urlaub, Freistellung von der Arbeit oder sonstige nicht von ihnen zu vertretende Gründe an der Arbeitsleistung gehindert sind, wird die Frist nach Satz 1 gehemmt. Beschäftigungszeiträume von weniger als zwei Monaten bleiben unberücksichtigt.

(3) Die Gefangenen können beantragen, dass die Freistellung nach Absatz 2 in Form von Arbeitsurlaub gewährt wird. § 15 Abs. 2, § 16 Abs. 4 und § 17 gelten entsprechend.

(4) Die Gefangenen erhalten für die Zeit der Freistellung von der Arbeit ihre zuletzt gezahlten Bezüge weiter.

(5) Stellen die Gefangenen keinen Antrag nach Absatz 2 Satz 1 oder Absatz 3 Satz 1 oder kann die Freistellung von der Arbeit nach Maßgabe der Regelung des Absatzes 3 Satz 2 nicht gewährt werden, so wird sie nach Absatz 2 Satz 1 von der Anstalt auf den Entlassungszeitpunkt der Gefangenen angerechnet.

(6) Eine Anrechnung nach Absatz 5 ist ausgeschlossen

1. bei einer Aussetzung der Vollstreckung des Restes einer Jugendstrafe zur Bewährung, soweit wegen des von der Entscheidung der Vollstreckungsleiterin oder des Vollstreckungsleiters bis zur Entlassung verbleibenden Zeitraums eine Anrechnung nicht mehr möglich ist,

2. wenn dies von der Vollstreckungsleiterin oder vom Vollstreckungsleiter angeordnet wird, weil bei einer Aussetzung der Vollstreckung des Restes einer Jugendstrafe zur Bewährung die Lebensverhältnisse der Gefangenen oder die Wirkungen, die von der Aussetzung für sie zu erwarten sind, die Vollstreckung bis zu einem bestimmten Zeitpunkt erfordern,

3. wenn nach § 2 des Jugendgerichtsgesetzes in Verbindung mit § 456a Abs. 1 der Strafprozessordnung von der Vollstreckung abgesehen wird oder

4. wenn die Gefangenen im Gnadenwege aus der Haft entlassen werden.

(7) Soweit eine Anrechnung nach Absatz 6 ausgeschlossen ist, erhalten die Gefangenen bei ihrer Entlassung für eine Tätigkeit nach § 57 Abs. 2 als Ausgleichsentschädigung zusätzlich 15 Prozent des Entgelts oder der Ausbildungsbeihilfe nach § 57 Abs. 3 und 4. Der Anspruch entsteht erst mit der Entlassung.

§ 59 Taschengeld

(1) Erhalten Gefangene ohne ihr Verschulden weder Ausbildungsbeihilfe noch Arbeitsentgelt, wird ihnen bei Bedürftigkeit auf Antrag

ein angemessenes Taschengeld gewährt. Bedürftig sind Gefangene, soweit ihnen im laufenden Monat aus Hausgeld (§ 60) und Eigengeld (§ 61) nicht ein Betrag bis zur Höhe des Taschengeldes zur Verfügung steht.

(2) Das Taschengeld beträgt 14 Prozent der Eckvergütung (§ 57 Abs. 3).

§ 60 Hausgeld

(1) Die Gefangenen dürfen von ihren in diesem Gesetz geregelten Bezügen drei Siebtel monatlich (Hausgeld) und das Taschengeld (§ 59) für den Einkauf (§ 31 Abs. 2) oder anderweitig verwenden.

(2) Für Gefangene, die in einem freien Beschäftigungsverhältnis stehen oder denen gestattet ist, sich selbst zu beschäftigen (§ 37 Abs. 4), wird aus ihren Bezügen ein angemessenes Hausgeld festgesetzt.

(3) Für Gefangene, die über Eigengeld (§ 61) verfügen und unverschuldet keine Bezüge nach diesem Gesetz erhalten, gilt Absatz 2 entsprechend.

§ 61 Eigengeld

(1) Das Eigengeld besteht aus den Beträgen, die die Gefangenen bei Strafantritt in die Anstalt mitbringen, Geldern, die ihnen während der Haftzeit zugehen und Bezügen, die nicht als Hausgeld in Anspruch genommen werden.

(2) Die Gefangenen können über das Eigengeld verfügen. § 31 Abs. 3 und 4 und § 60 bleiben unberührt.

Neunter Abschnitt
Sicherheit und Ordnung

§ 62 Grundsatz

(1) Sicherheit und Ordnung der Anstalt bilden die Grundlage des auf die Erziehung und Förderung aller Gefangenen ausgerichteten Anstaltslebens und tragen dazu bei, dass in der Anstalt ein gewaltfreies Klima herrscht. Die Gefangenen sind insbesondere vor Übergriffen zu schützen.

(2) Die Pflichten und Beschränkungen, die den Gefangenen zur Aufrechterhaltung der

Sicherheit oder Ordnung der Anstalt auferlegt werden, sind so zu wählen, dass sie in einem angemessenen Verhältnis zu ihrem Zweck stehen und die Gefangenen nicht mehr und nicht länger als notwendig beeinträchtigen. Erzieherische Maßnahmen haben in der Regel Vorrang vor Sicherungsmaßnahmen.

§ 63 Verhaltensvorschriften

(1) Die Gefangenen sind für das geordnete Zusammenleben in der Anstalt mitverantwortlich und müssen mit ihrem Verhalten dazu beitragen. Ihr Bewusstsein hierfür ist zu entwickeln und zu stärken.

(2) Die Gefangenen haben sich nach der Tageseinteilung der Anstalt (Arbeitszeit, Freizeit, Ruhezeit) zu richten.

(3) Die Gefangenen haben die Anordnungen der Bediensteten zu befolgen, auch wenn sie sich durch diese beschwert fühlen. Einen ihnen zugewiesenen Bereich dürfen sie nicht ohne Erlaubnis verlassen.

(4) Die Gefangenen haben ihren Haftraum und die ihnen von der Anstalt überlassenen Sachen in Ordnung zu halten und schonend zu behandeln.

(5) Die Gefangenen haben Umstände, die eine Gefahr für das Leben oder eine erhebliche Gefahr für die Gesundheit einer Person bedeuten, unverzüglich zu melden.

§ 64 Absuchung, Durchsuchung

(1) Gefangene, ihre Sachen und die Hafträume dürfen mit technischen Mitteln abgesucht und durchsucht werden. Die Durchsuchung männlicher Gefangener darf nur von Männern, die Durchsuchung weiblicher Gefangener darf nur von Frauen vorgenommen werden. Das Schamgefühl ist zu schonen.

(2) Nur bei Gefahr im Verzug oder auf Anordnung der Anstaltsleitung im Einzelfall ist es zulässig, eine mit einer Entkleidung verbundene körperliche Durchsuchung vorzunehmen. Sie darf bei männlichen Gefangenen nur in Gegenwart von Männern, bei weiblichen Gefangenen nur in Gegenwart von Frauen erfolgen. Sie ist in einem geschlossenen Raum durchzuführen. Andere Gefangene dürfen nicht anwesend sein.

(3) Die Anstaltsleitung kann allgemein anordnen, dass Gefangene bei der Aufnahme, vor und nach Kontakten mit Besuchern sowie vor und nach jeder Abwesenheit von der Anstalt nach Absatz 2 zu durchsuchen sind.

§ 65 Sichere Unterbringung

(1) Gefangene können in eine Anstalt verlegt werden, die zu ihrer sicheren Unterbringung besser geeignet ist, wenn in erhöhtem Maße Fluchtgefahr gegeben ist oder sonst ihr Verhalten oder ihr Zustand eine Gefahr für die Sicherheit oder Ordnung der Anstalt darstellt.

(2) § 12 Abs. 2 und 3 gilt entsprechend.

§ 66 Erkennungsdienstliche Maßnahmen

(1) Zur Sicherung des Vollzugs, zur Aufrechterhaltung der Sicherheit oder Ordnung der Anstalt oder zur Identitätsfeststellung sind mit Kenntnis der Gefangenen zulässig:

1. die Abnahme von Finger- und Handflächenabdrücken,

2. die Aufnahme von Lichtbildern,

3. die Feststellung äußerlicher körperlicher Merkmale,

4. die elektronische Erfassung biometrischer Merkmale und

5. Messungen.

(2) Die hierbei gewonnenen Unterlagen oder Daten werden zu den Gefangenenpersonalakten genommen oder in personenbezogenen Dateien gespeichert. Sie können auch in kriminalpolizeilichen Sammlungen verwahrt werden. Die nach Absatz 1 erhobenen Daten dürfen nur für die in Absatz 1, in § 69 Abs. 2 und in § 89 Abs. 2 Nr. 4 genannten Zwecke verarbeitet werden.

(3) Werden die Gefangenen entlassen oder in eine andere Anstalt verlegt, sind diese in Dateien gespeicherten personenbezogenen Daten nach spätestens zwei Jahren zu löschen.

§ 67 Lichtbildausweise

Die Anstalt kann die Gefangenen verpflichten, einen Lichtbildausweis mit sich zu führen, wenn dies aus Gründen der Sicherheit oder Ordnung der Anstalt erforderlich ist. Dieser ist bei der Entlassung oder bei der Verlegung in eine andere Anstalt einzuziehen und zu vernichten.

§ 68 Maßnahmen zur Feststellung von Suchtmittelkonsum

(1) Zur Aufrechterhaltung der Sicherheit oder Ordnung der Anstalt kann die Anstaltsleitung allgemein oder im Einzelfall Maßnahmen anordnen, die geeignet sind, den Missbrauch von Suchtmitteln festzustellen. Diese Maßnahmen dürfen nicht mit einem körperlichen Eingriff verbunden sein.

(2) Wird Suchtmittelmissbrauch festgestellt, können die Kosten der Maßnahmen den Gefangenen auferlegt werden.

§ 69 Festnahmerecht

(1) Gefangene, die entwichen sind oder sich sonst ohne Erlaubnis außerhalb der Anstalt aufhalten, können durch die Anstalt oder auf deren Veranlassung festgenommen und zurückgebracht werden.

(2) Nach § 66 Abs. 1 und § 88 erhobene und zur Identifizierung oder Festnahme erforderliche Daten dürfen den Vollstreckungs- und Strafverfolgungsbehörden übermittelt werden, soweit dies für Zwecke der Fahndung und Festnahme der entwichenen oder sich sonst ohne Erlaubnis außerhalb der Anstalt aufhaltenden Gefangenen erforderlich ist.

§ 70 Besondere Sicherungsmaßnahmen

(1) Gegen Gefangene können besondere Sicherungsmaßnahmen angeordnet werden, wenn nach ihrem Verhalten oder aufgrund ihres seelischen Zustandes in erhöhtem Maße Fluchtgefahr oder die Gefahr von Gewalttätigkeiten gegen Personen oder Sachen oder die Gefahr der Selbsttötung oder der Selbstverletzung besteht.

(2) Als besondere Sicherungsmaßnahmen sind zulässig:

1. der Entzug oder die Vorenthaltung von Gegenständen,

2. die Beobachtung der Gefangenen, auch mit technischen Hilfsmitteln,

3. die Absonderung von anderen Gefangenen,

4. der Entzug oder die Beschränkung des Aufenthalts im Freien,

5. die Unterbringung in einem besonders gesicherten Haftraum ohne gefährdende Gegenstände und

6. die Fesselung.

(3) Maßnahmen nach Absatz 2 Nr. 1, 3 und 5 sind auch zulässig, wenn die Gefahr einer Befreiung oder eine erhebliche Störung der Hausordnung anders nicht vermieden oder behoben werden kann.

(4) Bei einer Ausführung, Vorführung oder beim Transport ist die Fesselung auch dann zulässig, wenn Fluchtgefahr besteht.

§ 71 Einzelhaft

Die unausgesetzte Absonderung von Gefangenen (Einzelhaft) ist nur zulässig, wenn dies aus Gründen, die in deren Person liegen, unerlässlich ist. Einzelhaft von mehr als zwei Monaten Gesamtdauer im Jahr bedarf der Zustimmung der Aufsichtsbehörde. Während des Vollzugs der Einzelhaft sind die Gefangenen in besonderem Maße zu betreuen.

§ 72 Fesselung

In der Regel dürfen Fesseln nur an den Händen oder an den Füßen angelegt werden. Im Interesse der Gefangenen kann die Anstaltsleitung eine andere Art der Fesselung anordnen. Die Fesselung wird zeitweise gelockert, soweit dies notwendig ist.

§ 73 Anordnung besonderer Sicherungsmaßnahmen, Verfahren

(1) Besondere Sicherungsmaßnahmen ordnet die Anstaltsleitung an. Bei Gefahr im Verzug können auch andere Bedienstete diese Maßnahmen vorläufig anordnen. Die Entscheidung der Anstaltsleitung ist unverzüglich einzuholen.

(2) Werden Gefangene ärztlich behandelt oder beobachtet oder bildet ihr seelischer Zustand den Anlass der Sicherungsmaßnahme, ist vorher eine ärztliche Stellungnahme einzuholen. Ist dies wegen Gefahr im Verzug nicht möglich, wird die Stellungnahme unverzüglich nachträglich eingeholt.

(3) Die Entscheidung wird den Gefangenen von der Anstaltsleitung mündlich eröffnet und mit einer kurzen Begründung schriftlich abgefasst.

(4) Besondere Sicherungsmaßnahmen sind in angemessenen Abständen daraufhin zu überprüfen, ob und in welchem Umfang sie aufrechterhalten werden müssen.

(5) Besondere Sicherungsmaßnahmen nach § 70 Abs. 2 Nr. 5 und Fesselungen, die nicht im Rahmen einer Aus- oder Vorführung erfolgen, sind der Aufsichtsbehörde unverzüglich mitzuteilen.

§ 74 Ärztliche Überwachung

(1) Sind Gefangene in einem besonders gesicherten Haftraum untergebracht oder gefesselt (§ 70 Abs. 2 Nr. 5 und 6), sucht sie die Ärztin oder der Arzt alsbald und in der Folge möglichst täglich auf. Dies gilt nicht bei einer Fesselung während einer Ausführung, Vorführung oder eines Transportes (§ 70 Abs. 4).

(2) Die Ärztin oder der Arzt ist regelmäßig zu hören, solange eine besondere Sicherungsmaßnahme nach § 70 Abs. 2 Nr. 4 oder Einzelhaft nach § 71 andauert.

§ 75 Ersatz von Aufwendungen

(1) Die Gefangenen sind verpflichtet, der Anstalt Aufwendungen zu ersetzen, die sie durch eine vorsätzliche oder grob fahrlässige Selbstverletzung oder Verletzung anderer Gefangener verursacht haben. Ansprüche aus sonstigen Rechtsvorschriften bleiben unberührt.

(2) Von der Aufrechnung oder Vollstreckung wegen der in Absatz 1 genannten Forderungen ist abzusehen, soweit hierdurch die Erziehung und Förderung der Gefangenen oder ihre Eingliederung behindert würde.

Zehnter Abschnitt
Unmittelbarer Zwang

§ 76 Begriffsbestimmungen

(1) Unmittelbarer Zwang ist die Einwirkung auf Personen oder Sachen durch körperliche Gewalt, ihre Hilfsmittel und durch Waffen.

(2) Körperliche Gewalt ist jede unmittelbare körperliche Einwirkung auf Personen oder Sachen.

(3) Hilfsmittel der körperlichen Gewalt sind insbesondere Fesseln und Reizstoffe.

(4) Waffen sind die dienstlich zugelassenen Hieb- und Schusswaffen.

§ 77 Allgemeine Voraussetzungen

(1) Bedienstete dürfen unmittelbaren Zwang anwenden, wenn sie Vollzugs- und Sicherungsmaßnahmen rechtmäßig durchführen und der damit verfolgte Zweck auf keine andere Weise erreicht werden kann.

(2) Gegen andere Personen als Gefangene darf unmittelbarer Zwang angewendet werden, wenn sie es unternehmen, Gefangene zu befreien oder widerrechtlich in die Anstalt einzudringen, oder wenn sie sich unbefugt darin aufhalten.

(3) Das Recht zu unmittelbarem Zwang aufgrund anderer Regelungen bleibt unberührt.

§ 78 Grundsatz der Verhältnismäßigkeit

(1) Unter mehreren möglichen und geeigneten Maßnahmen des unmittelbaren Zwangs sind diejenigen zu wählen, die die Betroffenen und die Allgemeinheit voraussichtlich am wenigsten beeinträchtigen.

(2) Unmittelbarer Zwang unterbleibt, wenn ein durch ihn zu erwartender Schaden erkennbar außer Verhältnis zu dem angestrebten Erfolg steht.

§ 79 Handeln auf Anordnung

(1) Wird unmittelbarer Zwang von Vorgesetzten oder sonst befugten Personen angeordnet, sind die Bediensteten verpflichtet, ihn anzuwenden, es sei denn, die Anordnung verletzt die Menschenwürde oder ist nicht zu dienstlichen Zwecken erteilt worden.

(2) Die Anordnung darf nicht befolgt werden, wenn dadurch eine Straftat begangen würde. Befolgen die Bediensteten sie trotzdem, trifft sie eine Schuld nur, wenn sie erkennen oder wenn es nach den ihnen bekannten Umständen offensichtlich ist, dass dadurch eine Straftat begangen wird.

(3) Bedenken gegen die Rechtmäßigkeit der Anordnung haben Bedienstete anordnenden Personen gegenüber vorzubringen, soweit das nach den Umständen möglich ist. Abweichende Bestimmungen des allgemeinen Beamtenrechts über die Mitteilung solcher Bedenken an Vorgesetzte (§ 70 Abs. 2 und 3 des Saarländischen Beamtengesetzes in der Fassung der Bekanntmachung vom 27. Dezember 1996 (Amtsbl. 1997 S. 301), zuletzt geändert durch Artikel 6 Abs. 1 des Gesetzes vom 12. Juli 2006 (Amtsbl. S. 1226), in der jeweils geltenden Fassung) sind nicht anzuwenden.

§ 80 Androhung

Unmittelbarer Zwang ist vorher anzudrohen. Die Androhung darf nur dann unterbleiben, wenn die Umstände sie nicht zulassen oder unmittelbarer Zwang sofort angewendet werden muss, um eine rechtswidrige Tat, die den Tatbestand eines Strafgesetzes erfüllt, zu verhindern oder eine gegenwärtige Gefahr abzuwenden.

§ 81 Schusswaffengebrauch

(1) Schusswaffen dürfen nur gebraucht werden, wenn andere Maßnahmen des unmittelbaren Zwangs bereits erfolglos waren oder keinen Erfolg versprechen. Gegen Personen ist ihr Gebrauch nur zulässig, wenn der Zweck nicht durch Waffenwirkung gegen Sachen erreicht wird.

(2) Schusswaffen dürfen nur die dazu bestimmten Bediensteten gebrauchen und nur, um angriffs- oder fluchtunfähig zu machen. Ihr Gebrauch unterbleibt, wenn dadurch erkennbar Unbeteiligte mit hoher Wahrscheinlichkeit gefährdet würden.

(3) Der Gebrauch von Schusswaffen ist vorher anzudrohen. Als Androhung gilt auch ein Warnschuss. Ohne Androhung dürfen Schusswaffen nur dann gebraucht werden, wenn dies zur Abwehr einer gegenwärtigen Gefahr für Leib oder Leben erforderlich ist.

(4) Gegen Gefangene dürfen Schusswaffen gebraucht werden,

1. wenn sie eine Waffe oder ein anderes gefährliches Werkzeug trotz wiederholter Aufforderung nicht ablegen,

2. wenn sie eine Meuterei (§ 121 des Strafgesetzbuchs) unternehmen oder

3. um ihre Flucht zu vereiteln oder um sie wieder zu ergreifen.

Um die Flucht aus einer offenen Anstalt zu vereiteln, dürfen keine Schusswaffen gebraucht werden.

(5) Gegen andere Personen dürfen Schusswaffen gebraucht werden, wenn sie es unternehmen, Gefangene gewaltsam zu befreien oder gewaltsam in eine Anstalt einzudringen.

Elfter Abschnitt
Erzieherische Maßnahmen, Disziplinarmaßnahmen

§ 82 Erzieherische Maßnahmen

(1) Verstöße der Gefangenen gegen Pflichten, die ihnen durch dieses Gesetz oder aufgrund dieses Gesetzes auferlegt sind, sind unverzüglich im erzieherischen Gespräch aufzuarbeiten. Daneben können Maßnahmen angeordnet werden, die geeignet sind, den Gefangenen ihr Fehlverhalten bewusst zu machen (erzieherische Maßnahmen). Als erzieherische Maßnahmen kommen namentlich in Betracht die Erteilung von Weisungen und Auflagen, die Beschränkung oder der Entzug einzelner Gegenstände für die Freizeitbeschäftigung und der Ausschluss von gemeinsamer Freizeit oder von einzelnen Freizeitveranstaltungen bis zur Dauer einer Woche.

(2) Die Anstaltsleitung legt fest, welche Bediensteten befugt sind, erzieherische Maßnahmen anzuordnen.

(3) Es sollen solche erzieherischen Maßnahmen angeordnet werden, die mit der Verfehlung in Zusammenhang stehen.

§ 83 Disziplinarmaßnahmen

(1) Disziplinarmaßnahmen dürfen nur angeordnet werden, wenn erzieherische Maßnahmen nach § 82 nicht ausreichen, um den Ge-

fangenen das Unrecht ihrer Handlung zu verdeutlichen. Zu berücksichtigen ist ferner eine aus demselben Anlass angeordnete besondere Sicherungsmaßnahme.

(2) Disziplinarmaßnahmen können angeordnet werden, wenn Gefangene rechtswidrig und schuldhaft

1. gegen Strafgesetze verstoßen oder eine Ordnungswidrigkeit begehen,

2. andere Personen verbal oder tätlich angreifen,

3. Lebensmittel oder fremdes Eigentum zerstören oder beschädigen,

4. sich zugewiesenen Aufgaben entziehen,

5. verbotene Gegenstände in die Anstalt bringen,

6. sich am Einschmuggeln verbotener Gegenstände beteiligen oder sie besitzen,

7. entweichen oder zu entweichen versuchen oder

8. in sonstiger Weise wiederholt oder schwerwiegend gegen die Hausordnung verstoßen oder das Zusammenleben in der Anstalt stören.

(3) Zulässige Disziplinarmaßnahmen sind

1. die Beschränkung oder der Entzug des Rundfunkempfangs bis zu zwei Monaten,

2. die Beschränkung oder der Entzug der Gegenstände für die Freizeitbeschäftigung oder der Ausschluss von gemeinsamer Freizeit oder von einzelnen Freizeitveranstaltungen bis zu zwei Monaten,

3. die Beschränkung des Einkaufs bis zu zwei Monaten und

4. Arrest bis zu zwei Wochen.

(4) Disziplinarmaßnahmen sind auch zulässig, wenn wegen derselben Verfehlung ein Straf- oder Bußgeldverfahren eingeleitet wird.

(5) Mehrere Disziplinarmaßnahmen können miteinander verbunden werden.

(6) Arrest darf nur wegen schwerer oder wiederholter Verfehlungen verhängt werden.

§ 84 Vollzug der Disziplinarmaßnahmen, Aussetzung zur Bewährung

(1) Disziplinarmaßnahmen werden in der Regel sofort vollstreckt.

(2) Disziplinarmaßnahmen können ganz oder teilweise bis zu sechs Monaten zur Bewährung ausgesetzt werden.

(3) Arrest wird in Einzelhaft vollzogen. Er ist erzieherisch auszugestalten. Die Gefangenen können in einem besonderen Arrestraum untergebracht werden, der den Anforderungen entsprechen muss, die an einen zum Aufenthalt bei Tag und Nacht bestimmten Haftraum gestellt werden. Soweit nichts anderes angeordnet wird, ruhen die Befugnisse der Gefangenen aus § 29, § 30 Abs. 2, § 31 Abs. 2 und 3, § 37 und §§ 40 bis 42.

§ 85 Disziplinarbefugnis

(1) Disziplinarmaßnahmen ordnet die Anstaltsleitung an. Bei einer Verfehlung auf dem Weg in eine andere Anstalt zum Zweck der Verlegung ist die aufnehmende Anstalt zuständig.

(2) Die Aufsichtsbehörde entscheidet, wenn sich die Verfehlung gegen die Anstaltsleitung richtet.

(3) Disziplinarmaßnahmen, die gegen die Gefangenen in einer anderen Anstalt oder während einer Untersuchungshaft angeordnet worden sind, werden auf Ersuchen vollstreckt. § 84 Abs. 2 bleibt unberührt.

§ 86 Verfahren

(1) Der Sachverhalt ist zu klären. Die betroffenen Gefangenen werden gehört. Sie sind darauf hinzuweisen, dass es ihnen freisteht, sich zu äußern. Die Erhebungen werden in einer Niederschrift festgelegt; die Einlassung der Gefangenen wird vermerkt.

(2) Bei schweren Verfehlungen soll sich die Anstaltsleitung vor der Entscheidung mit Personen besprechen, die an der Erziehung der Gefangenen mitwirken.

(3) Vor der Anordnung von Disziplinarmaßnahmen gegen Gefangene, die sich in ärztlicher Behandlung befinden, oder gegen Schwangere oder stillende Mütter ist eine Ärztin oder ein Arzt zu hören.

(4) Die Entscheidung wird den Gefangenen von der Anstaltsleitung mündlich eröffnet und mit einer kurzen Begründung schriftlich abgefasst.

(5) Bevor Arrest vollzogen wird, ist eine Ärztin oder ein Arzt zu hören. Während des Arrestes stehen die Gefangenen unter ärztlicher Aufsicht. Der Vollzug unterbleibt oder wird unterbrochen, wenn die Gesundheit der Gefangenen gefährdet würde.

Zwölfter Abschnitt
Beschwerde, Schlichtungsverfahren

§ 87 Beschwerderecht, Schlichtungsverfahren

(1) Die Gefangenen erhalten Gelegenheit, sich mit Wünschen, Anregungen und Beschwerden in Angelegenheiten, die sie selbst betreffen, an die Anstaltsleitung zu wenden.

(2) Besichtigen Vertreter der Aufsichtsbehörde die Anstalt, so ist zu gewährleisten, dass die Gefangenen sich in Angelegenheiten, die sie selbst betreffen, an diese wenden können.

(3) Die Möglichkeit der Dienstaufsichtsbeschwerde bleibt unberührt.

(4) Ein Antrag auf gerichtliche Entscheidung kann erst nach einem Verfahren zur gütlichen Streitbeilegung gestellt werden. Dieses Schlichtungsverfahren wird von der Vollstreckungsleiterin bzw. dem Vollstreckungsleiter durchgeführt.

Dreizehnter Abschnitt
Datenschutz

§ 88 Erhebung personenbezogener Daten

(1) Die Anstalt und die Aufsichtsbehörde dürfen personenbezogene Daten erheben, soweit dies für den Vollzug erforderlich ist.

(2) Personenbezogene Daten sind bei den Betroffenen zu erheben. Ohne ihre Mitwirkung dürfen sie nur erhoben werden, wenn

1. eine Rechtsvorschrift dies vorsieht oder zwingend voraussetzt oder

2. a) die zu erfüllende Verwaltungsaufgabe nach Art oder Geschäftszweck eine Erhebung bei anderen Personen oder Stellen erforderlich macht oder

b) die Erhebung bei den Betroffenen einen unverhältnismäßigen Aufwand erfordern würde

und keine Anhaltspunkte dafür bestehen, dass überwiegende schutzwürdige Interessen der Betroffenen beeinträchtigt werden.

(3) Werden personenbezogene Daten bei den Betroffenen erhoben, so sind diese von der verantwortlichen Stelle über

1. die Identität der verantwortlichen Stelle,

2. die Zweckbestimmungen der Datenverarbeitung und

3. die Kategorien von Empfängern nur, soweit die Betroffenen nach den Umständen des Einzelfalls nicht mit der Übermittlung an diese rechnen müssen,

zu unterrichten. Werden personenbezogene Daten bei den Betroffenen aufgrund einer Rechtsvorschrift erhoben, die zur Auskunft verpflichtet, oder ist die Erteilung der Auskunft Voraussetzung für die Gewährung von Rechtsvorteilen, so sind die Betroffenen hierauf, sonst auf die Freiwilligkeit ihrer Angaben hinzuweisen. Soweit nach den Umständen des Einzelfalles erforderlich oder auf Verlangen, sind sie über die Rechtsvorschrift und über die Folgen der Verweigerung von Angaben aufzuklären.

(4) Daten über Personen, die nicht Gefangene sind, dürfen ohne ihre Mitwirkung bei Personen oder Stellen außerhalb der Anstalt oder Aufsichtsbehörde nur erhoben werden, wenn sie für die Behandlung von Gefangenen, die Sicherheit der Anstalt oder die Sicherung des Vollzugs einer Jugend- oder Freiheitsstrafe unerlässlich sind und die Art der Erhebung schutzwürdige Interessen der Betroffenen nicht beeinträchtigt.

(5) Über eine ohne ihre Kenntnis vorgenommene Erhebung personenbezogener Daten werden die Betroffenen unter Angabe dieser Daten unterrichtet, soweit der in Absatz I genannte Zweck dadurch nicht gefährdet wird.

Sind die Daten bei anderen Personen oder Stellen erhoben worden, kann die Unterrichtung unterbleiben, wenn

1. die Daten nach einer Rechtsvorschrift oder ihrem Wesen nach, namentlich wegen des überwiegenden berechtigten Interesses Dritter, geheim gehalten werden müssen oder

2. der Aufwand der Unterrichtung außer Verhältnis zum Schutzzweck steht und keine Anhaltspunkte dafür bestehen, dass überwiegende schutzwürdige Interessen der Betroffenen beeinträchtigt werden.

(6) Werden personenbezogene Daten statt bei den Betroffenen bei einer nichtöffentlichen Stelle erhoben, so ist die Stelle auf die Rechtsvorschrift, die zur Auskunft verpflichtet, sonst auf die Freiwilligkeit ihrer Angaben hinzuweisen.

§ 89 Verarbeitung

(1) Die Anstalt und die Aufsichtsbehörde dürfen personenbezogene Daten verarbeiten, soweit dies für den Vollzug erforderlich ist.

(2) Die Verarbeitung personenbezogener Daten für andere Zwecke ist zulässig, soweit dies

1. zur Abwehr von sicherheitsgefährdenden oder geheimdienstlichen Tätigkeiten für eine fremde Macht oder von Bestrebungen im Geltungsbereich des Grundgesetzes, die durch Anwendung von Gewalt oder darauf gerichtete Vorbereitungshandlungen

a) gegen die freiheitliche demokratische Grundordnung, den Bestand oder die Sicherheit des Bundes oder eines Landes gerichtet sind,

b) eine ungesetzliche Beeinträchtigung der Amtsführung der Verfassungsorgane des Bundes oder eines Landes oder ihrer Mitglieder zum Ziele haben oder

c) auswärtige Belange der Bundesrepublik Deutschland gefährden,

2. zur Abwehr erheblicher Nachteile für das Gemeinwohl oder einer Gefahr für die öffentliche Sicherheit,

3. zur Abwehr einer schwerwiegenden Beeinträchtigung der Rechte einer anderen Person,

4. zur Verhinderung oder Verfolgung von Straftaten sowie zur Verhinderung oder Verfolgung von Ordnungswidrigkeiten, durch welche die Sicherheit oder Ordnung der Anstalt gefährdet werden oder

5. für Maßnahmen der Strafvollstreckung oder strafvollstreckungsrechtliche Entscheidungen erforderlich ist.

(3) Eine Verarbeitung für andere Zwecke liegt nicht vor, soweit sie dem gerichtlichen Rechtsschutz im Zusammenhang mit diesem Gesetz oder den in § 13 Abs. 3 des Saarländischen Datenschutzgesetzes vom 24. März 1993 (Amtsbl. S. 286), zuletzt geändert durch § 72 des Gesetzes vom 27. Februar 2002 (Amtsbl. S. 498), in der jeweils geltenden Fassung genannten Zwecken dient.

(4) Über die in den Absätzen 1 und 2 geregelten Zwecke hinaus dürfen zuständigen öffentlichen Stellen personenbezogene Daten übermittelt werden, soweit dies für

1. Maßnahmen der Gerichtshilfe, Jugendgerichtshilfe, Bewährungshilfe oder Führungsaufsicht,

2. Entscheidungen in Gnadensachen,

3. gesetzlich angeordnete Statistiken der Rechtspflege,

4. sozialrechtliche Maßnahmen,

5. die Einleitung von Hilfsmaßnahmen für Angehörige (§ 11 Abs. 1 Nr. 1 des Strafgesetzbuchs) der Gefangenen,

6. dienstliche Maßnahmen der Bundeswehr im Zusammenhang mit der Aufnahme und Entlassung von Soldaten,

7. ausländerrechtliche Maßnahmen oder

8. die Durchführung der Besteuerung

erforderlich ist. Eine Übermittlung für andere Zwecke ist auch zulässig, soweit eine andere gesetzliche Bestimmung dies vorsieht und sich dabei ausdrücklich auf personenbezogene Daten über Gefangene bezieht.

(5) Die Anstalt oder die Aufsichtsbehörde darf öffentlichen oder nichtöffentlichen Stellen auf schriftlichen Antrag mitteilen, ob sich eine Person in Haft befindet sowie ob und wann ihre Entlassung voraussichtlich innerhalb eines Jahres bevorsteht, soweit

1. die Mitteilung zur Erfüllung der in der Zuständigkeit der öffentlichen Stelle liegenden Aufgaben erforderlich ist oder

2. von nichtöffentlichen Stellen ein berechtigtes Interesse an dieser Mitteilung glaubhaft dargelegt wird und die Gefangenen kein schutzwürdiges Interesse an dem Ausschluss der Übermittlung haben.

Den Verletzten einer Straftat ist auf Antrag mitzuteilen, ob erstmalig Vollzugslockerungen oder Urlaub gewährt werden, wenn sie ein berechtigtes Interesse darlegen und kein überwiegendes schutzwürdiges Interesse der Gefangenen am Ausschluss der Mitteilung vorliegt. In den in § 395 Abs. 1 Nr. 1 Buchstabe a, c und d und Nr. 2 der Strafprozessordnung genannten Fällen bedarf es der Darlegung eines berechtigten Interesses nicht. Den Verletzten können darüber hinaus auf schriftlichen Antrag Auskünfte über die Entlassungsadresse oder die Vermögensverhältnisse von Gefangenen erteilt werden, wenn die Erteilung zur Feststellung oder Durchsetzung von Rechtsansprüchen im Zusammenhang mit der Straftat erforderlich ist. Die Gefangenen werden vor der Mitteilung gehört, es sei denn, es ist zu besorgen, dass dadurch die Verfolgung des Interesses der Antragsteller vereitelt oder wesentlich erschwert werden würde, und eine Abwägung ergibt, dass dieses Interesse das Interesse der Gefangenen an ihrer vorherigen Anhörung überwiegt. Ist die Anhörung unterblieben, werden die betroffenen Gefangenen über die Mitteilung der Anstalt oder Aufsichtsbehörde nachträglich unterrichtet.

(6) Akten mit personenbezogenen Daten dürfen nur anderen Anstalten, Aufsichtsbehörden, den für Strafvollzugs-, strafvollstreckungs- und strafrechtliche Entscheidungen zuständigen Gerichten sowie den Strafvollstreckungs- und Strafverfolgungsbehörden überlassen werden. Die Überlassung an andere öffentliche Stellen ist zulässig, soweit die Erteilung einer Auskunft einen unvertretbaren Aufwand erfordert oder nach Darle-

gung der Akteneinsicht begehrenden Stellen für die Erfüllung der Aufgabe nicht ausreicht. Entsprechendes gilt für die Überlassung von Akten an die von der Vollzugsbehörde mit Gutachten beauftragten Stellen.

(7) Sind mit personenbezogenen Daten, die nach Absatz 1, Absatz 2 oder Absatz 4 übermittelt werden dürfen, weitere personenbezogene Daten von Betroffenen oder von Dritten in Akten so verbunden, dass eine Trennung nicht oder nur mit unvertretbarem Aufwand möglich ist, so ist die Übermittlung auch dieser Daten zulässig, soweit nicht berechtigte Interessen von Betroffenen oder Dritten an deren Geheimhaltung offensichtlich überwiegen. Eine Verarbeitung dieser Daten durch die Empfänger ist unzulässig.

(8) Bei der Überwachung der Besuche oder des Schriftwechsels sowie bei der Überwachung des Inhaltes von Paketen bekannt gewordene personenbezogene Daten dürfen nur

1. für die in Absatz 2 aufgeführten Zwecke,

2. für den gerichtlichen Rechtsschutz im Zusammenhang mit diesem Gesetz,

3. zur Wahrung der Sicherheit oder Ordnung der Anstalt oder

4. nach Anhörung der Gefangenen für Zwecke der Behandlung

verarbeitet werden.

(9) Personenbezogene Daten, die nach § 88 Abs. 4 über Personen, die nicht Gefangene sind, erhoben worden sind, dürfen nur zur Erfüllung des Erhebungszwecks, für die in Absatz 2 Nr. 1 bis 3 geregelten Zwecke oder zur Verhinderung oder Verfolgung von Straftaten von erheblicher Bedeutung verarbeitet werden.

(10) Die Übermittlung von personenbezogenen Daten unterbleibt, soweit die in § 92 Abs. 2 oder § 94 Abs. 2 und 4 geregelten Einschränkungen oder besondere gesetzliche Verwendungsregelungen entgegenstehen.

(11) Die Verantwortung für die Zulässigkeit der Übermittlung trägt die übermittelnde Anstalt oder Aufsichtsbehörde. Erfolgt die Übermittlung auf Ersuchen einer öffentlichen Stelle, trägt diese die Verantwortung. In die-

sem Fall prüft die übermittelnde Anstalt oder Aufsichtsbehörde nur, ob Übermittlungsersuchen im Rahmen der Aufgaben der Empfänger liegen und die Absätze 8 bis 10 der Übermittlung nicht entgegenstehen, es sei denn, dass besonderer Anlass zur Prüfung der Zulässigkeit der Übermittlung besteht.

§ 90 Zentrale Datei, Einrichtung automatisierter Übermittlungs- und Abrufverfahren

(1) Die nach § 88 erhobenen Daten können für die Anstalt und die Aufsichtsbehörde in einer zentralen Datei gespeichert werden.

(2) Die Einrichtung eines automatisierten Verfahrens, das die Übermittlung oder den Abruf personenbezogener Daten aus der zentralen Datei nach § 89 Abs. 2 und 4 ermöglicht, ist zulässig, soweit diese Form der Datenübermittlung oder des Datenabrufs unter Berücksichtigung der schutzwürdigen Belange der betroffenen Personen und der Erfüllung des Zwecks der Übermittlung angemessen ist. Die für § 13 Abs. 1 Satz 3 des Bundeskriminalamtgesetzes erforderlichen personenbezogenen Daten können automatisiert übermittelt werden.

(3) Die speichernde Stelle hat zu gewährleisten, dass die Übermittlung und der Abruf zumindest durch geeignete Stichprobenverfahren festgestellt und überprüft werden können.

(4) Das Ministerium für Justiz, Arbeit, Gesundheit und Soziales bestimmt durch Rechtsverordnung die Einzelheiten der Einrichtung automatisierter Übermittlungs- und Abrufverfahren. Der Landesbeauftragte für Datenschutz und Informationsfreiheit ist vorher zu hören. Die Rechtsverordnung hat die Datenempfänger, die Datenart und den Zweck der Abrufe festzulegen. Sie hat Maßnahmen zur Datensicherung und zur Kontrolle vorzusehen, die in einem angemessenen Verhältnis zu dem angestrebten Schutzzweck stehen.

(5) Die Landesregierung kann mit anderen Ländern und dem Bund einen Datenverbund vereinbaren, der eine automatisierte Daten-

übermittlung der nach § 88 erhobenen Daten ermöglicht.

§ 91 Zweckbindung

Von der Anstalt oder der Aufsichtsbehörde übermittelte personenbezogene Daten dürfen nur zu dem Zweck verarbeitet werden, zu dessen Erfüllung sie übermittelt worden sind. Die Empfänger dürfen die Daten für andere Zwecke nur verarbeiten, soweit sie ihnen auch für diese Zwecke hätten übermittelt werden dürfen, und wenn im Fall einer Übermittlung an nichtöffentliche Stellen die übermittelnde Anstalt oder Aufsichtsbehörde zugestimmt hat. Die Anstalt oder die Aufsichtsbehörde hat die nichtöffentlichen Empfänger auf die Zweckbindung nach Satz 1 hinzuweisen.

§ 92 Schutz besonderer Daten

(1) Das religiöse oder weltanschauliche Bekenntnis und personenbezogene Daten von Gefangenen, die anlässlich ärztlicher Untersuchungen erhoben worden sind, dürfen in der Anstalt nicht allgemein kenntlich gemacht werden. Andere personenbezogene Daten von Gefangenen dürfen innerhalb der Anstalt allgemein kenntlich gemacht werden, soweit dies für ein geordnetes Zusammenleben in der Anstalt erforderlich ist. § 89 Abs. 8 bis 10 bleibt unberührt.

(2) Personenbezogene Daten, die

1. Ärztinnen, Ärzten, Zahnärztinnen, Zahnärzten oder Angehörigen eines anderen Heilberufs, der für die Berufsausübung oder die Führung der Berufsbezeichnung eine staatlich geregelte Ausbildung erfordert,

2. Berufspsychologinnen oder Berufspsychologen mit staatlich anerkannter wissenschaftlicher Abschlussprüfung oder

3. staatlich anerkannten Sozialarbeiterinnen oder Sozialarbeitern oder staatlich anerkannten Sozialpädagoginnen oder Sozialpädagogen

von Gefangenen als Geheimnis anvertraut oder über Gefangene sonst bekannt geworden sind, unterliegen auch gegenüber der Anstalt und der Aufsichtsbehörde der Schweigepflicht. Die in Satz 1 genannten Personen haben sich gegenüber der Anstaltsleitung zu offenbaren, soweit dies für die Aufgabenerfüllung der Anstalt oder der Aufsichtsbehörde oder zur Abwehr von erheblichen Gefahren für Leib oder Leben von Gefangenen oder Dritten erforderlich ist. Ärztinnen und Ärzte sind zur Offenbarung ihnen im Rahmen der allgemeinen Gesundheitsfürsorge bekannt gewordener Geheimnisse verpflichtet, soweit dies für die Aufgabenerfüllung der Anstalt oder der Aufsichtsbehörde unerlässlich oder zur Abwehr von erheblichen Gefahren für Leib oder Leben von Gefangenen oder Dritten erforderlich ist. Sonstige Offenbarungsbefugnisse bleiben unberührt. Die Gefangenen sind vor der Erhebung über die nach den Sätzen 2 und 3 bestehenden Offenbarungsbefugnisse zu unterrichten.

(3) Die nach Absatz 2 offenbarten Daten dürfen nur für den Zweck, für den sie offenbart wurden oder für den eine Offenbarung zulässig gewesen wäre, und nur unter denselben Voraussetzungen verarbeitet werden, unter denen eine in Absatz 2 Satz 1 genannte Person selbst hierzu befugt wäre. Die Anstaltsleitung kann unter diesen Voraussetzungen die unmittelbare Offenbarung gegenüber bestimmten Bediensteten allgemein zulassen.

(4) Sofern Ärztinnen beziehungsweise Ärzte oder Psychologinnen beziehungsweise Psychologen außerhalb des Vollzugs mit der Untersuchung oder Behandlung von Gefangenen beauftragt werden, gilt Absatz 2 mit der Maßgabe entsprechend, dass die beauftragten Personen auch zur Unterrichtung der in der Anstalt tätigen Ärztin beziehungsweise des in der Anstalt tätigen Arztes oder der in der Anstalt mit der Behandlung der Gefangenen betrauten Psychologin beziehungsweise dem in der Anstalt mit der Behandlung der Gefangenen betrauten Psychologen befugt sind.

§ 93 Schutz der Daten in Akten und Dateien

(1) Bedienstete dürfen sich von personenbezogenen Daten nur Kenntnis verschaffen, soweit dies zur Erfüllung der ihnen obliegenden

Aufgaben oder für die Zusammenarbeit nach § 7 erforderlich ist.

(2) Akten und Dateien mit personenbezogenen Daten sind durch die erforderlichen technischen und organisatorischen Maßnahmen gegen unbefugten Zugang und unbefugten Gebrauch zu schützen. Gesundheitsakten und Krankenblätter sind getrennt von anderen Unterlagen zu führen und besonders zu sichern.

§ 94 Berichtigung, Löschung und Sperrung

(1) Die in Dateien gespeicherten personenbezogenen Daten sind spätestens fünf Jahre nach der Entlassung der Gefangenen oder der Verlegung der Gefangenen in eine andere Anstalt zu löschen. Hiervon können bis zum Ablauf der Aufbewahrungsfrist für die Gefangenenpersonalakte die Angaben über Familienname, Vorname, Geburtsname, Geburtstag, Geburtsort, Eintritts- und Austrittsdatum der Gefangenen ausgenommen werden, soweit dies für das Auffinden der Gefangenenpersonalakte erforderlich ist.

(2) Personenbezogene Daten in Akten dürfen nach Ablauf von fünf Jahren seit der Entlassung der Gefangenen nur übermittelt oder genutzt werden, soweit dies

1. zur Verfolgung von Straftaten,

2. für die Durchführung wissenschaftlicher Forschungsvorhaben nach § 97,

3. zur Behebung einer bestehenden Beweisnot oder

3. zur Feststellung, Durchsetzung oder Abwehr von Rechtsansprüchen im Zusammenhang mit dem Vollzug einer Jugend- oder Freiheitsstrafe

unerlässlich ist. Diese Verwendungsbeschränkungen enden, wenn die Gefangenen erneut zum Vollzug einer Jugend- oder Freiheitsstrafe aufgenommen werden oder die Betroffenen eingewilligt haben.

(3) Bei der Aufbewahrung von Akten mit nach Absatz 2 gesperrten Daten dürfen folgende Fristen nicht überschritten werden:

1. Gefangenenpersonalakten, Gesundheitsakten und Krankenblätter   20 Jahre,

2. Gefangenenbücher   30 Jahre.

Dies gilt nicht, wenn aufgrund bestimmter Tatsachen anzunehmen ist, dass die Aufbewahrung für die in Absatz 2 Satz 1 genannten Zwecke weiterhin erforderlich ist. Die Aufbewahrungsfrist beginnt mit dem auf das Jahr der aktenmäßigen Weglegung folgenden Kalenderjahr. Die Bestimmungen des Saarländischen Archivgesetzes bleiben unberührt.

(4) Wird festgestellt, dass unrichtige Daten übermittelt worden sind, ist dies den Empfängern mitzuteilen, wenn dies zur Wahrung schutzwürdiger Interessen der Betroffenen erforderlich ist.

(5) Im Übrigen gilt für die Berichtigung, Löschung und Sperrung personenbezogener Daten § 21 des Saarländischen Datenschutzgesetzes.

§ 95 Auskunft an die Betroffenen, Akteneinsicht

(1) Den Betroffenen ist auf Antrag Auskunft zu erteilen über

1. die zu ihrer Person gespeicherten Daten, auch soweit sie sich auf die Herkunft dieser Daten bezieht,

2. die Empfänger oder Kategorien von Empfängern, an die die Daten weitergegeben werden, und

3. den Zweck der Speicherung.

In dem Antrag soll die Art der personenbezogenen Daten, über die Auskunft erteilt werden soll, näher bezeichnet werden. Sind die personenbezogenen Daten weder automatisiert noch in nicht automatisierten Dateien gespeichert, wird die Auskunft nur erteilt, soweit die Betroffenen Angaben machen, die das Auffinden der Daten ermöglichen, und der für die Erteilung der Auskunft erforderliche Aufwand nicht außer Verhältnis zu dem von den Betroffenen geltend gemachten Informationsinteresse steht. Die Anstalt oder die Aufsichtsbehörde bestimmt das Verfahren, insbesondere die Form der Auskunftserteilung, nach pflichtgemäßem Ermessen.

(2) Absatz 1 gilt nicht für personenbezogene Daten, die nur deshalb gespeichert sind, weil sie aufgrund gesetzlicher, satzungsmäßiger

oder vertraglicher Aufbewahrungsvorschriften nicht gelöscht werden dürfen, oder ausschließlich Zwecken der Datensicherung oder der Datenschutzkontrolle dienen, und bei denen eine Auskunftserteilung einen unverhältnismäßigen Aufwand erfordern würde.

(3) Bezieht sich die Auskunftserteilung auf die Übermittlung personenbezogener Daten an Behörden der Staatsanwaltschaft, an Polizeidienststellen, Verfassungsschutzbehörden, den Bundesnachrichtendienst, den Militärischen Abschirmdienst und, soweit die Sicherheit des Bundes berührt wird, andere Behörden des Bundesministeriums der Verteidigung, so ist sie nur mit Zustimmung dieser Stellen zulässig.

(4) Die Auskunftserteilung unterbleibt, soweit

1. die Auskunft die ordnungsgemäße Erfüllung der in der Zuständigkeit der verantwortlichen Stelle liegenden Aufgaben gefährden würde,

2. die Auskunft die öffentliche Sicherheit oder Ordnung gefährden oder sonst dem Wohle des Bundes oder eines Landes Nachteile bereiten würde oder

3. die Daten oder die Tatsache ihrer Speicherung nach einer Rechtsvorschrift oder wegen der überwiegenden berechtigten Interessen Dritter geheim gehalten werden müssen

und deswegen das Interesse der Betroffenen an der Auskunftserteilung zurücktreten muss.

(5) Die Ablehnung der Auskunftserteilung bedarf einer Begründung nicht, soweit durch die Mitteilung der tatsächlichen und rechtlichen Gründe, auf die die Entscheidung gestützt wird, der mit der Auskunftsverweigerung verfolgte Zweck gefährdet würde. In diesen Fällen sind die Betroffenen darauf hinzuweisen, dass sie sich an den Landesbeauftragten für Datenschutz und Informationsfreiheit wenden können.

(6) Wird den Betroffenen keine Auskunft erteilt, so ist sie auf deren Verlangen dem Landesbeauftragten für Datenschutz und Informationsfreiheit zu erteilen, soweit nicht die Aufsichtsbehörde im Einzelfall feststellt, dass

dadurch die Sicherheit des Saarlandes, eines anderen Landes oder des Bundes gefährdet würde. Die Mitteilung des Landesbeauftragten für Datenschutz und Informationsfreiheit an die Betroffenen darf keine Rückschlüsse auf den Erkenntnisstand der speichernden Stelle zulassen, sofern diese nicht einer weitergehenden Auskunft zustimmt.

(7) Die Auskunft nach Absatz 1 ist unentgeltlich.

(8) Soweit eine Auskunft für die Wahrnehmung der rechtlichen Interessen der Gefangenen nicht ausreicht und sie hierfür auf die Einsichtnahme angewiesen sind, wird Akteneinsicht gewährt.

§ 96 Anwendung des Saarländischen Datenschutzgesetzes

Die Regelungen des Saarländischen Datenschutzgesetzes über Begriffsbestimmungen (§ 3 des Saarländischen Datenschutzgesetzes), Einholung und Form der Einwilligung der Betroffenen (§ 4 Abs. 1 des Saarländischen Datenschutzgesetzes), das Datengeheimnis (§ 6 des Saarländischen Datenschutzgesetzes), die Sicherstellung des Datenschutzes (§ 7 des Saarländischen Datenschutzgesetzes), die Verfahrensbeschreibung (§ 9 des Saarländischen Datenschutzgesetzes), technische und organisatorische Maßnahmen zum Datenschutz (§ 11 des Saarländischen Datenschutzgesetzes) und über unabdingbare Rechte der Betroffenen (§ 19 des Saarländischen Datenschutzgesetzes) gelten entsprechend. Das Saarländische Datenschutzgesetz bleibt im Hinblick auf die Schadensersatz-, Straf- und Bußgeldvorschriften sowie die Bestimmungen über die Kontrolle durch den Landesbeauftragten für Datenschutz und Informationsfreiheit unberührt.

Vierzehnter Abschnitt Kriminologische Forschung

§ 97 Evaluation, kriminologische Forschung

(1) Behandlungsprogramme für die Gefangenen sind auf der Grundlage wissenschaftlicher Erkenntnisse zu konzipieren, zu standar-

disieren und auf ihre Wirksamkeit hin zu überprüfen.

(2) Der Jugendstrafvollzug, insbesondere seine Aufgabenerfüllung und Gestaltung, die Umsetzung seiner Leitlinien sowie die Behandlungsprogramme und deren Wirkungen auf das Vollzugsziel, soll regelmäßig durch den kriminologischen Dienst, durch eine Hochschule oder durch eine andere Stelle wissenschaftlich begleitet und erforscht werden. § 476 der Strafprozessordnung gilt mit der Maßgabe entsprechend, dass auch elektronisch gespeicherte personenbezogene Daten übermittelt werden können.

Fünfzehnter Abschnitt
Aufbau der Jugendstrafvollzugsanstalt

§ 98 Anstalt

(1) Die Jugendstrafe wird in der Justizvollzugsanstalt Ottweiler (Anstalt) vollzogen. Gemeinsame Aus- und Fortbildungsmaßnahmen von nach Jugendstrafrecht und nach allgemeinem Strafrecht Verurteilten sind zulässig.

(2) Räume für den Aufenthalt während der Ruhe- und Freizeit sowie Gemeinschafts- und Besuchsräume sind zweckentsprechend auszugestalten.

(3) Die Abteilungen der Anstalt sollen in Wohngruppen gegliedert sein, zu denen neben den Hafträumen weitere Räume zur gemeinsamen Nutzung gehören.

§ 99 Festsetzung der Belegungsfähigkeit, Verbot der Überbelegung

(1) Die Aufsichtsbehörde setzt die Belegungsfähigkeit der Anstalt so fest, dass eine angemessene Unterbringung während der Ruhezeit gewährleistet ist. Dabei ist zu berücksichtigen, dass eine ausreichende Anzahl von Plätzen für Aus- und Weiterbildung, Arbeit sowie von Räumen für Seelsorge, Freizeit, Sport, therapeutische Maßnahmen und Besuche zur Verfügung steht.

(2) Hafträume dürfen nicht mit mehr Gefangenen als zugelassen belegt werden.

(3) Ausnahmen von Absatz 2 sind nur vorübergehend und nur mit Zustimmung der Aufsichtsbehörde zulässig.

§ 100 Einrichtungen zur schulischen und beruflichen Bildung, Arbeitsbetriebe

(1) Die erforderlichen Einrichtungen zur schulischen und beruflichen Bildung, arbeitstherapeutischen Beschäftigung und die notwendigen Betriebe für die Arbeit sind vorzuhalten. Sie sind den Verhältnissen außerhalb der Anstalt anzugleichen.

(2) Bildung und Beschäftigung können auch in geeigneten privaten Einrichtungen und Betrieben erfolgen. Die technische und fachliche Leitung kann Angehörigen dieser Einrichtungen und Betriebe übertragen werden.

§ 101 Anstaltsleitung

(1) Die Anstaltsleiterin beziehungsweise der Anstaltsleiter trägt die Verantwortung für den gesamten Vollzug und vertritt die Anstalt nach außen. Sie beziehungsweise er kann einzelne Aufgabenbereiche auf andere Bedienstete übertragen. Die Aufsichtsbehörde kann sich die Zustimmung zur Übertragung vorbehalten.

(2) Für die Anstalt ist eine Beamtin oder ein Beamter des höheren Dienstes zur hauptamtlichen Leiterin oder zum hauptamtlichen Leiter zu bestellen. Aus besonderen Gründen kann die Anstalt auch von einer Beamtin oder einem Beamten des gehobenen Dienstes geleitet werden.

§ 102 Bedienstete

Die Anstalt wird mit dem für das Erreichen des Vollzugsziels erforderlichen Personal ausgestattet. Es muss für die erzieherische Gestaltung des Vollzugs geeignet und qualifiziert sein. Fortbildung sowie Praxisberatung und -begleitung für die Bediensteten sind zu gewährleisten.

§ 103 Seelsorger

(1) Seelsorgerinnen oder Seelsorger werden im Einvernehmen mit der jeweiligen Religionsgemeinschaft im Hauptamt bestellt oder vertraglich verpflichtet.

(2) Wenn die geringe Anzahl der Angehörigen einer Religionsgemeinschaft eine Seelsorge nach Absatz 1 nicht rechtfertigt, ist die seelsorgerische Betreuung auf andere Weise zuzulassen.

(3) Mit Zustimmung der Anstaltsleitung darf die Anstaltsseelsorgerin beziehungsweise der Anstaltsseelsorger sich freier Seelsorgehelfer bedienen und diese für Gottesdienste sowie für andere religiöse Veranstaltungen von außen zuziehen.

§ 104 Medizinische Versorgung

(1) Die ärztliche Versorgung ist sicherzustellen.

(2) Die Pflege der Kranken soll von Bediensteten ausgeübt werden, die eine Erlaubnis nach dem Krankenpflegegesetz besitzen. Solange diese nicht zur Verfügung stehen, können auch Bedienstete eingesetzt werden, die eine sonstige Ausbildung in der Krankenpflege erfahren haben.

§ 105 Sozialtherapeutische Abteilung

In der Anstalt soll eine sozialtherapeutische Abteilung eingerichtet werden.

§ 106 Konferenzen

Zur Erstellung und Fortschreibung des Vollzugsplans und zur Vorbereitung anderer wichtiger Vollzugsentscheidungen führt die Anstaltsleitung Konferenzen mit an der Erziehung maßgeblich Beteiligten durch.

§ 107 Mitverantwortung der Gefangenen

Den Gefangenen soll ermöglicht werden, an der Verantwortung für Angelegenheiten von gemeinsamem Interesse teilzunehmen, die sich ihrer Eigenart und der Aufgabe der Anstalt nach für ihre Mitwirkung eignen.

§ 108 Hausordnung

(1) Die Anstaltsleitung erlässt eine Hausordnung. Die Aufsichtsbehörde kann sich die Genehmigung vorbehalten.

(2) In die Hausordnung sind namentlich Anordnungen aufzunehmen über die

1. Besuchszeiten, Häufigkeit und Dauer der Besuche,

2. Arbeitszeit, Freizeit und Ruhezeit sowie

3. Gelegenheit, Anträge und Beschwerden anzubringen oder sich an eine Vertreterin oder einen Vertreter der Aufsichtsbehörde zu wenden.

Sechzehnter Abschnitt
Aufsicht, Beirat

§ 109 Aufsichtsbehörde

Das Ministerium für Justiz, Arbeit, Gesundheit und Soziales führt die Aufsicht über die Anstalt.

§ 110 Vollstreckungsplan

Die Aufsichtsbehörde regelt die örtliche und sachliche Zuständigkeit der Anstalt in einem Vollstreckungsplan.

§ 111 Beirat

(1) Bei der Anstalt ist ein Beirat zu bilden. Bedienstete dürfen nicht Mitglieder des Beirats sein.

(2) Die Mitglieder des Beirats wirken bei der Gestaltung des Vollzugs und bei der Betreuung der Gefangenen mit. Sie unterstützen die Anstaltsleitung durch Anregungen und Verbesserungsvorschläge und helfen bei der Eingliederung der Gefangenen nach der Entlassung.

(3) Die Mitglieder des Beirats können namentlich Wünsche, Anregungen und Beanstandungen entgegennehmen. Sie können sich über die Unterbringung, Beschäftigung, berufliche Bildung, Verpflegung, ärztliche Versorgung und Behandlung unterrichten sowie die Anstalt besichtigen. Sie können die Gefangenen in ihren Räumen aufsuchen. Unterhaltung und Schriftwechsel werden nicht überwacht.

(4) Die Mitglieder des Beirats sind verpflichtet, außerhalb ihres Amtes über alle Angelegenheiten, die ihrer Natur nach vertraulich sind, besonders über Namen und Persönlichkeit der Gefangenen, Verschwiegenheit zu bewahren. Dies gilt auch nach Beendigung ihres Amtes.

Siebzehnter Abschnitt
Schlussbestimmungen

§ 112 Einschränkung von Grundrechten

Durch dieses Gesetz werden die Rechte auf körperliche Unversehrtheit und Freiheit der Person (Artikel 2 Abs. 2 des Grundgesetzes) und auf Unverletzlichkeit des Brief-, Post- und Fernmeldegeheimnisses (Artikel 10 des Grundgesetzes) eingeschränkt.

§ 113 Inkrafttreten, Übergangregelungen, Außerkrafttreten

(1) Dieses Gesetz tritt zum 1. Januar 2008 in Kraft.

(2) Abweichend von § 13 ist die Möglichkeit zum offenen Vollzug bis spätestens 31. Dezember 2009 zu schaffen.

(3) Abweichend von § 105 ist eine sozialtherapeutische Abteilung in der Anstalt bis spätestens 3l . Dezember 2010 einzurichten.

(4) Dieses Gesetz tritt am 31. Dezember 2010 außer Kraft.

Sächsisches Gesetz über den Vollzug der Jugendstrafe (Sächsisches Jugendstrafvollzugsgesetz – SächsJStVollzG)

Vom 12. Dezember 2007 (SächsGVBl. S. 558)

Inhaltsübersicht

Teil 1
Allgemeine Bestimmungen

§ 1 Anwendungsbereich

Dieses Gesetz regelt den Vollzug der Jugendstrafe (Vollzug), soweit nicht der Vollstreckungsleiter nach den Vorschriften des Jugendgerichtsgesetzes (JGG) in der Fassung der Bekanntmachung vom 11. Dezember 1974 (BGBl. I S. 3427), zuletzt geändert durch Artikel 3 des Gesetzes vom 13. April 2007 (BGBl. I S. 513, 517), in der jeweils geltenden Fassung, anordnet, dass der Vollzug nach den Vorschriften des Strafvollzugs für Erwachsene erfolgt.

§ 2 Ziel und Aufgabe des Vollzugs

Der Vollzug dient dem Ziel, die Gefangenen zu befähigen, künftig in sozialer Verantwortung ein Leben ohne Straftaten zu führen. Er erfüllt auch die Aufgabe, die Allgemeinheit vor weiteren Straftaten zu schützen.

§ 3 Erziehungsauftrag und Vollzugsgestaltung

(1) Die Gefangenen sind in der Entwicklung ihrer Fähigkeiten und Fertigkeiten so zu fördern, dass sie zu einer eigenverantwortlichen und gemeinschaftsfähigen Lebensführung in Achtung der Rechte Anderer befähigt werden (Erziehungsauftrag). Die Gefangenen sind zur Einsicht in die beim Opfer verursachten Tatfolgen zu erziehen. Sie sind zur Ehrfurcht vor allem Lebendigen, zur Nächstenliebe, zum Frieden und zur Erhaltung der Umwelt, zur Heimatliebe, zu sittlichem und politischem Verantwortungsbewusstsein, zu Gerechtigkeit und zur Achtung vor der Überzeugung des Anderen, zu beruflichem Können, zu sozialem Handeln und zu freiheitlicher demokratischer Haltung zu erziehen.

(2) Personelle Ausstattung, sachliche Mittel und Organisation der Anstalt (§ 98 Abs. 1 Satz 1) sind an Zielsetzung und Aufgabe des Vollzugs sowie den besonderen Bedürfnissen der Gefangenen auszurichten.

(3) Das Leben in der Anstalt ist den allgemeinen Lebensverhältnissen so weit wie möglich anzugleichen. Schädlichen Folgen der Freiheitsentziehung ist entgegenzuwirken. Der Vollzug wird von Beginn an darauf ausgerichtet, den Gefangenen bei der Eingliederung in ein Leben in Freiheit ohne Straftaten (Eingliederung) zu helfen. Die Belange von Sicherheit und Ordnung in der Anstalt sowie die Belange der Allgemeinheit sind zu beachten.

(4) Die unterschiedlichen Lebenslagen und Bedürfnisse von weiblichen und männlichen Gefangenen werden bei der Vollzugsgestaltung und bei Einzelmaßnahmen berücksichtigt.

§ 4 Mitwirkung der Gefangenen

(1) Den Gefangenen obliegt, an der Erreichung des Vollzugsziels mitzuwirken.

(2) Die Bereitschaft der Gefangenen zur Mitwirkung ist durch eine auf Ermutigung zur aktiven Mitwirkung abstellende Vollzugsplanung, Bereitstellung motivierender Lerngelegenheiten und verbindlicher Entwicklungshilfen, Maßnahmen der Belohnung und Anerkennung sowie durch unterstützende und normverdeutlichende Maßnahmen zu wecken und zu fördern.

§ 5 Erziehung und Förderung

(1) Erziehung und Förderung erfolgen durch Maßnahmen und Programme zur Entwicklung und Stärkung der Fähigkeiten und Fertigkeiten der Gefangenen im Hinblick auf die Erreichung des Vollzugsziels. Durch differenzierte Angebote soll auf den jeweiligen Entwicklungsstand und den unterschiedlichen Erziehungs- und Förderbedarf der Gefangenen eingegangen werden.

(2) Die Maßnahmen und Programme richten sich insbesondere auf die Auseinandersetzung mit den eigenen Straftaten, deren Ursachen und Folgen, die schulische Bildung, berufliche Qualifizierung, soziale Integration und die verantwortliche Gestaltung des alltäglichen Zusammenlebens, der freien Zeit sowie der Außenkontakte.

§ 6 Stellung der Gefangenen

(1) Die Gefangenen unterliegen den in diesem Gesetz vorgesehenen Beschränkungen

ihrer Freiheit. Soweit das Gesetz keine besondere Regelung enthält, dürfen ihnen nur Beschränkungen auferlegt werden, die zur Aufrechterhaltung der Sicherheit oder zur Abwendung einer schwerwiegenden Störung der Ordnung in der Anstalt unerlässlich sind.

(2) Vollzugsmaßnahmen sollen den Gefangenen erläutert werden. Soweit erforderlich, wird ein Dolmetscher hinzugezogen.

§ 7 Zusammenarbeit und Einbeziehung Dritter

(1) Alle in der Anstalt Tätigen sind verpflichtet, zusammenzuarbeiten und daran mitzuwirken, das Vollzugsziel zu erreichen.

(2) Die Anstalt arbeitet mit Dritten, insbesondere mit der Bewährungshilfe und der Führungsaufsicht, zusammen, soweit dies zur Eingliederung erforderlich ist.

(3) Die Personensorgeberechtigten sind, soweit dies möglich ist und dem Vollzugsziel nicht zuwiderläuft, in die Planung und Gestaltung des Vollzugs einzubeziehen.

§ 8 Soziale Hilfe

Die Gefangenen werden durch die Anstalt darin unterstützt, ihre persönlichen, wirtschaftlichen und sozialen Schwierigkeiten zu beheben. Sie sollen dazu angeregt und in die Lage versetzt werden, ihre Angelegenheiten selbst zu regeln, insbesondere den durch die Straftat verursachten materiellen und immateriellen Schaden wiedergutzumachen und eine Schuldenregulierung herbeizuführen.

Teil 2
Planung des Vollzugs

§ 9 Aufnahme

(1) Mit dem Gefangenen wird unverzüglich ein Zugangsgespräch geführt, in dem seine gegenwärtige Lebenssituation erörtert und er über seine Rechte und Pflichten informiert wird. Ihm ist die Hausordnung auszuhändigen. Dieses Gesetz, die von ihm in Bezug genommenen Gesetze sowie die zu seiner Ausführung erlassenen Rechtsverordnungen und veröffentlichten Verwaltungsvorschrif-

ten sind dem Gefangenen auf Verlangen zugänglich zu machen.

(2) Beim Zugangsgespräch dürfen andere Gefangene nicht zugegen sein.

(3) Der Gefangene wird alsbald ärztlich untersucht.

(4) Den Personensorgeberechtigten und dem Jugendamt wird die Aufnahme unverzüglich mitgeteilt.

(5) Der Gefangene soll dabei unterstützt werden, notwendige Maßnahmen für hilfsbedürftige Angehörige und die Sicherung seiner Vermögensgegenstände außerhalb der Anstalt zu veranlassen.

§ 10 Feststellung des Erziehungs- und Förderbedarfs

(1) Nach der Aufnahme wird dem Gefangenen das Ziel seines Aufenthalts in der Anstalt verdeutlicht sowie das Angebot an Unterricht, Aus- und Fortbildung, Arbeit, therapeutischer Behandlung und Freizeit erläutert.

(2) Der Erziehungs- und Förderbedarf des Gefangenen wird in einem Diagnoseverfahren ermittelt. Es erstreckt sich auf die Persönlichkeit, die Lebensverhältnisse, die Ursachen und Umstände der Straftat sowie sonstige Umstände, deren Kenntnis für eine zielgerichtete Vollzugsgestaltung und die Eingliederung erforderlich sind. Erkenntnisse der Jugendgerichtshilfe und Bewährungshilfe sind einzubeziehen.

(3) Die Planung des Vollzugs wird mit dem Gefangenen erörtert. Dabei werden seine Anregungen und Vorschläge einbezogen, soweit sie dem Vollzugsziel dienen.

§ 11 Vollzugsplan

(1) Auf der Grundlage des festgestellten Erziehungs- und Förderbedarfs wird regelmäßig innerhalb der ersten sechs Wochen nach der Aufnahme ein Vollzugsplan für den Gefangenen erstellt.

(2) Der Vollzugsplan wird in regelmäßigen Abständen auf seine Umsetzung überprüft, mit dem Gefangenen erörtert und fortgeschrieben. Bei der Fortschreibung sind die Entwicklung des Gefangenen und die in der

Zwischenzeit gewonnenen Erkenntnisse zu berücksichtigen.

(3) Der Vollzugsplan und seine Fortschreibungen enthalten, je nach Stand des Vollzugs, insbesondere Angaben über:

1. die dem Vollzugsplan zugrunde liegenden Erkenntnisse zur Vorgeschichte der Straftaten sowie die Erläuterung der Ziele, Inhalte und Methoden der Erziehung und Förderung des Gefangenen,

2. Unterbringung im geschlossenen oder offenen Vollzug sowie Vollzug in freien Formen,

3. Zuweisung zu einer Wohngruppe oder einem anderen Unterkunftsbereich,

4. Unterbringung in einer sozialtherapeutischen Abteilung,

5. Teilnahme an schulischen, berufsorientierenden, qualifizierenden oder arbeitstherapeutischen Maßnahmen oder Zuweisung von Arbeit,

6. Teilnahme an therapeutischen Behandlungen oder anderen Hilfs- oder Fördermaßnahmen, einschließlich Suchtberatung,

7. Teilnahme an Sport- und Freizeitangeboten,

8. Vollzugslockerungen und Urlaub,

9. Pflege der familiären Beziehungen und Gestaltung der Außenkontakte,

10. Maßnahmen und Angebote zum Ausgleich von Tatfolgen, einschließlich Täter-Opfer-Ausgleich,

11. Schuldenregulierung,

12. Maßnahmen zur Vorbereitung von Entlassung, Eingliederung und Nachsorge und

13. Fristen zur Fortschreibung des Vollzugsplans.

(4) Der Vollzugsplan und seine Fortschreibungen werden dem Gefangenen ausgehändigt. Sie werden dem Vollstreckungsleiter und auf Verlangen den Personensorgeberechtigten und der Jugendgerichtshilfe mitgeteilt; auf Verlangen werden sie den Personensorgeberechtigten erläutert.

§ 12 Verlegung und Überstellung

(1) Ein Gefangener kann, abweichend vom Vollstreckungsplan nach § 110, in eine andere Anstalt verlegt werden, wenn

1. die Erreichung des Vollzugsziels oder die Eingliederung hierdurch gefördert wird oder

2. Gründe der Vollzugsorganisation oder andere wichtige Gründe dies erforderlich machen.

(2) Den Personensorgeberechtigten, dem Vollstreckungsleiter und dem Jugendamt wird die Verlegung unverzüglich mitgeteilt.

(3) Ein Gefangener darf aus wichtigem Grund vorübergehend in eine andere Anstalt oder in eine Anstalt des Erwachsenenvollzugs überstellt werden.

§ 13 Geschlossener und offener Vollzug, Vollzug in freien Formen

(1) Die Gefangenen werden im geschlossenen oder offenen Vollzug untergebracht.

(2) Ein Gefangener soll im offenen Vollzug untergebracht werden, wenn er dessen besonderen Anforderungen genügt, insbesondere verantwortet werden kann zu erproben, dass er sich dem Vollzug nicht entziehen und die Möglichkeiten des offenen Vollzugs nicht zur Begehung von Straftaten missbrauchen wird.

(3) Der Vollzug kann nach Anhörung des Vollstreckungsleiters in geeigneten Fällen in freien Formen durchgeführt werden. Absatz 2 gilt entsprechend.

§ 14 Sozialtherapie

Ein Gefangener soll in einer sozialtherapeutischen Abteilung untergebracht werden, wenn deren besondere therapeutische Mittel und soziale Hilfen zum Erreichen des Vollzugsziels angezeigt sind.

§ 15 Vollzugslockerungen

(1) Als Vollzugslockerungen kommen insbesondere in Betracht:

1. Verlassen der Anstalt für eine bestimmte Tageszeit unter Aufsicht von Bediensteten (Ausführung) oder ohne Aufsicht (Ausgang) und

2. regelmäßige Beschäftigung außerhalb der Anstalt unter Aufsicht von Bediensteten (Außenbeschäftigung) oder ohne Aufsicht (Freigang).

(2) Vollzugslockerungen sollen gewährt werden, wenn verantwortet werden kann zu erproben, dass der Gefangene sich dem Vollzug nicht entzieht und die Vollzugslockerungen nicht zur Begehung von Straftaten missbrauchen wird. Sie können im Einzelfall versagt werden, wenn der Gefangene seiner Obliegenheit zur Mitwirkung nicht nachkommt.

(3) Im Übrigen darf ein Gefangener ausgeführt werden, wenn dies aus besonderen Gründen notwendig ist. Liegt die Ausführung ausschließlich im Interesse des Gefangenen, können ihm die Kosten auferlegt werden, soweit dies die Erziehung oder die Eingliederung nicht behindert.

§ 16 Urlaub

(1) Zur Förderung der Eingliederung, insbesondere zur Aufrechterhaltung sozialer Bindungen, kann nach Maßgabe des Vollzugsplans Urlaub gewährt werden. Der Urlaub darf vierundzwanzig Tage in einem Vollstreckungsjahr nicht übersteigen.

(2) Darüber hinaus kann Urlaub aus wichtigem Anlass bis zu sieben Tagen im Vollstreckungsjahr gewährt werden, zur Teilnahme an gerichtlichen Terminen, wegen des Todes oder einer lebensbedrohlichen Erkrankung naher Angehöriger auch darüber hinaus.

(3) § 15 Abs. 2 gilt entsprechend.

(4) Durch Urlaub wird die Vollstreckung der Jugendstrafe nicht unterbrochen.

§ 17 Weisungen für Vollzugslockerungen und Urlaub, Aufhebung

(1) Für Vollzugslockerungen und Urlaub können Weisungen erteilt werden.

(2) Vollzugslockerungen und Urlaub können zurückgenommen werden, wenn die Voraussetzungen für ihre Gewährung nicht vorgelegen haben.

(3) Vollzugslockerungen und Urlaub können widerrufen werden, wenn

1. die Voraussetzungen für ihre Gewährung nachträglich entfallen sind,

2. sie missbraucht werden oder

3. Weisungen nicht befolgt werden.

§ 18 Vorführung, Ausantwortung

(1) Auf Ersuchen eines Gerichts werden Gefangene, denen Ausgang oder Urlaub nicht gewährt werden kann, vorgeführt.

(2) Gefangene dürfen befristet der Obhut eines Gerichts, einer Staatsanwaltschaft, einer Dienststelle des Polizeivollzugsdienstes oder einer Zoll- oder Finanzbehörde überlassen werden.

§ 19 Entlassungsvorbereitung

(1) Durch eine frühzeitige Zusammenarbeit mit Dritten nach § 7 Abs. 2 soll namentlich erreicht werden, dass die Gefangenen nach ihrer Entlassung über eine geeignete Unterbringung und eine Arbeits- oder Ausbildungsstelle verfügen. Dazu gehört insbesondere eine Zusammenarbeit der Bewährungshilfe und der Führungsaufsicht mit der Anstalt zum Zweck der sozialen und beruflichen Integration der Gefangenen. Den Personensorgeberechtigten und dem Jugendamt wird die bevorstehende Entlassung mitgeteilt.

(2) Zur Vorbereitung der Entlassung soll der Vollzug gelockert werden. Außerdem sollen Gefangene, die im offenen Vollzug untergebracht sind, heimatnah untergebracht werden.

(3) Zur Vorbereitung der Entlassung können über § 16 Abs. 1 und 2 hinaus Gefangene, denen Freigang gewährt ist, in den letzten neun Monaten vor der Entlassung monatlich bis zu sechs Tage Urlaub erhalten. Die übrigen Gefangenen können vor der Entlassung zu deren Vorbereitung bis zu sieben Tage Urlaub erhalten. § 15 Abs. 2, § 16 Abs. 4 und § 17 gelten entsprechend.

(4) Darüber hinaus können die Gefangenen nach Anhörung des Vollstreckungsleiters bis zu vier Monate beurlaubt werden. Hierfür sollen Weisungen erteilt werden. Der im laufenden Vollstreckungsjahr gewährte Urlaub nach § 16 Abs. 1 wird auf diese Zeit ange-

rechnet. § 15 Abs. 2, § 16 Abs. 4 und § 17 Abs. 2 und 3 gelten entsprechend.

§ 20 Entlassungszeitpunkt

(1) Die Gefangenen sollen am letzten Tag ihrer Strafzeit möglichst frühzeitig, jedenfalls noch am Vormittag, entlassen werden.

(2) Fällt das Strafende auf einen Sonnabend oder Sonntag, einen gesetzlichen Feiertag, den ersten Werktag nach Ostern oder Pfingsten oder in die Zeit vom 22. Dezember bis zum 6. Januar, so können die Gefangenen an dem diesem Tag oder Zeitraum vorhergehenden Werktag entlassen werden, wenn dies gemessen an der Dauer der Strafzeit vertretbar ist und fürsorgerische Gründe nicht entgegenstehen.

(3) Der Entlassungszeitpunkt kann um bis zu zwei Tage vorverlegt werden, wenn der Gefangene zu seiner Eingliederung hierauf dringend angewiesen ist.

§ 21 Hilfe zur Entlassung, Nachsorge

(1) Zur Vorbereitung der Entlassung ist der Gefangene bei der Ordnung seiner persönlichen, wirtschaftlichen und sozialen Angelegenheiten zu unterstützen. Dies umfasst die Vermittlung in nachsorgende Maßnahmen. Nachgehende Betreuung kann unter Mitwirkung von Bediensteten erfolgen.

(2) Bedürftigen Gefangenen kann eine Entlassungsbeihilfe in Form eines Reisekostenzuschusses, angemessener Kleidung oder einer sonstigen notwendigen Unterstützung gewährt werden.

§ 22 Fortführung von Maßnahmen nach der Entlassung

(1) Gefangene können auf Antrag nach ihrer Entlassung ausnahmsweise im Vollzug begonnene Ausbildungs- oder Behandlungsmaßnahmen fortführen, soweit diese nicht anderweitig durchgeführt werden können. Hierzu können die Entlassenen vorübergehend in einer Anstalt untergebracht werden, sofern es die Belegungssituation zulässt.

(2) Bei Störung des Anstaltsbetriebes durch einen Entlassenen oder aus vollzugsorganisatorischen Gründen können die Unterbringung und die Maßnahme jederzeit beendet werden.

Teil 3
Unterbringung und Versorgung der Gefangenen

§ 23 Trennung von männlichen und weiblichen Gefangenen

Männliche und weibliche Gefangene werden getrennt untergebracht. Gemeinsame Maßnahmen, insbesondere eine gemeinsame Schul- und Berufsausbildung, sind zulässig.

§ 24 Unterbringung während der Ausbildung, Arbeit und Freizeit

(1) Die Gefangenen arbeiten und lernen in der Regel gemeinsam.

(2) Während der Freizeit dürfen sich die Gefangenen im Rahmen der räumlichen, personellen und organisatorischen Verhältnisse in Gemeinschaft mit anderen Gefangenen aufhalten.

(3) Die gemeinschaftliche Unterbringung kann eingeschränkt werden,

1. wenn ein schädlicher Einfluss auf andere Gefangene zu befürchten ist,

2. wenn es die Sicherheit oder Ordnung in der Anstalt erfordert oder

3. wenn dies aus erzieherischen Gründen angezeigt ist.

§ 25 Unterbringung während der Ruhezeit

(1) Während der Ruhezeit werden die Gefangenen in ihren Hafträumen einzeln untergebracht.

(2) Eine gemeinsame Unterbringung ist zulässig,

1. mit Zustimmung der Gefangenen, wenn schädliche Einflüsse nicht zu befürchten sind, oder

2. wenn ein Gefangener hilfsbedürftig ist oder eine Gefahr für Leben oder Gesundheit besteht.

(3) Darüber hinaus ist eine gemeinsame Unterbringung nur vorübergehend und aus zwingenden Gründen zulässig.

§ 26 Wohngruppen

Gefangene werden regelmäßig in Wohngruppen untergebracht. In einer Wohngruppe sollen nicht mehr als zwölf Gefangene untergebracht werden.

§ 27 Mütter und Väter mit Kindern

(1) Ein Kind kann mit Zustimmung der aufenthaltsbestimmungsberechtigten Person bis zur Vollendung des dritten Lebensjahres in einer Anstalt untergebracht werden, in der sich seine Mutter oder sein Vater befindet, wenn dies seinem Wohl entspricht und Sicherheitsgründe nicht entgegenstehen. Vor der Unterbringung ist das Jugendamt zu hören.

(2) Die Unterbringung erfolgt auf Kosten der für das Kind Unterhaltspflichtigen.

§ 28 Persönlicher Gewahrsam, Kostenbeteiligung

(1) Ein Gefangener darf nur Sachen in Gewahrsam haben oder annehmen, die ihm von der Anstalt oder mit ihrer Zustimmung überlassen werden. Ohne Erlaubnis darf er Gegenstände von geringem Wert von anderen Gefangenen annehmen; die Anstalt kann Annahme und Gewahrsam auch dieser Gegenstände von ihrer Erlaubnis abhängig machen.

(2) Eingebrachte Sachen, welche der Gefangene nicht in Gewahrsam haben darf, sind für ihn aufzubewahren, sofern dies nach Art und Umfang möglich ist. Dem Gefangenen wird Gelegenheit gegeben, seine Sachen, die er während des Vollzugs und für seine Entlassung nicht benötigt, zu verschicken. Geld wird ihm als Eigengeld gutgeschrieben.

(3) Werden eingebrachte Sachen, deren Aufbewahrung nach Art oder Umfang nicht möglich ist, vom Gefangenen trotz Aufforderung nicht aus der Anstalt verbracht, können diese auf Kosten des Gefangenen aus der Anstalt entfernt werden.

(4) Aufzeichnungen und andere Sachen, die Kenntnisse über Sicherungsvorkehrungen einer Anstalt vermitteln oder Schlussfolgerungen auf diese zulassen, dürfen vernichtet oder unbrauchbar gemacht werden.

(5) Die Zustimmung nach Absatz 1 kann widerrufen werden, wenn dies zur Aufrechterhaltung der Sicherheit, zur Abwendung einer erheblichen Störung der Ordnung in der Anstalt oder zur Vermeidung einer erheblichen Gefährdung des Vollzugsziels erforderlich ist.

(6) Der Gefangene kann an den Betriebskosten der in seinem Gewahrsam befindlichen Geräte beteiligt werden.

§ 29 Ausstattung des Haftraums

Die Gefangenen dürfen ihren Haftraum in angemessenem Umfang mit eigenen Sachen ausstatten. Sachen, die geeignet sind, das Vollzugsziel oder die Sicherheit oder Ordnung in der Anstalt zu gefährden, sind ausgeschlossen.

§ 30 Kleidung

(1) Die Gefangenen tragen Anstaltskleidung. Der Anstaltsleiter kann eine abweichende Regelung treffen.

(2) Für Reinigung, Instandsetzung und regelmäßigen Wechsel eigener Kleidung hat der Gefangene selbst zu sorgen.

§ 31 Verpflegung und Einkauf

(1) Zusammensetzung und Nährwert der Anstaltsverpflegung hat den besonderen Anforderungen an eine gesunde Ernährung junger Menschen zu entsprechen. Auf ärztliche Anordnung wird besondere Verpflegung gewährt. Es soll den Gefangenen ermöglicht werden, Gebote ihrer jeweiligen Religionsgemeinschaft zu befolgen.

(2) Die Gefangenen können aus einem von der Anstalt vermittelten Angebot einkaufen. Die Anstalt soll für ein Angebot sorgen, das auf Wünsche und Bedürfnisse der Gefangenen Rücksicht nimmt. Nahrungs-, Genuss- oder Körperpflegemittel können aus dem Haus- oder Taschengeld, andere Gegenstände in angemessenem Umfang aus dem Haus-, Taschen- oder Eigengeld eingekauft werden.

(3) Den Gefangenen kann die Möglichkeit eröffnet werden, unmittelbar oder über Dritte Gegenstände über den Versandhandel zu beziehen. Zulassung und Verfahren des Einkaufs über den Versandhandel regelt der Anstaltsleiter.

(4) Gegenstände, die geeignet sind, das Vollzugsziel oder die Sicherheit oder Ordnung in der Anstalt zu gefährden, sind vom Einkauf ausgeschlossen.

§ 32 Gesundheitsfürsorge

(1) Die Anstalt unterstützt die Gefangenen bei der Wiederherstellung und Erhaltung ihrer Gesundheit. Die Gefangenen haben die notwendigen Anordnungen zum Gesundheitsschutz und zur Hygiene zu befolgen.

(2) Den Gefangenen wird ermöglicht, sich täglich mindestens eine Stunde im Freien aufzuhalten.

(3) Der Nichtraucherschutz ist angemessen zu gewährleisten.

(4) Erkrankt ein Gefangener schwer oder verstirbt er, werden die Angehörigen, insbesondere die Personensorgeberechtigten, unverzüglich benachrichtigt. Dem Wunsch des Gefangenen, auch andere Personen zu benachrichtigen, soll nach Möglichkeit entsprochen werden.

§ 33 Zwangsmaßnahmen auf dem Gebiet der Gesundheitsfürsorge

(1) Medizinische Untersuchung und Behandlung sowie Ernährung sind unbeschadet der Rechte der Personensorgeberechtigten zwangsweise nur bei Lebensgefahr, bei schwerwiegender Gefahr für die Gesundheit der Gefangenen oder bei Gefahr für die Gesundheit anderer Personen zulässig; die Maßnahmen müssen zumutbar und dürfen nicht mit erheblicher Gefahr für Leben oder Gesundheit der Gefangenen verbunden sein. Zur Durchführung der Maßnahmen ist die Anstalt nicht verpflichtet, solange von einer freien Willensbestimmung des Gefangenen ausgegangen werden kann.

(2) Zum Gesundheitsschutz und zur Hygiene ist die zwangsweise körperliche Untersuchung außer im Fall des Absatzes 1 zulässig, wenn sie nicht mit einem körperlichen Eingriff verbunden ist.

(3) Die Maßnahmen dürfen nur auf Anordnung und unter Leitung eines Arztes durchgeführt werden, unbeschadet der Leistung erster Hilfe für den Fall, dass ein Arzt nicht rechtzeitig erreichbar und mit einem Aufschub Lebensgefahr verbunden ist.

§ 34 Medizinische Leistungen, Kostenbeteiligung

(1) Die Gefangenen haben einen Anspruch auf notwendige medizinische Leistungen unter Beachtung des Grundsatzes der Wirtschaftlichkeit nach dem allgemeinen Standard der gesetzlichen Krankenversicherung.

(2) Der Anspruch umfasst die Versorgung mit Hilfsmitteln wie Seh- und Hörhilfen, Körperersatzstücken, orthopädischen und anderen Hilfsmitteln, die im Einzelfall erforderlich sind, um den Erfolg der Krankenbehandlung zu sichern, eine Behinderung auszugleichen oder einer drohenden Behinderung vorzubeugen, sofern dies mit Rücksicht auf die Dauer des Freiheitsentzugs nicht ungerechtfertigt ist und soweit die Hilfsmittel nicht als allgemeine Gebrauchsgegenstände des täglichen Lebens anzusehen sind. Der Anspruch umfasst auch die notwendige Änderung, Instandsetzung und Ersatzbeschaffung von Hilfsmitteln sowie die Ausbildung in ihrem Gebrauch. Ein erneuter Anspruch auf Versorgung mit Sehhilfen besteht nur bei einer Änderung der Sehfähigkeit um mindestens 0,5 Dioptrien. Anspruch auf Versorgung mit Kontaktlinsen besteht nur in medizinisch zwingend erforderlichen Fällen.

(3) An den Kosten für zahntechnische Leistungen und Zahnersatz können volljährige Gefangene beteiligt werden.

(4) Für Leistungen, die über die in Absatz 1 und 2 genannten Leistungen hinausgehen, können den Gefangenen die gesamten Kosten auferlegt werden.

§ 35 Verlegung und Überstellung zur medizinischen Behandlung

(1) Ein kranker oder hilfsbedürftiger Gefangener kann in eine zur Behandlung seiner

Krankheit oder zu seiner Versorgung besser geeignete Anstalt, Anstalt des Erwachsenenvollzugs oder ein Vollzugskrankenhaus verlegt oder überstellt werden.

(2) Erforderlichenfalls können Gefangene auch in ein Krankenhaus außerhalb des Vollzugs gebracht werden.

(3) § 12 Abs. 2 gilt entsprechend.

§ 36 Krankenbehandlung in besonderen Fällen

(1) Während eines Urlaubs, einer Vollzugslockerung oder des Vollzugs in freien Formen haben Gefangene einen Anspruch auf medizinische Leistungen gegen den Freistaat Sachsen in der Regel nur in der für sie zuständigen Anstalt.

(2) Der Anspruch auf Leistungen nach § 34 ruht, solange Gefangene aufgrund eines freien Beschäftigungsverhältnisses krankenversichert sind.

(3) Wird die Strafvollstreckung während einer Behandlung von Gefangenen unterbrochen oder beendet, so hat der Freistaat Sachsen nur diejenigen Kosten zu tragen, die bis zur Unterbrechung oder Beendigung der Strafvollstreckung angefallen sind.

Teil 4
Bildung und Arbeit

§ 37 Bildung und Arbeit

(1) Ausbildung, Weiterbildung, arbeitstherapeutische Beschäftigung und Arbeit dienen insbesondere dem Ziel, den Gefangenen Fähigkeiten zur Aufnahme einer Erwerbstätigkeit nach der Entlassung zu vermitteln sowie vorhandene Fähigkeiten zu erhalten und zu fördern. Sofern den Gefangenen Arbeit zugewiesen wird, soll diese möglichst deren Fähigkeiten, Fertigkeiten und Neigungen entsprechen.

(2) Die Gefangenen sind vorrangig zur Teilnahme an schulischen und beruflichen Orientierungs-, Aus- und Weiterbildungsmaßnahmen oder speziellen Maßnahmen zur Förderung ihrer schulischen, beruflichen oder persönlichen Entwicklung verpflichtet. Im Übrigen ist ein Gefangener zu Arbeit oder zur Teilnahme an arbeitstherapeutischer oder sonstiger Beschäftigung verpflichtet, wenn und soweit er dazu in der Lage ist. Einem Gefangenen kann mit seiner Zustimmung gemeinnützige Arbeit zugewiesen werden.

(3) Das Zeugnis oder der Nachweis über eine Bildungsmaßnahme darf keinen Hinweis auf die Inhaftierung enthalten.

(4) Einem Gefangenen soll gestattet werden, einer Berufsausbildung, beruflichen Weiterbildung, Umschulung oder Arbeit auf der Grundlage eines freien Beschäftigungsverhältnisses außerhalb der Anstalt oder einer selbständigen Tätigkeit nachzugehen, wenn er hierfür geeignet ist. § 13 Abs. 2, § 15 Abs. 2 und § 17 gelten entsprechend. Die Anstalt kann verlangen, dass ihr das Entgelt für das freie Beschäftigungsverhältnis zur Gutschrift für den Gefangenen überwiesen wird.

(5) Ist ein Gefangener ein Jahr lang ununterbrochen seiner Verpflichtung nach Absatz 2 nachgekommen, kann er beanspruchen, im darauf folgenden Jahr für die Dauer von achtzehn Werktagen freigestellt zu werden. Zeiten, in denen der Gefangene unverschuldet infolge Krankheit an der Teilnahme an einer Maßnahme, an der Arbeit oder an der Beschäftigung gehindert war, werden bis zur Dauer von sechs Wochen auf das Jahr angerechnet. Auf die Zeit der Freistellung wird der Urlaub nach § 16 Abs. 1 angerechnet, soweit er in die Arbeitszeit fällt. Der Gefangene erhält für die Zeit der Freistellung seine zuletzt gezahlten Bezüge weiter. Urlaubsregelungen der Beschäftigungsverhältnisse außerhalb des Vollzugs bleiben unberührt.

Teil 5
Freizeit, Sport

§ 38 Freizeit

Die Ausgestaltung der Freizeit orientiert sich am Vollzugsziel. Dazu sind geeignete Angebote vorzuhalten. Gefangene sind zur Teilnahme und Mitwirkung an Angeboten der Freizeitgestaltung zu motivieren und anzuleiten. Sie sollen insbesondere am Unterricht, am Fernunterricht, an Lehrgängen und sonstigen Veranstaltungen der Fortbildung, an Freizeitgruppen und Gruppengesprächen teilnehmen und ermutigt werden, eine Bücherei zu benutzen sowie den verantwortungsvollen Umgang mit neuen Medien zu erlernen, soweit dies mit der Sicherheit in der Anstalt vereinbar ist.

§ 39 Sport

Es sind ausreichende und geeignete Angebote vorzuhalten, um den Gefangenen eine sportliche Betätigung von mindestens vier Stunden wöchentlich zu ermöglichen.

§ 40 Zeitungen und Zeitschriften

(1) Die Gefangenen dürfen auf eigene Kosten Zeitungen und Zeitschriften in angemessenem Umfang durch Vermittlung der Anstalt beziehen. Ausgeschlossen sind Zeitungen und Zeitschriften, deren Verbreitung mit Strafe oder Geldbuße bedroht ist.

(2) Einzelne Ausgaben einer Zeitung oder Zeitschrift können einem Gefangenen auch vorenthalten werden, wenn deren Inhalte das Vollzugsziel oder die Sicherheit oder Ordnung in der Anstalt erheblich gefährden würden.

§ 41 Rundfunk

(1) Die Gefangenen können am Hörfunkempfang sowie am gemeinschaftlichen Fernsehempfang teilnehmen. Der Rundfunkempfang kann vorübergehend ausgesetzt oder einzelnen Gefangenen untersagt werden, wenn dies zur Aufrechterhaltung der Sicherheit oder Ordnung in der Anstalt unerlässlich ist.

(2) Fernsehgeräte werden im Haftraum in der Regel nicht zugelassen. Diese dürfen nur zugelassen werden, wenn dies der Erreichung des Vollzugsziels dient.

§ 42 Besitz von Gegenständen für die Freizeitbeschäftigung

(1) Die Gefangenen dürfen in angemessenem Umfang Gegenstände zur Freizeitbeschäftigung besitzen.

(2) Dies gilt nicht, wenn deren Besitz, Überlassung oder Benutzung das Vollzugsziel oder die Sicherheit oder Ordnung in der Anstalt gefährden würde.

Teil 6
Religionsausübung

§ 43 Seelsorge

(1) Den Gefangenen darf religiöse Betreuung durch einen Seelsorger ihrer Religionsgemeinschaft nicht versagt werden. Auf Wunsch ist ihnen zu helfen, mit einem Seelsorger ihrer Religionsgemeinschaft in Verbindung zu treten. Die Gefangenen dürfen grundlegende religiöse Schriften besitzen. Sie dürfen ihnen nur bei grobem Missbrauch entzogen werden.

(2) Den Gefangenen sind Gegenstände des religiösen Gebrauchs in angemessenem Umfang zu belassen.

§ 44 Religiöse Veranstaltungen

(1) Die Gefangenen haben das Recht, am Gottesdienst und an anderen religiösen Veranstaltungen ihres Bekenntnisses teilzunehmen.

(2) Die Zulassung zu den Gottesdiensten oder zu religiösen Veranstaltungen einer anderen Religionsgemeinschaft bedarf der Zustimmung des Seelsorgers dieser Religionsgemeinschaft.

(3) Gefangene können von der Teilnahme am Gottesdienst oder anderen religiösen Veranstaltungen ausgeschlossen werden, wenn dies aus überwiegenden Gründen der Sicherheit oder Ordnung geboten ist; der Seelsorger soll vorher gehört werden.

§ 45 Weltanschauungsgemeinschaften

Für Angehörige weltanschaulicher Bekenntnisse gelten die §§ 43 und 44 entsprechend.

Teil 7
Besuche, Schriftwechsel und Telefongespräche

§ 46 Grundsatz

Die Anstalt fördert den Kontakt mit Personen, von denen ein günstiger Einfluss erwartet werden kann.

§ 47 Recht auf Besuch

(1) Die Gefangenen dürfen im Monat vier Stunden Besuch empfangen, darüber hinaus zwei weitere Stunden von Angehörigen im Sinne von § 11 Abs. 1 Nr. 1 StGB. Der Anstaltsleiter kann längere Besuchszeiten vorsehen. Ausführungen oder Ausgänge können angerechnet werden.

(2) Besuche, insbesondere die Besuche der Kinder des Gefangenen, sollen darüber hinaus zugelassen werden, wenn sie die Erziehung des Gefangenen oder seine Eingliederung fördern oder persönlichen, rechtlichen oder geschäftlichen Angelegenheiten dienen, die nicht vom Gefangenen schriftlich erledigt, durch Dritte wahrgenommen oder bis zur Entlassung aufgeschoben werden können.

(3) Aus Gründen der Sicherheit können Besuche davon abhängig gemacht werden, dass sich die Besucher durchsuchen lassen.

§ 48 Besuchsverbot

Der Anstaltsleiter kann Besuche untersagen,

1. wenn die Sicherheit oder Ordnung in der Anstalt gefährdet würde,

2. bei Besuchern, die nicht Angehörige (§ 11 Abs. 1 Nr. 1 StGB) des Gefangenen sind, wenn zu befürchten ist, dass sie einen schädlichen Einfluss auf den Gefangenen haben oder seine Eingliederung behindern, oder

3. wenn die Personensorgeberechtigten nicht einverstanden sind.

§ 49 Besuche von Verteidigern, Rechtsanwälten, Notaren und Beiständen

Besuche von Verteidigern, Rechtsanwälten, Notaren und Beiständen nach § 69 JGG in einer den Gefangenen betreffenden Rechtssache sind zu gestatten. § 47 Abs. 3 gilt entsprechend. Eine inhaltliche Überprüfung der vom Verteidiger mitgeführten Schriftstücke und sonstigen Unterlagen ist nicht zulässig. § 52 Abs. 1 Satz 2 und 3 bleibt unberührt.

§ 50 Überwachung der Besuche

(1) Besuche dürfen aus Gründen der Erziehung oder der Sicherheit oder Ordnung in der Anstalt überwacht werden, es sei denn, es liegen im Einzelfall Erkenntnisse dafür vor, dass es der Überwachung nicht bedarf. Die optische Überwachung mit technischen Mitteln ist zulässig, wenn die Besucher und die Gefangenen vor dem Besuch erkennbar darauf hingewiesen werden. Eine Aufzeichnung findet nicht statt. Das gesprochene Wort darf nur überwacht werden, soweit dies im Einzelfall aus den in Satz 1 genannten Gründen erforderlich ist.

(2) Besuche dürfen abgebrochen werden, wenn Besucher oder Gefangene gegen dieses Gesetz oder aufgrund dieses Gesetzes getroffene Anordnungen trotz Abmahnung verstoßen. Die Abmahnung unterbleibt, wenn es unerlässlich ist, den Besuch sofort abzubrechen.

(3) Besuche dürfen auch abgebrochen werden, wenn von Besuchern ein schädlicher Einfluss auf Gefangene ausgeht.

(4) Besuche von Verteidigern und Beiständen nach § 69 JGG werden nicht überwacht. Nicht überwacht werden ferner Besuche von Mitgliedern der Volksvertretungen des Bundes und der Länder, des Europäischen Parlaments, des Europäischen Gerichtshofs für Menschenrechte, des Europäischen Komitees zur Verhütung von Folter und unmenschlicher oder erniedrigender Behandlung oder Strafe, der Parlamentarischen Versammlung des Europarats, der Europäischen Agentur für Grundrechte und der weiteren Einrichtungen, mit denen der Kontakt aufgrund völkerrechtlicher Verpflichtungen der Bundesrepublik Deutschland geschützt ist. Satz 2 gilt auch für den Datenschutzbeauftragten des Bundes und den Sächsischen Datenschutzbeauftragten.

(5) Gegenstände dürfen den Gefangenen beim Besuch nicht übergeben werden. Dies gilt nicht für Schriftstücke und sonstige Unterlagen, die dem Gefangenen von seinem Verteidiger oder von einem Notar oder Rechtsanwalt zur Erledigung in einer den Gefangenen betreffenden Rechtssache übergeben werden. Bei dem Besuch von Rechtsanwälten oder Notaren kann die Übergabe aus Gründen der Sicherheit oder Ordnung in der Anstalt von der Erlaubnis des Anstaltsleiters abhängig gemacht werden. § 52 Abs. 1 Satz 2 und 3 bleibt unberührt.

(6) Aus Gründen der Sicherheit oder Ordnung kann im Einzelfall angeordnet werden, dass eine Trennvorrichtung genutzt wird.

§ 51 Recht auf Schriftwechsel

(1) Die Gefangenen haben das Recht, auf eigene Kosten Schreiben abzusenden und zu empfangen.

(2) Der Anstaltsleiter kann den Schriftwechsel mit bestimmten Personen untersagen,

1. wenn die Sicherheit oder Ordnung in der Anstalt gefährdet würde,

2. bei Personen, die nicht Angehörige (§ 11 Abs. 1 Nr. 1 StGB) des Gefangenen sind, wenn zu befürchten ist, dass der Schriftwechsel einen schädlichen Einfluss auf den Gefangenen hat oder seine Eingliederung behindert, oder

3. wenn die Personensorgeberechtigten nicht einverstanden sind.

§ 52 Überwachung des Schriftwechsels

(1) Der Schriftwechsel des Gefangenen mit seinem Verteidiger oder Beistand nach § 69 JGG wird nicht überwacht. Liegt dem Vollzug eine Straftat nach § 129a StGB, auch in Verbindung mit § 129b Abs. 1 StGB, zugrunde, gelten § 148 Abs. 2 und § 148a der Strafprozessordnung (StPO) in der Fassung der Bekanntmachung vom 7. April 1987 (BGBl. I S. 1074, 1319), die zuletzt durch Artikel 2 des Gesetzes vom 16. Juli 2007 (BGBl. I S. 1327, 1328) geändert worden ist, in der jeweils geltenden Fassung, entsprechend. Dies gilt nicht, wenn der Gefangene sich in einer Einrichtung des offenen Vollzugs befindet, der

Vollzug in freien Formen durchgeführt wird oder wenn ihm Vollzugslockerungen nach § 15 oder Urlaub nach § 16 Abs. 1 gewährt worden sind und ein Grund, der die Anstaltsleitung nach § 17 Abs. 2 und 3 zur Aufhebung von Vollzugslockerungen und Urlaub ermächtigt, nicht vorliegt. Satz 2 gilt auch, wenn eine Jugendstrafe oder Freiheitsstrafe wegen einer Straftat nach § 129a StGB, auch in Verbindung mit § 129b Abs. 1 StGB, erst im Anschluss an den Vollzug der Jugendstrafe, der eine andere Verurteilung zugrunde liegt, zu vollstrecken ist.

(2) Nicht überwacht werden ferner Schreiben der Gefangenen an Volksvertretungen des Bundes und der Länder sowie an deren Mitglieder, soweit die Schreiben an die Anschriften dieser Volksvertretungen gerichtet sind und den Absender zutreffend angeben. Entsprechendes gilt für Schreiben an das Europäische Parlament und dessen Mitglieder, den Europäischen Gerichtshof für Menschenrechte, das Europäische Komitee zur Verhütung von Folter und unmenschlicher oder erniedrigender Behandlung oder Strafe, die Parlamentarische Versammlung des Europarats, die Europäische Agentur für Grundrechte und weitere Einrichtungen, mit denen der Schriftverkehr aufgrund völkerrechtlicher Verpflichtungen der Bundesrepublik Deutschland geschützt ist. Satz 1 gilt auch für den Schriftverkehr mit dem Datenschutzbeauftragten des Bundes und dem Sächsischen Datenschutzbeauftragten. Schreiben der in den Sätzen 1 bis 3 genannten Stellen, die an die Gefangenen gerichtet sind, werden nicht überwacht, sofern die Identität des Absenders zweifelsfrei feststeht.

(3) Der übrige Schriftwechsel darf überwacht werden, soweit es aus Gründen der Erziehung oder der Sicherheit oder Ordnung in der Anstalt erforderlich ist.

§ 53 Weiterleitung von Schreiben, Aufbewahrung

(1) Die Gefangenen haben das Absenden und den Empfang ihrer Schreiben durch die Anstalt vermitteln zu lassen, soweit nichts anderes gestattet ist.

(2) Eingehende und ausgehende Schreiben sind unverzüglich weiterzuleiten.

(3) Die Gefangenen haben eingehende Schreiben unverschlossen zu verwahren, sofern nichts anderes gestattet wird. Sie können sie verschlossen zu ihrer Habe geben.

§ 54 Anhalten von Schreiben

(1) Der Anstaltsleiter kann Schreiben anhalten, wenn

1. das Vollzugsziel oder die Sicherheit oder Ordnung in einer Anstalt gefährdet würde,
2. die Weitergabe in Kenntnis ihres Inhalts einen Straf- oder Bußgeldtatbestand verwirklichen würde,
3. sie grob unrichtige oder erheblich entstellende Darstellungen von Anstaltsverhältnissen enthalten,
4. sie grobe Beleidigungen enthalten,
5. sie die Eingliederung anderer Gefangener gefährden können oder
6. sie in Geheimschrift, unlesbar, unverständlich oder ohne zwingenden Grund in einer fremden Sprache abgefasst sind.

(2) Ausgehenden Schreiben, die unrichtige Darstellungen enthalten, kann ein Begleitschreiben beigefügt werden, wenn der Gefangene auf dem Absenden besteht.

(3) Sind Schreiben angehalten worden, wird das dem Gefangenen mitgeteilt. Angehaltene Schreiben werden an den Absender zurückgegeben oder, sofern dies unmöglich oder aus besonderen Gründen untunlich ist, verwahrt.

(4) Schreiben, deren Überwachung nach § 52 Abs. 1 und 2 ausgeschlossen ist, dürfen nicht angehalten werden.

§ 55 Telefongespräche

Den Gefangenen kann gestattet werden, auf eigene Kosten Telefongespräche zu führen. Die §§ 48 bis 50 gelten entsprechend. Ist die Überwachung des Telefongesprächs erforderlich, ist die beabsichtigte Überwachung dem Gesprächspartner des Gefangenen unmittelbar nach Herstellung der Verbindung durch die Anstalt oder den Gefangenen mitzuteilen. Der Gefangene ist rechtzeitig vor Beginn des Telefongesprächs über die beabsichtigte Überwachung und die Mitteilungspflicht nach Satz 3 zu unterrichten.

§ 56 Pakete

(1) Der Empfang von Paketen mit Nahrungs-, Genuss- oder Körperpflegemitteln ist den Gefangenen nicht gestattet. Der Empfang von Paketen mit anderem Inhalt bedarf der Erlaubnis der Anstalt, welche Zeitpunkt und Höchstmenge für die Sendung und für einzelne Gegenstände festsetzen kann. Für den Ausschluss von Gegenständen gilt § 31 Abs. 4 entsprechend.

(2) Pakete sind in Gegenwart des Gefangenen zu öffnen und zu durchsuchen. Gegenstände, welche die Sicherheit oder Ordnung in der Anstalt gefährden, können ausgeschlossen werden. Ausgeschlossene Gegenstände können zur Habe genommen, zurückgesandt oder vernichtet werden.

(3) Der Empfang von Paketen kann vorübergehend versagt werden, wenn dies wegen der Gefährdung der Sicherheit oder Ordnung in der Anstalt unerlässlich ist.

(4) Den Gefangenen kann gestattet werden, auf eigene Kosten Pakete zu versenden. Die Anstalt kann ihren Inhalt aus Gründen der Sicherheit oder Ordnung in der Anstalt überprüfen.

Teil 8
Gelder der Gefangenen, Freistellung von der Arbeit

§ 57 Ausbildungsbeihilfe, Arbeitsentgelt

(1) Gefangene, die während der Arbeitszeit ganz oder teilweise an einer schulischen oder beruflichen Orientierungs-, Aus- oder Weiterbildungsmaßnahme oder an speziellen Maßnahmen zur Förderung ihrer schulischen, beruflichen oder persönlichen Entwicklung teilnehmen, erhalten hierfür die Ausbildungsbeihilfe, soweit kein Anspruch auf Leistungen zum Lebensunterhalt besteht, die freien Personen aus solchem Anlass zustehen.

(2) Wer eine Arbeit, arbeitstherapeutische oder sonstige Beschäftigung ausübt, erhält Arbeitsentgelt. Dies gilt nicht für eine gemeinnützige Arbeit nach § 37 Abs. 2 Satz 3.

(3) Der Bemessung der Ausbildungsbeihilfe und des Arbeitsentgelts sind 9 Prozent der Bezugsgröße nach § 18 Abs. 1 des Vierten Buches Sozialgesetzbuch – Gemeinsame Vorschriften für die Sozialversicherung – (SGB IV) in der Fassung der Bekanntmachung vom 23. Januar 2006 (BGBl. I S. 86, 466), das zuletzt durch Artikel 4 des Gesetzes vom 20. April 2007 (BGBl. I S. 554, 566) geändert worden ist, in der jeweils geltenden Fassung, zugrunde zu legen (Eckvergütung). Ein Tagessatz ist der zweihundertfünfzigste Teil der Eckvergütung; die Ausbildungsbeihilfe und das Arbeitsentgelt können nach einem Stundensatz bemessen werden.

(4) Die Ausbildungsbeihilfe und das Arbeitsentgelt können je nach Leistung des Gefangenen und der Art der Ausbildung oder Arbeit gestuft werden. 75 Prozent der Eckvergütung dürfen nur dann unterschritten werden, wenn die Leistungen des Gefangenen den Mindestanforderungen nicht genügen. Das Staatsministerium der Justiz wird ermächtigt, im Einvernehmen mit dem Staatsministerium für Wirtschaft und Arbeit eine Rechtsverordnung über die Vergütungsstufen nach Satz 1 zu erlassen.

(5) Die Höhe der Ausbildungsbeihilfe und des Arbeitsentgelts ist dem Gefangenen schriftlich bekannt zu geben.

§ 58 Freistellung von der Arbeit

(1) Die Arbeit der Gefangenen wird neben der Gewährung von Arbeitsentgelt (§ 57 Abs. 2) durch Freistellung von der Arbeit (Freistellung) anerkannt, die auch als Urlaub aus der Haft (Arbeitsurlaub) genutzt oder auf den Entlassungszeitpunkt angerechnet werden kann.

(2) Hat ein Gefangener zwei Monate lang zusammenhängend eine Arbeit, arbeitstherapeutische oder sonstige Beschäftigung ausgeübt, wird er auf Antrag einen Werktag von der Arbeit freigestellt. § 37 Abs. 5 bleibt unberührt. Durch Zeiten, in denen ein Gefange-

ner ohne sein Verschulden durch Krankheit, Ausführung, Ausgang, Urlaub, Freistellung oder sonstige nicht von ihm zu vertretende Gründe an der Arbeitsleistung gehindert ist, wird die Frist nach Satz 1 gehemmt. Beschäftigungszeiträume von weniger als zwei Monaten bleiben unberücksichtigt.

(3) Der Gefangene kann beantragen, dass die Freistellung nach Absatz 2 in Form von Arbeitsurlaub gewährt wird. § 15 Abs. 2, § 16 Abs. 4 und § 17 gelten entsprechend.

(4) Der Gefangene erhält für die Zeit der Freistellung von der Arbeit die an ihn zuletzt gezahlten Bezüge weiter.

(5) Stellt der Gefangene keinen Antrag nach Absatz 2 Satz 1 oder Absatz 3 Satz 1 oder kann die Freistellung von der Arbeit nach Maßgabe der Regelung des Absatzes 3 Satz 2 nicht gewährt werden, so wird sie nach Absatz 2 Satz 1 von der Anstalt auf den Entlassungszeitpunkt des Gefangenen angerechnet.

(6) Eine Anrechnung nach Absatz 5 ist ausgeschlossen

1. bei einer Aussetzung der Vollstreckung des Restes einer Jugendstrafe zur Bewährung, soweit wegen des von der Entscheidung des Vollstreckungsleiters bis zur Entlassung verbleibenden Zeitraums eine Anrechnung nicht mehr möglich ist,

2. wenn dies vom Vollstreckungsleiter angeordnet wird, weil bei einer Aussetzung der Vollstreckung des Restes einer Jugendstrafe zur Bewährung die Lebensverhältnisse des Gefangenen oder die Wirkungen, die von der Aussetzung für ihn zu erwarten sind, die Vollstreckung bis zu einem bestimmten Zeitpunkt erfordern,

3. wenn nach § 2 JGG in Verbindung mit § 456a Abs. 1 StPO von der Vollstreckung abgesehen wird oder

4. wenn der Gefangene im Gnadenwege aus der Haft entlassen wird.

(7) Soweit eine Anrechnung nach Absatz 6 ausgeschlossen ist, erhält der Gefangene bei seiner Entlassung für eine Tätigkeit nach § 57 Abs. 2 als Ausgleichsentschädigung zusätzlich 15 Prozent des Entgelts oder der Ausbil-

dungsbeihilfe nach § 57 Abs. 3 und 4. Der Anspruch entsteht erst mit der Entlassung.

(8) Für Gefangene, die an einer Maßnahme nach § 57 Abs. 1 teilnehmen, gelten die Absätze 1 bis 7 entsprechend.

§ 59 Taschengeld

(1) Gefangenen, die ohne eigenes Verschulden nicht über ausreichendes Arbeitsentgelt oder über ausreichende Ausbildungsbeihilfe verfügen, wird ein angemessenes Taschengeld gewährt, falls sie bedürftig sind. Bedürftig sind Gefangene, soweit ihnen im laufenden Monat aus Hausgeld und Eigengeld nicht ein Betrag bis zur Höhe des Taschengeldes zur Verfügung steht.

(2) Das Taschengeld beträgt 14 Prozent der Eckvergütung.

(3) Das Taschengeld darf durch Einzahlung von Dritten monatlich um die Hälfte des Betrages nach Absatz 2 aufgestockt werden.

(4) Leistet ein Gefangener gemeinnützige Arbeit, kann das Taschengeld angemessen erhöht werden. Bei der Bemessung des Aufstockungsbetrages nach Absatz 3 bleibt die Erhöhung außer Betracht.

§ 60 Hausgeld

(1) Ein Gefangener darf von seinen in diesem Gesetz geregelten Bezügen sechs Zehntel monatlich (Hausgeld) und das Taschengeld für den Einkauf nach § 31 Abs. 2 oder anderweitig verwenden.

(2) Für einen Gefangenen, der in einem freien Beschäftigungsverhältnis steht oder dem gestattet ist, einer selbständigen Tätigkeit nachzugehen, wird aus seinen Bezügen ein angemessenes Hausgeld festgesetzt.

(3) Für Gefangene, die über Eigengeld verfügen und unverschuldet keine Bezüge nach diesem Gesetz erhalten, gilt Absatz 2 entsprechend.

§ 61 Eigengeld

(1) Das Eigengeld besteht aus den Beträgen, die der Gefangene bei Strafantritt in die Anstalt mitbringt, Geldern, die ihm während der Haftzeit zugehen und nicht dem Zweck des § 59 Abs. 3 dienen sollen, und Bezügen, die

nicht als Hausgeld in Anspruch genommen werden.

(2) Der Gefangene kann über das Eigengeld verfügen. § 31 Abs. 2 bis 4 und § 60 bleiben unberührt.

§ 62 Überbrückungsgeld

(1) Dem Gefangenen kann gestattet werden, ein Überbrückungsgeld in der Höhe zu bilden, die zur Vorbereitung der Entlassung erforderlich ist. Einmal gebildetes Überbrückungsgeld darf nur gemäß Absatz 2 und 3 verwendet werden.

(2) Das Überbrückungsgeld wird dem Gefangenen bei der Entlassung in die Freiheit ausgezahlt.

(3) Der Anstaltsleiter kann gestatten, dass ein Gefangener das Überbrückungsgeld vor der Entlassung für Ausgaben zur Entlassungsvorbereitung oder zur Entschädigung von Opfern einer Straftat des Gefangenen in Anspruch nimmt.

Teil 9
Sicherheit und Ordnung

§ 63 Grundsatz

(1) Sicherheit und Ordnung in der Anstalt bilden die Grundlage des auf die Erziehung und Förderung aller Gefangenen ausgerichteten Anstaltslebens und tragen dazu bei, dass in der Anstalt ein gewaltfreies Klima herrscht.

(2) Die Pflichten und Beschränkungen, die den Gefangenen zur Aufrechterhaltung der Sicherheit oder Ordnung in der Anstalt auferlegt werden, müssen in einem angemessenen Verhältnis zu ihrem Zweck stehen und dürfen die Gefangenen nicht mehr und nicht länger als notwendig beeinträchtigen.

§ 64 Verhaltensvorschriften

(1) Die Gefangenen sind für das geordnete Zusammenleben in der Anstalt mitverantwortlich und müssen mit ihrem Verhalten dazu beitragen. Ihr Bewusstsein hierfür ist zu entwickeln und zu stärken.

(2) Die Gefangenen haben sich nach der Tageseinteilung der Anstalt in Arbeitszeit, Freizeit und Ruhezeit zu richten.

(3) Die Gefangenen haben die Anordnungen der Bediensteten zu befolgen, auch wenn sie sich durch diese beschwert fühlen. Einen ihnen zugewiesenen Bereich dürfen sie nicht ohne Erlaubnis verlassen.

(4) Die Gefangenen haben ihren Haftraum und die ihnen von der Anstalt überlassenen Sachen in Ordnung zu halten und schonend zu behandeln.

(5) Die Gefangenen haben Umstände, die eine Gefahr für das Leben oder eine erhebliche Gefahr für die Gesundheit einer Person bedeuten, unverzüglich zu melden.

§ 65 Durchsuchung

(1) Die Gefangenen, ihre Sachen und die Hafträume dürfen durchsucht werden. Die Durchsuchung männlicher Gefangener darf nur von Männern, die Durchsuchung weiblicher Gefangener darf nur von Frauen vorgenommen werden. Das Schamgefühl ist zu schonen.

(2) Nur bei Gefahr im Verzug oder auf Anordnung des Anstaltsleiters im Einzelfall ist es zulässig, eine mit einer Entkleidung verbundene körperliche Durchsuchung vorzunehmen. Sie darf bei männlichen Gefangenen nicht in Gegenwart von Frauen, bei weiblichen Gefangenen nicht in Gegenwart von Männern erfolgen. Sie ist in einem geschlossenen Raum durchzuführen. Andere Gefangene dürfen nicht anwesend sein.

(3) Der Anstaltsleiter kann allgemein anordnen, dass Gefangene bei der Aufnahme, vor und nach Kontakten mit Besuchern sowie vor und nach jeder Abwesenheit von der Anstalt nach Absatz 2 zu durchsuchen sind.

§ 66 Sichere Unterbringung

(1) Ein Gefangener kann in eine Anstalt verlegt werden, die zu seiner sicheren Unterbringung besser geeignet ist, wenn in erhöhtem Maße Fluchtgefahr gegeben ist oder sonst sein Verhalten oder sein Zustand eine Gefahr für die Sicherheit oder Ordnung in der Anstalt darstellt.

(2) § 12 Abs. 2 gilt entsprechend.

§ 67 Erkennungsdienstliche Maßnahmen

(1) Zur Sicherung des Vollzugs, zur Aufrechterhaltung der Sicherheit oder Ordnung in der Anstalt oder zur Identitätsfeststellung sind mit Kenntnis des Gefangenen zulässig:

1. die Abnahme von Finger- und Handflächenabdrücken,

2. die Aufnahme von Lichtbildern,

3. die Feststellung äußerlicher körperlicher Merkmale,

4. die elektronische Erfassung biometrischer Merkmale und

5. Messungen.

(2) Die hierbei gewonnenen Unterlagen oder Daten werden zu den Gefangenenpersonalakten genommen oder in personenbezogenen Dateien gespeichert. Sie dürfen an die Vollzugspolizei oder Staatsanwaltschaften übermittelt werden, soweit dies für die in Absatz 1, § 70 Abs. 2 und § 88 Abs. 2 Nr. 4 genannten Zwecke erforderlich ist.

(3) Die Unterlagen und Daten sind zu vernichten, sobald die Vollstreckung der richterlichen Entscheidung, die dem Vollzug zugrunde gelegen hat, abgeschlossen ist.

§ 68 Lichtbildausweise

Die Anstalt kann die Gefangenen verpflichten, einen Lichtbildausweis mit sich zu führen, wenn dies aus Gründen der Sicherheit oder Ordnung in der Anstalt erforderlich ist. Dieser ist bei der Entlassung oder bei der Verlegung in eine andere Anstalt einzuziehen und zu vernichten.

§ 69 Maßnahmen zur Feststellung von Suchtmittelkonsum

Zur Aufrechterhaltung der Sicherheit oder Ordnung in der Anstalt kann der Anstaltsleiter allgemein oder im Einzelfall Maßnahmen, insbesondere den Einsatz geeigneter technischer Verfahren und technischer Mittel zum Nachweis des Konsums von Suchtmitteln, anordnen, um deren Missbrauch festzustellen. Diese Maßnahmen dürfen nicht mit einem körperlichen Eingriff verbunden sein.

§ 70 Festnahmerecht

(1) Gefangene, die entwichen sind oder sich sonst ohne Erlaubnis außerhalb der Anstalt aufhalten, können durch die Anstalt oder auf deren Veranlassung festgenommen und zurückgebracht werden.

(2) Nach § 67 Abs. 1, § 88 Abs. 1 und § 89 erhobene und zur Identifizierung oder Festnahme erforderliche Daten dürfen den Vollstreckungs- und Strafverfolgungsbehörden übermittelt werden, soweit dies für Zwecke der Fahndung und Festnahme der entwichenen oder sich sonst ohne Erlaubnis außerhalb der Anstalt aufhaltenden Gefangenen erforderlich ist.

§ 71 Besondere Sicherungsmaßnahmen

(1) Gegen Gefangene können besondere Sicherungsmaßnahmen angeordnet werden, wenn nach ihrem Verhalten oder aufgrund ihres seelischen Zustandes in erhöhtem Maße Fluchtgefahr oder die Gefahr von Gewalttätigkeiten gegen Personen oder Sachen oder die Gefahr der Selbsttötung oder der Selbstverletzung besteht.

(2) Als besondere Sicherungsmaßnahmen sind zulässig:

1. der Entzug oder die Vorenthaltung von Gegenständen,

2. die Beobachtung der Gefangenen,

3. die Absonderung von anderen Gefangenen,

4. der Entzug oder die Beschränkung des Aufenthalts im Freien,

5. die Unterbringung in einem besonders gesicherten Haftraum ohne gefährdende Gegenstände und

6. die Fesselung.

(3) Maßnahmen nach Absatz 2 Nr. 1, 3 und 5 sind auch zulässig, wenn die Gefahr einer Befreiung oder eine erhebliche Störung der Hausordnung anders nicht vermieden oder behoben werden kann.

(4) Bei einer Ausführung, Vorführung oder beim Transport ist die Fesselung auch dann zulässig, wenn Fluchtgefahr besteht.

§ 72 Einzelhaft

Die ständige Absonderung von anderen Gefangenen (Einzelhaft) ist nur zulässig, wenn dies aus Gründen, die in der Person des Gefangenen liegen, unerlässlich ist. Einzelhaft von mehr als zwei Monaten Gesamtdauer im Jahr bedarf der Zustimmung der Aufsichtsbehörde. Während des Vollzugs der Einzelhaft ist der Gefangene in besonderem Maße zu betreuen.

§ 73 Fesselung

In der Regel dürfen Fesseln nur an den Händen oder an den Füßen angelegt werden. Im Interesse des Gefangenen kann der Anstaltsleiter eine andere Art der Fesselung anordnen. Die Fesselung wird zeitweise gelockert, soweit dies notwendig ist.

§ 74 Anordnung besonderer Sicherungsmaßnahmen, Verfahren

(1) Besondere Sicherungsmaßnahmen ordnet der Anstaltsleiter an. Bei Gefahr im Verzug können auch andere Bedienstete diese Maßnahmen vorläufig anordnen. Die Entscheidung des Anstaltsleiters ist unverzüglich einzuholen.

(2) Wird ein Gefangener ärztlich behandelt oder beobachtet oder bildet sein seelischer Zustand den Anlass der Sicherungsmaßnahme, ist vorher eine ärztliche Stellungnahme einzuholen. Ist dies wegen Gefahr im Verzug nicht möglich, wird die Stellungnahme unverzüglich nachträglich eingeholt.

(3) Die Entscheidung wird dem Gefangenen vom Anstaltsleiter mündlich eröffnet und mit einer kurzen Begründung schriftlich abgefasst.

(4) Besondere Sicherungsmaßnahmen sind in angemessenen Abständen daraufhin zu überprüfen, ob und in welchem Umfang sie aufrechterhalten werden müssen.

(5) Besondere Sicherungsmaßnahmen nach § 71 Abs. 2 Nr. 5 und 6 sind der Aufsichtsbehörde unverzüglich mitzuteilen, wenn sie länger als drei Tage aufrechterhalten werden.

§ 75 Ärztliche Überwachung

(1) Sind Gefangene nach § 71 Abs. 2 Nr. 5 in einem besonders gesicherten Haftraum untergebracht oder nach § 71 Abs. 2 Nr. 6 gefesselt, sucht sie der Arzt alsbald und in der Folge möglichst täglich auf. Dies gilt nicht bei einer Fesselung während einer Ausführung, Vorführung oder eines Transports.

(2) Der Arzt ist regelmäßig zu hören, solange eine besondere Sicherungsmaßnahme nach § 71 Abs. 2 Nr. 4 oder Einzelhaft nach § 72 andauert.

§ 76 Ersatz von Aufwendungen

(1) Ein Gefangener ist verpflichtet, der Anstalt Aufwendungen zu ersetzen, die er durch eine vorsätzliche oder grob fahrlässige Selbstverletzung oder Verletzung anderer Gefangener verursacht hat. Ansprüche aus sonstigen Rechtsvorschriften bleiben unberührt.

(2) Von der Aufrechnung oder Vollstreckung wegen der in Absatz 1 genannten Forderungen ist abzusehen, soweit hierdurch die Erziehung und Förderung des Gefangenen oder seine Eingliederung behindert würde.

Teil 10
Unmittelbarer Zwang

§ 77 Begriffsbestimmungen

(1) Unmittelbarer Zwang ist die Einwirkung auf Personen oder Sachen durch einfache körperliche Gewalt, Hilfsmittel der körperlichen Gewalt oder durch Waffen.

(2) Körperliche Gewalt ist jede unmittelbare körperliche Einwirkung auf Personen oder Sachen.

(3) Hilfsmittel der körperlichen Gewalt sind insbesondere Fesseln.

(4) Waffen sind die dienstlich zugelassenen Hiebwaffen.

§ 78 Allgemeine Voraussetzungen

(1) Soweit es zur Durchführung rechtmäßiger Vollzugs- oder Sicherungsmaßnahmen erforderlich ist, dürfen Bedienstete unmittelbaren Zwang anwenden. Seine Anwendung unterbleibt, wenn ein durch ihn zu erwartender Schaden erkennbar außer Verhältnis zu dem angestrebten Erfolg steht.

(2) Gegen andere Personen als Gefangene darf unmittelbarer Zwang angewendet werden, wenn sie es unternehmen, Gefangene zu befreien oder widerrechtlich in die Anstalt einzudringen, oder wenn sie sich unbefugt darin aufhalten.

(3) Das Recht zu unmittelbarem Zwang aufgrund anderer Regelungen bleibt unberührt.

§ 79 Handeln auf Anordnung

(1) Wird unmittelbarer Zwang von einem Vorgesetzten oder einer sonst befugten Person angeordnet, sind die Bediensteten verpflichtet, ihn auszuführen, es sei denn, die Anordnung verletzt die Menschenwürde oder ist nicht zu dienstlichen Zwecken erteilt worden.

(2) Die Anordnung darf nicht befolgt werden, wenn dadurch eine Straftat begangen würde. Befolgen die Bediensteten sie trotzdem, trifft sie eine Schuld nur, wenn sie erkennen oder wenn es nach den ihnen bekannten Umständen offensichtlich ist, dass dadurch eine Straftat begangen wird.

(3) Bedenken gegen die Rechtmäßigkeit der Anordnung haben Bedienstete dem Anordnenden gegenüber vorzubringen, soweit das nach den Umständen möglich ist. Abweichende Vorschriften des allgemeinen Beamtenrechts über die Mitteilung solcher Bedenken an einen Vorgesetzten aus dem Beamtengesetz für den Freistaat Sachsen (Sächsisches Beamtengesetz – SächsBG) in der Fassung der Bekanntmachung vom 14. Juni 1999 (SächsGVBl. S. 370, 2000 S. 7), zuletzt geändert durch Artikel 2 des Gesetzes vom 10. April 2007 (SächsGVBl. S. 54, 77), in der jeweils geltenden Fassung, sind nicht anzuwenden.

§ 80 Androhung

Unmittelbarer Zwang ist anzudrohen. Die Androhung darf nur unterbleiben, wenn die Umstände sie nicht zulassen oder unmittelbarer Zwang sofort angewendet werden muss, um eine rechtswidrige Tat, die den

Tatbestand eines Strafgesetzes erfüllt, zu verhindern oder eine gegenwärtige Gefahr abzuwenden.

Teil 11
Erzieherische Maßnahmen, Disziplinarmaßnahmen

§ 81 Erzieherische Maßnahmen

(1) Verstöße der Gefangenen gegen Pflichten, die ihnen durch oder aufgrund dieses Gesetzes auferlegt sind, sind unverzüglich im erzieherischen Gespräch aufzuarbeiten. Daneben können Maßnahmen angeordnet werden, die geeignet sind, den Gefangenen ihr Fehlverhalten bewusst zu machen (erzieherische Maßnahmen). Als erzieherische Maßnahmen kommen insbesondere in Betracht:

1. die Erteilung von Weisungen und Auflagen,

2. die Beschränkung oder der Entzug einzelner Gegenstände für die Freizeitbeschäftigung und

3. der Ausschluss von gemeinsamer Freizeit oder von einzelnen Freizeitveranstaltungen bis zur Dauer einer Woche.

(2) Der Anstaltsleiter legt fest, welche Bediensteten befugt sind, erzieherische Maßnahmen anzuordnen.

(3) Es sollen solche erzieherischen Maßnahmen angeordnet werden, die mit der Verfehlung in Zusammenhang stehen.

§ 82 Disziplinarmaßnahmen

(1) Disziplinarmaßnahmen dürfen nur angeordnet werden, wenn erzieherische Maßnahmen nach § 81 nicht ausreichen, um dem Gefangenen das Unrecht seiner Handlung zu verdeutlichen. Zu berücksichtigen ist ferner eine aus demselben Anlass angeordnete besondere Sicherungsmaßnahme.

(2) Disziplinarmaßnahmen können angeordnet werden, wenn ein Gefangener rechtswidrig und schuldhaft

1. gegen Strafgesetze verstößt oder eine Ordnungswidrigkeit begeht,

2. andere Personen verbal oder tätlich angreift,

3. Lebensmittel oder fremdes Eigentum zerstört oder beschädigt,

4. sich zugewiesenen Aufgaben entzieht,

5. verbotene Gegenstände in die Anstalt bringt,

6. sich am Einschmuggeln verbotener Gegenstände beteiligt oder sie besitzt,

7. entweicht oder zu entweichen versucht oder

8. in sonstiger Weise wiederholt oder schwerwiegend gegen die Hausordnung verstößt oder das Zusammenleben in der Anstalt stört.

(3) Zulässige Disziplinarmaßnahmen sind:

1. die Beschränkung oder der Entzug des Rundfunkempfangs bis zu zwei Monaten,

2. die Beschränkung oder der Entzug der Gegenstände für die Freizeitbeschäftigung bis zu zwei Monaten,

3. der Ausschluss von gemeinsamer Freizeit oder von einzelnen Freizeitveranstaltungen bis zu zwei Monaten,

4. die Beschränkung oder der Entzug der Verfügung über das Hausgeld und des Einkaufs bis zu zwei Monaten und

5. Arrest bis zu zwei Wochen.

(4) Disziplinarmaßnahmen sind auch zulässig, wenn wegen derselben Verfehlung ein Straf- oder Bußgeldverfahren eingeleitet wird.

(5) Mehrere Disziplinarmaßnahmen können miteinander verbunden werden.

(6) Arrest darf nur wegen schwerer oder wiederholter Verfehlungen verhängt werden.

§ 83 Vollstreckung der Disziplinarmaßnahmen, Aussetzung zur Bewährung

(1) Disziplinarmaßnahmen werden in der Regel sofort vollstreckt. Soweit es zur Gewährung eines effektiven Rechtsschutzes erforderlich ist, soll die Vollstreckung ausgesetzt werden.

(2) Die Vollstreckung von Disziplinarmaßnahmen kann ganz oder teilweise bis zu sechs

Monaten zur Bewährung ausgesetzt werden. Die Aussetzung zur Bewährung kann mit Auflagen oder Weisungen verbunden werden.

(3) Wird die Verfügung über das Hausgeld beschränkt oder entzogen, wird der vorenthaltene Betrag dem Eigengeld gutgeschrieben.

(4) Arrest wird in Einzelhaft vollzogen. Die Gefangenen können in einem besonderen Arrestraum untergebracht werden, der den Anforderungen entsprechen muss, die an einen zum Aufenthalt bei Tag und Nacht bestimmten Haftraum gestellt werden. Soweit nichts anderes angeordnet wird, ruhen die Rechte der Gefangenen aus §§ 29, 30 Abs. 1 Satz 2, § 31 Abs. 2 und 3, § 37 Abs. 2 Satz 2 und 3 sowie den §§ 40 bis 42.

§ 84 Disziplinarbefugnis

(1) Disziplinarmaßnahmen ordnet der Anstaltsleiter an. Bei einer Verfehlung auf dem Weg in eine andere Anstalt zum Zweck der Verlegung ist die aufnehmende Anstalt zuständig.

(2) Die Aufsichtsbehörde entscheidet, wenn sich die Verfehlung gegen den Anstaltsleiter richtet.

(3) Disziplinarmaßnahmen, die gegen einen Gefangenen in einer anderen Anstalt oder während einer Untersuchungshaft angeordnet worden sind, werden auf Ersuchen vollstreckt. § 83 Abs. 2 bleibt unberührt.

§ 85 Verfahren

(1) Der Sachverhalt ist zu klären. Der betroffene Gefangene wird gehört. Er ist darauf hinzuweisen, dass es ihm freisteht sich zu äußern. Die Erhebungen werden in einer Niederschrift festgelegt; die Einlassung des Gefangenen wird vermerkt.

(2) Bei schweren Verfehlungen soll sich der Anstaltsleiter vor der Entscheidung mit Personen besprechen, die an der Erziehung des Gefangenen mitwirken.

(3) Vor der Anordnung von schwerwiegenden Disziplinarmaßnahmen gegen einen Gefangenen, der sich in ärztlicher Behandlung befindet, oder gegen eine Schwangere oder eine stillende Mutter ist ein Arzt zu hören.

(4) Die Entscheidung wird dem Gefangenen vom Anstaltsleiter mündlich eröffnet und mit einer kurzen Begründung schriftlich abgefasst.

(5) Bevor Arrest vollstreckt wird, ist ein Arzt zu hören. Während des Arrestes steht der Gefangene unter ärztlicher Aufsicht. Die Vollstreckung unterbleibt oder wird unterbrochen, wenn die Gesundheit des Gefangenen gefährdet würde.

Teil 12
Aufhebung von Maßnahmen und Beschwerde

§ 86 Aufhebung von Maßnahmen

Für den Widerruf und die Rücknahme von Maßnahmen nach diesem Gesetz gelten die Vorschriften der §§ 48 bis 49a des Verwaltungsverfahrensgesetzes (VwVfG) in der Fassung der Bekanntmachung vom 23. Januar 2003 (BGBl. I S. 102), das durch Artikel 4 Abs. 8 des Gesetzes vom 5. Mai 2004 (BGBl. I S. 718, 833) geändert worden ist, in der jeweils geltenden Fassung, entsprechend, soweit dieses Gesetz eine besondere Regelung oder entgegenstehende Bestimmungen nicht enthält.

§ 87 Beschwerderecht

(1) Der Gefangene erhält Gelegenheit, sich mit Wünschen, Anregungen und Beschwerden in Angelegenheiten, die ihn selbst betreffen, an den Anstaltsleiter zu wenden.

(2) Besichtigen Vertreter der Aufsichtsbehörde die Anstalt, so ist zu gewährleisten, dass jeder Gefangene sich in Angelegenheiten, die ihn selbst betreffen, an diese wenden kann.

(3) Die Möglichkeit der Dienstaufsichtsbeschwerde bleibt unberührt.

Teil 13
Aktenführung und Datenschutz

§ 88 Verarbeitung

(1) Die Anstalt darf personenbezogene Daten verarbeiten, soweit dies für die ihr nach diesem Gesetz übertragenen Aufgaben erforderlich ist.

(2) Die Verarbeitung personenbezogener Daten für andere Zwecke ist zulässig, soweit dies

1. zur Abwehr von sicherheitsgefährdenden oder geheimdienstlichen Tätigkeiten für eine fremde Macht oder von Bestrebungen im Geltungsbereich des Grundgesetzes für die Bundesrepublik Deutschland, die durch Anwendung von Gewalt oder darauf gerichtete Vorbereitungshandlungen

   a) gegen die freiheitliche demokratische Grundordnung, den Bestand oder die Sicherheit des Bundes oder eines Landes gerichtet sind,

   b) eine ungesetzliche Beeinträchtigung der Amtsführung der Verfassungsorgane des Bundes oder eines Landes oder ihrer Mitglieder zum Ziel haben oder

   c) auswärtige Belange der Bundesrepublik Deutschland gefährden,

2. zur Abwehr erheblicher Nachteile für das Gemeinwohl oder einer Gefahr für die öffentliche Sicherheit,

3. zur Abwehr einer schwerwiegenden Beeinträchtigung der Rechte einer anderen Person,

4. zur Verhinderung oder Verfolgung von Straftaten sowie von die Sicherheit oder Ordnung in einer Anstalt gefährdenden Ordnungswidrigkeiten,

5. für Maßnahmen der Strafvollstreckung oder strafvollstreckungsrechtliche Entscheidungen

erforderlich ist.

(3) Eine Verarbeitung für andere Zwecke liegt nicht vor, soweit sie dem gerichtlichen Rechtsschutz im Zusammenhang mit diesem Gesetz oder den in § 13 Abs. 3 des Gesetzes zum Schutz der informationellen Selbstbestimmung im Freistaat Sachsen (Sächsisches Datenschutzgesetz – SächsDSG) vom 25. August 2003 (SächsGVBl. S. 330), das durch Artikel 1 des Gesetzes vom 14. Dezember 2006 (SächsGVBl. S. 530) geändert worden ist, in der jeweils geltenden Fassung, genannten Zwecken dient.

(4) Über die in den Absätzen 1 und 2 geregelten Zwecke hinaus dürfen zuständigen öffentlichen Stellen personenbezogene Daten übermittelt werden, soweit dies für

1. Maßnahmen der Gerichtshilfe, Jugendgerichtshilfe. Bewährungshilfe oder Führungsaufsicht,

2. Entscheidungen in Gnadensachen,

3. gesetzlich angeordnete Statistiken der Rechtspflege,

4. sozialrechtliche Maßnahmen,

5. die Einleitung von Hilfsmaßnahmen für Angehörige des Gefangenen im Sinne des § 11 Abs. 1 Nr. 1 StGB,

6. dienstliche Maßnahmen der Bundeswehr im Zusammenhang mit der Aufnahme und Entlassung von Soldaten,

7. ausländerrechtliche Maßnahmen oder

8. die Durchführung der Besteuerung

erforderlich ist. Eine Übermittlung für andere Zwecke ist auch zulässig, soweit eine andere gesetzliche Vorschrift dies vorsieht und sich dabei ausdrücklich auf personenbezogene Daten über Gefangene bezieht.

(5) Öffentlichen und nicht-öffentlichen Stellen darf die Anstalt auf schriftlichen Antrag mitteilen, ob sich eine Person in Haft befindet sowie ob und wann ihre Entlassung voraussichtlich innerhalb eines Jahres bevorsteht, soweit

1. die Mitteilung zur Erfüllung der in der Zuständigkeit der öffentlichen Stelle liegenden Aufgaben erforderlich ist oder

2. von nicht öffentlichen Stellen ein berechtigtes Interesse an dieser Mitteilung glaubhaft dargelegt wird und der Gefangene kein schutzwürdiges Interesse an dem Ausschluss der Übermittlung hat.

Einem Opfer einer Straftat können darüber hinaus auf schriftlichen Antrag Auskünfte über die Entlassungsadresse oder die Vermögensverhältnisse des Gefangenen erteilt werden, wenn die Erteilung zur Feststellung oder Durchsetzung von Rechtsansprüchen im Zusammenhang mit der Straftat erforderlich ist. Der Gefangene wird vor der Mitteilung gehört, es sei denn, es ist zu besorgen, dass dadurch die Verfolgung des Interesses des Antragstellers vereitelt oder wesentlich erschwert werden würde, und eine Abwägung ergibt, dass dieses Interesse des Antragstellers das Interesse des Gefangenen an seiner vorherigen Anhörung überwiegt. Ist die Anhörung unterblieben, werden die betroffenen Gefangenen über die Mitteilung der Anstalt nachträglich unterrichtet.

(6) Bei der Überwachung der Besuche oder des Schriftwechsels sowie bei der Überwachung des Inhaltes von Paketen bekannt gewordene personenbezogene Daten dürfen nur für die in Absatz 2 aufgeführten Zwecke, für den gerichtlichen Rechtsschutz im Zusammenhang mit diesem Gesetz und im Rahmen außerordentlicher Rechtsbehelfsverfahren, zur Wahrung der Sicherheit oder Ordnung in der Anstalt oder nach Anhörung des Gefangenen für Zwecke der Erziehung verarbeitet werden.

(7) Die Übermittlung von personenbezogenen Daten unterbleibt, soweit die in § 90 Abs. 2, § 93 Abs. 2 und 4 geregelten Einschränkungen oder besondere gesetzliche Verwendungsregelungen entgegenstehen.

(8) § 14 Abs. 2 SächsDSG ist mit der Maßgabe anzuwenden, dass bei der Übermittlung auf Ersuchen einer öffentlichen Stelle die Anstalt auch prüft, ob die Absätze 6 und 7 sowie § 89 Abs. 3 der Übermittlung entgegenstehen.

§ 89 Datenerhebung

(1) Personenbezogene Daten sind bei den Betroffenen zu erheben. Für die Erhebung ohne Mitwirkung der Betroffenen, die Erhebung bei anderen Personen oder Stellen und für die Hinweis- und Aufklärungspflichten gilt § 12 Abs. 3 bis 5 SächsDSG.

(2) Daten über Dritte dürfen ohne ihre Mitwirkung bei Personen oder Stellen außerhalb der Anstalt nur unter den Voraussetzungen des Absatzes 1 Satz 2 und nur soweit erhoben werden, wie es für die Erziehung des Gefangenen, die Sicherheit in der Anstalt oder die Sicherung des Vollzugs unerlässlich ist und die Art der Erhebung schutzwürdige Interessen der Betroffenen nicht beeinträchtigt.

(3) Personenbezogene Daten, die gemäß Absatz 2 über Dritte erhoben worden sind, dürfen nur zur Erfüllung des Erhebungszweckes oder für die in § 88 Abs. 2 Nr. 1 bis 4 geregelten Zwecke verarbeitet werden.

(4) Über eine ohne ihre Kenntnis vorgenommene Erhebung personenbezogener Daten werden die Betroffenen unter Angabe dieser Daten unterrichtet, soweit der in Absatz 1 genannte Zweck dadurch nicht gefährdet wird. Sind die Daten bei anderen Personen oder Stellen erhoben worden, kann die Unterrichtung unterbleiben, soweit

1. die Daten nach einer Rechtsvorschrift oder wegen des überwiegenden berechtigten Interesses von Dritten geheimgehalten werden müssen oder

2. der Aufwand der Unterrichtung außer Verhältnis zum Schutzzweck steht und keine Anhaltspunkte dafür bestehen, dass überwiegende schutzwürdige Interessen der Betroffenen beeinträchtigt werden.

(5) Im Rahmen der Bemühungen, beim Gefangenen Einsicht in die beim Opfer verursachten Tatfolgen zu wecken, dürfen weitere Daten über das Opfer nicht erhoben werden.

§ 90 Schutz besonderer Daten

(1) Das religiöse oder weltanschauliche Bekenntnis der Gefangenen und personenbezogene Daten, die anlässlich ärztlicher Untersuchungen erhoben worden sind, dürfen in der Anstalt nicht allgemein kenntlich gemacht werden. Andere personenbezogene Daten über die Gefangenen dürfen innerhalb der Anstalt allgemein kenntlich gemacht werden, soweit dies für ein geordnetes Zusammenleben in der Anstalt erforderlich ist; § 88 Abs. 6 und 7 sowie § 89 Abs. 3 bleiben unberührt.

(2) Die in § 203 Abs. 1 Nr. 1, 2 und 5 StGB genannten Personen, denen personenbezogene Daten von Gefangenen als Geheimnis

anvertraut oder über Gefangene sonst bekannt geworden sind, unterliegen auch gegenüber der Anstalt der Schweigepflicht. Die in § 203 Abs. 1 Nr. 1, 2 und 5 StGB genannten Personen sollen sich gegenüber dem Anstaltsleiter offenbaren, soweit dies für die Aufgabenerfüllung der Anstalt oder zur Abwehr von erheblichen Gefahren für Leib oder Leben von Gefangenen oder Dritten erforderlich ist. Ärzte sind zur Offenbarung ihnen im Rahmen der allgemeinen Gesundheitsfürsorge bekannt gewordener Geheimnisse befugt, soweit dies für die Aufgabenerfüllung der Anstalt unerlässlich oder zur Abwehr von erheblichen Gefahren für Leib oder Leben der Gefangenen oder Dritter erforderlich ist. Sonstige Offenbarungsbefugnisse bleiben unberührt. Gefangene sind vor der Erhebung über die nach den Sätzen 2 und 3 bestehenden Offenbarungsbefugnisse zu unterrichten.

(3) Die nach Absatz 2 offenbarten Daten dürfen nur für den Zweck, für den sie offenbart wurden oder für den eine Offenbarung zulässig gewesen wäre, und nur unter denselben Voraussetzungen verarbeitet oder genutzt werden, unter denen eine in § 203 Abs. 1 Nr. 1, 2 und 5 StGB genannte Person selbst hierzu befugt wäre. Der Anstaltsleiter kann unter diesen Voraussetzungen die unmittelbare Offenbarung gegenüber bestimmten Bediensteten allgemein zulassen. Warnhinweise, die keinen Rückschluss auf konkrete Erkrankungen zulassen, sind zulässig, soweit dies zur Abwehr von erheblichen Gefahren für Leib oder Leben der Gefangenen oder Dritter erforderlich ist.

(4) Sofern Ärzte oder Psychologen außerhalb des Vollzugs mit der Untersuchung oder Behandlung von Gefangenen beauftragt werden, gilt Absatz 2 mit der Maßgabe entsprechend, dass die beauftragten Ärzte oder Psychologen auch zur Unterrichtung eines Anstaltsarztes oder eines in der Anstalt mit der Behandlung der Gefangenen betrauten Psychologen befugt sind.

§ 91 Zentrale Vollzugsdatei, Einrichtung automatisierter Abrufverfahren

(1) Die nach § 88 Abs. 1 und nach § 89 erhobenen Daten dürfen in einer zentralen Vollzugsdatei des Freistaats Sachsen verarbeitet werden, soweit dies für Zwecke der Suizidprophylaxe, der Sicherheit oder Ordnung in einer Anstalt sowie für Zwecke der Aufsichtsbehörde erforderlich ist.

(2) Die Einrichtung eines automatisierten Verfahrens, das den Abruf personenbezogener Daten aus der zentralen Vollzugsdatei des Freistaats Sachsen ermöglicht, ist zulässig, soweit dieses Verfahren unter Berücksichtigung der schutzwürdigen Interessen der Betroffenen und der Aufgaben der beteiligten Stellen angemessen ist. § 13 Abs. 1 Satz 3 des Gesetzes über das Bundeskriminalamt und die Zusammenarbeit des Bundes und der Länder in kriminalpolizeilichen Angelegenheiten (Bundeskriminalamtgesetz – BKAG) vom 7. Juli 1997 (BGBl. I S. 1650), das zuletzt durch Artikel 4 des Gesetzes vom 22. Dezember 2006 (BGBl. I S. 3409, 3414) geändert worden ist, in der jeweils geltenden Fassung, bleibt unberührt.

(3) Erfolgt die Einrichtung eines automatisierten Abrufverfahrens nach Absatz 2 für eine Laufzeit von mehr als drei Monaten, hat die zentrale Vollzugsdatei für den Freistaat Sachsen bei durchschnittlich jedem zehnten Abruf den Zeitpunkt, die Angaben, die die Feststellung der abgerufenen Datensätze ermöglichen, sowie die für den Abruf verantwortliche Dienststelle für Zwecke der Datenschutzkontrolle zu protokollieren. Die protokollierten Daten dürfen nur für Zwecke der Datenschutzkontrolle, der Datensicherung oder zur Sicherstellung eines ordnungsgemäßen Betriebs der Datenverarbeitungsanlage verwendet werden, es sei denn, es liegen Anhaltspunkte dafür vor, dass ohne ihre Verwendung die Verhinderung oder Verfolgung einer schwerwiegenden Straftat gegen Leib, Leben oder Freiheit einer Person aussichtslos oder wesentlich erschwert wäre. Die Protokolldaten sind nach sechs Monaten zu löschen. Die zentrale Vollzugsdatei für den Freistaat Sachsen trifft die technischen und

organisatorischen Maßnahmen nach § 9 SächsDSG.

(4) Das Staatsministerium der Justiz bestimmt durch Rechtsverordnung die Einzelheiten des automatisierten Abrufverfahrens. Der Sächsische Datenschutzbeauftragte ist vorher zu hören. Die Rechtsverordnung hat den Datenempfänger, die Datenart und den Zweck des Abrufs festzulegen. Sie hat Maßnahmen zur Datensicherung und zur Kontrolle vorzusehen, die in einem angemessenen Verhältnis zu dem angestrebten Schutzzweck stehen.

(5) Das Staatsministerium der Justiz darf anderen Ländern und dem Bund personenbezogene Daten nach § 88 Abs. 1 bis 4 übermitteln, soweit dies im Einzelfall zur Erfüllung seiner Aufgaben oder der Aufgaben des Empfängers erforderlich ist.

§ 92 Akten

(1) Über jeden Gefangenen wird eine Personalakte geführt (Gefangenenpersonalakte). Sie ist vertraulich zu behandeln und vor unbefugter Einsicht zu schützen.

(2) Für jeden Gefangenen sind vom Anstaltsarzt Gesundheitsakten zu führen.

(3) Über Daten im Sinne von § 90 Abs. 2, die im Rahmen einer Therapie erhoben wurden, sind Therapieakten zu führen.

(4) Gesundheitsakten und Therapieakten sind getrennt von anderen Unterlagen zu führen und besonders zu sichern.

(5) Akten mit personenbezogenen Daten dürfen nur anderen Anstalten, den zur Dienst- oder Fachaufsicht oder zu dienstlichen Weisungen befugten Stellen, den für strafvollzugs-, strafvollstreckungs- und strafrechtliche Entscheidungen zuständigen Gerichten sowie den Strafvollstreckungs- und Strafverfolgungsbehörden überlassen werden, soweit dies im Einzelfall zur Erfüllung der Aufgaben des Empfängers erforderlich ist. Entsprechendes gilt für die Überlassung von Akten an die von der Anstalt mit Gutachten beauftragten Stellen. Die Überlassung an andere öffentliche Stellen ist zulässig, soweit die Erteilung einer Auskunft einen unvertretbaren Aufwand erfordert oder nach

Darlegung der Akteneinsicht begehrenden Stellen für die Erfüllung der Aufgabe nicht ausreicht.

(6) § 13 Abs. 5 SächsDSG ist entsprechend anzuwenden.

§ 93 Berichtigung, Löschung und Sperrung

(1) Die in Dateien gespeicherten personenbezogenen Daten sind spätestens zwei Jahre nach der Entlassung des Gefangenen oder der Verlegung des Gefangenen in eine andere Anstalt zu löschen. Hiervon können bis zum Ablauf der Aufbewahrungsfrist für die Gefangenenpersonalakte die Angaben über Familienname, Vorname, Geburtsname, Geburtstag, Geburtsort, Eintritts- und Austrittsdatum des Gefangenen ausgenommen werden, soweit dies für das Auffinden der Gefangenenpersonalakte erforderlich ist. § 67 Abs. 3 bleibt unberührt, soweit es sich um in Gefangenenpersonalakten gespeicherte Daten handelt.

(2) Personenbezogene Daten in Akten dürfen nach Ablauf von zwei Jahren seit der Entlassung des Gefangenen nur übermittelt oder genutzt werden, soweit dies

1. zur Verfolgung von Straftaten,

2. für die Durchführung wissenschaftlicher Forschungsvorhaben gemäß § 97,

3. zur Behebung einer bestehenden Beweisnot oder

4. zur Feststellung, Durchsetzung oder Abwehr von Rechtsansprüchen im Zusammenhang mit dem Vollzug

erforderlich ist. Diese Verwendungsbeschränkungen enden, wenn der Gefangene erneut zum Vollzug aufgenommen wird oder der Betroffene eingewilligt hat.

(3) Bei der Aufbewahrung von Akten mit nach Absatz 2 gesperrten Daten darf für Gefangenenpersonalakten, Gesundheitsakten und Therapieakten sowie für Gefangenenbücher eine Frist von dreißig Jahren nicht überschritten werden. Dies gilt nicht, wenn aufgrund bestimmter Tatsachen anzunehmen ist, dass die Aufbewahrung für die in Absatz 2 Satz 1 genannten Zwecke weiterhin erforderlich ist.

Die Aufbewahrungsfrist beginnt mit dem auf das Jahr der aktenmäßigen Weglegung folgenden Kalenderjahr. Die archivrechtlichen Vorschriften des Bundes und der Länder bleiben unberührt.

(4) Wird festgestellt, dass unrichtige Daten übermittelt worden sind, ist dies den Empfängern mitzuteilen, wenn dies zur Wahrung schutzwürdiger Interessen der Betroffenen erforderlich ist.

§ 94 Auskunft an den Betroffenen, Akteneinsicht

Betroffene erhalten nach Maßgabe des § 18 SächsDSG Auskunft und Akteneinsicht, soweit Sicherheit oder Ordnung in einer Anstalt dadurch nicht gefährdet werden.

§ 95 Auskunft und Akteneinsicht für wissenschaftliche Zwecke

§ 476 StPO gilt mit der Maßgabe entsprechend, dass auch elektronisch gespeicherte personenbezogene Daten übermittelt werden können.

§ 96 Anwendbarkeit des Sächsischen Datenschutzgesetzes

Das Sächsische Datenschutzgesetz ist anzuwenden, soweit in diesem Gesetz nichts Abweichendes geregelt ist.

Teil 14
Kriminologische Forschung

§ 97 Evaluation, kriminologische Forschung

(1) Behandlungsprogramme für die Gefangenen sind auf der Grundlage wissenschaftlicher Erkenntnisse zu konzipieren, zu standardisieren und auf ihre Wirksamkeit hin zu überprüfen.

(2) Der Vollzug, insbesondere seine Aufgabenerfüllung und Gestaltung, die Umsetzung seiner Leitlinien sowie die Behandlungsprogramme und deren Wirkungen auf das Vollzugsziel, soll regelmäßig durch den kriminologischen Dienst, durch eine Hochschule oder durch eine andere Stelle wissenschaftlich begleitet und erforscht werden. § 476 StPO gilt

mit der Maßgabe entsprechend, dass auch elektronisch gespeicherte personenbezogene Daten übermittelt werden können.

Teil 15
Aufbau der Jugendstrafvollzugsanstalt

§ 98 Jugendstrafvollzugsanstalt

(1) Die Jugendstrafe wird in Jugendstrafvollzugsanstalten, Teilanstalten oder in getrennten Abteilungen einer Anstalt des Erwachsenenvollzugs (Anstalt) vollzogen. Lässt die geringe Anzahl der Gefangenen eine getrennte Unterbringung organisatorisch nicht zu, können Gefangene ausnahmsweise gemeinsam mit nach allgemeinem Strafrecht Verurteilten untergebracht werden, sofern dadurch das Vollzugsziel nicht gefährdet wird. Gemeinsame Aus- und Fortbildungsmaßnahmen von nach Jugendstrafrecht und nach allgemeinem Strafrecht Verurteilten sind zulässig. In jedem Fall erfolgt der Vollzug nach diesem Gesetz.

(2) Räume für den Aufenthalt während der Ruhe- und Freizeit sowie Gemeinschafts- und Besuchsräume sind zweckentsprechend auszugestalten.

(3) Die Abteilungen der Anstalt sollen in Wohngruppen gegliedert sein, zu denen neben den Hafträumen weitere Räume zur gemeinsamen Nutzung gehören.

(4) Es sind Abteilungen für Gefangene vorzusehen, die sich erstmals im Vollzug befinden.

§ 99 Festsetzung der Belegungsfähigkeit, Verbot der Überbelegung

(1) Die Aufsichtsbehörde setzt die Belegungsfähigkeit der Anstalt so fest, dass eine angemessene Unterbringung während der Ruhezeit gewährleistet ist. Dabei ist zu berücksichtigen, dass eine ausreichende Anzahl von Plätzen für Aus- und Weiterbildung, Arbeit sowie von Räumen für Seelsorge, Freizeit, Sport, therapeutische Maßnahmen und Besuche zur Verfügung steht.

(2) Hafträume dürfen nicht mit mehr Gefangenen als zugelassen belegt werden.

(3) Ausnahmen von Absatz 2 sind nur vorübergehend und nur mit Zustimmung der Aufsichtsbehörde zulässig.

§ 100 Einrichtungen zur schulischen und beruflichen Bildung, Arbeitsbetriebe

(1) Die erforderlichen Einrichtungen zur schulischen und beruflichen Bildung, arbeitstherapeutischen Beschäftigung und die notwendigen Betriebe für die Arbeit sind vorzusehen. Sie sind den Verhältnissen außerhalb der Anstalt anzugleichen.

(2) Bildung und Beschäftigung können auch in geeigneten privaten Einrichtungen und Betrieben erfolgen. Die technische und fachliche Leitung kann Angehörigen dieser Einrichtungen und Betriebe übertragen werden.

§ 101 Anstaltsleitung

(1) Der Anstaltsleiter trägt die Verantwortung für den gesamten Vollzug und vertritt die Anstalt nach außen. Er kann einzelne Aufgabenbereiche auf andere Bedienstete übertragen. Die Aufsichtsbehörde kann sich die Zustimmung zur Übertragung vorbehalten.

(2) Für jede Anstalt ist ein Beamter des höheren Dienstes zum hauptamtlichen Leiter zu bestellen. Aus besonderen Gründen kann eine Anstalt auch von einem Beamten des gehobenen Dienstes geleitet werden.

§ 102 Bedienstete

(1) Die Aufgaben der Anstalten werden von Beamten wahrgenommen. Aus besonderen Gründen können sie auch anderen Bediensteten der Anstalten sowie nebenamtlichen oder vertraglich verpflichteten Personen übertragen werden.

(2) Die Anstalten werden mit dem für das Erreichen des Vollzugsziels erforderlichen Personal, unter anderem Sozialarbeitern, Psychologen und Pädagogen, ausgestattet. Es muss für die erzieherische Gestaltung des Vollzugs geeignet und qualifiziert sein. Fortbildung sowie Praxisberatung und -begleitung für die Bediensteten sind zu gewährleisten.

§ 103 Seelsorger

(1) Die Seelsorger werden im Einvernehmen mit der Aufsichtsbehörde von der jeweiligen Religionsgemeinschaft bestellt.

(2) Wenn die geringe Anzahl der Angehörigen einer Religionsgemeinschaft eine Seelsorge nach Absatz 1 nicht rechtfertigt, ist die seelsorgerische Betreuung auf andere Weise zuzulassen.

(3) Mit Zustimmung des Anstaltsleiters darf der Anstaltsseelsorger sich freier Seelsorgehelfer bedienen und diese für Gottesdienste sowie für andere religiöse Veranstaltungen von außen zuziehen.

§ 104 Medizinische Versorgung

(1) Die ärztliche Versorgung ist sicherzustellen.

(2) Die Pflege der Kranken soll von Bediensteten ausgeübt werden, die eine Erlaubnis nach dem Gesetz über die Berufe in der Krankenpflege (Krankenpflegegesetz – KrPflG) vom 16. Juli 2003 (BGBl. I S. 1442), zuletzt geändert durch Artikel 53 der Verordnung vom 31. Oktober 2006 (BGBl. I S. 2407, 2413), in der jeweils geltenden Fassung, besitzen. Solange diese nicht zur Verfügung stehen, können auch Bedienstete eingesetzt werden, die eine sonstige Ausbildung in der Krankenpflege erfahren haben.

§ 105 Sozialtherapeutische Abteilung

In jeder Jugendstrafvollzugsanstalt soll eine sozialtherapeutische Abteilung eingerichtet werden.

§ 106 Konferenzen

Zur Erstellung und Fortschreibung des Vollzugsplans und zur Vorbereitung anderer wichtiger Vollzugsentscheidungen führt der Anstaltsleiter Konferenzen mit den an der Erziehung maßgeblich beteiligten Bediensteten der Anstalt durch. Hinzugezogen werden können der bestellte und der künftige Bewährungshelfer, Vertreter der Jugendgerichtshilfe, die Personensorgeberechtigten und mit Zustimmung des Gefangenen weitere Personen.

§ 107 Mitverantwortung der Gefangenen

(1) Die Gefangenen sollen an der Verantwortung für Angelegenheiten von gemeinsamem Interesse beteiligt werden, die sich ihrer Eigenart und der Aufgabe der Anstalt nach für die Mitwirkung der Gefangenen eignen.

(2) Die dafür zu schaffenden Gremien sind nach demokratischen Regeln zu wählen.

(3) Mitglieder der Gremien können sich mit Vorschlägen, namentlich zu sozialen Belangen, an den Anstaltsleiter wenden. Ausgenommen sind Angelegenheiten, die die Sicherheit oder das Personal betreffen.

§ 108 Hausordnung

(1) Der Anstaltsleiter erlässt eine Hausordnung. Die Aufsichtsbehörde kann sich die Zustimmung vorbehalten.

(2) In die Hausordnung sind insbesondere Anordnungen aufzunehmen über die

1. Besuchszeiten, Häufigkeit und Dauer der Besuche,

2. Arbeitszeit, Freizeit und Ruhezeit sowie

3. Gelegenheit, Anträge und Beschwerden anzubringen oder sich an einen Vertreter der Aufsichtsbehörde zu wenden.

Teil 16
Aufsicht, Beirat

§ 109 Aufsichtsbehörde

(1) Aufsichtsbehörde für die Anstalten ist das Staatsministerium der Justiz.

(2) Es kann sich Entscheidungen über Verlegungen vorbehalten oder sie einer zentralen Stelle übertragen.

§ 110 Vollstreckungsplan

Die Aufsichtsbehörde regelt die örtliche und sachliche Zuständigkeit der Anstalt in einem Vollstreckungsplan. Im Rahmen von Vollzugsgemeinschaften kann der Vollzug auch in Vollzugseinrichtungen anderer Länder vorgesehen werden.

§ 111 Beirat

(1) Bei der Anstalt ist ein Beirat zu bilden. Dem Beirat gehören zwei Abgeordnete des Sächsischen Landtages und mindestens ein Vertreter der Kommune oder des Landkreises sowie weitere Personen des öffentlichen Lebens an. Die Mitglieder werden von der Aufsichtsbehörde ernannt. Dies gilt nicht für die Mitglieder des Landtages, die von diesem benannt werden. Bedienstete der Anstalt dürfen nicht Mitglieder des Beirats sein.

(2) Die Mitglieder des Beirats wirken bei der Gestaltung des Vollzugs und bei der Betreuung der Gefangenen beratend mit. Sie unterstützen den Anstaltsleiter durch Anregungen und Verbesserungsvorschläge und helfen bei der Eingliederung.

(3) Die Mitglieder des Beirats können insbesondere Wünsche, Anregungen und Beanstandungen entgegennehmen. Sie können sich über die Unterbringung, Beschäftigung, berufliche Bildung, Verpflegung, ärztliche Versorgung und Behandlung unterrichten sowie die Anstalt besichtigen. Sie können die Gefangenen in ihren Räumen aufsuchen. Unterhaltung und Schriftwechsel werden nicht überwacht.

(4) Die Mitglieder des Beirats sind verpflichtet, außerhalb ihres Amtes über alle Angelegenheiten, die ihrer Natur nach vertraulich sind, besonders über Namen und Persönlichkeit der Gefangenen, Verschwiegenheit zu bewahren. Dies gilt auch nach Beendigung ihres Amtes.

Teil 17
Schlussbestimmungen

§ 112 Einschränkung von Grundrechten

Durch dieses Gesetz werden die nachfolgenden Grundrechte aus dem Grundgesetz für die Bundesrepublik Deutschland und aus der Verfassung des Freistaates Sachsen eingeschränkt:

1. das Recht auf körperliche Unversehrtheit nach Artikel 2 Abs. 2 Satz 1 des Grundgesetzes für die Bundesrepublik Deutschland

und Artikel 16 Abs. 1 Satz 1 der Verfassung des Freistaates Sachsen,

2. die Freiheit der Person nach Artikel 2 Abs. 2 Satz 2 des Grundgesetzes für die Bundesrepublik Deutschland und Artikel 16 Abs. 1 Satz 2 der Verfassung des Freistaates Sachsen,

3. das Recht auf informationelle Selbstbestimmung nach Artikel 33 der Verfassung des Freistaates Sachsen,

4. das Brief-, Post- und Fernmeldegeheimnis nach Artikel 10 Abs. 1 des Grundgesetzes für die Bundesrepublik Deutschland und Artikel 27 Abs. 1 der Verfassung des Freistaates Sachsen sowie

5. das Recht der Freizügigkeit nach Artikel 11 Abs. 1 des Grundgesetzes für die Bundesrepublik Deutschland.

§ 113 Verhältnis zum Bundesrecht

Dieses Gesetz ersetzt im Freistaat Sachsen § 176 des Gesetzes über den Vollzug der Freiheitsstrafe und der freiheitsentziehenden Maßregeln der Besserung und Sicherung (Strafvollzugsgesetz – StVollzG) vom 16. März 1976 (BGBl. I S. 581, 2088, 1977 I S. 436), das zuletzt durch Artikel 2 Abs. 11 des Gesetzes vom 19. Februar 2007 (BGBl. I S. 122, 140) geändert worden ist, in der jeweils geltenden Fassung. Die Regelung über die entsprechende Geltung der Regelungen des Pfändungsschutzes (§ 176 Abs. 4 StVollzG, soweit darin auf § 51 Abs. 4 und 5 StVollzG verwiesen wird) gilt fort.

§ 114 Berichtspflicht

Das Staatsministerium der Justiz berichtet dem Sächsischen Landtag in zweijährigem Abstand zur Lage des Jugendstrafvollzugs in Sachsen.

§ 115 Übergangsbestimmungen

(1) Bis zum Inkrafttreten einer Verordnung nach § 57 Abs. 4 Satz 3 gilt die Verordnung über die Vergütungsstufen des Arbeitsentgelts und der Ausbildungsbeihilfe nach dem Strafvollzugsgesetz(Strafvollzugsvergütungsordnung – StVollzVergO) vom 11. Januar 1977 (BGBl. 1 S. 57), in der jeweils geltenden Fassung, für die Anwendung des § 57 fort.

(2) Bei Inkrafttreten dieses Gesetzes bereits gebildetes Überbrückungsgeld kann bis zu der sich nach § 62 Abs. 1 Satz 1 ergebenden Höhe nur nach § 62 Abs. 2 und 3 verwendet werden. Gefangene, die bereits Überbrückungsgeld in darüber hinaus gehender Höhe gebildet haben, können bis zum 31. Dezember 2008 verlangen, dass der übersteigende Betrag ihrem Eigengeld gutgeschrieben wird.

§ 116 Inkrafttreten

Dieses Gesetz tritt am 1. Januar 2008 in Kraft.

I

Gesetz über den Vollzug der Untersuchungshaft in Sachsen-Anhalt (Untersuchungshaftvollzugsgesetz Sachsen-Anhalt – UVollzG LSA)[1])

Vom 22. März 2010 (GVBl. LSA S. 157)

Inhaltsübersicht

---

[1]) Diese Vorschrift tritt gemäß § 103 Abs. 1 am 1. Juni 2010 in Kraft. Abweichend hiervon treten § 24 Abs. 2 und 3 am 1. Januar 2011 und § 70 Abs. 1 am 1. Januar 2015 in Kraft.

I

Abschnitt 1
Grundsätze

§ 1 Anwendungsbereich

(1) Dieses Gesetz regelt den Vollzug der Untersuchungshaft.

(2) Es gilt entsprechend für den Vollzug der Haft nach § 127b Abs. 2, § 230 Abs. 2, §§ 236, 329 Abs. 4 Satz 1, § 412 Satz 1 und § 453c Abs. 1 der Strafprozessordnung sowie der einstweiligen Unterbringung nach § 275a Abs. 5 der Strafprozessordnung.

(3) Für den Vollzug der einstweiligen Unterbringung nach § 126a der Strafprozessordnung gelten die Bestimmungen des Maßregelvollzugsgesetzes für das Land Sachsen-Anhalt vom 9. Oktober 1992 (GVBl. LSA S. 736). Hiervon abweichend finden die Bestimmungen dieses Gesetzes Anwendung, soweit sie der Durchführung eines geordneten Strafverfahrens dienen. § 3 Abs. 2 gilt entsprechend.

§ 2 Aufgabe des Untersuchungshaftvollzugs

Der Vollzug der Untersuchungshaft hat die Aufgabe, durch sichere Unterbringung des Untersuchungsgefangenen die Durchführung eines geordneten Strafverfahrens zu gewährleisten und der Gefahr weiterer Straftaten zu begegnen.

§ 3 Zuständigkeit und Zusammenarbeit

(1) Entscheidungen nach diesem Gesetz trifft die Justizvollzugsanstalt, in der die Untersuchungshaft vollzogen wird (Anstalt). Sie arbeitet eng mit Gericht und Staatsanwaltschaft zusammen, um die Aufgabe des Untersuchungshaftvollzugs zu erfüllen und die Sicherheit und Ordnung der Anstalt zu gewährleisten.

(2) Die Anstalt hat Anordnungen, die das Gericht oder die an dessen Statt zum Handeln ermächtigte Behörde trifft, um einer Flucht-, Verdunklungs- oder Wiederholungsgefahr nach den §§ 112 und 112a der Strafprozessordnung zu begegnen (verfahrenssichernde Anordnungen), zu beachten und umzusetzen.

§ 4 Stellung des Untersuchungsgefangenen

(1) Der Untersuchungsgefangene gilt als unschuldig. Er ist so zu behandeln, dass der Anschein vermieden wird, er würde zur Verbüßung einer Strafe festgehalten.

(2) Soweit dieses Gesetz eine besondere Regelung nicht enthält, dürfen dem Untersuchungsgefangenen nur Beschränkungen auferlegt werden, die zur Aufrechterhaltung der Sicherheit oder zur Abwehr einer schwerwiegenden Störung der Ordnung der Anstalt unerlässlich sind. Sie müssen in einem angemessenen Verhältnis zum Zweck der Anordnung stehen und dürfen den Untersuchungsgefangenen nicht mehr und nicht länger als notwendig beeinträchtigen.

§ 5 Vollzugsgestaltung

(1) Das Leben im Vollzug ist den allgemeinen Lebensverhältnissen anzugleichen, soweit die Aufgabe des Untersuchungshaftvollzugs und die Erfordernisse eines geordneten Zusammenlebens in der Anstalt dies zulassen. Schädlichen Folgen des Freiheitsentzugs ist entgegenzuwirken. Insbesondere hat die Anstalt durch geeignete Maßnahmen Vorsorge zu treffen, damit die Untersuchungsgefangenen Übergriffen anderer Gefangener nicht ausgesetzt sind und Selbstverletzungen oder Selbsttötungen verhindert werden.

(2) Die unterschiedlichen Lebenslagen und Bedürfnisse von weiblichen und männlichen Untersuchungsgefangenen werden bei der Vollzugsgestaltung und bei Einzelmaßnahmen berücksichtigt.

§ 6 Soziale Hilfe

(1) Der Untersuchungsgefangene wird darin unterstützt, seine persönlichen, wirtschaftlichen und sozialen Schwierigkeiten zu beheben. Er soll dazu angeregt und in die Lage versetzt werden, seine Angelegenheiten selbst zu regeln.

(2) Die Anstalt arbeitet mit außervollzuglichen Einrichtungen und Organisationen sowie mit Personen und Vereinen, die soziale Hilfestellung leisten können, eng zusammen.

(3) Der Untersuchungsgefangene ist, soweit erforderlich, über die notwendigen Maßnahmen zur Aufrechterhaltung seiner sozialversicherungsrechtlichen Ansprüche zu beraten.

(4) Die Beratung soll die Benennung von Stellen und Einrichtungen außerhalb der Anstalt umfassen, die sich um eine Vermeidung der weiteren Untersuchungshaft bemühen. Auf Wunsch sind dem Untersuchungsgefangenen Stellen und Einrichtungen zu benennen, die ihn in seinem Bestreben unterstützen können, einen Ausgleich mit dem Verletzten zu erreichen.

Abschnitt 2
Vollzugsverlauf

§ 7 Aufnahme

(1) Untersuchungsgefangene werden aufgrund eines schriftlichen Aufnahmeersuchens des Gerichts in die Justizvollzugsanstalt aufgenommen.

(2) Beim Aufnahmeverfahren dürfen andere Gefangene nicht zugegen sein. Der Untersuchungsgefangene ist über seine Rechte und Pflichten zu unterrichten. Bei einem Untersuchungsgefangenen, der der deutschen Sprache nicht hinreichend mächtig ist, ist ein Dolmetscher oder Übersetzer hinzuzuziehen.

(3) Nach der Aufnahme wird der Untersuchungsgefangene unverzüglich ärztlich untersucht.

(4) Verlangt der Untersuchungsgefangene die Untersuchung durch einen Arzt seiner Wahl, gilt § 22 Abs. 2 entsprechend.

(5) Unabhängig von der Benachrichtigung von Amts wegen ist dem Untersuchungsgefangenen Gelegenheit zu geben, einen Angehörigen oder eine Vertrauensperson von der Aufnahme in die Anstalt zu benachrichtigen, soweit eine verfahrenssichernde Anordnung nicht entgegensteht.

(6) Der Untersuchungsgefangene soll dabei unterstützt werden, etwa notwendige Maßnahmen für hilfsbedürftige Angehörige, zur Erhaltung des Arbeitsplatzes und der Wohnung und zur Sicherung seiner Habe außerhalb der Anstalt zu veranlassen.

§ 8 Verlegung und Überstellung

(1) Der Untersuchungsgefangene kann in eine andere Anstalt verlegt oder überstellt werden, wenn es

1. zur Umsetzung einer verfahrenssichernden Anordnung,

2. aus Gründen der Sicherheit oder Ordnung der Anstalt oder

3. aus Gründen der Vollzugsorganisation oder aus anderen wichtigen Gründen erforderlich ist.

Zuvor ist dem Gericht und der Staatsanwaltschaft Gelegenheit zur Stellungnahme zu geben.

(2) § 7 Abs. 5 gilt entsprechend.

§ 9 Vernehmung, Vorführung, Ausführung und Ausantwortung

(1) Zur Vernehmung des Untersuchungsgefangenen in der Anstalt bedarf es eines schriftlichen Auftrages oder der Zustimmung des Gerichts oder der Staatsanwaltschaft.

(2) Auf Ersuchen des Gerichts oder der Staatsanwaltschaft wird der Untersuchungsgefangene vorgeführt. Über Vorführungsersuchen eines anderen Gerichtes oder einer anderen Staatsanwaltschaft sind das Gericht und die Staatsanwaltschaft unverzüglich zu unterrichten.

(3) Aus besonderen Gründen kann der Untersuchungsgefangene ausgeführt werden. Ausführungen zur Befolgung einer gerichtlichen Ladung sind zu ermöglichen, soweit eine verfahrenssichernde Anordnung nicht entgegensteht. Vor der Entscheidung ist dem Gericht und der Staatsanwaltschaft Gelegenheit zur Stellungnahme zu geben. Liegt die Ausführung ausschließlich im Interesse des Untersuchungsgefangenen, können ihm die Kosten auferlegt werden.

(4) Auf begründeten Antrag ist der Untersuchungsgefangene befristet dem Gewahrsam eines Gerichts, einer Staatsanwaltschaft oder einer Polizei-, Zoll- oder Finanzbehörde zu überlassen (Ausantwortung). Absatz 3 Satz 3 gilt entsprechend.

I

§ 10 Entlassung

(1) Auf Anordnung des Gerichts oder der Staatsanwaltschaft entlässt die Anstalt den Untersuchungsgefangenen unverzüglich aus der Haft, es sei denn, es ist in anderer Sache eine richterlich angeordnete Freiheitsentziehung zu vollziehen.

(2) Aus fürsorgerischen Gründen kann dem Untersuchungsgefangenen der freiwillige Verbleib in der Anstalt bis zum Vormittag des zweiten auf den Eingang der Entlassungsanordnung folgenden Werktages gestattet werden. Der freiwillige Verbleib setzt das schriftliche Einverständnis des Untersuchungsgefangenen voraus, dass die bisher bestehenden Beschränkungen bis zur Entlassung aufrechterhalten bleiben.

Abschnitt 3
Unterbringung und Versorgung des Untersuchungsgefangenen

§ 11 Trennungsgrundsätze

(1) Untersuchungsgefangene werden von Gefangenen anderer Haftarten, insbesondere von Strafgefangenen, getrennt untergebracht. Ausnahmen sind zulässig

1. mit Zustimmung der einzelnen Untersuchungsgefangenen,

2. zur Umsetzung einer verfahrenssichernden Anordnung oder

3. aus Gründen der Sicherheit oder Ordnung der Anstalt.

Darüber hinaus können Untersuchungsgefangene ausnahmsweise mit Gefangenen anderer Haftarten untergebracht werden, wenn die geringe Anzahl der Untersuchungsgefangenen eine getrennte Unterbringung nicht zulässt.

(2) Junge Untersuchungsgefangene im Sinne von § 66 Abs. 1 werden von den übrigen Untersuchungsgefangenen und von Gefangenen anderer Haftarten getrennt untergebracht.

(3) Männliche und weibliche Untersuchungsgefangene werden getrennt untergebracht.

(4) Gemeinsame Maßnahmen, insbesondere gemeinsame Arbeit und eine gemeinsame Berufs- und Schulausbildung, sind zulässig.

§ 12 Unterbringung während der Arbeit, Bildung und Freizeit

(1) Arbeit und Bildung finden grundsätzlich in Gemeinschaft statt.

(2) Den Untersuchungsgefangenen kann gestattet werden, sich während der Freizeit in Gemeinschaft mit anderen Gefangenen aufzuhalten. Für die Teilnahme an gemeinschaftlichen Veranstaltungen kann der Anstaltsleiter mit Rücksicht auf die räumlichen, personellen oder organisatorischen Verhältnisse der Anstalt besondere Regelungen treffen.

(3) Die gemeinschaftliche Unterbringung kann eingeschränkt oder ausgeschlossen werden, soweit es zur Gewährleistung der Sicherheit oder Ordnung der Anstalt erforderlich ist.

§ 13 Unterbringung der Untersuchungs- gefangenen

(1) Die Untersuchungsgefangenen werden in ihren Hafträumen einzeln untergebracht. Mit ihrer Zustimmung können sie gemeinsam untergebracht werden. Bei einer Gefahr für Leben oder Gesundheit oder bei Hilfsbedürftigkeit ist die Zustimmung der gefährdeten oder hilfsbedürftigen Untersuchungsgefangenen zur gemeinsamen Unterbringung entbehrlich.

(2) Darüber hinaus ist eine gemeinsame Unterbringung nur vorübergehend und aus zwingenden Gründen zulässig.

§ 14 Unterbringung mit Kindern

(1) Ist das Kind einer oder eines Untersuchungsgefangenen noch nicht drei Jahre alt, kann es mit Zustimmung der oder des Aufenthaltsbestimmungsberechtigten zur Wahrung des Kindeswohls in der Anstalt untergebracht werden, wenn die baulichen Gegebenheiten dies zulassen und Sicherheitsgründe nicht entgegenstehen. Vor der Unterbringung ist das Jugendamt zu hören.

(2) Die Unterbringung erfolgt auf Kosten der oder des für das Kind Unterhaltspflichtigen. Von der Geltendmachung des Kostenersatzanspruchs ist abzusehen, wenn hierdurch die gemeinsame Unterbringung gefährdet würde.

§ 15 Persönlicher Gewahrsam, Kostenbeteiligung

(1) Der Untersuchungsgefangene darf nur Sachen in Gewahrsam haben oder annehmen, die ihm von der Anstalt oder mit deren Zustimmung überlassen werden.

(2) Eingebrachte Sachen, die der Untersuchungsgefangene nicht in Gewahrsam haben darf, sind für ihn aufzubewahren, sofern dies nach Art und Umfang möglich ist. Dem Untersuchungsgefangenen wird Gelegenheit gegeben, seine Sachen, die er während des Vollzugs der Untersuchungshaft und für seine Entlassung nicht benötigt, zu verschicken oder mit Zustimmung der Anstalt beim Besuch zu übergeben. Geld wird ihm gutgeschrieben. Der Untersuchungsgefangene kann über rechtmäßig eingebrachtes und für ihn eingezahltes Geld verfügen. Der Einkauf nach § 18 Abs. 2 und 3 kann der Höhe nach beschränkt werden.

(3) Werden eingebrachte Sachen, deren Aufbewahrung nach Art oder Umfang nicht möglich ist, von dem Untersuchungsgefangenen trotz Aufforderung nicht aus der Anstalt verbracht, so ist die Anstalt berechtigt, diese Sachen auf seine Kosten aus der Anstalt entfernen zu lassen.

(4) Aufzeichnungen und andere Sachen, die Kenntnisse über Sicherungsvorkehrungen der Anstalt vermitteln oder Schlussfolgerungen auf diese zulassen, dürfen vernichtet oder unbrauchbar gemacht werden.

(5) Die Zustimmung nach Absatz 1 kann widerrufen werden, wenn es zur Umsetzung einer verfahrenssichernden Anordnung oder zur Aufrechterhaltung der Sicherheit oder zur Abwendung einer erheblichen Störung der Ordnung der Anstalt erforderlich ist.

(6) Der Untersuchungsgefangene kann an den Betriebskosten der in seinem Gewahrsam befindlichen Geräte beteiligt werden.

§ 16 Ausstattung des Haftraums

(1) Der Untersuchungsgefangene darf seinen Haftraum in angemessenem Umfang mit eigenen Sachen ausstatten. Lichtbilder nahestehender Personen und Erinnerungsstücke von persönlichem Wert werden ihm belassen.

(2) Sachen, deren Überlassung eine verfahrenssichernde Anordnung entgegensteht, sind ausgeschlossen. Vorkehrungen und Gegenstände, die die Übersichtlichkeit des Haftraums behindern oder die in anderer Weise die Sicherheit oder Ordnung der Anstalt gefährden, können ausgeschlossen werden.

§ 17 Kleidung

(1) Der Untersuchungsgefangene darf eigene Kleidung tragen. Soweit er nicht über vollständige Kleidung verfügt oder nicht in der Lage ist, für regelmäßigen Wechsel und für die Reinigung und Instandhaltung der eigenen Sachen zu sorgen, wird er mit Anstaltskleidung und Anstaltswäsche ausgestattet. Insoweit ist er verpflichtet, Anstaltskleidung zu tragen. Der Anstaltsleiter kann anordnen, dass Reinigung und Instandhaltung nur durch Vermittlung der Anstalt erfolgen dürfen.

(2) Soweit es zur Umsetzung einer verfahrenssichernden Anordnung oder zur Gewährleistung der Sicherheit oder Ordnung der Anstalt erforderlich ist, kann das in Absatz 1 Satz 1 genannte Recht eingeschränkt oder ausgeschlossen werden.

§ 18 Verpflegung und Einkauf

(1) Zusammensetzung und Nährwert der Anstaltsverpflegung müssen den Anforderungen an eine gesunde Ernährung entsprechen und werden ärztlich überwacht. Auf ärztliche Anordnung wird besondere Verpflegung gewährt. Dem Untersuchungsgefangenen ist zu ermöglichen, Speisevorschriften seiner Religionsgemeinschaft zu befolgen.

(2) Der Untersuchungsgefangene kann auf eigene Kosten aus einem von der Anstalt vermittelten Angebot einkaufen. Die Anstalt soll für ein Angebot sorgen, das auf Wünsche und Bedürfnisse der Untersuchungsgefangenen Rücksicht nimmt.

(3) Dem Untersuchungsgefangenen soll die Möglichkeit eröffnet werden, Gegenstände über den Versandhandel zu beziehen. Der Bezug erfolgt über den Anstaltsleiter, der auch Zulassung und Verfahren regelt.

(4) Gegenstände, deren Überlassung eine verfahrenssichernde Anordnung entgegensteht, oder die geeignet sind, die Sicherheit oder Ordnung der Anstalt zu gefährden, sind vom Einkauf und Versandhandel ausgeschlossen.

§ 19 Annehmlichkeiten

Annehmlichkeiten, die nicht in den §§ 16 bis 18 geregelt sind, darf sich der Untersuchungsgefangene auf seine Kosten verschaffen, soweit und solange weder eine verfahrenssichernde Anordnung entgegensteht noch die Sicherheit oder Ordnung der Anstalt gefährdet wird.

§ 20 Gesundheitsfürsorge

(1) Für die körperliche und geistige Gesundheit des Untersuchungsgefangenen ist zu sorgen. Der Untersuchungsgefangene hat die notwendigen Anordnungen zum Gesundheitsschutz und zur Hygiene zu befolgen.

(2) Dem Untersuchungsgefangenen wird ermöglicht, sich täglich mindestens eine Stunde im Freien aufzuhalten.

(3) Wird ein Untersuchungsgefangener schwer krank, so sind die Gesundheitssorgeberechtigten oder, soweit diese nicht erreichbar sind, ein Angehöriger oder eine Person seines Vertrauens unverzüglich zu benachrichtigen. Dasselbe gilt, wenn ein Untersuchungsgefangener verstirbt. Dem Wunsch, auch andere Personen zu benachrichtigen, soll nach Möglichkeit entsprochen werden.

§ 21 Zwangsmaßnahmen auf dem Gebiet der Gesundheitsfürsorge

(1) Bei Lebensgefahr, schwerwiegender Gefahr für die Gesundheit des Untersuchungsgefangenen oder bei Gefahr für die Gesundheit anderer Personen sind zwangsweise medizinische Untersuchung und Behandlung sowie Ernährung zulässig. Diese Maßnahmen müssen für die Beteiligten zumutbar und

dürfen nicht mit erheblicher Gefahr für Leben oder Gesundheit des Untersuchungsgefangenen verbunden sein. Zur Durchführung der Maßnahmen ist die Anstalt nicht verpflichtet, solange von einer freien Willensbestimmung des Untersuchungsgefangenen ausgegangen werden kann.

(2) Zum Gesundheitsschutz und zur Hygiene ist die zwangsweise körperliche Untersuchung außer im Fall des Absatzes 1 Satz 1 zulässig, wenn sie nicht mit einem körperlichen Eingriff verbunden ist.

(3) Die Maßnahmen dürfen nur auf Anordnung und unter Leitung eines Arztes durchgeführt werden, unbeschadet der Leistung erster Hilfe für den Fall, dass ein Arzt nicht rechtzeitig erreichbar und mit einem Aufschub Lebensgefahr verbunden ist.

§ 22 Medizinische Leistungen

(1) Untersuchungsgefangene haben Anspruch auf medizinische Leistungen nach den §§ 33 bis 38 des Jugendstrafvollzugsgesetzes Sachsen-Anhalt.

(2) Der Anstaltsleiter soll dem Untersuchungsgefangenen gestatten, auf eigene Kosten einen beratenden Arzt seiner Wahl hinzuzuziehen, wenn der Anstaltsarzt dies befürwortet. Die Erlaubnis kann versagt werden, wenn der Untersuchungsgefangene den gewählten Arzt und den Anstaltsarzt nicht wechselseitig von der Schweigepflicht entbindet oder wenn es zur Umsetzung einer verfahrenssichernden Anordnung oder zur Aufrechterhaltung der Sicherheit oder Ordnung der Anstalt erforderlich ist.

§ 23 Verlegung, Überstellung und Ausführung zur medizinischen Behandlung

(1) Ein kranker oder hilfsbedürftiger Untersuchungsgefangener kann in eine zur Behandlung seiner Krankheit oder zu seiner Versorgung besser geeignete Anstalt oder in ein Vollzugskrankenhaus verlegt oder überstellt werden.

(2) Erforderlichenfalls kann ein Untersuchungsgefangener zur medizinischen Be-

handlung ausgeführt oder in ein Krankenhaus außerhalb des Vollzugs gebracht werden.

(3) Zuvor ist dem Gericht und der Staatsanwaltschaft nach Möglichkeit Gelegenheit zur Stellungnahme zu geben. In dringenden Fällen kann der Anstaltsleiter das Gericht und die Staatsanwaltschaft nachträglich benachrichtigen. Bei Verlegungen und Überstellungen gilt § 7 Abs. 5 entsprechend.

Abschnitt 4
Arbeit, Bildung, Freizeit

§ 24 Arbeit und Bildung

(1) Der Untersuchungsgefangene ist nicht zur Arbeit verpflichtet.

(2) Dem Untersuchungsgefangenen kann Arbeit oder sonstige Beschäftigung angeboten werden, die seine Fähigkeiten, Fertigkeiten und Neigungen berücksichtigt. Nimmt er eine Arbeit auf, gelten die von der Anstalt festgelegten Arbeitsbedingungen. Die Arbeit darf nicht zur Unzeit niedergelegt werden.

(3) Geeigneten Untersuchungsgefangenen soll Gelegenheit zum Erwerb oder zur Verbesserung schulischer und beruflicher Kenntnisse gegeben werden, soweit es die besonderen Bedingungen der Untersuchungshaft zulassen.

(4) Das Zeugnis oder der Nachweis über eine Bildungsmaßnahme darf keinen Hinweis auf die Inhaftierung enthalten.

§ 24 Abs. 2 und 3 tritt gemäß § 103 Abs. 2 am 1. Januar 2011 in Kraft.

§ 25 Arbeitsentgelt und Ausbildungsbeihilfe, Taschengeld

(1) Wer eine Arbeit oder sonstige Beschäftigung ausübt, erhält Arbeitsentgelt.

(2) Der Bemessung des Arbeitsentgelts sind 9 v. H. der Bezugsgröße nach § 18 des Vierten Buches Sozialgesetzbuch zugrunde zu legen (Eckvergütung). Ein Tagessatz ist der 250. Teil der Eckvergütung; das Arbeitsentgelt kann nach einem Stundensatz bemessen werden.

(3) Das Arbeitsentgelt kann je nach Leistung des Untersuchungsgefangenen und der Art der Arbeit gestuft werden. 75 v. H. der Eckvergütung dürfen nur dann unterschritten werden, wenn die Arbeitsleistungen des Untersuchungsgefangenen den Mindestanforderungen nicht genügen. Das für Justiz zuständige Ministerium wird ermächtigt, eine Rechtsverordnung über die Vergütungsstufen nach Satz 1 und 2 zu erlassen.

(4) Die Höhe des Arbeitsentgelts ist dem Untersuchungsgefangenen schriftlich bekannt zu geben.

(5) Soweit Beiträge zur Bundesagentur für Arbeit zu entrichten sind, kann vom Arbeitsentgelt ein Betrag einbehalten werden, der dem Anteil des Untersuchungsgefangenen am Beitrag entsprechen würde, wenn er diese Bezüge als Arbeitnehmer erhielte.

(6) Nimmt der Untersuchungsgefangene während der Arbeitszeit an einer Bildungsmaßnahme teil, kann er eine Ausbildungsbeihilfe erhalten. Die Absätze 2 bis 5 gelten entsprechend.

(6/1) Erhält ein Untersuchungsgefangener ohne sein Verschulden weder Ausbildungsbeihilfe noch Arbeitsentgelt, wird ihm bei Bedürftigkeit auf Antrag ein angemessenes Taschengeld gewährt. Bedürftig ist ein Untersuchungsgefangener, soweit ihm im laufenden Monat nicht ein Betrag bis zur Höhe des Taschengeldes aus eigenen Mitteln zur Verfügung steht. Das Taschengeld beträgt 14 v. H. der Eckvergütung.

(7) Der Untersuchungsgefangene kann über das Arbeitsentgelt, die Ausbildungsbeihilfe und sein Taschengeld verfügen. § 15 Abs. 2 Satz 5 gilt entsprechend.

§ 26 Freizeit und Sport

Zur Freizeitgestaltung sind geeignete Angebote vorzuhalten. Insbesondere sollen Sportmöglichkeiten und Gemeinschaftsveranstaltungen angeboten werden.

§ 27 Zeitungen und Zeitschriften

(1) Der Untersuchungsgefangene kann durch Vermittlung der Anstalt auf eigene Kosten oder auf Kosten Dritter Zeitungen und Zeit-

schriften durch den Verlag, die Post oder den Handel beziehen. Vom Bezug ausgeschlossen sind Zeitungen und Zeitschriften, auch einzelne Ausgaben davon, deren Verbreitung mit Strafe oder Geldbuße bedroht ist.

(2) Zeitungen oder Zeitschriften, auch einzelne Ausgaben davon, können dem Untersuchungsgefangenen vorenthalten werden, wenn dies zur Umsetzung einer verfahrenssichernden Anordnung erforderlich ist oder wenn deren Inhalte die Sicherheit oder Ordnung der Anstalt gefährden würden.

§ 28 Besitz von Gegenständen für die Freizeitbeschäftigung, Radio und Fernsehen

(1) Der Untersuchungsgefangene darf Bücher und andere Gegenstände zur Fortbildung oder zur Freizeitbeschäftigung besitzen.

(2) Dies gilt nicht, wenn der Besitz, die Überlassung oder die Benutzung des Gegenstandes

1. mit Strafe oder Geldbuße bedroht wäre,

2. verfahrenssichernde Anordnungen entgegenstehen oder

3. die Sicherheit oder Ordnung der Anstalt gefährdet würde.

(3) Elektronische Medien können zugelassen werden, wenn verfahrenssichernde Anordnungen oder Gründe der Sicherheit oder Ordnung der Anstalt nicht entgegenstehen.

(4) Der Untersuchungsgefangene darf am Hörfunk- und Fernsehempfang (Rundfunkempfang) teilnehmen. Der Rundfunkempfang kann vorübergehend ausgesetzt oder einzelnen Untersuchungsgefangenen untersagt werden, wenn dies zur Umsetzung einer verfahrenssichernden Anordnung oder zur Aufrechterhaltung der Sicherheit oder Ordnung der Anstalt unerlässlich ist.

(5) Eigene Hörfunk- und Fernsehgeräte werden unter den Voraussetzungen des Absatzes 2 zugelassen.

(6) Eine nach den Absätzen 3 und 5 erteilte Erlaubnis kann unter den Voraussetzungen des Absatzes 2 widerrufen werden.

Abschnitt 5
Religionsausübung

§ 29 Seelsorge

(1) Dem Untersuchungsgefangenen darf religiöse Betreuung durch einen Seelsorger seiner Religionsgemeinschaft nicht versagt werden. Auf Wunsch ist ihm zu helfen, mit einem Seelsorger seiner Religionsgemeinschaft in Verbindung zu treten.

(1/1) Untersuchungsgefangene, die keiner Religionsgemeinschaft angehören, haben Anspruch auf einen Seelsorger oder können seelsorgerische Betreuung in Anspruch nehmen.

(2) Der Untersuchungsgefangene darf grundlegende religiöse Schriften besitzen.

(3) Dem Untersuchungsgefangenen sind Gegenstände des religiösen Gebrauchs in angemessenem Umfang zu belassen.

§ 30 Religiöse Veranstaltungen

(1) Der Untersuchungsgefangene hat das Recht, am Gottesdienst und an anderen religiösen Veranstaltungen seines Bekenntnisses teilzunehmen.

(2) Die Zulassung zu den Gottesdiensten oder zu religiösen Veranstaltungen einer anderen Religionsgemeinschaft bedarf der Zustimmung des Seelsorgers der Religionsgemeinschaft.

(3) Ein Untersuchungsgefangener ist von der Teilnahme am Gottesdienst oder an anderen religiösen Veranstaltungen auszuschließen, wenn dies zur Umsetzung einer verfahrenssichernden Anordnung oder aus Gründen der Sicherheit der Anstalt geboten ist; der Seelsorger ist vorher zu hören.

§ 31 Weltanschauungsgemeinschaften

Für Angehörige weltanschaulicher Bekenntnisse gelten die §§ 29 und 30 entsprechend.

Abschnitt 6
Besuche, Schriftwechsel, Telefonge-
spräche und Pakete

§ 32 Grundsatz

Der Untersuchungsgefangene hat das Recht, mit Personen außerhalb der Anstalt im Rahmen der Bestimmungen dieses Gesetzes zu verkehren, soweit eine verfahrenssichernde Anordnung nicht entgegensteht.

§ 33 Recht auf Besuch

(1) Der Untersuchungsgefangene darf regelmäßig Besuch empfangen. Die Gesamtdauer beträgt mindestens zwei Stunden im Monat.

(2) Kontakte des Untersuchungsgefangenen zu seinem Ehegatten oder zu seinem eingetragenen Lebenspartner und seinen Kindern und Kontakte des minderjährigen Untersuchungsgefangenen zu seinen Eltern werden besonders gefördert. Deren Besuche werden nicht auf die Besuchszeit nach Absatz 1 angerechnet.

(3) Besuche sollen darüber hinaus zugelassen werden, wenn sie persönlichen, rechtlichen oder geschäftlichen Angelegenheiten dienen, die nicht von dem Untersuchungsgefangenen schriftlich erledigt, durch Dritte wahrgenommen oder bis zur voraussichtlichen Entlassung aufgeschoben werden können.

(4) Aus Gründen der Sicherheit der Anstalt können Besuche davon abhängig gemacht werden, dass sich die Besucher mit technischen Mitteln absuchen oder durchsuchen lassen.

(5) Besuche können untersagt werden, wenn die Sicherheit oder Ordnung der Anstalt gefährdet würde.

§ 34 Besuche von Verteidigern, Rechtsanwälten und Notaren

(1) Besuche von Verteidigern sowie von Rechtsanwälten und Notaren in einer den Untersuchungsgefangenen betreffenden Rechtssache sind zu gestatten. § 33 Abs. 4 gilt entsprechend. Eine inhaltliche Überprüfung der mitgeführten Schriftstücke und sonstigen Unterlagen ist nicht zulässig.

(2) Verteidiger, Rechtsanwälte und Notare müssen sich als solche gegenüber der Anstalt durch die Vollmacht des Untersuchungsgefangenen oder die Bestellungsanordnung des Gerichts ausweisen.

§ 35 Überwachung der Besuche

(1) Besuche dürfen aus Gründen der Sicherheit oder Ordnung der Anstalt optisch überwacht werden. Die optische Überwachung kann mit technischen Hilfsmitteln durchgeführt werden, die betroffenen Personen sind vorher darauf hinzuweisen.

(2) Der Anstaltsleiter kann die akustische Überwachung im Einzelfall anordnen, wenn sie aus Gründen der Sicherheit der Anstalt oder zur Abwendung einer schwerwiegenden Störung der Ordnung der Anstalt erforderlich ist.

(3) Besuche dürfen abgebrochen werden, wenn Besucher oder der Untersuchungsgefangene gegen dieses Gesetz oder aufgrund dieses Gesetzes getroffene Anordnungen verstoßen. Dies gilt auch bei einem Verstoß gegen verfahrenssichernde Anordnungen. Dem Abbruch nach Satz 1 soll eine Abmahnung vorausgehen.

(4) Besuche von Verteidigern, Rechtsanwälten und Notaren werden nicht überwacht.

(5) Gegenstände dürfen beim Besuch nicht übergeben werden. Dies gilt nicht für Schriftstücke und sonstige Unterlagen, die ein Verteidiger übergibt und die Rechtsanwälte oder Notare zur Erledigung einer den Untersuchungsgefangenen betreffenden Rechtssache übergeben.

§ 36 Recht auf Schriftwechsel

(1) Der Untersuchungsgefangene hat das Recht, auf eigene Kosten Schreiben abzusenden und zu empfangen.

(2) Der Anstaltsleiter kann den Schriftwechsel mit bestimmten Personen untersagen, wenn die Sicherheit oder Ordnung der Anstalt gefährdet würde.

§ 37 Überwachung des Schriftwechsels

(1) Ein- und ausgehende Schreiben werden auf verbotene Gegenstände überwacht. Der

Anstaltsleiter kann die Textkontrolle anordnen, wenn sie aus Gründen der Sicherheit oder zur Abwendung einer schwerwiegenden Störung der Ordnung der Anstalt erforderlich ist.

(2) Der Schriftwechsel des Untersuchungsgefangenen mit seinen Verteidigern sowie mit seinen Rechtsanwälten und Notaren in einer den Untersuchungsgefangenen betreffenden Rechtssache wird nicht überwacht.

(3) Nicht überwacht werden Schreiben des Untersuchungsgefangenen an Volksvertretungen des Bundes und der Länder sowie an deren Mitglieder, soweit die Schreiben an die Anschriften dieser Volksvertretungen gerichtet sind und den Absender zutreffend angeben. Entsprechendes gilt für Schreiben an das Europäische Parlament und dessen Mitglieder, den Europäischen Gerichtshof für Menschenrechte, den Europäischen Ausschuss zur Verhütung von Folter und unmenschlicher oder erniedrigender Behandlung oder Strafe und weitere Einrichtungen, mit denen der Schriftverkehr aufgrund völkerrechtlicher Verpflichtungen der Bundesrepublik Deutschland geschützt ist. Satz 1 gilt auch für Schreiben an die Bürgerbeauftragten der Länder und die Datenschutzbeauftragten des Bundes und der Länder. Schreiben der in den Sätzen 1 bis 3 genannten Stellen, die an den Untersuchungsgefangenen gerichtet sind, werden nicht überwacht, sofern die Identität des Absenders zweifelsfrei feststeht.

(4) Verteidiger-, Anwalts- und Notarpost ist als solche deutlich sichtbar zu kennzeichnen. Ausgehende Schreiben hat der Untersuchungsgefangene mit einer zutreffenden Angabe des Absenders zu versehen. Der Verteidiger muss sich als solcher gegenüber der Anstalt ausgewiesen haben.

(5) Für den schriftlichen Verkehr mit dem Bewährungshelfer, den Bediensteten der Führungsaufsicht und dem Gerichtshelfer gilt Absatz 4 entsprechend.

§ 38 Weiterleitung von Schreiben, Aufbewahrung

(1) Der Untersuchungsgefangene hat das Absenden und den Empfang seiner Schreiben durch die Anstalt vermitteln zu lassen, soweit nichts anderes gestattet ist.

(2) Eingehende und ausgehende Schreiben sind unverzüglich weiterzuleiten.

(3) Der Untersuchungsgefangene hat eingehende Schreiben unverschlossen zu verwahren, sofern nichts anderes gestattet wird. Er kann sie verschlossen zu seiner Habe geben.

§ 39 Anhalten von Schreiben

(1) Der Anstaltsleiter kann Schreiben anhalten, wenn im Ergebnis der Überwachung nach § 37 Abs. 1

1. es die Aufgabe des Untersuchungshaftvollzugs oder die Sicherheit oder Ordnung der Anstalt erfordern,

2. die Weitergabe in Kenntnis ihres Inhalts einen Straf- oder Bußgeldtatbestand verwirklichen würde,

3. sie Beleidigungen, üble Nachreden oder Verleumdungen zum Nachteil der Bediensteten der Anstalt enthalten,

4. sie in Geheim- oder Kurzschrift, unlesbar, unverständlich oder ohne zwingenden Grund in einer fremden Sprache abgefasst sind.

(2) Ausgehenden Schreiben, die grob unrichtige oder erheblich entstellende Darstellungen von Anstaltsverhältnissen oder Beleidigungen, üble Nachrede oder Verleumdungen zum Nachteil der Bediensteten der Anstalt enthalten, kann ein Begleitschreiben beigefügt werden, wenn der Untersuchungsgefangene auf deren Absendung besteht.

(3) Sind Schreiben angehalten worden, wird das dem Untersuchungsgefangenen mitgeteilt. Soweit angehaltene Schreiben nicht beschlagnahmt werden, werden sie an die Absender zurückgegeben oder, sofern dies unmöglich ist oder aus besonderen Gründen untunlich ist, verwahrt.

(4) Schreiben, deren Überwachung nach § 37 Abs. 2 und 3 ausgeschlossen ist, dürfen nicht angehalten werden.

§ 40 Telefongespräche

Dem Untersuchungsgefangenen kann gestattet werden, auf eigene Kosten Telefongespräche zu führen. Die Bestimmungen über den Besuch gelten mit Ausnahme von § 33 Abs. 1 entsprechend. Ist die Überwachung des Telefongesprächs erforderlich, ist die beabsichtigte Überwachung dem Gesprächspartner des Untersuchungsgefangenen unmittelbar nach Herstellung der Verbindung durch die Anstalt oder den Untersuchungsgefangenen mitzuteilen. Der Untersuchungsgefangene ist rechtzeitig vor Beginn des Telefongesprächs über die beabsichtigte Überwachung und die Mitteilungspflicht nach Satz 3 zu unterrichten.

§ 41 Pakete

(1) Der Empfang von Paketen mit Nahrungs- und Genussmitteln ist dem Untersuchungsgefangenen nicht gestattet. Der Empfang von Paketen mit anderem Inhalt bedarf der Erlaubnis des Anstaltsleiters, welcher Zeitpunkt und Höchstmenge für die Sendung und für einzelne Gegenstände festsetzen kann. Für den Ausschluss von Gegenständen gilt § 18 Abs. 4 entsprechend.

(2) Pakete sind in Gegenwart des Untersuchungsgefangenen zu öffnen, an den sie adressiert sind. Ausgeschlossene Gegenstände können zu seiner Habe genommen oder dem Absender zurückgesandt werden. Nicht ausgehändigte Gegenstände, durch die bei der Versendung oder Aufbewahrung Personen verletzt oder Sachschäden verursacht werden können, dürfen vernichtet werden. Die hiernach getroffenen Maßnahmen werden dem Untersuchungsgefangenen eröffnet.

(3) Der Empfang von Paketen kann vorübergehend versagt werden, wenn dies wegen der Gefährdung der Sicherheit oder Ordnung der Anstalt geboten erscheint.

(4) Dem Untersuchungsgefangenen kann gestattet werden, Pakete zu versenden. Die Anstalt kann ihren Inhalt aus Gründen der Sicherheit oder Ordnung der Anstalt überprüfen.

Abschnitt 7
Sicherheit und Ordnung

§ 42 Grundsatz

Die Pflichten und Beschränkungen, die dem Untersuchungsgefangenen zur Aufrechterhaltung der Sicherheit oder Ordnung der Anstalt auferlegt werden, sind so zu wählen, dass sie in einem angemessenen Verhältnis zu ihrem Zweck stehen und den Untersuchungsgefangenen nicht mehr und nicht länger als notwendig beeinträchtigen.

§ 43 Verhaltensvorschriften

(1) Der Untersuchungsgefangene darf durch sein Verhalten gegenüber Bediensteten, Mitgefangenen und anderen Personen das geordnete Zusammenleben nicht stören. Er hat sich nach der Tageseinteilung der Anstalt (Arbeitszeit, Freizeit, Ruhezeit) zu richten.

(2) Der Untersuchungsgefangene hat die Anordnungen der Bediensteten zu befolgen, auch wenn er sich durch diese beschwert fühlt. Einen ihm zugewiesenen Bereich darf er nicht ohne Erlaubnis verlassen.

(3) Der Untersuchungsgefangene hat seinen Haftraum und die ihm von der Anstalt überlassenen Sachen in Ordnung zu halten und schonend zu behandeln.

(4) Der Untersuchungsgefangene hat Umstände, die eine Gefahr für das Leben oder eine erhebliche Gefahr für die Gesundheit einer Person bedeuten, unverzüglich zu melden.

§ 44 Absuchung und Durchsuchung

(1) Der Untersuchungsgefangene, seine Sachen und der Haftraum dürfen mit technischen Mitteln abgesucht und durchsucht werden. Die Durchsuchung männlicher Untersuchungsgefangener darf nur von Männern, die Durchsuchung weiblicher Untersuchungsgefangener darf nur von Frauen vorgenommen werden. Das Schamgefühl ist zu schonen.

(2) Nur bei Gefahr im Verzug oder auf Anordnung des Anstaltsleiters im Einzelfall ist es zulässig, eine mit einer Entkleidung verbundene körperliche Durchsuchung vorzuneh-

men. Sie darf bei männlichen Untersuchungsgefangenen nur in Gegenwart von Männern, bei weiblichen Untersuchungsgefangenen nur in Gegenwart von Frauen erfolgen. Sie ist in einem geschlossenen Raum durchzuführen. Andere Gefangene dürfen nicht anwesend sein.

§ 45 Erkennungsdienstliche Maßnahmen

(1) Zur Sicherung des Vollzugs, zur Aufrechterhaltung der Sicherheit oder Ordnung der Anstalt oder zur Identitätsfeststellung sind mit Kenntnis des Untersuchungsgefangenen zulässig:

1. die Abnahme von Finger- und Handflächenabdrücken,

2. die Aufnahme von Lichtbildern,

3. die Feststellung äußerlicher körperlicher Merkmale,

4. die elektronische Erfassung biometrischer Merkmale von Fingern oder Händen oder Gesicht und

5. Messungen.

(2) Die hierbei gewonnenen Unterlagen oder Daten werden zur Gefangenenpersonalakte genommen oder in personenbezogenen Dateien gespeichert. Sie können auch in kriminalpolizeilichen Sammlungen gespeichert werden. Die nach Absatz 1 erhobenen Daten dürfen nur für die in Absatz 1, in § 48 Abs. 2 und in § 89 Abs. 2 Nr. 4 genannten Zwecke verarbeitet werden.

(3) Wird der Untersuchungsgefangene entlassen, sind diese in Dateien gespeicherten personenbezogenen Daten spätestens nach drei Monaten zu löschen. Wird der Untersuchungsgefangene in eine andere Anstalt verlegt oder wird unmittelbar im Anschluss an den Vollzug oder in Unterbrechung der Untersuchungshaft eine andere Haftart vollzogen, können die nach Absatz 1 erhobenen Daten der betreffenden Anstalt übermittelt und von dieser für die in Absatz 2 Satz 3 genannten Zwecke verarbeitet werden.

(4) Personen, die aufgrund des Absatzes 1 erkennungsdienstlich behandelt worden sind, können bei einer nicht nur vorläufigen Einstellung des Verfahrens, einer unanfechtbaren Ablehnung der Eröffnung des Hauptverfahrens oder einem rechtskräftigen Freispruch nach der Entlassung verlangen, dass die gewonnenen erkennungsdienstlichen Unterlagen unverzüglich vernichtet werden. Sie sind über dieses Recht bei der erkennungsdienstlichen Behandlung und bei der Entlassung aufzuklären.

§ 46 Lichtbildausweise

Die Anstalt kann den Untersuchungsgefangenen verpflichten, einen Lichtbildausweis mit sich zu führen, wenn dies aus Gründen der Sicherheit oder Ordnung der Anstalt erforderlich ist. Dieser ist bei der Entlassung oder bei der Verlegung in eine andere Anstalt einzuziehen und zu vernichten.

§ 47 Maßnahmen zur Feststellung von Suchtmittelkonsum

(1) Zur Aufrechterhaltung der Sicherheit oder Ordnung der Anstalt kann der Anstaltsleiter allgemein oder im Einzelfall Maßnahmen anordnen, die geeignet sind, den Konsum von Suchtmitteln festzustellen. Gegen einzelne Untersuchungsgefangene kann eine Kontrolle angeordnet werden, wenn sie im Verdacht stehen, Suchtmittel zu besitzen oder solche zu konsumieren. Die Maßnahmen nach Satz 1 und 2 dürfen nicht mit einem körperlichen Eingriff verbunden sein.

(2) Wird Suchtmittelkonsum festgestellt, können die Kosten der Maßnahmen dem Untersuchungsgefangenen auferlegt werden.

§ 48 Festnahmerecht

(1) Ein Untersuchungsgefangener, der entwichen ist oder sich sonst ohne Erlaubnis außerhalb der Anstalt aufhält, kann durch die Anstalt oder auf ihre Veranlassung hin festgenommen und in die Anstalt zurückgebracht werden, solange ein unmittelbarer Bezug zur Entweichung besteht.

(2) Nach § 45 Abs. 1 und 88 erhobene und zur Identifizierung oder Festnahme erforderliche Daten dürfen den Vollstreckungs- und Strafverfolgungsbehörden übermittelt werden, soweit dies für Zwecke der Fahndung und Festnahme des entwichenen oder sich

sonst ohne Erlaubnis außerhalb der Anstalt aufhaltenden Untersuchungsgefangenen erforderlich ist.

§ 49 Besondere Sicherungsmaßnahmen

(1) Gegen einen Untersuchungsgefangenen können besondere Sicherungsmaßnahmen angeordnet werden, wenn nach seinem Verhalten oder aufgrund seines seelischen Zustands in erhöhtem Maße die Gefahr der Entweichung, von Gewalttätigkeiten gegen Personen oder Sachen, der Selbsttötung oder der Selbstverletzung besteht.

(2) Als besondere Sicherungsmaßnahmen sind zulässig:

1. der Entzug oder die Vorenthaltung von Gegenständen und Kleidungsstücken, deren Missbrauch zu befürchten ist oder die geeignet sind, einen Flucht- oder Selbsttötungsversuch zu fördern,

2. die verstärkte Beobachtung des Untersuchungsgefangenen, auch mit technischen Hilfsmitteln,

3. die verstärkte Durchsuchung des Untersuchungsgefangenen, seiner Sachen und seines Haftraumes,

4. die Absonderung von anderen Gefangenen,

5. die Zusammenlegung mit einem zuverlässigen Gefangenen in einem Haftraum,

6. der Entzug oder die Beschränkung des Aufenthalts im Freien,

7. die Beschränkung und, abgesehen vom Verkehr mit Verteidigern, Rechtsanwälten und Notaren, ausnahmslose Überwachung des Verkehrs mit der Außenwelt,

8. die Unterbringung in einem besonders gesicherten Haftraum ohne gefährdende Gegenstände und

9. die Fesselung.

(3) Maßnahmen nach Absatz 2 sind auch zulässig, wenn die Gefahr einer Befreiung oder eine erhebliche Störung der Ordnung der Anstalt anders nicht vermieden oder behoben werden kann.

(4) Bei einer Ausführung, Vorführung oder beim Transport ist die Fesselung auch dann zulässig, wenn die Gefahr einer Entweichung besteht.

§ 50 Einzelhaft

Die unausgesetzte Absonderung eines Untersuchungsgefangenen (Einzelhaft) ist nur zulässig, wenn dies aus Gründen, die in seiner Person liegen, unerlässlich ist. Einzelhaft von mehr als einem Monat Gesamtdauer im Vollzugsjahr bedarf der Zustimmung der Aufsichtsbehörde und wird dem Gericht und der Staatsanwaltschaft von der Anstalt mitgeteilt. Während des Vollzugs der Einzelhaft ist der Untersuchungsgefangene in besonderem Maße zu betreuen.

§ 51 Fesselung

In der Regel dürfen Fesseln nur an den Händen oder an den Füßen angelegt werden. Im Interesse des Untersuchungsgefangenen kann der Anstaltsleiter eine andere Art der Fesselung anordnen. Die Fesselung wird zeitweise gelockert, soweit dies notwendig ist.

§ 52 Anordnung besonderer Sicherungsmaßnahmen, Verfahren

(1) Besondere Sicherungsmaßnahmen ordnet der Anstaltsleiter an. Bei Gefahr im Verzug können auch andere Bedienstete diese Maßnahmen vorläufig anordnen. Die Entscheidung des Anstaltsleiters ist unverzüglich einzuholen.

(2) Wird ein Untersuchungsgefangener ärztlich behandelt oder beobachtet und bildet sein seelischer Zustand den Anlass der Sicherungsmaßnahme, ist vorher eine ärztliche Stellungnahme einzuholen. Ist dies wegen Gefahr im Verzug nicht möglich, wird die Stellungnahme unverzüglich nachträglich eingeholt.

(3) Die Entscheidung wird dem Untersuchungsgefangenen von dem Anstaltsleiter mündlich eröffnet und schriftlich begründet.

(4) Besondere Sicherungsmaßnahmen sind in angemessenen Abständen daraufhin zu überprüfen, ob und in welchem Umfang sie aufrechterhalten werden müssen.

(5) Besondere Sicherungsmaßnahmen nach § 49 Abs. 2 Nrn. 8 und 9 sind der Aufsichts-

behörde, dem Gericht und der Staatsanwaltschaft unverzüglich mitzuteilen, wenn sie länger als drei Tage aufrechterhalten werden.

§ 53 Ärztliche Überwachung

(1) Ist ein Untersuchungsgefangener in einem besonders gesicherten Haftraum untergebracht oder gefesselt (§ 49 Abs. 2 Nr. 5 und 6), sucht ihn der Arzt unverzüglich und in der Folge möglichst täglich auf. Dies gilt nicht bei einer Fesselung während einer Ausführung, Vorführung oder eines Transports (§ 49 Abs. 4).

(2) Der Arzt ist regelmäßig zu hören, solange eine besondere Sicherungsmaßnahme nach § 49 Abs. 2 Nr. 4 oder Einzelhaft nach § 50 andauert.

Abschnitt 8
Unmittelbarer Zwang

§ 54 Begriffsbestimmungen

(1) Unmittelbarer Zwang ist die Einwirkung auf Personen oder Sachen durch körperliche Gewalt, ihre Hilfsmittel und durch Waffen.

(2) Körperliche Gewalt ist jede unmittelbare körperliche Einwirkung auf Personen oder Sachen.

(3) Hilfsmittel der körperlichen Gewalt sind insbesondere Fesseln und Reizstoffe.

(4) Waffen sind die dienstlich zugelassenen Hieb- und Schusswaffen.

§ 55 Allgemeine Voraussetzungen

(1) Die Bediensteten dürfen unmittelbaren Zwang anwenden, wenn sie Vollzugs- und Sicherungsmaßnahmen rechtmäßig durchführen und der damit verfolgte Zweck auf keine andere Weise erreicht werden kann.

(2) Gegen andere Personen als Untersuchungsgefangene darf unmittelbarer Zwang angewendet werden, wenn sie es unternehmen, Gefangene zu befreien oder widerrechtlich in die Anstalt einzudringen, oder wenn sie sich unbefugt darin aufhalten.

(3) Das Recht zur Anwendung unmittelbaren Zwangs aufgrund anderer Rechtsvorschriften bleibt unberührt.

§ 56 Grundsatz der Verhältnismäßigkeit

(1) Unter mehreren möglichen und geeigneten Maßnahmen des unmittelbaren Zwangs sind diejenigen zu wählen, die den Einzelnen und die Allgemeinheit voraussichtlich am wenigsten beeinträchtigen.

(2) Unmittelbarer Zwang unterbleibt, wenn ein durch ihn zu erwartender Schaden erkennbar außer Verhältnis zu dem angestrebten Erfolg steht.

§ 57 Handeln auf Anordnung

Für das Handeln auf Anordnung gilt § 36 des Beamtenstatusgesetzes.

§ 58 Androhung

Unmittelbarer Zwang ist vorher anzudrohen. Die Androhung darf nur dann unterbleiben, wenn die Umstände sie nicht zulassen oder unmittelbarer Zwang sofort angewendet werden muss, um eine rechtswidrige Tat, die den Tatbestand eines Strafgesetzes erfüllt, zu verhindern oder eine gegenwärtige Gefahr abzuwenden.

§ 59 Schusswaffengebrauch

(1) Schusswaffen dürfen nur gebraucht werden, wenn andere Maßnahmen des unmittelbaren Zwangs bereits erfolglos waren oder keinen Erfolg versprechen. Gegen Personen ist ihr Gebrauch nur zulässig, wenn der Zweck nicht durch Waffenwirkung gegen Sachen erreicht werden kann.

(2) Schusswaffen dürfen nur die dazu bestimmten Bediensteten gebrauchen und nur, um angriffs- oder fluchtunfähig zu machen. Ihr Gebrauch unterbleibt, wenn dadurch erkennbar Unbeteiligte mit hoher Wahrscheinlichkeit gefährdet würden.

(3) Der Gebrauch von Schusswaffen ist vorher anzudrohen. Als Androhung gilt auch ein Warnschuss. Ohne Androhung dürfen Schusswaffen nur dann gebraucht werden, wenn dies zur Abwehr einer gegenwärtigen Gefahr für Leib oder Leben erforderlich ist.

(4) Gegen Untersuchungsgefangene dürfen Schusswaffen gebraucht werden,

1. wenn sie eine Waffe oder ein anderes gefährliches Werkzeug trotz wiederholter Aufforderung nicht ablegen,

2. wenn sie eine Gefangenenmeuterei (§ 121 des Strafgesetzbuches) unternehmen oder

3. um ihre Entweichung zu vereiteln oder um sie wieder zu ergreifen.

(5) Gegen andere Personen dürfen Schusswaffen gebraucht werden, wenn sie es unternehmen, Gefangene gewaltsam zu befreien oder gewaltsam in eine Anstalt einzudringen.

Abschnitt 9
Disziplinarmaßnahmen

§ 60 Voraussetzungen

(1) Der Anstaltsleiter kann Disziplinarmaßnahmen anordnen, wenn ein Untersuchungsgefangener rechtswidrig und schuldhaft

1. gegen Strafgesetze verstößt oder eine Ordnungswidrigkeit begeht,

2. gegen eine verfahrenssichernde Anordnung verstößt,

3. andere Personen verbal oder tätlich angreift,

4. Lebensmittel oder fremdes Eigentum zerstört oder beschädigt,

5. verbotene Gegenstände in die Anstalt bringt,

6. sich am Einschmuggeln verbotener Gegenstände beteiligt oder sie besitzt,

7. entweicht oder zu entweichen versucht oder

8. in sonstiger Weise wiederholt oder schwerwiegend gegen die Hausordnung verstößt oder das Zusammenleben in der Anstalt stört.

(2) Von einer Disziplinarmaßnahme ist abzusehen, wenn es genügt, den Untersuchungsgefangenen zu verwarnen.

(3) Disziplinarmaßnahmen sind auch zulässig, wenn wegen derselben Verfehlung ein Straf- oder Bußgeldverfahren eingeleitet wird.

§ 61 Arten der Disziplinarmaßnahmen

(1) Zulässige Disziplinarmaßnahmen sind:

1. Verweis,

2. die Beschränkung oder der Entzug des Einkaufs bis zu drei Monaten,

3. die Beschränkung oder der Entzug von Annehmlichkeiten nach § 19 bis zu drei Monaten,

4. die Beschränkung oder der Entzug des Rundfunkempfangs bis zu drei Monaten; der gleichzeitige Entzug des Hörfunk- und Fernsehempfangs jedoch nur bis zu zwei Wochen,

5. die Beschränkung oder der Entzug der Gegenstände für die Freizeitbeschäftigung oder der Ausschluss von gemeinsamer Freizeit oder von einzelnen Freizeitveranstaltungen bis zu drei Monaten,

6. der Entzug der zugewiesenen Arbeit oder Beschäftigung bis zu vier Wochen,

7. der Ausschluss von Unterricht, Berufsausbildung, beruflicher Fort- und Weiterbildung und

8. Arrest bis zu vier Wochen.

(2) Mehrere Disziplinarmaßnahmen können miteinander verbunden werden.

(3) Arrest darf nur wegen schwerer oder wiederholter Verfehlungen verhängt werden.

(4) Bei der Auswahl der Disziplinarmaßnahmen sind Grund und Zweck der Haft sowie die psychischen Auswirkungen der Untersuchungshaft und des Strafverfahrens auf den Untersuchungsgefangenen zu berücksichtigen. Durch die Anordnung und den Vollzug einer Disziplinarmaßnahme dürfen die Verteidigung, die Verhandlungsfähigkeit und die Verfügbarkeit des Untersuchungsgefangenen für die Verhandlung nicht beeinträchtigt werden.

§ 62 Vollzug der Disziplinarmaßnahmen, Aussetzung zur Bewährung

(1) Disziplinarmaßnahmen werden in der Regel sofort vollstreckt.

(2) Disziplinarmaßnahmen können ganz oder teilweise bis zu sechs Monate zur Bewährung ausgesetzt werden.

(3) Arrest wird in Einzelhaft vollzogen. Der Untersuchungsgefangene kann in einem besonderen Arrestraum untergebracht werden, der den Anforderungen entsprechen muss, die an einen zum Aufenthalt bei Tag und Nacht bestimmten Haftraum gestellt werden. Soweit nichts anderes angeordnet wird, ruhen die Befugnisse des Untersuchungsgefangenen aus den §§ 16, 17 Abs. 1, § 18 Abs. 2 und 3, §§ 19, 24 Abs. 2 und 3, §§ 26, 27 Abs. 1 und § 28.

§ 63 Disziplinarbefugnis

(1) Disziplinarmaßnahmen ordnet der Anstaltsleiter an. Bei einer Verfehlung auf dem Weg in eine andere Anstalt zum Zweck der Verlegung ist die aufnehmende Anstalt zuständig.

(2) Die Aufsichtsbehörde entscheidet, wenn sich die Verfehlung gegen den Anstaltsleiter richtet.

(3) Disziplinarmaßnahmen, die gegen den Untersuchungsgefangenen in einer anderen Anstalt oder während einer anderen Haft angeordnet worden sind, werden auf Ersuchen vollstreckt. § 62 Abs. 2 gilt entsprechend.

§ 64 Verfahren

(1) Der Anstaltsleiter ermittelt den Sachverhalt von Amts wegen. Der betroffene Untersuchungsgefangene wird gehört. Er ist darauf hinzuweisen, dass es ihm freisteht, sich zu äußern. Die Erhebungen werden in einer Niederschrift festgehalten; die Äußerung des Untersuchungsgefangenen ist zu vermerken.

(2) Bei schweren Verfehlungen soll sich der Anstaltsleiter vor der Entscheidung mit Personen besprechen, die an der Betreuung des Untersuchungsgefangenen mitwirken.

(3) Vor der Anordnung von Disziplinarmaßnahmen gegen Untersuchungsgefangene, die sich in ärztlicher Behandlung befinden, oder gegen Schwangere oder stillende Mütter ist ein Arzt zu hören.

(4) Die Entscheidung wird dem Untersuchungsgefangenen vom Anstaltsleiter mündlich eröffnet und schriftlich begründet.

(5) Bevor Arrest vollzogen wird, ist ein Arzt zu hören. Während des Arrestes steht der Untersuchungsgefangene unter ärztlicher Aufsicht. Der Vollzug unterbleibt oder wird unterbrochen, wenn die Gesundheit des Untersuchungsgefangenen oder der Fortgang des Strafverfahrens gefährdet würde.

Abschnitt 10
Beschwerde

§ 65 Beschwerderecht

(1) Der Untersuchungsgefangene kann sich mit Wünschen, Anregungen und Beschwerden in vollzuglichen Angelegenheiten, die ihn selbst betreffen, an den Anstaltsleiter wenden.

(2) Besichtigen Vertreter der Aufsichtsbehörde die Anstalt, so ist zu gewährleisten, dass die Untersuchungsgefangenen sich in vollzuglichen Angelegenheiten, die sie selbst betreffen, an diese wenden können.

(3) Die Möglichkeit der Dienstaufsichtsbeschwerde bleibt unberührt.

Abschnitt 11
Ergänzende Bestimmungen für junge Untersuchungsgefangene

§ 66 Anwendungsbereich

(1) Auf Untersuchungsgefangene, die zur Tatzeit das 21. Lebensjahr noch nicht vollendet hatten und die das 24. Lebensjahr noch nicht vollendet haben (junge Untersuchungsgefangene), findet dieses Gesetz nach Maßgabe der Bestimmungen dieses Abschnitts Anwendung.

(2) Von einer Anwendung der Bestimmungen dieses Abschnitts sowie des § 11 Abs. 2 auf volljährige junge Untersuchungsgefangene kann abgesehen werden, wenn die erzieherische Ausgestaltung des Vollzugs für diese nicht oder nicht mehr angezeigt ist. Die Bestimmungen dieses Abschnitts können ausnahmsweise auch über die Vollendung des 24. Lebensjahres hinaus angewendet werden, wenn dies im Hinblick auf die voraussichtlich nur noch geringe Dauer der Untersuchungshaft zweckmäßig erscheint.

§ 67 Vollzugsgestaltung

(1) Der Vollzug ist erzieherisch zu gestalten. Die Fähigkeiten des jungen Untersuchungsgefangenen zu einer eigenverantwortlichen und gemeinschaftsfähigen Lebensführung in Achtung der Rechte Anderer sind zu fördern.

(2) Dem jungen Untersuchungsgefangenen sollen neben altersgemäßen Bildungs-, Beschäftigungs- und Freizeitmöglichkeiten auch sonstige entwicklungsfördernde Hilfestellungen angeboten werden. Die Bereitschaft zur Annahme der Angebote ist zu wecken und zu fördern.

(3) In diesem Gesetz vorgesehene Beschränkungen können dem minderjährigen Untersuchungsgefangenen auch auferlegt werden, soweit es dringend geboten ist, um ihn vor einer Gefährdung seiner Entwicklung zu bewahren.

§ 68 Zusammenarbeit und Einbeziehung Dritter

(1) Die Zusammenarbeit der Anstalt mit staatlichen und privaten Einrichtungen erstreckt sich insbesondere auch auf Jugendgerichtshilfe, Jugendamt, Schulen und berufliche Bildungsträger.

(2) Die Personensorgeberechtigten sollen, soweit dies möglich ist und eine verfahrenssichernde Anordnung nicht entgegensteht, in die Gestaltung des Vollzugs einbezogen werden.

(3) Die Personensorgeberechtigten und das Jugendamt werden von der Aufnahme, von einer Verlegung und der Entlassung unverzüglich unterrichtet, soweit eine verfahrenssichernde Anordnung nicht entgegensteht.

§ 69 Ermittlung des Förder- und Erziehungsbedarfs, Maßnahmen

(1) Nach der Aufnahme wird der Förder- und Erziehungsbedarf des jungen Untersuchungsgefangenen unter Berücksichtigung seiner Persönlichkeit und seiner Lebensverhältnisse ermittelt.

(2) In einer Konferenz mit an der Erziehung maßgeblich beteiligten Bediensteten werden der Förder- und Erziehungsbedarf erörtert und die sich daraus ergebenden Maßnahmen

festgelegt. Diese werden mit dem jungen Untersuchungsgefangenen besprochen und den Personensorgeberechtigten auf Verlangen mitgeteilt.

(3) Zur Erfüllung der Aufgabe nach Absatz 1 dürfen personenbezogene Daten abweichend von § 88 Abs. 2 ohne Mitwirkung des Betroffenen erhoben werden bei Stellen, die Aufgaben der Jugendhilfe wahrnehmen, bei der Jugendgerichtshilfe und bei Personen und Stellen, die bereits Kenntnis von der Inhaftierung haben.

§ 70 Unterbringung

(1) Die jungen Untersuchungsgefangenen können in Wohngruppen untergebracht werden, zu denen neben den Haftr äumen weitere Räume zur gemeinsamen Nutzung gehören.

(2) Die gemeinschaftliche Unterbringung während der Bildung, Arbeit und Freizeit kann über § 12 Abs. 3 hinaus eingeschränkt oder ausgeschlossen werden, wenn dies aus erzieherischen Gründen angezeigt ist, wenn schädliche Einflüsse auf die jungen Untersuchungsgefangenen zu befürchten sind oder während der ersten zwei Wochen nach der Aufnahme.

(3) Eine gemeinsame Unterbringung nach § 13 Abs. 1 Satz 2 ist nur zulässig, wenn schädliche Einflüsse auf die jungen Untersuchungsgefangenen nicht zu befürchten sind.

§ 70 Abs. 1 tritt gemäß § 103 Abs. 3 am 1. Januar 2015 in Kraft.

§ 71 Schulische und berufliche Aus- und Weiterbildung, Arbeit

(1) Ein schulpflichtiger Untersuchungsgefangener nimmt in der Anstalt am allgemein- oder berufsbildenden Unterricht in Anlehnung an die für öffentliche Schulen geltenden Bestimmungen teil, sofern geeigneter Unterricht angeboten werden kann.

(2) Minderjährige Untersuchungsgefangene können zur Teilnahme an schulischen und beruflichen Orientierungs-, Aus- und Weiterbildungsmaßnahmen oder speziellen Maßnahmen zur Förderung ihrer schulischen, be-

ruflichen oder persönlichen Entwicklung verpflichtet werden.

(3) Den übrigen jungen Untersuchungsgefangenen kann die Teilnahme an den in Absatz 2 genannten Maßnahmen angeboten werden.

(4) Im Übrigen bleibt § 24 Abs. 2 unberührt.

§ 72 Besuche, Schriftwechsel, Telefongespräche

(1) Abweichend von § 33 Abs. 1 Satz 2 beträgt die Gesamtdauer des Besuchs für Angehörige mindestens vier Stunden im Monat. Über § 33 Abs. 3 hinaus sollen Besuche auch dann zugelassen werden, wenn sie die Erziehung fördern.

(2) Besuche von Kindern junger Untersuchungsgefangener und von Eltern oder Personensorgeberechtigten minderjähriger Untersuchungsgefangener werden besonders gefördert. Deren Besuche werden nicht auf die Besuchszeit nach Absatz 1 angerechnet.

(3) Bei minderjährigen Untersuchungsgefangenen können Besuche, Schriftwechsel und Telefongespräche auch untersagt werden, wenn Personensorgeberechtigte nicht einverstanden sind.

(4) Besuche dürfen über § 35 Abs. 3 hinaus auch abgebrochen werden, wenn von Besuchern ein schädlicher Einfluss ausgeht.

(5) Der Schriftwechsel kann über § 36 Abs. 2 hinaus bei Personen, die nicht Angehörige des jungen Untersuchungsgefangenen sind, auch untersagt werden, wenn zu befürchten ist, dass der Schriftwechsel einen schädlichen Einfluss auf den jungen Untersuchungsgefangenen hat.

(6) Für Besuche, Schriftwechsel und Telefongespräche mit Beiständen nach § 69 des Jugendgerichtsgesetzes gelten die §§ 34, 35 Abs. 4, 37 Abs. 2 und 39 Abs. 4 entsprechend.

§ 73 Freizeit und Sport

(1) Zur Ausgestaltung der Freizeit sind geeignete Angebote vorzuhalten. Der junge Untersuchungsgefangene ist zur Teilnahme und Mitwirkung an Freizeitangeboten zu motivieren.

(2) Über § 16 Abs. 2 hinaus ist der Besitz eigener Fernsehgeräte und elektronischer Medien ausgeschlossen, wenn erzieherische Gründe entgegenstehen.

(3) Es sind ausreichende und geeignete Angebote vorzuhalten, um dem jungen Untersuchungsgefangenen eine sportliche Betätigung von mindestens zwei Stunden wöchentlich zu ermöglichen.

§ 74 Besondere Sicherungsmaßnahmen

§ 49 Abs. 3 gilt mit der Maßgabe, dass der Entzug oder die Beschränkung des Aufenthalts im Freien nicht zulässig ist.

§ 75 Erzieherische Maßnahmen, Disziplinarmaßnahmen

(1) Verstöße des jungen Untersuchungsgefangenen gegen Pflichten, die ihm durch oder aufgrund dieses Gesetzes auferlegt sind, sind unverzüglich im erzieherischen Gespräch aufzuarbeiten. Daneben können Maßnahmen angeordnet werden, die geeignet sind, dem jungen Untersuchungsgefangenen sein Fehlverhalten bewusst zu machen (erzieherische Maßnahmen). Erzieherische Maßnahmen sind insbesondere:

1. die Erteilung von Weisungen und Auflagen,

2. die Beschränkung oder der Entzug einzelner Gegenstände für die Freizeitbeschäftigung bis zu einer Woche und

3. der Ausschluss von gemeinsamer Freizeit oder von einzelnen Freizeitveranstaltungen bis zu einer Woche.

(2) Der Anstaltsleiter legt fest, welche Bediensteten befugt sind, erzieherische Maßnahmen anzuordnen.

(3) Es sollen solche erzieherischen Maßnahmen angeordnet werden, die mit der Verfehlung in Zusammenhang stehen.

(4) Disziplinarmaßnahmen dürfen nur angeordnet werden, wenn erzieherische Maßnahmen nach Absatz 1 nicht ausreichen, um dem jungen Untersuchungsgefangenen das Unrecht seiner Handlung zu verdeutlichen.

(5) Gegen junge Untersuchungsgefangene darf die Disziplinarmaßnahme nach § 61

Abs. 1 Nr. 1 nicht verhängt werden. Maßnahmen nach § 61 Abs. 1 Nrn. 2 und 3, Nr. 4 Halbsatz 1 sowie Nr. 5 sind nur bis zu zwei Monaten zulässig. Arrest ist nur bis zu zwei Wochen zulässig und erzieherisch auszugestalten.

Abschnitt 12
Aufbau der Anstalt

§ 76 Gliederung, Räume

(1) Soweit es zur Umsetzung der Trennungsgrundsätze erforderlich ist, werden in der Anstalt gesonderte Abteilungen für den Vollzug der Untersuchungshaft eingerichtet.

(2) Räume für den Aufenthalt während der Ruhe- und Freizeit sowie Gemeinschafts- und Besuchsräume sind zweckentsprechend auszugestalten.

§ 77 Festsetzung der Belegungsfähigkeit, Verbot der Überbelegung

(1) Die Aufsichtsbehörde setzt die Belegungsfähigkeit der Anstalt so fest, dass eine angemessene Unterbringung während der Ruhezeit gewährleistet ist. Dabei ist zu berücksichtigen, dass eine ausreichende Anzahl von Plätzen für Arbeit und Bildung sowie von Räumen für Seelsorge, Freizeit, Sport und Besuche zur Verfügung steht.

(2) Hafträume dürfen nicht mit mehr Untersuchungsgefangenen als zugelassen belegt werden.

(3) Ausnahmen von Absatz 2 sind nur vorübergehend und nur mit Zustimmung der Aufsichtsbehörde zulässig.

§ 78 Arbeitsbetriebe, Einrichtungen zur schulischen und beruflichen Bildung

(1) Arbeitsbetriebe und Einrichtungen zur schulischen und beruflichen Bildung sollen vorgehalten werden.

(2) Beschäftigung und Bildung können auch in geeigneten privaten Einrichtungen und Betrieben erfolgen. Die technische und fachliche Leitung kann Angehörigen dieser Einrichtungen und Betriebe übertragen werden.

§ 79 Anstaltsleitung

(1) Der Anstaltsleiter trägt die Verantwortung für den gesamten Vollzug der Untersuchungshaft und vertritt die Anstalt nach außen. Er kann einzelne Aufgabenbereiche auf andere Bedienstete übertragen. Die Aufsichtsbehörde kann sich die Zustimmung zur Übertragung vorbehalten.

(2) Für jede Anstalt ist ein Beamter der Laufbahngruppe 2 zum hauptamtlichen Leiter zu bestellen.

§ 80 Bedienstete

Die Anstalt wird mit dem für den Vollzug der Untersuchungshaft erforderlichen Personal ausgestattet. Fortbildung sowie Praxisberatung und -begleitung für die Bediensteten sind zu gewährleisten.

§ 81 Seelsorger

(1) Die Seelsorger werden im Einvernehmen mit der jeweiligen Religionsgemeinschaft im Hauptamt bestellt oder vertraglich verpflichtet.

(2) Wenn die geringe Anzahl der Angehörigen einer Religionsgemeinschaft eine Seelsorge nach Absatz 1 nicht rechtfertigt, ist die seelsorgerische Betreuung auf andere Weise zuzulassen.

(3) Mit Zustimmung des Anstaltsleiters darf der Anstaltsseelsorger sich freier Seelsorgehelfer bedienen und diese für Gottesdienste sowie für andere religiöse Veranstaltungen von außen zuziehen.

§ 82 Medizinische Versorgung

(1) Die ärztliche Versorgung ist durch hauptamtliche Anstaltsärzte sicherzustellen. Sie kann aus besonderen Gründen nebenamtlichen oder vertraglich verpflichteten Ärzten übertragen werden.

(2) Die Pflege der Kranken soll von Bediensteten ausgeübt werden, die eine Erlaubnis nach dem Krankenpflegegesetz besitzen. Solange diese nicht zur Verfügung stehen, können auch Bedienstete eingesetzt werden, die eine sonstige Ausbildung in der Krankenpflege erfahren haben.

§ 83 Mitverantwortung der Untersuchungsgefangenen

Den Untersuchungsgefangenen soll ermöglicht werden, an der Verantwortung für Angelegenheiten von gemeinsamem Interesse teilzunehmen, die sich ihrer Eigenart und der Aufgabe der Anstalt nach für ihre Mitwirkung eignen.

§ 84 Hausordnung

(1) Der Anstaltsleiter erlässt eine Hausordnung. Die Aufsichtsbehörde kann sich die Genehmigung vorbehalten.

(2) In die Hausordnung sind insbesondere Anordnungen aufzunehmen über die

1. Besuchszeiten, Häufigkeit und Dauer der Besuche,

2. Arbeitszeit, Freizeit und Ruhezeit sowie

3. Gelegenheit, Anträge und Beschwerden anzubringen oder sich an einen Vertreter der Aufsichtsbehörde zu wenden.

Abschnitt 13
Aufsicht, Beirat

§ 85 Aufsichtsbehörde

Das für Justiz zuständige Ministerium führt die Aufsicht über die Anstalt.

§ 86 Vollstreckungsplan, Vollzugsgemeinschaften

Die Aufsichtsbehörde regelt die örtliche und sachliche Zuständigkeit der Anstalt in einem Vollstreckungsplan. Im Rahmen von Vollzugsgemeinschaften kann der Vollzug der Untersuchungshaft auch in Vollzugseinrichtungen anderer Länder vorgesehen werden.

§ 87 Beirat

(1) Bei der Anstalt ist ein Beirat zu bilden. Bedienstete dürfen nicht Mitglieder des Beirats sein.

(2) Die Mitglieder des Beirats wirken bei der Gestaltung des Vollzugs der Untersuchungshaft und bei der Betreuung der Untersuchungsgefangenen mit. Sie unterstützen den Anstaltsleiter durch Anregungen und Verbesserungsvorschläge.

(3) Die Mitglieder des Beirats können insbesondere Wünsche, Anregungen und Beanstandungen entgegennehmen. Sie können sich über die Unterbringung, Verpflegung, ärztliche Versorgung, Beschäftigung, Bildung und Betreuung unterrichten sowie die Anstalt besichtigen. Sie können die Untersuchungsgefangenen in ihren Räumen aufsuchen. Unterhaltung und Schriftwechsel werden vorbehaltlich einer verfahrenssichernden Anordnung nicht überwacht.

(4) Die Mitglieder des Beirats sind verpflichtet, außerhalb ihres Amtes über alle Angelegenheiten, die ihrer Natur nach vertraulich sind, besonders über Namen und Persönlichkeit der Untersuchungsgefangenen, Verschwiegenheit zu bewahren. Dies gilt auch nach Beendigung ihres Amtes.

Abschnitt 14
Datenschutz

§ 88 Erhebung personenbezogener Daten

(1) Die Anstalt und die Aufsichtsbehörde dürfen personenbezogene Daten erheben, soweit dies für den Vollzug der Untersuchungshaft erforderlich ist.

(2) Personenbezogene Daten sind bei dem Betroffenen zu erheben. Ohne seine Mitwirkung dürfen sie nur erhoben werden, wenn

1. eine Rechtsvorschrift dies vorsieht oder zwingend voraussetzt oder

2. eine Erhebung

a) nach Art oder Geschäftszweck der zu erfüllenden Verwaltungsaufgabe bei anderen Personen oder Stellen erforderlich ist oder

b) bei dem Betroffenen einen unverhältnismäßigen Aufwand erfordern würde

und keine Anhaltspunkte dafür bestehen, dass überwiegende schutzwürdige Interessen des Betroffenen beeinträchtigt werden.

(3) Werden personenbezogene Daten bei dem Betroffenen erhoben, so ist dieser von der verantwortlichen Stelle über

1. die Identität der verantwortlichen Stelle,

2. die Zweckbestimmungen der Erhebung, Verarbeitung oder Nutzung und

3. die Kategorien von Empfängern nur, soweit der Betroffene nach den Umständen des Einzelfalls nicht mit der Übermittlung an diese rechnen muss,

zu unterrichten. Werden personenbezogene Daten bei dem Betroffenen aufgrund einer Rechtsvorschrift erhoben, die zur Auskunft verpflichtet, oder ist die Erteilung der Auskunft Voraussetzung für die Gewährung von Rechtsvorteilen, so ist der Betroffene hierauf, sonst auf die Freiwilligkeit seiner Angaben hinzuweisen. Soweit nach den Umständen des Einzelfalles erforderlich oder auf Verlangen, ist er über die Rechtsvorschrift und über die Folgen der Verweigerung von Angaben aufzuklären.

(4) Daten über Personen, die nicht Untersuchungsgefangene sind, dürfen ohne ihre Mitwirkung bei Personen oder Stellen außerhalb der Anstalt oder Aufsichtsbehörde nur erhoben werden, wenn sie für die Sicherheit der Anstalt oder die Sicherung des Vollzugs der Untersuchungshaft unerlässlich sind und die Art der Erhebung schutzwürdige Interessen des Betroffenen nicht beeinträchtigt.

(5) Über eine ohne seine Kenntnis vorgenommene Erhebung personenbezogener Daten wird der Betroffene unter Angabe dieser Daten unterrichtet, soweit der in Absatz 1 genannte Zweck dadurch nicht gefährdet wird. Sind die Daten bei anderen Personen oder Stellen erhoben worden, kann die Unterrichtung unterbleiben, wenn

1. die Daten nach einer Rechtsvorschrift oder ihrem Wesen nach, insbesondere wegen des überwiegenden berechtigten Interesses Dritter, geheim gehalten werden müssen oder

2. der Aufwand der Unterrichtung außer Verhältnis zum Schutzzweck steht und keine Anhaltspunkte dafür bestehen, dass überwiegende schutzwürdige Interessen des Betroffenen beeinträchtigt werden.

(6) Werden personenbezogene Daten statt bei dem Betroffenen bei einer nichtöffentlichen Stelle erhoben, so ist die Stelle auf die Rechtsvorschrift, die zur Auskunft verpflichtet, sonst auf die Freiwilligkeit ihrer Angaben hinzuweisen.

§ 89 Verarbeitung und Nutzung

(1) Die Anstalt und die Aufsichtsbehörde dürfen personenbezogene Daten verarbeiten und nutzen, soweit dies für den Vollzug erforderlich ist.

(2) Die Verarbeitung und Nutzung personenbezogener Daten für andere Zwecke ist zulässig, soweit dies

1. zur Abwehr von sicherheitsgefährdenden oder geheimdienstlichen Tätigkeiten für eine fremde Macht oder von Bestrebungen im Geltungsbereich des Grundgesetzes, die durch Anwendung von Gewalt oder darauf gerichtete Vorbereitungshandlungen

   a) gegen die freiheitliche demokratische Grundordnung, den Bestand oder die Sicherheit des Bundes oder eines Landes gerichtet sind,

   b) eine ungesetzliche Beeinträchtigung der Amtsführung der Verfassungsorgane des Bundes oder eines Landes oder ihrer Mitglieder zum Ziele haben oder

   c) auswärtige Belange der Bundesrepublik Deutschland gefährden,

2. zur Abwehr erheblicher Nachteile für das Gemeinwohl oder einer Gefahr für die öffentliche Sicherheit,

3. zur Abwehr einer schwerwiegenden Beeinträchtigung der Rechte einer anderen Person,

4. zur Verhinderung oder Verfolgung von Straftaten sowie zur Verhinderung oder Verfolgung von Ordnungswidrigkeiten, durch welche die Sicherheit oder Ordnung der Anstalt gefährdet wird, oder

5. für Maßnahmen der Strafvollstreckung oder strafvollstreckungsrechtliche Entscheidungen

erforderlich ist.

(3) Eine Verarbeitung oder Nutzung für andere Zwecke liegt nicht vor, soweit sie dem gerichtlichen Rechtsschutz im Zusammenhang mit diesem Gesetz oder den in § 10

Abs. 3 des Gesetzes zum Schutz personenbezogener Daten der Bürger in der Fassung der Bekanntmachung vom 18. Februar 2002 (GVBl. LSA S. 54), zuletzt geändert durch Artikel 15 des Gesetzes vom 18. November 2005 (GVBl. LSA S. 698, 701), genannten Zwecken dient.

(4) Über die in den Absätzen 1 und 2 geregelten Zwecke hinaus dürfen zuständigen öffentlichen Stellen personenbezogene Daten übermittelt werden, soweit dies für

1. Maßnahmen der Gerichtshilfe, Jugendgerichtshilfe, Bewährungshilfe oder Führungsaufsicht,

2. Entscheidungen in Gnadensachen,

3. gesetzlich angeordnete Statistiken der Rechtspflege,

4. die Erfüllung von Aufgaben, die den für Sozialleistungen zuständigen Leistungsträgern durch Rechtsvorschrift übertragen worden sind,

5. die Einleitung von Hilfsmaßnahmen für Angehörige des Untersuchungsgefangenen,

6. dienstliche Maßnahmen der Bundeswehr im Zusammenhang mit der Aufnahme und Entlassung von Soldaten,

7. ausländerrechtliche Maßnahmen oder

8. die Durchführung der Besteuerung

erforderlich ist. Eine Übermittlung für andere Zwecke ist auch zulässig, soweit eine andere gesetzliche Bestimmung dies vorsieht und sich dabei ausdrücklich auf personenbezogene Daten über Untersuchungsgefangene bezieht.

(5) Die Anstalt oder die Aufsichtsbehörde darf öffentlichen oder nichtöffentlichen Stellen auf schriftlichen Antrag mitteilen, ob sich eine Person in der Anstalt im Untersuchungshaftvollzug befindet, soweit

1. die Mitteilung zur Erfüllung der in der Zuständigkeit der öffentlichen Stelle liegenden Aufgaben erforderlich ist oder

2. von nichtöffentlichen Stellen ein berechtigtes Interesse an dieser Mitteilung glaubhaft dargelegt wird und der Untersuchungsgefangene kein schutzwürdiges

Interesse an dem Ausschluss der Übermittlung hat.

Der Untersuchungsgefangene wird vor der Mitteilung gehört, es sei denn, es ist zu besorgen, dass dadurch die Verfolgung des Interesses der Antragsteller vereitelt oder wesentlich erschwert werden würde, und eine Abwägung ergibt, dass dieses Interesse das Interesse des Untersuchungsgefangenen an seiner vorherigen Anhörung überwiegt. Ist die Anhörung unterblieben, wird der betroffene Untersuchungsgefangene über die Mitteilung der Anstalt oder Aufsichtsbehörde nachträglich unterrichtet.

(6) Bei einer nicht nur vorläufigen Einstellung des Verfahrens, einer unanfechtbaren Ablehnung der Eröffnung des Hauptverfahrens oder einem rechtskräftigen Freispruch sind auf Antrag des betroffenen Untersuchungsgefangenen die Stellen, die eine Mitteilung nach Absatz 5 erhalten haben, über den Verfahrensausgang in Kenntnis zu setzen. Der betroffene Untersuchungsgefangene ist auf sein Antragsrecht hinzuweisen.

(7) Akten mit personenbezogenen Daten dürfen nur anderen Anstalten, Aufsichtsbehörden, den für strafvollzugs-, strafvollstreckungs- und strafrechtliche Entscheidungen zuständigen Gerichten sowie den Strafvollstreckungs- und Strafverfolgungsbehörden überlassen werden. Die Überlassung an andere öffentliche Stellen ist zulässig, soweit die Erteilung einer Auskunft einen unvertretbaren Aufwand erfordert oder nach Darlegung der Akteneinsicht begehrenden Stellen für die Erfüllung der Aufgabe nicht ausreicht. Entsprechendes gilt für die Überlassung von Akten an die von der Anstalt mit Gutachten beauftragten Stellen.

(8) Sind mit personenbezogenen Daten, die nach den Absätzen 1, 2 oder 4 übermittelt werden dürfen, weitere personenbezogene Daten von Betroffenen oder Dritten in Akten so verbunden, dass eine Trennung nicht oder nur mit unvertretbarem Aufwand möglich ist, so ist die Übermittlung auch dieser Daten zulässig, soweit nicht berechtigte Interessen von Betroffenen oder Dritten an deren Geheimhaltung offensichtlich überwie-

gen. Eine Verarbeitung oder Nutzung dieser Daten durch die Empfänger ist unzulässig.

(9) Bei der Überwachung der Besuche oder des Schriftwechsels sowie bei der Überwachung des Inhalts von Paketen bekannt gewordene personenbezogene Daten dürfen nur

1. für die in Absatz 2 aufgeführten Zwecke,

2. für den gerichtlichen Rechtsschutz im Zusammenhang mit diesem Gesetz,

3. zur Wahrung der Sicherheit oder Ordnung der Anstalt,

4. zur Abwehr von Gefährdungen der Untersuchungshaft oder

5. zur Umsetzung einer verfahrenssichernden Anordnung

verarbeitet und genutzt werden.

(10) Personenbezogene Daten, die nach § 88 Abs. 4 über Personen, die nicht Untersuchungsgefangene sind, erhoben worden sind, dürfen nur zur Erfüllung des Erhebungszwecks und für die in Absatz 2 Nrn. 1 bis 4 geregelten Zwecke oder zur Verhinderung oder Verfolgung von Straftaten von erheblicher Bedeutung sowie von anstaltsbezogenen Straftaten verarbeitet oder genutzt werden.

(11) Die Übermittlung von personenbezogenen Daten unterbleibt, soweit die in § 92 Abs. 2 oder § 94 Abs. 3 und 6 geregelten Einschränkungen oder besondere gesetzliche Verwendungsregelungen entgegenstehen.

(12) Die Verantwortung für die Zulässigkeit der Übermittlung trägt die übermittelnde Anstalt oder die Aufsichtsbehörde. Erfolgt die Übermittlung auf Ersuchen einer öffentlichen Stelle, trägt diese die Verantwortung. In diesem Fall prüft die übermittelnde Anstalt oder die Aufsichtsbehörde nur, ob das Übermittlungsersuchen im Rahmen der Aufgaben des Empfängers liegt und die Absätze 9 bis 11 der Übermittlung nicht entgegenstehen, es sei denn, dass besonderer Anlass zur Prüfung der Zulässigkeit der Übermittlung besteht.

§ 90 Einrichtung automatisierter Übermittlungs- und Abrufverfahren

Für die Einrichtung eines automatisierten Verfahrens, das die Übermittlung personenbezogener Daten nach § 89 Abs. 1, 2 und 4 ermöglicht, gilt § 7 Abs. 1 bis 4 des Gesetzes zum Schutz personenbezogener Daten der Bürger.

§ 91 Zweckbindung

Von der Anstalt oder der Aufsichtsbehörde übermittelte personenbezogene Daten dürfen nur zu dem Zweck verarbeitet oder genutzt werden, zu dessen Erfüllung sie übermittelt worden sind. Die Empfänger dürfen die Daten für andere Zwecke nur verarbeiten oder nutzen, soweit sie ihnen auch für diese Zwecke hätten übermittelt werden dürfen, und wenn im Fall einer Übermittlung an nichtöffentliche Stellen die übermittelnde Anstalt oder Aufsichtsbehörde zugestimmt hat. Die Anstalt oder die Aufsichtsbehörde hat die nichtöffentlichen Empfänger auf die Zweckbindung nach Satz 1 hinzuweisen.

§ 92 Schutz besonderer Daten

(1) Das religiöse oder weltanschauliche Bekenntnis und personenbezogene Daten eines Untersuchungsgefangenen, die anlässlich ärztlicher Untersuchungen erhoben worden sind, dürfen in der Anstalt nicht allgemein kenntlich gemacht werden. Andere personenbezogene Daten des Untersuchungsgefangenen dürfen innerhalb der Anstalt allgemein kenntlich gemacht werden, soweit dies für ein geordnetes Zusammenleben in der Anstalt erforderlich ist. § 89 Abs. 9 bis 11 bleibt unberührt.

(2) Personenbezogene Daten, die

1. Ärzten, Zahnärzten oder Angehörigen eines anderen Heilberufs, der für die Berufsausübung oder die Führung der Berufsbezeichnung eine staatlich geregelte Ausbildung erfordert,

2. Berufspsychologen mit staatlich anerkannter wissenschaftlicher Abschlussprüfung,

3. staatlich anerkannten Sozialarbeitern oder staatlich anerkannten Sozialpädagogen oder

4. Suchtkrankenhelfern

von einem Untersuchungsgefangenen als Geheimnis anvertraut oder über einen Untersuchungsgefangenen sonst bekannt geworden sind, unterliegen auch gegenüber der Anstalt und der Aufsichtsbehörde der Schweigepflicht. Die in Satz 1 genannten Personen haben sich gegenüber dem Anstaltsleiter zu offenbaren, soweit dies für die Aufgabenerfüllung der Anstalt oder der Aufsichtsbehörde oder zur Abwehr von erheblichen Gefahren für Leib oder Leben von Gefangenen oder Dritten erforderlich ist. Ärzte sind zur Offenbarung ihnen im Rahmen der allgemeinen Gesundheitsfürsorge bekannt gewordener Geheimnisse befugt, soweit dies für die Aufgabenerfüllung der Anstalt oder der Aufsichtsbehörde unerlässlich oder zur Abwehr von erheblichen Gefahren für Leib oder Leben von Gefangenen oder Dritten erforderlich ist. Sonstige Offenbarungsbefugnisse bleiben unberührt. Der Untersuchungsgefangene ist vor der Erhebung der Daten über die nach den Sätzen 2 und 3 bestehenden Offenbarungsbefugnisse zu unterrichten.

(3) Die nach Absatz 2 Satz 2 und 3 offenbarten Daten dürfen nur für den Zweck, für den sie offenbart wurden oder für den eine Offenbarung zulässig gewesen wäre, und nur unter denselben Voraussetzungen verarbeitet oder genutzt werden, unter denen eine in Absatz 2 Satz 1 genannte Person selbst hierzu befugt wäre. Der Anstaltsleiter kann unter diesen Voraussetzungen die unmittelbare Offenbarung gegenüber bestimmten Bediensteten allgemein zulassen.

(4) Sofern Ärzte oder Psychologen außerhalb des Vollzugs mit der Untersuchung oder Behandlung eines Untersuchungsgefangenen beauftragt werden, gilt Absatz 2 mit der Maßgabe entsprechend, dass die beauftragten Personen auch zur Unterrichtung des in der Anstalt tätigen Arztes oder des in der Anstalt mit der Behandlung des Untersuchungsgefangenen betrauten Psychologen befugt sind.

§ 93 Schutz der Daten in Akten und Dateien

(1) Die Bediensteten dürfen sich von personenbezogenen Daten nur Kenntnis verschaffen, soweit dies zur Erfüllung der ihnen obliegenden Aufgaben oder für die Zusammenarbeit in der Anstalt erforderlich ist.

(2) Akten und Dateien mit personenbezogenen Daten sind durch die erforderlichen technischen und organisatorischen Maßnahmen gegen unbefugten Zugang und unbefugten Gebrauch zu schützen. Gesundheitsakten und Krankenblätter sind getrennt von anderen Unterlagen zu führen und besonders zu sichern. Im Übrigen gilt für die Art und den Umfang der Schutzvorkehrungen § 6 des Gesetzes zum Schutz personenbezogener Daten der Bürger.

§ 94 Berichtigung, Löschung und Sperrung

(1) Die in Dateien gespeicherten personenbezogenen Daten sind spätestens fünf Jahre nach der Entlassung des Untersuchungsgefangenen oder der Verlegung des Untersuchungsgefangenen in eine andere Anstalt zu löschen. Hiervon können bis zum Ablauf der Aufbewahrungsfrist für die Gefangenenpersonalakte die Angaben über Familienname, Vorname, Geburtsname, Geburtstag, Geburtsort, Eintritts- und Austrittsdatum des Untersuchungsgefangenen ausgenommen werden, soweit dies für das Auffinden der Gefangenenpersonalakte erforderlich ist.

(2) Personenbezogene Daten in Akten müssen nach Ablauf von fünf Jahren seit der Entlassung des Untersuchungsgefangenen gesperrt werden. Sie dürfen danach nur übermittelt oder genutzt werden, soweit dies

1. zur Verfolgung von Straftaten,

2. für die Durchführung wissenschaftlicher Forschungsvorhaben nach § 96,

3. zur Behebung einer Beweisnot oder

4. zur Feststellung, Durchsetzung oder Abwehr von Rechtsansprüchen im Zusammenhang mit dem Vollzug der Untersuchungshaft

unerlässlich ist. Diese Verwendungsbeschränkungen enden, wenn der Untersuchungsgefangene erneut zum Vollzug einer Freiheitsentziehung aufgenommen wird oder wenn er eingewilligt hat.

(3) Erhält die Anstalt von einer nicht nur vorläufigen Einstellung des Verfahrens, einer unanfechtbaren Ablehnung der Eröffnung des Hauptverfahrens oder einem rechtskräftigen Freispruch Kenntnis, so tritt an die Stelle der in Absatz 1 Satz 1 genannten Frist eine Frist von einem Monat ab Kenntniserlangung.

(4) Bei der Aufbewahrung von Akten mit nach Absatz 2 gesperrten Daten dürfen folgende Fristen nicht überschritten werden:

Gefangenenpersonalakten, Gesundheitsakten und Krankenblätter 20 Jahre,

Gefangenenbücher 30 Jahre.

Dies gilt nicht, wenn aufgrund bestimmter Tatsachen anzunehmen ist, dass die Aufbewahrung für die in Absatz 2 Satz 2 genannten Zwecke weiterhin erforderlich ist. Die Aufbewahrungsfrist beginnt mit dem auf das Jahr der aktenmäßigen Weglegung folgenden Kalenderjahr. Die Bestimmungen des Landesarchivgesetzes vom 28. Juni 1995 (GVBl. LSA S. 190), zuletzt geändert durch Artikel 2 des Gesetzes vom 18. Juni 2004 (GVBl. LSA S. 335, 341), bleiben unberührt.

(5) Wird festgestellt, dass unrichtige Daten übermittelt worden sind, ist dies den Empfängern mitzuteilen, wenn es zur Wahrung schutzwürdiger Interessen der Betroffenen erforderlich ist.

(6) Im Übrigen gilt für die Berichtigung, Löschung und Sperrung personenbezogener Daten auch § 16 des Gesetzes zum Schutz personenbezogener Daten der Bürger.

§ 95 Auskunft an den Betroffenen, Akteneinsicht

(1) Dem Betroffenen ist auf Antrag Auskunft zu erteilen über

1. die zu seiner Person gespeicherten Daten, auch soweit sie sich auf die Herkunft dieser Daten bezieht,

2. die Empfänger oder Kategorien der Empfänger, an die die Daten weitergegeben werden, und

3. den Zweck der Speicherung.

In dem Antrag soll die Art der personenbezogenen Daten, über die Auskunft erteilt werden soll, näher bezeichnet werden. Sind die personenbezogenen Daten weder automatisiert noch in nicht automatisierten Dateien gespeichert, wird die Auskunft nur erteilt, soweit der Betroffene Angaben macht, die das Auffinden der Daten ermöglichen, und der für die Erteilung der Auskunft erforderliche Aufwand nicht außer Verhältnis zu dem von dem Betroffenen geltend gemachten Informationsinteresse steht. Die Anstalt oder die Aufsichtsbehörde bestimmt das Verfahren, insbesondere die Form der Auskunftserteilung, nach pflichtgemäßem Ermessen.

(2) Absatz 1 gilt nicht für personenbezogene Daten, die nur deshalb gespeichert sind, weil sie aufgrund gesetzlicher, satzungsmäßiger oder vertraglicher Aufbewahrungsvorschriften nicht gelöscht werden dürfen, oder ausschließlich Zwecken der Datensicherung oder der Datenschutzkontrolle dienen und eine Auskunftserteilung einen unverhältnismäßigen Aufwand erfordern würde.

(3) Bezieht sich die Auskunftserteilung auf die Übermittlung personenbezogener Daten an Behörden der Staatsanwaltschaft, an Polizeidienststellen, Verfassungsschutzbehörden, den Bundesnachrichtendienst, den Militärischen Abschirmdienst und, soweit die Sicherheit des Bundes berührt wird, andere Behörden des Bundesministeriums der Verteidigung, so ist sie nur mit Zustimmung dieser Stellen zulässig.

(4) Die Auskunftserteilung unterbleibt, soweit

1. die Auskunft die ordnungsgemäße Erfüllung der in der Zuständigkeit der verantwortlichen Stelle liegenden Aufgaben gefährden würde,

2. die Auskunft die öffentliche Sicherheit oder Ordnung gefährden oder sonst dem Wohle des Bundes oder eines Landes Nachteile bereiten würde,

3. die Daten oder die Tatsache ihrer Speicherung nach einer Rechtsvorschrift oder wegen der überwiegenden berechtigten Interessen Dritter geheim gehalten werden müssen oder

4. der Auskunft eine verfahrenssichernde Anordnung entgegensteht oder sie deren Umsetzung gefährden würde,

und deswegen das Interesse des Betroffenen an der Auskunftserteilung oder der Gewährung von Akteneinsicht zurücktreten muss.

(5) Die Ablehnung der Auskunftserteilung bedarf einer Begründung nicht, soweit durch die Mitteilung der tatsächlichen oder rechtlichen Gründe, auf die die Entscheidung gestützt wird, der mit der Auskunftsverweigerung verfolgte Zweck gefährdet würde. In diesem Fall ist der Betroffene darauf hinzuweisen, dass er sich an den Landesbeauftragten für den Datenschutz wenden kann.

(6) Wird dem Betroffenen keine Auskunft erteilt, so ist sie auf sein Verlangen dem Landesbeauftragten für den Datenschutz zu erteilen, soweit nicht die Aufsichtsbehörde im Einzelfall feststellt, dass dadurch die Sicherheit des Landes Sachsen-Anhalt, eines anderen Bundeslandes oder des Bundes gefährdet würde. Die Mitteilung des Landesbeauftragten für den Datenschutz an den Betroffenen darf keine Rückschlüsse auf den Erkenntnisstand der speichernden Stelle zulassen, sofern diese nicht einer weitergehenden Auskunft zustimmt.

(7) Die Auskunft nach Absatz 1 ist unentgeltlich.

(8) Soweit eine Auskunft für die Wahrnehmung seiner rechtlichen Interessen nicht ausreicht und er hierfür auf die Einsichtnahme angewiesen ist, erhält der Betroffene Akteneinsicht.

§ 96 Auskunft und Akteneinsicht für wissenschaftliche Zwecke

§ 476 der Strafprozessordnung gilt mit der Maßgabe entsprechend, dass auch elektronisch gespeicherte personenbezogene Daten übermittelt werden können.

§ 97 Anwendung des Gesetzes zum Schutz personenbezogener Daten der Bürger

Die Regelungen des Gesetzes zum Schutz personenbezogener Daten der Bürger gelten unmittelbar, soweit dieses Gesetz keine abschließenden Regelungen enthält.

Abschnitt 15
Schlussbestimmungen

§ 98 Einschränkung von Grundrechten

Durch dieses Gesetz werden die folgenden Grundrechte eingeschränkt:

1. das Grundrecht auf körperliche Unversehrtheit (Artikel 2 Abs. 2 Satz 1 des Grundgesetzes, Artikel 5 Abs. 2 Satz 1 der Verfassung des Landes Sachsen-Anhalt),

2. das Grundrecht der Freiheit der Person (Artikel 2 Abs. 2 Satz 2 des Grundgesetzes, Artikel 5 Abs. 2 Satz 2 der Verfassung des Landes Sachsen-Anhalt),

3. das Grundrecht auf Unverletzlichkeit des Briefgeheimnisses sowie des Post- und Fernmeldegeheimnisses (Artikel 10 Abs. 1 des Grundgesetzes, Artikel 14 Abs. 1 der Verfassung des Landes Sachsen-Anhalt) und

4. das Grundrecht auf den Schutz personenbezogener Daten (Artikel 2 Abs. 1 in Verbindung mit Artikel 1 Abs. 1 des Grundgesetzes, Artikel 6 Abs. 1 der Verfassung des Landes Sachsen-Anhalt).

§ 99 Ersatz von Aufwendungen

Der Untersuchungsgefangene ist verpflichtet, der Anstalt Aufwendungen zu ersetzen, die er durch eine vorsätzliche oder grob fahrlässige Selbstverletzung oder Verletzung anderer Gefangener oder durch die vorsätzliche oder fahrlässige Beschädigung von Anstaltseigentum verursacht hat. Ansprüche aus sonstigen Rechtsvorschriften bleiben unberührt.

§ 100 Gerichtlicher Rechtsschutz

Für den gerichtlichen Rechtsschutz des Untersuchungsgefangenen gelten die §§ 119 Abs. 5, 119a der Strafprozessordnung.

§ 101 Änderung von Aufbewahrungsbe-stimmungen

Abschnitt I, Rubrik „Justizvollzugsbehör-den", Unterabschnitt C, Lfd. Nr. 821, Spalte 6 der Anlage zu § 1 Abs. 1 der Justizaufbe-wahrungsverordnung vom 16. Juni 2009 (GVBl. LSA S. 264), geändert durch Verord-nung vom 21. Dezember 2009 (GVBl. LSA S. 740), erhält folgende Fassung:

„zu Nummern 821 bis 824:
Bei Vorliegen besonderer Umstände kann nur unter den Voraussetzungen von § 184 Abs. 3 Satz 2 StVollzG, § 94 Abs. 4 Satz 2 UVollzG LSA, § 104 Abs. 3 Satz 2 JStVollzG LSA eine längere Aufbewahrungsfrist angeordnet wer-den."

§ 102 Sprachliche Gleichstellung

Personen- und Funktionsbezeichnungen in diesem Gesetz gelten jeweils in männlicher und weiblicher Form.

§ 103 Inkrafttreten

(1) Dieses Gesetz tritt vorbehaltlich der Ab-sätze 2 und 3 am 1. Juni 2010 in Kraft.

(2) § 24 Abs. 2 und 3 tritt am 1. Januar 2011 in Kraft.

(3) § 70 Abs. 1 tritt am 1. Januar 2015 in Kraft.

Gesetz über den Vollzug der Jugendstrafe in Sachsen-Anhalt (Jugendstrafvollzugsgesetz Sachsen-Anhalt – JStVollzG LSA)

Vom 7. Dezember 2007 (GVBl. LSA S. 368)

I

Inhaltsübersicht

I

Abschnitt 1
Grundsätze

§ 1 Anwendungsbereich

Dieses Gesetz regelt den Vollzug der Jugendstrafe.

§ 2 Ziel und Aufgabe

Der Jugendstrafvollzug dient dem Ziel, den Gefangenen zu befähigen, künftig in sozialer Verantwortung ein Leben ohne Straftaten zu führen. Gleichermaßen hat er die Aufgabe, die Allgemeinheit vor weiteren Straftaten zu schützen.

§ 3 Erziehungsauftrag, Vollzugsgestaltung

(1) Der Jugendstrafvollzug ist erzieherisch zu gestalten. Der Gefangene ist in der Entwicklung seiner Fähigkeiten und Fertigkeiten so zu fördern, dass er zu einer eigenverantwortlichen und gemeinschaftsfähigen Lebensführung in Achtung der Rechte Anderer befähigt wird. Die Einsicht in die beim Opfer verursachten Tatfolgen soll geweckt werden.

(2) Personelle Ausstattung, sachliche Mittel und Organisation der Anstalt im Sinne von § 108 Abs. 1 Satz 1 werden an Zielsetzung und Aufgabe des Jugendstrafvollzugs sowie den besonderen Bedürfnissen der Gefangenen ausgerichtet.

(3) Das Leben in der Anstalt ist den allgemeinen Lebensverhältnissen soweit wie möglich anzugleichen. Schädlichen Folgen der Freiheitsentziehung ist entgegenzuwirken. Der Jugendstrafvollzug wird von Beginn an darauf ausgerichtet, dem Gefangenen zu helfen, künftig ein Leben ohne Straftaten zu führen. Die Belange von Sicherheit und Ordnung der Anstalt sowie die Belange der Allgemeinheit sind zu beachten. Die Gefangenen sind insbesondere vor Übergriffen zu schützen.

(4) Die unterschiedlichen Lebenslagen und Bedürfnisse von weiblichen und männlichen Gefangenen werden bei der Vollzugsgestaltung und bei Einzelmaßnahmen berücksichtigt.

§ 4 Pflicht zur Mitwirkung

Der Gefangene ist verpflichtet, an der Erreichung des Vollzugsziels mitzuwirken. Seine Bereitschaft hierzu ist zu wecken und zu fördern.

§ 5 Leitlinien der Erziehung und Förderung

(1) Erziehung und Förderung erfolgen durch Maßnahmen und Programme zur Entwicklung und Stärkung der Fähigkeiten und Fertigkeiten des Gefangenen im Hinblick auf die Erreichung des Vollzugsziels.

(2) Durch differenzierte Angebote soll auf den jeweiligen Entwicklungsstand und den unterschiedlichen Erziehungs- und Förderbedarf des Gefangenen eingegangen werden.

(3) Die Maßnahmen und Programme richten sich insbesondere auf die Auseinandersetzung mit den eigenen Straftaten, deren Ursachen und Folgen, die schulische Bildung, berufliche Qualifizierung, soziale Integration und die verantwortliche Gestaltung des alltäglichen Zusammenlebens, der freien Zeit sowie der Außenkontakte.

§ 6 Stellung der Gefangenen

(1) Der Gefangene unterliegt den in diesem Gesetz vorgesehenen Beschränkungen seiner Freiheit. Soweit das Gesetz eine besondere Regelung nicht enthält, dürfen ihm nur Beschränkungen auferlegt werden, die zur Aufrechterhaltung der Sicherheit oder zur Abwendung einer schwerwiegenden Störung der Ordnung der Anstalt unerlässlich sind.

(2) Vollzugsmaßnahmen sollen dem Gefangenen erläutert werden.

§ 7 Zusammenarbeit und Einbeziehung Dritter

(1) Alle in der Anstalt Tätigen arbeiten zusammen und wirken daran mit, das Vollzugsziel zu erreichen.

(2) Die Anstalt arbeitet mit außervollzuglichen Einrichtungen und Organisationen, wie dem Jugendamt, sowie Personen und Vereinen eng zusammen, deren Mitwirkung die Eingliederung fördern kann. Dieser Personenkreis ist verpflichtet, außerhalb seiner Tä-

tigkeit im Rahmen dieses Gesetzes über alle Angelegenheiten, die ihrer Natur nach vertraulich sind, besonders über Namen und Persönlichkeit des Gefangenen, Verschwiegenheit zu bewahren. Dies gilt auch nach der Beendigung der Tätigkeit.

(3) Die Personensorgeberechtigten sollen, soweit dies möglich ist und dem Vollzugsziel nicht zuwiderläuft, in die Planung und Gestaltung des Jugendstrafvollzugs einbezogen werden.

§ 8 Soziale Hilfe

(1) Der Gefangene wird darin unterstützt, seine persönlichen, wirtschaftlichen und sozialen Schwierigkeiten zu beheben. Er soll dazu angeregt und in die Lage versetzt werden, seine Angelegenheiten selbst zu regeln, insbesondere den durch die Straftat verursachten Schaden wiedergutzumachen und eine Schuldenregulierung herbeizuführen.

(2) Der Gefangene ist, soweit erforderlich, über die notwendigen Maßnahmen zur Aufrechterhaltung seiner sozialversicherungsrechtlichen Ansprüche zu beraten.

Abschnitt 2
Vollzugsplanung

§ 9 Aufnahme

(1) Beim Aufnahmeverfahren dürfen andere Gefangene nicht zugegen sein.

(2) Der Gefangene wird über seine Rechte und Pflichten unterrichtet.

(3) Nach der Aufnahme wird der Gefangene unverzüglich ärztlich untersucht und dem Leiter der Anstalt oder der Aufnahmeabteilung vorgestellt.

(4) Die Personensorgeberechtigten und das Jugendamt werden von der Aufnahme unverzüglich unterrichtet.

(5) Der Gefangene soll dabei unterstützt werden, notwendige Maßnahmen für hilfsbedürftige Angehörige und die Sicherung seiner Habe außerhalb der Anstalt zu veranlassen.

§ 10 Feststellung des Erziehungs- und Förderbedarfs

(1) Nach der Aufnahme wird dem Gefangenen das Ziel seines Aufenthalts in der Anstalt verdeutlicht sowie das Angebot an Unterricht, Aus- und Fortbildung, Arbeit, Behandlungsmaßnahmen und Freizeit erläutert.

(2) Der Erziehungs- und Förderbedarf des Gefangenen wird in einem Explorationsverfahren ermittelt. Es erstreckt sich auf die Persönlichkeit, die Lebensverhältnisse, die Ursachen und Umstände der Straftat sowie alle sonstigen Gesichtspunkte, deren Kenntnis für eine zielgerichtete Vollzugsgestaltung und die Eingliederung des Gefangenen nach der Entlassung notwendig erscheint.

(3) Die Planung der Erziehung und Behandlung wird mit dem Gefangenen erörtert. Dabei sollen dessen Anregungen und Vorschläge einbezogen werden, soweit sie dem Vollzugsziel dienen.

§ 11 Vollzugsplan

(1) Auf der Grundlage des festgestellten Erziehungs- und Förderbedarfs wird regelmäßig innerhalb der ersten sechs Wochen nach der Aufnahme ein Vollzugsplan erstellt.

(2) Der Vollzugsplan wird regelmäßig alle vier Monate auf seine Umsetzung überprüft, mit dem Gefangenen erörtert und fortgeschrieben. Bei Jugendstrafen von mehr als zwei Jahren verlängert sich die Frist auf sechs Monate. Bei der Fortschreibung sind die Entwicklung des Gefangenen und in der Zwischenzeit gewonnene Erkenntnisse zu berücksichtigen.

(3) Der Vollzugsplan und seine Fortschreibungen enthalten, je nach Stand des Jugendstrafvollzugs, insbesondere folgende Angaben:

1. die dem Vollzugsplan zugrunde liegenden Annahmen zur Vorgeschichte der Straftaten sowie die Erläuterung der Ziele, Inhalte und Methoden der Erziehung und Förderung des Gefangenen,

2. Unterbringung im geschlossenen oder offenen Jugendstrafvollzug,

3. Zuweisung zu einer Wohngruppe oder einem anderen Unterkunftsbereich,

4. Unterbringung in der Sozialtherapie,

5. Teilnahme an schulischen, berufsorientierenden, qualifizierenden oder arbeitstherapeutischen Maßnahmen oder Zuweisung von Arbeit,

6. Teilnahme an Behandlungsmaßnahmen oder anderen Hilfs- oder Fördermaßnahmen,

7. Teilnahme an Sport- und Freizeitangeboten,

8. Lockerungen des Jugendstrafvollzugs und Urlaub,

9. Pflege der familiären Beziehungen und Gestaltung der Außenkontakte,

10. Maßnahmen und Angebote zum Ausgleich von Tatfolgen,

11. Schuldenregulierung,

12. Maßnahmen zur Vorbereitung von Entlassung, Wiedereingliederung und Nachsorge und

13. die Zeitpunkte für die Fortschreibung des Vollzugsplans.

(4) Der Vollzugsplan und seine Fortschreibungen werden dem Gefangenen ausgehändigt. Sie werden dem Vollstreckungsleiter und auf Verlangen den Personensorgeberechtigten mitgeteilt.

§ 12 Verlegung und Überstellung

(1) Der Gefangene kann abweichend vom Vollstreckungsplan in eine andere Anstalt verlegt werden,

1. wenn das Erreichen des Vollzugsziels oder die Eingliederung nach der Entlassung hierdurch gefördert wird oder

2. wenn dies aus Gründen der Vollzugsorganisation oder aus anderen wichtigen Gründen erforderlich ist.

(2) Die Personensorgeberechtigten, der Vollstreckungsleiter, das Jugendamt sowie die Strafverteidigung werden von der Verlegung unverzüglich unterrichtet.

(3) Die Aufsichtsbehörde kann sich Entscheidungen über Verlegungen vorbehalten.

(4) Der Gefangene darf aus wichtigem Grund in eine andere Anstalt oder Justizvollzugsanstalt überstellt werden.

§ 13 Geschlossener und offener Jugendstrafvollzug

(1) Die Gefangenen werden im geschlossenen oder offenen Jugendstrafvollzug untergebracht.

(2) Ein Gefangener soll im offenen Jugendstrafvollzug untergebracht werden, wenn er dessen besonderen Anforderungen genügt, insbesondere verantwortet werden kann, zu erproben, dass er sich dem Jugendstrafvollzug nicht entziehen und die Möglichkeiten des offenen Jugendstrafvollzugs nicht zur Begehung von Straftaten missbrauchen werde.

§ 14 Sozialtherapie

(1) Ein Gefangener ist in die Sozialtherapie zu verlegen, wenn die Wiederholung einer Straftat nach den §§ 174 bis 180 oder 182 des Strafgesetzbuches oder wegen einer Straftat gegen das Leben oder die körperliche Unversehrtheit aufgrund einer Entwicklungs-, Persönlichkeits- oder Verhaltensstörung zu befürchten und die Behandlung in der Sozialtherapie angezeigt ist.

(2) Andere Gefangene sollen mit ihrer Zustimmung in die Sozialtherapie verlegt werden, wenn deren besondere therapeutische Mittel und soziale Hilfen zum Erreichen des Vollzugsziels angezeigt sind.

(3) Der Gefangene wird zurückverlegt, wenn der Zweck der sozialtherapeutischen Behandlung aus Gründen, die in der Person des Gefangenen liegen, nicht erreicht werden kann.

(4) § 12 Abs. 2 und 3 gilt entsprechend; § 74 bleibt unberührt.

§ 15 Lockerungen des Jugendstrafvollzugs, Ausführung aus besonderen Gründen

(1) Als Lockerungen des Jugendstrafvollzugs kommen insbesondere in Betracht:

1. Verlassen der Anstalt für eine bestimmte Tageszeit unter Aufsicht von Bediensteten

(Ausführung) oder ohne Aufsicht (Ausgang) und

2. regelmäßige Beschäftigung außerhalb der Anstalt unter Aufsicht von Bediensteten (Außenbeschäftigung) oder ohne Aufsicht (Freigang).

(2) Lockerungen dürfen gewährt werden, wenn verantwortet werden kann zu erproben, dass der Gefangene sich dem Jugendstrafvollzug nicht entziehen und die Lockerungen nicht zur Begehung von Straftaten missbrauchen werde. Sie können versagt werden, wenn der Gefangene seinen Mitwirkungspflichten nicht nachkommt.

(3) Im Übrigen darf ein Gefangener ausgeführt werden, wenn dies aus besonderen Gründen notwendig ist. Liegt die Ausführung ausschließlich im Interesse des Gefangenen, können ihm die Kosten auferlegt werden. Dabei sind die Auswirkungen auf seine Erziehung und Eingliederung zu berücksichtigen.

§ 16 Urlaub aus dem Jugendstrafvollzug, Ausgang aus wichtigem Anlass

(1) Zur Förderung der Wiedereingliederung in das Leben in Freiheit, insbesondere zur Aufrechterhaltung sozialer Bindungen, kann der Anstaltsleiter nach Maßgabe des Vollzugsplans Urlaub gewähren. Der Urlaub darf 24 Tage in einem Vollstreckungsjahr nicht übersteigen.

(2) Weiterhin kann der Anstaltsleiter dem Gefangenen aus wichtigem Anlass Ausgang gewähren oder ihn bis zu sieben Tagen im Vollstreckungsjahr beurlauben, zur Teilnahme an gerichtlichen Terminen, wegen des Todes oder einer lebensbedrohlichen Erkrankung naher Angehöriger auch darüber hinaus.

(3) § 15 Abs. 2 gilt entsprechend.

(4) Durch Urlaub wird die Vollstreckung der Jugendstrafe nicht unterbrochen.

§ 17 Weisungen für Lockerungen und Urlaub, Widerruf und Rücknahme

(1) Der Anstaltsleiter kann dem Gefangenen für Lockerungen und Urlaub Weisungen erteilen.

(2) Er kann Lockerungen und Urlaub widerrufen, wenn

1. er aufgrund nachträglich eingetretener oder bekannt gewordener Umstände berechtigt wäre, die Maßnahmen zu versagen,

2. der Gefangene die Maßnahme missbraucht oder

3. der Gefangene Weisungen nicht befolgt.

(3) Er kann Lockerungen und Urlaub mit Wirkung für die Zukunft zurücknehmen, wenn die Voraussetzungen für ihre Bewilligung nicht vorgelegen haben.

§ 18 Vorführung, Ausantwortung

(1) Auf Ersuchen eines Gerichts oder einer Staatsanwaltschaft erfolgt die Vorführung des Gefangenen, sofern ein Vorführungsbefehl vorliegt.

(2) Auf begründeten Antrag ist der Gefangene befristet dem Gewahrsam eines Gerichts, einer Staatsanwaltschaft oder einer Polizei-, Zoll- oder Finanzbehörde zu überlassen (Ausantwortung).

§ 19 Entlassungsvorbereitung

(1) Die Anstalt arbeitet frühzeitig mit außervollzuglichen Einrichtungen, Organisationen sowie Personen und Vereinen zusammen, um zu erreichen, dass der Gefangene nach seiner Entlassung über eine geeignete Unterbringung und eine Arbeits- oder Ausbildungsstelle verfügt. Die Personensorgeberechtigten und das Jugendamt werden unterrichtet.

(2) Um die Entlassung vorzubereiten, soll der Jugendstrafvollzug gelockert werden (§ 15).

(3) Der Gefangene kann in den offenen Jugendstrafvollzug verlegt werden, wenn dies der Vorbereitung der Entlassung dient.

(4) Zur Vorbereitung der Entlassung kann der Gefangene zum Zwecke der Teilnahme an gezielten Wiedereingliederungsmaßnahmen bis zu sieben Tage Urlaub erhalten. Freigänger (§ 15 Abs. 1 Nr. 2) können innerhalb von neun Monaten vor der Entlassung Urlaub bis zu sechs Tagen im Monat erhalten; Satz 1 findet keine Anwendung. § 15 Abs. 2, § 16 Abs. 4 und § 17 gelten entsprechend.

(5) Darüber hinaus kann der Gefangene nach Anhörung des Vollstreckungsleiters bis zu vier Monate beurlaubt werden. Hierfür sollen Weisungen erteilt werden. Der im laufenden Vollstreckungsjahr gewährte Urlaub nach § 16 Abs. 1 wird auf diese Zeit angerechnet. § 15 Abs. 2, § 16 Abs. 4 und § 17 Abs. 2 gelten entsprechend.

§ 20 Entlassungszeitpunkt

(1) Der Gefangene soll am letzten Tag seiner Strafzeit möglichst frühzeitig, jedenfalls noch am Vormittag, entlassen werden.

(2) Fällt das Strafende auf einen Sonnabend oder Sonntag, einen gesetzlichen Feiertag, den ersten Werktag nach Ostern oder Pfingsten oder in die Zeit vom 22. Dezember bis zum 6. Januar, so kann der Gefangene an dem diesem Tag oder Zeitraum vorhergehenden Werktag entlassen werden, wenn dies gemessen an der Dauer der Strafzeit vertretbar ist und fürsorgerische Gründe nicht entgegenstehen.

(3) Der Entlassungszeitpunkt kann bis zu zwei Tage vorverlegt werden, wenn Gründe dafür vorliegen, dass der Gefangene zu seiner Eingliederung hierauf dringend angewiesen ist.

§ 21 Hilfe zur Entlassung, Nachsorge

(1) Zur Vorbereitung der Entlassung ist der Gefangene bei der Ordnung seiner persönlichen, wirtschaftlichen und sozialen Angelegenheiten zu unterstützen. Dies kann auch die Vermittlung in nachsorgende Maßnahmen umfassen.

(2) Ist der Gefangene bedürftig, kann ihm eine Entlassungsbeihilfe in Form eines Reisekostenzuschusses, angemessener Kleidung oder einer sonstigen notwendigen Unterstützung gewährt werden.

(3) Die dem Gefangenen gewährte Entlassungsbeihilfe ist unpfändbar.

§ 22 Fortführung von Maßnahmen nach der Entlassung

(1) Der Gefangene darf auf Antrag nach seiner Entlassung im Jugendstrafvollzug begonnene Ausbildungs- oder Behandlungsmaß-

nahmen fortführen, soweit diese nicht anderweitig durchgeführt werden können. Hierzu kann der entlassene Gefangene auf vertraglicher Grundlage vorübergehend in der Anstalt untergebracht werden, sofern es die Belegungssituation zulässt.

(2) Stört der entlassene Gefangene den Anstaltsbetrieb, kann der Anstaltsleiter die Unterbringung und die Maßnahme jederzeit beenden. Dasselbe gilt für eine Beendigung aus vollzugsorganisatorischen Gründen.

Abschnitt 3
Unterbringung, Versorgung und Gesundheitsfürsorge

Unterabschnitt 1
Unterbringung und Versorgung der Gefangenen

§ 23 Trennung von männlichen und weiblichen Gefangenen

Männliche und weibliche Gefangene werden getrennt untergebracht. Gemeinsame Maßnahmen, insbesondere eine gemeinsame Schul- und Berufsausbildung, sind zulässig.

§ 24 Unterbringung während der Ausbildung, Arbeit und Freizeit

(1) Die Gefangenen arbeiten gemeinsam. Dasselbe gilt für Unterricht, Berufsausbildung, berufliche Fort- und Weiterbildung, Umschulung sowie arbeitstherapeutische Beschäftigung und sonstige Beschäftigung während der Arbeitszeit.

(2) Den Gefangenen kann gestattet werden, sich während der Freizeit in Gemeinschaft mit anderen Gefangenen aufzuhalten. Für die Teilnahme an gemeinschaftlichen Veranstaltungen kann der Anstaltsleiter mit Rücksicht auf die räumlichen, personellen oder organisatorischen Verhältnisse der Anstalt besondere Regelungen treffen.

(3) Die gemeinschaftliche Unterbringung bei Ausbildung, Arbeit und Freizeit kann eingeschränkt werden,

1. wenn ein schädlicher Einfluss auf andere Gefangene zu befürchten ist,

2. wenn es die Sicherheit oder Ordnung der Anstalt erfordert,

3. wenn dies aus erzieherischen Gründen angezeigt ist oder

4. bis zur Erstellung des Vollzugsplans, jedoch nicht länger als zwei Monate.

§ 25 Unterbringung während der Ruhezeit

(1) Die Gefangenen werden während der Ruhezeit einzeln in ihren Haftäumen untergebracht. Mit ihrer Zustimmung dürfen Gefangene gemeinsam untergebracht werden, wenn schädliche Einflüsse nicht zu befürchten sind. Es sollen grundsätzlich nicht mehr als zwei Gefangene gemeinsam untergebracht werden.

(2) Eine gemeinsame Unterbringung ist auch zulässig, wenn ein Gefangener hilfsbedürftig ist oder eine Gefahr für Leben oder Gesundheit eines Gefangenen besteht. Darüber hinaus ist eine gemeinsame Unterbringung nur vorübergehend und aus zwingenden Gründen zulässig.

§ 26 Wohngruppen

Geeignete Gefangene werden in Wohngruppen untergebracht.

§ 27 Unterbringung von Müttern mit Kindern

(1) Ist das Kind einer Gefangenen noch nicht drei Jahre alt, kann es mit Zustimmung des Aufenthaltsbestimmungsberechtigten in der Anstalt untergebracht werden, wenn die baulichen Gegebenheiten dies zulassen und Sicherheitsgründe nicht entgegenstehen. Vor der Unterbringung ist das Jugendamt zu hören.

(2) Die Unterbringung erfolgt auf Kosten des für das Kind Unterhaltspflichtigen. Von der Geltendmachung des Kostenersatzanspruchs kann abgesehen werden, wenn hierdurch die gemeinsame Unterbringung von Mutter und Kind gefährdet würde.

§ 28 Persönlicher Gewahrsam, Kostenbeteiligung

(1) Der Gefangene darf nur Sachen in Gewahrsam haben oder annehmen, die ihm von der Anstalt oder mit deren Zustimmung überlassen werden. Ohne Zustimmung darf er Sachen von geringem Wert von anderen Gefangenen annehmen. Der Anstaltsleiter kann Annahme und Gewahrsam auch dieser Sachen von seiner Zustimmung abhängig machen.

(2) Eingebrachte Sachen, die der Gefangene nicht in Gewahrsam haben darf, sind für ihn aufzubewahren, sofern dies nach Art und Umfang möglich ist. Dem Gefangenen wird Gelegenheit gegeben, seine Sachen, die er während des Jugendstrafvollzugs und für seine Entlassung nicht benötigt, zu verschicken. Geld wird ihm als Eigengeld gutgeschrieben.

(3) Werden eingebrachte Sachen, deren Aufbewahrung nach Art oder Umfang nicht möglich ist, von dem Gefangenen trotz Aufforderung nicht aus der Anstalt verbracht, so ist der Anstaltsleiter berechtigt, diese Sachen auf Kosten des Gefangenen aus der Anstalt entfernen zu lassen.

(4) Aufzeichnungen und andere Sachen, die Kenntnisse über Sicherungsvorkehrungen der Anstalt vermitteln oder Schlussfolgerungen auf diese zulassen, darf der Anstaltsleiter vernichten oder unbrauchbar machen lassen.

(5) Die Zustimmung nach Absatz 1 kann widerrufen werden, wenn dies zur Aufrechterhaltung der Sicherheit, zur Abwendung einer erheblichen Störung der Ordnung der Anstalt oder zur Vermeidung einer erheblichen Gefährdung des Vollzugsziels erforderlich ist.

(6) Der Gefangene kann an den Betriebskosten der in seinem Gewahrsam befindlichen Geräte beteiligt werden.

§ 29 Ausstattung des Haftraums

(1) Der Gefangene darf seinen Haftraum in angemessenem Umfang mit eigenen Sachen ausstatten. Lichtbilder nahestehender Personen und Erinnerungsstücke von persönlichem Wert werden ihm belassen.

(2) Vorkehrungen und Gegenstände, die die Übersichtlichkeit des Haftraums behindern oder die in anderer Weise die Sicherheit oder Ordnung der Anstalt gefährden, können ausgeschlossen werden.

§ 30 Kleidung

(1) Die Gefangenen tragen Anstaltskleidung.

(2) Der Anstaltsleiter kann eine abweichende Regelung treffen. Für Reinigung, Instandsetzung und regelmäßigen Wechsel eigener Kleidung hat der Gefangene selbst zu sorgen.

§ 31 Verpflegung und Einkauf

(1) Zusammensetzung und Nährwert der Anstaltsverpflegung müssen den besonderen Anforderungen an eine gesunde Ernährung junger Menschen entsprechen und werden ärztlich überwacht. Auf ärztliche Anordnung wird besondere Verpflegung gewährt. Dem Gefangenen ist zu ermöglichen, Speisevorschriften seiner Religionsgemeinschaft zu befolgen.

(2) Der Gefangene kann auf eigene Kosten aus einem von der Anstalt vermittelten Angebot einkaufen. Die Anstalt soll für ein Angebot sorgen, das auf Wünsche und Bedürfnisse der Gefangenen Rücksicht nimmt.

(3) Dem Gefangenen soll die Möglichkeit eröffnet werden, Gegenstände über den Versandhandel zu beziehen. Der Bezug erfolgt über den Anstaltsleiter, der auch Zulassung und Verfahren regelt.

(4) Nahrungs- und Genussmittel sind vom Einkauf über den Versandhandel ausgeschlossen. Gegenstände, die geeignet sind, das Vollzugsziel oder die Sicherheit oder Ordnung der Anstalt zu gefährden, sind vom Einkauf und Versandhandel ausgeschlossen.

Unterabschnitt 2
Gesundheitsfürsorge

§ 32 Allgemeine Regeln

(1) Für die körperliche und geistige Gesundheit des Gefangenen ist zu sorgen.

(2) Der Gefangene hat die notwendigen Anordnungen zum Gesundheitsschutz und zur Hygiene zu unterstützen.

§ 33 Gesundheitsuntersuchungen, medizinische Vorsorgeleistungen

(1) Der Gefangene hat, soweit erforderlich, alle zwei Jahre Anspruch auf ärztliche Gesundheitsuntersuchung zur Früherkennung von Krankheiten, insbesondere von Herz-, Kreislauf- und Nierenerkrankungen sowie der Zuckerkrankheit.

(2) Frauen haben frühestens vom Beginn des 20. Lebensjahres an höchstens einmal jährlich Anspruch auf eine Untersuchung zur Früherkennung von Krebserkrankungen.

(3) Voraussetzungen für die Untersuchung nach den Absätzen 1 und 2 ist, dass

1. es sich um Krankheiten handelt, die wirksam behandelt werden können,

2. das Vor- und Frühstadium dieser Krankheiten durch diagnostische Maßnahmen erfassbar ist,

3. die Krankheitszeichen medizinisch-technisch genügend eindeutig zu erfassen sind,

4. genügend Ärzte und Einrichtungen vorhanden sind, um die aufgefundenen Verdachtsfälle eingehend zu diagnostizieren und zu behandeln.

(4) Mütter haben für ihre Kinder, die mit ihnen in der Anstalt untergebracht sind, bis zur Vollendung des dritten Lebensjahres Anspruch auf Untersuchungen zur Früherkennung von Krankheiten, die die körperliche oder geistige Leistungsfähigkeit ihrer Kinder in nicht geringfügigem Maße gefährden.

(5) Ein Gefangener, der das 20. Lebensjahr noch nicht vollendet hat, kann sich zur Verhütung von Zahnerkrankungen einmal in jedem Kalenderhalbjahr untersuchen lassen. Die Untersuchungen sollen sich auf den Befund des Zahnfleisches, die Aufklärung über Krankheitsursachen und ihre Vermeidung, das Erstellen von diagnostischen Vergleichen zur Mundhygiene, zum Zustand des Zahnfleisches und zur Anfälligkeit gegenüber Karieserkrankungen, auf die Motivation und Einweisung bei der Mundpflege sowie auf Maßnahmen zur Schmelzhärtung der Zähne erstrecken.

(6) Der Gefangene hat Anspruch auf ärztliche Behandlung und Versorgung mit Arznei-, Verband-, Heil- und Hilfsmitteln, wenn diese notwendig sind,

1. eine Schwächung der Gesundheit, die in absehbarer Zeit voraussichtlich zu einer Krankheit führen würde, zu beseitigen,

2. einer Gefährdung der gesundheitlichen Entwicklung eines Kindes entgegenzuwirken oder

3. Pflegebedürftigkeit zu vermeiden.

§ 34 Krankenbehandlung

Der Gefangene hat Anspruch auf Krankenbehandlung, wenn sie notwendig ist, um eine Krankheit zu erkennen, zu heilen, ihre Verschlimmerung zu verhüten oder Krankheitsbeschwerden zu lindern. Die Krankenbehandlung umfasst insbesondere

1. ärztliche Behandlung,

2. zahnärztliche Behandlung einschließlich Versorgung mit Zahnersatz,

3. Versorgung mit Arznei-, Verband-, Heil- und Hilfsmitteln,

4. medizinische und ergänzende Leistungen zur Rehabilitation sowie Belastungserprobung und Arbeitstherapie, soweit die Belange des Jugendstrafvollzugs dem nicht entgegenstehen.

§ 35 Versorgung mit Hilfsmitteln

Der Gefangene hat Anspruch auf Versorgung mit Seh- und Hörhilfen, Körperersatzstücken, orthopädischen und anderen Hilfsmitteln, die im Einzelfall erforderlich sind, um den Erfolg der Krankenbehandlung zu sichern oder eine Behinderung auszugleichen, sofern dies nicht mit Rücksicht auf die Kürze des Freiheitsentzugs ungerechtfertigt ist und soweit die Hilfsmittel nicht als allgemeine Gebrauchsgegenstände des täglichen Lebens anzusehen sind. Der Anspruch umfasst auch die notwendige Änderung, Instandsetzung und Ersatzbeschaffung von Hilfsmitteln sowie die Ausbildung zu ihrem Gebrauch, soweit die Belange des Jugendstrafvollzugs dem nicht entgegenstehen. Ein erneuter Anspruch auf Versorgung mit Sehhilfen besteht nur bei einer Änderung der Sehfähigkeit um mindes-

tens 0,5 Dioptrien. Anspruch auf Versorgung mit Kontaktlinsen besteht nur in medizinisch zwingend erforderlichen Ausnahmefällen.

§ 36 Krankenbehandlung im Urlaub

Während eines Urlaubs oder Ausgangs hat der Gefangene gegen das Land nur einen Anspruch auf Krankenbehandlung in der für ihn zuständigen Anstalt.

§ 37 Art und Umfang der Leistungen

Für die Art der Gesundheitsuntersuchungen und medizinischen Vorsorgeleistungen sowie für den Umfang dieser Leistungen und der Leistungen zur Krankenbehandlung einschließlich der Versorgung mit Hilfsmitteln gelten die entsprechenden Vorschriften des Fünften Buches Sozialgesetzbuch und die aufgrund dieser Vorschriften getroffenen Regelungen.

§ 38 Zuschüsse zu Zahnersatz und Zahnkronen

Das für Justiz zuständige Ministerium bestimmt die Höhe der Zuschüsse zu den Kosten der zahnärztlichen Behandlung und der zahntechnischen Leistungen bei der Versorgung mit Zahnersatz. Es kann bestimmen, dass die gesamten Kosten übernommen werden.

§ 39 Ruhen der Ansprüche

Der Anspruch auf Leistungen nach den §§ 33 bis 35 ruht, solange der Gefangene aufgrund eines freien Beschäftigungsverhältnisses (§ 44 Abs. 4) krankenversichert ist.

§ 40 Ärztliche Behandlung zur sozialen Eingliederung

Mit Zustimmung des Gefangenen und dessen Gesundheitssorgeberechtigten soll die Anstalt ärztliche Behandlungen, insbesondere Operationen oder prothetische Maßnahmen, durchführen lassen, die eine soziale Eingliederung fördern. Der Gefangene ist an den Kosten zu beteiligen, wenn dies nach seinen wirtschaftlichen Verhältnissen gerechtfertigt ist und der Zweck der Behandlung dadurch nicht in Frage gestellt wird.

§ 41 Aufenthalt im Freien

Dem Gefangenen ist zu ermöglichen, sich täglich mindestens eine Stunde im Freien aufzuhalten, wenn die Witterung dies zu der festgesetzten Zeit zulässt.

§ 42 Verlegung und Überstellung zur Krankenbehandlung

(1) Ein kranker Gefangener kann in ein Anstaltskrankenhaus oder in eine für die Behandlung seiner Krankheit besser geeignete Anstalt oder Justizvollzugsanstalt verlegt oder überstellt werden.

(2) Kann die Krankheit eines Gefangenen in einer Anstalt, Justizvollzugsanstalt oder in einem Anstaltskrankenhaus nicht erkannt oder behandelt werden oder ist es nicht möglich, den Gefangenen rechtzeitig in ein Anstaltskrankenhaus zu verlegen oder zu überstellen, ist dieser in ein Krankenhaus außerhalb des Jugendstrafvollzugs zu bringen.

(3) § 12 Abs. 2 und 3 gilt entsprechend.

§ 43 Benachrichtigung bei Erkrankung oder Todesfall

(1) Wird ein Gefangener schwer krank, so sind die Gesundheitssorgeberechtigten oder, soweit diese nicht erreichbar sind, ein Angehöriger oder eine Person seines Vertrauens unverzüglich zu benachrichtigen. Dasselbe gilt, wenn ein Gefangener verstirbt.

(2) Dem Wunsch des Gefangenen, auch andere Personen zu benachrichtigen, soll nach Möglichkeit entsprochen werden.

Abschnitt 4
Bildung und Arbeit

§ 44 Schulische und berufliche Aus- und Weiterbildung, Arbeit

(1) Ausbildung, Weiterbildung, arbeitstherapeutische Beschäftigung und Arbeit dienen insbesondere dem Ziel, die Fähigkeit des Gefangenen zur Aufnahme einer Erwerbstätigkeit nach der Entlassung zu vermitteln, zu erhalten oder zu fördern. Sofern dem Gefangenen Arbeit zugewiesen wird, soll diese möglichst seinen Fähigkeiten, Fertigkeiten und Neigungen entsprechen.

(2) Der Gefangene ist vorrangig zur Teilnahme an schulischen und beruflichen Orientierungs-, Aus- und Weiterbildungsmaßnahmen oder speziellen Maßnahmen zur Förderung seiner schulischen, beruflichen oder persönlichen Entwicklung verpflichtet. Im Übrigen ist der Gefangene zur Arbeit, arbeitstherapeutischer oder sonstiger Beschäftigung verpflichtet, wenn und soweit er dazu in der Lage ist.

(3) Die Anstalt und die für Schule und Bildung zuständigen Behörden sind zur Zusammenarbeit verpflichtet. Das Zeugnis oder der Nachweis über eine Bildungsmaßnahme darf keinen Hinweis auf die Inhaftierung enthalten.

(4) Dem Gefangenen soll gestattet werden, einer Berufsausbildung, beruflichen Weiterbildung, Umschulung oder Arbeit auf der Grundlage eines freien Beschäftigungsverhältnisses außerhalb der Anstalt nachzugehen oder sich innerhalb oder außerhalb des Jugendstrafvollzugs selbst zu beschäftigen, wenn er hierfür geeignet ist. § 13 Abs. 2, § 15 Abs. 2 und § 17 gelten entsprechend. Die Anstalt kann verlangen, dass ihr das Entgelt für das freie Beschäftigungsverhältnis zur Gutschrift für den Gefangenen überwiesen wird.

(5) Ist der Gefangene ein Jahr lang ununterbrochen seiner Verpflichtung nach Absatz 2 nachgekommen, kann er beanspruchen, im darauf folgenden Jahr für die Dauer von 18 Werktagen freigestellt zu werden. Zeiten, in denen der Gefangene unverschuldet infolge Krankheit an der Teilnahme an Maßnahmen nach Absatz 2, Arbeit oder an der Beschäftigung gehindert war, werden bis zur Dauer von sechs Wochen auf das Jahr angerechnet. Auf die Zeit der Freistellung wird der Urlaub nach § 16 Abs. 1 angerechnet, soweit er in die Arbeitszeit fällt. Der Gefangene erhält für die Zeit der Freistellung seine zuletzt gezahlten Bezüge weiter. Urlaubsregelungen der Beschäftigungsverhältnisse außerhalb des Jugendstrafvollzugs bleiben unberührt.

Abschnitt 5
Freizeit, Sport

§ 45 Freizeit

Die Ausgestaltung der Freizeit orientiert sich am Vollzugsziel. Dazu sind geeignete Angebote vorzuhalten. Der Gefangene ist zur Teilnahme und Mitwirkung an Freizeitangeboten verpflichtet.

§ 46 Sport

Es sind ausreichende und geeignete Angebote vorzuhalten, um dem Gefangenen eine sportliche Betätigung von mindestens zwei Stunden wöchentlich zu ermöglichen.

§ 47 Zeitungen und Zeitschriften

(1) Der Gefangene darf auf eigene Kosten Zeitungen und Zeitschriften in angemessenem Umfang durch Vermittlung der Anstalt beziehen.

(2) Ausgeschlossen sind Zeitungen und Zeitschriften, auch einzelne Ausgaben davon, deren Verbreitung mit Strafe oder Geldbuße bedroht ist oder deren Inhalt das Vollzugsziel oder die Sicherheit oder Ordnung der Anstalt gefährden würde.

§ 48 Radio und Fernsehen

(1) Der Gefangene darf am Hörfunkempfang sowie am gemeinschaftlichen Fernsehempfang teilnehmen. Der Rundfunkempfang nach Satz 1 kann vorübergehend ausgesetzt oder einzelnen Gefangenen untersagt werden, wenn dies zur Aufrechterhaltung der Sicherheit oder Ordnung der Anstalt unerlässlich ist.

(2) Eigene Fernsehgeräte können zugelassen werden, wenn erzieherische Gründe nicht entgegenstehen.

§ 49 Besitz von Gegenständen für die Freizeitbeschäftigung

(1) Der Gefangene darf in angemessenem Umfang Bücher und andere Gegenstände zur Fortbildung oder zur Freizeitbeschäftigung besitzen.

(2) Dies gilt nicht, wenn deren Besitz, Überlassung oder Benutzung das Vollzugsziel oder die Sicherheit oder Ordnung der Anstalt gefährden würde.

(3) Elektronische Medien können zugelassen werden, wenn erzieherische Gründe oder Gründe der Sicherheit oder Ordnung der Anstalt nicht entgegenstehen.

Abschnitt 6
Ausübung von Religion und weltanschaulichen Bekenntnissen

§ 50 Seelsorge

(1) Dem Gefangenen darf religiöse Betreuung durch einen Seelsorger seiner Religionsgemeinschaft nicht versagt werden. Auf Wunsch ist ihm zu helfen, mit einem Seelsorger seiner Religionsgemeinschaft in Verbindung zu treten.

(2) Der Gefangene darf grundlegende religiöse Schriften besitzen. Sie dürfen ihm nur bei grobem Missbrauch entzogen werden.

(3) Dem Gefangenen sind Gegenstände des religiösen Gebrauchs in angemessenem Umfang zu belassen.

§ 51 Religiöse Veranstaltungen

(1) Der Gefangene hat das Recht, am Gottesdienst und an anderen religiösen Veranstaltungen seines Bekenntnisses teilzunehmen.

(2) Die Zulassung zu den Gottesdiensten oder zu religiösen Veranstaltungen einer anderen Religionsgemeinschaft bedarf der Zustimmung des Seelsorgers der Religionsgemeinschaft.

(3) Ein Gefangener kann von der Teilnahme am Gottesdienst oder anderen religiösen Veranstaltungen ausgeschlossen werden, wenn dies aus überwiegenden Gründen der Sicherheit oder Ordnung geboten ist; der Seelsorger soll vorher gehört werden.

§ 52 Weltanschauungsgemeinschaften

Für Angehörige weltanschaulicher Bekenntnisse gelten die §§ 50 und 51 entsprechend.

Abschnitt 7
Besuche, Schriftwechsel und Telefongespräche

§ 53 Grundsatz

Der Gefangene hat das Recht, mit Personen außerhalb der Anstalt im Rahmen der Bestimmungen dieses Gesetzes zu verkehren. Der Kontakt mit Personen, von denen ein günstiger Einfluss erwartet werden kann, wird gefördert.

§ 54 Recht auf Besuch

(1) Der Gefangene darf regelmäßig Besuch empfangen. Die Gesamtdauer beträgt für Angehörige mindestens vier Stunden im Monat. Für alle übrigen Besucher beträgt sie mindestens eine Stunde im Monat. Die Besuchszeit dieser Besucher kann auf die Gesamtdauer der Besuchszeit für Angehörige angerechnet werden.

(2) Kontakte des Gefangenen zu seinen Kindern und Kontakte des minderjährigen Gefangenen zu seinen Eltern werden besonders gefördert. Deren Besuche werden nicht auf die Besuchszeit nach Absatz 1 angerechnet.

(3) Besuche sollen darüber hinaus zugelassen werden, wenn sie die Erziehung oder Eingliederung des Gefangenen fördern oder persönlichen, rechtlichen oder geschäftlichen Angelegenheiten dienen, die nicht von dem Gefangenen schriftlich erledigt, durch Dritte wahrgenommen oder bis zur Entlassung aufgeschoben werden können.

(4) Aus Gründen der Sicherheit können Besuche davon abhängig gemacht werden, dass sich der Besucher mit technischen Hilfsmitteln absuchen oder durchsuchen lässt.

§ 55 Besuchsverbot

Der Anstaltsleiter kann Besuche untersagen,

1. wenn die Sicherheit oder Ordnung der Anstalt gefährdet würde,

2. wenn durch den Besuch von Personen, die nicht Angehörige des Gefangenen sind, zu befürchten ist, dass sie einen schädlichen Einfluss auf den Gefangenen haben oder seine Eingliederung behindern, oder

3. wenn die Personensorgeberechtigten des Gefangenen nicht einverstanden sind.

§ 56 Besuche von Verteidigern, Rechtsanwälten, Notaren und Beiständen

Besuche von Verteidigern sowie von Rechtsanwälten und Notaren in einer den Gefangenen betreffenden Rechtssache sind zu gestatten. Dasselbe gilt für Besuche von Beiständen nach § 69 des Jugendgerichtsgesetzes. § 54 Abs. 4 gilt entsprechend. Eine inhaltliche Überprüfung der vom Verteidiger mitgeführten Schriftstücke und sonstigen Unterlagen ist nicht zulässig. § 59 Abs. 1 Satz 2 und 3 bleibt unberührt.

§ 57 Überwachung der Besuche

(1) Besuche dürfen aus Gründen der Erziehung und Behandlung oder der Sicherheit oder Ordnung der Anstalt überwacht werden, es sei denn, es liegen im Einzelfall Erkenntnisse dafür vor, dass es der Überwachung nicht bedarf. Die Unterhaltung darf nur überwacht werden, soweit dies im Einzelfall aus diesen Gründen geboten erscheint.

(2) Besuche dürfen abgebrochen werden, wenn Besucher oder der Gefangene gegen dieses Gesetz oder aufgrund dieses Gesetzes getroffene Anordnungen trotz Abmahnung verstoßen. Die Abmahnung unterbleibt, wenn es unerlässlich ist, den Besuch sofort abzubrechen.

(3) Besuche dürfen auch abgebrochen werden, wenn von den Besuchern ein schädlicher Einfluss ausgeht.

(4) Besuche von Verteidigern und Beiständen nach § 69 des Jugendgerichtsgesetzes werden nicht überwacht.

(5) Gegenstände dürfen dem Gefangenen beim Besuch nicht übergeben werden. Dies gilt nicht für die bei dem Besuch des Verteidigers übergebenen Schriftstücke und sonstigen Unterlagen sowie für die bei dem Besuch von Rechtsanwälten oder Notaren zur Erledigung einer den Gefangenen betreffenden Rechtssache übergebenen Schriftstücke und sonstigen Unterlagen. Bei dem Besuch eines Rechtsanwalts oder Notars kann die Überga-

be aus Gründen der Sicherheit oder Ordnung der Anstalt von der Erlaubnis des Anstaltsleiters abhängig gemacht werden. § 59 Abs. 1 Satz 2 und 3 bleibt unberührt.

§ 58 Recht auf Schriftwechsel

(1) Der Gefangene hat das Recht, auf eigene Kosten Schreiben abzusenden und zu empfangen.

(2) Der Anstaltsleiter kann den Schriftwechsel mit bestimmten Personen untersagen,

1. wenn die Sicherheit oder Ordnung der Anstalt gefährdet würde,

2. bei Personen, die nicht Angehörige des Gefangenen sind, wenn zu befürchten ist, dass der Schriftwechsel einen schädlichen Einfluss auf den Gefangenen hat oder seine Eingliederung behindert, oder

3. wenn Personensorgeberechtigte nicht einverstanden sind.

§ 59 Überwachung des Schriftwechsels

(1) Der Schriftwechsel des Gefangenen mit seinem Verteidiger oder Beistand nach § 69 des Jugendgerichtsgesetzes wird nicht überwacht. Liegt dem Jugendstrafvollzug eine Straftat nach § 129a, auch in Verbindung mit § 129b Abs. 1, des Strafgesetzbuchs zugrunde, gelten § 148 Abs. 2 und § 148a der Strafprozessordnung entsprechend; dies gilt nicht, wenn der Gefangene sich in einer Einrichtung des offenen Jugendstrafvollzugs befindet oder wenn ihm Vollzugslockerungen nach § 15 oder Urlaub nach § 16 Abs. 1 gewährt worden ist und ein Grund, der den Anstaltsleiter nach § 17 Abs. 2 oder 3 zum Widerruf oder zur Rücknahme von Vollzugslockerungen und Urlaub ermächtigt, nicht vorliegt. Satz 2 gilt auch, wenn eine Jugendstrafe oder Freiheitsstrafe wegen einer Straftat nach § 129a, auch in Verbindung mit § 129b Abs. 1, des Strafgesetzbuchs erst im Anschluss an den Vollzug der Jugendstrafe, der eine andere Verurteilung zugrunde liegt, zu vollstrecken ist.

(2) Nicht überwacht werden ferner Schreiben des Gefangenen an Volksvertretungen des Bundes und der Länder sowie an deren Mitglieder, soweit die Schreiben an die Anschrif-

ten dieser Volksvertretungen gerichtet sind und den Absender zutreffend angeben. Entsprechendes gilt für Schreiben an das Europäische Parlament und dessen Mitglieder, den Europäischen Gerichtshof für Menschenrechte, den Europäischen Ausschuss zur Verhütung von Folter und unmenschlicher oder erniedrigender Behandlung oder Strafe und weitere Einrichtungen, mit denen der Schriftverkehr aufgrund völkerrechtlicher Verpflichtungen der Bundesrepublik Deutschland geschützt ist. Satz 1 gilt auch für den Schriftverkehr mit den Bürgerbeauftragten der Länder und den Datenschutzbeauftragten des Bundes und der Länder. Schreiben der in den Sätzen 1 bis 3 genannten Stellen, die an den Gefangenen gerichtet sind, werden nicht überwacht, sofern die Identität des Absenders zweifelsfrei feststeht.

(3) Der übrige Schriftwechsel darf überwacht werden, es sei denn, dass dies aus Gründen der Erziehung und Behandlung oder der Sicherheit oder Ordnung der Anstalt nicht erforderlich erscheint.

§ 60 Weiterleitung von Schreiben, Aufbewahrung

(1) Der Gefangene hat Absendung und Empfang seiner Schreiben durch die Anstalt vermitteln zu lassen, soweit nichts anderes gestattet ist.

(2) Eingehende und ausgehende Schreiben sind unverzüglich weiterzuleiten.

(3) Der Gefangene hat eingehende Schreiben unverschlossen zu verwahren, sofern nichts anderes gestattet wird. Er kann sie verschlossen zu seiner Habe geben.

§ 61 Anhalten von Schreiben

(1) Der Anstaltsleiter kann Schreiben anhalten, wenn

1. das Vollzugsziel oder die Sicherheit oder Ordnung der Anstalt gefährdet würde,

2. die Weitergabe in Kenntnis ihres Inhalts einen Straf- oder Bußgeldtatbestand verwirklichen würde,

3. sie grob unrichtige oder erheblich entstellende Darstellungen von Anstaltsverhältnissen enthalten,

4. sie Beleidigungen enthalten,

5. sie die Eingliederung anderer Gefangener gefährden können oder

6. sie in Geheimschrift, unlesbar, unverständlich oder ohne zwingenden Grund in einer fremden Sprache abgefasst sind.

(2) Ausgehenden Schreiben, die unrichtige Darstellungen enthalten, kann ein Begleitschreiben beigefügt werden, wenn der Gefangene auf deren Absendung besteht.

(3) Ist ein Schreiben angehalten worden, wird das dem Gefangenen mitgeteilt. Angehaltene Schreiben werden an den Absender zurückgegeben oder, sofern dies unmöglich oder aus besonderen Gründen untunlich ist, verwahrt.

(4) Schreiben, deren Überwachung ausgeschlossen ist, dürfen nicht angehalten werden.

§ 62 Telefongespräche

Dem Gefangenen kann gestattet werden, auf eigene Kosten Telefongespräche zu führen. Die Bestimmungen über den Besuch gelten entsprechend. Ist die Überwachung des Telefongesprächs erforderlich, ist die beabsichtigte Überwachung dem Gesprächspartner des Gefangenen unmittelbar nach Herstellung der Verbindung durch die Anstalt oder den Gefangenen mitzuteilen. Der Gefangene ist rechtzeitig vor Beginn des Telefongesprächs über die beabsichtigte Überwachung und die Mitteilungspflicht nach Satz 3 zu unterrichten.

§ 63 Pakete

(1) Der Empfang von Paketen mit Nahrungs- und Genussmitteln ist dem Gefangenen nicht gestattet. Der Empfang von Paketen mit anderem Inhalt bedarf der Erlaubnis des Anstaltsleiters, welcher Zeitpunkt und Höchstmenge für die Sendung und für einzelne Gegenstände festsetzen kann. Für den Ausschluss von Gegenständen gilt § 31 Abs. 4 entsprechend.

(2) Pakete sind in Gegenwart des Gefangenen zu öffnen, an den sie adressiert sind. Ausgeschlossene Gegenstände können zu seiner Habe genommen oder dem Absender

zurückgesandt werden. Nicht ausgehändigte Gegenstände, durch die bei der Versendung oder Aufbewahrung Personen verletzt oder Sachschäden verursacht werden können, dürfen vernichtet werden. Die nach Satz 3 getroffenen Maßnahmen werden dem Gefangenen mitgeteilt.

(3) Der Empfang von Paketen kann vorübergehend versagt werden, wenn dies wegen der Gefährdung der Sicherheit oder Ordnung der Anstalt geboten erscheint.

(4) Dem Gefangenen kann gestattet werden, Pakete zu versenden. Die Anstalt kann ihren Inhalt aus Gründen der Sicherheit oder Ordnung der Anstalt überprüfen.

Abschnitt 8
Gelder der Gefangenen, Freistellung von der Arbeit

§ 64 Ausbildungsbeihilfe, Arbeitsentgelt

(1) Ein Gefangener, der während der Arbeitszeit ganz oder teilweise an einer schulischen oder beruflichen Orientierungs-, Aus- oder Weiterbildungsmaßnahme oder an speziellen Maßnahmen zur Förderung seiner schulischen, beruflichen oder persönlichen Entwicklung teilnimmt und der zu diesem Zweck von seiner Arbeitspflicht freigestellt ist, erhält hierfür eine Ausbildungsbeihilfe, soweit kein Anspruch auf Leistungen zum Lebensunterhalt besteht, die freien Personen aus solchem Anlass zustehen.

(2) Wer eine Arbeit, arbeitstherapeutische oder sonstige Beschäftigung ausübt, erhält Arbeitsentgelt.

(3) Der Bemessung der Ausbildungsbeihilfe und des Arbeitsentgelts ist 9 v. H. der Bezugsgröße nach § 18 des Vierten Buches Sozialgesetzbuch zugrunde zu legen (Eckvergütung). Ein Tagessatz ist der 250. Teil der Eckvergütung; die Ausbildungsbeihilfe und das Arbeitsentgelt können nach einem Stundensatz bemessen werden.

(4) Die Ausbildungsbeihilfe und das Arbeitsentgelt können je nach Leistung des Gefangenen und der Art der Ausbildung oder Arbeit

gestuft werden. 75 v. H. der Eckvergütung dürfen nur dann unterschritten werden, wenn die Leistungen des Gefangenen den Mindestanforderungen nicht genügen.

(5) Die Höhe der Ausbildungsbeihilfe und des Arbeitsentgeltes ist dem Gefangenen schriftlich mitzuteilen.

(6) Das für Justiz zuständige Ministerium wird ermächtigt, eine Rechtsverordnung über die Vergütungsstufen nach Absatz 4 zu erlassen.

(7) Soweit Beiträge zur Bundesagentur für Arbeit zu entrichten sind, kann vom Arbeitsentgelt oder der Ausbildungsbeihilfe ein Betrag einbehalten werden, der dem Anteil des Gefangenen am Beitrag entsprechen würde, wenn er diese Bezüge als Arbeitnehmer erhielte.

§ 65 Freistellung von der Arbeit

(1) Die Arbeit der Gefangenen wird neben der Gewährung von Arbeitsentgelt (§ 64 Abs. 2) durch Freistellung von der Arbeit (Freistellung) anerkannt, die auch als Arbeitsurlaub genutzt oder auf den Entlassungszeitpunkt angerechnet werden kann.

(2) Hat der Gefangene zwei Monate lang zusammenhängend eine Arbeit, arbeitstherapeutische oder sonstige Beschäftigung ausgeübt, so wird er auf Antrag einen Werktag von der Arbeit freigestellt. § 44 Abs. 5 bleibt unberührt. Durch Zeiten, in denen der Gefangene ohne sein Verschulden durch Krankheit, Ausführung, Ausgang, Urlaub, Freistellung von der Arbeit oder sonstige nicht von ihm zu vertretende Gründe an der Arbeitsleistung gehindert ist, wird die Frist nach Satz 1 gehemmt. Beschäftigungszeiträume von weniger als zwei Monaten bleiben unberücksichtigt.

(3) Der Gefangene kann beantragen, dass die Freistellung nach Absatz 2 in Form von Arbeitsurlaub gewährt wird. § 15 Abs. 2, § 16 Abs. 4 und § 17 gelten entsprechend.

(4) Der Gefangene erhält für die Zeit der Freistellung von der Arbeit seine zuletzt gezahlten Bezüge weiter.

(5) Stellt der Gefangene keinen Antrag nach Absatz 2 Satz 1 oder Absatz 3 Satz 1 oder kann die Freistellung von der Arbeit nach Maßgabe der Regelung des Absatzes 3 Satz 2 nicht gewährt werden, so wird sie nach Absatz 2 Satz 1 von der Anstalt auf den Entlassungszeitpunkt des Gefangenen angerechnet.

(6) Eine Anrechnung nach Absatz 5 ist ausgeschlossen,

1. wenn die Vollstreckung des Restes einer Jugendstrafe zur Bewährung ausgesetzt ist und wegen des von der Entscheidung des Vollstreckungsleiters bis zur Entlassung verbleibenden Zeitraums eine Anrechnung nicht mehr möglich ist,

2. wenn dies vom Vollstreckungsleiter angeordnet wird, weil bei einer Aussetzung der Vollstreckung des Restes einer Jugendstrafe zur Bewährung die Lebensverhältnisse des Gefangenen oder die Wirkungen, die von der Aussetzung für ihn zu erwarten sind, die Vollstreckung bis zu einem bestimmten Zeitpunkt erfordern,

3. wenn nach § 2 des Jugendgerichtsgesetzes in Verbindung mit § 456a Abs. 1 der Strafprozessordnung von der Vollstreckung abgesehen wird oder

4. wenn der Gefangene im Gnadenwege aus der Haft entlassen wird.

(7) Soweit eine Anrechnung nach Absatz 6 ausgeschlossen ist, erhält der Gefangene bei seiner Entlassung für eine Tätigkeit nach § 64 Abs. 2 als Ausgleichsentschädigung zusätzlich 15 v. H. des Entgelts, das für die Freistellungszeit zu zahlen gewesen wäre, oder der Ausbildungsbeihilfe nach § 64 Abs. 3 und 4. Der Anspruch entsteht mit der Entlassung.

§ 66 Haftkostenbeitrag

(1) Von einem in einem freien Beschäftigungsverhältnis stehenden Gefangenen wird ein Haftkostenbeitrag erhoben.

(2) Dem Gefangenen muss ein Betrag verbleiben, der dem mittleren Arbeitsentgelt in der Jugendstrafanstalt des Landes entspricht.

(3) Der Haftkostenbeitrag wird in Höhe des Betrages erhoben, der nach § 17 Abs. 1 Nr. 3 des Vierten Buches Sozialgesetzbuch durchschnittlich zur Bewertung der Sachbezüge

festgesetzt ist. Bei Selbstverpflegung entfallen die für die Verpflegung vorgesehenen Beträge. Für den Wert der Unterkunft ist die festgesetzte Belegungsfähigkeit maßgebend. Der Haftkostenbeitrag darf auch von dem unpfändbaren Teil der Bezüge, nicht aber zu Lasten des Hausgeldes und der Ansprüche unterhaltsberechtigter Angehöriger angesetzt werden.

§ 67 Taschengeld

(1) Erhält ein Gefangener ohne sein Verschulden weder Ausbildungsbeihilfe noch Arbeitsentgelt, wird ihm bei Bedürftigkeit auf Antrag ein angemessenes Taschengeld gewährt. Bedürftig ist ein Gefangener, soweit ihm im laufenden Monat aus Hausgeld (§ 68) und Eigengeld (§ 70) nicht ein Betrag bis zur Höhe des Taschengeldes zur Verfügung steht.

(2) Das Taschengeld beträgt 14 v. H. der Eckvergütung (§ 64 Abs. 3).

§ 68 Hausgeld

(1) Der Gefangene darf von seinen in diesem Gesetz geregelten Bezügen über drei Siebtel monatlich (Hausgeld) und über das Taschengeld (§ 67) verfügen.

(2) Für Gefangene, die gemäß § 44 Abs. 4 in einem freien Beschäftigungsverhältnis stehen oder denen gestattet ist, sich selbst zu beschäftigen, wird aus ihrem Entgelt ein angemessenes Hausgeld festgesetzt.

(3) Verfügt der Gefangene ohne eigenes Verschulden nicht über Haus- oder Taschengeld, wird ihm gestattet, in angemessenem Umfang vom Eigengeld (§ 70) einzukaufen.

§ 69 Überbrückungsgeld

(1) Aus den in diesem Gesetz geregelten Bezügen und aus den Entgelten der Gefangenen, die gemäß § 44 Abs. 4 in einem freien Beschäftigungsverhältnis stehen oder denen gestattet ist, sich selbst zu beschäftigen, ist ein Überbrückungsgeld zu bilden, das den notwendigen Lebensunterhalt des Gefangenen und seiner Unterhaltsberechtigten für die ersten vier Wochen nach seiner Entlassung sichern soll.

(2) Das Überbrückungsgeld wird dem Gefangenen bei seiner Entlassung ausgezahlt. Der Anstaltsleiter kann es auch ganz oder teilweise dem Bewährungshelfer, einer mit der Entlassenenbetreuung befassten Stelle oder den Personensorgeberechtigten überweisen, die darüber entscheiden, wie das Geld innerhalb der ersten vier Wochen nach der Entlassung an den Gefangenen ausgezahlt wird. Der Bewährungshelfer, die mit der Entlassenenbetreuung befasste Stelle und die Personensorgeberechtigten sind verpflichtet, das Überbrückungsgeld von ihrem sonstigen Vermögen getrennt zu halten. Mit Zustimmung des Gefangenen kann das Überbrückungsgeld auch dem Unterhaltsberechtigten überwiesen werden.

(3) Der Anstaltsleiter kann gestatten, dass das Überbrückungsgeld für Ausgaben in Anspruch genommen wird, die der Eingliederung des Gefangenen dienen.

(4) Der Anspruch auf Auszahlung des Überbrückungsgeldes ist unpfändbar. Erreicht es nicht die in Absatz 1 bestimmte Höhe, so ist in Höhe des Unterschiedsbetrages auch der Anspruch auf Auszahlung des Eigengeldes unpfändbar. Bargeld des entlassenen Gefangenen, an den wegen der nach Satz 1 oder Satz 2 unpfändbaren Ansprüche Geld ausgezahlt worden ist, ist für die Dauer von vier Wochen seit der Entlassung insoweit der Pfändung nicht unterworfen, als es dem Teil der Ansprüche von der Pfändung bis zum Ablauf der vier Wochen entspricht.

(5) Absatz 4 gilt nicht bei einer Pfändung wegen der in § 850d Abs. 1 Satz 1 der Zivilprozessordnung bezeichneten Unterhaltsansprüche. Dem entlassenen Gefangenen ist jedoch so viel zu belassen, als er für seinen notwendigen Unterhalt und zur Erfüllung seiner sonstigen gesetzlichen Unterhaltspflichten für die Zeit von der Pfändung bis zum Ablauf von vier Wochen seit seiner Entlassung bedarf.

§ 70 Eigengeld

(1) Das Eigengeld besteht aus den Beträgen, die der Gefangene bei Strafantritt in die Anstalt mitbringt, Geldern, die ihm während der

Haftzeit zugehen, und Bezügen, die nicht als Hausgeld oder zur Bildung des Überbrückungsgeldes in Anspruch genommen werden.

(2) Der Gefangene kann über das Eigengeld verfügen, soweit dieses nicht als Überbrückungsgeld notwendig ist. § 31 Abs. 3 und 4 und § 68 bleiben unberührt.

Abschnitt 9
Sicherheit und Ordnung

§ 71 Grundsatz

(1) Sicherheit und Ordnung der Anstalt bilden die Grundlage des auf die Erziehung und Förderung aller Gefangenen ausgerichteten Anstaltslebens und tragen dazu bei, dass in der Anstalt ein gewaltfreies Klima herrscht.

(2) Die Pflichten und Beschränkungen, die dem Gefangenen zur Aufrechterhaltung der Sicherheit oder Ordnung der Anstalt auferlegt werden, sind so zu wählen, dass sie in einem angemessenen Verhältnis zu ihrem Zweck stehen und den Gefangenen nicht mehr und nicht länger als notwendig beeinträchtigen.

§ 72 Verhaltensvorschriften

(1) Der Gefangene ist für das geordnete Zusammenleben in der Anstalt mitverantwortlich und muss mit seinem Verhalten dazu beitragen. Sein Bewusstsein hierfür ist zu entwickeln und zu stärken.

(2) Der Gefangene hat sich nach der Tageseinteilung der Anstalt (Arbeitszeit, Freizeit, Ruhezeit) zu richten.

(3) Der Gefangene hat die Anordnungen der Bediensteten zu befolgen, auch wenn er sich durch diese beschwert fühlt. Einen ihm zugewiesenen Bereich darf er nicht ohne Erlaubnis verlassen.

(4) Der Gefangene hat seinen Haftraum und die ihm von der Anstalt überlassenen Sachen in Ordnung zu halten und schonend zu behandeln.

(5) Der Gefangene hat Umstände, die eine Gefahr für das Leben oder eine erhebliche Gefahr für die Gesundheit einer Person bedeuten, unverzüglich zu melden.

§ 73 Durchsuchung, Absuchung

(1) Der Gefangene, seine Sachen und der Haftraum dürfen durchsucht und mit technischen Mitteln abgesucht werden. Die Durchsuchung männlicher Gefangener darf nur von Männern, die Durchsuchung weiblicher Gefangener darf nur von Frauen vorgenommen werden. Das Schamgefühl ist zu schonen.

(2) Nur bei Gefahr im Verzug oder auf Anordnung des Anstaltsleiters im Einzelfall ist es zulässig, eine mit einer Entkleidung verbundene körperliche Durchsuchung vorzunehmen. Sie darf bei männlichen Gefangenen nur in Gegenwart von Männern, bei weiblichen Gefangenen nur in Gegenwart von Frauen erfolgen. Sie ist in einem geschlossenen Raum durchzuführen. Andere Gefangene dürfen nicht anwesend sein.

(3) Der Anstaltsleiter kann allgemein anordnen, dass Gefangene bei der Aufnahme, vor und nach Kontakten mit Besuchern sowie vor und nach jeder Abwesenheit von der Anstalt nach Absatz 2 zu durchsuchen sind.

§ 74 Sichere Unterbringung

(1) Ein Gefangener kann in eine Anstalt verlegt werden, die für eine sichere Unterbringung besser geeignet ist, wenn in erhöhtem Maße Fluchtgefahr gegeben ist oder sonst sein Verhalten oder sein Zustand eine Gefahr für die Sicherheit oder Ordnung der Anstalt darstellt.

(2) § 12 Abs. 2 und 3 gilt entsprechend.

§ 75 Erkennungsdienstliche
Maßnahmen

(1) Zur Sicherung des Jugendstrafvollzugs, zur Aufrechterhaltung der Sicherheit oder Ordnung der Anstalt oder zur Identitätsfeststellung sind mit Kenntnis des Gefangenen zulässig

1. die Abnahme von Finger- und Handflächenabdrücken,

2. die Aufnahme von Lichtbildern,

3. die Feststellung äußerlicher körperlicher Merkmale,

4. die elektronische Erfassung biometrischer Merkmale von Fingern oder Händen oder Gesicht und

5. Messungen.

(2) Die hierbei gewonnenen Unterlagen oder Daten werden zur Gefangenenpersonalakte genommen oder in personenbezogenen Dateien gespeichert. Sie können auch in kriminalpolizeilichen Sammlungen gespeichert werden. Die nach Absatz 1 erhobenen Daten dürfen nur für die in Absatz 1, in § 78 Abs. 2 und in § 99 Abs. 2 Nr. 4 genannten Zwecke verarbeitet werden.

(3) Wird der Gefangene aus dem Jugendstrafvollzug entlassen oder in eine andere Anstalt verlegt, sind diese in Dateien gespeicherten personenbezogenen Daten nach spätestens zwei Jahren zu löschen.

§ 76 Lichtbildausweise

Die Anstalt kann den Gefangenen verpflichten, einen Lichtbildausweis mit sich zu führen, wenn dies aus Gründen der Sicherheit oder Ordnung der Anstalt erforderlich ist. Dieser ist bei der Entlassung oder bei der Verlegung in eine andere Anstalt einzuziehen und zu vernichten.

§ 77 Maßnahmen zur Feststellung von Suchtmittelmissbrauch

(1) Zur Aufrechterhaltung der Sicherheit oder Ordnung der Anstalt können allgemeine Kontrollen angeordnet werden, um den Missbrauch von Suchtmitteln festzustellen. Gegen einzelne Gefangene kann eine Kontrolle angeordnet werden, wenn sie im Verdacht stehen, Suchtmittel zu besitzen oder solche zu gebrauchen. Die Maßnahmen nach Satz 1 und 2 dürfen nicht mit einem körperlichen Eingriff verbunden sein.

(2) Wird Suchtmittelmissbrauch festgestellt, können die Kosten der Maßnahmen dem Gefangenen auferlegt werden.

§ 78 Festnahmerecht

(1) Ein Gefangener, der entwichen ist oder sich sonst ohne Erlaubnis außerhalb der Anstalt aufhält, darf durch die Anstalt oder auf deren Veranlassung festgenommen und zurückgebracht werden.

(2) Nach § 75 Abs. 1 und § 98 erhobene und zur Identifizierung oder Festnahme erforderliche Daten dürfen den Vollstreckungs- und Strafverfolgungsbehörden übermittelt werden, soweit dies für Zwecke der Fahndung und Festnahme des entwichenen oder sich sonst ohne Erlaubnis außerhalb der Anstalt aufhaltenden Gefangenen erforderlich ist.

§ 79 Besondere Sicherungsmaßnahmen

(1) Gegen einen Gefangenen können besondere Sicherungsmaßnahmen angeordnet werden, wenn nach seinem Verhalten oder aufgrund seines seelischen Zustandes in erhöhtem Maße Fluchtgefahr oder die Gefahr von Gewalttätigkeiten gegen Personen oder Sachen oder die Gefahr der Selbsttötung oder der Selbstverletzung besteht.

(2) Als besondere Sicherungsmaßnahmen sind zulässig:

1. der Entzug oder die Vorenthaltung von Gegenständen,

2. die Beobachtung des Gefangenen, auch mit technischen Hilfsmitteln,

3. die Absonderung von anderen Gefangenen,

4. der Entzug oder die Beschränkung des Aufenthalts im Freien,

5. die Unterbringung in einem besonders gesicherten Haftraum ohne gefährdende Gegenstände und

6. die Fesselung.

(3) Maßnahmen nach Absatz 2 sind auch zulässig, wenn die Gefahr einer Befreiung oder eine erhebliche Störung der Hausordnung anders nicht vermieden oder behoben werden kann.

(4) Bei einer Ausführung, Vorführung oder beim Transport ist die Fesselung auch dann zulässig, wenn Fluchtgefahr besteht.

§ 80 Einzelhaft

Die unausgesetzte Absonderung eines Gefangenen (Einzelhaft) ist nur zulässig, wenn dies aus Gründen, die in seiner Person liegen, unerlässlich ist. Einzelhaft von mehr als zwei

Monaten Gesamtdauer im Jahr bedarf der Zustimmung der Aufsichtsbehörde. Während des Vollzugs der Einzelhaft ist der Gefangene in besonderem Maße zu betreuen.

§ 81 Fesselung

In der Regel dürfen Fesseln nur an den Händen oder an den Füßen angelegt werden. Im Interesse des Gefangenen kann der Anstaltsleiter eine andere Art der Fesselung anordnen. Die Fesselung wird zeitweise gelockert, soweit dies notwendig ist.

§ 82 Anordnung besonderer Sicherungsmaßnahmen, Verfahren

(1) Besondere Sicherungsmaßnahmen ordnet der Anstaltsleiter an. Bei Gefahr im Verzug können auch andere Bedienstete diese Maßnahmen vorläufig anordnen. Die Entscheidung des Anstaltsleiters ist unverzüglich einzuholen.

(2) Wird ein Gefangener ärztlich behandelt oder beobachtet oder bildet sein seelischer Zustand den Anlass der Sicherungsmaßnahme, ist vorher eine ärztliche Stellungnahme einzuholen. Ist dies wegen Gefahr im Verzug nicht möglich, wird die Stellungnahme unverzüglich nachträglich eingeholt.

(3) Die Entscheidung wird dem Gefangenen vom Anstaltsleiter mündlich eröffnet und schriftlich begründet.

(4) Besondere Sicherungsmaßnahmen sind in angemessenen Abständen daraufhin zu überprüfen, ob und in welchem Umfang sie aufrechterhalten werden müssen.

(5) Besondere Sicherungsmaßnahmen nach § 79 Abs. 2 Nrn. 5 und 6 sind der Aufsichtsbehörde unverzüglich mitzuteilen, wenn sie länger als drei Tage aufrechterhalten werden.

§ 83 Ärztliche Überwachung

(1) Ist ein Gefangener in einem besonders gesicherten Haftraum untergebracht oder gefesselt (§ 79 Abs. 2 Nrn. 5 und 6), sucht ihn der Arzt unverzüglich und in der Folge möglichst täglich auf. Dies gilt nicht bei einer Fesselung während einer Ausführung, Vorführung oder eines Transportes (§ 79 Abs. 4).

(2) Der Arzt ist regelmäßig zu hören, solange eine besondere Sicherungsmaßnahme nach § 79 Abs. 2 Nr. 4 oder Einzelhaft nach § 80 andauert.

§ 84 Ersatz von Aufwendungen

(1) Der Gefangene ist verpflichtet, der Anstalt Aufwendungen zu ersetzen, die er durch eine vorsätzliche oder grob fahrlässige Selbstverletzung oder Verletzung anderer Gefangener verursacht hat. Ansprüche aus sonstigen Rechtsvorschriften bleiben unberührt.

(2) Von der Aufrechnung oder Vollstreckung wegen der in Absatz 1 genannten Forderungen ist abzusehen, soweit hierdurch die Erziehung und Förderung des Gefangenen oder seine Eingliederung behindert würde.

Abschnitt 10
Unmittelbarer Zwang

§ 85 Begriffsbestimmungen

(1) Unmittelbarer Zwang ist die Einwirkung auf Personen oder Sachen durch körperliche Gewalt, ihre Hilfsmittel und durch Waffen.

(2) Körperliche Gewalt ist jede unmittelbare körperliche Einwirkung auf Personen oder Sachen.

(3) Hilfsmittel der körperlichen Gewalt sind insbesondere Fesseln und Reizstoffe.

(4) Waffen sind die dienstlich zugelassenen Hieb- und Schusswaffen.

§ 86 Allgemeine Voraussetzungen

(1) Die Bediensteten dürfen unmittelbaren Zwang anwenden, wenn sie Vollzugs- und Sicherungsmaßnahmen durchführen und der damit verfolgte Zweck auf keine andere Weise erreicht werden kann.

(2) Gegen andere Personen als Gefangene darf unmittelbarer Zwang angewendet werden, wenn sie es unternehmen, Gefangene zu befreien oder widerrechtlich in die Anstalt einzudringen, oder wenn sie sich unbefugt darin aufhalten.

(3) Das Recht zur Anwendung unmittelbaren Zwangs aufgrund anderer Rechtsvorschriften bleibt unberührt.

§ 87 Grundsatz der Verhältnismäßigkeit

(1) Unter mehreren möglichen und geeigneten Maßnahmen des unmittelbaren Zwangs sind diejenigen zu wählen, die den Einzelnen und die Allgemeinheit voraussichtlich am wenigsten beeinträchtigen.

(2) Unmittelbarer Zwang unterbleibt, wenn ein durch ihn zu erwartender Schaden erkennbar außer Verhältnis zu dem angestrebten Erfolg steht.

§ 88 Handeln auf Anordnung

(1) Wird unmittelbarer Zwang von einem Vorgesetzten oder einer sonst befugten Person angeordnet, sind die Bediensteten verpflichtet, ihn anzuwenden, es sei denn, die Anordnung verletzt die Menschenwürde oder ist nicht zu dienstlichen Zwecken erteilt worden.

(2) Die Anordnung darf nicht befolgt werden, wenn dadurch eine Straftat begangen würde. Befolgen die Bediensteten sie trotzdem, trifft sie eine Schuld nur, wenn sie erkennen oder wenn es nach den ihnen bekannten Umständen offensichtlich ist, dass dadurch eine Straftat begangen wird.

(3) Bedenken gegen die Rechtmäßigkeit der Anordnung haben Bedienstete dem Anordnenden gegenüber vorzubringen, soweit das nach den Umständen möglich ist. Abweichende Bestimmungen des allgemeinen Beamtenrechts über die Mitteilung solcher Bedenken an Vorgesetzte sind nicht anzuwenden.

§ 89 Androhung

Unmittelbarer Zwang ist vorher anzudrohen. Die Androhung darf nur dann unterbleiben, wenn die Umstände sie nicht zulassen oder unmittelbarer Zwang sofort angewendet werden muss, um eine rechtswidrige Tat, die den Tatbestand eines Strafgesetzes erfüllt, zu verhindern oder eine gegenwärtige Gefahr abzuwenden.

§ 90 Schusswaffengebrauch

Der Gebrauch von Schusswaffen durch Bedienstete innerhalb und außerhalb der Anstalt ist verboten. Das Recht zum Schusswaffengebrauch aufgrund anderer Vorschriften durch Polizeivollzugsbedienstete bleibt hiervon unberührt.

§ 91 Zwangsmaßnahmen auf dem Gebiet der Gesundheitsfürsorge

(1) Medizinische Untersuchung und Behandlung sowie Ernährung sind zwangsweise nur bei Lebensgefahr, bei schwerwiegender Gefahr für die Gesundheit des Gefangenen oder bei Gefahr für die Gesundheit anderer Personen zulässig; die Maßnahmen müssen für die Beteiligten zumutbar und dürfen nicht mit erheblicher Gefahr für Leben oder Gesundheit des Gefangenen verbunden sein. Zur Durchführung der Maßnahmen ist die Anstalt nicht verpflichtet, solange von einer freien Willensbestimmung des Gefangenen ausgegangen werden kann.

(2) Zum Gesundheitsschutz und zur Hygiene ist die zwangsweise körperliche Untersuchung außer im Falle des Absatzes 1 zulässig, wenn sie nicht mit einem körperlichen Eingriff verbunden ist.

(3) Die Maßnahmen dürfen nur auf Anordnung und unter Leitung eines Arztes durchgeführt werden, unbeschadet der Leistung erster Hilfe für den Fall, dass ein Arzt nicht rechtzeitig erreichbar und mit einem Aufschub Lebensgefahr verbunden ist.

Abschnitt 11
Erzieherische Maßnahmen, Disziplinarmaßnahmen

§ 92 Erzieherische Maßnahmen

(1) Verstöße des Gefangenen gegen Pflichten, die ihm durch oder aufgrund dieses Gesetzes auferlegt sind, sind unverzüglich im erzieherischen Gespräch aufzuarbeiten. Daneben können Maßnahmen angeordnet werden, die geeignet sind, dem Gefangenen sein Fehlverhalten bewusst zu machen (erzieherische Maßnahmen). Erzieherische Maßnahmen sind insbesondere

1. die Erteilung von Weisungen und Auflagen,

2. die Beschränkung oder der Entzug einzelner Gegenstände für die Freizeitbeschäftigung bis zu einer Woche und

3. der Ausschluss von gemeinsamer Freizeit oder von einzelnen Freizeitveranstaltungen bis zu einer Woche.

(2) Der Anstaltsleiter legt fest, welche Bediensteten befugt sind, erzieherische Maßnahmen anzuordnen.

(3) Es sollen solche erzieherischen Maßnahmen angeordnet werden, die mit der Verfehlung in Zusammenhang stehen.

§ 93 Disziplinarmaßnahmen

(1) Verstößt ein Gefangener rechtswidrig und schuldhaft gegen Pflichten, die ihm durch dieses Gesetz oder aufgrund dieses Gesetzes auferlegt sind, kann der Anstaltsleiter gegen ihn Disziplinarmaßnahmen anordnen. Das gilt insbesondere, wenn er

1. gegen Strafgesetze verstößt oder eine Ordnungswidrigkeit begeht,

2. andere Personen verbal oder tätlich angreift,

3. Lebensmittel oder fremdes Eigentum zerstört oder beschädigt,

4. sich zugewiesenen Aufgaben entzieht,

5. verbotene Gegenstände in die Anstalt bringt,

6. sich am Einschmuggeln verbotener Gegenstände beteiligt oder sie besitzt,

7. entweicht oder zu entweichen versucht oder

8. in sonstiger Weise wiederholt oder schwerwiegend gegen die Hausordnung verstößt oder das Zusammenleben in der Anstalt stört.

(2) Von einer Disziplinarmaßnahme ist abzusehen, wenn erzieherische Maßnahmen nach § 92 genügen, um dem Gefangenen das Unrecht seines Verhaltens zu verdeutlichen.

(3) Zulässige Disziplinarmaßnahmen sind

1. die Beschränkung oder der Entzug des Rundfunkempfangs bis zu zwei Monaten,

2. die Beschränkung oder der Entzug von Gegenständen für die Beschäftigung in der Freizeit oder der Ausschluss von gemeinsamer Freizeit oder von einzelnen Freizeitveranstaltungen bis zu zwei Monaten,

3. die Beschränkung des Einkaufs bis zu zwei Monaten,

4. der Ausschluss von Unterricht, Berufsausbildung, beruflicher Fort- und Weiterbildung, Umschulung oder der zugewiesenen Arbeit oder sonstigen Beschäftigung bis zu vier Wochen,

5. Arrest bis zu zwei Wochen.

(4) Disziplinarmaßnahmen sind auch zulässig, wenn wegen derselben Verfehlung ein Straf- oder Bußgeldverfahren eingeleitet wird.

(5) Mehrere Disziplinarmaßnahmen können miteinander verbunden werden.

(6) Arrest darf nur wegen schwerer oder wiederholter Verfehlungen verhängt werden.

§ 94 Vollzug der Disziplinarmaßnahmen, Aussetzung zur Bewährung

(1) Disziplinarmaßnahmen werden in der Regel sofort vollstreckt.

(2) Disziplinarmaßnahmen können ganz oder teilweise bis zu sechs Monate zur Bewährung ausgesetzt werden.

(3) Arrest wird in Einzelhaft vollzogen. Er ist erzieherisch auszugestalten. Der Gefangene kann in einem besonderen Arrestraum untergebracht werden, der den Anforderungen entsprechen muss, die an einen zum Aufenthalt bei Tag und Nacht bestimmten Haftraum gestellt werden. Soweit nichts anderes angeordnet wird, ruhen die Befugnisse des Gefangenen aus § 29, § 30 Abs. 2, § 31 Abs. 2 und 3, § 44 und den §§ 47 bis 49.

§ 95 Disziplinarbefugnis

(1) Disziplinarmaßnahmen ordnet der Anstaltsleiter an. Bei einer Verfehlung auf dem Weg in eine andere Anstalt zum Zweck der Verlegung ist die aufnehmende Anstalt zuständig.

(2) Die Aufsichtsbehörde entscheidet, wenn sich die Verfehlung gegen den Anstaltsleiter richtet.

(3) Disziplinarmaßnahmen, die gegen einen Gefangenen in einer anderen Anstalt oder während einer Untersuchungshaft angeordnet worden sind, werden auf Ersuchen vollstreckt. § 94 Abs. 2 bleibt unberührt.

§ 96 Verfahren

(1) Der Sachverhalt ist zu klären. Der betroffene Gefangene ist zu hören und darauf hinzuweisen, dass es ihm freisteht, sich zu äußern. Die Erhebungen werden in einer Niederschrift festgelegt; die Einlassung des Gefangenen ist zu vermerken.

(2) Bei schweren Verfehlungen soll sich der Anstaltsleiter vor der Entscheidung mit Personen besprechen, die an der Erziehung des Gefangenen mitwirken.

(3) Vor der Anordnung von Disziplinarmaßnahmen gegen einen Gefangenen, der sich in ärztlicher Behandlung befindet, oder gegen Schwangere oder stillende Mütter ist ein Arzt zu hören.

(4) Die Entscheidung wird dem Gefangenen vom Anstaltsleiter mündlich eröffnet und schriftlich begründet.

(5) Bevor Arrest vollzogen wird, ist ein Arzt zu hören. Während des Arrestes steht der Gefangene unter ärztlicher Aufsicht. Der Vollzug unterbleibt oder wird unterbrochen, wenn die Gesundheit des Gefangenen gefährdet würde.

Abschnitt 12
Beschwerde

§ 97 Beschwerderecht

(1) Der Gefangene kann sich mit Wünschen, Anregungen und Beschwerden in Angelegenheiten, die ihn selbst betreffen, an den Anstaltsleiter wenden.

(2) Besichtigen Vertreter der Aufsichtsbehörde die Anstalt, so ist zu gewährleisten, dass die Gefangenen sich in Angelegenheiten, die sie selbst betreffen, an diese wenden können.

(3) Die Möglichkeit der Dienstaufsichtsbeschwerde bleibt unberührt.

Abschnitt 13
Datenschutz

§ 98 Erhebung personenbezogener Daten

(1) Die Anstalt und die Aufsichtsbehörde dürfen personenbezogene Daten erheben, soweit dies für den Jugendstrafvollzug erforderlich ist.

(2) Personenbezogene Daten sind bei dem Betroffenen zu erheben. Ohne seine Mitwirkung dürfen sie nur erhoben werden, wenn

1. eine Rechtsvorschrift dies vorsieht oder zwingend voraussetzt oder

2. a) die zu erfüllende Verwaltungsaufgabe nach Art oder Geschäftszweck eine Erhebung bei anderen Personen oder Stellen erforderlich macht oder

   b) die Erhebung bei dem Betroffenen einen unverhältnismäßigen Aufwand erfordern würde

und keine Anhaltspunkte dafür bestehen, dass überwiegende schutzwürdige Interessen des Betroffenen beeinträchtigt werden.

(3) Werden personenbezogene Daten bei dem Betroffenen erhoben, so ist dieser von der verantwortlichen Stelle über

1. die Identität der verantwortlichen Stelle,

2. die Zweckbestimmungen der Erhebung, Verarbeitung oder Nutzung und

3. die Kategorien von Empfängern nur, soweit der Betroffene nach den Umständen des Einzelfalls nicht mit der Übermittlung an diese rechnen muss,

zu unterrichten. Werden personenbezogene Daten bei dem Betroffenen aufgrund einer Rechtsvorschrift erhoben, die zur Auskunft verpflichtet, oder ist die Erteilung der Auskunft Voraussetzung für die Gewährung von Rechtsvorteilen, so ist der Betroffene hierauf, sonst auf die Freiwilligkeit seiner Angaben hinzuweisen. Soweit nach den Umständen des Einzelfalles erforderlich oder auf Verlangen, ist er über die Rechtsvorschrift und über die Folgen der Verweigerung von Angaben aufzuklären.

(4) Daten über Personen, die nicht Gefangene sind, dürfen ohne ihre Mitwirkung bei Perso-

nen oder Stellen außerhalb der Anstalt oder Aufsichtsbehörde nur erhoben werden, wenn sie für die Erziehung des Gefangenen, die Sicherheit der Anstalt oder die Sicherung des Vollzugs einer Jugend- oder Freiheitsstrafe unerlässlich sind und die Art der Erhebung schutzwürdige Interessen der Betroffenen nicht beeinträchtigt.

(5) Über eine ohne seine Kenntnis vorgenommene Erhebung personenbezogener Daten wird der Betroffene unter Angabe dieser Daten unterrichtet, soweit der in Absatz 1 genannte Zweck dadurch nicht gefährdet wird. Sind die Daten bei anderen Personen oder Stellen erhoben worden, kann die Unterrichtung unterbleiben, wenn

1. die Daten nach einer Rechtsvorschrift oder ihrem Wesen nach, insbesondere wegen des überwiegenden berechtigten Interesses Dritter, geheim gehalten werden müssen oder

2. der Aufwand der Unterrichtung außer Verhältnis zum Schutzzweck steht und keine Anhaltspunkte dafür bestehen, dass überwiegende schutzwürdige Interessen des Betroffenen beeinträchtigt werden.

(6) Werden personenbezogene Daten statt bei dem Betroffenen bei einer nichtöffentlichen Stelle erhoben, so ist die Stelle auf die Rechtsvorschrift, die zur Auskunft verpflichtet, sonst auf die Freiwilligkeit ihrer Angaben hinzuweisen.

§ 99 Verarbeitung und Nutzung

(1) Die Anstalt und die Aufsichtsbehörde dürfen personenbezogene Daten verarbeiten und nutzen, soweit dies für den Jugendstrafvollzug erforderlich ist.

(2) Die Verarbeitung und Nutzung personenbezogener Daten für andere Zwecke ist zulässig, soweit dies

1. zur Abwehr von sicherheitsgefährdenden oder geheimdienstlichen Tätigkeiten für eine fremde Macht oder von Bestrebungen im Geltungsbereich des Grundgesetzes, die durch Anwendung von Gewalt oder darauf gerichtete Vorbereitungshandlungen

a) gegen die freiheitliche demokratische Grundordnung, den Bestand oder die Sicherheit des Bundes oder eines Landes gerichtet sind,

b) eine ungesetzliche Beeinträchtigung der Amtsführung der Verfassungsorgane des Bundes oder eines Landes oder ihrer Mitglieder zum Ziele haben oder

c) auswärtige Belange der Bundesrepublik Deutschland gefährden,

2. zur Abwehr erheblicher Nachteile für das Gemeinwohl oder einer Gefahr für die öffentliche Sicherheit,

3. zur Abwehr einer schwerwiegenden Beeinträchtigung der Rechte einer anderen Person,

4. zur Verhinderung oder Verfolgung von Straftaten sowie zur Verhinderung oder Verfolgung von Ordnungswidrigkeiten, durch welche die Sicherheit oder Ordnung der Anstalt gefährdet wird, oder

5. für Maßnahmen der Strafvollstreckung oder strafvollstreckungsrechtliche Entscheidungen

erforderlich ist.

(3) Eine Verarbeitung oder Nutzung für andere Zwecke liegt nicht vor, soweit sie dem gerichtlichen Rechtsschutz im Zusammenhang mit diesem Gesetz oder den in § 10 Abs. 3 des Gesetzes zum Schutz personenbezogener Daten der Bürger in der Fassung der Bekanntmachung vom 18. Februar 2002 (GVBl. LSA S. 54), zuletzt geändert durch Artikel 15 des Gesetzes vom 18. November 2005 (GVBl. LSA S. 698, 701), genannten Zwecken dient.

(4) Über die in den Absätzen 1 und 2 geregelten Zwecke hinaus dürfen zuständigen öffentlichen Stellen personenbezogene Daten übermittelt werden, soweit dies für

1. Maßnahmen der Gerichtshilfe, Jugendgerichtshilfe, Bewährungshilfe oder Führungsaufsicht,

2. Entscheidungen in Gnadensachen,

3. gesetzlich angeordnete Statistiken der Rechtspflege

4. die Erfüllung von Aufgaben, die den für Sozialleistungen zuständigen Leistungsträgern durch Rechtsvorschrift übertragen worden sind,

5. die Einleitung von Hilfsmaßnahmen für Angehörige des Gefangenen,

6. dienstliche Maßnahmen der Bundeswehr im Zusammenhang mit der Aufnahme und Entlassung von Soldaten,

7. ausländerrechtliche Maßnahmen oder

8. die Durchführung der Besteuerung

erforderlich ist. Eine Übermittlung für andere Zwecke ist auch zulässig, soweit eine andere gesetzliche Bestimmung dies vorsieht und sich dabei ausdrücklich auf personenbezogene Daten über Gefangene bezieht.

(5) Der Anstaltsleiter oder die Aufsichtsbehörde darf öffentlichen oder nichtöffentlichen Stellen auf schriftlichen Antrag mitteilen, ob sich eine Person in Haft befindet sowie ob und wann ihre Entlassung voraussichtlich innerhalb eines Jahres bevorsteht, soweit

1. die Mitteilung zur Erfüllung der in der Zuständigkeit der öffentlichen Stelle liegenden Aufgaben erforderlich ist oder

2. von nichtöffentlichen Stellen ein berechtigtes Interesse an dieser Mitteilung glaubhaft dargelegt wird und der Gefangene kein schutzwürdiges Interesse an dem Ausschluss der Übermittlung hat.

Den Verletzten einer Straftat können darüber hinaus auf schriftlichen Antrag Auskünfte über die Entlassungsadresse oder die Vermögensverhältnisse des Gefangenen erteilt werden, wenn die Erteilung zur Feststellung oder Durchsetzung von Rechtsansprüchen im Zusammenhang mit der Straftat erforderlich ist. Der Gefangene wird vor der Mitteilung gehört, es sei denn, es ist zu besorgen, dass dadurch die Verfolgung des Interesses der Antragsteller vereitelt oder wesentlich erschwert werden würde, und eine Abwägung ergibt, dass dieses Interesse das Interesse des Gefangenen an seiner vorherigen Anhörung überwiegt. Ist die Anhörung unterblieben, wird der betroffene Gefangene über die Mitteilung der Anstalt oder Aufsichtsbehörde nachträglich unterrichtet.

(6) Akten mit personenbezogenen Daten dürfen nur anderen Anstalten, Aufsichtsbehörden, den für strafvollzugs-, strafvollstreckungs- und strafrechtliche Entscheidungen zuständigen Gerichten sowie den Strafvollstreckungs- und Strafverfolgungsbehörden überlassen werden. Die Überlassung an andere öffentliche Stellen ist zulässig, soweit die Erteilung einer Auskunft einen unvertretbaren Aufwand erfordert oder nach Darlegung der Akteneinsicht begehrenden Stellen für die Erfüllung der Aufgabe nicht ausreicht. Entsprechendes gilt für die Überlassung von Akten an die von der Anstalt oder der Aufsichtsbehörde mit Gutachten beauftragten Stellen.

(7) Sind mit personenbezogenen Daten, die nach Absatz 1, Absatz 2 oder Absatz 4 übermittelt werden dürfen, weitere personenbezogene Daten von Betroffenen oder von Dritten in Akten so verbunden, dass eine Trennung nicht oder nur mit unvertretbarem Aufwand möglich ist, so ist die Übermittlung auch dieser Daten zulässig, soweit nicht berechtigte Interessen von Betroffenen oder Dritten an deren Geheimhaltung offensichtlich überwiegen. Eine Verarbeitung oder Nutzung dieser Daten durch die Empfänger ist unzulässig.

(8) Bei der Überwachung der Besuche oder des Schriftwechsels sowie bei der Überwachung des Inhaltes von Paketen bekannt gewordene personenbezogene Daten dürfen nur

1. für die in Absatz 2 aufgeführten Zwecke,

2. für den gerichtlichen Rechtsschutz im Zusammenhang mit diesem Gesetz,

3. zur Wahrung der Sicherheit oder Ordnung der Anstalt oder

4. nach Anhörung des Gefangenen für Zwecke der Erziehung und Behandlung

verarbeitet und genutzt werden.

(9) Personenbezogene Daten, die nach § 98 Abs. 4 über Personen, die nicht Gefangene sind, erhoben worden sind, dürfen nur zur Erfüllung des Erhebungszwecks, für die in

Absatz 2 Nrn. 1 bis 3 geregelten Zwecke oder zur Verhinderung oder Verfolgung von Straftaten von erheblicher Bedeutung sowie von anstaltsbezogenen Straftaten verarbeitet oder genutzt werden.

(10) Die Übermittlung von personenbezogenen Daten unterbleibt, soweit die in § 102 Abs. 2 oder § 104 Abs. 2 und 4 geregelten Einschränkungen oder besondere gesetzliche Verwendungsregelungen entgegenstehen.

(11) Die Verantwortung für die Zulässigkeit der Übermittlung trägt die übermittelnde Anstalt oder Aufsichtsbehörde. Erfolgt die Übermittlung auf Ersuchen einer öffentlichen Stelle, trägt diese die Verantwortung. In diesem Fall prüft die übermittelnde Anstalt oder Aufsichtsbehörde nur, ob das Übermittlungsersuchen im Rahmen der Aufgaben des Empfängers liegt und die Absätze 8 bis 10 der Übermittlung nicht entgegenstehen, es sei denn, dass besonderer Anlass zur Prüfung der Zulässigkeit der Übermittlung besteht.

§ 100 Einrichtung automatisierter Übermittlungs- und Abrufverfahren

Für die Einrichtung eines automatisierten Verfahrens, das die Übermittlung personenbezogener Daten nach § 99 Abs. 1, 2 und 4 ermöglicht, gilt § 7 Abs. 1 bis 4 des Gesetzes zum Schutz personenbezogener Daten der Bürger.

§ 101 Zweckbindung

Von der Anstalt oder der Aufsichtsbehörde übermittelte personenbezogene Daten dürfen nur zu dem Zweck verarbeitet oder genutzt werden, zu dessen Erfüllung sie übermittelt worden sind. Die Empfänger dürfen die Daten für andere Zwecke nur verarbeiten oder nutzen, soweit sie ihnen auch für diese Zwecke hätten übermittelt werden dürfen, und wenn im Fall einer Übermittlung an nichtöffentliche Stellen die übermittelnde Anstalt oder Aufsichtsbehörde zugestimmt hat. Die Anstalt oder die Aufsichtsbehörde hat die nichtöffentlichen Empfänger auf die Zweckbindung nach Satz 1 hinzuweisen.

§ 102 Schutz besonderer Daten

(1) Das religiöse oder weltanschauliche Bekenntnis und personenbezogene Daten eines Gefangenen, die anlässlich ärztlicher Untersuchungen erhoben worden sind, dürfen in der Anstalt nicht allgemein kenntlich gemacht werden. Andere personenbezogene Daten des Gefangenen dürfen innerhalb der Anstalt allgemein kenntlich gemacht werden, soweit dies für ein geordnetes Zusammenleben in der Anstalt erforderlich ist. § 99 Abs. 8 bis 10 bleibt unberührt.

(2) Personenbezogene Daten, die

1. Ärzten, Zahnärzten oder Angehörigen eines anderen Heilberufs, der für die Berufsausübung oder die Führung der Berufsbezeichnung eine staatlich geregelte Ausbildung erfordert,

2. Berufspsychologen mit staatlich anerkannter wissenschaftlicher Abschlussprüfung,

3. staatlich anerkannten Sozialarbeitern oder staatlich anerkannten Sozialpädagogen oder

4. Suchtkrankenhelfern

von einem Gefangenen als Geheimnis anvertraut oder über einen Gefangenen sonst bekannt geworden sind, unterliegen auch gegenüber der Anstalt und der Aufsichtsbehörde der Schweigepflicht. Die in Satz 1 genannten Personen haben sich gegenüber dem Anstaltsleiter zu offenbaren, soweit dies für die Aufgabenerfüllung der Anstalt oder der Aufsichtsbehörde oder zur Abwehr von erheblichen Gefahren für Leib oder Leben des Gefangenen oder Dritter erforderlich ist. Ärzte sind zur Offenbarung ihnen im Rahmen der allgemeinen Gesundheitsfürsorge bekannt gewordener Geheimnisse befugt, soweit dies für die Aufgabenerfüllung der Anstalt oder der Aufsichtsbehörde unerlässlich oder zur Abwehr von erheblichen Gefahren für Leib oder Leben des Gefangenen oder Dritter erforderlich ist. Sonstige Offenbarungsbefugnisse bleiben unberührt. Der Gefangene ist vor der Erhebung über die nach den Sätzen 2 und 3 bestehenden Offenbarungsbefugnisse zu unterrichten.

(3) Die nach Absatz 2 offenbarten Daten dürfen nur für den Zweck, für den sie offenbart wurden oder für den eine Offenbarung zulässig gewesen wäre, und nur unter denselben Voraussetzungen verarbeitet oder genutzt werden, unter denen eine in Absatz 2 Satz 1 genannte Person selbst hierzu befugt wäre. Der Anstaltsleiter kann unter diesen Voraussetzungen die unmittelbare Offenbarung gegenüber bestimmten Bediensteten allgemein zulassen.

(4) Sofern Ärzte oder Psychologen außerhalb des Jugendstrafvollzugs mit der Untersuchung oder Behandlung eines Gefangenen beauftragt werden, gilt Absatz 2 mit der Maßgabe entsprechend, dass der beauftragte Arzt oder Psychologe auch zur Unterrichtung des in der Anstalt tätigen Arztes oder des in der Anstalt mit der Behandlung des Gefangenen betrauten Psychologen befugt sind.

§ 103 Schutz der Daten in Akten und Dateien

(1) Die Bediensteten dürfen sich von personenbezogenen Daten nur Kenntnis verschaffen, soweit dies zur Erfüllung der ihnen obliegenden Aufgaben oder für die Zusammenarbeit nach § 7 erforderlich ist.

(2) Akten und Dateien mit personenbezogenen Daten sind durch die erforderlichen technischen und organisatorischen Maßnahmen gegen unbefugten Zugang und unbefugten Gebrauch zu schützen. Gesundheitsakten und Krankenblätter sind getrennt von anderen Unterlagen zu führen und besonders zu sichern. Im Übrigen gilt für die Art und den Umfang der Schutzvorkehrungen § 6 des Gesetzes zum Schutz personenbezogener Daten der Bürger.

§ 104 Berichtigung, Löschung und Sperrung

(1) Die in Dateien gespeicherten personenbezogenen Daten sind spätestens fünf Jahre nach der Entlassung des Gefangenen oder der Verlegung des Gefangenen in eine andere Anstalt zu löschen. Hiervon können bis zum Ablauf der Aufbewahrungsfrist für die Ge-

fangenenpersonalakte die Angaben über Familienname, Vorname, Geburtsname, Geburtstag, Geburtsort, Eintritts- und Austrittsdatum des Gefangenen ausgenommen werden, soweit dies für das Auffinden der Gefangenenpersonalakte erforderlich ist.

(2) Personenbezogene Daten in Akten müssen nach Ablauf von fünf Jahren seit der Entlassung des Gefangenen gesperrt werden. Sie dürfen danach nur übermittelt oder genutzt werden, soweit dies

1. zur Verfolgung von Straftaten,

2. für die Durchführung wissenschaftlicher Forschungsvorhaben nach § 107,

3. zur Behebung einer bestehenden Beweisnot oder

4. zur Feststellung, Durchsetzung oder Abwehr von Rechtsansprüchen im Zusammenhang mit dem Vollzug einer Jugend- oder Freiheitsstrafe

unerlässlich ist. Diese Verwendungsbeschränkungen enden, wenn der Gefangene erneut zum Vollzug einer Jugend- oder Freiheitsstrafe aufgenommen wird oder wenn er eingewilligt hat.

(3) Bei der Aufbewahrung von Akten mit nach Absatz 2 gesperrten Daten dürfen folgende Fristen nicht überschritten werden:

1. Gefangenenpersonalakten, Gesundheitsakten
   und Krankenblätter   20 Jahre
2. Gefangenenbücher   30 Jahre.

Dies gilt nicht, wenn aufgrund bestimmter Tatsachen anzunehmen ist, dass die Aufbewahrung für die in Absatz 2 Satz 2 genannten Zwecke weiterhin erforderlich ist. Die Aufbewahrungsfrist beginnt mit dem auf das Jahr der aktenmäßigen Weglegung folgenden Kalenderjahr. Die Bestimmungen des Landesarchivgesetzes vom 28. Juni 1995 (GVBl. LSA S. 190), zuletzt geändert durch Artikel 2 des Gesetzes vom 18. Juni 2004 (GVBl. LSA S. 335, 341), bleiben unberührt.

(4) Wird festgestellt, dass unrichtige Daten übermittelt worden sind, ist dies den Empfängern mitzuteilen, wenn dies zur Wahrung schutzwürdiger Interessen der Betroffenen erforderlich ist.

(5) Im Übrigen gilt für die Berichtigung, Löschung und Sperrung personenbezogener Daten auch § 16 des Gesetzes zum Schutz personenbezogener Daten der Bürger.

§ 105 Auskunft an den Betroffenen, Akteneinsicht

(1) Dem Betroffenen ist auf Antrag Auskunft zu erteilen über

1. die zu seiner Person gespeicherten Daten, auch soweit sie sich auf die Herkunft dieser Daten bezieht,

2. die Empfänger oder Kategorien von Empfängern, an die die Daten weitergegeben werden, und

3. den Zweck der Speicherung.

In dem Antrag soll die Art der personenbezogenen Daten, über die Auskunft erteilt werden soll, näher bezeichnet werden. Sind die personenbezogenen Daten weder automatisiert noch in nicht automatisierten Dateien gespeichert, wird die Auskunft nur erteilt, soweit der Betroffene Angaben macht, die das Auffinden der Daten ermöglichen, und der für die Erteilung der Auskunft erforderliche Aufwand nicht außer Verhältnis zu dem von dem Betroffenen geltend gemachten Informationsinteresse steht. Die Anstalt oder die Aufsichtsbehörde bestimmt das Verfahren, insbesondere die Form der Auskunftserteilung, nach pflichtgemäßem Ermessen.

(2) Absatz 1 gilt nicht für personenbezogene Daten, die nur deshalb gespeichert sind, weil sie aufgrund gesetzlicher, satzungsmäßiger oder vertraglicher Aufbewahrungsvorschriften nicht gelöscht werden dürfen, oder ausschließlich Zwecken der Datensicherung oder der Datenschutzkontrolle dienen und eine Auskunftserteilung einen unverhältnismäßigen Aufwand erfordern würde.

(3) Bezieht sich die Auskunftserteilung auf die Übermittlung personenbezogener Daten an Behörden der Staatsanwaltschaft, an Polizeidienststellen, Verfassungsschutzbehörden, den Bundesnachrichtendienst, den Militärischen Abschirmdienst und, soweit die Sicherheit des Bundes berührt wird, andere Behörden des Bundesministeriums der Verteidigung, so ist sie nur mit Zustimmung dieser Stellen zulässig.

(4) Die Auskunftserteilung unterbleibt, soweit

1. die Auskunft die ordnungsgemäße Erfüllung der in der Zuständigkeit der verantwortlichen Stelle liegenden Aufgaben gefährden würde,

2. die Auskunft die öffentliche Sicherheit oder Ordnung gefährden oder sonst dem. Wohle des Bundes oder eines Landes Nachteile bereiten würde oder

3. die Daten oder die Tatsache ihrer Speicherung nach einer Rechtsvorschrift oder wegen der überwiegenden berechtigten Interessen Dritter geheim gehalten werden müssen

und deswegen das Interesse des Betroffenen an der Auskunftserteilung zurücktreten muss.

(5) Die Ablehnung der Auskunftserteilung bedarf einer Begründung nicht, soweit durch die Mitteilung der tatsächlichen und rechtlichen Gründe, auf die die Entscheidung gestützt wird, der mit der Auskunftsverweigerung verfolgte Zweck gefährdet würde. In diesen Fällen ist der Betroffene darauf hinzuweisen, dass er sich an den Landesbeauftragten für den Datenschutz wenden kann.

(6) Wird dem Betroffenen keine Auskunft erteilt, so ist sie auf sein Verlangen dem Landesbeauftragten für den Datenschutz zu erteilen, soweit nicht die Aufsichtsbehörde im Einzelfall feststellt, dass dadurch die Sicherheit des Landes Sachsen-Anhalt, eines anderen Landes oder des Bundes gefährdet würde. Die Mitteilung des Landesbeauftragten für den Datenschutz an den Betroffenen darf keine Rückschlüsse auf den Erkenntnisstand der speichernden Stelle zulassen, sofern diese nicht einer weitergehenden Auskunft zustimmt.

(7) Die Auskunft nach Absatz 1 ist unentgeltlich.

(8) Soweit eine Auskunft für die Wahrnehmung seiner rechtlichen Interessen nicht ausreicht und er hierfür auf die Einsichtnahme angewiesen ist, erhält der Betroffene Akteneinsicht.

§ 106 Anwendung des Gesetzes zum Schutz personenbezogener Daten der Bürger

Soweit insbesondere in den §§ 98 bis 105 nicht anderes bestimmt ist, finden auf den Umgang mit personenbezogenen Daten der Gefangenen die Regelungen des Gesetzes zum Schutz personenbezogener Daten der Bürger Anwendung.

Abschnitt 14
Kriminologische Forschung

§ 107 Evaluation, kriminologische Forschung

(1) Behandlungs-, Erziehungs- und Förderprogramme für die Gefangenen sind auf der Grundlage wissenschaftlicher Erkenntnisse zu konzipieren und auf ihre Wirksamkeit hin zu überprüfen.

(2) Der Jugendstrafvollzug, insbesondere seine Aufgabenerfüllung und Gestaltung, die Umsetzung seiner Leitlinien sowie die Behandlungsprogramme und deren Wirkungen auf das Vollzugsziel, soll regelmäßig durch den kriminologischen Dienst, eine Hochschule oder durch eine andere Stelle wissenschaftlich begleitet und erforscht werden. § 476 der Strafprozessordnung gilt mit der Maßgabe entsprechend, dass auch elektronisch gespeicherte personenbezogene Daten übermittelt werden können.

Abschnitt 15
Aufbau der Jugendstrafanstalt

§ 108 Jugendstrafanstalt

(1) Die Jugendstrafe wird in Jugendstrafanstalten oder in getrennten Abteilungen einer Anstalt des Erwachsenenvollzugs (Anstalt) vollzogen. Gemeinsame Aus- und Fortbildungsmaßnahmen von nach Jugendstrafrecht und nach allgemeinem Strafrecht Verurteilten sind zulässig; in jedem Fall erfolgt für die nach Jugendstrafrecht Verurteilten der Vollzug der Jugendstrafe nach diesem Gesetz.

(2) Räume für den Aufenthalt während der Ruhe- und Freizeit sowie Gemeinschafts- und Besuchsräume sind zweckentsprechend auszugestalten.

(3) Die Abteilungen der Anstalt sollen in Wohngruppen gegliedert sein, zu denen neben den Hafträumen weitere Räume zur gemeinsamen Nutzung gehören.

§ 109 Festsetzung der Belegungsfähigkeit, Verbot der Überbelegung

(1) Die Aufsichtsbehörde setzt die Belegungsfähigkeit der Anstalt so fest, dass eine angemessene Unterbringung während der Ruhezeit gewährleistet ist. Dabei ist zu berücksichtigen, dass eine ausreichende Anzahl von Plätzen für Aus- und Weiterbildung, Arbeit sowie von Räumen für Seelsorge, Freizeit, Sport, therapeutische Maßnahmen und Besuche zur Verfügung steht.

(2) Hafträume dürfen nicht mit mehr Gefangenen als zugelassen belegt werden.

(3) Ausnahmen von Absatz 2 sind nur vorübergehend und nur mit Zustimmung der Aufsichtsbehörde zulässig.

§ 110 Einrichtungen zur schulischen und beruflichen Bildung, Arbeitsbetriebe

(1) Die erforderlichen Einrichtungen zur schulischen und beruflichen Bildung, arbeitstherapeutischen Beschäftigung und die notwendigen Betriebe für die Arbeit sind vorzuhalten. Sie sind den Verhältnissen außerhalb der Anstalt anzugleichen.

(2) Bildung und Beschäftigung können auch in geeigneten privaten Einrichtungen und Betrieben erfolgen. Die technische und fachliche Leitung kann Angehörigen dieser Einrichtungen und Betriebe übertragen werden.

§ 111 Anstaltsleitung

(1) Der Anstaltsleiter trägt die Verantwortung für den gesamten Jugendstrafvollzug und vertritt die Anstalt nach außen. Er kann einzelne Aufgabenbereiche auf andere Bedienstete übertragen. Die Aufsichtsbehörde kann sich die Zustimmung zur Übertragung vorbehalten.

(2) Für jede Jugendstrafanstalt ist ein Beamter des höheren Dienstes zum hauptamtlichen Leiter zu bestellen. Aus besonderen Gründen kann sie auch von einem Beamten des gehobenen Dienstes geleitet werden.

§ 112 Bedienstete

Die Anstalt wird mit dem für das Erreichen des Vollzugsziels erforderlichen Personal ausgestattet. Es muss für die erzieherische Gestaltung des Jugendstrafvollzugs geeignet und qualifiziert sein. Fortbildung sowie Praxisberatung und -begleitung für die Bediensteten sind zu gewährleisten.

§ 113 Seelsorger

(1) Die Seelsorger werden im Einvernehmen mit der jeweiligen Religionsgemeinschaft im Hauptamt bestellt oder vertraglich verpflichtet.

(2) Wenn die geringe Anzahl der Angehörigen einer Religionsgemeinschaft eine Seelsorge nach Absatz 1 nicht rechtfertigt, ist die seelsorgerische Betreuung auf andere Weise zuzulassen.

(3) Mit Zustimmung des Anstaltsleiters darf der Anstaltsseelsorger sich freier Seelsorgehelfer bedienen und diese für Gottesdienste sowie für andere religiöse Veranstaltungen von außen zuziehen.

§ 114 Medizinische Versorgung

(1) Die ärztliche Versorgung ist durch hauptamtliche Anstaltsärzte sicherzustellen. Sie kann aus besonderen Gründen nebenamtlichen oder vertraglich verpflichteten Ärzten übertragen werden.

(2) Die Pflege der Kranken soll von Bediensteten ausgeübt werden, die eine Erlaubnis nach dem Krankenpflegegesetz besitzen. Solange diese nicht zur Verfügung stehen, können auch Bedienstete eingesetzt werden, die eine sonstige Ausbildung in der Krankenpflege erfahren haben.

§ 115 Sozialtherapeutische Abteilung, sozialtherapeutische Anstalt

Die Sozialtherapie nach § 14 erfolgt in einer sozialtherapeutischen Abteilung oder sozialtherapeutischen Anstalt des Jugendstrafvollzugs. Die Einrichtung als Außenstelle ist zulässig.

§ 116 Konferenzen

Zur Erstellung und Fortschreibung des Vollzugsplans und zur Vorbereitung anderer wichtiger Vollzugsentscheidungen führt der Anstaltsleiter Konferenzen mit den an der Erziehung maßgeblich Beteiligten durch.

§ 117 Mitverantwortung der Gefangenen

Den Gefangenen soll ermöglicht werden, an der Verantwortung für Angelegenheiten von gemeinsamem Interesse teilzunehmen, die sich ihrer Eigenart und der Aufgabe der Anstalt nach für ihre Mitwirkung eignen.

§ 118 Hausordnung

(1) Der Anstaltsleiter erlässt eine Hausordnung. Die Aufsichtsbehörde kann sich die Genehmigung vorbehalten.

(2) In die Hausordnung sind insbesondere Anordnungen aufzunehmen über die

1. Besuchszeiten, Häufigkeit und Dauer der Besuche,

2. Arbeitszeit, Freizeit und Ruhezeit sowie

3. Gelegenheit, Anträge und Beschwerden anzubringen oder sich an einen Vertreter der Aufsichtsbehörde zu wenden.

Abschnitt 16
Aufsicht, Beirat

§ 119 Aufsichtsbehörde

Das für Justiz zuständige Ministerium führt die Aufsicht über die Anstalt.

§ 120 Vollstreckungsplan, Vollzugsgemeinschaften

Die Aufsichtsbehörde regelt die örtliche und sachliche Zuständigkeit der Anstalt in einem Vollstreckungsplan. Im Rahmen von Vollzugsgemeinschaften kann der Jugendstrafvollzug auch in Vollzugseinrichtungen anderer Länder vorgesehen werden.

§ 121 Beirat

(1) Bei der Anstalt ist ein Beirat zu bilden. Bedienstete dürfen nicht Mitglieder des Beirats sein.

(2) Die Mitglieder des Beirats wirken bei der Gestaltung des Jugendstrafvollzugs und bei der Betreuung der Gefangenen mit. Sie unterstützen den Anstaltsleiter durch Anregungen und Verbesserungsvorschläge und helfen bei der Eingliederung der Gefangenen nach der Entlassung.

(3) Die Mitglieder des Beirats können insbesondere Wünsche, Anregungen und Beanstandungen entgegennehmen. Sie können sich über die Unterbringung, Beschäftigung, berufliche Bildung, Verpflegung, ärztliche Versorgung und Behandlung unterrichten sowie die Anstalt besichtigen. Sie können die Gefangenen in ihren Räumen aufsuchen. Unterhaltung und Schriftwechsel werden nicht überwacht.

(4) Die Mitglieder des Beirats sind verpflichtet, außerhalb ihres Amtes über alle Angelegenheiten, die ihrer Natur nach vertraulich sind, besonders über Namen und Persönlichkeit der Gefangenen, Verschwiegenheit zu bewahren. Dies gilt auch nach Beendigung ihres Amtes.

Abschnitt 17
Schlussbestimmungen

§ 122 Einschränkung von Grundrechten

Durch dieses Gesetz werden die Rechte auf körperliche Unversehrtheit und Freiheit der Person (Artikel 2 Abs. 2 des Grundgesetzes, Artikel 5 Abs. 2 der Verfassung des Landes Sachsen-Anhalt), auf Unverletzlichkeit des Brief-, Post- und Fernmeldegeheimnisses (Artikel 10 des Grundgesetzes, Artikel 14 der Verfassung des Landes Sachsen-Anhalt) und auf den Schutz personenbezogener Daten (Artikel 2 Abs. 1 des Grundgesetzes, Artikel 6 Abs. 1 der Verfassung des Landes Sachsen-Anhalt) eingeschränkt.

§ 123 Berichtspflicht

Das für Justiz zuständige Ministerium berichtet dem Landtag von Sachsen-Anhalt in zweijährigem Abstand zur Lage des Jugendstrafvollzugs in Sachsen-Anhalt.

§ 124 Sprachliche Gleichstellung

Personen- und Funktionsbezeichnungen in diesem Gesetz gelten jeweils in männlicher und weiblicher Form.

§ 125 Inkrafttreten

(1) Dieses Gesetz tritt vorbehaltlich des Absatzes 2 am 1. Januar 2008 in Kraft.

(2) Die §§ 14 und 115 treten am 1. Januar 2013 in Kraft.

Gesetz über den Vollzug der Jugendstrafe in Schleswig-Holstein (Jugendstrafvollzugsgesetz – JStVollzG)

Vom 19. Dezember 2007 (GVOBl. Schl.-H. S. 563)

I

Inhaltsübersicht

Abschnitt I
Allgemeine Bestimmungen

§ 1 Anwendungsbereich

Dieses Gesetz regelt den Vollzug der Jugendstrafe (Vollzug).

§ 2 Ziel und Aufgabe

Der Vollzug dient dem Ziel, die Gefangenen zu befähigen, künftig in sozialer Verantwortung ein Leben ohne Straftaten zu führen. Gleichermaßen hat er die Aufgabe, die Allgemeinheit vor weiteren Straftaten zu schützen. Zwischen dem Vollzugsziel und der Aufgabe, die Allgemeinheit vor weiteren Straftaten zu schützen, besteht kein Gegensatz.

§ 3 Erziehungsauftrag, Vollzugsgestaltung

(1) Der Vollzug ist erzieherisch zu gestalten. Die Gefangenen sind in der Entwicklung ihrer Fähigkeiten und Fertigkeiten so zu fördern, dass sie zu einer eigenverantwortlichen und gemeinschaftsfähigen Lebensführung in Achtung der Rechte Anderer befähigt werden. Die Einsicht in die beim Opfer verursachten Tatfolgen soll geweckt werden.

(2) Personelle Ausstattung, sachliche Mittel und Organisation der Anstalt (§ 98 Abs. 1 Satz 1) werden an Zielsetzung und Aufgabe des Vollzugs sowie den besonderen Bedürfnissen der Gefangenen ausgerichtet.

(3) Das Leben in der Anstalt ist den allgemeinen Lebensverhältnissen so weit wie möglich anzugleichen. Schädlichen Folgen der Freiheitsentziehung ist entgegenzuwirken. Der Vollzug wird von Beginn an darauf ausgerichtet, den Gefangenen bei der Eingliederung in ein Leben in Freiheit ohne Straftaten zu helfen. Die Belange von Sicherheit und Ordnung der Anstalt sowie die Belange der Allgemeinheit sind zu beachten

(4) Die unterschiedlichen Lebenslagen und Bedürfnisse von weiblichen und männlichen Gefangenen werden bei der Vollzugsgestaltung und bei Einzelmaßnahmen berücksichtigt.

§ 4 Leitlinien der Erziehung und Förderung

(1) Erziehung und Förderung erfolgen durch Maßnahmen und Programme zur Entwicklung und Stärkung der Fähigkeiten und Fertigkeiten der Gefangenen im Hinblick auf die Erreichung des Vollzugsziels.

(2) Durch differenzierte Angebote soll auf den jeweiligen Entwicklungsstand und den unterschiedlichen Erziehungs- und Förderbedarf der Gefangenen eingegangen werden.

(3) Die Maßnahmen und Programme richten sich insbesondere auf die Auseinandersetzung mit den eigenen Straftaten, deren Ursachen und Folgen, die schulische Bildung, berufliche Qualifizierung, soziales Training und die verantwortliche Gestaltung des alltäglichen Zusammenlebens, der freien Zeit sowie der Außenkontakte und die Eingliederung nach der Entlassung.

§ 5 Pflicht zur Mitwirkung

Die Gefangenen sind verpflichtet, an der Erreichung des Vollzugsziels mitzuwirken. Ihre Bereitschaft hierzu ist zu wecken und zu fördern.

§ 6 Stellung der Gefangenen

(1) Die Gefangenen unterliegen den in diesem Gesetz vorgesehenen Beschränkungen ihrer Freiheit. Soweit das Gesetz eine besondere Regelung nicht enthält, dürfen ihnen nur Beschränkungen auferlegt werden, die zur Aufrechterhaltung der Sicherheit oder zur Abwendung einer schwerwiegenden Störung der Ordnung der Anstalt unerlässlich sind.

(2) Vollzugsmaßnahmen sollen den Gefangenen erläutert werden.

§ 7 Zusammenarbeit und Einbeziehung Dritter

(1) Alle in der Anstalt Tätigen arbeiten zusammen und wirken daran mit, das Vollzugsziel zu erreichen.

(2) Die Anstalt arbeitet mit außervollzuglichen Einrichtungen und Organisationen sowie Personen und Vereinen eng zusammen, deren Mitwirkung die Eingliederung fördern kann. Dies gilt insbesondere für Schulen und

Schulaufsichtsbehörden, Einrichtungen für berufliche Bildung, Behörden und Stellen der staatlichen und privaten Straffälligenhilfe, die Jugendgerichtshilfe, die Jugendämter, Polizeibehörden, Agenturen für Arbeit, Gesundheits- und Ausländerbehörden, Kinder- und Jugendpsychiatrie, Suchtberatungsstellen und Schuldnerberatung, Ausländer- und Integrationsbeauftragten, Träger der Sozialversicherung und der Sozialhilfe, Hilfeeinrichtungen anderer Behörden und Träger der freien Wohlfahrtspflege. Die Anstalt wirkt daraufhin, dass sich die innervollzuglichen Maßnahmen und die außervollzuglichen Tätigkeiten wirksam ergänzen.

(3) Die Anstalt arbeitet zur Betreuung der Gefangenen mit ehrenamtlichen Mitarbeiterinnen und Mitarbeitern zusammen. Diese stehen den Gefangenen als Gesprächspartner zur Verfügung und unterstützen sie bei der Bewältigung persönlicher Probleme.

(4) Die Personensorgeberechtigten sind, soweit dies möglich ist und dem Vollzugsziel nicht zuwiderläuft, in die Planung und Gestaltung des Vollzugs einzubeziehen.

§ 8 Soziale Hilfe

(1) Die Gefangenen werden darin unterstützt, ihre persönlichen, wirtschaftlichen und sozialen Schwierigkeiten zu beheben. Sie sollen dazu angeregt und in die Lage versetzt werden, ihre Angelegenheiten selbst zu regeln, insbesondere den durch die Straftat verursachten materiellen und immateriellen Schaden wieder gutzumachen und eine Schuldenregulierung herbeizuführen.

(2) Die Gefangenen sind, soweit erforderlich, über die notwendigen Maßnahmen zur Aufrechterhaltung ihrer sozialversicherungsrechtlichen Ansprüche zu beraten.

Abschnitt II
Vollzugsplanung

§ 9 Aufnahme

(1) Mit den Gefangenen wird nach ihrer Aufnahme unverzüglich ein Zugangsgespräch geführt, in dem ihre gegenwärtige Lebenssi-

tuation erörtert wird und sie über ihre Rechte und Pflichten informiert werden. Ihnen ist die Hausordnung auszuhändigen. Dieses Gesetz, die von ihm in Bezug genommenen Gesetze sowie die zu seiner Ausführung erlassenen Rechtsverordnungen und Verwaltungsvorschriften sind den Gefangenen auf Verlangen zugänglich zu machen.

(2) Beim Zugangsgespräch dürfen andere Gefangene in der Regel nicht zugegen sein.

(3) Die Gefangenen werden alsbald ärztlich untersucht.

(4) Die Personensorgeberechtigten und das Jugendamt werden von der Aufnahme unverzüglich unterrichtet.

(5) Die Gefangenen sollen dabei unterstützt werden, etwa notwendige Maßnahmen für hilfsbedürftige Angehörige und die Sicherung ihrer Habe außerhalb der Anstalt zu veranlassen.

§ 10 Feststellung des Erziehungs- und Förderbedarfs

(1) Nach der Aufnahme werden den Gefangenen das Ziel ihres Aufenthalts in der Anstalt verdeutlicht und die Angebote an Unterricht, Aus- und Fortbildung, Arbeit, therapeutischer Behandlung und Freizeit erläutert.

(2) Der Erziehungs- und Förderbedarf der Gefangenen wird in einem Diagnoseverfahren ermittelt. Es erstreckt sich auf die Persönlichkeit, die Lebensverhältnisse, die Ursachen und Umstände der Straftat sowie alle sonstigen Gesichtspunkte, deren Kenntnis für eine zielgerichtete Vollzugsgestaltung und die Eingliederung der Gefangenen nach der Entlassung notwendig erscheint. Erkenntnisse der in § 7 Abs. 2 und 3 genannten Behörden, Träger und Personen sind einzubeziehen.

(3) Die Vollzugsplanung wird mit den Gefangenen erörtert. Dabei werden deren Anregungen und Vorschläge einbezogen, soweit sie dem Vollzugsziel dienen.

§ 11 Vollzugsplan

(1) Auf der Grundlage des festgestellten Erziehungs- und Förderbedarfs wird regelmäßig innerhalb der ersten sechs Wochen nach der Aufnahme ein Vollzugsplan erstellt.

(2) Der Vollzugsplan wird regelmäßig alle vier Monate auf seine Umsetzung überprüft, mit den Gefangenen erörtert und fortgeschrieben. Bei Jugendstrafen von mehr als drei Jahren verlängert sich die Frist auf sechs Monate. Bei der Fortschreibung sind die Entwicklung der Gefangenen und in der Zwischenzeit gewonnene Erkenntnisse zu berücksichtigen.

(3) Der Vollzugsplan und seine Fortschreibungen enthalten, je nach Stand des Vollzugs, insbesondere folgende Angaben:

1. die dem Vollzugsplan zugrunde liegenden Annahmen zu Ursachen und Umständen der Straftaten sowie die Erläuterung der Ziele, Inhalte und Methoden der Erziehung und Förderung der Gefangenen,

2. Unterbringung im geschlossenen oder offenen Vollzug,

3. Zuweisung zu einer Wohngruppe oder einem anderen Unterkunftsbereich,

4. Unterbringung in einer sozialtherapeutischen Abteilung,

5. Teilnahme an schulischen, berufsorientierenden, qualifizierenden oder arbeitstherapeutischen Maßnahmen oder Zuweisung von Arbeit,

6. Teilnahme an therapeutischen Behandlungen oder anderen Hilfe- oder Fördermaßnahmen,

7. Teilnahme an Sport- und Freizeitangeboten,

8. Vollzugslockerungen und Urlaub,

9. Pflege der familiären Beziehungen und Gestaltung der Außenkontakte,

10. Maßnahmen und Angebote zum Ausgleich von Tatfolgen,

11. Schuldenregulierung,

12. Maßnahmen zur Vorbereitung von Entlassung, Eingliederung und Nachsorge und

13. Fristen zur Fortschreibung des Vollzugsplans.

(4) An der Erstellung des Vollzugsplans sind die außervollzuglichen Behörden und Träger nach § 7 Abs. 2 zu beteiligen, soweit dies zur Koordinierung der Maßnahmen und Tätigkeiten erforderlich ist. Bei der Fortschreibung des Vollzugsplans sind auch die ehrenamtlichen Mitarbeiterinnen und Mitarbeiter einzubeziehen.

(5) Der Vollzugsplan und seine Fortschreibungen werden den Gefangenen ausgehändigt. Sie werden der Vollstreckungsleiterin oder dem Vollstreckungsleiter nach § 82 des Jugendgerichtsgesetzes in der Fassung der Bekanntmachung vom 11. Dezember 1974 (BGBl. I 3427), zuletzt geändert durch Artikel 23 des Gesetzes vom 22. Dezember 2006 (BGBl. I 3416), und auf Verlangen den Personensorgeberechtigten mitgeteilt.

§ 12 Verlegung und Überstellung

(1) Die Gefangenen können abweichend vom Vollstreckungsplan in eine andere Anstalt verlegt werden, wenn

1. die Erreichung des Vollzugsziels oder die Eingliederung nach der Entlassung hierdurch gefördert wird oder

2. Gründe der Vollzugsorganisation oder andere wichtige Gründe dies erforderlich machen.

(2) Die Personensorgeberechtigten, die Vollstreckungsleiterin oder der Vollstreckungsleiter und das Jugendamt werden von der Verlegung unverzüglich unterrichtet.

(3) Die Aufsichtsbehörde kann sich Entscheidungen über Verlegungen vorbehalten.

(4) Die Gefangenen dürfen aus wichtigem Grund in eine andere Anstalt oder Justizvollzugsanstalt überstellt werden.

§ 13 Geschlossener und offener Vollzug

(1) Die Gefangenen werden im geschlossenen oder offenen Vollzug untergebracht.

(2) Sie sollen im offenen Vollzug untergebracht werden, wenn sie dessen besonderen Anforderungen genügen, insbesondere verantwortet werden kann zu erproben, dass sie sich dem Vollzug nicht entziehen und die Möglichkeiten des offenen Vollzugs nicht zur Begehung von Straftaten missbrauchen werden.

I

§ 14 Sozialtherapie

Gefangene können in einer sozialtherapeutischen Abteilung untergebracht werden, wenn deren besondere therapeutische Mittel und soziale Hilfen zum Erreichen des Vollzugsziels angezeigt sind.

§ 15 Vollzugslockerungen

(1) Als Vollzugslockerungen kommen insbesondere in Betracht:

1. Verlassen der Anstalt für eine bestimmte Tageszeit unter Aufsicht von Bediensteten (Ausführung) oder ohne Aufsicht (Ausgang),

2. regelmäßige Beschäftigung außerhalb der Anstalt unter Aufsicht von Bediensteten (Außenbeschäftigung), oder ohne Aufsicht (Freigang) und

3. Unterbringung in besonderen Erziehungseinrichtungen oder in Übergangseinrichtungen freier Träger.

Vollzugslockerungen nach Satz 1 Nr. 3 werden nach Anhörung der Vollstreckungsleiterin oder des Vollstreckungsleiters gewährt.

(2) Vollzugslockerungen dürfen gewährt werden, wenn verantwortet werden kann zu erproben, dass die Gefangenen sich dem Vollzug nicht entziehen und die Vollzugslockerungen nicht zur Begehung von Straftaten missbraucht werden. Sie können versagt werden, wenn die Gefangenen ihren Mitwirkungspflichten nicht nachkommen.

(3) Im Übrigen dürfen Gefangene ausgeführt werden, wenn dies aus besonderen Gründen notwendig ist. Liegt die Ausführung ausschließlich im Interesse der Gefangenen, können ihnen die Kosten auferlegt werden, soweit dies die Erziehung oder die Eingliederung nicht behindert.

§ 16 Urlaub

(1) Zur Förderung der Wiedereingliederung in das Leben in Freiheit, insbesondere zur Aufrechterhaltung sozialer Bindungen, kann nach Maßgabe des Vollzugsplans Urlaub gewährt werden. Der Urlaub darf 24 Tage in einem Vollstreckungsjahr nicht übersteigen.

(2) Darüber hinaus kann Urlaub aus wichtigem Anlass bis zu sieben Tagen im Vollstreckungsjahr gewährt werden, zur Teilnahme an gerichtlichen Terminen, wegen des Todes oder einer lebensbedrohenden Erkrankung naher Angehöriger auch darüber hinaus.

(3) § 15 Abs. 2 gilt entsprechend.

(4) Durch Urlaub wird die Vollstreckung der Jugendstrafe nicht unterbrochen.

§ 17 Weisungen für Vollzugslockerungen und Urlaub, Widerruf

(1) Für Vollzugslockerungen und Urlaub können Weisungen erteilt werden.

(2) Vollzugslockerungen und Urlaub können widerrufen werden, wenn

1. sie aufgrund nachträglich eingetretener oder bekannt gewordener Umstände versagt werden könnten,

2. sie missbraucht werden (§ 15 Abs. 2) oder

3. Weisungen nicht befolgt werden.

§ 18 Vorführung, Ausantwortung

(1) Auf Ersuchen eines Gerichts werden Gefangene vorgeführt, sofern ein Vorführungsbefehl vorliegt.

(2) Gefangene dürfen befristet dem Gewahrsam eines Gerichts, einer Staatsanwaltschaft oder einer Polizei-, Zoll- oder Finanzbehörde auf Antrag überlassen werden (Ausantwortung).

§ 19 Entlassungsvorbereitung

(1) Zur Vorbereitung der Entlassung arbeitet die Anstalt frühzeitig, in der Regel sechs Monate vor dem voraussichtlichen Entlassungszeitpunkt, mit den in § 7 Abs. 2 und 3 genannten Behörden, Träger und Personen zusammen, um zu erreichen, dass die Eingliederung der Gefangenen und ihre Entlassung gefördert wird und sie insbesondere über eine geeignete Unterbringung sowie eine Arbeits- oder Ausbildungsstelle verfügen. Dazu gehört insbesondere eine Zusammenarbeit der ambulanten sozialen Dienste der Justiz (Bewährungshilfe, Führungsaufsicht) und des Jugendamtes mit der Anstalt zum Zweck der sozialen und beruflichen Integration der Gefangenen. Die Bewährungshilfe beteiligt sich

rechtzeitig an den Entlassungsvorbereitungen der Anstalt. Die Personensorgeberechtigten werden unterrichtet.

(2) Zur Vorbereitung der Entlassung soll der Vollzug gelockert werden (§ 15).

(3) Zur Vorbereitung der Entlassung können die Gefangenen bis zu sieben Tage Sonderurlaub erhalten. Zum Freigang zugelassene Gefangene können innerhalb von neun Monaten vor der Entlassung Sonderurlaub bis zu sechs Tagen im Monat erhalten; Satz 1 findet keine Anwendung. § 15 Abs. 2, § 16 Abs. 4 und § 17 gelten entsprechend.

(4) Darüber hinaus können die Gefangenen nach Anhörung der Vollstreckungsleiterin oder des Vollstreckungsleiters bis zu vier Monate beurlaubt werden. Hierfür sollen Weisungen erteilt werden. Der im laufenden Vollstreckungsjahr gewährte Urlaub nach § 16 Abs. 1 wird auf diese Zeit angerechnet. § 15 Abs. 2, § 16 Abs. 4 und § 17 Abs. 2 gelten entsprechend.

§ 20 Entlassungszeitpunkt

(1) Die Gefangenen sollen am letzten Tag ihrer Strafzeit möglichst frühzeitig, jedenfalls noch am Vormittag, entlassen werden.

(2) Fällt das Strafende auf einen Sonnabend oder Sonntag, einen gesetzlichen Feiertag, den ersten Werktag nach Ostern oder Pfingsten oder in die Zeit vom 22. Dezember bis zum 6. Januar, so können die Gefangenen an dem diesem Tag oder Zeitraum vorhergehenden Werktag entlassen werden, wenn dies gemessen an der Dauer der Strafzeit vertretbar ist und fürsorgerische Gründe nicht entgegenstehen.

(3) Der Entlassungszeitpunkt kann bis zu zwei Tage vorverlegt werden, wenn die Gefangenen zu ihrer Eingliederung hierauf angewiesen sind.

§ 21 Hilfe zur Entlassung, Nachsorge

(1) Zur Vorbereitung der Entlassung sind die Gefangenen bei der Ordnung ihrer persönlichen, wirtschaftlichen und sozialen Angelegenheiten zu unterstützen. Dies umfasst die Vermittlung in nachsorgende Maßnahmen.

Nachgehende Betreuung kann unter Mitwirkung von Bediensteten erfolgen.

(2) Bedürftigen Gefangenen kann eine Entlassungsbeihilfe in Form eines Reisekostenzuschusses, angemessener Kleidung oder einer sonstigen notwendigen Unterstützung gewährt werden.

§ 22 Fortführung von Maßnahmen nach Entlassung

(1) Die Gefangenen können auf Antrag nach ihrer Entlassung ausnahmsweise im Vollzug begonnene Ausbildungs- oder Behandlungsmaßnahmen fortführen, soweit diese nicht anderweitig durchgeführt werden können. Hierzu können die Entlassenen auf vertraglicher Basis vorübergehend in einer Anstalt untergebracht werden, sofern es die Belegungssituation zulässt.

(2) Bei Störung des Anstaltsbetriebes durch die Entlassenen oder aus vollzugsorganisatorischen Gründen können die Unterbringung und die Maßnahme jederzeit beendet werden. Vor Beendigung ist das Jugendamt zu benachrichtigen.

Abschnitt III
Unterbringung und Versorgung der Gefangenen

§ 23 Trennung von männlichen und weiblichen Gefangenen

Männliche und weibliche Gefangene werden getrennt untergebracht. Gemeinsame Maßnahmen, insbesondere eine gemeinsame Schul- und Berufsausbildung, sind zulässig.

§ 24 Unterbringung während der Ausbildung, Arbeit und Freizeit

(1) Ausbildung und Arbeit finden grundsätzlich in Gemeinschaft statt.

(2) Den Gefangenen kann gestattet werden, sich während der Freizeit in Gemeinschaft mit anderen Gefangenen aufzuhalten. Für die Teilnahme an gemeinschaftlichen Veranstaltungen kann die Anstaltsleitung mit Rücksicht auf die räumlichen, personellen oder

organisatorischen Verhältnisse der Anstalt besondere Regelungen treffen.

(3) Die gemeinschaftliche Unterbringung kann eingeschränkt werden,

1. wenn schädliche Einflüsse zu befürchten sind,

2. wenn es die Sicherheit oder Ordnung der Anstalt erfordert,

3. wenn dies aus erzieherischen Gründen angezeigt ist oder

4. solange der Vollzugsplan nicht erstellt ist, jedoch nicht länger als zwei Monate.

§ 25 Unterbringung während der Ruhezeit

(1) Während der Ruhezeit werden die Gefangenen in ihren Hafträumen einzeln untergebracht. Mit ihrer Zustimmung können sie gemeinsam untergebracht werden, wenn schädliche Einflüsse nicht zu befürchten sind. Es dürfen nicht mehr als zwei Gefangene in einem Haftraum untergebracht werden.

(2) Eine gemeinsame Unterbringung ist auch zulässig, wenn Gefangene hilfebedürftig sind oder eine Gefahr für Leben oder Gesundheit besteht. Darüber hinaus ist eine gemeinsame Unterbringung nur vorübergehend und aus zwingenden Gründen zulässig.

§ 26 Wohngruppen

Geeignete Gefangene werden regelmäßig in Wohngruppen untergebracht. Nicht geeignet sind in der Regel Gefangene, die aufgrund ihres Verhaltens nicht gruppenfähig sind.

§ 27 Unterbringung von Müttern mit Kindern

(1) Ist das Kind einer Gefangenen noch nicht drei Jahre alt, kann es mit Zustimmung der oder des Aufenthaltsbestimmungsberechtigten in der Anstalt untergebracht werden, wenn die baulichen Gegebenheiten dies zulassen und Sicherheitsgründe nicht entgegenstehen. Vor der Unterbringung ist das Jugendamt zu hören.

(2) Die Unterbringung erfolgt auf Kosten der oder des für das Kind Unterhaltspflichtigen. Von der Geltendmachung des Kostenersatzanspruchs kann ausnahmsweise abgesehen

werden, wenn hierdurch die gemeinsame Unterbringung von Mutter und Kind gefährdet würde.

§ 28 Persönlicher Gewahrsam, Kostenbeteiligung

(1) Die Gefangenen dürfen nur Sachen in Gewahrsam haben oder annehmen, die ihnen von der Anstalt oder mit deren Zustimmung überlassen werden. Ohne deren Zustimmung dürfen sie Sachen von geringem Wert von anderen Gefangenen annehmen; die Annahme dieser Sachen und der Gewahrsam daran können von der Zustimmung der Anstalt abhängig gemacht werden.

(2) Eingebrachte Sachen, die die Gefangenen nicht in Gewahrsam haben dürfen, sind für sie aufzubewahren, sofern dies nach Art und Umfang möglich ist. Den Gefangenen wird Gelegenheit gegeben, ihre Sachen, die sie während des Vollzugs oder für ihre Entlassung nicht benötigen, zu verschicken. Geld wird ihnen als Eigengeld gutgeschrieben.

(3) Werden eingebrachte Sachen, deren Aufbewahrung nach Art oder Umfang nicht möglich ist, von den Gefangenen trotz Aufforderung nicht aus der Anstalt verbracht, so ist die Anstalt berechtigt, diese Sachen auf Kosten der Gefangenen aus der Anstalt entfernen zu lassen.

(4) Aufzeichnungen und andere Sachen, die Kenntnisse über Sicherungsvorkehrungen der Anstalt vermitteln oder Schlussfolgerungen auf diese zulassen, dürfen vernichtet oder unbrauchbar gemacht werden.

(5) Die Zustimmung nach Absatz 1 kann widerrufen werden, wenn dies zur Aufrechterhaltung der Sicherheit, zur Abwendung einer erheblichen Störung der Ordnung der Anstalt oder zur Vermeidung einer erheblichen Gefährdung des Vollzugsziels erforderlich ist.

(6) Die Gefangenen können an den Betriebskosten der in ihrem Gewahrsam befindlichen Geräte beteiligt werden.

§ 29 Ausstattung des Haftraums

Die Gefangenen dürfen ihren Haftraum in angemessenem Umfang mit eigenen Sachen ausstatten. Sachen, die geeignet sind, das

Vollzugsziel oder die Sicherheit oder Ordnung der Anstalt zu gefährden, sind nicht zulässig.

§ 30 Kleidung

(1) Die Gefangenen tragen Anstaltskleidung.

(2) Die Anstaltsleitung kann eine abweichende Regelung treffen. Für Reinigung, Instandsetzung und regelmäßigen Wechsel eigener Kleidung haben die Gefangenen selbst zu sorgen.

§ 31 Verpflegung und Einkauf

(1) Zusammensetzung und Nährwert der Anstaltsverpflegung entsprechen den besonderen Anforderungen an eine gesunde Ernährung junger Menschen und werden ärztlich überwacht. Auf ärztliche Anordnung wird besondere Verpflegung gewährt. Den Gefangenen ist zu ermöglichen, Speisevorschriften ihrer Religionsgemeinschaft zu befolgen.

(2) Die Gefangenen können aus einem von der Anstalt vermittelten Angebot einkaufen. Die Anstalt soll für ein Angebot sorgen, das auf Wünsche und Bedürfnisse der Gefangenen Rücksicht nimmt.

(3) Den Gefangenen soll die Möglichkeit eröffnet werden, unmittelbar oder über Dritte Gegenstände über den Versandhandel zu beziehen. Zulassung und Verfahren des Einkaufs über den Versandhandel regelt die Anstaltsleitung:

(4) Gegenstände, die geeignet sind, das Vollzugsziel oder die Sicherheit oder Ordnung der Anstalt zu gefährden, sind vom Einkauf ausgeschlossen. Auf ärztliche Anordnung kann den Gefangenen der Einkauf einzelner Nahrungs- und Genussmittel ganz oder teilweise untersagt werden, wenn zu befürchten ist, dass sie deren Gesundheit ernsthaft gefährden.

§ 32 Gesundheitsfürsorge

(1) Die Anstalt unterstützt die Gefangenen bei der Wiederherstellung und Erhaltung ihrer körperlichen, geistigen und seelischen Gesundheit. Die Gefangenen haben die notwendigen Anordnungen zum Gesundheitsschutz und zur Hygiene zu befolgen.

(2) Den Gefangenen wird ermöglicht, sich täglich mindestens eine Stunde im Freien aufzuhalten.

(3) Im Falle einer schweren Erkrankung oder des Ablebens von Gefangenen, werden die Angehörigen, insbesondere die Personensorgeberechtigten, benachrichtigt. Dem Wunsch der Gefangenen, auch andere Personen zu benachrichtigen, soll nach Möglichkeit entsprochen werden.

§ 33 Zwangsmaßnahmen auf dem Gebiet der Gesundheitsfürsorge

(1) Medizinische Untersuchung und Behandlung sowie Ernährung sind unbeschadet der Rechte der Personensorgeberechtigten zwangsweise nur bei Lebensgefahr, bei schwerwiegender Gefahr für die Gesundheit der Gefangenen oder bei Gefahr für die Gesundheit anderer Personen zulässig; die Maßnahmen müssen für die Beteiligten zumutbar und dürfen nicht mit erheblicher Gefahr für Leben oder Gesundheit der Gefangenen verbunden sein. Zur Durchführung der Maßnahmen ist die Anstalt nicht verpflichtet, solange von einer freien Willensbestimmung der Gefangenen ausgegangen werden kann.

(2) Zum Gesundheitsschutz und zur Hygiene ist die zwangsweise körperliche Untersuchung außer im Fall des Absatzes 1 zulässig, wenn sie nicht mit einem körperlichen Eingriff verbunden ist.

(3) Die Maßnahmen dürfen nur auf Anordnung und unter Leitung einer Ärztin oder eines Arztes durchgeführt werden, unbeschadet der Leistung erster Hilfe für den Fall, dass eine Ärztin oder ein Arzt nicht rechtzeitig erreichbar und mit einem Aufschub Lebensgefahr zu befürchten ist.

§ 34 Medizinische Leistungen, Kostenbeteiligung

(1) Die Gefangenen haben einen Anspruch auf notwendige, ausreichende und zweckmäßige medizinische Leistungen unter Beachtung des Grundsatzes der Wirtschaftlichkeit. Der allgemeine Standard der gesetzlichen Krankenkassen ist zu berücksichtigen.

(2) Der Anspruch umfasst auch Untersuchungen zur Früherkennung von Krankheiten und Vorsorgeleistungen entsprechend dem allgemeinen Standard der gesetzlichen Krankenkassen.

(3) Der Anspruch umfasst weiter die Versorgung mit Hilfsmitteln wie Seh- und Hörhilfen, Körperersatzstücken, orthopädischen und anderen Hilfsmitteln, die im Einzelfall erforderlich sind, um den Erfolg der Krankenbehandlung zu sichern, eine Behinderung auszugleichen oder einer drohenden Behinderung vorzubeugen, sofern dies mit Rücksicht auf die Dauer des Freiheitsentzugs gerechtfertigt ist und soweit die Hilfsmittel nicht als allgemeine Gebrauchsgegenstände des täglichen Lebens anzusehen sind. Der Anspruch umfasst auch die notwendige Änderung, Instandsetzung und Ersatzbeschaffung von Hilfsmitteln sowie die Ausbildung in ihrem Gebrauch. Ein erneuter Anspruch auf Versorgung mit Sehhilfen besteht nur bei einer Änderung der Sehfähigkeit um mindestens 0,5 Dioptrien. Anspruch auf Versorgung mit Kontaktlinsen besteht nur in medizinisch zwingend erforderlichen Ausnahmefällen.

(4) An den Kosten für die Leistungen nach Absatz 3 sowie für zahntechnische Leistungen und Zahnersatz können volljährige Gefangene in angemessenem Umfang beteiligt werden.

(5) Für Leistungen, die über die in Absatz 1 Satz 1, Absatz 2 und Absatz 3 genannten Leistungen hinausgehen, können den Gefangenen die gesamten Kosten auferlegt werden.

§ 35 Verlegung und Überstellung zur medizinischen Behandlung

(1) Kranke oder hilfsbedürftige Gefangene können in eine zur Behandlung ihrer Krankheit oder zu ihrer Versorgung besser geeignete Anstalt, Justizvollzugsanstalt oder in ein Vollzugskrankenhaus verlegt oder überstellt werden.

(2) Erforderlichenfalls können Gefangene auch in ein Krankenhaus außerhalb des Vollzugs gebracht werden.

(3) § 12 Abs. 2 und 3 gilt entsprechend.

§ 36 Krankenbehandlung in besonderen Fällen

(1) Während eines Urlaubs und in Vollzugslockerungen haben Gefangene einen Anspruch auf medizinische Leistungen gegen das Land nur in der für sie zuständigen Anstalt.

(2) Der Anspruch auf Leistungen nach § 34 ruht, solange Gefangene aufgrund eines freien Beschäftigungsverhältnisses krankenversichert sind.

(3) Wird die Strafvollstreckung während einer Behandlung von Gefangenen unterbrochen oder beendet, so hat das Land nur diejenigen Kosten zu tragen, die bis zur Unterbrechung oder Beendigung der Strafvollstreckung angefallen sind.

Abschnitt IV
Schule, Ausbildung, Weiterbildung und Arbeit

§ 37 Schulische und berufliche Aus- und Weiterbildung, Arbeit

(1) Ausbildung, Weiterbildung, arbeitstherapeutische Beschäftigung und Arbeit dienen insbesondere dem Ziel, die Fähigkeit der Gefangenen zur Aufnahme einer Erwerbstätigkeit nach der Entlassung zu vermitteln, zu erhalten oder zu fördern. Sofern den Gefangenen Arbeit zugewiesen wird, soll diese möglichst deren Fähigkeiten, Fertigkeiten und Neigungen entsprechen.

(2) Die Gefangenen sind vorrangig zur Teilnahme an schulischen und beruflichen Orientierungs-, Aus- und Weiterbildungsmaßnahmen oder speziellen Maßnahmen zur Förderung ihrer schulischen, beruflichen oder persönlichen Entwicklung verpflichtet. Im Übrigen sind die Gefangenen zu Arbeit, arbeitstherapeutischer oder sonstiger Beschäftigung verpflichtet, wenn und soweit sie dazu in der Lage sind.

(3) Das Zeugnis oder der Nachweis über eine Bildungsmaßnahme darf keinen Hinweis auf die Inhaftierung enthalten.

(4) Den Gefangenen soll gestattet werden, einer Berufsausbildung, beruflichen Weiter-

bildung, Umschulung oder Arbeit auf der Grundlage eines freien Beschäftigungsverhältnisses außerhalb der Anstalt nachzugehen oder sich innerhalb oder außerhalb des Vollzugs selbst zu beschäftigen, wenn sie hierfür geeignet sind. § 13 Abs. 2, § 15 Abs. 2 und § 17 gelten entsprechend. Die Anstalt kann verlangen, dass ihr das Entgelt für das freie Beschäftigungsverhältnis zur Gutschrift für die Gefangenen überwiesen wird.

(5) Sind die Gefangenen ein Jahr lang ununterbrochen ihrer Verpflichtung nach Absatz 2 nachgekommen, können sie beanspruchen, im darauf folgenden Jahr für die Dauer von achtzehn Werktagen freigestellt zu werden. Zeiten, in denen die Gefangenen unverschuldet infolge Krankheit an der Teilnahme, Arbeit oder an der Beschäftigung gehindert waren, werden bis zur Dauer von sechs Wochen auf das Jahr angerechnet. Auf die Zeit der Freistellung wird der Urlaub nach § 16 Abs. 1 angerechnet, soweit er in die Arbeitszeit fällt. Die Gefangenen erhalten für die Zeit der Freistellung ihre zuletzt gezahlten Bezüge weiter. Urlaubsregelungen der Beschäftigungsverhältnisse außerhalb des Vollzugs bleiben unberührt.

Abschnitt V
Freizeit, Sport

§ 38 Freizeit

Die Ausgestaltung der Freizeit orientiert sich am Vollzugsziel. Dazu sind geeignete Angebote vorzuhalten. Die Gefangenen sind zur Teilnahme und Mitwirkung an Freizeitangeboten verpflichtet.

§ 39 Sport

Dem Sport kommt bei der Erreichung des Vollzugsziels besondere Bedeutung zu. Er kann neben der sinnvollen Freizeitgestaltung auch zur Diagnostik und gezielten Behandlung eingesetzt werden. Es sind ausreichende und geeignete Angebote vorzuhalten, um den Gefangenen eine sportliche Betätigung von mindestens zwei Stunden wöchentlich zu ermöglichen.

§ 40 Zeitungen und Zeitschriften

(1) Die Gefangenen dürfen auf eigene Kosten Zeitungen und Zeitschriften in angemessenem Umfang durch Vermittlung der Anstalt beziehen. Ausgeschlossen sind Zeitungen und Zeitschriften, deren Verbreitung mit Strafe oder Geldbuße bedroht ist.

(2) Einzelne Ausgaben einer Zeitung oder Zeitschrift können den Gefangenen auch vorenthalten werden, wenn deren Inhalte das Vollzugsziel oder die Sicherheit oder Ordnung der Anstalt erheblich gefährden würden.

§ 41 Rundfunk

(1) Die Gefangenen können am Hörfunkempfang sowie am gemeinschaftlichen Fernsehempfang teilnehmen. Der Rundfunkempfang kann vorübergehend ausgesetzt oder einzelnen Gefangenen untersagt werden, wenn dies zur Aufrechterhaltung der Sicherheit oder Ordnung der Anstalt unerlässlich ist.

(2) Eigene Fernsehgeräte können zugelassen werden, wenn erzieherische Gründe nicht entgegenstehen.

§ 42 Besitz von Gegenständen für die Freizeitbeschäftigung

(1) Die Gefangenen dürfen in angemessenem Umfang Gegenstände zur Freizeitbeschäftigung besitzen.

(2) Dies gilt nicht, wenn deren Besitz, Überlassung oder Benutzung das Vollzugsziel oder die Sicherheit oder Ordnung der Anstalt gefährden würde.

(3) Elektronische Medien können zugelassen werden, wenn erzieherische Gründe nicht entgegenstehen. Absatz 2 gilt entsprechend.

Abschnitt VI
Religionsausübung

§ 43 Seelsorge

(1) Die Gefangenen haben einen Anspruch auf religiöse Betreuung durch eine Seelsorgerin oder einen Seelsorger ihrer Religionsgemeinschaft. Auf Wunsch ist ihnen zu helfen, mit einer Seelsorgerin oder einem Seel-

sorger ihrer Religionsgemeinschaft in Verbindung zu treten.

(2) Die Gefangenen dürfen grundlegende religiöse Schriften besitzen. Sie dürfen ihnen nur bei grobem Missbrauch entzogen werden.

(3) Den Gefangenen sind Gegenstände des religiösen Gebrauchs in angemessenem Umfang zu belassen.

§ 44 Religiöse Veranstaltungen

(1) Die Gefangenen haben das Recht, am Gottesdienst und an anderen religiösen Veranstaltungen ihres Bekenntnisses teilzunehmen.

(2) Die Zulassung zu den Gottesdiensten oder zu religiösen Veranstaltungen einer anderen Religionsgemeinschaft bedarf der Zustimmung der Seelsorgerin oder des Seelsorgers der Religionsgemeinschaft.

(3) Gefangene können von der Teilnahme am Gottesdienst oder anderen religiösen Veranstaltungen ausgeschlossen werden, wenn dies aus überwiegenden Gründen der Sicherheit oder Ordnung geboten ist; die Seelsorge soll vorher gehört werden.

§ 45 Weltanschauungsgemeinschaften

Für Angehörige weltanschaulicher Bekenntnisse gelten §§ 43 und 44 entsprechend.

Abschnitt VII
Besuche, Schriftwechsel und Telefongespräche

§ 46 Grundsatz

Die Gefangenen haben das Recht, mit Personen außerhalb der Anstalt im Rahmen der Bestimmungen dieses Gesetzes zu verkehren. Der Kontakt mit Personen, von denen ein günstiger Einfluss erwartet werden kann, wird gefördert.

§ 47 Recht auf Besuch

(1) Die Gefangenen dürfen regelmäßig Besuch empfangen. Die Gesamtdauer beträgt mindestens vier Stunden im Monat.

(2) Kontakte der Gefangenen zu ihren Kindern werden besonders gefördert. Deren Besuche werden nicht auf die Besuchszeiten nach Absatz 1 angerechnet.

(3) Besuche sollen darüber hinaus zugelassen werden, wenn sie die Erziehung oder Eingliederung der Gefangenen fördern oder persönlichen, rechtlichen oder geschäftlichen Angelegenheiten dienen, die nicht von den Gefangenen schriftlich erledigt, durch Dritte wahrgenommen oder bis zur Entlassung aufgeschoben werden können.

(4) Aus Gründen der Sicherheit können Besuche davon abhängig gemacht werden, dass sich die Besucherinnen oder Besucher mit technischen Hilfsmitteln absuchen oder durchsuchen lassen.

§ 48 Besuchsverbot

Die Anstaltsleitung kann Besuche untersagen,

1. wenn die Sicherheit oder Ordnung der Anstalt gefährdet würde,

2. bei Besucherinnen und Besuchern, die nicht Angehörige der Gefangenen nach § 11 Abs. 1 Nr. 1 des Strafgesetzbuchs sind, wenn zu befürchten ist, dass sie einen schädlichen Einfluss auf die Gefangenen haben oder ihre Eingliederung behindern, oder

3. wenn Personensorgeberechtigte nicht einverstanden sind.

§ 49 Besuche von Verteidigerinnen und Verteidigern, Rechtsanwältinnen und Rechtsanwälten, Notarinnen und Notaren sowie Beiständen

Besuche von Verteidigerinnen, Verteidigern, Rechtsanwältinnen, Rechtsanwälten, Notarinnen und Notaren in einer die Gefangenen betreffenden Rechtssache sind zu gestatten. Dasselbe gilt für Besuche von Beiständen nach § 69 des Jugendgerichtsgesetzes. § 47 Abs. 4 gilt entsprechend. Eine inhaltliche Überprüfung der von der Verteidigerin oder vom Verteidiger mitgeführten Schriftstücke und sonstigen Unterlagen ist nicht zulässig. § 52 Abs. 1 Satz 2 und 3 bleibt unberührt.

§ 50 Überwachung der Besuche

(1) Besuche dürfen aus Gründen der Erziehung oder der Sicherheit oder Ordnung der Anstalt überwacht werden, es sei denn, es liegen im Einzelfall Erkenntnisse dafür vor, dass es der Überwachung nicht bedarf. Die Videoüberwachung ist abweichend von § 67 Abs. 2 zulässig, wenn die Besucherinnen und Besucher und die Gefangenen vor dem Besuch darauf hingewiesen werden. Das Gespräch darf nur mit nicht-technischen Mitteln überwacht werden, soweit dies im Einzelfall aus Gründen der Erziehung oder der Sicherheit oder Ordnung der Anstalt erforderlich ist. Gefangenen ist die Möglichkeit zu belassen, auch nicht überwachte Gespräche mit Familienangehörigen und engsten Vertrauten zu führen. Eine Aufzeichnung von Gesprächen ist unzulässig.

(2) Besuche dürfen abgebrochen werden, wenn Besucherinnen oder Besucher oder Gefangene gegen dieses Gesetz oder aufgrund dieses Gesetzes getroffene Anordnungen trotz Abmahnung verstoßen. Die Abmahnung unterbleibt; wenn es unerlässlich ist, den Besuch sofort abzubrechen.

(3) Besuche dürfen auch abgebrochen werden, wenn von Besucherinnen oder Besuchern ein schädlicher Einfluss ausgeht.

(4) Besuche von Verteidigerinnen oder Verteidigern und Beiständen nach § 69 des Jugendgerichtsgesetzes werden nicht überwacht.

(5) Gegenstände dürfen den Gefangenen beim Besuch nicht übergeben werden. Dies gilt nicht für die bei dem Besuch der Verteidigerin oder Verteidiger übergebenen Schriftstücke und sonstigen Unterlagen sowie für die bei dem Besuch von Rechtsanwältinnen oder Rechtsanwälten sowie Notarinnen oder Notaren zur Erledigung einer die Gefangenen betreffenden Rechtssache übergebenen Schriftstücke und sonstigen Unterlagen. Bei dem Besuch von Rechtsanwältinnen oder Rechtsanwälten sowie Notarinnen oder Notaren kann die Übergabe aus Gründen der Sicherheit oder Ordnung der Anstalt von der Erlaubnis der Anstaltsleitung abhängig gemacht werden. § 52 Abs. 1 Satz 2 und 3 bleibt unberührt.

§ 51 Recht auf Schriftwechsel

(1) Die Gefangenen haben das Recht, auf eigene Kosten Schreiben abzusenden und zu empfangen.

(2) Die Anstaltsleitung kann den Schriftwechsel mit bestimmten Personen untersagen,

1. soweit die Sicherheit oder Ordnung der Anstalt gefährdet würde,

2. bei Personen, die nicht Angehörige der Gefangenen nach § 11 Abs. 1 Nr. 1 des Strafgesetzbuchs sind, soweit zu befürchten ist, dass der Schriftwechsel einen schädlichen Einfluss auf die Gefangenen hat oder ihre Eingliederung behindert, oder

3. soweit Personensorgeberechtigte nicht einverstanden sind.

§ 52 Überwachung des Schriftwechsels

(1) Der Schriftwechsel der Gefangenen mit ihrer Verteidigerin oder ihrem Verteidiger oder Beistand nach § 69 des Jugendgerichtsgesetzes wird nicht überwacht. Liegt dem Vollzug eine Straftat nach § 129a, auch in Verbindung mit § 129b Abs. 1, des Strafgesetzbuchs zugrunde, gelten § 148 Abs. 2 und § 148a der Strafprozessordnung entsprechend; dies gilt nicht, wenn die Gefangenen sich in einer Einrichtung des offenen Vollzugs befinden oder wenn ihnen Vollzugslockerungen nach § 15 oder Urlaub nach § 16 Abs. 1 gewährt worden sind und ein Grund, der die Anstaltsleitung nach § 17 Abs. 2 zum Widerruf von Vollzugslockerungen und Urlaub ermächtigt, nicht vorliegt. Satz 2 gilt auch, wenn eine Jugendstrafe oder Freiheitsstrafe wegen einer Straftat nach § 129a, auch in Verbindung mit § 129b Abs. 1, des Strafgesetzbuchs erst im Anschluss an den Vollzug der Jugendstrafe, der eine andere Verurteilung zugrunde liegt, zu vollstrecken ist.

(2) Nicht überwacht werden ferner Schreiben der Gefangenen an Volksvertretungen des Bundes und der Länder sowie an deren Mitglieder, soweit die Schreiben an die Anschrif-

ten dieser Volksvertretungen gerichtet sind und den Absender zutreffend angeben. Entsprechendes gilt für Schreiben an das Europäische Parlament und dessen Mitglieder, den Europäischen Gerichtshof für Menschenrechte, den Europäischen Ausschuss zur Verhütung von Folter und unmenschlicher oder erniedrigender Behandlung oder Strafe und weitere Einrichtungen, mit denen der Schriftverkehr aufgrund völkerrechtlicher Verpflichtungen der Bundesrepublik Deutschland geschützt ist. Satz 1 gilt auch für den Schriftverkehr mit den Bürgerbeauftragten der Länder und den Datenschutzbeauftragten des Bundes und der Länder. Schreiben der in den Sätzen 1 bis 3 genannten Stellen, die an die Gefangenen gerichtet sind, werden nicht überwacht, sofern die Identität des Absenders zweifelsfrei feststeht.

(3) Der übrige Schriftwechsel darf überwacht werden, soweit es aus Gründen der Erziehung oder der Sicherheit oder Ordnung der Anstalt erforderlich ist.

§ 53 Weiterleitung von Schreiben, Aufbewahrung

(1) Die Gefangenen haben das Absenden und den Empfang ihrer Schreiben durch die Anstalt vermitteln zu lassen, soweit nichts anderes gestattet ist.

(2) Eingehende und ausgehende Schreiben sind unverzüglich weiterzuleiten.

(3) Die Gefangenen haben eingehende Schreiben unverschlossen zu verwahren, sofern nichts anderes gestattet wird. Sie können sie verschlossen zu ihrer Habe geben.

§ 54 Anhalten von Schreiben

(1) Die Anstaltsleitung kann Schreiben anhalten, wenn

1. das Vollzugsziel oder die Sicherheit oder Ordnung der Anstalt gefährdet würde,

2. die Weitergabe in Kenntnis ihres Inhalts einen Straf- oder Bußgeldtatbestand verwirklichen würde,

3. sie grob unrichtige oder erheblich entstellende Darstellungen von Anstaltsverhältnissen enthalten,

4. sie grobe Beleidigungen enthalten,

5. sie die Eingliederung anderer Gefangener gefährden können oder

6. sie in Geheimschrift, unlesbar, unverständlich oder ohne zwingenden Grund in einer fremden Sprache abgefasst sind.

(2) Ausgehenden Schreiben, die unrichtige Darstellungen enthalten, kann ein Begleitschreiben beigefügt werden, wenn die Gefangenen auf das Absenden bestehen.

(3) Sind Schreiben angehalten worden, wird das den Gefangenen mitgeteilt. Angehaltene Schreiben werden an die Absenderin oder den Absender zurückgegeben oder, sofern dies unmöglich oder aus besonderen Gründen untunlich ist, verwahrt.

(4) Schreiben, deren Überwachung nach § 52 Abs. 1 und 2 ausgeschlossen ist, dürfen nicht angehalten werden.

§ 55 Telefongespräche

Den Gefangenen kann gestattet werden, auf eigene Kosten Telefongespräche zu führen. Die Bestimmungen über den Besuch gelten entsprechend. Ist die Überwachung des Telefongesprächs erforderlich, ist die beabsichtigte Überwachung der Gesprächspartnerin oder dem Gesprächspartner der Gefangenen unmittelbar nach Herstellung der Verbindung durch die Anstalt oder die Gefangenen mitzuteilen. Die Gefangenen sind rechtzeitig vor Beginn des Telefongesprächs über die beabsichtigte Überwachung und die Mitteilungspflicht nach Satz 3 zu unterrichten.

§ 56 Pakete

(1) Der Empfang von Paketen mit Nahrungs- und Genussmitteln ist den Gefangenen nicht gestattet. Der Empfang von Paketen mit anderem Inhalt bedarf der Erlaubnis der Anstalt, welche Zeitpunkt und Höchstmenge für die Sendung und für einzelne Gegenstände festsetzen kann. Für den Ausschluss von Gegenständen gilt § 31 Abs. 4 entsprechend.

(2) Pakete sind in Gegenwart der Gefangenen zu öffnen, an die sie adressiert sind. Ausgeschlossene Gegenstände können zu ihrer Habe genommen oder der Absenderin oder dem Absender zurückgesandt werden. Nicht ausgehändigte Gegenstände, durch die bei

der Versendung oder Aufbewahrung Personen verletzt oder Sachschäden verursacht werden können, dürfen vernichtet werden. Die hiernach getroffenen Maßnahmen werden den Gefangenen eröffnet.

(3) Der Empfang von Paketen kann vorübergehend versagt werden, wenn dies wegen der Gefährdung der Sicherheit oder Ordnung der Anstalt unerlässlich ist.

(4) Den Gefangenen kann gestattet werden, Pakete zu versenden. Die Anstalt kann ihren Inhalt aus Gründen der Sicherheit oder Ordnung der Anstalt überprüfen.

Abschnitt VIII
Gelder der Gefangenen, Freistellung von der Arbeit

§ 57 Ausbildungsbeihilfe; Arbeitsentgelt

(1) Gefangene, die während der Arbeitszeit ganz oder teilweise an einer schulischen oder beruflichen Orientierungs-, Aus- oder Weiterbildungsmaßnahme oder an speziellen Maßnahmen zur Förderung ihrer schulischen, beruflichen oder persönlichen Entwicklung teilnehmen und die zu diesem Zweck von ihrer Arbeitspflicht freigestellt sind, erhalten hierfür eine Ausbildungsbeihilfe, soweit kein Anspruch auf Leistungen zum Lebensunterhalt besteht, die freien Personen aus solchem Anlass zustehen.

(2) Wer eine Arbeit, arbeitstherapeutische oder sonstige Beschäftigung ausübt, erhält Arbeitsentgelt.

(3) Der Bemessung der Ausbildungsbeihilfe und des Arbeitsentgelts ist 9 % der Bezugsgröße nach § 18 des Vierten Buches Sozialgesetzbuch in der Fassung der Bekanntmachung vom 23. Januar 2006 (BGBl. I S. 86, 466), zuletzt geändert durch Artikel 2 Abs. 18 des Gesetzes vom 2. Dezember 2006 (BGBl. I S. 2748) zugrunde zu legen (Eckvergütung). Ein Tagessatz ist der zweihundertfünfzigste Teil der Eckvergütung; die Ausbildungsbeihilfe und das Arbeitsentgelt können nach einem Stundensatz bemessen werden.

(4) Die Ausbildungsbeihilfe und das Arbeitsentgelt können je nach Leistung der Gefangenen und der Art der Ausbildung oder Arbeit gestuft werden. 75 % der Eckvergütung dürfen nur dann unterschritten werden, wenn die Leistungen der Gefangenen den Mindestanforderungen nicht genügen.

(5) Die Höhe der Ausbildungsbeihilfe und des Arbeitsentgeltes ist den Gefangenen schriftlich bekannt zu geben.

(6) Das für den Justizvollzug zuständige Ministerium wird ermächtigt, eine Rechtsverordnung über die Vergütungsstufen nach Absatz 4 zu erlassen.

(7) Soweit Beiträge zur Bundesagentur für Arbeit zu entrichten sind, kann, vom Arbeitsentgelt oder der Ausbildungsbeihilfe ein Betrag einbehalten werden, der dem Anteil der Gefangenen am Beitrag entsprechen würde, wenn sie diese Bezüge als Arbeitnehmerinnen oder Arbeitnehmer erhielten.

§ 58 Freistellung von der Arbeit

(1) Die Arbeit der Gefangenen wird, neben der Gewährung von Ausbildungsbeihilfe (§ 57 Abs. 1) oder Arbeitsentgelt (§ 57 Abs. 2) durch Freistellung von der Arbeit (Freistellung) anerkannt, die auch als Arbeitsurlaub genutzt oder auf den Entlassungszeitpunkt angerechnet werden kann.

(2) Haben die Gefangenen zwei Monate lang zusammenhängend eine Arbeit, arbeitstherapeutische oder sonstige Beschäftigung ausgeübt, so werden sie auf Antrag einen Werktag von der Arbeit freigestellt. § 37 Abs. 5 bleibt unberührt. Durch Zeiten, in denen die Gefangenen ohne ihr Verschulden durch Krankheit, Ausführung, Ausgang, Urlaub, Freistellung von der Arbeit oder sonstige nicht von ihnen zu vertretende Gründe an der Arbeitsleistung gehindert sind, wird die Frist nach Satz 1 gehemmt. Beschäftigungszeiträume von weniger als zwei Monaten bleiben unberücksichtigt.

(3) Die Gefangenen können beantragen, dass die Freistellung nach Absatz 2 in Form von Arbeitsurlaub gewährt wird. § 15 Abs. 2, § 16 Abs. 4 und § 17 gelten entsprechend.

(4) Die Gefangenen erhalten für die Zeit der Freistellung von der Arbeit ihre zuletzt gezahlten Bezüge weiter.

(5) Stellen die Gefangenen keinen Antrag nach Absatz 2 Satz 1 oder Absatz 3 Satz 1 oder kann die Freistellung von der Arbeit nach Maßgabe der Regelung des Absatzes 3 Satz 2 nicht gewährt werden, so wird sie nach Absatz 2 Satz 1 von der Anstalt auf den Entlassungszeitpunkt der Gefangenen angerechnet.

(6) Eine Anrechnung nach Absatz 5 ist ausgeschlossen

1. bei einer Aussetzung der Vollstreckung des Restes einer Jugendstrafe zur Bewährung, soweit wegen des von der Entscheidung der Vollstreckungsleiterin oder des Vollstreckungsleiters bis zur Entlassung verbleibenden Zeitraums eine Anrechnung nicht mehr möglich ist,

2. wenn dies von der Vollstreckungsleiterin oder vom Vollstreckungsleiter angeordnet wird, weil bei einer Aussetzung der Vollstreckung des Restes einer Jugendstrafe zur Bewährung die Lebensverhältnisse der Gefangenen oder die Wirkungen, die von der Aussetzung für sie zu erwarten sind, die Vollstreckung bis zu einem bestimmten Zeitpunkt erfordern,

3. wenn nach § 2 des Jugendgerichtsgesetzes in Verbindung mit § 456a Abs. 1 der Strafprozessordnung von der Vollstreckung abgesehen wird oder

4. wenn die Gefangenen im Gnadenwege aus der Haft entlassen werden.

(7) Soweit eine Anrechnung nach Absatz 6 ausgeschlossen ist, erhalten die Gefangenen bei ihrer Entlassung für eine Tätigkeit nach § 57 Abs. 2 als Ausgleichsentschädigung zusätzlich 15 % des Entgelts oder der Ausbildungsbeihilfe nach § 57 Abs. 3 und 4. Der Anspruch entsteht mit der Entlassung.

§ 59 Taschengeld

(1) Erhalten Gefangene ohne ihr Verschulden weder Ausbildungsbeihilfe noch Arbeitsentgelt, wird ihnen bei Bedürftigkeit auf Antrag ein angemessenes Taschengeld gewährt. Bedürftig sind Gefangene, soweit ihnen im laufenden Monat aus Hausgeld (§ 60) und Eigengeld (§ 61) nicht ein Betrag bis zur Höhe des Taschengeldes zur Verfügung steht.

(2) Das Taschengeld beträgt 14 % der Eckvergütung (§ 57 Abs. 3).

§ 60 Hausgeld

(1) Die Gefangenen dürfen von ihren in diesem Gesetz geregelten Bezügen drei Siebtel monatlich (Hausgeld) und das Taschengeld (§ 59) für den Einkauf (§ 31 Abs. 2) oder anderweitig verwenden.

(2) Für Gefangene, die in einem freien Beschäftigungsverhältnis stehen oder denen gestattet ist, sich selbst zu beschäftigen (§ 37 Abs. 4), wird aus ihren Bezügen ein angemessenes Hausgeld festgesetzt.

(3) Für Gefangene, die über Eigengeld (§ 61) verfügen und unverschuldet keine Bezüge nach diesem Gesetz erhalten, gilt Absatz 2 entsprechend.

§ 61 Überbrückungsgeld, Eigengeld

(1) Aus den in diesem Gesetz geregelten Bezügen und aus den Bezügen der Gefangenen, die in einem freien Beschäftigungsverhältnis stehen, ist ein Überbrückungsgeld als Vermögen anzusparen.

(2) Die Anstaltsleitung kann gestatten, dass das Überbrückungsgeld für Ausgaben in Anspruch genommen wird, die der Eingliederung der Gefangenen dienen.

(3) Für die Pfändbarkeit des Überbrückungsgeldes gilt § 51 Abs. 4 und 5 in Verbindung mit § 176 Abs. 4 des Strafvollzugsgesetzes in der Fassung der Bekanntmachung vom 16. März 1976 (BGBl. I S. 581, ber. S. 2088 und 1977 S. 436), zuletzt geändert durch Artikel 2 Abs. 11 des Gesetzes vom 19. Februar 2007 (BGBl. I S. 122), entsprechend.

(4) Das Überbrückungsgeld wird den Gefangenen bei der Entlassung in die Freiheit ausgezahlt. Die Anstalt kann es auch ganz oder teilweise der Bewährungshilfe oder einer mit der Entlassenenbetreuung befassten Stelle überweisen, die darüber entscheidet, wie das Geld nach der Entlassung an die Gefangenen ausgezahlt wird. Mit Zustimmung der Gefan-

genen kann das Überbrückungsgeld auch an eine andere Person überwiesen werden.

(5) Das Eigengeld besteht aus den Beträgen, die die Gefangenen bei Strafantritt in die Anstalt mitbringen, Geldern, die ihnen während der Haftzeit zugehen und Bezügen, die nicht als Hausgeld oder Überbrückungsgeld in Anspruch genommen werden.

(6) Die Gefangenen können über das Eigengeld verfügen, soweit dieses nicht als Überbrückungsgeld notwendig ist. § 31 Abs. 3 und 4 und § 60 bleiben unberührt.

Abschnitt IX
Sicherheit und Ordnung

§ 62 Grundsatz

(1) Sicherheit und Ordnung der Anstalt bilden die Grundlage des auf die Erziehung und Förderung aller Gefangenen ausgerichteten Anstaltslebens und tragen dazu bei, dass in der Anstalt ein gewaltfreies Klima herrscht.

(2) Die Pflichten und Beschränkungen, die den Gefangenen zur Aufrechterhaltung der Sicherheit oder Ordnung der Anstalt auferlegt werden, sind so zu wählen, dass sie in einem angemessenen Verhältnis zu ihrem Zweck stehen und die Gefangenen nicht mehr und nicht länger als notwendig beeinträchtigen.

§ 63 Verhaltensvorschriften

(1) Die Gefangenen sind für das geordnete Zusammenleben in der Anstalt mitverantwortlich und müssen mit ihrem Verhalten dazu beitragen. Ihr Bewusstsein hierfür ist zu entwickeln und zu stärken.

(2) Die Gefangenen haben sich nach der Tageseinteilung der Anstalt (Arbeitszeit, Freizeit, Ruhezeit) zu richten.

(3) Die Gefangenen haben die Anordnungen der Bediensteten zu befolgen, auch wenn sie sich durch diese beschwert fühlen. Einen ihnen zugewiesenen Bereich dürfen sie nicht ohne Erlaubnis verlassen.

(4) Die Gefangenen haben ihren Haftraum und die ihnen oder der Anstalt überlassenen Sachen in Ordnung zu halten und schonend zu behandeln.

(5) Die Gefangenen haben Umstände, die eine Gefahr für das Leben oder eine erhebliche Gefahr für die Gesundheit einer Person bedeuten, unverzüglich zu melden.

§ 64 Durchsuchung

(1) Die Gefangenen, ihre Sachen und die Hafträume dürfen mit technischen Mitteln untersucht und durchsucht werden. Die Durchsuchung männlicher Gefangener darf nur von Männern, die Durchsuchung weiblicher Gefangener darf nur von Frauen vorgenommen werden. Das Schamgefühl ist zu schonen.

(2) Nur bei Gefahr im Verzug oder auf Anordnung der Anstaltsleitung im Einzelfall ist es zulässig, eine mit einer Entkleidung verbundene körperliche Durchsuchung vorzunehmen. Sie darf bei männlichen Gefangenen nur in Gegenwart von Männern, bei weiblichen Gefangenen nur in Gegenwart von Frauen erfolgen. Sie ist in einem geschlossenen Raum durchzuführen. Andere Gefangene dürfen nicht anwesend sein.

(3) Die Anstaltsleitung kann allgemein anordnen, dass Gefangene bei der Aufnahme, vor und nach Kontakten mit Besucherinnen oder Besuchern sowie vor und nach jeder Abwesenheit von der Anstalt nach Absatz 2 zu durchsuchen sind.

§ 65 Sichere Unterbringung

(1) Gefangene können in eine Anstalt verlegt werden, die zu ihrer sicheren Unterbringung besser geeignet ist, wenn in erhöhtem Maße Fluchtgefahr gegeben ist oder sonst ihr Verhalten oder ihr Zustand eine Gefahr für die Sicherheit oder Ordnung der Anstalt darstellt.

(2) § 12 Abs. 2 und 3 gilt entsprechend.

§ 66 Erkennungsdienstliche
Maßnahmen, Lichtbildausweise

(1) Zur Sicherung des Vollzugs, zur Aufrechterhaltung der Sicherheit oder Ordnung der Anstalt oder zur Identitätsfeststellung sind mit Kenntnis der Gefangenen zulässig:

1. die Abnahme von Finger- und Handflächenabdrücken,

2. die Aufnahme von Lichtbildern,

3. die Feststellung äußerlicher körperlicher Merkmale,

4. die elektronische Erfassung biometrischer Merkmale und

5. Messungen.

(2) Die hierbei gewonnenen Unterlagen oder Daten werden zu den Gefangenenpersonalakten genommen oder in personenbezogenen Dateien gespeichert. Sie können auch in kriminalpolizeilichen Sammlungen verwahrt werden. Die nach Absatz 1 erhobenen Daten dürfen nur für die in Absatz 1, in § 69 Abs. 2 und in § 89 Abs. 2 Nr. 4 genannten Zwecke verarbeitet werden.

(3) Werden die Gefangenen entlassen oder in eine andere Anstalt verlegt, sind die personenbezogenen Daten nach spätestens zwei Jahren zu löschen.

(4) Die Anstalt kann die Gefangenen verpflichten, einen Lichtbildausweis mit sich zu führen, wenn dies aus Gründen der Sicherheit oder Ordnung der Anstalt erforderlich ist. Dieser ist bei der Entlassung oder bei der Verlegung in eine andere Anstalt einzuziehen und zu vernichten.

§ 67 Videoüberwachung

(1) Aus Gründen der Sicherheit oder Ordnung ist die Beobachtung einzelner Bereiche des Anstaltsgebäudes einschließlich des Gebäudeinneren, des Anstaltsgeländes oder der unmittelbaren Umgebung der Anstalt mit optisch-elektronischen Einrichtungen (Videoüberwachung) zulässig. Die Videoüberwachung von Haftträumen ist ausgeschlossen.

(2) Der Umstand der Videoüberwachung ist durch geeignete Maßnahmen erkennbar zu machen, soweit nicht der Zweck der Videoüberwachung dadurch vereitelt wird.

(3) Werden durch Videoüberwachung erhobene Daten einer bestimmten Person zugeordnet, sind Verarbeitung und Nutzung der Daten nur zu den in § 89 Abs. 1 und Abs. 2 Nr. 1, 2 oder 4 genannten Zwecken zulässig.

(4) Die Betroffenen sind über eine Verarbeitung und Nutzung ihrer personenbezogenen Daten zu benachrichtigen, sofern die Daten nicht innerhalb der Anstalt verbleiben und

binnen vier Wochen gelöscht werden. Eine Pflicht zur Benachrichtigung besteht nicht, sofern die Betroffenen auf andere Weise Kenntnis von der Verarbeitung und Nutzung erlangt haben. Die Unterrichtung kann unterbleiben, solange durch sie der Zweck der Maßnahme vereitelt würde. Die Unterrichtung ist unverzüglich nachzuholen, sobald der Zweck der Maßnahme entfallen ist.

§ 68 Maßnahmen zur Feststellung von Suchtmittelkonsum

(1) Zur Aufrechterhaltung der Sicherheit oder Ordnung der Anstalt kann die Anstaltsleitung allgemein oder im Einzelfall Maßnahmen anordnen, die geeignet sind, den Missbrauch von Suchtmitteln festzustellen. Diese Maßnahmen dürfen nicht mit einem körperlichen Eingriff verbunden sein.

(2) Wird Suchtmittelmissbrauch festgestellt, können die Kosten der Maßnahmen den Gefangenen auferlegt werden.

§ 69 Festnahmerecht

(1) Gefangene, die entwichen sind oder sich sonst ohne Erlaubnis außerhalb der Anstalt aufhalten, können durch die Anstalt oder auf deren Veranlassung festgenommen und zurückgebracht werden.

(2) Nach § 66 Abs. 1 und § 88 erhobene und zur Identifizierung oder Festnahme erforderliche Daten dürfen den Vollstreckungs- und Strafverfolgungsbehörden sowie der Polizei übermittelt werden, soweit dies für Zwecke der Fahndung und Festnahme der entwichenen oder sich sonst ohne Erlaubnis außerhalb der Anstalt aufhaltenden Gefangenen erforderlich ist.

§ 70 Besondere Sicherungsmaßnahmen

(1) Gegen Gefangene können besondere Sicherungsmaßnahmen angeordnet werden, wenn nach ihrem Verhalten oder aufgrund ihres seelischen Zustandes in erhöhtem Maße Fluchtgefahr oder die Gefahr von Gewalttätigkeiten gegen Personen oder Sachen oder die Gefahr der Selbsttötung oder der Selbstverletzung besteht.

(2) Als besondere Sicherungsmaßnahmen sind zulässig:

1. der Entzug oder die Vorenthaltung von Gegenständen,

2. die Beobachtung der Gefangenen, auch mit technischen Hilfsmitteln,

3. die Absonderung von anderen Gefangenen,

4. der Entzug oder die Beschränkung des Aufenthalts im Freien,

5. die Unterbringung und Beobachtung in einem besonders gesicherten Haftraum ohne gefährdende Gegenstände, auch mittels Videoüberwachung (§ 67) und

6. die Fesselung.

(3) Maßnahmen nach Absatz 2 Nr. 1, 3 und 5 sind auch zulässig, wenn die Gefahr einer Befreiung oder eine erhebliche Störung der Hausordnung anders nicht vermieden oder behoben werden kann.

(4) Bei einer Ausführung, Vorführung oder beim Transport ist die Fesselung auch dann zulässig, wenn Fluchtgefahr besteht.

§ 71 Einzelhaft

Die unausgesetzte Absonderung einer oder eines Gefangenen von anderen Gefangenen (Einzelhaft) ist nur zulässig, wenn dies aus Gründen, die in der Person der oder des Abzusondernden liegen, unerlässlich ist.

Einzelhaft von mehr als zwei Monaten Gesamtdauer im Jahr bedarf der Zustimmung der Aufsichtsbehörde. Während des Vollzugs der Einzelhaft sind die Gefangenen in besonderem Maße zu betreuen.

§ 72 Fesselung

In der Regel dürfen Fesseln nur an den Händen oder an den Füßen angelegt werden. Im Interesse der Gefangenen kann die Anstaltsleitung eine andere Art der Fesselung anordnen. Die Fesselung wird zeitweise gelockert, soweit dies notwendig ist.

§ 73 Anordnung besonderer Sicherungsmaßnahmen, Verfahren

(1) Besondere Sicherungsmaßnahmen ordnet die Anstaltsleitung an. Bei Gefahr im Verzug

können auch andere Bedienstete diese Maßnahmen vorläufig anordnen. Die Entscheidung der Anstaltsleitung ist unverzüglich einzuholen.

(2) Werden Gefangene ärztlich behandelt oder beobachtet oder bildet ihr seelischer Zustand den Anlass der Sicherungsmaßnahme, ist vorher eine ärztliche Stellungnahme einzuholen. Ist dies wegen Gefahr im Verzug nicht möglich, wird die Stellungnahme unverzüglich nachträglich eingeholt.

(3) Die Entscheidung wird den Gefangenen von der Anstaltsleitung mündlich eröffnet und mit einer kurzen Begründung schriftlich abgefasst.

(4) Besondere Sicherungsmaßnahmen sind in angemessenen Abständen daraufhin zu überprüfen, ob und in welchem Umfang sie aufrechterhalten werden müssen.

(5) Besondere Sicherungsmaßnahmen nach § 70 Abs. 2 Nr. 5 und 6 sind der Aufsichtsbehörde unverzüglich mitzuteilen, wenn sie länger als drei Tage aufrechterhalten werden.

§ 74 Ärztliche Überwachung

(1) Sind Gefangene in einem besonders gesicherten Haftraum untergebracht oder gefesselt (§ 70 Abs. 2 Nr. 5 und 6), sucht sie die Ärztin oder der Arzt alsbald und in der Folge möglichst täglich auf. Dies gilt nicht bei einer Fesselung während einer Ausführung, Vorführung oder eines Transportes (§ 70 Abs. 4).

(2) Die Ärztin oder der Arzt sind regelmäßig zu hören, solange eine besondere Sicherungsmaßnahme nach § 70 Abs. 2 Nr. 4 oder Einzelhaft nach § 71 andauert.

§ 75 Ersatz von Aufwendungen

(1) Die Gefangenen sind verpflichtet, der Anstalt Aufwendungen zu ersetzen, die sie durch eine vorsätzliche oder grob fahrlässige Selbstverletzung oder Verletzung anderer Gefangener verursacht haben. Ansprüche aus sonstigen Rechtsvorschriften bleiben unberührt.

(2) Von der Aufrechnung oder Vollstreckung wegen der in Absatz 1 genannten Forderungen ist abzusehen, soweit hierdurch die Er-

ziehung und Förderung der Gefangenen oder ihre Eingliederung behindert würde.

Abschnitt X
Unmittelbarer Zwang

§ 76 Begriffsbestimmungen

(1) Unmittelbarer Zwang ist die Einwirkung auf Personen oder Sachen durch körperliche Gewalt, ihre Hilfsmittel und durch Waffen.

(2) Körperliche Gewalt ist jede unmittelbare körperliche Einwirkung auf Personen oder Sachen.

(3) Hilfsmittel der körperlichen Gewalt sind insbesondere Fesseln und Reizstoffe.

(4) Waffen sind die dienstlich zugelassenen Hieb- und Schusswaffen.

§ 77 Allgemeine Voraussetzungen

(1) Die Bediensteten dürfen unmittelbaren Zwang anwenden, wenn sie Vollzugs- und Sicherungsmaßnahmen rechtmäßig durchführen und der damit verfolgte Zweck auf keine andere Weise erreicht werden kann.

(2) Gegen andere Personen als Gefangene darf unmittelbarer Zwang angewendet werden, wenn sie es unternehmen, Gefangene zu befreien oder widerrechtlich in die Anstalt einzudringen, oder wenn sie sich unbefugt darin aufhalten.

(3) Das Recht zu unmittelbarem Zwang aufgrund anderer Regelungen bleibt unberührt.

§ 78 Grundsatz der Verhältnismäßigkeit

(1) Unter mehreren möglichen und geeigneten Maßnahmen des unmittelbaren Zwangs sind diejenigen zu wählen, die die einzelne Person und die Allgemeinheit voraussichtlich am wenigsten beeinträchtigen.

(2) Unmittelbarer Zwang unterbleibt, wenn ein durch ihn zu erwartender Schaden erkennbar außer Verhältnis zu dem angestrebten Erfolg steht.

§ 79 Handeln auf Anordnung

(1) Wird unmittelbarer Zwang von einer oder einem Vorgesetzten oder einer sonst befugten Person angeordnet, sind die Bediensteten

verpflichtet, ihn anzuwenden, es sei denn, die Anordnung verletzt die Menschenwürde oder ist nicht zu dienstlichen Zwecken erteilt worden.

(2) Die Anordnung darf nicht befolgt werden, wenn dadurch eine Straftat begangen würde.

(3) Bedenken gegen die Rechtmäßigkeit der Anordnung haben Bedienstete der oder dem Anordnenden gegenüber vorzubringen, soweit das nach den Umständen möglich ist. Abweichende Bestimmungen des allgemeinen Beamtenrechts über die Mitteilung solcher Bedenken an Vorgesetzte (§ 68 Abs. 2 und 3 des Landesbeamtengesetzes) sind nicht anzuwenden.

§ 80 Androhung

Unmittelbarer Zwang ist vorher anzudrohen. Die Androhung darf nur dann unterbleiben, wenn die Umstände sie nicht zulassen oder unmittelbarer Zwang sofort angewendet werden muss, um eine rechtswidrige Tat, die den Tatbestand eines Strafgesetzes erfüllt, zu verhindern oder eine gegenwärtige Gefahr abzuwenden.

§ 81 Schusswaffengebrauch

(1) Schusswaffen dürfen nur gebraucht werden, wenn andere Maßnahmen des unmittelbaren Zwangs bereits erfolglos waren oder keinen Erfolg versprechen. Gegen Personen ist ihr Gebrauch nur zulässig, wenn der Zweck nicht durch Waffenwirkung gegen Sachen erreicht wird.

(2) Schusswaffen dürfen nur die dazu bestimmten Bediensteten gebrauchen und nur, um angriffs- oder fluchtunfähig zu machen. Ihr Gebrauch unterbleibt, wenn dadurch erkennbar Unbeteiligte mit hoher Wahrscheinlichkeit gefährdet würden.

(3) Der Gebrauch von Schusswaffen ist vorher anzudrohen. Als Androhung gilt auch ein Warnschuss. Ohne Androhung dürfen Schusswaffen nur dann gebraucht werden, wenn dies zur Abwehr einer gegenwärtigen Gefahr für Leib oder Leben erforderlich ist.

(4) Gegen Gefangene dürfen Schusswaffen gebraucht werden,

1. wenn sie eine Waffe oder ein anderes gefährliches Werkzeug trotz wiederholter Aufforderung nicht ablegen,

2. wenn sie eine Meuterei (§ 121 des Strafgesetzbuchs) unternehmen oder

3. um ihre Flucht zu vereiteln oder um sie wieder zu ergreifen.

Um die Flucht aus einer offenen Anstalt zu vereiteln, dürfen keine Schusswaffen gebraucht werden.

(5) Gegen andere Personen dürfen Schusswaffen gebraucht werden, wenn sie es unternehmen, Gefangene gewaltsam zu befreien oder gewaltsam in eine Anstalt einzudringen.

Abschnitt XI
Erzieherische Maßnahmen, Disziplinarmaßnahmen

§ 82 Erzieherische Maßnahmen

(1) Verstöße der Gefangenen gegen Pflichten, die ihnen durch oder aufgrund dieses Gesetzes auferlegt sind, sind unverzüglich im erzieherischen Gespräch aufzuarbeiten. Daneben können Maßnahmen angeordnet werden, die geeignet sind, den Gefangenen ihr Fehlverhalten bewusst zu machen (erzieherische Maßnahmen). Als erzieherische Maßnahmen kommen namentlich in Betracht die Erteilung von Weisungen und Auflagen, die Beschränkung oder der Entzug einzelner Gegenstände für die Freizeitbeschäftigung und der Ausschluss von gemeinsamer Freizeit oder von einzelnen Freizeitveranstaltungen bis zur Dauer einer Woche.

(2) Die Anstaltsleitung legt fest, welche Bediensteten befugt sind, erzieherische Maßnahmen anzuordnen.

(3) Es sollen solche erzieherischen Maßnahmen angeordnet werden, die mit der Verfehlung in Zusammenhang stehen.

§ 83 Disziplinarmaßnahmen

(1) Disziplinarmaßnahmen dürfen nur angeordnet werden, wenn erzieherische Maßnahmen nach § 82 nicht ausreichen, um den Gefangenen das Unrecht ihrer Handlung zu verdeutlichen. Zu berücksichtigen ist ferner eine aus demselben Anlass angeordnete besondere Sicherungsmaßnahme.

(2) Disziplinarmaßnahmen können angeordnet werden, wenn Gefangene rechtswidrig und schuldhaft

1. gegen Strafgesetze verstoßen oder eine Ordnungswidrigkeit begehen,

2. andere Personen verbal oder tätlich angreifen,

3. Lebensmittel oder fremdes Eigentum zerstören oder beschädigen,

4. sich zugewiesenen Aufgaben entziehen,

5. verbotene Gegenstände in die Anstalt bringen,

6. sich am Einschmuggeln verbotener Gegenstände beteiligen oder sie besitzen,

7. entweichen oder zu entweichen versuchen oder

8. in sonstiger Weise wiederholt oder schwerwiegend gegen die Hausordnung verstoßen oder das Zusammenleben in der Anstalt stören.

(3) Zulässige Disziplinarmaßnahmen sind

1. die Beschränkung oder der Entzug des Rundfunkempfangs bis zu zwei Monaten,

2. die Beschränkung oder der Entzug der Gegenstände für die Freizeitbeschäftigung oder der Ausschluss von gemeinsamer Freizeit oder von einzelnen Freizeitveranstaltungen bis zu zwei Monaten,

3. die Beschränkung des Einkaufs bis zu zwei Monaten und

4. Arrest bis zu zwei Wochen.

(4) Disziplinarmaßnahmen sind auch zulässig, wenn wegen derselben Verfehlung ein Straf- oder Bußgeldverfahren eingeleitet wird.

(5) Mehrere Disziplinarmaßnahmen können miteinander verbunden werden.

(6) Arrest darf nur wegen schwerer oder wiederholter Verfehlungen verhängt werden.

§ 84 Vollzug der Disziplinarmaßnahmen, Aussetzung zur Bewährung

(1) Disziplinarmaßnahmen werden in der Regel sofort vollstreckt.

(2) Disziplinarmaßnahmen können ganz oder teilweise bis zu sechs Monaten zur Bewährung ausgesetzt werden.

(3) Arrest wird in Einzelhaft vollzogen. Er ist erzieherisch auszugestalten. Die Gefangenen können in einem besonderen Arrestraum untergebracht werden, der den Anforderungen entsprechen muss, die an einen zum Aufenthalt bei Tag und Nacht bestimmten Haftraum gestellt werden. Soweit nichts anderes angeordnet wird, ruhen die Befugnisse der Gefangenen aus § 29, § 30 Abs. 2, § 31 Abs. 2 und 3, § 37 und §§ 40 bis 42.

§ 85 Disziplinarbefugnis

(1) Disziplinarmaßnahmen ordnet die Anstaltsleitung an. Bei einer Verfehlung auf dem Weg in eine andere Anstalt zum Zweck der Verlegung ist die aufnehmende Anstalt zuständig.

(2) Die Aufsichtsbehörde entscheidet, wenn sich die Verfehlung gegen die Anstaltsleiterin oder den Anstaltsleiter richtet.

(3) Disziplinarmaßnahmen, die gegen die Gefangenen in einer anderen Anstalt oder während einer Untersuchungshaft angeordnet worden sind, werden auf Ersuchen vollstreckt. § 84 Abs. 2 bleibt unberührt.

§ 86 Verfahren

(1) Vor der Anordnung von Disziplinarverfahren ist der Sachverhalt zu klären. Die betroffenen Gefangenen werden gehört. Sie sind darauf hinzuweisen, dass es ihnen freisteht sich zu äußern. Die Erhebungen werden in einer Niederschrift festgelegt; die Einlassung der Gefangenen wird vermerkt.

(2) Bei schweren Verfehlungen soll sich die Anstaltsleitung vor der Entscheidung mit Personen besprechen, die an der Erziehung der Gefangenen mitwirken.

(3) Vor der Anordnung von Disziplinarmaßnahmen gegen Gefangene, die sich in ärztlicher Behandlung befinden, oder gegen Schwangere oder stillende Mütter ist eine Ärztin oder ein Arzt zu hören.

(4) Die Entscheidung wird den Gefangenen durch die Anstaltsleitung mündlich eröffnet

und mit einer kurzen Begründung schriftlich abgefasst.

(5) Bevor Arrest vollzogen wird, ist eine Ärztin oder ein Arzt zu hören. Während des Arrestes stehen die Gefangenen unter ärztlicher Aufsicht. Der Vollzug unterbleibt oder wird unterbrochen, wenn die Gesundheit der Gefangenen gefährdet würde.

Abschnitt XII
Beschwerde

§ 87 Beschwerderecht

(1) Die Gefangenen erhalten Gelegenheit, sich mit Wünschen, Anregungen und Beschwerden in Angelegenheiten, die sie selbst betreffen, an die Anstaltsleitung zu wenden.

(2) Besichtigen Vertreterinnen und Vertreter der Aufsichtsbehörde die Anstalt, so ist zu gewährleisten, dass die Gefangenen sich in Angelegenheiten, die sie selbst betreffen, an diese wenden können.

(3) Die Möglichkeit der Dienstaufsichtsbeschwerde bleibt unberührt.

Abschnitt XIII
Datenschutz

§ 88 Erhebung personenbezogener Daten

(1) Die Anstalt und die Aufsichtsbehörde dürfen personenbezogene Daten erheben, soweit dies für den Vollzug erforderlich ist.

(2) Personenbezogene Daten sind bei den Betroffenen zu erheben. Ohne ihre Mitwirkung dürfen sie nur erhoben werden, wenn

1. eine Rechtsvorschrift dies vorsieht oder zwingend voraussetzt oder

2. a) die zu erfüllende Verwaltungsaufgabe nach Art oder Geschäftszweck eine Erhebung bei anderen Personen oder Stellen erforderlich macht oder

   b) die Erhebung bei den Betroffenen einen unverhältnismäßigen Aufwand erfordern würde und keine Anhaltspunkte dafür bestehen, dass überwiegende schutzwürdige Interessen der Betroffenen beeinträchtigt werden.

(3) Werden personenbezogene Daten bei den Betroffenen erhoben, so sind diese, sofern sie nicht bereits auf andere Weise Kenntnis erlangt haben, von der verantwortlichen Stelle über

1. die Identität der verantwortlichen Stelle,

2. die Zweckbestimmungen der Erhebung, Verarbeitung oder Nutzung und

3. die Kategorien von Empfängerinnen oder Empfängern nur, soweit die Betroffenen nach den Umständen des Einzelfalls nicht mit der Übermittlung an diese rechnen müssen,

zu unterrichten. Werden personenbezogene Daten bei den Betroffenen aufgrund einer Rechtsvorschrift erhoben, die zur Auskunft verpflichtet, oder ist die Erteilung der Auskunft Voraussetzung für die Gewährung von Rechtsvorteilen, so sind die Betroffenen hierauf, sonst auf die Freiwilligkeit ihrer Angaben hinzuweisen. Soweit nach den Umständen des Einzelfalles erforderlich oder auf Verlangen, sind sie über die Rechtsvorschrift und über die Folgen der Verweigerung von Angaben aufzuklären.

(4) Daten über Personen, die nicht Gefangene sind, dürfen ohne ihre Mitwirkung bei Personen oder Stellen außerhalb der Anstalt oder Aufsichtsbehörde nur erhoben werden, wenn sie für die Behandlung von Gefangenen, die Sicherheit der Anstalt oder die Sicherung des Vollzugs einer Jugend- oder Freiheitsstrafe unerlässlich sind und die Art der Erhebung schutzwürdige Interessen der Betroffenen nicht beeinträchtigt.

(5) Über eine ohne ihre Kenntnis vorgenommene Erhebung personenbezogener Daten werden die Betroffenen unter Angabe dieser Daten unterrichtet, soweit der in Absatz 1 genannte Zweck dadurch nicht gefährdet wird. Sind die Daten bei anderen Personen oder Stellen erhoben worden, kann die Unterrichtung unterbleiben, wenn

1. die Daten nach einer Rechtsvorschrift oder ihrem Wesen nach, namentlich wegen des überwiegenden berechtigten Interesses Dritter, geheim gehalten werden müssen oder

2. der Aufwand der Unterrichtung außer Verhältnis zum Schutzzweck steht und keine Anhaltspunkte dafür bestehen, dass überwiegende schutzwürdige Interessen der Betroffenen beeinträchtigt werden.

(6) Werden personenbezogene Daten statt bei den Betroffenen bei einer nichtöffentlichen Stelle erhoben, so ist die Stelle auf die Rechtsvorschrift, die zur Auskunft verpflichtet, sonst auf die Freiwilligkeit ihrer Angaben hinzuweisen.

§ 89 Verarbeitung und Nutzung

(1) Die Anstalt und die Aufsichtsbehörde dürfen personenbezogene Daten verarbeiten und nutzen, soweit dies für den Vollzug erforderlich ist.

(2) Die Verarbeitung und Nutzung personenbezogener Daten für andere Zwecke ist zulässig, soweit dies

1. zur Abwehr von sicherheitsgefährdenden oder geheimdienstlichen Tätigkeiten für eine fremde Macht oder von Bestrebungen im Geltungsbereich des Grundgesetzes, die durch Anwendung von Gewalt oder darauf gerichtete Vorbereitungshandlungen

   a) gegen die freiheitliche demokratische Grundordnung, den Bestand oder die Sicherheit des Bundes oder eines Landes gerichtet sind,

   b) eine ungesetzliche Beeinträchtigung der Amtsführung der Verfassungsorgane des Bundes oder eines Landes oder ihrer Mitglieder zum Ziele haben oder

   c) auswärtige Belange der Bundesrepublik Deutschland gefährden,

2. zur Abwehr erheblicher Nachteile für das Gemeinwohl oder einer Gefahr für die öffentliche Sicherheit,

3. zur Abwehr einer schwerwiegenden Beeinträchtigung der Rechte einer anderen Person,

4. zur Verhinderung oder Verfolgung

   a) von Straftaten sowie

b) von Ordnungswidrigkeiten, durch welche die Sicherheit oder Ordnung der Anstalt gefährdet werden oder

5. für Maßnahmen der Strafvollstreckung oder strafvollstreckungsrechtliche Entscheidungen erforderlich ist.

(3) Eine Verarbeitung oder Nutzung für andere Zwecke liegt nicht vor, soweit sie dem gerichtlichen Rechtsschutz im Zusammenhang mit diesem Gesetz oder den in § 13 Abs. 5 des Landesdatenschutzgesetzes vom 9. Februar 2000 (GVOBl. Schl.-H. S. 169), zuletzt geändert durch Artikel 2 des Gesetzes vom 15. Februar 2005 (GVOBl. Schl.-H. S. 168) und § 14 Abs. 3 des Bundesdatenschutzgesetzes in der Fassung der Bekanntmachung vom 14. Januar 2003 (BGBl. I S. 66), zuletzt geändert durch Artikel 1 des Gesetzes vom 22. August 2006 (BGBl. I 1970), genannten Zwecken dient.

(4) Über die in den Absätzen 1 und 2 geregelten Zwecke hinaus dürfen zuständigen öffentlichen Stellen personenbezogene Daten übermittelt werden, soweit dies für

1. Maßnahmen der Gerichtshilfe, Jugendgerichtshilfe, Bewährungshilfe oder Führungsaufsicht,

2. Entscheidungen in Gnadensachen,

3. gesetzlich angeordnete Statistiken der Rechtspflege,

4. sozialrechtliche Maßnahmen,

5. die Einleitung von Hilfsmaßnahmen für Angehörige der Gefangenen nach § 11 Abs. 1 Nr. 1 des Strafgesetzbuchs,

6. dienstliche Maßnahmen der Bundeswehr im Zusammenhang mit der Aufnahme und Entlassung von Soldaten,

7. ausländerrechtliche Maßnahmen oder

8. die Durchführung der Besteuerung

erforderlich ist. Eine Übermittlung für andere Zwecke ist auch zulässig, soweit eine andere gesetzliche Bestimmung dies vorsieht und sich dabei ausdrücklich auf personenbezogene Daten über Gefangene bezieht.

(5) Die Anstalt oder die Aufsichtsbehörde darf öffentlichen oder nichtöffentlichen Stellen auf schriftlichen Antrag mitteilen, ob sich eine Person in Haft befindet sowie ob und wann ihre Entlassung voraussichtlich innerhalb eines Jahres bevorsteht, soweit

1. die Mitteilung zur Erfüllung der in der Zuständigkeit der öffentlichen Stelle liegenden Aufgaben erforderlich ist oder

2. von nichtöffentlichen Stellen ein berechtigtes Interesse an dieser Mitteilung glaubhaft dargelegt wird und die Gefangenen kein schutzwürdiges Interesse an dem Ausschluss der Übermittlung haben.

Den Verletzten einer Straftat können darüber hinaus auf schriftlichen Antrag Auskünfte über die Entlassungsadresse oder die Vermögensverhältnisse von Gefangenen erteilt werden, wenn die Erteilung zur Feststellung oder Durchsetzung von Rechtsansprüchen im Zusammenhang mit der Straftat erforderlich ist. Die Gefangenen werden vor der Mitteilung gehört, es sei denn, es ist zu besorgen, dass dadurch die Verfolgung des Interesses der Antragstellerinnen und Antragsteller vereitelt oder wesentlich erschwert werden würde, und eine Abwägung ergibt, dass dieses Interesse das Interesse der Gefangenen an ihrer vorherigen Anhörung überwiegt. Ist die Anhörung unterblieben, werden die betroffenen Gefangenen über die Mitteilung der Anstalt oder Aufsichtsbehörde nachträglich unterrichtet.

(6) Akten mit personenbezogenen Daten dürfen nur anderen Anstalten, Aufsichtsbehörden, den für strafvollzugs-, strafvollstreckungs- und strafrechtliche Entscheidungen zuständigen Gerichten sowie den Strafvollstreckungs- und Strafverfolgungsbehörden überlassen werden. Die Überlassung an andere öffentliche Stellen ist zulässig, soweit die Erteilung einer Auskunft einen unvertretbaren Aufwand erfordert oder nach Darlegung der Akteneinsicht begehrenden Stellen für die Erfüllung der Aufgabe nicht ausreicht. Entsprechendes gilt für die Überlassung von Akten an die von der Vollzugsbehörde mit Gutachten beauftragten Stellen.

(7) Sind mit personenbezogenen Daten, die nach den Absätzen 1, 2 oder 4 übermittelt werden dürfen, weitere personenbezogene Daten von Betroffenen oder von Dritten in

Akten so verbunden, dass eine Trennung nicht oder nur mit unvertretbarem Aufwand möglich ist, so ist die Übermittlung auch dieser Daten zulässig, soweit nicht berechtigte Interessen von Betroffenen oder Dritten an deren Geheimhaltung offensichtlich überwiegen. Eine Verarbeitung oder Nutzung dieser Daten durch die Empfängerinnen und Empfänger ist unzulässig.

(8) Bei der Überwachung der Besuche oder des Schriftwechsels sowie bei der Überwachung des Inhaltes von Paketen bekannt gewordene personenbezogene Daten dürfen nur

1. für die in Absatz 2 aufgeführten Zwecke,

2. für den gerichtlichen Rechtsschutz im Zusammenhang mit diesem Gesetz,

3. zur Wahrung der Sicherheit oder Ordnung der Anstalt oder

4. nach Anhörung der Gefangenen für Zwecke der Behandlung

verarbeitet und genutzt werden.

(9) Personenbezogene Daten, die nach § 88 Abs. 4 über Personen, die nicht Gefangene sind, erhoben worden sind, dürfen nur zur Erfüllung des Erhebungszwecks, für die in Absatz 2 Nr. 1 bis 3 geregelten Zwecke oder zur Verhinderung oder Verfolgung von Straftaten von erheblicher Bedeutung verarbeitet oder genutzt werden.

(10) Die Übermittlung von personenbezogenen Daten unterbleibt, soweit die in § 92 Abs. 2 oder § 94 Abs. 2 und 4 geregelten Einschränkungen oder besondere gesetzliche Verwendungsregelungen entgegenstehen.

(11) Die Verantwortung für die Zulässigkeit der Übermittlung trägt die übermittelnde Anstalt oder Aufsichtsbehörde. Erfolgt die Übermittlung auf Ersuchen einer öffentlichen Stelle, trägt diese die Verantwortung. In diesem Fall prüft die übermittelnde Anstalt oder Aufsichtsbehörde nur, ob das Übermittlungsersuchen im Rahmen der Aufgaben der Empfängerin liegt und die Absätze 8 bis 10 der Übermittlung nicht entgegenstehen, es sei denn, dass besonderer Anlass zur Prüfung der Zulässigkeit der Übermittlung besteht.

§ 90 Zentrale Datei, Einrichtung automatisierter Übermittlungs- und Abrufverfahren

(1) Die nach § 88 erhobenen Daten können für die Anstalt und die Aufsichtsbehörde in einer zentralen Datei gespeichert werden.

(2) Die Einrichtung eines automatisierten Verfahrens, das die Übermittlung oder den Abruf personenbezogener Daten aus der zentralen Datei nach § 89 Abs. 2 und 4 ermöglicht, ist zulässig, soweit diese Form der Datenübermittlung oder des Datenabrufs unter Berücksichtigung der schutzwürdigen Belange der betroffenen Personen und der Erfüllung des Zwecks der Übermittlung angemessen ist. Die automatisierte Übermittlung der für § 13 Abs. 1 Satz 3 des Bundeskriminalamtsgesetzes vom 7. Juli 1997 (BGBl. I S. 1650), zuletzt geändert durch Artikel 4 des Gesetzes vom 22. Dezember 2006 (BGBl. I S. 3416), erforderlichen personenbezogenen Daten kann auch anlassunabhängig erfolgen.

(3) Die speichernde Stelle hat zu gewährleisten, dass die Übermittlung und der Abruf zumindest durch geeignete Stichprobenverfahren festgestellt und überprüft werden kann. Der Abruf der Daten wird protokolliert.

(4) Das für den Justizvollzug zuständige Ministerium bestimmt durch Rechtsverordnung die Einzelheiten der Einrichtung automatisierter Übermittlungs- und Abrufverfahren. Die oder der Landesbeauftragte für Datenschutz ist vorher zu hören. Die Rechtsverordnung hat den Datenempfänger, die Datenart und den Zweck des Abrufs festzulegen. Sie hat Maßnahmen zur Datensicherung und zur Kontrolle vorzusehen, die in einem angemessenen Verhältnis zu dem angestrebten Schutzzweck stehen.

(5) Das für den Strafvollzug zuständige Ministerium kann mit anderen Ländern und dem Bund einen Datenverbund vereinbaren, der eine automatisierte Datenübermittlung ermöglicht.

§ 91 Zweckbindung

Von der Anstalt oder der Aufsichtsbehörde übermittelte personenbezogene Daten dürfen nur zu dem Zweck verarbeitet oder genutzt werden, zu dessen Erfüllung sie übermittelt worden sind. Die Empfängerinnen oder Empfänger dürfen die Daten für andere Zwecke nur verarbeiten oder nutzen, soweit sie ihnen auch für diese Zwecke hätten übermittelt werden dürfen, und wenn im Fall einer Übermittlung an nichtöffentliche Stellen die übermittelnde Anstalt oder Aufsichtsbehörde zugestimmt hat. Die Anstalt oder die Aufsichtsbehörde hat die nichtöffentlichen Empfängerinnen oder Empfänger auf die Zweckbindung nach Satz 1 hinzuweisen.

§ 92 Schutz besonderer Daten

(1) Das religiöse oder weltanschauliche Bekenntnis und personenbezogene Daten von Gefangenen, die anlässlich ärztlicher Untersuchungen erhoben worden sind, dürfen in der Anstalt nicht allgemein kenntlich gemacht werden. Andere personenbezogene Daten von Gefangenen dürfen innerhalb der Anstalt allgemein kenntlich gemacht werden, soweit dies für ein geordnetes Zusammenleben in der Anstalt erforderlich ist. § 89 Abs. 8 bis 10 bleibt unberührt.

(2) Die in der Anstalt tätigen

1. Ärztinnen und Ärzte, Zahnärztinnen und Zahnärzte sowie Angehörigen eines anderen Heilberufs, der für die Berufsausübung oder die Führung der Berufsbezeichnung eine staatlich geregelte Ausbildung erfordert,

2. Berufspsychologinnen und Berufspsychologen mit staatlich anerkannter wissenschaftlicher Abschlussprüfung oder

3. staatlich anerkannten Sozialarbeiterinnen, Sozialarbeiter, Sozialpädagoginnen und Sozialpädagogen

unterliegen auch gegenüber der Anstalt und der Aufsichtsbehörde der Schweigepflicht, sofern ihnen personenbezogene Daten von Gefangenen als Geheimnis anvertraut oder über Gefangene sonst bekannt geworden sind. Die in Satz 1 genannten Personen haben sich gegenüber der Anstaltsleitung zu offenbaren, soweit dies zur Abwehr von erheblichen Gefahren für Leib oder Leben von Dritten unerlässlich ist. Sonstige Offenbarungsbefugnisse bleiben unberührt. Die Gefange-nen sind vor der Erhebung über die nach den Sätzen 2 und 3 bestehenden Offenbarungsbefugnisse zu unterrichten.

(3) Die nach Absatz 2 offenbarten Daten dürfen nur für den Zweck, für den sie offenbart wurden oder für den eine Offenbarung zulässig gewesen wäre, und nur unter denselben Voraussetzungen verarbeitet oder genutzt werden, unter denen eine in Absatz 2 Satz 1 genannte Person selbst hierzu befugt wäre. Die Anstaltsleitung kann unter diesen Voraussetzungen die unmittelbare Offenbarung gegenüber bestimmten Bediensteten allgemein zulassen.

(4) Sofern Ärztinnen oder Ärzte, Psychologinnen oder Psychologen außerhalb des Vollzugs mit der Untersuchung oder Behandlung von Gefangenen beauftragt werden, sind sie bei Vorliegen der Voraussetzungen des Absatzes 2 Satz 2 befugt, ihnen als Geheimnis anvertraute oder sonst bekannt gewordene Daten über Gefangene gegenüber der Anstaltsleitung oder den mit der ärztlichen oder psychologischen Behandlung der Gefangenen in der Anstalt betrauten Personen zu offenbaren.

§ 93 Schutz der Daten in Akten und Dateien

(1) Die Bediensteten dürfen sich von personenbezogenen Daten nur Kenntnis verschaffen, soweit dies zur Erfüllung der ihnen obliegenden Aufgaben oder für die Zusammenarbeit nach § 7 erforderlich ist.

(2) Akten und Dateien mit personenbezogenen Daten sind durch die erforderlichen technischen und organisatorischen Maßnahmen gegen unbefugten Zugang und unbefugten Gebrauch zu schützen. Gesundheitsakten und Krankenblätter sind getrennt von anderen Unterlagen zu führen und besonders zu sichern. Im Übrigen gilt für die Art und den Umfang der Schutzvorkehrungen § 11 Abs. 4 des Landesdatenschutzgesetzes.

§ 94 Berichtigung, Löschung und Sperrung

(1) Die in Dateien gespeicherten personenbezogenen Daten sind spätestens fünf Jahre

nach der Entlassung der Gefangenen oder der Verlegung der Gefangenen in eine andere Anstalt zu löschen. Hiervon können bis zum Ablauf der Aufbewahrungsfrist für die Gefangenenpersonalakte die Angaben über Familienname, Vorname, Geburtsname, Geburtstag, Geburtsort, Eintritts- und Austrittsdatum der Gefangenen ausgenommen werden, soweit dies für das Auffinden der Gefangenenpersonalakte erforderlich ist.

(2) Die mittels Videoüberwachung erhobenen und gespeicherten personenbezogenen Daten sind vier Wochen nach ihrer Erhebung zu löschen, sofern nicht ihre Speicherung zu den in § 89 Abs. 2 Nr. 1, 2 oder 4 genannten Zwecken weiterhin erforderlich ist. Sie sind unverzüglich zu löschen, soweit schutzwürdige Interessen der Betroffenen einer weiteren Speicherung entgegenstehen.

(3) Personenbezogene Daten in Akten dürfen nach Ablauf von fünf Jahren seit der Entlassung der Gefangenen nur übermittelt oder genutzt werden, soweit dies

1. zur Verfolgung von Straftaten,

2. für die Durchführung wissenschaftlicher Forschungsvorhaben nach § 97,

3. zur Behebung einer bestehenden Beweisnot oder

4. zur Feststellung, Durchsetzung oder Abwehr von Rechtsansprüchen im Zusammenhang mit dem Vollzug einer Jugend- oder Freiheitsstrafe

unerlässlich ist. Diese Verwendungsbeschränkungen enden, wenn die Gefangenen erneut zum Vollzug einer Jugend- oder Freiheitsstrafe aufgenommen werden oder die Betroffenen eingewilligt haben.

(4) Bei der Aufbewahrung von Akten mit nach Absatz 3 gesperrten Daten dürfen folgende Fristen nicht überschritten werden:

1. Gefangenenpersonalakten, Gesundheitsakten und Krankenblätter 20 Jahre,

2. Gefangenenbücher 30 Jahre.

Dies gilt nicht, wenn aufgrund bestimmter Tatsachen anzunehmen ist, dass die Aufbewahrung für die in Absatz 3 Satz 1 genannten Zwecke weiterhin erforderlich ist. Die Aufbewahrungsfrist beginnt mit dem auf das Jahr

der aktenmäßigen Weglegung folgenden Kalenderjahr. Die Bestimmungen des Landesarchivgesetzes vom 11. August 1992 (GVOBl. Schl.-H. S. 444, ber. S. 498), zuletzt geändert durch Artikel 9 des Gesetzes vom 3. Januar 2005 (GVOBl. Schl.-H. S. 21), Zuständigkeiten und Ressortbezeichnungen zuletzt ersetzt durch Verordnung vom 12. Oktober 2005 (GVOBl. Schl.-H. S. 487, ber. 2006 S. 241), bleiben unberührt.

(5) Wird festgestellt, dass unrichtige Daten übermittelt worden sind, ist dies den Empfängerinnen oder Empfängern mitzuteilen, wenn dies zur Wahrung schutzwürdiger Interessen der Betroffenen erforderlich ist.

(6) Im Übrigen gelten für die Berichtigung, Löschung und Sperrung personenbezogener Daten § 28 des Landesdatenschutzgesetzes und § 20 Abs. 1 bis 4 und Abs. 6 bis 8 des Bundesdatenschutzgesetzes.

§ 95 Auskunft an die Betroffenen, Akteneinsicht

(1) Den Betroffenen ist auf Antrag Auskunft zu erteilen über

1. die zu ihrer Person gespeicherten Daten, auch soweit sie sich auf die Herkunft dieser Daten bezieht,

2. die Empfängerinnen oder Empfänger oder Kategorien von Empfängerinnen oder Empfängern, an die die Daten weitergegeben werden, und

3. den Zweck der Speicherung.

In dem Antrag soll die Art der personenbezogenen Daten, über die Auskunft erteilt werden soll, näher bezeichnet werden. Sind die personenbezogenen Daten weder automatisiert noch in nicht automatisierten Dateien gespeichert, wird die Auskunft nur erteilt, soweit die Betroffenen Angaben machen, die das Auffinden der Daten ermöglichen, und der für die Erteilung der Auskunft erforderliche Aufwand nicht außer Verhältnis zu dem von den Betroffenen geltend gemachten Informationsinteresse steht. Die Anstalt oder die Aufsichtsbehörde bestimmt das Verfahren, insbesondere die Form der Auskunftserteilung, nach pflichtgemäßem Ermessen.

(2) Absatz 1 gilt nicht für personenbezogene Daten, die nur deshalb gespeichert sind, weil sie aufgrund gesetzlicher, satzungsmäßiger oder vertraglicher Aufbewahrungsvorschriften nicht gelöscht werden dürfen, oder ausschließlich Zwecken der Datensicherung oder der Datenschutzkontrolle dienen und eine Auskunftserteilung einen unverhältnismäßigen Aufwand erfordern würde.

(3) Bezieht sich die Auskunftserteilung auf die Übermittlung personenbezogener Daten an Behörden der Staatsanwaltschaft, an Polizeidienststellen, Verfassungsschutzbehörden, den Bundesnachrichtendienst, den Militärischen Abschirmdienst und, soweit die Sicherheit des Bundes berührt wird, andere Behörden des Bundesministeriums der Verteidigung, so ist sie nur mit Zustimmung dieser Stellen zulässig.

(4) Die Auskunftserteilung unterbleibt, soweit

1. die Auskunft die ordnungsgemäße Erfüllung der in der Zuständigkeit der verantwortlichen Stelle liegenden Aufgaben gefährden würde,

2. die Auskunft die öffentliche Sicherheit oder Ordnung gefährden oder sonst dem Wohle des Bundes oder eines Landes Nachteile bereiten würde oder

3. die Daten oder die Tatsache ihrer Speicherung nach einer Rechtsvorschrift oder wegen der überwiegenden berechtigten Interessen Dritter geheim gehalten werden müssen

und deswegen das Interesse der Betroffenen an der Auskunftserteilung zurücktreten muss.

(5) Die Ablehnung der Auskunftserteilung bedarf einer Begründung nicht, soweit durch die Mitteilung der tatsächlichen und rechtlichen Gründe, auf die Entscheidung gestützt wird, der mit der Auskunftsverweigerung verfolgte Zweck gefährdet würde. In diesen Fällen sind die Betroffenen darauf hinzuweisen, dass sie sich an die Landesbeauftragte oder den Landesbeauftragten für Datenschutz wenden können.

(6) Wird den Betroffenen keine Auskunft erteilt, so ist sie auf deren Verlangen der oder dem Landesbeauftragten für Datenschutz zu erteilen, soweit nicht die Aufsichtsbehörde im Einzelfall feststellt, dass dadurch die Sicherheit des Landes Schleswig-Holstein, eines anderen Landes oder des Bundes gefährdet würde. Die Mitteilung der oder des Landesbeauftragten für Datenschutz an die Betroffenen darf keine Rückschlüsse auf den Erkenntnisstand der speichernden Stelle zulassen, sofern diese nicht einer weitergehenden Auskunft zustimmt.

(7) Die Auskunft nach Absatz 1 ist unentgeltlich.

(8) Auf Antrag erfolgt die Auskunft in Form der Akteneinsicht.

§ 96 Anwendung des Landesdatenschutzgesetzes

Soweit in dem Gesetz keine besonderen Regelungen enthalten sind, gilt das Landesdatenschutzgesetz Schleswig-Holstein.

Abschnitt XIV
Kriminologische Forschung

§ 97 Evaluation, kriminologische Forschung

(1) Behandlungsprogramme für die Gefangenen sind auf der Grundlage wissenschaftlicher Erkenntnisse zu konzipieren, zu standardisieren und auf ihre Wirksamkeit hin zu überprüfen.

(2) Der Vollzug, insbesondere seine Aufgabenerfüllung und Gestaltung, die Umsetzung seiner Leitlinien sowie die Behandlungsprogramme und deren Wirkungen auf das Vollzugsziel, soll regelmäßig durch den kriminologischen Dienst, durch eine Hochschule oder durch eine andere Stelle wissenschaftlich begleitet und erforscht werden. § 476 der Strafprozessordnung gilt mit der Maßgabe entsprechend, dass auch elektronisch gespeicherte personenbezogene Daten übermittelt werden können.

Abschnitt XV
Aufbau der Jugendstrafvollzugsanstalt

§ 98 Jugendstrafvollzugsanstalt

(1) Die Jugendstrafe wird in Jugendstrafvollzugsanstalten, Teilanstalten oder in getrennten Abteilungen einer Anstalt des Erwachsenenvollzugs (Anstalt) vollzogen. Gemeinsame Aus- und Fortbildungsmaßnahmen von nach Jugendstrafrecht und nach allgemeinem Strafrecht Verurteilten sind zulässig. In jedem Fall erfolgt der Vollzug der Jugendstrafe nach diesem Gesetz.

(2) Räume für den Aufenthalt während der Ruhe- und Freizeit sowie Gemeinschafts- und Besuchsräume sind zweckentsprechend auszugestalten.

(3) Die Abteilungen der Anstalt sollen in Wohngruppen gegliedert sein, zu denen neben den Hafträumen weitere Räume zur gemeinsamen Nutzung gehören.

(4) Weibliche Gefangene sind in einer eigenen Anstalt oder im Frauenvollzug unterzubringen.

§ 99 Festsetzung der Belegungsfähigkeit, Verbot der Überbelegung

(1) Die Aufsichtsbehörde setzt die Belegungsfähigkeit der Anstalt so fest, dass eine angemessene Unterbringung während der Ruhezeit gewährleistet ist. Dabei ist zu berücksichtigen, dass eine ausreichende Anzahl von Plätzen für Aus- und Weiterbildung, Arbeit sowie von Räumen für Seelsorge, Freizeit, Sport, therapeutische Maßnahmen und Besuche zur Verfügung steht.

(2) Haefträume dürfen nicht mit mehr Gefangenen als zugelassen belegt werden.

(3) Ausnahmen von Absatz 2 sind nur vorübergehend und nur mit Zustimmung der Aufsichtsbehörde zulässig.

§ 100 Einrichtungen zur schulischen und beruflichen Bildung, Arbeitsbetriebe

(1) Die erforderlichen Einrichtungen zur schulischen und beruflichen Bildung, arbeitstherapeutischen Beschäftigung und die notwendigen Betriebe für die Arbeit sind vorzuhalten. Sie sind den Verhältnissen außerhalb der Anstalt anzugleichen.

(2) Bildung und Beschäftigung können auch in geeigneten privaten Einrichtungen und Betrieben erfolgen. Die technische und fachliche Leitung kann Angehörigen dieser Einrichtungen und Betriebe übertragen werden.

§ 101 Anstaltsleitung

(1) Die Anstaltsleitung trägt die Verantwortung für den gesamten Vollzug und vertritt die Anstalt nach außen. Sie kann einzelne Aufgabenbereiche auf andere Bedienstete übertragen. Die Aufsichtsbehörde kann sich die Zustimmung zur Übertragung vorbehalten.

(2) Für jede Anstalt ist eine Beamtin oder ein Beamter des höheren Dienstes zur hauptamtlichen Leiterin oder zum hauptamtlichen Leiter zu bestellen. Aus besonderen Gründen kann eine Anstalt auch von einer Beamtin oder einem Beamten des gehobenen Dienstes geleitet werden.

§ 102 Bedienstete

Die Anstalt wird mit dem für das Erreichen des Vollzugsziels erforderlichen Personal ausgestattet. Es muss für die erzieherische Gestaltung des Vollzugs geeignet und qualifiziert sein. Fortbildung sowie Praxisberatung und -begleitung für die Bediensteten sind zu gewährleisten.

§ 103 Seelsorgerinnen und Seelsorger

(1) Die Seelsorgerinnen und Seelsorger werden im Einvernehmen mit der jeweiligen Religionsgemeinschaft im Hauptamt bestellt oder vertraglich verpflichtet.

(2) Wenn die geringe Anzahl der Angehörigen einer Religionsgemeinschaft eine Seelsorge nach Absatz 1 nicht rechtfertigt, ist die seelsorgerische Betreuung auf andere Weise zuzulassen.

(3) Mit Zustimmung der Anstaltsleitung darf die Anstaltsseelsorge sich freier Seelsorgehelferinnen und Seelsorgehelfer bedienen und diese für Gottesdienste sowie für andere

religiöse Veranstaltungen von außen zuziehen.

§ 104 Medizinische Versorgung

(1) Die ärztliche Versorgung ist sicherzustellen.

(2) Die Pflege der Kranken soll von Bediensteten ausgeübt werden, die eine Erlaubnis nach dem Krankenpflegegesetz vom 16. Juli 2003 (BGBl. I S. 1442), zuletzt geändert durch Artikel 53 der Verordnung vom 31. Oktober 2006 (BGBl. I S. 2407), besitzen.

§ 105 Sozialtherapeutische Abteilung

In der Anstalt soll eine sozialtherapeutische Abteilung eingerichtet werden.

§ 106 Konferenzen

Zur Erstellung und Fortschreibung des Vollzugsplans und zur Vorbereitung anderer wichtiger Vollzugsentscheidungen führt die Anstaltsleitung Konferenzen mit an der Erziehung maßgeblich Beteiligten durch.

§ 107 Mitverantwortung der Gefangenen

Den Gefangenen soll ermöglicht werden, an der Verantwortung für Angelegenheiten von gemeinsamem Interesse teilzunehmen, die sich ihrer Eigenart und der Aufgabe der Anstalt nach für ihre Mitwirkung eignen.

§ 108 Hausordnung

(1) Die Anstaltsleitung erlässt eine Hausordnung. Die Aufsichtsbehörde kann sich die Genehmigung vorbehalten.

(2) In die Hausordnung sind namentlich Anordnungen aufzunehmen über die

1. Besuchszeiten, Häufigkeit und Dauer der Besuche,

2. Arbeitszeit, Freizeit und Ruhezeit sowie

3. Gelegenheit, Anträge und Beschwerden anzubringen oder sich an eine Vertreterin oder einen Vertreter der Aufsichtsbehörde zu wenden.

Abschnitt XVI
Aufsicht, Beirat

§ 109 Aufsichtsbehörde

Das für den Justizvollzug zuständige Ministerium führt die Aufsicht über die Anstalt.

§ 110 Vollstreckungsplan

Die Aufsichtsbehörde regelt durch Verordnung die örtliche und sachliche Zuständigkeit der Anstalt in einem Vollstreckungsplan.

§ 111 Beirat

(1) Bei der Anstalt ist ein Beirat zu bilden. Bedienstete dürfen nicht Mitglieder des Beirats sein.

(2) Die Mitglieder des Beirats wirken bei der Gestaltung des Vollzugs und bei der Betreuung der Gefangenen mit. Sie unterstützen die Anstaltsleitung durch Anregungen und Verbesserungsvorschläge und helfen bei der Eingliederung der Gefangenen nach der Entlassung.

(3) Die Mitglieder des Beirats können namentlich Wünsche, Anregungen und Beanstandungen entgegennehmen. Sie können sich über die Unterbringung, Beschäftigung, berufliche Bildung, Verpflegung, ärztliche Versorgung und Behandlung unterrichten sowie die Anstalt besichtigen. Sie können die Gefangenen in ihren Räumen aufsuchen. Unterhaltung und Schriftwechsel werden nicht überwacht.

(4) Die Mitglieder des Beirats sind verpflichtet, außerhalb ihres Amtes über alle Angelegenheiten, die ihrer Natur nach vertraulich sind, besonders über Namen und Persönlichkeit der Gefangenen, Verschwiegenheit zu bewahren. Dies gilt auch nach Beendigung ihres Amtes.

Abschnitt XVII
Schlussbestimmungen

§ 112 Einschränkung von Grundrechten

Durch dieses Gesetz werden die Rechte auf körperliche Unversehrtheit und Freiheit der Person (Artikel 2 Abs. 2 des Grundgesetzes) und auf Unverletzlichkeit des Brief-, Post- und

Fernmeldegeheimnisses (Artikel 10 des Grundgesetzes) eingeschränkt.

§ 113 Inkrafttreten

Dieses Gesetz tritt am 1. Januar 2008 in Kraft.

Thüringer Untersuchungshaftvollzugsgesetz (ThürUVollzG)

Vom 8. Juli 2009 (GVBl. S. 553)

Erster Abschnitt
Allgemeine Bestimmungen

§ 1 Anwendungsbereich

(1) Dieses Gesetz regelt den Vollzug der Untersuchungshaft.

(2) Es gilt entsprechend für den Vollzug der Haft nach § 127b Abs. 2, § 230 Abs. 2, den §§ 236 und 329 Abs. 4 Satz 1, § 412 Satz 1 und § 453c der Strafprozeßordnung (StPO) sowie der einstweiligen Unterbringung nach § 275a Abs. 5 StPO.

§ 2 Aufgabe des Untersuchungshaftvollzugs

Der Vollzug der Untersuchungshaft hat die Aufgabe, durch sichere Unterbringung der Untersuchungsgefangenen die Durchführung eines geordneten Strafverfahrens zu gewährleisten und der Gefahr weiterer Straftaten zu begegnen.

§ 3 Zuständigkeit und Zusammenarbeit

(1) Entscheidungen nach diesem Gesetz trifft die Justizvollzugsanstalt, in der die Untersuchungshaft vollzogen wird (Anstalt). Sie arbeitet eng mit Gericht und Staatsanwaltschaft zusammen, um die Aufgabe des Untersuchungshaftvollzugs zu erfüllen und die Sicherheit und Ordnung der Anstalt zu gewährleisten.

(2) Die Anstalt hat Anordnungen, die das Gericht oder die an dessen statt zum Handeln ermächtigte Behörde trifft, um einer Flucht-, Verdunkelungs- oder Wiederholungsgefahr zu begegnen (verfahrenssichernde Anordnungen), zu beachten und umzusetzen.

§ 4 Stellung der Untersuchungsgefangenen

(1) Die Untersuchungsgefangenen gelten als unschuldig. Sie sind so zu behandeln, dass der Anschein vermieden wird, sie würden zur Verbüßung einer Strafe festgehalten.

(2) Soweit das Gesetz eine besondere Regelung nicht enthält, dürfen den Untersuchungsgefangenen nur Beschränkungen auferlegt werden, die zur Aufrechterhaltung der Sicherheit, zur Abwehr einer schwerwiegenden Störung der Ordnung der Anstalt oder zur Umsetzung einer verfahrenssichernden Anordnung unerlässlich sind. Sie müssen in einem angemessenen Verhältnis zum Zweck der Anordnung stehen und dürfen die Untersuchungsgefangenen nicht mehr und nicht länger als notwendig beeinträchtigen.

§ 5 Vollzugsgestaltung

(1) Das Leben im Vollzug ist den allgemeinen Lebensverhältnissen anzugleichen, soweit die Aufgabe des Untersuchungshaftvollzugs und die Erfordernisse eines geordneten Zusammenlebens in der Anstalt dies zulassen. Schädlichen Folgen des Freiheitsentzugs ist entgegenzuwirken.

(2) Die unterschiedlichen Lebenslagen und Bedürfnisse von weiblichen und männlichen Untersuchungsgefangenen werden bei der Vollzugsgestaltung und bei Einzelmaßnahmen berücksichtigt.

§ 6 Soziale Hilfe

(1) Die Untersuchungsgefangenen werden darin unterstützt, ihre persönlichen, wirtschaftlichen und sozialen Schwierigkeiten zu beheben. Sie sollen dazu angeregt und in die Lage versetzt werden, ihre Angelegenheiten selbst zu regeln.

(2) Die Anstalt arbeitet mit außervollzuglichen Einrichtungen und Organisationen sowie mit Personen und Vereinen, die soziale Hilfestellung leisten können, eng zusammen.

(3) Die Untersuchungsgefangenen sind, soweit erforderlich, über die notwendigen Maßnahmen zur Aufrechterhaltung ihrer sozialversicherungsrechtlichen Ansprüche zu beraten.

(4) Die Beratung soll die Benennung von Stellen und Einrichtungen außerhalb der Anstalt umfassen, die sich um eine Vermeidung der weiteren Untersuchungshaft bemühen. Auf Wunsch sind den Untersuchungsgefangenen Stellen und Einrichtungen zu benennen, die sie in ihrem Bestreben unterstützen können, einen Ausgleich mit dem Tatopfer zu erreichen.

Zweiter Abschnitt
Vollzugsverlauf

§ 7 Aufnahme

(1) Mit den Untersuchungsgefangenen wird unverzüglich ein Zugangsgespräch geführt, in dem ihre gegenwärtige Lebenssituation erörtert wird und sie über ihre Rechte und Pflichten informiert werden. Ihnen ist die Hausordnung auszuhändigen. Dieses Gesetz, die von ihm in Bezug genommenen Gesetze sowie die zu seiner Ausführung erlassenen Rechtsverordnungen und Verwaltungsvorschriften sind den Untersuchungsgefangenen auf Verlangen zugänglich zu machen.

(2) Beim Zugangsgespräch dürfen andere Gefangene in der Regel nicht zugegen sein.

(3) Die Untersuchungsgefangenen werden alsbald ärztlich untersucht.

(4) Den Untersuchungsgefangenen ist Gelegenheit zu geben, einen Angehörigen oder eine Vertrauensperson von der Aufnahme in die Anstalt zu benachrichtigen, soweit eine verfahrenssichernde Anordnung nicht entgegensteht.

(5) Die Untersuchungsgefangenen sollen dabei unterstützt werden, etwa notwendige Maßnahmen für hilfsbedürftige Angehörige, zur Erhaltung des Arbeitsplatzes und der Wohnung und zur Sicherung ihrer Habe außerhalb der Anstalt zu veranlassen.

§ 8 Verlegung und Überstellung

(1) Untersuchungsgefangene können in eine andere Anstalt verlegt oder überstellt werden, wenn es

1. zur Umsetzung einer verfahrenssichernden Anordnung,

2. aus Gründen der Sicherheit oder Ordnung der Anstalt oder

3. aus Gründen der Vollzugsorganisation oder aus anderen wichtigen Gründen

erforderlich ist. Zuvor ist dem Gericht und der Staatsanwaltschaft Gelegenheit zur Stellungnahme zu geben.

(2) § 7 Abs. 4 gilt entsprechend.

§ 9 Vorführung, Ausführung und Ausantwortung

(1) Auf Ersuchen eines Gerichts oder einer Staatsanwaltschaft werden Untersuchungsgefangene vorgeführt. Über Vorführungsersuchen in anderen als dem der Inhaftierung zugrunde liegenden Verfahren sind das Gericht und die Staatsanwaltschaft unverzüglich zu unterrichten.

(2) Aus besonderen Gründen können Untersuchungsgefangene ausgeführt werden. Ausführungen zur Befolgung einer gerichtlichen Ladung sind zu ermöglichen, soweit darin das persönliche Erscheinen angeordnet ist und eine verfahrenssichernde Anordnung nicht entgegensteht. Vor der Entscheidung ist dem Gericht und der Staatsanwaltschaft Gelegenheit zur Stellungnahme zu geben. Liegt die Ausführung ausschließlich im Interesse der Untersuchungsgefangenen, können ihnen die Kosten auferlegt werden.

(3) Untersuchungsgefangene dürfen befristet dem Gewahrsam eines Gerichts, einer Staatsanwaltschaft oder einer Polizei-, Zoll- oder Finanzbehörde auf Antrag überlassen werden (Ausantwortung). Absatz 2 Satz 3 gilt entsprechend.

§ 10 Entlassung

(1) Auf Anordnung des Gerichts oder der Staatsanwaltschaft entlässt die Anstalt die Untersuchungsgefangenen unverzüglich aus der Haft, es sei denn, es ist in anderer Sache eine richterlich angeordnete Freiheitsentziehung zu vollziehen.

(2) Aus fürsorgerischen Gründen kann Untersuchungsgefangenen der freiwillige Verbleib in der Anstalt bis zum Vormittag des zweiten auf den Eingang der Entlassungsanordnung folgenden Werktags gestattet werden. Der freiwillige Verbleib setzt das schriftliche Einverständnis der Untersuchungsgefangenen voraus, dass die bisher bestehenden Beschränkungen aufrechterhalten bleiben.

(3) Bedürftigen Untersuchungsgefangenen kann eine Entlassungsbeihilfe in Form eines Reisekostenzuschusses, angemessener Kleidung oder einer sonstigen notwendigen Unterstützung gewährt werden.

Dritter Abschnitt
Unterbringung und Versorgung der Untersuchungsgefangenen

§ 11 Trennungsgrundsätze

(1) Untersuchungsgefangene werden von Gefangenen anderer Haftarten, namentlich von Strafgefangenen, getrennt untergebracht. Ausnahmen sind zulässig

1. mit Zustimmung der einzelnen Untersuchungsgefangenen,

2. zur Umsetzung einer verfahrenssichernden Anordnung oder

3. aus Gründen der Sicherheit oder Ordnung der Anstalt.

Darüber hinaus können Untersuchungsgefangene ausnahmsweise mit Gefangenen anderer Haftarten untergebracht werden, wenn die geringe Anzahl der Untersuchungsgefangenen eine getrennte Unterbringung nicht zulässt.

(2) Junge Untersuchungsgefangene (§ 66 Abs. 1) werden von den übrigen Untersuchungsgefangenen und von Gefangenen anderer Haftarten getrennt untergebracht. Hiervon kann aus den in Absatz 1 Satz 2 und 3 genannten Gründen abgewichen werden, wenn die Vollzugsgestaltung nach § 67 gewährleistet bleibt und schädliche Einflüsse auf die jungen Untersuchungsgefangenen nicht zu befürchten sind.

(3) Männliche und weibliche Untersuchungsgefangene werden getrennt untergebracht.

(4) Gemeinsame Maßnahmen, insbesondere gemeinsame Arbeit und eine gemeinsame Berufs- und Schulausbildung, sind zulässig.

§ 12 Unterbringung während der Arbeit, Bildung und Freizeit

(1) Arbeit und Bildung finden grundsätzlich in Gemeinschaft statt.

(2) Den Untersuchungsgefangenen kann gestattet werden, sich während der Freizeit in Gemeinschaft mit anderen Gefangenen aufzuhalten. Für die Teilnahme an gemeinschaftlichen Veranstaltungen kann der Anstaltsleiter mit Rücksicht auf die räumlichen, personellen oder organisatorischen Verhält-

nisse der Anstalt besondere Regelungen treffen.

(3) Die gemeinschaftliche Unterbringung kann eingeschränkt werden, soweit es zur Umsetzung einer verfahrenssichernden Anordnung oder zur Gewährleistung der Sicherheit oder Ordnung der Anstalt erforderlich ist.

§ 13 Unterbringung während der Ruhezeit

(1) Während der Ruhezeit werden die Untersuchungsgefangenen in ihren Hafträumen einzeln untergebracht. Mit ihrer Zustimmung können sie gemeinsam untergebracht werden. Bei einer Gefahr für Leben oder Gesundheit oder bei Hilfsbedürftigkeit ist die Zustimmung der gefährdeten oder hilfsbedürftigen Untersuchungsgefangenen zur gemeinsamen Unterbringung entbehrlich.

(2) Darüber hinaus ist eine gemeinsame Unterbringung nur vorübergehend und aus zwingenden Gründen zulässig.

§ 14 Unterbringung von Müttern mit Kindern

(1) Ist das Kind einer Untersuchungsgefangenen noch nicht drei Jahre alt, kann es mit Zustimmung der Aufenthaltsbestimmungsberechtigten in der Anstalt untergebracht werden, wenn die baulichen Gegebenheiten dies zulassen und Sicherheitsgründe nicht entgegenstehen. Vor der Unterbringung ist das Jugendamt zu hören.

(2) Die Unterbringung erfolgt auf Kosten der für das Kind Unterhaltspflichtigen. Von der Geltendmachung des Kostenersatzanspruchs kann ausnahmsweise abgesehen werden, wenn hierdurch die gemeinsame Unterbringung von Mutter und Kind gefährdet würde.

§ 15 Persönlicher Gewahrsam, Kostenbeteiligung

(1) Die Untersuchungsgefangenen dürfen nur Sachen in Gewahrsam haben oder annehmen, die ihnen von der Anstalt oder mit deren Zustimmung überlassen werden. Ohne Zustimmung dürfen sie Sachen von geringem Wert von anderen Gefangenen annehmen; die Annahme dieser Sachen und der Ge-

wahrsam daran können von der Zustimmung der Anstalt abhängig gemacht werden.

(2) Eingebrachte Sachen, die die Untersuchungsgefangenen nicht in Gewahrsam haben dürfen, sind für sie aufzubewahren, sofern dies nach Art und Umfang möglich ist. Den Untersuchungsgefangenen wird Gelegenheit gegeben, ihre Sachen, die sie während des Vollzugs und für ihre Entlassung nicht benötigen, zu verschicken. Geld wird ihnen gutgeschrieben.

(3) Werden eingebrachte Sachen, deren Aufbewahrung nach Art oder Umfang nicht möglich ist, von den Untersuchungsgefangenen trotz Aufforderung nicht aus der Anstalt verbracht, so ist die Anstalt berechtigt, diese Sachen auf Kosten der Untersuchungsgefangenen aus der Anstalt entfernen zu lassen.

(4) Aufzeichnungen und andere Sachen, die Kenntnisse über Sicherungsvorkehrungen der Anstalt vermitteln oder Schlussfolgerungen auf diese zulassen, dürfen vernichtet oder unbrauchbar gemacht werden.

(5) Die Zustimmung nach Absatz 1 kann widerrufen werden, wenn es zur Umsetzung einer verfahrenssichernden Anordnung oder zur Aufrechterhaltung der Sicherheit oder zur Abwendung einer erheblichen Störung der Ordnung der Anstalt erforderlich ist.

(6) Die Untersuchungsgefangenen können an den Betriebskosten der in ihrem Gewahrsam befindlichen Geräte beteiligt werden.

§ 16 Ausstattung des Haftraums

Die Untersuchungsgefangenen dürfen ihren Haftraum in angemessenem Umfang mit eigenen Sachen ausstatten. Sachen, deren Überlassung eine verfahrenssichernde Anordnung entgegensteht oder die geeignet sind, die Sicherheit oder Ordnung der Anstalt zu gefährden, sind ausgeschlossen.

§ 17 Kleidung

(1) Die Untersuchungsgefangenen dürfen eigene Kleidung tragen, soweit sie für Reinigung, Instandhaltung und regelmäßigen Wechsel sorgen. Der Anstaltsleiter kann anordnen, dass Reinigung und Instandhaltung

nur durch Vermittlung der Anstalt erfolgen dürfen.

(2) Soweit es zur Umsetzung einer verfahrenssichernden Anordnung oder zur Gewährleistung der Sicherheit oder Ordnung der Anstalt erforderlich ist, kann das in Absatz 1 genannte Recht eingeschränkt oder ausgeschlossen werden.

§ 18 Verpflegung und Einkauf

(1) Zusammensetzung und Nährwert der Anstaltsverpflegung entsprechen den Anforderungen an eine gesunde Ernährung und werden ärztlich überwacht. Auf ärztliche Anordnung wird besondere Verpflegung gewährt. Den Untersuchungsgefangenen ist zu ermöglichen, Speisevorschriften ihrer Religionsgemeinschaft zu befolgen.

(2) Die Untersuchungsgefangenen können aus einem von der Anstalt vermittelten Angebot einkaufen. Die Anstalt soll für ein Angebot sorgen, das auf Wünsche und Bedürfnisse der Untersuchungsgefangenen Rücksicht nimmt.

(3) Den Untersuchungsgefangenen soll die Möglichkeit eröffnet werden, unmittelbar oder über Dritte Gegenstände über den Versandhandel zu beziehen. Zulassung und Verfahren des Einkaufs über den Versandhandel regelt der Anstaltsleiter.

(4) Gegenstände, deren Überlassung eine verfahrenssichernde Anordnung entgegensteht oder die geeignet sind, die Sicherheit oder Ordnung der Anstalt zu gefährden, sind vom Einkauf ausgeschlossen.

§ 19 Annehmlichkeiten

Von den §§ 16 bis 18 nicht umfasste Annehmlichkeiten dürfen sich die Untersuchungsgefangenen auf ihre Kosten verschaffen, soweit und solange weder eine verfahrenssichernde Anordnung entgegensteht noch die Sicherheit oder Ordnung der Anstalt gefährdet wird.

§ 20 Gesundheitsfürsorge

(1) Die Anstalt unterstützt die Untersuchungsgefangenen bei der Wiederherstellung und Erhaltung ihrer körperlichen und

geistigen Gesundheit. Die Untersuchungsgefangenen haben die notwendigen Anordnungen zum Gesundheitsschutz und zur Hygiene zu befolgen.

(2) Den Untersuchungsgefangenen wird ermöglicht, sich täglich mindestens eine Stunde im Freien aufzuhalten.

(3) Erkranken Untersuchungsgefangene schwer oder versterben sie, werden die Angehörigen benachrichtigt. Dem Wunsch, auch andere Personen zu benachrichtigen, soll nach Möglichkeit entsprochen werden.

§ 21 Zwangsmaßnahmen auf dem Gebiet der Gesundheitsfürsorge

(1) Medizinische Untersuchung und Behandlung sowie Ernährung sind unbeschadet der Rechte Personensorgeberechtigter zwangsweise nur bei Lebensgefahr, bei schwerwiegender Gefahr für die Gesundheit der Untersuchungsgefangenen oder bei Gefahr für die Gesundheit anderer Personen zulässig; die Maßnahmen müssen für die Beteiligten zumutbar und dürfen nicht mit erheblicher Gefahr für Leben oder Gesundheit der Untersuchungsgefangenen verbunden sein. Zur Durchführung der Maßnahmen ist die Anstalt nicht verpflichtet, solange von einer freien Willensbestimmung der Untersuchungsgefangenen ausgegangen werden kann.

(2) Zum Gesundheitsschutz und zur Hygiene ist die zwangsweise körperliche Untersuchung außer im Fall des Absatzes 1 zulässig, wenn sie nicht mit einem körperlichen Eingriff verbunden ist.

(3) Die Maßnahmen dürfen nur auf Anordnung und unter Leitung eines Arztes durchgeführt werden, unbeschadet der Leistung erster Hilfe für den Fall, dass ein Arzt nicht rechtzeitig erreichbar und mit einem Aufschub Lebensgefahr verbunden ist.

§ 22 Medizinische Leistungen, Kostenbeteiligung

(1) Die Untersuchungsgefangenen haben einen Anspruch auf notwendige, ausreichende und zweckmäßige medizinische Leistungen unter Beachtung des Grundsatzes der Wirtschaftlichkeit. Der allgemeine Standard der gesetzlichen Krankenkassen ist zu berücksichtigen.

(2) Der Anspruch umfasst auch Untersuchungen zur Früherkennung von Krankheiten und Vorsorgeleistungen entsprechend dem allgemeinen Standard der gesetzlichen Krankenkassen.

(3) Der Anspruch umfasst entsprechend dem allgemeinen Standard der gesetzlichen Krankenkassen auch die Versorgung mit Hilfsmitteln wie Seh- und Hörhilfen, Körperersatzstücken, orthopädischen und anderen Hilfsmitteln, die im Einzelfall erforderlich sind, um den Erfolg der Krankenbehandlung zu sichern, eine Behinderung auszugleichen oder einer drohenden Behinderung vorzubeugen, sofern dies mit Rücksicht auf die voraussichtliche Dauer des Untersuchungshaftvollzugs zwingend geboten ist und soweit die Hilfsmittel nicht als allgemeine Gebrauchsgegenstände des täglichen Lebens anzusehen sind.

(4) An den Kosten für Leistungen nach den Absätzen 1 bis 3 können die Untersuchungsgefangenen in angemessenem Umfang beteiligt werden.

(5) Für Leistungen, die über die in Absatz 1 Satz 1 sowie den Absätzen 2 und 3 genannten Leistungen hinausgehen, können den Untersuchungsgefangenen die gesamten Kosten auferlegt werden.

(6) Der Anstaltsleiter soll nach Anhörung des ärztlichen Dienstes der Anstalt den Untersuchungsgefangenen auf ihren Antrag hin gestatten, auf ihre Kosten externen ärztlichen Rat einzuholen. Die Erlaubnis kann versagt werden, wenn die Untersuchungsgefangenen die gewählte ärztliche Vertrauensperson und den ärztlichen Dienst der Anstalt nicht wechselseitig von der Schweigepflicht entbinden oder wenn es zur Umsetzung einer verfahrenssichernden Anordnung oder zur Aufrechterhaltung der Sicherheit oder Ordnung der Anstalt erforderlich ist. Die Konsultation soll in der Anstalt stattfinden.

§ 23 Verlegung, Überstellung und Ausführung zur medizinischen Behandlung

(1) Kranke oder hilfsbedürftige Untersuchungsgefangene können in eine zur Behandlung ihrer Krankheit oder zu ihrer Versorgung besser geeignete Anstalt oder in ein Vollzugskrankenhaus verlegt oder überstellt werden.

(2) Erforderlichenfalls können Untersuchungsgefangene zur medizinischen Behandlung ausgeführt oder in ein Krankenhaus außerhalb des Vollzugs gebracht werden.

(3) Zuvor ist dem Gericht und der Staatsanwaltschaft nach Möglichkeit Gelegenheit zur Stellungnahme zu geben. Bei Verlegungen und Überstellungen gilt § 7 Abs. 4 entsprechend.

(4) Werden Untersuchungsgefangene während einer Behandlung aus der Haft entlassen, hat das Land nur diejenigen Kosten zu tragen, die bis zur Entlassung angefallen sind.

Vierter Abschnitt
Arbeit, Bildung, Freizeit

§ 24 Arbeit und Bildung

(1) Die Untersuchungsgefangenen sind nicht zur Arbeit verpflichtet.

(2) Ihnen soll nach Möglichkeit Arbeit oder sonstige Beschäftigung angeboten werden, die ihre Fähigkeiten, Fertigkeiten und Neigungen berücksichtigt. Nehmen sie eine Arbeit auf, gelten die von der Anstalt festgelegten Arbeitsbedingungen. Die Arbeit darf nicht zur Unzeit niedergelegt werden.

(3) Geeigneten Untersuchungsgefangenen soll nach Möglichkeit Gelegenheit zum Erwerb oder zur Verbesserung schulischer und beruflicher Kenntnisse gegeben werden, soweit es die besonderen Bedingungen der Untersuchungshaft zulassen.

(4) Das Zeugnis oder der Nachweis über eine Bildungsmaßnahme darf keinen Hinweis auf die Inhaftierung enthalten.

§ 25 Arbeitsentgelt und Ausbildungsbeihilfe, Taschengeld

(1) Wer eine Arbeit oder sonstige Beschäftigung ausübt, erhält Arbeitsentgelt.

(2) Der Bemessung des Arbeitsentgelts sind 9 vom Hundert der Bezugsgröße nach § 18 des Vierten Buches Sozialgesetzbuch zugrunde zu legen (Eckvergütung). Ein Tagessatz ist der 250. Teil der Eckvergütung; das Arbeitsentgelt kann nach einem Stundensatz bemessen werden.

(3) Das Arbeitsentgelt kann je nach Leistung der Untersuchungsgefangenen und der Art der Arbeit gestuft werden. 75 vom Hundert der Eckvergütung dürfen nur dann unterschritten werden, wenn die Arbeitsleistungen der Untersuchungsgefangenen den Mindestanforderungen nicht genügen. Das für den Justizvollzug zuständige Ministerium wird ermächtigt, eine Rechtsverordnung über die Vergütungsstufen zu erlassen.

(4) Die Höhe des Arbeitsentgelts ist den Untersuchungsgefangenen schriftlich bekannt zu geben.

(5) Soweit Beiträge zur Bundesagentur für Arbeit zu entrichten sind, kann vom Arbeitsentgelt ein Betrag einbehalten werden, der dem Anteil der Untersuchungsgefangenen am Beitrag entsprechen würde, wenn sie diese Bezüge als Arbeitnehmer erhielten.

(6) Nehmen Untersuchungsgefangene während der Arbeitszeit an einer Bildungsmaßnahme teil, erhalten sie eine Ausbildungsbeihilfe. Die Absätze 2 bis 5 gelten entsprechend.

(7) Kann Untersuchungsgefangenen weder Arbeit noch die Teilnahme an einer Bildungsmaßnahme angeboten werden, wird ihnen bei Bedürftigkeit auf Antrag ein Taschengeld gewährt. Bedürftig sind Untersuchungsgefangene, soweit ihnen im laufenden Monat nicht ein Betrag bis zur Höhe des Taschengeldes aus eigenen Mitteln zur Verfügung steht. Das Taschengeld beträgt 14 vom Hundert der Eckvergütung.

I

§ 26 Freizeit und Sport

Zur Freizeitgestaltung sind geeignete Angebote vorzuhalten. Insbesondere sollen Sportmöglichkeiten und Gemeinschaftsveranstaltungen angeboten werden.

§ 27 Zeitungen und Zeitschriften

(1) Die Untersuchungsgefangenen dürfen auf eigene Kosten Zeitungen und Zeitschriften in angemessenem Umfang durch Vermittlung der Anstalt beziehen. Ausgeschlossen sind Zeitungen und Zeitschriften, deren Verbreitung mit Strafe oder Geldbuße bedroht ist.

(2) Zeitungen oder Zeitschriften können den Untersuchungsgefangenen vorenthalten werden, wenn dies zur Umsetzung einer verfahrenssichernden Anordnung erforderlich ist. Für einzelne Ausgaben gilt dies auch dann, wenn deren Inhalte die Sicherheit oder Ordnung der Anstalt erheblich gefährden würden.

§ 28 Rundfunk

Die Untersuchungsgefangenen können am Hörfunk- und Fernsehempfang (Rundfunkempfang) teilnehmen. Der Rundfunkempfang kann vorübergehend ausgesetzt oder einzelnen Untersuchungsgefangenen untersagt werden, wenn dies zur Umsetzung einer verfahrenssichernden Anordnung oder zur Aufrechterhaltung der Sicherheit oder Ordnung der Anstalt unerlässlich ist.

Fünfter Abschnitt
Religionsausübung

§ 29 Seelsorge

(1) Den Untersuchungsgefangenen darf religiöse Betreuung durch einen Seelsorger ihrer Religionsgemeinschaft nicht versagt werden. Auf Wunsch ist ihnen zu helfen, mit einem Seelsorger ihrer Religionsgemeinschaft in Verbindung zu treten.

(2) Die Untersuchungsgefangenen dürfen grundlegende religiöse Schriften besitzen. Sie dürfen ihnen nur bei grobem Missbrauch entzogen werden.

(3) Den Untersuchungsgefangenen sind Gegenstände des religiösen Gebrauchs in angemessenem Umfang zu belassen.

§ 30 Religiöse Veranstaltungen

(1) Die Untersuchungsgefangenen haben das Recht, am Gottesdienst und an anderen religiösen Veranstaltungen ihres Bekenntnisses teilzunehmen.

(2) Die Zulassung zu den Gottesdiensten oder zu religiösen Veranstaltungen einer anderen Religionsgemeinschaft bedarf der Zustimmung des Seelsorgers der Religionsgemeinschaft.

(3) Untersuchungsgefangene können von der Teilnahme am Gottesdienst oder an anderen religiösen Veranstaltungen ausgeschlossen werden, wenn dies zur Umsetzung einer verfahrenssichernden Anordnung oder aus überwiegenden Gründen der Sicherheit oder Ordnung der Anstalt geboten ist; der Seelsorger soll vorher gehört werden.

§ 31 Weltanschauungsgemeinschaften

Für Angehörige weltanschaulicher Bekenntnisse gelten die §§ 29 und 30 entsprechend.

Sechster Abschnitt
Besuche, Schriftwechsel, Telefonegespräche und Pakete

§ 32 Grundsatz

Die Untersuchungsgefangenen haben das Recht, mit Personen außerhalb der Anstalt im Rahmen der Bestimmungen dieses Gesetzes zu verkehren, soweit eine verfahrenssichernde Anordnung nicht entgegensteht.

§ 33 Recht auf Besuch

(1) Die Untersuchungsgefangenen dürfen Besuch empfangen. Die Gesamtdauer beträgt mindestens zwei Stunden im Monat.

(2) Kontakte der Untersuchungsgefangenen zu ihren Angehörigen im Sinne des § 11 Abs. 1 Nr. 1 des Strafgesetzbuchs (StGB) werden besonders gefördert.

(3) Besuche sollen darüber hinaus zugelassen werden, wenn sie persönlichen, rechtlichen

oder geschäftlichen Angelegenheiten dienen, die nicht von den Untersuchungsgefangenen schriftlich erledigt, durch Dritte wahrgenommen oder bis zur voraussichtlichen Entlassung aufgeschoben werden können.

(4) Aus Gründen der Sicherheit der Anstalt können Besuche davon abhängig gemacht werden, dass sich die Besucher mit technischen Mitteln absuchen oder durchsuchen lassen.

(5) Besuche können untersagt werden, wenn die Sicherheit oder Ordnung der Anstalt gefährdet würde.

§ 34 Besuche von Verteidigern, Rechtsanwälten und Notaren

Besuche von Verteidigern sowie von Rechtsanwälten und Notaren in einer die Untersuchungsgefangenen betreffenden Rechtssache sind zu gestatten. § 33 Abs. 4 gilt entsprechend. Eine inhaltliche Überprüfung der von Verteidigern mitgeführten Schriftstücke und sonstigen Unterlagen ist nicht zulässig.

§ 35 Überwachung der Besuche

(1) Besuche dürfen aus Gründen der Sicherheit oder Ordnung der Anstalt optisch überwacht werden. Die optische Überwachung kann mit technischen Hilfsmitteln durchgeführt werden; die betroffenen Personen sind vorher darauf hinzuweisen.

(2) Der Anstaltsleiter kann die akustische Überwachung im Einzelfall anordnen, wenn sie aus Gründen der Sicherheit der Anstalt oder zur Abwendung einer schwerwiegenden Störung der Ordnung der Anstalt erforderlich ist.

(3) Besuche dürfen abgebrochen werden, wenn Besucher oder Untersuchungsgefangene gegen dieses Gesetz oder aufgrund dieses Gesetzes getroffene Anordnungen verstoßen. Dies gilt auch bei einem Verstoß gegen verfahrenssichernde Anordnungen.

(4) Besuche von Verteidigern werden nicht überwacht.

(5) Gegenstände dürfen beim Besuch nicht übergeben werden. Dies gilt nicht für die bei dem Besuch der Verteidiger übergebenen Schriftstücke und sonstigen Unterlagen sowie für die bei dem Besuch von Rechtsanwälten oder Notaren zur Erledigung einer die Untersuchungsgefangenen betreffenden Rechtssache übergebenen Schriftstücke und sonstigen Unterlagen. Bei dem Besuch von Rechtsanwälten oder Notaren kann die Übergabe aus Gründen der Sicherheit oder Ordnung der Anstalt von der Erlaubnis des Anstaltsleiters abhängig gemacht werden.

§ 36 Recht auf Schriftwechsel

(1) Die Untersuchungsgefangenen haben das Recht, auf eigene Kosten Schreiben abzusenden und zu empfangen.

(2) Der Anstaltsleiter kann den Schriftwechsel mit bestimmten Personen untersagen, wenn die Sicherheit oder Ordnung der Anstalt gefährdet würde.

§ 37 Überwachung des Schriftwechsels

(1) Ein- und ausgehende Schreiben werden auf verbotene Gegenstände überwacht. Der Anstaltsleiter kann die Textkontrolle anordnen, wenn sie aus Gründen der Sicherheit oder zur Abwendung einer schwerwiegenden Störung der Ordnung der Anstalt erforderlich ist.

(2) Der Schriftwechsel der Untersuchungsgefangenen mit ihren Verteidigern wird nicht überwacht.

(3) Nicht überwacht werden Schreiben der Untersuchungsgefangenen an Volksvertretungen des Bundes und der Länder sowie an deren Mitglieder, soweit die Schreiben an die Anschriften dieser Volksvertretung gerichtet sind und den Absender zutreffend angeben. Entsprechendes gilt für Schreiben an das Europäische Parlament und dessen Mitglieder, den Europäischen Gerichtshof für Menschenrechte, den Europäischen Ausschuss zur Verhütung von Folter und unmenschlicher oder erniedrigender Behandlung oder Strafe und weitere Einrichtungen, mit denen der Schriftverkehr aufgrund völkerrechtlicher Verpflichtungen der Bundesrepublik Deutschland geschützt ist. Satz 1 gilt auch für Schreiben an die Bürgerbeauftragten der Länder und die Datenschutzbeauftragten des Bundes und der Länder. Schreiben der in den

Sätzen 1 bis 3 genannten Stellen, die an die Untersuchungsgefangenen gerichtet sind, werden nicht überwacht, sofern die Identität des Absenders zweifelsfrei feststeht.

§ 38 Weiterleitung von Schreiben, Aufbewahrung

(1) Die Untersuchungsgefangenen haben das Absenden und den Empfang ihrer Schreiben durch die Anstalt vermitteln zu lassen, soweit nichts anderes gestattet ist.

(2) Eingehende und ausgehende Schreiben sind unverzüglich weiterzuleiten.

(3) Die Untersuchungsgefangenen haben eingehende Schreiben unverschlossen zu verwahren, sofern nichts anderes gestattet wird. Sie können sie verschlossen zu ihrer Habe geben.

§ 39 Anhalten von Schreiben

(1) Der Anstaltsleiter kann Schreiben anhalten, wenn

1. es die Aufgabe des Untersuchungshaftvollzugs oder die Sicherheit oder Ordnung der Anstalt erfordert,

2. die Weitergabe in Kenntnis ihres Inhalts einen Straf- oder Bußgeldtatbestand verwirklichen würde,

3. sie grob unrichtige oder erheblich entstellende Darstellungen von Anstaltsverhältnissen oder grobe Beleidigungen enthalten oder

4. sie in Geheim- oder Kurzschrift, unlesbar, unverständlich oder ohne zwingenden Grund in einer fremden Sprache abgefasst sind.

(2) Ausgehenden Schreiben, die unrichtige Darstellungen enthalten, kann ein Begleitschreiben beigefügt werden, wenn die Untersuchungsgefangenen auf dem Absenden bestehen.

(3) Sind Schreiben angehalten worden, wird das den Untersuchungsgefangenen mitgeteilt. Hiervon kann abgesehen werden, wenn und solange es die Aufgabe des Untersuchungshaftvollzugs erfordert. Soweit angehaltene Schreiben nicht beschlagnahmt werden, werden sie an die Absender zurückge-

geben oder, sofern dies unmöglich ist oder aus besonderen Gründen untunlich ist, verwahrt.

(4) Schreiben, deren Überwachung nach § 37 Abs. 2 und 3 ausgeschlossen ist, dürfen nicht angehalten werden.

§ 40 Telefongespräche

Den Untersuchungsgefangenen kann gestattet werden, auf eigene Kosten Telefongespräche zu führen. Die Bestimmungen über den Besuch gelten entsprechend. Ist die Überwachung des Telefongesprächs erforderlich, ist die beabsichtigte Überwachung den Gesprächspartnern der Untersuchungsgefangenen unmittelbar nach Herstellung der Verbindung durch die Anstalt oder die Untersuchungsgefangenen mitzuteilen. Die Untersuchungsgefangenen sind rechtzeitig vor Beginn des Telefongesprächs über die beabsichtigte Überwachung und die Mitteilungspflicht nach Satz 3 zu unterrichten.

§ 41 Pakete

(1) Der Empfang von Paketen mit Nahrungs- und Genussmitteln ist den Untersuchungsgefangenen nicht gestattet. Der Empfang von Paketen mit anderem Inhalt bedarf der Erlaubnis der Anstalt, welche Zeitpunkt und Höchstmenge für die Sendung und für einzelne Gegenstände festsetzen kann. Für den Ausschluss von Gegenständen gilt § 18 Abs. 4 entsprechend.

(2) Pakete sind in Gegenwart der Untersuchungsgefangenen zu öffnen, an die sie adressiert sind. Ausgeschlossene Gegenstände können zu ihrer Habe genommen oder den Absendern zurückgesandt werden. Nicht ausgehändigte Gegenstände, durch die bei der Versendung oder Aufbewahrung Personen verletzt oder Sachschäden verursacht werden können, dürfen vernichtet werden. Die hiernach getroffenen Maßnahmen werden den Untersuchungsgefangenen eröffnet.

(3) Der Empfang von Paketen kann vorübergehend versagt werden, wenn dies wegen der Gefährdung der Sicherheit oder Ordnung der Anstalt unerlässlich ist.

(4) Den Untersuchungsgefangenen kann gestattet werden, Pakete zu versenden. Die An-

stalt kann ihren Inhalt aus Gründen der Sicherheit oder Ordnung der Anstalt überprüfen.

Siebter Abschnitt
Sicherheit und Ordnung

§ 42 Grundsatz

Die Pflichten und Beschränkungen, die den Untersuchungsgefangenen zur Aufrechterhaltung der Sicherheit oder Ordnung der Anstalt auferlegt werden, sind so zu wählen, dass sie in einem angemessenen Verhältnis zu ihrem Zweck stehen und die Untersuchungsgefangenen nicht mehr und nicht länger als notwendig beeinträchtigen.

§ 43 Verhaltensvorschriften

(1) Die Untersuchungsgefangenen dürfen durch ihr Verhalten gegenüber Bediensteten, Mitgefangenen und anderen Personen das geordnete Zusammenleben in der Anstalt nicht stören. Sie haben sich nach der Tageseinteilung der Anstalt (Arbeitszeit, Freizeit, Ruhezeit) zu richten.

(2) Die Untersuchungsgefangenen haben die Anordnungen der Bediensteten zu befolgen, auch wenn sie sich durch diese beschwert fühlen. Einen ihnen zugewiesenen Bereich dürfen sie nicht ohne Erlaubnis verlassen.

(3) Die Untersuchungsgefangenen haben ihren Haftraum und die ihnen von der Anstalt überlassenen Sachen in Ordnung zu halten und schonend zu behandeln.

(4) Die Untersuchungsgefangenen haben Umstände, die eine Gefahr für das Leben oder eine erhebliche Gefahr für die Gesundheit einer Person bedeuten, unverzüglich zu melden.

§ 44 Absuchung, Durchsuchung

(1) Die Untersuchungsgefangenen, ihre Sachen und die Hafträume dürfen mit technischen Mitteln abgesucht und durchsucht werden. Die Durchsuchung männlicher Untersuchungsgefangener darf nur von Männern, die Durchsuchung weiblicher Untersuchungsgefangener darf nur von Frauen vorgenommen werden. Das Schamgefühl ist zu schonen.

(2) Nur bei Gefahr im Verzug oder auf Anordnung des Anstaltsleiters im Einzelfall ist es zulässig, eine mit einer Entkleidung verbundene körperliche Durchsuchung vorzunehmen. Sie darf bei männlichen Untersuchungsgefangenen nur in Gegenwart von Männern, bei weiblichen Untersuchungsgefangenen nur in Gegenwart von Frauen erfolgen. Sie ist in einem geschlossenen Raum durchzuführen. Andere Gefangene dürfen nicht anwesend sein.

(3) Der Anstaltsleiter kann allgemein anordnen, dass Untersuchungsgefangene bei der Aufnahme, vor und nach Kontakten mit Besuchern sowie vor und nach jeder Abwesenheit von der Anstalt nach Absatz 2 zu durchsuchen sind.

§ 45 Erkennungsdienstliche Maßnahmen, Lichtbildausweise

(1) Zur Sicherung des Vollzugs, zur Aufrechterhaltung der Sicherheit oder Ordnung der Anstalt oder zur Identitätsfeststellung sind mit Kenntnis der Untersuchungsgefangenen zulässig:

1. die Abnahme von Finger- und Handflächenabdrücken,
2. die Aufnahme von Lichtbildern,
3. die Feststellung äußerlicher körperlicher Merkmale,
4. die elektronische Erfassung biometrischer Merkmale und
5. Messungen.

(2) Die hierbei gewonnenen Unterlagen oder Daten werden zu den Gefangenenpersonalakten genommen oder in personenbezogenen Dateien gespeichert. Sie können auch in kriminalpolizeilichen Sammlungen verwahrt werden. Die nach Absatz 1 erhobenen Daten dürfen nur für die in Absatz 1, in § 48 Abs. 2 und in § 89 Abs. 2 Nr. 4 genannten Zwecke verarbeitet werden.

(3) Werden die Untersuchungsgefangenen entlassen, sind diese in Dateien gespeicherten personenbezogenen Daten spätestens nach drei Monaten zu löschen. Werden die

Untersuchungsgefangenen in eine andere Anstalt verlegt oder wird unmittelbar im Anschluss an den Vollzug oder in Unterbrechung der Untersuchungshaft eine andere Haftart vollzogen, können die nach Absatz 1 erhobenen Daten der betreffenden Anstalt übermittelt und von dieser für die in Absatz 2 Satz 3 genannten Zwecke verarbeitet werden.

(4) Personen, die aufgrund des Absatzes 1 erkennungsdienstlich behandelt worden sind, können bei einer nicht nur vorläufigen Einstellung des Verfahrens, einer unanfechtbaren Ablehnung der Eröffnung des Hauptverfahrens oder einem rechtskräftigen Freispruch nach der Entlassung verlangen, dass die gewonnenen erkennungsdienstlichen Unterlagen unverzüglich vernichtet werden. Sie sind über dieses Recht bei der erkennungsdienstlichen Behandlung und bei der Entlassung aufzuklären.

(5) Die Anstalt kann die Untersuchungsgefangenen verpflichten, einen Lichtbildausweis mit sich zu führen, wenn dies aus Gründen der Sicherheit oder Ordnung der Anstalt erforderlich ist. Dieser ist bei der Entlassung oder bei der Verlegung in eine andere Anstalt einzuziehen und zu vernichten.

§ 46 Videoüberwachung

(1) Die Videoüberwachung des Anstaltsgebäudes einschließlich des Gebäudeinneren, des Anstaltsgeländes und der unmittelbaren Umgebung der Anstalt sowie die Anfertigung von Aufzeichnungen hiervon ist zulässig, wenn dies für die Sicherheit oder Ordnung der Anstalt erforderlich ist. Die Videoüberwachung von Hafträumen ist ausgeschlossen, soweit in diesem Gesetz nichts anderes bestimmt ist.

(2) Auf die Videoüberwachung und die Anfertigung von Videoaufzeichnungen ist durch geeignete Maßnahmen hinzuweisen, soweit nicht der Zweck der Videoüberwachung dadurch vereitelt wird. Die Videoüberwachung und die Anfertigung von Videoaufzeichnungen dürfen auch durchgeführt werden, wenn Dritte unvermeidbar betroffen werden.

(3) Die Betroffenen sind über eine Verarbeitung und Nutzung ihrer durch Videotechnik erhobenen personenbezogenen Daten zu benachrichtigen, sofern die Daten nicht innerhalb der Anstalt verbleiben und binnen eines Monats gelöscht werden. Eine Pflicht zur Benachrichtigung besteht nicht, sofern die Betroffenen auf andere Weise Kenntnis von der Verarbeitung und Nutzung erlangt haben oder die Unterrichtung einen unverhältnismäßigen Aufwand erfordert. Die Unterrichtung kann unterbleiben, solange durch sie der Zweck der Maßnahme vereitelt würde.

§ 47 Maßnahmen zur Feststellung von Suchtmittelkonsum

(1) Zur Aufrechterhaltung der Sicherheit oder Ordnung der Anstalt kann der Anstaltsleiter allgemein oder im Einzelfall Maßnahmen anordnen, die geeignet sind, den Missbrauch von Suchtmitteln festzustellen. Diese Maßnahmen dürfen nicht mit einem körperlichen Eingriff verbunden sein.

(2) Wird Suchtmittelmissbrauch festgestellt, können die Kosten der Maßnahmen den Untersuchungsgefangenen auferlegt werden.

§ 48 Festnahmerecht

(1) Untersuchungsgefangene, die entwichen sind oder sich sonst ohne Erlaubnis außerhalb der Anstalt aufhalten, können durch die Anstalt oder auf deren Veranlassung festgenommen und zurückgebracht werden.

(2) Nach § 45 Abs. 1 und § 88 erhobene und zur Identifizierung oder Festnahme erforderliche Daten dürfen den Vollstreckungs- und Strafverfolgungsbehörden übermittelt werden, soweit dies für Zwecke der Fahndung und Festnahme der entwichenen oder sich sonst ohne Erlaubnis außerhalb der Anstalt aufhaltenden Untersuchungsgefangenen erforderlich ist.

§ 49 Besondere Sicherungsmaßnahmen

(1) Gegen Untersuchungsgefangene können besondere Sicherungsmaßnahmen angeordnet werden, wenn nach ihrem Verhalten oder aufgrund ihres seelischen Zustands in erhöhtem Maße die Gefahr der Entweichung, von Gewalttätigkeiten gegen Personen oder Sa-

chen, der Selbsttötung oder der Selbstverletzung besteht.

(2) Als besondere Sicherungsmaßnahmen sind zulässig:

1. der Entzug oder die Vorenthaltung von Gegenständen,

2. die Beobachtung der Untersuchungsgefangenen, auch mit technischen Hilfsmitteln, insbesondere auch mittels Videoüberwachung, wobei im Einzelfall auch die Anfertigung von Videoaufzeichnungen zulässig ist,

3. die Absonderung von anderen Gefangenen,

4. der Entzug oder die Beschränkung des Aufenthalts im Freien,

5. die Unterbringung in einem besonders gesicherten Haftraum ohne gefährdende Gegenstände und

6. die Fesselung.

(3) Maßnahmen nach Absatz 2 Nr. 1 und 3 bis 5 sind auch zulässig, wenn die Gefahr einer Befreiung oder eine erhebliche Störung der Ordnung der Anstalt anders nicht vermieden oder behoben werden kann.

(4) Bei einer Ausführung, Vorführung oder beim Transport ist die Fesselung auch dann zulässig, wenn die Gefahr einer Entweichung besteht.

§ 50 Einzelhaft

Die unausgesetzte Absonderung der Untersuchungsgefangenen (Einzelhaft) ist nur zulässig, wenn dies aus Gründen, die in deren Person liegen, unerlässlich ist. Einzelhaft von mehr als einem Monat Gesamtdauer im Jahr bedarf der Zustimmung der Aufsichtsbehörde und wird dem Gericht und der Staatsanwaltschaft von der Anstalt mitgeteilt. Während des Vollzugs der Einzelhaft sind die Untersuchungsgefangenen in besonderem Maße zu betreuen.

§ 51 Fesselung

In der Regel dürfen Fesseln nur an den Händen oder an den Füßen angelegt werden. Im Interesse der Untersuchungsgefangenen kann der Anstaltsleiter eine andere Art der Fesselung anordnen. Die Fesselung wird zeitweise gelockert, soweit dies notwendig ist.

§ 52 Anordnung besonderer Sicherungsmaßnahmen, Verfahren

(1) Besondere Sicherungsmaßnahmen ordnet der Anstaltsleiter an. Bei Gefahr im Verzug können auch andere Bedienstete diese Maßnahmen vorläufig anordnen. Die Entscheidung des Anstaltsleiters ist unverzüglich einzuholen.

(2) Werden Untersuchungsgefangene ärztlich behandelt oder beobachtet oder bildet ihr seelischer Zustand den Anlass der Sicherungsmaßnahme, ist vorher die ärztliche Stellungnahme einzuholen. Ist dies wegen Gefahr im Verzug nicht möglich, wird die Stellungnahme unverzüglich nachträglich eingeholt.

(3) Die Entscheidung wird den Untersuchungsgefangenen von dem Anstaltsleiter mündlich eröffnet und mit einer kurzen Begründung schriftlich abgefasst.

(4) Besondere Sicherungsmaßnahmen sind in angemessenen Abständen daraufhin zu überprüfen, ob und in welchem Umfang sie aufrechterhalten werden müssen.

(5) Besondere Sicherungsmaßnahmen nach § 49 Abs. 2 Nr. 5 und 6 sind der Aufsichtsbehörde, dem Gericht und der Staatsanwaltschaft unverzüglich mitzuteilen, wenn sie länger als drei Tage aufrechterhalten werden.

§ 53 Ärztliche Überwachung

(1) Sind Untersuchungsgefangene in einem besonders gesicherten Haftraum untergebracht oder gefesselt (§ 49 Abs. 2 Nr. 5 und 6), sucht sie der Arzt alsbald und in der Folge möglichst täglich auf. Dies gilt nicht bei einer Fesselung während einer Ausführung, Vorführung oder eines Transports (§ 49 Abs. 4).

(2) Der Arzt ist regelmäßig zu hören, solange eine besondere Sicherungsmaßnahme nach § 49 Abs. 2 Nr. 4 oder Einzelhaft nach § 50 andauert.

Achter Abschnitt
Unmittelbarer Zwang

§ 54 Begriffsbestimmungen

(1) Unmittelbarer Zwang ist die Einwirkung auf Personen oder Sachen durch körperliche Gewalt, ihre Hilfsmittel und durch Waffen.

(2) Körperliche Gewalt ist jede unmittelbare körperliche Einwirkung auf Personen oder Sachen.

(3) Hilfsmittel der körperlichen Gewalt sind insbesondere Fesseln.

(4) Waffen sind die dienstlich zugelassenen Hieb- und Schusswaffen sowie Reizstoffe.

§ 55 Allgemeine Voraussetzungen

(1) Die Bediensteten dürfen unmittelbaren Zwang anwenden, wenn sie Vollzugs- und Sicherungsmaßnahmen rechtmäßig durchführen und der damit verfolgte Zweck auf keine andere Weise erreicht werden kann.

(2) Gegen andere Personen als Untersuchungsgefangene darf unmittelbarer Zwang angewendet werden, wenn sie es unternehmen, Gefangene zu befreien oder widerrechtlich in die Anstalt einzudringen, oder wenn sie sich unbefugt darin aufhalten.

(3) Das Recht zu unmittelbarem Zwang aufgrund anderer Regelungen bleibt unberührt.

§ 56 Grundsatz der Verhältnismäßigkeit

(1) Unter mehreren möglichen und geeigneten Maßnahmen des unmittelbaren Zwangs sind diejenigen zu wählen, die den Einzelnen und die Allgemeinheit voraussichtlich am wenigsten beeinträchtigen.

(2) Unmittelbarer Zwang unterbleibt, wenn ein durch ihn zu erwartender Schaden erkennbar außer Verhältnis zu dem angestrebten Erfolg steht.

§ 57 Handeln auf Anordnung

(1) Wird unmittelbarer Zwang von Vorgesetzten oder sonst befugten Personen angeordnet, sind die Bediensteten verpflichtet, ihn anzuwenden, es sei denn, die Anordnung verletzt die Menschenwürde oder ist nicht zu dienstlichen Zwecken erteilt worden.

(2) Die Anordnung darf nicht befolgt werden, wenn dadurch eine Straftat begangen würde. Befolgen die Bediensteten sie trotzdem, trifft sie eine Schuld nur, wenn sie erkennen oder wenn es nach den ihnen bekannten Umständen offensichtlich ist, dass dadurch eine Straftat begangen wird.

(3) Bedenken gegen die Rechtmäßigkeit der Anordnung haben Bedienstete dem Anordnenden gegenüber vorzubringen, soweit das nach den Umständen möglich ist. Abweichende Bestimmungen des allgemeinen Beamtenrechts über die Mitteilung solcher Bedenken an Vorgesetzte (§ 36 Abs. 2 und 3 des Beamtenstatusgesetzes) sind nicht anzuwenden.

§ 58 Androhung

Unmittelbarer Zwang ist vorher anzudrohen. Die Androhung darf nur dann unterbleiben, wenn die Umstände sie nicht zulassen oder unmittelbarer Zwang sofort angewendet werden muss, um eine rechtswidrige Tat, die den Tatbestand eines Strafgesetzes erfüllt, zu verhindern oder eine gegenwärtige Gefahr abzuwenden.

§ 59 Schusswaffengebrauch

(1) Schusswaffen dürfen nur gebraucht werden, wenn andere Maßnahmen des unmittelbaren Zwangs bereits erfolglos waren oder keinen Erfolg versprechen. Gegen Personen ist ihr Gebrauch nur zulässig, wenn der Zweck nicht durch Waffenwirkung gegen Sachen erreicht werden kann.

(2) Schusswaffen dürfen nur die dazu bestimmten Bediensteten gebrauchen und nur, um angriffs- oder fluchtunfähig zu machen. Ihr Gebrauch unterbleibt, wenn dadurch erkennbar Unbeteiligte mit hoher Wahrscheinlichkeit gefährdet würden.

(3) Der Gebrauch von Schusswaffen ist vorher anzudrohen. Als Androhung gilt auch ein Warnschuss. Ohne Androhung dürfen Schusswaffen nur dann gebraucht werden, wenn dies zur Abwehr einer gegenwärtigen Gefahr für Leib oder Leben erforderlich ist.

(4) Gegen Untersuchungsgefangene dürfen Schusswaffen gebraucht werden,

1. wenn sie eine Waffe oder ein anderes gefährliches Werkzeug trotz wiederholter Aufforderung nicht ablegen,

2. wenn sie eine Meuterei (§ 121 StGB) unternehmen oder

3. um ihre Entweichung zu vereiteln oder um sie wieder zu ergreifen.

(5) Gegen andere Personen dürfen Schusswaffen gebraucht werden, wenn sie es unternehmen, Gefangene gewaltsam zu befreien oder gewaltsam in eine Anstalt einzudringen.

Neunter Abschnitt
Disziplinarmaßnahmen

§ 60 Voraussetzungen

(1) Disziplinarmaßnahmen können angeordnet werden, wenn Untersuchungsgefangene rechtswidrig und schuldhaft

1. gegen Strafgesetze verstoßen oder eine Ordnungswidrigkeit begehen,

2. gegen eine verfahrenssichernde Anordnung verstoßen,

3. andere Personen verbal oder tätlich angreifen,

4. Lebensmittel oder fremdes Eigentum zerstören oder beschädigen,

5. verbotene Gegenstände in die Anstalt bringen,

6. sich am Einschmuggeln verbotener Gegenstände beteiligen oder sie besitzen,

7. entweichen oder zu entweichen versuchen oder

8. in sonstiger Weise wiederholt oder schwerwiegend gegen die Hausordnung verstoßen oder das Zusammenleben in der Anstalt stören.

(2) Von einer Disziplinarmaßnahme wird abgesehen, wenn es genügt, die Untersuchungsgefangenen zu verwarnen.

(3) Disziplinarmaßnahmen sind auch zulässig, wenn wegen derselben Verfehlung ein Straf- oder Bußgeldverfahren eingeleitet wird.

§ 61 Arten der Disziplinarmaßnahmen

(1) Zulässige Disziplinarmaßnahmen sind:

1. Verweis,

2. die Beschränkung oder der Entzug des Einkaufs bis zu drei Monaten,

3. die Beschränkung oder der Entzug von Annehmlichkeiten nach § 19 bis zu drei Monaten,

4. die Beschränkung oder der Entzug des Rundfunkempfangs bis zu drei Monaten; der gleichzeitige Entzug des Hörfunk- und Fernsehempfangs jedoch nur bis zu zwei Wochen,

5. die Beschränkung oder der Entzug der Gegenstände für die Freizeitbeschäftigung oder der Ausschluss von gemeinsamer Freizeit oder von einzelnen Freizeitveranstaltungen bis zu drei Monaten,

6. der Entzug der zugewiesenen Arbeit oder Beschäftigung bis zu vier Wochen unter Wegfall der in diesem Gesetz geregelten Bezüge und

7. Arrest bis zu vier Wochen.

(2) Mehrere Disziplinarmaßnahmen können miteinander verbunden werden.

(3) Arrest darf nur wegen schwerer oder wiederholter Verfehlungen verhängt werden.

(4) Bei der Auswahl der Disziplinarmaßnahmen sind Grund und Zweck der Haft sowie die psychischen Auswirkungen der Untersuchungshaft und des Strafverfahrens auf die Untersuchungsgefangenen zu berücksichtigen. Durch die Anordnung und den Vollzug einer Disziplinarmaßnahme dürfen die Verteidigung, die Verhandlungsfähigkeit und die Verfügbarkeit der Untersuchungsgefangenen für die Verhandlung nicht beeinträchtigt werden.

§ 62 Vollzug der Disziplinarmaßnahmen, Aussetzung zur Bewährung

(1) Disziplinarmaßnahmen werden in der Regel sofort vollstreckt.

(2) Disziplinarmaßnahmen können ganz oder teilweise bis zu sechs Monaten zur Bewährung ausgesetzt werden.

(3) Arrest wird in Einzelhaft vollzogen. Die Untersuchungsgefangenen können in einem besonderen Arrestraum untergebracht werden, der den Anforderungen entsprechen muss, die an einen zum Aufenthalt bei Tag und Nacht bestimmten Haftraum gestellt werden. Soweit nichts anderes angeordnet wird, ruhen die Befugnisse der Untersuchungsgefangenen aus den §§ 16 und 17 Abs. 1, § 18 Abs. 2 und 3, den §§ 19 und 24 Abs. 2 und 3, den §§ 26 und 27 Abs. 1 sowie § 28.

§ 63 Disziplinarbefugnis

(1) Disziplinarmaßnahmen ordnet der Anstaltsleiter an. Bei einer Verfehlung auf dem Weg in eine andere Anstalt zum Zweck der Verlegung ist die aufnehmende Anstalt zuständig.

(2) Die Aufsichtsbehörde entscheidet, wenn sich die Verfehlung gegen den Anstaltsleiter richtet.

(3) Disziplinarmaßnahmen, die gegen die Untersuchungsgefangenen in einer anderen Anstalt oder während einer anderen Haft angeordnet worden sind, werden auf Ersuchen vollstreckt. § 62 Abs. 2 gilt entsprechend.

§ 64 Verfahren

(1) Der Sachverhalt ist zu klären. Die betroffenen Untersuchungsgefangenen werden gehört. Sie sind darauf hinzuweisen, dass es ihnen freisteht, sich zu äußern. Die Erhebungen werden in einer Niederschrift festgehalten; die Einlassung der Untersuchungsgefangenen wird darin vermerkt.

(2) Bei schweren Verfehlungen soll sich der Anstaltsleiter vor der Entscheidung mit Personen besprechen, die an der Betreuung der Untersuchungsgefangenen mitwirken.

(3) Vor der Anordnung von Disziplinarmaßnahmen gegen Untersuchungsgefangene, die sich in ärztlicher Behandlung befinden, oder gegen Schwangere oder stillende Mütter ist ein Arzt zu hören.

(4) Die Entscheidung wird den Untersuchungsgefangenen von dem Anstaltsleiter mündlich eröffnet und mit einer kurzen Begründung schriftlich abgefasst.

(5) Bevor Arrest vollzogen wird, ist ein Arzt zu hören. Während des Arrests stehen die Untersuchungsgefangenen unter ärztlicher Aufsicht. Der Vollzug unterbleibt oder wird unterbrochen, wenn die Gesundheit der Untersuchungsgefangenen oder der Fortgang des Strafverfahrens gefährdet würde.

Zehnter Abschnitt
Beschwerde

§ 65 Beschwerderecht

(1) Die Untersuchungsgefangenen erhalten Gelegenheit, sich mit Wünschen, Anregungen und Beschwerden in vollzuglichen Angelegenheiten, die sie selbst betreffen, an den Anstaltsleiter zu wenden.

(2) Besichtigen Vertreter der Aufsichtsbehörde die Anstalt, so ist zu gewährleisten, dass die Untersuchungsgefangenen sich in vollzuglichen Angelegenheiten, die sie selbst betreffen, an diese wenden können.

(3) Die Möglichkeit der Dienstaufsichtsbeschwerde bleibt unberührt.

Elfter Abschnitt
Ergänzende Bestimmungen für junge Untersuchungsgefangene

§ 66 Anwendungsbereich

(1) Auf Untersuchungsgefangene, die zur Tatzeit das 21. Lebensjahr noch nicht vollendet hatten und die das 24. Lebensjahr noch nicht vollendet haben (junge Untersuchungsgefangene), findet dieses Gesetz nach Maßgabe der Bestimmungen dieses Abschnitts Anwendung.

(2) Von einer Anwendung der Bestimmungen dieses Abschnitts sowie des § 11 Abs. 2 auf volljährige junge Untersuchungsgefangene kann abgesehen werden, wenn die erzieherische Ausgestaltung des Vollzugs für diese nicht oder nicht mehr angezeigt ist. Die Bestimmungen dieses Abschnitts können ausnahmsweise auch über die Vollendung des 24. Lebensjahres hinaus angewendet werden, wenn dies im Hinblick auf die voraus-

sichtlich nur noch geringe Dauer der Untersuchungshaft zweckmäßig erscheint.

§ 67 Vollzugsgestaltung

(1) Der Vollzug ist erzieherisch zu gestalten. Die Fähigkeiten der jungen Untersuchungsgefangenen zu einer eigenverantwortlichen und gemeinschaftsfähigen Lebensführung in Achtung der Rechte Anderer sind zu fördern.

(2) Den jungen Untersuchungsgefangenen sollen neben altersgemäßen Bildungs-, Beschäftigungs- und Freizeitmöglichkeiten auch sonstige entwicklungsfördernde Hilfestellungen angeboten werden. Die Bereitschaft zur Annahme der Angebote ist zu wecken und zu fördern.

(3) In diesem Gesetz vorgesehene Beschränkungen können minderjährigen Untersuchungsgefangenen auch auferlegt werden, soweit es dringend geboten ist, um sie vor einer Gefährdung ihrer Entwicklung zu bewahren.

§ 68 Zusammenarbeit und Einbeziehung Dritter

(1) Die Zusammenarbeit der Anstalt mit staatlichen und privaten Institutionen erstreckt sich insbesondere auch auf Jugendgerichtshilfe, Jugendamt, Schulen und berufliche Bildungsträger.

(2) Die Personensorgeberechtigten sind, soweit dies möglich ist und eine verfahrenssichernde Anordnung nicht entgegensteht, in die Gestaltung des Vollzugs einzubeziehen.

(3) Die Personensorgeberechtigten und das Jugendamt werden von der Aufnahme, von einer Verlegung und der Entlassung unverzüglich unterrichtet, soweit eine verfahrenssichernde Anordnung nicht entgegensteht.

§ 69 Ermittlung des Förder- und Erziehungsbedarfs, Maßnahmen

(1) Nach der Aufnahme wird der Förder- und Erziehungsbedarf der jungen Untersuchungsgefangenen unter Berücksichtigung ihrer Persönlichkeit und ihrer Lebensverhältnisse ermittelt.

(2) In einer Konferenz mit an der Erziehung maßgeblich beteiligten Bediensteten werden der Förder- und Erziehungsbedarf erörtert und die sich daraus ergebenden Maßnahmen festgelegt. Diese werden mit den jungen Untersuchungsgefangenen besprochen und den Personensorgeberechtigten auf Verlangen mitgeteilt.

(3) Zur Erfüllung der Aufgabe nach Absatz 1 dürfen personenbezogene Daten abweichend von § 88 Abs. 2 ohne Mitwirkung der Betroffenen erhoben werden bei Stellen, die Aufgaben der Jugendhilfe wahrnehmen, bei der Jugendgerichtshilfe und bei den Personen und Stellen, die bereits Kenntnis von der Inhaftierung haben.

§ 70 Unterbringung

(1) Die jungen Untersuchungsgefangenen können in Wohngruppen untergebracht werden, zu denen neben den Hafträumen weitere Räume zur gemeinsamen Nutzung gehören.

(2) Die gemeinschaftliche Unterbringung während der Bildung, Arbeit und Freizeit kann über § 12 Abs. 3 hinaus auch eingeschränkt oder ausgeschlossen werden, wenn dies aus erzieherischen Gründen angezeigt ist, schädliche Einflüsse auf die jungen Untersuchungsgefangenen zu befürchten sind oder während der ersten zwei Wochen nach der Aufnahme.

(3) Eine gemeinsame Unterbringung nach § 13 Abs. 1 Satz 2 ist nur zulässig, wenn schädliche Einflüsse auf die jungen Untersuchungsgefangenen nicht zu befürchten sind.

§ 71 Schulische und berufliche Aus- und Weiterbildung, Arbeit

(1) Schulpflichtige Untersuchungsgefangene nehmen in der Anstalt am allgemein- oder berufsbildenden Unterricht in Anlehnung an die für öffentliche Schulen geltenden Bestimmungen teil.

(2) Minderjährige Untersuchungsgefangene können zur Teilnahme an schulischen und beruflichen Orientierungs-, Aus- und Weiterbildungsmaßnahmen oder speziellen Maßnahmen zur Förderung ihrer schulischen, beruflichen oder persönlichen Entwicklung verpflichtet werden.

(3) Den übrigen jungen Untersuchungsgefangenen soll nach Möglichkeit die Teilnahme an den in Absatz 2 genannten Maßnahmen angeboten werden.

(4) Im Übrigen bleibt § 24 Abs. 2 unberührt.

§ 72 Besuche, Schriftwechsel, Telefongespräche

(1) Abweichend von § 33 Abs. 1 Satz 2 beträgt die Gesamtdauer des Besuchs für junge Untersuchungsgefangene mindestens vier Stunden im Monat. Über § 33 Abs. 3 hinaus sollen Besuche auch dann zugelassen werden, wenn sie die Erziehung fördern.

(2) Besuche von Kindern junger Untersuchungsgefangener werden nicht auf die Regelbesuchszeiten angerechnet.

(3) Bei minderjährigen Untersuchungsgefangenen können Besuche, Schriftwechsel und Telefongespräche auch untersagt werden, wenn Personensorgeberechtigte nicht einverstanden sind.

(4) Besuche dürfen über § 35 Abs. 3 hinaus auch abgebrochen werden, wenn von Besuchern ein schädlicher Einfluss ausgeht.

(5) Der Schriftwechsel kann über § 36 Abs. 2 hinaus bei Personen, die nicht Angehörige (§ 11 Abs. 1 Nr. 1 StGB) der jungen Untersuchungsgefangenen sind, auch untersagt werden, wenn zu befürchten ist, dass er einen schädlichen Einfluss auf die jungen Untersuchungsgefangenen hat.

(6) Für Besuche, Schriftwechsel und Telefongespräche mit Beiständen nach § 69 des Jugendgerichtsgesetzes gelten die §§ 34 und 35 Abs. 4 sowie § 37 Abs. 2 entsprechend.

§ 73 Freizeit und Sport

(1) Zur Ausgestaltung der Freizeit sind geeignete Angebote vorzuhalten. Die jungen Untersuchungsgefangenen sind zur Teilnahme und Mitwirkung an Freizeitangeboten zu motivieren.

(2) Über § 16 Satz 2 hinaus ist der Besitz eigener Fernsehgeräte und elektronischer Medien ausgeschlossen, wenn erzieherische Gründe entgegenstehen.

(3) Dem Sport kommt bei der Gestaltung des Vollzugs an jungen Untersuchungsgefangenen besondere Bedeutung zu. Es sind ausreichende und geeignete Angebote vorzuhalten, um den jungen Untersuchungsgefangenen eine sportliche Betätigung von mindestens zwei Stunden wöchentlich zu ermöglichen.

§ 74 Besondere Sicherungsmaßnahmen

§ 49 Abs. 3 gilt mit der Maßgabe, dass der Entzug oder die Beschränkung des Aufenthalts im Freien nicht zulässig ist.

§ 75 Erzieherische Maßnahmen, Disziplinarmaßnahmen

(1) Verstöße der jungen Untersuchungsgefangenen gegen Pflichten, die ihnen durch dieses Gesetz oder aufgrund dieses Gesetzes auferlegt sind, sind unverzüglich im erzieherischen Gespräch aufzuarbeiten. Daneben können Maßnahmen angeordnet werden, die geeignet sind, den jungen Untersuchungsgefangenen ihr Fehlverhalten bewusst zu machen (erzieherische Maßnahmen). Als erzieherische Maßnahmen kommen namentlich in Betracht die Erteilung von Weisungen und Auflagen, die Beschränkung oder der Entzug einzelner Gegenstände für die Freizeitbeschäftigung und der Ausschluss von gemeinsamer Freizeit oder von einzelnen Freizeitveranstaltungen bis zur Dauer einer Woche.

(2) Der Anstaltsleiter legt fest, welche Bediensteten befugt sind, erzieherische Maßnahmen anzuordnen.

(3) Es sollen solche erzieherischen Maßnahmen angeordnet werden, die mit der Verfehlung in Zusammenhang stehen.

(4) Disziplinarmaßnahmen dürfen nur angeordnet werden, wenn erzieherische Maßnahmen nach Absatz 1 nicht ausreichen, um den jungen Untersuchungsgefangenen das Unrecht ihrer Handlung zu verdeutlichen. Zu berücksichtigen ist ferner eine aus demselben Anlass angeordnete besondere Sicherungsmaßnahme.

(5) Gegen junge Untersuchungsgefangene dürfen Disziplinarmaßnahmen nach § 61 Abs. 1 Nr. 1 und 6 nicht verhängt werden.

Maßnahmen nach § 61 Abs. 1 Nr. 2, 3 und 4 Halbsatz 1 sowie Nr. 5 sind nur bis zu zwei Monaten, Arrest ist nur bis zu zwei Wochen zulässig und erzieherisch auszugestalten.

Zwölfter Abschnitt
Aufbau der Anstalt

§ 76 Gliederung, Räume

(1) Soweit es nach § 11 zur Umsetzung der Trennungsgrundsätze erforderlich ist, werden in der Anstalt gesonderte Abteilungen für den Vollzug der Untersuchungshaft eingerichtet.

(2) Räume für den Aufenthalt während der Ruhe- und Freizeit sowie Gemeinschafts- und Besuchsräume sind zweckentsprechend auszugestalten.

§ 77 Festsetzung der Belegungsfähigkeit, Verbot der Überbelegung

(1) Die Aufsichtsbehörde setzt die Belegungsfähigkeit der Anstalt so fest, dass eine angemessene Unterbringung während der Ruhezeit gewährleistet ist. Dabei ist zu berücksichtigen, dass eine ausreichende Anzahl von Plätzen für Arbeit und Bildung sowie von Räumen für Seelsorge, Freizeit, Sport und Besuche zur Verfügung steht.

(2) Hafträume dürfen nicht mit mehr Gefangenen als zugelassen belegt werden.

(3) Ausnahmen von Absatz 2 sind nur vorübergehend und nur mit Zustimmung der Aufsichtsbehörde zulässig.

§ 78 Arbeitsbetriebe, Einrichtungen zur schulischen und beruflichen Bildung

(1) Arbeitsbetriebe und Einrichtungen zur schulischen und beruflichen Bildung sollen vorgehalten werden.

(2) Beschäftigung und Bildung können auch in geeigneten privaten Einrichtungen und Betrieben erfolgen. Die technische und fachliche Leitung kann Angehörigen dieser Einrichtungen und Betriebe übertragen werden.

§ 79 Anstaltsleitung

(1) Der Anstaltsleiter trägt die Verantwortung für den gesamten Vollzug und vertritt die Anstalt nach außen. Er kann einzelne Aufgabenbereiche auf andere Bedienstete übertragen. Die Aufsichtsbehörde kann sich die Zustimmung zur Übertragung vorbehalten.

(2) Für jede Anstalt ist ein Beamter des höheren Dienstes zum hauptamtlichen Leiter zu bestellen. Aus besonderen Gründen kann eine Anstalt auch von einem Beamten des gehobenen Dienstes geleitet werden.

§ 80 Bedienstete

Die Anstalt wird mit dem für den Vollzug der Untersuchungshaft erforderlichen Personal ausgestattet. Fortbildung sowie Praxisberatung und -begleitung für die Bediensteten sind zu gewährleisten.

§ 81 Seelsorger

(1) Die Seelsorger werden im Einvernehmen mit der jeweiligen Religionsgemeinschaft im Hauptamt bestellt oder vertraglich verpflichtet.

(2) Wenn die geringe Anzahl der Angehörigen einer Religionsgemeinschaft eine Seelsorge nach Absatz 1 nicht rechtfertigt, ist die seelsorgerische Betreuung auf andere Weise zuzulassen.

(3) Mit Zustimmung des Anstaltsleiters darf der Anstaltsseelsorger sich freier Seelsorgehelfer bedienen und diese für Gottesdienste sowie für andere religiöse Veranstaltungen von außen zuziehen.

§ 82 Medizinische Versorgung

(1) Die ärztliche Versorgung ist sicherzustellen.

(2) Die Pflege der Kranken soll von Bediensteten ausgeübt werden, die eine Erlaubnis nach dem Krankenpflegegesetz besitzen. Solange diese nicht zur Verfügung stehen, können auch Bedienstete eingesetzt werden, die eine sonstige Ausbildung in der Krankenpflege erfahren haben.

§ 83 Mitverantwortung der Untersuchungsgefangenen

Den Untersuchungsgefangenen soll ermöglicht werden, an der Verantwortung für Angelegenheiten von gemeinsamem Interesse teilzunehmen, die sich ihrer Eigenart und der Aufgabe der Anstalt nach für ihre Mitwirkung eignen.

§ 84 Hausordnung

(1) Der Anstaltsleiter erlässt eine Hausordnung. Die Aufsichtsbehörde kann sich die Genehmigung vorbehalten.

(2) In die Hausordnung sind namentlich Anordnungen aufzunehmen über die

1. Besuchszeiten, Häufigkeit und Dauer der Besuche,

2. Arbeitszeit, Freizeit und Ruhezeit sowie

3. Gelegenheit, Anträge und Beschwerden anzubringen oder sich an einen Vertreter der Aufsichtsbehörde zu wenden.

Dreizehnter Abschnitt
Aufsicht, Beirat

§ 85 Aufsichtsbehörde

Das für den Justizvollzug zuständige Ministerium führt die Aufsicht über die Anstalt.

§ 86 Vollstreckungsplan

Das für den Justizvollzug zuständige Ministerium regelt durch Rechtsverordnung die örtliche und sachliche Zuständigkeit der Anstalt in einem Vollstreckungsplan. Im Rahmen von Vollzugsgemeinschaften kann der Vollzug auch in Vollzugseinrichtungen anderer Länder vorgesehen werden.

§ 87 Beirat

(1) Bei der Anstalt ist ein Beirat zu bilden. Bedienstete dürfen nicht Mitglieder des Beirats sein.

(2) Die Mitglieder des Beirats wirken bei der Gestaltung des Vollzugs und bei der Betreuung der Untersuchungsgefangenen mit. Sie unterstützen den Anstaltsleiter durch Anregungen und Verbesserungsvorschläge.

(3) Die Mitglieder des Beirats können namentlich Wünsche, Anregungen und Beanstandungen entgegennehmen. Sie können sich über die Unterbringung, Verpflegung, ärztliche Versorgung, Beschäftigung, Bildung und Betreuung unterrichten sowie die Anstalt besichtigen. Sie können die Untersuchungsgefangenen in ihren Räumen aufsuchen. Unterhaltung und Schriftwechsel werden vorbehaltlich einer verfahrenssichernden Anordnung nicht überwacht.

(4) Die Mitglieder des Beirats sind verpflichtet, außerhalb ihres Amtes über alle Angelegenheiten, die ihrer Natur nach vertraulich sind, besonders über Namen und Persönlichkeit der Untersuchungsgefangenen, Verschwiegenheit zu bewahren. Dies gilt auch nach Beendigung ihres Amtes.

Vierzehnter Abschnitt
Datenschutz

§ 88 Erhebung personenbezogener Daten

(1) Die Anstalt und die Aufsichtsbehörde dürfen personenbezogene Daten erheben, soweit dies für den Vollzug erforderlich ist.

(2) Personenbezogene Daten sind bei den Betroffenen zu erheben. Ohne ihre Mitwirkung dürfen sie nur erhoben werden, wenn

1. eine Rechtsvorschrift dies vorsieht oder zwingend voraussetzt oder

2. a) die zu erfüllende Verwaltungsaufgabe nach Art oder Geschäftszweck eine Erhebung bei anderen Personen oder Stellen erforderlich macht oder

   b) die Erhebung bei den Betroffenen einen unverhältnismäßigen Aufwand erfordern würde

und keine Anhaltspunkte dafür bestehen, dass überwiegende schutzwürdige Interessen der Betroffenen beeinträchtigt werden.

(3) Werden personenbezogene Daten bei den Betroffenen erhoben, so sind diese von der verantwortlichen Stelle über

1. die Identität der verantwortlichen Stelle,

2. die Zweckbestimmungen der Erhebung, Verarbeitung oder Nutzung und

3. die Kategorien von Empfängern

zu unterrichten. Werden personenbezogene Daten bei den Betroffenen aufgrund einer Rechtsvorschrift erhoben, die zur Auskunft verpflichtet, oder ist die Erteilung der Auskunft Voraussetzung für die Gewährung von Rechtsvorteilen, so sind die Betroffenen hierauf, sonst auf die Freiwilligkeit ihrer Angaben hinzuweisen. Auf Verlangen sind sie über die Rechtsvorschrift und über die Folgen der Verweigerung von Angaben aufzuklären.

(4) Daten über Personen, die nicht Untersuchungsgefangene sind, dürfen ohne ihre Mitwirkung bei Personen oder Stellen außerhalb der Anstalt oder Aufsichtsbehörde nur erhoben werden, wenn die Daten für die Sicherheit der Anstalt oder die Sicherung des Vollzugs der Untersuchungshaft unerlässlich sind und die Art der Erhebung schutzwürdige Interessen der Betroffenen nicht beeinträchtigt.

(5) Über eine ohne ihre Kenntnis vorgenommene Erhebung personenbezogener Daten werden die Betroffenen unter Angabe dieser Daten unterrichtet, soweit der in Absatz 1 genannte Zweck dadurch nicht gefährdet wird. Sind die Daten bei anderen Personen oder Stellen erhoben worden, kann die Unterrichtung unterbleiben, wenn

1. die Daten nach einer Rechtsvorschrift oder ihrem Wesen nach, namentlich wegen des überwiegenden berechtigten Interesses Dritter, geheim gehalten werden müssen oder

2. der Aufwand der Unterrichtung außer Verhältnis zum Schutzzweck steht und keine Anhaltspunkte dafür bestehen, dass überwiegende schutzwürdige Interessen der Betroffenen beeinträchtigt werden.

(6) Werden personenbezogene Daten statt bei den Betroffenen bei einer nicht öffentlichen Stelle erhoben, so ist die Stelle auf die Rechtsvorschrift, die zur Auskunft verpflichtet, sonst auf die Freiwilligkeit ihrer Angaben hinzuweisen.

§ 89 Verarbeitung und Nutzung

(1) Die Anstalt und die Aufsichtsbehörde dürfen personenbezogene Daten verarbeiten und nutzen, soweit dies für den Vollzug erforderlich ist.

(2) Die Verarbeitung und Nutzung personenbezogener Daten für andere Zwecke ist zulässig, soweit dies

1. zur Abwehr von sicherheitsgefährdenden oder geheimdienstlichen Tätigkeiten für eine fremde Macht oder von Bestrebungen im Geltungsbereich des Grundgesetzes, die durch Anwendung von Gewalt oder darauf gerichtete Vorbereitungshandlungen

   a) gegen die freiheitliche demokratische Grundordnung, den Bestand oder die Sicherheit des Bundes oder eines Landes gerichtet sind,

   b) eine ungesetzliche Beeinträchtigung der Amtsführung der Verfassungsorgane des Bundes oder eines Landes oder ihrer Mitglieder zum Ziel haben oder

   c) auswärtige Belange der Bundesrepublik Deutschland gefährden,

2. zur Abwehr erheblicher Nachteile für das Gemeinwohl oder einer Gefahr für die öffentliche Sicherheit,

3. zur Abwehr einer schwerwiegenden Beeinträchtigung der Rechte einer anderen Person,

4. zur Verhinderung oder Verfolgung von Straftaten sowie zur Verhinderung oder Verfolgung von Ordnungswidrigkeiten, durch welche die Sicherheit oder Ordnung der Anstalt gefährdet werden oder

5. für Maßnahmen der Strafvollstreckung oder strafvollstreckungsrechtliche Entscheidungen

erforderlich ist.

(3) Eine Verarbeitung oder Nutzung für andere Zwecke liegt nicht vor, soweit sie dem gerichtlichen Rechtsschutz im Zusammenhang mit diesem Gesetz oder den in § 20 Abs. 3 des Thüringer Datenschutzgesetzes (ThürDSG) genannten Zwecken dient.

(4) Über die in den Absätzen 1 und 2 geregelten Zwecke hinaus dürfen zuständigen öffentlichen Stellen personenbezogene Daten übermittelt werden, soweit dies für

1. Maßnahmen der Gerichtshilfe, Jugendgerichtshilfe, Bewährungshilfe oder Führungsaufsicht,

2. Entscheidungen in Gnadensachen,

3. gesetzlich angeordnete Statistiken der Rechtspflege,

4. sozialrechtliche Maßnahmen,

5. die Einleitung von Hilfsmaßnahmen für Angehörige der Untersuchungsgefangenen,

6. dienstliche Maßnahmen der Bundeswehr im Zusammenhang mit der Aufnahme und Entlassung von Soldaten,

7. ausländerrechtliche Maßnahmen oder

8. die Durchführung der Besteuerung

erforderlich ist. Eine Übermittlung für andere Zwecke ist auch zulässig, soweit eine andere gesetzliche Bestimmung dies vorsieht und sich dabei ausdrücklich auf personenbezogene Daten über Untersuchungsgefangene bezieht. Die Übermittlung unterbleibt, wenn für die übermittelnde Stelle erkennbar ist, dass unter Berücksichtigung der Art der Information und der Rechtsstellung der Untersuchungsgefangenen die Betroffenen ein schutzwürdiges Interesse an dem Ausschluss der Übermittlung haben.

(5) Die Anstalt oder die Aufsichtsbehörde darf öffentlichen oder nichtöffentlichen Stellen auf schriftlichen Antrag mitteilen, ob sich eine Person in der Anstalt im Untersuchungshaftvollzug befindet, soweit

1. die Mitteilung zur Erfüllung der in der Zuständigkeit der öffentlichen Stelle liegenden Aufgaben erforderlich ist oder

2. von nichtöffentlichen Stellen ein berechtigtes Interesse an dieser Mitteilung glaubhaft dargelegt wird und die Untersuchungsgefangenen kein schutzwürdiges Interesse an dem Ausschluss der Übermittlung haben.

Die Untersuchungsgefangenen werden vor der Mitteilung gehört, es sei denn, es ist zu besorgen, dass dadurch die Verfolgung des Interesses der Antragsteller vereitelt oder wesentlich erschwert werden würde, und eine Abwägung ergibt, dass dieses Interesse der Antragsteller das Interesse der Untersuchungsgefangenen an ihrer vorherigen Anhörung überwiegt. Ist die Anhörung unterblieben, werden die betroffenen Untersuchungsgefangenen über die Mitteilung der Anstalt oder Aufsichtsbehörde nachträglich unterrichtet.

(6) Bei einer nicht nur vorläufigen Einstellung des Verfahrens, einer unanfechtbaren Ablehnung der Eröffnung des Hauptverfahrens oder einem rechtskräftigen Freispruch sind auf Antrag der betroffenen Untersuchungsgefangenen die Stellen, die eine Mitteilung nach Absatz 5 erhalten haben, über den Verfahrensausgang in Kenntnis zu setzen. Die betroffenen Untersuchungsgefangenen sind bei der Anhörung oder nachträglichen Unterrichtung nach Absatz 5 auf ihr Antragsrecht hinzuweisen.

(7) Akten mit personenbezogenen Daten dürfen nur anderen Anstalten oder Aufsichtsbehörden, den für strafvollzugs-, strafvollstreckungs- und strafrechtliche Entscheidungen zuständigen Gerichten sowie den Strafvollstreckungs- und Strafverfolgungsbehörden überlassen werden. Die Überlassung an andere öffentliche Stellen ist zulässig, soweit die Erteilung einer Auskunft einen unvertretbaren Aufwand erfordert oder nach Darlegung der Akteneinsicht begehrenden Stellen für die Erfüllung der Aufgabe nicht ausreicht. Entsprechendes gilt für die Überlassung von Akten an die von der Anstalt mit Gutachten beauftragten Stellen.

(8) Sind mit personenbezogenen Daten, die nach den Absätzen 1, 2 oder 4 übermittelt werden dürfen, weitere personenbezogene Daten von Betroffenen oder von Dritten in Akten so verbunden, dass eine Trennung nicht oder nur mit unvertretbarem Aufwand möglich ist, so ist die Übermittlung auch dieser Daten zulässig, soweit nicht berechtigte Interessen von Betroffenen oder Dritten an deren Geheimhaltung offensichtlich überwie-

gen. Eine Verarbeitung oder Nutzung dieser Daten durch die Empfänger ist unzulässig.

(9) Bei der Überwachung der Besuche oder des Schriftwechsels sowie bei der Überwachung des Inhalts von Paketen bekannt gewordene personenbezogene Daten dürfen nur

1. für die in Absatz 2 aufgeführten Zwecke,

2. für den gerichtlichen Rechtsschutz im Zusammenhang mit diesem Gesetz,

3. zur Wahrung der Sicherheit oder Ordnung der Anstalt,

4. zur Abwehr von Gefährdungen der Untersuchungshaft oder

5. zur Umsetzung einer verfahrenssichernden Anordnung

verarbeitet und genutzt werden.

(10) Personenbezogene Daten, die nach § 88 Abs. 4 über Personen, die nicht Untersuchungsgefangene sind, erhoben worden sind, dürfen nur zur Erfüllung des Erhebungszwecks und für die in Absatz 2 Nr. 1 bis 4 geregelten Zwecke verarbeitet oder genutzt werden.

(11) Die Übermittlung von personenbezogenen Daten unterbleibt, soweit die in § 92 Abs. 2 oder § 94 Abs. 3 und 6 geregelten Einschränkungen oder besondere gesetzliche Verwendungsregelungen entgegenstehen.

(12) Die Verantwortung für die Zulässigkeit der Übermittlung trägt die übermittelnde Anstalt oder Aufsichtsbehörde. Erfolgt die Übermittlung auf Ersuchen einer öffentlichen Stelle, trägt diese die Verantwortung. In diesem Fall prüft die übermittelnde Anstalt oder Aufsichtsbehörde nur, ob das Übermittlungsersuchen im Rahmen der Aufgaben des Empfängers liegt und die Absätze 9 bis 11 der Übermittlung nicht entgegenstehen, es sei denn, dass besonderer Anlass zur Prüfung der Zulässigkeit der Übermittlung besteht.

§ 90 Zentrale Datei, Einrichtung automatisierter Übermittlungsverfahren

(1) Die nach § 88 erhobenen Daten können für die Anstalt und die Aufsichtsbehörde in einer zentralen Datei gespeichert werden.

(2) Die Einrichtung eines automatisierten Verfahrens, das die Übermittlung personenbezogener Daten aus der zentralen Datei nach § 89 Abs. 2 und 4 ermöglicht, ist zulässig, soweit diese Form der Datenübermittlung unter Berücksichtigung der schutzwürdigen Belange der betroffenen Personen und der Erfüllung des Zwecks der Übermittlung angemessen ist. Die automatisierte Übermittlung der für die Unterrichtung nach § 13 Abs. 1 Satz 3 des Bundeskriminalamtgesetzes erforderlichen personenbezogenen Daten kann auch anlassunabhängig erfolgen.

(3) Die speichernde Stelle hat zu gewährleisten, dass die Übermittlung zumindest durch geeignete Stichprobenverfahren festgestellt und überprüft werden kann.

(4) Das für den Justizvollzug zuständige Ministerium bestimmt durch Rechtsverordnung die Einzelheiten der Einrichtung automatisierter Übermittlungsverfahren. Der Landesbeauftragte für den Datenschutz ist vorher zu hören. Die Rechtsverordnung hat den Datenempfänger, die Datenart und den Zweck der Übermittlung festzulegen. Sie hat Maßnahmen zur Datensicherung und zur Kontrolle vorzusehen, die in einem angemessenen Verhältnis zu dem angestrebten Schutzzweck stehen.

(5) Das für den Justizvollzug zuständige Ministerium kann mit anderen Ländern und dem Bund einen Datenverbund vereinbaren, der eine automatisierte Datenübermittlung ermöglicht.

§ 91 Zweckbindung

Von der Anstalt oder der Aufsichtsbehörde übermittelte personenbezogene Daten dürfen nur zu dem Zweck verarbeitet oder genutzt werden, zu dessen Erfüllung sie übermittelt worden sind. Die Empfänger dürfen die Daten für andere Zwecke nur verarbeiten oder nutzen, soweit sie ihnen auch für diese Zwecke hätten übermittelt werden dürfen, und wenn im Fall einer Übermittlung an nicht öffentliche Stellen die übermittelnde Anstalt oder Aufsichtsbehörde zugestimmt hat. Die Anstalt oder die Aufsichtsbehörde hat die nichtöffentlichen Empfänger auf die Zweckbindung nach Satz 1 hinzuweisen.

§ 92 Schutz besonderer Daten

(1) Das religiöse oder weltanschauliche Bekenntnis und personenbezogene Daten von Untersuchungsgefangenen, die anlässlich ärztlicher Untersuchungen erhoben worden sind, dürfen in der Anstalt nicht allgemein kenntlich gemacht werden. Andere personenbezogene Daten von Untersuchungsgefangenen dürfen innerhalb der Anstalt allgemein kenntlich gemacht werden, soweit dies für ein geordnetes Zusammenleben in der Anstalt erforderlich ist. § 89 Abs. 9 bis 11 bleibt unberührt.

(2) Personenbezogene Daten, die

1. Ärzten, Zahnärzten oder Angehörigen eines anderen Heilberufs, der für die Berufsausübung oder die Führung der Berufsbezeichnung eine staatlich geregelte Ausbildung erfordert,

2. Berufspsychologen mit staatlich anerkannter wissenschaftlicher Abschlussprüfung,

3. staatlich anerkannten Sozialarbeitern oder staatlich anerkannten Sozialpädagogen,

4. Ehe-, Familien-, Erziehungs- oder Jugendberatern sowie Beratern für Suchtfragen in einer Beratungsstelle, die von einer Behörde oder Körperschaft, Anstalt oder Stiftung des öffentlichen Rechts anerkannt ist, oder

5. Mitgliedern oder Beauftragten einer anerkannten Beratungsstelle nach den §§ 3 und 8 des Schwangerschaftskonfliktgesetzes

von Untersuchungsgefangenen als Geheimnis anvertraut oder über Untersuchungsgefangene sonst bekannt geworden sind, unterliegen auch gegenüber der Anstalt und der Aufsichtsbehörde der Schweigepflicht. Die in Satz 1 genannten Personen haben sich gegenüber dem Anstaltsleiter zu offenbaren, soweit dies für die Aufgabenerfüllung der Anstalt oder der Aufsichtsbehörde oder zur Abwehr von erheblichen Gefahren für Leib oder Leben von Gefangenen oder Dritten er-

forderlich ist. Ärzte sind zur Offenbarung ihnen im Rahmen der allgemeinen Gesundheitsfürsorge bekannt gewordener Geheimnisse verpflichtet, soweit dies für die Aufgabenerfüllung der Anstalt oder der Aufsichtsbehörde unerlässlich oder zur Abwehr von erheblichen Gefahren für Leib oder Leben von Gefangenen oder Dritten erforderlich ist. Sonstige Offenbarungsbefugnisse bleiben unberührt. Die Untersuchungsgefangenen sind vor der Erhebung der Daten über die nach den Sätzen 2 und 3 bestehenden Offenbarungsbefugnisse zu unterrichten.

(3) Die nach Absatz 2 offenbarten Daten dürfen nur für den Zweck, für den sie offenbart wurden oder für den eine Offenbarung zulässig gewesen wäre, und nur unter denselben Voraussetzungen verarbeitet oder genutzt werden, unter denen die in Absatz 2 Satz 1 genannten Personen selbst hierzu befugt wären. Der Anstaltsleiter kann unter diesen Voraussetzungen die unmittelbare Offenbarung gegenüber bestimmten Bediensteten allgemein zulassen.

(4) Sofern Ärzte oder Psychologen außerhalb des Vollzugs mit der Untersuchung oder Behandlung von Untersuchungsgefangenen beauftragt werden, gilt Absatz 2 mit der Maßgabe entsprechend, dass die beauftragten Personen auch zur Unterrichtung der in der Anstalt tätigen Ärzte oder der in der Anstalt mit der Behandlung der Untersuchungsgefangenen betrauten Psychologen befugt sind.

§ 93 Schutz der Daten in Akten und Dateien

(1) Bedienstete dürfen sich von personenbezogenen Daten nur Kenntnis verschaffen, soweit dies zur Erfüllung der ihnen obliegenden Aufgaben oder für die Zusammenarbeit in der Anstalt und nach § 3 Abs. 1 Satz 2 erforderlich ist.

(2) Akten und Dateien mit personenbezogenen Daten sind durch die erforderlichen technischen und organisatorischen Maßnahmen gegen unbefugten Zugang und unbefugten Gebrauch zu schützen. Gesundheitsakten und Krankenblätter sind getrennt von anderen Unterlagen zu führen und besonders

zu sichern. Im Übrigen gilt für die Art und den Umfang der Schutzvorkehrungen § 9 ThürDSG.

§ 94 Berichtigung, Löschung und Sperrung

(1) Die in Dateien gespeicherten personenbezogenen Daten sind spätestens fünf Jahre nach der Entlassung der Untersuchungsgefangenen oder der Verlegung der Untersuchungsgefangenen in eine andere Anstalt zu löschen. Hiervon können bis zum Ablauf der Aufbewahrungsfrist für die Gefangenenpersonalakte die Angaben über Familienname, Vorname, Geburtsname, Geburtstag, Geburtsort, Eintritts- und Austrittsdatum der Untersuchungsgefangenen ausgenommen werden, soweit dies für das Auffinden der Gefangenenpersonalakte erforderlich ist.

(2) Die mittels Videoüberwachung erhobenen und gespeicherten personenbezogenen Daten sind einen Monat nach ihrer Erhebung zu löschen, sofern nicht ihre Speicherung zu den in § 89 Abs. 2 Nr. 1, 2 oder 4 genannten Zwecken weiterhin erforderlich ist. Sie sind unverzüglich zu löschen, soweit schutzwürdige Belange der Betroffenen einer weiteren Speicherung entgegenstehen.

(3) Personenbezogene Daten in Akten dürfen nach Ablauf von fünf Jahren seit der Entlassung der Untersuchungsgefangenen nur übermittelt oder genutzt werden, soweit dies

1. zur Verfolgung von Straftaten,

2. für die Durchführung wissenschaftlicher Forschungsvorhaben,

3. zur Behebung einer Beweisnot oder

4. zur Feststellung, Durchsetzung oder Abwehr von Rechtsansprüchen im Zusammenhang mit dem Vollzug der Untersuchungshaft

unerlässlich ist. Diese Verwendungsbeschränkungen enden, wenn die Untersuchungsgefangenen erneut zum Vollzug einer Freiheitsentziehung aufgenommen werden oder die Betroffenen eingewilligt haben.

(4) Erhält die Anstalt von einer nicht nur vorläufigen Einstellung des Verfahrens, einer unanfechtbaren Ablehnung der Eröffnung

des Hauptverfahrens oder einem rechtskräftigen Freispruch Kenntnis, so tritt an die Stelle der in Absatz 1 Satz 1 genannten Frist eine Frist von einem Monat ab Kenntniserlangung.

(5) Bei der Aufbewahrung von Akten mit nach Absatz 3 gesperrten Daten dürfen folgende Fristen nicht überschritten werden:

1. Gefangenenpersonalakten, Gesundheitsakten und Krankenblätter 20 Jahre,

2. Gefangenenbücher 30 Jahre.

Dies gilt nicht, wenn aufgrund bestimmter Tatsachen anzunehmen ist, dass die Aufbewahrung für die in Absatz 3 Satz 1 genannten Zwecke weiterhin erforderlich ist. Die Aufbewahrungsfrist beginnt mit dem auf das Jahr der aktenmäßigen Weglegung folgenden Kalenderjahr. Die Bestimmungen des Thüringer Archivgesetzes bleiben unberührt.

(6) Wird festgestellt, dass unrichtige Daten übermittelt worden sind, ist dies den Empfängern mitzuteilen, wenn es zur Wahrung schutzwürdiger Interessen der Betroffenen erforderlich ist.

(7) Im Übrigen gelten für die Berichtigung, Löschung und Sperrung personenbezogener Daten die §§ 14 bis 16 ThürDSG.

§ 95 Auskunft an die Betroffenen, Akteneinsicht

(1) Die Anstalt oder die Aufsichtsbehörde erteilt den Betroffenen auf Antrag Auskunft über

1. die zu ihrer Person gespeicherten Daten,

2. den Zweck und die Rechtsgrundlage der Verarbeitung sowie

3. die Herkunft der Daten und deren Empfänger oder die Kategorien der Empfänger, soweit diese Angaben gespeichert sind.

Dies gilt nicht für personenbezogene Daten, die ausschließlich zu Zwecken der Datensicherung oder der Datenschutzkontrolle gespeichert sind.

(2) In dem Antrag soll die Art der personenbezogenen Daten, über die Auskunft erteilt werden soll, näher bezeichnet werden. Sind die personenbezogenen Daten nur in Akten gespeichert, wird die Auskunft nur erteilt, soweit die Betroffenen Angaben machen, die

das Auffinden der Daten ermöglichen, und der für die Erteilung der Auskunft erforderliche Aufwand nicht außer Verhältnis zu dem von den Betroffenen geltend gemachten Informationsinteresse steht. Die Anstalt oder die Aufsichtsbehörde bestimmt das Verfahren, insbesondere die Form der Auskunftserteilung, nach pflichtgemäßem Ermessen.

(3) Die Auskunft ist unentgeltlich.

(4) Bezieht sich die Auskunftserteilung auf die Übermittlung personenbezogener Daten an Behörden der Staatsanwaltschaft, an Polizeidienststellen, Verfassungsschutzbehörden, den Bundesnachrichtendienst, den Militärischen Abschirmdienst und, soweit die Sicherheit des Bundes berührt wird, andere Behörden des Bundesministeriums der Verteidigung, so ist sie nur mit Zustimmung dieser Stellen zulässig.

(5) Die Auskunftserteilung unterbleibt, soweit

1. die Auskunft die ordnungsgemäße Erfüllung der in der Zuständigkeit der Daten verarbeitenden Stelle liegenden Aufgaben gefährden würde,

2. die Auskunft die öffentliche Sicherheit oder Ordnung gefährden oder sonst dem Wohle des Bundes oder eines Landes Nachteile bereiten würde,

3. die personenbezogenen Daten oder die Tatsache ihrer Speicherung nach einer Rechtsvorschrift oder ihrem Wesen nach, namentlich wegen überwiegender berechtigter Interessen Dritter, geheim gehalten werden müssen,

4. die personenbezogenen Daten zur Entscheidung in Gnadensachen gespeichert worden sind oder

5. der Auskunft eine verfahrenssichernde Anordnung entgegensteht oder sie deren Umsetzung gefährden würde

und deswegen das Interesse an der Auskunftserteilung oder der Gewährung von Akteneinsicht zurücktreten muss.

(6) Die Ablehnung der Auskunftserteilung bedarf einer Begründung nicht, soweit durch die Mitteilung der tatsächlichen oder rechtlichen Gründe, auf die die Entscheidung ge-

stützt wird, der mit der Auskunftsverweigerung verfolgte Zweck gefährdet würde. In diesem Fall sind die Betroffenen darauf hinzuweisen, dass sie sich an den Landesbeauftragten für den Datenschutz wenden können.

(7) Wird den Betroffenen keine Auskunft erteilt, so ist sie auf ihr Verlangen dem Landesbeauftragten für den Datenschutz zu erteilen, soweit nicht die Aufsichtsbehörde im Einzelfall feststellt, dass dadurch die Sicherheit des Bundes oder eines Landes gefährdet würde.

(8) Soweit eine Auskunft für die Wahrnehmung der rechtlichen Interessen der Untersuchungsgefangenen nicht ausreicht und sie hierfür auf die Einsichtnahme angewiesen sind, wird Akteneinsicht gewährt.

§ 96 Auskunft und Akteneinsicht für wissenschaftliche Zwecke

§ 476 StPO gilt mit der Maßgabe entsprechend, dass auch elektronisch gespeicherte personenbezogene Daten übermittelt werden können.

§ 97 Anwendung des Thüringer Datenschutzgesetzes

Die Regelungen des Thüringer Datenschutzgesetzes über weitere Begriffsbestimmungen (§ 3), Einholung und Form der Einwilligung der Betroffenen (§ 4 Abs. 3 und 4), das Datengeheimnis (§ 6), unabdingbare Rechte der Betroffenen (§ 5), die Überwachung des Datenschutzes bei öffentlichen Stellen (§ 34), technische und organisatorische Maßnahmen (§ 9) und das Verfahrensverzeichnis (§ 10) gelten entsprechend. Das Thüringer Datenschutzgesetz bleibt im Hinblick auf die Schadensersatz-, Straf- und Bußgeldvorschriften sowie die Bestimmungen über die Kontrolle durch den Landesbeauftragten für den Datenschutz unberührt.

Fünfzehnter Abschnitt
Schlussbestimmungen

§ 98 Einschränkung von Grundrechten

Durch dieses Gesetz werden die Rechte auf körperliche Unversehrtheit und Freiheit der

Person (Artikel 2 Abs. 2 Satz 1 und 2 des Grundgesetzes, Artikel 3 Abs. 1 der Verfassung des Freistaats Thüringen), auf Schutz seiner personenbezogenen Daten (Artikel 6 Abs. 2 der Verfassung des Freistaats Thüringen) und auf Unverletzlichkeit des Brief-, Post- und Fernmeldegeheimnisses (Artikel 10

des Grundgesetzes, Artikel 7 der Verfassung des Freistaats Thüringen) eingeschränkt.

§ 99 Gleichstellungsbestimmung

Status- und Funktionsbezeichnungen in diesem Gesetz gelten jeweils in männlicher und weiblicher Form.

Thüringer Gesetz über den Vollzug der Jugendstrafe (Thüringer Jugendstrafvollzugsgesetz – ThürJStVollzG)

Vom 20. Dezember 2007 (GVBl. S. 221)

Inhaltsübersicht

Der Landtag hat das folgende Gesetz beschlossen:

Erster Abschnitt
Allgemeine Bestimmungen

§ 1 Anwendungsbereich

Dieses Gesetz regelt den Vollzug der Jugendstrafe und den Vollzug der Freiheitsstrafe nach § 114 des Jugendgerichtsgesetzes (Vollzug).

§ 2 Ziel und Aufgabe

Der Vollzug dient dem Ziel, die Gefangenen zu befähigen, künftig in sozialer Verantwortung ein Leben ohne Straftaten zu führen. Gleichermaßen hat er die Aufgabe, die Allgemeinheit vor weiteren Straftaten zu schützen.

§ 3 Erziehungsauftrag, Vollzugsgestaltung

(1) Der Vollzug ist erzieherisch zu gestalten. Die Gefangenen sind in der Entwicklung ihrer Fähigkeiten und Fertigkeiten so zu fördern, dass sie zu einer eigenverantwortlichen und gemeinschaftsfähigen Lebensführung in Achtung der Rechte Anderer befähigt werden. Die Einsicht in die beim Opfer verursachten Tatfolgen soll geweckt werden.

(2) Personelle Ausstattung, sachliche Mittel und Organisation der Anstalt (§ 98 Abs. 1 Satz 1) werden an Zielsetzung und Aufgabe des Vollzugs sowie den besonderen Bedürfnissen der Gefangenen ausgerichtet.

(3) Das Leben in der Anstalt ist den allgemeinen Lebensverhältnissen so weit wie möglich anzugleichen. Schädlichen Folgen der Freiheitsentziehung ist entgegenzuwirken. Der Vollzug wird von Beginn an darauf ausgerichtet, den Gefangenen bei der Eingliederung in ein Leben in Freiheit ohne Straftaten zu helfen. Die Belange von Sicherheit und Ordnung der Anstalt sowie die Belange der Allgemeinheit sind zu beachten.

(4) Die unterschiedlichen Lebenslagen und Bedürfnisse von weiblichen und männlichen Gefangenen werden bei der Vollzugsgestaltung und bei Einzelmaßnahmen berücksichtigt.

§ 4 Pflicht zur Mitwirkung

Die Gefangenen sind verpflichtet, an der Erreichung des Vollzugsziels mitzuwirken. Ihre Bereitschaft hierzu ist zu wecken und zu fördern.

§ 5 Leitlinien der Erziehung und Förderung

(1) Erziehung und Förderung erfolgen durch Maßnahmen und Programme zur Entwicklung und Stärkung der Fähigkeiten und Fertigkeiten der Gefangenen im Hinblick auf die Erreichung des Vollzugsziels.

(2) Durch differenzierte Angebote soll auf den jeweiligen Entwicklungsstand und den unterschiedlichen Erziehungs- und Förderbedarf der Gefangenen eingegangen werden.

(3) Die Maßnahmen und Programme richten sich insbesondere auf die Auseinandersetzung mit den eigenen Straftaten, deren Ursachen und Folgen, die schulische Bildung, berufliche Qualifizierung, soziale Integration und die verantwortliche Gestaltung des alltäglichen Zusammenlebens, der freien Zeit sowie der Außenkontakte.

§ 6 Stellung der Gefangenen

(1) Die Gefangenen unterliegen den in diesem Gesetz vorgesehenen Beschränkungen ihrer Freiheit. Soweit das Gesetz eine besondere Regelung nicht enthält, dürfen ihnen nur Beschränkungen auferlegt werden, die zur Aufrechterhaltung der Sicherheit oder zur Abwendung einer schwerwiegenden Störung der Ordnung der Anstalt unerlässlich sind.

(2) Vollzugsmaßnahmen sollen den Gefangenen erläutert werden.

§ 7 Zusammenarbeit und Einbeziehung Dritter

(1) Alle in der Anstalt Tätigen arbeiten zusammen und wirken daran mit, das Vollzugsziel zu erreichen.

(2) Die Anstalt arbeitet mit außervollzuglichen Einrichtungen und Organisationen so-

wie Personen und Vereinen eng zusammen, deren Mitwirkung die Eingliederung fördern kann.

(3) Die Personensorgeberechtigten sind, soweit dies möglich ist und dem Vollzugsziel nicht zuwiderläuft, in die Planung und Gestaltung des Vollzugs einzubeziehen.

§ 8 Soziale Hilfe

(1) Die Gefangenen werden darin unterstützt, ihre persönlichen, wirtschaftlichen und sozialen Schwierigkeiten zu beheben. Sie sollen dazu angeregt und in die Lage versetzt werden, ihre Angelegenheiten selbst zu regeln, insbesondere den durch die Straftat verursachten materiellen und immateriellen Schaden wiedergutzumachen und eine Schuldenregulierung herbeizuführen.

(2) Die Gefangenen sollen, soweit erforderlich, über die notwendigen Maßnahmen zur Aufrechterhaltung ihrer sozialversicherungsrechtlichen Ansprüche beraten werden.

Zweiter Abschnitt
Vollzugsplanung

§ 9 Aufnahme

(1) Mit den Gefangenen wird unverzüglich ein Zugangsgespräch geführt, in dem ihre gegenwärtige Lebenssituation erörtert wird und sie über ihre Rechte und Pflichten informiert werden. Ihnen ist die Hausordnung auszuhändigen. Dieses Gesetz, die von ihm in Bezug genommenen Gesetze sowie die zu seiner Ausführung erlassenen Rechtsverordnungen und Verwaltungsvorschriften sind den Gefangenen auf Verlangen zugänglich zu machen.

(2) Beim Zugangsgespräch dürfen andere Gefangene in der Regel nicht zugegen sein.

(3) Die Gefangenen werden alsbald ärztlich untersucht.

(4) Die Personensorgeberechtigten und das Jugendamt werden von der Aufnahme unverzüglich unterrichtet.

(5) Die Gefangenen sollen dabei unterstützt werden, etwa notwendige Maßnahmen für hilfsbedürftige Angehörige und die Sicherung

ihrer Habe außerhalb der Anstalt zu veranlassen.

§ 10 Feststellung des Erziehungs- und Förderbedarfs

(1) Nach der Aufnahme wird den Gefangenen das Ziel ihres Aufenthalts in der Anstalt verdeutlicht sowie das Angebot an Unterricht, Aus- und Fortbildung, Arbeit, therapeutischer Behandlung, Freizeit und Sport erläutert.

(2) Der Erziehungs- und Förderbedarf der Gefangenen wird in einem Diagnoseverfahren ermittelt. Es erstreckt sich auf die Persönlichkeit, die Lebensverhältnisse, die Ursachen und Umstände der Straftat sowie alle sonstigen Gesichtspunkte, deren Kenntnis für eine zielgerichtete Vollzugsgestaltung und die Eingliederung der Gefangenen nach der Entlassung notwendig erscheint. Erkenntnisse der Jugendgerichtshilfe und Bewährungshilfe sind einzubeziehen.

(3) Die Vollzugsplanung wird mit den Gefangenen erörtert. Dabei werden deren Anregungen und Vorschläge einbezogen, soweit sie dem Vollzugsziel dienen.

§ 11 Vollzugsplan

(1) Auf der Grundlage des festgestellten Erziehungs- und Förderbedarfs wird regelmäßig innerhalb der ersten sechs Wochen nach der Aufnahme ein Vollzugsplan erstellt.

(2) Der Vollzugsplan wird regelmäßig alle vier Monate auf seine Umsetzung überprüft, mit den Gefangenen erörtert und fortgeschrieben. Bei Jugendstrafen von mehr als drei Jahren verlängert sich die Frist auf sechs Monate. Bei der Fortschreibung sind die Entwicklung der Gefangenen und in der Zwischenzeit gewonnene Erkenntnisse zu berücksichtigen.

(3) Der Vollzugsplan und seine Fortschreibungen enthalten je nach Stand des Vollzugs insbesondere folgende Angaben:

1. die dem Vollzugsplan zugrunde liegenden Annahmen zur Vorgeschichte der Straftaten sowie die Erläuterung der Ziele, Inhalte und Methoden der Erziehung und Förderung der Gefangenen,

2. Unterbringung im geschlossenen oder offenen Vollzug,

3. Zuweisung zu einer Wohngruppe oder einem anderen Unterkunftsbereich,

4. Unterbringung in einer sozialtherapeutischen Abteilung,

5. Teilnahme an schulischen, berufsorientierenden, qualifizierenden oder arbeitstherapeutischen Maßnahmen oder Zuweisung von Arbeit,

6. Teilnahme an therapeutischen Behandlungen oder anderen Hilfs- oder Fördermaßnahmen,

7. Teilnahme an Sport- und Freizeitangeboten,

8. Vollzugslockerungen und Urlaub,

9. Pflege der familiären Beziehungen und Gestaltung der Außenkontakte,

10. Maßnahmen und Angebote zum Ausgleich von Tatfolgen,

11. Schuldenregulierung,

12. Maßnahmen zur Vorbereitung von Entlassung, Wiedereingliederung und Nachsorge und

13. Fristen zur Fortschreibung des Vollzugsplans.

(4) Der Vollzugsplan und seine Fortschreibungen werden den Gefangenen ausgehändigt. Sie werden dem Vollstreckungsleiter und auf Verlangen den Personensorgeberechtigten mitgeteilt.

§ 12 Verlegung und Überstellung

(1) Die Gefangenen können abweichend vom Vollstreckungsplan in eine andere Anstalt verlegt werden, wenn

1. die Erreichung des Vollzugsziels oder die Eingliederung nach der Entlassung hierdurch gefördert wird oder

2. Gründe der Vollzugsorganisation oder andere wichtige Gründe dies erforderlich machen.

(2) Die Personensorgeberechtigten, der Vollstreckungsleiter und das Jugendamt werden von der Verlegung unverzüglich unterrichtet.

(3) Die Aufsichtsbehörde kann sich Entscheidungen über Verlegungen vorbehalten.

(4) Die Gefangenen dürfen aus wichtigem Grund in eine andere Anstalt oder Justizvollzugsanstalt überstellt werden.

§ 13 Geschlossener und offener Vollzug

(1) Die Gefangenen werden im geschlossenen oder offenen Vollzug untergebracht.

(2) Sie sollen im offenen Vollzug untergebracht werden, wenn sie dessen besonderen Anforderungen genügen, insbesondere verantwortet werden kann zu erproben, dass sie sich dem Vollzug nicht entziehen und die Möglichkeiten des offenen Vollzugs nicht zur Begehung von Straftaten missbrauchen werden.

(3) Gefangene sollen in den geschlossenen Vollzug zurückverlegt werden, wenn dies zur Erreichung des Vollzugsziels notwendig ist oder sie den Anforderungen nach Absatz 2 nicht entsprechen.

§ 14 Sozialtherapie

Gefangene können in einer sozialtherapeutischen Abteilung untergebracht werden, wenn deren besondere therapeutische Mittel und soziale Hilfen zum Erreichen des Vollzugsziels angezeigt sind.

§ 15 Vollzugslockerungen

(1) Als Vollzugslockerungen kommen insbesondere in Betracht:

1. Verlassen der Anstalt für eine bestimmte Tageszeit unter Aufsicht von Bediensteten (Ausführung) oder ohne Aufsicht (Ausgang),

2. regelmäßige Beschäftigung außerhalb der Anstalt unter Aufsicht von Bediensteten (Außenbeschäftigung) oder ohne Aufsicht (Freigang) und

3. Unterbringung in besonderen Erziehungseinrichtungen und in Übergangseinrichtungen freier Träger.

Vollzugslockerungen nach Satz 1 Nr. 3 werden nach Anhörung des Vollstreckungsleiters gewährt.

(2) Vollzugslockerungen dürfen gewährt werden, wenn verantwortet werden kann zu erproben, dass die Gefangenen sich dem Vollzug nicht entziehen und die Vollzugslocke-

rungen nicht zur Begehung von Straftaten missbraucht werden. Sie können versagt werden, wenn die Gefangenen ihren Mitwirkungspflichten nicht nachkommen.

(3) Im Übrigen dürfen Gefangene ausgeführt werden, wenn dies aus besonderen Gründen notwendig ist. Liegt die Ausführung ausschließlich im Interesse der Gefangenen, können ihnen die Kosten auferlegt werden, soweit dies die Erziehung oder die Eingliederung nicht behindert.

§ 16 Urlaub

(1) Zur Förderung der Wiedereingliederung in das Leben in Freiheit, insbesondere zur Aufrechterhaltung sozialer Bindungen, kann nach Maßgabe des Vollzugsplans Urlaub gewährt werden. Der Urlaub darf 24 Tage in einem Vollstreckungsjahr nicht übersteigen.

(2) Darüber hinaus kann Urlaub aus wichtigem Anlass bis zu sieben Tagen im Vollstreckungsjahr gewährt werden, zur Teilnahme an gerichtlichen Terminen, wegen des Todes oder einer lebensbedrohlichen Erkrankung naher Angehöriger auch darüber hinaus.

(3) § 15 Abs. 2 gilt entsprechend.

(4) Durch Urlaub wird die Vollstreckung der Jugendstrafe nicht unterbrochen.

§ 17 Weisungen für Vollzugslockerungen und Urlaub, Widerruf

(1) Für Vollzugslockerungen und Urlaub können Weisungen erteilt werden.

(2) Vollzugslockerungen und Urlaub können widerrufen werden, wenn

1. sie aufgrund nachträglich eingetretener oder bekannt gewordener Umstände versagt werden könnten,

2. sie missbraucht werden oder

3. Weisungen nicht befolgt werden.

§ 18 Vorführung, Ausantwortung

(1) Auf Ersuchen eines Gerichts werden Gefangene vorgeführt, sofern ein Vorführungsbefehl vorliegt.

(2) Gefangene dürfen befristet dem Gewahrsam eines Gerichts, einer Staatsanwaltschaft oder einer Polizei-, Zoll- oder Finanzbehörde auf Antrag überlassen werden (Ausantwortung).

§ 19 Entlassungsvorbereitung

(1) Die Anstalt arbeitet frühzeitig mit außervollzuglichen Einrichtungen, Organisationen sowie Personen und Vereinen zusammen, um zu erreichen, dass die Gefangenen nach ihrer Entlassung über eine geeignete Unterbringung und eine Arbeits- oder Ausbildungsstelle verfügen. Dazu gehört insbesondere eine Zusammenarbeit der ambulanten sozialen Dienste (Bewährungshilfe, Führungsaufsicht) mit der Anstalt zum Zweck der sozialen und beruflichen Integration der Gefangenen. Die Personensorgeberechtigten und das Jugendamt werden unterrichtet.

(2) Zur Vorbereitung der Entlassung soll der Vollzug gelockert werden (§ 15).

(3) Zur Vorbereitung der Entlassung können die Gefangenen bis zu sieben Tage Urlaub erhalten. Zum Freigang zugelassene Gefangene können innerhalb von neun Monaten vor der Entlassung Urlaub von bis zu sechs Tagen im Monat erhalten; Satz 1 findet keine Anwendung. § 15 Abs. 2, § 16 Abs. 4 und § 17 gelten entsprechend.

(4) Darüber hinaus können die Gefangenen nach Anhörung des Vollstreckungsleiters bis zu vier Monate beurlaubt werden. Hierfür sollen Weisungen erteilt werden. Der im laufenden Vollstreckungsjahr gewährte Urlaub nach § 16 Abs. 1 wird auf diese Zeit angerechnet. § 15 Abs. 2, § 16 Abs. 4 und § 17 Abs. 2 gelten entsprechend.

§ 20 Entlassungszeitpunkt

(1) Die Gefangenen sollen am letzten Tag ihrer Strafzeit möglichst frühzeitig, jedenfalls noch am Vormittag, entlassen werden.

(2) Fällt das Strafende auf einen Sonnabend oder Sonntag, einen gesetzlichen Feiertag, den ersten Werktag nach Ostern oder Pfingsten oder in die Zeit vom 22. Dezember bis zum 6. Januar, so können die Gefangenen an dem diesem Tag oder Zeitraum vorhergehenden Werktag entlassen werden, wenn dies gemessen an der Dauer der Strafzeit vertret-

bar ist und fürsorgerische Gründe nicht entgegenstehen.

(3) Der Entlassungszeitpunkt kann um bis zu zwei Tage vorverlegt werden, wenn die Gefangenen zu ihrer Eingliederung hierauf dringend angewiesen sind.

§ 21 Hilfe zur Entlassung, Nachsorge

(1) Zur Vorbereitung der Entlassung sind die Gefangenen bei der Ordnung ihrer persönlichen, wirtschaftlichen und sozialen Angelegenheiten zu unterstützen. Dies umfasst die Vermittlung in nachsorgende Maßnahmen. Nachgehende Betreuung kann unter Mitwirkung von Bediensteten erfolgen.

(2) Bedürftigen Gefangenen kann eine Entlassungsbeihilfe in Form eines Reisekostenzuschusses, angemessener Kleidung oder einer sonstigen notwendigen Unterstützung gewährt werden.

§ 22 Fortführung von Maßnahmen nach der Entlassung

(1) Die Gefangenen können auf Antrag nach ihrer Entlassung ausnahmsweise im Vollzug begonnene Ausbildungs- oder Behandlungsmaßnahmen fortführen, soweit diese nicht anderweitig durchgeführt werden können. Hierzu können die Entlassenen auf vertraglicher Basis vorübergehend in einer Anstalt untergebracht werden, sofern es die Belegungssituation zulässt.

(2) Bei Störung des Anstaltsbetriebs durch die Entlassenen oder aus vollzugsorganisatorischen Gründen können die Unterbringung und die Maßnahme jederzeit beendet werden.

Dritter Abschnitt
Unterbringung und Versorgung der Gefangenen

§ 23 Trennung von männlichen und weiblichen Gefangenen

Männliche und weibliche Gefangene werden getrennt untergebracht. Gemeinsame Maßnahmen, insbesondere eine gemeinsame Schul- und Berufsausbildung, sind zulässig.

§ 24 Unterbringung während der Ausbildung, Arbeit und Freizeit

(1) Ausbildung und Arbeit finden grundsätzlich in Gemeinschaft statt.

(2) Den Gefangenen kann gestattet werden, sich während der Freizeit in Gemeinschaft mit anderen Gefangenen aufzuhalten. Für die Teilnahme an gemeinschaftlichen Veranstaltungen kann der Anstaltsleiter mit Rücksicht auf die räumlichen, personellen oder organisatorischen Verhältnisse der Anstalt besondere Regelungen treffen.

(3) Die gemeinschaftliche Unterbringung kann eingeschränkt werden,

1. wenn ein schädlicher Einfluss auf andere Gefangene zu befürchten ist,

2. wenn es die Sicherheit oder Ordnung der Anstalt erfordert,

3. wenn dies aus erzieherischen Gründen angezeigt ist oder

4. bis zur Erstellung des Vollzugsplans, jedoch nicht länger als zwei Monate.

§ 25 Unterbringung während der Ruhezeit

(1) Während der Ruhezeit werden die Gefangenen in ihren Hafträumen einzeln untergebracht. Mit ihrer Zustimmung können sie zu zweit untergebracht werden, wenn schädliche Einflüsse nicht zu befürchten sind.

(2) Eine gemeinsame Unterbringung ist auch zulässig, wenn Gefangene hilfsbedürftig sind oder eine Gefahr für Leben oder Gesundheit besteht. Darüber hinaus ist eine gemeinsame Unterbringung nur vorübergehend und aus zwingenden Gründen zulässig.

§ 26 Wohngruppen

Geeignete Gefangene werden regelmäßig in Wohngruppen untergebracht. Nicht geeignet sind in der Regel Gefangene, die aufgrund ihres Verhaltens nicht gruppenfähig sind.

§ 27 Unterbringung von Müttern mit Kindern

(1) Ist das Kind einer Gefangenen noch nicht drei Jahre alt, kann es mit Zustimmung des Aufenthaltsbestimmungsberechtigten in der Anstalt untergebracht werden, wenn die

baulichen Gegebenheiten dies zulassen und Sicherheitsgründe nicht entgegenstehen. Vor der Unterbringung ist das Jugendamt zu hören.

(2) Die Unterbringung erfolgt auf Kosten des für das Kind Unterhaltspflichtigen. Von der Geltendmachung des Kostenersatzanspruchs kann ausnahmsweise abgesehen werden, wenn hierdurch die gemeinsame Unterbringung von Mutter und Kind gefährdet würde.

§ 28 Persönlicher Gewahrsam, Kostenbeteiligung

(1) Die Gefangenen dürfen nur Sachen in Gewahrsam haben oder annehmen, die ihnen von der Anstalt oder mit deren Zustimmung überlassen werden. Ohne Zustimmung dürfen sie Sachen von geringem Wert von anderen Gefangenen annehmen; die Annahme dieser Sachen und der Gewahrsam daran können von der Zustimmung der Anstalt abhängig gemacht werden.

(2) Eingebrachte Sachen, die die Gefangenen nicht in Gewahrsam haben dürfen, sind für sie aufzubewahren, sofern dies nach Art und Umfang möglich ist. Den Gefangenen wird Gelegenheit gegeben, ihre Sachen, die sie während des Vollzugs und für ihre Entlassung nicht benötigen, zu verschicken. Geld wird ihnen als Eigengeld gutgeschrieben.

(3) Werden eingebrachte Sachen, deren Aufbewahrung nach Art oder Umfang nicht möglich ist, von den Gefangenen trotz Aufforderung nicht aus der Anstalt verbracht, so ist die Anstalt berechtigt, diese Sachen auf Kosten der Gefangenen aus der Anstalt entfernen zu lassen.

(4) Aufzeichnungen und andere Sachen, die Kenntnisse über Sicherungsvorkehrungen der Anstalt vermitteln oder Schlussfolgerungen auf diese zulassen, dürfen vernichtet oder unbrauchbar gemacht werden.

(5) Die Zustimmung nach Absatz 1 kann widerrufen werden, wenn dies zur Aufrechterhaltung der Sicherheit, zur Abwendung einer erheblichen Störung der Ordnung der Anstalt oder zur Vermeidung einer erheblichen Gefährdung des Vollzugsziels erforderlich ist.

(6) Die Gefangenen können an den Betriebskosten der in ihrem Gewahrsam befindlichen Geräte beteiligt werden.

§ 29 Ausstattung des Haftraums

Die Gefangenen dürfen ihren Haftraum in angemessenem Umfang mit eigenen Sachen ausstatten. Sachen, die geeignet sind, das Vollzugsziel oder die Sicherheit oder Ordnung der Anstalt zu gefährden, sind ausgeschlossen.

§ 30 Kleidung

(1) Die Gefangenen tragen Anstaltskleidung.

(2) Der Anstaltsleiter kann eine abweichende Regelung treffen. Für Reinigung, Instandsetzung und regelmäßigen Wechsel eigener Kleidung haben die Gefangenen selbst zu sorgen.

§ 31 Verpflegung und Einkauf

(1) Zusammensetzung und Nährwert der Anstaltsverpflegung entsprechen den besonderen Anforderungen an eine gesunde Ernährung junger Menschen und werden ärztlich überwacht. Auf ärztliche Anordnung wird besondere Verpflegung gewährt. Den Gefangenen ist zu ermöglichen, Speisevorschriften ihrer Religionsgemeinschaft zu befolgen.

(2) Die Gefangenen können aus einem von der Anstalt vermittelten Angebot einkaufen. Die Anstalt soll für ein Angebot sorgen, das auf Wünsche und Bedürfnisse der Gefangenen Rücksicht nimmt.

(3) Den Gefangenen soll die Möglichkeit eröffnet werden, unmittelbar oder über Dritte Gegenstände über den Versandhandel zu beziehen. Zulassung und Verfahren des Einkaufs über den Versandhandel regelt der Anstaltsleiter.

(4) Gegenstände, die geeignet sind, das Vollzugsziel oder die Sicherheit oder Ordnung der Anstalt zu gefährden, sind vom Einkauf ausgeschlossen.

§ 32 Gesundheitsfürsorge

(1) Die Anstalt unterstützt die Gefangenen bei der Wiederherstellung und Erhaltung ihrer körperlichen und geistigen Gesundheit. Die

Gefangenen haben die notwendigen Anordnungen zum Gesundheitsschutz und zur Hygiene zu befolgen.

(2) Den Gefangenen wird ermöglicht, sich täglich mindestens eine Stunde im Freien aufzuhalten.

(3) Erkranken Gefangene schwer oder versterben, werden die Angehörigen, insbesondere die Personensorgeberechtigten, benachrichtigt. Dem Wunsch der Gefangenen, auch andere Personen zu benachrichtigen, soll nach Möglichkeit entsprochen werden.

§ 33 Zwangsmaßnahmen auf dem Gebiet der Gesundheitsfürsorge

(1) Medizinische Untersuchung und Behandlung sowie Ernährung sind unbeschadet der Rechte der Personensorgeberechtigten zwangsweise nur bei Lebensgefahr, bei schwerwiegender Gefahr für die Gesundheit der Gefangenen oder bei Gefahr für die Gesundheit anderer Personen zulässig; die Maßnahmen müssen für die Beteiligten zumutbar und dürfen nicht mit erheblicher Gefahr für Leben oder Gesundheit der Gefangenen verbunden sein. Zur Durchführung der Maßnahmen ist die Anstalt nicht verpflichtet, solange von einer freien Willensbestimmung der Gefangenen ausgegangen werden kann.

(2) Zum Gesundheitsschutz und zur Hygiene ist die zwangsweise körperliche Untersuchung außer im Fall des Absatzes 1 zulässig, wenn sie nicht mit einem körperlichen Eingriff verbunden ist.

(3) Die Maßnahmen dürfen nur auf Anordnung und unter Leitung eines Arztes durchgeführt werden, unbeschadet der Leistung erster Hilfe für den Fall, dass ein Arzt nicht rechtzeitig erreichbar und mit einem Aufschub Lebensgefahr verbunden ist.

§ 34 Medizinische Leistungen, Kostenbeteiligung

(1) Die Gefangenen haben einen Anspruch auf notwendige, ausreichende und zweckmäßige medizinische Leistungen unter Beachtung des Grundsatzes der Wirtschaftlichkeit. Der allgemeine Standard der gesetzlichen Krankenkassen ist zu berücksichtigen.

(2) Der Anspruch umfasst auch Untersuchungen zur Früherkennung von Krankheiten und Vorsorgeleistungen entsprechend dem allgemeinen Standard der gesetzlichen Krankenkassen.

(3) Der Anspruch umfasst weiter die Versorgung mit Hilfsmitteln wie Seh- und Hörhilfen, Körperersatzstücken, orthopädischen und anderen Hilfsmitteln, die im Einzelfall erforderlich sind, um den Erfolg der Krankenbehandlung zu sichern, eine Behinderung auszugleichen oder einer drohenden Behinderung vorzubeugen, sofern dies mit Rücksicht auf die Dauer des Freiheitsentzugs nicht ungerechtfertigt ist und soweit die Hilfsmittel nicht als allgemeine Gebrauchsgegenstände des täglichen Lebens anzusehen sind. Der Anspruch umfasst auch die notwendige Änderung, Instandsetzung und Ersatzbeschaffung von Hilfsmitteln sowie die Ausbildung in ihrem Gebrauch. Ein erneuter Anspruch auf Versorgung mit Sehhilfen besteht nur bei einer Änderung der Sehfähigkeit um mindestens 0,5 Dioptrien. Anspruch auf Versorgung mit Kontaktlinsen besteht nur in medizinisch zwingend erforderlichen Ausnahmefällen.

(4) An den Kosten für zahntechnische Leistungen und Zahnersatz können volljährige Gefangene beteiligt werden.

(5) Für Leistungen, die über die in Absatz 1 Satz 1, Absatz 2 und Absatz 3 genannten Leistungen hinausgehen, können den Gefangenen die gesamten Kosten auferlegt werden.

§ 35 Verlegung und Überstellung zur medizinischen Behandlung

(1) Kranke oder hilfsbedürftige Gefangene können in eine zur Behandlung ihrer Krankheit oder zu ihrer Versorgung besser geeignete Anstalt, Justizvollzugsanstalt oder in ein Vollzugskrankenhaus verlegt oder überstellt werden.

(2) Erforderlichenfalls können Gefangene auch in ein Krankenhaus außerhalb des Vollzugs gebracht werden.

(3) § 12 Abs. 2 und 3 gilt entsprechend.

§ 36 Krankenbehandlung in besonderen Fällen

(1) Während eines Urlaubs und in Vollzugslockerungen haben Gefangene einen Anspruch auf medizinische Leistungen gegen das Land nur in der für sie zuständigen Anstalt.

(2) Der Anspruch auf Leistungen nach § 34 ruht, solange Gefangene aufgrund eines freien Beschäftigungsverhältnisses krankenversichert sind.

(3) Wird die Strafvollstreckung während einer Behandlung von Gefangenen unterbrochen oder beendet, so hat das Land nur diejenigen Kosten zu tragen, die bis zur Unterbrechung oder Beendigung der Strafvollstreckung angefallen sind.

Vierter Abschnitt
Schule, Ausbildung, Weiterbildung und Arbeit

§ 37 Schulische und berufliche Aus- und Weiterbildung, Arbeit

(1) Ausbildung, Weiterbildung, Arbeit und arbeitstherapeutische Beschäftigung dienen insbesondere dem Ziel, die Fähigkeit der Gefangenen zur Aufnahme einer Erwerbstätigkeit nach der Entlassung zu vermitteln, zu erhalten oder zu fördern. Sofern den Gefangenen Arbeit zugewiesen wird, soll diese möglichst deren Fähigkeiten, Fertigkeiten und Neigungen entsprechen.

(2) Die Gefangenen sind vorrangig zur Teilnahme an schulischen und beruflichen Orientierungs-, Aus- und Weiterbildungsmaßnahmen oder speziellen Maßnahmen zur Förderung ihrer schulischen, beruflichen oder persönlichen Entwicklung verpflichtet. Im Übrigen sind die Gefangenen, wenn und soweit sie dazu in der Lage sind, zu Arbeit oder sonstiger Beschäftigung, sonst zu arbeitstherapeutischer Beschäftigung verpflichtet.

(3) Das Zeugnis oder der Nachweis über eine Bildungsmaßnahme darf keinen Hinweis auf die Inhaftierung enthalten.

(4) Den Gefangenen soll gestattet werden, einer Berufsausbildung, beruflichen Weiterbildung, Umschulung oder Arbeit auf der Grundlage eines freien Beschäftigungsverhältnisses außerhalb der Anstalt nachzugehen oder sich innerhalb oder außerhalb des Vollzugs selbst zu beschäftigen, wenn sie hierfür geeignet sind. § 13 Abs. 2, § 15 Abs. 2 und § 17 gelten entsprechend. Die Anstalt kann verlangen, dass ihr das Entgelt für das freie Beschäftigungsverhältnis zur Gutschrift für die Gefangenen überwiesen wird.

(5) Sind die Gefangenen ein Jahr lang ununterbrochen ihrer Verpflichtung nach Absatz 2 nachgekommen, können sie beanspruchen, im darauf folgenden Jahr für die Dauer von 18 Werktagen freigestellt zu werden. Zeiten, in denen die Gefangenen unverschuldet infolge Krankheit an der Teilnahme an einer Maßnahme, an der Arbeit oder an der Beschäftigung gehindert waren, werden bis zur Dauer von sechs Wochen auf das Jahr angerechnet. Auf die Zeit der Freistellung wird der Urlaub nach § 16 Abs. 1 angerechnet, soweit er in die Arbeitszeit fällt. Die Gefangenen erhalten für die Zeit der Freistellung ihre zuletzt gezahlten Bezüge weiter. Urlaubsregelungen der Beschäftigungsverhältnisse außerhalb des Vollzugs bleiben unberührt.

Fünfter Abschnitt
Freizeit, Sport

§ 38 Freizeit

Die Ausgestaltung der Freizeit orientiert sich am Vollzugsziel. Dazu sind geeignete Angebote vorzuhalten. Die Gefangenen sind zur Teilnahme und Mitwirkung an Freizeitangeboten verpflichtet.

§ 39 Sport

Dem Sport kommt bei der Erreichung des Vollzugsziels besondere Bedeutung zu. Er kann neben der sinnvollen Freizeitgestaltung auch zur Diagnostik und gezielten Behandlung eingesetzt werden. Es sind ausreichende und geeignete Angebote vorzuhalten, um den Gefangenen eine sportliche Betätigung von mindestens zwei Stunden wöchentlich zu ermöglichen.

§ 40 Zeitungen und Zeitschriften

(1) Die Gefangenen dürfen auf eigene Kosten Zeitungen und Zeitschriften in angemessenem Umfang durch Vermittlung der Anstalt beziehen. Ausgeschlossen sind Zeitungen und Zeitschriften, deren Verbreitung mit Strafe oder Geldbuße bedroht ist.

(2) Einzelne Ausgaben einer Zeitung oder Zeitschrift können den Gefangenen auch vorenthalten werden, wenn deren Inhalte das Vollzugsziel oder die Sicherheit oder Ordnung der Anstalt erheblich gefährden würden.

§ 41 Rundfunk

(1) Die Gefangenen können am Hörfunkempfang sowie am gemeinschaftlichen Fernsehempfang teilnehmen. Der Rundfunkempfang kann vorübergehend ausgesetzt oder einzelnen Gefangenen untersagt werden, wenn dies zur Aufrechterhaltung der Sicherheit oder Ordnung der Anstalt unerlässlich ist.

(2) Eigene Fernsehgeräte können zugelassen werden, wenn erzieherische Gründe nicht entgegenstehen.

§ 42 Besitz von Gegenständen für die Freizeitbeschäftigung

(1) Die Gefangenen dürfen in angemessenem Umfang Gegenstände zur Freizeitbeschäftigung besitzen.

(2) Dies gilt nicht, wenn deren Besitz, Überlassung oder Benutzung das Vollzugsziel oder die Sicherheit oder Ordnung der Anstalt gefährden würde.

(3) Elektronische Medien können zugelassen werden, wenn erzieherische Gründe nicht entgegenstehen. Absatz 2 gilt entsprechend.

Sechster Abschnitt
Religionsausübung

§ 43 Seelsorge

(1) Den Gefangenen darf religiöse Betreuung durch einen Seelsorger ihrer Religionsgemeinschaft nicht versagt werden. Auf Wunsch ist ihnen zu helfen, mit einem Seelsorger ihrer Religionsgemeinschaft in Verbindung zu treten.

(2) Die Gefangenen dürfen grundlegende religiöse Schriften besitzen. Sie dürfen ihnen nur bei grobem Missbrauch entzogen werden.

(3) Den Gefangenen sind Gegenstände des religiösen Gebrauchs in angemessenem Umfang zu belassen.

§ 44 Religiöse Veranstaltungen

(1) Die Gefangenen haben das Recht, am Gottesdienst und an anderen religiösen Veranstaltungen ihres Bekenntnisses teilzunehmen.

(2) Die Zulassung zu den Gottesdiensten oder zu religiösen Veranstaltungen einer anderen Religionsgemeinschaft bedarf der Zustimmung des Seelsorgers der Religionsgemeinschaft.

(3) Gefangene können von der Teilnahme am Gottesdienst oder anderen religiösen Veranstaltungen ausgeschlossen werden, wenn dies aus überwiegenden Gründen der Sicherheit oder Ordnung geboten ist; der Seelsorger soll vorher gehört werden.

§ 45 Weltanschauungsgemeinschaften

Für Angehörige weltanschaulicher Bekenntnisse gelten §§ 43 und 44 entsprechend.

Siebter Abschnitt
Besuche, Schriftwechsel und Telefongespräche

§ 46 Grundsatz

Die Gefangenen haben das Recht, mit Personen außerhalb der Anstalt im Rahmen der Bestimmungen dieses Gesetzes zu verkehren. Der Kontakt mit Personen, von denen ein günstiger Einfluss erwartet werden kann, wird gefördert.

§ 47 Recht auf Besuch

(1) Die Gefangenen dürfen regelmäßig Besuch empfangen. Die Gesamtdauer beträgt mindestens vier Stunden im Monat.

(2) Kontakte der Gefangenen zu ihren Kindern werden besonders gefördert. Deren Besuche werden nicht auf die Regelbesuchszeiten angerechnet.

(3) Besuche sollen darüber hinaus zugelassen werden, wenn sie die Erziehung oder Eingliederung der Gefangenen fördern oder persönlichen, rechtlichen oder geschäftlichen Angelegenheiten dienen, die nicht von den Gefangenen schriftlich erledigt, durch Dritte wahrgenommen oder bis zur Entlassung aufgeschoben werden können.

(4) Aus Gründen der Sicherheit können Besuche davon abhängig gemacht werden, dass sich die Besucher mit technischen Hilfsmitteln absuchen oder durchsuchen lassen.

§ 48 Besuchsverbot

Der Anstaltsleiter kann Besuche untersagen,

1. wenn die Sicherheit oder Ordnung der Anstalt gefährdet würde,

2. bei Besuchern, die nicht Angehörige (§ 11 Abs. 1 Nr. 1 des Strafgesetzbuchs) der Gefangenen sind, wenn zu befürchten ist, dass sie einen schädlichen Einfluss auf die Gefangenen haben oder ihre Eingliederung behindern, oder

3. wenn Personensorgeberechtigte nicht einverstanden sind.

§ 49 Besuche von Verteidigern, Rechtsanwälten, Notaren und Beiständen

Besuche von Verteidigern sowie von Rechtsanwälten und Notaren in einer die Gefangenen betreffenden Rechtssache sind zu gestatten. Dasselbe gilt für Besuche von Beiständen nach § 69 des Jugendgerichtsgesetzes. § 47 Abs. 4 gilt entsprechend. Eine inhaltliche Überprüfung der vom Verteidiger mitgeführten Schriftstücke und sonstigen Unterlagen ist nicht zulässig. § 52 Abs. 1 Satz 2 und 3 bleibt unberührt.

§ 50 Überwachung der Besuche

(1) Besuche dürfen aus Gründen der Erziehung oder der Sicherheit oder Ordnung der Anstalt überwacht werden, es sei denn, es liegen im Einzelfall Erkenntnisse dafür vor,

dass es der Überwachung nicht bedarf. Die Überwachung mit optisch-elektronischen Mitteln (Videoüberwachung) ist zulässig, wenn die Besucher und die Gefangenen vor dem Besuch darauf hingewiesen werden. Die Unterhaltung darf nur überwacht werden, soweit dies im Einzelfall aus den in Satz 1 genannten Gründen erforderlich ist.

(2) Besuche dürfen abgebrochen werden, wenn Besucher oder Gefangene gegen dieses Gesetz oder aufgrund dieses Gesetzes getroffene Anordnungen trotz Abmahnung verstoßen. Die Abmahnung unterbleibt, wenn es unerlässlich ist, den Besuch sofort abzubrechen.

(3) Besuche dürfen auch abgebrochen werden, wenn von Besuchern ein schädlicher Einfluss ausgeht.

(4) Besuche von Verteidigern und Beiständen nach § 69 des Jugendgerichtsgesetzes werden nicht überwacht.

(5) Gegenstände dürfen den Gefangenen beim Besuch nicht übergeben werden. Dies gilt nicht für die bei dem Besuch der Verteidiger übergebenen Schriftstücke und sonstigen Unterlagen sowie für die bei dem Besuch von Rechtsanwälten oder Notaren zur Erledigung einer die Gefangenen betreffenden Rechtssache übergebenen Schriftstücke und sonstigen Unterlagen. Bei dem Besuch von Rechtsanwälten oder Notaren kann die Übergabe aus Gründen der Sicherheit oder Ordnung der Anstalt von der Erlaubnis des Anstaltsleiters abhängig gemacht werden. § 52 Abs. 1 Satz 2 und 3 bleibt unberührt.

§ 51 Recht auf Schriftwechsel

(1) Die Gefangenen haben das Recht, auf eigene Kosten Schreiben abzusenden und zu empfangen.

(2) Der Anstaltsleiter kann den Schriftwechsel mit bestimmten Personen untersagen,

1. wenn die Sicherheit oder Ordnung der Anstalt gefährdet würde,

2. bei Personen, die nicht Angehörige (§ 11 Abs. 1 Nr. 1 des Strafgesetzbuchs) der Gefangenen sind, wenn zu befürchten ist, dass der Schriftwechsel einen schädlichen

Einfluss auf die Gefangenen hat oder ihre Eingliederung behindert, oder

3. wenn Personensorgeberechtigte nicht einverstanden sind.

§ 52 Überwachung des Schriftwechsels

(1) Der Schriftwechsel der Gefangenen mit ihrem Verteidiger oder Beistand nach § 69 des Jugendgerichtsgesetzes wird nicht überwacht. Liegt dem Vollzug eine Straftat nach § 129a, auch in Verbindung mit § 129b Abs. 1, des Strafgesetzbuchs zugrunde, gelten § 148 Abs. 2 und § 148a der Strafprozessordnung entsprechend; dies gilt nicht, wenn die Gefangenen sich in einer Einrichtung des offenen Vollzugs befinden oder wenn ihnen Vollzugslockerungen nach § 15 oder Urlaub nach § 16 Abs. 1 gewährt worden sind und ein Grund, der die Anstaltsleitung nach § 17 Abs. 2 zum Widerruf von Vollzugslockerungen und Urlaub ermächtigt, nicht vorliegt. Satz 2 gilt auch, wenn eine Jugendstrafe oder Freiheitsstrafe wegen einer Straftat nach § 129a, auch in Verbindung mit § 129b Abs. 1, des Strafgesetzbuchs erst im Anschluss an den Vollzug der Jugendstrafe, der eine andere Verurteilung zugrunde liegt, zu vollstrecken ist.

(2) Nicht überwacht werden ferner Schreiben der Gefangenen an Volksvertretungen des Bundes und der Länder sowie an deren Mitglieder, soweit die Schreiben an die Anschriften dieser Volksvertretung gerichtet sind und den Absender zutreffend angeben. Entsprechendes gilt für Schreiben an das Europäische Parlament und dessen Mitglieder, den Europäischen Gerichtshof für Menschenrechte, den Europäischen Ausschuss zur Verhütung von Folter und unmenschlicher oder erniedrigender Behandlung oder Strafe und weitere Einrichtungen, mit denen der Schriftverkehr aufgrund völkerrechtlicher Verpflichtungen der Bundesrepublik Deutschland geschützt ist. Satz 1 gilt auch für den Schriftverkehr mit den Bürgerbeauftragten der Länder und den Datenschutzbeauftragten des Bundes und der Länder. Schreiben der in den Sätzen 1 bis 3 genannten Stellen, die an die Gefangenen gerichtet sind, werden nicht überwacht, sofern die Identität des Absenders zweifelsfrei feststeht.

(3) Der übrige Schriftwechsel darf überwacht werden, soweit es aus Gründen der Erziehung oder der Sicherheit oder Ordnung der Anstalt erforderlich ist.

§ 53 Weiterleitung von Schreiben, Aufbewahrung

(1) Die Gefangenen haben das Absenden und den Empfang ihrer Schreiben durch die Anstalt vermitteln zu lassen, soweit nichts anderes gestattet ist.

(2) Eingehende und ausgehende Schreiben sind unverzüglich weiterzuleiten.

(3) Die Gefangenen haben eingehende Schreiben unverschlossen zu verwahren, sofern nichts anderes gestattet wird. Sie können sie verschlossen zu ihrer Habe geben.

§ 54 Anhalten von Schreiben

(1) Der Anstaltsleiter kann Schreiben anhalten, wenn

1. das Vollzugsziel oder die Sicherheit oder Ordnung der Anstalt gefährdet würde,

2. die Weitergabe in Kenntnis ihres Inhalts einen Straf- oder Bußgeldtatbestand verwirklichen würde,

3. sie grob unrichtige oder erheblich entstellende Darstellungen von Anstaltsverhältnissen enthalten,

4. sie grobe Beleidigungen enthalten,

5. sie die Eingliederung anderer Gefangener gefährden können oder

6. sie in Geheimschrift, unlesbar, unverständlich oder ohne zwingenden Grund in einer fremden Sprache abgefasst sind.

(2) Ausgehenden Schreiben, die unrichtige Darstellungen enthalten, kann ein Begleitschreiben beigefügt werden, wenn die Gefangenen auf das Absenden bestehen.

(3) Sind Schreiben angehalten worden, wird das den Gefangenen mitgeteilt. Angehaltene Schreiben werden an den Absender zurückgegeben oder, sofern dies unmöglich oder aus besonderen Gründen untunlich ist, verwahrt.

(4) Schreiben, deren Überwachung nach § 52 Abs. 1 und 2 ausgeschlossen ist, dürfen nicht angehalten werden.

§ 55 Telefongespräche

Den Gefangenen kann gestattet werden, auf eigene Kosten Telefongespräche zu führen. Die Bestimmungen über den Besuch gelten entsprechend. Ist die Überwachung des Telefongesprächs erforderlich, ist die beabsichtigte Überwachung dem Gesprächspartner der Gefangenen unmittelbar nach Herstellung der Verbindung durch die Anstalt oder die Gefangenen mitzuteilen. Die Gefangenen sind rechtzeitig vor Beginn des Telefongesprächs über die beabsichtigte Überwachung und die Mitteilungspflicht nach Satz 3 zu unterrichten.

§ 56 Pakete

(1) Der Empfang von Paketen mit Nahrungs- und Genussmitteln ist den Gefangenen nicht gestattet. Der Empfang von Paketen mit anderem Inhalt bedarf der Erlaubnis der Anstalt, welche Zeitpunkt und Höchstmenge für die Sendung und für einzelne Gegenstände festsetzen kann. Für den Ausschluss von Gegenständen gilt § 31 Abs. 4 entsprechend.

(2) Pakete sind in Gegenwart der Gefangenen zu öffnen, an die sie adressiert sind. Ausgeschlossene Gegenstände können zu ihrer Habe genommen oder dem Absender zurückgesandt werden. Nicht ausgehändigte Gegenstände, durch die bei der Versendung oder Aufbewahrung Personen verletzt oder Sachschäden verursacht werden können, dürfen vernichtet werden. Die hiernach getroffenen Maßnahmen werden den Gefangenen eröffnet.

(3) Der Empfang von Paketen kann vorübergehend versagt werden, wenn dies wegen der Gefährdung der Sicherheit oder Ordnung der Anstalt unerlässlich ist.

(4) Den Gefangenen kann gestattet werden, Pakete zu versenden. Die Anstalt kann ihren Inhalt aus Gründen der Sicherheit oder Ordnung der Anstalt überprüfen.

Achter Abschnitt
Gelder der Gefangenen, Freistellung von der Arbeit

§ 57 Ausbildungsbeihilfe, Arbeitsentgelt

(1) Gefangene, die während der Arbeitszeit ganz oder teilweise an einer schulischen oder beruflichen Orientierungs-, Aus- oder Weiterbildungsmaßnahme oder an speziellen Maßnahmen zur Förderung ihrer schulischen, beruflichen oder persönlichen Entwicklung teilnehmen, erhalten hierfür eine Ausbildungsbeihilfe, soweit kein Anspruch auf Leistungen zum Lebensunterhalt besteht, die freien Personen aus solchem Anlass zustehen.

(2) Wer eine Arbeit, arbeitstherapeutische oder sonstige Beschäftigung ausübt, erhält Arbeitsentgelt.

(3) Der Bemessung der Ausbildungsbeihilfe und des Arbeitsentgelts sind neun vom Hundert der Bezugsgröße nach § 18 des Vierten Buchs Sozialgesetzbuch (SGB IV) zugrunde zu legen (Eckvergütung). Ein Tagessatz ist der 250. Teil der Eckvergütung; die Ausbildungsbeihilfe und das Arbeitsentgelt können nach einem Stundensatz bemessen werden.

(4) Die Ausbildungsbeihilfe und das Arbeitsentgelt können je nach Leistung der Gefangenen und der Art der Ausbildung oder Arbeit gestuft werden. 75 vom Hundert der Eckvergütung dürfen nur dann unterschritten werden, wenn die Leistungen der Gefangenen den Mindestanforderungen nicht genügen.

(5) Die Höhe der Ausbildungsbeihilfe und des Arbeitsentgelts ist den Gefangenen schriftlich bekannt zu geben.

(6) Das für den Strafvollzug zuständige Ministerium wird ermächtigt, eine Rechtsverordnung über die Vergütungsstufen nach Absatz 4 zu erlassen.

(7) Soweit Beiträge zur Bundesagentur für Arbeit zu entrichten sind, kann vom Arbeitsentgelt oder der Ausbildungsbeihilfe ein Betrag einbehalten werden, den der Anteil der Gefangenen am Beitrag entsprechen würde, wenn sie diese Bezüge als Arbeitnehmer erhielten.

I

§ 58 Freistellung von der Arbeit

(1) Die Arbeit der Gefangenen wird neben der Gewährung von Arbeitsentgelt (§ 57 Abs. 2) durch Freistellung von der Arbeit (Freistellung) anerkannt, die auch als Arbeitsurlaub genutzt oder auf den Entlassungszeitpunkt angerechnet werden kann.

(2) Haben die Gefangenen zwei Monate lang zusammenhängend eine Arbeit, arbeitstherapeutische oder sonstige Beschäftigung ausgeübt, so werden sie auf Antrag einen Werktag von der Arbeit freigestellt. § 37 Abs. 5 bleibt unberührt. Durch Zeiten, in denen die Gefangenen ohne ihr Verschulden durch Krankheit, Ausführung, Ausgang, Urlaub, Freistellung von der Arbeit oder sonstige nicht von ihnen zu vertretende Gründe an der Arbeitsleistung gehindert sind, wird die Frist nach Satz 1 gehemmt. Beschäftigungszeiträume von weniger als zwei Monaten bleiben unberücksichtigt.

(3) Die Gefangenen können beantragen, dass die Freistellung nach Absatz 2 in Form von Arbeitsurlaub gewährt wird. § 15 Abs. 2, § 16 Abs. 4 und § 17 gelten entsprechend.

(4) Die Gefangenen erhalten für die Zeit der Freistellung von der Arbeit ihre zuletzt gezahlten Bezüge weiter.

(5) Stellen die Gefangenen keinen Antrag nach Absatz 2 Satz 1 oder Absatz 3 Satz 1 oder kann die Freistellung von der Arbeit nach Maßgabe der Regelung des Absatzes 3 Satz 2 nicht gewährt werden, so wird sie nach Absatz 2 Satz 1 vom der Anstalt auf den Entlassungszeitpunkt der Gefangenen angerechnet.

(6) Eine Anrechnung nach Absatz 5 ist ausgeschlossen

1. bei einer Aussetzung der Vollstreckung des Restes einer Jugendstrafe zur Bewährung, soweit wegen des von der Entscheidung des Vollstreckungsleiters bis zur Entlassung verbleibenden Zeitraums eine Anrechnung nicht mehr möglich ist,

2. wenn dies vom Vollstreckungsleiter angeordnet wird, weil bei einer Aussetzung der Vollstreckung des Restes einer Jugendstrafe zur Bewährung die Lebensverhält-

nisse der Gefangenen oder die Wirkungen, die von der Aussetzung für sie zu erwarten sind, die Vollstreckung bis zu einem bestimmten Zeitpunkt erfordern,

3. wenn nach § 2 des Jugendgerichtsgesetzes in Verbindung mit § 456a Abs. 1 der Strafprozessordnung von der Vollstreckung abgesehen wird oder

4. wenn die Gefangenen im Gnadenwege aus der Haft entlassen werden.

(7) Soweit eine Anrechnung nach Absatz 6 ausgeschlossen ist, erhalten die Gefangenen bei ihrer Entlassung für eine Tätigkeit nach § 57 Abs. 2 als Ausgleichsentschädigung zusätzlich 15 vom Hundert des Entgelts nach § 57 Abs. 3 und 4. Der Anspruch entsteht erst mit der Entlassung.

(8) Für Gefangene, die an einer Maßnahme nach § 57 Abs. 1 teilnehmen, gelten die Absätze 1 bis 7 entsprechend.

§ 59 Taschengeld

(1) Erhalten Gefangene ohne ihr Verschulden weder Ausbildungsbeihilfe noch Arbeitsentgelt, wird ihnen bei Bedürftigkeit auf Antrag ein angemessenes Taschengeld gewährt. Bedürftig sind Gefangene, soweit ihnen im laufenden Monat aus Hausgeld (§ 60) und Eigengeld (§ 61) nicht ein Betrag bis zur Höhe des Taschengeldes zur Verfügung steht.

(2) Das Taschengeld beträgt 14 vom Hundert der Eckvergütung (§ 57 Abs. 3).

§ 60 Hausgeld

(1) Die Gefangenen dürfen von ihren in diesem Gesetz geregelten Bezügen drei Siebtel monatlich (Hausgeld) und das Taschengeld (§ 59) für den Einkauf (§ 31 Abs. 2) oder anderweitig verwenden.

(2) Für Gefangene, die in einem freien Beschäftigungsverhältnis stehen oder denen gestattet ist, sich selbst zu beschäftigen (§ 37 Abs. 4), wird aus ihren Bezügen ein angemessenes Hausgeld festgesetzt.

(3) Für Gefangene, die über Eigengeld (§ 61) verfügen und unverschuldet keine Bezüge nach diesem Gesetz erhalten, gilt Absatz 2 entsprechend.

§ 61 Eigengeld

(1) Das Eigengeld besteht aus den Beträgen, die die Gefangenen bei Strafantritt in die Anstalt mitbringen, Geldern, die ihnen während der Haftzeit zugehen und Bezügen, die nicht als Hausgeld in Anspruch genommen werden.

(2) Die Gefangenen können über das Eigengeld verfügen. § 31 Abs. 3 und 4 und § 60 bleiben unberührt.

Neunter Abschnitt
Sicherheit und Ordnung

§ 62 Grundsatz

(1) Sicherheit und Ordnung der Anstalt bilden die Grundlage des auf die Erziehung und Förderung aller Gefangenen ausgerichteten Anstaltslebens und tragen dazu bei, dass in der Anstalt ein gewaltfreies Klima herrscht.

(2) Die Pflichten und Beschränkungen, die den Gefangenen zur Aufrechterhaltung der Sicherheit oder Ordnung der Anstalt auferlegt werden, sind so zu wählen, dass sie in einem angemessenen Verhältnis zu ihrem Zweck stehen und die Gefangenen nicht mehr und nicht länger als notwendig beeinträchtigen.

§ 63 Verhaltensvorschriften

(1) Die Gefangenen sind für das geordnete Zusammenleben in der Anstalt mitverantwortlich und müssen mit ihrem Verhalten dazu beitragen. Ihr Bewusstsein hierfür ist zu entwickeln und zu stärken.

(2) Die Gefangenen haben sich nach der Tageseinteilung der Anstalt (Arbeitszeit, Freizeit, Ruhezeit) zu richten.

(3) Die Gefangenen haben die Anordnungen der Bediensteten zu befolgen, auch wenn sie sich durch diese beschwert fühlen. Einen ihnen zugewiesenen Bereich dürfen sie nicht ohne Erlaubnis verlassen.

(4) Die Gefangenen haben ihren Haftraum und die ihnen von der Anstalt überlassenen Sachen in Ordnung zu halten und schonend zu behandeln.

(5) Die Gefangenen haben Umstände, die eine Gefahr für das Leben oder eine erhebli-

che Gefahr für die Gesundheit einer Person bedeuten, unverzüglich zu melden.

§ 64 Absuchung, Durchsuchung

(1) Die Gefangenen, ihre Sachen und die Hafträume dürfen mit technischen Mitteln abgesucht und durchsucht werden. Die Durchsuchung männlicher Gefangener darf nur von Männern, die Durchsuchung weiblicher Gefangener darf nur von Frauen vorgenommen werden. Das Schamgefühl ist zu schonen.

(2) Nur bei Gefahr im Verzug oder auf Anordnung des Anstaltsleiters im Einzelfall ist es zulässig, eine mit einer Entkleidung verbundene körperliche Durchsuchung vorzunehmen. Sie darf bei männlichen Gefangenen nur in Gegenwart von Männern, bei weiblichen Gefangenen nur in Gegenwart von Frauen erfolgen. Sie ist in einem geschlossenen Raum durchzuführen. Andere Gefangene dürfen nicht anwesend sein.

(3) Der Anstaltsleiter kann allgemein anordnen, dass Gefangene bei der Aufnahme, vor und nach Kontakten mit Besuchern sowie vor und nach jeder Abwesenheit von der Anstalt nach Absatz 2 zu durchsuchen sind.

§ 65 Sichere Unterbringung

(1) Gefangene können in eine Anstalt verlegt werden, die zu ihrer sicheren Unterbringung besser geeignet ist, wenn in erhöhtem Maße Fluchtgefahr gegeben ist oder sonst ihr Verhalten oder ihr Zustand eine Gefahr für die Sicherheit oder Ordnung der Anstalt darstellt.

(2) § 12 Abs. 2 und 3 gilt entsprechend.

§ 66 Erkennungsdienstliche Maßnahmen, Lichtbildausweise

(1) Zur Sicherung des Vollzugs, zur Aufrechterhaltung der Sicherheit oder Ordnung der Anstalt oder zur Identitätsfeststellung sind mit Kenntnis der Gefangenen zulässig:

1. die Abnahme von Finger- und Handflächenabdrücken,

2. die Aufnahme von Lichtbildern,

3. die Feststellung äußerlicher körperlicher Merkmale,

4. die elektronische Erfassung biometrischer Merkmale und

5. Messungen.

(2) Die hierbei gewonnenen Unterlagen oder Daten werden zu den Gefangenenpersonalakten genommen oder in personenbezogenen Dateien gespeichert. Sie können auch in kriminalpolizeilichen Sammlungen verwahrt werden. Die nach Absatz 1 erhobenen Daten dürfen nur für die in Absatz 1, in § 69 Abs. 2 und in § 89 Abs. 2 Nr. 4 genannten Zwecke verarbeitet werden.

(3) Werden die Gefangenen entlassen oder in eine andere Anstalt verlegt, sind diese in Dateien gespeicherten personenbezogenen Daten nach spätestens zwei Jahren zu löschen.

(4) Die Anstalt kann die Gefangenen verpflichten, einen Lichtbildausweis mit sich zu führen, wenn dies aus Gründen der Sicherheit oder Ordnung der Anstalt erforderlich ist. Dieser ist bei der Entlassung oder bei der Verlegung in eine andere Anstalt einzuziehen und zu vernichten.

§ 67 Videoüberwachung

(1) Die Videoüberwachung des Anstaltsgebäudes einschließlich des Gebäudeinneren, des Anstaltsgeländes und der unmittelbaren Umgebung der Anstalt ist zulässig, wenn dies für die Sicherheit oder Ordnung der Anstalt erforderlich ist. Die Videoüberwachung von Hafträumen ist ausgeschlossen.

(2) Auf die Videoüberwachung ist durch geeignete Maßnahmen hinzuweisen, soweit nicht der Zweck der Videoüberwachung dadurch vereitelt wird. Die Videoüberwachung darf auch durchgeführt werden, wenn Dritte unvermeidbar betroffen werden.

(3) Die Betroffenen sind über eine Verarbeitung und Nutzung ihrer personenbezogenen Daten zu benachrichtigen, sofern die Daten nicht innerhalb der Anstalt verbleiben und binnen eines Monats gelöscht werden. Eine Pflicht zur Benachrichtigung besteht nicht, sofern die Betroffenen auf andere Weise Kenntnis von der Verarbeitung und Nutzung erlangt haben oder die Unterrichtung einen unverhältnismäßigen Aufwand erfordert. Die Unterrichtung kann unterbleiben, solange

durch sie der Zweck der Maßnahme vereitelt würde.

§ 68 Maßnahmen zur Feststellung von Suchtmittelkonsum

(1) Zur Aufrechterhaltung der Sicherheit oder Ordnung der Anstalt kann der Anstaltsleiter allgemein oder im Einzelfall Maßnahmen anordnen, die geeignet sind, den Missbrauch von Suchtmitteln festzustellen. Diese Maßnahmen dürfen nicht mit einem körperlichen Eingriff verbunden sein.

(2) Wird Suchtmittelmissbrauch festgestellt, können die Kosten der Maßnahmen nach Absatz 1 den Gefangenen auferlegt werden.

§ 69 Festnahmerecht

(1) Gefangene, die entwichen sind oder sich sonst ohne Erlaubnis außerhalb der Anstalt aufhalten, können durch die Anstalt oder auf deren Veranlassung festgenommen und zurückgebracht werden.

(2) Nach § 66 Abs. 1 und § 88 erhobene und zur Identifizierung oder Festnahme erforderliche Daten dürfen den Vollstreckungs- und Strafverfolgungsbehörden übermittelt werden, soweit dies für Zwecke der Fahndung und Festnahme der entwichenen oder sich sonst ohne Erlaubnis außerhalb der Anstalt aufhaltenden Gefangenen erforderlich ist.

§ 70 Besondere Sicherungsmaßnahmen

(1) Gegen Gefangene können besondere Sicherungsmaßnahmen angeordnet werden, wenn nach ihrem Verhalten oder aufgrund ihres seelischen Zustands in erhöhtem Maße Fluchtgefahr oder die Gefahr von Gewalttätigkeiten gegen Personen oder Sachen oder die Gefahr der Selbsttötung oder der Selbstverletzung besteht.

(2) Als besondere Sicherungsmaßnahmen sind zulässig:

1. der Entzug oder die Vorenthaltung von Gegenständen,

2. die Beobachtung der Gefangenen, auch mit technischen Hilfsmitteln, insbesondere auch mittels Videoüberwachung,

3. die Absonderung von anderen Gefangenen,

4. der Entzug oder die Beschränkung des Aufenthalts im Freien,

5. die Unterbringung in einem besonders gesicherten Haftraum ohne gefährdende Gegenstände und

6. die Fesselung.

(3) Maßnahmen nach Absatz 2 Nr. 1, 3 und 5 sind auch zulässig, wenn die Gefahr einer Befreiung oder eine erhebliche Störung der Hausordnung anders nicht vermieden oder behoben werden kann.

(4) Bei einer Ausführung, Vorführung oder beim Transport ist die Fesselung auch dann zulässig, wenn Fluchtgefahr besteht.

§ 71 Einzelhaft

Die unausgesetzte Absonderung von Gefangenen (Einzelhaft) ist nur zulässig, wenn dies aus Gründen, die in deren Person liegen, unerlässlich ist. Einzelhaft von mehr als zwei Monaten Gesamtdauer im Jahr bedarf der Zustimmung der Aufsichtsbehörde. Während des Vollzugs der Einzelhaft sind die Gefangenen in besonderem Maße zu betreuen.

§ 72 Fesselung

In der Regel dürfen Fesseln nur an den Händen oder an den Füßen angelegt werden. Im Interesse der Gefangenen kann der Anstaltsleiter eine andere Art der Fesselung anordnen. Die Fesselung wird zeitweise gelockert, soweit dies notwendig ist.

§ 73 Anordnung besonderer Sicherungsmaßnahmen, Verfahren

(1) Besondere Sicherungsmaßnahmen ordnet der Anstaltsleiter an. Bei Gefahr im Verzug können auch andere Bedienstete diese Maßnahmen vorläufig anordnen. Die Entscheidung des Anstaltsleiters ist unverzüglich einzuholen.

(2) Werden Gefangene ärztlich behandelt oder beobachtet oder bildet ihr seelischer Zustand den Anlass der Sicherungsmaßnahme, ist vorher eine ärztliche Stellungnahme einzuholen. Ist dies wegen Gefahr im Verzug nicht möglich, wird die Stellungnahme unverzüglich nachträglich eingeholt.

(3) Die Entscheidung wird den Gefangenen von dem Anstaltsleiter mündlich eröffnet und mit einer kurzen Begründung schriftlich abgefasst.

(4) Besondere Sicherungsmaßnahmen sind in angemessenen Abständen daraufhin zu überprüfen, ob und in welchem Umfang sie aufrechterhalten werden müssen.

(5) Besondere Sicherungsmaßnahmen nach § 70 Abs. 2 Nr. 5 und 6 sind der Aufsichtsbehörde unverzüglich mitzuteilen, wenn sie länger als drei Tage aufrechterhalten werden.

§ 74 Ärztliche Überwachung

(1) Sind Gefangene in einem besonders gesicherten Haftraum untergebracht oder gefesselt (§ 70 Abs. 2 Nr. 5 und 6), sucht sie der Arzt alsbald und in der Folge möglichst täglich auf. Dies gilt nicht bei einer Fesselung während einer Ausführung, Vorführung oder eines Transports (§ 70 Abs. 4).

(2) Der Arzt ist regelmäßig zu hören, solange eine besondere Sicherungsmaßnahme nach § 70 Abs. 2 Nr. 4 oder Einzelhaft nach § 71 andauern.

§ 75 Ersatz von Aufwendungen

(1) Die Gefangenen sind verpflichtet, der Anstalt Aufwendungen zu ersetzen, die sie durch eine vorsätzliche oder grob fahrlässige Selbstverletzung oder Verletzung anderer Gefangener verursacht haben. Ansprüche aus sonstigen Rechtsvorschriften bleiben unberührt.

(2) Von der Aufrechnung oder Vollstreckung wegen der in Absatz 1 genannten Forderungen ist abzusehen, soweit hierdurch die Erziehung und Förderung der Gefangenen oder ihre Eingliederung behindert würde.

Zehnter Abschnitt
Unmittelbarer Zwang

§ 76 Begriffsbestimmungen

(1) Unmittelbarer Zwang ist die Einwirkung auf Personen oder Sachen durch körperliche Gewalt, ihre Hilfsmittel und durch Waffen.

(2) Körperliche Gewalt ist jede unmittelbare körperliche Einwirkung auf Personen oder Sachen.

(3) Hilfsmittel der körperlichen Gewalt sind insbesondere Fesseln.

(4) Waffen sind die dienstlich zugelassenen Hieb- und Schusswaffen sowie Reizstoffe.

§ 77 Allgemeine Voraussetzungen

(1) Die Bediensteten dürfen unmittelbaren Zwang anwenden, wenn sie Vollzugs- und Sicherungsmaßnahmen rechtmäßig durchführen und der damit verfolgte Zweck auf keine andere Weise erreicht werden kann.

(2) Gegen andere Personen als Gefangene darf unmittelbarer Zwang angewendet werden, wenn sie es unternehmen, Gefangene zu befreien oder widerrechtlich in die Anstalt einzudringen oder wenn sie sich unbefugt darin aufhalten.

(3) Das Recht zu unmittelbarem Zwang aufgrund anderer Regelungen bleibt unberührt.

§ 78 Grundsatz der Verhältnismäßigkeit

(1) Unter mehreren möglichen und geeigneten Maßnahmen des unmittelbaren Zwangs sind diejenigen zu wählen, die den Einzelnen und die Allgemeinheit voraussichtlich am wenigsten beeinträchtigen.

(2) Unmittelbarer Zwang unterbleibt, wenn ein durch ihn zu erwartender Schaden erkennbar außer Verhältnis zu dem angestrebten Erfolg steht.

§ 79 Handeln auf Anordnung

(1) Wird unmittelbarer Zwang von einem Vorgesetzten oder einer sonst befugten Person angeordnet, sind die Bediensteten verpflichtet, ihn anzuwenden, es sei denn, die Anordnung verletzt die Menschenwürde oder ist nicht zu dienstlichen Zwecken erteilt worden.

(2) Die Anordnung darf nicht befolgt werden, wenn dadurch eine Straftat begangen würde. Befolgen die Bediensteten sie trotzdem, trifft sie eine Schuld nur, wenn sie erkennen oder wenn es nach den ihnen bekannten Umständen offensichtlich ist, dass dadurch eine Straftat begangen wird.

(3) Bedenken gegen die Rechtmäßigkeit der Anordnung haben Bedienstete dem Anordnenden gegenüber vorzubringen, soweit das nach den Umständen möglich ist. Abweichende Bestimmungen des allgemeinen Beamtenrechts über die Mitteilung solcher Bedenken an Vorgesetzte (§ 59 Abs. 2 und 3 des Thüringer Beamtengesetzes) sind nicht anzuwenden.

§ 80 Androhung

Unmittelbarer Zwang ist vorher anzudrohen. Die Androhung darf nur dann unterbleiben, wenn die Umstände sie nicht zulassen oder unmittelbarer Zwang sofort angewendet werden muss, um eine rechtswidrige Tat, die den Tatbestand eines Strafgesetzes erfüllt, zu verhindern oder eine gegenwärtige Gefahr abzuwenden.

§ 81 Schusswaffengebrauch

(1) Schusswaffen dürfen nur gebraucht werden, wenn andere Maßnahmen des unmittelbaren Zwangs bereits erfolglos waren oder keinen Erfolg versprechen. Gegen Personen ist ihr Gebrauch nur zulässig, wenn der Zweck nicht durch Waffenwirkung gegen Sachen erreicht werden kann.

(2) Schusswaffen dürfen nur die dazu bestimmten Bediensteten gebrauchen und nur, um angriffs- oder fluchtunfähig zu machen. Ihr Gebrauch unterbleibt, wenn dadurch erkennbar Unbeteiligte mit hoher Wahrscheinlichkeit gefährdet würden.

(3) Der Gebrauch von Schusswaffen ist vorher anzudrohen. Als Androhung gilt auch ein Warnschuss. Ohne Androhung dürfen Schusswaffen nur dann gebraucht werden, wenn dies zur Abwehr einer gegenwärtigen Gefahr für Leib oder Leben erforderlich ist.

(4) Gegen Gefangene dürfen Schusswaffen gebraucht werden,

1. wenn sie eine Waffe oder ein anderes gefährliches Werkzeug trotz wiederholter Aufforderung nicht ablegen,

2. wenn sie eine Meuterei (§ 121 des Strafgesetzbuchs) unternehmen oder

3. um ihre Flucht zu vereiteln oder um sie wiederzuergreifen.

Um die Flucht aus einer offenen Anstalt zu vereiteln, dürfen keine Schusswaffen gebraucht werden.

(5) Gegen andere Personen dürfen Schusswaffen gebraucht werden, wenn sie es unternehmen, Gefangene gewaltsam zu befreien oder gewaltsam in eine Anstalt einzudringen.

Elfter Abschnitt
Erzieherische Maßnahmen, Disziplinarmaßnahmen

§ 82 Erzieherische Maßnahmen

(1) Verstöße der Gefangenen gegen Pflichten, die ihnen durch oder aufgrund dieses Gesetzes auferlegt sind, sind unverzüglich im erzieherischen Gespräch aufzuarbeiten. Daneben können Maßnahmen angeordnet werden, die geeignet sind, den Gefangenen ihr Fehlverhalten bewusst zu machen (erzieherische Maßnahmen). Als erzieherische Maßnahmen kommen namentlich in Betracht die Erteilung von Weisungen und Auflagen, die Beschränkung oder der Entzug einzelner Gegenstände für die Freizeitbeschäftigung und der Ausschluss von gemeinsamer Freizeit oder von einzelnen Freizeitveranstaltungen bis zur Dauer einer Woche.

(2) Der Anstaltsleiter legt fest, welche Bediensteten befugt sind, erzieherische Maßnahmen anzuordnen.

(3) Es sollen solche erzieherischen Maßnahmen angeordnet werden, die mit der Verfehlung in Zusammenhang stehen.

§ 83 Disziplinarmaßnahmen

(1) Disziplinarmaßnahmen dürfen nur angeordnet werden, wenn erzieherische Maßnahmen nach § 82 nicht ausreichen, um den Gefangenen das Unrecht ihrer Handlung zu verdeutlichen. Zu berücksichtigen ist ferner eine aus demselben Anlass angeordnete besondere Sicherungsmaßnahme.

(2) Disziplinarmaßnahmen können angeordnet werden, wenn Gefangene rechtswidrig und schuldhaft

1. gegen Strafgesetze verstoßen oder eine Ordnungswidrigkeit begehen,

2. andere Personen verbal oder tätlich angreifen,

3. Lebensmittel oder fremdes Eigentum zerstören oder beschädigen,

4. sich zugewiesenen Aufgaben entziehen,

5. verbotene Gegenstände in die Anstalt bringen,

6. sich am Einschmuggeln verbotener Gegenstände beteiligen oder sie besitzen,

7. entweichen oder zu entweichen versuchen oder

8. in sonstiger Weise wiederholt oder schwerwiegend gegen die Hausordnung verstoßen oder das Zusammenleben in der Anstalt stören.

(3) Zulässige Disziplinarmaßnahmen sind

1. die Beschränkung oder der Entzug des Rundfunkempfangs bis zu zwei Monaten,

2. die Beschränkung oder der Entzug der Gegenstände für die Freizeitbeschäftigung oder der Ausschluss von gemeinsamer Freizeit oder von einzelnen Freizeitveranstaltungen bis zu zwei Monaten,

3. die Beschränkung des Einkaufs bis zu zwei Monaten und

4. Arrest bis zu zwei Wochen.

(4) Disziplinarmaßnahmen sind auch zulässig, wenn wegen derselben Verfehlung ein Straf- oder Bußgeldverfahren eingeleitet wird.

(5) Mehrere Disziplinarmaßnahmen können miteinander verbunden werden.

(6) Arrest darf nur wegen schwerer oder wiederholter Verfehlungen verhängt werden.

§ 84 Vollzug der Disziplinarmaßnahmen, Aussetzung zur Bewährung

(1) Disziplinarmaßnahmen werden in der Regel sofort vollstreckt.

(2) Disziplinarmaßnahmen können ganz oder teilweise bis zu sechs Monaten zur Bewährung ausgesetzt werden.

(3) Arrest wird in Einzelhaft vollzogen. Er ist erzieherisch auszugestalten. Die Gefangenen können in einem besonderen Arrestraum un-

tergebracht werden, der den Anforderungen entsprechen muss, die an einen zum Aufenthalt bei Tag und Nacht bestimmten Haftraum gestellt werden. Soweit nichts anderes angeordnet wird, ruhen die Befugnisse der Gefangenen aus den §§ 29, 30 Abs. 2, § 31 Abs. 2 und 3, § 37 sowie den §§ 40 bis 42.

§ 85 Disziplinarbefugnis

(1) Disziplinarmaßnahmen ordnet der Anstaltsleiter an. Bei einer Verfehlung auf dem Weg in eine andere Anstalt zum Zweck der Verlegung ist die aufnehmende Anstalt zuständig.

(2) Die Aufsichtsbehörde entscheidet, wenn sich die Verfehlung gegen den Anstaltsleiter richtet.

(3) Disziplinarmaßnahmen, die gegen die Gefangenen in einer anderen Anstalt oder während einer Untersuchungshaft angeordnet worden sind, werden auf Ersuchen vollstreckt. § 84 Abs. 2 bleibt unberührt.

§ 86 Verfahren

(1) Der Sachverhalt ist zu klären. Die betroffenen Gefangenen werden gehört. Sie sind darauf hinzuweisen, dass es ihnen freisteht, sich zu äußern. Die Erhebungen werden in einer Niederschrift festgehalten; die Einlassungen der Gefangenen werden darin vermerkt.

(2) Bei schweren Verfehlungen soll sich der Anstaltsleiter vor der Entscheidung mit Personen besprechen, die an der Erziehung der Gefangenen mitwirken.

(3) Vor der Anordnung von Disziplinarmaßnahmen gegen Gefangene, die sich in ärztlicher Behandlung befinden, oder gegen Schwangere oder stillende Mütter ist ein Arzt zu hören.

(4) Die Entscheidung wird den Gefangenen von dem Anstaltsleiter mündlich eröffnet und mit einer kurzen Begründung schriftlich abgefasst.

(5) Bevor Arrest vollzogen wird, ist ein Arzt zu hören. Während des Arrestes stehen die Gefangenen unter ärztlicher Aufsicht. Der Vollzug unterbleibt oder wird unterbrochen, wenn die Gesundheit der Gefangenen gefährdet würde.

Zwölfter Abschnitt
Beschwerde

§ 87 Beschwerderecht

(1) Die Gefangenen erhalten Gelegenheit, sich mit Wünschen, Anregungen und Beschwerden in Angelegenheiten, die sie selbst betreffen, an den Anstaltsleiter zu wenden.

(2) Besichtigen Vertreter der Aufsichtsbehörde die Anstalt, so ist zu gewährleisten, dass die Gefangenen sich in Angelegenheiten, die sie selbst betreffen, an diese wenden können.

(3) Die Möglichkeit der Dienstaufsichtsbeschwerde bleibt unberührt.

Dreizehnter Abschnitt
Datenschutz

§ 88 Erhebung personenbezogener Daten

(1) Die Anstalt und die Aufsichtsbehörde dürfen personenbezogene Daten erheben, soweit dies für den Vollzug erforderlich ist.

(2) Personenbezogene Daten sind bei den Betroffenen zu erheben. Ohne ihre Mitwirkung dürfen sie nur erhoben werden, wenn

1. eine Rechtsvorschrift dies vorsieht oder zwingend voraussetzt oder

2. a) die zu erfüllende Verwaltungsaufgabe nach Art oder Geschäftszweck eine Erhebung bei anderen Personen oder Stellen erforderlich macht oder

   b) die Erhebung bei den Betroffenen einen unverhältnismäßigen Aufwand erfordern würde

und keine Anhaltspunkte dafür bestehen, dass überwiegende schutzwürdige Interessen der Betroffenen beeinträchtigt werden.

(3) Werden personenbezogene Daten bei den Betroffenen erhoben, so sind diese von der verantwortlichen Stelle über

1. die Identität der verantwortlichen Stelle,

2. die Zweckbestimmungen der Erhebung, Verarbeitung oder Nutzung und

3. die Kategorien von Empfängern

zu unterrichten. Werden personenbezogene Daten bei den Betroffenen aufgrund einer Rechtsvorschrift erhoben, die zur Auskunft verpflichtet, oder ist die Erteilung der Auskunft Voraussetzung für die Gewährung von Rechtsvorteilen, so sind die Betroffenen hierauf, sonst auf die Freiwilligkeit ihrer Angaben hinzuweisen. Auf Verlangen sind sie über die Rechtsvorschrift und über die Folgen der Verweigerung von Angaben aufzuklären.

(4) Daten über Personen, die nicht Gefangene sind, dürfen ohne ihre Mitwirkung bei Personen oder Stellen außerhalb der Anstalt oder Aufsichtsbehörde nur erhoben werden, wenn sie für die Behandlung von Gefangenen, die Sicherheit der Anstalt oder die Sicherung des Vollzugs der Jugendstrafe unerlässlich sind und die Art der Erhebung schutzwürdige Interessen der Betroffenen nicht beeinträchtigt.

(5) Über eine ohne ihre Kenntnis vorgenommene Erhebung personenbezogener Daten werden die Betroffenen unter Angabe dieser Daten unterrichtet, soweit der in Absatz 1 genannte Zweck dadurch nicht gefährdet wird. Sind die Daten bei anderen Personen oder Stellen erhoben worden, kann die Unterrichtung unterbleiben, wenn

1. die Daten nach einer Rechtsvorschrift oder ihrem Wesen nach, namentlich wegen des überwiegenden berechtigten Interesses Dritter, geheim gehalten werden müssen oder

2. der Aufwand der Unterrichtung außer Verhältnis zum Schutzzweck steht und keine Anhaltspunkte dafür bestehen, dass überwiegende schutzwürdige Interessen der Betroffenen beeinträchtigt werden.

(6) Werden personenbezogene Daten statt bei den Betroffenen bei einer nicht öffentlichen Stelle erhoben, so ist die Stelle auf die Rechtsvorschrift, die zur Auskunft verpflichtet, sonst auf die Freiwilligkeit ihrer Angaben hinzuweisen.

§ 89   Verarbeitung und Nutzung

(1) Die Anstalt und die Aufsichtsbehörde dürfen personenbezogene Daten verarbeiten und nutzen, soweit dies für den Vollzug erforderlich ist.

(2) Die Verarbeitung und Nutzung personenbezogener Daten für andere Zwecke ist zulässig, soweit dies

1. zur Abwehr von sicherheitsgefährdenden oder geheimdienstlichen Tätigkeiten für eine fremde Macht oder von Bestrebungen im Geltungsbereich des Grundgesetzes, die durch Anwendung von Gewalt oder darauf gerichtete Vorbereitungshandlungen

   a) gegen die freiheitliche demokratische Grundordnung, den Bestand oder die Sicherheit des Bundes oder eines Landes gerichtet sind,

   b) eine ungesetzliche Beeinträchtigung der Amtsführung der Verfassungsorgane des Bundes oder eines Landes oder ihrer Mitglieder zum Ziele haben oder

   c) auswärtige Belange der Bundesrepublik Deutschland gefährden,

2. zur Abwehr erheblicher Nachteile für das Gemeinwohl oder einer Gefahr für die öffentliche Sicherheit,

3. zur Abwehr einer schwerwiegenden Beeinträchtigung der Rechte einer anderen Person,

4. zur Verhinderung oder Verfolgung von Straftaten sowie zur Verhinderung oder Verfolgung von Ordnungswidrigkeiten, durch welche die Sicherheit oder Ordnung der Anstalt gefährdet werden oder

5. für Maßnahmen der Strafvollstreckung oder strafvollstreckungsrechtliche Entscheidungen erforderlich ist.

(3) Eine Verarbeitung oder Nutzung für andere Zwecke liegt nicht vor, soweit sie dem gerichtlichen Rechtsschutz im Zusammenhang mit diesem Gesetz oder den in § 20 Abs. 3 des Thüringer Datenschutzgesetzes genannten Zwecken dient.

(4) Über die in den Absätzen 1 und 2 geregelten Zwecke hinaus dürfen zuständigen öf-

fentlichen Stellen personenbezogene Daten übermittelt werden, soweit dies für

1. Maßnahmen der Gerichtshilfe, Jugendgerichtshilfe, Bewährungshilfe oder Führungsaufsicht,

2. Entscheidungen in Gnadensachen,

3. gesetzlich angeordnete Statistiken der Rechtspflege,

4. sozialrechtliche Maßnahmen,

5. die Einleitung von Hilfsmaßnahmen für Angehörige (§ 11 Abs. 1 Nr. 1 des Strafgesetzbuchs) der Gefangenen,

6. dienstliche Maßnahmen der Bundeswehr im Zusammenhang mit der Aufnahme und Entlassung von Soldaten,

7. ausländerrechtliche Maßnahmen oder

8. die Durchführung der Besteuerung

erforderlich ist. Eine Übermittlung für andere Zwecke ist auch zulässig, soweit eine andere gesetzliche Bestimmung dies vorsieht und sich dabei ausdrücklich auf personenbezogene Daten über Gefangene bezieht.

(5) Die Anstalt oder die Aufsichtsbehörde darf öffentlichen oder nichtöffentlichen Stellen auf schriftlichen Antrag mitteilen, ob sich eine Person in Haft befindet sowie ob und wann ihre Entlassung voraussichtlich innerhalb eines Jahres bevorsteht, soweit

1. die Mitteilung zur Erfüllung der in der Zuständigkeit der öffentlichen Stelle liegenden Aufgaben erforderlich ist oder

2. von nichtöffentlichen Stellen ein berechtigtes Interesse an dieser Mitteilung glaubhaft dargelegt wird und die Gefangenen kein schutzwürdiges Interesse an dem Ausschluss der Übermittlung haben.

Den Verletzten einer Straftat können darüber hinaus auf schriftlichen Antrag Auskünfte über die Entlassungsadresse oder die Vermögensverhältnisse von Gefangenen erteilt werden, wenn die Erteilung zur Feststellung oder Durchsetzung von Rechtsansprüchen im Zusammenhang mit der Straftat erforderlich ist. Die Gefangenen werden vor der Mitteilung gehört, es sei denn, es ist zu besorgen, dass dadurch die Verfolgung des Interesses der Antragsteller vereitelt oder wesentlich

erschwert werden würde, und eine Abwägung ergibt, dass dieses Interesse der Antragsteller das Interesse der Gefangenen an ihrer vorherigen Anhörung überwiegt. Ist die Anhörung unterblieben, werden die betroffenen Gefangenen über die Mitteilung der Anstalt oder Aufsichtsbehörde nachträglich unterrichtet.

(6) Akten mit personenbezogenen Daten dürfen nur anderen Anstalten oder Aufsichtsbehörden, den für strafvollzugs-, strafvollstreckungs- und strafrechtliche Entscheidungen zuständigen Gerichten sowie den Strafvollstreckungs- und Strafverfolgungsbehörden überlassen werden. Die Überlassung an andere öffentliche Stellen ist zulässig, soweit die Erteilung einer Auskunft einen unvertretbaren Aufwand erfordert oder nach Darlegung der Akteneinsicht begehrenden Stellen für die Erfüllung der Aufgabe nicht ausreicht. Entsprechendes gilt für die Überlassung von Akten an die von der Anstalt mit Gutachten beauftragten Stellen.

(7) Sind mit personenbezogenen Daten, die nach den Absätzen 1, 2 oder 4 übermittelt werden dürfen, weitere personenbezogene Daten von Betroffenen oder von Dritten in Akten so verbunden, dass eine Trennung nicht oder nur mit unvertretbarem Aufwand möglich ist, so ist die Übermittlung auch dieser Daten zulässig, soweit nicht berechtigte Interessen von Betroffenen oder Dritten an deren Geheimhaltung offensichtlich überwiegen. Eine Verarbeitung oder Nutzung dieser Daten durch die Empfänger ist unzulässig.

(8) Bei der Überwachung der Besuche oder des Schriftwechsels sowie bei der Überwachung des Inhalts von Paketen bekannt gewordene personenbezogene Daten dürfen nur

1. für die in Absatz 2 aufgeführten Zwecke,

2. für den gerichtlichen Rechtsschutz im Zusammenhang mit diesem Gesetz und im Rahmen außerordentlicher Rechtsbehelfsverfahren,

3. zur Wahrung der Sicherheit oder Ordnung der Anstalt oder

4. nach Anhörung der Gefangenen für Zwecke der Behandlung

verarbeitet und genutzt werden.

(9) Personenbezogene Daten, die nach § 88 Abs. 4 über Personen, die nicht Gefangene sind, erhoben worden sind, dürfen nur zur Erfüllung des Erhebungszwecks und für die in Absatz 2 Nr. 1 bis 4 geregelten Zwecke verarbeitet oder genutzt werden.

(10) Die Übermittlung von personenbezogenen Daten unterbleibt, soweit die in § 92 Abs. 2 oder § 94 Abs. 3 und 5 geregelten Einschränkungen oder besondere gesetzliche Verwendungsregelungen entgegenstehen.

(11) Die Verantwortung für die Zulässigkeit der Übermittlung trägt die übermittelnde Anstalt oder Aufsichtsbehörde. Erfolgt die Übermittlung auf Ersuchen einer öffentlichen Stelle, trägt diese die Verantwortung. In diesem Fall prüft die übermittelnde Anstalt oder Aufsichtsbehörde nur, ob das Übermittlungsersuchen im Rahmen der Aufgaben des Empfängers liegt und die Absätze 8 bis 10 der Übermittlung nicht entgegenstehen, es sei denn, dass besonderer Anlass zur Prüfung der Zulässigkeit der Übermittlung besteht.

§ 90 Zentrale Datei, Einrichtung automatisierter Übermittlungsverfahren

(1) Die nach § 88 erhobenen Daten können für die Anstalt und die Aufsichtsbehörde in einer zentralen Datei gespeichert werden.

(2) Die Einrichtung eines automatisierten Verfahrens, das die Übermittlung personenbezogener Daten aus der zentralen Datei nach § 89 Abs. 2 und 4 ermöglicht, ist zulässig, soweit diese Form der Datenübermittlung unter Berücksichtigung der schutzwürdigen Belange der betroffenen Personen und der Erfüllung des Zwecks der Übermittlung angemessen ist. Die automatisierte Übermittlung der für die Unterrichtung nach § 13 Abs. 1 Satz 3 des Bundeskriminalamtgesetzes erforderlichen personenbezogenen Daten kann auch anlassunabhängig erfolgen.

(3) Die speichernde Stelle hat zu gewährleisten, dass die Übermittlung zumindest durch geeignete Stichprobenverfahren festgestellt und überprüft werden kann.

(4) Das für den Strafvollzug zuständige Ministerium bestimmt durch Rechtsverordnung die Einzelheiten der Einrichtung automatisierter Übermittlungsverfahren. Der Landesbeauftragte für den Datenschutz ist vorher zu hören. Die Rechtsverordnung hat den Datenempfänger, die Datenart und den Zweck der Übermittlung festzulegen. Sie hat Maßnahmen zur Datensicherung und zur Kontrolle vorzusehen, die in einem angemessenen Verhältnis zu dem angestrebten Schutzzweck stehen.

(5) Das für den Strafvollzug zuständige Ministerium kann mit anderen Ländern und dem Bund einen Datenverbund vereinbaren, der eine automatisierte Datenübermittlung ermöglicht.

§ 91 Zweckbindung

Von der Anstalt oder der Aufsichtsbehörde übermittelte personenbezogene Daten dürfen nur zu dem Zweck verarbeitet oder genutzt werden, zu dessen Erfüllung sie übermittelt worden sind. Die Empfänger dürfen die Daten für andere Zwecke nur verarbeiten oder nutzen, soweit sie ihnen auch für diese Zwecke hätten übermittelt werden dürfen, und wenn im Fall einer Übermittlung an nicht öffentliche Stellen die übermittelnde Anstalt oder Aufsichtsbehörde zugestimmt hat. Die Anstalt oder die Aufsichtsbehörde hat die nichtöffentlichen Empfänger auf die Zweckbindung nach Satz 1 hinzuweisen.

§ 92 Schutz besonderer Daten

(1) Das religiöse oder weltanschauliche Bekenntnis und personenbezogene Daten von Gefangenen, die anlässlich ärztlicher Untersuchungen erhoben worden sind, dürfen in der Anstalt nicht allgemein kenntlich gemacht werden. Andere personenbezogene Daten von Gefangenen dürfen innerhalb der Anstalt allgemein kenntlich gemacht werden, soweit dies für ein geordnetes Zusammenleben in der Anstalt erforderlich ist. § 89 Abs. 8 bis 10 bleibt unberührt.

(2) Personenbezogene Daten, die

1. Ärzten, Zahnärzten oder Angehörigen eines anderen Heilberufs, der für die Berufsausübung oder die Führung der Berufsbezeichnung eine staatlich geregelte Ausbildung erfordert,

2. Berufspsychologen mit staatlich anerkannter wissenschaftlicher Abschlussprüfung,

3. staatlich anerkannten Sozialarbeitern oder staatlich anerkannten Sozialpädagogen,

4. Ehe-, Familien-, Erziehungs- oder Jugendberatern sowie Beratern für Suchtfragen in einer Beratungsstelle, die von einer Behörde oder Körperschaft, Anstalt oder Stiftung des öffentlichen Rechts anerkannt ist, oder

5. Mitgliedern oder Beauftragten einer anerkannten Beratungsstelle nach den §§ 3 und 8 des Schwangerschaftskonfliktgesetzes

von Gefangenen als Geheimnis anvertraut oder über Gefangene sonst bekannt geworden sind, unterliegen auch gegenüber der Anstalt und der Aufsichtsbehörde der Schweigepflicht. Die in Satz 1 genannten Personen haben sich gegenüber dem Anstaltsleiter zu offenbaren, soweit dies für die Aufgabenerfüllung der Anstalt oder der Aufsichtsbehörde oder zur Abwehr von erheblichen Gefahren für Leib oder Leben von Gefangenen oder Dritten erforderlich ist. Ärzte sind zur Offenbarung ihnen im Rahmen der allgemeinen Gesundheitsfürsorge bekannt gewordener Geheimnisse verpflichtet, soweit dies für die Aufgabenerfüllung der Anstalt oder der Aufsichtsbehörde unerlässlich oder zur Abwehr von erheblichen Gefahren für Leib oder Leben von Gefangenen oder Dritten erforderlich ist. Sonstige Offenbarungsbefugnisse bleiben unberührt. Die Gefangenen sind vor der Erhebung der Daten über die nach den Sätzen 2 und 3 bestehenden Offenbarungsbefugnisse zu unterrichten.

(3) Die nach Absatz 2 offenbarten Daten dürfen nur für den Zweck, für den sie offenbart wurden oder für den eine Offenbarung zulässig gewesen wäre, und nur unter denselben Voraussetzungen verarbeitet oder genutzt werden, unter denen die in Absatz 2 Satz 1 genannten Personen selbst hierzu befugt wären. Der Anstaltsleiter kann unter diesen Voraussetzungen die unmittelbare Offenbarung gegenüber bestimmten Bediensteten allgemein zulassen.

(4) Sofern Ärzte oder Psychologen außerhalb des Vollzugs mit der Untersuchung oder Behandlung von Gefangenen beauftragt werden, gilt Absatz 2 mit der Maßgabe entsprechend, dass die beauftragten Personen auch zur Unterrichtung der in der Anstalt tätigen Ärzte oder der in der Anstalt mit der Behandlung der Gefangenen betrauten Psychologen befugt sind.

§ 93 Schutz der Daten in Akten und Dateien

(1) Bedienstete dürfen sich von personenbezogenen Daten nur Kenntnis verschaffen, soweit dies zur Erfüllung der ihnen obliegenden Aufgaben oder für die Zusammenarbeit nach § 7 erforderlich ist.

(2) Akten und Dateien mit personenbezogenen Daten sind durch die erforderlichen technischen und organisatorischen Maßnahmen gegen unbefugten Zugang und unbefugten Gebrauch zu schützen. Gesundheitsakten und Krankenblätter sind getrennt von anderen Unterlagen zu führen und besonders zu sichern. Im Übrigen gilt für die Art und den Umfang der Schutzvorkehrungen § 9 des Thüringer Datenschutzgesetzes.

§ 94 Berichtigung, Löschung und Sperrung

(1) Die in Dateien gespeicherten personenbezogenen Daten sind spätestens fünf Jahre nach der Entlassung der Gefangenen oder der Verlegung der Gefangenen in eine andere Anstalt zu löschen. Hiervon können bis zum Ablauf der Aufbewahrungsfrist für die Gefangenenpersonalakte die Angaben über Familienname, Vorname, Geburtsname, Geburtstag, Geburtsort, Eintritts- und Austrittsdatum der Gefangenen ausgenommen werden, soweit dies für das Auffinden der Gefangenenpersonalakte erforderlich ist.

(2) Die mittels Videoüberwachung erhobenen und gespeicherten personenbezogenen Daten sind einen Monat nach ihrer Erhebung zu löschen, sofern nicht ihre Speicherung zu den in § 89 Abs. 2 Nr. 1, 2 oder 4 genannten Zwecken weiterhin erforderlich ist. Sie sind unverzüglich zu löschen, soweit schutzwürdige Belange der Betroffenen einer weiteren Speicherung entgegenstehen.

(3) Personenbezogene Daten in Akten dürfen nach Ablauf von fünf Jahren seit der Entlassung der Gefangenen nur übermittelt oder genutzt werden, soweit dies

1. zur Verfolgung von Straftaten,

2. für die Durchführung wissenschaftlicher Forschungsvorhaben nach § 97,

3. zur Behebung einer bestehenden Beweisnot oder

4. zur Feststellung, Durchsetzung oder Abwehr von Rechtsansprüchen im Zusammenhang mit dem Vollzug einer Jugend- oder Freiheitsstrafe

unerlässlich ist. Diese Verwendungsbeschränkungen enden, wenn die Gefangenen erneut zum Vollzug einer Jugend- oder Freiheitsstrafe aufgenommen werden oder die Betroffenen eingewilligt haben.

(4) Bei der Aufbewahrung von Akten mit nach Absatz 3 gesperrten Daten dürfen folgende Fristen nicht überschritten werden:

Gefangenenpersonalakten, Gesundheitsakten und Krankenblätter 20 Jahre, Gefangenenbücher   30 Jahre.

Dies gilt nicht, wenn aufgrund bestimmter Tatsachen anzunehmen ist, dass die Aufbewahrung für die in Absatz 3 Satz 1 genannten Zwecke weiterhin erforderlich ist. Die Aufbewahrungsfrist beginnt mit dem Ende des Jahres der aktenmäßigen Weglegung folgenden Kalenderjahr. Die Bestimmungen des Thüringer Archivgesetzes bleiben unberührt.

(5) Wird festgestellt, dass unrichtige Daten übermittelt worden sind, ist dies den Empfängern mitzuteilen, wenn es zur Wahrung schutzwürdiger Interessen der Betroffenen erforderlich ist.

(6) Im Übrigen gelten für die Berichtigung, Löschung und Sperrung personenbezogener Daten die §§ 14 bis 16 des Thüringer Datenschutzgesetzes.

§ 95 Auskunft an die Betroffenen, Akteneinsicht

(1) Die Anstalt oder die Aufsichtsbehörde erteilen den Betroffenen auf Antrag Auskunft über

1. die zu ihrer Person gespeicherten Daten,

2. den Zweck und die Rechtsgrundlage der Verarbeitung sowie

3. die Herkunft der Daten und deren Empfänger oder die Kategorien der Empfänger, soweit diese Angaben gespeichert sind.

Dies gilt nicht für personenbezogene Daten, die ausschließlich zu Zwecken der Datensicherung oder der Datenschutzkontrolle gespeichert sind.

(2) In dem Antrag soll die Art der personenbezogenen Daten, über die Auskunft erteilt werden soll, näher bezeichnet werden. Sind die personenbezogenen Daten nur in Akten gespeichert, wird die Auskunft nur erteilt, soweit die Betroffenen Angaben machen, die das Auffinden der Daten ermöglichen, und der für die Erteilung der Auskunft erforderliche Aufwand nicht außer Verhältnis zu dem von den Betroffenen geltend gemachten Informationsinteresse steht. Die Anstalt oder die Aufsichtsbehörde bestimmt das Verfahren, insbesondere die Form der Auskunftserteilung, nach pflichtgemäßem Ermessen.

(3) Die Auskunft ist unentgeltlich.

(4) Bezieht sich die Auskunftserteilung auf die Übermittlung personenbezogener Daten an Behörden der Staatsanwaltschaft, an Polizeidienststellen, Verfassungsschutzbehörden, den Bundesnachrichtendienst, den Militärischen Abschirmdienst und, soweit die Sicherheit des Bundes berührt wird, andere Behörden des Bundesministeriums der Verteidigung, so ist sie nur mit Zustimmung dieser Stellen zulässig.

(5) Die Auskunftserteilung unterbleibt, soweit

1. die Auskunft die ordnungsgemäße Erfüllung der in der Zuständigkeit der Daten verarbeitenden Stelle liegenden Aufgaben gefährden würde,

2. die Auskunft die öffentliche Sicherheit oder Ordnung gefährden oder sonst dem Wohle des Bundes oder eines Landes Nachteile bereiten würde,

3. die personenbezogenen Daten oder die Tatsache ihrer Speicherung nach einer Rechtsvorschrift oder ihrem Wesen nach, namentlich wegen den überwiegenden berechtigten Interessen Dritter, geheim gehalten werden müssen oder

4. die personenbezogenen Daten zur Entscheidung in Gnadensachen gespeichert worden sind

und deswegen das Interesse der Betroffenen an der Auskunftserteilung zurücktreten muss.

(6) Die Ablehnung der Auskunftserteilung bedarf einer Begründung nicht, soweit durch die Mitteilung der tatsächlichen oder rechtlichen Gründe, auf die die Entscheidung gestützt wird, der mit der Auskunftsverweigerung verfolgte Zweck gefährdet würde. In diesem Fall sind die Betroffenen darauf hinzuweisen, dass sie sich an den Landesbeauftragten für den Datenschutz wenden können.

(7) Wird den Betroffenen keine Auskunft erteilt, so ist sie auf ihr Verlangen dem Landesbeauftragten für den Datenschutz zu erteilen, soweit nicht die Aufsichtsbehörde im Einzelfall feststellt, dass dadurch die Sicherheit des Bundes oder eines Landes gefährdet würde.

(8) Soweit eine Auskunft für die Wahrnehmung der rechtlichen Interessen der Gefangenen nicht ausreicht und sie hierfür auf die Einsichtnahme angewiesen sind, wird Akteneinsicht gewährt.

§ 96 Anwendung des Thüringer Datenschutzgesetzes

Die Regelungen des Thüringer Datenschutzgesetzes über weitere Begriffsbestimmungen (§ 3), Einholung und Form der Einwilligung der Betroffenen (§ 4 Abs. 3 und 4), das Datengeheimnis (§ 6), unabdingbare Rechte der Betroffenen (§ 5), die Überwachung des Datenschutzes bei öffentlichen Stellen (§ 34), technische und organisatorische Maßnahmen (§ 9) und das Verfahrensverzeichnis (§ 10) gelten entsprechend. Das Thüringer Datenschutzgesetz bleibt im Hinblick auf die Schadensersatz-, Straf- und Bußgeldvorschriften sowie die Bestimmungen über die Kontrolle durch den Landesbeauftragten für den Datenschutz unberührt.

Vierzehnter Abschnitt
Kriminologische Forschung

§ 97 Evaluation, kriminologische Forschung

(1) Behandlungsprogramme für die Gefangenen sind auf der Grundlage wissenschaftlicher Erkenntnisse zu konzipieren, zu standardisieren und auf ihre Wirksamkeit hin zu überprüfen.

(2) Der Vollzug, insbesondere seine Aufgabenerfüllung und Gestaltung, die Umsetzung seiner Leitlinien sowie die Behandlungsprogramme und deren Wirkungen auf das Vollzugsziel, soll regelmäßig durch den kriminologischen Dienst, durch eine Hochschule oder durch eine andere Stelle wissenschaftlich begleitet und erforscht werden. § 476 der Strafprozessordnung gilt mit der Maßgabe entsprechend, dass auch elektronisch gespeicherte personenbezogene Daten übermittelt werden können.

Fünfzehnter Abschnitt
Aufbau der Jugendstrafvollzugsanstalt

§ 98 Jugendstrafvollzugsanstalt

(1) Die Jugendstrafe wird in Jugendstrafvollzugsanstalten, Teilanstalten oder in getrennten Abteilungen einer Anstalt des Erwachsenenvollzugs (Anstalt) vollzogen. Lässt die geringe Anzahl der Gefangenen eine getrennte Unterbringung organisatorisch nicht zu, so können die Gefangenen ausnahmsweise gemeinsam mit nach allgemeinem Strafrecht Verurteilten untergebracht werden, sofern

dadurch das Vollzugsziel nicht gefährdet wird. Gemeinsame Aus- und Fortbildungsmaßnahmen von nach Jugendstrafrecht und nach allgemeinem Strafrecht Verurteilten sind zulässig. In jedem Fall erfolgt der Vollzug der Jugendstrafe nach diesem Gesetz.

(2) Räume für den Aufenthalt während der Ruhe- und Freizeit sowie Gemeinschafts- und Besuchsräume sind zweckentsprechend auszugestalten.

(3) Die Abteilungen der Anstalt sollen in Wohngruppen gegliedert sein, zu denen neben den Hafträumen weitere Räume zur gemeinsamen Nutzung gehören.

§ 99 Festsetzung der Belegungsfähigkeit, Verbot der Überbelegung

(1) Die Aufsichtsbehörde setzt die Belegungsfähigkeit der Anstalt so fest, dass eine angemessene Unterbringung während der Ruhezeit gewährleistet ist. Dabei ist zu berücksichtigen, dass eine ausreichende Anzahl von Plätzen für Aus- und Weiterbildung, Arbeit sowie von Räumen für Seelsorge, Freizeit, Sport, therapeutische Maßnahmen und Besuche zur Verfügung steht.

(2) Hafträume dürfen nicht mit mehr Gefangenen als zugelassen belegt werden.

(3) Ausnahmen von Absatz 2 sind nur vorübergehend und nur mit Zustimmung der Aufsichtsbehörde zulässig.

§ 100 Einrichtungen zur schulischen und beruflichen Bildung, Arbeitsbetriebe

(1) Die erforderlichen Einrichtungen zur schulischen und beruflichen Bildung, arbeitstherapeutischen Beschäftigung und die notwendigen Betriebe für die Arbeit sind vorzuhalten. Sie sind den Verhältnissen außerhalb der Anstalt anzugleichen.

(2) Bildung und Beschäftigung können auch in geeigneten privaten Einrichtungen und Betrieben erfolgen. Die technische und fachliche Leitung kann Angehörigen dieser Einrichtungen und Betriebe übertragen werden.

§ 101 Anstaltsleitung

(1) Der Anstaltsleiter trägt die Verantwortung für den gesamten Vollzug und vertritt die Anstalt nach außen. Er kann einzelne Aufgabenbereiche auf andere Bedienstete übertragen. Die Aufsichtsbehörde kann sich die Zustimmung zur Übertragung vorbehalten.

(2) Für jede Anstalt ist ein Beamter des höheren Dienstes zum hauptamtlichen Leiter zu bestellen. Aus besonderen Gründen kann eine Anstalt auch von einem Beamten des gehobenen Dienstes geleitet werden.

§ 102 Bedienstete

Die Anstalt wird mit dem für das Erreichen des Vollzugsziels erforderlichen Personal ausgestattet. Es muss für die erzieherische Gestaltung des Vollzugs geeignet und qualifiziert sein. Fortbildung sowie Praxisberatung und -begleitung für die Bediensteten sind zu gewährleisten.

§ 103 Seelsorger

(1) Die Seelsorger werden im Einvernehmen mit der jeweiligen Religionsgemeinschaft im Hauptamt bestellt oder vertraglich verpflichtet.

(2) Wenn die geringe Anzahl der Angehörigen einer Religionsgemeinschaft eine Seelsorge nach Absatz 1 nicht rechtfertigt, ist die seelsorgerische Betreuung auf andere Weise zuzulassen.

(3) Mit Zustimmung des Anstaltsleiters darf der Anstaltsseelsorger sich freier Seelsorgehelfer bedienen und diese für Gottesdienste sowie für andere religiöse Veranstaltungen von außen zuziehen.

§ 104 Medizinische Versorgung

(1) Die ärztliche Versorgung ist sicherzustellen.

(2) Die Pflege der kranken Gefangenen soll von Bediensteten ausgeübt werden, die eine Erlaubnis nach dem Krankenpflegegesetz besitzen. Solange diese nicht zur Verfügung stehen, können auch Bedienstete eingesetzt werden, die eine sonstige Ausbildung in der Krankenpflege erfahren haben.

I

§ 105 Sozialtherapeutische Abteilung

In der Anstalt soll eine sozialtherapeutische Abteilung eingerichtet werden.

§ 106 Konferenzen

Zur Erstellung und Fortschreibung des Vollzugsplans und zur Vorbereitung anderer wichtiger Vollzugsentscheidungen führt der Anstaltsleiter Konferenzen mit an der Erziehung maßgeblich Beteiligten durch.

§ 107 Mitverantwortung der Gefangenen

Den Gefangenen soll ermöglicht werden, an der Verantwortung für Angelegenheiten von gemeinsamem Interesse teilzunehmen, die sich ihrer Eigenart und der Aufgabe der Anstalt nach für ihre Mitwirkung eignen.

§ 108 Hausordnung

(1) Der Anstaltsleiter erlässt eine Hausordnung. Die Aufsichtsbehörde kann sich die Genehmigung vorbehalten.

(2) In die Hausordnung sind namentlich Anordnungen aufzunehmen über die

1. Besuchszeiten, Häufigkeit und Dauer der Besuche,

2. Arbeitszeit, Freizeit und Ruhezeit sowie

3. Gelegenheit, Anträge und Beschwerden anzubringen oder sich an einen Vertreter der Aufsichtsbehörde zu wenden.

Sechzehnter Abschnitt
Aufsicht, Beirat

§ 109 Aufsichtsbehörde

Das für den Strafvollzug zuständige Ministerium führt die Aufsicht über die Anstalt.

§ 110 Vollstreckungsplan

Das für den Strafvollzug zuständige Ministerium regelt durch Rechtsverordnung die örtliche und sachliche Zuständigkeit der Anstalt nach § 98 Abs. 1 in einem Vollstreckungsplan. Im Rahmen von Vollzugsgemeinschaften kann der Vollzug auch in Vollzugseinrichtungen anderer Länder vorgesehen werden.

§ 111 Beirat

(1) Bei der Anstalt ist ein Beirat zu bilden. Bedienstete dürfen nicht Mitglieder des Beirats sein.

(2) Die Mitglieder des Beirats wirken bei der Gestaltung des Vollzugs und bei der Betreuung der Gefangenen beratend mit. Sie unterstützen den Anstaltsleiter durch Anregungen und Verbesserungsvorschläge und helfen bei der Eingliederung der Gefangenen nach der Entlassung.

(3) Die Mitglieder des Beirats können namentlich Wünsche, Anregungen und Beanstandungen entgegennehmen. Sie können sich über die Unterbringung, Beschäftigung, berufliche Bildung, Verpflegung, ärztliche Versorgung und Behandlung unterrichten sowie die Anstalt besichtigen. Sie können die Gefangenen in ihren Räumen aufsuchen. Unterhaltung und Schriftwechsel werden nicht überwacht.

(4) Die Mitglieder des Beirats sind verpflichtet, außerhalb ihres Amtes über alle Angelegenheiten, die ihrer Natur nach vertraulich sind, besonders über Namen und Persönlichkeit der Gefangenen, Verschwiegenheit zu bewahren. Dies gilt auch nach Beendigung ihres Amtes.

Siebzehnter Abschnitt
Schlussbestimmungen

§ 112 Einschränkung von Grundrechten

Durch dieses Gesetz werden die Rechte auf körperliche Unversehrtheit und Freiheit der Person (Artikel 2 Abs. 2 Satz 1 und 2 des Grundgesetzes, Artikel 3 Abs. 1 der Verfassung des Freistaats Thüringen), auf Schutz seiner personenbezogenen Daten (Artikel 6 Abs. 2 der Verfassung des Freistaats Thüringen) und auf Unverletzlichkeit des Brief-, Post- und Fernmeldegeheimnisses (Artikel 10 des Grundgesetzes, Artikel 7 der Verfassung des Freistaats Thüringen) eingeschränkt.

§ 113 Gleichstellungsbestimmung

Status- und Funktionsbezeichnungen in diesem Gesetz gelten jeweils in männlicher und weiblicher Form.

§ 114 Inkrafttreten

Dieses Gesetz tritt am 1. Januar 2008 in Kraft.

Vollzugsrecht des Bundes

II Strafrecht/Strafvollzug

Gesetz über den Vollzug der Freiheitsstrafe und der freiheitsentziehenden Maßregeln der Besserung und Sicherung (Strafvollzugsgesetz – StVollzG)

Vom 16. März 1976 (BGBl. I S. 581, 2088; 1977 BGBl. I S. 436)

Zuletzt geändert durch
Gesetz zur Änderung des Untersuchungshaftrechts
vom 29. Juli 2009 (BGBl. I S. 2274)

Inhaltsübersicht

II

II

Erster Abschnitt
Anwendungsbereich

§ 1

Dieses Gesetz regelt den Vollzug der Freiheitsstrafe in Justizvollzugsanstalten und der freiheitsentziehenden Maßregeln der Besserung und Sicherung.

Zweiter Abschnitt
Vollzug der Freiheitsstrafe

Erster Titel
Grundsätze

§ 2 Aufgaben des Vollzuges

Im Vollzug der Freiheitsstrafe soll der Gefangene fähig werden, künftig in sozialer Verantwortung ein Leben ohne Straftaten zu führen (Vollzugsziel). Der Vollzug der Freiheitsstrafe dient auch dem Schutz der Allgemeinheit vor weiteren Straftaten.

§ 3 Gestaltung des Vollzuges

(1) Das Leben im Vollzug soll den allgemeinen Lebensverhältnissen soweit als möglich angeglichen werden.

(2) Schädlichen Folgen des Freiheitsentzuges ist entgegenzuwirken.

(3) Der Vollzug ist darauf auszurichten, daß er dem Gefangenen hilft, sich in das Leben in Freiheit einzugliedern.

§ 4 Stellung des Gefangenen

(1) Der Gefangene wirkt an der Gestaltung seiner Behandlung und an der Erreichung des Vollzugszieles mit. Seine Bereitschaft hierzu ist zu wecken und zu fördern.

(2) Der Gefangene unterliegt den in diesem Gesetz vorgesehenen Beschränkungen seiner Freiheit. Soweit das Gesetz eine besondere Regelung nicht enthält, dürfen ihm nur Beschränkungen auferlegt werden, die zur Aufrechterhaltung der Sicherheit oder zur Abwendung einer schwerwiegenden Störung der Ordnung der Anstalt unerläßlich sind.

Zweiter Titel
Planung des Vollzuges

§ 5 Aufnahmeverfahren

(1) Beim Aufnahmeverfahren dürfen andere Gefangene nicht zugegen sein.

(2) Der Gefangene wird über seine Rechte und Pflichten unterrichtet.

(3) Nach der Aufnahme wird der Gefangene alsbald ärztlich untersucht und dem Leiter der Anstalt oder der Aufnahmeabteilung vorgestellt.

§ 6 Behandlungsuntersuchung. Beteiligung des Gefangenen

(1) Nach dem Aufnahmeverfahren wird damit begonnen, die Persönlichkeit und die Lebensverhältnisse des Gefangenen zu erforschen. Hiervon kann abgesehen werden, wenn dies mit Rücksicht auf die Vollzugsdauer nicht geboten erscheint.

(2) Die Untersuchung erstreckt sich auf die Umstände, deren Kenntnis für eine planvolle Behandlung des Gefangenen im Vollzuge und für die Eingliederung nach seiner Entlassung notwendig ist. Bei Gefangenen, die wegen einer Straftat nach den §§ 174 bis 180 oder 182 des Strafgesetzbuches verurteilt worden sind, ist besonders gründlich zu prüfen, ob die Verlegung in eine sozialtherapeutische Anstalt angezeigt ist.

(3) Die Planung der Behandlung wird mit dem Gefangenen erörtert.

§ 7 Vollzugsplan

(1) Auf Grund der Behandlungsuntersuchung (§ 6) wird ein Vollzugsplan erstellt.

(2) Der Vollzugsplan enthält Angaben mindestens über folgende Behandlungsmaßnahmen:

1. die Unterbringung im geschlossenen oder offenen Vollzug,

2. die Verlegung in eine sozialtherapeutische Anstalt,

3. die Zuweisung zu Wohngruppen und Behandlungsgruppen,

4. den Arbeitseinsatz sowie Maßnahmen der beruflichen Ausbildung oder Weiterbildung,

5. die Teilnahme an Veranstaltungen der Weiterbildung,

6. besondere Hilfs- und Behandlungsmaßnahmen,

7. Lockerungen des Vollzuges und

8. notwendige Maßnahmen zur Vorbereitung der Entlassung.

(3) Der Vollzugsplan ist mit der Entwicklung des Gefangenen und weiteren Ergebnissen der Persönlichkeitserforschung in Einklang zu halten. Hierfür sind im Vollzugsplan angemessene Fristen vorzusehen.

(4) Bei Gefangenen, die wegen einer Straftat nach den §§ 174 bis 180 oder 182 des Strafgesetzbuches zu Freiheitsstrafe von mehr als zwei Jahren verurteilt worden sind, ist über eine Verlegung in eine sozialtherapeutische Anstalt jeweils nach Ablauf von sechs Monate neu zu entscheiden.

§ 8 Verlegung, Überstellung

(1) Der Gefangene kann abweichend vom Vollstreckungsplan in eine andere für den Vollzug der Freiheitsstrafe zuständige Anstalt verlegt werden,

1. wenn die Behandlung des Gefangenen oder seine Eingliederung nach der Entlassung hierdurch gefördert wird oder

2. wenn dies aus Gründen der Vollzugsorganisation oder aus anderen wichtigen Gründen erforderlich ist.

(2) Der Gefangene darf aus wichtigem Grund in eine andere Vollzugsanstalt überstellt werden.

§ 9 Verlegung in eine sozialtherapeutische Anstalt

(1) Ein Gefangener ist in eine sozialtherapeutische Anstalt zu verlegen, wenn er wegen einer Straftat nach den §§ 174 bis 180 oder 182 des Strafgesetzbuches zu zeitiger Freiheitsstrafe von mehr als zwei Jahren verurteilt worden ist und die Behandlung in einer sozialtherapeutischen Anstalt nach § 6 Abs. 2 Satz 2 oder § 7 Abs. 4 angezeigt ist. Der Ge-

fangene ist zurückzuverlegen, wenn der Zweck der Behandlung aus Gründen, die in der Person des Gefangenen liegen, nicht erreicht werden kann.

(2) Andere Gefangene können mit ihrer Zustimmung in eine sozialtherapeutische Anstalt verlegt werden, wenn die besonderen therapeutischen Mittel und sozialen Hilfen der Anstalt zu ihrer Resozialisierung angezeigt sind. In diesen Fällen bedarf die Verlegung der Zustimmung des Leiters der sozialtherapeutischen Anstalt.

(3) Die §§ 8 und 85 bleiben unberührt.

§ 10 Offener und geschlossener Vollzug

(1) Ein Gefangener soll mit seiner Zustimmung in einer Anstalt oder Abteilung des offenen Vollzuges untergebracht werden, wenn er den besonderen Anforderungen des offenen Vollzuges genügt und namentlich nicht zu befürchten ist, daß er sich dem Vollzug der Freiheitsstrafe entziehen oder die Möglichkeiten des offenen Vollzuges zu Straftaten mißbrauchen werde.

(2) Im übrigen sind die Gefangenen im geschlossenen Vollzug unterzubringen. Ein Gefangener kann auch dann im geschlossenen Vollzug untergebracht oder dorthin zurückverlegt werden, wenn dies zu seiner Behandlung notwendig ist.

§ 11 Lockerungen des Vollzuges

(1) Als Lockerung des Vollzuges kann namentlich angeordnet werden, daß der Gefangene

1. außerhalb der Anstalt regelmäßig einer Beschäftigung unter Aufsicht (Außenbeschäftigung) oder ohne Aufsicht eines Vollzugsbediensteten (Freigang) nachgehen darf oder

2. für eine bestimmte Tageszeit die Anstalt unter Aufsicht (Ausführungen) oder ohne Aufsicht eines Vollzugsbediensteten (Ausgang) verlassen darf.

(2) Diese Lockerungen dürfen mit Zustimmung des Gefangenen angeordnet werden, wenn nicht zu befürchten ist, daß der Gefangene sich dem Vollzug der Freiheitsstrafe

entziehen oder die Lockerungen des Vollzuges zu Straftaten mißbrauchen werde.

§ 12 Ausführung aus besonderen Gründen

Ein Gefangener darf auch ohne seine Zustimmung ausgeführt werden, wenn dies aus besonderen Gründen notwendig ist.

§ 13 Urlaub aus der Haft

(1) Ein Gefangener kann bis zu einundzwanzig Kalendertagen in einem Jahr aus der Haft beurlaubt werden. § 11 Abs. 2 gilt entsprechend.

(2) Der Urlaub soll in der Regel erst gewährt werden, wenn der Gefangene sich mindestens sechs Monate im Strafvollzug befunden hat.

(3) Ein zu lebenslanger Freiheitsstrafe verurteilter Gefangener kann beurlaubt werden, wenn er sich einschließlich einer vorhergehenden Untersuchungshaft oder einer anderen Freiheitsentziehung zehn Jahre im Vollzug befunden hat oder wenn er in den offenen Vollzug überwiesen ist.

(4) Gefangenen, die sich für den offenen Vollzug eignen, aus besonderen Gründen aber in einer geschlossenen Anstalt untergebracht sind, kann nach den für den offenen Vollzug geltenden Vorschriften Urlaub erteilt werden.

(5) Durch den Urlaub wird die Strafvollstreckung nicht unterbrochen.

§ 14 Weisungen, Aufhebung von Lockerungen und Urlaub

(1) Der Anstaltsleiter kann dem Gefangenen für Lockerungen und Urlaub Weisungen erteilen.

(2) Er kann Lockerungen und Urlaub widerrufen, wenn

1. er aufgrund nachträglich eingetretener Umstände berechtigt wäre, die Maßnahmen zu versagen,

2. der Gefangene die Maßnahmen mißbraucht oder

3. der Gefangene Weisungen nicht nachkommt.

Er kann Lockerungen und Urlaub mit Wirkung für die Zukunft zurücknehmen, wenn die Voraussetzungen für ihre Bewilligung nicht vorgelegen haben.

§ 15 Entlassungsvorbereitung

(1) Um die Entlassung vorzubereiten, soll der Vollzug gelockert werden (§ 11).

(2) Der Gefangene kann in eine offene Anstalt oder Abteilung (§ 10) verlegt werden, wenn dies der Vorbereitung der Entlassung dient.

(3) Innerhalb von drei Monaten vor der Entlassung kann zu deren Vorbereitung Sonderurlaub bis zu einer Woche gewährt werden. § 11 Abs. 2, § 13 Abs. 5 und § 14 gelten entsprechend.

(4) Freigängern (§ 11 Abs. 1 Nr. 1) kann innerhalb von neun Monaten vor der Entlassung Sonderurlaub bis zu sechs Tagen im Monat gewährt werden. § 11 Abs. 2, § 13 Abs. 5 und § 14 gelten entsprechend. Absatz 3 Satz 1 findet keine Anwendung.

§ 16 Entlassungszeitpunkt

(1) Der Gefangene soll am letzten Tag seiner Strafzeit möglichst frühzeitig, jedenfalls noch am Vormittag entlassen werden.

(2) Fällt das Strafende auf einen Sonnabend oder Sonntag, einen gesetzlichen Feiertag, den ersten Werktag nach Ostern oder Pfingsten oder in die Zeit vom 22. Dezember bis zum 2. Januar, so kann der Gefangene an dem diesem Tag oder Zeitraum vorhergehenden Werktag entlassen werden, wenn dies nach der Länge der Strafzeit vertretbar ist und fürsorgerische Gründe nicht entgegenstehen.

(3) Der Entlassungszeitpunkt kann bis zu zwei Tagen vorverlegt werden, wenn dringende Gründe dafür vorliegen, daß der Gefangene zu seiner Eingliederung hierauf angewiesen ist.

II

Dritter Titel
Unterbringung und Ernährung des Gefangenen

§ 17 Unterbringung während der Arbeit und Freizeit

(1) Die Gefangenen arbeiten gemeinsam. Dasselbe gilt für Berufsausbildung, berufliche Weiterbildung sowie arbeitstherapeutische und sonstige Beschäftigung während der Arbeitszeit.

(2) Während der Freizeit können die Gefangenen sich in der Gemeinschaft mit den anderen aufhalten. Für die Teilnahme an gemeinschaftlichen Veranstaltungen kann der Anstaltsleiter mit Rücksicht auf die räumlichen, personellen und organisatorischen Verhältnisse der Anstalt besondere Regelungen treffen.

(3) Die gemeinschaftliche Unterbringung während der Arbeitszeit und Freizeit kann eingeschränkt werden,

1. wenn ein schädlicher Einfluß auf andere Gefangene zu befürchten ist,

2. wenn der Gefangene nach § 6 untersucht wird, aber nicht länger als zwei Monate,

3. wenn es die Sicherheit oder Ordnung der Anstalt erfordert oder

4. wenn der Gefangene zustimmt.

§ 18 Unterbringung während der Ruhezeit

(1) Gefangene werden während der Ruhezeit allein in ihren Hafträumen untergebracht. Eine gemeinsame Unterbringung ist zulässig, sofern ein Gefangener hilfsbedürftig ist oder eine Gefahr für Leben oder Gesundheit eines Gefangenen besteht.

(2) Im offenen Vollzug dürfen Gefangene mit ihrer Zustimmung während der Ruhezeit gemeinsam untergebracht werden, wenn eine schädliche Beeinflussung nicht zu befürchten ist. Im geschlossenen Vollzug ist eine gemeinschaftliche Unterbringung zur Ruhezeit außer in den Fällen des Absatzes 1 nur vorübergehend und aus zwingenden Gründen zulässig.

§ 19 Ausstattung des Haftraumes durch den Gefangenen und sein persönlicher Besitz

(1) Der Gefangene darf seinen Haftraum in angemessenem Umfang mit eigenen Sachen ausstatten. Lichtbilder nahestehender Personen und Erinnerungsstücke von persönlichem Wert werden ihm belassen.

(2) Vorkehrungen und Gegenstände, die die Übersichtlichkeit des Haftraumes behindern oder in anderer Weise Sicherheit oder Ordnung der Anstalt gefährden, können ausgeschlossen werden.

§ 20 Kleidung

(1) Der Gefangene trägt Anstaltskleidung. Für die Freizeit erhält er eine besondere Oberbekleidung.

(2) Der Anstaltsleiter gestattet dem Gefangenen, bei einer Ausführung eigene Kleidung zu tragen, wenn zu erwarten ist, daß er nicht entweichen wird. Er kann dies auch sonst gestatten, sofern der Gefangene für Reinigung, Instandsetzung und regelmäßigen Wechsel auf eigene Kosten sorgt.

§ 21 Anstaltsverpflegung

Zusammensetzung und Nährwert der Anstaltsverpflegung werden ärztlich überwacht. Auf ärztliche Anordnung wird besondere Verpflegung gewährt. Dem Gefangenen ist zu ermöglichen, Speisevorschriften seiner Religionsgemeinschaft zu befolgen.

§ 22 Einkauf

(1) Der Gefangene kann sich von seinem Hausgeld (§ 47) oder von seinem Taschengeld (§ 46) aus einem von der Anstalt vermittelten Angebot Nahrungs- und Genußmittel sowie Mittel zur Körperpflege kaufen. Die Anstalt soll für ein Angebot sorgen, das auf Wünsche und Bedürfnisse der Gefangenen Rücksicht nimmt.

(2) Gegenstände, die die Sicherheit oder Ordnung der Anstalt gefährden, können vom Einkauf ausgeschlossen werden. Auf ärztliche Anordnung kann dem Gefangenen der Einkauf einzelner Nahrungs- und Genußmittel ganz oder teilweise untersagt werden,

wenn zu befürchten ist, daß sie seine Gesundheit ernsthaft gefährden. In Krankenhäusern und Krankenabteilungen kann der Einkauf einzelner Nahrungs- und Genußmittel auf ärztliche Anordnung allgemein untersagt oder eingeschränkt werden.

(3) Verfügt der Gefangene ohne eigenes Verschulden nicht über Haus- oder Taschengeld, wird ihm gestattet, in angemessenem Umfang vom Eigengeld einzukaufen.

Vierter Titel
Besuche, Schriftwechsel sowie Urlaub, Ausgang und Ausführung aus besonderem Anlaß

§ 23 Grundsatz

Der Gefangene hat das Recht, mit Personen außerhalb der Anstalt im Rahmen der Vorschriften dieses Gesetzes zu verkehren. Der Verkehr mit Personen außerhalb der Anstalt ist zu fördern.

§ 24 Recht auf Besuch

(1) Der Gefangene darf regelmäßig Besuch empfangen. Die Gesamtdauer beträgt mindestens eine Stunde im Monat. Das Weitere regelt die Hausordnung.

(2) Besuche sollen darüber hinaus zugelassen werden, wenn sie die Behandlung oder Eingliederung des Gefangenen fördern oder persönlichen, rechtlichen oder geschäftlichen Angelegenheiten dienen, die nicht vom Gefangenen schriftlich erledigt, durch Dritte wahrgenommen oder bis zur Entlassung des Gefangenen aufgeschoben werden können.

(3) Aus Gründen der Sicherheit kann ein Besuch davon abhängig gemacht werden, daß sich der Besucher durchsuchen läßt.

§ 25 Besuchsverbot

Der Anstaltsleiter kann Besuche untersagen,

1. wenn die Sicherheit oder Ordnung der Anstalt gefährdet würde,

2. bei Besuchern, die nicht Angehörige des Gefangenen im Sinne des Strafgesetzbuches sind, wenn zu befürchten ist, daß sie einen schädlichen Einfluß auf den Gefan-

genen haben oder seine Eingliederung behindern würden.

§ 26 Besuche von Verteidigern, Rechtsanwälten und Notaren

Besuche von Verteidigern sowie von Rechtsanwälten oder Notaren in einer den Gefangenen betreffenden Rechtssache sind zu gestatten. § 24 Abs. 3 gilt entsprechend. Eine inhaltliche Überprüfung der vom Verteidiger mitgeführten Schriftstücke und sonstigen Unterlagen ist nicht zulässig. § 29 Abs. 1 Satz 2 und 3 bleibt unberührt.

§ 27 Überwachung der Besuche

(1) Die Besuche dürfen aus Gründen der Behandlung oder der Sicherheit oder Ordnung der Anstalt überwacht werden, es sei denn, es liegen im Einzelfall Erkenntnisse dafür vor, daß es der Überwachung nicht bedarf. Die Unterhaltung darf nur überwacht werden, soweit dies im Einzelfall aus diesen Gründen erforderlich ist.

(2) Ein Besuch darf abgebrochen werden, wenn Besucher oder Gefangene gegen die Vorschriften dieses Gesetzes oder die auf Grund dieses Gesetzes getroffenen Anordnungen trotz Abmahnung verstoßen. Die Abmahnung unterbleibt, wenn es unerläßlich ist, den Besuch sofort abzubrechen.

(3) Besuche von Verteidigern werden nicht überwacht.

(4) Gegenstände dürfen beim Besuch nur mit Erlaubnis übergeben werden. Dies gilt nicht für die bei dem Besuch des Verteidigers übergebenen Schriftstücke und sonstigen Unterlagen sowie für die bei dem Besuch eines Rechtsanwalts oder Notars zur Erledigung einer den Gefangenen betreffenden Rechtssache übergebenen Schriftstücke und sonstigen Unterlagen; bei dem Besuch eines Rechtsanwalts oder Notars kann die Übergabe aus Gründen der Sicherheit oder Ordnung der Anstalt von der Erlaubnis abhängig gemacht werden. § 29 Abs. 1 Satz 2 und 3 bleibt unberührt.

II

§ 28 Recht auf Schriftwechsel

(1) Der Gefangene hat das Recht, unbeschränkt Schreiben abzusenden und zu empfangen.

(2) Der Anstaltsleiter kann den Schriftwechsel mit bestimmten Personen untersagen,

1. wenn die Sicherheit oder Ordnung der Anstalt gefährdet würde,

2. bei Personen, die nicht Angehörige des Gefangenen im Sinne des Strafgesetzbuches sind, wenn zu befürchten ist, daß der Schriftwechsel einen schädlichen Einfluß auf den Gefangenen haben oder seine Eingliederung behindern würde.

§ 29 Überwachung des Schriftwechsels

(1) Der Schriftwechsel des Gefangenen mit seinem Verteidiger wird nicht überwacht. Liegt dem Vollzug der Freiheitsstrafe eine Straftat nach § 129a, auch in Verbindung mit § 129b Abs. 1 des Strafgesetzbuches zugrunde, gelten § 148 Abs. 2, § 148a der Strafprozeßordnung entsprechend; dies gilt nicht, wenn der Gefangene sich in einer Einrichtung des offenen Vollzuges befindet oder wenn ihm Lockerungen des Vollzuges gemäß § 11 Abs. 1 Nr. 1 oder 2 zweiter Halbsatz oder Urlaub gemäß § 13 oder § 15 Abs. 3 gewährt worden sind und ein Grund, der den Anstaltsleiter nach § 14 Abs. 2 zum Widerruf oder zur Zurücknahme von Lockerungen und Urlaub ermächtigt, nicht vorliegt. Satz 2 gilt auch, wenn gegen einen Strafgefangenen im Anschluß an die dem Vollzug der Freiheitsstrafe zugrundeliegende Verurteilung eine Freiheitsstrafe wegen einer Straftat nach § 129a, auch in Verbindung mit § 129b Abs. 1 des Strafgesetzbuches zu vollstrecken ist.

(2) Nicht überwacht werden ferner Schreiben des Gefangenen an Volksvertretungen des Bundes und der Länder sowie an deren Mitglieder, soweit die Schreiben an die Anschriften dieser Volksvertretungen gerichtet sind und den Absender zutreffend angeben. Entsprechendes gilt für Schreiben an das Europäische Parlament und dessen Mitglieder, den Europäischen Gerichtshof für Menschenrechte, die Europäische Kommission für Menschenrechte, den Europäischen Ausschuß zur Verhütung von Folter und unmenschlicher oder erniedrigender Behandlung oder Strafe und die Datenschutzbeauftragten des Bundes und der Länder. Schreiben der in den Sätzen 1 und 2 genannten Stellen, die an Gefangene gerichtet sind, werden nicht überwacht, sofern die Identität des Absenders zweifelsfrei feststeht.

(3) Der übrige Schriftwechsel darf überwacht werden, soweit es aus Gründen der Behandlung oder der Sicherheit oder Ordnung der Anstalt erforderlich ist.

§ 30 Weiterleitung von Schreiben. Aufbewahrung

(1) Der Gefangene hat Absendung und Empfang seiner Schreiben durch die Anstalt vermitteln zu lassen, soweit nichts anderes gestattet ist.

(2) Eingehende und ausgehende Schreiben sind unverzüglich weiterzuleiten.

(3) Der Gefangene hat eingehende Schreiben unverschlossen zu verwahren, sofern nichts anderes gestattet wird; er kann sie verschlossen zu seiner Habe geben.

§ 31 Anhalten von Schreiben

(1) Der Anstaltsleiter kann Schreiben anhalten,

1. wenn das Ziel des Vollzuges oder die Sicherheit oder Ordnung der Anstalt gefährdet würde,

2. wenn die Weitergabe in Kenntnis ihres Inhalts einen Straf- oder Bußgeldtatbestand verwirklichen würde,

3. wenn sie grob unrichtige oder erheblich entstellende Darstellungen von Anstaltsverhältnissen enthalten,

4. wenn sie grobe Beleidigungen enthalten,

5. wenn sie die Eingliederung eines anderen Gefangenen gefährden können oder

6. wenn sie in Geheimschrift, unlesbar, unverständlich oder ohne zwingenden Grund in einer fremden Sprache abgefaßt sind.

(2) Ausgehenden Schreiben, die unrichtige Darstellungen enthalten, kann ein Begleitschreiben beigefügt werden, wenn der Gefangene auf der Absendung besteht.

(3) Ist ein Schreiben angehalten worden, wird das dem Gefangenen mitgeteilt. Angehaltene Schreiben werden an den Absender zurückgegeben oder, sofern dies unmöglich oder aus besonderen Gründen untunlich ist, behördlich verwahrt.

(4) Schreiben, deren Überwachung nach § 29 Abs. 1 und 2 ausgeschlossen ist, dürfen nicht angehalten werden.

§ 32 Ferngespräche und Telegramme

Dem Gefangenen kann gestattet werden, Ferngespräche zu führen oder Telegramme aufzugeben. Im übrigen gelten für Ferngespräche die Vorschriften über den Besuch und für Telegramme die Vorschriften über den Schriftwechsel entsprechend. Ist die Überwachung der fernmündlichen Unterhaltung erforderlich, ist die beabsichtigte Überwachung dem Gesprächspartner des Gefangenen unmittelbar nach Herstellung der Verbindung durch die Vollzugsbehörde oder den Gefangenen mitzuteilen. Der Gefangene ist rechtzeitig vor Beginn der fernmündlichen Unterhaltung über die beabsichtigte Überwachung und die Mitteilungspflicht nach Satz 3 zu unterrichten.

§ 33 Pakete

(1) Der Gefangene darf dreimal jährlich in angemessenen Abständen ein Paket mit Nahrungs- und Genußmitteln empfangen. Die Vollzugsbehörde kann Zeitpunkt und Höchstmengen für die Sendung und für einzelne Gegenstände festsetzen. Der Empfang weiterer Pakete oder solcher mit anderem Inhalt bedarf ihrer Erlaubnis. Für den Ausschluß von Gegenständen gilt § 22 Abs. 2 entsprechend.

(2) Pakete sind in Gegenwart des Gefangenen zu öffnen. Ausgeschlossene Gegenstände können zu einer Habe genommen oder dem Absender zurückgesandt werden. Nicht ausgehändigte Gegenstände, durch die bei der Versendung oder Aufbewahrung Personen verletzt oder Sachschäden verursacht werden können, dürfen vernichtet werden. Die hiernach getroffenen Maßnahmen werden dem Gefangenen eröffnet.

(3) Der Empfang von Paketen kann vorübergehend versagt werden, wenn dies wegen Gefährdung der Sicherheit oder Ordnung der Anstalt unerläßlich ist.

(4) Dem Gefangenen kann gestattet werden, Pakete zu versenden. Die Vollzugsbehörde kann ihren Inhalt aus Gründen der Sicherheit oder Ordnung der Anstalt überprüfen.

§ 34 (weggefallen)

§ 35 Urlaub, Ausgang und Ausführung aus wichtigem Anlaß

(1) Aus wichtigem Anlaß kann der Anstaltsleiter dem Gefangenen Ausgang gewähren oder ihn bis zu sieben Tagen beurlauben; der Urlaub aus anderem wichtigen Anlaß als wegen einer lebensgefährlichen Erkrankung oder wegen des Todes eines Angehörigen darf sieben Tage im Jahr nicht übersteigen. § 11 Abs. 2, § 13 Abs. 5 und § 14 gelten entsprechend.

(2) Der Urlaub nach Absatz 1 wird nicht auf den regelmäßigen Urlaub angerechnet.

(3) Kann Ausgang oder Urlaub aus den in § 11 Abs. 2 genannten Gründen nicht gewährt werden, kann der Anstaltsleiter den Gefangenen ausführen lassen. Die Aufwendungen hierfür hat der Gefangene zu tragen. Der Anspruch ist nicht geltend zu machen, wenn dies die Behandlung oder die Eingliederung behindern würde.

§ 36 Gerichtliche Termine

(1) Der Anstaltsleiter kann einem Gefangenen zur Teilnahme an einem gerichtlichen Termin Ausgang oder Urlaub erteilen, wenn anzunehmen ist, daß er der Ladung folgt und keine Entweichungs- oder Mißbrauchsgefahr (§ 11 Abs. 2) besteht. § 13 Abs. 5 und § 14 gelten entsprechend.

(2) Wenn ein Gefangener zu einem gerichtlichen Termin geladen ist und Ausgang oder Urlaub nicht gewährt wird, läßt der Anstaltsleiter ihn mit seiner Zustimmung zu dem Termin ausführen, sofern wegen Entweichungs- oder Mißbrauchsgefahr (§ 11 Abs. 2) keine überwiegenden Gründe entgegenstehen. Auf Ersuchen eines Gerichts läßt er den Gefange-

nen vorführen, sofern ein Vorführungsbefehl vorliegt.

(3) Die Vollzugsbehörde unterrichtet das Gericht über das Veranlaßte.

Fünfter Titel
Arbeit, Ausbildung und Weiterbildung

§ 37 Zuweisung

(1) Arbeit, arbeitstherapeutische Beschäftigung, Ausbildung und Weiterbildung dienen insbesondere dem Ziel, Fähigkeiten für eine Erwerbstätigkeit nach der Entlassung zu vermitteln, zu erhalten oder zu fördern.

(2) Die Vollzugsbehörde soll dem Gefangenen wirtschaftlich ergiebige Arbeit zuweisen und dabei seine Fähigkeiten, Fertigkeiten und Neigungen berücksichtigen.

(3) Geeigneten Gefangenen soll Gelegenheit zur Berufsausbildung, beruflichen Weiterbildung oder Teilnahme an anderen ausbildenden oder weiterbildenden Maßnahmen gegeben werden.

(4) Kann einem arbeitsfähigen Gefangenen keine wirtschaftlich ergiebige Arbeit oder die Teilnahme an Maßnahmen nach Absatz 3 zugewiesen werden, wird ihm eine angemessene Beschäftigung zugeteilt.

(5) Ist ein Gefangener zu wirtschaftlich ergiebiger Arbeit nicht fähig, soll er arbeitstherapeutisch beschäftigt werden.

§ 38 Unterricht

(1) Für geeignete Gefangene, die den Abschluß der Hauptschule nicht erreicht haben, soll Unterricht in den zum Hauptschulabschluß führenden Fächern oder ein der Sonderschule entsprechender Unterricht vorgesehen werden. Bei der beruflichen Ausbildung ist berufsbildender Unterricht vorzusehen; dies gilt auch für die berufliche Weiterbildung, soweit die Art der Maßnahme es erfordert.

(2) Unterricht soll während der Arbeitszeit stattfinden.

§ 39 Freies Beschäftigungsverhältnis, Selbstbeschäftigung

(1) Dem Gefangenen soll gestattet werden, einer Arbeit, Berufsausbildung oder beruflichen Weiterbildung auf der Grundlage eines freien Beschäftigungsverhältnisses außerhalb der Anstalt nachzugehen, wenn dies im Rahmen des Vollzugsplanes dem Ziel dient, Fähigkeiten für eine Erwerbstätigkeit nach der Entlassung zu vermitteln, zu erhalten oder zu fördern und nicht überwiegende Gründe des Vollzuges entgegenstehen. § 11 Abs. 1 Nr. 1, Abs. 2 und § 14 bleiben unberührt.

(2) Dem Gefangenen kann gestattet werden, sich selbst zu beschäftigen.

(3) Die Vollzugsbehörde kann verlangen, daß ihr das Entgelt zur Gutschrift für den Gefangenen überwiesen wird.

§ 40 Abschlußzeugnis

Aus dem Abschlußzeugnis über eine ausbildende oder weiterbildende Maßnahme darf die Gefangenschaft eines Teilnehmers nicht erkennbar sein.

§ 41 Arbeitspflicht

(1) Der Gefangene ist verpflichtet, eine ihm zugewiesene, seinen körperlichen Fähigkeiten angemessene Arbeit, arbeitstherapeutische oder sonstige Beschäftigung auszuüben, zu deren Verrichtung er auf Grund seines körperlichen Zustandes in der Lage ist. Er kann jährlich bis zu drei Monaten zu Hilfstätigkeiten in der Anstalt verpflichtet werden, mit seiner Zustimmung auch darüber hinaus. Die Sätze 1 und 2 gelten nicht für Gefangene, die über 65 Jahre alt sind, und nicht für werdende und stillende Mütter, soweit gesetzliche Beschäftigungsverbote zum Schutze erwerbstätiger Mütter bestehen.

(2) Die Teilnahme an einer Maßnahme nach § 37 Abs. 3 bedarf der Zustimmung des Gefangenen. Die Zustimmung darf nicht zur Unzeit widerrufen werden.

(3) Die Beschäftigung in einem von privaten Unternehmen unterhaltenen Betriebe (§ 149 Abs. 4) bedarf der Zustimmung des Gefangenen. Der Widerruf der Zustimmung wird erst

wirksam, wenn der Arbeitsplatz von einem anderen Gefangenen eingenommen werden kann, spätestens nach sechs Wochen.

§ 42 Freistellung von der Arbeitspflicht

(1) Hat der Gefangene ein Jahr lang zugewiesene Tätigkeit nach § 37 oder Hilfstätigkeiten nach § 41 Abs. 1 Satz 2 ausgeübt, so kann er beanspruchen, achtzehn Werktage von der Arbeitspflicht freigestellt zu werden. Zeiten, in denen der Gefangene infolge Krankheit an seiner Arbeitsleistung verhindert war, werden auf das Jahr bis zu sechs Wochen jährlich angerechnet.

(2) Auf die Zeit der Freistellung wird Urlaub aus der Haft (§§ 13, 35) angerechnet, soweit er in die Arbeitszeit fällt und nicht wegen einer lebensgefährlichen Erkrankung oder des Todes eines Angehörigen erteilt worden ist.

(3) Der Gefangene erhält für die Zeit der Freistellung seine zuletzt gezahlten Bezüge weiter.

(4) Urlaubsregelungen der Beschäftigungsverhältnisse außerhalb des Strafvollzuges bleiben unberührt.

§ 43 Arbeitsentgelt, Arbeitsurlaub und Anrechnung der Freistellung auf den Entlassungszeitpunkt

(1) Die Arbeit des Gefangenen wird anerkannt durch Arbeitsentgelt und eine Freistellung von der Arbeit, die auch als Urlaub aus der Haft (Arbeitsurlaub) genutzt oder auf den Entlassungszeitpunkt angerechnet werden kann.

(2) Übt der Gefangene eine zugewiesene Arbeit, sonstige Beschäftigung oder eine Hilfstätigkeit nach § 41 Abs. 1 Satz 2 aus, so erhält er ein Arbeitsentgelt. Die Bemessung des Arbeitsentgelts ist der in § 200 bestimmte Satz der Bezugsgröße nach § 18 des Vierten Buches Sozialgesetzbuch zu Grunde zu legen (Eckvergütung). Ein Tagessatz ist der zweihundertfünfzigste Teil der Eckvergütung; das Arbeitsentgelt kann nach einem Stundensatz bemessen werden.

(3) Das Arbeitsentgelt kann je nach Leistung des Gefangenen und der Art der Arbeit ge-

stuft werden. 75 vom Hundert der Eckvergütung dürfen nur dann unterschritten werden, wenn die Arbeitsleistungen des Gefangenen den Mindestanforderungen nicht genügen.

(4) Übt ein Gefangener zugewiesene arbeitstherapeutische Beschäftigung aus, erhält er ein Arbeitsentgelt, soweit dies der Art seiner Beschäftigung und seiner Arbeitsleistung entspricht.

(5) Das Arbeitsentgelt ist dem Gefangenen schriftlich bekannt zu geben.

(6) Hat der Gefangene zwei Monate lang zusammenhängend eine zugewiesene Tätigkeit nach § 37 oder eine Hilfstätigkeit nach § 41 Abs. 1 Satz 2 ausgeübt, so wird er auf seinen Antrag hin einen Werktag von der Arbeit freigestellt. Die Regelung des § 42 bleibt unberührt. Durch Zeiten, in denen der Gefangene ohne sein Verschulden durch Krankheit, Ausführung, Ausgang, Urlaub aus der Haft, Freistellung von der Arbeitspflicht oder sonstige nicht von ihm zu vertretende Gründe an der Arbeitsleistung gehindert ist, wird die Frist nach Satz 1 gehemmt. Beschäftigungszeiträume von weniger als zwei Monaten bleiben unberücksichtigt.

(7) Der Gefangene kann beantragen, dass die Freistellung nach Absatz 6 in Form von Urlaub aus der Haft gewährt wird (Arbeitsurlaub). § 11 Abs. 2, § 13 Abs. 2 bis 5 und § 14 gelten entsprechend.

(8) § 42 Abs. 3 gilt entsprechend.

(9) Stellt der Gefangene keinen Antrag nach Absatz 6 Satz 1 oder Absatz 7 Satz 1 oder kann die Freistellung nach Maßgabe der Regelung des Absatzes 7 Satz 2 nicht gewährt werden, so wird die Freistellung nach Absatz 6 Satz 1 von der Anstalt auf den Entlassungszeitpunkt des Gefangenen angerechnet.

(10) Eine Anrechnung nach Absatz 9 ist ausgeschlossen,

1. soweit eine lebenslange Freiheitsstrafe oder Sicherungsverwahrung verbüßt wird und ein Entlassungszeitpunkt noch nicht bestimmt ist,

2. bei einer Aussetzung der Vollstreckung des Restes einer Freiheitsstrafe oder einer

Sicherungsverwahrung zur Bewährung, soweit wegen des von der Entscheidung des Gerichts bis zur Entlassung verbleibenden Zeitraums eine Anrechnung nicht mehr möglich ist,

3. wenn dies vom Gericht angeordnet wird, weil bei einer Aussetzung der Vollstreckung des Restes einer Freiheitsstrafe oder einer Sicherungsverwahrung zur Bewährung die Lebensverhältnisse des Gefangenen oder die Wirkungen, die von der Aussetzung für ihn zu erwarten sind, die Vollstreckung bis zu einem bestimmten Zeitpunkt erfordern,

4. wenn nach § 456a Abs. 1 der Strafprozessordnung von der Vollstreckung abgesehen wird,

5. wenn der Gefangene im Gnadenwege aus der Haft entlassen wird.

(11) Soweit eine Anrechnung nach Absatz 10 ausgeschlossen ist, erhält der Gefangene bei seiner Entlassung für seine Tätigkeit nach Absatz 2 als Ausgleichsentschädigung zusätzlich 15 vom Hundert des ihm nach den Absätzen 2 und 3 gewährten Entgelts oder der ihm nach § 44 gewährten Ausbildungsbeihilfe. Der Anspruch entsteht erst mit der Entlassung; vor der Entlassung ist der Anspruch nicht verzinslich, nicht abtretbar und nicht verpfändbar. Einem Gefangenen, bei dem eine Anrechnung nach Absatz 10 Nr. 1 ausgeschlossen ist, wird die Ausgleichszahlung bereits nach Verbüßung von jeweils zehn Jahren der lebenslangen Freiheitsstrafe oder Sicherungsverwahrung zum Eigengeld (§ 52) gutgeschrieben, soweit er nicht vor diesem Zeitpunkt entlassen wird; § 57 Abs. 4 des Strafgesetzbuches gilt entsprechend.

§ 44 Ausbildungsbeihilfe

(1) Nimmt der Gefangene an einer Berufsausbildung, beruflichen Weiterbildung oder an einem Unterricht teil und ist er zu diesem Zweck von seiner Arbeitspflicht freigestellt, so erhält er eine Ausbildungsbeihilfe, soweit ihm keine Leistungen zum Lebensunterhalt zustehen, die freien Personen aus solchem Anlaß gewährt werden. Der Nachrang der

Sozialhilfe nach § 2 Abs. 2 des Zwölften Buches Sozialgesetzbuch wird nicht berührt.

(2) Für die Bemessung der Ausbildungsbeihilfe gilt § 43 Abs. 2 und 3 entsprechend.

(3) Nimmt der Gefangene während der Arbeitszeit stunden- oder tageweise am Unterricht oder an anderen zugewiesenen Maßnahmen gemäß § 37 Abs. 3 teil, so erhält er in Höhe des ihm dadurch entgehenden Arbeitsentgelts eine Ausbildungsbeihilfe.

§ 45 Ausfallentschädigung

(1) Kann einem arbeitsfähigen Gefangenen aus Gründen, die nicht in seiner Person liegen, länger als eine Woche eine Arbeit oder Beschäftigung im Sinne des § 37 Abs. 4 nicht zugewiesen werden, erhält er eine Ausfallentschädigung.

(2) Wird ein Gefangener nach Beginn der Arbeit oder Beschäftigung infolge Krankheit länger als eine Woche an seiner Arbeitsleistung verhindert, ohne daß ihn ein Verschulden trifft, so erhält er ebenfalls eine Ausfallentschädigung. Gleiches gilt für Gefangene, die eine Ausbildungsbeihilfe nach § 44 oder Ausfallentschädigung nach Absatz 1 bezogen haben.

(3) Werdende Mütter, die eine Arbeit oder Beschäftigung im Sinne des § 37 nicht verrichten, erhalten Ausfallentschädigung in den letzten sechs Wochen vor der Entbindung und bis zum Ablauf von acht Wochen, bei Früh- und Mehrlingsgeburten bis zu zwölf Wochen nach der Entbindung.

(4) Die Ausfallentschädigung darf 60 vom Hundert der Eckvergütung nach § 43 Abs. 1 nur dann unterschreiten, wenn der Gefangene das Mindestentgelt des § 43 Abs. 2 vor der Arbeitslosigkeit oder Krankheit nicht erreicht hat.

(5) Ausfallentschädigung wird unbeschadet der Regelung nach Absatz 3 insgesamt bis zur Höchstdauer von sechs Wochen jährlich gewährt. Eine weitere Ausfallentschädigung wird erst gewährt, wenn der Gefangene erneut wenigstens ein Jahr Arbeitsentgelt oder Ausbildungsbeihilfe bezogen hat.

(6) Soweit der Gefangene nach § 566 Abs. 2 der Reichsversicherungsordnung Übergangsgeld erhält, ruht der Anspruch auf Ausfallentschädigung.

§ 46 Taschengeld

Wenn ein Gefangener wegen Alters oder Gebrechlichkeit nicht mehr arbeitet oder ihm eine Ausfallentschädigung nicht oder nicht mehr gewährt wird, erhält er ein angemessenes Taschengeld, falls er bedürftig ist. Gleiches gilt für Gefangene, die für eine Beschäftigung nach § 37 Abs. 5 kein Arbeitsentgelt erhalten.

§ 47 Hausgeld

(1) Der Gefangene darf von seinen in diesem Gesetz geregelten Bezügen mindestens dreißig Deutsche Mark monatlich (Hausgeld) und das Taschengeld (§ 46) für den Einkauf (§ 22 Abs. 1) oder anderweit verwenden.

(2) Der Mindestbetrag des Hausgeldes erhöht sich um jeweils zehn vom Hundert der dreihundert Deutsche Mark übersteigenden monatlichen Bezüge. Die Vollzugsbehörde kann höhere Beträge von der Höhe des Überbrückungsgeldes abhängig machen.

(3) Für Gefangene, die in einem freien Beschäftigungsverhältnis stehen (§ 39 Abs. 1) oder denen gestattet ist, sich selbst zu beschäftigen (§ 39 Abs. 2), wird aus ihren Bezügen ein angemessenes Hausgeld festgesetzt.

§ 48 Rechtsverordnung

Das Bundesministerium der Justiz wird ermächtigt, im Einvernehmen mit dem Bundesministerium für Wirtschaft und Technologie mit Zustimmung des Bundesrates zur Durchführung der §§ 43 bis 45 Rechtsverordnungen über die Vergütungsstufen zu erlassen.

§ 49 Unterhaltsbeitrag

(1) Auf Antrag des Gefangenen ist zur Erfüllung einer gesetzlichen Unterhaltspflicht aus seinen Bezügen an den Berechtigten oder einen Dritten ein Unterhaltsbeitrag zu zahlen.

(2) Reichen die Einkünfte des Gefangenen nach Abzug des Hausgeldes und des Unter-

haltsbeitrages nicht aus, um den Haftkostenbeitrag zu begleichen, so wird ein Unterhaltsbeitrag nur bis zur Höhe des nach § 850c der Zivilprozeßordnung unpfändbaren Betrages gezahlt. Bei der Bemessung des nach Satz 1 maßgeblichen Betrages wird die Zahl der unterhaltsberechtigten Personen um eine vermindert.

§ 50 Haftkostenbeitrag

(1) Als Teil der Kosten der Vollstreckung der Rechtsfolgen einer Tat (§ 464a Abs. 1 Satz 2 der Strafprozeßordnung) erhebt die Vollzugsanstalt von dem Gefangenen einen Haftkostenbeitrag. Ein Haftkostenbeitrag wird nicht erhoben, wenn der Gefangene

1. Bezüge nach diesem Gesetz erhält oder

2. ohne sein Verschulden nicht arbeiten kann oder

3. nicht arbeitet, weil er nicht zur Arbeit verpflichtet ist.

Hat der Gefangene, der ohne sein Verschulden während eines zusammenhängenden Zeitraumes von mehr als einem Monat nicht arbeiten kann oder nicht arbeitet, weil er nicht zur Arbeit verpflichtet ist, auf diese Zeit entfallende Einkünfte, so hat er den Haftkostenbeitrag für diese Zeit bis zur Höhe der auf sie entfallenden Einkünfte zu entrichten. Dem Gefangenen muss ein Betrag verbleiben, der dem mittleren Arbeitsentgelt in den Vollzugsanstalten des Landes entspricht. Von der Geltendmachung des Anspruchs ist abzusehen, soweit dies notwendig ist, um die Wiedereingliederung des Gefangenen in die Gemeinschaft nicht zu gefährden.

(2) Der Haftkostenbeitrag wird in Höhe des Betrages erhoben, der nach § 17 Abs. 1 Nr. 4 des Vierten Buches Sozialgesetzbuch durchschnittlich zur Bewertung der Sachbezüge festgesetzt ist. Das Bundesministerium der Justiz stellt den Durchschnittsbetrag für jedes Kalenderjahr nach den am 1. Oktober des vorhergehenden Jahres geltenden Bewertungen der Sachbezüge, jeweils getrennt für das in Artikel 3 des Einigungsvertrages genannte Gebiet und für das Gebiet, in dem das Strafvollzugsgesetz schon vor dem Wirksamwerden des Beitritts gegolten hat, fest und macht

ihn im Bundesanzeiger bekannt. Bei Selbstverpflegung entfallen die für die Verpflegung vorgesehenen Beträge. Für den Wert der Unterkunft ist die festgesetzte Belegungsfähigkeit maßgebend. Der Haftkostenbeitrag darf auch von dem unpfändbaren Teil der Bezüge, nicht aber zu Lasten des Hausgeldes und der Ansprüche unterhaltsberechtigter Angehöriger angesetzt werden.

(3) Im Land Berlin gilt einheitlich der für das in Artikel 3 des Einigungsvertrages genannte Gebiet geltende Durchschnittsbetrag.

(4) Die Selbstbeschäftigung (§ 39 Abs. 2) kann davon abhängig gemacht werden, dass der Gefangene einen Haftkostenbeitrag bis zur Höhe des in Absatz 2 genannten Satzes monatlich im Voraus entrichtet.

(5) Für die Erhebung des Haftkostenbeitrages können die Landesregierungen durch Rechtsverordnung andere Zuständigkeiten begründen. Auch in diesem Fall ist der Haftkostenbeitrag eine Justizverwaltungsabgabe; auf das gerichtliche Verfahren finden die §§ 109 bis 121 entsprechende Anwendung.

§ 51 Überbrückungsgeld

(1) Aus den in diesem Gesetz geregelten Bezügen und aus den Bezügen der Gefangenen, die in einem freien Beschäftigungsverhältnis stehen (§ 39 Abs. 1) oder denen gestattet ist, sich selbst zu beschäftigen (§ 39 Abs. 2), ist ein Überbrückungsgeld zu bilden, das den notwendigen Lebensunterhalt des Gefangenen und seiner Unterhaltsberechtigten für die ersten vier Wochen nach seiner Entlassung sichern soll.

(2) Das Überbrückungsgeld wird dem Gefangenen bei der Entlassung in die Freiheit ausgezahlt. Die Vollzugsbehörde kann es auch ganz oder zum Teil dem Bewährungshelfer oder einer mit der Entlassenenbetreuung befaßten Stelle überweisen, die darüber entscheiden, wie das Geld innerhalb der ersten vier Wochen nach der Entlassung an den Gefangenen ausgezahlt wird. Der Bewährungshelfer und die mit der Entlassenenbetreuung befaßte Stelle sind verpflichtet, das Überbrückungsgeld von ihrem Vermögen gesondert zu halten. Mit Zustimmung des Gefangenen

kann das Überbrückungsgeld auch dem Unterhaltsberechtigten überwiesen werden.

(3) Der Anstaltsleiter kann gestatten, daß das Überbrückungsgeld für Ausgaben in Anspruch genommen wird, die der Eingliederung des Gefangenen dienen.

(4) Der Anspruch auf Auszahlung des Überbrückungsgeldes ist unpfändbar. Erreicht es nicht die in Absatz 1 bestimmte Höhe, so ist in Höhe des Unterschiedsbetrages auch der Anspruch auf Auszahlung des Eigengeldes unpfändbar. Bargeld des entlassenen Gefangenen, an den wegen der nach Satz 1 oder Satz 2 unpfändbaren Ansprüche Geld ausgezahlt worden ist, ist für die Dauer von vier Wochen seit der Entlassung insoweit der Pfändung nicht unterworfen, als es dem Teil der Ansprüche für die Zeit von der Pfändung bis zum Ablauf der vier Wochen entspricht.

(5) Absatz 4 gilt nicht bei einer Pfändung wegen der in § 850d Abs. 1 Satz 1 der Zivilprozeßordnung bezeichneten Unterhaltsansprüche. Dem entlassenen Gefangenen ist jedoch so viel zu belassen, als er für seinen notwendigen Unterhalt und zur Erfüllung seiner sonstigen gesetzlichen Unterhaltspflichten für die Zeit von der Pfändung bis zum Ablauf von vier Wochen seit der Entlassung bedarf.

§ 52 Eigengeld

Bezüge des Gefangenen, die nicht als Hausgeld, Haftkostenbeitrag, Unterhaltsbeitrag oder Überbrückungsgeld in Anspruch genommen werden, sind dem Gefangenen zum Eigengeld gutzuschreiben.

Sechster Titel
Religionsausübung

§ 53 Seelsorge

(1) Dem Gefangenen darf religiöse Betreuung durch einen Seelsorger seiner Religionsgemeinschaft nicht versagt werden. Auf seinen Wunsch ist ihm zu helfen, mit einem Seelsorger seiner Religionsgemeinschaft in Verbindung zu treten.

(2) Der Gefangene darf grundlegende religiöse Schriften besitzen. Sie dürfen ihm nur bei grobem Mißbrauch entzogen werden.

(3) Dem Gefangenen sind Gegenstände des religiösen Gebrauchs in angemessenem Umfange zu belassen.

§ 54 Religiöse Veranstaltungen

(1) Der Gefangene hat das Recht, am Gottesdienst und an anderen religiösen Veranstaltungen seines Bekenntnisses teilzunehmen.

(2) Zu dem Gottesdienst oder zu religiösen Veranstaltungen einer anderen Religionsgemeinschaft wird der Gefangene zugelassen, wenn deren Seelsorger zustimmt.

(3) Der Gefangene kann von der Teilnahme am Gottesdienst oder anderen religiösen Veranstaltungen ausgeschlossen werden, wenn dies aus überwiegenden Gründen der Sicherheit oder Ordnung geboten ist; der Seelsorger soll vorher gehört werden.

§ 55 Weltanschauungsgemeinschaften

Für Angehörige weltanschaulicher Bekenntnisse gelten die §§ 53 und 54 entsprechend.

Siebter Titel
Gesundheitsfürsorge

§ 56 Allgemeine Regeln

(1) Für die körperliche und geistige Gesundheit des Gefangenen ist zu sorgen. § 101 bleibt unberührt.

(2) Der Gefangene hat die notwendigen Maßnahmen zum Gesundheitsschutz und zur Hygiene zu unterstützen.

§ 57 Gesundheitsuntersuchungen, medizinische Vorsorgeleistungen

(1) Gefangene, die das fünfunddreißigste Lebensjahr vollendet haben, haben jedes zweite Jahr Anspruch auf eine ärztliche Gesundheitsuntersuchung zur Früherkennung von Krankheiten, insbesondere zur Früherkennung von Herz-Kreislauf- und Nierenerkrankungen sowie der Zuckerkrankheit.

(2) Gefangene haben höchstens einmal jährlich Anspruch auf eine Untersuchung zur Früherkennung von Krebserkrankungen, Frauen frühestens vom Beginn des zwanzigsten Lebensjahres an, Männer frühestens vom Beginn des fünfundvierzigsten Lebensjahres an.

(3) Voraussetzung für die Untersuchungen nach den Absätzen 1 und 2 ist, daß

1. es sich um Krankheiten handelt, die wirksam behandelt werden können,

2. das Vor- oder Frühstadium dieser Krankheiten durch diagnostische Maßnahmen erfaßbar ist,

3. die Krankheitszeichen medizinisch-technisch genügend eindeutig zu erfassen sind,

4. genügend Ärzte und Einrichtungen vorhanden sind, um die aufgefundenen Verdachtsfälle eingehend zu diagnostizieren und zu behandeln.

(4) Gefangene Frauen haben für ihre Kinder, die mit ihnen in der Vollzugsanstalt untergebracht sind, bis zur Vollendung des sechsten Lebensjahres Anspruch auf Untersuchungen zur Früherkennung von Krankheiten, die die körperliche oder geistige Entwicklung ihrer Kinder in nicht geringfügigem Maße gefährden.

(5) Gefangene, die das vierzehnte, aber noch nicht das zwanzigste Lebensjahr vollendet haben, können sich zur Verhütung von Zahnerkrankungen einmal in jedem Kalenderhalbjahr zahnärztlich untersuchen lassen. Die Untersuchungen sollen sich auf den Befund des Zahnfleisches, die Aufklärung über Krankheitsursachen und ihre Vermeidung, das Erstellen von diagnostischen Vergleichen zur Mundhygiene, zum Zustand des Zahnfleisches und zur Anfälligkeit gegenüber Karieserkrankungen, auf die Motivation und Einweisung bei der Mundpflege sowie auf Maßnahmen zur Schmelzhärtung der Zähne erstrecken.

(6) Gefangene haben Anspruch auf ärztliche Behandlung und Versorgung mit Arznei-, Verband-, Heil- und Hilfsmitteln, wenn diese notwendig sind,

1. eine Schwächung der Gesundheit, die in absehbarer Zeit voraussichtlich zu einer Krankheit führen würde, zu beseitigen,

2. einer Gefährdung der gesundheitlichen Entwicklung eines Kindes entgegenzuwirken oder

3. Pflegebedürftigkeit zu vermeiden.

§ 58 Krankenbehandlung

Gefangene haben Anspruch auf Krankenbehandlung, wenn sie notwendig ist, um eine Krankheit zu erkennen, zu heilen, ihre Verschlimmerung zu verhüten oder Krankheitsbeschwerden zu lindern. Die Krankenbehandlung umfaßt insbesondere

1. ärztliche Behandlung,

2. zahnärztliche Behandlung einschließlich der Versorgung mit Zahnersatz,

3. Versorgung mit Arznei-, Verband-, Heil- und Hilfsmitteln,

4. medizinische und ergänzende Leistungen zur Rehabilitation sowie Belastungserprobung und Arbeitstherapie, soweit die Belange des Vollzuges dem nicht entgegenstehen.

§ 59 Versorgung mit Hilfsmitteln

Gefangene haben Anspruch auf Versorgung mit Seh- und Hörhilfen, Körperersatzstücken, orthopädischen und anderen Hilfsmitteln, die im Einzelfall erforderlich sind, um den Erfolg der Krankenbehandlung zu sichern oder eine Behinderung auszugleichen, sofern dies nicht mit Rücksicht auf die Kürze des Freiheitsentzugs ungerechtfertigt ist und soweit die Hilfsmittel nicht als allgemeine Gebrauchsgegenstände des täglichen Lebens anzusehen sind. Der Anspruch umfaßt auch die notwendige Änderung, Instandsetzung und Ersatzbeschaffung von Hilfsmitteln sowie die Ausbildung in ihrem Gebrauch, soweit die Belange des Vollzuges dem nicht entgegenstehen. Ein erneuter Anspruch auf Versorgung mit Sehhilfen besteht nur bei einer Änderung der Sehfähigkeit um mindestens 0,5 Dioptrien. Anspruch auf Versorgung mit Kontaktlinsen besteht nur in medizinisch zwingend erforderlichen Ausnahmefällen.

§ 60 Krankenbehandlung im Urlaub

Während eines Urlaubs oder Ausgangs hat der Gefangene gegen die Vollzugsbehörde nur einen Anspruch auf Krankenbehandlung in der für ihn zuständigen Vollzugsanstalt.

§ 61 Art und Umfang der Leistungen

Für die Art der Gesundheitsuntersuchungen und medizinischen Vorsorgeleistungen sowie für den Umfang dieser Leistungen und der Leistungen zur Krankenbehandlung einschließlich der Versorgung mit Hilfsmitteln gelten die entsprechenden Vorschriften des Sozialgesetzbuchs und die auf Grund dieser Vorschriften getroffenen Regelungen.

§ 62 Zuschüsse zu Zahnersatz und Zahnkronen

Die Landesjustizverwaltungen bestimmen durch allgemeine Verwaltungsvorschriften die Höhe der Zuschüsse zu den Kosten der zahnärztlichen Behandlung und der zahntechnischen Leistungen bei der Versorgung mit Zahnersatz. Sie können bestimmen, daß die gesamten Kosten übernommen werden.

§ 62a Ruhen der Ansprüche

Der Anspruch auf Leistungen nach den §§ 57 bis 59 ruht, solange der Gefangene auf Grund eines freien Beschäftigungsverhältnisses (§ 39 Abs. 1) krankenversichert ist.

§ 63 Ärztliche Behandlung zur sozialen Eingliederung

Mit Zustimmung des Gefangenen soll die Vollzugsbehörde ärztliche Behandlung, namentlich Operationen oder prothetische Maßnahmen durchführen lassen, die eine soziale Eingliederung fördern. Er ist an den Kosten zu beteiligen, wenn dies nach seinen wirtschaftlichen Verhältnissen gerechtfertigt ist und der Zweck der Behandlung dadurch nicht in Frage gestellt wird.

§ 64 Aufenthalt im Freien

Arbeitet ein Gefangener nicht im Freien, so wird ihm täglich mindestens eine Stunde Aufenthalt im Freien ermöglicht, wenn die Witterung dies zu der festgesetzten Zeit zuläßt.

§ 65 Verlegung

(1) Ein kranker Gefangener kann in ein Anstaltskrankenhaus oder in eine für die Behandlung seiner Krankheit besser geeignete Vollzugsanstalt verlegt werden.

(2) Kann die Krankheit eines Gefangenen in einer Vollzugsanstalt oder einem Anstaltskrankenhaus nicht erkannt oder behandelt werden oder ist es nicht möglich, den Gefangenen rechtzeitig in ein Anstaltskrankenhaus zu verlegen, ist dieser in ein Krankenhaus außerhalb des Vollzuges zu bringen. Ist während des Aufenthalts des Gefangenen in einem Krankenhaus die Strafvollstreckung unterbrochen worden, hat der Versicherte nach den Vorschriften der gesetzlichen Krankenversicherung Anspruch auf die erforderlichen Leistungen.

§ 66 Benachrichtigung bei Erkrankung oder Todesfall

(1) Wird ein Gefangener schwer krank, so ist ein Angehöriger, eine Person seines Vertrauens oder der gesetzlichen Vertreter unverzüglich zu benachrichtigen. Dasselbe gilt, wenn ein Gefangener stirbt.

(2) Dem Wunsche des Gefangenen, auch andere Personen zu benachrichtigen, soll nach Möglichkeit entsprochen werden.

Achter Titel
Freizeit

§ 67 Allgemeines

Der Gefangene erhält Gelegenheit, sich in seiner Freizeit zu beschäftigen. Er soll Gelegenheit erhalten, am Unterricht einschließlich Sport, an Fernunterricht, Lehrgängen und sonstigen Veranstaltungen der Weiterbildung, an Freizeitgruppen, Gruppengesprächen sowie an Sportveranstaltungen teilzunehmen und eine Bücherei zu benutzen.

§ 68 Zeitungen und Zeitschriften

(1) Der Gefangene darf Zeitungen und Zeitschriften in angemessenem Umfang durch Vermittlung der Anstalt beziehen.

(2) Ausgeschlossen sind Zeitungen und Zeitschriften, deren Verbreitung mit Strafe oder Geldbuße bedroht ist. Einzelne Ausgaben oder Teile von Zeitungen oder Zeitschriften können dem Gefangenen vorenthalten werden, wenn sie das Ziel des Vollzuges oder die Sicherheit oder Ordnung der Anstalt erheblich gefährden würden.

§ 69 Hörfunk und Fernsehen

(1) Der Gefangene kann am Hörfunkprogramm der Anstalt sowie am gemeinschaftlichen Fernsehempfang teilnehmen. Die Sendungen sind so auszuwählen, daß Wünsche und Bedürfnisse nach staatsbürgerlicher Information, Bildung und Unterhaltung angemessen berücksichtigt werden. Der Hörfunk- und Fernsehempfang kann vorübergehend ausgesetzt oder einzelnen Gefangenen untersagt werden, wenn dies zur Aufrechterhaltung der Sicherheit oder Ordnung der Anstalt unerläßlich ist.

(2) Eigene Hörfunk- und Fernsehgeräte werden unter den Voraussetzungen des § 70 zugelassen.

§ 70 Besitz von Gegenständen für die Freizeitbeschäftigung

(1) Der Gefangene darf in angemessenem Umfange Bücher und andere Gegenstände zur Fortbildung oder zur Freizeitbeschäftigung besitzen.

(2) Dies gilt nicht, wenn der Besitz, die Überlassung oder die Benutzung des Gegenstands

1. mit Strafe oder Geldbuße bedroht wäre oder

2. das Ziel des Vollzuges oder die Sicherheit oder Ordnung der Anstalt gefährden würde.

(3) Die Erlaubnis kann unter den Voraussetzungen des Absatzes 2 widerrufen werden.

Neunter Titel
Soziale Hilfe

§ 71 Grundsatz

Der Gefangene kann die soziale Hilfe der Anstalt in Anspruch nehmen, um seine persönlichen Schwierigkeiten zu lösen. Die Hilfe soll darauf gerichtet sein, den Gefangenen in die Lage zu versetzen, seine Angelegenheiten selbst zu ordnen und zu regeln.

§ 72 Hilfe bei der Aufnahme

(1) Bei der Aufnahme wird dem Gefangenen geholfen, die notwendigen Maßnahmen für hilfsbedürftige Angehörige zu veranlassen und seine Habe außerhalb der Anstalt sicherzustellen.

(2) Der Gefangene ist über die Aufrechterhaltung einer Sozialversicherung zu beraten.

§ 73 Hilfe während des Vollzuges

Der Gefangene wird in dem Bemühen unterstützt, seine Rechte und Pflichten wahrzunehmen, namentlich sein Wahlrecht auszuüben sowie für Unterhaltsberechtigte zu sorgen und einen durch seine Straftat verursachten Schaden zu regeln.

§ 74 Hilfe zur Entlassung

Um die Entlassung vorzubereiten, ist der Gefangene bei der Ordnung seiner persönlichen, wirtschaftlichen und sozialen Angelegenheiten zu beraten. Die Beratung erstreckt sich auch auf die Benennung der für Sozialleistungen zuständigen Stellen. Dem Gefangenen ist zu helfen, Arbeit, Unterkunft und persönlichen Beistand für die Zeit nach der Entlassung zu finden.

§ 75 Entlassungsbeihilfe

(1) Der Gefangene erhält, soweit seine eigenen Mittel nicht ausreichen, von der Anstalt eine Beihilfe zu den Reisekosten sowie eine Überbrückungsbeihilfe und erforderlichenfalls ausreichende Kleidung.

(2) Bei der Bemessung der Höhe der Überbrückungsbeihilfe sind die Dauer des Freiheitsentzuges, der persönliche Arbeitseinsatz des Gefangenen und die Wirtschaftlichkeit seiner Verfügungen über Eigengeld und Hausgeld während der Strafzeit zu berücksichtigen. § 51 Abs. 2 Satz 2 und 3 gilt entsprechend. Die Überbrückungsbeihilfe kann ganz oder teilweise auch dem Unterhaltsberechtigten überwiesen werden.

(3) Der Anspruch auf Beihilfe zu den Reisekosten und die ausgezahlte Reisebeihilfe sind unpfändbar. Für den Anspruch auf Überbrü-

ckungsbeihilfe und für Bargeld nach Auszahlung einer Überbrückungsbeihilfe an den Gefangenen gilt § 51 Abs. 4 Satz 1 und 3, Abs. 5 entsprechend.

Zehnter Titel
Besondere Vorschriften für den Frauenstrafvollzug

§ 76 Leistungen bei Schwangerschaft und Mutterschaft

(1) Bei einer Schwangeren oder einer Gefangenen, die unlängst entbunden hat, ist auf ihren Zustand Rücksicht zu nehmen. Die Vorschriften des Gesetzes zum Schutze der erwerbstätigen Mutter über die Gestaltung des Arbeitsplatzes sind entsprechend anzuwenden.

(2) Die Gefangene hat während der Schwangerschaft, bei und nach der Entbindung Anspruch auf ärztliche Betreuung und auf Hebammenhilfe in der Vollzugsanstalt. Zur ärztlichen Betreuung während der Schwangerschaft gehören insbesondere Untersuchungen zur Feststellung der Schwangerschaft sowie Vorsorgeuntersuchungen einschließlich der laborärztlichen Untersuchungen.

(3) Zur Entbindung ist die Schwangere in ein Krankenhaus außerhalb des Vollzuges zu bringen. Ist dies aus besonderen Gründen nicht angezeigt, so ist die Entbindung in einer Vollzugsanstalt mit Entbindungsabteilung vorzunehmen. Bei der Entbindung wird Hilfe durch eine Hebamme und, falls erforderlich, durch einen Arzt gewährt.

§ 77 Arznei-, Verband- und Heilmittel

Bei Schwangerschaftsbeschwerden und im Zusammenhang mit der Entbindung werden Arznei-, Verband- und Heilmittel geleistet.

§ 78 Art, Umfang und Ruhen der Leistungen bei Schwangerschaft und Mutterschaft

Die §§ 60, 61, 62a und 65 gelten für die Leistungen nach den §§ 76 und 77 entsprechend.

II

§ 79 Geburtsanzeige

In der Anzeige der Geburt an das Standesamt dürfen die Anstalt als Geburtsstätte des Kindes, das Verhältnis des Anzeigenden zur Anstalt und die Gefangenschaft der Mutter nicht vermerkt sein.

§ 80 Mütter mit Kindern

(1) Ist das Kind einer Gefangenen noch nicht schulpflichtig, so kann es mit Zustimmung des Inhabers des Aufenthaltsbestimmungsrechts in der Vollzugsanstalt untergebracht werden, in der sich seine Mutter befindet, wenn dies seinem Wohle entspricht. Vor der Unterbringung ist das Jugendamt zu hören.

(2) Die Unterbringung erfolgt auf Kosten des für das Kind Unterhaltspflichtigen. Von der Geltendmachung des Kostenersatzanspruchs kann abgesehen werden, wenn hierdurch die gemeinsame Unterbringung von Mutter und Kind gefährdet würde.

Elfter Titel
Sicherheit und Ordnung

§ 81 Grundsatz

(1) Das Verantwortungsbewußtsein des Gefangenen für ein geordnetes Zusammenleben in der Anstalt ist zu wecken und zu fördern.

(2) Die Pflichten und Beschränkungen, die dem Gefangenen zur Aufrechterhaltung der Sicherheit oder Ordnung der Anstalt auferlegt werden, sind so zu wählen, daß sie in einem angemessenen Verhältnis zu ihrem Zweck stehen und den Gefangenen nicht mehr und nicht länger als notwendig beeinträchtigen.

§ 82 Verhaltensvorschriften

(1) Der Gefangene hat sich nach der Tageseinteilung der Anstalt (Arbeitszeit, Freizeit, Ruhezeit) zu richten. Er darf durch sein Verhalten gegenüber Vollzugsbediensteten, Mitgefangenen und anderen Personen das geordnete Zusammenleben nicht stören.

(2) Der Gefangene hat die Anordnungen der Vollzugsbediensteten zu befolgen, auch wenn er sich durch sie beschwert fühlt. Einen ihm zugewiesenen Bereich darf er nicht ohne Erlaubnis verlassen.

(3) Seinen Haftraum und die ihm von der Anstalt überlassenen Sachen hat er in Ordnung zu halten und schonend zu behandeln.

(4) Der Gefangene hat Umstände, die eine Gefahr für das Leben oder eine erhebliche Gefahr für die Gesundheit einer Person bedeuten, unverzüglich zu melden.

§ 83 Persönlicher Gewahrsam. Eigengeld

(1) Der Gefangene darf nur Sachen in Gewahrsam haben oder annehmen, die ihm von der Vollzugsbehörde oder mit ihrer Zustimmung überlassen werden. Ohne Zustimmung darf er Sachen von geringem Wert von einem anderen Gefangenen annehmen; die Vollzugsbehörde kann Annahme und Gewahrsam auch dieser Sachen von ihrer Zustimmung abhängig machen.

(2) Eingebrachte Sachen, die der Gefangene nicht in Gewahrsam haben darf, sind für ihn aufzubewahren, sofern dies nach Art und Umfang möglich ist. Geld wird ihm als Eigengeld gutgeschrieben. Dem Gefangenen wird Gelegenheit gegeben, seine Sachen, die er während des Vollzuges und für seine Entlassung nicht benötigt, abzusenden oder über sein Eigengeld zu verfügen, soweit dieses nicht als Überbrückungsgeld notwendig ist.

(3) Weigert sich ein Gefangener, eingebrachtes Gut, dessen Aufbewahrung nach Art und Umfang nicht möglich ist, aus der Anstalt zu verbringen, so ist die Vollzugsbehörde berechtigt, diese Gegenstände auf Kosten des Gefangenen aus der Anstalt entfernen zu lassen.

(4) Aufzeichnungen und andere Gegenstände, die Kenntnisse über Sicherungsvorkehrungen der Anstalt vermitteln, dürfen von der Vollzugsbehörde vernichtet oder unbrauchbar gemacht werden.

§ 84 Durchsuchung

(1) Gefangene, ihre Sachen und die Hafträume dürfen durchsucht werden. Die Durchsuchung männlicher Gefangener darf nur von Männern, die Durchsuchung weiblicher Gefangener darf nur von Frauen vorgenommen werden. Das Schamgefühl ist zu schonen.

(2) Nur bei Gefahr im Verzuge oder auf Anordnung des Anstaltsleiters im Einzelfall ist es zulässig, eine mit einer Entkleidung verbundene körperliche Durchsuchung vorzunehmen. Sie darf bei männlichen Gefangenen nur in Gegenwart von Männern, bei weiblichen Gefangenen nur in Gegenwart von Frauen erfolgen. Sie ist in einem geschlossenen Raum durchzuführen. Andere Gefangene dürfen nicht anwesend sein.

(3) Der Anstaltsleiter kann allgemein anordnen, daß Gefangene bei der Aufnahme, nach Kontakten mit Besuchern und nach jeder Abwesenheit von der Anstalt nach Absatz 2 zu durchsuchen sind.

§ 85 Sichere Unterbringung

Ein Gefangener kann in eine Anstalt verlegt werden, die zu seiner sicheren Unterbringung besser geeignet ist, wenn in erhöhtem Maße Fluchtgefahr gegeben ist oder sonst sein Verhalten oder sein Zustand eine Gefahr für die Sicherheit oder Ordnung der Anstalt darstellt.

§ 86 Erkennungsdienstliche Maßnahmen

(1) Zur Sicherung des Vollzuges sind als erkennungsdienstliche Maßnahmen zulässig

1. die Abnahme von Finger- und Handflächenabdrücken,

2. die Aufnahme von Lichtbildern mit Kenntnis des Gefangenen,

3. die Feststellung äußerlicher körperlicher Merkmale,

4. Messungen.

(2) Die gewonnenen erkennungsdienstlichen Unterlagen werden zu den Gefangenenpersonalakten genommen. Sie können auch in kriminalpolizeilichen Sammlungen verwahrt werden. Die nach Absatz 1 erhobenen Daten dürfen nur für die in Absatz 1, § 87 Abs. 2 und § 180 Abs. 2 Nr. 4 genannten Zwecke verarbeitet und genutzt werden.

(3) Personen, die aufgrund des Absatzes 1 erkennungsdienstlich behandelt worden sind, können nach der Entlassung aus dem Vollzug verlangen, daß die gewonnenen erkennungsdienstlichen Unterlagen mit Aus-

nahme von Lichtbildern und der Beschreibung von körperlichen Merkmalen vernichtet werden, sobald die Vollstreckung der richterlichen Entscheidung, die dem Vollzug zugrunde gelegen hat, abgeschlossen ist. Sie sind über dieses Recht bei der erkennungsdienstlichen Behandlung und bei der Entlassung aufzuklären.

§ 86a Lichtbilder

(1) Unbeschadet des § 86 dürfen zur Aufrechterhaltung der Sicherheit und Ordnung der Anstalt Lichtbilder der Gefangenen aufgenommen und mit den Namen der Gefangenen sowie deren Geburtsdatum und -ort gespeichert werden. Die Lichtbilder dürfen nur mit Kenntnis der Gefangenen aufgenommen werden.

(2) Die Lichtbilder dürfen nur

1. genutzt werden von Justizvollzugsbediensteten, wenn eine Überprüfung der Identität der Gefangenen im Rahmen ihrer Aufgabenwahrnehmung erforderlich ist,

2. übermittelt werden

   a) an die Polizeivollzugsbehörden des Bundes und der Länder, soweit dies zur Abwehr einer gegenwärtigen Gefahr für erhebliche Rechtsgüter innerhalb der Anstalt erforderlich ist,

   b) nach Maßgabe des § 87 Abs. 2.

(3) Die Lichtbilder sind nach der Entlassung der Gefangenen aus dem Vollzug oder nach ihrer Verlegung in eine andere Anstalt zu vernichten oder zu löschen.

§ 87 Festnahmerecht

(1) Ein Gefangener, der entwichen ist oder sich sonst ohne Erlaubnis außerhalb der Anstalt aufhält, kann durch die Vollzugsbehörde oder auf ihre Veranlassung hin festgenommen und in die Anstalt zurückgebracht werden.

(2) Nach § 86 Abs. 1 erhobene und nach §§ 86a, 179 erhobene und zur Identifizierung oder Festnahme erforderliche Daten dürfen den Vollstreckungs- und Strafverfolgungsbehörden übermittelt werden, soweit dies für Zwecke der Fahndung und Festnahme des entwichenen oder sich sonst ohne Erlaubnis

außerhalb der Anstalt aufhaltenden Gefangenen erforderlich ist.

§ 88 Besondere Sicherungsmaßnahmen

(1) Gegen einen Gefangenen können besondere Sicherungsmaßnahmen angeordnet werden, wenn nach seinem Verhalten oder auf Grund seines seelischen Zustandes in erhöhtem Maße Fluchtgefahr oder die Gefahr von Gewalttätigkeiten gegen Personen oder Sachen oder die Gefahr des Selbstmordes oder der Selbstverletzung besteht.

(2) Als besondere Sicherungsmaßnahmen sind zulässig:

1. der Entzug oder die Vorenthaltung von Gegenständen,

2. die Beobachtung bei Nacht,

3. die Absonderung von anderen Gefangenen,

4. der Entzug oder die Beschränkung des Aufenthalts im Freien,

5. die Unterbringung in einem besonders gesicherten Haftraum ohne gefährdende Gegenstände und

6. die Fesselung.

(3) Maßnahmen nach Absatz 2 Nr. 1, 3 bis 5 sind auch zulässig, wenn die Gefahr einer Befreiung oder eine erhebliche Störung der Anstaltsordnung anders nicht vermieden oder behoben werden kann.

(4) Bei einer Ausführung, Vorführung oder beim Transport ist die Fesselung auch dann zulässig, wenn aus anderen Gründen als denen des Absatzes 1 in erhöhtem Maße Fluchtgefahr besteht.

(5) Besondere Sicherungsmaßnahmen dürfen nur soweit aufrechterhalten werden, als es ihr Zweck erfordert.

§ 89 Einzelhaft

(1) Die unausgesetzte Absonderung eines Gefangenen (Einzelhaft) ist nur zulässig, wenn dies aus Gründen, die in der Person des Gefangenen liegen, unerläßlich ist.

(2) Einzelhaft von mehr als drei Monaten Gesamtdauer in einem Jahr bedarf der Zustimmung der Aufsichtsbehörde. Diese Frist wird nicht dadurch unterbrochen, daß der

Gefangene am Gottesdienst oder an der Freistunde teilnimmt.

§ 90 Fesselung

In der Regel dürfen Fesseln nur an den Händen oder an den Füßen angelegt werden. Im Interesse des Gefangenen kann der Anstaltsleiter eine andere Art der Fesselung anordnen. Die Fesselung wird zeitweise gelockert, soweit dies notwendig ist.

§ 91 Anordnung besonderer Sicherungsmaßnahmen

(1) Besondere Sicherungsmaßnahmen ordnet der Anstaltsleiter an. Bei Gefahr im Verzuge können auch andere Bedienstete der Anstalt diese Maßnahmen vorläufig anordnen. Die Entscheidung des Anstaltsleiters ist unverzüglich einzuholen.

(2) Wird ein Gefangener ärztlich behandelt oder beobachtet oder bildet sein seelischer Zustand den Anlaß der Maßnahme, ist vorher der Arzt zu hören. Ist dies wegen Gefahr im Verzuge nicht möglich, wird seine Stellungnahme unverzüglich eingeholt.

§ 92 Ärztliche Überwachung

(1) Ist ein Gefangener in einem besonders gesicherten Haftraum untergebracht oder gefesselt (§ 88 Abs. 2 Nr. 5 und 6), so sucht ihn der Anstaltsarzt alsbald und in der Folge möglichst täglich auf. Dies gilt nicht bei einer Fesselung während einer Ausführung, Vorführung oder eines Transportes (§ 88 Abs. 4).

(2) Der Arzt ist regelmäßig zu hören, solange einem Gefangenen der tägliche Aufenthalt im Freien entzogen wird.

§ 93 Ersatz von Aufwendungen

(1) Der Gefangene ist verpflichtet, der Vollzugsbehörde Aufwendungen zu ersetzen, die er durch eine vorsätzliche oder grob fahrlässige Selbstverletzung oder Verletzung eines anderen Gefangenen verursacht hat. Ansprüche aus sonstigen Rechtsvorschriften bleiben unberührt.

(2) Bei der Geltendmachung dieser Forderungen kann auch der den Mindestbetrag übersteigende Teil des Hausgeldes (§ 47) in Anspruch genommen werden.

II

(3) Für die in Absatz 1 genannten Forderungen ist der ordentliche Rechtsweg gegeben.

(4) Von der Aufrechnung oder Vollstreckung wegen der in Absatz 1 genannten Forderungen ist abzusehen, wenn hierdurch die Behandlung des Gefangenen oder seine Eingliederung behindert würde.

Zwölfter Titel
Unmittelbarer Zwang

§ 94 Allgemeine Voraussetzungen

(1) Bedienstete der Justizvollzugsanstalten dürfen unmittelbaren Zwang anwenden, wenn sie Vollzugs- und Sicherungsmaßnahmen rechtmäßig durchführen und der damit verfolgte Zweck auf keine andere Weise erreicht werden kann.

(2) Gegen andere Personen als Gefangene darf unmittelbarer Zwang angewendet werden, wenn sie es unternehmen, Gefangene zu befreien oder in den Anstaltsbereich widerrechtlich einzudringen, oder wenn sie sich unbefugt darin aufhalten.

(3) Das Recht zu unmittelbarem Zwang auf Grund anderer Regelungen bleibt unberührt.

§ 95 Begriffsbestimmungen

(1) Unmittelbarer Zwang ist die Einwirkung auf Personen oder Sachen durch körperliche Gewalt, ihre Hilfsmittel und durch Waffen.

(2) Körperliche Gewalt ist jede unmittelbare körperliche Einwirkung auf Personen oder Sachen.

(3) Hilfsmittel der körperlichen Gewalt sind namentlich Fesseln.

(4) Waffen sind die dienstlich zugelassenen Hieb- und Schußwaffen sowie Reizstoffe.

§ 96 Grundsatz der Verhältnismäßigkeit

(1) Unter mehreren möglichen und geeigneten Maßnahmen des unmittelbaren Zwanges sind diejenigen zu wählen, die den Einzelnen und die Allgemeinheit voraussichtlich am wenigsten beeinträchtigen.

(2) Unmittelbarer Zwang unterbleibt, wenn ein durch ihn zu erwartender Schaden er-

kennbar außer Verhältnis zu dem angestrebten Erfolg steht.

§ 97 Handeln auf Anordnung

(1) Wird unmittelbarer Zwang von einem Vorgesetzten oder einer sonst befugten Person angeordnet, sind Vollzugsbedienstete verpflichtet, ihn anzuwenden, es sei denn, die Anordnung verletzt die Menschenwürde oder ist nicht zu dienstlichen Zwecken erteilt worden.

(2) Die Anordnung darf nicht befolgt werden, wenn dadurch eine Straftat begangen würde. Befolgt der Vollzugsbedienstete sie trotzdem, trifft ihn eine Schuld nur, wenn er erkennt oder wenn es nach den ihm bekannten Umständen offensichtlich ist, daß dadurch eine Straftat begangen wird.

(3) Bedenken gegen die Rechtmäßigkeit der Anordnung hat der Vollzugsbedienstete dem Anordnenden gegenüber vorzubringen, soweit das nach den Umständen möglich ist. Abweichende Vorschriften des allgemeinen Beamtenrechts über die Mitteilung solcher Bedenken an einen Vorgesetzten (§ 36 Abs. 2 und 3 des Beamtenstatusgesetzes) sind nicht anzuwenden.

§ 98 Androhung

Unmittelbarer Zwang ist vorher anzudrohen. Die Androhung darf nur dann unterbleiben, wenn die Umstände sie nicht zulassen oder unmittelbarer Zwang sofort angewendet werden muß, um eine rechtswidrige Tat, die den Tatbestand eines Strafgesetzes erfüllt, zu verhindern oder eine gegenwärtige Gefahr abzuwenden.

§ 99 Allgemeine Vorschriften für den Schußwaffengebrauch

(1) Schußwaffen dürfen nur angewendet werden, wenn andere Maßnahmen des unmittelbaren Zwanges bereits erfolglos waren oder keinen Erfolg versprechen. Gegen Personen ist ihr Gebrauch nur zulässig, wenn der Zweck nicht durch Waffenwirkung gegen Sachen erreicht wird.

(2) Schußwaffen dürfen nur die dazu bestimmten Vollzugsbediensteten gebrauchen

und nur, um angriffs- oder fluchtunfähig zu machen. Ihr Gebrauch unterbleibt, wenn dadurch erkennbar Unbeteiligte mit hoher Wahrscheinlichkeit gefährdet würden.

(3) Der Gebrauch von Schußwaffen ist vorher anzudrohen. Als Androhung gilt auch ein Warnschuß. Ohne Androhung dürfen Schußwaffen nur dann gebraucht werden, wenn das zur Abwehr einer gegenwärtigen Gefahr für Leib oder Leben erforderlich ist.

§ 100 Besondere Vorschriften für den Schußwaffengebrauch

(1) Gegen Gefangene dürfen Schußwaffen gebraucht werden,

1. wenn sie eine Waffe oder ein anderes gefährliches Werkzeug trotz wiederholter Aufforderung nicht ablegen,

2. wenn sie eine Meuterei (§ 121 des Strafgesetzbuches) unternehmen oder

3. um ihre Flucht zu vereiteln oder um sie wiederzuergreifen.

Um die Flucht aus einer offenen Anstalt zu vereiteln, dürfen keine Schußwaffen gebraucht werden.

(2) Gegen andere Personen dürfen Schußwaffen gebraucht werden, wenn sie es unternehmen, Gefangene gewaltsam zu befreien oder gewaltsam in eine Anstalt einzudringen.

§ 101 Zwangsmaßnahmen auf dem Gebiet der Gesundheitsfürsorge

(1) Medizinische Untersuchung und Behandlung sowie Ernährung sind zwangsweise nur bei Lebensgefahr, bei schwerwiegender Gefahr für die Gesundheit des Gefangenen oder bei Gefahr für die Gesundheit anderer Personen zulässig; die Maßnahmen müssen für die Beteiligten zumutbar und dürfen nicht mit erheblicher Gefahr für Leben oder Gesundheit des Gefangenen verbunden sein. Zur Durchführung der Maßnahmen ist die Vollzugsbehörde nicht verpflichtet, solange von einer freien Willensbestimmung des Gefangenen ausgegangen werden kann.

(2) Zum Gesundheitsschutz und zur Hygiene ist die zwangsweise körperliche Untersuchung außer im Falle des Absatzes 1 zulässig,

wenn sie nicht mit einem körperlichen Eingriff verbunden ist.

(3) Die Maßnahmen dürfen nur auf Anordnung und unter Leitung eines Arztes durchgeführt werden, unbeschadet der Leistung erster Hilfe für den Fall, daß ein Arzt nicht rechtzeitig erreichbar und mit einem Aufschub Lebensgefahr verbunden ist.

Dreizehnter Titel
Disziplinarmaßnahmen

§ 102 Voraussetzungen

(1) Verstößt ein Gefangener schuldhaft gegen Pflichten, die ihm durch dieses Gesetz oder auf Grund dieses Gesetzes auferlegt sind, kann der Anstaltsleiter gegen ihn Disziplinarmaßnahmen anordnen.

(2) Von einer Disziplinarmaßnahme wird abgesehen, wenn es genügt, den Gefangenen zu verwarnen.

(3) Eine Disziplinarmaßnahme ist auch zulässig, wenn wegen derselben Verfehlung ein Straf- oder Bußgeldverfahren eingeleitet wird.

§ 103 Arten der Disziplinarmaßnahmen

(1) Die zulässigen Disziplinarmaßnahmen sind:

1. Verweis,

2. die Beschränkung oder der Entzug der Verfügung über das Hausgeld und des Einkaufs bis zu drei Monaten,

3. die Beschränkung oder der Entzug des Lesestoffs bis zu zwei Wochen sowie des Hörfunk- und Fernsehempfangs bis zu drei Monaten; der gleichzeitige Entzug jedoch nur bis zu zwei Wochen,

4. die Beschränkung oder der Entzug der Gegenstände für eine Beschäftigung in der Freizeit oder der Teilnahme an gemeinschaftlichen Veranstaltungen bis zu drei Monaten,

5. die getrennte Unterbringung während der Freizeit bis zu vier Wochen,

6. (weggefallen)

7. der Entzug der zugewiesenen Arbeit oder Beschäftigung bis zu vier Wochen unter

Wegfall der in diesem Gesetz geregelten Bezüge,

8. die Beschränkung des Verkehrs mit Personen außerhalb der Anstalt auf dringende Fälle bis zu drei Monaten,

9. Arrest bis zu vier Wochen.

(2) Arrest darf nur wegen schwerer oder mehrfach wiederholter Verfehlungen verhängt werden.

(3) Mehrere Disziplinarmaßnahmen können miteinander verbunden werden.

(4) Die Maßnahmen nach Absatz 1 Nr. 3 bis 8 sollen möglichst nur angeordnet werden, wenn die Verfehlung mit den zu beschränkenden oder zu entziehenden Befugnissen im Zusammenhang steht. Dies gilt nicht bei einer Verbindung mit Arrest.

§ 104 Vollzug der Disziplinarmaßnahmen. Aussetzung zur Bewährung

(1) Disziplinarmaßnahmen werden in der Regel sofort vollstreckt.

(2) Eine Disziplinarmaßnahme kann ganz oder teilweise bis zu sechs Monaten zur Bewährung ausgesetzt werden.

(3) Wird die Verfügung über das Hausgeld beschränkt oder entzogen, ist das in dieser Zeit anfallende Hausgeld dem Überbrückungsgeld hinzuzurechnen.

(4) Wird der Verkehr des Gefangenen mit Personen außerhalb der Anstalt eingeschränkt, ist ihm Gelegenheit zu geben, dies einer Person, mit der er im Schriftwechsel steht oder die ihn zu besuchen pflegt, mitzuteilen. Der Schriftwechsel mit den in § 29 Abs. 1 und 2 genannten Empfängern, mit Gerichten und Justizbehörden in der Bundesrepublik sowie mit Rechtsanwälten und Notaren in einer den Gefangenen betreffenden Rechtssache bleibt unbeschränkt.

(5) Arrest wird in Einzelhaft vollzogen. Der Gefangene kann in einem besonderen Arrestraum untergebracht werden, der den Anforderungen entsprechen muß, die an einen zum Aufenthalt bei Tag und Nacht bestimmten Haftraum gestellt werden. Soweit nichts anderes angeordnet wird, ruhen die Befugnisse des Gefangenen aus den §§ 19, 20, 22, 37, 38, 68 bis 70.

§ 105 Disziplinarbefugnis

(1) Disziplinarmaßnahmen ordnet der Anstaltsleiter an. Bei einer Verfehlung auf dem Wege in eine andere Anstalt zum Zwecke der Verlegung ist der Leiter der Bestimmungsanstalt zuständig.

(2) Die Aufsichtsbehörde entscheidet, wenn sich die Verfehlung des Gefangenen gegen den Anstaltsleiter richtet.

(3) Disziplinarmaßnahmen, die gegen einen Gefangenen in einer anderen Vollzugsanstalt oder während einer Untersuchungshaft angeordnet worden sind, werden auf Ersuchen vollstreckt. § 104 Abs. 2 bleibt unberührt.

§ 106 Verfahren

(1) Der Sachverhalt ist zu klären. Der Gefangene wird gehört. Die Erhebungen werden in einer Niederschrift festgelegt; die Einlassung des Gefangenen wird vermerkt.

(2) Bei schweren Verstößen soll der Anstaltsleiter sich vor der Entscheidung in einer Konferenz mit Personen besprechen, die bei der Behandlung des Gefangenen mitwirken. Vor der Anordnung einer Disziplinarmaßnahme gegen einen Gefangenen, der sich in ärztlicher Behandlung befindet, oder gegen eine Schwangere oder eine stillende Mutter ist der Anstaltsarzt zu hören.

(3) Die Entscheidung wird dem Gefangenen vom Anstaltsleiter mündlich eröffnet und mit einer kurzen Begründung schriftlich abgefaßt.

§ 107 Mitwirkung des Arztes

(1) Bevor der Arrest vollzogen wird, ist der Arzt zu hören. Während des Arrestes steht der Gefangene unter ärztlicher Aufsicht.

(2) Der Vollzug des Arrestes unterbleibt oder wird unterbrochen, wenn die Gesundheit des Gefangenen gefährdet würde.

Vierzehnter Titel
Rechtsbehelfe

§ 108 Beschwerderecht

(1) Der Gefangene erhält Gelegenheit, sich mit Wünschen, Anregungen und Beschwerden in Angelegenheiten, die ihn selbst betreffen, an den Anstaltsleiter zu wenden. Regelmäßige Sprechstunden sind einzurichten.

(2) Besichtigt ein Vertreter der Aufsichtsbehörde die Anstalt, so ist zu gewährleisten, daß ein Gefangener sich in Angelegenheiten, die ihn selbst betreffen, an ihn wenden kann.

(3) Die Möglichkeit der Dienstaufsichtsbeschwerde bleibt unberührt.

§ 109 Antrag auf gerichtliche Entscheidung

(1) Gegen eine Maßnahme zur Regelung einzelner Angelegenheiten auf dem Gebiete des Strafvollzuges kann gerichtliche Entscheidung beantragt werden. Mit dem Antrag kann auch die Verpflichtung zum Erlaß einer abgelehnten oder unterlassenen Maßnahme begehrt werden.

(2) Der Antrag auf gerichtliche Entscheidung ist nur zulässig, wenn der Antragsteller geltend macht, durch die Maßnahme oder ihre Ablehnung oder Unterlassung in seinen Rechten verletzt zu sein.

(3) Das Landesrecht kann vorsehen, daß der Antrag erst nach vorausgegangenem Verwaltungsvorverfahren gestellt werden kann.

§ 110 Zuständigkeit

Über den Antrag entscheidet die Strafvollstreckungskammer, in deren Bezirk die beteiligte Vollzugsbehörde ihren Sitz hat. Durch die Entscheidung in einem Verwaltungsvorverfahren nach § 109 Abs. 3 ändert sich die Zuständigkeit der Strafvollstreckungskammer nicht.

§ 111 Beteiligte

(1) Beteiligte des gerichtlichen Verfahrens sind

1. der Antragsteller,

2. die Vollzugsbehörde, die die angefochtene Maßnahme angeordnet oder die beantragte abgelehnt oder unterlassen hat.

(2) In dem Verfahren vor dem Oberlandesgericht oder dem Bundesgerichtshof ist Beteiligte nach Absatz 1 Nr. 2 die zuständige Aufsichtsbehörde.

§ 112 Antragsfrist. Wiedereinsetzung

(1) Der Antrag muß binnen zwei Wochen nach Zustellung oder schriftlicher Bekanntgabe der Maßnahme oder ihrer Ablehnung schriftlich oder zur Niederschrift der Geschäftsstelle des Gerichts gestellt werden. Soweit ein Verwaltungsvorverfahren (§ 109 Abs. 3) durchzuführen ist, beginnt die Frist mit der Zustellung oder schriftlichen Bekanntgabe des Widerspruchsbescheides.

(2) War der Antragsteller ohne Verschulden verhindert, die Frist einzuhalten, so ist ihm auf Antrag Wiedereinsetzung in den vorigen Stand zu gewähren.

(3) Der Antrag auf Wiedereinsetzung ist binnen zwei Wochen nach Wegfall des Hindernisses zu stellen. Die Tatsachen zur Begründung des Antrags sind bei der Antragstellung oder im Verfahren über den Antrag glaubhaft zu machen. Innerhalb der Antragsfrist ist die versäumte Rechtshandlung nachzuholen. Ist dies geschehen, so kann die Wiedereinsetzung auch ohne Antrag gewährt werden.

(4) Nach einem Jahr seit dem Ende der versäumten Frist ist der Antrag auf Wiedereinsetzung unzulässig, außer wenn der Antrag vor Ablauf der Jahresfrist infolge höherer Gewalt unmöglich war.

§ 113 Vornahmeantrag

(1) Wendet sich der Antragsteller gegen das Unterlassen einer Maßnahme, kann der Antrag auf gerichtliche Entscheidung nicht vor Ablauf von drei Monaten seit dem Antrag auf Vornahme der Maßnahme gestellt werden, es sei denn, daß eine frühere Anrufung des Gerichts wegen besonderer Umstände des Falles geboten ist.

(2) Liegt ein zureichender Grund dafür vor, daß die beantragte Maßnahme noch nicht erlassen ist, so setzt das Gericht das Verfah-

ren bis zum Ablauf einer von ihm bestimmten Frist aus. Die Frist kann verlängert werden. Wird die beantragte Maßnahme in der gesetzten Frist erlassen, so ist der Rechtsstreit in der Hauptsache erledigt.

(3) Der Antrag nach Absatz 1 ist nur bis zum Ablauf eines Jahres seit der Stellung des Antrags auf Vornahme der Maßnahme zulässig, außer wenn die Antragstellung vor Ablauf der Jahresfrist infolge höherer Gewalt unmöglich war oder unter den besonderen Verhältnissen des Einzelfalles unterblieben ist.

§ 114 Aussetzung der Maßnahme

(1) Der Antrag auf gerichtliche Entscheidung hat keine aufschiebende Wirkung.

(2) Das Gericht kann den Vollzug der angefochtenen Maßnahme aussetzen, wenn die Gefahr besteht, daß die Verwirklichung eines Rechts des Antragstellers vereitelt oder wesentlich erschwert wird und ein höher zu bewertendes Interesse an dem sofortigen Vollzug nicht entgegensteht. Das Gericht kann auch eine einstweilige Anordnung erlassen; § 123 Abs. 1 der Verwaltungsgerichtsordnung ist entsprechend anzuwenden. Die Entscheidungen sind nicht anfechtbar; sie können vom Gericht jederzeit geändert oder aufgehoben werden.

(3) Der Antrag auf eine Entscheidung nach Absatz 2 ist schon vor Stellung des Antrags auf gerichtliche Entscheidung zulässig.

§ 115 Gerichtliche Entscheidung

(1) Das Gericht entscheidet ohne mündliche Verhandlung durch Beschluß. Der Beschluss stellt den Sach- und Streitstand seinem wesentlichen Inhalt nach gedrängt zusammen. Wegen der Einzelheiten soll auf bei den Gerichtsakten befindliche Schriftstücke, die nach Herkunft und Datum genau zu bezeichnen sind, verwiesen werden, soweit sich aus ihnen der Sach- und Streitstand ausreichend ergibt. Das Gericht kann von einer Darstellung der Entscheidungsgründe absehen, soweit es der Begründung der angefochtenen Entscheidung folgt und dies in seiner Entscheidung feststellt.

(2) Soweit die Maßnahme rechtswidrig und der Antragsteller dadurch in seinen Rechten verletzt ist, hebt das Gericht die Maßnahme und, soweit ein Verwaltungsvorverfahren vorhergegangen ist, den Widerspruchsbescheid auf. Ist die Maßnahme schon vollzogen, kann das Gericht auch aussprechen, daß und wie die Vollzugsbehörde die Vollziehung rückgängig zu machen hat, soweit die Sache spruchreif ist.

(3) Hat sich die Maßnahme vorher durch Zurücknahme oder anders erledigt, spricht das Gericht auf Antrag auf, daß die Maßnahme rechtswidrig gewesen ist, wenn der Antragsteller ein berechtigtes Interesse an dieser Feststellung hat.

(4) Soweit die Ablehnung oder Unterlassung der Maßnahme rechtswidrig und der Antragsteller dadurch in seinen Rechten verletzt ist, spricht das Gericht die Verpflichtung der Vollzugsbehörde aus, die beantragte Amtshandlung vorzunehmen, wenn die Sache spruchreif ist. Andernfalls spricht es die Verpflichtung aus, den Antragsteller unter Beachtung der Rechtsauffassung des Gerichts zu bescheiden.

(5) Soweit die Vollzugsbehörde ermächtigt ist, nach ihrem Ermessen zu handeln, prüft das Gericht auch, ob die Maßnahme oder ihre Ablehnung oder Unterlassung rechtswidrig ist, weil die gesetzlichen Grenzen des Ermessens überschritten sind oder von dem Ermessen in einer dem Zweck der Ermächtigung nicht entsprechenden Weise Gebrauch gemacht ist.

§ 116 Rechtsbeschwerde

(1) Gegen die gerichtliche Entscheidung der Strafvollstreckungskammer ist die Rechtsbeschwerde zulässig, wenn es geboten ist, die Nachprüfung zur Fortbildung des Rechts oder zur Sicherung einer einheitlichen Rechtsprechung zu ermöglichen.

(2) Die Rechtsbeschwerde kann nur darauf gestützt werden, daß die Entscheidung auf einer Verletzung des Gesetzes beruht. Das Gesetz ist verletzt, wenn eine Rechtsnorm nicht oder nicht richtig angewendet worden ist.

(3) Die Rechtsbeschwerde hat keine aufschiebende Wirkung. § 114 Abs. 2 gilt entsprechend.

(4) Für die Rechtsbeschwerde gelten die Vorschriften der Strafprozeßordnung über die Beschwerde entsprechend, soweit dieses Gesetz nichts anderes bestimmt.

§ 117 Zuständigkeit für die Rechtsbeschwerde

Über die Rechtsbeschwerde entscheidet ein Strafsenat des Oberlandesgerichts, in dessen Bezirk die Strafvollstreckungskammer ihren Sitz hat.

§ 118 Form. Frist. Begründung

(1) Die Rechtsbeschwerde muß bei dem Gericht, dessen Entscheidung angefochten wird, binnen eines Monats nach Zustellung der gerichtlichen Entscheidung eingelegt werden. In dieser Frist ist außerdem die Erklärung abzugeben, inwieweit die Entscheidung angefochten und ihre Aufhebung beantragt wird. Die Anträge sind zu begründen.

(2) Aus der Begründung muß hervorgehen, ob die Entscheidung wegen Verletzung einer Rechtsnorm über das Verfahren oder wegen Verletzung einer anderen Rechtsnorm angefochten wird. Ersterenfalls müssen die den Mangel enthaltenen Tatsachen angegeben werden.

(3) Der Antragsteller als Beschwerdeführer kann dies nur in einer von einem Rechtsanwalt unterzeichneten Schrift oder zur Niederschrift der Geschäftsstelle tun.

§ 119 Entscheidung über die Rechtsbeschwerde

(1) Der Strafsenat entscheidet ohne mündliche Verhandlung durch Beschluß.

(2) Seiner Prüfung unterliegen nur die Beschwerdeanträge und, soweit die Rechtsbeschwerde auf Mängel des Verfahrens gestützt wird, nur die Tatsachen, die in der Begründung der Rechtsbeschwerde bezeichnet worden sind.

(3) Der Beschluß, durch den die Beschwerde verworfen wird, bedarf keiner Begründung, wenn der Strafsenat die Beschwerde einstimmig für unzulässig oder für offensichtlich unbegründet erachtet.

(4) Soweit die Rechtsbeschwerde für begründet erachtet wird, ist die angefochtene Entscheidung aufzuheben. Der Strafsenat kann an Stelle der Strafvollstreckungskammer entscheiden, wenn die Sache spruchreif ist. Sonst ist die Sache zur neuen Entscheidung an die Strafvollstreckungskammer zurückzuverweisen.

(5) Die Entscheidung des Strafsenats ist endgültig.

§ 120 Entsprechende Anwendung anderer Vorschriften

(1) Soweit sich aus diesem Gesetz nichts anderes ergibt, sind die Vorschriften der Strafprozeßordnung entsprechend anzuwenden.

(2) Auf die Bewilligung der Prozeßkostenhilfe sind die Vorschriften der Zivilprozeßordnung entsprechend anzuwenden.

§ 121 Kosten des Verfahrens

(1) In der das Verfahren abschließenden Entscheidung ist zu bestimmen, von wem die Kosten des Verfahrens und die notwendigen Auslagen zu tragen sind.

(2) Soweit der Antragsteller unterliegt oder seinen Antrag zurücknimmt, trägt er die Kosten des Verfahrens und die notwendigen Auslagen. Hat sich die Maßnahme vor einer Entscheidung nach Absatz 1 in anderer Weise als durch Zurücknahme des Antrags erledigt, so entscheidet das Gericht über die Kosten des Verfahrens und die notwendigen Auslagen nach billigem Ermessen.

(3) Absatz 2 Satz 2 gilt nicht im Falle des § 115 Abs. 3.

(4) Im übrigen gelten die §§ 464 bis 473 der Strafprozeßordnung entsprechend.

(5) Für die Kosten des Verfahrens nach den §§ 109 ff. kann auch ein den dreifachen Tagessatz der Eckvergütung nach § 43 Abs. 2 übersteigender Teil des Hausgeldes (§ 47) in Anspruch genommen werden.

Fünfzehnter Titel
Strafvollstreckung und Untersuchungs-
haft

§ 122 (weggefallen)

Sechzehnter Titel
Sozialtherapeutische Anstalten

§ 123 Sozialtherapeutische Anstalten
und Abteilungen

(1) Für den Vollzug nach § 9 sind von den übrigen Vollzugsanstalten getrennte sozial-therapeutische Anstalten vorzusehen.

(2) Aus besonderen Gründen können auch sozialtherapeutische Abteilungen in anderen Vollzugsanstalten eingerichtet werden. Für diese Abteilungen gelten die Vorschriften über die sozialtherapeutische Anstalt entsprechend.

§ 124 Urlaub zur Vorbereitung der
Entlassung

(1) Der Anstaltsleiter kann dem Gefangenen zur Vorbereitung der Entlassung Sonderurlaub bis zu sechs Monaten gewähren. § 11 Abs. 2 und § 13 Abs. 5 gelten entsprechend.

(2) Dem Beurlaubten sollen für den Urlaub Weisungen erteilt werden. Er kann insbesondere angewiesen werden, sich einer von der Anstalt bestimmten Betreuungsperson zu unterstellen und jeweils für kurze Zeit in die Anstalt zurückzukehren.

(3) § 14 Abs. 2 gilt entsprechend. Der Urlaub wird widerrufen, wenn dies für die Behandlung des Gefangenen notwendig ist.

§ 125 Aufnahme auf freiwilliger
Grundlage

(1) Ein früherer Gefangener kann auf seinen Antrag vorübergehend wieder in die sozialtherapeutische Anstalt aufgenommen werden, wenn das Ziel seiner Behandlung gefährdet und ein Aufenthalt in der Anstalt aus diesem Grunde gerechtfertigt ist. Die Aufnahme ist jederzeit widerruflich.

(2) Gegen den Aufgenommenen dürfen Maßnahmen des Vollzuges nicht mit unmittelbarem Zwang durchgesetzt werden.

(3) Auf seinen Antrag ist der Aufgenommene unverzüglich zu entlassen.

§ 126 Nachgehende Betreuung

Die Zahl der Fachkräfte für die sozialtherapeutische Anstalt ist so zu bemessen, daß auch eine nachgehende Betreuung der Gefangenen gewährleistet ist, soweit diese anderweitig nicht sichergestellt werden kann.

§§ 127 und 128 (weggefallen)

Dritter Abschnitt
Besondere Vorschriften über den
Vollzug der freiheitsentziehenden
Maßregeln der Besserung und
Sicherung

Erster Titel
Sicherungsverwahrung

§ 129 Ziel der Unterbringung

Der Sicherungsverwahrte wird zum Schutz der Allgemeinheit sicher untergebracht. Ihm soll geholfen werden, sich in das Leben in Freiheit einzugliedern.

§ 130 Anwendung anderer Vorschriften

Für die Sicherungsverwahrung gelten die Vorschriften über den Vollzug der Freiheitsstrafe (§§ 3 bis 126, 179 bis 187) entsprechend, soweit im folgenden nichts anderes bestimmt ist.

§ 131 Ausstattung

Die Ausstattung der Sicherungsanstalten, namentlich der Crafträume, und besondere Maßnahmen zur Förderung und Betreuung sollen dem Untergebrachten helfen, sein Leben in der Anstalt sinnvoll zu gestalten, und ihn vor Schäden eines langen Freiheitsentzuges bewahren. Seinen persönlichen Bedürfnissen ist nach Möglichkeit Rechnung zu tragen.

§ 132 Kleidung

Der Untergebrachte darf eigene Kleidung, Wäsche und eigenes Bettzeug benutzen, wenn Gründe der Sicherheit nicht entgegenstehen und der Untergebrachte für Reinigung, Instandsetzung und regelmäßigen Wechsel auf eigene Kosten sorgt.

§ 133 Selbstbeschäftigung, Taschengeld

(1) Dem Untergebrachten wird gestattet, sich gegen Entgelt selbst zu beschäftigen, wenn dies dem Ziel dient, Fähigkeiten für eine Erwerbstätigkeit nach der Entlassung zu vermitteln, zu erhalten oder zu fördern.

(2) Das Taschengeld (§ 46) darf den dreifachen Tagessatz der Eckvergütung nach § 43 Abs. 2 im Monat nicht unterschreiten.

§ 134 Entlassungvorbereitung

Um die Entlassung zu erproben und vorzubereiten, kann der Vollzug gelockert und Sonderurlaub bis zu einem Monat gewährt werden. Bei Untergebrachten in einer sozialtherapeutischen Anstalt bleibt § 124 unberührt.

§ 135 Sicherungsverwahrung in Frauenanstalten

Die Sicherungsverwahrung einer Frau kann auch in einer für den Vollzug der Freiheitsstrafe bestimmten Frauenanstalt durchgeführt werden, wenn diese Anstalt für die Sicherungsverwahrung eingerichtet ist.

Zweiter Titel
Unterbringung in einem psychiatrischen Krankenhaus und in einer Entziehungsanstalt

§ 136 Unterbringung in einem psychiatrischen Krankenhaus

Die Behandlung des Untergebrachten in einem psychiatrischen Krankenhaus richtet sich nach ärztlichen Gesichtspunkten. Soweit möglich, soll er geheilt oder sein Zustand soweit gebessert werden, daß er nicht mehr gefährlich ist. Ihm wird die nötige Aufsicht, Betreuung und Pflege zuteil.

§ 137 Unterbringung in einer Entziehungsanstalt

Ziel der Behandlung des Untergebrachten in einer Entziehungsanstalt ist es, ihn von seinem Hang zu heilen und die zugrunde liegende Fehlhaltung zu beheben.

§ 138 Anwendung anderer Vorschriften

(1) Die Unterbringung in einem psychiatrischen Krankenhaus oder in einer Entziehungsanstalt richtet sich nach Landesrecht, soweit Bundesgesetze nichts anderes bestimmen. § 51 Abs. 4 und 5 sowie § 75 Abs. 3 gelten entsprechend.

(2) Für die Erhebung der Kosten der Unterbringung gilt § 50 entsprechend mit der Maßgabe, dass in den Fällen des § 50 Abs. 1 Satz 2 an die Stelle erhaltener Bezüge die Verrichtung zugewiesener oder ermöglichter Arbeit tritt und in den Fällen des § 50 Abs. 1 Satz 4 dem Untergebrachten ein Betrag in der Höhe verbleiben muss, der dem Barbetrag entspricht, den ein in einer Einrichtung lebender und einen Teil der Kosten seines Aufenthalts selbst tragender Sozialhilfeempfänger zur persönlichen Verfügung erhält. Bei der Bewertung einer Beschäftigung als Arbeit sind die besonderen Verhältnisse des Maßregelvollzugs zu berücksichtigen. Zuständig für die Erhebung der Kosten ist die Vollstreckungsbehörde; die Landesregierungen können durch Rechtsverordnung andere Zuständigkeiten begründen. Die Kosten werden als Justizverwaltungsabgabe erhoben.

(3) Für das gerichtliche Verfahren gelten die §§ 109 bis 121 entsprechend.

Vierter Abschnitt
Vollzugsbehörden

Erster Titel
Arten und Einrichtung der Justizvollzugsanstalten

§ 139 Justizvollzugsanstalten

Die Freiheitsstrafe sowie die Unterbringung in der Sicherungsverwahrung werden in Anstalten der Landesjustizverwaltungen (Justizvollzugsanstalten) vollzogen.

§ 140 Trennung des Vollzuges

(1) Die Unterbringung in der Sicherungsverwahrung wird in getrennten Anstalten oder in getrennten Abteilungen einer für den Vollzug

der Freiheitsstrafe bestimmten Vollzugsanstalt vollzogen.

(2) Frauen sind getrennt von Männern in besonderen Frauenanstalten unterzubringen. Aus besonderen Gründen können für Frauen getrennte Abteilungen in Anstalten für Männer vorgesehen werden.

(3) Von der getrennten Unterbringung nach den Absätzen 1 und 2 darf abgewichen werden, um den Gefangenen die Teilnahme an Behandlungsmaßnahmen in einer anderen Anstalt oder in einer anderen Abteilung zu ermöglichen.

§ 141 Differenzierung

(1) Für den Vollzug der Freiheitsstrafe sind Haftplätze vorzusehen in verschiedenen Anstalten oder Abteilungen, in denen eine auf die unterschiedlichen Bedürfnisse der Gefangenen abgestimmte Behandlung gewährleistet ist.

(2) Anstalten des geschlossenen Vollzuges sehen eine sichere Unterbringung vor, Anstalten des offenen Vollzuges keine oder nur verminderte Vorkehrungen gegen Entweichungen.

§ 142 Einrichtungen für Mütter mit Kindern

In Anstalten für Frauen sollen Einrichtungen vorgesehen werden, in denen Mütter mit ihren Kindern untergebracht werden können.

§ 143 Größe und Gestaltung der Anstalten

(1) Justizvollzugsanstalten sind so zu gestalten, daß eine auf die Bedürfnisse des einzelnen abgestellte Behandlung gewährleistet ist.

(2) Die Vollzugsanstalten sind so zu gliedern, daß die Gefangenen in überschaubaren Betreuungs- und Behandlungsgruppen zusammengefaßt werden können.

(3) Die für sozialtherapeutische Anstalten und für Justizvollzugsanstalten für Frauen vorgesehene Belegung soll zweihundert Plätze nicht übersteigen.

§ 144 Größe und Ausgestaltung der Räume

(1) Räume für den Aufenthalt während der Ruhe- und Freizeit sowie Gemeinschafts- und Besuchsräume sind wohnlich oder sonst ihrem Zweck entsprechend auszugestalten. Sie müssen hinreichend Luftinhalt haben und für eine gesunde Lebensführung ausreichend mit Heizung und Lüftung, Boden- und Fensterfläche ausgestattet sein.

(2) Das Bundesministerium der Justiz wird ermächtigt, mit Zustimmung des Bundesrates durch Rechtsverordnung Näheres über den Luftinhalt, die Lüftung, die Boden- und Fensterfläche sowie die Heizung und Einrichtung der Räume zu bestimmen.

§ 145 Festsetzung der Belegungsfähigkeit

Die Aufsichtsbehörde setzt die Belegungsfähigkeit für jede Anstalt so fest, daß eine angemessene Unterbringung während der Ruhezeit (§ 18) gewährleistet ist. Dabei ist zu berücksichtigen, daß eine ausreichende Anzahl von Plätzen für Arbeit, Ausbildung und Weiterbildung sowie von Räumen für Seelsorge, Freizeit, Sport, therapeutische Maßnahmen und Besuche zur Verfügung steht.

§ 146 Verbot der Überbelegung

(1) Hafträume dürfen nicht mit mehr Personen als zugelassen belegt werden.

(2) Ausnahmen hiervon sind nur vorübergehend und nur mit Zustimmung der Aufsichtsbehörde zulässig.

§ 147 Einrichtungen für die Entlassung

Um die Entlassung vorzubereiten, sollen den geschlossenen Anstalten offene Einrichtungen angegliedert oder gesonderte offene Anstalten vorgesehen werden.

§ 148 Arbeitsbeschaffung, Gelegenheit zur beruflichen Bildung

(1) Die Vollzugsbehörde soll im Zusammenwirken mit den Vereinigungen und Stellen des Arbeits- und Wirtschaftslebens dafür sorgen, daß jeder arbeitsfähige Gefangene wirtschaftlich ergiebige Arbeit ausüben kann,

und dazu beitragen, daß er beruflich gefördert, beraten und vermittelt wird.

(2) Die Vollzugsbehörde stellt durch geeignete organisatorische Maßnahmen sicher, daß die Bundesagentur für Arbeit die ihr obliegenden Aufgaben wie Berufsberatung, Ausbildungsvermittlung und Arbeitsvermittlung durchführen kann.

§ 149 Arbeitsbetriebe, Einrichtungen zur beruflichen Bildung

(1) In den Anstalten sind die notwendigen Betriebe für die nach § 37 Abs. 2 zuzuweisenden Arbeiten sowie die erforderlichen Einrichtungen zur beruflichen Bildung (§ 37 Abs. 3) und arbeitstherapeutischen Beschäftigung (§ 37 Abs. 5) vorzusehen.

(2) Die in Absatz 1 genannten Betriebe und sonstigen Einrichtungen sind den Verhältnissen außerhalb der Anstalten anzugleichen. Die Arbeitsschutz- und Unfallverhütungsvorschriften sind zu beachten.

(3) Die berufliche Bildung und die arbeitstherapeutische Beschäftigung können auch in geeigneten Einrichtungen privater Unternehmen erfolgen.

(4) In den von privaten Unternehmen unterhaltenen Betrieben und sonstigen Einrichtungen kann die technische und fachliche Leitung Angehörigen dieser Unternehmen übertragen werden.

§ 150 Vollzugsgemeinschaften

Für Vollzugsanstalten nach den §§ 139 bis 149 können die Länder Vollzugsgemeinschaften bilden.

Zweiter Titel
Aufsicht über die Justizvollzugsanstalten

§ 151 Aufsichtsbehörden

(1) Die Landesjustizverwaltungen führen die Aufsicht über die Justizvollzugsanstalten. Sie können Aufsichtsbefugnisse auf Justizvollzugsämter übertragen.

(2) An der Aufsicht über das Arbeitswesen sowie über die Sozialarbeit, die Weiterbildung, die Gesundheitsfürsorge und die sonstige fachlich begründete Behandlung der Ge-

fangenen sind eigene Fachkräfte zu beteiligen; soweit die Aufsichtsbehörde nicht über eigene Fachkräfte verfügt, ist fachliche Beratung sicherzustellen.

§ 152 Vollstreckungsplan

(1) Die Landesjustizverwaltung regelt die örtliche und sachliche Zuständigkeit der Justizvollzugsanstalten in einem Vollstreckungsplan.

(2) Der Vollstreckungsplan sieht vor, welche Verurteilten in eine Einweisungsanstalt oder -abteilung eingewiesen werden. Über eine Verlegung zum weiteren Vollzug kann nach Gründen der Behandlung und Eingliederung entschieden werden.

(3) Im übrigen ist die Zuständigkeit nach allgemeinen Merkmalen zu bestimmen.

§ 153 Zuständigkeit für Verlegungen

Die Landesjustizverwaltung kann sich Entscheidungen über Verlegungen vorbehalten oder sie einer zentralen Stelle übertragen.

Dritter Titel
Innerer Aufbau der Justizvollzugsanstalten

§ 154 Zusammenarbeit

(1) Alle im Vollzug Tätigen arbeiten zusammen und wirken daran mit, die Aufgaben des Vollzuges zu erfüllen.

(2) Mit den Behörden und Stellen der Entlassungsfürsorge, der Bewährungshilfe, den Aufsichtsstellen für die Führungsaufsicht, den Agenturen für Arbeit, den Trägern der Sozialversicherung und der Sozialhilfe, den Hilfeeinrichtungen anderer Behörden und den Verbänden der freien Wohlfahrtspflege ist eng zusammenzuarbeiten. Die Vollzugsbehörden sollen mit Personen und Vereinen, deren Einfluß die Eingliederung des Gefangenen fördern kann, zusammenarbeiten.

§ 155 Vollzugsbedienstete

(1) Die Aufgaben der Justizvollzugsanstalten werden von Vollzugsbeamten wahrgenommen. Aus besonderen Gründen können sie auch anderen Bediensteten der Justizvoll-

zugsanstalten sowie nebenamtlichen oder vertraglich verpflichteten Personen übertragen werden.

(2) Für jede Anstalt ist entsprechend ihrer Aufgabe die erforderliche Anzahl von Bediensteten der verschiedenen Berufsgruppen, namentlich des allgemeinen Vollzugsdienstes, des Verwaltungsdienstes und des Werkdienstes, sowie von Seelsorgern, Ärzten, Pädagogen, Psychologen und Sozialarbeitern vorzusehen.

§ 156 Anstaltsleitung

(1) Für jede Justizvollzugsanstalt ist ein Beamter des höheren Dienstes zum hauptamtlichen Leiter zu bestellen. Aus besonderen Gründen kann eine Anstalt auch von einem Beamten des gehobenen Dienstes geleitet werden.

(2) Der Anstaltsleiter vertritt die Anstalt nach außen. Er trägt die Verantwortung für den gesamten Vollzug, soweit nicht bestimmte Aufgabenbereiche der Verantwortung anderer Vollzugsbediensteter oder ihrer gemeinsamen Verantwortung übertragen sind.

(3) Die Befugnis, die Durchsuchung nach § 84 Abs. 2, die besonderen Sicherungsmaßnahmen nach § 88 und die Disziplinarmaßnahmen nach § 103 anzuordnen, darf nur mit Zustimmung der Aufsichtsbehörde übertragen werden.

§ 157 Seelsorge

(1) Seelsorger werden im Einvernehmen mit der jeweiligen Religionsgemeinschaft im Hauptamt bestellt oder vertraglich verpflichtet.

(2) Wenn die geringe Zahl der Angehörigen einer Religionsgemeinschaft eine Seelsorge nach Absatz 1 nicht rechtfertigt, ist die seelsorgerische Betreuung auf andere Weise zuzulassen.

(3) Mit Zustimmung des Anstaltsleiters dürfen die Anstaltsseelsorger sich freier Seelsorgehelfer bedienen und für Gottesdienste sowie für andere religiöse Veranstaltungen Seelsorger von außen zuziehen.

§ 158 Ärztliche Versorgung

(1) Die ärztliche Versorgung ist durch hauptamtliche Ärzte sicherzustellen. Sie kann aus besonderen Gründen nebenamtlichen oder vertraglich verpflichteten Ärzten übertragen werden.

(2) Die Pflege der Kranken soll von Personen ausgeübt werden, die eine Erlaubnis nach dem Krankenpflegegesetz besitzen. Solange Personen im Sinne von Satz 1 nicht zur Verfügung stehen, können auch Bedienstete des allgemeinen Vollzugsdienstes eingesetzt werden, die eine sonstige Ausbildung in der Krankenpflege erfahren haben.

§ 159 Konferenzen

Zur Aufstellung und Überprüfung des Vollzugsplanes und zur Vorbereitung wichtiger Entscheidungen im Vollzuge führt der Anstaltsleiter Konferenzen mit an der Behandlung maßgeblich Beteiligten durch.

§ 160 Gefangenenmitverantwortung

Den Gefangenen und Untergebrachten soll ermöglicht werden, an der Verantwortung für Angelegenheiten von gemeinsamem Interesse teilzunehmen, die sich ihrer Eigenart und der Aufgabe der Anstalt nach für ihre Mitwirkung eignen.

§ 161 Hausordnung

(1) Der Anstaltsleiter erlässt eine Hausordnung. Sie bedarf der Zustimmung der Aufsichtsbehörde.

(2) In die Hausordnung sind namentlich die Anordnungen aufzunehmen über

1. die Besuchszeiten, Häufigkeit und Dauer der Besuche,
2. die Arbeitszeit, Freizeit und Ruhezeit sowie
3. die Gelegenheit, Anträge und Beschwerden anzubringen, oder sich an einen Vertreter der Aufsichtsbehörde zu wenden.

(3) Ein Abdruck der Hausordnung ist in jedem Haftraum auszulegen.

Vierter Titel
Anstaltsbeiräte

§ 162 Bildung der Beiräte

(1) Bei den Justizvollzugsanstalten sind Beiräte zu bilden.

(2) Vollzugsbedienstete dürfen nicht Mitglieder der Beiräte sein.

(3) Das Nähere regeln die Länder.

§ 163 Aufgabe der Beiräte

Die Mitglieder des Beirats wirken bei der Gestaltung des Vollzuges und bei der Betreuung der Gefangenen mit. Sie unterstützen den Anstaltsleiter durch Anregungen und Verbesserungsvorschläge und helfen bei der Eingliederung der Gefangenen nach der Entlassung.

§ 164 Befugnisse

(1) Die Mitglieder des Beirats können namentlich Wünsche, Anregungen und Beanstandungen entgegennehmen. Sie können sich über die Unterbringung, Beschäftigung, berufliche Bildung, Verpflegung, ärztliche Versorgung und Behandlung unterrichten sowie die Anstalt und ihre Einrichtungen besichtigen.

(2) Die Mitglieder des Beirats können die Gefangenen und Untergebrachten in ihren Räumen aufsuchen. Aussprache und Schriftwechsel werden nicht überwacht.

§ 165 Pflicht zur Verschwiegenheit

Die Mitglieder des Beirats sind verpflichtet, außerhalb ihres Amtes über alle Angelegenheiten, die ihrer Natur nach vertraulich sind, besonders über Namen und Persönlichkeit der Gefangenen und Untergebrachten, Verschwiegenheit zu bewahren. Dies gilt auch nach Beendigung ihres Amtes.

Fünfter Titel
Kriminologische Forschung im Strafvollzug

§ 166

(1) Dem kriminologischen Dienst obliegt es, in Zusammenarbeit mit den Einrichtungen der Forschung den Vollzug, namentlich die Behandlungsmethoden, wissenschaftlich fortzuentwickeln und seine Ergebnisse für Zwecke der Strafrechtspflege nutzbar zu machen.

(2) Die Vorschriften des § 186 gelten entsprechend.

Fünfter Abschnitt
Vollzug weiterer freiheitsentziehender Maßnahmen in Justizvollzugsanstalten, Datenschutz, Sozial- und Arbeitslosenversicherung, Schlußvorschriften

Erster Titel
Vollzug des Strafarrestes in Justizvollzugsanstalten

§ 167 Grundsatz

Für den Vollzug des Strafarrestes in Justizvollzugsanstalten gelten § 119 Abs. 5 und 6 der Strafprozeßordnung sowie die Vorschriften über den Vollzug der Freiheitsstrafe (§§ 2 bis 121, 179 bis 187) entsprechend, soweit im folgenden nichts anderes bestimmt ist. § 50 findet nur in den Fällen einer in § 39 erwähnten Beschäftigung Anwendung.

§ 168 Unterbringung, Besuche und Schriftverkehr

(1) Eine gemeinsame Unterbringung während der Arbeit, Freizeit und Ruhezeit (§§ 17 und 18) ist nur mit Einwilligung des Gefangenen zulässig. Dies gilt nicht, wenn Strafarrest in Unterbrechung einer Strafhaft oder einer Unterbringung im Vollzuge einer freiheitsentziehenden Maßregel der Besserung und Sicherung vollzogen wird.

(2) Dem Gefangenen soll gestattet werden, einmal wöchentlich Besuch zu empfangen.

(3) Besuche und Schriftwechsel dürfen nur untersagt oder überwacht werden, wenn dies aus Gründen der Sicherheit oder Ordnung der Anstalt notwendig ist.

§ 169 Kleidung, Wäsche und Bettzeug

Der Gefangene darf eigene Kleidung, Wäsche und eigenes Bettzeug benutzen, wenn Gründe der Sicherheit nicht entgegenstehen und der Gefangene für Reinigung, Instandsetzung und regelmäßigen Wechsel auf eigene Kosten sorgt.

§ 170 Einkauf

Der Gefangene darf Nahrungs- und Genußmittel sowie Mittel zur Körperpflege in angemessenem Umfang durch Vermittlung der Anstalt auf eigene Kosten erwerben.

Zweiter Titel
Vollzug von Ordnungs-, Sicherungs-, Zwangs- und Erzwingungshaft

§ 171 Grundsatz

Für den Vollzug einer gerichtlich angeordneten Ordnungs-, Sicherungs-, Zwangs- und Erzwingungshaft gelten § 119 Abs. 5 und 6 der Strafprozessordnung sowie die Vorschriften über den Vollzug der Freiheitsstrafe (§§ 3 bis 49, 51 bis 121, 179 bis 187) entsprechend, soweit nicht Eigenart und Zweck der Haft entgegenstehen oder im folgenden etwas anderes bestimmt ist.

§ 172 Unterbringung

Eine gemeinsame Unterbringung während der Arbeit, Freizeit und Ruhezeit (§§ 17 und 18) ist nur mit Einwilligung des Gefangenen zulässig. Dies gilt nicht, wenn Ordnungshaft in Unterbrechung einer Strafhaft oder einer Unterbringung im Vollzuge einer freiheitsentziehenden Maßregel der Besserung und Sicherung vollzogen wird.

§ 173 Kleidung, Wäsche und Bettzeug

Der Gefangene darf eigene Kleidung, Wäsche und eigenes Bettzeug benutzen, wenn Gründe der Sicherheit nicht entgegenstehen und der Gefangene für Reinigung, Instandsetzung und regelmäßigen Wechsel auf eigene Kosten sorgt.

§ 174 Einkauf

Der Gefangene darf Nahrungs- und Genußmittel sowie Mittel zur Körperpflege in angemessenem Umfang durch Vermittlung der Anstalt auf eigene Kosten erwerben.

§ 175 Arbeit

Der Gefangene ist zu einer Arbeit, Beschäftigung oder Hilfstätigkeit nicht verpflichtet.

Dritter Titel
Arbeitsentgelt in Jugendstrafanstalten und im Vollzug der Untersuchungshaft

§ 176 Jugendstrafanstalten

(1) Übt ein Gefangener in einer Jugendstrafanstalt eine ihm zugewiesene Arbeit aus, so erhält er unbeschadet der Vorschriften des Jugendarbeitsschutzgesetzes über die Akkord- und Fließarbeit ein nach § 43 Abs. 2 und 3 zu bemessendes Arbeitsentgelt. Übt er eine sonstige zugewiesene Beschäftigung oder Hilfstätigkeit aus, so erhält er ein Arbeitsentgelt nach Satz 1, soweit dies der Art seiner Beschäftigung und seiner Arbeitsleistung entspricht. § 43 Abs. 5 bis 11 gilt entsprechend.

(2) Arbeitsfähige Gefangene, denen aus Gründen, die nicht in ihrer Person liegen, Arbeit nicht zugewiesen werden kann, erkrankte Gefangene, bei denen die Voraussetzungen des § 45 Abs. 2 vorliegen, und werdende Mütter, die eine Arbeit nicht verrichten, erhalten eine Ausfallentschädigung. Höhe und Dauer der Ausfallentschädigung sind nach § 45 Abs. 3 bis 6 zu bestimmen.

(3) Gefangene, die wegen Gebrechlichkeit nicht arbeiten oder denen eine Ausfallentschädigung nicht oder nicht mehr gewährt wird, erhalten ein angemessenes Taschengeld, falls sie bedürftig sind. Gleiches gilt für Gefangene, die für eine Beschäftigung oder Hilfstätigkeit nach Absatz 1 Satz 2 kein Arbeitsentgelt erhalten.

(4) Im übrigen gelten § 44 und §§ 49 bis 52 entsprechend.

§ 177 Untersuchungshaft

Übt der Untersuchungsgefangene eine ihm zugewiesene Arbeit, Beschäftigung oder Hilfstätigkeit aus, so erhält er ein nach § 43 Abs. 2 bis 5 zu bemessendes und bekannt zu gebendes Arbeitsentgelt. Der Bemessung des Arbeitsentgelts ist abweichend von § 200 fünf vom Hundert der Bezugsgröße nach § 18 des Vierten Buches Sozialgesetzbuch zu Grunde zu legen (Eckvergütung). § 43 Abs. 6 bis 11 findet keine Anwendung. Für junge und heranwachsende Untersuchungsgefangene gilt § 176 Abs. 1 Satz 1 und 2 entsprechend.

Vierter Titel
Unmittelbarer Zwang in Justizvollzugsanstalten

§ 178

(1) Die §§ 94 bis 101 über den unmittelbaren Zwang gelten nach Maßgabe der folgenden Absätze auch für Justizvollzugsbedienstete außerhalb des Anwendungsbereichs des Strafvollzugsgesetzes (§ 1).

(2) Beim Vollzug des Jugendarrestes, des Strafarrestes sowie der Ordnungs-, Sicherungs-, Zwangs- und Erzwingungshaft dürfen zur Vereitelung einer Flucht oder zur Wiederergreifung (§ 100 Abs. 1 Nr. 3) keine Schußwaffen gebraucht werden. Dies gilt nicht, wenn Strafarrest oder Ordnungs-, Sicherungs-, Zwangs- oder Erzwingungshaft in Unterbrechung einer Untersuchungshaft, einer Strafhaft oder einer Unterbringung im Vollzuge einer freiheitsentziehenden Maßregel der Besserung und Sicherung vollzogen wird.

(3) Das Landesrecht kann, namentlich beim Vollzug der Jugendstrafe, weitere Einschränkungen des Rechtes zum Schußwaffengebrauch vorsehen.

Fünfter Titel
Datenschutz

§ 179 Datenerhebung

(1) Die Vollzugsbehörde darf personenbezogene Daten erheben, soweit deren Kenntnis für den ihr nach diesem Gesetz aufgegebenen Vollzug der Freiheitsstrafe erforderlich ist.

(2) Personenbezogene Daten sind bei dem Betroffenen zu erheben. Für die Erhebung ohne Mitwirkung des Betroffenen, die Erhebung bei anderen Personen oder Stellen und für die Hinweis- und Aufklärungspflichten gilt § 2 und 3 und § 13 Abs. 1a des Bundesdatenschutzgesetzes.

(3) Daten über Personen, die nicht Gefangene sind, dürfen ohne ihre Mitwirkung bei Personen oder Stellen außerhalb der Vollzugsbehörde nur erhoben werden, wenn sie für die Behandlung eines Gefangenen, die Sicherheit der Anstalt oder die Sicherung des Vollzuges einer Freiheitsstrafe unerläßlich sind und die Art der Erhebung schutzwürdige Interessen der Betroffenen nicht beeinträchtigt.

(4) Über eine ohne seine Kenntnis vorgenommene Erhebung personenbezogener Daten wird der Betroffene unter Angabe dieser Daten unterrichtet, soweit der in Absatz 1 genannte Zweck dadurch nicht gefährdet wird. Sind die Daten bei anderen Personen oder Stellen erhoben worden, kann die Unterrichtung unterbleiben, wenn

1. die Daten nach einer Rechtsvorschrift oder ihrem Wesen nach, namentlich wegen des überwiegenden berechtigten Interesses eines Dritten, geheimgehalten werden müssen oder

2. der Aufwand der Unterrichtung außer Verhältnis zum Schutzzweck steht und keine Anhaltspunkte dafür bestehen, daß überwiegende schutzwürdige Interessen des Betroffenen beeinträchtigt werden.

§ 180 Verarbeitung und Nutzung

(1) Die Vollzugsbehörde darf personenbezogene Daten verarbeiten und nutzen, soweit dies für den ihr nach diesem Gesetz aufgegebenen Vollzug der Freiheitsstrafe erforderlich ist. Die Vollzugsbehörde kann einen Gefangenen verpflichten, einen Lichtbildausweis mit sich zu führen, wenn dies aus Gründen der Sicherheit oder Ordnung der Anstalt erforderlich ist.

(2) Die Verarbeitung und Nutzung personenbezogener Daten für andere Zwecke ist zulässig, soweit dies

1. zur Abwehr von sicherheitsgefährdenden oder geheimdienstlichen Tätigkeiten für eine fremde Macht oder von Bestrebungen im Geltungsbereich dieses Gesetzes, die durch Anwendung von Gewalt oder darauf gerichtete Vorbereitungshandlungen

   a) gegen die freiheitliche demokratische Grundordnung, den Bestand oder die Sicherheit des Bundes oder eines Landes gerichtet sind,

   b) eine ungesetzliche Beeinträchtigung der Amtsführung der Verfassungsorgane des Bundes oder eines Landes oder ihrer Mitglieder zum Ziele haben oder

   c) auswärtige Belange der Bundesrepublik Deutschland gefährden,

2. zur Abwehr erheblicher Nachteile für das Gemeinwohl oder einer Gefahr für die öffentliche Sicherheit,

3. zur Abwehr einer schwerwiegenden Beeinträchtigung der Rechte einer anderen Person,

4. zur Verhinderung oder Verfolgung von Straftaten sowie zur Verhinderung oder Verfolgung von Ordnungswidrigkeiten, durch welche die Sicherheit oder Ordnung der Anstalt gefährdet werden, oder

5. für Maßnahmen der Strafvollstreckung oder strafvollstreckungsrechtliche Entscheidungen

erforderlich ist.

(3) Eine Verarbeitung oder Nutzung für andere Zwecke liegt nicht vor, soweit sie dem gerichtlichen Rechtsschutz nach den §§ 109 bis 121 oder den in § 14 Abs. 3 des Bundesdatenschutzgesetzes genannten Zwecken dient.

(4) Über die in den Absätzen 1 und 2 geregelten Zwecke hinaus dürfen zuständigen öffentlichen Stellen personenbezogene Daten übermittelt werden, soweit dies für

1. Maßnahmen der Gerichtshilfe, Jugendgerichtshilfe, Bewährungshilfe oder Führungsaufsicht,

2. Entscheidungen in Gnadensachen,

3. gesetzlich angeordnete Statistiken der Rechtspflege,

4. Entscheidungen über Leistungen, die mit der Aufnahme in einer Justizvollzugsanstalt entfallen oder sich mindern,

5. die Einleitung von Hilfsmaßnahmen für Angehörige (§ 11 Abs. 1 Nr. 1 des Strafgesetzbuchs) des Gefangenen,

6. dienstliche Maßnahmen der Bundeswehr im Zusammenhang mit der Aufnahme und Entlassung von Soldaten,

7. ausländerrechtliche Maßnahmen oder

8. die Durchführung der Besteuerung

erforderlich ist. Eine Übermittlung für andere Zwecke ist auch zulässig, soweit eine andere gesetzliche Vorschrift dies vorsieht und sich dabei ausdrücklich auf personenbezogene Daten über Gefangene bezieht.

(5) Öffentlichen und nicht-öffentlichen Stellen darf die Vollzugsbehörde auf schriftlichen Antrag mitteilen, ob sich eine Person in Haft befindet sowie ob und wann ihre Entlassung voraussichtlich innerhalb eines Jahres bevorsteht, soweit

1. die Mitteilung zur Erfüllung der in der Zuständigkeit der öffentlichen Stelle liegenden Aufgaben erforderlich ist oder

2. von nicht-öffentlichen Stellen ein berechtigtes Interesse an dieser Mitteilung glaubhaft dargelegt wird und der Gefangene kein schutzwürdiges Interesse an dem Ausschluß der Übermittlung hat.

Dem Verletzten einer Straftat können darüber hinaus auf schriftlichen Antrag Auskünfte über die Entlassungsadresse oder die Vermögensverhältnisse des Gefangenen erteilt werden, wenn die Erteilung zur Feststellung oder Durchsetzung von Rechtsansprüchen im Zusammenhang mit der Straftat erforderlich ist. Der Gefangene wird vor der Mitteilung gehört, es sei denn, es ist zu besorgen, daß dadurch die Verfolgung des Interesses des Antragstellers vereitelt oder wesentlich erschwert werden würde, und eine Abwägung ergibt, daß dieses Interesse des Antragstellers das Interesse des Gefangenen an seiner vorherigen Anhörung überwiegt. Ist die Anhörung unterblieben, wird der betroffene

Gefangene über die Mitteilung der Vollzugsbehörde nachträglich unterrichtet.

(6) Akten mit personenbezogenen Daten dürfen nur anderen Vollzugsbehörden, den zur Dienst- oder Fachaufsicht oder zu dienstlichen Weisungen befugten Stellen, den für strafvollzugs-, strafvollstreckungs- und strafrechtliche Entscheidungen zuständigen Gerichten sowie den Strafvollstreckungs- und Strafverfolgungsbehörden überlassen werden; die Überlassung an andere öffentliche Stellen ist zulässig, soweit die Erteilung einer Auskunft einen unvertretbaren Aufwand erfordert oder nach Darlegung der Akteneinsicht begehrenden Stellen für die Erfüllung der Aufgabe nicht ausreicht. Entsprechendes gilt für die Überlassung von Akten an die von der Vollzugsbehörde mit Gutachten beauftragten Stellen.

(7) Sind mit personenbezogenen Daten, die nach den Absätzen 1, 2 oder 4 übermittelt werden dürfen, weitere personenbezogene Daten des Betroffenen oder eines Dritten in Akten so verbunden, daß eine Trennung nicht oder nur mit unvertretbarem Aufwand möglich ist, so ist die Übermittlung auch dieser Daten zulässig, soweit nicht berechtigte Interessen des Betroffenen oder eines Dritten an deren Geheimhaltung offensichtlich überwiegen; eine Verarbeitung oder Nutzung dieser Daten durch den Empfänger ist unzulässig.

(8) Bei der Überwachung der Besuche oder des Schriftwechsels sowie bei der Überwachung des Inhaltes von Paketen bekanntgewordene personenbezogene Daten dürfen nur für die in Absatz 2 aufgeführten Zwecke, für das gerichtliche Verfahren nach den §§ 109 bis 121, zur Wahrung der Sicherheit oder Ordnung der Anstalt oder nach Anhörung des Gefangenen für Zwecke der Behandlung verarbeitet und genutzt werden.

(9) Personenbezogene Daten, die gemäß § 179 Abs. 3 über Personen, die nicht Gefangene sind, erhoben worden sind, dürfen nur zur Erfüllung des Erhebungszweckes, für die in Absatz 2 Nr. 1 bis 3 geregelten Zwecke oder zur Verhinderung oder Verfolgung von Straftaten von erheblicher Bedeutung verarbeitet oder genutzt werden.

(10) Die Übermittlung von personenbezogenen Daten unterbleibt, soweit die in § 182 Abs. 2, § 184 Abs. 2 und 4 geregelten Einschränkungen oder besondere gesetzliche Verwendungsregelungen entgegenstehen.

(11) Die Verantwortung für die Zulässigkeit der Übermittlung trägt die Vollzugsbehörde. Erfolgt die Übermittlung auf Ersuchen einer öffentlichen Stelle, trägt diese die Verantwortung. In diesem Fall prüft die Vollzugsbehörde nur, ob das Übermittlungsersuchen im Rahmen der Aufgaben des Empfängers liegt und die Absätze 8 bis 10 der Übermittlung nicht entgegenstehen, es sei denn, daß besonderer Anlaß zur Prüfung der Zulässigkeit der Übermittlung besteht.

§ 181 Zweckbindung

Von der Vollzugsbehörde übermittelte personenbezogene Daten dürfen nur zu dem Zweck verarbeitet oder genutzt werden, zu dessen Erfüllung sie übermittelt worden sind. Der Empfänger darf die Daten für andere Zwecke nur verarbeiten oder nutzen, soweit sie ihm auch für diese Zwecke hätten übermittelt werden dürfen, und wenn im Falle einer Übermittlung an nicht-öffentliche Stellen die übermittelnde Vollzugsbehörde zugestimmt hat. Die Vollzugsbehörde hat den nicht-öffentlichen Empfänger auf die Zweckbindung nach Satz 1 hinzuweisen.

§ 182 Schutz besonderer Daten

(1) Das religiöse oder weltanschauliche Bekenntnis eines Gefangenen und personenbezogene Daten, die anläßlich ärztlicher Untersuchungen erhoben worden sind, dürfen in der Anstalt nicht allgemein kenntlich gemacht werden. Andere personenbezogene Daten über den Gefangenen dürfen innerhalb der Anstalt allgemein kenntlich gemacht werden, soweit dies für ein geordnetes Zusammenleben in der Anstalt erforderlich ist; § 180 Abs. 8 bis 10 bleibt unberührt.

(2) Personenbezogene Daten, die den in § 203 Abs. 1 Nr. 1, 2 und 5 des Strafgesetzbuchs genannten Personen von einem Ge-

fangenen als Geheimnis anvertraut oder über einen Gefangenen sonst bekanntgeworden sind, unterliegen auch gegenüber der Vollzugsbehörde der Schweigepflicht. Die in § 203 Abs. 1 Nr. 1, 2 und 5 des Strafgesetzbuchs genannten Personen haben sich gegenüber dem Anstaltsleiter zu offenbaren, soweit dies für die Aufgabenerfüllung der Vollzugsbehörde oder zur Abwehr von erheblichen Gefahren für Leib oder Leben des Gefangenen oder Dritter erforderlich ist. Der Arzt ist zur Offenbarung ihm im Rahmen der allgemeinen Gesundheitsfürsorge bekanntgewordener Geheimnisse befugt, soweit dies für die Aufgabenerfüllung der Vollzugsbehörde unerläßlich oder zur Abwehr von erheblichen Gefahren für Leib oder Leben des Gefangenen oder Dritter erforderlich ist. Sonstige Offenbarungsbefugnisse bleiben unberührt. Der Gefangene ist vor der Erhebung über die nach den Sätzen 2 und 3 bestehenden Offenbarungsbefugnisse zu unterrichten.

(3) Die nach Absatz 2 offenbarten Daten dürfen nur für den Zweck, für den sie offenbart wurden oder für den eine Offenbarung zulässig gewesen wäre, und nur unter denselben Voraussetzungen verarbeitet oder genutzt werden, unter denen eine in § 203 Abs. 1 Nr. 1, 2 und 5 des Strafgesetzbuchs genannte Person selbst hierzu befugt wäre. Der Anstaltsleiter kann unter diesen Voraussetzungen die unmittelbare Offenbarung gegenüber bestimmten Anstaltsbediensteten allgemein zulassen.

(4) Sofern Ärzte oder Psychologen außerhalb des Vollzuges mit der Untersuchung oder Behandlung eines Gefangenen beauftragt werden, gilt Absatz 2 mit der Maßgabe entsprechend, daß der beauftragte Arzt oder Psychologe auch zur Unterrichtung des Anstaltsarztes oder des in der Anstalt mit der Behandlung des Gefangenen betrauten Psychologen befugt sind.

§ 183 Schutz der Daten in Akten und Dateien

(1) Der einzelne Vollzugsbedienstete darf sich von personenbezogenen Daten nur Kenntnis verschaffen, soweit dies zur Erfüllung der ihm obliegenden Aufgabe oder für die Zusammenarbeit nach § 154 Abs. 1 erforderlich ist.

(2) Akten und Dateien mit personenbezogenen Daten sind durch die erforderlichen technischen und organisatorischen Maßnahmen gegen unbefugten Zugang und unbefugten Gebrauch zu schützen. Gesundheitsakten und Krankenblätter sind getrennt von anderen Unterlagen zu führen und besonders zu sichern. Im übrigen gilt für die Art und den Umfang der Schutzvorkehrungen § 9 des Bundesdatenschutzgesetzes.

§ 184 Berichtigung, Löschung und Sperrung

(1) Die in Dateien gespeicherten personenbezogenen Daten sind spätestens zwei Jahre nach der Entlassung des Gefangenen oder der Verlegung des Gefangenen in eine andere Anstalt zu löschen. Hiervon können bis zum Ablauf der Aufbewahrungsfrist für die Gefangenenpersonalakte die Angaben über Familienname, Vorname, Geburtsname, Geburtstag, Geburtsort, Eintritts- und Austrittsdatum des Gefangenen ausgenommen werden, soweit dies für das Auffinden der Gefangenenpersonalakte erforderlich ist.

(2) Personenbezogene Daten in Akten dürfen nach Ablauf von zwei Jahren seit der Entlassung des Gefangenen nur übermittelt oder genutzt werden, soweit dies

1. zur Verfolgung von Straftaten,

2. für die Durchführung wissenschaftlicher Forschungsvorhaben gemäß § 186,

3. zur Behebung einer bestehenden Beweisnot,

4. zur Feststellung, Durchsetzung oder Abwehr von Rechtsansprüchen im Zusammenhang mit dem Vollzug einer Freiheitsstrafe

unerläßlich ist. Diese Verwendungsbeschränkungen enden, wenn der Gefangene erneut zum Vollzug einer Freiheitsstrafe aufgenommen wird oder der Betroffene eingewilligt hat.

(3) Bei der Aufbewahrung von Akten mit nach Absatz 2 gesperrten Daten dürfen folgende Fristen nicht überschritten werden:

Gefangenenpersonalakten, Gesundheitsakten und Krankenblätter 20 Jahre,

Gefangenenbücher 30 Jahre.

Dies gilt nicht, wenn man aufgrund bestimmter Tatsachen anzunehmen ist, daß die Aufbewahrung für die in Absatz 2 Satz 1 genannten Zwecke weiterhin erforderlich ist. Die Aufbewahrungsfrist beginnt mit dem auf das Jahr der aktenmäßigen Weglegung folgenden Kalenderjahr. Die archivrechtlichen Vorschriften des Bundes und der Länder bleiben unberührt.

(4) Wird festgestellt, daß unrichtige Daten übermittelt worden sind, ist dies dem Empfänger mitzuteilen, wenn dies zur Wahrung schutzwürdiger Interessen des Betroffenen erforderlich ist.

(5) Im übrigen gilt für die Berichtigung, Löschung und Sperrung personenbezogener Daten § 20 Abs. 1 bis 4 und 6 bis 8 des Bundesdatenschutzgesetzes.

§ 185 Auskunft an den Betroffenen, Akteneinsicht

Der Betroffene erhält nach Maßgabe des § 19 des Bundesdatenschutzgesetzes Auskunft und, soweit eine Auskunft für die Wahrnehmung seiner rechtlichen Interessen nicht ausreicht und er hierfür auf die Einsichtnahme angewiesen ist, Akteneinsicht. An die Stelle des Bundesbeauftragten für den Datenschutz ist § 19 Abs. 5 und 6 des Bundesdatenschutzgesetzes tritt der Landesbeauftragte für den Datenschutz, an die Stelle der obersten Bundesbehörde tritt die entsprechende Landesbehörde.

§ 186 Auskunft und Akteneinsicht für wissenschaftliche Zwecke

Für die Auskunft und Akteneinsicht für wissenschaftliche Zwecke gilt § 476 der Strafprozeßordnung entsprechend.

§ 187 Anwendung des Bundesdatenschutzgesetzes

Die Regelungen des Bundesdatenschutzgesetzes über öffentliche und nicht-öffentliche Stellen (§ 2), weitere Begriffsbestimmungen (§ 3), Einholung und Form der Einwilligung des Betroffenen (§ 4a Abs. 1 und 2), das Datengeheimnis (§ 5), unabdingbare Rechte des Betroffenen (§ 6 Abs. 1) und die Durchführung des Datenschutzes (§ 18 Abs. 2) gelten entsprechend. Die Landesdatenschutzgesetze bleiben im Hinblick auf die Schadensersatz-, Straf- und Bußgeldvorschriften sowie die Bestimmungen über die Kontrolle durch die Landesbeauftragten für den Datenschutz unberührt.

Sechster Titel
Anpassung des Bundesrechts

§ 188 (weggefallen)

§ 189 Verordnung über Kosten im Bereich der Justizverwaltung

(hier nicht aufgenommen)

Siebter Titel
Sozial- und Arbeitslosenversicherung

§ 190 Reichsversicherungsordnung

(hier nicht aufgenommen)

§ 191 Angestelltenversicherungsgesetz

(hier nicht aufgenommen)

§ 192 Reichsknappschaftsgesetz

(hier nicht aufgenommen)

§ 193 Gesetz über die Krankenversicherung der Landwirte

(hier nicht aufgenommen)

§ 194 (weggefallen)

§ 195 Einbehaltung von Beitragsteilen

Soweit die Vollzugsbehörde Beiträge zur Kranken- und Rentenversicherung sowie zur Bundesagentur für Arbeit zu entrichten hat, kann sie von dem Arbeitsentgelt, der Ausbildungsbeihilfe oder der Ausfallentschädigung einen Betrag einbehalten, der dem Anteil des Gefangenen am Beitrag entsprechen würde, wenn er diese Bezüge als Arbeitnehmer erhielte.

Achter Titel
Einschränkung von Grundrechten, Inkrafttreten

§ 196 Einschränkung von Grundrechten

Durch dieses Gesetz werden die Grundrechte aus Artikel 2 Abs. 2 Satz 1 und 2 (körperliche Unversehrtheit und Freiheit der Person) und Artikel 10 Abs. 1 (Brief-, Post- und Fernmeldegeheimnis) des Grundgesetzes eingeschränkt.

§ 197 (weggefallen)

§ 198 Inkrafttreten

(1) Dieses Gesetz tritt unbeschadet der §§ 199 und 201 am 1. Januar 1977 in Kraft, soweit die Absätze 2 und 3 nichts anderes bestimmen.

(2)

1. Am 1. Januar 1980 treten folgende Vorschriften in Kraft:

§ 37	– Arbeitszuweisungen –
§ 39 Abs. 1	– Freies Beschäftigungsverhältnis –
§ 41 Abs. 2	– Zustimmungsbedürftigkeit bei weiterbildenden Maßnahmen –
§ 42	– Freistellung von der Arbeitspflicht –
§ 149 Abs. 1	– Arbeitsbetriebe, Einrichtungen zur beruflichen Bildung –
§ 162 Abs. 1	– Beiräte –

2. (weggefallen)

(3) Durch besonderes Bundesgesetz werden die folgenden Vorschriften an inzwischen vorgenommene Gesetzesänderungen angepaßt und in Kraft gesetzt:

§ 41 Abs. 3	– Zustimmungsbedürftigkeit bei Beschäftigung in Unternehmerbetrieben –
§ 45	– Ausfallentschädigung –
§ 46	– Taschengeld –
§ 47	– Hausgeld –
§ 49	– Unterhaltsbeitrag –
§ 50	– Haftkostenbeitrag –
§ 65 Abs. 2 Satz 2	– Krankenversicherungsleistungen bei Krankenhausaufenthalt –
§ 93 Abs. 2	– Inanspruchnahme des Hausgeldes –
§ 176 Abs. 2 und 3	– Ausfallentschädigung und Taschengeld im Jugendstrafvollzug –
§ 189	– Verordnung über Kosten –
§ 190 Nr. 1–10 und 13–18, §§ 191–193	– Sozialversicherung –.

(4) Über das Inkrafttreten des § 41 Abs. 3 – Zustimmungsbedürftigkeit bei Beschäftigung in Unternehmerbetrieben – wird zum 31. Dezember 1983 und über die Fortgeltung des § 201 Nr. 1 – Unterbringung im offenen Vollzug – wird zum 31. Dezember 1985 befunden.

§ 199 Übergangsfassungen

(1) Bis zum Inkrafttreten des besonderen Bundesgesetzes nach § 198 Abs. 3 gilt folgendes:

(vom Abdruck wurde abgesehen)

(2) Bis zum 31. Dezember 2002 gilt § 9 Abs. 1 Satz 1 in der folgenden Fassung:

„Ein Gefangener soll in eine sozialtherapeutische Anstalt verlegt werden, wenn er wegen einer Straftat nach den §§ 174 bis 180 oder 182 des Strafgesetzbuches zu zeitiger Freiheitsstrafe von mehr als zwei Jahren verurteilt worden ist und die Behandlung in einer sozialtherapeutischen Anstalt nach § 6 Abs. 2 Satz 2 oder § 7 Abs. 4 angezeigt ist."

§ 200 Höhe des Arbeitsentgelts

Der Bemessung des Arbeitsentgelts nach § 43 sind 9 vom Hundert der Bezugsgröße nach § 18 des Vierten Buches Sozialgesetzbuch zu Grunde zu legen.

§ 201 Übergangsbestimmungen für bestehende Anstalten

Für Anstalten, mit deren Errichtung vor Inkrafttreten dieses Gesetzes begonnen wurde, gilt folgendes:

1. Abweichend von § 10 dürfen Gefangene ausschließlich im geschlossenen Vollzug untergebracht werden, solange die räumlichen, personellen und organisatorischen Anstaltsverhältnisse dies erfordern.

2. Abweichend von § 17 kann die gemeinschaftliche Unterbringung während der Arbeitszeit und Freizeit auch eingeschränkt werden, wenn und solange die räumlichen, personellen und organisatorischen Verhältnisse der Anstalt dies erfordern; die gemeinschaftliche Unterbringung während der Arbeitszeit jedoch nur bis zum Ablauf des 31. Dezember 1988.

3. Abweichend von § 18 dürfen Gefangene während der Ruhezeit auch gemeinsam untergebracht werden, solange die räumlichen Verhältnisse der Anstalt dies erfordern. Eine gemeinschaftliche Unterbringung von mehr als acht Personen ist nur bis zum Ablauf des 31. Dezember 1985 zulässig.

4. Abweichend von § 143 Abs. 1 und 2 sollen Justizvollzugsanstalten so gestaltet und gegliedert werden, daß eine auf die Bedürfnisse des einzelnen abgestellte Behandlung gewährleistet ist und daß die Gefangenen in überschaubaren Betreuungs- und Behandlungsgruppen zusammengefaßt werden können.

5. Abweichend von § 145 kann die Belegungsfähigkeit einer Anstalt nach Maßgabe der Nummern 1 und 2 festgesetzt werden.

§ 202 Freiheitsstrafe und Jugendhaft der Deutschen Demokratischen Republik

(1) Für den Vollzug der nach dem Strafgesetzbuch der Deutschen Demokratischen Republik gegen Jugendliche und Heranwachsende erkannten Freiheitsstrafe gelten die Vorschriften für den Vollzug der Jugendstrafe, für den Vollzug der Jugendhaft die Vorschriften über den Vollzug des Jugendarrestes.

(2) Im übrigen gelten für den Vollzug der nach dem Strafgesetzbuch der Deutschen Demokratischen Republik rechtskräftig erkannten Freiheitsstrafe und der Haftstrafe die Vorschriften des Strafvollzugsgesetzes über den Vollzug der Freiheitsstrafe.

Bundeseinheitliche Verwaltungsvorschriften zum Strafvollzugsgesetz (VVStVollzG)

Vom 1. Juli 1976 (JMBl. NW S. 189)

VV zu § 5:

Durch die ärztliche Untersuchung soll der Gesundheitszustand des Gefangenen einschließlich der Körpergröße, des Körpergewichts und des Zustands des Gebisses festgestellt werden; insbesondere ist zu prüfen, ob der Gefangene vollzugstauglich, ob er ärztlicher Behandlung bedürftig, ob er seines Zustandes wegen anderen gefährlich, ob und in welchem Umfang er arbeitsfähig und zur Teilnahme am Sport tauglich ist und ob gesundheitliche Bedenken gegen die Einzelunterbringung bestehen. Das Ergebnis der Untersuchung ist schriftlich niederzulegen.

VV zu § 6:

Bei einer Vollzugsdauer bis zu einem Jahr ist eine Behandlungsuntersuchung in der Regel nicht geboten.

VV zu § 8:

1. (1) Wichtige Gründe für eine Überstellung sind namentlich
   a) Besuchszusammenführung, wenn ein Besuch in der zuständigen Anstalt nicht oder nur mit erheblichen Schwierigkeiten möglich ist;
   b) Ausführung und Ausgang am Ort oder in Ortsnähe einer anderen Anstalt;
   c) Vorführung und Ausantwortung am Ort oder in Ortsnähe einer anderen Anstalt;
   d) Begutachtung und ärztliche Untersuchungen.

   (2) Überstellungen sind nur im Einvernehmen mit der aufnehmenden Anstalt zulässig. Dies gilt nicht bei Vorführungen und Ausantwortungen.

2. Auf begründeten Antrag darf der Gefangene einer Polizeibehörde befristet ausgeantwortet werden.

VV zu § 10:

1. (1) Vom offenen Vollzug ausgeschlossen sind Gefangene,
   a) gegen die während des laufenden Freiheitsentzuges eine Strafe vollzogen wurde oder zu vollziehen ist, welche gemäß § 74a GVG von der Strafkammer oder gemäß § 120 GVG vom Oberlandesgericht im ersten Rechtszug verhängt worden ist,
   b) gegen die Untersuchungs-, Auslieferungs- oder Abschiebungshaft angeordnet ist,
   c) gegen die eine vollziehbare Ausweisungsverfügung für den Geltungsbereich des Strafvollzugsgesetzes besteht und die aus der Haft abgeschoben werden sollen,
   d) gegen die eine freiheitsentziehende Maßregel der Besserung und Sicherung oder eine sonstige Unterbringung gerichtlich angeordnet und noch nicht vollzogen ist.

   (2) In den Fällen des Absatzes 1 Buchst. a), c) und d) sind Ausnahmen mit Zustimmung der Aufsichtsbehörde zulässig. In den Fällen des Buchst. a) ist die Vollstreckungsbehörde, des Buchst. d) das zuständige Gericht zu hören, in den Fällen des Buchst. c) bedürfen Ausnahmen des Benehmens mit der zuständigen Ausländerbehörde.

2. (1) Für die Unterbringung im offenen Vollzug ungeeignet sind in der Regel namentlich Gefangene,
   a) die erheblich suchtgefährdet sind,
   b) die während des laufenden Freiheitsentzuges entwichen sind, eine Flucht versucht, einen Ausbruch unternom-

men oder sich an einer Gefangenenmeuterei beteiligt haben,

c) die aus dem letzten Urlaub oder Ausgang nicht freiwillig zurückgekehrt sind
oder bei denen zureichende tatsächliche Anhaltspunkte dafür gegeben sind,
daß sie während des letzten Urlaubs
oder Ausgangs eine strafbare Handlung begangen haben,

d) gegen die ein Ausweisungs-, Ausliefe-
rungs-, Ermittlungs- oder Strafverfahren anhängig ist,

e) bei denen zu befürchten ist, daß sie einen negativen Einfluß ausüben werden, insbesondere die Erreichung des
Vollzugszieles bei anderen Gefangenen
gefährden würden.

(2) Ausnahmen von Abs. 1 können zugelassen werden, wenn besondere Umstände vorliegen; die Gründe hierfür sind aktenkundig zu machen. In den Fällen des
Buchst. d) ist die zuständige Behörde zu
hören.

(3) Bei Gefangenen, gegen die während
des laufenden Freiheitsentzuges eine Strafe wegen grober Gewalttätigkeiten gegen
Personen, wegen einer Straftat gegen die
sexuelle Selbstbestimmung oder wegen
Handels mit Stoffen oder des Einbringens
dieser Stoffe im Sinne des Gesetzes über
den Verkehr mit Betäubungsmitteln vollzogen wurde oder zu vollziehen ist oder
die im Vollzug in den begründeten Verdacht des Handels mit diesen Stoffen gekommen sind, bedarf die Frage, ob eine
Unterbringung im offenen Vollzug zu verantworten ist, besonders gründlicher Prüfung. Dies gilt auch für Gefangene, über
die Erkenntnisse vorliegen, daß sie der organisierten Kriminalität zuzurechnen sind.

3. (1) Ein Gefangener, der sich im offenen
Vollzug befindet, ist in den geschlossenen
Vollzug zurückzuverlegen, wenn

a) er seine Zustimmung zur Unterbringung im offenen Vollzug zurücknimmt,

b) er sich für den offenen Vollzug als nicht
geeignet erweist,

c) Umstände bekannt werden, die nach
Nr. 1 einer Unterbringung im offenen
Vollzug entgegengestanden hätten.

(2) Dem Gefangenen ist Gelegenheit zur
Äußerung zu geben. Die Gründe für die
Verlegung sind aktenkundig zu machen
und dem Gefangenen bekanntzugeben.

(3) Die Verlegung in den geschlossenen
Vollzug schließt eine erneute Unterbringung im offenen Vollzug nicht aus.

4. (1) Über die Verlegung in den offenen
Vollzug sowie die (Rück-)Verlegung in den
geschlossenen Vollzug entscheidet die von
der Landesjustizverwaltung bestimmte
Stelle.

(2) Die Entscheidung über die Unterbringung eines zu lebenslanger Freiheitsstrafe
verurteilten Gefangenen ist in einer Konferenz nach § 159 StVollzG vorzubereiten.
Über die Konferenz ist eine Niederschrift
zu fertigen; gutachtliche Äußerungen sind
aktenkundig zu machen. Die Unterbringung bedarf der Zustimmung der Aufsichtsbehörde.

VV zu § 11

1. Lockerungen des Vollzuges werden nur
zum Aufenthalt innerhalb des Geltungsbereichs des Strafvollzugsgesetzes gewährt.

2. Bei der Außenbeschäftigung wird der Gefangene entweder ständig und unmittelbar oder ständig oder in unregelmäßigen
Zeitabständen durch einen Vollzugsbediensteten beaufsichtigt.

3. (1) Freigang kann auch in der Weise angeordnet werden, daß ein Dritter schriftlich verpflichtet wird, die Anstalt unverzüglich zu benachrichtigen, wenn der Gefangene an der Beschäftigungsstelle nicht
rechtzeitig erscheint, sich ohne Erlaubnis
entfernt oder sonst ein besonderer Anlaß
(z. B. Erkrankung, Trunkenheit) hierzu besteht.

(2) Die Anstalt überprüft das Verhalten des
Gefangenen während des Freiganges in
unregelmäßigen Abständen.

4. (1) Der Anstaltsleiter überträgt die Ausführung des Gefangenen besonders geeigneten Bediensteten.

(2) Vor der Außenbeschäftigung und der Ausführung erteilt er den Bediensteten die nach Lage des Falles erforderlichen Weisungen.

5. (1) Die Entscheidung über Lockerungen im Vollzug der lebenslangen Freiheitsstrafe ist in einer Konferenz nach § 159 vorzubereiten. Über die Konferenz ist eine Niederschrift zu fertigen; gutachtliche Äußerungen sind aktenkundig zu machen. Lockerungen sind in diesen Fällen in der Regel nur unter den Voraussetzungen des § 13 Abs. 3 zulässig. Sie bedürfen der Zustimmung der Aufsichtsbehörde.

(2) Absatz 1 gilt nicht für die Ausführung und die Außenbeschäftigung unter ständiger und unmittelbarer Aufsicht.

6. (1) Außenbeschäftigung, Freigang und Ausgang sind ausgeschlossen bei Gefangenen,

a) gegen die während des laufenden Freiheitsentzuges eine Strafe vollzogen wurde oder zu vollziehen ist, welche gemäß § 74a GVG von der Strafkammer oder gemäß § 120 GVG vom Oberlandesgericht im ersten Rechtszug verhängt worden ist,

b) gegen die Untersuchungs-, Auslieferungs-, oder Abschiebungshaft angeordnet ist,

c) gegen die eine vollziehbare Ausweisungsverfügung für den Geltungsbereich des Strafvollzugsgesetzes besteht und die aus der Haft abgeschoben werden sollen,

d) gegen die eine freiheitsentziehende Maßregel der Besserung und Sicherung oder eine sonstige Unterbringung gerichtlich angeordnet und noch nicht vollzogen ist.

(2) In den Fällen des Absatzes 1 Buchst. a), c) und d) sind Ausnahmen mit Zustimmung der Aufsichtsbehörde zulässig. In den Fällen des Buchst. a) ist die Vollstreckungsbehörde, des Buchst. d) das zu-

ständige Gericht zu hören, in den Fällen des Buchst. c) bedürfen Ausnahmen des Benehmens mit der zuständigen Ausländerbehörde.

7. (1) Außenbeschäftigung, Freigang und Ausgang sind nur zulässig, wenn der Gefangene für diese Maßnahme geeignet ist, insbesondere ein Mißbrauch nicht zu befürchten ist. Bei der Entscheidung ist zu berücksichtigen, ob der Gefangene durch sein Verhalten im Vollzug die Bereitschaft gezeigt hat, an der Erreichung des Vollzugszieles mitzuwirken.

(2) Ungeeignet für eine Lockerung nach Absatz 1 sind in der Regel namentlich Gefangene,

a) die erheblich suchtgefährdet sind,

b) die während des laufenden Freiheitsentzuges entwichen sind, eine Flucht versucht, einen Ausbruch unternommen oder sich an einer Gefangenenmeuterei beteiligt haben,

c) die aus dem letzten Urlaub oder Ausgang nicht freiwillig zurückgekehrt sind oder bei denen zureichende tatsächliche Anhaltspunkte dafür gegeben sind, daß sie während ihres letzten Urlaubs oder Ausgangs eine strafbare Handlung begangen haben,

d) gegen die ein Ausweisungs-, Auslieferungs-, Ermittlungs- oder Strafverfahren anhängig ist,

e) bei denen zu befürchten ist, daß sie einen negativen Einfluß ausüben, insbesondere die Erreichung des Vollzugszieles bei anderen Gefangenen gefährden würden.

(3) Ausnahmen von Absatz 2 können zugelassen werden, wenn besondere Umstände vorliegen; die Gründe hierfür sind aktenkundig zu machen. In den Fällen des Buchstabens d) ist die zuständige Behörde zu hören.

(4) Bei Gefangenen, gegen die während des laufenden Freiheitsentzuges eine Strafe wegen grober Gewalttätigkeiten gegen Personen, wegen einer Straftat gegen die sexuelle Selbstbe-

stimmung oder wegen Handels mit Stoffen oder des Einbringens dieser Stoffe im Sinne des Gesetzes über den Verkehr mit Betäubungsmitteln vollzogen wurde oder zu vollziehen ist oder die im Vollzug in den begründeten Verdacht des Handels mit diesen Stoffen gekommen sind, bedarf die Frage, ob eine Lockerung des Vollzuges zu verantworten ist, besonders gründlicher Prüfung. Dies gilt auch für Gefangene, über die Erkenntnisse vorliegen, daß sie der organisierten Kriminalität zuzurechnen sind.

8. Die Anordnung einer Lockerung ist aufzuheben, wenn der Gefangene seine Zustimmung zu dieser Maßnahme zurücknimmt.

VV zu § 12:

Die Verwaltungsvorschriften der Nr. 4 zu § 11 und die Verwaltungsvorschriften zu § 35 sind zu beachten.

VV zu § 13

1. Urlaub wird nur an einen Ort innerhalb des Geltungsbereichs des StVollzG gewährt.

2. (1) Der Urlaub kann aufgeteilt werden. Urlaubstage sind alle Kalendertage, auf die sich der Urlaub erstreckt; der Tag, an dem der Gefangene den Urlaub antritt, wird nicht mitgerechnet.

(2) Urlaubsjahr ist das Vollstreckungsjahr. Der Urlaub ist nicht in das nächste Jahr übertragbar. Dies gilt nicht, wenn der Urlaub aus Gründen, die die Vollzugsbehörde zu vertreten hat, nicht rechtzeitig gewährt werden konnte.

(3) Auf jeden angefangenen Kalendermonat der voraussichtlichen Vollzugsdauer entfallen im Rahmen der Höchstdauer (§ 13 Abs. 1 StVollzG) in der Regel nicht mehr als zwei Tage Urlaub.

(4) Zeiten, in denen der Gefangene die Voraussetzungen für eine Beurlaubung noch nicht erfüllt (§ 13 Abs. 2 StVollzG), können bei der Berechnung des Urlaubs berücksichtigt werden. Für Zeiten, in denen der Gefangene für eine Beurlaubung

nicht geeignet ist, soll ihm Urlaub in der Regel nicht gewährt werden.

3. (1) Vom Urlaub ausgeschlossen sind Gefangene,

a) gegen die während des laufenden Freiheitsentzuges eine Strafe vollzogen wurde oder zu vollziehen ist, welche gemäß § 74a GVG von der Strafkammer oder gemäß § 120 GVG vom Oberlandesgericht im ersten Rechtszug verhängt worden ist,

b) gegen die Untersuchungs-, Auslieferungs- oder Abschiebungshaft angeordnet ist,

c) gegen die eine vollziehbare Ausweisungsverfügung für den Geltungsbereich des Strafvollzugsgesetzes besteht und die aus der Haft abgeschoben werden sollen,

d) gegen die eine freiheitsentziehende Maßregel der Besserung und Sicherung oder eine sonstige Unterbringung gerichtlich angeordnet und noch nicht vollzogen ist.

(2) In den Fällen des Absatzes 1 Buchst. a), c) und d) sind Ausnahmen mit Zustimmung der Aufsichtsbehörde zulässig. In den Fällen des Buchst. a) ist die Vollstreckungsbehörde, des Buchst. d) das zuständige Gericht zu hören, in den Fällen des Buchst. c) bedürfen Ausnahmen des Benehmens mit der zuständigen Ausländerbehörde.

4. (1) Urlaub darf nur gewährt werden, wenn der Gefangene für diese Maßnahme geeignet, insbesondere ein Mißbrauch nicht zu befürchten ist. Bei der Entscheidung ist zu berücksichtigen, ob der Gefangene durch sein Verhalten im Vollzug die Bereitschaft gezeigt hat, an der Erreichung des Vollzugszieles mitzuwirken.

(2) Ungeeignet sind in der Regel namentlich Gefangene,

a) die sich im geschlossenen Vollzug befinden und gegen die bis zum voraussichtlichen Entlassungszeitpunkt noch mehr als achtzehn Monate Freiheitsstrafe zu vollziehen sind,

II

b) die erheblich suchtgefährdet sind,

c) die während des laufenden Freiheitsentzuges entwichen sind, eine Flucht versucht, einen Ausbruch unternommen oder sich an einer Gefangenenmeuterei beteiligt haben,

d) die aus dem letzten Urlaub oder Ausgang nicht freiwillig zurückgekehrt sind oder bei denen zureichende tatsächliche Anhaltspunkte dafür gegeben sind, daß sie während des letzten Urlaubs oder Ausgangs eine strafbare Handlung begangen haben,

e) gegen die ein Ausweisungs-, Auslieferungs-, Ermittlungs- oder Strafverfahren anhängig ist.

(3) Ausnahmen von Absatz 2 können zugelassen werden, wenn besondere Umstände vorliegen; die Gründe hierfür sind aktenkundig zu machen. In den Fällen des Buchst. e) ist die zuständige Behörde zu hören.

(4) Bei Gefangenen, gegen die während des laufenden Freiheitsentzuges eine Strafe wegen grober Gewalttätigkeiten gegen Personen, wegen einer Straftat gegen die sexuelle Selbstbestimmung oder wegen Handels mit Stoffen oder des Einbringens dieser Stoffe im Sinne des Gesetzes über den Verkehr mit Betäubungsmitteln vollzogen wurde oder zu vollziehen ist oder die im Vollzug in den begründeten Verdacht des Handels mit diesen Stoffen gekommen sind, bedarf die Frage, ob eine Beurlaubung zu verantworten ist, besonders gründlicher Prüfung. Dies gilt auch für Gefangene, über die Erkenntnisse vorliegen, daß sie der organisierten Kriminalität zuzurechnen sind.

5. (1) Der Gefangene darf in der Regel nicht in eine soziale Umgebung oder zu Personen beurlaubt werden, von denen aufgrund tatsächlicher Anhaltspunkte zu befürchten ist, daß sie seiner Eingliederung entgegenwirken.

(2) Der Gefangene hat seine Urlaubsanschrift anzugeben.

6. (1) Der Gefangene tritt den Urlaub in eigener Kleidung an.

(2) Reisekosten, Lebensunterhalt und andere Aufwendungen während des Urlaubs hat der Gefangene aus Mitteln des Hausoder Eigengeldes zu tragen. Nr. 2 Abs. 1 zu § 51 gilt entsprechend. Soweit die eigenen Mittel des Gefangenen nicht ausreichen, kann eine Beihilfe für die Urlaubszeit aus staatlichen Mitteln gewährt werden.

(3) Für Art und Umfang einer Beihilfe für die Urlaubszeit gilt § 75 StVollzG entsprechend.

7. (1) Urlaub wird nur auf Antrag gewährt. Der Antrag soll einen Monat vor Urlaubsbeginn schriftlich gestellt werden.

(2) Die Gründe für die Ablehnung des Antrags sind aktenkundig zu machen und dem Gefangenen bekanntzugeben.

(3) Die Entscheidung über die Beurlaubung eines zu lebenslanger Freiheitsstrafe verurteilten Gefangenen ist in einer Konferenz nach § 159 vorzubereiten, wenn die Voraussetzungen für eine Urlaubsgewährung nach § 13 Abs. 3 vorliegen. Über die Konferenz ist eine Niederschrift zu fertigen; gutachtliche Äußerungen sind aktenkundig zu machen. Die Beurlaubung bedarf der Zustimmung der Aufsichtsbehörde.

8. (1) Der beurlaubte Gefangene erhält einen Urlaubsschein. In dem Urlaubsschein sind Weisungen, soweit erforderlich, aufzuführen.

(2) Vor Antritt des Urlaubs ist der Gefangene namentlich über die Voraussetzungen des Widerrufs und der Rücknahme des Urlaubs sowie die Bedeutung der ihm erteilten Weisungen zu belehren.

VV zu § 14

1. (1) Für Lockerungen und Urlaub werden die nach den Umständen des Einzelfalles erforderlichen Weisungen erteilt.

(2) Der Gefangene kann namentlich angewiesen werden,

a) Anordnungen zu befolgen, die sich auf Aufenthalt oder bestimmte Verrichtungen außerhalb der Anstalt beziehen,

b) sich zu festgesetzten Zeiten bei einer bestimmten Stelle oder Person zu melden,

c) mit bestimmten Personen oder mit Personen einer bestimmten Gruppe, die ihm Gelegenheit oder Anreiz zu weiteren Straftaten bieten können, nicht zu verkehren,

d) bestimmte Gegenstände, die ihm Gelegenheit oder Anreiz zu weiteren Straftaten bieten können, nicht zu besitzen, bei sich zu führen, zu benutzen oder verwahren zu lassen,

e) alkoholische oder andere berauschende Getränke und Stoffe sowie bestimmte Lokale oder Bezirke zu meiden.

2. (1) Für das Vorliegen der in § 14 Abs. 2 StVollzG genannten Voraussetzungen müssen zureichende tatsächliche Anhaltspunkte gegeben sein.

(2) Widerruf und Rücknahme werden wirksam, wenn die Entscheidung dem Gefangenen mündlich, fernmündlich oder schriftlich bekanntgemacht oder unter der Urlaubsanschrift zugegangen ist. Dem Gefangenen ist Gelegenheit zur Äußerung zu geben. Ist dies vor der Entscheidung über den Widerruf oder die Rücknahme nicht möglich oder untunlich, so ist die Anhörung nach Wegfall des Hindernisses unverzüglich nachzuholen.

(3) Die Gründe für den Widerruf und die Rücknahme sind aktenkundig zu machen und dem Gefangenen auf Verlangen bekanntzugeben.

(4) Fahndungsmaßnahmen können bereits vor der Wirksamkeit des Widerrufs oder der Rücknahme eingeleitet und durchgeführt werden.

VV zu § 15

(1) Die Entlassungsvorbereitungen sind auf den Zeitpunkt der voraussichtlichen Entlassung in die Freiheit abzustellen.

(2) Sonderurlaub im Sinne des § 15 Abs. 3 kann auch im Wiederholungsfall nur bis zu einer Gesamtdauer von einer Woche gewährt werden. Dies gilt auch, wenn die Entlassung zu einem anderen Zeitpunkt erfolgt als bei der Bewilligung des Urlaubs angenommen wurde.

(3) Sonderurlaub nach § 15 Abs. 4 StVollzG kann auch einem Gefangenen gewährt werden, der zum Freigang zugelassen ist, ohne ihn auszuüben.

VV zu § 16

(1) § 16 gilt auch, wenn

a) der Gefangene aufgrund einer gerichtlichen Entscheidung oder aufgrund einer Gnadenmaßnahme vorzeitig zu entlassen ist,

b) eine Strafe oder Ersatzfreiheitsstrafe infolge der Vorverlegung des Entlassungszeitpunkts überhaupt nicht vollzogen wird,

c) Freistellung von der Arbeit (§ 43 Abs. 6 Satz 1 StVollzG) auf den Entlassungszeitpunkt nach § 43 Abs. 9 StVollzG vorrangig angerechnet wird.

(2) Soweit es auf die Länge der Strafzeit ankommt, ist die Vorverlegung der Entlassung vertretbar, wenn sich der Gefangene zum Zeitpunkt der beabsichtigten Entlassung wenigstens einen Monat ununterbrochen im Vollzug befindet.

VV zu § 21

1. (1) Der Gefangene erhält Anstaltsverpflegung, soweit nichts anderes bestimmt ist. Die Verpflegung ist für alle Gefangenen gleich, wenn nicht der Anstaltsarzt aus gesundheitlichen Gründen anderes verordnet hat oder mit Rücksicht auf religiöse Speisegebote eine andere Verpflegung angebracht ist.

(2) Die Anstaltsverpflegung soll eine vollwertige Ernährung der Gefangenen nach den Erkenntnissen der modernen Ernährungslehre gewährleisten.

(3) Unterliegt ein Gefangener religiösen Speisegeboten, sollen auf seinen Antrag Bestandteile der Anstaltsverpflegung, die

er nicht verzehren darf, gegen andere Nahrungsmittel ausgetauscht werden.

2. Während der hohen Glaubensfeste anderer als christlicher Religionsgemeinschaften, bei denen besondere Speisegebote zu beachten sind, können die betreffenden Gefangenen auf ihren Antrag und auf ihre Kosten auch von Glaubensgenossen verpflegt werden, sofern wichtige Belange des Vollzuges nicht entgegenstehen.

VV zu § 22

1. (1) Die Bemessung des Betrages für den Einkauf nach § 22 Abs. 3 StVollzG richtet sich nach den Umständen des Einzelfalles. Dabei sind insbesondere die Höhe des dem Gefangenen bisher zur Verfügung stehenden Hausgeldes, die Höhe des noch anzusparenden Überbrückungsgeldes, besondere persönliche Bedürfnisse (z. B. wegen Krankheit oder Behinderung) und der Wert der beim Zugang belassenen oder ihm von Dritten zugewendeten Nahrungs- und Genußmittel zu berücksichtigen.

(2) Können hinreichende Feststellungen nach Absatz 1 nicht getroffen werden, so wird dem Gefangenen gestattet, im Monat einen Betrag bis zum vierfachen, nach sechs Monaten bis zum sechsfachen Tagessatz der Eckvergütung (§ 43 Abs. 2) aus seinem Eigengeld zu verwenden.

(3) Der Einkauf alkoholhaltiger Getränke ist nicht gestattet. Ausnahmen können von der Aufsichtsbehörde für einzelne Anstalten und Abteilungen sowie für bestimmte Gruppen von Gefangenen zugelassen werden.

2. (1) Für den Einkauf sonstiger Gegenstände, deren Besitz in der Anstalt gestattet ist, kann der Gefangene sein Hausgeld, sein Taschengeld und sein Eigengeld verwenden. Der Einkauf aus seinem Eigengeld kann der Höhe nach beschränkt werden.

(2) § 83 Abs. 2 Satz 3 StVollzG bleibt unberührt.

VV zu § 24

1. Ein Besuch findet nicht statt, wenn ihn der Gefangene ablehnt.

2. (1) Jeder Besucher muß sich über seine Person ausweisen. Hiervon kann abgesehen werden, wenn der Besucher bereits bekannt ist.

(2) Der Besuch kann davon abhängig gemacht werden, daß der Besucher für die Dauer des Besuches seinen Ausweis bei der Anstalt hinterlegt.

3. Der Besucher wird in geeigneter Weise unterrichtet, wie er sich bei dem Besuch zu verhalten hat.

4. Vor dem Besuch eines kranken Gefangenen, der in einer Krankenabteilung oder in einem Anstaltskrankenhaus untergebracht ist, ist der Arzt zu hören. Ärztliche Bedenken gegen einen Besuch sind dem Besucher mitzuteilen. Besuche im Krankenraum bedürfen der Zustimmung des Arztes.

5. Für den Besuchsverkehr eines Gefangenen, der eine ausländische Staatsangehörigkeit besitzt, mit der diplomatischen oder konsularischen Vertretung des Heimatstaates gelten die Richtlinien für den Verkehr mit dem Ausland in strafrechtlichen Angelegenheiten (Nr. 184 RiVASt).

VV zu § 26

(1) Der Verteidiger muß sich als solcher gegenüber der Anstalt durch die Vollmacht des Gefangenen oder die Bestellungsanordnung des Gerichts ausweisen. Rechtsanwälte und Notare haben nachzuweisen, daß sie den Gefangenen in einer ihn betreffenden Rechtssache besuchen wollen.

(2) Rechtsanwälte, Notare, Rechtsbeistände und Rechtsreferendare haben ihre Eigenschaft auf Verlangen nachzuweisen.

VV zu § 28

1. Für den Schriftverkehr eines Gefangenen der eine ausländische Staatsangehörigkeit besitzt, mit der diplomatischen oder konsularischen Vertretung des Heimatstaates gelten die Richtlinien für den Verkehr mit

dem Ausland in strafrechtlichen Angelegenheiten (Nr. 183 RiVASt).

2. Die Kosten des Schriftverkehrs trägt der Gefangene. Kann der Gefangene sie nicht aufbringen, kann die Anstalt sie in begründeten Fällen in angemessenem Umfang übernehmen.

VV zu § 29

1. (1) Der Verteidiger muß sich als solcher gegenüber der Anstalt durch die Vollmacht des Gefangenen oder die Bestellungsanordnung des Gerichts ausweisen. Verteidigerpost muß deutlich sichtbar gekennzeichnet sein.

   (2) Als Verteidigerpost gekennzeichnete eingehende Schreiben von Personen, bei denen die Verteidigereigenschaft nicht nachgewiesen ist, werden in der Regel ungeöffnet an den Absender zurückgesandt mit dem Hinweis, daß der Nachweis der Verteidigereigenschaft fehlt. Mit Einverständnis des Gefangenen kann das Schreiben geöffnet und nach Überprüfung ausgehändigt werden.

2. (1) Soweit der Schriftwechsel überwacht werden darf, bestimmt der Anstaltsleiter Art und Umfang der Überwachung. Er darf mit der Überwachung einzelne andere Bedienstete beauftragen. Schreiben in fremder Sprache werden, soweit nötig, übersetzt.

   (2) Soweit der Schriftwechsel überwacht wird, hat der Gefangene seine Schreiben in offenem Umschlag in der Anstalt abzugeben.

   (3) Der überwachende Bedienstete darf in den Schreiben weder Randbemerkungen anbringen noch Stellen durchstreichen oder unkenntlich machen. Ein Sichtvermerk ist zulässig.

3. Die Kosten für die Übersetzung von Schreiben, die in fremder Sprache abgefaßt sind, trägt in der Regel die Staatskasse.

VV zu § 31

1. Dem Gefangenen sind die Gründe für das Anhalten mitzuteilen. Der unbedenkliche Inhalt eines angehaltenen Schreibens kann ihm bekanntgegeben werden.

2. Ein Begleitschreiben darf nur Angaben enthalten, die der Richtigstellung dienen. Der Gefangene ist über die Absicht, ein Begleitschreiben beizufügen, zu unterrichten.

3. Angehaltene Schreiben, die Kenntnisse über Sicherungsvorkehrungen der Anstalt vermitteln, dürfen auch vernichtet werden (vgl. § 83 Abs. 4 StVollzG).

VV zu § 32

Die Kosten trägt der Gefangene. Ist er dazu nicht in der Lage, kann die Anstalt die Kosten in begründeten Fällen in angemessenem Umfang übernehmen.

VV zu § 33

1. (1) Der Empfang eines Paketes ist zugelassen zu Weihnachten, zu Ostern und zu einem von dem Gefangenen zu wählenden weiteren Zeitpunkt (z. B. Geburtstag).

   (2) Einem Gefangenen, der nicht einer christlichen Religionsgemeinschaft angehört, kann anstelle des Weihnachts- und des Osterpaketes der Empfang je eines Paketes aus Anlaß eines hohen Feiertages seines Glaubens gestattet werden.

2. (1) Einschließlich der Verpackung darf das Gewicht des Weihnachtspaketes fünf Kilogramm, der beiden übrigen Pakete jeweils drei Kilogramm nicht übersteigen.

   (2) Ein Paket darf Alkohol und andere berauschende Mittel in jeder Form sowie Medikamente und Tabletten nicht enthalten.

   (3) In den Fällen einer ärztlichen Anordnung nach § 22 Abs. 2 des Strafvollzugsgesetzes darf der Inhalt des Paketes nur nach Anhörung des Arztes ausgehändigt werden.

3. Die Erlaubnis zum Empfang sonstiger Pakete kann namentlich für die Zusendung von Unterrichts- und Fortbildungsmitteln, Entlassungskleidung und Gegenständen für die Freizeitbeschäftigung erteilt werden.

4. Jedes Paket soll ein Inhaltsverzeichnis enthalten und den Absender erkennen lassen. Die Verwendung einer von der Anstalt ausgegebenen Paketmarke kann vorgeschrieben werden.

5. (1) Das Paket soll innerhalb eines Zeitraumes von zwei Wochen vor oder nach den in Nummer 1 genannten Zeitpunkten eingehen.

(2) Die Anstalt kann die Annahme eines Paketes, das zur Unzeit (Absatz 1) oder mit Übergewicht eingeht oder dessen Empfang nicht zugelassen ist, – gegebenenfalls bereits auf dem Postamt – verweigern. Sie teilt dem Gefangenen die Annahmeverweigerung und den Grund dafür mit.

(3) Absatz 2 gilt nicht für ein Paket, das einem ausländischen Gefangenen nicht aus dem Geltungsbereich des Strafvollzugsgesetzes zugesandt wird. Wird das Höchstgewicht überschritten oder ist das Paket nicht zugelassen, kann der Mehrinhalt oder der Inhalt dem Gefangenen ausgehändigt werden, wenn dieser mit der Zuführung eines dem Wert entsprechenden, von der Anstalt festgesetzten Betrages aus dem Hausgeld zum Überbrückungsgeld oder Eigengeld einverstanden ist. Andernfalls ist der Mehrinhalt oder der Inhalt des Paketes zur Habe des Gefangenen zu nehmen, soweit er nicht mit dessen Zustimmung anderweitig verwendet oder soweit nicht nach § 83 Abs. 3 StVollzG verfahren wird.

6. (1) Ein Gefangener, der kein Paket erhält, darf zum Ausgleich Nahrungs- und Genußmittel einkaufen. Für den Ersatzeinkauf darf ein Betrag bis zum siebenfachen, beim Weihnachtspaket bis zum neunfachen Tagessatz der Eckvergütung (§ 43 Abs. 2 StVollzG) aus dem Eigengeld verwendet werden. § 83 Abs. 2 Satz 3 StVollzG bleibt unberührt.

(2) Geht für einen Gefangenen nach dem Ersatzeinkauf in dem in Nr. 5 Abs. 1 bestimmten Zeitraum ein Paket ein, ist es ihm auszuhändigen, wenn er mit der Zuführung des gleichen Betrages, den er für den Ersatzeinkauf verwendet hat, aus dem Hausgeld zum Überbrückungsgeld oder Eigengeld einverstanden ist. Andernfalls ist das Paket zurückzusenden. Nr. 5 Abs. 3 bleibt unberührt.

7. (1) Der Paketinhalt wird auf verbotene Gegenstände durchsucht. Liegt ein Inhaltsverzeichnis bei, ist die Vollzähligkeit zu prüfen; Abweichungen sind auf dem Verzeichnis zu vermerken.

(2) Der Gefangene hat den Empfang des Paketes schriftlich zu bestätigen.

8. Die Kosten des Paketverkehrs trägt der Gefangene. Ist er dazu nicht in der Lage, kann die Anstalt die Kosten in begründeten Fällen in angemessenem Umfang übernehmen.

9. Der Gefangene soll alsbald nach der Aufnahme durch Aushändigung eines Merkblattes über die Möglichkeit, Pakete zu empfangen und zu versenden, unterrichtet werden.

VV zu § 35

1. Die Verwaltungsvorschriften zu §§ 11, 13 und 14 StVollzG gelten sinngemäß.

2. (1) Bei einer Ausführung entscheidet der Anstaltsleiter über die nach Lage des Falles erforderlichen besonderen Sicherungsmaßnahmen.

(2) Eine Ausführung unterbleibt, wenn trotz Anordnung angemessener besonderer Sicherungsmaßnahmen zu befürchten ist, daß der Gefangene sich dem Vollzug der Freiheitsstrafe entziehen oder die Ausführung zu Straftaten mißbrauchen werde, dies gilt nicht, wenn die Ausführung zur Abwendung einer unmittelbaren Gefahr für Leib oder Leben des Gefangenen unerläßlich ist.

VV zu § 36

1. (1) Beantragt der Gefangene unter Vorlage einer Ladung die Teilnahme an einem gerichtlichen Termin, so entscheidet der Anstaltsleiter, ob er dem Gefangenen hierfür Ausgang oder Urlaub erteilt oder ihn ausführen läßt.

(2) Eine Pflicht des Anstaltsleiters, das Gericht über seine Entscheidung zu unterrichten, besteht nicht.

2. (1) Ersucht das Gericht die Anstalt, einen Gefangenen an einem gerichtlichen Termin teilnehmen zu lassen, so klärt der Anstaltsleiter, ob der Gefangene der Ladung Folge leisten will. Bejahendenfalls prüft der Anstaltsleiter, ob er dem Gefangenen Ausgang oder Urlaub erteilt oder ihn ausführen läßt.

(2) Der Anstaltsleiter unterrichtet das Gericht, und zwar auch dann, wenn der Gefangene die Teilnahme an dem Termin ablehnt.

3. Wird der Gefangene auf seinen Antrag oder überwiegend in seinem Interesse ausgeführt, so werden ihm in der Regel die Kosten auferlegt.

4. (1) Erläßt das Gericht einen Vorführungsbefehl und ersucht es die Anstalt um Vorführung, so läßt der Anstaltsleiter den Gefangenen zu dem gerichtlichen Termin vorführen.

(2) Vor der Vorführung erteilt der Anstaltsleiter die nach Lage des Falles erforderlichen Weisungen und entscheidet über besondere Sicherungsmaßnahmen.

5. Im Benehmen mit dem Richter, der die Dienstaufsicht bei dem Amtsgericht führt, in dessen Bezirk die Anstalt liegt, setzt der Anstaltsleiter die Zeit fest, in der dem Gefangenen Gelegenheit gegeben wird, in der Anstalt dem Urkundsbeamten der Geschäftsstelle vorgeführt zu werden.

VV zu § 37

1. entfällt

2. Eine Beschäftigung ist angemessen im Sinne des § 37 Abs. 4, wenn ihr Ergebnis wirtschaftlich verwertbar ist und in einem vertretbaren Verhältnis zum Aufwand steht.

3. (1) Soweit es die Art der Arbeit oder der angemessenen Beschäftigung zuläßt, wird für jede Verrichtung die Anforderung ermittelt und festgesetzt, die der Gefangene zu leisten hat. Dabei ist von der Leistung

auszugehen, die von einem freien Arbeitnehmer nach ausreichender Einarbeitung und Übung ohne Gesundheitsstörung auf die Dauer erreicht und erwartet werden kann. Die besonderen Verhältnisse des Vollzugs sind angemessen zu berücksichtigen.

(2) Die Soll-Leistung wird überprüft und gegebenenfalls neu festgesetzt, wenn sie von der Mehrzahl der Gefangenen um mehr als vierzig vom Hundert überschritten wird oder sich die Festsetzung als zu hoch erwiesen hat. Sie ist auch zu überprüfen und gegebenenfalls neu festzusetzen, wenn dies durch eine Änderung der Arbeitsmethoden, technische Verbesserungen oder ähnliches begründet ist.

4. (1) Die Arbeitszeit der Gefangenen soll sich nach der regelmäßigen wöchentlichen Arbeitszeit im öffentlichen Dienst richten. In dringenden Fällen darf die regelmäßige Arbeitszeit der Gefangenen bis zu der für freie Arbeitnehmer zugelassenen Höchstdauer überschritten werden.

(2) An Sonntagen und gesetzlichen Feiertagen, in der Regel auch an Samstagen, ruht die Arbeit, soweit nicht unaufschiebbare Arbeiten ausgeführt werden müssen.

(3) Mehrarbeit und Arbeit nach Absatz 2 sollen möglichst durch Freistellung von der Arbeit an anderen Arbeitstagen ausgeglichen werden.

(4) Gefangene, die nach den Vorschriften ihres Glaubensbekenntnisses an bestimmten Tagen nicht arbeiten dürfen, können an diesen Tagen auf ihren Wunsch von der Arbeit befreit werden. Sie können dafür an allgemein arbeitsfreien Tagen zu unaufschiebbaren Arbeiten herangezogen werden.

5. Ein Gefangener kann zu Tätigkeiten für die Vollzugsanstalt herangezogen werden, wenn er hierfür geeignet ist und Unzuträglichkeiten nicht zu erwarten sind. Arbeiten, die Einblick in die persönlichen Verhältnisse von Bediensteten, Gefangenen oder Dritten oder in Personal-, Gerichts- oder Verwaltungsakten ermögli-

II

chen, dürfen einem Gefangenen nicht übertragen werden.

VV zu § 39

1. entfällt

2. (1) Gefangene, denen das Eingehen eines freien Beschäftigungsverhältnisses außerhalb der Anstalt gestattet ist, sollen von Gefangenen des geschlossenen Vollzuges getrennt gehalten werden.

(2) Zwischen dem Gefangenen und seinem Arbeitgeber oder Ausbildenden ist ein schriftlicher Vertrag (Arbeitsvertrag, Berufsausbildungsvertrag oder ähnliches) abzuschließen. In dem Vertrag ist insbesondere festzulegen, daß das Beschäftigungsverhältnis ohne Kündigung endet, wenn die dem Gefangenen nach § 39 Abs. 1 erteilte Erlaubnis endet, und daß die Bezüge aus dem Beschäftigungsverhältnis während des Freiheitsentzuges mit befreiender Wirkung nur auf das mit der Anstalt vereinbarte Konto gezahlt werden können. Die Anstalt stellt sicher, daß mit Zuwendungen aufgrund öffentlich-rechtlicher Bestimmungen entsprechend verfahren wird.

(3) Die Bezüge des Gefangenen werden in nachstehender Rangfolge für folgende Zwecke verwendet:

a) Auslagen des Gefangenen für Fahrtkosten, Arbeitskleidung, Verpflegung außerhalb der Anstalt und andere im Zusammenhang mit seiner Beschäftigung notwendige Aufwendungen,

b) Hausgeld und Überbrückungsgeld,

c) Erfüllung einer gesetzlichen Unterhaltspflicht des Gefangenen auf dessen Antrag,

d) Haftkostenbeitrag,

e) Erfüllung sonstiger Verbindlichkeiten des Gefangenen auf dessen Antrag,

f) Eigengeld des Gefangenen.

(4) Der Gefangene ist anzuhalten, seine Unterhaltspflichten zu erfüllen, den durch die Straftat verursachten Schaden wiedergutzumachen und seine sonstigen Verbindlichkeiten zu erfüllen. Ist der Anstalt

bekannt, daß Angehörige oder andere Personen, denen der Gefangene unterhaltspflichtig ist, Sozialhilfe erhalten, wird der Träger der Sozialhilfe von dem Beschäftigungsverhältnis und der Höhe der Bezüge unterrichtet. Auf die Möglichkeit der Nachentrichtung von Beiträgen zur Sozialversicherung soll der Gefangene hingewiesen werden.

3. (1) Selbstbeschäftigung soll regelmäßig nur gestattet werden, wenn sie aus wichtigem Grunde geboten erscheint und im Rahmen des Vollzugsplanes insbesondere dem Ziel dient, Fähigkeiten für eine Erwerbstätigkeit nach der Entlassung zu vermitteln, zu erhalten oder zu fördern. Selbstbeschäftigung darf nicht gestattet werden, wenn überwiegende Gründe des Vollzuges entgegenstehen.

(2) Selbstbeschäftigung wird in der Regel nur gestattet, wenn der Gefangene sich die nötigen Gegenstände aus eigenen Mitteln beschaffen kann; bei Selbstbeschäftigung innerhalb der Anstalt vermittelt die Anstalt die Beschaffung der Gegenstände.

(3) Für die Rechtsbeziehungen zwischen dem Gefangenen und einem Dritten sowie für die Bezüge aus der Selbstbeschäftigung gilt Nr. 2 Abs. 2 bis 4 entsprechend. § 50 Abs. 3 StVollzG in der Fassung des § 199 Abs. 2 Nr. 3 StVollzG bleibt unberührt.

(4) Der Gefangene ist anzuhalten, seiner Steuerpflicht nachzukommen. Erfüllt der Gefangene seine Anzeigepflicht nicht, so ist die Erlaubnis zur Selbstbeschäftigung zu widerrufen.

VV zu § 42

1. § 42 Abs. 1 Strafvollzugsgesetz gewährt einen Anspruch auf Freistellung von der Arbeitspflicht, sobald der Gefangene innerhalb eines zu einem beliebigen Zeitpunkt beginnenden Zeitraumes von einem Jahr seine Arbeitspflicht erfüllt hat.

2. Auf das Jahr (§ 42 Abs. 1) werden ferner angerechnet

a) Zeiten, in denen der Gefangene Verletztengeld nach § 47 Abs. 6 SGB VII erhalten hat,

b) Zeiten, in denen der Gefangene aus anderen als Krankheitsgründen eine Tätigkeit nach § 42 Abs. 1 nicht ausgeübt hat, in der Regel bis zu drei Wochen jährlich, wenn dies angemessen erscheint,

c) Zeiten einer Freistellung von der Arbeitspflicht und Urlaub aus der Haft, der nach § 42 Abs. 2 anzurechnen ist,

d) Zeiten einer Freistellung von der Arbeit nach § 43 Abs. 6 StVollzG und Arbeitsurlaub nach § 43 Abs. 7 StVollzG

3. (1) Als Werktage (§ 42 Abs. 1 Satz 1) gelten alle Kalendertage, die nicht Sonn- oder gesetzliche Feiertage sind.

(2) Erkrankt ein Gefangener während der Freistellung von der Arbeitspflicht, werden die Tage der Arbeitsunfähigkeit auf die Zeit der Freistellung nicht angerechnet.

4. (1) Die Freistellung kann nur innerhalb eines Jahres nach Vorliegen der Voraussetzungen in Anspruch genommen werden.

(2) Eine erneute Freistellung kann frühestens ein Jahr nach Vorliegen der Voraussetzungen für die vorhergehende Freistellung und in der Regel frühestens drei Monate nach der letzten Freistellung in Anspruch genommen werden.

5. Die Freistellung von der Arbeitspflicht ist von dem Gefangenen mindestens einen Monat vorher schriftlich zu beantragen.

6. Bei der Festsetzung des Zeitpunkts der Freistellung sind die betrieblichen Belange, der Stand einer Aus- oder Weiterbildungsmaßnahme und die Möglichkeiten der Vollzugsgestaltung während der Freistellungszeit zu berücksichtigen.

7. Der Berechnung der Bezüge nach § 42 Abs. 3 ist der Durchschnitt der letzten drei abgerechneten Monate vor der Freistellung, in denen der Gefangene im Vollzug der Freiheitsstrafe tätig war, zugrunde zu legen.

8. Für Gefangene, die nach § 41 Abs. 1 Satz 3 oder § 175 nicht zur Arbeit verpflichtet

sind, gelten § 42 und Nr. 1 bis 7 entsprechend.

VV zu § 43

1. (1) Verrichtet ein Gefangener während eines Abrechnungszeitraumes Tätigkeiten, die verschiedenen Vergütungsstufen zuzuordnen sind, so ist das Arbeitsentgelt aus der Vergütungsstufe zu ermitteln, die dem überwiegenden Teil der Tätigkeiten entspricht. Dies gilt nicht, wenn der Gefangene in verschiedenen Betrieben arbeitet.

(2) Verrichtet ein Gefangener nicht nur vorübergehend eine anders bewertete Tätigkeit, so ist er mit Beginn des nächsten Abrechnungszeitraumes in die entsprechende Vergütungsstufe umzugruppieren.

2. (1) Das Arbeitsentgelt wird in der Form des Zeitlohnes oder des Leistungslohnes ermittelt.

(2) Zeiten einer Einarbeitung können im Zeitlohn vergütet werden.

(3) Im Zeitlohn kann der Satz der jeweiligen Vergütungsstufe unterschritten werden, wenn der Gefangene den Anforderungen der jeweiligen Vergütungsstufe nicht genügt. § 43 Abs. 3 Satz 2 bleibt unberührt.

3. Neben dem Arbeitsentgelt können Leistungen für betriebliche Verbesserungsvorschläge gewährt werden. Der Anstaltsleiter entscheidet, ob eine Leistung für einen betrieblichen Verbesserungsvorschlag als Hausgeld, Überbrückungsgeld oder Eigengeld gutgeschrieben wird.

4. (1) Ein Beschäftigungszeitraum im Sinne des § 43 Abs. 6 Satz 1 endet, wenn ein Gefangener aus von ihm verschuldeten Gründen seine Tätigkeit unterbricht. Mit der erneuten Arbeitsaufnahme beginnt die Frist von Neuem.

(2) Wird die Zweimonatsfrist durch ein unverschuldetes Ereignis im Sinne des § 43 Abs. 6 Satz 3 gehemmt, so verlängert sich der Zeitraum zur Erfüllung des Zweimonatszeitraums um die Zahl der ausgefallenen Arbeitstage.

5. (1) Für die Gewährung der Freistellung in der Arbeit gelten Nr. 3 Abs. 2, Nr. 4 Abs. 1, Nrn. 5 u. 6 der VV zu § 42 StVollzG entsprechend.

(2) Als Werktage (§ 43 Abs. 6 Satz 1) gelten alle Kalendertage, die nicht Sonntage, gesetzliche Feiertage oder Samstage sind. Nr. 6 Abs. 2 gilt entsprechend.

(3) Für die Berechnung der Bezüge nach § 43 Abs. 8 gilt Nr. 7 VV zu § 42 StVollzG entsprechend. Sofern weniger als drei Monate abgerechnet sind, sind diese zu Grunde zu legen.

6. (1) Für Urlaub nach dem § 43 Abs. 7 gilt § 35 Abs. 2 StVollzG entsprechend. Die VV zu §§ 11, 13 und 14 StVollzG gelten sinngemäß.

(2) Mit Zustimmung der Gefangenen kann Arbeitsurlaub auch an Sonntagen, Feiertagen und Samstagen gewährt werden.

VV zu § 44

Als Berufsfindungsmaßnahme kann auch die Teilnahme eines Gefangenen an einem Einweisungsverfahren in einer zentralen Einweisungseinrichtung in Betracht kommen.

VV zu § 46 (in der Fassung des § 199 Abs. 2 Nr. 1 StVollzG)

(1) Das Taschengeld wird nur auf Antrag gewährt.

(2) Das Taschengeld beträgt 14 v. H. der Eckvergütung (§ 43 Abs. 2 StVollzG). Bei der Berechnung des Taschengeldes werden Hausgeld und Eigengeld berücksichtigt. Ein Geldbetrag, der für einen Gefangenen statt eines Paketes im Sinne des § 33 Abs. 1 Satz 1 StVollzG zum eigenen Einkauf von Nahrungs- und Genußmitteln eingezahlt wird, bleibt bis zu dem für den Ersatzeinkauf festgesetzten Höchstbetrag bei der Berechnung des Taschengeldes für den laufenden und längstens den folgenden Monat unberücksichtigt.

(3) Bedürftig ist ein Gefangener, soweit ihm im laufenden Monat aus Hausgeld und Eigengeld nicht ein Betrag bis zur Höhe des Taschengeldes zur Verfügung steht.

VV zu § 47

(in der Fassung des § 199 Abs. 2 Nr. 2 StVollzG)

Über Beträge, die als Ersatz für entgangene, in diesem Gesetz geregelte Zuwendungen gewährt werden (z. B. Zeugenentschädigung, Verletztengeld), kann der Gefangene wie über die Zuwendungen verfügen, an deren Stelle sie treten.

VV zu § 50

(1) Der nicht auf die Kost entfallende Anteil des Haftkostenbeitrages ist auch dann zu erheben, wenn sich Gefangene wegen Urlaubs oder aus sonstigen Gründen vorübergehend nicht in der Anstalt aufhalten.

(2) Während der Teilnahme an Maßnahmen der Ausbildung oder Weiterbildung wird von der Erhebung eines Haftkostenbeitrages abgesehen, wenn die Gewährung von Bezügen nach öffentlich-rechtlichen Bestimmungen (z. B. Arbeitsförderungsgesetz) hiervon abhängig gemacht wird.

VV zu § 51

1. (1) Das Arbeitsentgelt und die Ausbildungsbeihilfe werden dem Überbrückungsgeld zugeführt, soweit sie dem Gefangenen nicht als Hausgeld zur Verfügung stehen und das Überbrückungsgeld noch nicht die angemessene Höhe (§ 51 Abs. 1) erreicht hat. Bei Gefangenen, die in einem freien Beschäftigungsverhältnis stehen oder denen gestattet ist, sich selbst zu beschäftigen, ist der Anteil der Bezüge zu bestimmen, der gemäß Satz 1 dem Überbrückungsgeld zuzuführen ist; der Anteil soll bei Gefangenen, die in einem freien Beschäftigungsverhältnis stehen, den Betrag des Hausgeldes nicht unterschreiten.

(2) Die angemessene Höhe des Überbrückungsgeldes wird von der Landesjustizverwaltung festgesetzt. Sie soll das vierfache der nach § 22 Bundessozialhilfegesetz festgesetzte monatlichen Mindestbetrag des Regelsatzes nicht unterschreiten. Der Anstaltsleiter kann unter Berücksichti-

gung der Umstände des Einzelfalles einen höheren Betrag festsetzen.

2. (1) Der Anstaltsleiter soll die Inanspruchnahme des Überbrückungsgeldes nach § 51 Abs. 3 nur gestatten, wenn zu erwarten ist, daß dem Gefangenen bei der Entlassung in die Freiheit ein Überbrückungsgeld in angemessener Höhe zur Verfügung steht.

(2) Ausgaben, die der Eingliederung dienen, sind insbesondere Aufwendungen zur Erlangung eines Arbeitsplatzes und einer Unterkunft nach der Entlassung.

VV zu § 56

1. Für die Anstalten gelten die allgemeinen Vorschriften für die gesundheitsbehördliche Überwachung.

2. Der Anstaltsarzt achtet auf Vorgänge und Umstände, von denen Gefahren für die Gesundheit von Personen in der Anstalt ausgehen können. Jeder Bedienstete, der eine Gefahr für die gesundheitlichen Verhältnisse zu erkennen glaubt, ist verpflichtet, dieses unverzüglich zu melden.

3. Der Anstaltsarzt hat nach den Vorschriften des Infektionsschutzgesetzes meldepflichtige übertragbare Krankheiten dem zuständigen Gesundheitsamt anzuzeigen und den Gefangenen, soweit es erforderlich ist, abzusondern. Kranke, bei denen zur Zeit der Entlassung noch Ansteckungsgefahr besteht oder deren Behandlung noch nicht abgeschlossen ist, werden dem zuständigen Gesundheitsamt unverzüglich gemeldet. Gegebenenfalls ist es zu veranlassen, daß sie in die zuständige öffentliche Krankenanstalt gebracht werden.

VV zu § 57

Die Gefangenen sind auf die Möglichkeit von Maßnahmen zur Früherkennung von Krankheiten hinzuweisen. Die Maßnahmen werden auf Antrag durchgeführt.

VV zu § 58

1. (1) Einen Gefangenen, der sich krank meldet, einen Unfall erleidet, einen Selbstmordversuch begeht oder sich selbst beschädigt, sowie einen Gefangenen, dessen Aussehen oder Verhalten den Verdacht nahelegt, daß er körperlich oder geistig erkrankt ist, zeigt der die Feststellung treffende Bedienstete schriftlich, notfalls mündlich voraus, dem Anstaltsarzt an. Wenn ärztliche Hilfe nicht sofort erforderlich erscheint, untersucht der Arzt den krankgemeldeten Gefangenen in der nächsten Sprechstunde.

(2) Der Arzt stellt fest, ob der Gefangene als krank zu führen ist, ob er bettlägerig krank ist, in welchem Umfange er arbeitsfähig ist, ob er einer besonderen Unterbringung oder speziellen Behandlung bedarf, oder ob er vollzugsuntauglich ist.

2. (1) Kann der Anstaltsarzt nicht erreicht werden, so wird in dringenden Fällen ein anderer Arzt herbeigerufen.

(2) Hält es der Anstaltsarzt nach Art oder Schwere des Falles für erforderlich, zieht er einen anderen Arzt oder Facharzt hinzu.

3. Der Anstaltsleiter kann nach Anhören des Anstaltsarztes dem Gefangenen ausnahmsweise gestatten, auf eigene Kosten einen beratenden Arzt hinzuzuziehen. Die Erlaubnis soll nur erteilt werden, wenn der Gefangene den in Aussicht genommenen Arzt und den Anstaltsarzt untereinander von der ärztlichen Schweigepflicht entbindet. Bei der Wahl des Zeitpunktes und der Bestimmung der Häufigkeit ärztlicher Bemühungen ist auf die besonderen räumlichen, personellen und organisatorischen Verhältnisse in der Anstalt Rücksicht zu nehmen.

4. (1) Die ärztlichen Verordnungen sind genau zu befolgen. Es ist darauf zu achten, daß Arzneimittel nicht mißbraucht werden. Für die Einhaltung der ärztlichen Einnahmevorschrift ist der Gefangene in der Regel selbst verantwortlich. Bei einem Gefangenen mit Persönlichkeitsstörung und für die Einnahme stark wirkender Arzneimittel kann angeordnet werden, daß Arzneimittel in Gegenwart eines Bediensteten einzunehmen sind. Bei Mißbrauchsgefahr ist darauf zu achten, daß

der Gefangene das Arzneimittel tatsächlich einnimmt, nach Möglichkeit durch Verabreichen in aufgelöstem Zustand.

(2) Gifte und andere stark wirkende Arzneimittel hat der Arzt ständig unter sicherem Verschluß aufzubewahren. Alle anderen Arzneimittel sind so sicher unterzubringen, daß sie Unbefugten nicht zugänglich sind.

(3) Es dürfen nur durch die Anstalt beschaffte Arzneimittel verwendet werden, es sei denn, der Anstaltsarzt läßt Ausnahmen zu. Diese Bestimmung gilt nicht für ärztlich verordnete Arzneimittel, die von Gefangenen beschafft werden, die in einem freien Beschäftigungsverhältnis stehen.

VV zu § 60

Dem Gefangenen kann in der nächstgelegenen Vollzugsanstalt ambulante Krankenpflege gewährt werden, wenn eine Rückkehr in die zuständige Anstalt nicht zumutbar ist.

VV zu § 65

(1) In einem Krankenhaus außerhalb des Vollzugs ist eine Bewachung durch Vollzugsbedienstete bei Fortdauer der Strafvollstreckung nur dann erforderlich, wenn eine Flucht aufgrund der Persönlichkeit des Gefangenen oder der besonderen Umstände zu befürchten ist. Wenn auf eine Bewachung ausschließlich im Hinblick auf den Krankheitszustand verzichtet wurde, ist das Krankenhaus zu ersuchen, der Anstalt eine Besserung des Befindens mitzuteilen, die eine Flucht möglich erscheinen läßt.

(2) Kann die sachgemäße Behandlung oder Beobachtung eines Gefangenen nur in einem Krankenhaus außerhalb des Vollzuges, das die gebotene Fortdauer der Bewachung nicht zuläßt, durchgeführt werden, so sind bei der Entscheidung über eine Verlegung des Gefangenen in dieses Krankenhaus die Dringlichkeit der Krankenhausunterbringung und die Entweichungsgefahr sowie die Gefahr für die öffentliche Sicherheit gegeneinander abzuwägen. Eine nicht unverzüglich erforderli-

che stationäre Behandlung ist danach unter Umständen aufzuschieben.

VV zu § 66

(1) Der Tod des Gefangenen wird der Aufsichtsbehörde angezeigt.

(2) Das Guthaben des verstorbenen Gefangenen bei der Anstaltszahlstelle und seine Habe werden an den Berechtigten ausgehändigt.

VV zu § 67

Die Verwaltungsvorschriften Nr. 2 Abs. 4 Satz 1 und Nr. 3 Abs. 4 Satz 1 zu § 39 gelten entsprechend.

VV zu § 68

1. Zeitungen und Zeitschriften können durch die Anstalt, den Gefangenen oder einem Dritten bestellt werden. Sie dürfen in der Regel nur über den Postzeitungsdienst oder im Abonnement bezogen werden.

2. Der Gefangene kann für den Bezug von Zeitungen und Zeitschriften sein Hausgeld, sein Taschengeld und sein Eigengeld verwenden.

3. Die Weitergabe von Zeitungen und Zeitschriften oder von Teilen und Ausschnitten an andere Gefangene kann untersagt werden, wenn sie das Ziel des Vollzuges oder die Sicherheit oder Ordnung der Anstalt gefährden würde.

4. Gebrauchte Zeitungen und Zeitschriften werden anderweitig verwertet oder vernichtet; sie sind auf Antrag des Gefangenen zur Habe zu nehmen, falls dieser ein berechtigtes Interesse an der weiteren Aufbewahrung hat.

5. Der Gefangene hat die Abbestellung, Umbestellung oder Nachsendung von Zeitungen und Zeitschriften selbst zu veranlassen. Die Anstalt ist zur Nachsendung nicht verpflichtet. Gehen für einen entlassenen oder in eine andere Anstalt verlegten Gefangenen Zeitungen oder Zeitschriften ein, hat der Gefangene der Verwertung oder Vernichtung durch die Anstalt nicht zugestimmt und ist auch eine Nachsendung

nicht beabsichtigt, so soll die Anstalt die Annahme verweigern.

6. Werden Zeitungen oder Zeitschriften vom Bezug ausgeschlossen oder einzelne Ausgaben oder Teile von Zeitungen oder Zeitschriften vorenthalten, so wird dies dem Gefangenen mitgeteilt.

VV zu § 69

1. Die Anstaltsleitung kann anordnen, dass Hörfunk- und Fernsehgeräte nur mit Kopfhörer betrieben und dass die Geräte während der Ruhezeit aus dem Haftraum entfernt werden.

2. (1) Hörfunk- und Fernsehgeräte dürfen nur ausgehändigt werden, wenn feststeht, dass sie den geltenden Bestimmungen und Auflagen entsprechen und keine unzulässigen Gegenstände enthalten. Die dazu erforderliche Überprüfung und etwa notwendige Änderungen werden durch die Anstalt auf Kosten der Gefangenen veranlasst.

(2) Zur Verhinderung eines Missbrauchs kann die Anstaltsleitung die Verplombung des Gerätes anordnen.

(3) Reparaturen sind nur durch Vermittlung der Anstalt zulässig.

3. Die Gefangenen haben die notwendigen Anzeigen im Zusammenhang mit dem Betrieb des Hörfunkgerätes und des Fernsehgerätes selbst vorzunehmen und für die Entrichtung der entsprechenden Gebühren zu sorgen, sofern sie nicht von der Gebührenpflicht befreit ist. Hierauf sind sie hinzuweisen.

4. Die Gefangenen dürfen das Hörfunkgerät und das Fernsehgerät ohne abweichende Erlaubnis nur in seinem Haftraum betreiben.

5. Die Kosten für die Beschaffung, die Überprüfung, eine notwendige Änderung, die Reparatur und den Betrieb des Hörfunkgerätes und des Fernsehgerätes dürfen die Gefangenen aus ihrem Hausgeld und ihrem Eigengeld bestreiten.

VV zu § 74

Wird der Gefangene bei der Entlassung einem Bewährungshelfer oder der Führungsaufsicht unterstellt, so hat die Anstalt unverzüglich mit den zuständigen Stellen Verbindung aufzunehmen, um die Betreuungsmaßnahmen für den Gefangenen abzustimmen.

VV zu § 75

1. (1) Reisekosten sind die zum Erreichen des Entlassungszieles notwendigen Aufwendungen für die Fahrt.

(2) Die Höhe der Reisekosten bestimmt sich grundsätzlich nach dem Tarif für die billigste Wagenklasse des in Betracht kommenden öffentlichen Verkehrsmittels. Beim Entlassungsziel Berlin können in besonderen Ausnahmefällen die Kosten für eine Flugkarte aufgewendet werden.

(3) Dem Gefangenen ist möglichst ein Gutschein für eine Fahrkarte auszuhändigen.

2. Der Gefangene erhält auf Wunsch Reiseverpflegung, wenn er das Entlassungsziel erst nach mehr als vier Stunden erreichen kann.

3. Die Überbrückungsbeihilfe soll den Gefangenen in die Lage versetzen, ohne Inanspruchnahme fremder Hilfe seinen notwendigen Lebensunterhalt (Unterkunft, Verpflegung u. ä.) zu bestreiten, bis er ihn aus seiner Arbeit oder aus Zuwendungen auf Grund anderer gesetzlicher Bestimmungen (z. B. Arbeitsförderungsgesetz, Bundessozialhilfegesetz) decken kann. Bei der Bemessung soll von den Leistungen ausgegangen werden, die das Bundessozialhilfegesetz für vergleichbare Fälle vorsieht.

4. (1) Der Gefangene soll in eigener Kleidung entlassen werden. Die Bekleidungsstücke werden, soweit erforderlich, auf Kosten des Gefangenen, bei Mittellosigkeit auf Kosten der Anstalt, gereinigt und instandgesetzt.

(2) Entspricht die Kleidung nicht den billigerweise zu stellenden Anforderungen oder ist sie so mangelhaft, daß eine Her-

II

richtung sich nicht lohnt, ist der Gefangene anzuhalten, sich rechtzeitig von seinen Angehörigen oder Dritten ausreichende Bekleidungsstücke übersenden zu lassen oder sie durch Vermittlung der Anstalt aus eigenen Mitteln zu kaufen.

(3) Können Bekleidungsstücke auf diesem Wege nicht beschafft werden, werden sie von der Anstalt zur Verfügung gestellt.

5. Für die Ausstattung mit den zur Körperpflege notwendigen Gegenständen, mit Koffern u. ä. gilt Nr. 4 entsprechend.

VV zu § 76

Die Verwaltungsvorschrift zu § 65 gilt entsprechend.

VV zu § 83

1. Die zu verwahrenden Sachen sind in ein Verzeichnis einzutragen. Davon kann, außer bei Wertsachen und wichtigen Schriftstücken (z. B. Personalpapiere, Versicherungsunterlagen), abgesehen werden, wenn die Habe verschlossen verwahrt und der Verschluß nur in Gegenwart des Gefangenen oder eines weiteren Bediensteten geöffnet wird. Die verwahrten Sachen werden von Verwechslung, Verlust und Verderb geschützt. Wertsachen sind von den übrigen Sachen getrennt besonders sicher zu verwahren. Kleidungsstücke und Wäsche werden, soweit erforderlich, gereinigt und desinfiziert.

2. Eingebrachte Sachen, deren Aushändigung bei der Entlassung oder deren Absendung durch den Gefangenen nicht vertretbar erscheint (z. B. Waffen, Diebeswerkzeug), werden der zuständigen Behörde angezeigt. Trifft sie keine Verfügung, so werden die Sachen dem Gefangenen bei der Entlassung ausgehändigt oder zur Absendung freigegeben. § 83 Abs. 4 bleibt unberührt.

3. Eigengeld, das für einen Gefangenen zu einer bestimmten Verwendung eingezahlt wird, wird nicht als Überbrückungsgeld behandelt, wenn der Verwendungszweck der Eingliederung des Gefangenen dient. Ein Geldbetrag im Sinne des Absatzes 2

Satz 3 VV zu § 46 StVollzG wird bis zu dem für den Ersatzeinkauf festgesetzten Höchstbetrag ebenfalls nicht als Überbrückungsgeld behandelt.

VV zu § 84

1. (1) In geschlossenen Anstalten haben sich die Vollzugsbediensteten durch unvermutete Durchsuchungen laufend davon zu überzeugen, dass die Räume, die von den Gefangenen benutzt werden, und ihre Einrichtungsgegenstände unbeschädigt sind, dass nichts vorhanden ist, was die Sicherheit oder Ordnung gefährden könnte, vor allem, dass keine Vorbereitungen zu Angriffen oder Flucht getroffen werden. Diese Räume sind in kurzen Zeitabständen zu durchsuchen. Bei gefährlichen und fluchtverdächtigen Gefangenen kann eine tägliche Durchsuchung angeordnet werden. Türen, Tore, Gitter und Schlösser sind regelmäßig und besonders sorgfältig zu überprüfen.

(2) Gefährliche, Fluchtverdächtige und solche Gefangene, bei denen die Gefahr des Selbstmordes oder der Selbstverletzung besteht, sind ebenso wie ihre Sachen häufiger zu durchsuchen.

2. Im offenen Vollzug sind die nach der Aufgabe der Anstalt notwendigen Maßnahmen zu treffen.

VV zu § 85

Die Verlegung bedarf der Zustimmung der Aufsichtsbehörde, wenn der Gefangene in eine nach dem Vollstreckungsplan nicht zuständige Anstalt verlegt werden soll.

VV zu § 87

(1) Entweicht ein Gefangener, ist er unverzüglich und nachdrücklich zu verfolgen. Reichen die Mittel, die der Anstalt zur Verfügung stehen, nicht aus, so ist die Hilfe der Polizei und gegebenenfalls anderer Stellen in Anspruch zu nehmen. Führt die unmittelbare Verfolgung oder die von der Anstalt veranlasste Fahndung nicht alsbald zur Wiederergreifung, so sind weitere Maßnahmen der Vollstreckungsbehörde zu überlassen.

(2) Die Entweichung und die Maßnahmen, die zur Wiederergreifung des Entwichenen getroffen worden sind, zeigt der Anstaltsleiter unverzüglich – in der Regel fernmündlich voraus – der Aufsichtsbehörde an.

(3) Der Hergang der Entweichung ist festzustellen. Die Ermittlungen müssen sich darauf erstrecken, ob der Entwichene Helfer hatte und ob die Flucht auf pflichtwidriges Verhalten von Bediensteten oder auf Mängel von Anstaltseinrichtungen zurückzuführen ist. Der Anstaltsleiter berichtet der Aufsichtsbehörde schriftlich über das Ergebnis der Ermittlungen und die getroffenen Maßnahmen.

VV zu § 88

(1) Mehrere besondere Sicherungsmaßnahmen können nebeneinander angeordnet werden, wenn die Gefahr anders nicht abgewendet werden kann.

(2) Es ist in angemessenen Abständen zu überprüfen, ob und in welchem Umfang die besonderen Sicherungsmaßnahmen aufrechterhalten werden müssen.

(3) Die Unterbringung in einem besonders gesicherten Haftraum und die Fesselung sind der Aufsichtsbehörde unverzüglich mitzuteilen, wenn sie länger als drei Tage aufrechterhalten werden.

VV zu § 89

In den Fällen des Absatzes 2 ist der Aufsichtsbehörde so rechtzeitig zu berichten, daß eine Entscheidung vor Ablauf der Frist möglich ist.

VV zu § 90

(1) Der gefesselte Gefangene wird während des Aufenthaltes im Freien von nicht gefesselten Gefangenen getrennt gehalten.

(2) Zur Einnahme der Mahlzeiten und zur Verrichtung der Notdurft werden Handfesseln, nötigenfalls nach Anlegen von Fußfesseln, abgenommen oder so gelockert, daß der Gefangene nicht behindert ist.

VV zu § 92

(1) Der Anstaltsarzt ist von der Fesselung eines Gefangenen innerhalb der Anstalt oder von der Unterbringung in einem besonders gesicherten Haftraum unverzüglich zu unterrichten.

(2) Ist der Arzt nicht anwesend, sucht ein im Sanitätsdienst erfahrener Bediensteter den Gefangenen auf.

(3) Jeder Besuch und der erhobene Befund sind zu vermerken.

VV zu § 93 (in der Fassung des § 199 Abs. 2 Nr. 4 StVollzG)

(1) Bestehen Zweifel an der Verantwortlichkeit des Gefangenen, ist hierzu eine Stellungnahme des Anstaltsarztes einzuholen. Dies gilt insbesondere bei Gefangenen, die sich eine Selbstverletzung zugefügt haben.

(2) Wird der Gefangene in eine andere Anstalt des Landes verlegt, ist dieser die Forderung zur weiteren Einziehung mitzuteilen. Wird der Gefangene in eine Anstalt eines anderen Landes verlegt, ist die aufnehmende Anstalt um die weitere Einziehung der Forderung im Wege der Amtshilfe zu ersuchen.

VV zu § 94

(1) Den bei der Anwendung von unmittelbarem Zwang Verletzten ist Beistand zu leisten und ärztliche Hilfe zu verschaffen, sobald die Lage es zuläßt. Diese Verpflichtung geht den Pflichten nach den Absätzen 2 und 3 vor.

(2) Ist jemand durch Anwendung unmittelbaren Zwanges oder durch sonstige Gewaltanwendung getötet oder erheblich verletzt worden, so sind am Ort des Vorfalls nach Möglichkeit keine Veränderungen vorzunehmen. Das gleiche gilt bei jeder Verletzung, die durch den Gebrauch einer Schußwaffe in Anwendung unmittelbaren Zwanges oder bei sonstiger Gewaltanwendung verursacht worden ist.

(3) Jeder Fall der Anwendung unmittelbaren Zwanges ist dem Anstaltsleiter unverzüglich zu melden und aktenkundig zu machen. Über jeden Gebrauch von Waffen (§ 95 Abs. 4 StVollzG) ist der Aufsichtsbehörde zu berichten.

VV zu § 96

Ist der Zweck einer Zwangsmaßnahme erreicht oder kann er nicht erreicht werden, so ist ihr Vollzug einzustellen.

VV zu § 97

1. (1) Werden mehrere Vollzugsbedienstete gemeinsam tätig, so ist nur der den Einsatz Leitende befugt, unmittelbaren Zwang anzuordnen oder einzuschränken. Ist ein den Einsatz leitender Bediensteter nicht bestimmt oder fällt er aus, ohne daß ein Vertreter bestellt ist, tritt der anwesende dienstranghöchste, bei gleichem Dienstrang der dienstältere und bei gleichem Dienstalter der der Geburt nach älteste Vollzugsbedienstete an seine Stelle. Ist dies in dringender Lage nicht sofort feststellbar, darf jeder der hiernach in Betracht kommenden Vollzugsbediensteten die Führung einstweilen übernehmen. Die Übernahme der Führung ist bekanntzugeben.

   (2) Das Recht höherer Vorgesetzter, unmittelbaren Zwang anzuordnen oder einzuschränken, bleibt unberührt.

2. (1) Wer sich nicht am Ort des Geschehens befindet, darf eine Anordnung über unmittelbaren Zwang nur treffen, wenn er sich ein genaues Bild von den am Ort des Geschehens herrschenden Verhältnissen verschafft hat, so daß ein Irrtum über die Voraussetzungen nicht zu befürchten ist. Ändern sich zwischen der Anordnung und ihrer Ausführung die tatsächlichen Verhältnisse und kann der Anordnende vor der Ausführung nicht mehr verständigt werden, so entscheidet der örtlich leitende Bedienstete über die Anwendung unmittelbaren Zwanges. Der Anordnende ist unverzüglich zu verständigen.

   (2) Der Gebrauch von Waffen darf nur am Ort des Geschehens angeordnet werden.

VV zu § 100

Bei bestimmten Haftarten gelten für den Schußwaffengebrauch die besonderen Vorschriften des § 178 Abs. 3 StVollzG.

VV zu § 101

(1) Erklärungen des Gefangenen, die im Zusammenhang mit ärztlichen Zwangsmaßnahmen von Bedeutung sein können, sollen schriftlich festgehalten und von dem Gefangenen unterzeichnet werden. Verweigert der Gefangene seine Unterschrift, wird dies ebenfalls aktenkundig gemacht. Mündliche Willensbekundungen sollen in Gegenwart von Zeugen aufgenommen und in einem Vermerk festgehalten werden, der von dem oder den Zeugen zu unterzeichnen ist. Die schriftliche Erklärung oder der Vermerk über die mündliche Äußerung ist zu den Gesundheitsakten und zu den Gefangenenpersonalakten zu nehmen.

(2) Der Anstaltsarzt belehrt den Gefangenen in Anwesenheit eines Zeugen über die Notwendigkeit der ärztlichen Maßnahmen und die Möglichkeit einer zwangsweisen Behandlung sowie über die gesundheitlichen Folgen einer Nichtbehandlung. Die Belehrung ist aktenkundig zu machen.

(3) Ein Gefangener, der beharrlich die Aufnahme von Nahrung verweigert, wird ärztlich beobachtet.

VV zu § 104

(1) Die Bewährungszeit (§ 104 Abs. 2) kann vor ihrem Ablauf verkürzt oder bis zur zulässigen Höchstfrist verlängert werden.

(2) Die Aussetzung zur Bewährung kann ganz oder teilweise widerrufen werden, wenn der Gefangene die ihr zugrundeliegenden Erwartungen nicht erfüllt.

(3) Wird die Aussetzung zur Bewährung nicht widerrufen, darf die Disziplinarmaßnahme nach Ablauf der Bewährungsfrist nicht mehr vollstreckt werden.

VV zu § 105

Für die Verhängung einer Disziplinarmaßnahme ist der Leiter der Anstalt zuständig, der der Gefangene zur Zeit der Verfehlung angehört. Für die nachfolgenden Entscheidungen ist der Leiter der Anstalt zuständig, in der der Gefangene sich zu diesem Zeitpunkt aufhält.

VV zu § 106

1. (1) Der Gefangene wird darüber unterrichtet, welche Verfehlung ihm zur Last gelegt wird.

   (2) Es sind sowohl die belastenden als auch die entlastenden Umstände zu ermitteln. Die Ermittlungen erstrecken sich erforderlichenfalls auch auf die Frage der Verantwortlichkeit des Gefangenen; insoweit ist der Anstaltsarzt zu hören.

   (3) Vor der Entscheidung über eine Disziplinarmaßnahme erhält der Gefangene Gelegenheit, sich zu dem Ergebnis der Ermittlungen zu äußern.

2. Mehrere Verfehlungen eines Gefangenen, die gleichzeitig zu beurteilen sind, werden durch eine Entscheidung geahndet.

3. Der Anstaltsleiter kann mit der Durchführung der Ermittlungen und der Anhörung des Gefangenen einen anderen Bediensteten beauftragen, jedoch nicht den, gegen den sich die Verfehlung richtet.

VV zu § 107

Das Ergebnis der ärztlichen Beurteilung ist aktenkundig zu machen.

VV zu § 108

1. (1) Der Gefangene kann sich jederzeit schriftlich an den Anstaltsleiter wenden.

   (2) Sprechstunden von angemessener Dauer sind mindestens einmal wöchentlich einzurichten. Das Nähere regelt die Hausordnung.

   (3) Dem Vertreter der Aufsichtsbehörde ist bei Besichtigungen (VV zu § 151 Nr. 1 Abs. 2) unaufgefordert eine Liste der Gefangenen vorzulegen, die sich für eine Anhörung nach § 108 Abs. 2 haben vormerken lassen.

2. (1) Eingaben, Beschwerden und Dienstaufsichtbeschwerden, die nach Form oder Inhalt nicht den im Verkehr mit Behörden üblichen Anforderungen entsprechen oder bloße Wiederholungen enthalten, brauchen nicht beschieden zu werden. Der Gefangene ist entsprechend zu unterrichten. Eine Überprüfung des Vorbringens von Amts wegen bleibt unberührt.

   (2) Dienstaufsichtsbeschwerden gegen Anordnungen und Maßnahmen des Anstaltsleiters, denen nicht abgeholfen wird, sind unverzüglich der Aufsichtsbehörde vorzulegen.

3. Beschwerden, die an eine offenbar unzuständige oder nicht ohne weiteres zuständige Vollzugsbehörde gerichtet sind, leitet der Anstaltsleiter an die zuständige Vollzugsbehörde weiter.

VV zu § 125

1. (1) Der Aufgenommene wird in einem besonderen Raum untergebracht. In Ausnahmefällen kann er mit seinem Einverständnis in der Gruppe untergebracht werden, der er früher angehört hat.

   (2) Die Dauer des Aufenthaltes richtet sich nach den Behandlungsbedürfnissen.

2. Im Falle der Aufnahme auf freiwilliger Grundlage gilt § 50 entsprechend.

3. Der auf freiwilliger Grundlage Untergebrachte erhält die in der sozialtherapeutischen Anstalt mögliche ärztliche Behandlung.

VV zu § 130

Lockerungen des Vollzuges und Urlaub sind bei Sicherungsverwahrten unbeschadet des § 134 StVollzG zulässig wie bei Strafgefangenen, gegen die eine freiheitsentziehende Maßregel der Besserung und Sicherung angeordnet ist.

VV zu § 131

1. Die Gesamtdauer des Besuches beträgt mindestens zwei Stunden im Monat.

2. An arbeitsfreien Tagen soll dem Sicherungsverwahrten ermöglicht werden, sich mindestens zwei Stunden im Freien aufzuhalten.

3. Soweit die Unterbringung in abgeschlossenen Wohngruppen erfolgt, bleiben die Hafträume auf Wunsch des (der) darin untergebrachten Sicherungsverwahrten während der Freizeit zeitweise geöffnet, es sei denn, der Anstaltsleiter trifft aus

II

Gründen der Sicherheit oder Ordnung für bestimmte Zeiträume oder einzelne Untergebrachte eine abweichende Entscheidung.

4. Für Sicherungsverwahrte erhöht sich der in Nr. 1 Abs. 2 der VV zu § 22 festgesetzte Betrag auf den sechsfachen Tagessatz der Eckvergütung (§ 43 Abs. 2 StVollzG).

5. Dem Sicherungsverwahrten kann über die für Strafgefangene zugelassenen Pakete hinaus der Empfang weiterer Pakete gestattet werden. Das Gewicht kann begrenzt werden. Im übrigen gelten die VV zu § 33.

VV zu § 133

Das Taschengeld des Sicherungsverwahrten beträgt 23 v. H. der Eckvergütung (§ 43 Abs. 2 StVollzG).

VV zu § 134

(1) Der Zeitpunkt des Beginns der Erprobung der Entlassung und der Zeitpunkt des Beginns der Vorbereitung der Entlassung richten sich nach den Umständen des Einzelfalles.

(2) Zur Vorbereitung der Entlassung kommt auch eine Verlegung in eine Anstalt oder eine Abteilung des offenen Vollzuges in Betracht.

(3) Die Strafvollstreckungskammer ist vor der beabsichtigten Maßnahme zu hören.

VV zu § 141

1. Im geschlossenen Vollzug sind die Gefangenen außerhalb der Haftäume, insbesondere beim Zusammenkommen in größeren Gemeinschaftsräumen, auf den Höfen und sonst im Freien ständig und unmittelbar zu beaufsichtigen. Soweit nicht besondere Richtlinien entgegenstehen, kann der Anstaltsleiter bestimmen, in welchem Umfang die Aufsicht gelockert werden darf.

2. (1) Im offenen Vollzug können bauliche und technische Sicherungsvorkehrungen, insbesondere Umfassungsmauern, Fenstergitter und besonders gesicherte Türen entfallen. Innerhalb der Anstalt entfällt in der Regel die ständige und unmittelbare Aufsicht.

(2) Für die Gestaltung des offenen Vollzuges gelten folgende Grundsätze:

a) den Gefangenen wird ermöglicht, sich innerhalb der Anstalt nach Maßgabe der dafür getroffenen Regelungen frei zu bewegen,

b) die Außentüren der Unterkunftsgebäude können zeitweise unverschlossen bleiben,

c) die Wohnräume der Gefangenen können auch während der Ruhezeit geöffnet bleiben.

VV zu § 149

Der Tätigkeitsbereich der Angehörigen von Unternehmerbetrieben in den Anstalten wird in einer Anweisung festgelegt; das Personal wird auf die Einhaltung dieser Anweisung verpflichtet.

VV zu § 151

1. Die Aufsichtsbehörde sucht alle Anstalten so häufig auf, daß sie stets über den gesamten Vollzug unterrichtet bleibt.

2. Die Landesjustizverwaltungen regeln den Besuch von Anstalten durch anstaltsfremde Personen sowie den Verkehr von Gefangenen mit Vertretern von Publikationsorganen (Presse, Hörfunk, Film, Fernsehen).

VV zu § 152

Im Vollstreckungsplan soll auch festgelegt werden, welche Anstalten und Abteilungen Einrichtungen des offenen Vollzuges sind.

VV zu § 156

1. Die Aufsichtsbehörde bestimmt den Vertreter des Anstaltsleiters.

2. (1) Der Anstaltsleiter legt schriftlich fest, welche Bediensteten in seinem Auftrag Entscheidungen treffen können.

(2) Der Anstaltsleiter kann in fachlichen Angelegenheiten des Dienstes der Seelsorger, Ärzte, Pädagogen, Psychologen und Sozialarbeiter, die sich seiner Beurteilung entziehen, Auskunft verlangen und Anregungen geben.

(3) Die Durchführung von Maßnahmen der in Absatz 2 genannten Fachkräfte, die nach seiner Überzeugung die Sicherheit der Anstalt, die Ordnung der Verwaltung oder die zweckmäßige Behandlung der Gefangenen gefährdet, kann der Anstaltsleiter bis zur Entscheidung der Aufsichtsbehörde aussetzen, wenn eine Aussprache zwischen den Beteiligten zu keiner Einigung führt.

3. Der Anstaltsleiter berichtet unverzüglich der Aufsichtsbehörde über außerordentliche Vorkommnisse und über Angelegenheiten, die Anlaß zu allgemeiner Regelung geben können.

4. Die Übertragung bestimmter Aufgabenbereiche im Sinne des § 156 Abs. 2 Satz 2 bedarf der Zustimmung der Aufsichtsbehörde.

VV zu § 159

Weitere Dienstbesprechungen auch mit den anderen Vollzugsbediensteten der Anstalt finden in regelmäßigen Abständen statt.

VV zu § 171

1. Im Vollzug der Zivilhaft dürfen über den bloßen Freiheitsentzug hinausgehende Beschränkungen nur angeordnet werden, soweit dies zur Abwendung einer Gefahr für Sicherheit oder Ordnung der Anstalt erforderlich ist. Dies gilt nicht, wenn Zivilhaft in Unterbrechung einer Untersuchungshaft, einer Strafhaft oder einer Unterbringung im Vollzuge einer freiheitsentziehenden Maßregel der Besserung und Sicherung vollzogen wird.

2. (1) Bei der Aufnahme und der Entlassung wird der Gefangene vom Anstaltsarzt untersucht.

(2) Der Anstaltsleiter kann in den Fällen der Nr. 1 Satz 1 ausnahmsweise gestatten, daß der Gefangene sich auf eigene Kosten innerhalb der Anstalt von einem Arzt seiner Wahl behandeln läßt.

3. (1) Beantragt der Gefangene seine Ausführung zum Gericht, um die Handlung vorzunehmen oder die Erklärung abzugeben, zu deren Erzwingung, Erwirkung oder Erreichung die Haft angeordnet wurde, so ist der Antrag unverzüglich dem zuständigen Gericht zu übermitteln.

(2) Die Ausführung des Gefangenen bedarf der Zustimmung des Gerichts, das die Haft angeordnet hat. In Eilfällen ist die Zustimmung des Gerichts telefonisch einzuholen. Die Kosten der Ausführung trägt der Gefangene.

4. Nrn. 1 bis 3 finden keine Anwendung, wenn Abschiebungshaft im Wege der Amtshilfe vollzogen wird.

VV zu § 176 (in der Fassung des § 199 Abs. 2 Nr. 5 StVollzG)

1. (1) Das Arbeitsentgelt eines noch nicht achtzehn Jahre alten Gefangenen wird in der Form des Zeitlohnes ermittelt.

(2) Für eine sonstige zugewiesene Beschäftigung wird ein Arbeitsentgelt gewährt, wenn ihr Ergebnis wirtschaftlich verwertbar ist und in einem vertretbaren Verhältnis zum Aufwand steht.

(3) Im übrigen gelten die VV zu § 43 entsprechend.

2. Für das Taschengeld gelten die VV zu § 46 entsprechend.

3. Für das Hausgeld gelten § 47 StVollzG (in der Fassung des § 199 Abs. 1 Nr. 2 StVollzG) und die VV hierzu entsprechend.

4. (1) Nummer 2 der VV zu § 39 gilt entsprechend, soweit dem Gefangenen das Eingehen eines freien Beschäftigungsverhältnisses gestattet ist. Die Rechte des gesetzlichen Vertreters sind zu beachten.

(2) Die VV zu § 50 und § 51 gelten entsprechend.

VV zu § 177

(1) Für eine zugewiesene Beschäftigung wird ein Arbeitsentgelt gewährt, wenn ihr Ergebnis wirtschaftlich verwertbar ist und in einem vertretbaren Verhältnis zum Aufwand steht.

(2) Im übrigen gelten die Nrn. 1 bis 3 der VV zu § 43 StVollzG entsprechend.

II

Verordnung über die Vergütungsstufen des Arbeitsentgelts und der Ausbildungsbeihilfe nach dem Strafvollzugsgesetz (Strafvollzugsvergütungsordnung – StVollzVergO)

Vom 11. Januar 1977 (BGBl. I S. 57)

Geändert durch
Zweites Gesetz zur Änderung des Jugendgerichtsgesetzes und anderer Gesetze
vom 13. Dezember 2007 (BGBl. I S. 2894)

§ 1 Grundlohn

(1) Der Grundlohn des Arbeitsentgelts (§ 43 Abs. 2 des Strafvollzugsgesetzes) wird nach folgenden Vergütungsstufen festgesetzt:

Vergütungsstufe I = Arbeiten einfacher Art, die keine Vorkenntnisse und nur eine kurze Einweisungszeit erfordern und die nur geringe Anforderungen an die körperliche oder geistige Leistungsfähigkeit oder an die Geschicklichkeit stellen.

Vergütungsstufe II = Arbeiten der Stufe I, die eine Einarbeitungszeit erfordern.

Vergütungsstufe III = Arbeiten, die eine Anlernzeit erfordern und durchschnittliche Anforderungen an die Leistungsfähigkeit und die Geschicklichkeit stellen.

Vergütungsstufe IV = Arbeiten, die die Kenntnisse und Fähigkeiten eines Facharbeiters erfordern oder gleichwertige Kenntnisse und Fähigkeiten voraussetzen.

Vergütungsstufe V = Arbeiten, die über die Anforderungen der Stufe IV hinaus ein besonderes Maß an Können, Einsatz und Verantwortung erfordern.

(2) Der Grundlohn beträgt in der

Vergütungsstufe I	75 vom Hundert,
Vergütungsstufe II	88 vom Hundert,
Vergütungsstufe III	100 vom Hundert,
Vergütungsstufe IV	112 vom Hundert,
Vergütungsstufe V	125 vom Hundert

der Eckvergütung nach § 43 Abs. 2 Satz 2 des Strafvollzugsgesetzes.

(3) Der Grundlohn nach Absatz 2 kann unterschritten werden, wenn die Arbeitsleistung den Anforderungen der jeweiligen Vergütungsstufe nicht genügt. Während einer Einarbeitungs- oder Anlernzeit darf der Grundlohn um höchstens 20 vom Hundert verringert werden. § 43 Abs. 3 Satz 2 des Strafvollzugsgesetzes bleibt unberührt.

§ 2 Zulagen

(1) Zum Grundlohn können Zulagen gewährt werden

1. für Arbeiten unter arbeitserschwerenden Umgebungseinflüssen, die das übliche Maß erheblich übersteigen, bis zu fünf vom Hundert des Grundlohnes,

2. für Arbeiten zu ungünstigen Zeiten bis zu fünf vom Hundert des Grundlohnes,

3. für Zeiten, die über die festgesetzte Arbeitszeit hinausgehen, bis zu 25 vom Hundert des Grundlohnes.

(2) Eine Leistungszulage kann im Zeitlohn bis zu 30 vom Hundert, im Leistungslohn bis zu 15 vom Hundert des Grundlohnes gewährt werden, wenn die individuelle Arbeitsleistung dies rechtfertigt. Bei der Bemessung der Leistungszulage können berücksichtigt werden:

1. Im Zeitlohn die Arbeitsmenge, die Arbeitsgüte, der Umgang mit Betriebsmitteln und Arbeitsmaterialien, die Leistungsbereitschaft und keine oder nur geringe Fehlzeiten,

2. im Leistungslohn die Arbeitsgüte sowie der Umgang mit Betriebsmitteln und Arbeitsmaterialien.

§ 3 Arbeitsentgelt für arbeitstherapeutische Beschäftigung

Soweit ein Arbeitsentgelt nach § 43 Abs. 4 des Strafvollzugsgesetzes zu zahlen ist, beträgt es in der Regel 75 vom Hundert des Grundlohnes der Vergütungsstufe I.

§ 4 Ausbildungsbeihilfe

(1) Die Ausbildungsbeihilfe (§ 44 Abs. 1 des Strafvollzugsgesetzes) wird vorbehaltlich der Absätze 2 und 3 nach der Vergütungsstufe III gewährt.

(2) Nach der Hälfte der Gesamtdauer der Maßnahme kann die Ausbildungsbeihilfe nach der Vergütungsstufe IV gewährt werden, wenn der Ausbildungsstand des Gefangenen dies rechtfertigt.

(3) Für die Teilnahme an einem Unterricht nach § 38 Abs. 1 Satz 1 des Strafvollzugsgesetzes oder an Maßnahmen der Berufsfindung kann die Ausbildungsbeihilfe nach der Vergütungsstufe II gewährt werden, wenn dies wegen der Kürze oder des Ziels der Maßnahmen gerechtfertigt ist.

(4) Für die Gewährung von besonderen Zulagen gilt § 2 entsprechend.

§ 5 (weggefallen)

§ 6 Inkrafttreten

Diese Verordnung tritt am 1. Februar 1977 in Kraft.

Untersuchungshaftvollzugsordnung (UVollzO)

in der Fassung der Bekanntmachung
vom 1. Januar 1977[1])

II

Inhaltsübersicht

---

[1]) Mit Änderungen vom 1. September 1986, 1. Februar 1988, 1. Dezember 1990 und 1. Januar 1997.

II

Erster Teil
Untersuchungshaft

Erster Abschnitt
Allgemeines

Erstes Kapitel
Grundsätze

1

(1) Die Untersuchungshaft dient dem Zweck, durch sichere Verwahrung des Beschuldigten die Durchführung eines geordneten Strafverfahrens zu gewährleisten oder der Gefahr weiterer Straftaten zu begegnen.

(2) Dem Gefangenen dürfen nur solche Beschränkungen auferlegt werden, die der Zweck der Untersuchungshaft oder die Ordnung in der Vollzugsanstalt erfordert (§ 119 Abs. 3 StPO).

(3) Die Persönlichkeit des Gefangenen ist zu achten und sein Ehrgefühl zu schonen. Im Umgang mit ihm muß selbst der Anschein vermieden werden, als ob er zur Strafe festgehalten werde. Schädlichen Folgen des Freiheitsentzugs ist entgegenzuwirken.

(4) Bei Gefangenen unter 21 Jahren (jungen Gefangenen) wird die Untersuchungshaft erzieherisch gestaltet.

Zweites Kapitel
Richter. Staatsanwalt. Anstaltsleiter

2 Richter

(1) Die für den Vollzug der Untersuchungshaft erforderlichen Maßnahmen und notwendige Beschränkungen ordnet der Richter an (§ 119 Abs. 6 StPO). Der Richter entscheidet insbesondere über die Art der Unterbringung, den Verkehr mit der Außenwelt, besondere Sicherungsmaßnahmen und Disziplinarmaßnahmen.

(2) Dem Richter bleibt es im Einzelfall unbenommen, von Amts wegen oder auf Antrag im Rahmen der Vorschriften der Strafprozeßordnung von den Richtlinien dieser Vollzugsordnung abzuweichen. Soweit er in Verbindung mit dem Aufnahmeersuchen oder später keine besonderen Verfügungen trifft, ist davon auszugehen, daß die für den Vollzug der Untersuchungshaft durch diese Vollzugsordnung allgemein getroffene Regelung nach dem Willen des Richters auch für den Einzelfall gelten soll.

(3) Die richterliche Zuständigkeit ist in § 126 StPO geregelt. Hiernach ist bis zur Erhebung der öffentlichen Klage der Richter zuständig, der den Haftbefehl erlassen hat. Nach Erhebung der öffentlichen Klage ist das Gericht zuständig, das mit der Sache befaßt ist. Nach Einlegung der Revision ist das Gericht zuständig, dessen Urteil angefochten ist. Einzelne Maßnahmen, insbesondere nach § 119 StPO, ordnet der Vorsitzende an.

3 Staatsanwalt

(1) Der Richter kann für den einzelnen Gefangenen auf dessen Antrag dem Staatsanwalt bis zur Erhebung der öffentlichen Klage die Anordnung einzelner Maßnahmen, die den Gefangenen nicht beschweren, insbesondere die Anordnungen über den Verkehr mit der Außenwelt, überlassen, wenn dadurch das Verfahren beschleunigt, namentlich eine sonst notwendige Aktenverschickung vermieden wird.

(2) Hält der Staatsanwalt eine Maßnahme, die den Gefangenen beschwert, für erforderlich, so führt er die Entscheidung des Richters herbei. Der Gefangene hat in jedem Falle das Recht, die Entscheidung des Richters zu beantragen.

4 Anstaltsleiter

Der Anstaltsleiter trägt die Verantwortung für den Vollzug der Untersuchungshaft und für die Ordnung in der Anstalt. Er handelt nach den Vorschriften dieser Vollzugsordnung und führt die vom Richter oder Staatsanwalt getroffenen Anordnungen durch.

5 Dringende Fälle

In dringenden Fällen kann der Staatsanwalt, der Anstaltsleiter oder ein anderer Beamter, unter dessen Aufsicht der Gefangene steht, vorläufige Maßnahmen treffen. Sie bedürfen der nachträglichen Zustimmung des Richters (§ 119 Abs. 6 Satz 2 und 3 StPO).

6 Zusammenwirken der beteiligten Stellen

Richter, Staatsanwalt und Anstaltsleiter verfolgen gemeinsam das Ziel, die Untersuchungshaft ihrem Zweck entsprechend zu vollziehen sowie die Ordnung in der Anstalt zu wahren.

7 Mitteilungen des Richters und des Staatsanwalts

(1) Dem Anstaltsleiter werden unverzüglich alle für die Persönlichkeit des Gefangenen und dessen Behandlung und Verwahrung bedeutsamen Umstände mitgeteilt, die sich im Laufe des Verfahrens ergeben oder ändern. Dies gilt namentlich von Überhaft, Vorstrafen und weiteren schwebenden Strafverfahren. Die Mitbeschuldigten und die wichtigsten Zeugen, soweit sie in Haft sind, werden dem Anstaltsleiter bezeichnet. Möglichst schon im Aufnahmeersuchen wird er über Umstände unterrichtet, die auf besonderen Fluchtverdacht, auf die Gefahr gewalttätigen Verhaltens, des Selbstmordes oder der Selbstbeschädigung, auf gleichgeschlechtliche Neigungen oder auf seelische oder geistige Abartigkeiten hindeuten. Soweit ansteckende Krankheiten bekannt sind, soll auch hierauf hingewiesen werden.

(2) Dem Anstaltsleiter soll der Staatsanwalt die Anklageschrift, der Richter den Termin der Hauptverhandlung, deren Ergebnis und den Zeitpunkt des Eintritts der Rechtskraft des Urteils unverzüglich mitteilen.

(3) Geht im Laufe des Strafverfahrens die Zuständigkeit auf eine andere Stelle über, so teilt diese den Übergang unverzüglich dem Anstaltsleiter mit.

8 Mitteilungen des Anstaltsleiters

Der Anstaltsleiter verständigt den nach Nrn. 2 und 3 zuständigen Richter oder Staatsanwalt von allen für die Durchführung des Strafverfahrens bedeutsamen Maßnahmen, Wahrnehmungen und anderen wichtigen Umständen, die den Gefangenen betreffen.

9 Untersuchungshandlungen

(1) Die Anstaltsbeamten dürfen keine Ermittlungen aus Anlaß von strafbaren Handlungen, die außerhalb der Vollzugsanstalt begangen worden sind, durchführen.

(2) Sie dürfen einen Gefangenen mit anderen Personen nicht zusammenlegen, um ihn über einen Sachverhalt auszuforschen. Dies gilt auch dann, wenn eine innerhalb der Vollzugsanstalt begangene strafbare Handlung ermittelt werden soll.

10 Meinungsverschiedenheiten

(1) Befürchtet der Anstaltsleiter, daß eine Verfügung des Richters die Ordnung in der Anstalt gefährdet, so soll er sie erst durchführen, wenn trotz seiner unverzüglichen Gegenvorstellungen der Richter darauf besteht. Sind seine Bedenken nicht behoben, so kann der Anstaltsleiter den Staatsanwalt ersuchen, gegen die Anordnung des Richters Beschwerde einzulegen. Kommt der Staatsanwalt dem Ersuchen nicht nach, so hat der Anstaltsleiter seiner vorgesetzten Behörde zu berichten.

(2) Befürchtet der Anstaltsleiter, daß eine Verfügung des Staatsanwalts die Ordnung in der Anstalt gefährdet, so hat er seine Bedenken dem Staatsanwalt mitzuteilen. Besteht der Staatsanwalt auf seiner Anordnung, so kann der Anstaltsleiter die Entscheidung des Richters herbeiführen.

Drittes Kapitel
Vollzugsanstalten

11 Untersuchungshaftanstalten

(1) Dem Vollzug der Untersuchungshaft dienen selbständige Untersuchungshaftanstalten.

(2) Soweit solche Anstalten nicht zur Verfügung stehen, sind in anderen Vollzugsanstalten besondere Abteilungen für den Vollzug der Untersuchungshaft einzurichten. Hiervon darf nur abgesehen werden, wenn die räumlichen Verhältnisse es nicht gestatten.

12 Frauen

(1) Untersuchungshaft an Frauen wird in besonderen Anstalten oder in besonderen Abteilungen vollzogen.

(2) Untersuchungshaft an Frauen darf grundsätzlich nur unter weiblicher Aufsicht durchgeführt werden. In Anstalten ohne weibliche Aufsicht werden Frauen nicht länger als unvermeidlich verwahrt.

13 Junge Gefangene

(1) Untersuchungshaft an jungen Gefangenen (Nr. 1 Abs. 4) wird in besonderen Anstalten oder in besonderen Abteilungen vollzogen. Hiervon kann ausnahmsweise abgesehen werden.

(2) Junge Gefangene, die eine Jugend- oder Freiheitsstrafe nicht zu erwarten haben, können auch in Jugendarrestanstalten verwahrt werden.

14 Vollstreckungsplan

(1) Ein Vollstreckungsplan regelt, in welche Anstalt ein Gefangener aufzunehmen ist.

(2) Den Vollstreckungsplan stellt die Landesjustizverwaltung oder die sonst zuständige Behörde auf.

(3) Der Richter kann im Einzelfall aus besonderen Gründen Abweichungen vom Vollstreckungsplan anordnen.

Zweiter Abschnitt
Aufnahme und Entlassung

15 Aufnahmeersuchen

(1) Die Aufnahme zum Vollzug der Untersuchungshaft setzt ein schriftliches Aufnahmeersuchen des Richters voraus.

(2) Neben den Mitteilungen nach Nr. 7 enthält das Aufnahmeersuchen die Personalangaben des Gefangenen, einen Hinweis auf die ihm zur Last gelegte Tat, den Grund der Verhaftung sowie die besonderen Anordnungen des Richters. Außerdem ist zu vermerken, welche Personen von der Verhaftung durch den Gefangenen oder von Amts wegen benachrichtigt worden sind (§ 114b StPO).

(3) Dem Aufnahmeersuchen ist eine Abschrift des Haftbefehls beizufügen. Ist dies nicht möglich, ist sie unverzüglich nachzusenden.

16 Aufnahme

(1) Bei der Aufnahme werden der Gefangene und seine Sachen sorgfältig durchsucht. Bei der Durchsuchung männlicher Gefangener dürfen nur Männer, bei der Durchsuchung weiblicher Gefangener nur Frauen anwesend sein. Das Schamgefühl ist zu schonen.

(2) Nach der Aufnahme wird der Gefangene alsbald ärztlich untersucht.

(3) Der Gefangene ist über seine Rechte und Pflichten zu belehren. Dies kann durch Hinweis auf ein im Haftraum angebrachtes Merkblatt geschehen.

(4) Unabhängig von der Benachrichtigung von Amts wegen nach § 114b Abs. 1 StPO ist der Gefangene darauf hinzuweisen, daß er Gelegenheit hat, einen Angehörigen oder eine Person seines Vertrauens von der Verhaftung oder Verlegung in eine andere Anstalt zu benachrichtigen. Dies gilt nicht, wenn der Richter den Zweck der Untersuchung durch die Benachrichtigung für gefährdet hält (§ 114b Abs. 2 StPO).

(5) Der Gefangene ist zu befragen, ob dringende Maßnahmen sozialer Hilfe nötig sind. Gegebenenfalls sind die hierfür zuständigen Stellen zu benachrichtigen. Über das Ergebnis der Befragung und das etwa Veranlaßte ist ein Vermerk in die Personalakte des Gefangenen aufzunehmen.

(6) Die Aufnahme ist der Stelle, die sie angeordnet hat, unter Angabe des Zeitpunkts unverzüglich mitzuteilen.

17 Entlassung

(1) Der Gefangene darf grundsätzlich nur auf schriftliche Anordnung des Richters oder des Staatsanwalts – die jedoch weder per Telefax noch sonst im Wege der schriftlichen Telekommunikation ergehen darf – aus der Haft entlassen werden. Die Anordnung ist mit dem Dienstsiegel zu versehen. Bei einer in besonderen Einzelfall fernmündlich übermittelten Anordnung ist die Echtheit vor der Entlassung durch unverzüglichen Rückruf zu

II

überprüfen. Dies setzt voraus, daß auf Seiten des Anordnenden die Möglichkeit zu einem solchen Rückruf der Justizvollzugsanstalt sichergestellt ist. Eine fernmündlich übermittelte Anordnung ist unverzüglich schriftlich zu bestätigen.

(2) Die Entlassung ist der Stelle, die sie angeordnet hat, unter Angabe des Zeitpunktes unverzüglich mitzuteilen.

(3) Der Anstaltsleiter veranlaßt die notwendigen Maßnahmen sozialer Hilfe.

Dritter Abschnitt
Behandlung der Gefangenen

Erstes Kapitel
Allgemeines

18 Grundsätze

(1) Der Gefangene ist würdig, gerecht und menschlich zu behandeln (Nr. 1 Abs. 3).

(2) Der Gefangene unterliegt im Rahmen dieser Vollzugsordnung den unmittelbaren Folgen der durch den richterlichen Haftbefehl angeordneten Freiheitsentziehung. Es wird ein Lebensbedarf anerkannt, der einer vernünftigen Lebensweise entspricht.

(3) Bequemlichkeiten und Beschäftigungen darf sich der Gefangene auf seine Kosten verschaffen, soweit sie mit dem Zweck der Haft vereinbar sind und nicht die Ordnung in der Anstalt stören (§ 119 Abs. 4 StPO). In diesem Rahmen sind verständige Wünsche zu erfüllen.

(4) Der Gefangene ist, soweit nichts anderes bestimmt wird, an die Hausordnung, insbesondere an die Tageseinteilung in der Anstalt, gebunden.

19 Anrede

Der Gefangene wird mit „Sie" angesprochen, soweit der Anstaltsleiter für Gefangene unter 16 Jahren nicht etwas anderes bestimmt. Die im bürgerlichen Leben üblichen Anreden sind zu gebrauchen.

20 Vorbereitung der Verteidigung

Dem Gefangenen ist ausreichende Gelegenheit zur Vorbereitung seiner Verteidigung zu geben. Schriftstücke, deren er zu seiner Verteidigung bedarf, insbesondere Anklageschrift, Eröffnungsbeschluß und Urteil, sind ihm zu belassen, sofern dadurch die Ordnung in der Anstalt oder die Staatssicherheit nicht gefährdet wird.

21 Besuche von Anstaltsbediensteten

Der Anstaltsleiter soll in angemessenen Zeitabständen Gefangene in ihren Haftträumen aufsuchen. Der Gefangene soll regelmäßig durch Bedienstete aufgesucht werden, die mit seiner Betreuung befaßt sind.

Zweites Kapitel
Trennung. Haftform

22 Trennung

(1) Untersuchungsgefangene sind von Gefangenen anderer Art, namentlich von Strafgefangenen, getrennt unterzubringen. Sie sind auch sonst, bei der Arbeit, bei dem Aufenthalt im Freien, beim Gottesdienst, bei Vorführungen zum Arzt und bei ähnlichen Anlässen von Strafgefangenen, soweit möglich, getrennt zu halten.

(2) Es ist zu verhindern, daß der Untersuchungsgefangene mit anderen Gefangenen in Verbindung treten kann, die der Täterschaft, Teilnahme, Begünstigung, Strafvereitelung oder Hehlerei bezüglich derselben Tat verdächtig oder bereits abgeurteilt oder als Zeugen beteiligt sind. Ausnahmen sind nur mit Zustimmung des Richters oder des Staatsanwalts (Nr. 3) zulässig.

(3) Weibliche Gefangene sind von männlichen Gefangenen stets streng getrennt zu halten.

(4) Junge Gefangene (Nr. 1 Abs. 4) sind von erwachsenen Gefangenen zu trennen.

(5) Gefangene, die nach ihrer Persönlichkeit, insbesondere nach Art, Zahl oder Dauer der von ihnen verbüßten Freiheitsstrafe oder wegen der an ihnen vollzogenen Maßregeln der Besserung und Sicherung eine Gefahr für andere Gefangene bedeuten, sind von diesen getrennt zu halten.

23 Haftform

(1) Der Untersuchungsgefangene darf nicht mit anderen Gefangenen in demselben Raum untergebracht werden. Mit anderen Untersuchungsgefangenen darf er in demselben Raum untergebracht werden, wenn er es ausdrücklich schriftlich beantragt und der Richter seine Unterbringung gemeinsam mit anderen nicht ausgeschlossen hat. Der Antrag kann jederzeit in gleicher Weise zurückgenommen werden. Der Untersuchungsgefangene darf auch dann mit anderen Gefangenen in demselben Raum untergebracht werden, wenn sein körperlicher oder geistiger Zustand es erfordert (§ 119 Abs. 2 StPO).

(2) Der Untersuchungsgefangene darf, auch wenn er allein untergebracht ist, bei dem Aufenthalt im Freien, beim Gottesdienst, bei der Vorführung zum Arzt und bei ähnlichen Anlässen mit anderen Untersuchungsgefangenen zusammengebracht werden; Nr. 22 Abs. 2 bleibt unberührt.

(3) Bei gemeinsamer Unterbringung sind die Persönlichkeit, insbesondere das Lebensalter und das Vorleben des Gefangenen sowie die Tat, deren er beschuldigt wird, zu berücksichtigen. Es ist darauf zu achten, daß die gemeinsame Unterbringung nicht zu Unzuträglichkeiten führt und keine unangemessene Zumutung für die Beteiligten bedeutet.

Drittes Kapitel
Verkehr mit der Außenwelt

I. Besuche

24 Besuchserlaubnis

(1) Der Gefangene darf mit Zustimmung des Richters oder des Staatsanwalts (Nr. 3) Besuche empfangen. Die Besuchserlaubnis wird schriftlich erteilt. Sie berechtigt zu einem Besuch von dreißig Minuten Dauer, wenn der Richter oder Staatsanwalt nichts anderes bestimmt.

(2) Der Anstaltsleiter setzt die regelmäßigen Besuchstage und Besuchszeiten fest. Besuche außerhalb dieser Tage und Zeiten werden nur in besonders gelagerten Ausnahmefällen zugelassen.

25 Häufigkeit der Besuche

In der Regel wird mindestens alle zwei Wochen ein Besuch zugelassen. Darüber hinaus sollen Besuche zugelassen werden, wenn sie unaufschiebbaren persönlichen, rechtlichen oder geschäftlichen Angelegenheiten dienen, die nicht vom Gefangenen schriftlich erledigt oder durch Dritte wahrgenommen werden können.

26 Besucher

(1) Zum Besuch eines Gefangenen sollen regelmäßig nicht mehrere Personen gleichzeitig zugelassen werden. Falls eine ordnungsmäßige Überwachung gewährleistet ist, werden in Ausnahmefällen bis zu drei Personen gleichzeitig zugelassen. Können mehrere Personen nicht gleichzeitig zugelassen werden, so sollen die Wünsche des Gefangenen möglichst berücksichtigt werden.

(2) Minderjährige, die noch nicht 14 Jahre alt sind, können in Begleitung Erwachsener zum Besuch zugelassen werden.

(3) Ist von bestimmten Personen eine Störung der Ordnung in der Anstalt zu besorgen, so kann die Besuchserlaubnis versagt werden.

27 Besuchserlaubnis

(1) Der Besuch wird vom Richter oder Staatsanwalt oder einem anderen Beamten mit besonderer Sachkunde überwacht. Die Überwachung kann auch einem Anstaltsbeamten, den der Anstaltsleiter bestimmt, überlassen werden.

(2) Der Gefangene darf ohne Erlaubnis des Richters oder des Staatsanwalts (Nr. 3) weder etwas von dem Besucher annehmen noch diesem etwas übergeben. Der Anstaltsleiter kann zulassen, daß dem Gefangenen Nahrungs- und Genußmittel in geringer Menge übergeben werden; er kann anordnen, daß die Nahrungs- und Genußmittel durch Vermittlung der Anstalt beschafft werden.

(3) Der überwachende Beamte greift ein, wenn ihm der Inhalt der Unterredung im Hinblick auf das Strafverfahren oder mit

Rücksicht auf die Ordnung in der Anstalt bedenklich erscheint; falls erforderlich, bricht er den Besuch ab. Dies gilt auch, wenn der Besucher oder der Gefangene versucht, dem anderen ohne Erlaubnis etwas zu übergeben.

II. Schriftverkehr

28 Recht auf Schriftwechsel

Der Gefangene darf unbeschränkt Schreiben absenden und empfangen, sofern der Richter nicht anderes bestimmt.

29 Schreibmaterial, Porto

(1) Der Gefangene ist berechtigt, eigenes Schreibmaterial zu verwenden. Es wird in der Regel auf seine Kosten durch Vermittlung der Anstalt beschafft. Die Verwendung gefütterter Umschläge ist nicht gestattet. Auf Verlangen stellt die Anstalt Schreibbedarf in angemessenem Umfang. Papier und Umschläge, die von der Anstalt gestellt werden, dürfen keinen für Außenstehende erkennbaren Hinweis auf die Haft enthalten.

(2) Schreiben an Personen, die von Amts wegen von der Verhaftung benachrichtigt werden (Nr. 15 Abs. 2 Satz 2), darf die Anstalt Merkzettel beifügen, in denen die Empfänger über die Bedingungen des Verkehrs Untersuchungsgefangener mit der Außenwelt unterrichtet werden. Bei Schreiben an andere Personen gilt das nur, wenn der Gefangene einverstanden ist.

(3) Die Portokosten trägt der Gefangene. Ist er dazu nicht in der Lage, werden sie in angemessenem Umfang aus amtlichen Mitteln zur Verfügung gestellt.

30 Überwachung des Schriftwechsels

(1) Der Schriftwechsel des Gefangenen wird durch den Richter oder durch den Staatsanwalt (Nr. 3) überwacht.

(2) Nicht überwacht werden Schreiben an Volksvertretungen des Bundes und der Länder sowie an deren Mitglieder, soweit die Schreiben an die Anschriften dieser Volksvertretungen gerichtet sind und den Absender zutreffend angeben, sowie an die Europäische Kommission für Menschenrechte.

31 Weiterleitung von Schreiben. Aufbewahrung

(1) Zur Übermittlung der Schreiben zwischen der Vollzugsanstalt und dem Richter oder Staatsanwalt können Sammelumschläge verwendet werden, die zum dauernden Gebrauch bestimmt und entsprechend beschriftet sind; die Absendestelle versieht sie mit einer amtlichen Verschlußmarke, auf der das Namensverzeichnis des Beamten und das Datum anzugeben sind.

(2) Bei der gesamten Regelung des Schriftwechsels des Gefangenen ist auf größte Beschleunigung zu achten. Es ist dafür zu sorgen, daß die ein- und ausgehenden Schreiben des Gefangenen dem Richter oder Staatsanwalt unverzüglich übermittelt und abgesandt oder an den Gefangenen ausgehändigt werden, nachdem der Richter oder Staatsanwalt zugestimmt hat.

(3) Der Gefangene hat eingehende Schreiben unverschlossen zu verwahren, sofern nicht anderes gestattet wird; er kann sie verschlossen zu seiner Habe geben. Der Anstaltsleiter sorgt im Interesse der Ordnung in der Anstalt dafür, daß nicht zu viele Schreiben im Gewahrsam des Gefangenen sind.

32 Überwachung abgehender Schreiben

(1) Der Gefangene erhält für das abgehende Schreiben einen Begleitumschlag. Er hat sein Schreiben unverschlossen in den Begleitumschlag zu legen, diesen zu verschließen und mit seinem Namen, der Bezeichnung des Gerichts sowie dem Aktenzeichen, unter dem die Untersuchung gegen ihn geführt wird, zu versehen.

(2) Wird das Schreiben nicht beanstandet, so wird die Zustimmung zur Absendung auf dem Begleitumschlag vermerkt.

(3) Die erledigten Begleitumschläge sind von der Einweisungsbehörde zu verwahren.

33 Überwachung eingehender Schreiben

(1) Die Vollzugsanstalt legt das für den Gefangenen eingehende Schreiben ungeöffnet in einem unverschlossenen Begleitumschlag

dem Richter oder dem Staatsanwalt (Nr. 3) vor.

(2) Ist das Schreiben nicht zu beanstanden, so vermerkt der Richter oder der Staatsanwalt (Nr. 3) auf dem Begleitumschlag, daß der Aushändigung an den Gefangenen zugestimmt wird, und leitet das Schreiben in dem verschlossenen Begleitumschlag der Vollzugsanstalt zur Aushändigung zu. Enthält das Schreiben Einlagen, so wird dies ebenfalls auf dem Begleitumschlag vermerkt.

(3) In der Vollzugsanstalt wird der Begleitumschlag in Gegenwart des Gefangenen geöffnet, das Schreiben ausgehändigt und über etwaige Einlagen verfügt. Eine Prüfung des Schreibens auf Einlagen ist unabhängig von einem entsprechenden Vermerk auf dem Begleitumschlag zulässig. Dabei ist auszuschließen, daß von dem gedanklichen Inhalt des Schreibens Kenntnis genommen wird. Die Verfügung über etwaige Einlagen wird auf dem Begleitumschlag vermerkt; dieser Begleitumschlag ist von der Vollzugsanstalt zu verwahren.

34 Anhalten von Schreiben

(1) Der Richter kann ein Schreiben insbesondere dann anhalten,

1. wenn es in Geheim- oder Kurzschrift, unlesbar, unverständlich oder ohne zwingenden Grund in einer fremden Sprache abgefaßt ist;

2. wenn die Weitergabe des Schreibens das Strafverfahren beeinträchtigen könnte;

3. wenn die Weitergabe des Schreibens geeignet ist, die Ordnung in der Anstalt zu gefährden.

(2) Eine Gefährdung der Ordnung in der Anstalt (Abs. 1 Ziffer 3) kann auch dann in Betracht kommen,

1. wenn ein Schreiben grob unrichtige oder erheblich entstellende Darstellungen von Anstaltsverhältnissen enthält;

2. wenn ein Schreiben grobe Beleidigungen enthält;

3. wenn die Weitergabe eines Schreibens in Kenntnis seines Inhalts einen Straf- oder Bußgeldtatbestand verwirklichen würde

oder wenn ein Schreiben der Vorbereitung einer strafbaren Handlung oder Ordnungswidrigkeit dient.

(3) Schreiben, deren Überwachung ausgeschlossen ist, dürfen nicht angehalten werden.

35 Verfahren

(1) Will der Staatsanwalt (Nr. 3) ein Schreiben anhalten, so legt er es dem Richter vor.

(2) Der Richter oder der Staatsanwalt setzt sich mit dem Anstaltsleiter in Verbindung, wenn das Schreiben Anstaltsverhältnisse behandelt oder sein Inhalt für die Ordnung in der Anstalt oder bei einem jungen Gefangenen für die erzieherische Gestaltung des Vollzugs von Bedeutung sein kann.

(3) Ein angehaltenes Schreiben, das nicht an den Absender zurückgeht und auch nicht beschlagnahmt wird, ist zu der Habe des Gefangenen zu nehmen. Dem Gefangenen ist, soweit nicht aus besonderen Gründen Bedenken entgegenstehen, von dem Anhalten unter Mitteilung des Grundes Kenntnis zu geben. Der einwandfreie Teil eines eingegangenen, aber angehaltenen Schreibens soll dem Gefangenen mündlich mitgeteilt werden, soweit ihm nicht ein in sich verständlicher Teil des Schreibens ausgehändigt werden kann. Angehaltene eingehende Schreiben können auch an den Absender zurückgesandt werden; der Grund des Anhaltens ist zu bezeichnen.

III. Verkehr mit dem Verteidiger, dem Bewährungshelfer und dem Gerichtshelfer

36 Mündlicher Verkehr

(1) Der Gefangene darf mit seinem Verteidiger ohne besondere Erlaubnis sowie ohne Beschränkung und Überwachung mündlich verkehren (§ 148 Abs. 1 StPO).

(2) Der Verteidiger muß sich als solcher gegenüber der Vollzugsanstalt durch die Vollmacht des Gefangenen oder die Bestellungsanordnung des Gerichts ausweisen. Der Anstaltsleiter kann in geeigneten Fällen verlangen, daß der Verteidiger sich als solcher gegenüber der Vollzugsanstalt durch eine Be-

scheinigung des Richters oder des Staatsanwalts (Nr. 3) oder durch eine gerichtliche Bestellungsanordnung ausweist.

(3) Ein Rechtsanwalt der einen Besuchsauftrag besitzt, aber sich nicht nach Absatz 2 ausweisen kann, muß einen Einzelsprechschein, vorzeigen, der ihn zu einer einmaligen Unterredung mit dem Gefangenen berechtigt.

(4) Ein Anwalt, der nicht Verteidiger ist, bedarf zu Unterredungen mit dem Gefangenen über Rechtsangelegenheiten der schriftlichen Zustimmung des Richters oder des Staatsanwalts (Nr. 3). In der Regel wird von der Überwachung des Besuches abgesehen.

(5) Auch Verteidiger und Anwälte sind nicht befugt, dem Gefangenen ohne Zustimmung der zuständigen Beamten irgendwelche Gegenstände zur Mitnahme in die Anstalt zu übergeben. Ausgenommen sind Schriftstücke, die der Gefangene selbst zuvor dem Verteidiger ausgehändigt hatte oder die unmittelbar das Strafverfahren betreffen, wie z. B. die Anklageschrift oder Abschriften eingereichter Schriftsätze des Verteidigers. Auf die Regelung in §§ 148 Abs. 2, 148a StPO wird verwiesen.

(6) Hat der Wahlverteidiger die Verteidigung mit Zustimmung dessen, der ihn gewählt hat, einem Referendar übertragen, so kann dieser den Gefangenen ebenso sprechen wie der Wahlverteidiger (§ 139 StPO).

(7) Der Anstaltsleiter kann im Benehmen mit dem Präsidenten der Rechtsanwaltskammer oder dessen Beauftragten allgemein die Zeiten festsetzen, zu denen in der Vollzugsanstalt die Besuche von Verteidigern regelmäßig stattfinden sollen.

37 Schriftlicher Verkehr

(1) Der Gefangene darf mit seinem Verteidiger ohne besondere Erlaubnis sowie ohne Beschränkung und – unbeschadet der Regelung in §§ 148 Abs. 2, 148a StPO – ohne Überwachung verkehren (§ 148 Abs. 1 StPO). Verteidigerpost ist als solche deutlich sichtbar zu kennzeichnen. Ausgehende Schreiben hat der Gefangene mit einer zutreffenden Angabe des Absenders zu versehen.

(2) Der Verteidiger muß sich als solcher gegenüber der Anstalt ausgewiesen haben (Nr. 36 Abs. 2).

37a Verkehr mit dem Bewährungshelfer und dem Gerichtshelfer

(1) Der Gefangene, der unter Bewährungs- oder unter Führungsaufsicht steht oder über den der Bericht eines Gerichtshelfers angefordert ist, darf mit dem Bewährungshelfer, den Bediensteten der Führungsaufsichtsstelle oder dem Gerichtshelfer in demselben Umfang wie mit dem Verteidiger verkehren.

(2) Nrn. 36 und 37 gelten entsprechend.

IV. Sonstiger Verkehr mit der Außenwelt

38 Fernmündlicher Verkehr. Telegramme

(1) Fernmündliche Gespräche des Gefangenen mit Personen außerhalb der Anstalt bedürfen der Zustimmung des Richters oder des Staatsanwalts (Nr. 3). In dringenden unbedenklichen Fällen kann auch der Anstaltsleiter die Zustimmung erteilen. Das Gespräch wird im vollen Wortlaut mitgehört; Nr. 36 Abs. 1 bleibt unberührt.

(2) Telegramme werden wie Schreiben überwacht, aber beschleunigt befördert. Sofern der Gefangene mit der Öffnung des Telegramms einverstanden ist, kann ihn der Anstaltsleiter in dringenden unbedenklichen Fällen von dem wesentlichen Inhalt in Kenntnis setzen.

(3) Gebühren hat der Gefangene im voraus zu entrichten.

39 Pakete

(1) Für den Empfang von Paketen mit Nahrungs- und Genußmitteln durch den Gefangenen gelten die Regelung in § 33 Abs. 1 StVollzG und die hierzu erlassenen bundeseinheitlichen Verwaltungsvorschriften entsprechend. Die Entscheidung über die Zulassung weiterer Pakete oder solcher mit anderem Inhalt (§ 33 Abs. 1 Satz 3 StVollzG) trifft der Anstaltsleiter. Er soll solche Pakete nur aus besonderem Anlaß zulassen.

(2) Gefangene, die am Ort der Vollzugsanstalt keine Angehörigen haben, dürfen im Rahmen der Hausordnung regelmäßig Wäschepakete von auswärts empfangen. Außer einem Inhaltsverzeichnis dürfen keine schriftlichen Mitteilungen beigefügt sein.

(3) Das Paket wird von dem Anstaltsleiter oder dem von ihm beauftragten Beamten in Gegenwart des Empfängers überprüft. Gegenstände, deren Aushändigung an den Gefangenen bedenklich erscheint, werden entweder zur Habe des Gefangenen genommen, zurückgesandt oder dem Absender zur Rücknahme zur Verfügung gestellt.

(4) Für die Versendung von Paketen durch den Gefangenen gelten die Regelung in § 33 Abs. 4 StVollzG und die hierzu erlassenen bundeseinheitlichen Verwaltungsvorschriften entsprechend.

(5) Die Entscheidung des Richters wird eingeholt, wenn die Versendung bestimmter Gegenstände das Strafverfahren beeinträchtigen könnte.

40 Hörfunk und Fernsehen

(1) Der Gefangene darf am Hörfunkprogramm der Anstalt sowie am gemeinschaftlichen Fernsehempfang teilnehmen. Nr. 46 Abs. 1 bleibt unberührt.

(2) Einzelempfang durch ein eigenes Hörfunkgerät und ein eigenes Fernsehgerät ist, soweit der Richter nicht etwas anderes anordnet, gestattet.

(3) Die für den Betrieb eigener Hörfunk- und Fernsehgeräte durch Strafgefangene erlassenen bundeseinheitlichen Verwaltungsvorschriften gelten sinngemäß.

41 Vernehmung. Vorführung. Ausführung. Urlaub

(1) Zur Vernehmung des Gefangenen in der Anstalt oder seiner Vorführung außerhalb der Anstalt bedarf es eines schriftlichen Auftrags oder der Zustimmung des Richters oder des Staatsanwalts. Vernehmungen sollen nach Einschluß grundsätzlich nicht mehr stattfinden. Frauen sind durch männliche Polizeibeamte nur in Gegenwart einer Beamtin oder eines zweiten Beamten zu vernehmen.

Die Ausantwortung ist nur mit Zustimmung des Richters zulässig.

(2) Der Gefangene darf auf seinen Antrag und auf seine Kosten mit Zustimmung des Richters oder des Staatsanwalts (Nr. 3) an Orte außerhalb der Anstalt ausgeführt werden, wenn wichtige und unaufschiebbare Angelegenheiten persönlicher, geschäftlicher oder rechtlicher Art seine persönliche Anwesenheit erforderlich machen. Die Kosten der Ausführung sind regelmäßig vorzuschießen.

(3) Urlaub aus der Untersuchungshaft wird nicht gewährt.

Viertes Kapitel
Arbeit. Selbstbeschäftigung

42 Grundsatz

Der Gefangene ist nicht zur Arbeit verpflichtet.

43 Zugewiesene Arbeit

(1) Auf Verlangen soll dem Gefangenen Gelegenheit gegeben werden zu arbeiten; auf diese Möglichkeit ist er hinzuweisen. Bei der Zuweisung der Arbeit wird der Zweck der Untersuchungshaft berücksichtigt; auf den Beruf und die Kenntnisse, die Körperkräfte und Fertigkeiten des Gefangenen sowie auf Gesundheitszustand, Geschlecht und Lebensalter wird besonders Rücksicht genommen.

(2) Der Gefangene darf mit Zustimmung des Richters bei der Arbeit mit anderen Gefangenen in Berührung kommen. Außerhalb des eingefriedeten Bereichs der Anstalt darf er nicht zur Arbeit eingesetzt werden.

(3) Nimmt ein Gefangener an der allgemein eingeführten Arbeit teil, so unterwirft er sich den von der Anstalt festgelegten Arbeitsbedingungen. Er darf die Arbeit nicht zur Unzeit niederlegen.

(4) Übt der Gefangene eine ihm zugewiesene Arbeit aus, so erhält er ein nach § 43 Abs. 2 bis 5 i. V. m. § 177 Satz 2 StVollzG zu bemessendes Arbeitsentgelt, über das er frei verfügen darf. Für junge und heranwachsende Untersuchungsgefangene gilt § 177 Satz 4 StVollzG.

(5) Der Gefangene darf durch die zugewiesene Arbeit in der Vorbereitung seiner Verteidigung nicht beeinträchtigt werden (Nr. 20).

44 Selbstbeschäftigung

Der Gefangene darf sich auf seine Kosten selbst beschäftigen, soweit die Selbstbeschäftigung mit dem Zweck der Haft vereinbar ist und die Ordnung in der Anstalt nicht stört. Erzielt der Gefangene aus der Selbstbeschäftigung Einkünfte, ist er anzuhalten, seiner Steuerpflicht nachzukommen.

Fünftes Kapitel
Freizeit

45 Lesestoff

(1) Dem Gefangenen ist anstaltseigener Lesestoff in ausreichendem Maße zur Verfügung zu stellen.

(2) Der Gefangene kann sich durch Vermittlung der Anstalt auf eigene Kosten oder auf Kosten Dritter Bücher durch den Buchhandel beschaffen sowie Zeitungen und Zeitschriften durch den Verlag, die Post oder den Handel beziehen. Vom Bezug ausgeschlossen sind Bücher, Zeitungen und Zeitschriften, deren Verbreitung mit Strafe oder Geldbuße bedroht ist.

(3) Bücher, Schriften, Zeitungen und Zeitschriften, die dem Befangenen nicht unmittelbar von dem Verlag oder dem Buchhandel oder im Postbezug übersandt werden, dürfen ihm nur mit Zustimmung des Richters oder des Staatsanwalts (Nr. 3) ausgehändigt werden.

(4) Der Lesestoff, den der Gefangene aus öffentlichen Büchereien oder unmittelbar durch den Verlag, die Post oder den Handel bezieht, wird vor der Aushändigung an den Gefangenen durch den Anstaltsleiter oder den von ihm bestimmten Beamten geprüft, sofern der Richter oder der Staatsanwalt (Nr. 3) sich die Durchsicht nicht ausdrücklich vorbehalten hat. Den Lesestoff, der sonst dem Gefangenen übersandt oder für ihn abgegeben wird, oder der aus der Habe stammt, prüft der Richter oder der Staatsanwalt. Lesestoff, dessen Inhalt eine Gefährdung des Zwecks

der Haft oder der Ordnung in der Anstalt befürchten läßt, wird dem Gefangenen durch Verfügung des Richters vorenthalten; dem Gefangenen ist, soweit nicht aus besonderen Gründen Bedenken entgegenstehen, von der Verfügung unter Mitteilung des Grundes Kenntnis zu geben.

(5) Der Gefangene darf nicht mehr Lehrstoff in seinem Haftraum aufbewahren und nicht mehr Zeitungen und Zeitschriften beziehen, als es mit der Ordnung in der Anstalt vereinbar ist. Die bundeseinheitlichen Verwaltungsvorschriften über den Bezug von Zeitungen und Zeitschriften durch Strafgefangene gelten insoweit sinngemäß.

46 Gemeinsame Veranstaltungen

(1) Untersuchungsgefangene dürfen an gemeinsamen Veranstaltungen teilnehmen, wenn der Richter zugestimmt hat oder gemeinsame Haft zugelassen ist.

(2) Absatz 1 gilt auch für gemeinsamen Unterricht. Zu einer Teilnahme am Unterricht von Strafgefangenen ist außer dem ausdrücklichen Einverständnis des Untersuchungsgefangenen die Zustimmung des Richters oder des Staatsanwalts notwendig.

Sechstes Kapitel
Seelsorge

47 Religiöse Veranstaltungen

(1) Der Gefangene darf am gemeinschaftlichen Gottesdienst und an anderen religiösen Veranstaltungen seines Bekenntnisses teilnehmen, wenn nicht der Richter mit Rücksicht auf den Zweck der Untersuchungshaft oder aus Gründen der Ordnung in der Anstalt anderes anordnet.

(2) Unter derselben Voraussetzung darf der Gefangene an religiösen Veranstaltungen einer anderen Religionsgemeinschaft teilnehmen, falls deren Seelsorger zustimmt.

(3) Mißbraucht der Gefangene die Teilnahme an religiösen Veranstaltungen zu Verdunkelungszwecken oder sonst zu unerlaubtem Verkehr mit anderen Gefangenen oder stört er die Veranstaltung, so kann er vom Anstaltsleiter im Benehmen mit dem Anstalts-

seelsorger von der weiteren Teilnahme an diesen Veranstaltungen ausgeschlossen werden. Der Ausschluß bedarf der Genehmigung des Richters (§ 119 Abs. 6 StPO), der auch – gegebenenfalls nach Anhörung des Seelsorgers – über die Wiederzulassung entscheidet.

(4) Gemeinsame religiöse Veranstaltungen von Untersuchungsgefangenen und Strafgefangenen sind zulässig, wenn nicht in Ausnahmefällen der Richter anderes anordnet.

48 Einzelseelsorge

(1) Der Gefangene hat das Recht, den Zuspruch eines Seelsorgers seines Bekenntnisses zu empfangen. Nr. 47 Abs. 2 gilt sinngemäß.

(2) Die hauptamtlich oder vertraglich angestellten Anstaltsseelsorger dürfen den Gefangenen ohne Erlaubnis aufsuchen.

(3) Anderen Seelsorgern als Anstaltsseelsorgern erteilt der Richter die Erlaubnis zum seelsorgerischen Besuch des Gefangenen; der Richter bestimmt, ob der Besuch überwacht wird.

48a Weltanschauungsgemeinschaften

Für Angehörige weltanschaulicher Bekenntnisse gelten die Nrn. 47 und 48 entsprechend.

Siebentes Kapitel
Soziale Hilfe

49

(1) Dem Gefangenen wird bei der Aufnahme (Nr. 16 Abs. 5), während des Vollzugs der Untersuchungshaft wie auch bei der Entlassung (Nr. 17 Abs. 3) die soziale Hilfe der Anstalt angeboten, soweit er ihrer bedarf. Sie soll die nachteiligen Auswirkungen der Verhaftung mildern und den Wiedereintritt in geordnete Lebensverhältnisse erleichtern sowie darauf gerichtet sein, den Gefangenen in die Lage zu versetzen, seine Angelegenheiten selbst zu ordnen und zu regeln. In Frage kommen namentlich Maßnahmen zur Aufrechterhaltung der Familienbande und wertvoller sozialer Beziehungen, zur Erhaltung des Arbeitsplatzes und der Wohnung des Gefangenen und zur Sicherung seines Eigentums sowie zur Betreuung unterhaltsberechtigter Angehöriger oder sonst von ihm Abhängiger durch die für Sozialleistungen zuständigen Stellen. Bei der Entlassung ist dem Gefangenen insbesondere zu helfen, Arbeit und Unterkunft zu finden.

(2) Die soziale Hilfe darf den Zweck des Verfahrens weder gefährden noch hemmen. Bei den Hilfsmaßnahmen ist, soweit erforderlich, mit dem Richter oder dem Staatsanwalt Fühlung zu nehmen.

Achtes Kapitel
Lebenshaltung

50 Ernährung

(1) Der Gefangene wird nach den Bestimmungen der Kostordnung verpflegt.

(2) Dem Gefangenen wird gestattet, sich auf seine Kosten durch Vermittlung der Anstalt selbst zu verpflegen. Die Verpflegung hat sich im Rahmen einer vernünftigen Lebensweise zu halten (Nr. 18 Abs. 2); sie darf nur von einer Speise- oder Gastwirtschaft bezogen werden, die der Anstaltsleiter bestimmt. Der erforderliche Geldbetrag ist vorher bei der Anstaltskasse einzubezahlen; die Selbstbeköstigung endet, wenn der Vorschuß erschöpft ist. Ein Gefangener, der sich selbst verpflegt, wird während der Mahlzeiten von anderen Gefangenen getrennt gehalten.

51 Zusatznahrungs- und Genußmittel. Persönlicher Bedarf

(1) Dem Gefangenen wird erlaubt, sich auf seine Kosten im Rahmen einer vernünftigen Lebensweise (Nr. 18 Abs. 2) vom Anstaltsleiter zugelassene Zusatznahrungs- und Genußmittel, andere Gegenstände des persönlichen Bedarfs sowie mit Zustimmung des Anstaltsarztes auch Arznei- und Kräftigungsmittel zu beschaffen.

(2) Die Beschaffung vermittelt in der Regel die Anstalt. Die Häufigkeit des Einkaufs richtet sich nach den örtlichen Verhältnissen; jedoch soll eine gewisse Regelmäßigkeit – möglichst einmal in der Woche – gewährleistet sein. Nahrungs- und Genußmittel und Gegenstände des persönlichen Bedarfs, die

nicht durch Vermittlung der Anstalt beschafft sind, werden durch den Anstaltsleiter oder den von ihm bestimmten Beamten vor der Aushändigung an den Gefangenen geprüft.

(3) Der Genuß alkoholischer Getränke und anderer berauschender Mittel wird mit Rücksicht auf die Ordnung in der Anstalt nicht gestattet. Das Rauchen ist im Rahmen der Hausordnung erlaubt, sofern keine Feuergefahr zu befürchten ist.

52 Kleidung. Wäsche. Bettlager

(1) Der Gefangene ist berechtigt, eigene Kleidung und Wäsche zu tragen; er darf eigene Bettwäsche benutzen. Soweit die eigenen Sachen ergänzt oder gewechselt werden müssen, können für den Gefangenen Kleidungs- und Wäschestücke in der Anstalt abgegeben und dort abgeholt werden. Die Sachen werden durch einen Anstaltsbeamten in Gegenwart des Gefangenen durchgesehen.

(2) Soweit der Gefangene nicht über vollständige Kleidung und Wäsche verfügt oder nicht in der Lage ist, für regelmäßigen Wechsel und für Reinigung der eigenen Sachen zu sorgen, wird er mit Anstaltskleidung und Anstaltswäsche ausgestattet. Insoweit ist er verpflichtet, Anstaltssachen zu tragen.

(3) Der Anstaltsleiter kann dem Gefangenen zur Schonung seiner eigenen Sachen das Tragen von Anstaltskleidung und Anstaltswäsche gestatten. Der Anstaltsleiter soll von dieser Befugnis auf Wunsch des Gefangenen namentlich dann Gebrauch machen, wenn dieser freiwillig an der allgemein eingeführten Arbeit teilnimmt.

(4) Dem Gefangenen, der gewöhnlich Anstaltskleidung trägt, kann beim Empfang eines Besuchs, bei einer Vorführung, Ausführung oder bei sonstiger Berührung mit der Außenwelt gestattet werden, eigene Kleidung und eigene Wäsche zu tragen. Bei einer Vorführung oder Ausführung soll dies die Regel sein.

53 Habe

(1) Der Anstaltsleiter darf dem Gefangenen Stücke der Habe überlassen, die sich zum persönlichen Gebrauch oder zur Ausstattung des Haftraumes eignen.

(2) Geld, Wertsachen und besondere Kostbarkeiten darf der Gefangene nicht im Gewahrsam haben. Der Besitz von Uhren ist grundsätzlich gestattet. Das Tragen eines Ehe- oder Verlobungsringes ist gestattet.

(3) Stücke der persönlichen Habe dürfen ohne Zustimmung des Richters nicht aus der Anstalt entfernt oder anderen Gefangenen überlassen werden.

(4) Aufzeichnungen und andere Gegenstände, die Kenntnisse über Sicherungsvorkehrungen der Anstalt vermitteln, werden mit Genehmigung des Richters von der Vollzugsbehörde in Verwahrung genommen.

54 Haftraum. Beleuchtung

(1) Der Gefangene ist verpflichtet, seinen Haftraum und dessen Einrichtungsgegenstände zu reinigen. Der Gefangene haftet für vorsätzliche und fahrlässige Beschädigung von Anstaltseigentum.

(2) Der Anstaltsleiter kann gestatten, daß der Haftraum über die vorgeschriebene Zeit hinaus beleuchtet wird.

55 Aufenthalt im Freien

(1) Arbeitet ein Gefangener nicht im Freien, so soll ihm täglich mindestens eine Stunde Aufenthalt im Freien ermöglicht werden, wenn die Witterung dies zu der festgesetzten Zeit zuläßt.

(2) Die Vorschriften über die Trennung der Gefangenen (Nr. 22) sind zu beachten.

Neuntes Kapitel
Gesundheitspflege

56 Anstaltsarzt. Beratender Arzt

(1) Der Gefangene wird vom Anstaltsarzt gesundheitlich betreut. Mit Zustimmung des Richters und nach Anhören des Anstaltsarztes kann dem Gefangenen gestattet werden, auf eigene Kosten einen beratenden Arzt hinzuzuziehen.

(2) Dem Gefangenen kann erlaubt werden, sich durch einen anderen als den für die An-

stalt regelmäßig tätigen Zahnarzt auf eigene Kosten behandeln zu lassen.

57 Krankenhausbehandlung

Kann einem Gefangenen im Fall einer Erkrankung die erforderliche Behandlung in der Anstalt, in der er sich befindet, nicht gewährt werden, so ist er mit Zustimmung des Richters in eine für die Behandlung geeignete Vollzugsanstalt oder ein Anstaltskrankenhaus zu verlegen oder in ein Krankenhaus außerhalb des Vollzugs zu überführen. Das gleiche gilt bei weiblichen Gefangenen auch im Fall einer Schwangerschaft.

58 Zwangsmaßnahmen auf dem Gebiet der Gesundheitsfürsorge

Auf die Regelung in Nr. 72 wird verwiesen.

59 Abweichungen von Vollzugsvorschriften

Der Anstaltsleiter weicht auf Antrag oder nach Anhören des Anstaltsarztes von Vollzugsvorschriften ab, wenn dies zur Wahrung der Gesundheit eines Gefangenen erforderlich ist.

Vierter Abschnitt

60 Besondere Verdunkelungsgefahr

(1) Bei erheblicher Verdunkelungsgefahr kann der Richter von sich aus oder auf Antrag des Staatsanwalts im Aufnahmeersuchen oder später besondere Maßnahmen anordnen, die geeignet sind, diese Gefahr soweit wie möglich auszuschalten.

(2) Es kommen hauptsächlich in Betracht:

1. Anordnung strenger Einzelhaft, während welcher der Gefangene von anderen Gefangenen dauernd getrennt gehalten und streng bewacht wird;

2. Beschränkung des Verkehrs mit der Außenwelt auf das Mindestmaß, insbesondere Paketsperre, Verbot der Beschaffung und Benutzung anstaltsfremden Lesestofes, besonders strenge Überwachung des Schrift- und Besuchsverkehrs sowie, falls unbedingt notwendig, für eine gewisse

Zeit völlige Abschließung von der Außenwelt;

3. Versagung oder Entzug der Erlaubnis, sich selbst zu beköstigen;

4. Versagung oder Entzug der Erlaubnis, eigene Kleidung, Wäsche und Bettwäsche zu benutzen, und Verbot des Überlassens von Stücken der Habe;

5. Beschränkung des täglichen Aufenthalts im Freien auf das Mindestmaß sowie im Benehmen mit dem Anstaltsarzt Ausschluß vom Aufenthalt im Freien für eine bestimmte Zeit.

Fünfter Abschnitt
Sicherheit und Ordnung

Erstes Kapitel
Durchsuchung

61

Der Gefangene, seine Sachen und sein Haftraum dürfen jederzeit durchsucht werden. Bei Durchsuchung männlicher Gefangener dürfen nur Männer, bei der Durchsuchung weiblicher Gefangener nur Frauen anwesend sein. Das Schamgefühl ist zu schonen.

Zweites Kapitel
Besondere Sicherungsmaßnahmen

62 Allgemeines

(1) Gegen einen Gefangenen können besondere Sicherungsmaßnahmen angeordnet werden, wenn eine Gefährdung des Zwecks der Untersuchungshaft oder eine erhebliche Störung der Anstaltsordnung anders nicht vermieden oder behoben werden kann.

(2) Besondere Sicherungsmaßnahmen sind namentlich dann zulässig, wenn nach dem Verhalten des Gefangenen oder aufgrund seines seelischen Zustandes in erhöhtem Maße Fluchtgefahr, die Gefahr von Gewalttätigkeiten gegen Personen oder Sachen oder die Gefahr des Selbstmordes oder der Selbstbeschädigung besteht.

(3) Besondere Sicherungsmaßnahmen (Nrn. 63 und 64) ordnet der Richter an. In

dringenden Fällen (Nr. 5) kann sie der Staatsanwalt, der Anstaltsleiter oder ein anderer Beamter, unter dessen Aufsicht der Gefangene steht, vorläufig anordnen. Vorläufige Anordnungen bedürfen der nachträglichen Zustimmung des Richters, die unverzüglich einzuholen ist (§ 119 Abs. 6 Satz 2 und 3 StPO).

(4) Wird ein Gefangener ärztlich behandelt oder beobachtet oder bildet sein seelischer Zustand den Anlaß der Maßnahme, so ist vor der Anordnung besonderer Sicherungsmaßnahmen der Arzt zu hören. Ist dies wegen Gefahr im Verzuge nicht möglich, wird eine Stellungnahme unverzüglich eingeholt.

63 Arten der zulässigen Maßnahmen

(1) Als besondere Sicherungsmaßnahmen kommen hauptsächlich in Betracht:

1. Verstärkte Durchsuchung des Gefangenen, seiner Sachen und seines Haftraums;

2. Beobachtung bei Nacht, wenn nötig, verbunden mit abgeschirmter Dauerbeleuchtung des Haftraums;

3. vorsichtige Arbeitszuteilung, insbesondere Verbot der Arbeit mit gefährlichen Werkzeugen und außerhalb des Haftraums;

4. Entzug oder Vorenthaltung von Gegenständen oder Bekleidungsstücken, deren Mißbrauch zu befürchten ist oder die geeignet sind, einen Flucht- oder Selbstmordversuch zu fördern;

5. Versagung oder Entzug der Befugnis, eigene Kleidung und Wäsche zu benutzen;

6. Beschränkung oder zeitweiliger Entzug des täglichen Aufenthalts im Freien;

7. Beschränkung und, abgesehen vom Verkehr mit dem Verteidiger, ausnahmslose Überwachung des Verkehrs mit der Außenwelt;

8. Zusammenlegung mit zuverlässigen Gefangenen in einem Haftraum;

9. Unterbringung in einem besonders gesicherten Haftraum ohne gefährdende Gegenstände.

(2) Zu einer schärferen Sicherungsmaßnahme soll nur gegriffen werden, wenn eine mildere keinen Erfolg verspricht.

64 Fesselung

(1) Der Gefangene darf gefesselt werden, wenn

1. die Gefahr besteht, daß er Gewalt gegen Personen oder Sachen anwendet, oder wenn er Widerstand leistet,

2. er zu fliehen versucht oder wenn bei Würdigung der Umstände des Einzelfalles, namentlich der Verhältnisse des Gefangenen und der Umstände, die einer Flucht entgegenstehen, die Gefahr besteht, daß er sich aus dem Gewahrsam befreien wird,

3. die Gefahr des Selbstmordes oder der Selbstbeschädigung besteht

und wenn die Gefahr durch keine andere, weniger einschneidende Maßnahme abgewendet werden kann. Bei der Hauptverhandlung soll er ungefesselt sein (§ 119 Abs. 5 StPO).

(2) In der Regel dürfen Fesseln nur an den Händen oder an den Füßen angelegt werden. Im Interesse des Gefangenen kann eine andere Art der Fesselung angeordnet werden. Die Fesselung wird zeitweise gelockert, soweit dies notwendig ist.

(3) Die Anordnung der Fesselung trifft der Richter. Wird in dringenden Fällen von anderen Beamten die Fesselung verfügt, so ist unverzüglich die nachträgliche Zustimmung des Richters einzuholen (Nr. 62 Abs. 3).

65 Dauer der Maßnahmen und ärztliche Überwachung

(1) Besondere Sicherungsmaßnahmen dürfen nur soweit aufrechterhalten werden, wie es ihr Zweck erfordert.

(2) Ist ein Gefangener in einem Haftraum ohne gefährdende Gegenstände untergebracht oder innerhalb der Vollzugsanstalt gefesselt, so sucht ihn der Anstaltsarzt alsbald und in der Folge möglichst täglich auf.

(3) Der Arzt ist regelmäßig zu hören, solange einem Gefangenen der tägliche Aufenthalt im Freien entzogen wird.

66 Verlegung in eine andere Anstalt

Hält der Anstaltsleiter bei den besonderen Verhältnissen seiner Anstalt die Gewähr für eine sichere Verwahrung oder die Verhinderung von Gewalttätigkeiten, Selbstmord oder Selbstbeschädigung nicht für gegeben, so hat er beim Richter auf die Verlegung des Gefangenen in eine geeignete Vollzugsanstalt hinzuwirken.

Drittes Kapitel
Disziplinarmaßnahmen

67 Allgemeines

(1) Gegen einen Gefangenen, der schuldhaft gegen die Ordnung in der Anstalt verstößt oder den Haftzweck gefährdet oder vereitelt, kann der Richter gemäß § 119 Abs. 3 und 6 StPO Disziplinarmaßnahmen anordnen.

(2) Bei leichteren Verstößen kann es bei einer Ermahnung oder Verwarnung bleiben, die auch der Anstaltsleiter aussprechen kann.

68 Arten der Disziplinarmaßnahmen

(1) Als Disziplinarmaßnahmen kommen in Betracht:

1. Verweis;

2. Beschränkung oder Entzug des Rechts auf Selbstbeköstigung (Nr. 50 Abs. 2) und des Rechts auf Beschaffung von zusätzlichen Nahrungs- und Genußmitteln und Gegenständen des persönlichen Bedarfs (Nr. 51 Abs. 1) bis zu drei Monaten;

3. Beschränkung oder Entzug verlängerter Haftraumbeleuchtung (Nr. 54 Abs. 2) bis zu drei Monaten;

4. Beschränkung oder Entzug des Lesestoffes (Nr. 45) bis zu zwei Wochen sowie des Hörfunk- und Fernsehempfangs (Nr. 40) bis zu drei Monaten; der gleichzeitige Entzug jedoch nur bis zu zwei Wochen;

5. Beschränkung oder Entzug des Besitzes von Gegenständen aus der Habe (Nr. 53 Abs. 1) bis zu drei Monaten;

6. Beschränkung oder Entzug der Teilnahme an gemeinsamen Veranstaltungen (Nr. 46) bis zu drei Monaten;

7. Entzug des täglichen Aufenthalts im Freien (Nr. 55) bis zu einer Woche;

8. Entzug einer zugewiesenen Arbeit oder Beschäftigung (Nr. 43) unter Wegfall der Bezüge oder einer Selbstbeschäftigung (Nr. 44) zu einer Woche;

9. Beschränkung des Verkehrs mit Personen außerhalb der Anstalt auf dringende Fälle bis zu drei Monaten;

10. Arrest bis zu vier Wochen.

(2) Für junge Gefangene (Nr. 1 Abs. 4) gilt Abs. 1 Ziffer 7 nicht; Arrest (Abs. 1 Ziffer 10) ist nur bis zu zwei Wochen zulässig.

(3) Mehrere Disziplinarmaßnahmen können miteinander verbunden werden.

(4) Bei der Wahl der Disziplinarmaßnahmen werden Grund und Zweck der Haft sowie seelischen Wirkungen der Untersuchungshaft und des Strafverfahrens berücksichtigt.

(5) Der Anstaltsleiter soll die Anordnung von Arrest nur wegen schwerer oder mehrfach wiederholter Verfehlungen beantragen. Die Anordnung von Maßnahmen nach Abs. 1 Ziffern 3 bis 9 soll er möglichst nur beantragen, wenn die Verfehlung mit den zu beschränkenden oder zu entziehenden Befugnissen im Zusammenhang steht; dies gilt nicht bei einer Verbindung mit Arrest.

69 Verfahren

(1) Der Anstaltsleiter veranlaßt die zur Klärung des Sachverhalts notwendigen Erhebungen, soweit sie nicht der Richter oder der Staatsanwalt durchführt. Der Gefangene wird gehört. Die Erhebungen werden in einer Niederschrift festgelegt; die Einlassung des Gefangenen wird vermerkt. Der Anstaltsleiter gibt das Ergebnis seiner Ermittlungen mit einem Antrag auf Festsetzung einer bestimmten Disziplinarmaßnahme dem Richter vor. Dieser kann weitere Erhebungen anordnen oder selbst anstellen.

(2) Vor der Beantragung einer Disziplinarmaßnahme gegen einen Gefangenen, der ärztlich behandelt oder beobachtet wird, oder gegen eine Schwangere oder eine stillende Mutter ist der Anstaltsarzt zu hören.

II

(3) Der Beschluß, mit dem über die Anordnung einer Disziplinarmaßnahme entschieden wird, ist schriftlich abzufassen und zu begründen. Dem anwesenden Gefangenen wird er vom Richter durch Verkündung bekanntgemacht, dem abwesenden formlos mitgeteilt (§ 35 StPO).

(4) Bei der Anordnung und dem Vollzug einer Disziplinarmaßnahme ist darauf zu achten, daß die Verteidigung und die Verhandlungsfähigkeit des Gefangenen nicht beeinträchtigt werden.

70 Vollstreckung

(1) Disziplinarmaßnahmen werden in der Regel sofort vollstreckt.

(2) Eine Disziplinarmaßnahme kann ganz oder zum Teil auch während einer Untersuchungshaft unmittelbar, nachfolgenden Untersuchungs- oder Strafhaft vollstreckt werden.

(3) Wird der Verkehr des Gefangenen mit Personen außerhalb der Anstalt eingeschränkt, ist ihm Gelegenheit zu geben, dies einer Person, mit der er im Schriftwechsel steht oder die ihn zu besuchen pflegt, mitzuteilen. Der Verkehr mit den in Nrn. 30 Abs. 2, 36 bis 37a genannten Empfängern, mit Gerichten und Justizbehörden in der Bundesrepublik sowie mit Rechtsanwälten und Notaren in einer den Gefangenen betreffenden Rechtssache bleibt unbeschränkt.

71 Vollzug des Arrestes

(1) Der Arrest wird unter unausgesetzter Absonderung des Gefangenen von anderen Gefangenen vollzogen. Der Gefangene kann in einem besonderen Arrestraum untergebracht werden, der den Anforderungen entsprechen muß, die an einen zum Aufenthalt bei Tag und Nacht bestimmten Haftraum gestellt werden.

(2) Soweit nichts anderes angeordnet wird, ruhen die Befugnisse des Gefangenen aus oder aufgrund der Nr. 18 Abs. 3, Nrn. 40, 43, 45, 50 Abs. 2, Nr. 51 Abs. 1, Nr. 52 Abs. 1, Nr. 53 Abs. 1 und Nr. 54 Abs. 2.

(3) Vor dem Vollzug des Arrestes ist der Anstaltsarzt zu hören. Während des Arrestes steht der Gefangene unter ärztlicher Aufsicht. Der Vollzug des Arrestes unterbleibt oder wird unterbrochen, solange die Gesundheit des Gefangenen durch den Vollzug gefährdet würde.

Viertes Kapitel
Unmittelbarer Zwang

72

(1) Für die Anwendung unmittelbaren Zwangs gelten die gesetzlichen Vorschriften.

(2) Jede Anwendung unmittelbaren Zwangs, insbesondere jeder Waffengebrauch, ist dem Anstaltsleiter unverzüglich zu melden.

Sechster Abschnitt
Beschwerde

73 Allgemeines

Der Gefangene hat das Recht, sich gegen Anordnungen und Maßnahmen zu beschweren, durch die er im Vollzuge der Untersuchungshaft betroffen wird.

74 Entscheidungen des Richters

(1) Beschwerden gegen Verfügungen des Richters werden nach den Vorschriften der Strafprozeßordnung (§§ 304 ff.) behandelt.

(2) Die Beschwerde ist zur Niederschrift der Geschäftsstelle des Gerichts zu geben oder schriftlich einzulegen. Sie ist bei dem Gericht anzubringen, das die angefochtene Verfügung erlassen hat. Der Gefangene kann die Beschwerde auch zur Niederschrift des Amtsgerichts geben, in dessen Bezirk er sich befindet (§ 299 StPO).

(3) Durch Einlegung der Beschwerde wird der Vollzug der angefochtenen Verfügung nicht gehemmt, sofern nicht der Richter die Vollziehung aussetzt (§ 307 StPO).

75 Entscheidungen des Anstaltsleiters

(1) Beschwert der Gefangene sich gegen Anordnungen des Anstaltsleiters in Angelegenheiten, die der Zuständigkeit des Richters nach § 119 Abs. 6 StPO unterliegen, so entscheidet der Richter.

(2) Über Beschwerden gegen Maßnahmen der Anstaltsbeamten entscheidet im Dienstaufsichtswege der Anstaltsleiter, soweit nicht auf Grund besonderer Vorschriften unmittelbar die Aufsichtsbehörde zuständig ist. Diese entscheidet auch, wenn die Beschwerde sich gegen den Anstaltsleiter selbst richtet. Gemeinsame Beschwerden sind unzulässig.

(3) Unabhängig von der Dienstaufsichtsbeschwerde kann der Gefangene in Angelegenheiten, für die nicht die richterliche Zuständigkeit nach § 119 Abs. 6 StPO gegeben ist, Antrag auf gerichtliche Entscheidung stellen, wenn er geltend macht, durch eine Anordnung, Verfügung oder sonstige Maßnahme der Vollzugsbehörde oder durch die Ablehnung oder Unterlassung einer solchen Maßnahme in seinen Rechten verletzt zu sein (§§ 23, 24 Abs. 1 EGGVG). Ob dem Antrage auf gerichtliche Entscheidung ein Verfahren über einen förmlichen Rechtsbehelf vorauszugehen hat, richtet sich nach dem Landesrecht.

Siebenter Abschnitt
Ergänzende Vorschriften

76

Soweit nicht diese Vollzugsordnung anderes bestimmt oder Wesen und Zweck der Untersuchungshaft entgegenstehen, gelten für den Vollzug der Untersuchungshaft die Vorschriften über den Strafvollzug sinngemäß.

Achter Abschnitt
Junge Gefangene

77 Zuständiger Richter

Im Verfahren gegen Jugendliche und Heranwachsende gilt die Vorschrift der Nr. 2 mit der Maßgabe, daß an die Stelle des Amtsrichters der Jugendrichter tritt (§§ 34, 107 JGG). Der zuständige Richter kann in Verfahren gegen Jugendliche die richterlichen Entscheidungen, welche die Untersuchungshaft betreffen, aus wichtigen Gründen sämtlich oder zum Teil einem anderen Jugendrichter übertragen (§ 72 Abs. 5 JGG).

78 Trennung

(1) Mit erwachsenen Gefangenen dürfen junge Gefangene (Nr. 1 Abs. 4) nicht zusammenkommen (Nr. 22 Abs. 4). Wenn gesundheitliche Gründe es dringend erfordern, kann ein junger Gefangener ausnahmsweise vorübergehend auch zusammen mit erwachsenen Gefangenen untergebracht werden.

(2) Werden junge Gefangene in gemeinsamer Haft zusammengelegt, so sind Entwicklung und Reife der Gefangenen sowie erzieherische Gesichtspunkte zu berücksichtigen.

79 Persönlichkeitserforschung

(1) Der Anstaltsleiter und die von ihm beauftragten Beamten sollen sich mit der Erforschung der Persönlichkeit des jungen Gefangenen befassen. Sie dient dem Ziele, für die Beurteilung der Persönlichkeit des jungen Gefangenen Unterlagen zu gewinnen und so die richtige Behandlung im Vollzug der Untersuchungshaft wie auch die richtige Entscheidung in der Strafsache zu erleichtern.

(2) Die Persönlichkeitserforschung ist in Zusammenarbeit mit den Organen der Jugendgerichtshilfe durchzuführen. Besonderer Wert ist zu legen auf die Feststellung der seelischen, geistigen und körperlichen Eigenart des jungen Gefangenen, auf seine Lebensgeschichte, die Schul- und Berufsbildung sowie die persönlichen und sozialen Verhältnisse. Der Gefangene ist zu beobachten und sein Verhalten laufend schriftlich festzuhalten. Jeder junge Gefangene hat alsbald nach der Aufnahme seinen Lebenslauf niederzuschreiben.

(3) Das Ergebnis der Persönlichkeitserforschung ist dem Richter oder dem Staatsanwalt mitzuteilen (Nr. 8).

80 Erzieherische Gestaltung

(1) Bei der erzieherischen Gestaltung des Vollzugs der Untersuchungshaft an jungen Gefangenen ist auf die körperliche, geistige und seelische Entwicklung Rücksicht zu nehmen.

(2) Der junge Gefangene ist aus erzieherischen Gründen zur Arbeit verpflichtet. Die Vorschriften des Gesetzes zum Schutze der

arbeitenden Jugend (JArbSchG) sind zu beachten (§ 62 JArbSchG). Vier Siebtel des Arbeitsentgelts (§ 177 Satz 4, § 176 Abs. 1 Satz 1 und § 2 StVollzG) sind wie Überbrückungsgeld zu behandeln.

(3) Die Erziehungsarbeit soll Gruppenmaßnahmen, insbesondere Unterricht umfassen. Die schulpflichtigen Gefangenen sind verpflichtet, hieran teilzunehmen. Der Unterricht findet in der Regel während der Arbeitszeit statt. Ist dem jungen Gefangenen die Teilnahme an gemeinsamen Veranstaltungen nicht gestattet, ist er zum selbständigen Lernen anzuhalten und hierbei zu unterstützen.

(4) Der Anstaltsleiter gestaltet und überwacht die arbeits- und unterrichtsfreie Zeit. Durch Überlassen von gutem und geeignetem Lesestoff, durch Einzelseelsorge, persönliche Einwirkung und persönliche Aussprache soll auf Förderung der geistigen und sittlichen Entwicklung des jungen Gefangenen hingewirkt werden. Lesestoff zuzulassen, der nicht aus der Gefangenenbücherei stammt, ist dem Richter vorbehalten.

(5) Vom Bezug ausgeschlossen sind Bücher, Zeitungen und Zeitschriften, deren Verbreitung mit Strafe oder Geldbuße bedroht ist oder die der erzieherischen Gestaltung der Untersuchungshaft zuwiderlaufen.

81 Lebenshaltung

(1) Besondere Wünsche des jungen Gefangenen werden nur erfüllt, soweit es mit dem Erziehungszweck vereinbar ist.

(2) Selbstbeköstigung wird versagt, wenn erzieherische Nachteile zu befürchten sind.

(3) Jungen Gefangenen, die das sechzehnte Lebensjahr noch nicht vollendet haben, wird Rauchen nicht gestattet.

82 Aufenthalt im Freien

(1) Die Zeit des Aufenthalts im Freien wird nach Möglichkeit mit sportlicher Betätigung ausgefüllt.

(2) Der junge Gefangene ist zur Teilnahme verpflichtet, soweit er nicht hiervon befreit wird. Eine Befreiung soll nur erfolgen, wenn es der Anstaltsarzt beantragt oder wenn es

das Wohl des Gefangenen aus besonderen Gründen erforderlich macht.

83 Verkehr mit der Außenwelt

(1) Der Verkehr mit der Außenwelt wird mit besonderer Sorgfalt überwacht. Er wird unterbunden, soweit er aus erzieherischen Gründen bedenklich erscheint.

(2) Dem Vertreter der Jugendgerichtshilfe und, wenn der Gefangene unter Bewährungsaufsicht steht oder für ihn ein Erziehungsbeistand bestellt ist, dem Helfer und dem Erziehungsbeistand ist der Verkehr mit dem Gefangenen in demselben Umfang wie einem Verteidiger gestattet (§§ 93, 110 JGG). Die Nrn. 36 und 37 dieser Vollzugsordnung gelten entsprechend.

84 Beamte

Die Beamten müssen für die besonderen Aufgaben des Vollzugs an jungen Gefangenen geeignet sein.

85 Ergänzende Vorschriften

Soweit nicht diese Vollzugsordnung anderes bestimmt, gelten für den Vollzug der Untersuchungshaft an jungen Gefangenen ergänzend die Vorschriften für Erwachsene. Daneben gelten sinngemäß die Vorschriften über den Jugendstrafvollzug, soweit nicht Wesen und Zweck der Untersuchungshaft entgegenstehen.

Zweiter Teil
Besondere Haftarten

Erstes Kapitel
Haft auf Grund vorläufiger Festnahme

86 Ausnahme. Vorführung vor dem Richter

(1) Ein vorläufig Festgenommener wird in die Anstalt auf Grund einer schriftlichen Verfügung des Richters oder des Staatsanwalts vorläufig aufgenommen; in besonders gelagerten Ausnahmefällen kann er auch auf Grund einer von der Polizeibehörde ausgestellten und unterschriebenen Einlieferungsanzeige vorläufig aufgenommen werden.

Dem Anstaltsleiter ist jeder vorläufig Aufgenommene unverzüglich zu melden.

(2) Der Anstaltsleiter stellt sicher, daß der vorläufig Festgenommene unverzüglich, spätestens am Tage nach der Festnahme dem nach §§ 128, 129 StPO zuständigen Richter vorgeführt wird.

87 Durchführung des Vollzugs

(1) Für die Haft auf Grund vorläufiger Festnahme, die im Bereich der Justizverwaltung vollzogen wird, gelten die Vorschriften über den Vollzug der Untersuchungshaft entsprechend, soweit sie mit der Eigenart dieser Haft als kurzfristigen Zustand vereinbar sind. Der Vollzug wird unter Beachtung der Hinweise der Polizeibeamten auf Persönlichkeit und Tat des Festgenommenen durchgeführt. Soweit erforderlich, nimmt der Anstaltsleiter mit dem Staatsanwalt Fühlung oder führt eine richterliche Entscheidung herbei.

(2) Der vorläufig Festgenommene nimmt am gemeinschaftlichen Gottesdienst, an anderen gemeinschaftlichen Veranstaltungen sowie an dem Aufenthalt im Freien nicht teil. Verkehr mit der Außenwelt wird grundsätzlich nicht gestattet. Der Festgenommene erhält auf Wunsch Lesestoff aus der Anstaltsbücherei.

Zweites Kapitel
Einstweilige Unterbringung

88 Zweck

Die einstweilige Unterbringung soll die Allgemeinheit schon vor rechtskräftiger Anordnung der Unterbringung in einem psychiatrischen Krankenhaus oder einer Erziehungsanstalt vor Personen schützen, die dringend verdächtig sind, im Zustand der Schuldunfähigkeit oder der verminderten Schuldfähigkeit eine rechtswidrige Tat begangen zu haben (§ 126a StPO). Auf die Sicherung des Strafverfahrens wird Bedacht genommen.

89 Anstalten

(1) Die einstweilige Unterbringung wird in einem öffentlichen psychiatrischen Kranken-

haus oder einer öffentlichen Entziehungsanstalt vollzogen.

(2) Die Unterbringung in einer Justizvollzugsanstalt ist für höchstens vierundzwanzig Stunden und nur dann zulässig, wenn eine sofortige Überführung in eine der in Absatz 1 genannten Anstalten nicht möglich ist. Dabei sind alle Sicherungsmaßnahmen zu treffen, die sich aus dem Zweck der Anordnung der einstweiligen Unterbringung ergeben.

90 Einleitung und Durchführung des Vollzuges

(1) Für die Einleitung der einstweiligen Unterbringung gilt Nr. 15 entsprechend.

(2) Für den Vollzug der einstweiligen Unterbringung gelten, soweit nicht Rücksichten auf das Verfahren entgegenstehen oder anderes bestimmt ist, die Vorschrift über den Vollzug der Unterbringung gemäß §§ 63, 64 StGB entsprechend.

Drittes Kapitel
Vollstreckung von Untersuchungshaft
und Strafvollstreckung

91 Strafvollstreckung

(1) Als Gefangener ist zu behandeln, soweit sich dies schon vor der Aufnahme zum Strafvollzug durchführen läßt,

1. der Gefangene, gegen den auf Freiheitsstrafe erkannt worden ist, vom Zeitpunkt des Eintritts der Rechtskraft des Urteils ab, es sei denn, daß er auf Grund eines anderen Haftbefehls weiterhin in Untersuchungshaft bleibt,

2. der im Vollstreckungsverfahren verhaftete Verurteilte (§ 457 StPO) sowie

3. ein Verurteilter, der nach anderer Haft zum Vollzug einer Strafe zurückgehalten wird (Überhaft), die in einer anderen Vollzugsanstalt zu vollziehen ist.

(2) Die Vorschrift des Absatzes 1 gilt bei Anordnung einer mit Freiheitsentziehung verbundenen Maßregel der Besserung und Sicherung sinngemäß.

(3) Der Anstaltsleiter wirkt auf eine baldige Überführung des Gefangenen in die zuständige Anstalt nachdrücklich hin.

92 Unterbrechung der Untersuchungshaft zum Zwecke der Strafvollstreckung

(1) Die Untersuchungshaft kann mit Zustimmung des Richters zur Vollstreckung einer Freiheitsstrafe unterbrochen werden; bei besonderer Verdunkelungsgefahr (Nr. 60) wird hiervon abzusehen sein.

(2) Der Gefangene wird für die Dauer des Vollzuges der Strafe als Strafgefangener behandelt. Er unterliegt jedoch auch denjenigen Beschränkungen seiner Freiheit, die der Zweck der Untersuchungshaft erfordert (§ 122 Abs. 1 Satz 1 StVollzG). Insbesondere darf der Gefangene nicht außerhalb des eingefriedeten Bereichs der Anstalt beschäftigt werden. Der Richter kann anordnen, daß der Gefangene von anderen Strafgefangenen getrennt zu halten ist.

(3) Weitere mit Rücksicht auf den Zweck der Untersuchungshaft erforderliche Beschränkungen ordnet der Richter an (§ 122 Abs. 1 Satz 2 StVollzG). Er kann insbesondere anordnen, daß ihm der Schriftwechsel des Ge-

fangenen zur Mitprüfung vorgelegt und vor der Zulassung von Besuchen seine Zustimmung eingeholt wird. In dringenden Fällen gilt § 119 Abs. 6 Satz 2 und 3 StPO.

(4) Beginn und Ende der Strafhaft sind der Vollstreckungsbehörde und dem für die Untersuchungshaft zuständigen Richter mitzuteilen.

(5) Diese Vorschriften gelten bei Unterbrechungen der Vollstreckung der Untersuchungshaft zum Zwecke der Vollstreckung einer mit Freiheitsentziehung verbundenen Maßregel der Besserung und Sicherung entsprechend.

93 Anordnung von Untersuchungshaft gegen Strafgefangene oder Sicherungsverwahrte

Wird gegen einen Strafgefangenen oder Sicherungsverwahrten in anderer Sache Untersuchungshaft angeordnet, so gelten, wenn nicht aus dringenden Gründen, namentlich wegen besonderer Verdunkelungsgefahr, die Vollstreckung der Strafe zum Zwecke der Vollstreckung der Untersuchungshaft unterbrochen wird, die Vorschriften der Nr. 92 Abs. 2 bis 5 entsprechend.

Strafgesetzbuch (StGB)

in der Fassung der Bekanntmachung
vom 13. November 1998 (BGBl. I S. 3322)
– Auszug –

Zuletzt geändert durch
Umsetzungsgesetz Rahmenbeschlüsse Einziehung und Vorverurteilungen
vom 2. Oktober 2009 (BGBl. I S. 3214)

Allgemeiner Teil

Dritter Abschnitt
Rechtsfolgen der Tat

Sechster Titel
Maßregeln der Besserung und Sicherung

Freiheitsentziehende Maßregeln

§ 63 Unterbringung in einem psychiatrischen Krankenhaus

Hat jemand eine rechtswidrige Tat im Zustand der Schuldunfähigkeit (§ 20) oder der verminderten Schuldfähigkeit (§ 21) begangen, so ordnet das Gericht die Unterbringung in einem psychiatrischen Krankenhaus an, wenn die Gesamtwürdigung des Täters und seiner Tat ergibt, daß von ihm infolge seines Zustandes erhebliche rechtswidrige Taten zu erwarten sind und er deshalb für die Allgemeinheit gefährlich ist.

§ 64 Unterbringung in einer Entziehungsanstalt

Hat eine Person den Hang, alkoholische Getränke oder andere berauschende Mittel im Übermaß zu sich zu nehmen, und wird sie wegen einer rechtswidrigen Tat, die sie im Rausch begangen hat oder die auf ihren Hang zurückgeht, verurteilt oder nur deshalb nicht verurteilt, weil ihre Schuldunfähigkeit erwiesen oder nicht auszuschließen ist, so soll das Gericht die Unterbringung in einer Entziehungsanstalt anordnen, wenn die Gefahr besteht, dass sie infolge ihres Hanges erhebli-

che rechtswidrige Taten begehen wird. Die Anordnung ergeht nur, wenn eine hinreichend konkrete Aussicht besteht, die Person durch die Behandlung in einer Entziehungsanstalt zu heilen oder über eine erhebliche Zeit vor dem Rückfall in den Hang zu bewahren und von der Begehung erheblicher rechtswidriger Taten abzuhalten, die auf ihren Hang zurückgehen.

§ 65 (weggefallen)

§ 66 Unterbringung in der Sicherungsverwahrung

(1) Wird jemand wegen einer vorsätzlichen Straftat zu Freiheitsstrafe von mindestens zwei Jahren verurteilt, so ordnet das Gericht neben der Strafe die Sicherungsverwahrung an, wenn

1. der Täter wegen vorsätzlicher Straftaten, die er vor der neuen Tat begangen hat, schon zweimal jeweils zu einer Freiheitsstrafe von mindestens einem Jahr verurteilt worden ist,

2. er wegen einer oder mehrerer dieser Taten vor der neuen Tat für die Zeit von mindestens zwei Jahren Freiheitsstrafe verbüßt oder sich im Vollzug einer freiheitsentziehenden Maßregel der Besserung und Sicherung befunden hat und

3. die Gesamtwürdigung des Täters und seiner Taten ergibt, daß er infolge eines Hanges zu erheblichen Straftaten, namentlich zu solchen, durch welche die Opfer seelisch oder körperlich schwer geschädigt werden oder schwerer wirt-

II

schaftlicher Schaden angerichtet wird, für die Allgemeinheit gefährlich ist.

(2) Hat jemand drei vorsätzliche Straftaten begangen, durch die er jeweils Freiheitsstrafe von mindestens einem Jahr verwirkt hat, und wird er wegen einer oder mehrerer dieser Taten zu Freiheitsstrafe von mindestens drei Jahren verurteilt, so kann das Gericht unter der in Absatz 1 Nr. 3 bezeichneten Voraussetzung neben der Strafe die Sicherungsverwahrung auch ohne frühere Verurteilung oder Freiheitsentziehung (Absatz 1 Nr. 1 und 2) anordnen.

(3) Wird jemand wegen eines Verbrechens oder wegen einer Straftat nach den §§ 174 bis 174c, 176, 179 Abs. 1 bis 4, §§ 180, 182, 224, 225 Abs. 1 oder 2 oder nach § 323a, soweit die im Rausch begangene Tat ein Verbrechen oder eine der vorgenannten rechtswidrigen Taten ist, zu Freiheitsstrafe von mindestens zwei Jahren verurteilt, so kann das Gericht neben der Strafe die Sicherungsverwahrung anordnen, wenn der Täter wegen einer oder mehrerer solcher Straftaten, die er vor der neuen Tat begangen hat, schon einmal zu Freiheitsstrafe von mindestens drei Jahren verurteilt worden ist und die in Absatz 1 Nr. 2 und 3 genannten Voraussetzungen erfüllt sind. Hat jemand zwei Straftaten der in Satz 1 bezeichneten Art begangen, durch die er jeweils Freiheitsstrafe von mindestens zwei Jahren verwirkt hat und wird er wegen einer oder mehrerer dieser Taten zu Freiheitsstrafe von mindestens drei Jahren verurteilt, so kann das Gericht unter der in Absatz 1 Nr. 3 bezeichneten Voraussetzungen neben der Strafe die Sicherungsverwahrung auch ohne frühere Verurteilung oder Freiheitsentziehung (Absatz 1 Nr. 1 und 2) anordnen. Die Absätze 1 und 2 bleiben unberührt.

(4) Im Sinne des Absatzes 1 Nr. 1 gilt eine Verurteilung zu Gesamtstrafe als eine einzige Verurteilung. Ist Untersuchungshaft oder eine andere Freiheitsentziehung auf Freiheitsstrafe angerechnet, so gilt sie als verbüßte Strafe im Sinne des Absatzes 1 Nr. 2. Eine frühere Tat bleibt außer Betracht, wenn zwischen ihr und der folgenden Tat mehr als

fünf Jahre verstrichen sind. In die Frist wird die Zeit nicht eingerechnet, in welcher der Täter auf behördliche Anordnung in einer Anstalt verwahrt worden ist. Eine Tat, die außerhalb des räumlichen Geltungsbereichs dieses Gesetzes abgeurteilt worden ist, steht einer innerhalb dieses Bereichs abgeurteilten Tat gleich, wenn sie nach deutschem Strafrecht eine vorsätzliche Tat, in den Fällen des Absatzes 3 eine der Straftaten der in Absatz 3 Satz 1 bezeichneten Art wäre.

§ 66a Vorbehalt der Unterbringung in der Sicherungsverwahrung

(1) Ist bei der Verurteilung wegen einer der in § 66 Abs. 3 Satz 1 genannten Straftaten nicht mit hinreichender Sicherheit feststellbar, ob der Täter für die Allgemeinheit im Sinne von § 66 Abs. 1 Nr. 3 gefährlich ist, so kann das Gericht die Anordnung der Sicherungsverwahrung vorbehalten, wenn die übrigen Voraussetzungen des § 66 Abs. 3 erfüllt sind.

(2) Über die Anordnung der Sicherungsverwahrung entscheidet das Gericht spätestens sechs Monate vor dem Zeitpunkt, ab dem eine Aussetzung der Vollstreckung des Strafrestes zur Bewährung nach § 57 Abs. 1 Satz 1 Nr. 1, § 57a Abs. 1 Satz 1 Nr. 1, auch in Verbindung mit § 454b Abs. 3 der Strafprozessordnung, möglich ist. Es ordnet die Sicherungsverwahrung an, wenn die Gesamtwürdigung des Verurteilten, seiner Taten und seiner Entwicklung während des Strafvollzuges ergibt, dass von ihm erhebliche Straftaten zu erwarten sind, durch welche die Opfer seelisch oder körperlich schwer geschädigt werden.

(3) Die Entscheidung über die Aussetzung der Vollstreckung des Strafrestes zur Bewährung darf erst nach Rechtskraft der Entscheidung nach Absatz 2 Satz 1 ergehen. Dies gilt nicht, wenn die Voraussetzungen des § 57 Abs. 2 Nr. 2 offensichtlich nicht vorliegen.

§ 66b Nachträgliche Anordnung der Unterbringung in der Sicherungsverwahrung

(1) Werden nach einer Verurteilung wegen eines Verbrechens gegen das Leben, die kör-

perliche Unversehrtheit, die persönliche Freiheit oder die sexuelle Selbstbestimmung oder eines Verbrechens nach den §§ 250, 251, auch in Verbindung mit den §§ 252, 255, oder wegen eines der in § 66 Abs. 3 Satz 1 genannten Vergehen vor Ende des Vollzugs dieser Freiheitsstrafe Tatsachen erkennbar, die auf eine erhebliche Gefährlichkeit des Verurteilten für die Allgemeinheit hinweisen, so kann das Gericht die Unterbringung in der Sicherungsverwahrung nachträglich anordnen, wenn die Gesamtwürdigung des Verurteilten, seiner Taten und ergänzend seiner Entwicklung während des Strafvollzugs ergibt, dass er mit hoher Wahrscheinlichkeit erhebliche Straftaten begehen wird, durch welche die Opfer seelisch oder körperlich schwer geschädigt werden, und wenn im Zeitpunkt der Entscheidung über die nachträgliche Anordnung der Sicherungsverwahrung die übrigen Voraussetzungen des § 66 erfüllt sind. War die Anordnung der Sicherungsverwahrung im Zeitpunkt der Verurteilung aus rechtlichen Gründen nicht möglich, so berücksichtigt das Gericht als Tatsachen im Sinne des Satzes 1 auch solche, die im Zeitpunkt der Verurteilung bereits erkennbar waren.

(2) Werden Tatsachen der in Absatz 1 Satz 1 genannten Art nach einer Verurteilung zu einer Freiheitsstrafe von mindestens fünf Jahren wegen eines oder mehrerer Verbrechen gegen das Leben, die körperliche Unversehrtheit, die persönliche Freiheit, die sexuelle Selbstbestimmung oder nach den §§ 250, 251, auch in Verbindung mit § 252 oder § 255 erkennbar, so kann das Gericht die Unterbringung in der Sicherungsverwahrung nachträglich anordnen, wenn die Gesamtwürdigung des Verurteilten, seiner Tat oder seiner Taten und ergänzend seiner Entwicklung während des Strafvollzugs ergibt, dass er mit hoher Wahrscheinlichkeit erhebliche Straftaten begehen wird, durch welche die Opfer seelisch oder körperlich schwer geschädigt werden.

(3) Ist die Unterbringung in einem psychiatrischen Krankenhaus nach § 67d Abs. 6 für erledigt erklärt worden, weil der die Schuld-

fähigkeit ausschließende oder vermindernde Zustand, auf dem die Unterbringung beruhte, im Zeitpunkt der Erledigungsentscheidung nicht bestanden hat, so kann das Gericht die Unterbringung in der Sicherungsverwahrung nachträglich anordnen, wenn

1. die Unterbringung des Betroffenen nach § 63 wegen mehrerer der in § 66 Abs. 3 Satz 1 genannten Taten angeordnet wurde oder wenn der Betroffene wegen einer oder mehrerer solcher Taten, die er vor der zur Unterbringung nach § 63 führenden Tat begangen hat, schon einmal zu einer Freiheitsstrafe von mindestens drei Jahren verurteilt oder in einem psychiatrischen Krankenhaus untergebracht worden war und

2. die Gesamtwürdigung des Betroffenen, seiner Taten und ergänzend seiner Entwicklung während des Vollzugs der Maßregel ergibt, dass er mit hoher Wahrscheinlichkeit erhebliche Straftaten begehen wird, durch welche die Opfer seelisch oder körperlich schwer geschädigt werden.

§ 67 Reihenfolge der Vollstreckung

(1) Wird die Unterbringung in einer Anstalt nach den §§ 63 und 64 neben einer Freiheitsstrafe angeordnet, so wird die Maßregel vor der Strafe vollzogen.

(2) Das Gericht bestimmt jedoch, daß die Strafe oder ein Teil der Strafe vor der Maßregel zu vollziehen ist, wenn der Zweck der Maßregel dadurch leichter erreicht wird. Bei Anordnung der Unterbringung in einer Entziehungsanstalt neben einer zeitigen Freiheitsstrafe von über drei Jahren soll das Gericht bestimmen, dass ein Teil der Strafe vor der Maßregel zu vollziehen ist. Dieser Teil der Strafe ist so zu bemessen, dass nach seiner Vollziehung und einer anschließenden Unterbringung eine Entscheidung nach Absatz 5 Satz 1 möglich ist. Das Gericht soll ferner bestimmen, dass die Strafe vor der Maßregel zu vollziehen ist, wenn die verurteilte Person vollziehbar zur Ausreise verpflichtet und zu erwarten ist, dass ihr Aufenthalt im räumlichen Geltungsbereich dieses Gesetzes wäh-

rend oder unmittelbar nach Verbüßung der Strafe beendet wird.

(3) Das Gericht kann eine Anordnung nach Absatz 2 Satz 1 oder Satz 2 nachträglich treffen, ändern oder aufheben, wenn Umstände in der Person des Verurteilten es angezeigt erscheinen lassen. Eine Anordnung nach Absatz 2 Satz 4 kann das Gericht auch nachträglich treffen. Hat es eine Anordnung nach Absatz 2 Satz 4 getroffen, so hebt es diese auf, wenn eine Beendigung des Aufenthalts der verurteilten Person im räumlichen Geltungsbereich dieses Gesetzes während oder unmittelbar nach Verbüßung der Strafe nicht mehr zu erwarten ist.

(4) Wird die Maßregel ganz oder zum Teil vor der Strafe vollzogen, so wird die Zeit des Vollzugs der Maßregel auf die Strafe angerechnet, bis zwei Drittel der Strafe erledigt sind.

(5) Wird die Maßregel vor der Strafe oder vor einem Rest der Strafe vollzogen, so kann das Gericht die Vollstreckung des Strafrestes unter den Voraussetzungen des § 57 Abs. 1 Satz 1 Nr. 2 und 3 zur Bewährung aussetzen, wenn die Hälfte der Strafe erledigt ist. Wird der Strafrest nicht ausgesetzt, so wird der Vollzug der Maßregel fortgesetzt; das Gericht kann jedoch den Vollzug der Strafe anordnen, wenn Umstände in der Person des Verurteilten es angezeigt erscheinen lassen.

§ 67a Überweisung in den Vollzug einer anderen Maßregel

(1) Ist die Unterbringung in einem psychiatrischen Krankenhaus oder einer Entziehungsanstalt angeordnet worden, so kann das Gericht die untergebrachte Person nachträglich in den Vollzug der anderen Maßregel überweisen, wenn ihre Resozialisierung dadurch besser gefördert werden kann.

(2) Unter den Voraussetzungen des Absatzes 1 kann das Gericht nachträglich auch eine Person, gegen die Sicherungsverwahrung angeordnet worden ist, in den Vollzug einer der in Absatz 1 genannten Maßregeln überweisen. Dies gilt bereits dann, wenn sich die Person noch im Vollzug der Freiheitsstrafe

befindet und bei ihr ein Zustand nach § 20 oder § 21 vorliegt.

(3) Das Gericht kann eine Entscheidung nach den Absätzen 1 und 2 ändern oder aufheben, wenn sich nachträglich ergibt, dass die Resozialisierung der untergebrachten Person dadurch besser gefördert werden kann. Eine Entscheidung nach Absatz 2 kann das Gericht ferner aufheben, wenn sich nachträglich ergibt, dass mit dem Vollzug der in Absatz 1 genannten Maßregeln kein Erfolg erzielt werden kann.

(4) Die Fristen für die Dauer der Unterbringung und die Überprüfung richten sich nach den Vorschriften, die für die im Urteil angeordnete Unterbringung gelten. Im Falle des Absatzes 2 hat das Gericht erstmals nach Ablauf von einem Jahr, sodann im Falle des Satzes 2 bis zum Beginn der Vollstreckung der Unterbringung jeweils spätestens vor Ablauf von weiteren zwei Jahren zu prüfen, ob die Voraussetzungen für eine Entscheidung nach Absatz 3 Satz 2 vorliegen.

§ 67b Aussetzung zugleich mit der Anordnung

(1) Ordnet das Gericht die Unterbringung in einem psychiatrischen Krankenhaus oder einer Entziehungsanstalt an, so setzt es zugleich deren Vollstreckung zur Bewährung aus, wenn besondere Umstände die Erwartung rechtfertigen, daß der Zweck der Maßregel auch dadurch erreicht werden kann. Die Aussetzung unterbleibt, wenn der Täter noch Freiheitsstrafe zu verbüßen hat, die gleichzeitig mit der Maßregel verhängt und nicht zur Bewährung ausgesetzt wird.

(2) Mit der Aussetzung tritt Führungsaufsicht ein.

§ 67c Späterer Beginn der Unterbringung

(1) Wird eine Freiheitsstrafe vor einer zugleich angeordneten Unterbringung vollzogen, so prüft das Gericht vor dem Ende des Vollzugs der Strafe, ob der Zweck der Maßregel die Unterbringung noch erfordert. Ist das nicht der Fall, so setzt es die Vollstreckung der Un-

terbringung zur Bewährung aus; mit der Aussetzung tritt Führungsaufsicht ein.

(2) Hat der Vollzug der Unterbringung drei Jahre nach Rechtskraft ihrer Anordnung noch nicht begonnen und liegt ein Fall des Absatzes 1 oder des § 67b nicht vor, so darf die Unterbringung nur noch vollzogen werden, wenn das Gericht es anordnet. In die Frist wird die Zeit nicht eingerechnet, in welcher der Täter auf behördliche Anordnung in einer Anstalt verwahrt worden ist. Das Gericht ordnet den Vollzug an, wenn der Zweck der Maßregel die Unterbringung noch erfordert. Ist der Zweck der Maßregel nicht erreicht, rechtfertigen aber besondere Umstände die Erwartung, daß er auch durch die Aussetzung erreicht werden kann, so setzt das Gericht die Vollstreckung der Unterbringung zur Bewährung aus; mit der Aussetzung tritt Führungsaufsicht ein. Ist der Zweck der Maßregel erreicht, so erklärt das Gericht sie für erledigt.

§ 67d Dauer der Unterbringung

(1) Die Unterbringung in einer Entziehungsanstalt darf zwei Jahre nicht übersteigen. Die Frist läuft vom Beginn der Unterbringung an. Wird vor einer Freiheitsstrafe eine daneben angeordnete freiheitsentziehende Maßregel vollzogen, so verlängert sich die Höchstfrist um die Dauer der Freiheitsstrafe, soweit die Zeit des Vollzugs der Maßregel auf die Strafe angerechnet wird.

(2) Ist keine Höchstfrist vorgesehen oder ist die Frist noch nicht abgelaufen, so setzt das Gericht die weitere Vollstreckung der Unterbringung zur Bewährung aus, wenn zu erwarten ist, daß der Untergebrachte außerhalb des Maßregelvollzugs keine rechtswidrigen Taten mehr begehen wird. Mit der Aussetzung tritt Führungsaufsicht ein.

(3) Sind zehn Jahre der Unterbringung in der Sicherungsverwahrung vollzogen worden, so erklärt das Gericht die Maßregel für erledigt, wenn nicht die Gefahr besteht, daß der Untergebrachte infolge seines Hanges erhebliche Straftaten begehen wird, durch welche die Opfer seelisch oder körperlich schwer geschädigt werden. Mit der Entlassung aus dem

Vollzug der Unterbringung tritt Führungsaufsicht ein.

(4) Ist die Höchstfrist abgelaufen, so wird der Untergebrachte entlassen. Die Maßregel ist damit erledigt. Mit der Entlassung aus dem Vollzug der Unterbringung tritt Führungsaufsicht ein.

(5) Das Gericht erklärt die Unterbringung in einer Entziehungsanstalt für erledigt, wenn die Voraussetzungen des § 64 Satz 2 nicht mehr vorliegen. Mit der Entlassung aus dem Vollzug der Unterbringung tritt Führungsaufsicht ein.

(6) Stellt das Gericht nach Beginn der Vollstreckung der Unterbringung in einem psychiatrischen Krankenhaus fest, dass die Voraussetzungen der Maßregel nicht mehr vorliegen oder die weitere Vollstreckung der Maßregel unverhältnismäßig wäre, so erklärt es sie für erledigt. Mit der Entlassung aus dem Vollzug der Unterbringung tritt Führungsaufsicht ein. Das Gericht ordnet den Nichteintritt der Führungsaufsicht an, wenn zu erwarten ist, dass der Betroffene auch ohne sie keine Straftaten mehr begehen wird.

Entscheidung des Bundesverfassungsgerichts vom 5. Februar 2004 (BGBl. I S. 1069)

Aus dem Urteil des Bundesverfassungsgerichts vom 5. Februar 2004 – 2 BvR 2029/01 – wird folgende Entscheidungsformel veröffentlicht:

§ 67d Absatz 3 des Strafgesetzbuchs und Artikel 1a Absatz 3 des Einführungsgesetzes zum Strafgesetzbuch in der Fassung des Gesetzes zur Bekämpfung von Sexualdelikten und anderen gefährlichen Straftaten vom 26. Januar 1998 (Bundesgesetzblatt I 1998 Seite 160) sind mit dem Grundgesetz vereinbar.

Die vorstehende Entscheidungsformel hat gemäß § 31 Abs. 2 des Bundesverfassungsgerichtsgesetzes Gesetzeskraft.

§ 67e Überprüfung

(1) Das Gericht kann jederzeit prüfen, ob die weitere Vollstreckung der Unterbringung zur Bewährung auszusetzen oder für erledigt zu erklären ist. Es muß dies vor Ablauf bestimmter Fristen prüfen.

(2) Die Fristen betragen bei der Unterbringung

– in einer Entziehungsanstalt sechs Monate,
– in einem psychiatrischen Krankenhaus ein Jahr,
– in der Sicherungsverwahrung zwei Jahre.

(3) Das Gericht kann die Fristen kürzen. Es kann im Rahmen der gesetzlichen Prüfungsfristen auch Fristen festsetzen, vor deren Ablauf ein Antrag auf Prüfung unzulässig ist.

(4) Die Fristen laufen vom Beginn der Unterbringung an. Lehnt das Gericht die Aussetzung oder Erledigungserklärung ab, so beginnen die Fristen mit der Entscheidung von neuem.

§ 67f Mehrfache Anordnung der Maßregel

Ordnet das Gericht die Unterbringung in einer Entziehungsanstalt an, so ist eine frühere Anordnung der Maßregel erledigt.

§ 67g Widerruf der Aussetzung

(1) Das Gericht widerruft die Aussetzung einer Unterbringung, wenn die verurteilte Person

1. während der Dauer der Führungsaufsicht eine rechtswidrige Tat begeht,
2. gegen Weisungen nach § 68b gröblich oder beharrlich verstößt oder
3. sich der Aufsicht und Leitung der Bewährungshelferin oder des Bewährungshelfers oder der Aufsichtsstelle beharrlich entzieht

und sich daraus ergibt, dass der Zweck der Maßregel ihre Unterbringung erfordert. Satz 1 Nr. 1 gilt entsprechend, wenn der Widerrufsgrund zwischen der Entscheidung über die Aussetzung und dem Beginn der Führungsaufsicht (§ 68c Abs. 4) entstanden ist.

(2) Das Gericht widerruft die Aussetzung einer Unterbringung nach den §§ 63 und 64 auch dann, wenn sich während der Dauer der Führungsaufsicht ergibt, dass von der verurteilten Person infolge ihres Zustands rechtswidrige Taten zu erwarten sind und deshalb der Zweck der Maßregel ihre Unterbringung erfordert.

(3) Das Gericht widerruft die Aussetzung ferner, wenn Umstände, die ihm während der Dauer der Führungsaufsicht bekannt werden und zur Versagung der Aussetzung geführt hätten, zeigen, daß der Zweck der Maßregel die Unterbringung der verurteilten Person erfordert.

(4) Die Dauer der Unterbringung vor und nach dem Widerruf darf insgesamt die gesetzliche Höchstfrist der Maßregel nicht übersteigen.

(5) Widerruft das Gericht die Aussetzung der Unterbringung nicht, so ist die Maßregel mit dem Ende der Führungsaufsicht erledigt.

(6) Leistungen, die die verurteilte Person zur Erfüllung von Weisungen erbracht hat, werden nicht erstattet.

§ 67h Befristete Wiederinvollzugsetzung; Krisenintervention

(1) Während der Dauer der Führungsaufsicht kann das Gericht die ausgesetzte Unterbringung nach § 63 oder § 64 für eine Dauer von höchstens drei Monaten wieder in Vollzug setzen, wenn eine akute Verschlechterung des Zustands der aus der Unterbringung entlassenen Person oder ein Rückfall in ihr Suchtverhalten eingetreten ist und die Maßnahme erforderlich ist, um einen Widerruf nach § 67g zu vermeiden. Unter den Voraussetzungen des Satzes 1 kann es die Maßnahme erneut anordnen oder ihre Dauer verlängern; die Dauer der Maßnahme darf insgesamt sechs Monate nicht überschreiten. § 67g Abs. 4 gilt entsprechend.

(2) Das Gericht hebt die Maßnahme vor Ablauf der nach Absatz 1 gesetzten Frist auf, wenn ihr Zweck erreicht ist.

Strafprozeßordnung
(StPO)
in der Fassung der Bekanntmachung
vom 7. April 1987 (BGBl. I S. 1074, 1319)
– Auszug –

Zuletzt geändert durch
Gesetz zur Verfolgung der Vorbereitung von schweren staatsgefährdenden Gewalttaten
vom 30. Juli 2009 (BGBl. I S. 2437)

Erstes Buch
Allgemeine Vorschriften

Neunter Abschnitt
Verhaftung und vorläufige Festnahme

§ 112 (Untersuchungshaft)

(1) Die Untersuchungshaft darf gegen den Beschuldigten angeordnet werden, wenn er der Tat dringend verdächtig ist und ein Haftgrund besteht. Sie darf nicht angeordnet werden, wenn sie zu der Bedeutung der Sache und der zu erwartenden Strafe oder Maßregel der Besserung und Sicherung außer Verhältnis steht.

(2) Ein Haftgrund besteht, wenn auf Grund bestimmter Tatsachen

1. festgestellt wird, daß der Beschuldigte flüchtig ist oder sich verborgen hält,

2. bei Würdigung der Umstände des Einzelfalles die Gefahr besteht, daß der Beschuldigte sich dem Strafverfahren entziehen werde (Fluchtgefahr), oder

3. das Verhalten des Beschuldigten den dringenden Verdacht begründet, er werde

a) Beweismittel vernichten, verändern, beiseite schaffen, unterdrücken oder fälschen oder

b) auf Mitbeschuldigte, Zeugen oder Sachverständige in unlauterer Weise einwirken oder

c) andere zu solchem Verhalten veranlassen,

und wenn deshalb die Gefahr droht, daß die Ermittlung der Wahrheit erschwert werde (Verdunkelungsgefahr).

(3) Gegen den Beschuldigten, der einer Straftat nach § 6 Abs. 1 Nr. 1 des Völkerstrafgesetzbuches oder § 129a Abs. 1 oder Abs. 2, auch in Verbindung mit § 129b Abs. 1 oder nach den §§ 211, 212, 226, 306b oder 306c des Strafgesetzbuches oder, soweit durch die Tat Leib oder Leben eines anderen gefährdet worden ist, nach § 308 Abs. 1 bis 3 des Strafgesetzbuches dringend verdächtig ist, darf die Untersuchungshaft auch angeordnet werden, wenn ein Haftgrund nach Absatz 2 nicht besteht.

§ 112a (Weitere Haftgründe)

(1) Ein Haftgrund besteht auch, wenn der Beschuldigte dringend verdächtig ist,

1. eine Straftat nach den §§ 174, 174a, 176 bis 179 oder nach § 238 Abs. 2 und 3 des Strafgesetzbuches oder

2. wiederholt oder fortgesetzt eine die Rechtsordnung schwerwiegend beeinträchtigende Straftat nach § 89a, nach § 125a, nach den §§ 224 bis 227, nach den §§ 243, 244, 249 bis 255, 260, nach § 263, nach den §§ 306 bis 306c oder § 316a des Strafgesetzbuches oder nach § 29 Abs. 1 Nr. 1, 4, 10 oder Abs. 3, § 29a Abs. 1, § 30a Abs. 1 des Betäubungsmittelgesetzes

begangen zu haben, und bestimmte Tatsachen die Gefahr begründen, daß er vor rechtskräftiger Aburteilung weitere erhebliche Straftaten gleicher Art begehen oder die

Straftat fortsetzen werde, die Haft zur Abwendung der drohenden Gefahr erforderlich und in den Fällen der Nummer 2 eine Freiheitsstrafe von mehr als einem Jahr zu erwarten ist. In die Beurteilung des dringenden Verdachts einer Tatbegehung im Sinne des Satzes 1 Nummer 2 sind auch solche Taten einzubeziehen, die Gegenstand anderer, auch rechtskräftig abgeschlossener, Verfahren sind oder waren.

(2) Absatz 1 findet keine Anwendung, wenn die Voraussetzungen für den Erlaß eines Haftbefehls nach § 112 vorliegen und die Voraussetzungen für die Aussetzung des Vollzugs des Haftbefehls nach § 116 Abs. 1, 2 nicht gegeben sind.

§ 113 (Geringe Strafandrohung)

(1) Ist die Tat nur mit Freiheitsstrafe bis zu sechs Monaten oder mit Geldstrafe bis zu einhundertachtzig Tagessätzen bedroht, so darf die Untersuchungshaft wegen Verdunkelungsgefahr nicht angeordnet werden.

(2) In diesen Fällen darf die Untersuchungshaft wegen Fluchtgefahr nur angeordnet werden, wenn der Beschuldigte

1. sich dem Verfahren bereits einmal entzogen hatte oder Anstalten zur Flucht getroffen hat,

2. im Geltungsbereich dieses Gesetzes keinen festen Wohnsitz oder Aufenthalt hat oder

3. sich über seine Person nicht ausweisen kann.

§ 114 (Haftbefehl)

(1) Die Untersuchungshaft wird durch schriftlichen Haftbefehl des Richters angeordnet.

(2) In dem Haftbefehl sind anzuführen

1. der Beschuldigte,

2. die Tat, deren er dringend verdächtig ist, Zeit und Ort ihrer Begehung, die gesetzlichen Merkmale der Straftat und die anzuwendenden Strafvorschriften,

3. der Haftgrund sowie

4. die Tatsachen, aus denen sich der dringende Tatverdacht und der Haftgrund ergibt, soweit nicht dadurch die Staatssicherheit gefährdet wird.

(3) Wenn die Anwendung des § 112 Abs. 1 Satz 2 naheliegt oder der Beschuldigte sich auf diese Vorschrift beruft, sind die Gründe dafür anzugeben, daß sie nicht angewandt wurde.

§ 114a (Aushändigung)

Dem Beschuldigten ist bei der Verhaftung eine Abschrift des Haftbefehls auszuhändigen; beherrscht er die deutsche Sprache nicht hinreichend, erhält er zudem eine Übersetzung in einer für ihn verständlichen Sprache. Ist die Aushändigung einer Abschrift und einer etwaigen Übersetzung nicht möglich, ist ihm unverzüglich in einer für ihn verständlichen Sprache mitzuteilen, welches die Gründe für die Verhaftung sind und welche Beschuldigungen gegen ihn erhoben werden. In diesem Fall ist die Aushändigung der Abschrift des Haftbefehls sowie einer etwaigen Übersetzung unverzüglich nachzuholen.

§ 114b (Belehrung)

(1) Der verhaftete Beschuldigte ist unverzüglich und schriftlich in einer für ihn verständlichen Sprache über seine Rechte zu belehren. Ist eine schriftliche Belehrung erkennbar nicht ausreichend, hat zudem eine mündliche Belehrung zu erfolgen. Entsprechend ist zu verfahren, wenn eine schriftliche Belehrung nicht möglich ist; sie soll jedoch nachgeholt werden, sofern dies in zumutbarer Weise möglich ist. Der Beschuldigte soll schriftlich bestätigen, dass er belehrt wurde; falls er sich weigert, ist dies zu dokumentieren.

(2) In der Belehrung nach Absatz 1 ist der Beschuldigte darauf hinzuweisen, dass er

1. unverzüglich, spätestens am Tag nach der Ergreifung, dem Gericht vorzuführen ist, das ihn zu vernehmen und über seine weitere Inhaftierung zu entscheiden hat,

2. das Recht hat, sich zur Beschuldigung zu äußern oder nicht zur Sache auszusagen,

3. zu seiner Entlastung einzelne Beweiserhebungen beantragen kann,

4. jederzeit, auch schon vor seiner Vernehmung, einen von ihm zu wählenden Verteidiger befragen kann,

5. das Recht hat, die Untersuchung durch einen Arzt oder eine Ärztin seiner Wahl zu verlangen und

6. einen Angehörigen oder eine Person seines Vertrauens benachrichtigen kann, soweit der Zweck der Untersuchung dadurch nicht gefährdet wird.

Ein Beschuldigter, der der deutschen Sprache nicht hinreichend mächtig ist, ist darauf hinzuweisen, dass er im Verfahren die unentgeltliche Hinzuziehung eines Dolmetschers verlangen kann. Ein ausländischer Staatsangehöriger ist darüber zu belehren, dass er oder sie die Unterrichtung der konsularischen Vertretung seines Heimatstaates verlangen und dieser Mitteilungen zukommen lassen kann.

§ 114c (Benachrichtigung eines Angehörigen)

(1) Einem verhafteten Beschuldigten ist unverzüglich Gelegenheit zu geben, einen Angehörigen oder eine Person seines Vertrauens zu benachrichtigen, sofern der Zweck der Untersuchung dadurch nicht gefährdet wird.

(2) Wird gegen einen verhafteten Beschuldigten nach der Vorführung vor das Gericht Haft vollzogen, hat das Gericht die unverzügliche Benachrichtigung eines seiner Angehörigen oder einer Person seines Vertrauens anzuordnen. Die gleiche Pflicht besteht bei jeder weiteren Entscheidung über die Fortdauer der Haft.

§ 114d (Information der Vollzugsanstalt)

(1) Das Gericht übermittelt der für den Beschuldigten zuständigen Vollzugsanstalt mit dem Aufnahmeersuchen eine Abschrift des Haftbefehls. Darüber hinaus teilt es ihr mit

1. die das Verfahren führende Staatsanwaltschaft und das nach § 126 zuständige Gericht,

2. die Personen, die nach § 114c benachrichtigt worden sind,

3. Entscheidungen und sonstige Maßnahmen nach § 119 Abs. 1 und 2,

4. weitere im Verfahren ergehende Entscheidungen, soweit dies für die Erfüllung der Aufgaben der Vollzugsanstalt erforderlich ist,

5. Hauptverhandlungstermine und sich aus ihnen ergebende Erkenntnisse, die für die Erfüllung der Aufgaben der Vollzugsanstalt erforderlich sind,

6. den Zeitpunkt der Rechtskraft des Urteils sowie

7. andere Daten zur Person des Beschuldigten, die für die Erfüllung der Aufgaben der Vollzugsanstalt erforderlich sind, insbesondere solche über seine Persönlichkeit und weitere relevante Strafverfahren.

Die Sätze 1 und 2 gelten bei Änderungen der mitgeteilten Tatsachen entsprechend. Mitteilungen unterbleiben, soweit die Tatsachen der Vollzugsanstalt bereits anderweitig bekannt geworden sind.

(2) Die Staatsanwaltschaft unterstützt das Gericht bei der Erfüllung seiner Aufgaben nach Absatz 1 und teilt der Vollzugsanstalt von Amts wegen insbesondere Daten nach Absatz 1 Satz 2 Nr. 7 sowie von ihr getroffene Entscheidungen und sonstige Maßnahmen nach § 119 Abs. 1 und 2 mit. Zudem übermittelt die Staatsanwaltschaft der Vollzugsanstalt eine Ausfertigung der Anklageschrift und teilt dem nach § 126 Abs. 1 zuständigen Gericht die Anklageerhebung mit.

§ 114e (Erkenntnisse der Vollzugsanstalt)

Die Vollzugsanstalt übermittelt dem Gericht und der Staatsanwaltschaft von Amts wegen beim Vollzug der Untersuchungshaft erlangte Erkenntnisse, soweit diese aus Sicht der Vollzugsanstalt für die Erfüllung der Aufgaben der Empfänger von Bedeutung sind und diesen nicht anderweitig bekannt geworden sind. Sonstige Befugnisse der Vollzugsanstalt, dem Gericht und der Staatsanwaltschaft Erkenntnisse mitzuteilen, bleiben unberührt.

§ 115 (Vorführung, Vernehmung)

(1) Wird der Beschuldigte auf Grund des Haftbefehls ergriffen, so ist er unverzüglich dem zuständigen Gericht vorzuführen.

(2) Das Gericht hat den Beschuldigten unverzüglich nach der Vorführung, spätestens am nächsten Tage, über den Gegenstand der Beschuldigung zu vernehmen.

(3) Bei der Vernehmung ist der Beschuldigte auf die ihn belastenden Umstände und sein Recht hinzuweisen, sich zur Beschuldigung zu äußern oder nicht zur Sache auszusagen. Ihm ist Gelegenheit zu geben, die Verdachts- und Haftgründe zu entkräften und die Tatsachen geltend zu machen, die zu seinen Gunsten sprechen.

(4) Wird die Haft aufrechterhalten, so ist der Beschuldigte über das Recht der Beschwerde und die anderen Rechtsbehelfe (§ 117 Abs. 1, 2, § 118 Abs. 1, 2, § 119 Abs. 5, § 119a Abs. 1) zu belehren. § 304 Abs. 4 und 5 bleibt unberührt.

§ 115a (Richter des nächsten Amtsgerichts)

(1) Kann der Beschuldigte nicht spätestens am Tag nach der Ergreifung dem zuständigen Gericht vorgeführt werden, so ist er unverzüglich, spätestens am Tage nach der Ergreifung, dem nächsten Amtsgericht vorzuführen.

(2) Das Gericht hat den Beschuldigten unverzüglich nach der Vorführung, spätestens am nächsten Tage, zu vernehmen. Bei der Vernehmung wird, soweit möglich, § 115 Abs. 3 angewandt. Ergibt sich bei der Vernehmung, dass der Haftbefehl aufgehoben, seine Aufhebung durch die Staatsanwaltschaft beantragt (§ 120 Abs. 3) oder der Ergriffene nicht die in dem Haftbefehl bezeichnete Person ist, so ist der Ergriffene freizulassen. Erhebt dieser sonst gegen den Haftbefehl oder dessen Vollzug Einwendungen, die nicht offensichtlich unbegründet sind, oder hat das Gericht Bedenken gegen die Aufrechterhaltung der Haft, so teilt es diese dem zuständigen Gericht und der zuständigen Staatsanwaltschaft unverzüglich und auf dem nach den Umständen angezeigten schnellsten Wege mit; das

zuständige Gericht prüft unverzüglich, ob der Haftbefehl aufzuheben oder außer Vollzug zu setzen ist.

(3) Wird der Beschuldigte nicht freigelassen, so ist er auf sein Verlangen dem zuständigen Gericht zur Vernehmung nach § 115 vorzuführen. Der Beschuldigte ist auf dieses Recht hinzuweisen und gemäß § 115 Abs. 4 zu belehren.

§ 116 (Aussetzung des Vollzuges)

(1) Der Richter setzt den Vollzug eines Haftbefehls, der lediglich wegen Fluchtgefahr gerechtfertigt ist, aus, wenn weniger einschneidende Maßnahmen die Erwartung hinreichend begründen, daß der Zweck der Untersuchungshaft auch durch sie erreicht werden kann. In Betracht kommen namentlich

1. die Anweisung, sich zu bestimmten Zeiten bei dem Richter, der Strafverfolgungsbehörde oder einer von ihnen bestimmten Dienststelle zu melden,

2. die Anweisung, den Wohn- oder Aufenthaltsort oder einen bestimmten Bereich nicht ohne Erlaubnis des Richters oder der Strafverfolgungsbehörde zu verlassen,

3. die Anweisung, die Wohnung nur unter Aufsicht einer bestimmten Person zu verlassen,

4. die Leistung einer angemessenen Sicherheit durch den Beschuldigten oder einen anderen.

(2) Der Richter kann auch den Vollzug eines Haftbefehls, der wegen Verdunkelungsgefahr gerechtfertigt ist, aussetzen, wenn weniger einschneidende Maßnahmen die Erwartung hinreichend begründen, daß sie die Verdunkelungsgefahr erheblich vermindern werden. In Betracht kommt namentlich die Anweisung, mit Mitbeschuldigten, Zeugen oder Sachverständigen keine Verbindung aufzunehmen.

(3) Der Richter kann den Vollzug eines Haftbefehls, der nach § 112a erlassen worden ist, aussetzen, wenn die Erwartung hinreichend begründet ist, daß der Beschuldigte bestimmte Anweisungen befolgen und daß dadurch der Zweck der Haft erreicht wird.

(4) Der Richter ordnet in den Fällen der Absätze 1 bis 3 den Vollzug des Haftbefehls an, wenn

1. der Beschuldigte den ihm auferlegten Pflichten oder Beschränkungen gröblich zuwiderhandelt,

2. der Beschuldigte Anstalten zur Flucht trifft, auf ordnungsgemäße Ladung ohne genügende Entschuldigung ausbleibt oder sich auf andere Weise zeigt, daß das in ihn gesetzte Vertrauen nicht gerechtfertigt war, oder

3. neu hervorgetretene Umstände die Verhaftung erforderlich machen.

§ 116a (Sicherheit)

(1) Die Sicherheit ist durch Hinterlegung in barem Geld, in Wertpapieren, durch Pfandbestellung oder durch Bürgschaft geeigneter Personen zu leisten. Davon abweichende Regelungen in einer auf Grund des Gesetzes über den Zahlungsverkehr mit Gerichten und Justizbehörden erlassenen Rechtsverordnung bleiben unberührt.

(2) Der Richter setzt Höhe und Art der Sicherheit nach freiem Ermessen fest.

(3) Der Beschuldigte, der die Aussetzung des Vollzugs des Haftbefehls gegen Sicherheitsleistung beantragt und nicht im Geltungsbereich dieses Gesetzes wohnt, ist verpflichtet, eine im Bezirk des zuständigen Gerichts wohnende Person zum Empfang von Zustellungen zu bevollmächtigen.

§ 116b (Rangfolge)

Die Vollstreckung der Untersuchungshaft geht der Vollstreckung der Auslieferungshaft, der vorläufigen Auslieferungshaft, der Abschiebungshaft und der Zurückweisungshaft vor. Die Vollstreckung anderer freiheitsentziehender Maßnahmen geht der Vollstreckung von Untersuchungshaft vor, es sei denn, das Gericht trifft eine abweichende Entscheidung, weil der Zweck der Untersuchungshaft dies erfordert.

§ 117 (Haftprüfung, Beschwerde)

(1) Solange der Beschuldigte in Untersuchungshaft ist, kann er jederzeit die gericht-

liche Prüfung beantragen, ob der Haftbefehl aufzuheben oder dessen Vollzug nach § 116 auszusetzen ist (Haftprüfung).

(2) Neben dem Antrag auf Haftprüfung ist die Beschwerde unzulässig. Das Recht der Beschwerde gegen die Entscheidung, die auf den Antrag ergeht, wird dadurch nicht berührt.

(3) Der Richter kann einzelne Ermittlungen anordnen, die für die künftige Entscheidung über die Aufrechterhaltung der Untersuchungshaft von Bedeutung sind, und nach Durchführung dieser Ermittlungen eine neue Prüfung vornehmen.

§ 118 (Mündliche Verhandlung)

(1) Bei der Haftprüfung wird auf Antrag des Beschuldigten oder nach dem Ermessen des Gerichts von Amts wegen nach mündlicher Verhandlung entschieden.

(2) Ist gegen den Haftbefehl Beschwerde eingelegt, so kann auch im Beschwerdeverfahren auf Antrag des Beschuldigten oder von Amts wegen nach mündlicher Verhandlung entschieden werden.

(3) Ist die Untersuchungshaft nach mündlicher Verhandlung aufrechterhalten worden, so hat der Beschuldigte einen Anspruch auf eine weitere mündliche Verhandlung nur, wenn die Untersuchungshaft mindestens drei Monate und seit der letzten mündlichen Verhandlung mindestens zwei Monate gedauert hat.

(4) Ein Anspruch auf mündliche Verhandlung besteht nicht, solange die Hauptverhandlung andauert oder wenn ein Urteil ergangen ist, das auf eine Freiheitsstrafe oder eine freiheitsentziehende Maßregel der Besserung und Sicherung erkennt.

(5) Die mündliche Verhandlung ist unverzüglich durchzuführen; sie darf ohne Zustimmung des Beschuldigten nicht über zwei Wochen nach dem Eingang des Antrags anberaumt werden.

§ 118a (Ablauf)

(1) Von Ort und Zeit der mündlichen Verhandlung sind die Staatsanwaltschaft sowie

der Beschuldigte und der Verteidiger zu benachrichtigen.

(2) Der Beschuldigte ist zu der Verhandlung vorzuführen, es sei denn, daß er auf die Anwesenheit in der Verhandlung verzichtet hat oder daß der Vorführung weite Entfernung oder Krankheit des Beschuldigten oder andere nicht zu beseitigende Hindernisse entgegenstehen. Wird der Beschuldigte zur mündlichen Verhandlung nicht vorgeführt, so muß ein Verteidiger seine Rechte in der Verhandlung wahrnehmen. In diesem Falle ist ihm für die mündliche Verhandlung ein Verteidiger zu bestellen, wenn er noch keinen Verteidiger hat. Die §§ 142, 143 und 145 gelten entsprechend.

(3) In der mündlichen Verhandlung sind die anwesenden Beteiligten zu hören. Art und Umfang der Beweisaufnahme bestimmt das Gericht. Über die Verhandlung ist eine Niederschrift aufzunehmen; die §§ 271 bis 273 gelten entsprechend.

(4) Die Entscheidung ist am Schluß der mündlichen Verhandlung zu verkünden. Ist dies nicht möglich, so ist die Entscheidung spätestens binnen einer Woche zu erlassen.

§ 118b (Anwendbare Vorschriften)

Für den Antrag auf Haftprüfung (§ 117 Abs. 1) und den Antrag auf mündliche Verhandlung gelten die §§ 297 bis 300 und 302 Abs. 2 entsprechend.

§ 119 (Untersuchungshaftvollzug)

(1) Soweit dies zur Abwehr einer Flucht-, Verdunkelungs- oder Wiederholungsgefahr (§§ 112, 112a) erforderlich ist, können einem inhaftierten Beschuldigten Beschränkungen auferlegt werden. Insbesondere kann angeordnet werden, dass

1. der Empfang von Besuchen und die Telekommunikation der Erlaubnis bedürfen,

2. Besuche, Telekommunikation sowie der Schrift- und Paketverkehr zu überwachen sind,

3. die Übergabe von Gegenständen bei Besuchen der Erlaubnis bedarf,

4. der Beschuldigte von einzelnen oder allen anderen Inhaftierten getrennt wird,

5. die gemeinsame Unterbringung und der gemeinsame Aufenthalt mit anderen Inhaftierten eingeschränkt oder ausgeschlossen werden.

Die Anordnungen trifft das Gericht. Kann dessen Anordnung nicht rechtzeitig herbeigeführt werden, kann die Staatsanwaltschaft oder die Vollzugsanstalt eine vorläufige Anordnung treffen. Die Anordnung ist dem Gericht binnen drei Werktagen zur Genehmigung vorzulegen, es sei denn, sie hat sich zwischenzeitlich erledigt. Der Beschuldigte ist über Anordnungen in Kenntnis zu setzen. Die Anordnung nach Satz 2 Nr. 2 schließt die Ermächtigung ein, Besuche und Telekommunikation abzubrechen sowie Schreiben und Pakete anzuhalten.

(2) Die Ausführung der Anordnungen obliegt der anordnenden Stelle. Das Gericht kann die Ausführung von Anordnungen widerruflich auf die Staatsanwaltschaft übertragen, die sich bei der Ausführung der Hilfe durch ihre Ermittlungspersonen und die Vollzugsanstalt bedienen kann. Die Übertragung ist unanfechtbar.

(3) Ist die Überwachung der Telekommunikation nach Absatz 1 Satz 2 Nr. 2 angeordnet, ist die beabsichtigte Überwachung den Gesprächspartnern des Beschuldigten unmittelbar nach Herstellung der Verbindung mitzuteilen. Die Mitteilung kann durch den Beschuldigten selbst erfolgen. Der Beschuldigte ist rechtzeitig vor Beginn der Telekommunikation über die Mitteilungspflicht zu unterrichten.

(4) Die §§ 148, 148a bleiben unberührt. Sie gelten entsprechend für den Verkehr des Beschuldigten mit

1. der für ihn zuständigen Bewährungshilfe,

2. der für ihn zuständigen Führungsaufsichtsstelle,

3. der für ihn zuständigen Gerichtshilfe,

4. den Volksvertretungen des Bundes und der Länder,

5. dem Bundesverfassungsgericht und dem für ihn zuständigen Landesverfassungsgericht,

6. dem für ihn zuständigen Bürgerbeauftragten eines Landes,

7. dem Bundesbeauftragten für den Datenschutz und die Informationsfreiheit, den für die Kontrolle der Einhaltung der Vorschriften über den Datenschutz in den Ländern zuständigen Stellen der Länder und den Aufsichtsbehörden nach § 38 des Bundesdatenschutzgesetzes,

8. dem Europäischen Parlament,

9. dem Europäischen Gerichtshof für Menschenrechte,

10. dem Europäischen Gerichtshof,

11. dem Europäischen Datenschutzbeauftragten,

12. dem Europäischen Bürgerbeauftragten,

13. dem Europäischen Ausschuss zur Verhütung von Folter und unmenschlicher oder erniedrigender Behandlung oder Strafe,

14. der Europäischen Kommission gegen Rassismus und Intoleranz,

15. dem Menschenrechtsausschuss der Vereinten Nationen,

16. den Ausschüssen der Vereinten Nationen für die Beseitigung der Rassendiskriminierung und für die Beseitigung der Diskriminierung der Frau,

17. dem Ausschuss der Vereinten Nationen gegen Folter, dem zugehörigen Unterausschuss zur Verhütung von Folter und den entsprechenden Nationalen Präventionsmechanismen,

18. den in § 53 Abs. 1 Satz 1 Nr. 1 und 4 genannten Personen in Bezug auf die dort bezeichneten Inhalte,

19. soweit das Gericht nichts anderes anordnet,

    a) den Beiräten bei den Justizvollzugsanstalten und

    b) der konsularischen Vertretung seines Heimatstaates.

Die Maßnahmen, die erforderlich sind, um das Vorliegen der Voraussetzungen nach den Sätzen 1 und 2 festzustellen, trifft die nach Absatz 2 zuständige Stelle.

(5) Gegen nach dieser Vorschrift ergangene Entscheidungen oder sonstige Maßnahmen kann gerichtliche Entscheidung beantragt werden, soweit nicht das Rechtsmittel der Beschwerde statthaft ist. Der Antrag hat keine aufschiebende Wirkung. Das Gericht kann jedoch vorläufige Anordnungen treffen.

(6) Die Absätze 1 bis 5 gelten auch, wenn gegen einen Beschuldigten, gegen den Untersuchungshaft angeordnet ist, eine andere freiheitsentziehende Maßnahme vollstreckt wird (§ 116b). Die Zuständigkeit des Gerichts bestimmt sich auch in diesem Fall nach § 126.

---

§ 119 in der bis zum 31. Dezember 2009 geltenden Fassung:

„§ 119 (Untersuchungshaftvollzug)

(1) Der Verhaftete darf nicht mit anderen Gefangenen in demselben Raum untergebracht werden. Er ist auch sonst von Strafgefangenen, soweit möglich, getrennt zu halten.

(2) Mit anderen Untersuchungsgefangenen darf er in demselben Raum untergebracht werden, wenn er es ausdrücklich schriftlich beantragt. Der Antrag kann jederzeit in gleicher Weise zurückgenommen werden. Der Verhaftete darf auch dann mit anderen Gefangenen in demselben Raum untergebracht werden, wenn sein körperlicher oder geistiger Zustand es erfordert.

(3) Dem Verhafteten dürfen nur solche Beschränkungen auferlegt werden, die der Zweck der Untersuchungshaft oder die Ordnung in der Vollzugsanstalt erfordert.

(4) Bequemlichkeiten und Beschäftigungen darf er sich auf seine Kosten verschaffen, soweit sie mit dem Zweck der Haft vereinbar sind und nicht die Ordnung in der Vollzugsanstalt stören.

(5) Der Verhaftete darf gefesselt werden, wenn

1. die Gefahr besteht, daß er Gewalt gegen Personen oder Sachen anwendet, oder wenn er Widerstand leistet,

2. er zu fliehen versucht oder wenn bei Würdigung der Umstände des Einzelfalles, namentlich der Verhältnisse des Beschuldigten und der Umstände, die einer Flucht entgegenstehen, die Gefahr besteht, daß er sich aus dem Gewahrsam befreien wird,

3. die Gefahr des Selbstmordes oder der Selbstbeschädigung besteht

und wenn die Gefahr durch keine andere, weniger einschneidende Maßnahme abgewendet werden kann. Bei der Hauptverhandlung soll er ungefesselt sein.

(6) Die nach diesen Vorschriften erforderlichen Maßnahmen ordnet der Richter an. In dringenden Fällen kann der Staatsanwalt, der Anstaltsleiter oder ein anderer Beamter, unter dessen Aufsicht der Verhaftete steht, vorläufige Maßnahmen treffen. Sie bedürfen der Genehmigung des Richters."

§ 119a (Gerichtliche Entscheidung)

(1) Gegen eine behördliche Entscheidung oder Maßnahme im Untersuchungshaftvollzug kann gerichtliche Entscheidung beantragt werden. Eine gerichtliche Entscheidung kann zudem beantragt werden, wenn eine im Untersuchungshaftvollzug beantragte behördliche Entscheidung nicht innerhalb von drei Wochen ergangen ist.

(2) Der Antrag auf gerichtliche Entscheidung hat keine aufschiebende Wirkung. Das Gericht kann jedoch vorläufige Anordnungen treffen.

(3) Gegen die Entscheidung des Gerichts kann auch die für die vollzugliche Entscheidung oder Maßnahme zuständige Stelle Beschwerde erheben.

§ 120 (Aufhebung des Haftbefehls)

(1) Der Haftbefehl ist aufzuheben, sobald die Voraussetzungen der Untersuchungshaft nicht mehr vorliegen oder sich ergibt, daß die weitere Untersuchungshaft zur der Bedeutung der Sache und der zu erwartenden Strafe oder Maßregel der Besserung und Sicherung außer Verhältnis stehen würde. Er ist namentlich aufzuheben, wenn der Beschuldigte freigesprochen oder die Eröffnung des Hauptverfahrens abgelehnt oder das Verfahren nicht bloß vorläufig eingestellt wird.

(2) Durch die Einlegung eines Rechtsmittels darf die Freilassung des Beschuldigten nicht aufgehalten werden.

(3) Der Haftbefehl ist auch aufzuheben, wenn die Staatsanwaltschaft es vor Erhebung der öffentlichen Klage beantragt. Gleichzeitig mit dem Antrag kann die Staatsanwaltschaft die Freilassung des Beschuldigten anordnen.

§ 121 (Sechsmonatsfrist)

(1) Solange kein Urteil ergangen ist, das auf Freiheitsstrafe oder eine freiheitsentziehende Maßregel der Besserung und Sicherung erkennt, darf der Vollzug der Untersuchungshaft wegen derselben Tat über sechs Monate hinaus nur aufrechterhalten werden, wenn die besondere Schwierigkeit oder der besondere Umfang der Ermittlungen oder ein anderer wichtiger Grund das Urteil noch nicht zulassen und die Fortdauer der Haft rechtfertigen.

(2) In den Fällen des Absatzes 1 ist der Haftbefehl nach Ablauf der sechs Monate aufzuheben, wenn nicht der Vollzug des Haftbefehls nach § 116 ausgesetzt wird oder das Oberlandesgericht die Fortdauer der Untersuchungshaft anordnet.

(3) Werden die Akten dem Oberlandesgericht vor Ablauf der in Absatz 2 bezeichneten Frist vorgelegt, so ruht der Fristenlauf bis zu dessen Entscheidung. Hat die Hauptverhandlung begonnen, bevor die Frist abgelaufen ist, so ruht der Fristenlauf auch bis zur Verkündung des Urteils. Wird die Hauptverhandlung ausgesetzt und werden die Akten unverzüglich nach der Aussetzung dem Oberlandesgericht vorgelegt, so ruht der Fristenlauf ebenfalls bis zu dessen Entscheidung.

(4) In den Sachen, in denen eine Strafkammer nach § 74a des Gerichtsverfassungsgesetzes zuständig ist, entscheidet das nach § 120 des Gerichtsverfassungsgesetzes zuständige Oberlandesgericht. In den Sachen, in denen ein Oberlandesgericht nach § 120 des Gerichtsverfassungsgesetzes zuständig ist, tritt an dessen Stelle der Bundesgerichtshof.

§ 122 (Entscheidung des Oberlandesgerichts)

(1) In den Fällen des § 121 legt das zuständige Gericht die Akten durch Vermittlung der Staatsanwaltschaft dem Oberlandesgericht zur Entscheidung vor, wenn es die Fortdauer der Untersuchungshaft für erforderlich hält oder die Staatsanwaltschaft es beantragt.

(2) Vor der Entscheidung sind der Beschuldigte und der Verteidiger zu hören. Das Oberlandesgericht kann über die Fortdauer der Untersuchungshaft nach mündlicher Verhandlung entscheiden; geschieht dies, so gilt § 118a entsprechend.

(3) Ordnet das Oberlandesgericht die Fortdauer der Untersuchungshaft an, so gilt § 114 Abs. 2 Nr. 4 entsprechend. Für die weitere Haftprüfung (§ 117 Abs. 1) ist das Oberlandesgericht zuständig, bis ein Urteil ergeht, das auf Freiheitsstrafe oder eine freiheitsentziehende Maßregel der Besserung und Sicherung erkennt. Es kann die Haftprüfung dem Gericht, das nach den allgemeinen Vorschriften dafür zuständig ist, für die Zeit von jeweils höchstens drei Monaten übertragen. In den Fällen des § 118 Abs. 1 entscheidet das Oberlandesgericht über einen Antrag auf mündliche Verhandlung nach seinem Ermessen.

(4) Die Prüfung der Voraussetzungen nach § 121 Abs. 1 ist auch im weiteren Verfahren dem Oberlandesgericht vorbehalten. Die Prüfung muß jeweils spätestens nach drei Monaten wiederholt werden.

(5) Das Oberlandesgericht kann den Vollzug des Haftbefehls nach § 116 aussetzen.

(6) Sind in derselben Sache mehrere Beschuldigte in Untersuchungshaft, so kann das Oberlandesgericht über die Fortdauer der Untersuchungshaft auch solcher Beschuldigter entscheiden, für die es nach § 121 und den vorstehenden Vorschriften noch nicht zuständig wäre.

(7) Ist der Bundesgerichtshof zur Entscheidung zuständig, so tritt dieser an die Stelle des Oberlandesgerichts.

§ 122a (Jahresfrist)

In den Fällen des § 121 Abs. 1 darf der Vollzug der Haft nicht länger als ein Jahr aufrechterhalten werden, wenn sie auf den Haftgrund des § 112a gestützt ist.

§ 123 (Aufzuhebende Maßnahmen)

(1) Eine Maßnahme, die der Aussetzung des Haftvollzugs dient (§ 116), ist aufzuheben, wenn

1. der Haftbefehl aufgehoben wird oder

2. die Untersuchungshaft oder die erkannte Freiheitsstrafe oder freiheitsentziehende Maßregel der Besserung und Sicherung vollzogen wird.

(2) Unter denselben Voraussetzungen wird eine noch nicht verfallene Sicherheit frei.

(3) Wer für den Beschuldigten Sicherheit geleistet hat, kann deren Freigabe dadurch erlangen, daß er entweder binnen einer vom Gericht zu bestimmenden Frist die Gestellung des Beschuldigten bewirkt oder die Tatsachen, die den Verdacht einer vom Beschuldigten beabsichtigten Flucht begründen, so rechtzeitig mitteilt, daß der Beschuldigte verhaftet werden kann.

§ 124 (Verfall der Sicherheit)

(1) Eine noch nicht frei gewordene Sicherheit verfällt der Staatskasse, wenn der Beschuldigte sich der Untersuchung oder dem Antritt der erkannten Freiheitsstrafe oder freiheitsentziehenden Maßregel der Besserung und Sicherung entzieht.

(2) Vor der Entscheidung sind der Beschuldigte sowie derjenige, welcher für den Beschuldigten Sicherheit geleistet hat, zu einer Erklärung aufzufordern. Gegen die Entscheidung steht ihnen nur die sofortige Beschwerde zu. Vor der Entscheidung über die Beschwerde ist ihnen und der Staatsanwaltschaft Gelegenheit zur mündlichen Begründung ihrer Anträge sowie zur Erörterung über durchgeführte Ermittlungen zu geben.

(3) Die den Verfall aussprechende Entscheidung hat gegen denjenigen, welcher für den Beschuldigten Sicherheit geleistet hat, die Wirkungen eines von dem Zivilrichter erlassenen, für vorläufig vollstreckbar erklärten Endurteils und nach Ablauf der Beschwerdefrist die Wirkungen eines rechtskräftigen Zivilendurteils.

§ 125 (Zuständiges Gericht)

(1) Vor Erhebung der öffentlichen Klage erläßt der Richter bei dem Amtsgericht, in dessen Bezirk ein Gerichtsstand begründet ist oder der Beschuldigte sich aufhält, auf Antrag der Staatsanwaltschaft oder, wenn ein Staatsanwalt nicht erreichbar und Gefahr im Verzug ist, von Amts wegen den Haftbefehl.

(2) Nach Erhebung der öffentlichen Klage erläßt den Haftbefehl das Gericht, das mit der Sache befaßt ist, und, wenn Revision einge-

legt ist, das Gericht, dessen Urteil angefochten ist. In dringenden Fällen kann auch der Vorsitzende den Haftbefehl erlassen.

§ 126 (Weitere richterliche Entscheidungen)

(1) Vor Erhebung der öffentlichen Klage ist für die weiteren gerichtlichen Entscheidungen und Maßnahmen, die sich auf die Untersuchungshaft, die Aussetzung ihres Vollzugs (§ 116), ihre Vollstreckung (§ 116b) sowie auf Anträge nach § 119a beziehen, das Gericht zuständig, das den Haftbefehl erlassen hat. Hat das Beschwerdegericht den Haftbefehl erlassen, so ist das Gericht zuständig, das die vorangegangene Entscheidung getroffen hat. Wird das vorbereitende Verfahren an einem anderen Ort geführt oder die Untersuchungshaft an einem anderen Ort vollzogen, so kann das Gericht seine Zuständigkeit auf Antrag der Staatsanwaltschaft auf das für diesen Ort zuständige Amtsgericht übertragen. Ist der Ort in mehrere Gerichtsbezirke geteilt, so bestimmt die Landesregierung durch Rechtsverordnung das zuständige Amtsgericht. Die Landesregierung kann diese Ermächtigung auf die Landesjustizverwaltung übertragen.

(2) Nach Erhebung der öffentlichen Klage ist das Gericht zuständig, das mit der Sache befaßt ist. Während des Revisionsverfahrens ist das Gericht zuständig, dessen Urteil angefochten ist. Einzelne Maßnahmen, insbesondere nach § 119, ordnet der Vorsitzende an. In dringenden Fällen kann er auch den Haftbefehl aufheben oder den Vollzug aussetzen (§ 116), wenn die Staatsanwaltschaft zustimmt; andernfalls ist unverzüglich die Entscheidung des Gerichts herbeizuführen.

(3) Das Revisionsgericht kann den Haftbefehl aufheben, wenn es das angefochtene Urteil aufhebt und sich bei dieser Entscheidung ohne weiteres ergibt, daß die Voraussetzungen des § 120 Abs. 1 vorliegen.

(4) Die §§ 121 und 122 bleiben unberührt.

§ 126a (Unterbringungsbefehl)

(1) Sind dringende Gründe für die Annahme vorhanden, daß jemand eine rechtswidrige Tat im Zustand der Schuldunfähigkeit oder verminderten Schuldfähigkeit (§§ 20, 21 des Strafgesetzbuches) begangen hat und daß seine Unterbringung in einem psychiatrischen Krankenhaus oder einer Entziehungsanstalt angeordnet werden wird, so kann das Gericht durch Unterbringungsbefehl die einstweilige Unterbringung in einer dieser Anstalten anordnen, wenn die öffentliche Sicherheit es erfordert.

(2) Für die einstweilige Unterbringung gelten die §§ 114 bis 115a, 116 Abs. 3 und 4, §§ 117 bis 119a, 123, 125 und 126 entsprechend. Die §§ 121, 122 gelten entsprechend mit der Maßgabe, dass das Oberlandesgericht prüft, ob die Voraussetzungen der einstweiligen Unterbringung weiterhin vorliegen.

(3) Der Unterbringungsbefehl ist aufzuheben, wenn die Voraussetzungen der einstweiligen Unterbringung nicht mehr vorliegen oder wenn das Gericht im Urteil die Unterbringung in einem psychiatrischen Krankenhaus oder einer Entziehungsanstalt nicht anordnet. Durch die Einlegung eines Rechtsmittels darf die Freilassung nicht aufgehalten werden. § 120 Abs. 3 gilt entsprechend.

(4) Hat der Untergebrachte einen gesetzlichen Vertreter oder einen Bevollmächtigten im Sinne des § 1906 Abs. 5 des Bürgerlichen Gesetzbuches, so sind Entscheidungen nach Absatz 1 bis 3 auch diesem bekannt zu geben.

§ 127 (Vorläufige Festnahme)

(1) Wird jemand auf frischer Tat betroffen oder verfolgt, so ist, wenn er der Flucht verdächtig ist oder seine Identität nicht sofort festgestellt werden kann, jedermann befugt, ihn auch ohne richterliche Anordnung vorläufig festzunehmen. Die Feststellung der Identität einer Person durch die Staatsanwaltschaft oder die Beamten des Polizeidienstes bestimmt sich nach § 163b Abs. 1.

(2) Die Staatsanwaltschaft und die Beamten des Polizeidienstes sind bei Gefahr im Verzug auch dann zur vorläufigen Festnahme befugt, wenn die Voraussetzungen eines Haftbefehls oder eines Unterbringungsbefehls vorliegen.

(3) Ist eine Straftat nur auf Antrag verfolgbar, so ist die vorläufige Festnahme auch dann

zulässig, wenn ein Antrag noch nicht gestellt ist. Dies gilt entsprechend, wenn eine Straftat nur mit Ermächtigung oder auf Strafverlangen verfolgbar ist.

(4) Für die vorläufige Festnahme durch die Staatsanwaltschaft und die Beamten des Polizeidienstes gelten die §§ 114a bis 114c entsprechend.

§ 127a (Bagatelldelikt)

(1) Hat der Beschuldigte im Geltungsbereich dieses Gesetzes keinen festen Wohnsitz oder Aufenthalt und liegen die Voraussetzungen eines Haftbefehls nur wegen Fluchtgefahr vor, so kann davon abgesehen werden, seine Festnahme anzuordnen oder aufrechtzuerhalten, wenn

1. nicht damit zu rechnen ist, daß wegen der Tat eine Freiheitsstrafe verhängt oder eine freiheitsentziehende Maßregel der Besserung und Sicherung angeordnet wird und

2. der Beschuldigte eine angemessene Sicherheit für die zu erwartende Geldstrafe und die Kosten des Verfahrens leistet.

(2) § 116a Abs. 1 und 3 gilt entsprechend.

§ 127b (Beschleunigtes Verfahren)

(1) Die Staatsanwaltschaft und die Beamten des Polizeidienstes sind zur vorläufigen Festnahme eines auf frischer Tat Betroffenen oder Verfolgten auch dann befugt, wenn

1. eine unverzügliche Entscheidung im beschleunigten Verfahren wahrscheinlich ist und

2. auf Grund bestimmter Tatsachen zu befürchten ist, daß der Festgenommene der Hauptverhandlung fernbleiben wird.

Die §§ 114a bis 114c gelten entsprechend.

(2) Ein Haftbefehl (§ 128 Abs. 2 Satz 2) darf aus den Gründen des Absatzes 1 gegen den der Tat dringend Verdächtigen nur ergehen, wenn die Durchführung der Hauptverhandlung binnen einer Woche nach der Festnahme zu erwarten ist. Der Haftbefehl ist auf höchstens eine Woche ab dem Tag der Festnahme zu befristen.

(3) Über den Erlaß des Haftbefehls soll der für die Durchführung des beschleunigten Verfahrens zuständige Richter entscheiden.

§ 128 (Unverzügliche Vorführung)

(1) Der Festgenommene ist, sofern er nicht wieder in Freiheit gesetzt wird, unverzüglich, spätestens am Tage nach der Festnahme, dem Richter bei dem Amtsgericht, in dessen Bezirk er festgenommen worden ist, vorzuführen. Der Richter vernimmt den Vorgeführten gemäß § 115 Abs. 3.

(2) Hält der Richter die Festnahme nicht für gerechtfertigt oder ihre Gründe für beseitigt, so ordnet er die Freilassung an. Andernfalls erläßt er auf Antrag der Staatsanwaltschaft oder, wenn ein Staatsanwalt nicht erreichbar ist, von Amts wegen einen Haftbefehl oder einen Unterbringungsbefehl. § 115 Abs. 4 gilt entsprechend.

§ 129 (Vorführung zum zuständigen Gericht)

Ist gegen den Festgenommenen bereits die öffentliche Klage erhoben, so ist er entweder sofort oder auf Verfügung des Richters, dem er zunächst vorgeführt worden ist, dem zuständigen Gericht vorzuführen; dieses hat spätestens am Tage nach der Festnahme über Freilassung, Verhaftung oder einstweilige Unterbringung des Festgenommenen zu entscheiden.

§ 130 (Antragsdelikt)

Wird wegen Verdachts einer Straftat, die nur auf Antrag verfolgbar ist, ein Haftbefehl erlassen, bevor der Antrag gestellt ist, so ist der Antragsberechtigte, von mehreren wenigstens einer, sofort von dem Erlaß des Haftbefehls in Kenntnis zu setzen und davon zu unterrichten, daß der Haftbefehl aufgehoben werden wird, wenn der Antrag nicht innerhalb einer vom Richter zu bestimmenden Frist, die eine Woche nicht überschreiten soll, gestellt wird. Wird innerhalb der Frist Strafantrag nicht gestellt, so ist der Haftbefehl aufzuheben. Dies gilt entsprechend, wenn eine Straftat nur mit Ermächtigung oder auf Strafverlangen verfolgbar ist. § 120 Abs. 3 ist anzuwenden.

II

Siebentes Buch
Strafvollstreckung und Kosten des Verfahrens

Erster Abschnitt
Strafvollstreckung

§ 449 (Vollstreckbarkeit)

Strafurteile sind nicht vollstreckbar, bevor sie rechtskräftig geworden sind.

§ 450 (Untersuchungshaft, Fahrverbot; Anrechnung)

(1) Auf die zu vollstreckende Freiheitsstrafe ist unverkürzt die Untersuchungshaft anzurechnen, die der Angeklagte erlitten hat, seit er auf Einlegung eines Rechtsmittels verzichtet oder das eingelegte Rechtsmittel zurückgenommen hat oder seitdem die Einlegungsfrist abgelaufen ist, ohne daß er eine Erklärung abgegeben hat.

(2) Hat nach dem Urteil eine Verwahrung, Sicherstellung oder Beschlagnahme des Führerscheins auf Grund des § 111a Abs. 5 Satz 2 fortgedauert, so ist diese Zeit unverkürzt auf das Fahrverbot (§ 44 des Strafgesetzbuches) anzurechnen.

§ 450a (Auslieferungsverfahren)

(1) Auf die zu vollstreckende Freiheitsstrafe ist auch die im Ausland erlittene Freiheitsentziehung anzurechnen, die der Verurteilte in einem Auslieferungsverfahren zum Zwecke der Strafvollstreckung erlitten hat. Dies gilt auch dann, wenn der Verurteilte zugleich zum Zwecke der Strafverfolgung ausgeliefert worden ist.

(2) Bei Auslieferung zum Zwecke der Vollstreckung mehrerer Strafen ist die im Ausland erlittene Freiheitsentziehung auf die höchste Strafe, bei Strafen gleicher Höhe auf die Strafe anzurechnen, die nach der Einlieferung des Verurteilten zuerst vollstreckt wird.

(3) Das Gericht kann auf Antrag der Staatsanwaltschaft anordnen, daß die Anrechnung ganz oder zum Teil unterbleibt, wenn sie im Hinblick auf das Verhalten des Verurteilten nach dem Erlaß des Urteils, in dem die dem Urteil zugrunde liegenden tatsächlichen Feststellungen letztmalig geprüft werden konnten, nicht gerechtfertigt ist. Trifft das Gericht eine solche Anordnung, so wird die im Ausland erlittene Freiheitsentziehung, soweit ihre Dauer die Strafe nicht überschreitet, auch in einem anderen Verfahren auf die Strafe nicht angerechnet.

§ 451 (Vollstreckungsbehörden)

(1) Die Strafvollstreckung erfolgt durch die Staatsanwaltschaft als Vollstreckungsbehörde auf Grund einer von dem Urkundsbeamten der Geschäftsstelle zu erteilenden, mit der Bescheinigung der Vollstreckbarkeit versehenen, beglaubigten Abschrift der Urteilsformel.

(2) Den Amtsanwälten steht die Strafvollstreckung nur insoweit zu, als die Landesjustizverwaltung sie ihnen übertragen hat.

(3) Die Staatsanwaltschaft, die Vollstreckungsbehörde ist, nimmt auch gegenüber der Strafvollstreckungskammer bei einem anderen Landgericht die staatsanwaltschaftlichen Aufgaben wahr. Sie kann ihre Aufgaben der für dieses Gericht zuständigen Staatsanwaltschaft übertragen, wenn dies im Interesse des Verurteilten geboten erscheint und die Staatsanwaltschaft am Ort der Strafvollstreckungskammer zustimmt.

§ 452 (Begnadigungsrecht)

In Sachen, in denen im ersten Rechtszug in Ausübung von Gerichtsbarkeit des Bundes entschieden worden ist, steht das Begnadigungsrecht dem Bund zu. In allen anderen Sachen steht es den Ländern zu.

§ 453 (Nachträgliche Entscheidungen)

(1) Die nachträglichen Entscheidungen, die sich auf eine Strafaussetzung zur Bewährung oder eine Verwarnung mit Strafvorbehalt beziehen (§§ 56a bis 56g, 58, 59a, 59b des Strafgesetzbuches), trifft das Gericht ohne mündliche Verhandlung durch Beschluß. Die Staatsanwaltschaft und der Angeklagte sind zu hören. Hat das Gericht über einen Widerruf der Strafaussetzung wegen Verstoßes gegen Auflagen oder Weisungen zu entscheiden, so soll es dem Verurteilten Gelegenheit zur mündlichen Anhörung geben. Ist ein Bewäh-

rungshelfer bestellt, so unterrichtet ihn das Gericht, wenn eine Entscheidung über den Widerruf der Strafaussetzung oder den Straferlaß in Betracht kommt; über Erkenntnisse, die dem Gericht aus anderen Strafverfahren bekannt geworden sind, soll es ihn unterrichten, wenn der Zweck der Bewährungsaufsicht dies angezeigt erscheinen läßt.

(2) Gegen die Entscheidungen nach Absatz 1 ist Beschwerde zulässig. Sie kann nur darauf gestützt werden, daß eine getroffene Anordnung gesetzwidrig ist oder daß die Bewährungszeit nachträglich verlängert worden ist. Der Widerruf der Aussetzung, der Erlaß der Strafe, der Widerruf des Erlasses, die Verurteilung zu der vorbehaltenen Strafe und die Feststellung, daß es bei der Verwarnung sein Bewenden hat (§§ 56f, 56g, 59b des Strafgesetzbuches), können mit sofortiger Beschwerde angefochten werden.

§ 453a (Belehrung)

(1) Ist der Angeklagte nicht nach § 268a Abs. 3 belehrt worden, so wird die Belehrung durch das für die Entscheidungen nach § 453 zuständige Gericht erteilt. Der Vorsitzende kann mit der Belehrung einen beauftragten oder ersuchten Richter betrauen.

(2) Die Belehrung soll außer in Fällen von geringer Bedeutung mündlich erteilt werden.

(3) Der Angeklagte soll auch über die nachträglichen Entscheidungen belehrt werden. Absatz 1 gilt entsprechend.

§ 453b (Überwachung)

(1) Das Gericht überwacht während der Bewährungszeit die Lebensführung des Verurteilten, namentlich die Erfüllung von Auflagen und Weisungen sowie von Anerbieten und Zusagen.

(2) Die Überwachung obliegt dem für die Entscheidungen nach § 453 zuständigen Gericht.

§ 453c (Vorläufige Maßnahmen)

(1) Sind hinreichende Gründe für die Annahme vorhanden, daß die Aussetzung widerrufen wird, so kann das Gericht bis zur Rechtskraft des Widerrufsbeschlusses, um sich der Person des Verurteilten zu versichern, vorläufige Maßnahmen treffen, notfalls, unter den Voraussetzungen des § 112 Abs. 2 Nr. 1 oder 2, oder, wenn bestimmte Tatsachen die Gefahr begründen, daß der Verurteilte erhebliche Straftaten begehen werde, einen Haftbefehl erlassen.

(2) Die auf Grund eines Haftbefehls nach Absatz 1 erlittene Haft wird auf die zu vollstreckende Freiheitsstrafe angerechnet. § 33 Abs. 4 Satz 1 sowie die §§ 114 bis 115a, 119 und 119a gelten entsprechend.

§ 454 (Aussetzung der Vollstreckung der Reststrafe)

(1) Die Entscheidung, ob die Vollstreckung des Restes einer Freiheitsstrafe zur Bewährung ausgesetzt werden soll (§§ 57 bis 58 des Strafgesetzbuches) sowie die Entscheidung, daß vor Ablauf einer bestimmten Frist ein solcher Antrag des Verurteilten unzulässig ist, trifft das Gericht ohne mündliche Verhandlung durch Beschluß. Die Staatsanwaltschaft, der Verurteilte und die Vollzugsanstalt sind zu hören. Der Verurteilte ist mündlich zu hören. Von der mündlichen Anhörung des Verurteilten kann abgesehen werden, wenn

1. die Staatsanwaltschaft und die Vollzugsanstalt die Aussetzung einer zeitigen Freiheitsstrafe befürworten und das Gericht die Aussetzung beabsichtigt,

2. der Verurteilte die Aussetzung beantragt hat, zur Zeit der Antragstellung

   a) bei zeitiger Freiheitsstrafe noch nicht die Hälfte oder weniger als zwei Monate,

   b) bei lebenslanger Freiheitsstrafe weniger als dreizehn Jahre

   der Strafe verbüßt hat und das Gericht den Antrag wegen verfrühter Antragstellung ablehnt oder

3. der Antrag des Verurteilten unzulässig ist (§ 57 Abs. 7, § 57a Abs. 4 des Strafgesetzbuches).

Das Gericht entscheidet zugleich, ob eine Anrechnung nach § 43 Abs. 10 Nr. 3 des Strafvollzugsgesetzes ausgeschlossen wird.

II

(2) Das Gericht holt das Gutachten eines Sachverständigen über den Verurteilten ein, wenn es erwägt, die Vollstreckung des Restes

1. der lebenslangen Freiheitsstrafe auszusetzen oder

2. einer zeitigen Freiheitsstrafe von mehr als zwei Jahren wegen einer Straftat der in § 66 Abs. 3 Satz 1 des Strafgesetzbuches bezeichneten Art auszusetzen und nicht auszuschließen ist, daß Gründe der öffentlichen Sicherheit einer vorzeitigen Entlassung des Verurteilten entgegenstehen.

Das Gutachten hat sich namentlich zu der Frage zu äußern, ob bei dem Verurteilten keine Gefahr mehr besteht, daß dessen durch die Tat zutage getretene Gefährlichkeit fortbesteht. Der Sachverständige ist mündlich zu hören, wobei der Staatsanwaltschaft, dem Verurteilten, seinem Verteidiger und der Vollzugsanstalt Gelegenheit zur Mitwirkung zu geben ist.

(3) Gegen die Entscheidungen nach Absatz 1 ist sofortige Beschwerde zulässig. Die Beschwerde der Staatsanwaltschaft gegen den Beschluß, der die Aussetzung des Strafrestes anordnet, hat aufschiebende Wirkung.

(4) Im übrigen gelten die Vorschriften der §§ 453, 453a Abs. 1 und 3 sowie der §§ 453b, 453c und 268a Abs. 3 entsprechend. Die Belehrung über die Aussetzung des Strafrestes wird mündlich erteilt; die Belehrung kann auch der Vollzugsanstalt übertragen werden. Die Belehrung soll unmittelbar vor der Entlassung erteilt werden.

§ 454a (Bewährungszeit; Aufhebung der Aussetzung)

(1) Beschließt das Gericht die Aussetzung der Vollstreckung des Restes einer Freiheitsstrafe mindestens drei Monate vor dem Zeitpunkt der Entlassung, so verlängert sich die Bewährungszeit um die Zeit von der Rechtskraft der Aussetzungsentscheidung bis zur Entlassung.

(2) Das Gericht kann die Aussetzung der Vollstreckung des Restes einer Freiheitsstrafe bis zur Entlassung des Verurteilten wieder aufheben, wenn die Aussetzung aufgrund

neu eingetretener oder bekanntgewordener Tatsachen unter Berücksichtigung des Sicherheitsinteresses der Allgemeinheit nicht mehr verantwortet werden kann; § 454 Abs. 1 Satz 1 und 2 sowie Abs. 3 Satz 1 gilt entsprechend. § 57 Abs. 5 des Strafgesetzbuches bleibt unberührt.

§ 454b (Freiheitsstrafen und Ersatzfreiheitsstrafen)

(1) Freiheitsstrafen und Ersatzfreiheitsstrafen sollen unmittelbar nacheinander vollstreckt werden.

(2) Sind mehrere Freiheitsstrafen oder Freiheitsstrafen und Ersatzfreiheitsstrafen nacheinander zu vollstrecken, so unterbricht die Vollstreckungsbehörde die Vollstreckung der zunächst zu vollstreckenden Freiheitsstrafe, wenn

1. unter den Voraussetzungen des § 57 Abs. 2 Nr. 1 des Strafgesetzbuches die Hälfte, mindestens jedoch sechs Monate,

2. im übrigen bei zeitiger Freiheitsstrafe zwei Drittel, mindestens jedoch zwei Monate, oder

3. bei lebenslanger Freiheitsstrafe fünfzehn Jahre

der Strafe verbüßt sind. Dies gilt nicht für Strafreste, die auf Grund Widerrufs ihrer Aussetzung vollstreckt werden. Treten die Voraussetzungen für eine Unterbrechung der zunächst zu vollstreckenden Freiheitsstrafe bereits vor Vollstreckbarkeit der später zu vollstreckenden Freiheitsstrafe ein, erfolgt die Unterbrechung rückwirkend auf den Zeitpunkt des Eintritts der Vollstreckbarkeit.

(3) Hat die Vollstreckungsbehörde die Vollstreckung nach Absatz 2 unterbrochen, so trifft das Gericht die Entscheidungen nach den §§ 57 und 57a des Strafgesetzbuches erst, wenn über die Aussetzung der Vollstreckung der Reste aller Strafen gleichzeitig entschieden werden kann.

§ 455 (Aufschub, Unterbrechung wegen Krankheit)

(1) Die Vollstreckung einer Freiheitsstrafe ist aufzuschieben, wenn der Verurteilte in Geisteskrankheit verfällt.

(2) Dasselbe gilt bei anderen Krankheiten, wenn von der Vollstreckung eine nahe Lebensgefahr für den Verurteilten zu besorgen ist.

(3) Die Strafvollstreckung kann auch dann aufgeschoben werden, wenn sich der Verurteilte in einem körperlichen Zustand befindet, bei dem eine sofortige Vollstreckung mit der Einrichtung der Strafanstalt unverträglich ist.

(4) Die Vollstreckungsbehörde kann die Vollstreckung einer Freiheitsstrafe unterbrechen, wenn

1. der Verurteilte in Geisteskrankheit verfällt,

2. wegen einer Krankheit von der Vollstreckung eine nahe Lebensgefahr für den Verurteilten zu besorgen ist oder

3. der Verurteilte sonst schwer erkrankt und die Krankheit in einer Vollzugsanstalt oder einem Anstaltskrankenhaus nicht erkannt oder behandelt werden kann

und zu erwarten ist, daß die Krankheit voraussichtlich für eine erhebliche Zeit fortbestehen wird. Die Vollstreckung soll nicht unterbrochen werden, wenn überwiegende Gründe, namentlich der öffentlichen Sicherheit, entgegenstehen.

§ 455a (Organisatorische Gründe)

(1) Die Vollstreckungsbehörde kann die Vollstreckung einer Freiheitsstrafe oder einer freiheitsentziehenden Maßregel der Besserung und Sicherung aufschieben oder ohne Einwilligung des Gefangenen unterbrechen, wenn dies aus Gründen der Vollzugsorganisation erforderlich ist und überwiegende Gründe der öffentlichen Sicherheit nicht entgegenstehen.

(2) Kann die Entscheidung der Vollstreckungsbehörde nicht rechtzeitig eingeholt werden, so kann der Anstaltsleiter die Vollstreckung unter den Voraussetzungen des Absatzes 1 ohne Einwilligung des Gefangenen vorläufig unterbrechen.

§ 456 (Strafaufschub auf Antrag)

(1) Auf Antrag des Verurteilten kann die Vollstreckung aufgeschoben werden, sofern durch die sofortige Vollstreckung dem Verurteilten oder seiner Familie erhebliche, außer-

halb des Strafzwecks liegende Nachteile erwachsen.

(2) Der Strafaufschub darf den Zeitraum von vier Monaten nicht übersteigen.

(3) Die Bewilligung kann an eine Sicherheitsleistung oder andere Bedingungen geknüpft werden.

§ 456a (Auslieferung; Ausweisung)

(1) Die Vollstreckungsbehörde kann von der Vollstreckung einer Freiheitsstrafe, einer Ersatzfreiheitsstrafe oder einer Maßregel der Besserung und Sicherung absehen, wenn der Verurteilte wegen einer anderen Tat einer ausländischen Regierung ausgeliefert, an einen internationalen Strafgerichtshof überstellt oder wenn er aus dem Geltungsbereich dieses Bundesgesetzes ausgewiesen wird.

(2) Kehrt der Ausgelieferte, der Überstellte oder der Ausgewiesene zurück, so kann die Vollstreckung nachgeholt werden. Für die Nachholung einer Maßregel der Besserung und Sicherung gilt § 67c Abs. 2 des Strafgesetzbuches entsprechend. Die Vollstreckungsbehörde kann zugleich mit dem Absehen von der Vollstreckung die Nachholung für den Fall anordnen, dass der Ausgelieferte, Überstellte oder Ausgewiesene zurückkehrt, und hierzu einen Haftbefehl oder einen Unterbringungsbefehl erlassen sowie die erforderlichen Fahndungsmaßnahmen, insbesondere die Ausschreibung zur Festnahme, veranlassen; § 131 Abs. 4 sowie § 131a Abs. 3 gelten entsprechend. Der Verurteilte ist zu belehren.

§ 456b (weggefallen)

§ 456c (Aufschub, Aussetzung des Berufsverbots)

(1) Das Gericht kann bei Erlaß des Urteils auf Antrag oder mit Einwilligung des Verurteilten das Wirksamwerden des Berufsverbots durch Beschluß aufschieben, wenn das sofortige Wirksamwerden des Verbots für den Verurteilten oder seine Angehörigen eine erhebliche, außerhalb seines Zweckes liegende, durch späteres Wirksamwerden vermeidbare Härte bedeuten würde. Hat der Verurteilte einen gesetzlichen Vertreter, so ist dessen

II

Einwilligung erforderlich. § 462 Abs. 3 gilt entsprechend.

(2) Die Vollstreckungsbehörde kann unter denselben Voraussetzungen das Berufsverbot aussetzen.

(3) Der Aufschub und die Aussetzung können an die Leistung einer Sicherheit oder an andere Bedingungen geknüpft werden. Aufschub und Aussetzung dürfen den Zeitraum von sechs Monaten nicht übersteigen.

(4) Die Zeit des Aufschubs und der Aussetzung wird auf die für das Berufsverbot festgesetzte Frist nicht angerechnet.

§ 457 (Amtshilfe, Vorführungs-, Haftbefehl, Steckbrief)

(1) § 161 gilt sinngemäß für die in diesem Abschnitt bezeichneten Zwecke.

(2) Die Vollstreckungsbehörde ist befugt, zur Vollstreckung einer Freiheitsstrafe einen Vorführungs- oder Haftbefehl zu erlassen, wenn der Verurteilte auf die an ihn ergangene Ladung zum Antritt der Strafe sich nicht gestellt hat oder der Flucht verdächtig ist. Sie kann einen Vorführungs- oder Haftbefehl auch erlassen, wenn ein Strafgefangener entweicht oder sich sonst dem Vollzug entzieht.

(3) Im übrigen hat in den Fällen des Absatzes 2 die Vollstreckungsbehörde die gleichen Befugnisse wie die Strafverfolgungsbehörde, soweit die Maßnahmen bestimmt und geeignet sind, den Verurteilten festzunehmen. Bei der Prüfung der Verhältnismäßigkeit ist auf die Dauer der noch zu vollstreckenden Freiheitsstrafe besonders Bedacht zu nehmen. Die notwendig werdenden gerichtlichen Entscheidungen trifft das Gericht des ersten Rechtszuges.

§ 458 (Einwendungen gegen Vollstreckung)

(1) Wenn über die Auslegung eines Strafurteils oder über die Berechnung der erkannten Strafe Zweifel entstehen oder wenn Einwendungen gegen die Zulässigkeit der Strafvollstreckung erhoben werden, so ist die Entscheidung des Gerichts herbeizuführen.

(2) Das Gericht entscheidet ferner, wenn in den Fällen des § 454b Abs. 1 und 2 sowie der

§§ 455, 456 und 456c Abs. 2 Einwendungen gegen die Entscheidung der Vollstreckungsbehörde erhoben werden oder wenn die Vollstreckungsbehörde anordnet, daß an einem Ausgelieferten oder Ausgewiesenen die Vollstreckung einer Strafe oder einer Maßregel der Besserung und Sicherung nachgeholt werden soll, und Einwendungen gegen diese Anordnung erhoben werden.

(3) Der Fortgang der Vollstreckung wird hierdurch nicht gehemmt; das Gericht kann jedoch einen Aufschub oder eine Unterbrechung der Vollstreckung anordnen. In den Fällen des § 456c Abs. 2 kann das Gericht eine einstweilige Anordnung treffen.

§ 459 (Vollstreckung von Geldstrafen)

Für die Vollstreckung der Geldstrafe gelten die Vorschriften der Justizbeitreibungsordnung, soweit dieses Gesetz nichts anderes bestimmt.

§ 459a (Zahlungserleichterungen)

(1) Nach Rechtskraft des Urteils entscheidet über die Bewilligung von Zahlungserleichterungen bei Geldstrafen (§ 42 des Strafgesetzbuches) die Vollstreckungsbehörde.

(2) Die Vollstreckungsbehörde kann eine Entscheidung über Zahlungserleichterungen nach Absatz 1 oder nach § 42 des Strafgesetzbuches nachträglich ändern oder aufheben. Dabei darf sie von einer vorausgegangenen Entscheidung zum Nachteil des Verurteilten nur auf Grund neuer Tatsachen oder Beweismittel abweichen.

(3) Entfällt die Vergünstigung nach § 42 Satz 2 des Strafgesetzbuches, die Geldstrafe in bestimmten Teilbeträgen zu zahlen, so wird dies in den Akten vermerkt. Die Vollstreckungsbehörde kann erneut eine Zahlungserleichterung bewilligen.

(4) Die Entscheidung über Zahlungserleichterungen erstreckt sich auch auf die Kosten des Verfahrens. Sie kann auch allein hinsichtlich der Kosten getroffen werden.

§ 459b (Anrechnung von Teilbeträgen)

Teilbeträge werden, wenn der Verurteilte bei der Zahlung keine Bestimmung trifft, zunächst auf die Geldstrafe, dann auf die etwa angeordneten Nebenfolgen, die zu einer Geldzahlung verpflichten, und zuletzt auf die Kosten des Verfahrens angerechnet.

§ 459c (Beitreibung; Erfolglosigkeit; Nachlass)

(1) Die Geldstrafe oder der Teilbetrag der Geldstrafe wird vor Ablauf von zwei Wochen nach Eintritt der Fälligkeit nur beigetrieben, wenn auf Grund bestimmter Tatsachen erkennbar ist, daß sich der Verurteilte der Zahlung entziehen will.

(2) Die Vollstreckung kann unterbleiben, wenn zu erwarten ist, daß sie in absehbarer Zeit zu keinem Erfolg führen wird.

(3) In den Nachlaß des Verurteilten darf die Geldstrafe nicht vollstreckt werden.

§ 459d (Erschwerung der Wiedereingliederung)

(1) Das Gericht kann anordnen, daß die Vollstreckung der Geldstrafe ganz oder zum Teil unterbleibt, wenn

1. in demselben Verfahren Freiheitsstrafe vollstreckt oder zur Bewährung ausgesetzt worden ist oder

2. in einem anderen Verfahren Freiheitsstrafe verhängt ist und die Voraussetzungen des § 55 des Strafgesetzbuches nicht vorliegen

und die Vollstreckung der Geldstrafe die Wiedereingliederung des Verurteilten erschweren kann.

(2) Das Gericht kann eine Entscheidung nach Absatz 1 auch hinsichtlich der Kosten des Verfahrens treffen.

§ 459e (Vollstreckung der Ersatzfreiheitsstrafe)

(1) Die Ersatzfreiheitsstrafe wird auf Anordnung der Vollstreckungsbehörde vollstreckt.

(2) Die Anordnung setzt voraus, daß die Geldstrafe nicht eingebracht werden kann oder die Vollstreckung nach § 459c Abs. 2 unterbleibt.

(3) Wegen eines Teilbetrages, der keinem vollen Tage Freiheitsstrafe entspricht, darf die Vollstreckung der Ersatzfreiheitsstrafe nicht angeordnet werden.

(4) Die Ersatzfreiheitsstrafe wird nicht vollstreckt, soweit die Geldstrafe entrichtet oder beigetrieben wird oder die Vollstreckung nach § 459d unterbleibt. Absatz 3 gilt entsprechend.

§ 459f (Unbillige Härte)

Das Gericht ordnet an, daß die Vollstreckung der Ersatzfreiheitsstrafe unterbleibt, wenn die Vollstreckung für den Verurteilten eine unbillige Härte wäre.

§ 459g (Wegnahme; Vollstreckung von Nebenfolgen)

(1) Ist der Verfall, die Einziehung oder die Unbrauchbarmachung einer Sache angeordnet worden, so wird die Anordnung dadurch vollstreckt, daß die Sache dem Verurteilten oder dem Verfalls- oder Einziehungsbeteiligten weggenommen wird. Für die Vollstreckung gelten die Vorschriften der Justizbeitreibungsordnung.

(2) Für die Vollstreckung von Nebenfolgen, die zu einer Geldzahlung verpflichten, gelten die §§ 459, 459a, 459c Abs. 1 und 2 und § 459d entsprechend.

§ 459h (Einwendungen)

Über Einwendungen gegen die Entscheidungen der Vollstreckungsbehörde nach den §§ 459a, 459c, 459e und 459g entscheidet das Gericht.

§ 459i (Vollstreckung der Vermögensstrafe)

(1) Für die Vollstreckung der Vermögensstrafe (§ 43a des Strafgesetzbuches) gelten die §§ 459, 459a, 459b, 459c, 459e, 459f und 459h sinngemäß.

(2) In den Fällen der §§ 110o, 111p ist die Maßnahme erst nach Beendigung der Vollstreckung aufzuheben.

§ 460 (Nachträgliche Gesamtstrafenbildung)

Ist jemand durch verschiedene rechtskräftige Urteile zu Strafen verurteilt worden und sind dabei die Vorschriften über die Zuerkennung einer Gesamtstrafe (§ 55 des Strafgesetzbuches) außer Betracht geblieben, so sind die

II

erkannten Strafen durch eine nachträgliche gerichtliche Entscheidung auf eine Gesamtstrafe zurückzuführen. Werden mehrere Vermögensstrafen auf eine Gesamtvermögensstrafe zurückgeführt, so darf diese die Höhe der verwirkten höchsten Strafe auch dann nicht unterschreiten, wenn deren Höhe den Wert des Vermögens des Verurteilten zum Zeitpunkt der nachträglichen gerichtlichen Entscheidung übersteigt.

§ 461 (Krankenhauszeiten)

(1) Ist der Verurteilte nach Beginn der Strafvollstreckung wegen Krankheit in eine von der Strafanstalt getrennte Krankenanstalt gebracht worden, so ist die Dauer des Aufenthalts in der Krankenanstalt in die Strafzeit einzurechnen, wenn nicht der Verurteilte mit der Absicht, die Strafvollstreckung zu unterbrechen, die Krankheit herbeigeführt hat.

(2) Die Staatsanwaltschaft hat im letzteren Falle eine Entscheidung des Gerichts herbeizuführen.

§ 462 (Gerichtliche Entscheidungen)

(1) Die nach § 450a Abs. 3 Satz 1 und den §§ 458 bis 461 notwendig werdenden gerichtlichen Entscheidungen trifft das Gericht ohne mündliche Verhandlung durch Beschluß. Dies gilt auch für die Wiederverleihung verlorener Fähigkeiten und Rechte (§ 45b des Strafgesetzbuches), die Aufhebung des Vorbehalts der Einziehung und die nachträgliche Anordnung der Einziehung eines Gegenstandes (§ 74b Abs. 2 Satz 3 des Strafgesetzbuches), die nachträgliche Anordnung von Verfall oder Einziehung des Wertersatzes (§ 76 des Strafgesetzbuches) sowie für die Verlängerung der Verjährungsfrist (§ 79b des Strafgesetzbuches).

(2) Vor der Entscheidung sind die Staatsanwaltschaft und der Verurteilte zu hören. Das Gericht kann von der Anhörung des Verurteilten in den Fällen einer Entscheidung nach § 79b des Strafgesetzbuches absehen, wenn infolge bestimmter Tatsachen anzunehmen ist, daß die Anhörung nicht ausführbar ist.

(3) Der Beschluß ist mit sofortiger Beschwerde anfechtbar. Die sofortige Beschwerde der Staatsanwaltschaft gegen den Beschluß, der die Unterbrechung der Vollstreckung anordnet, hat aufschiebende Wirkung.

§ 462a (Zuständiges Gericht)

(1) Wird gegen den Verurteilten eine Freiheitsstrafe vollstreckt, so ist für die nach den §§ 453, 454, 454a und 462 zu treffenden Entscheidungen die Strafvollstreckungskammer zuständig, in deren Bezirk die Strafanstalt liegt, in die der Verurteilte zu dem Zeitpunkt, in dem das Gericht mit der Sache befaßt wird, aufgenommen ist. Diese Strafvollstreckungskammer bleibt auch zuständig für Entscheidungen, die zu treffen sind, nachdem die Vollstreckung einer Freiheitsstrafe unterbrochen oder die Vollstreckung des Restes der Freiheitsstrafe zur Bewährung ausgesetzt wurde. Die Strafvollstreckungskammer kann einzelne Entscheidungen nach § 462 in Verbindung mit § 458 Abs. 1 an das Gericht des ersten Rechtszuges abgeben; die Abgabe ist bindend.

(2) In anderen als den in Absatz 1 bezeichneten Fällen ist das Gericht des ersten Rechtszuges zuständig. Das Gericht kann die nach § 453 zu treffenden Entscheidungen ganz oder zum Teil an das Amtsgericht abgeben, in dessen Bezirk der Verurteilte seinen Wohnsitz oder in Ermangelung eines Wohnsitzes seinen gewöhnlichen Aufenthaltsort hat; die Abgabe ist bindend.

(3) In den Fällen des § 460 entscheidet das Gericht des ersten Rechtszuges. Waren die verschiedenen Urteile von verschiedenen Gerichten erlassen, so steht die Entscheidung dem Gericht zu, das auf die schwerste Strafart oder bei Strafen gleicher Art auf die höchste Strafe erkannt hat, und falls hiernach mehrere Gerichte zuständig sein würden, dem Gericht, dessen Urteil zuletzt ergangen ist. War das hiernach maßgebende Urteil von einem Gericht eines höheren Rechtszuges erlassen, so setzt das Gericht des ersten Rechtszuges die Gesamtstrafe fest; war eines der Urteile von einem Oberlandesgericht im ersten Rechtszug erlassen, so setzt das Oberlandesgericht die Gesamtstrafe fest. Wäre ein Amtsgericht zur Bildung der Ge-

samtstrafe zuständig und reicht seine Strafgewalt nicht aus, so entscheidet die Strafkammer des ihm übergeordneten Landgerichts.

(4) Haben verschiedene Gerichte den Verurteilten in anderen als den in § 460 bezeichneten Fällen rechtskräftig zu Strafe verurteilt oder unter Strafvorbehalt verwarnt, so ist nur eines von ihnen für die nach den §§ 453, 454, 454a und 462 zu treffenden Entscheidungen zuständig. Absatz 3 Satz 2 und 3 gilt entsprechend. In den Fällen des Absatzes 1 entscheidet die Strafvollstreckungskammer; Absatz 1 Satz 3 bleibt unberührt.

(5) An Stelle der Strafvollstreckungskammer entscheidet das Gericht des ersten Rechtszuges, wenn das Urteil von einem Oberlandesgericht im ersten Rechtszuge erlassen ist. Das Oberlandesgericht kann die nach den Absätzen 1 und 3 zu treffenden Entscheidungen ganz oder zum Teil an die Strafvollstreckungskammer abgeben. Die Abgabe ist bindend; sie kann jedoch vom Oberlandesgericht widerrufen werden.

(6) Gericht des ersten Rechtszuges ist in den Fällen des § 354 Abs. 2 und des § 355 das Gericht, an das die Sache zurückverwiesen worden ist, und in den Fällen, in denen im Wiederaufnahmeverfahren eine Entscheidung nach § 373 ergangen ist, das Gericht, das diese Entscheidung getroffen hat.

§ 463 (Maßregeln der Besserung und Sicherung)

(1) Die Vorschriften über die Strafvollstreckung gelten für die Vollstreckung von Maßregeln der Besserung und Sicherung sinngemäß, soweit nichts anderes bestimmt ist.

(2) § 453 gilt auch für die nach den §§ 68a bis 68d des Strafgesetzbuches zu treffenden Entscheidungen.

(3) § 454 Abs. 1, 3 und 4 gilt auch für die nach § 67c Abs. 1, § 67d Abs. 2 und 3, § 67e Abs. 3, den §§ 68e, 68f Abs. 2 und § 72 Abs. 3 des Strafgesetzbuches zu treffenden Entscheidungen. In den Fällen des § 68e des Strafgesetzbuches bedarf es einer mündlichen Anhörung des Verurteilten nicht. § 454 Abs. 2 findet unabhängig von den dort genannten Straftaten in den Fällen des § 67d Abs. 2 und 3, des § 67c Abs. 1 und des § 72 Abs. 3 des Strafgesetzbuches entsprechende Anwendung, soweit das Gericht über die Vollstreckung der Sicherungsverwahrung zu entscheiden hat; im Übrigen findet § 454a bei den dort genannten Straftaten Anwendung. Zur Vorbereitung der Entscheidung nach § 67d Abs. 3 des Strafgesetzbuches sowie der nachfolgenden Entscheidungen nach § 67d Abs. 2 des Strafgesetzbuches hat das Gericht das Gutachten eines Sachverständigen namentlich zu der Frage einzuholen, ob von dem Verurteilten aufgrund seines Hanges weiterhin erhebliche rechtswidrige Taten zu erwarten sind. Dem Verurteilten, der keinen Verteidiger hat, bestellt das Gericht für das Verfahren nach Satz 4 einen Verteidiger.

(4) Im Rahmen der Überprüfungen nach § 67e des Strafgesetzbuches soll das Gericht nach jeweils fünf Jahren vollzogener Unterbringung in einem psychiatrischen Krankenhaus (§ 63) das Gutachten eines Sachverständigen einholen. Der Sachverständige darf weder im Rahmen des Vollzugs der Unterbringung mit der Behandlung der untergebrachten Person befasst gewesen sein noch in dem psychiatrischen Krankenhaus arbeiten, in dem sich die untergebrachte Person befindet. Dem Sachverständigen ist Einsicht in die Patientendaten des Krankenhauses über die untergebrachte Person zu gewähren. § 454 Abs. 2 gilt entsprechend. Der untergebrachten Person, die keinen Verteidiger hat, bestellt das Gericht für das Verfahren nach Satz 1 einen Verteidiger.

(5) § 455 Abs. 1 ist nicht anzuwenden, wenn die Unterbringung in einem psychiatrischen Krankenhaus angeordnet ist. Ist die Unterbringung in einer Entziehungsanstalt oder in der Sicherungsverwahrung angeordnet worden und verfällt der Verurteilte in Geisteskrankheit, so kann die Vollstreckung der Maßregel aufgeschoben werden. § 456 ist nicht anzuwenden, wenn die Unterbringung des Verurteilten in der Sicherungsverwahrung angeordnet ist.

(6) § 462 gilt auch für die nach § 67 Abs. 3 und Abs. 5 Satz 2, den §§ 67a und 67c Abs. 2,

§ 67d Abs. 5 und 6, den §§ 67g, 67h und 69a Abs. 7 sowie den §§ 70a und 70b des Strafgesetzbuches zu treffenden Entscheidungen. Das Gericht erklärt die Anordnung von Maßnahmen nach § 67h Abs. 1 Satz 1 und 2 des Strafgesetzbuchs für sofort vollziehbar, wenn erhebliche rechtswidrige Taten des Verurteilten drohen.

(7) Für die Anwendung des § 462a Abs. 1 steht die Führungsaufsicht in den Fällen des § 67c Abs. 1, des § 67d Abs. 2 bis 6 und des § 68f des Strafgesetzbuches der Aussetzung eines Strafrestes gleich.

§ 463a (Aufsichtsstellen)

(1) Die Aufsichtsstellen (§ 68a des Strafgesetzbuches) können zur Überwachung des Verhaltens des Verurteilten und der Erfüllung von Weisungen von allen örtlichen Behörden Auskunft verlangen und Ermittlungen jeder Art, mit Ausschluß eidlicher Vernehmungen, entweder selbst vornehmen oder durch andere Behörden im Rahmen ihrer Zuständigkeit vornehmen lassen. Ist der Aufenthalt des Verurteilten nicht bekannt, kann der Leiter der Führungsaufsichtsstelle seine Ausschreibung zur Aufenthaltsermittlung (§ 131a Abs. 1) anordnen.

(2) Die Aufsichtsstelle kann für die Dauer der Führungsaufsicht oder für eine kürzere Zeit anordnen, daß der Verurteilte zur Beobachtung anläßlich von polizeilichen Kontrollen, die die Feststellung der Personalien zulassen, ausgeschrieben wird. § 163e Abs. 2 gilt entsprechend. Die Anordnung trifft der Leiter der Führungsaufsichtsstelle. Die Erforderlichkeit der Fortdauer der Maßnahme ist mindestens jährlich zu überprüfen.

(3) Auf Antrag der Aufsichtsstelle kann das Gericht einen Vorführungsbefehl erlassen, wenn der Verurteilte einer Weisung nach § 68b Abs. 1 Satz 1 Nr. 7 oder Nr. 11 des Strafgesetzbuchs ohne genügende Entschuldigung nicht nachgekommen ist und er in der Ladung darauf hingewiesen wurde, daß in diesem Fall seine Vorführung zulässig ist. Soweit das Gericht des ersten Rechtszuges zuständig ist, entscheidet der Vorsitzende.

(4) Örtlich zuständig ist die Aufsichtsstelle, in deren Bezirk der Verurteilte seinen Wohnsitz hat. Hat der Verurteilte keinen Wohnsitz im Geltungsbereich dieses Gesetzes, so ist die Aufsichtsstelle örtlich zuständig, in deren Bezirk er seinen gewöhnlichen Aufenthaltsort hat und, wenn ein solcher nicht bekannt ist, seinen letzten Wohnsitz oder gewöhnlichen Aufenthaltsort hatte.

§ 463b (Führerschein)

(1) Ist ein Führerschein nach § 44 Abs. 2 Satz 2 und 3 des Strafgesetzbuches amtlich zu verwahren und wird er nicht freiwillig herausgegeben, so ist er zu beschlagnahmen.

(2) Ausländische Führerscheine können zur Eintragung eines Vermerks über das Fahrverbot oder über die Entziehung der Fahrerlaubnis und die Sperre (§ 44 Abs. 2 Satz 4, § 69b Abs. 2 des Strafgesetzbuches) beschlagnahmt werden.

(3) Der Verurteilte hat, wenn der Führerschein bei ihm nicht vorgefunden wird, auf Antrag der Vollstreckungsbehörde bei dem Amtsgericht eine eidesstattliche Versicherung über den Verbleib abzugeben. § 883 Abs. 2 bis 4, die §§ 899, 900 Abs. 1 und 4 sowie die §§ 901, 902, 904 bis 910 und 913 der Zivilprozeßordnung gelten entsprechend.

§ 463c (Öffentliche Bekanntmachung)

(1) Ist die öffentliche Bekanntmachung der Verurteilung angeordnet worden, so wird die Entscheidung dem Berechtigten zugestellt.

(2) Die Anordnung nach Absatz 1 wird nur vollzogen, wenn der Antragsteller oder ein an seiner Stelle Antragsberechtigter es innerhalb eines Monats nach Zustellung der rechtskräftigen Entscheidung verlangt.

(3) Kommt der Verleger oder der verantwortliche Redakteur einer periodischen Druckschrift seiner Verpflichtung nicht nach, eine solche Bekanntmachung in das Druckwerk aufzunehmen, so hält ihn das Gericht auf Antrag der Vollstreckungsbehörde durch Festsetzung eines Zwangsgeldes bis zu fünfundzwanzigtausend Euro oder von Zwangshaft bis zu sechs Wochen dazu an. Zwangs-

geld kann wiederholt festgesetzt werden.
§ 462 gilt entsprechend.

(4) Für die Bekanntmachung im Rundfunk gilt Absatz 3 entsprechend, wenn der für die Programmgestaltung Verantwortliche seiner Verpflichtung nicht nachkommt.

§ 463d (Gerichtshilfe)

Zur Vorbereitung der nach den §§ 453 bis 461 zu treffenden Entscheidungen kann sich das Gericht oder die Vollstreckungsbehörde der Gerichtshilfe bedienen; dies kommt insbesondere vor einer Entscheidung über den Widerruf der Strafaussetzung oder der Aussetzung des Strafrestes in Betracht, sofern nicht ein Bewährungshelfer bestellt ist.

Strafvollstreckungsordnung (StVollstrO)

Vom 1. April 2001 (BAnz. S. 9157)

Inhaltsübersicht

II

Abschnitt 1
Allgemeine Bestimmungen

§ 1 Geltungsbereich

(1) Die Vorschriften der Strafvollstreckungsordnung gelten für die Vollstreckung von Urteilen und ihnen gleichstehenden Entscheidungen, die auf eine Strafe, Nebenstrafe, Nebenfolge oder Maßregel der Besserung und Sicherung lauten.

(2) Die Vorschriften der Strafvollstreckungsordnung gelten ferner, soweit die §§ 87, 88 dies bestimmen, für die Vollstreckung gerichtlicher Entscheidungen nach dem Gesetz über Ordnungswidrigkeiten sowie für die Vollstreckung von Ordnungs- und Zwangshaft in Straf- und Bußgeldsachen.

(3) Für die Vollstreckung von Entscheidungen gegen Jugendliche und Heranwachsende gelten die Vorschriften der Strafvollstreckungsordnung nur, soweit das Jugendgerichtsgesetz (JGG), die Richtlinien dazu (RiJGG) einschließlich der Verwaltungsvorschriften zum Jugendstrafvollzug (VVJug), die Bundeswehrvollzugsordnung und das Gesetz über Ordnungswidrigkeiten (OWiG) nichts anderes bestimmen.

§ 2 Nachdrückliche Vollstreckung

(1) Im Interesse einer wirksamen Strafrechtspflege ist die richterliche Entscheidung mit Nachdruck und Beschleunigung zu vollstrecken.

(2) Durch Gnadengesuche sowie durch andere Gesuche und Eingaben darf die Vollstreckung grundsätzlich nicht verzögert werden.

§ 3 Aufgaben der Vollstreckungsbehörde

(1) Die Vollstreckungsbehörde prüft, ob die Voraussetzungen der Vollstreckung gegeben sind. Sie trifft die Anordnungen, die zur Durchführung der Entscheidung erforderlich sind.

(2) Die Verantwortlichkeit der Vollstreckungsbehörde erstreckt sich nicht auf den besonderen Pflichtenkreis der Vollzugsbehörde.

§ 4 Vollstreckungsbehörde

Vollstreckungsbehörde ist

1. die Staatsanwaltschaft, soweit nichts anderes bestimmt ist;

2. die Generalstaatsanwaltschaft, wenn das Oberlandesgericht im ersten Rechtszug entschieden hat und nicht ein Fall der Nummer 3 vorliegt;

3. der Generalbundesanwalt beim Bundesgerichtshof in Sachen, in denen im ersten Rechtszug in Ausübung von Gerichtsbarkeit des Bundes entschieden worden ist (Artikel 96 Abs. 5 des Grundgesetzes – GG –, §§ 120, 142a des Gerichtsverfassungsgesetzes – GVG –).

§ 5 (weggefallen)

§ 6 Sachliche Zuständigkeit für dringende Vollstreckungsanordnungen

Ist die sachlich zuständige Vollstreckungsbehörde nicht alsbald erreichbar, so kann anstelle der Staatsanwaltschaft die Generalstaatsanwaltschaft dringende Strafvollstreckungsanordnungen treffen.

§ 7 Örtliche Zuständigkeit der Vollstreckungsbehörde

(1) Die örtliche Zuständigkeit der Vollstreckungsbehörde bestimmt sich nach dem Gericht des ersten Rechtszuges (vgl. § 143 Abs. 1 GVG).

(2) Hat das Revisionsgericht in den Fällen des § 354 Abs. 2, der §§ 354a und 355 der Strafprozessordnung (StPO) eine Sache unter Aufhebung des Urteils zur Verhandlung und zur Entscheidung an ein anderes Gericht zurückverwiesen, so bestimmt sich die Zuständigkeit der Vollstreckungsbehörde nach diesem Gericht. Ist im Wiederaufnahmeverfahren eine Entscheidung nach § 373 StPO ergangen, so bestimmt sich die Zuständigkeit der Vollstreckungsbehörde in den Fällen des § 140a Abs. 1, 3 Satz 2 GVG nach dem Gericht, das diese Entscheidung getroffen hat.

(3) Ist die örtlich zuständige Vollstreckungsbehörde nicht alsbald erreichbar, so kann dringende Vollstreckungsanordnungen auch

eine örtlich unzuständige Vollstreckungsbehörde treffen (vgl. § 143 Abs. 2 GVG).

Die Zuständigkeit zur Vollstreckung einer nachträglich gebildeten Gesamtstrafe richtet sich nach dem Gericht, das sie gebildet hat (§§ 460, 462, 462a Abs. 3 StPO).

§ 8 Vollstreckung von Gesamtstrafen

Die zur Vollstreckung einer Gesamtstrafe zuständige Vollstreckungsbehörde teilt die Bildung der Gesamtstrafe und die Übernahme der Vollstreckung unverzüglich zu allen betroffenen Verfahren mit. Sie fügt der Mitteilung eine beglaubigte Abschrift des erkennenden Teils der Entscheidung über die Gesamtstrafe bei, auf welcher der Zeitpunkt des Eintritts der Rechtskraft vermerkt ist.

§ 9 Vollstreckungshilfe

(1) Soll eine Vollstreckungsanordnung außerhalb des Landes, in dem die Vollstreckungsbehörde ihren Sitz hat, durch eine Landesbehörde durchgeführt werden, so ist – sofern nicht durch die Vereinbarung der Länder der Bundesrepublik Deutschland zur Vereinfachung und zur Beschleunigung der Strafvollstreckung und der Vollstreckung anderer freiheitsentziehender Maßnahmen in Straf- und Bußgeldsachen vom 8. 6. 1999 (Anhang) eine einfachere und schnellere Durchführung ermöglicht wird – die hierfür örtlich zuständige Staatsanwaltschaft des anderen Landes um Vollstreckungshilfe zu ersuchen. Die Zuständigkeit bestimmt sich bei Ersuchen um Vollstreckung von Freiheitsstrafen nach den §§ 162, 163 GVG; in den übrigen Fällen, insbesondere bei Anordnungen nach §§ 63, 64 oder 66 des Strafgesetzbuches (StGB), sind diese Bestimmungen sinngemäß anzuwenden (§ 463 Abs. 1 StPO). Ist eine Maßregelvollzugseinrichtung eines anderen Landes für den Vollzug der Unterbringung nach §§ 63 oder 64 StGB zuständig, ist die örtlich zuständige Staatsanwaltschaft dieses Landes um Vermittlung der Aufnahme in die Maßregelvollzugseinrichtung zu ersuchen. Unberührt bleiben §§ 48 und 57.

(2) Der Generalbundesanwalt kann in den Fällen, in denen er Vollstreckungsbehörde ist, unmittelbar vollstrecken.

§ 10 Geschäfte der Strafvollstreckung

Für die Wahrnehmung der Geschäfte der Strafvollstreckung gelten § 31 des Rechtspflegergesetzes und die Verordnung über die Begrenzung der Geschäfte des Rechtspflegers bei der Vollstreckung in Straf- und Bußgeldsachen.

§§ 11 und 12 (weggefallen)

§ 13 Urkundliche Grundlage der Vollstreckung

(1) Die Vollstreckung setzt die Rechtskraft der Entscheidung voraus (§ 449 StPO).

(2) Urkundliche Grundlage der Vollstreckung ist die Urschrift oder eine beglaubigte Abschrift der Entscheidung oder ihres erkennenden Teils; auf ihr muss die Rechtskraft bescheinigt und angegeben sein, wann sie eingetreten ist (§ 451 Abs. 1 StPO).

(3) Die Rechtskraft kann bereits bescheinigt werden, bevor die schriftlichen Urteilsgründe vorliegen. Ist die verurteilte Person in Haft, so hat die die Rechtskraft bescheinigende Stelle die urkundliche Grundlage der Vollstreckung binnen drei Tagen nach Eintritt der Rechtskraft der Vollstreckungsbehörde zu übersenden.

(4) Die Rechtskraft bescheinigt die Urkundsbeamtin oder der Urkundsbeamte der Geschäftsstelle beim Gericht des ersten Rechtszuges. Wird gegen ein Berufungsurteil keine Revision eingelegt, so bescheinigt sie die Urkundsbeamtin oder der Urkundsbeamte der Geschäftsstelle beim Berufungsgericht.

(5) Wird gegen ein Urteil Revision eingelegt, so behält sich die Vollstreckungsbehörde eine beglaubigte Abschrift des erkennenden Teils der für die Vollstreckung erforderlichen Urteile zurück. Die Urkundsbeamtin oder der Urkundsbeamte der Geschäftsstelle beim Revisionsgericht übersendet der Vollstreckungsbehörde unverzüglich eine beglaubigte Abschrift des erkennenden Teils des Revisionsurteils, wenn dieses die Rechtskraft des an-

gefochtenen Urteils herbeigeführt hat oder selbst vollstreckungsfähig ist. Dasselbe gilt, wenn die Revision durch Beschluss verworfen wird und die Akten nicht sofort zurückgegeben werden können.

§ 14 Weitere urkundliche Grundlagen der Vollstreckung

(1) Weitere urkundliche Grundlage der Vollstreckung ist die Urschrift oder eine beglaubigte Abschrift der Entscheidung oder ihres erkennenden Teils, durch die

1. eine Verurteilung zu der vorbehaltenen Strafe (§ 59b StGB) ausgesprochen wird;

2. die Aussetzung einer Strafe, eines Strafrestes oder einer Unterbringung (§ 56f Abs. 1, § 57 Abs. 3, § 57a Abs. 3, § 67g Abs. 1 bis 3 StGB) oder ein Straferlass (§ 56g Abs. 2 StGB) widerrufen wird;

3. eine Anordnung über eine vom Urteil abweichende Reihenfolge der Vollstreckung von Freiheitsstrafen und freiheitsentziehenden Maßregeln (§ 67 Abs. 3 StGB) getroffen wird;

4. der Vollzug der Freiheitsstrafe angeordnet wird (§ 67 Abs. 5 Satz 2, Halbsatz 2 StGB);

5. die Überweisung in den Vollzug einer anderen freiheitsentziehenden Maßregel angeordnet wird (§ 67a Abs. 1 bis 3 StGB);

6. nach § 67c Abs. 2 StGB die Vollstreckung einer Unterbringung angeordnet wird;

7. nach § 67d Abs. 5 StGB bestimmt wird, dass die Unterbringung in einer Entziehungsanstalt nicht weiter zu vollziehen ist;

8. der Vollzug der nächsten freiheitsentziehenden Maßregel angeordnet wird (§ 72 Abs. 3 StGB).

(2) § 13 Abs. 2, 3 und 4 Satz 1 gilt entsprechend.

§ 15 Vollstreckungsheft

(1) Die zur Einleitung der Strafvollstreckung erforderlichen Akten soll die Vollstreckungsbehörde erst aus der Hand geben, wenn sie die erforderlichen Vollstreckungsanordnungen in die Wege geleitet hat. Die Durchfüh-

rung eines Rechtsmittelverfahrens darf nicht verzögert werden.

(2) Ist damit zu rechnen, dass die Akten während der Vollstreckung anderweitig benötigt werden, oder handelt es sich um Strafsachen größeren Umfangs, so ist ein Vollstreckungsheft anzulegen. Bei Strafsachen mit mehreren Verurteilten ist für jede verurteilte Person ein besonderes Vollstreckungsheft erforderlich.

§ 16 Inhalt des Vollstreckungsheftes

(1) Zum Vollstreckungsheft sind zu nehmen:

1. eine mit der Bescheinigung der Rechtskraft versehene beglaubigte Abschrift der Entscheidung und, soweit darin gemäß § 267 Abs. 4 StPO auf den Anklagesatz, die Anklage gemäß § 418 Abs. 3 Satz 2 StPO, den Strafbefehl oder den Strafbefehlsantrag verwiesen wird, auch eine beglaubigte Abschrift dieser Schriftstücke oder Entscheidungen sowie, wenn nachträglich eine Gesamtstrafe gebildet worden ist, auch eine beglaubigte Abschrift der einbezogenen Entscheidungen;

2. eine mit Bescheinigung der Rechtskraft versehene beglaubigte Abschrift der Beschlüsse,
   a) durch welche die Vollstreckung eines Strafrestes oder einer Unterbringung zur Bewährung ausgesetzt worden ist,
   b) die in § 14 Abs. 1 genannt sind;

3. eine beglaubigte Abschrift der Entscheidungen, durch die in den Fällen der Nummern 1 und 2 über ein Rechtsmittel entschieden worden ist, und eine beglaubigte Abschrift sonstiger die Strafvollstreckung betreffender Beschlüsse;

4. die für die Berechnung der Strafzeit maßgebenden Angaben;

5. sämtliche die Strafvollstreckung betreffenden Verfügungen, Gesuche, Eingaben und andere Eingänge.

(2) Kostenrechnungen, Zahlungsanzeigen und Nachrichten der zuständigen Kasse über die Löschung des Kostensolls sind unter dem Aktendeckel vor dem ersten Blatt des Vollstreckungsheftes einzuheften oder, wenn

dieses nicht zu heften ist, lose zu verwahren (vgl. § 3 Abs. 3 der Kostenverfügung), soweit nichts anderes bestimmt ist.

§ 17 Absehen von der Vollstreckung bei Auslieferung und Ausweisung

(1) Soll eine verurteilte Person wegen einer anderen Tat einer ausländischen Regierung ausgeliefert oder aus dem räumlichen Geltungsbereich der Strafprozessordnung ausgewiesen werden, so prüft die Vollstreckungsbehörde – unter Beachtung der hierzu erlassenen landesrechtlichen Vorschriften –, ob und inwieweit es angezeigt ist, von der Vollstreckung einer Freiheitsstrafe, einer Ersatzfreiheitsstrafe oder einer Maßregel der Besserung und Sicherung abzusehen (§ 456a StPO). Sieht die Vollstreckungsbehörde von der Vollstreckung ab, so teilt sie dies der Ausländerbehörde mit und legt einen Suchvermerk im Bundeszentralregister nieder.

(2) Die Vollstreckungsbehörde soll zugleich mit dem Absehen von der Vollstreckung die Nachholung für den Fall anordnen, dass die ausgelieferte oder ausgewiesene Person zurückkehrt, und hierzu einen Haftbefehl oder einen Unterbringungsbefehl erlassen sowie die erforderlichen Fahndungsmaßnahmen, insbesondere die Ausschreibung zur Festnahme, veranlassen. Hierüber ist die verurteilte Person in einer für sie verständlichen Sprache zu belehren. Die Belehrung ist aktenkundig zu machen. Sie kann der Vollzugsanstalt übertragen werden.

§ 18 Rechtshilfeverkehr mit dem Ausland

Für den Rechtshilfeverkehr mit dem Ausland gelten insbesondere die jeweiligen völkerrechtlichen Übereinkünfte, das Gesetz über die internationale Rechtshilfe in Strafsachen, das Überstellungsausführungsgesetz und die Richtlinien für den Verkehr mit dem Ausland in strafrechtlichen Angelegenheiten (RiVASt).

§ 19 Rechtskraft bei einzelnen Verurteilten

Haben von mehreren Angeklagten nur einzelne das Urteil mit der Revision angefochten, so steht § 357 StPO der Vollstreckung

gegen die übrigen Verurteilten nicht entgegen. Ist zu erwarten, dass das Revisionsgericht das Urteil auch gegenüber der verurteilten Person, gegen die vollstreckt werden soll, als angefochten behandelt, so kann die Vollstreckung aufgeschoben oder unterbrochen werden.

§ 20 Verlängerung der Verjährung

Ist zweifelhaft, ob die Auslieferung oder Überstellung einer verurteilten Person erreicht werden kann, so beantragt die Vollstreckungsbehörde die Verlängerung der Verjährungsfrist (§ 79b StGB) in der Regel erst, nachdem sie der obersten Justizbehörde berichtet hat.

§ 21 Beschwerden

(1) Über Einwendungen gegen eine Entscheidung oder eine andere Anordnung der Vollstreckungsbehörde entscheidet, soweit nicht das Gericht dafür zuständig ist (§§ 458, 459h StPO, § 83 Abs. 1 JGG),

1. die Generalstaatsanwaltschaft, wenn die Staatsanwaltschaft bzw. die Jugendrichterin als Vollstreckungsleiterin oder der Jugendrichter als Vollstreckungsleiter,

2. die oberste Behörde der Landesjustizverwaltung, wenn die Generalstaatsanwaltschaft,

3. das Bundesministerium der Justiz, wenn der Generalbundesanwalt beim Bundesgerichtshof

die beanstandete Entscheidung oder Anordnung getroffen hat.

(2) Durch Einwendungen nach Absatz 1 wird die Vollstreckung nicht gehemmt.

Abschnitt 2
Vollstreckung von Freiheitsstrafen

§ 22 Vollstreckungsplan

(1) Aus dem Vollstreckungsplan (§ 152 des Strafvollzugsgesetzes – StVollzG –) ergeben sich für jeden Gerichtsbezirk die Vollzugsanstalten, die für die Vollstreckung von Jugendarrest, Freiheitsstrafen und freiheitsent-

ziehenden Maßregeln der Besserung und Sicherung sachlich und örtlich zuständig sind.

(2) Der Vollstreckungsplan regelt auch die sachliche Zuständigkeit zur Vollstreckung von Jugendarrest, Freiheitsstrafen und freiheitsentziehenden Maßregeln der Besserung und Sicherung, die im ersten Rechtszug in Ausübung von Gerichtsbarkeit des Bundes verhängt worden sind.

(3) Vollzieht die Bundeswehr Strafarrest (Artikel 5 Abs. 1 des Einführungsgesetzes zum Wehrstrafgesetz – EGWStG –) oder auf Ersuchen der Vollstreckungsbehörde Freiheitsstrafe von nicht mehr als sechs Monaten oder Jugendarrest (Artikel 5 Abs. 2 EGWStG), so gibt die Befehlshaberin oder der Befehlshaber im Wehrbereich durch die Rechtsberaterin oder den Rechtsberater die zuständige Vollzugseinrichtung der Bundeswehr an. Von einem Vollstreckungsersuchen (Artikel 5 Abs. 2 EGWStG) ist regelmäßig abzusehen, wenn

1. die Soldatin oder der Soldat aus persönlichen Gründen oder wegen der der Verurteilung zugrunde liegenden Straftat für den Vollzug bei der Bundeswehr ungeeignet ist;

2. die Bildung einer höheren als einer sechsmonatigen Gesamtstrafe zu erwarten ist;

3. die Soldatin oder der Soldat vor dem voraussichtlichen Strafende aus dem Dienst bei der Bundeswehr ausscheidet;

4. gegen die Soldatin oder den Soldaten in anderer Sache Untersuchungshaft, Sicherungshaft nach § 453c StPO oder eine einstweilige Unterbringung nach § 126a StPO angeordnet worden ist.

Im Falle des Satz 2 Nr. 4 ist ein bereits eingeleiteter Strafvollzug in Vollzugseinrichtungen der Bundeswehr in der Regel zu unterbrechen.

§ 23 Sachliche Vollzugszuständigkeit

(1) Soweit der Vollstreckungsplan die sachliche Zuständigkeit einer Vollzugsanstalt von der Vollzugsdauer abhängig macht, kommt es auf die Zeit an, welche die verurteilte Person vom Tage der bevorstehenden Aufnahme in die zuständige Vollzugsanstalt an im Strafvollzug zuzubringen hat. Ist eine nachträglich gebildete Gesamtstrafe zu vollstrecken, nachdem die Vollstreckung einer in sie einbezogenen Strafe bereits begonnen hat oder beendet ist, so ist der Strafrest maßgebend, der bei Beginn des Vollzuges der Gesamtstrafe verbleibt; von einer Verlegung ist abzusehen, wenn der verbleibende Strafrest die sachliche Zuständigkeit der Vollzugsanstalt nicht übersteigt. Für die sachliche Vollzugszuständigkeit bei Vollstreckung mehrerer Freiheitsstrafen gilt § 43 Abs. 6.

(2) Soweit sich die sachliche Zuständigkeit einer Vollzugsanstalt nach dem Alter der verurteilten Person richtet, ist der Tag der bevorstehenden Aufnahme in die zuständige Vollzugsanstalt maßgebend.

(3) Die Vollzugsbehörde kann die Aufnahme nicht ablehnen, wenn die Vollzugsdauer oder das Alter, nach dem Tage der Aufnahme berechnet, um nicht mehr als zwei Wochen vom Vollstreckungsplan abweicht.

§ 24 Örtliche Vollzugszuständigkeit

(1) Die örtliche Zuständigkeit der Vollzugsanstalt richtet sich nach dem Gerichtsbezirk, in dem die verurteilte Person wohnt, sich aufhält oder bei behördlicher Verwahrung sich zuletzt aufgehalten hat, bei Soldatinnen und Soldaten auch nach dem Gerichtsbezirk, in dem der Standort liegt. Ist die verurteilte Person behördlich verwahrt, so richtet sich die Zuständigkeit bei einer Vollzugsdauer bis zu sechs Monaten nach dem Verwahrungsort. Wohnort ist der Ort, an dem die verurteilte Person den Schwerpunkt ihrer Lebensbeziehungen hat und an dem sie freiwillig unter Umständen verweilt, die darauf schließen lassen, dass das Verweilen von einer gewissen Dauer und Regelmäßigkeit ist. Aufenthaltsort ist der Ort, an dem die nicht in behördlicher Verwahrung befindliche verurteilte Person – auch nur für kurze Zeit – tatsächlich anwesend ist.

(2) Wird eine Strafe mit einer Vollzugsdauer von mehr als sechs Monaten in einer für den Aufenthaltsort zuständigen Vollzugsanstalt vollzogen, so ist die verurteilte Person in die

für den Wohnort zuständige Vollzugsanstalt zu verlegen, wenn sie es binnen zwei Wochen nach der Aufnahmeverhandlung (Nummer 16 der Vollzugsgeschäftsordnung – VGO –) bei der Vollzugsanstalt beantragt. Wird eine solche Strafe im Anschluss oder in Unterbrechung der Untersuchungshaft vollzogen, so ist die verurteilte Person in die für den Wohnort zuständige Vollzugsanstalt zu verlegen, wenn sie dies binnen zwei Wochen nach der Mitteilung gemäß Nummer 32 Abs. 5 VGO bei der Vollzugsanstalt beantragt. Die Vollzugsanstalt weist sie bei der Aufnahmeverhandlung oder bei der Mitteilung nach Nummer 32 Abs. 5 VGO auf diese Möglichkeit hin und gibt der Vollzugsanstalt des anderen Landes, in welche die verurteilte Person verlegt werden soll, zur Prüfung die die örtliche Zuständigkeit der Vollzugsanstalt begründenden Umstände an und teilt mit, wie der Wohnort der verurteilten Person festgestellt wurde.

(3) Für eine verurteilte Person, die sich im Ausland aufhält und für die im räumlichen Geltungsbereich der Strafprozessordnung keine örtliche Vollzugszuständigkeit nach Absatz 1 besteht, richtet sich die örtliche Zuständigkeit der Vollzugsanstalt nach dem Sitz des Gerichts, das im ersten Rechtszug erkannt hat. Bei einer Vollzugsdauer bis zu sechs Monaten kann die verurteilte Person auch in diejenige sachlich zuständige Vollzugsanstalt eingewiesen werden, die mit dem geringsten Aufwand an Überführungskosten zu erreichen ist.

(4) Ist der Vollzug – z. B. auf Grund der Aussetzung eines Strafrestes zur Bewährung oder durch Entweichen der verurteilten Person – unterbrochen worden, so wird er in der Vollzugsanstalt, in der sie sich vor der Unterbrechung befunden hat, fortgesetzt. In dieser Anstalt werden auch weitere Strafen vollzogen, wenn der Rest der Gesamtvollzugsdauer die sachliche Zuständigkeit dieser Anstalt nicht übersteigt. Befindet die verurteilte Person sich jedoch zum Vollzug einer weiteren Strafe bereits in einer anderen sachlich und örtlich zuständigen und nach § 26 bestimmten Vollzugsanstalt in Strafhaft, so werden

der Strafrest und weitere Strafen in dieser Anstalt vollzogen, wenn sie auch für den Rest der Gesamtvollzugsdauer zuständig ist; dies gilt sinngemäß, wenn die verurteilte Person nachträglich nach Absatz 2 Satz 1 und 2 in eine andere Vollzugsanstalt verlegt wird. Im Übrigen richtet sich die örtliche Zuständigkeit zum Vollzug weiterer Strafen nach den Absätzen 1 bis 3. Hatte sich die verurteilte Person vor der Unterbrechung in einer Anstalt des offenen Vollzuges oder des Erstvollzuges befunden, ist für den weiteren Vollzug die zuständige Anstalt des geschlossenen Vollzuges oder des Regelvollzuges maßgebend; dies gilt nicht für die in § 455 Abs. 4, § 455a StPO bezeichneten Fälle, für Fälle der Unterbrechung im Gnadenwege und soweit Anstalten des offenen Vollzuges oder des Erstvollzuges über geschlossene Abteilungen verfügen.

(5) Der Generalbundesanwalt weist vorbehaltlich besonderer Vereinbarung mit einer Landesjustizverwaltung die verurteilte Person in die zuständige Vollzugsanstalt des Landes ein, in dem diese zuletzt gewohnt oder sich aufgehalten hat.

§ 25 Strafvollstreckung bei jungen Verurteilten

Für die Vollstreckung von Freiheitsstrafen an Verurteilten unter 24 Jahren gelten die Richtlinien zu § 114 JGG.

§ 26 Abweichen vom Vollstreckungsplan

(1) Vom Vollstreckungsplan darf von Amts wegen oder auf Antrag bezüglich der örtlichen oder der sachlichen Vollzugszuständigkeit aus den Gründen der § 7 Abs. 4, § 8 Abs. 1, §§ 65, 85, 152 Abs. 2 Satz 2 StVollzG abgewichen werden. Bei den Maßregeln der Besserung und Sicherung gemäß §§ 63, 64 StGB, § 7 JGG gilt Satz 1, soweit die landesrechtlichen Vorschriften über den Maßregelvollzug nichts anderes bestimmen.

(2) Ein Abweichen erfolgt in den in Absatz 1 genannten Fällen vor Beginn des Vollzuges durch Einweisung und nach Beginn des Vollzuges durch Verlegung und bedarf der Zu-

stimmung der höheren Vollzugsbehörde. Untersteht die Vollzugsanstalt, in die eingewiesen oder verlegt werden soll, einer anderen höheren Vollzugsbehörde des Landes, so muss auch diese zustimmen. Soll in die Vollzugsanstalt eines anderen Landes eingewiesen oder verlegt werden, so bedarf es einer Einigung der obersten Vollzugsbehörden beider Länder.

(3) Vollstreckt die Vollstreckungsbehörde eine Maßregel der Besserung und Sicherung nach §§ 63, 64 StGB, § 7 JGG und soll die verurteilte Person in Abweichung vom Vollstreckungsplan in eine Einrichtung eines anderen Landes eingewiesen werden, so ist auf dem Dienstwege der obersten Justizbehörde zu berichten, damit diese die Entscheidung der zuständigen Behörde des anderen Landes herbeiführen kann.

§ 27 Ladung zum Strafantritt

(1) Ist die verurteilte Person auf freiem Fuß, so lädt die Vollstreckungsbehörde sie unmittelbar zum Strafantritt, es sei denn, dass die Strafe in der Vollzugsanstalt eines anderen Landes zu vollziehen ist und die Voraussetzungen der Vereinbarung der Länder zur Vereinfachung und zur Beschleunigung der Strafvollstreckung und der Vollstreckung anderer freiheitsentziehender Maßnahmen in Straf- und Bußgeldsachen vom 8. 6. 1999 (Anhang) nicht vorliegen.

(2) In der Ladung ist der verurteilten Person grundsätzlich eine Frist zu setzen, binnen der sie sich in der angegebenen Vollzugsanstalt einzufinden hat; die Frist wird in der Regel so bemessen, dass ihr mindestens eine Woche zum Ordnen ihrer Angelegenheiten bleibt. Zum sofortigen Strafantritt kann geladen werden, wenn die sofortige Vollstreckung geboten ist. In der Ladung wird sie darauf hingewiesen, dass sie mit Zwangsmaßnahmen zu rechnen habe, falls sie ihr nicht fristgemäß (Satz 1) oder nicht rechtzeitig (Satz 2) Folge leistet.

(3) Die verurteilte Person kann durch einfachen Brief geladen werden. Eine förmliche Zustellung der Ladung ist jedoch erforderlich, wenn sie zum sofortigen Strafantritt geladen

wird, der Ladung im Interesse beschleunigter Vollstreckung besonderer Nachdruck gegeben werden soll, eine formlose Ladung nach den Umständen des Einzelfalles keinen Erfolg verspricht oder sie bereits vergeblich gewesen ist. Die Ladung zum sofortigen Strafantritt kann der verurteilten Person, insbesondere wenn sie an Amtsstelle anwesend ist, auch mündlich eröffnet werden.

(4) Wird eine Soldatin oder ein Soldat zum Strafantritt geladen, so übersendet die Vollstreckungsbehörde der oder dem nächsten Disziplinarvorgesetzten gleichzeitig eine Abschrift der Ladung.

(5) Hat die verurteilte Person offenbar nicht die Mittel, um von ihrem Wohn- oder Aufenthaltsort aus der Ladung in die zuständige Vollzugsanstalt nachzukommen, so kann sie in eine näher gelegene Anstalt geladen werden; von dort ist sie der zuständigen Anstalt zuzuführen.

§ 28 Überführungsersuchen

(1) Ist die verurteilte Person nicht auf freiem Fuß, so veranlasst die Vollstreckungsbehörde, soweit erforderlich, ihre Überführung in die zuständige Vollzugsanstalt. Befindet sie sich in anderer Sache in Untersuchungshaft, so ist die Strafe möglichst in Unterbrechung der Untersuchungshaft zu vollstrecken; in Fällen dieser Art kann vom Vollstreckungsplan abgewichen werden (§ 26), wenn hierdurch die schwebende Untersuchung erleichtert oder beschleunigt wird. Die Untersuchungshaft ist nicht zu unterbrechen, wenn Strafarrest zu vollstrecken ist. In den Fällen, in denen um Vollstreckung durch Behörden der Bundeswehr ersucht werden kann (§ 22 Abs. 3), darf die Untersuchungshaft nur unterbrochen werden, wenn die Vollstreckung in einer Justizvollzugsanstalt erfolgt.

(2) Im Falle des § 27 Abs. 5 ist zugleich mit der Ladung der verurteilten Person das Überführungsersuchen an die Anstalt zu senden, in die sie geladen ist.

§ 29 Einweisung durch das Aufnahmeersuchen

(1) Die Vollstreckungsbehörde weist die verurteilte Person durch ein Aufnahmeersuchen in die zuständige Vollzugsanstalt ein. Das Aufnahmeersuchen ist der Vollzugsanstalt in zwei Stücken zu übersenden; es muss ihr noch vor dem Eintreffen der verurteilten Person zugehen.

(2) Werden gleichzeitig mehrere Verurteilte eingewiesen, so ist für jede verurteilte Person ein besonderes Aufnahmeersuchen zu stellen.

(3) Ist der verurteilten Person der Beschluss über den Widerruf der Aussetzung der Strafe, des Strafrestes, der Unterbringung, des Straferlasses oder über die nach § 67c Abs. 2 StGB angeordnete Vollstreckung der Unterbringung öffentlich zugestellt worden, so sind dem Aufnahmeersuchen zur Aushändigung an die verurteilte Person beizufügen

1. je eine Ausfertigung oder beglaubigte Abschrift der genannten Beschlüsse und

2. eine Belehrung über die Möglichkeit, die nachträgliche Anhörung (§ 33a StPO) oder die Wiedereinsetzung in den vorigen Stand zu beantragen und gleichzeitig sofortige Beschwerde einzulegen (§§ 44, 45, 453 Abs. 2 Satz 3 StPO).

§ 30 Inhalt des Aufnahmeersuchens

(1) Das Aufnahmeersuchen muss – außer den Angaben zur verurteilten Person – enthalten:

1. die genaue Bezeichnung der zu vollstreckenden Entscheidung (Angabe des Gerichts, des Tages der Entscheidung und des Aktenzeichens);

2. die Bezeichnung der Tat;

3. Art und Dauer der zu vollstreckenden Strafe;

4. den Zeitpunkt, von dem an die Strafzeit zu berechnen ist;

5. die Zeitdauer der anzurechnenden Untersuchungshaft oder sonstigen Freiheitsentziehung;

6. die etwa schon verbüßte Strafzeit;

7. den Zeitpunkt, bis zu dem sich die verurteilte Person zum Strafantritt zu stellen

hat (§ 27 Abs. 2), oder die Angabe, dass sie aus behördlicher Verwahrung der Strafhaft zugeführt wird (§ 28);

8. Angaben über die Staatsangehörigkeit der verurteilten Person;

9. die Begründung für die Zuständigkeit der Vollzugsanstalt, wenn die Einweisung vom Vollstreckungsplan abweicht;

10. bei Soldatinnen und Soldaten die nächste disziplinarvorgesetzte Person und deren Anschrift; dabei ist auf Nummer 52 Abs. 6 VGO hinzuweisen;

11. einen Hinweis, falls eine Entscheidung über Halbstrafenentlassung von Amts wegen zu treffen ist (§ 57 Abs. 2 Nr. 1 StGB).

(2) Außerdem nimmt die Vollstreckungsbehörde andere für den Vollzug besonders wichtige Angaben aus dem Inhalt der Sachakten in das Aufnahmeersuchen auf. Dies gilt insbesondere, wenn ihr Umstände bekannt sind, die auf Selbsttötungsgefahr, Fluchtverdacht, die Gefahr gewalttätigen Verhaltens gegen Beamtinnen und Beamte oder Mitgefangene hindeuten oder sonst für die Sicherheit und Ordnung in der Vollzugsanstalt bedeutsam sind. Ist die verurteilte Person im Strafverfahren oder vor Strafantritt auf ihren körperlichen oder geistigen Zustand untersucht worden, so muss das Aufnahmeersuchen einen Hinweis auf die Untersuchung enthalten, auch wenn Gutachten nicht beigefügt werden (§ 31 Abs. 2).

§ 31 Anlagen zum Aufnahmeersuchen

(1) Dem Aufnahmeersuchen sind beizufügen:

1. eine vollständige Abschrift der in § 16 Abs. 1 Nrn. 1 und 3 genannten Entscheidungen mit Ausnahme solcher Teile, die geheimhaltungsbedürftig sind; falls die Abschrift der vollständigen Entscheidung zur Zeit des Aufnahmeersuchens noch nicht vorliegt, ist sie unverzüglich nachzusenden;

2. ein Auszug aus dem Bundeszentralregister, der möglichst nicht älter als sechs Monate ist.

(2) Enthalten die Strafakten oder das Vollstreckungsheft ein Gutachten über den körperlichen oder geistigen Zustand der verurteilten Person, so soll die Vollstreckungsbehörde eine Abschrift des Gutachtens übersenden, sofern dieses für den Vollzug von Bedeutung sein kann.

§ 32 (weggefallen)

§ 33 Vorführungs- und Haftbefehl

(1) Die Vollstreckungsbehörde erlässt einen Vorführungs- oder Haftbefehl (vgl. § 457 Abs. 2 Satz 1 StPO), wenn die verurteilte Person sich auf die an sie ergangene Ladung (§ 27 Abs. 3) ohne ausreichende Entschuldigung nicht

1. binnen einer ihr gesetzten Frist (§ 27 Abs. 2 Satz 1) oder

2. im Falle einer Ladung zum sofortigen Strafantritt (§ 27 Abs. 2 Satz 2) spätestens am Tage nach deren Zustellung zum Strafantritt gestellt hat.

(2) Dasselbe gilt, wenn

1. der Verdacht begründet ist, die verurteilte Person werde sich der Strafvollstreckung zu entziehen suchen,

2. die verurteilte Person sich nach mündlicher Eröffnung der Ladung (§ 27 Abs. 3 Satz 3) nicht zum sofortigen Strafantritt bereit zeigt oder

3. die verurteilte Person aus dem Strafvollzug entwichen ist oder sich sonst dem Vollzug entzieht (§ 457 Abs. 2 StPO).

(3) Zur Beschleunigung der Strafvollstreckung kann ein Vorführungs- oder Haftbefehl bereits bei der Ladung für den Fall ergehen, dass die verurteilte Person sich nicht fristgemäß oder nicht rechtzeitig stellt. Er darf erst vollzogen werden, wenn

1. der Zugang der Ladung nachgewiesen ist und die Vollstreckungsbehörde durch Anfrage bei der Vollzugsanstalt festgestellt hat, dass die verurteilte Person sich nicht bis zu dem in der Ladung bezeichneten Zeitpunkt gestellt hat, oder

2. die Ladung nicht ausführbar und der Verdacht begründet ist, die verurteilte Person

werde sich der Vollstreckung zu entziehen suchen.

(4) Der Vorführungs- oder Haftbefehl muss enthalten:

1. die genaue Bezeichnung der verurteilten Person;

2. die Angabe der zu vollstreckenden Entscheidung;

3. Art und Dauer der zu vollstreckenden Strafe;

4. den Grund der Vorführung oder Verhaftung;

5. das Ersuchen um Vorführung oder Verhaftung;

6. die Angabe der Vollzugsanstalt, in welche die verurteilte Person eingeliefert werden soll;

7. bei Ersatzfreiheitsstrafen die Angabe des Geldbetrages, bei dessen nachgewiesener Zahlung die Vorführung oder Verhaftung unterbleibt.

(5) Um die Vollziehung von Vorführungs- und Haftbefehlen können die Polizeidienststellen des Landes ersucht werden, bei Soldatinnen und Soldaten auch die Feldjägereinheiten. Soll die Polizeidienststelle eines anderen Landes ersucht werden, so ist nach § 9 Abs. 1 Satz 1 und 2 zu verfahren.

(6) Der Vorführungs- oder Haftbefehl ist der verurteilten Person, wenn möglich bei der Ergreifung, bekannt zu geben.

§ 34 Weitere Maßnahmen zur Sicherstellung der Strafvollstreckung

(1) Ist die verurteilte Person flüchtig oder hält sie sich verborgen, so kann die Vollstreckungsbehörde zur Strafvollstreckung die Ausschreibung zur Festnahme veranlassen (§ 457 Abs. 1 und 3, § 131 StPO).

(2) Art und Umfang von Fahndungsmaßnahmen sollen in einem angemessenen Verhältnis zur Höhe der verhängten Strafe stehen. Ausschreibungen sind, wenn die Voraussetzungen eines Vollstreckungshaftbefehls vorliegen, nur zum Zwecke der Festnahme zulässig. Liegen die Voraussetzungen eines Vollstreckungshaftbefehls nicht vor, kann zur

Aufenthaltsermittlung ausgeschrieben werden (§ 457 Abs. 1 und 3, § 131a StPO).

(3) Ist die verurteilte Person in den kriminalpolizeilichen Fahndungshilfsmitteln ausgeschrieben und fällt der Fahndungsgrund weg, so veranlasst die Vollstreckungsbehörde unverzüglich die Löschung; ein Ausschreibungsersuchen, dem noch nicht entsprochen worden ist, nimmt sie zurück.

§ 35 Anzeige vom Strafantritt und andere Mitteilungen an die Vollstreckungsbehörde

(1) Die Vollstreckungsbehörde erhält von der Vollzugsanstalt eine Mitteilung,

1. wenn die im Aufnahmeersuchen angegebene Frist abgelaufen ist, ohne dass die verurteilte Person die Strafe angetreten hat;

2. wenn die verurteilte Person die Strafe einen Monat nach Ablauf der im Aufnahmeersuchen angegebenen Frist noch nicht angetreten hat, durch Rücksendung des Aufnahmeersuchens;

3. wenn eine verurteilte Person vorläufig aufgenommen worden ist, durch Anforderung eines Aufnahmeersuchens;

4. wenn eine verurteilte Person endgültig aufgenommen worden ist, durch Rücksendung des mit den erforderlichen Ergänzungen, insbesondere der Strafzeitberechnung, versehenen zweiten Stückes des Aufnahmeersuchens und durch Übersendung einer Bescheinigung über die Aushändigung der in § 29 Abs. 3 Nrn. 1 und 2 bezeichneten Schriftstücke;

5. wenn die verurteilte Person in eine andere Vollzugsanstalt verlegt worden ist, und zwar unter Angabe der Gründe, sofern diese der Vollstreckungsbehörde offenbar noch nicht bekannt sind;

6. sobald sich Umstände ergeben, welche die Strafzeitberechnung beeinflussen;

7. wenn die verurteilte Person mehrere Strafen in derselben Vollzugsanstalt zu verbüßen hat;

8. wenn die vorläufig aufgenommene verurteilte Person entlassen worden ist, weil die endgültige Aufnahme unterblieben ist;

9. sobald die verurteilte Person ohne Unterbrechung der Strafe wegen körperlicher oder geistiger Erkrankung in eine Anstalt verbracht worden ist, die nicht dem Vollzug dient;

10. sobald der Strafvollzug beendet ist.

(2) Wird eine Freiheitsstrafe in Unterbrechung einer in anderer Sache verhängten Untersuchungshaft vollstreckt, so übersendet die Vollzugsanstalt dem Gericht, das die Untersuchungshaft verhängt hat, die Strafzeitberechnung.

§ 36 Überwachungspflicht der Vollstreckungsbehörde

(1) Die Vollstreckungsbehörde wacht darüber, dass Art und Dauer der Strafhaft der zu vollstreckenden Entscheidung entsprechen. Sie ist an erster Stelle für die richtige Berechnung der Strafzeit verantwortlich; ihr obliegt es daher, die ihr von der Vollzugsanstalt übersandte Berechnung (§ 35 Abs. 1 Nr. 4) sorgfältig nachzuprüfen und dafür zu sorgen, dass die beiden Stücke des Aufnahmeersuchens ständig übereinstimmen.

(2) Hat die Vollstreckungsbehörde von Amts wegen zu prüfen, ob die Aussetzung des Restes einer oder mehrerer Strafen in Betracht kommt (§ 57 Abs. 1, 2 Nr. 1, § 57a Abs. 1 StGB, § 454b Abs. 3 StPO), wacht sie ferner darüber, dass sich die Vollzugsanstalt rechtzeitig vor Ablauf der Mindestverbüßungszeit gegenüber der Vollstreckungsbehörde oder, wenn die Vollstreckung von einer ersuchten Staatsanwaltschaft betrieben wird, dieser gegenüber zur Aussetzung des Strafrestes äußert. Die ersuchte Staatsanwaltschaft leitet die Äußerung der Vollzugsanstalt – gegebenenfalls mit den Akten – unverzüglich der Vollstreckungsbehörde zu. Diese oder die ersuchte Staatsanwaltschaft holt, falls erforderlich, eine Stellungnahme der Gerichtshilfe ein (§ 463d StPO). Die Vollstreckungsbehörde gibt die Akten mit einem Vermerk darüber, wann die Hälfte oder zwei Drittel der Strafe oder bei lebenslanger Freiheitsstrafe 15 Jahre verbüßt sein werden, an die Straf-

verfolgungsbehörde weiter. Die Vollstreckungsbehörde achtet darauf, dass die Akten dem Gericht so rechtzeitig vorgelegt werden können, dass bei Bewilligung der Strafaussetzung die erforderlichen Maßnahmen zur Vorbereitung der Entlassung der verurteilten Person durchgeführt werden können.

(3) Ist im Anschluss an die Freiheitsstrafe eine zugleich angeordnete Unterbringung zu vollstrecken, so ist § 44 Abs. 1 Satz 2 zu beachten.

§ 37 Allgemeine Regeln für die Strafzeitberechnung

(1) Die Strafzeit ist für jede selbständige Strafe getrennt zu berechnen, auch wenn in derselben Sache auf mehrere Freiheitsstrafen erkannt worden ist. Bei jeder Strafzeitberechnung ist darauf zu achten, dass sie nicht zu einer Verlängerung der nach § 39 StGB ausgesprochenen Strafe führt. Zur Berechnung der Strafzeit gehört bei zeitigen Freiheitsstrafen von mehr als zwei Monaten und bei lebenslangen Freiheitsstrafen auch die Errechnung des Zeitpunktes, zu dem die Vollstreckung des Strafrestes nach § 57 Abs. 1, 2 Nr. 1, § 57a Abs. 1 StGB zur Bewährung ausgesetzt werden kann.

(2) Hat die verurteilte Person nicht mehr als eine Woche im Strafvollzug zuzubringen, so wird die Strafe dem Tage und der Stunde nach berechnet; die für die Berechnung maßgebenden Umstände, die im Laufe einer Stunde eintreten, gelten als zu Beginn der Stunde eingetreten. Bei längerer Vollzugsdauer wird die Strafe nur nach Tagen berechnet; Umstände, die im Laufe eines Tages eintreten, gelten als zu Beginn des Tages eingetreten. Die im Laufe einer Stunde (Satz 1) oder eines Tages (Satz 2) eingetretenen Umstände gelten jedoch als am Ende der Stunde oder des Tages eingetreten, wenn dies für die verurteilte Person günstiger ist. Ist die genaue Feststellung des Tages oder der Stunde nicht möglich, so wird der Tag oder die Stunde zugrunde gelegt, die der Wirklichkeit mutmaßlich am nächsten kommen. Ist der Lauf der Strafzeit aus irgend einem Grunde unterbrochen worden, so ist für die Anwendung von Satz 1 oder 2 nicht der Strafrest, sondern die Zeit maßgebend, welche die verurteilte Person insgesamt im Strafvollzug zuzubringen hat.

(3) Ist eine Strafe an Soldatinnen und Soldaten durch oder Behörde der Bundeswehr zu vollziehen (Artikel 5 EGWStG), so wird die Strafe auch dann nur nach Tagen berechnet, wenn die verurteilte Person nicht mehr als eine Woche im Vollzug zuzubringen hat (§ 5 Abs. 1 der Bundeswehrvollzugsordnung – BwVollzO –).

(4) Der Tag ist zu 24 Stunden, die Woche zu sieben Tagen, der Monat und das Jahr sind nach der Kalenderzeit zu berechnen. Demgemäß ist bei der Berechnung nach Monaten oder Jahren bis zu dem Tage zu rechnen, der durch seine Zahl dem Anfangstage entspricht. Fehlt dieser Tag in dem maßgebenden Monat, so tritt an seine Stelle dessen letzter Tag.

(5) Treffen mehrere Zeiteinheiten zusammen, so geht bei Vorwärtsrechnung die größere Zeiteinheit der kleineren, bei Rückwärtsrechnung die kleinere der größeren vor.

§ 38 Strafbeginn

Als Beginn der Strafzeit ist anzusetzen:

1. bei einer verurteilten Person, die sich selbst stellt, der Zeitpunkt, in dem sie in einer Anstalt in amtliche Verwahrung genommen wird;

2. bei einer verurteilten Person, die auf Grund eines nach § 457 StPO erlassenen Vorführungs- oder Haftbefehls oder eines nach § 453c StPO ergangenen Sicherungshaftbefehls festgenommen und sodann eingeliefert worden ist, der Zeitpunkt der Festnahme; ist die verurteilte Person im Ausland festgenommen worden, so beginnt die Strafzeit mit ihrer Übernahme durch deutsche Beamtinnen oder Beamte;

3. bei einer verurteilten Person, die sich im Zeitpunkt des Eintritts der Rechtskraft in Untersuchungshaft befindet, dieser Zeitpunkt; ist das Rechtsmittel, das eine in Untersuchungshaft befindliche angeklagte Person verspätet eingelegt hat, als unzulässig verworfen worden, so beginnt die

Strafzeit mit dem Ablauf der Rechtsmittel-frist;

4. bei einer verurteilten Person, die eine Strafe in Unterbrechung einer in anderer Sache verhängten Untersuchungshaft ver-büßt, der Zeitpunkt, in dem das Aufnah-me- oder Überführungsersuchen bei der Untersuchungshaftanstalt eingegangen ist; wird die verurteilte Person zur Verbü-ßung der Strafe von der Untersuchungs-haftanstalt in eine andere Anstalt ver-bracht, so teilt die Untersuchungshaftan-stalt den Zeitpunkt des Eingangs des Überführungsersuchens der Vollzugsan-stalt mit.

§ 39 Anrechnung von Untersuchungs-haft, einer anderen Freiheitsentzie-hung oder von Geldstrafe

(1) Untersuchungshaft oder eine andere Frei-heitsentziehung (Absatz 3), welche die ver-urteilte Person aus Anlass einer Tat, die Ge-genstand des Verfahrens ist oder gewesen ist, erlitten hat, ist kraft Gesetzes (§ 51 Abs. 1 Satz 1 StGB, § 52a JGG) auf eine zeitige Freiheitsstrafe und auf eine Geldstrafe anzu-rechnen, und zwar, wenn neben einer Frei-heitsstrafe auf eine Geldstrafe erkannt wor-den ist, zunächst auf die Freiheitsstrafe. Satz 1 gilt nicht, soweit sich aus dem erken-nenden Teil der Entscheidung etwas anderes ergibt. Bei der Vollstreckung von Jugendar-rest ist Untersuchungshaft oder eine andere Freiheitsentziehung nach Absatz 3 nur zu be-rücksichtigen, wenn und soweit das Gericht sie angerechnet hat (§ 52 JGG).

(2) Die Anrechnung nach Absatz 1 erstreckt sich vorbehaltlich einer abweichenden ge-richtlichen Entscheidung auf die Untersu-chungshaft und die in Absatz 1 Satz 1 ge-nannte andere Freiheitsentziehung, welche die verurteilte Person bis zu dem Tage erlitten hat, an dem die Entscheidung rechtskräftig geworden ist. Hat sich die verurteilte Person an dem Tage, an dem die Rechtskraft einge-treten ist, in Untersuchungshaft befunden oder hat sie an diesem Tage eine andere in Absatz 1 Satz 1 genannte Freiheitsentziehung erlitten, so wird dieser Tag nur angerechnet, wenn er nicht bereits unverkürzt als Strafhaft zählt (§ 37 Abs. 2).

(3) Zu der nach Absatz 1 anzurechnenden anderen Freiheitsentziehung gehören vor al-lem:

1. die Haft, welche die verurteilte Person auf Grund vorläufiger Festnahme durch eine Amtsperson erlitten hat;

2. die Auslieferungshaft und die vorläufige Auslieferungshaft, welche die verurteilte Person aus Anlass einer Tat erlitten hat, die Gegenstand des Verfahrens gewesen ist;

3. die Unterbringung nach den §§ 81, 126a StPO und nach § 71 Abs. 2, § 73 Abs. 1 JGG;

4. der Disziplinararrest nach der Wehrdiszi-plinarordnung, soweit er wegen der Tat oder gleichzeitig auch wegen einer ande-ren Pflichtverletzung vollstreckt worden ist.

(4) Untersuchungshaft sowie eine andere an-zurechnende Freiheitsentziehung werden vom errechneten Ende der Strafzeit nach vollen Tagen rückwärts abgerechnet. Wenn sich im Rahmen einer Vergleichsberechnung eine für die verurteilte Person günstigere Strafzeit ergibt, ist im Hinblick auf § 37 Abs. 1 Satz 2 diese für die Vollstreckung maßge-blich. Bei an zwei aufeinanderfolgenden Tagen ununterbrochen vollzogener Freiheitsentzie-hung ist nur ein Tag anzurechnen, wenn sich den Vollstreckungsunterlagen nachvollzieh-bar entnehmen lässt, dass zusammen nicht mehr als 24 Stunden verbüßt worden sind.

(5) Für die Anrechnung von Geldstrafe gilt Absatz 1 sinngemäß. Bei der Anrechnung von Geldstrafe oder auf Geldstrafe entspricht ein Tag Freiheitsentziehung einem Tagessatz (§ 51 Abs. 4 Satz 1 StGB). Ist eine ausländi-sche Strafe oder Freiheitsentziehung anzu-rechnen, so führt die Vollstreckungsbehörde eine Entscheidung des Gerichts über den Maßstab der Anrechnung herbei (§ 51 Abs. 4 Satz 2 StGB).

II

§ 39a Anrechnung einer nach Rechtskraft des Urteils im Ausland erlittenen Freiheitsentziehung

(1) Im Ausland erlittene Freiheitsentziehung, welche die verurteilte Person in einem Auslieferungsverfahren zum Zwecke der Strafvollstreckung erlitten hat, ist nach § 450a Abs. 1, 2 und 3 Satz 2 StPO anzurechnen.

(2) Erscheint eine Anrechnung ganz oder teilweise im Hinblick auf das Verhalten der verurteilten Person nach dem Erlass des Urteils, in dem die dem Urteil zugrunde liegenden tatsächlichen Feststellungen letztmalig geprüft werden konnten, nicht gerechtfertigt, so wirkt die Vollstreckungsbehörde auf eine Prüfung hin, ob ein Antrag nach § 450a Abs. 3 Satz 1 StPO gestellt werden soll.

§ 40 Berechnung des Strafrestes

(1) Ist der Strafvollzug unterbrochen worden, so wird der Strafrest nach Tagen und bei einer Vollzugsdauer von insgesamt nicht mehr als einer Woche auch nach Stunden berechnet. § 37 Abs. 1 Satz 2 gilt dabei entsprechend. Ist eine Strafe an Soldatinnen und Soldaten durch Behörden der Bundeswehr zu vollziehen, so wird der Strafrest nur nach Tagen berechnet (§ 5 Abs. 2 BwVollzO).

(2) Als Zeitpunkt, von dem an der Strafvollzug fortgesetzt wird, gilt bei einer verurteilten Person, die aus dem Strafvollzug entwichen ist, der Zeitpunkt, in dem sie zwecks weiterer Strafvollzugs polizeilich festgenommen worden ist oder sich in einer Anstalt zur weiteren Strafverbüßung gestellt hat. Bei Soldatinnen und Soldaten steht die Festnahme durch eine Feldjägerin oder einen Feldjäger der polizeilichen Festnahme gleich.

§ 41 Berechnung der Strafzeit bei Gesamtstrafen und bei anderweitiger Verurteilung

(1) Ist eine nach § 55 StGB oder § 460 StPO nachträglich gebildete Gesamtstrafe zu vollstrecken, nachdem der Vollzug einer in sie einbezogenen Strafe bereits begonnen hat oder beendet ist, so ist die Strafzeit so zu berechnen, als ob von vornherein die Gesamtstrafe zu vollstrecken gewesen wäre.

Dies gilt entsprechend für eine rechtskräftig erkannte Strafe, die in einem späteren Verfahren, insbesondere in einem Wiederaufnahmeverfahren, durch eine andere Strafe ersetzt worden ist, sowie – vorbehaltlich einer abweichenden gerichtlichen Entscheidung – für eine wegen derselben Tat im Ausland verhängte Strafe, soweit diese Strafen vollstreckt oder durch Anrechnung erledigt sind (§ 51 Abs. 2, 3 StGB).

(2) Eine nachträgliche Entscheidung über eine Gesamtstrafe (§ 460 StPO) wird schon vor ihrer Rechtskraft der Strafzeitberechnung vorläufig zugrunde gelegt, wenn sie dem Antrag der Staatsanwaltschaft entspricht oder diese von einer sofortigen Beschwerde absieht. Dies gilt auch dann, wenn das Strafende vor der Rechtskraft dieses Beschlusses eintritt.

§ 42 Gerichtliche Entscheidung über die Strafzeitberechnung

Bestehen Zweifel über die Strafzeitberechnung, so führt die Vollstreckungsbehörde eine Entscheidung des Gerichts nach § 458 Abs. 1 StPO herbei.

§ 43 Vollstreckung mehrerer Freiheitsstrafen und Ersatzfreiheitsstrafen

(1) Freiheitsstrafen und Ersatzfreiheitsstrafen, aus denen keine Gesamtstrafe gebildet werden kann, sind grundsätzlich unmittelbar nacheinander zu vollstrecken (§ 454b Abs. 1 StPO).

(2) Die Reihenfolge der Vollstreckung bestimmt sich wie folgt:

1. Beim Zusammentreffen mehrerer Freiheitsstrafen werden kürzere Freiheitsstrafen vor den längeren und gleich lange in der Reihenfolge, in der die Rechtskraft eingetreten ist, vollstreckt. Vorab werden Freiheitsstrafen von nicht mehr als zwei Monaten und nach diesen Strafreste vollstreckt, deren Vollstreckung bereits nach § 57 StGB oder im Gnadenwege zur Bewährung ausgesetzt war.

2. Ersatzfreiheitsstrafen werden nach Freiheitsstrafen vollstreckt; für die Vollstre-

ckung mehrerer Ersatzfreiheitsstrafen gilt Nummer 1 Satz 1 entsprechend.

(3) Hat die Vollstreckung einer zeitigen Freiheitsstrafe oder Ersatzfreiheitsstrafe bereits begonnen, wird sie, unbeschadet des § 454b StPO, fortgesetzt.

(4) Aus wichtigem Grunde kann die Vollstreckungsbehörde eine von Absatz 2 und 3 abweichende Reihenfolge der Vollstreckung bestimmen.

(5) Sind für die Vollstreckung mehrerer Freiheitsstrafen und Ersatzfreiheitsstrafen verschiedene Vollstreckungsbehörden zuständig, treten sie, soweit erforderlich, unverzüglich miteinander in Verbindung und sorgen dafür, dass bei der Vollzugsanstalt möglichst umgehend Überhaft für die weiteren Strafen vermerkt wird.

(6) Sind mehrere Freiheitsstrafen zu vollstrecken, die ihrer Art nach in derselben Vollzugsanstalt vollzogen werden können, so richtet sich die sachliche Vollzugszuständigkeit nach der Gesamtvollzugsdauer. Tritt nachträglich eine Anschlussstrafe hinzu, so gilt § 23 Abs. 1 Satz 2 Halbsatz 2 entsprechend.

(7) Sind bei der Vollstreckung mehrerer Freiheitsstrafen verschiedene Vollstreckungsbehörden beteiligt und können sie sich über die Reihenfolge der Vollstreckung nicht einigen, so entscheidet die Generalstaatsanwaltschaft, welche der Vollstreckungsbehörde übergeordnet ist, die für die längste Strafe oder bei gleicher Dauer die für die zuerst rechtskräftig gewordene Strafe zuständig ist. Ist eine Generalstaatsanwaltschaft als Vollstreckungsbehörde beteiligt, so entscheidet sie. Sind mehrere Generalstaatsanwaltschaften als Vollstreckungsbehörden beteiligt, so gilt Satz 1 entsprechend. Ist der Generalbundesanwalt beim Bundesgerichtshof als Vollstreckungsbehörde beteiligt, so ist seine Entscheidung maßgebend.

§ 44 Zusammentreffen von Freiheitsstrafen und Sicherungsverwahrung

(1) Sicherungsverwahrung wird erst vollstreckt, wenn die Freiheitsstrafe verbüßt oder erlassen oder ein Strafrest zur Bewährung ausgesetzt ist. Vor dem Ende der Vollstreckung der Freiheitsstrafe veranlasst die Vollstreckungsbehörde rechtzeitig die Prüfung, ob der Zweck der Sicherungsverwahrung die Unterbringung noch erfordert (§ 67c Abs. 1 StGB).

(2) Absatz 1 Satz 1 gilt sinngemäß, wenn eine in einem anderen Verfahren erkannte Freiheitsstrafe mit Sicherungsverwahrung zusammentrifft.

(3) Befindet sich die verurteilte Person in anderer Sache in Sicherungsverwahrung, so kann die Vollstreckung von kurzzeitigen Freiheitsstrafen zurückgestellt werden, sofern sich ein solcher Aufschub mit den Interessen der Strafrechtspflege verträgt und die Unterbrechung der Sicherungsverwahrung deren Erfolg gefährden würde. Eine Freiheitsstrafe bis zu drei Monaten, die eine verurteilte Person in Unterbrechung der Sicherungsverwahrung oder im Anschluss daran zu verbüßen hat, kann nach den für sie geltenden Vollzugsbestimmungen in der Anstalt vollstreckt werden, in der die Sicherungsverwahrung vollzogen wird.

(4) Sind bei der Vollstreckung von Freiheitsstrafen und bei der Sicherungsverwahrung mehrere Vollstreckungsbehörden beteiligt, so gilt § 43 Abs. 7 entsprechend. Ist neben der Sicherungsverwahrung nur eine Freiheitsstrafe zu vollstrecken, so richtet sich die Zuständigkeit der Generalstaatsanwaltschaft nach der für die Freiheitsstrafe zuständigen Vollstreckungsbehörde.

§ 44a Zusammentreffen von Freiheitsstrafe mit Unterbringung in einem psychiatrischen Krankenhaus oder in einer Entziehungsanstalt aus demselben Verfahren[1]

(1) Ist neben einer Freiheitsstrafe eine Unterbringung in einem psychiatrischen Krankenhaus oder in einer Entziehungsanstalt zu vollstrecken, auf die in demselben Verfahren erkannt wurde, so wird die Maßregel vor der Strafe vollzogen, sofern nicht das Gericht für die gesamte Strafe oder einen Teil etwas anderes bestimmt (§ 67 Abs. 1 bis 3, 5 Satz 2 StGB). Wird die Maßregel ganz oder zum Teil vor der Strafe vollzogen, ist die Zeit des Vollzuges der Maßregel auf die Strafe anzurechnen, bis zwei Drittel der Strafe erledigt sind.

(2) Wird die Strafe ganz oder zum Teil vor der Unterbringung vollstreckt, so gilt § 44 Abs. 1 Satz 2 sinngemäß.

(3) Liegen die Voraussetzungen für den Widerruf der Aussetzung der Unterbringung und der Strafe vor, so führt die Staatsanwaltschaft eine Entscheidung des Gerichts auch darüber herbei, ob die Strafe vor der Maßregel zu vollziehen ist (§ 67 Abs. 3 StGB).

§ 44b Zusammentreffen von Freiheitsstrafe mit Unterbringung in einem psychiatrischen Krankenhaus oder in einer Entziehungsanstalt aus verschiedenen Verfahren

(1) Ist neben einer Freiheitsstrafe eine Unterbringung in einem psychiatrischen Krankenhaus oder in einer Entziehungsanstalt zu vollstrecken, auf die in einem anderen Verfahren erkannt wurde, wird die Maßregel vor der Strafe vollzogen, es sei denn, dass der Zweck der Maßregel durch den vorherigen Vollzug der Strafe oder eines Teils leichter erreicht wird. Dabei ist zu berücksichtigen, dass der Vollzug der Maßregel auf die Strafe nicht angerechnet wird.

(2) Die Vollstreckungsbehörde bestimmt, in welcher Reihenfolge die Freiheitsstrafe und die Maßregel zu vollstrecken sind. § 44 Abs. 4 gilt sinngemäß.

§ 45 Unterbrechung der Strafvollstreckung bei Vollzugsuntauglichkeit. Voraussetzungen

(1) Die Vollstreckungsbehörde kann die Vollstreckung einer Freiheitsstrafe von Amts wegen unterbrechen, wenn aufgrund eines Gutachtens des zuständigen Arztes anzunehmen ist, dass die in § 455 Abs. 4 Satz 1 StPO genannten Voraussetzungen vorliegen; es sei denn, überwiegende Gründe, namentlich der öffentlichen Sicherheit, stehen einer Unterbrechung entgegen.

(2) Ist der Zeitpunkt abzusehen, zu dem die verurteilte Person voraussichtlich wieder vollzugstauglich wird, so ist eine Unterbrechung zulässig, wenn die verurteilte Person sonst einen unverhältnismäßig großen Teil der Strafzeit außerhalb der Vollzugsanstalt zubringen würde (vgl. § 461 StPO).

(3) Wird Strafarrest oder eine Freiheitsstrafe durch Behörden der Bundeswehr vollzogen, ist die Vollstreckung unter den Voraussetzungen des Artikel 6 EGWStG zu unterbrechen.

(4) Wird an einer verurteilten Person eine Freiheitsstrafe vor einer Unterbringung nach den §§ 63 und 64 StGB vollzogen und wird sie für die Vollstreckung der Strafe durch eine Erkrankung, die während eines Vollzuges der Unterbringung nach §§ 63 und 64 StGB behandelt werden kann, überhaupt oder doch auf absehbare Zeit nicht wieder vollzugstauglich, so führt die Vollstreckungsbehörde eine gerichtliche Entscheidung nach § 67 Abs. 3 StGB herbei.

§ 46 Unterbrechung der Strafvollstreckung bei Vollzugsuntauglichkeit. Verfahren

(1) Die Anordnung der Unterbrechung wird der Vollzugsbehörde mitgeteilt; sie wird auch

---

[1] Ist die Unterbringung vor dem 1. 5. 1986 angeordnet worden, so ist Art. 316 EGStGB zu beachten.

der verurteilten Person unverzüglich bekannt gegeben, sofern sie zur Entgegennahme in der Lage ist.

(2) Soll die Vollstreckung nach § 455 Abs. 4 Satz 1 StPO unterbrochen werden, so teilt die Vollstreckungsbehörde, wenn die verurteilte Person

1. gemeingefährlich geisteskrank ist, einer Behörde, die für den Antrag auf ihre Unterbringung in einem psychiatrischen Krankenhaus oder in einer entsprechenden Einrichtung zuständig ist, oder

2. mit der Unterbrechung hilfsbedürftig, insbesondere anstaltspflegebedürftig wird, der Fürsorgebehörde, bei Soldatinnen oder Soldaten der nächsten disziplinarvorgesetzten Person,

möglichst frühzeitig den Zeitpunkt der bevorstehenden Unterbrechung mit und erklärt dabei, dass der Justizfiskus nach der Unterbrechung entstehende Kosten der Unterbringung und Behandlung der verurteilten Person nicht trägt. Die Unterbrechung der Vollstreckung soll in diesen Fällen nicht vor Ablauf von drei Tagen, vom Zeitpunkt dieser Benachrichtigung an gerechnet, angeordnet werden.

(3) Hat die Vollzugsbehörde die verurteilte Person bereits vor der Unterbrechung in eine Krankenanstalt, ein psychiatrisches Krankenhaus oder in eine entsprechende Einrichtung verbracht, die nicht dem Vollzug dient, so verständigt die Vollstreckungsbehörde diese Anstalt von der Strafunterbrechung. Diese Mitteilung soll zugestellt werden; mit ihrem Zugang bei der Anstalt wird die Unterbrechung wirksam. In der Mitteilung weist die Vollstreckungsbehörde darauf hin, dass der Justizfiskus von ihrem Zugang an für die Kosten der Unterbringung und Behandlung der verurteilten Person nicht mehr aufkommt; dieser Hinweis entfällt, wenn die Strafe von einer Behörde der Bundeswehr vollzogen wird. Bei Soldatinnen und Soldaten verständigt die Vollstreckungsbehörde außerdem die nächste disziplinarvorgesetzte Person von der Strafunterbrechung.

(4) Ist eine Soldatin oder ein Soldat bereits vor der Unterbrechung in eine Krankenanstalt außerhalb des Bereichs der Justizverwaltung zu verbringen, so wird sie oder er nach Möglichkeit in eine Krankenanstalt der Bundeswehr verbracht.

(5) Ist die Strafvollstreckung unterbrochen worden, so müssen die Vollstreckungsbehörde und die Vollzugsbehörde alle Maßnahmen vermeiden, die im Widerspruch zu der angeordneten Unterbrechung darauf hinauslaufen, dass die Verfügung über die verurteilte Person aufrecht erhalten wird. Die Pflicht der Vollstreckungsbehörde, dafür zu sorgen, dass nach Wiedereintritt der Vollzugstauglichkeit der Strafvollzug fortgesetzt wird, bleibt unberührt.

(6) Wenn die verurteilte Person Einwendungen gegen die Entscheidung der Vollstreckungsbehörde erhebt, legt diese die Akten unverzüglich dem Gericht vor (§ 458 Abs. 2 StPO). Im Übrigen gelten § 458 Abs. 3 und § 462 Abs. 3 StPO.

§ 46a Aufschub und Unterbrechung der Strafvollstreckung aus Gründen der Vollzugsorganisation

(1) Beabsichtigt die Vollstreckungsbehörde, die Vollstreckung einer Freiheitsstrafe aus Gründen der Vollzugsorganisation aufzuschieben oder zu unterbrechen (§ 455a Abs. 1 StPO), holt sie zuvor – notfalls fernschriftlich oder fernmündlich – die Zustimmung der für sie zuständigen obersten Justizbehörde ein. Dies gilt nicht, wenn – bei Katastrophen oder sonstigen Eilfällen – die Zustimmung nicht rechtzeitig eingeholt werden kann; in diesen Fällen berichtet sie jedoch unverzüglich der obersten Justizbehörde über die getroffenen Maßnahmen.

(2) Hat die Anstaltsleitung gemäß § 455a Abs. 2 StPO die Vollstreckung vorläufig unterbrochen, unterrichtet sie unverzüglich – notfalls fernschriftlich oder fernmündlich – die Vollstreckungsbehörde und die oberste Justizbehörde über die getroffenen Maßnahmen. Die Vollstreckungsbehörde entscheidet unverzüglich über die Fortdauer der Unter-

brechung oder die Fortsetzung der Vollstreckung; Absatz 1 gilt entsprechend.

§ 47 Mitteilungen der Vollstreckungsbehörde an die Bundeswehr

(1) Ist die verurteilte Person Soldatin oder Soldat, so teilt die Vollstreckungsbehörde der nächsten disziplinarvorgesetzten Person alsbald mit:

1. das Strafende nach jeder Strafzeitberechnung;

2. die Vollzugsanstalt, in der die Strafe jeweils vollzogen wird.

Die Mitteilung nach Satz 1 Nr. 2 unterbleibt, wenn die Verlegung nur für kurze Zeit erfolgt oder die Strafe von einer Behörde der Bundeswehr vollzogen wird.

(2) Entweicht die Soldatin oder der Soldat aus dem Vollzug, so wird die nächste disziplinarvorgesetzte Person unverzüglich verständigt, sofern nicht die Strafe von einer Behörde der Bundeswehr vollzogen wird.

Abschnitt 3
Vollstreckung von Geld- und Ersatzfreiheitsstrafen

§ 48 Geldstrafen

(1) Die Vollstreckung von Geldstrafen, die nicht schon nach § 39 Abs. 1 als vollstreckt anzusehen sind, richtet sich nach der Einforderungs- und Beitreibungsanordnung (EBAO).

(2) Ist gegen eine verurteilte Person in verschiedenen Verfahren auf Geldstrafen oder auf Freiheitsstrafe und Geldstrafe erkannt, so prüft die Vollstreckungsbehörde zunächst, ob nachträglich eine Gesamtstrafe zu bilden ist (§ 460 StPO). Bejaht sie dies, so führt sie die Entscheidung des Gerichts herbei. Ist nur auf Geldstrafen erkannt, so kann sie schon vor der gerichtlichen Entscheidung die Vollstreckung einer der verhängten Geldstrafen betreiben.

§ 49 Ersatzfreiheitsstrafen

(1) Eine Ersatzfreiheitsstrafe wird vollstreckt, wenn und soweit die Geldstrafe nicht entrichtet oder beigetrieben worden ist oder die Vollstreckung nach § 459c Abs. 2 StPO unterblieben ist (§ 459e Abs. 1 und 2 StPO). Die Ersatzfreiheitsstrafe wird nicht vollstreckt, wenn und soweit die Vollstreckung der Geldstrafe nach § 459d StPO unterbleibt (§ 459e Abs. 4 StPO) oder freie Arbeit im Sinne des Art. 293 EGStGB geleistet wird.

(2) Kann die Vollstreckung der Ersatzfreiheitsstrafe für die verurteilte Person eine unbillige Härte bedeuten, so prüft – gegebenenfalls nach Einschaltung der Gerichtshilfe (§ 463d StPO) – die Vollstreckungsbehörde, ob beim Gericht eine Anordnung nach § 459f StPO anzuregen ist. Ist eine solche Anordnung ergangen und treten neue Gesichtspunkte hervor, die es angezeigt erscheinen lassen, die Vollstreckung der Geldstrafe fortzusetzen, bessern sich insbesondere die wirtschaftlichen Verhältnisse der verurteilten Person, so kann die Beitreibung der Geldstrafe bis zum Ablauf der Verjährungsfrist erneut versucht werden, ohne dass es des Widerrufs der nach § 459f StPO ergangenen Anordnung bedarf.

(3) Sind mehrere Ersatzfreiheitsstrafen zu vollstrecken, so gilt § 48 Abs. 2 Satz 1 und 2. Die Vollstreckung der Ersatzfreiheitsstrafen ist in der Regel bis zur Entscheidung des Gerichts über die Bildung einer Gesamtstrafe zurückzustellen.

§ 50 Vollstreckungsverfahren

(1) Für die Vollstreckung von Ersatzfreiheitsstrafen gelten die Bestimmungen des Abschnitts 2.

(2) Ergeben sich bei der Berechnung einer nach § 49 Abs. 1 zu vollstreckenden Ersatzfreiheitsstrafe Bruchteile von Tagen, so bleiben sie außer Betracht (§ 459e Abs. 3 StPO). Für den entsprechenden Rest der Geldstrafe bleibt die verurteilte Person vermögensrechtlich haftbar.

§ 51 Ladung zum Strafantritt. Aufnahmeersuchen

(1) In der Ladung zum Antritt der Ersatzfreiheitsstrafe (§ 27) und in dem Aufnahmeersuchen (§ 30) ist anzugeben, welchen Betrag

die verurteilte Person zu zahlen hat, um die Vollstreckung abzuwenden.

(2) Die Vollstreckungsbehörde kann abweichend von § 29 der Vollzugsanstalt das Aufnahmeersuchen mit den Anlagen auch nach Strafantritt übersenden; dies gilt nicht, wenn ihr Umstände im Sinne des § 30 Abs. 2 Satz 2 bekannt sind. Von der Übersendung der Anlagen kann bei der Vollstreckung von Ersatzfreiheitsstrafe von weniger als 30 Tagen abgesehen werden.

(3) Enthält das Aufnahmeersuchen keine Angaben nach § 30 Abs. 2 und sind ihm Anlagen der in § 31 bezeichneten Art nicht beigefügt, so gilt es als zurückgenommen, wenn die verurteilte Person die Ersatzfreiheitsstrafe einen Monat nach Ablauf der im Aufnahmeersuchen angegebenen Frist noch nicht angetreten hat; eine Mitteilung nach § 35 Abs. 1 Nr. 2 entfällt.

(4) Zahlt die verurteilte Person nachträglich den rückständigen Betrag, so werden das Aufnahmeersuchen und etwaige Anordnungen zur Erzwingung des Strafantritts (§§ 33, 34) sofort zurückgenommen; eine bereits in Strafhaft genommene verurteilte Person ist sofort zu entlassen.

§ 52 Vermögensstrafe

Die Vollstreckung der Vermögensstrafe richtet sich nach den §§ 48, 49 Abs. 1 Satz 1, Abs. 2 und 3, §§ 50 und 51.

Abschnitt 4
Vollstreckung von Maßregeln der Besserung und Sicherung

§ 53 Vollstreckung freiheitsentziehender Maßregeln der Besserung und Sicherung

(1) Welche Vollzugsanstalt oder Einrichtung des Maßregelvollzuges zur Vollstreckung einer freiheitsentziehenden Maßregel der Besserung und Sicherung (§ 61 Nrn. 1 bis 3 StGB) örtlich und sachlich zuständig ist, ergibt der Vollstreckungsplan (§ 22), sofern keine besonderen Vorschriften für den Maßregelvollzug bestehen.

(2) Für die Vollstreckung einer freiheitsentziehenden Maßregel der Besserung und Sicherung gelten, soweit Vorschriften der Länder, in denen die Unterbringung vollzogen wird, nichts anderes bestimmen, sinngemäß:

1. § 24 (örtliche Vollzugszuständigkeit);

   §§ 26 bis 31 (Abweichen vom Vollzugsplan, Ladung zum Strafantritt, Überführungsersuchen, Aufnahmeersuchen);

   §§ 33 bis 36 (Vorführungs- und Haftbefehl, weitere Maßnahmen zur Sicherstellung der Strafvollstreckung, Anzeige vom Strafantritt und andere Mitteilungen an die Vollstreckungsbehörde, Überwachungspflicht der Vollstreckungsbehörde);

   §§ l45 und 46 (Unterbrechung der Strafvollstreckung bei Vollzugsuntauglichkeit – Voraussetzungen und Verfahren –);

   § 46a (Aufschub und Unterbrechung der Strafvollstreckung aus Gründen der Vollzugsorganisation mit der Maßgabe, dass die Leitung eines psychiatrischen Krankenhauses oder einer Entziehungsanstalt (§§ 63, 64 StGB) bei vorläufiger Unterbrechung der Vollstreckung der Unterbringung (§ 46a Abs. 2 Satz 1) lediglich die Vollstreckungsbehörde unterrichtet);

2. wenn die Dauer der Freiheitsentziehung der Zeit nach feststeht (§ 67d Abs. 1 StGB), auch

   § 37 Abs. 1 bis 3 (Allgemeine Regeln für die Strafzeitberechnung);

   § 38 (Strafbeginn);

   § 40 (Berechnung des Strafrestes);

   § 41 (Berechnung der Strafzeit bei Gesamtstrafen und bei anderweitiger Verurteilung);

   § 42 (Gerichtliche Entscheidung über die Strafzeitberechnung).

(3) Hat der Vollzug der Unterbringung drei Jahre nach der Rechtskraft ihrer Anordnung noch nicht begonnen und liegt ein Fall des § 67c Abs. 1 StGB oder des § 67b StGB nicht vor, so veranlasst die Vollstreckungsbehörde rechtzeitig die Prüfung, ob die Vollstreckung der Unterbringung noch zulässig ist (§ 67c Abs. 2 StGB). In die Frist wird die Zeit nicht

eingerechnet, in welcher die Täterin oder der Täter auf behördliche Anordnung in einer Anstalt verwahrt worden ist.

(4) Während der Vollstreckung einer freiheitsentziehenden Maßregel der Besserung und Sicherung veranlasst die Vollstreckungsbehörde jeweils rechtzeitig vor dem Ablauf

1. von sechs Monaten bei der Unterbringung in einer Entziehungsanstalt,

2. von einem Jahr bei der Unterbringung in einem psychiatrischen Krankenhaus,

3. von zwei Jahren bei der Sicherungsverwahrung,

4. der von dem Gericht nach § 67e Abs. 3 Satz 1 StGB festgesetzten Frist

die Prüfung, ob die weitere Vollstreckung der Unterbringung zur Bewährung auszusetzen ist (§ 67e StGB). Die Fristen der Nummern 1 bis 3 sind vom Beginn der Unterbringung an oder, wenn das Gericht die Anordnung der Entlassung bereits abgelehnt hat, von dem Zeitpunkt dieser Entscheidung an zu berechnen (§ 67e Abs. 4 StGB).

(5) Bei einer Unterbringung in der Sicherungsverwahrung veranlasst die Vollstreckungsbehörde rechtzeitig vor dem Ablauf von zehn Jahren die Prüfung, ob die Maßregel für erledigt zu erklären ist (§ 67d Abs. 3 StGB).

§ 54 Vollstreckung mehrerer freiheitsentziehender Maßregeln der Besserung und Sicherung

(1) Sind in einer Entscheidung mehrere freiheitsentziehende Maßregeln angeordnet, so bestimmt das Gericht die Reihenfolge ihrer Vollstreckung (§ 72 Abs. 3 Satz 1 StGB). Vor dem Ende des Vollzuges einer Maßregel veranlasst die Vollstreckungsbehörde rechtzeitig die Prüfung, ob der Zweck der nächsten Maßregel deren Vollstreckung noch erfordert (§ 72 Abs. 3 Satz 2 StGB).

(2) Sind in mehreren Entscheidungen freiheitsentziehende Maßregeln angeordnet und können sich vor dem Beginn einer Vollstreckung die beteiligten Vollstreckungsbehörden nicht über die Reihenfolge der zu vollstreckenden Maßregeln einigen, so ist § 43

Abs. 7 entsprechend anzuwenden. Dabei gilt die Sicherungsverwahrung als die schwerste Maßregel; es folgen der Reihenfolge nach die Unterbringung in einem psychiatrischen Krankenhaus und die Unterbringung in einer Entziehungsanstalt. Bei Maßregeln ungleicher Art bestimmt die Vollstreckungsbehörde die Reihenfolge nach pflichtgemäßem Ermessen. Maßgebend ist, wie bei der Persönlichkeit der verurteilten Person unter Berücksichtigung der Urteilsgründe der Zweck aller Maßnahmen am besten erreicht werden kann. Wenn nicht überwiegende Gründe entgegenstehen, wird in diesen Fällen die Unterbringung in einer Entziehungsanstalt vor anderen Maßregeln und die Unterbringung in einem psychiatrischen Krankenhaus vor der Sicherungsverwahrung vollstreckt. Die Vollstreckungsbehörde kann auch die Vollstreckung einer Maßregel zum Zwecke der Vollstreckung einer anderen Maßregel unterbrechen, wenn sie dies nach pflichtgemäßem Ermessen für angebracht hält.

(3) Wenn neben vorweg zu vollziehenden Maßregeln gleicher Art nach § 63 StGB auch Freiheitsstrafen verhängt wurden, unterbricht die Vollstreckungsbehörde den Maßregelvollzug, wenn die Hälfte der daneben verhängten Freiheitsstrafe verbüßt wäre.

(4) Bei mehrfach angeordneter Unterbringung in einer Entziehungsanstalt darf nur die zuletzt rechtskräftig gewordene Anordnung der Maßregel vollstreckt werden (§ 67f StGB).

§ 54a Führungsaufsicht

(1) Entscheidungen, in denen die Führungsaufsicht angeordnet ist (§ 68 StGB) oder die ihren Eintritt kraft Gesetzes zur Folge haben (§§ 67b bis 67d, 68f StGB), teilt die Vollstreckungsbehörde der zuständigen Aufsichtsstelle mit.

(2) In den Fällen der §§ 68f und 67d Abs. 3 StGB veranlasst die Vollstreckungsbehörde, dass die Akten drei Monate vor der Entlassung der verurteilten Person dem Gericht vorgelegt werden, damit die Entscheidungen nach § 68f Abs. 2 oder nach den §§ 68a bis 68c StGB alsbald getroffen werden kön-

nen. Abschriften ihrer Stellungnahme übersendet die Vollstreckungsbehörde unter Beifügung von Abschriften des Urteils und einer bereits vorliegenden Stellungnahme der Justizvollzugsanstalt der Führungsaufsichtsstelle des voraussichtlichen Wohnorts der verurteilten Person; ist der künftige Wohnsitz ungewiss, so unterrichtet sie die nach § 463a Abs. 3 Satz 2 StPO voraussichtlich zuständige Führungsaufsichtsstelle. Die Vollstreckungsbehörde teilt die Entscheidung des Gerichts der Führungsaufsichtsstelle mit, die nach Satz 2 benachrichtigt worden war. In den Fällen des § 67c Abs. 1, § 67c Abs. 2 und des § 67d Abs. 2 und 5 StGB wirkt die Vollstreckungsbehörde darauf hin, dass die Entscheidungen nach den §§ 68a bis 68c StGB so rechtzeitig getroffen werden können, dass die Führungsaufsicht vorbereitet werden kann.

(3) Die Vollstreckungsbehörde übersendet der Aufsichtsstelle in allen Fällen der Führungsaufsicht je zwei Abschriften der der Führungsaufsicht zugrunde liegenden Unterlagen (z. B. Gutachten über den körperlichen und geistigen Zustand der verurteilten Person, Berichte der Gerichtshilfe, der Bewährungshilfe oder von Jugend- oder Sozialbehörden).

(4) Die Vollstreckungsbehörde teilt die von ihr nach den §§ 68c bis 68g StGB berechnete Dauer der Führungsaufsicht sowie deren Beginn und Ende der Aufsichtsstelle mit.

(5) Wird eine verurteilte Person, die unter Führungsaufsicht steht, auf strafgerichtliche Anordnung in einer Anstalt verwahrt (§ 68c Abs. 3 StGB), so teilt die Behörde, welche die Verwahrung vollstreckt, Beginn und Ende der Verwahrung der Behörde mit, welche die Führungsaufsicht vollstreckt.

§ 55 Berufsverbot

(1) Die Zeit des Berufsverbots ist nach § 70 Abs. 4, § 70a Abs. 3 und § 70b Abs. 3 StGB zu berechnen. Die Zeit des Berufsverbots und die Erklärung über die Erledigung des Berufsverbots durch das Gericht (§ 70b Abs. 5 StGB) sind der für die Berufs- und Gewerbe-

ausübung zuständigen Behörde jeweils mitzuteilen.

(2) Die Vollstreckungsbehörde kann auf Antrag der verurteilten Person oder mit ihrer Einwilligung das Berufsverbot aussetzen, wenn hierdurch für die verurteilte Person oder ihre Angehörigen eine erhebliche, außerhalb des Zwecks des Verbots liegende Härte vermieden oder einem öffentlichen Interesse an der vorübergehenden weiteren Berufsausübung Rechnung getragen werden kann (vgl. § 456c Abs. 2 StPO). Die Aussetzung kann an die Leistung einer Sicherheit oder an andere Bedingungen geknüpft werden und darf zusammen mit einem etwa bereits gerichtlich angeordneten Aufschub sechs Monate nicht übersteigen. Absatz 1 gilt entsprechend.

(3) Vor einer Aussetzung nach Absatz 2 soll die Vollstreckungsbehörde die zuständigen Verwaltungsbehörden und berufsständischen Organisationen hören.

§ 56 Entziehung der Fahrerlaubnis und Einziehung des Führerscheins

(1) Ein nach § 69 Abs. 3 Satz 2, § 71 Abs. 2 StGB eingezogener Führerschein wird der Behörde übersandt, die für die Erteilung der Fahrerlaubnis am Wohnsitz der verurteilten Person zuständig ist. Hat diese im räumlichen Geltungsbereich der StPO keinen Wohnsitz, so wird der Führerschein zu den Strafakten genommen. Ist der Führerschein von einer Dienststelle der Bundeswehr, des Bundesgrenzschutzes oder der Polizei ausgestellt worden, so wird der Stelle übersandt, die nach Nummer 45 Abs. 4 der Anordnung über Mitteilungen in Strafsachen (MiStra) Nachricht erhält. Der Führerschein ist in jedem Fall durch Einschneiden unbrauchbar zu machen. Bei der Übersendung des Führerscheins ist der Behörde der nach § 69a Abs. 5 und 6 StGB zu berechnende Zeitraum der Sperre mitzuteilen.

(2) Wurde eine ausländische Fahrerlaubnis entzogen, die von einer Behörde eines Mitgliedstaates der Europäischen Union oder eines anderen Vertragsstaates des Abkommens über den Europäischen Wirtschaftsraum er-

teilt worden ist, und hat die Inhaberin oder der Inhaber ihren oder seinen ordentlichen Wohnsitz im Inland, so wird der Führerschein mit den nach der MiStra zu übermittelnden Daten dem Kraftfahrt-Bundesamt zur Weiterleitung an die ausstellende Behörde übersandt (§ 69b Abs. 2 Satz 1 StGB). Bei der Entziehung sonstiger ausländischer Fahrerlaubnisse werden die Entziehung und die Sperre in dem Führerschein vermerkt (§ 69b Abs. 2 Satz 2 StGB). Befindet der Führerschein sich noch nicht in behördlichem Gewahrsam, so wird er für die Eintragung des Vermerks beschlagnahmt, wenn die verurteilte Person die Vorlage verweigert (§ 463b Abs. 2 StPO). Ist die Eintragung des Vermerks wegen der Beschaffenheit des Führerscheins nicht möglich, ist ein gesonderter Vermerk zu erstellen und fest mit dem Führerschein zu verbinden.

(3) Wird der Führerschein bei der verurteilten Person nicht vorgefunden, gilt § 62.

Abschnitt 5
Vollstreckung anderer Rechtsfolgen

Unterabschnitt 1
Nebenfolgen, die zu einer Geldzahlung verpflichten. Bekanntgabe des Urteils. Fahrverbot

§ 57 Nebenfolgen, die zu einer Geldzahlung verpflichten

Die Vollstreckung von Nebenfolgen, die zu einer Geldzahlung verpflichten, richtet sich nach der EBAO.

§ 58 (weggefallen)

§ 59 Bekanntgabe des Urteils

(1) Ist die öffentliche Bekanntmachung der Entscheidung angeordnet, so stellt die Vollstreckungsbehörde der berechtigten Person eine Ausfertigung des erkennenden Teils der Entscheidung auf Kosten der verurteilten Person zu (§§ 463c, 464a StPO). Namen von Verurteilten, auf die sich die Veröffentlichungsbefugnis nicht bezieht, werden in der Ausfertigung ausgelassen.

(2) Verlangt die berechtigte Person die Bekanntmachung (§ 463c Abs. 2 StPO), vollzieht die Vollstreckungsbehörde die Anordnung der Bekanntmachung in der durch die Entscheidung bestimmten Art. Die Kosten der Bekanntmachung sind Verfahrenskosten (§ 464a StPO).

§ 59a Fahrverbot

(1) Ist ein Fahrverbot ausgesprochen worden, so wird ein von einer deutschen Behörde erteilter Führerschein für die Dauer des Fahrverbots bei den Strafakten oder, falls ein Vollstreckungsheft angelegt wird, bei diesem verwahrt (vgl. § 44 Abs. 2 Satz 2 StGB). Eine andere Art der Aufbewahrung kann angeordnet werden.

(2) Sofern die verurteilte Person nicht erklärt hat, dass sie den Führerschein abholen werde, wird dieser ihr so rechtzeitig durch eingeschriebenen Brief zugesandt, dass er am letzten Tage der Verbotsfrist (vgl. Absatz 5 sowie § 44 Abs. 3, § 51 Abs. 5 StGB) bei ihr eintrifft. Der verurteilten Person wird bei der Rückgabe mitgeteilt, zu welchem Zeitpunkt ein Fahrverbot endet. Ist der Führerschein von einer Dienststelle der Bundeswehr erteilt worden, wird er der oder dem Disziplinarvorgesetzten der verurteilten Person so rechtzeitig vor Ablauf der Verbotsfrist übersandt, dass er ihr am letzten Tage der Verbotsfrist, der in dem Übersendungsschreiben anzugeben ist, ausgehändigt werden kann.

(3) Ist der Führerschein von einer Behörde eines Mitgliedstaates der Europäischen Union oder eines anderen Vertragsstaates des Abkommens über den Europäischen Wirtschaftsraum ausgestellt worden und hat die Inhaberin oder der Inhaber ihren oder seinen ordentlichen Wohnsitz im Inland, so gilt Absatz 1 entsprechend. Ist gegen die Inhaberin oder den Inhaber eines sonstigen ausländischen Führerscheins ein Fahrverbot ausgesprochen worden, so werden das Fahrverbot und seine Dauer in dem Führerschein vermerkt (vgl. § 44 Abs. 2 Satz 4 StGB). § 56 Abs. 2 Satz 4 gilt entsprechend.

(4) Befindet sich der Führerschein noch nicht in behördlichem Gewahrsam, so fordert die

Vollstreckungsbehörde die verurteilte Person zur Herausgabe auf und belehrt sie über den Beginn des Fahrverbots, wenn sich aus den Akten ergibt, dass die vorgeschriebene Belehrung (§§ 268c, 409 StPO) unterblieben ist. Gibt die verurteilte Person den Führerschein nicht freiwillig heraus, so ordnet die Vollstreckungsbehörde die Beschlagnahme an (§ 463b Abs. 1, 2 StPO). Wird der Führerschein nicht vorgefunden, so ist nach § 463b Abs. 3 StPO zu verfahren.

(5) Für die Berechnung der Dauer des Fahrverbots (§ 44 Abs. 3, § 51 Abs. 5 StGB) gelten die Vorschriften des § 37 Abs. 2, 4 und 5, des § 39 Abs. 4 und des § 40 Abs. 1 sinngemäß. Die Verbotsfrist beginnt mit Eingang des Führerscheins bei der zuständigen Vollstreckungsbehörde, nicht jedoch vor Rechtskraft der Entscheidung. Gelangt der Führerschein zur Vollstreckung des Fahrverbots zunächst in den Gewahrsam einer anderen Stelle, die mit der Verfolgung oder Ahndung von Straftaten oder Ordnungswidrigkeiten, aufgrund derer ein Fahrverbot verhängt werden kann, oder der Vollstreckung von Fahrverboten befasst ist, wird die Verwahrzeit in die Verbotszeit eingerechnet. Ist der verurteilten Person ein in Absatz 2 Satz 3 bezeichneter Führerschein von der oben Vorgesetzten zur Weiterleitung an die Vollstreckungsbehörde abgenommen worden, so wird die Zeit zwischen der Abnahme des Führerscheins und seinem Zugang bei der Vollstreckungsbehörde in die Verbotsfrist eingerechnet.

Unterabschnitt 2
Verfall. Einziehung. Unbrauchbarmachung. Vernichtung

Teil a
Allgemeine Bestimmungen

§ 60 Rechtserwerb bei Verfall und Einziehung

Mit der Rechtskraft der Entscheidung geht das Eigentum an den verfallenen oder eingezogenen Sachen auf das Land (Justizfiskus) über, dessen Gericht im ersten Rechtszug entschieden hat. Dies gilt auch dann, wenn im ersten Rechtszug in Ausübung der Gerichtsbarkeit des Bundes entschieden worden ist. Hat das Gericht den Verfall oder die Einziehung zugunsten des Bundes angeordnet, so wird die Bundesrepublik Deutschland (Justizfiskus) Eigentümer. Rechte Dritter bleiben bestehen (§ 73e Abs. 1 Satz 2, § 74e Abs. 2 Satz 1 StGB), sofern nicht das Gericht das Erlöschen angeordnet hat (§ 74e Abs. 2 Satz 2 und 3 StGB). Sind Rechte verfallen oder eingezogen, so gelten die Sätze 1 bis 4 entsprechend.

§ 61 Wegnahme von Gegenständen

(1) Sachen, auf deren Verfall, Einziehung oder Unbrauchbarmachung erkannt ist und die sich noch nicht im amtlichen Gewahrsam befinden, nimmt die Vollstreckungsbehörde alsbald nach Rechtskraft der Entscheidung in Besitz. Haben die verurteilte Person, die Verfalls- oder die Einziehungsbeteiligten (§ 431 Abs. 1 Satz 1 und § 442 StPO), die nach der Entscheidung zur Herausgabe verpflichtet sind, die Sache nicht herausgegeben, so beauftragt die Vollstreckungsbehörde die Vollziehungsbeamtin oder den Vollziehungsbeamten mit der Wegnahme (vgl. § 459g Abs. 1 StPO).

(2) Der Auftrag wird schriftlich erteilt; er muss die verurteilte Person, die Verfalls- oder die Einziehungsbeteiligten sowie die wegzunehmende Sache möglichst genau bezeichnen. Der Auftrag soll ferner angeben, ob die Sache verwahrt oder wem sie übergeben werden soll. Die Vollstreckungsbehörde kann die Vollziehungsbeamtin oder den Vollziehungsbeamten ersuchen, ihr rechtzeitig den in Aussicht genommenen Zeitpunkt der Wegnahme nach Tag und Stunde mitzuteilen.

(3) Ist die Sache im Gewahrsam der Verfalls- oder Einziehungsbeteiligten und verweigern diese die Herausgabe mit der Begründung, dass sie an ihr ein Recht zum Besitz haben, so kann gegen sie auf Grund der Entscheidung nur vollstreckt werden, wenn in ihr das Erlöschen des Rechtes angeordnet worden ist (§ 74e Abs. 2 StGB). Ob der Anspruch auf Herausgabe gegen die Verfalls- oder Einziehungsbeteiligten im Wege der Klage geltend

gemacht werden soll, entscheidet die oberste Justizbehörde oder die von ihr bestimmte Stelle.

(4) Ist die Sache nicht im Gewahrsam der verurteilten Person, der Verfalls- oder Einziehungsbeteiligten, so wird die Gewahrsamsinhaberin oder der Gewahrsamsinhaber zur Herausgabe aufgefordert. Verweigert sie die Herausgabe, so kann gegen sie nicht schon auf Grund der Entscheidung vollstreckt werden. Absatz 3 Satz 2 gilt entsprechend.

(5) Sind Rechte verfallen oder eingezogen, so bedarf es einer Pfändung und Überweisung nicht (§ 73e Abs. 1, § 74e Abs. 1 StGB). Absatz 4 gilt entsprechend.

§ 62 Eidesstattliche Versicherung. Wertersatz

(1) Wird die Sache bei der verurteilten Person oder bei der oder dem Verfalls- oder Einziehungsbeteiligten nicht vorgefunden, so sollen diese Personen zur Abgabe einer eidesstattlichen Versicherung über den Verbleib angehalten werden (vgl. § 459g Abs. 1 StPO). Davon ist in der Regel abzusehen, sofern die eidesstattliche Versicherung wesentlichen Feststellungen der Entscheidung widersprechen würde.

(2) Ist die Anordnung des Verfalls oder der Einziehung eines Gegenstandes deshalb nicht ausführbar oder unzureichend, weil der Gegenstand nicht mehr vorhanden, verwertet oder mit dem Recht einer dritten Person belastet ist oder weil nach der Anordnung sonst eine der in den §§ 73a oder 74c StGB bezeichneten Voraussetzungen eingetreten oder bekannt geworden ist, so veranlasst die Vollstreckungsbehörde die Prüfung, ob der Verfall oder die Einziehung des Wertersatzes nachträglich angeordnet werden soll (§ 76 StGB).

§ 63 Verwertung. Unbrauchbarmachung. Vernichtung. Überwachung von Anweisungen bei Einziehungsvorbehalt

(1) Verfallene oder eingezogene Gegenstände werden verwertet, sofern nichts anderes bestimmt ist (§§ 65, 66, 67, 67a, 69 ff.). Sind sie wertlos, unverwertbar, gemeingefährlich oder in gesetzwidrigem Zustand, so werden sie in der Regel vernichtet.

(2) Die Verwertung geschieht, sofern in den §§ 69 bis 86 nichts anderes bestimmt ist, durch öffentliche Versteigerung. Erscheint diese nicht ausführbar oder unzweckmäßig, so werden die Gegenstände freihändig verkauft. Sind sie gesetzlich vom freien Verkehr ausgeschlossen, so dürfen sie nicht öffentlich versteigert werden; sie sind, sofern nicht eine andere Art der Verwertung vorgeschrieben ist, nur Personen oder Stellen zum Kauf anzubieten, die Gegenstände dieser Art erwerben dürfen.

(3) Gegenstände, deren Unbrauchbarmachung gerichtlich angeordnet ist, werden der oder dem Berechtigten zurückgegeben, nachdem sie nach Maßgabe der Entscheidung ihrer gefährdenden Form entkleidet oder unschädlich gemacht worden sind. Ist dies nicht möglich, so werden sie vernichtet.

(4) Gegenstände, deren Vernichtung angeordnet ist, werden durch die Maßnahmen vernichtet, die nach pflichtgemäßem Ermessen der Vollstreckungsbehörde am geeignetsten erscheinen.

(5) Bei der Vernichtung gemeingefährlicher Gegenstände nimmt die Vollstreckungsbehörde, soweit erforderlich, die Hilfe der Polizei oder der zuständigen Verwaltungsbehörde in Anspruch.

(6) Vor der Verwertung, Unbrauchbarmachung oder Vernichtung verbrauchssteuerpflichtiger Erzeugnisse oder von Waren, die Zollgut sind, ist das Hauptzollamt zu hören.

(7) Ordnet das Gericht unter Einziehungsvorbehalt weniger einschneidende Maßnahmen an, so überwacht die Vollstreckungsbehörde die Befolgung und veranlasst die Prüfung, welche Entscheidung nach § 74b Abs. 2 StGB zu treffen ist.

§ 64 Veräußerung verfallener oder eingezogener Gegenstände

(1) Mit der öffentlichen Versteigerung und in der Regel auch mit dem freihändigen Verkauf beauftragt die Vollstreckungsbehörde eine Gerichtsvollzieherin oder einen Gerichtsvoll-

zieher. Der Auftrag muss schriftlich erteilt werden und die Personen bezeichnen, an die der Gegenstand nicht veräußert werden darf (Absatz 5). Die öffentliche Versteigerung und der freihändige Verkauf richten sich nach der Geschäftsanweisung für Gerichtsvollzieher.

(2) Erscheint eine Veräußerung am Sitze der Vollstreckungsbehörde aus besonderen Gründen nicht möglich oder unzweckmäßig, so kann die Vollstreckungsbehörde anordnen, dass die Veräußerung an einem anderen Ort versucht wird.

(3) Ist der Verderb oder eine wesentliche Wertminderung des Gegenstandes zu besorgen oder ist seine Aufbewahrung, Pflege oder Erhaltung mit Kosten oder Schwierigkeiten verbunden, so sorgt die Vollstreckungsbehörde für beschleunigte Verwertung.

(4) Bei freihändigem Verkauf von Gegenständen des täglichen Bedarfs sollen gemeinnützige Stellen und Bedürftige vorzugsweise berücksichtigt werden.

(5) An Täterinnen und Täter sowie Teilnehmerinnen oder Teilnehmer der Straftat dürfen Gegenstände nur ausnahmsweise und nur mit Einwilligung der obersten Justizbehörde oder der von ihr bestimmten Stelle veräußert werden.

(6) Der freihändige Verkauf an Richterinnen oder Richter, Staatsanwältinnen oder Staatsanwälte oder andere Justizbedienstete (einschließlich des Strafvollzugs) sowie an Hilfsbeamtinnen oder an Hilfsbeamte der Staatsanwaltschaft (§ 152 GVG) ist nicht zulässig.

(7) Der bei der Veräußerung erzielte Erlös ist an die zuständige Kasse abzuführen.

§ 65 Mitwirkung anderer Behörden und Stellen bei der Veräußerung

(1) Werden Gegenstände, die in einem Zoll-, Verbrauchssteuer-, Monopol- und Devisenstrafverfahren oder in einem Verfahren wegen Zuwiderhandlungen gegen Ein- und Ausfuhrverbote gerichtlich eingezogen worden sind, durch eine Stelle der Bundesfinanzverwaltung verwahrt, so werden sie im Benehmen mit der Vollstreckungsbehörde durch das Hauptzollamt verwertet. Der Erlös ist an die zuständige Kasse abzuführen. Das

Hauptzollamt ist berechtigt, von dem Erlös diejenigen baren Auslagen abzusetzen, die durch die Beschlagnahme, Aufbewahrung und Verwertung der Gegenstände entstanden sind. Abzugsfähig sind auch Abgaben, die nach § 76 der Abgabenordnung (AO) aus dem Erlös zu decken sind. Über den Erlös und die Abzüge rechnet das Hauptzollamt mit der Vollstreckungsbehörde ab. Im Übrigen wird auf den Erlass des Bundesministers der Finanzen vom 9. 2. 1955 – III A/4 – H 2131-3/55 – und die hierzu etwa ergangenen Ergänzungsbestimmungen der obersten Justizbehörden verwiesen.

(2) Sollen Gegenstände veräußert werden, in deren Verwertung eine andere Behörde oder Stelle besonders erfahren ist, so empfiehlt es sich, diese um Auskunft zu bitten oder ihr die Verwertung zu übertragen; hierbei ist darauf hinzuweisen, dass der Erlös nach Abzug der baren Auslagen der Verwertung (Reinerlös) an die zuständige Kasse abzuführen ist.

§ 66 Verwendung für Zwecke der Justizverwaltung und ähnliche Zwecke

(1) Verfallene oder eingezogene Sachen, die sich zur Verwendung für Zwecke der Justizverwaltung (einschließlich des Strafvollzuges), der Bewährungshilfe, der Strafentlassenenfürsorge oder der Polizei im Rahmen der Strafverfolgung eignen, sind zunächst nicht zu verwerten. Sie werden in ein Verzeichnis aufgenommen und dort nach Größe, Beschaffenheit und dem Zustand ihrer Erhaltung kurz beschrieben. Die Vollstreckungsbehörde legt das Verzeichnis von Zeit zu Zeit mit einem Verwendungsvorschlag der Generalstaatsanwältin oder dem Generalstaatsanwalt vor; diese oder dieser entscheidet über die Verwendung im Benehmen mit der Präsidentin oder dem Präsidenten des Oberlandesgerichts und der höheren Vollzugsbehörde. Weist die Generalstaatsanwältin oder der Generalstaatsanwalt verfallene oder eingezogene Sachen der Polizeiverwaltung zur dauernden Nutzung zu, so sind die landesrechtlichen Haushaltsvorschriften zu beachten und den obersten Behörden der Innenverwaltung und der Justizverwaltung je eine

Mehrfertigung seiner Zuweisungsverfügung zu übersenden. Hat das Gericht die Sachen zugunsten des Bundes eingezogen, so ist entsprechend § 70 Abs. 4 Satz 2 zu verfahren.

(2) In das Verzeichnis sind insbesondere aufzunehmen: allgemein genehmigte und zugelassene Funk- und Funkempfangsanlagen sowie andere Geräte der Informations- und Kommunikationstechnik, Werkzeuge, landwirtschaftliche Geräte, Materialien, Kleidungsstücke aller Art, ferner Geräte zum Messen oder Wiegen, die sich nach Ansicht der Eichbehörde zur Wiederverwertung eignen. Gegenstände, deren geringer Gebrauchswert die Verwendung nicht lohnen würde, werden nicht aufgenommen.

(3) Für die Verwendung von Waffen, Funkanlagen und Kraftfahrzeugen für Zwecke der Justizverwaltung gelten § 70 Abs. 1, §§ 72 und 73.

§ 67 Abgabe als Forschungs- und Lehrmittel

(1) Verfallene oder eingezogene Gegenstände, die zur Begehung einer rechtswidrigen Tat bestimmt gewesen, gebraucht oder durch sie hervorgebracht worden sind, werden dem Landeskriminalamt, der ihm entsprechenden Behörde oder dem Bundeskriminalamt angeboten und auf deren Ersuchen überlassen, wenn sie für kriminalwissenschaftliche Forschungs- oder Lehrzwecke von Bedeutung sind. Dasselbe gilt nach Möglichkeit, wenn eine dieser Behörden von sich aus um die Überlassung bestimmter Gegenstände ersucht.

(2) Die Überlassung geschieht leihweise und mit dem ausdrücklichen Vorbehalt, dass die Vollstreckungsbehörde die Gegenstände aus wichtigen Gründen jederzeit zurückverlangen kann.

(3) Gegenstände von erheblichem Wert dürfen den in Absatz 1 bezeichneten Behörden nur mit Genehmigung der Generalstaatsanwältin oder des Generalstaatsanwalts angeboten oder überlassen werden.

§ 67a Verwendung für karitative oder humanitäre Zwecke

(1) Gegenstände, die in einem Verfahren wegen Straftaten nach einem Gesetz zum Schutz des geistigen Eigentums (Urheberrechtsgesetz, Patentgesetz, Gebrauchsmustergesetz, Warenzeichengesetz, Geschmacksmustergesetz, Halbleiterschutzgesetz, Sortenschutzgesetz) eingezogen worden sind und die sich zur Verwendung für karitative oder humanitäre Zwecke eignen, sollen an entsprechende Verbände oder Einrichtungen unentgeltlich abgegeben werden, sofern dies ohne unverhältnismäßigen Aufwand möglich ist.

(2) Die endgültige Abgabe darf erst erfolgen, wenn der durch die Rechtsverletzung verursachte Zustand der Gegenstände beseitigt worden ist und die durch die Abgabe verursachten Gesamtkosten von der Empfängerin oder vom Empfänger getragen werden. Mit der Beseitigung der Schutzrechtsverletzung kann die Empfängerin oder der Empfänger beauftragt werden. Die ordnungsgemäße Beseitigung wird durch die Vollstreckungsbehörde überprüft.

(3) Für Gegenstände von erheblichem Wert gilt § 67 Abs. 3 entsprechend.

§ 68 Absehen von der Verwertung, Vernichtung oder Unbrauchbarmachung

(1) Ist damit zu rechnen, dass die Wiederaufnahme des Verfahrens angeordnet oder das Nachverfahren (§ 439 StPO) beantragt wird, so sieht die Vollstreckungsbehörde von den in § 63 bezeichneten Maßnahmen einstweilen ab. Dasselbe gilt, wenn die betroffene Person um Freigabe des eingezogenen Gegenstandes im Gnadenwege gebeten hat und wichtige Gnadengründe vorliegen.

(2) Macht eine andere als die verurteilte Person geltend, dass sie ein Recht an dem Gegenstand habe, dessen Erlöschen nicht angeordnet worden ist, so entscheidet über die Verwertung die oberste Justizbehörde oder die von ihr bestimmte Stelle.

II

§ 68a Entschädigung

Beansprucht jemand nach § 74f StGB eine Entschädigung und ist eine gerichtliche Entscheidung nach § 436 Abs. 3 StPO ergangen, so entscheidet die oberste Justizbehörde oder die von ihr bestimmte Stelle. Ist der Gegenstand noch nicht verwertet, so entscheidet sie auch über die Verwertung.

Teil b
Verwendung bestimmter Gegenstände

§ 69 Jagdwaffen, Jagd- und Forstgeräte, Wild und Hunde

(1) Jagdwaffen, Jagdmunition und Jagdgeräte sind, wenn sie den gesetzlichen Vorschriften entsprechen, der obersten Jagdbehörde des Landes oder einer anderen von der obersten Justizbehörde benannten Stelle anzuzeigen. Diese bestimmt, an welche Stelle die Gegenstände zur Verwertung abzuliefern sind. Die Vollstreckungsbehörde übersendet dieser Stelle die Gegenstände. Übersendet sie Jagdwaffen, so weist sie darauf hin, dass bei ihrer Veräußerung der Reinerlös (§ 65 Abs. 2) an die zuständige Kasse abzuführen ist.

(2) Mit vorschriftswidrigen Jagdwaffen und Jagdgeräten wird nach § 70 verfahren.

(3) Brauchbare Werkzeuge, die in Strafverfahren wegen Holz- oder Forstdiebstahls eingezogen worden sind, werden der obersten Forstbehörde des Landes oder einer anderen von der obersten Justizbehörde des Landes benannten Stelle angezeigt, sofern sie nicht für die in § 66 Abs. 1 bezeichneten Zwecke verwendet werden können. Die nach Satz 1 zuständige Stelle bestimmt, an wen die Werkzeuge abzuliefern sind. Die Vollstreckungsbehörde übersendet sie dieser Stelle zur Verwertung.

(4) Gefangenes oder erlegtes Wild und Teile davon sowie Hunde werden nach den allgemeinen Vorschriften verwertet.

§ 70 Andere Waffen und verbotene Gegenstände

(1) Schusswaffen und Munition, die nicht unter § 69 Abs. 1 fallen, andere Waffen und verbotene Gegenstände im Sinne des Waffenrechts sind dem Regierungspräsidium oder der entsprechenden Behörde oder einer anderen von der obersten Justizbehörde benannten Stelle zu übersenden. In der Regel werden sie von Fall zu Fall übersandt. Vollstreckungsbehörden, die häufiger Waffen zu übersenden haben, sollen mit der zuständigen Verwaltungsbehörde Sammelsendungen vereinbaren. Soweit Waffen für Zwecke der Justizverwaltung (einschließlich des Strafvollzugs) benötigt werden, ist nach § 66 Abs. 1 zu verfahren.

(2) Vorschriftswidrige und zur Begehung rechtswidriger Taten abgeänderte Jagdwaffen sowie andere Schusswaffen und verbotene Gegenstände im Sinne des Waffenrechts, an denen ein kriminalpolizeiliches Interesse besteht, werden dem Bundeskriminalamt auf sein Ersuchen über das Landeskriminalamt oder die ihm entsprechende Behörde übersandt. Vorschriftswidrige Jagdwaffen und Jagdgeräte, die für verfallen erklärt oder eingezogen worden sind und an denen kein kriminalpolizeiliches Interesse besteht, werden derjenigen Stelle übersandt, welche die oberste Jagdbehörde oder oberste Justizbehörde des Landes benennt.

(3) Bei der Übersendung sind durch eine an der Waffe oder Vorrichtung zu befestigende Karte besonders zu kennzeichnen:

1. Handfeuerwaffen, deren Läufe oder Verschlüsse nicht mit dem vorgeschriebenen oder zugelassenen Prüfzeichen versehen sind; Schusswaffen, die nicht den Namen, die Firma oder ein eingetragenes Warenzeichen inländischer Waffenhersteller oder -händler und eine fortlaufende Nummer tragen;

2. Schusswaffen, die über den für Jagd- und Sportzwecke allgemein üblichen Umfang hinaus zusammengeklappt, zusammengeschoben, verkürzt oder schnell zerlegt werden können;

3. Schusswaffen, die ihrer Form nach geeignet sind, einen anderen Gegenstand vorzutäuschen oder die mit Gegenständen des täglichen Gebrauchs verkleidet sind;

4. Vorrichtungen, die zum Anleuchten und Anstrahlen des Zieles dienen und für Schusswaffen bestimmt sind.

In dem Übersendungsschreiben ist auf diese Waffen und Vorrichtungen besonders hinzuweisen.

(4) Hat das Gericht eines Landes Waffen zugunsten des Bundes eingezogen, so finden die Absätze 1 bis 3 keine Anwendung. In diesem Falle stellt die Vollstreckungsbehörde die eingezogenen Waffen dem Bundesministerium der Justiz über die oberste Justizbehörde des Landes zur Verfügung.

§ 71 Fischereigeräte

(1) Ordnungsmäßige Fanggeräte werden der obersten Landesfischereibehörde oder der von der obersten Justizbehörde bestimmten Stelle angezeigt und der von dieser genannten Fischereiorganisation zur Verfügung gestellt. Diese verkauft die Geräte an fischfangberechtigte Mitglieder und führt den Reinerlös (§ 65 Abs. 2) an die zuständige Kasse ab. Hierauf weist die Vollstreckungsbehörde bei der Übersendung hin. Wird keine Fischereiorganisation benannt oder die Übernahme von Geräten abgelehnt, so werden die Geräte nach den allgemeinen Vorschriften (§§ 63 bis 68) verwertet; sie dürfen jedoch nur an Personen veräußert werden, die zur Ausübung des Fischfangs berechtigt sind.

(2) Mit Fanggeräten, die nach der gerichtlichen Entscheidung nicht ordnungsgemäß sind, ist nach Absatz 1 Satz 1 bis 3 zu verfahren, wenn und soweit sie für andere Fanggeräte oder andere Fischarten verwendet werden können. Ist eine solche Verwertung ausgeschlossen oder wird keine Fischereiorganisation benannt oder lehnt die Fischereiorganisation die Übernahme ab, so werden die Geräte nach den allgemeinen Vorschriften verwertet, nachdem die nicht ordnungsmäßigen Teile entfernt worden sind. Die Verwertung von Geräten oder Geräteteilen, die nach ihrer Beschaffenheit für die Fischerei in keinem Falle verwendet werden dürfen, ist unzulässig.

(3) Hat die Vollstreckungsbehörde Zweifel, ob ein Fanggerät als ordnungsgemäß anzusehen ist oder ob es ganz oder teilweise für andere Fanggeräte oder andere Fischarten verwendet werden kann, so holt sie eine Auskunft der von der obersten Justizbehörde nach Absatz 1 bezeichneten oder einer anderen geeigneten Stelle ein.

(4) Fanggeräte oder einzelne Teile, deren Verwertung unzulässig, unzweckmäßig oder nicht ausführbar ist, ferner schädliche oder explodierende Stoffe (z. B. giftige Köder, Sprengpatronen oder sonstige Sprengmittel) werden vernichtet, sofern sie sich nicht für Zwecke der Justizverwaltung, für kriminalwissenschaftliche Forschungs oder für Lehrzwecke eignen oder wegen ihres kulturhistorischen Wertes als Museumsstücke in Betracht kommen.

§ 72 Funkanlagen

(1) Allgemein genehmigte und zugelassene Funk- und Funkempfangsanlagen werden nach den allgemeinen Vorschriften (§§ 63 bis 68) verwertet, sofern nicht die oberste Justizbehörde etwas anderes bestimmt hat.

(2) Alle nicht in Absatz 1 bestimmten Funkanlagen werden der Regulierungsbehörde für Telekommunikation und Post oder deren regionaler Außenstelle mit dem Ersuchen übergeben, im Falle eines Verkaufs den Reinerlös (§ 65 Abs. 2), andernfalls einen dem Wert entsprechenden Geldbetrag an die zuständige Kasse abzuführen.

§ 73 Kraftfahrzeuge

(1) Kraftfahrzeuge (ausgenommen Leicht- und Kleinkrafträder sowie Fahrräder mit Hilfsmotor) sind der obersten Justizbehörde oder der von ihr bestimmten Stelle unter genauer Beschreibung des Fahrzeugs und seiner Beschaffenheit anzuzeigen. Sie dürfen erst dann nach den allgemeinen Vorschriften verwertet werden, wenn die oberste Justizbehörde oder die von ihr bestimmte Stelle erklärt hat, dass das Fahrzeug nicht für die in § 66 bezeichneten Zwecke verwendet werden soll. § 65 Abs. 1 bleibt unberührt.

(2) Der Anzeige nach Absatz 1 bedarf es nicht, wenn die Kraftfahrzeuge wegen ihres Zustandes, ihres Alters und ihrer Beschaffenheit

oder aus anderen Gründen zur Verwendung für Zwecke der Justizverwaltung offensichtlich ungeeignet sind.

§ 74 Arzneimittel und chemische Stoffe

(1) Arzneimittel (einschließlich Tierarzneimittel) und chemische Stoffe, deren Verwertung möglich erscheint, sind dem Regierungspräsidium oder der entsprechenden Behörde mit einer möglichst genauen Beschreibung anzuzeigen. Diese Behörde bestimmt eine Stelle, die zur Begutachtung und Verwertung zugelassen und geeignet ist (z. B. Arzneimittelprüfstelle eines Chemischen Landesuntersuchungsamtes als begutachtende sowie Krankenhausapotheke oder Krankenhaus versorgende Apotheke als verwertende Stelle). Dort stellt die Vollstreckungsbehörde fest, ob eine Übersendung zulässig oder welche andere Art der Übermittlung erforderlich ist. Die Übermittlung geschieht kostenfrei.

(2) Die verwertende Stelle ist bei der Übermittlung darum zu ersuchen,

1. die Arzneimittel und chemischen Stoffe zu begutachten und entweder zu ihrem Schätzwert zu übernehmen oder im Auftrag der Vollstreckungsbehörde an eine zum Erwerb befugte Stelle möglichst günstig zu verkaufen;

2. einen dem Schätzwert entsprechenden Geldbetrag oder den Verkaufserlös nach Abzug der Begutachtungs- und Verwertungskosten an die zuständige Kasse abzuführen oder

3. die Gegenstände zurückzusenden, falls sie auf die im Ersuchen bezeichnete Weise nicht verwertbar sind.

(3) Arzneimittel und chemische Stoffe, die nicht verwertet werden können, sind zu vernichten.

§ 75 Betäubungsmittel

Für Betäubungsmittel im Sinne des Betäubungsmittelgesetzes gilt § 74 entsprechend.

§ 76 Falschgeld

(1) Falschgeld und zur Herstellung von Falschgeld verwendetes oder bestimmtes Herstellungsmaterial (z. B. bei falschen No-

ten: Klischees, Metallplatten, Zeichnungen, Gravierstiche, Fotoapparate, fotografisches Material, Zeichenmaterial, Druckapparate und -zubehör und bei falschen Münzen: Stempel, Siegel, Formen) werden abgegeben

1. an die Deutsche Bundesbank, Wilhelm-Eppstein-Str. 14, 60431 Frankfurt (Main), wenn es sich um in- und ausländische Noten oder Münzen handelt;

2. an die Bundesschuldenverwaltung, Bahnhofstr. 16–18, 61342 Bad Homburg v. d. H., wenn es sich um Schuldverschreibungen oder um Zins- und Erneuerungsscheine des Deutschen Reiches, der Deutschen Reichspost, des Preußischen Staates, der Bundesrepublik Deutschland, der Deutschen Bundesbahn und der Deutschen Bundespost handelt.

Die Abgabe darf auch dann nicht unterbleiben, wenn das falsche Stück von der zuständigen Stelle für wertlos erklärt worden ist.

(2) Schwer versendbare Gegenstände sind der in Absatz 1 bezeichneten Stelle nur im Einvernehmen mit ihr zu übersenden. Lehnt sie die Übernahme ab, so werden die Gegenstände nach den allgemeinen Vorschriften (§§ 63 bis 68) verwertet, sofern die zur Übernahme berechtigte Stelle einwilligt; andernfalls sind sie entweder unbrauchbar zu machen oder als Altmaterial zu verwerten oder, falls ein Erlös nicht zu erwarten ist, zu vernichten.

(3) Für die Entscheidung über die Abgabe von eingezogenem Falschgeld oder eingezogenem Herstellungsmaterial als Forschungs- oder Lehrmittel sind die in Absatz 1 bezeichneten Stellen zuständig. § 67 gilt insoweit nicht.

§ 77 Devisenwerte

(1) Soweit die Verwertung von Devisenwerten der Vollstreckungsbehörde obliegt, sind die Devisenwerte der Landeszentralbank anzuzeigen und im Benehmen mit dieser bestmöglich zu verwerten. Der Erlös wird nach Abzug der Verwertungskosten an die zuständige Kasse abgeführt.

(2) Devisenwerte im Sinne des Absatzes 1 sind:

1. Edelmetalle einschließlich außer Kurs gesetzter Gold- und Silbermünzen sowie solcher ausländischer Gold- und Silbermünzen, deren Metallwert höher als der Kurswert ist;

2. ausländische Zahlungsmittel;

3. Wertpapiere nichtdeutscher Ausstellerinnen und Aussteller sowie solche Wertpapiere deutscher Ausstellerinnen und Aussteller, die auf eine ausländische Währung lauten oder in ausländischer Währung zahlbar sind.

§ 78 Inländische Zahlungsmittel

(1) Inländische Zahlungsmittel (Euro oder Deutsche Mark), die noch im Kurs sind oder von den öffentlichen Geldinstituten noch eingelöst werden, sind an die zuständige Kasse abzuführen; die Vollstreckungsbehörde veranlasst, dass sie vereinnahmt werden.

(2) Andere inländische Zahlungsmittel, die nicht unter § 77 Abs. 1 Nr. 1 fallen, werden nach Möglichkeit, insbesondere bei Sammlerwert, nach den allgemeinen Vorschriften verwertet, andernfalls einer Nutzung gemäß § 67 zugeführt oder vernichtet.

(3) Die Absätze 1 und 2 finden keine Anwendung, soweit gesetzlich etwas anderes bestimmt ist.

§ 79 Inländische Wertpapiere

(1) Bei Wertpapieren deutscher Ausstellerinnen oder Aussteller, die auf Euro oder Deutsche Mark lauten und nicht in ausländischer Währung zahlbar sind, entscheidet über die Verwertung die oberste Justizbehörde oder die von ihr bestimmte Stelle.

(2) Sie werden ihr in Form eines Verzeichnisses angezeigt, das mindestens folgende Spalten enthält:

1. Bezeichnung des Wertpapiers;

2. Nennbetrag;

3. Zins- und Erneuerungsscheine;

4. Bemerkungen.

§ 80 Messgeräte, Verpackungen und unverpackte Waren

(1) Entsprechen Messgeräte, Zusatzeinrichtungen zu Messgeräten, Fertigpackungen, Maßbehältnisse in Flaschenform und sonstige formbeständige Behältnisse, offene Packungen, unverpackte Backwaren, Verkaufseinheiten ohne Umhüllung oder Schankgefäße im Sinne der §§ 2, 4, 6, 7 und 9 des Eichgesetzes, der Eichordnung und der Fertigpackungsverordnung nicht den gesetzlichen Vorschriften, erscheinen sie aber verwertbar, so werden sie nach Möglichkeit in vorschriftsmäßigen Zustand gebracht, soweit vorgeschrieben, geeicht oder von einer staatlich anerkannten Prüfstelle beglaubigt und nach den allgemeinen Vorschriften verwertet. Soweit dies nicht möglich oder sonst untunlich ist, ist die Verwertung lediglich im Wege des freihändigen Verkaufs an fachlich geeignete Hersteller- oder Instandsetzungsbetriebe und nur mit dem Hinweis zulässig, dass die Gegenstände nur verwendet oder zur Verwendung bereitgehalten werden dürfen, wenn sie den Vorschriften des Eichgesetzes und der auf Grund dieses Gesetzes erlassenen Rechtsverordnungen entsprechen.

(2) Vorschriftswidrige Gegenstände, die als solche nicht verwertbar erscheinen oder die nicht in einen vorschriftsmäßigen Zustand gebracht werden können oder bei denen die dafür aufzuwendenden Kosten in keinem angemessenen Verhältnis zu dem geschätzten Erlös stehen, werden unbrauchbar gemacht und als Altmaterial nach den allgemeinen Vorschriften verwertet. Zulassungs-, Stempel-, Hersteller- oder Beglaubigungszeichen, deren Missbrauch zu besorgen ist, sind vorher zu entfernen und zu zerstören. Verwertbarer Inhalt in Fertigpackungen, in Flaschen als Maßbehältnissen oder in sonstigen formbeständigen Behältnissen ist vor ihrer Unbrauchbarmachung zu entnehmen und nach den für ihn geltenden Vorschriften zu verwerten. Wenn die Kosten der Entnahme des Inhalts den zu erwartenden Erlös für seine Verwertung übersteigen und eine Verwendung für Justizzwecke (Justizvollzugsanstalten, psychiatrische Krankenhäuser usw.) nicht

möglich ist, können vorschriftswidrige Fertigpackungen, Flaschen als Maßbehältnisse oder sonstige formbeständige Behältnisse mit brauchbarem Inhalt an gemeinnützige Einrichtungen der öffentlich-rechtlichen Körperschaften, Anstalten, staatlichen, kommunalen oder kirchlichen Stiftungen oder Wohlfahrtsorganisationen, die als zuverlässig bekannt sind, veräußert oder unentgeltlich abgegeben werden, sofern die Empfängerinnen oder Empfänger sich verpflichten, den Inhalt der ihnen überlassenen Gegenstände nur für eigene Zwecke zu verwenden, nicht an Dritte weiterzugeben und die Verpackungsgegenstände nach Entnahme des Inhalts zu zerstören. Sind größere Mengen zu veräußern oder abzugeben und ist zu besorgen, dass dadurch das Wirtschaftsleben beeinträchtigt wird, so sind sie an mehrere Empfängerinnen oder Empfänger – möglichst an verschiedenen Orten – zu veräußern oder abzugeben.

(3) Hat die Vollstreckungsbehörde Zweifel, ob oder inwieweit ein Gegenstand vorschriftsmäßig ist, so führt sie eine Stellungnahme der örtlich zuständigen Behörde oder staatlich anerkannten Prüfstelle (§ 11 des Eichgesetzes, §§ 47 ff. der Eichordnung) herbei.

§ 81 Schriften, Ton- und Bildträger, Datenspeicher, Abbildungen und Darstellungen

(1) Gerichtliche Entscheidungen über die Einziehung von Schriften nach § 74d Abs. 1, 2 oder § 76a StGB sind regelmäßig alsbald nach Rechtskraft im Landeskriminalblatt bekannt zu machen. Falls es auf Grund der festgestellten oder mutmaßlichen Verbreitung angebracht erscheint oder falls die Beschlagnahme der Schrift im Bundeskriminalblatt veröffentlicht worden ist, ist die Entscheidung statt dessen im Bundeskriminalblatt bekannt zu machen. Die Bekanntmachung gilt als Vollstreckungsersuchen an die Polizeidienststellen. Eine Bekanntmachung unterbleibt, wenn anzunehmen ist, dass keine Stücke der Schrift mehr im Verkehr sind.

(2) Handelt es sich um eine Gewalt darstellende, pornografische oder eine sonst jugendgefährdende Schrift im Sinne des Gesetzes über die Verbreitung jugendgefährdender Schriften und Medieninhalte, so ist die auf Einziehung lautende gerichtliche Entscheidung auszugsweise im Bundeskriminalblatt bekannt zu machen, wenn die Schrift genau genug bezeichnet werden kann. Ist die Schrift nur in wenigen Stücken oder nur in einem örtlich begrenzten Gebiet verbreitet worden, so genügt die Bekanntmachung im Landeskriminalblatt. Wird in der gerichtlichen Entscheidung der Gewalt darstellende, pornografische oder sonst jugendgefährdende Charakter der Schrift verneint und die oder der Angeklagte freigesprochen oder wird die Einziehung abgelehnt, so ist nach Nummer 226 Abs. 2 Satz 2 und 3 RiStBV zu verfahren.

(3) Von gemäß § 74d Abs. 1, 2 oder § 76a StGB eingezogenen Schriften sind, soweit verfügbar, je drei Stücke dem Bundes- und dem Landeskriminalamt zu übersenden. Von Schriften politischen Inhalts erhalten, soweit verfügbar, auch das Bundes- und das Landesamt für Verfassungsschutz je drei Stücke. Die Behandlung der übrigen Stücke der eingezogenen Schriften richtet sich nach § 63 Abs. 1 Satz 2; jedoch ist von einer Vernichtung insoweit abzusehen, als die Aufbewahrung einzelner Stücke aus besonderen, aktenkundig zu machenden Gründen geboten erscheint oder die Abgabe einzelner Stücke an bestimmte Stellen vorgeschrieben ist.

(4) Die oberste Justizbehörde kann der zur Bekämpfung Gewalt darstellender, pornografischer oder sonst jugendgefährdender Schriften eingerichteten Zentralstelle die nach Absatz 2 der Vollstreckungsbehörde obliegenden Aufgaben übertragen. Dasselbe gilt für die in Absatz 3 bezeichneten Aufgaben, soweit es sich um Gewalt darstellende, pornografische oder sonst jugendgefährdende Schriften handelt.

(5) Den Schriften stehen Ton- und Bildträger, Datenspeicher, Abbildungen und andere Darstellungen gleich.

§ 82 Weine

(1) Ist Wein nur deshalb eingezogen worden, weil er den Vorschriften über Kennzeichnung und Aufmachung nicht entspricht, beantragt die Vollstreckungsbehörde entweder eine Ausnahmegenehmigung nach § 27 Abs. 2 des Weingesetzes i. V. m. § 2 der Wein-Überwachungsverordnung oder sie gibt das Erzeugnis mit der Auflage frei, dass es unter Aufsicht der Weinkontrolle mit richtiger Bezeichnung in den Verkehr gebracht wird.

(2) Ist der Wein aus anderen Gründen eingezogen worden, so prüft die Vollstreckungsbehörde im Benehmen mit der Stelle, die ihn beanstandet hat, wie der Wein im Rahmen des geltenden Rechts ohne Beeinträchtigung der Marktordnung oder des Verbraucherschutzes wirtschaftlich verwertet werden kann. Falls erforderlich, beantragt sie bei der zuständigen Behörde eine Ausnahmegenehmigung nach § 27 Abs. 2 des Weingesetzes i. V. m. § 2 der Wein-Überwachungsverordnung.

(3) Soll Wein zur Verwertung vergällt werden, so geschieht dies durch Zusatz von Lithiumchlorid in einer Menge von mindestens 0,5 g oder von Natriumchlorid in einer Menge von mindestens 2 g auf einen Liter Flüssigkeit. Auf Vorschlag der zuständigen Lebensmittelüberwachungsstelle kann eine größere Menge, ein anderes Vergällungsmittel verwendet oder ein Lebensmittelfarbstoff zugesetzt werden. Die Vollstreckungsbehörde oder die von ihr ersuchte Behörde überwacht die Vergällung.

(4) Nach der Vergällung ist die Umschließung des Weines durch amtliche Verschlüsse zu sichern, bevor er der Erwerberin oder dem Erwerber übergeben wird. Die Verschlüsse können auch durch die Polizei oder die Weinkontrolle angelegt werden. Die Erwerberin oder der Erwerber muss sich als Inhaberin oder Inhaber einer gewerblichen Verschlussbrennerei ausweisen und durch schriftliche Erklärung verpflichten,

1. die Verschlüsse bis zur Freigabe des Weines durch die Zollaufsichtsbeamtinnen oder -beamten unverletzt zu erhalten;

2. den Eingang des Weines binnen 24 Stunden der Zollstelle unter Angabe der Art und Menge schriftlich zu melden;

3. die übernommene Menge restlos in ihrer oder seiner gewerblichen Verschlussbrennerei zu Branntwein zu verarbeiten und diesen an die Bundesmonopolverwaltung für Branntwein abzuliefern, wenn er aus anderen als den in § 37 des Gesetzes über das Branntweinmonopol genannten Stoffen gewonnen worden ist;

4. sich den besonderen Überwachungsanordnungen des Hauptzollamts zu unterwerfen;

5. bei Verstößen gegen die Pflichten zu Nummer 1 bis 4 eine Vertragsstrafe zu zahlen, deren Höhe die Vollstreckungsbehörde im voraus bestimmt.

(5) Die Vollstreckungsbehörde oder die von ihr beauftragte Behörde oder Stelle übersendet die Verpflichtungserklärung der Erwerberin oder des Erwerbers dem Hauptzollamt. Mitzuteilen sind dabei die Menge des Weines und sein Weingeistgehalt, soweit er aus den Akten festzustellen ist, ferner Art und Zahl der Umschließungen und ihr Rohgewicht sowie Art und Zahl der angelegten Verschlüsse. Der Weingeistgehalt wird in der Regel aus den bei den Akten befindlichen Gutachten zu ersehen sein.

(6) Der Wein ist zu vernichten, wenn

1. er von gesundheitlich bedenklicher Beschaffenheit ist und der Mangel nicht mit angemessenem Kostenaufwand beseitigt werden kann;

2. die nach § 27 Abs. 2 des Weingesetzes i. V. m. § 2 der Wein-Überwachungsverordnung erforderliche Genehmigung nicht erteilt wird;

3. durch die Veräußerung ein die Vergällungs- und Verwertungskosten übersteigender Erlös nicht zu erwarten ist;

4. eine Verwertung aus sonstigen Gründen nicht in Betracht kommt.

§ 83 Andere unter das Weingesetz fallende Erzeugnisse und Getränke

§ 82 gilt entsprechend für Traubenmaische, Traubenmost, konzentrierten Traubenmost, teilweise gegorenen Traubenmost, Traubensaft, Likörwein, Schaumwein, dem Schaumwein oder dem Wein ähnliche Getränke, Mischgetränke (§ 22 der Verordnung zur vorläufigen Aufrechterhaltung weinrechtlicher Vorschriften), Brennwein, Branntwein aus Wein, verschnittenen Branntwein aus Wein, Weinalkohol, Weindestillat, Tresterwein, Rohbrand aus Wein und Rohbrand aus Brennwein, die nach § 52 des Weingesetzes eingezogen worden sind.

§ 84 Andere unter das Weingesetz fallende Stoffe und Gegenstände

Stoffe und Gegenstände, deren Verwendung bei der Herstellung, Behandlung und Verarbeitung von Wein oder anderen in § 83 genannten Erzeugnissen oder Getränken unzulässig ist, sind nach allgemeinen Grundsätzen zu verwerten, wenn eine vorschriftswidrige Verwendung durch die Erwerberin oder den Erwerber nicht zu besorgen ist; andernfalls sind sie zu vernichten. In Zweifelsfällen ist die nach § 27 des Weingesetzes i. V. m. § 2 der Wein-Überwachungsverordnung zuständige Behörde vor der Verwertung oder Vernichtung zu beteiligen.

§ 85 Branntwein und Branntweinerzeugnisse

(1) Sind Branntwein oder Branntweinerzeugnisse in einem gerichtlichen Verfahren wegen Zuwiderhandlung des Gesetz über das Branntweinmonopol eingezogen worden, so gelten § 63 Abs. 6 und § 65 Abs. 1.

(2) Sind Branntwein oder Branntweinerzeugnisse in einem gerichtlichen Verfahren wegen Zuwiderhandlungen gegen andere Gesetze eingezogen worden, so sind sie die Bundesmonopolverwaltung für Branntwein anzubieten und auf Verlangen an sie abzuliefern (§ 61a des Branntweinmonopolgesetzes).

§ 86 Brenn- oder Weingeräte

Die Abgabe von Brenn- oder Weingeräten und sonstigen zur Herstellung oder Reinigung von Branntwein geeigneten Geräten ist schriftlich der Finanz- und der Zollbehörde anzuzeigen. Dabei ist die Empfängerin oder der Empfänger zu bezeichnen (§ 45 Abs. 2 des Gesetzes über das Branntweinmonopol in Verbindung mit § 227 der Brennereiordnung).

Abschnitt 6
Vollstreckung von Entscheidungen nach dem Gesetz über Ordnungswidrigkeiten

§ 87 Anzuwendende Vorschriften, ergänzende Bestimmungen

(1) Für die Vollstreckung gerichtlicher Bußgeldentscheidungen und der Erzwingungshaft nach § 97 OWiG gelten die §§ 2 bis 4, 6, 7, 9, 10, 13, 15, 16, 18, 19 und 21 sinngemäß. Richtet sich die Vollstreckung gegen Jugendliche oder Heranwachsende, so gelten hinsichtlich der Übertragung auf die Rechtspflegerin oder den Rechtspfleger die für das Jugendstrafverfahren erlassenen besonderen Vorschriften sinngemäß.

(2) Die Vollstreckung der Geldbuße, einer Nebenfolge, die zu einer Geldzahlung verpflichtet, und der Verfahrenskosten richtet sich ferner nach der EBAO. Im Übrigen gelten sinngemäß für die Vollstreckung

1. des Fahrverbots (§ 25 StVG) der § 59a;

2. der Einziehungsanordnung oder Unbrauchbarmachung die §§ 60 bis 86;

3. der Erzwingungshaft der § 22 Abs. 1, 2, die §§ 23, 24, 26 bis 28 Abs. 1 Satz 1 und 2, Abs. 2, §§ 29, 30, 33, 35, 36 Abs. 1, § 37 Abs. 1, 2, 4, 5, § 38 Nr. 1, 2 und 4, § 40 Abs. 1 Satz 1, Abs. 2, § 43 Abs. 2 bis 6, § 45 Abs. 1 und 2, §§ 46 bis 47 und 51.

(3) Bei der Aufforderung zur Zahlung der Geldbuße sind die Betroffenen zugleich aufzufordern, im Falle der Zahlungsunfähigkeit der Vollstreckungsbehörde schriftlich oder zur Niederschrift darzutun, warum die fristgemäße Zahlung nach den wirtschaftlichen Verhältnissen nicht zuzumuten ist, und zu belehren, dass nach § 96 Abs. 1 OWiG Erzwingungshaft angeordnet werden kann, wenn die Geldbuße oder die bestimmten

Teilbeträge nicht fristgemäß gezahlt und auch der Pflicht zur Darlegung der wirtschaftlichen Verhältnisse nicht genügt wird.

Abschnitt 7
Vollstreckung gerichtlich erkannter Ordnungs- und Zwangshaft in Straf- und Bußgeldsachen

§ 88 Anwendende Vorschriften, ergänzende Bestimmung

(1) Wird gerichtlich erkannte Ordnungs- oder Zwangshaft in Straf- oder Bußgeldsachen nach §§ 51, 70, 95 StPO, § 46 Abs. 1 OWiG von der Staatsanwaltschaft als Vollstreckungsbehörde oder als ersuchte Behörde vollstreckt, so gelten folgende Vorschriften sinngemäß:

§ 2 (Nachdrückliche Vollstreckung);

§ 3 (Aufgaben der Vollstreckungsbehörde);

§ 9 (Vollstreckungshilfe);

§ 22 (Vollstreckungsplan);

§ 23 (Sachliche Vollzugszuständigkeit);

§ 24 Abs. 1, 2, 4 und 5 (Örtliche Vollzugszuständigkeit);

§ 27 (Ladung zum Strafantritt);

§ 28 (Überführungsersuchen);

§§ 29, 30 Abs. 1, Abs. 2 Satz 1 und 2 (Aufnahmeersuchen);

§ 33 (Vorführungs- oder Haftbefehl);

§ 35 (Mitteilungen an die Vollstreckungsbehörde);

§ 36 (Überwachungspflicht der Vollstreckungsbehörde);

§ 37 (Strafzeitberechnung);

§ 38 Nr. 1 und 2 (Strafbeginn);

§ 40 (Berechnung des Strafrestes);

§ 43 Abs. 2 bis 6 (Vollstreckung mehrerer Freiheitsstrafen);

§§ 45, 46 (Unterbrechung der Strafvollstreckung bei Vollzugsuntauglichkeit);

§ 47 (Mitteilungen der Vollstreckungsbehörde an die Bundeswehr);

§ 49 Abs. 1, § 50 Abs. 2 (Ersatzfreiheitsstrafe);

§ 51 (Ladung zum Strafantritt).

(2) Veranlasst die oder der Vorsitzende des Gerichts die Vollstreckung nach § 179 GVG, § 36 Abs. 2 StPO unmittelbar, so bleibt die Entscheidung, ob und inwieweit Vorschriften der Strafvollstreckungsordnung anzuwenden sind, ihr oder ihm überlassen.

Anhang
Vereinbarung der Länder zur Vereinfachung und Beschleunigung der Strafvollstreckung und der Vollstreckung anderer freiheitsentziehender Maßnahmen in Straf- und Bußgeldsachen vom 8. 6. 1999

Bezug:

Vereinbarung zur Vereinfachung und Beschleunigung der Strafvollstreckung vom 13. 1. 1965

I.

Die Strafvollstreckungsbehörden der an dieser Vereinbarung beteiligten Länder sind befugt, Verurteilte unmittelbar, d. h. ohne nach §§ 162, 163 GVG die Amtshilfe einer anderen Vollstreckungsbehörde in Anspruch zu nehmen, zum Strafantritt in die zuständige Justizvollzugsanstalt eines anderen Landes zu laden und durch ein Aufnahmeersuchen in diese Anstalt einzuweisen (§ 29 Abs. 1 StVollstrO). In dem Aufnahmeersuchen sind die Umstände, die die örtliche Zuständigkeit der Anstalt begründen, konkret zu bezeichnen.

Bei Verurteilten, die sich in der Justizvollzugsanstalt eines anderen Landes in Untersuchungs- oder Strafhaft befinden, können die Strafvollstreckungsbehörden diese Anstalt unmittelbar um die Überführung des Verurteilten gemäß § 28 StVollstrO ersuchen.

Die Strafvollstreckungsbehörden sind ferner befugt, die Polizeidienststellen eines anderen Landes um die Ausführung von Vorführungs- oder Haftbefehlen zum Zwecke der Strafvollstreckung zu ersuchen.

II.

Die durch die vorstehenden Maßnahmen den Justizvollzugsanstalten und den Polizeidienststellen entstehenden Kosten werden nicht erstattet.

III.

Die in Abschnitt I genannten Befugnisse und der in Abschnitt II geregelte Kostenverzicht

gelten nur, wenn auch das Land der ersuchten Behörde dieser Vereinbarung beigetreten ist.

Die Befugnisse und der Kostenverzicht gelten sinngemäß für die Vollstreckung von Erzwingungshaft nach § 97 OWiG sowie von gerichtlich erkannter Ordnungs- und Zwangshaft in Straf- und Bußgeldsachen. Sie gelten nicht für die Vollstreckung der mit Freiheitsentziehung verbundenen Maßregeln der Besserung und Sicherung.

IV.

Die Landesjustizverwaltungen tauschen ihre Vollstreckungspläne aus und teilen sich Änderungen dieser Pläne alsbald nach ihrem Inkrafttreten mit.

Die Landesjustizverwaltungen benachbarter Länder teilen sich die Vollstreckungspläne und ihre Änderungen gegenseitig in so vielen Stücken mit, dass alle Strafvollstreckungsbehörden dieser Länder und die Landesjustizverwaltung selbst mit einem aktuellen Vollstreckungsplan des jeweils anderen Landes ausgestattet werden können. Den Landesjustizverwaltungen nicht benachbarter Länder bleibt es vorbehalten, den Austausch der Vollstreckungspläne und ihrer Änderungen im vorstehenden Sinne zu vereinbaren. Im Übrigen stellen sie sich gegenseitig so viele Mehrfertigungen zur Verfügung, dass die andere Landesjustizverwaltung und die Strafvollstreckungsbehörden des anderen Landes, die ihren Sitz in Großstädten haben, jeweils eine Mehrfertigung des Vollstreckungsplanes erhalten können.

V.

Diese Vereinbarung tritt am 1. 1. 2000 in Kraft. Sie gilt für ein Jahr. Die Gültigkeitsdauer verlängert sich jeweils um ein weiteres Jahr, wenn die Vereinbarung nicht drei Monate vor Jahresende schriftlich gekündigt wird. Die Kündigung eines Landes berührt die Weitergeltung der Vereinbarung zwischen den anderen Ländern nicht.

Zu dem im vorstehenden Absatz genannten Zeitpunkt wird die Vereinbarung der Länder zur Vereinfachung und Beschleunigung der Strafvollstreckung vom 13. 1. 1965 im Verhältnis derjenigen Länder zueinander, die der vorstehenden Vereinbarung beigetreten sind, aufgehoben. Im Übrigen bleibt es bei der Vereinbarung vom 13. 1. 1965.

Vollzugsgeschäftsordnung (VGO)

Vom 12. November 2008 (JMBl. S. 277)

Inhaltsübersicht

II

Erster Teil
Allgemeine Bestimmungen

1 Anwendungsbereich

Die Vollzugsgeschäftsordnung bestimmt Umfang und Inhalt der Verwaltungsgeschäfte in Justizvollzugsanstalten, soweit sie sich auf die Gefangenen unmittelbar beziehen und nicht in anderen Vorschriften geregelt sind.

2 Erledigung der Verwaltungsgeschäfte

(1) Die Verwaltungsgeschäfte können im manuellen Verfahren oder im automatisierten Verfahren erledigt werden.

(2) Beim Einsatz von automatisierten Verfahren kann systembedingt von dieser Verwaltungsvorschrift abgewichen werden. Gleiches gilt, wenn Daten auf elektronischem Wege mit öffentlichen Stellen ausgetauscht werden.

(3) Soweit Schriftstücke mit einem Dienstsiegel zu versehen sind, kann dieses maschinell aufgedruckt werden. Bei Mitteilungen, die im automatisierten Verfahren erstellt werden, kann auf die Unterschrift verzichtet werden.

3 Auskünfte und Überlassung von Akten an Dritte

(1) Beim Vollzug der Freiheitsstrafe und ihr gleichgestellter Freiheitsentziehung erfolgt die Erteilung von Auskünften über Gefangene an öffentliche und nicht-öffentliche Stellen sowie die Überlassung von Akten mit personenbezogenen Daten unter Beachtung der in § 180 Absatz 5 bis 11 StVollzG getroffenen Regelungen oder entsprechender landesgesetzlicher Bestimmungen.

(2) Bei anderen als den in Absatz 1 genannten Freiheitsentziehungen gelten für die Erteilung von Auskünften und die Überlassung von Akten an Dritte bis zum Inkrafttreten bereichsspezifischer gesetzlicher Regelungen die einschlägigen Bestimmungen in den Datenschutzgesetzen der Länder.

§ 180

(5) Öffentlichen und nicht-öffentlichen Stellen darf die Vollzugsbehörde auf schriftlichen Antrag mitteilen, ob sich eine Person in Haft befindet sowie ob und wann ihre Entlassung voraussichtlich innerhalb eines Jahres bevorsteht, soweit

1. die Mitteilung zur Erfüllung der in der Zuständigkeit der öffentlichen Stelle liegenden Aufgaben erforderlich ist
   oder
2. von nicht-öffentlichen Stellen ein berechtigtes Interesse an dieser Mitteilung glaubhaft dargelegt wird und der Gefangene kein schutzwürdiges Interesse an dem Ausschluss der Übermittlung hat.

Dem Verletzten einer Straftat können darüber hinaus auf schriftlichen Antrag Auskünfte über die Entlassungsadresse oder die Vermögensverhältnisse des Gefangenen erteilt werden, wenn die Erteilung zur Feststellung oder Durchsetzung von Rechtsansprüchen im Zusammenhang mit der Straftat erforderlich ist. Der Gefangene wird vor der Mitteilung gehört, es sei denn, es ist zu besorgen, dass dadurch die Verfolgung des Interesses des Antragstellers vereitelt oder wesentlich erschwert werden würde, und eine Abwägung ergibt, dass dieses Interesse des Antragstellers das Interesse des Gefangenen an seiner vorherigen Anhörung überwiegt. Ist die Anhörung unterblieben, wird der betroffene Gefangene über die Mitteilung der Vollzugsbehörde nachträglich unterrichtet.

(6) Akten mit personenbezogenen Daten dürfen nur anderen Vollzugsbehörden, den zur Dienst- oder Fachaufsicht oder zu dienstlichen Weisungen befugten Stellen, den für strafvollzugs-, strafvollstreckungs- und strafrechtliche Entscheidungen zuständigen Gerichten sowie den Strafvollstreckungs- und Strafverfolgungsbehörden überlassen werden; die Überlassung an andere öffentliche Stellen ist zulässig, soweit die Erteilung einer Auskunft einen unvertretbaren Aufwand erfordert oder nach Darlegung der Akteneinsicht begehrenden Stellen für die Erfüllung der Aufgabe nicht ausreicht. Entsprechendes gilt für die Überlassung von Akten an die von der Vollzugsbehörde mit Gutachten beauftragten Stellen.

(7) Sind mit personenbezogenen Daten, die nach den Absätzen 1, 2 oder 4 übermittelt werden dürfen, weitere personenbezogene

Daten des Betroffenen oder eines Dritten in Akten so verbunden, dass eine Trennung nicht oder nur mit unvertretbarem Aufwand möglich ist, so ist die Übermittlung auch dieser Daten zulässig, soweit nicht berechtigte Interessen des Betroffenen oder eines Dritten an deren Geheimhaltung offensichtlich überwiegen; eine Verarbeitung oder Nutzung dieser Daten durch den Empfänger ist unzulässig.

(8) Bei der Überwachung der Besuche oder des Schriftwechsels sowie bei der Überwachung des Inhaltes von Paketen bekannt gewordene personenbezogene Daten dürfen nur für die in Absatz 2 aufgeführten Zwecke, für das gerichtliche Verfahren nach den §§ 109 bis 121, zur Wahrung der Sicherheit oder Ordnung der Anstalt oder nach Anhörung des Gefangenen für Zwecke der Behandlung verarbeitet und genutzt werden.

(9) Personenbezogene Daten, die gemäß § 179 Abs. 3 über Personen, die nicht Gefangene sind, erhoben worden sind, dürfen nur zur Erfüllung des Erhebungszweckes, für die in Absatz 2 Nr. 1 bis 3 geregelten Zwecke oder zur Verhinderung oder Verfolgung von Straftaten von erheblicher Bedeutung verarbeitet oder genutzt werden.

(10) Die Übermittlung von personenbezogenen Daten unterbleibt, soweit die in § 182 Abs. 2, § 184 Abs. 2 und 4 geregelten Einschränkungen oder besondere gesetzliche Verwendungsregelungen entgegenstehen.

(11) Die Verantwortung für die Zulässigkeit der Übermittlung trägt die Vollzugsbehörde. Erfolgt die Übermittlung auf Ersuchen einer öffentlichen Stelle, trägt diese die Verantwortung. In diesem Fall prüft die Vollzugsbehörde nur, ob das Übermittlungsersuchen im Rahmen der Aufgaben des Empfängers liegt und die Absätze 8 bis 10 der Übermittlung nicht entgegenstehen, es sei denn, dass besonderer Anlass zur Prüfung der Zulässigkeit der Übermittlung besteht.

4 Geschäftsbehandlung

(1) Schriftstücke dürfen nur aufgrund einer Sachverfügung, die mit Tagesangabe und leserlicher Signatur zu versehen ist, zu den Personalakten genommen werden. Für Aktenvermerke gilt dies entsprechend. In Büchern und Karteien darf nicht radiert und nichts unleserlich gemacht werden. Änderungen sind mit leserlicher Signatur unter Angabe des Tages zu bescheinigen.

(2) Von ausgehenden Schreiben ist ein Doppel mit einer Sachverfügung zu den Akten zu nehmen. Bei Verwendung eines Vordrucks genügt eine Sachverfügung, die die Bezeichnung des Vordrucks und die Empfänger der Mitteilung enthält; Zusätze sind inhaltlich wiederzugeben.

(3) Sofern Schriftstücke von Gefangenen zu unterschreiben sind und diese die Unterschrift verweigern oder nicht leisten können, ist hierüber unter Angabe der Gründe ein Vermerk auf den Schriftstücken anzubringen.

(4) Im Schriftverkehr mit Angehörigen von Gefangenen, entlassenen Gefangenen und deren Angehörigen sind Briefumschläge zu verwenden, die die Justizvollzugsanstalt nicht als Absender erkennen lassen.

5 Sprachgebrauch

Der Vollzugsgeschäftsordnung liegt folgender Sprachgebrauch zugrunde:

Abgang	ist, wer
	a) die Justizvollzugsanstalt verlässt und nicht vor Ablauf des Tages zurückkehrt,
	b) eine Freiheitsentziehung beendet, jedoch zu weiterer Freiheitsentziehung in der Anstalt – auch nur vorübergehend – verbleibt (Übertritt).

Annahme	ist der Zeitpunkt, in dem eine Person vor ihrer Aufnahme in den Gewahrsam einer Justizvollzugsanstalt genommen wird.

Aufnahme	ist erfolgt mit der Unterzeichnung der Aufnahmeverfügung. Sie ist Erstaufnahme, wenn die Person sich zuvor in Freiheit oder in einem Gewahrsam außerhalb der Justizverwaltung befunden hat.

II

Ausant-wortung ist das befristete Überlassen von Gefangenen in den Gewahrsam einer Behörde außerhalb der Justiz, die ihrerseits befugt ist, die ausgeantwortete Person in amtlichem Gewahrsam zu halten.

Austritt ist das endgültige Verlassen der Justizvollzugsanstalt, in der die Gefangenen sich befinden. Ein Austritt liegt auch dann vor, wenn in einer Anstalt ein Wechsel zwischen offenen, geschlossenen, sozialtherapeutischen Abteilungen und Abteilungen für Sicherungsverwahrung erfolgt, damit ein Wechsel der Vollzugsform verbunden und deshalb eine neue Gefangenenbuchnummer vergeben wird.

Durch-gangshaft ist die vorübergehende Unterbringung von auf Transport befindlichen Gefangenen in einer Justizvollzugsanstalt zum Zwecke des Weitertransports in eine andere Anstalt.

Eintritt ist jede Vergabe einer Gefangenenbuchnummer.

Einwei-sungsbe-hörde ist bei
a) Freiheitsstrafe (auch Ersatzfreiheitsstrafe) und Sicherungsverwahrung die Vollstreckungsbehörde,
b) Jugendstrafe die Vollstreckungsleiterin oder der Vollstreckungsleiter,
c) Untersuchungshaft das Gericht,
d) vorläufiger Unterbringung nach § 275a Absatz 5 StPO das Gericht,
e) Sicherungshaft gemäß § 453c StPO das Gericht,
f) einstweiliger Unterbringung nach § 126a StPO das Gericht,

g) Auslieferungshaft und Durchlieferungshaft das Gericht oder die Generalstaatsanwaltschaft,
h) Abschiebungshaft die Verwaltungsbehörde,
i) Erzwingungshaft die Vollstreckungsbehörde,
j) Ordnungs- und Zwangshaft in Straf- und Bußgeldsachen das Gericht, wenn es die Vollstreckung unmittelbar veranlasst, oder die Staatsanwaltschaft als ersuchte Behörde,
k) gerichtlich angeordneter Ordnungs- und Zwangshaft – außer in Straf- und Bußgeldsachen – sowie Sicherungshaft nach §§ 918, 933 ZPO und Haft nach § 98 Absatz 2 Insolvenzordnung das Gericht.

Entlas-sung ist die förmliche Verfügung der Beendigung einer Freiheitsentziehung.

Entwei-chung ist die Selbstbefreiung und die Befreiung durch Dritte. Eine Nichtrückkehr vom Freigang, Ausgang, Urlaub und aus einer Strafunterbrechung sowie die Befreiung oder Selbstbefreiung aus dem tatsächlichen Gewahrsam der Gerichte sowie der Polizei oder anderer Behörden, an die Gefangene ausgeantwortet sind, gelten nicht als Entweichung.

Gefange-ne sind alle Personen, die sich im amtlichen Gewahrsam einer Justizvollzugsanstalt befinden. Keine Gefangenen sind nach Nummer 60 aufgenommene Personen sowie Personen, denen auf Antrag gestattet worden ist, über den Entlassungszeitpunkt hinaus in der Justizvollzugsanstalt zu verbleiben.

Nichtrück-kehr	liegt statistisch vor, wenn Gefangene bis zum Ablauf des auf das Ende des Urlaubs, Freigangs oder Ausgangs folgenden Tages nicht zurückkehren oder vor diesem Zeitpunkt festgenommen werden.
Überhaft	ist die Vormerkung einer Freiheitsentziehung, die sich an den laufenden Vollzug anschließen soll.
Überstellung	ist die befristete Überführung von Gefangenen in eine andere Justizvollzugsanstalt.
Übertritt	liegt vor, wenn eine Freiheitsentziehung beendet ist, jedoch im Anschluss daran eine weitere Freiheitsentziehung in der Justizvollzugsanstalt – auch nur vorübergehend – vollzogen wird.
Verlegung	ist die unbefristete Überführung von Gefangenen in eine andere Justizvollzugsanstalt.
Vollzugsdauer	ist die Zeit, die Gefangene gemäß der Strafzeitberechnung im Strafvollzug zuzubringen haben.
Vollzugsuntauglichkeit	liegt vor, wenn Gefangene so erkrankt sind, dass sie

a) weder in einer Justizvollzugsanstalt,
b) noch in einem Anstaltskrankenhaus,
c) noch durch eine vorübergehende Verbringung in ein Krankenhaus außerhalb des Vollzuges,
d) noch durch eine ambulante Behandlung außerhalb des Vollzuges

in der erforderlichen Weise behandelt werden können.

Vorübergehende Abwesenheit	ist jeder Zeitraum, während dessen Gefangene sich nicht im ummehrten Anstaltsbereich befinden.

Zivilhaft	ist der Vollzug einer gerichtlich angeordneten Ordnungs-, Zwangs- und Erzwingungshaft sowie Sicherungshaft nach §§ 918, 933 ZPO und Haft nach § 98 Absatz 2 Insolvenzordnung.
Zugang	ist, wer

a) sich zum Vollzug stellt,
b) zugeführt wird (vgl. jedoch Nummer 52 Absatz 4),
c) nach vorübergehender Abwesenheit, jedoch nicht vor Ablauf des Tages zurückkehrt,
d) im Anschluss an eine Freiheitsentziehung zu weiterer Freiheitsentziehung in der Anstalt – auch nur vorübergehend – verbleibt (Übertritt).

Zweiter Teil
Aufnahmeverfahren

6 Aufnahme

(1) Urkundliche Grundlage für die Aufnahme zum Vollzug einer jeden Freiheitsentziehung – mit Ausnahme der in Nummer 13 Absatz 3 geregelten Fälle – ist das Aufnahmeersuchen der Einweisungsbehörde. Es ist jede Person aufzunehmen, für die ein Aufnahmeersuchen vorliegt.

(2) Eine Vollzugsuntauglichkeit steht der Aufnahme nicht entgegen. Die Entscheidung der Einweisungsbehörde ist unverzüglich herbeizuführen. Dabei ist das Gutachten der Anstaltsärztin oder des Anstaltsarztes mitzuteilen.

7 Anlagen zum Aufnahmeersuchen bei Freiheitsstrafe, Jugendstrafe und Sicherungsverwahrung

(1) Dem Aufnahmeersuchen sollen als Anlagen beigefügt sein (§§ 31, 53 Absatz 2 Nummer 1 StVollstrO):

a) eine vollständige Abschrift der zu vollstreckenden Entscheidung mit Ausnahme solcher Teile, die geheimhaltungsbedürftig sind; beim Vollzug von Jugendstrafe drei

Abschriften des vollständigen Urteils mit Ausnahme solcher Teile, die geheimhaltungsbedürftig sind,

b) ein Auszug aus dem Bundeszentralregister, der möglichst nicht älter als sechs Monate ist. Fehlende Unterlagen sind nachzufordern.

(2) Läuft die im Aufnahmeersuchen angegebene Frist ab, ohne dass sich die verurteilte Person zum Strafantritt stellt, so ist die Einweisungsbehörde alsbald nach Anlage 1 (Nichtstellung) zu verständigen. Hat die verurteilte Person die Strafe vier Monate nach Ablauf der im Aufnahmeersuchen angegebenen Frist noch nicht angetreten, so ist das Aufnahmeersuchen der Einweisungsbehörde mit einem entsprechenden Vermerk zurückzusenden.

8 Annahme

(1) Ohne Aufnahmeersuchen ist anzunehmen,

a) wer sich unter Vorzeigen einer auf die Justizvollzugsanstalt lautenden Ladung selbst stellt; die Ladung ist zu den Personalakten zu nehmen;

b) wer der Justizvollzugsanstalt unter Übergabe der für den Einzelfall vorgeschriebenen Unterlagen zugeführt wird.

(2) Ohne Aufnahmeersuchen darf angenommen werden,

a) wer sich unter Vorzeigen einer auf eine andere Justizvollzugsanstalt lautenden Ladung selbst stellt; die Ladung ist zu den Personalakten zu nehmen;

b) wer sich selbst stellt, ohne eine Ladung vorweisen zu können, wenn durch sofortige fernmündliche Rückfrage bei der zuständigen Behörde festgestellt werden kann, dass die sich selbst stellende Person dem Vollzug zuzuführen ist.

(3) Nummer 10 Absatz 2 und Nummer 13 Absatz 3 bleiben unberührt.

(4) Bei einer Annahme ohne Aufnahmeersuchen ist die Einweisungsbehörde zu unterrichten (Anlage 2: Annahme-/Aufnahme-/Änderungsmitteilung). Hierbei ist der Vermerk „Aufnahmeersuchen dringend erbeten!" anzubringen.

9 Ersatzfreiheitsstrafe

(1) Nummer 7 Absatz 2 gilt mit der Maßgabe entsprechend, dass das Aufnahmeersuchen bereits nach zwei Monaten zurückzusenden ist.

(2) Will die verurteilte Person selbst den Vollzug der Ersatzfreiheitsstrafe oder einen Teil der Ersatzfreiheitsstrafe durch Zahlung eines Geldbetrages abwenden, ist ihr – außer zur Unzeit – Gelegenheit dazu zu geben. Unzeit ist grundsätzlich die Zeit des Nachtverschlusses.

10 Untersuchungshaft, vorläufige Unterbringung nach § 275a StPO, Sicherungshaft nach § 453c StPO und vorläufige Festnahme

(1) Liegt dem Aufnahmeersuchen bei Untersuchungshaft, bei vorläufiger Unterbringung nach § 275a StPO oder bei Sicherungshaft nach § 453c StPO eine Abschrift des Haftbefehls oder des Unterbringungsbefehls nicht bei, so ist sie in der Aufnahmemitteilung (Nummer 22 Absatz 1) anzumahnen.

(2) Wer aufgrund eines Haftbefehls, eines Unterbringungsbefehls nach § 275a Absatz 5 StPO oder einer Ausschreibung zur Festnahme ergriffen worden ist, darf ohne Aufnahmeersuchen angenommen werden, wenn die einliefernde Polizeidienststelle den Grund der Festnahme schriftlich darlegt. Die Anstaltsleitung ist unverzüglich zu verständigen; sie stellt sicher, dass die ergriffene Person unverzüglich, spätestens am Tage nach der Ergreifung, dem Gericht vorgeführt wird.

(3) Eine vorläufig festgenommene Person ist anzunehmen, wenn eine schriftliche Verfügung des Gerichts oder der Staatsanwaltschaft vorliegt. In Ausnahmefällen genügt eine von der Polizeidienststelle ausgestellte und unterschriebene Einlieferungsanzeige. Absatz 2 Satz 2 gilt entsprechend.

11 Einstweilige Unterbringung nach § 126a StPO

(1) Die einstweilige Unterbringung (§ 126a StPO) in einer Justizvollzugsanstalt ist für höchstens 24 Stunden und nur dann zulässig, wenn eine sofortige Überführung in ein öffentliches psychiatrisches Krankenhaus oder eine öffentliche Entziehungsanstalt nicht möglich ist.

(2) Ohne ein schriftliches Aufnahmeersuchen des Gerichts ist nicht nur eine Aufnahme, sondern auch bereits eine Annahme unzulässig. Liegt ein Aufnahmeersuchen vor, ist diesem jedoch eine Abschrift des Unterbringungsbefehls nicht beigefügt, ist sie unverzüglich anzufordern.

12 Auslieferungshaft, Durchlieferungshaft, Abschiebungshaft

(1) Die Aufnahme zur Haft im Auslieferungs- oder Durchlieferungsverfahren setzt ein Ersuchen des Gerichts oder der Generalstaatsanwaltschaft voraus. Nummer 10 Absatz 2 und 3 findet entsprechende Anwendung.

(2) Voraussetzung für die Aufnahme von Abschiebungsgefangenen ist neben dem Aufnahmeersuchen der zuständigen Verwaltungsbehörde eine beglaubigte Abschrift der gerichtlichen Entscheidung mit der Bescheinigung der Rechtskraft oder der Anordnung der sofortigen Wirksamkeit der Entscheidung durch das Gericht.

13 Zivilhaft

(1) Handelt es sich um die Aufnahme zur Zivilhaft, die die Vollstreckung von Erzwingungshaft nach dem Gesetz über Ordnungswidrigkeiten (§ 87 StVollstrO) zum Gegenstand hat, oder um die Aufnahme zu gerichtlich erkannter Ordnungs- oder Zwangshaft, die anstelle eines uneinbringlichen Ordnungs- beziehungsweise Zwangsgeldes vollstreckt wird, gilt Nummer 9 entsprechend.

(2) Handelt es sich um die Aufnahme zu gerichtlich erkannter Ordnungs- oder Zwangshaft, die nicht anstelle eines uneinbringlichen Ordnungs- beziehungsweise Zwangsgeldes vollstreckt wird, gilt Nummer 9 Absatz 1 entsprechend.

(3) Ohne Aufnahmeersuchen ist eine Person zum Vollzug von Zivilhaft aufzunehmen, wenn eine Ausfertigung des Haftbefehls vorliegt.

14 Aufnahmeverhandlung, Personal- und Vollstreckungsblatt

(1) In einer Aufnahmeverhandlung sind die Voraussetzungen für die Aufnahme Gefangener zu prüfen.

(2) Gefangene sind darauf hinzuweisen, dass die Aufnahme in einer öffentlichen Urkunde festgestellt wird und dass sie sich einer strafrechtlichen Verfolgung aussetzen, wenn sie zur Täuschung im Rechtsverkehr unrichtige Angaben über ihre Person machen.

(3) Die Personengleichheit Gefangener mit der Person, die nach den Unterlagen aufgenommen werden soll, ist anhand von Ausweisen oder auf andere geeignete Weise festzustellen. Ergibt sich, dass anstatt der aufzunehmenden Person eine andere sich gestellt hat oder zugeführt worden ist, so ist die Einweisungsbehörde, bei einer vorläufig festgenommenen Person oder aufgrund eines Haftbefehls oder einer Ausschreibung zur Festnahme ergriffenen Person das Gericht unverzüglich zu benachrichtigen. Die Anstaltsleitung ist unverzüglich zu verständigen.

(4) Über die Aufnahmeverhandlung ist eine Niederschrift anzufertigen (Anlage 5: Aufnahmeverhandlung).

(5) (gegenstandslos)

(6) Die über Gefangene erhobenen Daten werden im Personal- und Vollstreckungsblatt (Anlagen 7 und 8: Personal- und Vollstreckungsblatt) festgehalten. Nach Eingang der Auskunft aus dem Bundeszentralregister ist die Zahl der Vorstrafen bzw. früheren Maßregeln zu überprüfen und gegebenenfalls zu berichtigen.

(7) Nummer 26 Absatz 2 und § 24 Absatz 2 StVollstrO bleiben unberührt.

(8) Bei Gefangenen, die aus dem Ausland zum Zwecke der Strafverfolgung oder der Strafvollstreckung nach Deutschland ausgeliefert worden sind, ist auf dem Personal- und

Vollstreckungsblatt in dem Teil „Personalblatt" der Vermerk „Festnahme im Ausland, Grundsatz der Spezialität beachten" anzubringen. Derselbe Vermerk ist auf dem Teil „Vollstreckungsblatt" bei dem Verfahren anzubringen, für das die Auslieferung bewilligt wurde.

15 Entscheidung über die Aufnahme

(1) Die Entscheidung über die Aufnahme von Gefangenen treffen hierzu bestimmte Bedienstete. Die Aufnahme von Gefangenen ist schriftlich zu verfügen (Anlage 6: Aufnahmeverfügung). Die Aufnahmeverfügung wirkt unabhängig davon, wann sie ergeht, auf den Zeitpunkt der Annahme zurück.

(2) Außerhalb der allgemeinen Geschäftsstunden entscheiden die dienstleitenden Bediensteten über die Annahme von Gefangenen; Absatz 1 bleibt unberührt.

(3) Nummer 60 bleibt unberührt.

16 Verlegung bei Unzuständigkeit

(1) Ist die Justizvollzugsanstalt nach dem Vollstreckungsplan für den Vollzug der Freiheitsentziehung nicht zuständig, so sind Gefangene – gegebenenfalls im Benehmen mit der Einweisungsbehörde oder der zuständigen Justizvollzugsanstalt – alsbald in die zuständige Anstalt zu verlegen.

(2) Die Einweisungsbehörde ist von der Unzuständigkeit zu unterrichten. In der Aufnahmemitteilung (Nummer 22) ist der Vermerk „Für den Vollzug der Freiheitsentziehung unzuständig! Verlegung in die zuständige Justizvollzugsanstalt … ist veranlasst!" anzubringen. § 35 Absatz 1 Nummer 5 StVollstrO bleibt unberührt.

(3) Ist bei Gefangenen, die zum Vollzug einer Freiheitsstrafe, Ersatzfreiheitsstrafe, Jugendstrafe oder Sicherungsverwahrung aufgenommen worden sind, die Anstalt lediglich wegen der Vollzugsdauer oder des Alters der Verurteilten nicht zuständig und weicht eine dieser beiden Voraussetzungen, nach dem Tage der Aufnahme berechnet, um nicht mehr als vier Wochen von den entsprechenden Bestimmungen des Vollstreckungsplanes

ab, so kann von einer Verlegung abgesehen werden.

17 Hilfe bei oder nach der Annahme, mitgebrachte Kinder

(1) Ergibt sich bei oder nach der Annahme die Notwendigkeit zu Sofortmaßnahmen für hilfsbedürftige Angehörige (§ 11 Absatz 1 Nummer 1 StGB), so sind die zuständigen Vollzugsbediensteten hiervon in Kenntnis zu setzen. Diese benachrichtigen unverzüglich die zuständige Verwaltungsbehörde des Ortes, an dem sich die hilfsbedürftigen Angehörigen aufhalten. Gefangene sind von dieser Mitteilung unverzüglich zu unterrichten. Werden der Anstalt von der Verwaltungsbehörde getroffene Maßnahmen bekannt, so sind auch diese den Gefangenen unverzüglich mitzuteilen.

(2) Ist Habe von Gefangenen außerhalb der Justizvollzugsanstalt sicherzustellen, sind die zuständigen Vollzugsbediensteten hiervon zu unterrichten.

(3) Bringen Gefangene ein Kind mit, dessen Unterbringung in der Justizvollzugsanstalt zulässig und möglich ist, so ist unverzüglich die Entscheidung der Anstaltsleitung herbeizuführen. Ist die Unterbringung des Kindes in der Justizvollzugsanstalt nicht zulässig oder nicht möglich, ist, wenn nötig, das zuständige Jugendamt am Sitz der Anstalt aufzufordern, sich des Kindes als hilfsbedürftig anzunehmen.

18 Bezug von Sozialleistungen

Erhält die Vollzugsbehörde davon Kenntnis, dass Gefangene von öffentlichen Stellen Leistungen beziehen oder bei öffentlichen Stellen Leistungen beantragt haben, die für die Dauer des Vollzuges entfallen oder sich mindern können, hat sie die Leistungsträger unverzüglich darüber zu unterrichten, dass und seit wann die betroffenen Gefangenen sich im Vollzug befinden. Dies geschieht mittels Anlage 9 (Mitteilung von der Aufnahme eines rentenberechtigten oder sonst nach SGB leistungsberechtigten Gefangenen). Die Gefangenen sind von der Mitteilung an den Leistungsträger unter Hinweis auf § 60 Absatz 1 Satz 1 Nummer 2 des Ersten Buches Sozialgesetzbuch – Allgemeiner Teil – (SGB I) zu unterrichten.

19 Unterrichtung der Gefangenen

Bei der Erstaufnahme sind Gefangene zu unterrichten über

a) die Auswirkungen der Inhaftierung auf die Sozialversicherung und die Arbeitslosenversicherung (Anlage 10: Merkblatt über die Sozialversicherung und die Arbeitslosenversicherung der Gefangenen),

b) die Erhebung und den Schutz personenbezogener Daten,

c) die Voraussetzungen für die Heranziehung zu Haftkostenbeiträgen und Haftkosten (Anlage 11: Belehrung über die Erhebung von Haftkostenbeiträgen und Haftkosten). Den Gefangenen ist deren Höhe mitzuteilen.

20 Berechnung der Strafzeit

(1) Die vorläufige Berechnung der Strafzeit obliegt den hierzu bestimmten Bediensteten. Für die vorläufige Berechnung gelten die einschlägigen Vorschriften der Strafvollstreckungsordnung. Zur Berechnung der Strafzeit gehört auch die Errechnung des Zeitpunktes, zu dem die Vollstreckung des Strafrestes zur Bewährung ausgesetzt werden kann, und zwar

a) bei zeitigen Freiheitsstrafen von mehr als 2 Monaten der Zeitpunkt nach § 57 Absatz 1 StGB,

b) bei Erstverbüßern mit Freiheitsstrafen von mehr als 9 Monaten bis zu 2 Jahren der Zeitpunkt nach § 57 Absatz 2 Nummer 1 StGB,

c) bei lebenslangen Freiheitsstrafen der Zeitpunkt nach § 57a Absatz 1 StGB,

d) bei einer Jugendstrafe von mehr als einem Jahr der Zeitpunkt nach § 88 Absatz 2 Satz 2 JGG.

§ 36 Absatz 1 StVollstrO bleibt unberührt.

(2) Den Gefangenen ist die vorläufige Berechnung der Strafzeit bei der Aufnahmeverhandlung oder später gegen Unterschrift bekannt zu geben. Dabei ist ihnen zu eröffnen, dass für die endgültige Berechnung der Strafzeit die Vollstreckungsbehörde verantwortlich ist und sie verständigt werden, wenn deren Berechnung der Strafzeit von der ihnen mitgeteilten vorläufigen Strafzeitberechnung abweichen sollte. Jede Änderung der Strafzeitberechnung ist den Gefangenen gegen Unterschrift mitzuteilen.

(3) Zweifeln Gefangene die Strafzeitberechnung an, so sind sie darauf hinzuweisen, dass sie nach § 458 StPO die Entscheidung des Gerichts beantragen können.

(4) Die beiden Stücke des Aufnahmeersuchens sind hinsichtlich der Strafzeitberechnung zu ergänzen.

(5) Ergeben sich Umstände, die zu einer Änderung der Strafzeitberechnung führen könnten, ist der Vollstreckungsbehörde eine entsprechende Mitteilung zu machen (§ 35 Absatz 1 Nummer 6 StVollstrO).

21 Erkennungsdienstliche Maßnahmen

(1) Bei der Erstaufnahme – gegebenenfalls bei einer dieser vorausgehenden Annahme – einer Person zum Vollzug einer Freiheitsentziehung ist die Person zu beschreiben, sind von ihr Lichtbilder (Brustbilder) aufzunehmen, können ihr Finger- und Handflächenabdrücke abgenommen werden. Mit der Beschreibung der Person (Anlage 12: Personenbeschreibung) sind Bedienstete des Krankenpflegedienstes oder andere geeignete Bedienstete zu beauftragen. Die Personenbeschreibung ist zu ergänzen, wenn sich äußerliche körperliche Merkmale entscheidend verändert haben oder neue hinzugekommen sind.

(2) Angefertigte Lichtbilder sind zu den Personalakten zu nehmen.

(3) Negative von Lichtbildern sind in einem besonderen Umschlag in der Tasche des Schnellhefters aufzubewahren; der Tag der Lichtbildaufnahme ist auf dem Umschlag zu vermerken. Die Lichtbilder sind nach Ablauf von jeweils drei Jahren zu erneuern. Neue Lichtbilder sind auch dann anzufertigen, wenn das Aussehen der Person sich entscheidend verändert hat. In diesen Fällen be-

II

ginnt die Frist nach Satz 2 von Neuem. Früher angefertigte Lichtbilder sind aufzubewahren.

(4) Gefangene, die nicht dem Anwendungsbereich des Strafvollzugsgesetzes oder eines entsprechenden Landesgesetzes unterfallen, sind bei der erkennungsdienstlichen Behandlung und bei der Entlassung darüber zu belehren, dass sie nach der Entlassung aus dem Vollzug verlangen können, dass etwa gewonnene erkennungsdienstliche Unterlagen vernichtet werden, sobald die Vollstreckung der richterlichen Entscheidung, die dem Vollzug zugrunde gelegen hat, abgeschlossen ist. Sie sind bei der erkennungsdienstlichen Behandlung ferner darauf hinzuweisen, dass dies bezüglich der Lichtbilder und der Beschreibung von körperlichen Merkmalen dann nicht gilt, wenn sie bei der Entlassung dem Anwendungsbereich des Strafvollzugsgesetzes oder eines entsprechenden Landesgesetzes unterfallen sollten. Bei Freiheitsstrafe sowie bei Freiheitsentziehungen, für die das Strafvollzugsgesetz oder ein entsprechendes Landesgesetz analog anwendbar ist, erfolgt die Belehrung entsprechend Satz 1 nur dann und insoweit, als es sich um erkennungsdienstliche Maßnahmen nach § 86 Absatz 1 Nummer 1 und 4 StVollzG oder einer entsprechenden landesgesetzlichen Bestimmung handelt.

22 Mitteilung der Aufnahme an die Einweisungsbehörde und die neue Vollstreckungsleitung

(1) Die Aufnahme von Gefangenen ist der Einweisungsbehörde nach Maßgabe der Absätze 2 bis 6 mitzuteilen.

(2) Ist die Justizvollzugsanstalt für den Vollzug der Freiheitsentziehung zuständig, so erfolgt die Mitteilung durch Rücksendung eines der beiden Stücke des ergänzten Aufnahmeersuchens (Nummer 20 Absatz 4). Das ergänzte Aufnahmeersuchen ist von hierzu bestimmten Bediensteten der Anstalt zu unterschreiben. § 35 Absatz 1 Nummer 4 StVollstrO bleibt unberührt.

(3) Die Aufnahme von Jugendstrafgefangenen ist

a) der Einweisungsbehörde nach Anlage 2 (Annahme-/Aufnahme-/Änderungsmitteilung),

b) nach Übergang der Vollstreckung nach § 85 JGG der neuen Vollstreckungsleitung nach Anlage 2 (Annahme-/Aufnahme-/Änderungsmitteilung) unter Beifügung eines der beiden Stücke des ergänzten Aufnahmeersuchens (Nummer 20 Absatz 4) und von zwei der mit dem Aufnahmeersuchen übersandten Urteilsabschriften mitzuteilen (Abschnitt VI Nummer 6 der Richtlinien zu §§ 82 bis 85 JGG).

Nach Übergang der Vollstreckung ist die neue Vollstreckungsleitung Einweisungsbehörde im Sinne dieser Geschäftsordnung.

(4) Die Aufnahme zum Vollzug von Abschiebungshaft ist der Einweisungsbehörde nach Anlage 2 (Annahme-/Aufnahme-/Änderungsmitteilung) mitzuteilen. Der Einweisungsbehörde sind Eigengeld und Guthaben auf Sparbüchern, die sich bei der Habe befinden, anzuzeigen, soweit die Gelder

a) bei Abschiebungsgefangenen, für die ein Überbrückungsgeld zu bilden war, nach Abzug der gemäß § 51 Absatz 4 StVollzG oder einer entsprechenden landesgesetzlichen Bestimmung unpfändbaren Beträge 50 Euro
oder

b) bei den anderen Abschiebungsgefangenen 125 Euro übersteigen.

Eigengeld, das zu einer bestimmten Verwendung eingezahlt wurde, bleibt unberücksichtigt, wenn der Verwendungszweck der Eingliederung des Gefangenen dient oder sonst in Vollzugsvorschriften vorgesehen ist. Wertsachen sind mitzuteilen, wenn ihr erkennbarer Gesamtwert mehr als 200 Euro beträgt.

(5) Die Aufnahme zum Vollzug von Zivilhaft ist der Einweisungsbehörde nach Anlage 2 (Annahme-/Aufnahme-/Änderungsmitteilung) mitzuteilen.

(6) In allen übrigen Fällen ist die Einweisungsbehörde nach Anlage 2 (Annahme-/Aufnahme-/Änderungsmitteilung) zu unterrichten. Nummer 16 bleibt unberührt.

23 Mitteilung der Aufnahme an die Polizeidienststelle, die Ausländerbehörde und das Jugendamt

Mitzuteilen sind

a) der Polizeidienststelle die Aufnahme von Gefangenen zum Vollzug einer Freiheitsentziehung mit Ausnahme des Vollzugs von Zivilhaft und Abschiebungshaft (Anlage 2: Annahme-/Aufnahme-/Änderungsmitteilung),

b) der Ausländerbehörde die Aufnahme von Ausländern zum Vollzug von Auslieferungshaft, Untersuchungshaft, Freiheitsstrafe und Jugendstrafe (Anlage 2: Annahme-/Aufnahme-/Änderungsmitteilung); dies gilt nicht bei einer sich an eine Verlegung anschließenden Aufnahme von Gefangenen, wenn der Vollzug der Freiheitsentziehung fortgesetzt wird,

c) dem Jugendamt die Aufnahme von Gefangenen unter 21 Jahren (Anlage 2: Annahme-/Aufnahme-/Änderungsmitteilung). Dem Jugendamt ist auch eine Änderung der Strafzeit mitzuteilen, wenn das neue Strafende vor der Vollendung des 21. Lebensjahres liegt. Bei Gefangenen im Jugendstrafvollzug, in Untersuchungshaft und in Sicherungshaft nach § 453c StPO ist in der Mitteilung um Übersendung eines Ermittlungsberichtes zu bitten.

24 Mitteilung an ausländische konsularische Vertretungen

(1) Ausländische Gefangene, die sich zum Antritt einer Freiheitsstrafe oder Jugendstrafe selbst stellen oder nach Festnahme zugeführt werden, sind bei der Annahme darüber zu belehren, dass sie die Unterrichtung ihrer konsularischen Vertretung verlangen können. Verlangen sie dies, so hat die Unterrichtung (Anlage 3: Annahme-/Aufnahme-/Änderungsmitteilung an Konsulat) unverzüglich zu erfolgen.

(2) Sind Gefangene Angehörige eines Staates, bei dem die Unterrichtung auch ohne oder gegen den Willen der Gefangenen zu erfolgen hat (Nummer 135 Absatz 2 RiVASt), sind sie auch hierüber zu belehren. Die Unterrichtung (Anlage 3: Annahme-/Aufnahme-/Änderungsmitteilung an Konsulat) ist in jedem Fall unverzüglich vorzunehmen.

25 Korrektur unrichtig gewordener Daten

Sind in den nach der Nummer 18, 22, 23, und 24 übermittelten persönlichen Daten von Gefangenen Änderungen eingetreten, sind auch diese mitzuteilen (Anlage 2: Annahme-/Aufnahme-/Änderungsmitteilung bzw. Anlage 3: Annahme-/Aufnahme-/Änderungsmitteilung an Konsulat).

26 Unterrichtung des medizinischen Dienstes

(1) Der medizinische Dienst ist über jede Annahme unverzüglich zu unterrichten.

(2) Ergeben Erklärungen von Gefangenen oder der Augenschein einen Krankheitsverdacht, so ist der medizinische Dienst hierauf ausdrücklich hinzuweisen.

27 Vorstellung bei der Anstaltsleitung

Zur Durchführung des Vorstellungsgesprächs sind die Anstaltsleitung oder die von ihr bestimmten Bediensteten über jede Erstaufnahme und über jede sich an eine Verlegung anschließende Aufnahme alsbald zu unterrichten. Das Ergebnis des Vorstellungsgesprächs ist in der Gefangenenpersonalakte zu vermerken (Anlage 13: Ergebnis des Vorstellungsgesprächs).

28 Mehrere Freiheitsentziehungen

(1) Schließt sich an eine Freiheitsentziehung eine weitere Freiheitsentziehung derselben oder anderer Art an, so sind mit dem Ende des laufenden Vollzuges die Gefangenen für die neue Freiheitsentziehung aufgenommen. Es ist eine Verfügung zu treffen, die auch die Berücksichtigung der in Absatz 2, 3 und 5 getroffenen Regelungen dokumentiert.

(2) Ist eine Freiheitsstrafe, Jugendstrafe oder Sicherungsverwahrung in Unterbrechung einer Untersuchungshaft zu vollziehen, so sind Gefangene mit Beginn der Strafzeit oder Unterbringung zum Strafvollzug oder zum Vollzug der Unterbringung aufgenommen; mit dem Ende der Strafzeit oder Unterbringung gelten Gefangene als wieder zur Untersu-

chungshaft aufgenommen. Absatz 1 Satz 2 gilt entsprechend. Dem Gericht, das die Untersuchungshaft verhängt hat, ist eine Strafzeitberechnung zu übersenden (Anlage 2: Annahme-/Aufnahme-/Änderungsmitteilung und Anlage 8: Vollstreckungsblatt).

(3) Ist Untersuchungshaft, eine Freiheitsstrafe oder eine Jugendstrafe in Unterbrechung des Vollzuges einer Freiheitsstrafe, Jugendstrafe, Sicherungsverwahrung oder Abschiebungshaft zu vollziehen, so ist Absatz 2 sinngemäß anzuwenden. Bei der Unterbrechung des Vollzugs der Abschiebungshaft ist jedoch zu beachten, dass sich lediglich der vollzugliche Status ändert, der für die Abschiebungshaft notierte Fristablauf durch die Unterbrechung jedoch nicht gehemmt wird. Für die Mitteilung sind Anlagen 2 (Annahme-/Aufnahme-/Änderungsmitteilung) und 8 (Vollstreckungsblatt) zu verwenden.

(4) Nummer 14 Absatz 2, 3, 4, 6, 7 und Nummer 23 Buchstabe a) und c) sind nicht anzuwenden.

(5) Die Gefangenen sind jeweils von der neuen Situation gegen Unterschrift in Kenntnis zu setzen. Nummer 20 Absatz 2, Nummer 34 Absatz 3 und § 24 Absatz 2 StVollstrO bleiben unberührt.

29　Überstellung, Durchgangshaft

Bei Überstellungen und Durchgangshaft tritt an die Stelle des Aufnahmeersuchens der Transportschein (Nummer 8 Absatz 2 GTV) mit Anlagen 7 und 8 (Personal- und Vollstreckungsblatt). Bei Überstellungen gelten von den Bestimmungen dieses Abschnitts nur die Nummer 14 Absatz 1 und Nummer 15, und zwar mit der Maßgabe, dass diese dann Anwendung finden, wenn absehbar ist, dass eine Rückkehr nicht am selben Tag erfolgt; bei Durchgangshaft finden die Bestimmungen dieses Abschnitts keine Anwendung.

30　Beiziehen von Personalakten

(1) Bei Strafgefangenen im geschlossenen Vollzug mit einer Vollzugsdauer von mindestens einem Jahr, bei Jugendstrafgefangenen, bei Sicherungsverwahrten und bei Untersuchungsgefangenen unter 21 Jahren ist als-

bald nach der Aufnahme zu prüfen, ob ein Bedürfnis besteht, die letzte Personalakte des Gefangenen über einen Vollzug in einer Einrichtung des geschlossenen Vollzuges von mindestens einem Jahr beizuziehen (Anlage 14: Ersuchen um Übersendung von Gefangenenpersonalakten und Anlage 15: Übersenden von Gefangenenpersonalakten). Die Entscheidung hierüber und eine Beiziehung über die in Satz 1 genannten Fälle hinaus treffen die Anstaltsleitung oder von ihr beauftragte Bedienstete.

(2) Ergibt sich aus den beigezogenen Personalakten, dass Gefangene in einem früheren Verfahren aus dem Ausland ausgeliefert wurden, ist die Einweisungsbehörde entsprechend zu unterrichten. Im Eilfall sind die Informationen vorab telefonisch zu übermitteln.

(3) Die beigezogenen Akten sind zurückzugeben, sobald sie entbehrlich sind (Anlage 16: Rücksendung von Gefangenenpersonalakten).

Dritter Teil
Verwaltungsgeschäfte im Laufe des Vollzuges

31　Besuche

(1) Besuche sind nachzuweisen (Anlage 17: Besuchsnachweis). Werden Gefangene verlegt oder entlassen, ist der Nachweis zu den Gefangenenpersonalakten zu nehmen.

(2) Erledigte Besuchserlaubnisse sowie Einzelsprechscheine für Rechtsanwälte sind zu Sammelakten oder zu den Gefangenenpersonalakten zu nehmen.

32　Ein- und ausgehende Schreiben

(1) Ausgehende Schreiben von Untersuchungsgefangenen und für diese eingehende Schreiben sind unter Verwendung eines Begleitumschlags (mit Anlage 18: Begleitumschlag für abgehende Briefe bzw. mit Anlage 19: Begleitumschlag für eingehende Briefe) unverzüglich dem zuständigen Gericht oder der Staatsanwaltschaft zuzuleiten, soweit der Schriftverkehr dort überwacht wird.

Die Begleitumschläge bei eingehenden Schreiben sind zu den Gefangenenpersonalakten zu nehmen, soweit auf diesen eine Verfügung über Einlagen vermerkt ist oder sich sonstige Vermerke oder Verfügungen auf diesen befinden, deren Inhalt für den Vollzug der Freiheitsentziehung von Bedeutung und daher eine Aufbewahrung in den Personalakten von Gefangenen angezeigt ist. Die übrigen Begleitumschläge eingehender Schreiben können in Sammelakten aufbewahrt werden.

(2) Schreiben für andere Gefangene sind, wenn eine Überwachung vorgesehen ist, nach erfolgter Überprüfung und Erlaubnis unverzüglich an die Gefangenen auszuhändigen.

33 Rücksenden und Nachsenden von Post

(1) Postsendungen, die für entlassene, verlegte und überstellte Gefangene eingehen, sind nachzusenden. Bei überstellten Gefangenen ist die Dauer der Überstellung zu berücksichtigen. Ist bei entlassenen Gefangenen die Entlassungsanschrift nicht bekannt, ist die Sendung an den Postdienst zurückzugeben.

(2) Beim Nachsenden von Post an entlassene Gefangene und bei Rücksendungen darf die ehemalige Gefangeneneigenschaft des Adressaten nicht erkennbar sein. Bei Bedarf ist ein Deckumschlag zu verwenden.

34 Überhaft

(1) Auf ein Ersuchen, im Anschluss an den laufenden Vollzug eine weitere Freiheitsentziehung zu vollziehen, ist Überhaft im Personal- und Vollstreckungsblatt und in der Terminübersicht (Nummer 54) vorzumerken. Der Überhaftvermerk ist zu löschen, wenn das Ersuchen zurückgenommen wird.

(2) Die Vormerkung und Löschung einer Überhaft sind der ersuchenden Behörde (Anlage 2: Annahme-/Aufnahme-/Änderungsmitteilung und Anlage 8: Vollstreckungsblatt), der für die laufende Freiheitsentziehung zuständigen Einweisungsbehörde, wenn weitere Überhaftersuchen vorliegen,

auch den hierfür zuständigen Behörden (Anlage 2: Annahme-/Aufnahme-/Änderungsmitteilung und Anlage 8: Vollstreckungsblatt) und – bei ausländischen Inhaftierten – der zuständigen Ausländerbehörde sowie – bei jugendlichen Inhaftierten – dem zuständigen Jugendamt anzuzeigen. In der Mitteilung über die Vormerkung einer Überhaft an die ersuchende Behörde sind alle über den Gefangenen vorliegenden Aufnahme- und Überhaftersuchen anzugeben. Eine Mitteilung an die ersuchende Behörde über die Vormerkung einer Überhaft unterbleibt, wenn bereits eine entsprechende Aufnahmemitteilung ergeht.

(3) Bei Gefangenen, die aus dem Ausland zum Zweck der Strafverfolgung oder der Strafvollstreckung nach Deutschland ausgeliefert worden sind, ist bei den Mitteilungen nach Absatz 2 jeweils der Vermerk „Festnahme im Ausland, Grundsatz der Spezialität beachten" bei dem Verfahren, für das die Auslieferung bewilligt wurde, anzubringen. Dies gilt nicht für die Mitteilungen an die Ausländerbehörde und das Jugendamt.

(4) Den Gefangenen ist die Vormerkung oder Löschung einer Überhaft bekannt zu geben; sie haben die Kenntnisnahme schriftlich zu bestätigen.

35 Vorführung oder Ausführung zu einem Gerichtstermin, Ausantwortung

(1) Werden Gefangene zu einem gerichtlichen Termin aus- oder vorgeführt, ist den begleitenden Bediensteten eine Mitteilung (Anlage 20: Terminmitteilung) mitzugeben. Im Falle einer Hauptverhandlung oder Haftprüfung ist auf die sofortige schriftliche Mitteilung über deren Ergebnis zu dringen.

(2) Im Falle einer Ausantwortung hat die Anstaltsleitung sich das Überlassen von Gefangenen durch die Behörde, in deren Gewahrsam die Überlassung erfolgt, schriftlich bestätigen zu lassen.

36 Überstellung

(1) Bei der Überstellung von Gefangenen ist eine Ausfertigung des Transportscheins mit

Anlagen 7 und 8 (Personal- und Vollstreckungsblatt) mitzugeben.

(2) Wird der Gefangene während der Überstellung in Freiheit entlassen oder erfolgt aus sonstigen Gründen keine Rückführung in die abgebende Anstalt, erhält diese von der Anstalt, in die der Gefangene überstellt worden ist, eine entsprechende Mitteilung.

(3) Untersuchungsgefangene werden nur mit Zustimmung der Einweisungsbehörde überstellt. Handelt es sich um Eilfälle (z. B. eine dringend erforderliche Überstellung zur Krankenbehandlung), so kann die Anstalt die Überstellung vorläufig von sich aus vornehmen, wenn eine Entscheidung der Einweisungsbehörde nicht rechtzeitig möglich ist. Deren nachträgliche Entscheidung ist unverzüglich herbeizuführen. Überstellung und Rückkehr sind der Einweisungsbehörde mitzuteilen (Anlage 21: Mitteilung über vorübergehende Abwesenheit und Anlage 22: Mitteilung Rückkehr aus vorübergehender Abwesenheit).

37 Verlegung

(1) Untersuchungsgefangene dürfen abweichend vom Vollstreckungsplan in eine andere Anstalt nur mit Zustimmung der Einweisungsbehörde verlegt werden.

(2) Die Verlegung von Gefangenen ist der Einweisungsbehörde unter Angabe der Gründe bekannt zu geben (Anlage 23: Verlegungsmitteilung). Der Ausländerbehörde ist die Verlegung von Gefangenen anzuzeigen (Anlage 23: Verlegungsmitteilung), wenn die Aufnahme nach Nummer 23 mitzuteilen war. War die Aufnahme von Gefangenen nach Nummer 23 der Polizeidienststelle oder dem Jugendamt mitzuteilen, sind diese Behörden auch über die Verlegung zu informieren (Anlage 23: Verlegungsmitteilung), wenn die Verlegung in eine Anstalt außerhalb des Landes erfolgt.

38 Verbringen in ein Krankenhaus außerhalb des Vollzuges

(1) Werden Gefangene in ein Krankenhaus außerhalb des Vollzuges verbracht, so ist dieses

a) darauf hinzuweisen, dass die Kosten der Unterbringung und Behandlung bei tagesbezogenen Entgelten bis zu dem Zeitpunkt übernommen werden, in dem die Freiheitsentziehung dieser Gefangenen endet, sie sich bis zu diesem Zeitpunkt im Vollzug befinden und demzufolge ohne Anordnung der zuständigen Stelle weder beurlaubt noch entlassen werden dürfen;

b) zu bitten, der Justizvollzugsanstalt mitzuteilen, sobald diese Gefangenen transportfähig sind und in der Anstalt oder im Anstaltskrankenhaus weiter behandelt werden können;

c) zu bitten, der Justizvollzugsanstalt eine Besserung des Befindens mitzuteilen, die eine Flucht möglich erscheinen lässt, wenn auf eine Bewachung allein im Hinblick auf den Krankheitszustand verzichtet wurde.

(2) Bei Strafgefangenen und Sicherungsverwahrten ist dem Krankenhaus der Entlassungszeitpunkt, sofern er voraussichtlich in die Zeit des Krankenhausaufenthaltes fällt, unverzüglich mitzuteilen.

(3) Die Verbringung und die Rückkehr sind der Einweisungsbehörde mitzuteilen (Anlage 21: Mitteilung über vorübergehende Abwesenheit und Anlage 22: Mitteilung Rückkehr aus vorübergehender Abwesenheit).

(4) Ist anzunehmen, dass die Einweisungsbehörde die Vollstreckung unterbrechen oder den Haftbefehl aufheben oder außer Vollzug setzen wird, so ist ihre Entschließung möglichst herbeizuführen, bevor Gefangene in das Krankenhaus verbracht werden.

(5) Das Verbringen von Untersuchungsgefangenen in ein psychiatrisches Krankenhaus zur Vorbereitung eines Gutachtens über den psychischen Zustand (§ 81 StPO) und die spätere Rückkehr sind der Einweisungsbehörde anzuzeigen (Anlage 21: Mitteilung über vorübergehende Abwesenheit und Anlage 22: Mitteilung Rückkehr aus vorübergehender Abwesenheit).

39 Urlaub, Ausgang, befristete Unterbrechung

(1) Wird Urlaub, Ausgang oder eine befristete Unterbrechung der Strafvollstreckung bewilligt, so ist ein Urlaubs-, Ausgangs- bzw. Strafunterbrechungsschein (Anlage 25: Urlaubsschein, Anlage 26: Ausgangsschein, Anlage 27: Strafunterbrechungsschein) auszustellen, zu unterschreiben und mit einem Dienstsiegel zu versehen. Die Rückkehr von Gefangenen ist zu überwachen. Für Urlaubs-/Ausgangsanträge und deren Bearbeitung ist die Anlage 24 (Urlaubs-/Ausgangsantrag) zu verwenden.

(2) Soweit nicht um die Mitteilung einzelner Beurlaubungen ersucht wird, sind zumindest der Beginn der Urlaubseignung und der Widerruf der für die Justizvollzugsanstalt zuständigen Polizeidienststelle unverzüglich mitzuteilen (Anlage 29: Mitteilung über Urlaubseignung und Anlage 30: Mitteilung über Widerruf der Urlaubseignung). Hat die Polizei um Mitteilung einzelner Beurlaubungen ersucht, erfolgt die Mitteilung auch an die Polizeidienststelle des von den Gefangenen angegebenen Aufenthaltsortes (Anlage 28: Mitteilung über Urlaub).

(3) Eine befristete Strafunterbrechung ist der für die Justizvollzugsanstalt zuständigen Polizeidienststelle und darüber hinaus der Einweisungsbehörde (Anlage 31: Mitteilung über Unterbrechung der Strafvollstreckung) sowie bei jugendlichen Gefangenen auch dem zuständigen Jugendamt mitzuteilen.

40 Entweichung, sonstiger unberechtigter Aufenthalt außerhalb der Anstalt

(1) Entweichen Gefangene, ist – ohne das Ergebnis einer Verfolgung abzuwarten – sofort die zuständige Polizeidienststelle in geeigneter Weise um Fahndung zu bitten (Anlage 32: Fahndungsersuchen an Polizeidienststelle). Dabei sind insbesondere mitzuteilen:

a) Personalien und Personenbeschreibung,

b) Wohnort, letzter Aufenthaltsort,

c) Anschriften der nächsten Angehörigen und von Personen, zu denen enge Beziehungen bestehen,

d) Angaben über Tat und Urteil oder Tatverdacht,

e) Ort und Zeitpunkt der Entweichung,

f) sonstige sachdienliche Hinweise.

Dem Ersuchen ist das aktuellste Lichtbild der entwichenen Person beizufügen.

(2) Die Entweichung ist unter Angabe des Zeitpunktes und der zur Wiederergreifung getroffenen Maßnahmen unverzüglich der Einweisungsbehörde anzuzeigen (Anlage 33: Mitteilung über Entweichung/Nichtrückkehr). Die Anzeige hat per Telefax unter besonderer Kenntlichmachung: „Achtung! Fahndungsersuchen! Sofort vorlegen!" zu erfolgen.

War die Aufnahme der entwichenen Person nach Nummer 23 der Polizeidienststelle, der Ausländerbehörde oder dem Jugendamt mitzuteilen, sind diese Behörden auch über die Entweichung zu informieren (Anlage 33: Mitteilung über Entweichung/Nichtrückkehr). Führt die unmittelbare Verfolgung oder die von der Justizvollzugsanstalt veranlasste Fahndung nicht alsbald zur Wiederergreifung, so sind weitere Maßnahmen der Einweisungsbehörde zu überlassen.

(3) Halten Gefangene sich außer im Falle der Entweichung unberechtigt außerhalb der Anstalt auf (z. B. nicht rechtzeitige Rückkehr vom Urlaub, von einer Strafunterbrechung, vom Freigang oder vom Ausgang), ist unverzüglich die Entscheidung der Anstaltsleitung über Art und Umfang der zu treffenden Maßnahmen herbeizuführen; hierzu gehört auch die Unterrichtung der in Absatz 2 genannten Behörden. Hat die Anstaltsleitung entschieden, dass eine Unterrichtung zu erfolgen hat, ist unverzüglich entsprechend Absatz 2 Satz 1 und 2 zu verfahren (Anlage 33: Mitteilung über Entweichung/Nichtrückkehr).

(4) Sobald bekannt wird, dass die entwichene oder nicht zurückgekehrte Person sich gestellt hat oder ergriffen ist, sind die von der Anstalt getroffenen Maßnahmen zur Wiederergreifung zu beenden.

(5) Eine Rückkehr oder Wiederergreifung ist den in Absatz 2 und 3 genannten Dienststellen, soweit diesen die Entweichung oder Nichtrückkehr mitgeteilt worden war, unter Angabe der Dauer der Abwesenheit anzuzeigen (Anlage 34: Mitteilung über Rückkehr nach Entweichung/Wiederergreifung). Bei Strafgefangenen, Jugendstrafgefangenen, Strafarrestanten und Sicherungsverwahrten ist daneben das neu errechnete Strafende mitzuteilen (Anlage 8: Vollstreckungsblatt). Von einer Mitteilung nach Satz 1 kann abgesehen werden, wenn eine Mitteilung nach Absatz 1 bis 3 noch nicht erfolgt ist und die Strafzeit sich nicht geändert hat.

41 Mitteilungen bei Geburten

(1) Die Geburt des Kindes einer Gefangenen ist dem Standesamt nach den gesetzlichen Vorschriften (Personenstandsgesetz) anzuzeigen. In der Anzeige dürfen die Anstalt als Geburtsstätte des Kindes, das Verhältnis des Anzeigenden zur Anstalt und die Gefangeneneigenschaft der Mutter nicht vermerkt sein.

(2) Wird ein Kind einer Gefangenen während der Inhaftierung in oder außerhalb der Anstalt geboren, gilt Nummer 17 Absatz 3 entsprechend.

42 Mitteilungen bei Sterbefällen

(1) Der Tod von Gefangenen ist dem Standesamt nach den gesetzlichen Vorschriften (Personenstandsgesetz) anzuzeigen. In der Anzeige dürfen die Anstalt als Ort des Todes, das Verhältnis des Anzeigenden zur Anstalt und die Gefangeneneigenschaft der verstorbenen Person nicht vermerkt sein.

(2) Der Tod von Gefangenen ist der Einweisungsbehörde mitzuteilen. Die Polizeidienststelle, die Ausländerbehörde und das Jugendamt sind von dem Tode von Gefangenen zu verständigen, wenn die Aufnahme mitzuteilen war (Nummer 23).

Vierter Teil
Entlassung

43 Grundsatz

(1) Gefangene sind zu entlassen, wenn

a) die Straf- oder die Unterbringungszeit abgelaufen ist,

b) die Einweisungsbehörde, eine ihr übergeordnete Aufsichtsbehörde, ein Gericht oder eine Gnadenbehörde die vorzeitige Beendigung oder unbefristete Unterbrechung der Freiheitsstrafe angeordnet hat,

c) der Haftbefehl aufgehoben oder außer Vollzug gesetzt worden ist oder das Gericht oder die Staatsanwaltschaft die Freilassung aus der Untersuchungshaft angeordnet hat,

d) bei Zivilhaft ein weiterer Vollzug nicht mehr zulässig ist,

e) bei Ersatzfreiheitsstrafe der rückständige Betrag gezahlt ist.

(2) In den Fällen des Absatzes 1 Buchstabe b) und c) dürfen Gefangene grundsätzlich nur auf schriftliche Anordnung entlassen werden. Die Anordnung muss mit dem Dienstsiegel versehen sein. Bei einer im besonderen Einzelfall fernmündlich übermittelten Anordnung ist deren Echtheit vor der Entlassung durch unverzüglichen Rückruf zu überprüfen. Der Rückruf und sein Ergebnis sind in den Gefangenenpersonalakten zu vermerken. Sollte bei der anordnenden Stelle trotz unverzüglichen Rückrufs niemand erreicht werden können, wird die fernmündlich übermittelte Anordnung bis zur Klärung, die unverzüglich herbeizuführen ist, nicht ausgeführt. Nach einer aufgrund fernmündlicher Anordnung erfolgten Entlassung ist zu überwachen, dass die Anordnung nachträglich schriftlich bestätigt wird.

44 Vorbereitung der Entlassung

(1) Soweit Maßnahmen zur Vorbereitung der Entlassung möglich sind, sind die innerhalb der Anstalt hiervon betroffenen Stellen rechtzeitig vorher zu unterrichten (Anlage 35: Entlassungsvorbereitung).

(2) Rechtzeitig mitzuteilen sind die vorgesehenen und festgesetzten Termine für die Entlassung in Freiheit, in eine Einrichtung außerhalb des Justizvollzuges, zur Auslieferung oder Abschiebung

a) den Ausländerbehörden, wenn die Aufnahme nach Nummer 23 anzuzeigen war (Anlage 36: Mitteilung über bevorstehende Entlassung),

b) dem Jugendamt, wenn die Aufnahme nach Nummer 23 anzuzeigen war (Anlage 36: Mitteilung über bevorstehende Entlassung). Liegt der Entlassungszeitpunkt nach Vollendung des 21. Lebensjahres, genügt die Mitteilung über die erfolgte Entlassung (Nummer 46),

c) dem Disziplinarvorgesetzten der Bundeswehr, wenn Gefangene der Bundeswehr angehören (Anlage 36: Mitteilung über bevorstehende Entlassung).

(3) Soweit aus Zeitgründen erforderlich, können die Mitteilungen nach Absatz 2 auch fernmündlich erfolgen.

45 Durchführung der Entlassung

(1) Die Entlassung Gefangener in die Freiheit oder in eine Einrichtung außerhalb des Justizvollzuges ist durch hierzu bestimmte Bedienstete schriftlich zu verfügen (Anlage 37: Entlassungsverfügung). Über die Entlassungsverhandlung ist eine Niederschrift aufzunehmen (Anlage 38: Entlassungsverhandlung). Den Gefangenen ist ein Entlassungsschein (Anlage 39: Entlassungsschein) auszuhändigen. Ein Doppel ist zu den Gefangenenpersonalakten zu nehmen.

(2) Beim Übertritt ist eine Sachverfügung über die Entlassung zu treffen; sie ist mit der Verfügung nach Nummer 28 Absatz 1 Satz 2 zu verbinden. In der verbüßten Sache ist die Einweisungsbehörde durch eine schriftliche Verbüßungsanzeige zu informieren (Anlage 40: Übertrittsmitteilung).

(3) Wenn Gefangene nur deshalb in eine für sie unzuständige Anstalt verlegt werden, um von dort ausgeliefert, abgeschoben, in die Freiheit entlassen oder in eine Einrichtung außerhalb des Justizvollzuges verbracht zu werden, sind diese als Durchgangsgefangene

zu behandeln. Es bedarf weder einer Übersendung der Gefangenenpersonalakten noch einer Aufnahme in der Anstalt, in die die Gefangenen verlegt worden sind. Die Vorbereitung der Entlassung und der Entlassungsunterlagen ist in diesem Fall von der abgebenden Anstalt, die Entlassung selbst von der Anstalt vorzunehmen, in die die Gefangenen verlegt worden sind.

46 Mitteilung der Entlassung

(1) Entlassungsmitteilungen bedürfen – unbeschadet der Regelung in Nummer 2 Absatz 2 – grundsätzlich der Schriftform.

(2) Jede Entlassung von Gefangenen ist der Einweisungsbehörde (Anlage 41: Entlassungsmitteilung) mitzuteilen.

(3) Jede Entlassung von Gefangenen in die Freiheit, in eine Einrichtung außerhalb des Justizvollzuges oder zur Auslieferung oder Abschiebung ist mitzuteilen

a) der Polizeidienststelle, wenn die Aufnahme nach Nummer 23 mitzuteilen war (Anlage 41: Entlassungsmitteilung),

b) dem Jugendamt, wenn die Aufnahme nach Nummer 23 mitzuteilen war und nicht die vorgesehenen und festgesetzten Termine der Entlassung nach Nummer 44 Absatz 2 Buchstabe b) angezeigt wurden (Anlage 41: Entlassungsmitteilung),

c) dem ambulanten Sozialen Dienst, sofern Gefangene nach der Entlassung unter Bewährungsaufsicht oder Führungsaufsicht gestellt sind (Anlage 41: Entlassungsmitteilung).

(4) Ist eine Belehrung über die Bedeutung der Aussetzung des Strafrestes (Anlage 42: Belehrung über Strafrestaussetzung) oder der Unterbrechung der Strafe erfolgt, so ist dies in den Fällen des Absatzes 2 und des Absatzes 3 Buchstabe c) in der Entlassungsmitteilung zu vermerken.

Fünfter Teil
Gefangenenpersonalakten

47 Führung und Bestandteile der Gefangenenpersonalakten

(1) Über alle Gefangenen sind Gefangenenpersonalakten zu führen (Anlage 43: Schnellhefter Gefangenenpersonalakte). Sie werden bei der Erstaufnahme der Gefangenen angelegt. Gefangenenpersonalakten sind in verschließbaren Räumen aufzubewahren. Der Verbleib der Gefangenenpersonalakten ist nachzuweisen. Werden Akten vorübergehend versandt, so sind Notakten zumindest mit einem aktuellen Personal- und Vollstreckungsblatt anzulegen, in denen auch die anfallenden Schriftstücke gesondert zu sammeln sind. Nach Rückkehr der Akten ist die Notakte aufzulösen.

(2) Beim Einsatz von automatisierten Verfahren ist der aktuelle Datenbestand bei Bedarf, spätestens bei der Abgabe der Personalakten an externe Stellen und bei Austritt von Gefangenen auszudrucken und in den Gefangenenpersonalakten abzuheften.

(3) Bei Durchgangshaft und Überstellungen reichen als Personalunterlagen in der Regel der Transportschein zusammen mit je einem Ausdruck der Anlagen 7 und 8 (Personal- und Vollstreckungsblatt) aus.

(4) Zu den Gefangenenpersonalakten sind alle Niederschriften, Verfügungen und sonstigen Schriftstücke zu nehmen, die sich auf die Gefangenen beziehen und nicht ausschließlich in gesonderte Akten (z. B. Gefangenengesundheitsakte, Verwaltungsvorgänge) gehören. In die Gefangenenpersonalakten werden nach folgender Ordnung aufgenommen:

1. Heftnadel Unterlagen über die persönlichen Daten der Gefangenen, hierzu zählen insbesondere die Formblätter
   – Anlage 7 (Personalblatt),
   – Anlage 8 (Vollstreckungsblatt),
   – Anlage 5 (Aufnahmeverhandlung),
   – Anlage 6 (Aufnahmeverfügung),
   – Anlage 12 (Personenbeschreibung),
   – Anlage 13 (Vorstellungsgespräch),
   – Anlage 44 (Ergebnis ärztlicher Untersuchungen),
   – Anlage 45 (Vollzugsplan gem. § 12 JStVollzG NRW) dazu ggf. Unterlagen über die Aufstellung und Durchführung des Vollzugsplanes,
   – Anlage 46 (Übersicht über Vollzugsmaßnahmen),
   – Anlage 47 (Übersicht über Urlaub und Ausgang),
   – Anlage 48 (Übersicht über Freistellungstage).

2. Heftnadel Vollstreckungsunterlagen:
   hierzu zählen auch Überhaftersuchen, Strafzeitberechnungen, Entscheidungen über eine Herausnahme aus dem Jugendstrafvollzug, Entscheidungen über vorzeitige Entlassungen, Entlassungsersuchen.

3. Heftnadel
   – Anlage 49 (Antrag),
   – Anlage 50 (Disziplinarverfahren),
   – Anlage 51 (Ahndung von Pflichtverstößen und Disziplinarverfahren im Jugendstrafvollzug),
   – Anlage 53 (Anordnung von besonderen Sicherungsmaßnahmen im Jugendstrafvollzug),
   – sonstige Schriftstücke.

Schriftstücke der Nadeln 2 und 3 sind zu foliieren.

Bei den Schriftstücken der Nadel 2 ist die Foliierung in roter Farbe wie folgt vorzunehmen:

Jede Haftsache erhält in der Reihenfolge ihres Eingangs eine römische Ziffer. Alle sich auf diese Haftsache beziehenden Schriftstücke werden mit dieser römischen Ziffer und einer fortlaufenden arabischen Ziffer versehen.

Schriftstücke der Nadel 3 sind in schwarzer Farbe mit fortlaufenden arabischen Ziffern zu versehen.

48 Fortführung und Verbleib der Gefangenenpersonalakten

(1) Werden Gefangene in eine andere Justizvollzugsanstalt verlegt, so sind die Gefangenenpersonalakten an die aufnehmende Anstalt abzugeben. Dies gilt nicht in den Fällen der Nummer 45 Absatz 3.

(2) Die aufnehmende Justizvollzugsanstalt hat die Gefangenenpersonalakten mit Ausnahme des Personal- und Vollstreckungsblatts fortzuführen. Das neue Personalblatt ist bei der ersten Heftnadel als erstes Blatt abzuheften.

(3) Die bei einer Überstellung dem Transportschein beigefügten Anlagen (vgl. Nummer 47 Absatz 3) können nach Rückkehr in die Stammanstalt vernichtet werden. Hinzugekommene andere Schriftstücke, die beim Rücktransport der Gefangenen in die Stammanstalt mitzugeben sind, werden dort zu den Gefangenenpersonalakten genommen. Verzögert sich bei einer Überstellung der Weitertransport oder die Rückführung von Gefangenen, so sind bei Bedarf die Gefangenenpersonalakten bei der Stammanstalt anzufordern und weiterzuführen.

(4) Verlassen Gefangene endgültig die Justizvollzugsanstalt, so werden die Gefangenenpersonalakten weggelegt, es sei denn, dass sie von einer anderen Anstalt fortzuführen sind.

Sechster Teil
Buchwerk

49 Übersicht

Das Buchwerk umfasst die

1. Anlage 54 (Gefangenenbuch mit Deckblatt),

2. Anlage 55 (Zugangsbuch mit Anleitung),

3. Anlage 56 (Abgangsbuch mit Anleitung),

4. Anlage 57 (Belegungsbuch mit Anleitung),

5. Anlage 58 (Verzeichnis der Disziplinarmaßnahmen und der Maßnahmen nach § 92 JStVollzG NRW),

6. Anlage 59 (Verzeichnis der besonderen Sicherungsmaßnahmen),

7. Anlage 60 (Abwesenheitsverzeichnis),

8. Anlage 61 (Verzeichnis der Entweichungen),

9. Anlage 62 (Verzeichnis über Freigang).

50 Buchführung

(1) Die Bücher sind für das Kalenderjahr zu führen, soweit nichts anderes bestimmt ist.

(2) Das elektronisch geführte Gefangenenbuch ist nach Ablauf eines jeden Kalenderjahres auszudrucken und aufzubewahren. Hierbei ist ein Deckblatt vorzuheften (Anlage 54: Gefangenenbuch mit Deckblatt). Nach Ausdruck des Gefangenenbuchs sind Veränderungen, insbesondere Einträge über den Austritt von Gefangenen, nachzutragen.

51 Gefangenenbuch

(1) Das Gefangenenbuch (Anlage 54) ist für den Nachweis des Vollzuges bestimmt.

(2) Die Gefangenen sind grundsätzlich in der Reihenfolge ihres Zugangs in das Gefangenenbuch einzutragen. Gefangene in Durchgangshaft und überstellte Gefangene, die noch am selben Tag zurückkehren, sind von der Eintragung auszunehmen. Sie werden im Transportbuch nachgewiesen (Nummer 11 GTV).

(3) In das Gefangenenbuch ist nur das zum Zeitpunkt der Eintragung aktuelle Aufnahmeersuchen einzutragen.

(4) Verlassen Gefangene die Justizvollzugsanstalt endgültig, so ist der Zeitpunkt des Austritts im Gefangenenbuch zu vermerken. Dasselbe gilt, wenn entwichene Gefangene oder solche, die sich gemäß Nummer 40 Absatz 3 ohne Berechtigung außerhalb der Justizvollzugsanstalt aufhalten, nach Ablauf von sechs Wochen noch nicht zurückgekehrt sind.

52 Zugangsbuch und Abgangsbuch

(1) Die Veränderungen des Gefangenenbestandes in der Justizvollzugsanstalt werden durch das Zugangsbuch (Anlage 55) und das Abgangsbuch (Anlage 56) nachgewiesen.

(2) Als Zugang ist einzutragen, wer

a) sich zum Vollzug stellt,

b) zugeführt wird (vgl. jedoch Absatz 4),

c) nach vorübergehender Abwesenheit, jedoch nicht vor Ablauf des Tages zurückkehrt,

d) im Anschluss an eine Freiheitsentziehung zu weiterer Freiheitsentziehung in der Anstalt – auch nur vorübergehend – verbleibt (Übertritt).

(3) Als Abgang ist einzutragen, wer

a) die Justizvollzugsanstalt verlässt und nicht vor Ablauf des Tages zurückkehrt,

b) seine Freiheitsentziehung beendet, jedoch zu weiterer Freiheitsentziehung in der Anstalt – auch nur vorübergehend – verbleibt (Übertritt).

(4) Durchgangsgefangene, die noch am Tag des Zugangs weiterbefördert werden, und überstellte Gefangene, die noch am selben Tag zurückkehren, sind weder in das Zugangsbuch noch in das Abgangsbuch einzutragen; sie werden im Transportbuch nachgewiesen (Nummer 11 GTV).

(5) Das Zugangs- und das Abgangsbuch sind für jeden Tag gesondert zu führen. Die Gesamtzahl der Gefangenen der täglichen Zu- und Abgänge sind zur Feststellung des Bestandes der Gefangenen in das Belegungsbuch zu übernehmen.

53 Belegungsbuch und Frühbericht

(1) In dem Belegungsbuch (Anlage 57) ist täglich der Gefangenenbestand festzuhalten und aufzugliedern.

(2) Das Belegungsbuch ist in Monatsabschnitten zu führen und am Monatsende abzuschließen. Die Monatssummen der Tagesbestände sind in eine Jahreszusammenstellung zu übernehmen und am Jahresende aufzurechnen.

(3) Im Laufe des Monats März ist der Gefangenenbestand anhand des Gefangenenbuchs und des Belegungsbuchs zu überprüfen, wenn die Bücher im manuellen Verfahren geführt werden. Unstimmigkeiten sind aufzuklären. Die Übereinstimmung ist im Belegungsbuch zu bescheinigen.

(4) Über die Zusammensetzung des Gefangenenbestandes ist täglich ein Frühbericht (Anlage 63: Frühbericht) zu fertigen und der Anstaltsleitung sowie den von ihr bestimmten Bediensteten vorzulegen.

54 Erfassung und Überwachung von Terminen

(1) Strafzeitabhängige Termine und strafzeitabhängige Fristen werden automatisch erzeugt; alle sonstigen Termine und Fristen sind einzugeben.

(2) Termine und Fristen sind zu überwachen.

55 Sonstiges Buchwerk

Es sind zu erfassen

a) Disziplinarmaßnahmen in Anlage 58 (Verzeichnis der Disziplinarmaßnahmen und der Maßnahmen nach § 92 JStVollzG NRW),

b) besondere Sicherungsmaßnahmen in Anlage 59 (Verzeichnis der besonderen Sicherungsmaßnahmen),

c) Urlaube und Ausgänge in Anlage 60 (Abwesenheitsverzeichnis),

d) Entweichungen in Anlage 61 (Verzeichnis der Entweichungen),

e) Freigang in Anlage 62 (Verzeichnis über Freigang).

Siebter Teil
Justizvollzugsstatistik

56 Aufbau und Umfang

Die Justizvollzugsstatistik besteht aus folgenden Tabellen:

St 1 Bestand, Zu- und Abgang der Gefangenen nach Justizvollzugsanstalten,

St 2 Strafgefangene und Sicherungsverwahrte nach Alter sowie nach Art und Dauer des Vollzuges,

St 4 Strafgefangene und Sicherungsverwahrte nach Art des Vollzuges, Alter sowie nach Religionszugehörigkeit, Familienstand, Staatsangehörigkeit und Wohnsitz,

St 5 Strafgefangene und Sicherungsverwahrte nach Art und Häufigkeit der Vorstrafen sowie nach Wiedereinlieferungsabständen,

St 6 Strafgefangene und Sicherungsverwahrte nach der strafbaren Handlung und nach Art der Strafen und Maßregeln der Besserung und Sicherung,

St 7/8 Todesfälle, Entweichungen und Tätlichkeiten gegen Bedienstete – Bund – (Anlage 66),

St 7 Krankheitsfälle, Unfälle, Todesfälle (Anlage 66a),

St 8 Disziplinarmaßnahmen, Besondere Sicherungsmaßnahmen und Entweichungen – jeweils Land Nordrhein-Westfalen – (Anlage 66b),

St 9 Beurlaubungen (Anlage 67),

St 10 Freigang, Ausgang (Anlage 68).

(2) Die Tabellen St 1 und St 7 bis St 10 sind auf das Kalenderjahr, die Tabellen St 2 und St 4 bis St 6 auf den 31. März eines jeden Jahres abgestellt.

(3) Die Tabellen St 1, St 2 und St 4 bis St 6 werden von dem Statistischen Landesamt aufgestellt. Grundlagen sind

– für die Tabelle St 1
die monatlichen Nachweisungen über Bestand, Zu- und Abgang der Gefangenen (Nummer 57),

– für die Tabelle St 2, St 4 bis St 6
die Zählkarten (Nummer 58).

Die Tabellen St 7 bis St 10 sind von der Justizvollzugsanstalt aufzustellen.

Grundlagen sind

– für die Tabelle St 7/8 bzw. St 7 und 8
die vom medizinischen Dienst übermittelten Angaben,
das Verzeichnis der Entweichungen (Nummer 55),
das Verzeichnis der Disziplinarmaßnahmen und der Maßnahmen nach § 92 JStVollzG NRW (Nummer 55) und
das Verzeichnis der besonderen Sicherungsmaßnahmen (Nummer 55),

– für die Tabelle St 9
das Abwesenheitsverzeichnis (Beurlaubungen, Nummer 55),

– für die Tabelle St 10
das Verzeichnis über Freigang und das Abwesenheitsverzeichnis (Ausgänge, Nummer 55).

57 Monatsstatistik, Tabelle St 1

(1) Die Justizvollzugsanstalt legt der Aufsichtsbehörde jeweils bis zum dritten Arbeitstag des Monats eine Nachweisung über Bestand, Zu- und Abgang der Gefangenen im abgelaufenen Monat (Anlage 64: Monatsstatistik) vor. Soweit das Buchwerk für besondere Abteilungen oder Zweiganstalten getrennt zu führen ist, sind diese in der Monatsstatistik gesondert darzustellen.

(2) Das Statistische Landesamt stellt die Ergebnisse der monatlichen Nachweisungen – getrennt nach Männern und Frauen – in der Tabelle St 1 in folgender Weise dar:

Abschnitt A: Justizvollzugsanstalten des geschlossenen Vollzuges,

Abschnitt B: Justizvollzugsanstalten des offenen Vollzuges.

Den Abschnitten ist jeweils eine Zusammenstellung voranzustellen. Die Gesamtergebnisse der Abschnitte A und B werden zu einem Landesergebnis zusammengefasst.

58 Zählkarte, Tabellen St 2, St 4 bis St 6

(1) Gefangene, die sich am 31. März des Jahres um 24.00 Uhr im Vollzug der Freiheitsstrafe, Jugendstrafe oder Sicherungsverwahrung befinden oder zu diesem Zeitpunkt vorübergehend abwesend sind (Nummer 5), werden in einer Zählkarte (Anlage 65) erfasst, die dem Statistischen Landesamt zur Erstellung der Tabellen St 2, St 4 bis St 6 in der in Nummer 57 Absatz 2 bezeichneten Ordnung bis zum 30. April übermittelt wird.

(2) Die Anzahl der Zählkarten muss mit den in der Monatsstatistik (Nummer 57) dargestellten Bestandszahlen zuzüglich des Bestandes der am letzten Tag vorübergehend abwesenden Gefangenen übereinstimmen.

59 Tabellen St 7/8 bis St 10

Die Justizvollzugsanstalt übermittelt die Tabellen St 7/8 bis St 10 bis zum 20. Januar der Aufsichtsbehörde.

Achter Teil
Besonderheiten

60 Aufnahme auf freiwilliger Grundlage

(1) Bei Aufnahme auf freiwilliger Grundlage gemäß § 125 StVollzG oder einer entspre-

II

chenden landesgesetzlichen Bestimmung tritt an die Stelle des Aufnahmeersuchens (Nummer 6 Absatz 1) ein schriftlicher Antrag von früheren Gefangenen (Anlage 70: Freiwillige Wiederaufnahme in die sozialtherapeutische Justizvollzugsanstalt und Anlage 69: Freiwilliger Verbleib in der Justizvollzugsanstalt) in Verbindung mit den früheren Vollstreckungsunterlagen. Über die Aufnahme entscheidet die Anstaltsleitung. Wiederholte Aufnahme ist zulässig.

(2) Ist die Anstaltsleitung nicht erreichbar und ist Eile geboten, so sind zur Entscheidung befugte Bedienstete berechtigt, über eine Aufnahme vorläufig zu entscheiden. Hierfür genügt ein mündlicher Antrag der aufzunehmenden Person. Die Entscheidung der Anstaltsleiterin oder des Anstaltsleiters ist unverzüglich einzuholen.

(3) In den Fällen des Absatzes 1 und 2 sind, soweit möglich, Bedienstete, die mit der Behandlung der früheren Gefangenen maßgeblich befasst waren (z. B. ärztlicher-, psychologischer Dienst, Sozialdienst, pädagogischer Dienst), vor der Entscheidung zu hören.

(4) Die aufgenommene Person kann ihre Entlassung nach § 125 Absatz 3 StVollzG oder einer entsprechenden landesgesetzlichen Bestimmung nicht zur Unzeit verlangen.

(5) Im Übrigen sind die Bestimmungen dieser Geschäftsordnung entsprechend anzuwenden, soweit nicht Eigenart und Zweck des Aufenthalts in der Anstalt auf freiwilliger Grundlage entgegenstehen. Buchmäßig erfolgt die Erfassung als Durchgangshaft mit einem Hinweis auf die Aufnahme auf freiwilliger Grundlage.

Hinweis der Redaktion:
Die Nummer 60 (Gesundheitsakten) in der Fassung vom 1. Juli 1976 ist nach wie vor in Kraft (siehe Nummer 61):

60 Gesundheitsakten

(1) Für jeden Gefangenen – ausgenommen Gefangene während einer Überstellung oder in Durchgangshaft – sind vom Anstaltsarzt Gesundheitsakten zu führen. Die Gesundheitsakten bestehen aus folgenden Vordrucken:

Schnellhefter	– Vordruck VG 53 –
Personalblatt (A)	– Vordruck VG 3 –
Gesundheitsblatt	– Vordruck VG 54 –
Behandlungsblatt	– Vordruck VG 55 –

(2) Die Gesundheitsakten sind bei einer Verlegung des Gefangenen in einem verschlossenen Umschlag mitzugeben und in der aufnehmenden Justizvollzugsanstalt nach Beifügung eines neuen Personalblatts fortzuführen. Die Fortführung der Gesundheitsakten entfällt für die Dauer des Aufenthalts des Gefangenen in einem Anstaltskrankenhaus. In Krankenhauseinrichtungen wird ein Krankenblatt entsprechend den besonderen Bedürfnissen geführt; bei der Rückverlegung ist den Gesundheitsakten ein abschließender ärztlicher Bericht beizufügen.

(3) Wird der Gefangene entlassen, sind die Gesundheitsakten abzuschließen und getrennt von den laufenden Akten aufzubewahren.

(4) Angaben über eine ärztliche Behandlung des Gefangenen während einer Überstellung oder einer Durchgangshaft sind der Personalnachricht in einem verschlossenen, vom Anstaltsarzt der Stammanstalt bestimmten Umschlag beizufügen.

Neunter Teil
Schlussvorschriften

61 Inkrafttreten

Diese Allgemeine Verfügung tritt am 1. Januar 2009 in Kraft. Gleichzeitig wird die Allgemeine Verfügung vom 1. Juli 1976 (1464 – IV B. 1) – JMBl. S. 169 – zuletzt geändert durch Allgemeine Verfügung vom 9. September 2003 (1464 – IV B. 1) – JMBl. S. 229 – mit Ausnahme der Nummer 60 (Gesundheitsakten) mit Wirkung zum 1. Januar 2009 aufgehoben.

Einforderungs- und Beitreibungsanordnung (EBAO)

Vom 23. März 2001 (JMBl. S. 62)

Abschnitt 1
Allgemeine Bestimmungen

§ 1 Grundsatz

(1) Die Einforderung und Beitreibung von

1. Geldstrafen und anderen Ansprüchen, deren Beitreibung sich nach den Vorschriften über die Vollstreckung von Geldstrafen richtet,

2. gerichtlich erkannten Geldbußen und Nebenfolgen einer Ordnungswidrigkeit, die zu einer Geldzahlung verpflichten;

3. Ordnungs- und Zwangsgeldern mit Ausnahme der im Auftrag des Gläubigers zu vollstreckenden Zwangsgelder

(Geldbeträge) richtet sich, soweit gesetzlich nicht anders bestimmt ist, nach der Justizbeitreibungsordnung (JBeitrO) und nach dieser Anordnung.

(2) Gleichzeitig mit einem Geldbetrag (Absatz 1) sind auch die Kosten des Verfahrens einzufordern und beizutreiben, sofern nicht die Verbindung von Geldbetrag und Kosten gelöst wird (§ 15).

(3) Bei gleichzeitiger Einforderung und Beitreibung von Geldbetrag und Kosten gelten die Vorschriften dieser Anordnung auch für die Kosten.

(4) Die Einforderung und Beitreibung von Geldbeträgen ist Aufgabe der Vollstreckungsbehörde (§ 2). Ihr obliegt auch die Einforderung und Beitreibung der Kosten des Verfahrens, soweit und solange die Verbindung von Geldbetrag und Kosten besteht. Die Vollstreckungsbehörde beachtet hierbei die Bestimmungen der §§ 3 bis 14.

(5) Wird die Verbindung von Geldbetrag und Kosten gelöst, so werden die Kosten nach den Vorschriften der Kostenverfügung der zuständigen Kasse zur Sollstellung überwiesen und von dieser oder der sonst zuständigen Stelle nach den für sie geltenden Vorschriften eingefordert und eingezogen.

(6) Für die Einziehung von Geldbußen, die von Disziplinargerichten, Richterdienstgerichten oder Dienstvorgesetzten verhängt worden sind, und für die Kosten des Disziplinarverfahrens gelten besondere Bestimmungen.

§ 2 Vollstreckungsbehörde

Vollstreckungsbehörde ist, soweit gesetzlich nichts anderes bestimmt ist,

1. in den Fällen, auf welche die Strafvollstreckungsordnung Anwendung findet, die dort bezeichnete Behörde;

2. im Übrigen diejenige Behörde oder Dienststelle der Behörde, die auf die Verpflichtung zur Zahlung des Geldbetrages erkannt hat, oder, soweit es sich um eine kollegiale Behörde oder Dienststelle handelt, deren Vorsitzende oder Vorsitzender.

Abschnitt 2
Einforderung und Beitreibung durch die Vollstreckungsbehörde

§ 3 Anordnung der Einforderung

(1) Sofern nicht Zahlungserleichterungen (§ 8 Abs. 3, § 12) gewährt werden, ordnet die Vollstreckungsbehörde die Einforderung von Geldbetrag und Kosten an, sobald die darüber ergangene Entscheidung vollstreckbar ist.

(2) Die Zahlungsfrist beträgt vorbehaltlich anderer Anordnung der Vollstreckungsbehörde zwei Wochen.

§ 4 Kostenrechnung

(1) Ist die Einforderung angeordnet, so stellt die Kostenbeamtin oder der Kostenbeamte der Vollstreckungsbehörde eine Kostenrechnung auf. Darin sind sämtliche einzufordern-

II

den Beträge aufzunehmen. Durch die Zeichnung übernimmt die Kostenbeamtin oder der Kostenbeamte die Verantwortung für die Vollständigkeit und Richtigkeit der Kostenrechnung.

(2) Die Zahlungsfrist (§ 3 Abs. 2) ist in der Kostenrechnung zu vermerken.

(3) Im Übrigen gilt für die Kostenrechnung § 27 der Kostenverfügung entsprechend.

§ 5 Einforderung

(1) Die in die Kostenrechnung aufgenommenen Beträge werden von den Zahlungspflichtigen durch Übersendung einer Zahlungsaufforderung eingefordert. In der Zahlungsaufforderung ist zur Zahlung an die für den Sitz der Vollstreckungsbehörde zuständige Kasse aufzufordern.

(2) Die Reinschrift der Zahlungsaufforderung ist von der Kostenbeamtin oder dem Kostenbeamten unter Angabe des Datums und der Amts-(Dienst-)bezeichnung unterschriftlich zu vollziehen. Soweit die oberste Justizbehörde dies zugelassen hat, kann sie ausgefertigt, beglaubigt, von der Geschäftsstelle unterschriftlich vollzogen oder mit dem Abdruck des Dienstsiegels versehen werden. Bei maschineller Bearbeitung bedarf es einer Unterschrift nicht; jedoch ist der Vermerk anzubringen „Maschinell erstellt und ohne Unterschrift gültig".

(3) Die Mitteilung einer besonderen Zahlungsaufforderung unterbleibt bei Strafbefehlen, die bereits die Kostenrechnung und die Aufforderung zur Zahlung enthalten.

(4) Der Zahlungsaufforderung (Absatz 1) oder dem Strafbefehl (Absatz 3) ist ein auf das Konto der zuständigen Kasse lautender Überweisungsträger beizufügen. Im Verwendungszweck sind die Vollstreckungsbehörde in abgekürzter Form anzugeben und das Aktenzeichen so vollständig zu bezeichnen, dass die zuständige Kasse in der Lage ist, hiernach die Zahlungsanzeige zu erstatten. Die Kennzeichnung der Sache als Strafsache ist zu vermeiden.

(5) Die Erhebung durch Postnachnahme ist nicht zulässig.

§ 6 Nicht ausreichende Zahlung

Reicht die auf die Zahlungsaufforderung entrichtete Einzahlung zur Tilgung des ganzen eingeforderten Betrages nicht aus, so richtet sich die Verteilung nach den kassenrechtlichen Vorschriften, soweit § 459b StPO, § 94 OWiG nichts anderes bestimmen.

§ 7 Mahnung

(1) Nach vergeblichem Ablauf der Zahlungsfrist sollen Zahlungspflichtige vor Anordnung der Beitreibung in der Regel zunächst besonders gemahnt werden (§ 5 Abs. 2 JBeitrO).

(2) Mahnungen unterbleiben, wenn damit zu rechnen ist, dass Zahlungspflichtige sie unbeachtet lassen werden.

§ 8 Anordnung der Beitreibung

(1) Geht binnen einer angemessenen Frist nach Abgang der Mahnung oder, sofern von einer Mahnung abgesehen worden ist, binnen einer Woche nach Ablauf der Zahlungsfrist (§ 3 Abs. 2) keine Zahlungsanzeige der zuständigen Kasse ein, so bestimmt die Vollstreckungsbehörde, welche Vollstreckungsmaßnahmen ergriffen werden sollen.

(2) In geeigneten Fällen kann sie die zuständige Kasse um Auskunft ersuchen, ob ihr über die Vermögens- und Einkommensverhältnisse der Zahlungspflichtigen und die Einziehungsmöglichkeiten etwas bekannt ist.

(3) Welche Vollstreckungsmaßnahmen anzuwenden sind oder ob Zahlungspflichtigen Vergünstigungen eingeräumt werden können, richtet sich nach den für das Einziehungsverfahren maßgebenden gesetzlichen und Verwaltungsvorschriften (vgl. §§ 459 ff. StPO, §§ 91 ff. OWiG, § 6 ff. JBeitrO, § 49 StVollstrO).

(4) Im Übrigen sind die Vollstreckungsmaßnahmen anzuwenden, die nach Lage des Einzelfalles am schnellsten und sichersten zum Ziele führen. Auf die persönlichen und wirtschaftlichen Verhältnisse der Zahlungspflichtigen und ihrer Familie ist dabei Rücksicht zu nehmen, soweit das Vollstreckungsziel hierdurch nicht beeinträchtigt wird.

(5) Kommt die Zwangsvollstreckung in Forderungen oder andere Vermögensrechte in

Betracht, so hat die Vollstreckungsbehörde den Pfändungs- und Überweisungsbeschluss zu erlassen (§ 6 Abs. 2 JBeitrO).

(6) Ein Antrag auf Einleitung des Zwangsversteigerungs- oder Zwangsverwaltungsverfahrens soll nur gestellt, der Beitritt zu einem solchen Verfahren nur erklärt werden, wenn ein Erfolg zu erwarten ist und das Vollstreckungsziel anders nicht erreicht werden kann. Ist Vollstreckungsbehörde (§ 2) die Richterin oder der Richter beim Amtsgericht, so ist, soweit die Strafvollstreckungsordnung Anwendung findet, die Einwilligung der Generalstaatsanwältin oder des Generalstaatsanwalts, im Übrigen die der Präsidentin oder des Präsidenten des Landgerichts (Präsidentin oder Präsidenten des Amtsgerichts) erforderlich.

§ 9 Vollstreckung in bewegliche Sachen

(1) Soll in bewegliche Sachen vollstreckt werden, so erteilt die Vollstreckungsbehörde der Vollziehungsbeamtin oder dem Vollziehungsbeamten unmittelbar oder über die Geschäftsstelle des Amtsgerichts einen Vollstreckungsauftrag. In den Auftrag sind die Kosten früherer Einziehungsmaßnahmen als Nebenkosten aufzunehmen.

(2) Die Ausführung des Auftrages, die Ablieferung der von der Vollziehungsbeamtin oder dem Vollziehungsbeamten eingezogenen oder beigetriebenen Geldbeträge und die Behandlung der erledigten Vollstreckungsaufträge bei der zuständigen Kasse richten sich nach den Dienstvorschriften für die Vollziehungsbeamtinnen und -beamten und den kassenrechtlichen Vorschriften.

(3) Die Vollstreckungsbehörde überwacht die Ausführung des Vollstreckungsauftrags durch Anordnung einer Wiedervorlage der Akten.

§ 10 Vollstreckung in bewegliche Sachen im Bezirk einer anderen Vollstreckungsbehörde

(1) Soll in bewegliche Sachen vollstreckt werden, die sich im Bezirk einer anderen Vollstreckungsbehörde befinden, so gilt § 9,

soweit nicht in Absatz 2 etwas anderes bestimmt ist.

(2) Die Vollziehungsbeamtin oder der Vollziehungsbeamte rechnet über die eingezogenen Beträge mit der zuständigen Kasse ab, welche die Vollstreckungsbehörde durch Rücksendung des Vollstreckungsauftrags oder des Ersuchens verständigt. Gehört die ersuchende Vollstreckungsbehörde einem anderen Lande an als die Vollziehungsbeamtin oder der Vollziehungsbeamte, so werden die eingezogenen Geldbeträge und Kosten des Verfahrens an die für die ersuchende Vollstreckungsbehörde zuständige Kasse abgeführt. Die eingezogenen Kosten der Vollstreckung sind an die für die Vollziehungsbeamtin oder den Vollziehungsbeamten zuständige Kasse abzuführen; soweit sie von der Schuldnerin oder dem Schuldner nicht eingezogen werden können, werden sie der Vollstreckungsbehörde eines anderen Landes nicht in Rechnung gestellt.

§ 11 Spätere Beitreibung

(1) Ist bei Uneinbringlichkeit eines Geldbetrages, an dessen Stelle eine Freiheitsstrafe nicht treten soll, mit der Möglichkeit zu rechnen, dass spätere Vollstreckungsmaßnahmen erfolgreich sein werden, so ordnet die Vollstreckungsbehörde eine Wiedervorlage der Akten an.

(2) Uneinbringlich gebliebene Kosten des Verfahrens werden, wenn sie nicht mehr zusammen mit dem Geldbetrag beigetrieben werden können, nach § 1 Abs. 5, § 15 Abs. 1 Nr. 1 der zuständigen Kasse zur Einziehung überwiesen, sofern die Überweisung nicht nach § 16 Abs. 2 unterbleibt.

§ 12 Zahlungserleichterungen

(1) Werden für die Entrichtung eines Geldbetrages Zahlungserleichterungen bewilligt, so gelten diese Zahlungserleichterungen auch für die Kosten.

(2) Ist die Höhe der Kosten den Zahlungspflichtigen noch nicht mitgeteilt worden, so ist dies bei der Mitteilung der Zahlungserleichterungen nachzuholen. Die Androhung künftiger Zwangsmaßnahmen für den Fall der

Nichtzahlung der Kosten unterbleibt hierbei. Einer Mitteilung der Höhe der Kosten bedarf es nicht, wenn das dauernde Unvermögen der Kostenschuldnerin oder des Kostenschuldners zur Zahlung feststeht.

§ 13 Zurückzahlung von Geldbeträgen und Kosten

(1) Sind Geldbeträge zu Unrecht vereinnahmt worden oder auf Grund besonderer Ermächtigung zurückzuzahlen, so ordnet die Vollstreckungsbehörde die Zurückzahlung an.

(2) Dasselbe gilt, wenn zusammen mit dem Geldbetrag Kosten des Verfahrens oder Vollstreckungskosten zurückzuholen sind.

(3) Bei unrichtiger Berechnung ist eine neue Kostenrechnung aufzustellen.

(4) In der Anordnung ist der Grund der Zurückzahlung (z. B. gnadenweiser Erlass durch Verfügung . . . oder Zurückzahlung wegen irrtümlicher Berechnung) kurz anzugeben.

(5) Zu der Auszahlungsanordnung an die zuständige Kasse ist der für die Zurückzahlung von Gerichtskosten bestimmte Vordruck zu verwenden; er ist, soweit erforderlich, zu ändern. Bei automatisierten Verfahren wird die Auszahlungsanordnung maschinell erstellt. Der oder die Empfangsberechtigte ist von der Vollstreckungsbehörde über die bevorstehende Zurückzahlung zu benachrichtigen.

§ 14 Durchlaufende Gelder

(1) Beträge, die nach den Vorschriften dieser Anordnung eingezogen werden, aber nicht der Landeskasse, sondern anderen Berechtigten zustehen, werden bei der Aufstellung der Kostenrechnung als durchlaufende Gelder behandelt.

(2) Auf Grund der von der zuständigen Kasse übermittelten Zahlungsanzeige oder der maschinell übermittelten Kontobuchungen ordnet die Vollstreckungsbehörde die Auszahlung an die Empfangsberechtigten an. § 38 der Kostenverfügung gilt entsprechend.

Abschnitt 3
Lösung von Geldbetrag und Kosten

§ 15 Grundsatz

(1) Die Verbindung von Geldbetrag und Kosten (§ 1 Abs. 2) wird gelöst, wenn

1. sich die Beitreibung des Geldbetrages erledigt und für die Kostenforderung Beitreibungsmaßnahmen erforderlich werden;

2. nachträglich eine Gesamtgeldstrafe gebildet wird oder

3. die Vollstreckungsbehörde die getrennte Verfolgung beider Ansprüche aus Zweckmäßigkeitsgründen anordnet.

(2) Hat das Land aus einer wegen Geldbetrag und Kosten vorgenommenen Zwangsvollstreckung bereits Rechte erworben, so darf eine Anordnung nach Absatz 1 Nr. 3 nur ergehen, wenn die Wahrnehmung dieser Rechte wegen der Kosten allein keine Schwierigkeiten bereitet oder wenn der Landeskasse durch die Aufgabe der wegen der Kosten begründeten Rechte kein Schaden erwächst.

§ 16 Überweisung der Kosten an die zuständige Kasse

(1) Bei der Überweisung der Kosten an die Kasse zur Einziehung (§ 4 Abs. 2 der Kostenverfügung) hat die Kostenbeamtin oder der Kostenbeamte, wenn bereits eine Zahlungsaufforderung an die Kostenschuldnerin oder den Kostenschuldner ergangen war, die Aufnahme des nachstehenden Vermerks in die Reinschrift der Kostenrechnung zu veranlassen: „Diese Zahlungsaufforderung tritt an die Stelle der Zahlungsaufforderung d. . . vom . . . Bei Zahlungen ist statt der bisherigen Geschäftsnummer das Kassenzeichen anzugeben." Hat sich der Kostenansatz nicht geändert, so genügt die Übersendung einer Rechnung, in der lediglich der Gesamtbetrag der früheren Rechnung, die geleisteten Zahlungen und der noch geschuldete Restbetrag anzugeben sind. Bewilligte Zahlungserleichterungen (§ 8 Abs. 3, § 12) sind der zuständigen Kasse mitzuteilen.

(2) Die Überweisung der Kosten unterbleibt, wenn die Voraussetzungen vorliegen, unter

denen die Kostenbeamtin oder der Kostenbeamte von der Aufstellung einer Kostenrechnung absehen darf (§ 10 der Kostenverfügung).

(3) Der Kasse mit zu überweisen sind auch die nicht beigetriebenen Kosten eines der Lösung (§ 15) vorausgegangenen Einziehungsverfahrens.

§ 17 Wahrnehmung der Rechte aus früheren Vollstreckungen

(1) Hatte das Land vor der Trennung von Geldbetrag und Kosten aus einer Zwangsvollstreckung wegen der Kosten bereits Rechte erlangt, so teilt die Vollstreckungsbehörde dies der zuständigen Kasse unter Übersendung der vorhandenen Beitreibungsverhandlungen mit. Dies gilt nicht, wenn die wegen der Kosten begründeten Rechte nach § 15 Abs. 2 aufgegeben werden.

(2) Ist der Vollziehungsbeamtin oder dem Vollziehungsbeamten ein Vollstreckungsauftrag erteilt (§ 9 Abs. 1 Satz 1, § 10 Abs. 1), so hat die zuständige Kasse der Vollziehungsbeamtin oder dem Vollziehungsbeamten gegenüber jetzt die Stellung der Auftraggeberin; sie hat sie oder ihn hiervon zu verständigen. Der Auftrag bleibt bestehen, bis die zuständige Kasse ihn zurücknimmt.

Abschnitt 4

§ 18 Geldauflagen im Strafverfahren

(1) Geldzahlungen, die Zahlungspflichtigen nach § 56b Abs. 2 Nr. 2, § 57 Abs. 3 Satz 1 StGB, § 153a StPO, § 15 Abs. 1 Satz 1 Nr. 3, §§ 23, 29, 45, 88 Abs. 5 und § 89 Abs. 3 JGG oder anlässlich eines Gnadenerweises auferlegt sind, werden nicht mit Zahlungsaufforderung (§ 5 Abs. 1) eingefordert. Ihre Beitreibung ist unzulässig.

(2) Wird die Geldauflage gestundet, so prüft die Vollstreckungsbehörde, ob die zuständige Kasse ersucht werden soll, die Einziehung der Kosten auszusetzen. Ein Ersuchen empfiehlt sich, wenn die sofortige Einziehung der Kosten den mit der Stundung der Geldauflage verfolgten Zweck gefährden würde.

Gefangenentransportvorschrift (GTV)

Vom 7. Januar 2008 (AllMBl)

Inhaltsübersicht

Die Anlagen sind vorliegend nicht abgedruckt.

Erster Teil:
Gemeinsame Vorschriften für alle Transportarten

1. Anwendungsbereich

(1) Diese Vorschrift regelt den Transport von Gefangenen, soweit es sich nicht um Ausführungen, um Überstellungen am selben Ort, um Transporte zwischen Teilen einer Justizvollzugseinrichtung oder um Fahrten zu Arbeitsstellen handelt. Auf Transporte zum Zwecke der Vorführung ist die Vorschrift nur anzuwenden, wenn ein Vorführungsbefehl nach § 457 StPO erlassen ist.

(2) Den Ländern bleibt es unbenommen, ergänzende Ausführungsvorschriften zu erlassen.

2. Transportgefangene

Gefangene im Sinne dieser Vorschrift sind:

a) Strafgefangene sowie Personen, gegen die auf eine mit Freiheitsentziehung verbundene Maßregel der Besserung und Sicherung erkannt ist,

b) Untersuchungsgefangene sowie einstweilig Untergebrachte (vgl. § 126a StPO),

c) Personen, die aufgrund eines Haftbefehls oder eines Vorführungsbefehls (zur Vollstreckung einer Freiheitsstrafe) von der Polizei festgenommen worden sind,

d) Zivilhaftgefangene,

e) Auslieferungs- oder Durchlieferungsgefangene,

f) abzuschiebende oder zurückzuschiebende Ausländerinnen und Ausländer.

3. Transportbehörden

Transportbehörden sind:

a) beim Einzeltransport die Justizvollzugseinrichtungen oder Polizeidienststellen,

b) beim Sammeltransport die im „Kursbuch für den Gefangenensammeltransport" bei den einzelnen Umläufen bekannt gegebenen Justizvollzugseinrichtungen oder Polizeidienststellen,

c) beim Sondertransport besonders beauftragte Justizvollzugseinrichtungen oder Polizeidienststellen.

4. Auftragsstelle, Abfahrtsstelle, Bestimmungsstelle

Die Auftragsstelle veranlasst den Transport. Von der Abfahrtsstelle geht der Gefangenentransport aus. Der Bestimmungsstelle werden die Transportgefangenen zugeführt.

5. Transportarten

(1) Gefangene sind grundsätzlich im Sammeltransport zu befördern. Wird der Abfahrts- oder Bestimmungsort von den Gefangenensammeltransportfahrzeugen nicht berührt, und müssen deshalb Gefangene auf Teilstrecken im Einzeltransport befördert werden, so ist dieser wie ein Sammeltransport abzurechnen (vgl. Nr. 14 Abs. 4 GTV).

(2) Im Einzeltransport sind zu befördern:

a) jugendliche und heranwachsende Untersuchungsgefangene und Gefangene im Jugendstrafvollzug, die im Sammeltransport von erwachsenen Gefangenen nicht getrennt werden können,

b) Gefangene, bei denen die Auftragsstelle ausnahmsweise aus zwingenden Gründen z. B. wegen besonderer Gefährlichkeit des Gefangenen oder wegen Dringlichkeit der Beförderung diese Transportart angeordnet hat,

c) Gefangene, bei denen nach der Feststellung einer Ärztin oder eines Arztes der Justizvollzugseinrichtung oder Polizei oder einer Amtsärztin oder eines Amtsarztes die Beförderung im Sammeltransport aus gesundheitlichen Gründen nicht angezeigt ist,

d) weibliche Gefangene von Beginn der 21. Schwangerschaftswoche an,

e) Zivilhaftgefangene, die im Sammeltransport von anderen Gefangenen nicht getrennt werden können.

(3) Im Übrigen ist Einzeltransport nur zulässig, wenn

a) ein Sammeltransport in Richtung des Bestimmungsortes nicht besteht oder

b) wenn hierdurch die Behandlung von Gefangenen oder die Eingliederung nach der Entlassung wesentlich gefördert wird oder

c) wenn Gefangene persönliche Gründe vorbringen, die eine Ausnahmeregelung rechtfertigen, sie die Kosten des Transports bereitstellen und die Transportbehörde den Transport ohne Einschränkung ihrer sonstigen Aufgaben durchführen kann.

(4) Für Einzeltransporte kann jedes geeignete Beförderungsmittel benutzt werden. Die Gründe für den Einzeltransport sind aktenkundig zu machen.

6. Transportbegleitung

(1) Gefangenentransporte werden von Bediensteten des Justizvollzuges oder der Polizei begleitet.

(2) Die Transportbegleitung hat den Sicherheitsaspekten Rechnung zu tragen. Versuche von Gefangenen, mit der Außenwelt oder mit getrennt untergebrachten Gefangenen in Verbindung zu treten, sind zu unterbinden.

(3) Die Zahl der transportbegleitenden Bediensteten bestimmt sich nach der Anzahl und Gefährlichkeit der Gefangenen und den sonstigen Beförderungsverhältnissen.

(4) Die Bediensteten tragen Dienstkleidung, soweit nicht bei Einzeltransporten die Transportbehörde etwas anderes bestimmt. Sie haben ihren Dienstausweis stets bei sich zu führen und sind mit den erforderlichen Waffen, Fesseln usw. auszurüsten. Das Nähere bestimmt die Transportbehörde.

(5) Für Transporte weiblicher Gefangener werden Transportbegleiterinnen oder mindestens zwei Transportbegleiter eingesetzt.

(6) Sind bei einem Transport mehrere transportbegleitende Bedienstete erforderlich, so bestimmt die Transportbehörde, wer den Transport leitet (Transportleitung). Die Transportleitung erteilt die erforderlichen Weisungen und ist dafür verantwortlich, dass die in dieser Vorschrift enthaltenen Anweisungen beachtet werden. Im Sammeltransport ist die Transportleitung weisungsbefugt, soweit es sich nicht um fahrtechnische Fragen handelt.

(7) Werden Bedienstete während des Transports dienstunfähig, so ist erforderlichenfalls von der nächsten Transportbehörde Ersatz zu erbitten. Die Dienststelle ist alsbald zu unterrichten.

7. Transportersuchen

(1) Voraussetzung für die Einleitung des Transports ist:

a) ein Transportersuchen der berechtigten Stelle nach Vordruck GTV 1 oder

b) eine schriftliche Anordnung der Leitung der Justizvollzugseinrichtung, in der sich die oder der Gefangene befindet.

(2) Transportersuchen, insbesondere zur Wahrnehmung eines Termins, sind so rechtzeitig zu stellen, dass Gefangene im Sammeltransport befördert werden können. Ist der Grund für den Transport erledigt oder entfallen, leitet die Bestimmungsstelle den Rücktransport ein, auch wenn die Auftragsstelle dies nicht ausdrücklich angeordnet hat.

(3) Bei ausländischen Gefangenen, die abzuschieben oder zurückzuschieben sind, ist dem Transportersuchen ein Abdruck des Abschiebungshaftbeschlusses beizufügen.

8. Vorbereitung der Transporte durch die Abfahrtsstelle

(1) Die Abfahrtsstelle prüft, wann und auf welchem Wege Gefangene der Bestimmungsstelle zugeführt werden sollen. Sie hat den Transport so rechtzeitig zu veranlassen, dass Gefangene, insbesondere zur Wahrnehmung eines Termins, pünktlich eintreffen.

(2) Für den Transport ist ein Transportschein nach Vordruck GTV 2 auszustellen, der mit einem aktuellen Lichtbild zu versehen ist. Hin- und Rücktransport gelten als zwei Transporte.

(3) Der Transport darf nur durchgeführt werden, wenn der medizinische Dienst die Transportfähigkeit festgestellt und auf dem Transportschein bescheinigt hat. Stellt dieser eine mögliche Gefährdung durch Blut- oder Sekretkontakt fest, so ist dies auf dem Transportschein zu vermerken.

(4) Sind für Gefangene Arzneimittel mitzugeben oder erscheinen besondere Behandlungshinweise für den Transport und für die Bestimmungsstelle angezeigt, so hat der me-

dizinische Dienst dies in einer besonderen Anlage zum Transportschein zu vermerken.

(5) Gefangene können in eigener Kleidung befördert werden, soweit nicht aus Sicherheitsgründen angeordnet wird, dass Anstaltskleidung zu tragen ist. Anstaltskleidung ist von der Bestimmungsstelle an die Abfahrtsstelle zurückzusenden, wenn die oder der Gefangene voraussichtlich nicht zur Abfahrtsstelle zurückkehrt.

(6) Sollen Gefangene während des Transports – ggf. auch im Gefangenensammeltransportfahrzeug – gefesselt werden (vgl. Nr. 12) oder sind besondere Vorsichtsmaßregeln zu beachten, so ist dies auf dem Transportschein zu vermerken. Der Vermerk ist rot zu unterstreichen und zu unterschreiben.

9. Habe

(1) Gefangene dürfen ein kleines Gepäckstück als Handgepäck in der Größe bis zu maximal 60 × 40 × 40 cm zur Mitnahme folgender Gegenstände mit sich führen:

a) Hygieneartikel, Körperpflegemittel und Wäsche,

b) Medikamente oder medizinische Hilfsmittel, deren Aushändigung die Ärztin oder der Arzt für notwendig und unbedenklich hält und die auf dem Transportschein vermerkt sind,

c) Schriftstücke und persönliche Aufzeichnungen, die für einen unmittelbar bevorstehenden Termin benötigt werden,

d) Transportverpflegung und Tabakwaren mit Feuerzeug,

e) Persönliche Gegenstände zur Freizeitgestaltung, sofern nicht Sicherheitsbedenken entgegenstehen.

(2) Das Handgepäck darf weder Geld noch Wertsachen, Musikinstrumente, Ton- und Bildwiedergabegeräte, Mobiltelefone oder gefährliche Gegenstände (z. B. Messer) enthalten.

(3) Im Sammeltransport soll zugleich auch die übrige Habe mitbefördert werden, wenn der hierfür vorgesehene Raum ausreicht. Sperrige Gegenstände, Tiere, gefährliche Gegenstände (insbesondere Waffen) sowie Geld

oder Wertsachen sind von der Mitnahme ausgeschlossen. Zurückgelassene Habe ist nachzusenden.

(4) Alle Gepäckstücke müssen gut verpackt und verplombt sein. Sie dürfen ein Gewicht von 20 kg pro Gepäckstück nicht überschreiten und sind mit dem Namen der oder des Gefangenen, der Abfahrtsstelle und der Bestimmungsstelle zu versehen. Ungenügend verpacktes oder beschriftetes Gepäck kann die Transportbegleitung zurückweisen. Die Gepäckstücke sind auf dem Transportschein ihrer Art und Zahl nach besonders zu vermerken.

(5) Bei länderübergreifenden Transporten kommt in der Regel nur die Mitnahme eines Gepäckstücks in Betracht. Bei länderübergreifenden Verlegungen dürfen zwei Gepäckstücke mitgenommen werden.

(6) Die übrige Habe von Gefangenen im Sinn der Nr. 2 Buchst. e und f ist so rechtzeitig abzusenden, dass sie spätestens gleichzeitig mit den Gefangenen bei der von der Auftragsstelle bezeichneten Dienststelle eintrifft. Auf dem Transportschein ist zu vermerken, wann und wohin die Habe abgesandt worden ist.

10. Transportverpflegung

(1) Erfolgt die Verpflegung nicht in der Abfahrts- oder Übernachtungsanstalt bzw. in der während des Transports angefahrenen Justizvollzugseinrichtung, so sind die Transportverpflegung und ausreichende Getränke von der Abfahrts- bzw. der Übernachtungsstelle mitzugeben.

(2) Ärztlich angeordnete Sonderkost ist auf dem Transportschein nach Art und Umfang zu vermerken.

11. Durchführung der Transporte

(1) Gefangene sind unmittelbar vor dem Transport gründlich auf den Besitz verbotener Gegenstände zu durchsuchen und alsdann mit Transportschein und der mitzuführenden Habe der Transportbegleitung zu übergeben. Die Durchsuchung ist auf dem Transportschein mit Name und Unterschrift zu bescheinigen. Dem Transportschein sind die

Personalunterlagen und ggf. auch die Ausweispapiere in einem verschlossenen Behältnis beizufügen. Auf dem Behältnis sind der Name der oder des Gefangenen, die Abfahrts- und Bestimmungsstelle und der Inhalt anzugeben. Die Übernahme hat die Transportbegleitung in einem Transportbuch (GTV 3), das bei jeder Justizvollzugseinrichtung geführt wird, zu bescheinigen. In dieser Weise ist auch zu verfahren, wenn Gefangene während des Transports nur vorübergehend in einer Justizvollzugseinrichtung untergebracht waren.

(2) Beim Sammeltransport trägt die Transportleitung den Namen der Gefangenen und die sonstigen Angaben in eine Transportliste (GTV 4) ein und lässt sich darin die spätere Übergabe bescheinigen. Beim Einzeltransport stellt die Bestimmungsstelle eine Einlieferungsbescheinigung aus.

(3) Beim Sammeltransport führt die Transportleitung neben der Transportliste einen Nachweis über die Zu- und Abgänge (GTV 5).

(4) Der Transportschein wird nach Beendigung des Transports zu den Gefangenenpersonalakten genommen.

12. Anwendung unmittelbaren Zwanges

Die Anwendung unmittelbaren Zwanges, insbesondere die Fesselung und der Gebrauch von Schusswaffen, richten sich nach dem Strafvollzugsgesetz und nach den Polizeigesetzen der Länder. Bei Untersuchungsgefangenen und einstweilig Untergebrachten nach § 126a StPO ist § 119 Abs. 5 und 6 StPO zu beachten.

Dazu wird ergänzend bestimmt:

a) Über die Fesselung entscheidet die Abfahrtsstelle, soweit die Auftragsstelle nicht bereits im Transportersuchen eine Anordnung getroffen hat. Beim Sammeltransport bezieht sich die Anordnung der Fesselung auf den Weg vom und zum Gefangenensammeltransportfahrzeug. Sollen Gefangene während der Fahrt aus besonderen Gründen gefesselt bleiben, so ist dies von der Dienststelle, welche die Entscheidung über die Fesselung trifft, besonders anzuordnen (vgl. Nr. 8 Abs. 6).

Müssen in dringenden Fällen Untersuchungsgefangene oder einstweilig Untergebrachte auf Anordnung der Abfahrtsstelle gefesselt werden, ist hierzu unverzüglich die Genehmigung der zuständigen Richterin oder des zuständigen Richters (§ 119 Abs. 6 Satz 1, §§ 126, 126a StPO) einzuholen.

b) Erweist sich die Fesselung aus Gründen, die erst während des Transports auftreten, als notwendig, so kann sie die Transportleitung anordnen. Eine Fesselung auf dem Rücken kommt nur aus zwingenden Gründen in Betracht. Grund, Art und Dauer der Fesselung sind auf der Rückseite des Transportscheins unter „sonstige Vermerke" festzuhalten. Bei Untersuchungsgefangenen oder einstweilig Untergebrachten holt die Bestimmungsstelle die Genehmigung der zuständigen Richterin oder des zuständigen Richters ein.

13. Besondere Vorkommnisse

(1) Wird während des Transports ärztliche Hilfe erforderlich, ist diese sobald wie möglich zu gewähren. Ist die oder der Gefangene nicht mehr transportfähig, so ist die nächste Vollzugsanstalt um Übernahme zu bitten. Diese benachrichtigt unverzüglich die Abfahrtsstelle, die Auftragsstelle und die Bestimmungsstelle.

(2) Im Falle einer Entweichung sind unverzüglich die zur Wiederergreifung erforderlichen Maßnahmen zu treffen, vor allem ist sofort die nächste Polizeidienststelle zu verständigen und um die Einleitung von Fahndungsmaßnahmen und um Festnahme zu ersuchen. Die Transportbehörde ist unverzüglich zu benachrichtigen.

(3) Die Transportbegleitung hat besondere Vorkommnisse während des Transports – namentlich Erkrankungen, Entweichungen, Entweichungsversuche, Selbstmordversuche, Widersetzlichkeiten, Unfälle – der Transportbehörde zu melden.

14. Transportkosten

(1) Jede Transportbehörde trägt die ihr entstandenen Transportkosten selbst; eine Erstattung durch die Auftragsstelle findet nicht statt. Dies gilt nicht für

a) Einzeltransporte, wenn diese für eine Auftragsstelle eines anderen Landes durchgeführt werden,

b) Einzeltransporte im persönlichen Interesse Gefangener, die in diesem Fall die Transportkosten zu zahlen haben (vgl. Nr. 5 Abs. 3 Buchst. c).

(2) Auf Ersuchen der Auftragsstelle teilt die Transportbehörde dieser die ihr entstandenen Transportkosten mit.

(3) Die Berechnung der Transportkosten obliegt für Sammeltransporte der Bestimmungsstelle, für Einzeltransporte der Transportbehörde, die die Gefangene oder den Gefangenen der Bestimmungsstelle zugeführt hat.

(4) Als Transportkosten ist beim Sammeltransport ein Pauschalsatz von 0,30 Euro für den Transportkilometer und je Person zu berechnen. Als Transportkilometer gelten die im Kursbuch für den Gefangenentransport enthaltenen Angaben zu den Straßenkilometern; fehlt eine solche, sind insoweit die tatsächlich gefahrenen Kilometer anzusetzen. Damit sind alle Transportkosten einschließlich der Fahrzeugkosten, der anteiligen Personalkosten, der Reisekostenvergütungen und sonstige notwendige bare Aufwendungen abgegolten.

(5) Zu den Transportkosten beim Einzeltransport gehören die Fahrzeugkosten, die anteiligen Personalkosten für die Fahrerin oder den Fahrer und begleitende Bedienstete, deren Reisekostenvergütungen und sonstige notwendige bare Aufwendungen. In den Fällen des Absatz 1 Buchst. a hat die Auftragsstelle der Transportbehörde nur die zusätzlich entstandenen Auslagen zu ersetzen; dazu gehören lediglich die Fahrzeugkosten, die Reisekostenvergütungen für die Fahrerin oder den Fahrer und begleitende Bedienstete und sonstige bare Aufwendungen.

Zweiter Teil:
Gefangenensammeltransporte

15. Umläufe

Sammeltransporte werden planmäßig mit den dafür bestimmten Fahrzeugen durchgeführt. Die Transportbehörden und die Strecken und Zeiten der fahrplanmäßigen Umläufe werden mit den vorgesehenen Anschlüssen in dem Kursbuch für den Gefangenensammeltransport bekannt gegeben.

16. Gefangenensammeltransportfahrzeuge

(1) Für jedes Fahrzeug ist eine Fahrerin oder ein Fahrer einzuteilen. Die Fahrerin oder der Fahrer ist für den verkehrs- und betriebssicheren Zustand sowie für die ständige Einsatzbereitschaft des Fahrzeugs verantwortlich. Mängel sind der Transportbehörde zu melden.

(2) Die Fahrzeuge sind je nach den Erfordernissen mit einer ausreichenden Anzahl von Fahrerinnen und Fahrern zu besetzen. Die jeweilige Fahrzeit ist im Fahrtenbuch zu vermerken. Vor Verlassen des Fahrzeuges ist sicherzustellen, dass dieses nicht unbefugt in Betrieb genommen werden kann.

(3) Im Fahrbetrieb geht die fahrtechnische Sicherheit allen anderen Belangen vor. Wird die Fahrsicherheit durch Nebel, Glatteis usw. erheblich behindert, so entscheidet die Fahrerin oder der Fahrer im Benehmen mit der Transportleitung, ob und wie der Transport durchzuführen ist.

(4) Treten während der Fahrt Mängel am Fahrzeug auf, die seine Verkehrssicherheit beeinträchtigen und nicht sofort beseitigt werden können, so ist es auf dem kürzesten Wege aus dem Verkehr zu ziehen. Die Transportleitung veranlasst, dass die Transportbehörde alsbald verständigt wird und trifft die zur Sicherung des Transports erforderlichen Maßnahmen.

(5) In jedem Fahrzeug sind so viele Fesseln mitzuführen, dass im Bedarfsfalle alle Gefangenen gefesselt werden können.

(6) Schusswaffen dürfen, von Notfällen abgesehen, im Transportraum nicht getragen

werden. Sie sind an einer hierfür geeigneten Stelle griffbereit aufzubewahren. Beim Verlassen des Fahrzeugs sind die Bediensteten für die sichere und sachgemäße Verwahrung ihrer Schusswaffen verantwortlich.

17. Durchführung der Sammeltransporte

(1) Die Transportleitung hat sich vor Antritt einer jeden Fahrt davon zu überzeugen, dass

a) der Transportraum des Fahrzeuges sich in einem ordnungsgemäßen, sicheren und technisch einwandfreien Zustand befindet,

b) das vorgeschriebene Gerät vollzählig und gebrauchsfähig vorhanden ist.

Einzeltransporträume sind bei jedem Wechsel von Gefangenen erneut zu kontrollieren.

Die Transportleitung ist dafür verantwortlich, dass das Fahrzeug während des Transports ständig ausreichend beaufsichtigt ist. Weitere Personen außer Gefangenen und der Transportbegleitung dürfen nur mit ausdrücklicher Genehmigung der Leitung der Transportbehörde mitgenommen werden.

(2) Die transportbegleitenden Bediensteten haben ihre Plätze im Gang des Fahrzeugs so einzunehmen, dass sie die Zellentüren ständig überblicken können. Während der Fahrt, insbesondere auf freier Strecke, sollen die Zellen nicht geöffnet werden. Ist dies aus zwingenden Gründen ausnahmsweise notwendig, so soll das Fahrzeug vorher angehalten werden. Vor dem Aufschließen einer Zelle haben die Beifahrerin oder der Beifahrer und erforderlichenfalls die Fahrerin oder der Fahrer sich mit griffbereit getragener Schusswaffe vor der Einstiegstür des Fahrzeugs aufzustellen.

(3) Erscheint der Transportleitung im Laufe des Transports die Sicherheit nicht mehr genügend gewährleistet, so hat sie die nächste Polizeidienststelle oder Justizvollzugseinrichtung um Unterstützung zu bitten.

(4) Wenn das Fahrzeug auf der Fahrt zwischen zwei Justizvollzugseinrichtungen ge-

räumt werden muss, sind den Gefangenen Fesseln anzulegen. Die Transportleitung bestimmt den Standort der mit Schusswaffen ausgerüsteten Bediensteten. Im Bedarfsfall ist von der nächsten Polizeidienststelle oder Justizvollzugseinrichtung zusätzliche Hilfe zur Sicherung des Transports anzufordern.

(5) An den Übergabestellen sind die Zellen erst dann aufzuschließen, wenn die oder der mit der Übernahme oder Übergabe der Gefangenen beauftragte Bedienstete erschienen ist.

(6) Nach Beendigung des Transports vergewissert sich die Transportleitung, dass alle Zellen geräumt sind. Sie prüft zugleich den Transportraum auf etwaige Beschädigungen oder andere Mängel und sorgt für deren Abstellung.

18. Unterbringung der Gefangenen

(1) Im Gefangenensammeltransportfahrzeug dürfen nicht mehr Gefangene befördert werden, als Sitzplätze in den Zellen vorhanden sind. Die Türen der Zellen sind ständig mit allen vorhandenen Verschlussmöglichkeiten zu sichern.

(2) Weibliche Gefangene sind von männlichen Gefangenen getrennt unterzubringen.

(3) Untersuchungsgefangene sind von Strafgefangenen nach Möglichkeit, Jugendliche und Heranwachsende, die nicht aus dem Jugendstrafvollzug ausgenommen sind, von erwachsenen Gefangenen sowie Zivilhaftgefangene von anderen Gefangenen in jedem Falle zu trennen. Dem Ersuchen einer Auftragsstelle, bestimmte Gefangene einzeln unterzubringen oder voneinander getrennt zu halten, ist zu entsprechen.

(4) Gefährliche Gefangene sind in Einzelzellen unterzubringen. Reichen diese nicht aus, so dürfen Gemeinschaftszellen für ihre Unterbringung in Anspruch genommen werden; bestehen hiergegen im Einzelfalle Bedenken, so kann die Transportleitung die Übernahme ablehnen.

(5) Das Rauchen im Gefangenensammeltransportfahrzeug ist grundsätzlich nicht gestattet. Über Ausnahmen entscheidet die Transportleitung.

Dritter Teil:
Einzel- und Sondertransporte

19. Einzeltransporte

(1) Einzeltransporte werden grundsätzlich von der für die Abfahrtsstelle zuständigen Transportbehörde durchgeführt (vgl. Nr. 3 Buchst. a). Bei Bahntransporten kann für die Überführung von Gefangenen vom Bestimmungsbahnhof zur Bestimmungsstelle deren Unterstützung angefordert werden.

(2) Muss der Transport länger als 24 Stunden unterbrochen werden, so hat die nächstgelegene Justizvollzugseinrichtung die Gefangenen zu übernehmen und die Weiterbeförderung als neuen Transport zu veranlassen. Auftragsstelle, Abfahrtsstelle und Bestimmungsstelle sind von der Unterbrechung unverzüglich zu benachrichtigen.

(3) Bei Bahntransporten ist dafür zu sorgen, dass Gefangene nach Möglichkeit in einem besonderen Abteil untergebracht werden.

(4) Die transportbegleitenden Bediensteten sind verpflichtet, Rücktransporte vom Bestimmungsort zu übernehmen, falls diese an ihrem Dienstort enden und nicht besondere Gründe entgegenstehen.

20. Sondertransporte

Gruppenverlegungen außerhalb der Umläufe für den Sammeltransport werden als Sondertransporte durchgeführt. Die Vorschriften über den Sammeltransport sind entsprechend anzuwenden, soweit die Aufsichtsbehörde nichts anderes bestimmt. Transportscheine sind nicht erforderlich, es genügen Transportlisten.

Vierter Teil:
Schlussvorschrift

21. Schlussvorschrift

Diese Vorschrift tritt mit Wirkung vom 1. Januar 2008 in Kraft.

Vollzugsrecht des Bundes

III Jugendstrafvollzug

III

Jugendgerichtsgesetz (JGG)

in der Fassung der Bekanntmachung
vom 11. Dezember 1974 (BGBl. I S. 3427)
– Auszug –

Zuletzt geändert durch
2. Opferrechtsreformgesetz
vom 29. Juli 2009 (BGBl. I S. 2280)

III

Zweiter Teil
Jugendliche

Drittes Hauptstück
Vollstreckung und Vollzug

Erster Abschnitt
Vollstreckung

Erster Unterabschnitt
Verfassung der Vollstreckung und Zuständigkeit

§ 82 Vollstreckungsleiter

(1) Vollstreckungsleiter ist der Jugendrichter. Er nimmt auch die Aufgaben wahr, welche die Strafprozeßordnung der Strafvollstreckungskammer zuweist.

(2) Soweit der Richter Hilfe zur Erziehung im Sinne des § 12 angeordnet hat, richtet sich die weitere Zuständigkeit nach den Vorschriften des Achten Buches Sozialgesetzbuch.

(3) In den Fällen des § 7 Abs. 2 und 3 richten sich die Vollstreckung der Unterbringung und die Zuständigkeit hierfür nach den Vorschriften der Strafprozessordnung, wenn der Betroffene das einundzwanzigste Lebensjahr vollendet hat.

§ 83 Entscheidungen im Vollstreckungsverfahren

(1) Die Entscheidungen des Vollstreckungsleiters nach den §§ 86 bis 89a und 89b Abs. 2 sowie nach den §§ 462a und 463 der Strafprozeßordnung sind jugendrichterliche Entscheidungen.

(2) Für die bei der Vollstreckung notwendig werdenden gerichtlichen Entscheidungen gegen eine vom Vollstreckungsleiter getroffene Anordnung ist die Jugendkammer in den Fällen zuständig, in denen

1. der Vollstreckungsleiter selbst oder unter seinem Vorsitz das Jugendschöffengericht im ersten Rechtszug erkannt hat,

2. der Vollstreckungsleiter in Wahrnehmung der Aufgaben der Strafvollstreckungskammer über seine eigene Anordnung zu entscheiden hätte.

(3) Die Entscheidungen nach den Absätzen 1 und 2 können, soweit nichts anderes bestimmt ist, mit sofortiger Beschwerde angefochten werden. Die §§ 67 bis 69 gelten sinngemäß.

§ 84 Örtliche Zuständigkeit

(1) Der Jugendrichter leitet die Vollstreckung in allen Verfahren ein, in denen er selbst oder unter seinem Vorsitz das Jugendschöffengericht im ersten Rechtszug erkannt hat.

(2) Soweit, abgesehen von den Fällen des Absatzes 1, die Entscheidung eines anderen Richters zu vollstrecken ist, steht die Einleitung der Vollstreckung dem Jugendrichter des Amtsgerichts zu, dem die familiengerichtlichen Erziehungsaufgaben obliegen. Ist in diesen Fällen der Verurteilte volljährig, steht die Einleitung der Vollstreckung dem Jugendrichter des Amtsgerichts zu, dem die

familiengerichtlichen Erziehungsaufgaben bei noch fehlender Volljährigkeit oblägen.

(3) In den Fällen der Absätze 1 und 2 führt der Jugendrichter die Vollstreckung durch, soweit § 85 nichts anderes bestimmt.

§ 85 Abgabe und Übergang der Vollstreckung

(1) Ist Jugendarrest zu vollstrecken, so gibt der zunächst zuständige Jugendrichter die Vollstreckung an den Jugendrichter ab, der nach § 90 Abs. 2 Satz 2 als Vollzugsleiter zuständig ist.

(2) Ist Jugendstrafe zu vollstrecken, so geht nach der Aufnahme des Verurteilten in die Einrichtung für den Vollzug der Jugendstrafe die Vollstreckung auf den Jugendrichter des Amtsgerichts über, in dessen Bezirk die Einrichtung für den Vollzug der Jugendstrafe liegt. Die Landesregierungen werden ermächtigt, durch Rechtsverordnung zu bestimmen, daß die Vollstreckung auf den Jugendrichter eines anderen Amtsgerichts übergeht, wenn dies aus verkehrsmäßigen Gründen günstiger erscheint. Die Landesregierungen können die Ermächtigung durch Rechtsverordnung auf die Landesjustizverwaltungen übertragen.

(3) Unterhält ein Land eine Einrichtung für den Vollzug der Jugendstrafe auf dem Gebiet eines anderen Landes, so können die beteiligten Länder vereinbaren, daß der Jugendrichter eines Amtsgerichts des Landes, das die Einrichtung für den Vollzug der Jugendstrafe unterhält, zuständig sein soll. Wird eine solche Vereinbarung getroffen, so geht die Vollstreckung auf den Jugendrichter des Amtsgerichts über, in dessen Bezirk die für die Einrichtung für den Vollzug der Jugendstrafe zuständige Aufsichtsbehörde ihren Sitz hat. Die Regierung des Landes, das die Einrichtung für den Vollzug der Jugendstrafe unterhält, wird ermächtigt, durch Rechtsverordnung zu bestimmen, daß der Jugendrichter eines anderen Amtsgerichts zuständig wird, wenn dies aus verkehrsmäßigen Gründen günstiger erscheint. Die Landesregierung kann die Ermächtigung durch Rechtsverord-

nung auf die Landesjustizverwaltung übertragen.

(4) Absatz 2 gilt entsprechend bei der Vollstreckung einer Maßregel der Besserung und Sicherung nach § 61 Nr. 1 oder 2 des Strafgesetzbuches.

(5) Aus wichtigen Gründen kann der Vollstreckungsleiter die Vollstreckung widerruflich an einen sonst nicht oder nicht mehr zuständigen Jugendrichter abgeben.

(6) Hat der Verurteilte das vierundzwanzigste Lebensjahr vollendet, so kann der nach den Absätzen 2 bis 4 zuständige Vollstreckungsleiter die Vollstreckung einer nach den Vorschriften des Strafvollzugs für Erwachsene vollzogenen Jugendstrafe oder einer Maßregel der Besserung und Sicherung an die nach den allgemeinen Vorschriften zuständige Vollstreckungsbehörde abgeben, wenn der Straf- oder Maßregelvollzug voraussichtlich noch länger dauern wird und die besonderen Grundgedanken des Jugendstrafrechts unter Berücksichtigung der Persönlichkeit des Verurteilten für die weiteren Entscheidungen nicht mehr maßgebend sind; die Abgabe ist bindend. Mit der Abgabe sind die Vorschriften der Strafprozeßordnung und des Gerichtsverfassungsgesetzes über die Strafvollstreckung anzuwenden.

(7) Für die Zuständigkeit der Staatsanwaltschaft im Vollstreckungsverfahren gilt § 451 Abs. 3 der Strafprozeßordnung entsprechend.

Zweiter Unterabschnitt
Jugendarrest

§ 86 Umwandlung des Freizeitarrestes

Der Vollstreckungsleiter kann Freizeitarrest in Kurzarrest umwandeln, wenn die Voraussetzungen des § 16 Abs. 3 nachträglich eingetreten sind.

§ 87 Vollstreckung des Jugendarrestes

(1) Die Vollstreckung des Jugendarrestes wird nicht zur Bewährung ausgesetzt.

(2) Für die Anrechnung von Untersuchungshaft auf Jugendarrest gilt § 450 der Strafprozeßordnung sinngemäß.

(3) Der Vollstreckungsleiter sieht von der Vollstreckung des Jugendarrestes ganz oder, ist Jugendarrest teilweise verbüßt, von der Vollstreckung des Restes ab, wenn seit Erlaß des Urteils Umstände hervorgetreten sind, die allein oder in Verbindung mit den bereits bekannten Umständen ein Absehen von der Vollstreckung aus Gründen der Erziehung rechtfertigen. Sind seit Eintritt der Rechtskraft sechs Monate verstrichen, sieht er von der Vollstreckung ganz ab, wenn dies aus Gründen der Erziehung geboten ist. Von der Vollstreckung des Jugendarrestes kann er ganz absehen, wenn zu erwarten ist, daß der Jugendarrest neben einer Strafe, die gegen den Verurteilten wegen einer anderen Tat verhängt worden ist oder die er wegen einer anderen Tat zu erwarten hat, seinen erzieherischen Zweck nicht mehr erfüllen wird. Vor der Entscheidung hört der Vollstreckungsleiter nach Möglichkeit den erkennenden Richter, den Staatsanwalt und den Vertreter der Jugendgerichtshilfe.

(4) Die Vollstreckung des Jugendarrestes ist unzulässig, wenn seit Eintritt der Rechtskraft ein Jahr verstrichen ist.

Dritter Unterabschnitt
Jugendstrafe

§ 88 Aussetzung des Restes der Jugendstrafe

(1) Der Vollstreckungsleiter kann die Vollstreckung des Restes der Jugendstrafe zur Bewährung aussetzen, wenn der Verurteilte einen Teil der Strafe verbüßt hat dies im Hinblick auf die Entwicklung des Jugendlichen, auch unter Berücksichtigung des Sicherheitsinteresses der Allgemeinheit, verantwortet werden kann.

(2) Vor Verbüßung von sechs Monaten darf die Aussetzung der Vollstreckung des Restes nur aus besonders wichtigen Gründen angeordnet werden. Sie ist bei einer Jugendstrafe von mehr als einem Jahr nur zulässig, wenn der Verurteilte mindestens ein Drittel der Strafe verbüßt hat.

(3) Der Vollstreckungsleiter soll in den Fällen der Absätze 1 und 2 seine Entscheidung so frühzeitig treffen, daß die erforderlichen Maßnahmen zur Vorbereitung des Verurteilten auf sein Leben nach der Entlassung durchgeführt werden können. Er kann seine Entscheidung bis zur Entlassung des Verurteilten wieder aufheben, wenn die Aussetzung aufgrund neu eingetretener oder bekanntgewordener Tatsachen im Hinblick auf die Entwicklung des Jugendlichen, auch unter Berücksichtigung des Sicherheitsinteresses der Allgemeinheit, nicht mehr verantwortet werden kann.

(4) Der Vollstreckungsleiter entscheidet nach Anhören des Staatsanwalts und des Vollzugsleiters. Dem Verurteilten ist Gelegenheit zur mündlichen Äußerung zu geben.

(5) Der Vollstreckungsleiter kann Fristen von höchstens sechs Monaten festsetzen, vor deren Ablauf ein Antrag des Verurteilten, den Strafrest zur Bewährung auszusetzen, unzulässig ist.

(6) Ordnet der Vollstreckungsleiter die Aussetzung der Vollstreckung des Restes der Jugendstrafe an, so gelten § 22 Abs. 1, 2 Satz 1 und 2 sowie die §§ 23 bis 26a sinngemäß. An die Stelle des erkennenden Richters tritt der Vollstreckungsleiter. Auf das Verfahren und die Anfechtung von Entscheidungen sind die §§ 58, 59 Abs. 2 bis 4 und § 60 entsprechend anzuwenden. Die Beschwerde der Staatsanwaltschaft gegen den Beschluß, der die Aussetzung des Strafrestes anordnet, hat aufschiebende Wirkung.

§ 89 (weggefallen)

§ 89a Unterbrechung und Vollstreckung der Jugendstrafe neben Freiheitsstrafe

(1) Ist gegen den zu Jugendstrafe Verurteilten auch Freiheitsstrafe zu vollstrecken, so wird die Jugendstrafe in der Regel zuerst vollstreckt. Der Vollstreckungsleiter unterbricht die Vollstreckung der Jugendstrafe, wenn die Hälfte, mindestens jedoch sechs Monate, der Jugendstrafe verbüßt sind. Er kann die Vollstreckung zu einem früheren Zeitpunkt unterbrechen, wenn die Aussetzung des Strafrestes in Betracht kommt. Ein Strafrest, der

auf Grund des Widerrufs seiner Aussetzung vollstreckt wird, kann unterbrochen werden, wenn die Hälfte, mindestens jedoch sechs Monate, des Strafrestes verbüßt sind und eine erneute Aussetzung in Betracht kommt. § 454b Abs. 3 der Strafprozeßordnung gilt entsprechend.

(2) Ist gegen einen Verurteilten außer lebenslanger Freiheitsstrafe auch Jugendstrafe zu vollstrecken, so wird, wenn die letzte Verurteilung eine Straftat betrifft, die der Verurteilte vor der früheren Verurteilung begangen hat, nur die lebenslange Freiheitsstrafe vollstreckt; als Verurteilung gilt das Urteil in dem Verfahren, in dem die zugrundeliegenden tatsächlichen Feststellungen letztmals geprüft werden konnten. Wird die Vollstreckung des Restes der lebenslangen Freiheitsstrafe durch das Gericht zur Bewährung ausgesetzt, so erklärt das Gericht die Vollstreckung der Jugendstrafe für erledigt.

(3) In den Fällen des Absatzes 1 gilt § 85 Abs. 6 entsprechend mit der Maßgabe, daß der Vollstreckungsleiter die Vollstreckung der Jugendstrafe abgeben kann, wenn der Verurteilte das einundzwanzigste Lebensjahr vollendet hat.

§ 89b Ausnahme vom Jugendstrafvollzug

(1) An einem Verurteilten, der das 18. Lebensjahr vollendet hat und sich nicht für den Jugendstrafvollzug eignet, kann die Jugendstrafe statt nach den Vorschriften für den Jugendstrafvollzug nach den Vorschriften des Strafvollzuges für Erwachsene vollzogen werden. Hat der Verurteilte das 24. Lebensjahr vollendet, so soll Jugendstrafe nach den Vorschriften des Strafvollzuges für Erwachsene vollzogen werden.

(2) Über die Ausnahme vom Jugendstrafvollzug entscheidet der Vollstreckungsleiter.

Vierter Unterabschnitt
Untersuchungshaft

§ 89c Vollstreckung der Untersuchungshaft

Solange zur Tatzeit Jugendliche das 21. Lebensjahr noch nicht vollendet haben, wird die Untersuchungshaft nach den Vorschriften für den Vollzug der Untersuchungshaft an jungen Gefangenen und nach Möglichkeit in den für junge Gefangene vorgesehenen Einrichtungen vollzogen. Ist die betroffene Person bei Vollstreckung des Haftbefehls 21, aber noch nicht 24 Jahre alt, kann die Untersuchungshaft nach diesen Vorschriften und in diesen Einrichtungen vollzogen werden. Die Entscheidung trifft das Gericht. Die für die Aufnahme vorgesehene Einrichtung ist vor der Entscheidung zu hören.

Zweiter Abschnitt
Vollzug

§ 90 Jugendarrest

(1) Der Vollzug des Jugendarrestes soll das Ehrgefühl des Jugendlichen wecken und ihm eindringlich zum Bewußtsein bringen, daß er für das von ihm begangene Unrecht einzustehen hat. Der Vollzug des Jugendarrestes soll erzieherisch gestaltet werden. Er soll dem Jugendlichen helfen, die Schwierigkeiten zu bewältigen, die zur Begehung der Straftat beigetragen haben.

(2) Der Jugendarrest wird in Jugendarrestanstalten oder Freizeitarresträumen der Landesjustizverwaltung vollzogen. Vollzugsleiter ist der Jugendrichter am Ort des Vollzugs.

§ 91 (weggefallen)

§ 92 Rechtsbehelfe im Vollzug des Jugendarrestes, der Jugendstrafe und der Unterbringung in einem psychiatrischen Krankenhaus oder einer Entziehungsanstalt

(1) Gegen eine Maßnahme zur Regelung einzelner Angelegenheiten auf dem Gebiet des Jugendarrestes, der Jugendstrafe und der Maßregeln der Unterbringung in einem psychiatrischen Krankenhaus oder in einer

III

Entziehungsanstalt (§ 61 Nr. 1 und 2 des Strafgesetzbuches) kann gerichtliche Entscheidung beantragt werden. Für den Antrag gelten die §§ 109 und 111 bis 120 Abs. 1 des Strafvollzugsgesetzes sowie § 67 Abs. 1 bis 3 und 5 entsprechend; das Landesrecht kann vorsehen, dass der Antrag erst nach einem Verfahren zur gütlichen Streitbeilegung gestellt werden kann.

(2) Über den Antrag entscheidet die Jugendkammer, in deren Bezirk die beteiligte Vollzugsbehörde ihren Sitz hat. § 110 Satz 2 des Strafvollzugsgesetzes gilt entsprechend. Unterhält ein Land eine Einrichtung für den Vollzug der Jugendstrafe auf dem Gebiet eines anderen Landes, können die beteiligten Länder vereinbaren, dass die Jugendkammer bei dem Landgericht zuständig ist, in dessen Bezirk die für die Einrichtung zuständige Aufsichtsbehörde ihren Sitz hat.

(3) Die Jugendkammer entscheidet durch Beschluss. Sie bestimmt nach Ermessen, ob eine mündliche Verhandlung durchgeführt wird. Auf Antrag des Jugendlichen ist dieser vor einer Entscheidung persönlich anzuhören. Hierüber ist der Jugendliche zu belehren. Wird eine mündliche Verhandlung nicht durchgeführt, findet die Anhörung in der Regel in der Vollzugseinrichtung statt.

(4) Die Jugendkammer ist bei Entscheidungen über Anträge nach Absatz 1 mit einem Richter besetzt. Ein Richter auf Probe darf dies nur sein, wenn ihm bereits über einen Zeitraum von einem Jahr Rechtsprechungsaufgaben in Strafverfahren übertragen worden sind. Weist die Sache besondere Schwierigkeiten rechtlicher Art auf oder kommt ihr grundsätzliche Bedeutung zu, legt der Richter die Sache der Jugendkammer zur Entscheidung über eine Übernahme vor. Liegt eine der Voraussetzungen für eine Übernahme vor, übernimmt die Jugendkammer den Antrag. Sie entscheidet hierüber durch Beschluss. Eine Rückübertragung ist ausgeschlossen.

(5) Für die Kosten des Verfahrens gilt § 121 des Strafvollzugsgesetzes mit der Maßgabe, dass entsprechend § 74 davon abgesehen werden kann, dem Jugendlichen Kosten und Auslagen aufzuerlegen.

(6) Wird eine Jugendstrafe gemäß § 89b Abs. 1 nach den Vorschriften des Strafvollzugs für Erwachsene vollzogen oder hat der Jugendliche im Vollzug der Maßregel nach § 61 Nr. 1 oder Nr. 2 des Strafgesetzbuches das vierundzwanzigste Lebensjahr vollendet, sind die Absätze 1 bis 5 nicht anzuwenden. Für den Antrag auf gerichtliche Entscheidung gelten die Vorschriften der §§ 109 bis 121 des Strafvollzugsgesetzes.

§ 93 (weggefallen)

§ 93a Unterbringung in einer Entziehungsanstalt

(1) Die Maßregel nach § 61 Nr. 2 des Strafgesetzbuches wird in einer Einrichtung vollzogen, in der die für die Behandlung suchtkranker Jugendlicher erforderlichen besonderen therapeutischen Mittel und sozialen Hilfen zur Verfügung stehen.

(2) Um das angestrebte Behandlungsziel zu erreichen, kann der Vollzug aufgelockert und weitgehend in freien Formen durchgeführt werden.

Dritter Teil
Heranwachsende

Dritter Abschnitt
Vollstreckung, Vollzug und Beseitigung des Strafmakels

§ 110 Vollstreckung und Vollzug

(1) Von den Vorschriften über die Vollstreckung und den Vollzug bei Jugendlichen gelten § 82 Abs. 1, §§ 83 bis 93a für Heranwachsende entsprechend, soweit der Richter Jugendstrafrecht angewendet (§ 105) und nach diesem Gesetz zulässige Maßnahmen oder Jugendstrafe verhängt hat.

(2) Für die Vollstreckung von Untersuchungshaft an zur Tatzeit Heranwachsenden gilt § 89c entsprechend.

Fünfter Teil
Schluß- und Übergangsvorschriften

§ 114 Vollzug von Freiheitsstrafe in der Einrichtung für den Vollzug der Jugendstrafe

In der Einrichtung für den Vollzug der Jugendstrafe dürfen an Verurteilten, die das vierundzwanzigste Lebensjahr noch nicht vollendet haben und sich für den Jugendstrafvollzug eignen, auch Freiheitsstrafen vollzogen werden, die nach allgemeinem Strafrecht verhängt worden sind.

Richtlinien zum Jugendgerichtsgesetz (RiJGG)

Vom 18. Juli 1994 (JMBl. S. 94)
– Auszug –

Richtlinien zu §§ 82 bis 85

I. Zuständigkeit zur Vollstreckung

1. Vollstreckungsleiter ist

   a) der Jugendrichter in allen Verfahren, in denen er selbst oder unter seinem Vorsitz das Jugendschöffengericht im ersten Rechtszug erkannt hat (§ 82 Abs. 1, § 84 Abs. 1),

   b) in allen anderen Fällen der Jugendrichter des Amtsgerichts, dem die vormundschaftsrichterlichen Erziehungsaufgaben oblagen (§ 84 Abs. 2, § 34 Abs. 3), bzw. der Bezirksjugendrichter, zu dessen Bezirk dieses Amtsgericht gehört (§ 33 Abs. 3).

2. Bei der Vollstreckung von Jugendarrest und Jugendstrafe tritt unter Umständen ein Wechsel der Zuständigkeit ein. An Stelle des zu Nr. 1 genannten Jugendrichters wird Vollstreckungsleiter

   a) der Jugendrichter am Ort des Vollzugs nach Abgabe bzw. Übergang der Vollstreckung (§ 85 Abs. 1 i. V. m. § 90 Abs. 2 Satz 2 bzw. § 85 Abs. 2 Satz 1),

   b) der gemäß § 85 Abs. 2 Satz 2 oder gemäß § 85 Abs. 3 bestimmte Jugendrichter nach der Aufnahme von zu Jugendstrafe Verurteilten in die Jugendstrafanstalt.

3. Hat das Gericht wegen der Straftat von Heranwachsenden das allgemeine Strafrecht angewendet, so bestimmt sich die Zuständigkeit nach den Vorschriften der Strafvollstreckungsordnung.

II. Verfahren im allgemeinen

1. Die bei der Strafvollstreckung grundsätzlich erforderliche Beschleunigung ist für die Vollstreckung der für Jugendliche festgesetzten Maßnahmen und Strafen besonders wichtig. Je mehr sich für sie der innere Zusammenhang zwischen Tat, Urteil und Vollstreckung durch Zeitablauf lockert, um so weniger ist damit zu rechnen, daß die Maßnahme oder Strafe die beabsichtigte Wirkung erreicht. Alle beteiligten Stellen müssen daher bestrebt sein, die Vollstreckung nachdrücklich zu fördern.

2. Nach Eintritt der Rechtskraft des Urteils sind dem in Abschnitt I Nr. 1 genannten Vollstreckungsleiter unverzüglich die Strafakten mit der Bescheinigung der Rechtskraft des Urteils zu übersenden. Falls die Akten noch nicht entbehrlich sind, werden ihm ein Vollstreckungsheft und zwei Ausfertigungen des vollständigen Urteils zugeleitet. Hat ein Mitangeklagter gegen die Verurteilung wegen einer Tat, an der der rechtskräftig Verurteilte nach den Urteilsfeststellungen beteiligt war, Revision eingelegt, so ist dem Vollstreckungsheft eine Abschrift der Revisionsbegründung beizufügen oder nachzusenden. Auf die Beachtung von § 19 StVollstrO und § 357 StPO wird hingewiesen.

3. Wird die Teilvollstreckung einer Einheitsstrafe nach § 56 angeordnet, so werden dem Vollstreckungsleiter unverzüglich nach Eintritt der Rechtskraft des Beschlusses je zwei beglaubigte Abschriften des vollständigen Urteils und des Beschlusses übersandt.

4. Die mit der Rechtskraft des Urteils anfallenden Nebengeschäfte der Vollstreckung (Mitteilungen, Zählkarten usw.) werden von dem nach den allgemeinen Vorschriften zuständigen Beamten bei dem zunächst als Vollstreckungsleiter berufenen Jugendrichter (vgl. Abschnitt I Nr. 1) oder

der von der Landesjustizverwaltung sonst bestimmten Stelle ausgeführt.

5. Soweit die Entscheidungen des Vollstreckungsleiters nicht jugendrichterliche Entscheidungen sind (§ 83 Abs. 1), nimmt der Jugendrichter als Vollstreckungsleiter Justizverwaltungsaufgaben wahr. Er ist insoweit weisungsgebunden. Über Beschwerden gegen andere als jugendrichterliche Entscheidungen des Vollstreckungsleiters wird im Verwaltungswege entschieden, falls nicht nach §§ 455, 456, § 458 Abs. 2 und § 462 Abs. 1 StPO das Gericht des ersten Rechtszuges oder nach § 83 Abs. 2 Nr. 1 die Jugendkammer zuständig ist.

6. Auf die Vollstreckung finden die Vorschriften der Strafvollstreckungsordnung nur Anwendung, soweit nichts anderes bestimmt ist (§ 1 Abs. 3 StVollstrO). Die Leitung der Vollstreckung obliegt dem Jugendrichter. Dem Rechtspfleger werden die Geschäfte der Vollstreckung übertragen, durch die eine richterliche Vollstreckungsanordnung oder eine die Leitung der Vollstreckung nicht betreffende allgemeine Verwaltungsvorschrift ausgeführt wird. Das Nähere wird durch Anordnung der Landesjustizverwaltung bestimmt.

III. Vollstreckung bei Erziehungsmaßregeln

1. Sind Weisungen erteilt worden, so übersendet der Vollstreckungsleiter der Jugendgerichtshilfe oder in Bewährungsfällen dem Bewährungshelfer eine beglaubigte Abschrift des Urteils mit dem Ersuchen, die Befolgung der Weisungen zu überwachen, erhebliche Zuwiderhandlungen mitzuteilen (§ 38 Abs. 2) und, falls eine Änderung der Weisungen oder ihrer Laufzeit oder die Befreiung von ihnen angebracht erscheint (§ 11 Abs. 2), solche Maßnahmen anzuregen.

2. Ist Hilfe zur Erziehung im Sinne von § 12 angeordnet worden, so übersendet der Vollstreckungsleiter die Strafakten mit der Bescheinigung der Rechtskraft des Urteils dem zuständigen Vormundschaftsrichter

(§ 82 Abs. 2; vgl. auch §§ 30 und 34 SGB VIII).

IV. Vollstreckung von Verwarnung und Auflagen

1. Die Verwarnung wird erteilt, sobald das Urteil rechtskräftig geworden ist, möglichst unmittelbar im Anschluß an die Hauptverhandlung. Es ist zu prüfen, ob die Anwesenheit von Erziehungsberechtigten angebracht ist.

2. Sind Auflagen erteilt worden, so übersendet der Vollstreckungsleiter der Jugendgerichtshilfe oder in Bewährungsfällen dem Bewährungshelfer eine beglaubigte Abschrift des Urteils mit dem Ersuchen, die Erfüllung der Auflagen zu überwachen und erhebliche Zuwiderhandlungen mitzuteilen (§ 38 Abs. 2). In geeigneten Fällen wird der Vollstreckungsleiter die Erfüllung der Auflagen selbst überwachen.

V. Vollstreckung des Jugendarrestes

1. Ist der zunächst als Vollstreckungsleiter zuständige Jugendrichter nicht selbst Vollzugsleiter (vgl. § 90 Abs. 2 Satz 2), so gibt er die Vollstreckung an diesen ab. Mit Zustimmung des Vollzugsleiters kann er zunächst die Ladung zum Antritt des Jugendarrestes veranlassen. Bei Abgabe der Vollstreckung übersendet er dem neuen Vollstreckungsleiter die Strafakten oder, falls diese noch nicht entbehrlich sind, das Vollstreckungsheft.

2. Die Einweisung in die Jugendarrestanstalt oder in die Freizeitarresträume der Landesjustizverwaltung geschieht durch ein Aufnahmeersuchen des Vollstreckungsleiters. Er gibt dabei die in der Ladung zum Antritt des Jugendarrestes vorgeschriebene Zeit oder, falls sich Verurteilte nicht auf freiem Fuße befinden, die Anstalt an, aus der sie übergeführt werden. Nach Möglichkeit teilt er in dem Ersuchen ferner die Umstände mit, die für die Festsetzung der Entlassungszeit von Bedeutung sein können (z. B. Arbeits- oder Schulbeginn).

3. Der Vollstreckungsleiter lädt auf freiem Fuße befindliche Verurteilte durch einfachen Brief unter Verwendung des einge-

führten Vordrucks zum Antritt des Jugendarrestes. Die Zeit des Antritts ist nach Tag und Stunde vorzuschreiben, die voraussichtliche Entlassungszeit ist mitzuteilen. Bei der Festsetzung der Antrittszeit sind die Berufsverhältnisse der Verurteilten und die Verkehrsverhältnisse zu berücksichtigen.

4. Falls das Urteil sofort rechtskräftig wird und der Vorsitzende des Gerichts entweder selbst Vollzugsleiter ist oder das Einverständnis des Vollzugsleiters herbeiführen kann, wird die Ladung nach Möglichkeit im Anschluß an die Hauptverhandlung ausgehändigt. In geeigneten Fällen kann im Anschluß an die Hauptverhandlung eine mündliche Ladung zum sofortigen Antritt des Jugendarrestes erfolgen.

5. Hinweise über den Ersatz der Fahrtkosten zur Jugendarrestanstalt oder zu den Freizeitarresträumen können sich aus den Jugendarrestgeschäftsordnungen der Länder ergeben.

6. Zugleich mit der Ladung sind die Erziehungsberechtigten, in Fällen der Hilfe zur Erziehung nach § 34 SGB VIII das Jugendamt von der Ladung zu benachrichtigen und zu ersuchen, für rechtzeitigen Antritt des Jugendarrestes zu sorgen. Auch der Leiter der Berufsausbildung bzw. der Arbeitgeber des Jugendlichen und der Leiter der Schule und Berufsschule, die der Jugendliche besucht, sollen davon unterrichtet werden, wo und in welcher Zeit der Jugendliche Jugendarrest zu verbüßen hat. Dem Jugendlichen kann auch aufgegeben werden, die Ladung den bezeichneten Personen vorzulegen und von ihnen auf der Ladung die Kenntnisnahme bescheinigen zu lassen. Die Unterrichtung soll unterbleiben, wenn der Arrest in der Freizeit oder während des Urlaubs bzw. der Ferien des Jugendlichen vollzogen wird und ihm aus der Mitteilung unerwünschte Nachteile für sein Fortkommen entstehen könnten.

7. Folgen Verurteilte der Ladung zum Antritt des Jugendarrestes ohne genügende Entschuldigung nicht oder zeigen sie sich bei fristloser Ladung nicht zum Antritt des Jugendarrestes bereit, so veranlaßt der Vollstreckungsleiter, daß sie sofort dem Vollzug zugeführt werden. Für die Zwangszuführung kann sich der Vollstreckungsleiter der Hilfe der Polizei oder anderer geeigneter Stellen bedienen. Die Polizei ist darauf hinzuweisen, daß eine Beförderung im Gefangenensammeltransport nicht in Betracht kommt.

8. Für die Berechnung der Arrestzeit wird auf § 25 JAVollzO hingewiesen.

VI. Vollstreckung der Jugendstrafe

1. Der Erziehungserfolg der Jugendstrafe kann durch die Verzögerung der Vollstreckung in starkem Maße gefährdet werden. Sogleich nach Eintritt der Rechtskraft des Urteils sollen daher auf freiem Fuße befindliche Verurteilte zum Antritt der Jugendstrafe geladen und in Untersuchungshaft befindliche oder einstweilen untergebrachte (§ 71 Abs. 2, § 72 Abs. 4) Verurteilte in die zuständige Vollzugsanstalt eingewiesen werden. Der Umstand, daß das Urteil noch nicht mit den Gründen bei den Akten ist, rechtfertigt einen Aufschub der Vollstreckung nicht. In den Fällen, in denen dem Aufnahmeersuchen eine Abschrift des vollständigen Urteils nicht beigefügt werden kann, ist die Abschrift der Vollzugsanstalt nachzureichen, sobald das Urteil abgefaßt ist.

Auch hierbei ist Beschleunigung geboten, da die Kenntnis des Urteilsinhalts für die wirksame Gestaltung des Vollzugs unentbehrlich ist.

2. Bei über 24 Jahre alten Verurteilten kann die Vollstreckung nach § 85 Abs. 6 abgegeben werden. Für die weiteren Entscheidungen im Rahmen der Vollstreckung ist dann die Strafvollstreckungskammer zuständig. Ihr sind die Vorgänge so rechtzeitig zur Prüfung der Aussetzung des Restes der Jugendstrafe nach § 88 Abs. 1 vorzulegen, daß die Fristen nach § 88 Abs. 2 unter Beachtung von § 88 Abs. 3 eingehalten werden können.

3. Der Vollstreckungsleiter weist den Verurteilten in die zuständige Justizvollzugsanstalt ein und führt die Vollstreckung so lange, bis der Verurteilte in die Jugendstrafanstalt aufgenommen worden ist. Dem Aufnahmeersuchen sind stets drei Abschriften des vollständigen Urteils beizufügen oder nachzusenden. War gegen den Verurteilten früher Hilfe zur Erziehung nach § 12 angeordnet worden, so ist dies der Justizvollzugsanstalt unter Angabe der mit der Durchführung der Erziehungsmaßregel befaßten Behörde mitzuteilen.

4. Zugleich mit der Ladung sind die Erziehungsberechtigten, in Fällen der Hilfe zur Erziehung nach § 34 SGB VIII das Jugendamt von der Ladung zu benachrichtigen und zu ersuchen, für rechtzeitigen Antritt der Jugendstrafe zu sorgen. Auch der Leiter der Berufsausbildung bzw. der Arbeitgeber des Jugendlichen und der Leiter der Schule oder Berufsschule, die der Jugendliche besucht, sollen davon unterrichtet werden, wo und in welcher Zeit der Jugendliche Jugendstrafe zu verbüßen hat. Dem Jugendlichen kann auch aufgegeben werden, die Ladung den bezeichneten Personen vorzulegen und von ihnen auf der Ladung die Kenntnisnahme bescheinigen zu lassen. Die Unterrichtung soll unterbleiben, wenn die Jugendstrafe in der Freizeit oder während des Urlaubs bzw. der Ferien des Jugendlichen vollzogen wird und ihm aus der Mitteilung unerwünschte Nachteile für sein Fortkommen entstehen könnten.

5. Mittellosen Verurteilten, die sich auf freiem Fuße befinden und zum Vollzug einer Jugendstrafe in eine mehr als zehn Kilometer von ihrem Wohnort entfernt liegende Jugendstrafanstalt eingewiesen werden, kann der Vollstreckungsleiter für die Fahrt zur Jugendstrafanstalt eine Fahrkarte oder, soweit das Gutscheinverfahren üblich ist, einen Gutschein für die Fahrkarte aushändigen.

6. Sobald der Vollstreckungsleiter Nachricht von der Aufnahme von Verurteilten in die Jugendstrafanstalt erhält (Strafantrittsanzeige), übersendet er die Strafakten oder das Vollstreckungsheft an denjenigen Jugendrichter, auf den die Vollstreckung nach § 85 Abs. 2 oder 3 mit der Aufnahme übergegangen ist. Die Jugendstrafanstalt legt dem neuen Vollzugsleiter unverzüglich eine Durchschrift der Strafantrittsanzeige, das mit der Strafzeitberechnung versehene Zweitstück des Aufnahmeersuchens und zwei der ihm mit dem Aufnahmeersuchen übersandten Urteilsabschriften vor.

7. Der nach § 85 Abs. 2 oder 3 zuständige Vollstreckungsleiter macht sich mit der Wesensart der einzelnen Jugendlichen vertraut und verfolgt deren Entwicklung im Vollzug. Er hält mit der Anstaltsleitung und den Vollzugsbediensteten Fühlung und nimmt an Vollzugsangelegenheiten von größerer Bedeutung beratend teil.

8. Im Falle der Aussetzung eines Strafrestes zur Bewährung wird die Zurück- oder Weitergabe der Vollstreckung (§ 85 Abs. 5) dann empfehlen, wenn der Vollstreckungsleiter mit Verurteilten oder Bewährungshelfern wegen weiter Entfernung nicht mehr Fühlung halten kann. Wird die Vollstreckung zurück- oder weitergegeben, so soll sich der bisher zuständige Vollstreckungsleiter über die Führung des Verurteilten während der Bewährungszeit auf dem laufenden halten, damit er vor einem Widerruf der Aussetzung des Strafrestes zur Bewährung die Vollstreckung wieder an sich ziehen kann. In der Regel wird es zweckmäßig sein, daß sich der Vollstreckungsleiter bei der Abgabe der Vollstreckung ausdrücklich vorbehält, die Vollstreckung wieder zu übernehmen, bevor über den Widerruf der Aussetzung des Strafrestes zur Bewährung entschieden wird.

VII. Vollstreckung von Maßregeln der Besserung und Sicherung

1. Die Zuständigkeit für die Vollstreckung von Maßregeln der Besserung und Sicherung richtet sich nach §§ 84 und 85 Abs. 4 (siehe Abschn. I Nrn. 1 und 2). Wird bei Heranwachsenden allgemeines Strafrecht

angewendet, richtet sich die Zuständigkeit nach den Vorschriften der Strafvollstreckungsordnung.

2. Wegen der Vollstreckung von Führungsaufsicht wird auf § 54a StVollstrO hingewiesen.

Richtlinie zu §§ 88 und 89

Auf die Verwaltungsvorschriften zum Jugendstrafvollzug (VVJug) und auf die Beseitigung des Strafmakels nach § 100 wird hingewiesen.

Richtlinie zu § 90

Für den Vollzug des Jugendarrestes in Vollzugseinrichtungen der Landesjustizverwaltungen bestimmt die Jugendarrestvollzugsordnung das Nähere.

Richtlinie zu § 91

Über den Vollzug der Jugendstrafe ist das Nähere in den Verwaltungsvorschriften zum Jugendstrafvollzug (VVJug) bestimmt.

Richtlinie zu § 92

Auch wenn zu Jugendstrafe Verurteilte das 18. Lebensjahr bereits vollendet haben, werden sie in der Regel zunächst in die Jugendstrafanstalt eingewiesen. Die Entscheidung über die Eignung von Verurteilten für den Jugendstrafvollzug (§ 92 Abs. 2) wird dann von dem nach § 85 Abs. 2 oder Abs. 3 zuständigen Vollstreckungsleiter getroffen. Lediglich in den Fällen, in denen der Mangel der Eignung für den Jugendstrafvollzug offenkundig ist, werden über 18 Jahre alte Verurteilte sogleich in die zuständige Justizvollzugsanstalt eingewiesen.

Richtlinie zu § 93

Über den Vollzug der Untersuchungshaft sind in Nr. 1 Abs. 4, Nr. 13, Nr. 22 Abs. 4, Nrn. 77 bis 85 der UVollzO nähere Bestimmungen getroffen.

Richtlinien zu § 110

1. Wird gegen Heranwachsende das allgemeine Strafrecht angewendet, so gelten für die Vollstreckung die allgemeinen Vorschriften. Besuchen solche Heranwachsende eine Schule oder Berufsschule, so soll die Schulleitung von der Vollstreckungsbehörde über den Ort und die Zeit der von ihnen zu verbüßenden Freiheitsstrafe unterrichtet werden. Den Heranwachsenden kann auch aufgegeben werden, die Ladung der Schulleitung vorzulegen und von ihr auf der Ladung die Kenntnisnahme bescheinigen zu lassen. Die Unterrichtung kann unterbleiben, wenn die Freiheitsstrafe in der Freizeit oder während des Urlaubs bzw. der Ferien der Heranwachsenden vollzogen wird und ihnen aus der Mitteilung unerwünschte Nachteile für ihr Fortkommen entstehen könnten.

2. Wegen der Möglichkeit des Vollzugs einer Freiheitsstrafe in der Jugendstrafanstalt wird auf § 114 und die Richtlinien dazu hingewiesen.

Richtlinien zu § 114

1. Zu Freiheitsstrafe Verurteilte unter 24 Jahren sind für den Jugendstrafvollzug geeignet, wenn die erzieherische Einwirkung in der Jugendstrafanstalt bei ihnen Erfolg verspricht und von ihrer Anwesenheit in der Jugendstrafanstalt Nachteile für die Erziehung der anderen Gefangenen nicht zu befürchten sind.

2. Zu Freiheitsstrafe Verurteilte unter 21 Jahren werden in die Jugendstrafanstalt eingewiesen. Wenn jedoch in einer Justizvollzugsanstalt eine besondere Abteilung für junge Gefangene besteht, kann die Einweisung in die Justizvollzugsanstalt erfolgen.

3. Zu Freiheitsstrafe Verurteilte, die das 21., aber noch nicht das 24. Lebensjahr vollendet haben, werden in der Regel in die Justizvollzugsanstalt eingewiesen.

4. Hält die Justizvollzugsanstalt Verurteilte unter 24 Jahren für den Jugendstrafvollzug für geeignet, so überweist sie diese in die Jugendstrafanstalt und benachrichtigt hiervon die Strafvollstreckungsbehörde.

5. Nach Anhörung des Vorsitzenden des Gerichts, das im ersten Rechtszug erkannt hat, und, falls sich der Verurteilte in Haft

befindet, der Justizvollzugsanstalt kann die Strafvollstreckungsbehörde den zu Freiheitsstrafe Verurteilten, der das 21., aber noch nicht das 24. Lebensjahr vollendet hat, ausnahmsweise sogleich in die Jugendstrafanstalt einweisen, wenn seine Eignung für den Jugendstrafvollzug offenkundig ist. Dies gilt auch für Verurteilte unter 21 Jahren, die nach Nr. 2 Satz 2 in die Justizvollzugsanstalt einzuweisen wären.

6. Die Entscheidung darüber, ob zu Freiheitsstrafe Verurteilte unter 24 Jahren in die Jugendstrafanstalt oder in die Justizvollzugsanstalt einzuweisen sind, wird dem Rechtspfleger nicht übertragen.

7. Über die endgültige Übernahme von Verurteilten in den Jugendstrafvollzug und über ihr Verbleiben in der Jugendstrafanstalt entscheidet in allen Fällen die Leitung dieser Anstalt.

Diese Allgemeine Verfügung tritt mit Wirkung vom 1. April 1994 in Kraft.

III

Verordnung über den Vollzug des Jugendarrestes (Jugendarrestvollzugsordnung – JAVollzO)

in der Fassung der Bekanntmachung
vom 30. November 1976 (BGBl. I S. 3270)

Geändert durch
Verordnung
vom 26. Juni 1990 (BGBl. I S. 1163)

III

§ 1 Vollzugseinrichtungen

(1) Dauerarrest und Kurzarrest von mehr als zwei Tagen werden in Jugendarrestanstalten, Freizeitarrest und Kurzarrest bis zu zwei Tagen in Freizeitarresträumen vollzogen. Freizeitarrest und Kurzarrest bis zu zwei Tagen können auch in einer Jugendarrestanstalt vollzogen werden.

(2) Jugendarrestanstalten dürfen nicht, Freizeitarresträume dürfen nicht gleichzeitig dem Vollzug von Strafe oder dem Vollzug an Erwachsenen dienen. Jugendarrestanstalten und Freizeitarresträume dürfen nicht in Straf- oder Untersuchungshaftanstalten, auch nicht im Verwaltungsteil dieser Anstalten, eingerichtet werden.

(3) Männliche und weibliche Jugendliche werden getrennt. Hiervon darf abgesehen werden, um Jugendlichen die Teilnahme an religiösen Veranstaltungen und an erzieherischen Maßnahmen zu ermöglichen.

(4) Jugendarrestanstalten sollen nicht weniger als 10 und nicht mehr als 60 Jugendliche aufnehmen können.

§ 2 Leitung des Vollzuges

(1) Vollzugsleiter ist der Jugendrichter am Ort des Vollzuges. Ist dort kein Jugendrichter oder sind mehrere tätig, so ist Vollzugsleiter der Jugendrichter, den die oberste Behörde der Landesjustizverwaltung dazu bestimmt.

(2) Der Vollzugsleiter ist für den gesamten Vollzug verantwortlich. Er kann bestimmte Aufgaben einzelnen oder mehreren Mitarbeitern gemeinschaftlich übertragen.

(3) Die Zusammenarbeit aller an der Erziehung Beteiligten soll durch regelmäßige Besprechungen gefördert werden.

§ 3 Mitarbeiter

(1) Die Mitarbeiter des Vollzugsleiters sollen erzieherisch befähigt und in der Jugenderziehung erfahren sein. Sie sollen so ausgewählt und angeleitet werden, daß sie mit dem Vollzugsleiter in einer erzieherischen Einheit vertrauensvoll zusammenarbeiten.

(2) Männliche Jugendliche werden von Männern, weibliche Jugendliche von Frauen beaufsichtigt. Hiervon darf abgewichen werden, wenn Unzuträglichkeiten nicht zu befürchten sind.

(3) Nach Bedarf werden Psychologen, Sozialpädagogen, Sozialarbeiter, Lehrer und andere Fachkräfte als Mitarbeiter bestellt.

(4) Ehrenamtliche Mitarbeiter können zur Mitwirkung an der Erziehungsarbeit herangezogen werden.

§ 4 Nachdrückliche Vollstreckung

Der Jugendarrest ist in der Regel unmittelbar nach Rechtskraft des Urteils zu vollziehen.

§ 5 Aufnahme

(1) Der Jugendliche hat sämtliche eingebrachten Sachen, die er während des Vollzuges nicht benötigt, bei der Aufnahme abzugeben und, soweit tunlich, selbst zu verzeichnen. Sie werden außerhalb des Arrestraumes verwahrt. Der Jugendliche wird über seine Rechte und Pflichten unterrichtet. Anschließend wird er, nach Möglichkeit ohne Entkleiden, gründlich, aber schonend durch-

sucht. Männliche Jugendliche dürfen nur von Männern, weibliche Jugendliche nur von Frauen durchsucht werden. Gegenstände der eingebrachten Sachen, die einem berechtigten Bedürfnis dienen, können dem Jugendlichen belassen werden.

(2) Fürsorgemaßnahmen, die infolge der Freiheitsentziehung erforderlich werden, sind rechtzeitig zu veranlassen.

(3) Weibliche Jugendliche, die über den fünften Monat hinaus schwanger sind, vor weniger als sechs Wochen entbunden haben oder ihr Kind selbst nähren, dürfen nicht aufgenommen werden.

§ 6 Unterbringung

(1) Der Jugendliche wird während der Nacht allein in einem Arrestraum untergebracht, sofern nicht sein körperlicher oder seelischer Zustand eine gemeinsame Unterbringung erfordert.

(2) Während des Tages soll der Jugendliche bei der Arbeit und bei gemeinschaftlichen Veranstaltungen mit anderen Jugendlichen zusammen untergebracht werden, sofern Aufsicht gewährleistet ist und erzieherische Gründe nicht entgegenstehen. Im Freizeitarrest und Kurzarrest bis zu zwei Tagen kann er auch während des Tages allein untergebracht werden. Erfordert sein körperlicher oder seelischer Zustand eine gemeinsame Unterbringung, so ist er auch während des Tages mit anderen Jugendlichen zusammen unterzubringen.

§ 7 Persönlichkeitserforschung

Der Vollzugsleiter und die an der Erziehung beteiligten Mitarbeiter sollen alsbald ein Bild von dem Jugendlichen und seinen Lebensverhältnissen zu gewinnen versuchen, soweit dies für die Behandlung des Jugendlichen während des Arrestes und für eine Nachbetreuung notwendig ist.

§ 8 Behandlung

(1) An den Jugendlichen sind während des Vollzuges dieselben Anforderungen zu stellen, die bei wirksamer Erziehung in der Freiheit an ihn gestellt werden müssen.

(2) Der Jugendliche ist mit „Sie" anzureden, soweit nicht der Vollzugsleiter etwas anderes bestimmt.

(3) Alle Mitarbeiter haben wichtige Wahrnehmungen, die einen Jugendlichen betreffen, unverzüglich dem Vollzugsleiter zu melden.

§ 9 Verhaltensvorschriften

(1) Der Jugendliche soll durch sein Verhalten zu einem geordneten Zusammenleben in der Anstalt beitragen. Er darf die Ordnung in der Anstalt nicht stören.

(2) Die Anforderungen, die an das Verhalten des Jugendlichen gestellt werden, sind durch die Vollzugsbehörde in besonderen Verhaltensvorschriften zusammenzufassen, die in jedem Arrestraum ausgehängt werden. Diese Verhaltensvorschriften sind so abzufassen, daß sie einem Jugendlichen verständlich sind. Der Sinn der Verhaltensvorschriften und der Anordnungen der Vollzugsbediensteten soll dem Jugendlichen nahegebracht werden.

(3) Der Jugendliche hat die Anordnungen der Vollzugsbediensteten zu befolgen und die Verhaltensvorschriften zu beachten.

§ 10 Erziehungsarbeit

(1) Der Vollzug soll so gestaltet werden, daß die körperliche, geistige und sittliche Entwicklung des Jugendlichen gefördert wird.

(2) Die Erziehungsarbeit soll im Kurzarrest von mehr als zwei Tagen und im Dauerarrest neben Aussprachen mit dem Vollzugsleiter namentlich soziale Einzelhilfe, Gruppenarbeit und Unterricht umfassen. Beim Vollzug des Freizeitarrestes und des Kurzarrestes bis zu zwei Tagen soll eine Aussprache mit dem Vollzugsleiter nach Möglichkeit stattfinden.

§ 11 Arbeit und Ausbildung

(1) Der Jugendliche wird zur Arbeit oder nach Möglichkeit zum Unterricht oder zu anderen ausbildenden Veranstaltungen herangezogen. Er ist verpflichtet, fleißig und sorgfältig mitzuarbeiten.

(2) Im Freizeitarrest und während der ersten beiden Tage des Kurzarrestes und des Dauerarrestes kann von der Zuweisung von Arbeit

und von der Teilnahme am Unterricht oder an anderen ausbildenden Veranstaltungen abgesehen werden.

(3) Arbeit, Unterricht und andere ausbildende Veranstaltungen außerhalb des Anstaltsbereichs kann der Vollzugsleiter aus erzieherischen Gründen mit Zustimmung des Jugendlichen zulassen.

(4) Der Jugendliche erhält kein Arbeitsentgelt.

§ 12 Lebenshaltung

(1) Der Jugendliche trägt eigene Kleidung und eigene Wäsche. Während der Arbeit trägt er Anstaltssachen. Dasselbe gilt, wenn die eigene Kleidung oder Wäsche unangemessen ist.

(2) Der Jugendliche erhält ausreichende Kost, Selbstbeköstigung und zusätzliche eigene Verpflegung sind ausgeschlossen. Alkoholgenuß ist nicht gestattet. Rauchen kann Jugendlichen über 16 Jahren gestattet werden.

(3) Der Jugendliche erhält das anstaltsübliche Bettlager und, soweit erforderlich, Mittel zur Körperpflege.

(4) Der Aufenthalt im Freien beträgt, soweit die Witterung es zuläßt und gesundheitliche Gründe nicht entgegenstehen, täglich mindestens eine Stunde. Am Zugangs- und Abgangstag sowie bei Freizeit- und Kurzarrest bis zu zwei Tagen kann von dem Aufenthalt im Freien abgesehen werden.

(5) Der Jugendliche hat die notwendigen Maßnahmen zum Gesundheitsschutz und zur Hygiene zu unterstützen.

§§ 13 bis 15 (weggefallen)

§ 16 Sport

(1) Im Vollzug des Jugendarrestes wird nach Möglichkeit Sport getrieben. Der Jugendliche ist verpflichtet, daran teilzunehmen.

(2) Wenn in der Jugendarrestanstalt keine geeigneten Anlagen für sportliche Übungen vorhanden sind, kann der Vollzugsleiter mit Zustimmung des Jugendlichen gestatten, Sporteinrichtungen außerhalb der Anstalt zu benutzen.

§ 17 Gesundheitspflege

(1) Der Jugendliche wird bei der Aufnahme oder bald danach und nach Möglichkeit vor der Entlassung ärztlich untersucht und während des Vollzugs, soweit erforderlich ärztlich behandelt.

(2) Bei Freizeit- und Kurzarrest bis zu zwei Tagen kann der Vollzugsleiter von der Aufnahme- und Entlassungsuntersuchung absehen.

(3) Aus Gründen der Gesundheit des Jugendlichen kann der Vollzugsleiter auf Empfehlung des Arztes von Vollzugsvorschriften abweichen.

(4) Erkrankt der Jugendliche und kann er in der Jugendarrestanstalt nicht behandelt werden, so ordnet der Vollstreckungsleiter die Unterbrechung der Vollstreckung an.

§ 18 Freizeit

(1) Der Jugendliche erhält Gelegenheit, seine Freizeit sinnvoll zu verbringen. Er wird hierzu angeleitet. Aus erzieherischen Gründen kann seine Teilnahme an gemeinschaftlichen Veranstaltungen angeordnet werden.

(2) Die Teilnahme an Veranstaltungen außerhalb der Jugendarrestanstalt kann der Vollzugsleiter aus erzieherischen Gründen mit Zustimmung des Jugendlichen zulassen.

(3) Der Jugendliche kann die Anstaltsbücherei benutzen. Aus erzieherischen Gründen kann ihm auch eigener Lesestoff belassen werden.

§ 19 Seelsorge

(1) Eine geordnete Seelsorge ist zu gewährleisten.

(2) Der Jugendliche hat das Recht, den Zuspruch des bestellten Geistlichen seines jetzigen oder früheren Bekenntnisses zu empfangen und an gemeinschaftlichen Gottesdiensten und anderen religiösen Veranstaltungen seines Bekenntnisses in der Anstalt teilzunehmen.

(3) Wenn ein Geistlicher dieses Bekenntnisses nicht bestellt ist, so kann der Jugendliche durch einen Geistlichen seines Bekenntnisses besucht werden.

§ 20 Verkehr mit der Außenwelt

(1) Der Verkehr mit der Außenwelt wird auf dringende Fälle beschränkt. Im Kurzarrest von mehr als zwei Tagen und im Dauerarrest können Schriftwechsel und Besuche aus erzieherischen Gründen zugelassen werden.

(2) Die Entscheidung über die Zulassung des Schriftwechsels und der Besuche ist dem Vollzugsleiter vorbehalten. Ist dieser nicht erreichbar, so trifft der dazu bestimmte Vollzugsbedienstete die Entscheidung.

§ 21 Ausgang und Ausführung

Fordern wichtige, unaufschiebbare Angelegenheiten die persönliche Anwesenheit des Jugendlichen außerhalb der Anstalt, so kann der Vollzugsleiter ihm einen Ausgang gestatten oder ihn ausführen lassen. § 20 Abs. 2 Satz 2 ist anzuwenden.

§ 22 Sicherungsmaßnahmen

(1) Die Jugendlichen, ihre Sachen und die Arresträume dürfen jederzeit durchsucht werden. § 5 Abs. 1 Satz 5 ist anzuwenden.

(2) Gegen einen Jugendlichen, der die Sicherheit oder Ordnung gefährdet oder bei dem die Gefahr der Selbstbeschädigung besteht, können Sicherungsmaßnahmen getroffen werden. Sie dürfen nur so lange aufrechterhalten werden, wie sie notwendig sind.

(3) Als Sicherungsmaßnahmen sind nur zulässig

1. Entziehung von Gegenständen, die der Jugendliche zu Gewalttätigkeiten oder sonst mißbrauchen könnte;

2. Absonderung oder Zusammenlegung mit anderen Jugendlichen;

3. die Unterbringung in einem besonders gesicherten Arrestraum oder gefährdende Gegenstände.

(4) Die Sicherungsmaßnahmen ordnet der Vollzugsleiter an. Bei Gefahr im Verzug darf sie vorläufig auch der die Aufsicht führende Vollzugsbedienstete anordnen. Die Entscheidung des Vollzugsleiters ist unverzüglich einzuholen.

(5) Soweit das Verhalten oder der Zustand des Jugendlichen dies erfordert, ist ein Arzt zu hören.

(6) Die gesetzlichen Vorschriften über die Anwendung unmittelbaren Zwanges bleiben unberührt.

§ 23 Hausstrafen

(1) Gegen einen Jugendlichen, der schuldhaft seine Pflichten verletzt, kann der Vollzugsleiter eine Hausstrafe verhängen. Der Jugendliche wird vorher gehört.

(2) Die Hausstrafe wird durch schriftliche Verfügung verhängt. Diese wird dem Jugendlichen mit kurzer Begründung eröffnet.

(3) Hausstrafen sind

1. der Verweis,

2. die Beschränkung oder Entziehung des Lesestoffes auf bestimmte Dauer,

3. Verbot des Verkehrs mit der Außenwelt bis zu zwei Wochen,

4. Ausschluß von Gemeinschaftsveranstaltungen und

5. abgesonderte Unterbringung.

(4) Ist eine Hausstrafe teilweise vollzogen, so kann der Vollzugsleiter von der weiteren Vollstreckung absehen, wenn der Zweck der Hausstrafe bereits durch den teilweisen Vollzug erreicht ist.

§ 24 Bitten und Beschwerden

Dem Jugendlichen wird Gelegenheit gegeben, Bitten und Vorstellungen sowie Beschwerden in Angelegenheiten, die ihn selbst betreffen, an den Vollzugsleiter zu richten.

§ 25 Zeitpunkt der Aufnahme und der Entlassung

(1) Für die Vollstreckung von Dauerarrest und Kurzarrest wird der Tag zu 24 Stunden, die Woche zu sieben Tage gerechnet. Die Arrestzeit wird von der Annahme zum Vollzug ab nach Tagen und Stunden berechnet. Die Stunde, in deren Verlauf der Jugendliche angenommen worden ist, wird voll angerechnet.

(2) Der Jugendliche wird am Tage des Ablaufs der Arrestzeit vorzeitig entlassen, soweit das

nach den Verkehrsverhältnissen oder zur alsbaldigen Wiederaufnahme der beruflichen Arbeit des Jugendlichen erforderlich ist.

(3) Der Freizeitarrest beginnt am Sonnabend um 8.00 Uhr oder, wenn der Jugendliche an diesem Tag vormittags arbeitet oder die Schule besuchen muß, um 15.00 Uhr. Ausnahmen werden nur zugelassen, soweit die Verkehrsverhältnisse dazu zwingen. Der Freizeitarrest endet am Montag um 7.00 Uhr. Der Jugendliche kann vorzeitig, auch schon am Sonntagabend entlassen werden, wenn er nur so seine Arbeitsstätte oder die Schule am Montag rechtzeitig erreichen kann.

(4) Absatz 3 gilt entsprechend, wenn die Freizeit des Jugendlichen auf andere Tage fällt.

§ 26 Fürsorge für die Zeit nach der Entlassung

(1) Fürsorgemaßnahmen, die für die Zeit nach der Entlassung des Jugendlichen notwendig und nicht schon anderweitig veranlaßt worden sind, werden in Zusammenarbeit mit den Trägern der öffentlichen und freien Jugendhilfe vorbereitet.

(2) Ist es den Umständen nach angemessen, daß der Jugendliche nach der Entlassung ein öffentliches Verkehrsmittel nach seinem Wohn- oder Arbeitsort benutzt, so wird ihm eine Fahrkarte aus Haushaltsmitteln beschafft, wenn die eigenen Mittel des Jugendlichen nicht ausreichen oder aus Billigkeitsgründen nicht in Anspruch genommen werden sollen.

(3) Maßnahmen nach den Absätzen 1 und 2 sind, soweit erforderlich, auch im Falle des § 17 Abs. 4 zu veranlassen.

§ 27 Schlußbericht

(1) Bei Dauerarrest faßt der Vollzugsleiter über jeden Jugendlichen einen Schlußbericht ab, in dem er sich zu dessen Führung und soweit dies möglich ist, auch zu dessen Persönlichkeit sowie zur Wirkung des Arrestvollzuges äußert. Der Bericht wird zu dem Vollzugs- und den Strafakten gebracht. Eine Abschrift ist dem Jugendamt, bei unter Bewährungsaufsicht stehenden Jugendlichen auch dem zuständigen Bewährungshelfer zuzuleiten.

(2) Bei Freizeit- und Kurzarrest wird ein Schlußbericht nur bei besonderem Anlaß abgefaßt.

§§ 28 und 29 (weggefallen)

§ 30 Heranwachsende

Die Vorschriften dieser Verordnung gelten auch für Heranwachsende.

§ 31 (weggefallen)

§ 32 Geltung im Land Berlin

(gegenstandslos)

§ 33 Inkrafttreten

Diese Verordnung tritt am 1. Oktober 1966 in Kraft.

Vollzugsrecht des Bundes

IV Allgemeine Grundlagen

IV

Einführungsgesetz zum Gerichtsverfassungsgesetz (EGGVG)

Vom 27. Januar 1877 (RGBl. S. 77)
– Auszug –

Zuletzt geändert durch
FGG-Reformgesetz
vom 17. Dezember 2008 (BGBl. I S. 2586, 2009 S. 2449)

Vierter Abschnitt
Kontaktsperre

§ 31 (Kontaktsperre; Feststellung)

Besteht eine gegenwärtige Gefahr für Leben, Leib oder Freiheit einer Person, begründen bestimmte Tatsachen den Verdacht, daß die Gefahr von einer terroristischen Vereinigung ausgeht, und ist es zur Abwehr dieser Gefahr geboten, jedwede Verbindung von Gefangenen untereinander und mit der Außenwelt einschließlich des schriftlichen und mündlichen Verkehrs mit dem Verteidiger zu unterbrechen, so kann eine entsprechende Feststellung getroffen werden. Die Feststellung darf sich nur auf Gefangene beziehen, die wegen einer Straftat nach § 129a, auch in Verbindung mit § 129b Abs. 1, des Strafgesetzbuches wegen einer der in dieser Vorschrift bezeichneten Straftaten rechtskräftig verurteilt sind oder gegen die ein Haftbefehl wegen des Verdachts einer solchen Straftat besteht; das gleiche gilt für solche Gefangene, die wegen einer anderen Straftat verurteilt oder die wegen des Verdacht einer anderen Straftat in Haft sind und gegen die der dringende Verdacht besteht, daß sie diese Tat im Zusammenhang mit einer Tat nach § 129a, auch in Verbindung mit § 129b Abs. 1, des Strafgesetzbuches begangen haben. Die Feststellung ist auf bestimmte Gefangene oder Gruppen von Gefangenen zu beschränken, wenn dies zur Abwehr der Gefahr ausreicht. Die Feststellung ist nach pflichtgemäßem Ermessen zu treffen.

§ 32 (Zuständigkeit)

Die Feststellung nach § 31 trifft die Landesregierung oder die von ihr bestimmte oberste Landesbehörde. Ist es zur Abwendung der Gefahr geboten, die Verbindung in mehreren Ländern zu unterbrechen, so kann die Feststellung der Bundesminister der Justiz treffen.

§ 33 (Unterbrechung der Verbindung)

Ist eine Feststellung nach § 31 erfolgt, so treffen die zuständigen Behörden der Länder die Maßnahmen, die zur Unterbrechung der Verbindung erforderlich sind.

§ 34 (Fristen; Strafverfahren; Rechtsstreit)

(1) Sind Gefangene von Maßnahmen nach § 33 betroffen, so gelten für sie, von der ersten sie betreffenden Maßnahme an, solange sie von einer Feststellung erfaßt sind, die in den Absätzen 2 bis 4 nachfolgenden besonderen Vorschriften.

(2) Gegen die Gefangenen laufende Fristen werden gehemmt, wenn sie nicht nach anderen Vorschriften unterbrochen werden.

(3) In Strafverfahren und anderen gerichtlichen Verfahren, für die die Vorschriften der Strafprozeßordnung als anwendbar erklärt sind, gilt ergänzend folgendes:

1. Gefangenen, die keinen Verteidiger haben, wird ein Verteidiger bestellt.

2. Gefangene dürfen bei Vernehmungen und anderen Ermittlungshandlungen auch dann nicht anwesend sein, wenn sie nach allgemeinen Vorschriften ein Recht auf Anwesenheit haben; Gleiches gilt für ihre Verteidiger, soweit ein von der Feststel-

lung nach § 31 erfaßter Mitgefangener anwesend ist. Solche Maßnahmen dürfen nur stattfinden, wenn der Gefangene oder der Verteidiger ihre Durchführung verlangt und derjenige, der nach Satz 1 nicht anwesend sein darf, auf seine Anwesenheit verzichtet. § 147 Abs. 3 der Strafprozeßordnung ist nicht anzuwenden, soweit der Zweck der Unterbrechung gefährdet würde.

3. Eine Vernehmung des Gefangenen als Beschuldigter, bei der der Verteidiger nach allgemeinen Vorschriften ein Anwesenheitsrecht hat, findet nur statt, wenn der Gefangene und der Verteidiger auf die Anwesenheit des Verteidigers verzichten.

4. Bei der Verkündung eines Haftbefehls hat der Verteidiger kein Recht auf Anwesenheit; er ist von der Verkündung des Haftbefehls zu unterrichten. Der Richter hat dem Verteidiger das wesentliche Ergebnis der Vernehmung des Gefangenen bei der Verkündung, soweit der Zweck der Unterbrechung nicht gefährdet wird, und die Entscheidung mitzuteilen.

5. Mündliche Haftprüfungen sowie andere mündliche Verhandlungen, deren Durchführung innerhalb bestimmter Fristen vorgeschrieben ist, finden, soweit der Gefangene anwesend ist, ohne den Verteidiger statt; Nummer 4 Satz 2 gilt entsprechend. Eine mündliche Verhandlung bei der Haftprüfung ist auf Antrag des Gefangenen oder seines Verteidigers nach Ende der Maßnahmen nach § 33 zu wiederholen, auch wenn die Voraussetzungen des § 118 Abs. 3 der Strafprozeßordnung nicht vorliegen.

6. Eine Hauptverhandlung findet nicht statt und wird, wenn sie bereits begonnen hat, nicht fortgesetzt. Die Hauptverhandlung darf bis zur Dauer von dreißig Tagen unterbrochen werden; § 229 Abs. 2 der Strafprozeßordnung bleibt unberührt.

7. Eine Unterbringung zur Beobachtung des psychischen Zustandes nach § 81 der Strafprozeßordnung darf nicht vollzogen werden.

8. Der Gefangene darf sich in einem gegen ihn gerichteten Strafverfahren schriftlich an das Gericht oder die Staatsanwaltschaft wenden. Dem Verteidiger darf für die Dauer der Feststellung keine Einsicht in diese Schriftstücke gewährt werden.

(4) Ein anderer Rechtsstreit oder ein anderes gerichtliches Verfahren, in dem der Gefangene Partei oder Beteiligter ist, wird unterbrochen; das Gericht kann einstweilige Maßnahmen treffen.

§ 34a (Rechtsanwalt als Kontaktperson)

(1) Dem Gefangenen ist auf seinen Antrag ein Rechtsanwalt als Kontaktperson beizuordnen. Der Kontaktperson obliegt, unter Wahrung der Ziele der nach § 31 getroffenen Feststellung, die rechtliche Betreuung des Gefangenen, soweit dafür infolge der nach § 33 getroffenen Maßnahmen ein Bedürfnis besteht; die Kontaktperson kann insbesondere durch Anträge und Anregungen auf die Ermittlung entlastender Tatsachen und Umstände hinwirken, die im Interesse des Gefangenen unverzüglicher Aufklärung bedürfen.

(2) Soweit der Gefangene damit einverstanden ist, teilt die Kontaktperson dem Gericht und der Staatsanwaltschaft die bei dem Gespräch mit dem Gefangenen und im weiteren Verlauf ihrer Tätigkeit gewonnenen Erkenntnisse mit; sie kann im Namen des Gefangenen Anträge stellen. Die Kontaktperson ist im Einverständnis mit dem Gefangenen befugt, an Vernehmungen und Ermittlungshandlungen teilzunehmen, bei denen der Verteidiger nach § 34 Abs. 3 Nr. 3, Nr. 4 Satz 1 und Nr. 5 Satz 1 nicht anwesend sein darf. Die Kontaktperson darf Verbindung mit Dritten aufnehmen, soweit dies zur Erfüllung ihrer Aufgaben nach Absatz 1 unabweisbar ist.

(3) Über die Beiordnung einer Kontaktperson und deren Auswahl aus dem Kreis der im Geltungsbereich dieses Gesetzes zugelassenen Rechtsanwälte entscheidet der Präsident des Landgerichts, in dessen Bezirk die Justizvollzugsanstalt liegt, innerhalb von 48 Stunden nach Eingang des Antrags. Der Verteidiger des Gefangenen darf nicht beigeordnet

werden. Der Präsident ist hinsichtlich der Beiordnung und der Auswahl Weisungen nicht unterworfen; seine Vertretung richtet sich nach § 21h des Gerichtsverfassungsgesetzes. Dritte dürfen über die Person des beigeordneten Rechtsanwalts, außer durch ihn selbst im Rahmen seiner Aufgabenerfüllung nach Absatz 1 und 2, nicht unterrichtet werden. Der beigeordnete Rechtsanwalt muß die Aufgaben einer Kontaktperson übernehmen. Der Rechtsanwalt kann beantragen, die Beiordnung aufzuheben, wenn hierfür wichtige Gründe vorliegen.

(4) Der Gefangene hat nicht das Recht, einen bestimmten Rechtsanwalt als Kontaktperson vorzuschlagen.

(5) Dem Gefangenen ist mündlicher Verkehr mit der Kontaktperson gestattet. Für das Gespräch sind Vorrichtungen vorzusehen, die die Übergabe von Schriftstücken und anderen Gegenständen ausschließen.

(6) Der Gefangene ist bei Bekanntgabe der Feststellung nach § 31 über sein Recht, die Beiordnung einer Kontaktperson zu beantragen, und über die übrigen Regelungen der Absätze 1 bis 5 zu belehren.

§ 35 (Gerichtliche Bestätigung)

Die Feststellung nach § 31 verliert ihre Wirkung, wenn sie nicht innerhalb von zwei Wochen nach ihrem Erlaß bestätigt worden ist. Für die Bestätigung einer Feststellung, die eine Landesbehörde getroffen hat, ist ein Strafsenat des Oberlandesgerichts zuständig, in dessen Bezirk die Landesregierung ihren Sitz hat, für die Bestätigung einer Feststellung des Bundesministers der Justiz ein Strafsenat des Bundesgerichtshofes; § 25 Abs. 2 gilt entsprechend.

§ 36 (Zurücknahme; erneute Feststellung)

Die Feststellung nach § 31 ist zurückzunehmen, sobald ihre Voraussetzungen nicht mehr vorliegen. Sie verliert spätestens nach Ablauf von dreißig Tagen ihre Wirkung; die Frist beginnt mit Ablauf des Tages, unter dem die Feststellung ergeht. Eine Feststellung, die bestätigt worden ist, kann mit ihrem Ablauf

erneut getroffen werden, wenn die Voraussetzungen noch vorliegen; für die erneute Feststellung gilt § 35. War eine Feststellung nicht bestätigt, so kann eine erneute Feststellung nur getroffen werden, wenn neue Tatsachen es erfordern. § 34 Abs. 3 Nr. 6 Satz 2 ist bei erneuten Feststellungen nicht mehr anwendbar.

§ 37 (Rechtmäßigkeit von Maßnahmen)

(1) Über die Rechtmäßigkeit einzelner Maßnahmen nach § 33 entscheidet auf Antrag ein Strafsenat des Oberlandesgerichts, in dessen Bezirk die Landesregierung ihren Sitz hat.

(2) Stellt ein Gefangener einen Antrag nach Absatz 1, so ist der Antrag von einem Richter bei dem Amtsgericht aufzunehmen, in dessen Bezirk der Gefangene verwahrt wird.

(3) Bei der Anhörung werden Tatsachen und Umstände soweit und solange nicht mitgeteilt, als die Mitteilung den Zweck der Unterbrechung gefährden würde. § 33a der Strafprozeßordnung gilt entsprechend.

(4) Die Vorschriften des § 23 Abs. 2, des § 24 Abs. 1, des § 25 Abs. 2 und der §§ 26 bis 30 gelten entsprechend.

§ 38 (Maßregel der Besserung und Sicherung)

Die Vorschriften der §§ 31 bis 37 gelten entsprechend, wenn eine Maßregel der Besserung und Sicherung vollzogen wird oder wenn ein Unterbringungsbefehl nach § 126a der Strafprozeßordnung besteht.

§ 38a (Anwendung der §§ 31 bis 38)

(1) Die §§ 31 bis 38 finden entsprechende Anwendung, wenn gegen einen Gefangenen ein Strafverfahren wegen des Verdachts der Bildung einer kriminellen Vereinigung (§ 129 des Strafgesetzbuches) eingeleitet worden ist oder eingeleitet wird, deren Zweck oder deren Tätigkeit darauf gerichtet ist,

1. Mord oder Totschlag (§§ 211, 212) oder Völkermord (§ 6 des Völkerstrafgesetzbuches),

2. Straftaten gegen die persönliche Freiheit in den Fällen des § 239a oder des § 239b oder

3. gemeingefährliche Straftaten in den Fällen der §§ 306 bis 308, des § 310b Abs. 1, des § 311 Abs. 1, des § 311a Abs. 1, der §§ 312, 316c Abs. 1 oder des § 319

zu begehen. Sie finden entsprechende Anwendung auch für den Fall, dass der nach § 31 Satz 2 zweiter Halbsatz erforderliche dringende Tatverdacht sich auf eine Straftat nach § 129 des Strafgesetzbuches bezieht, die die Voraussetzungen des Satzes 1 Nr. 1 bis 3 erfüllt.

(2) Das Gleiche gilt, wenn der Gefangene wegen einer solchen Straftat rechtskräftig verurteilt worden ist.

Sechster Abschnitt
Übergangsvorschriften

§ 40

§ 119 findet im Fall einer Entscheidung über Ansprüche, die von einer oder gegen eine Partei erhoben worden sind, die ihren allgemeinen Gerichtsstand im Zeitpunkt der Rechtshängigkeit in erster Instanz außerhalb des Geltungsbereichs des Gerichtsverfassungsgesetzes hatte, sowie im Fall einer Entscheidung, in der das Amtsgericht ausländisches Recht angewendet und dies in den Entscheidungsgründen ausdrücklich festgestellt hat, in der bis zum 31. August 2009 geltenden Fassung auf Berufungs- und Beschwerdeverfahren Anwendung, wenn die anzufechtende Entscheidung vor dem 1. September 2009 erlassen wurde.

Gerichtsverfassungsgesetz (GVG)

in der Fassung der Bekanntmachung
vom 9. Mai 1975 (BGBl. I S. 1077)
– Auszug –

Zuletzt geändert durch
Gesetz über die Internetversteigerung in der Zwangsvollstreckung und zur Änderung anderer Gesetze
vom 30. Juli 2009 (BGBl. I S. 2474)

IV

5a. Titel
Strafvollstreckungskammern

§ 78a (Bildung von Strafvollstreckungskammern)

(1) Bei den Landgerichten werden, soweit in ihrem Bezirk für Erwachsene Anstalten unterhalten werden, in denen Freiheitsstrafe oder freiheitsentziehende Maßregeln der Besserung und Sicherung vollzogen werden, oder soweit in ihrem Bezirk andere Vollzugsbehörden ihren Sitz haben, Strafvollstreckungskammern gebildet. Diese sind zuständig für die Entscheidungen

1. nach den §§ 462a, 463 der Strafprozeßordnung, soweit sich nicht aus der Strafprozeßordnung etwas anderes ergibt,

2. nach den § 50 Abs. 5, §§ 109, 138 Abs. 3 des Strafvollzugsgesetzes,

3. nach den §§ 50, 58 Abs. 2 und § 71 Abs. 4 des Gesetzes über die internationale Rechtshilfe in Strafsachen.

Ist nach § 454b Abs. 3 der Strafprozeßordnung über die Aussetzung der Vollstreckung mehrerer Freiheitsstrafen gleichzeitig zu entscheiden, so entscheidet eine Strafvollstreckungskammer über die Aussetzung der Vollstreckung aller Strafen.

(2) Die Landesregierungen weisen Strafsachen nach Absatz 1 Satz 2 Nr. 3 für die Bezirke der Landgerichte, bei denen keine Strafvollstreckungskammern zu bilden sind, in Absatz 1 Satz 1 bezeichneten Landgerichten durch Rechtsverordnung zu. Die Landesregierungen werden ermächtigt, durch Rechtsverordnung einem der in Absatz 1 bezeichneten Landgerichte für die Bezirke mehrerer Landgerichte die in die Zuständigkeit der Strafvollstreckungskammern fallenden Strafsachen zuzuweisen und zu bestimmen, daß Strafvollstreckungskammern ihren Sitz innerhalb ihres Bezirkes auch oder ausschließlich an Orten haben, an denen das Landgericht seinen Sitz nicht hat, sofern diese Bestimmungen für eine sachdienliche Förderung oder schnellere Erledigung der Verfahren zweckmäßig sind. Die Landesregierungen können die Ermächtigungen nach den Sätzen 1 und 2 durch Rechtsverordnung auf die Landesjustizverwaltungen übertragen.

(3) Unterhält ein Land eine Anstalt, in der Freiheitsstrafe oder freiheitsentziehende Maßregeln der Besserung und Sicherung vollzogen werden, auf dem Gebiete eines anderen Landes, so können die beteiligten Länder vereinbaren, daß die Strafvollstreckungskammer bei dem Landgericht zuständig ist, in dessen Bezirk die für die Anstalt zuständige Aufsichtsbehörde ihren Sitz hat.

§ 78b (Besetzung, Bestellung)

(1) Die Strafvollstreckungskammern sind besetzt

1. in Verfahren über die Aussetzung der Vollstreckung des Restes einer lebenslangen Freiheitsstrafe oder die Aussetzung der Vollstreckung der Unterbringung in einem psychiatrischen Krankenhaus oder in

der Sicherungsverwahrung mit drei Richtern unter Einschluß des Vorsitzenden,

2. in den sonstigen Fällen mit einem Richter.

(2) Die Mitglieder der Strafvollstreckungskammern werden vom Präsidium des Landgerichts aus der Zahl der Mitglieder des Landgerichts und der in seinem Bezirk angestellten Richter beim Amtsgericht bestellt.

Stichwortverzeichnis

Sie finden das jeweilige Stichwort über die fettgedruckte Angabe der Leitziffer gefolgt durch die Vorschriftenabkürzung. Beispiel: II.6/StPO weist auf die Leitziffer II.6; im Abschnitt II unter der Ordnungsnummer 6 wurde die Strafprozessordnung eingeordnet. Im angegebenen Paragraphen bzw. Artikel finden Sie den gesuchten Begriff.

Findex

Findex

Findex

Findex

Findex

Findex

Findex

Findex

Findex

Findex

Schnellübersicht